Lovel

GW01186266

Stéphane, 28 ans

« Mes parents voulaient nous initier à la gastronomie tout en nous laissant profiter de ce moment à deux. Grâce à l'Invitation Idéal Gourmet, ils nous ont offert un moment d'exception dans un restaurant de renom. Le dîner fut exquis, la soirée inoubliable ! »

CHAMPAGNE
PANNIER
BRUT
Sélection

PRODUCE OF FRANCE

GAULT MILLAU

Restaurants

hôtels de charme & chambres d'hôtes

08

Depuis les années soixante, *GaultMillau* est en quête permanente de l'alchimie magique qui s'opère dans un grand restaurant ou dans un bistrot de quartier, dans un vin de terroir ou dans un grand cru, dans un hôtel classique ou dans un haut lieu du design, quand savoir-faire, ingrédients et personnalités sont réunis pour le meilleur.

Une *éthique*

La sélection des établissements recommandés par *GaultMillau* repose sur la qualité objective des évaluations de ses enquêteurs. Celle-ci est garantie par :

1. l'indépendance totale vis-à-vis des établissements
2. le recrutement d'enquêteurs exigeants, gourmets et gourmands
3. l'anonymat des enquêteurs lors des évaluations
4. la visite dans des conditions normales de fréquentation
5. le règlement des additions
6. la mise à jour régulière par des évaluations annuelles
7. le croisement des informations avec les nombreux courriers de lecteurs

Les citations, les distinctions, les notations et les classements des restaurants, hôtels, bars et cavistes, dans le guide *GaultMillau* sont totalement gratuits. Ce n'est pas de la publicité mais une sélection engagée.

L'AMI DES GRANDES TABLES

Château de Riquewih

Domaines

DOPFF & IRION

www.dopff-irion.com

© MAETVA · Colmar

SOMMAIRE

MÖVENPICK®

OF SWITZERLAND

100% NATUREL* - 100% PLAISIR
*INGRÉDIENTS D'ORIGINE NATURELLE.

Amsterdam ı Athens ı Auckland ı Barcelona ı Brussels ı Dubaï ı Genève
Helsinki ı Hong Kong ı Lausanne ı London ı Louxor ı Madrid ı Monaco
Moscow ı Nice ı Oslo ı Paris ı Saint-Tropez ı Stockholm ı Singapour ı Zürich

Une question ? un conseil ? Appelez le 0811 908 809...
(Coût d'un appel local depuis un poste fixe)
www.moevenpick-icecream.com

Un très bon cru

Incontestablement, cette année est belle, très belle ! Au-delà de la découverte de jeunes chefs, passionnés, exigeants et pleins d'idées, 2007 est marqué par la remise en cause des chefs les plus connus qui refusent de s'endormir sur leurs lauriers ! Belle vitalité qui nous amène à faire grimper les notes avec enthousiasme, jusqu'aux plus hauts niveaux.

En ville, comme au détour d'une route de campagne, certaines régions profitent de l'émulation de jeunes cuisiniers pleins d'idées qui s'attachent à cuisiner ce qu'ils aiment, en toute simplicité pour se faire plaisir et pour faire plaisir à leurs clients ! De jolies tables, une cuisine de saveur à moins de 35 €, c'est aujourd'hui possible quand on sait bien choisir… Quelle belle idée… Cette année encore, nous vous invitons à découvrir six Grands de demain, une Révélation et 23 « Jeunes talents » de moins de 32 ans, un par région. Terroir, tradition, innovation, toutes les gammes se jouent, et quand elles sont justes, elles apportent le même niveau de bonheur. Pour aller plus loin dans la découverte, cette année GaultMillau vous signale d'un petit picto les cuisines particulièrement créatives et personnelles.

Restaurateurs et hôteliers investissent dans leurs équipes, mais aussi dans la déco et dans les équipements pour recevoir dans des maisons toujours plus séduisantes. Cette année, c'est une sélection d'hôtels de charme entièrement renouvelée, et enrichie de très belles chambres d'hôtes que nous vous proposons.

Les grands bougent, les jeunes chefs aux commandes dans les palaces bousculent les codes jusqu'à faire oublier les ors pesants et les moulures de stuc, les maîtres d'hôtel mettent de la légèreté dans leurs manières et montrent qu'ils prennent plaisir à servir des clients de plus en plus jeunes.

Dans cette mouvance, il était naturel de consacrer Jean-Luc Rabanel comme Cuisinier de l'année. Il est la parfaite illustration de l'évolution de la cuisine aujourd'hui : homme engagé, il choisit de cuisiner les produits bio ; homme d'imagination, il cherche à mettre en avant la délicatesse des saveurs, la force des textures, ses mariages sont heureux, osés mais toujours réussis. Installé dans un petit restaurant, au cœur d'Arles, il n'est soutenu par aucun groupe financier et c'est dans un cadre simple, chic, qu'il choisit chaque jour d'offrir à des clients ébahis un grand moment de gastronomie pour un menu facturé 60 €. La preuve qu'aujourd'hui, il est parfaitement possible pour un cuisinier de mettre en avant sa passion et son talent pour arriver au plus haut niveau, la preuve aussi que l'on peut connaître de grands moments d'émotion gustative pour des prix accessibles ! Quelle bonne nouvelle !

Patricia Alexandre

Classement :

<u>Les villes</u> sont citées par ordre alphabétique. Celles dont le nom est composé d'un article, sont classées sans tenir compte de l'article (ex : Le **B**ourget, est classé à « **B** »).
Paris est différencié des autres villes par un bandeau (repérable sur la tranche) et des pictogrammes de couleur différente suivant l'arrondissement.
Les noms des villes de proximité (dans un rayon d'environ 10 km), ayant au moins un établissement sélectionné, sont listés à la fin de chaque grande ville, avec mention de la note du restaurant la plus élevée.

<u>Les restaurants</u> sont classés par ordre dégressif de note, ils figurent en tête de chaque ville,
<u>Les hôtels</u> sont classés par ordre dégressif de confort, en fin de chapitre.
Dans le cas des <u>restaurants-hôtels</u>, l'hôtel est mentionné à la suite du restaurant, dans ce cas c'est l'ordre de classement du restaurant qui prime.

Les prix :

<u>Les restaurants</u> - C : correspond à une addition moyenne à la carte (sans les boissons), comprenant 1 entrée, 1 plat et 1 dessert, dans le cadre d'une restauration traditionnelle.
M : désigne une fourchette de prix désignant le menu le moins cher et le menu le plus cher, proposant à la fois entrées, plats et desserts.

<u>Les hôtels</u> - Les prix des hôtels correspondent au tarif journalier en chambre ou en appartement (ou suite) pour au minimum 1 personne seule en basse saison et 2 personnes en haute saison. Dans certaines régions (en haute saison) certains prix correspondent à des tarifs à la semaine, il est donc prudent de demander confirmation avant de réserver.
Les tarifs indiqués nous ont été communiqués très tôt pour certains et sont donc susceptibles d'évoluer. Cela ne saurait engager la responsabilité de l'éditeur.

Les cartes :

Chaque ville renvoie à son positionnement sur la carte régionale (ex : 23D2).

BORDEAUX - 33000   **(23D2)**
Paris 577 - Toulouse 245

Pictogrammes :

LES RESTAURANTS

Icône de la restauration ....

Toques (de 20 à 13) .... *de* **20** à **13**

Notes (de 12 à 10) .... *de* **12** à **10**

Tables en vue ....

notation en attente .... **?**

LES HÔTELS

exceptionnel   *haut de gamme*   *grand confort*   *standard*

hôtels de charme ....

chambre d'hôtes ....

LES INFORMATIONS GENERALES

Téléphone	☎
Fax	
Tables créatives	
Découverte	*d*
Coup de cœur	♥
Notation en hausse	
Carte des vins remarquable	
Repas servi en terrasse ou dans un jardin	
Cave à cigare	
Parking privé	
Parking fermé	
Service voiturier	
Accès handicapés	
Chien accepté	
Air conditionné	
Piscine privée	
Tennis privé	
Hôtel très tranquille	

Jean-Luc Rabanel 17

Rabanel Cuisinier de l'année? Comme Robuchon en 85, Bras en 88, Gagnaire en 93 ? Dans une salle grande comme un couloir d'appartement, avec son menu à 60 €, fleurs et fruits, sardines, pommes de terre et tomate?

Oui, décidément le monde bouge, l'assiette tourne et Jean-Luc Rabanel est bien un de ces agitateurs indispensables dont *GaultMillau* doit être le premier défenseur.

On l'a aimé à Tonneins (c'était au tournant du siècle), on a adoré ses pique-niques tonitruants en pleine Camargue, et l'on se régale de le voir totalement épanoui, exprimant avec autant de force, de joie et d'imagination, une cuisine de nature et de spontanéité qui renverse les codes, fait des miracles avec trois légumes du potager, crée de la poésie et de la beauté avec quelques herbes, des œufs de ferme, la pêche du jour, un agneau de lait…

Tout dans cet atelier urbain et bucolique appartient à une vision moderne et libre du restaurant d'aujourd'hui. Simplicité apparente, dans les ingrédients et les compositions, mais créativité flamberge au vent et très haut niveau technique, réglant au passage la question du budget : dans l'Atelier de Jean-Luc Rabanel, c'est grand spectacle - le chef au fond de la salle peaufine les derniers réglages - dans une atmosphère furieusement pétillante, de gaieté et de gourmandise, pour le prix d'un grand ordinaire dans une brasserie de préfecture.

Le Rabanel est enfant de bohème qui s'est débarrassé des lois encombrantes de la gravitation traditionnelle, une fois pour toutes, ouvrant de nouveaux horizons sur une gastronomie française que certains disent figée. Qu'ils fassent un tour en Arles, le vent se lève !

L'Atelier de Jean-Luc Rabanel
7 rue des Carmes - 13200 Arles - 04 90 91 07 69

© Francis Demange

- MELODIA -

Garantie 25 ans

*Courbes exubérantes, équilibre subtile entre volume et lignes fortes,
une forme de couvercle en dôme conçue pour sublimer les saveurs.
La double-poignée offre une prise en main exceptionnelle ;
Melodia est un instrument accordé pour composer une grande cuisine.*

Lagostina
—1901—

Omegna - Italia
www.lagostina.fr

Cédric Béchade

Au moment de choisir un successeur à Mauro Colagreco, premier lauréat de cette distinction créée l'an dernier, la candidature de Cédric Béchade s'est imposée presque naturellement, alors que sa maison ne fonctionne pourtant que depuis mai. Comme si ce jeune homme à peine trentenaire avait déjà planifié, dans les moindres détails, le chemin qui le mènerait sans escale vers une fulgurante consécration.

Après dix ans passés auprès d'Alain Ducasse, il était temps pour lui d'ouvrir sa propre affaire. Tout en évitant au maximum le moindre risque, la plus petite part d'inconnue. Bocuse, Roellinger, Veyrat, William Ledeuil et Christian Parra, la référence locale, seront tous consultés avant la mise en place du projet. Histoire d'assurer encore un peu plus les arrières. Cédric avait un faible pour le Sud-Ouest, préférait s'installer dans une zone frontalière et proposer quelques chambres. L'Auberge Basque, une belle maison labourdine du XVIIe siècle, serait son tremplin vers les sommets. Et sa vision contemporaine de la cuisine basque son principal exutoire (comme son cochon Ibaïona snacké et confit à l'échalote et salade d'huîtres à la roquette). Un futur très grand.

L'Auberge Basque
Vieille route de St-Pée - 64310 St-Pée-sur-Nivelle - 05 59 51 70 00

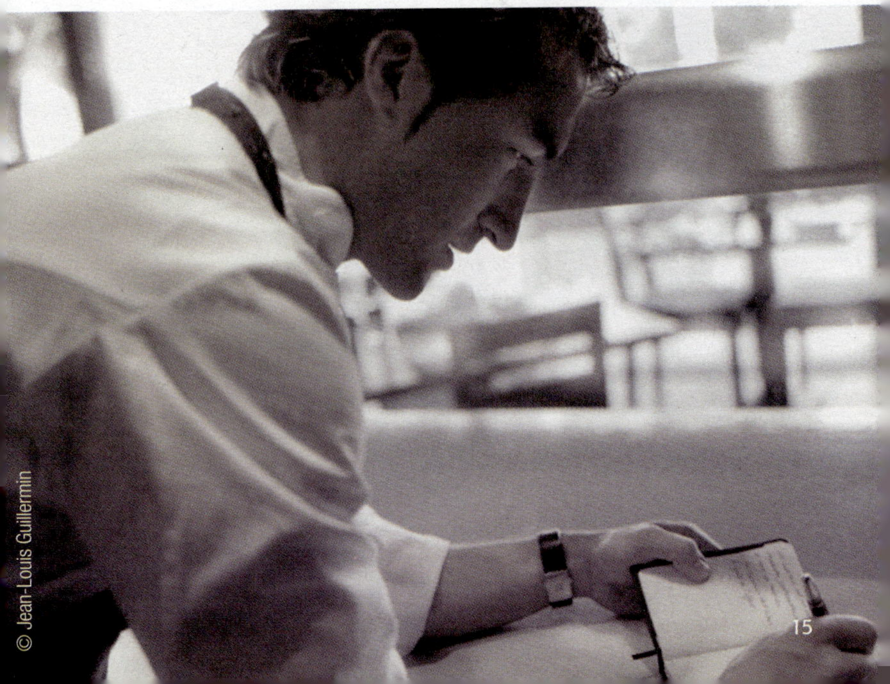

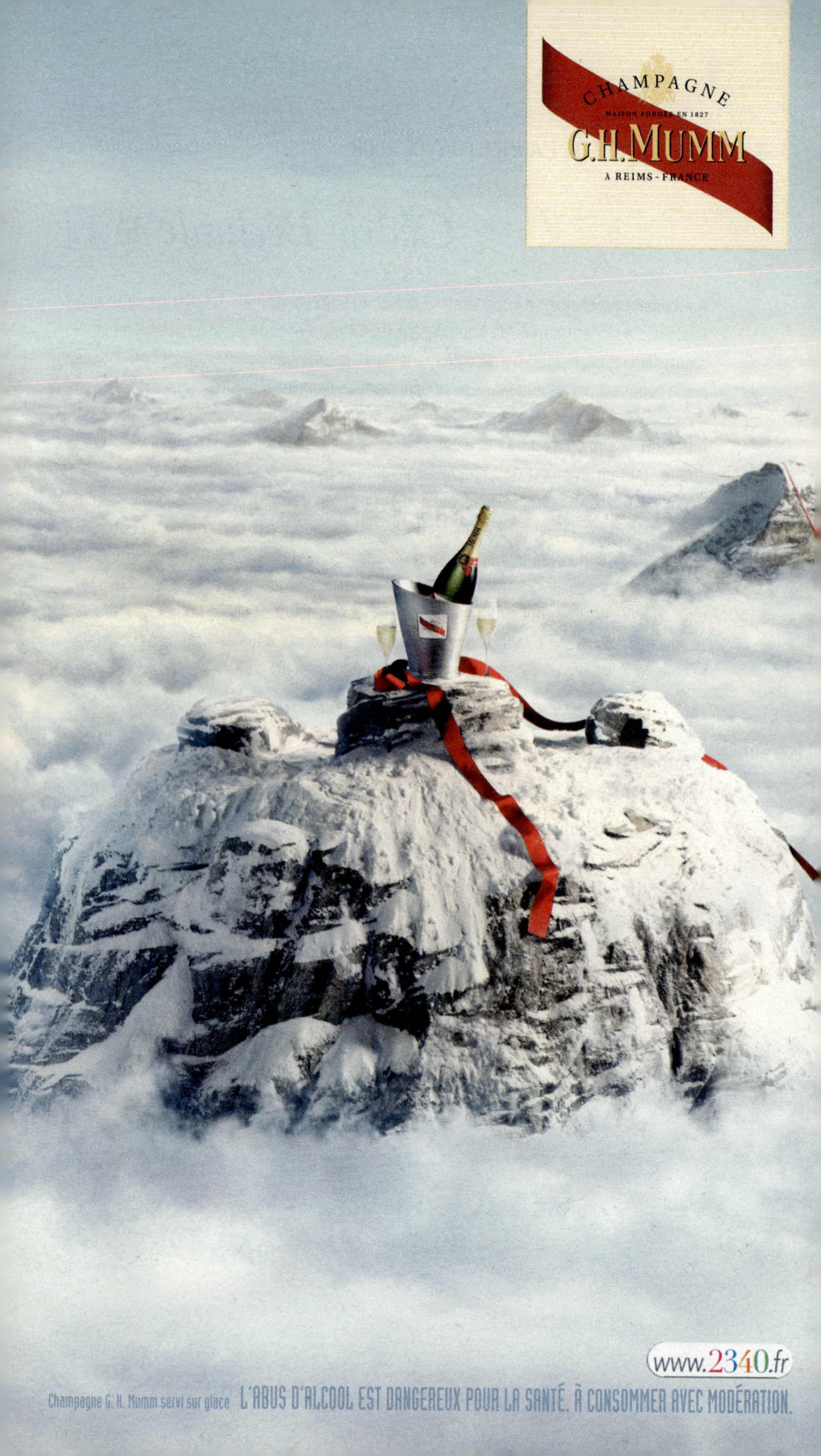
CHAMPAGNE
MAISON FONDÉE EN 1827
G.H. MUMM
A REIMS - FRANCE
www.2340.fr
Champagne G. H. Mumm servi sur glace
L'ABUS D'ALCOOL EST DANGEREUX POUR LA SANTÉ. À CONSOMMER AVEC MODÉRATION.

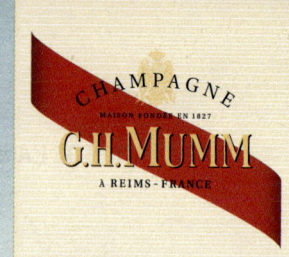

Benoît Bernard

Benoît le viking est un dur au grand cœur qui fait de ses clients des amis et pense à leur bien-être en cuisinant. Dans la chaleur d'une Laiterie qui a retrouvé toutes ses couleurs, il arrange une cuisine de marché davantage selon leurs envies que selon son humeur et cet élan diffuse de la sympathie et de la cordialité dans toute la maison, jusqu'à la charmante terrasse au jardin calme, aux portes de la métropole. Incisif et brillant dans la restitution des saveurs originelles, en particulier des beaux poissons de la pêche de Boulogne, il se révèle au fil des ans le nouveau chef de file pour toute une région, par cette approche sans fard ni fioritures d'une gastronomie d'aujourd'hui.

La Laiterie
138 av de l'Hippodrome - 59130 Lambersart - 03 20 92 79 73

Alexandre Couillon

Ce soir, j'aime la Marine ! Les visiteurs du petit port de l'Herbaudière, conquis par le site, font coup double en poussant cette porte océane. Un jeune chef y bouscule les embruns à sa façon, apprêts modernes, saveurs justes ré-volutionnant la cambuse de papa pour plateaux de fruits de mer et sole meunière. Une belle inspiration dans cette cuisine de haut vol, une atmosphère tonique instillée par son épouse en salle pour une grande brassée d'air marin qui vaut toutes les cures de thalasso.

Restaurant La Marine
Port de l'Herbaudière - 85330 Noirmoutier-en-l'Ile - 02 51 39 23 09

Julien Gleize & *Cyril Fressac* 15🍳

La cuisine à quatre mains, c'est comme le piano, un exercice qui demande de la dextérité et de l'harmonie. Ces deux jeunes chefs, formés à bonne école, et qui ont repris cette maison de tradition, élégante et tranquille, à quelques minutes de Montélimar ont transformé leur coup d'essai en coup de maître. Assiettes de haute technicité, belle adaptation des recettes méditerranéennes, innovation dans les mariages, il y a tout et un peu plus dans cette cuisine à l'inspiration prometteuse.

Le Domaine du Colombier
Route de Donzère - 26780 Malataverne - 04 75 90 86 86

Nicolas Isnard 15🍳

De son ancien boss, Gilles Goujon à Fontjoncouse, il a la carrure, la franchise et la passion d'un terroir réapproprié. Ce chef inspiré à la carrure de rugbyman est une valeur montante qui va à coup sûr s'épanouir, d'un château à l'autre, d'une auberge à, sans doute un jour, sa propre maison. Car on sent chez ce très bon technicien une aptitude à créer son propre univers culinaire, forgé sur les saveurs justes de produits exemplaires, telles qu'il les montre déjà dans cette noble demeure poitevine.

La Cédraie
Château de Curzay - 86600 Curzay-sur-Vonne - 05 49 36 17 00

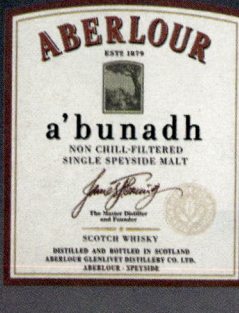

ABERLOUR
SINGLE MALT

À L'ORIGINE ÉTAIT
A'BUNADH.

PERNOD S.A. 302 208 301 RCS Créteil

a'bunadh (prononcer a-boon arh) qui signifie littéralement "origine" en gaélique, suit la tradition des Single Malts du XIXème siècle. Non dilué et filtré à l'ancienne, il conserve un fort caractère et une grande richesse aromatique.

Sébastien Richard 15 🍳

L'esprit franc-tireur qui nous plaît : celui d'un jeune chef sans concession, installé dans une petite cité tranquille à une demi-heure de Marseille. Le succès n'est pourtant pas venu tout seul, ni immédiatement, de la part des locaux comme des guides. Pourtant, Sébastien n'a rien changé et il a prouvé qu'il tenait le bon chemin : tout aujourd'hui est en place et en harmonie, sa cuisine est lumineuse, fraîche et construite, et les deux toques tombent d'un seul coup. La suite de l'histoire est désormais à écrire.

© François Pullier

La Table de Sébastien
7-9 avenue Hélène-Boucher - 13800 Istres - 04 42 55 16 01

Jérôme Mamet 15 🍳

Il a beaucoup voyagé, beaucoup appris avant de s'installer à son compte, à 35 ans. Le Jaquemart à Moulins, Pic, Les Crayères, La Briqueterie à Vinay et de grandes maisons de l'autre côté du lac (dont le domaine de Châteauvieux à Genève) lui permettront d'asseoir une technique qui éclate désormais dans cet austère château aménagé avec élégance. Des assiettes d'une grande pureté (un fabuleux filet de bar cuit sur peau, fleur de courgette farcie au vert de courgettes et crème de Havane), des cuissons millimétrées et un service délicieusement orchestré par Agnès Mamet.

© José Crespo

O Flaveurs
Route du Crépy - 74140 Douvaine - 04 50 35 46 55

Restaurant Régis & Jacques Marcon

Un restaurant face à la nature, sur les hauteurs du village, l'hôtel familial, la table de toujours aménagée en bistrot de terroir : Régis et Michèle Marcon ont si bien su faire transparaître l'amour de leur région dans leur établissement que le village de Saint-Bonnet-le-Froid ne pourrait aujourd'hui s'imaginer sans eux. A leur façon, ils recréent un tissu social, une histoire coutumière, comme au temps du maréchal-ferrant et du rémouleur. Et que l'on ne s'y trompe pas : la démarche n'a rien de l'expansionnisme ou de la colonisation, et Régis n'aime pas trop que l'on parle de « locomotive ». Certes, s'il est, comme Michel Bras, un exemple formidable d'une réussite sur ses terres, il montre avant tout la victoire de la sincérité et de l'authenticité. En trois lieux aujourd'hui, Michèle et Régis, soutenus désormais par leur fils Jacques en cuisine, font d'un village une station touristique, gourmande et attractive, fondant dans un cadre naturel exceptionnel une hôtellerie et une restauration en complète harmonie.

Restaurant Régis et Jacques Marcon - Hôtel Le Clos des Cîmes
Larsiallas - 43290 Saint-Bonnet-le-Froid - 04 71 59 93 72

© François Poincet

Avec Artevino,

retrouvez dans le guide 2008,

les cartes de vins remarquables

Artevino vous accompagne tout au long de ce guide pour repérer le meilleur des cartes à vins. Grâce à ce pictogramme, retrouvez les établissements que nous vous recommandons.

———— Carte des vins remarquable

Le respect de la conservation et du service du vin, un véritable art de vivre

Artevino est le spécialiste des cave de vieillissement depuis 10 ans Aujourd'hui, Artevino, précurseur de nouveaux modes de consommation propose une offre innovante pour l conservation et le service du vin e des autres boissons.

Retrouvez nos gammes sur
www.artevino.fr

Michèle Vételé

Michèle incarne une synthèse parfaite entre l'accueil de haut niveau, la compétence professionnelle et la capacité à donner une âme à la maison qui est la sienne. Cette belle salle face à l'océan est un paradis marin, zen et gourmand, que Michèle Vételé et son époux ont gardé intact, en l'embellissant chaque année, tout en entourant les convives d'une lumière et d'une chaleur sans équivalent. Michèle y ajoute une connaissance des vins qui aurait pu lui donner également le titre de Sommelière de l'année, elle est à la fois celle qui dirige l'orchestre et qui conseille les spectateurs dans la lecture du livret.

Anne de Bretagne
Port de la Gravette - 44770 La Plaine-sur-Mer - 02 40 21 54 72

Serge Ghoukassian

«Vous êtes là, demain?» Serge est toujours direct avec ses clients, parce que le contact se fait tout seul quand on parle de ce que tout le monde aime chez lui : une assiette franche et des vrais vins de vignerons. «Oui, parce que demain, je fais une visite de vignoble, chez des copains producteurs, si vous voulez, accompagnez-nous.» Et voilà comment Serge Ghoukassian fait partager sa passion, parle de ses amis vignerons avec un enthousiasme épidémique… «Et vous connaissez Untel? C'est son premier millésime, c'est un jeune qui travaille formidablement bien, il faut absolument que vous goûtiez son vin…» Une soirée chez Serge est toujours mémorable et unique : pensez à prendre un carnet de notes, votre connaissance des vins du Rhône méridional va s'en trouver chamboulée…

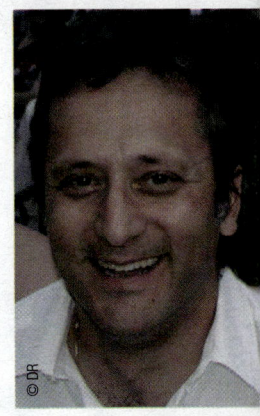

Restaurant Chez Serge
90 rue Cottier - 84200 Carpentras - 04 90 63 21 24

Nouvelle Ford Mondeo
Votre 6ᵉ sens

Avec son interface intuitive de conduite HMI, elle pilote pour vous
tel un 6ᵉ sens, les systèmes d'information et de navigation.

• Régulateur de vitesse adaptatif (ACC) avec système de prévention
des collisions • Commande vocale pour le système audio, la navigation,
la climatisation et le téléphone • Contrôle de pression des pneus.

FordMondeo | Feel the difference

Découvreur de talents depuis sa création, *GaultMillau* entend mettre encore plus en avant les jeunes professionnels dont le savoir-faire ne demande qu'à exploser. Dans chaque région c'est «22 Jeunes talents» de moins de 32 ans, que *GaultMillau* vous invite à rencontrer : leur découverte est passionnante d'autant que la plupart d'entre eux devrait, dans les années qui viennent, voir leur passion et leur travail les amener à des niveaux de reconnaissance élevés.

ALSACE
Thierry Bendler
Côté Lac à Schiltigheim (67)
A l'orée de la ville, dans une zone d'activité tertiaire, Thierry Bendler propose une version flambant neuve d'un terroir alsacien revisité de fond en comble. Une cuisine curieuse et distrayante.

AQUITAINE
François Duchet
**Un Air de Campagne
à Mont-de-Marsan (40)**
Un ancien de Jacques Chibois et Thierry Marx, ancien second chez Garret à Grenade-sur-Adour, François Duchet exprime un terroir pris à bras le corps, de façon rustique et personnelle dans une atmosphère de fraîcheur moderne.

AUVERGNE
Sandy Caire
La Table du Barret à Beauzac (43)
Dans l'un des hameaux de Beauzac, Sandy Caire travaille en famille une carte bien actuelle : jolies assiettes, esprit pastoral et rustique suivant au plus près les évolutions de la mode.

BOURGOGNE
Olivier Elzer
**Abbaye de la Bussière
à la Bussière-sur-Ouche (21)**
Dans une merveilleuse abbaye cistercienne transformée en table de charme, Olivier Elzer propose une cuisine déjà très aboutie et sachant s'affranchir des contingences régionales.

BRETAGNE
Maximin Hellio
La Voile d'Or à Sables-d'Or-les-Pins (22)
Digne successeur de son père, Michel, Maximin Hellio dépoussière avec intelligence cette belle maison tournée vers la baie en offrant une vision contemporaine et réfléchie de la cuisine marine.

CENTRE
Yannick Hochet
Saisons d'Ailleurs à Sandillon (45)
Déconcertante et novatrice, la cuisine de ce chef au parcours complet (le Luxembourg, l'Angleterre, le Jules Verne, Loiseau) utilise toute la palette des techniques modernes (l'azote, les cuissons à basse température…) pour s'imposer en quelques mois parmi les tables les plus en vue.

CHAMPAGNE-ARDENNE
Xavier Delavenne
Le Céladon à Troyes (10)
En centre-ville, dans un cadre confortable et cossu, un jeune homme au solide parcours propose une cuisine pleine de fraîcheur travaillée graphiquement.

CORSE
Rémi Robert
Epicurien Avant Tout à Calvi (2B)
Esprit et musique lounge, service détendu et plats fusionnels par un vrai chef qui a fait ses humanités dans quelques grandes tables parisiennes. C'est fun, mode et vivant.

FRANCHE-COMTE
Arnaud Coulet
Le Bistrot de Port Lesney
à Port-Lesney (39)
Le bistrot du château de Germigney redore l'image des brasseries sous la houlette d'Arnaud Coulet, dont la carte mêle avec distinction le terroir jurassien et les spécialités typiquement bistrotières.

ILE-DE-FRANCE
Rémi Van Peteghem
Sensing à Paris 6ᵉ (75)
Dans le décor chic et contemporain imaginé par Jérôme Faillant-Dumas et Hubert de Malherbe, Rémi Van Peteghem dresse une carte subtile, contrastée, entre snacking et classicisme. On ne reconnaît plus l'ancien Dominique.

LANGUEDOC-ROUSSILLON
Stéphane Delsuc
Le Vertige des Senteurs
à Saint-Privat-des-Vieux (30)
On avait découvert Stéphane Delsuc dans le centre d'Alès. Désormais installé dans une belle maison de la banlieue chic, sa cuisine prend soudain plus d'ampleur, bousculant avec pertinence les habitudes locales.

LIMOUSIN
David Boyer
Le Beau Site
à Saint-Pardoux-la-Croisille (19)
Dans un hôtel installé au cœur de la Haute-Corrèze, dans un environnement d'une grande beauté, David Boyer manie avec la même aisance la tradition locale et des créations plus personnelles.

LORRAINE
Ludovic Léné
Le Clos Heurtebise à Remiremont (88)
Dans une maison de maître sur les hauteurs de la ville, un ancien de l'Oasis (à La Napoule) associe avec talent le terroir lorrain et les influences méditerranéennes et sud-asiatiques.

MIDI-PYRENEES
Bertrand Torrez
Le Patio Sainte-Anne à Martel (46)
Dans un hôtel plein de charme, un nouveau chef dynamise ce cadre serein et très chic grâce à une lecture futée et personnelle de la région.

L'EXPRESSION
CONTEMPORAINE
des terroirs
occidentaux
DE Saint-Julien

CHÂTEAU
Lalande-Borie
SAINT-JULIEN
APPELLATION SAINT-JULIEN CONTRÔLÉE

Jean-Eugène Borie
propriétaire à Saint-Julien, France

MIS EN BOUTEILLE AU CHÂTEAU

NORD-PAS-DE-CALAIS

Stéphane de La Borde

La Cour de Rémi à Bermicourt (62)

Formé auprès de Stéphane Jégo (l'Ami Jean, à Paris), un ancien commercial de haut niveau s'épanouit dans l'ancien domaine familial transformé en hôtel-restaurant.

(BASSE-) NORMANDIE

Grégory Pereira

Auberge du Relais Fleuri à Flers (61)

Deux ans après avoir repris l'institution gastronomique locale, Grégory Pereira a imposé sa vision percutante d'une cuisine qui semble encore posséder une intéressante marge de progression.

(HAUTE-) NORMANDIE

Sylvain Nouin

Le 37 à Rouen (76)

L'annexe de Gill (17/20), mi-lounge mi-bistrot, propose une carte contemporaine et ludique dans une ambiance plus feutrée qu'intime.

PAYS-DE-LA-LOIRE

Pascal Favre d'Anne

Le Favre d'Anne à Angers (49)

Sur les bords de la Maine, face au château et dans un cadre contemporain enthousiasmant, un ancien élève de Marc Veyrat et Guy Martin séduit par sa vision contemporaine et ludique de la gastronomie du Val-de-Loire.

PICARDIE

Thibaut Serin-Moulin

Château de Courcelles à Courcelles-sur-Vesle (02)

Ancien second d'Anne-Sophie Pic pendant cinq ans, Thibaut Serin-Moulin ne se laisse pas impressionner par ce luxueux château et ose une cuisine contemporaine techniquement aboutie.

POITOU-CHARENTES

Nicolas Durif

La Corderie Royale à Rochefort (17)

Après le départ de Laurent Carlier pour les Cévennes, Nicolas Durif reprend le challenge d'une assiette à hauteur du cadre exceptionnel de ces bâtiments historiques.

PROVENCE-ALPES-COTE-D'AZUR

Mathias Dandine

Restaurant Mathias Dandine au Lavandou (83)

Dans le cadre mythique de l'hôtel des Roches, Mathias Dandine entraîne toute une maison grâce à l'énergie débordante qui se dégage d'une cuisine ensoleillée.

RHONE-ALPES

Mickaël Arnoult

Les Morainières à Jongieux (73)

Nichée sur une délicieuse colline, une maison bourrée de charme où Mickaël Arnoult séduit par sa vision de la restauration, à la fois vive et enjouée.

TOQUES & NOTES FRANCE 2008

Collonges-au-Mont-d'Or, **Paul Bocuse**

Illhaeusern, **L'Auberge de l'Ill**

Mionnay, **Alain Chapel**

Paris 5, **La Tour d'Argent**

Paris 8, **Alain Senderens**

Paris 8, **Lasserre**

Paris 8, **Laurent**

Vence, **Table d'Amis, Jacques Maximin**

Veyrier-du-Lac, **La Maison de Marc Veyrat**

Cancale, **Olivier Roellinger**

Eugénie-les-Bains, **Les Prés d'Eugénie-Michel Guérard**

Laguiole, **Michel Bras**

Lorient, **L'Amphitryon**

Paris 7, **L'Arpège**

Paris 8, **Pierre Gagnaire**

Paris 16, **L'Astrance**

Paris 17, **Restaurant Guy Savoy**

Pauillac, **Château Cordeillan-Bages**

Roanne, **Troisgros**

Baerenthal, **L'Arnsbourg**

Cannes, **Villa des Lys**

Eze Village, **Le Château de la Chèvre d'Or**

Fontjoncouse, **Auberge du Vieux Puits**

Grasse, **La Bastide Saint-Antoine**

Joigny, **La Côte Saint-Jacques**

Lyon 2, **Nicolas Le Bec**

Marseille, **Passédat - Le Petit Nice** ⤴

Monte Carlo, **Le Louis XV-Alain Ducasse**

Montpellier, **Le Jardin des Sens**

Paris 1, **Le Grand Véfour**

Paris 1, **Le Meurice**

Paris 4, **L'Ambroisie**

Paris 8, **Le Bristol**

Paris 8, **Restaurant Alain Ducasse au Plaza Athénée**

Paris 16, **Les Ambassadeurs**

Paris16, **Le Pré Catelan**

Puymirol, **Michel Trama**

Saint-Bonnet-le-Froid, **Hôtel-Restaurant Régis et Jacques Marcon**

⤴ : notation en hausse   **N** : nouveau

Toulouse, **Michel Sarran**

Valence, **Pic**

17

Arbois, **Jean-Paul Jeunet**

Arles, **L'Atelier de Jean-Luc Rabanel**

Bonnieux, **Restaurant Edouard Loubet**

Bordeaux, **Le Pavillon des Boulevards**

Bouliac, **Le Saint-James**

Busnes, **Le Meurin**

Cannes, **La Palme d'Or**

Carcassonne, **Le Parc Franck Putelat**

Cassis, **Villa Madie N**

Chagny, **Lameloise**

Colomiers, **L'Amphitryon**

Gassin, **Villa Belrose**

Haute-Goulaine, **Manoir de la Boulaie N**

La Roche-Bernard, **L'Auberge Bretonne**

Le Perreux-sur-Marne, **Les Magnolias**

Les Baux-de-Provence, **L'Oustau
   de Baumanière**

Megève, **Flocons de Sel**

Menton, **Mirazur**

Monte Carlo, **Joël Robuchon**

   Monte Carlo

Nantes, **L'Atlantide**

Paris 1, **Carré des Feuillants**

Paris 8, **Apicius**

Paris 8, **Le Cinq**

Paris 8, **Les Elysées du Vernet**

Paris 8, **Ledoyen**

Paris 8, **Taillevent**

Paris 16, **La Grande Cascade**

Paris 17, **Michel Rostang**

Porto Vecchio, **Casadelmar**

Prenois, **Auberge de la Charme**

Reims, **Château Les Crayères**

Romorantin-Lanthenay, **Grand Hôtel
   du Lion d'Or**

Rouen, **Gill**

Saint-Emilion, **Hostellerie de Plaisance**

Saint-Père-sous-Vezelay, **L'Espérance**

Saint-Tropez, **Résidence de la Pinède**

Saulieu, **Le Relais Bernard Loiseau**

Tinqueux, **L'Assiette Champenoise**

Uriage, **Les Terrasses**

Vonnas, **Georges Blanc**

 : notation en hausse   **N** : nouveau

Depuis 1731, nous signons les Grands terroirs de Bourgogne.

BOUCHARD PÈRE & FILS
CHÂTEAU DE BEAUNE, CÔTE D'OR, FRANCE

www.bouchard-pereetfils.com

Sésame, LA NOUVELLE GENERATION D'ABRIS DE PISCINES TELESCOPIQUES

Ouverture & fermeture de l'abri en quelques secondes.

La gamme Sésame : Technologie, design, transparence et savoir-faire

ABRI BAS

ABRI SEMI-HAUT

ABRI HAUT

ABRI DE SPA

ABRI ROTONDE

ABRI DE SPA

⊕ **OUVERTURE/FERMETURE :** En quelques secondes, par 1 personne.

⊕ **100% SECURISE :** Verrouillage enfants + Système Anti-arrachement.

⊕ **NORME :** NFP90-309 Délivrée par le Laboratoire National d'Essai.

Informations, catalogue et tarifs :

▶ **N°Azur** 0 810 321 321
PRIX APPEL LOCAL

WWW.abrispiscine.com

2007

Jean-François Piège
Les Ambassadeurs, Hôtel Crillon à Paris (8ᵉ)

2006

Thierry Marx
Château Cordeillan-Bages à Pauillac (33)

2005

Pascal Barbot
L'Astrance à Paris (16ᵉ)

2004

Jean-Paul Abadie
L'Amphitryon à Lorient (56)

2003

Michel Troisgros
Troisgros à Roanne (42)

2002

Nicolas Le Bec
Les Loges à Lyon (69)

2001

Régis Marcon
Auberge des Cimes à Saint-Bonnet-le-Froid (43)

2000

Bruno Oger
Villa des Lys à Cannes (06)

1999

Guy Martin
Le Grand Véfour à Paris (1ᵉʳ)

1998

Laurent et Jacques Pourcel
Le Jardin des Sens à Montpellier (34)

1997

Jacques Chibois
La Bastide Saint-Antoine à Grasse (06)

PALMARES DES CUISINERS DE L'ANNEE DEPUIS 1987

1996
Patrick Henriroux
La Pyramide à Vienne (38)

1995
Roger Souvereyns
Scholteshof à Stevoort (Belgique)

1994
Olivier Roellinger
Maisons de Bricourt à Cancale (35)

1993
Pierre Gagnaire, Pierre Gagnaire à Saint-Etienne (42)

Jean-Michel Lorain, La Côte Saint-Jacques à Joigny (89)

1992
Jean Bardet, Jean Bardet à Tours (37)

Gérard Boyer, Les Crayères à Reims (51)

1991
Michel Trama
L'Aubergade à Puymirol (47)

1990
Paul et Marc Haeberlin, Auberge de L'Ill à Illhaeusern (68)

Bernard Loiseau, La Côte d'Or à Saulieu (21)

Marc Veyrat, Auberge de L'Eridan à Annecy (74)

1989
Jacques Chibois, Royal Gray à Cannes (06)

Marc Veyrat, Auberge de L'Eridan à Annecy (74)

1988
Michel Bras
Lou Mazuc à Laguiole (12)

1987
Alain Chapel, Alain Chapel à Mionnay (01)

Michel Trama, L'Aubergade à Puymirol (47)

Pierre et Michel Troisgros, Troisgros à Roanne (42)

Cave Saint-Désirat
- infiniment vin -

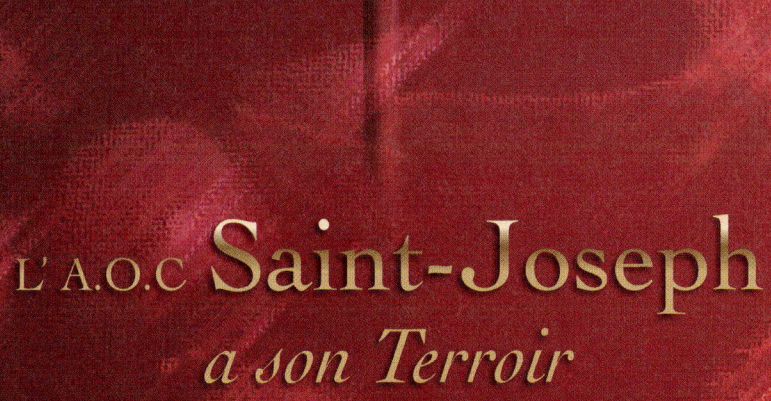

L'A.O.C **Saint-Joseph**
a son Terroir

07340 Saint-Désirat - Tél. 04 75 34 22 05
http://www.cave-saint-desirat.com

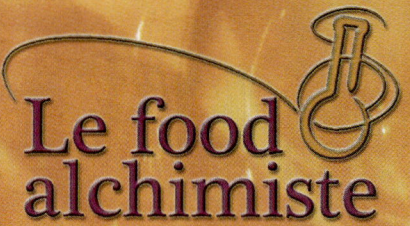

Cœur de la vallée du Rhône

ORTAS

Vignobles de la Vallée du Rhône. France.

www.cavederasteau.com

Cave de Rasteau, route des Princes d'Orange. 84110 Rasteau.
Tel. +33 (0)4 90 10 90 10 - Fax : +33 (0)4 90 10 90 20
rasteau@rasteau.com

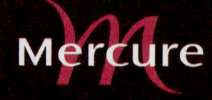

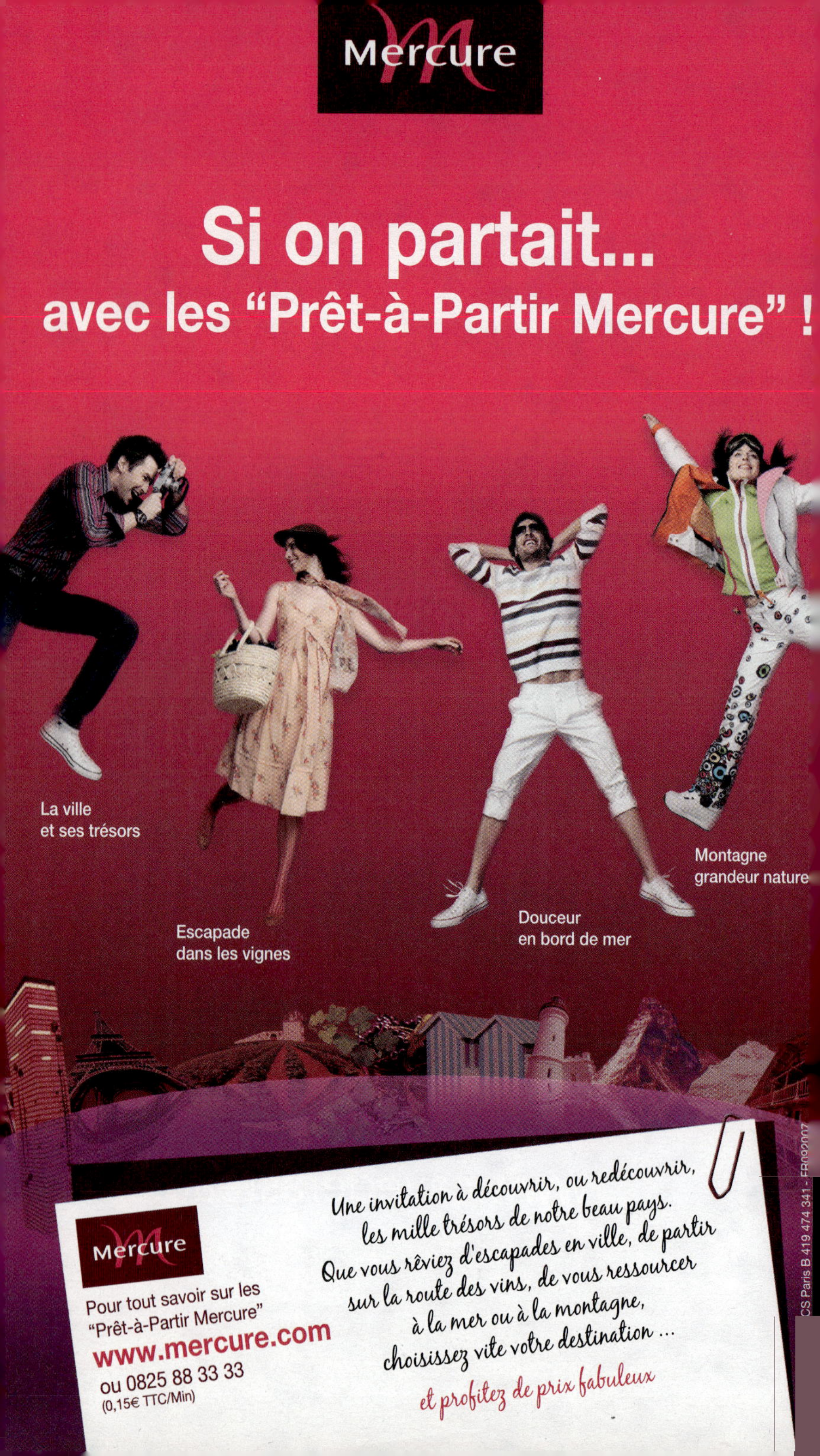
Mercure
Si on partait...
avec les "Prêt-à-Partir Mercure" !
La ville
et ses trésors
Escapade
dans les vignes
Douceur
en bord de mer
Montagne
grandeur nature
Mercure
Pour tout savoir sur les
"Prêt-à-Partir Mercure"
www.mercure.com
ou 0825 88 33 33
(0,15€ TTC/Min)
Une invitation à découvrir, ou redécouvrir,
les mille trésors de notre beau pays.
Que vous rêviez d'escapades en ville, de partir
sur la route des vins, de vous ressourcer
à la mer ou à la montagne,
choisissez vite votre destination ...
et profitez de prix fabuleux
CS Paris B 419 474 341 - FR092007

Alsace `10`
Bas-Rhin 67
Haut-Rhin 68

Aquitaine `23` `24`
Dordogne 24
Gironde 33
Landes 40
Lot-et-Garonne 47
Pyrénées-Atlantiques 64

Auvergne `26`
Allier 03
Cantal 15
Haute-Loire 43
Puy-de-Dôme 63

Bourgogne `19` `20`
Côte-d'Or 21
Nièvre 58
Saône-et-Loire 71
Yonne 89

Bretagne `13` `14`
Côtes-d'Armor 22
Finistère 29
Ile-et-Vilaine 35
Morbihan 56

Centre `17` `18`
Cher 18
Eure-et-Loir 28
Indre 36
Indre-et-Loire 37
Loir-et-Cher 41
Loiret 45

Champagne-Ardenne `9`
Ardennes 08
Aube 10
Haute-Marne 52
Marne 51

Corse `35`
Corse-du-Sud 20
Haute-Corse 20

Franche-Comté `21`
Doubs 25
Haute-Saône 70
Jura 39
Territoire-de-Belfort 90

Ile-de-France `7` `8`
Essonne 91
Hauts-de-Seine 92
Paris 75
Seine-et-Marne 77
Seine-Saint-Denis 93
Val-de-Marne 94
Val-d'Oise 95
Yvelines 78

Languedoc-Roussillon `31` `32`
Aude 11
Gard 30
Hérault 34
Lozère 48
Pyrénées-Orientales 66

Limousin `25`
Corrèze 19
Creuse 23
Haute-Vienne 87

Lorraine `11` `12`
Meurthe-et-Moselle 54
Meuse 55
Moselle 57
Vosges 88

Midi-Pyrénées `29` `30`
Ariège 09
Aveyron 12
Gers 32
Haute-Garonne 31
Haute-Pyrénées 65
Lot-et-Garonne 46
Tarn 81
Tarn-et-Garonne 82

Nord-Pas-de-Calais `1` `2`
Nord 59

Pas-de-Calais 62

Normandie `5` `6`
Calvados 14
Eure-et-Loir 27
Manche 50
Orne 61
Seine-Maritime 76

Pays-de-Loire `15` `16`
Loire-Atlantique 44
Maine-et-Loire 49
Mayenne 53
Sarthe 72
Vendée 85

Picardie `3` `4`
Aisne 02
Oise 60
Somme 80

Poitou-Charentes `22`
Charente 16
Charente-Maritime 17
Deux-Sèvres 79
Vienne 86

Provence-Alpes- `33` `34` Côte d'Azur-Monaco
Alpes-de-Haute-Provence 04
Alpes-Maritimes 06
Bouches-du-Rhône 13
Hautes-Alpes 05
Monaco 98
Var 83
Vaucluse 84

Rhône-Alpes `27` `28`
Ain 01
Ardèche 07
Drôme 26
Haute-Savoie 74
Isère 38
Loire 42
Rhône 69
Savoie 73

Le numéro de page `1` *renvoie au cahier des cartes régionales.*

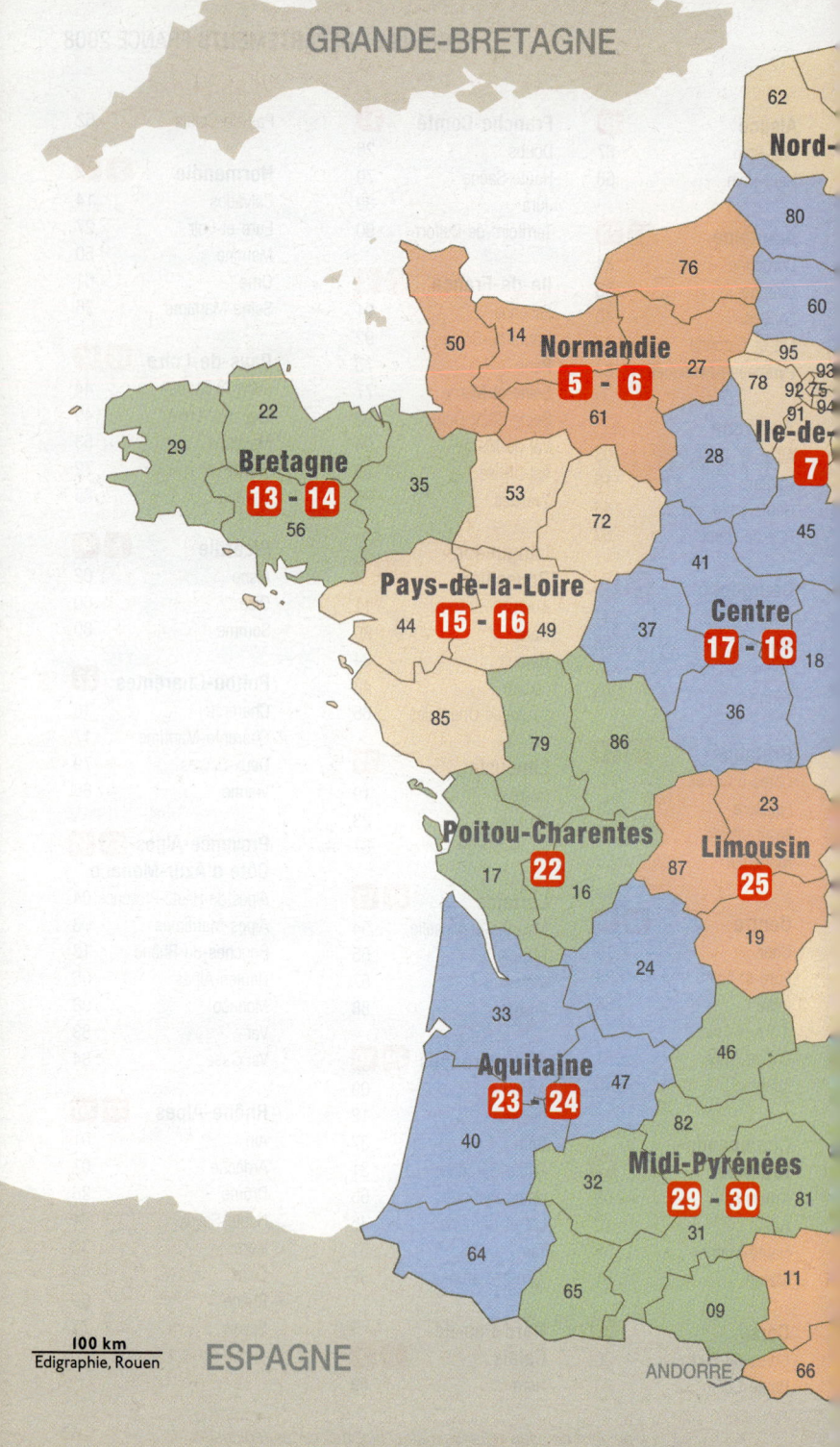

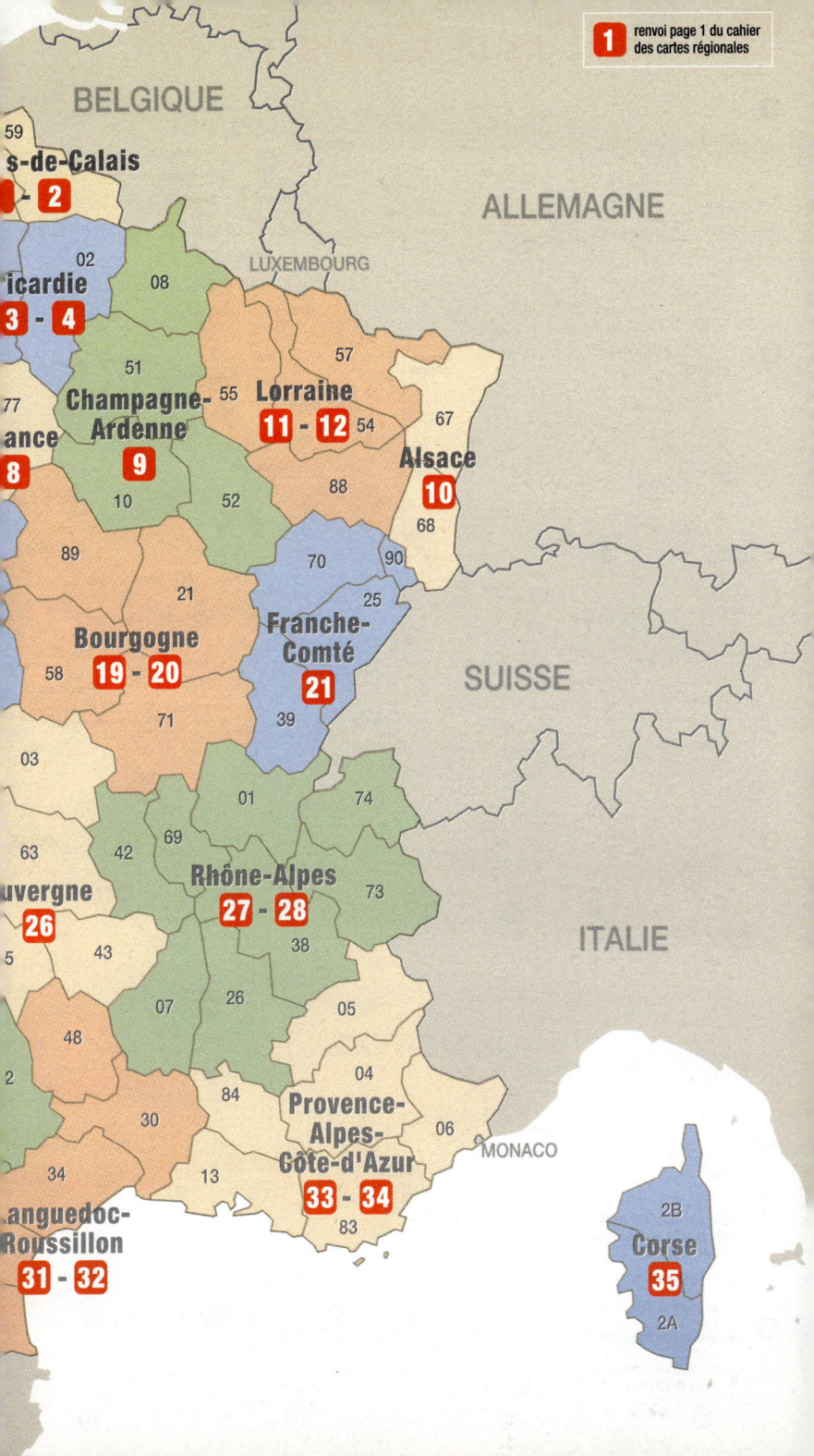

1 renvoi page 1 du cahier des cartes régionales

BELGIQUE

ALLEMAGNE

LUXEMBOURG

SUISSE

ITALIE

MONACO

59
s-de-Calais
1 - **2**

02
08
icardie
3 - **4**

77
51
Champagne-
55
Lorraine
57
67
ance
Ardenne
11 - **12**
54
Alsace
8
9
88
10
10
68

89
52
70
90
21
Franche-
25
Bourgogne
Comté
58
19 - **20**
21
71
39

03
01
74
63
42
69
Rhône-Alpes
73
uvergne
27 - **28**
26
38
5
43
07
26
05
2
48
04
84
Provence-
06
30
Alpes-
13
Côte-d'Azur
34
33 - **34**
anguedoc-
83
Roussillon
31 - **32**

2B
Corse
35
2A

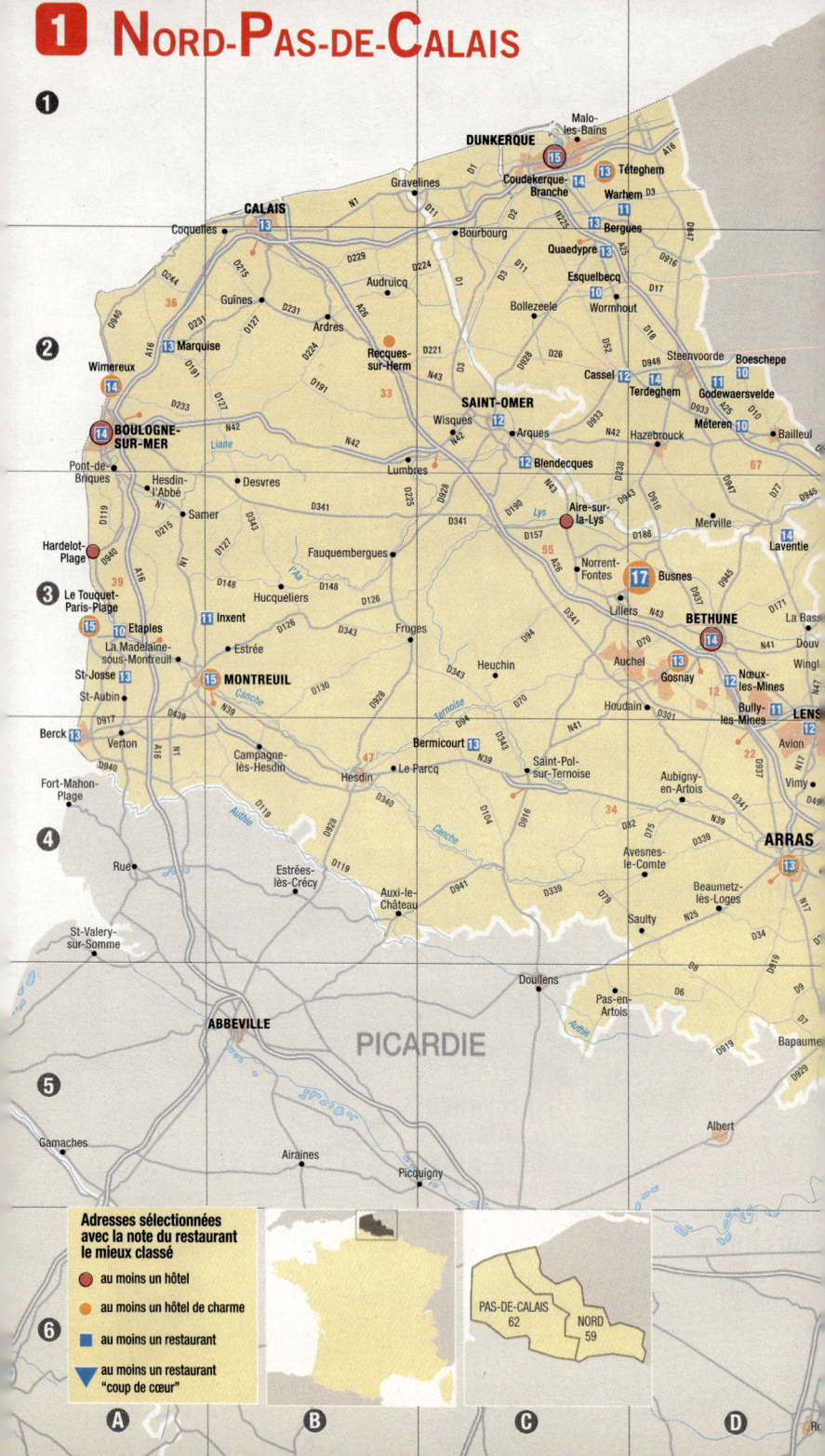

1 NORD-PAS-DE-CALAIS

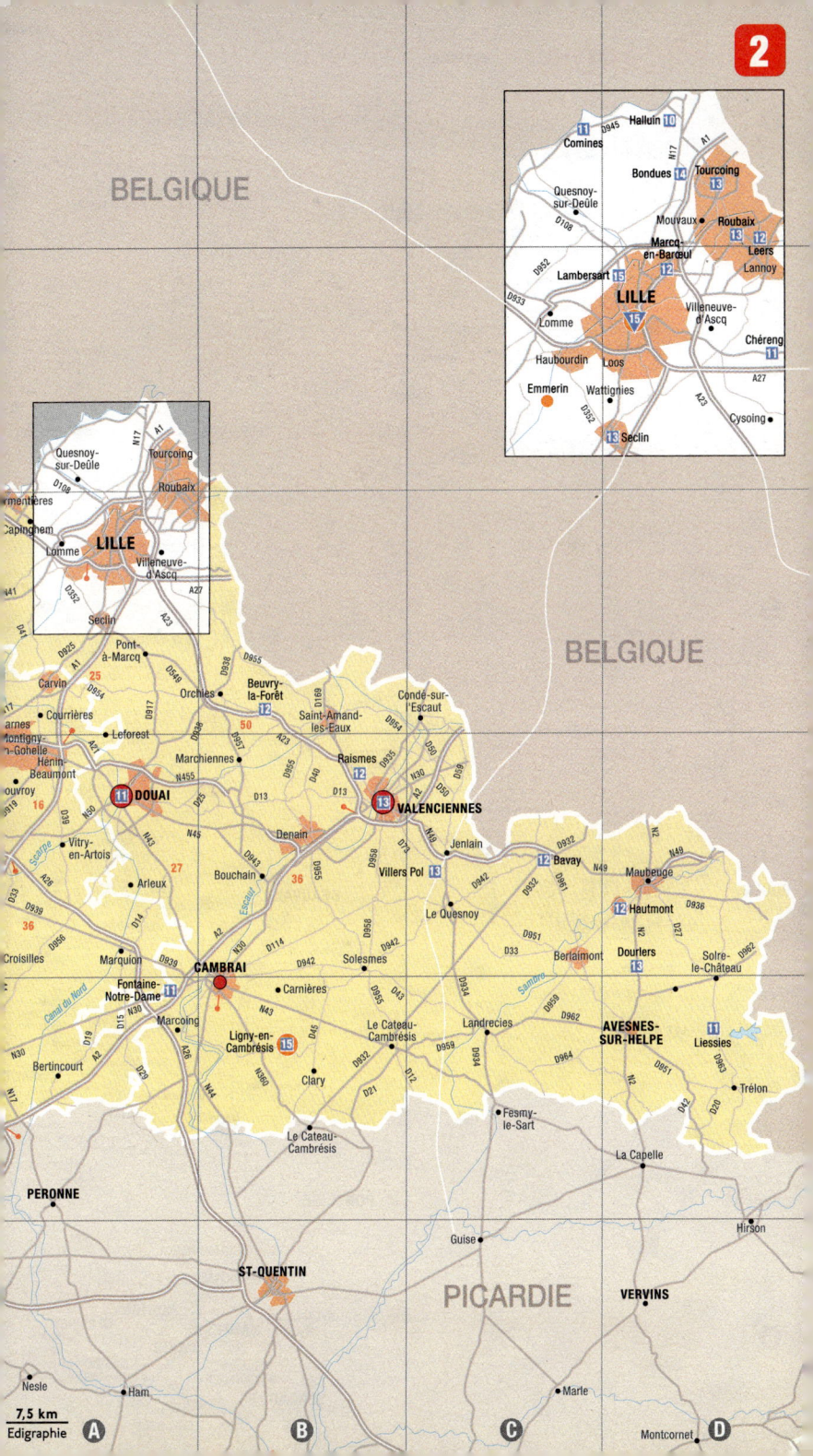

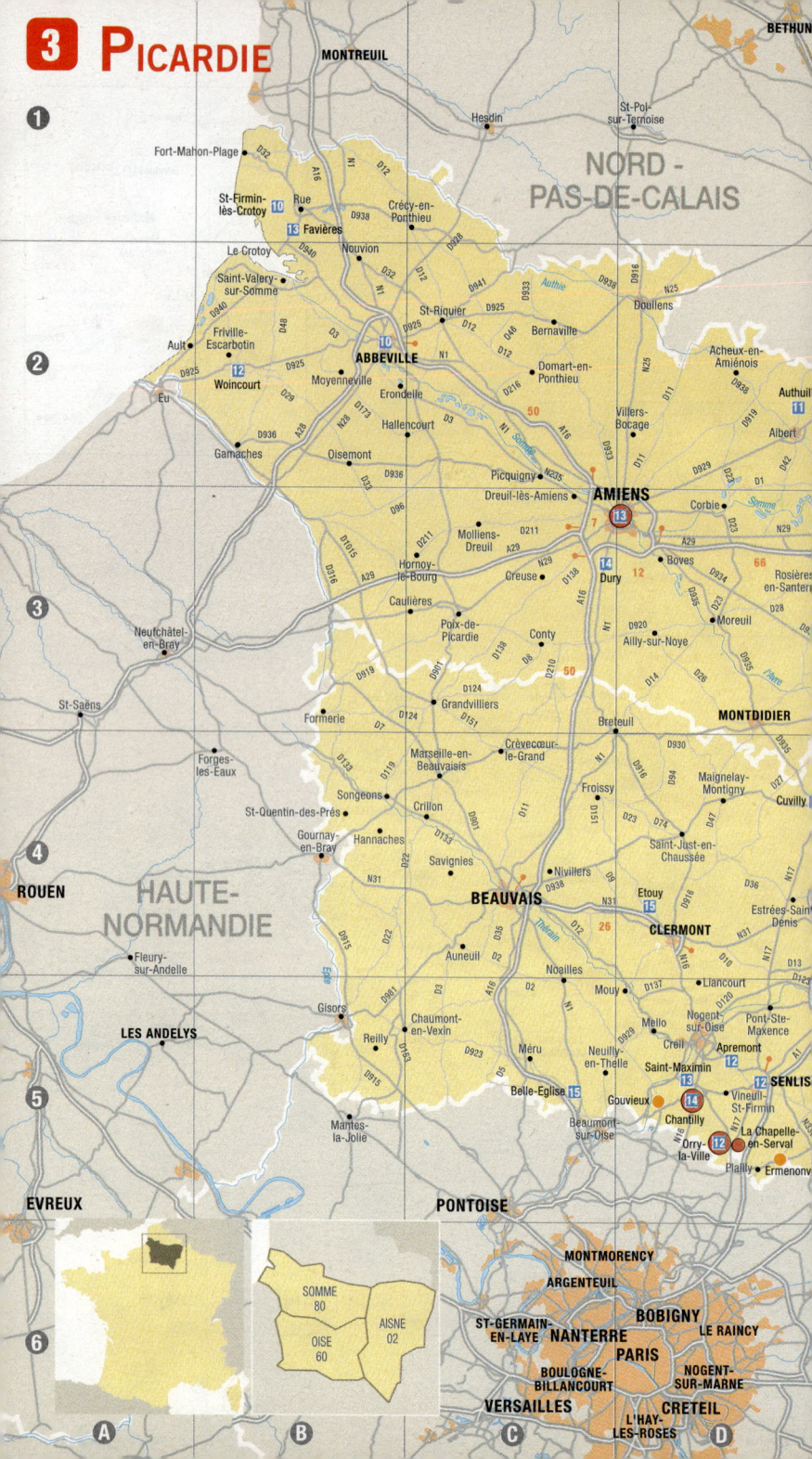

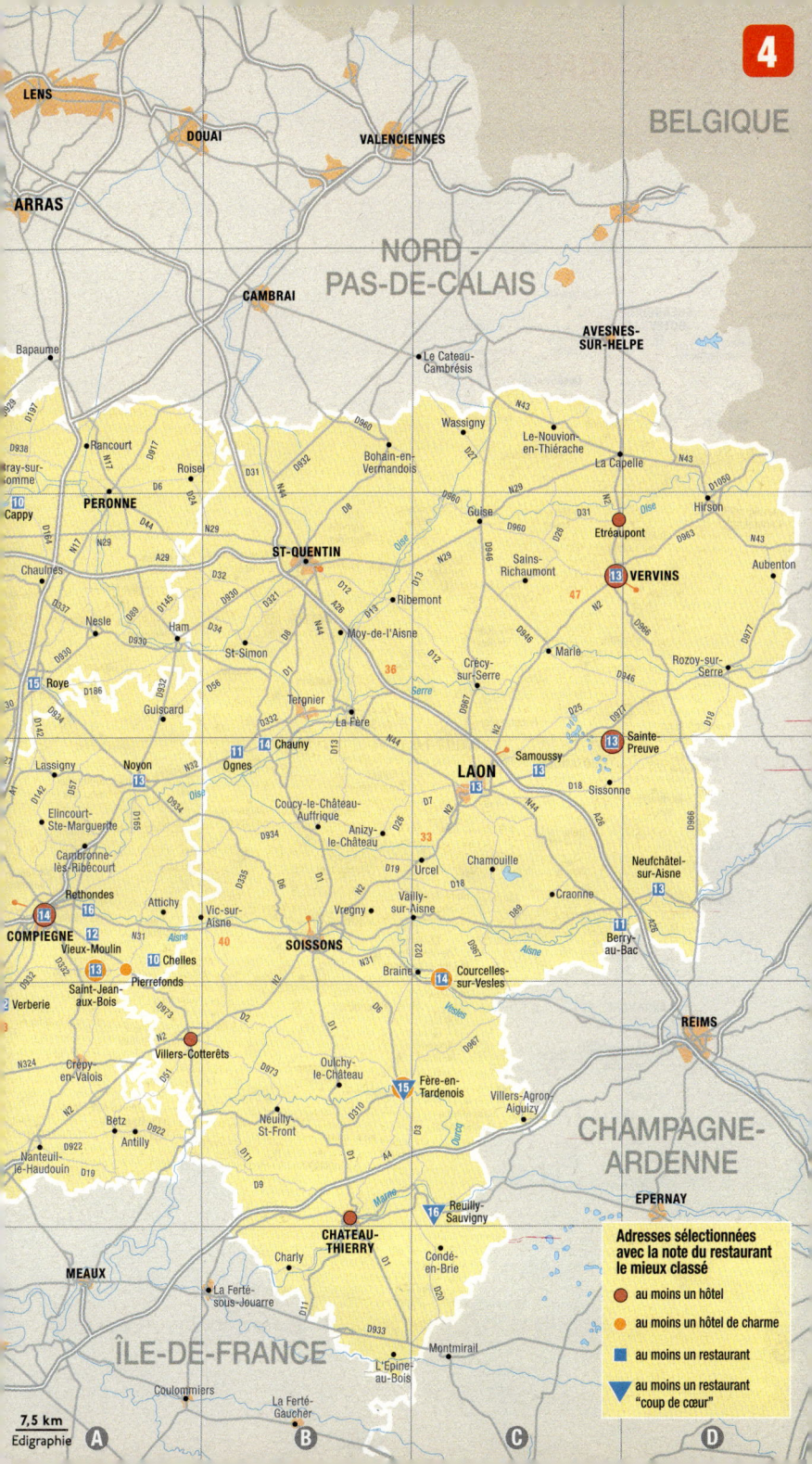

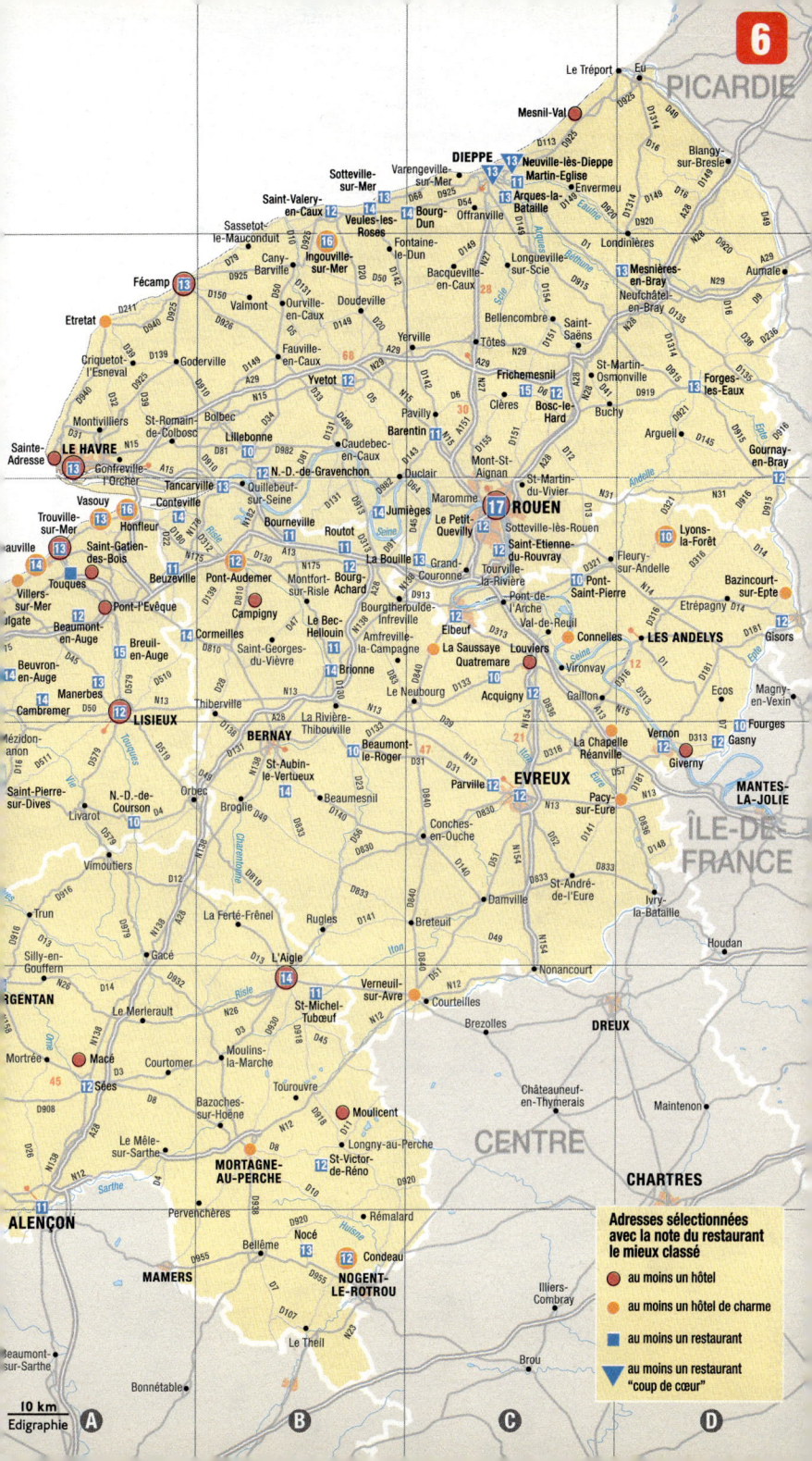

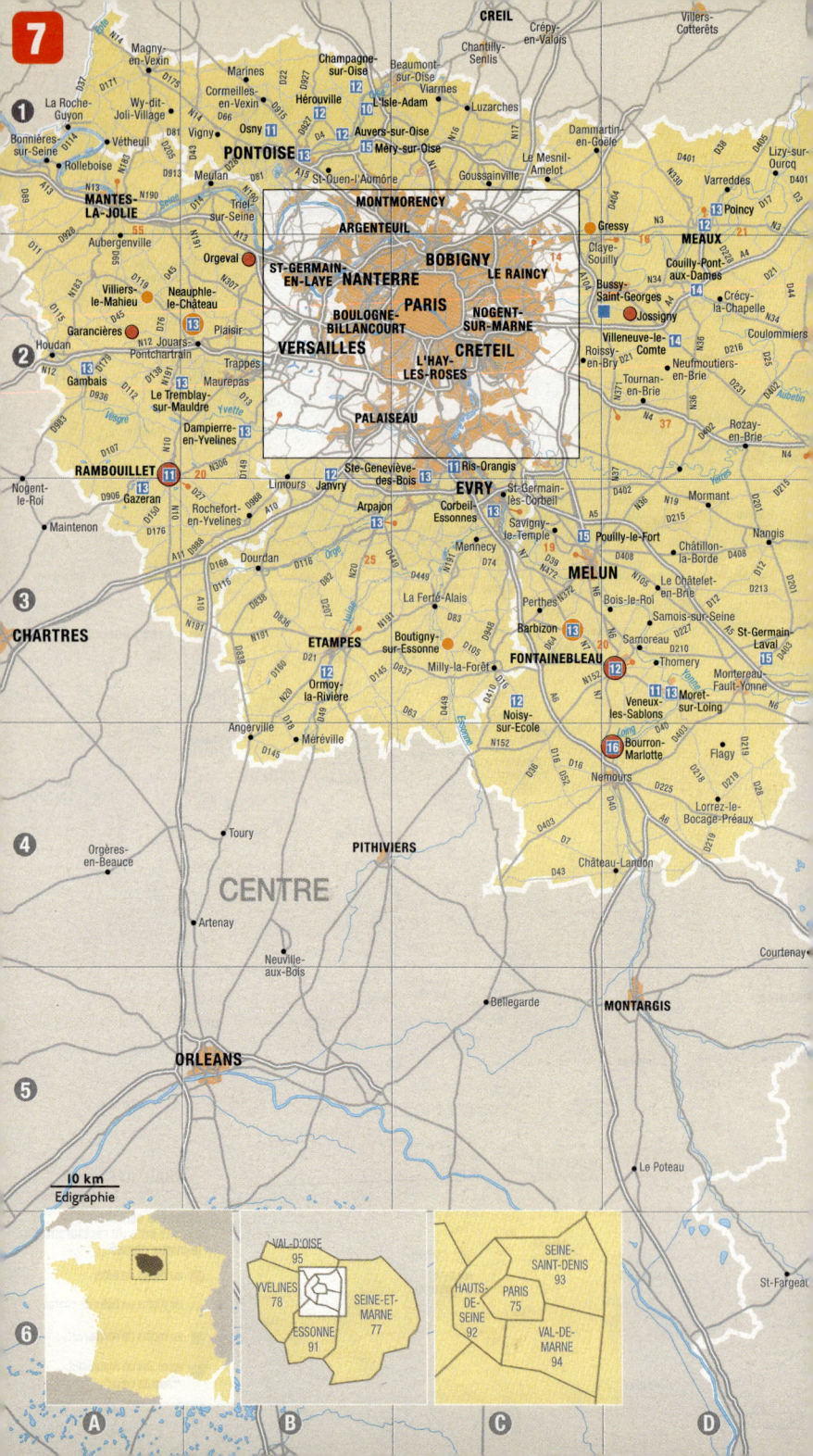

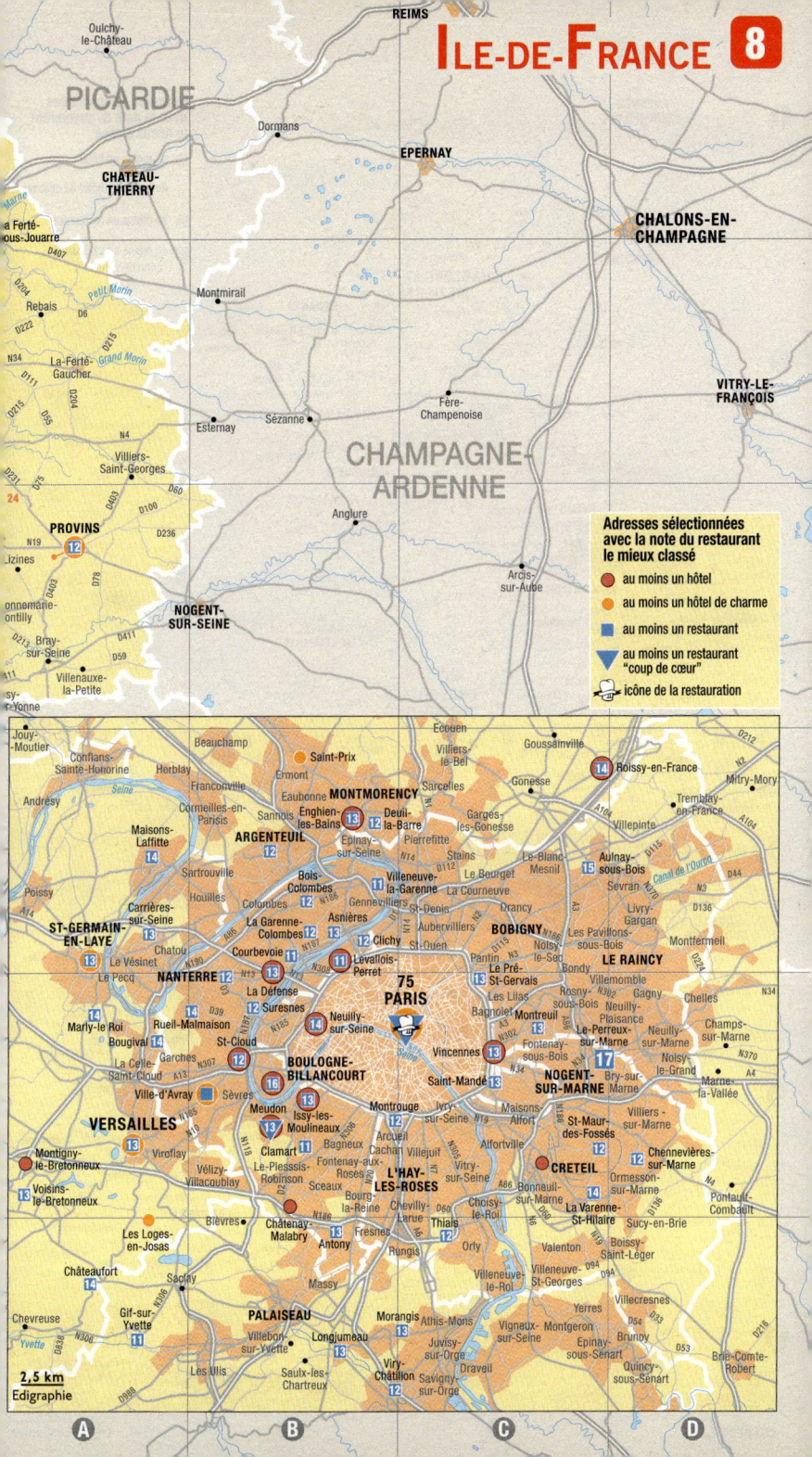

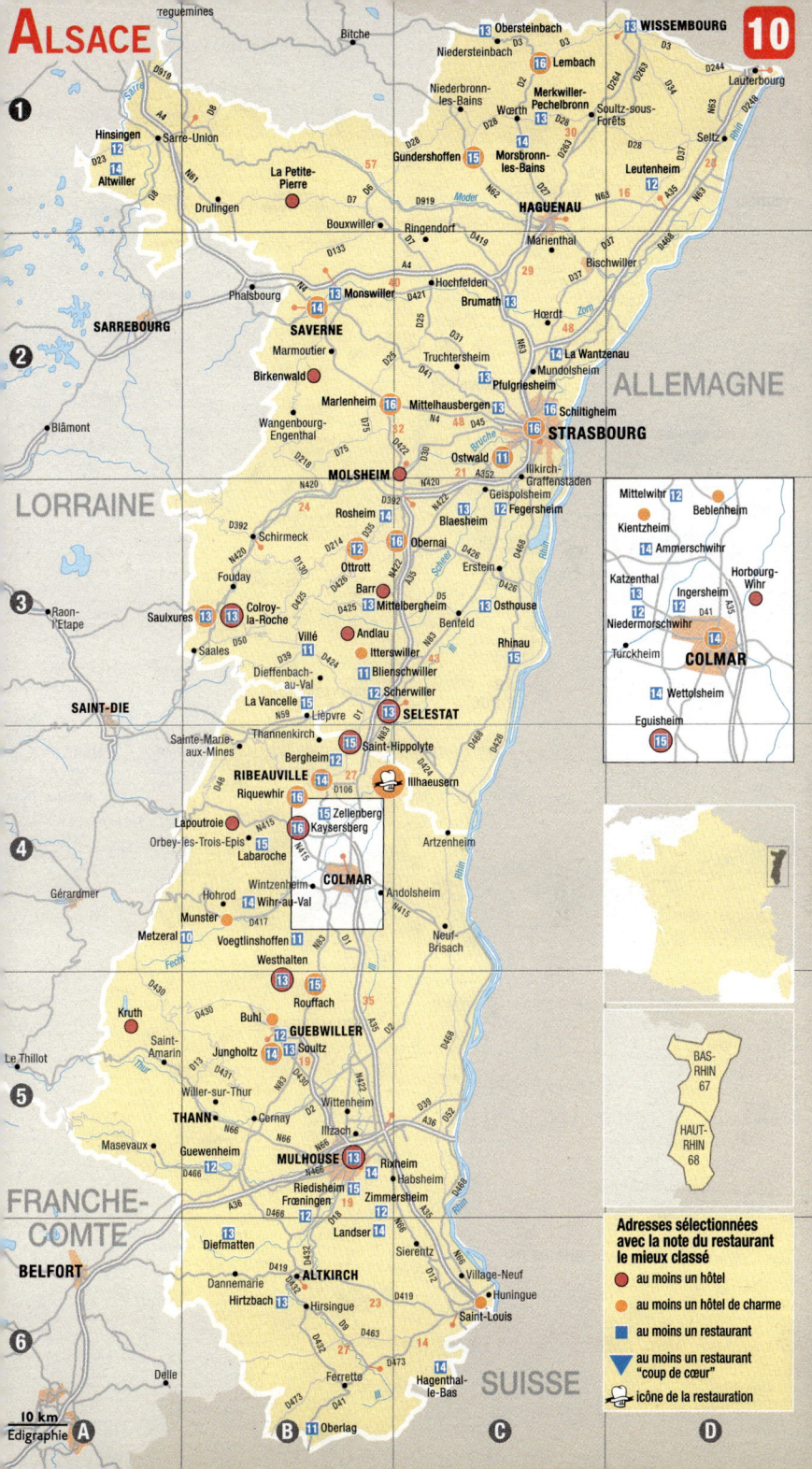

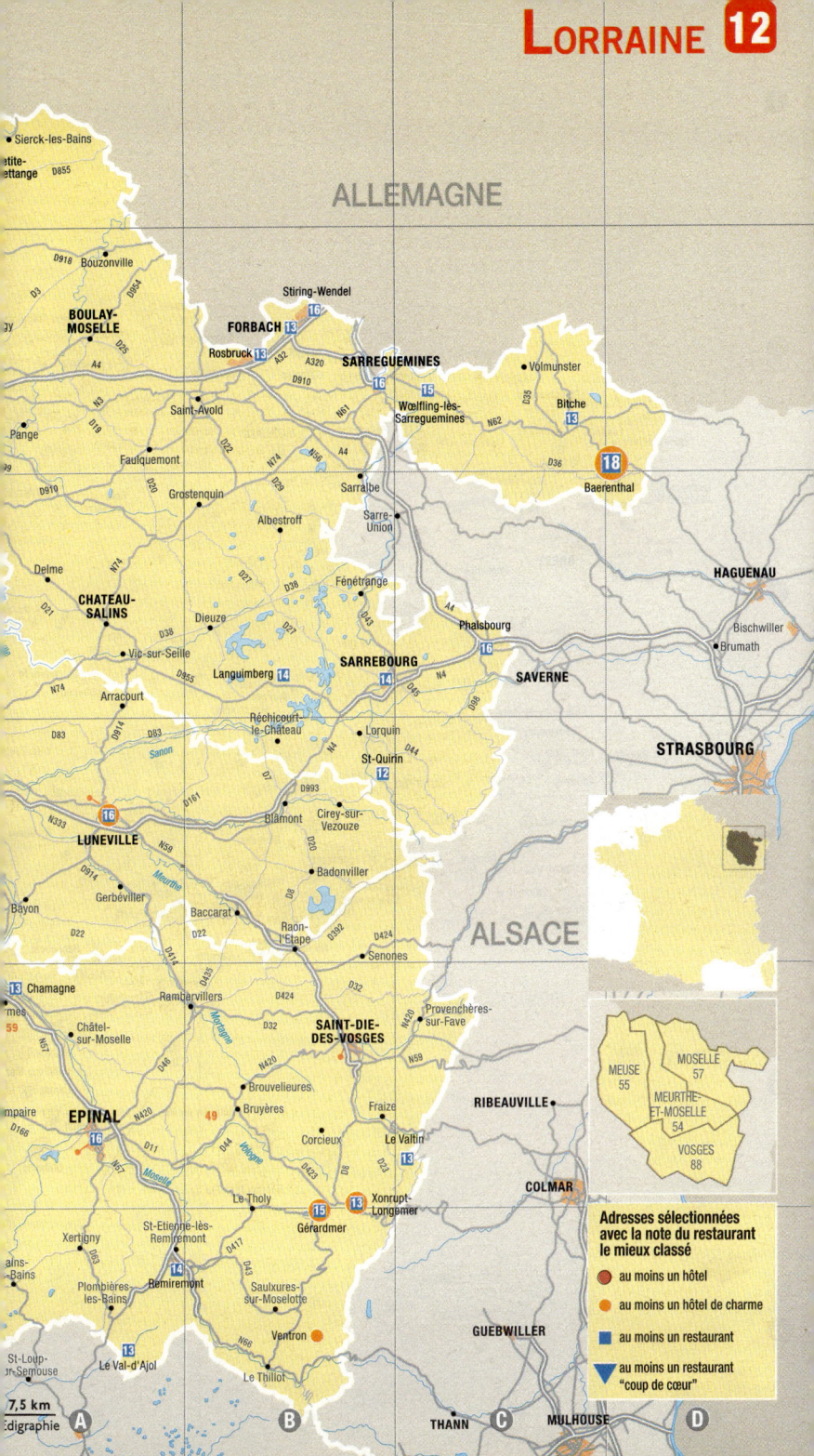

ALLEMAGNE

ALSACE

Sierck-les-Bains
etite-
ettange
D855

D918 Bouzonville
D954
gy

BOULAY-
MOSELLE

D25

Stiring-Wendel 16
FORBACH 13
Rosbruck 13

SARREGUEMINES

Volmunster
Bitche 13
Wœlfling-lès-
Sarreguemines 15
D35

Saint-Avold

Pange
D19

Faulquemont

Grostenquin

Sarralbe

Albestroff

Sarre-
Union

18
Baerenthal

HAGUENAU

Bischwiller
Brumath

Delme

CHATEAU-
SALINS

Dieuze

Fénétrange

Phalsbourg

SARREBOURG 14

SAVERNE

STRASBOURG

Vic-sur-Seille

Languimberg 14

Arracourt

Réchicourt-
le-Château

Lorquin

St-Quirin 12

16
LUNEVILLE

Blâmont

Cirey-sur-
Vezouze

Badonviller

Bayon

Gerbéviller

Baccarat

Raon-
l'Etape

Senones

13 Chamagne
mes
59

Châtel-
sur-Moselle

Rambervillers

SAINT-DIE-
DES-VOSGES

Provenchères-
sur-Fave

RIBEAUVILLE

mpaire
D166

EPINAL 16

Brouvelieures

Bruyères

49

Corcieux

Fraize

Le Valtin 13

COLMAR

Le Tholy

Xertigny

St-Etienne-lès-
Remiremont

15 Gérardmer 13

Xonrupt-
Longemer

ains-
Bains

Plombières-
les-Bains

Remiremont 14

Saulxures-
sur-Moselotte

GUEBWILLER

St-Loup-
ur-Semouse

Lé Val-d'Ajol 13

Ventron

Le Thillot

7,5 km
Edigraphie

A   B   C   D

THANN   MULHOUSE

MEUSE
55

MOSELLE
57

MEURTHE-
ET-MOSELLE
54

VOSGES
88

**Adresses sélectionnées
avec la note du restaurant
le mieux classé**

● au moins un hôtel

● au moins un hôtel de charme

■ au moins un restaurant

▼ au moins un restaurant
"coup de cœur"

14

Barneville-Carteret
Carentan
Lessay
SAINT-LO
COUTANCES
BASSE-NORMANDIE
Granville
Villedieu-les-Poêles
AVRANCHES
St-Hilaire-du-Harcouët
Louvigné-du-Désert
Parigné

Ploubazlanec
Paimpol
Plouha
Saint-Quay-Portrieux
anvollon
Piélo
Châtelaudren
jugat
Plérin
Ploufragan
ST-BRIEUC
Hillion
Quintin
Ploeuc-sur-Lié
Moncontour
Collinée
Uzel
Plouguenast
Mûr-de-Bretagne
Loudéac
TIVY
Rohan
Locminé
Josselin
Bignan
Saint-Jean-Brévelay
e-Anne-'Auray
Grand-Champ
Elven
uray
St-Avé
VANNES
Arradon
le aux Moines
Locmariaquer
Arzon
Port-avalo
Sarzeau
St-Gildas-de-Rhuys
Damgan
Muzillac
Billiers
La-Roche-Bernard

Sables-d'Or-les-Pins
Erquy
Pléneuf-Val-André
Plurien
Saint-Potan
Planguenoual
Plancoët
Lamballe
Pléven
Pléian-le-Petit
Jugon-les-Lacs
Broons
Caulnes
Merdrignac
La Chèze
La-Trinité-Porhoët
Mauron
Guilliers
Ploërmel
Guer
Maure-de-Bretagne
Malestroit
St-Martin-sur-Oust
Rochefort-en-Terre
Questembert
Allaire
La Gacilly
Bains-sur-Oust

ST-MALO
Dinard
St-Lunaire
Ploubalay
Saint-Servant
Pleurtuit
Plouër-sur-Rance
Dinan
Léhon
Cardroc
Saint-Méen-le-Grand
Montauban
Montfort
Treffendel
Pléian-le-Grand
Pont-Réan
Guichen
Bourg-des-Comptes
Pipriac
Grand-Fougeray
Bain-de-Bretagne
Le Sel-de-Bretagne
Blain
SAINT-NAZAIRE
La-Baule-Escoublac
NANTES

Cancale
St-Méloir-des-Ondes
La Gouesnière
Dol-de-Bretagne
Pleine-Fougères
Le Tronchet
Combourg
Bazouges-la-Pérouse
Antrain
St-Brice-en-Coglès
Plesder
Évran
Tinténiac
Bécherel
Hédé
St-Aubin-d'Aubigné
La-Mézière
Betton
Liffré
St-Grégoire
Cesson-Sévigné
Noyal-sur-Vilaine
Châteaubourg
Vitré
St-Didier
RENNES
Chartres-de-Bretagne
Châteaugiron
Domagné
Janzé
Retiers
La Guerche-de-Bretagne
Bourg-des-Comptes
Mordelles
FOUGERES
Saint-Aubin-du-Cormier
Argentré-du-Plessis
CHATEAUBRIANT
Candé
PAYS-DE-LA-LOIRE
RÉDON

Adresses sélectionnées avec la note du restaurant le mieux classé
● au moins un hôtel
● au moins un hôtel de charme
■ au moins un restaurant
▼ au moins un restaurant "coup de cœur"

10 km
Édigraphie

A   B   C   D

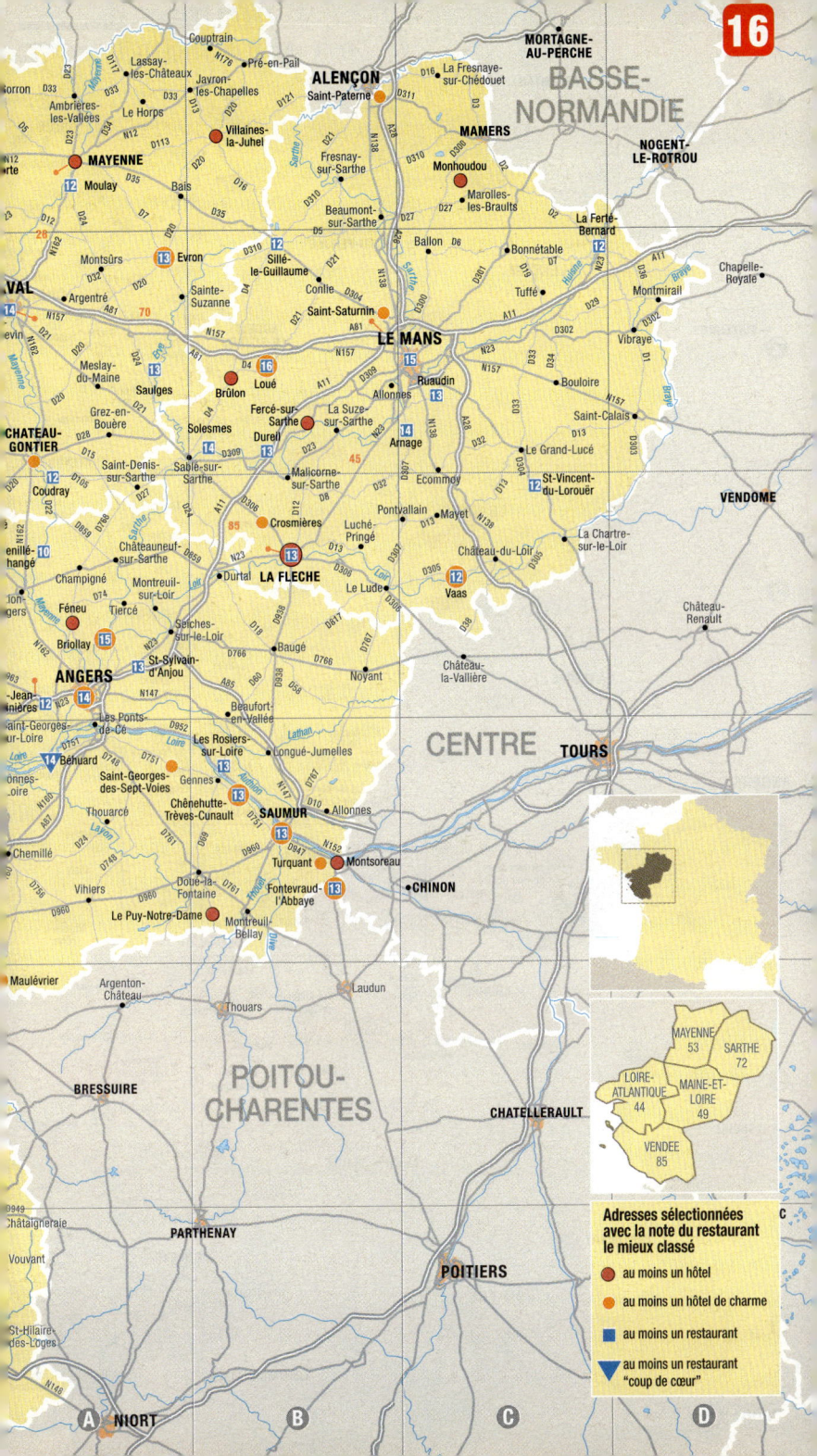

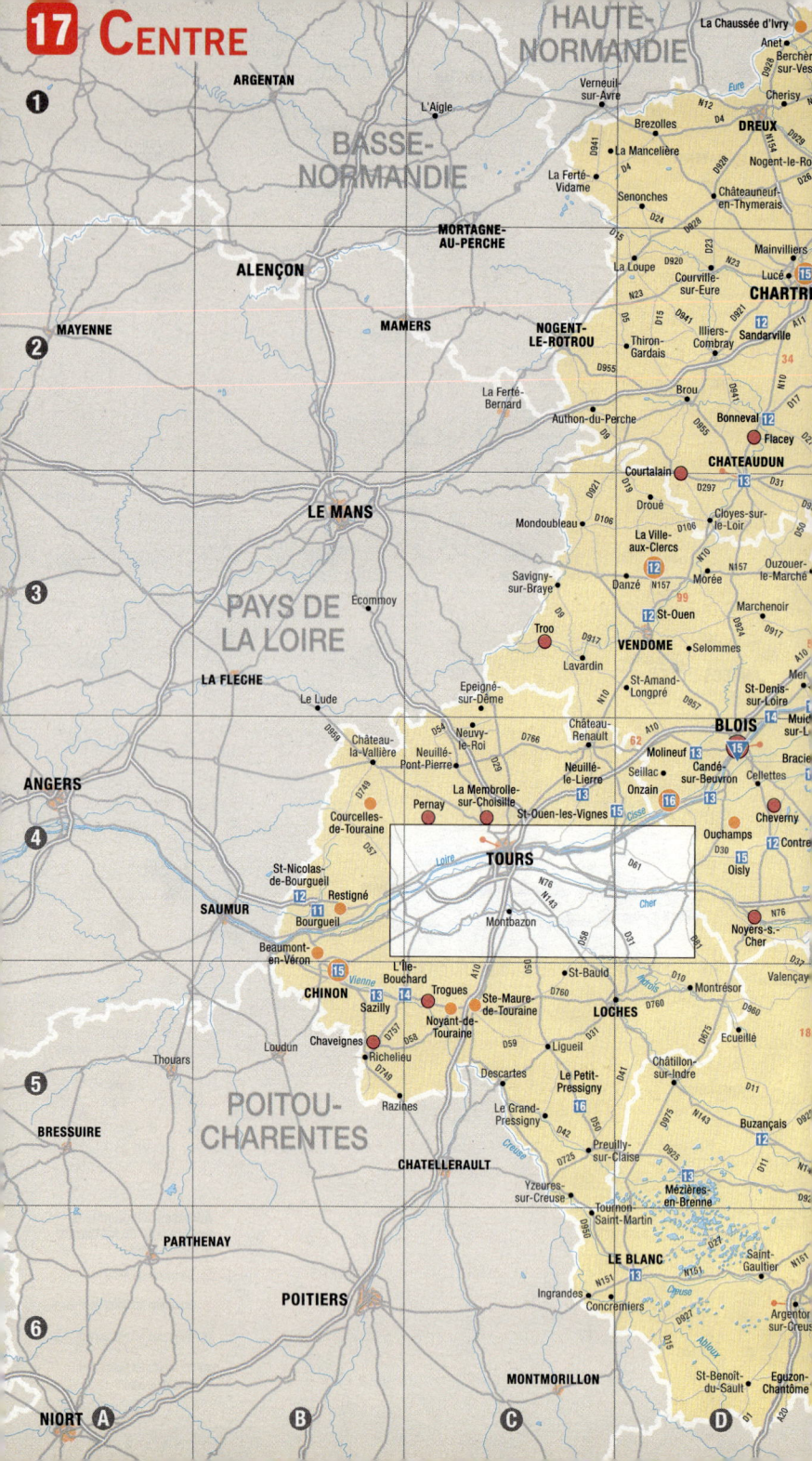

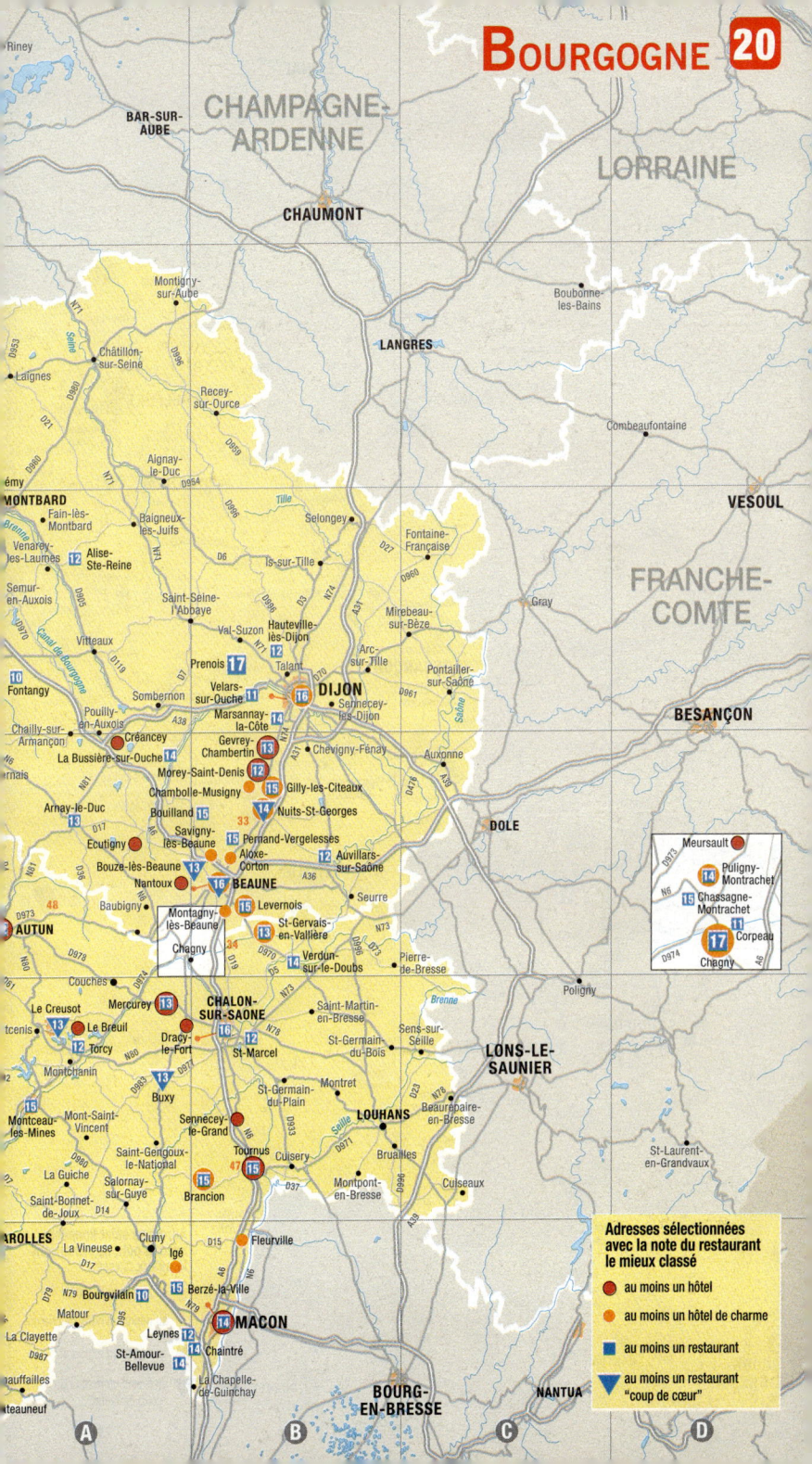

BOURGOGNE 20

23 AQUITAINE

ROYAN

COGNAC

POITOU-
CHARENTES

1

2

GIRONDE
33

DORDOGNE
24

LOT-ET-
GARONNE
47

LANDES
40

PYRÉNÉES-
ATLANTIQUE
64

Adresses sélectionnées
avec la note du restaurant
le mieux classé

3

● au moins un hôtel

● au moins un hôtel de charme

■ au moins un restaurant

▼ au moins un restaurant
"coup de cœur"

4

5

ESPAGNE

6

Soulac-
sur-Mer

Saint-Vivien-
de-Médoc

Gaillan-
en-Médoc 12

LESPARRE-
MEDOC

Saint-Ciers-
sur-Gironde

Pauillac 19

St-Palais

St-Julien-Beychevelle 13

Lacanau-
Océan

Étang de
Hourtin-
Carcans

BLAYE

St-Savin

Arcins 13

Montguyon

Coutra

Castelnau-
de-Médoc 13 13

St-André-
de-Cubzac

La Rivière

Margaux

Blanquefort

LIBOUR

Fronsac

Étang de
Lacanau

St-Aubin-de-Médoc 11 14 Lormont

Saint-Médard-
en-Jalles

Cénon

St-Émilion 17

Lège-
Cap-Ferret

BORDEAUX 17 15

Le Bouscat

Saint-Jean-
de-Blaignac

Pessac 17

Bouliac

Sauveterre-
de-Guyenne

Taussat 12

Martillac 15

Arbis

Coira

Arcachon 13

Bassin
d'Arcachon

Lanton

Podensac 37

Cadillac

Pyla-sur-Mer 13

Gujan-Mestras

St-Macaire

La Réol

Belin-Béliet

Sauternes 14

LANGON 15

N113

Étang de Cazaux
et de Sanguinet

Villandraut

Auro

Biscarrosse 13

Saint-
Symphorien

Bazas 15

Étang de
Biscarrosse
et de Parentis

Parentis-
en-Born

Pissos

Grignols

Étang
d'Aureilhan

Sore

Captieux

Mimizan

Sabres 15

Labrit

Roquefort

Morcenx

Betbezer-
d'Armagnac

Uchacq-
et-Parentis

St-Justin

Cazaubo

Castet

Étang de
Léon

Pontonx-
sur-l'Adour

Tartas

MONT-DE-
MARSAN 14

Villeneuve-
de-Marsan 13

Magescq 15

Étang de
Soustons

St-Paul-
lès-Dax

Mugron

Mazerolles 12

Grenade-
sur-l'Adour 15

Hossegor 13

Soustons

St-Sever 12

Capbreton

DAX 14

Montfort-en-
Chalosse

Eugénie-
les-Bains 19

St-Vincent-
de-Tyrosse

Saubusse

Pouillon 13

Hagetmau 14

Aire-sur-
l'Adour

Anglet
Biarritz

Peyrehorade

Amou

Geaune

BAYONNE 14

Urt 14 Bidache

Orthez

Arzacq-
Arraziquet

Garlin

St-Jean-
de-Luz

La Bastide-
Clarence

Castagnède Salies-
de-Béarn

106

Arthez-
de-Béarn

Méracq

Lembeye

Hendaye

Ustaritz

Macaye 12

St-Martin-
d'Arberoue

Lagor

Thèze

Hasparren

Laas

Navarrenx

Hélette

Iholdy

Monein

Montane

Ossès 12

Mauléon-
Licharre

L'Hôpital-
St-Blaise

Jurançon

Lescar

PAU 15

St-Etienne-
de-Baigorry 13

St-Jean-
Pied-de-Port 15

Barcus 12

Lasseube

Gan 10

TARBES

Esquiule

OLORON-
STE-MARIE 14

Bosdarros

Lestelle-
Bétharram 12

Estérençuby

Tardets-
Sorholus

Lurbe-
St-Christau 15

Arudy

Bielle 12

ARGELES-
GAZOST

Larrau 14

Osse-
en-Aspe

Accous

Laruns

Gabat

15 km
Edigraphie A

B

C

D

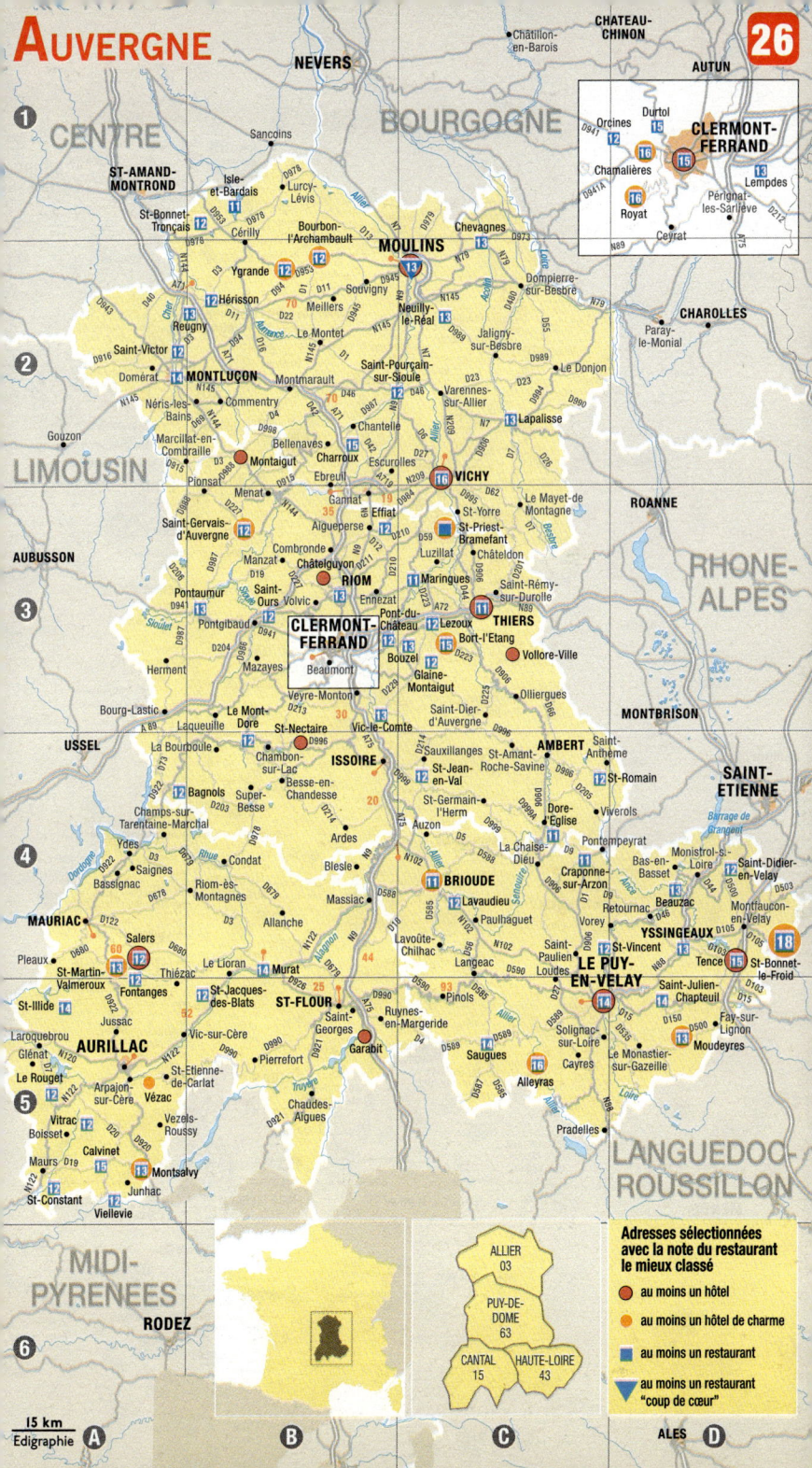

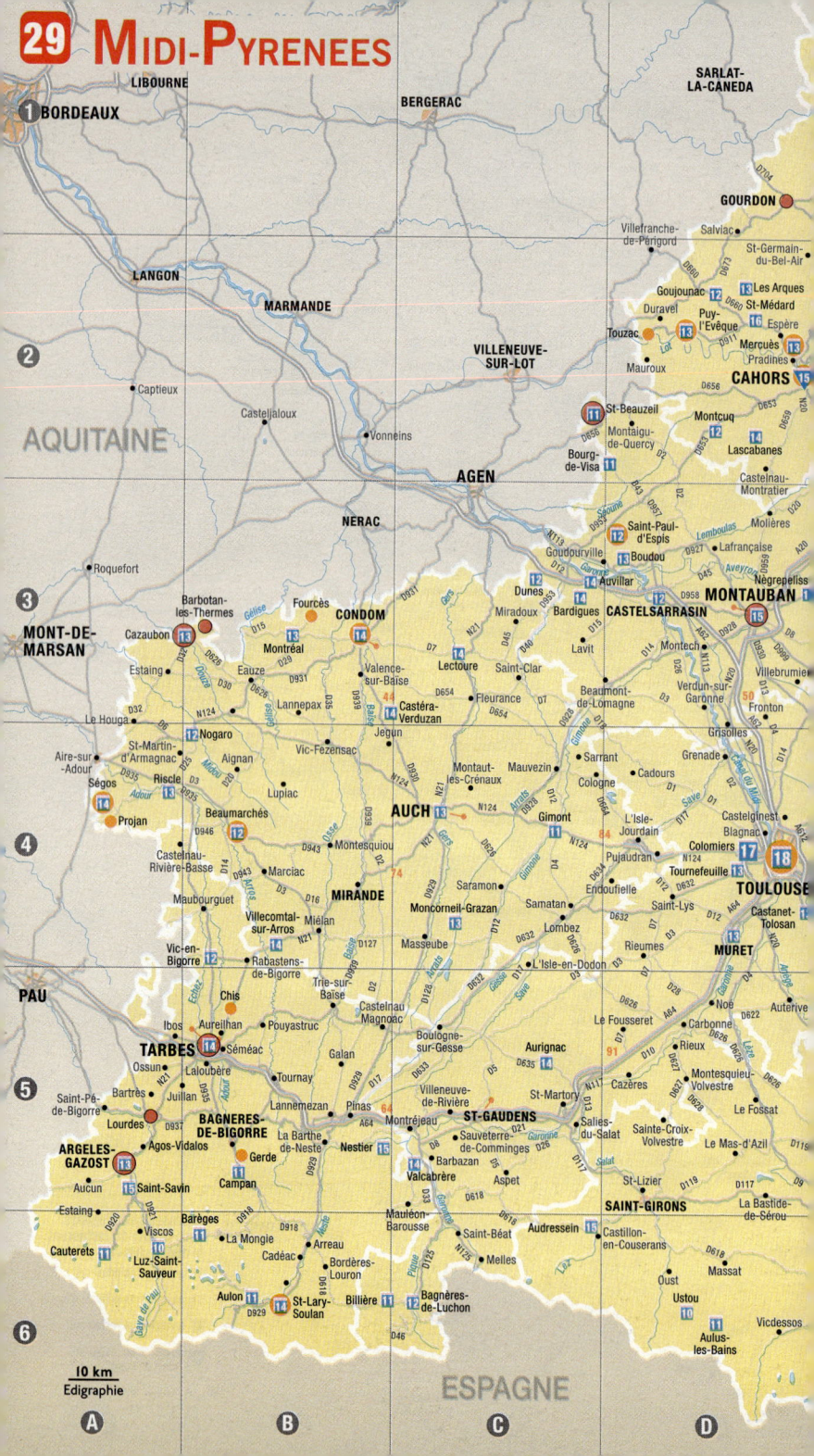

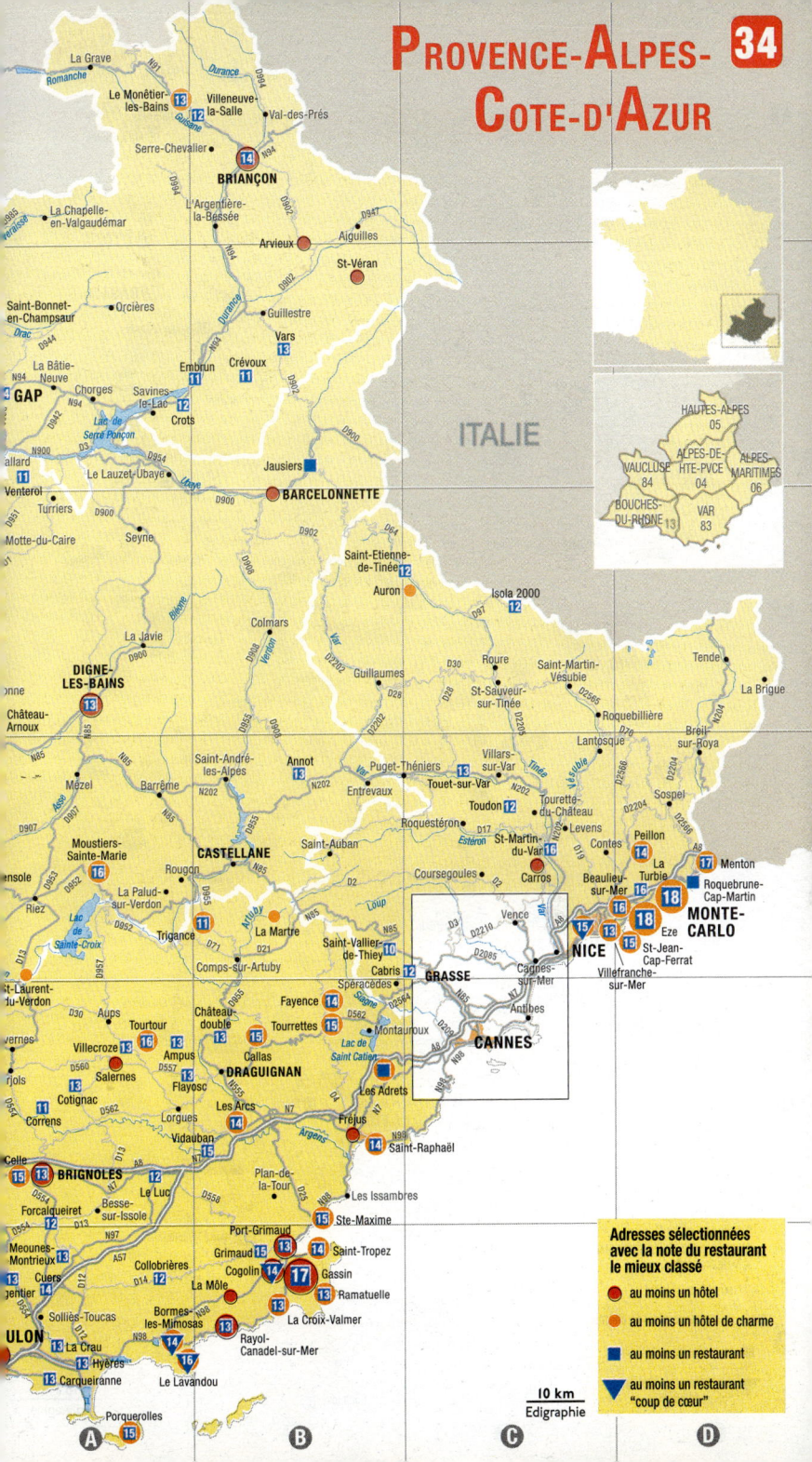

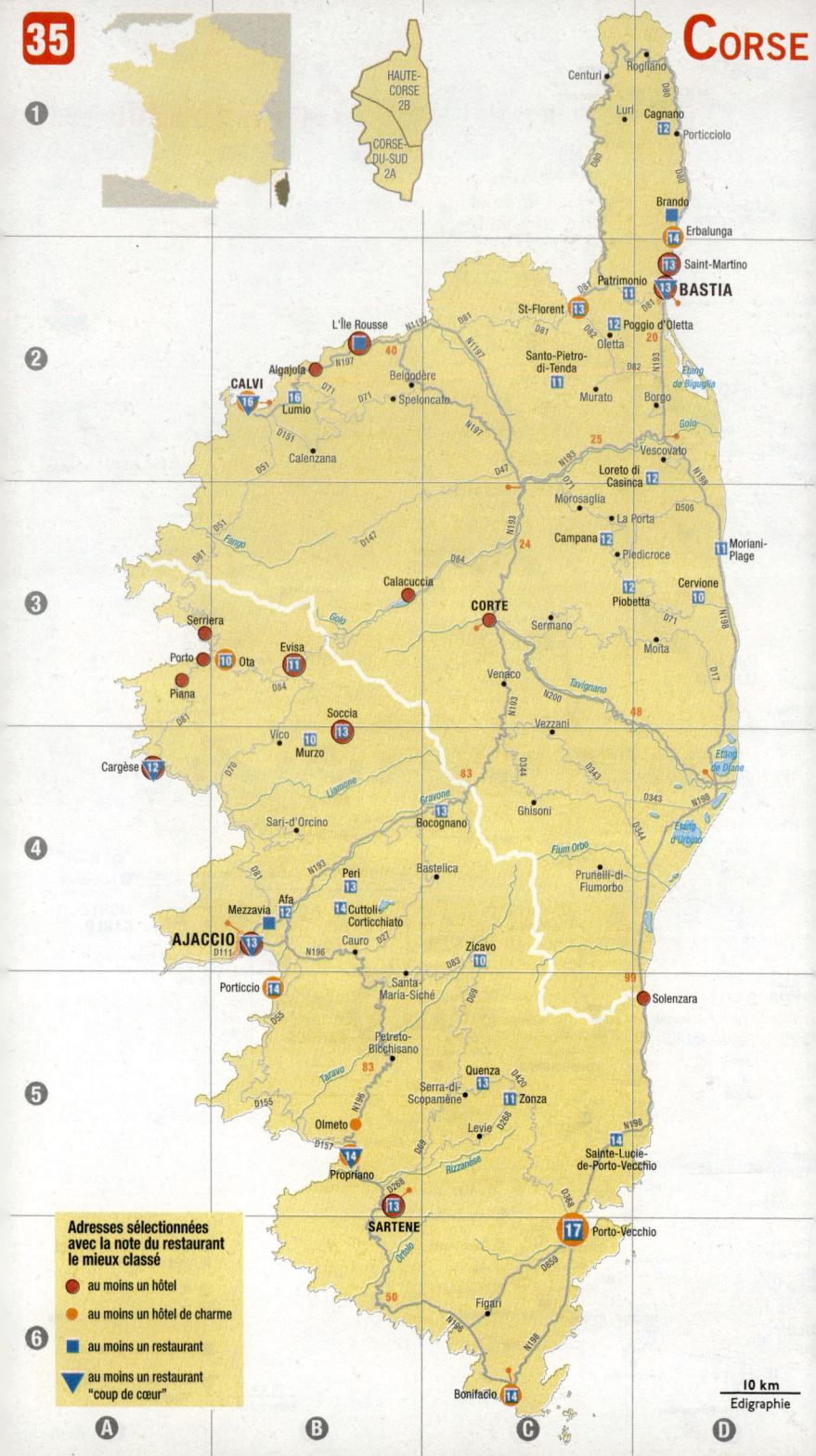

CORSE

35

HAUTE-CORSE
2B

CORSE-DU-SUD
2A

Centuri
Rogliano
Luri
Cagnano
12 Porticciolo
Brando
14 Erbalunga
13 Saint-Martino
Patrimonio 11 13 BASTIA
St-Florent 13
12 Poggio d'Oletta
Oletta
L'Île Rousse 11 Santo-Pietro-di-Tenda
40 11 Murato
Algajola Belgodère
CALVI 16 Lumio Speloncato
16 Murato Borgo
Calenzana
Vescovato
Loreto di Casinca 12
Morosaglia
La Porta
Campana 12 Piedicroce
11 Moriani-Plage
Calacuccia
12 Piobetta
Cervione 10
CORTE
Serriera Sermano
Evisa Moïta
Porto 10 Ota 11
Piana Venaco
D84
Soccia
Vico 13
Murzo 10
Vezzani
Ghisoni
Cargèse 12
Bocognano
Sari-d'Orcino
Peri
Bastelica
13 Prunelli-di-Fiumorbo
Mezzavia Afa
AJACCIO 13 12 Cuttoli-Corticchiato
14 Cauro
Zicavo
Porticcio 14 10
Santa-Maria-Siché
99 Solenzara
Petreto-Bicchisano
Quenza
Serra-di-Scopamène 13
Olmeto 11 Zonza
Levie
Sainte-Lucie-de-Porto-Vecchio 14
14 Propriano
SARTENE 13
17 Porto-Vecchio
Figari
Bonifacio 14

Adresses sélectionnées avec la note du restaurant le mieux classé

● au moins un hôtel
● au moins un hôtel de charme
■ au moins un restaurant
▼ au moins un restaurant "coup de cœur"

10 km
Edigraphie

ABBEVILLE - 80100 (3 B 2)
Amiens 47 - Dieppe 63

10 **La Corne le Bistrot**

L'ancien relais de poste est depuis longtemps le chantre d'une cuisine de bistrot, portions généreuses et préparations classiques, et les filets de hareng pommes à l'huile, l'entrecôte béarnaise ou la ficelle picarde calment efficacement les appétits des voyageurs. La pêche du jour réserve aussi souvent de bonnes surprises.
C : 30 € • M : 21 € mlematelot@aol.com

→ 32 chaussée-du-Bois
☎ 03 22 24 06 34
F. w.-e. et vac. scol. Noël.
Jusqu'à 21h30.

L'ABERGEMENT CLEMENCIAT - 01400 (27 D 2)
Bourg-en-Bresse 29 - Mâcon 24

14 **Le Saint-Lazare**

Des chantillys, des émulsions, des sauces badiane pour les poissons de lac, le chef ne manque pas d'idées pour retailler le costume traditionnel dans une coupe plus élégante et moderne. Ce qu'il réussit plutôt bien à partir des standards régionaux, volailles de Bresse, sandre de Saône, grenouilles. Menus bien faits, cuissons justes et précises, accueil plein d'aisance et cave bien présentée, visant aussi bien la région que les périphériques.
C : 60 € • M : 36-82 € lesaintlazare@aol.com

→ ☎ 04 74 24 00 23
F. dim. à dîn., merc., jeudi, vac. scol. fév., 2e quinz. juil. et 1 sem. Noël.
Jusqu'à 20h30.

ACQUIGNY - 27400 (6 C 3)
Lisieux 79 - Louviers 4 - Rouen 36

12 **Hostellerie d'Acquigny**

Rattrapée par son allure et son atmosphère de tradition, cette hostellerie (pourquoi ne pas la débaptiser, ce terme est tellement démodé) peine à se régénérer, après de bons débuts. L'accueil manque de chaleur et la cave de recherche mais le chef, adroit et appliqué, se démène pour maintenir un niveau de toque, dans une veine classique de produits raisonnablement simples permettant des tarifs accessibles : tarte fine aux sardines bien faite, suprême de pintade à l'andouille de Vire bien normande et nougat glacé correct.
C : 46 € • M : 27-42 €

→ 1 rue d'Evreux
☎ 02 32 50 20 05
F. dim. à dîn., lundi, mardi à dîn., vac. scol. fév. et 3 sem. après 14 juil.
Jusqu'à 21h30.

LES ADRETS - 83600 (34 B 5)
Toulon 102 - Saint-Raphaël 20

? **Auberge des Adrets**

Eric Manent, ancien du Negresco, de l'Oasis et du Belvédère (à Porto-Vecchio) n'aura pas occupé longtemps la place laissée vacante par Christian Née, lui-même (re) parti pour la Pyramide à Vienne. Installé depuis le mois de mai, Dominique Champroux, au parcours essentiellement germanique, est désormais en place en cuisine avec, comme mission, la charge de stabiliser le restaurant. Nous suspendons pour le moment la note (14/20 l'an dernier ce qui, selon nos dernières impressions, demeure d'actualité) en attendant justement de constater une réelle continuité.
C : 75 € • M : 45 € www.auberge-adrets.com

→ Auberge des Adrets, N 7
☎ 04 94 82 11 82
F. dim. à dîn. et lundi (sf juil.-août à dîn.), 13 oct.-10 avril.
Jusqu'à 21h30.

Auberge des Adrets

Vouée à l'accueil des voyageurs depuis le XVIIe siècle, la maison résonne de mille et une histoires. Posé au bord de la RN7, le domaine déroule à flanc de colline pelouses, piscine et jardin, tandis qu'à l'intérieur, la décoration des dix belles chambres personnalisées cultive une patine à la fois historique et empreinte de douceur de vivre.
10 ch. 118-256 € www.auberge-adrets.com

→ Auberge des Adrets RN 7
☎ 04 94 82 11 82
🖳 04 9482 11 80
F. 13 oct.-11 avril.

AFA - 20167 (35 B 4)
Ajaccio 10 - Corte 71

12 **L'Auberge d'Afa**

Au-dessus d'Ajaccio, Alain Malaclet travaille la Corse comme un terroir qui lui fournit de beaux produits, mais n'entend pas se limiter à envoyer l'assiette de charcuterie. Cuisinier plus encore qu'aubergiste, il compose donc de belles assiettes, où les saveurs corses sont une ponctuation : les figues pochées au Cap Corse avec le foie gras, le miel de châtaignier avec le mignon de porcelet ou les rigatoni à l'araignée de mer. De quoi contenter le touriste autant que l'habitué, avec en prime une intéressante sélection de vins de l'île.
C : 42 € • M : 20-30 €

→ ☎ 04 95 22 92 27
F. lundi.
Jusqu'à 22h.

AGDE - 34300 (32 A 4)
Montpellier 59 - Sète 23

13 **La Table de Stéphane**

Ils sont chez eux, et ça change tout explique Caroline Lavaux. Avec son époux Stéphane, ils ont trouvé aux portes d'Agde une jolie maison neuve dans un quartier qui devrait s'embellir au fil du temps et ne se réserve pas aux touristes comme lorsqu'ils étaient au Cap d'Agde. Le chef n'a perdu ni la main ni les bonnes intentions. Idées généreuses, associations dans l'air du temps : des saint-jacques bien cuites sur une purée de fèves et raviolis de champignons - un ensemble sympathique qui manque un peu de finesse - un excellent rouget, comme un sandwich, sur un lit de légumes cuits et crus, avec un cannelloni d'escargots et des desserts dans la même recherche (bonbon de pruneau sur une mousse menthe, déclinaison de clémentine…). Il faut aussi y aller pour la cave régionale courte mais hyper-actuelle, avec toute la jeune garde (Roure, Péchigo, Nicq, Sénat, Magnon) et les grands qui inspirent le respect (Vaillé, Barral, Soria…). Un vrai plaisir pour l'amateur qui peut toucher des merveilles méconnues à tarifs avantageux.
C : 45 € • M : 25-59 €

→ 2 rue des Moulins à Huile
☎ 04 67 26 45 22
F. sam. à déj., dim. à dîn.
lundi, 2-12 janv. et vac. scol.
fév.
Jusqu'à 22h.

www.latabledestephane.com

- -

Le K'lamar

Nouvelle direction et nouvelle orientation pour cette enseigne joliment placée sur le quai de la Tamarissière, au bord de l'Hérault. Une carte fusionnante multipliant les ingrédients dans une ambiance lounge rajeunit notablement les lieux, les saveurs sudistes restant prioritaires : piquillos farcis à la mousse de chèvre, tagliatelles de supions à l'encre de seiche et piment d'Espelette, mille-feuille de magret en croûte de pain d'épice jus gingembre et sésame, risotto aux cèpes et tagliatelle de courgettes au soja doux. Cave aux choix personnels, assez intéressante (Pechigo, Domaine Magellan, Laguerre...).
C : 28 € • M : 23-32 €

→ 33 quai Théophile-Cornu,
lieu-dit la Tamarissière
☎ 04 67 94 05 06
F. sam. à déj., lundi à déj.
(saison), mardi à déj., merc.
(h.s.) et déc.-fév.
Jusqu'à 22h30.

www.restaurant-klamar.com

Villes de proximité, voir :

G/M

AGEN - 47000   **(24 B 4)**
Paris 733 - Auch 71 - Périgueux 139

16 🍴 ⋛ Mariottat

Une véritable oasis au cœur de la ville, une enclave gourmande et luxueuse coupée de toute agression extérieure et dotée d'un parc protégé de la rue par de hauts murs. Eric et Christiane Mariottat érigeraient-ils la discrétion comme principale vertu ? Ou bien seraient-ce les ruines du cloître des Capucins, sur lesquelles cette belle demeure bourgeoise fut reconstruite, qui baigneraient encore aujourd'hui les lieux d'une quiétude inébranlable ? Le couple ne fait en tout cas jamais de vague, accueillant les visiteurs comme des amis, leur promettant simplement l'excellence du moment, un œuf de poule cuit moelleux et cassé sur une purée de pommes de terre rattes et jus de truffes, un agneau allaiton d'Aveyron de chez Greffeuille, cuisiné en deux façons, la noisette de selle au tamarin, l'épaule longuement confite et du yaourt grec, un fondant de chocolat noir, glace aux haricots blancs et jus à la vanille de Tahiti, autant de propositions imparables et enthousiasmantes. Le service, dirigé par Christiane, vaut valeur d'exemple et la cave n'est jamais prise en défaut dans un large quart sud-ouest.
C : 65 € • M : 27-67 €

→ 25 rue Louis-Vivent
☎ 05 53 77 99 77
F. sam. à déj., dim. à dîn., lundi, mardi à déj. (2 oct.-25 mars), vac. scol. fév., 1 sem. Pâques et 1 sem. Noël.
Jusqu'à 21h15.

www.restaurant-mariottat.com

----

12 L'Atelier

Atelier il fut (une ancienne menuiserie), et atelier il reste, tant le soin mis par Patrick Poma à composer ses assiettes en fonction du marché rappelle l'artisanat dans le meilleur sens du terme. Alors haro sur le poisson du marché ou les légumes du jour, la pièce de bœuf ou le riz au lait de ferme. Le coup d'œil est plaisant, aussi sympathique que le décor, et les saveurs tout aussi séduisantes. Les vins de propriétaires bien choisis vont également dans le sens d'une atmosphère résolument conviviale.
C : 40 € • M : 28-35 €

→ 14 rue du Jeu-de-Paume
☎ 05 53 87 89 22
F. 1re sem. janv., fêtes nationales et ponts.
Jusqu'à 22h.

restaurant.latelier@wanadoo.fr

----

12 Escale au Maroc

Le nom est merveilleusement choisi, tant ces belles tentes tradition-nelles posées au cœur de la ville incitent au voyage... immobile, mais chaleureux, résolument festif et bercé par un service au large sourire. Plus qu'il n'en faut pour apprécier avec plaisir et appétit les spécialités de couscous ou de tajines.
M : 25-30 €

→ 17 av du Gén-de-Gaulle
☎ 05 53 47 57 47
F. sam.à déj., dim., lundi et août.
Jusqu'à 22h.

escale.au.maroc@wanadoo.fr

----

12 ⋛ Margoton

Depuis près de dix ans qu'il s'est installé dans cette petite rue sans grand charme, à quelques pas des Jacobins, Frédéric Fabre n'a eu de cesse de se poser en spécialiste des produits de la mer. Le sud-ouest n'est pas absent de sa carte bien sûr (le canard y occupe même une bonne place) mais nous avouons une petite faiblesse pour l'assiette de saumon fumé au bois de hêtre ou le croustillant de rouget. Desserts plus anecdotiques (soufflé au Grand Marnier, farandole de riz au lait et chocolat blanc…), service efficace à défaut d'être toujours souriant.
C : 38 € • M : 16-34 €

→ 52 rue Richard-Coeur-de-Lion
☎ 05 53 48 11 55
F. sam. à déj., dim., lundi, 1-7 janv., 1 sem. vac. scol. fév., 23 déc.-6 janv.
Jusqu'à 21h15.

www.lemargoton.com

12 La Table d'Armandie *d* ⁓

L'ancien chef du Pont Napoléon a bien senti le vent tourner et propose une vision réussie de la brasserie moderne, avec une ambiance soutenue, des tarifs justes et une cuisine globalement séduisante. La vaste salle contemporaine regorge de détails plaisants et ouvre sur les cuisines, une armée de serveurs décontractés fait valser les assiettes inspirées par le Sud-Ouest, pour une clientèle d'amis visiblement ravis de profiter des propositions du jour. Pour un premier contact, le risotto d'épeautre asperges et morilles, le carré d'agneau à la broche ou la croustade et glace au pruneau prouvent que le chef n'a rien perdu de son talent en l'adaptant à ce concept bien étudié de brasserie contemporaine. Cave courte et suffisante, avec des références bien vues y compris au verre (madiran château Aydie).
C : 45 € • M : 16-45 €

→ 1350 av du Midi
☎ 05 53 96 15 15
F. dim. et lundi.
Jusqu'à 22h.

- -

🛏🛏 Hôtel Château des Jacobins ⤳

Un hôtel particulier XIXᵉ, au charme d'une maison de famille, en plein centre, face à l'église des Jacobins accueillant aujourd'hui des expositions d'art pictural. Les habitués, reçus comme des amis, apprécient le calme du vaste parc dans la ville, la sérénité des lieux et les chambres stylées, aux teintes chamarrées et harmonieuses.
15 ch. 72-140 €   *www.chateau-des-jacobins.com*

→ 1 ter pl des Jacobins
☎ 05 53 47 03 31
🖷 05 53 47 02 80
Ouv. 7j/7.
🚗❄

Villes de proximité, voir :

L'AIGLE - 61300   (6 B 5)
Alençon 67 - Evreux 61 - Lisieux 60

14 🍺 Restaurant le Dauphin

C'était une institution, elle l'est redevenue : une maison où l'on célèbre les communions et les départs en retraite, et où les voyageurs passent pour une excellent étape, où l'on est sûr que le foie gras au sauternes et gelée de figues sera excellent, comme le navarin de homard ou le filet de veau avec ses ravioles de légumes pochés au gingembre et son émulsion aux truffes. Sur des bases traditionnelles, le chef explore de nouvelles techniques, de nouvelles présentations, avec le même savoir-faire. Bon menu à 33 € qui fait étalage de ces dispositions vers l'exotisme, accueil familial parfait, bonne cave classique.
C : 49 € • M : 33-38 €   *www.hoteldudauphin.free.fr*

→ Pl de la Halle
☎ 02 33 84 18 00
F. dim. à dîn.(sf veilles fériés).
Jusqu'à 21h30.
🚗🐕

🛏🛏 Hôtel du Dauphin

Richelieu aurait pu y dormir, dans cet ancien relais de diligences attesté en 1618. Il s'est largement modernisé depuis, jusqu'aux dernières rénovations menées tambour battant par la famille Ligot. Une maison solidement campée, aux chambres rustiques dans une partie, modernes dans une autre.
30 ch. 62-85 €   *www.hoteldudauphin.free.fr*

→ Pl de la Halle
☎ 02 33 84 18 00
🖷 02 33 34 09 28
Ouv. 7j/7.
🚗🐕

Villes de proximité, voir :

○ SAINT MICHEL TUBOEUF .... 4 km E. par N 26 **(11/20)**

AIGUEBELETTE LE LAC - 73610 (28 A 3)
Chambéry 28 - Voiron 41

12 Chez Michelon 🍇

Dans la grande maison blanche, affaire de famille depuis plus de cent ans, la sobre salle à manger laisse la vedette à la vue époustouflante sur le lac. La vue semble aussi inspirer le chef, qui propose de beaux poissons de lac au gré du marché (filet de lavaret à la crème, de perche meunière…). Au-delà de ces touches régionales, le menu Découverte, changé chaque mois, élargit les horizons (risotto au safran avec le cabillaud rôti, dacquoise aux agrumes). Les quelques chambres bénéficient également d'une jolie vue, ce qui constitue une très bonne excuse pour s'attarder et piocher ainsi à loisir dans une cave qui reste un atout majeur de la maison, très complète en savoie comme en rhône et avouant une belle curiosité pour les vins bio. Les conseils de Jean-Philippe Dufour ne seront pas de trop pour vous guider dans ce foisonnement.
C : 38 € • M : 24-46 €
www.chezmichelon.com

→ Jean-et-Simone-Dufour, la Combe (rive-Est)
☎ 04 79 36 05 02
F. lundi à dîn., mardi (avril-sept.), lundi, mardi (sept.-avril) et mi-déc.-fin janv.
Jusqu'à 21h30.

AIGUES MORTES - 30220 (32 B 4)
Nîmes 39 - Montpellier 33

13 Marie Rosé

Dans le charme paisible et presque intimiste de cet ancien presbytère, les dîners se font dans une ambiance unique de connaisseurs, au gré des envies de Marie Ryba et de son savoir-faire consommé dans l'art de décliner les produits méditerranéens, des légumes (bio) farcis au gigot d'agneau de lait, en passant par les poissons (sauvages) à la plancha. Cave régionale à prix raisonnables.
C : 33 €

→ 13 rue Pasteur
☎ 04 66 53 79 84
F. à déj., lundi-merc. (oct.-mai).
Jusqu'à 23h.

AILLANT SUR THOLON - 89110 (19 C 2)
Auxerre 20 - Joigny 13 - Toucy 17

14 Restaurant du Roncemay

Supervisée par Marc Meneau, propriétaire des lieux, la cuisine est dirigée au quotidien par Thierry Harmand, un ancien de l'Hostellerie de Plaisance et de la Côte Saint-Jacques, qui s'est installé cette année. Elégante et sage, la carte assure l'essentiel vis-à-vis d'une clientèle avide de tradition : marbré de foie gras et volaille marinée au vin rouge, filet de bar vapeur, choux farcis et sauce vermouth, tarte sablée au chocolat et glace vanille. Cave essentiellement bourguignonne.
M : 35-52 €
www.roncemay.com

→ Château de Roncemay
☎ 03 86 73 50 50
F. lundi, mardi à déj., merc. à déj., jeudi à déj., vend. à déj. et mi-nov.-mi-mars.
Jusqu'à 21h30.

Domaine du Roncemay 🦢

Ce beau château XIXe compte parmi les étapes incontournables pour les golfeurs de la région (beau parcours 18 trous aménagé dans un parc de 140 ha). Donnant sur les greens ou la piscine, les chambres, aménagées dans des bâtiments voisins du château et construits dans l'esprit de fermes bourguignonnes, affichent espace et luxe feutrés.
3 appart. 250-360 € • 15 ch. 100-220 €
www.roncemay.com

→ Château de Roncemay
☎ 03 86 73 50 50
🖷 03 86 73 69 46
F. mi-nov.-mi-mars.

AINHOA - 64250 (24 D 6)

Pau 135 - St-Jean-de-Luz 26

13 🍽 **Ithurria**

Sur la place du village, les fils de la maison perpétuent l'histoire familiale de cette auberge de tradition. Dans les murs, dans le décor de vieux meubles XVII et XVIIIe siècles, et jusque dans la carte de Xavier Isabal, c'est la "basque attitude" qui prédomine naturellement, et c'est bien sûr elle que l'on doit chercher dans ce moment de pure adéquation avec l'environnement, même si le chef intègre une certaine évolution et une personnalité certaine : piperade et jambon de Bayonne poêlé, cabillaud rôti et lard fondant de porc basque, purée de pochas et pois chiches de Navarre, tournedos de lapin au basilic et petits artichauts sautés aux tomates... Très bon menu du Terroir, jolie cave complète avec les meilleurs du coin et des affaires inattendues un peu partout sur du grand, en bordeaux surtout, et ailleurs (Coulée de Serrant 2003 à moins de 100 €).
C : 59 € • M : 35-55 €
www.ithurria.com

→ Pl du Fronton
☎ 05 59 29 92 11
F. merc., jeudi à déj. (sf juil.-août) et 3 nov.-4 avril. Jusqu'à 21h.

Ithurria

Les bananiers du parc témoignent de la douceur du climat et l'atmosphère délicieuse qui règne derrière la typique façade rouge et blanche de cette maison de tradition familiale (une ancienne ferme du XVIIe siècle) y ajoute la douceur de vivre, dans de jolies chambres, discrètement ponctuées de meubles ou objets anciens.
2 appart. 185 € • 27 ch. 95-150 €
www.ithurria.com

→ Pl du Fronton
☎ 05 59 29 92 11
▦ 05 59 29 81 28
F. 3 nov.-11 avril.

- -

12 **Argi Eder**

La richesse du terroir basque n'est plus à vanter aux gastronomes et Philippe Dottax, qui en est bercé depuis sa plus tendre enfance, a parfaitement négocié la relève familiale pour en livrer sa vision, discrètement actualisée dans des menus aussi gourmands l'un que l'autre. On se laisse bien volontiers tenter par un voyage entre terre et montagne, qui tient toutes ses promesses avec la terrine de foie gras et copeaux de jambon de Bayonne, les chipirons et risotto à la crème de chorizo, les fromages de pays et les palets au chocolat crémeux glacé au touron. Héritage d'une longue histoire, la cave propose un vaste choix, noblesse bordelaise et sud-ouest en tête.
C : 60 € • M : 25-37 €
www.argi-eder.com

→ Rte de la Chapelle
☎ 05 59 93 72 00
F. lundi à déj., merc. à déj. (juil.-août), dim. à dîn., lundi à déj., merc. (h.s.) et 3 nov.-15 mars. Jusqu'à 21h.

Argi Eder 🐟

Derrière les murs enduits à la chaux et les boiseries peintes en rouge, les chambres proposent un confort soigné, dans le moelleux raffiné de tissus de grandes maisons et la chaleur rassurante des meubles de style, sans oublier la vue paisible sur le parc paysager.
8 appart. 130-150 € • 18 ch. 90-115 €
www.argi-eder.com

→ Rte de la Chapelle
☎ 05 59 93 72 00
▦ 05 59 93 72 13
F. 3 nov.-15 mars.

- -

12 **Restaurant Oppoca**

L'ancien relais de poste cultive le pittoresque régional avec assiduité. Dans le cadre, comme dans la cuisine de Dominique Massonde, intègre fournisseur d'axoa au piment d'Espelette et de chipirons farcis au pied de porc, mais qui a su moderniser ses apprêts et ses présentations pour ne pas tomber dans un terroir archaïque. Menus solides et affriolants à petit prix, cave bien fournie en irouléguy (Brana, Mourguy, Mignaberry). L'hôtel devrait être entièrement refait cette année.
C : 45 € • M : 20-45 €
www.oppoca.com

→ Pl du Fronton
☎ 05 59 29 90 72
F. dim. à dîn., lundi. F. 12 nov.-fin mars. Jusqu'à 21h.

G
M

AIRE SUR LA LYS - 62120 (1 C 3)
Arras 58 - Lille 60

Hostellerie des Trois Mousquetaires
Sur les trois hectares du parc, arbres et pièce d'eau. Au milieu, cette fière maison, mélange harmonieux de colombages et de briques, bâtie sur les ruines d'un fort construit par Vauban. Meubles de style et objets anciens habillent de belles chambres bourgeoises.
2 appart. 170-200 € • 31 ch. 52,50-140 €

www.hostelleriedes3mousquetaires.com

→ Château du Fort de la Redoute, N 43
☎ 03 21 39 01 11
🖨 03 21 39 50 10
F. 20 déc.-20 janv.

AIX EN PROVENCE - 13100 (33 C 5)
Marseille 30 - Toulon 79 - Nice 178

16 Clos de la Violette
Nul ne songerait à faire grief à Jean-Marc Banzo de se démultiplier d'Aix à Cassis, où il a inauguré cette année la brillante Villa Madie avec Enrico Bernardo. En effet, du côté de l'avenue de la Violette, tout va très bien merci, la crème régionale n'a pas quitté le navire et il faut rapprocher les tables en fin de semaine pour respirer cette enjôleuse Méditerranée. Car si parfois, on peut lui reprocher un léger déficit d'harmonie (les éléments rassemblés ne forment pas toujours un tout), cette cuisine est éminemment sympathique, jovialement provençale et pleine de faconde quand il s'agit d'associer aux rythmes modernes la douce musique du terroir : la galette de socca et brochette de petits gris avec un croustillant de pied de cochon, la sole de petit bateau avec les croûtons de figatellis, les côtes et canon d'agneau avec un pesto de courgette. Le style est brillant, les goûts bien exprimés et le rouget est splendide avec ses calamars plancha et sa tartine de poutargue. Et si les desserts ne sont pas un atout maître, la grande carte des vins exemplaire par sa précision dans le choix et les millésimes comme par la justesse des tarifs, révèle une grande connaissance des beaux vins : bourgognes particulièrement, mais aussi naturellement la provence, où d'excellents flacons sont proposés autour de 50 € (Revelette, Simone, Hauvette, Grand Seuil, cuvée des Filles de Valdition...). Service de haut niveau, bien soudé et rythmé.
C : 90 € • M : 40-130 € *www.closdelaviolette.fr*

→ 10 av de la Violette
☎ 04 42 23 30 71
F. dim., lundi, vac. scol. fév. et 1-20 août.
Jusqu'à 21h30.

15 Yamato
Koji Someya est bien l'un des tout meilleurs chefs japonais hors Paris. Dans ce cadre d'une grande sobriété, exotique et soigné, cette cuisine nippone orthodoxe se révèle d'une implacable réussite : sushi, sashimi, misozhiru parfaite (une soupe à base de poissons), okonomiyaki au bœuf (plat traditionnel de la ville d'Osaka), poulet grillé comme un yakitori... Produits d'une fraîcheur extrême, délicieux jardin japonais et cave futée en languedoc.
C : 60 € • M : 48-98 € *www.restaurant-yamato.com*

→ 21 av des Belges
☎ 04 42 38 00 20
F. lundi.
Jusqu'à 21h30 (w.-e. été 22h).

 parking privé  parking fermé  voiturier

hôtel très tranquille 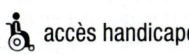 chien accepté accès handicapé

    hôtels de charme

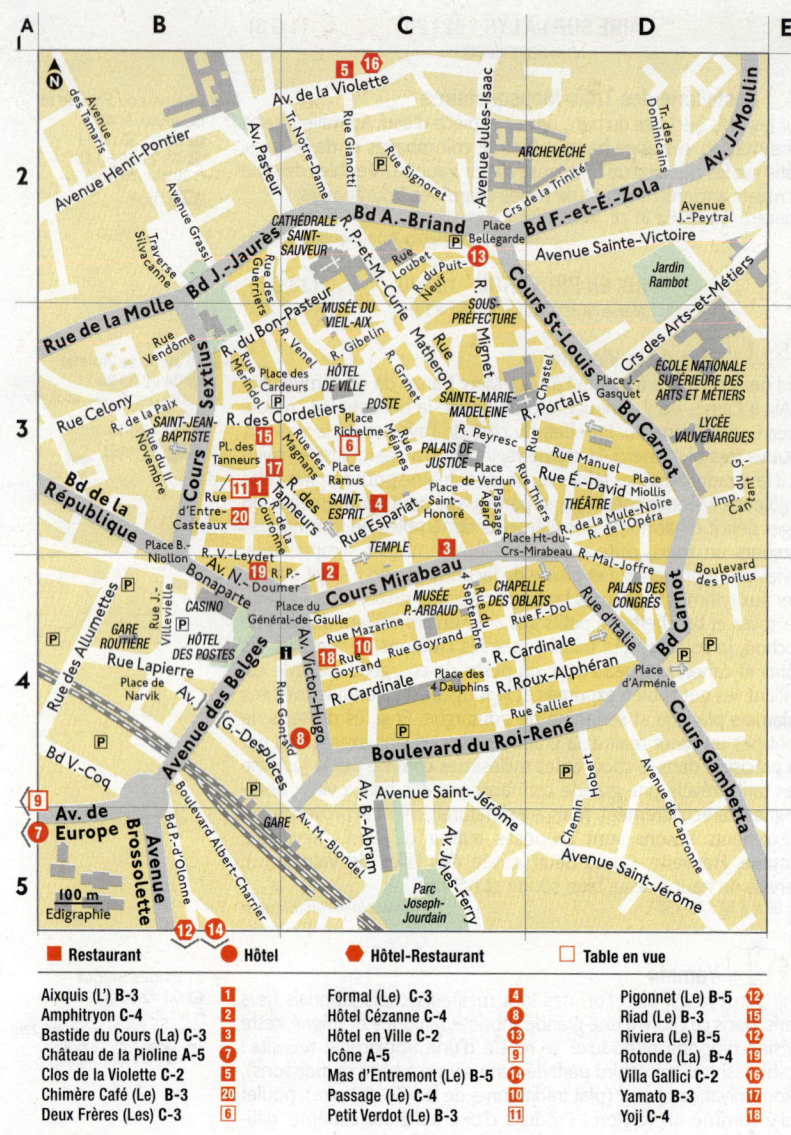

Restaurant	● **Hôtel**	◆ **Hôtel-Restaurant**	□ **Table en vue**

Aixquis (L') **B-3**	**1**	Formal (Le) **C-3**	**4**	Pigonnet (Le) **B-5**	**12**
Amphitryon **C-4**	**2**	Hôtel Cézanne **C-4**	**8**	Riad (Le) **B-3**	**15**
Bastide du Cours (La) **C-3**	**3**	Hôtel en Ville **C-2**	**13**	Riviera (Le) **B-5**	**12**
Château de la Pioline **A-5**	**7**	Icône **A-5**	**9**	Rotonde (La) **B-4**	**19**
Clos de la Violette **C-2**	**5**	Mas d'Entremont (Le) **B-5**	**14**	Villa Gallici **C-2**	**16**
Chimère Café (Le) **B-3**	**20**	Passage (Le) **C-4**	**10**	Yamato **B-3**	**17**
Deux Frères (Les) **C-3**	**6**	Petit Verdot (Le) **B-3**	**11**	Yoji **C-4**	**18**

·

14 🍴 **Villa Gallici**

Servi en terrasse (délicieuse) ou en salle (au luxe en accord avec le reste de l'hôtel), le travail de Christophe Gavot respecte les attentes d'une clientèle exigeante dans une gastronomie riche en raffinements et qui met en avant les saveurs méditerranéennes et les produits nobles : soupe glacée de petits pois à l'huile de truffes et ventrèche de thon mariné, bar poêlé à l'anis vert purée de fenouil à l'huile d'olive, macaron à la pistache farci de crème pâtissière

→ Av de la Violette
☎ 04 42 23 29 23
F. mardi, merc.
(1ᵉʳ fév.-1ᵉʳ juin, 1ᵉʳ oct.-31 déc.), mardi (juin-sept.) et 3 janv.-3 fév.
Jusqu'à 22h.

G M

lavande. Dans un juste équilibre entre élégance et décontraction, le service est bien dans le ton, tandis que la cave propose un large éventail de crus régionaux.
C : 97 € • M : 90 €   *www.villagallici.com*

♛♛♛♛ Villa Gallici ⌒

A l'écart de l'agitation, dans son parc arboré, la Villa cultive un luxe bourgeois et raffiné, qui s'habille de meubles de style élégants et de tissus de grandes maisons aux tons chaleureux et aux motifs fleuris, pour créer une atmosphère romantique et feutrée, délicieusement exclusive.
4 appart. 420-950 € • 18 ch. 220-740 €   *www.villagallici.com*

→ Av de la Violette
☎ 04 42 23 29 23
▤ 04 42 96 30 45
F. 2 janv.-1er fév. et 21-26 déc.

---

13 ⌒ L'Aixquis

Un décor plaisant au cœur de la vieille ville, une cuisine pleine d'astuce et de saveurs sudistes, voilà le thème développé par un jeune chef qui a de la ressource et travaille le beau (homard, turbot) avec un brio certain, tout en valorisant la région dans ses produits de saison (fleurs de courgettes, tomate et basilic, pagre grillé...). Profitez également des gibiers en saison.
C : 45 € • M : 20 €

→ 22 rue Victor-Leydet
☎ 04 42 27 76 16
F. dim., lundi, 1er-8 mai, 2 sem. fin août et 2 sem. dans l'année.
Jusqu'à 21h30.

---

13 ⌒ Amphitryon

A deux pas du cours Mirabeau ce restaurant a tout pour réussir : un cadre cosy, confortable, qui amène une atmosphère feutrée, un service stylé et agréable, une belle carte des vins qui met les coteaux d'Aix et de Provence à l'honneur et bien sûr un chef talentueux en la personne de Bruno Ungaro. Le duo de risotto aux cèpes et au gorgonzola est réussi tant en texture qu'en saveur (mais manque un peu de relief), la gigolette de lapereau farcie à la compotée de légumes est délicieusement moelleuse et le gratin de pommes caramélisées est excellent de simplicité. Une valeur sûre, pleine d'attentions, et dont on sent qu'elle peut encore progresser.
M : 22-36 €   *amphitryon22@wanadoo.fr*

→ 2-4 rue Paul-Doumer
☎ 04 42 26 54 10
F. dim., lundi et 15 août-1er sept.
Jusqu'à 22h.

---

13 ⌒ Le Formal

Cette cave voûtée nichée dans la vieille ville vit en parfaite symbiose avec la cuisine de Jean-Luc Formal, fin technicien dont le seul défaut pourrait tenir dans cette difficulté récurrente à épurer ses créations, dernier obstacle vers une progression qui nous semble possible : mille et une feuilles de légumes confits et saint-jacques poêlées à la vinaigrette de fruits de la passion, souris d'agneau confit et rattes et assiette de gourmandises. Excellent rapport qualité/prix. Belle cave en région, service attentionné et rapide.
C : 45 € • M : 29,90-48 €

→ 32 rue Espariat
☎ 04 42 27 08 31
F. sam. à déj., dim., lundi,1re sem. mai, 3 sem. août-sept. et sem. Noël.
Jusqu'à 21h30.

---

13 ⌒ Le Passage

Le plaisir d'aller au restaurant passe par plusieurs choses et le Passage multiplie les atouts, de la très belle salle contemporaine aménagée sous les immenses volumes d'une ancienne confiserie aux animations multiples, qui en font plus qu'un restaurant, en passant par un service dynamique et souriant. Qu'on se rassure, la maison n'oublie pas les fondamentaux, la cuisine a de la tenue et les idées larges, même si c'est dans le registre provençal du dos de

→ 10 rue Villars
☎ 04 42 37 09 00
Ouv. 7j/7.
Jusqu'à 24h.

morue et purée de carotte au miel de lavande ou des ravioles figue gorgonzola que l'apprécie le mieux l'hôte de Passage. Local en avant également du côté de la cave.
C : 45 € • M : 23-35 €

www.le-passage.fr

---

13 Le Riad

Pour imposer le voyage au Maroc au cœur de la Provence, il faut de sérieux arguments, et la maison n'en manque pas, avec des préparations de grande qualité, viandes, épices comme légumes, choisis avec soin par un chef qui sait bien qu'il n'y a que comme ça qu'on prépare un bon couscous. Ali El Ziani peut être rassuré, le sien est toujours excellent. Ajoutez un cadre superbe (un ancien couvent classé), un service attentif et une cave marocaine là encore bien au-dessus du tout-venant, et notre fidélité n'est pas prête de mollir.
C : 36 € • M : 25-35 €

www.leriad.com

→ 21 rue Lieutaud
☎ 04 42 26 15 79
Ouv. 7j/7.
Jusqu'à 22h30.

---

12 La Bastide du Cours

Tout à son décor cosy et à sa situation idéale (terrasse sur le cours Mirabeau), cet ancien couvent évente les touristes d'un large éventail de propositions, hommage appuyé à la Provence (pied et paquets marseillais), classiques éternels (entrecôte béarnaise), clin d'œil contemporain (religieuse tomate mozzarella à la lavande) ou escapade lointaine (sushi en version provençale). Parfois inégal, toujours dans une ambiance soutenue.
C : 40 € • M : 19,50-39,50 €

www.bastideducours.com

→ 43-45 cours Mirabeau
☎ 04 42 26 10 06
Ouv. 7j/7.
Jusqu'à 24h.

---

12 Le Riviera

Même si elle ne démérite pas, on aimerait, dans ce cadre si prestigieux, une cuisine un peu plus mordante et affûtée. Dans la grande salle élégante, aux lourds rideaux rayés et aux tables rondes bien espacés, l'assiette a effectivement de l'allure, mais la réalisation doit encore progresser pour atteindre la toque, sur une carte relativement bien vue et actuelle : carpaccio de langoustines, darne de loup tian de tomate, croquant de pavot bleu, compotée de rhubarbe, poivron rouge, citron confit. Service pro et souriant, cave sans grand intérêt.
C : 70 € • M : 54 €

www.hotelpigonnet.com

→ 5 av le Pigonnet
☎ 04 42 59 61 07
F. sam. à déj., dim. à dîn. et 23-30 déc.
Jusqu'à 21h30.

Le Pigonnet

Les meubles de caractère, les décors en fer forgé, l'architecture authentique de bastide XVIIIᵉ, le souvenir de Cézanne... Cette maison a des airs délicieux de Provence éternelle, nichée dans un charmant parc arboré. La décoration des chambres respecte cet esprit plein d'élégance, tandis que le sens de l'accueil et les activités proposées, invitent à des séjours prolongés.
2 appart. 700-1000 € • 49 ch. 155-600 €

www.hotelpigonnet.com

→ 5 av du Pigonnet
☎ 04 42 59 02 90
🖨 04 42 59 47 77
Ouv. 7j/7.

---

12 La Rotonde

Les canons du genre sont soigneusement répertoriés pour faire de cette table hyperplacée le phare moderne attendu : prune et marron majoritaires, musique lounge assourdissante, service et accueil castés, sérieux directeur en costume, wok de gambas, pâtes, risotto, tête de veau et entrecôte. La tranche dorée de la jeunesse aixoise s'en régale, lâchant volontiers une cinquantaine d'euros

→ Pl du Gén-de-Gaulle
☎ 04 42 91 61 70
Ouv. 7j/7.
Jusqu'à 23h15.

pour les asperges sauce tonnato, le filet de mérou en bouillabaisse (il est un peu limite mais qui s'en préoccupe ?) et le clafoutis framboise, avec un verre ou deux pas mal choisis (Gavelles, Seuil et même Simone à 11 € le godet) extraits d'une cave un peu flambeuse (le Petrus, 87, sans doute pour aller avec le wok de homard).

C : 40 € • M : 24,50-45 €   www.larotonde-aix.com

  Yoji

→ 7 av Victor-Hugo
☎ 04 42 38 48 76
F. dim. et lundi à déj.
Jusqu'à 23h.

Le plus ancien des deux japonais aixois ne tire pas dans la même catégorie que son confrère. Peu importe. Dans ce quartier passant, à deux pas du cours Mirabeau, cette jolie maison propose une vision sage et orthodoxe des cuisines japonaise et coréenne : misoshiru, yakitori et riz nature, maguro tataki et crème brûlée au matcha. Service un peu mécanique.

C : 38 € • M : 16-29 €

La Chimère Café

→ 15 rue Bruyès
☎
F. dim.
Jusqu'à 24h.

Table à touche-touche, convivialité étudiée dans ce décor moderne sur trois niveaux qui fait bouger les Aixois, dans une ambiance bruyante et sympathique qui rend convaincantes la soupe de favouilles aux ravioles du Royans et l'estouffade de taureau camarguais. Cave classique et régionale peu renseignée.

C : 28,50 €

Les Deux Frères

→ 4 rue Reine-Astrid
☎ 04 42 27 90 32
Ouv. 7j/7.
Jusqu'à 22h.

Inauguré en mai 2006, ce nouvel espace contemporain, avec l'écran géant qui diffuse en direct les images de la cuisine et la grande terrasse qui donne sur le boulodrome, constitue bien sûr une étape idéale pour manger sur le pouce. Cuisine fusionnante, sushi de thon fumé, saumon au couteau, pané aux céréales et noodle à la thaï, pots de crème praliné et café et madeleine Nutella.

C : 30 € • M : 26 €

Icône

→ 3 rue Frédéric-Mistral
☎ 04 42 27 59 82
F. 1er-15 août.
Jusqu'à 24h.

Un lounge typique, cadre contemporain et épuré, fauteuils ultra-confortables, bar en verre et véranda, dans le quartier historique Mazarin. Cuisine d'influence méditerranéenne, supions à la provençale, aubergines parmesanes, gnocchi…

M : 21-48 €   www.restaurant-icone.fr

Le Petit Verdot

→ 7 rue d'Entrecasteaux
☎ 04 42 27 30 12
F. dim.
Jusqu'à 24h.

Dans le centre historique, un bâtiment classé (d'anciennes écuries) aujourd'hui aménagé à la façon d'un bar à vins (des soirées spéciales de dégustation avec œnologues et viticulteurs y sont d'ailleurs régulièrement organisées). Cuisine de bistrot, assiette de jambon serrano, joue de porc braisée au citron confit et moelleux au chocolat.

C : 25 € • M : 17 €   www.lepetitverdot.com

Château de la Pioline

→ 260 rue Guillaume-du-Vair
☎ 04 42 52 27 27
📠 04 42 52 27 28
Ouv. 7j/7.

A cinq minutes du centre et dix de la gare TGV, ce superbe mas XVIIᵉ au bout d'une longue allée arborée est très joliment décoré, en respectant l'esprit des belles tomettes, de l'escalier de fer forgé et des pierres anciennes. Les chambres, raffinées et régulièrement revues (rafraîchissement des peintures, installation wifi) donnent sur le parc de 4 ha, les jardins à la française, la terrasse ombragée de tilleuls.

4 appart. 350-430 € • 33 ch. 165-325 €   www.chateaudelapioline.fr

Le Mas d'Entremont

Douze chambres seulement, six appartements et deux suites dans cette belle maison dont l'architecture évoque l'Espagne avec ses portes-lampes venus de l'autre côté des Pyrénées et son patio. A trois kilomètres de la ville seulement mais au calme, protégées par un parc de deux hectares avec plan d'eau, les chambres offrent toutes l'agrément d'une terrasse privée et de la climatisation.
8 appart. 260 € • 12 ch. 135-185 €   www.masdentremont.com

→ 315 rte Nationale 7
☎ 04 42 17 42 42
🖹 04 42 21 15 83
F. 1er nov.-15 mars.

Hôtel Cézanne

Cette ancienne demeure aixoise en plein centre, près du cours Mirabeau propose une série d'avantages décisifs, dans la qualité d'accueil comme dans les prestations : chambres aux lits king size de grand confort, treize d'entre elles ayant été refaites pour le bien-être de l'homme moderne, wi-fi, minibar gratuit et mobilier de standing. Mais aussi un business center, des fruits à disposition et open bar 24/24.
2 appart. 195 € • 53 ch. 120-165 €   www.hotelaix.com

→ 40 av Victor-Hugo
☎ 04 42 91 11 11
🖹 04 42 91 11 10
Ouv. 7j/7.

Hôtel en Ville

Dans une ambiance contemporaine et design, dix chambres pour un rendez-vous exclusif avec un cadre personnalisé, épuré, murs blancs pour faire ressortir les touches de couleurs qui signent chaque espace, en douceur ou en contraste.
1 appart. 220-260 € • 10 ch. 95-130 €   www.hotelenville.fr

→ 2 pl Bellegarde
☎ 04 42 63 34 16
🖹 04 42 96 10 22
Ouv. 7j/7.

Villes de proximité, voir :

⏱ SAINT MARC JAUMEGARDE ....8 km S.O. par D 10

AIX LES BAINS - 73100   (28 B 3)
Chambéry 17 - Genève 87

Hôtel Adelphia

Face au lac du Bourget, doté d'un centre de balnéothérapie entièrement intégré (remise en forme, soins esthétiques et massages), cet établissement offre des chambres disposant toutes de terrasses avec vue sur le Mont-Revard ou le lac. Parc avec piscine.
11 appart. 140-230 € • 59 ch. 88-160 €   www.adelphia-hotel.com

→ 215 bd Barnier
☎ 04 79 88 72 72
🖹 04 79 88 27 77
Ouv. 7j/7.

Le Manoir

Installées dans un parc fleuri, les anciennes dépendances des palaces Splendid et Royal marchent sur les traces de leurs aînés avec un cadre de caractère, hauts plafonds, cheminée monumentale et chambres au confort bourgeois. Côté détente, les thermes sont à deux pas, la piscine intérieure est superbe et côtoie le centre de remise en forme.
4 appart. 174 € • 73 ch. 84-164 €   www.hotel-lemanoir.com

→ 37 rue Georges-1er
☎ 04 79 61 44 00
🖹 04 79 35 67 67
F. 2 sem. déc.

AJACCIO - 20000   (35 B 4)
Bastia 151 - Corte 81

13 Le 20123 🗨 ❤

Dans une rue très fréquentée de la vieille ville, la reconstitution d'un village, Pila-Canale, où est née cette auberge il y a de nombreuses années. Pari réussi dans cette maison aux multiples petites salles décorées d'objets anciens. Pourtant prise d'assaut à la réservation, la petite terrasse installée sur la rue doit s'oublier : on est si bien à

→ Rue du Roi-de-Rome
☎ 04 95 21 50 05
A dîn. seult. F. lundi (sf 15 mai-15 sept.) et 13 janv.-29 fév.
Jusqu'à 23h.

l'intérieur, sur les solides bancs en bois brut patiné par les années, les coudes posés franchement sur d'impressionnantes tables paysannes. La cuisine embrasse les mêmes valeurs, deux entrées parmi quatre au choix (ah ! cette soupe paysanne !), un plat principal (un sauté de veau aux olives merveilleux), fromage et dessert (ces derniers, un peu en retrait) pour un rare moment de bonheur, arrosé par un vin rouge bio local, le seul proposé.
M : 32 €

- -

12 U Pampasgiolu

→ 15 rue de la Porta
☎ 04 95 50 71 52
F. dim.
Jusqu'à 22h30.

Un nouveau chef associé pour le compromis le plus réussi de la ville entre un certain standing, fauteuils confortables, jolie terrasse abritée et un régionalisme bon teint, un peu mode, qui peut réconforter les touristes comme les locaux. Les grandes planches, panorama de la cuisine corse, font tout le repas, les recettes sont actualisées et les poissons plutôt bien traités (loup en croûte de sel, chapon à la bonifacienne). Hormis quelques approximations - y compris dans le service, plats décalés, longue attente - on est toujours au seuil de la toque. Cave corse correcte, très bon accueil d'un patron souriant.
C : 40 € • M : 26-28 €

- -

11 Restaurant les Halles

→ Pl des Halles
☎ 04 95 21 42 68
F. dim.

Si cette adresse, "souvent copiée, jamais égalée" comme le prétend l'enseigne, n'est pas à l'abri de quelques failles (des plats de viande pas toujours enthousiasmants), elle mérite le détour pour les beaux poissons (attention, la pêche du jour est vendue au poids) qui mériteraient cependant des accompagnements un peu plus soignés parfois. Service souriant.
M : 15 €

- -

10 L'Estaminet

→ 5-7 rue Roi-de-Rome
☎ 04 95 50 10 42
F. sam. à déj. et mardi. F. ann.
non comm.
Jusqu'à 23h.

Une bonne viande, de bons vins ? C'est à l'Estaminet, dans une rue très animée où les tables ne manquent pas. Mais la qualité est là, celle de l'assiette comme celle de l'accueil, pour un onglet bien juteux, des rognons de veau ou une côte de bœuf.
C : 35 € • M : 18,50-25 €

- -

10 Le Roi de Rome

→ 5 rue du Roi de Rome
☎ 04 95 21 32 88
F. non comm.

De nombreux Ajacciens en font leur cantine, notamment au déjeuner. La faute à une carte brasserie corse qui s'étoffe au goût du jour (loup grillé, côte de bœuf), une simple et bonne cuisine locale (lentilles aux figatellis, tripettes) et à une épatante cave corse, très complète, limite exhaustive, entièrement disponible au verre, à 3 €, hormis cuvées spéciales. Franchise, sympathie et petits prix : on ne s'étonne pas qu'il n'y ait pas que les touristes qui en redemandent.
C : 25 €

- -

♙♙♙ Les Mouettes

→ 9 cours Louis-Bonaparte
☎ 04 95 50 40 40
🖳 04 95 21 71 80
F. janv.-fév.

En deux enjambées, on peut passer de la piscine à la mer et vice versa. La situation n'est pas le moindre des atouts de cette architecture XIXe aux allures de villa florentine, avec ses colonnades et ses murs roses. Moquettes épaisses, tissus élégants, meubles de style, le décor se fait luxueux et feutré, et le service n'est pas en reste, pour un séjour sans le moindre souci.
2 appart. 249 € • 26 ch. 99 €   *www.hotellesmouettes.fr*

Dolce Vita

Le grand spectacle des Sanguinaires à quelques minutes de cet hôtel moderne, bien équipé, avec sa grande terrasse réaménagée. Plage aménagée sur les rochers, piscine dominant la mer avec un jardin ombragé. Restaurant de cuisine actuelle utilisant des produits de prestige.

32 ch. 112-256 €
www.hotel-dolcevita.com

→ Rte des Iles Sanguinaires
☎ 04 95 52 42 42
🖥 04 95 52 07 15
F. fin nov.-déb. avril.

Hôtel Napoléon

Au cœur de la ville, dans une ruelle assez calme proche du cours Napoléon, cet hôtel offre des prestations classiques (climatisation, satellite) dans un cadre fonctionnel et moderne.

62 ch. 69-109 €
www.hotelnapoleonajaccio.fr

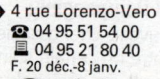
→ 4 rue Lorenzo-Vero
☎ 04 95 51 54 00
🖥 04 95 21 80 40
F. 20 déc.-8 janv.

La Pinède

Sans grand charme dans son architecture, ce petit immeuble moderne compense par sa situation face à la mer, situation dont on profite largement depuis le balcon de chambres claires et contemporaines.

38 ch. 96-174 €
www.la-pinede.com

→ Rte des Iles Sanguinaires
☎ 04 95 52 00 44
🖥 04 95 52 09 48
F. 14 déc.-18 janv.

San Carlu

Face à la citadelle et proche du centre historique, l'hôtel a été édifié sur le site où vivait la nourrice de Napoléon, à deux pas de la maison natale de l'Empereur. Chambres contemporaines classiques et fonctionnelles, tons pastel, ambiance familiale.

40 ch. 92-130 €
www.hotel-sancarlu.com

→ 8 bd Casanova
☎ 04 95 21 13 84
🖥 04 95 21 09 99
F. 22 déc.-1er fév.

Villes de proximité, voir :

ALBERTVILLE - 73200   (28 B 3)
Chambéry 50 - Annecy 45

14 **Million**

Des millions d'années de tradition culinaire mènent à cet hôtel respectable et respecté. José de Anacleto le répète, et répète ses gammes : tout est comme l'année passée. Ce qui d'ailleurs, dans une atmosphère favorisant le conservatisme, ne s'accompagne pas d'une cuisine sentencieuse ou figée. Car le chef, avec astuce et savoir-faire mêle un peu de rustique dans le taffetas, un peu de canaille dans le beau linge, du lard paysan avec le filet de féra, les escargots au beurre d'ail avec les écrevisses, le risotto parmesan truffes avec le filet mignon de porc au jus de viande. Menus plutôt adroits, service précis et pas trop pesant, cave classique de bonne variété.

C : 75 € • M : 26-95 €
www.hotelmillion.com

→ 8 pl de la Liberté
☎ 04 79 32 25 15
F. sam. à déj., dim. à dîn., lundi, 1er-14 mai et 1er-14 nov.
Jusqu'à 21h30.

Million

Etape traditionnelle en centre-ville, la maison cultive un cachet à l'ancienne en accord avec sa longue histoire, à travers un beau mobilier de style et un décor bourgeois assumé. Agréable jardin, avec la vue sur les montagnes.

26 ch. 81-195 €
www.hotelmillion.com

→ 8 pl de la Liberté
☎ 04 79 32 25 15
🖥 04 79 32 25 36
F. 1er-14 mai et 1er-14 nov.

12 Chalet des Trappeurs

Désormais prolongé d'une nouvelle vaste terrasse, le chalet de Michel Garcia ne connaît que peu d'accès de faiblesse et est solidement installé dans le paysage montagnard, typique dans son allure comme dans ses propositions, les incontournables spécialités au fromage bien sûr mais aussi les poissons du Léman. Ambiance parfaitement décontractée.
M : 16-29 €

→ Col de Tamié
☎ 04 79 32 21 44
F. lundi et fin juin-fin nov.
Jusqu'à 21h45.

Villes de proximité, voir :

↻ CEVINS .... 13 km S.E. par D 66b et N 90 **(13/20)**

ALBI - 81000	(30 B 3)

Paris 690 - Toulouse 75 - Rodez 79

15 🍴 ≷ L'Esprit du Vin

Albigeois, la croisade pour la cuisine de demain se prépare ici ! Et David Enjalran, qui a travaillé avec les frères Roux et Alain Dutournier fait sienne une religion qui ne transige pas avec certaines valeurs : personnalité, maîtrise technique, inventivité. Il y a cela et même un zeste de fantaisie, de part d'improvisation, pour éclairer une cuisine racée où le produit commande : saint-jacques parfum de camembert et haddock fumé, aiguillettes de saint-pierre artichauts barigoule au jus de bœuf à l'orange, tajine de pigeon du Mont Royal, boulgour à l'huile d'argan. Cette alchimie des parfums et des textures s'intègre à merveille dans ce cadre contemporain lové dans un ancien relais de chevaux au pied de Sainte-Cécile. La cave procède du même esprit : valeurs consacrées et vignerons de tempérament, hors des allées trop rectilignes : Dagueneau, Jobard, Vaillé, mais aussi Plageoles, Riouspeyroux, Da Ros, Deiss, Magnon…
C : 65 € • M : 30 €

→ 11 quai Choiseul
☎ 05 63 54 60 44
F. dim., lundi et 13 janv.-4 fév.
Jusqu'à 21h30.

lespritduvin@free.fr

13 🍴 L'Epicurien

Albigeois depuis six ans désormais, Rikard Hult, Suédois de son état et formé auprès d'Yves Thuriès (le Grand Ecuyer à Cordes sur Ciel), a fait souffler un vent de modernisme et de liberté sur la gastronomie locale. Ne s'embarrassant pas de conventions, guidé surtout par son instinct, l'homme place le produit au centre de ses préoccupations en le travaillant avec la plus grande simplicité : fricassée d'asperges, saumon fumé et œuf poché, selle d'agneau, purée de fèves, carottes bio tendres avec cumin, citron et coriandre, tartare de fraises gariguettes, macaron pistache et glace vanille. Service enjoué et performant, jolie cave de propriétaires.
C : 50 € • M : 19,50-36 €

→ 42 pl Jean-Jaurès
☎ 05 63 53 10 70
F. dim., lundi et 2 sem. août.
Jusqu'à 22h.

12 🍴 La Tête de l'Art

Avant la visite au musée Toulouse-Lautrec, à deux pas de Sainte-Cécile, il faut prendre des forces : voilà le Sud-Ouest typique et généreux, qui ne fait pas de manières dans un cadre accueillant : assortiment de foie gras, pied de porc, tripes au safran... Et gaillac dans les verres.
C : 35 € • M : 14-30 €

→ 7 rue de la Piale
☎ 05 63 38 44 75
F. mardi et merc.
Jusqu'à 21h30.

👁 Oriental Lounge

En lieu et place du Restaurant du Musée, un changement radical d'orientation, avec cette cuisine marocaine dépaysante : chakchouka, bricks, couscous, tagine…
M : 25 €

→ 15 bis pl de l'Archevêché
☎ 05 63 47 17 77
Ouv. 7j/7.
Jusqu'à 22h.

🏛🏛🏛 La Réserve

Une belle demeure à l'architecture de caractère, régionale et coloniale alanguie dans un parc luxuriant au bord du Tarn. Si le prince n'est pas votre cousin, vous succéderez néanmoins à la reine d'Angleterre et au président Giscard d'Estaing qui ont goûté comme vous le charme de ces chambres décorées avec le plus grand soin, toutes dans un style différent. Restaurant de cuisine régionale (foie gras poêlé, cassoulet albigeois...).

2 appart. 398 € • 21 ch. 150-298 €　　*www.relaischateaux.com/reservealbi*

→ Rte de Cordes
☎ 05 63 60 80 80
📠 05 63 47 63 60
F. 1er nov.-30 avril.

❋ L'Embellie

Cette grande maison bourgeoise de centre-ville date du début du siècle dernier. Dans les chambres, l'association du bois sombre du parquet ou des meubles de style et de la blancheur éclatante des murs renforcent une agréable impression d'espace.

2 ch. 75-85 €　　*www.http://perso.wanadoo.fr/l.embellie*

→ 14 pl Jean-Jaurès
☎ 05 63 38 40 63
Ouv. 7j/7.

Villes de proximité, voir :

↻ CASTELNAU DE LEVIS...7 km N.O. par D 600 et D 12 **(14/20)**

ALBIGNY SUR SAONE - 69250	**(27 D 2)**

Lyon 24 - Villefranche-sur-Saône 19

👁 Les Planches

Le top, évidemment, c'est d'accoster en bateau jusqu'à cette terrasse branchée au ponton privé des bords de Saône. Une des grandes réussites du dynamique Jean-Louis Manoa qui rassemble ici people et anonymes autour d'une cuisine régionale et sudiste.

M : 25-50 €　　*restaurant.lesplanches@wanadoo.fr*

→ 16 quai Gén-de-Gaulle
☎ 04 78 91 30 88
F. 22 déc.-22 janv.
Jusqu'à 22h30 (été).

ALBON - 26140	**(27 D 4)**

Valence 41 - Vienne 32 - Saint-Rambert-d'Albon 8

ⓒⓒ Domaine des Buis 🕊

Une demeure de caractère, en galets du Rhône XVIIIe, offrant aux visiteurs une détente de choix au cœur d'un parc de 10 ha aux arbres centenaires. Les spacieuses chambres ont un cachet particulier, cosy et historique, avec leurs meubles anglais en pin et tissus coordonnés, leurs styles différents, et la vue sur les collines drômoises et la tour XIIe.

3 appart. 125-150 € • 5 ch. 95-120 €　　*www.domaine-des-buis.com*

→ Les Buis
☎ 04 75 03 14 14
📠 04 75 03 14 14
F. fin nov.-déb. mars.

ALBY SUR CHERAN - 74540	**(28 B 2)**

Annecy 17 - La Clusaz 51

13 🦷 Auberge Ripaille

Le terroir chic de Nathalie et Michel Ducret a tout l'avenir devant lui. Et les habitués de cette ancienne ferme joliment et bourgeoisement arrangée ne se font pas prier pour dévorer les recettes d'hier assaisonnées à la sauce du marché et de l'époque. Le confit de jarret de porc au foie gras avec sa salade de lentilles, les cannellonis de queue de bœuf ou le rôti de magret de canard farci ne sont pas seulement bien présentés : ils ont la saveur nette et franche d'une cuisine de tempérament, qu'on accompagne des Premières grives de Tariquet, d'un marestel de Dupasquier ou d'une mondeuse de Trosset.

C : 30 € • M : 17,50-35 €　　*www.auberge-ripaille.com*

→ 382 Rte des Chavonnets
☎ 04 50 68 22 98
F. dim. à dîn., lundi, merc. à dîn., 3 sem. août en, fêtes fin d'année.
Jusqu'à 21h.

12 **L'Arcadie**

Face au musée de la cordonnerie, sous les arcades de la place d'un village médiéval, cette maison au décor improbable (la terrasse est bien plus agréable) et à l'ambiance bonne franquette est aussi une table sincère, avec des poissons frais et bien traités (très agréable filet d'omble chevalier rôti sur son risotto), des cuissons précises (filet de bœuf tendre et saignant, avec un salpicon de champignons assez gourmand). Une bonne surprise malgré quelques irrégularités dans la réalisation.

C : 40 € • M : 18,50-33 €   *eric.berthier@wanadoo.fr*

→ 8 pl du Trophée
☎ 04 50 68 15 78
F. sam. à déj., dim., lundi à dîn et 2 sem. mi-août.
Jusqu'à 21h.

ALENÇON - 61000 (6 A 5)
Le Mans 56 - Laval 92 - Chartres 120

11 **Le Bistrot**

Mobilier rustique, nappes à carreaux, les ardoises pour les propositions du moment... Le Bistrot porte bien son nom, tout en simplicité et en convivialité, car Christophe Charbonnier ne se laisse pas aller à la facilité et ses assiettes ont de l'idée, notamment les coups de cœur du patron qui ont tout pour devenir aussi les nôtres (joue de loup au beurre d'anchois, jarret d'agneau au thym).

C : 25 € • M : 13-20 €   *lebistrot.alencon@free.fr*

→ 21 rue de Sarthe
☎ 02 33 26 51 69
F. dim., lundi, fériés, 1er-12 mai, 4-25 août et 24 déc.-6 janv.
Jusqu'à 22h.

Villes de proximité, voir :
⟳ SAINT PATERNE..............................3 km S.E. par D 311

ALES - 30100 (32 B 2)
Orange 70 - Avignon 73

11 **Bodega Los Gallegos**

Il y a bien longtemps que les habitués connaissent le chemin de cette bodega, prompts à y retrouver à prix planchers tous les plaisirs d'une convivialité espagnole dont la greffe a bien pris en terre cévenole, dans le décor, l'ambiance, comme la cuisine.

C : 15 €

→ 7 rue des Hortes
☎ 04 66 52 04 91
F. sam. à déj., dim. et lundi.
Jusqu'à 23h.

---

11 **Le Riche**

Fidèle au poste, comme à la tradition de qualité d'une vraie bonne cuisine traditionnelle, Jean Chevallier continue de faire vivre sa magnifique salle Belle Epoque au rythme d'assiettes ensoleillées et soignées : carpaccio de veau au basilic, escalope de thon façon basquaise, sorbet au melon. Heureuse initiative, il n'oublie pas les enfants, en leur proposant un menu adulte en portion réduite au lieu du triste jambon-purée. Des travaux devraient améliorer le confort des chambres, dans cet hôtel face à la gare.

C : 30 € • M : 20-38 €   *www.leriche.fr*

→ 42 pl Pierre-Sémard
☎ 04 66 86 00 33
F. août.
Jusqu'à 21h30.

Villes de proximité, voir :
⟳ MEJANNES LES ALES ...8 km S.E. par D 981 et D 131 **(13/20)**
⟳ SAINT PRIVAT DES VIEUX ....5 km S.O. par D 216 **(14/20)**

ALGAJOLA - 20220 (35 B 2)
Calvi 16 - Ile-Rousse 8

Stella Mare

Dominant le village et la mer, il offre une belle situation et la vue, depuis les chambres aux patines anciennes ou aux belles tapisseries pour certaines, sur le jardin arboré de palmiers. Literie de qualité, parquet wenge ou chêne antique, rideaux et voilages en harmonie.

16 ch. 49-117 €   *stellamare2@wanadoo.fr*

→ Chemin Santa-Lucia
☎ 04 95 60 71 18
🖵 04 95 60 69 39
F. 15 oct.-4 avril.

ALISE SAINTE REINE - 21150   (20 A 3)
Dijon 67 - Semur-en-Auxois 15 - Montbard 16

12 L'Auberge du Cheval Blanc

Une enseigne aux accents intemporels, un décor joliment rustique… et pourtant Régis Bolatre ne cède pas à la facilité du jambon persillé ou de l'œuf meurette, mais propose une cuisine volontiers raffinée, avec le carpaccio de saint-jacques vinaigrette au basilic, le suprême de volaille farci jus aux épices ou la tarte aux fraises crème glacée au yaourt. Une carte qui convient fort bien aux envies de repas-plaisir du dimanche, d'autant que le service fait tout pour mettre à l'aise et faire passer un bon moment.

C : 46 € • M : 19-43 €

www.regis-bolatre.com

→ Rue du Miroir
☎ 03 80 96 01 55
F. lundi, mardi, 2 janv.-3 fév. et 3-13 sept.
Jusqu'à 21h.

ALLEX - 26400   (27 D 5)
Montélimar 34 - Valence 26

✸ La Petite Aiguebonne

Le nom des chambres traduit les influences qui ont dicté leur personnalisation (Louisiane, Pondichéry…) et les brocantes des environs ont alimenté un décor adorable. L'architecture ne manque pas de caractère non plus, tandis qu'on paresse à loisir dans la roseraie, au bord de la piscine à débordement.

2 appart. 100-120 € • 3 ch. 80-100 €

www.petite-aiguebonne.com

→ MM E.-Monsarrat et P.-Vincent
☎ 04 75 62 60 68
Ouv. 7j/7.

ALLEYRAS - 43580   (26 C 5)
Le Puy-en-Velay 34 - La Chaise-Dieu 79

16 🥢 Le Haut Allier

Non sans humour, Philippe Brun nous rappelle qu'il lui manque trois points pour arriver à 19. Ce qui prouve au moins que le chef ne s'endort pas sur un matelas de champignons et d'herbes fraîches. La nature vellave l'inspire toujours autant, les herbes sauvages, l'aspérule odorante, le chénopode, la bourrache, la mélisse, amassées savamment par son ami Claude Chausse contribuent aux parfums précieux et uniques d'une cuisine à forte personnalité. Jouant au ping-pong avec les terroirs d'ici et d'ailleurs, il propose des assiettes enjôleuses, des écrevisses façon thaïe aux perles d'Orient, soja, mousserons des prés, une selle d'agneau du marché de Saugues, rôtie sur l'os et préparée en bayaldi, un omble chevalier en cuisson douce avec une mousseline de cresson. Les sparassis crépus que l'on trouve par exemple chez Régis Marcon font partie courante des paniers de champignons, les desserts sont très joliment travaillés et la cave forte de près de 600 bonnes références en toutes régions s'enrichit chaque année, pendant la période de fermeture, de visites de cave de Philippe et Michelle, patronne très efficace et souriante qui participe à la progression permanente de cette maison hors du commun.

M : 28-88 €

www.hotel-lehautallier.com

→ Pont d'Alleyras
☎ 04 71 57 57 63
F. lundi, mardi (sf à dîn. juil.-août et fériés) et mi-nov.-mi-mars.
Jusqu'à 21h.

Le Haut Allier

Vous cherchez un coin pour réécrire la Comédie Humaine ? Voilà le site de méditation qu'il vous faut, un environnement nature dans cette splendide vallée de l'Allier. Nouvelles chambres très zen, aux lignes épurées, bois wenge et vasques, junior suites plus classiques, calme absolu et panorama unique depuis le balcon.

5 appart. 110-120 € • 7 ch. 90-95 €

www.hotel-lehautallier.com

→ Pont d'Alleyras
☎ 04 71 57 57 63
🖷 04 71 57 57 99
F. mi-nov.-mi-mars.

ALOXE CORTON - 21420 (20 B 6)
Dijon 32 - Beaune 5 - Mâcon 71

Villa Louise
Maison vigneronne et de vigneron, cette construction XVIIe en bordure de village ouvre naturellement sur les vignes. Les témoignages de l'âge de la maison viennent en rappel permanent d'un décor romantique et champêtre, jusque dans les chambres.
1 appart. 75-190 € • 11 ch. 75-190 €   www.hotel-villa-louise.fr

→ 9 rue Franche
☎ 03 80 26 46 70
🖷 03 80 26 47 16
F. non comm.

L'ALPE D'HUEZ - 38750 (28 B 4)
Grenoble 63 - Bourg-d'Oisans 13

Au Chamois d'Or
Dans le registre chalet au pied des pistes, le Chamois gambade avec agilité sur les sommets de la station et ne fait pas ses soixante ans, grâce aux efforts constants de la famille Seigle pour lui conserver ses atouts en terme de qualité de prestations (du centre de remise en forme au restaurant de bon niveau) et d'élégance du cadre, chambres claires et raffinées dans leur traitement montagnard.
7 appart. 700-1350 € • 37 ch. 240-315 €   www.chamoisdor-alpedhuez.com

→ Rond-Point des Pistes
☎ 04 76 80 31 32
🖷 04 76 80 34 90
F. 20 avril-15 déc.

ALTWILLER - 67260 (10 A 1)
Hagueneau 81 - Strasbourg 88

14 Restaurant de l'Ecluse 16
Les bonnes adresses ne sont pas si nombreuses dans cette Alsace Bossue pour qu'on ne s'arrête pas longuement chez Jean-Yves Leroux. Dans ce cadre champêtre, près d'un canal, ce jeune homme travaille sans carcan, régional ou philosophique, préférant l'improvisation à la stricte application d'une quelconque doctrine : consommé de poulette au vin jaune et ravioles d'escargots d'Hirschland à la fondue de poireaux, sauté d'épaule d'agneau de lait à l'ail des ours, purée de pommes de terre à l'huile d'olive, sablé breton et rhubarbe confite à la cannelle et éclats de nougat. Cave évoluant au gré des coups de cœur de la sommelière (Carole Leroux).
C : 29 € • M : 18-42 €   www.ecluse16.fr

→ Lieu-dit Bonnefontaine
☎ 03 88 00 90 42
F. lundi, mardi, vac. scol. fév. et 2 sem. déb. sept.
Jusqu'à 21h30.

AMAILLOUX - 79350 (22 B 2)
Bressuire 21 - Parthenay 14

Château de Tennessus
La rénovation totale des lieux a su préserver l'esprit médiéval de ce château maintes fois assiégé et dont le pont-levis est encore en état de marche. Décoration en reconstitution d'époque, cheminées monumentales, plafonds et mobilier en chêne massif, murs en pierre apparente, tapisseries aux mille fleurs, lits suspendus à rideaux...
2 appart. 47,50-48,70 € • 2 ch. 62,50-72,50 €   www.tennessus.com

→ ☎ 05 49 95 50 60
🖷 05 49 95 50 62
F. 24-25 déc. et 30 déc.-6 janv.

AMBOISE - 37400 (18 C 1)
Tours 25 - Blois 34

16 Le Choiseul
Uniquement ouvert au dîner depuis que ce bel ensemble de bâtisse XVIIIe accueille également un bistrot (le 36), le Choiseul incarne à merveille l'étape de charme telle qu'on la rêve en vallée des Rois : le cadre luxueux d'une demeure de châtelains, l'atmosphère

→ 36 quai Charles-Guinot
☎ 02 47 30 45 45
F. à déj. (sf dim.).
Jusqu'à 21h30.

feutrée de salons ouvrant sur la Loire, une cave à en rester bouche bée et une cuisine haut de gamme composée à quatre mains. Pascal Bouvier et Guillaume Dallay forment une paire d'une rare efficacité, aussi à l'aise sur les spécialités ligériennes (un remarquable sandre rôti, béarnaise de tourteau, ravioles de jeunes poireaux et copeau de parmesan) que sur les grands classiques (côte de veau servie épaisse, biscottes d'épinards à l'ail doux et jeunes légumes, jus de veau arabica et cardamome). Desserts aussi inventifs que réussis (pain perdu aux carottes confites, cumin et orange sanguine, glace à la datte Medjouil), service de standing.
M : 59-90 €

www.le-choiseul.com

🍴🍴🍴 Le Choiseul

→ 36 quai Charles-Guinot
☎ 02 47 30 45 45
🖨 02 47 30 46 10
Ouv. 7j/7.

A proximité du château, un bel ensemble de résidences du XVIIIe siècle ceintes d'un charmant jardin à l'italienne. Raffinées, décorées par Sophie Traversac, les chambres sont meublées de style et tendues de superbes tissus. De mai à septembre, on profite d'une charmante piscine découverte et chauffée.
4 appart. 290-335 € • 28 ch. 125-270 €

www.le-choiseul.com

----

14 🍴 Le Pavillon des Lys

→ 9 rue d'Orange
☎ 02 47 30 01 01
F. à déj. (sf w.-e.), 2-31 janv. et 15 nov.-5 déc.
Jusqu'à 22h.

Les billes colorées sur la table, les nappes chiffonnées, les murs blancs et rideaux rouges, et le service raccord, en rouge et noir indiquent une volonté de modernité dans le cadre aristocratique de ce manoir en pleine ville où seuls quelques vieux meubles et les lustres à pendeloques évoquent le grand genre. La cuisine de Sébastien Bégouin suit le glissement progressif vers le plaisir contemporain : les légumes en vedette, un menu dégustation qui rassemble les bonnes manies d'aujourd'hui, dans une veine cependant retenue : des milk-shakes et des émulsions, mais aussi du beurre monté, des mariages convenus ou sagement exotiques (cabillaud et beurre passion, asperges et saumon légèrement fumé, lapereau en gibelotte et escargots). La performance est aussi dans la politique économique, offrant une séquence de huit plats en dégustation dans un menu à moins de 40 €. Service stylé et précis, cave assez finaude en région, avec Blot, Delecheneau, Marionnet, Joguet, entre autres.
M : 26-38 €

www.pavillondeslys.com

----

10 L'Alliance

→ 14 rue Joyeuse
☎ 02 47 30 52 13
F. mardi, merc et 1er janv-13 fév.
Jusqu'à 21h.

Une joyeuse cantine, surtout au déjeuner, rassemblant une bonne partie de la ville, pour croiser les copains et les collègues, venus manger simplement dans la grande salle ou sur le patio fort agréable au printemps et en été. Service jeune souriant et efficace, et assiettes très honnêtes, un feuilleté aux escargots pas trop mal fait, un filet mignon de porc un peu sec et de bonnes profiteroles à la pâte de chou fraîche.
C : 32 € • M : 20-45 €

🍴🍴🍴 Le Manoir les Minimes

→ 34 quai Charles-Guinot
☎ 02 47 30 40 40
🖨 02 47 30 40 77
F. janv.-mi-mars.

L'élégante façade XVIIIe ouvre sur de bien jolis points de vue : le jardin impeccable, la Loire majestueuse, le château... A l'intérieur, on retrouve la délicate atmosphère des maisons bourgeoises d'antan, meubles de style et murs tendus de tissus raffinés.
2 appart. 260 € • 13 ch. 115-260 €

www.manoirlesminimes.com

Château de Pray

Edifié au XIIIᵉ siècle puis remanié aux XVᵉ et XVIᵉ siècles, ce château intime arbore une riche décoration d'inspiration médiévale (mobilier, tapisseries, tableaux ou vitraux). Les beaux jardins à la française et les chambres décorées dans un esprit châtelain ajoutent encore à l'atmosphère chaleureuse et luxueuse des lieux.

2 appart. 195-245 € • 17 ch. 110-185 €   www.http://praycastel.online.fr

→ Rte de Chargé
☎ 02 47 57 23 67
▤ 02 47 57 32 50
F. 8-26 janv. et 15-30 nov.

Le Clos d'Amboise

Les hauts murs de cet hôtel particulier XVIIᵉ protègent les résidents des bruits de la ville, dans un parc de 3000 m² aux essences centenaires, pins et magnolias, orné de poteries italiennes et agrémenté d'un bassin dans le style d'époque avec fontaine. chambres accueillantes au confort contemporain.

1 appart. 140-170 € • 16 ch. 69-130 €   www.leclosamboise.com

→ 27 rue Rabelais
☎ 02 47 30 10 20
▤ 02 47 30 10 20
F. 1ᵉʳ janv.-9 fév.

Manoir Saint-Thomas

Au cœur de la ville dans un quartier calme, une authentique demeure Renaissance sur les bases d'un ancien prieuré. De nouveaux meubles viennent renforcer le style affirmé des chambres Empire ou Renaissance, dans un style classique mais non dénué de charme, donnant sur le jardin fleuri, égayé de buis et de tilleuls et d'une statue de 1886.

3 appart. 160-320 € • 10 ch. 110-160 €   www.manoir-saint-thomas.com

→ 1 Mail Saint-Thomas
☎ 02 47 23 21 82
▤ 02 47 23 24 96
F. janv.

Villes de proximité, voir :

⟳ SAINT OUEN LES VIGNES ....8 km N. par D 431 **(15/20)**

AMBRONAY - 01500   (28 A 2)
Bourg-en-Bresse 27 - Annecy 103

13 **Auberge de l'Abbaye**

Ivan Lavaux n'est pas homme à s'embarrasser d'un carcan. Sa carte se veut ainsi totalement évolutive, se contentant de proposer deux formules, un menu surprise à 16 € comprenant un plat et un dessert et proposé uniquement au déjeuner en semaine, et un menu complet à 29 € (27 sans le fromage), surprise également. Le pari de la réactivité est tenu, la terrine de grand-mère et émulsion de betterave rouge et griottes à l'eau-de-vie, la poche de veau de lait farcie puis rôtie, asperges vertes sauvages et chips de pommes de terre et le gros macaron tout chocolat noir et glace caramel au beurre salé traduisent un sens du produit indéniable, dans un registre moderne et personnel. Cave uniquement de propriétaires, proposant les quelque 70 références au verre !

M : 27-29 €   lavaux.ivan@wanadoo.fr

→ Pl des
Anciens-Combattants
☎ 04 74 46 42 54
F. dim. à dîn., lundi, merc.
à dîn., 3-10 mars, 21-28 avril,
29 juin-12 juil. et 12-22 oct.
Jusqu'à 21h15.

AMIENS - 80000   (3 D 3)
Paris 146 - Lille 120 - Rouen 114

13 **Les Marissons**

Voilà une table qui ne manque pas de cachet : très bel emplacement dans le quartier Saint-Leu, sur un petit îlot entre deux bras de la Somme, cadre intimiste, mobilier de goût et rustique, vue sur la Somme ou un ravissant jardinet. Bercé par un service très professionnel et discret, nous voilà dans les meilleures conditions pour apprécier une cuisine certes assez classique, mais tout à fait

→ Pont-de-la-Dodane,
quartier Saint-Leu
☎ 03 22 92 96 66
F. sam. à déj., dim., merc.
à déj. F. ann. non comm.
Jusqu'à 21h30.

AMIENS

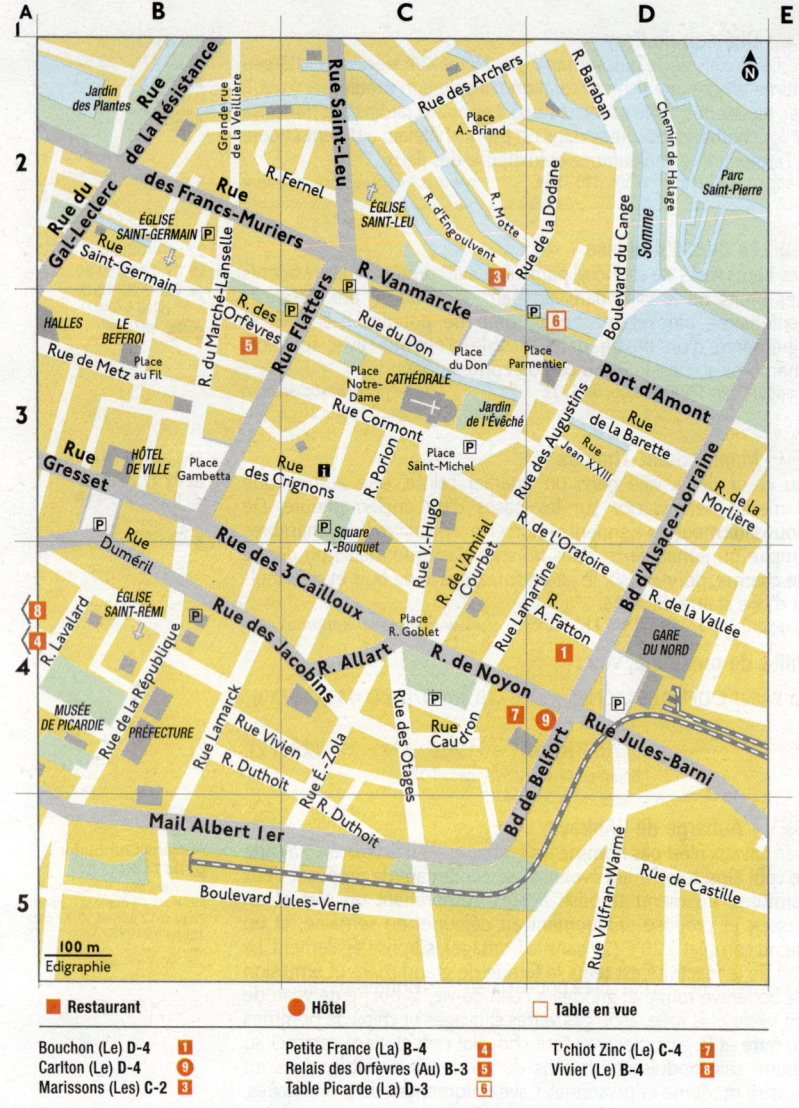

Restaurant ■   **Hôtel** ●   **Table en vue** □

Bouchon (Le) **D-4** `1`	Petite France (La) **B-4** `4`	T'chiot Zinc (Le) **C-4** `7`
Carlton (Le) **D-4** `9`	Relais des Orfèvres (Au) **B-3** `5`	Vivier (Le) **B-4** `8`
Marissons (Les) **C-2** `3`	Table Picarde (La) **D-3** `6`	

cohérente dans ce contexte : frais et léger, le velouté de chou-fleur et son gaspacho de tomates fait une très bonne entrée pour l'été ; le beau dos de turbot est accompagné d'une sauce au jus délicatement anisée et le sablé de Bretagne est une réussite, avec un macaron à l'alliance framboise litchi bien vue. Un point de plus.
M : 18,50-46 €   *www.les-marissons.fr*

12 Le Bouchon

Dans un décor entièrement refait, la cuisine de Laurent Lefèvre prend ses aises, pratiquant avec naturel le grand écart entre les influences lyonnaises revendiquées (quenelle de brochet sauce écrevisse, saucisson chaud, andouillette à la ficelle) et les grands classiques du répertoire contemporain (thon rouge au pistou, souris d'agneau aux écorces d'oranges...). Cave importante.
C : 25 € • M : 18-36 €

→ 10 rue Alexandre-Fatton
☎ 03 22 92 14 32
F. dim. à dîn.
Jusqu'à 23h30.

---

12 Le Vivier

Coquillages et crustacés : l'action ne se déroule pas dans un paysage méditerranéen, mais dans les faubourgs de la préfecture picarde, adresse réputée que le ressac vient chatouiller depuis des lustres, de façon classique dans une belle salle bourgeoise et un cadre entièrement rénové. Le turbot hollandaise, la sole meunière et la nage de homard aux morilles sont encore plus à l'aise.
M : 28-43 €   vivier.le@wanadoo.fr

→ 593 rte de Rouen
☎ 03 22 89 12 21
F. dim., lundi (sf groupes), 1-25 août et 24-31 déc.
Jusqu'à 22h.

🎁 idéal gourmet

---

11 Au Relais des Orfèvres

Près de la cathédrale, ce Relais rivalise avec les tables du quai Bellu tout proche avec ses propres arguments, une ambition plus gastronomique, des propositions qui évoluent au gré des saisons pour dynamiser l'assiette, à l'image de ce grenadin de veau en infusion de café et sirop d'érable.
C : 50 € • M : 27 €

→ 14 rue des Orfèvres
☎ 03 22 92 36 01
F. sam. à déj., dim., lundi, 15 jrs fév. et 3 sem. août.
Jusqu'à 21h30.

🎁 idéal gourmet

---

11 Le T'chiot Zinc

Le sauvignon ou le merlot du pays d'Oc en compagnons de voyage, les choses sérieuses peuvent commencer, dans ce décor rétro entre gare et centre-ville. On attache la ceinture, que l'on desserrera en fin de repas, après avoir sacrifié aux coutumes locales : une ficelle picarde, une flamiche, une caqhuse, un cochon de lait à la broche. Sans autre prétention que de donner un plaisir simple et direct.
C : 18,90 € • M : 15,90-25,90 €

→ 18 rue de Noyon
☎ 03 22 91 43 79
F. lundi (juil.-août) et dim.
Jusqu'à 22h30 (23h vend.-sam.).

---

10 La Petite France

Une salle annexe a été créée pour accueillir les nombreux candidats à l'embarquement vers les rivages africains de la Méditerranée : couscous, tagines de veau, aux pruneaux, mais aussi paella et zarzuela complètent l'escapade.
C : 25 € • M : 12-30 €

→ 118 rue Béranger
☎ 03 22 89 64 73
F. sam. à déj., dim. à dîn., lundi et 15 juil.-15 août.
Jusqu'à 21h30.

La Table Picarde

Dans les petites rues entre cathédrale et les quais de Somme, cette table joue avec fidélité la carte d'une prestation touristique gentiment tarifée, décor raccord et ficelle picarde à l'appui.
C : 19 € • M : 11-25 €   la.table.picarde@wanadoo.fr

→ 24 pl Parmentier
☎ 03 22 92 57 54
F. dim. à dîn., lundi, 8 jrs fév., 8 jrs oct. et 8 jrs déc.

Le Carlton

Ce n'est pas la Croisette, mais ce grand immeuble haussmannien, entre gare et cœur de ville, constitue une belle étape classique, ajoutant à sa situation pratique des chambres spacieuses et au confort de bon niveau.
1 appart. 130 € • 23 ch. 75-105 €   www.lecarlton.fr

→ 42 rue de Noyon
☎ 03 22 97 72 22
🖳 03 22 97 72 00
Ouv. 7j/7.

AMMERSCHWIHR

Villes de proximité, voir :

⟳ DURY.................................6 km S. par N 1 **(14/20)**

14 Aux Armes de France

Aux Armes citoyens, formez vos bataillons ! La patrie n'est pas en danger, mais le patrimoine représenté avec justesse et désormais simplicité par Philippe Gaertner mérite largement d'être préservé. Le pâté en croûte, le presskopf d'écrevisses, la sole aux nouilles et le gratin de homard appartiennent à cette légion vaillante qui a fait les beaux jours de la maison. Certes les additions sont encore copieuses, mais pour vivre un mythe le temps d'un repas, le ticket est assez raisonnable dans ce cadre pure Alsace et vieille France où la cave est éminemment régionaliste. Huit chambres au confort en harmonie.
C : 43 € • M : 27-35 €   *www.aux-armes-de-france.com*

→ 1 Grand-Rue
☎ 03 89 47 10 12
F. merc. et jeudi.
Jusqu'à 21h30.

- -

12 A l'Arbre Vert

Dans un décor bourgeois aux accents d'Alsace éternelle, cette étape sur la Route des Vins ne saurait décevoir les adeptes d'une cuisine aux racines régionales bien assumées, bien résumées dans le menu Terroir avec l'émincé de foie gras d'oie aux asperges, le filet de sandre confit d'échalote au pinot noir et la crème brûlée aux griottes, avec des verres de vins appropriés. De quoi vivre heureux auprès de cet arbre toujours vert.
M : 16-48 €   *www.arbre-vert.net*

→ 7 rue des Cigognes
☎ 03 89 47 12 23
F. à déj., mardi, lundi (nov.-avril), vac. scol. fév. et 12-20 nov.
Jusqu'à 21h30.

11 Restaurant la Forêt

Créé voilà tout juste vingt ans, ce restaurant (dont la salle à manger vient d'être entièrement rénovée en début d'année) a accompagné le développement du centre thermal. Cadre contemporain et lumineux, air pur à volonté et carte classique avec la salade de homard à la vinaigrette de truffes, le filet de sandre Vieux Strasbourg et nouilles au foie gras ou le magret de canard landais rôti à la broche. Belle cave classique.
C : 36 € • M : 20-29 €   *www.restaurant-laforet.com*

→ Centre touristique et thermal
☎ 03 87 70 34 34
F. dim. à dîn., lundi, 28 juil.-10 août et 22 déc.-8 janv.
Jusqu'à 21h30.

12 Le Commerce

Impossible de louper cette grosse maison d'angle en arrivant dans le village. Depuis 5 générations, on propose ici le terroir en majuscule et c'est bien ainsi qu'il faut apprécier les lieux, avec la salade landaise copieuse et soignée, le très bon tournedos et la tourtière aux pommes flambées. Sur ces préparations basiques, le soin porté au choix du produit justifie les tarifs et la présence dans ces pages, l'ambiance sympathique en prime.
C : 35 € • M : 15-41 €   *www.hotel-lecommerceamou.com*

→ Pl de la Poste
☎ 05 58 89 02 28
F. dim. à dîn., lundi (sf juil.-août), 2 sem. fév. et 3 sem. nov.
Jusqu'à 21h.

12 Bistrot de Serine

De nouveaux propriétaires (en réalité, six cogérants, tous vignerons, dont Yves Cuilleron ou Pierre-Jean Villa) pour ce bistrot popularisé par la famille Viron. Quelques changements dans la décoration (la terrasse a subi ainsi une profonde rénovation) et une cuisine de circonstance (tomate fraîche farcie à la piperade de thon, bavette à l'échalote, tarte tatin) entièrement dévouée à la très belle cave rhodanienne.

C : 20 € • M : 18 €

bistrotdeserine@orange.fr

→ 16 bd des Allées
☎ 04 74 56 15 19
F. dim. et lundi. F. ann. non comm.
Jusqu'à 21h30.

---

13 La Fontaine

Une jolie table, que les touristes ayant la chance de traverser le village ne peuvent pas manquer. La terrasse accueillante, l'atmosphère de marché de Provence, qui va si bien à la cuisine d'un chef consciencieux qui va souvent pêcher des idées au-delà de la Provence, dans un métissage inter-terroir assez réussi. Cave provençale bien faite et pas très chère.

M : 40 €

→ Pl de la Mairie
☎ 04 94 70 98 08
F. dim. à dîn., lundi, mardi et merc.,
Jusqu'à 21h.

---

13 La Toile à Beurre

Dans le fil de la Toile depuis sept ans, Florence Quintin et son chef Pierre-Yves Ladoire poursuivent l'expérience directe et moderne d'une cuisine de saveurs et de saisons qui exprime simplement la vérité du produit. Une effeuillée de queue de bœuf gribiche, un sandre à l'unilatérale fondue de poireaux, un carré d'agneau piperade de légumes, un soufflé Grand Marnier coulis de mangue : une cuisine aussi limpide n'a pas besoin de s'embarrasser de préjugés, elle peut s'attaquer à tous les genres, même si l'assiette peut paraître trop simple aux amateurs de sophistication. Cave ligérienne bien gérée, renouvelée au fil des ans.

C : 35 € • M : 25-35 €

→ 82 rue Saint-Pierre
☎ 02 40 98 89 64
F. dim. à dîn., lundi, merc. à dîn. et 2 prem. sem. sept.
Jusqu'à 21h30.

Villes de proximité, voir :

○ DRAIN.................................5 km S.O. par D 751 et D 763

Zinck Hôtel

La maison de la famille Zinck est aujourd'hui aux mains d'Alexandre, qui va faire vivre cette belle maison classique, tupique régional dans son architecture, mais très personnalisée dans la déco de ses chambres à thème : Zen, vigneronne, japonaise, alsacienne...

18 ch. 59-95 €

www.zinckhotel.com

→ 13 rue de la Marne
☎ 03 88 08 27 30
🖶 03 88 08 42 50
Ouv. 7j/7.

ANDREZIEUX BOUTHEON

15 🍴 **Les Iris**

Maison de caractère, cuisine de même esprit, à l'époque près... Dans ce décor 1900, moulures, parquets, lustres et cheminées, on vient goûter le calme et la sagesse. Mais si l'accueil est juste courtois et si le service manque d'encadrement, l'assiette tient debout toute seule. Sur des bases classiques, elle met en scène de très beaux produits, apprêts d'aujourd'hui un peu modeux, mais très juste en saveur avec le crabe et vermicelles en sushi, fraîcheur de concombre à boire, l'émincé de charolais rôti à l'ail des ours, macaroni et asperges sauvages, un plat réellement distingué, remarquablement équilibré, et la sensualité d'un dessert "du potager", fraises et poivrons confits, sorbet à la feuille de céleri et spéculoos. Une maîtrise totale du sujet qui fait largement oublier les à-côtés. Cave bien diversifiée sans être pointue.
C : 65 € • M : 38 €

→ 32 av Jean-Martouret
☎ 04 77 36 09 09
F. dim. à dîn., lundi, mardi, 3 sem. déb. janv. et 1 sem. août.
Jusqu'à 21h.

14 🍴 **Les Demeures du Ranquet**

Notre intérêt pour cette belle maison nichée dans un parc paysager de dix hectares agrémenté de jardins botaniques en terrasse est depuis longtemps déclaré. Installée au piano alors qu'elle n'avait pas encore 25 ans, Anne Majourel a peu à peu transformé sa maison en une étape obligée grâce à son intelligente utilisation des produits de son terroir, magnifiés par une cuisine personnelle et inventive : bonbon de brandade de morue, tagliatelles de courgettes et calmars à la plancha relevés de piment d'Espelette, queue de baudroie de Méditerranée saisie aux pointes d'asperges, lard rôti à la sauge et glace au parmesan, craquelin de framboise au citron, sorbet fruits rouges et jus de vanille aux fruits de la passion. Service agréable, moment privilégié lorsque le soleil inonde la charmante terrasse. Cave superbe en languedoc. Une dizaine de chambres pour prolonger le plaisir.
C : 80 € • M : 35-80 €

www.ranquet.com

→ Rte de
Saint-Hippolyte-du-Fort, Tornac
☎ 04 66 77 51 63
F. mardi, merc. (h.s.), à déj. lundi, mardi et merc.
(1er juin-15 sept.) et nov.-mars.
Jusqu'à 21h.

idéal gourmet

Villes de proximité, voir :

↻ CORBES..................4 km N.O. par D 907 et D 284 **(13/20)**

14 🍴 **Le Favre d'Anne** *d≷*

Au bord de la Maine, face au château, cette table en devenir peut déjà compter sur de jolis atouts : cadre contemporain, service souriant et impliqué et bien sûr la cuisine de Pascal Favre d'Anne, résolument ludique et actuelle : homard breton et foie gras poêlé sur coulis de homard et touche d'orange confite, échalote (le chef aime mettre en avant les légumes) et saint-pierre en noir et blanc, et en dessert, légume toujours, le fenouil, en association avec la vanille et l'anis. Certes, on se surprend à en vouloir encore plus, à espérer des contrastes encore plus nets et des produits encore meilleurs (quitte à ce qu'ils soient moins nobles), mais ne boudons

→ 18 quai de Carmes
☎ 02 41 36 12 12
F. dim., lundi à dîn. et 1er-14 août.
Jusqu'à 21h15.

pas notre plaisir, l'équilibre atteint est déjà très plaisant et ce n'est pas la clientèle locale, visiblement déjà conquise, qui nous contredira. Cave de bon niveau, et pas seulement en Loire.
M : 35-80 €   *www.lefavredanne.fr*

---

13 **Le Petit Comptoir** ♥

Stéphane Cosnier, qui fut chef pendant quelques années à l'Angle du Faubourg à Paris, est revenu sur ses terres il y a deux ans pour ouvrir cet enthousiasmant petit comptoir. On fonctionne à l'ardoise, les assiettes sont d'une redoutable efficacité (risotto crémeux aux girolles, magret de canard rôti aux figues, pain perdu...) et le service, assuré par deux jeunes femmes aussi charmantes qu'efficaces, ne laisse jamais retomber l'ambiance. Réservation indispensable tant les deux jolies petites salles (dont une à l'étage) sont prises d'assaut.
M : 28 €

→ 40 rue David-d'Angers
☎ 02 41 88 81 57
F. dim.,lundi, 2 der. sem. janv. et dern. sem. juil.-2 prem. sem. d'août.
Jusqu'à 21h15.

---

12 **Le Relais**

Cette vieille maison angevine propose un superbe arrivage quotidien de poissons, directement depuis les ports vendéens des Sables d'Olonne et de Saint-Gilles-Croix-de-Vie. La dorade poêlée sauce au curry et raisins secs, la minute de bar sauvage cuit sur peau et fumet réduit monté au soja respectent le travail des pêcheurs et les desserts, soignés, ne laissent pas retomber la pression. Belle cave en anjou et touraine.
M : 21-38 €   *www.destination-anjou.com/relais*

→ 9 rue de la Gare
☎ 02 41 88 42 51
F. dim., lundi, 23 déc.-2 janv., 14-21 avril et 3-26 août.
Jusqu'à 21h30.
🌡 🐾

Provence Caffé

Situation centrale, joli décor tendance ouvert sur la place et une carte qui amène un peu de chaleur méditerranéenne sur les rives de la Mayenne, François Derouet a bien pensé sa table et on apprécie entre amis le crumble de tomate et tofu ou le gâteau de polenta. Cave plus ligérienne que provençale.
C : 26 € • M : 20-30 €   *provence-caffe.com*

→ 9 pl du Ralliement
☎ 02 41 87 44 15
F. dim., lundi et 1re sem. janv.
Jusqu'à 22h.
🚗 ≋❄ 🐾

Hôtel D'Anjou

Cadre néogothique pour cet immeuble XIXe du centre ville qui décline ses chambres dans une ambiance bourgeoise et feutrée, avec meubles de style et tissus raffinés.
53 ch. 105-169 €   *www.hoteldanjou.fr*

→ 1 bd du Mal-Foch
☎ 02 41 21 12 11
🖨 02 41 87 22 21
Ouv. 7j/7.
🚗 ≋❄ 🐾

Hôtel du Mail

Aménagée dans la partie hôtelière de l'ancien couvent des Ursulines en plein centre, cette maison a gardé son caractère en mixant classique et contemporain, chambres aux teintes douces, calme et confort d'aujourd'hui, satellite, wifi…
29 ch. 40-85 €   *www.hotel-du-mail.com*

→ 6-8-10 rue des Ursules
☎ 02 41 25 05 25
🖨 02 41 86 91 20
Ouv. 7j/7.
🐾

Villes de proximité, voir :

ANGLES SUR L'ANGLIN - 86260 (22 D 3)

Poitiers 51 - Châtellerault 34 - La Roche-Posay 12

Le Relais du Lyon d'Or

Dans un village classé, on s'attend forcément à trouver une belle maison, ce Relais ne déçoit pas, hébergé dans une maison du XVᵉ siècle remarquablement aménagée pour mettre en valeur poutres, vieilles pierres et meubles de style dans de jolies chambres claires et raffinées.

2 appart. 125-135 € • 8 ch. 75-135 €

www.lyondor.com

→ 4 rue d'Enfer, rte de Vicq
☎ 05 49 48 32 53
🖶 05 49 84 02 28
F. fin vac. scol. Toussaint-fév.
(sf groupes)

ANGLET - 64600 (24 D 5)

Biarritz 2 - Saint-Jean-de-Luz 17

15 Château de Brindos

A l'heure où tant de palaces font évoluer leurs décors, innovent, expérimentent pour répondre à leur clientèle et la renouveler, Brindos semble bien dans son cadre, un peu fatigué dans le détail, mais visiblement épanoui dans son élégance surannée d'hacienda hors du temps. Cela n'empêche heureusement pas la salle de se remplir, admirant l'étang aux nénuphars sous les lustres à pendeloques. La cuisine, toujours sous la direction du talentueux Antoine Antunes, semble néanmoins moins ambitieuse qu'il y a quelques années, ressemblant davantage à une restauration d'hôtel haut de gamme, formatée et solide. Les plats sortent des cuisines à une vitesse impressionnante (deux poissons une viande en vingt-cinq minutes) et si le merlu étuvé aux palourdes avait ce panache d'eau de mer d'un grand plat, la lotte plancha sur son risotto à l'encre de seiche et la selle d'agneau riquiqui (même pour une portion "dégustation") et trop cuite relevaient plus de l'anecdote contemporaine, sympathique et oubliable comme les violons classiques qui escortent le repas. Dans un livre de cave à renouveler, on pioche de bons irouléguys et jurançons, dans une cave généraliste bien pourvue en grands bordeaux.

C : 60 € • M : 32-40 €

www.chateaudebrindos.com

→ 1 allée du Château
☎ 05 59 23 89 80
F. dim. à dîn., lundi
(Toussaint-Pâques) et 17
fév.-6 mars.
Jusqu'à 21h45.

🎁 idéal gourmet

Château de Brindos

Entre le parc verdoyant et le lac (plus grand lac privé de France...) qui reflète une architecture 1920, cette villa dispose d'un cadre de rêve. Salon feutré et chaleureux aux pierres apparentes ou salle prestigieuse sous les plafonds ouvragés aux influences mauresques, chaque espace a sa personnalité, une qualité qu'on retrouve dans les chambres, d'un raffinement extrême. L'équipement est bien sûr à la hauteur.

5 appart. 270-550 € • 24 ch. 160-350 €

www.chateaudebrindos.com

→ 1 allée du Château
☎ 05 59 23 89 80
🖶 05 59 23 89 81
F. 17 fév.-6 mars.

ANGOULEME - 16000 (22 C 4)

Paris 448 - La Rochelle 130 - Poitiers 108

13 Côté Gourmet

La nouvelle terrasse prolonge désormais ce cadre sobre et soigné face à la gare. La sobriété gagne aussi les assiettes de Fabrice Salzat, chef précis qui ne donne pas dans la fanfreluche, taillant au carré une carte bourgeoise et ménagère dans un style contemporain : pithiviers de cèpes et morilles au jus de truffe, joue de bœuf confite au citron, gaufre en salade de clémentines glace marron. Le sérieux s'empare aussi d'une petite cave bordeaux-loire et d'un service sans négligence.

C : 21,50 € • M : 14,50-32 €

cote-gourmet@wanadoo.fr

→ 23 pl de la Gare
☎ 05 45 95 00 27
F. sam. à déj., dim., mardi
à dîn., 1 sem. fév. et 3 prem.
sem. août.
Jusqu'à 21h45.

G
M

13 Les Gourmandines

Installés dans leur belle maison de la vieille ville, Sandra et Emmanuel Cornu placent le luxe dans la qualité du produit, choisi au meilleur de la saison, et non dans la facilité d'intitulés ronflants mais finalement décevants. Alors, si la déclinaison de foie gras fait partie des incontournables de la maison, c'est vers plus de simplicité, teintée de couleur locale, qu'on apprécie le plus le rendement de l'efficace menu-carte ; par exemple autour de la typique cagouille, en tarte fine au chèvre et tomate confite, ou du magret de canard en réduction de vin de pays. Desserts sobres et tout aussi convaincants.

C : 39 € • M : 29,50-35,50 €

→ 25 rue de Genève
☎ 05 45 92 58 98
F. dim., lundi, 3 sem. après 15 août et 15 jrs Noël-nouvel an.
Jusqu'à 21h30.

- -

13 La Ruelle

Formé à l'école hôtelière locale avant d'entamer un tour de France de quelques grands chefs (Toulousy, Chibois, Meneau…), Christophe Combeau a repris en 2001 cette institution locale dont les deux salles à manger sont séparées l'une de l'autre par une ruelle. Ambitieuse et marquée par de multiples influences, la carte ne joue cependant pas trop sur la ficelle de l'hyper créativité, privilégiant plutôt celle de l'émotion immédiate : cannelloni croustillant de crabe aux petits légumes et pommes fruits, escalopes de thon rouge poêlées aux senteurs de badiane, suprême de pintade fermière à la crème de morilles, blanc-manger parfumé à l'amaretto aux fraises de saison. Cave essentiellement bordelaise et s'intéressant également à la production locale.

C : 55 € • M : 31-53 €   www.laruelle16.fr

→ 6 rue des
Trois-Notre-Dame
☎ 05 45 95 15 19
F. dim., lundi et 2 sem août.
Jusqu'à 21h45.

- -

Le Palma

Une table familiale sincère et fidèle. Depuis trente ans, Jean Alemany faisait tourner le limonaire de la tradition. Son fils Sébastien reprend les fourneaux avec quelques idées novatrices, sans pour autant bousculer les clients dans l'escalier des saveurs : carpaccio de saumon et tartare de thon à la citronnelle, couscous de bar à l'émulsion d'huile d'olive, magret rôti jus aux épices. Une évolution intéressante à suivre.

C : 40 € • M : 14,50-32 €   lepalma@tiscali.fr

→ 4 rampe d'Aguesseau
☎ 05 45 95 22 89
F. sam. à déj., dim. et 15 jrs Noël.
Jusqu'à 21h45.

- -

Mercure Hôtel de France

Mercure pour l'aménagement intérieur, fonctionnel et contemporain, mais Hôtel de France pour le reste et notamment une superbe architecture d'hôtel particulier fin XVIe dans la vieille ville. Autre atout, le jardin au-dessus des remparts, avec une vue panoramique sur la vallée.

89 ch. 107-148 €   www.mercure.com

→ 1 pl des Halles-Centrales
☎ 05 45 95 47 95
🖳 05 45 92 02 70
Ouv. 7j/7.

Villes de proximité, voir :

ROULLET SAINT ESTEPHE .... 13 km S. par N 10 et D 42
SOYAUX .... 4 km E. par D 939 **(13/20)**

ANNECY - 74000   **(28 B 2)**
Paris 538 - Chambéry 49 - Genève 60

14 Le Belvédère

La terrasse panoramique sur le lac n'est pas seulement un plus produit. C'est aussi l'image mêlée de douceur et de prestige d'un établissement comme le Belvédère, qui cultive l'exclusivité avec d'autant plus de naturel qu'elle ne s'exprime pas dans une morne plaine. Vincent Lugrin a fort bien assimilé ces paramètres, jouant de

→ 7 chemin du Belvédère,
rte de Semnoz
☎ 04 50 45 04 90
F. dim. à dîn., mardi à dîn., merc., janv. et 1re quinz. déc.
Jusqu'à 21h30.

ANNECY

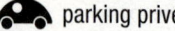

(Map of Annecy with grid coordinates A–E, 1–5)

Labels visible on the map include:

Avenue des Îles, Place des Romains, Av. de Genève, Bd Taine, Bd St-B.-de-Menthon, Av. du Parmelan, Avenue des Barattes, Avenue François-Favre, Avenue d'Albigny, Bd du Lycée, Bd Decouz, Av. de Cran, Rue de Brogny, Rue de la Paix, Place Amédée VIII, CONSEIL GÉNÉRAL, PRÉFECTURE, Av. Bouvard, Av. Bettollet, R. L.-Chaumontel, Rue Carnot, Rue Sommeiller, Champ de Mars, Île des Cygnes, Lac d'Annecy, Rue des Usines, GARE, R. de l'Industrie, Avenue d'Aléry, Square Stalingrad, R. Vaugelas, Rue du Pâquier, Place de la Libération, Promenade Jacquet, Rue Royale, R. du Lac, HÔTEL DE VILLE, Avenue de Chambéry, Avenue du Rhône, Rue de la Poste, NOTRE-DAME DE LIESSE, CATHÉDRALE SAINT-PIERRE, Place Saint-Maurice, Quai Chappuis, Q. de la Tournette, Île Saint-Joseph, Rue de la Gare, CHÂTEAU, Château de la Tour-la-Reine, MUSÉE, Place aux Bois, Av. de Tresum, Rue des Marquisats, Promenade Louis-Lachenal, Thiou, Promenade du St-Sépulcre, Rue de l'Avernon, Av. du Crêt-du-Maure, Place du Paradis, Bd de la Corniche, Chemin de la Croix-Rouge, Avenue de Loverchy, Chemin de la Prairie, Fbg des Balmettes, BASILIQUE DE LA VISITATION, Chemin du Séminaire, Av. de la Visitation, Chemin du Belvédère, Bd de la Corniche, Avenue Henri-Zanaroli, Avenue de la Clairière-Vert, Rue de la Cité, Chemin de la Prairie, Route de Vovray, Chemin Falquet, Avenue des Trois-Fontaines, Av. des Vx-Moulins, Forêt du Semnoz, Route du Semnoz

250 m — Edigraphie

■ Restaurant ● Hôtel ● Hôtel-Restaurant ☐ Table en vue

Abbaye d'Annecy-le-Vieux (L') D-1	❶	Contresens (Le) C-3	⬛1	Pré Carré (Le) C-3	⬛12
Belvédère (Le) D-4	❷	Écuries du Pré Carré (Les) C-3	⬛11	Restaurant FMR C-3	⬛9
Ciboulette (La) C-3	⬛3	Impérial Palace (L') E-2	❻	Rotonde (La) D-4	❽
Clos des Sens (Le) D-1	❹	Nature et Saveur C-3	⬛13	Trésoms (Les) D-4	❽
		Palais de l'Isle C-3	❼		

beaux produits dans un esprit de terroir créatif et une atmosphère précieuse juste ce qu'il faut, enrichie par l'accueil de Delphine : encornet farci et fricassée d'escargots, omble du Léman à l'unilatéral et cuiller de caviar en crème fleurette, suprême de pigeon au jus de mondeuse en adjoignant quelques clins d'œil modeux (agneau en couscous "destructuré") et de jolis desserts d'imagination.

C : 60 € • M : 26-75 €

www.belvedere-annecy.com

 parking privé 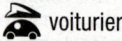 parking fermé 🚗 voiturier

GM

14 🍴 La Ciboulette

Bien cachée dans son impasse, une des tables chic du centre-ville, dans son décor, ses manières tout comme dans les plats proposés par Georges Paccard qui, fort d'une solide expérience, interprète la saison dans des assiettes sages et soignées, mais sachant rester dans l'air du temps : daurade à la plancha, agneau allaiton du Limousin, dessert volontiers ludique (100% chocolat mêlant crème brûlée milk shake et forêt noire). La dégustation confirme l'amour des beaux produits et belles provenances, les saint-jacques d'Erquy ou le filet de bœuf Black Angus. Cave variée et attentive à l'évolution dans les vignobles.

C : 65 € • M : 28-52 €   www.laciboulette-annecy.com

→ 10 rue Vaugelas, cour du Pré-Carré
☎ 04 50 45 74 57
F. dim., lundi, vac. scol. fév., 1-26 juil. et vac. scol. Toussaint.
Jusqu'à 21h.

---

13 🍴 La Rotonde

Dans son architecture ouverte, la Rotonde face au lac est parfaite pour s'en mettre plein les yeux, une vue superbe dont on profite en toute tranquillité grâce à un service impeccable (mention spéciale pour le service du café) qui dicte un tempo idéal. Compte tenu du cadre (et des tarifs), les attentes sont fortes, et le chef Nicolas Müller s'en sort relativement bien, montrant beaucoup de bonne volonté et de rigueur, sur les superbes asperges de Pertuis cuites à l'anglaise et leur morille plus que sur la volaille fermière de l'Ain (qui manque un peu de moelleux) rôtie à la noisette et risotto d'épeautre ou le dessert autour de la pomme et parfait Manjari qui relève un peu de la juxtaposition gratuite. Cave sérieuse et agréablement complète.

C : 75 € • M : 49-87 €   www.lestresoms

→ 3 bd de la Corniche
☎ 04 50 51 43 84
F. dim. à dîn., lundi et à déj. juil.-août.
Jusqu'à 21h45.

🎁 Les Trésoms 🦅

La vue est bien sûr un atout majeur pour ce resort à l'équipement parfait pour la détente, du spa (agrandi cette année) à la piscine panoramique. Elégance classique et tons chaleureux pour les chambres, qui donnent sur le lac ou les forêts qui recouvrent le Semnoz.

50 ch. 99-259 €   www.lestresoms.com

→ 3 bd de la Corniche
☎ 04 50 51 43 84
🖥 04 50 45 56 49
Ouv. 7j/7.

---

12 Le Contresens *dξ*

Sans se parer de titre à la mode style lounge, cette adresse symbolise sans doute la vraie modernité du restaurant, un lieu de vie, de plaisir et de partage. On craque pour ces salles tout en longueur, lumière soignée, ambiance design et aussi chaleureuse que l'attitude d'un service volontiers complice, tout est remarquablement décontracté et fluide. La cuisine suit le mouvement, ludique dans ses intitulés comme sa présentation, à tel point qu'on lui pardonne sans peine de ne pas toujours tenir l'ensemble de ses promesses alléchantes : très plaisant yaourt au piment d'Espelette sur la fraîcheur d'une sardine (pas assez) confite et dés de poivrons, féra à la plancha correcte et dessert cacao Carambar finalement assez classique.

C : 26 € • M : 23 €   www.closdessens.com

→ 10 rue de la Poste
☎ 04 50 51 22 10
F. non comm.
🍴 idéal gourmet

L'AME D'AUTREFOIS...

L'ESPRIT D'AUJOURD'HUI.

Quand l'Ame d'Autrefois se marie avec subtilité à l'Esprit d'Aujourd'hui...
...L'Heure est à la découverte.
La découverte de l'Hôtel du Palais de L'Isle.

Situé au coeur de la «Venise des Alpes», à quelques pas du lac, sous le regard protecteur du château, l'Hôtel du Palais de l'Isle jouit d'une vue imprenable sur les canaux et les ruelles de la vieille ville d'Annecy.

Le subtil mariage de cette ancienne maison du 18ème siècle et d'un design d'intérieur résolument contemporain et moderne, apporte tout le confort de chambres de caractère, agréables et fonctionnelles.
Les attentes de la clientèle touristique ou professionnelle y sont pleinement satisfaites.

Hôtel du Palais de l'Isle
13, rue Perrière. 74000 ANNECY
tél. 04 50 45 86 87. Fax. 04 50 51 87 15
palisle@wanadoo.fr

www.hoteldupalaisdelisle.com

12 Nature et Saveur

C'est bon de se faire du bien ! Ce pourrait être le slogan de cette table atypique, retirée sur une petite place comme pour mieux se réserver à ceux qui savent apprécier le concept d'une cuisine de produits naturels, déclinés chaque jour en trois propositions (végétale, terrestre et marine) en plat unique. Les assiettes sont belles, les produits savoureux et les à-côté emportent sans peine l'adhésion, qu'il s'agisse de la courte carte de vins (bio bien sûr) qui propose des valeurs montantes comme Maxime Magnon ou Mouthe Le Bihan, de la vaste carte de thés, de la soupe du jour servie en accompagnement du plat ou encore les jolis meubles rustiques dans ce cadre vitré plutôt contemporain.
C : 30 € • M : 28-32 €   *www.nature-saveur.com*

→ Place des Cordeliers
☎ 04 50 45 82 29
F. dim. et lundi. F. ann. non comm.
Jusqu'à 21h.

---

12 Restaurant FMR

FMR, éphémère, comme le plaisir d'un repas au restaurant ? Peut-être, mais plaisir bien réel ici, dans cette jolie salle contemporaine à l'étage, en haut d'un petit escalier en pierre. Au delà du changement de nom, l'ex maison Garcin évolue, tant au niveau du café comptoir du rez-de-chaussée que de la cuisine, qui prend le soir volontiers des accents exotiques et contemporains (tempura, filet de rascasse en feuille de bananier) tout en ménageant aussi les classiques (lapin aux petits légumes et râpée de truffes). La cave prend le parti de rendre hommage aux femmes vigneronnes, un peu sectaire peut-être, mais le plaisir est là encore au rendez-vous.
C : 40 € • M : 17-28 €   *chfmr@hotmail.fr*

→ 11 rue du Pâquier
☎ 04 50 45 20 94
F. dim. (avril-juin), dim. et lundi (oct.-avril).
Jusqu'à 22h.

Les Ecuries du Pré-Carré

Judicieusement installée dans cette Cour du Pré-Carré où se pressent également l'une des meilleures tables de la ville et quelques bars branchés, cette table affiche clairement ses prétentions, au carrefour des influences bar, restaurant et lounge. Si la déco et l'ambiance sont au rendez-vous, les assiettes se font souvent plus approximatives, les rillettes de saumon aux baies de genièvre et le risotto aux gambas assurant le service minimum.
C : 32 € • M : 30 €

→ Cour du Pré-Carré, 10 rue Vaugelas
☎ 04 50 45 59 14
Ouv. 7j/7.
Jusqu'à 22h30 (23h w.-e.).

CCC L'Impérial Palace

Joli cocktail de couleurs : le blanc d'un palace Belle Epoque immaculé, le vert des magnifiques arbres du parc, le bleu profond du lac à deux pas... Un séjour à l'Impérial est un moment unique, offrant de multiples plaisirs, du confort irréprochable des chambres contemporaines (belles associations de matières et de couleurs) aux possibilités de loisirs variées, du casino au centre de beauté.
8 appart. 500-950 € • 91 ch. 300-450 €   *www.hotel-imperial-palace.com*

→ Allée de l'Impérial
☎ 04 50 09 30 00
▤ 04 50 09 33 33
Ouv. 7j/7.

CC Palais de l'Isle

Le confort contemporain de cette maison XVIIIe entièrement rénovée, bordant le canal comme un palazzo vénitien, est un atout supplémentaire, avec ses chambres en amélioration permanente, aux lignes fluides et épurées dans une déco design.
2 appart. 180-250 € • 31 ch. 74-145 €   *www.hotels-annecy.net*

→ 13 rue Perrière, Vieille-Ville
☎ 04 50 45 86 87
▤ 04 50 51 87 15
Ouv. 7j/7.

🎏 Le Pré Carré

A cinquante mètres du centre culturel Annecy Bonlieu, ce nouvel établissement au design contemporain accueille naturellement les gens du spectacle et les hôtes exigeants. Chambres très bien équipées, spa sensoriel, salles de réunion, show room pour concilier confort et fonctionnalité.

2 appart. 215-265 € • 27 ch. 135-215 €

➜ 27 rue Sommelier
☎ 04 50 52 14 14
🖷 04 50 63 26 19
Ouv. 7j/7.
🚗 ❄ 🐕

www.hotel-annecy.net

Villes de proximité, voir :

↻ ANNECY LE VIEUX.....................2 km N.E. par D 5 **(15/20)**
↻ CHAPERY.................12 km S.O. par N 201 et D 38 **(12/20)**
↻ VEYRIER DU LAC ....6 km S.E. par D 909 **(20/20)**

ANNECY LE VIEUX - 74940　　　　**(28 B 2)**
Bonneville 39 - Ugine 40

---

15 🍴 🎏 Le Clos des Sens

Le succès de la maison de Laurent Petit est indéniable : quelle que soit la saison, au déjeuner comme au dîner, en semaine comme le samedi, les tables ne sont le plus souvent accessibles qu'à ceux qui ont réservé. Et pourtant, depuis quelques années, nous ne reconnaissons plus tout à fait celui qui fut Grand de Demain il y a peu, comme si ce dernier connaissait un déficit d'imagination. La cuisine de Laurent Petit demeure pourtant, au premier coup d'œil, ultra contemporaine, créative, osée, décalée. Son pistou d'inversé d'œuf au plat, son tartare de gîte à la noix, caviar d'Aquitaine et caviar croquant ou son agneau de lait des Pyrénées au boulgour d'épices tirent quelques exclamations étonnées de la clientèle, sans doute ravie d'assister en direct, et à si bon compte (les additions demeurent extrêmement contenues) à cette irrévérencieuse interprétation de la grande cuisine. Comme si une curieuse connivence s'installait entre une salle convaincue de sa parfaite connaissance des dernières tendances gastronomiques et des cuisines qui s'ingénieraient à ne surtout pas contredire cette certitude. Nous ne sommes pourtant pas toujours en phase avec ces plats qui, parfois, manquent de cohérence, comme si les produits se contentaient de cohabiter tout en gardant leurs distances. Le service, appliqué et sérieux et la cave, qui fourmille de bonnes références, justifient leur rang. Quelques chambres, sereines et délicieuses, pour profiter plus longtemps de la vue.

C : 60 € • M : 30-45 €

➜ 13 rue Jean-Mermoz
☎ 04 50 23 07 90
F. dim. (sf à dîn. juil.-août), lundi, mardi à déj., 1er-10 janv., 27 avril-7 mai et 1er-18 sept.
Jusqu'à 21h30.
🎋
 idéal gourmet

www.closdessens.com

🎏🎏 L'Abbaye d'Annecy-le-Vieux

La merveilleuse cour intérieure pavée que l'on découvre en pénétrant pour la première fois dans cette ancienne abbaye cistercienne n'est que l'un des éléments forts de cet écrin de pierres cerné de verdure. La galerie de bois qui court autour de la cour cache un ravissant patio et les chambres, meublées d'ancien, rivalisent de charme et de caractère. Wifi gratuit.

2 appart. 190-240 € • 15 ch. 75-150 €

➜ 15 chemin de l'Abbaye
☎ 04 50 23 61 08
🖷 04 50 23 61 71
Ouv. 7j/7.
🚗 🐕

www.hotelabbaye-annecy.com

ANNONAY - 07100   (27 C 4)
Saint-Etienne 43 - Saint-Vallier 20

13 🍽 Marc et Christine

Si l'on célèbre le cochon, c'est pour la bonne cause, chez Marc et Christine Julliat, qui depuis des années mettent à l'honneur l'élevage local et le meilleur de la production ardéchoise. Avec gentillesse, générosité, et une pointe de tendresse dans la présentation des menus comme dans l'accueil, (le bocal de tapenade avec le pain cuit à votre arrivée...), ce qui fait aussi beaucoup pour la personnalité de cette salle Belle Epoque où l'on évolue entre sourire et distinction. Entre l'odorant bouillon de foie gras et la Tatin de pied de cochon (qui n'a de Tatin que le nom, mais on acceptera volontiers cette liberté), le terroir se porte bien, magnifié par exemple par un très bon pigeon en croûte. Seule réserve, l'attente qui, même en petite affluence, peut vous laisser près d'une heure avant de voir démarrer le repas. Plaisant livre de cave où sont couchés quelques vieux flacons, une verticale des hermitages de Chave, des parcellaires de Guigal et de sympathiques cuvées, du Rhône au Languedoc, de la syrah de Gaillard au Roussillon de Lafage.
C : 40 € • M : 18-45 €

→ 29 av Marc-Seguin
☎ 04 75 33 46 97
F. dim. à dîn., lundi, vac. scol. fév. et 16-31 août.
Jusqu'à 21h15.

- -

12 La Truffole

Pendant contemporain des maisons de tradition, la Truffole attire une clientèle de son époque dans un cadre frais en rouge et blanc. Si la cuisine n'échappe pas aux standards (pintadeau aux cèpes, carré d'agneau, tournedos sauce roquefort), elle se distingue un peu avec ses spécialités (les truffoles au goudoulet, une tartiflette versant ardéchois avec le chèvre du pays), quelques plats de poisson et un rythme enlevé, agréable et actuel. Classiques du rhône et vins d'Ardèche (viognier et chardonnay au verre) constituent la charpente viticole.
C : 47 € • M : 16-37 €

→ 2 pl des Cordeliers
☎ 04 75 67 09 43
F. sam., dim. à dîn., lundi à dîn., 1 sem. vac. scol. Pâques, 20 juil.-10 août et 1 sem. Noël.
Jusqu'à 21h15.

ANNOT - 04240   (34 B 4)
Digne 68 - Grasse 93

13 🍽 L'Avenue

Dans son décor aux couleurs chaleureuses et au mobilier rustique, la table de Jean-Louis Genovesi s'apprécie dans la bonne humeur d'une cuisine classique aux accents régionaux, asperges à l'œuf mollet et daurade rôtie au fenouil, comme dans la gentillesse de l'accueil de Martine Gozzi. La région est à privilégier également côté cave. De jolies chambres claires et contemporaines pour s'attarder au pays des Grès d'Annot.
M : 17-27 €

→ Av de la Gare
☎ 04 92 83 22 07
F. merc. à déj., vend. à déj., lundi à déj. et fin oct-fin mars.
Jusqu'à 20h30.

www.hotel-avenue.com

ANSE - 69480   (27 C 2)
Lyon 26 - Villefranche-sur-Saône 6

🍴 Le Saint Romain

Simplicité rustique et charmante pour faire étape au Pays des Pierres Dorées, cette ancienne ferme a gardé tout son caractère pour accueillir des chambres sobres et soignées, au décor champêtre.
1 appart. 54-87 € • 23 ch. 46-54 €

→ Rte de Grave
☎ 04 74 60 24 46
🖨 04 74 67 12 85
F. dim. (déb. nov.-fin avril).

hotel-saint-romain@wanadoo.fr

ANSOUIS - 84240 (33 C 4)
Apt 29 - Aix-en-Provence 13

14 🍴 La Closerie
Une table étonnante, qui fait peu parler d'elle mais que le bouche à oreille et les bons guides ont rendue incontournable. Etonnante aussi car le propos, simple et précis, n'a pas vocation à briguer les récompenses suprêmes, mais avant tout de faire plaisir, comme une auberge où l'on se requinque, à une clientèle de passage qui ressemble de plus en plus à celle d'habitués conquis. Par une cuisine d'esprit méditerranéen, mettant sans cesse le produit en avant, avec délicatesse, gaieté, modernité : risotto de homard bleu aux champignons sauvages, saint-pierre rôti en cocotte au romarin. Joli cadre sudiste, accueil charmant et cave de luberon très bien renseignée, avec la plupart des domaines qui comptent, de Ruffinato à la Canorgue, de la Citadelle au château de Mille. Attente un peu longue, desserts en retrait.
C : 50 € • M : 20-32 €

→ Bd des Platanes
☎ 04 90 09 90 54
F. merc., jeudi. F. ann. non comm.
Jusqu'à 21h.
🌳 ♿

ANTHY SUR LEMAN - 74200 (28 B 1)
Annecy 82 - Thonon-les-Bains 6

12 Auberge d'Anthy
La maison des Dubouloz reste l'un des rares lieux autour du Léman où découvrir de superbes poissons du lac, bien traités comme ces perchettes simplement cuites meunière. Une tradition défendue ardemment par le patron de cette auberge de village délicieusement nostalgique et précédée par un café de village et qui justifie largement la présence dans ces pages. Reste que, malgré le service gentil et efficace et une belle cave régionale, le reste est moins passionnant et l'ambiance assez désuette. A fréquenter en connaissance de cause.
C : 38,50 € • M : 16-46 €   www.auberge-anthy.com

→ Rue des Ecoles
☎ 04 50 70 35 00
F. dim. à dîn., lundi, mardi à déj., 25 mars-11 avril et 29 sept.-10 oct.
Jusqu'à 21h30.
🌳 ♿ 🐕

ANTIBES - 06600 (33 B 2)
Nice 20 - Cannes 10

14 🍴 Les Vieux Murs
Les clients occasionnels s'en sont à peine aperçu : le chef a changé, les bonnes vibrations restent. Il faut bien avouer que la motivation première des touristes sans guide reste cette situation fabuleuse, une salle élégante intégrée aux remparts de la vieille ville, avec une vue depuis les fenêtres ou la terrasse, récemment embellie, assez extraordinaire. Le nouveau patron des fourneaux, Christophe Griss, ancien second du Juana, apporte une note nouvelle, peut être plus "air du temps", avec ses langoustines aux poireaux frits, son saint-pierre et légumes bayaldi, son carré d'agneau de Sisteron et jus aux olives taggiasche. La note se maintient donc, assez logiquement, en attendant confirmation.
C : 70 € • M : 34 €   www.lesvieuxmurs.com

→ 25 Promenade Amiral-de-Grasse
☎ 04 93 34 06 73
F. lundi, mardi à déj. et 10 nov.-1er déc.
Jusqu'à 22h30 (23h été).
🌳 🚗 ♿ 〰️ 🐕

Les villes sont citées par ordre alphabétique.
Les villes au nom composé d'un article sont classées sans tenir compte de celui-ci.

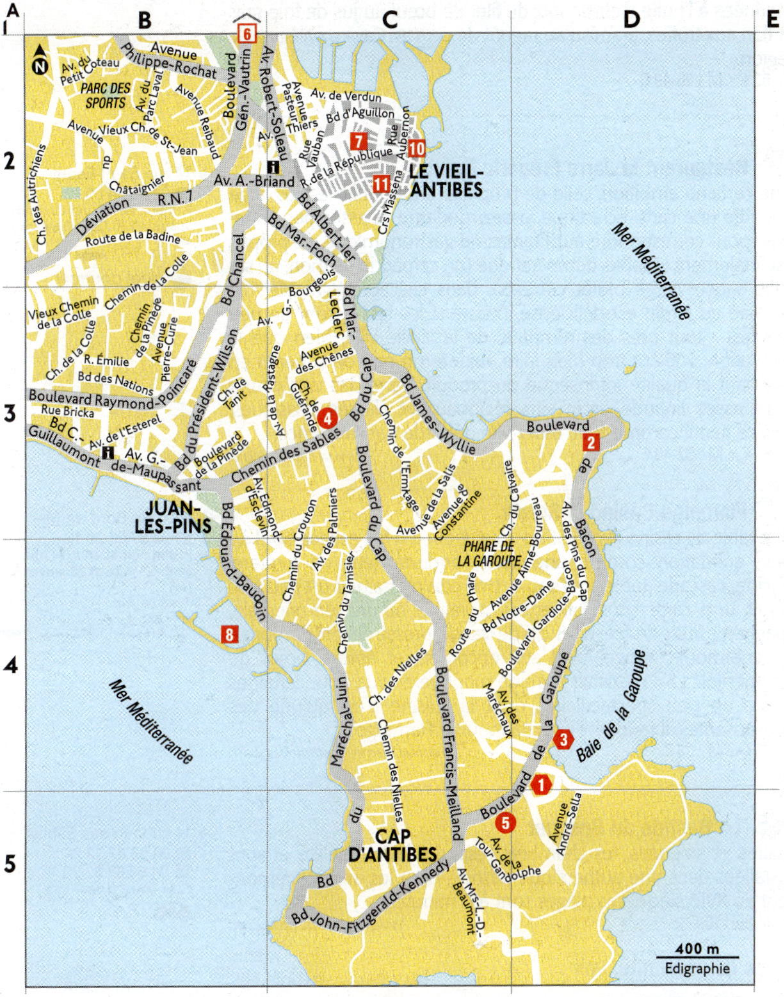

Map

A | B | C | D | E

Parc des Sports

Avenue Philippe-Rochat

Av. du Petit Coteau

Av. Jac. Laval

Avenue Renaud

Boulevard Gén.-Vautrin

Av. Robert-Soleau

6

Av. de Verdun

Bd d'Aguillon

Avenue des Thiers

Av. Pasteur

R. de la République

7

10

11

LE VIEIL-ANTIBES

R. Masséna

Crs Masséna

Av. Vauban

Av. A.-Briand

Mer Méditerranée

Avenue du Vieux Ch. de St-Jean

Ch. des Autrichiens

Châtaignier

R.N.7

Déviation

Route de la Badine

Vieux Chemin de la Colle

Ch. de La Colle

R. Emilie

Bd des Nations

Boulevard Raymond-Poincaré

Rue Bricka

Bd C.

Av. de l'Esterel

Guillaumont de-Maupassant

JUAN-LES-PINS

Bd Edouard-Baudin

Bd Chancel

Bd Maréchal-Leclerc

Av. G.-Bourgois

Bd Albert-Ier

Bd Mar-Foch

Chemin de la Colle

Av. Pierre-Curie

Chemin de la Pinède

Bd du Président-Wilson

Ch. de Tanit

Avenue des Chênes

Av. de la Rostagne

Ch. de Crémade

Bd du Cap

Bd James-Wyllie

Boulevard

4

2

Chemin des Sables

Chemin du Croûton

Chemin du Tamisier

Bd Edmond-Escudon

Boulevard du Cap

Boulevard de la Pinède

Av. des Palmiers

Chemin de l'Ermitage

Avenue de la Salis

Avenue Constance

PHARE DE LA GAROUPE

Avenue Aimé-Bourreau

Av. des Pins du Cap

Boulevard Bacon

Route du phare

Av. Notre-Dame

Bd Notre-Dame

Boulevard Gardiole-Bacon

Baie de la Garoupe

Av. des Maréchaux

Boulevard de la Garoupe

8

Ch. des Nielles

Maréchal-Juin

Chemin des Nielles

Boulevard Francis-Meilland

3

1

5

CAP D'ANTIBES

Bd Mcx-D-Beaumont

Bd John-Fitzgerald-Kennedy

Av. Mrs-D-Beaumont

Av. de la Tour-Gandolphe

Avenue André-Sella

Mer Méditerranée

400 m
Edigraphie

■ **Restaurant**   ● **Hôtel**   ◆ **Hôtel-Restaurant**   □ **Table en vue**

Anse (L') **D-4**	● 1	Castel Garoupe **C-5**	● 5	Pêcheurs (Les) **B-4**	■ 8
Bacon **D-3**	● 2	Flamingo Casino la Siesta **B-1**	6	Restaurant	
Baie Dorée (La) **D-4**	◆ 3	Hôtel Imperial Garoupe **D-4**	● 1	La Jarre Frédéric Ramos **C-2**	10
Bastide du Bosquet **C-3**	● 4	Oscar's **C-2**	■ 7	Vieux Murs (Les) **C-2**	11

---

12 **Oscar's**

Oscar Iannaccone et son épouse Martine se sont installés voilà tout juste quinze ans dans cette maison au décor gréco-romain un peu kitsch. Le nouveau bar en staff apporte une touche originale à l'ensemble, la carte ne variant par d'un pouce en conservant ses très fortes influences italiennes : fricassée de loup déguisé en ravioli ouvert, rouget grondin sur un nid de fusilli aux oignons et tomates

→ 8 rue Dr-Rostan
☎ 04 93 34 90 14
F. dim., lundi, 1er-15 juin et 23 déc.-15 janv.
Jusqu'à 21h30.

---

 hôtel très tranquille   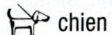 chien accepté   accès handicapé

marinées à l'huile d'olive, noix de filet de bœuf au jus de foie gras et flan aux truffes, tiramisu au ragoût de cerises. Cave privilégiant la région.
C : 52 € • M : 26-49 €

- -

12 **Restaurant la Jarre Frédéric Ramos**

Une certaine ambition, celle de proposer à un public le plus large possible une carte éclectique, assez moderne et assez personnalisée pour correspondre à un fantasme gastronomique. Le propos est finalement louable, démocratique (un carpaccio de thon, un sar grillé sauce vierge plutôt corrects), dans ce cadre agréable - la terrasse au jardin est délicieuse, même si les tables sont un peu proches - tout près des remparts de la vieille ville, bien que la réalisation, voulant trop bien faire, rajoute un peu de superflu en touchant la qualité intrinsèque du produit. Carte des vins courte mais assez finaude entre vins régionaux et classés classiques, service gentil comme tout, assez vite débordé par l'affluence.
C : 45 € • M : 32-40 €   www.lajarre.com

→ 14 rue Saint-Esprit
☎ 04 93 34 50 12
F. merc. (sf 15 juin-30 août).
Jusqu'à 22h (22h30 saison).

idéal gourmet

- -

Flamingo Casino la Siesta

Une table de casino version Sud, c'est-à-dire un bel espace bord de mer, animation comme une boîte, podium, jeux de lumière, piscine, cascade, table sur l'eau… Une cuisine traiteur un peu chic garnit une carte sous influences italienne ou moyen-orientale, spaghettis fruits de mer à l'encre de seiche, pressé de lotte, ombrine en chermoula, rouget farci aux encornets et épices, bœuf de Simmental… S'il n'existait pas une rubrique en vue pour certaines tables un peu spectaculaires dont la cuisine n'est qu'une des composantes, il faudrait l'inventer pour le Flamingo.
C : 43 € • M : 39 €   www.flamingo-lasiesta.com

→ 2000 rte Bord-de-Mer
☎ 04 97 21 29 18
F. dim., lundi, mardi (15 sept.-1er juin) et 15 janv.-13 fév.
Jusqu'à 24h.

- -

La Bastide du Bosquet

Claires et soignées, les chambres respirent la tranquillité et sont installées dans une authentique bastide, dont les origines remontent au XVIIe siècle. Les plages sont à 5 minutes.
4 ch. 80-110 €   www.lebosquet06.com

→ 14 chemin des Sables
☎ 04 93 67 32 29
🖨 04 93 67 32 29
F. 15 nov.-20 déc.

Villes de proximité, voir :

↻ CAP D ANTIBES……………………………… 6 km S. **(15/20)**

Paris 13 - Bagneux 9 - Versailles 17

13 **L'Amandier**

Elaborée à partir de produits de qualité et réalisée avec maîtrise, la cuisine d'Eric Colpart reste le principal (et solide) atout de la maison. Déclinées au fil des saisons, les présentations sont peaufinées et les parfums maîtrisés, le plaisir du gourmet est donc au rendez-vous d'un goûteux risotto de homard, moelleux et bien parfumé au jus de crustacés, ou d'impeccables filets de saint-pierre, cuits sous la salamandre au thym frais. Avant tout professionnel, le service suit le mouvement sans encombre, pour une clientèle d'habitués conquis.
C : 39 € • M : 32-55 €

→ 8 rue de l'Eglise
☎ 01 46 66 22 02
F. sam. à déj., dim. à dîn., lundi, 3 sem. août et 1 sem. Noël-nouvel an.
Jusqu'à 21h15.

👁 **La Tour de Marrakech**

La recette est éprouvée par Madani El Moumen depuis 25 ans et ne faillit pas, décor aux accents exotiques, accueil tout sourire et déclinaison de tagines et couscous pas mal faits du tout, sans oublier les sardines farcies.
M : 23 €

→ 72 av de la
Division-Leclerc
☎ 01 46 66 00 54
F. lundi et août.
Jusqu'à 22h15.

ANTRAIGUES SUR VOLANE - 07530   (27 C 5)
Privas 40 - Valence 80

13 🍴 **La Remise**

Après trente années passées dans cette maison magique, au cœur du délicieux village d'Antraigues, à l'écart de toute nuisance, Yves Jouanny, ancien copilote en rallye, ne cherche plus à promouvoir sa Remise. Sa solide (et méritée) réputation a depuis longtemps franchi les frontières de l'Ardèche et tous les bons mangeurs se retrouvent comme par magie dans cette jolie salle campagnarde régie par une seule règle : la simplicité. Un menu imposé, qui comprend le vin, l'eau du village et le café, des plats d'une extrême générosité, dans un registre ménager qui n'a rien d'artificiel, et ce sentiment si rare d'être reçu comme chez des amis.
C : 34 € • M : 21 €

→ ☎ 04 75 38 70 74
F. dim. à dîn., jeudi à dîn., vend., 16-25 juin, 8-15 sept. et 15 déc.-4 janv.
Jusqu'à 21h.

AOSTE - 38490   (28 A 3)
La Tour-du-Pin 14 - Belley 26

13 🍴 **Au Coq en Velours**

Un coq au pays du jambon ? La spécialité de la maison vient en tout cas en rappel dans les salles au décor chaleureux et donne le ton d'une cuisine fidèle à ses origines (Michel Bellet est la quatrième génération aux commandes depuis 1900), entre produits régionaux et recettes classiques : foie gras poêlé au chutney de figues, quenelle de brochet, lavaret meunière, sans oublier le chariot des desserts. Cave solide.
C : 42 € • M : 29-59 €   www.au-coq-en-velours.com

→ 1800 rte de Saint-Genix
☎ 04 76 31 60 04
F. dim. à dîn., lundi, jeudi à dîn. et janv.
Jusqu'à 21h.

APPOIGNY - 89380   (19 C 2)
Auxerre 10 - Troyes 76

❄ **Le Puits d'Athie**

Au cœur du village, cette maison XVIIIᵉ tournée vers son jardin est une ancienne dépendance du château. Les chambres personnalisées invitent au voyage (la Grèce, l'Italie…).
3 appart. 84-160 € • 1 ch. 69 €   www.appoigny.com

→ 1 rue de l'Abreuvoir
☎ 03 86 53 10 59
🖥 03 86 53 10 59
Ouv. 7j/7.

APREMONT - 60300   (3 D 5)
Beauvais 49 - Chantilly 8

12 **La Grange aux Loups**

Jean-Claude Jalloux, après trente années passées au piano de cette ravissante auberge de campagne, ne changera plus son fusil d'épaule. Grand Maître de la Confrérie du Sabre d'Or (le sabrage du champagne y est ainsi régulièrement pratiqué), ardent défenseur de la cuisine régionale, il se cantonne aux spécialités qui rassurent et qui rassemblent : poêlée de saint-jacques, graines de caviar et mousseline au champagne, selle d'agneau en panure d'herbes et petite purée du chef, tarte fine aux pommes flambées au calvados et glace à la vanille. Service souriant, dirigé par Marie-France Jalloux.
C : 65 € • M : 29-55 €   www.lagrangeauxloups.com

→ 8 rue du 11-Novembre
☎ 03 44 25 33 79
F. dim. à dîn., lundi et 1re quinz. janv. et 1re quinz. sept.
Jusqu'à 21h30.

APT - 84400 (33 C 4)
Avignon 56 - Aix-en-Provence 65

13 Auberge du Luberon

Cuisine de saison, de terroir et aux fruits confits (fabriqués à Apt chez Marcel Richaud) : le trépied sur lequel Serge Peuzin a bâti son menu-carte ne semble pas près de vaciller et permet de varier les plaisirs d'autant plus facilement qu'il change au gré du marché, signe qui ne trompe pas du soin porté à la qualité du produit. Autant de bonnes raisons de revenir profiter de l'ombre du platane sur la terrasse ouverte sur la ville le temps de quelques assiettes fort élégantes : foie gras poêlé aux fruits confits, suprême de volaille aux truffes blanches, avant le chariot de desserts. Bon choix de vin au verre, dans une cave qui s'alimente au plus près.

C : 47 € • M : 35-51 €   www.auberge-luberon-peuzin.com

→ 8 pl du Fg-du-Ballet
☎ 04 90 74 12 50
F. dim, lundi, mardi à déj. (1er oct.-31 mars), dim à déj., lundi à déj., mardi à déj. (1er avril-30 sept.), 10 nov.-15 déc. et 23-26 déc.
Jusqu'à 21h.

----

13 L'Intramuros *d*

On chine à l'Intramuros, on vient chercher les petits plats d'antan mitonnés par René-Marc. Cet autodidacte a eu un parcours atypique qui l'a mené à la gastronomie. Sa cuisine personnalisée à un fort accent méditerranéen. La spécialité maison, le marbré de joue de bœuf au foie gras est un classique. Le lapin confit à l'huile d'olive, petit gratin d'échalotes aux châtaignes et pomme de terre au four farcie tapenade maison fait saliver... Pour achever cette rêverie, un tajine de mendiants au miel. Menu entrée-plat-fromage-dessert pour 28,50€, de quoi se laisser tenter.

C : 31 € • M : 28,50 €   alenbul@aol.com

→ 120 rue de la République
☎ 04 90 06 18 87
F. dim., lundi et 15 nov.- 15 déc.
Jusqu'à 21h (21h30 (été).

----

11 Bistro de France

Le chef a du métier et réussit à proposer aux habitués des suggestions du jour qui réservent rarement de mauvaises surprises (plaisantes lasagnes de la mer) et complètent une classique carte provençale (loup grillé, agneau confit au romarin, canard aux olives), l'emplacement est stratégique mais le service en retrait.

C : 25 €

→ 67 pl de la Bouquerie
☎ 04 90 74 22 01
F. dim., lundi et mars.
Jusqu'à 21h30.

Villes de proximité, voir :

↻ RUSTREL .... 10 km N.E. par D 22 et D 30 (12/20)

ARACHES LA FRASSE - 74300 (28 C 2)
Chambéry 116 - Megève 31

13 Les Servages

Régionale mais sans œillères ni parti pris, la cuisine de Pascal Flécheau atteint un niveau de prestations qui attire sans peine une clientèle extérieure à l'hôtel. De jolies inspirations sur l'oursin à la coque, lait de poule anisé, beurre de pays à la fleur de sel et pain fumé, le turbot sauvage, artichauts poivrade et risotto carnaroli aux truffes et les bons desserts (dont la poêlée de fraises au Grand Marnier, glace pistache, tiramisu pistache et fraise et biscuit croquant d'amandes). Jolie cave savoyarde.

C : 60 €   www.servages.com

→ 841 rte Servages
☎ 04 50 90 01 62
F. lundi (saison), lundi, mardi, merc. (h.s.), mai et nov.
Jusqu'à 21h30.

ⓒⓒ Les Servages d'Armelle

Deux fermes XVIIIᵉ réunies pour le bonheur des trappeurs chics : un luxe simple et montagnard dessiné par Armelle Linglin, confort chaleureux et esprit chalet de famille, vieux bois et mobilier savoyard. Salles de bains modernes et confort d'aujourd'hui, spa, hammam, et jacuzzi dans toutes les chambres.
2 appart. 720 € • 6 ch. 300 €   www.servages.com

→ 841 rte Servages
☎ 04 50 90 01 62
🖳 04 50 90 39 41
F. mai et nov.
🚗

ARAGON - 11600   (31 C 4)
Aragon 11 - Conques-sur-Orbiel 7

13 🛏 La Bergerie

Moderne et pourtant typique de l'architecture régionale, cette ancienne bergerie porte beau, au seuil de ce charmant village sur la route de la Montagne Noire. Aménagements de qualité (huit chambres accueillantes, au décor sobre et gai) et surtout une belle table, qui ressemble à l'environnement, parfums de garrigue et authenticité. Fabien Galibert sculpte son répertoire sur la terre audoise : un croustillant de canard et foie gras en consommé de bœuf, une selle d'agneau poêlée et canon de choux verts, une lotte en mousseline de gésiers et carottes confites. Cave sérieuse en cabardès, minervois, corbières, tous les voisins jusqu'à Fitou.
C : 47 € • M : 33-58 €   www.labergeriearagon.com

→ Allée Pech-Marie
☎ 04 68 26 10 65
F. mardi, merc. (sf fériés),
1ᵉʳ à dîn-23 janv. et 7-22 oct.
Jusqu'à 21h30.
🍴 🚗 � 〰❄ 🛶
🐴
🍴 idéal gourmet

ARBIS - 33760   (23 D 3)
Bordeaux 39 - Libourne 34

❄ Château le Vert

Dans une demeure XIXᵉ de caractère, les chambres se font élégantes et raffinées, personnalisées par des œuvres de peintres contemporains.
1 appart. 100 € • 3 ch. 85 €

→ Rte d'Escoussans
☎ 05 56 23 91 49
F. nov.-mars.
🚗

ARBOIS - 39600   (21 B 4)
Lons-le-Saunier 45 - Besançon 53

17 🛏🛏🛏 ≥ Jean-Paul Jeunet

Les années ne semblent avoir aucune prise sur la maison des Jeunet. Celle que nous avions distinguée il y a peu comme "l'Etablissement de l'année" n'a jamais semblé aussi jeune et joyeuse. Exactement au même titre que Jean-Paul Jeunet dont la technique n'a sans doute jamais été aussi actuelle et précise : ambroisie de foie gras, joues et oreilles de cochon, quenelle de racines confites, lait de marjolaine, vinaigrette crapaudine, féra du lac sur une fondue de navets nains, quelques herbes rares et noix au beurre de savagnin, jus crémeux aromatique, chocolat, châtaignes et chicorée en nuance de textures et de saveurs. Cette cuisine jurassienne, fière de ses racines, affiche une rusticité raffinée d'un rare aboutissement, presque intuitive. Le personnel, abondant même lors d'un déjeuner de semaine, se montre d'une rare efficacité au moment d'annoncer les plats, aux intitulés pourtant complexes. Le décor brut de toile de jute tendue et patinée et les poutres décapées et cérusées composent un décor à la fois rustique et très contemporain qui se marie à merveille à la cuisine du solide chef jurassien. Cave commentée avec science par un sommelier très disert sur la génération montante.
C : 95 € • M : 52-130 €   www.jeanpauljeunet.com

→ 9 rue de l'Hôtel-de-Ville
☎ 03 84 66 05 67
F. mardi, merc. (sf
juil.-mi-sept. à déj. seult), déc.
et janv.
Jusqu'à 21h.
🚗 〰❄ 🐴 🍷

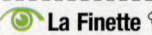 **Jean-Paul Jeunet**

Partagées entre la maison principale et le Prieuré Notre-Dame, les chambres offrent ainsi de quoi satisfaire aussi bien les amoureux d'élégance traditionnelle que les adeptes de lignes plus contemporaines, avec toujours de jolies harmonies de teintes claires.
2 appart. 130-140 € • 17 ch. 88-140 €   www.jeanpauljeunet.com

→ 9 rue de l'Hôtel-de-Ville
☎ 03 84 66 05 67
🖸 03 84 66 24 20
F. déc.-janv.

 La Finette 🏵

Ardent promoteur des vins du Jura, Henri Maire a créé dans les années soixante cette Finette pour les faire découvrir, eux et les spécialités franc-comtoises. Près de cinquante ans plus tard, l'esprit est resté le même, efficacité et convivialité, dans un décor typique qui invite à croquer à belles dents le jambon de Luxeuil, le jésus de Morteau ou le morbier.
C : 18 € • M : 15,50-48 €   info@finette.fr

→ 22 av Pasteur
☎ 03 84 66 06 78
Ouv. 7j/7.
Jusqu'à 23h.

ARBONNE - 64210   (24 C 5)
Pau 121 - Biarritz 7

Hôtel Laminak 🐦

Pour vivre pleinement à l'heure basque dans l'architecture typique de cette vieille ferme basque rénovée avec soin, les peintures extérieures ont été rafraîchies ainsi que certaines chambres, vue sur le jardin et les Pyrénées. Possibilité de restauration sur demande.
12 ch. 71-99 €   www.hotel-laminak.com

→ Rte de Saint-Pée
☎ 05 59 41 95 40
🖸 05 59 41 87 65
F. 7-23 janv.

ARCACHON - 33120   (23 C 3)
Bordeaux 69 - Mimizan 43

13 **Le Patio**

Transfuge de la Guérinière, Thierry Renou conserve bien sûr son titre de Maître-Cuisinier de France dans un cadre qui est désormais le sien. Malheureusement, ni la salle années quatre-vingt, ni la terrasse au rustique un peu fatigué, malgré l'agrément du repas en plein air, n'annoncent l'avant-garde de la création. Bien sûr, ce n'est pas le thème d'une cuisine sage, belles sauces et assiettes onctueuses, homard et foie gras, mais on attend encore mieux de celui qui frisait les deux toques à Gujan Mestras. Hormis un ris de veau superbe, avec un jus aux fèves de Tonka, on attend plus de séduction et de personnalité des prochaines cartes, jusque dans l'ambiance pourtant bien aidée par un service performant et un très bon maître d'hôtel. La cave a besoin d'être sérieusement étoffée hors bordelais, où l'on peut admettre et même saluer le choix d'une courte sélection de bonnes affaires.
C : 55 € • M : 35-50 €

→ 10 bd de la Plage
☎ 05 56 83 02 72
F. dim. à dîn., merc. et jeudi à déj.
Jusqu'à 21h30.

---

11 **Chez Yvette**

Allez chercher les huîtres à la source : celles-ci viennent des parcs familiaux depuis trois générations, garantie de qualité et de fraîcheur. Ajoutez-y deux pincées d'embruns, un tartare de thon, une friture de petite pêche ou une parillada de poissons et vous partagerez, avec les people et les anonymes, un moment authentique de la vie arcachonnaise.
C : 40 € • M : 19,50 €

→ 59 bd du Gén-Leclerc
☎ 05 56 83 05 11
Ouv. 7j/7.
Jusqu'à 22h.

Arc Hôtel sur Mer

Au coeur de la ville, entre la jetée Thiers et le port de plaisance, un bâtiment contemporain sans grand charme, mais aménagé avec goût et efficacité pour le confort et la fonctionnalité. Chambres bien équipées au style classique, fitness, billard...

appart. 292-413 € • 30 ch. 78-236 €   www.arcachon-arc-hotel.com

→ 89 bd de la Plage
☎ 05 56 83 06 85
🖷 05 56 83 53 72
Ouv. 7j/7.

ARCANGUES - 64200   (24 C 5)
Biarritz 8 - Ustaritz 10

14 **Le Moulin d'Alotz**

Une table élégante aux accents champêtres, nichée dans un moulin XVIIe qui prend des allures bucoliques pour peu que le soleil soit de la partie. Il est en tout cas dans ces assiettes colorées et travaillées où les bases régionales servent de prétextes à des compositions hautes en saveur sur des produits du cru (cochon, morue et autres poissons de la pêche luzienne...). Jolis desserts. Cave bien branchée sur le Sud-Ouest.

C : 55 €

→ Chemin Alotz-Errota
☎ 05 59 43 04 54
F. mardi, merc. et 23 janv.-1er fév.
Jusqu'à 21h30.

ARCINS - 33460   (23 C 2)
Bordeaux 41 - Margaux 6

13 **Le Lion d'Or**

L'ancienne auberge de village, aujourd'hui devenue restaurant de campagne traditionnel, ne cache pas ses prétentions : beaucoup de bonne humeur en salle, un service assez rapide pour ceux qui le souhaitent et une jolie cuisine bourgeoise, jamais prétentieuse : tête de veau servie chaude sauce ravigote, grenier médocain dans la gelée, côte de veau poêlée au jus maigre, pigeon rôti sur un canapé de foie gras chaud… Cave conçue dans le même esprit, du bon à petits prix.

C : 40 € • M : 13,30 €

→ 11 rte de Pauillac
☎ 05 56 58 96 79
F. dim., lundi, fériés, 1er-31 juil. et 24 déc.-1er janv.
Jusqu'à 21h30.

LES ARCS - 83460   (34 B 5)
Paris 866 - Toulon 66 - Draguignan 8

14 **Sébastien Sanjou**

On peut être impétueux et raison garder. Sébastien Sanjou n'a que 25 ans, mais aussi la tête sur les épaules. Sa cuisine, comme sa maison, a de l'allure, et quelques défauts, que nous soulignions l'an passé. Qu'à cela ne tienne, le jeune chef prend note, peaufine, progresse. Change ses fourneaux, rajeunit la salle et l'atmosphère. Investit et surtout s'investit. Il a quelque chose dans les mains et beaucoup d'énergie à canaliser. Mais ce qu'il montre au quotidien est bien de la veine des deux toques qu'il devrait atteindre prochainement. Des poissons d'une netteté totale (pavé de loup de ligne rôti et spaghettis de courgettes), du prestige bien maîtrisé (boeuf, foie gras, truffe), des produits bien choisis dans une carte qui nous a semblé cette année moins systématiquement sophistiquée. Chantal, la maman, veille avec bienveillance sur la salle et la jolie terrasse dominant l'arrière-pays, la cave compile les très bons régionaux (Font du Broc, Sainte-Roseline...).

C : 65 € • M : 50-55 €   www.lerelaisdesmoines.com

→ Rte de Ste-Roseline
☎ 04 94 47 40 93
F. dim. à dîn., lundi (sf 1er avril-30 sept.) et dern. sem. nov.-1re sem. déc.
Jusqu'à 21h30.

🎁 idéal gourmet

14 🍷 La Vigne à Table *d*🍷

Le secteur ne compte pas tant de bonnes de tables et la création récente de celle-ci est assurément à ranger parmi les bonnes nouvelles de l'année. Installée dans l'enceinte de la superbe Maison des Vins des Côtes de Provence, voisinant avec un "wine bar" aménagé juste à côté et où l'on peut prendre simplement un plat accompagné d'un verre de vin, cette Vigne à Table jouit d'un cadre favorable offrant notamment une jolie vue sur l'Argens. Tradition méditerranéenne dans l'assiette, avec les noix de saint-jacques poêlées, blanc-manger au pistou d'estragon et cœur de corail, la papillote de loup de ligne à la citronnelle et navets caramélisés aux agrumes (un plat superbe qui flirte avec les deux toques) et déclinaison autour de la mandarine. Personnel motivé et présent.
C : 60 € • M : 34-59 €
lavigneatable@wanadoo.fr

→ Maison des Vins Côtes Provence
☎ 04 94 47 48 47
F. dim. à dîn., merc. et 8-28 janv.
Jusqu'à 22h.
🌳

---

13 🍷 Le Logis du Guetteur

Ce cadre seigneurial prête à débordement de prestige, truffe partout et homard dans le casier. Fort heureusement, même si les tarifs sont aristocratiques, la carte proposée par le jeune chef Thierry Diderich réussit à sortir de son moule avec quelques plats, certes rares, mais qui donnent un peu de sens et valent la toque : sardines grillées et marinées, tartare d'asperges sauce vierge aux câpres, risotto aux artichauts, grosse crevette rôtie au thym et dentelle de speck, canon de selle d'agneau au basilic, tortellinis provençaux au caillé de chèvre. Cave régionale et classique.
M : 38-76 €
www.logisduguetteur.com

→ Pl du Château
☎ 04 94 99 51 10
F. 15 fév.-15 mars.
Jusqu'à 21h30.
🚗 ❄☀

 idéal gourmet

🍷 Le Logis du Guetteur

Des chambres cossues et traditionnelles dans le cadre d'un ancien château XIᵉ encore gardé par un fier donjon. Beau panorama sur le jardin et la vallée.
3 appart. 130-205 € • 10 ch. 90-140 €
www.logisduguetteur.com

→ Pl du Château
☎ 04 94 99 51 10
🖨 04 94 99 51 29
F. 15 fév.-15 mars.
🚗 ❄☀

ARGELES GAZOST - 65400   (29 A 5)
Tarbes 34 - Lourdes 14

13 🍷 Le Casaou

Réhabilitée en 1963, entièrement rénovée en 1993, cette bâtisse en forme de paquebot, étonnante construction de style Art moderne, héritée d'un concours d'architecture lancé en 1930, n'est vraiment pas banale. Pierre Pucheu ne pouvait se contenter d'une simple cuisine régionale dans ce cadre d'exception. Prenant quelques risques, personnalisant au maximum sa cuisine, il nous livre au contraire une intéressante interprétation d'une cuisine pleine de soleil : tartare de tomates et de concombre à la truite fumée et crème aux herbes, filet de lieu noir cuit au plat et choucroute de fenouil aux oranges, pomme Royal Gala rôtie au caramel salé et à la mozzarella, glace vanille. Service souriant, cave abordable.
C : 30 € • M : 19-30 €
www.hotelmiramont.com

→ 44 av des Pyrénées
☎ 05 62 97 01 26
F. merc. (sf juil.-août).
Jusqu'à 20h30 (21h30 vend.-sam.).
🚗 ❄☀

🍷🍷 Le Miramont

Posée dans un jardin où l'on croise fleurs et bananier, cette originale architecture qui évoque les grands paquebots de croisière disposent de chambres douces et confortables, tons clairs et ambiance douillette.
2 appart. 92-130 € • 17 ch. 60-100 €
www.hotelmiramont.com

→ 44 av des Pyrénées
☎ 05 62 97 01 26
🖨 05 62 97 56 67
F. ann. non comm.
🚗

Villes de proximité, voir :

○ SAINT SAVIN..........................3 km S. par D 101 **(15/20)**

ARGELES SUR MER - 66700 (31 D 6)
Perpignan 24 - Collioure 5

13 Auberge du Roua

Ce délicieux mas XVIIe, niché au cœur des vignes dans la campagne catalane, a tout de l'étape idéale (jolies chambres épurées) et séduit par la gentillesse de l'accueil autant que par la beauté du cadre. Elégance et saveurs méditerranéennes sont en vedette dans la cuisine élaborée par Philippe Polin et on sent qu'il ne manque pas grand-chose pour franchir un cap, les idées sont là, produits et cuissons sont soignés et le résultat déjà tout à fait plaisant, sur la déclinaison d'oursins, la poularde grillée (sur un bouillon crémeux à l'orge torréfié) comme sur la tartelette de pommes façon croustade. Service stylé et bien rythmé, cave sélectionnée avec soin, y compris hors de sa région.
C : 55 € • M : 35-80 €   www.aubergeduroua.com

→ Chemin du Roua
☎ 04 68 95 85 85
F. à déj. sf fériés, merc
(oct.-mai) et 1er déc.-10 fév.
Jusqu'à 21h15.

idéal gourmet

----

11 L'Auberge du Cayrou

En deux ans, Rolande et Cyrille Domagala ont boosté cette petite adresse discrète à l'écart du centre. Depuis notre première mention l'an passé, la salle a été refaite, plus chic et plus actuelle pour offrir une ambiance agréable - l'accueil simple et souriant de Rolande - et lumineuse. Sur des bases traditionnelles, le chef s'exprime de mieux en mieux, avec des assiettes de belle personnalité : crépinette de bar, nems de betterave et citron confit sauce chorizo, osso-buco de lotte au curcuma, magret aux abricots sauce au vin d'abricot. Cave très correcte avec les vignerons du département.
M : 14-33 €   aubergeducayrou@aol.com

→ 18 rue du 14-Juillet
☎ 04 68 81 34 08
F. sam. à déj. et merc.
Jusqu'à 21h30.

Le Cottage

La majorité des chambres de ce bâtiment moderne a été rénovée ainsi que les salles de bains. Un confort contemporain, des espaces lumineux aux équipements de qualité pour profiter de la station dans le bien-être et l'intimité, au cœur d'un parc aux essences exotiques.
5 appart. 165-260 € • 28 ch. 75-175 €   www.hotel-lecottage.com

→ 21 rue Arthur-Rimbaud
☎ 04 68 81 07 33
📠 04 68 81 59 69
F. mi-oct.-déb. avril.

ARGELLIERS - 34380 (32 A 3)
Montpellier 96 - Sète 84

13 Auberge de Saugras

Caché dans la campagne, le vieux mas du XIIe siècle, avec sa craquante salle rustique, donne de grosses envies de terroir. Pas de problème, les Aurelle (Jérôme en cuisine, Aurore en salle) rameutent les producteurs du coin au service d'une partition classique, mais tellement gourmande : assiette de charcuteries régionales, poêlée de ris de veau et cèpes... La qualité des produits justifie les tarifs. La région est aussi en fête du côté de la cave, avec la plupart des têtes d'affiche.
C : 50 € • M : 16-50 €   auberge.saugras@wanadoo.fr

→ Domaine de Saugras
☎ 04 67 55 08 71
F. mardi, merc. (h.s.), lundi
à déj., mardi à déj., merc.
(juil.-août), 10-25 août et 20
déc.-15 janv.
Jusqu'à 21h30.

ARGENTAN - 61200   (5 A 4)
Alençon 45 - Caen 51

13 🦷 **Arnaud Viel**

Arnaud Viel aime les assiettes raffinées et ne craint pas d'oser les associations élaborées : langoustines, ravioles de seiche et jambon de pays avec la crème de petits pois ; escargots et bonbons de pied avec la côte de cochon ; chocolat (en barre), poivron rouge (en sorbet) et caramel avec les framboises. On ne peut que saluer l'ambition, d'autant que les produits sont bien choisis dans un terroir normand qui ne manque pas de ressources, même si certaines assiettes ne sont pas dépourvues d'un petit côté brouillon qui gâche le résultat final. Touches rustiques sans lourdeur et vue sur le jardin, la salle est d'autant plus agréable que Cécilia Viel est une hôtesse impliquée et l'hôtel aux plaisantes chambres claires invite à prolonger le séjour.

C : 48 € • M : 25-40 €

→ 20 av de la 2e-D-B
☎ 02 33 36 14 20
F. dim. à dîn., lundi, 1 sem. fév. et 3 sem. fin juil.-déb. août.
Jusqu'à 21h.

www.hotel-larenaissance.com

ARGENTEUIL - 95100   (8 B 4)
Paris 17 - Pontoise 19 - Chantilly 38

12 **La Ferme d'Argenteuil**

La Ferme propose aux hommes d'affaires du secteur le charme feutré d'une salle tout en longueur, murs crépi blanc et habillage bois foncé, et d'une cuisine raffinée, qui prend sa vraie dimension à la carte, là où on trouve produits nobles et préparations élégantes qui font le bonheur des habitués : langoustines poêlées et beignets de légumes, saint-pierre et purée de vitelottes, sablé aux pêches sauce aux amandes. Les manières sont belles, le service qui traîne en longueur compense par sa gentillesse. Cave classique nettement axée bordeaux.

C : 60 € • M : 32 €

→ 2 bis rue Verte
☎ 01 39 61 00 62
F. dim., lundi à dîn., mardi à dîn., merc. à dîn. (sf banquets et fête des mères), août.
Jusqu'à 21h30.

www.lafermedargenteuil.com

ARGENTIERE - 74400   (28 C 2)
Annecy 76 - Genève 52

👁 **Le Carnotzet**

Derrière la jolie façade en bois sculpté et le décor montagnard, on apprécie l'ambiance joyeusement mélangée entre touristes et habitués et le soin porté à amener la région sous un jour authentique, spécialités fromagères certes mais produits soignés et propositions variées, et de beaux efforts régions en cave pour justifier le nom (le carnotzet est un caveau de dégustation en Suisse).

C : 23 € • M : 15,70-31,50 €

→ 368 rue Charlet-Straton
☎ 04 50 54 19 43
F. lundi, mardi (h.s.), lundi, mardi à déj. (saison), juin, 1 sem. sept. et 1er-20 déc.
Jusqu'à 21h15.

www.carnozet.com

- -

👁 **La Crémerie du Glacier**

Le refuge idéal, en pleine nature, que les promeneurs et les skieurs apprécient pour son authenticité de chalet au milieu des bois, au pied du glacier d'Argentière. Le fromage est dans l'assiette, fondue, croûte aux morilles, gratin de crozets...

C : 18 € • M : 12-24 €

→ 766 chemin de la Glacière
☎ 04 50 54 07 52
F. merc. (15 déc.-15 mai), 15 mai-20-25 juin et 15 sept.-15 déc..
Jusqu'à 21h30.

ARLES - 13200   (33 B 5)
Marseille 89 - Avignon 36 - Nîmes 32

17 🦷🦷🦷 〜 **L'Atelier de Jean-Luc Rabanel** 🔄

L'année Rabanel. On peut la voir comme cela, et l'on s'en souviendra ainsi, cette année 2007. Et derrière ce gros buzz, une idée simple, gaultmillautesque : en 2007, on peut passer un moment fabuleux à table pour 70 €. Le quart des grands ténors de la mandoline, la moitié de la plupart des trois toques de ce guide

→ 7 rue des Carmes
☎ 04 90 91 07 69
F. lundi et mardi. F. ann. non comm.
Jusqu'à 21h15.

ou d'autres. Et ce n'est pas seulement par philanthropie, ni en utilisant des peaux de courgettes ou des épluchures de saucisson. Jean-Luc Rabanel sait ce qu'il fait, avec sa quinzaine de plats balancés comme un zapateado dans son échoppe couloir dont il occupe le fond dans sa cuisine ouverte d'où on le voit peaufiner chaque assiette au passe avant qu'elle ne parte à table. La communion se fait mieux sur des tables proches : entre la tempura de salsifis tomate aigre-douce et la sardine fraîche sablé amande amère émincé de cèbe et lait glacé aux amandes, notre voisin allemand nous confie qu'il fait toutes les grandes tables de France pour son magazine, mais que c'est ici qu'il est le plus impressionné. Pourtant, il n'a pas encore vu, senti, goûté le "no nem" où la dorade sert d'emballage et enferme des haricots frais sous des fleurs de capucine, la raviole de tomate confite écorce d'orange sur un bouillon d'oignon doux ou l'extraordinaire émulsion de pommes de terre, feuille de moutarde, fleurs de ciboulette sur une escalope de saumon, un plat noté 18/20 et qui coûte moins cher, à n'en pas douter, qu'un ris de veau aux truffes. Car évidemment, dans ce registre, c'est le cuisinier qui prime, qui imprime, qui fixe la marche : il prend comme Renoir, deux idées, quatre ingrédients et fait un chef-d'oeuvre, à la Passard, à la Robuchon. On craque autant pour les chuletitas d'agneau, le thon aux cocos et les cinq desserts en rafale, parmi lesquels la bugne cristallisée au chocolat blanc, son bâton réglissé crème glacée verveine, très bon très fort, ou l'abricot rôti et ses graines de tournesol grillées font de durables souvenirs. Dans le même ordre des choses, le fluide passe dans la salle, le service est complice, souriant, aérien, le jeune sommelier défend une carte complètement excitante, fait goûter, revient, discute, convainc, avec un picpoul, un vin de table, une trouvaille merveilleusement futée comme les plats du boss.
M : 37-60 €   *www.rabanel.com*

----

14 🍴 La Chassagnette ↗

Avouons-le, nous sommes ravis de la progression d'Armand Arnal cette année : parce que la Chassagnette est presque une adresse sentimentale, un mas de chasse au milieu de la Camargue qui respire la nature triomphante, et qui ressemble à une oasis de bien-être et de goût à laquelle on ne peut pas résister. Pour sa deuxième saison, le jeune chef se montre à la fois plus précis et plus sûr, les légumes retrouvent toute leur vérité, le loup de Méditerranée fumé au fenouil sa délicatesse iodée et les herbes du jardin embaument une carte réjouissante. Autre bonne nouvelle, la grande moustiquaire qui permet enfin de dîner au jardin l'été et de profiter du soleil couchant, même si la salle de l'ancienne bergerie a toujours beaucoup de charme rustique.
M : 34-59 €

→ Rte du Sambuc
☎ 04 90 97 26 96
F. merc. (sf juil.-août) et 15 janv.- 21 fév.
Jusqu'à 22h.

----

13 🍴 Le Cilantro

Un bon chef, un cadre contemporain étudié, voilà une table arlésienne déjà indispensable au paysage. Jérôme Laurent travaille sur l'essentiel - produits respectés, cuissons soignées - dans un esprit moderne sur des goûts familiers : artichauts barigoule, gnocchis de Mona Lisa et truffes, filet de bœuf en croûte farce queue de bœuf et poêlée de girolles, chocolat "juste cuit" pur Vénézuéla marmelade poire-réglisse et sorbet vanille-poire. Bonne cave avisée, dans ses choix comme dans ses tarifs.
C : 57 € • M : 28-64 €   *infocilantro@aol.com*

→ 31 rue Porte-de-Laure
☎ 04 90 18 25 05
F. sam. à déj., dim., lundi, 2 sem. déb. janv., mi-nov.-déb. déc. et 23-26 déc.
Jusqu'à 21h30.

JVLES CESAR

HÔTEL ** - RESTAURANT - SALLE DE CONFÉRENCES & DE BANQUETS**

Hôtel de caractère, aménagé dans un couvent de Carmélites
du XVIIe qui allie le charme des établissements anciens
aux perfectionnements d'une hôtellerie moderne.
Calme, entouré de 2 000 m² d'espaces verts et piscine.
En centre-ville, au milieu des vestiges anciens et moyenâgeux.

9 Boulevard des Lices • B.P. 40116 • 13631 ARLES CEDEX
Tél. : (33) 04 90 52 52 52 • Fax : (33) 04 90 52 52 53 • E-mail : contact@julescesar.fr
Site : www.julescesar.fr

13 **Lou Marques**

Ancien du Bateau Ivre (Courchevel et le Bourget du Lac) et du Royal Gray (période Jacques Chibois), Pascal Renaud ne peut décevoir une clientèle soucieuse de prestations calibrées et de bon standing : le lapin et foie gras de canard, crème brûlée au pain d'épices et mousse d'avocat, le pavé de sandre rôti sur une raviole de champignons et jus mousseux de petits pois et l'émulsion au carambar, pomme au gingembre et sorbet chocolat (qui voisine tout de même avec des desserts nettement plus classiques, comme le soufflé au Grand Marnier ou les fraises au sucre !) remplissent sans sourciller ce strict cahier des charges qui comprend en outre l'accès à une cave abondante en vieux millésimes bordelais et dans les domaines de pointe provençaux.

C : 75 € • M : 28-60 €   *www.hotel-julescesar.fr*

→ 9 bd des Lices
☎ 04 90 52 52 52
F. sam. à déj., dim. à dîn. et lundi (sf à dîn. Pâques-déb. nov. et sf fêtes).
Jusqu'à 21h30.

Jules César

Classé Monument Historique, cet ancien couvent de carmélites fut converti en hôtel en 1929 avant de devenir l'une des étapes les plus prisées de la ville. Le jardin du Cloître et le jardin provençal, où se mêlent plantes, fleurs et arbres d'essences méditerranéennes, et la piscine apportent un surcroît de charme aux lieux. Chambres aux plâtres cirés à l'ancienne et présentent le plus souvent un mur en pierres apparentes.

5 appart. 300-385 € • 53 ch. 160-250 €   *www.hotel-julescesar.fr*

→ 9 bd des Lices
☎ 04 90 52 52 52
📠 04 90 52 52 53
F. w.-e. (nov.-mars).

12 **La Charcuterie** ♥

Il faut faire le tri, au cœur de la vieille ville, mais cette Charcuterie est véridique et fiable, et pas une blanchisserie transformée ou une cambuse à touristes. Goûtez, pour vous en convaincre, le serrano et l'andouillette Bobosse, impeccablement traitée, comme la bavette à l'échalote ou la côte de cochon grillée. Au verre ou au pichet, le vin local est à petit prix, la convivialité à haut niveau.

M : 14-35 €   *lacharcuterie@camargue.fr*

→ 51 rue des Arènes
☎ 04 90 96 56 96
F. dim., lundi et août.
Jusqu'à 21h30.

12 **Le Jardin de Manon**

L'ambiance zen qui règne en salle, héritée d'une rénovation entreprise il y a deux ans, colle comme un gant à la cuisine sage et traditionnelle proposée par Alain Ginoux. L'œuf cocotte aux écrevisses et mouillettes à la poutargue, la daurade fourrée d'une julienne de légumes et rôtie sous le grill et le pavé de biche rôti minute s'apprécient encore mieux dans le petit jardin intérieur ombragé.

C : 37 € • M : 22-46 €

→ 14 av des Alyscamps
☎ 04 90 93 38 68
F. mardi à dîn., merc., vac. scol. fév. et vac. scol. Toussaint.
Jusqu'à 21h45.

Brasserie du Nord-Pinus

Désormais drivée à distance par Jean-André Charial, la brasserie de ce grand bastion traditionnel (intérieur craquant de vieille maison provençale, terrasse agréable sur "the place to be") propose une courte carte dans le rythme actuel, thon mariné, risotto de riz camarguais, volaille piperade, nougat glacé. Une fois les rouages un peu huilés (un service comme absent, semblant assurer un intérim, un plat auquel il manque l'ingrédient principal), ce lieu accueillant devrait naturellement trouver son public.

C : 35 € • M : 35-35 €   *www.nord-pinus.com*

→ Pl du Forum
☎ 04 90 93 44 44
F. lundi, mardi et 15 oct.-15 mars.
Jusqu'à 22h.

Grand Hôtel Nord-Pinus

L'âme de l'hôtel bat au rythme des souvenirs laissés par Picasso ou Cocteau, mais aussi d'un décor intemporel, dont chaque détail raconte une histoire et affirme une personnalité unique, entre touches artistiques et tauromachie. Les chambres affichent des personnalités fortes et bien différentes, comme pour inviter à revenir sans fin profiter de cet établissement pas comme les autres, au cœur de la ville.

8 appart. 295-570 € • 18 ch. 160-230 €
www.nord-pinus.com

→ Pl du Forum
☎ 04 90 93 44 44
🖨 04 90 93 34 00
F. janv.

- -

Telline

Convivialité et fraîcheur du produit, la recette paraît si simple et pourtant ce n'est pas tous les jours qu'on la trouve aussi bien interprétée que dans cet ancien poste de douane au bord de l'étang du Vaccarès. On ne se lasse pas de ces coquillages et de ces poissons sauvages grillés à la cheminée.

C : 35 €

→ Villeneuve, Rte de Gageron
☎ 04 90 97 01 75
F. mardi, merc., jeudi à déj. et janv.-fév.
Jusqu'à 21h.

- -

Hôtel d'Arlatan

Construite sur des murs romains, cette demeure XVᵉ conserve un charme historique renforcé par de belles chambres de style sous influence provençale, mobilier ancien, tissus Kenzo et Frey, mais aussi climatisation et minibar. Très beaux éléments d'époque dans les parties communes, croisées d'ogives, plafonds XVIIe…

7 appart. 175-245 € • 41 ch. 85-155 €
www.hotel-arlatan.fr

→ 26 rue du Sauvage
☎ 04 90 93 56 66
🖨 04 90 49 68 45
F. 6 janv-3 fév.

- -

L'Hôtel Particulier

Particulier, intime, rayonnant, cet hôtel XVIIIᵉ allie le charme historique à un esprit de goût et d'élégance, dans des chambres à la déco thématique, du baroque au contemporain. Parc, piscine, espace sauna, massage, hammam.

6 appart. 239-289 € • 8 ch. 120-209 €
www.hotel-particulier.com

→ 4 rue de la Monnaie
☎ 04 90 52 51 40
🖨 04 90 96 16 70
Ouv. 7j/7.

Villes de proximité, voir :

⟳ GAGERON .... 12 km S.E. par D 570 et D 36
⟳ MOULES ARLES....................... 11 km S.E. par D 33 et D 83
⟳ SAMBUC (LE).......... 24 km S.E. par N 113 et D 570 **(14/20)**

ARNAGE - 72230	(16 C 2)

La Flèche 34 - Le Mans 10

14 Auberge des Matfeux

On ne dira jamais assez les vertus de la régularité. Xavier Souffront l'a appris, au fil des ans, aux côtés de son père, et depuis un bail seul aux commandes. Les Manceaux lui sont fidèles, et cette fidélité ne doit rien au hasard : après un petit trou d'air, le voilà reparti, sur les mêmes bases sérieuses, mais avec davantage d'allant, de générosité et de soin. Le résultat, s'il ne risque pas la sortie de route au bord du circuit des 24h, place bien la table parmi les toutes premières d'un département pas vraiment riche : des saint-jacques gourmandes, un bar bien frais, une biche d'une parfaite tendreté… On signe tout de suite, d'autant que les prix ont eu la sagesse de ne guère augmenter ces dernières saisons et que le service est redevenu enthousiaste. Quant à la cave, elle se développe, sur des bases classiques déjà importantes (près de 600 références) avec un peu plus de curiosité vers les petites régions.

C : 45 € • M : 38-73 €
www.aubergedesmatfeux.fr

→ 289 Av Nationale - D 147 Sud
☎ 02 43 21 10 71
F. dim. à dîn., lundi, mardi à dîn., merc. à dîn., 2-16 janv., 28 avril-8 mai, 5-9 mai et 28 juil.-27 août.
Jusqu'à 21h30.

 idéal gourmet

ARNAY LE DUC - 21230 (20 A 4)
Dijon 52 - Beaune 36

13 Chez Camille

Revenu au début des années quatre-vingt dans la maison qui l'avait formé, Armand Poinsot en préserve depuis l'esprit et fait résonner sous les plafonds de cette maison du XVIe siècle les murmures de satisfaction d'une clientèle amoureuse de ces belles assiettes classiques, soignées dans le choix du produit comme dans la réalisation et qui forcent le respect année après année : escalope de foie gras à la plancha raviole d'ananas et pain d'épices, saint-jacques rôties au beurre de cacao risotto crémeux de fruits de mer, parfait de perdreau au foie gras et suprême de faisan. On piochera avec entrain dans une belle cave bourguignonne, à condition d'avoir retenu une des jolies chambres de caractère que propose également la maison.
C : 50 € • M : 20-86 €

→ 1 pl Edouard-Herriot
☎ 03 80 90 01 38
Ouv. 7j/7.
Jusqu'à 21h30.

www.chez-camille.fr

ARPAJON - 91180 (7 B 3)
Paris 34 - Evry 19 - Corbeil 20

13 Le Saint-Clément

La bourgeoisie locale, des affaires et du dimanche, fait un triomphe romain à ce vaillant étalon de la tradition et à son chef, Jean-Michel Delrieu, grand ordonnateur des foies gras, homards et ris de veau. Dans un contexte de confiance mutuelle, le cabillaud peut se balader à plus de 40 € et le verre de chablis à 9 €, les menus, bien dodus eux aussi, se chargeant d'amener l'addition à une juste proportion. On lui accordera néanmoins qu'il a le goût du bon (le saumon mariné avec la tartelette de légumes, les superbes saint-jacques avec un velouté d'endives, le beau ris de veau) et que la position de leader justifie qu'on ne tente guère d'aventures incertaines. Service appliqué et bien dans le ton, courte cave qui ne se fatigue pas à sortir du négoce bourguignon et des châteaux bordelais.
C : 79 € • M : 35-55 €

→ 16 av Hoche
☎ 01 64 90 21 01
F. sam. à déj., dim. à dîn.,
lundi, merc. à dîn., 1 sem.
dans l'année, 3 sem. août et 1
sem. Noël-nouvel an.
Jusqu'à 21h30.

www.lesaintclement.com

LES ARQUES - 46250 (29 D 2)
Cahors 27 - Villeneuve-sur-Lot 59 - Gourdon 27

13 La Récréation

L'école des fans dans cet espace reconstitué pour la gourmandise. Sous l'ancien préau, la terrasse est dressée pour une cantoche plutôt sophistiquée par un chef qui joue davantage sur l'actualité, saint-jacques au bacon, ravioles de homard, que sur la nostalgie. Bonne sélection de cahors.
M : 30 €

→ Le Bourg
☎ 05 65 22 88 08
F. merc., jeudi, janv. et
nov.-fin fév.
Jusqu'à 21h.

ARQUES LA BATAILLE - 76880 (6 C 2)
Dieppe 7 - Rouen 60

13 Auberge de la Forêt

Une hyper-tradition semble vouloir se dégager de cette maison de bord de route, sage comme une image, gentiment provinciale. Pourtant, derrière l'accueil d'une grande amabilité, l'assiette est franchement à son avantage, et pas du tout les deux pieds dans le même sabot : poissons d'arrivage très bien cuits, belles sauces classiques et personnelles, et bons plats d'humeur voyageuse (tajine de jarret d'agneau au cidre et au parmesan).
C : 34 € • M : 29 €

→ 15 rte de la Forêt
☎ 02 35 85 53 06
F. dim. à dîn., lundi, mardi et
merc. à dîn.
Jusqu'à 21h.

ARRADON - 56610   **(14 A 5)**

Vannes 7 - Auray 16

13 🍴 L'Arlequin

Le costume de cet Arlequin-là est toujours aussi séduisant, patchwork de textures, de couleurs et d'inspiration qui débouche sur des assiettes homogènes et maîtrisées, entre Bretagne et air du Sud : tarte tiède d'aubergines, pignons, agneau et yaourt de chèvre ; lieu jaune en croûte de tomates sèches, risotto d'épeautre ; petit far minute aux raisins, confiture au malaga et citron. De quoi oublier bien vite la zone d'activité un peu morne, mais à quelques minutes de la côte seulement.

C : 37 € • M : 22-40 €

→ 3 allée Denis-Papin, parc de Botquelen
☎ 02 97 40 41 41
F. sam. à déj., dim. à dîn., merc., 10 jrs mars et 10 jrs sept.
Jusqu'à 21h.

🏠🏠 Le Logis de Parc er Gréo

Une charmante villa bretonne dans la verdure, offrant confort et tranquillité à deux pas de la mer. Chambres contemporaines aménagées avec goût, aux tons coordonnés et gais, piscine chauffée et découvrable, utilisable en toutes saisons.

1 appart. 149-265 € • 14 ch. 72-125 €   *www.parcergreo.com*

→ Au Gréo
☎ 02 97 44 73 03
🖨 02 97 44 80 48
F. 6 janv.-14 mars et 12 nov.-19 déc.

ARRAS - 62000   **(1 D 4)**

Lille 54 - Amiens 67

13 🍴 Le Clusius

Si les dernières tendances gastronomiques n'ont pas encore atteint cette place de la Croix-Rouge, nul ne peut nier l'excellente technique d'Hervé Mit, qui fut notamment chef du Chanzy, table locale réputée dans les années quatre-vingt. Ici, la découpe et le flambage se pratiquent encore quotidiennement en salle (les crêpes flambées bien sûr, le filet de bœuf également, escorté de divines pommes pont neuf "comme autrefois"). Mais cette carte ne se borne pas à ressasser (non sans un certain talent d'ailleurs) les succès d'autrefois, le filet de bar au mix tandoori et petites ravioles ou le tartare d'ananas, mousse chocolat blanc à la fleur de coquelicot lorgnant plus franchement vers les derniers canons de la mode. Service sans faille, cave classique.

C : 35 € • M : 26-53 €   *www.hotel-univers-arras.com*

→ 3-5 pl de la Croix-Rouge
☎ 03 21 71 34 01
Ouv. 7j/7.
Jusqu'à 21h30.

🏠🏠 L'Univers

L'ancien monastère jésuite compte parmi les étapes privilégiées des grands de ce monde de passage dans la région. A deux pas des deux splendides places classées au Patrimoine Mondial de l'Unesco, cet établissement offre des prestations de très bonne tenue. Chambres soignées et richement décorées.

38 ch. 80-140 €   *www.hotel-univers-arras.com*

→ 3-5 pl de la Croix-Rouge
☎ 03 21 71 34 01
🖨 03 21 71 41 42
Ouv. 7j/7.

----

13 🍴 La Faisanderie

L'emblème gourmand de la ville a été repris avec succès il y a deux ans par Sandrine et Laurent Dubourquoy. La belle maison bourgeoise XVIIe sur la flamboyante place flamande peut ainsi vivre gentiment de son art, celui de recevoir ses habitués et notabilités pour les fêtes de familles et rencontres amicales. Le chef enveloppe une cuisine de tradition dans les apprêts d'aujourd'hui, des beignets de langoustines avec un cappuccino de carotte, un ris de veau cuit doucement, aux asperges et aux truffes, un soufflé au citron crème

→ 45 Grande-Place
☎ 03 21 48 20 76
F. dim. à dîn., lundi, vac. scol. fév. et 2 prem. sem. août.
Jusqu'à 21h30.

au miel. La table est jolie, l'ambiance intime, la Faisanderie revit et chacun s'en réjouit. Bonne cave de classiques attaquant tous les vignobles.
C : 60 € • M : 23-38 €

www.restaurant-la-faisanderie.com

---

11 La Coupole d'Arras

Les deux fils de la maison sont à pied d'œuvre dans cette brasserie joliment reconstituée dans le style Belle Epoque avec des reproductions de Mucha. Ils envoient à qui mieux mieux un vaste répertoire qui s'emberlificote d'intitulés attendrissants (audace de fraîcheur, osmose de crabe et céleri, tempête de lotte). Pour parer au plus pressé, jetez l'ancre sur les fruits de mer, les escargots, la raie aux câpres…
C : 50 € • M : 34 €

lacoupoledarras@orange.fr

→ 26 bd de Strasbourg
☎ 03 21 71 88 44
Ouv. 7j/7.
Jusqu'à 22h30.

à ARS EN RE, voir RE (ILE DE)

ARSONVAL - 10200 (9 C 5)
Bar-sur-Aube 5 - Troyes 50

Hostellerie la Chaumière

Une vaste et belle demeure sur la route du Champagne. On profite du calme souverain dans des chambres contemporaines ou rustiques pour trois d'entre elles, des promenades dans un parc d'1,5 ha aux arbres centenaires, jusqu'à la rivière qui borde la propriété avec son petit lavoir d'époque.
1 appart. 160 € • 12 ch. 65-72 €

www.hostelleriechaumiere.com

→ Susan's Hotel, 81 RN 19
☎ 03 25 27 91 02
🖶 03 25 27 91 02
F. janv.

ARVIEUX - 05350 (34 B 1)
Barcelonnette 70 - Briançon 31

La Ferme de l'Izoard

Offrant tous les éléments de confort d'une construction contemporaine, l'hôtel respecte les canons de l'architecture du Queyras avec ses arches évoquant les vieilles fermes, une influence confortée par les meubles d'époque qui ponctuent la décoration et crée une atmosphère à la fois rustique et chaleureuse.
2 appart. 118,50-160,50 € • 21 ch. 60-160,50 €

www.laferme.fr

→ La Chalp, rte du Col
☎ 04 92 46 89 00
🖶 04 92 46 82 37
F. 1er-25 avril, 29 sept.-24 oct. et 6 nov.-19 déc.

ARZON - 56640 (14 A 5)
Arzon 2 - Vannes 38 - La Trinité 62

14 Grand Largue

Tout au bout de la presqu'île de Rhuys, la maison de Serge Adam semble faire corps avec la mer et le golfe qui s'étend là, juste de l'autre côté des baies vitrées. Dans un tel contexte, impossible d'échapper à une cuisine fortement inspirée par la mer : huîtres en gelée d'eau de mer à la chlorophylle d'algues, œufs d'avruga et parfum de citron combava, filet de saint-pierre en cuisson douce, wok de légumes et parfum de gingembre. Desserts ultra-classiques, cave sans surprise.
C : 50 € • M : 35-87 €

www.grand-largue.ifrance.com

→ 1 rue du Phare
☎ 02 97 53 71 58
F. lundi, mardi (sf juil.-août), 12 nov.-25 déc. et 5 janv.-10 fév.

ASCAIN - 64310 (24 C 5)
Bayonne 32 - Biarritz 23 - Pau 135

12 Atelier Gourmand

Au cœur du village classé, la maison prend quelques distances rafraîchissantes avec la tradition basque, misant sur un cadre contemporain et une cuisine qui s'appuie davantage sur les produits du terroir que sur ses recettes : tiédine de bar sur lit de roquette, brochette de langoustines et velouté aux asperges. Changés tous les jours en fonction du marché, les menus déjeuner et dîner sont sans doute la meilleure façon d'apprécier la maison, par exemple aux beaux jours dans le jardin d'inspiration japonaise.
C : 50 € • M : 25-40 €

→ Pl du Fronton
☎ 05 59 54 46 82
F. dim. à dîn., mardi à dîn., merc. et 3 sem. fév.
Jusqu'à 22h30.

ateliergourmandascain@yahoo.fr

ASNIERES SUR SEINE - 92600 (8 B 4)
Paris 9 - Nanterre 7 - Saint-Denis 8

13 La Petite Auberge

Le nom résume bien l'esprit familial et courageux qui anime les Dauchez dans leur façon de faire vivre avec discrétion et gentillesse cette salle au cadre traditionnel. Un menu-carte unique garantit le meilleur de la saison, dans une louable veine (trop ?) classique et bien réalisée : saint-jacques gratinées, volaille au foie gras sauce forestière.
C : 29,90 €

→ 118 rue de Colombes
☎ 01 47 93 33 94
F. dim. à dîn., lundi et 3 sem. août.
Jusqu'à 21h.

- -

13 Le Van Gogh

L'arrivée l'an dernier d'un nouveau jeune chef dans cette maison cossue des bords de Seine, n'a pas entraîné de bouleversements, et malheureusement, ne semble pas avoir tiré les prestations vers le haut. Si les langoustines rôties en marinière de légumes font honneur au standing affiché, les noix de saint-jacques et crème au pommeau et le millefeuille affichent quelques manquements coupables, assaisonnements mal maîtrisés. Accueil et service aimables, avec un chef qui se partage entre salle (peut-être trop...) et cuisine.
C : 70 € • M : 39 €

→ 2 quai Aulagnier
☎ 01 47 91 05 10
F. sam. à déj. et dim. à dîn.
Jusqu'à 22h.

www.levangogh.com

ASTAFFORT - 47220 (24 B 4)
Agen 19 - Condom 32 - Lectoure 20

15 Une Auberge en Gascogne

Il est loin le temps où Fabrice Biasiolo mitonnait des cassoulets comme nombre de confrères en Sud-Ouest : aujourd'hui, ce converti à une cuisine progressiste, sans tabous, qui s'autorise n'importe quelle fantaisie technique, prépare des plats traiteur, s'occupe de la brasserie d'un hippodrome voisin, fait du consulting, et continue à chercher le goût vrai dans les préparations d'aujourd'hui. La vérité est d'abord dans cette salle où tout semble simplement couler de source dans un océan de gentillesse. Les assiettes s'enchaînent, joyeuses et pleines de caractère, intitulés simples, réalisation laissant place à la complexité et à l'étonnement, formes cubiques, présentations imaginatives, dans une carte qui ne parle que de rencontres et jamais d'affrontement : la lotte, la morue, le bœuf de Chalosse, les asperges et les sardines, et bien sûr le petit déjeuner gascon, toujours aussi spectaculaire et gourmand. Un bon

→ 9 fg Corne
☎ 05 53 67 10 27
F. merc., jeudi à déj. (1er juin-30 sept.), dim. à dîn., lundi à déj., merc. jeudi à déj. (h.s.) et janv.
Jusqu'à 21h30.

🎁 idéal gourmet

vivant comme celui-là soigne aussi les desserts, et le choix des vins, dans une cave de copains où le tire-bouchon ne refroidit jamais beaucoup.
C : 50 € • M : 40-90 €   www.une-auberge-en-gascogne.com

- -

15 **Restaurant Michel Latrille**

Si le propriétaire, Francis Cabrel, a placé sa confiance dans le travail de Michel Latrille il y a près de dix ans, c'est que les raisons étaient bonnes car il peut aujourd'hui se frotter les mains. Cette maison respire la santé, le cadre est gai, harmonieux, élégant, et le terroir est en pleine forme dans cette carte bien vue entre prestige et régionalisme : pot-au-feu de foie gras de canard confit bouillon de bœuf parfumé à la truffe, suprême de pigeonneau cuisses confites et risotto aux cèpes, moelleux au chocolat, glace vanille et coulis d'abricots. La cave très étendue garde un œil sur sa région (on peut même boire le vin du patron, du domaine de Boiron, en vin de pays de l'Agenais) avec notamment les duras de Mouthe - Le Bihan.
C : 76 € • M : 37-57 €   www.latrille.com

→ 5-7 pl de la Craste
☎ 05 53 47 20 40
F. dim. à dîn., lundi, mardi à déj. et 1er-26 janv.
Jusqu'à 21h30.

Le Square

Une jolie maison de village, coloriée aux teintes du Sud, à l'intérieur raffiné d'un cocon occitan. Chambres toutes rénovées par Marielle Cabrel, atmosphère romantique, tons harmonieux. Très belle suite Kenzo à dominante de bleu, avec terrasse privative.
14 ch. 53-140 €   www.latrille.com

→ 5-7 pl de la Craste
☎ 05 53 47 20 40
🖨 05 53 47 10 38
F. 1er-23 janv.

ATTIGNAT - 01340   (27 D 1)
Mâcon 34 - Bourg-en-Bresse 12

12 **Dominique Marcepoil**

L'ancienne ferme bressane aux murs en pierre apparente s'est progressivement muée en un hôtel-restaurant contemporain et confortable, à défaut d'afficher un grand standing. Sérieux et appliqué, Dominique Marcepoil y propose une vision évolutive de la gastronomie régionale, s'adaptant tranquillement aux nouvelles tendances : carpaccio de magrets fumés et verrine d'artichaut, filet de bœuf poêlé à la crème aux morilles, bar flambé à l'anis… Desserts très classiques, à l'image de la cave. Quelques chambres régulièrement rénovées.
C : 55 € • M : 20 €   www.dominiquemarcepoil.com

→ 481 Grande-Rue
☎ 04 74 30 92 24
F. dim. (sf groupes) et lundi à déj. F. ann. non comm.
Jusqu'à 21h.

AUBAGNE - 13400   (33 D 6)
Marseille 20 - Aix-en-Provence 36

Hostellerie de la Source

La maison XVIIe dans son parc verdoyant (l'effet de la source) fait son petit effet, l'église millénaire et les arbres centenaires incitent à l'apaisement, ce que permet sans problème le confort de chambres régulièrement actualisées.
26 ch. 60-170 €   www.hdelasource.com

→ Saint-Pierre-les-Aubagne
☎ 04 42 04 09 19
🖨 04 42 04 58 72
Ouv. 7j/7.

Les noms des villes de proximité (dans un rayon d'environ 10 km), ayant au moins un établissement sélectionné, sont listés à la fin de chaque grande ville, avec mention de la note du restaurant la plus élevée.

AUBENAS - 07200 (27 C 5)
Privas 29 - Montélimar 42

12 Le Fournil

Dans ce décor authentique de maison bourgeoise du XVᵉ siècle, planent des airs de Provence éternelle auxquels s'accordent intelligemment le travail Michel Leynaud, avec le râble de lapin au thym ou le filet de bar à la tapenade, autant de saveurs familières bienvenues, d'autant qu'elles sont très correctement interprétées. Service d'une grande gentillesse et cave très classique, d'où l'on extraira en priorité les vins de l'Ardèche.
M : 20-38 €

→ 34 rue du 4-Septembre
☎ 04 75 93 58 68
F. dim., lundi, vac. scol. fév. et 24 juin-8 juil.
Jusqu'à 21h.

AUBIGNOSC - 04200 (33 D 3)
Château-Arnoux 6 - Digne-les-Bains 24

13 La Magnanerie

Cette Magnanerie est un bel endroit, avec un décor épuré, et Stéphan Paroche ne ménage pas ses efforts pour en faire une étape incontournable de la Route Napoléon, soignant le décor jusque dans le jardin (où des tentes marocaines ménagent des petits salons), multipliant les menus spéciaux, sollicitant ses clients pour faire évoluer sa cuisine... Un bouillonnement d'où sort par exemple un menu Plaisir de découvrir qui porte généralement fort bien son nom : crème de potimarron gésiers confits chantilly de foie gras, cabillaud pancetta rôtie lentille du Puy et lardons jus de viande réduit, croustillant praliné poire au vin et chocolat aux épices. Les nombreuses formules vins compris complètent le plaisir à prix compétitifs.
M : 15-37 €

→ Lieudit Les Fillières, N 85, Sortie Château-Arnoux
☎ 04 92 62 60 11
F. dim. à dîn., lundi, jeudi à dîn. (h.s.), 1re sem. sept. et 1re sem. déc.
Jusqu'à 21h30.

stefanparoche@aol.com

AUCH - 32000 (29 C 4)
Toulouse 76 - Agen 72

13 Le Jardin des Saveurs

Au coin de la place, non loin de la célèbre cathédrale, la maison de Roland Garreau a un passé prestigieux et s'apprécie dans ce contexte historique, avec l'immense salle, plafonds moulurés, miroir monumental et fresque sur le thème de la cuisine, le maître d'hôtel à l'ancienne et la clientèle de retraités. Mais on cherche en vain une trace d'usure sur la moquette, et le chef en a encore sous le pied, sur la déclinaison de foies gras ou le suprême de pigeonneau. Reste que la leçon d'histoire est un peu chèrement tarifée et l'ambiance pas vraiment au rendez-vous.
C : 48 € • M : 27-52 €

→ Pl de la Libération
☎ 05 62 61 71 71
F. dim. à dîn. et 2-8 janv.
Jusqu'à 21h30.

www.hoteldefrance-auch.com

- -

13 Restaurant Au Café Gascon

Dans son antre de la vieille ville, Georges Nosella travaille en famille, voire tout seul, et livre de sa Gascogne adorée une version tout en saveurs et en générosité, faite des herbes du jardin, des fruits de saison ou des volailles des producteurs du coin, de ceux avec lesquels il a plaisir aussi à préserver la langue gasconne. Alors forcément, la musique est gasconne, les vins sont gascons, mais rassurez-vous, tout le monde est bienvenu pour partager les escalopes de foie gras poêlées au cabernet de saint-mont ou la bavette de veau au serpolet.
M : 20-70 €

→ 5 rue Lamartine
☎ 05 62 61 88 08
F. merc. et janv.- fin mars.
Jusqu'à 21h30.

www.http://perso.orange.fr/cafe gascon

GM

AUDRESSEIN - 09800 (29 C 6)
Saint-Girons 12 - Castillon-en-Couserans 3

15 🍴 **Auberge d'Audressein**

L'ancienne forge XIXᵉ s'est muée en auberge de charme, pierre de taille, véranda d'hiver et d'été, terrasse bordant le Lez où batifolent les truites. Cet environnement bucolique inspire Yves Atelin, qui ne s'embarrasse pas trop du terroir pour proposer sa vision d'une cuisine moderne d'un certain prestige teinté d'exotisme, la mélasse de canne à sucre de Maurice avec le foie de canard poêlé, les saint-jacques à la granny-smith et tatins de coques, l'agneau grillé aux épices cajun et une belle déclinaison sur l'ananas. Du standing à tous les étages, même en descendant à la cave, classique négoce et crus du Sud-Ouest.
C : 40 € • M : 16-85 €   *www.auberge-audressein.com*

→ Le Village, BP 07
☎ 05 61 96 11 80
F. dim. à dîn., lundi (sf vac. scol.), janv. et 20 sept.-10 oct. Jusqu'à 21h30.

AUDRIEU - 14250 (5 C 3)
Caen 25 - Cabourg 46

15 🍴 **Château d'Audrieu**

Apôtre de l'élégance en Calvados, le château peut miser sur son cadre, hauts plafonds et tables raffinées, comme sur un service précis et remarquable d'aisance. Mais il peut surtout miser sur le savoir-faire de Cyril Haberland, qui s'appuie sur des produits remarquables, notamment locaux (saint-jacques de Normandie, pommes "du verger d'à côté", cochon fermier) pour livrer des assiettes ouvragées et abouties, pleines d'idées en particulier dans les alliances terre-mer (l'alliance anguille fumée et algues marines sur la joue de bœuf, le jus de crevette grise et foie gras sur la sole). La cave, complète et bien construite, ou encore les attentions annexes (carte des cafés comme des cigares) confirment un standing qui va décidément bien au-delà du décor.
C : 80 € • M : 54-95 €   *www.chateaudaudrieu.com*

→ ☎ 02 31 80 21 52
F. à déj. (sf w.-e., fériés), lundi à dîn. et 10 déc.-2 fév. Jusqu'à 21h30.

ĈĈĈ Château d'Audrieu 🦢

La grille ouvragée puis les parterres soignés guident le regard jusqu'à cette belle réalisation XVIIIᵉ, architecture harmonieuse et sobre. A l'intérieur, tout est fait pour créer une atmosphère d'élégance feutrée, les boiseries d'époque et les œuvres d'art soulignent sans surcharge des pièces aux volumes généreux.
4 appart. 351-477 € • 29 ch. 134-441 €   *www.chateaudaudrieu.com*

→ ☎ 02 31 80 21 52
🖷 02 31 80 24 73
F. 9 déc.-2 fév.

AULNAY SOUS BOIS - 93600 (8 D 4)
Paris 16 - Bobigny 8 - Saint-Denis 17

15 🍴 **Auberge des Saints-Pères** 🔷 🍇

Dix ans tout juste après avoir pris les rênes de cette vénérable et ultra-bourgeoise maison, Jean-Claude Cahagnet, maître-cuisinier de France, semble avoir atteint une vitesse de croisière qui le place nettement au-dessus de la concurrence dans un département où, il est vrai, celle-ci n'est guère féroce. Largement inspirées par les influences exotiques, les assiettes jouent habilement sur les oppositions de couleurs et de saveurs, associant le citron vert et un beurre monté de haddock avec un "chou-shi" de noix de saint-jacques marinées au genièvre, un velouté de pain brûlé avec un onglet de veau au poêlon ou une crème brûlée en glace avec une

→ 212 av de Nonneville
☎ 01 48 66 62 11
F. w.-e., merc. à dîn., 1 sem. mars et 3 sem. août. Jusqu'à 21h15.

137

tempura sanguine d'ananas. Une cuisine séduisante, contemporaine et ambitieuse dans le 9-3, l'effort vaut bien deux points de plus. Cave remarquable.

C : 55 € • M : 38-60 €

www.auberge-des-saints-peres.com

AULON - 65440 (29 B 6)

Arreau 11 - Saint-Lary-Soulan 13

11 Auberge des Aryelets

Rendez-vous de randonneurs et de familles en vacances, ce chalet de village à 1200 m d'altitude apporte son décor pimpant, l'air vivifiant des Pyrénées, et une cuisine sincère et sans fausse modestie : Philippe apporte un savoir-faire certain sur une cuisine de terroir qui sait aussi prendre un peu de hauteur, avec des sucrés-salés, des sauces épicées, sans infidélité au produit vrai (porc noir de Bigorre, agneau, foie gras…). Belle terrasse plein sud, vins régionaux de petits propriétaires.

C : 45 € • M : 21,50-17,50 €

www.auberge-les-aryelets.pas.nu

→ Pl du village
☎ 05 62 39 95 59
F. dim. à dîn., lundi, mardi (sf vac. scol.), lundi (été), 2 sem. déb. juin et 12 nov.-20 déc. Jusqu'à 21h.
☂ 🍴🐕

AULUS LES BAINS - 09140 (29 D 6)

Saint-Girons 33 - Tarascon-sur-Ariège 46

11 Hostellerie de la Terrasse

Il règne ici un petit parfum intemporel, dans l'allure de la maison 1900 au bord de la rivière mais aussi dans la belle cuisine classique, qui s'apprécie au plus près du terroir avec le menu du même nom, construit autour du confit de canard mijotée de haricots blancs aux pieds de porc et andouillette.

C : 35 € • M : 19-45 €

→ Grande-Rue
☎ 05 61 96 00 98
F. à déj., dim. à dîn. et fin sept. Jusqu'à 20h.
☂ 🍴🐕

Villes de proximité, voir :

↻ USTOU .... 12 km N.O. par D 8 **(10/20)**

AUMONT AUBRAC - 48130 (31 D 1)

Mende 50 - Saint-Flour 49

14 Hôtel-Restaurant Prouhèze

Pierre Roudgé, trois ans après avoir repris cette célèbre enseigne à la suite de Guy Prouhèze, semble avoir réussi le difficile pari qui consistait à préserver l'âme des lieux après le départ de l'homme qui en avait bâti la réputation. Dans ce paysage d'une magnifique et rude beauté, on se laisse rapidement convaincre par la cuisine enjôleuse et gourmande de cet ancien de Vanel (à Toulouse) : papillote de foie gras de canard à la figue de Turquie et à la pomme verte, ris de veau aux morilles caramélisé au Sauternes, millefeuille au pralin d'amandes et de noisettes. Le Compostelle, l'annexe installée juste à côté, offre une seconde bonne raison de faire étape à Aumont-Aubrac.

C : 51 € • M : 51-64 €

www.prouheze.com

→ 2 rte du Languedoc
☎ 04 66 42 80 07
F. à dîn., w.-e. et fériés., 1er janv.-15 mars et 3-30 nov. Jusqu'à 21h.
☂ 🚗🐕

----

13 Restaurant Cyril Attrazic Chez Camillou

En quatre générations, les Attrazic ont hissé cet hôtel-restaurant au niveau des meilleures tables de la Lozère, et Chez Camillou reste à la hauteur de sa réputation, avec des présentations soignées , des produits et des recettes locales accommodés par Cyril Attrazic avec des touches actuelles, comme autant d'hommages à un terroir qu'il connaît bien : superbe tartelette aux cèpes, relevée d'une émulsion à l'huile de jambon, agneau de lait fondant, accompagné de la

→ 10 rte du Languedoc
☎ 04 66 42 86 14
F. dim. à dîn., lundi, mi-nov.-déb. déc. et 15 janv.-fin vac. scol. fév. Jusqu'à 21h.
☂ 🚗🐌🐕

douceur des carottes au cumin. Le décor contemporain de la salle préserve une certaine intimité, le service est précis et efficace et la cave, qui s'alimente notamment en languedoc, accompagne fort bien cette cuisine de saveurs. Chambres rustiques et chaleureuses.
C : 50 € • M : 32-75 €   *www.camillou.com*

AURAY - 56400   (14 A 5)
Vannes 21 - Lorient 38

14 La Closerie de Kerdrain
Tranquille comme dans une maison de famille où l'on est si bien accueilli que l'on regrette presque de ne pas avoir amené de fleurs ou de chocolats, voilà le sentiment qui prédomine chez Fernand Corfmat et son épouse. On pourrait aussi amener une bouteille de champagne pour fêter la belle extension salon-véranda et des autres rénovations qui ont aussi touché la salle principale dans le sens de l'élégance et du raffinement (mobilier, verrerie artisanale, porcelaine de Limoges...). De nouveaux outils pour la belle cuisine d'un chef toujours passionné de Bretagne et de ses produits : huître creuse de Por Er Len au poireau et oseille, saveurs Mo Braz, saint-jacques plancha crème de chou-fleur, bar rôti au blé noir purée d'artichauts, rognon de veau et sole en croûte... De nouvelles idées pour un cuisinier bien décidé à reconquérir ses deux toques et qui trouve, pour notre plus grand plaisir, un souffle nouveau, à confirmer très vite. Cave équitable, bien vue en loire.
C : 67 € • M : 25-50 €   *closerie.kerdrain@wanadoo.fr*

→ 20 rue Louis-Billet
☎ 02 97 56 61 27
F. lundi, mardi à déj. (été), lundi, mardi (printemps, automne), lundi , mardi, dim. à dîn. (hiver),13 janv.-12 fév. et 10 jrs sept.
Jusqu'à 21h30.

13 La Table des Marées
A taille humaine, une petite table sincère que le chef-patron anime avec son cœur et ses tripes. Dans un simple décor contemporain de ce calme quartier, où poutre et pierre apparente s'harmonisent avec le nappage turquoise et brun, Philippe Bogaty est à l'écoute du produit en concluant ses propres mariages (raie au saké, cabillaud fumé et gelée de tétragone...) dans des menus tous attractifs. Parfois un peu de naïveté dans les présentations, mais une réalisation soignée qui vaut bien la toque, comme le montre ce saint-pierre bien nacré, cuit avec justesse, raisins de Corinthe et verjus, spaghettis de légumes, émulsion au galanga ou le dessert pain d'épice, riz au lait, cake citron, pour gourmand de quatre heures. Atmosphère de simplicité, service proche et dévoué, petite carte de vins rangée par catégories de prix, de 20 à 49 €. Le choix étant limité, mais pas mal fait, avec par exemple les Sorcières de Bizeul ou le très bon irouléguy du domaine Mourguy à 39 €.
M : 28-48 €   *www.latabledesmarees.com*

→ 16 rue du Jeu-de-Paume
☎ 02 97 56 63 60
F. sam. à déj., dim. à dîn., dim. à déj. (oct.-mars), lundi et nov.
Jusqu'à 21h30.

AUREILLE - 13930   (33 B 5)
Arles 37 - Baux-de-Provence 18

❀ Le Balcon des Alpilles
Au pied des Alpilles et au milieu des champs d'oliviers, cette belle maison de caractère propose des chambres dans un agréable style provençal traditionnel.
5 ch. 90-130 €   *lebalcondesalpilles@wanadoo.fr*

→ Le Grand-Verger, D 24 A
☎ 04 90 59 94 24
🖷 04 90 59 94 24
F. 15 déc.-15 mars.

AURIBEAU SUR SIAGNE - 06810 (33 A 2)
Nice 48 - Grasse 8

🏅🏅🏅 Auberge de la Vignette Haute 🍴
Dans un beau décor reconstitué sur les bases d'une villa médiévale, une atmosphère romantique et stylée, éclairages à huile, piscine évoquant les bains romains, bergerie avec les animaux de ferme, chambres dans l'esprit du Moyen Age, avec vue sur le Tanneron.
1 appart. 340 € • 19 ch. 190-310 €

→ 370 rte du Village
☎ 04 93 42 20 01
🖨 04 93 42 31 16
Ouv. 7j/7.

www.vignettehaute.com

AURIGNAC - 31420 (29 C 5)
Toulouse 80 - Saint-Gaudens 22

14 🍴 Le Cerf Blanc
Dominique Picard aime rappeler qu'il fêtera très prochainement son 25e anniversaire de présence dans nos pages, toujours coiffé d'une belle toque. Serions-nous devenus soudain conservateurs ? Lorsqu'un chef qui n'a que pour seul credo "je regarde, j'achète, je cuisine" rencontre un critique "qui s'assoit, goûte, règle l'addition et quitte les lieux discrètement", l'alchimie est souvent immédiate. Les escalopes de foie de canard en feuilles de choux à la vapeur de coriandre et le filet de bar à la fondue de fenouil n'ont que leur sincérité à vendre, et cela nous suffit. Service souriant dirigé par Paulette Picard qui connaît en outre par cœur sa jolie cave à tendance sudiste.
C : 45 € • M : 15-52 €

→ Rue Saint-Michel
☎ 05 61 98 95 76
F. dim. à dîn. et lundi (sf juil.-août).
Jusqu'à 21h30.

AURILLAC - 15000 (26 A 5)
Rodez 90 - Clermont-Ferrand 157

🏅🏅 Grand Hôtel de Bordeaux
L'hôtel de Bordeaux, l'hôtel qu'il vous faut à Aurillac, où les hommes d'affaires comme les familles en balade auvergnate descendent pour son confort contemporain et ses chambres de belle harmonie, très bien actualisées. Plateau-repas en chambres, copieux petit-déjeuner buffet.
5 appart. 98-135 € • 28 ch. 58-92 €

→ 2 av de la République
☎ 04 71 48 01 84
🖨 04 71 48 49 93
F. sem. Noël.

www.hotel-de-bordeaux.fr

AURON - 06660 (34 C 3)
Nice 91 - Barcelonnette 66

🏅🏅 Le Chalet d'Auron
Le cadre naturel suffirait presque au bonheur des voyageurs. S'y adjoint une hôtellerie de charme pour profiter de l'environnement. Chambres claires et typiques, lambris de pin clair, tissus choisis, terrasse plein sud et nombreux agréments (piscine, hammam...). Restaurant de cuisine actuelle et de saison.
2 appart. 350-530 € • 15 ch. 80-315 €

→ Voie du Berger
☎ 04 93 23 00 21
🖨 04 9323 09 19
F. 13 avril-28 juin et 31 août-12 déc.

www.chaletdauron.com

AUSSOIS - 73500 (28 C 4)
Chambéry 110 - Briançon 77

13 🍴 Fort Marie-Christine
Aussois, charmante petite station alpine plutôt méconnue, mérite pourtant le détour. Autant pour la beauté de la vallée que pour cette table, installée dans les murs de l'un des cinq forts qui furent construits dans les années 1820 par le royaume de Piémont-Sardaigne. Régionale avant tout, roborative, la carte d'Eric Gueritot fait honneur au site avec le millefeuille de tuiles au beaufort à la mousse d'herbes, le farcement mauriennais aux pruneaux, abricots et fruits secs et le sauté de chamois en croûte. Jolie cave savoyarde.
C : 24 € • M : 13,90-26 €

→ ☎ 04 79 20 36 44
F. dim. à dîn., lundi, 15 avril-15 mai et 1er nov.-15 déc.
Jusqu'à 21h.

www.fort-mariechristine.com

Hôtel-Restaurant du Soleil

Aux portes de la Vanoise, au cœur d'un village traditionnel, cette ancienne ferme fut convertie en hôtel dans les années soixante. De style montagnard, chaleureusement décorées, les chambres ouvrent pour certaines sur un joli balcon. Hammam et sauna.

22 ch. 46-65 €

→ 15 rue de l'Eglise
☎ 04 79 20 32 42
Fax 04 79 20 37 78
F. 21 avril-15 juin et 15 sept.-17 déc.

AUTHUILLE - 80300 (3 D 2)

Albert 4 - Bapeaume 20

11 Taverne du Cochon Salé

Connue de tout le canton, cette taverne d'aminches joue les rustiques picardes sans jamais se dévoyer. La charcuterie a le goût du vrai, les anguilles viennent de Somme, le canard en croûte, le cochon de lait farci ou le gâteau battu au foie gras font de généreuses assiettes enrobées de sympathie. Petite cave d'accompagnement, service plein de sollicitude.

C : 29 € • M : 22-27 €

→ 29 rue d'Albert
☎ 03 22 75 46 14
F. lundi, mardi (sf fériés), dim. à dîn., 16 août-6 sept., 26-31 déc. et 1er-6 janv.
Jusqu'à 21h30.

AUTUN - 71400 (20 A 4)

Mâcon 110 - Chalon-sur-Saône 53 - Nevers 101

12 Les Ursulines

Entre la salle au confort bourgeois et la terrasse dans la cour intérieure, la table des Ursulines bénéficie d'un cadre très agréable. La cuisine privilégie les valeurs sûres, entre cuisine gentiment actualisée et produits du terroir. On préférera le Menu régional aux velléités luxueuses pas totalement maîtrisées des autres propositions : pas si classiques que ça, le pressé de caille au serrano et la poitrine de porc confite au miel donnent toute satisfaction avant l'assiette de desserts délicieusement régressive.

C : 48 € • M : 20-87 € *www.hotelursulines.fr*

→ 14 rue Rivault
☎ 03 85 86 58 58
F. dim. à dîn. et lundi à déj.
Jusqu'à 21h30 (22h été).

Les Ursulines

Comme le laisse entendre son nom, l'hôtel est un ancien couvent. Ce cadre historique a bénéficié de prestations de confort récemment améliorées (insonorisation, climatisation) et propose d'élégantes chambres de caractère, déclinant différentes ambiances. On apprécie particulièrement celles qui ont conservé poutres et tomettes. Cour intérieure superbe, déployant une vue panoramique sur les monts du Morvan.

7 appart. 134-165 € • 36 ch. 59-133 € *www.hotelursulines.fr*

→ 14 rue Rivault
☎ 03 85 86 58 58
Fax 03 85 86 23 07
Ouv. 7j/7.

AUVERS SUR OISE - 95430 (7 B 1)

Paris 32 - Pontoise 14 - Argenteuil 18

12 Hostellerie du Nord

Incroyable hostellerie qui collecte avec vaillance les ingrédients de la tradition revisitée : un décor tout neuf comme une synthèse (fausse cheminée, rideaux épais, bustes sculptés, natures mortes aux fleurs, chaises tapissier cannelées), un chef maître-cuisinier de France, Joël Boilleaut, capable d'exposer sans rire la "chlorophylle d'herbe au caviar de hareng", mais qui a la gentillesse de placer le maquereau et le lieu jaune dans son "carte-menu" à 57 €. Adoptez, pour être dans le ton, les viandes et les gibiers, le quasi de veau, le lièvre, plutôt que les produits de la mer (des saint-jacques insipides bardées de jambon de Parme sur une mousseline de brocolis)

→ 6 rue du Gén-de-Gaulle
☎ 01 30 36 70 74
F. sam. à déj., dim. à dîn., lundi et 3 sem. août.
Jusqu'à 21h30.

même si le turbot sauce vierge, dans sa simplicité, avec une purée de topinambour pour faire jeune, nous a finalement bien plu. Dans son classicisme, la cave commet peu de fautes de goût dans le choix de ses propriétaires (Vatan, Lebreton, Quenioux en loires par exemple).

C : 62 € • M : 45-57 €

www.hostellieriedunord.fr

---

11 Auberge Ravoux

Ici, on vient avant tout bien sûr à la recherche d'un souvenir, pour humer un peu de l'atmosphère des derniers jours de Van Gogh, dans un décor soigneusement préservé. Dans ce contexte, la cuisine a une importance secondaire, davantage concentrée sur le respect d'une certaine forme de tradition que sur l'invention d'un nouvel art culinaire, nourrie de filets de hareng à l'ancienne, de gigot d'agneau de sept heures ou de tarte tatin, et elle s'en tire fort bien.

M : 35 €

info@vangoghfrance.com

→ Maison de Van-Gogh, pl de la Mairie
☎ 01 30 36 60 60
F. dim. à dîn., lundi, mardi, merc., jeudi, et nov.- fév.
Jusqu'à 21h30.

👁 Sous le Porche

L'Auvers branché se réunit dans ce loft chaleureux où l'on travaille avec gentillesse du bistrot-terroir sans méchanceté, servi avec brio, de la terrine de lapin et lentilles au tiramisu fruits rouges. La cave est simple et assez maligne avec ses monocépages au verre (colombard, cabernet-sauvignon...).

C : 25 € • M : 15-25 €

www.sousleporche.com

→ Pl de la Mairie
☎ 01 30 36 16 50
Ouv. 7j/7.
Jusqu'à 21h30.

AUVILLAR - 82340 (29 C 3)

Agen 30 - Moissac 20 - Castelsarrasin 20

14 L'Horloge 🍷

Très orientée vers sa région, celle d'un grand et gourmand Sud-Ouest, la cave de cette Horloge est toujours à l'heure, ne manquant jamais de promouvoir la génération montante des vignerons locaux, les Da Ros, Mouthes le Bihan ou Cosse Maisonneuve. Même intransigeance sur le choix de produits, les fameux coquillages et crustacés d'Yvon Madec (dont les célèbres huîtres Prat ar Coum), les volailles Miéral ou les pigeons du Mont-Royal servant à l'élaboration d'une jolie cuisine, régionale avant tout : lobe de foie braisé aux truffes noires, quenelles de brochet aux écrevisses, tapas de toro cuit, filet de bœuf de Chalosse à la moelle... Et toujours une dizaine de chambres charmantes.

C : 60 € • M : 27-65 €

www.horlogeauvillar.monsite.orange.fr

→ Pl de l'Horloge
☎ 05 63 39 91 61
F. vend. et sam. à déj. (sf. juil.-août), 4 déc.-3 janv.
Jusqu'à 21h30.

Villes de proximité, voir :

⟳ BARDIGUES ....4 km S. par D 11 **(14/20)**

AUVILLARS SUR SAONE - 21250 (20 B 4)

Dijon 30 - Lons-le-Saunier 69

12 Auberge de l'Abbaye

Les petits chemins de la vallée de la Saône n'ont pas de secret pour Jean-François Vachey qui a su perpétuer ici la tradition d'un terroir bien compris et d'une tradition éprouvée. Le persillé maison, la gigolette de pintade au citeaux ou le croquant de filet de bœuf aux morilles font honneur au patrimoine régional, tandis que les digressions dans les méandres de la modernité (betterave farcie au thon) semblent moins indispensables. L'atmosphère est à la sympathie pour les familles des environs, accueillies par Chrystel dans cette aimable maison de pierre.

C : 24 € • M : 12-31 €

www.monsite.wanadoo.fr/auberge-abbaye

→ RD 996
☎ 03 80 26 97 37
F. dim. à dîn., lundi à dîn., mardi à dîn. et merc. à dîn.
Jusqu'à 21h.

AUXERRE - 89000 (19 C 2)
Paris 165 - Troyes 82 - Dijon 149

14 Le Jardin Gourmand

Quelles que soient les circonstances, le tact et la gentillesse d'Olivier Laplaine, directeur de salle talentueux, sauront rendre le moment très agréable. Toujours solide, ne lâchant pas un pouce sur la qualité des produits (ce qui induit, c'est vrai, des additions certes justifiées mais élevées), la cuisine de Pierre Boussereau n'est pas en reste, se contentant sans doute, objecteront les plus grincheux, de personnaliser discrètement le répertoire classique, mais le faisant avec une totale réussite : salade d'asperges vertes et pousses du jardin, huile d'olive et copeaux de jambon de Toscane, saint-jacques rôties, beurre de cosse de petits pois et fricassée de légumes nouveaux. Les desserts, un peu en retrait, pourraient propulser l'adresse vers une deuxième toque en faisant preuve d'un peu plus d'imagination. Cave sérieuse et complète dans sa région.
M : 55-65 € *www.lejardingourmand.com*

→ 56 bd Vauban, BP 364
☎ 03 86 51 53 52
F. mardi, merc., 10-19 mars, 17 juin-2 juil. et 11 nov.-3 déc.
Jusqu'à 21h15.

14 Jean-Luc Barnabet

Bien sûr la maison sur les quais est belle, l'accueil plein de dévouement, les produits nobles et soignés. Mais la séduction ne fonctionne plus aussi bien, l'atmosphère se fait un peu pesante, le risotto de lapin fermier ne tient pas toutes ses promesses et le sabayon froid d'agrumes au gingembre est un peu daté, malgré une réalisation impeccable. Reste que Jean-Luc Barnabet, qu'on peut voir travailler derrière la paroi de verre, ne manque pas de ressource pour rebondir, comme en témoigne la séduisante salade de saint-jacques et copeaux d'asperge aux noisettes et aux aromates, et qu'on ne saurait lui reprocher de faire ce qui plaît à une clientèle fidèle. Large carte bourguignonne, avec toutes les valeurs sûres en auxerrois (belle sélection en chablis) comme ailleurs, servie par un sommelier compétent.
C : 70 € • M : 35-57 €

→ 14 quai de la République
☎ 03 86 51 68 88
F. dim. à dîn., lundi, mardi à déj. et 23 déc.-15 janv.
Jusqu'à 21h30.

13 La Salamandre

Derrière la façade vert pastel, comme déplacée parmi les batiments anciens de la ville, la maison continue à jouer le décalage en proposant depuis de longues années avec une belle constance une cuisine luxueuse tournée vers la mer, loin des classiques du terroir bourguignon. C'est pourtant bien lui qui fournit la gourmande purée d'agria (un légume aux accents de topinambour), délicatement truffée pour accompagner les noix de saint-jacques, ou l'artichaut violet qui supporte l'émincé de crabe, en complément des asperges vertes, du foie gras et de la gambas poêlée dans une assiette qui manque un peu de cohérence dans son désir de luxe. Terroir bourguignon aussi sur la carte des vins, où les solides références, en chablis notamment, ne manquent pas. Reste à apprécier un décor qui joue habilement des miroirs pour agrandir l'espace, un service jeune et féminin efficace et souriant, ou encore des desserts d'un classicisme éprouvé qui ne lassent pas de satisfaire les gourmands de baba au rhum ou d'ananas Victoria.
C : 65 € • M : 36-62 € *la-salamandre@wanadoo.fr*

→ 84 rue de Paris
☎ 03 86 52 87 87
F. sam. à déj., dim., merc. à dîn. et fériés.
Jusqu'à 21h30.

Hôtel Normandie

Derrière la jolie façade pierre et brique de cet immeuble bourgeois XIXᵉ, une atmosphère familiale, un délicieux jardin clos pour les petits-déjeuners d'été, des chambres personnalisées, mobilier Rossello, aux bons équipements (écrans plats, isolation phonique et thermique, clim, wifi). Espace gym, sauna, billard.
47 ch. 61-90 €

→ 41 bd Vauban
☎ 03 86 52 57 80
🖨 03 86 51 54 33
F. 24 déc.-7 janv.

www.hotelnormandie.fr

Villes de proximité, voir :

CHEVANNES..........................8 km S.E. par N 151 **(13/20)**

AVALLON - 89200 (19 D 3)
Auxerre 51 - Vézelay 13

13 Hostellerie de la Poste

Nourrir le voyageur est devenu une occupation noble depuis fort longtemps à l'hôtel de la Poste : le terroir mis en ondes par François-Xavier Gross ne peut donc être qu'un peu raffiné, utilisant volontiers des ingrédients de prestige. Si les œufs meurette sont en bonne place, ils côtoient le foie gras aux shitakés, les saint-jacques beurre blanc, le charolais marchand de vin et la fricassée de ris et rognons de veau à la dijonnaise, dans une carte très fidèle à une rassurante tradition, dans une belle atmosphère bourgeoise. Vaste cave régionale.
C : 42 € • M : 50-30 €

→ 13 pl Vauban
☎ 03 86 34 16 16
F. dim., lundi et janv.-fév.
Jusqu'à 21h30.

www.hostelleriedelaposte.com

Hostellerie de la Poste

L'ancien relais de poste revitalise les chevaux et les hommes depuis trois siècles exactement. Cela donne le droit de cité et de se poser en ambassadeur de l'art de vivre à la française, rien de moins. Le style XVIIIᵉ s'accommode donc d'un confort moderne dans cette maison mythique, les chambres meublées d'époque, lits à baldaquin et tissus coordonnés, donnant sur la cour pavée et le petit jardin.
16 appart. 145-198 € • 30 ch. 108-183 €

→ 13 pl Vauban
☎ 03 86 34 16 16
🖨 03 86 34 19 19
F. janv.-fév.

www.hostelleriedelaposte.com

---

13 Le Relais Fleuri

Avec ses chambres climatisées donnant de plain-pied sur le parc, l'hôtel propose une étape agréable à deux pas de l'autoroute. Il en est de même de la table, qui fait preuve de constance, dans le service souriant et prompt à s'adapter à la cadence souhaitée, comme dans l'art de maîtriser une large carte, classique mais jamais ennuyeuse, qui répond présente sur la truite soufflée aux épinards aussi bien que sur l'opéra de foie gras de canard et pain d'épices, sur le nem de mignon de porc jus au saté ou la pièce de bœuf charolais sauce aux morilles. Cave très classique, avec quelques références solides au verre.
C : 45 € • M : 19,90-62 €

→ La Cerce
☎ 03 86 34 02 85
Ouv. 7j/7.
Jusqu'à 21h45.

www.relais-fleuri.com

Villes de proximité, voir :

ISLE SUR SEREIN (L')… 15 km N.E. par D 957 et D 86 **(15/20)**

VAULT DE LUGNY ....6 km N.O. par D 957 et D 142

AVIGNON - 84000　　　　**(33 B 4)**

Paris 706 - Marseille 98 - Nîmes 43

16 🏠 **Christian Etienne**

La meilleure table d'Avignon ? A tout le moins la plus régulière, la plus équitable dans le rapport prix-plaisir. Christian Etienne n'est pas dans la compétition, mais dans l'épicurisme, le soleil, la gourmandise. Son menu tomates connaît toujours le même succès quand l'été arrive, la salle provençale est aussi élégante, avec sa terrasse ouvrant sur le palais des Papes, que l'accueil est simplement distingué, sans emphase, et sa cuisine, posée, méridionale, sensitive et aromatique répond toujours aux attentes. On se laisse guider, pour une visite impromptue, par le menu du Palais qui exprime la saison, des saint-jacques au lard salé et lasagne croustillante aux épinards, le rouget sur une fondue d'endives et jus vert, le pigeon avec une julienne de topinambour et nem de cuisse. Dans une atmosphère en concordance, veloutée et souriante, on opte naturellement pour un rhône du Sud, la cave ayant tout ce qu'il faut, dont les plus grands châteauneuf, de Beaucastel à Bonneau.
M : 35 €　　　　　　　　　　　　　　www.christian-etienne.fr

→ 10 rue de Mons
☎ 04 90 86 16 50
F. dim., lundi (sf juil.). F. ann. non comm.
Jusqu'à 21h15.

---

14 🏠 **La Mirande**

Sans vouloir jouer dans la cour d'honneur de la gastronomie d'avant-garde, la carte de Sébastien Aminot s'adapte à ces lieux so chics, terrasse romantique, déco sobre mettant la belle pierre en valeur, service fluide et attentionné. De beaux produits, travaillés avec respect et une certaine simplicité pour s'adapter à toutes les envies sans troubler la magie d'un soir : tartare de thon en gelée de crustacés et caviar d'Aquitaine, sole aux haricots verts, tomates et amandes, jus truffé, volaille de Bresse rôtie découpée en salle. Belle cave rhodanienne avec les meilleurs châteauneufs.
C : 95 € • M : 35-105 €　　　　　　　　　　www.la-mirande.fr

→ 4 pl de la Mirande
☎ 04 90 14 20 20
F. mardi, merc. (sf résidents à dîn.) et janv.
Jusqu'à 21h30.

cccc **La Mirande**

Dans les murs de la vieille ville, une superbe demeure XVIIIe, au charme préservé d'une ancienne livrée cardinalice, avec sa douceur, sa déco sobre et romantique, son jardin de curé, sa terrasse idyllique... Chaque chambre possède sa propre tenture murale, réédition de documents anciens, assortie aux rideaux de soie dans des tendances variées. Belles salles de bains aux robinetteries d'antan et marbre de Carrare. En plus du restaurant, une table d'hôte les mardis et mercredis dans les anciennes cuisines de la Mirande.
1 appart. 620-1200 € • 20 ch. 295-520 €　　　www.la-mirande.fr

→ 4 pl de la Mirande
☎ 04 90 85 93 93
▤ 04 90 86 26 85
Ouv. 7j/7.

---

14 🏠 **La Vieille Fontaine**

La terrasse privilégiée, dans la cour de ce superbe cadre hôtelier, est très prisée par les Avignonnais eux-mêmes. Depuis quelques saisons, la cuisine s'y montre constante, bien faite et pleine de finesse, donnant même à la salle élégante, hauts plafonds, grands lustres et argenterie, un aspect cosy sans affectation, grâce à une certaine simplicité régionale : belle technique sur le velouté de brocolis, magret et foie gras, cabillaud à la fleur de thym impeccable, avec un beau jus émulsionné à l'huile d'olive et citronnelle, agréable pastilla de pommes au calvados. Des manières de grandes maisons

→ 12 pl Crillon
☎ 04 90 14 76 76
F. dim., lundi, 2-8 janv., 11-25 fév., 17 août-1er sept. et 23 nov.-2 déc.
Jusqu'à 21h30.

AVIGNON

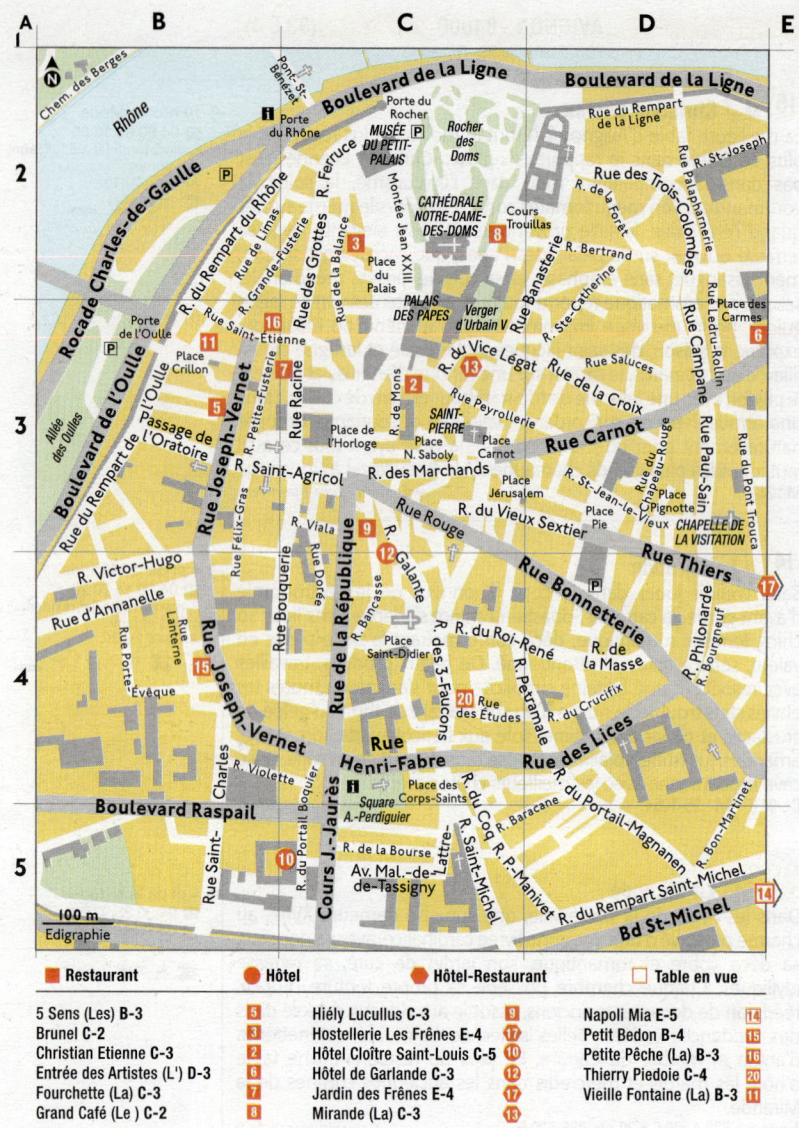

■ Restaurant	**● Hôtel**	**◆ Hôtel-Restaurant** □ Table en vue

(évitez les baskets), où tout est si beau et si lisse que l'on en vient à souhaiter un brin de fantaisie. Cave bien rangée et variée, aux références confirmées.
C : 110 € • M : 35-86 €

www.heurope.com

Les prix au restaurant
C : addition moyenne à la carte (sans les boissons), comprenant 1 entrée, 1 plat et 1 dessert, dans le cadre d'une restauration traditionnelle.
M : fourchette de prix mentionnant le menu le moins cher et le menu le plus cher, proposant à la fois entrées, plats et desserts, sans les boissons.

Hôtel d'Europe

Le marquis de Graveson le fit édifier au XVIe siècle, il devin Hôtel d'Europe en 1799 et Victor Hugo y séjourna. Cette très belle demeure sur une place ravissante bordant les remparts est une des enseignes de prestige de la ville. Chambres raffinées au mobilier d'époque, dans une atmosphère de privilège.
3 appart. 648-798 € • 41 ch. 169-475 €   www.heurope.com

→ 12 pl Crillon
☎ 04 90 14 76 76
🖷 04 90 14 76 71
Ouv. 7j/7.

---

13 La Fourchette

"Dans cette Fourchette de prix, vous ne trouverez pas mieux intra muros", nous prévient un Avignonnais de souche, aussi féru de bons mots que de gastronomie. Parce qu'elle a plutôt fière allure, effectivement, la cuisine bistro-bourgeoise de Philippe Hiély. Après un quart de siècle aux manettes de cette quasi-institution, son épouse Danièle, omniprésente en salle, et lui-même peuvent contempler la collection de cigales en porcelaine au mur avec attendrissement. L'image de cette Fourchette est dans l'insouciance et le plaisir, avec la prévoyance d'une fourmi opérant le placement idéal sur ce menu qui atteint les 31 € de souvenirs provençaux pas du tout démodés : de fraîches sardines marinées, une bonne daube (un peu chiche dans le fond de l'assiette) avec ses macaronis, un très propre fondant au chocolat… Tout se tient, jusqu'au vin, bien sélectionné dans sa région, et vole bien au-dessus des terrasses de la place de l'Horloge voisine.
M : 31 €   restaurant.la.fourchette@wanadoo.fr

→ 17 rue Racine
☎ 04 90 85 20 93
F. w.-e. et août.
Jusqu'à 21h45.

---

13 La Petite Pêche ♥

Parfois un mot de lecteur mécontent nous rappelle à notre mission, a contrario, et c'est très bien comme cela. Car pour défendre La Petite Pêche comme un trois-toques, il vaut mieux savoir de quel guide on parle, celui qui note les rideaux et l'argenterie, l'autre qui préfère les intitulés de plat plutôt que leur contenu, ou celui qui cherche une vérité, intuitivement, subjectivement peut-être, entre l'assiette et son environnement. Pour faire court, la Petite Pêche sent l'authentique, la passion et le naturel. Poissons de la pêche, petite et grande, céphalopodes habillés de trente-six manières, selon le marché et la saison. Le tiramisu, peut-être pas un modèle d'orthodoxie, est grandiose, l'accueil est simple et souriant.. Oui, une toque, c'est aussi cela. Et si vous pouvez avoir une table de la minuscule terrasse au calme, à deux pas de la place de l'Horloge, ne vous privez pas.
C : 30 € • M : 11 €

→ 13 rue Saint-Etienne
☎ 04 90 86 02 46
F. dim. et nov.
Jusqu'à 22h.

---

13 Thierry Piedoie

Dans un environnement forcément très concurrentiel, Thierry Piedoie a choisi la droiture et le classicisme plutôt que de céder aux sirènes de la mode. L'homme est un professionnel aguerri, acheteur intransigeant (les produits travaillés sont sans tache) et fin technicien : carpaccio de saint-jacques marinées, pommes vertes et huiles parfumées, millefeuille de loup et de rouget sauce vigneronne, gratin de poire au muscat de Beaumes-de-Venise. Cadre soigné, service sans faille.
C : 38 € • M : 18-52 €   www.piedoie.com

→ 26 rue des Trois-Faucons
☎ 04 90 86 51 53
F. lundi (h.s.), merc., 15 jrs fév., 10 jrs fin août et 10 jrs nov.
Jusqu'à 21h30.

12 Les 5 Sens $d\xi$

Décor contemporain et soigné pour cette adresse encore toute jeune. Thierry Baucher y propose des assiettes ensoleillées et contemporaines, presque modeuses : risotto au chorizo et crevette géante au jus de crustacés, pavé de sandre grillé au citron confit, ratatouille niçoise et velouté de confit, fromage blanc aux griottines macérées au cairanne.

C : 55 € • M : 38 €

www.restaurantles5sens.com

→ 18 rue Joseph-Vernet
☎ 04 90 85 26 51
F. dim., lundi, 1re sem. janv.,
3e sem. juin, 2e-3e sem. août
et 1re sem. nov.

----

12 Brunel

Ce bistrot tout à la gloire de la cuisine provençale et méditerranéenne traditionnelle jouit d'un cadre rêvé, au cœur de la ville. La décoration de la petite salle, d'une sobriété quasi monacale, permet de se concentrer sur des assiettes gorgées de soleil : assiette de poissons grillés à la plancha, tarte fine de gambas et fondue de poireaux et aïoli, chaque vendredi midi.

M : 30-32,50 €

restaurantbrunel@wanadoo.fr

→ 46 rue de la Balance
☎ 04 90 86 86 77
F. dim., lundi (sf juil.) et
quelques jrs janv.
Jusqu'à 21h30 (22h w.-e. et
été).

----

12 Le Grand Café

Rendez-vous incontournable des festivaliers depuis des années, cette ancienne boulangerie des armées n'a pas seulement qu'un décor branché et un emplacement de rêve à proposer. La qualité de l'accueil et les jolies assiettes mi-bistrotières, mi-ménagères (poissons grillés à la plancha, daube de joue de bœuf et polenta, tajine de poisson, sauté d'agneau…) participent à notre engouement pour cette institution.

C : 32 € • M : 20-28 €

→ La Manutention Cour
Maria-Casares
☎ 04 90 86 86 77
F. dim., lundi et janv.
Jusqu'à 22h30.

----

11 L'Entrée des Artistes

La place des Carmes entièrement refaite en semi-piéton a renforcé la convivialité de cette adresse in et off où les artistes et les spectateurs papotent sans façon d'une table à l'autre. La grande halle offre une terrasse couverte pour goûter cette très honnête cuisine de bistrot provençal : cabillaud mariné, filets de rougets au moût de raisin, ragoût de queue et joue de bœuf os à moelle…

M : 25-20 €

parment.dominique@neuf.fr

→ 1 pl des Carmes
☎ 04 90 82 46 90
F. w.-e., 18 août-1er sept. et 23
déc.-2 janv.
Jusqu'à 22h15.

----

11 Le Petit Bedon

Légèrement à l'écart des circuits touristiques traditionnels, cette jolie maison joue de ses charmes (atmosphère conviviale, poutres anciennes, esprit bistrot) pour fidéliser le public local. Les assiettes manquent toutefois de mordant, la faute principalement à un excès de conservatisme : médaillon de foie gras, brioche tiède et fruits confits, selle d'agneau à la moutarde violette et jeunes légumes, gelée de fruits rouges au champagne et tuile croustillante.

C : 29 € • M : 25-42 €

→ 70 rue Joseph-Vernet
☎ 04 90 82 33 98
F. 18-24 fév., 9-15 juin et 11-17
août.
Jusqu'à 22h.

? Hiély-Lucullus

La tendresse que nous éprouvons immanquablement pour cette institution avignonnaise nous invite une fois de plus à la mentionner, même si des hauts et des bas la secouent régulièrement. Nouvelle reprise, en date d'octobre 2007, pour une nouvelle aventure que nous espérons menée à bien, après des expériences mitigées cette année.

M : 25-48 €

direction.lucullus@wanadoo.fr

→ 5 rue de la République
☎ 04 90 86 17 07
Ouv. 7j/7.
Jusqu'à 21h30.

Napoli Mia

Pas une table GaultMillau ? Certains lecteurs s'étonnent : accueil de bar-tabac, choix restreint. Oui, mais. Mais la maison est italienne, le patron italien, le chef sait cuire les pâtes et... les quelques assiettes, qui semblent être traitées par-dessus la jambe, peuvent révéler quelques sensations authentiques, dans cet environnement improbable de cour des miracles au bord d'une route sans joie.
C : 18 €

→ 8 ter rte de Montfavet
☎ 04 90 88 31 95
F. sam. à déj., dim. à déj., lundi et août.

Hôtel Cloître Saint-Louis

Monument historique d'un côté - le cloître XVIIe - bâtiment contemporain signé Jean Nouvel de l'autre, peut-être lui aussi classé un jour, voilà un ensemble architectural qui ne manque pas d'allure pour cet hôtel de prestige en plein centre, aux rénovations régulières, notamment dans les chambres qui bénéficient d'un aménagement contemporain avec un mobilier de grands designers. Piscine extérieure, fitness, restaurant de cuisine provençale et actuelle par un chef d'expérience, Michel Gaillac.
6 appart. 200-350 € • 74 ch. 145-220 €   www.cloitre-saint-louis.com

→ 20 rue du Portail-Boquier
☎ 04 90 27 55 55
📠 04 90 82 24 01
Ouv. 7j/7.

Hôtel de Garlande

Au cœur de la ville, tout près de la place de l'Horloge, l'ancienne maison close est devenue un havre douillet pour séjours en famille ou à deux. Chambres au décor personnalisé, tissus ensoleillés et coordonnés Olivades, objets singuliers et quelques beaux meubles anciens dans une atmosphère de maisons d'hôtes.
10 ch. 72-115 €   www.hoteldegarlande.com

→ 20 rue Galante
☎ 04 90 80 08 85
📠 04 90 27 16 58
F. 12 janv.-11 fév.

Villes de proximité, voir :

AVIRE - 49500   (15 D 3)
Angers 41 - Château-Gonthier 40

Château de la Montchevalleraie

Spacieuses et raffinées, avec tentures et meubles de style, les chambres sont conformes à l'esprit qui se dégage de ce château fin XVIIIe, construit dans un joli parc à l'anglaise.
1 appart. 150 € • 2 ch. 100-120 €   www.chateaulamontchevalleraie.com

→ ☎ 02 41 61 32 24
📠 02 41 61 32 24
F. 1er oct.-30 avril.

AVRANCHES - 50300   (5 A 5)
Saint-Lô 60 - Fougères 41 - Caen 104

12 La Croix d'Or

Même sans démériter, cette Croix d'Or ne vaut plus la toque dont nous la gratifiions depuis quelques années. La faute non pas à un déficit de qualité sur les produits (poissons de belle fraîcheur, viandes bien choisies) mais surtout à des accompagnements qui souffrent d'un trop grand déficit d'attention, comme si le pavé de lieu jaune à l'huile d'olive ou le turbot en croûte de pomme de terre se suffisaient à eux-mêmes. Malheureusement, les légumes sont trop souvent surcuits, c'est dommage. Restent la gentillesse du service, bien réelle, le charme de cette salle typiquement normande et la cave de bon niveau.
C : 49 € • M : 17-54 €   www.hotelfdelacroixdor.fr

→ 83 rue de la Constitution
☎ 02 33 58 04 88
F. dim. à dîn. (15 oct.-1er avril) et 1er-20 janv.
Jusqu'à 21h15.

🏺 La Croix d'Or

L'ancien relais de poste du XVIIᵉ siècle installé à la lisière du centre-ville ne manque pas de caractère. Chambres soignées ouvrant pour la plupart sur un jardin intérieur. Grand parking privé.
27 ch. 56-98 €

→ 83 rue de la Constitution
☎ 02 33 58 04 88
🖨 02 33 58 06 95
F. 1er-20 janv.

www.hoteldelacroixdor.fr

Villes de proximité, voir :

⟳ CEAUX .... 9 km S. par D 7 et D 103 **(10/20)**

13 🍴 Auberge L'Orry le Saquet

Pour Marc Heinrich, la convivialité n'est pas un vain mot lorsqu'il évoque ses escapades dans la campagne, accompagné d'une personnalité de passage dans son auberge, à la recherche de cèpes ; il en conserve même quelques photos de ces souvenirs. Bien implantée dans sa région et son terroir, sa cuisine affiche la même convivialité, avec la terrine de foie de lapin confit et foie gras mi-cuit, la biche poêlée à la réglisse et au poivre, cocotte de salsifis et champignons ou le filet de truite fario, poêlée d'aubergines et cèpes. Cave de propriétaires, pour la plupart des connaissances du couple Heinrich, service toujours souriant.
C : 35 € • M : 24-49 €

→ Rte d'Espagne, N 20
☎ 05 61 64 31 30
F. mardi (sf vac. scol.), merc. (sf à dîn. vac. scol.), sam. à déj., 1 sem. Pâques et 1 sem. Toussaint.
Jusqu'à 21h.

www.auberge-lorry.com

13 🍴 Le Chalet

A défaut de charmer par son architecture, l'hôtel convainc par ses sobres chambres contemporaines et sa situation agréable. Là où d'autres se contentent d'une restauration d'appoint pour résidents, Frédéric Debèves propose une vraie table, soigne ses produits comme ses mariages, pour composer des assiettes convaincantes : noix de saint-jacques lentilles d'Ariège et crème légère au chardonnay, échine de porc noir de Bigorre laquée petits nems de boudin et pomme fruit, soupe de châtaigne sablé choco et glace whisky. Une démarche qu'on ne peut qu'encourager, bien soutenue par la terrasse sur la rivière ou encore le bon choix en vins du Languedoc.
C : 45 € • M : 21-44 €

→ 4 av Turrel
☎ 05 61 64 24 31
F. dim. à dîn., lundi (sf vac. scol.), lundi à déj. (vac.scol.) et 1 quinz. fin nov.
Jusqu'à 21h15.

www.le-chalet.fr

🏺🏺 Hôtel Castel Jeanson

Dans cette sobre architecture ancienne, la verrière et les vitraux signent une atmosphère Art Nouveau authentique. Les chambres privilégient espace et sobriété dans des influences romantiques, tandis que la piscine, entre lumière et vieilles pierres, est un régal pour les yeux.
14 ch. 110-168 €

→ 24 rue Janson
☎ 03 26 54 21 75
🖨 02 26 54 32 19
F. 2 sem. janv.-fév. et Noël-nouvel an.

www.casteljeanson.fr

14 🍴 La Nouvelle Maison des Mouettes

Nouveau MOF 2007, Johan Leclerre atteint une légitime consécration que ses pairs, comme sa clientèle, lui donnaient depuis longtemps. Sa manière si personnelle de regarder l'océan, dans cette belle salle contemporaine rivée vers le large, n'est évidemment pas étrangère à cette confiance, même si le feu follet s'est un

→ 1 rue des Claires
☎ 05 46 44 29 12
Ouv. 7j/7.
Jusqu'à 21h30.

peu assagi pour proposer une vraie carte de produits aux délicates influences : ravioles de homard crémeux de petits pois et crème vanillée, cocotte de turbot rôti calamars farcis crème de tandoori, maigre rôti aux barbajuans charentais sauge et citron vert. Une spécialité de soufflé dans les desserts, un service de standing très attentif et une cave riche de 600 références sont les autres points forts d'une prestation sans faiblesse.

C : 55 € • M : 36-75 €   www.la-maison-des-mouettes.fr

AZAY LE RIDEAU - 37190   (18 A 1)
Tours 28 - Chinon 22

13 🍴 L'Aigle d'Or

→ 10 rue Adélaïde-Riche
☎ 02 47 45 24 58
F. dim. à dîn., mardi à dîn., merc. (sf juil.-août), lundi à dîn. (déc.-mars), fév., 1re sem. sept. et 2ème quinz. nov. Jusqu'à 21h.

Le tourisme de masse n'exclut pas la possibilité d'entretenir une table de bon niveau (la ville compte même deux tables à une toque). Jean-Luc Fèvre le prouve au quotidien, sachant s'adapter à toutes les bourses avec un menu à 26 € qui offre déjà beaucoup : dodine de pintade au foie gras et chutney de pommes, quasi de veau cuit à basse température et carottes nouvelles au jus, macaron au chocolat et parfait glacé au cointreau. Délicieuse cheminée en hiver, ravissant jardin (au calme) pour les beaux jours et cave ligérienne presque encyclopédique, commentée avec science par Ghislaine Fèvre.

C : 40 € • M : 26-38 €   www.touraine-gourmande.com

13 🍴 Le Grand Monarque

→ 3 pl de la République
☎ 02 47 45 40 08
F. dim. à dîn., lundi, mardi à déj. (10 fév.-Pâques et 30 sept.-15 nov.), 3 janv.-10 fév. et 15 nov.-22 déc. Jusqu'à 21h30.

Le nouveau propriétaire a maintenu sa confiance à l'équipe (en salle comme en cuisine), et on ne peut que s'en féliciter, tant la noblesse équilibrée de la cuisine et la gentillesse du service sont bien dans le ton de cette maison de caractère. Le très beau menu-carte permet ainsi de profiter de produits nobles et de belles réalisations classiques : coques de foie gras crème de morille, asperges blanches beurre citronné, risotto aux cèpes, verrine de panna cotta aux fruits de la passion. On profitera de l'hôtel pour apprécier pleinement une très belle carte des alcools, non seulement les vins (une sélection superbe, bien au-delà de la Loire), mais aussi les digestifs ou les whiskies.

C : 50 € • M : 29-39 €   www.legrandmonarque.com

🛏🛏 Le Grand Monarque

→ 3 pl de la République
☎ 02 47 45 40 08
🖷 02 47 45 46 25
F. 3 janv.-10 fév. et 15 nov.-22 déc.

Les hauts plafonds, voire (superbe chambre Montsoreau) les pierres de tuffeau apparentes forment un cadre auquel il n'est point besoin de trop rajouter pour atteindre une noblesse digne du nom. Cette sobriété amène des chambres d'une belle élégance, on espère que les travaux prévus par le nouveau propriétaire vont respecter cet état d'esprit.

2 appart. 100-180 € • 25 ch. 65-165 €   www.legrandmonarque.com

Villes de proximité, voir :

⟳ SACHE....................................7 km E. par D 17 **(15/20)**

AZAY SUR CHER - 37270   (17 C 4)
Tours 17 - Poitiers 115

❀ Domaine du Coteau

→ Le Coteau
☎ 02 47 50 47 47
🖷 02 47 50 49 60
Ouv. 7j/7.

Cette belle maison de maître fin XIXe a connu Frédéric Chopin et cultive un raffinement que n'aurait pas renié le musicien, avec ses vastes chambres de caractère. Autour de la maison, les 9 ha de parc sont peuplés d'animaux.

1 appart. 120 € • 5 ch. 84-98 €   www.www.domaine-du-coteau.com

10 **L'Estaminet**

Petit miracle de gentillesse, la table de Chantal Duba emprunte à ces bistrots des Flandres le bon esprit de convivialité chaleureuse en même temps que le nom. Seul change l'esprit de la cuisine, le foie gras mais aussi à l'occasion le poisson, remplaçant le potchevleesch et la tarte au sucre.
M : 12 €

→ Hautefort
☎ 05 53 51 50 35
F. sam. et 24 déc.-6 janv.

13 **Le Gavrinis**

Lumière et verdure inondent cette belle salle à manger contemporaine, dédiée au plaisir des produits du terroir, fournis par une batterie de producteurs fidèles et dont l'interprétation est désormais confiée à Cyrille Le Coz. Serge Lignières est bien sûr toujours présent et les premiers contacts ne font que confirmer le savoir-faire de la maison pour mettre en valeur l'andouille de Guéméné comme le saint-pierre, le porc fermier aussi bien que la saint-jacques. Une cave aux horizons variés et aux tarifs raisonnables et un service impliqué complètent une prestation décidément solide.
M : 22,50-75 €

www.gavrinis.com

→ Toulbroch
☎ 02 97 57 00 82
F. sam. à déj., dim. à dîn. (sf 15 juin-18 sept.), lundi, mardi à déj., 6 janv.-12 fév. et 16 nov.-2 déc.
Jusqu'à 21h30.

Le Gavrinis

Le Gavrinis, c'est aussi une bonne étape sur le golfe du Morbihan (la mer est à quelques kilomètres), dans un cadre confortable et contemporain, avec de jolies chambres claires et personnalisées, dont la moitié sont climatisées et récemment rénovées.
18 ch. 58-130 €

www.gavrinis.com

→ Toulbroch
☎ 02 97 57 00 82
☎ 02 97 57 09 47
F. 6 janv.-12 fév. et 16 nov.-2 déc.

18 **L'Arnsbourg**

Il émane une grande magie de la maison des Klein. Au bout cette petite route forestière qui longe la Zinsel, on découvre ce chalet niché au creux d'un vallon, entre forêts de sapins, rochers de grès rose et montagnes en forme de mamelons. Cathy Klein, en esthète affirmée, a transformé sa maison en l'un des plus beaux restaurants du Grand-Est : le lounge qu'on traverse en entrant décoré d'antiquités asiatiques, la jolie cave apparente qu'on découvre en traversant ce salon, par les vitres aménagées dans le sol, les tableaux signés Flore Sigrist, une artiste autiste très prisée Outre-Atlantique, chaque détail de décoration témoigne du goût prononcé de la maîtresse de maison. Dans la salle construite sur pilotis, posée sur un bras de la Zinsel, le spectacle est également au rendez-vous, là, sous les yeux d'une clientèle qui n'a pour seul horizon que le ravissant vallon mis en valeur par de savants éclairages. Longtemps considérée comme une version moins créative de la cuisine de Ferran Adrià, la carte de Jean-Georges Klein a pris de plus en plus de personnalité au fil des années, n'avouant désormais plus qu'une lointaine parenté avec celle du bouillonnant Catalan : foie gras au naturel, réduction de pinot noir et fraise (une grande puissance aromatique, avec beaucoup d'harmonie), dos de cabillaud poêlé,

→ 18 Untermuhlthal
☎ 03 87 06 50 85
F. mardi, merc., janv. et 15 jrs sept.
Jusqu'à 21h.

risotto de petits pois et orge perlé, beurre noisette mousseux (un poisson si délicat qu'on le croirait cuit à basse température), poitrine de canette rôtie, jus réduit, rhubarbe, olive noire et poudre d'orange (une belle réussite sur le thème sucré-salé), cappuccino de pommes de terre et truffes d'une finesse et d'une puissance inouïes, et bavaroise au yaourt et à la rhubarbe. Cave sans la moindre faille décelable, à l'image du service, d'une grande courtoisie et participant activement à l'atmosphère festive qui règne chez les Klein.
C : 99 € • M : 52-135 €   www.arnsbourg.com

 **Hôtel K** ⤴

→ Untermuhlthal
☎ 03 87 27 05 60
🖨 03 87 06 88 65
F. janv. et 2 sem. sept.

Cathy et Jean-Georges se devaient d'offrir aux visiteurs gourmands de la formidable cuisine du chef cet espace moderne où l'on communie avec la nature par l'intermédiaire de ces belles chambres contemporaines ouvertes sur la forêt, grandes baies vitrées, confort total jusqu'aux salles de bains, détente et calme absolu.
6 appart. 305-430 € • 6 ch. 200-245 €   hotelk@orange.fr

BAGES - 11100   (31 D 6)
Narbonne 11 - Sigean 15

11 **Café-Restaurant Les Beaux Arts**

→ Pl du village
☎ 04 68 42 55 66
F. janv.-déb. fév.
Jusqu'à 23h.

Le décor revu n'entame pas l'esprit café du village qui règne ici, tout en gentillesse et convivialité, mais les détails de la décoration et les assiettes de Franck Finand éloignent résolument la maison de la brasserie plat du jour. On y goûte en effet une cuisine pleine d'idées et d'influences modernes, mixant avec le sourire la tartine de camembert et le caviar d'aubergine, accompagnant le filet de loup de la douceur acidulée du cambava ou distillant le plaisir enfantin d'une montagne de crème fouettée sur les fraises au vin. Cave locale gentiment tarifée.
C : 39 € • M : 25,50-31,50 €

----

11 **Le Portanel**

→ La Placette
☎ 04 68 42 81 66
F. dim. à dîn. et lundi (sf juil.-août).
Jusqu'à 22h.

L'ancienne maison de pêcheur dans son décor de carte postale, en surplomb de l'étang de Bages, rassemble les aficionados de la cuisine locale : outre les anguilles de l'étang, spécialité du lieu et à laquelle un menu est entièrement consacré, on peut également s'essayer aux poissons en croûte de sel. Jolie cave connaissant parfaitement sa région.
C : 45 € • M : 25-35 €   www.annu.com

 idéal gourmet

BAGNERES DE LUCHON - 31110   (29 C 6)
Toulouse 139 - Saint-Gaudens 46

12 **L'Auberge de Castel Vielh**

→ Rte de Superbagnères
☎ 05 61 79 36 79
F. mardi, merc. et dern. sem. juin.
Jusqu'à 22h.

C'est un peu l'auberge de montagne comme on la rêve, avec ses allures de chalet, le grand parc arboré, la rivière classée à proximité et un décor adorable. Mais comme Michel Lespinasse aime la belle cuisine, les assiettes méritent également le détour, avec une générosité solidement éprouvée, entre gastronomie et influence terroir : pétéram luchonnais (des tripes d'agneau), pain crémat au foie gras, ris de veau aux morilles.
C : 32 € • M : 23-40 €   lespinasse.michel@wanadoo.fr

10 Les Caprices d'Etigny

On cède bien volontiers à ces Caprices-là, peu exigeants du côté du porte-monnaie et bien doux dans leur décor typique comme dans la simplicité chaleureuse des spécialités de truites ou des grillades au feu de bois.
C : 25 € • M : 16-23,50 €

→ 30 bis allées d'Etigny, Luchon
☎ 05 61 94 31 05
F. lundi à dîn., jeudi à dîn. et vac. scol. Toussaint.
Jusqu'à 21h30.

Villes de proximité, voir :

BILLIERE.............................7 km N.O. par D 618 **(11/20)**

BAGNOLES DE L'ORNE - 61140 (5 D 5)

Alençon 47 - Caen 86 - Flers 29

13 Bois Joli

La grande maison bourgeoise paraît inamovible. Ici, dans la discrétion, on pratique la courtoisie jusque dans les menus ou dans la carte. Pas de fautes de goût, une maîtrise harmonieuse, élégante et délicate, les bouleversements n'ont pas lieu dans cette cuisine sans rugosité, où le feuilleté d'asperges sauce mousseline est aussi doux que la maison, le dos de lapin impeccable avec sa farce à la confiture d'oignons et sauge en concluant par un gratin de fraises au coteaux-du-layon. Cave classique, entre bordeaux et bourgogne.
C : 50 € • M : 20-56 € — www.hotelboisjoli.com

→ 12 av Philippe-du-Rozier
☎ 02 33 37 92 77
Ouv. 7j/7.
Jusqu'à 21h.

Bois Joli

La station prête à la douceur et à l'intimité : c'est exactement ce que propose ce manoir classique au style anglo-normand, aux chambres stylées, tranquilles et confortables.
20 ch. 72-152 € — www.hotelboisjoli.com

→ 12 av Philippe-du-Rozier
☎ 02 33 37 92 77
🖨 02 33 37 07 56
Ouv. 7j/7.

13 Le Manoir du Lys

Réussite familiale, professionnalisme : cette maison reste un exemple dans le département et Franck Quinton, malgré la petite baisse l'an passé, s'est remis sans sourciller à l'ouvrage. Plus que jamais ambassadeur dynamique de son terroir, il travaille les champignons, les volailles de Marans, les pigeonneaux de Saint-André-de-Messei, le saumon élevé en Manche, les huîtres d'Isigny. Et la technique évoluant, les assiettes se modernisent pour le plus grand plaisir des fidèles de cette jolie salle et de sa terrasse sous les pommiers : homard plancha, escalope de foie chaud navet au jus exotique et betterave crapaudine, filet de bœuf normand et pâtes coudées aux crustacés. Les idées s'accompagnent de belles initiatives, les plats en demi-portion, les cours de cuisine, les week-ends champignons, et les soirées œnologiques, animées par Yvon Lebailly, le très bon maître d'hôtel-sommelier qui veille sur une cave remarquable par ses choix et sa variété (Dancer, Joblot, Thévenet, Charlopin, Clerget en bourgogne, entre autres, des pointus, comme Péchigo, La Conque ou Arretxea et un Grange des Pères 98 à 60 €).
C : 60 € • M : 30-69 € — www.manoir-du-lys.fr

→ Rte de Juvigny
☎ 02 33 37 80 69
F. dim. à dîn., lundi, mardi (1er nov.-23 mars.) et 3 janv.-13 fév.
Jusqu'à 21h30.

⚐⚐ Le Manoir du Lys 🐦

Ce coin de la forêt des Andaines était le Pré Catelan de Bagnoles, où la bonne société venait goûter la chlorophylle. C'est aujourd'hui un manoir accueillant et paisible que la famille Quinton a élevé au rang de premier de la classe. Classiques contemporaines dans le logis, les chambres sont plus modernes, dans un style campagnard romantique au Pavillon des Bois, ouvrant sur le parc et le jardin ombragé.

appart. 210-300 € • 23 ch. 75-200 €   www.manoir-du-lys.fr

→ Rte de Juvigny
☎ 02 33 37 80 69
🖨 02 33 30 05 80
F. 3 janv.-13 fév.

---

12 Le Celtic

L'ambiance n'est pas forcément le point fort de la maison d'Erick Alirol : dans cette salle bourgeoise règne plutôt une atmosphère feutrée, presque recueillie. Cuisine sérieuse et bourgeoise elle aussi, avec le foie gras mi-cuit au torchon, chutney de mangues et ananas ou le parmentier de canard et sauce acidulée à la betterave. Cave de négoce.

C : 32 € • M : 18-28 €   www.leceltic.fr

→ 14 rue Pierre-Noal
☎ 02 33 37 92 11
F. dim. à dîn., lundi et 7 janv.-28 fév.
Jusqu'à 21h.

BAGNOLS - 69620 (27 C 2)
Lyon 34 - Villefranche-sur-Saône 19

15 🍳 La Salle des Gardes

Au Pays des Pierres Dorées, dans cet éblouissement médiéval, on attend naturellement beaucoup de la table seigneuriale et de son chef Matthieu Fontaine. Et pour tout dire, le casting, du casting comme dans les frigos, est de haut niveau. Le chef enchaîne les sans-fautes sur des produits royaux, carte pointue, équilibrée, brillante le plus souvent avec les langoustines royales rôties à la coriandre, la féra fondante et croustillante et compression de petits pois au lard, le mignon de veau de lait avec ses cromesquis de risotto aux primeurs. Dans la salle historique, ou sur la terrasse sous les tilleuls, l'esprit est là.

C : 110 € • M : 45-120 €   www.chateaudebagnol.fr

→ Château de Bagnols, Place du Château
☎ 04 74 71 40 00
F. lundi (nov.-mars, sf Noël et nouvel an).
Jusqu'à 21h30.

🐤🐤🐤🐤 Château de Bagnols 🐦

Évidemment, Bagnols. Une référence en matière d'hôtellerie châte-aine. La construction, avec ses tours, douves, pont-levis, est déjà époustouflante, monument historique livré à un public privilégié. Qui saura apprécier l'aménagement très fidèle dans l'esprit médiéval, avec des chambres dont chacune constitue une pièce unique, lit à baldaquin, stucs et peintures murales datant de la Renaissance, ornées de meubles et tissus anciens. Vue sur le parc, les jardins, les tilleuls tricentenaires...

3 appart. 603-2395 € • 8 ch. 427-580 €   www.chateaudebagnols.fr

→ Château de Bagnols, Place du Château
☎ 04 74 71 40 00
🖨 04 74 71 40 49
Ouv. 7j/7.

BAGNOLS - 63810 (26 A 4)
Clermont-Ferrand 67 - Riom 98

12 Hôtel-Restaurant des Voyageurs

La maison n'affiche certes pas le même standing que le Relais de Bracieux, ou Thierry Legouffe fut chef en second pendant quelques saisons avant de reprendre cette affaire, mais le site est plaisant et l'hôtel accueillant. Classique et volontiers canaille, la carte se fait alerte et vivante avec le duo de pied de cochon et brochette d'escargots en vinaigrette, le tournedos de bœuf rôti aux cèpes bouchons de Corrèze et le cœur moelleux au chocolat chaud et sa croustille. Petite cave régionale sagement tarifée.

C : 40 € • M : 19-48 €   www.hotelrestaurantbagnols.com

→ Le Bourg
☎ 04 73 22 20 12
F. lundi (sf vac. scol.) et 3 sem. janv.
Jusqu'à 20h45.

BALARUC LES BAINS

13 Le Saint-Clair

La véranda a quasiment les pieds dans l'eau, logique pour cette table des quais qui lorgne vers la mer, dans l'ambiance comme dans l'assiette. Les tables sont un peu rapprochées, les chaises transat sentent les vacances, et la jeune équipe aux ordres fait son boulot avec zèle, allant jusqu'à passer le ramasse-miettes même si vous n'avez pas touché au pain. Dans l'assiette, la même efficacité, poissons aux normes et bonne bourride, spécialité de la maison, plus maîtrisée que le carpaccio, tranché trop épais, mais de bon goût. Desserts classiques, cave pas vraiment fascinante, même sur la région.

C : 64 € • M : 19-57 €

→ Quai du Port
☎ 04 67 48 48 91
F. 2-31 janv.
Jusqu'à 22h.

sjlsaintclair@aol.com

- -

12 Le Prana

Le Prana, le restaurant du casino, démode de façon fulgurante les institutions de cette digne station thermale. A l'intérieur du casino, après les machines à sous, un lounge branché où les tapas de la mer (bonnes huîtres chaudes, saint-jacques au balsamique) et le pavé de loup de ligne, avec un risotto de riz vénéré montrent les bonnes intentions du propriétaire. Service féminin cool comme dans un bar branché, desserts classiques soignés (coulant au chocolat), cave de casino (Pétrus, Latour, et carte de champagnes) enrichie de l'exception culturelle locale, avec de très bons domaines (Mas de l'Ecriture, Cazeneuve) mis en avant.

C : 45 €

→ Rue Mont-Saint-Clair
☎ 04 67 48 00 56
Ouv. 7j/7.

12 Le Clocher

Bar à vins d'un côté, restaurant de l'autre : le Clocher et son chef Philippe Kopecky montrent dynamisme et bon goût. dans le choix des vins, comme dans cette cuisine sudiste, maligne et moderne, qui équivaut à ce qu'on nomme "bistronomie" à Paris, version provençale, standards actualisés et plats d'inspiration : tartelette méridionale, foie gras poêlé aux cheveux d'ange et pommes confites au balsamique, pastilla d'agneau, panna cotta...

C : 38 € • M : 34-36 €

→ 1 rue de la Paroisse
☎ 04 94 32 47 65
F. merc.
Jusqu'à 22h.

le.clocher@wanadoo.fr

- -

11 Les Oliviers

Le long de la piscine, la table gastronomique de l'hôtel enfile, non pas les perles, mais les incontournables du produit de luxe (saint-jacques rôties poireaux aux truffes, tournedos en feuille de lard légumes oubliés, fine feuille au chocolat mousseline aux marrons de Collobrières) mais peine à soulever l'enthousiasme. Belle cave locale.

C : 64 € • M : 34-59 €

→ 17 bd Louis-Lumière, baie de Renécros
☎ 04 94 29 33 00
F. fin sept.
Jusqu'à 22h.

www.ile-rousse.com

Les prix des hôtels correspondent au tarif journalier en chambre
ou en appartement (ou suite) pour au minimum 1 personne seule en basse saison
et 2 personnes en haute saison.

ĈĈĈ L'Ile Rousse

Confortablement installé sur la baie de Rénécros, l'hôtel fait le bonheur des curistes (thalassothérapie sur place) mais constitue pour tous une étape de caractère, reprenant à son compte les canons du luxe provençal pour composer des chambres de caractère. En attendant une rénovation en profondeur en fin d'année 2008, on apprécie déjà un bel équipement de détente.
2 appart. 300-520 € • 53 ch. 125-380 €   *www.ile-rousse.com*

→ 25 bd Louis-Lumière
☎ 04 94 29 33 00
🖨 04 94 29 49 49
F. fin sept.

à BANGOR, voir BELLE ILE EN MER

BANNALEC - 29380   (13 C 4)
Quimper 33 - Lorient 34

Le Manoir du Menec 🦢

Belles constructions XVᵉ de caractère, le fier manoir et ses dépendances, nichés au cœur d'une campagne verdoyante, abritent des chambres au style adapté, entre hommage historique et luxe rustique.
16 ch. 80-100 €   *www.manoirdumenec.com*

→ Le Ménec, rte de Saint-Thurien
☎ 02 98 39 47 47
🖨 02 98 39 46 17
F. janv.-fév. (selon réserv.).

BANYULS SUR MER - 66650   (31 D 6)
Perpignan 37 - Collioure 10

13 La Littorine

La vedette ici, c'est la mer, cette Méditerranée qu'on peut presque toucher de la terrasse et qui fournit à Jean-Marie Patrouix, via les pêcheurs du coin, le prétexte à une cuisine de fraîcheur et d'élégance, faite de seiche à la plancha et œuf poché à l'encre, de bullinade de morue au sagi (lard légèrement rance). Les mariages terre mer ont du panache (tartare de filet de bœuf au homard, foie gras poêlé et crevette snackée), tout comme la cave, exhaustive sur la région mais également bien construite sur les autres vignobles. La situation les pieds dans l'eau, unique sur cette partie de la côte, s'apprécie également depuis les chambres (préférez les plus modernes).
C : 35 € • M : 28-45 €   *www.hotel-des-elmes.com*

→ Plage des Elmes
☎ 04 68 88 03 12
F. dim. à dîn., lundi (oct.-Pâques) et 15 nov.-20 fév.

BAR LE DUC - 55000   (11 B 3)
Verdun 52 - Châlons-en-Champagne 70

13 Bistrot Saint-Jean

Un bistrot comme ça par préfecture, et on ne parlerait plus du délitement de la cuisine française. Ici, c'est Bar-le-Duc, Meuse, et Jean-Christophe Cordel tient le manche avec une maîtrise et une modernité réjouissantes. Pas de cornues ni d'expériences interdites, simplement du bon, pas bien cher, bien vu et bien senti : un pot-au-feu d'entrée avec une gribiche, un sabayon de homard et saint-jacques avec des poireaux confits et des macaronis, un cannelloni d'aile de raie, un rognon et quasi de veau avec un gâteau de polenta en terminant par les excellents desserts de ce fils de pâtissier (macaron amandes et coco sur une crème citronnée, "vraies" profiteroles...). Petite cave honnête, aux propriétaires choisis.
C : 31 € • M : 28-35 €

→ 132 bd de La Rochelle
☎ 03 29 45 40 40
F. sam. à déj., dim., lundi à dîn., dern. sem. janv. et 15 juil.-6 août. Jusqu'à 22h.

BAR SUR AUBE - 10200 (9 C 5)
Chaumont 40 - Troyes 52

11 La Toque Baralbine

L'une des deux salles de cette jolie maison au cœur du vignoble a été l'an dernier redécorée l'an dernier, ajoutant encore au plaisir au plaisir que les habitués ont à fréquenter la Toque de Sylvie et Daniel Phélizot. Rassurante et classique, la cuisine de ce dernier (un ancien de Jacques Chibois et Christian Constant) ne prend aucun risque avec la raviole de homard dans son bouillon crémeux au champagne, le filet de bœuf grillé et foie gras chaud ou le râble de lapin à la vapeur de romarin. Service souriant.
C : 45 € • M : 20-36 €

→ 18 rue Nationale
☎ 03 25 27 20 34
F. dim. à dîn. (sf été), lundi. F. ann. non comm.
Jusqu'à 21h30.

idéal gourmet

www.latoquebaralbine.fr.st

LE BAR SUR LOUP - 06620 (33 A 1)
Nice 35 - Vence 17 - Grasse 17

Hostellerie du Château

Réhabilité et transformé en hôtellerie de charme (ouverte en 2005), l'ancien bastion des comtes de Grasse, fier château médiéval du XIVᵉ siècle, abrite cinq chambres et un appartement de grand standing. Sols alternant les dalles de Bourgogne et le carrelage en grès façon ardoise, chambres très spacieuses et meublées d'époque. Une adresse de caractère.
1 appart. 180 € • 5 ch. 130 €

→ 8 pl Francis-Paulet
☎ 04 93 42 41 10
Ouv. 7j/7.

www.lhostellerieduchateau.com

BARBERAZ - 73000 (28 B 3)
Chambéry 2 - Lyon 103

14 Le Mont Carmel

Installée sur les hauteurs de la ville, dans un paisible quartier résidentiel, cette solide maison ouverte sur une terrasse surplombant la cluse de Chambéry s'inscrit parmi les valeurs sûres des environs, de ces adresses où l'on vient sans jamais craindre une quelconque déception. Extrêmement classique, la carte d'Yves Vincent participe évidemment à ce satisfecit poli : crème d'asperges et saumon cru tranché, mousse de homard, lotte rôtie à l'huile d'olive, tarte fine aux poivrons confits, vinaigrette au basilic, filet de pigeon cuit au four, ragoût d'oignons et champignons, framboises glacées dans une crème onctueuse et gelée de citron à la menthe fraîche. Service sans faille, cave privilégiant les grands bordeaux et la région.
C : 70 € • M : 25-75 €

→ 1 rue de l'Eglise
☎ 04 79 85 77 17
F. dim. à dîn., lundi, merc. à dîn. et 20-30 août.
Jusqu'à 21h30.

www.le-mont-carmel.com

BARBIZON - 77630 (7 D 3)
Paris 56 - Melun 14 - Fontainebleau 12

13 Hôtellerie du Bas-Bréau

Deux passages à quelques mois d'intervalles nous ont malheureusement confirmés dans l'impression que l'étoile de cette hostellerie souvent brillante pâlissait légèrement. Certes, pour les habitués et les visiteurs de passage, habitués au luxe de tradition, la manière reste onctueuse et les marques de courtoisie nombreuses, dans un cadre cynégétique et forestier des plus pittoresques (le porche aux têtes d'animaux, les rideaux jaune poussin aux dessins de chasse, toiles sur le même thème, chandeliers), mais le cahier des charges culinaires, avec force homard et foie gras, est visiblement de l'ancienne école : les saint-jacques sont belles, mais pas vraiment servies par la galette sucrée aux pommes, l'agneau cuit

→ 22 rue Grande
☎ 01 60 66 40 05
Ouv. 7j/7.
Jusqu'à 21h30.

parfaitement, mais fonctionne moins bien avec le hachis, le moelleux est bien fait, pour maintenir une toque à raviver. Un choix opulent et classique dans un livre de cave si lourd qu'en tourner les pages est une séance de gym, servie par un sommelier très ouvert sur la question ("Pour moi, la Bourgogne c'est le blanc, et le Bordeaux, c'est le rouge").
C : 90 € • M : 54-76 €   www.bas-breau.com

 Hôtellerie du Bas-Bréau 🦅
Dirigé depuis plus de quarante ans par Jean-Pierre et Dominique Fava, ce Relais et Châteaux installé à l'orée de la forêt de Fontainebleau dégage une élégance et un raffinement typiques des anciens relais de chasse. Meublées de style, chaleureuses et cossues, les chambres baignent dans une ambiance romantique.
6 appart. 420-960 € • 14 ch. 150-390 €   www.bas-breau.com

→ 22 rue Grande
☎ 01 60 66 40 05
🖨 01 60 69 22 89
Ouv. 7j/7.

BARBOTAN LES THERMES - 32150   (29 B 3)
Auch 74 - Mont-de-Marsan 42

 Les Fleurs de Lees
Dans une belle maison à l'architecture élancée, des chambres personnalisées de façon originale, évoquant les voyages à travers le monde effectués par les propriétaires.
5 appart. 120 € • 11 ch. 65-90 €   www.fleursdelees.com

→ 24 av Henri-IV
☎ 05 62 08 36 36
🖨 05 62 08 36 37
F. 1er nov.-31 mars (sf sur réserv.)

Villes de proximité, voir :

🕐 BETBEZER D'ARMAGNAC . 18 km O. par D 656, D 626 et D 11 **(12/20)**

BARCELONNETTE - 04400   (34 B 3)
Digne 88 - Gap 68 - Nice 140

 Azteca
La décoration recourt largement à l'artisanat mexicain, en rappel historique à l'histoire de cette villa XIXe construite pour un des nombreux habitants de la ville partis faire fortune au Mexique. Exposition plein sud et terrasse pour les chambres les plus agréables.
3 appart. 85-107 € • 27 ch. 59-72 €   www.hotel-azteca.fr.st

→ 3 rue François-Arnaud
☎ 04 92 81 46 36
🖨 04 92 81 43 92
F. 12 nov.-1er déc.

Villes de proximité, voir :

🕐 JAUSIERS ....9 km N.E. par D 900

BARCUS - 64130   (23 C 6)
Pau 46 - Mauléon 14

13  **Restaurant Chilo**
Entre élégance bourgeoise et charme rustique, le décor de la salle est bien à l'image de la cuisine de Pierre Chilo : gastronomique et raffinée certes, mais avant tout ancrée dans le terroir généreux du Pays basque, qui lui fournit, à travers les producteurs avec lesquels il a su tisser des relations fidèles, ce qu'il a de meilleur : les cèpes pour les raviolis pochés au bouillon de poule, l'agneau de lait Axuria pour un carré rôti au thym ou encore le fromage de brebis bien sûr. Le Sud-Ouest est également à l'honneur du côté de la carte des vins.
C : 55 € • M : 20-40 €   www.hotel-chilo.com

→ Le Bourg
☎ 05 59 28 90 79
F. dim. à dîn., lundi, mardi à déj. (1er oct.-30 mai.), lundi à déj., 2 sem. janv. et 2 sem. mars.
Jusqu'à 21h30.

BARDIGUES - 82340 (29 C 3)
Agen 39 - Moissac 23

14 🍺 **Auberge de Bardigues**

Vie de cocagne dans la campagne de Lomagne : au cœur du village, une sorte d'auberge idéale dont Cyril Simon a fait un rendez-vous gourmand pour tout le canton. On ne résiste pas à cette terrasse plein champ, pour entendre la cloche de l'église et le chant du terroir, interprété à l'heure d'aujourd'hui par un chef qui sait choisir dans les fermes voisines aussi bien les légumes que les pigeons, le vin ou le fromage. Les assiettes ont le goût vrai, le canard est rosé, superbe et moelleux (goûtez aussi le foie gras) et la simple souris d'agneau peut constituer un bonheur du jour. La cave réunit le gratin régional, de Plageoles à Mouthe Le Bihan, de Da Ros à Teulier.

C : 40 € • M : 15-30 €

www.aubergedebardigues.com

→ Le Bourg
☎ 05 63 39 05 58
F. lundi.
Jusqu'à 21h30.

BAREGES - 65120 (29 B 6)
Tarbes 60 - Lourdes 40

11 **Auberge du Lienz**

Chez Louisette... La précision est d'importance, tant elle est l'âme de la maison (fondée par sa grand-mère), avec son exigence de sérieux qui lui fait choisir les meilleurs produits pour que, en cuisine, Laurent Barillé soit assuré de ne pas rater la garbure ou le gigot d'agneau de pays au serpolet. Un travail sincère, qui nous fait retrouver les yeux fermés le chemin de ce chalet de montagne.

C : 30 €

→ Chez Louisette
☎ 05 62 92 67 17
F. dim. à dîn., lundi à dîn. (h.s.), dim. à dîn. (saison hiver), 15 avril-15 mai et 1er nov.-1er déc.
Jusqu'à 20h45.

BARENTIN - 76360 (6 C 2)
Rouen 18 - Duclair 10

11 **Auberge du Grand Saint-Pierre**

Une tranche de Normandie : allez la découper dans cette auberge de village, tout près de la gare de bourg agricole et industriel. Luc Tellier y récite un répertoire connu sur le bout de la spatule, dans l'ambiance idoine du restaurant au temps de Maupassant : queue de bœuf en gelée aux légumes nouveaux, saumon crousti-fondant au pistou, navarin de souris d'agneau. Pourquoi en parler ? Parce que c'est honnêtement bien fait.

C : 40 € • M : 17-31 €

→ 19 av Victor-Hugo
☎ 02 35 91 03 37
F. dim. à dîn., lundi, jeudi à dîn. et 3 prem. sem. août.
Jusqu'à 21h.

BARJAC - 30430 (32 B 2)
Nîmes 69 - Alès 39

🛏🛏 **Le Mas du Terme** 🐦

Les champs de lavande, les vignes, les bois de chênes verts s'étendent à perte de vue tout autour de cet ancien relais de diligence du XVIIIe siècle. Associant bois et fer forgé, égayées de couleurs provençales, les chambres baignent dans une atmosphère paisible. La piscine chauffée, le restaurant et les nombreuses possibilités de balade aux alentours donnent au séjour un caractère exclusif.

3 appart. 148-190 € • 20 ch. 72-130 €

www.masduterme.com

→ Rte de Bagnols-sur-Cèze
☎ 04 66 24 56 31
🖨 04 66 24 58 54
F. nov.-mars.

BARNEVILLE CARTERET - 50270 (5 A 3)
Saint-Lô 64 - Cherbourg 39 - Carentan 43

16 ⬜ 🥄 **La Marine**

Pas de changement en Normandie ? Ceux qui ont connu la Marine il y a quelques années auront presque du mal à la reconnaître sous ses nouvelles couleurs. Et dans cette salle aux lignes fluides tournées vers la mer, Laurent Cesne, digne représentant de la dynastie qui porte la maison depuis cinq générations, produit tout simplement, avec son compère Philippe Hardy, l'une des cuisines les plus intéressantes de la région bas-normande. Une carte pensée, aboutie, expressive, excitante et moderne à la fois, où l'on joue des textures, des arômes et des saveurs en une chorégraphie bien enchaînée, quel que soit le menu, quel que soit le chemin choisi : saint-jacques mi-cuite sur un galet brûlant, caviar d'Aquitaine et cappuccino d'huître, rouget barbet sur un sablé au parmesan, poêlée de seiche et tomates confites sauce satay, agneau confit en pastilla compotée d'aubergine et raisin sec, miel et cumin pour un moment de sensations dans un beau cadre et à des prix provinciaux. Dans une ambiance souriante, surveillée avec douceur par la maman, Bernadette, naturellement ravie de cette évolution du XXIe siècle. Bonne cave de propriétaires sélectionnés, de Ravaut à Annick Prent, de Juillot à Lafouge.
C : 75€ • M : 32-85€   www.hotelmarine.com

→ 11 rue de Paris, Carteret
☎ 02 33 53 83 31
F. dim. à dîn., lundi, jeudi
à déj. (mars-avril, oct.-nov.),
lundi à déj., jeudi à déj.
(mai-juin, sept.) et mi-nov.
Jusqu'à 21h30.

La Marine

Des allures de paquebot moderne, c'est le nouveau look de cette Marine qui fend les flots, étrave conquérante dans ses habits de lumières, lignes fluides et nouvelles chambres contemporaines qui donnent envie de nouvelles belles aventures, avec leurs terrasses sur mer et de superbes salles de bains.
2 appart. 250€ • 24 ch. 98€   www.hotelmarine.com

→ 11 rue de Paris, Carteret
☎ 02 33 53 83 31
📠 02 33 53 39 60
F. janv.-fév.

---

13 🛏 **Hôtel-Restaurant Le Cap**

Vue sur mer dans ce cadre néo-rustique ou sur la terrasse à 60 m de la plage. Le chef fait tourner une carte adroite et directe, qui ne se renouvelle pas beaucoup mais fait passer la fraîcheur avant toute chose : croustillant de langoustines, choucroute de la mer, turbot au piment d'Espelette, dans une ambiance gentiment familiale. Pour la simplicité, on peut aller au plus près, coquillages et crustacés, plateaux de fruits de mer. Cave sans gros effort, puisée dans le négoce classique.
C : 30€ • M : 16,50-39€   www.hotel-le-cap.fr

→ Promenade
Abbé-Lebouteiller
☎ 02 33 53 85 89
F. sem. Noël.
Jusqu'à 21h30.

BARR - 67140 (10 B 3)
Obernai 8 - Sélestat 20

Hôtel-Restaurant du Château d'Andlau 🐦

Ambiance nature et grand air pour cette maison typique à colombages au milieu de la forêt. Elégantes chambres personnalisées, avec vue sur le parc ou la rivière.
22 ch. 45-65€   www.hotelduchateau-andlau.fr

→ 113 rue de la Vallée
☎ 03 88 08 96 78
📠 03 88 08 00 93
F. 2-23 janv. et 12-27 nov.

BASSE GOULAINE

BASSE GOULAINE - 44115 (15 C 4)
Nantes 9 - Saintes 237

13 🍽 Villa Mon Rêve

Pas ultra-moderne la carte de Gérard Ryngel ? A soixante ans bien
sonnés et après presque trois décennies passées dans cette belle
maison des bords de Loire, ce chef reconnu ne se questionne plus
de la sorte. On ne vient pas chez lui pour les espumas ou les plats
à l'azote liquide mais bien pour les remarquables saint-jacques
d'Erquy à la bretonne, le formidable brochet au beurre blanc ou le
brochet rôti au lard fumé accompagné d'une embeurrée de chou.
Cave classique avec quelques grandes bouteilles à prix canon.
C : 60 € • M : 29,50 €   www.villa-mon-reve.com

→ 2 Levée de la Divatte, rte
bords de Loire D 751
☎ 02 40 03 55 50
F. dim. à dîn., mardi, 2 sem.
fév. et 2 sem. nov.
Jusqu'à 21h30.
🚗 👍 ♿ 🐕 ⛴

BASTIA - 20200 (35 D 2)
Ajaccio 151 - Corte 70

13 🍽 Le Bouchon 💙

Quelle délicieuse adresse ! Installé sur le Vieux Port, au milieu des
cantines à touristes, ce Bouchon se distingue immédiatement de
la concurrence par des tarifs qui, avouons-le, coupent la maison de
Christophe Giraud d'une bonne partie du public estival. Mais quelle
démonstration ! Le pigeonneau de nid en deux cuissons, le carré
d'agneau en croûte d'olivade ou le moelleux au chocolat accompagné d'un petit verre de liqueur affichent tous une personnalité et
une précision qui valent d'emblée une belle toque. Service souriant,
belle cave, et pas seulement en corse.
C : 40 €   lebouchon.bastia@wanadoo.fr

→ Vieux Port
☎ 04 95 58 14 22
F. dim., merc. (h.s.), dim.,
lundi à déj., mardi à déj.
(saison), vac. scol. fév. et vac.
scol. Noël.
🌂 ♿ ❄️

- -

13 🍽 Le Vieux Port chez Huguette

Emplacement et table de qualité, voilà un duo généralement
incompatible et qui fonctionne plutôt bien, sur l'une des plus jolies
terrasses du port. Une atmosphère de charme et de délicatesse,
dans l'accueil et le décor, contemporain, féminin et frais pour
entourer une cuisine marine de circonstance, soignée dans le
produit comme dans la finition et servie avec compétence et
doigté : émincé de calamars, carpaccio de tomates pour la fraîcheur
et la finesse, daurade grillée, pommes de terre et courgettes, la
pêche du nord dans une simple et noble expression et, parmi les
desserts, un excellent nougat glacé. Tarifs logiques, jusqu'à la cave,
courte, corse et généraliste.
C : 40 €

→ Immeuble Pouillon Bât A,
rue Laurent-Casanova
☎ 04 95 31 37 60
F. sam. à déj., dim.
(mi-sept.-mi-juin), sam. à déj.,
dim. à déj., lundi à déj.
(mi-juin-mi-sept.) et 2 à 4 sem.
déc.
Jusqu'à 23h.
🌂

- -

12 A Casarella

Tradition corse dans ce superbe cadre des murs de la citadelle, avec
sa terrasse dominant le port. La position idéale pour goûter la Corse
dans une carte respectueuse sur les bases régionales : storzapreti,
mille-feuille d'espadon aux aubergines et à la menthe, sardines
farcies au brocciu.
C : 33 € • M : 28 €

→ 6 rue Sainte-Croix
☎ 04 95 32 02 32
F. nov. (Sur réserv. de préf.).
Jusqu'à 22h.
🌂 ❄️

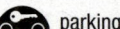 parking privé   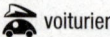 parking fermé   🚗 voiturier

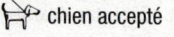 hôtel très tranquille   🐕 chien accepté   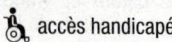 accès handicapé

12 La Citadelle

Les poutres de châtaignier repeintes en bleu, la cire à l'ancienne, un gris moderne, le nouveau look de cette vénérable Citadelle a de quoi attirer l'œil du touriste, mais aussi du Bastiais heureux de voir ici un nouveau souffle. Comme en cuisine ou un chef adroit travaille une carte nettement modernisée également et toujours marine, tartare de poulpe salade de jeunes pousses, pavé de saint-pierre sur peau et ragoût d'artichauts pancetta... Service en concordance, bonne cave corse, avec Arena et Leccia.
C : 40 €

→ 6 rue du Dragon
☎ 04 95 31 44 70
F. dim. à dîn.
Jusqu'à 21h45.

www.restaurantlacitadelle.com

---

12 La Table du Marché Saint-Jean

Chic et élégante, cette table pourrait presque détonner dans le cadre habituellement si simple des restaurants corses. Non que le port de la veste soit obligatoire ou celui des sandalettes interdit. La vaisselle soignée, le nappage élégant, le service tiré à quatre épingles et l'atmosphère paisible qui règne le plus souvent sur cette place ensoleillée créent une ambiance différente et, finalement, très agréable. De beaux poissons (remarquable saint-pierre grillé accompagné de légumes du moment) et des desserts élaborés (un macaron léger à la framboise qui vaut bien la toque).
C : 48 € • M : 25 €

→ Pl du Marché
☎ 04 95 31 64 25
F. dim.
Jusqu'à 22h30.

---

11 Caveau du Marin

Près du Vieux Port, il serait facile d'expédier les affaires courantes et les touristes, mais Serge Franceschi ambitionne de faire mieux, alors il cherche la charcuterie traditionnelle et le retour de pêche de petits bateaux pour concocter des assiettes sympathiques et gourmandes : ravioles au brocciu et à la poutargue, poêlée de langoustines flambées, brochette de fruits frais caramélisés.
M : 18-20 €

→ Quai des
Martyrs-de-la-Libération,
Vieux-Port
☎ 04 95 31 62 31
F. lundi, mardi à déj., 2 sem. Noël et janv.
Jusqu'à 23h.

Villes de proximité, voir :

↻ SAN MARTINO DI LOTA … 12 km N. par D 80 et D 81 **(13/20)**

LA BASTIDE CLAIRENCE - 64240 **(23 B 5)**

Hasparren 8 - Pau 100

❄ Chambres d'Hôtes Maxana

Bien dans le ton de ce village classé, la maison est fidèle à l'architecture traditionnelle, avec ses colombages rouge sombre. Les chambres adoptent des ambiances personnalisées, couleurs harmonieuses, mobilier choisi avec soin, pour un décor qui réalise un judicieux équilibre entre ancien et moderne.
1 appart. 140-220 € • 4 ch. 70-110 €

→ Rue Notre-Dame
☎ 05 59 70 10 10
Ouv. 7j/7.

www.maison-maxana.com

BAULE - 45130 **(18 A 3)**

Orléans 20 - Blois 41

11 Auberge Gourmande

Mobilier contemporain et poutres d'époque sont symboliques de cette ancienne maison vigneronne où un chef d'expérience dresse un catalogue traditionnel rafraîchi aux sauces d'aujourd'hui : brochette de saumon fumé à la mousse de poireaux jus safrané, fricot d'escargots en feuille dentelle croustillante, aumônière aux pommes et cœur de pain d'épices. Terrasse ombragée d'un tilleul centenaire, cave classique pas mal vue en loires.
C : 35 € • M : 15-45 €

→ 5 rue André-Raimbault, N 152
☎ 02 38 45 01 02
F. dim. à dîn., lundi à dîn., merc., 7-25 fév. et 17 août-1er sept.
Jusqu'à 21h.

www.auberge-gourmande.fr

LA BAULE

14 🍴 La Véranda

La Baule côté pile. Pile à l'heure d'aujourd'hui, pile dans la ligne idéale, depuis cette véranda d'étage qui scrute l'océan, vigie élégante et iodée à l'écart des mondanités. Olivier Androuin travaille en finesse, une carte justement balancée, qui ne se prive pas de beaux produits mais sait rester accessible pour un public qui aime à la fois les belles manières et la sagesse bretonne : Belle Iloise en habit de sarrasin et fondant de tomate, marinade de langoustines, fine gelée d'avruga et pamplemousse, saint-pierre rôti avec un jus de viande, girolles et macaronis. Et Isabel se charge de mettre la salle au diapason, dans la clarté et le sourire. Forte cave de Loire, qui chaque saison propose de nouvelles trouvailles, et bien équilibrée ailleurs.

C : 56 € • M : 39-78 €   *www.restaurant-laveranda.com*

→ 27 bd de l'Océan
☎ 02 40 60 57 77
F. lundi, merc. et 15-déc.-31 janv.
Jusqu'à 21h (21h30 été).

----

13 🍶 Castel Marie-Louise

L'émulsion prend bien dans ce noble repaire de tradition. Eric Mignard a su progressivement instiller la dose de proportionnelle - classique, mode, exotisme, canaille - indispensable à la cuisine d'aujourd'hui, fût-elle pratiquée dans un castel Belle Epoque. Alors avanti pour les maquereaux et langoustines au xérès, orange et safran, un rouget avec une endive au pamplemousse rose au vin et cardamome, une tête de veau mangue et beignets de langoustines, et les clients adorent finalement manger le cochon des Aldudes avec de l'argenterie... 500 références en cave.

C : 100 € • M : 65-110 €   *www.castel-marie-louise.com*

→ 1 av Andrieu
☎ 02 40 11 48 38
F. à déj. (sf sam. et dim. juil.-août) et 2 janv.-8 fév.
Jusqu'à 21h15.

🏰🏰🏰 Castel Marie-Louise

Un manoir Belle Epoque, plein de romantisme, un Manderley baulois entre océan et pinède, à deux pas du casino, chargée d'histoire puisqu'il porte le nom de l'épouse du fondateur de la station. Chambres vastes, aux meubles anciens dans un style Louis XIII, ensemble harmonieux avec des notes baroques comme les aime Jacques Garcia, responsable de toute la déco.

2 appart. 349-555 € • 31 ch. 160-480 €   *www.castel-marie-louise.com*

→ 1 av Andrieu
☎ 02 40 11 48 38
🖨 02 40 11 48 35
F. 2 janv.-8 fév.

----

12 Le Billot

Plutôt rudimentaire ce bistrot de quartier sur la place du marché, mais l'ardoise est vaillante et les viandes de qualité dans cette typique maison bauloise où la simplicité tranche avec l'univers des palaces et des villas. Ici tête de veau, rognons, andouillette à la ficelle et côte de bœuf, les conversations roulant davantage sur le saint-chinian ou sur le petit graves que sur le CAC 40.

C : 32 € • M : 25-40 €   *lebar-m.lemarche@wanadoo.fr*

→ Pl du Marché
☎ 02 40 60 00 00
F. lundi et janv.
Jusqu'à 23h.

⛱ repas en terrasse ou dans un jardin   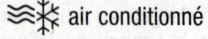 cave à cigare

🏊 piscine privée   🎾 tennis privé   ❄ air conditionné

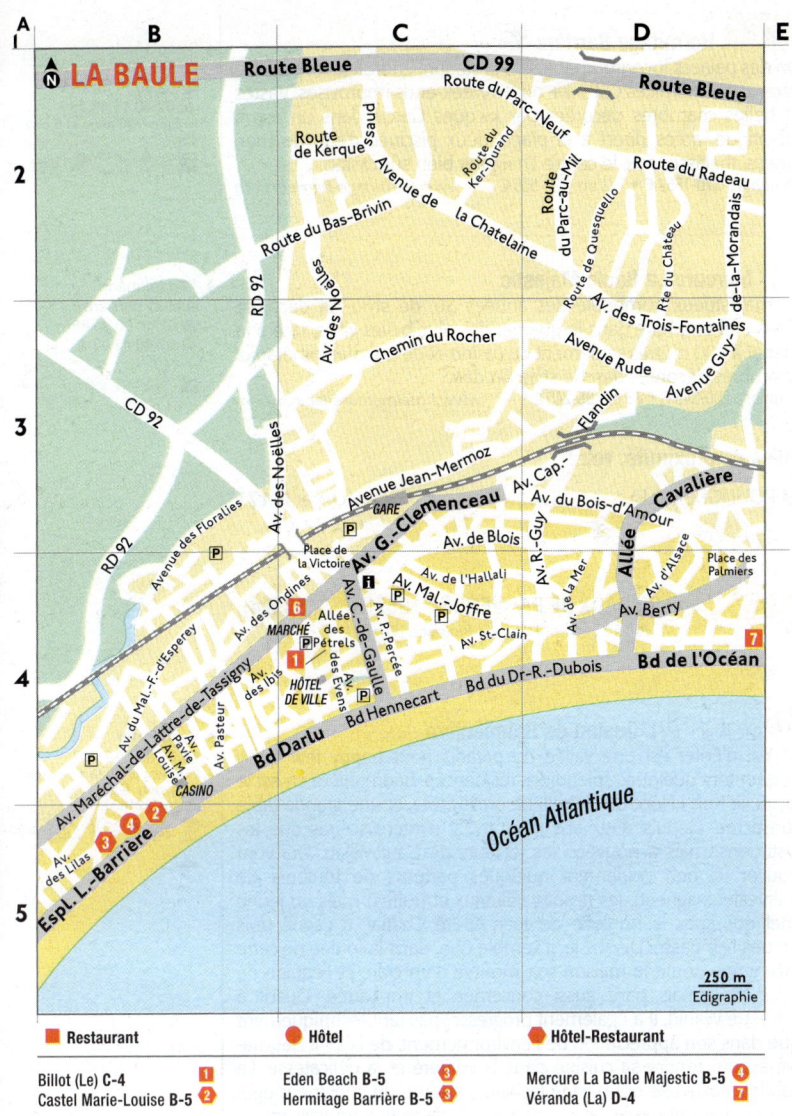

Océan Atlantique

■ Restaurant   ● Hôtel   ⬤ Hôtel-Restaurant

Billot (Le) **C-4** ▮1
Castel Marie-Louise **B-5** ●2

Eden Beach **B-5** ●3
Hermitage Barrière **B-5** ●3

Mercure La Baule Majestic **B-5** ⬤4
Véranda (La) **D-4** ▮7

---

12 ## Eden Beach

Lorsque la plage est aussi chic, on dit "beach", quand elle est paradisiaque, on dit "eden". La belle terrasse face à l'océan, les pieds sur cette bande de sable de 7 km, mise au standing Barrière, ne peut réserver que de bonnes sensations. Entretenues par un chef du sérail qui sait retenir dans son épuisette les belles langoustines ou les palourdes, confectionner de beaux plateaux, et cuire comme il faut une sole plancha ou un bar en croûte de sel. Cave complète et généraliste, service au niveau requis.
C : 58 € • M : 33 €

www.hermitage-barriere.com

→ 5 esplanade
Lucien-Barrière
☎ 02 40 11 46 16
F. lundi-vend. à déj. (7 janv.-5 mars, 12 nov.-21 déc.) et 24-25 déc.
Jusqu'à 22h.

Hermitage Barrière

Un des palaces incontournables de la station, endroit idéal pour les vacances de familles CSP+++ ou les week-ends improvisés. Vastes et belles chambres décorées par Jacques Garcia dans un esprit atlantique, accès direct à la plage, deux piscines d'eau de mer, fitness, thalasso avec le centre Thalgo et bien sûr casino.
15 appart. 370-1650 € • 192 ch. 120-555 €   *www.hermitage-barriere.com*

→ 5 esplanade
Lucien-Barrière
☎ 02 40 11 46 46
📠 02 40 11 46 45
F. 2 janv.-20 mars et 5 nov.-21 déc.

- -

Mercure La Baule Majestic

Le majestueux immeuble des années 30, de style Art déco, se dresse tel un phare dans le quartier des plus belles villas, face à la mer et à 200 mètres seulement du casino et de la thalassothérapie. Chambres décorées dans le style Art déco.
7 appart. 200-345 € • 83 ch. 85-245 €   *www.hotelmercure-labaule.com*

→ 14 esplanade
Lucien-Barrière
☎ 02 40 60 24 86
📠 02 40 42 03 13
Ouv. 7j/7.

Villes de proximité, voir :

⟳ POULIGUEN (LE)................................4 km S.O. par N 171

LES BAUX DE PROVENCE - 13520   (33 B 4)

Arles 21 - Saint-Rémy-de-Provence 10

17 ⌇ L'Oustau de Baumanière

Le Val d'Enfer est une vallée du paradis pour happy few qui y fréquentent quelques splendides résidences. Baumanière en est le joyau, le Koh i Noor de l'hôtellerie provençale, et une grande table consacrée. Depuis deux ans pourtant, il n'intéresse pas que les historiens, mais à nouveau les lecteurs de GaultMillau. Qui vont trouver ici non seulement quelques parfums de toujours (le merveilleux agneau, les raviolis poireaux et truffes) mais un jeune chef qui, sous la houlette de Jean-André Charial, a gagné trois toques l'an passé. Disons-le, il semble que, dans la foulée de cette promotion, toute la maison soit montée d'un cran, et l'équipe de salle n'a jamais paru aussi concernée et impliquée. Quant à Sylvestre Wahid, il a également progressé, pas tant techniquement que dans son appréciation de l'environnement, de l'esprit Baumanière pour fondre sa cuisine dans la volupté et la délicatesse. La sobriété luxueuse qui baigne les lieux entoure un sublime rouget barbet, thym et basilic, avec une peau légèrement croustillante et un mesclun tapenade sur le même rouget, en tartare, mariné à cru. Le loup, sur un jus de bouillabaisse, réduit et émulsionné, avec les artichauts et calamars sautés à cru, le pigeon aux sucs de lavande, les ris de veau ou le bœuf de Simmenthal révèlent cette diabolique précision de l'école ducassienne tout en respectant Baumanière, à l'intention de ceux, du canton comme du monde entier, qui y passent pour la première fois ou y reviennent après des années. Ceux-là pourront à nouveau se construire ici un réservoir de souvenirs intenses. Répétons aussi que la cave de Baumanière avec ses flacons qui remontent au XIXe siècle est l'une des plus opulentes de France. Aucune faille, les grands noms partout et une offre très variée, excitante en toutes régions.
C : 190 € • M : 175 €   *www.oustaudebaumaniere.com*

→ Val d'Enfer
☎ 04 90 54 33 07
F. merc., jeudi (h.s.) et déb. janv.-déb. fév.
Jusqu'à 21h30.

ꞔꞔꞔꞔ L'Oustau de Baumanière 🍃

Dans cette maison historique (dans tous les sens du terme), on ne s'accroche pas au passé et si quelques chambres gardent un esprit provençal volontiers nostalgique, d'autres adoptent un cadre contemporain et une inspiration zen dans le détail d'un arbre planté au milieu du décor ou d'un mobilier épuré. Une belle évolution pour cette maison éternelle, plantée dans le jeu de couleurs du Val d'Enfer.

14 appart. 360-530 € • 16 ch. 220-325 €   www.oustaudebaumaniere.com

→ Val-d'Enfer
☎ 04 90 54 33 07
🖨 04 90 54 40 46
F. déb. janv.-déb. fév.

- -

15 🍽 La Cabro d'Or ◹

Faut-il le répéter, la Cabro n'est pas une annexe de Baumanière, mais un palace d'arrière-pays à part entière, mené, comme son cousin l'Oustau, par Jean-André Charial qui a su trouver un excellent chef pour mener à bien une cuisine de précision et de prestige sous influence naturellement méridionale. Et si les 100 € de la carte ou du grand menu (foie gras, rouget, loup rôti et raviole d'huître au jabugo, selle d'agneau au sautoir, girolles et citron confit) ne correspondent pas à vos envies du jour, passez au déjeuner : la formule à 45 €, dans le contexte d'une maison aussi noble et luxueuse est toujours intéressante, et aménageable à 65 € et un plat de plus. Belle cave régionale et internationale, avec bien sûr les vins siglés Charial.

C : 110 € • M : 45-100 €   www.lacabrodor.com

→ ☎ 04 90 54 33 21
F. dim. à dîn., lundi, mardi à déj. (h.s.), mardi à déj. (avril-oct.) et mi-nov.-Noël. Jusqu'à 21h30.

- -

ꞔꞔꞔ La Cabro d'Or 🍃

Un Relais & Châteaux dans le calme et la beauté du Val d'Enfer à quelques minutes du village. Des chambres au luxe provençal raffiné, de belles prestations dans un cadre de parfaite détente.

9 appart. 305-450 € • 22 ch. 150-260 €   www.lacabrodor.com

→ Val-d'Enfer
☎ 04 90 54 33 21
🖨 04 90 54 45 98
F. mi-nov.-Noël.

- -

ꞔꞔ Bastide de la Benvengudo 🍃

Au cœur d'un domaine de trois hectares, une jolie bastide provençale que la jeune propriétaire, Carole Beaupied, a entrepris, à la suite de ses parents qui ont mené l'auberge pendant quarante ans, de rénover dans l'esprit local : raffinement, bon goût, charme provençal président dans les chambres et suites aux tons chauds et harmonieux, tissus choisis, terrasse privée pour certaines, meubles en harmonie, vue sur le grand parc ombragé et le patio à côté de la piscine.

4 appart. 189-360 € • 23 ch. 99-185 €   www.benvengudo.com

→ Vallon de l'Arcoule
☎ 04 90 54 32 54
🖨 04 90 54 42 58
F. nov.-mars.

- -

ꞔꞔ Le Mas d'Aigret

Ouvrant sur le château des Baux, la vallée et la chaîne des Alpilles, cet original mas troglodytique du XVIe siècle offre un cadre très original et des prestations de belle tenue. Les chambres, dont certaines aux murs en pierres de taille, ont été décorées dans un style provençal par la maîtresse de maison qui veille également à l'entretien du beau jardin.

1 appart. 160-220 € • 15 ch. 80-220 €   www.masdaigret.com

→ Chemin D 27 A
☎ 04 90 54 20 00
🖨 04 90 54 44 00
F. 15 nov.-15 déc.

Mas de l'Olivié

Un mas raffiné installé dans une ancienne oliveraie, et dont l'architecture provençale, comme l'aménagement, incitent à la villégiature et au farniente, avec le parc de 2 ha et son jardin paysager, la vue sur les Alpilles. Chambres élégantes, têtes de lit à croix camarguaise, ciel de lits à plumes et baldaquins de fer forgé, mobilier fabriqué et patiné par les artisans de la région. Nombreux loisirs sur place.

2 appart. 325-430 € • 25 ch. 105-260 €

www.masdeloulivie.com

→ Les Arcoules
☎ 04 90 54 35 78
🖨 04 90 54 44 31
F. mi-nov.-mi-mars.

BAVAY - 59570 (2 C 4)
Lille 78 - Maubeuge 14

12 Bagacum

L'ancienne grange, avec ses hauts plafonds, ses briques et ses vieux outils, dégage une impression de rustique chic qui cadre finalement bien avec la cuisine gastronomique de tradition défendue fidèlement par Pierre Lesne et ses plats classiques que les habitués ont plaisir à retrouver.

C : 50 € • M : 27-36 €

www.bagacum.com

→ 2 rue d'Audignies
☎ 03 27 66 87 00
F. dim. à dîn. et lundi (sf fériés).
Jusqu'à 21h.

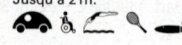 **idéal gourmet**

- -

12 Le Bourgogne

Ce n'est pas la Bourgogne qu'on salue ici, mais une belle convivialité nordiste, Jacky Martin prouvant qu'une ambiance chaleureuse en salle n'est pas incompatible avec la belle gastronomie. Car c'est bien de cela aussi qu'il s'agit, Claudine Martin en cuisine propose de belles réalisations classiques qui s'appuient sur le meilleur des produits de saison. L'automne amène ainsi les saint-jacques (en suprême, avec gambas poêlées et beurre aux échalotes) ou les côtes de marcassin (poêlées, beignets d'oignon et potiron). Les habitués le savent bien, il faut se garder une place pour le large choix de desserts, les tartes de Claudine ou les incontournables du chef pâtissier.

C : 42 € • M : 20-55 €

restaurantlebourgogne@orange.fr

→ 11 Porte de Gommeries
☎ 03 27 63 12 58
F. lundi (sf fériés), à dîn. (sf vend.-sam.) et 1er-25 août.
Jusqu'à 21h30.

BAYEUX - 14400 (5 C 3)
Caen 31 - Saint-Lô 35

14 Château de Sully

Décor emphatique et atmosphère protocolaire dans le cadre monumental d'un château du XVIIIe siècle. En cuisine depuis 1999, ayant gravi tous les échelons depuis commis pâtissier (charge qu'il exerça d'ailleurs aux côtés d'Alexandre Bourdas, du Sa.Qua.Na à Honfleur), le jeune Nicolas Fages propose une jolie cuisine classique habilement personnalisée : poulette en ravioles sous un jus moussé, champignons, tomate, pignons de pin et pesto, pigeonneau rôti, purée de carottes de Créances, navets et pois mange-tout, chocolat "Palmira" moelleux et tiède, glace au citron jaune et cardamome, réduction de vieux rhum et fleur de sel. Ces belles impressions laissent presque regretter un certain manque de brio, comme si Nicolas Fages n'osait pas pousser plus loin sa réflexion. Dommage. Service sans faille.

C : 75 € • M : 47-59 €

www.chateau-de-sully.com

→ Rte de Port-en-Bessin
☎ 02 31 22 29 48
F. à déj. (sf dim.) et déc.-fin fév.
Jusqu'à 21h.

🛇🛇🛇 Château de Sully

Si les chefs passent parfois un peu vite dans les cuisines de cet élégant château du XVIIIᵉ siècle, la partie hôtelière fait preuve en revanche d'une parfaite sérénité, associant les charmes d'un vaste parc paysager, paisible et rasséréant, au confort sans failles de chambres spacieuses et luxueusement aménagées, dans un style cosy très anglais. La piscine couverte, le spa, la salle de fitness et le court de tennis complètent une gamme de prestations remarquables, comprenant également les services d'un masseur professionnel.

2 appart. 250-360 € • 22 ch. 150-250 €   www.chateau-de-sully.com

→ Rte de Port-en-Bessin
☎ 02 31 22 29 48
🖷 02 31 22 64 77
F. déc.-fin fév.

----

14 🍽 Le Lion d'Or

Ouf, Patrick Mouilleau (passé pour un temps directeur de la restauration) est de retour au piano, de quoi remettre sur les rails une maison que nous apprécions dans sa façon de livrer le terroir normand à travers le prisme d'une vision sainement actualisée. C'est vrai du décor (une salle claire dans un style contemporain bourgeois assez classique) et surtout de la cuisine, notamment à travers le bien nommé menu Inspiration normande. Inspiration, et non dévouement aveugle, et si les produits sont bien ceux attendus (et d'ailleurs d'une qualité sans reproche), le traitement prend quelques libertés sudistes agréables : une tatin de pêche au romarin avec le foie gras poêlé ou une olivades et barigoule d'artichaut avec la côte d'agneau. Service attentif et cave polyvalente.

C : 50 € • M : 25-50 €   www.liondor-bayeux.fr

→ 71 rue Saint-Jean
☎ 02 31 92 06 90
F. sam. à déj., lundi à déj., mardi à déj. et 22 déc.-17 janv. Jusqu'à 21h30.

🛇🛇 Le Lion d'Or

Derrière une façade sans grand charme, l'hôtel propose, outre sa situation pratique en centre-ville, de jolies chambres aux couleurs douces et accueillantes, par exemple dans les très agréables nouvelles chambres Supérieures.

1 appart. 160-190 € • 28 ch. 78-170 €   www.liondor-bayeux.fr

→ 71 rue Saint-Jean
☎ 02 31 92 06 90
🖷 02 31 22 15 64
Ouv. 7j/7.

🛇🛇 Château de Bellefontaine 🍃

Une base pour arpenter la Côte de Nacre et les plages du débarquement. Dans ce château XVIIIᵉ dont les anciennes écuries ont été récemment aménagées dans un style très design, contrastant avec des salons et des chambres classiques, décor ancien et tissus choisis. Vue sur le parc fleuri aux arbres bicentenaires et sur la célèbre cathédrale.

6 appart. 100-180 € • 14 ch. 70-140 €   www.hotel-bellefontaine.com

→ 49 rue de Bellefontaine
☎ 02 31 22 00 10
🖷 02 31 22 19 09
F. janv.

BAYONNE - 64100   (24 D 5)
Pau 111 - Biarritz 7

15 🍽 Le Cheval Blanc

Une pointe de piment dans la gastronomie basque : voilà une jolie formule qui illustre le travail de Jean-Claude Tellechea vu par celle qui le connaît le mieux, son épouse Christine. C'est elle qui donne le bon ton d'une salle élégante, musicale et feutrée, nichée dans un ancien relais de poste et qui peut orienter les convives vers le choix qui leur convient, entre le pressé de truite fumée au foie gras, la louvine dorée au lait d'amande ou le parmentier de xamango au jus de veau truffé, dans une carte qui bouge peu et montre son

→ 68 rue Bourgneuf
☎ 05 59 59 01 33
F. sam. à déj., dim. à dîn., lundi, 3 sem. fév., 1re sem. juil., août et oct. Jusqu'à 21h30.

BAYONNE

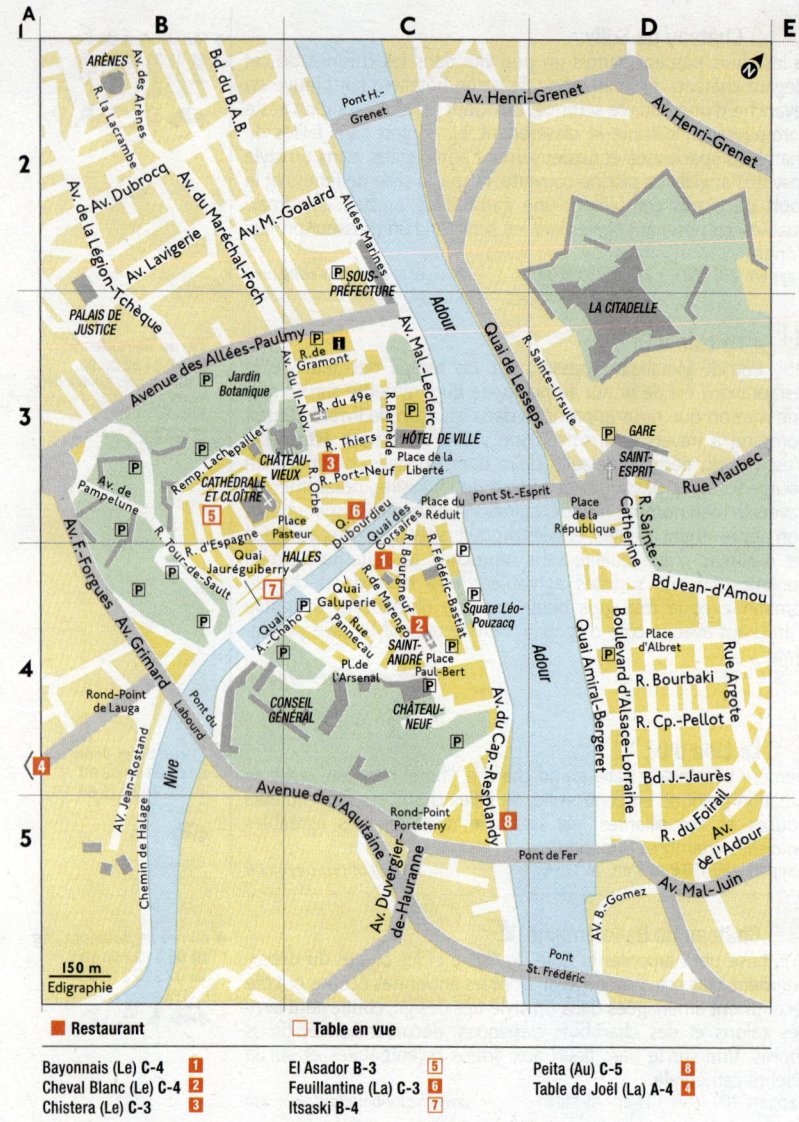

Restaurant   ☐ **Table en vue**

Bayonnais (Le) **C-4** **1**	El Asador **B-3** **5**	Peita (Au) **C-5** **8**
Cheval Blanc (Le) **C-4** **2**	Feuillantine (La) **C-3** **6**	Table de Joël (La) **A-4** **4**
Chistera (Le) **C-3** **3**	Itsaski **B-4** **7**	

efficacité, auprès des inconditionnels comme aux convertis de la onzième heure. Cave des meilleurs en jurançon et irouléguy, renforcée par une sélection bordelaise assez courte mais qui tient la route.
C : 60 € • M : 40-80 €

Les villes sont citées par ordre alphabétique.
Les villes au nom composé d'un article, sont classées sans tenir compte de l'article.

---

13 Le Bayonnais

La maison de Christophe Pascal défend sa région, et son patrimoine gastronomique, avec une ardeur jamais démentie. Ce parti pris peut cependant parfois connaître quelques limites et conduire à un immobilisme trop marqué. L'œuf mollet aux asperges, le croustillant de pied de porc en salade et le magret de canard aux épices valent toujours la toque mais il nous semble sentir comme une légère lassitude, en cuisine comme en salle. Cave toujours aussi enthousiasmante, avec les meilleurs vignerons de la région.
C : 35 € • M : 16 €

→ 38 quai des Corsaires
☎ 05 59 25 61 19
F. dim., lundi (h.s.), dim. (juil.-août), 2 sem. juin et 3 sem. Noël.
Jusqu'à 21h30.

13 La Table de Joël

Au bord de la Nive, franchise et bons sentiments sont les fils conducteurs de cette table qui, sans esbroufe, emmène le pèlerin sur le droit chemin, une cuisine Sud-Ouest avenante et généreuse, foie gras et confit, qui sait aussi se mettre à l'heure d'été avec quelques plats ensoleillés en saison et piocher quelques ingrédients d'outre-Pyrénées (gaspacho, jambon serrano...).
C : 30 € • M : 17-24 €

→ 28 quai Galuperi
☎ 05 59 25 59 21
F. lundi à déj., merc. (h.s.).
Jusqu'à 23h (22h h.s.).

12 Le Chistera

Le décor raconte un peu l'histoire de la maison : une maison typique du centre piétonnier et un hommage appuyé à la pelote basque. Ici, on embrasse le terroir avec bonne humeur, les Bayonnais adorent le menu à prix d'attaque comme les propositions du marché et l'hôte de passage prendra un grand bol d'air basque, entre mer et montagne, assiette de jambon de Bayonne et morue à l'ail, piperade et gâteau basque. Ambiance en rapport, bien soutenue par la gentillesse du service comme la cave plutôt bien choisie et gentiment commentée.
M : 15 €   www.lechistera.com

→ 42 rue Port-Neuf
☎ 05 59 59 25 93
F. lundi, mardi à dîn. et merc. à dîn.
Jusqu'à 21h30.

12 La Feuillantine

Cette sympathique petite adresse des bords de la Nive se fait instantanément attirante avec sa jolie façade ouverte sur le fleuve aux beaux jours. Nicolas Borteyru cerne parfaitement les désirs de la clientèle d'aujourd'hui en proposant une cuisine régionale habilement remise au goût du jour : asperges vertes croquantes poêlées aux copeaux de jambon et parmesan, rouelle de magret de canard, pomme de terre laurier et jus lie de vin, légère semoule aux fruits rouges et crème citron. Service souriant, cave de petits producteurs.
C : 35 € • M : 15-45 €   nvae@wanadoo.fr

→ 21 Quai Amiral-Dubourdieu
☎ 05 59 46 14 94
F. dim., merc. à dîn., 2 sem. fév., 4 jrs août et 1 sem. Noël.
Jusqu'à 21h30.

12 François Miura

Elégance et simplicité chez François Miura, défenseur d'une certaine tradition basque toute en retenue, cadre sobrement contemporain à l'intérieur d'un ancien couvent de Cordeliers. Et du style dans la cuisine, préparations classiques entrelardées des idées du marché, annoncées à chacun comme une confidence faite aux amis : lotte au piment d'Espelette, escalope de foie gras poêlé au vin rouge à la cerise, biscuits acidulés et pochés aux fruits rouges.
C : 50 € • M : 20-31 €

→ 24 rue Marengo
☎ 05 59 59 49 89
F. dim. à dîn., merc. et 2 sem. mars.
Jusqu'à 22h.

12 Au Peita

L'océan est trop présent dans les cœurs et dans les têtes des Bayonnais pour qu'un cuisinier de renom comme Guy Fagoaga ne lui consacre pas l'essentiel de sa carte. Des moules et chipirons farcis aux poissons de l'arrivage, soigneusement préparés dans l'esprit basque, la pêche luzienne entre ici de plain-pied pour le plus grand bonheur des habitués.
C : 25 €
aupeita@hotmail.com

→ 7 av Capitaine-Resplandy
☎ 05 59 25 41 35
F. dim. à dîn., lundi, sam. à déj., Noël et nouvel an.
Jusqu'à 22h.

El Asador

On chevauche les Pyrénées avec cette cuisine basc-espagnole de vérité et de chaleur, dans une salle accueillante et poutrée où l'ambiance rejoint la cuisine : anchois plancha, pata negra de bellota, morue grillée pommes à l'ail…
C : 36 € • M : 29-42 €

→ Pl Montaut
☎ 05 59 59 08 57
F. dim. à dîn., lundi (sf fériés), 3 dern. sem. juin-2 juil. et 17 déc.-7 janv.
Jusqu'à 22h.

Itsaski

Terrasse sur les bords de la Nive et originale architecture façon chalutier pour cette généreuse ambassade de la cuisine régionale : dos de merlu à l'espagnole, rouget aux poivrons et anchois.
C : 30 € • M : 27-35 €

→ 43 quai Jaurreguiberry
☎ 05 59 46 13 96
F. lundi, 10 jrs fin sept., 10 jrs fin janv. et 10 jrs fin mars.
Jusqu'à 22h30.

Villes de proximité, voir :

↻ URT....................14 km E. par D 261 **(14/20)**
↻ VILLEFRANQUE.........11 km S.E. par N 636 et D 137 **(11/20)**

BAZAS - 33430 (23 D 3)
Bordeaux 63 - Marmande 60

Domaine de Fompeyre

Sur les hauteurs de cette cité de caractère, le domaine déploie un parc arboré de 4 ha parfait pour la détente, que vous soyez plutôt balade dans la palmeraie ou longueurs de piscine. Agréable décor classique dans les chambres, dans une veine ensoleillée par les tissus fleuris.
12 appart. 153 € • 38 ch. 95 €
www.monalisahotels.com

→ Rte de Mont-de-Marsan
☎ 05 56 25 98 00
🖳 05 56 25 16 25
Ouv. 7j/7.

BAZINCOURT SUR EPTE - 27140 (6 D 3)
Gisors 3 - Beauvais 35

Château de la Râpée

En lisière de la forêt de Lyons, ce beau domaine de 4 ha autour d'un manoir anglo-normand offre une perspective superbe sur cette vaste hêtraie et la vallée de l'Epte. Chambres de style aux meubles anciens et hauts plafonds.
2 appart. 140-150 € • 12 ch. 87-118 €
www.hotel-la-rapee.com

→ ☎ 02 32 55 11 61
🖳 02 32 55 95 65
F. fév. et 2e quinz. août.

BAZOUGES LA PEROUSE - 35560 (14 C 3)
Combourg 15 - Antrain 13

Château de la Ballue

Un superbe château XVIIe classé, dont la curiosité majeure consiste en d'extraordinaires jardins en terrasses dominant la vallée du Couesnon. Du classique à la française aux labyrinthes de haies, inspiration italienne, chambres de verdure, art topiaire et sculptures contemporaines… Les chambres arborent une déco d'époque, boiseries, cheminées, draps et linges raffinés… et vue sur les jardins.
1 appart. 220-290 € • 4 ch. 170-200 €
www.la-ballue.com

→ ☎ 02 99 97 47 86
🖳 02 99 97 47 70
Ouv. 7j/7.

BEAUCAIRE - 30300 (32 C 3)
Arles 18 - Nîmes 25

Domaine des Clos
Un beau mas provençal XVIIIᵉ aménagé en maison de famille, au cœur des vignes, entouré d'un jardin de 3ha planté d'essences méditerranéennes. Chambres sobres et agréables, décorées avec goût dans le style régional, séjour idéal pour les vacances avec les enfants. Table d'hôtes sur réservation.
2 appart. 95 € • 5 ch. 75-95 € www.domaine-des-clos.com

→ Rte de Bellegarde
☎ 04 66 01 14 61
🖷 04 66 01 00 47
F. janv.

LE BEAUCET - 84210 (33 C 4)
Avignon 29 - Carpentras 12

13 Auberge du Beaucet
Faisons table rase du passé et ne cherchons plus à comparer (tâche aussi vaine que délicate), les mérites de Brigitte Pizzecco, qui a fait de cette auberge l'une des plus courues de la région, et ceux de Jean-Louis Vidal, bien réels aux aussi. Moins snob peut-être, la cuisine de ce dernier se veut en phase avec son époque : risotto de riz arborio au safran et légumes de printemps, grosses crevettes rôties et jus de crustacés, filet de loup, sauce crémeuse aux oursins et risotto de Camargue, mille-feuille de fraises gariguettes à la mousse de chocolat blanc et sorbet à l'huile d'olive. Une adresse délicieuse dans un cadre préservé.
C : 50 € • M : 39 € www.aubergedubeaucet.fr

→ rue Coste-Chaude, le Village
☎ 04 90 66 10 82
F. dim. à dîn. et lundi. Jusqu'à 21h.

BEAUGENCY - 45190 (18 A 3)
Blois 37 - Vendôme 48

La Sologne
Une très ancienne maison de pierre, établissement de longue réputation au cœur de la cité historique. Chambres classiques, certaines avec la vue sur la tour César, déco ancienne chinée chez les antiquaires du secteur. Agréable cour intérieure fleurie pour les petits-déjeuners.
16 ch. 50-65 € www.hoteldelasologne.com

→ 6-8 pl Saint-Firmin
☎ 02 38 44 50 27
🖷 02 38 44 90 19
F. 24 déc.-7 janv.

Villes de proximité, voir :

BEAULIEU SUR DORDOGNE - 19120 (25 C 5)
Tulle 39 - Brive-la-Gaillarde 43

12 Le Manoir de Beaulieu
Les touches de rouge et de jaune rajeunissent cette salle bourgeoise aux vieilles poutres et c'est avec le même esprit que Jérôme Artiguebère travaille le produit de saison, pour une cuisine de soleil aux présentations raffinées, séduisante dans ses intitulés et convaincante dans sa réalisation : la tomate et les tomates, déclinaison plaisante (confite, en sorbet, séchée), le caneton et les épices, belle viande et arômes délicats, salade d'herbes fraîches, fruits rouges et noirs du pays, fraîche et parfumée avec sa vinaigrette orange et poivre.
M : 25-80 € www.manoirdebeaulieu.com

→ 4 pl du Champ-de-Mars
☎ 05 55 91 01 34
Ouv. 7j/7.
Jusqu'à 21h30.

Le Manoir de Beaulieu

La rénovation s'achevant, les chambres sont désormais très accueillantes, chacune possédant son ambiance et son style, rustique ou moderne, donnant sur la place du village. Nouveau bar avec fauteuils Chesterfield et grande qualité d'accueil.

1 appart. 130-220 € • 25 ch. 60 €
www.manoirdebeaulieu.com

→ 4 pl du Champ-de-Mars
☎ 05 55 91 01 34
🖨 05 55 91 23 57
Ouv. 7j/7.

BEAULIEU SUR MER - 06310 (34 C 4)

Nice 9 - Cannes 44 - Avignon 264

16 La Réserve de Beaulieu

Nul ne pourrait être indifférent au faste qui s'exprime de cette somptueuse maison et sa terrasse magique offrant aux happy few d'embrasser la Riviera d'un seul regard. Pourtant, depuis quelques saisons, nous notons une légère crispation, une perte de fluidité, dans l'atmosphère de salle, guindée, certes, comme il convient, mais au service moins précis qu'auparavant, une sorte d'accroc étrange dans cette étoffe réputée inusable. Et puis, sans remettre en cause le bien-fondé d'une cuisine nécessairement de prestige (quand on ne trouve rien, on rajoute "quelques truffes"), cette superbe cuisine d'école contemporaine est pour tout dire moins jouissive, un peu plus raide que par le passé, tout en conservant tous ses arguments techniques, à l'image du sushi de légumes, homard et tartare de tomates croisé au du filet de canard croisé à la broche aux épices. Pour quelques plats toujours fulgurants, le mille-feuille de rougets et calamaretti, le turbot au plat ou le très beau dessert abricot, on garde toute confiance dans le travail d'Olivier Brûlard, tout en rappelant qu'à ce niveau - un menu dégustation à 205 € - il est normal qu'on attende un peu plus de gaieté dans et hors l'assiette, même si la clientèle internationale en tenue de soirée est finalement peu gaudrioleuse. Grande et belle cave classique.

C : 180 € • M : 60-190 €
www.reservebeaulieu.com

→ 5 bd du Gén-Leclerc
☎ 04 93 01 00 01
F. lundi et 28 oct.-22-déc.
Jusqu'à 21h30.

La Réserve de Beaulieu

Le panorama qui ouvre sur la mer qui semble prolonger naturellement la piscine respire la sérénité. Une sérénité que l'on retrouve dans le luxe des chambres, qui privilégient le raffinement et la douceur de vivre. Dans les salles de bains, marbre et bois blond prolongent cette sensation de luxe chaleureux. L'équipement est remarquable, avec de belles touches d'exclusivité.

11 appart. 1280-3085 € • 28 ch. 280-1550 €
www.reservebeaulieu.com

→ 5 bd du Gén-Leclerc
☎ 04 93 01 00 01
🖨 04 93 01 28 99
F. 28 oct.-22 déc.

13 Le Petit Darkoum

Pour ne pas oublier que sur les bords de la Méditerranée, il n'y a pas que Monaco et la Riviera, ce restaurant cultive toujours avec bonheur la tradition marocaine sous son meilleur jour, décor à l'ancienne adorable et carte de spécialités aux saveurs aussi généreuses que les portions ou le sourire du service : couscous, tajines. Des formules compétitives permettent en plus d'en profiter au meilleur prix.

C : 32 €

→ 18 bd du Gén-Leclerc
☎ 04 93 01 48 59
F. lundi, mardi et juil.
Jusqu'à 21h30.

African Queen

Plus encore de l'Afrique, c'est de cette partie de la Riviera que l'adresse est la reine, forte de sa clientèle régulière de jet-set et people. On ne change pas une équipe qui gagne, alors le rafraîchissement du décor n'a pas bouleversé la donne, avec la salle cossue

→ Port de Plaisance
☎ 04 93 01 10 85
Ouv. 7j/7.
Jusqu'à 24 h.

et chaleureuse et la terrasse incontournable, tandis que la carte propose un éventail large pour séduire tout le monde... Du moins ceux qui peuvent débourser 100 € le kilo pour un (certes très beau) saint-pierre grillé ou 30 € pour l'entrecôte Simmenthal. Pizzas et salades permettent heureusement de maintenir l'expérience dans une gamme de prix raisonnableS.
C : 50 €

BEAUMARCHES - 32160 (29 B 4)
Plaisance 5 - Auch 50 - Tarbes 45

12 Le Relais du Bastidou
Accessible uniquement sur réservation, la table dirigée par René Thierry, propriétaire depuis 2001 de cet établissement et cuisinier autodidacte, propose une cuisine bien ancrée dans sa région : terrine de foie gras à l'armagnac, magret de canard grillé, croustade aux pommes, à apprécier dans un délicieux cadre campagnard.
C : 38 € • M : 20-34 €   *www.le-relais-du-bastidou.com*

→ Cayron
☎ 05 62 69 19 94
F. dim. à dîn., lundi (sf juil.-août), vac. scol. fév. et nov.
Jusqu'à 20h30.

Le Relais du Bastidou
Installées dans les anciennes étables de cette ferme d'architecture XVIIIe, les chambres associent murs en pierres apparentes ou chaulés, charpentes en bois et salles de bains au mobilier en fer forgé pour composer une ambiance cosy et de caractère. Le vaste parc, ouvrant sans délimitation concrète sur les champs alentours, comporte une belle piscine dotée d'une plage en bois fleurie.
8 ch. 45-65 €   *www.le-relais-du-bastidou.com*

→ Cayron
☎ 05 62 69 19 94
🖷 05 62 69 19 94
F. vac. scol. fév. et nov.

BEAUMONT EN AUGE - 14950 (6 A 3)
Caen 42 - Deauville 13

12 Auberge de l'Abbaye
Lors de chaque Festival du cinéma américain de Deauville, quelques stars viennent s'extasier devant le décor typique de cette auberge, tellement à sa place dans ce village classé. Dans ce contexte évidemment, pas question de s'écarter d'une belle veine traditionnelle : sous les poutres Christian Girault propose la côte de bœuf (race normande) sauce béarnaise, le dos de lieu (de petit bateau) au beurre léger ou l'aiguillette de canard à l'orange. Fromages fermiers et tarte fine aux pommes font une conclusion tout aussi adaptée, sans forcément monter dans les plus coûteuses sphères de la fricassée de homard ou du feuilleté ris de veau asperges et morilles.
C : 55 € • M : 30-54 €

→ 2 rue de la Libération
☎ 02 31 64 82 31
F. mardi, merc.(h.s.), merc. (été), 3 dern. sem. janv. et 1re sem. oct.
Jusqu'à 21h30.

BEAUMONT EN VERON - 37420 (17 B 4)
Tours 51 - Chinon 6

Château de Danzay
Un authentique château XVe, avec son parc à l'italienne, et ses chambres haute époque, fenêtres à meneaux et lits à baldaquin. Séjour châtelain et de détente avec la piscine chauffée. Tennis à 2 km.
6 ch. 200-300 €   *www.chateaudedanzay.com*

→ D 749, dir Bourgueil
☎ 02 47 58 46 86
🖷 02 47 58 84 35
F. 1er oct.-1er mai.

BEAUMONT LE ROGER - 27170 (6 B 4)

Lisieux 47 - Evreux 33

10 **Le Bouche à Oreille**

Bistrot-brocante pour discuter arts, littérature mais aussi cuisine et vins : de chaque côté du comptoir il se passe quelque chose dans cette échoppe de village où l'échange est permanent et indispensable. Cuisine simple et spontanée autour de produits de saison.
C : 25 € • M : 20 €

→ 3 rue Jules-Ferry
☎ 02 32 45 57 27
F. à déj. F. ann. non comm.

BEAUNE - 21200 (20 B 4)

Dijon 37 - Chalon-sur-Saône 29

16 **Le Jardin des Remparts**

Créé en 1990 dans une ancienne maison de négoce en vins, ce jardin installé (un bel espace avec mobilier en teck, sol ancien dallé et plan d'eau contemporain et où sont servis les repas aux beaux jours) proche des remparts demeure l'une des meilleures affaires de toute la région. Des prix d'une étonnante douceur (difficile de dépasser 70 € à la carte) et une cuisine qui, sous des allures traditionnelles, cache en réalité beaucoup de personnalité et de modernité : tartare de charolais et huîtres Gillardeau et écume de mer, bar de ligne, sardines, concombres et caviar avruga, dos de porcelet confit aux épices et jus au thé. Desserts d'une grande noblesse (poires caramélisées aux morilles et glace vermouth), cave presque exclusivement bourguignonne.
C : 68 € • M : 30-85 € *www.le-jardin-des-remparts.com*

→ 10 rue de l'Hôtel-Dieu
☎ 03 80 24 79 41
F. dim., lundi (sf dim. Pâques, Pentecôte, fête des mères et 3e dim. nov.), 1er janv.-14 janv., 1er mai, 1 sem. août et 1er déc.-31 déc.
Jusqu'à 21h.

----

15 **Le Benaton**

Une table qui donne envie, dans chaque plat, dans chaque menu, exemplaires d'une cuisine alerte, bluffante et moderne dans un cadre sobrement contemporain. Bruno Monnoir intègre le terroir et les saisons dans l'actualité, marie la tête de veau et les langoustines - un plat qui a maintenant quelques années mais connaît toujours le succès - le turbot et le foie gras dans une compression enveloppée d'un nuage mousseux, (aventureux mais pas si convaincant), décline les saint-jacques avec à propos : à la pulpe de racines de persil et cèpes, à la coque avec un chorizo bellota. Les idées sont en place, la réalisation précise, le moelleux chocolat cassis excellent et le jeune service féminin est aussi prévenant que naturel. Une ambiance gourmande, où l'on pioche dans une cave bourguignonne bien trempée, donnant tous les bons propriétaires dans chaque appellation, de Geantet-Pansiot à Tollot-Beaut, de Dubreuil-Fontaine au Clos de Tart.
C : 60 € • M : 22-75 € *www.lebenaton.com*

→ 25 fg Bretonnière
☎ 03 80 22 00 26
F. merc. et jeudi (1 déc-31 mars), jeudi à déj. (1 avril-30 nov.), 1 sem. vac. scol. fév. et 1 sem. déb. déc.
Jusqu'à 21h30.

----

15 **L'Ecusson**

L'ancienne maison de négoce de fruits rouges, référence culinaire de la ville depuis un quart de siècle, dans son élégant décor néorustique, prolongé d'une terrasse au jardin qui a trouvé cette année un mobilier plus actuel, devrait porter le blason du mérite. Ou tout du moins son chef, Jean-Pierre Senelet, qui peut regarder avec fierté l'évolution de sa carte. Toujours proche du produit, jamais dépassé par les événements, sans pour autant se jeter sur le jet-ski de la création à tout va, il varie les plaisirs, entre prestige et audace, avec une égale aisance : les langoustines aux éclats d'anis de Flavigny et caillé de brebis, le saint-pierre à la gaude et

→ 2 rue du Lt-Dupuis
☎ 03 80 24 03 82
F. dim., merc. et vac. scol. fév.
Jusqu'à 21h.

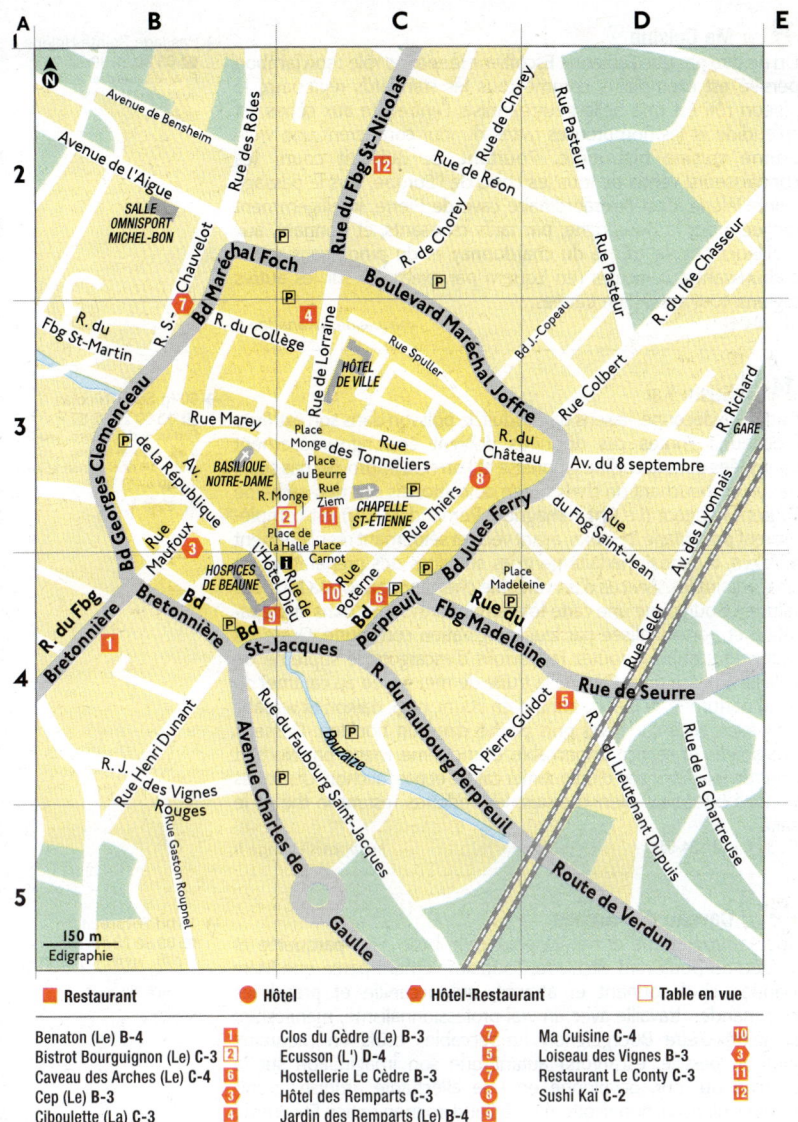

| Restaurant | Hôtel | Hôtel-Restaurant | Table en vue |

Benaton (Le) **B-4** `1`
Bistrot Bourguignon (Le) **C-3** `2`
Caveau des Arches (Le) **C-4** `6`
Cep (Le) **B-3** `3`
Ciboulette (La) **C-3** `4`

Clos du Cèdre (Le) **B-3** `7`
Ecusson (L') **D-4** `5`
Hostellerie Le Cèdre **B-3** `7`
Hôtel des Remparts **C-3** `8`
Jardin des Remparts (Le) **B-4** `9`

Ma Cuisine **C-4** `10`
Loiseau des Vignes **B-3** `3`
Restaurant Le Conty **C-3** `11`
Sushi Kaï **C-2** `12`

asperges vertes rôties aux noix, la poitrine de cochon rôtie polenta crémeuse à la muscade et raviolis d'oignons rouges ont ce charme consensuel d'une brillante cuisine d'aujourd'hui. Cave bourguignonne intelligente et bien faite, avec des références de choix (Ramonet, d'Auvenay, Coche-Dury, Tollot-Beaut...), service dans le ton, discret et disponible.
C : 66 € • M : 26-62 €   www.ecusson.fr

Dans chaque ville, les établissements sont classés par note décroissante, les restaurants d'abord de 20 à 10 et 👁, les hôtels ensuite.

14 🦷 Ma Cuisine ❀ ❤️

On ne dira pas que Fabienne Escoffier a le second rôle : son jambon persillé est exemplaire, comme tous les standards régionaux, le pigeon rôti est une belle gourmandise, l'entrecôte aux cèpes est splendide et les nombreuses tartes du jour consacrent une vraie bonne cuisine bistrotière. Pourtant, ce qui fait courir les connaisseurs, venus de tous les coins de l'Europe, vers le passage Saint-Hélène, c'est l'extraordinaire cave de Pierre, intelligemment rangée, pour la Bourgogne, par tarifs croissants, et donnant, aux meilleurs prix, la crème du chardonnay et du pinot, sans parler d'ahurissantes verticales (en Yquem par exemple) sur les autres régions, tout aussi bien traitées.

M : 20 €

macuisine@wanadoo.fr

→ Passage Sainte-Hélène
☎ 03 80 22 30 22
F. w.-e., merc. et août.
Jusqu'à 21h.
❄️

---

14 🦷 Sushi Kai

L'art de la découpe, le sens du produit, le poisson dans son extrême fraîcheur... Toutes ces données doivent être rigoureusement contrôlées dans la cuisine japonaise et l'on ne s'improvise pas sushi bar en embauchant un chef coréen ou cantonais... La démarche de Laurent Peugeot (Le Charlemagne à Pernand 15/20) est complètement pro : Marié à Hiroko, ayant vécu et séjournant régulièrement à Tokyo, il connaît parfaitement les subtilités des préparations et s'est adjoint les services d'un véritable chef japonais, Masa Mi, pour offrir en Bourgogne une carte totalement orthodoxe dans la préparation et personnalisée par leur imagination commune. Outre les sushis et sashimis, goûtez les raviolis d'escargots, le suprême de volaille à basse température, la truite de mer grillée au caramel de miso parfumée, le filet de canard en jibuni, negi, daikon et wasabi, un délice grillé sur peau puis poché dans un bouillon. Desserts imaginatifs et service impeccable et moderne mené par Norbert dans un joli décor zen d'un quartier calme et pas folichon. Quelques bonnes bouteilles bien choisies, les vedettes restant le thé et le saké.

C : 36 € • M : 34-54 €

sushi.kai@orange.fr

→ 50 fg Saint-Nicolas
☎ 03 80 24 02 87
F. dim. à déj., merc., jeudi à déj. (8 mai-30 nov.), merc., jeudi (1er déc.-7 mai) et janv.
Jusqu'à 21h30.
♿ ❄️ 🐑

---

13 🦷 Caveau des Arches

Succès programmé et mérité pour cette belle cave parquetée et voûtée du boulevard circulaire. Tout simplement parce que Marc Gantier, chef souriant et attentif, qui accueille et prend les commandes, travaille avec un vrai professionnalisme, manifestant sa fierté d'être Bourguignon (impeccables œufs en meurette, jambon persillé, escargots) autant que son imagination sur le marché du jour, développé en une alléchante ardoise : saint-jacques plancha, bon risotto de cabillaud, rognon entier. Et comme les tarifs sont irréprochables, y compris sur les vins de la vaste carte évidemment régionale, avec tous les grands, le tout-Beaune se précipite. Service sympathique, un poil coincé, bons desserts maison (crème brûlée, nougat glacé, moelleux...).

C : 40 € • M : 21-45 €

www.caveau-des-arches.com

→ 10 bd Perpreuil
☎ 03 80 22 10 37
F. dim., lundi, 15 juil.-15 août et 20 déc.-20 janv.
Jusqu'à 22h30.
❄️ 🐑

---

13 🦷 Loiseau des Vignes *d*

Des œufs meurette peuvent-ils valoir deux toques ? Il n'y a guère que chez Bernard Loiseau qu'on est amené à se poser ce genre de question, et il est assez remarquable de voir à quel point ce Loiseau des Vignes et de Beaune respecte l'esprit initié par le chef à Saulieu, livrant une cuisine de terroir exceptionnelle et finalement difficile à

→ 27 rue Maufoux
☎ 03 80 24 12 06
F. dim., lundi et 28 janv.-11 fév., 30 nov.-16 déc.
Jusqu'à 21h30.
🍴 ♿ ❄️ 🐑

évaluer. En terme de plaisir en tout cas, c'est un succès, à condition de ne pas être gêné financièrement. Et c'est dommage, car côté Vignes, l'équipement permet un choix superbe et des prix raisonnables, naviguant de la Bourgogne (Dureuil-Janthial, Tollot-Beau, Deauvisat) aux autres régions (Pibarnon, Fourtout) à des prix plus que raisonnables, bien aidés par le choix en deux contenances (8 et 12cl). Ajoutez à cela un cadre superbe, entre histoire de la maison (pierres et poutres apparentes, la niche en brique avec la statue de la Vierge, les grandes portes de placard à l'ancienne) et touches plus contemporaines (mobilier néorétro, éclairage soigné), un service tout sourire qui met parfaitement à l'aise, et on voudrait que tout le monde puisse profiter de l'instant : pour cela, il faudra plutôt viser les menus du déjeuner.

C : 75€ • M : 55-75€   *www.hotel-cep-beaune.com*

Le Cep

→ 27 rue Maufoux
☎ 03 80 22 35 48
▤ 03 80 22 76 80
Ouv. 7j/7.

Au cœur de la ville, ces murs du XVIe siècle qui encadrent deux cours classées renferment des chambres (désormais toutes rénovées, dans un esprit très douillet) agrémentées de meubles anciens chinés avec passion par la propriétaire, Mme Bernard. La façade vient d'être entièrement refaite, le jardin intérieur a été embelli, la tour panoramique accueille désormais une toute nouvelle salle de massage et un petit centre de fitness et le restaurant, depuis longtemps connu sous l'enseigne Bernard Morillon, a laissé place depuis cet été à Loiseau des Vignes, nouvelle adresse impulsée par Dominique Loiseau.

21 appart. 240-500€ • 41 ch. 125-240€   *www.hotel-cep-beaune.com*

- -

12 La Ciboulette

→ 67-69 rue de Lorraine
☎ 03 80 24 70 72
F. lundi, mardi, 28 janv.-20 fév. et 4-20 août.
Jusqu'à 21h30.

Loyaux services : vingt-deux ans d'œufs en meurette et de jambon persillé, on ne peut que tirer le chapeau devant cette enseigne coutumière où Laurent Mâle est aujourd'hui le chef patron. Et s'il a su bien actualiser l'ambiance, grâce aussi à la présence dynamique d'Isabelle Héléna en salle, il est aussi évident que les habitués ne veulent pas entendre une autre ritournelle que la fierté d'être Bourguignon. Une bonne cave de petits et grands propriétaires soutient le devoir de mémoire.

C : 30€ • M : 19,50-25,50€

- -

12 Le Clos du Cèdre

→ 10-12 bd du Mal-Foch
☎ 03 80 24 01 01
F. dim. (1er déc.-31 mars), sam. à déj., dim. à déj. et 1er-10 janv.
Jusqu'à 21h30.

Dans un cadre bourgeois engoncé en harmonie avec les lieux - petits salons parquetés, tapis, tons ocre - la recette du savoir-vivre est administrée avec application dans une carte actuelle, un poil maniérée et assez coûteuse. Le pressé de rouget à l'aubergine apporte la fraîcheur dans une réalisation soignée, le filet de bar aux pois chiches, ananas confits, purée de topinambour et milk-shake de cacahuète est plus tapageur que réussi et la crème brûlée Tonka remet le bon goût à l'honneur. Bonne cave bourguignonne et généraliste, service dans l'ambiance, pas très décontracté mais efficace.

C : 60€ • M : 20-60€   *www.lecedre-beaune.com*

🍴🍴🍴 Hostellerie le Cèdre

Une hôtellerie contemporaine dans le cadre d'une ancienne maison de maître XIXᵉ au cœur de la ville. Le cèdre est au milieu du parc, les chambres sont très agréables, harmonisées, dans un style moderne ou campagnard, meubles de bois clair cérusé, d'autres laqués, toutes différentes avec leurs propres objets d'art.
40 ch. 149-240 €   www.lecedre-beaune.com

→ 10-12 bd du Mal-Foch
☎ 03 80 24 01 01
🖨 03 80 24 09 90
Ouv. 7j/7.

- -

11 Restaurant Le Conty

Une gentille cantine beaunoise pour copains et habitués : esprit brasserie au rez-de-chaussée, dans un cadre boisé en jaune et bleu, plus détente et convivialité au sous-sol dans la cave voûtée. La carte est directe, sans ambages (jambon persillé, sandre au pinot noir, risotto de sot-l'y-laisse), manquant un peu de précision dans l'exécution, mais l'ambiance y est et la chaleur fait passer sur les détails.
C : 32 € • M : 19-30 €

→ 5 rue Ziem
☎ 03 80 22 63 94
F. dim., lundi et 1 sem.
Noël-nouvel an.
Jusqu'à 21h30.

- -

👁 Le Bistrot Bourguignon

Un bar à vin (le plus ancien à Beaune) où il est bien imprudent de se présenter au déjeuner sans avoir réservé. Cadre délicieux et cuisine se hissant (presque) à la hauteur d'une cave de très bon niveau : cuisses de grenouille sauce cresson, côte de veau poêlée et tiramisu.
C : 28 €   www.restaurant-lebistrotbourguignon.com

→ 8 rue Monge
☎ 03 80 22 23 24
F. dim., lundi et fév.
Jusqu'à 21h30.

- -

🍴🍴 Hôtel des Remparts 🕊

Hôtel particulier XVIIᵉ dans l'enceinte historique de la ville, la maison a été restaurée par ses propriétaires dans le respect de son histoire. Au gré des chambres, tommettes, parquet à l'ancien ou poutres apparentes viennent en rappel et s'habillent de meubles de style. Agréable terrasse au pied des remparts.
5 appart. 120-150 € • 17 ch. 72-108 €   www.hotel-remparts-beaune.com

→ 48 rue Thiers, BP 25
☎ 03 80 24 94 94
🖨 03 80 24 97 08
Ouv. 7j/7.

Villes de proximité, voir :

de 🍴🍴🍴🍴 20 à 🔟 les tables sont classées par ordre dégressif de note

👁 table en vue, lieu à la mode, ethnique

❓ signale une notation en attente ou un changement de dernière minute

découverte *d≤* GM met en avant des nouveautés méconnues

BEAURECUEIL - 13100 (33 D 5)
Marseille 37 - Aix-en-Provence 10

13 Relais Sainte-Victoire

Dans cet adorable décor aux couleurs chaleureuses, la cuisine provençale se décline avec tout le prestige d'une longue expérience, de celle qui permet de proposer le croûton de pain de campagne foie gras de canard et rouelle de truffes, le homard poêlé pâtes en bolognaise d'agneau ou le mignon de bœuf Paul Cézanne. Une noblesse certes coûteuse, mais généreuse dans ses manières comme dans ses saveurs. On retrouve cette richesse dans des desserts très élaborés qui trahissent la patte du chef pâtissier. Service aux petits soins et belle cave régionale.
C : 55 € • M : 25-75 €   www.relais-sainte-victoire.com

→ 300 av Sylvain-Gautier
☎ 04 42 66 94 98
F. dim. à dîn., lundi, vend. (hiver), dim. à dîn., lundi, vend. à déj. (été), 1re sem. janv. et vac. scol. Toussaint.
Jusqu'à 21h.

idéal gourmet

BEAUZAC - 43590 (26 D 4)
Le Puy-en-Velay 52 - Saint-Etienne 40

13 La Table du Barret

Dans un des hameaux de Beauzac (si vous n'avez pas de GPS, demandez dans le village), un hôtel refait à neuf pour accueillir les beaux dimanches. Un jeune chef, Sandy Caire, travaille en famille une carte bien actuelle, jolies assiettes et esprit pastoral, fleur de bourrache et mille-feuille de pied de porc au "lard virtuel", du rustique peigné dans le sens de la mode, allant jusqu'au thon, un peu cuit, avec ses fèves étuvées et ses vermicelles brûlés, un plat agréable dans un menu à 32 € qui fait logiquement l'unanimité. Carte de vins malheureusement sans intérêt, issue strictement du négoce. Sans doute faudra-t-il trouver un conseil pour mettre ce poste au niveau. Une toque d'encouragement, à confirmer.
M : 19-68 €   www.latabledubarret.com

→ Bransac
☎ 04 71 61 47 74
F. dim. à dîn., mardi, merc. janv. et 10 jrs nov.
Jusqu'à 21h15.

- -

12 L'Air du Temps

Passez le majestueux pont suspendu sur la Loire pour trouver ce calme hameau et son aimable auberge familiale, au cadre actuel d'une salle fraîche prolongée par une véranda. La carte aux accents rustiques prend des petites mines à la mode dans les présentations et les produits - gambas et saint-jacques en été - et la jeune chef met autant d'intention que d'application dans la ballottine de poulet, le sandre au quinoa aux éclats de cèpe et le macaron framboise. Petite cave classique de négoce, mais avec les saint-joseph de Courbis, Gonon, Florentin, le choix est plutôt bien fait, même si on regrette qu'aucun vin d'Auvergne ne soit présent.
C : 40 € • M : 16-52 €   www.airdutemps.fr.st.

→ Confolent
☎ 04 71 61 49 05
F. dim. à dîn., lundi et janv.
Jusqu'à 21h.

BEBLENHEIM - 68980 (10 B 4)
Colmar 12 - Mulhouse 55

Kanzel

Autour d'une vaste cour, les bâtiments à l'allure alsacienne abritent des suites et appartements, espaces confortables et généreux pour des chambres au cadre contemporain et gai. Nombreux services pratiques pour visiter la région en toute quiétude.
24 appart. 132-281 €   www.kanzel.com

→ Chemin des Amandiers
☎ 03 89 49 08 00
🖨 03 89 47 99 10
F. non comm.

LE BEC HELLOUIN - 27800   (6 B 3)
Lisieux 42 - Pont-Audemer 25

11 **Auberge de l'Abbaye**

Au cœur du village (désormais classé parmi les "plus beaux villages de France") et à quelques encablures de la merveilleuse abbaye, cette typique auberge normande élève son registre culinaire à un niveau suffisant pour se démarquer de la concurrence locale. De bonnes sensations sur les plats les plus simples, feuilleté de filets de rouget, cœur de rumsteck au camembert et douillon de pommes. Quelques chambres également, dont le standing ne cesse de s'accroître depuis quelques années.
C : 30 € • M : 20-28 €   www.auberge-abbaye-bec-helloin.com

→ 12 pl
Guillaume-le-Conquérant
☎ 02 32 44 86 02
F. mardi, merc. (fév.-mars,
oct.-nov.) et 19 nov.-10 fév.
Jusqu'à 21h.

BEDOIN - 84410   (33 C 3)
Avignon 39 - Carpentras 15

13 **Le Mas des Vignes**

La terrasse est magnifique, charmante, l'accueil souriant et décontracté à défaut d'être aussi professionnel que dans un palace. La maison, bâtie autour d'une ancienne chapelle du XIIe siècle, n'est vraiment pas facile à trouver, perdue au pied du Ventoux. Mais une fois installé, quelle récompense ! Deux menus seulement (dont un, sur le thème du homard, dont l'intérêt se discute), le "petit", à 35 €, offrant déjà plus que l'essentiel : velouté de cèpes et châtaignes, dés de foie gras et amandes torréfiées, filet de bœuf bardé de jambon cru sur un lit d'épinards et jus de champignons blancs, baba des îles au rhum et fraises de Carpentras. Belle cave rhodanienne.
M : 35-50 €   lemasdesvignes@aol.com

→ Rte du Mont-Ventoux
☎ 04 90 65 63 91
F. lundi, mardi à déj.
(avril-juin) et oct.-mars.
Jusqu'à 21h.

BEHUARD - 49028   (16 A 4)
Angers 13 - Brissac-Quincé 14

14 **Les Tonnelles** 🌿 ❤

L'âge, et l'expérience aidant, Gérard Bosse devient jusqu'auboutiste, pestant contre les législations successives qui, selon lui, contrarient sa liberté d'entreprendre sous couvert d'améliorer la sécurité alimentaire. La carte devient chaque année plus courte, pour justement répondre à ces obligations, mais c'est comme si cette cuisine de proximité devenait encore plus éclatante à mesure qu'elle gagne en simplicité : l'anguille de Loire fumée et laquée au vinaigre balsamique, le poisson de rivière au beurre blanc (annoncé en fonction de la pêche du jour), le ris de veau braisé au vieux layon et le pigeonneau rôti et nougatine salée collent à merveille à cette auberge chic et accessible. La cave compte parmi les plus belles du Val de Loire, avec les meilleurs vignerons de la région.
C : 60 € • M : 45 €   lestonnelles-restaurant.com

→ 12 rue du
Chevalier-Buhard
☎ 02 41 72 21 50
F. merc. (sf été), dim. à dîn.,
lundi, janv., 1 sem. printemps
et 1 sem. automne.
Jusqu'à 21h.

BELCASTEL - 12390   (30 B 2)
Rodez 23 - Rignac 8

15 **Le Vieux Pont**

Il y les sœurs Egloff en Lorraine et les sœurs Fagegaltier en Aveyron : les exemples ne sont pas si nombreux, mais d'une extrême qualité. Michèle en salle, Nicole au piano : une exquise musique, un duo d'une grande sensibilité (où l'on peut voir qu'il en faut autant à table qu'aux fourneaux, pour la fluidité, l'agrément et le plaisir). Cette leçon de nature se reçoit avec gratitude, parce que, derrière chaque produit, chaque préparation, il y a comme une piqûre de rappel,

→ ☎ 05 65 64 52 29
F. dim. à dîn., lundi, mardi
à déj. et janv.-9 mars.
Jusqu'à 21h.

non pas nostalgique, puisqu'on est bien au XXIe siècle, mais de la pérennité d'une forme d'authenticité culinaire. A déguster dans le ris d'agneau allaiton et beignets de flocons d'avoine, dans la déclinaison sur le cèpe, dans le pannequet de pied-de-veau, gambas poêlé et confit de pommes, avec des légumes toujours géants, avec l'envie, sans cesse renouvelée, d'aller à la source. Mieux encore, là où de nombreux chefs feraient tourner leur habile répertoire néopaysan, Nicole réinvente sans cesse son terroir, renouvelle ses recettes à chaque saison, donnant à tous une leçon d'amour de la nature et de son métier. Cave également exemplaire, où l'on découvre ses amis, et de nouveaux que l'on a hâte de connaître (Mosse, Germain, Cosse mais aussi le gaillac du Moulin ou le fitou de Gilles Contrepois).

C : 62 €   www.hotelbelcastel.com

BELFORT - 90000   (21 D 2)
Paris 422 - Bâle 79 - Colmar 69

12 Le Pot-au-Feu

Si la carte s'aventure volontiers hors des sentiers battus, avec des sushis plancha, tajine de poulet et marmite de supions, c'est dans les références du terroir (gratin de morteau au vieux comté, pot-au-feu, baeckeoffe au foie gras...) que l'on trouve la véritable identité de cette belle cave intime dans un bâtiment classé. L'atout numéro un est dans la carte des vins, avec les plus belles références actuelles en jura (Clairet, Overnoy, Dugois) et du bon un peu partout, de Bressy à Gardiès, d'Elian Da Ros à Yvon Métras, et trois millésimes de Montcalmès au meilleur prix (autour de 45 €).

C : 39 € • M : 19,50-52 €   mf.lunois@wanadoo.fr

→ 27 bis Grand-Rue
☎ 03 84 28 57 84
F. sam. à déj., dim., lundi à déj., 1er-12 janv. et 1er-20 août.
Jusqu'à 22h30.

- -

Novotel Atria

Près des remparts de la vieille ville, l'hôtel joue une partition résolument contemporaine, dans l'architecture comme dans le décor, avec des chambres très agréables, dans le confort mais aussi l'atmosphère pensée avec soin. Centre de fitness sur place.

1 appart. 59-185 € • 78 ch. 59-145 €   www.novotel.com

→ Belfort Centre, av de l'Espérance
☎ 03 84 58 85 00
🖩 03 84 58 85 01
Ouv. 7j/7.

Villes de proximité, voir :

⟳ DANJOUTIN...........................3 km S. par A 36 **(15/20)**

BELGENTIER - 83210   (34 A 6)
Toulon 26 - Cuers 10 - Méounes-lès-Montrieux 5

13 Le Moulin du Gapeau

Plus encore que l'élégante salle bourgeoise sous les voûtes de pierre de l'ancien moulin à huile, on apprécie le repas en terrasse, entièrement réaménagée au bord de la rivière dans un décor contemporain. S'ils s'appuient sur les produits régionaux, les Mari père et fils s'éloignent des fondamentaux provençaux pour leur préférer des assiettes ambitieuses, dans les produits comme les préparations, la présentation comme les associations de saveurs. Le pari est généralement réussi et justifie les tarifs, comme ce plaisant osso-buco anobli par le ris de veau et les morilles ou le pigeonneau accompagné (entre autres) d'un rougail de mangue. Belle cave provençale.

C : 64 € • M : 28-76 €   www.moulin-du-gapeau.com

→ Pl Granet
☎ 04 94 48 98 68
F. jeudi à dîn. (sf été), dim. à dîn., merc., 10-28 mars et 17-28 nov.
Jusqu'à 21h30.

BELLE EGLISE - 60540   (3 C 5)
Compiègne 61 - Beauvais 32 - Pontoise 27

15 La Grange de Belle Eglise

Il est bon de conserver quelques points de repère, des maisons solides qui défendent les vertus classiques. Dans son décor fleuri, son service attentionné, comme sa cuisine gastronomique, la maison de Marc Duval fait partie de ces points d'ancrage appréciés d'une clientèle locale peu aventureuse, mais aussi de tout gastronome, car on ne rencontre plus aussi facilement une poularde demi-deuil ou une escalope de bar soufflé aussi bien faites. De cette Grange-là ne sortent pas des élans rustiques, mais bien plutôt des numéros de haute école, qu'on a plaisir à contempler de temps en temps. Cave classique, évidemment.
C : 95 € • M : 28-85 €

→ 28 bd
René-Aimé-la-Gabrielle
☎ 03 44 08 49 00
F. dim. à din., lundi, mardi
à déj., 18 fév.- 3 mars et 4-26
août.
Jusqu'à 21h30.

BELLE ILE EN MER - 56   (13 C 5)
Embarq. à Quiberon

à BANGOR   56360

14 Le Bleu Manière Verte

Le chef n'est pas là pour plaisanter, mais pour aller à l'essentiel : la clientèle du Castel aime le homard, les langoustines et les beaux poissons. Nulle intention de décevoir dans cette belle salle ouverte vers le large où l'on ne pourra échapper au prestige d'un foie gras, d'une langouste, d'une blanquette de homard, qu'en goûtant la simplicité des belles huîtres de Quiberon ou d'un plateau de fruits de mer avantageux. Poissons bien traités (bar de ligne et croustillant de crevettes, turbot grillé tartine de légumes et bouillon corsé...), service pro et bons desserts contemporains (rhubarbe en gelée de framboise à l'agar-agar biscuit à la ricotta). Cave très solide en loire, mais équipée royalement sur toutes les régions de grands crus.
C : 84 €   www.castel-clara.com

→ Castel Clara,
Port-Goulphar
☎ 02 97 31 84 21
F. merc., jeudi et
mi-janv.-mi-fév.
Jusqu'à 21h30.

Castel Clara

Ah ! Le coucher de soleil sur les rochers de Bangor... Une merveille que les touristes de l'île viennent ardemment photographier. Pour les résidents de ce calme ensemble contemporain, cela fait une délicieuse promenade avant de retrouver des chambres vastes, paisibles et très bien équipées, avec la thalasso sur place.
20 appart. 196-560 € • 43 ch. 155-310 €   www.castel-clara.com

→ Port-Goulphar
☎ 02 97 31 84 21
🖳 02 97 31 51 69
F. mi-janv.-mi-fév.

10 Crêperie Chez Renée

Derrière la jolie façade colorée, les plaisirs simples de crêpes et galettes soignées se dégustent, douceur du climat aidant, dans l'atmosphère riante d'un petit jardin clos. Idéal pour se sentir vraiment en vacances.
M : 12-18 €   www.chez-renee.com

→ 21 rue Sarah-Bernhardt
☎ 02 97 31 52 87
F. janv. et déb. déc.

Le Café Coton

A deux pas des aiguilles de Port Coton et de leur magnifique paysage, cette paisible longère séduit par son cadre sympathique (la collection de phares en clin d'œil), ses expositions artistiques régulières et ne démérite pas dans l'assiette avec des galettes à la garniture plutôt soignée.
C : 16 €

→ Kervilaouen
☎ 02 97 31 32 62
F. mardi (sf vac. scol.) et janv.

BELLE-ILE-EN-MER

au PALAIS 56360

 Château Bordeneo
Dans cette demeure XVIIIe au vaste parc arboré, il règne la douceur
que l'on attend d'un séjour sur l'île, avec des chambres sobres et
sereines, très agréables à vivre.
2 appart. 164-214 € • 3 ch. 134-184 €

→ Bordeneo
☎ 02 97 31 80 77
Ouv. 7j/7.

www.chateau-bordeneo.fr

à SAUZON 56360

14 🍴 **Roz Avel**
Ciselée comme les rochers de Bangor, la cuisine de Christophe
Didoune est une aquarelle à l'eau de mer de la vie belliloise : des
produits sélectionnés avec le plus grand soin, un arrivage de qualité
et avant tout une réalisation sobre qui met en avant les saveurs :
filets de soles et croustillant d'asperges, saint-pierre en croûte de
semoule et amande, carré d'agneau de l'île rôti au pleuric, croustade aux pommes sorbet poire. Le cadre s'inscrit dans l'authenticité
îlienne, simple et soignée, et l'accueil d'Eva la renforce. Cave
modeste et classique.
C : 45 € • M : 28-42 €

→ Rue du Lt-Riou
☎ 02 97 31 61 48
F. merc., 10 janv.-15 mars et
15 nov.-15 déc.
Jusqu'à 21h30.

13 🍴 **Le Contre Quai**
La qualité a un prix, et Lucien Croquant préfère ne pas être à la
portée de toutes les bourses que de la sacrifier. C'est donc à travers
une carte (forcément) coûteuse que l'on peut apprécier ses
superbes préparations de poissons, épaisse côte de turbot poêlée
au jus de viande, filet de saint-pierre à la planche et asperges vertes
ou encore le crabe farci qui a fait sa réputation. Des réalisations qui
respectent un produit de premier choix et justifient la dépense.
Même parti-pris côté cave, construite autour de beaux domaines.
C : 65 € • M : 40 €

→ Rue Saint-Nicolas
☎ 02 97 31 60 60
F. à déj., dim.,
1er janv.-1er avril et 20 sept.-31
déc.
Jusqu'à 21h45.

lucien@croquant@wanadoo.fr

12 🍴 **Café de la Cale**
Café pour la simplicité et la convivialité, mais cet ancien hangar avec
sa terrasse sur le port réserve aussi de bonnes vibrations gourmandes aux amateurs de poissons, le sérieux de l'approvisionnement l'emportant sur le classicisme des préparations (sole
meunière, raie aux câpres). Quelques bonnes bouteilles, sélectionnées par un patron sommelier de formation.
C : 37 € • M : 19 €

→ Quai Guerveur
☎ 02 97 31 65 74
F. sept.-avril (sf vac. scol.) et
24-25 déc.
Jusqu'à 22h.

BENEVENT L'ABBAYE - 23210   (25 C 2)
Guéret 25 - Limoges 55

 Le Cèdre 🕊
Au cœur d'un petit village niché en pleine nature, cette solide
maison du XVIIe siècle, en granit et ardoises, cache des chambres
dont la décoration tranche singulièrement avec le style extérieur.
Fer forgé, rotin, bouquet de fleurs séchées… sont de rigueur,
donnant à l'ensemble une ambiance contemporaine. Agréable
piscine chauffée. Restaurant.
16 ch. 50-98 €

→ Rue de l'Oiseau
☎ 05 55 81 59 99
🖨 05 55 81 59 98
F. fév.

BENODET - 29950 (13 B 4)

Quimper 17 - Pont-l'Abbé 11

Ĉ **Domaine de Kereven** 🛥

La douceur de vivre, le charme des chambres mansardées, un confort douillet à la mode de Bretagne, voilà un domaine accueillant autour d'une maison d'architecture traditionnelle, sur un parc de 4 ha abritant des locations de vacances.

12 ch. 42-75 €

→ Kereven
☎ 02 98 57 02 46
🖶 02 98 66 22 61
F. oct.-Pâques.
🚗

www.kereven.com

BERCK - 62600 (1 A 4)

Le Touquet 16 - Boulogne-sur-Mer 52

13 🍽 **La Verrière**

Dans le cadre élégant du casino, cette salle donnant sur la terrasse fleurie mérite le détour bien au-delà de la pause entre deux parties de baccara. En effet, Bruno Becquelin sait faire bon usage des produits de la mer pour décliner des assiettes allégées, qui évoquent parfois davantage la Méditerranée sur les rivages de la Manche, à l'image du panaché de poissons polenta au parmesan qui suit une plus locale fricassée d'escargots de l'Airon. C'est bien la satisfaction qui l'emporte, bien aidée par un service efficace et une agréable variété de vins au verre.

M : 20 €

→ Casino de Berck, pl du
18-Juin
☎ 03 21 84 27 25
F. dim. à dîn., lundi (sf
juil.-août), 17-24 mars et 17-24
nov.
Jusqu'à 21h30.
🎋 🚗 ♿ ≋❄ 🐕

nvincent@g-partouche.fr

BERGERAC - 24100 (24 A 2)

Périgueux 47 - Bordeaux 93

14 🍽 **L'Imparfait**

Le changement de chef, opéré l'an passé, n'a pas fondamentalement changé la donne, même si la cuisine s'oriente de plus en plus vers un classique reconnaissable, avec la sole meunière, le turbot sauce hollandaise et le filet de bœuf au foie gras poêlé. Même si les produits nobles sont de qualité, ce joli cadre d'un ancien cloître XIIᵉ mériterait peut-être un peu plus d'envolée et de renouvellement, la douce berceuse de la tradition laissant finalement peu de marge de progression. Bonne cave de bergeracs et périphériques.

C : 45 € • M : 22-45 €

→ 8 rue des Fontaines
☎ 05 53 57 47 92
F. dim., lundi et janv.
Jusqu'à 22h.
🎋 🐕

www.imparfait.com

Villes de proximité, voir :

○ MONBAZILLAC...........................7 km S. par D 13 **(13/20)**
○ MOULEYDIER.............................8 km E. par D 660 **(15/20)**

BERGHEIM - 68750 (10 B 4)

Colmar 16 - Sélestat 14 - Ribeauvillé 4

12 **Wistub du Sommelier** ❦

Bien sûr, le nom est porteur d'une longue tradition qu'il convient de respecter pour contenter les nombreux touristes, mais Patrick Schneider ne se livre pas pour autant pieds et poings liés à l'orthodoxie du genre, le décor adorable n'oublie pas de respirer et la cuisine ajoute aux incontournables (le presskopf, le foie gras d'oie, la choucroute paysanne) quelques plats un peu plus dans l'air du temps (terrine de pintade en chemise de jambon cru et compote de figues, risotto au pinot noir). La cave se débrouille également bien pour être à la hauteur.

C : 25 € • M : 19,90-23 €

→ 51 Grand-Rue
☎ 03 89 73 69 99
F. mardi, merc., 2 sem. fin
janv. et 2 sem. fin juil.
Jusqu'à 21h30.
🐕

www.wistub-du-sommelier.com

BERGUES - 59380 (1 C 1)
Lille 65 - Dunkerque 9

13 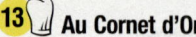 Au Cornet d'Or

La façade ne change pas, noble maison espagnole témoin de l'histoire flamande. L'intérieur non plus, légèrement somnolent, attendant que quelque chose se passe, mais quoi ? On ne peut certes pas en vouloir à Jean-Claude Tasserit de cultiver la tradition, mais l'atmosphère lénifiante ne permet pas de repeindre les plats et la manière semble tout à coup avoir vieilli, à l'image des ris de veau pourtant pas mauvais, servis dans une cassolette brûlante, desservis par un gratin parmesan trop présent. Les produits restent bien choisis, mais l'environnement est à rafraîchir à tous niveaux, jusque dans le livre de cave, une sorte d'album photo des années 80 rassemblant les grands châteaux et le négoce bourguignon.
C : 55 € • M : 26-55 €

→ 26 rue Espagnole
☎ 03 28 68 66 27
F. dim. à dîn. et lundi.
Jusqu'à 21h30.

13 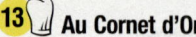 Taverne Bruegel

Fête médiévale dans la plus ancienne maison espagnole de la ville : dans l'immense cheminée rôtissent les belles pièces que se réservent les gros mangeurs du canton et les touristes convaincus par ce décor plus vrai que nature, par le service en costume d'une gentillesse toute nordiste et par ces généreuses assiettes qui évoquent si bien la chaleur du plat pays flamand : excellent potjevleesch, carbonade, waterzoï, pavé de bœuf au bergues et, pour la fin de semaine, le cochon de lait grillé pour devenir vraiment Obélix. On peut boire le vin au pichet, mais pour rester raccord, on s'oriente vers une blonde d'Esquelbecq ou une Trois Monts, sublimes bières blondes à fermentation haute.
C : 25 € • M : 20,70 €   www.lebruegel.fr

→ 1 rue du
Marché-aux-Fromages
☎ 03 28 68 19 19
F. 1er Mai, Noël et nouvel an.
Jusqu'à 21h30.

Villes de proximité, voir :

⟳ QUAEDYPRE...........................4 km S. par D 916 (13/20)
⟳ WARHEM ....4 km E. par D 79 (11/20)

BERMICOURT - 62130 (1 C 4)
Arras 45 - Hesdin 16 - Montreuil 41

13 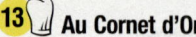 La Cour de Rémi

Cette ancienne ferme de la campagne du Nord est devenue l'air de rien le modèle de l'auberge de campagne moderne, décomplexée, remarquablement homogène : un décor soigné, matériaux bruts en avant, et une cuisine alerte, ouverte à tout et à tous, entre terre et mer, Nord et Sud : crème d'étrilles au lard paysan, langue de veau d'Audincthun caramélisée à la plancha, dos de cabillaud cuit sur la peau chips de chorizo, marmelade de rhubarbe et pomme fruit glace au lait de brebis. Autre témoignage de cette ouverture d'esprit, la qualité de la sélection de vins, dans l'air du temps et tournée vers les vins naturels, proche du terroir. Sept très belles chambres épurées complètent cet ensemble décidément réussi.
C : 28 € • M : 28-33 €   www.lacourderemi.com

→ 1 rue Baillet
☎ 03 21 03 33 33
F. sam. à déj., dim. à dîn.,
lundi et janv.

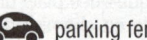 parking privé   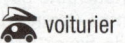 parking fermé   voiturier

11 La Cote 108

Le cadre est toujours aussi séduisant, avec ses couleurs chatoyantes et ses lignes contemporaines et structurées. Tout aussi séduisante, la très agréable terrasse sur le jardin. Entre cuisine de saison et propositions du jour, Christophe Gilot propose des plats ambitieux et des manières personnelles, filet de bar de ligne poché mousse à l'huile d'olive et glace au chèvre, pièce de veau en croûte de câpres ou une gourmande déclinaison 3 C (Cacahuètes, Caramel, Chocolat). Des efforts qu'on retrouve à tout niveau, du service impliqué à une cave bien construite, en passant par une carte des eaux ou des cafés.

C : 50 € • M : 25 €

→ 1 rue du Col-Vergezac
☎ 03 23 79 95 04
F. dim. à dîn., mardi (sf sur réserv. groupes), 2 sem. mi-juil. et 26 déc.-16 janv.
Jusqu'à 21h15.

15 Le Relais du Mâconnais

Ancien élève d'Orsi ou de Silva, entre autres, Arnaud Lannuel a eu le temps de faire le tour des cuisines de son terroir bourguignon pour adapter à la taille de la maison familiale un talent déjà explicite, et qui lui a valu l'an passé la distinction de Jeune chef régional. Sa carte donne faim et soif, elle témoigne de la jeunesse et de l'époque, à travers une technique d'aujourd'hui sur des thèmes régionaux : ravioles d'escargots, flan au lait d'amande, jus émulsionné à la cacahuète, pigeon et blettes joliment déclinés, filet poché, cuisse en tempura, aileron confit, entremets croustillant chocolat-noisette et gelée d'orange confite. Vous aimerez comme nous cet alliage de simplicité et d'originalité qui repose sur une atmosphère résolument familiale, dans le service naturellement gentil et sur une cave bourguignonne qui commence à s'épaissir avec de bons propriétaires (Tollot-Beaut, Girardin) pour laisser un peu moins de place au négoce.

C : 55 € • M : 24-39 €   *www.lannuel.com*

→ Lieu-dit la Croix-Blanche
☎ 03 85 36 60 72
F. dim. à dîn., lundi et vac. scol. fév.
Jusqu'à 21h.

idéal gourmet

14 Christophe Menozzi

La page du Mungo Park et de son icône gastronomique (Jocelyne Lotz-Choquart, qui compta pendant longtemps parmi les très rares femmes à trois toques) est désormais bien tournée. Christophe Menozzi, ancien propriétaire du Comtois à Doucier, dirige désormais cette jolie maison de centre-ville, idéalement située sur les bords du Doubs et face à un tout nouveau et vaste parking. Il n'a pourtant pas fait totalement table rase de ce glorieux passé, promouvant même Benoît Rotschi, l'ancien second, au poste de chef. A la fois proche de son terroir et contemporaine, la carte de ce dernier affiche un excellent rapport qualité-prix, avec le foie gras de canard au macvin, la salade de groin de cochon et poires au vin rouge ou le filet de féra à l'ail sauvage. Cave commentée avec science par le maître de maison.

C : 45 € • M : 22-45 €

→ 11 rue Jean-Petit
☎ 03 81 81 28 01
F. dim., lundi, 1 sem. déb. janv., 1 sem. fin juil. et 2 sem. déb. août.
Jusqu'à 21h30.

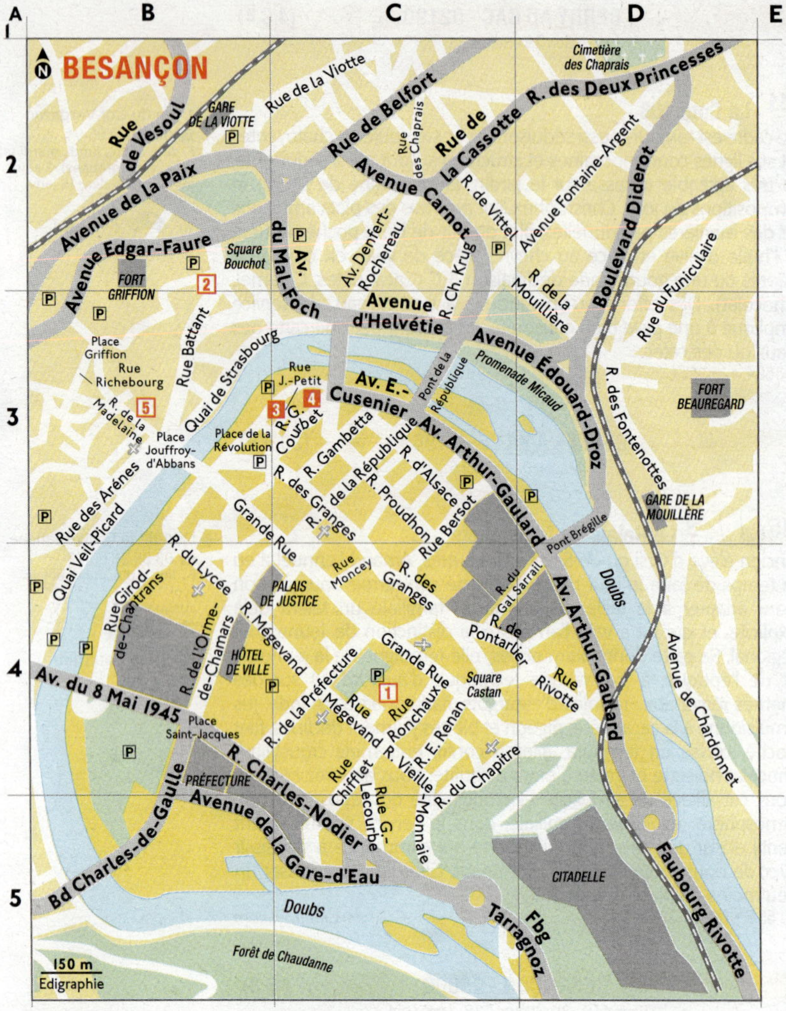

BESANÇON

Map of Besançon with grid coordinates A–E (columns) and 1–5 (rows), showing streets, landmarks, and restaurant locations.

■ Restaurant   □ Table en vue

Brasserie 1802 **C-4** ①	Christophe Menozzi **C-3** ③	Zinzins du Vin (Les) **B-3** ⑤
Chez Achour **B-2** ②	Table des Halles (La) **C-3** ④	

---

12 La Table des Halles

Homologue bisontin du Bistrot des Halles dijonnais, ce bistrot propose les mêmes qualités chères à Jean-Pierre Billoux (Le Pré aux Clercs à Dijon) : professionnalisme du service et de la cuisine mais aussi qualité suivie des produits, pour une cuisine tendance bistrot (nage d'escargots à l'absinthe, gigot d'agneau de 7 heures, truite à la crème de lard fumé). Le joli décor d'atelier façon loft

→ 22 rue Gustave-Courbet
☎ 03 81 50 62 74
F. dim., lundi, 2 sem. fév. et 2 sem. août.
Jusqu'à 22h.

---

 repas en terrasse ou dans un jardin   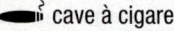 cave à cigare

G
M

présente, chose assez rare dans ce type d'établissement, des tableaux et des sculptures qui font pardonner les nappes en plastique ou les serviettes déchirées.

C : 30 € • M : 16-20 €   *la.table.des.halles@wanadoo.fr*

Brasserie 1802

Un cadre totalement rénové pour cette brasserie réputée et animée du centre-ville, avec sa terrasse ouvrant sur le parc. Des plats du registre bistrot mais aussi d'une certaine ambition, pavé de sandre sauce nori et vin jaune, pièce de veau sauce foie gras, carpaccio d'ananas à la cardamome.

C : 20 € • M : 21 €

→ Pl Granville, 2 rue Lacoré
☎ 03 81 82 21 97
F. 15 déc.-15 janv.
Jusqu'à 22h (22h30 w.-e.).

Chez Achour

Le décor rafraîchi ne fait qu'augmenter le plaisir de fréquenter cette enclave orientale au cœur de la Franche-Comté, pour retrouver un savoir-faire sans faille dans le travail de la semoule ou la cuisson des tajines.

M : 12,90-24,90 €

→ 77 rue Battant
☎ 03 81 81 42 20
F. lundi et août.
Jusqu'à 22h.

Les Zinzins du Vin

Cave à vins, boutique en ligne, bar à vins... Pour Fabrice Monnin, tous les moyens sont bons pour faire partager sa passion et on lui sait gré de faire découvrir ces vignerons de pointe, ces bouteilles qui racontent de si belles histoires. Ils s'accompagnent de tapas et surtout de sushis, sous la houlette de Momoko Monnin.

C : 12,50 € • M : 12,50-25 €   *www.leszinsduvin.com*

→ 14 rue de la Madeleine
☎ 03 81 81 24 74
F. dim., lundi, mardi et juil.-août.
Jusqu'à 23h.

Villes de proximité, voir :

⟳ MONTFAUCON ....7 km E. par N 57 et D 104 **(13/20)**

BETBEZER D'ARMAGNAC - 40240   **(23 D 4)**
Barbotan-les-Thermes 18 - Dax 88

12 Domaine de Paguy

La générosité du terroir landais s'accommode bien de la formule ferme-auberge, d'autant que Mme Darzacq est une authentique passionnée de cuisine, de celle qui aime le partage. Alors, dans l'adorable cadre de son manoir XVIᵉ, elle sert généreusement les volailles de la ferme et les légumes de saison : garbure, foie gras, asperges, confit... Les vins du Sud-Ouest et le floc de Gascogne répondent également présent, en partie issus des 11 hectares de vignes qui forment le domaine. Belles chambres d'hôtes de style.

C : 21 € • M : 17-34 €   *domaine-de-paguy@wanadoo.fr*

→ ☎ 05 58 44 81 57
F. merc. (1ᵉʳ juil.-15 sept), sur réserv. seult sf groupes (15 sept.-Pâques).
Jusqu'à 20h30.

BETHUNE - 62400   **(1 D 3)**
Arras 34 - Lille 40

14 Au Départ

Une cuisine de produits, cela ne suffit pas toujours. Sauf quand un vrai pro s'en empare pour prendre la bonne inspiration, les beaux jus, en utilisant des présentations modernes (le recours aux éprouvettes est autorisé lorsqu'on sait s'en servir...). C'est ainsi que Jean-François Buche conçoit le métier, dans cette maison de longue réputation, près de soixante ans au service des Béthunois, et qu'il a reprise et rénovée avec passion. Tout, de A à Z, le pain, les glaces et bien sûr le marché, qui lui permet les meilleurs arrivages : les escargots de Radinghem avec une crème d'ail d'Arleux, un turbot de petit bateau aux légumes primeurs et asperges vertes, un

→ 1 pl François-Mitterrand
☎ 03 21 57 18 04
F. sam. à déj., dim. à dîn., lundi, mardi à déj., 2e sem. vac. scol. fév. et 3 prem. sem. août.
Jusqu'à 21h45.

coquelet en deux cuissons, chou rouge à la flamande et conchiglie farcie d'une duxelle de champignons... quelques assiettes au petit point dans cette salle bourgeoise qui devrait être chamboulée elle aussi à parution. Vaste cave classique et généraliste.
C : 48 € • M : 20-60 €

Villes de proximité, voir :

↻ GOSNAY.............................5 km S.O. par N 41 **(13/20)**

BEUVRON EN AUGE - 14430   (6 A 3)
Caen 29 - Cabourg 16

14 🏨 **Le Pavé d'Auge**

Depuis qu'il a ouvert quatre chambres dans ce cadre de pure Normandie mêlé à un élégant contemporain, Jérôme Bansard peut voir son activité plus sereinement. Les amateurs de cette table souriante des très belles halles du pittoresque village au cœur du pays d'Auge pourront en profiter sans arrière-pensée, sans le besoin impérieux de retourner à Deauville, Paris ou Caen. Ce qui leur donnera l'occasion de piocher avec avidité dans les beaux menus cartes où le chef mixe tradition et exotisme - aigre doux de mangue et gingembre avec l'escalope de foie gras poêlé, bouillon à la coriandre avec les langoustines croustillantes et rémoulade de pomme céleri, pièce de veau poêlée artichaut violet et blettes en gratin au lard - mais aussi dans la carte des vins, bien équipée en toutes régions, avec le saint-joseph de Villard, le saumur de la Fosse Sèche, le minervois de Sainte-Eulalie.
C : 48 € • M : 34-58 €   www.lepavedauge.com

→ Le Bourg
☎ 02 31 79 26 71
F. lundi, mardi (h.s.), lundi, mardi à déj. (juil.-août), 1 sem. fév. et 26 nov.-28 déc.
Jusqu'à 21h.

🏡 🐐

🍴 Idéal gourmet

BEUVRY LA FORET - 59310   (2 B 3)
Lille 31 - Tournai 20

12 **La Chaumière**

Diplômé du Mérite Culinaire, René Pawlak, dans sa paisible maison de brique entre Lille et Valenciennes, n'entend pas brader ce savoir-faire et cultive donc, pour le plus grand bonheur des habitués, vertus classiques et produits nobles, le foie gras à la vieille prune, la blanquette de rognons et ris de veau ou le soufflé glacé au Grand Marnier. Plateau de fromages impressionnant, belle cave classique, et notamment bordelaise.
C : 40 € • M : 29,50-53 €

→ 685 rue Henri-Fiévet, rte de Marchiennes
☎ 03 20 71 86 38
F. dim. à dîn., lundi, fév. et 2 sem. déb. sept.
Jusqu'à 21h15.

🏡 🚗 🐐

BEUZEVILLE - 27210   (6 A 3)
Evreux 80 - Honfleur 15

11 **Auberge du Cochon d'Or**

Etape typique au cœur de la Normandie, dans son décor gentiment bourgeois comme dans sa carte joyeusement terroir, entre pavé d'andouille à la crème de camembert et entrecôte normande sauce au foie gras. Le filet de bar rappelle fort opportunément que la Normandie est aussi une région maritime et le Petit Castel permet de prolonger l'étape dans de jolies chambres douillettes.
M : 20-42 €   www.le-cochon-dor.fr

→ 64 rue des Anciens-d'AFN
☎ 02 32 57 70 46
F. lundi et janv.
Jusqu'à 21h.

🏡 🚗 🐐

BEYNAC ET CAZENAC - 24220 (24 C 4)
Sarlat-la-Canéda 8 - Saint-Cyprien 10

12 La Taverne des Remparts

Le décor semble tout droit sorti d'un film d'Hunebelle : un château médiéval comme toile de fond, voilà qui vaut toutes les vues sur la mer. Installée dans les anciennes écuries du château, au sommet du village (accès possible en voiture en pratiquant un large détour dans la campagne), cette taverne peine parfois à se hisser à la hauteur du cadre, se contentant le plus souvent d'offrir un Périgord de carte postale à une clientèle touristique trop heureuse de profiter d'un tel spectacle depuis la terrasse. Viandes grillées correctes, salades généreuses.

C : 40 € • M : 13 €   taverne24220@aol.com

→ Pl du Château
☎ 05 53 29 57 76
F. à dîn. mardi-jeudi et 15 nov.-1er avril.
Jusqu'à 21h.

Villes de proximité, voir :

↻ VEZAC......................2 km S.E. par D 703 et D 49 **(12/20)**

BEZIERS - 34500 (31 D 4)
Montpellier 69 - Sète 48

15 L'Ambassade

On prend ici quelques leçons de savoir-vivre et de savoir-manger, ce qui n'implique pas la tradition encroûtée et la veillée funèbre, mais plutôt un moment de restauration de haut vol à la française, flambage et découpage au guéridon, synchronisation parfaite, assiettes impeccables dans leur présentation, leur texture, leur justesse de saveur. Voilà le travail bien fait d'un artisan moderne, voilà ce que produit à chaque service Patrick Olry et sa brigade dans cette salle Arts déco, aluminium et bois, où les baies vitrées laissent apparaître les cuisines. Ce ne sont donc pas seulement les Biterrois de toujours, mais avant tout les fervents d'un certain art de déguster qui trouvent ici la crépinette de pied de cochon au foie gras et scampis de langoustines, le tronçon de baudroie cuit à l'os avec son ravioli de tomate et escargot de mer, son ris de veau au sautoir et risotto arborio de févettes et pointes d'asperges. Belle cave régionale qui ne néglige aucune région.

C : 55 € • M : 28-85 €   lambassade-beziers@wanadoo.fr

→ 22 bd de Verdun
☎ 04 67 76 06 24
F. dim., lundi et 12 juil.-5 août.
Jusqu'à 21h30.

----

15 ⋛ Octopus

Cela peut paraître un peu court, mais le concept qui consiste à ne pas s'ennuyer est un prérequis intéressant. Fabien Lefèvre est un excellent cuisinier, mais surtout, il a su penser un endroit ouvert sur son siècle, fait pour une clientèle moderne qui veut manger sans pleurer. La mise en scène est donc parfois un peu insistante, mais on ne fera certainement pas la fine bouche devant ce cadre dépouillé zen, avec un jardin intérieur arboré, et devant ces assiettes rythmées pour ne pas dire rock and roll, chipant dans tous les coins du globe des idées et des saveurs, recentrées sur les produits d'ici : saint-jacques cuites sur pierre (on the rock) parmesan et chlorophylle, chipolatas de cochon et gambas comme un nem, rouget et bolognaise, tartare de pigeon pas tout à fait cru et truffe noire de l'Aude. Le reste semble du domaine du détail, c'est pourtant essentiel : la possibilité de demi-portions, un service jeune et souriant, une cave enthousiasmante avec tous les petits nouveaux (Péchigo, Pelletier, Miquel au verre).

C : 50 € • M : 21-70 €

→ 12 rue Boïeldieu
☎ 04 67 49 90 00
F. lundi, dim., 16 août-7 sept. et 24 déc.-5 janv.
Jusqu'à 21h30.

13 Restaurant Le Domaine

Francis Santuré, ex du Jardin, avenue Jean-Moulin, a repris il y a peu cet ancien domaine viticole aux portes de la ville pour y proposer une version personnelle et soignée de la cuisine régionale. Le foie gras poêlé à la crème de muscat, la trilogie de magret, bœuf et suprême de volaille et le moelleux au chocolat coulis de pistache traduisent à merveille cet appétit de promotion des valeurs gastronomiques locales.
C : 32 € • M : 26-36 €

→ Ancienne rte de Bédarieux, ou rte de Corneilhan
☎ 06 08 99 78 31
F. lundi, mardi, merc. (sf sur réserv. groupes 10 pers. max.).
Jusqu'à 21h.

- -

12 Le Petit Montmartre

La proximité du théâtre amène quelques artistes de passage qui goûtent comme les touristes et les locaux, cette cuisine qui s'affine d'année en année dans un cadre réellement accueillant, déco épurée sous les ventilateurs, terrasse très plaisante sur la place piétonne. La note se confirme grâce à cet ancien de chez Philippe à Marseillan, qui a le sens des goûts justes et des bonnes associations méridionales : lasagnes de moules à la citronnelle, parmentier de pintade aux patates douces, bœuf au romarin et légumes confits. Avec les vins de l'Hortus, la Négly, Cazal-Viel ou la Liquière, les bonnes sensations vont aussi dans les verres.
M : 21-29 €

→ 2 pl de la Madeleine
☎ 04 67 28 56 54
F. dim., lundi à dîn., 3-4 sem. janv.
Jusqu'à 22h.

Villes de proximité, voir :

BIARRITZ - 64200   (24 C 5)
Paris 778 - Pau 120 - Bayonne 7

16 La Villa Eugénie

A la cour d'Eugénie se pressent encore les grands de ce monde. Et quand les petits s'y invitent, ils admirent ce faste, ce ballet d'un service onctueux qui n'oublie pas, quitte parfois à surjouer, de conserver ce style ancien, tout en déférence souriante, pour délivrer les assiettes de l'infatigable Jean-Marie Gautier, MOF consacré tout à fait dans son rôle sur cette carte au prestige discret, centré sur des produits accommodés dans une tradition bien lisible : homard bleu, gaspacho de tomates confites et sorbet basilic, blanc de bar, crème au vin blanc de Brana, caviar d'Aquitaine, carré d'agneau rôti à la basquaise, croûte de chorizo, petits légumes farcis : un travail aussi beau que bon, qui vise avant tout à assurer une prestation de très haut niveau, jusqu'aux desserts nets et efficaces de Laurent Piballeau et à la cave, complète, qui ne commet guère d'impair dans aucune région.
C : 140 € • M : 65-130 €

www.hotel-du-palais.com

→ 1 av de l'Impératrice
☎ 05 59 41 64 00
F. lundi, mardi et merc. à déj. (h.s.), à déj. (juil.-août), à dîn. (14 juil. et 15 août) et 1er fév.-19 mars.
Jusqu'à 22h.

Hôtel du Palais

Majestueuse bâtisse posée sur la mer, l'ancienne résidence impériale de Napoléon III demeure l'un des hôtels les plus célèbres de l'Hexagone, de ceux qu'on ne peut s'empêcher d'admirer lorsque, simple promeneur, on flâne sur le sentier qui parcourt le front de mer. Oublions un instant les tarifs, impériaux, pour rappeler le luxe feutré dont jouissent les chambres, meublées dans le style Second

→ 1 av de l'Impératrice
☎ 05 59 41 64 00
🖨 05 59 41 67 99
Ouv. 7j/7.

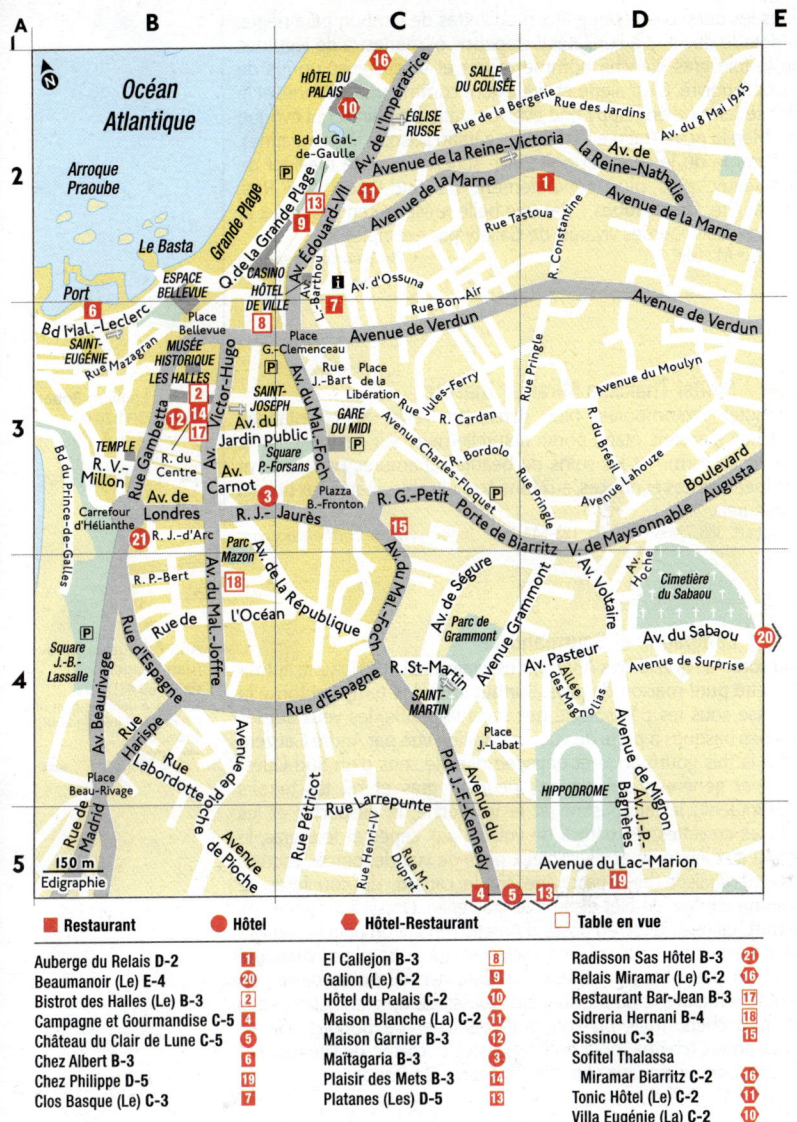

Océan Atlantique

Arroque Praoube

Le Basta

Port

Restaurant ● **Hôtel** ● **Hôtel-Restaurant** □ **Table en vue**

Auberge du Relais **D-2**	**1**	El Callejon **B-3**	**8**	Radisson Sas Hôtel **B-3**	**21**
Beaumanoir (Le) **E-4**	**20**	Galion (Le) **C-2**	**9**	Relais Miramar (Le) **C-2**	**16**
Bistrot des Halles (Le) **B-3**	**2**	Hôtel du Palais **C-2**	**10**	Restaurant Bar-Jean **B-3**	**17**
Campagne et Gourmandise **C-5**	**4**	Maison Blanche (La) **C-2**	**11**	Sidreria Hernani **B-4**	**18**
Château du Clair de Lune **C-5**	**5**	Maison Garnier **B-3**	**12**	Sissinou **C-3**	**15**
Chez Albert **B-3**	**6**	Maïtagaria **B-3**	**3**	Sofitel Thalassa	
Chez Philippe **D-5**	**19**	Plaisir des Mets **B-3**	**14**	Miramar Biarritz **C-2**	**16**
Clos Basque (Le) **C-3**	**7**	Platanes (Les) **D-5**	**13**	Tonic Hôtel (Le) **C-2**	**11**
				Villa Eugénie (La) **C-2**	**10**

Empire. Vue merveilleuse sur l'océan, parc délicieux. Ouvert l'an dernier, le spa propose un espace beauté, une piscine couverte, un sauna, un hammam et une salle de fitness.
30 appart. 600-1600 € ▪ 122 ch. 280-570 €   *www.hotel-du-palais.com*

- -

15 🍺 **Le Relais Miramar**

Deux belles toques solides pour Patrice Demangel qui déroule le catalogue au fil des saisons, en interprétant la pêche comme au XXe siècle, du terroir bien senti, des arômes et des techniques d'aujourd'hui dans le tourteau et araignée de mer en roulés croustillants,

→ 13 rue Louison-Bobet
☎ 05 59 41 30 00
Ouv. 7j/7.
Jusqu'à 22h.

dans les oursins en coque aux mouillettes de jambon pata negra, la dorade de ligne à l'unilatéral chipirons et ménestra de légumes ou le foie gras plancha pomme raisins et salsifis avec un jus de xocopili poivré. C'est alerte et virevoltant comme une sardane, et le film se termine en happy end avec un pâtissier pointu qui évoque fort bien la poire (tatin en croûte de gâteau basque et mandarine), la pomme ou le chocolat noir. Cave sérieuse avec le meilleur de l'irouléguy, puis plus généralement du Sud-Ouest (Da Ros, Verhaeghe, Cosse, Ribes…) et une belle présence en bordeaux et ailleurs (les superbes vivarais de Gallety par exemple).
C : 80 € • M : 56 €   www.accorthalassa.com

Sofitel Thalassa Miramar Biarritz

Un hôtel contemporain bien dans son siècle, aux prestations parfaites, l'accent étant porté naturellement sur la thalasso, la remise en forme et les soins de beauté. Chambres parfaitement équipées, vastes et douces, aux tons écru et sable, matériaux nobles et naturels.
17 appart. 366-724 € • 109 ch. 193-544 €   www.accorthalassa.com

→ 13 rue Louison-Bobet
☎ 05 59 41 30 00
📠 05 59 24 77 20
Ouv. 7j/7.

14 Campagne et Gourmandise

A la sortie de la ville vers Ahetze, c'est vraiment la campagne autour de cette pure maison de pays. Surtout quand le temps autorise la terrasse sous les parasols, le nez dans la prairie, les yeux sur les collines basques à perte de vue. La tradition vue par André Gaüzère est à la fois gourmande et engagée dans le sens d'un Sud-Ouest riche et généreux qui n'a pas peur du gras et où les terroirs s'emmêlent : la langoustine et la ventrèche, le gaspacho et les grosses crevettes, le marbré de volaille aux cèpes et foie gras, le merlu aux légumes et de copieux plats de viande, parmi lesquels une déclinaison bien gasconne sur le canard, de cou farci, de poitrine confite, de filet et de foie gras grillé. On ne prononce pas le mot "calorie" jusqu'au pastis d'Amélie (en fait un pain perdu à la pêche avec une glace vanille délicieuse), un autre plaisir sucré qui tend un peu plus la ceinture. Excellent accueil de Madame, en véritable maîtresse de maison, cave classique de grands bordeaux un peu chers, mais où l'on peut dénicher de bonnes affaires inattendues (châteauneuf de Beaucastel, domaine de l'Ile rosé) et de très bons régionaux (Arretxea et Brana, Da Ros…).
C : 45 € • M : 45-75 €

→ André-Gaüzère, 52 av Alan-Seeger
☎ 05 59 41 10 11
F. lundi à déj., merc. et dim. à dîn. (sf 14 juil.-fin août). Jusqu'à 21h15.

14 Les Platanes

Dans une maison basque à l'écart du centre, un cuisinier à l'écart des modes. Bruno Locatelli a sans doute appris autant chez Passard et chez Pignol. Et dans les deux cas, l'amour du beau produit, traité avec respect, dévouement, dans une notion de plaisir. Ce qui transparaît aujourd'hui, dans cette ambiance sobre un peu rétro, à travers la fricassée d'escargots à l'émulsion d'herbes, les ravioles de langoustines à l'andouille ou la noix de ris de veau poêlé au tamarin. Cave en devenir, mais aux bonnes références sur la région.
M : 35-68 €   restaurant.lesplatanes@wanadoo.fr

→ 32 av Beau-Soleil
☎ 05 59 23 13 68
F. sam. à déj., dim., lundi. F. ann. non comm. Jusqu'à 22h.

14 Sissinou ♥

→ 5 av du Mal-Foch
☎ 05 59 22 51 50
F. dim., lundi, vac. scol. fév., 2
sem. juin et jrs juil.
Jusqu'à 22h30.

Qu'est-ce qui fait courir Biarritz vers ce décor chic et branché en plein centre ? Une excellente cuisine, des prix pas spécialement tendres, un service humain sans cérémonie, autant de critères ordinairement rédhibitoires pour déplacer les foules. Il faut donc croire que le Biarrot est connaisseur et qu'il préfère miser un peu plus sur une bonne adresse que d'ingurgiter d'improbables ravioles de langoustines dans un mouroir. Côté positif, Sissinou est une adresse en or, tout simplement, parce qu'il offre les plats qu'on a envie de manger aujourd'hui - gaspacho et pressée de maquereau aux aubergines plein de fraîcheur, ris d'agneau purée friand et délicieux, chipirons et tête de veau bien malins, russe d'Oloron orthodoxe - avec, comme par hasard, tout ce qu'on aime boire, de Germain aux Guérin, du Petit Sid à Da Ros, de Haut Selve au viognier de la Janasse. Et bien sûr ce qu'il y a de bon ici, en jurançon ou en irouléguy (Arretxea, Brana...). Dans la salle, Marie Cassou-Debat a ce talent d'accueil si rare, maîtrisant complètement l'affaire et les plats de son époux Michel, avec vivacité et tact.
C : 48 €   restaurant.sissinou@wanadoo.fr

---

13 Chez Philippe

→ 30 av du Lac-Marion
☎ 05 59 23 13 12
F. à déj., 2 sem. déb. mars et 2
sem. fin nov.
Jusqu'à 22h30.

Menu unique, intitulés lapidaires (reprenant les principaux ingrédients), vous êtes bien chez Philippe et c'est le chef qui décide. Il serait vraiment dommage de se braquer, parce que cette maison est une bouffée d'air frais au pays de la gastronomie basque traditionnelle : décor moderne aux couleurs acidulées (expo-vente d'objets d'art), ambiance décontractée-chic et une cuisine alerte, ludique dans ses associations mais sérieuse dans son respect du produit. Bienvenue chez Philippe.
M : 40-75 €   www.restaurantphilippe.fr

---

13 Le Clos Basque

→ 12 rue Louis-Barthou
☎ 05 59 24 24 96
F. dim. à dîn. (sf juil-août) et
lundi. F. ann. non comm.
Jusqu'à 22h.

C'est un bistrot basque de tradition, à l'ambiance d'auberge de famille, où Béatrice Viateau, avec finesse et détermination, arrive à secouer le terroir pour susciter à chaque saison des clins d'œil et des envies nouvelles : un caponata de légumes mozza au printemps, une marmelade de lapin aux agrumes ou une brochette de lotte magret fumé et ananas en été, une épaule d'agneau au massala boulgour aux pois chiches et aux dattes en hiver. L'imagination est au pouvoir sans renverser les icônes, la petite cave, sympathique et pas chère, accentuant comme le service affable l'impression de modération et de gentillesse.
C : 24 € • M : 24-28 €

---

13 Plaisir des Mets

→ 5 rue du Centre
☎ 05 59 24 34 66
F. lundi à déj., mardi à déj.,
jeudi à déj. (été), mardi, merc.
(h.s.), 20 juin-12 juil. et 20
nov.- 6 déc.
Jusqu'à 22h.

Parfums sincères chez Jean-Noël Aguerre, de cabas débordants à deux pas du marché : les légumes de saison, les viandes de pays, les poissons de petit bateau investissent une carte bistronomique dans un cadre rénové, plus reposant et zen que jamais. La simplicité d'un museau ravigote ou d'une entrecôte avec ses grosses frites et une crépinette de queue braisée donne autant de joie que le salpicon de homard et les filets de soles légumes aux langoustines, servis avec sobriété et précision. Cave régionale pas trop chère pour une toque qui s'affirme.
C : 48 € • M : 26 €

12 Auberge du Relais

Tapisserie à l'ancienne dans une salle, mur de verre et de lumière dans l'autre : René Lacam prend à cœur de séduire toutes les générations. Cela fonctionne d'autant mieux que sa cuisine reste fidèle à ses racines basques avec une constance qui réchauffe le cœur autant que l'estomac : œuf poché à la piperade, croûtons et jambon grillé ; escalope de saumon frais à la basquaise, gâteau basque à la crème pâtissière, sans oublier l'incontournable brebis et sa confiture de cerise. Au gré des arrivages et des saisons, le grand menu (toujours à tarif raisonnable) s'enrichit de suggestions plaisantes, autour du gibier ou des saint-jacques par exemple.

C : 42 € • M : 22-32 €
www.auberge-biarritz.com

→ 44 av de la Marne
☎ 05 59 24 85 90
F. mardi (oct-mai), 7-31 janv.
et 24 nov.-13 déc.
Jusqu'à 21h30.

12 Le Galion

La situation face à la mer fait mouche et permet de manger en rêvassant devant le mouvement des vagues. On prend donc son temps, dans ce décor traditionnel, pour apprécier une cuisine qui l'est tout autant, entre produits de la mer et influences basques : piquillos farcis, choucroute de poissons ou thon rouge juste saisi.

C : 45 € • M : 28 €

→ 17 bd du Gén-de-Gaulle
☎ 05 59 24 20 32
F. lundi, mardi à déj. et
mi-nov.-mi-déc.

12 La Maison Blanche

Jeune et tonique, le service et l'accueil du restaurant, dans les tons chocolat et écru, crée aussi la détente. Si l'on oublie de vous dire que la carte du déjeuner, en saison, est plus brasserie-snacking que le soir réservé aux exploits gastronomiques du jeune chef (bar rôti aux herbes folles truffées, lotte grillée et risotto de piselini au pistou...), ce n'est pas très grave : l'ambiance est agréable, en regardant les clips de modèles, la tartine de gambas est bien fraîche, davantage que le merlu aux herbes avec une ratatouille sans grand éclat, mais tout se passe bien et gentiment dans cet espace si urbain.

C : 50 € • M : 25-65 €
www.maisonblanchebiarritz.com

→ 58 av Edouard-VII
☎ 05 59 24 66 12
Ouv. 7j/7.
Jusqu'à 22h.

Tonic Hôtel

Totalement dans la ligne Tonic en service aussi à Marseille et Paris, cet exemplaire balnéaire développe un design urbain très réussi dans les tons de la mode contemporaine, orchestrée avec talent par Jean-Philippe Nuel. Belles prestations, ambiance détente.

63 ch. 125-395 €
www.tonichotelbiarritz.com

→ 58 av Edouard-VII
☎ 05 59 24 58 58
☎ 05 59 24 86 14
Ouv. 7j/7.

11 Chez Albert

Institution locale, ce restaurant installé sur le petit port de pêche, à l'écart du centre, ne se laisse pas facilement approcher. La faute à des tarifs soutenus (un seul menu, à près de 40 €) mais logiques, les poissons travaillés étant exclusivement sauvages et issus de la pêche du jour : dorade grillée à l'espagnole, sole poêlée aux saint-jacques et purée de champignons des bois, chipirons sautés en persillade aux haricots "Ganxet". Agréable terrasse.

C : 42 € • M : 38 €

→ Port-des-Pêcheurs
☎ 05 59 24 43 84
F. merc. (sf été), 5 janv.-10 fév.
et 1er-15 déc.
Jusqu'à 22h (22h30 w.-e.).

🔆 Le Bistrot des Halles 💚
Des ardoises renouvelées fréquemment, des produits soigneusement triés (les poissons sont superbes, les charcuteries également) et un délicieux décor bistrot qui ne laisse presque rien deviner du soin apporté aux assiettes. Service souriant, bonnes spécialités régionales.
C : 28 € • M : 12,80 €

→ 1 rue du Centre
☎ 05 59 24 21 22
F. dim., 2e quinz. juin et 3 prem. sem. déc.
Jusqu'à 22h30.

🔆 El Callejon
Une sidreria tendance chic où se pressent les people de passage à Biarritz (les murs sont d'ailleurs couverts de photos de stars posant avec les patrons). Pour l'authenticité, on peut trouver mieux à quelques pâtés de maisons mais les assiettes (dans un esprit tapas parfaitement raccord avec la clientèle) savent se tenir.
C : 35 € • M : 19-50 €   www.elcallejon-restaurant.com

→ 15 pl Clemenceau
☎ 05 59 24 99 15
F. dim.
Jusqu'à 24h.

🔆 Restaurant Bar-Jean
Le mâchon après le marché : face aux Halles, de bonnes spécialités régionales et du plat robuste, une paella, une côte de bœuf, servis dans la générosité et la bonne humeur.
C : 30 €

→ 5 rue des Halles
☎ 05 59 24 80 38
F. mardi, merc. (h.s.) et janv.
Jusqu'à 23h.

🔆 Sidreria Hernani 💚
Une sidreria furieusement authentique (les grandes tables en bois façon maison d'hôtes, les cuves où l'on tire le cidre devant le client, la cuisine, ouverte sur la salle) où l'on pratique la basquitude (morue à l'ail, fruits de mer et poissons à la plancha…) sans aucun faux-semblant. Formidable côte de bœuf, ambiance surchauffée.
C : 28 €   www.cidrerie-hernani.com

→ 29 av du Mal-Joffre
☎ 05 59 23 01 01
F. juin.
Jusqu'à 24h.

Radisson Sas Hôtel
Désormais sous enseigne Radisson, l'ex-Crowne Plaza affiche sa bonne forme tonique sur les rivages de l'Atlantique. Des chambres spacieuses et lumineuses, parfaitement équipées, une terrasse panoramique avec piscine chauffée, un espace de restauration moderne, l'Onyx, prolongé par un bar confortable et un Transat Café qui travaille la détente et la cuisine plancha. Le Spa Kémana, accessible depuis l'hôtel, a été conçu par l'international Serge Betsen. Accès également à une salle de fitness de 170 m².
9 appart. 190-470 € • 141 ch. 99-420 €   www.biarritz.radissonsas.com

→ 1 carrefour Hélianthe
☎ 05 59 01 13 13
📠 05 59 01 13 14
Ouv. 7j/7.

Le Beaumanoir
L'un des plus petits et les plus privés établissements de la côte basque. Quatre chambres, deux appartements et deux suites seulement, décorées dans un esprit baroque mâtiné d'influences actuelles. Cette maison à l'architecture remarquable (une superbe demeure à colombage datant de 1885) surplombe Biarritz et l'océan. Couloir de nage de 25 mètres sur 3, vaste jardin.
4 appart. 240-595 € • 4 ch. 185-355 €   www.beaumanoir-biarritz.com

→ 21 av Tamames
☎ 05 59 24 89 29
📠 05 59 24 29 46
F. 1er janv.-15 mars et 15 nov.-15 mars.

Château du Clair de Lune
Une très belle villa balnéaire dans un parc de 8 ha boisé, avec sa roseraie, ses jets d'eau, et la vue, au loin, sur les Pyrénées. On peut loger au château ou, plus intimement, dans le pavillon de chasse avec la terrasse privative, dans la même ambiance de sérénité et d'une maison d'hôte de haut standing. Chambres élégantes et stylées, au mobilier choisi, fin XIXe au château, colonial au pavillon.
17 ch. 80-155 €   www.chateauduclairdelune.com

→ 48 av Alan-Seeger
☎ 05 59 41 53 20
📠 05 59 41 53 29
Ouv. 7j/7.

ⓒⓒⓒ Maison Garnier

En plein centre, dans un environnement calme, une maison de cachet, aux chambres Art Déco de bons goûts, tons harmonisés, taupe et ficelle.
7 ch. 90-140 €

www.hotel-biarritz.com

→ 29 rue Gambetta
☎ 05 59 01 60 70
📠 05 59 01 60 80
F. 5-20 janv.

ⓒ Maïtagaria

Cette villa XIXᵉ a été aménagée en hôtel il y a tout juste quarante ans. Face au jardin public et à 400 m de la plage, il offre des chambres claires d'inspiration Art Déco, régulièrement rafraîchies, et agrandies récemment au premier étage.
15 ch. 49-90 €

www.hotel-maitagaria.com

→ 34 av Carnot
☎ 05 59 24 26 65
📠 05 59 24 26 30
F. 2 prem. sem. déc.

Villes de proximité, voir :

BIDARRAY - 64780   (24 D 6)
Biarritz 36 - Cambo-les-Bains 17 - Pau 133

15 🍴 Auberge Ostapé

Ode pastorale au terroir basque revu par Alain Souliac. Le chef fait la leçon d'agro-géographie avec tout l'esprit, la convivialité et l'urbanité qu'il faut dans des plats de senteurs et de saveurs qui n'ont pas besoin de vieux pots et de sabots pour paraître authentiques. Atmosphère de distinction, de sérénité, de bien-être pour goûter l'alose grillée sauce bordelaise, le pigeonneau cuit à la rôtisserie et pastilla de cuisse, gnocchi au caillé de brebis et autres recettes dérivées du patrimoine navarrais ou basque, et appuyé par quelques producteurs majeurs, dont naturellement Pierre Oteiza et sa charcuterie des Aldudes. Cave mêlant crus malins et vins du pays.
M : 55-68 €

www.ostape.com

→ Chahatoenia
☎ 05 59 37 91 91
F. lundi, mardi à déj. (sf juil.-août) et mi-nov.-mi-mars. Jusqu'à 21h30.

ⓒⓒⓒ Auberge Ostapé 🦅

Dépaysement total dans ce vaste domaine de 45 ha où sont disséminées les cinq maisons basques (l'auberge initiale est une ancienne ferme rénovée XVIIIe) ouvrant sur les montagnes et les crêtes d'Iparla. Meubles chinés, déco contemporaine dans un mélange de styles très harmonieux et bien-être total donnant l'impression d'une seconde maison de campagne dès les premiers jours.
22 appart. 230-565 €

www.ostape.com

→ Chahatoenia
☎ 05 59 37 91 91
📠 05 59 37 91 92
F. 11 nov.-mars.

---

13 🍴 Auberge Iparla

L'auberge basque by Alain Ducasse, une reconstitution naturellement fidèle de ce que peut être une vraie table basque dans un décor d'une totale orthodoxie. Un jeune chef maison, Cédric Roubin, s'occupe de traiter le quotidien régional en apportant la touche moderne de transformation de la matière première : pressé de magret et foie gras gelée de piment d'Espelette, joue de porc Ibaiona braisée, merlu koskera... Il ne manque pas un bouton de guêtre à ces recettes de la tradition, et le voyageur se réjouit d'autant de fidélité concentrée en un seul lieu.
C : 39 € • M : 25 €

iparla2@wanadoo.fr

→ Chemin de l'Eglise, quartier Bordaberria
☎ 05 59 37 77 21
F. mardi à dîn., merc. (sept.-juin) et 11 nov.-mars. Jusqu'à 21h30 (22h été).

BIDART - 64210 (24 C 5)

Pau 137 - Biarritz 8

La Table des Frères Ibarboure

Certes, nous ne prétendions pas que cette table vénérable était un parangon de modernité. Tout de même, nos expériences passées concluaient-elles à une douce lecture d'un terroir cajolé. Cette année pourtant semble marquer un tournant : manque d'enthousiasme, cuisine naguère pointue devenue sans ressort, sans âme, sans passion, les frères Ibarboure doivent absolument retrouver la gnaque d'antan pour redorer le blason de cette véritable institution.
M : 44-67 €
www.freresibarboure.com

→ Chemin de Ttalienia
☎ 05 59 54 81 64
F. dim. à dîn., merc. (sf août-10 sept.), 15 nov.-6 déc. et 5-20 janv.
Jusqu'à 21h30.

Hostellerie des Frères Ibarboure

Etape élégante et soignée, où les racines basquaises s'expriment discrètement dans l'architecture comme le choix de la décoration (meubles d'artisans locaux, tissus chaleureux), pour des chambres feutrées et très agréables, ouvertes sur le parc.
12 ch. 100-230 €
www.freresibarboure.com

→ Chemin de Ttalienia
☎ 05 59 47 58 30
🖷 05 59 54 75 65
F. 15 nov.-6 déc. et 5-20 janv.

Plancha

Les grillades à la plancha règnent en maître, autour du poisson comme de la viande, pour composer une cuisine franche et directe qu'on a plaisir à partager entre amis, en profitant d'un cadre exceptionnel, avec la terrasse ouvrant largement sur une des plus adorables plages de la région.
C : 28 €
villa.ilbarritz@orange.fr

→ Plage-d'Ilbarritz
☎ 05 59 23 44 95
F. merc. et nov.
Jusqu'à 23h.

La Tantina de la Playa

Les pieds dans l'eau, la table est largement ouverte sur la mer, et pas seulement dans le décor (au joli cachet rustique) : l'ardoise propose en version sudiste la pêche du jour toute fraîche, pour un repas convivial et ludique (cuisson plancha, tartines).
C : 30 €

→ Plage-du-Centre
☎ 05 59 26 53 56
F. 20 nov.-20 déc.
Jusqu'à 22h30.

Hôtel du Fronton

Un hôtel entièrement rénové, très basque de l'extérieur, très design à l'intérieur, conservant les domainantes de rouge dans les réceptions et chambres. Deux d'entre-elles bénéficient d'une terrasse plein sud privée.
8 ch. 120-160 €
www.hoteldufronton.com

→ Plage du Centre
☎ 05 59 54 72 76
🖷 05 59 54 87 46
F. 20 nov.-20 déc.

L'Hacienda

Une hôtellerie de confort et de charme dans cette demeure entièrement rénovée qui s'augmente cette année d'une villa de 200 m² dans le parc d'1 ha sans vis-à-vis. Chambres personnalisées qui multiplient les détails de goût et d'harmonie.
2 appart. 200-220 € • 14 ch. 120-180 €
www.hacienda-bidart.com

→ 50 rue Bassilour
☎ 05 59 54 92 82
🖷 05 59 26 52 73
F. 12 nov.-fév.

Villa l'Arche

Comme une maison particulière, cette villa intime offre une superbe déco dans ses suites et studios, toutes différentes selon les thèmes, colonial, années trente, contemporain, oriental. Douceur de vivre, l'océan en face et en direct à 180°, accès direct à la plage.
2 appart. 200-310 € • 8 ch. 100-265 €
www.villalarche.com

→ Chemin Camboenea
☎ 05 59 51 65 95
🖷 05 59 51 65 99
F. mi-nov.-mi-fév.

BIELLE - 64260 (23 D 6)
Arudy 7 - Laurens 9

12 L'Ayguelade

Dans la salle néorustique de cette bonne maison contemporaine au style régional, Francis Lartigau pousse l'avantage d'un terroir prodigue. Bons produits et recettes se succèdent donc dans chaque menu, tous avantageux aux prix proposés (à 16 €, on démarre à la garbure, à la truite au beurre pimenté d'Espelette ou à l'estouffade de pintade). Goûtez la mousse glacée au jurançon en dessert, explorez la petite cave sud-ouest et reposez-vous dans l'une des neuf chambres aux couleurs gaies.

C : 38 € • M : 16-40 €

→ ☎ 05 59 82 60 06
F. mardi, merc. (h.s.) et janv.

www.ayguelade.com

BIGNAN - 56500 (14 A 4)
Vannes 35 - Lorient 48

13 Auberge La Chouannière

La Chouannière, rue Cadoudal, voilà qui n'incite pas à s'afficher révolutionnaire, et c'est tant mieux, car on n'échangerait pour rien au monde ce concentré de générosité bretonne pour un baril de lounge. Bien sûr, la maison évolue au fil des années et on est bien loin de la boucherie de village qu'elle fut, mais heureusement l'esprit champêtre et convivial est resté. Dans ce contexte, les saint-jacques au Noilly, les ris de veau au madère ou le lièvre à la royale n'ont rien de démodé, d'autant qu'ils bénéficient du solide métier de Jean-Luc Simon comme garantie de réalisation soignée.

C : 35 € • M : 21-65 €

→ 6 rue Georges-Cadoudal
☎ 02 97 60 00 96
F. dim. à dîn., lundi, merc.
à dîn., 4-19 mars, 1er-10 juil.
et 30 sept.-15 oct.
Jusqu'à 21h.

BILLIERE - 31110 (22 B 6)
Bagnères-de-Luchon 7 - Arreau 26

11 La Ferme d'Espiau

Aux portes de Luchon, cette ferme ouverte sur la montagne joue avec bonheur des charmes d'un décor rustique, pierres, boiseries et objets anciens, qui se marie bien avec les côtes d'agneau de pays grillées au feu de bois et la truite d'Oô flambée mais n'exclut pas le foie gras. Petite cave sympathique à savourer au plus proche, éventuellement en prévoyant l'étape dans une des petites chambres rustiques.

C : 45 € • M : 17-28 €

→ Village
☎ 05 61 79 69 69
F. lundi, mardi, 15-27 juin et
11 nov.-17 déc.
Jusqu'à 21h.

BILLIERS - 56190 (14 A 5)
Vannes 27 - Nantes 87

15 Domaine de Rochevilaine

Langoustines, huîtres, poissons sauvages, homard. Evidemment. Dans un tel lieu, avec la véranda fouettée par le vent marin, l'océan à perte de vue, Patrice Caillault ne va pas se lancer dans l'héliciculture ou le bœuf charolais ; la cohérence avec la magnificence des lieux réside dans le choix d'un prestige raisonné et d'une imagination également apprivoisée, ce qui conforte deux belles toques avec les langoustines et ris de veau en terrine, le saint-pierre en croûte d'herbes et légumes aux épices, les saint-jacques en galette de blé noir, en s'offrant la douceur finale d'un soufflé crémeux à l'eau-de-vie de poires sauvages de Bretagne. Service de standing, cave digne de l'événement, avec les très bons producteurs

→ Pointe de Pen-Lan
☎ 02 97 41 61 61
Ouv. 7j/7.
Jusqu'à 21h30.

de Loire (Lebreton, Germain, Joguet, Dagueneau), mais aussi les voisins, Ampelidae et la Chaume, et de très bons choix en toutes régions.
C : 68 € • M : 39-96 €   www.domainerochevilaine.com

Domaine de Rochevilaine

Rafraîchi par l'océan, ce superbe ensemble de pierres XVIe-XVIIe est un village de charme posé sur un promontoire marin, avec sa jolie plage en bordure du domaine. Les chambres et suites, à l'intimité délicieuse dans un confort contemporain ne troublant pas l'esprit historique de la demeure, ont été enrichies d'une nouvelle suite de prestige dans un manoir privé de 125 m², avec une vaste terrasse, jardin clos, bar, lit de 2m sur mesure, spa extérieur privé, cheminée... Quant au spa marin de 1300 m², il est l'un des préférés d'une clientèle de plus en plus exigeante sur ce chapitre.
4 appart. 375-690 € • 35 ch. 136-370 €   www.domainerochevilaine.com

→ Pointe de Pen-Lan
☎ 02 97 41 61 61
🖨 02 97 41 44 85
Ouv. 7j/7.

BIOT - 06410   (33 B 1)
Nice 16 - Antibes 8

15 Les Terraillers

Pierre et Chantal Fulci ont un excellent chef pour répondre à l'attente locale de cette maison de tradition à quelques minutes de la Croisette : leur fils Mickaël qui, après plusieurs années comme second, a pris l'an passé les rênes des fourneaux maison. Naturellement ce travail en famille donne de la fluidité, de l'aisance, et toujours autant de gourmandise dans une carte méridionale qui pactise volontiers avec l'aristocratie : courgettes fleurs farcies sauce truffée, langoustines sur un tartare de tomates, loup en croûte de sel, croûtons de tomates séchées, petits pois frais et coriandre, ris de veau aux écorces de citron. Desserts à la fois actuels et classiques, à l'image d'une maison rassembleuse dans son beau cadre d'ancienne poterne XVIe prolongée d'une terrasse aménagée en patio. Cave des meilleurs régionaux augmentée d'une bonne sélection générale.
C : 85 € • M : 39-110 €   www.lesterraillers.com

→ 11 rte du Chemin-Neuf
☎ 04 93 65 01 59
F. merc., jeudi et nov.
Jusqu'à 22h.

----

13 Restaurant le Jarrier

Cette maison (qui connut ses heures gloire dans les années 80-90 à l'heure des Métral) ajoute au charme de la situation dans un village de céramistes de l'arrière-pays, le tranquille agrément d'un sobre décor ocre avec des tables rondes juponnées et de menus bien pensés. Légère, nette et précise, cette cuisine entre air du temps et inspiration méditerranéenne, est orchestrée par un chef d'expérience, qui fait preuve d'une incontestable maîtrise : croustillant d'asperges aux citrons confits, aiguillette de carrelet en chapelure d'herbes fraîches, côte de cochon fermier rôtie. La satisfaction l'emporte malgré des desserts en retrait.
C : 63 € • M : 23-59 €

→ 30 passage de la Bourgade
☎ 04 93 65 11 68
F. mardi, merc. (h.s.), sam. à déj., dim. et lundi à déj.
Jusqu'à 22h.

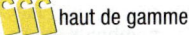 standard  grand confort haut de gamme exceptionnel

  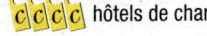 hôtels de charme

BIRIATOU

| **BIRIATOU - 64700** | **(24 B 6)** |

Pau 143 - Saint-Jean-de-Luz 14

14 Bakea

Surplombant les beaux jardins et la vallée de la Bidassoa, cette auberge basque, au cœur du village classé, a tout pour réussir les dîners romantiques. Le chef travaille une carte relativement classique, se concentrant sur les produits nobles, mais laissant à l'amateur d'authenticité la part régionale, avec le jambon de Pierre Oteiza, la darne de mérou sauce béarnaise ou l'agneau de lait du pays avec sa moussaka d'épaule. La salle rustique conserve, dans le décor comme dans le service, une ambiance familiale, la terrasse face aux montagnes est superbe et la cave bien pourvue en régionaux (irouléguy de Brana, jurançon Charles Hours, mais aussi marcillac du Cros, cahors du Cèdre...).

C : 55€

→ Rue Herri-Alde
☎ 05 59 20 02 01
F. à déj. lundi-mardi (1er avril-fin oct.), lundi, mardi (1er nov.-31 mars), 20 janv.-7 fév. et 17 nov.-4 déc. Jusqu'à 21h30 (22h30 été).

www.bakea.fr

| **BIRKENWALD - 67440** | **(10 B 2)** |

Strasbourg 40 - Colmar 91 - Saverne 12

Au Chasseur

Un habile mixage entre le style forestier et la sobriété contemporaine dans les chambres et réceptions de cet ancien relais de chasse au pied du Schneeberg. Une belle nature environnante, un espace soins et beauté, sauna, hammam, massage… Au restaurant, une bonne cuisine de produits signée Yan Gass qui aime, en saison, travailler les gibiers.

6 appart. 120-140€ • 18 ch. 60-86€

→ 7 rue de l'Eglise
☎ 03 88 70 61 32
🖷 03 88 70 66 02
F. janv.

www.chasseurbirkenwald.com

| **BISCARROSSE - 40600** | **(23 C 3)** |

Mont-de-Marsan 88 - Arcachon 43

13 Parcours Gourmand Jean-Pierre Caule *d*

Un restaurant de golf, avec ses caractéristiques - accueil flottant (venez-vous jouer ou manger ?), tarifs élevés, cuisine consensuelle dans un style restauration d'hôtel. Quand la tâche est dévolue à un très bon chef, Jean-Pierre Caule, naguère deux toques à Mimizan, cela donne des classiques de caractère, de beaux chipirons aux épices, une sole soufflée aux langoustines, un filet de bœuf en croûte de cèpes, dans des présentations soignées et servis par une jeune escouade décidée et souriante. La salle parquetée de cette belle maison contemporaine, perchée à la landaise au milieu du domaine, se partage entre cartes gastro et bistrot, celle-ci se montrant finalement, aux tarifs proposés, aussi attractive. Les joueurs et accompagnateurs boivent du château ou du bourgogne de négoce, mais on trouve aussi le tursan et le béarn de Lapeyre.

C : 65€ • M : 35-65€

→ Av du Golf
☎ 05 58 09 84 84
F. dim. à dîn., lundi, mardi (sf juil.- août) et janv. Jusqu'à 22h.

www.biscarrosse-gol.com

| **BITCHE - 57230** | **(12 C 2)** |

Metz 106 - Sarrebruck 60 - Saverne 50

13 Le Strasbourg

Accolé à la citadelle fortifiée par Vauban, complètement rénové au début de l'année, le restaurant de Lutz Janisch aborde les prochaines échéances avec de nombreux atouts. Ce jeune chef, formé à très bonne école (l'Auberge de l'Ill, l'Arnsbourg, le Vieux Couvent à Rhinau), secoue les lourdes conventions régionales pour en tirer quelques jolies créations comme ce pied de porc désossé et épicé au curry, les cannellonis de chair de crabe et jus de

→ 24 rue Teyssier
☎ 03 87 96 00 44
F. dim. à dîn., lundi, mardi à déj. et vac. scol. fév. Jusqu'à 20h45.

coquillages, le carré d'agneau, fingers d'aubergines et tomates au basilic ou le millefeuille de pommes caramélisées au sésame et crème glacée macadamia. Cave tout aussi alerte, avec les bourgognes de Dureuil-Janthial ou le collioure de la Rectorie.
C : 45 € • M : 22-53,50 €   *www.le-strasbourg.fr*

BIZE MINERVOIS - 11120   (31 D 4)
Narbonne 21 - Minerve 12

15 🍴 ≷ **La Bastide Cabezac** 📨

→ 18-20 Hameau Cabezac
☎ 04 68 46 66 10
F. sam. à déj., dim. à dîn. lundi (15 sept.-14 avril), à déj. lundi-mercredi (15 avril-14 sept.) et 16 fév.-2 mars. Jusqu'à 22h.

Le nouveau propriétaire (François Surget, arrivé en mars dernier) ne manque pas d'ambition ! Il voudrait même faire de Bize-Minervois et de sa bastide Cabezac l'un des principaux repaires gastronomiques de la région (en tout cas du canton !). L'homme, très volubile, le clame haut et fort, et y parviendra peut-être car tout le monde ici met les bouchées doubles, en salle comme en cuisine ! Laurent Barrière, en charge des cuisines depuis un an et demi, a été conservé par cette nouvelle direction et semble s'épanouir dans un contexte favorable : gaspacho andalou, brochette de langoustines et brousse de vache à la menthe poivrée, filet de bœuf, crème brûlée au foie gras, sauce au vin et bayaldi de légumes du Sud au vieux parmesan, et baba aux fraises parfumé au rhum ambré, crème légère à la vanille. Atmosphère décontractée, cave pertinente.
C : 45 € • M : 25-75 €   *www.labastidecabezac.com*

🅒 **La Bastide Cabezac**

→ 18-20 Hameau-Cabezac
☎ 04 68 46 66 10
🖥 04 68 46 66 29
F. 16 fév.-2 mars et 25 nov.-10 déc.

En plein cœur d'un paysage de vignes et d'oliviers, cette belle bastide à l'architecture typiquement régionale mixe les influences traditionnelles et contemporaines pour composer un décor charmant. Sobres et lumineuses, les chambres, regroupées autour d'un patio andalou, ouvrent sur le parc ou la piscine.
12 ch. 85-130 €   *www.labastidecabezac.com*

BLAESHEIM - 67113   (10 C 3)
Strasbourg 18 - Obernai 21

13 🍴 **Restaurant Schadt - Chez Philippe**

→ 8 pl de l'Eglise
☎ 03 88 68 86 00
F. dim. à dîn., lundi, 1 sem. fév. et 2 sem. juil.-août. Jusqu'à 21h.

Chez Philippe : ce restaurant à deux pas de l'aéroport doit beaucoup à la personnalité de son patron, figure de la gastronomie alsacienne qui fait vivre une tradition hors des modes, dans le cadre comme la cuisine. Ses amis artistes y ont laissé quelques souvenirs, les habitués sont légion et la maison reste une valeur sûre pour apprécier une cuisine gastronomique tournée vers le terroir et la saison, avec ses spécialités de foie gras brioché, de poissons de rivière ou encore de gibier, appuyées sur une solide cave alsacienne.
C : 45 € • M : 25-39 €   *schadt@wanadoo.fr*

découverte *d⁼* GM met en avant des nouveautés méconnues

💜 coup de cœur   🍇 carte des vins remarquable   📨 notation en hausse

LE BLANC

LE BLANC - 36300 — (17 D 6)
Châteauroux 61 - Argenton-sur-Creuse 41

13 Le Cygne

Au cœur du parc régional de la Brenne et du pays des Mille Etangs, ce Beau Cygne n'a guère de mal à s'imposer comme le phénix des environs. Mais Patrice Moënne-Loccoz n'en profite pas pour se reposer sur les lauriers qu'il a difficilement gagnés, remettant chaque jour le métier sur l'ouvrage, demeurant exigeant sur le choix des produits et renouvelant, certes par petites touches mais régulièrement, une carte qui demeure solidement accrochée à sa toque : huîtres chaudes au foie gras poêlé sauce à la truffe, quenelle de brochet sauce crustacé, rognons de veau grillé entier et crème lie de vin, crème brûlée aux fraises. Sympathique cave de propriétaires.

C : 30 € • M : 18-60 €

→ 8 av Gambetta
☎ 02 54 28 71 63
F. dim. à dîn. (sf juillet-août), lundi, mardi, 1-16 janv., 16 juin-4 juil. et 1 sem. déb. sept. Jusqu'à 21h.

BLANQUEFORT - 33290 — (23 D 2)
Bordeaux 11 - Margaux 16

14 Restaurant HC

La salle contemporaine, en blanc et marron glacé avec ses fauteuils de cuir, tranche assez nettement avec la maison : ce qui convient mieux à une cuisine alerte offrant de la fantaisie avec une écume de homard sur un velouté de pâtisson à l'anis vert et chair de crabe, très frais et très copieux, une jolie déclinaison sur le foie gras, en escalope mais aussi en copeaux glacés, une purée truffée avec la maigre rôti et son jus de bœuf. Un ensemble maîtrisé, même si les saint-jacques au mois d'août ne dénotent pas une énorme exigence pour le produit et si les desserts sont moins brillants que ne le suggère l'intitulé. La musique soul jazzy et le service de jeunes filles mutines et souriantes encadrées par une patronne dynamique rajeunissent également l'atmosphère.

C : 50 € • M : 40-65 €

www.lescriquets.com

→ 130 av du 11-Novembre
☎ 05 56 35 09 24
F. sam. à déj., dim. à dîn. et lundi.
Jusqu'à 21h30.

Hostellerie des Criquets

Une maison contemporaine des années 70 qui cache, derrière son allure vigneronne néorustique, un intérieur de goût et beaucoup d'agrément, contemporain dans les réceptions et le restaurant, plus romantique dans les chambres, à l'esprit intime et campagnard, donnant sur la cour ou l'agréable jardin arboré. Une base pratique, à l'accueil souriant, pour visiter le vignoble du Médoc.

3 appart. 97-125 € • 18 ch. 60-82 €

www.lescriquets.com

→ 130 av du 11-Novembre
☎ 05 56 35 09 24
🖳 05 56 57 13 83
Ouv. 7j/7.

Château Grattequina

Posée au bord du fleuve, cette belle bâtisse XIXᵉ mêle élégance et atmosphère paisible, ouvrant sur la Garonne ses quelques chambres spacieuses, sobres et raffinées dans leur utilisation des meubles de style et de matières chaleureuses.

2 appart. 220-270 € • 10 ch. 155-185 €

contact@grattequina.com

→ 172 chemin de Labarde
☎ 05 56 35 76 76
🖳 05 56 35 49 15
Ouv. 7j/7.

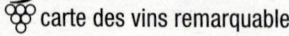

découverte *d* GM met en avant des nouveautés méconnues

💗 coup de cœur   🍇 carte des vins remarquable   🔼 notation en hausse

BLENDECQUES - 62575 (1 C 2)
Arras 72 - Lille 69

12 Le Saint-Sébastien

Cet ancien relais de diligence a rapidement retrouvé ses marques après le départ du fils de la maison et son remplacement en cuisine par Manuel Huck, présent pendant dix ans aux côtés de l'ancien chef. Simple et classique, le répertoire culinaire montre de belles manières sur le pressé de crabe et saumon fumé et dentelle de parmesan, le pavé de sandre rôti, légumes en barigoule et réduction montée à l'huile ou la soupe de fraises au basilic. Cave sans surprise, avec le bordelais en vedette.

C : 46 € • M : 16-36 €

saint-sebastien@wanadoo.fr

→ 2 pl de la Libération
☎ 03 21 38 13 05
F. dim. à dîn., lundi, fériés à dîn. et 22-30 déc. Jusqu'à 21h30.

BLERE - 37150 (17 C 4)
Tours 27 - Blois 46 - Loches 25

13 Le Cheval Blanc

Le menu-carte, expression du savoir-faire de Michel Blériot, entre tradition et terroir, est suffisamment vaste pour que les résidents n'aient plus envie de sortir de chez eux, de cette salle bourgeoise très accueillante où la douceur de vivre du jardin de la France n'est pas une vague promesse : la terrine de filets de lotte et saumon, avec sa mousseline au citron, est fraîche et bien faite, l'escalope de sandre au beurre blanc bien orthodoxe, égayée d'un gratin de saint-jacques et parmi la dizaine de desserts du répertoire, vous trouverez sans aucun doute votre bonheur (par exemple la crêpe au Grand Marnier). Cave ligérienne correcte et pas trop chère.

C : 43 € • M : 28-60 €

www.lechevalblancbleu.com

→ 5 pl Charles-Bidault
☎ 02 47 30 30 14
F. dim. à dîn., lundi, vend. à déj. et janv.-14 fév. Jusqu'à 21h.

Le Cheval Blanc

Des chambres toutes différentes dans cette vieille auberge joliment arrangée, à dimension humaine, base idéale pour visiter la vallée des rois. Meubles anciens, tissus coordonnés, jardin d'agrément et petit jardin-terrasse au cœur de la maison.

12 ch. 63-97 €

www.lechevalblancblere.com

→ 5 pl Charles-Bidault
☎ 02 47 30 30 14
🖷 02 47 23 52 80
F. janv.-14 fév.

BLIENSCHWILLER - 67650 (10 B 3)
Strasbourg 44 - Colmar 40 - Sélestat 15

11 Le Pressoir de Bacchus

Bien qu'entièrement rénovée en 2005, juste après l'arrivée aux commandes de Sylvie et Gilles Grucker, cette délicieuse winstub n'a rien perdu de son âme. Les 9 tables pour seulement 25 couverts au maximum sont régulièrement prises d'assaut, autant pour les bonnes assiettes régionales et les spécialités plus ensoleillées (filet de rouget cuit au four et fèves à l'ail doux, mouillettes à la tapenade d'olives, carré d'agneau en croûte d'herbes…) que pour l'alléchante cave, exclusivement régionale.

M : 24 €

lepressoirdebacchus@wanadoo.fr

→ 50 rte des Vins
☎ 03 88 92 43 01
F. mardi, merc. (1 janv.-31 mars), merc. à déj. (1 avril- 30 déc.), 31 déc.- 4 janv., 11 fév.- 27 fév. et 30 juin- 16 juil. Jusqu'à 20h45.

Les fermetures hebdomadaires et annuelles sont celles que les restaurateurs et les hôteliers pensent pratiquer en 2008. Pour éviter des déplacements inutiles, téléphonez pour avoir confirmation.

BLOIS - 41000   (17 D 4)
Paris 179 - Orléans 57 - Tours 60

15 🍴🍴 **Au Rendez-Vous des Pêcheurs** ♥

→ 27 rue du Foix
☎ 02 54 74 67 48
F. dim. (sf fériés), lundi à déj.,
2 sem. août.
Jusqu'à 22h.

Quel plaisir ! Chaque année, le même petit pincement au cœur au moment de franchir le seuil de cette ancienne épicerie de quartier reprise en 1999 par Christophe Cosme. Discrète au point d'en paraître presque modeste, cette petite façade cache l'une des tables les plus enthousiasmantes du département. D'une sobriété presque ascétique, le décor, à l'image du service, d'une parfaite discrétion, s'efface tout naturellement devant la puissante démonstration technique réalisée par ce chef formé chez Christian Willer et Bernard Loiseau : cassolette de noix de saint-jacques d'Erquy juste saisies, beurre demi-sel aux noisettes torréfiées et soupe d'artichauts, dorade royale rôtie sur sa peau aux langoustines et joue de cochon mijotée aux légumes, millefeuille à la vanille et glace au caramel légèrement salé. Cave superbe en loire. Une découverte obligée.
M : 30-76 €   www.rendezvousdespecheurs.com

---

14 🍴 **L'Orangerie du Château**

→ 1 av Jean-Laigret
☎ 02 54 78 05 36
F. dim. à dîn., mardi à dîn.,
merc., (hiver), lundi à déj.
(été), 15 fév.-15 mars et 1re
sem. nov.
Jusqu'à 21h15.

🪑 🅿 🐕 ⚫
idéal gourmet

Il est vraisemblable que la véritable orangerie du XVe siècle a dû connaître les grandes heures historiques du château. Dans ce cadre bourgeois et distingué, pas d'échange de couteau avec le duc de Guise, les fines lames n'étant utilisées que pour le bon pigeonneau du Vendômois aux épices, la grillade de foie gras et mangue confite ou la pièce de bœuf au jus de truffe, dans une carte sage et actuelle, qui n'oublie pas les cappuccinos (de lentilles vertes au homard), les planchas (de saint-jacques) et la betterave (avec le turbot) pour être bien dans le coup. Service attentionné et dans le standing, bonne cave mettant en valeur les locaux (Simon, Marionnet, Barbou, Girault...).
C : 70 € • M : 33-72 €   www.orangerie-du-chateau.fr

---

13 🍴 **Le Médicis**

→ 2 allée François-1er
☎ 02 54 43 94 04
F. dim. à dîn. (nov.-avril), 7-29
janv. et 17-23 nov.
Jusqu'à 21h15.

〰❄ 🐕 ⚫

Hôtel sérieux et table sérieuse menée désormais par le fils de famille, Damien Garanger, qui a su adapter une vision nouvelle à la belle salle Napoléon III et ses plafonds moulurés : la gelée petits pois aux algues rillettes de maquereaux et bruschetta aux tomates aurait sûrement surpris Eugénie, mais ne détonne pas à notre époque, pas plus que le blanc de mérou en persillade et pasta aux calamars d'un bon menu à 29 € qui constitue une approche des plus recommandables. Service actif, bonne cave forte en loires (vouvray, chinon, bourgueil en particulier) mais solide partout, avec notamment un fond de cave intéressant.
C : 60 € • M : 22-43 €   www.le-medicis.com

🏨🏨 **Le Médicis**

→ 2 allée François-1er, rte
d'Angers
☎ 02 54 43 94 04
📠 02 54 42 04 05
F. 2 janv.-29 janv. et 17-23
nov.

〰❄ 🐕

Un hôtel pratique et bien tenu, à deux pas du château. Chambres personnalisées (style classique, normand, moderne...), régulièrement rafraîchies, trois d'entre elles et la suite bénéficient d'une balnéo. Bons équipements (wifi, satellite, DVD...).
1 appart. 150 € • 9 ch. 87-120 €   www.le-medicis.com

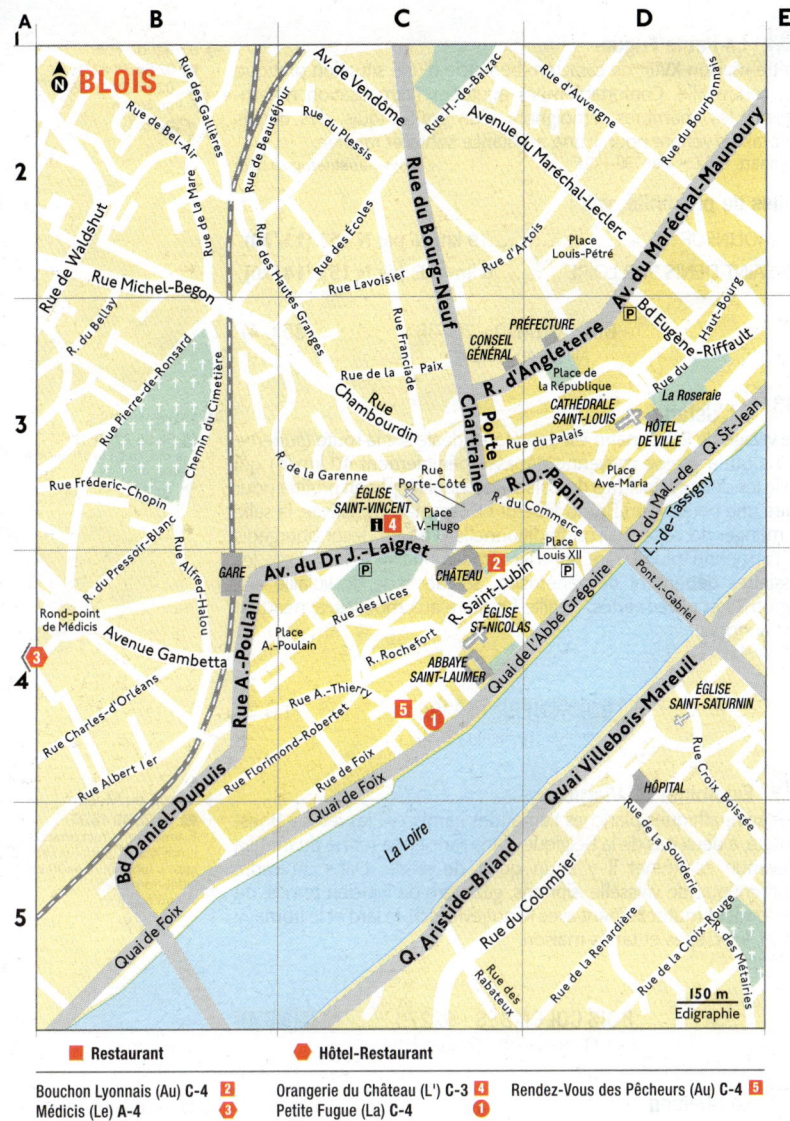

BLOIS

■ Restaurant   **◆ Hôtel-Restaurant**

Bouchon Lyonnais (Au) **C-4** ■2   Orangerie du Château (L') **C-3** ■4   Rendez-Vous des Pêcheurs (Au) **C-4** ■5
Médicis (Le) **A-4** ◆3   Petite Fugue (La) **C-4** ◆1

11 Au Bouchon Lyonnais

Lyonnaiseries authentiques en vallée des rois : c'est peut-être pousser un peu loin le bouchon, mai celui-ci est si bien présenté, qu'on apprécie à sa juste valeur le travail d'interprétation, habilement personnalisé, de Frédérick Savy : tête de cochon aux pistaches et cake d'oreilles, sabodet au beaujolais, quenelles de brochet, tablier de sapeur tartare et andouillette 5A dans une carte peut-être un peu trop vaste. Bonne petite cave beaujolais-loire.
C : 29 € • M : 19 €

→ 25 rue des Violettes
☎ 02 54 74 12 87
F. dim., lundi (sf juil.-sept),
dim., lundi à déj. (juil.-sept.),
Noël, nouvel an et 23 déc.-15
janv.
Jusqu'à 21h45.

☂❄❄🛋

❀ **La Petite Fugue**

Cette maison XVIIIᵉ de caractère bénéficie d'une situation pratique en centre-ville. Confortablement équipées (climatisation notamment), les chambres témoignent d'un goût exquis, des détails adorables venant nourrir une ambiance sobre et raffinée.
1 appart. 205 € • 4 ch. 90-135 €

→ 9 quai du Foix
☎ 02 54 78 42 95
🖷 02 54 78 42 95
F. non comm.

www.lapetitefugue.com

Villes de proximité, voir :

⟳ MOLINEUF ....9 km N. par N 252 **(13/20)**
⟳ SAINT DENIS SUR LOIRE ....6 km N.E. par N 152 **(14/20)**

BOCOGNANO - 20136	**(35 C 4)**

Ajaccio 40 - Corte 43

13 🍴 **L'Ustaria**

Le village de Bocognano est une étape idéale sur la route (superbe mais où la vitesse moyenne dépasse péniblement 40 km/h) qui relie les deux préfectures de Corse. Pourquoi ne pas en profiter pour faire une pause chez Bruno Alberdi ? Désormais climatisée, la salle à manger de cette maison traditionnelle offre un décor bourgeois à l'ancienne plutôt rare sur l'île. Traditionnelles elles aussi, les assiettes débordent de générosité : salade tiède de volaille aux agrumes et olives vertes, volaille fermière aux morilles, agneau de lait au four...
M : 30-45 €

→ Miotti, RN 193
☎ 04 95 27 41 10
F. à dîn. (h.s.) et 1ᵉʳ fév.-15 mars.

BOESCHEPE - 59299	**(1 D 2)**

Dunkerque 39 - Saint-Omer 42

10 **Estaminet De Vierpot**

Les sympathiques planches flamandes garnissent les fêtes à Boeschepe, à deux pas de la Belgique, dans l'ancienne ferme du moulin devenue estaminet il y a un quart de siècle. Dans un cadre authentique de vaisselle, siphons, gazinière de l'ancien temps, on se soutient mutuellement avec le potjevleesch, le lard et le fromage local, les crêpes et tartes maison.
C : 15 €

→ 12 rue du Moulin
☎ 03 28 49 46 37
F. lundi-vend.(oct.-mars), lundi-mardi (avril-juin et sept.), lundi (juil.-août) et Noël-nouvel an.
Jusqu'à 21h.

BOIS COLOMBES - 92270	**(8 B 4)**

Paris 11 - Nanterre 8 - Saint-Denis 9

12 **Le Chefson**

Ce bistrot centenaire accueille régulièrement des vedettes du grand et du petit écran, les réalisateurs multipliant les tournages dans les environs. Sans doute sont-ils convaincus par cette cuisine à quatre mains (Jean-Luc Michac et Christian Gastineau se partageant les responsabilités depuis plus de quinze ans) qui livre une rafraîchissante partition sur le thème de la tradition revisitée : chartreuse de gibier en habit vert et confitures d'oignons rouges, parmentier de canard au foie gras sauce brune, nage de morue demi-sel et jus d'huîtres aux fines herbes. Petite cave avec quelques références pointues.
M : 24-33 €

→ 17 rue Charles-Chefson
☎ 01 42 42 12 05
F. w.-e., lundi à dîn., 1 sem. vac. scol. fév. et août.
Jusqu'à 21h30.

au BOIS PLAGE EN RE, voir RE (ILE DE)

^G_M

16 🥛🥛 **Auberge des Templiers**

La belle demeure en bois et briques compte depuis des lustres parmi les adresses préférées des Parisiens pour des week-ends de charme, dans cette campagne solognote si romantique et secrète. Les cuisiniers aujourd'hui renommés ont été nombreux à officier dans cette ancienne commanderie templière, comme chefs ou parfois comme seconds ou simples chefs de partie. Hervé Daumy, en poste depuis 2001 et ancien second de Christian Willer (qui passa d'ailleurs lui-même par Boismorand...) suit avec constance et minutie la ligne tracée par ses prédécesseurs, celle d'une cuisine classique, presque parfaite, et dont le seul tort tient peut-être dans un relatif manque d'enthousiasme : langoustines en mosaïque à l'estragon et marinées à cru au piment d'Espelette, sandre de Loire, fumet réduit de persil aux girolles, pigeon de Sologne laqué aux pralines de Montargis, fraises des bois en gelée tendre à la citronnelle et fruits de la passion. Jolie cave classique, commentée avec science.
C : 95 € • M : 55-125 €   www.lestempliers.com

→ Les Bezards
☎ 02 38 31 80 01
F. fév.
Jusqu'à 21h30.

🍴 ☎ ≋❄ ⟋ 🎾 🐄
🛥️

🎲🎲🎲 **Auberge des Templiers** 🌿

L'ancien relais de poste est dirigé par la famille Depée depuis la guerre. Membre fondateur des Relais de Campagne (aujourd'hui Relais et Châteaux), cette auberge à façade à colombages ouvre sur un vaste parc arboré où sont disséminées 22 chambres et 8 appartements dont certains offrent l'exclusivité d'un sauna et d'un jacuzzi privés.
8 appart. 295-650 € • 24 ch. 195-275 €   www.lestempliers.com

→ Les Bezards
☎ 02 38 31 80 01
🖨 02 38 31 84 51
F. fév.

☎ ≋❄ ⟋ 🎾 🐄

14 🥛 **Le Val d'Auge**

Il fait simple, il fait bon, le cadre bourgeois élégant et actuel fait oublier la grande avenue : en quelques années, Christophe Hagnerelle s'est assuré une clientèle locale conquise par la manière de ce jeune homme décidé qui ne fait de concession, ni au produit, ni aux modes. Il ne fera peut-être pas la une des magazines de déco culinaires avec des échafaudages zéphyriens - même si les présentations sont soignées - mais ce que l'on trouve dans l'assiette est un reflet sincère d'un travail pro d'aujourd'hui : risotto de coquillages à l'écume de mer, blanc de turbot (une pièce magnifique, taillée dans une bête approchant les dix kilos) en écailles de pommes de terre, pièce de veau de Corrèze, cuite à basse température, ail en chemise et fleur de thym. L'assurance venant, on est tout près des deux toques. Cave curieuse de toutes les régions, proposant des raretés réjouissantes (Pied des Nymphettes à 58 €) et du solide dans les grandes régions, accueil très sûr d'Elisabeth et un service bien ordonné.
C : 60 € • M : 50 €   www.valdauge.com

→ 805 av du Gén-de-Gaulle
☎ 03 20 46 26 87
F. dim. à dîn., lundi à dîn., merc., 1re quinz. août et Noël-nouvel an.
Jusqu'à 21h.

🚗 ♿ ≋❄ 🐄 ⚓
🍲 idéal gourmet

13 Auberge de l'Harmonie

Repas tranquilles au coin de la cheminée, belle harmonie entre un cadre rassérénant et une cuisine de tradition remise en ondes par un jeune chef qui sait tendre les passerelles entre hier et aujourd'hui. En particulier dans la nage d'escargots de Comines, pétales d'ail et salade d'herbes, le suprême de volaille farci au pied de cochon, le duo de rognon et ris de veau parmentier de foie gras ou la gaufre au carré du Vinage, montrant autant de déférence pour les produits régionaux que d'application dans la réinterprétation. Cave de valeurs sûres aux prix équitables, et grands crus bien placés, comme les parcellaires de Guigal.

C : 50 € • M : 27-55 €   *www.aubergeharmonie.fr*

→ 36 pl de l'Abbé-Bonpain
☎ 03 20 23 17 02
F. dim. à dîn., lundi, mardi à dîn. et juil.
Jusqu'à 21h15.

idéal gourmet

---

12 Le Septentrion

L'ancienne ferme du château est un rendez-vous d'affaires appréciable pour se mettre au vert et discuter tranquillement en se détendant. Le menu du marché, avec plat et dessert, est d'ailleurs, avec les à côté, une bonne affaire à 35 € et la carte, recherchée sur des bases traditionnelles (king crabs en beignet, salade de légumes croquants au wasabi, escargots de Radinghem en tempura, filet de rouget et fois gras poêlés, filet de bœuf Rossini...) trouve facilement son public. Cave d'allure classique mais pleine de bons choix personnels (où trouver ailleurs Arretxea, n°7 de la Croix Belle et le Régal du Loup en minervois ?).

C : 55 € • M : 35-70 €   *www.septentrion.fr*

→ chemin des Coulons
☎ 03 20 46 26 98
F. lundi, mardi à dîn., merc. à dîn. (sf réserv.), 19-26 fév. et 23 juil.-14 août.
Jusqu'à 22h.

BONIFACIO - 20169   (35 C 6)

Ajaccio 137 - Bastia 170 - Porto-Vecchio 27

14 Le Voilier

Il y a le tourisme, la citadelle, le joli port et les tables agglutinées en enfilade serrée. Et au milieu, le Voilier, argument gastronomique d'une offre qui oscille généralement entre le folklore et la brasserie. Dans ce cadre distingué, sobre et chic, tons crème et marron, le chef, Jean-Paul Bartoli, exprime une belle personnalité qui ne fait pas d'esbroufe, ne tente pas l'impossible et se concentre sur les hautes valeurs, produit, technique, saveur : son denti aux coquillages et légumes du moment, fenouil, courgettes est emblématique de ce travail à la fois raffiné et sans fanfreluches, à l'instar des encornets farcis à l'araignée, courgette-fleur et petite ratatouille, ou la belle déclinaison chocolat d'une pâtisserie japonaise franchement émérite. Bonne cave corse, enrichie en suffisance d'une sélection avisée sur chaque région, service très aimable de Madame.

C : 55 € • M : 24,50-34,50 €   *lautrerestaurant@wanadoo.fr*

→ 81 quai Comparetti
☎ 04 95 73 07 06
F. dim. à dîn., merc. (oct.-déc.) et janv.-fév.
Jusqu'à 22h.

---

12 L'Archivolto

Ici, c'est la Corse. Bonifacio. Pas de stress, pas de bousculade, oubliez le bureau. Sur cette jolie terrasse ombragée de la petite place des hauteurs de la vieille ville, du classique de l'orthodoxie régionale personnalisé pour le tourisme de passage : salade de poulpes et pennette rigate au brocciu correctement faits, bon fiadone. Cave courte et locale, pas bien chère.

C : 25 €

→ 2 rue Archivolto
☎ 04 95 73 17 58
F. à déj. (juil.-août), dim. (1er sept.-30 juin) et mi-oct.-mi-avril.
Jusqu'à 22h (h.s.).

12 La Fabbrica - Boni Jour

Ce lounge-terrasse à la mode transalpine, dans l'alignement de tous ses confrères du quai, avec sa jolie terrasse contemporaine, ne triche aucunement dans l'assiette : la pâte à pizza ou à foccacia est excellente, la garniture d'une louable fraîcheur et le service cool et souriant s'adapte bien à ce lieu franchement moderne qui sait donner l'impression aux touristes d'être au XXIe siècle.
M : 14-30 €

→ 89 quai Comparetti
☎ 04 95 73 28 78
F. oct.-mars.

11 Stella d'Oro

Du pittoresque garanti dans cette échoppe plus vraie que nature, presque inattendue au cœur d'une cité redécorée pour le tourisme de masse. Ici, pas d'effet de manche, tables en bois, nappes saumon, poutres et bibelots, une sorte d'intérieur d'appartement familial, jusque dans l'ambiance, pour partager la charcuterie du frère du patron et le dos de loup avec les légumes bien cuits al dente. Cave de bonnes références corses.
C : 45 € • M : 24 €

→ 7 rue Doria
☎ 04 95 73 03 63
F. oct.-mars.
Jusqu'à 22h30.

www.bonifacio.com/stella.oro/

👁 Chez Marco - La Tonnara

Pour l'emplacement, cette terrasse un peu magique au bord d'une crique ravissante à une dizaine de minutes de Bonifacio, en pleine nature. Les tarifs des menus sont ravageurs, mais on peut jouer un peu plus serré avec la charcuterie et les pâtes aux gambas, même si ce n'est pas très typique.
C : 35 € • M : 55-103 €

→ Chez Marco, Plage de la Tonnara
☎ 04 95 73 02 24
F. mi-oct.-fin mars.
Jusqu'à 21h30 (23h été).

www.tonnara.net

💰💰💰 U Capu Biancu 🐦

Devant, la mer (plage privée), derrière 5 ha de maquis, et posée, là l'allure basse et élégante de cet hôtel exclusif. L'intérieur séduit tout autant que la situation, avec des chambres superbes, tonalités méditerranéennes ponctuées de la douceur authentique des matières brutes pour un résultat unique et personnalisé d'une chambre à l'autre. Entre la richesse du terroir corse et les origines sénégalaises du chef, la cuisine réalise un mélange harmonieux et gourmand.
6 appart. 505-960 € • 36 ch. 130-960 €

→ Domaine de Pozzoniello
☎ 04 95 73 05 58
🖷 04 95 73 18 66
F. 4 janv.-3 avril et 3 nov.-12 déc.

www.ucapubiancu.com

💰💰 A Cheda 🐦

À quelques minutes de Bonifacio, A Cheda installe un bien-être champêtre qui tranche avec l'inflation luxueuse. On y privilégie une certaine douceur de vivre au naturel, pierre et bois brut, sobriété et authenticité du décor, dans les chambres, les salles de bains ou les terrasses ouvrant sur le parc fleuri. Trois nouvelles chambres apparaissent cette année, dont une ravissante suite en duplex. Cuisine actuelle sous influence méditerranéenne au restaurant, totalement rénové cette année.
4 appart. 129-480 € • 12 ch. 74-319 €

→ Cavallo Morto, BP 3
☎ 04 95 73 03 82
🖷 04 95 73 17 72
Ouv. 7j/7.

www.acheda-hotel.com

🛍 A Trama 🐦

À 2 km du port, l'hôtel déploie son architecture de maisons basses dans un parc ombragé. Sobres, les chambres ont un agréable parfum de vacances avec leur mobilier en rotin et la vue sur le parc.
25 ch. 85-185 €

→ Rte de Santa Manza
☎ 04 95 73 17 17
F. 1er janv.-4 fév.

www.a-trama.com

A CHEDA
HOTEL DE CHARME ★★★

C'est le charme d'un petit hôtel pareil à une maison d'hôtes chaleureuse et accueillante, niché au coeur d'un grand jardin toujours vert. A Cheda, c'est un autre luxe, subtil mélange d'élégance, de simplicité et d'harmonie : un havre de sérénité... C'est aussi une cuisine aux saveurs méditerranéennes et une cave d'exception.

Cavallo Morto - BP 3 - 20169 Bonifacio
Tél. 04.95.73.03.82 - Fax 04.95.73.17.72
E-mail : acheda@acheda-hotel.com
à 2 mn du port et à 5 mn du golf de Sperone
w w w . a c h e d a - h o t e l . c o m

La Caravelle

Une belle étape sur le port, séduisante dans son décor soigné et teinté de charme ancien. Avec leurs harmonies de couleurs personnalisées, les chambres sont agréables, notamment celles qui donnent sur le port. Ambiance marine distrayante au piano-bar, installé dans une ancienne chapelle.

28 ch. 92-300 €   www.hotel-caravelle-corse.com

→ Quai J.-Comparetti
☎ 04 95 73 00 03
🖩 04 95 73 00 41
F. 20 oct.-mi-avril.

 ## Hôtel Genovese

Décliné en deux ambiances (Côté Port et Côté Citadelle), l'hôtel séduit par son cadre épuré, l'ancienne caserne s'est habillée de mobilier design et de tons clairs pour un décor magnifique et remarquablement apaisant, notamment dans les superbes chambres personnalisées.

3 appart. 382-534 € • 15 ch. 190-250 €   www.hotel-genovese.com

→ Rue Prosper-Mérimée
☎ 04 95 73 12 34
🖩 04 95 73 09 03
F. nov.-mars.

Marina di Cavu

Un cadre paradisiaque, comme coupé du monde, à seulement 6 km de Bonifacio. La vue sur les Lavezzi et la Sardaigne, la grande piscine, le parc superbement aménagé, à même la roche, mettent en évidence le caractère exceptionnel du lieu. D'importants travaux seront entrepris cet hiver (réouverture en avril 2008) pour encore améliorer le confort des chambres.

3 appart. 170-660 € • 6 ch. 100-440 €   www.marinadicavu.com

→ Rte de Calalonga
☎ 04 95 73 14 13
🖩 04 95 73 04 82
Ouv. 7j/7.

BONLIEU - 39130   (21 B 5)
Lons-le-Saunier 36 - Saint-Claude 42

13 La Poutre

La Poutre est bien là et dicte un décor rustique et chaleureux qui cadre bien avec l'architecture robuste de cette vieille ferme, mais aussi avec une cuisine qui s'apprécie notamment dans ses clins d'œil appuyés au terroir, le filet d'omble chevalier au jus d'ortie, la saucisse de Morteau à la crème de truffes ou le ragoût d'écrevisses aux morilles.

C : 60 € • M : 25-70 €   www.lapoutre.fr

→ 25 Grande-Rue
☎ 03 84 25 57 77
F. lundi, mardi (h.s.), lundi à déj. (juil.-août) et 1er nov.-5 mai.
Jusqu'à 21h.

BONNAT - 23220   (25 C 1)
Guéret 20 - La Châtre 46

L'Orangerie

Un hôtel classique et soigné, à la décoration néo-style, au cœur de la région des Trois Lacs. Les vastes chambres donnent sur le parc de 5 ha avec son potager à la française.

30 ch. 80-110 €   www.hotel-lorangerie.fr

→ 3 bis rue de la Paix
☎ 05 55 62 86 86
🖩 05 55 62 86 87
F. 1er janv.-31 mars.

BONNE - 74380   (28 B 1)
Annecy 45 - Thonon 31 - Genève 17

14 Baud

L'hiver dans la belle salle moderne, l'été au jardin bordé par la rivière, les saisons se succèdent à Bonne sans que l'inspiration de l'émérite André Roussel ne flanche : du beau chez Baud, c'est le leitmotiv naturel d'une carte tournée vers le produit noble, accommodé sans œillères ni suzeraineté d'un terroir volontiers mis entre parenthèses : taboulé de langoustines et palourdes au parfum de coriandre, escalope de foie gras de canard poêlé, tatin de pommes

→ 181 av Léman
☎ 04 50 39 20 15
F. dim. à dîn.
Jusqu'à 21h30.

et caramel au cidre, tournedos de veau, jus au gingembre et poivre vert, dans une ambiance naturellement chic, servis avec sollicitude et efficacité. Cave étonnante... par ses tarifs à tout petits coefficients (il est visiblement défendu, hormis pour un Krug grande cuvée, de dépasser les 100 €) et par de très bons choix, l'In solit de Germain à 36 €, Grange des Pères blanc 2002 à 67 €, Ormes Sorbet 2001 à 42 €, lirac de la Mordorée 2004 à 31 € !
M : 26-66 €

www.hotel-baud.com

Baud

Un joli cadre au bord de l'eau, une grande maison élégante, aux lignes contemporaines et à la déco raffinée dans des chambres harmonieuses et de grand confort.
2 appart. 220 € • 11 ch. 85-160 €

www.hotel-baud.com

→ 181 av Léman
☎ 04 50 39 20 15
🖶 04 50 36 28 96
Ouv. 7j/7.

BONNETAGE - 25210 (21 D 3)

La Chaux-de-Fonds 30 - Besançon 67 - Belfort 72

14 L'Etang du Moulin

Pour être en phase avec cette belle nature, Jacques Barnachon compose naturellement avec les produits du cru. Mais si les morilles, l'absinthe et les grenouilles peuvent faire partie du voyage culinaire proposé dans une carte talentueuse qui n'oublie pas les produits de prestige, la manière est suffisamment maîtrisée et personnelle pour que les habitués n'aient pas l'impression de ronronnement. Chaque saison ménage ses parfums et ses saveurs, des escargots des Chazeaux sur un risotto d'artichaut, une sole pochée poireau dans son jus et risotto arborio au foie gras, une belle trilogie de cochon (pied croustillant, lard gras poêlé, saucisse pochée), un superbe filet de bœuf au brési et morilles. Et de grands desserts gourmands, du vacherin "inversé" au moelleux au chocolat guanaja aux bourgeons de sapin, qui permettent au sommelier des alliances inattendues, grâce à une cave immense de grands crus et de découvertes, naturellement pointue en vins du Jura.
C : 55 € • M : 23-90 €

www.etang-du-moulin.fr

→ 5 rue de l'Etang-du-Moulin
☎ 03 81 68 92 78
F. mardi, merc. (15 nov.-15 mars), mardi à déj., merc. à déj. (juil.-août), mardi, merc. à déj. (16 mars-30 juin et 1er sept.-15 nov.), 2 janv.-8 fév. et 2 janv.-8 fév.
Jusqu'à 21h.

L'Etang du Moulin

La nature généreuse entoure ce vaste chalet de famille contemporain au bord de l'eau. Beaux espaces, chambres sobres et néorustiques, aux salles de bains rénovées, dans l'esprit de l'environnement naturel, ouvrant sur ce grand parc privé de 25 ha.
19 ch. 50-75 €

www.etang-du-moulin.fr

→ 5 rue de l'Etang-du-Moulin
☎ 03 81 68 92 78
🖶 03 81 68 94 42
F. 2 janv.-8 fév. et 22-29 déc.

BONNEUIL MATOURS - 86210 (22 D 3)

Châtellerault 15 - Poitiers 23

13 Le Pavillon Bleu

Claude Ribardière n'est pas homme à se perdre dans d'inutiles circonvolutions : il propose quelques plats d'influence régionale, pourquoi pas, mais avoue une franche attirance pour la cuisine méditerranéenne. Pas de multiples propositions non plus, le menu-carte (32 € avec entrée, un plat, fromage et dessert et 3 € de plus avec un plat supplémentaire) suffit bien : oreiller moelleux de morilles et mousserons, asperges violettes, poitrine de caneton croisé, laqué de condiments et tajine de cuisses, tarte fine aux

→ Le Port
☎ 05 49 85 28 05
F. dim. à dîn., lundi, merc. à dîn. (oct.-mai) et 2 sem. mi-oct.
Jusqu'à 21h15.

pommes et glace à la banane séchée. L'Ampelidae est présent dans une cave parfaitement raccord avec la cuisine, vins de Loire, du Roussillon et de Provence en tête.

C : 35 € • M : 18-35 €   c.ribardiere@wanadoo.fr

BONNEVAL - 28800   (17 D 2)
Chartres 35 - Châteaudun 15

12 **Hostellerie du Bois Guibert**

Volontiers maniérée, la cuisine n'accroche toujours pas la toque, mais est il est vrai parfaitement adaptée à son contexte, celui d'un petit château XVIIIe meublé de style (une remarque qui vaut également pour les chambres), avec son parc, sa terrasse d'été et son service expérimenté. On peut alors se laisser aller à apprécier les vertus classiques d'un velouté potiron et châtaigne crème fouettée à la truffe ou d'un filet de bœuf aux girolles.

C : 60 € • M : 28 €   www.bois-guibert.com

→ Hameau de Guibert
☎ 02 37 47 22 33
F. 1 sem. vac. scol. fév., 1 sem. vac. scol. Toussaint et 1 sem. vac. scol. Noël.
Jusqu'à 21h.

BONNIEUX - 84480   (34 C 4)
Avignon 51 - Cavaillon 26 - Aix-en-Provence 47

17 **Restaurant Edouard Loubet**

Même si cette bastide possède un haut standing et une réputation dorée, vous ne retrouverez pas ici les habitudes d'un palace trois étoiles. La maîtrise de la langue anglaise du maître d'hôtel n'est pas parfaite et le cristal de Bohême ne dégouline pas du plafond. Mais de la place de la Concorde, on ne voit pas les collines du Luberon, le soleil ne va pas se coucher derrière les toits de tuile et les murs ocres du village, et on ne respire pas les parfums d'olivier, de genièvre et de cèdre de la campagne alentour. Place Vendôme ou rue de Rivoli, on ne vous prépare pas un pique-nique provençal quand vous quittez l'hôtel pour une promenade matinale. Les pains confectionnés dans le four de la maison ne portent pas les noms des enfants du chef, et Isabelle ne vous prend pas par la main pour vous guider dans la cuisine d'Edouard, peinture expressive et tendre de son parcours entre Savoie et Provence. Si quelques plats emblématiques demeurent (la comparaison de foie gras, l'agneau cuit au foin...), les parfums se renouvellent sans perdre le fil de cette belle histoire, de plantes aromatiques, de volailles fermières et des légumes du potager. La soupe d'agastache et mousseline de girolles est un prodige (l'acidulé de l'agastache, comme une oseille mentholée), le soufflé d'épinard comme un flan fait un beau souvenir, et la daurade beaux yeux roucoule entre un jus au café et une émulsion fenouil dans un parfum pleine mer parfaitement restitué. Et s'il est difficile à Bonnieux, Vaucluse, de fidéliser une équipe assurant une performance à trois toques tout au long de l'année, on mettra ces quelques défaillances minimes au crédit d'une maison remplie d'humanité. Desserts éblouissants (et spectaculaires, comme le soufflé chaud au parfum de cèdre contrasté d'une glace clous de girofle et mendiants) d'un chef dont on devine, à son œil malicieux, qu'il ne devait pas dans son enfance être le dernier sur les pots de confiture. Service bien soudé, fluide et efficace, cave puissante sur les grandes régions, pointue en rhône méridional et en provence, avec le meilleur du Luberon, dont les cuvées maison, et riche en beaux loires avec ses verticales de Coulée de Serrant et Clos Rougeard.

C : 100 € • M : 58-160 €   www.capelongue.com

→ Les Claparèdes
☎ 04 90 75 89 78
F. lundi à déj., mardi à déj., merc. à déj., janv.-mars et nov.-mars.
Jusqu'à 21h30.

🏛🏛🏛 La Bastide de Capelongue

La Bastide devient un véritable resort luxueux, tout en conservant son atmosphère purement luberonnaise. Grand charme au Logis, chambres claires et rénovées cette année, donnant sur le village et la piscine, belles chambres plus contemporaines à la Ferme, de l'autre côté du chemin, avec un coin détente et un pool-house autour de la grande piscine de 40 m de long.

10 appart. 220-430 € • 17 ch. 160-380 €   *www.capelongue.com*

→ Les Claparèdes
☎ 04 90 75 89 78
🖷 04 90 75 93 03
F. janv.-mars et nov.-mars.

- -

🍴🍴 Auberge de l'Aiguebrun

Cette ancienne ferme, située sur le versant nord du Luberon, dans une vallée peuplée de chênes et de cèdres centenaires, baigne dans une atmosphère douce et paisible. Les animaux domestiques circulent dans le jardin potager, la piscine se fait accueillante et les chambres, réparties entre la bâtisse principale et quatre cabanons en bois disséminés dans le parc, affichent un charme ravageur. Restaurant.

3 appart. 155-240 € • 8 ch. 130-200 €   *www.aubergedelaiguebrun.fr*

→ RD 943, domaine de la Tour
☎ 04 90 04 47 00
🖷 04 90 04 47 01
F. 2 janv.-15 mars.

Villes de proximité, voir :

↻ BUOUX...............................4 km N.E. sur D 113 **(13/20)**

BONNY SUR LOIRE - 45420	**(18 C 4)**

Gien 22 - Cosne-sur-Loire 15 - Briare 12

13 🍴 Hôtel des Voyageurs

Un restaurant de passage ? Peut-être, mais on aurait bien tort de rater l'arrêt, car sous ses allures plutôt classiques, la cuisine de Philippe Lechauve sait séduire le gourmet par de petites touches personnelles et un soin permanent qui font de la fricassée de petits gris à la fondue de tomates et lasagne de poireaux, du filet de lieu jaune en papillote au foin et fenouil braisé et sablé fleur de sel et granité à l'izarra des assiettes alertes et résolument plaisantes.

C : 39 € • M : 18,50-44 €   *hotel-des-voyageurs9@wanadoo.fr*

→ 10 Grande-Rue
☎ 02 38 27 01 45
F. dim. à dîn., lundi, mardi à déj., 2-10 janv., 15-29 fév. et 25 août-9 sept.
Jusqu'à 20h45.

BORDEAUX - 33000	**(23 D 2)**

Paris 577 - Nantes 324 - Toulouse 245

17 🍴🍴🍴 Le Pavillon des Boulevards

Quelles nouvelles de la maison de Denis Franc ? Le décor assez austère simplement égayé de tableaux un peu surréalistes a disparu, laissant place à un ensemble plus moderne : parquet en pin, murs rayés dans des tons parme dans la première partie de cette salle à manger toute en longueur, un vert tendre uni habillant la seconde partie, des éclairages indirects achevant de créer une ambiance franchement réussie. Dans ce contexte modernisé, la cuisine de Denis Franc, malicieuse, accessible et presque familière, prend une nouvelle dimension, comme si, enfin, le fond et la forme se rejoignaient dans une parfaite osmose : caviar d'Aquitaine à la morue et glace à l'huile d'olive (association détonante entre les saveurs iodées, la douceur du chantilly à la morue et la fraîcheur de la glace à l'huile d'olive), tiramisu à la truffe (dans une verrine, un lit de biscuit, une couche de foie gras délicatement parfumé et presque crémeux et une couche d'une divine crème de ferme), huître de Marennes à l'asperge verte, écume de combawa et rhum saucisse écrasée, homard bleu façon Rossini, bar rôti, risotto à la réglisse et betterave au gingembre (un poisson superbe de naturel),

→ 120 rue Croix-de-Seguey
☎ 05 56 81 51 02
F. sam. à déj., dim., lundi à déj., 1 sem. janv. et 4-22 août.
Jusqu'à 21h30.

NewWave Caffè

La **passion**
du style.

Boutique Villeroy & Boch
Galerie des Grands Hommes
F-33000 Bordeaux
Tél.: 05 56 79 05 72

My House of Villeroy & Boch

Villeroy & Boch
1748

BORDEAUX

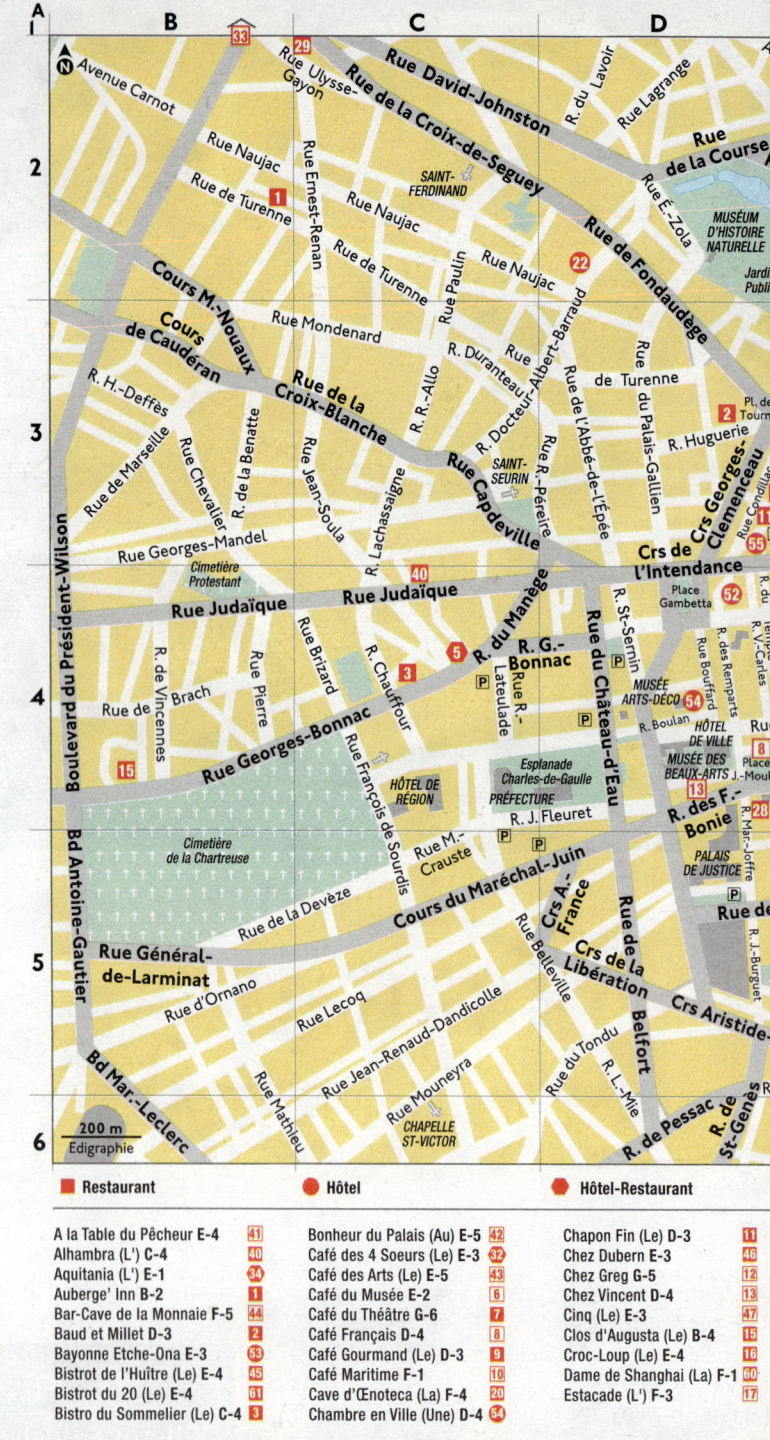

■ Restaurant   **●** Hôtel   **●** Hôtel-Restaurant

A la Table du Pêcheur E-4 **41**	Bonheur du Palais (Au) E-5 **42**	Chapon Fin (Le) D-3 **11**
Alhambra (L') C-4 **40**	Café des 4 Soeurs (Le) E-3 **32**	Chez Dubern E-3 **46**
Aquitania (L') E-1 **34**	Café des Arts (Le) E-5 **43**	Chez Greg G-5 **12**
Auberge' Inn B-2 **1**	Café du Musée E-2 **6**	Chez Vincent D-4 **13**
Bar-Cave de la Monnaie F-5 **44**	Café du Théâtre G-6 **7**	Cinq (Le) E-3 **47**
Baud et Millet D-3 **2**	Café Français D-4 **8**	Clos d'Augusta (Le) B-4 **15**
Bayonne Etche-Ona E-3 **53**	Café Gourmand (Le) D-3 **9**	Croc-Loup (Le) E-4 **16**
Bistrot de l'Huître (Le) E-4 **45**	Café Maritime F-1 **10**	Dame de Shanghai (La) F-1 **50**
Bistrot du 20 (Le) E-4 **61**	Cave d'Œnoteca (La) F-4 **20**	Estacade (L') F-3 **17**
Bistro du Sommelier (Le) C-4 **3**	Chambre en Ville (Une) D-4 **54**	

G
M

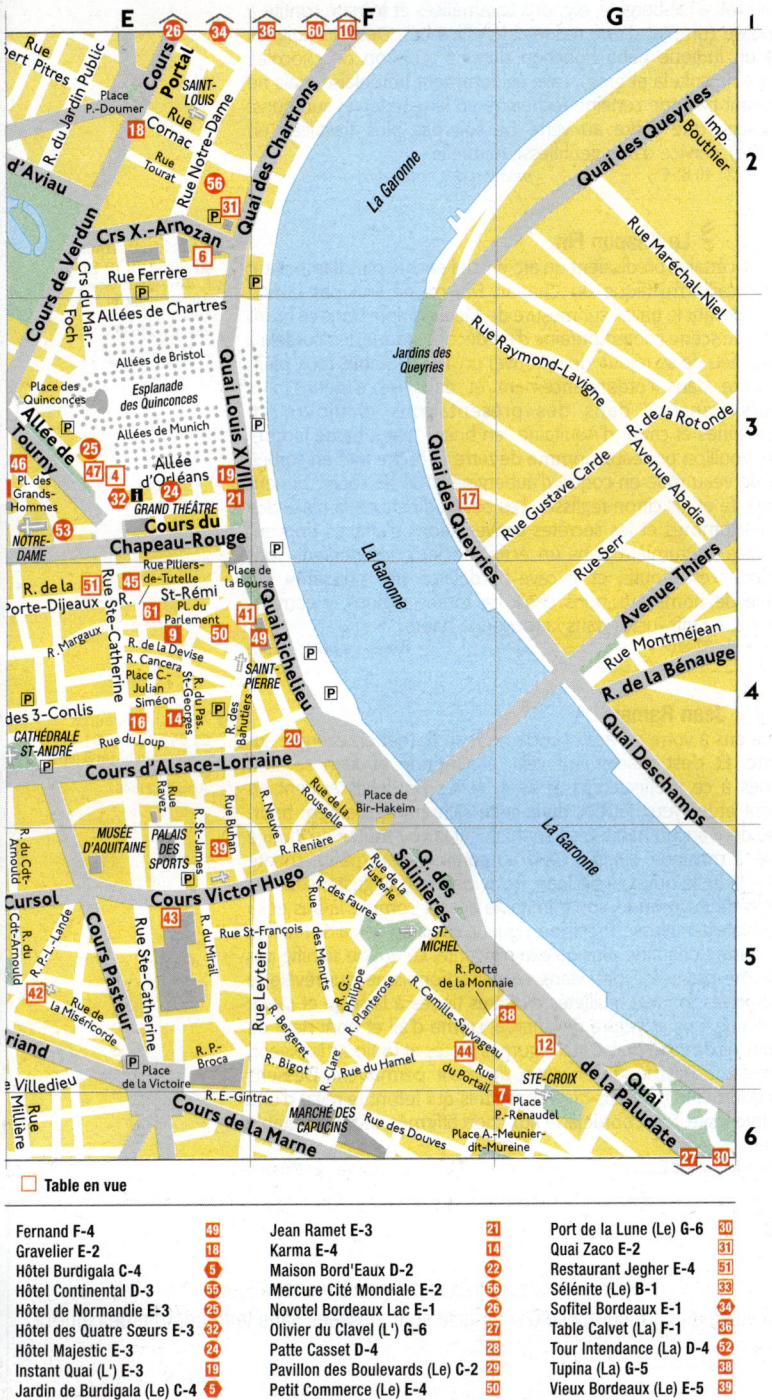

Fernand F-4	**49**	Jean Ramet E-3	**21**	Port de la Lune (Le) G-6	**30**
Gravelier E-2	**18**	Karma E-4	**14**	Quai Zaco E-2	**31**
Hôtel Burdigala C-4	**5**	Maison Bord'Eaux D-2	**22**	Restaurant Jegher E-4	**51**
Hôtel Continental D-3	**55**	Mercure Cité Mondiale E-2	**56**	Sélénite (Le) B-1	**33**
Hôtel de Normandie E-3	**25**	Novotel Bordeaux Lac E-1	**26**	Sofitel Bordeaux E-1	**34**
Hôtel des Quatre Sœurs E-3	**32**	Olivier du Clavel (L') G-6	**27**	Table Calvet (La) F-1	**36**
Hôtel Majestic E-3	**24**	Patte Casset D-4	**28**	Tour Intendance (La) D-4	**52**
Instant Quai (L') E-3	**19**	Pavillon des Boulevards (Le) C-2	**29**	Tupina (La) G-5	**38**
Jardin de Burdigala (Le) C-4	**5**	Petit Commerce (Le) E-4	**50**	Vieux Bordeaux (Le) E-5	**39**

agneau rôti à l'aubergine, oignons caramélisés et tomate confite à la brousse (un plat d'une redoutable efficacité). Desserts soignés (dont un ludique baba bouchon punché au sirop de chocolat, sorbet pina colada et grog), cave évidemment bordelaise mais ne négligeant pas une certaine recherche en languedoc et sud-ouest (dommage que l'offre au verre ne soit pas plus travaillée en revanche), service d'une gentillesse naturelle.
C : 85 € • M : 40-65 €   *pavillon.des.boulevards@wanadoo.fr*

---

16 🍴🍴 ⅏ **Le Chapon Fin**

→ 5 rue Montesquieu
☎ 05 56 79 10 10
F. dim., lundi, fériés, 1 sem. vac. scol. fév. et 27 juil.-25 août.
Jusqu'à 21h30.
≋❄ 🐕 ▬

Même si certains prédisaient un arc-en-ciel encore plus flamboyant sur la rocaille mythique du Chapon Fin, on ne fera pas la fine bouche devant le travail sur mesure de Nicolas Frion. Dans ce cadre théâtral de scène contemporaine d'un décor baroque, les Bordelais ont tout lieu de se réjouir de retrouver un 16/20 stable, racé, plein d'élégance dans l'ordonnancement et dans les assiettes, aux saveurs franches dans des présentations d'aujourd'hui (langoustines et caviar d'Aquitaine "en boîte", bar à basse température, bouillon poireaux-pomme de terre et huître frite en sorbet, pièce de veau rôtie en coque d'aubergine, grué de cacao, piment d'Espelette et jus citron-réglisse). Les beaux dîners de la place des Grands Hommes et les secrètes conversations d'affaires trouvent leur place coutumière dans un écrin précieux, les desserts sont techniques et aboutis, et la cave bordelaise, très puissante, est enrichie de nombreux bons choix en toutes régions, y compris étrangers, à tarifs justes dans la moyenne haute.
C : 87 € • M : 32-80 €   *www.chapon-fin.com*

---

16 🍴🍴 **Jean Ramet**

→ 7-8 pl Jean-Jaurès
☎ 05 56 44 12 51
F. dim., lundi, 1er-8 janv., 2 sem. Pâques et 3 sem. août.
Jusqu'à 21h45.

"Trente ans à votre service", proclame Jean Ramet en exergue sur la carte. Et c'est exactement cela : Raymonde et Jean se sont dévoués à ce métier corps et âme, et les Bordelais entrent en souriant et les yeux fermés dans cette salle tranquillement bourgeoise dont aucun habitué ne souhaiterait la voir mutée en lounge bariolé à musique binaire. C'est au contraire une petite sonate ciselée, la belle ouvrage de Jean, qu'ils viennent déguster sous les conseils de Raymonde, son inimitable accent comme là-bas et sa proverbiale gentillesse. Précision, rigueur, souci du détail de finition, cette cuisine peaufine plus qu'elle n'invente, ce qui ne signifie pas qu'elle ne progresse pas, dans ce perfectionnisme qui révèle le grand professionnel : feuilletés d'huîtres tièdes à la nage et caviar d'Aquitaine, dos et ventre de dorade, crème d'ail et pont-neuf de polenta, ris de veau braisé aux légumes glacés et toujours le pigeon de Madame Raymonde en coup de cœur permanent. Desserts aussi gourmands, menus bien constitués qui feront le régal d'une première visite. Cave bordelaise aux choix affirmés, plutôt équitable en tarifs.
C : 70 € • M : 32-65 €   *jean.ramet@free.fr*

Les villes sont citées par ordre alphabétique.
Les villes au nom composé d'un article sont classées sans tenir compte de celui-ci.

14 L'Alhambra

L'Alhambra fait partie de ces adresses discrètes et fidèles dans lesquelles la douceur de vivre l'emporte. Est-ce lié au cadre, redécoré dans un style italien, à la prévenance du service ? C'est plus sûrement la certitude de ne pas être déçu par le travail de Michel Demazeau, qui travaille avec justesse le produit de saison, notamment à travers un Menu du Marché, sans doute la meilleure façon de découvrir la maison ou tout simplement d'apprécier le temps qui passe sans altérer ce savoir-faire précieux. Solide cave, entièrement dédiée à sa région.
C : 50 € • M : 20-40 €

→ 111 bis rue Judaïque
☎ 05 56 96 06 91
F. sam. à déj., lundi
à déj. et 14 juil.-20 août.
Jusqu'à 21h30.

---

14 Le Clos d'Augusta

Pas encore trente ans et pourtant déjà étonnamment mature. Samuel Zuccolotto, s'il regrette régulièrement de ne pas être assez placé sous le feu des projecteurs à son goût (un emplacement mal choisi ?), se bat quotidiennement pour imposer sa cuisine personnelle et inventive : marbré de flétan fumé, verre de jus d'épinard à l'agar-agar et sirop de myrtille et genièvre, duo de homard et ris de veau, sushi aux trois arômes, émulsion de lait dubarry, carré d'agneau, moutarde violette, gâteau de semoule virtuel et caillé de brebis aux oignons sauce chocolat. Agréable jardin-terrasse agrémenté d'un petit potager et d'un barbecue avec plancha.
C : 60 € • M : 20-65 € www.clos.augusta.com

→ 339 rue Georges-Bonnac
☎ 05 56 96 32 51
F. sam. à déj., dim., fériés,
3-26 août et 23-30 déc.
Jusqu'à 21h30.

---

14 Gravelier

Un moderne qui séduit les classiques... Le secret est dans la manière. Si un excellent pro se met à faire une émulsion au gingembre, cela devient meilleur, même lorsqu'on est habitué à manger des hamburgers, qu'un steak frites massacré par un amateur. Yves Gravelier, formé notamment chez Senderens et le grand Girardet, fait ce qu'il aime dans le décor qu'il aime, moderne et dépouillé, et il n'est pas un Bordelais pour le désavouer. Ses concitoyens se pressent au contraire, ravis des excellents menus grâce auxquels on touche une gastronomie d'aujourd'hui, différente et évoluée, à des prix de mâchons de comptoir : bouchées de foie gras et ris de veau à toute vapeur, sole ou porcelet gnocchis et asperges, chocolat glacé au pop-corn, caramel au cacao. Une même idée déclinée par produit, des associations ludiques, toujours justes, c'est Gravelier, irremplaçable figure du paysage d'aujourd'hui (qui vous ferait sinon, ce gourmand club sandwich au foie gras et pigeon grillé ?). Cave finaude qui met quelques beaux grands crus à prix doux.
C : 45 € • M : 20-36 € restogravelier@yahoo.fr

→ 114 cours de Verdun
☎ 05 56 48 17 15
F. w.-e., 1 sem. vac. scol. fév.
et août.
Jusqu'à 21h45.

---

14 La Tupina

Image d'Epinal ? Non vous êtes bien à Bordeaux, chez Jean-Pierre Xiradakis, qui connaît tout Bordeaux, que tout Bordeaux connaît. Les trois cent mille habitués l'appellent Xira ("c'est mon meilleur pote") et chacun peut aller les yeux fermés, à l'odeur, retrouver ce décor de ferme gasconne farouchement reconstitué pour célébrer une ripaille qui fait fondre chaque visiteur, de Sydney à Los Angeles. Derrière le folklore, il y a tout de même une vérité forte, celle de l'assiette, avec ses incontournables, la sanguette persillade, les cèpes, la morue de Bègles, le poulet à l'oignon le magret grillé, le cassoulet maison, la côte de bœuf, allemande peut-être, mais

→ 6 rue Porte-de-la-Monnaie
☎ 05 56 91 56 37
Ouv. 7j/7.
Jusqu'à 23h.

parfaite, persillée, onctueuse. Le reste est à vivre et pas à raconter, la cave, les cigares, les armagnacs de propriétaires, un savoir-vivre très masculin dans une ambiance finalement pas si facile à imiter.
C : 45 € • M : 32-55 €

www.latupina.com

----

14 Le Vieux Bordeaux

Si discrète que l'on pourrait passer sans la voir… Heureusement, de bons amis bordelais vous indiqueront cette adresse coutumière des vieux quartiers, qui certes ne rajeunit pas, mais où Michel Bordage et son épouse savent accueillir leurs habitués dans le chic décontracté des maisons de haute sécurité. L'atmosphère de comme chez soi incite à laisser faire le chef, à viser une tradition molletonnée, confirmée par des années de gestion du patrimoine. Le simple (rillettes de sardine et lisette) comme le noble (blanc de barbue au lard grillé et vinaigrette fumée, remarquable pigeon au mile épicé à la cardamome et à l'orange confite) sont traités avec le même soin que les classiques maison, les tripes mijotées au ris de veau, la joue de bœuf braisée au gingembre. Service attentionné, un poil guindé mais dans l'ensemble détendu, forte cave bordelaise avec du choix dans les petits prix.
C : 75 € • M : 28-50 €

→ 27 rue Buhan
☎ 05 56 52 94 36
F. dim., lundi, 2 sem. vac. scol. fév. et 3 sem. août.
Jusqu'à 22h15.

----

13 L'Aquitania

Frédéric Coiffé propose une cuisine actuelle et atypique, vaguement inspirée par la région, qui se marie à merveille à la clientèle internationale de l'hôtel. Son thon mi-cuit pané au poivre et sauce cacahuètes ou le civet de petits pois à la bordelaise traduisent cette volonté d'innovation qui, tout en restant sagement dans les clous imposés par la chaîne, offre assez de personnalité pour séduire.
C : 48 € • M : 30 €

www.sofitel.com

→ Av Jean-Gabriel-Domergue
☎ 05 56 69 65 11
Ouv. 7j/7.
Jusqu'à 21h45.

Sofitel Bordeaux

La dernière campagne de rénovation, achevée l'an dernier, a redonné du peps à cet établissement d'architecture contemporaine aux chambres spacieuses et lumineuses. Vue sur le lac, à quelques encablures du casino.
19 appart. 210-290 € • 166 ch. 140-160 €

www.sofitel.com

→ Av Jean-Gabriel-Domergue
☎ 05 56 69 66 66
🖷 05 56 69 66 00
Ouv. 7j/7.

----

13 Auberge'Inn

La bonne surprise vient après l'accueil. Comme chez des amis présentés récemment, où la maîtresse de maison s'avère fin cordon bleu. Couleur aubergine effectivement, le cadre est agréable, chic et pas guindé, l'assiette vive et personnelle, influence régionale et marine dans le bouillon corsé aux crustacés, les cannellonis de tourteaux, pomelos et ciboulette ou le très bon pavé de bar aux coques et bigorneaux, frais et équilibré. Agréable terrasse ombragée d'érables, toute petite cave, mais dont les bordeaux sont bien choisis, comme le saumur de Fosse Sèche ou le faugères de Sylva Plana.
C : 44 € • M : 18,50-27 €

→ 245 rue de Turenne
☎ 05 56 81 97 86
F. w.-e., fériés, 1re sem. vac. scol. fév., 3 prem. sem. août et 1 sem. Noël-nouvel an.
Jusqu'à 22h.

G
M

13 🍴 Le Bistro du Sommelier

Foie gras, canard, blonde d'Aquitaine, morue à l'aïoli... Les ingré-dients changent à peine, le plaisir est toujours le même : on cherche une ambiance, des plats, des vins de Bordeaux et de sa région, et ce bistrot viticole remplit parfaitement son office depuis vingt ans. Avec une cuisine certes simple mais toujours bien appliqués, dans un caisson de convivialité, et avec l'armada des crus locaux, tarifs justes et choix énorme.

M : 21 €   *www.bistrodusommelier.com*

→ 163 rue Georges-Bonnac
☎ 05 56 96 71 78
F. sam. à déj., dim. et dern.
sem. juil.
Jusqu'à 23h30.

---

13 🍴 Le Café du Théâtre

Dans l'enceinte du Théâtre national, une table en vue qui offre effectivement du spectacle, accueil solennel, décor de scène, lumières tamisées, cadre contemporain sous un très haut plafond. L'assiette, malgré ses effets de mode, se banalise néanmoins progressivement, avec son velouté de topinambour aux huîtres, son carpaccio de saumon aux olives et un magret quelconque pour lequel l'ananas et le gingembre passaient pour superflus. Service efficace, cave bordelaise. La note est partiellement rattrapée par une très bonne panna cotta avec une glace pina colada.

C : 30 € • M : 13-19 €   *emar2@wanadoo.fr*

→ Square Jean-Vautier, 3 pl
Pierre-Renaudel
☎ 05 57 95 77 20
F. dim., lundi et 14 juil.-20
août.
Jusqu'à 22h.

---

13 🍴 Le Café Gourmand

Oliver, un nom qui résonne bien pour les amoureux de la belle cuisine, à Bordeaux comme ailleurs, et dont Bruno se montre digne dans ce restaurant bien nommé, où il marie les influences (entre terroir et Asie notamment) et les idées avec un talent rarement pris en défaut, sur la macaronade au foie gras et coulis de cèpes comme sur le wok de lotte noix de cajou et zeste d'orange. Forte cave bordelaise.

C : 45 € • M : 19-28 €   *www.cafegourmand.fr*

→ 3 rue Buffon
☎ 05 56 79 23 85
F. dim. et lundi.
Jusqu'à 22h30.

---

13 🍴 L'Instant Quai

L'ardoise renouvelle les expériences dans la fugacité et le plaisir de l'instant. Au fil des saisons, ce beau décor pierre et Inox a su magnétiser les Bordelais sur les bords du fleuve. La carte est maligne, entre canaille chic (homard en rouleau de printemps, pavé de cabillaud et tartare de pied de porc), dandysme culinaire (tartare de thon et saint-jacques aux agrumes) et artillerie lourde (filet de bœuf vin et moelle). Avec un ticket moyen en dessous de 40 €, une sélection bordelaise futée de 15 à 50 € et un service qui pousse en mêlée, l'instant est évidemment savoureux.

C : 35 € • M : 32-40 €

→ 5 quai Louis-XVIII
☎ 05 56 48 58 87
F. sam. à déj. et dim.
Jusqu'à 23h.

---

13 🍴 La Table Calvet

L'arrivée d'un nouveau propriétaire (Patrice Pichet) a coïncidé avec la réfection complète de la salle à manger (notamment avec l'installation de la climatisation). Pierrick Célibert est en revanche toujours présent en cuisine et ses belles manières (acquises auprès de Michel Guérard, Alain Ducasse ou Jacques Cagna) assurent de belles opportunités : bar de ligne cuit sur douelle, jus au margaux, moules façon boulangère et cèpes, soufflé et brownie au chocolat blanc, jus aux fèves de tonka et spoom aux fruits de la passion. Très belle cave bordelaise.

C : 45 € • M : 20-55 €   *www.la-table-calvet.info*

→ 81 cours du Médoc
☎ 05 56 39 62 80
F. dim., lundi, 1 sem. Pâques,
août et 1 sem. Noël.
Jusqu'à 21h30.

12 Baud et Millet

Vin et fromage, c'est un sacerdoce chez Baud et Millet, alliance naturelle et expression glorieuse de la richesse hexagonale. Après l'alléchante allée des bouteilles, on peut attaquer le fromage, dans un décor dédié, étiquettes et cartes de vignobles, bidons de lait et vaches en peluche. Avec l'impression de partager la table du patron, on apprécie l'adaptation imaginative pour renouveler le genre, avec le brick de bleu d'Auvergne en ratatouille ou le tajine de camembert aux granny-smith. Si la réalisation rend la note fragile, la simplicité et la convivialité aident à la maintenir. Au sous-sol, allez voir la cave d'affinage aux dizaines de variétés.

C : 30 € • M : 22-24 €

→ 19 rue Huguerie
☎ 05 56 79 05 77
F. dim. et fériés.
Jusqu'à 23h.

baudetmillet@hotmail.com

---

12 Fernand

Fernand le marin s'est installé dans une ancienne imprimerie XIXe, face au fleuve et au jardin. La jolie déco intègre les éléments d'époque et la terrasse sur les quais rénovés est pleine d'agrément. Dans ce musée vivant d'affiches publicitaires, radio, poêle en fonte, instruments de musique, superbe escalier en colimaçon, on goûte la marée simplement, au présent, avec les huîtres et le trio de poissons plancha, un foie de veau et un faux-filet échalote quand on ne sait pas nager.

C : 32 € • M : 21-41 €

→ 7-8 quai de la Douane
☎ 05 56 81 23 40
Ouv. 7j/7.
Jusqu'à 23h.

---

12 Le Jardin de Burdigala

Une carte actuelle bien menée par un chef d'expérience qui intègre avec finesse les classiques régionaux : huîtres de Marennes, gigotin de lotte piqué au chorizo, palombe à l'ail pommes cocotte, dans un cadre naturellement élégant propice aux déjeuners d'affaires. Bon choix de vins au verre dans une solide carte bordelaise, accessible et de bon conseil (Tour Haut Caussan à 39 €).

C : 58 € • M : 37 €

→ 115 rue Georges-Bonnac
☎ 05 56 90 16 16
Ouv. 7j/7.
Jusqu'à 22h.

www.burdigala.com

Hôtel Burdigala

L'hôtel d'affaires idéal, aux grands salons et installations pour séminaires et congrès, avec un accueil d'hôtel particulier. Les chambres ne sont cependant pas formatées, haut niveau de confort, lignes contemporaines, mais dans des tons et des agencements variés. Bains à remous et douches à jets dans les appartements et suites, parfaite insonorisation.

15 appart. 300-550 € • 68 ch. 200-230 €

→ 115 rue Georges-Bonnac
☎ 05 56 90 16 16
🖷 05 56 93 15 06
Ouv. 7j/7.

www.burdigala.com

---

12 Karma

Il ne reste presque plus rien de l'ancienne brasserie traditionnelle à l'exception de quelques murs de pierre : décors et mobiliers sont bien contemporains, la climatisation est désormais en fonction mais l'ambiance demeure simple et conviviale, sans aucune lourdeur protocolaire. Cuisine dans le ton, contemporaine et ouverte aux influences étrangères : grosses crevettes de Madagascar et risotto au wasabi, saint-jacques grillées, crème de noix torréfiées et fraîcheur granny-smith, nage de kiwis aux épices et crème glacée à la cannelle.

C : 40 € • M : 24-55 €

→ 43-45 rue du Pas-Saint-Georges
☎ 05 56 52 13 87
F. dim., lundi, 1re sem. janv. et 1re sem. sept.
Jusqu'à 23h.

lekarma.bordeaux@orange.fr

12 L'Olivier du Clavel

Stéphane Baury a repris il y a quelques mois cet Olivier qui s'était imposé, sous la houlette de David Rousseau et de Géraldine Garcia, comme l'une des jeunes tables les plus en vue de la capitale aquitaine. Pour inciter les Bordelais à venir dans ce quartier de la gare, il mise sur une cuisine alerte et un rapport qualité-prix serré, même si les ambitions sont à la baisse par rapport à ses prédécesseurs : papillote de bar à la citronnelle, cuisse de lapin polenta crémeuse ou biscuit aux olives et chiboust à l'orange dans un menu-carte bien calibré permettent de passer un bon moment dans cette salle chaleureuse au mobilier rustique, dans une ambiance décontractée.

C : 28 € • M : 19-28 €

→ 44 rue Charles-Domercq
☎ 05 57 95 09 50
F. sam. à déj., dim., lundi
à dîn. et août.
Jusqu'à 22h.

----

12 La Patte Casset

Derrière l'élégance de la façade revue, le charme du patio, ombragé de son olivier centenaire, reste intact et offre tout au long de l'année (grâce à son toit amovible) un cadre privilégié pour apprécier la patte de Stéphane Casset, c'est-à-dire un équilibre efficace entre tradition et modernité, respect du produit et touche personnelle : velouté d'asperge aux copeaux de foie gras, lotte en panure de cacahuètes, œuf poché aux langoustines. Cave bordelaise à prix raisonnables.

C : 35 € • M : 25-60 €   patcasset@free.fr

→ 12 rue Mal-Joffre
☎ 05 56 44 11 58
F. dim.
Jusqu'à 23h.
idéal gourmet

----

12 Le Petit Commerce

Avec ses bars en formica, son mobilier bistrot en bois, ses banquettes en Skaï et ses plats écrits à l'ardoise, Le Petit Commerce joue la bonne franquette. Moins « restaurant » que « cantine de poissons » comme se plaît à le revendiquer son Fabien de patron, il mise principalement sur la qualité des produits. C'est ainsi qu'on choisit tous les jours entre douze et quinze poissons directement détournés des criées de Royan ou d'Arcachon (mules, maigres, vives, limandes…) cuits à la plancha ou à la cheminée et simplement accompagnés d'une purée ou de champignons. Indispensable.

C : 30 €   www.le-petit-commerce.info

→ 22 rue du Parlement
Saint-Pierre
☎ 05 56 79 76 58
F. dim. à déj.
Jusqu'à 24h.

----

12 Chez Dubern

La renommée de Dubern justifie quelques prérogatives, et même quelque indulgence, mais impose aussi des devoirs. Si la maison se tient correctement à table, il faudrait a minima se sentir le bienvenu quand on pousse la porte de cette salle mythique qui ne rajeunit pas, dans un standing également à rehausser. La mention vaut cependant pour un tartare de poisson façon thaïe un peu chargé en arômes, mais bien frais et le médaillon de veau crème aux morilles et légumes croquants au wok.

C : 55 € • M : 19,50-65 €   www.dubern.fr

→ 42-44 allée de Tourny
☎ 05 56 79 07 70
Ouv. 7j/7.
Jusqu'à 23h.

Les noms des villes de proximité (dans un rayon d'environ 10 km), ayant au moins un établissement sélectionné, sont listés à la fin de chaque grande ville, avec mention de la note du restaurant la plus élevée.

12 Le Sélénite

Si les Sélénites sont dans la Lune, celui-là n'a fait preuve d'aucune étourderie au moment d'élaborer le concept ultra-efficace de cette adresse du quartier des Chartrons. Ça commence par un cadre superbe, lumineux et épuré. Ça se poursuit avec une cuisine astucieuse, des assiettes ludiques et jolies qui empruntent des chemins variés (un peu d'exotisme, un peu de régional) pour arriver à leur fin et séduire la clientèle de passage comme les habitués. Mission accomplie.

C : 44 € • M : 22-29 €

→ 6 pl Paul-Avisseau, 18 Allée Stendhal
☎ 05 56 51 05 64
F. dim., lundi et 15 jrs en août.
Jusqu'à 22h30.

www.leselenite.com

---

11 Le Croc-Loup

Petite étape chaleureuse et intime dans le quartier Saint-Pierre, la maison de Xavier Durin n'a rien du temple pour carnivores mais se destine plutôt aux amoureux d'une cuisine entre terroir et tradition, où le foie gras et sa gelée au sauternes côtoie la salade de casserons à la provençale, où l'on découvre le baliste du bassin d'Arcachon (par exemple en filet au beurre blanc) à côté du faux-filet à la bordelaise, autour d'une cave essentiellement régionale.

C : 32 € • M : 16-34 €

→ 35 rue du Loup
☎ 05 56 44 21 19
F. dim., lundi, merc. à dîn. et
1er-20 août.
Jusqu'à 22h.

---

11 Le Port de la Lune

Photos d'artistes de jazz, beau piano à queue, fauteuils en cuir, lumière tamisée dans la partie bar, un peu plus classique au restaurant, qui reste un rendez-vous incontournable du jazz à Bordeaux : l'assiette en revanche semble produire moins d'efforts que par le passé, des classiques banalement travaillés dans une ambiance heureusement tonique.

C : 27 € • M : 22 €

→ 58 quai de Paludate
☎ 05 56 49 15 55
Ouv. 7j/7.
Jusqu'à 24h30.

www.portdelalune.com

---

10 Le Bistrot de l'Huître

Le premier, chronologiquement, des bistrots à huîtres sur Bordeaux, est toujours une référence. Impeccable qualité des creuses et plates des meilleures provenances, Quiberon, Arcachon-Cap Ferret, Marennes... dans un cadre bateau et une ambiance jazzy. Quelques friandises d'accompagnement (saucisse, serrano, tourtière landaise), une gorgée d'entre-deux-mers et l'affaire est dans la bourriche.

C : 25 € • M : 17,50 €

→ Chez Joël D, 13 rue des Pilliers-de-Tutelle
☎ 05 56 52 68 31
Ouv. 7j/7.
Jusqu'à 23h (24h mardi-sam.).

Bar Cave de la Monnaie

Le bistrot à vins des copains, à deux pas de la maison mère. Ici, un peu comme dans toute la rue, vous êtes chez Xira (La Tupina, 14/20) et ça se voit. L'entrecôte plancha a un bon goût persillé, l'accompagnement est généreux, le jambon de porc noir et le cassoulet sont un petit régal. Et le vin des côtes (Francs, Bordeaux, Castillon, Blaye) privilégié pour son bon rapport qualité-prix, accroissant encore un peu plus la convivialité.

C : 25 € • M : 12 €

→ 34 rue Porte-de-la-Monnaie
☎ 05 56 31 12 33
Ouv. 7j/7.
Jusqu'à 23h30.

Le Bistrot du 20

A deux pas du Grand Théâtre, ce bistrot propose tortillas, foie gras, entrecôtes, anguilles et canard à l'ardoise ainsi qu'une vingtaine de références au verre, dont des grands crus classés.

C : 25 €

→ 20 rue Pilier-de-Tutelle
☎ 05 56 52 49 79
F. non comm.

G/M

Au Bonheur du Palais

La cuisine chinoise comme vous ne l'avez jamais connue. A l'ombre de l'église Sainte-Eulalie, plongez sans retenue dans ce temple de la gastronomie des régions du Sichuan et de Canton. Le savoir-faire du chef André Shan, et le savoir-dire de son frère Tommy sont sans égal pour l'éveil de vos cinq sens. Ouvert uniquement le soir.

C : 35 €   www.abdp.free.fr

→ 72-74 rue
Paul-Louis-Lande
☎ 05 56 94 38 63
F. midi et dim.
Jusqu'à 22h30.

Le Café des 4 Sœurs

Le millésime 1841 est encore bien vivace au plafond, sur les murs. On raffole de ce lieu intimiste et gourmand, remis en scène par le charmant basque Patrick Urtizverea. Ne le répétez pas, mais c'est son épouse qui met les produits du Sud-Ouest à l'honneur en piochant dans le répertoire familial et ancestral.

C : 30 € • M : 29,50 €

→ 6 bis cours du 30-Juillet
☎ 05 56 81 52 26
F. à dîn. et dim.

Le Café des Arts

Jazz et chansons, et en prime une authentique " brasserie parisienne " du début XXe siècle, restée dans son jus et dans la bonne tradition, service continu de midi à minuit trente, tous les jours, toute l'année, des journaux à disposition et plus de 25 appellations du Bordelais en cave pour accompagner une bonne cuisine du marché.

C : 15 €

→ 138 cours Victor-Hugo
☎ 05 56 91 78 46
Ouv. 7j/7.
Jusqu'à 24h (24h30 w.-e.).

Le Café du Musée

Le musée d'art contemporain retrouve un peu de son passé d'ancien entrepôt d'épices à travers une cuisine ouverte sur le monde, colorée et moderne à l'image du décor. Exclusive terrasse sur les toits.

C : 35 € • M : 20-32 €   www.chezgreg.fr

→ 7 rue Ferrère
☎ 05 56 44 71 61
F. lundi et fériés.

Café Français

Aussi intemporel dans son décor que dans sa cuisine, le Café Français réserve des moments qu'on a plaisir à retrouver, bercé par le ballet des serveurs, autour d'une entrecôte à la bordelaise, d'un tartare préparé au guéridon, d'une assiette d'huîtres ou d'une sole meunière. Belle terrasse en prime.

C : 35 €   cafefrancais33@free.fr

→ 5-6 pl Pey-Berland
☎ 05 56 52 96 69
Ouv. 7j/7.
Jusqu'à 22h30.

Café Maritime

Le décor est contemporain et élégant, dans un espace généreux. De quoi accueillir tout Bordeaux, la carte veillant également à ne laisser personne en remorque, proposant aussi bien le boudin noir purée que l'assiette japonaise, l'entrecôte béarnaise ou les poissons façon parillada.

C : 30 € • M : 18 €   www.cafemaritime.com

→ 1 quai Armand-Lalande
☎ 05 57 10 20 40
F. sam. à déj. et dim.
Jusqu'à 23h.

La Cave d'Œnotria

L'ancien Jardin d'Ausone est devenu la cave de l'Œnotria, désormais dirigée par Arnaud Tecza. Dans ce cadre quasi mythique, la principale attraction est constituée par la cave installée en salle et qui permet de conserver en permanence, sous gaz inerte, 32 références parmi lesquelles des Premiers Crus bordelais, la Grange des Pères ou le Clos Saint Hune de chez Trimbach. Chaque référence est disponible, au choix, en trois volumes (4, 8 ou 12 cl). Les assiettes (sévèrement tarifées) se cherchent encore un peu, mais le développement d'un service au bar (un large choix de verrines sera proposé) devrait rendre l'adresse incontournable.

C : 40 €

→ 12 rue Ausone
☎ 05 56 79 30 30
F. dim. et lundi.
Jusqu'à 0h00.

Chez Greg – Le Grand Théâtre

On le fréquentait quai de la Monnaie, Greg se visite désormais rue de l'Esprit des Lois, à deux pas du Grand Théâtre. Cadre contemporain, soirées à thème (margarita et disque à la demande le mercredi, apéro et tapas en terrasse le vendredi) et cuisine bistrotière tous les soirs (hachis parmentier au foie gras, tajine de daurade au citron confit...).

C : 45 €

→ 29 rue de l'Esprit-des-Lois, BP 60109
☎ 05 56 91 81 74
Ouv. 7j/7.

www.chezgreg.fr

- -

Chez Vincent

Que Vincent s'appelle en fait Bruno (Bisserier) n'a finalement que bien peu d'importance pour les adeptes de cette ambiance faussement traditionnelle, vieilles réclames, banquettes et chaises rustiques, avec cuisine en rapport (terrine de foie gras, confit maison).

C : 30 € • M : 13,50-20 €

→ 15 rue des Frères-Bonie
☎ 05 56 44 43 59
F. sam. à déj., dim. et lundi à dîn.
Jusqu'à 23h.

- -

Le Cinq

C'est la dernière-née des brasseries chics des allées de Tourny, une adresse semblant sortie des magazines de déco fréquentée par une clientèle plutôt jeune et branchée. Agaçant ? Parfois. Attirant ? Sans aucun doute. Entre petites audaces parfumées et tradition revisitée, les plats dans l'air du temps (tatin de tomate rôtie au basilic et caramel balsamique, tartare de saumon au gingembre, pavé de thon grillé sauce aigre-douce et son wok, foie de veau persillade et sa purée maison, panacotta exotique et sa brochette de fruits flambés…) sont bien réalisés, très joliment présentés (forcément…), et servis avec une souriante célérité.

C : 39 € • M : 18,50 €

→ 5 allée de Tourny
☎ 05 57 87 36 50
F. non comm.
Jusqu'à 24h.

- -

La Dame de Shanghai

Ça balance, en musique, ça tangue gentiment sur l'eau. Ce n'est pas le Yangzi mais les eaux troubles du bassin à flot. La jonque chinoise vous transporte au bout du monde via l'assiette. Duo de thon et saumon aux saveurs de Chine, fricassée de supions au wok. Mais aussi bulots aïoli. Dans la cale, une discothèque, et sur le pont les bisous bisous.

C : 35 €

→ 1 quai Armand-Lalande, (aux bassins à flots)
☎ 05 57 10 20 50
Jusqu'à 23h.

- -

Estacade

Face à la place de la Bourse, de l'autre côté du fleuve, l'Estacade continue de séduire par son décor inimitable et contemporain, avec son avancée sur pilotis sur le fleuve. La cuisine joue une partition tout aussi adroite, avec des plats sagement actuels (velouté de potimarron crème au lait d'amande, risotto et gambas à la plancha) à côté de quelques valeurs sûres (les huîtres, la cocotte de ris de veau et morilles).

C : 50 € • M : 16 €

→ Quai de Queyries
☎ 05 57 54 02 50
F. 24 déc-1 janv.
Jusqu'à 23h30.

- -

Quai Zaco

On ne se lasse pas de ce cadre superbe, un ancien chai habillé à la dernière mode, lumière étudiée et mobilier épuré. De la cuisine ouverte sur la salle, sortent des assiettes tournées vers l'Espagne et le soleil, de quoi maintenir l'ambiance gentiment branchée des lieux.

M : 14 €

→ 80 quai des Chartrons
☎ 05 57 87 67 72
F. sam. à déj., dim. et 10-25 août.
Jusqu'à 23h.

quaizaco@orange.fr

Restaurant Jegher

Forcément chic, mais pas que… Si l'on n'en espérait pas moins du cadre, on attendait au tournant le contenu des assiettes du très annoncé et très attendu restaurant des Galeries Lafayette. Trois volées d'escalator devraient suffire à convaincre les perplexes et les suspicieux. L'alliance franco-japonaise de Frédéric Texier et Tetsuroh Miyamoto y donne des plats métissés originaux et parfumés, plutôt réussis : instantané de carottes à la fleur d'oranger, thon torréfié au sésame et au café doré, salade de pot-au-feu rafraîchi aux pommes granny-smith, pièce d'espadon et fondant de légumes à la mode crétoise, joue de veau braisée au gingembre, légumes croquants et figues rôties rehaussées d'huiles parfumées…

C : 25 € • M : 10 €   admin@jegher.fr

→ 11 rue Sainte-Catherine
☎ 05 56 44 04 98
F. à dîn.

 A la Table du Pêcheur

Le poisson est au mieux de sa forme dans cette cabane du pêcheur ancrée depuis peu derrière l'église Saint-Pierre. L'alliance d'un mareyeur et d'un chef formé auprès de Philippe Téchoire livre une pêche épatante.

C : 40 € • M : 28 €   alatabledupecheur@free.fr

→ 16 rue de la Cour-des-Aides
☎ 05 56 48 22 61
F. dim. et lundi.

 Maison Bord'Eaux

Luxe exclusif d'un hôtel particulier au cœur de la ville, dans lequel ont été installées une poignée de chambres raffinées, espace généreux et esprit contemporain, dans les matériaux, les couleurs comme le choix du mobilier.

1 appart. 180-200 € • 6 ch. 130-150 €   www.lamaisonbordeaux.com

→ 113 rue du Dr-Albert-Barraud
☎ 05 56 44 00 45
🖨 05 56 44 17 31
F. janv.

Bayonne Etche-Ona

L'hôtel exploite deux belles maisons XVIIIe dans le Triangle d'or bordelais pour une seule adresse raffinée dans son confort et soigné dans son accueil.

1 appart. 270 € • 62 ch. 138-180 €   www.bestwestern-bordeaux-hotel.com

→ 15 Cours de L'Intendance
☎ 05 56 48 00 88
🖨 05 56 48 41 60
15 j. entre Noël et nouvel an.

Hôtel de Normandie

Etape de caractère dans le Bordeaux XVIIIe, l'immeuble d'époque qui abrite l'hôtel est habillé d'un décor feutré et contemporain, avec de belles chambres classiques à l'espace généreux.

2 appart. 160-290 € • 98 ch. 59-160 €

www.hotel-de-normandie-bordeaux.com

→ 7 cours du 30 Juillet
☎ 05 56 52 16 80
🖨 05 56 51 68 91
Ouv. 7j/7.

Hôtel des Quatre Sœurs

Un hôtel de caractère au cœur de la ville, où séjourna Wagner en 1850. Si vous ne rêvez pas de walkyries, vous apprécierez au moins le calme douillet de ces chambres aux tons pastel et meubles peints à la main, donnant sur les allées de Tourny. Wifi aux deux premiers niveaux.

34 ch. 70-100 €   www.4soeurs.free.fr

→ 6 cours du 30-Juillet
☎ 05 57 81 19 20
🖨 05 56 01 04 28
Ouv. 7j/7.

Hôtel Majestic

Un hôtel d'artiste (nombreuses dédicaces de musiciens) dans les salons, rénovés Arts Déco, dans un immeuble XVIIIe du "triangle d'or bordelais", facile d'accès par le tramway au bout de la rue. Chambres classiques aux tons harmonieux, bien équipées (wifi, climatisation).

2 appart. 150-200 € • 47 ch. 75-125 €   www.hotel-majestic.com

→ 2 rue de Condé
☎ 05 56 52 60 44
🖨 05 56 79 26 70
Ouv. 7j/7.

Mercure Cité Mondiale

La vue depuis la terrasse panoramique où l'on prendra son petit-déjeuner vous transporte au 7e ciel ! Adossé au Centre de Congrès, cet hôtel est une étape parfaite au cœur des Chartrons, à deux pas de la Garonne, dans un confort remarquable, chambres spacieuses à la belle élégance classique et contemporaine.
5 appart. 200 € • 91 ch. 118-128 €

www.citemondiale.com ou mercure.com

→ 18 parvis des Chartrons
☎ 05 56 01 79 79
🖨 05 56 01 79 00
Ouv. 7j/7.

 Novotel Bordeaux Lac

A l'image de l'architecture, le décor se fait contemporain et épuré, avec un jeu de tons chaleureux et un confort sans défaut, le plaisir de la vue sur le lac et la verdure en prime.
175 ch. 95-120 €

www.novotel.com

→ Av J.-G.-Domergue
☎ 05 56 43 65 00
🖨 05 56 43 65 01
Ouv. 7j/7.

 Hôtel Continental

Dans une rue semi-piétonne menant en une enjambée au marché des Grands-Hommes, l'hôtel particulier XVIIIe possède la plus belle vue des hôtels de Bordeaux depuis une baignoire, celle de la suite…
1 appart. 155-190 € • 51 ch. 72-104 €   *www.hotel-le-continental.com*

→ 10 rue Montesquieu
☎ 05 56 52 66 00
🖨 05 56 52 77 97
Ouv. 7j/7.

 La Tour Intendance

Ce délicieux hôtel se niche dans une minuscule voie entre le cours de l'Intendance et la Porte Dijeaux, à deux pas de la place Gambetta. Douceur de vivre et détails soignés, en prime un garage privé à sa porte.
25 ch. 68-138 €   *www.hotel-tour-intendance.com*

→ 14-16 rue de la Vieille-Tour
☎ 05 56 44 56 56
F. 24 déc.-22 janv.

 Une Chambre en Ville

Le musée des Arts décoratifs, les galeries de peintures et les antiquaires installés dans cette rue donnent le ton. Du coup, on en oublie l'absence d'ascenseur pour rejoindre les 5 chambres réparties sur trois étages.
2 appart. 99 € • 3 ch. 89 €   *www.bandb-bx.com*

→ 35 rue Bouffard
☎ 05 56 81 34 53
Ouv. 7j/7.

Villes de proximité, voir :

- BLANQUEFORT .... 11 km N.O. par N 215 et D 2e **(14/20)**
- BOULIAC .... 10 km N.O. par D 10 et N 230 **(17/20)**
- BOUSCAT (LE) .... 5 km N.E. **(13/20)**
- CENON .... 3 km E. par N 89 **(15/20)**
- MARTILLAC .... 11 km S. par N 113 et D 214 **(15/20)**
- PESSAC .... 6 km S.O.
- SAINT AUBIN DE MEDOC .... 18 km N.O. **(14/20)**
- SAINT MEDARD EN JALLES .... 6 km N.O. par N 215 **(11/20)**

Les prix au restaurant
C : addition moyenne à la carte (sans les boissons), comprenant 1 entrée, 1 plat et 1 dessert, dans le cadre d'une restauration traditionnelle.
M : fourchette de prix mentionnant le menu le moins cher et le menu le plus cher, proposant à la fois entrées, plats et desserts, sans les boissons.

BORMES LES MIMOSAS - 83230 **(34 A 6)**

Toulon 39 - Le Lavandou 5

14 La Rastègue

On ne jubile pas, mais presque. Pas seulement parce que Jérôme Masson nous a enfin écoutés, en étoffant son offre par un menu à moins de 40 € qui donne plus de choix que son menu dégustation imposé, mais parce qu'il s'installe définitivement comme la bonne table du coin, avec les frères Dandine aux Roches. Privilégiant le produit, les associations simples, la rigueur et la pureté, il donne un joli récital avec ses délicates gambas, cuites moelleuses sur une bisque suave, de charmeuses cuisses de caille confites avec des petits artichauts violets et un trait de tomate ail romarin, une lotte rôtie sur sa marmelade de fenouil et une émulsion au citron. Sur la terrasse de cette maison particulière du Pin de Bormes, on embrasse les Maures et la mer, dans la salle provençale où la cuisine est ouverte, on goûte la sérénité du lieu, l'accueil sobre et juste de Patricia, ainsi qu'une cave qui ne se contente pas de réciter les bons domaines régionaux, mais trouve aussi les bonnes cuvées de chacun. Un point de plus.

M : 39 €

→ 48 bd du Levant
☎ 04 94 15 19 41
F. lundi, mardi, merc. à déj. (h.s.), à déj. sf dim. (juin-sept.) et 13 janv.-déb. fév.
Jusqu'à 21h30.

12 La Tonnelle de Gil Renard

Gil Renard et son épouse ont su, il y a quelques années, considérablement modifier l'environnement de leur Tonnelle : du cadre contemporain un peu impersonnel, ils ont fait une véranda tendrement festive comme pour un anniversaire d'enfant, prolongée d'une boutique de souvenirs et de jouets. L'ambiance s'en trouve notablement rajeunie, les touristes, mais surtout les locaux, à l'année, apprécient et le service lui-même, jeune et souriant, donne du tonus aux classiques du chef, l'aïoli, la daube, les pieds et paquets. C'est souvent dans les suggestions du moment qu'on trouve quelque bonheur, une polenta aux girolles, un canon d'agneau aux cocos et pistou, des abricots confits. Dernier atout, et pas le moindre, une des meilleures cartes de vins de la région, domaines bien choisis, prix justes, des classiques (Saint-Baillon, Simone) aux plus pointus du coin (Siouvette, Brégançon, Pas du Cerf…).

C : 45 € • M : 38 €   www.la-tonnelle-bormes.com

→ Pl Gambetta
☎ 04 94 71 34 84
F. merc., jeudi (oct.-avril), merc., jeudi à déj. (mai-sept.) et à déj. (juil.-août).
Jusqu'à 21h30 (22h30 été).

Chez Sylvia

Sur des terres touristiques où les tables tournent au gré des saisons, la famille Giaramidaro répond présente depuis plus de 50 ans, un gage de sérieux vite confirmé par la qualité de cette cuisine de soleil aux belles spécialités siciliennes.

C : 35 € • M : 25-35 €

→ 872 av Lou-Mistraou
☎ 04 94 71 14 10
F. merc., jeudi à déj. (h.s.), merc. à déj., jeudi à déj. (saison), déc. et janv.
Jusqu'à 22h.

L'Estagnol

Une terrasse immense (ce n'est pas la place qui manque dans cet espace privé gigantesque de pinède et de sable fin bordant la longue plage de l'Estagnol), un service au taquet pour une offre parfaitement tenue d'une brasserie méditerranéenne tout à fait au point jusqu'aux plats de poissons les plus élaborés (pagres et beaux-yeux sortant de l'eau, pâtes aux langoustes…). Un endroit d'initiés que les vacanciers méritent de connaître.

C : 45 €

→ Rte de Léoube
☎ 04 94 64 71 11
F. 1er oct.-fin mars.
Jusqu'à 21h.

BORMES LES MIMOSAS

🌿 La Reine Jeanne

L'endroit est joli, au cœur de la forêt des Maures, tout près du col de Gratteloup sur la route de Saint-Trop'. On privilégie la terrasse, s'il ne fait pas trop chaud, et les premiers menus, pour profiter au mieux de cette adresse distinguée.

C : 40 € • M : 28-45 €

→ Forêt du Dom, RN 98
☎ 04 94 15 00 83
F. mardi à dîn. (h.s.), merc. (h.s.) et 3 sem. fin nov.
Jusqu'à 21h30.

🅲🅲 Hostellerie du Cigalou

Douceur de vivre à la provençale au cœur du village médiéval, avec cette magnifique maison ancienne et ses chambres superbes, au charme ancien, personnalisées avec goût avec meubles de bois peint et couleurs pastel.

3 appart. 150-280 € • 17 ch. 100-230 €   www.hostellerieducigalou.com

→ Pl Gambetta
☎ 04 94 41 51 27
🖨 04 94 46 20 73
Ouv. 7j/7.

BORT L'ETANG - 63190	(26 C 3)

Clermont-Ferrand 30 - Vichy 48

15 🍴🍴 Château de Codignat

Dîner aux chandelles dans ce cadre médiéval doucement romantique. Evidemment loin du monde contemporain et de la cyberculture, cet univers est aussi un patrimoine à préserver. Dans les cuisines pourtant, pas d'archaïsme, un chef adroit, à la technique affirmée - et confirmée par son titre de MOF en 2004 - qui distille sa propre musique, réinventée et recomposée chaque saison sur les bases d'un terroir volontiers bouleversé : rouget-barbet, langoustines royales et blanc de seiche aux asperges vertes, côte de cochon noir de Bigorre, mijotée de légumes à l'huile de navette, tropézienne revisité avec un praliné noisette et citron de Menton. Dans une autre époque, dans un autre lieu, cette table toujours aussi intéressante, avec un service remarquable, montre que la gourmandise est intemporelle.

C : 100 € • M : 55-100 €   www.codignat.com

→ ☎ 04 73 68 43 03
F. à déj. lundi-vend. et 1er nov.-20 mars.
Jusqu'à 21h30.

🅲🅲🅲 Château de Codignat 🦢

Un fier château XVe sorti d'un conte, en pleine nature auvergnate, dans un parc de 15 ha. L'atmosphère préservée, l'accueil souriant d'hôtes pleins de courtoisie contribuent au changement d'époque dans le raffinement de chambres stylées, mobilier d'époque et fresques en trompe-l'œil dans les salles de bains.

4 appart. 550-700 € • 15 ch. 370-580 €   www.codignat.com

→ ☎ 04 73 68 43 03
🖨 04 73 68 93 54
F. 3 nov.-20 mars.

BOSC LE HARD - 76850	(6 C 2)

Clères 6 - Neufchâtel-en-Bray 18 - Rouen 25

12 Auberge la Bolhardaise

Changement de nom certes (l'ex-Commerce), mais on retrouve toujours les Toutain aux commandes de cette auberge de village toute de briques vêtue, inscrite avec un brio certain dans un registre bourgeois parfaitement assumé. La carte mêle ainsi produits nobles, préparations classiques et clins d'œil au terroir et devient logiquement vite coûteuse. Les habitués vous le confirmeront, l'effort se justifie, pour les langoustines en croustillant de blé noir, sur un lit de belle sauce au noilly, pour l'élégance du pigeonneau Rossini ou la gourmandise de l'omelette feuilletée aux pêches. Tant de soin dans la préparation se paie également au niveau de l'attente, mais la satisfaction l'emporte.

C : 45 € • M : 23-44 €

→ 6 pl Marché
☎ 02 35 33 30 25
F. dim. à dîn., lundi, mardi et 3 sem. juil.
Jusqu'à 21h45.

14 ☞ Auberge Labarthe 💗

Eric Dequin n'a apparemment pas trop de mal à faire monter les gastronomes jusqu'à ce petit village, et ce n'est que justice au regard des efforts déployés. Le décor est superbe, actuel et riche en détails craquants, et les produits sont choisis et traités avec un soin qui ménage de belles assiettes et une franche satisfaction : sobre cassolette de chipirons, courgettes et piments ; cuisson impeccable des ris d'agneau sautés, pomme de terre cuite à la graisse d'oie, qui se complètent de façon plus originale avec les attentions périphériques, la lasagne d'anchois et tapenade ou en prédessert l'originale assiette de dés de tomate sucrée et fraises mara des bois, avant un baba au rhum et carpaccio d'ananas, espuma au vieux rhum, joli coup d'œil et délice gourmand. Le flottement d'un service abondant mais parfois un peu désordonné n'affecte pas une atmosphère plaisante, à la fois feutrée et décontractée. Efficace carte des vins, avec des références bien choisies un peu partout, notamment en Sud-Ouest.
C : 50 € • M : 24-62 €

➔ Rue Pierre-Bidau
☎ 05 59 21 50 13
F. dim. à dîn., lundi, mardi, 2 sem. fin janv. et dern. sem. juin-1re sem. juil.
Jusqu'à 21h30.

www.auberge-pau.com

15 La Ferme de l'Hospital

Nous louons chaque année l'excellent rapport qualité-prix proposé dans cette chic fermette proche du Léman. Nous ne sommes évidemment pas sans avoir eu vent de l'aubaine et l'affluence, même un soir de semaine hors saison, en est la meilleure preuve : pas de réservation, pas de table le plus souvent. Touche à tout, ne se repliant pas sur un terroir sans aucun doute trop peu varié pour son appétit de création, Jean-Jacques Noguier propose une cuisine généreuse et immédiatement compréhensible : risotto carnaroli crémeux au parmesan, fricassée de grenouilles et pousse d'épinards, pavé de loup cuit sur peau, artichaut poivrade, tomate confite et pissaladière aux olives, petites tartes au chocolat et poêlée de griottes au sirop vanillé et sorbet griottes. Cave variée et logiquement tarifée, service d'une parfaite décontraction.
C : 82 € • M : 37 €

➔ ☎ 04 50 43 61 43
F. dim., lundi, vac. scol. fév., 3 prem. sem. août et 24-25 déc.
Jusqu'à 21h30.

idéal gourmet

www.ferme-hospital.com

13 L'Etape des Frères Lani ❦

La fratrie Lani (Lucien et Joël) fêtera très bientôt son vingtième anniversaire de collaboration aux fourneaux de cette maison créée il y a tout juste... 40 ans par leurs parents. Toujours le même enthousiasme, la même envie de partager et de faire connaître les meilleurs produits de la région : barigoule d'artichaut mijotée à l'ancienne et lait mousseux au lard fumé, pieds et paquets mijotés à l'ancienne et gnocchi à la parmesane et joli plateau de fromages locaux. Atmosphère familiale.
C : 38 € • M : 16,50-26 €

➔ Rte de Gardanne, D6
☎ 04 42 22 61 90
F. sam. à déj., dim. à dîn. (h.s.), sam. à déj., dim., lundi à déj. (juil.-1re sem. sept.) et 23-31 déc. à déj.
Jusqu'à 21h30.

idéal gourmet

www.lani.fr

BOUDOU - 82200 (29 D 3)
Moissac 6 - Valence-d'Agen 13

13 🍴 Auberge de la Garonne
Comme la Garonne qui trace son chemin des montagnes à la mer à travers tout le Sud-Ouest, Laurent Constantini ne choisit pas entre les spécialités canardières et le poisson, il propose les deux et il le fait plutôt bien, maîtrise la cuisson du magret de canard comme celle du mérou en croûte de chorizo, et retient avec plaisir le touriste de passage le temps d'un bon repas, en terrasse à regarder le fleuve.
C : 26 € • M : 15-25 €   www.hotel-restaurant-tarn-garonne.com

→ RN 113
☎ 05 63 04 06 82
F. sam. à déj. (h.s.), dim. à dîn., lundi, vac. scol. fév. et vac. scol. Toussaint. Jusqu'à 21h30.

BOUESSE - 36200 (18 A 6)
Argenton-sur-Creuse 13 - La Châtre 26

🥿🥿 Château de Bouesse 🐦
Edifié entre les XIIIᵉ et XVᵉ siècles, ce fier château médiéval aux confins du Berry a subi une intense et profonde campagne de rénovation depuis quelques années. Meublées dans un style médiéval, avec notamment des lits à baldaquin, les chambres respectent une sobriété qu'on retrouve dans le parc à la française.
4 appart. 150 € • 8 ch. 85-120 €   www.chateaubouesse.com

→ 1 rte d'Argenton
☎ 02 54 25 12 20
🖥 02 54 25 12 30
F. 1ᵉʳ janv.-1ᵉʳ avril.

BOUGIVAL - 78380 (8 A 5)
Paris 17 - Versailles 11 - Nanterre 7

14 🍴 Le Camélia
Nous ne referons pas une fois de plus l'historique de ce Camélia, table mythique des bords de Seine. Jean Delaveyne n'est plus au piano depuis bien longtemps et Thierry Conte s'est montré digne de l'héritage depuis son installation. Parfaitement maîtrisée et ce dès le premier menu, sa cuisine navigue avec justesse dans un registre ultra-classique, royale de foie gras de canard aux pieds bleus, tournedos de morue fraîche au lard de Bigorre et fondant au chocolat, griottes et framboises. Service compétent et attentif, cave s'adaptant à (presque) tous les budgets.
M : 42-68 €   www.lecamelia.com

→ 7 quai Georges-Clemenceau
☎ 01 39 18 36 06
F. dim., lundi, et août. Jusqu'à 22h30.

🍴 idéal gourmet

BOUILLAND - 21420 (20 B 4)
Dijon 35 - Beaune 27

15 🍴 Hostellerie du Vieux Moulin
Cette vénérable hostellerie a connu quelques soubresauts pendant les mois qui suivirent le départ de Jean-Pierre Silva, emblématique chef de ce Vieux Moulin. Quatre ans après avoir repris l'affaire, les nouveaux propriétaires semblent enfin avoir stabilisé les cuisines, confirmant dans son poste Thomas Compagnon, ancien second chez Jacques Lameloise et à la Pyramide (à Vienne). Cette (légitime) confiance renouvelée se traduit par des assiettes gagnant en assurance, à l'image des langoustines juste saisies, entremets de courgettes acidulées et confiture de tomate, de la poitrine de canette rôtie au pain d'épices de Dijon, fruits exotiques et navet fondant et de l'émouvant mille-feuille XXL. Atmosphère agréable dans cette salle progressivement remise au goût du jour, belle cave classique.
C : 85 € • M : 39-85 €   www.le-moulin-de-bouilland.com

→ 1 rue de la Forge
☎ 03 80 21 51 16
F. à déj. lundi-jeudi, 2 janv.-14 mars et 1er-14 déc. Jusqu'à 21h15.

G
M

LA BOUILLE - 76530   (6 C 3)

Paris 138 - Rouen 22 - Evreux 59

13 Le Saint-Pierre

Les hommes d'affaires en vallée de Seine rive sud de la ville ne tarissent pas d'éloges sur le menu du marché, incontestable performance, à ce niveau de prestation, et face à une concurrence très traditionnelle. Laurent Blanchard a la maison qu'il faut (une salle de longue notoriété au bord du fleuve, dans un petit village typique à un quart d'heure de la ville), les bonnes idées pour constituer une carte d'aujourd'hui aux fondements classiques et un savoir-faire de chef bien dans son époque. Un bon chaud-froid de saint-jacques à l'huile d'argan et fine tarte de topinambours et le saint-pierre rôti cannelloni de poireaux et chair de crabe aux éclats de praline prouvent sa maîtrise dans les affaires maritimes, et aussi une belle part d'inventivité. Accueil distingué et comme chez soi de Patricia, belle cave généraliste, sans grands risques, mais équilibrée.
C : 58 € • M : 52,50-69,50 €   *www.restaurantlesaintpierre.com*

→ 4 pl du Bateau
☎ 02 35 68 02 01
F. lundi, mardi, dim. à dîn. (oct.-mars), 18 fév.-4 mars, 25 août-9 sept. et 3-11nov.
Jusqu'à 21h30.

- -

10 La Poste

Etape nostalgique en bord de Seine dans une maison classée, où le service d'une gentillesse confondante et un chef d'expérience perpétue une tradition sans défaut, des chaises Louis XIII au vol-au-vent de ris de veau. Qu'on ne s'y trompe pas, sous des intitulés trop souvent galvaudés, la sole à la normande ou le canard à l'orange sont ici de bon niveau.
C : 50 € • M : 28,50 €

→ 6 pl du Bateau
☎ 02 35 18 03 90
F. dim. à dîn., lundi à dîn., mardi et 3 sem. fin déc.
Jusqu'à 21h30.

BOULIAC - 33270   (23 D 2)

Bordeaux 10 - Bègles 3

17 Le Saint-James

La spontanéité et la liberté. Voilà ce que possède Michel Portos et que les autres n'ont pas toujours. Ou pas en même temps. Il ne travaille pas le doigt sur la couture du pantalon, attendant les ordres de ses commanditaires. Il peaufine ses idées jusqu'à approcher la perfection, mais garde une fraîcheur presque enfantine à créer par exemple un jus de carotte, qu'il nourrit d'écrevisses et de girolles, pour un amuse-bouche topissime, qui met tellement en appétit qu'on attend avec le sourire les miracles. Et ils arrivent. Pas partout bien sûr, Dieu se repose parfois, mais dans certaines assiettes qui ne doivent qu'à son talent, Portos est grand. Dans la grosse camarone, enroulée autour d'une feuille de romaine comme une brochette, dans le mano a mano d'un agneau allaiton de chez Grefeuille avec un thon juste snacké, dés d'anchois et rectangles de pois gourmands. Et sa dorade ! Orientalisée au ras-el-hanout, avec des légumes à pleurer de justesse (les textures sont incroyables) elle nous a rappelé, par sa saveur puissante des Mille et une nuits, les sardines que Wally faisait dans son premier restaurant de l'île Saint-Louis, il y a vingt-cinq ans. Et ça c'est Portos, respectueux, généreux, malin (l'idée de la recette lui vient de ses plongeurs marocains qui lui ont fait goûter une sardine justement). Ensuite, le temps et la Garonne peuvent bien s'écouler, sous les baies de ce superbe vaisseau où les tables d'une chic et merveilleuse sobriété regardent le fleuve et la ville de loin, le service peut se couler dans cette zen attitude qui n'exclut pas le standing, Richard Bernard peut mener, avec ses deux sommeliers, une cave d'exception, faisant entrer à tour de bras ses coups de cœur et traçant avec quelques

→ 3 pl Camille-Hostein
☎ 05 57 97 06 00
F. dim., lundi, 1re quinz. janv., vac. scol. Pâques et Toussaint.
Jusqu'à 21h30.

vignerons vedettes, les Gauby, Vaillé, Foucault, Germain, une histoire de fidélité : le Saint-James est alors une des plus belles maisons de France, illuminée par un acteur majeur de la cuisine d'aujourd'hui.
C : 100 € • M : 59-125 €

www.saintjames-bouliac.com

₵₵₵ Hôtel Hauterive Saint-James ✒

Hauterive, pour la situation dominante (la vue se déroule au-dessus des vignes, jusqu'à Bordeaux), Hauterive, un lieu unique, création de l'architecte Jean Nouvel qui a puisé son inspiration dans les séchoirs à tabac pour construire ces lignes structurées et ces jeux de lumière superbes, qui éclairent un décor tout aussi moderne, d'une sobriété absolue ponctuée d'éléments de décoration parfois surprenants (une Harley de collection pour rêve de grands enfants). Unique, à l'image de la piscine... noire.
3 appart. 340-400 € • 15 ch. 185-265 €

www.saintjames-bouliac.com

→ 3 pl Camille-Hostein
☎ 05 57 97 06 00
📠 05 56 20 92 58
F. 1re quinz. janv.

🚗 ♿ ❄ ⌒ 🐕

---

13 🍴 Côté Cour

Dans la cour du Saint-James, cette véranda moderne est l'anti-chambre la plus prisée des fans de Michel Portos. La carte a presque la même vivacité, la même faconde que dans le temple, le cadre est superbe et la bonne franquette s'installe sur des préparations qui vont un peu plus loin que le saucisson-baguette : coquillages en cocotte, lichettes de jambon cru et bouquet de chou-fleur, tronçon de lotte retour d'Italie purée goût muscade et petits pois… Le menu à 26 € est une performance comme les prix des vins, franchement attractifs, un tiers d'entre eux étant servis au verre.
M : 26-34 €

www.saintjames-bouliac.com

→ 3 pl Camille-Hostein
☎ 05 57 97 06 06
F. w.-e., 14-28 janv. et 4-25 août.
Jusqu'à 22h.

🎏

---

12 Le Café de l'Espérance

Un lecteur nous confiait récemment, ravi de sa trouvaille : "Savez-vous que dans le village, en dehors du Saint-James et de son Bistroy, il y a un petit café-bistrot d'habitués formidable, où l'on mange une superbe côte de bœuf ou une épaule d'agneau comme à la ferme ?" Au risque de lui enlever ses illusions, mais aussi de conforter certaines convictions, rappelons que ce Café de l'Espé-rance fait aussi partie du groupe Hauterive Saint-James et que Michel Portos lui-même surveille l'approvisionnement et le travail qui s'y produit, ce qui explique la haute tenue de ces plats de ménage. Convivialité et qualité jusque sur l'ardoise portant une quarantaine de références, à 90 % bordelaises.
C : 32 € • M : 15-540 €

www.saintjames-bouliac.com

→ 10 rue de l'Esplanade
☎ 05 56 20 52 16
Ouv. 7j/7.

🎏 🍸 🐕

BOULOGNE BILLANCOURT - 92100   (8 B 5)

Paris 10 - Nanterre 14 - Versailles 14

16 🍷🍷 Au Comte de Gascogne

Il n'y a plus beaucoup de maisons comme celle-là sur Paris. Tout à l'ancienne, dans le luxe, la prodigalité, quand personne ne comptait, quand ne venaient dans les restaurants que des nababs et des marquis. C'est vrai, l'époque a changé, mais Henri Charvet, qui affiche près de cinquante ans de fourneaux, peut dire qu'il a connu le bon temps. Pour cela, et pour la haute qualité de ses produits choisis avec autant d'exigence depuis toujours, sa clientèle lui est restée fidèle, comme un bastion secret, au cœur de Boulogne, dans un temple bourgeois pour personnes de qualité. Qui,

→ 89 av
Jean-Baptiste-Clément
☎ 01 46 03 47 27
F. sam. à déj., dim., lundi à dîn. et 1re quinz. août.
Jusqu'à 22h15.

📞 ♿ ❄ 🔍 🐕 🍴

accessoirement, pourront mettre un peu plus de 50 € pour un pigeon au lard, et une soixantaine pour le saint-pierre aux herbes, le ragoût de homard et un fameux tournedos aux morilles. Sans oublier les propositions du moment (venez en automne pour les champignons et le gibier), les spécialités de foie gras, les bons desserts. La cave compte environ 700 références et bien sûr peu de piquette.

C : 80 € • M : 58 €   aucomtedegasc@aol.com

---

12 Le Cap Seguin

Avec ses grandes baies vitrées sur la Seine, son décor decomplexé et soigné associant chaises en rotin et sol revêtu d'une imitation de parquet, cette maison vise au cœur la clientèle de bureaux le midi, qui profite d'une cuisine de marché bien renouvelée et généreusement servie (tartare de saumon et saint-jacques au pesto, bar vapeur et fenouil confit sauce orange, clafoutis au coing). Service sympathique et efficace. Cave assez banale.

C : 45 €   www.lecapseguin.com

→ Face au 27 quai Alphonse-Le-Gallo
☎ 01 46 05 06 07
F. sam. à déj., dim. et sem. 15 août.

Acanthe

Sur le rond-point, près de Roland Garros, un hôtel de businessmen, pratique et fait pour la détente, avec son jardin fleuri et ses nombreux équipements. Salon avec Internet gratuit et grand écran, chambres contemporaines aux couleurs chaudes, fer forgé et bois.

69 ch. 180-215 €   www.quality-acanthe-paris.com

→ 9 rond-point Rhin-et-Danube
☎ 01 46 99 10 40
🖨 01 46 99 00 05
Ouv. 7j/7.

BOULOGNE SUR MER - 62200   (1 A 2)
Calais 37 - Saint-Omer 55

---

14 Hostellerie de la Rivière

La belle et noble simplicité d'une cuisine de tradition. Dominique Martin a le nez sur le fourneau, il fait du sur-mesure pour une clientèle qui connaît le goût des bonnes choses et des recettes de toujours. Dans ce cadre bourgeois régulièrement rafraîchi, il décline les arpèges, adapte, personnalise : un craquant aux pignons de pin, langoustines et ris d'agneau avec un jus de viande émulsionné au beurre de crustacés, un tajine de veau, ris et rognon, jus de veau épicé et légumes caramélisés, et des desserts nostalgiques, la mini-omelette norvégienne ou la "rivière" de pâtisseries. La région est mise à contribution, volailles de Licques, pêche de Boulogne, légumes du Touquet, fromages de Philippe Olivier… et l'accueil de Sibylle toujours souriant. Grande cave généraliste de 400 références, huit chambres au décor charmant, donnant sur le jardin et la rivière.

C : 62 € • M : 36-56 €   www.hostelleriedelariviere.com

→ 17 rue de la Gare, Saint-Etienne-au-Mont
☎ 03 21 32 22 81
F. dim. à dîn., lundi, mardi à déj., 7-29 janv. et 24 août-11 sept.

---

14 La Matelote

La mer en face, Nausicaa pour l'explorer, et le poisson droit dans les yeux par Tony Lestienne, expert intransigeant des affaires maritimes. Jamais de faiblesse dans l'arrivage, le chef ne le permet pas et rejetterait les mauvais sujets de Poséidon. "El'pichon" c'est un sujet avec lequel on ne saurait plaisanter à Boulogne et des mises en bouche (tartare de thon, sardine piquillos, carpaccio de saint-jacques) au dessert, on respire fort, avec des assiettes emblématiques, comme le tourteau en cocktail mousseux d'huîtres, crevettes grises radis noir et langoustines en kadaïf, ou le panaché

→ 80 bd Sainte-Beuve
☎ 03 21 30 17 97
Ouv. 7j/7.
Jusqu'à 21h30.

vapeur, lingue, lieu noir, flétan blanc marinière de moules et palourdes qui ressemble vraiment à la Manche. Ambiance studieuse et complice, bonne cave classique.
C : 65 € • M : 35-72 €   *www.la-matelote.com*

 La Matelote
La belle façade classique abrite des chambres rustiques et stylées qui se modernisent chaque année pour un confort plus contemporain : piscine, sauna, remise en forme, hammam, jacuzzi et 6 chambres et suites créées l'an passé.
6 appart. 210 € • 29 ch. 95-115 €   *www.la-matelote.com*

→ 70 bd Sainte-Beuve
☎ 03 21 30 33 33
🖷 03 21 30 87 40
Ouv. 7j/7.

---

11 Le Châtillon
Dans le cœur même du réacteur : la pêche de Boulogne est réputée dans toute la France, et au milieu des docks, cette enseigne en direct de l'arrivage rassemble les marins et leurs amis. Crustacés marinés à l'ail, bar grillé, raie au beurre roux, la mer en simplicité et vérité.
C : 20 € • M : 18-19,50 €

→ 6 rue Charles-Tellier, zone de Capécure
☎ 03 21 31 43 95
F. w.-e. et fériés.

Villes de proximité, voir :

BOURBON L'ARCHAMBAULT - 03160   (26 B 2)
Moulins 24 - Montluçon 50 - Nevers 53

12 Restaurant le Talleyrand
Jean-Pierre Porte offre aux résidents de cette demeure au charme historique bien actualisé une cuisine de terroir pleine d'allant et de gourmandise sur des bases traditionnelles : une fricassée de lapereau à la moutarde de Charroux, un tournedos de bœuf du Bourbonnais au foie gras, ou la fameuse recette du canard à la Duchambais. Ne manquez pas les gibiers en saison, les beaux fromages d'Auvergne et les vins de la région. Bon menu Terroir à moins de 30 €.
M : 20-49,50 €   *www.hotel-montespan.com*

→ 2-3-4 pl des Thermes
☎ 04 70 67 00 24
F. 1er nov.-31 mars.
Jusqu'à 21h30.

 Grand Hôtel Montespan-Talleyrand ✈
La Montespan et le diable boiteux, belle histoire de ces pierres séculaires, formées de quatre maisons reliées entre elles par des accès au centre thermal. L'accueil est familial, les chambres romantiques, avec leurs plafonds à la française, tissus tendus, meubles en rotin, certaines avec pierres apparentes et crépis à l'ancienne. Petits déjeuners servis au jardin, avec confitures maison, grande terrasse-jardin au pied du pigeonnier XIIIe.
5 appart. 115 € • 45 ch. 58-120 €   *www.hotel-montespan.com*

→ 2-3-4 pl des Thermes
☎ 04 70 67 00 24
🖷 04 70 67 12 00
F. 1er nov.-31 mars.

Villes de proximité, voir :

Les prix des hôtels correspondent au tarif journalier en chambre
ou en appartement (ou suite) pour au minimum 1 personne seule en basse saison
et 2 personnes en haute saison.

BOURBON LANCY - 71140 (19 D 5)
Mâcon 109 - Moulins 36

15 Manoir de Sornat

Suzanne et Gérard Raymond aiment leur métier et leur maison. Et cela transparaît dans la vie quotidienne de cet hôtel pas comme les autres, où la tradition a une personnalité, où le chef connaît presque son pigeon de l'élevage Marlot par son prénom, pose l'omble chevalier sur des toasts de saint-nectaire fondu, sert le sandre avec une grenobloise et l'agneau avec une crème d'oseille. Un peu d'orientalisme, des cuissons précises, et cette passion qui s'exhale, pour deux toques confirmées chaque année jusqu'à l'entremets caramel ou le gratin de poires. On saluera, en outre, l'initiative qui consiste à présenter, avec les cartes et menus, une fiche explicative de la plupart des plats. Cave bien faite, équilibrée et pas trop chère.
C : 70 € • M : 28-85 €   www.chateaushotels.com

→ Rte de Moulins, allée de Sornat
☎ 03 85 89 17 39
F. dim. à dîn., lundi à déj., mardi à déj. (sf juil.-août et fêtes), w.-e. de Noël, 2 janv.-10 fév. et 1er mai. Jusqu'à 21h.

Manoir de Sornat

Un original manoir anglo-normand posé en Bourgogne, élégance bourgeoise et atmosphère feutrée. Les chambres, au mobilier contemporain et belles matières, donnent sur un vaste parc, à l'orée de la ville.
13 ch. 62-140 €   www.chateaushotels.com

→ Rte de Moulins, allée de Sornat
☎ 03 85 89 17 39
▤ 03 85 89 29 47
F. 2 janv.-10 fév.

BOURDEILLES - 24310 (24 B 1)
Brantôme 10 - Périgueux 28

Château de la Côte

Le parc ouvre sur toute la campagne grâce à sa situation en hauteur et au milieu, trônent les tours XVe du château. Le décor a préservé avec soin, jusque dans les plus récentes rénovations, cette atmosphère historique, avec mobilier ancien, cheminées monumentales et boiseries.
8 appart. 86-228 € • 8 ch. 66-120 €   www.chateaudelacote.com

→ Biras
☎ 05 53 03 70 11
▤ 05 53 03 42 84
F. 5 janv.-15 mars et 15 nov.-25 déc.

BOURG ACHARD - 27310 (5 B 3)
Caudebec-en-Caux 24 - Rouen 32

12 L'Amandier

Le nouveau décor, inauguré au printemps, est particulièrement réussi, à la fois contemporain et gai, à l'image d'une cuisine qui prend finalement tout son sens dans un tel contexte : trilogie de langoustines en trois cuissons, sabayon au basilic et herbes fraîches, blanc de saint-pierre cuit meunière, embeurrée de légumes de saison et mousseline de poudre de tomates, soufflé aux agrumes, milk-shake d'oranges et Grand Marnier. Service efficace, sous la direction de Béatrice Poyer, tout en décontraction retenue, cave classique.
C : 57 € • M : 19-35 €   www.lamandier-over-blog.com

→ 581 rte de Rouen
☎ 02 32 57 11 49
F. à dîn. lundi-merc., mardi à déj. F. ann. non comm. Jusqu'à 21h.

BOURG CHARENTE - 16200 (22 B 4)
Angoulême 35 - Cognac 12

15 La Ribaudière

Décidément, la maison de Thierry Verrat semble ne pas connaître la crise. Pour preuve, un million d'euros de travaux viennent ont été réalisés en début d'année afin de complètement réhabiliter la salle de restaurant, le parc et les salons. Le résultat est somptueux, la clientèle profitant encore plus du charme des lieux et de la Charente

→ Pl du Port
☎ 05 45 81 30 54
F. dim. à dîn., lundi, mardi à déj., vac. scol. fév. et 15 oct.-1er nov. Jusqu'à 22h.

en particulier, qui longe les abords du restaurant. Enlevée, enjouée et d'une redoutable maîtrise technique, la cuisine de Thierry Verrat demeure la plus vivante et la plus passionnante du département : tartare de langoustines de la Cotinière, caviar d'Aquitaine, pain de campagne grillé et crème fraîche de la ferme, dos de cabillaud confit à l'huile d'olive, pommes de terre liquides et croustillantes, rognon de veau braisé au romarin, crème de homard et biscuit aux anchois, soufflé crémeux à la banane et milk-shake au rhum effervescent. Service d'excellente tenue, cave immense, peut-être un peu chère sur les grands noms mais se montrant très fouineuse dans toutes les régions. Et toujours l'une des plus formidables collections de cognacs de France.
C : 68 € • M : 38-74 €   *www.laribaudiere.com*

BOURG DE VISA - 82190   (29 C 2)
Agen 35 - Lauzerte 20 - Cahors 53

11 **Ferme-Auberge de Lasbourdettes**
Au cœur des coteaux du Quercy, Arlette Decaunes cultive avec sa ferme-auberge la tradition chaleureuse du Sud-Ouest, dans l'accueil comme dans la cuisine, qui met en avant la volaille maison sous toutes ses formes, les légumes du potager ou les fruits de saison.
M : 16-32 €   *arlette.decaunes@wanadoo.fr*

→ Arlette-Decaunes
☎ 05 63 94 26 75
F. mardi, Toussaint et Noël.

BOURG DUN - 76740   (6 C 1)
Paris 185 - Rouen 65 - Dieppe 18

14 🍺 **Auberge du Dun**
Une expérience remarquable, cette saison, de justesse, de bien-être dans cette salle à la fois moderne et tranquille, cuisine ouverte, ambiance de tradition, arôme marins et normands mêlés avec entrain. Des petits fours aux mignardises, Pierre Chrétien et son épouse cajolent leurs convives, les filets de rougets mi-cuits sont très séduisants, comme la pintade aux girolles, pommes de terre fumées et navets et le craquelin fruits rouges. Une bonne note méritée, une adresse sûre de la côte dieppoise, jusqu'au pain au cidre maison. Cave intéressante par ses choix dans les régions phares.
M : 29-44 €

→ 3 rte de Dieppe
☎ 02 35 83 05 84
F. dim. à dîn., lundi, merc. à dîn. F. ann. non comm.
Jusqu'à 21h.
🚗

BOURG EN BRESSE - 01000   (27 D 1)
Paris 426 - Lyon 83 - Mâcon 36

13 🍺 **L'Auberge Bressane**
Idéalement postée face à la magnifique église de Brou, cette auberge incarne à merveille l'image de la restauration traditionnelle à la française : décor bourgeois, argenterie, tables bien mises, l'ambiance n'est pas à la plaisanterie mais le professionnalisme de cette maison ne fait jamais défaut. La cuisine régionale est à l'honneur, avec le gâteau de foie blond de volaille, crème de tomate et champignons, la poularde de Bresse et crème à l'estragon ou la quenelle de brochet et sandre sauce homardine. Belle cave classique avec un choix étonnant de vins au verre.
C : 55 € • M : 25,50-60 €   *www.aubergebressane.fr*

→ 166 bd de Brou
☎ 04 74 22 22 68
F. mardi.
Jusqu'à 21h.

13 Chez Blanc

Une brasserie en majuscule, à la hauteur de son enseigne, dans son décor lumineux qui rend hommage à la volaille de Bresse, son ambiance soutenue par un service efficace, mais aussi bien sûr dans sa cuisine, sans aventure certes mais impeccable dans sa réalisation, sur le maquereau aux aromates, sur la volaille à la crème et aux morilles ou le millefeuille aux framboises. Côté cave, des valeurs sûres et de sympathiques propositions au pichet.

C : 30 € • M : 18-45 €   www.georgesblanc.com

→ Pl Bernard
☎ 04 74 45 29 11
Ouv. 7j/7.
Jusqu'à 23h.

----

13 Les Quatre Saisons

La concurrence est rude dans cette rue, mais Philippe Turc a su s'imposer dans le difficile équilibre d'une cuisine moderne, respectueuse du terroir comme de la saison, tout en tenant des prix raisonnables. On ne peut qu'encourager cette bonne volonté, qui se traduit par exemple par un carpaccio de saint-jacques aux parfums nets, avec le contraste bienvenu de la glace aux cèpes, une traditionnelle et réussie volaille de Bresse aux écrevisses avec de moelleuses crêpes de maïs ou encore une trilogie de crèmes brûlées un peu inégales. Sous les poutres d'une salle claire et agréable, ces gourmandises et la faconde du chef font régner une franche convivialité.

C : 45 € • M : 19-55 €   turc.phil@wanadoo.fr

→ 6 rue de la République
☎ 04 74 22 01 86
F. sam. à déj., dim., lundi, 2-10 janv., 29 avril-9 mai et 14 août-1er sept.
Jusqu'à 21h30.

----

13 La Reyssouze

Du bon bourgeois solide et gentilhomme dans le cadre qui lui sied. Face à la Reyssouze Alain Detain a le bagage technique pour une prose culinaire pleine d'aménité, la mousse de foies de volaille, les grenouilles sautées, le poulet de Bresse crème et morilles faisant honneur au patrimoine et régalant les habitués. Le bon choix est à 33,50 €, un menu initiatique et copieux. Cave classique puisant dans la région et en Bourgogne.

C : 48 € • M : 25-54 €

→ 20 rue Charles-Robin
☎ 04 74 23 11 50
F. lundi et dim. à dîn. et 1er-20 août.
Jusqu'à 21h15.

----

12 Mets et Vins

Des travaux de rénovation en prévision, des animations régulières, pas de doute, les Prevalet ne manquent pas d'enthousiasme pour faire vivre leur jeune table. On les suit avec plaisir, d'autant que la promesse du nom n'est pas vaine, entre les assiettes de Stéphane, soignées à défaut de déborder de créativité, et les vins proposés par Laetita : on trouve sans peine une bonne bouteille pour accompagner le mignon de porc aux épices ou le sandre au vin jaune (très agréable menu réinterprétant le terroir de l'Ain).

C : 35 € • M : 14-33 €

→ 11 rue de la République
☎ 04 74 45 20 78
F. lundi et mardi.
Jusqu'à 21h30.

----

11 L'Amandine

Dans son cadre vert amande (forcément), la table de Christiane Pépin affiche ses préférences : menus Tradition et la Bresse dans l'assiette, deux piliers solides pour apprécier la maison, entre féra au citron confit et volaille de Bresse au vin jaune.

C : 30 € • M : 17-42 €

→ 4 rue de la République
☎ 04 74 45 33 18
F. dim., merc. et 2 prem. sem. sept.
Jusqu'à 21h.

11 **Le Français**

Dans ce décor 1900 classé, on cultive la tradition d'une brasserie de qualité depuis 1932, et pourtant la volaille de Bresse aux morilles, le tartare de bœuf ou les saint-jacques persillées n'accusent aucune fatigue, bien achetés et bien cuisinés, ce qui justifie sans peine les tarifs.
C : 45 € • M : 30-55 €

→ 7 av Alsace-Lorraine
☎ 04 74 22 55 14
F. sam. à dîn., dim., 1er mai, quelques jrs en mai, 3 sem. août et 10 jrs Noël-nouvel an.
Jusqu'à 22h.

Chapon d'Or

Le cadre accueillant et la carte classique sont des arguments de poids pour les bons mangeurs bressans. Allez à l'essentiel avec les escargots au vin rouge, l'entrecôte au maroilles et le poulet de Bresse aux morilles.
C : 36 € • M : 19-23 €

le-chapon-d-or@wanadoo.fr

→ 4 rue Thomas-Riboud
☎ 04 74 23 02 66
F. dim., lundi et dern. sem. juil.-2 prem. sem. août.
Jusqu'à 21h15.

Best Western Hôtel de France

Derrière la façade Directoire de ce vaste immeuble XIXe proche de l'église Notre-Dame et des rues piétonnes, des chambres raffinées, de très bon confort (wifi, clim), au mobilier ancien.
2 appart. 150 € • 42 ch. 75-92 €

www.grand-hoteldefrance.com

→ 19 pl Bernard
☎ 04 74 23 30 24
📠 04 74 23 69 90
Ouv. 7j/7.

Villes de proximité, voir :

⟳ PERONNAS .... 1 km S.O. **(14/20)**
⟳ SAINT ETIENNE DU BOIS .... 11 km N.E. par N 83 **(11/20)**

BOURG SAINT MAURICE - 73700	**(28 C 3)**

Chambéry 111 - Val-d'Isère 28

L'Autantic

Près du funiculaire, un hôtel pratique dans l'esprit montagnard : chambres confortables utilisant les matériaux locaux, bois et fer forgé, dans le style savoyard. Piscine intérieure chauffée et sauna.
29 ch. 40-130 €

www.hotel-autantic.fr

→ 69 rte de Hauteville
☎ 04 79 07 01 70
📠 04 79 07 51 55
Ouv. 7j/7.

BOURGES - 18000	**(18 B 5)**

Paris 246 - Châteauroux 65 - Nevers 69

15 **Abbaye Saint-Ambroix**

Un cadre de prestige, un chef de prestige, qui peut arborer depuis le printemps dernier le fameux col tricolore de MOF, dont on sait dans la profession quelle signification il a et ce qu'il coûte d'efforts, de talent et de sacrifices. Nous n'avions pas attendu cette distinction pour faire de François Adamski un de nos chouchous régionaux, lui qui distille de si brillantes assiettes sous les voûtes splendides de cette abbaye-restaurant, au cadre élégamment habillé de rouge et blanc. Et s'il y interprète volontiers quelques classiques primés - le dos de loup au foie de lotte et truffes, lauréat du Bocuse d'Or en 2001 - c'est aussi pour rebondir sur des créations plus récentes, souvent inspirées de la tradition (foie gras en copeaux vinaigrette de rhubarbe, noix de ris de veau croustillante et salsifis au jus, dacquoise pistache et crème légère au chocolat). Service de standing, cave bien équipée dans les vins du département, menetou, sancerre, et de bon conseil sur les autres régions.
M : 45-80 €

www.abbayesaintambroix.fr

→ 60-62 av Jean-Jaurès
☎ 02 48 70 80 00
F. dim. à dîn., lundi, mardi (h.s.), lundi et mardi (Pâques.-oct.).
Jusqu'à 21h30.

G
M

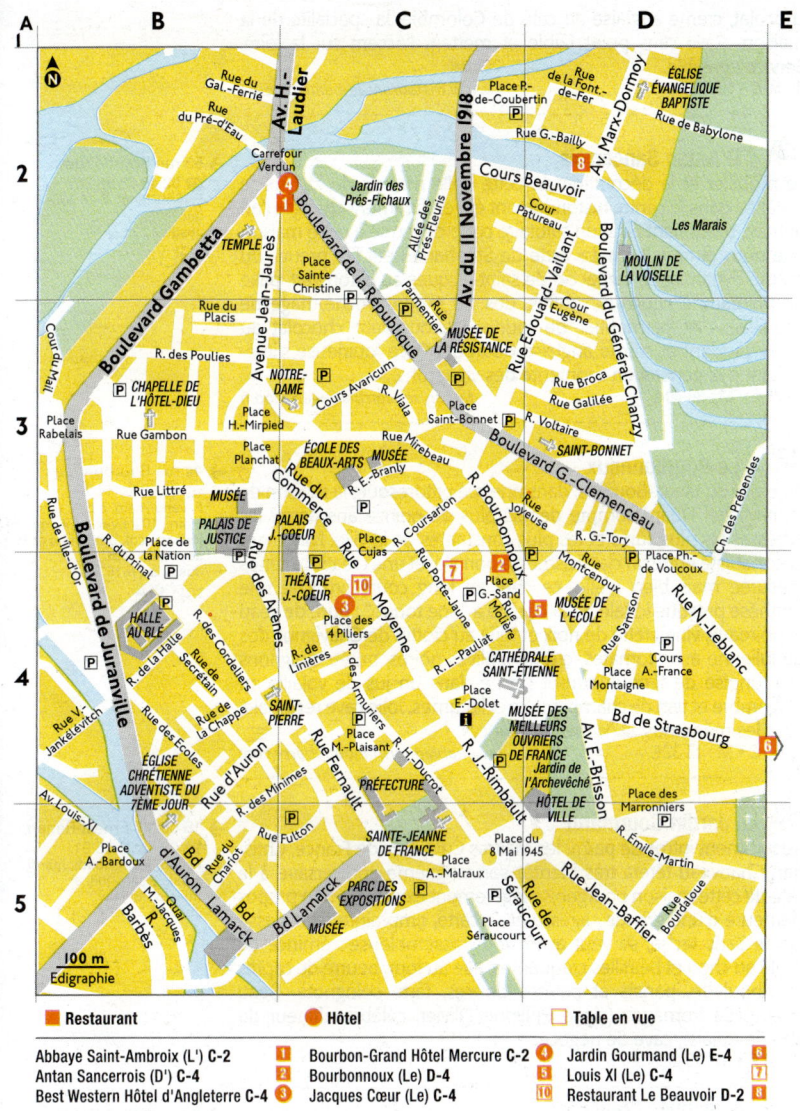

	Restaurant		●	Hôtel		☐	Table en vue

Abbaye Saint-Ambroix (L') **C-2**	**1**	Bourbon-Grand Hôtel Mercure **C-2**	**4**	Jardin Gourmand (Le) **E-4**	**6**
Antan Sancerrois (D') **C-4**	**2**	Bourbonnoux (Le) **D-4**	**5**	Louis XI (Le) **C-4**	**7**
Best Western Hôtel d'Angleterre **C-4**	**3**	Jacques Cœur (Le) **C-4**	**10**	Restaurant Le Beauvoir **D-2**	**8**

14 Restaurant Le Beauvoir

Les grandes vitrines qui donnent sur la rue rappellent que la maison de Didier Guyot était encore, au tournant des années quatre-vingt-dix, une quincaillerie d'importance. Plus à l'aise avec une casserole à la main qu'avec un tournevis, le chef travaille dans un registre classique où le produit (l'homme fait un détour par Rungis chaque semaine) tient une place prépondérante. De belles sensations sur des langoustines rôties en kadaïf, à la chair exquise, sur des nems de coquilles saint-jacques au vinaigre de riz et sur le soufflé au

→ 1 av Marx-Dormoy
☎ 02 48 65 42 44
F. dim. à dîn. et 3 sem. août.
Jusqu'à 21h.

chocolat, crème anglaise au café de Colombie, la spécialité de la maison. Cave sans point faible et mettant l'accent sur la loire. Service agréable.

C : 58 € • M : 18-42 €   *www.restaurant-le-beauvoir.com*

---

13 D'Antan Sancerrois

Le mobilier et la décoration de cette belle maison du XVᵉ siècle installée dans le centre historique ont été entièrement changés l'an dernier, redonnant ainsi un salutaire coup de jeune à cette maison que nous aimons bien. La carte de Stéphane Rétif fait preuve du même dynamisme, carpaccio de saint-jacques au citron vert, pavé de poireaux à l'huile de truffes, dos de sandre poché, nage de coquillages et parmentier de tourteau, croustillant chocolat au coeur fondant et crème anglaise Bourbon. Cave fouineuse s'intéressant à la génération montante des vignerons.

C : 35 € • M : 30-40 €   *dantan.sancerrois@wanadoo.fr*

→ 50 rue Bourbonnoux
☎ 02 48 65 96 26
F. dim., lundi, 6-28 août et 24 déc.-3 janv.
Jusqu'à 22h.

---

13 Le Bourbonnoux

Au cœur du Vieux-Bourges, dans une rue pittoresque, la maison de Jean-Michel Huard compte depuis plus de quinze ans parmi les adresses les plus sûres et les plus constantes de la ville. Naviguant avec habileté entre un classicisme de bon aloi et une créativité certes mesurée mais bien réelle, ce chef au long cours propose une synthèse presque idéale de la cuisine à "une toque" : hure de veau et poireaux, vinaigrette de noix et tuile au crottin de Chavignol, dos de julienne aux aromates, crème d'olives noires, purée d'oignons et brunoise de fenouil, turbot poché dans un jus de volaille au gingembre et tian de champignons et légumes. Jolie cave régionale, avec les menetous, sancerres et quincys.

C : 30 € • M : 13-32 €   *www.tablegourmandeduberry.com*

→ 44 rue Bourbonnoux
☎ 02 48 24 14 76
F. vend., sam. à déj., dim. à dîn., 10 jrs vac. scol. fév., 10 jrs vac. scol. printemps et 16 août-déb. sept.
Jusqu'à 21h15.

---

12 Le Jardin Gourmand

Récemment intronisé parmi les Maîtres Cuisiniers de France, Christian Chauveau fêtera très bientôt son vingtième anniversaire à la tête de cette maison bourgeoise légèrement excentrée. Son propos demeure d'une grande sagesse et sa carte, empreinte d'un classicisme sans tache, se veut avant tout rassembleuse : émincé de caille au chou et béatilles craquantes, raie au four, beurre de câpres et ciboulette, panais et patates douces, tarte solognote. Beau chariot de fromages (signé Philippe Olivier, célèbre affineur du Pas-de-Calais), cave de négoce.

C : 31 € • M : 15-23,50 €

→ 15 bis av Ernest-Renan
☎ 02 48 21 35 91
F. dim. à dîn., lundi, mardi à déj., 3 sem. juil. et mi-déc.-mi-janv.
Jusqu'à 21h.

Le Jacques Cœur

Un classique de la cuisine bourgeoise et régionale dans un bel immeuble du centre historique, face au palais Jacques Cœur. Fricassée de ris de veau et morilles en feuilletage, sole meunière, soufflé chaud au chocolat, du classique initiatique dans une atmosphère cérémonieuse.

C : 65 € • M : 19,90-38 €   *restaurant.jacquescoeur@wanadoo.fr*

→ 3 pl Jacques-Cœur
☎ 02 48 26 53 01
F. sam. à déj., dim. (sept.-mai) et 26-30 déc.
Jusqu'à 22h.

Le Louis XI

La convivialité en avant, dans la gentillesse du service comme dans la cuisine proposée, qui met en avant les salades ou le pavé de bœuf. En prime, le cadre d'une jolie maison XVIᵉ à deux pas de la cathédrale.

C : 26 € • M : 17-26 €

→ 11 rue Porte-Jaune
☎ 02 48 70 92 14
F. dim., 1 sem. fin fév. et sept.
Jusqu'à 22h30.

Best Western Hôtel d'Angleterre

Un classique de la vie berruyère, cet hôtel stylé et sérieux, XIXᵉ avec ses beaux salons et ses chambres sobres à la déco de bon ton. Internet gratuit dans chacune d'elles.

31 ch. 80-108 €   www.bestwestern-angleterre-bourges.com

→ 1 pl des Quatre-Piliers
☎ 02 48 24 68 51
🖷 02 48 65 21 41
F. dern. sem. déc.

Bourbon-Grand Hôtel Mercure

L'ancienne abbaye classée a été aménagée en hôtel de charme et d'affaires, aux chambres très bien équipées aux normes Mercure, toutes rénovées dans les tons vert, crème et rouge, dans de beaux matériaux, dont le bois, dans la gamme supérieure.

4 appart. 155-175 € • 53 ch. 80-145 €   www.alpha-hotellerie.com

→ Bd de la République
☎ 02 48 70 70 00
🖷 02 48 70 21 22
Ouv. 7j/7.

LE BOURGET DU LAC - 73370   (28 A 3)
Chambéry 12 - Voiron 59

16 Le Bateau Ivre

Chaque saison, ce Relais & Châteaux semble avoir été entièrement rafraîchi (salle aux couleurs éclatantes, très chic véranda), preuve d'un entretien particulièrement minutieux de Jean-Pierre Jacob, qui apporte le même professionnalisme à une cuisine d'apparence classique, mais totalement maîtrisée et aux touches d'évolution bienvenues. Même si le binôme recettes d'autrefois - techniques d'aujourd'hui donne parfois l'impression d'un léger tassement créatif et même gustatif. Car si les quenelles de brochet avec leur émulsion d'écrevisses montrent un ensemble particulièrement aérien, la saveur manquait un peu, et le lavaret rôti, à la cuisson poussée, ne bénéficiait que modérément de l'apport de l'artichaut mousseux de beurre meunière. Reste de nombreuses et agréables bonnes sensations, dont celles d'un service aux petits soins, de petites et grandes attentions, d'une cave très forte pour étancher la soif de grands crus d'hôtes très civilisés...

M : 55-165 €   www.hotel-ombremont.com

→ RN 504
☎ 04 79 25 00 23
F. lundi, mardi, jeudi à déj. (mai-fin oct.), lundi, mardi (déc.-mi-avril), 15 avril-2 mai et 30 oct.-1ᵉʳ déc. Jusqu'à 22h.

Ombremont

Une romantique maison de maître des années 30 entouré de son parc de 3 ha bordant le lac du Bourget, arbres centenaires et panorama envoûtant sur les eaux et la montagne, propice à écrire bien des poèmes. Chambres personnalisées aux motifs fleuris, classiques et stylées.

4 appart. 317-357 € • 13 ch. 170-255 €   www.hotel-ombremont.com

→ RN 504
☎ 04 79 25 00 23
🖷 04 79 25 25 77
F. 15 avril-2 mai et 30 oct.-1ᵉʳ déc.

----

15 Atmosphères

On tient là peut-être le modèle du restaurant moderne, décomplexé et décomplexant, original mais jamais gratuit ni tape à l'œil, pratiquant des prix très raisonnables à ce niveau de qualité. Ouverte sur le lac, la salle tout en longueur séduit par son côté zen et contemporain, et le service prouve qu'il n'est pas besoin de s'afficher en costume strict pour être parfaitement efficace. Actuelle, la carte des vins témoigne d'une recherche intelligente, agréablement complète en Savoie ou en Languedoc notamment, un esprit qu'on retrouve dans les propositions au verre. Et bien sûr, il y a la cuisine d'Alain Périllat, faite de propositions vraiment personnelles, avec une base volontiers locale. Même l'abordable menu du marché (20 € !) est un petit bonheur avec des choses simples mais

→ 618 rte des Tournelles
☎ 04 79 25 01 29
F. merc. (sf à dîn. juil.-août), mardi et vac. scol. Toussaint. Jusqu'à 21h15.

attirantes. Toujours très raisonnable, le menu de saison donne toute la mesure d'un travail remarquablement séduisant, avec un mariage réussi du lavaret et du cecina de leon (sorte de jambon de bœuf) dynamisé par une discrète pointe gingembre, un râble de lapereau à la cuisson parfaite, farci d'escargots rôtis et accompagné d'une purée de petits pois sympathique et de champignons. Un repas ici est un vrai bonheur comme on aimerait en trouver partout en France.

M : 35-62 €
www.atmospheres-hotel.com

---

14 🏨 **Auberge Lamartine**

La vue sur le lac du Bourget rend évidemment méditatif, sinon poète. Car l'assiette ne peut laisser indifférent le romantique le plus attendri par l'amour et l'eau fraîche. Pierre Marin travaille comme il l'a appris de ses maîtres, père et pairs : une tradition savante aux belles manières, des parfums du temps présent renouvelés au fil des saisons, mais toujours attentive à faire rêver une clientèle classique avec des foies gras, des langoustines et des ris de veau. Belles assiettes nobles, poissons de lac (omble chevalier, féra) toujours bien habillés, très belles viandes (filet béarnaise ou à la mondeuse, carré et selle d'agneau au four au thym frais, filet mignon de veau en croûte d'herbes). Belle ouvrage, soutenue par une cave classique et sérieuse.

C : 68 € • M : 63-74 €
www.lamartine-marin.com

→ Rte du Tunnel-du-Chat, N
504 Bourdeau
☎ 04 79 25 01 03
F. dim. à dîn., lundi (sf fériés)
et 23 déc.-15 janv.
Jusqu'à 21h30.

---

14 🏨 **La Grange à Sel**

L'ancienne remise à sel est un salon bourgeois qui se prolonge d'une terrasse au jardin pour les beaux jours : rien que de très régulier, fidèle même, chez Gilles Blonay, qui ne dévie pas d'un degré l'azimut pour offrir ce registre rassurant qui vaut une note elle aussi immuable. Avec la verrine de tourteau, écrevisses et lavaret fumé dans une gelée claire de crustacés, les saint-jacques, langoustines et foie gras dans une soupière lutée, l'omble chevalier meunière et les ris et rognons aux écrevisses, on sait exactement où l'on a placé ses économies : à bon escient. Service prévenant et disponible, cave généraliste avec les vins régionaux.

M : 37-46 €
www.lagrangeasel.com

→ La Croix-Verte
☎ 04 79 25 02 66
F. dim. à dîn., merc. et janv.
Jusqu'à 21h30.

---

12 **Beaurivage**

Véranda et terrasse permettent de profiter en toute saison d'une vue qui justifie pleinement le nom de l'établissement qui cultive paisiblement les vertus d'une belle gastronomie, pas si classique que cela dans sa façon de décliner les saisons. On sent ainsi souffler un (petit) air du temps sur la verrine de crabe au guacamole ou le jus de maïs qui accompagne le filet de féra et son farçon savoyard en un hommage sympathique à la région. Une région qui s'apprécie aussi à boire, y compris au verre, dans une cave pas mal construite.

C : 45 € • M : 24-40 €
www.beaurivage-bourget-du-lac.com

→ Bd du Lac
☎ 04 79 25 00 38
F. dim. à dîn., lundi, merc.
à dîn. (sf juil.-été), 18-26 fév. et
20 oct.-21 nov.
Jusqu'à 21h.

---

 parking privé 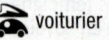 parking fermé 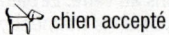 voiturier

🕊 hôtel très tranquille 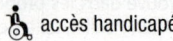 chien accepté ♿ accès handicapé

BOURGUEIL - 37140   (17 B 4)
Tours 47 - Angers 80 - Chinon 17

11   **Le Moulin Bleu**

Peint en bleu à la Révolution, cet ancien moulin XVe domine le vignoble de Bourgueil. Dans la maison proche, la tradition est plus récente, mais tout aussi typique et exemplaire. Un chef d'expérience laboure le terroir avec force dans un beau décor rustique, salade de rillons, brochet au beurre de vouvray, beuchelle à la tourangelle. Le menu à 28 € traite la question en panoramique, poussant jusqu'au sainte-maure rôti et à la tarte Tatin (Lamotte-Beuvron n'est pas si loin d'ici...). Bonne sélection de bourgueils de propriétaires, étendue sur tout le vignoble du département.
C : 37 € • M : 20-48 €

→ 7 rue du Moulin-Bleu
☎ 02 47 97 73 13
F. dim. à dîn., mardi à dîn., merc., déb. mars et fin nov. (sur réserv. à dîn.).
Jusqu'à 20h45.

BOURGVILAIN - 71520   (20 A 6)
Cluny 8 - Mâcon 25

10   **La Pierre Sauvage**

Installé juste au passage du col, à 529 mètres d'altitude précisément, au cœur du Haut Mâconnais, ce restaurant accueillait régulièrement François Mitterrand et sa suite une fois gravie la roche de Solutré. Nul ne sait si la nouvelle équipe gouvernementale fréquentera la maison d'Annie Lionet mais ils pourraient goûter aux mêmes plats que l'ancien président, l'andouillette mâconnaise, les tartes chaudes et le pavé de Charollais demeurant fidèles à une carte immuable.
C : 32 € • M : 19,50-25,50 €

→ Col des Enceints
☎ 03 85 35 70 03
F. dim. à dîn., lundi, mardi à déj. et 10 janv.-10 fév.
Jusqu'à 21h.

BOURNEVILLE - 27500   (6 B 3)
Pont-Audemer 10 - Honfleur 29

11   **Risle-Seine**

Sur la route de Deauville, si par bonheur, vous avez le petit creux avant la sortie Pont-Audemer sur l'A13, profitez de cette bonne occasion pour pousser jusqu'à cette auberge de village, le premier près de l'autoroute. Christophe Brocard y mitonne depuis une dizaine d'années une cuisine sincère et peu coûteuse, son simple menu à 22 € donnant l'essentiel de l'affaire, avec un pressé de boudin noir et pomme, un suprême de pintade aux champignons, une escalope de veau au cidre de la Risle, les viandes nous paraissant prioritaires. Accueil doux et souriant de Nathalie dans une ambiance de province souriante au cadre simple et sincère.
C : 25 € • M : 16-28,50 €   *www.risle-seine.com*

→ ☎ 02 32 42 30 22
F. mardi à dîn. et merc. F. ann. non comm.
Jusqu'à 21h.

---

 parking privé    parking fermé   voiturier

 hôtel très tranquille   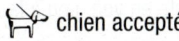 chien accepté   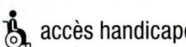 accès handicapé

    hôtels de charme

BOURRON MARLOTTE

BOURRON MARLOTTE - 77780   (7 D 4)

Paris 53 - Nemours 11 - Fontainebleau 9

16 Les Prémices

Des goûts d'ici avec des produits d'ailleurs et vice-versa, voilà un peu le credo de Dominique Maës dans cette maison bourgeoise au décor contemporain très réussi, murs talochés et grandes baies vitrées. Et s'il n'est pas si évident d'imposer une gastronomie à la fois complexe et originale à une heure de Paris, le chef a su fédérer les envies dans des saveurs finalement harmonieuses derrière une grosse technicité : noix de coco de Thaïlande, velouté de langoustines et homard, gambas en kadaïf, wagyu façon Kobé dans l'entrecôte, jus au poivre des Indes, crème brûlée infusée à la fève de Tonka sur un sablé breton, rhubarbe et fraises du Gâtinais. Service compétent et de bon conseil, cave vaste aux nombreuses références classiques.

C : 80 € • M : 38-60 €   *www.restaurant-les-premices.com*

→ 12 bis rue Blaise-de-Montesquiou
☎ 01 64 78 33 00
F. dim. à dîn., lundi, mardi, 1 sem. fév., 1re quinz. août, 1 sem. déb. nov. et sem. Noël-1er janv.
Jusqu'à 21h30.

- -

❋ Château de Bourron

Un très beau château XVIIe classé, au coeur de la forêt de Fontainebleau, qui ouvre ses portes aux visiteurs sur son domaine de 300 ha. Deux chambres et des suites pour seigneurs d'un soir, qui goûteront le mobilier et les boiseries d'époque, les tentures de grandes signatures, mais aussi l'accès wifi. Et ils admireront la superbe perspective Sud offerte par le canal et les allées de tilleuls.

2 appart. 250-300 € • 2 ch. 160-200 €

→ 14 bis rue du Mal-Foch
☎ 01 64 78 39 39
Ouv. 7j/7.

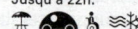

LE BOUSCAT - 33110   (23 D 2)

Bordeaux 5 - Libourne 46

13 Le Père Ouvrard

On peut envier aux Bordelais, malgré la difficulté d'accès, surtout à l'heure du déjeuner, une telle adresse. Le cadre de maison de maître du Père Ouvrard est tout simplement superbe : en terrasse sous les palmiers, malgré les bruits de circulation ou dans les salons à la déco unique, baroque, jungle, latine, tauromachique, l'envie est grande de s'asseoir et de se nouer la serviette autour du cou devant une ardoise affriolante, de calamars plancha, de poireau foie gras thon cru, de lotte fumée aux pommes de terre et cumin… Un maigre de la pêche du jour avec un jus au basilic et tapenade, un pigeonneau laqué au balsamique : cette carte, maligne et bistronomique, donne ce qu'on attend, ni plus ni moins, sans fausse note et sans vice caché. Le jeune service s'emmêle parfois un peu, mais dans la bonne humeur et le vin de Bordeaux est bien placé, du petit au grand, du Haut Maco au Ducru-Beaucaillou

C : 45 € • M : 16 €   *ouvrard.compagnie@wanadoo.fr*

→ 39 av de la Libération
☎ 05 56 02 02 04
F. sam. à déj., dim., lundi à dîn. (hiver), w.-e. (été), 2 sem. hiver et août.
Jusqu'à 22h.

---

de  à les tables sont classées par ordre dégressif de note

 table en vue, lieu à la mode, ethnique

 signale une notation en attente ou un changement de dernière minute

découverte *d≷* GM met en avant des nouveautés méconnues

BOUSSAC - 23600 (25 D 1)

Guéret 40 - Montluçon 41

14 Le Relais Creusois ♥

Un quart de siècle d'activité dans cette localité creusoise n'a toujours pas émoussé la soif d'entreprendre de Jean-Jacques Tulleau et de son épouse, Françoise, dynamique et gouailleuse maîtresse de salle. On jurerait même que le couple vit une seconde jeunesse comme le prouvent les dernières nouvelles qui nous arrivent des cuisines : foie gras de canard en terrine et compote de fruits secs, tartare de saumon frais et huile aux herbes, filet de turbot, brunoise de patate douce aux noix et poitrine de porc laquée au miel, chou et croustillant de couenne. Cave s'intéressant à tous les vignobles avec une légère prédilection pour la Bourgogne.
C : 40 € • M : 25-48 €   lerelaiscreusois@wanadoo.fr

→ 40 la Maison-Dieu, Rte de la Châtre
☎ 05 55 65 02 20
F. mardi à dîn., merc. (sf été), janv., fév. et déb. mars.
Réserv. conseillée.
Jusqu'à 20h30 (21h été).

BOUSSAC - 46100 (30 A 2)

Cahors 70 - Villefranche-de-Rouergue 36

13 Domaine des Villedieu

Une auberge champêtre comme on la rêve, les vieilles pierres d'une maison de maître XVIIIe posée au-dessus de la vallée du Célé, un accueil qui fait qu'on se sent instantanément comme un habitué et une cuisine de terroir généreuse, autour du cassoulet, du canard gras et du cabécou. Cave de vieux cahors.
C : 40 € • M : 27-42 €   www.villedieu.com

→ Boussac
☎ 05 65 40 06 63
Ouv. 7j/7.

BOUTENAC TOUVENT - 17120 (22 B 5)

La Rochelle 99 - Royan 30

12 Le Relais de Touvent

Installé à trois kilomètres de l'estuaire de la Gironde, ouvrant sur un parc faisant face au Médoc, cet ancien relais de poste vit depuis trois ans sous la direction de Jean-Pierre Capet, un chef chevronné formé dans quelques grands hôtels de chaîne. Sa carte régionale est assortie de quelques clins d'œil à la cuisine flamande (l'homme est passé par l'école hôtelière du Touquet), la crème brûlée à la chicorée et le potjevleesch cohabitant ainsi avec le magret de canard grillé sauce aux cèpes et la papillote de cabillaud aux aromates.
C : 19 € • M : 19 €   www.relais-de-touvent.com

→ 4 rue de Saintonge
☎ 05 46 94 13 06
Ouv. 7j/7.
Jusqu'à 22h.

BOUTIGNY SUR ESSONNE - 91820 (7 C 3)

Paris 58 - Fontainebleau 29 - Etampes 19

Domaine de Belesbat

Dominé par l'élégance XVIIIe de son château, le domaine regarde vers l'avenir et se veut un lieu de vie aux nombreuses possibilités, animations artistiques régulières, golf sur les 50 ha du parc, sens de l'accueil. Pour contenter toutes les visions du luxe, les chambres proposent, d'un espace à l'autre, meubles de style, élégance classique ou plus contemporaine, avec un sentiment d'exclusivité permanent.
appart. 650-800 € • 58 ch. 370-600 €   www.belesbat.com

→ Courdimanche-sur-Essonne
☎ 01 69 23 19 00
🖨 01 69 23 19 01
F. déc.-fév.

BOUZE LES BEAUNE

BOUZE LES BEAUNE - 21200 (20 B 4)
Beaune 7 - Savigny-lès-Beaune 5

13 **Restaurant La Bouzerotte** ♥

Nos lecteurs sortent régulièrement enchantés de cet ancien lavoir installé dans un village tranquille, à dix minutes de la capitale viticole. Simple et sincère, la cuisine d'Olivier Robert s'impose avec force grâce à une qualité de produit irréprochable : canon croustillant de tartare de thon aux agrumes, sorbet wasabi et carpaccio de betterave rouge, risotto de sèche, copeaux de châtaignes et jus réduit au vinaigre balsamique, suprême de pintadeau, jus réduit, écume de parmesan, riz à la mangue et toast au nougat d'Epoisses. Excellente cave.

C : 45 € • M : 17-29 €

→ Le Village
☎ 03 80 26 01 37
F. lundi, mardi, 22 déc.-17 janv. et 26 août-4 sept.
Jusqu'à 21h.

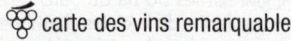 idéal gourmet

www.perso.wanadoo.fr/la.bouzerotte

BOUZEL - 63910 (26 C 3)
Clermont-Ferrand 24 - Thiers 25

13 **L'Auberge du Ver Luisant**

Douce et fidèle lumière sur la route de Billom (la capitale de l'ail d'Auvergne), le Vert Luisant de Jean-Christophe Raluy soigne ses assiettes dans leur contenant (jolie vaisselle artisanale) comme dans leur contenu, où il compose avec des bases assez classiques pour apporter sa touche personnelle : foie gras poêlé aux abricots et gingembre, perches au four sur un velouté de pomme ou filet d'agneau rôti au thym. Cave sympathique, qui ramène des références de propriétaires récoltants dans les principales régions.

C : 37 € • M : 15-48 €

→ Rue du Breuil
☎ 04 73 62 93 83
F. dim. à dîn., lundi, merc. à dîn., 1re sem. janv., 21-28 avril et 17 août-8 sept.
Jusqu'à 21h.

BOUZIGUES - 34140 (32 A 4)
Montpellier 31 - Sète 8

10 **Chez La Tchèpe**

Ne nous focalisons pas sur le confort presque spartiate de cette adorable petite table installée dans une écurie médiévale proche du château. L'intérêt de l'adresse réside évidemment dans la haute qualité des coquillages servis (évidemment issus de l'étang de Thau). Vue superbe sur cette grande étendue d'eau (et dont on profite également en hiver désormais grâce au chauffage installé sur la terrasse couverte), cave vraiment pas chère.

C : 15 €

→ Av Louis-Tudescq
☎ 04 67 78 33 19
F. merc. et janv.
Jusqu'à 18h (21h30 été).

La Côte Bleue

Posé au bord de l'eau, ce mas créé par une famille d'ostréiculteurs de l'étang (on peut d'ailleurs manger sur place autour de leur production et des produits de la mer) bénéficie d'une vue superbe et apaisante. Chambres sobres et agréablement colorées.

32 ch. 60-86 €

→ Av Louis-Tudesq
☎ 04 67 78 31 42
📠 04 67 78 35 49
Ouv. 7j/7.

lacotebleue@free.fr

---

découverte *d* GM met en avant des nouveautés méconnues

♥ coup de cœur   🍇 carte des vins remarquable   🔼 notation en hausse

BOZOULS - 12340 (30 C 2)
Rodez 23 - Espalion 10

13 A la Route d'Argent

Malgré architecture et décor contemporains, la maison des Catusse n'en oublie pas les vertus traditionnelles qu'on attend d'une auberge aveyronnaise, accueil chaleureux, service souriant, présentation simple dans l'assiette et sur la table, qui met à l'honneur les produits régionaux, à l'image d'un superbe gigot d'agneau d'allaiton braisé au thym frais servis avec un aligot et une cocotte de cocos frais. Une bonne halte avant d'aller admirer le spectaculaire Trou de Bozouls, une adresse où l'on n'est pas déçu, tant par la cuisine, les bons vins et les fromages de la région, la gentillesse générale et les prix raisonnables (y compris pour les chambres).
M : 18-39 €

→ Rte d'Espalion
☎ 05 65 44 92 27
F. dim. à dîn., lundi (h.s.) et janv.-fév.
Jusqu'à 21h.

yves.catusse@wanadoo.fr

- -

12 Le Belvédère

Cet hôtel-restaurant au charme ancien jouit d'une situation privilégiée, surplombant cette curiosité géologique qu'est le trou de Bozouls, vaste effondrement au bord duquel s'est construit ce joli village. La salle à manger est désormais rénovée et conserve heureusement les poutres apparentes et la grande cheminée où se préparent les grillades. Puisant ses racines au plus profond de l'Aveyron (et utilisant même un ail sauvage récolté au fond du trou), la cuisine de Guillaume Viala fait preuve d'une bonne humeur communicative : tourte fumée, mousserons frais, pommes de terre, jus de saucisse de pays et ventrèche, fouace façon pain perdu et crème glacée au thé d'Aubrac (une herbe sauvage proche de la menthe). Service dynamique, n'oubliant jamais d'apporter des précisions sur les produits servis, cave bien construite.
C : 40 € • M : 12-34 €

→ 11 rte du Maquis
Jean-Pierre
☎ 05 65 44 92 66
F. lundi à déj. (h.s.), dim. à dîn., mars et oct.
Jusqu'à 21h.

www.lebelvedere-bozouls.com

Villes de proximité, voir :

RODELLE................11 km N.O. par D 988 et D 27 **(12/20)**

BRACIEUX - 41250 (17 D 4)
Blois 19 - Romorantin 32

16 Le Relais de Bracieux

La Sologne gourmande et cérémonieuse que le département fête avec fierté tout au long de l'année. Bernard Robin n'est pas qu'un ambassadeur du gibier à poils et à plumes, de la veste à brandebourgs et du cor de chasse. C'est un chef majuscule qui a le tournemain autant pour faire rougir le homard ou habiller la sole en meunière que mitonner le terroir, un feuilleté d'alose, une salade d'anguilles fumées ou un cochon fermier au marc de Loire. Désormais dans une sérénité d'amiral, il se consacre à la quintessence des recettes et des goûts, alternant les idées surprises, comme la tomate glacée et basilic avec une glace à l'huile d'olive dans le beau menu Coup de cœur, entre le beurre blanc du homard et le canard de Challans fumé au thé et épices douces. Très belle cave de Loire, que l'on savoure dans ce salon feutré ouvrant sur le parc fleuri.
C : 80 € • M : 40-145 €

→ 1 av de Chambord
☎ 02 54 46 41 22
F. mardi, merc. et 20 déc.-fin janv.
Jusqu'à 21h.

idéal gourmet

www.relaisbracieux.com

BRANCION - 71700 (20 B 5)
Tournus 14 - Chalon-sur-Saône 41

15 La Montagne de Brancion

Jacques et Nathalie Million ne cessent de clamer la stabilité de leur maison, et ce malgré les changements de chefs assez fréquents qui se produisent dans les cuisines de leur bel hôtel-restaurant. Justement, Gilles Bérard, après cinq ans de bons et loyaux services, a laissé la place au jeune Anthony Sallièg qui, après avoir été second de Laurent Peugeot dans ces mêmes murs (avant le départ de ce dernier pour le Charlemagne), venait de passer cinq années aux Gorges de Pennafort. A charge pour lui de perpétuer les habitudes bourgeoises d'une carte qui, petit à petit, semble s'éloigner de la zone des deux toques : pressé de volaille de Bresse en persillé et chutney à la mangue, filet de canard rôti au bourgogne rouge, mini-poivrons et fleur de courgette farcie, compotée d'abricots, nougatine et glace à la vanille bourbon. Service remarquable, cave pointue dans sa région.
C : 85 € • M : 48-75 €

☎ 03 85 51 12 40
F. janv. et fév.
Jusqu'à 21h15.

www.brancion.com

La Montagne de Brancion

Perchée sur la colline, à quelques encablures du village médiéval, la belle maison des Million jouit d'une vue exceptionnelle sur la campagne. Les chambres, toutes orientées face à l'est, ouvrent sur les monts du Mâconnais. La piscine de plein air chauffée et les vols-découvertes en ULM, piloté par le propriétaire, pimentent le séjour.
1 appart. 204 € • 18 ch. 100-154 €

☎ 03 85 51 12 40
🖷 03 85 51 18 64
F. janv. et fév.

www.brancion.com

BRANDO - 20222 (35 D 1)
Bastia 18 - Erbalunga 10

A Piazzetta

Pour profiter de cette marine de rêve, la jolie petite place au cœur du vieux village, la terrasse à deux pas de la mer : une cuisine corse et méditerranéenne sans grand panache, mais honnête, dans une atmosphère de décontraction souriante.
C : 20 €

Erbalunga
☎ 04 95 33 28 69
F. mardi (h.s.) et janv.-fév.
Jusqu'à 22h.

BRANTOME - 24310 (24 B 1)
Périgueux 27 - Nontron 22

16 Moulin de l'Abbaye

Ce charmant moulin moussu jouit d'une situation rêvée, sur les bords de la Dronne. Confortablement installé dans la belle et bourgeoise salle à manger, profitant justement de la jolie vue sur le cours d'eau et, en face, sur les toits du village, on se persuade rapidement que la vie dans les Relais & Châteaux a décidément du bon. La cuisine régionale et classique de Bernard Villain s'ingénie à ne jamais troubler cette délicate harmonie, distillant avec rigueur des assiettes à l'humeur toujours égale : brochettes de langoustines au romarin et salade d'herbes, filet de bar cuit vapeur, marinière de coquillages et citron confit, tournedos de filet de bœuf poêlé au poivre et gratin d'oignons doux au parmesan, poire pochée puis rôtie sauce vanille. Cave sans défaut, avec de bons choix en bordeaux et bergeracois.
C : 78 € • M : 58-90 €

1 rte de Bourdeilles
☎ 05 53 05 80 22
F. à déj. (sf w.-e., fériés), lundi à dîn. (sf juil.-août),
1er janv.-15 avril et 15 nov.-31 déc.
Jusqu'à 21h30.

www.moulin-abbaye.com

¢¢¢ Moulin de l'Abbaye 🦢

Posé au bord de l'eau à deux pas de l'abbaye, l'hôtel utilise une architecture du XVIe siècle et habille ces vieilles pierres du romantisme chic de chambres aux noms de grand cru, dans l'élégance de tissus Pierre Frey et de beaux meubles de style.
3 appart. 280-310 € • 16 ch. 210-280 € *www.moulin-abbaye.com*

→ 1 rte de Bourdeilles
☎ 05 53 05 80 22
🖨 05 53 05 75 27
F. 1er janv.-15 avril et 15 nov.-31 déc.
🛶 ≋❄ 🐕

---

13 🍴 Les Frères Charbonnel

Cuisinier infatigable, Jean-Claude Charbonnel fêtera très bientôt son soixante-dixième anniversaire, lui qui a déjà passé plus de quarante ans au piano de cette vénérable hostellerie provinciale installée sur les rives de la Dronne. Le Périgord tient évidemment le haut de l'affiche d'une carte qui, bien que très traditionnelle, ne démérite jamais : tartare de saumon fumé et crevettes au vinaigre balsamique, filet de perche à la saveur des bois, cuissot de lapin rôti farci au foie gras de canard… La jolie terrasse ouvrant sur l'eau et la cave classique mais pas trop chère ajoutent encore au plaisir de l'étape.
C : 45 € • M : 28-50 € *www.lesfrerescharbonnel.com*

→ 57 rue Gambetta
☎ 05 53 05 70 15
F. dim. à dîn., lundi (janv.-15 juil., 1er oct.-31 déc.), 1er fév.-10 mars et 15 nov.-15 déc.
Jusqu'à 21h.
🌂 👤 🐕

---

11 Au Fil du Temps

Sur les bords de la Dronne, une agréable table bistrotière dédiée à la cuisine traditionnelle : friture d'ablettes, sandre au vin rouge de Bergerac, brandade de morue et coulis de poivrons rouges, cabécou et salade de noix. Et toujours cette délicieuse terrasse.
M : 24-31 € *www.fildutemps.com*

→ 1 chemin Vert-Galand
☎ 05 53 05 24 12
F. dim. à dîn., merc. et mi-oct.-fin avril.
Jusqu'à 21h30.
🌂 👤 🐕

Villes de proximité, voir :

↻ BOURDEILLES ....10 km S.O. par D 78

↻ CHAMPAGNAC DE BELAIR. 6 km N.E. par D 78 et D 83 **(15/20)**

BRAX - 47310 (24 A 4)
Agen 8 - Montauban 92

13 🍴 Au Colombier du Touron

La nouvelle équipe a commencé par moderniser cette vénérable maison bourgeoise XIXe, référence dans la région, en améliorant notamment le confort de l'hôtel. Changement de cap en cuisine où un jeune chef adroit a rénové la carte dans un souci affirmé de présentations et d'associations travaillées. Ce qui vaut toujours une toque en pointillés, en attendant une évolution prévisible, avec les premières impressions laissées par les ravioles de joues de raie en bisque de homard, la sympathique tartiflette de canard au fromage de Templais ou le classique suprême de pigeon et foie gras poêlé. Cave très classique, avec les régionaux, buzet, duras, marmandais, à partager sous les marronniers dans une ambiance décontractée. Attention sympathique pour relancer la consommation, la dégustation d'armagnacs (trois fois 2 cl pour apprécier les nuances).
C : 39 € • M : 26-39 € *www.colombierdutouron.com*

→ 187 av des Landes, rte de Mont-de-Marsan
☎ 05 53 87 87 91
F. dim. à dîn., lundi et 1er-8 mars.
Jusqu'à 21h15.
🌂 🚗 👤 ≋❄ 🐕
🚬

---

  repas en terrasse ou dans un jardin 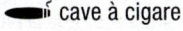 cave à cigare

piscine privée 🎾 tennis privé 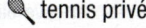 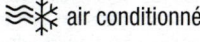 air conditionné

BRELIDY - 22140 (13 D 2)
Saint-Brieuc 46 - Lannion 26 - Guingamp 15

⸢⸤ Château-Hôtel de Brélidy 🕊

Au cœur du Trégor, dans un vaste parc aux charmes multiples (bois peuplé d'animaux, pièces d'eau et rivières avec parcours de pêche), le château arbore fièrement son architecture Renaissance pour abriter quelques chambres exclusives, meubles de style et tentures en accord avec l'esprit des lieux. Nombreuses possibilités de détente, de la piscine aux VTT.

2 appart. 94-164 € • 13 ch. 80-144 € *www.chateau-brelidy.com*

→ La Noblance
☎ 02 96 95 69 38
📠 02 96 95 18 03
F. 1er janv.-31 mars.

BRESSIEUX - 38870 (27 D 3)
Bourgoin-Jallieu 34 - Lyon 86 - Vienne 49

13 🍴 Auberge du Château

Les atouts ne manquent pas, la situation est plaisante, la terrasse embrasse la plaine en un beau coup d'œil, mais les Vanheule ne se contentent pas pour autant de retenir le touriste de passage le temps d'un repas. Non, leur truc, c'est de faire vivre ce décor, de l'animer au rythme des saisons, à coup de menus spéciaux et de bonnes idées, de touches personnelles judicieusement dosées, de sorte qu'on a plaisir à revenir goûter, tantôt le cabri, tantôt le saint-jacques, le loup aussi bien que l'agneau, les truffes ou le gibier. Visite de la vallée du Rhône obligatoire en cave.

C : 42 € • M : 30-58 €

→ Rue du Château
☎ 04 74 20 91 01
F. dim. à dîn., mardi, merc. (nov.-avril), mardi, merc. (mai-oct.) et 15 oct.-7 nov.

BREST - 29200 (13 B 3)
Saint-Brieuc 143 - Vannes 128

14 🍴 La Fleur de Sel

Avoir travaillé chez Claude Peyrot est plus qu'une référence, c'est un privilège. Cela remonte certes à une autre époque, mais Yann Plassard doit se souvenir, lorsqu'il travaille au corps et d'une façon si personnelle les langoustines avec un gaspacho de brocoli en chantilly épicée et chorizo séché, le bar rôti avec une vinaigrette de haricots blancs et tomates confites ou l'amusante variation sur le chou au lard, en consommé, grillé, glacé ou moelleux. Il y a la Bretagne, tellement présente, évidente, avec ses embruns, son cidre, ses traditions, mais aussi son regard aventureux vers le large qui fait les belles histoires. Celle de cette salle contemporaine en harmonie de rouge, ocre et blanc s'écrit depuis une dizaine d'années, mais la page est loin d'être complète. Accueil très sûr de Caroline Plassard, cave un poil classique avec un vaste choix de châteaux, mais sans vraiment de failles.

C : 50 € • M : 28,50-41 € *www.lafleurdesel.com*

→ 15 bis rue de Lyon
☎ 02 98 44 38 65
F. sam. à déj., dim., lundi à déj., 1er-10 janv. et 1er-20 août.
Jusqu'à 21h45.

🍴 idéal gourmet

- -

12 L'Imaginaire *d≷*

Le restaurant occupe le rez-de-chaussée d'un immeuble près des halles. Même si la lumière naturelle ne frappe pas de plein fouet la salle, celle-ci se montre néanmoins lumineuse grâce aux murs blancs, aux tableaux colorés et aux sourires du service. Côté cuisine, le bilan est aussi bon même si parfois le chef se tâte et rate le cœur de cible. Si le ris de veau torréfié à l'arabica laisse un goût sirupeux, les belles saint-jacques de la rade sont transcendées par un risotto de quinoa au foie gras. Desserts soignés (dont des beignets d'ananas servis dans un cornet en papier) et cave alimentée en partie par l'excellent caviste du bout de la rue.

C : 42 € • M : 22-39 € *imaginaire-restaurant@neuf.fr*

→ 23 rue Faultras
☎ 02 98 43 30 13
F. dim. à dîn., lundi, merc. à dîn., 2 sem. déb. janv. et 16 août-6 sept.
Jusqu'à 21h30.

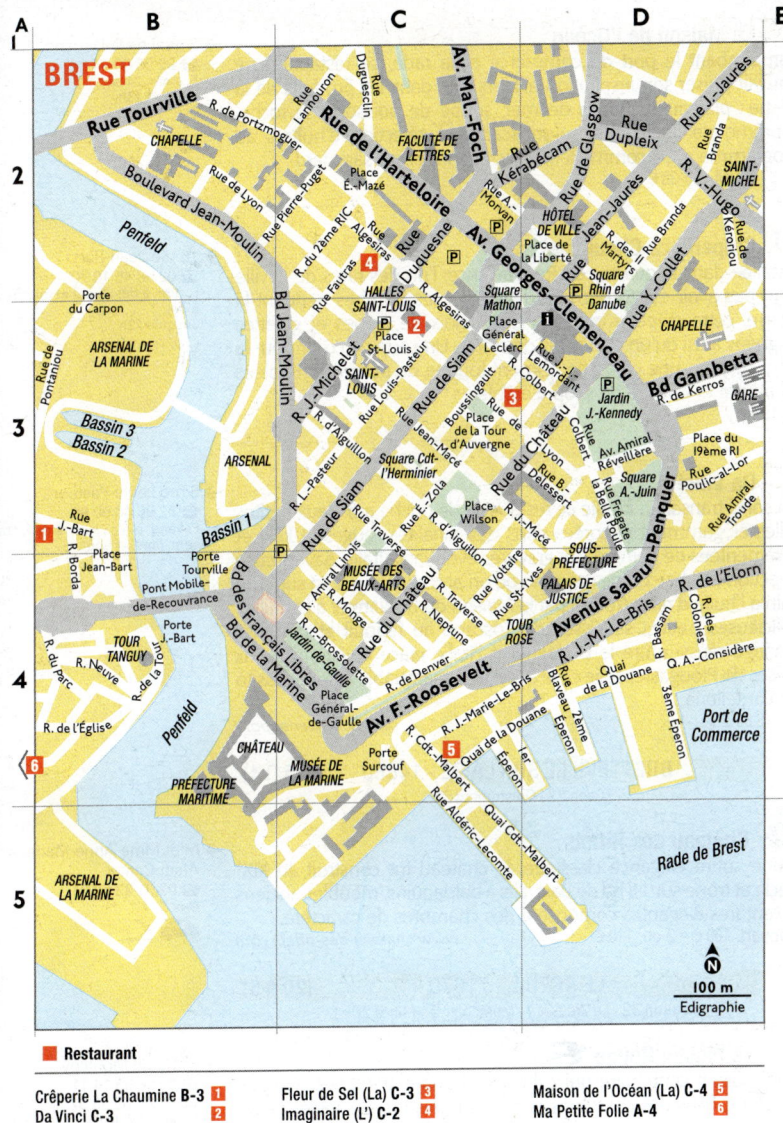

BREST

BREST

Restaurant

Crêperie La Chaumine **B-3**	**1**	Fleur de Sel (La) **C-3**	**3**	Maison de l'Océan (La) **C-4**	**5**
Da Vinci **C-3**	**2**	Imaginaire (L') **C-2**	**4**	Ma Petite Folie **A-4**	**6**

12 Ma Petite Folie

Voilà typiquement le genre de table qui met de bonne humeur : cet ancien langoustier adopte des couleurs pimpantes et un joli décor, moderne et épuré, tandis que la cuisine ne sacrifie rien à la fraîcheur, avec de beaux plateaux de fruits de mer comme de belles assiettes de poissons, wok de saint-jacques gingembre et piment d'Espelette, turbot rôti chou vert et lard fumé ou impeccable classique de l'aile de raie aux câpres.
C : 36 € • M : 21,50-27,50 €

→ Port de plaisance du Moulin-Blanc
☎ 02 98 42 44 42
Ouv. 7j/7.
Jusqu'à 22h.

idéal gourmet

12 La Maison de l'Océan

Surplombant le port de commerce et la rade, ce restaurant ne pouvait puiser son inspiration ailleurs que dans les produits de la pêche : plateaux de fruits de mer, soupe de poissons de roche, suprême de lieu jaune au muscadet et sélection d'huîtres au programme avec, comme leitmotiv, une fraîcheur sans fard.
C : 37 € • M : 16-38 €

→ 2 quai de la Douane
☎ 02 98 80 44 84
F. à dîn. 24 déc.
Jusqu'à 23h.

----

11 Crêperie La Chaumine

Installée dans le quartier de Recouvrance, l'un des rares de la ville a ne pas avoir été totalement détruit par les bombes pendant la guerre, cette crêperie offre un large choix de crêpes et galettes soignées ainsi qu'un bon choix de cidres. Un coup de cœur pour la Fleur d'Ajonc, une crêpe de froment fourrée de pommes rissolées au beurre et arrosée de sirop d'érable.
C : 16 €

→ 16 rue Jean-Bart
☎ 02 98 45 10 70
F. dim. à déj., lundi et mardi à déj.
Jusqu'à 22h.

----

11 Da Vinci

Un soleil transalpin irradie ce restaurant de poche aux deux petites salles élégamment décorées dans des tonalités rouges et kaki et agrémentées de peintures et gravures évoquant l'Italie. Savoureuse sélection de charcuterie italienne qu'on accompagne d'un superbe pain à l'huile d'olive (fourni par la Maison du Boulanger à Lannilis), délicieuses petites saucisses de Toscane au fenouil et piments, mariage réussi entre le Bretagne et l'Italie grâce au tiramisu aux fraises de Plougastel. Jolie cave avec un remarquable et rare passito de Pantelleria.
M : 18,50-25 €

→ 6 rue Louis-Pasteur
☎ 02 98 46 90 90
F. vend. à dîn., sam. à déj., 1re sem. janv. et août.

da-vinci@wanadoo.fr

BRETTEVILLE SUR LAIZE - 14680   (5 D 4)
Caen 22 - Ouistreham 32

✽ Château des Riffets

D'une sobre élégance classique, le château fut construit au XIXe siècle et trône sur 15 ha de parc. Lits à baldaquins, meubles anciens et tentures élégantes composent des chambres de caractère.
2 appart. 160 € • 2 ch. 110 €

→ M et Mme Anne-Marie et Alain-Cantel
☎ 02 31 23 53 21
Ouv. 7j/7.

www.chateau-des-riffets.com

LE BREUIL - 71670   (20 A 5)
Autun 32 - Le Creusot 4 - Montceau-les-Mines 20

Le Moulin Rouge 〜

Une maison centenaire qui cultive les bonnes traditions bourguignonnes, dans des chambres refaites sur des thèmes variés (Inde, agrumes, vache, nuages…), dans l'accueil simple et chaleureux, et dans la cuisine du chef Frédéric Mutin.
31 ch. 60-66 €

→ 41 rte de Montcoy
☎ 03 85 55 14 11
📠 03 85 55 53 37
F. vac. scol. Noël.

www.le-moulin-rouge.com

BREUIL EN AUGE - 14130   (6 A 3)
Caen 55 - Lisieux 9

15 Le Dauphin

"Santé, sobriété" clamait un slogan modérateur des années soixante-dix. Ce vaillant Dauphin et son chef-patron Régis Lecomte l'ont indirectement érigé en sacerdoce. Car ce qui fait la bonne santé de cette maison, c'est l'extrême professionnalisme de toute une équipe menée par son capitaine, cette sobriété qui ne fait pas

→ 2 rue de l'Eglise
☎ 02 31 65 08 11
F. dim. à dîn., lundi et 13 nov.-5 déc.
Jusqu'à 21h.

🛒 idéal gourmet

ajouter un mot plus haut que l'autre dans les intitulés qui, signe éclatant de valeur, auraient tendance à donner encore un peu plus que ce qu'ils annoncent. Car derrière la meunière d'aile de raie aux coques, le pressé d'andouille de Vire et langoustines, le jarret de veau laqué au cidre embeurrée de choux verts ou la simple tarte aux pommes, il y a un quart de siècle, de maîtrise, de savoir-faire peaufiné chaque jour, et de sensibilité à exprimer un terroir normand moins pauvre qu'on le dit. Atmosphère simple dans un joli cadre traditionnel, bonne cave généraliste à tous les prix.
C : 67 € • M : 35-42 €   dauphin.le@wanadoo.fr

BREVONNES - 10220   (9 B 5)
Troyes 24 - Brienne-le-Château 13

11 Au Vieux Logis
Immuable ? Dans une large mesure certes, et c'est tant mieux, car on aime cette atmosphère hors du temps, ces pièces de cuivre et ces assiettes décoratives qui ornent les murs. Surtout, on aime le tour de main d'un chef d'expérience quand il s'en prend aux produits du terroir pour les mettre en valeur. Le chaource est ainsi mis à contribution avec gourmandise sur les escargots ou la cuisse de lapereau, tandis que le Mousseron du Vieux Logis a le parfum des desserts d'enfance. Quelques références locales à petit prix sur la carte des vins.
C : 33 € • M : 17-27 €   www.auvieuxlogis.com

→ 1 rue de Piney
☎ 03 25 46 30 17
F. dim. à dîn., lundi (sf à dîn. saison) et 18 fév.-14 mars.
Jusqu'à 21h.

BRIANÇON - 05100   (34 B 1)
Paris 730 - Gap 89 - Digne 82

14 Péché Gourmand
Chaque année, nous insistons sur le caractère triste et banal du quartier tout en martelant que ce défaut ne doit surtout pas constituer un frein à la fréquentation de la maison de Fabrice Dubois. Une fois installé, et même si l'on s'ennuie parfois dans cette salle heureusement rénovée, impossible de rester indifférent au rapport qualité-prix canon de cette cuisine traditionnelle personnalisée : homard poché accompagné de légumes croquants monté en fine lasagne et émulsion à la vanille de Madagascar, pièce de bœuf cuite au beurre salé en croûte d'herbes. Service performant, sous la direction de Céline Dubois.
C : 45 € • M : 19-48 €

→ 2 rte de Gap
☎ 04 92 21 33 21
F. dim. à dîn., lundi, mardi à déj., 1 sem. mai, 2 sem. sept.
Jusqu'à 21h30.

- -

Parc Hôtel
Un hôtel des années 70 en centre-ville, dont les chambres ont été rénovées l'an passé, offrant aujourd'hui un style contemporain, un nouveau mobilier, un espace chaleureux (couettes) et pratique à 300 m du télécabine pour Serre-Chevalier.
60 ch. 79-109 €   www.monalisahotels.com

→ Central Parc
☎ 04 92 20 37 47
🖷 04 92 20 53 74
Ouv. 7j/7.

BRIARE - 45250   (18 C 4)
Montargis 49 - Orléans 79

13 Domaine des Roches
Une arrivée discrète ? Sans aucun doute. A tel point que, quelques semaines après l'ouverture de ce restaurant (en décembre), il était impossible de deviner (pas de plaque, pas de porte-menu) qu'il existait un restaurant dans cette magnifique demeure XIXᵉ bâtie au cœur d'un immense parc clos par de hauts murs, sur les hauteurs

→ 2 rue de la Plaine
☎ 02 38 05 09 00
Ouv. 7j/7.
Jusqu'à 21h30.

de la ville. Une dizaine de chambres sont même désormais disponibles, ainsi que deux formules de restauration, dont un "bistrot". La toque est attribuée au "gastro", dirigé par Frédéric Ortega, ancien chef-propriétaire du Lion d'Or à Léré : ravioles de crottins de Chavignol aux herbes et au bouillon de volaille, suprême de pintade fermière à la crème de lentilles vertes, tarte fine aux pommes, sauce au caramel et glace vanille. Calme absolu.
C : 38 € • M : 19,50-43 €   www.domainedesroches.com

BRIDES LES BAINS - 73570   (28 C 3)
Chambéry 83 - Albertville 33

Grand Hôtel des Thermes
Accès direct aux thermes bien sûr, mais aussi aux pistes grâce à la télécabine : l'hôtel bénéficie d'une situation agréable. Derrière la façade fin XIXe, les chambres adoptent un mobilier aux lignes d'inspiration Arts déco et proposent un confort d'autant plus agréable que l'hôtel dispose de nombreux équipements.
4 appart. 160-260 € • 98 ch. 90-180 €   www.gdhotel-brides.com

→ Parc Thermal BP36
☎ 04 79 55 38 38
🖷 04 79 55 28 29
F. 1er nov.-25 déc.

BRIGNOLES - 83170   (34 A 5)
Toulon 51 - Aix-en-Provence 58 - Draguignan 58

13 ### Les Terrasses du Golf
Un restaurant gastronomique pour golfeurs, c'est tout à fait cohérent, et vous pouvez même ranger le driver et venir en touriste pour savourer sans autre prétexte la très maligne cuisine régionaliste de Benjamin Bufferne, enfant du sérail Ducasse. Dans les salles ou les terrasses donnant sur les fairways, il déroule une carte maligne et parfumée, une tartine de sardines au caillé de brebis, un mi-cuit de bonite caponata d'aubergine et chips de panais, un gigotin d'agneau à la fleur de thym et palet de socca. Desserts bien faits (goûtez le délice noisette façon tiramisu) et cave provençale performante.
M : 34-45 €   www.barbaroux.com

→ Golf de Barbaroux, rte de Cabasse
☎ 04 94 69 63 64
F. 27 janv.-10 fév.
Jusqu'à 22h.

Les Terrasses du Golf
Bois wenge, équipement high-tech, écran LCD pour les nouvelles chambres supérieures de cet ensemble contemporain sur deux niveaux, donnant sur le superbe parcours et les vignes. De très bons équipements de base (terrasse indépendant, minibar...) et une prestation de qualité.
10 appart. 97,50-151 € • 24 ch. 62-152 €   www.barbaroux.com

→ Golf de Barbaroux, rte de Cabasse
☎ 04 94 69 63 63
🖷 04 94 59 00 93
Ouv. 7j/7.

- -

11 ### Chez Lee
Derrière la façade extérieure typiquement asiatique à deux pas du centre, les choses ne sont plus tout à fait ce qu'elles étaient : certes, les produits restent de bonne qualité et les sauces plutôt bien faites, mais la sympathique famille Truong semble s'essouffler un peu, en salle comme en cuisine : le service est moins dynamique, les plats moins soignés que ce qu'on a connu par le passé. Espérons qu'il ne s'agit que d'une baisse de forme passagère.
C : 22 € • M : 22-30 €

→ 18 ter av Dréo
☎ 04 94 69 19 74
F. mardi et 1er-30 juin.
Jusqu'à 22h.

Villes de proximité, voir :

G\M

BRINON SUR SAULDRE - 18410   (18 B 4)
Bourges 70 - Orléans 67 - Salbris 25

12 La Solognote
Murs de briques et poutres apparentes, mobilier d'inspiration rustique : le décor est planté, au service d'une cuisine de tradition, avec la poêlée d'escargots en persillade ou les rognons de veau flambés au porto. La manière est soignée, le service agréable et les gibiers sont à guetter à l'automne.
C : 47 € • M : 36 €

→ Grande-Rue
☎ 02 48 58 50 29
F. non comm.
Jusqu'à 21h30.

www.lasolognote.com

La Solognote
Trois bâtiments de caractère dessinent une cour fleurie qui ménage la tranquillité des chambres. De l'un à l'autre, les ambiances diffèrent mais on retrouve mobilier de style et charme rustique.
2 appart. 92 € • 13 ch. 58-75,50 €

→ Grande-Rue
☎ 02 48 58 50 29
🖨 02 48 58 56 00
F. non comm.

www.lasolognote.com

BRIOLLAY - 49125   (16 A 3)
Angers 14 - Château-Gontier 41

15 Château de Noirieux
Gérard Côme connaît sa maison, sa clientèle, sa carte. Gérard Côme ne fait pas d'erreur, ni dans le casting (foie gras, carpaccio de homard, lasagne d'araignée à la truffe), ni dans la réalisation - sans faute militaire, boulons impeccablement serrés - ni dans l'ordonnancement - service seigneurial, brigade au garde-à-vous, défilé brillant. On ne demande évidemment pas davantage à ce cadre châtelain, que de l'opulence, de la satisfaction, du standing. En dérivatif pour les déjeuners d'affaires un peu plus simples, le bistrot Coté Véranda offre un choix de plats accessibles, avec une plaisante petite cave.
C : 100 € • M : 59-110 €

→ 26 rte du Moulin
☎ 02 41 42 50 05
F. dim. à dîn., mardi à déj.
(oct.-mai), mardi (sf résidents)
(juin-sept.), lundi et 17 fév.-15
mars et 2-29 nov.
Jusqu'à 21h.

www.chateaudenoirieux.com

Château de Noirieux
Ce bel ensemble composé d'un château XVIIe, d'un manoir XVe et d'une chapelle, en bordure de rivière, fait évidemment un cadre somptueux pour les réceptions des Angevins. Dans l'environnement d'un parc de 9 ha suivant les rives du Loir, les chambres de grand standing adoptent des styles variés, Art Déco, régence, Louis XVI et Louis XV au château, plus champêtres avec poutres apparentes au manoir.
19 ch. 175-370 €

→ 26 rte du Moulin
☎ 02 41 42 50 05
🖨 02 41 37 91 00
F. 17 fév.-15 mars et 2-29 nov.

www.chateauxdenoirieux.com

BRIONNE - 27800   (6 B 3)
Pont-Audemer 27 - Bernay 16

14 Alain Depoix Restaurateur
La belle maison bourgeoise à la sortie de ce gros bourg agricole est un phare pour tout le département. Et une sécurité pour les mangeurs avisés qui reconnaissent le professionnalisme d'un Alain Depoix toujours sur la bonne brèche : sa cuisine évolue avec son temps, la technique le permet, les idées ne manquent pas. Dans les cuissons au wok, dans les sauces inventives, dans le choix des produits et des associations (belles saint-jacques et langoustines, poissons de la pêche côtière...). Cave éclectique et bien triée, atmosphère à la fois distinguée et relativement détendue, Joelle

→ 1 pl Saint-Denis
☎ 02 32 44 81 73
F. sam. à déj., dim. à dîn.,
lundi, 7-22 fév., 30 juil.-12 août
et 6-12 nov.
Jusqu'à 21h.

Depoix contribuant largement à la qualité de l'accueil. Une douzaine de chambres aux meubles anciens chinés par les propriétaires permettent de prolonger le séjour.

C : 50 € • M : 27 €   *www.lelogisdebrionne.com*

BRIOUDE - 43100 (26 C 4)

Le Puy-en-Velay 63 - La Chaise-Dieu 37

11 La Sapinière

Dans ce cadre de verdure à deux pas du centre-ville, il nous vient naturellement des appétits de terroir, alors c'est sur la pièce de salers jus réduit au gamay, le veau de lait du Velay aux aiguilles de romarin ou le chou farci au saumon qu'on appréciera le mieux la table de la Sapinière. Le lieu jaune poché dans un bouillon d'aïoli ou le crumble de moules et petits légumes permettent cependant d'élargir sainement ses horizons, tout comme la cave qui ajoute à un bon choix régional quelques valeurs sûres dans les principales régions françaises.

C : 36 € • M : 24-45 €   *hotel.la.sapiniere@wanadoo.fr*

→ Av Paul-Chambriard
☎ 04 71 50 87 30
F. à déj. (sf dim.), lundi et janv.-mars.
Jusqu'à 21h.

La Sapinière

Situé dans un parc boisé, l'hôtel marie harmonieusement des bâtiments anciens de caractère (un corps de ferme et une maison bourgeoise) et des ajouts contemporains, avec notamment une large utilisation de boiseries chaleureuses. Chaleureuse, l'ambiance l'est tout autant et fait des chambres spacieuses et claires une agréable étape auvergnate.

11 ch. 82-98 €   *hotel.la.sapiniere@wanadoo.fr*

→ Av Paul-Chambriard
☎ 04 71 50 87 30
▤ 04 71 50 87 39
F. fév.

Villes de proximité, voir :

↻ LAVAUDIEU.............................5 km S. par N 102 **(12/20)**

BRISSAC - 34190 (32 A 3)

Montpellier 44 - Nîmes 93

13 Jardin aux Sources ♥

Il faut encourager Jérôme Billod-Morel, jeune chef pétri de bonnes intentions dans son beau village isolé au fond du département, même si on ne peut que lui conseiller de ne pas faire qu'une apparition en fin de repas dans sa cuisine ouverte laissée à la responsabilité du second. La jolie salle voûtée, au calme à peine troublé par la fontaine-rocaille, expose les idées généreuses d'un cuisinier qui, certes, se complique un peu l'assiette (macaron salé à l'orange sur un tartare de légumes et agrumes, coquelet farci blanquette de veau sur un velouté de fèves, tagliatelle de chocolat et vanille sur un carpaccio de poire), mais pour mieux affirmer une personnalité dont nul ne se plaindra quand tant de desserts nous encerclent. Service plein de gentillesse encadré par son épouse, petite cave de vignerons locaux (on est tout près du Pic Saint-Loup) et de rencontres régionales, jusqu'en minervois.

C : 50 € • M : 29-64 €   *www.lejardinauxsources.com*

→ 30 av du Parc
☎ 04 67 73 31 16
F. dim. à dîn., lundi, merc. (h.s.), lundi (13 juil.-18 août), 7-25 janv. et 20 oct.-7 nov.
Jusqu'à 20h45.

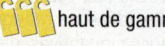 standard    grand confort   haut de gamme   exceptionnel

      ccc   cccc   hôtels de charme

BRIVE LA GAILLARDE - 19100 **(25 B 4)**

Tulle 22 - Sarlat-la-Canéda 53

14 Chez Francis

Le cadre rétro-bistrot, associé à des cuisines dernier cri pour présenter la vaillante carte de tradition personnalisée par Francis Tessandier met immédiatement en confiance. Les meubles chinés chez les antiquaires locaux, cette carte affinée et si appétissante confortent la première impression et ouvrent l'appétit. Desserrez tout de même un cran de ceinture : l'euphorie aidant, on lèche les assiettes sans s'en apercevoir, pour le foie gras cuit sur le sel, les saint-jacques snackées au beurre provençal, veau de lait aux girolles, poularde à la broche aux pâtes fraîches, profiteroles au chocolat. Ambiance de bons vivants, service disponible, cave intéressante et pleine de trouvailles, commentées avec acuité, et à des prix sans concurrence (Chante Coucou à 20 € !).

C : 42 € • M : 15-25 € *www.chezfrancis.fr*

→ 61 av de Paris
☎ 05 55 74 41 72
F. dim., lundi, 4 jrs fin janv. (sf vend.-sam.), 4 jrs déb. juin (sf vend.-sam.) et 1er-14 août.
Jusqu'à 21h30.

-----

13 Les Arums

Attrayante comme les fleurs qui lui donnent son nom, la salle adopte les lignes pures d'un décor contemporain et clair. L'accueil de Barbara Champagnac est parfaitement dans le ton de la cuisine de son époux Christophe, tout aussi moderne, jouant des saveurs mais aussi des textures, pour composer des assiettes de très bonne composition : saint-jacques à la plancha confiture de tomate au chorizo chips de racines, pigeonneau aux dix épices artichauts poivrade, ravioles de céleri asperges vertes… Atmosphère plaisante pour une des tables en vue de la ville.

C : 60 € • M : 27-45 € *www.lesarums.fr*

→ 15 av Alsace-Lorraine
☎ 05 55 24 26 55
F. sam. à déj., dim. à dîn., lundi (sf fériés) et 10 jrs fin août.
Jusqu'à 21h30.

idéal gourmet

-----

13 Restaurant la Toupine

Ce Briviste-là regarde volontiers vers le Sud : dans son équitable menu-carte, Olivier Maurin fait vivre sa jolie salle contemporaine au rythme de la Méditerranée, de la fricassée de supions au pistou, du carrelet risotto à l'encre de seiche, du carré d'agneau au beurre de basilic ou du tube de mousse citron vert et glace à la menthe fraîche. Idéal pour prendre le soleil, accompagné d'un cahors ou d'un bergerac.

C : 40 € • M : 25-28 €

→ 27 av Pasteur
☎ 05 55 23 71 58
F. dim., lundi, vac. scol. fév. et 3 sem. août.
Jusqu'à 21h30.

La Truffe Noire

La façade rythmée par les poutres rouges abrite des chambres confortables (elles ont été rénovées il y a peu), assez spacieuses et dans un sobre style rustique qui convient bien à la maison. Le restaurant est réputé pour ses spécialités de truffes.

27 ch. 85-125 € *www.la-truffe-noire.com*

→ 22 bd Anatole-France
☎ 05 55 92 45 00
🖨 05 55 92 45 13
Ouv. 7j/7.

Villes de proximité, voir :

↻ VARETZ.............................10 km N. par D 901 et D 152

---

découverte *d* GM met en avant des nouveautés méconnues

💛 coup de cœur 🍇 carte des vins remarquable 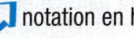 notation en hausse

BRUERE ALLICHAMPS - 18200 (18 B 5)
Saint-Amand-Montrond 8 - Bourges 43

12 Auberge de l'Abbaye de Noirlac
Face à l'abbaye cistercienne, cette auberge familiale montre un jour plus modeste, de tranquillité et de tradition. On en vient presque à regretter que la cuisine ne reste pas justement campagnarde, les complications des raviolis de tourteau ou de la cuisse de lapereau en tagine ne cadrant pas avec la rigueur cistercienne. C'est pourquoi on optera plus volontiers pour les premiers menus, avec le persillé de lapereau et les volailles farcies aux noix et risotto champignons. Pour accompagner, privilégiez les sancerres, quincys, reuillys.
C : 45 € • M : 20-32 € *www.aubergeabbayenoirlac.free.fr*

→ Noirlac
☎ 02 48 96 22 58
F. mardi à dîn., merc. (sf juil.-août) et 15 nov.-22 fév. Jusqu'à 21h.

BRULON - 72350 (16 B 2)
Le Mans 41 - La Flèche 42

❀ Château de l'Enclos
Ce petit château Second Empire est un bel espace dédié aux loisirs, avec ses chambres de caractère, mais aussi son parc, où l'on croise aussi bien des parterres à la française que des lamas dans le parc animalier. Les propriétaires poussent leur souci écologique jusqu'à proposer un logement en communion avec la nature : une (luxueuse) cabane dans un arbre près du château.
3 ch. 90 € *www.chateau-enclos.com*

→ M et Mme Guillou, 2 av de la Libération
☎ 02 43 92 17 85
Ouv. 7j/7.

BRUMATH - 67170 (10 C 2)
Strasbourg 20 - Haguenau 11

13 Hostellerie à l'Ecrevisse
L'Ecrevisse, c'est l'affaire de la famille Orth depuis les années quarante... du XIXe siècle ! Alors, forcément, pas question de bouleverser une tradition qui repose sur des fondamentaux aussi solides, les boiseries du décor, le sens de l'accueil ou les vertus d'une gastronomie élégante. Mais Michel Orth ne se limite pas aux valeurs traditionnelles d'une Alsace éternelle (pour ça, il y a la carte du Krebs 'Stebel) et n'hésite pas à livrer des assiettes plus personnelles dans son menu-carte, qui mêle le marbré de pigeon ramier et foie gras et le carpaccio de saint-jacques, qui marie la purée de pommes au gingembre au filet de gibier. Jolies présentations, réalisations soignées, le résultat est plaisant. Belles chambres personnalisées.
C : 49 € • M : 17,50-49 € *www.hostellerie-ecrevisse.com*

→ 4 av de Strasbourg
☎ 03 88 51 11 08
F. lundi à dîn. et mardi. F. ann. non comm. Jusqu'à 21h.

LE BUGUE - 24260 (24 C 4)
Les Eyzies-de-Tayac 11 - Saint-Cyprien 13

Domaine de la Barde
Au cœur du Périgord Noir ce manoir, construit au XIIIe siècle puis maintes fois remanié, ouvre sur un domaine qui comprend un ancien moulin et une ancienne forge (de style Mansart, elle a été entièrement rénovée et ses fours à pain et à pâtisseries reconstruits). Réparties entre le Moulin, la Forge et le Manoir, les chambres offrent un grand confort.
18 ch. 100-240 € *www.domainedelabarde.com*

→ Rte de Périgueux
☎ 05 53 07 16 54
🖷 05 53 54 76 19
F. 3 janv.-15 mars.

GM

BUHL - 68530 (10 B5)
Haguenau 144 - Colmar 31

Hostellerie Saint-Barnabé

Dans cette grande maison blanche plus que centenaire, comme dans le Chalet niché dans le parc, les chambres séduisent dans leur manière chaleureuse d'allier l'élégance des meubles de style à une atmosphère douillette, intime. Le choix des coloris comme la douceur des tissus de grandes maisons contribuent largement à cette impression agréable, tout comme la vue sur le parc arboré.
27 ch. 56-186 €   www.hostellerie-st-barnabe.com

→ Murbach
☎ 03 89 62 14 14
🖨 03 89 62 14 15
F. 24-27 déc. et 8-31 janv.

LE BUISSON DE CADOUIN - 24480 (24 B 4)
Trémolat 15 - Les Eyzies 21

15 Les Délices d'Hortense

On ne l'aurait pas forcément parié, mais le départ de Jean-Luc L'Hourre, brillant individualiste un peu décalé dans cette bonbonnière distinguée et bourgeoise, n'est pas à proprement parler une surprise. Jean-Emmanuel Christ, passé par la Pinède et Trama, le remplace. Et il sait faire, de la carte hôtelière bien cadrée, une pincée de prestige, deux doigts de régionalisme, des présentations modernes et roule… Ici, le foie gras et la truffe sont quasi imposés : on en mettra donc avec les saint-jacques et un risotto de topinambours ou avec le tartare de canard aux épices douces, une glace au foie gras, sirop de betteraves et cristalline d'ananas. Cette cuisine-là n'est en fait pas moins brillante que la précédente et peut conserver pour le moment ses deux toques. Cave trop classique qui incite évidemment à suivre les bergeracs de la Jaubertie, de Tour des Gendres ou des Verdots.
C : 89 € • M : 45-90 €   www.bellerivehotel.com

→ Rte de Siorac
☎ 05 53 22 16 16
F. à déj. (sf vend., w.-e.), lundi à dîn., mardi à dîn. et 2 janv.-15 mars.
Jusqu'à 21h30.

Manoir de Bellerive

Un coquet manoir 1850 à la déco précieuse et à l'ambiance gentiment surannée. Les chambres, à la déco personnalisée dans le style d'époque au manoir, donne sur le beau parc de 4 ha. A l'orangerie, le cadre est plus contemporain, utilisant la pierre apparente.
4 appart. 230 € • 16 ch. 155-240 €   www.bellerivehotel.com

→ Rte de Siorac
☎ 05 53 22 16 16
🖨 05 53 22 09 05
F. 2 janv.-15 mars.

BULGNEVILLE - 88140 (11 D 5)
Epinal 55 - Nancy 75 - Vittel 12

12 La Marmite Beaujolaise

Malgré un rafraîchissement de la salle, le cadre ancien de cette ancienne dépendance du château a été conservé, avec ses boiseries, pour accentuer sans doute l'attachement du chef-patron Rémi Lebouc à une tradition gentiment maniérée, sans attache régionale particulière, qu'elle soit vosgienne ou beaujolaise : arlequin de saumon mariné, aubergine et tomate, filet de sole rôti jus à la rhubarbe et camembert, côte de veau rôtie au cidre et moutarde à l'ancienne. Petite cave classique axe bourgogne-rhône.
C : 36 € • M : 13-38 €

→ 34 rue de l'Hôtel-de-Ville
☎ 03 29 09 16 58
F. lundi. F. ann. non comm.
Jusqu'à 21h.

BULLY LES MINES - 62160 (1 D 3)
Lens 8 - Béthune 15

11 A l'Enfant du Pays

Ca rigole fort derrière la façade fatiguée et avenante de l'enfant de Bully. Le menu à 10 € remplit au déjeuner, la bonne tradition maison suffit à faire plaisir, en faisant les bons choix de classiques sûrs : les terrines, bonnes et un peu grasses, le gigot d'agneau et les pâtisseries du buffet, charlottes et tartes meringuées. La cave étonnante est un vaste fourre-tout à plusieurs centaines de références, du rosé de Provence au Pétrus. L'amateur saura y trouver les vraies affaires (une cuvée Majorum à 33 €, par exemple) ou demander conseil à Christian.
C : 28 € • M : 20-33 €

→ 152 rue Roger-Salengro
☎ 03 21 29 12 33
F. dim. à dîn.
Jusqu'à 23 h.

www.enfantdupays.fr

BUOUX - 84480 (33 C 4)
Bonnieux 4 - Cavaillon 28

13 Auberge de la Loube

Dans sa fermette traditionnelle nichée au cœur du Luberon, Maurice Leporati n'a pas dévié d'un pouce depuis plus de trente ans, et tant pis pour ceux que ça irrite (décor vieillot, accueil parfois un peu bougon). Les autres, ceux qui prennent la vie avec le sourire, apprécient cette cuisine régionale intemporelle, dans la simplicité de l'agneau rôti au romarin, de la brandade de morue ou de l'inaltérable plateau de hors-d'œuvre. Courte carte des vins, essentiellement locale et abordable.
C : 34 € • M : 22-32 €

→ Village de Buoux
☎ 04 90 74 19 58
F. dim. à dîn., lundi, jeudi et janv.
Jusqu'à 21h30.

BURLATS - 81100 (30 B 4)
Castres 9 - Roquevourbe 7

Le Castel de Burlats

Une demeure XIVᵉ-XVIᵉ aménagée en hôtellerie au charme historique bien préservé au cœur d'un village médiéval. Parc avec jardin à la française sur lequel donnent des chambres toutes différentes au beau mobilier de style.
2 appart. 95-105 € • 10 ch. 65-80 €

→ 8 pl du 8-Mai-1945
☎ 05 63 35 29 20
🖨 05 63 51 14 69
F. vac. scol. fév.

www.lecasteldeburlats.fr.st

BUSNES - 62350 (1 D 3)
Béthune 17 - Saint-Omer 35

17 Le Meurin

Mieux vaut disposer d'un GPS performant afin de dénicher l'élégant château que Marc Meurin a investi voilà deux ans. On franchit le petit pont avant d'hésiter entre le Jardin d'Alice (l'annexe), la boutique Oui Chef et le restaurant gastronomique. Dans ce décor contemporain très soigné (le mur blanc où l'on projette un Chaplin, ça ne manque tout de même pas d'allure), on craint pendant un moment de ne pas retrouver l'ambiance si particulière qui régnait dans son ancienne maison du centre de Béthune. Le personnel, très expérimenté et dont on imagine sans doute qu'il a connu la précédente adresse, se montre parfois distant, manquant de cette chaleur et de ce dynamisme qui, heureusement, continuent d'habiter les assiettes de Marc Meurin : collection d'été (une assiette d'entrées en dégustation, avec un foie gras poêlé aux asperges, un pressé d'avocat et foie gras et une crème de cèpe associée à un œuf mollé reconstitué en carré), collection de poissons et crustacés (dont un remarquable effeuillé de bar à la

→ 1098 rue de Lillers
☎ 03 21 68 88 88
F. sam. à déj., dim. à dîn., lundi, mardi à déj., 2-10 janv. et 1er-22 août.
Jusqu'à 22h.

G
M

marjolaine), pigeonneau des Flandres, flan de girolles et boutons de guêtres et truffe d'été, endives caramélisées et émulsion de parmesan. Belle cave, autant pour les grands crus que pour les flacons les plus pointus.
C : 100 € • M : 95-120 €

Château de Beaulieu

Dans un parc impeccable, cette élégante architecture flamande s'habille avec bonheur d'un mélange raffiné de lignes contemporaines et d'une douceur plus nostalgique, dans les jolies chambres personnalisées. Un endroit dont il est impossible d'épuiser les charmes en un seul séjour.
4 appart. 320-400 € • 16 ch. 150-260 €

→ 1098 rue de Lillers
☎ 03 21 68 88 88
🖶 03 21 68 88 89
Ouv. 7j/7.

----

13 Le Jardin d'Alice

Dans le cadre magnifique du château de Beaulieu (superbe parc, très belle maison bourgeoise), les Meurin ont installé le bistrot à l'arrière, accès distinct du gastro et une très grande terrasse pour les beaux jours. Un joli décor contemporain, un service bien dans le ton (quoi qu'encore perfectible) et une cuisine alerte et joliment présentée : thon rouge grillé à la plancha, avec un taboulé de légumes provençaux à la fraîcheur bien agréable, tarte à l'abricot déstructurée tout en douceur avec de jolies touches de lavande. Ajoutez une cave complètement en accord avec le style du bistrot, beaucoup de vins au verre, vins étrangers et valeurs sûres, et voilà un parfait complément pour le Meurin, un endroit branché, qui attire une clientèle évidemment jeune et plutôt BCBG.
C : 50 € • M : 25-45 €   www.lejardindalice.fr

→ Château de Beaulieu
☎ 03 21 68 88 88
F. dim. à dîn. (nov.-mai).

LA BUSSIERE SUR OUCHE - 21360   (30 A 4)
Beaune 31 - Dijon 33

14 Abbaye de la Bussière *d*

Quel choc ! Cette ancienne abbaye cistercienne rachetée par une famille anglaise déjà propriétaire d'un Relais & Château en Angleterre (Amberley Castle, près de Brighton) offre probablement l'un des plus beaux cadres d'une région qui ne manque pourtant pas de richesses architecturales. Installées dans l'abbaye elle-même, les deux salles à manger (l'une réservée au restaurant gastronomique, qui ne fonctionne que le soir, l'autre au bistrot, ouvert seulement... au déjeuner) affichent un charme et une prestance ébouriffantes. Le bilan ? Un 14/20 qui ne demande presque rien pour se transformer en un deux toques réjouissant. Des produits superbement choisis, un service efficace et détendu et quelques très jolies idées dans l'assiette (tomate en dégustation, marjolaine et fenouil et jambon culatello, filet de barbue meunière, salicornes et courgettes...). A découvrir de toute urgence.
C : 85 € • M : 60-85 €   www.abbayedelabussiere.fr

→ ☎ 03 80 49 02 29
F. lundi, mardi et janv.
Jusqu'à 21h30.

Les fermetures hebdomadaires et annuelles sont celles que les restaurateurs et les hôteliers pensent pratiquer en 2008. Pour éviter des déplacements inutiles, téléphonez pour avoir confirmation.

BUSSY SAINT GEORGES - 77600 (7 D 2)
Paris 28 - Meaux 28 - Melun 39

👁 Les Trois Tilleuls
Le jazz est là dans cette authentique maison briarde XIXᵉ, avec murs de pierre et poutres apparentes, mais l'ambiance créée par Catherine et Pascal Pizivin va au-delà de l'animation musicale, et le chef n'est pas maladroit, qui concocte un menu-carte à 28 € où l'on peut faire bonne pioche, sur des bases traditionnelles : crème de haricots blancs glacée et tartine de confit de canard, noisettes de mignon de porc en marinade d'érable crème aux figues, écrasée de fraises au riz au lait et panna cotta aux fraises tagada....
C : 28 € • M : 21-28 €

lestroistilleuls@wanadoo.de

→ 4 rue Ferrières, vieux-village
☎ 01 64 77 20 20
F. dim. à dîn., lundi, mardi à dîn., 1 sem. vac. scol. fév. et 3 sem. août.
Jusqu'à 21h30.

BUXY - 71390 (20 A 5)
Châlon-sur-Saône 14 - Le Creusot 36

13 🐾 Aux Années Vins ❤
L'atmosphère discrètement médiévale de cette maison (construite sur les remparts du XVᵉ siècle) s'accorde bien à ce village viticole et au plaisir d'une Bourgogne gourmande et actuelle que Philippe Queneau exprime à travers une cuisine goûteuse et inventive : la crème de chou-fleur, canard fumé et tomates séchées a des allures de dessert, la superbe morue, purée de céleri et jus de viande réduit vaut mieux que bien des turbots, la mousseline de chocolat est délicieusement gourmande avec son crumble de chocolat à la menthe (élaboré au beurre demi-sel). Un plaisir d'autant plus franc qu'il est proposé à des tarifs fort avantageux (le menu du marché est sans concurrence) et parfaitement relayé en salle par Céline Queneau. Cave logiquement à dominante bourguignonne.
C : 45 € • M : 20-59 €

www.aux-années-vins.com

→ 2 Grande-Rue
☎ 03 85 92 15 76
F. lundi à déj., mardi, merc. (11 nov.-31 mars), mardi, merc. à déj. (1ᵉʳ avril-11 nov.), 15 janv.-15 fév. et 15-25 sept.
Jusqu'à 21h15.

BUZANÇAIS - 36500 (17 D 5)
Châteauroux 27 - Argenton-sur-Creuse 44

12 L'Hermitage
Cette gentilhommière bénéficie d'une agréable situation dans un parc à l'écart du centre, et cultive (notamment dans les chambres) élégance et douceur de vivre dans une tradition provinciale parfois un peu étouffante. Dans ces conditions, la cuisine ne se départit pas d'une certaine sagesse, pour proposer une prestation cohérente et discrètement actualisée : pressé de queue et joue de bœuf vinaigrette d'herbes fraîches, cabillaud en crumble de chorizo coulis de poivron doux, délice aux trois chocolats mousseux à l'orange.
M : 16-51 €

www.lhermitagehotel.com

→ 1 chemin de Vilaine
☎ 02 54 84 03 90
F. dim. à dîn., lundi. (sf été, sur réserv.) et 2-26 janv.
Jusqu'à 20h45.

BUZET SUR BAISE - 47160 (24 A 4)
Agen 31 - Mont-de-Marsan 84

12 Le Vigneron
Quelques rénovations, discrètes, dans la salle à manger ont suivi une totale réfection des cuisines. La carte d'Yvonne Lafarge reste en revanche immuable, avec la trilogie de foie gras maison, le filet de bœuf sauce aux cèpes et le carré d'agneau sauce forestière.
C : 40 € • M : 14,50 €

→ 20 rue de la République
☎ 05 53 84 73 46
F. dim. à dîn. et lundi. F. ann. non comm.
Jusqu'à 21h30.

CABESTANY - 66330 (31 D 6)
Perpignan 7 - Narbonne 79

10 **Fromagerie du Mas**
Produits authentiques du terroir aux portes de Perpignan, associés à la sélection d'un célèbre fromager, Xavier, et d'un fameux glacier (Octave) pour donner ce concept original en P-O, restaurant boutique accueillant où l'on déguste sur place la croûte aux morilles ou la raclette dans une saine ambiance.
M : 14€   *fromas@wanadoo.fr*

→ 9 av Ampère, mas Guérido
☎ 04 68 34 89 43
F. 9-24 août et 31 déc.-6 janv.
Jusqu'à 21h.

CABOURG - 14390 (5 D 3)
Caen 21 - Deauville 18

13 **Le Balbec**
La nostalgie n'empêche pas l'air du temps et si le décor comme le service préservent les souvenirs des palaces d'antan, la cuisine de Pascal Clerc ne s'endort pas dans un rêve envolé. Adieu tournedos Rossini ou homard à l'américaine, place à des assiettes sagement actualisées et finalement bien séduisantes dans leurs belles manières : brochette de thon grillé tomate à la brousse, suprême de magret fumé risotto et soja sauté à cru, coupe de fruits rouges et blanc-manger à la vanille. Reste à ouvrir la cave sur le monde actuel.
C : 60€ • M : 44€   *www.grandhotelcabourg.com*

→ Promenade Marcel-Proust
☎ 02 31 91 01 79
F. lundi, mardi et janv.
Jusqu'à 22h.

Grand Hôtel de Cabourg
Cabourg, promenade Marcel Proust... Voilà qui réveille des envies de romantisme que ne démentent pas les chambres délicieusement raffinées de ce palace Belle Epoque. Face à la mer, le cadre et l'atmosphère ont un parfum unique, à la hauteur de la réputation des lieux.
3 appart. 391-610€ • 70 ch. 185-317€   *www.grandhotel-cabourg.com*

→ Promenade Marcel-Proust
☎ 02 31 91 01 79
🖥 02 31 24 03 20
Ouv. 7j/7.

Villes de proximité, voir :

⟳ DIVES SUR MER ....2 km S.E. par D 513 **(13/20)**

CABRIERES D'AVIGNON - 84220 (33 C 4)
Avignon 31 - Carpentras 25 - Aix-en-Provence 74

La Bastide de Voulonne
L'authentique bastide provençale du XVIIIe siècle était autrefois habitée par un député de la région. Avec son parc de cinq hectares peuplé d'arbres séculaires, sa vue sur le Luberon et les monts du Vaucluse, les lieux ne manquent effectivement pas de charme. Murs chaulés, tonalités provençales chaleureuses, mobilier en pin cérusé, les chambres ne déçoivent pas. Restaurant.
3 appart. 175-228€ • 10 ch. 90-145€   *www.bastide-voulonne.com*

→ RD 148
☎ 04 90 76 77 55
🖥 04 90 76 77 56
F. 15 nov.-15 fév. (sf groupes)

Les villes sont citées par ordre alphabétique.
Les villes au nom composé d'un article sont classées sans tenir compte de celui-ci.

CABRIS - 06530 (34 C 4)
Grasse 6 - Saint-Cézaire-sur-Siagne 10

12 **Auberge du Vieux Château**

Un beau cadre, un environnement de charme, un vieux château, le soleil de la Riviera, et un jeune chef qui se décarcasse pour son affaire. Il faut donc une fois de plus encourager Nicolas Niros à persévérer, et nous ne doutons pas que la toque viendra prochainement pour cette carte inspirée par le marché et la saison, avec des accents italiens : brandade de morue fraîche en salade avec une émulsion marinière et salpicon de gamberoni, le blanc de caille des Dombes et risotto au caillé de chèvre et parmesan, la daurade royale févettes à la sauge et petits pois, vinaigrette à la sicilienne. Bonne petite cave régionale, service cool et plein de sollicitude.

C : 37 € • M : 37-39 € *www.aubergeduvieuxchateau.com*

→ Pl du Panorama
☎ 04 93 60 50 12
F. lundi, mardi (sf mardi à dîn. juil.-août) et 10 janv.-13 fév.
Jusqu'à 21h30 (22h saison).

CADENET - 84160 (33 C 4)
Apt 23 - Avignon 63

13 **La Cour**

L'ancienne vannerie se découvre effectivement au fond d'une cour : une petite salle rustique comportant à peine une dizaine de tables, des murs habillés de crépi beige et bordeaux, de belles poutres blanches, un sol de ciment peint en noir, l'ensemble ne manque pas de charme. Souvent brillante, la cuisine d'Alexandre Marlot fait appel à des produits simples mais bien choisis : terrine de foie gras de canard et petit violet marine, volaille braisée au lait d'amande et risotto d'épeautre et "gourmandise du chef", un dessert composé d'un verre garni d'une crème brûlée à la lavande, d'un petit moelleux au chocolat et d'une crème fouettée à la vanille. Cave essentiellement régionale.

C : 45 € • M : 25-55 € *www.la-cour-restaurant.com*

→ 3 rue Hoche
☎ 04 90 08 57 66
F. merc., jeudi à déj. et vend. à déj. (h.s.), à déj. (juil.-août), 15 janv.-10 fév.
Jusqu'à 21h30.

CADEROUSSE - 84860 (33 B 4)
Avignon 27 - Orange 7

❀ **La Bastide des Princes**

Pierre Paumel, qu'on a connu à la Sommellerie, exerce désormais ses talents en table d'hôtes dans cette belle bastide XVIIe, non loin de Châteauneuf, parée de jolies chambres de caractère. Une belle façon d'embrasser la Provence éternelle sous tous ses plaisirs.

5 ch. 105-130 € *www.bastide-princes.com*

→ Chemin de Bigonnet, La Boerde - Petite Cairanne
☎ 04 90 83 50 00
🖨 04 90 83 51 85
F. 9 janv.-13 fév.

LA CADIERE D'AZUR - 83740 (33 D 6)
Toulon 23 - Bandol 13

13 **René Bérard**

On s'en voudrait de ne pas rendre hommage à la famille Bérard pour son extrême gentillesse et son dévouement au service de clients que l'on sent "comme chez eux" dans cette vieille maison sertie dans le haut village de la Cadière. Et pourtant ! Les soirs d'été, on est emporté par le tourbillon d'un service certes compétent mais terriblement rapide. Il est vrai qu'il faut servir plusieurs dizaines de tables dont les plus agréables sont disposées dans la partie de salle superbement ouverte sur la vallée et les villages perchés d'en face. Côté cuisine, le rythme est au diapason et les plats semblent avoir été conçus pour aller au plus vite, le saint-pierre au fenouil bien pauvre en saveur ou le millefeuille de rhubarbe dégagent un esprit traiteur que ne parvient pas à sauver une plus digne tarte aux

→ 7 rue Gabriel-Péri
☎ 04 94 90 11 43
F. sam. à déj., lundi à déj. (24 mars-1er oct.), lundi, mardi et 4 janv.-10 fév.
Jusqu'à 21h30.

 idéal gourmet

légumes du jardin (un vaste potager bio amoureusement entretenu). Sans doute faut-il laisser passer la saison pour apprécier une cuisine que l'on pressent valoir bien mieux que cette expérience en demi-teinte, en dépit du confort du lieu et du lourd livre de cave.
C : 70 € • M : 49-65 €   www.hotel-berard.com

Hostellerie Bérard

La belle maison des Bérard ne cesse de prendre de l'importance en développant ses propositions extra-hôtelières. Outre le laboratoire de cuisine (installé dans une belle bastide à l'extérieur du village), la création du spa de 500 m€ a constitué une avancée majeure dans cette montée en gamme que les propriétaires appellent de leurs vœux. Fondé sur la conjugaison des soins d'aromathérapie, de chromathérapie, de musicothérapie et de balnéothérapie, cet "Aromaspa" propulse l'établissement parmi les adresses les plus exclusives de Provence. Spacieuses et personnalisées dans un style régional, les chambres affichent beaucoup de cachet.
5 appart. 236-275 € • 32 ch. 88-176 €   www.hotel-berard.com

→ Rue Gabriel-Péri
☎ 04 94 90 11 43
🖶 04 94 90 01 94
F. 4 janv.-10 fév.

- -

La Cyprïado

Le jardin en restanques, planté d'essences méditerranéennes, va se perdre dans les vignes alentour. La maison, authentique ferme du XIXe, mêle avec bonheur un sobre mobilier rustique et des tons provençaux pour des chambres chaleureuses.
1 appart. 140 € • 2 ch. 75-80 €   www.lacypriado.com

→ 605 chemin de Fontanieu
☎ 04 94 98 64 32
🖶 04 94 98 64 32
Ouv. 7j/7.

CADILLAC - 33410   (23 D 3)
Bordeaux 33 - Langon 12 - Libourne 40

Château de la Tour

Installé dans l'ancien potager du château des Ducs d'Epernon, cet établissement à l'architecture contemporaine jouit d'un environnement flatteur, avec son parc privé de 3 hectares et sa vue panoramique sur le château du XVIIe siècle. Personnalisées dans un style toujours contemporain, les chambres profitent d'aménagement de bon standing. Parcours de santé, piscine extérieure.
1 appart. 150-230 € • 31 ch. 75-145 €

→ RD 10
☎ 05 56 76 92 00
Ouv. 7j/7.

CAEN - 14000   (5 D 3)
Paris 244 - Rennes 174 - Rouen 122 - Alençon 102

15 Le Pressoir

La chance a souri à Ivan Vautier, qui recueille aujourd'hui les fruits de son travail en profondeur pour être et rester le premier dans la préfecture. La salle - brique peinte et poutres vertes - est accueillante, l'accès pratique et les salons confortables, qui drainent logiquement les groupes et repas d'affaires en quête d'une table de standing, au service plaisant et appliqué mené par une belle présence par la maîtresse de maison. Pour garder la place chaude, le chef se consacre à de belles œuvres contemporaines, soigneusement inspirées de la vogue, à l'image de la royale de potiron et cappuccino de châtaignes en amuse-bouche. Pour être franc, les deux toques vont davantage au produit (très beaux fruits de mer, huîtres et poissons) et à la technique qu'aux idées : le pigeonneau élevé près de Thury-Harcourt est superbe, et tout ce qui l'entoure, les moules de bouchot, la tempura de langoustine (annoncée

→ 3 av Henry-Chéron
☎ 02 31 73 32 71
F. sam. à déj., dim. à dîn., lundi, vac. scol. fév. et 3 prem. sem. août.
Jusqu'à 21h30.

idéal gourmet

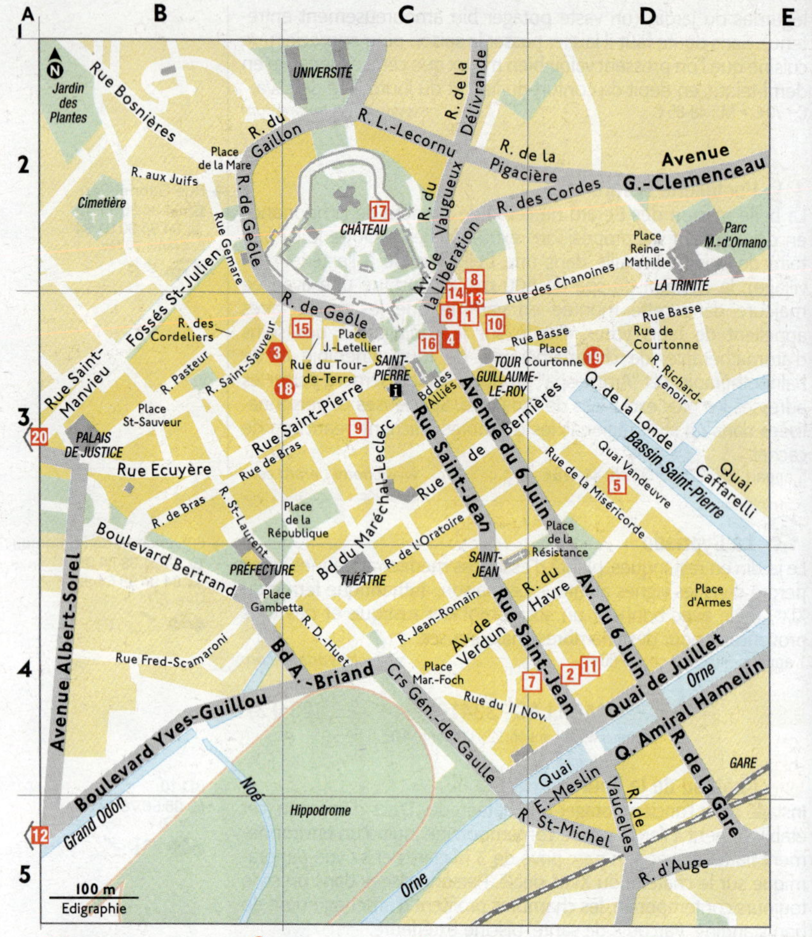

CAEN

Map of Caen with streets and locations labeled.

Key labels on the map include:
- Jardin des Plantes
- Rue Bosnières
- UNIVERSITÉ
- Place de la Mare
- R. aux Juifs
- Cimetière
- R. du Gaillon
- R. L.-Lecornu
- R. de la Délivrande
- R. de la Pigacière
- R. des Cordes
- Avenue G.-Clemenceau
- Place Reine-Mathilde
- Parc M.-d'Ornano
- LA TRINITÉ
- CHÂTEAU
- Rue de Geôle
- Rue des Chanoines
- Rue Basse
- Rue Basse Rue de Courtonne
- Fossés St-Julien
- Rue Gemare
- R. des Cordeliers
- R. Pasteur
- R. Saint-Sauveur
- R. Saint-Julien
- Rue Saint-Manvieu
- Place J.-Letellier
- Place St-Sauveur
- Rue du Tour-de-Terre
- SAINT-PIERRE
- TOUR Courtonne
- GUILLAUME-LE-ROY
- Bd des Alliés
- Avenue de Bernières
- Q. de la Londe
- BASSIN SAINT-PIERRE
- Quai Caffarelli
- R. Richard-Lenoir
- PALAIS DE JUSTICE
- Rue Ecuyère
- Rue Saint-Pierre
- Rue de Bras
- R. de Bras
- R. St-Laurent
- Place de la République
- Bd du Maréchal-Leclerc
- Rue Saint-Jean
- Avenue du 6 Juin
- Rue de la Miséricorde
- Quai Vandeuvre
- Place de la Résistance
- Boulevard Bertrand
- PRÉFECTURE
- THÉÂTRE
- Place Gambetta
- R. de l'Oratoire
- SAINT-JEAN
- R. du Havre
- Av. du 6 Juin
- Place d'Armes
- Avenue Albert-Sorel
- Rue Fred-Scamaroni
- Bd A.-Briand
- R. D.-Huet
- R. Jean-Romain
- Av. de Verdun
- Place Mar.-Foch
- Rue du 11 Nov.
- Quai de Juillet
- Orne
- Q. Amiral Hamelin
- R. de la Gare
- Boulevard Yves-Guillou
- Grand Odon
- Noé
- Hippodrome
- Crs Gén.-de-Gaulle
- Quai E.-Meslin
- R. St-Michel
- R. des Vaucelles
- GARE
- R. d'Auge
- R. d'Aye
- Orne

100 m — Edigraphie

Légende

■ Restaurant   ● Hôtel   ◆ Hôtel-Restaurant   □ Table en vue

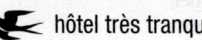

Abracadabra **C-3**	Embroche (L') **C-3**	Palmyre (Le) **D-4**
Amalfi **D-4**	Hôtel des Quatrans **C-3**	Pressoir (Le) **A-5**
Best Western Le Dauphin **B-3**	Hôtel Mercure Caen-Centre **D-3**	P'tit B (Le) **C-3**
Bouchon du Vaugueux (Le) **C-3**	Kalinka **D-4**	Quatre Épices (Les) **C-3**
Café Mancel **C-2**	Kashmir (Le) **C-2**	Restaurant pain et beurre **A-3**
Costa (Le) **D-3**	Maison d'Italie (La) **C-3**	Saïgon (Le) **C-3**
Dauphin (Le) **B-3**	Maître Corbeau **C-3**	Sakoura **C-3**

"raviole"), le cromesqui d'abats, le bâton de calamar et le riz aux moules ("mais nous, on le fait en risotto") ne font pas grand sens dans cette interprétation libre de la paella. Cave classique, prudente, appuyée par quelques grands châteaux, issue principalement du courtage et du négoce, offre au verre maigrichonne.

C : 67 € • M : 31-69 €

www.restaurant-le-pressoir.com

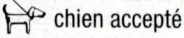 hôtel très tranquille   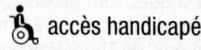 chien accepté   accès handicapé

G
M

13 Le Dauphin

Une très sympathique cuisine régionale qui s'harmonise avec ce beau cadre régional : Stéphane Pugnat est parfaitement cohérent dans sa démarche d'hôtelier-restaurateur, proposant aux visiteurs une promenade entre les pommiers qui vaut bien un Mémorial : foie gras de canard, crumble de boskoop aux raisins de Corinthe et caramel de pommeau, huîtres d'Isigny frémies au champagne, barbue côtière et consommé de bigorneaux aux légumes du moment, carré d'agneau du bocage jus court à l'estragon. Cave sérieuse, beau décor classique et fleuri animé par Sylvie Pugnat.

C : 38 € • M : 20-57 €

www.le-dauphin-normandie.com

→ 29 rue Gemare
☎ 02 31 86 22 26
F. sam. à déj., dim., vac. scol. fév. et vac. scol. Toussaint. Jusqu'à 21h30.

Best Western Le Dauphin

Dans un ancien prieuré, avec sa chapelle XVe rénovée, au pied du château entre les deux abbayes, des chambres en harmonie, teintes douces, sobriété de la décoration, tissus Pierre Frey, meubles d'époque et poutres apparentes. Sauna, fitness, douche à jet.

5 appart. 150-170 € • 32 ch. 70-125 €

www.le-dauphin-normandie.com

→ 29 rue Gemare
☎ 02 31 86 22 26
🖳 02 31 86 35 14
F. vac. scol. fév. et vac. scol. Toussaint.

- -

13 Restaurant Pain et Beurre *d≤*

Ivan Vautier, dynamique leader de la gastronomie caennaise, s'est offert une annexe moderne (l'ex-Pyramide) en plein centre, dans un immeuble où trois petites salles - celle du second étage est la plus vaste - se répartissent selon les niveaux. Quelques plats de la maison mère apparaissent dans cette carte délurée et moderne, menée par un second du Pressoir, Yann-Mickaël Coquet, où le ticket est vissé à 27 € et qui vaut la toque : nems de petits gris et caviar d'aubergine, un très bon cabillaud et légumes au wok beurre blanc, paleron vin rouge et grosses frites, feuille à feuille de chocolat clémentine confite et sorbet. Jeune personnel souriant et serviable, cave réduite qui devrait renforcer son offre au verre.

M : 27 €

→ 46 rue Guillaume-le-Conquérant
☎ 02 31 86 04 57
F. sam. à déj., dim à dîn, lundi, vac. scol. fév. et 1er-15 août. Jusqu'à 22h.

- -

11 Le Bouchon du Vaugueux

Bouchon, pour la convivialité, ou bien encore pour la cave, toujours futée pour ramener de vrais vins de terroir, les Marcel Richaud, les Maxime Magnon. Vaugueux, pour ce quartier de restaurants où on ne trouve pas si facilement une cuisine aussi honnête dans sa démarche, produits de saison et préparations nettes, sans négliger la touche personnelle (nage d'asperges vertes au goût fumé, rognon de veau à l'infusion d'estragon). Pas de doute, la recette de Stéphane Bertin reste une valeur sûre du quartier.

C : 25 € • M : 17-25 €

→ 12 rue Graindorge
☎ 02 31 44 26 26
F. dim., lundi, 2 sem. janv. et 3 sem. août. Jusqu'à 22h30.

🎁 idéal gourmet

- -

11 Le P'tit B

Au milieu des autres enseignes de la rue historique et gourmande de la ville, le P'tit B a pour lui son passé (l'ancienne Bourride de Michel Bruneau), son cadre (belle pierre brute, cheminée monumentale) et une alerte carte bistrotière, où la mode rattrape le ménager (tiramisu de saumon, crumble de queue de bœuf…). La réalisation est pourtant sur le mode mineur, incitant à s'orienter vers la simplicité. Cave chétive, choix de vins au verre un peu chers, agréable service féminin.

C : 25 € • M : 25 €

leptitb@wanadoo.fr

→ 15 rue du Vaugueux
☎ 02 31 93 50 76
Ouv. 7j/7.
Jusqu'à 24h.

Abracadabra

La formule magique annonce la surprise et même les habitués de longue date continuent d'en avoir, tant cette pizzeria joue une partition décalée dans ses garnitures. Le magicien rate rarement son tour, et l'ambiance est plaisante dans ce vieux quartier préservé.
C : 18 €
abracadabra@tiscali.fr

→ 4 rue du Vaugueux
☎ 02 31 43 71 38
Ouv. 7j/7.
Jusqu'à 23h.

Amalfi

Amalfi, ses richesses touristiques, sa baie d'une grande beauté, ses citrons reconnus pour leur qualité, et cette pizzeria de qualité, depuis longtemps plébiscitée par les locaux. Pizzas généreuses, pâtes et quelques grillades pour varier les plaisirs.
C : 16 €

→ 201 rue Saint-Jean
☎ 02 31 85 33 34
F. dim. F. ann. non comm.
Jusqu'à 23h.

Café Mancel

Installé dans le musée des Beaux-Arts, lui-même situé dans le domaine du château de Guillaume le Conquérant, ce café branché rassemble touristes et profs de fac (l'université est située juste en face, de l'autre côté du boulevard), tous attirés par ce cadre original et les bonnes formules : duo de maquereau et langoustine, crème mousseuse aux moules, suprême de pintade farci et crème de morilles, nage de mangue et orange, sorbet passion et tuile croquante.
C : 32 € • M : 23-31 €
cafe-mancel@wanadoo.fr

→ Château
☎ 02 31 86 63 64
F. dim. à dîn., lundi et 1 sem.
vac. scol. fév.
Jusqu'à 22h.

Le Costa

Un cadre de club-lounge branché de bon standing et une cuisine mixant les influences les plus diverses, dans un esprit brasserie : foie gras de canard, salade de homard et palette ibérique, sole meunière.
C : 40 € • M : 18,50-36 €
www.lecosta.fr

→ 32 bis quai Vendeuvre
☎ 02 31 86 28 28
F. dim.
Jusqu'à 23h.

L'Embroche

Une terrasse dans le Vaugueux, voilà un atout précieux. La maison en fait bon usage et y ajoute un menu-carte efficace et varié, sagement actuel, et surtout une intéressante sélection de vins à prix compétitifs.
C : 26 € • M : 26 €

→ 17 rue Porte-au-Berger, le Vaugueux
☎ 02 31 93 71 31
F. sam. à déj., dim., lundi, vac. scol. fév., 20 sept.-4 oct. et vac. scol. Noël.
Jusqu'à 22h45.

Kalinka

Avec les animations musicales des vendredis et samedis soirs, Léonid Zelitchonok retrouve ses racines (il fut professeur de musique en Russie), mais la table se fréquente en toutes circonstances pour son décor typique comme pour ses spécialités slaves. Dépaysement garanti et prix tenus par des menus bien calibrés.
M : 12-25 €

→ 182 rue Saint-Jean
☎ 02 31 34 68 00
F. dim. (sf sur réserv.) et août.
Jusqu'à 22h.

Le Kashmir

La route des Indes et du Pakistan s'ouvre dans le vieux quartier du Vaugueux, avec ses samossas, poulet tandoori et autres spécialités doucement épicées de currys et massalas.
C : 20 € • M : 9 €

→ 78 rue du Vaugueux
☎ 02 31 94 02 19
Ouv. 7j/7.

La Maison d'Italie

On peut trouver le décor un peu kitch mais la brochette de people en photo sur les murs fait son petit effet. A détailler tranquillement en profitant d'une classique carte italienne pas mal faite.
M : 13,90 €
jpolverari@free.fr

→ 10 rue Hamon
☎ 02 31 86 38 02
Ouv. 7j/7.
Jusqu'à 23h30.

Maître Corbeau

Une salle rénovée, une déco marrante sur le thème de la vache, un peu brocante, un peu fermière, et une grande carte de croûtes (au sens franc-comtois du terme), de salades, de crêpes, tartiflettes et autres plats à base de fromage.
C : 23€ • M : 17,60-23€   www.maitre-corbeau.com

→ 8 rue Buquet
☎ 02 31 93 93 00
F. sam. à déj., dim., lundi
à déj., 3 prem. sem. août et 2
sem. Noël-nouvel an.
Jusqu'à 22h30.

Le Palmyre

Partagez les généreux mezze de cette ambassade libanaise dans la préfecture libanaise : copieux, fidèles et bien faits, ils sont servis avec soin et courtoisie.
C : 23€ • M : 10-20€   mertarek@numericable.fr

→ 7 rue Laplace
☎ 02 31 85 39 86
F. dim., lundi à déj. et 3 sem.
août.

Le Quatre Epices

Afrique légèrement mâtinée Caraïbe par un chef togolais qui réchauffe l'espace dans le quartier du Vaugueux : poulet yassa, gambas aux épices et patates douces, mijoté d'agneau à la crème de graines de palmier, fondant chocolat aux épices.
C : 23,50€   quatreepices@wanadoo.fr

→ 25 rue Porte-au-Berger
☎ 02 31 93 40 41
F. dim., lundi (h.s.), dim.
(saison).
Jusqu'à 22h30.

Le Saïgon

Le décor est adorable, avec de nombreux détails personnalisés. L'accueil est tout aussi plaisant et surtout, à ces vertus traditionnelles des tables exotiques, le Saïgon ajoute des préparations soignées, sans verser dans les excès des cartes interminables, et des menus bien calibrés, autant de qualités qui justifient, depuis maintenant 25 ans, le succès de la maison.
C : 17€ • M : 11,50-15€

→ 13 bis rue du
Tour-de-Terre
☎ 02 31 86 13 48
F. dim. et 2e sem. juin.
Jusqu'à 21h30.

Sakoura

Sashimis, sushis et yakitoris : les basiques de la restauration japonaise sont au rendez-vous en plein centre-ville, servis avec la plus grande courtoisie.
C : 30€ • M : 18-29€

→ 9 rue de Géôle
☎ 02 31 79 89 98
Ouv. 7j/7.
Jusqu'à 23h (23h30 w.-e.).

 ### Hôtel des Quatrans

Un bon rapport prix-prestations pour séjourner en centre-ville, grâce à des chambres au confort parfaitement d'actualité et à l'ambiance apaisante.
47 ch. 55-64€

→ 17 rue Gémare
☎ 02 31 86 25 57
F. 1 sem. Noël-nouvel an.

 ### Hôtel Mercure Caen-Centre

Situation privilégiée face au port de plaisance pour ce solide standard, dont les chambres baignent dans une atmosphère de confort feutré.
3 appart. 250-300€ • 129 ch. 95-200€   www.www.mercure-hotels.com

→ Pl Courtonne
☎ 02 31 47 24 24
🖶 02 31 47 43 88
Ouv. 7j/7.

CAGNANO - 20228   **(35 D 1)**
Bastia 32 - Luri 8

 12 Torra Marina

Dominant la mer dans ce petit port du Cap Corse, cette auberge ne manque pas de charme avec sa terrasse ombragée, son adorable salle rustique ou sa cuisine franche, langoustines sautées, crevettes flambées ou friture de pageots en provenance directe de l'île.
M : 25€

→ Marine de Porticciolo
☎ 04 95 35 00 80
F. oct.-mars.
Jusqu'à 22h.

CAGNES SUR MER - 06800   (34 C 4)
Nice 11 - Antibes 11

14 Le Cagnard

La cuisine de la Riviera comme du temps de Fitzgerald ou presque, au moins dans l'atmosphère de cette salle vénérable où les sénateurs et les contemplatifs laisseront agir doucement le sablier du temps. Jean-Yves Johany sait à peu près tout faire au rayon traditionnel et le prouve sur des exercices de bon ton qu'il a, au fil des années, quelque peu actualisés : lasagne de truffes, croustillant de rouget à l'ail et au romarin, selle d'agneau de Sisteron au thym, pain de Gênes à la mangue. Service cérémonieux, cave naturellement classique, mais les quelques choix de digression sont franchement bons : Métras et Chermette en Beaujolais, Faurmarie et Barral en languedoc, Daguéneau et Germain en loire...
C : 105 €

→ 1 rue du Pontis-Long, 54 rue Sous Barri
☎ 04 93 20 73 21
F. lundi à déj., mardi à déj., jeudi à déj. et mi-nov.-mi-déc.
Jusqu'à 22h (22h30 été).

www.le-cagnard.com

ccc Le Cagnard

Une demeure seigneuriale XIIIe, sur les remparts du fortin érigé par la famille Grimaldi, et qui garde fierté et style. Suzerain sans vassal pour une nuit ou plus, vous apprécierez les vieilles pierres du Moyen Age provençal, la belle salle de gardes d'époque, le fer forgé, les plafonds à caissons et les terrasses fleuries dominant le village. Chambres personnalisées, meubles d'antiquaires, tissus précieux.
7 appart. 150-300 € • 13 ch. 120-245 €

→ 1 rue du Pontis-Long
☎ 04 93 20 73 21
▤ 04 93 22 06 39
Ouv. 7j/7.

www.le-cagnard.com

---

14 Domaine Cocagne

Cela peut paraître prosaïque, mais ce qui rend cette table attractive se lit sur le porte-menu. Pour 40 € dans un beau domaine de la Riviera, sur les hauteurs, on peut goûter un carpaccio et tartare de bœuf Simmental mousse légère au raifort champignons et asperges à cru, des langoustines, homard, royale de saint-jacques à l'encre de seiche velouté de petits pois et lait mousseux au parmesan avant le parfait glacé banane et passion, espuma coco et gelée d'ananas cardamome... Bref de la cuisine, pas du virtuel, de vrais beaux plats d'aujourd'hui au prix d'un menu enfants dans les hôtels de même standing tout autour. Certes, le patron est hollandais, le chef gallois, ils n'ont pas de préjugés, ni sur les provenances (bœuf allemand, crevettes irlandaises...), ni sur les tarifs. Il n'empêche, la toque est bien solide et le menu dégustation à 62 € franchement excitant. Courte cave provençale, service polyglotte très dévoué.
C : 50 € • M : 40-62 €

→ 30 chemin du Pain-de-Sucre
☎ 04 92 13 57 77
F. 26 nov.-17 déc.
Jusqu'à 22h.

www.domainecocagne.com

ccc Domaine Cocagne

Un ensemble contemporain parfaitement équipé, dans un parc de 5 ha à dix minutes de la mer, avec vue sur le château de Cagnes et la Méditerranée. Chambres sobres, lumineuses, aux tons clairs, avec terrasse ou balcon. Belles prestations, piscine 200 m², navette aéroport, location Mini Cooper cabriolet... Le restaurant dans une nouvelle salle, un bistrot créé dans la première.
11 appart. 215-340 € • 14 ch. 175-290 €

→ 30 chemin du Pain-de-Sucre
☎ 04 92 13 57 77
▤ 04 92 13 57 89
Ouv. 7j/7.

www.domainecocagne.com

13 🍴 Fleur de Sel

Pas si facile d'être crédible quand tout est si joli, si pimpant autour de vous, le village provençal, les enseignes chatoyantes, briquées pour les touristes comme des vitrines miraculeuses à Lourdes. Pourtant, Philippe Loose tient le pari d'une cuisine équitable, bien faite et soignée qui ne cherche pas le pigeon, mais au contraire révèle en des menus bien sentis une jolie personnalité : salade de poulpes au basilic et tagliolinis à l'encre de seiche, daurade sur peau aux lentilles jus émulsionné au Noilly ou suprême de pigeonneau en cocotte, caramélisé au citron de Menton, aimablement servis dans un décor tiré à quatre épingles animé par Pascal Loose, le tout pour 31 €. Et la gentille cave, où Rasque, Maïme et les bandols du Gros Noré restent en dessous de 40 €, un atout de plus.
C : 42 € • M : 23-52 €   *www.restaurant-fleurdesel.com*

→ 85 montée de la Bourgade
☎ 04 93 20 33 33
F. merc., jeudi à déj., 7-23 janv., 4-12 juin et vac. scol. Toussaint.
Jusqu'à 22h.

👁 Charlot-1er

Poissons et coquillages, comme à Paris, mais en prise directe avec la Méditerranée, sur la plage de Cagnes. Du sérieux et du professionnalisme à tous niveaux.
C : 45 € • M : 100 €

→ 87 bd de la Plage
☎ 04 93 31 00 07
F. mardi.
Jusqu'à 22h30.

❄ Les Terrasses du Soleil

La maison cultive le souvenir de Georges Ulmer, auteur-compositeur des années cinquante, qui y reçut Franck Sinatra ou Maurice Chevalier. Couleurs harmonieuses et confort douillet pour les chambres, et une belle situation sur les Hauts de Cagnes (terrasse panoramique) en prime.
2 appart. 85-110 € • 2 ch. 110-130 €
www.catherine.bouvet@terrassesdusoleil.com

→ Pl Notre-D.-de-la-Protection
☎ 04 93 73 26 56
F. déc.

Villes de proximité, voir :

CAHORS - 46000   (29 D 2)
Paris 590 - Montauban 58 - Agen 91

15 🍴🍴 Le Balandre

Passionné par son métier, au point de faire des heures sup' lors des cours de cuisine qu'il propose régulièrement, Gilles Marre demeure un farouche défenseur et promoteur de la cuisine régionale. Formé à l'école classique (la Villa Lorraine et Taillevent à Paris, l'Auberge de l'Ill en Alsace), il propose aujourd'hui une cuisine proche du produit, sans extrême complication technique : fondant de chou-fleur aux émincés de truffe d'été, copeaux de parmesan et coppa, cube de thon rouge cuit bleu, confiture de légumes craquants et beignets de patate douce, tartelette de pigeon aux girolles et échalotes confites au vin de Cahors, sabayon de framboises au citron et bâtonnet glacé au chocolat blanc. Cave essentiellement régionale (remarquable en cahors) commentée avec précision par Laurent Marre.
C : 50 € • M : 60 €   *www.balandre.com*

→ 5 av Charles-de-Freycinet
☎ 05 65 53 32 00
F. dim., lundi et 2e quinz. nov.
Jusqu'à 21h30.

🍴 idéal gourmet

👥 Hôtel Terminus

Personnalisées par un mobilier de style pour certaines, résolument contemporain pour d'autres, les chambres de cette belle maison d'architecture Art déco profitent toutes de la climatisation et d'une bonne insonorisation. Situation pratique, à proximité de la gare.
1 appart. 160 € • 21 ch. 50-130 €   *www.balandre.com*

→ 5 av Charles-de-Freycinet
☎ 05 65 53 32 00
▤ 05 65 53 32 26
F. 2e quinz. nov.

13 🍽 L'O à la Bouche ♥

Une belle toque, un coup de cœur. Et Jean-François Dive, de la dive bouteille (on ne peut pas s'empêcher d'y penser) ne s'arrêtera pas là. Un type qui vous fait goûter Chante Coucou pour 31 € et la Nine pour 20 € est forcément quelque part un philanthrope et un homme de cœur qui aime partager les bonnes choses. Cela tombe bien, on a soif. Et faim aussi, de son foie gras mi-cuit avec un loukoum au coin, des brochettes de cochon au tandoori, de l'agneau de sept heures avec sa purée à l'ancienne, du gâteau du Périgord. Le plaisir de la fête, de trinquer à quelque chose de rare : cela se passe dans une maison du XIVᵉ siècle au cœur de la vieille ville.

C : 25 € • M : 25-28 €

dive264@orange.fr

→ 134 rue Saint-Urcisse
☎ 05 65 35 65 69
F. dim., lundi (h.s.), dim., lundi à déj. (juil.-août), mi avril et janv.
Jusqu'à 21h30.
🎋 ≋❄ 🐕

🦞 **idéal gourmet**

- -

12 Au Fil des Douceurs

Si la mode des restaurants sur l'eau gagne depuis quelques mois les grandes agglomérations, Philippe Larguille peut faire valoir quant à lui plus de dix années de navigation sur le Lot. Depuis la salle panoramique, la vue sur la vieille ville et la rivière vaut à elle seule le coup de fourchette, la carte assurant l'essentiel avec la brouillade aux truffes noires sauce Périgueux, la cassolette de ris d'agneau aux cèpes en croûte de feuilletage et l'émincé de noix de saint-jacques et lamelles de truffes.

C : 32 € • M : 13,50-48 €

→ 90 quai de la Verrerie
☎ 05 65 22 13 04
F. dim., lundi., janv. et 2 sem. fin juin-déb. juil.
Jusqu'à 21h.
🎋 ≋❄ 🐕

- -

12 La Garenne

Dans le contexte de cette authentique grange XIXᵉ en pierre, comme au calme à l'ombre des arbres du jardin, c'est le Lot qu'on a envie de croquer ici. Pas de souci, les incontournables sont bien là, l'escalope de foie gras chaud au verjus, l'omelette à la truffe noire de Lalbenque ou la selle d'agneau de pays rôtie au thym. Arrosé d'un cahors bien choisi, le plaisir est bien au rendez-vous.

C : 40 € • M : 19-46 €

→ D 820 Cahors-Nord,
Saint-Henri
☎ 05 65 35 40 67
F. lundi à dîn., mardi à dîn., merc. et fév-mi-mars.
Jusqu'à 21h.
🎋 🚗 ≋❄ 🐕

Villes de proximité, voir :

<table>
<tr><td colspan="2" align="center">**CAHUZAC SUR VERE** - 81140   **(30 A 3)**</td></tr>
<tr><td colspan="2" align="center">Toulouse 68 - Albi 28 - Rodez 91</td></tr>
</table>

15 🍽🍽 ≷ Château de Salettes

La cuisine de Pascal Auger est tout sauf morne et impersonnelle. Elle s'accorde donc à merveille à ce cadre à la fois noble et moderne en proposant de belles passerelles entre tradition et tendances. Dans le cadre élégant de l'ancienne cave, ou sur la terrasse ouverte sur les vignes, goûtez le risotto d'artichauts au foie gras grillé et citrons confits, le saint-pierre en pétales d'oignons et fèves, la trévise à la cannelle pour l'amertume, le pamplemousse pour l'acidulé ou le filet d'agneau à basse température et concassé de petits pois à la menthe. C'est parfois un peu démonstratif, mais techniquement abouti et toujours intéressant. Service à la hauteur, cave de bonne découverte en Sud-Ouest, les gaillacs bien placés, bien sûr.

C : 80 € • M : 35-65 €

www.chateaudesalettes.com

→ Lieu-dit Salettes
☎ 05 63 33 60 60
F. à déj. lundi-jeudi (1ᵉʳ juil.-31 août), lundi, mardi (1ᵉʳ oct.-30 avril), lundi à déj., mardi à déj. (1ᵉʳ mai-30 juin, 1er-30 sept.), merc. à déj., jeudi à déj., 7-22 janv. et 18 fév.-4 mars.
Jusqu'à 21h30.
🎋 🚗 ♿ ≋❄ 🏊
🐕 🛥

✱✱✱ Château de Salettes ⬅

Les Toulouse-Lautrec et les Hautpoul, dont un membre fut général d'Empire, ont été vos prédécesseurs dans ces murs XIII-XVᵉ aménagés avec raffinement et sens de l'histoire, au-dessus de la vallée. C'est néanmoins un esprit contemporain qui préside à la déco, dans les réceptions comme dans les chambres, situées dans le mur d'enceinte, avec vue sur le jardin et les vignes, propriété du domaine.

5 appart. 270-330 € • 13 ch. 145-185 € *www.chateaudesalettes.com*

→ Lieu-dit Salettes
☎ 05 63 33 60 60
📠 05 63 33 60 61
F. 7-22 janv. et 18 fév.-4 mars.

- -

15 🎩 🍴 La Falaise

Dix ans déjà ! Et Guillaume Salvan, qui a fait de cette maison sa maison, sa passion, l'une des toutes premières tables du département, remet le couvert (il les a changés cette année), embellit, peaufine, dans un enthousiasme intact qui fait plaisir à voir. Et à goûter, dans des compositions toujours aussi finement personnalisées, mêlant la région à un travail d'imagination sur des produits remarquables : saint-jacques sautées aux chanterelles et panais galette d'épeautre et betterave au vinaigre de Mauzac, pastilla de joues et pieds de cochon au coulis de pimientos, papillote de poire et pomme à la réglisse. Dans cette salle de campagne élégante et moderne animée par Sylvaine, on s'initie également au meilleur du gaillac, Causses-Marines, Tres Cantous, La Ramaye, mais aussi Mouthe le Bihan ou Arretxea pour agrandir le cercle des amis.

C : 46 € • M : 20-47 € *www.lafalaiserestaurant.com*

→ Rte de Cordes
☎ 05 63 33 96 31
F. dim. à dîn., lundi, mardi à déj. F. ann. non comm. Jusqu'à 21h15.

CAILLAC - 46140 (29 D 2)
Cahors 12 - Montauban 74

14 🍴 Le Vinois

Installée au sein d'un hôtel au design contemporain, dans un cadre d'une grande beauté naturelle, la table de Jean-Claude Voisin propose une enthousiasmante vision de la cuisine de marché, à la fois rassurante et pleine d'allant : carpaccio d'artichauts aux tomates confites, fricassée d'agneau en charlotte d'aubergines...

C : 30 € • M : 17-45 €

→ Le Bourg
☎ 05 65 30 53 60
F. mardi, dim. à dîn., merc. à déj. et 10 fév.-10 mars

CALACCUCIA - 20224 (35 B 3)
Bastia 80 - Calvi 96 - Corte 29

🏆 Acqua Viva

Etape simple et conviviale dans la vallée du Niolu, terre de randonneurs et de paysages magnifiques, l'hôtel propose de jolies chambres, arrangées avec goût.

14 ch. 55-74 € *www.acquaviva-fr.com*

→ Lieu-dit de Scardacciole, Sortie village
☎ 04 95 48 06 90
📠 04 95 48 08 82
Ouv. 7j/7.

CALAIS - 62100 (1 B 1)
Boulogne-sur-Mer 37 - Dunkerque 45

13 🍴 La Pléiade

A deux pas du port et de la plage, et donc des côtes anglaises, la table d'Eric Mémain pourrait recevoir l'éloge de la discrétion. Depuis plus de quinze ans, il façonne une carte évolutive, en règle avec les saisons, titulaire d'un passeport gastronomique international : les poissons sont impeccables, traités avec sérieux et sans archaïsme (turbot à l'arête, grenailles et artichauts, jus de volaille, filets de sole étuvés au jus de coquillages minutes de févettes et petits pois, filet

→ 32 rue Jean-Quehen
☎ 03 21 34 03 70
F. dim. à dîn., lundi, vac. scol. fév. et dern. sem. juil.-1re quinz. août. Jusqu'à 21h30.

🏮 idéal gourmet

CALAIS

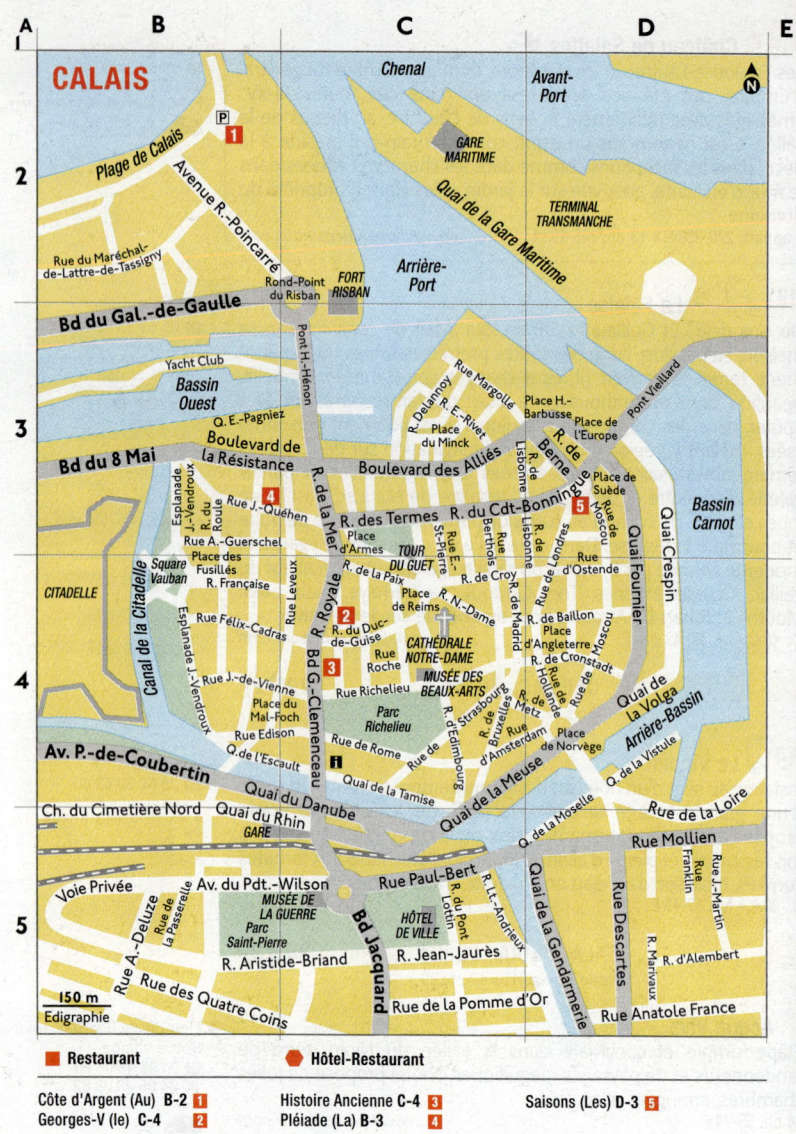

■ Restaurant   **◆ Hôtel-Restaurant**

Côte d'Argent (Au) **B-2** **1**   Histoire Ancienne **C-4** **3**   Saisons (Les) **D-3** **5**

Georges-V (le) **C-4** **2**   Pléiade (La) **B-3** **4**

de bar en crumble d'épices et chorizo, wok de légumes croquants)
et les menus changés chaque semaine (intéressant, le Surprise à
58 €). La cave est à l'image de la maison, chaleureuse et personnalisée.

C : 45 € • M : 25-58 €   *www.lapleiade.com*

☂ repas en terrasse ou dans un jardin   🚬 cave à cigare

G
M

13 **Les Saisons**

Entre clientèle anglaise et forte concurrence, Calais n'est pas une ville facile, Thierry Buffet a appris à en mesurer les exigences et respecte la tradition attendue par la clientèle d'outre-manche, dans le décor comme les plats proposés, avec une qualité et une constance aptes à séduire tout le monde, autour de la saison (gambas et saint-jacques aux asperges), d'un petit clin d'œil au terroir ardennais (nage d'escargots au rocroi) ou d'un beau poisson (pavé de bar au pain d'épices). Additions équitables.
C : 30 € • M : 18-55 €   lessaisons@wanadoo.fr

→ 2 pl de Suède
☎ 03 21 97 50 00
F. à dîn. dim.-lundi.
Jusqu'à 21h45.

---

12 **Au Côte d'Argent**

Dans une gamme où la concurrence ne manque pas, Bertrand Lefebvre réussit le pari de proposer des menus cohérents et d'un bon rapport qualité-prix. Dans ce décor aux influences paquebot, face à la mer, le poisson est bien sûr à l'honneur (filet de cabillaud pommes rattes écrasées et confiture d'oignons), mais s'accompagne également de quelques sympathiques propositions terriennes (crème de potiron et mimolette vieille, minute de bœuf à la moelle). Solide cave classique à prix raisonnables.
C : 45 € • M : 18-40 €   www.cotedargent.com

→ 1 digue Gaston-Berthe
☎ 03 21 34 68 07
F. dim. à dîn., lundi, merc. à dîn. (sept.-Pâques). F. ann. non comm.
Jusqu'à 22h.

---

11 **Le George V**

Si le changement de propriétaire a amené quelques modifications du côté de l'hôtel (plus de la moitié des chambres rénovées), la continuité prévaut au restaurant, valeur sûre de la ville qui égrène paisiblement ses classiques et n'a pas forcément gagné à s'éloigner du terroir du Nord.
C : 40 € • M : 18-37 €   www.georgev-calais.com

→ 36 rue Royale
☎ 03 21 97 68 00
F. sam. à déj. et dim.

---

10 **Histoire Ancienne**

Derrière la façade rafraîchie, le cadre Arts déco s'anime au gré d'histoires pas si anciennes que ça et qui témoignent en tout cas d'inspirations multiples : bouchon lyonnais par-ci, produits de la mer par-là (sobrement grillés par exemple), sans oublier les influences flamandes (de la volaille de Licques au crumble spéculoos).
C : 35 € • M : 17,50-35 €   www.histoire-ancienne.com

→ 20 rue Royale
☎ 03 21 34 11 20
F. dim., lundi à dîn. et 2 sem. déb. août.
Jusqu'à 21h30.

CALLAS - 83830   (34 B 5)
Toulon 101 - Draguignan 27

---

15 **Hostellerie Les Gorges de Pennafort**

On aime prendre son temps lorsqu'on est parvenu jusqu'à ce havre de paix niché dans les gorges, on n'a aucune envie d'être bousculé, mais bien plutôt de savourer un grand moment de douceur et de gentillesse. Philippe Da Silva l'a bien compris et veille à ce que rien ne vienne troubler cette atmosphère : un élégant décor classique et abondamment fleuri, un service attentif et discret, une belle cuisine gastronomique, produits nobles et saveurs nettes, sans aventure ni dérapage, dans le plaisir de la tartelette de rougets aux olives et basilic, la tendreté du pigeonneau rôti aux petits pois ou la fraîcheur du miroir vanille framboise glace au lait de chèvre et au thym. Solide cave classique.
C : 90 € • M : 56-135 €   www.hostellerie-pennafort.com

→ RD 25
☎ 04 94 76 66 51
F. lundi à déj., merc. à déj. (juil.-août), dim. à dîn., lundi, merc. à déj. et mi-janv.-mi-mars.
Jusqu'à 21h30.

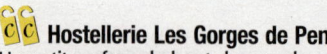 **Hostellerie Les Gorges de Pennafort**

Un petit parfum de bout du monde pour cette auberge sereine…
Le cadre a l'intelligence d'épouser cette nature paisible, avec des
chambres au style provençal sobre et aux couleurs empreintes de
douceur. Au pied des collines, le bleu de la piscine rivalise avec le
vert de l'étang voisin.

4 appart. 220-250 € • 16 ch. 135-220 €   www.hostellerie-pennafort.com

→ RD 25
☎ 04 94 76 66 51
🖷 04 94 76 67 23
F. mi-janv.-mi-mars.

CALUIRE ET CUIRE - 69300 (27 D 2)
Lyon 11 - Villefranche-sur-Saône 31

---

14 **Auberge de Fond-Rose**

La salle bourgeoise stylée des bords de Saône, dans son parc de
verdure où l'on apprécie aux beaux jours la terrasse ombragée,
semble faite sur mesure pour les cérémonies et les fêtes de famille.
Gérard Vignat cultive le genre dans les salons privés, et ne manque
pas de faire étalage d'un savoir-faire classique acquis notamment
chez Orsi et Bocuse : mosaïque de lapereau et ris de veau aux
betteraves citronnées, sole à la grenobloise, fricassée de homard
aux morilles, pigeonneau à la broche ou ris et rognons jus réduit
au xérès dans un catalogue digne d'un traiteur de luxe et parfaitement exécuté. Cave de près de 500 références représentent tous
les vignobles, atmosphère élégante sous la supervision de Sandrine
Vignat.

C : 75 € • M : 38-78 €   www.aubergedefondrose.com

→ 23 quai
Georges-Clemenceau
☎ 04 78 29 34 61
F. dim. à dîn., lundi (sf fériés)
et vac. scol. fév.
Jusqu'à 22h.

CALVI - 20260 (35 B 2)
Bastia 95 - L'Ile-Rousse 24

---

16 **L'Alivu**

Le team La Villa, c'est une écurie de course. Et l'ingénieur en chef,
Christophe Bacquié, qui fait aussi le pilote de cette Formule 1 a tous
les atouts en main, à commencer par son talent. En une petite
dizaine d'années à Calvi, ce MOF converti à la cuisine de produits
a su forger un style plus personnel, affiner et moderniser les
assiettes. Ce qu'un habitué des Relais & Châteaux peut trouver ici,
on le devine, c'est le personnel au garde-à-vous, une salle élégante
et soft, une terrasse sublime dominant la citadelle et la mer. Pour
le goûteur GaultMillau, la bonne nouvelle est dans une carte certes
pas casse-cou mais suffisamment inventive pour éveiller la curiosité. Dans la compression d'araignée de mer et saint-pierre au caviar
d'Aquitaine, avec une crème au combava et un bouillon, dans la
langoustine plancha avec un superbe fritto épicé, dans le saint-
pierre cuit à la perfection sur un lit de petits pois et fèves légèrement
tomaté. Et si l'on peut encore désirer, dans cette prestation de
haute technicité, encore plus de mouvement et de liberté - y compris sur
les desserts - on tire le chapeau devant la mise au point globale qui
place la maison dans les premières de Corse. Belle cave de prestige,
animée par une cohorte bordelaise de première force et bien sûr
par les meilleurs corses, dont quelques beaux millésimes de
patrimonio.

C : 120 € • M : 75-150 €

→ Chemin de
Notre-Dame-de-la-Serra
☎ 04 95 65 10 10
F. 1er janv.-31 mars et
1er nov.-31 déc.
Jusqu'à 22h30.

G
M

La Villa

Un ensemble luxueux sur les hauteurs de la ville, offrant aux résidents une vue panoramique superbe sur la citadelle et sur la mer, et tous les ingrédients d'une hôtellerie de standing international. Chambres contemporaines décorées avec goût et sobriété, mobilier Philippe Hurel, tissus Pierre Frey, et nombreux éléments de détente (hammam, esthétique, massage, fitness).
31 appart. 380-950 € • 21 ch. 250-550 €   *www.hotel-lavilla.com*

→ Chemin de Notre-Dame-de-Serra
☎ 04 95 65 10 10
📠 04 95 65 10 50
F. 1er janv.-31 mars et 1er nov.-31 déc.

---

14 La Signoria

La carte de la Signoria est toujours conçue avec intelligence, mêlant le terroir corse à une belle vision actuelle. Thomas d'Arcangelo, ancien second d'Alain Lamaison, est désormais aux commandes pour produire ces assiettes de sensibilité et de caractère, l'araignée en raviole, bouillon corse et crème de mascarpone, la pièce de veau cuite au sautoir, gnocchis et morilles au vin jaune, la nougatine de pollen au brocciu, gariguettes tiédies et sorbet mara des bois. De la fluidité dans le service, des produits corses qui honorent l'île et une cave royale, de connaisseur du vignoble régional, mais aussi du continent, contribuent à la cohérence de cet ensemble de charme.
C : 90 € • M : 80-120 €

→ Rte de la Forêt-de-Bonifato
☎ 04 95 65 93 00
F. nov.-mars.

La Signoria

À l'écart de la station, le site, sur une colline de pleine nature avec la vue sur le cirque de Bonifato, est un privilège rare. Dans le parc centenaire de 3 ha, essences méditerranéennes, oliviers, eucalyptus, entoure cette villa XVIIIe aménagée avec beaucoup de goût par Jean-Baptiste Ceccaldi. Chambres vastes au grand calme, décorées sobrement, patines anciennes, mobilier chiné, parquet de chêne et véritables antiquités. Nombreux agréments, sauna, hammam, fitness, piscine et plage privée à 4 km.
21 appart. 240-740 € • 3 ch. 180-390 €   *www.hotel-lasignoria.com*

→ Rte de la Forêt-de-Bonifato
☎ 04 95 65 93 00
📠 04 95 65 38 77
F. nov.-mars.

---

13 Emile's

Emile's à Calvi, c'est une référence, une institution devant laquelle beaucoup tirent le chapeau, un petit Saint-Trop' à lui tout seul, rendez-vous de people, table chic, tarifs éloignant la valetaille. Une certitude, on n'est pas Calvais si l'on ne passe pas une tête chez Emile au cours de son séjour. Et la toque est finalement méritée, pour le tartare de gamberoni, chutney de tomate, guacamole, et le dos de loup, net et sans faille, comme le moelleux au chocolat avec une glace vanille artisanale de bon goût. Et puis le cadre magnifique, le coucher de soleil sur le port, le maître d'hôtel aux petits soins. C'est tout Emile's !
C : 90 € • M : 40-100 €   *www.restaurant-emiles.com*

→ Quai Landry
☎ 04 95 65 09 60
F. 1er nov.-1er mars.
Jusqu'à 23h.

---

13 Epicurien Avant Tout ♥ d≷

Calvi c'est fun, mode, vivant. Alors Epicurien Avant Tout (prononcer "eat" à l'anglaise) aligne les canons de la modernité : incontournables tons prune et marron, esprit et musique lounge, service détendu et plats fusionnels (gribiche de bœuf raviole de brocciu, cannellonis de céleri liés au foie gras et saint-jacques snackées) possibles en demi-assiettes (tailles L et XL). Et au piano, un vrai chef, qui a fait ses humanités dans quelques maisons parisiennes réputées, et donne le la autant sur les cuissons que sur les produits,

→ Montée de la Tour de Sel
☎ 04 95 38 21 87
F. lundi, mardi, merc. (nov.-mars) et fév.
Jusqu'à 24h.

exactitude du bar plancha avec son riz vénéré et écume de coppa, sympathique gâteau d'aubergine avec des chipirons au coulis un peu trop safrané et bonnes madeleines à tremper dans trois sauces chocolat parfumées au romarin, lavande, orange, un dessert simple, régressif et moderne. Petite cave locale, pichets et verres. Une première toque d'encouragement.

C : 38 € • M : 17-21 €

---

12 L'Abri Côtier

L'air de rien, hormis celui de faire un clin d'œil au touriste quand il arrive sur ce quai bondé, l'Abri Côtier fait son boulot, à savoir avancer avec son temps, proposer des formules équitables et soigner le client. Les provenances sont bonnes (pêche côtière, charcuterie de Madame Guidoni…), la réalisation sans grandes failles. On peut ajuster la formule correspondant à son budget sans crainte : le croustillant de gambas, le rôti de lotte au jambon corse et le fiadone répondent au cahier des charges. Cave corse et service souriant.

C : 30 € • M : 30-35 €

→ Quai Landry, rue Joffre
☎ 04 95 65 12 76
F. janv.-20 mars et 10 nov.-31 déc.
Jusqu'à 22h30 (23h30 été).

www.abri-cotier-calvi.com

---

12 L'Ile de Beauté

Oublions les tarifs, imposants (si l'on excepte le menu à 21 €, guère enthousiasmant) et pas toujours complètement justifiés, pour nous concentrer sur les points positifs de cette adresse qui joue les demoiselles chics sur le quai Landry : vue imprenable sur le port, service efficace, tables bien mises (chaises Starck) et produits de qualité : ravioles de langoustes et fondue de tomates fraîches, pavé de denti, risotto Vénere, salade de fenouil et émulsion de mousse à la citronnelle, côte de veau corse déglacée au miel corse thym citron, poireaux et courgettes grillées.

C : 55 € • M : 21 €

→ Quai Landry
☎ 04 95 65 00 46
F. janv.-mi-mars.
Jusqu'à 23h30.

restaurantiledebeaute@orange.fr

---

11 Le Tire-Bouchon

L'assiette n'est évidemment qu'un prétexte pour entrer chez Jean-Noël Santori. Si le carré d'agneau au four, l'entrecôte grillée, le sauté de veau à la corse ou les cannelloni au brocciu ne souffrent d'aucun reproche, c'est évidemment dans le large choix de vins au verre que se fait la différence : la cuvée Fiumeseccu du domaine Alziprattu, la cuvée Vignola de Renucci, les Gouverneurs d'Orenga de Gaffory, la pietra bianca de Leccia ou le formidable vin de pays blanc d'Antoine Arena sont tous présents. La situation (tout en haut de la rue Clemenceau, presque au pied de la citadelle) et l'ambiance (dont on profite beaucoup mieux dans la petite salle climatisée que sur la terrasse) font le reste.

C : 25 € • M : 18 €

→ 15 rue Clemenceau
☎ 04 95 65 25 41
F. merc. (avril-mai-oct.) et mi-oct.-déb.avril.
Jusqu'à 24h (été).

U Fornu

Pour la gentillesse des propriétaires et l'atmosphère authentique de café corse : dans la jolie petite salle ou sur la terrasse, la salade corse et l'agneau de pays passent gentiment, avec une carafe à petit prix.

C : 30 € • M : 17,50 €

→ Impasse Bertoni, bd Wilson
☎ 04 95 65 27 60
F. dim. à déj. et janv.-mars.

Mariana

Un hôtel pratique et bien placé, avec vue sur mer, ouvert à l'année. Chambres classiques et nouvelles suites, nombreux agréments (piscine, spa, hammam).

5 appart. 170-255 € • 3846 ch. 65-130 €

→ Av Santa-Maria
☎ 04 95 65 31 38
🖶 04 95 65 32 72
Ouv. 7j/7.

www.hotel-mariana.com

🛏🛏 Regina Hôtel

Un hôtel récent offrant des chambres pratiques et accessibles, meublées simplement dans un style contemporain, offrant la vue sur la mer et la citadelle ou la montagne.
3 appart. 107-294 € • 44 ch. 67-207 €

→ Av Santa-Maria
☎ 04 95 65 24 23
Ouv. 7j/7.
🚗 ≋❄ 🍴

- -

🛏🛏 Le Saint-Christophe

Posé sur les rochers à deux pas de la citadelle, le petit immeuble ocre tourne ces chambres vers elle ou vers la mer. Une situation remarquable donc, pour ces chambres contemporaines et soignées.
48 ch. 89-213 €   www.hotel-saint-christophe.com

→ Pl dell'Ombra
☎ 04 95 65 05 74
🖷 04 95 65 37 69
F. fin oct.-déb. avril.
🚗 ≋❄ 🍴 🐾

Villes de proximité, voir :

🔾 LUMIO .... 10 km E. par N 197 **(12/20)**

CALVINET - 15340	**(26 A 5)**

Aurillac 37 - Conques 21

15 🍴🍴 Restaurant Louis Bernard Puech

Le credo de Louis-Bernard Puech ? Proposer une cuisine de saison réalisée essentiellement à partir des produits locaux. Le concept n'a évidemment rien de novateur. Mais lorsqu'il affiche une telle sincérité, une telle maturité, cela débouche forcément sur deux toques, que nous renouvelons évidemment cette année pour la sixième fois : terrine de lapin du clapier aux pruneaux et chutney à l'ananas confit, dos de cabillaud rôti à la peau et échalotée de côtes de blettes, blanc de baudroie cuit vapeur et étuvée de carottes fondantes. Les meilleurs viticulteurs en marcillac et gaillac pointent tous sur le livre de cave.
C : 35 € • M : 25 €   www.cantal-restaurant-puech.com

→ Le Bourg
☎ 04 71 49 91 68
F. lundi, mardi à déj., merc. à déj. ((mai-juin), à déj. lundi-merc. (juil.-août), lundi, mardi à déj., merc. à déj. (sept.-oct.), sur réserv. (h.s.). Jusqu'à 21h.
🚗 ≋❄ 🐾

CAMBO LES BAINS - 64250	**(24 D 6)**

Pau 118 - Bayonne 20

13 🍴 Le Bellevue

La Bellevue est bien là, avec la terrasse ouvrant sur la vallée de la Nive, et si l'ancien relais de poste XIXe adopte un style contemporain (notamment les chambres), le travail de Gilles Fontanille préserve habilement les fondamentaux gourmands de la région, à travers un menu-carte bien calibré : gambas à la ventrèche et gaspacho, piquillos croustillant aux pieds de porc et velouté de carottes, soufflé à l'eau-de-vie de poire et sorbet Manzana.
M : 11-32 €   www.hotelbellevue64.com

→ Rue des Terrasses
☎ 05 59 93 75 75
F. dim. à dîn., lundi (sf juin-sept.), dim. à dîn., lundi, jeudi à dîn. (h.s.) et 6 janv.-10 fév.
Jusqu'à 21h.
⛱ 🚗 ≋❄ 🍴

- -

🛏🛏 Errobia

Une agréable maison basque dans un parc fleuri aux arbres centenaires qui a su préserver une atmosphère doucement familiale, avec ses meubles anciens et ses chambres à la déco bourgeoise personnalisée, rustique, Art Déco, Louis XVI...
1 appart. 80 € • 14 ch. 29-80 €   errobia@wanadoo.fr

→ Av Chantecler
☎ 05 59 29 71 26
🖷 05 59 29 96 36
F. nov.-avril.
🚗 🍴 🐾

Villes de proximité, voir :

🔾 MACAYE .... 11 km N.E. par D 918, D 119 et D 252 **(12/20)**

CAMBRAI - 59400 (2 B 5)
Lille 67 - Douai 26

 **Hôtel Beatus**
Une étape sereine, dans son parc à moins d'un kilomètre du centre. Deux types de chambres, contemporaines ou de style, certaines avec accès direct au jardin.
1 appart. 106 € • 32 ch. 62-79 €
www.hotelbeatus.fr

→ 718 av de Paris
☎ 03 27 81 45 70
📠 03 27 78 00 83
Ouv. 7j/7.

CAMBREMER - 14340 (6 A 3)
Lisieux 14 - Deauville 26

14 **Château les Bruyères**
Ce château de 1807 a connu les faveurs de Proust qui aimait s'y retirer pour écrire. Entièrement rénové l'an dernier après avoir été transformé en hôtellerie au milieu des années 90, il semble connaître une seconde jeunesse, toujours sous la direction de Philippe Harfaux. Formé à la cuisine thaï et chinoise lors de longs séjours à l'étranger, ce chef d'expérience propose une synthèse remarquable des influences normandes et asiatiques : huîtres chaudes au camembert et huîtres au granité de pommes vertes au poivre de Séchuan, carré d'agneau mariné aux herbes du potager et poêlée de champignons des bois et variation autour de la pomme, un dessert inventif qui gagne encore en intensité lorsqu'il est accompagné d'un verre de cidre de glace produit par le domaine Dupont. La deuxième toque n'est pas loin.
C : 70 € • M : 39-65 €
www.chateaulesbruyeres.com

→ Rte du Cadran
☎ 02 31 32 22 45
F. à déj. (1er juin- 30 sept.), lundi, mardi, merc.-dim. à déj. (1er oct.-30 mai) et janv.
Jusqu'à 21h30.

CAMPANA - 20229 (35 C 3)
Piedicroce 4 - Bastia 58

12 **Sant'Andria**
Les esprits chagrins remarqueront que cette table n'est ouverte que de mai à fin septembre. Sans doute, mais pour la plupart des non îliens, c'est justement la période où l'on fréquente la Corse. Ne boudons donc pas les plaisirs que procure la fréquentation de cette belle maison de village à toit de lauze, où le pâté maison, le veau corse accompagné de cannelloni au brocciu et le gâteau à la farine de châtaigne ont le bon goût du terroir.
C : 20 €

→ ☎ 04 95 35 82 26
F. dim. à dîn. et fin sept.-déb. mai.
Jusqu'à 22h.

CAMPIGNY - 27500 (6 B 3)
Evreux 71 - Rouen 57 - Pont Audemer 6

Le Petit Coq aux Champs 🕊
A deux pas de Pont-Audemer, ce Petit Coq a des airs de Normandie éternelle, authentique chaumière normande au cadre luxueux et riche en détails adorables. Dans certaines chambres, le choix du lin accentue le côté champêtre de la vue sur le jardin.
1 appart. 164 € • 12 ch. 137-157 €
www.lepetitcoqauxchamps.fr

→ La Pommeraie-Sud
☎ 02 32 41 04 19
📠 02 32 56 06 25
F. janv.

CANCALE - 35260 (14 C 2)
Rennes 73 - Saint-Malo 14

19 **Olivier Roellinger**
La place du hasard est minime chez Olivier Roellinger. Pourtant, ce navigateur infatigable, toujours entre deux galions sur la route des Indes, a un destin hors du commun qui l'a fait louvoyer entre les péripéties de la vie. Dans sa cuisine, l'impression d'infaillibilité existe pourtant : la chlorophylle de petits pois, huîtres tièdes, parfums de

→ 1 rue Duguesclin
☎ 02 99 89 64 76
F. lundi à déj., vend. à déj. (h.s.), mardi, merc., et mi-déc.-mi-mars.
Jusqu'à 21h.

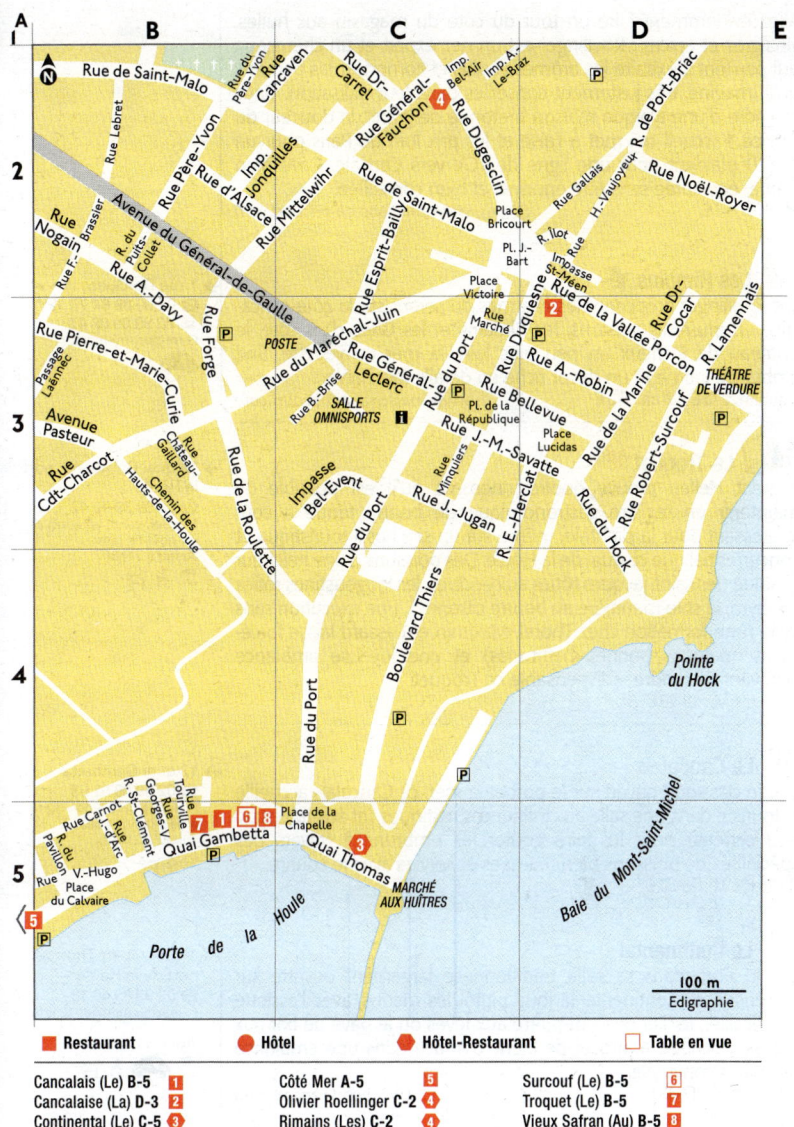

■ Restaurant	● Hôtel	● Hôtel-Restaurant	□ Table en vue

galanga et ambrette, par exemple, est un sans-faute, une perfection, le iodé, le sucré, la légère amertume des épices, la suavité également... pour un équilibre renversant, un peu comme le turbot sur l'arête aux "épices des minorités", pulpe de curcuma et kumquats confits, dans la même veine de plat total où les sens sont sollicités à tour de rôle (on finit par entendre le ressac et les cris des mouettes à force de déguster des poissons à Bricourt). Et l'on ne parle pas là des plats mis au point il y a lurette, dont on pourrait penser qu'il sont stabilisés, mais que le chef, en curieux invétéré, continue sans aucun doute à faire évoluer (le saint-pierre retour des Indes, les ormeaux aux échalotes, le bar en cuisson douce aux huiles florales).

Allez évidemment faire un tour du côté du magasin aux huiles, vinaigres et épices : Roellinger est un nez expert et un chercheur, qui parvient à extraire les arômes voulus et composer les parfums qu'il imagine, très justement conseillés dans leur utilisation. Dans ce cadre d'une typique maison bretonne de granit, la douceur du service, l'accueil qui met à l'aise et les prix loin de Paris pour un 19/20 plaident pour une ligne de TGV vers Cancale. Cave bien sentie, équilibrée sans être énorme, et bien conseillée.

M : 100-170 €   www.maisons-de-bricourt.com

❝❝ Les Rimains ➳

Les Roellinger proposent les charmes du séjour sur la côte cancalaise en plusieurs versions, les Rimains et les Gîtes d'un côté, le Château de Richeux un peu plus loin, la mer en vedette, une ambiance intime et un décor riche en détails touchants.

2 appart. 270 € • 2 ch. 170 €   www.maisons-de-bricourt.com

→ 1 rue Du-Guesclin
☎ 02 99 89 64 76
🖷 02 99 89 88 47
F. mi-déc.-mi-mars.

---

14 🍳 Le Troquet ❤

Laurent Helleu prouve quotidiennement qu'il est possible de maintenir un registre gastronomique de bonne tenue à coût intéressant pour la clientèle, même sur un site aussi touristique et concurrentiel que ce quai de la Houle. Des poissons d'une fraîcheur absolue (les saint-jacques rôties aux endives, les langoustines rôties au thym, la sole meunière au beurre citronné), une exécution sans faille (une formation chez Thorel, Maximin et Passard laisse forcément quelques bonnes habitudes) et une joyeuse ambiance achèvent de rendre indispensable ce Troquet.

C : 38 € • M : 18-40 €

→ 19 quai Gambetta, port de la Houle
☎ 02 99 89 99 42
F. jeudi, vend. (sf août) et mi-nov.-fin janv.
Jusqu'à 21h30.

---

12 Le Cancalais

Solide classique ouvert sur le port et la mer, ce Cancalais accueille le touriste dans une salle aux influences rustiques (et aux tables un peu serrées) pour lui faire goûter les embruns à travers des spécialités de poissons bien réalisées et servies avec le sourire.

C : 46 € • M : 18-60 €

→ 12 quai Gambetta
☎ 02 99 89 61 93
F. dim. à dîn., lundi, merc. à déj., janv. et déc.
Jusqu'à 21h30.

---

12 Le Continental

Sur le port, dans sa salle traditionnelle largement ouverte sur l'extérieur, ce Continental-là joue plutôt les marins, avec l'assiette de l'écailler, le filet de saint-pierre aux fèves ou le pavé de bar aux huîtres pochées, à arroser de blanc d'Alsace dans une ambiance directe et conviviale.

C : 28 € • M : 17-42 €   www.hotel-cancale.com

→ 4 quai Albert-Thomas, port de la Houle
☎ 02 99 89 60 16
F. mardi., merc. et 10 janv.-15 fév.
Jusqu'à 21h30.

❝❝ Le Continental

Les chambres sont rénovées au gré des années, couleurs personnalisées et confort de bon niveau, avec vue sur mer pour une bonne partie.

16 ch. 58-148 €   www.hotel-cancale.com

→ 4 quai Albert-Thomas
☎ 02 99 89 60 16
🖷 02 99 89 69 58
F. 10 janv.-15 fév.

---

12 La Maison de la Marine

Un vrai restaurant d'atmosphère : dans la haute-ville, derrière l'église, cette grosse maison de pierres aux volets jaunes pâles (qui propose également des chambres d'hôtes) était naguère le bureau des affaires maritimes du port. L'ambiance marine y a été préservée

→ 23 rue de la Marine
☎ 02 99 89 88 53
F. non comm.
Jusqu'à 21h30.

et l'on pourrait se croire dans le (grand) carré des officiers d'un trois-mâtsœ: boiseries, fauteuils en cuir, photos, tableaux et fresque murale d'inspiration marine. Il ne reste plus qu'à larguer les amarres en compagnie de Frédéric Laloyaux, qui a opté pour une cuisine du monde naturellement épicée et parfumée comme le prouve le tajine de lotte au gingembre et curcuma. Service tonique et décontracté.
C : 60 € • M : 22-40 €   *www.maisondelamarine.com*

---

11 **Au Vieux Safran**

Dans ce cadre de bistrot marin, ce Vieux Safran permet encore à Sylvain et Jérôme Grastien de bien tenir le cap d'une cuisine du large, avec poissons et fruits de mer venus en voisin satisfaire les appétits d'huîtres gratinées, de filet de bar vapeur ou de pavé de morue au soja.
C : 30 € • M : 12-32 €

→ 2 quai Gambetta
☎ 02 99 89 92 42
F. mardi, merc. (h.s., vac. scol.) et janv.
Jusqu'à 21h30.

---

10 **La Cancalaise**

Dans un décor de cinéma, cette crêperie mérite qu'on s'éloigne un peu du port, centre de l'animation, pour profiter de crêpes et galettes soignées, aux garnitures maison, les sucrées comme les salées. A arroser d'une bolée de cidre.
C : 13 €   *lacancalaise@wanadoo.fr*

→ 3 rue Vallée-Porçon
☎ 02 99 89 71 22
F. mardi à dîn., merc., 1 sem. mars, 1 sem. fin juin et 2 sem. déb. août.
Jusqu'à 20h30 (22h été).

👁 **Le Surcouf**

Une énergie à canaliser, celle d'un jeune chef qui ne manque pas d'ambition et de tonus dans ses propositions, de veine bistronomique dans ce standard marin sur le quai : saint-pierre plancha et crémeux d'huîtres, morue et foie chaud, poêlée de langoustines et jeunes pousses à l'huile de truffe, dans une carte un peu trop gavée de prestige pour faire riche (foie gras, truffe, homard).
C : 45 € • M : 16-42 €   *lesurcouf@wanadoo.fr*

→ 7 quai Gambetta
☎ 02 99 89 61 75
F. mardi, merc. et déc.-janv.
Jusqu'à 21h30.

Villes de proximité, voir :

⏱ SAINT MELOIR DES ONDES……… 7 km S.E. par D 76 **(14/20)**

CANDE SUR BEUVRON - 41120   (17 D 4)
Blois 15 - Amboise 29

---

13 **La Caillère**

Jacky Guindon cultive son jardin, au propre comme au figuré. Cette maison est son histoire professionnelle, un havre tranquille dont le guide vantait les mérites il y a plus d'un quart de siècle. Le Beuvron, qui passe tout près, a beaucoup coulé depuis, mais la géline de Touraine est toujours bien agréable, que le jeune chef Jérôme Séné travaille avec un jus de morilles, comme les brochettes de langoustines avec un caramel d'endives, les chèvres de la région et le moelleux chocolat gingembre. La salle, bien arrangée au fil des ans dans son cadre néorustique, bénéficie d'un accueil à la fois distingué et familial, la cave ligérienne est bien affûtée, et les chambres contemporaines dans l'annexe offrent un calme prolongement.
C : 39 € • M : 19,90-29,90 €   *www.lacaillere.com*

→ 36 rte des Montils
☎ 02 54 44 03 08
F. merc., jeudi à déj. et janv.-fév.
Jusqu'à 21h.

🍴 idéal gourmet

CANET EN ROUSSILLON

CANET EN ROUSSILLON - 66140 (31 D 6)
Perpignan 11 - Argelès-sur-Mer 21 - Narbonne 65

Les Flamants Roses
Comptant parmi les derniers hôtels-thalasso ouverts en France, cet établissement de grand standing offre un accès direct à la plage. Entièrement refait à neuf lors de l'été 2005, il propose désormais des chambres aux ambiances variées, où le cuir, le bois, le fer forgé, le bambou et les fresques murales créent une ambiance chaleureuse.
3 appart. 220-450 € • 60 ch. 140-260 €   www.hotel-flamants-roses.com

→ Voie des Flamants Roses
☎ 04 68 51 60 60
📠 04 68 51 60 61
Ouv. 7j/7.

CANET PLAGE - 66140 (31 D 6)
Perpignan 11 - Collioure 43

13 Le Don Quichotte
Resserrée autour d'une formule originale, la cuisine de Gilbert Gris se décline désormais en trilogie. Heureuse initiative, puisqu'elle permet de varier les plaisirs : doté d'un solide bagage technique, le chef propose des assiettes nettes, le produit en avant, judicieusement servi d'une touche discrète : le beurre d'amandes torréfiées et le kikkoman sur les saint-jacques, l'extrait de fruits rouges sur les aiguillettes de canard ou encore l'infusion de vanille avec le médaillon de lotte. Les desserts sont un peu classiques, on se console facilement avec une cave agréablement évolutive, autour des vins de la région.
C : 47 € • M : 42 €   www.ledonquichotte.com

→ 22 av de Catalogne
☎ 04 68 80 35 17
F. lundi, mardi (sf fériés) et mi-janv.-mi-fév.
Jusqu'à 21h30.

11 La Pyrézzeria
Plus pizzeria que pyrénéenne, la cuisine du restaurant d'été de la famille Laurens reste dans la mouvance italienne de la maison mère (le Laurens'O à Perpignan), mais avec la légèreté et la décontraction d'une table de vacances. Cuisson au feu de bois et vins régionaux pour un moment généralement convivial.
C : 30 €   www.laurenso.com

→ 6 rue de Cerdagne
☎ 04 68 80 35 72
F. lundi et sept.-juin.
Jusqu'à 23h30.

CANGEY - 37530 (17 D 4)
Tours 35 - Amboise 12 - Blois 29

Le Fleuray Hôtel
Bonne fée d'un vieux manoir passablement défraîchi, la famille Newton l'a métamorphosé en une étape délicieuse, avec des chambres aux jolies ambiances romantiques, la sérénité du parc ou encore la gentillesse de l'accueil. Il règne ici une atmosphère paisible et chaleureuse qui incite à prolonger le séjour.
4 appart. 78-210 € • 14 ch. 78-130 €   www.lefleurayhotel.com

→ Rte Dame-Marie-les-Bois
☎ 02 47 56 09 25
📠 02 47 56 93 97
F. 22 déc.-7 janv. et 1 sem. nov.

CANNES - 06400 (33 B 2)
Nice 33 - Grasse 14

18 Villa des Lys
Un salon feutré où la Croisette bruisse à peine, un maître tranquille, qui tricote pour des connaisseurs, ceux qui délaisseront les terrasses feu d'artifice que les badauds dévorent des yeux pour trouver l'intimité d'une cuisine remarquablement pointue, faite exclusivement pour ceux qui aiment d'abord l'assiette avant les rideaux ou la jolie blonde qui la présente. Ceux-là sont chouchoutés façon palace et peuvent laisser libre cours à leur enthousiasme devant le

→ 10 la Croisette, BP 163
☎ 04 92 98 77 41
F. à déj., dim., lundi et 10 nov.-10 mars.
Jusqu'à 22h.

blanc-manger de coquillages langouste du pays marinée et caviar d'Aquitaine, le loup à l'étouffée d'algues et brandade aux citrons confits ou la poularde de Bresse cloutée au jabugo. Il est évident que le chef ne fait pas la quête auprès du groupe Barrière pour acheter un poulet : les meilleures provenances, les plus beaux poissons entrent directement en cuisine et la réalisation tend au zéro défaut. Sylvain Mathy, le pâtissier, travaille dans le même esprit, saveurs reconnaissables, technicité élevée sans aventurisme (fine feuille vanille et framboises sorbet hibiscus, barre chocolat guanaja pétillante crème glacée moka blanc...). Cave de haute caste, épaulée par une représentation sudiste de grande rigueur dans la sélection permettant de dénicher des bouteilles intéressantes sans multiplier le budget par deux.

C : 125 € • M : 90-145 €   www.lucienbarriere.com

Majestic Barrière

Fleuron du groupe, le Majestic concentre derrière sa façade Années Folles tous les atouts du luxe en version Barrière, pour un palace agréable à vivre, qui parvient à préserver une certaine convivialité, pas toujours évidente à ce niveau de prestations. Le décor conçu par Jacques Garcia ou la disponibilité du service explique notamment cette impression, idéale pour un palace forcément axé vacances. Les nombreuses activités et équipements proposés vont également dans le sens d'une détente parfaite.

23 appart. 410-4000 € • 282 ch. 198-840 €   www.lucienbarriere.com

→ 10 bd de la Croisette
☎ 04 92 98 77 00
🖷 04 93 38 97 90
F. 10 nov.-10 mars.

----

17 La Palme d'Or

Le ludique se porte bien chez nos chefs rieurs qui ont désacralisé la cuisine ces derniers temps. Mais à la Palme d'Or, pas question de jouer aux pâtés de sable en culottes courtes. Aussi quand Christian Sinicropi se permet ce qui paraîtrait une boutade ailleurs, la fantaisie devient oeuvre d'art comme l'oeuf de Fabergé. Ainsi la "main tendue", spectaculaire composition à base de concombre et de caviar oscietre donne, une fois de plus, la preuve que cette table de prestige sait innover et renouveler ses mises en scène, ce qui n'étonne ni les festivaliers, ni les touristes contemplant la Croisette depuis cette terrasse de VIP. Et tous les jours ou presque, c'est festival, dès les bonbons de foie gras et figues d'amuse-bouche, dans la "fracture" entre cannelloni de thon et tête de veau, un spectacle une fois encore réussi, dans la "rêverie", le loup et la figue farcie aux amandes grillées ou dans le "reflet", agneau et panisse au boudin noir mentholé. On suit de bout en bout une séquence au suspense haletant, profitant de cette salle ouverte prolongée d'une terrasse au romantisme total, dominant la Croisette. Si le dessert n'avait pas été oublié pendant près d'une heure, malgré un service pléthorique, on chercherait encore une faille dans ce show très rythmé qui vaut trois toques et demie de pur plaisir. Cave ciblée pour qui aime dépenser sur du lourd un peu partout, sans trop de recherche, l'essentiel régional pour le folklore (Saint-Ser, Selle et Ott, Revelette, Simone...), servi par un sommelier à la longue expérience.

C : 180 € • M : 61-79 €   www.hotel-martinez.com

→ 73 la Croisette
☎ 04 92 98 74 14
F. dim., lundi. et 2 janv.-29 fév.
Jusqu'à 22h.

CANNES

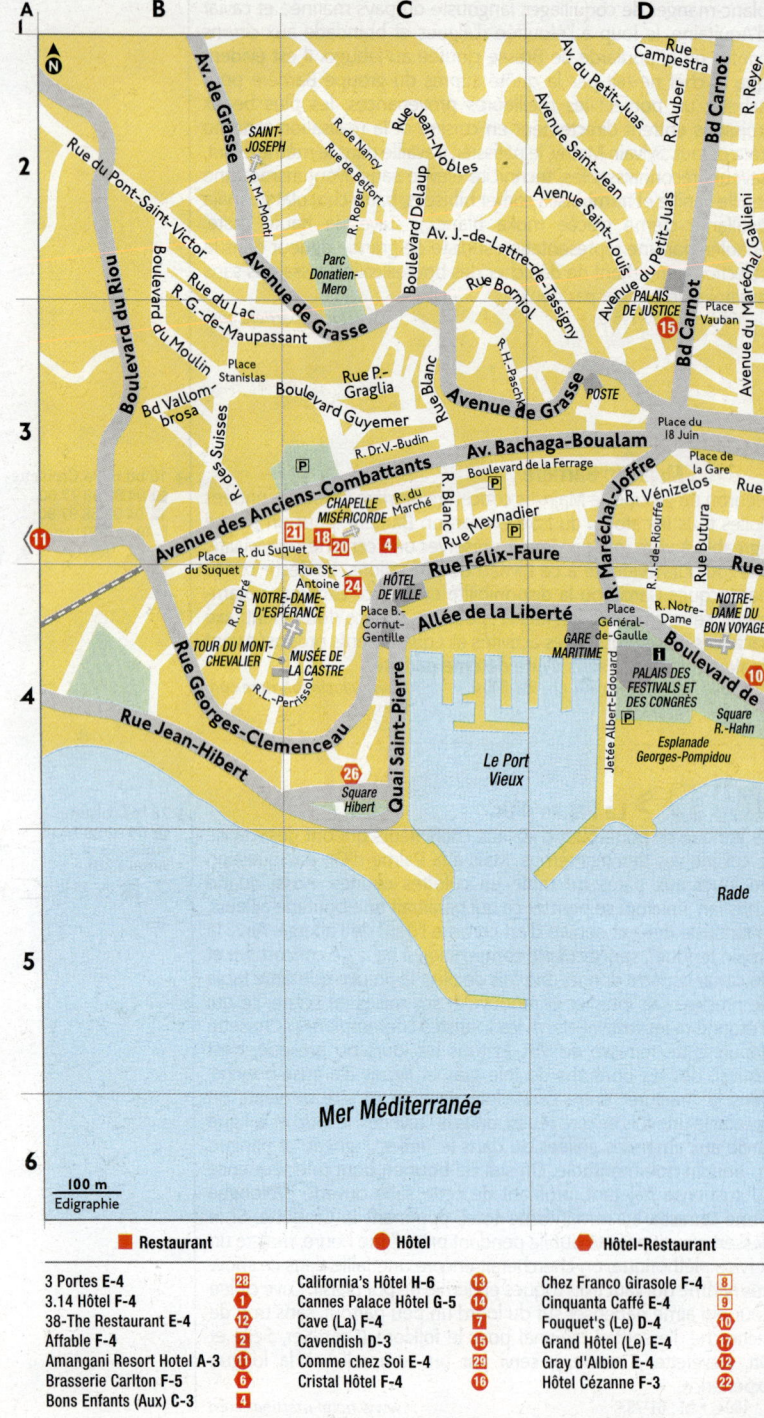

■ Restaurant   ● Hôtel   ● Hôtel-Restaurant

3 Portes **E-4**	28	California's Hôtel **H-6**	13	Chez Franco Girasole **F-4**	8
3.14 Hôtel **F-4**	1	Cannes Palace Hôtel **G-5**	14	Cinquanta Caffé **E-4**	9
38-The Restaurant **E-4**	12	Cave (La) **F-4**	7	Fouquet's (Le) **D-4**	10
Affable **F-4**	2	Cavendish **D-3**	15	Grand Hôtel (Le) **E-4**	17
Amangani Resort Hotel **A-3**	11	Comme chez Soi **E-4**	29	Gray d'Albion **E-4**	12
Brasserie Carlton **F-5**	6	Cristal Hôtel **F-4**	16	Hôtel Cézanne **F-3**	22
Bons Enfants (Aux) **C-3**	4				

La Détente... en toute Elégance.

HOTEL MARTINEZ

CANNES

www.hotel-martinez.com
73, La Croisette · 06400 Cannes · France
T +33(0)4 92 98 73 00 · martinez@concorde-hotels.com

CONCORDE
HOTELS & RESORTS

A member of
The Leading Hotels of the World

🍴🍴🍴🍴 Le Martinez

Une des adresses mythiques de la ville (donc de la côte) déploie ses atouts derrière l'éclatante façade blanche : chambres à la belle élégance contemporaine, héritage d'une influence Art Déco (le palace est né dans les années 20) qui a su se maintenir parfaitement au goût du jour. C'est vrai également au niveau de l'équipement, avec par exemple un spa remarquable.

27 appart. 630-34000 € • 412 ch. 285-1000 €   www.hotel-martinez.com

→ 73 la Croisette
☎ 04 92 98 73 00
📠 04 93 39 67 82
Ouv. 7j/7.

----

14 Le Mantel

Cinq ans après s'être installé dans ce très touristique quartier du Suquet, Noël Mantel poursuit son travail de consolidation, améliorant par petites touches les (déjà belles) prestations de sa belle maison. Il s'est adjoint les services d'un pâtissier chevronné, Christian Gonthier, ancien de chez Ducasse, et ne lâche pas un pouce sur les spécialités méditerranéennes qui ont façonné la réputation des lieux : poulpe de roche comme une bourride, dos de cabillaud cuit au gros sel, gigot d'agneau de lait rôti aux senteurs de romarin. La cave se hisse au même niveau, à défaut de faire preuve d'un véritable goût pour la nouveauté.

C : 60 € • M : 25-58 €   www.restaurantmantel.fr

→ 22 rue Saint-Antoine, le Suquet
☎ 04 93 39 13 10
F. merc., jeudi à déj. et 20 juil.-10 août.
Jusqu'à 22h.

----

14 Le Relais des Semailles

Cherchant de plus en plus à dorloter sa clientèle (les repas d'affaires sont nombreux dans cette adresse du Suquet et une salle vient même d'être reconvertie en salon pour les apéritifs et les cafés), Bertrand Saint-Vannes ne perd jamais de vue les bons produits qu'il continue de travailler sans œillères : salade de saint-jacques aromatisée à l'huile de noisette, turbot rôti et jus au romarin, pommes de terre violettes et croustillant aux noisettes, côte de veau fermier rôtie, jus à la sauge, asperges vertes et févettes, crème brûlée à la vanille et glace caramel. Cave privilégiant un peu trop le Bordelais et la Bourgogne, laissant peu de place aux quelques références locales, pourtant bien choisies.

C : 65 € • M : 22-34 €   cannessemailles@orange.fr

→ 9-11 rue Saint-Antoine
☎ 04 93 39 22 32
F. sam. à déj., lundi à déj. et jeudi à déj.
Jusqu'à 22h30.

----

14 Le Restaurant Arménien

Evidemment authentique, cette table tourne le limonaire national depuis vingt ans. Papier d'Arménie, ambiance de Cannes, le mélange culturel est productif, sincère et unique. Dans ce contexte, l'atmosphère est aussi précieuse que les assiettes si généreuses et symboliques de Lucie Panossian, qui laisse parler son cœur en entonnant les chansons du pays : de généreux mezzes permettent d'en faire le tour, avec les dolmas, kechkegs, kebabs et tant d'autres. Le livre d'or est désormais disponible sur Internet : il est assez évocateur de la maison et prouve, s'il en était besoin, qu'elle a - et c'est justifié - beaucoup d'amis.

C : 42 €   www.lerestaurantarmenien.com

→ 82 bd de la Croisette
☎ 04 93 94 00 58
F. lundi et 10-27 déc.

----

13 3 Portes

Futée et branchée, cette table en plein cœur de l'animation des soirées cannoises. En prise directe avec les beautiful people qui passent entre la rue d'Antibes et la Croisette, ce lounge gastronomique garde sa toque et un niveau de prestation au-dessus de la moyenne. Expos et soirées jazz ponctuent le lieu de perles de culture.

C : 30 € • M : 29-55 €   www.3portes.com

→ 16 rue des Frères-Pradignac
☎ 04 93 38 91 70
F. dim. (sf congrès et saison) et 1 sem. Noël.
Jusqu'à 23h.

13 🍴 **La Cave**

Le cadre totalement rafraîchi de cette cave distinguée n'a pas refroidi pour autant les bons amis, célèbres ou anonymes, qui viennent taper le bœuf chez Marc Berrut. Autrement dit communier, entre le verre et l'assiette, le plus souvent pour le meilleur d'une cuisine bistrotière et niçoise fort bien menée par un chef d'expérience. Les tablées se partagent entre les harengs pommes à l'huile et les sardines à la brousse, les raviolis au jus d'agneau et les farcis Mamie Jeanne, l'aïoli et le quasi de veau aux cèpes. Le patron anime la cave de la Cave avec un incontestable brio, toujours à la recherche de nouveaux propriétaires, avec de beaux millésimes bourguignons et un échantillon très solide en bandols et côtes de provence. Egalement un beau choix d'alcools.

C : 47 € • M : 28,85 €   www.restaurant-lacave.com

→ 9 bd République
☎ 04 93 99 79 87
F. sam. à déj, dim. et 1 sem.
fin août.
Jusqu'à 23h.

---

13 🍴 **Le Comme Chez Soi**

On peut ne pas aimer le décor, un peu bonbonnière ampoulée, de la maison de Michaël Morel. Impossible en revanche d'être déçu par les belles assiettes : superbe dos de cabillaud, croûte de tapenade, haricots tarbais et croustillant de parmesan roulé, excellente mousse pistache chocolat accompagnée d'un beignet aux pommes d'une redoutable gourmandise. Jolie cave provençale.

C : 60 € • M : 25 €

→ 4 rue Bateguier
☎ 04 93 39 62 68
F. lundi.

---

13 🍴 **Le Méditerranée**

Pour obtenir une cuisine digne du cadre, Reynald Thivet a dû naturellement pousser les curseurs vers le haut : cette carte marine, qui prend dans tous les océans et terroirs et pas seulement en Méditerranée, a franchement de l'allure et convient élégamment au cadre contemporain feutré d'une salle à l'ordonnancement sans faille. La brigade est tendue pour que tout se passe bien, du carpaccio de saint-jacques au loup en croûte de sel, de la sole de petit bateau roulée aux langoustines et blettes glacées au beurre demi-sel. Bons desserts actuels, cave sérieuse avec son escorte de crus classés et flacons régionaux.

C : 70 € • M : 42 €   www.accorhotels.com

→ 1 bd Jean-Hibert
☎ 04 92 99 73 02
F. à déj. (juil.-août).
Jusqu'à 22h30.

🏨 **Sofitel Le Méditerranée**

Le Sofitel a choisi le Cannes authentique et pittoresque : au pied du Suquet, un immeuble années 30 en bordure de mer, face à la palmeraie et le Vieux Port. Vastes chambres au style néo-provençal en vue mer et bateau côté ville et port. Au septième étage, solarium et splendide panorama.

8 appart. 420-750 € • 141 ch. 165-370 €   www.accorhotels.com

→ 1 bd Jean-Hibert
☎ 04 92 99 73 00
📠 04 92 99 73 29
Ouv. 7j/7.

---

13 🍴 **Le Relais Martinez**

Grâce à la douceur du climat, c'est essentiellement en terrasse, tout près de la piscine, que s'apprécie cet efficace complément de la Palme d'Or, le produit en avant et un service efficace pour maintenir la décontraction qui sied à l'endroit. Mais qu'on ne s'y trompe pas, la qualité est au rendez-vous, et à la hauteur des tarifs, ce qui met à l'abri des mauvaises surprises au moment d'attaquer le loup grillé aux herbes, la côte de veau en cocotte ou les penne à l'arrabbiata.

C : 65 € • M : 37 €   www.hotel-martinez.com

→ Hôtel Martinez, 73 la
Croisette
☎ 04 92 98 74 12
Ouv. 7j/7.
Jusqu'à 22h30 (23h30 été).

12 38 - The Restaurant

Le restaurant du Gray d'Albion, où Jacques Chibois fut remarqué pour la première fois, a complètement fait table rase du passé, changeant d'enseigne, de décor (cela devenait urgent) et de cuisine, délaissant les fastes bourgeois pour une carte à orientation world food : wok de spaghettis black and white aux calamars et scampis, risotto d'artichauts et dés de foie gras, barigoule de pousses printanières, magret de canard à la mangue, millefeuille de blettes et pilé de fruits secs, saveurs exotiques en cônes à la coco. Belle terrasse n'offrant toutefois pas la vue sur la mer.

C : 42 € • M : 38 €   www.gray-dalbion.com

→ 38 rue des Serbes
☎ 04 92 99 79 60
F. dim., lundi (sf festival de Cannes) et 14-28 déc.
Jusqu'à 22h30.

Hôtel Gray d'Albion

Modernisé par tranches successives depuis quelques années, cet établissement vient de subir un formidable lifting qui a complètement transformé le neuvième étage, désormais doté d'une enseigne propre sous le label "Executive Place". Complètement repensée, la décoration d'inspiration contemporaine y associe le bois exotique wengé, le verre, les moquettes, le plexi et le mobilier en métal et les accessoires signés Philippe Starck. Offrant un standing élevé, mais moins exclusif, les autres étages bénéficient d'un service tout aussi soigné, comprenant évidement l'accès à la plage privée ou à la discothèque.

8 appart. 500-1745 € • 191 ch. 169-560 €   www.lucienbarriere.com

→ 38 rue des Serbes
☎ 04 92 99 79 79
☐ 04 93 99 26 10
F. 14-28 déc.

12 Affable

Ailleurs, chez mère-grand, on pourrait parler d'une carte d'une grande banalité. Ici, entre la rue d'Antibes et la Croisette, dans ce décor climatisé contemporain façon sushi-zen, tout en beige et marron, on goûte sans a priori le carpaccio, le paillard de veau et les rognons. Et l'on a raison, parce que la brandade froide guacamole et le panaché de poissons du jour, très bien fait avec une sauce vierge et une tombée de poireaux, dans un menu à 24 € du déjeuner (la carte vole plus haut, mais c'est le cœur de Cannes…) font une bonne affaire, dans la simplicité et l'accueil tout sourire d'une patronne rayonnante. Petite cave suffisante, aux régionaux bien placés (Rasque blanc à 32 €).

C : 45 € • M : 24-38 €   www.restaurant-laffable.fr

→ 5 rue Lafontaine
☎ 04 93 68 02 09
F. dim. et lundi (sf congrès).
Jusqu'à 22h.

12 Fouquet's Cannes

Service non-stop de 7h à 23h, 7 jours sur 7, on ne chôme pas au pied du Majestic, dans un professionnalisme sans faille, de la cuisine au service, décontracté et alerte, pour proposer une cuisine classique aux discrets parfums sudistes et dont la qualité ne supporte pas l'à peu près.

C : 60 €   www.lucienbarriere.com

→ 10 bd de la Croisette,
BP 163
☎ 04 92 98 77 05
F. 10 nov.-10 mars.
Jusqu'à 23h.

12 Le Mesclun

Les enseignes se bousculent : pas facile de reconnaître les siens dans le quartier du Suquet. Dans cette salle vivante et soignée, les saveurs actuelles et une certaine ambition président à la réalisation de cette carte : foie gras au sauternes et marmelade de pêches, saint-jacques plancha et oignons caramélisés, filet de rouget au grill en réduction de vin rouge, carré d'agneau à la broche et marmelade de courgettes.

C : 70 € • M : 39 €   www.lemesclun-restaurant.com

→ 16 rue Saint-Antoine, Au Suquet
☎ 04 93 99 45 19
F. dim. et fév.
Jusqu'à 23h.

12 Plage Ondine

Jean-Pierre Silva, qui fit pendant près de 20 ans le bonheur du Vieux Moulin à Bouilland (où il fut coiffé de trois toques), a repris l'an dernier cette table les pieds dans l'eau, entre le Carlton et le Miramar : carpaccio de veau, tartare de thon, filet de bœuf Rossini et gâteau au chocolat dans le cadre prestigieux de la Croisette.
C : 47 €

→ Bd de la Croisette
☎ 04 93 94 23 15
Ouv. déj. seult. F. merc. (sf congés et saison), 19 nov.-20 déc.

11 Brasserie Carlton

Sans jouer la surenchère gastronomique, la table du Carlton joue la carte de la brasserie chic, dans l'ambiance comme dans la sereine efficacité tous azimuts, du service à la classique carte méditerranéenne (agneau de pays rôti au miel de lavande, bouillabaisse de rouget gelée de légumes primeurs aux olives).
C : 90 € • M : 39 €

→ 58 bd de la Croisette
☎ 04 93 06 40 21
Ouv. 7j/7.
Jusqu'à 22h30 (0h30 été).

Inter-Continental Carlton Cannes

Star de cinéma (dans La Main au Collet), le célèbre palace ménage avec brio ce parfum d'éternité dans un contexte de confort parfaitement actuel, en distribuant les influences glamour et Belle Epoque au gré des chambres spacieuses et raffinées aménagées dans cette imposante architecture 1900. L'efficacité du service est à la hauteur du mythe.
36 appart. 880-5465 € • 338 ch. 268-1010 €   *www.interconti.com*

→ 58 bd de la Croisette
☎ 04 93 06 40 06
🖷 04 93 06 40 25
Ouv. 7j/7.

10 Aux Bons Enfants

Une petite cantine équitable et archi-conviviale, juste derrière le marché Forville, dans une rue piétonne jonchée de tables à touristes. Mais les Bons Enfants, dans sa salle de café de poche ou sur la petite terrasse, ont le respect des anciens et les habitués reviennent régulièrement pour cette carte inimitable, où tout est bien fait et mijoté, l'andouillette, le poulet aux olives, les beignets d'aubergines ou les fenouils braisés. L'inconvénient majeur reste la réservation, impossible sans passer au préalable, en l'absence de téléphone. Et pas de cartes de crédit non plus, ici, on préfère le cash.
C : 22 € • M : 22 €

→ 80 rue Meynadier
☎ pas de tél.
F. dim et lundi (oct.-avril).
Jusqu'à 21h30.

👁 Chez Franco Girasole

Rien de changé, nous dit Franco, qui sait faire tourner son répertoire de trattoria distinguée dans un cadre plaisant qui respire l'authenticité.
C : 26 €

→ 14 rue Constantine
☎ 04 93 99 14 17
F. dim.
Jusqu'à 22h30.

👁 Cinquanta Caffé

Le cadre est toujours branché, mais ne constitue pas le seul atout d'une maison qui prend soin de ramener du marché de San Remo de quoi alimenter une carte italienne plus authentique que la moyenne, directe et savoureuse. Cette carte déjeuner, servie jusqu'à 18h pour les appétits tardifs, cède la place le soir à une cuisine plus ambitieuse, notamment autour des plats de poissons.
C : 28 €

→ 10 rue des Frères-Pradignac
☎ 04 93 39 00 01
F. dim. à déj.
Jusqu'à 23h (23h50 vend.-sam.).

Mahatma

Pour être raccord avec l'esprit des lieux, la table du 3.14 joue une partition enlevée entre contemporain et cuisine du monde, autour de produits qui justifient les tarifs : loup au fenouil et dal indien au lait de coco, canard laqué au caramel d'agrumes et pastilla de légumes.

C : 55 € • M : 40-96 €

→ 5 rue François-Einesy
☎ 04 92 99 72 00
Ouv. 7j/7.
Jusqu'à 23h.

www.3-14hotel.com

3.14 Hôtel

Le concept est remarquablement abouti et décline, au gré des étages, les hommages aux cinq continents sur un mode actuel et coloré pour en faire un lieu de vie autant que de passage. La notion de confort va au-delà de l'équipement et s'étend au soin porté à la création d'espaces qui respirent la détente et la sérénité.

15 appart. 550-1640 € • 95 ch. 150-650 €

→ 5 rue François-Einesy
☎ 04 92 99 72 00
🖨 04 92 99 72 12
Ouv. 7j/7.

www.3-14hotel.com

Mi-Figue-Mi-Raisin

Ambiance provençale, évidemment, dans cette rue si animée, dans le décor comme dans l'assiette, qui s'alimente de petits farcis niçois, de daubes, de magret de canard au thym, mais aussi de foie gras à l'armagnac (le chef a été formé dans le Gers) ou encore de tarte aux pommes flambée au calvados, histoire de n'oublier personne.

C : 40 € • M : 19,50-35 €

→ 27 rue du Suquet
☎ 04 93 39 51 25
F. merc. et 20 nov.-20 déc.
Jusqu'à 23h.

legastro-rustique@wanadoo.fr

Le Tantra

Un cadre ultra-branché, une réussite pour tous les festivals : il ne manque plus qu'un tapis rouge et quelques marches pour faire de ce lieu une des stars des soirées cannoises. Et l'on mange ? Oui, des sushis, des ravioles de homard, une côte de veau gnocchis et morilles. Le principal, c'est tout de même d'y être.

C : 55 €

→ 13 rue du
Dr-Gérard-Monot
☎ 04 93 39 40 39
F. dim.

Amangani Resort Hotel

Entièrement rénové en 2004, cet établissement trentenaire montre une certaine originalité parmi les 4 étoiles cannois : face à la plage du Midi sur la pointe Ouest de la ville, il bénéficie d'un environnement unique avec son parc d'un hectare et de chambres entièrement redécorées, dans un raffinement méditerranéen, bois blond, tons carmin, jaune or, beige clair, vert amande selon les étages, la plupart disposant d'une terrasse sur le jardin ou la mer. Restaurant de cuisine actuelle.

5 appart. 180-580 € • 100 ch. 90-370 €

→ 65 av du Dr-Picaud
☎ 04 93 47 63 00
🖨 04 93 47 37 33
F. 1er-28 fév.

www.amangani-resort.com

California's Hotel

Un quatre étoiles presque discret dans le monde cannois des palaces exubérants. Pourtant le California's tient bien son rang, avec son bateau privé pour aller vers les piles, sa piscine à jacuzzi et nage à contre-courant, le jardin fleuri et arboré de mandariniers, citronniers, oliviers. Chambres au beaux tissus Pierre Frey et au mobilier provençal original, créé par un artisan tropézien.

33 ch. 96-248 €

→ 8 Traverse Alexandre-II
☎ 04 93 94 12 21
🖨 04 93 43 55 17
Ouv. 7j/7.

www.hotel-californias.com

CANNES

Cannes Palace Hôtel

A Cannes, difficile d'exister en dehors des palaces. Ce 4 étoiles discret offre un très grand calme pour la situation en centre-ville, des prestations comparables à celles de ses collègues (plage privée à 200 m) et des équipements contemporains de haut niveau, avec notamment de nombreuses salles de réunion. Deux restaurants : la Brasserie et une table sur la plage.
34 appart. 39-143 € • 132 ch. 105-450 €   www.cannes-palace.com

→ 14 av de Madrid
☎ 04 93 43 44 45
🖶 04 93 43 41 30
F. mi-nov.-mi-déc.

Hôtel Cristal

Un hôtel contemporain, au style Art Déco, à 100 m de la mer, entre la rue d'Antibes et la Palais des Festivals. Chambres calmes et gaies au décor provençal. Prestations de qualité, fitness, solarium.
50 ch. 195-410 €   www.hotel-cristal.com

→ 13-15
rond-point-Duboys-
d'Angers
☎ 04 92 59 29 29
🖶 04 93 68 64 66
F. 20 nov.-28 déc.

Le Grand Hôtel

Ce vaste immeuble sur la Croisette réserve de bonnes surprises : la rénovation achevée en 2006 a paré ses prestations luxueuses et complètes d'un cadre délicieusement gai, qui emprunte aux Sixties en y ajoutant les lignes sobres d'un très beau mobilier contemporain.
2 appart. 700-2700 € • 74 ch. 200-1200 €   www.grand-hotel-cannes.com

→ 45 bd de la Croisette
☎ 04 93 38 15 45
🖶 04 93 68 97 45
F. 12-28 déc.

Hôtel Cézanne

L'ex Hôtel d'Alsace est aujourd'hui un boutique-hôtel ouvert, agréable, lumineux, entièrement rénové avec sa plage privée et des salons élégants où se marient pierre, bois et cuir. Chambres modernes, belle literie et écrans plats, hammam, fitness, room-service.
6 appart. 150-200 € • 23 ch. 120-170 €   contact@hotel-cezanne.com

→ 40 bd de l'Alsace
☎ 04 92 59 41 00
🖶 04 92 99 20 99
Ouv. 7j/7.

Cavendish

Taille humaine et esprit raffiné, cet élégant immeuble XIXᵉ aux balcons ouvragés séduit par son atmosphère autant que par son décor, matières et couleurs composant un ensemble feutré et chaleureux. Petit-déjeuner soigné.
34 ch. 120-280 €   www.cavendish-cannes.com

→ 11 bd Carnot
☎ 04 97 06 26 00
🖶 04 97 06 26 01
F. fév.

Hôtel Eden

2007 a vu la fin de la rénovation de cet hôtel discret situé à deux pas de la Croisette, avec la création de nouvelles chambres dans un bâtiment annexe. Le décor séduit par ses lignes contemporaines, associations de couleurs et de matières chaleureuses (wengé pour les meubles, teck ou bambou pour les planchers, granit dans les salles de bains) et son équipement de bon niveau.
116 ch. 125-400 €

→ 133 rue d'Antibes
☎ 04 93 68 78 00
🖶 04 93 68 78 01
F. 10-28 déc.

Les noms des villes de proximité (dans un rayon d'environ 10 km), ayant au moins
un établissement sélectionné, sont listés à la fin de chaque grande ville,
avec mention de la note du restaurant la plus élevée.

LE CAP D'AGDE - 34300 (32 A 4)
Agde 7 - Montpellier 67

14 Le Caladoc

Avec le bras de mer à deux pas, c'est bien sûr le poisson qui est en vedette dans cette jolie table, actuelle dans son décor (jolie utilisation du bois exotique) comme sa cuisine légère et élégante : les supions sur croustade tomatée, le pavé de thon croustillant en feuille de riz ou encore le clin d'œil terroir du carré d'agneau en tapenade n'engendrent pas la mélancolie et il reste à se laisser bercer par un service efficace et décontracté.

C : 35 € • M : 30-45 €　　　　　　　　　*www.hotel-du-golf.com*

→ Ile-des-Loisirs
☎ 04 67 26 87 18
F. dim., lundi, janv.-fév. et mars (sf groupes sur réserv.)
Jusqu'à 22h.

Hôtel du Golfe

Sous des dehors relativement classiques, l'hôtel propose des espaces très agréables à vivre, riches en détails contemporains et conçus pour apporter le maximum de bien-être (principe feng-shui, centre de remise en forme). Chambres spacieuses, sobres et avec de jolies salles de bains.

3 appart. 265-315 € • 50 ch. 95 €　　　　　*www.hotel-du-golf.com*

→ Ile des Loisirs
☎ 04 67 26 87 03
🖨 04 67 26 26 89
F. janv.-fév.

Capao

Un ensemble vacancier complet pour les loisirs de toute la famille dans un très bon confort à 50 m de la plage. Chambres contemporaines avec écrans plats et sèche-cheveux, balcon ou terrasse. restaurant de cuisine méditerranéenne.

55 ch. 70-140 €　　　　　　　　　　　*www.capao.com*

→ Plage Richelieu-Centre
☎ 04 67 26 99 44
🖨 04 67 26 55 41
F. 1er nov.--1er avril.

Palmyra Golf Hôtel

Ambiance résolument méditerranéenne, avec une architecture bâtie autour d'un patio (chambres avec terrasse privative). Décor raffiné, avec des tons harmonieux et des meubles de style en bois sombre.

5 appart. 360-360 € • 33 ch. 97-97 €　　　　*www.palmyragolf.com*

→ Le Golf du Cap-d'Agde, Av des Alizées
☎ 04 67 015 015
🖨 04 67 015 014
F. mi-nov.-mi-mars.

CAP D'ANTIBES - 06160 (33 B 2)
Nice 22 - Antibes 6

15 Bacon

La vue sur les remparts du Vieil Antibes et la baie des Anges, la montagne en toile de fond, ne sont qu'un élément de la carte postale. Ce conte de fée gastronomique entamé il y a plus d'un demi-siècle par la famille Sordello se poursuit aujourd'hui parce que Bacon est indissociable de l'histoire de la Riviera, fréquenté par les résidents d'un jour ou de toujours avec la même confiance. Celle que nous entretenons naturellement pour la cuisine de Serge Philippin, fidèle aux valeurs traditionnelles d'une Méditerranée de princes et de princesses, de poissons qui sourient et d'accents de bouillabaisse. La fricassée de rougets tièdes à l'estragon, le délice de loup aux truffes du Haut-Var et le loup en croûte de sel ont une saveur éternellement ensoleillée. Belle sélection provençale dans une cave qui sait se tenir, service de standing suffisamment décontracté pour la situation.

C : 110 € • M : 49-79 €　　　　　　　*www.restaurantdebacon.com*

→ Bd de Bacon
☎ 04 93 61 50 02
F. lundi, mardi à déj. et 1er nov.-28 fév.
Jusqu'à 21h30 (22h30 été).

14 🏨 Les Pêcheurs

Francis Chauveau, qui fit les beaux jours de la Belle Otéro à Cannes, assure une restauration brillante, moderne, mouchetée de Méditerranée, avec le chic Riviera qu'il maîtrise parfaitement. Dans ce temple trendy - les terrasses sur l'eau ont reçu encore une nouvelle déco, tonnelle, fontaine, statues - l'essentiel est à la fois autour de vous, belle société, riches étrangers, service qui se montre sans s'économiser, et dans l'assiette, foie gras poêlé aux écrevisses et mijotée de petits pois, plancha de rougets de roche, encornets et supions, riz bomba au safran d'Espagne, poissons entiers cuits au plat, pigeonneaux de Verzeni. L'accent est mis également sur des desserts travaillés pour séduire, dont un passionnément chocolat et sur une cave très solide, pourvue en région (Richeaume, Font du Broc, Roubine…) et aux belles références un peu partout (Dugat-Py, Niellon, Sauzet…).

C : 95 € • M : 45-100 €　　　　　　www.lespecheurs-lecap.com

→ 10 bd Mal-Juin
☎ 04 92 93 13 30
F. mardi, merc.
(mi-sept.-mi-juin), à déj.
(mi-juin-mi-sept.), 15
fév.-1er mars et 11 nov.-18 déc.
Jusqu'à 22h.

- -

13 🏨 La Baie Dorée

Les chefs changent, l'esprit reste, proposer aux résidents (et éventuellement aux convives de passage) une cuisine au standing élevé et à la réalisation sans reproche, entre produits nobles et ancrage méditerranéen : croustillant de langoustines et ris de veau au gingembre, côtes d'agneau de Sisteron grillées et risotto à la tomate.

C : 70 € • M : 60-90 €　　　　　　www.baiedoree.com

→ 579 bd de la Garoupe
☎ 04 93 67 30 67
F. non comm.
Jusqu'à 22h.

La Baie Dorée

A l'extérieur comme à l'intérieur dominent les tonalités ocre chaleureuses, en écho au grand bleu qui se tient à portée de main d'une situation exclusive sur la baie. Antiquités ou pièces de mobilier de caractère viennent personnaliser chaque chambre de cette belle villa XIXe.

1 appart. 470-785 € • 16 ch. 230-630 €　　　www.baiedoree.com

→ 579 bd de la Garoupe
☎ 04 93 67 30 67
🖷 04 92 93 76 39
Ouv. 7j/7.

- -

12 L'Anse

Un nouveau "nouveau chef" a pris en mains les destinées de l'Anse pour cette année. Après de nombreuses expériences en Italie et en Suisse, il propose ici une carte encore prudente et consensuelle, mais bien dans l'air du temps méditerranéen, avec le risotto carnaroli et encornets plancha, le loup de ligne aux artichauts, le pigeonneau de Haute-Provence et pissaladière aux câpres de Sicile. Certes déjà au niveau d'une toque, cette cuisine devrait encore s'affirmer si l'équipe en cuisine peut se stabiliser, afin que nous puissions l'accorder sans réserve. Bonne cave rhône et provence, pas trop chère pour le lieu.

C : 72 € • M : 55-75 €　　　　　　www.imperial-garoupe.com

→ 770 chemin de Garoupe
☎ 04 92 93 31 64
F. merc. (sf août) et fin oct.-fin mars.
Jusqu'à 22h.

Hôtel Imperial Garoupe

Un bel ensemble de luxe vacancier dans ce coin de Cap dont l'air va bien au teint des milliardaires. Un petit parfum d'exclusivité règne donc dans cette villa contemporaine à l'italienne entourée d'un jardin luxuriant et d'un parc d'1,5 ha. Chambres aux douces teintes pastel décorées élégamment et classiquement, nombreux agréments, dont bien sûr une plage privée.

4 appart. 410-810 € • 30 ch. 270-610 €　　www.imperial-garoupe.com

→ 770 chemin de Garoupe
☎ 04 92 93 31 61
🖷 04 92 93 31 62
F. fin oct.-fin déc.

GM

Castel Garoupe

Le propriétaire, antiquaire de profession, a donné un cachet certain à ce mas provençal contemporain du Cap, meubles anciens et rustiques dans des chambres agréables, au cadre contemporain classique.

3 appart. 150-268 € • 25 ch. 95-165 €   www.castel-garoupe.com

→ 959 bd de la Garoupe
☎ 04 93 61 36 51
▤ 04 93 67 74 88
F. 3 nov.-10 mars.

CAPBRETON - 40130   **(23 B 4)**

Mont-de-Marsan 83 - Bayonne 20

14 Les Copains d'Abord

C'est vrai, quelques lecteurs nous ont fait part de leur déception, visant en particulier l'accueil, qui ne serait pas toujours à la hauteur de leurs espérances. Nous n'avons jamais eu à subir ce genre de mésaventure et louons au contraire régulièrement l'extrême qualité des produits travaillés par Frédéric Dulud. Seul regret, les poissons les plus passionnants sont réservés à la seule carte, les propositions des menus naviguant un ton en dessous du 14/20. Agréable terrasse ombragée, déco chic et contemporaine, mêlant le bois, le verre et la pierre.

C : 38 € • M : 16-28 €   lcd.dabord@wanadoo.fr

→ Port de Plaisance des Mille-Sabords
☎ 05 58 72 14 14
F. lundi (h.s.).
Jusqu'à 22h.

---

13 Le Regalty et son Bistrot de la Mer

On ne change pas une équipe qui gagne ? Il y a de ça dans ce bistrot de la mer, mais aussi de la terre, qui navigue entre l'Atlantique et les étendues landaises, à la recherche du bar de ligne et du poulet fermier, pour concocter des assiettes pleines de saveurs et de soleil, de celles qu'on a plaisir à partager entre copains dans cette ambiance pleine de convivialité. Le produit est bon, les cuissons précises (c'est que le chef a du métier) et les idées ne manquent pas (tajine de poulet aux citrons confits, carpaccio de bœuf aux copeaux de brebis, pavé de thon en croûte d'épices et jus soja). Non vraiment, on ne veut surtout pas que ça change.

C : 40 € • M : 20-28 €

→ Port de plaisance des Mille-Sabords
☎ 05 58 72 22 80
F. dim. à dîn., lundi, 15 janv.-6 fév. et 15 nov.-6 déc.
Jusqu'à 22h.

CAPPY - 80340   **(3 D 3)**

Péronne 16 - Amiens 40

10 L'Escale de Cappy

Ancré en Picardie, à deux pas de la Somme, Claudie Séminet embrasse ce terroir avec générosité, et c'est bien ainsi, autour de la ficelle picarde (mais aux champignons des bois et glacée à la crème), du filet d'anguille fumée ou du coq à la bière (de ferme, pour le coq, de Picardie, pour la bière) que s'apprécie le mieux l'atmosphère champêtre de cette jolie table entre rivière et étangs.

M : 26-45 €   www.escale-cappy.com

→ 22 chaussée du Port-de-Plaisance
☎ 03 22 76 02 03
F. à dîn. dim.-merc., 2e sem. fév. et 1re sem. sept.
Jusqu'à 21h.

CARANTEC - 29660   **(13 C 2)**

Quimper 95 - Saint-Pol-de-Léon 10

16 Patrick Jeffroy

Ce qu'on retient d'un repas chez Patrick Jeffroy ? La pureté, le calme, la sérénité, la blancheur. Les yeux clignent parfois, éblouis par cette mer argentée, mais le chef la regarde droit dans les yeux, pour en extraire le meilleur, dans la quintessence de la pêche. Dans ce superbe décor zen attitude qui vous donne tant de bien-être, on aime être aussi près de la vérité : avec par exemple un pressé de

→ 20 rue du Kelenn
☎ 02 98 67 00 47
F. dim. à dîn., lundi, mardi (h.s. sf vac. scol.), fin janv.-déb. fév. et mi-nov.-mi-déc.
Jusqu'à 21h30.

tourteau aux herbes, artichaut et petits pois frais, wakamé en vinaigrette d'échalotes, crème de coco et curry thaï, un tournedos de lieu en feuille de nori, petite carotte de sable de Santec et cocos de Paimpol aux girolles, deux propositions d'un menu à moins de 60 € qui fait beaucoup de bien. Le service glisse dans la fluidité de l'architecture, la cave est fort bien équipée sur toute la loire et contient ce qu'il faut ailleurs, servi par une bonne sommellerie.
C : 120 € • M : 38-138 €   *www.hoteldecarantec.com*

✗✗✗ L'Hôtel de Carantec
De belles chambres contemporaines qui épousent au mieux les lignes marines de cet ensemble en harmonie avec la mer.
12 ch. 115-180 €   *www.hoteldecarantec.com*

→ 20 rue du Kelenn
☎ 02 98 67 00 47
🖶 02 98 67 08 25
F. fin janv.-déb. fév. et mi-nov.-mi-déc.
🚗

- -

12 La Chaise du Curé
La jolie maison sur la place de l'église vit depuis quatre ans désormais au rythme de Florence, habile maîtresse de maison, et Frédéric Lechat, formé à l'école classique (la Belle Otéro, le Vivarois). La mer domine les débats dans une répertoire régional fortement revisité : salade de moules de bouchot aux cocos de Paimpol et chorizo poêlé, millefeuille de blé noir en rémoulade de tourteau et pomme verte, sablé breton en chaud-froid de fraises rhubarbe.
C : 30 € • M : 19-33 €

→ 3 pl de la République
☎ 02 98 78 33 27
F. merc., jeudi, 9 janv.-9 fév. et 8 nov-23 nov.
Jusqu'à 21h30.

- -

11 Le Cabestan
La réunion de la Cambuse et du Cabestan (le bistrot, le gastro), est finalement assez logique : on peut vouloir à la fois la saucisse des Monts d'Arrée et le croustillant de brandade et gambas au pistou. La salle du rez-de-chaussée est donc ouverte tous usages, et l'étage en saison pour accueillir les nombreux vacanciers attirés avec justesse par cette carte engageante, pas très chère, entre Armor et Argoat, et traitée avec sincérité.
C : 30 € • M : 19-33 €   *lecabestan.fr*

→ 7 rue du Port
☎ 02 98 67 01 87
F. lundi (sf juil.-août), mardi, 2 sem. fév. et nov.
Jusqu'à 22h.
🍽 🚗 ♿ ≋❄ 🐕

CARCASSONNE - 11000   (31 C 4)
Paris - 795 - Toulouse 96 - Narbonne 60

17 ▭▭▭ ≷ Le Parc Franck Putelat
Du contemporain à Carcassonne, au pied de la cité, il faut être gonflé. Et deux fois plus quand on s'appelle Franck Putelat et qu'on a passé tant d'années dans les fleurs de lys et les pierres médiévales de l'hôtel de la Cité. Installé dans ses murs, le jeune chef dessine une nouvelle table à son image, de la fougue, des envies actuelles, une cuisine à la fois zen et pleine de vigueur qui trouve son équilibre entre les parfums et les saveurs d'ailleurs et d'ici. Capable du meilleur terroir - une remarquable joue de bœuf braisée au foie gras de canard en attaque régionale - il passe allègrement à la lotte en chapelure de wasabi dont le corsé est atténué par les petits pois à la française et signe un aller-retour Corbières - pays d'Auge avec une tarte pommes à la blanquette de Limoux très convaincante. Le bagage technique lui autorise un certain nombre de fantaisies, dont il n'abuse pas, à l'instar d'un service relativement détendu mais qui sait prendre des airs solennels quand il le faut. Accueil tonique et

→ 80 chemin des Anglais
☎ 04 68 71 80 80
F. dim., lundi (sf fériés) et janv.
Jusqu'à 21h30.
🍽 🚗 ♿ ≋❄ 🐕

G
M

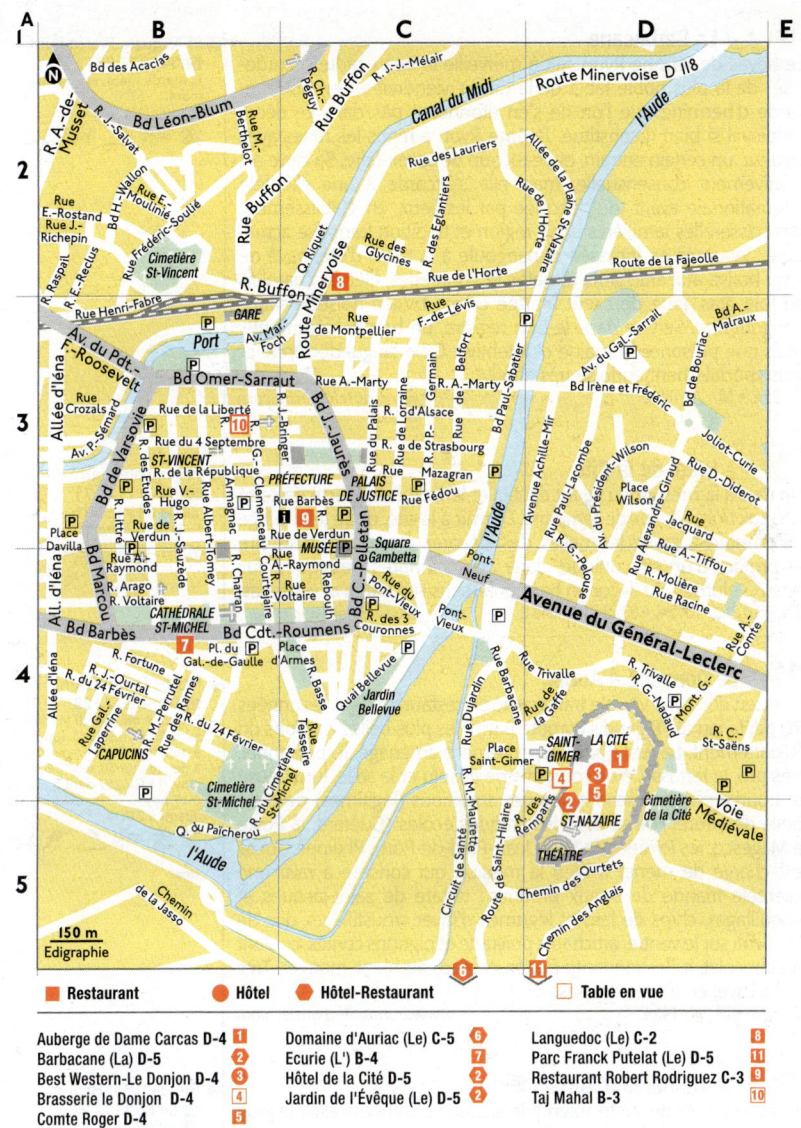

souriant de Céline, belle cave de vins de l'Aude et du Languedoc,
pour un succès mérité, parfois si important que le parking devient
trop petit : il faut déjà agrandir !
C : 75 € • M : 25-78 €   *www.leparcfranckputelat.com*

Les prix au restaurant
C : addition moyenne à la carte (sans les boissons), comprenant 1 entrée, 1 plat
et 1 dessert, dans le cadre d'une restauration traditionnelle.
M : fourchette de prix mentionnant le menu le moins cher et le menu le plus cher,
proposant à la fois entrées, plats et desserts, sans les boissons.

16 La Barbacane

Le travail de Jérôme Ryon suit à merveille le beau cadre "fleurde-lysé" de la plus noble table de la Cité. Y viendrait-on en houppelande d'hermine que l'on ne s'en étonnerait pas dans ce décor médiéval si bien reconstitué. Jérôme Ryon a repris les rênes avec vigueur, un certain entrain, et beaucoup de savoir-faire. Sa carte est relativement consensuelle, mais elle s'accorde à une clientèle internationale avant tout fascinée par les lieux, en établissant des passerelles familières entre région et tradition française actualisée : légumes en fricassée et barigoule à la truffe d'été, pavé de loup braisé aux artichauts tomates et courgettes, filet de charolais au foie gras, joue de bœuf braisée crème brûlée noisette sauce périgourdine. Service dans le bon registre, un brin de cérémonie, mais une présence humaine et attentive. Cave languedocienne et plus spécialement audoise très affûtée.

C : 85 € • M : 70-160 €   www.hoteldelacite.com

Pl Auguste-Pierre-Pont
☎ 04 68 71 98 71
F. mardi, merc. et 20 janv.-10 mars.
Jusqu'à 21h30.

Hôtel de la Cité

Un rêve à la mesure du talent de Viollet-le-Duc, l'architecte de cette cité aux trois rideaux de remparts. Dormir à la cité, outre le privilège de conduire à travers les ruelles, c'est dévorer une tranche d'histoire et profiter d'un site unique, dans des chambres classiques aux beaux volumes, au décor en harmonie, sans surcharge ni vieilleries.

8 appart. 445-1345 € • 53 ch. 295-545 €   www.hoteldelacite.com

Pl Auguste-Pierre Pont
☎ 04 68 71 98 71
🖷 04 68 71 50 15
F. 20 janv.-8 mars.

14 Le Domaine d'Auriac

L'ancien domaine viticole transformé en restaurant dans les années 70 par la famille Rigaudis compte parmi les plus belles maisons du département. Le vaste parc, superbement aménagé, le personnel, très pro, la terrasse, d'un romantisme absolu et la salle, lumineuse et bourgeoise, ne cachent rien des ambitions (légitimes) de cette belle demeure. Formé dans les grandes écoles (Guérard, la Poste à Magescq, les Pyrénées à Saint Jean-Pied-de-Port), Philippe Ducos est chargé de mener à bien la mission qui consiste à ravir une clientèle friande de beaux produits : tartare de saint-jacques et coquillages, chips de lard et légumes d'hiver croustillants, dos de loup rôti sur le ventre, artichauts poivrade et oignons confits, coulant au chocolat, tuile craquante fruitée et glace au blanc-manger. Très belle cave, en toutes régions.

C : 80 € • M : 48-145 €   www.domaine-d-auriac.com

Rte de Saint-Hilaire
☎ 04 68 25 72 22
F. dim. à dîn., lundi (17 fév.-21 avril, 5 oct.-22 déc.), lundi à déj., mardi à déj., merc. à déj. (6 mai-30 sept.), 6 janv.-11 fév., 27 avril-5 mai et 9-17 nov.
Jusqu'à 21h15.

Le Domaine d'Auriac

À l'écart de la Cité, cette splendide ancienne demeure viticole jouit d'un cadre privilégié, à l'abri, dans un parc de 70 hectares avec golf. De quoi oublier instantanément les petits tracas du quotidien en jouissant également des chambres spacieuses et décorées avec soin.

23 ch. 100-450 €   www.domaine-d-auriac.com

Rte de Saint-Hilaire
☎ 04 68 25 72 22
🖷 04 68 47 35 54
F. 6 janv.-11 fév., 27 avril-5 mai et 9-17 nov.

Les prix des hôtels correspondent au tarif journalier en chambre ou en appartement (ou suite) pour au minimum 1 personne seule en basse saison et 2 personnes en haute saison.

13 Le Languedoc

Le décor stylé et feutré (une influence qui se manifeste également dans les chambres) est bien celui qu'on attend dans un tel cadre (un hôtel particulier XIXe) et fait écho de façon très homogène à la cuisine de Didier Faugeras, qui met son savoir-faire au service d'une élégante partition classique, avec les produits régionaux pour interprètes : asperges vertes sauce à l'estragon, caille du Lauragais au foie gras en cage, crème catalane. Un bel hommage au Languedoc, qui se prolonge en cave.

C : 38 € • M : 24-44 €   *www.hotelmontsegur.com*

→ 32 allée d'Iéna
☎ 04 68 25 22 17
F. dim. à dîn., lundi (h.s.), lundi à déj. (saison), 1 sem. juin et 20 déc.-20 janv.
Jusqu'à 21h30.

----

13 Restaurant Robert Rodriguez

"Artisan du Goût", Robert Rodriguez travaille dans un bien joli atelier, rappelant les petites salles à manger d'autrefois, vieux meubles et atmosphère détendue, et s'appuie sur son savoir-faire autant que sur des produits bien choisis pour faire naître un plaisir gourmand qui ne se dément pas, de l'apparente simplicité du sandre délicatement fumé aux herbes à la gourmandise de la tarte tiède au chocolat, en passant par le fondant savoureux d'un impeccable pigeonneau accompagné de frites de millas (original mais un peu bourratif) et surtout d'excellents petits légumes frais du moment. Dans cette ambiance calme et détendue, le service efficace et aimable et les efforts sur les liquides (de la carte des eaux minérales à une belle cave d'alcools, en passant par une sélection de vins complète et soignée) confirment que la voie choisie par le chef est la bonne.

C : 60 € • M : 20-80 €   *www.restaurantrobertrodriguez.com*

→ 39 rue Coste-Reboulh
☎ 04 68 47 37 80
F. dim. et merc.
Jusqu'à 21h30.

----

12 Comte Roger

La délicieuse terrasse de cette adresse, qui compte parmi les plus anciennes de la Cité, fait office d'aimant sur une clientèle touristique qui plébiscite à la fois le charme des lieux (de la vigne vierge recouvre entièrement cette terrasse et la vue sur les tours de la Cité est superbe) et la cuisine pro proposée par Pierre Mésa : compressé de volaille au foie gras de canard, filet de dorade, aubergine et tomates farcies aux coquillages, parfait glacé au muscat et oreillette languedocienne. Quelques belles cuvées régionales en cave.

C : 55 € • M : 32-42 €   *www.comteroger.com*

→ 14 rue Saint-Louis, La Cité
☎ 04 68 11 93 40
F. dim., lundi à dîn. (sf fériés) et 3 sem. fév.
Jusqu'à 22h.

----

12 L'Ecurie

L'un des plus beaux cadres de restaurant à Carcassonne et sans doute la "cantine" d'après spectacle la plus courue de la ville. Avec, en outre, une cuisine simple et bien tournée, dans un esprit régional bien sûr (cassoulet, parillade...). Bonne formule-déjeuner (entrée, plat et dessert pour 15 €).

C : 33 € • M : 23-30 €   *www.restaurantlecurie.fr*

→ 43 bd Barbès
☎ 04 68 72 04 04
F. dim. à dîn.
Jusqu'à 24h.

----

10 Auberge de Dame Carcas

Tout est évidemment soigneusement typique au cœur de la citadelle pour réjouir le visiteur de bonnes sensations régionales : coustellous de cochon au miel, cassoulet au confit, magret sauce cèpes. On ne cherchera évidemment pas à s'évader des limites strictes du terroir et de la sage tradition.

M : 14-24,50 €

→ 3 pl du Château la Cité
☎ 04 68 71 23 23
F. merc. et 20-28 déc.
Jusqu'à 22h.

Brasserie Le Donjon

Si elle n'oublie pas qu'elle se trouve au cœur d'un site classé, la brasserie n'abandonne pas pour autant toute prétention à vivre dans son siècle, avec un agréable décor contemporain et quelques plats dans l'air du temps (tatin de tomates confites aux épices) à côté des incontournables du terroir (cassoulet ou bourride).
C : 38 € • M : 19-27 €

→ 2 rue Porte-d'Aude
☎ 04 68 25 95 72
F. dim. à dîn. (nov.-mars).
Jusqu'à 22h.

www.brasserie-donjon.fr

Best Western Le Donjon

Une étape de référence au cœur de la Cité, avec des chambres réparties entre trois bâtiments de caractère mais aussi trois niveaux de confort. On apprécie le décor romantique et l'espace des chambres De Luxe. Dans la Maison du Comte Roger, l'hôtel a ouvert une boutique bar à vins.
6 appart. 140-200 € • 56 ch. 105-157 €

→ 2 rue du Comte-Roger,
cité médiévale
☎ 04 68 11 23 00
📠 04 68 25 06 60
Ouv. 7j/7.

www.hotel-donjon.fr

Le Jardin de l'Evêque

A côté de la gastronomie Barbacane, ce Jardin ne mise pas que sur les charmes de sa terrasse, bien que plus simple dans le traitement, l'interprétation qui est donnée ici des saveurs méditerranéennes reste de bon niveau. Carte à large spectre, de la seiche à l'aïoli au cassoulet, en passant par la selle d'agneau et boulgour au citron confit.
C : 35 € • M : 20-40 €

→ Pl Auguste-Pierre-Pont
☎ 04 68 71 98 71
F. janv.-mai et oct.-déc.
Jusqu'à 21h.

www.hoteldelarite.com

Taj Mahal

Une ambassade de la cuisine indo-pakistanaise au pays du cassoulet, le contre-pied mérite les encouragements. Spécialités bien interprétées, avec le poulet punjabi, les samoussas et les bons nans au fromage.
M : 11-22 €

→ 62 rue de la Liberté
☎ 04 68 71 66 47
Ouv. 7j/7.
Jusqu'à 22h.

Villes de proximité, voir :

 **CARDROC - 35190** (14 C 3)
Hédé 9 - Bécherel 7

12 Lucas

Soixante-dix ans et trois générations de Lucas se sont succédé à la tête de cette auberge de village. On entre toujours par le café, on découvre ensuite le comptoir, la cheminée réservée aux grillades pour la salle à manger, d'une touchante simplicité. Rustique et émouvante, la carte touche au cœur par sa profonde humanité : aiguillette de canard au foie gras en saucisson, andouille de Guéméné et poitrine de vache fumée, verrine de fraises marinées à l'eau-de-vie. Un point de plus et un coup de cœur pour les Lucas.
C : 25 € • M : 16,80-28,50 €

→ Le Bourg
☎ 02 99 45 88 51
F. lundi, vac. scol. Toussaint et 1 sem. Noël.
Jusqu'à 21h.

www.aubergelucas.com

CARGESE - 20130 (35 A 4)
Ajaccio 51 - Corte 107

12 Le Cabanon de Charlotte 💗
Ce Cabanon est une affaire de famille et cela se ressent dès les premières minutes passées dans cette ravissante maison posée sur le port de plaisance : la cuisine et le service se font en famille tout en se montrant très professionnels. Ici, pas de faux-semblants : les poissons cuisinés sont issus de la pêche locale et sont systématiquement présentés à la clientèle avant d'être préparés. Goûtez les rougets, ils sont tout simplement formidables. L'une des meilleures adresses de cette partie de la côte.
C : 30 € • M : 14,90-32,90 €

→ ☎ 06 81 23 66 93
F. déc.-mars.

_ _

Thalassa
Un hôtel simple, mais dans un des plus beaux coins de Corse pour villégiaturer et rayonner entre Ajaccio et Porto. Atmosphère familiale renforcée par les habitués d'année en année.
22 ch. 75-90 €

→ Plage du Pero
☎ 04 95 26 40 08
🖨 04 95 26 41 66
F. 1er oct.-1er mai.

CARHAIX PLOUGUER - 29270 (13 D 3)
Quimper 65 - Huelgoat 19

10 Auberge du Poher
La tradition toute l'année, et pas seulement au moment des Vieilles Charrues. D'ailleurs, si l'ambiance n'est pas aussi rock and roll, la lotte à l'impératrice, le saumon fumé et la truite au roquefort ont ce petit accent revival que la modernité ne déteste pas. Un travail honnête par un chef de devoir.
C : 30 € • M : 14,50-45,50 €

→ Port de Carhaix
☎ 02 98 99 51 18
F. dim. à dîn., lundi, mardi à dîn., merc. à dîn. (h.s.), 2 prem. sem. fév. et 2 prem. sem. juil.
Jusqu'à 21h.

CARIGNAN - 08110 (9 C 2)
Sedan 20 - Montmédy 23

13 La Gourmandière
Les Gérard aiment leur région et veillent à y accueillir les visiteurs en leur présentant le terroir ardennais sous son meilleur jour, des légumes du jardin à la viande des éleveurs locaux. Sur cette trame, Nathalie propose une cuisine élégante, avec quelques touches personnelles qui témoignent d'une belle ouverture d'esprit : marmelade de chorizo avec la papillote de langoustine au boudin de saumon, ou encore le filet d'agneau gratiné au fromage blanc à la sauge. La salle est élégante, Thierry Gérard est un hôte impliqué et la cave propose une belle variété, y compris en vins étrangers.
C : 50 € • M : 28-48 € _www.la-gourmandiere.com_

→ 19 av de Blagny
☎ 03 24 22 20 99
F. lundi.
Jusqu'à 21h30.

CARNAC - 56340 (13 D 5)
Vannes 33 - Quiberon 19

13 Restaurant La Côte
Tout cela, c'est de la passion. C'est ainsi que Pierre Michaud vit son métier, épaulé avec efficacité par Laetitia en salle. Lui qui n'achète que du bon et du frais aux producteurs locaux ne conçoit évidemment pas sa table autrement qu'authentique. A deux pas des alignements, cette typique maison bretonne au beau décor rénové conserve l'esprit rustique, pierre apparente et poutres dans une salle lumineuse et accueillante. Les poissons de la dernière marée se marient aux légumes de la dernière cueillette, le parmentier de

→ Lieu-dit Kermario
☎ 02 97 52 02 80
F. sam. à déj., dim. à dîn., lundi (sept.-juin), lundi, mardi à déj. (juil.-août), 4 janv.-10 fév.
Jusqu'à 21h15.

 idéal gourmet

foie gras avec les langoustines, les glaces sont turbinées à la minute et les crêpes au beurre d'orange chiboust au citron et ravioles d'agrumes rappellent ma tante Suzette. Dans le même esprit, la cave est faite avec de "vrais" vignerons qui ont quelque chose à dire dans leurs bouteilles.

C : 60 € • M : 23-85 €   www.restaurant-la-cote.com

---

11 La Calypso

Dépôt de vin pendant la guerre puis bar jusque dans les années soixante-dix, cette sympathique maison a bâti l'essentiel de sa réputation sur les grillades de poisson et de homard réalisées en direct, dans la cheminée. Fruits de mer superbes, petite cave avec quelques choix au verre.

C : 45 € • M : 30-100 €

→ 158 rte du Pô
☎ 02 97 52 06 14
F. dim. à dîn., lundi, 5 jrs juin
et 19 nov.-déb. fév.
Jusqu'à 22h.

Celtique Best Western

Avec le centre de remise en forme voisin (accès direct) et la plage à portée de main, l'hôtel est une parfaite étape pour la détente, dans le confort de chambres contemporaines et chaleureuses.

2 appart. 69-209 € • 71 ch. 69-209 €   www.hotel-celtique.com

→ 17 av de Kermario, Carnac
Plage
☎ 02 97 52 14 15
▤ 02 97 52 71 10
Ouv. 7j/7.

Hôtel Diana

Sous ses allures assez classiques de grand hôtel de bord de mer, le Diana cache un sens prononcé du raffinement, avec des chambres spacieuses, au très beau mobilier et aux tissus douillets. Les balcons ouverts sur la mer sont bien sûr un gros plus.

7 appart. 247-357 € • 32 ch. 124-139 €

→ 21 bd de la Plage
☎ 02 97 52 05 38
F. 11 nov.-22 fév.

Hôtel du Tumulus

D'importants travaux de rénovation et d'aménagement ont redonné vie et activité à cette belle maison de famille, d'un grand confort et d'une déco soignée, entre néoclassique et contemporain. Les chambres donnent sur le jardin aux parterres d'hortensias et plus loin la baie de Quiberon. Restaurant de cuisine aux bases classiques, sous influence méditerranéenne sur des produits bretons.

10 appart. 135-395 € • 13 ch. 85-190 €   www.hotel-tumulus.com

→ Chemin du Tumulus
☎ 02 97 52 08 21
▤ 02 97 52 81 88
F. non comm.

Novotel Thalasso

Un spa marin apparaît désormais dans les prestations du centre de thalasso lié à cet hôtel contemporain édifié au bord d'une saline près de l'océan. Belles prestations, chambres claires et marines, un restaurant de cuisine régionale actuelle, un autre pour la cuisine diététique.

1 appart. 218-500 € • 109 ch. 97-190 €   www.thalasso-carnac.com

→ Av de l'Atlantique
☎ 02 97 52 53 00
▤ 02 97 52 53 55
F. janv.

---

 parking privé   parking fermé   voiturier

 hôtel très tranquille   chien accepté   accès handicapé

    hôtels de charme

CAROMB - 84200 (33 C 3)
Carpentras 9 - Vaison-la-Romaine 21

11 Le Four à Chaux
Changement de propriétaires cette année dans cette ancienne fabrique de chaux dont les cuisines sont désormais dirigées par Franck André. Ce quadragénaire, cuisine autodidacte, ne s'est pas livré à de profondes transformations, préférant proposer une cuisine à la fois régionale et traditionnelle, sans risque de mauvaise surprise : vol-au-vent de brandade de morue sur un méli-mélo de salade aux graines germées, côtelettes d'agneau grillées aux herbes de Provence, fondant à la châtaigne.
C : 27 € • M : 22-34 €
www.lefourachaux.com

→ 2253 av Charles-de-Gaulle
☎ 04 90 62 40 10
F. non comm.

CARPENTRAS - 84200 (33 B 4)
Avignon 24 - Aix-en-Provence 84

13 Restaurant Chez Serge ♥
Des tables viticoles comme celle-là se comptent sur les doigts de la main en France. Parce que Serge Ghoukassian est un patron d'exception, qui partage beaucoup avec ses amis vignerons et communique sa passion, son repaire attire le monde entier, des Américains, des Hollandais, des Français, des Italiens, convertis à la vallée du Rhône dans laquelle, à chaque visite, ils découvrent de nouvelles saveurs. Cette année, on ne tarit pas d'éloge sur Solence ou Grand Jacquet, mais tous les très bons sont là aussi, de Gramenon au Sang des Cailloux, de Santa Duc à la Reméjeanne, sans oublier les cadors du Nord, les Gangloff, Cuilleron. L'amalgame ne serait pas aussi réussi sans Philippe Lemaître, complètement dans l'osmose avec une carte de véritables friandises, de risottos de cèpes crémeux, de saint-jacques au petit poil, d'agneau généreux et de suaves desserts. Les vins, naturellement, sont parfaitement préparés et servis avec délicatesse et sourire. Un point de plus et un coup de cœur permanent.
C : 32 € • M : 23-35 €
www.chez-serge.com

→ 90 rue Cottier
☎ 04 90 63 21 24
F. dim. et 24 déc. à dîn.-25 déc.
Jusqu'à 21h30.

- -

12 Franck Restaurant
Franck Deligny et son épouse, Céline, ont repris l'affaire voilà deux ans, lui redonnant une partie de son lustre d'antan. Le propos se veut simple, sans être simpliste, l'accueil souriant et la jolie petite cour intérieure, aménagée avec goût, fait le reste : cuisses de grenouilles en persillade, crème de petits pois et lard croustillant, poitrine de cochon confite, quelques morilles et asperges, soupe de fraises, crème glacée coco, cannelloni aux fruits de la passion. Cave courte mais pertinente sur sa région.
C : 40 € • M : 27-38 €

→ 30 pl de l'Horloge
☎ 04 90 60 75 00
F. mardi, merc. et 1re quinz. mars.
Jusqu'à 21h30.

Villes de proximité, voir :

CARQUEFOU - 44470 (15 C 4)

Nantes 16 - Saint-Nazaire 68

12 Auberge du Vieux Gachet

Les (rares) petites déceptions dont nous faisions part l'an dernier ne sauraient cacher le bon bilan que nous sommes obligés de dresser au moment d'évoquer cette table. La nombreuse clientèle qui se passe dans cette jolie maison rustique et chic ne s'y trompe d'ailleurs pas, plébiscitant les couverts en argent, la vue sur l'Erdre et la terrasse. Un poil démonstrative, la cuisine de Walter Lescot repose sur de bons produits, travaillés avec maîtrise : langoustines poêlées, tartare de légumes à la citronnelle et rissoles de crabe à la coriandre, dos de lieu jaune créole, purée de patate douce à l'huile d'olive, barre chocolat-praliné caramel salé en vague glacée. Beaux plateaux de fromages (signés Beillevaire), cave fournie mais guère passionnante.

C : 55 € • M : 20-65 €

→ Lieu-dit Gachet
☎ 02 40 25 10 92
F. dim. à dîn. et lundi.
Jusqu'à 21h30.

CARQUEIRANNE - 83320 (34 A 6)

Toulon 17 - Hyères 9 - Draguignan 81

13 La Paillote thaïlandaise

Une paillote thaïlandaise sur la côte varoise ? Cette idée originale est née il y a un peu plus de dix ans dans l'esprit de Jean-Pierre Peruzzi et de son épouse thaïlandaise, comme un défi. Le résultat ne manque pas d'allure, des recettes parfaitement maîtrisées, des produits soignés et une toque qui se confirme chaque année, pour les calamars sautés à l'aigre doux, le poulet sauté à l'ail et au poivre ou les pâtes thaïes aux crevettes.

C : 26 € • M : 25-30 €

→ Av du Font-Brun
☎ 04 94 57 55 23
F. lundi et nov.
Jusqu'à 22h30.

CARRIERES SUR SEINE - 78420 (8 A 4)

Paris 20 - Nanterre 10 - Courbevoie 9

13 Le Panoramic de Chine

La maison a le goût de bien faire, la satisfaction des clients en témoigne, et sa gastronomie asiatique, déclinée notamment autour du poisson, offre un large choix de propositions sans défaut. L'accueil reste une qualité majeure, la cave est assez développée pour ce type d'établissement et la grande maison 1920 s'accommode fort bien des touches typiques du décor.

C : 48 € • M : 12-15 €

→ 1 rue des Fermettes
☎ 01 39 57 64 58
F. dim. à dîn., lundi et août.
Jusqu'à 22h.

CARROS - 06510 (34 C 4)

Antibes 31 - Nice 25

✻ Au Mas des Selves

La situation sur les hauteurs offre une agréable vue sur la vallée depuis le jardin aux essences méditerranéennes. Le vaste mas propose des chambres à l'allure régionale élégante et bon nombre d'équipements de détente.

3 appart. 100-130 €

www.auxselves.com

→ Rte des Plans
☎ 04 93 29 10 27
Ouv. 7j/7.

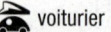 parking privé   parking fermé   voiturier

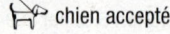 hôtel très tranquille   chien accepté   accès handicapé

CASCASTEL DES CORBIERES - 11360   (31 D 5)
Perpignan 53 - Carcassonne 66

11 Clos de Cascastel
Entièrement rénovée à la fin de l'année dernière (changement complet d'ambiance et de couleurs, terrasse refaite) lors de la prise de fonction de Christian Chouilly, cette maison au cœur des vignes propose une carte traditionnelle, principalement axée sur la viande de bœuf grillée.
C : 27 € • M : 17-39 €   *leclosdecascastel@orange.fr*

→ Quai de la Berre
☎ 04 68 45 06 22
F. mardi, mars et nov.

CASES DE PENE - 66600   (31 D 5)
Perpignan 13 - Estagel 9

11 Château de Jau - le Grill
Sur le domaine viticole et dans le cadre d'un beau château XVIIIᵉ, une table vigneronne qui offre la simplicité régionale au déjeuner (saucisse catalane, côtes d'agneau grillées) et une carte méridionale plus travaillée le soir par un bon chef régulier, sur les conseils de Didier Banyols, et selon le marché de saison. Les vins des propriétés de la famille Dauré sont évidemment à l'honneur.
M : 29 €   *daure@wanadoo.fr*

→ ☎ 04 68 38 91 38
F. à dîn. (16-30 juin, 1ᵉʳ sept.-31 sept.) et 1ᵉʳ oct.-15 juin.
Jusqu'à 22h.

CASSEL - 59670   (1 C 2)
Calais 55 - Dunkerque 30 - Lille 50

12 T'Kasteelhof
Une fois admiré le panorama à 360° (du nord au sud de la butte), on cherche une prolongation régionale : elle est toute trouvée derrière la brique jaune de cet estaminet fait exprès pour comprendre la langue. De belles planches de fromage et de pâté, des tartines et tartes, le potjevleesch, le poulet au maroilles et la carte bière cassonade : l'éventail flamand est bien tenu dans l'ambiance et le décor idoines
C : 17 € • M : 9,50-20 €

→ 8 rue Saint-Nicolas, face au Moulin
☎ 03 28 40 59 29
F. lundi, mardi, merc., 3 dern. sem. janv., 1ᵉʳ sem. juil. et 2 prem. sem. oct.
Jusqu'à 22h.

Villes de proximité, voir :

CASSIS - 13260   (33 D 6)
Marseille 31 - Toulon 41

17 Villa Madie *d≷*
Oh ! Un restaurant qui n'existe pas, c'est bien ! A Monte-Carlo, à Nice même, il y a de ces endroits contemporains ultra-chic face à la Grande Bleue. A Paris ou ailleurs sur la côte, on croise des cuisines sérieusement modernes, inventives ma non troppo comme celle-ci, version grande maison. Non, ce n'est pas là la nouveauté. La Villa Madie est unique par des détails qui semblent infimes, et qui sont décisifs : les costumes légèrement cintrés de serveurs transalpins d'une élégance folle, la cave stupéfiante - on y reviendra - le chic presque ineffable qui touche à l'extrême bon goût de chaque détail, dans un autre registre qu'un palace, à l'écart également de l'avant-garde, tout simplement ailleurs. La cuisine orchestrée par Jean-Marc Banzo (Clos de la Violette à Aix) se fait aussi plus ouverte et plus moderne : dans l'approche des textures, dans la sobriété des tables transalpines de haut vol où l'on ajoute deux feuilles de roquette et

→ Av du Revestel
☎ 04 96 18 00 00
F. non comm.

un trait de balsamique pour entourer une merveille. Dans ce chapitre, on placera par exemple les pistes poêlées, juste tièdes, avec ce gâteau de paella d'une totale précision (quand le "un poil brûlé" devient une qualité suprême), le loup en cocotte de verre exhalant la mer et les légumes d'été, le rouget en bécasse, au puissant fumet soutenu d'un jus de poissons de roches ou le pigeon de Lamonica avec son cannelloni d'aubergine. Desserts thématiques très passionnants (grenade, sushi de grenade et tapioca, sorbet grenade...). On parle vins ? Disons-le clairement, il n'y a pas, aujourd'hui, en France, une telle cave de haut de gamme. C'est-à-dire une sélection globale et mondiale de connaisseur et d'amateur, aussi pointue qu'avec les grüner veltliner de Frantz Hirtzberger en Autriche qu'avec les bonnes cuvées de Droin ou Grossot en chablis. Balayez toutes les régions viticoles du globe, de la Champagne au Chili, pour voir que tous les bons propriétaires, de François Chidaine à Egon Müler, de Serge Férigoule aux shiraz australiens de Henschke, sont là. Qualité suprême du talent synthétique d'Enrico Bernardo (co-associé et Meilleur sommelier du monde) - mais aussi par Jean-Marc Banzo, au moins aussi passionné - il y a, autour de 50-60 €, un choix considérable et excitant, et l'on peut monter, monter, aussi haut que l'on veut, vers des richebourg, des margaux ou des vega sicilia avec la même justesse, la même pertinence, à des tarifs complètement cohérents et pas simplement dictés par un roulement de stock de palace. Veut-on trouver une faiblesse : le village (Cassis) est assez peu représenté... Peuchère !

C : 40 € • M : 90-150 €

---

12 Restaurant Nino

Sur le quai, face au port et à la citadelle, on ne se pose pas de questions, on va chez Nino : l'assurance d'un moment de doux privilège, d'un service pro et souriant sans manières, de poissons de l'arrivage parfaitement cuits, de cette simplicité méditerranéenne que l'on attend, poissons illustrés dans une carte didactique, cuisine en vue par les baies vitrées au milieu de la salle. Et si vous ne sacrifiez pas aux classiques Nino, les antipasti, les linguine au pistou ou les crêpes, suivez l'arrivage, un thon mariné servi tiède, un beau chapon rôti cuisiné à la provençale. La cave est simplement nourrie des domaines locaux et au verre, la réserve du patron se tient bien.

C : 52 € • M : 34 €

→ 1 quai Barthélemy
☎ 04 42 01 74 32
F. dim. à dîn., lundi (h.s.), lundi (saison), 24-25 déc. et 31 déc.-1er janv.
Jusqu'à 22h.

Maison de Nino

Au-dessus du restaurant, trois chambres exclusives et superbes de raffinement contemporain et d'épure lumineuse, ambiance marine et noms de vent (Mistral, Tramontane et Régali). Chambres en mezzanine pour les deux suites, ce qui accroît encore l'impression d'espace.

2 appart. 350 € • 3 ch. 210 €

→ 1 quai Barthélemy
☎ 04 42 01 74 32
🖶 04 42 01 34 51
Ouv. 7j/7.

Les Roches Blanches

Noyée sous la verdure, la bastide XIXe ouvre largement sur la mer, paysage magnifique rythmé par les falaises (dont le célèbre Cap Canaille tout proche). Pour en profiter pleinement, les chambres déclinent notamment un magnifique cadre contemporain, murs aux couleurs pastel en écho aux bois sombre du mobilier ou des parquets récemment posés.

5 appart. 260-310 € • 19 ch. 100-220 €  www.roches-blanches-cassis.com

→ Rte des Calanques
☎ 04 42 01 09 30
🖶 04 42 01 94 23
F. 15 nov.-fév.

Hôtel de la Plage le Mahogany

L'appel du large par la situation, la vue sur la Méditerranée et le cap Canaille, les chambres, toutes avec terrasse, l'accès immédiat à la plage et à la calanque, mais aussi la déco marine, style paquebot pour les chambres vue sur mer, parquet flottant et acajou (mahogany), plus provençal pour celle donnant sur le jardin.

appart. 175-220 € • 26 ch. 130-160 €   www.hotelmahogany.com

→ Plage du Bestouan
☎ 04 42 01 05 70
🖳 04 42 01 34 82
Ouv. 7j/7.

Jardins de Cassis

Un établissement agréable et bien équipé, piscine, half-court, jacuzzi, offrant des chambres tranquilles donnant sur un jardin arboré de palmiers et fleuri de bougainvillées. Restaurant de cuisine méridionale.

appart. 146-234 € • 35 ch. 58-119 €   www.lesjardinsdecassis.com

→ Av Auguste-Favier
☎ 04 42 01 84 85
🖳 04 42 01 32 38
F. non comm.

❄ La Bastidaine

Décorées dans un charmant style provençal, les chambres profitent du panorama ouvert sur les vignes qui entourent la propriété. Les fameuses calanques sont à moins de 2 km.

ch. 110-118 €   www.labastidaine.com

→ M et Mme Apicella, 6 bis av des Albizzi
☎ 04 42 98 83 09
🖳 04 42 98 83 09
F. 15 nov.-15 mars. (vac. scol. Noël et fév. tél.).

❄ Maison N° 9

La maison est non seulement magnifique, mais elle est également remarquablement intégrée à son environnement. A l'intérieur, le mariage de l'architecture ancienne, de détails choisis avec un goût très sûr et de larges ouvertures sur la nature environnante, au cœur du vignoble, crée une atmosphère unique.

ch. 110-195 €   www.maison9.net

→ 9 av du Dr-Yves-Bourde
☎ 04 42 01 26 39
🖳 04 42 01 26 39
Ouv. 7j/7.

CASTAGNEDE - 64270   (23 C 5)
Pau 75 - Dax 42

13 La Belle Auberge

L'auberge est belle, avec son architecture béarnaise, elle est surtout accueillante, comme une maison de famille, dans la simplicité (garbure, charcuterie de pays) comme dans un registre plus élaboré où Jean-Luc et Frédéric Vicassiau prouvent leur maîtrise du terroir en sortant un magnifique saumon béarnaise ou une terrine de campagne au foie gras et pruneaux. On peut prolonger l'étape avec de sympathiques chambres rustiques.

M : 12-22 €

→ Le Bourg
☎ 05 59 38 15 28
F. dim. à dîn., lundi à dîn., 1re quinz. juin et mi-déc.-fin janv. Jusqu'à 21h15.

CASTANET TOLOSAN - 31320   (29 D 4)
Toulouse 8 - Villefranche-de-Lauragais 20

13 La Table des Merville

Plus que la salle, avec sa cuisine ouverte et ses allures de pizzeria, c'est la terrasse qui fait le charme de la table, délimitée par les plantes en pot dans un coin de la place, elle vit au rythme des conversations d'amis et d'un service jeune et souriant. En cuisine aussi on joue volontiers la carte ludique, les présentations sont attrayantes, aussi jolies que les intitulés (compression de tomate confite jambon de pays et chantilly au basilic, transparence de fromage blanc et agrume compote de rhubarbe et fruits rouges), les saveurs n'hésitent pas à prendre des partis tranchés (pavé de cabillaud à l'huile d'olive purée au gingembre et piquillos très

→ 3 pl Pierre-Richard
☎ 05 62 71 24 25
F. dim., lundi, certains jrs fériés, 1 sem. Pâques, 3 sem. août et 1 sem. Noël-nouvel an. Jusqu'à 21h30.

relevés). Reste que la réalisation n'est pas totalement convaincante et que, comme le faisait remarquer près de nous un habitué: "Je prends toujours le plat du jour parce que sinon les prix s'envolent". Pas de quoi tout de même bouder son plaisir.

C : 50 € • M : 25-37 €

www.table-des-merville.fr

CASTELJALOUX - 47700 (24 A 3)

Agen 58 - Marmande 23

13 🍴 La Vieille Auberge

· Derrière sa façade de pierres, la Vieille Auberge a un accès de coquetterie et devrait être liftée pour 2008. Gageons que Christian Fournier veillera à ce qu'elle n'y perde pas sa bonne humeur. Pas de changement en cuisine, Eric Menaspa est fidèle au poste, alternant les figures imposées gastronomiques (foie gras au torchon, faux-filet à la bordelaise) sans négliger la couleur locale (gigot d'agneau de lait de pays à l'arlésienne). La cave s'alimente au plus près.

C : 45 € • M : 40-55 €

www.restaurant-la-vieille-auberge.fr

→ 11 rue Posterne
☎ 05 53 93 01 36
F. dim. à dîn., merc. à déj. (été), dim. à dîn., merc. (h.s.), 18-23 fév., 23 juin-6 juil. et 24 nov.-10 déc.
Jusqu'à 21h30.

🚗 ♿ ≈❄ 🐕

LE CASTELLET - 83330 (33 D 6)

Toulon 21 - Bandol 12 - La Cadière-d'Azur 6

16 🍴🍴 ⧗ Le Monte Cristo

Le Monte Cristo a désormais un petit frère, pas l'abbé Faria, mais le San Felice qui sert midi et soir en été au bord de la piscine une cuisine simple et méditerranéenne. Dans la belle salle face à la verdure du golf, Nicolas Sale mène l'affaire avec son entraînement de champion (Gagnaire, Senderens, le Meurice, le George V...). Sa carte a tout de séduisant, moderne, et tellement glamour (le pot de 500 g d'oscietre de chez Pétrossian à 2530 €). L'accord entre le homard bleu et la truffe d'été fonctionne aussi bien qu'un boudin-compote, le turbot est superbe, épais, en viennoise avec son étuvée de girolles, la selle d'agneau du Quercy s'épice d'aubergines au massala et gnocchis de petits pois à l'ail des ours. Aussi précis que la mise au point d'une McLaren, cette cuisine de palace atteint un haut niveau très étudié, laissant peu de place à la surprise, mais remarquable jusqu'aux desserts. Cave très riche comme attendu, nationale et hexagonale, service en concordance, avec le poil de décontraction indispensable.

C : 90 € • M : 50-80 €

www.hotelducastellet.com

→ 3001 rte des Hauts-du-Camp
☎ 04 94 98 37 77
Ouv. 7j/7.
Jusqu'à 21h30.

🎋 🛵 ♿ ≈❄ ⎘ 🎾
🚬

🍷🍷🍷 Hôtel du Castellet ✈

Le resort de la F1, bâti en pleine nature, au milieu des collines, entre Aubagne et Toulon, face au circuit du Castellet. Un palais néo-mauresque, une oasis de 80 ha pour coureurs, golfeurs ou épicuriens venus goûter quelques moments de détente, sur les fairways, dans une des deux piscines, à la salle de sport et dans les chambres d'inspiration provençale, très bien équipées.

13 appart. 650 € • 34 ch. 400 €

www.hotelducastellet.com

→ 3001 rte des Hauts-du-Camps
☎ 04 94 98 37 77
🖨 04 94 98 37 78
Ouv. 7j/7.

🛵 ♿ ≈❄ ⎘ 🎾

🎋 repas en terrasse ou dans un jardin   🚬 cave à cigare

⎘ piscine privée   🎾 tennis privé   ≈❄ air conditionné

CASTELNAU DE LEVIS - 81150 (30 B 3)
Albi 6

14 🍽 **La Taverne**

Une fidèle taverne qui fait les belles réjouissances familiales. Un chef de devoir, Bruno Besson, tresse une couronne toujours aussi roborative et joyeuse, avec les fils du terroir et d'un océan pas si lointain, les poissons grillés ayant chez lui largement droit de cité. Ambiance plaisante dans une parfaite constance qui met le département en confiance, cave de gaillacs et d'un Sud-Ouest élargi jusqu'à Bordeaux.

C : 50 € • M : 23-46 €

www.tavernebesson.com

→ Rue Aubijoux
☎ 05 63 60 90 16
F. lundi et vac. scol. fév.
Jusqu'à 21h30.

CASTELNAUDARY - 11400 (31 B 4)
Carcassonne 42 - Toulouse 63

12 **Le Tirou**

Le morceau de bravoure de Jean-Claude Visentin ? Un cassoulet "comme l'aimait ma grand-mère", digne représentant d'une carte évidemment tournée vers la région : cuisse de canard confite et mijotée aux petits pois, éminé de magret aux morilles, rillettes d'oie... Depuis cette année, une boutique (le Cousteلوus) permet de goûter conserves et cassoulet élaborés dans le tout nouveau laboratoire.

C : 35 € • M : 17-32 €

www.le-tirou.com

→ 90 av Mgr-Delange
☎ 04 68 94 15 95
F. lundi, 26 juin-2 juil. et 20 déc.-20 janv.
Jusqu'à 20h30.

Villes de proximité, voir :

⟳ POMAREDE (LA) .... 11 km N. par D 624 **(14/20)**

CASTELSARRASIN - 82100 (29 D 3)
Agen 54 - Auch 75 - Toulouse 70

12 **Auberge du Moulin**

Les ailes du moulin servent de point de ralliement, non pas aux simples promeneurs du dimanche, mais aussi aux bons vivants en quête d'une personnalité. Car le chef-patron, sur un registre assez familier, sait s'extraire du terroir occitan pour des assiettes actuelles plutôt bien tournées : escargots en brochette et fondue d'épinards aux éclats de noix, pavé de merlu risotto aux moules, trilogie de chocolat avec les produits de Michel Cluizel.... Accueil souriant de Sonia, cave sud-ouest assez variée et peu coûteuse (avec les saint-sardos, les vins du Brulhois...), étendue classiquement sur les autres régions.

M : 13,50-36 €

→ Rte de Toulouse, N 113
☎ 05 63 32 20 37
F. sam. à déj., mardi à dîn., merc. et août.
Jusqu'à 22h.

CASTERA VERDUZAN - 32410 (29 B 3)
Auch 24 - Agen 62

14 🍽 **Le Florida**

Fondée dans les années 30 par Angèle, la grand-mère, cette émouvante ambassade de la gastronomie gasconne est aujourd'hui dirigée par l'inusable Bernard Ramounèda, un chef qui ne s'embarrasse guère des dernières tendances gastronomiques, préférant perpétuer (et avec quel talent !) la tradition locale : soupe de châtaignes aux dés de jambon, tournedos de magret de canard aux épices thaïes et tarte au citron de "Mémée Angèle". Une atmosphère sincère, généreuse et authentique flotte sur cette maison, forcément indispensable.

C : 60 € • M : 14-50 €

→ Rue du Lac
☎ 05 62 68 13 22
F. dim. à dîn. et lundi.
Jusqu'à 21h30.

CASTILLON DU GARD - 30210 (32 C 3)
Nîmes 30 - Orange 37

13 🍴 L'Amphitryon

Mario Monterroso aime le vin et le partage, le Languedoc lui offre une belle palette de saveurs et il en fait profiter la clientèle à travers une carte bien construite, mais aussi une atmosphère parfaitement décontractée. Mais avec Stéphane Goudet en cuisine, on est bien loin du bar à vins tartines, le plaisir de l'Amphitryon passe également par le plaisir d'une cuisine de terroir finement réinterprétée, produits et recettes relus pour des assiettes raffinées et gourmandes à la fois : pressé de tomate au pistou et maquereau comme une escabèche, cuisse de lapin confite en escargolade, soupe d'agrumes et sirop d'estragon.
C : 60 € • M : 28-40 €   *mario.monterroso@wanadoo.fr*

→ Pl du 8-Mai-45
☎ 04 66 37 05 04
F. mardi (sf juil.-août), merc., vac. scol. fév. et 2ème quinz. nov.
Jusqu'à 21h30.

13 🍴 Le Vieux Castillon

Le chef connaît la musique, celle qui souffle comme le mistral de la vallée du Rhône à la Méditerranée. La carte se montre toujours enjôleuse, produits de prestige et recettes provençales se mêlant pour le meilleur, et le plaisir de résidents choyés : langoustines sur de grosses asperges grillées, selle et double côte d'agneau rôties en fleur de thym, panure de semoule de blé et d'écorce de citron, bons desserts chocolatés. Un service de bon style, assez décontracté et une sommellerie à la hauteur, bien pourvue en vins du Sud.
C : 88 € • M : 51-107 €   *www.vieuxcastillon.com*

→ Rue Turion-Sabatier
☎ 04 66 37 61 61
F. lundi à déj., mardi à déj. et déb. janv.-déb. mars.
Jusqu'à 21h.

🏰🏰🏰 Le Vieux Castillon

La belle pierre claire donne du charme à cette demeure accueillante au cœur du village. Les chambres sont décorées dans l'esprit régional, meubles peints, sobriété, luminosité. On se détend dans le patio fleuri, planté d'un olivier centenaire. Sauna, billard, piscine extérieure.
3 appart. 359 € • 29 ch. 200-330 €   *www.vieuxcastillon.com*

→ Rue Turion-Sabatier
☎ 04 66 37 61 61
🖷 04 66 37 28 17
F. déb. janv.-mi-fév.

CASTILLONNES - 47330 (24 B 3)
Agen 66 - Bergerac 25

12 Les Remparts

Il règne un esprit bien agréable dans cette maison bourgeoise XVIIIe, un esprit justement bien peu bourgeois : sur les bases d'un répertoire en apparence classique, Céline Mingam affine son propos, dans des mariages terre mer maîtrisés et gourmands (salade de supions poêlés et Serrano vinaigrette tomate basilic) comme dans une interprétation personnelle du terroir (magret de canard et caramel de carottes au gingembre). Les desserts restent un peu classiques mais le service suit le mouvement avec dynamisme. Chambres spacieuses, récemment rafraîchies.
C : 30 €   *www.logisdefrance.com*

→ 26 rue de la Paix
☎ 05 53 49 55 85
F. dim. à dîn., lundi (h.s.), lundi à déj. (juil.-août), 1re sem. janv., 3/4 sem. vac. scol. fév. et 2 dern. sem. nov.
Jusqu'à 21h30.

CASTRES - 81100 (30 B 4)
Albi 42 - Toulouse 71

🛏 Renaissance

Une maison typique à colombages, aux chambres personnalisées dans des styles variés, du classique au contemporain. Petits prix et cadre de cachet.
3 appart. 55-95 € • 20 ch. 45-65 €   *www.hotelrenaissance.fr*

→ 17 rue Victor-Hugo
☎ 05 63 59 30 42
🖷 05 63 72 11 57
Ouv. 7j/7.

Villes de proximité, voir :

CAUCALIERES - 81200 (30 B 4)
Castres 15 - Castelnaudary 53

13 Restaurant de Bonnery

Un centre équestre en pleine campagne, lové dans un méandre de la rivière Thoré, une patronne, Marie Augé, qu'on n'oublie pas de sitôt, adorable et atypique, une cuisine qui ne s'embarrasse pas d'un quelconque carcan, avec les assortiments d'entrées (baptisés "pic à pic", façon tapas), le plat du jour (si ça ne plaît pas, on passe son tour) et les bons petits crus à prix d'amis. Indispensable.
C : 37 € • M : 30 €

→ ☎ 05 63 61 92 56
F. jeudi, vend. à déj., sam. à déj. et fêtes fin année.

CAUTERETS - 65110 (29 A 6)
Tarbes 51 - Lourdes 29

11 Astérides et Sacca

Depuis plus de trente ans, Jean-Marc Canton fait vivre son hôtel au cœur de la station et, derrière la façade aux balcons ouvragés, la prestation reste d'actualité, avec un décor plaisant qui n'a pas oublié d'évoluer (y compris les chambres, régulièrement rénovées). En cuisine, le chef fait bon usage des produits de terroir et de saison et les asperges vertes et jambon de montagne poêlé, l'agneau à la fleur de thym et ragoût de haricots tarbais ou la coupe mousquetaire aux pruneaux et à l'armagnac ne démérient pas.
C : 37 € • M : 16,75-42 €   www.perso.wanadoo.fr/hotel.le.sacca

→ 11 bd Latapie-Flurin
☎ 05 62 92 50 02
F. 15 oct.-15 déc.
Jusqu'à 21h15.

10 Ferme Basque

La Ferme Basque… Tout est dit, ou presque, avec des promesses qui sonnent bon aux oreilles des nombreux amateurs du terroir basque. Ancien berger, Léon Poulot aime ses montagnes qui se déroulent en une vue magnifique depuis la terrasse du restaurant et leur rend hommage avec des préparations aux saveurs authentiques : charcuterie artisanale, garbure, haricots bigourdans… Pour prolonger le plaisir, la maison propose ses produits à emporter.
M : 17-22 €   www.fermebasque.fr

→ Rte du Cambasque
☎ 05 62 92 54 32
F. non comm.
Jusqu'à 20h.

CAVAILLON - 84300 (33 B 4)
Avignon 30 - Arles 42

14 Restaurant Prévot

'La Maison du Melon', clame haut et fort Jean-Jacques Prévot qui s'est installé au début des années 80 dans cet ancien comptoir des meloniers. L'homme, haut en couleur, ardent défenseur du célèbre fruit local, en a même créé un alcool mêlant melon, fleur de badiane, amandes et épices qu'il propose en apéritif. Adepte des menus-concepts (tout melon, truffes, gibier, coquilles saint-jacques… suivant les saisons), Jean-Jacques Prévot propose évidemment une version plus traditionnelle de la gastronomie, plutôt à tendance classique : noix de saint-jacques rôtie au foie gras et truffes de Bourgogne, ris de veau au lard fermier, bœuf saisi au sumac et sauce muscat rouge. L'ambiance demeure le point faible de la maison, comme si le personnel se sentait à l'étroit face à un patron aussi présent.
C : 50 € • M : 30-85 €   www.restaurant-prevot.com

→ La Maison du Melon, 353 av de Verdun
☎ 04 90 71 32 43
F. non comm.
Jusqu'à 22h30.

10 Au Fin Gourmet

Il y a de nombreux "Fin Gourmet" à travers la France, c'est-à-dire ces tables gentillettes où l'ambition est limitée à faire correctement le métier (mais que viennent faire le homard et les truffes dans cette carte ?), animée ici par un jeune couple plein d'allant dans le cadre d'une ancienne pension de famille. La salade de saumon fumé, l'entrecôte et le tiramisu sont assez bien soignés pour mériter mention. On encourage. Cave régionale et classique, petit choix au verre.

C : 43 € • M : 15-35 €   *www.au-fin-gourmet.fr*

→ 35 rue Gustave-Flaubert
☎ 04 90 78 15 27
F. mardi, merc. (h.s.), mardi (saison).
Jusqu'à 21h30.

Côté Jardin

Même si la façade a été rénovée, même si la salle est séduisante sous ses poutres, c'est bien côté jardin que ça se passe, pour profiter de la douceur du climat comme d'une cuisine aux tranquilles saveurs méditerranéennes, lotte en croûte de basilic ou brochettes d'agneau rôties au miel.

C : 35 € • M : 23-28 €   *cotejard@club-internet.fr*

→ 49 rue Lamartine
☎ 04 90 71 33 58
F. dim., lundi à dîn., mardi à dîn. (hiver) et 15 fév.-15 mars.
Jusqu'à 21h30.

Les Gérardies

Sur le cours, la maison séduit par son décor bien actualisé, son patio agréable, l'accueil souriant et décline des assiettes dans l'air du temps, Provence et produits bio en avant, crumble de légumes de saison, filet de rouget et caviar d'aubergine. Desserts classiques.

C : 43 € • M : 16-45 €   *www.lesgerardies.com*

→ 140 cours Gambetta
☎ 04 90 71 35 55
F. merc., jeudi à déj., sam. à déj. F. ann. non comm.

Villes de proximité, voir :

⟳ CHEVAL BLANC ....5 km E. par D 973 **(12/20)**

CAVANAC - 11570	**(31 C 5)**

Carcassonne 7 - Limoux 22

Château de Cavanac

Un château XVIIe qui vaut bien des citadelles.... A quelques minutes de Carcassonne, les chambres romantiques à ciel de lit et baldaquin ont chacune leur style, seigneurial et harmonieux dans le grand genre classique, avec de bons équipements de détente. Au restaurant, cuisine régionale, foie gras, cochon de lait au miel, cassoulet au confit de canard.

4 appart. 150-155 € • 24 ch. 65-150 €   *www.chateau-de-cavanac.fr*

→ ☎ 04 68 79 61 04
🖨 04 68 79 79 67
F. janv., fév. et 2 sem. nov.

CAZAUBON - 32150	**(29 A 3)**

Barbotan-les-Therme 3 - Mont-de-Marsan 44

13 Le Cèdre

Au sein de la maison familiale, Charlotte Latreille a pris en main le terroir gascon et les impératifs de la vie de château avec l'enthousiasme de la jeunesse et propose une carte équilibrée, entre adorables parfums nostalgiques (l'œuf à la coque avec de très belles asperges vertes en guise de mouillette) et bases classiques (le foie gras, le mignon de porc aux baies ou la crème glacée aux pruneaux et armagnac). Cave plaisante, notamment sur la région.

C : 45 € • M : 19-45 €   *www.chateaubellevue.org*

→ 19 rue Joseph-Cappin
☎ 05 62 09 51 95
F. 2 janv.-12 fév.

Le Château Bellevue

Paisible étape au cœur de l'Armagnac, la grande maison de maître 1830 cultive une élégance bourgeoise (hauts plafonds, sobres meubles de style) et la gentillesse permanente d'une affaire de famille.

2 appart. 115 € • 20 ch. 68-102 €   *www.chateaubellevue.org*

→ 19 rue Joseph-Cappin
☎ 05 62 09 51 95
🖨 05 62 09 54 57
F. 2 janv.-12 fév.

GM

CEAUX - 50220 (5 B 5)
Saint-Lô 67 - Avranches 9

10 Au P'tit Quinquin

Une table qu'il faut fréquenter avant tout par la sagesse de ses prix et la gentillesse de l'accueil. Cuisine régionale toute simple, gâteau d'andouille de Vire, duo de rouget et bar au beurre de cidre.
M : 12-30 €   www.aupetitquinquin.com

→ 9 Les Forges, rte de Courtils
☎ 02 33 70 97 20
F. dim. à dîn., lundi, mardi à déj. (sf juil.-août) et fin oct.-fin mars.
Jusqu'à 21h.

LA CELLE - 83170 (34 A 5)
Brignoles 2

15 Hostellerie de l'Abbaye de la Celle

Un cadre médiéval, calme et confortable, voilà bien le premier atout de cette maison sereine, tout en élégance et en sobriété, de ces endroits à la fois magnifiques (une terrasse de rêve) et dans lesquels on se sent rapidement à l'aise, grâce également à l'efficacité d'un personnel attentif et efficace. La cuisine suit remarquablement cet esprit, livrant en majuscule (qualité des produits, précision des cuissons) une Provence pourtant familière : sardines et légumes croquants, merlu rôti au thym, agneau au sautoir et légumes à la sarriette. Une vision provençale remarquablement calibrée et exécutée, y compris dans la sélection de vins.
C : 73 € • M : 42 €   www.abbaye-celle.com

→ 10 Pl du Gén-de-Gaulle
☎ 04 98 05 14 14
F. mardi, merc. (mi-oct.-fin mars.) et 14 janv.-7 fév.
Jusqu'à 22h.

Hostellerie de l'Abbaye de la Celle

Dans le contexte paisible d'un parc arboré, aux portes de l'abbaye, cette sobre maison XVIIe cultive une authenticité précieuse à travers de multiples détails anciens de mobilier ou de décoration, issus de patientes recherches et associés avec goût dans des atmosphères personnalisées symboles d'une Provence éternelle.
2 appart. 275-350 € • 8 ch. 205-310 €   www.abbaye-celle.com

→ Pl du Gén-de-Gaulle
☎ 04 98 05 14 14
▤ 04 98 05 14 15
F. 14 janv.-7 fév.

CENON - 33150 (23 D 2)
Bordeaux 3

15 La Cape

Jusqu'où ira-t-il trop loin ? Dans ce décor coloré, vivant, prolongé d'un jardin terrasse, Nicolas Magie n'en fait qu'à sa tête, mais elle est bien faite et il a le geste technique qu'il faut pour accompagner son imagination. C'est ce qui fait de la Cape une des tables les plus en vue, les plus convoitées (on trépigne parfois jusqu'à deux mois pour une réservation), les plus insolentes et les plus passionnantes du département. Irréductiblement arrêté sur des prix de brasserie, ce menu pétaradant qui change toutes les trois semaines fait saliver les prétendants : les gambas juste saisies sur la plancha, spaghetti végétal de betterave et chèvre frais, réduction d'orange à l'huile d'olive, la lotte à basse température, puis poêlée, compressé de petits pois frais et bigorneaux, jus de laitue et émulsion d'eau de mer : le pigeon de Madame Le Gun, avec sa cuisse en pastilla. La cave est épatante (du pointu, du lourd et tous les prix), forgé par un connaisseur. Et si vous n'avez pas peur de disjoncter, vous pouvez augmenter la charge avec le saint-nectaire en air comprimé, sorbet poire et chips de pain en mendiant… C'est magique !
C : 35 € • M : 35 €

→ 9 allée de la Morelette
☎ 05 57 80 24 25
F. w.-e., fériés, août, 28 juil.-20 août et 22 déc.-7 janv.
Jusqu'à 21h30.

CERESTE

CERESTE - 04280 (33 D 4)

Aix-en-Provence 59 - Apt 19 - Digne 74

13 Hostellerie l'Aiguebelle

Cette "petite" maison est éminemment sympathique, pleine de vie, de chaleur et de gaîté. Côté cuisine, le chef propose des produits d'une fraîcheur indiscutable, travaillés avec une sobriété qui les sert au mieux en leur laissant le premier rôle : ravioles du Champsaur accompagnées d'une belle salade de légumes frais, des pieds et paquets à la provençale savoureux et sans lourdeur. A ce prix-là, l'affaire est belle, d'autant qu'il règne ici une franche bonne humeur qui tient autant à la satisfaction des clients qu'au sourire communicatif d'un service féminin adorable. Courte cave régionale et quelques chambres sobres et claires.
C : 32 € • M : 15-30 €

→ Pl de la République, BP 14
☎ 04 92 79 00 91
F. lundi et 13 nov.-13 fév.
Jusqu'à 21h.

hotel.aiguebelle@wanadoo.fr

CERET - 66400 (31 D 6)

Perpignan 30 - Amélie-les-Bains 8

Le Mas Trilles

Ce beau mas XVIIe est niché dans un parc de 2 ha de vergers et d'essences méditerranéennes qui borde le Tech sur 500 m. Une base de sérénité et de raffinement, aux chambres meublées d'ancien ou plus contemporain, pour visiter cette cité d'artistes.
2 appart. 155-230 € • 8 ch. 98-230 €

→ Pont-de-Reynes
☎ 04 68 87 38 37
▤ 04 68 87 42 62
F. 8 oct.-27 avril.

www.le-mas-trilles.com

La Terrasse au Soleil

Posé au calme sur les hauteurs, face au soleil et au Canigou, l'ancien mas de Charles Trénet est une belle interprétation d'une Douce France, avec équipement de détente agréable et ses jolies chambres claires ouvertes sur la montagne.
5 appart. 124-278 € • 34 ch. 93-249 €

→ Rte de Fontfrède
☎ 04 68 87 01 94
▤ 04 68 87 39 24
F. 2 déc.-2 mars.

www.terrasse-au-soleil.com

CERVIONE - 20221 (35 D 3)

Bastia 51 - Porto-Vecchio 101

10 Aux Trois Fourchettes

Village pur corse charmant, accueil souriant et cuisine sincère : le triptyque nécessaire, les bonnes vibrations pour une assiette de légumes du jardin un peu banale, des cannellonis brocciu corrects, des beignets de châtaignes. On boit le vin au pichet, rustique, ou la Pietra.
C : 20 € • M : 14-15 €

→ Pl de l'Eglise
☎ 04 95 38 14 86
Ouv. 7j/7.
Jusqu'à 22h.

auxtroisfourchettes@wanadoo.fr

Villes de proximité, voir :

MORIANI PLAGE .... 11 km N. par D 71 et N 198 **(11/20)**

CESSON SEVIGNE - 35510 (14 C 4)

Rennes 6 - Châteaubourg 13

13 Le Sarment de Vigne

Autrefois relais de diligences, puis station-service avant de devenir un haut lieu de la cuisine de grillades sur sarments, la jolie maison de banlieue compte parmi nos préférées de la capitale bretonne. Cécile Ollivier illumine par sa seule présence et son époux, Yannick, propose une intelligente cuisine de marché : raviole de homard aux cébettes et piments d'Espelette, pigeonneau cuit en cocotte, sucette de coing et duo de châtaignes et pruneaux, andouillette de Bretagne grillée... Jolis desserts, cave s'attachant à dénicher les meilleurs à petits prix.
C : 60 € • M : 18-42 €

→ 54 rte de Fougères
☎ 02 99 62 00 13
F. sam. à déj., dim. à dîn., lundi, 1er-8 mai et 4 sem. fin juil.-déb. août.
Jusqu'à 21h (21h30 w.-e.).

www.lesarmentdevigne.com

CEVINS - 73730   (28 C 3)

Alberville 13 - Annecy 58 - Moutiers 16

13 **La Fleur de Sel**

Dominique Hybord, ancien de Rostang et du Père Bise, s'est installée dans cette auberge de la partie basse de la vallée de la Tarentaise, qui mêle décor moderne, pierres apparentes et haut plafond. On y découvre une cuisine fraîche, actuelle, sensible aux produits et teintée d'idées judicieuses comme cette sauce aux carottes subtilement parfumée de curry qui accompagne un frais omble chevalier. Tout n'affiche pas encore la même réussite, à l'image d'une crème mascarpone coiffant inutilement un tartare ou d'un service qui manque un peu d'élégance, mais, à l'image d'une cave encore un peu jeune mais faisant habilement le tour des régions, on sent un potentiel qui ne demande qu'à s'exprimer. Une table à suivre.

C : 58 € • M : 15-49 €   *www.restaurant-fleurdesel.fr*

→ Les Marais
☎ 04 79 37 49 98
F. lundi à dîn., mardi à dîn., merc. et 1er-15 juil.

CHABLIS - 89800   (19 D 2)

Auxerre 19 - Troyes 75

15 **Hostellerie des Clos** 🍇

Sans briguer la moindre originalité, on peut évoquer l'exemplarité de cette Hostellerie. Un village certes mondialement célèbre, mais loin d'une métropole, une vie et un rythme de grande maison maintenu depuis des décennies par Michel Vignaud et son orchestre, évidemment plus proche de la philharmonie que de la fanfare. Ces belles façons - même si le bon service cède parfois aux apparences - sont parfaitement justifiées par une cuisine qui certes, met en valeur le prestige, du homard à l'excellent turbot ou aux splendides ris de veau, mais sait aussi musarder au long des rivières du pays pour dénicher un saumon de fontaine avec une crème au chablis et quelques délicieux légumes. Jolis desserts, groupés autour de charmants classiques (le soufflé par exemple), exceptionnelle cave bourguignonne, qui vous apprend tout des parcelles chablisiennes (Les Preuses, Vaudésir, Valmur, Les Clos, Fourchaume...), mais de toutes les appellations et climats, d'Irancy à Beaune, avec l'expertise d'une sommellerie précise et enthousiaste.

C : 80 € • M : 40-75 €   *www.hostellerie-des-clos.fr*

→ 18 rue Jules-Rathier
☎ 03 86 42 10 63
F. 18 déc.-18 janv.
Jusqu'à 21h.

Hostellerie des Clos 🗝

La meilleure table des environs se double d'une hôtellerie de standing, abritée par les murs des anciens hospices du XIIIe siècle. Les chambres, pour certaines climatisées, jouissent d'un confort conforme aux normes actuelles, l'accès à un petit centre de remise en forme (salle de fitness, sauna) s'ajoutant aux plaisirs de la visite du caveau de dégustation. Parc agréable aménagé dans le domaine William Fèvre.

4 appart. 185-200 € • 32 ch. 55-125 €   *www.hostellerie-des-clos.fr*

→ 18 rue Jules-Rathier
☎ 03 86 42 10 63
🖥 03 86 42 17 11
F. 18 déc.-18 janv.

12 **Bistrot des Grands Crus** 🗒

Au centre du village, cette salle qui sent le neuf arrangée par un bon bricoleur a de la convivialité à revendre quand elle s'anime un peu. Supervisée par Michel Vignaud, elle compile des standards bourguignons avec soin, de très bons escargots, une blanquette de poulet fermier pattes noires, un fondant aux marrons. Avec la sélection du patron en chablis, le niveau de la bouteille d'optimisme est largement au-dessus de la moitié.

C : 25 € • M : 12-25 €   *www.bistrotdesgrandscrus.com*

→ 10 rue Jules-Rathier
☎ 03 86 42 19 41
F. 18 déc.-18 janv.
Jusqu'à 21h.

CHAGNY - 71150 (20 D 4)
Mâcon 73 - Beaune 16

17 🏛🏛🏛 **Lameloise**

Une des dernières véritables icônes bourguignonnes : Jacques Lameloise peut demander l'inscription de son pigeonneau en vessie et pâtes au foie gras ou sa compote de queue de bœuf aux pommes de terre et aux truffes au Patrimoine mondial de l'humanité. D'ailleurs, on ne serait pas loin de conseiller aux visiteurs, ce que nos amis étrangers ne se privent pas de faire, d'établir leur menu dans ce court catalogue (en bas à droite de la carte) des classiques consacrés : c'est la meilleure façon de faire connaissance avec la maison. Pour les habitués, qui les ont déjà tous goûtés, le chef propose des plats de saison sur des ingrédients de noblesse : la déclinaison sur la langoustine est très plaisante, avec notamment un mariage crustacés céleri rémoulade furieusement harmonieux, le turbot très bien cuit mais noyé sous un sabayon de champignons manquant un peu de légèreté et la pomme de ris de veau parfaite (tiens, encore un sabayon, encore aux champignons !). Tout cela est beau et bon, présenté comme au XXIᵉ siècle, jusqu'à la généreuse et méthodique assiette chocolat (opéra, brownie, tartelette, fondant, sorbet...) mais est-ce qu'on peut vraiment le comparer à une poularde de Bresse bien dodue et rôtie par un maître ? Cave dédiée, dévolue, dévouée au vignoble bourguignon : de très peu d'intérêt ailleurs, elle est intarissable, dans son choix régional, avec les meilleurs (Dujac, Bertagna, Coche-Dury, Comte Armand, Montille etc.) dans les bons millésimes. Les tables sont un peu resserrées dans les salons voûtés régulièrement pleins à craquer, le service nombreux et polyglotte fait marcher ce Barnum avec tact et professionnalisme, et on espère pour ce phare de dimension internationale que la commune, pourtant pas une mégalopole, saura en rendre l'accès un peu plus commode.
C : 95€ • M : 95-135€
www.lameloise.fr

→ 36 pl d'Armes
☎ 03 85 87 65 65
F. mardi à déj., merc., jeudi à déj., 1er-24 janv. et 8-14 juil. Jusqu'à 21h30.

idéal gourmet

Ↄ Ↄ Ↄ Lameloise

Luxe bourguignon chaleureux et raffiné dans le cadre d'une maison dont les origines remontent au XVᵉ siècle. Les matériaux anciens, les espaces généreux, les meubles de caractère et les tissus élégants, composent un ensemble remarquable.
16 ch. 135-295€
www.lameloise.fr

→ 36 pl d'Armes
☎ 03 85 87 65 65
🖨 03 85 87 03 57
F. 1er-24 janv., 8-14 juil. et 22-31 déc.

CHAINTRE - 71570 (20 B 6)
Mâcon 9 - Beaujeu 26

14 🏛 **La Table de Chaintré**

Cette jolie table bourguignonne a trouvé un nouveau chef, Sébastien Gropellier, second dans nombre de belles maisons (Loiseau, Jeunet entre autres). Une garantie de bonne fin et de bonne faim pour les voyageurs, qui descendront du TGV (la gare à 2 km) ou passeront sur l'A6 toute proche, à quelques minutes de Mâcon. Au programme, la même belle cuisine de marché, corrigée et actualisée dans une vision nette et personnelle. Très belle cave bourguignonne.
M : 38-50€

→ Le Bourg
☎ 03 85 32 90 95
F. lundi, mardi et 15-31 août. Jusqu'à 21h30.

G
M

CHALLANS - 85300 (15 B 5)
La Roche-sur-Yon 43 - Pornic 50

12 **Chez Charles**

La maison de Charles Peltier ne survend pas une quelconque orthodoxie bistrotière ou une authenticité "terroir" à un public en mal de repères. Sérieuse, soignée, classique, la cuisine proposée sur cette place où se tenait autrefois le marché à bestiaux, évite tout faux-semblant : le pavé de filet de bœuf est servi avec des pommes de terre rôties, les poissons du jour sont accompagnés d'un beurre blanc et de légumes de saison et les fromages sont fournis par Pascal Beillevaire. Cave affichant la même sincérité.
C : 32 € • M : 20-55 €   *www.restaurantchezcharles.com*

→ 8 pl du Champ-de-Foire
☎ 02 51 93 36 65
F. dim. à dîn., lundi et 23 déc.-27 janv.

Château de la Vérie

Un agréable et beau château classé, propice à la détente, en amoureux ou en famille, avec des chambres (certaines ont été rénovées cette année) au mobilier rustique préservant l'atmosphère historique mais au confort actuel. A l'arrière du château, une belle terrasse pour les repas d'été.
4 appart. 104-158 € • 21 ch. 56-158 €   *www.chateau-de-la-verie.com*

→ Rte de Saint-Gilles-Croix-de-Vie
☎ 02 51 35 33 44
▤ 02 51 35 14 84
Ouv. 7j/7.

CHALMAZEL - 42920 (27 B 3)
Montbrizon 37 - Roanne 79

Château des Marcilly-Talaru

Ce château du XIIIe siècle, dont l'architecture a été à peine remaniée au fil des siècles, est perché à 900 m d'altitude. A l'intérieur, vieilles pierres et plafonds à la française composent un décor superbe. Claires, meublées de style et ouvertes sur une nature préservée, les chambres sont très agréables à vivre.
1 appart. 151-175 € • 4 ch. 90-141 €   *www.chateaudechalmazel.com*

→ Le Château
☎ 04 77 24 88 09
▤ 04 77 24 87 97
F. non comm.

CHALON SUR SAONE - 71100 (20 B 5)
Mâcon 62 - Beaune 29

16 **Moulin de Martorey**

Solide, sérieuse, immuable : autant de qualificatifs qui viennent à l'esprit au moment de qualifier la maison de Pierrette et Jean-Pierre Gillot mais qui ne sauraient suffire. Car dans cet élégant moulin du XVIIIe posé sur la rivière, on découvre bien autre chose qu'un simple respect des traditions. Jean-Pierre Gillot écoute, s'adapte aux nouvelles contingences imposées par une clientèle qui, tout en acceptant de faire quelques extras le week-end (même si les prix demeurent à un niveau exceptionnellement bas pour un "deux toques") peut aussi profiter de l'impeccable menu à 29 € en semaine. Classique et personnalisée, la carte regorge de bonnes idées, les ravioles farcies aux écrevisses et beurre de fines herbes, le sandre flanqué d'une petite friture et d'une sauce ravigote ou le filet de canard rôti, condiments d'orange et genièvre trahissant une technique et un sens du produit sans failles. Très belle cave bourguignonne.
C : 60 € • M : 29-53 €   *moulindemartorey@wanadoo.fr*

→ Saint-Rémy
☎ 03 85 48 12 98
F. dim. à dîn., lundi, mardi à déj., 1ère quinz de janv. et 2e quinz. août.
Jusqu'à 21h30.

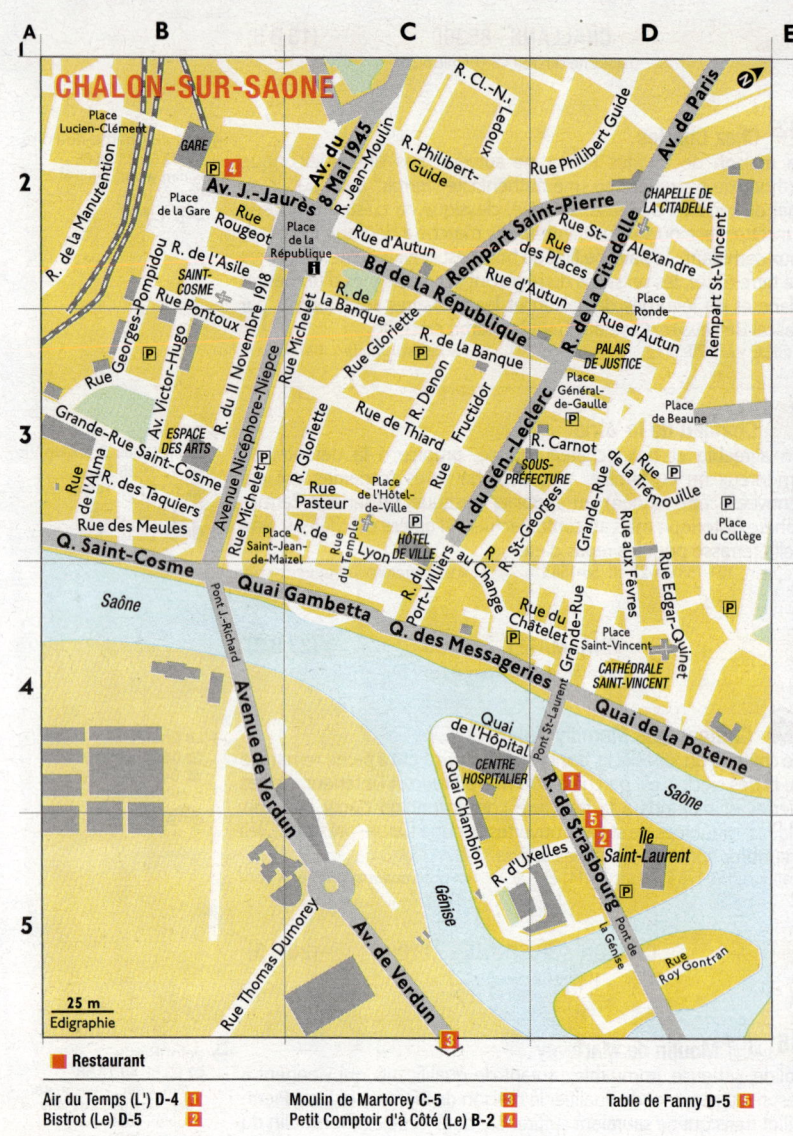

CHALON-SUR-SAONE

■ Restaurant

Air du Temps (L') **D-4** ■1
Bistrot (Le) **D-5** ■2
Moulin de Martorey **C-5** ■3
Petit Comptoir d'à Côté (Le) **B-2** ■4
Table de Fanny **D-5** ■5

13 🍺 Le Bistrot

Derrière cette appellation toute simple se cache l'esprit même d'un bon bistrot : service convivial, décor adorable et surtout produits soignés. Et de ce côté-là, les Mézière savent y faire, l'assiette est plaisante et gourmande à la fois (crumble de foie gras aux poires et noisettes torréfiées, filet de maquereau poêlé tarte fine à la tomate concassée de tomates aux olives vertes et basilic, mousseline de pâte d'amande et framboises fraîches à l'huile d'olive),

→ 31 rue de Strasbourg
☎ 03 85 93 22 01
F. w.-e., vac. scol. fév. et 3 sem. août.
Jusqu'à 21h30.

témoignage de produits bien choisis et d'un savoir-faire solide à la préparation, et la cave est riche en références attrayantes, au rapport qualité-prix soigné. C'est bien le Bistrot, avec un B majuscule.
C : 38 € • M : 24-28 €

---

12 L'Air du Temps

La maison de Cyril Boulet est de plus en plus courue, au point de devenir l'une des adresses incontournables de cette rue où choisir une table au hasard tient du jeu de la roulette russe. Sincère, soignée, contemporaine et pas trop chère, la cuisine de cet ancien chef à la Montagne de Brancion fait mouche : dés de ris de veau et sauce poulette émulsionnée, crème de coco aux blettes, aiguillettes de thon rouges poêlées, bolognaise de petits légumes et encornets à l'huile d'olive, sablé breton aux pommes façon tatin et glace à la vanille bourbon. Cave alléchante avec un choix superbe au verre. Service souriant et compétent.
C : 30 € • M : 11-34 € *lair.du.temps@wanadoo.fr*

→ 7 rue de Strasbourg
☎ 03 85 93 39 01
F. dim., lundi, 1re quinz. avril, 1 sem. fin août, 2 sem. sept. et sem. Noël.
Jusqu'à 21h30.

---

12 Table de Fanny

Parmi la flopée d'enseignes, bistrots et cuisine du monde, Fanny joue les bonnes copines, la cuisine sensible et sympa, goût du jour et marché clin d'œil derrière la façade élégante et fraîche. Sous l'œil de la chef, en noir et blanc sur les photos, on goûte cette carte personnelle et inventive, avec des clins d'œil (le Club des 5 en dessert, cinq soupes à deviner) et un savoir-faire certain, même si certains détails restent à affiner : sardines bretonnes, fougasse et sauce tomate basilic, bar sur peau et risotto d'algues, rognons cuits en croûte d'argile.
C : 20 € • M : 26-30 € *creuzet.pierre@wanadoo.fr*

→ 27 rue de Strasbourg
☎ 03 85 48 23 11
F. sam. à déj., dim., lundi à déj., 19-29 août et Noël-nouvel an.
Jusqu'à 22h.

---

10 Le Petit Comptoir d'à Côté

Selon les jours, l'animation, on trouve un regain d'énergie dans ce bistrot de gare pratique où le service sait s'adapter au rythme voulu, du TER au TGV : grenouilles provençale, tartare au couteau, cabillaud en aïoli.
M : 15-18 € *yves.choux@le-saintgeorges.fr*

→ 30 av Jean-Jaurès
☎ 03 85 90 80 52
F. sam. à déj., dim. et fériés.
Jusqu'à 21h15.

Villes de proximité, voir :

CHALONS EN CHAMPAGNE - 51000 (9 B 3)
Paris 163 - Dijon 255 - Metz 158

15 Jacky Michel

Régulier, sérieux, cossu, l'hôtel-restaurant de Jacky Michel est à l'image de la cuisine concoctée par ce fin technicien, désormais aux commandes de cet établissement depuis tout juste trente ans. Un "deux toques" typique, solide dans ses bottes, étalon presque idéal tant pour le soin apporté au choix des produits que pour l'ambiance qui règne en salle. Il n'émane par de folle gaieté du pressé d'anguilles fumées, pomme verte et foie gras, crème à la vodka, du rouget-barbet cuisiné comme une paëlla, des ris de veau rôtis à la broche aux fèves et à la sarriette et du pain perdu rôti aux fraises et glace au fromage blanc. Seulement un sentiment de plénitude et

→ 19 pl Mgr-Tissier
☎ 03 26 68 21 51
F. sam. à déj., dim., lundi à déj., 13 juil.-11 août et vac. scol. Noël.
Jusqu'à 21h30.

de satisfaction, l'assurance d'un repas sans défaut, maîtrisé de bout en bout. La cave suit la même voie, proposant les meilleurs champagnes à prix logiques et malheureusement pas assez de vins au verre.

C : 60 € • M : 36-95 €

www.hotel-dangleterre.fr

- -

11 **Au Carillon Gourmand**

La jolie véranda climatisée qui donne sur la place du jet d'eau et l'église Notre Dame en Vaux ne désemplit pas au déjeuner. La carte ne brille pas par son originalité mais la sincérité est au rendez-vous sur le dos de cabillaud poêlé en croûtes d'herbes et tartare de légumes confits, sur le foie de veau poêlé et pain d'épices et le joli crumble aux pommes glacé au caramel au beurre salé.

M : 31 €

→ 15 bis pl Mgr-Tissier
☎ 03 26 64 45 07
F. dim. à dîn., lundi, merc. à dîn., 1 sem. fév., 1 sem avril et 3 sem. déb. août.
Jusqu'à 24h.
❄ ⌂

Villes de proximité, voir :

↻ EPINE (L') .... 9 km E. par N 3 **(15/20)**

CHAMAGNE - 86130	**(12 A 4)**

Epinal 36 - Lunéville 29

13 **Le Chamagnon**

Cette maison de village de pierres apparentes, perdue entre Nancy et Épinal, se révèle être une jolie découverte gourmande, comme on les aime : un décor tout frais d'une simplicité bienvenue, un accueil souriant et une cuisine actuelle et décomplexée, parfois un peu brouillonne à force de vouloir bien faire, mais assurément séduisante et tournée vers le plaisir : nems de tourteaux et de langoustine accompagnés d'un abondant assortiment de préparations de légumes (un peu étouffé par la tapenade), belle daurade avec une crêpe parmentière goûteuse, une chantilly au lard et des asperges, dentelle de noix de pécan, fraises et mousse à la vanille. Cave offrant des plaisirs variés.

C : 40 € • M : 19-53 €

→ 236 rue du Patis
☎ 03 29 38 14 74
F. dim. à dîn., lundi, mardi à dîn., merc. à dîn. et 1er-22 juil.
Jusqu'à 21h.
🚗 ❄ ⌂

charles.Vincent038@orange.fr

CHAMALIERES - 63400	**(26 D 1)**

Clermont-Ferrand 1

16 ≷ **Le Radio**

Vous ne ferez pas le voyage pour rien vers la maison du Radio. Dominant la ville, le bâtiment semble sorti d'un film futuriste des années 30. La salle Arts déco contemporaine est vraiment superbe, unique, lumineuse, dans des lignes fluides et tons doux, aux contrastes étudiés. Et Frédéric Coursol, dans son style, est également unique. Même si la carte part un peu moins dans tous les sens qu'il y a quelques années, la réalisation marque toujours cette pointe de douce fantaisie qui habite en permanence cet épicurien très pro, que l'on retrouve dans chaque assiette : foie gras poêlé et pain perdu aux abricots, dos de bar braisé à plat au vieux vinaigre, jarret de veau laqué pommes bouchon, ravioles de mandarine litchi mousse de champagne... Derrière les intitulés, un travail de présentation, des idées de dernière minute, de belles envolées. Une place à part dans le paysage auvergnat. Cave remarquable pour découvrir les vins de la région et profiter de grands crus accessibles.

C : 72 € • M : 40-92 €

→ 43 av
Pierre-et-Marie-Curie
☎ 04 73 30 87 83
F. sam. à déj., dim., lundi à déj., 1re sem. janv. et 1re sem. nov.
Jusqu'à 21h30.
🚗 ❄ ⌂

www.hotel-radio.fr

Le Radio

Sur les hauteurs de Chamalières, dans un quartier calme, cet hôtel jouit probablement de l'une des architectures les plus remarquables de l'Hexagone. Erigé en 1930 dans une architecture Art Déco qui évoque clairement la radio, il regroupe de nombreux éléments décoratifs (TSF, mosaïques, miroirs et ferronneries) qui évoquent clairement les ondes hertziennes. Lumineuses et raffinées, les chambres jouissent d'une belle vue panoramique.
1 appart. 174-185 € • 24 ch. 82-140 €   www.hotel-radio.fr

→ 43 av Pierre-et-Marie-Curie
☎ 04 73 30 87 83
📠 04 73 36 42 44
F. 10 jrs mai.

CHAMBERY - 73000   (28 B 3)
Paris 565 - Annecy 49 - Grenoble 55

15 Restaurant l'Orangerie

Les deux frères Campanella mènent désormais le bateau de front. Cédric est devenu directeur après le changement de propriétaire, et Boris, Grand de Demain en 2006, assure le ravitaillement avec autant de fougue que de finesse. Sa carte est maligne, trempée dans l'athanor où le banal se transforme en or, où une gelée d'eau de mer au raifort et feuille de bourrache rend les huîtres grandioses, où la féra du lac est transfigurée par la sauce carotte fane, le gingembre, le jambon de Savoie et le basilic, où la crevette plancha voisine pour le meilleur avec une tête de veau et un cappuccino de pomme de terre. Le talent, les idées : le mobile de cette réussite est évident, le responsable a 30 ans et tout l'avenir devant lui. Cadre châtelain raffiné, service en conséquence, cave maligne en toutes régions et relativement abordable pour les petits méconnus (L'inattendu de Gravillas à 46 €...).
C : 85 € • M : 28 €   www.chateaudecandie.com

→ Rue du Bois-de-Candie
☎ 04 79 96 63 00
F. sam. à déj., dim. à dîn., lundi (sept.-juin), à déj. (sf dim. juil.-août), vac. scol. Pâques et vac. scol. Toussaint. Jusqu'à 21h30.

Château de Candie

C'est le fruit d'une déco d'esthète - l'ancien propriétaire était passionné d'antiquités - qui touche le visiteur de cette ancienne maison forte savoyarde du XIVe siècle. Dominant le bassin chambérien, elle offre un panorama sur la Croix du Nivolet, la Dent du Chat et les Belledonnes. Les chambres sont ainsi joliment personnalisées, donnant sur le parc de 6 ha.
5 appart. 210-260 € • 15 ch. 110-210 €   www.chateaudecandie.com

→ Rue du-Bois-de-Candie
☎ 04 79 96 63 00
📠 04 79 96 63 10
Ouv. 7j/7.

13 La Maniguette

Branchée ? Assurément. Le décor, pierres apparentes, chaises recouvertes de cuir, parquet blond et éclairage tamisé, mais aussi la carte, très contemporaine, ne laissent pas planer le moindre doute : rollmops de féra et asperges, vinaigrette d'olives et anchois, gigot d'agneau de sept heures, légumes printaniers roulés au pistou et parmesan, polenta légère à la gelée de framboises, fraises et glace à la citronnelle. Service décontracté, cave plaisante.
C : 30 € • M : 28-45 €

→ 99 rue Juiverie
☎ 04 79 62 25 26
F. dim., lundi, mardi à dîn., 25 déc.-2 janv. et 2 sem. (été). Jusqu'à 21h30.

 standard grand confort haut de gamme 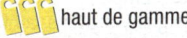 exceptionnel
 hôtels de charme

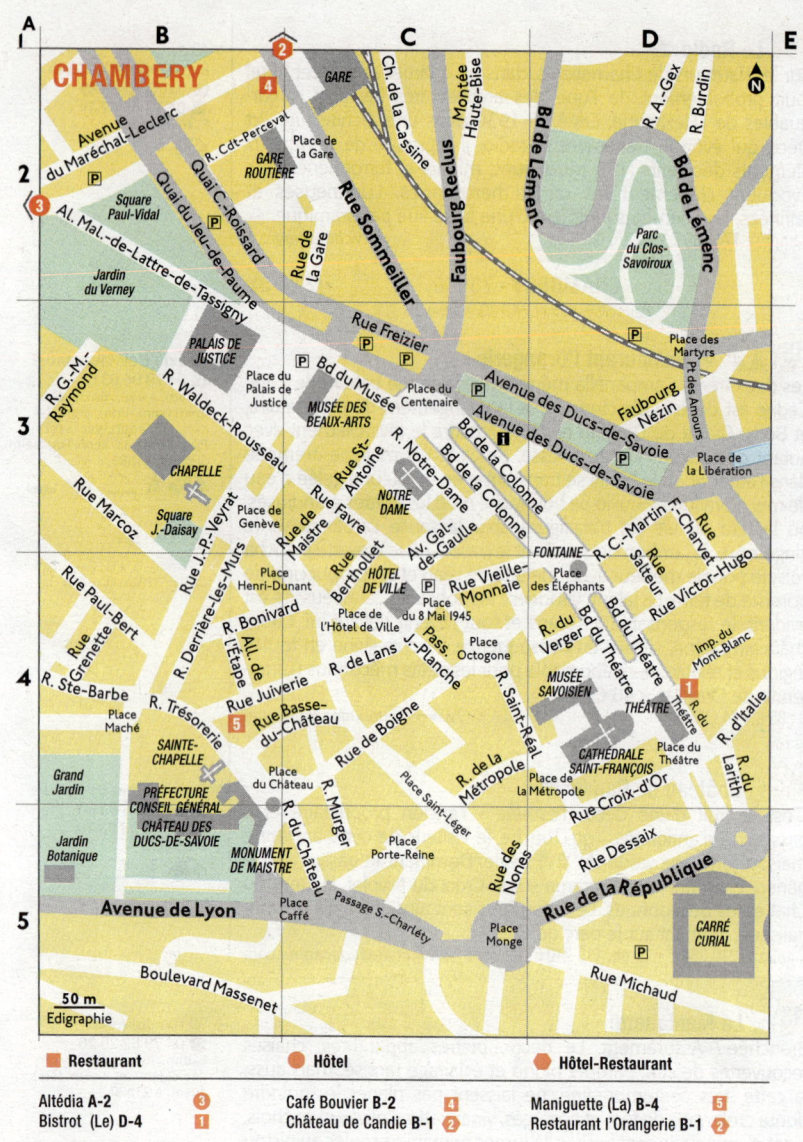

Restaurant ● **Hôtel** ● **Hôtel-Restaurant**

Altédia **A-2** ③
Bistrot (Le) **D-4** 1

Café Bouvier **B-2** 4
Château de Candie **B-1** 2

Maniguette (La) **B-4** 5
Restaurant l'Orangerie **B-1** 2

12 Café Bouvier

La table de l'hôtel Mercure, toujours dirigée par Jean-Michel Bouvier, a laissé de côté ses prétentions gastronomiques (deux toques encore récemment). Le propos est désormais simplifié, se concentrant sur un registre contemporain et fusion assez bien traité : hamburger de foie gras grillé, oignons confits et roquette, omble chevalier cuit meunière, purée de rattes à l'huile de noisettes, chocolat blanc et fruits exotiques. Cave correcte en savoie, service souriant et détaché.

C : 29 € • M : 15 €

→ 183 pl de la Gare
☎ 04 79 96 97 27
F. sam. à déj., dim., lundi à déj., prem. sem. janv. et 2 prem. sem. août.
Jusqu'à 23h.

www.l-essentiel-restaurant.com

GM

11 Le Bistrot

Dans ces deux petites salles à deux pas du théâtre, le passage de témoin constitue une bonne surprise et les bonnes idées d'une carte bistro moderne et enlevée justifient qu'on s'intéresse à autre chose qu'aux spécialités montagnardes : ludique bouillon glacé d'asperges vertes, servi dans une verrine et surmonté d'une agréable crème, correctes saint-jacques juste poêlées et risotto bien lié à la crème. Ambiance détendue, dommage que la formule, uniquement à la carte, emmène les prix rapidement vers le haut.
C : 20 €   chrisfav1108@hotmail.fr

→ 6 rue du Théâtre
☎ 04 79 75 10 78
F. dim., lundi et août.
Jusqu'à 23h.

- -

Altédia

Un lodge montagnard contemporain, concept moderne à proximité des grands axes, avec vue sur la chaîne de Belledonne. Chambres claires au design fluide, écran plat et wifi. Spa complet avec hammam, sauna, bassin de nage et relaxation.
2 appart. 160 € • 36 ch. 85 €   www.hotel-ateldia.com

→ 61 rte de la
République-Barbéraz
☎ 04 79 60 05 00
▤ 04 79 60 43 63
Ouv. 7j/7.

Villes de proximité, voir :

↻ BARBERAZ...2 km S.E. **(14/20)**

↻ BARBERAZ...2 km S.E. **(14/20)**

CHAMBOLLE MUSIGNY - 21220   (20 A 4)
Dijon 19 - Beaune 21

Château-Hôtel André Ziltener

Atmosphère de caveau chic dans un village viticole de haute réputation. Chambres claires et vastes, avec salon privatif, certaines avec cheminée, décorées sur le mode campagnard ou plus stylé (meubles Louis XVI), aux tons chaleureux et aux bons équipements (LCD, mini-bar). La cave, avec son petit musée, est ouverte en saison pour découvrir les crus locaux.
7 appart. 280-380 € • 3 ch. 220 €   www.chateau-ziltener.com

→ Rue de la Fontaine
☎ 03 80 62 41 62
▤ 03 80 62 83 75
F. 9 déc.-1er mars.

CHAMESOL - 25290   (21 D 3)
Besançon 25 - Bourg-en-Bresse 261

13 Mon Plaisir

Une cuisine de produit, par un chef adroit qui attire légitimement les banquets et communions du coin. Le style est un peu pompeux et les préparations grand style, mais on a de la tendresse pour une réalisation aussi léchée du vol-au-vent d'escargots, du lapin façon lièvre à la royale, du foie gras aux asperges et aux morilles ou de la saltimbocca de veau au cul noir de Bigorre. Cave variée, plutôt attrayante par ses choix et ses tarifs, même sur les grands crus (mais il serait peut-être bon d'indiquer les millésimes…).
M : 38-70 €   mon-plaisir@wanadoo.fr

→ 22 lieu-dit Journal
☎ 03 81 92 56 17
F. dim. à dîn., lundi, mardi, 30 juil.- 12 août et 10 déc.-23 déc.
Jusqu'à 21h.

CHAMONIX - 74400   (28 C 2)
Paris 613 - Annecy 103 - Megève 32

16 Restaurant Albert 1er ♥

L'on n'entre pas par hasard dans cette salle de majesté montagnarde où affleure dans chaque recoin le fameux luxe chamoniard, indéfinissable comme la "vraie classe", loin des nouveaux riches et du clinquant. Douceur molletonnée, accueil et atmosphère feutrée d'une maison de famille hors du commun, où Pierre et Martine Carrier sont épaulés par leur fille Perrine et son époux Pierre Maillet, qui assiste le chef et donne avec lui corps à une carte très suggestive

→ 38 rte du Bouchet
☎ 04 50 53 05 09
F. mardi à déj., merc., jeudi à déj. (sf fériés), 12 mai-4 juin et 5 nov.-4 déc.
Jusqu'à 21h30.

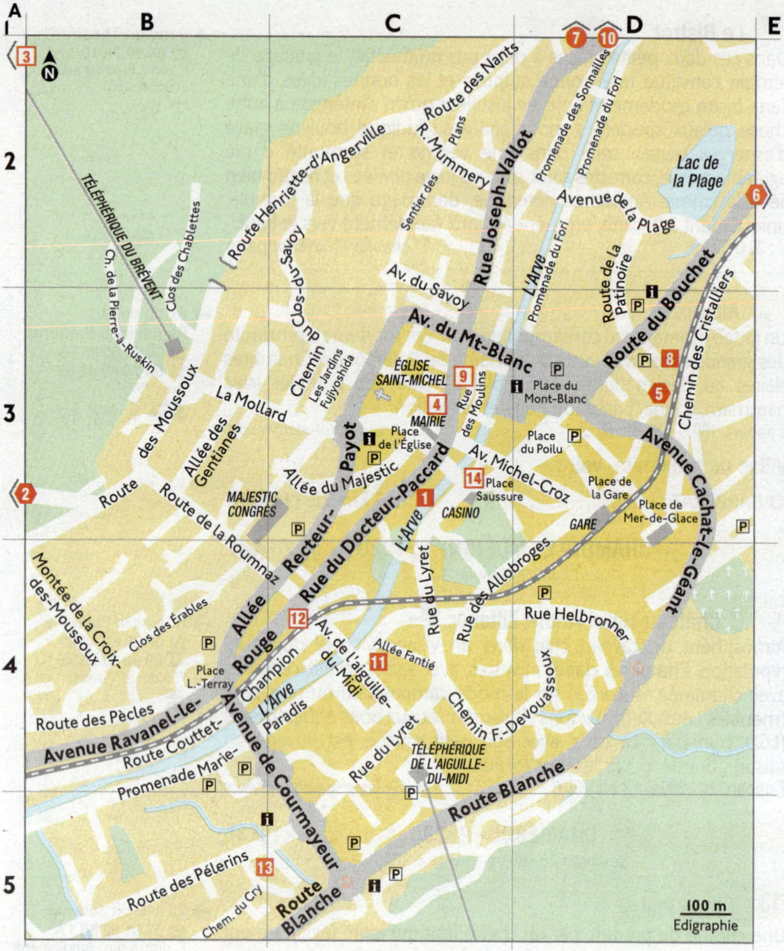

Restaurant ◆ **Hôtel** ◆ **Hôtel-Restaurant** ☐ **Table en vue**

Atmosphère **C-3** — 1	Hameau Albert-Iᵉʳ (Le) **D-3** — 5	Munchie Cuisine et Bar (Le) **C-3** — 9
Auberge du Bois Prin **A-3** — 2	Impossible (L') **C-5** — 13	Restaurant Albert-Iᵉʳ **D-3** — 5
Bergerie de Planpraz **A-2** — 3	Jeu de Paume (Le) **E-2** — 6	No Escape **C-3** — 14
Bistrot (Le) **C-4** — 11	Labrador (Le) **D-1** — 7	Rosebud (Le) **E-2** — 6
Calèche (La) **C-3** — 4	Maison Carrier (La) **D-3** — 8	Sanjon (Le) **C-4** — 12
Grands Montets (Les) **D-1** — 10		

entre le raffinement d'une grande maison, la rusticité savoyarde et quelque part l'influence piémontaise, voire niçoise. L'ensemble est très séduisant, des noix de saint-jacques risotto à l'encre avec un jus au safran discret et bien dosé, du homard bleu et cèpes du pays généreusement servis ou du ris de veau fermier betterave rouge et réglisse qui pointe le museau de la mode sur l'épaisse moquette rouge. Les clients aiment bien la truffe, qui elle-même aime bien le pigeon, et la déclinaison sur la pomme est remarquable, frisant,

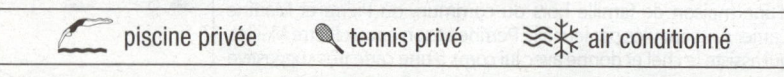

≋ piscine privée   🎾 tennis privé   ❄ air conditionné

comme nombre de préparations, les trois toques de naguère et dont le retour redevient désormais envisageable. Cave des valeurs sûres, commentées avec compétence par les deux sommeliers.
C : 118 € • M : 56-140 €   www.hameaualbert.fr

🍂🍂🍂🍂 Le Hameau Albert-Ier 🦅

Altitude maximale dans la station : le hameau de la famille Carrier est un Olympe chamoniard pour le prestige et le confort proposé face au Mont Blanc. Deux styles de chambres, spacieuses à la ferme, avec des vieux bois et du mobilier moderne, rénovées à l'Albert Ier, style montagnard épuré, avec des boiseries de chêne foncé, ou plus traditionnelles. Piscine extérieure et intérieure, spa, soins esthétiques, massages...
2 appart. 530-1400 € • 34 ch. 125-520 €   www.hameaualbert.fr

→ 38 rte du Bouchet
☎ 04 50 53 05 09
🖨 04 50 55 95 48
F. 11 nov.-4 déc.

---

14 🍴 Atmosphère

Tout ne serait question que d'atmosphère ? Celle-ci est effectivement soignée, dans le cadre (très agréable salle comme suspendue au-dessus de l'Avre, entre poutres et tons jaunes) comme dans l'ambiance distillée par un service dynamique qui ne néglige pas un mot aimable au passage. La table idéale pour se détendre en vacances, comme semble le penser une clientèle abondante. La cuisine est à la hauteur pour prolonger ce petit moment de bonheur, avec des saveurs facilement séduisantes (le crémeux de cèpes), des souvenirs d'enfance (le clafoutis aux fruits de saison) et un réel savoir-faire (un très beau sandre impeccablement cuit au lard fumé). Les tarifs sont équitables jusqu'à la cave, bien placée sur le régional.
C : 40 € • M : 21-30 €   www.restaurant-atmosphere.com

→ 123 pl Balmat
☎ 04 50 55 97 97
F. con comm.
Jusqu'à 23h.

---

14 🍴 Auberge du Bois Prin

Si la carte sait proposer le foie gras des Landes ou la baudroie bretonne, le travail de Denis Carrier s'apprécie surtout quand il embrasse le terroir alpin et qu'il en révèle des richesses qui vont bien au-delà de la raclette : la truite du val d'Aoste s'accommode fort bien de la noblesse d'une raviole aux morilles, le cabri de la vallée de Chamonix séduit entre finesse et gourmandises. Beaux fromages du cru, tandis que la menthe du jardin s'associe à la terrine fraise rhubarbe. On retrouve les influences régionales dans une cave bien construite, y compris dans ses références hors région, tandis que le soir face au mont Blanc, les plaisirs d'une tisane au serpolet ou à la mélisse ne séduiront pas que les vieilles dames.
C : 63 € • M : 34-49 €   www.boisprin.com

→ 69 chemin de l'Hermine
☎ 04 50 53 33 51
F. lundi à déj., merc. à déj. et 3 nov.-4 déc.
Jusqu'à 21h30.

🍂🍂🍂 Auberge du Bois Prin 🦅

L'hôtel a conservé l'allure typique de l'ancienne ferme XVIIIe pour délivrer, dans une atmosphère à la fois intime et chaleureuse, tout le luxe de quelques chambres délicieusement montagnardes, dans les matériaux utilisés ou encore les beaux meubles anciens. Le spa face au Mont-Blanc donne une saveur particulière aux moments de détente.
6 appart. 360 € • 4 ch. 212-296 €   www.boisprin.com

→ 69 chemin de l'Hermine,
Les Moussoux
☎ 04 50 53 33 51
🖨 04 50 53 48 75
F. 3 nov.-4 déc.

13 Le Bistrot

A la lisière du centre-ville, cette table aux allures de brasserie chic fait partie des adresses qui montent. Tables et chaises modernes jouant la sobriété, salle au diapason, n'abusant pas des boiseries. Carte touche à tout, un pied dans les Alpes, l'autre en Provence et assiettes soignées : tarte fine de maquereau, moutarde, tomate et salade de roquette, filet d'omble chevalier juste saison, pistache et mousseline de carotte, macaron tiède au chocolat et glace au chocolat blanc. Carte des vins très courte, une quinzaine de références, et quelques vins au verre.

M : 17-39 €   www.lebistrotchamonix.com

→ 151 av de l'Aiguille-du-Midi
☎ 04 50 53 57 64
F. sept.-déc.
Jusqu'à 22h.

---

13 La Maison Carrier

Quelle ambiance ! Chaque soir le même succès, les trois salles toujours pleines à craquer d'une clientèle de vacanciers plutôt aisés (même si les tarifs sont logiques sur la station) et cette ambiance si particulière, délicate alchimie entre le feu qui crépite dans la grande cheminée, le va-et-vient incessant du personnel et la clientèle qui se lève régulièrement pour aller piocher dans le buffet des desserts. Auparavant, on aura pris le temps de fondre de plaisir pour une assiette de jambon de pays ou une grosse côte de cochon à la plancha et fondue de chou rouge, spécimen d'une carte très large où sont (curieusement ?) absents tartiflettes ou raclettes.

C : 50 € • M : 26-39 €   www.hameaualbert.fr

→ 44 rte du Bouchet
☎ 04 50 53 00 03
F. lundi (sf fériés, juil.-août), 4-25 juin et 11 nov.-11 déc.
Jusqu'à 21h30.

---

13 Le Rosebud

Eté comme hiver, Eric de Ganck décline en trois volets clairement identifiés (régional, classique, saveurs du monde) de belles assiettes, entre produits nobles et herbes du jardin. Face aux montagnes, on appréciera plus facilement le quasi de veau cuit au foin en cocotte avec la rissole au reblochon, que le cochon de lait laqué à la mangue et à la vanille. La cave fait elle aussi preuve d'ouverture.

C : 45 € • M : 35-60 €   jeu-de-paume-chamonix@wanadoo.fr

→ 705 rte du Chapeau, Le Lavancher
☎ 04 50 54 03 76
F. à déj. mardi-merc., 5 mai-5 juin et 20 sept.-5 déc.
Jusqu'à 21h15.

CCC Le Jeu de Paume

Le bois clair et les montagnes à perte de vue, deux éléments qui rythment le cadre de ce chalet un peu à l'écart. Le luxe se pare ici d'une touche de modestie, se niche dans le détail d'un bouquet de fleurs ou d'une tenture raffinée. Combiné aux équipements de détente, cela rend le séjour aussi paisible qu'agréable.

23 ch. 128-265 €   www.jeu-de-paume-chamonix.com

→ 705 rte du Chapeau, Le Lavancher
☎ 04 50 54 03 76
🖨 04 50 54 10 75
F. 5 mai-5 juin et 20 sept.-5 déc.

---

11 L'Impossible

Avec son décor boisé revisité dans un style un brin bohème et une ambiance musicale tendance lounge, l'Impossible tente le grand écart entre cuisine de terroir et répertoire plus moderne. Appliqué, le chef s'en tire généralement bien malgré quelques ratés (des légumes sans intérêt sur une daurade plutôt bien traitée), le tartare de bar et saumon d'Ecosse ou le suprême de volaille fermière sauce aux morilles permettent de passer un bon moment à un pris encore raisonnable. Service pro et gentil, petite cave avec des vins régionaux.

C : 45 € • M : 29,50 €   www.restaurant-impossible.com

→ 9 chemin du Cry
☎ 04 50 53 20 36
F. 6 nov.-6 déc.
Jusqu'à 23h.

Bergerie de Planpraz

Un chalet idéal sur les pistes, avec sa terrasse plein Sud et son décor pierre et bois qui plaît aux anonymes comme aux people en quête d'authenticité civilisée. Christian Clavier et Nicolas Sarkozy ont sans doute aimé la tarte au reblochon, la cocote de tartifles ou les diots au vin blanc. Tout devient possible…

C : 29 € • M : 18-26 €   *restauration.bergerie@compagniedumontblanc.fr*

→ Téléphérique du Brévent
☎ 04 50 53 05 42
F. fin avril-mi juin et mi-sept-mi-déc.

La Calèche

Au milieu d'une large carte qui veille à n'exclure personne, on pistera en priorité le farcement ou la potée savoyarde, par exemple dans l'impeccable menu Savoyard, idéal pour goûter l'ambiance rustique et chaleureuse de cette calèche qui mène toujours bon train.

C : 32 € • M : 22,50-26,50 €   *www.restaurant-caleche.com*

→ 18 rue Paccard
☎ 04 50 55 94 68
Ouv. 7j/7.
Jusqu'à 23h.

Le Munchie Cuisine et Bar

Adoré des locaux, ce restaurant fait souffler dans le monde de la raclette un vent frais venu d'Orient notamment, ambiance décontractée, cosmopolite de la clientèle à la cuisine où, même si les influences japonaises sont présentes en force (sushi, tofu, etc.), on ne rechigne pas à un peu d'Italie (dos de cabillaud au jambon de Parme) ou de Nouveau Monde (pour les vins).

C : 35 € • M : 32-44 €

→ 87 rue des Moulins
☎ 04 50 53 45 41
F. non comm.

No Escape

Le must de la branchitude au cœur de la capitale de l'alpinisme ? En tout cas, l'ambiance musicale soutenue et le décor lounge font leur petit effet, notamment auprès d'une abondante clientèle étrangère et jeune, mais la cuisine est plutôt une bonne surprise, classique mais soignée (saumon à l'unilatérale, suprême de pigeon rôti, purée de pois).

C : 60 € • M : 35-68 €   *www.noescape.fr*

→ 27 rue de la Tour
☎ 04 50 93 80 65
F. fin juil.-déb. août et fin nov.-déb. déc.
Jusqu'à 24h.

Le Sanjon

Une maison traditionnelle construite il y a deux siècles où, dans une ambiance familiale et décontractée, on se rassemble autour de la raclette au feu de bois ou de la fondue savoyarde.

C : 36 € • M : 17,40-24 €

→ 5 rue Ravanel-le-Rouge
☎ 04 50 53 56 44
F. nov.
Jusqu'à 22h.

Les Grands Montets

Plus de 50 ha de parc au bord de la Dronne, une superbe architecture Renaissance, ce château en impose. Le décor à l'ancienne des chambres, lits à baldaquins et tentures ouvragées, suit la même logique.

3 appart. 170-260 € • 45 ch. 80-200 €   *info@hotel-grands-montets.com*

→ 340 chemin des Arberons
☎ 04 50 54 06 66
🖥 04 50 54 05 42
F. non comm.

Le Labrador

Chic tranquille et savoyard près du golf, à la sortie de la ville vers Argentière. La proximité de l'espace loisirs pour enfants, la vue exceptionnelle depuis les chambres, refaites pour moitié l'an passé, décorées dans le style local, bois et crépis rustiques, autant d'atouts pour un séjour de vacances réussi. Dans le nouveau chalet, une suite avec balnéo, cheminée, grande terrasse et jardin privatif.

2 appart. 240-420 € • 33 ch. 80-210 €   *www.hotel-labrador.com*

→ 101 rte du Golf
☎ 04 50 55 90 09
🖥 04 50 53 15 85
F. 20 avril-7 mai et 26 oct.-6 déc.

CHAMPAGNAC DE BELAIR - 24530   (24 B 1)

Bergerac 83 - Périgueux 35

15 🍴 **Le Moulin du Roc**

La dynastie Gardillou s'épanouit dans ce beau cadre de verdure, Alain ayant suivi le chemin tracé par ses parents avec son épouse Maryse. Entre terroir et prestige, la carte porte toujours beau et la clientèle internationale qui vient villégiaturer dans ce coin de Périgord se laisse bercer par le homard, le foie gras, le caviar d'Aquitaine. Si les menus n'ont rien de vraiment craquant, c'est à la carte que l'on se distrait le mieux avec la tarte fine croustillante à l'artichaut et au foie gras, au pigeonneau en cocotte et croustillant de navet ou au ris de veau aux cèpes et jus de truffes. Il faudrait, c'est vrai, chercher aujourd'hui un second souffle et un peu d'imagination, mais les deux toques sont légitimes et bien accrochées. Cave très importante qui fascinera l'amateur de bordeaux.
M : 40-80 €

→ Le Pont
☎ 05 53 02 86 00
F. mardi,, merc. à déj. et 15 oct.-15 mai.
Jusqu'à 21h30.

www.moulinduroc.com

🏆🏆🏆 **Le Moulin du Roc** 🐦

Le moulin des bords de Dronne, avec son parc arboré, ses terrasses fleuries et ses îlots que l'on rejoint par de petites passerelles de bois crée un environnement bigrement romantique. Les chambres s'intègrent au cadre, baldaquin, meubles de style, belles matières et vue sur la rivière, avec des équipements du nouveau siècle (balnéo, accès Internet…).
1 appart. 250 € • 12 ch. 147-190 €

→ Le Pont
☎ 05 53 02 86 00
🖷 05 53 54 21 31
F. 15 oct.-15 mai.

www.moulinduroc.com

CHAMPAGNE SUR OISE - 95660   (7 B 1)

Paris 31 - L'Isle-Adam 4

12 **Les Epis d'Or** 🌾

Stéphane Tellier a appris, notamment chez François Clerc, le goût simultané du vin et du plat malin. Récemment au Cou de la Girafe, il a repris en juin cette table naguère réputée pour sa cave. C'est plutôt l'assiette qui va retenir l'attention désormais, les verres devant se remplir progressivement, avec un nombre encore modeste de références. Les beignets de foie gras, le pavé de sandre et andouille, les brochettes de magret et caramel aux épices, perpétuent la mention et la note.
M : 33-29 €

→ 12 bis pl du Gén-de-Gaulle
☎ 01 30 34 08 21
F. sam. à déj., dim. à dîn., lundi et 10-25 août.
Jusqu'à 22h.

CHAMPAGNIER - 38800   (28 A 4)

Grenoble 10 - Vizille 5

12 **L'Etable**

Le premier sentiment qu'on peut ressentir en s'installant chez Lionel Achard ? Probablement celui de pénétrer chez des amis tant l'accueil réservé aux hôtes de cette ancienne étable (construite à la fin du XVIIIᵉ siècle) se fait simple et sincère. Chaleureux et soigné, le décor champêtre de la salle à manger colle à merveille à la cuisine d'inspiration traditionnelle : bulots panés, poêlés et déglacés au vinaigre balsamique, filet de sole et mousse de crustacés sauce aux agrumes, gratin de queue de langouste sauce cardinal.
C : 30 € • M : 17-32 €

→ Rue du Bourg
☎ 04 76 98 34 82
F. sam. à déj., dim., lundi (sf fêtes, groupes).
Jusqu'à 21h.

letable@wanadoo.fr

CHAMPAGNY EN VANOISE - 73350 (28 C 3)
Chambéry 97 - Albertville 43

L'Ancolie
Tarifées à un niveau raisonnable, les chambres de ce chalet construit dans les années quatre-vingt ont été récemment rénovées dans un style contemporain. Vue sur les montagnes, sauna, jacuzzi, massages, piscine d'été et restaurant.
31 ch. 60-110 €   www.hotel-ancolie.com

→ Les Hauts-du-Crey
☎ 04 79 55 05 00
🖨 04 79 55 04 42
F. 15 avril-15 juin et 3 sept.-21 déc.

CHAMPCEVINEL - 24750 (24 B 2)
Périgueux 6 - Bergerac 56

13 La Table du Pouyaud
Aux portes de Périgueux, sur la route traditionnelle des pèlerins de Saint-Jacques, Hubert Tambourieck n'invite pas à faire pénitence, mais bien plutôt à céder au péché de gourmandise avec autant d'ardeur qu'il en met à réinterpréter les canons de la cuisine classique : crème aneth et cacahuète et concassé de tomate et pistou sur le pressé de saumon frais, escabèche de tomate confite aux olives et pistou avec la morue à l'unilatéral, crème d'amande et glace aux noix pour changer l'accent de la tarte normande au calvados.
C : 50 € • M : 24-30 €   www.pouyaud.com

→ Rte de Paris
☎ 05 53 09 53 32
F. dim. à dîn., lundi à dîn. et mardi.
Jusqu'à 22h.

CHAMPIGNY - 51370 (9 A 3)
Reims 4

12 Restaurant La Garenne
A quelques minutes de Reims, le restaurant de Philippe Germont séduit par ses agréables manières actuelles, dans le décor contemporain ouvert sur le parc comme dans la cuisine. A côté de quelques classiques appréciés des fidèles, les mélanges terre-mer (bar grillé jus de noisette et copeaux de poitrine de porc) alternent avec les préparations à la mode (le risotto au jus vert avec la brochette de lotte).
C : 45 € • M : 20-65 €   www.restaurant-garenne.com

→ Rte de Soissons N 31
☎ 03 26 06 22 44
F. dim. à dîn., lundi à dîn., mardi à dîn., merc., 1re sem. janv. et 1re sem. mai.
Jusqu'à 21h30.

CHAMPILLON - 51160 (9 B 3)
Châlons-en-Champagne 39 - Epernay 5

14 Royal Champagne
Le cadre est sinon royal, du moins aristocratique. Dans une atmosphère qui ne l'est pas moins, le chef connaît les attentes d'une clientèle qui ne danse pas le mambo et préfère le champagne au mojito. Ce sera plutôt foie gras au vin de Bouzy, fricassée de homard et épices à l'orientale, turbotin aux asperges et morilles et soufflé au marc de champagne et biscuits roses de Reims, et ce sera évidemment parfait. Comme le service, efficace et prévenant, proposant notamment une carte de vins très puissante sur la région.
C : 92 € • M : 38-45 €   www.royalchampagne.com

→ Champillon-Bellevue
☎ 03 26 52 87 11
F. lundi et mardi à déj.
Jusqu'à 21h15.

Royal Champagne
L'ancien relais de poste a conservé sa structure originelle, typiquement champenoise, rappelant notamment le passage de l'Empereur, tout en faisant notablement évoluer son confort vers le XXIe siècle. Chambres rénovées par tranches, traditionnelles ou plus modernes, ouvrant sur le vignoble et la vallée d'Epernay.
4 appart. 335-380 € • 21 ch. 205-275 €   www.royalchampagne.com

→ Champillon-Bellevue
☎ 03 26 52 87 11
🖨 03 26 52 89 69
F. déc.-janv.

CHANCELADE

CHANCELADE - 24650 (24 B 2)
Périgueux 6

16 🍴 L'Oison

L'ambiance seigneuriale dans la salle grand style, lustres et moulures, le service logiquement cérémonieux, tout porte au clavecin et au menuet. Mais Gilles Gourvat ne l'entend pas de cette oreille : si sa cuisine est naturellement aristocratique, c'est plus dans l'élégance de la manière que dans un prestige à tout crin dont il arrive à se dispenser en maintes occasions, préférant la saveur et un esprit rustique à une débauche vulgaire de caviar et de truffe : des ravioles d'escargots pochées dans un bouillon de poule cèpes et écume d'aillet, le carpaccio de pied de cochon truffé et vinaigrette à l'huile de noix, le saint-pierre meunière aux asperges de Blaye ou le pigeonneau à la broche avec un fondant de topinambour et crémeux de foie gras ne font pas d'esbroufe, mais, dans une présentation très réussie, font le lien impeccablement entre hier et aujourd'hui. Grande cave généraliste, naturellement puissante en bergerac, mais aussi en bordeaux.
C : 50 € • M : 30-62 €

→ 15 av des Reynats
☎ 05 53 03 53 59
F. dim. à dîn., lundi et 2 janv.-6 fév.
Jusqu'à 21h30.

www.chateau-hotel-perigord.com

🏨🏨 Le Château des Reynats

Une demeure XIXe au style Napoléon III qui constitue la plus belle hôtellerie de l'agglomération voit logiquement passer têtes couronnées et célébrités. Mais Reynats sait se faire discret et intime pour chacun, dans des chambres très soignées, décorées par "Esprit de château" en harmonie avec les lieux, donnant sur le parc de 2 ha aux arbres centenaires et offrant un vaste panorama sur les forêts alentour. Les chambres de l'Orangerie ont été rénovées cette année, mobilier aux tons chocolat, couettes scandinaves...
5 appart. 140-240 € • 32 ch. 80-120 €

→ 15 av des Reynats
☎ 05 53 03 53 59
🖷 05 53 03 44 84
F. 2 janv.-6 fév.

www.chateau-hotel-perigord.com

CHANTILLY - 60500 (3 D 5)
Beauvais 53 - Compiègne 44

14 🍴 Carmontelle

A l'instar des véritables resorts, la table n'est pas une cinquième roue de carrosse. Au contraire, dans ce cadre de prestige, Alain Montigny, MOF 2004, fait monter la sauce avec une carte assez brillante, enrichie de nombreuses formules bien composées, avec ou sans verres de vin : langoustines rôties, pain perdu au pain d'épices, saint-pierre rôti, frites de céleri au bouillon de cardamome, croûtons feuilletés à la noisette pommes confites et sorbet carotte cannelle. Service bien policé, cave complète aux très bonnes références (Selosse, Foucault, Stéphan, Barral, Milan.... au hasard des vignobles).
C : 68 €

→ Rte d'Apremont,
Vineuil-Saint-Firmin
☎ 03 44 58 47 57
F. sam. à déj., dim., lundi, 21 déc.-2 janv. et 31 juil.-27 août.
Jusqu'à 21h30.

www.chantilly.dolce.com

🏨🏨🏨 Dolce Chantilly 🦢

Au cœur de la forêt, à deux pas du château, un ensemble contemporain de haut standing pour golfeurs, entrepreneurs en séminaires, familles en détente sylvestre. Chambres spacieuses aux équipements modernes, décorées avec goût dans une ligne actuelle. Golf 18 trous, piscine, VTT parmi les possibilités sportives.
25 appart. 200-400 € • 175 ch. 150-300 €

→ Rte d'Apremont,
Vineuil-Saint-Firmin
☎ 03 44 58 47 77
🖷 03 44 58 50 11
F. 21 déc.-2 janv.

www.chantilly.dolce.com

Villes de proximité, voir :

LA CHAPELLE D'ABONDANCE - 74360   (28 C 1)

Annecy 118 - Evian 35

13 🍴 Les Cornettes

Ce gros chalet à l'atmosphère conviviale ne triche pas avec le terroir : d'une génération à l'autre, la famille Trincaz le travaille depuis trop longtemps pour le trahir et c'est donc sur le jambon cru fumé au genièvre ou le filet de féra à la plancha qu'on apprécie le mieux la cuisine à quatre mains des deux frères. Cave classique, mettant en valeur la Suisse et la Savoie.

C : 30 € • M : 223-60 €   *www.lescornettes.com*

→ ☎ 04 50 73 50 24
F. mi-avril-mi-mai et mi-oct.-mi-déc.
Jusqu'à 21h30.

LA CHAPELLE EN SERVAL - 60520   (3 D 5)

Beauvais 71 - Chantilly 10

Chateau Hôtel Mont-Royal

Un vaste château hôtel comme une belle pièce montée en plein cœur de la forêt de Chantilly pour week-ends chics et détentes en séminaires. Une rénovation totale cette année a permis embellissements et confort amélioré à tous niveaux. Chambres et suites Directoire parfaitement équipées, salles de bains en marbre, nombreux loisirs (sauna, jacuzzi, fitness, squash, tennis, billard, piscine intérieure...). Restaurant le Stradivarius.

6 appart. 400 € • 94 ch. 300 €

→ Le Château, rte de Plailly
☎ 03 44 54 50 50
🖥 03 44 54 50 21
Ouv. 7j/7.

LA CHAPELLE REANVILLE - 27950   (6 C 4)

Evreux 25 - Chartres 86

Le Manoir de la Chapelle 🐦

Un vieux manoir en pierre aménagé par un traiteur réputé, à quelques minutes de la maison de Monet à Giverny. Chambres personnalisées, parc paysager.

11 ch. 85-140 €   *www.manoirdelachapelle.com*

→ 1 rte de Sainte-Colombe
☎ 02 32 54 71 43
🖥 02 32 54 42 67
F. 26 juil.-26 août.

CHAPERY - 74540   (28 B 2)

Alby-sur-Chéran 3 - Annecy 12

12 Auberge La Grange à Jules

Cette Grange, c'est une affaire d'ambiance autant que de cuisine, d'animations perpétuelles et de gentillesse permanente. Alors forcément, le plaisir ne serait pas complet sans quelques satisfactions dans l'assiette. Nicolas Tobianay s'y emploie, mitonnant des assiettes élégantes et familières à grand renfort de beaux produits : tatin de pommes de terre au foie gras et crème de cèpes, daurade poêlée risotto aux asperges.

C : 32 €   *www.auberge-lagrangeajules.fr*

→ Le Pelvoz
☎ 04 50 68 15 07
F. dim. à dîn., lundi à dîn., mardi à dîn., merc. et jeudi à dîn.

CHARAVINES - 38850   (28 A 3)

Grenoble 37 - Voiron 11

12 La Poste

Dans les anciennes écuries ou en terrasse, dans la véranda ou la tonnelle, bonne humeur et convivialité dominent dans cet ancien relais de poste, grande maison blanche à deux pas du lac de Paladru. La cuisine s'apprécie autour du terroir, le filet de féra, le croustillant de saint-marcellin ou le gratin dauphinois.

C : 30 € • M : 18-38 €   *www.hoteldelaposte.com*

→ 965 rue Principale, Lac de Paladru
☎ 04 76 06 60 41
F. dim. à dîn., lundi, merc., vac. scol. fév. et vac. scol. Toussaint.
Jusqu'à 21h (21h30 saison).

CHARLEVILLE MEZIERES

11   **La Côte à l'Os**

Le cadre rénové, clair et plaisant dans ses inspirations Arts déco, vient donner un coup de jeune à cette table de tradition du centre-ville, où les spécialités de viandes n'ont pas l'exclusivité, l'entrecôte à la plancha faisant bon ménage avec le dos de cabillaud rôti à l'huile d'olive. Cave un peu trop classique.

C : 15 € • M : 28 €   *www.restaurant-charleville-lacotealos.fr*

→ 11 cours Aristide-Briand
☎ 03 24 59 20 16
Ouv. 7j/7.
Jusqu'à 22h30.

Villes de proximité, voir :

⟳ FAGNON......................6 km S.O. par D 3 et D 34 **(13/20)**

14   **Restaurant Daniel et Frédéric Doucet**

Quand il n'y aura plus qu'un endroit en France pour trouver un bon steak, ce sera chez les Doucet. Attention, pas d'amalgame, on cuisine, bien sûr, ici, on ne se contente pas de faire des grillades. Mais la qualité de produits alliée au savoir-faire, ça transforme une table familiale en bombe régionale, où le fils, Frédéric, peut en même temps appliquer les bons préceptes (entrecôte d'anthologie) et vivre sa vie d'artisan créatif sans jamais oublier sa région, en mariant les grenouilles et foie gras par exemple, ou en cuisant ses poissons bien nacrés, avec précision. L'atmosphère chic province correspond au cadre bourgeois d'une salle bien tenue au service, qui se prolonge par un petit jardin privé et une terrasse ombragée. Cave bourguignonne bien construite, mâcon au centre, le reste de la Bourgogne et le Beaujolais tout autour. Une douzaine de chambres, sages et agréables, ouvrant sur la place de l'église.

C : 55 € • M : 23-35 €   *www.la-poste-hotel.com*

→ 2 av de la Libération, pl de l'Eglise
☎ 03 85 24 11 32
F. dim. à dîn., lundi, jeudi à dîn., 2 sem. fév. et 2 sem. nov.
Jusqu'à 20h45.

15   **La Ferme Saint-Sébastien**

Nous retrouvons chaque année la ferme de Valérie Saignie avec le même intense plaisir. Aménagée avec beaucoup de délicatesse, ornée de tableaux (à vendre), éclairée par de petites ouvertures donnant sur le jardin ou la vallée, la salle à manger donne le tempo à une cuisine toujours vive et sincère. Le foie gras en deux préparations (en crumble poêlé et sucs de carottes acidulés et en cassolette, caramel de vin, chutney et pain aux fruits), les saint-jacques en habit d'hiver (noix, endives et potiron), et les suprêmes de pigeon rôtis et pastilla d'abats, poire poêlée, épinard et jus à l'amertume de cacao témoignent d'un talent et d'un sens du produit que nous sommes chaque fois presque étonnés de découvrir dans ce village si reculé. Service toujours aussi gentil sous la houlette de Philippe, l'époux de Valérie, cave s'intéressant de près à tous les vignobles.

C : 45 € • M : 24-53 €   *ferme.saint.sebastien@wanadoo.fr*

→ Chemin de Bourion
☎ 04 70 56 88 83
F. lundi, mardi (h.s.), lundi (juil.-août), janv., 1 sem. déb. juil. et 1 sem. déb. oct.
Jusqu'à 21h.

CHARTRES - 28000   (17 D 2)

Paris 87 - Orléans 75 - Evreux 77

15 🍴 Le Georges

Que doit-on attendre, que doit-on retenir d'un repas dans cette vaillante institution chartraine ? Que vous êtes dans le confort et la sécurité la plus totale de la Beauce, que l'ombre de la cathédrale vous protège sans doute, que la maison familiale menée par Bertrand Jallerat est un cocon de bon vivre, où le pâté de Chartres sera impeccable, où les poissons sortiront de l'eau, où les volailles auront le goût des fermes d'antan, traduit avec respect et esprit par un chef à la main sûre, Laurent Clément. Et que si, par bonheur, vous occupiez une des chambres douillettes de l'établissement, vous pourriez peut-être vous laisser tenter par un des superbes flacons endormis à la cave en vous attendant.

C : 55 € • M : 47-57 €   www.bw-grand-monarque.com

→ Hôtel le Grand-Monarque,
22 pl des Epars
☎ 02 37 18 15 15
F. dim. à dîn. et lundi.
Jusqu'à 21h45.

🍴🍴 Le Grand Monarque

Au cœur de la ville, à l'entrée des rues piétonnes, cet établissement à la réputation séculaire (l'ancien relais de poste du XVIIIᵉ siècle a toujours compté parmi les étapes les plus prestigieuses de la cité) vit depuis plusieurs générations au rythme de la famille Jallerat. Une complète et intelligente rénovation aura redonné tout son lustre à un ensemble qui, outre une table de très bon niveau, accueille également des chambres au mobilier et à la décoration soignés. Climatisation partielle.

5 appart. 205-250 € • 50 ch. 100-175 €   www.bw-grand-monarque.com

→ 22 pl des Epars
☎ 02 37 18 15 15
🖥 02 37 36 34 18
Ouv. 7j/7.

13 🍴 Le Saint-Hilaire *d* ∋

Néo-conservatoire régional par tradition, le Saint-Hilaire amène à nouveau les Chartrains sur les bords de l'Eure, au bas des ruelles de la vieille ville. Dans l'atmosphère cosy-jazzy sous les poutres de la salle de poupée à l'étage, les escargots de la Conie, un coin à pêche apprécié des Chartrains, ou le lapin fermier de Vérigny, offrent une charmante ritournelle régionale. Le jeune patron, Sébastien Brémaud, à la solide formation de sommelier, a su personnaliser le trait, grâce à une cuisine appliquée et plaisante, un recours systématique à la production régionale et un enthousiasme revigorant. La cave est aussi la bonne surprise du lieu, alléchante en blancs et rouges ligériens (Thierry Germain, Baudry, Damien Delecheneau), avec l'appoint de grands châteaux de millésimes récents. On ne sortira pas de ces deux régions, hormis pour les pernands de Dubreuil-Fontaine. En dessert ? L'aumônière de pommes au miel de Beauce, naturellement... Une toque d'encouragement.

C : 45 € • M : 26-42 €

→ 11 rue du
Pont-Saint-Hilaire
☎ 02 37 30 97 57
F. dim., lundi (sf Pâques et
fêtes des mères), 1 sem. vac.
scol Pâques, 3 sem. août et 1
sem. Toussaint.
Jusqu'à 21h45.

CHARTRES DE BRETAGNE - 35131   (14 C 4)

Rennes 10 - Bain-de-Bretagne 23

13 🍴 La Braise

Frappée par le malheur récemment, cette ancienne ferme installée à un quart d'heure du centre-ville conserve toute notre confiance dans cette difficile épreuve. Notre expérience cette année a, comme chaque saison, confirmé la toque dans une veine de tradition bien interprétée.

C : 50 € • M : 20-40 €

→ 2 av de la Chaussairie
☎ 02 99 41 21 29
F. lundi à dîn., dim. à dîn. et 5
août-26 août.
Jusqu'à 21h30.

CHASSAGNE MONTRACHET

CHASSAGNE MONTRACHET - 21190 **(20 D 4)**

Beaune 15 - Chagny 4 - Autun 36

15 Le Chassagne

Le Chassagne, c'est une raison de plus de remettre la cuisine créative à l'honneur. Parce que Vanessa et Stéphane Léger, autant impliqués l'un que l'autre dans cette démarche en avant ont fait d'une auberge pépère un étendard régional aussi valable que les tuiles vernissées de Nicolas Rolin. Parce que la Bourgogne en progrès, c'est à table et dans les verres, le Chassagne a ce tonus, dans une déco contemporaine à l'étage d'une maison de village qui frappe par sa modernité, et cette finesse qui renouvelle largement le style auberge. Le chef a au moins autant de style et de personnalité, et l'assiette est éloquente, avec les escargots et langoustines crème de crustacé à la badiane, le risotto de volaille de Bresse aux girolles ou le désormais fameux burger de pigeonneau que tout le canton a goûté avec délectation. Les propriétaires de chassagne et de puligny sont à l'écrin : les meilleurs sont là (Ramonet, Marc Colin, Colin-Deléger...) avec des cuvées sélectionnées à des tarifs très équitables.

C : 75 € • M : 29-75 €

→ 4 impasse des Chenevottes
☎ 03 80 21 94 94
F. dim. à dîn., lundi, merc. à dîn., 1er-15 janv., 24 fév.-10 mars et 28 juil.-11 août.
Jusqu'à 21h30.

www.restaurant-lechassagne.com

CHASSELAY - 69380 **(27 C 2)**

Lyon 23 - Villefranche-sur-Saône 14

16 Guy Lassausaie

Cette belle maison de famille, complètement rénovée à la fin des années 90, est tenue depuis quatre générations par la famille Lassausaie. Guy, formé chez Point et chez Outhier, Meilleur Ouvrier de France en 1993, perpétue avec aisance la tradition, sans jamais verser dans une quelconque facilité ou bien céder au moindre signe de fatigue. Sa recette ? Un sens aigu du produit, une technique sans faille (évidemment) et une bonne dose d'humanité : langoustines juste poêlées à l'huile de Nyons, terrine de tomate et chutney au vinaigre de cidre, filets de sole de Bretagne cuit sur l'arête, crème mousseuse de poivrons et coques, fine purée de persil racine, ris de veau dorés au beurre noisette, légumes d'hiver aux truffes. Service sans faille, cave ultra-classique.

C : 60 € • M : 45-85 €

→ Rue de Belle-Cize
☎ 04 78 47 62 59
F. mardi, merc., 18-28 fév. et 4-29 août.
Jusqu'à 21h30.

www.guy-lassausaie.com

CHASSENEUIL DU POITOU - 86360 **(22 C 3)**

Poitiers 13 - Châtellerault 27

12 Château du Clos de la Ribaudière

Dans le cadre à l'élégance bourgeoise de ce château non loin de Poitiers, le chef propose les vertus attendues d'une belle cuisine gastronomique, sans négliger d'y ajouter une touche personnelle pour coller à l'actualité, dans l'utilisation des épices et des méthodes de cuisson à la mode (wok de mignon de porc mariné aux épices thaï) ou dans des desserts gentiment régressifs (tutti frutti de fruits rouges dans un donut's). Service attentif.

C : 55 € • M : 29-53 €

→ 10 rue du Champ-de-Foire
☎ 05 49 52 86 66
Ouv. 7j/7.
Jusqu'à 21h30.

Château du Clos de la Ribaudière

Tranquillement installé dans un parc en bordure de rivière, ce château XIXe propose des chambres spacieuses dans un beau style classique.

2 appart. 116-200 € • 39 ch. 76-137 €

→ 10 rue du Champ-de-Foire
☎ 05 49 52 86 66
▤ 05 49 52 86 32
Ouv. 7j/7.

www.ribaudiere.com

CHATEAU ARNOUX - 04160 (34 A 3)
Digne 26 - Sisteron 15

16 La Bonne Etape

Cette cuisine à deux toques n'a peut être qu'un seul défaut : très ancrée dans son terroir provençal, s'appuyant sur de superbes produits, il lui manque ce soupçon d'inventivité et de modernité qui pourrait lui laisser entrevoir l'étage du dessus. Car dans cette belle salle à manger aux meubles anciens de qualité, il n'est pas impossible, parfois, de s'ennuyer. Les premières asperges du Val Durance et les premières truffes "d'ici" à la façon d'une corne d'abondance témoignent justement de cette modernité, sinon mal interprétée (la corne en pâte à brick, pas vraiment tendance) en tout cas pas tout à fait bien comprise. La timbale d'escargots de la Robine aux cèpes, ail doux et persil mousseux (un plat d'une grande finesse et d'une grande précision) ou le fondant au chocolat, cœur de mangue et duo de sorbets (tout de même très classique) se hissent en revanche au niveau attendu. Il semble toutefois manquer la petite étincelle créative (ainsi, la cave, trop peu curieuse) à cette superbe maison qui, finalement, n'est jamais aussi agréable que lorsqu'on la fréquente pour sa tradition.
C : 75€ • M : 42-68€   www.bonneetape.com

➝ Chemin du Lac
☎ 04 92 64 00 09
F. lundi, mardi (h.s.), 7 janv.-13 fév. et 19 nov.-5 déc.
Jusqu'à 21h30.

La Bonne Etape

Sur la Route Napoléon, ce superbe relais de poste XVIIIe constitue depuis plusieurs générations de Gleize une étape sereine et conviviale. Dans ce cadre charmeur, autant le paysage que le soin porté à chaque détail de la décoration créent une atmosphère délicieuse pour faire de l'hôtel une vraie Bonne (et belle) Etape.
appart. 185-350€ • 11 ch. 143-218€   www.bonneetape.com

➝ Chemin du Lac
☎ 04 92 64 00 09
🖨 04 92 64 37 36
F. 7 janv.-13 fév.

13 Au Goût du Jour

La toque est indéboulonnable ! Il faut dire que les plats de cette délicieuse "petite" maison sortent des fourneaux de La Bonne Etape, qu'ils sont composés des mêmes ingrédients que ceux proposés et travaillés par le vaisseau amiral et que Jany Gleize apporte le même soin aux petits comme aux grands apprêts. Pas de changement, dans le cadre (charmante déco campagnarde) comme dans la carte (hommage à la cuisine régionale traditionnelle) ou le service (sans faille, attentionné et dynamique), délicieusement immuables. Vous reprendrez bien un peu de terrine de foie de volaille et fromage de tête ou de porchetta de lapin ?
C : 24€ • M : 24€   www.bonneetape.com

➝ 14 av du Gén-de-Gaulle, face au Château
☎ 04 92 64 48 48
F. 7 janv.-13 fév.
Jusqu'à 22h.

Villes de proximité, voir :

AUBIGNOSC ....6 km N.O. par N 85 **(13/20)**

LE CHATEAU D'OLONNE - 85180 (15 C 6)
Les Sables-d'Olonne 4

14 Restaurant Cayola

Le site compte certainement parmi les plus beaux de la côte vendéenne : posée sur une corniche, dominant l'anse de Cayola, cette élégante structure contemporaine séduit immédiatement le visiteur. Lumineuses et spacieuses, les deux salles à manger ne manquent pas d'allure elles non plus et ouvrent en cinémascope sur l'océan et la piscine à débordement. Essentiellement marine, la

➝ 76 promenade de Cayola
☎ 02 51 22 01 01
F. dim. à dîn., lundi (sauf Pâques et Pentecôte) et janv.
Jusqu'à 21h (21h30 réserv.).

carte de Raphaël Rolland (un ancien du Clovis à Paris) s'affirme comme l'une des meilleures références de la région : noix de saint-jacques marinées, betteraves et pommes acides, turbot, chou vert et champignons au parfum de truffes, langoustines rôties en salade croquant, laitue et œuf coque au caviar d'Aquitaine. Une cuisine limpide, immédiatement compréhensible et plaisante associée à une cave solide à défaut de se montrer véritablement fouineuse.

M : 35-85 €

CHATEAU GONTIER - 53200	(16 A 2)

Laval 32 - Angers 48

 ### Le Jardin des Arts

Soigner le décor d'un hôtel, c'est bien. Le faire vivre autour d'un réel concept, c'est encore mieux et c'est le pari réussi autour de cette ancienne sous-préfecture, qui fête les arts autant dans le décor joyeusement coloré des chambres (dont s'accommodent fort bien les beaux meubles de style) que dans ses animations (café-concert).

20 ch. 58-88 €

→ 5 rue Abel-Cahour
☎ 02 43 70 12 12
🖷 02 43 70 12 07
F. 1er-24 août et 22-31 déc.

www.art8.com

Villes de proximité, voir :

○ COUDRAY .... 7 km S.E. par D 22 **(12/20)**

CHATEAU THIERRY - 02400	(4 B 5)

Laon 80 - Meaux 49

 ### Ile-de-France

Derrière la grande façade blanche, l'hôtel séduit par ses chambres personnalisées et par d'agréables jeux de couleurs qui ponctuent des chambres claires et apaisantes. Agréable vue panoramique et, sur l'arrière de l'hôtel, centre de remise en forme aux prestations tout à fait actuelles.

20 appart. 140-180 € • 32 ch. 80-90 €

→ 60 rue Léon-Lhermitte,
RD1 direction Soissons
☎ 03 23 69 10 12
🖷 03 23 83 49 70
F. sem. Noël-31 déc.

www.hotel-iledefrance.com

CHATEAUBERNARD - 16100	(22 B 4)

Angoulême 46 - Cognac 3

 ### Château de l'Yeuse

Hormis pour les congés annuels, le chef ne se repose guère : au four et au moulin, au passe et à la salamandre, il entraîne, peaufine, vérifie, pousse le curseur vers l'excellence en montrant une exigence de chaque instant, ce qui correspond à la volonté maison. Ce qui donne une carte actuelle, prudemment aventureuse, expressive d'un savoir-faire et des tendances d'aujourd'hui en mêlant volontiers terre et mer : croustillant de cagouilles, gelée chaude de persil, émulsion d'ail, ris de veau snacké, salade de petit violet, vinaigrette de truffes, aiguillette de saint-pierre, purée d'aillet, tuile de pomme de terre et poitrine poivrée. La salle est motivée, la cave a du répondant, et les clients ne regrettent pas leur séjour.

C : 70 € • M : 29-75 €

→ 65 rue de Bellevue,
quartier de l'Echassier
☎ 05 45 36 82 60
F. dim. à dîn., lundi à déj.,
vend. à déj. (h.s.), sam. à déj.
et 18 déc.-12 fév.
Jusqu'à 21h.

www.yeuse.fr

 ### Château de l'Yeuse

C'est une belle demeure à quelques minutes de la ville, entretenue avec soin et dynamisée par une équipe motivée. Les chambres, aménagées avec le concours d'artisans et artistes de la région, regardent le jardin paysager dominant la Charente. Sauna, hammam, jacuzzi.

3 appart. 217-333 € • 21 ch. 98-167 €

→ 65 rue de Bellevue,
quartier de l'Echassier
☎ 05 45 36 82 60
🖷 05 45 35 06 32
F. 1er janv.-13 fév.

www.yeuse.fr

CHATEAUBOURG - 35220   (14 D 4)
Rennes 24 - Vitré 18

13 Ar Milin'

Un bel écrin contemporain, tout beau tout neuf, vient désormais envelopper les assiettes travaillées de Pascal Ribault, chef scrupuleux toujours à la recherche du ton idéal, entre idées nouvelles et tradition consensuelle. On vient en groupe de travail, en famille ou en dîner d'amoureux dans ce cadre champêtre où le rapport qualité-prix est toujours aussi finement étudié. Cuissons nettes, présentations actuelles, pour le saint-pierre rôti et poêlée de potiron ou le pigeon à la broche et champignons braisés au jambon, en faisant appel aux meilleurs producteurs locaux, Paul Renault pour les volailles, Bordier pour le beurre et le fromage. Cave généraliste bien aiguisée, sur les loires mais aussi sur les vignobles plus lointains (Carignanissime de Domergue, gaillac de Lescaret...).
C : 41 € • M : 27,50-45 €   *www.armilin.com*

→ 30 rue de Paris, BP 72 118
☎ 02 99 00 30 91
F. dim. à dîn. (1er nov.-28 fév.),
lundi à déj., mardi à déj.
(1er juil.-31 août), sam à déj. et
21 déc.-8 janv.
Jusqu'à 21h30.

Ar Milin'

Ah ! La Vilaine ! s'exclament les visiteurs, non de dédain, mais d'admiration pour la rivière qui gazouille à travers le parc de 5 ha de cet ancien moulin rendu toujours plus beau et confortable chaque année par des investissements considérables. Chambres de caractère au moulin, toutes personnalisées, contemporaines dans la résidence du parc, dont les salles de séminaire rénovées sont très appréciées.
1 appart. 170-200 € • 31 ch. 71-146 €   *www.armilin.com*

→ 30 rue de Paris
☎ 02 99 00 30 91
▤ 02 99 00 37 56
F. 21 déc.-8 janv.

CHATEAUBRIANT - 44110   (15 C 3)
Nantes 70 - Laval 66

13 Le Poêlon d'Or

Les années passent, les bastions demeurent. Ni les coups de vent bretons, ni le réchauffement de la planète ne modifient sensiblement le climat de cette sage cuisine naviguant entre fermes et bateaux de pêche. Et si la carte se pousse un peu du col, les bonnes formules sont autour de 30 €, avec la salade de magret fumé et foie gras aux épices, le sandre au beurre blanc, le duo langoustines et coquilles et, inévitable, le pavé de châteaubriant. Cave très classique aux tarifs accessibles.
C : 55 € • M : 17-39 €

→ 30 bis rue du
11-Novembre
☎ 02 40 81 43 33
F. dim. à dîn., lundi, 1 sem. fin
fév. et 3 sem. août.
Jusqu'à 21h45.

CHATEAUDOUBLE - 83300   (34 B 5)
Draguignan 13 - Fréjus 43 - Castellane 49

13 Le Château

Accroché aux falaises, le village est magnifique et le plaisir n'en est que plus grand d'y trouver une vraie bonne table. Pour faire couleur locale, elle s'abrite dans une ancienne maison noble, se prolonge d'une terrasse panoramique sur les gorges et utilise largement les produits du terroir. Mais, à l'image du décor qui mêle fauteuils en fer forgé et peintures modernes, Pierre-Jean Bafico adapte cette trame à sa manière, avec des assiettes raffinées qui ne dédaignent pas aussi les produits nobles mais s'apprécient déjà très bien sur le premier menu.
M : 25-50 €

→ Pl Vieille
☎ 04 94 70 90 05
F. non comm.
Jusqu'à 21h.

CHATEAUDOUBLE

11 **Restaurant de la Tour**
Une vue de rêve sur les gorges depuis la délicieuse terrasse de cette vénérable maison installée au cœur d'un charmant village médiéval et une carte d'inspiration méditerranéenne. La synthèse est excellente à ce niveau de prix.
C : 45 € • M : 25-35 €

philippe.obriot@wanadoo.fr

→ Pl Beausoleil
☎ 04 94 70 93 08
F. merc. et 3 sem. déc.
Jusqu'à 21h30.

CHATEAUDUN - 28200   (17 D 3)
Chartres 43 - Orléans 51

13 **Aux Trois Pastoureaux**
Installé dans la plus ancienne auberge de la ville, on se sent naturellement porté vers l'expérience du Menu Médiéval, conçu avec le personnel du château, mais on aurait tort de limiter le travail de Jean-François Lucchese à cette coquetterie. La maison n'a rien de passéiste, dans son cadre comme dans sa cuisine, et le plaisir du chef, c'est plutôt de suivre les saisons, de célébrer l'arrivée du printemps avec la salade d'asperges vertes et foie gras ou les légumes nouveaux avec le veau braisé au jus corsé, et dans ce registre également, il reste l'incontournable valeur sûre de la ville. Courte carte des vins, loires et vendômois en bonne place.
C : 33 € • M : 20-43,50 €

j-f.lucchese@wanadoo.fr

→ 31 rue André-Gillet
☎ 02 37 45 74 40
F. dim., lundi, 1er-8 janv., 2e sem. vac. scol. fév. et 1er-17 juil.
Jusqu'à 21h.

idéal gourmet

Villes de proximité, voir :

↻ COURTALAIN .... 16 km O. sur D 927

CHATEAUFORT - 78117   (8 A 6)
Paris 27 - Versailles 11 - Nanterre 28

14 **La Belle Epoque**
L'ancien café de village s'est embourgeoisé, les discussions de comptoir ayant fait place nette devant des dîners à tendance chic. Traditionnelle et sans la moindre aspérité disgracieuse, la cuisine de Philippe Delaune prend ses aises dans ce cadre qui lui va comme un gant : tartare de saumon et carpaccio de noix de saint-jacques marinées, dos de bar poêlé et risotto d'orge perlé au fenouil, tatin de poires et glace vanille bourbon. Cave solidement bâtie et s'intéressant à tous les vignobles.
C : 45 € • M : 35-55 €

→ 10 pl de la Mairie
☎ 01 39 56 95 48
F. dim., lundi et 3 sem. août.
Jusqu'à 21h45.

idéal gourmet

CHATEAUNEUF - 71740   (20 A 6)
Mâcon 66 - Roanne 31

13 **La Fontaine**
L'ancien atelier de tissage montre toujours un cadre unique, inattendu dans ce petit village, avec ce décor de mosaïque inspiré de Gaudi et ces touches orientalistes. Le talentueux Yves Jury continue d'alterner sous la verrière les stigmates d'un bouillonnement créatif et un esprit terroir assez familier, entre la fricassée de ris de chevreau, gâteau de courgettes, asperges et basilic, la frangipane d'escargots sauce cèpes et l'assiette charolaise en trois cuissons. La cave ne se renouvelle guère, mais il y a ce qu'il faut en bourgognes.
C : 38,50 € • M : 19,50-44,50 €

→ ☎ 03 85 26 26 87
F. dim. à dîn (h.s.), lundi, mardi, 10 janv.-10 fév. et 12-18 nov.
Jusqu'à 21h.

CHATEAUROUX - 36000 (18 A 5)
Paris 269 - Bourges 69 - Guéret 89

12 Le Bistrot Gourmand

Patrick Poitoux connaît la recette du Bistrot Gourmand : un décor plaisant et pas intimidant, un service alerte et une cuisine de marché familière et soignée. On le suit avec plaisir sur les spécialités de foie gras ou de bœuf, les soupes ou les poissons permettent de varier les plaisirs et la terrasse est en bonus, charmante avec ses colombages et ses fleurs.
C : 25 € • M : 21-30 €

→ 10 rue du Marché
☎ 02 54 07 86 98
F. dim., lundi à déj., fériés, 2 sem. fin fév.-déb. mars et 3 sem. fin août-déb. sept.
Jusqu'à 22h30.

Villes de proximité, voir :

⟳ DEOLS .... 3 km N. **(14/20)**
⟳ POINÇONNET (LE) .... 5 km S. par route forestière **(15/20)**

CHATELAILLON PLAGE - 17340 (22 A 4)
La Rochelle 15 - Rochefort 21

13 Les Flots

Les flots inspirent les Flots : le décor cultive l'ambiance marine (y compris dans les chambres) en version bistrot, le Vichy bleu et blanc sur les tables rustiques et les voiles en rappel, et en cuisine on s'active à tirer le meilleur de la criée pour des assiettes agréables dans leur justesse et leur sagesse (filet de bar au gingembre, millefeuille de tourteau, poêlée de langoustines laquées d'épices).
C : 46 € • M : 25 €

→ 52 bd de la Mer
☎ 05 46 56 23 42
F. mardi (h.s.) et 15-31 déc.
Jusqu'à 21h30.

www.les-flots.fr

CHATELGUYON - 63140 (26 B 3)
Clermont-Ferrand 22 - Vichy 43

Splendid Hôtel

La direction de ce solide hôtel Belle Epoque installé au cœur du centre thermal aura achevé à la fin 2007 une totale rénovation des chambres, dans le sens du confort et de la modernité. Pour profiter encore davantage de la terrasse, du jardin et du parc.
4 appart. 112 € • 73 ch. 55-88 €

→ 5-7 rue d'Angleterre
☎ 04 73 86 04 80
▤ 04 73 86 17 56
F. 20 déc.-6 janv.

www.splendid-resort.com

CHATELLERAULT - 86100 (22 D 2)
Poitiers 37 - Tours 72

11 Bernard Gautier

En ville en semaine, à quelques pas de la sortie d'autoroute, à la campagne le week-end (il a conservé son adresse à Leigné-les-Bois, à 20 mn de là), Bernard Gautier assume avec constance et brio les appétits gastronomiques des Châtelleraudais de tradition (l'ambiance n'attirera pas focément les jeunes générations), autour d'assiettes certes classiques, mais qui témoignent d'une volonté intacte et de produits de qualité : terrine de canard au foie gras, quasi de veau aux olives, nage d'ananas à la vanille.
C : 40 € • M : 22-32 €

→ 189 rue d'Antran, ZI Sanital
☎ 05 49 90 24 74
F. w.-e., lundi, dern. sem. fév., 1re sem. mars, dern. sem. août et 1re quinz. sept.
Jusqu'à 21h15.

- -

✳ Villa Richelieu

Proche du centre et pourtant isolée par son parc, cette belle maison début XXe séduit par ses chambres au superbe décor contemporain, mariage apaisant de couleurs et de matières associées avec bonheur.
5 ch. 70-100 €

→ 61 av de Richelieu
☎ 05 49 20 28 02
▤ 05 49 20 28 02
Ouv. 7j/7.

www.villarichelieu.com

CHATENAY MALABRY

Villes de proximité, voir :

⟳ BONNEUIL MATOURS .... 15 km S. par D 749 **(13/20)**

⟳ BONNEUIL MATOURS .... 15 km S. par D 749 **(13/20)**

CHATENAY MALABRY - 92290 (8 B 5)
Paris 13 - Antony 2 - Sceaux 2

✿ Demeure des Tilleuls
Les jeux de couleurs et de lumière du parc se retrouvent dans l'esprit de la décoration personnalisée des chambres, nostalgiques ou voyageuses.
5 ch. 90 €

→ 12 av des Tilleuls
☎ 01 40 83 84 00
🖶 01 40 83 83 99
Ouv. 7j/7.
🚗

www.alibi.fr

CHATILLON SUR CHALARONNE - 01400 (27 D 2)
Mâcon 27 - Bourg-en-Bresse 28 - Lyon 58

13 ♟ La Tour Cocooning et Gastronomie
Ne s'interdisant l'accès à aucune branche de la gastronomie, Olivier Cormorèche travaille une carte sans tabou ni œillères, aussi à l'aise sur les gimmicks contemporains (tarte fine croustillante en mille-feuille au poisson) que sur les propositions plus classiques (largement majoritaires) : grosse quenelle de brochet sauce aux écrevisses, sole meunière, côte de veau cuite en cocotte, tournedos Rossini. Cave classique.
C : 65 € • M : 23-65 €

→ Pl de la République
☎ 04 74 55 05 12
F. dim. à dîn., lundi à déj., merc. à déj. et 1 sem. Noël.
Jusqu'à 21h.
🌳 🚗 ♿ ❄ 🐕

www.hotel-latour.com

🎁🎁 La Tour Cocooning et Gastronomie
Cocooning, revendique la maison. C'est dire s'il fait bon vivre dans cette belle maison ancienne en briques, entre un massage et une partie de golf, bercé par l'ambiance douce et chaleureuse des belles chambres personnalisées. On retrouve cet adorable parfum rétro et les murs à la patine soignée dans l'annexe, le Clos de la Tour.
35 ch. 80-150 €

→ Pl de la République
☎ 04 74 55 05 12
🖶 04 74 55 09 19
Ouv. 7j/7.
🚗 ♿ ❄

www.hotel-latour.com

CHAUFFAYER - 05800 (34 D 1)
Gap 34 - Grenoble 78

🎁🎁 Château des Herbeys 🐦
Sur les bases d'un ancien château XIIIe, une belle demeure de campagne dans un parc aux tilleuls bicentenaires, avec vue sur les montagnes de l'Obion. Tableaux et meubles anciens pour affirmer le style, tissus tendus, jaccuzi balnéo dans huit des douze chambres. Cuisine de beaux produits par un jeune chef adroit.
12 ch. 65-130 €

→ Rte Napoléon
☎ 04 92 55 26 83
🖶 04 92 55 29 66
F. 12 nov.-31 mars.
🚗 ♿ 🍴 🔍 🐕

www.hotel-restaurant-delas.com

CHAUMONT - 52000 (9 C 5)
Epinal 124 - Troyes 100

12 Au Rendez-vous des Amis
La maison de Pascal Nicard transmet toujours autant de bonnes ondes. Cet ancien corps de ferme exhibe désormais une façade complètement refaite, en accord parfait avec la décoration intérieure, joyeuse et contemporaine. Personnalisée, originale au risque de se perdre parfois par excès de complexité, la cuisine de Pascal Nicard ne laisse jamais indifférent : vol-au-vent en croûte feuilletée et duxelle de champignons, dos de sandre rôti au beurre salé, pousses d'épinards à l'huile de noix et crème de champagne, tiramisu au nougat et fruits confits, fraises et framboises et sabayon de fruits rouges. Une vingtaine de chambres agréables pour passer le week-end.
C : 63 € • M : 20-45 €

→ 4 pl du Tilleul, Chamarandes
☎ 03 25 32 20 20
F. vend. à dîn., sam., dim. à dîn., 1er-10 mai, 1er-20 août et 20 déc.-2 janv.
Jusqu'à 21h15.
🌳 ♿ 🍴

www.au-rendezvous-des-amis.com

^G_M

Grand Hôtel Terminus Reine

Si l'architecture après-guerre est sans grand intérêt, ce n'est pas le cas des prestations d'ensemble de cet hôtel régulièrement actualisé, dont les chambres adoptent un décor soigné, volontiers ponctué d'affiches colorées.
58 ch. 62-113 €

www.relais-sud-champagne.com

→ Pl Charles-de-Gaulle
☎ 03 25 03 66 66
🖪 03 25 03 28 95
Ouv. 7j/7.

CHAUMONT SUR THARONNE - 41600   (18 A 3)
Blois 54 - Orléans 37

14 La Grenouillère

Cette belle maison solognote connaît une seconde jeunesse depuis sa reprise voilà six ans par Jean-Charles Dartigues, qui n'avait pas encore 30 ans ! Formé à bonne école (Marc Meneau, Edouard Loubet, Michel Troisgros...) il a su porter rapidement cette auberge vers le haut, grâce à une fougue compréhensible et parfaitement contrôlée et à une remarquable connaissance des produits : grosses langoustines à la cardamome, jus de crustacé émulsionné à l'huile d'olive, rôti de rougets croustillant piqué de saumon fumé et farci de lait caillé à la marjolaine, carré d'agneau fumé à la bruyère de Sologne, sauté de champignons de saison et gratinée de blettes au parmesan. En pinaillant, on observe que la carte n'évolue guère d'une année sur l'autre, mais il est vrai que le fameux carré d'agneau a tant de succès qu'il serait dommage de le changer... Jolie véranda ouvrant sur le jardin, service sans histoire, cave privilégiant le Bordelais.
C : 50 € • M : 38-50 €

jean-charles.dartigues@wanadoo.fr

→ Rte de
la-Ferté-Saint-Aubin
☎ 02 54 88 50 71
F. lundi et mardi.
Jusqu'à 22h.

La Croix Blanche de Sologne

Derrière la façade traditionnelle en briques, c'est tout un pan d'histoire que véhicule cette auberge, dans ses chambres comme dans ses assiettes. Entre style bourgeois XVIIIe et rustique champêtre et élégant, les chambres ont une saveur hors du temps qui n'empêche pas un confort de bon niveau et leur donne une personnalité unique.
15 ch. 60-135 €

www.hotel-sologne.com

→ 5 pl de l'Eglise
☎ 02 54 88 55 12
🖪 02 54 88 60 40
Ouv. 7j/7.

CHAUNY - 02300   (4 B 4)
Laon 33 - Saint-Quentin 33 - Soissons 30

14 La Toque Blanche

Droite et intemporelle, la Toque Blanche, icône locale pour les industriels et les cent familles de la région. Les valeurs de la tradition y sont défendues becs et ongles avec une maîtrise qui force le respect, une fidélité qui incite à l'admiration. Un plat résume à lui seul toute la carte. Sobrement intitulé "Notre orgueil", c'est une assiette où se rassemblent saumon fumé et mariné, homard, foie gras, truffe et avruga... Les œuvres de Vincent Lequeux n'ont plus ensuite qu'à faire fondre une fois de plus les habitués : sole rôtie à l'huile de noisette, magret de canard à la moutarde de fruits rouges, tarte feuilletée aux pommes et sorbet pomme verte... Quelques chambres en appoint pour recevoir les cadres et les officiels, plutôt contemporaines, dans des décors variés, rénovées au fil des ans. Cave classique où l'on peut piocher du grand pas trop cher (les parcellaires de Guigal de bonnes années autour de 200 €).
C : 69 € • M : 33-45 €

www.toque-blanche.fr

→ 24 av Victor-Hugo
☎ 03 23 39 98 98
F. sam. à déj., dim. à dîn.,
lundi, 2-6 janv., 16-25 fév. et
5-24 août.
Jusqu'à 21h.

LA CHAUSSEE D'IVRY

Villes de proximité, voir :

⟳ OGNES .... 2 km O. **(11/20)**

LA CHAUSSEE D'IVRY - 28260   (17 D 1)

Dreux 22 - Evreux 35 - Chartres 57

Gingko Hôtel

De l'extérieur, la sobre maison bourgeoise ménage bien la surprise d'un intérieur contemporain, épuré et clair, discrètement personnalisé au gré des chambres. Le résultat est superbe et apaisant, en accord avec la vue sur le parc et son parcours de golf.
2 appart. 140 € • 20 ch. 75 €
www.hotel-gringko.com

→ 505 rue des Moulins
☎ 02 37 64 01 11
🖷 02 37 64 32 85
Ouv. 7j/7.

CHAVEIGNES - 37120   (17 B 5)

Langeais 39 - Chinon 22 - l'Ile-Bouchard 11

✽ La Varenne

La vaste maison fin XVIIᵉ séduit par sa situation en pleine campagne (13 ha de jardins et de bois). Dans les chambres, les murs clairs répondent aux boiseries et aux meubles anciens pour composer une atmosphère très agréable.
3 ch. 78-110 €

→ ☎ 02 47 58 26 31
🖷 02 47 58 27 47
F. Noël.

CHAZEY SUR AIN - 01150   (27 D 2)

Bourg-en-Bresse 42 - Pérouges 6

14 La Louizarde

Le site ne manque pas d'originalité : un ancien moulin rénové en maison de style colonial, ouvrant sur un jardin doté d'un bassin et agrémenté de plantes exotiques, l'ensemble n'a rien de commun, surtout au cœur de la Bresse. Les options gastronomiques choisies par le couple Serrano (Jean-Michel aux fourneaux, Annie en salle) se veulent en revanche plus conventionnelles : bavarois de saint-pierre et saint-jacques au chèvre frais, dos de loup à la coriandre fraîche, galette parmentière et légumes verts, filet de canette rôtie au romarin, jus au cidre brut et brochette de dattes et melon. Service souriant et efficace, cave sans surprise.
C : 38 € • M : 17-40 €

→ Le Luizard, rte de Blyes
☎ 04 74 61 53 23
F. sam. à déj., à dîn. lundi-jeudi (oct.-mai), sam. à déj., dim. à dîn., lundi, 5-18 fév., 1er-13 mai et 1er-13 sept. Jusqu'à 21h30.

CHELLES - 60350   (4 A 4)

Pierrefonds 5 - Villers-Cotterêts 16

10 Le Relais Brunehaut

L'ancien moulin, délicieusement installé dans un jardin fleuri traversé par une rivière, s'est transformé en une petite auberge bourrée de charme. Très simple, la cuisine qu'on y sert vaut surtout pour sa générosité et les petits prix pratiqués : salade périgourdine aux gésiers confits et magrets de canard fumés, suprême de poularde, crémée de champignons, bœuf sauce béarnaise.
C : 39 € • M : 23-25 €

→ 3 rue de l'Eglise
☎ 03 44 42 85 05
F. lundi à déj., mardi à déj. (1er mai-30 sept.), lundi, mardi, merc., jeudi à déj. (1er oct.-30 avril), dim. à dîn. et 15 janv.-12 fév. Jusqu'à 21h.

CHENEHUTTE TREVES CUNAULT - 49350 (16 B 4)

Angers 37 - Saumur 14

13 Le Prieuré

Du classique de château accommodé à la sauce actuelle, des ravioles de langoustines à la crème de truffes, du combava et du gingembre avec le suprême de pintade. Les hôtes d'un soir n'ont d'ailleurs guère d'autres exigences que celle d'un travail accompli sur des produits sûrs et la toque va à ce respect d'une norme consensuelle menée par un chef adroit.
M : 29 €
www.prieure.com

→ Chenehutte-les-Tuffeaux
☎ 02 41 67 90 14
Ouv. 7j/7.
Jusqu'à 21h15 (21h45 saison).

₡₡₡ Le Prieuré ✒

Un classique des week-ends châtelains, secrets et romantiques. Au cœur d'un parc boisé, un manoir de tuffeau aux chambres raffinées, dont certaines offrent un beau panorama sur la vallée de la Loire.
1 appart. 340 € • 35 ch. 130 €   *www.prieure.com*

→ Chenehutte les Tuffeaux
☎ 02 41 67 90 14
🖷 02 41 67 92 24
Ouv. 7j/7.

🚗 ⌣ 🔍 🐾

CHENERAILLES - 23130   (25 D 2)
Aubusson 19 - Guéret 34

12 Le Coq d'Or

Si le coq est partout en décoration, si le décor joue la carte rustique, Pierre Rullière ne se contente pas pour autant d'aligner les coqs au vin. Son credo, c'est plutôt la cuisine gastronomique, produits de saison et compositions soignées, de celles qui prouvent qu'un chef sort de temps en temps de sa maison : un peu d'actualité avec la trilogie de foie gras de canard (terrine, crème brûlée et espuma), hommage au terroir avec le bœuf du Limousin galette de pommes de terre au salers, gourmandise du jour avec le crumble poire fenouil et glace aux noix de pécan.
C : 32 € • M : 20-43 €

→ 7 pl du Champ-de-Foire
☎ 05 55 62 30 83
F. dim. à dîn., lundi, merc. à dîn., 3 sem. déb. janv., 1 sem. fin juin et 2 sem. sept.
Jusqu'à 20h30.

🚗 🐾

CHENILLE CHANGE - 49220   (16 A 3)
Angers 32 - Château-Gontier 20

10 La Table du Meunier

Le cadre constitue l'atout majeur de la maison et justifie, avec son passé de moulin à huile, le choix du nom. L'été, les tables se déploient au bord de la rivière, de quoi goûter d'autant plus volontiers une cuisine sagement calibrée, aux influences classiques et provençales : carré d'agneau et polenta crémeuse, pavé de rumsteck au vin d'épices et risotto champignons mascarpone. Plaisante cave régionale.
M : 24,40-39,35 €   *www.maine-anjou-rivieres.com*

→ ☎ 02 41 95 10 98
F. non comm.
Jusqu'à 21h.

⛱ 🚗 ♿ 🐾 ▬

CHENNEVIERES SUR MARNE - 94430   (8 D 5)
Paris 18 - Créteil 5 - Lagny 22

12 Le Bonheur de Chine

Une adresse dans un centre commercial ? Et pourquoi pas ? Rassemblant sous une même bannière les grands classiques des cuisines chinoise, thaïlandaise et vietnamienne, ce petit Bonheur se vit sans trop d'exigence, sur la simplicité d'une brochette de bœuf grillé, de gambas au gingembre et ciboulette ou d'une fondue aux fruits de mer.
C : 18 € • M : 13,60-19,90 €

→ 10 rue Amboile, centre commercial du Moulin
☎ 01 45 93 32 30
F. lundi à déj. (sf fériés) et 10-20 août.
Jusqu'à 23h.

🚗 ♿ ❄ 🐾

---

de **20**  à **10** les tables sont classées par ordre dégressif de note

👁 table en vue, lieu à la mode, ethnique

? signale une notation en attente ou un changement de dernière minute

découverte *d≷* GM met en avant des nouveautés méconnues

CHENONCEAUX

15 🍽️🍽️ **Le Bon Laboureur**

Antoine Jeudi révise ses classiques, sans routine, sans fatigue, sans ennui. Ce Bon Laboureur n'est pas un ingrat, qui réactive le terroir à chaque saison pour offrir aux habitués des assiettes sans cesse renouvelées : carpaccio de saint-jacques, bar et gambas, déclinaison autour de l'asperge, selle d'agneau rôtie en croûte d'herbes et croustillant de rutabaga au jambon cru... La manière est sûre et sincère, l'assiette bien présentée dans un cadre de bon ton, la cave fait appel aux valeurs sûres en toutes régions, particulièrement affûtée en loires. Confiance jusqu'aux bons desserts d'un répertoire également bien actualisé (dacquoise praliné et sorbet guanaja, mille-feuille fraises crème vanille et sorbet poivre de Séchouan...). Service de très bon standing qui sait aussi se détendre.

C : 75 € • M : 48-80 €

www.bonlaboureur.com

→ 6 rue du Dr-Bretonneau
☎ 02 47 23 90 02
F. mardi à déj. (Pâques-15 nov.), mardi, merc. (14 fév.-Pâques), 5 janv.-14 fév. et 15 nov.-20 déc.
Jusqu'à 21h15.

🛋️ idéal gourmet

🍽️🍽️ **Le Bon Laboureur**

Une concurrence pour le château : on peut au moins passer la nuit, et même plusieurs, dans cette belle auberge familiale et chic, ancien relais de poste en pierre de taille blotti dans son parc, assurant la tranquillité et le bien-être des résidents. Chambres régulièrement rénovées, tissus et tentures, les appartements les plus récents mêlant ancien et moderne.

5 appart. 155-230 € • 20 ch. 85-155 €

www.bonlaboureur.com

→ 6 rue du Dr-Bretonneau
☎ 02 47 23 90 02
🖨️ 02 47 23 82 01
F. 5 janv.-14 fév. et 15 nov.-20 déc.

🍽️🍽️ **La Roseraie**

Les motifs fleuris et les couleurs douces de la toile de Jouy donnent aux chambres un caractère paisible et nostalgique qui sied bien à cette maison XVIIIe de caractère. Confort soigné par des travaux réguliers.

1 appart. 172-183 € • 16 ch. 55-125 €

www.charmingroseraie.com

→ 7 rue du Dr-Bretonneau
☎ 02 47 23 90 09
🖨️ 02 47 23 91 59
F. 11 nov.-14 mars.

Villes de proximité, voir :

↻ SAINT GEORGES SUR CHER......................6 km E. par N 76

13 🍽️ **Le Vauban**

Parmi les nombreuses propositions des quais, le Vauban fait figure de rempart face à la médiocrité grâce à la constance d'une cuisine, certes classique, mais qui ne cède pas à la tentation du vite fait mal fait et soigne l'approvisionnement comme la réalisation. Le résultat s'apprécie notamment sur de beaux poissons sauvages sobrement traités : saint-pierre rôti à la fleur de sel, bar doré à l'huile d'olive. Service aussi efficace pour les habitués que les touristes de passage.

C : 45 € • M : 22-59 €

→ 22 quai de Qualigny
☎ 02 33 43 10 11
F. sam. à déj., dim. à dîn., lundi, vac. scol. fév. et vac. scol. Toussaint.
Jusqu'à 21h30.

12 🍽️ **L'Ambroisy**

Formé au Vauban, l'une des meilleures tables du Cotentin, où il fut second pendant plusieurs années, le jeune Stéphane Conor a en mains de solides atouts : un emplacement de choix, tout près des halles et des quais, un cadre contemporain soigné et cosy, une équipe de salle performante. Sa cuisine, modeuse, pêche parfois

→ 39 rue Grande-Rue
☎ 02 33 10 19 29
F. dim. à dîn., lundi à déj., merc., 1 sem. avril et 3 sem. nov.
Jusqu'à 21h15.

par quelques imprécisions qui ne viennent cependant jamais grever une bonne impression générale : minis rouleaux de printemps à la raie laquée aux petits légumes et aux herbes, sauce aux poivrons, noix de saint-jacques rôties, sabayon de champignons et mousseline de patate douce au poivre de Séchouan, sablé breton au chocolat noir et mousse chocolat blanc au curaçao. Petite cave de propriétaires.

C : 35,50 € • M : 31-48 €   *lambroisy@wanadoo.fr*

---

10 Le Faitout

Dans ce décor au parfum de bateau, le Faitout cuisine de quoi satisfaire aussi bien les appétits de tête de veau sauce gribiche que ceux de saumon fumé. Du classique donc, avec l'agrément du poisson du jour, en droite ligne du port tout proche.
C : 25 € • M : 18 €

→ 25 rue Tour-Carrée
☎ 02 33 04 25 04
F. dim., lundi et 1 sem. fin déc.
Jusqu'à 21h30.

Villes de proximité, voir :

⟳ EQUEURDREVILLE HAINNEVILLE. 7 km N.O. par D 901 **(13/20)**

CHERENG - 59152	(2 D 2)

Lille 17 - Roubaix 16

11 Le Verzenay

Un peu mieux qu'un bord de route pour voyageurs professionnels : cette carte sait se sortir du routinier brasserie pour plaire à une clientèle d'affaires régulière et exigeante, avec les foies gras, la cassolette de ris de veau, le pavé de bœuf aux truffes. On peut aussi marcher à l'ordinaire, sans déplaisir, des premiers menus.
C : 54 € • M : 17-39 €   *verzenay@wanadoo.fr*

→ 142 rte Nationale
☎ 03 20 41 14 56
F. dim. à dîn., lundi à dîn. et 3 sem. août.
Jusqu'à 22h.

CHEVAGNES - 03230	(26 C 2)

Moulins 18 - Bourbon-Lancy 18

13 Le Goût des Choses

Les belles couleurs du jardin fleuri se retrouvent dans une salle d'autant plus agréable que Caroline Chevalliez y accueille avec un sourire non feint, voilà qui met d'excellente humeur et ce n'est pas le travail de Francis son mari qui va changer la donne, notamment lorsqu'il collabore au plus près avec les producteurs bourbonnais pour proposer une pièce de bœuf au saint-pourçain modèle du genre ou un marbré de foie gras et pigeonneau mariné au soja. Carte des vins courte mais bien construite et raisonnable côté tarifs.
C : 38 € • M : 22-33 €

→ 12 rte Nationale
☎ 04 70 43 11 12
F. dim. à dîn., lundi, mardi, 1 sem. fév. et 1 sem. vac. scol. Toussaint.
Jusqu'à 21h.

CHEVAL BLANC - 84460	(33 B 4)

Salon-de-Provence 29 - Aix-en-Provence 63

12 L'Auberge de Cheval Blanc

Jeune Restaurateur d'Europe, disciple d'Escoffier, Hervé Perrasse a la main ferme sur le piano. Il peut marier sans risque les saint-jacques et le poulet thaï, choisir une entrecôte brésilienne et passer du quotidien au plat de dimanche. Dès le petit et performant menu du déjeuner à 23 € (une très bonne charcuterie maison notamment), avec un verre de luberon ou de ventoux, on n'est pas loin de la toque. Jeune service avenant dans une ambiance d'aujourd'hui, frais décor et musique lounge.
C : 46 € • M : 23-68 €   *www.auberge-de-chevalblanc.com*

→ 481 La Canebière
☎ 04 32 50 18 55
F. à déj., dim. à dîn.
(1er juil.-31 août), sam. à déj., dim. à dîn. et lundi (h.s.).
Jusqu'à 21h30.

🍴 idéal gourmet

CHEVANNES - 89240 (19 C 2)
Auxerre 9 - Clamecy 30

13 La Chamaille

L'ancienne ferme installée à quinze minutes d'Auxerre, dans une campagne charmante, n'a pas perdu au change lorsque les Ancelot l'ont reprise, en 2003. Les prestations ont été maintenues, le parc traversé par un petit ruisseau (qui coule d'ailleurs presque au pied de la véranda) est toujours aussi bien mis en valeur et la cuisine d'Hervé Ancelot met joliment en scène les grands classiques : croustillant de foie gras de canard, salade maraîchère et vinaigrette aux agrumes, dorade royale braisée aux citrons confits et légumes en cocotte, côte de veau cuite en cocotte et pastilla de légumes oubliés, gaufre caramélisée, cône au chocolat et sauce émulsionnée aux pistils de safran. Bon choix de vin dans le département, un peu moins intéressant ailleurs.
C : 60 € • M : 37-56 €

→ 4 rte de Boiloup, la Barbotière
☎ 03 86 41 24 80
F. dim. à dîn., lundi (1er oct.-31 mars), 15-28 fév. et 27 oct.-2 nov.
Jusqu'à 21h30.

www.lachamaille.fr

CHEVERNY - 41700 (17 D 4)
Blois 15 - Romorantin 30

Château du Breuil

Mobilier ancien, ciels de lit et tons pastel donnent un caractère volontiers romantique aux chambres de cette belle demeure fin XVIIIe, nichée dans un vaste parc arboré.
2 appart. 208-245 € • 16 ch. 106-185 €

→ Rte de Fougères, D 52
☎ 02 54 44 20 20
🖷 02 54 44 30 40
F. 1er janv.-mi-mars.

www.chateau-du-breuil.fr

CHINON - 37500 (17 B 5)
Tours 49 - Saumur 29

15 Château de Marçay

La carte de prestige du château est désormais totalement sous contrôle : Frédéric Brisset a su, en quelques années, stabiliser à la fois la brigade, la conception d'une cuisine seigneuriale et actuelle et la réalisation régulière. Plus un bouton de guêtre ne manque à ces assiettes pas si tarabiscotées, plutôt bien arrangées avec ce qu'il faut de bonnes emplettes au marché. Certes le menu homard en quatre services a toujours l'avenir devant lui (ces nobles crustacés sont un peu comme chez eux dans ce bastion médiéval) mais nombre de plats ont le goût du présent et même de la spontanéité, comme cette assiette de légumes d'ici avec un milk-shake à l'huile d'olive ou ce beau saint-pierre sur peau. Cave de loires resplendissante, service relativement bon enfant dans ce contexte.
C : 80 €

→ Le Château, Marçay
☎ 02 47 93 03 47
F. lundi à déj., mardi, merc. à déj. (sf fériés), 6 janv.-1er mars et 18-30 nov.
Jusqu'à 21h15.

www.chateaudemarcay.com

Château de Marçay 🕊

Marçay, c'est un petit paradis de seigneur d'un soir : magnifique et farouche, avec ses solides tours héritées de la forteresse médiévale, le château cache des trésors de douceur dans des chambres superbes, jouant des volumes et des poutres pour composer des atmosphères précieuses, avec mobilier de style et tissus raffinés. Tout autour se déroulent les vignes du domaine.
6 appart. 315 € • 28 ch. 125-285 €

→ Le Château, Marçay
☎ 02 47 93 03 47
🖷 02 47 93 45 33
F. non comm.

www.chateaudemarcay.com

14 Au Plaisir Gourmand

Sérieuse, régionale et traditionnelle, la maison de Jean-Claude Rigollet compte parmi nos préférées dans ce Val-de-Loire si riche en bonnes adresses. Dans ce cadre cossu et consensuel, la cuisine ne cherche pas à briller par son modernisme, préférant se reposer sur une vision classique et bourgeoise (mais qui ne manque pas d'allure) du répertoire régional : escargots petits gris de Touraine à l'ail doux, lapereau en gelée et crème de foie gras et sandre au beurre blanc. Service sans faille, cave sérieuse rassemblant les grands noms de la production hexagonale.
C : 55 € • M : 28-64 €

→ 2 rue Parmentier
☎ 02 47 93 20 48
F. dim. à dîn., lundi, mardi et 15 fév.-15 mars.
Jusqu'à 21h.

---

13 Les Années 30

Les années 30, certes, mais de quel siècle ? serait-on tenté de se demander en admirant la façade XIVe, bien à sa place dans cette rue de la vieille ville, récemment restaurée. A l'intérieur, c'est bien le début du XXe siècle qui inspire le décor par petites touches et la terrasse est bien agréable aux beaux jours. La cuisine de Stéphane Charles n'abuse pas de ce contexte hautement touristique en ajoutant une touche personnelle bienvenue à des bases classiques : la pissaladière de sardines marinées sur le saumon fumé, les patates douces préparées point neuf sur le faux-filet sauce au vin, le caramel de violette et craquant au gingembre sur la mousse au chocolat Guayaquil. On trouve facilement son bonheur en cave avec les domaines du cru.
C : 43 € • M : 27-40 €

→ 78 rue Voltaire
☎ 02 47 93 37 18
F. mardi, merc. (nov.-Pâques), mardi à déj., merc. (Pâques-14 juil. et mi-sept-nov.), merc. (14 juil.-mi-sept.), 8 jrs déb. janv., 8 jrs juin et 10 jrs nov.

www.lesannees30.com

---

13 L'Océanic

Dans un cadre désormais complètement rénové et rafraîchi, Patrick Descoubes peut aborder les prochaines échéances avec sérénité. Sa table demeure l'une des meilleures des environs, en particulier grâce au soin extrême apporté au choix des poissons (une seule viande à la carte). L'aile de raie au camembert normand demeure la grande spécialité des lieux.
C : 40 € • M : 16 €

→ 13 rue Rabelais
☎ 02 47 93 44 55
F. dim. à dîn., lundi et 1 sem. déb. mars.
Jusqu'à 21h30.

oceanicrestaurant@club-internet.fr

Hôtel de France Best Western

Les chambres sont séparées entre deux bâtiments datés des XVIe et XVIIe siècles. Elles donnent sur le château et la place de la fontaine sur laquelle l'établissement dispose d'ailleurs d'une terrasse. Wifi dans toutes les chambres. Cuisine traditionnelle et bistrotière au restaurant.
3 appart. 120-180 € • 28 ch. 75-120 €

→ 47 pl du Gén-de-Gaulle
☎ 02 47 93 33 91
🖷 02 47 98 37 03
F. 3 sem. mi-fév.-mi-mars et 3 sem. nov.

www.bestwestern.com/fr/hoteldefrancechinon

Villes de proximité, voir :

↻ BEAUMONT EN VERON............................5 km O. par D 749

↻ SAZILLY .... 10 km S.E. sur D 749 **(13/20)**

découverte *d⁵* GM met en avant des nouveautés méconnues

💛 coup de cœur 🍇 carte des vins remarquable ◿ notation en hausse

CHIRAC - 48100   (31 D 2)

Marvejols 5 - La Canourgue 16

10 Auberge des Violles

Perdue dans la montagne , à plus de 1100 mètres d'altitude, voici sans doute la halte idéale du randonneur, pour un repas simple autour de délicieuses charcuteries maison. Une impression confortée par une ambiance de gîte, décor de bois apparent et plafond bas, murs de granit et vieux objets, et juste là, à portée de main, une vue magnifique sur les paysages de Lozère. Jolies chambres campagnardes en prime.

C : 17 € • M : 15-18 €

→ Les Violles
☎ 04 66 32 77 66
F. mardi à déj. (sf été) et
1er janv.-15 fév.
Jusqu'à 21h.

CHIS - 65800   (29 B 5)

Tarbes 10 - Pau 53

La Ferme Saint-Ferréol

Aux portes de Tarbes, la belle gentilhommière ouverte sur la chaîne pyrénéenne propose, dans une dépendance, de jolies chambres, largement personnalisées sur le thème des voyages. Les touches de couleurs ajoutent au plaisir d'une étape conviviale.

1 appart. 90 € • 15 ch. 42-62 €

www.ferme-saint-ferreol.com

→ 20 rue des Pyrénées
☎ 05 62 36 22 15
🖷 05 62 37 64 96
F. vac. scol. fév. et vac. scol.
Toussaint.

CHISSAY EN TOURAINE - 41400   (18 D 1)

Blois 42 - Amboise 21 - Tours 40

13 La Table du Roy

Bonnes manières et gastronomie maligne font bon ménage dans ce cadre historique et les résidents n'ont pas de motif d'aller voir plus loin que la terrasse. Le chef propose même des compositions personnelles assez étonnantes, teintées d'humour, et à tout le moins de liberté et de modernité, comme son "déshabillé de homard", son "chili con dorade", ses crevettes sea tiger snackées, risotto à l'encre et espuma de tomate ou le suprême de pintade croustillant d'épinards et crème de poivrons doux à la mascarpone. Une table intéressante à visiter même hors logement, où les tarifs sont encore abordables, notamment dans les menus attrayants. Cave de bons propriétaires ligériens (Delecheneau, Chidaine, Brédif, Jolivet...).

C : 52 € • M : 25 €

www.chateaudechissay.com

☎ 02 54 32 32 01
F. mi-nov.-mi-mars.
Jusqu'à 21h30.

Château de Chissay 🕊

Tradition historique et noble pierre dans ce château XVe à proximité de Chenonceaux. Les chambres adoptent le style ancien de la demeure, dominant fièrement, au bout d'une allée de tilleuls, un parc de 8 ha.

20 appart. 140-290 € • 12 ch. 90-155 €

www.chateaudechissay.com

☎ 02 54 32 32 01
🖷 02 54 32 43 80
F. mi-nov.-mi-mars.

---

découverte *d≷* GM met en avant des nouveautés méconnues

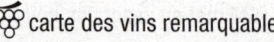 coup de cœur carte des vins remarquable ⤢ notation en hausse

CHISSEY EN MORVAN - 71540 (19 D 4)
Autun 21 - Saulieu 20 - Arnay-le-Duc 24

10 L'Auberge Fleurie

Modeste, et même rudimentaire, l'auberge entretient avec le monde moderne des rapports lointains. Une carte qui ne varie pas au fil des décennies; avec la mousseline de brochet, les escargots et la pièce de charolais pommes darphin dans une atmosphère comme chez Tante Léonie. Pourtant, les fenêtres de la petite salle rustique et parquetée ouvrent sur les collines du Morvan, le jambon n'est pas mauvais, la viande bien choisie. La mention est maintenue, même si l'on est plus dans le dépannage que dans la fête du terroir.
M : 16-36 €

→ Le Bourg
☎ 03 85 82 62 05
F. dim. à dîn.
(Toussaint-Rameaux).
Jusqu'à 21h.

CHOLET - 49300 (15 D 4)
Angers 58 - Nantes 58

12 La Grange

Ouverte en 2003, la Grange de Marie et Jean-François Debladis est venue presque naturellement combler tout un pan de l'offre gastronomique choletaise, plutôt défaillante. Légèrement excentrée, profitant d'un agréable et calme jardin où l'on déjeune aux beaux jours, cette ancienne grange de style vendéen aime se faire rassurante : queues de langoustines sautées en salade d'endive et chair de tourteau au saté, blanc de sandre à l'ortie sauvage sur un riz vénère et purée de betterave rouge, râble de lapereau aux piquillos et jambon de pays, étuvée de blettes et jus réduit à la sarriette. Petite cave de propriétaires.
C : 40 € • M : 17-39 €

→ 64 rue Saint-Antoine
☎ 02 41 62 09 83
F. dim. à dîn., lundi, merc.
à dîn., vac. scol. fév., 2 sem.
été et 3 sem. déb. août.
Jusqu'à 20h45.

- -

CC Château de la Tremblaye

Personnalisées tout en affichant une certaine cohérence stylistique (mobilier Louis XIV, Louis XV, Louis-Philippe…), les chambres de ce fier château du XIXe siècle, œuvre de René Hodé, célèbre architecte, affichent confort et raffinement. Jolie vue sur l'étang ou la campagne. Piscine chauffée et deux courts de squash. Restaurant.
2 appart. 136-180 € • 11 ch. 70-142 €   *www.viesdechateaux.com*

→ Rue des Ruisseaux
☎ 02 41 58 40 17
▤ 02 41 58 20 67
Ouv. 7j/7.

Villes de proximité, voir :

↻ MAULEVRIER........................13 km S.E. par D 20 **(13/20)**

CIBOURE - 64500 (24 C 5)
Pau 134 - Saint-Jean-de-Luz 2

13 Arrantzaleak

Direct, sans fioritures, force basque : avec les anchois grillés au piment d'Espelette, le jambon de Louis Ospital à Hasparren, la lotte grillée aux piquillos ou les chipirons à l'ail, vous saurez que vous n'avez pas fait fausse route en poussant la porte de chez Ramuntxo Courdé, qui pousse la conscience jusqu'à soigner les provenances, la cave (jolie sélection sudiste jusqu'au Languedoc-Roussillon, d'Arretxea à Barral) et bien sûr l'ambiance de pur bistrot de la mer où le simple poisson grillé piperade est une valeur très sûre.
C : 40 € • M : 33 €

→ 18 av Jean-Poulou
☎ 05 59 47 10 75
F. lundi et 20 déc.-31 janv.
Jusqu'à 22h.

13 🗏 Chez Dominique

Chez Dominique, vous êtes en fait chez Georges (Piron), adepte d'une gastronomie de beaux produits et d'assiettes élégantes. La situation sur le port n'est pas un hasard, il se plaît avant tout à travailler le poisson, et le fait avec un savoir-faire qui justifie les tarifs (c'est à la carte que s'apprécie le mieux la maison). Alors on savoure à sa juste valeur cette atmosphère de connaisseurs et les saveurs harmonieuses d'une soupe crémeuse de morue et œuf de caille, ensoleillées d'un chipiron à la plancha et piquillo farci et tout aussi convaincantes d'un sabayon au chocolat qui prouve que le répertoire du chef ne s'arrête pas au bord de l'eau. Service impliqué et belle sélection de bouteilles régionales.
M : 26-52 €

→ 15 quai Maurice-Ravel
☎ 05 59 47 29 16
F. dim. à dîn., lundi et mardi (sf mi-juil.-mi-sept.).
Jusqu'à 21h.

- -

12 Mattin

Bienvenue au Pays Basque : dans cette maison, on s'applique depuis plusieurs générations à démontrer, entre autre, que le ttoro est un plat de poisson et que les tripes ne se consomment pas qu'à la mode de Caen. On a plaisir à apprendre sa leçon, dans une atmosphère typique à souhait et en arrosant de "vins à découvrir" qui portent fort bien leur nom.
C : 35 €

→ 63 rue Baignole
☎ 05 59 47 19 52
F. dim. à dîn. (sf 15 juil.-30 août), lundi et 20 janv.-30 fév.
Jusqu'à 21h30.

CIERZAC - 17520 (22 B 5)
Angoulême 52 - Saintes 42

12 Le Moulin de Cierzac

La bonne carte classico-actuelle du chef Philippe Dujardin a de quoi retenir les résidents à la maison : du carpaccio de foie gras, des saint-jacques rôties sauce champagne, des côtelettes d'agneau au romarin et vieux pineau... L'exécution est sans reproche, les tarifs équitables, notamment avec le menu Terroir Logis de France. la cave expose les vins de la région, et abrite quelques beaux millésimes anciens.
C : 45 € • M : 16-56 €

www.moulindecierzac.com

→ Rte de Cognac, D 731
☎ 05 45 83 01 32
F. sam. à déj., dim. à dîn., lundi (sf juil.-août) et 12 nov.-8 déc.
Jusqu'à 20h45.

C Le Moulin de Cierzac

Charme bien travaillé dans cet ancien moulin à eau devenu une hôtellerie distinguée entre Jonzac et Cognac. Chambres au rustique assumé et cohérent, donnant sur le parc, la rivière, la campagne environnante.
7 ch. 55-85 €

www.moulindecierzac.com

→ Rte de Cognac, D 731
☎ 05 45 83 01 32
🖷 05 45 83 03 59
F. 12 nov.-8 déc.

CLAIRAC - 47320 (24 A 1)
Agen 40 - Nérac 36 - Marmande 24

14 🗏 Auberge de Clairac

On ne peut évidemment pas faire le coup tous les ans, ajouter des dièses ou des quarts de points, mais il est clair que Jean-Luc Soisson est au seuil du palier supérieur. Nos lecteurs sont ravis et le disent, nos enquêteurs soulignent dans le même esprit l'adéquation entre une réalisation au cordeau et une imagination qui sait respecter son terroir : le foie gras et un caramel de piquillos, l'esturgeon d'Aquitaine et un cappuccino acidulé à la verveine citron, le tournedos de bœuf blond de pure race avec une émulsion de

→ 12 rte de Tonneins
☎ 05 53 79 22 52
F. dim. à dîn., merc., 2 dern. sem. mars et 2 dern. sem. déc.
Jusqu'à 20h.

piment d'Espelette renforcé par un condensé de pot-au-feu donnent de l'esprit et de l'enthousiasme à toute la maison, dans le joli cadre d'une auberge de charme
C : 50 € • M : 25-49 €

aubergedeclairac@cegetel.net

CLAMART - 92140 (8 B 5)
Paris 9 - Nanterre 20 - Versailles 13

11 La Cosse des Petits Pois

Le menu-carte qui nous plaisait tant il y a encore quelques années semble avoir subitement pris un coup de vieux, comme si la routine s'était emparée de Gérard Le Saux. Si les plats du jour permettent de renouveler (un peu seulement) les plaisirs, le tartare de thon de saumon, le filet d'agneau et ratatouille craquante et le crumble à la rhubarbe semblent presque touchés par la banalité. Cave ramassée et peu onéreuse.
M : 30 €

→ 32 av Victor-Hugo
☎ 01 46 38 97 60
F. sam. à déj., dim. à dîn., lundi et 3 sem. août.
Jusqu'à 21h30.

CLECY - 14570 (5 D 4)
Caen 37 - Vire 35 - Falaise 31

Hôtellerie le Moulin du Vey

Moulin il fut, et il en a gardé le caractère champêtre, dans l'architecture comme la situation au bord de l'eau. Une impression renforcée par les chambres aux tons fleuris.
12 ch. 76 €

www.moulinduvey.com

→ Le Vey
☎ 02 31 69 71 08
📠 02 31 69 14 14
F. déc. et janv.

CLEPPE - 42110 (27 B 2)
Montbrison 25 - Lyon 70

12 Brin de Laurier

Ambiance maison d'hôtes (c'en est une, d'ailleurs) dans ce lieu-dit perdu dans la région du Forez, dans un cadre aussi chaleureux que le sourire de la jeune patronne, ambiance Ikea dans une harmonie de tons sable et prune, et cuisine du monde pour une table qui n'oublie pas l'air du temps. La cuisine de Thierry Laurier manque parfois de constance, mais pas de bonnes idées, comme ce très onctueux gâteau de grenouilles au cumin ou le délicatement parfumé pavé de vivaneau aux aromates, un beau poisson bien mis en valeur. Une petite table gourmande qui mérite d'être connue.
C : 40 € • M : 15-35 €

www.brindelaurier.com

→ Naconne
☎ 04 77 26 07 50
F. sam. à déj., dim. à dîn., lundi, 1 sem. mai, 2 sem. déb. sept. et 17 déc.-2 janv.
Jusqu'à 21h.

CLERMONT FERRAND - 63000 (26 D 1)
Paris 424 - Lyon 172 - Limoges 175

15 Emmanuel Hodencq

Au cœur de la ville, la maison des Hodencq ménage un confort feutré, grâce à une salle élégante et chaleureuse aux tables agréablement espacées et à une terrasse qui parviendrait presque à faire oublier la ville. Il y fait bon vivre, d'autant que le service allie fluidité et efficacité. Dans ce contexte favorable, Emmanuel Hodencq rafle la mise grâce à une cuisine parfaitement cohérente, hommage maîtrisé et discrètement personnel à des produits de qualité : gnocchi de pomme de terre aux sucs olives et champignons des bois ludiques et savoureux, un turbo rôti parfait avec marmelade

→ Pl du Marché-Saint-Pierre
☎ 04 73 31 23 23
F. dim., lundi à déj. et 13-30 août.
Jusqu'à 21h30.

CLERMONT FERRAND

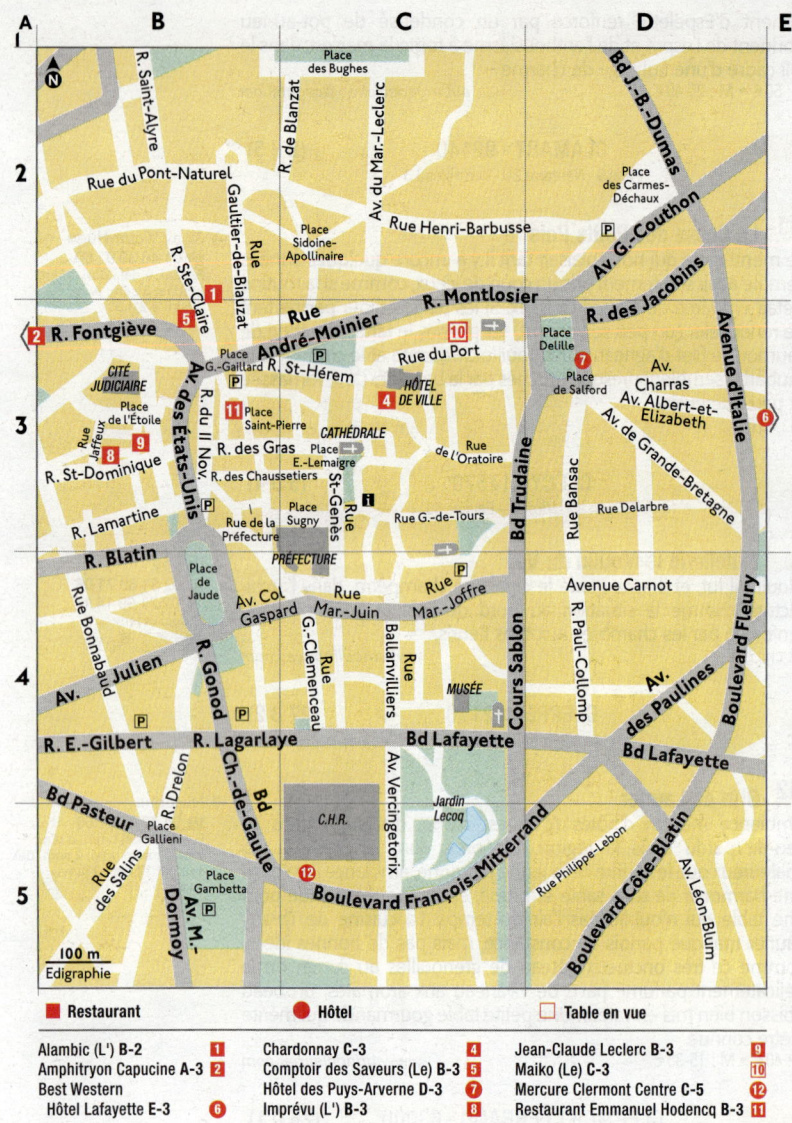

■ Restaurant   ● Hôtel   □ Table en vue

Alambic (L') **B-2**	**1**	Chardonnay **C-3**	**4**	Jean-Claude Leclerc **B-3**	**9**
Amphitryon Capucine **A-3**	**2**	Comptoir des Saveurs (Le) **B-3**	**5**	Maiko (Le) **C-3**	**10**
Best Western		Hôtel des Puys-Arverne **D-3**	**7**	Mercure Clermont Centre **C-5**	**12**
Hôtel Lafayette **E-3**	**6**	Imprévu (L') **B-3**	**8**	Restaurant Emmanuel Hodencq **B-3**	**11**

de tomates aux aromates ou un moelleux veau de lait au sautoir.
Cave bien construite, dans une maison qui soigne décidément
chaque détail.
C : 85 € • M : 35-98 €   www.hodencq.com

Les fermetures hebdomadaires et annuelles sont celles que les restaurateurs
et les hôteliers pensent pratiquer en 2008. Pour éviter des déplacements inutiles,
téléphonez pour avoir confirmation.

Venez partager notre passion !

Saint VERNY

Les Couleurs de l'Auvergne

Séverine, viticultrice

Éric, viticulteur

Cave Saint-Verny

A75 • sortie 6 • 63960 Veyre-Monton
Tél : 04 73 69 92 87 • www.saint-verny.com

14 Le Comptoir des Saveurs

C'est un peu la petite fusée qui éclaire l'Auvergne, une sorte de Vulcania des temps modernes où la lumière vient aussi de l'intérieur. Une maison accueillante - Estelle n'y est pas pour peu - une atmosphère et une table où l'on ne s'ennuie jamais, où le chef virevolte avec les produits et les modes sans en faire une montagne, avec une relative simplicité qui donne le goût du bon : huîtres chaudes au confit d'oignon et lard, risotto de coquillages et langoustines à la tapenade, nouilles farcies de ris de veau et champignons, il y a quelque chose de mignon et de frais dans cette carte de sincérité, amplifiée par une cave qui rayonne de l'Auvergne au Rhône, au Languedoc, à la Bourgogne.

C : 58 € • M : 23-41 €   lecomptoirdessaveurs63@neuf.fr

→ 5 rue Sainte-Claire
☎ 04 73 37 10 31
F. dim., lundi, à dîn.
mardi-jeudi, vac. scol. fév. et
août.
Jusqu'à 21h30.

---

14 Jean-Claude Leclerc

Un endroit où il fait bon et beau vivre : ce pourrait être la définition du restaurant selon Jean-Claude Leclerc, valeur sûre et surtout pas ennuyeuse de la capitale auvergnate. Le cadre moderne joue des couleurs et des matières, l'ambiance sonore soutient une atmosphère conviviale, aidée également par un service fluide et au sourire non feint, et ce ne sont pas les réalisations qui sortent de la cuisine qui vont gâcher la fête, le chef a trop de métier pour ça. Tournant le dos au terroir, il délivre des assiettes à la présentation soignée et joue des contrastes de saveurs avec bonheur, pour composer des menus bien calibrés qui donnent des envies de soleil : salade de langoustines rôties, mangues, pistaches et tomates confites ; lotte aux coquillages et champignons ; côte de veau jus de rôti aux herbes.

C : 78 € • M : 26-80 €

→ 12 rue Saint-Adjutor
☎ 04 73 36 46 30
F. dim., lundi, 1re sem. janv.,
1re sem. mai et 3 sem. août.
Jusqu'à 21h30.

---

13 L'Imprévu

Un travail de pro : dans l'accueil de Sophie Haymoz, dans la cuisine de Pascal Périgaud, au parcours sérieux (Cussac, Marcon, Cardaillac), on laisse au client la joie de l'imprévu, des sensations inattendues, des préparations étonnantes (tarte renversée de topinambours à l'infusion de réglisse, ravioles de chèvre au poivre de Séchouan soupe de mangues et glace au miel). Car derrière le miroir, tout est cadré, répété, ajusté et millimétré. Ce qui conforte naturellement la toque et laisse même entrevoir une marge de progression, tant les produits (le pigeon, préparé en croûte de noix de pécan, la côte de veau à la cardamome verte...) sont choisis avec attention. Sympathique cave régionale (châteaugay, boudes, corent...) enrichie de quelques périphériques (rhône, loire, bourgogne...).

C : 45 € • M : 25-49 €

→ 4 rue Ribeyre-Jaffeux
☎ 04 73 31 36 72
F. dim., lundi et prem. quinz.
août.
Jusqu'à 21h30.

---

12 Amphitryon Capucine

Si nous avons soutenu sans complaisance Christophe Kovacs depuis son installation dans cette maison bien arrangée d'une rue sans joie mais relativement animée, nous serons plus mitigés pour cette année, sans remettre pour autant en cause les nombreux efforts accomplis en cuisine comme en salle. Mais si l'intention est bonne, elle l'est parfois trop, en voulant aller au-delà du produit et d'une certaine simplicité. Le bon menu du marché et les fondementaux toujours bien traités (cuisse de lapin pochée à l'huile de truffe, poitrine de canette à la moutarde de Charroux) permettent de

→ 50 rue Fontgiève
☎ 04 73 31 38 39
F. dim., lundi (sf Pâques,
Pentecôte, fête des mères) et
3 sem. 1/2 août.
Jusqu'à 21h30.

garder confiance pour retrouver rapidement la toque. Bonne cave s'intéressant à tous les vignobles, plus particulièrement affûtée en languedoc.

C : 50 € • M : 20-70 €   kovacs.christophe@wanadoo.fr

---

11 L'Alambic

L'aligot file, file dans la salle bistrotière et les convives ne sont pas mécontents de l'attraper pour le marier à la saucisse d'Auvergne, après le pounti ou la terrine de pied à la fourme d'Ambert. Du régional pur porc que le patron vante avec zèle et bon cœur, servant avec le lapin farci aux pruneaux ou la tête de veau un boudes ou un côtes-d'auvergne du meilleur effet dans une ambiance de franche camaraderie.

M : 24-34 €   www.alambic.-restaurant.com

→ 6 rue Sainte-Claire
☎ 04 73 36 17 45
F. lundi à déj., merc. à déj.,
dim., 1 sem. fév., 1 sem.
Pâques et 15 juil.-15 août.

---

11 Chardonnay

Un bar à vins qui ne néglige pas l'assiette, pour que la part des anges épouse un peu de solidité, un chou farci, un pied de cochon, une belle andouillette. On pioche en confiance dans la carte auvergnate et languedocienne pour trouver les petits bonheurs viticoles du jour.

C : 24 € • M : 28-25 €

→ 1 pl Philippe-Marcombes
☎ 04 73 90 18 28
F. dim. et sam. à déj.

Le Maïko

L'une des très rares adresses à proposer de la gastronomie japonaise en Auvergne : traditionnels sushis, yakitori et sukiyaki dans un cadre charmant, à deux pas de Notre Dame du Port.

M : 8,50-30 €

→ 65 rue du Port
☎ 04 73 90 79 15
F. dim., lundi et août.
Jusqu'à 21h30.

Best Western Hôtel Lafayette

Pratique par sa situation à deux pas de la gare, l'hôtel met en avant un confort actuel et raffiné, de belles chambres claires et un parking privé.

48 ch. 89-115 €   www.hotel-le-lafayette.com

→ 53 av de l'Union
Soviétique
☎ 04 73 91 82 27
🖨 04 73 91 17 26
Ouv. 7j/7.

Hôtel des Puys

Un immeuble contemporain, pratique et fonctionnel, dont l'intérieur a été entièrement rénové il y a deux ans, apportant confort et vue panoramique sur la chaîne des puys.

5 appart. 129-149 € • 4752 ch. 70-115 €   www.hoteldespuys.fr

→ 16 pl Delille
☎ 04 73 91 92 06
🖨 04 73 91 60 25
Ouv. 7j/7.

Mercure Clermont Centre

Décoré selon un thème rappelant les volcans d'Auvergne, cet établissement propose les prestations classiques propres à cette chaîne. Situation pratique, entre gare et centre-ville.

5 appart. 150-200 € • 123 ch. 89-180 €

→ 82 bd François-Mitterrand
☎ 04 73 34 46 46
🖨 04 73 34 46 36
Ouv. 7j/7.

Villes de proximité, voir :

CLICHY - 92110 (8 B 4)
Paris 8 - Nanterre 11 - Saint-Denis 5

12 La Barrière de Clichy

Ecriture parchemin, ravioles de foie gras et filet de bœuf aux morilles, cette barrière est un rempart de la tradition bourgeoise des années quatre-vingt, immuable et finalement sympathique pour s'offrir un petit revival pas si cher pour l'entrée à Paris. Pour une visite de courtoisie, le menu du marché, à 40 €, est une approche loyale.

C : 55 € • M : 31-40 €   labarrieredeclichy@free.fr

→ 1 rue de Paris
☎ 01 47 37 05 18
F. w.-e. et août.
Jusqu'à 21h30.

La Romantica

L'italien de haute tradition, roue de parmesan et flambage au guéridon. L'ambiance old school a naturellement ses adeptes, les pâtes sont fort bien faites et le vin arrive de toutes les régions d'Italie, jusqu'aux très grandes références.

C : 68 € • M : 38-49 €   www.laromantica.fr

→ 73 bd Jean-Jaurès
☎ 01 47 37 29 71
F. sam. à déj. et dim.
Jusqu'à 22h30.

idéal gourmet

CLIOUSCLAT - 26270 (27 D 5)
Valence 29 - Privas 23

La Treille Muscate

Un havre charmant, caché dans l'arrière-pays drômois, au calme, dans un petit hameau. Les vieilles pierres sèches de la bâtisse, le jardin aménagé sur l'arrière, ouvrant sur un panorama grandiose, et des chambres gaies, habillées de beaux rideaux en lin, pour un séjour de charme. Agréable cuisine régionale.

1 appart. 110 € • 12 ch. 60-130 €   www.latreillemuscate.com

→ Le Village
☎ 04 75 63 13 10
📠 04 75 63 10 79
F. déc.-janv.

CLISSON - 44190 (15 C 5)
Nantes 31 - Cholet 34

14 La Bonne Auberge

Comment mieux exprimer la tradition qu'en faisant appel à des produits d'une qualité presque oubliée, au meilleur leur forme ? C'est le credo de Serge Poiron, intègre artisan qui sélectionne prioritairement le bio et le bon dans les fermes voisines pour alimenter une carte d'une certaine noblesse dans le cadre non moins sérieux de cette maison XIXe : salade de langoustines et foie gras, filet de saint-pierre aux tomates confites, panaché de ris de veau et rognons aux girolles.

C : 57 € • M : 24-59 €   labonneauberge2@wanadoo.fr

→ 1 rue Olivier-de-Clisson
☎ 02 40 54 01 90
F. dim. à dîn., lundi, mardi à déj., merc. à dîn., 2 sem. janv. et 3 sem. mi-août.
Jusqu'à 21h30.

CLOHARS CARNOET - 29360 (13 C 4)
Lorient 21 - Quimper 50 - Quimperlé 10

10 13 à la Douzaine

L'histoire ne dit pas si le treizième à table est invité par la maison mais les grandes assemblées sont les bienvenues dans cette délicieuse crêperie où touristes et habitués communient dans une même ferveur. Farines bio, généreuses garnitures et glaces fabriquées dans une petite entreprise régionale.

C : 12 €   www.monsite.wanadoo.fr/13.a.la.douzaine

→ 22 rue de Lannevain
☎ 02 98 71 61 25
F. dim. à déj., lundi à déj. (juil.-août), mardi, 7 janv.-11 fév. et 29 sept.-11 oct.
Jusqu'à 21h30.

13 Les Chalets de la Serraz

Un nouveau chef a été chargé cette année de tracer une carte qui retienne les résidents. S'appuyant sur le cercle vertueux, en vigueur dans la restauration d'hôtel, formé par l'association terroir-prestige, il insuffle deux doigts de modernité dans la neige avec le risotto aux cèpes et jambon fumé des Aravis, l'escalope de foie gras de canard poêlé au jus de pomme et chutney exotique, le filet de bœuf de Simmenthal à la crème de morilles, et conserve haut la main la toque maison.
C : 36 € • M : 32-38 €   www.laserraz.com

→ 3862 rte du col-des-Aravis
☎ 04 50 02 48 29
F. 13 avril-23 mai et 28 sept.-7 nov.
Jusqu'à 21h.

Les Chalets de la Serraz

A l'écart de la station, sur la route du col des Aravis, une ferme centenaire joliment réhabilitée en une hôtellerie de confort et de détente où les familles profitent, en été, du parc d'un hectare dans les alpages. Chambres au pur style montagnard, concentrant quelques détails de la bâtisse originelle, arrangées avec beaucoup de goût.
5 appart. 175-250 € • 7 ch. 130-180 €   www.laserraz.com

→ 3862 rte du Col-des-Aravis
☎ 04 50 02 48 29
▤ 04 50 02 64 12
F. 13 avril-23 mai et 28 sept.-7 nov.

13 La Terrasse

Dans le haut de la station, un chalet-brasserie à l'étage avec sa terrasse au-dessus de la mêlée. Bien agréable pour apprécier une tartiflette, mais aussi les préparations plus ambitieuses du chef Jean-Michel Faber : minute de pied de cochon aux langoustines, bonnes saint-jacques grillées et brandade de haddock, savoureuse déclinaison sur le cochon et ris de veau, qui justifient la toque. Petite cave de circonstance qui vaut par le choix du chignin ou de la mondeuse de Trosset, service cool bien adapté à des vacanciers pas pressés, desserts bien diversifiés (tiramisu mangue, yin yang chocolat blanc et noir au piment d'Espelette…).
C : 45 € • M : 22-67 €

→ La Perrière
☎ 04 50 02 53 27
F. lundi, mardi, merc. (fin sept.-mi-déc.). F. ann. non comm.
Jusqu'à 23h.

12 Le Saint-Joseph

Jean-Sébastien Faber, frère de Jean-Michel (la Terrasse 13/20) manifeste autant de savoir-faire, et au moins autant d'ambition dans cet hôtel familial rénové. On peut trouver les intitulés, imprégnés d'autosuffisance, un peu "too much" mais on apprécie au moins l'effort de distinction, qui n'occulte pas le respect du terroir (pella des Aravis, farcement avec un civet de joues de porc, jarret de caion, bonne souris d'agneau confite....). De bonnes intentions mais des failles dans la réalisation, comme dans les saveurs, incitent à se cantonner à la plaisante carte bistrot du déjeuner, laissant ainsi une marge de progression. Assez bonne carte des vins, qui s'intéresse aux autres régions : on y trouve de la Coulée de Serrant, des calcinaires de Gauby, Pedreno, Olivier Pithon, côte-rôtie de Drevon… aux côtés des bons chignins de Magnin.
M : 25-40 €   www.clusaz.com

→ 192 rte du Col-des-Aravis
☎ 04 50 02 40 06
F. mai, oct. et nov.
Jusqu'à 21h30.

LA CLUSAZ

 Alp'Hôtel

Un chalet classique au cœur de la station, donnant directement sur l'animation commerciale. Confort chaleureux en pierre et bois, jolies chambres bien modernisées sur le thème savoyard, mobilier sculpté main, dessus de lits et rideaux 100% laine.
15 ch. 60-260 €

www.clusaz.com

→ 192 rte du Col-des-Aravis
☎ 04 50 02 40 06
▤ 04 50 02 60 16
F. mai, oct. et nov.

---

10 La Scierie

Séduisante par son décor, interprétation bien actualisée du chalet de montagne, comme par son animation régulière, cette Scierie ne démérite pas dans l'assiette, avec une carte qui ratisse large, mais le fait bien, avec autant de satisfaction sur les ravioles à la truffe blanche ou le pavé de thon rouge, que sur le plateau du Bûcheron et ses charcuteries de montagne. Attention plaisante, les spécialités comme la fondue peuvent être servies pour une personne seule.
C : 25 € • M : 21-42 €

www.la-scierie.com

→ 321-331 rte du col-des-Aravis
☎ 04 50 63 34 68
Ouv. 7j/7.
Jusqu'à 23h.

 L'Ourson

Une carte de spécialités savoyardes évidemment mais les véritables vedettes de cette maison reprise voilà deux ans par Pierre Rieffel sont les spécialités tripières et les plats à base de bœuf. Cadre typiquement savoyard.
C : 35 € • M : 15 €

www.resto-oursonlaclusaz.fr

→ 27 Passage du Mont-Blanc
☎ 04 50 32 76 99
F. dim. à dîn. à lundi (inter-saison), 15 mai-30 mai et 15-30 nov.
Jusqu'à 22h30.

 Carlina

En centre ville, mais à l'écart de l'agitation, un immeuble contemporain à l'architecture montagnarde, bien aménagé pour des vacances de détente. Chambres boisées à l'esprit savoyard, bons équipements, meubles en vieux bois et vue sur les Aravis depuis les balcons. Restaurant de cuisine actuelle.
39 ch. 70-360 €

www.hotel-carlina.com

→ 138 chemin des Eboulis
☎ 04 50 02 43 48
▤ 04 50 02 63 02
F. 19 avril-27 juin et 1er sept.-19 déc.

| **COCURES - 48400** | **(32 A 2)** |

Mende 44 - Florac 6

13 La Lozerette

Dans un lieu isolé comme ce village, c'est un plaisir de trouver une vraie halte gastronomique et hôtelière, avec un confort soigné, dans les chambres, comme dans la salle à manger. Dans le cadre de caractère de cette grande maison de village, où les meubles anciens habillent la salle sous le plafond à caissons de bois, l'atmosphère se fait paisible et conviviale, et la cuisine réserve de bonnes surprises dans sa façon d'accommoder les produits régionaux, comme sur cette samoussa de pélardon aux tomates confites et sa purée d'olive noire. Belle cave avec de belles références, notamment régionales.
C : 32 € • M : 18,50-24,50 €

www.lalozerette.com

→ Pierrette-Agulhon
☎ 04 66 45 06 04
F. mardi, merc. à déj. (h.s.), mardi à déj., merc. à déj. (juil.-août) et Toussaint-Rameaux.
Jusqu'à 21h15.

Les villes sont citées par ordre alphabétique.
Les villes au nom composé d'un article sont classées sans tenir compte de celui-ci.

14 Grain de Sel

Une délicieuse maison dans un village ravissant, synthèse presque idéale de cette Provence souriante, ensoleillée et joyeuse. Philippe Audibert ne trouble pas cette délicate harmonie, s'attachant au contraire à l'entretenir quotidiennement grâce à sa cuisine du marché : beignets de fleurs de courgette, poule fermière, sauce suprême au basilic et légumes nouveaux, pied et paquets à la marseillaise, clafoutis aux clémentines et marc de Provence. Service attentif et plein de vie, jolie cave locale et fromages affinés par Robert Bedot.
C : 39 € • M : 31 €

→ 6 rue du 11-Novembre
☎ 04 94 54 46 86
F. dim., lundi, vac. scol. fév., 1 sem. fin août et vac. scol. Toussaint.
Jusqu'à 21h30 (22h saison).

13 La Grange des Agapes ♥

Bienvenue chez les pros ! Deux une-toque dans la même rue, on va nous taxer de paresse, mais c'est ainsi. Jean-Rémy Casnedi et Thierry Barot, transfuges de la Bastide de Saint-Tropez ont franchi le pas en ouvrant à l'étage de cette modeste enseigne une salle moderne, attrayante, centrée sur la simplicité et la justesse. Autour de la cuisine centrale, de belles tables habillées de grège et banquettes coordonnées, musique lounge, et sourire de Chloé, qui assiste Jean-Remy au service. Tout ici est fluide, agréable, l'atmosphère détendue comme les assiettes finaudes de Thierry, une salade de rouget et roquette pleine de fraîcheur, un tartare très appétissant et personnalisé façon carpaccio (sans œuf, avec du parmesan et des pâtes d'accompagnement), un saint-pierre avec ses poivrons en chakchouka, une excellente adaptation du tiramisu, en coupe, aux framboises. Le très performant menu de semaine à moins de 20 € fait florès, la petite cave aligne ce qu'il faut de bons domaines locaux : Siouvette, Peyrassol, Valentines notamment, que l'on trouve aussi au verre.
M : 19 €   www.grangeagapes.com

→ 7 rue du 11-Novembre
☎ 04 94 54 60 97
F. sam. à déj., dim. à déj. et lundi.
Jusqu'à 22h.

10 Allan Restaurant

Tout près de la place centrale, une table accueillante sur le mode brasserie chic : davantage que la carte, assez passe-partout, visez l'ardoise et les arrivages de poissons frais sauvages.
C : 50 € • M : 33 €

→ 24 bd de Lattre-de-Tassigny
☎ 04 94 54 47 70
F. dim., lundi (h.s.), à déj., lundi (juil.-août), 2 sem. déb. août et mi-nov.-mi-déc.
Jusqu'à 21h30.

Bliss Hôtel

En plein centre du village provençal, une belle réhabilitation de cet immeuble classique au style régional. Une déco design, dépouillée et lumineuse, dans les parties communes comme dans les chambres, un cachet certain à quelques minutes de Saint-Tropez. Ecrans plats, wifi...
24 ch. 70-140 €   www.bliss-hotel.com

→ Pl de la République
☎ 04 94 54 15 17
🖳 04 94 54 42 78
Ouv. 7j/7.

Les noms des villes de proximité (dans un rayon d'environ 10 km), ayant au moins un établissement sélectionné, sont listés à la fin de chaque grande ville, avec mention de la note du restaurant la plus élevée.

COIRAC - 33540   (23 D 3)
Sauveterre-de-Guyenne 7 - Targon 12

13 🍴 **Restaurant Le Flore**

La toque va bien, et depuis des années, sur la tête bien faite de ce chef encore jeune qui mixe le terroir et la gastronomie avec une réussite certaine. On peut même dire qu'on va aujourd'hui davantage à l'essentiel, moins de chichis, plus de saveur, avec la tarte aux cagouilles et beurre de noix, la poitrine de canette farce de pieds de cochon, la galette bretonne chiboust aux agrumes et pruneaux, sauce au thé fumé. Au cœur du Bordelais, cette entreprise familiale relève de l'Ordre du Mérite, jusqu'à la cave où les vignerons régionaux ont évidemment la primauté.

C : 32 € • M : 16,50-30 €

→ 1 Petit Champ-du-Bourg
☎ 05 56 71 57 47
F. dim. à dîn., lundi et merc. à dîn. F. ann. non comm.
Jusqu'à 21h.

COISE SAINT JEAN PIED GAUTHIER - 73800 (28 B 3)
Chambéry 31 - Albertville 33

13 🍴 **La Table du Baron**

Formé à (très) bonne école (longtemps second aux côtes de Philippe Groult, chef de partie chez Ducasse et Jean-Paul Lacombe), Cyril Voisin s'est installé l'an dernier au piano de cet élégant château du XVIIIᵉ siècle. L'affluence n'est pas quotidienne mais les belles manières de ce chef à la technique irréprochable valent le détour : marmelade de gibier au vinaigre de yéma et écume de pommes de terre, filet d'omble chevalier sauvage, petits pois frais, laitue et lardons, carré d'agneau rôti, asperges violettes et oignons nouveaux, fraises rôties au caramel balsamique. Jolie cave régionale.

C : 55 € • M : 46-55 €

www.chateaupuit.fr

→ Château de la Tour-du-Puits, Le Puits
☎ 04 79 28 88 00
F. lundi, mardi à déj., merc. à déj. et 15 oct.-30 nov.
Jusqu'à 21h30.

₵₵₵ **Château de la Tour du Puits** 🐟

Comme coupé du monde dans son grand parc installé à l'extérieur du village, ce château du XVIIIᵉ siècle avec vue sur les Bauges abrite des chambres délicieusement aménagées : parquets à l'ancienne, marbres, salles de bains soignées, dans une ambiance châtelaine.

7 ch. 150-270 €

www.chateaupuit.fr

→ Le Puits
☎ 04 79 28 88 00
🖷 04 79 28 88 01
F. 15 oct.-30 nov.

LA COLLE SUR LOUP - 06480   (33 B 1)
Nice 18 - Antibes 14

14 🍴 **Le Blanc Manger** 📱 ♥

Après deux décennies passées à l'Auberge du Jarrier, à Biot, Brigitte Guignery a donné un nouvel élan à sa carrière en s'installant voilà quatre ans à la Colle. Moins de contraintes sans doute, une cuisine plus simple, sans pourtant être simpliste, et un véritable succès populaire pour récompenser ce virage professionnel. Sur la délicieuse terrasse, dans un cadre propre à la rêverie, la délicate et féminine cuisine de cette normande de naissance prend tout son sens : brochette de scampis en risotto moelleux, tomate et râpée de truffes d'été, noix de saint-jacques poêlées sur une tatin croustillante de fenouil, sauce en saveur d'orange et bouquet de girolles, filets de rougets barbets grillés, sauce vierge aux citrons confits et purée de pommes de terre à la fleur de thym, délice cappuccino chocolat café servi très froid, craquant de chocolat blanc, sirop de café et sauce chocolat. Service efficace même au plus fort de l'affluence estivale, cave intéressante en région.

M : 26-38 €

leblancmanger@wanadoo.fr

→ 1260 rte de Cagnes
☎ 04 93 22 51 20
F. lundi, mardi (h.s.), lundi, mardi à déj., merc. à déj. (saison) et 15 nov.-15 déc.
Jusqu'à 21h30.

❀❀❀ Le Clos des Arts 🍴

Avec ses trois mas sur un parc paysager, le Clos cultive le luxe dans une authentique atmosphère de village provençal, une impression confirmée par la qualité du décor, les matériaux nobles (beaux dallages de pierre), les meubles de style ou les beaux luminaires anciens. Une étape paisible et sereine.
9 appart. 190-570 €

→ Rte de Saint-Paul-de-Vence
☎ 04 93 32 40 00
🖨 04 93 32 69 98
Ouv. 7j/7.

www.closdesarts.fr

COLLIAS - 30210 **(32 B 3)**
Pont-du-Gard 7 - Nîmes 29

---

14 🍴 Le Castellas

La terrasse pourrait suffire au bonheur des hôtes : on y chuchote, on y vibre de mots doux, à l'ombre des pierres et des fleurs. Pourtant, le chef a également envie de se faire entendre et il le fait avec un brio certain. Formé notamment chez Georges Blanc, il a parfaitement intégré ce que doit être une cuisine pour faire plaisir et pas seulement pour se faire plaisir, avec une carte lisible, aux saveurs franches sur de beaux produits, même s'il possède à l'évidence toutes les techniques d'aujourd'hui : chaud-froid d'asperge et copeaux de poutargue, lotte rôtie à l'ail navette de pomme de terre fondante et légumes tombés au beurre d'anchois, bœuf d'Aubrac en trois façons (onglet en tartare aux huîtres, filet au foie gras et raisins, paleron en raviole). Service de haute tenue, cave très intéressante par ses choix, mais aussi par ses tarifs, à quelques exceptions près : le meilleur des costières, de bons génériques (Aphilantes, L'Olivier), des propriétaires incontestables (Férigoule, Delorme) et des châteauneufs choisis avec soin.
C : 100 € • M : 40-55 €

→ Grand-Rue
☎ 04 66 22 88 88
F. non comm.
Jusqu'à 21h15.

www.lecastellas.com

❀❀ Hostellerie Le Castellas 🍴

Trois jolies maisons de pierre, dont une ancienne école et une maison d'artiste, sont réunies dans cet ensemble ravissant, avec ses jardins fleuris, sa tonnelle, ses terrasses, sa piscine en forme de bain romain et ses chambres au grand calme, baroques ou méridionales, mêlant l'ancien et le contemporain, décorées avec goût et raffinement.
2 appart. 190-230 € • 15 ch. 85-190 €

→ Grand-Rue
☎ 04 66 22 88 88
🖨 04 66 22 84 28
F. non comm.

www.lecastellas.com

COLLIOURE - 66190 **(31 D 6)**
Perpignan 30 - Amélie-les-Bains 41

---

13 🍴 Le 5e Péché

On retrouve avec plaisir ce petit bijou déniché dans le vieux Collioure, dans un ancien entrepôt d'anchois. Etonnant de sérénité, Mashami Iijima a su parfaitement marier le Japon à la Méditerranée, les influences nippones : découpe Soleil-Levant et assaisonnement discret mais présent (wasabi, vinaigrette de gingembre et au basilic) sur le carpaccio de daurade, cuisson superbe, légèrement croustillante à l'extérieur, crue mais tiède à l'intérieur, de la saint-jacques, originale crème brûlée à la patate douce. Tout aussi plaisante, l'atmosphère paisible et détendue qui règne en salle et la cave régionale, très bien construite.
C : 49 € • M : 37-50 €

→ 18 rue Fraternité
☎ 04 68 98 09 76
F. lundi (Pâques-fin sept.), lundi, mardi à déj. sam. à déj. (oct.-mars) et janvier.
Jusqu'à 21h45.

contact@le5peche.com

13 Le Neptune

La vue sur le vieux village de Collioure et sur le château est exceptionnelle et ne constitue pas le moindre intérêt de cette adresse. Si l'on peut en revanche regretter l'ambiance pas toujours très gaie qui règne en salle, ce petit désagrément laisse rapidement place à un franc sourire lorsque passent les assiettes, fraîches, modernes et ensoleillées : millefeuille de foie gras, brunoise de truffes noir et ananas Victoria en gelée de banyuls, lotte et huîtres rôties au beurre de coquillage à l'ail doux, sauté de fèves et artichaut, tube de cacao à la crème de chocolat, glace de crème brûlée et sabayon au café. Service professionnel et effacé, large cave rassemblant les meilleurs vignerons de la région.
C : 65 € • M : 38-90 €   neptunecollioure@yahoo.fr

→ 9 rte de Port-Vendres
☎ 04 68 82 02 27
F. mardi, merc. et 1 janv.-15 mars.
Jusqu'à 21h.

----

12 La Balette

S'il rend hommage au Sud et au terroir, José Vinal le fait à sa manière, raffinée, voire luxueuse, en accord avec les prestations de cet établissement posé sur la baie (et avec les tarifs pratiqués). Ici les huîtres de Bouzigues se déclinent en tempura (sur le millefeuille de melon et pastèque, pour une entrée pleine de fraîcheur) et la brochette de thon s'accompagne d'un soufflé de légumes, tandis que les olives noires s'invitent en dessert (en sablé) au côté du sorbet poivron rouge.
C : 65 € • M : 38-73 €

→ Rte de Port-Vendres
☎ 04 68 82 05 07
F. mardi et merc. (sf juil.-août), déc.-janv.
Jusqu'à 21h30.

Relais des Trois Mas

Le premier atout de la maison reste sa situation exceptionnelle, avec toutes les chambres ouvrant sur la baie de Collioure. Le décor s'inspire des peintres qui sont passés par cette superbe Côte Vermeille, dans de belles touches de couleurs. Se détendre dans le jacuzzi en admirant le village reste un plaisir exclusif.
4 appart. 250-460 € • 19 ch. 160-460 €   www.relaisdestroismas.com

→ Rte de Port-Vendres
☎ 04 68 82 05 07
🖨 04 68 82 38 08
F. déc.-janv.

L'Arapède

Niché dans une crique à quelques minutes à pied du centre, cet hôtel aux allures inspirées des mas catalans propose des chambres sobres et au confort soigné. Très agréable piscine à débordement avec vue sur la mer.
20 ch. 80-110 €   www.arapede.com

→ Rte de Port-Vendres
☎ 04 68 98 09 59
🖨 04 68 98 30 90
F. déc.-janv.

Casa Païral

Caché au fond d'une impasse, dans un jardin aux essences exotiques, l'hôtel propose le charme et le caractère d'une vieille demeure catalane, dans son architecture comme son aménagement, chambres cossues et meubles de style.
27 ch. 85-190 €   www.hotel-casa-pairal.com

→ Impasse des Palmiers
☎ 04 68 82 05 81
🖨 04 68 82 52 10
F. 3 nov.-22 mars.

Les prix au restaurant
C : addition moyenne à la carte (sans les boissons), comprenant 1 entrée, 1 plat et 1 dessert, dans le cadre d'une restauration traditionnelle.
M : fourchette de prix mentionnant le menu le moins cher et le menu le plus cher, proposant à la fois entrées, plats et desserts, sans les boissons.

COLLOBRIERES - 83610   (34 A 6)
Toulon 47 - Le Lavandou 48

12 La Petite Fontaine

C'est un coup de cœur permanent que l'on pourrait adresser à cette vaillante Petite Fontaine, qui n'attend pas l'arrivée des touristes pour se réveiller et jouer les belles endormies à l'automne. Les chasseurs, les chercheurs de tortues après la pluie, les contemplatifs des Maures et tous les Varois fiers de leurs racines se retrouvent autour de la fontaine, sur la placette, à partager une anchoyade de légumes frais, un lapin de clapier, un tendre agneau ou un jambon braisé aux cèpes. Sauces généreuses et savoureuses, esprit provençal dans un endroit qui ne triche ni ne transige. Une fête.
M : 25-29 €

→ Pl de la République
☎ 04 94 48 00 12
F. dim. à dîn., lundi, à déj. (1 oct.-31 mars), à dîn. (sf vend.-sam. 1er oct-31 mars), vac. scol. fév. et 2ème quinz sept.
Jusqu'à 21h.

nicolebouquet@aol.com

COLLONGES AU MONT D'OR - 69660   (27 D 2)
Lyon 18 - Villefranche-sur-Saône 24

 Paul Bocuse

Paul Bocuse sur Google ? Des millions de pages, évidemment. A la télé, dans les journaux, dans les livres, sur scène, au four, au moulin, dans sa gentilhommière, au boulot, en portrait, hiératique, un sphinx à col MOF. Alors vous n'allez pas demander au cuisinier le plus connu de la planète de participer de la même façon à la fête qu'un patron de bar-tabac-routier. Vous allez réserver dans cet impressionnant musée rose au bord de la Saône, venir avec respect comme à Canossa, et apprécier ce qu'une armée de Meilleurs Ouvriers de France, autrement dit la crème d'un métier défendu par Monsieur Paul depuis soixante ans, peut vous proposer le temps de la visite. Un panorama du XXe siècle, une plongée dans la cuisine contemporaine depuis les années 60 grosso modo, sans avoir besoin plus que cela de pousser les espumas et l'alginate de sodium dans leurs derniers retranchements. Oui, c'est plutôt le foie gras, la soupe VGE, un gratin de homard, une côte de veau... Des exercices, du style, du très grand style. C'est ce qu'on vient chercher, et que l'on trouve. En plus, le King lui-même vient comme ça, au débotté, montrer qui est le patron. Et de l'Atlantique à l'Oural, de Vancouver à Tokyo, tout le monde adore.
C : 110 € • M : 125-195 €

→ 40 rue de la Plage
☎ 04 72 42 90 90
F. non comm.

www.bocuse.fr

COLMAR - 68000   (10 D 3)
Strasbourg 70 - Bâle 68 - Mulhouse 45

14 JY'S

A l'instar de Serge Burckel (chez Serge, à Schiltigheim), Jean-Yves Schillinger a atteint le premier objectif de la cuisine fusion : offrir une richesse et une ouverture d'esprit des arômes qui colle au plus près à ce décor élégant et furieusement contemporain imaginé par Olivier Gagnère. Lignes épurées, murs tendus de cuirs aux couleurs naturelles, fauteuils et canapés superbes, l'ensemble est remarquablement réussi : duo de foies gras de canard frais marinés au porto (l'un mi-cuit, l'autre cuit), pavé de cabillaud poêlé aux tomates confites, olives noires sur un lit de pommes de terre écrasées et quenelle de chair de crabe (un plat qui vaut allègrement deux toques), canon d'agneau rôti à la fleur de sel, sauce massala et salade de pleurotes. Ambiance lounge et chic, cave manquant de bons vendeurs. Comme Serge à Schiltigheim, Jean-Yves Schillinger a atteint l'objectif premier de la cuisine fusion: la richesse et l'ouverture d'esprit des arômes, de surcroît

→ 17 rue de la Poissonnerie
☎ 03 89 21 53 60
F. dim., lundi à déj. et vac. scol. fév.
Jusqu'à 22h30.

COLMAR

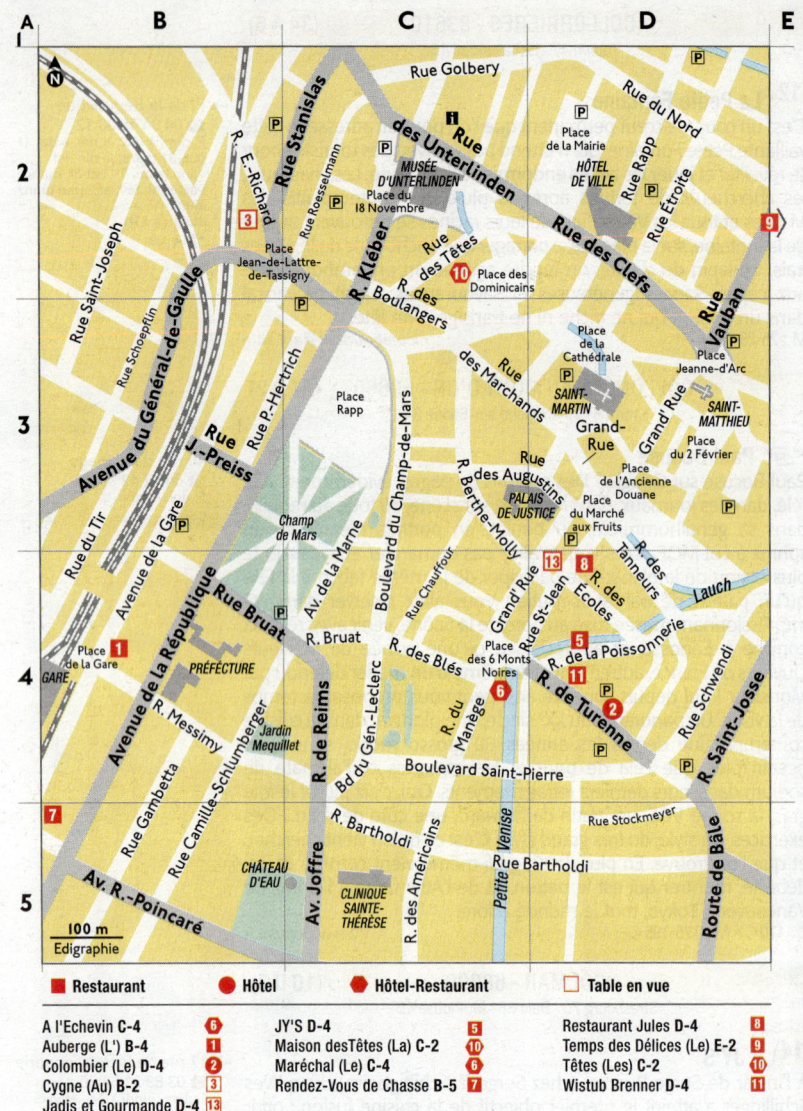

servie dans un décor élégant et résolument contemporain créé par Olivier Gagnère, aux lignes épurées et aux murs de cuir de couleurs naturelles. On est assis bas, dans des canapés et des fauteuils fort confortables et le service, sans grand style, est agréable. Comment ne pas être heureux dans une telle maison, à l'ambiance lounge chic, de surcroît avec une façade peinte en trompe-l'œil par Edgar Mahler et posée dans un ancien quartier de pêcheurs non loin de la Petite Venise ?

C : 55 € • M : 29-49 €

13 🍴 A l'Echevin

Certains voyageurs délicats peuvent se méfier de ce fringant hôtel trop bien placé, trop typique, trop tout avec les barques à leurs pieds qui sillonnent la Lauch. Mais à table, la vérité de l'assiette impose le respect. Le chef a un véritable savoir-faire, ne triche ni avec les saveurs, ni avec son terroir, et c'est dans la réjouissance qu'on déguste les écrevisses et ris de veau comme un fleischnacka dans un bouillon crémeux coraillé ou le demi-pigeonneau Théo Kieffer, chou au lardon et jus de carcasse lié au foie gras, un plat rustico-chic très réussi. Présentations élégantes, service charmant et urbain dans l'atmosphère feutrée de cette salle colorée, cave pas très étendue mais bien concentrée sur l'Alsace.

C : 55 € • M : 28-78 €   www.le-marechal.com

→ 4-6 pl des
Six-Montagnes-Noires
☎ 03 89 41 60 32
Ouv. 7j/7.
Jusqu'à 21h30.

ССС Le Maréchal 🍲

Au bord de l'eau, au cœur de la Petite Venise, le Maréchal veille sur les trésors architecturaux de la ville, et les milliers de touristes qui le contemplent envient les résidents pour ce panorama superbe et ce cadre historique de 1565. Chambres dans l'esprit d'époque, plafonds et murs peints dans le style Louis XVI, d'autres peintures plus alsaciennes, et deux chambres entièrement rénovées, répondant aux doux noms de Bizet et Stravinsky.

2 appart. 255 € • 28 ch. 85 €   www.le-marechal.com

→ 4-6 pl des
Six-Montagnes-Noires,
Petite-Venise
☎ 03 89 41 60 32
📠 03 89 24 59 40
Ouv. 7j/7.

13 🍴 Rendez-vous de Chasse

La table gastronomique de l'hôtel Bristol évolue dans le confort feutré d'un cadre bourgeois, animé par un service à l'efficacité exemplaire. Dans ce contexte forcément exigeant, le piano joue un répertoire luxueux, sole aux asperges et mignon de veau Rossini aux morilles, et le fait bien, justifiant les tarifs autant que la fidélité de la clientèle. Large cave sérieuse et bien commentée.

C : 75 € • M : 45 €   www.grand-hotel-bristol.com

→ 7 pl de la Gare
☎ 03 89 23 15 86
Ouv. 7j/7.
Jusqu'à 22h.

13 🍴 Restaurant Jules

Julien Spiegel est un jeune homme sûr de son fait, qui va droit au but. Sans doute sa solide formation (Schillinger, Haeberlin, Bocuse, Jacob) et son statut de chef-propriétaire ne lui permettent-ils pas, à tout juste trente ans, de prendre le temps de se poser de vaines questions. Sa cuisine est à son image, franche, contemporaine, directe : tatin d'escalope de foie canard aux pommes et balsamique réduit, pavé de thon rouge juste saisi, risotto aux asperges vertes et shitaké, tajine d'agneau aux figues séchées et coriandre et semoule mentholée. Bonne sélection de vins au verre.

C : 40 € • M : 18-38 €   www.restaurant-jules.fr

→ 5 pl du Marché-aux-Fruits
☎ 03 89 24 42 21
Ouv. 7j/7.
Jusqu'à 21h30 (22h été).

13 🍴 Le Temps des Délices

Avec les années, Michel Straneo a fini par s'affirmer et trouver son style : la vivacité transalpine exprimée avec la distinction française. Comme l'homme de l'expérience, les saveurs sont nettes et franches, la mozzarella di bufala, la daurade au pesto ou la panna cotta à la vanille et caramel d'orange trouvent ainsi un beau compromis entre puissance et pureté des saveurs. Une cuisine d'une réelle qualité, presque inattendue dans cet inconfortable décor de bric-à-brac, servie par une patronne pour le moins décontractée. Cave transalpine, qui fait voyager à travers toute la Botte.

C : 40 € • M : 35 €   angelstraneo@aol.com

→ 23 rue d'Alspach
☎ 03 89 23 45 57
F. dim., lundi, 1 sem. janv. et 1
sem. août.
Jusqu'à 21h.

12 La Maison des Têtes

Très prisée par les touristes étrangers à la recherche d'authenticité, l'adresse séduit par son cadre, façade classée et salle aux chaleureuses boiseries, où le poêle en faïence et les vitraux ajoutent à l'ambiance traditionaliste. Dans ce contexte, on privilégie bien sûr une cuisine de tradition, fine et soignée avec le tartare de maquereau et huîtres, le sandre gratiné ou d'excellentes glaces. Service courtois, jolie cave classique et intéressantes formules de menus.
C : 55 € • M : 29,80-59 €   www.lamaisondestetes.com

→ 19 rue des Têtes
☎ 03 89 24 43 43
F. dim. à dîn., lundi, mardi
à déj. et fév.
Jusqu'à 21h30.

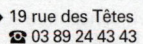

Les Têtes

Derrière l'impressionnante façade Renaissance avec ses 106 masques sculptés, c'est au fond de la cour que se trouve l'hôtel, riche d'une architecture ancienne omniprésente et où chacune des portes (décorées par un artiste local) cache d'élégantes chambres rustiques.
1 appart. 209-250 € • 21 ch. 91-235 €   www.lamaisondestetes.com

→ 19 rue des Têtes
☎ 03 89 24 43 43
▤ 03 89 24 58 34
F. vac. scol. fév.

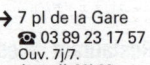

12 Wistub Brenner

Une situation idyllique pour ce bistrot-winstub cultivant son identité alsacienne jusqu'au cœur des colombages, jusqu'au fond de la chope. Chez Christine Brenner, tout le monde se retrouve à son aise, les habitués de la Petite Venise parce qu'année après année, la tête de veau et le baeckeoffe restent des valeurs très sûres, et les touristes, parce que le pittoresque se paie à juste prix dans un cadre rêvé, pour une bonne choucroute, une matelote de poissons ou même un bœuf bourguignon ou une daube camarguaise dans une carte élargie au répertoire brasserie. Cave alsacienne des classiques (Trimbach, Hugel, Beyer, Schlumberger...).
C : 28 €

→ 1 rue de Turenne
☎ 03 89 41 42 33
F. mardi, merc., 15-31 janv.,
18-25 juin et 10-20 nov.
Jusqu'à 21h30.

11 L'Auberge

A côté du gastronomique Relais de Chasse, le Bristol s'offre également cette brasserie à l'efficacité sans faille, qui aligne sans faiblir le pavé de saumon sur choucroute, le tartare au couteau ou la volaille au riesling, dans un décor typique.
C : 27 €   www.grand-hotel-bristol.com

→ 7 pl de la Gare
☎ 03 89 23 17 57
Ouv. 7j/7.
Jusqu'à 22h30.

Au Cygne

Un Cygne sans menace de grippe, toujours bien inspiré, toujours colmarien, nourri d'une bonne et sincère cuisine régionale de marché : filet de sandre aux nouilles, foie gras d'oie maison, pot-au-feu... Jardin d'été ombragé et fleuri.
C : 28 € • M : 14,50-26 €

→ 17 rue E.-Richard
☎ 03 89 23 76 26
F. sam. à déj., dim., lundi
à dîn., 1 sem. après 15 août et
1 sem. Noël-nouvel an.
Jusqu'à 24h.

Jadis et Gourmande

Joli salon féminin et cosy pour dînettes branchées entre copines et leurs amis. Boiseries chaleureuses, assiettes en concordance, tarte de viande et pomme de terre, pâté en croûte, tartiflette au munster...
C : 13 €

→ 8 pl du Marché-aux-Fruits
☎ 03 89 41 73 76
F. à dîn., dim. et 2 sem. janv.

Le Colombier

Une maison alsacienne Renaissance joliment restaurée pour offrir un cadre contemporain dans des chambres très bien équipées, ajoutant atmosphère intime et caractère.
3 appart. 160-200 € • 25 ch. 83-160 €   www.hotel-le-colombier.fr

→ 7 rue Turenne
☎ 03 89 23 96 00
▤ 03 89 23 97 27
F. vac. scol. Noël.

Villes de proximité, voir :

⚙ HORBOURG WIHR...3 km E.

⚙ INGERSHEIM ...4 km N.O. par N 83, N 415 et D 1 bis **(12/20)**

⚙ KATZENTHAL.........................6 km N.O. par N 415 **(13/20)**

⚙ NIEDERMORSCHWIHR......7 km O. par N 83, N 415 et D 1 bis **(12/20)**

COLOMBEY LES DEUX EGLISES - 52330   (9 C 5)
Chaumont 26 - Saint-Dizier 63

15 🍴 ⌇ Restaurant Natali

L'ancienne demeure privée de Jean-Claude Decaux, le célèbre publiciste, est tombée dans le giron de la famille Natali en 2005. S'affirmant chaque année un peu plus dans un registre personnel, la cuisine du jeune Jean-Baptiste s'attache à modifier en douceur, par touches successives, l'héritage de Gérard, son père. Dans un cadre bourgeois propre à rassembler tout ce que le département compte de bons mangeurs, sa cuisine luxueuse et contemporaine prend tout son sens : fraîcheur en cru de coquilles saint-jacques et calamars et artichauts poivrades, langoustine au chocolat amer, purée de céleri et écume de carapace torréfiée, spaghetti de ris de veau aux morilles au cœur coulant, feuille à feuille de chocolat grand cru et espuma de café ristretto. Service de bon standing, sous la direction d'Arlette Natali, belle cave (en champagne particulièrement), commentée avec science par Alexia Moreno.
C : 77 € • M : 28-85 €   *www.hostellerielamontagne.com*

→ Ruelle des Charmilles
☎ 03 25 01 51 69
F. lundi, mardi, 18 fév.-5 mars, 1er-16 oct. et 24-27 déc.
Jusqu'à 21h.
🌂 🚗 ♿ 🐕

🏮 idéal gourmet

- -

🛏 La Grange du Relais

Installées dans les anciennes écuries du relais de poste, les chambres exploitent les touches anciennes (comme les pierres apparentes ou le mobilier rustique) dans une veine claire et aérée parfaitement actuelle, qui les rend sereines et très agréables à vivre. Atmosphère conviviale et feutrée.
3 appart. 58-88 € • 10 ch. 40-88 €   *www.lagrangedurelais.fr*

→ 26 rte Nationale 19
☎ 03 25 02 03 89
🖨 03 25 01 51 81
F. 24 déc.-7 janv.
🚗 🐕

COLOMBIERS - 34440   (31 D 4)
Béziers 9 - Montpellier 77

13 🍴 Château de Colombiers

Bâti au XVIIe siècle par la famille Lagarrigues, grande fortune régionale, ce superbe château a été racheté en 2004 par Martine Prince, restauratrice de longue date, pour en faire l'une des tables qui comptent dans le département. Le site marque immédiatement les esprits : un vaste parc arboré, une délicieuse terrasse surplombant le canal du Midi et un calme impressionnant. Plutôt marine, légèrement modernisée, la cuisine de Gilles Roca n'est pas en reste, le croustillant de tourteaux à l'émulsion d'asperges, les gambas en tempura aux légumes printaniers et chips de vitelotte et le moelleux au chocolat accrochant sans peine la toque sur cette magnifique demeure. Cave classique à tendance régionale.
C : 46 € • M : 37-56 €

→ 1 rue du Château
☎ 04 67 37 06 93
F. dim. à dîn. (nov.-mars), 1er-15 janv. et 1er-15 nov.
Jusqu'à 22h.
🌂 🚗 ♿ 🐕

COLOMIERS

17 🏨🏨🏨 ⌇ **L'Amphitryon**

La plus jeune et la plus accessible des grandes tables ? On pourrait sans aucun doute réunir un large panel d'experts qui en débattraient des heures avant de s'avouer vaincus mais l'Amphitryon de Yannick Delpech et Sandrine Bâtard peut sans aucun doute prétendre (au même titre que trois ou quatre autres adresses) à cette distinction finalement pas si anodine. Car si cette maison installée à la lisière des installations industrielles d'Airbus, dans une zone pavillonnaire, est bien l'un des trois toques les plus accessibles, c'est aussi parce que la cuisine de Yannick Delpech n'exige pas d'avoir accompli le tour de France des grandes tables pour être comprise, et appréciée, par le plus grand nombre. Immédiatement séduisante, elle ne recèle pourtant aucun piège car ne laissant jamais planer le moindre doute sur la qualité des produits ni sur la précision des cuissons : composition de sardine, crème de morue et caviar de hareng, tiramisu de foie gras et purée de pomme de terre ratte, girolles et magret mariné, lotte piquée de lard poudrée de piment d'Espelette et fumée au thym, filet d'agneau carbonisé à l'encre de seiche et vacherin glacé au basilic et aux agrumes. La plus grande réussite, sans doute, de cet Amphitryon ? L'étonnante proportion des trentenaires qui le fréquente quotidiennement, prouvant avec une conviction étonnante le dynamisme de cette maison. Service délicieux, cave complète et assez chère.

C : 88 € • M : 32-54 €   www.lamphitryon.com

→ Chemin de Gramont
☎ 05 61 15 55 55
F. fériés.
Jusqu'à 21h30.
🍴 🚗 ♿ ≋❄ 🐕

---

13 🏨 **Hostellerie la Cheneaudière**

L'abondant public strasbourgeois apprécie chaque dimanche l'opulence (assiette Versace), le confort et la coquetterie de ce Relais & Châteaux posé à flanc de montagne du fond de la vallée de la Bruche. L'avantageuse formule des Pastoureaux (entrée, deux plats, fromages, desserts et bouteille de vin) permet d'accéder à une cuisine actuelle et pleine de saveurs (émietté de paleron de bœuf en cuisson de 30h, daurade royale au beurre de citrons confits, tartelette fondante au chocolat Valrhona) sans se ruiner. Joli chariot de fromages exclusivement régionaux. Service pro et courtois.

C : 60 € • M : 49-110 €   www.cheneaudiere.com

→ 3 rue du Vieux-Moulin
☎ 03 88 97 61 64
F. à déj. (sf w.e.) et 2 nov.-31 mars.
Jusqu'à 21h.
🍴 🐟 ♿ ≋❄ 🥢 🔍
🐕

- -

🏨🏨🏨 **Hostellerie La Cheneaudière** 🐦

Cette hostellerie de longue renommée, qui portait au plus haut les couleurs gastronomiques de l'Alsace dans les années 70-80, profite d'un cadre privilégié, dans la haute vallée de la Bruche, à 500 mètres d'altitude, au pied du Champ du Feu. Spacieuses et offrant un excellent niveau de confort, les chambres jouissent d'une tranquillité absolue. Les nombreux équipements de confort (piscine couverte et chauffée, sauna, hammam, solarium, soins assurés par une équipe de relaxologues...) se conjuguent à une table de haute réputation.

7 appart. 260-420 € • 25 ch. 90-260 €   www.cheneaudiere.com

→ 3 rue du Vieux Moulin
☎ 03 88 97 61 64
🖨 03 88 47 21 73
Ouv. 7j/7.
🐟 ♿ ≋❄ 🥢 🔍 🐕

G
M

COLY - 24120 (24 C 2)
Périgueux 57 - Brive-la-Gaillarde 26

15 Manoir d'Hautegente

Peu de changements et c'est très bien : la cuisine de Ludovic Lavaud, pertinente et personnelle, s'installe dans ses meubles de style, s'arrondit, devient plus fédératrice encore, dans ce beau cadre prolongé d'une terrasse rénovée. Le chef suit l'actualité, un peu la mode, mais trace aussi son itinéraire dans des préparations de caractère : ravioles de homard, févettes et shitakés dans une écume de jus de moules au safran, par cuit sur peau, nem de légumes jus de poisson et cacahuète, mignon de cochon mariné au sirop d'érable pâtes au cacao. Une courte carte où les résidents trouvent néanmoins à renouveler leur dîner, jusqu'aux desserts bien composés. Cave sans surprise majeure, mais fitou des Mille Vignes, côte rôtie de Stephan et cahors du Cèdre, tout de même !
C : 60 € • M : 48-70 €   www.manoir-hautegente.com

→ ☎ 05 53 51 68 03
F. lundi-jeudi à déj. et nov.-avril.
Jusqu'à 20h30.

Manoir d'Hautegente

Attestée comme moulin à forge au XIIIe siècle, cette demeure couverte de vigne vierge appartient à la même famille depuis plus de trois siècles, aménagée en chambres d'hôtes il y a vingt ans avant de devenir une hôtellerie à part entière, seigneuriale et de grand confort. Les chambres aux meubles d'époque, tentures murales et tissus Pierre Frey, donnent sur le parc bordant la rivière.
5 appart. 210-250 € • 10 ch. 90-190 €   www.manoir-hautegente.com

→ ☎ 05 53 51 68 03
▤ 05 53 50 38 52
F. nov.-avril.

COMBOURG - 35270 (14 C 3)
Saint-Malo 37 - Dinan 24 - Rennes 40

12 Restaurant l'Ecrivain

Dans cette jolie maison traditionnelle, ouverte sur le jardin, les collections de livres anciens et de vieux encriers justifient le nom et cultivent le souvenir de Chateaubriand. Au piano, Gilles Meunier ne se lance pas dans de grandes tirades, mais privilégie un travail soigné et un bon rapport qualité-prix dans sa façon de travailler le terroir (millefeuille de foie gras aux artichauts de pays) comme la saison (poêlée de saint-jacques et langoustines à l'aneth). Desserts maisons particulièrement gourmands.
C : 29 € • M : 16,50-36,90 €   www.restaurantlecrivain.com

→ Pl de l'Eglise
☎ 02 99 73 01 61
F. dim. à dîn., merc. à dîn., jeudi (h.s.), jeudi (15 juil.-16 août), 3 sem. fév. et 2 sem. nov.
Jusqu'à 21h.

Villes de proximité, voir :

↻ BAZOUGES LA PEROUSE......................15 km E. par D 796

COMBRIT - 29120 (13 B 4)
Quimper 18 - Bénodet 6

Villa Tri Men

Née juste avant la Grande Guerre, cette belle villa de bord de mer s'est enrichie de nouvelles chambres, toujours dans ce délicieux esprit contemporain et épuré d'où émane une douceur de vivre permanente, un rêve de détente face à la mer.
20 ch. 105-250 €   www.trimen.fr

→ 16 rue du Phare, Sainte-Marine
☎ 02 98 51 94 94
▤ 02 98 51 95 50
F. 6 janv.-7 fév. et 16 nov.-18 déc.

COMINES

COMINES - 59560 (2 D 1)
Lille 20 - Tourcoing 14 - Ypres 12

11 La Taverne Sainte-Marguerite

Une simplicité bienvenue, dans le décor, le sens de l'accueil comme dans la cuisine, qui prouve qu'un vrai beau buffet de hors-d'œuvre peut faire une entrée ailleurs que dans une cafétéria, avant d'enchaîner sur des classiques pas désagréables, de la côte à l'os aux saint-jacques aux petits lardons. Cave agréablement didactique.
C : 22 € • M : 12 €

→ 81 rue de Lille
☎ 03 20 39 00 60
F. merc., 2 sem. fév. et août.

COMPIEGNE - 60200 (4 A 4)
Beauvais 63 - Soissons 40

14 La Part des Anges

La Part des Anges ? Elle est évoquée par une fresque murale décorant cette maison colorée du centre-ville. Soignées, généreuses à défaut de toujours faire preuve de fougue, les assiettes de Jean-Jacques Moissinac (passé par l'Oustau de Baumanière et les Templiers aux Bézards) se découvrent au gré d'un menu-carte qui, pour 46 € avec les fromages, permet d'appréhender dans son ensemble cette belle cuisine classique : poêlée de langoustines rôties à la crème de chou-fleur et jus de betteraves, piccata de ris de veau en coque d'amandes, noix et pignons, tarte aux mangues caramélisées, caramel aux noix et crème glacée aux fruits de la passion. Cave essentiellement de propriétaires.
C : 51 € • M : 36-52 € 				*www.lapartdesanges60.com*

→ 18 rue de Bouvines
☎ 03 44 86 00 00
F. sam. à déj., dim. à dîn., lundi et août.
Jusqu'à 21h30.

- -

14 Rive Gauche

Classique soigné dans un décor de même allure, on ne risque pas de tsunami sur les bords de l'Oise. Franck Carpentier a appris avec le temps à peaufiner une carte de commerce équitable, entre un peu de prestige et de tradition, cuissons précises et belle marchandise, et des préparations suffisamment personnelles pour faire revenir régulièrement les fidèles. Pas pour une messe - le ton n'est pas si cérémonieux - mais pour un moment de distinction courtoise autour d'une effilochée de raie, d'un filet de barbue fricassée de champignons et jus de volaille ou d'un magret des landes au sésame caramélisé, carottes et épinards. Cave fort riche, de plus de 400 belles références en toutes régions.
C : 75 € • M : 38-48 € 			*www.http//perso.wanadoo.fr/rivegauche*

→ 13 cours Guynemer
☎ 03 44 40 29 99
F. lundi et mardi.
Jusqu'à 21h.

- -

Hostellerie du Royal Lieu

Changement de propriétaires cet été et rénovations complète des douze chambres et trois suites (literies neuves, écran plat, mini-bar) de cette belle et cossue maison contemporaine. Petit parc arboré et clos, à cinq minutes du centre-ville.
3 appart. 140 € • 12 ch. 110 € 			*www.host-royallieu.com*

→ 9 rue de Senlis, lieu-dit Royallieu
☎ 03 44 20 10 24
🖷 03 44 86 82 27
Ouv. 7j/7.

Villes de proximité, voir :

⟳ RETHONDES............................10 km E. par N 31 **(16/20)**

G_M

Quimper 24 - Lorient 51

14 🍴 La Coquille

Jean-François Sicallac, en quittant l'an dernier Paris (et son poste de chef de cuisine à la Tour d'Argent !) pour Concarneau, a sans doute opté pour plus de liberté. Une liberté qui lui permet notamment de proposer deux formules en un même lieu, une brasserie fonctionnant ainsi chaque midi parallèlement à la table gastronomique, accessible au déjeuner comme au dîner. C'est bien sûr cette dernière qui nous intéresse, avec sa carte essentiellement marine bien sûr : tartare de lieu au tarama, plateaux de fruits de mer, poissons nobles (bar doré sur peau, homard breton à la poêle), desserts soignés, les quais de Concarneau ont ainsi gagné l'une des meilleures tables du département. Service souriant, cave classique.
C : 70 € • M : 29-60 €
www.lacoquille-concarneau.com

→ Quai Moros
☎ 02 98 97 08 52
F. dim. à dîn., lundi et 2 sem. nov.
Jusqu'à 21h30.

---

12 Chez Armande

Bien placé face du port de plaisance et à la ville close, cette institution concarnoise à l'intérieur rustique maintient le cap de la tradition, insensible aux modes. Claude Maury, le chef aux rondeurs rassurantes, tout de blanc vêtu, a un pied en cuisine et l'autre en salle pour prescrire et exécuter ses spécialités : pétoncles farcis et bar en croûte de sel dont les touristes raffolent, conscients sans doute d'épouser la cause de la défense du patrimoine culinaire. Serveurs et serveuses efficaces que l'on aimerait pourtant bien chatouiller histoire de provoquer un sourire.
C : 50 € • M : 19,80-35,10 €

→ 15 av du Dr-Nicolas
☎ 02 98 97 00 76
F. mardi (sf juil.-août), merc. et 3 sem. nov.
Jusqu'à 21h45 (22h45 été).

---

12 Le Parvis des Halles

Face aux halles, la petite salle du rez-de-chaussée (il y en a une autre à l'étage) se fait coquette mais manque singulièrement d'âme. Dommage car la cuisine du jeune chef ne manque pas d'à-propos en jouant sur un registre bistrotier réjouissant : crème de lentilles du Puy au foie gras, tajine de lotte à l'orange et poivre vert, crumble poire et pomme… Carte des vins ramassée et service souriant de la patronne.
M : 19-38 €
parvisdeshalles@aol.com

→ Pl du Gén-de-Gaulle
☎ 02 98 97 50 65
F. dim. à dîn., merc. (1er janv.-30 juin et 1er sept.-31 déc.) et 1re quinz. nov.
Jusqu'à 21h (21h30 été).

Hôtel des Halles

Un cachet romantique dans les chambres de cet hôtel central entièrement refait dans le style balnéaire. Des espaces tous différents, pour rêver et voyager, avec lambris et parquets de hêtre. Bons petits-déjeuners maison.
22 ch. 43-77 €
www.hoteldeshalles.com

→ Pl de l'Hôtel-de-Ville
☎ 02 98 97 11 41
🖷 02 98 50 58 54
Ouv. 7j/7.

Hôtel Kermoor

Les pieds dans l'eau, une agréable maison bretonne XIXe, au décor savamment restitué dans l'esprit galion, le mobilier et certaines structures provenant de cargos américains et européens. Des chambres, des suites et des cabines qui donnent envie de large.
11 ch. 80-160 €
www.hotel-kermor.com

→ 37 rue des Sables-Blancs
☎ 02 98 97 02 96
🖷 02 98 87 84 04
Ouv. 7j/7.

CONDAT SUR VEZERE - 24570 (24 C 2)

Montignac 8 - Brive-la-Gaillarde 27

Château de la Fleunie

Installé sur un vaste domaine (parc animalier), ce château construit au XIIe siècle a vu son architecture allégée à la Renaissance et offre un cadre majestueux de pierres et poutres apparentes, mis en valeur par un éclairage intime et soigné et mis au service de chambres à l'ancienne avec mobilier de style. Quelques chambres contemporaines à l'annexe.
1 appart. 170 € • 32 ch. 70-150 €

→ ☎ 05 53 51 32 74
🖥 05 53 50 58 98
F. déc.-fév.

www.lafleunie.com

CONDEAU - 61110 (6 B 6)

Alençon 82 - Nogent-le-Rotrou 11

12 Moulin et Château de Villeray

Il faut donner du champêtre, du typique, du cousu main pour la retraite campagnarde des visiteurs de cette belle salle bourgeoise : la nouvelle chef remplit la mission avec un zèle renouvelé, mais en poussant, sans doute selon la volonté maison, un peu trop le curseur vers les plats de prestige. Malgré le standing, on aimerait trouver autre chose que la truffe, les langoustines et le foie gras. Des sensations plus proches de l'environnement avec l'émincé de canard aux navets et pois gourmands, le filet de bœuf ficelle ou le feuilleté percheron aux pommes.
C : 70 € • M : 26-69 €

→ Villeray
☎ 02 33 73 30 22
Ouv. 7j/7.
Jusqu'à 22h.

www.domainedevilleray.com

Moulin de Villeray

Château XVIe-XVIIIe et moulin, étape de charme pour week-ends secrets, détente totale dans un parc de 60 ha aux arbres séculaires. Chambres classiques, époque et contemporain, pour se ressourcer au cœur du Perche.
8 appart. 200-290 € • 38 ch. 90-390 €

→ Villeray
☎ 02 33 73 30 22
🖥 02 33 73 38 28
Ouv. 7j/7.

www.domainedevilleray.com

CONDOM - 32100 (29 B 3)

Auch 42 - Agen 40

14 La Table des Cordeliers

Cette ancienne chapelle du XIIIe, aux portes de la vieille ville, n'a pas toujours connu une existence paisible. Reprise en 2003 par Catherine et Eric Sampietro, cette merveilleuse chapelle, magnifiquement rénovée et aménagée, semble désormais placée sur les bons rails malgré, parfois, quelques grincements bien compréhensibles lorsqu'il s'agit de faire avancer une telle entreprise. Contemporaine et technique, la cuisine d'Eric Sampietro, qui travailla notamment aux côtés d'Henri le Roux, le célèbre chocolatier de Quiberon, propose une vision intéressante de la cuisine gasconne : thon rouge et foie gras marinés au gingembre et pousses d'épinards en salade, filet de barbue, poêlée de topinambours et sabayon, croustade aux pommes, nougat glacé aux pruneaux et "Pousse-Rapière". Superbe cave d'armagnacs, cave régionale bien triée.
C : 45 € • M : 21-57 €

→ 1 rue des Cordeliers
☎ 05 62 68 43 82
F. dim. à dîn. (sf juil.- sept.), lundi (sf août) et janv.
Jusqu'à 20h30 (21h le w.-e.).

🌐 idéal gourmet

www.latabledescordeliers.fr

Les Trois Lys

Symbole de noblesse, le lys peut être fièrement porté par cet hôtel particulier XVIIIe qui propose le cadre intime et raffiné de chambres de style élégantes, meubles de style et tissus harmonieux sous les hauts plafonds.
2 appart. 130-170 € • 10 ch. 90-150 €

→ 38 rue Gambetta
☎ 05 62 28 33 33
🖥 05 62 28 41 85
F. fév.

www.lestroislys.com

GM

Le Logis des Cordeliers

C'est une belle maison que vous visitez aujourd'hui, au milieu d'un grand jardin de verdure, à cinq minutes du centre. Chambres très bien équipées, régulièrement rénovées, grande terrasse.
21 ch. 47-66 €   www.logisdescordeliers.com

→ 2 bis rue de la Paix
☎ 05 62 28 03 68
🖶 05 62 68 29 03
F. 2 janv.-3 fév.

CONDRIEU - 69420   (27 C 3)
Lyon 41 - Vienne 13

12 La Réclusière

Dans ce cadre bourgeois, aéré par la vue sur les arbres du parc, Martin Fleischmann décline des plats élaborés, associant les saveurs au gré de ses envies. On aimerait parfois un peu plus de sobriété, mais on se laisse séduire par la mousse d'étrille sur le tartare de pétoncles, la semoule fleur de sel et orange amère confite qui accompagne le magret de canard ou encore l'original moelleux au potiron, croustillant de patate douce et poêlée de fruits secs.
C : 42 € • M : 20-50 €   www.lareclusiere.free.fr

→ 14 rte Nationale
☎ 04 74 56 67 27
F. mardi, merc. à déj. et vac. scol. Toussaint.
Jusqu'à 21h30.

CONNELLES - 27430   (6 C 3)
Les Andelys 13 - Rouen 39 - Evreux 30

Le Moulin de Connelles

Un vaste manoir anglo-normand à colombages, sérieux et bien tenu, au charme suranné des temps anciens. Le parc de 3 ha borde la Seine, les chambres, dont la plupart ont été redécorées, offrent un bon confort classique, certaines avec jacuzzi. Au restaurant, cuisine sage bien adaptée aux lieux, par un excellent chef, Stéphane Cavelier.
6 appart. 145-310 € • 7 ch. 120-190 €   www.moulindeconnelles.com

→ 40 rte d'Amfreville-sous-les-Monts
☎ 02 32 59 53 33
🖶 02 32 59 21 83
Ouv. 7j/7.

CONQUES EN ROUERGUE - 12320   (30 B 2)
Rodez 36 - Entraygues-sur-Truyère 21

16 Moulin de Cambelong

On ne peut jamais s'empêcher, c'est un mal français, d'établir des comparaisons, des passerelles, des catégories. Que voulez-vous, si Conques n'était pas dans le même département que Laguiole, on n'y penserait même pas. Mais voilà, difficile de résister à l'envie d'évoquer ce qu'est devenu le Lou Mazuc de Michel Bras en parlant de cet ancien moulin XVIIIe qu'Hervé Busset a su élever au rang de grande table gastronomique dans une salle élégante et climatisée, puis d'auberge de campagne raffinée, avec dix jolies chambres meublées d'ancien. Il faut bien sûr ramener l'affaire à ses justes proportions, mais cette table toujours enthousiasmante, voguant allègrement sur la vague actuelle avec de magnifiques produits de terroir a évidemment à voir avec ce qui se passe chez Marcon, Goujon… ou Bras. Et à 50 €, la modération reste une vertu paysanne, pour apprécier les oignons confits et tome fondante sur une tartine chaude de galabar, le tournedos de canard et croustillant de gnocchis au maïs et infusion de racine de benoîte urbaine ou le cochon fermier, cocotte de légumes et jus de serpolet sauvage. Belle grande assiette de desserts, vins régionaux prioritaires.
M : 50 €   www.moulindecambelong.com

→ Le Moulin
☎ 05 65 72 84 77
F. à déj. (sf w.-e., fériés, juil.-août)) et Toussaint-Rameaux.
Jusqu'à 21h.

CONQUES EN ROUERGUE

14 🏨 **Sainte-Foy**

Le changement de chef ne perturbe heureusement pas le pélerinage gastronomique dans cette belle maison du vieux village classé. A deux pas de la prestigieuse abbaye, l'étape a même le bon goût de ne pas trop faire payer ses charmes authentiques, car la cuisine, dans ses inspirations locales (incontournable foie gras de canard poêlé, pavé de truite du moulin de Gourjan fricassée de jeunes légumes et pistou) comme ses propositions marines (brandade de cabillaud et gaspacho de tomate), ne triche pas sur la qualité des produits ou la rigueur de la réalisation. La terrasse avec vue sur les toits du village et l'abbaye, le service efficace ou les propositions de vins régionaux confirment qu'on tient là une valeur sûre de la région.

C : 37 € • M : 24-53 €   *www.hotelsaintefoy.fr*

➤ Le Bourg
☎ 05 65 69 84 03
F. 27 oct.-27 avril.
Jusqu'à 21h15.
🏕 🚗 ♿ 🐕

🎀🎀 **Grand Hôtel Sainte-Foy**

Installé face à la célèbre abbaye (classée au Patrimoine Mondial par l'Unesco) et au cœur de l'un des plus charmants villages d'Aveyron, cet établissement ne distille qu'à une poignée de privilégiés (quatre suites de grand standing et treize chambres) le luxe de prestations hôtelières raffinées. Meubles et tissus choisis, ambiance feutrée.

4 appart. 189-217 € • 13 ch. 115-189 €   *www.hotelsaintefoy.fr*

➤ Le Bourg
☎ 05 65 69 84 03
🖨 05 65 72 81 04
F. 27 oct.-25 avril.
🚗 ≋❄ 🐕

CONTEVILLE - 27210   **(6 B 3)**

Evreux 108 - Honfleur 13

14 🏨 **Auberge du Vieux Logis**

Et si l'on reparlait du Vieux Logis, à Conteville, à quelques minutes de Honfleur ? Certes, Guillaume Louet, digne successeur de son père, ne théorise pas dans la nouvelle vague, mais la qualité de ses produits - turbot, saint-jacques, ris de veau - alliés à un traitement sobre et gourmand, lui ouvre à nouveau les portes du guide, ne serait-ce que pour rappeler les vertus d'une réalisation de qualité, devenue trop rare aujourd'hui en Normandie. Ambiance de campagne distinguée (on vient aussi de Deauville ou du Havre) dans une salle élégante, service sobre et de qualité, cave classique pour un tarif d'ensemble qui n'a rien d'effrayant.

M : 45-85 €

➤ ☎ 02 32 57 60 16
F. dim. à dîn., lundi, mardi
(h.s.), dim. à dîn. et lundi
(juil.-août).
🐕 ⚓

CONTRES - 41700   **(17 D 4)**

Blois 22 - Romorantin 26

12 **La Botte d'Asperges**

Un Sologne assez maligne dans le cadre d'une auberge traditionnelle : on ne sort pas le cor de chasse, mais plutôt les filets de pêche et les billets d'avion, pour aller voir hors frontière ce qui pourrait dynamiser un terroir aussi avenant, un bon chutney par ci, des langoustines toutes fraîches par là, dans un savoir-faire rarement pris en défaut. Accueil agréable, cave de propriétaires ciblée sur la Loire.

C : 45 € • M : 22-29,50 €

➤ 52 rue
Pierre-Henri-Mauger
☎ 02 54 79 50 49
F. dim., lundi et 1re
quinz. janv.
Jusqu'à 21h.
≋❄ 🐕 ⚓

- -

11 **Les Rois de France**

Sous l'œil des rois de France, dans un climat de noblesse naturelle, Jean-Claude Métivier s'applique avec constance à proposer le millefeuille d'asperges de Sologne au beurre d'herbes nouvelles, le brochet aux trois traditions ou la noisette de porc à la tourangelle.

C : 45 € • M : 22-40 €   *www.lesroisdefrance.com*

➤ 37-39 rue
Pierre-Henri-Mauger
☎ 02 54 79 50 14
F. dim. à dîn., lundi, mardi
à déj. et dern. sem. janv.-1re
sem. mars.
Jusqu'à 21h.
🏕 🚗 ♿ ≋❄ 🏞 🎾

Villes de proximité, voir :

↻ OISLY .... 6 km S.O. par D 675 et D 21 **(15/20)**

CORBEIL ESSONNES - 91100 (7 C 3)
Paris 36 - Fontainebleau 33 - Créteil 26

13 Le Coq Hardi
Jean-Luc Raymond vend à merveille sa cuisine pleine de soleil, aux confluences des influences espagnole, lusitanienne, basque et périgourdine. Homme passionné, il se plaît à raconter ses produits et sa cuisine, vantant avec tant d'entrain ses crevettes sautées à l'ail, son risotto à la roquette et éclats de grenouilles sautées, son pavé de morue aux pois chiches et chorizo, qu'on ne peut que se laisser porter par sa joie de vivre. La cave n'engendre pas non plus la mélancolie, les vins espagnols et portugais trouvant dans cet antre du sud-ouest une scène idéale.
C : 40 € • M : 19 €　　　　　www.coqhardi.fr

→ 14 bd Jules-Vallès
☎ 01 64 96 01 00
F. dim., lundi et mardi à dîn.
Jusqu'à 22h.

12 Aux Armes de France
Les armes ne sont plus aussi affûtées que par le passé et le changement de chef n'est pas sans conséquence sur une cuisine qu'on a connu nettement plus alerte : si l'onglet de veau aux champignons remplit bien son office, la tarte aux fruits est à la dégustation en retrait de sa jolie présentation, tandis que le pressé de foie gras et queue de bœuf n'est tout simplement pas à la hauteur d'un restaurant qui se veut gastronomique. On attend le réveil, y compris celui d'un service qui manque nettement de dynamisme.
C : 80 € • M : 115 €　　　www.aux-armes-de-france.fr

→ 1 bd Jean-Jaurès, RN 7
☎ 01 64 96 24 04
F. sam. à déj., dim. et merc.
Jusqu'à 22h.

CORBES - 30120 (32 B 3)
Lasalle 12 - Saint-Jean-du-Gard 8

13 Le Moulin de Corbès
A l'image du décor paré de jaune de cet ancien moulin, la cuisine de Christian Cormont séduit par sa sobriété, sa façon nette et personnelle de tirer le meilleur parti des produits de saison, bœuf de l'Aubrac, poissons sauvages et légumes du soleil. Cette cuisine s'appuie également sur une solide sélection de vins, notamment entre Vallée du Rhône et Languedoc, complétée d'une sélection au verre, pour ceux qui n'auraient pas choisi de profiter d'une des belles chambres claires et épurées.
C : 40 € • M : 25 €

→ Rte de Saint-Jean-du-Gard
☎ 04 66 61 61 83
F. dim. à dîn. et lundi.
Jusqu'à 21h.

CORBIGNY - 58800 (19 C 4)
Nevers 59 - Clamecy 28

13 Le Cépage
La carte bistrot assure la satisfaction quotidienne, à grand renfort chaleureux de tranches campagnardes, d'œufs meurette ou de jambon persillé, mais on aurait tort d'en rester là, et la jolie salle à manger aux pierres apparentes sait aussi résonner d'accents raffinés, à travers lesquels Eric Conan prouve un beau sens du produit et de la touche personnelle : terrine de foie gras confit de bettes et colombo, gigot d'agneau jus à la lavande, aspic d'agrumes au fenouil et moelleux chocolat. Agréable cave bourguignonne et jolies chambres contemporaines pour faire étape.
C : 40 € • M : 10-36 €　　　hoteleuropelecepage@tiscali.fr

→ 7 Grande-Rue
☎ 03 86 20 09 87
F. dim. à dîn., merc. à dîn., jeudi, 1er-6 janv., 10-24 fév. et 22-31 déc.
Jusqu'à 21h30.

CORDES SUR CIEL - 81170 (30 A 3)

Albi 27 - Villefranche-de-Rouergue 47

14 🍴 Le Grand Ecuyer

Suivant leur concept de cuisine en trilogie, Yves Thuriès et son fils Damien explorent de nouvelles pistes en regroupant par thèmes entrées chaudes ou froides, poissons et crustacés, viandes et volailles, desserts chauds… C'est intéressant, mais on pourrait aussi penser à regrouper un dessert chaud et un froid par exemple pour varier aussi les températures. Peu importe puisqu'il s'agit d'un choix, et que la réalisation, dans la maîtrise technique, est au-dessus de tout reproche, le pressé de légumes comme le foie gras chaud, l'aumônière de homard comme le fameux gratin de fraises des bois au citron et coulis d'abricot. Dans ce cadre quasi mythique d'une auberge réputée depuis près de trente ans, la performance est aussi de durer. Belle cave bordeaux-sud-ouest, service au cordeau.

C : 92 € • M : 49-85 € www.thuries.fr

→ Haut de la Cité
☎ 05 63 53 79 50
F. lundi, à déj. (sf dim. et sur réserv.), lundi-jeudi (juil.-août, sf lundi à dîn.) et mi-oct.-Rameaux.
Jusqu'à 21h30.

🛏 ❄ 🐾 🚭

🏅 idéal gourmet

🏠🏠 Le Grand Ecuyer

Dans le cadre seigneurial d'une demeure médiévale classée, meubles et parquets anciens ont été amoureusement préservés. Les chambres sont toutes différentes, arborant des lits à baldaquins et la vue sur la vallée, mais aussi la climatisation et les écrans plats.

1 appart. 250 € • 12 ch. 95-160 € www.thuries.fr

→ Haut de la Cité
☎ 05 63 53 79 50
🖨 05 63 53 79 51
F. mi-oct.-Rameaux.

🛏 ❄ 🐾

CORDON - 74700 (28 C 2)

Annecy 83 - Megève 17

14 🍴 Les Roches Fleuries

Décor de chalet savoyard typique, vue sur le Mont-Blanc d'un côté, les Aravis de l'autre, le décor est planté mais n'est pourtant pas le meilleur atout d'une table qui démontre une cuisine très plaisante, pleine d'idées avec ses nombreuses et amusantes associations terre-mer (omble chevalier de nos lacs grillé et atriaux de caïon, pied de cochon caramélisé au foie gras et homard bleu sauté à la chinoise). Un exercice délicat, mais généralement bien maîtrisé par Vincent David (malgré quelques excès de générosité qui gâche parfois des produits remarquables) et un résultat global largement positif, qui fait encore mieux apprécier cette pension de charme (pour la vue sur le Mont-Blanc), l'accueil de Gérard Picot, le service efficace ou encore la cave riche en vins régionaux, servie par un sommelier compétent.

C : 65 € • M : 35-78 € www.rochesfleuries.com

→ Rte de la Scie
☎ 04 50 58 06 71
F. dim. à dîn., lundi, mardi à déj. (sf vac. scol.), 15-avril-10-mai et 25 sept.-15 déc.
Jusqu'à 21h15.

🍄 🛏 🏊 🚭

🏠🏠🏠 Les Roches Fleuries 🕊

Désormais épaulé par une table de bon niveau, ce vieux chalet traditionnel poursuit une mue rapide qui en fait l'une des étapes de choix dans les environs : moquettes flambant neuves, piscine et abords entièrement rénovés, wifi arrosant désormais l'ensemble des lieux, les prestations d'ensemble sont remarquables. Décorées dans un style alpin traditionnel, habillées de tissus haut de gamme (signés Pierre Frey), les chambres donnent pour la plupart sur de grandes terrasses individuelles pourvues de salon de jardin en teck. Ecran plat et lecteur DVD pour toutes et navettes gratuites pour rejoindre les pistes de Megève.

5 appart. 230-400 € • 20 ch. 150-270 € www.rochesfleuries.com

→ Rte de la Scie
☎ 04 50 58 06 71
🖨 04 50 47 82 30
F. 15 avril-10-mai et 25 sept.-15 déc.

🛏 🏊 🐾

G
M

Le Chamois d'Or 🛥

Toutes les chambres de ce grand chalet de bois clair à dix minutes de Megève sont désormais rénovées, dans un esprit montagnard soigneusement maintenu, confort et qualité actuels : tissus Pierre Frey, salles de bains bien équipées, balcon individuel avec la vue sur les Aravis. Balançoire et jeux pour enfants, sauna, jacuzzi, fitness, billard, ping-pong, jeux de boules.

2 appart. 190-280 € • 26 ch. 90-180 € *www.hotel-chamoisdor.com*

→ 4080 rte de Cordon
☎ 04 50 58 05 16
📠 04 50 93 72 96
F. déb. avril-fin mai et mi-sept.-20 déc.

CORENC - 38700 **(28 A 4)**

Grenoble 3 - Valence 95

12 Le Provence

Dans un cadre largement revu (jolis salons colorés, terrasse agréable) et aux influences effectivement provençales, Eric Gaggio propose une cuisine à la fois marine et ensoleillée et décline au gré des saisons des assiettes ambitieuses et actuelles, osant le confit de tomate à la vodka (sur un duo tomate chèvre frais) ou livrant sa version du risotto à l'encre de seiche en accompagnement de la daurade et brochette de légumes. Cave agréablement variée.

C : 45 € • M : 24-55 € *www.leprovence.fr*

→ 28 av du Grésivaudan
☎ 04 76 90 03 38
F. sam. à déj., dim. à dîn., lundi à déj. et 2 prem. sem. août.
Jusqu'à 21h30.

CORMEILLES - 27260 **(6 A 3)**

Evreux 67 - Lisieux 19

 14 Gourmandises 💜

Nous pourrions probablement laisser un coup de cœur à vie à la maison de Bernard Vaxelaire. Depuis que cet ancien propriétaire de la Braisière (à Paris) s'est installé voilà trois ans dans cette chic bourgade de l'Eure, nous retrouvons à chaque visite le même élan, le même allant. Jambonnette de canard au foie gras, ris de veau et jus au porto, saint-pierre rôti et pommes fondantes : les intitulés fusent, simples et directs, comme les assiettes. Mais quelle gourmandise ! Quel plaisir ! Il n'existe que très peu d'adresses comme celle-ci, jamais snob malgré la clientèle plutôt aisée qui la fréquente, réussissant la délicate alchimie entre la sympathie jamais feinte de l'accueil et du service, la justesse d'une cave de connaisseur et ce juste goût des choses qu'on retrouve invariablement dans chaque assiette. Indispensable.

C : 35 €

→ 29 rue de l'Abbaye
☎ 02 32 42 10 96
F. lundi, mardi, merc. et janv.-fév.
Jusqu'à 22h15.

CORPEAU - 21190 **(20 D 4)**

Beaune 13 - Chagny 2

11 Auberge du Vieux Vigneron

C'est bien un vigneron aux commandes, dans une maison régionale de caractère qui prête son cadre rustique (les tables en bois donnent le ton) à une cuisine chaleureuse qui sert le terroir sous son meilleur jour, côte de charolais à la cheminée, toast d'époisses sur pain d'épices ou gratin de queues d'écrevisses au marc de bourgogne. En bon vigneron, Jean-Charles Fagot a appelé ses collègues à la rescousse pour composer une sympathique cave régionale.

C : 26 € *www.aubergeduvieuxvigneron.com*

→ Rte de Beaune
☎ 03 80 21 39 00
F. lundi, mardi, 1er-9 janv. et vac. scol. fév.
Jusqu'à 21h15.

CORPS - 38970 (28 B 5)
Gap 39 - La Mure 25

12 **Hôtel Restaurant de la Poste**

Dans un village de la célèbre Route Napoléon, ce mélancolique "relais gastronomique" d'un autre temps séduit par l'accueil enjoué des patrons et la générosité des petites attentions. A défaut de finesse, cette cuisine de tradition pure et dure (les poissons sont servis entiers, le gigot d'agneau est cuit à la broche) et la fameuse farandole de hors-d'œuvre proposée dans tous les menus évoquent ces repas pantagruéliques d'après-guerre. Les vins et les desserts jouent davantage un second rôle.
C : 38 € • M : 20-28,50 €   www.hotel-restaurant-delas.com

→ Pl de la Mairie, rte Napoléon
☎ 04 76 30 00 03
F. 3 janv.-15 fév. Jusqu'à 21h30.

CORRENÇON EN VERCORS - 38250 (28 A 4)
Grenoble 41 - Villard-de-Lans 6

13 **Bois Fleuri**

Le jeune chef prend la défense de l'environnement, le parti de la nature. Sa cuisine est en harmonie avec le cadre, intimement liée aux paysages du Vercors : la truite est déclinée selon l'humeur du jour, les asperges en velouté avec une tombée d'escargots et cresson, le cabillaud, juste saisi, avec un crumble de noix de Vinay et endives au wok, le magret des Landes, rôti à la poudre de dragées, betterave et gras de montagne au jus, mousseline de radis noir. Jérôme Faure montre autant de précision qu'une personnalité naissante, à suivre impérieusement. La note devrait évoluer… Desserts très plaisants (un excellent financier à la figue), cave intéressante, relativement classique mais bien fouillé, pour ses choix et ses tarifs (Gallety, Lombard, Delubac, Les Aphilantes pour les petits rhônes par exemple).
C : 45 € • M : 30-40 €   www.hotel-du-golf-vercors.fr

→ Les Ritons
☎ 04 76 95 84 84
F. à déj. (sf w.-e.), 30 mars-1er mai et 19 oct.-20 déc. Jusqu'à 21h15.

Hôtel du Golf

A deux pas des grands circuits de randonnée (GR 91), les golfeurs et les marcheurs sont privilégiés. Mais chacun trouvera du charme à ce chalet moderne, à ces lignes fluides d'une déco intérieure très zen, beaux matériaux bruts, bois, cuir, comptoir en zinc ciré. Et les chambres, au style montagnard cosy pour les plus anciennes, dans un style plus épuré pour les plus récentes, au beau mobilier dessiné par le frère des patrons, compagnon ébéniste.
6 appart. 190 € • 16 ch. 70-145 €   www.hotel-du-golf-vercors.fr

→ Les Ritons
☎ 04 76 95 84 84
🖷 04 76 95 82 85
F. 30 mars-1er mai et 19 oct.-20 déc.

CORRENS - 83570 (34 A 5)
Brignoles 14 - Barjols 14 - Carcès 11

11 **Auberge du Parc**

Pour la rayonnante terrasse au jardin clos de cette superbe maison provençale au cœur du village. Onno Stijl, d'origine flamande, y travaille une cuisine simplement régionale, forgée dans le marché et la saison. Cinq chambres au calme pour un séjour de pure détente.
M : 35 €   www.aubergeduparc.fr

→ Pl du Gén-de-Gaulle
☎ 04 94 59 53 52
F. dim. à dîn., lundi (sf saison), mardi et 23 déc.-1er mars. Jusqu'à 22h.

Ajaccio 83 - Bastia 70 - Calvi 93

Dominique Colonna

Ancien footballeur, Dominique Colonna a baptisé ses chambres en conséquence et n'a pas raté sa reconversion, proposant une belle étape dans les fameuses gorges de la Restonica, confort soigné et vue paisible sur une nature magnifique.
28 ch. 65-180 €

→ Vallée de la Restonica
☎ 04 95 45 25 65
🖨 04 95 61 03 91
F. 16 nov.-14 mars.

www.dominique-colonna.com

LA COTE SAINT ANDRE - 38260 **(27 D 3)**

Grenoble 50 - Voiron 30

14 Hôtel de France

Les plats d'école de Daniel Gauthier peuvent être gravés dans la pierre comme des tables de la loi de cette fameuse maison au cœur de la ville d'Hector Berlioz. C'est en entonnant Toréador que vous attaquerez le pâté en croûte dont la réputation a traversé les murs et même les frontières. Tout est ici aussi simple que noble, le pigeonneau en croûte comme le ris de veau aux truffes, dans l'ambiance adéquate, un peu recueillie dans un décor sobre et classique. Belles présentations, service impeccable et cave généraliste et sérieuse. Quatorze chambres au style rustique complètent la maison.
C : 55 € • M : 30-80 €

→ 16 pl de Saint-André
☎ 04 74 20 25 99
F. dim. à dîn. et lundi (sf fériés).
Jusqu'à 21h30.

LE COTEAU - 42120 **(27 B 2)**

Roanne 3 - Saint-Etienne 82

13 Auberge Costelloise

Dans sa maison posée sur les bords de Loire, aux portes de Roanne, Christophe Souchon cultive un professionnalisme sans faille mais manquant parfois d'inspiration. Sa cuisine cherche en effet davantage à rassurer qu'à étonner, se reposant essentiellement sur la qualité des produits (indéniable) : foie gras à la compote de pommes au vin, panachés de poissons (poissons très frais et bien cuits mais baignant dans une crème aux herbes sans grande distinction), millefeuille aux framboises et à la vanille soigné à défaut d'être excitant. Décoration sobre, service très pro et appliqué. Cave sérieuse.
C : 60 € • M : 25-35 €

→ 2 av de la Libération
☎ 04 77 68 12 71
F. dim., lundi, 27 avril-5 mai, 9 août-2 sept. et 26 déc.-8 janv.
Jusqu'à 21h15.

auberge-costelloise@wanadoo.fr

COTIGNAC - 83570 **(34 A 5)**

Draguignan 36 - Toulon 70 - Brignoles 25

13 La Table de la Fontaine

Au cœur du village, dans un secteur qui ne regorge par de bonnes tables, celle de Daniel Ballester pourrait devenir une locomotive très présentable. Son menu-carte, certes ultracourt mais après tout qu'importe, affiche un excellent rapport : tartare de saumon, filet de bar à l'oseille, blanc-manger à la compote d'abricot. Terrasse agréable meublée en fer forgé, service exclusivement féminin, dynamique et charmant.
M : 24 €

→ 27 cours Gambetta
☎ 04 94 04 79 13
F. lundi, jeudi à déj. (été), dim. à dîn., lundi, jeudi (hiver) et 20 déc.-1er mars.
Jusqu'à 21h30.

à **LA COTINIERE, voir OLERON (ILE D')**

COUDEKERQUE BRANCHE

à LA COUARDE SUR MER, voir RE (ILE DE)

COUDEKERQUE BRANCHE - 59210 (1 C 1)
Dunkerque 2 - Bergues 10

14 🦷 **Le Soubise**
Fidèle au poste, soucieux de proposer à sa clientèle le meilleur des produits locaux (jusqu'aux brioches, pains et pâtisseries, tous réalisés sur place avec des farines sélectionnées dans les environs), Michel Hazebroucq évoque déjà son prochain cinquantième anniversaire de cuisinier (il débuta en effet son apprentissage en 1959 auprès de Roger Portugal, MOF en 1961). Une cuisine d'école par un chef qui sait encore réussir une sauce hollandaise dans les règles de l'art (avec un turbot magnifique), la sauce Nantua (avec une émulsion de langoustines) ou le ris de veau Mascotte. Un plaisir à prendre sans arrière-pensées. Belle cave classique.
M : 25-58 €
restaurant.soubise@wanadoo.fr

→ 49 rte de Bergues
☎ 03 28 64 66 00
F. w.-e., 1 sem. Pâques, 3 sem. août. et 2 sem. Noël-nouvel-an.
Jusqu'à 21h30.

COUDRAY - 53200 (16 A 2)
Laval 36 - Angers 43 - Château-Gontier 7

12 **Restaurant L'Amphitryon**
La maison d'Evelyne et Jacques Pottier incarne à merveille ces petites adresses de campagne qui ne se laissent pas mourir. Bien au contraire, le couple projette d'ouvrir cinq chambres au sein de l'établissement afin de diversifier son activité et de retenir un peu plus les clients du restaurant. La carte de ce dernier continue d'évoluer, refusant tout repli sur soi : salade d'écrevisses et pigeon au foie gras, filet de saint-pierre aux pistils de safran, noix de ris de veau braisée au parfum d'oranges, soufflé chaud au pralin et noisettes. La cave, surtout en loire, est à montrer en exemple.
C : 40 € • M : 17-27 €
www.perso.wanadoo.fr/lamphitryon53/

→ 2 rue de Daon
☎ 02 43 70 46 46
F. dim. à dîn., lundi, mardi, vac. scol. fév., 1ᵉʳ mai, 2 prem. sem. juil., 1 sem. Toussaint et Noël.
Jusqu'à 20h30 (21h été).

COUILLY PONT AUX DAMES - 77860 (7 B 2)
Paris 49 - Melun 46 - Meaux 10

14 🦷 **L'Auberge de la Brie**
Une certitude, Alain Pavard ne ménage pas ses efforts dans son auberge briarde rénovée et souriante pour accueillir le chaland en vadrouille dominicale ou le notable affamé. Dans ce cadre bourgeois soigné, aux notes contemporaines, on profite autant du jardin fleuri que des Gillardeau, des saint-jacques poêlées au citron vert et pousses d'épinard, du ris de veau rôti et boulangère de tête de veau et des profiteroles minute dans une carte saisonnière qui ne laisse pas de prise aux modes incertaines. Belle cave de références prestigieuses et actuelles, bons propriétaires en bourgogne (Bertagna, Jobard, Girardin, Goisot, Thévenet...) mais également pointue en loires ou même en sud-ouest (Da Ros, Masburel...).
C : 68 € • M : 50-68 €

→ 14 av Boulingre
☎ 01 64 63 51 80
F. dim., lundi, 3 sem. août et 23 déc.-8 janv.
Jusqu'à 21h.

Les prix des hôtels correspondent au tarif journalier en chambre ou en appartement (ou suite) pour au minimum 1 personne seule en basse saison et 2 personnes en haute saison.

COUIZA - 11190 (31 C 5)
Quillan 12 - Limoux 16

12 Château des Ducs de Joyeuse

Si le chef actuel, Sébastien Roux, se maintient à cette adresse, il ne nous étonnerait pas que la toque revienne à nouveau dans le cadre séculaire - et disons-le un peu froid - du château classé. L'assise technique, la qualité des approvisionnements, sur une carte encore passe-partout mais qui doit gagner en personnalité, permettent déjà d'évoquer les progrès : raviole de petits gris écume de morilles, médaillons de lotte rôties asperges vertes du pays, pigeon à l'hypocras et tourtière de pommes de terre. Un point de plus par prudence, en attendant mieux, cave évidemment pointue en corbières et intéressante en tarifs (une cuvée Romain Pauc à 40 €).
C : 52 € • M : 36-55 €   www.chateau-des-ducs.com

→ Allée du Château
☎ 04 68 74 23 50
F. à déj., dim., lundi (sf juin-sept.), 1er janv.-28 fév. et 15 nov.-31 déc.
Jusqu'à 21h30.

Château des Ducs de Joyeuse

Etape de caractère dans la vallée de l'Aude, le château, bien que du XVIe siècle, arbore une allure sobre et robuste presque médiévale. Un superbe mobilier rustique et d'élégants tissus d'ameublement composent dans une sobriété parfaitement respectueuse de l'architecture des chambres magnifiques, dont le cadre laisse s'exprimer l'esprit des vieilles pierres. La baignade dans la rivière a plus de charme que celle dans la piscine, mais pour les frileuses...
12 appart. 174-198 € • 23 ch. 95-173 €   www.chateau-des-ducs.com

→ Allée du Château
☎ 04 68 74 23 50
🖷 04 68 74 23 36
F. 1er janv.-1er mars.

COULOMBIERS - 86600 (22 C 3)
Poitiers 17 - Niort 66

13 Le Centre-Poitou

Avec son ravissant jardin clos et sa tonnelle ombragée sous laquelle on prend les repas, cet établissement de longue tradition (cet ancien relais de poste est situé sur la route de Saint-Jacques-de-Compostelle) vit depuis deux décennies au rythme de la cuisine valeureuse de Luc Massé. Ses noix de saint-jacques rôties et velouté d'artichaut, son sandre au beurre demi-sel et tarte fine aux légumes oubliés et son croustillant aux épices douces, compotée de pommes au gingembre font preuve d'une constance rassurante. Une formule plat du jour dans la salle de café, des menus bien étagés, voilà l'hôtel-restaurant apprécié des voyageurs, même si les plats des premières formules ne valent pas vraiment la toque. Des valeurs sûres en cave à défaut d'originalité, quelques grands crus et les vins de la région.
C : 77 € • M : 25,50-49 €   www.centre.poitou.com

→ 39 rue Nationale
☎ 05 49 60 90 15
F. dim. à dîn., lundi (sf juil.-août), 1 sem. vac. scol. fév. et 23 oct.-5 nov.
Jusqu'à 21h15.

COULON - 79510 (22 B 3)
Niort 11 - Fontenay-le-Comte 46

12 Le Central

Le passage touristique ne manque pas dans cette belle maison de pierre typique au seuil du marais. Mais pour le retenir, et fidéliser les locaux, il faut le savoir-faire supplémentaire d'un vrai chef. Jean-Paul Guenanten prend le terroir au sérieux et distille dans cette salle de campagne joliment décorée une atmosphère maraîchine bien personnalisée : avec des rillettes d'anguille fumées au citron vert, de bons légumes avec un navarin de lotte et un pigeonneau de grains marié à des langoustines. On peut ensuite aller tranquillement se promener en barque, ou se reposer dans une des treize chambres, joliment arrangées dans l'esprit maison.
C : 41,50 € • M : 19,50-39,50 €   www.hotel-lecentral-coulon.com

→ 4 rue d'Autremont
☎ 05 49 35 90 20
F. dim. à dîn., lundi (sf lundi fériés) et 3 sem. vac. scol. fév.
Jusqu'à 21h.

COURBEVOIE - 92400 (8 B 4)
Paris 12 - Nanterre 6 - Argenteuil 7

11 Globe Trotter Café

Avec ses grandes baies vitrées donnant sur le Parvis de la Défense, sa déco contemporaine et sa carte bien calibrée, ce Globe Trotter se donne des airs de séducteurs. Le ramage n'est pourtant pas toujours au niveau espéré, le service papillonnant inutilement et les assiettes faisant preuve parfois d'un esprit étriqué (carpaccio d'avocat et tourteau moyen, quasi de veau et risotto au parmesan un peu gras, tiramisu aux fraises bien fait). Cave polyglotte.

C : 35 €
www.globetrottercafe.com

→ 16 pl de La Défense
☎ 01 55 91 96 96
F. w.-e.

COURÇAY - 37310 (18 C 1)
Tours 22 - Loches 20 - Montbazon 15 - Bléré 14

12 La Couture

L'ancienne demeure seigneuriale, autrefois dépendante du château de Loches, a conservé un esprit châtelain qui colle comme un gant à la cuisine d'Yvon Cousin. Ce dernier prépare la daurade royale à la tombée de fenouil, la lotte au four au curcuma et le filet de bœuf poêlé au crémeux forestier dans les règles de l'art, l'index sur la couture du pantalon. Service sans faille, dirigé par Arlette Cousin, cave essentiellement ligérienne.

M : 38-44 €

→ La Grande-Couture, N 143
☎ 02 47 94 16 44
F. dim. à dîn., lundi, mardi, jeudi et merc. à dîn., 1re sem. janv., 15 fév.-10 mars, 22 juil.-10 août.
Jusqu'à 20h30.

COURCELLES DE TOURAINE - 37330 (17 B 4)
Chinon 22 - Tours - 36 - Poitiers 142

Château des Sept Tours

Reconstruit au début du XIXe siècle sur la base d'une construction XVe, le château surveille de ses tours la verdure du parcours de golf. Arbres et dépendances à l'architecture élégante rythment le paysage du parc, tandis qu'à l'intérieur, le décor respecte le caractère des lieux sans verser dans la caricature, notamment à travers des chambres spacieuses et raffinées.

2 appart. 245-345 € • 44 ch. 125-220 €
www.7tours.com

→ Le Vivier des Landes
☎ 02 47 24 69 75
▤ 02 47 24 23 74
F. fév.

COURCELLES SUR VESLES - 02220 (4 C 4)
Laon 38 - Soissons 23

14 Château de Courcelles

L'intendant de Louis XIV qui fit édifier le château serait sans aucun doute ravi du bel usage que les propriétaires en ont fait. Et il complimenterait à coup sûr l'officier de bouche Thibaut Serim-Moulin pour cette carte équilibrée où le prestige ne va pas jusqu'à l'ostentatoire, où la tradition ne débouche pas sur l'ennui, grâce à une utilisation prudente de quelques idées contemporaines : asperges à l'émietté de tourteau, tarama blanc et caviar de hareng, saint-pierre et piperade, lard gascon et glaçon à l'huile de basilic, géline de Touraine, marmelade de courgette mentholée et écrevisses pattes rouges sauce Nantua. L'ancien second d'Anne-Sophie Pic sait faire plaisir à une clientèle de seigneurs et la cave répond présente quand on l'interroge sur ses terrains favoris, bordeaux, bourgogne et champagne en priorité.

C : 100 € • M : 45-85 €
www.chateau-de-courcelles.fr

→ 8 rue du Château
☎ 03 23 74 13 53
Ouv. 7j/7.
Jusqu'à 21h30.

G
M

ↆↆↆ Château de Courcelles 🐟
Le style et la manière, meubles d'époque, salons lambrissés, chambres royales, la demi-mesure n'existe pas dans cette grande demeure XVIIe sérieuse et géométrique selon les canons de l'époque. Le très beau parc de 23 ha, les jardins à la française et à l'anglaise, le labyrinthe de charmilles nourrissent les fantasmes châtelains.
3 appart. 385-450 € • 15 ch. 175-385 €   www.chateau-de-courcelles.fr

→ 8 rue du Château
☎ 03 23 74 13 53
🖥 03 23 74 06 41
Ouv. 7j/7.

COURCHEVEL - 73120   (28 C 3)
Paris 677 - Chambéry 112 - Albertville 49

16 **Le Chabichou**
Infatigable, Michel Rochedy. Faisant fi d'un quelconque régime spécial, il continue d'officier en cuisine, certes secondé par une brigade aussi nombreuse que qualifiée, pour, toujours présent, jeter un œil expert aux assiettes qui partent vers cette grande salle à l'esprit vieillot et terriblement attachant : soupe de poissons de lac servie comme une bouillabaisse, omble chevalier, féra et perche et ravioli transparent d'écrevisses citron fenouil, barre de foie gras de canard et topinambours, gelée de betteraves au sureau et pâte de fruit crapaudine-cacahuète, filet de bœuf de Salers rôti au beurre salé, caramel au vin de Savoie et croquette de joue de bœuf en daube. Les produits demeurent les plus nobles, sans jamais la moindre tache sur un pedigree forcément hors norme, les manières demeurent celles d'un très grand et l'ensemble se révèle finalement terriblement séducteur. Cave ne s'intéressant pas qu'aux flacons prestigieux, et plutôt fouineuse sur la région.
C : 110 € • M : 40-180 €   www.chabichou-courchevel.com

→ Rue des Chenus,
Courchevel 1850
☎ 04 79 08 00 55
F. mai-juin et sept.-nov.
Jusqu'à 21h45.

ↆↆↆ Le Chabichou 🐟
La rénovation de cette belle maison au cœur du village se poursuit pour le plus grand bien-être des résidents : une nouvelle suite, des junior suites revues, deux chambres agrandies, dans le confort privilège de ce cadre montagnard chic qui complète la meilleure table de la station.
42 ch. 155-1210 €   www.chabichou-courchevel.com

→ Rue des Chenus,
Courchevel 1850
☎ 04 79 08 00 55
🖥 04 79 08 33 58
F. mai-juin et sept.-nov.

---

13 **Le Génepi**
Dans cette si chic station, ce Génépi reste une valeur sûre, pour qui cherche une cuisine classique, sans tomber dans les excès des grandes tables ou de la mode. Dans ce contexte, le décor montagnard aux détails typiques (cloche à vache, personnage au mur, etc), le service efficace ou les assiettes de tradition permettent de séduire une large clientèle : généreuse salade d'écrevisse et d'asperge verte, avec une belle sauce crémée, parmentier de queue de bœuf accompagné d'un savoureux mélange de champignons, dacquoise chocolat guanaja très bien faite.
C : 67 € • M : 38-48 €   legenepi@wanadoo.fr

→ Courchevel 1850, Rue
Park-City
☎ 04 79 08 08 63
F. mai et juil.-août.
Jusqu'à 22h30.

---

13 **La Saulire**
Plutôt 14/20 au dîner, plutôt 12 au déjeuner (non que la qualité des produits soit en retrait mais simplement que l'ambition - des pâtes, des omelettes, des poissons et des viandes préparés simplement - soit délibérément moins poussée), cette note médiane correspond parfaitement aux prestations d'ensemble de cette

→ Pl du Rocher, Courchevel
1850
☎ 04 79 08 07 52
F. 1er mai-30 nov.
Jusqu'à 23h.

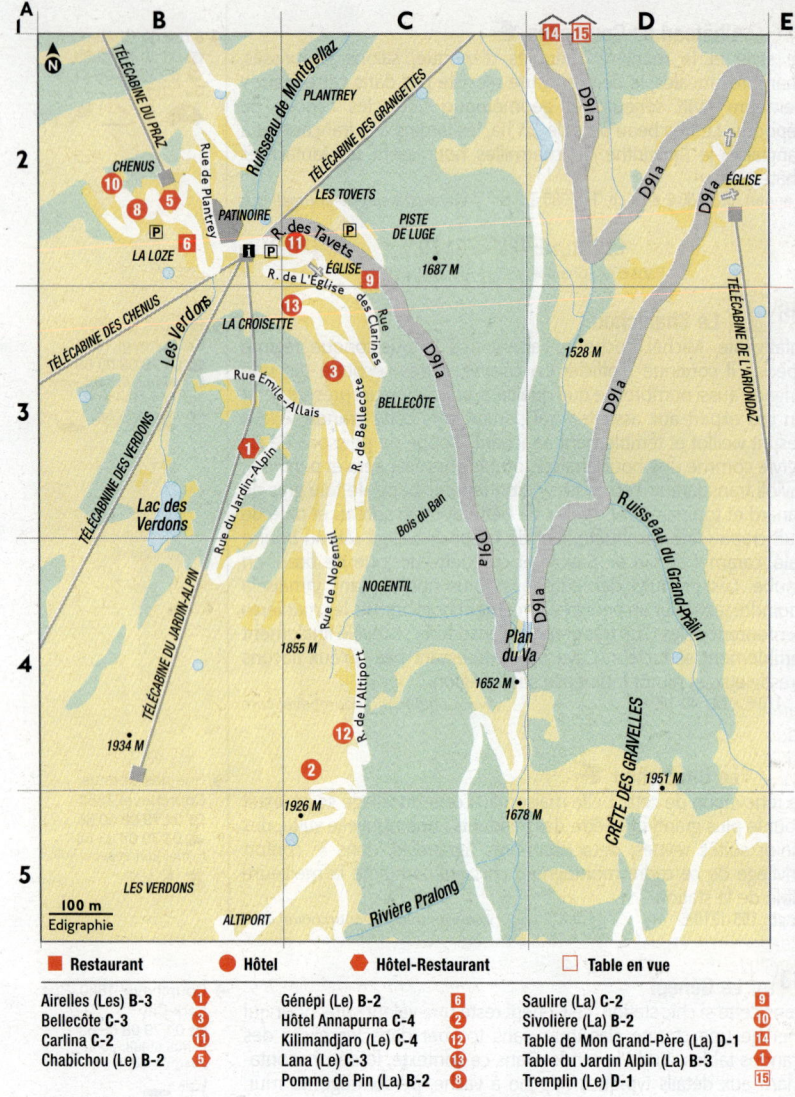

Restaurant	● Hôtel	◆ Hôtel-Restaurant	□ Table en vue

Airelles (Les) **B-3**	❶	Génépi (Le) **B-2**	⑥	Saulire (La) **C-2**	⑨
Bellecôte **C-3**	❸	Hôtel Annapurna **C-4**	❷	Sivolière (La) **B-2**	⑩
Carlina **C-2**	⑪	Kilimandjaro (Le) **C-4**	⑫	Table de Mon Grand-Père (La) **D-1**	⑭
Chabichou (Le) **B-2**	❺	Lana (Le) **C-3**	⑬	Table du Jardin Alpin (La) **B-3**	❶
		Pomme de Pin (La) **B-2**	⑧	Tremplin (Le) **D-1**	⑮

maison qui, à notre goût, doit surtout se fréquenter en soirée. Les places deviennent alors très chères, (et encore un peu plus si vous n'êtes pas dans les petits papiers de Jacques Trauchessec), mais c'est le prix à payer pour profiter de cette ambiance inimitable, à la fois jet-set et authentique, comme on n'en trouve finalement que très peu dans ces stations chics. On dépense alors sans compter (à quoi bon !), le bar sauvage rôti sur peau et mini-légumes à l'huile d'olive truffée, le suprême de volaille aux champignons des bois et frites de polenta et le pigeonneau rôti, choux braisés et petites grenailles confites à la sarriette justifiant le montant de l'addition.
C : 55 € • M : 40 €

www.lasaulire.fr

12 La Table de Mon Grand Père

Midi ou soir, les ambitions de la cuisine diffèrent légèrement, mais l'essentiel demeure, une franche bonne humeur, avec un service convivial et des habitués (commerçants ou artisans du coin) qui viennent se mêler à la foule des touristes anglais. Et ça, c'est plutôt bon signe. La tarte au beaufort, les diot, pormonier et crozets, agréablement parfumés, ou le buffet de desserts variés maison viennent confirmer ces bonnes impressions, dans un décor chaleureusement montagnard.

C : 45 € • M : 22-45 €

→ Le Praz
☎ 04 79 08 41 42
F. mai et juin.
Jusqu'à 21h30.

www.lespeupliers.com

11 La Table du Jardin Alpin

Cuisine internationale et tarifs himalayens, juste reconnaissance du statut de la maison avec une salade de homard à 130 € ou un agneau de lait en cocotte à 100 €. Pour faire peuple, on peut aussi donner dans le savoyard, la talmouse au beaufort, les diots au vin blanc et la fondue. La réalisation de Stéphane Lavigne n'encourt évidemment aucun reproche d'une clientèle sur le toit des Alpes. Avec la raclette ? Un sancerre Astéroïde de Dagueneau à 1500 € ou un Pétrus 55, dans une cave majestueuse.

M : 120-150 €

→ Le Jardin-Alpin,
Courchevel 1850
☎ 04 79 00 38 38
F. mi-avril-mi déc.
Jusqu'à 22h.

www.airelles.fr

Les Airelles

Il y a Saint-Moritz, Gstaad, Saint-Anton et quelques spots ultimes installés dans des chalets de milliardaires. En France il y a Courchevel et les Airelles, un des rares véritables palaces montagnards français. Le raffinement total dans le rustique, un confort et des attentions de chaque instant dans les chambres et suites d'une douceur exquise décorées dans le style savoyard, avec fresques et boiseries.

11 appart. 4900-15000 € • 48 ch. 1000-1950 €

→ Le Jardin-Alpin,
Courchevel 1850
☎ 04 79 00 38 38
🖥 04 79 00 38 39
F. mi-avril-mi déc.

www.airelles.fr

Le Tremplin

Une situation rêvée, à l'arrivée des pistes, une grande terrasse ensoleillée et une salle aussi animée qu'une ruche. Carte attendue, plus sévèrement tarifée qu'ailleurs mais ne faisant pas que répercuter la valeur de l'emplacement : viandes bien traitées, desserts soignés. Y trouver une table au déjeuner avant quinze heures sans avoir réservé relève de l'exploit.

C : 90 € • M : 27-36 €

→ Immeuble le Tremplin,
Courchevel 1850
☎ 04 79 08 06 19
F. fin avril-13 déc. (crêperie juil.-août).
Jusqu'à 22h30.

tremplincourchevel@wanadoo.fr

Carlina

Au bord des pistes et à 200 mètres du cœur de la station, ce vaste chalet se pose en modèle du genre, avec son architecture tout de bois vêtue et ses chambres spacieuses et parfaitement équipées. Balnéothérapie, demi-pension emmenée par un chef d'expérience autour d'une gastronomie raffinée.

5 appart. 385-535 € • 58 ch. 285-400 €

→ Rte de Bellecôte,
Couchevel 1850
☎ 04 79 08 00 30
🖥 04 79 08 04 03
F. mi-avril-mi déc.

www.www.hotelcarlina.com

Hôtel Annapurna

Il fut le premier hôtel de pistes, bâti il y a plus de trente ans sur les pistes de Pralong. L'architecture savoyarde abrite un confort contemporain, toujours en amélioration (une nouvelle junior suite cette année), dans une recherche de luxe sobre et montagnard. Bois typique dans les chambres, très nombreux aménagements de détente et de bien-être.

18 appart. 4210 € • 52 ch. 1200 €

→ Rte de l'Altiport,
Courchevel 1850
☎ 04 79 08 04 60
🖥 04 79 08 15 31
F. mi-avril-mi déc.

www.annapurna-courchevel.com

🎏🎏🎏 Bellecôte

Au bord de la piste éponyme, le Bellecôte déploie son allure de vaste chalet pour héberger des chambres entre style montagnard et luxe bourgeois, avec en exclusivité quelques touches de mobilier afghans. Jolie piscine intérieure, entre autres équipements de détente.

4 appart. 465-535 € • 50 ch. 250-350 €   *www.www.lebellecote.com*

→ Rte de Bellecôte,
Courchevel 1850
☎ 04 79 08 10 19
🖨 04 79 08 17 16
F. mi-avril-mi-déc.

🎏🎏🎏 Le Kilimandjaro

Ce petit hameau de montagne composé de onze chalets reliés entre eux par une galerie compte parmi les plus luxueux hôtels de toutes les Alpes. Décorées dans un style alpage, avec une large utilisation d'un bois clair (mélèze) pour le mobilier, personnalisées par de nombreux objets traditionnels, habillées de tissus griffés, offrant même le luxe d'une cheminée en pierre pour certaines, les chambres ne laissent planer aucun doute sur les prestations haut de gamme dispensées dans cet établissement à taille humaine. Au restaurant, Alexandre Ongaro, rapidement passé par Perpignan (le Globe) après avoir fait ses armes à l'Essentiel à Chambéry, propose une luxueuse cuisine actuelle à une clientèle d'happy-few.

18 appart. 4390 € • 35 ch. 690 €   *www.hotelkilimandjaro.com*

→ Courchevel 1850, Rte de l'Altiport
☎ 04 79 01 46 46
🖨 04 79 01 46 40
F. 12 avril-mi-déc.

🎏🎏🎏 Le Lana

Le plus ancien des hôtels de très grand standing de la station fêtera son quarantième anniversaire en 2008. Les vingt chambres des débuts sont désormais une centaine mais l'ambiance familiale demeure puisque l'établissement se transmet de père en fils depuis sa création. Superbes tissus tendus dans des chambres dominées par le bois des poutres et des parquets. Superbe spa à la romaine offrant les délices d'un spa, d'un hammam, d'un jacuzzi, d'une salle de musculation et de cabines de soins Clarins. Restaurant.

22 appart. 650-1230 € • 79 ch. 370-680 €   *www.lelana.com*

→ Rte de Bellecôte,
Courchevel 1850
☎ 04 79 08 01 10
🖨 04 79 08 36 70
F. 15 avril-15 déc.

🎏🎏 La Pomme de Pin

S'il n'est probablement pas le plus luxueux (ni le plus cher) des hôtels de la station, ce chalet de montagne à l'allure ultra-contemporaine, avec ses immenses baies vitrées et son armature en bois aux lignes brisées, se démarque sans peine. Pourvu d'une somme d'équipements de détente intéressante (sauna, hammam, jacuzzi, massages assurés par un kinésithérapeute diplômé), l'hôtel se double d'une table de grand standing, le Bateau Ivre.

1 appart. 509-755 € • 48 ch. 303-551 €   *www.pommedepin.com*

→ Courchevel 1850, Les Chenus
☎ 04 79 08 36 88
🖨 04 79 08 38 72
F. 15 avril-15 déc.

🎏🎏 La Sivolière 🕊

Au milieu des sapins, à l'étage 1850 de la station, ce classique chalet de vieux bois a la préférence de nombreux fans de Courch'. La faute à un luxe sans tapage, raffiné et familial, qui cultive l'esprit montagnard sans dorures, déco stylée et chaleureuse dans les salons, bois omniprésent, chambres délicieuses parfaitement équipées. restaurant de cuisine actuelle, avec quelques accents régionaux.

13 appart. 5000 € • 26 ch. 300 €   *www.hotel-la-sivoliere.com*

→ Rue des Chenus,
Courchevel 1850
☎ 04 79 08 08 33
🖨 04 79 08 15 73
Ouv. 7j/7.

Villes de proximité, voir :

⟳ LA TANIA .... 10 km S.E. par D 98 et D 91a **(14/20)**

G
M

COURLANS - 39570 (21 A 5)

Lons-le-Saunier 4 - Beaurepaire-en-Bresse 12

? **Hôberge de Chavannes**

Durant la réalisation de cette édition, nous apprenons l'arrêt d'activité à l'auberge. Il est évident que le talent de Nicolas Pourcheresse (16/20) trouvera sans doute rapidement un nouvel espace pour s'exprimer, et nous serons là pour le soutenir.

C : 50 € • M : 40-80 €   www.auberge-de-chavannes.com

→ Nicolas-Pourcheresse, 1890 av de Châlon
☎ 03 84 47 05 52
F. dim. à dîn., lundi, mardi à déj. (1er sept.-14 juin), 2-18 janv. et 15-25 fév.

COURNIOU - 34220 (31 C 4)

Saint-Pons-de-Thomières 5 - Mazamet 30

10 **Ferme-Auberge du Juge**

Au déjeuner et sur réservation, les Cascalès convoquent les gourmands à un procès dont sort vainqueur le terroir du Haut-Languedoc, sa charcuterie maison, sa canette fermière ou ses fromages locaux. De quoi combler les appétits de nature que ne manquent pas de faire naître les magnifiques paysages alentours.

M : 17,50 €

→ ☎ 04 67 97 11 11
F. à dîn.

COURTALAIN - 28290 (17 D 2)

Châteaudun 16 - Cloyes-sur-le-Loir 13

Domaine de Courtalain 🦢

Le domaine et son château XVe n'ont jamais été vendus, transmis familialement jusqu'à nos jours. Sur 400 ha, on peut se ressourcer sans gêner les voisins, admirer le parc aux arbres bicentenaires et se reposer dans les chambres en harmonie, au cachet ancien.

29 ch. 75-96 €   www.chateaudecourtalain.com

→ Château de Courtalain
☎ 02 37 98 80 25
🖨 08 25 18 16 42
F. 30 oct.-1er avril (sf groupes).

COURTENAY - 45320 (18 C 3)

Orléans 97 - Sens 26

13 **Auberge la Clé des Champs**

De la ferme familiale, Marc Delion a fait une étape justement réputée, au chic champêtre judicieusement dosé avec l'agréable coup d'œil sur la mare et le jardin fleuri. Reste à profiter d'un équitable menu-carte, sans mauvaise surprise ni aventure dans les vertus de l'entrecôte sauce béarnaise ou du magret de canard au miel. Service à l'image du cadre et cave classique bien sélectionnée.

C : 55 € • M : 25-37 €   www.hotel-lacledeschamps.fr

→ Rte de Joigny, les Quatre-Croix
☎ 02 38 97 42 68
F. mardi, merc., 2 dern. sem. janv. et 2 dern. sem. oct. Jusqu'à 21h.

Villes de proximité, voir :

↻ ERVAUVILLE.........9 km N.O. par N 60, D 32 et D 34 **(14/20)**

COURTILS - 50220 (5 A 5)

Saint-Lô 73 - Le Mont-Saint-Michel 10

Manoir de la Roche Torin 🦢

Une maison de maître XIXe au style néogothique avec sa chapelle dédiée à Saint-Valentin : voilà un lieu propice pour les amoureux, séduits par le panorama sur la baie du Mont Saint-Michel (aux grandes marées, la mer vient lécher le seuil de la propriété), le parc et le jardin fleuri, les chambres mêlant ancien et moderne dans une atmosphère familiale.

1 appart. 214 € • 14 ch. 84 €   www.manoir-rochetorin.com

→ 34 rte de la Roche-Torin
☎ 02 33 70 96 55
🖨 02 33 48 35 20
F. nov.-fin mars.

CRAPONNE SUR ARZON - 43500 (26 C 4)
Le Puy 38 - Saint-Etienne 61 - Yssingeaux 35

11 Brûleurs de Loups

Frédéric Matton s'est recentré sur son restaurant, en a rafraîchi le décor et repensé l'esprit, pour mettre en avant la convivialité de cocottes longuement mijotées, à partager à deux, autour de saveurs variées et déjà raffinées : ris de veau aux morilles, saint-jacques et fumet au champagne, filet de charolais aux cèpes... On est donc bien loin des effets faciles d'un rustique ludique que pourrait appeler le décor traditionnel de la grande maison en pierre, d'autant que les produits sont de bon niveau.

C : 35 € • M : 24 €   www.bruleurs-de-loups.com

→ Les Cours
☎ 04 71 03 22 99
F. lundi (juil.-août), lundi-mardi (h.s.), et 15 sept.-30 avril.
Jusqu'à 21h.

LA CRAU - 83260 (34 A 6)
Toulon 13 - Hyères 8

13 Auberge du Fenouillet

Cette auberge constitue une bonne nouvelle, dans un secteur qui compte assez peu de bonnes adresses. L'endroit cumule les atouts : de l'espace, de beaux volumes (donc pas la moindre promiscuité), un lieu charmant; joliment décoré, bien que très sobre dans son aménagement; des gens adorables, pleins de bonne volonté et d'envie, ce qui se traduit notamment par un service avenant, à la fois sérieux et enjoué. Et bien sûr, il y a le plaisir de l'assiette, avec une cuisine de belle tenue, déclinée autour de produits de bonne provenance et fort bien travaillés (cuissons et températures de service parfaites) : gourmande salade d'hiver, autour des pommes rates, des cèpes et du foie gras poêlé, jolie touche exotique du turbot en filets, sauce au gingembre, purée vanillée, puissante saveur cacao du suprême au chocolat, cœur de crème brûlée à l'orange accompagné d'un original sorbet potiron. Ajoutez à cela une addition somme toute raisonnable, à l'image des vins tous sagement tarifés, voilà sans hésitation une première toque et une enseigne évidemment à suivre.

C : 50 € • M : 36-48 €   aubergedu-fenouillet@orange.fr

→ 20 av du Gén-de-Gaulle
☎ 04 94 66 76 74
F. dim. à dîn., lundi et mardi.

CRAZANNES - 17350 (22 B 4)
Saintes 15 - Saint-Savinien 7

✽ Château de Crazannes

Ce château, surnommé le Château du Chat Botté, conserve de sa première construction (XIVe) une allure imposante avec sa tour crénelée. Meubles anciens, pierres apparentes, tentures luxueuses : le décor des chambres se fond à merveille dans cette architecture historique. Vaste parc pour la détente.

2 appart. 130-160 € • 4 ch. 70-150 €   www.crazannes.com

→ 24 rue du Château
☎ 06 80 65 40 96
🖳 05 46 91 34 46
Ouv. 7j/7.

CREANCEY - 21320 (20 A 4)
Beaune 42 - Dijon 41

✽ Château de Créancey

Un véritable château XVIIe dans son parc romantique, offrant cinq chambres d'hôtes pour des visiteurs privilégiés, prêts à vivre l'expérience châtelaine dans un calme total. Meubles d'époque et canapés modernes, vue sur le jardin avec son pigeonnier XIVe et la serre XVIIIe.

5 ch. 145-230 €   www.creancy.com

→ Le Village
☎ 03 80 90 57 50
🖳 03 80 90 57 51
Ouv. 7j/7.

CREISSELS - 12100 (30 C 3)
Millau 2 - Rodez 67

13 🍴 **Restaurant du Château de Creissels**

Un cuisinier passionné par son métier, des produits caussenards irréprochables, voilà de bonnes bases pour un mâchon de qualité à proximité du viaduc de Millau dans cette grande salle voûtée toute en pierre. Sur le filet de lingue au beurre de Montpellier, la déclinaison d'agneau (un menu entier s'y consacre) ou les aiguillettes de canard, on note le soin révélateur apporté aux accompagnements. A la cave, le languedoc, mais aussi les marcillacs et autres vins de pays de l'Aveyron, sympathiques et peu coûteux.
C : 50 € • M : 23-50 €

→ Rte de Saint-Affrique
☎ 05 65 60 31 79
F. dim. à dîn., lundi à déj. (h.s.), janv. et fév.
Jusqu'à 21h15.

Château de Creissels

Du château XIIe ont été conservés et préservés, malgré les transformations, le salon, la bibliothèque, la réception et les anciennes salles de garde accueillant aujourd'hui le restaurant. Dans ce cadre historique, les chambres respectent les lieux, avec de beaux meubles de style, dans une certaine simplicité.
30 ch. 47-94 €   www.chateaudecreissels.com

→ Rte de Saint-Affrique
☎ 05 65 60 16 59
📠 05 65 61 24 63
F. janv. et fév.

CREPON - 14480 (5 D 3)
Caen 25 - Bayeux 12

La Ferme de la Rançonnière 🕊

Cette ancienne seigneurie des XIIIe et XVe siècles s'est transformée en hôtellerie presque par hasard, simplement parce sa première propriétaire s'y réfugia après être tombée en panne de voiture juste à côté. Meublées d'ancien, charmantes avec leurs pierres et poutres apparentes, les chambres offrent un cadre authentique et personnalisé.
3 appart. 150-175 € • 35 ch. 50-150 €   www.ranconniere.com

→ Rte d'Arromanches
☎ 02 31 22 21 73
📠 02 31 22 98 39
Ouv. 7j/7.

CRESSERONS - 14440 (5 D 3)
Douvres-la-Délivrande 3 - Caen 12

12 **La Valise Gourmande**

Cette maison de caractère sur la façade de laquelle court une glycine centenaire se découvre dans un cadre charmant, entre Caen et la mer. Jouant habilement des oppositions terre-mer, la cuisine de Pascal Guillemin séduit par sa délicatesse : sucette de pied de cochon, tartare de bulots et émulsion de cresson, tête de veau rissolée façon grenobloise, baba au calvados, rondelles de pommes marinées au calva et sirop de cidre. Pas de doute, on est bien en Normandie.
C : 50 € • M : 28-52 €   www.lavalisegourmande-caen.com

→ 7 rue de Lion-sur-Mer
☎ 02 31 37 39 10
F. dim. à dîn., lundi, mardi à déj. F. ann. non comm.
Jusqu'à 21h30.

---

 parking privé   parking fermé   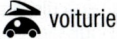 voiturier

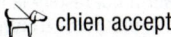 hôtel très tranquille   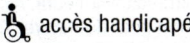 chien accepté   accès handicapé

   hôtels de charme

CREST - 26400   (27 D 5)
Valence 27 - Montélimar 37

12 Le Kléber

Les locaux sont au chaud dans ce havre d'une tradition modernisée comme le décor de l'hôtel-référence de la ville. Maurice Pellier a quelques sauces derrière lui, la main est ferme, le geste maîtrisé et l'on va gaiement sur le carré d'agneau en croûte d'herbes ou les aiguillettes de bœuf au vin rouge, dans une formule où le choix du plat détermine le prix du repas. Un peu moins d'enthousiasme pour le menu à 27 € avec une terrine d'agneau un peu fade. La cave rassemble les classiques rhodaniens, Jaboulet, Chapoutier, aidé de quelques propriétaires pas mal choisis (Amadieu, Vinson, Maby) en rhônes méridionaux.
C : 38 € • M : 20-44 €

→ 6 rue Aristide-Dumont
☎ 04 75 25 11 69
F. dim. à dîn., lundi, mardi à déj., 1er-18 janv. et 15 août.-3 oct.
Jusqu'à 21h.

Villes de proximité, voir :

SAOU .... 14 km S.E. par D 538 **(11/20)**

CREST VOLAND - 73590   (28 C 2)
Megève 15 - Annecy 50

Caprice des Neiges

Au-delà de cette typique architecture montagnarde, ce chalet a su se marier avec élégance les matériaux traditionnels de la Savoie, la pierre du pays et les essences locales comme l'épicéa et le mélèze, donnant à l'ensemble beaucoup de charme et de cachet. Particulièrement soigné, le choix des meubles décorant les parties communes (tables basses, coffres, vaisseliers) témoigne d'une permanente recherche de raffinement qu'on retrouve jusque dans les chambres. Magnifique façade fleurie, l'établissement ayant d'ailleurs été plusieurs fois primé lors des concours de fleurs.
16 ch. 88 €   www.hotel-capricedesneiges.com

→ Les Reys, Rte du Col de Saisies
☎ 04 79 31 62 95
🖨 04 79 31 79 30
F. mi-sept.-mi-déc. et mi-avril-mi-juin.

CRETEIL - 94000   (8 C 5)
Paris 14 - Bobigny 20 - Melun 35 - Evry 22

Novotel Créteil Le Lac

La proximité du lac de Créteil aide à la détente, la terrasse et la piscine en profitent largement. Les chambres ont bénéficié d'un rafraîchissement l'an dernier, pour un niveau de confort amélioré (généralisation de la climatisation). Espace généreux et cadre contemporain.
5 appart. 130 € • 110 ch. 59 €   www.novotel.com

→ Rue Jean-Gabin, RN 186
☎ 01 56 72 56 72
🖨 01 56 72 56 73
Ouv. 7j/7.

LE CREUSOT - 71200   (20 A 5)
Mâcon 89 - Chalon-sur-Saône 37

13 Le Restaurant ❤

Et si l'on en remettait une petite couche ? Pour rappeler que ce Restaurant à majuscule, au fond de la Bourgogne industrieuse, est un exemple réjouissant de toutes ces adresses coup de cœur que l'on aimerait voir fleurir. Avec un patron qui respire la joie de vivre et le bon goût du naturel. Dans son sobre décor d'entrepôt rectifié Arts déco viticole, murs blancs et ocre, zinc et bois naturel, Yves Brunier choisit ses vignerons comme ses produits : pour ce qu'ils expriment et pour ce qu'ils ont dans le cœur. Alors les Lapierre, Jean-Baptiste Sénat ou Alain Hasard (goûtez donc ce rare côtes-du-couchois) escorteront un beau magret ou des saint-jacques

→ Rue des Abattoirs
☎ 03 85 56 32 33
F. w.-e., lundi à dîn. et 20 juil.-20 août.
Jusqu'à 21h.

parfaitement préparées sur un jus de viande. Et laissez-vous séduire par la belle histoire de l'ancien maçon de Saint-Vallier qui offre aujourd'hui de délicieuses oranges de Sicile qui remplissent les desserts de soleil.

C : 30 € • M : 14-30 €   *le.restaurant@free.fr*

Villes de proximité, voir :

↻ BREUIL (LE) ....4 km S.E.

CREVOUX - 05200   (34 B 2)
Briançon 60 - Gap 54 - Embrun 15

11 Le Parpaillon

Les tourtons, la tartiflette, les ravioles du Champsaur, la truite de Baratier en croûte au beurre blanc ou l'archican aux navets noirs de Crévoux, autant de réjouissantes spécialités hautes-alpines mises en lumière dans ce bon chalet familial où tout est doux et gentil, le service, comme l'addition.

C : 28 € • M : 14-25 €   *hotelparpaillon@wanadoo.fr*

→ Le Village
☎ 04 92 43 18 08
F. 20-30 avril et 10-30 nov.
Jusqu'à 21h.

CRILLON LE BRAVE - 84410   (33 C 3)
Avignon 43 - Carpentras 19

15 Hôtel Crillon le Brave Provence

Perché sur son nid d'aigle depuis lequel la vue embrasse toute la région, jusqu'au mont Ventoux, cette table chic et ensoleillée ne vend pas une quelconque modernité pour attirer une clientèle plutôt avide de tradition et de terroir. Philippe Monti maîtrise à la perfection cette facette de la cuisine, fignolant chaque assiette, ne conservant que les plus belles asperges, rôtissant dans la cheminée, avec minutie, le gigot d'agneau à la ficelle, accompagnant son risotto d'épeautre des plus belles morilles et allant jusqu'à proposer chaque plat avec un accompagnement au choix. Service complice et discret, belle cave rhodanienne. Au déjeuner, formule bistrot avec salades, planche de charcuteries, club sandwiches, brochettes...

C : 70 €   *www.crillonlebrave.com*

→ Pl de l'Eglise
☎ 04 90 65 61 61
F. janv.-mars.
Jusqu'à 21h30.

Hostellerie de Crillon le Brave

Le château du valeureux Crillon est une villégiature des plus paisibles, dans ce village aux forts accents médiévaux et méridionaux. Chambres agréables et calmes, certaines offrant la vue sur le Ventoux. Dix d'entre elles viennent d'être rénovées, arborant un nouveau mobilier et bénéficiant désormais de la climatisation. La piscine et la terrasse ont également subi une petite cure de jouvence.

4 appart. 650 € • 28 ch. 400 €   *www.crillonlebrave.com*

→ Pl de l'Eglise
☎ 04 90 65 61 61
▤ 04 90 65 62 86
F. janv.-mars et 1er-21 déc.

---

11 Vieux Four

Jolie terrasse au pied des belles pierres du village, pour profiter du site et admirer cet environnement naturel réjouissant, entre vignoble et collines. Accueil souriant, réservation indispensable en saison, bon menu.

M : 26 €

→ ☎ 04 90 12 81 39
F. déj. sem., lundi et 15 nov.-15 fév.
Jusqu'à 21h (22h été).

LE CROISIC - 44490   (15 A 4)
Nantes 80 - Saint-Nazaire 23

---

13 Le Fort de l'Océan

Ce merveilleux fort du XVIIIe siècle, posé face à l'océan, n'est pas forcément facile d'accès pour les résidents. Non que cette table soit explicitement réservée aux clients de l'hôtel mais cette situation à l'écart de la station, cet isolement encore accentué par le haut mur d'enceinte qui protège les lieux pourrait conduire tout visiteur d'un soir à se considérer comme un intrus venant troubler cette luxueuse villégiature. La cuisine de Guillaume Brisard mérite pourtant d'être découverte par le plus grand nombre (à condition d'avoir le portefeuille assez solide), pour ses belles manières classiques : homard breton aux pousses d'hiver et fines tranches de betteraves, pigeon de Mesquer en deux cuissons, millefeuille de pommes de terre à l'andouille de Guéméné. Grande cave classique.

C : 64 € • M : 32-78 €

www.relaischateaux.com

→ La Pointe du Croisic
☎ 02 40 15 77 77
F. lundi, mardi (15 sept.-13 juil.), à déj. lundi-jeudi (juil.-août), 8 janv.-10 fév. et 15 nov.-17 déc.
Jusqu'à 20h30 (21h été).

---

ccc Le Fort de l'Océan

Le site sur lequel a été construit ce fort inspiré des constructions de Vauban fait rêver : à l'extrémité d'un éperon rocheux, face à l'océan, simplement protégé des éléments par un jardin de verdure, cette grenade demeure de granit offre une vue incomparable sur l'Atlantique. Spacieuses, agrémentées de mobilier cérusé, les chambres offrent un agrément très haut de gamme, en particulier pour le soin apporté à la décoration (tissus) et au confort réservé par les salles de bains. Piscine d'eau douce chauffée.

2 appart. 340-300 € • 7 ch. 190-270 €

www.relaischateaux.com

→ La Pointe du-Croisic
☎ 02 40 15 77 77
🖷 02 40 15 77 80
Ouv. 7j/7.

---

13 Grand Hôtel de L'Océan

Forcément coûteuse (cuisine de la mer, à la carte uniquement), cette cuisine a ses fans. Elle est à l'image du décor, dépouillée et tournée vers la mer. Mais il y a la qualité des produits. Et là, pas de doute, Gérard Louis sait y faire, les filières sont rodées de longue date et lui permettent de proposer les plus beaux fruits de mer et poissons sauvages. Alors, devant la parfaite netteté d'un bar en croûte de sel ou d'un plateau de fruits de mer d'anthologie, on oublie le service à l'ancienne ou la cave trop classique, en espérant que ce sens de la qualité résiste encore longtemps aux modes.

C : 57 €

www.restaurantlocean.com

→ Port-Lin
☎ 02 40 62 90 03
Ouv. 7j/7.
Jusqu'à 22h (23h été).

---

11 Le Lénigo

Sur le port, face aux bateaux qui rapportent chaque jour l'essentiel des poissons servis à la table des Huyguevede, cette terrasse demeure l'une des adresses les plus sérieuses de la côte. Secondée par son fils Hugo, qui vient de passer tout l'hiver aux côtés d'Emmanuel Renaud à Megève (le Flocon de Sel) comme chef de partie poissons, Marie-Claude propose une cuisine simple et vraie, le thon rôti en robe d'épices et cocos de Vendée, les saint-jacques à la crème de cresson et purée de panais ou le médaillon de filet de porc au citron vert, patate douce à la cannelle et caramel d'épices.

C : 36 € • M : 22-32 €

www.le-lenigo.fr

→ 11 quai du Lénigo
☎ 02 40 23 00 31
F. lundi, mardi (sf août) et 15 nov.-15 fév.
Jusqu'à 21h15.

Les Vikings

Pour profiter au maximum de la Côte Sauvage, l'hôtel ouvre ses chambres sur le grand large à travers des bow-windows. Il en résulte une lumière très agréable, bien servie par un décor clair, avec le contrepoint des meubles de style en bois foncé qui donne à l'ensemble une élégance intemporelle. Equipement confortable.
24 ch. 71-120 €   *www.hotel-les-vikings.com*

→ Plage de Port-Lin
☎ 02 40 62 90 03
▤ 02 40 23 28 03
Ouv. 7j/7.

LA CROIX VALMER - 83420   (34 B 6)
Toulon 64 - Saint-Tropez 11

13 La Palmeraie

La palmeraie est là, au bout de la terrasse, et on ne saurait, dans le cadre luxueux de ce château (au sens viticole du terme), risquer de mécontenter la clientèle qui souhaite manger sur place. Décontractée chic au déjeuner ou gastronomique et luxueuse au dîner, la cuisine s'alimente aux senteurs de Provence et aux valeurs sûres, dans un professionnalisme sans défaut, du piano à la cave en passant par la salle, qui justifie notre confiance.
C : 85 € • M : 65 €   *www.chateauvalmer.com*

→ Plage de Gigaro
☎ 04 94 55 15 15
F. mardi et fin oct.-mi-avril.
Jusqu'à 21h30.

Château de Valmer

L'ancien domaine viticole a cédé à la mode du spa, un atout de plus pour ce petit paradis de détente, qui, au gré du château ou de ses annexes, déploie à travers un vaste parc le luxe paisible et bercé de lumière d'une ambiance provençale servie avec bonheur par une association remarquable de mobilier en bois peint, de tissus raffinés et de couleurs pastel. La cabane en bois perchée dans un arbre au cœur des vignes est une délicieuse exclusivité.
1 appart. 417-599 € • 41 ch. 197-494 €   *www.chateauvalmer.com*

→ Plage de Gigaro
☎ 04 94 55 15 15
▤ 04 94 55 15 10
F. fin oct.-mi-avril.

- -

12 La Pinède-Plage

Entre la pinède et la plage de Gigaro, le cadre est riche en délicieux parfums de vacances. Sur la terrasse les pieds dans l'eau, la cuisine fonctionne à deux vitesses (déjeuner/dîner) autour des saveurs méditerranéennes, pavé de loup rôti, petite bouillabaisse ou camerones rôties à la fleur de sel.
C : 80 € • M : 56 €   *www.pinedeplage.com*

→ Plage de Gigaro
☎ 04 94 55 16 16
F. oct.-fin avril.
Jusqu'à 21h30.

CROS DE CAGNES - 06800   (33 B 1)
Nice 24 - Antibes 4

16 Restaurant Loulou

De ces tables éternelles qui résistent aux tempêtes et aux modes. Comment ? En plaçant la barre suffisamment haut pour que les concurrents ne viennent pas vous chatouiller, en allant chercher où il faut le bœuf de Simmenthal et le homard de Bretagne et en donnant, position oblige face à la Méditerranée, sur la plage de Cagnes à quelques minutes de la Promenade des Anglais, le meilleur de la pêche pour les amateurs de cuissons parfaites et d'accompagnements simplement traditionnels : calamars étuvés, superbes petites crevettes pochées, denti mordoré, sar, pageot, marbré, daurade royale, ce qui fait la belle assiette dans une atmosphère d'aisance, entre gens de bonne compagnie qui ne sont pas à table pour se poser des questions existentielles, sauf peut-être

→ 91 bd de la Plage
☎ 04 93 31 00 17
F. dim., sam. à déj., à déj. (15 juil.-31 août) et 8-22 mai.
Jusqu'à 21h30.

pour évoquer la mémorable et pantagruélique bouillabaisse des Campo. Un menu à 40 € peut servir d'appât, la cave est bien adaptée, classique et régionale.
C : 60 € • M : 40-46 €

- -

12 La Bourride

Certes, les esprits chagrins pourront toujours regretter le sérieux parfois excessif (service manquant de décontraction pour une adresse de bord de mer) et les tarifs assez élevés de table plutôt chic installée sur le petit port de pêcheurs. Professionnel chevronné, Hervé Kobzi y propose une carte essentiellement marine, sans la moindre aspérité : tartare de thon rouge, tempura de légumes et tartine de purée d'olives, blanc de turbot poêlé en écailles de truffes et artichauts violets, baba tiède au rhum vieux et sorbet cacao. Cave sérieuse, elle aussi.
M : 38-65 €

→ Port-Cros de Cagnes
☎ 04 93 31 07 75
F. mardi à dîn, mardi à déj. (juil-août), merc. et vac. scol. fév.
Jusqu'à 22h.

CROSMIERES - 72200   (16 B 3)

La Flèche 8 - Malicorne-sur-Sarthe 10

Haras de la Potardière

Le vaste domaine est rythmé par les paddocks et les jardins à la française. Les chambres sont réparties entre le château, belle architecture XVIIᵉ, et le haras, au-dessus des salles de réception. Plaisant décor de style, sous influence romantique, en accord avec l'ambiance d'élégance champêtre des lieux.
5 appart. 130-185 € • 13 ch. 90-130 €   www.potardiere.com

→ Rte de Bazouges sur le Loir
☎ 02 43 45 83 47
☎ 02 43 45 81 06
F. 16 fév.-3 mars.

CROTS - 05200   (34 A 2)

Embrun 4 - Gap 41

12 Chez Pierrot Fils

L'auberge familiale poursuit son œuvre salvatrice dans le cadre d'un ancien couvent dont la salle a conservé un pilier central et des voûtes croisées. Yann Petit, après son père, met du cœur à l'ouvrage pour faire danser le répertoire, le feuilleté d'escargots, l'andouillette lyonnaise et la brochette de gigot à la braise, dans une franche simplicité. L'été, c'est farniente, terrasse ombragée derrière l'église, vacherin et bons petits canons du Rhône (cairanne de Brusset) ou d'ailleurs.
C : 25 € • M : 17 €

→ Le Village
☎ 04 92 43 13 43
F. lundi, mardi, merc. (déc.-mai), à déj. (sf dim. juin-sept.), mai et oct.-nov.
Jusqu'à 22h.

CROZON - 29160   (13 B 3)

Brest 58 - Morlaix 80 - Quimper 50

13 Le Mutin Gourmand

Certains de nos lecteurs pestent contre le service parfois un peu brusque, le Mutin n'étant pas forcément toujours rigolard. Une broutille, car la maison a bien d'autres atouts, dans son décor qui fait rimer volontiers pierres apparentes et lignes contemporaines, et surtout dans sa cuisine, qui trahit un amour réel du beau produit, de la pêche locale aux légumes de saison, en passant par les fromages de chez Bordier. Le traitement est classique et respectueux, tandis que la cave étend ce sens du bon à tous les terroirs pour en ramener les propriétaires qui comptent (Courtois et Angéli en loire, Dauvissat, Goisot, Charlopin, Jayer-Gilles en bourgogne, Gramenon et Rayas en rhône, Jullien, Vaillé, Fulla en languedoc...), à des tarifs globalement sans excès.
C : 44 € • M : 22-59 €   www.mutingourmand.com

→ Pl de l'Eglise
☎ 02 98 27 06 51
F. dim. à dîn, lundi et mardi à déj (h.s.), lundi-merc. (saison), 18 fév.-9 mars et 29 sept.-20 oct.
Jusqu'à 21h.

CRUSEILLES - 74350   (28 B 2)
Annecy 23 - Genève 34

15 🍴 Château des Avenières

Quelles nouvelles de Marc Leroux, notre Grand de Demain 2005 ? Bonnes évidemment, puisqu'il demeure fidèle à cette élégante maison perdue sur les flancs du Salève. On attendra plutôt les beaux jours pour fréquenter ce château construit par une riche Américaine au début du XXᵉ siècle (en hiver, les lieux manquent tout de même de gaieté). Le moment vaudra alors d'être vécu, pour la brouillade d'œuf de poule en coque d'oursin et salpicons de langoustines à l'estragon, pour le gros cœur de cabillaud lardé, salsifis et purée de panais ou la pomme de ris de veau braisé au café, purée de racines, croustillant de topinambour et pieds-de-moutons. Cave de propriétaires commentée avec science par David Simons.

C : 68 € • M : 53 €   www.chateau-des-avenieres.com

→ Les Avenières
☎ 04 50 44 02 23
F. à déj. (sf w.-e.), lundi, mardi, 1er-8 janv., 1 sem. fév. et 29 oct.-14 nov.
Jusqu'à 21h30.

🍷🍷🍷 Château des Avenières 🦅

Au cœur d'un parc ouvert sur les montagnes et le lac d'Annecy, ce château est unique dans son histoire comme son architecture, qui puise à de nombreuses sources les richesses foisonnantes du décor : pierres de Bourgogne, sculptures polychromes Renaissance, meubles de style et tissus précieux, pour habiller un décor pluriel et personnalisé, qui réserve notamment des chambres adorables.

12 ch. 150-280 €   www.chateau-des-avenieres.com

→ Les Avenières
☎ 04 50 44 02 23
📠 04 50 44 29 09
F. 1er-8 janv., 1 sem. fév. et 29 oct.-14 nov.

- -

13 🍴 L'Ancolie Chalet du Lac

Le cadre respire la douceur de vivre et rien ne vient bousculer cette impression, surtout pas le travail d'Yves Lefebvre, qui défend les vertus d'une cuisine traditionnelle, celles du beau produit de saison et des préparations élégantes : délicate mousseline citron vert et beau jambon de Parme sur les asperges tièdes, jus parfumé (façon cappuccino) et légumes bien choisis sur le filet de féra. Aux beaux jours, en terrasse au bord du lac, le plaisir n'en est que plus intense.

C : 39 € • M : 28,50-62,50 €   www.lancolie.com

→ Lac des Dronières
☎ 04 50 44 28 98
F. dim. à dîn., lundi (h.s.), lundi (juil.-août) et vac. scol. Toussaint.
Jusqu'à 21h.

🍴🍴 L'Ancolie Chalet du Lac

Entre le parc arboré et le lac, ce chalet bénéficie d'une situation parfaite pour une étape paisible. Les chambres, sobres et élégantes, séduisent dans leur déclinaison de luxe montagnard et leur douceur.

10 ch. 82-117 €   www.lancolie.com

→ Lac des Dronières
☎ 04 50 44 28 98
📠 04 50 44 09 73
F. vac. scol. Toussaint.

CUCUGNAN - 11350   (31 C 5)
Tuchan 14 - Perpignan 35

11 Auberge du Vigneron

Dans la salle, les vieux fûts de chêne rappellent que l'endroit était un chai. Depuis la terrasse, on admire le Pays Cathare et le château de Quéribus... Vous voilà prêt pour un grand bol de terroir autour du cassoulet, du compressé de pommes et boudin catalan ou du dos de morue fraîche gratiné à l'ail doux. Pour faire étape, la maison propose d'adorables chambres au charme rustique.

C : 38 € • M : 22-38 €   www.auberge.vigneron.com

→ 2 rue Achille-Mir
☎ 04 68 45 03 00
F. dim. à dîn., lundi (h.s.) et 15 nov.-15 mars.
Jusqu'à 21h30.

CUCURON

CUCURON - 84160	(33 C 4)

Apt 25 - Cavaillon 40 - Digne 108

14 🍽 La Petite Maison de Cucuron *d≋*

Reprise en fanfare de l'ancienne maison de Michel Mehdi par Eric Sapet. L'ancien chef de Joucas, passé un temps par la Bastide de Capelongue, a trouvé ici la bonne carburation, le tempo juste et donne un beau récital provençal, accessible et populaire avec la patte d'un vrai chef. Le public touristique de cette saison ne s'y est pas trompé, donnant raison au parti pris de modestie et de gentillesse de cette salle gaie comme un déjeuner de soleil. Une première toque et à nouveau une adresse finaude en Luberon.
M : 35-55 €

→ Pl de l'Etang
☎ 04 90 68 21 99
F. lundi et mardi.
Jusqu'à 22h.
🌳 🍷 ♿ 🌿 ⛵

www.lapetitemaisondecucuron.com

CUERS - 83390	(34 A 6)

Toulon 22 - Hyères 25

14 🍽 Le Lingousto

Considéré parfois comme une table branchée aux tournants des années 80/90, le Lingousto, à force de succès, s'est progressivement mué en une vénérable institution. Mais pourquoi passerions-nous notre chemin ? La terrasse, les platanes séculaires, le charme de cette bastide provençale au milieu des vignes, le grand air demeurent bien réels, tout comme la technique indéniable dont fait preuve Alain Ryon : croustillant de queues de gambas au basilic et tartare de tomate à l'orange, dos de loup poêlé à la peau, jus d'araignée de mer et caponata de légumes froide, noisettes de filet mignon de veau, jus au cresson et mijotée de légumes nouveaux. Très belle cave en région.
C : 65 € • M : 38,50-82 €

→ Rte de Pierrefeu
☎ 04 94 28 69 10
F. dim. à dîn., lundi et janv.
🌳 🚗 ♿ 🐑

13 🍽 Le Verger des Kouros

L'ancienne ferme d'élevage de cochons est aujourd'hui une maison ouverte, attachante, au cadre néo-rustique qui va bien à la sincère cuisine des frères Couros (doit-on préciser que "kouros" veut dire bel homme en grec ?), toujours aussi passionnés de leur métier, et qui font vivre des moments de charme à leurs visiteurs, douillettement installés en terrasse devant la verdure environnante. Leur cuisine puise naturellement dans la région, accentuée d'une tendance asiatique et d'un peu de mer Egée pour rappeler le pays. La lotte rôtie aux asperges et pancetta grillée, les grosses langoustines rôties au basilic thaï, la longe de veau bardée de lard au vieux vinaigre font un panorama suggestif et plutôt enthousiasmant. Cave provençale augmentée des vins grecs et crétois.
M : 16-34 €

→ RN 97, quartier les Cauvets
☎ 04 94 28 50 17
F. mi-oct.-mi-fév.
Jusqu'à 23h.
🌳 🚗 ♿ ❄ 🐑

www.le-verger-des-kouros.com

Villes de proximité, voir :

↻ MEOUNES LES MONTRIEUX .....18 km N.O. par N 97 et D 554
(13/20)

CUQ TOULZA - 81470	(30 A 4)

Albi 83 - Toulouse 39

🏠🏠 Cuq-en-Terrasses 🐦

Le presbytère XVIIIe n'a rien perdu de son charme... ni le jardin de sa richesse, avec plus de 300 espèces, des fontaines, la vue sur les collines du Lauragais jusqu'aux Pyrénées par temps clair. Chambres romantiques avec mobilier d'époque, antiquités et tissus d'éditeur, mais aussi climatisation, écrans plats, lecteurs CD et DVD. Restaurant de cuisine méditerranéenne.
1 appart. 185-205 € • 6 ch. 95-145 €

→ Cuq-le-Château
☎ 05 63 82 54 00
🖨 05 63 82 54 11
F. 1er nov.-1er avril.
🚗 ❄ 🛥 🐑

www.cuqenterrasses.com

G
M

15 🍴🍴 ⩗ La Cédraie

Du tempérament et des promesses. Voilà ce que ce jeune chef, Nicolas Isnard, nommé Jeune talent l'an passé pour sa région, propose dans ce cadre pour le moins classique. Il suffit de superposer en cliché son huître prise en gelée, émulsion iodée et quenelle chèvre et ciboulette dans une présentation futuriste toute en transparence avec ce décor Vieille France jusqu'au kitsch de la grande salle lambrissée, cheminée monumentale à colonnes doriques, grandes toiles d'époque coloniale et tons beiges moquette et nappage, pour mesurer le décalage, pour ne pas dire le grand écart entre l'assiette et l'atmosphère. En faisant un effort mental vers l'un ou l'autre, on passe un très bon moment avec ces belles compositions, parfois encore un peu scolaires, mais qui dénotent un bagage technique et une belle vision : dans le thon en ceviche qui multiplie les ingrédients (aubergine, green zebra, olives taggiasche, panisse de pois chiche, une purée de courgette légumes en tempura à part, un gaspacho de tomate en éprouvette) mais retombe parfaitement en équilibre, comme dans le saint-pierre émulsion citron-gingembre ou le très friand vol-au-vent, adapté en tub de galette, et décomposé par ingrédients, ris de veau, écrevisses girolles. Les desserts pétaradants, par thèmes déclinés sur la texture et la température (la rhubarbe, une reconstitution de pinacolada, chocolat réglisse yuzu thé vert...) confirment la marche en avant d'une équipe jeune, y compris parmi le service de salle bien motivé. Très bonne carte des vins, les Ampelidae du Poitou en évidence, mais aussi les vins de Charente, de Vendée (Mourat), bien choisis, et une très bonne sélection en toutes régions, avec des trouvailles et des petits trésors (Coucou blanc, Pied des Nymphettes...) à tarifs normaux hors grands crus.
C : 80 € • M : 32 €

→ Château de Curzay
☎ 05 49 36 17 00
F. déc.-fév.
Jusqu'à 21h30.

🧀🧀🧀 Château de Curzay ⩗

Édifié en 1710, s'étendant désormais sur un immense domaine de plus de 100 hectares où gambadent des chevreuils en liberté, doté d'une ravissante piscine chauffée sur laquelle veille une tour du XIIe siècle, cet établissement a conservé toute l'élégance de ses débuts. Aménagées dans le château lui-même ou dans l'aile sud, les chambres baignent toutes dans la même atmosphère cossue mais sans jamais la moindre pesanteur. Cours de cuisine (donnés par le chef, Nicolas Isnard), cours d'œnologie et cours d'équitation sont dispensés sur place, pour rendre le séjour encore plus inoubliable.
3 appart. 320-350 € • 19 ch. 170-290 €   www.chateau-curzay.com

→ ☎ 05 49 36 17 00
🖶 05 49 53 57 69
F. déc.-fév.

---

de  à 🔟 les tables sont classées par ordre dégressif de note

👁 table en vue, lieu à la mode, ethnique

? signale une notation en attente ou un changement de dernière minute

découverte *d⩗* GM met en avant des nouveautés méconnues

CUTTOLI CORTICCHIATO - 20167 (35 B 4)
Ajaccio 18 - Bastia 133 - Sartène 101

14 A Casetta

Il se passe toujours quelque chose à la Casetta. Les années passent, les chefs changent même parfois, mais Marie-Hélène Torre sait instiller la petite musique originale et sensible qui définit cette table intemporelle dans la plaine de Cuttoli, à vingt minutes d'Ajaccio. Des produits du cru, une carte qui ressemble à une accroche de brasserie touristique avec ses spécialités de pâtes, mais du parfum, de l'expressivité, que l'on ne croise pas partout : très bonnes charcuteries, couronne de gambas à la panzetta, porcelet rôti au feu de bois, fressure d'agneau à l'ancienne. Décor et ambiance également personnels, cave classique îlienne.

C : 50 € • M : 38 €

→ Plaine du Cuttoli
☎ 04 95 25 66 59
F. dim. à dîn., lundi (sept.-juin) et lundi-jeudi à déj. (juil.-août). Jusqu'à 22h.

www.acasetta.com

CUVILLY - 60490 (3 D 4)
Amiens 56 - Compiègne 21 - Roye 20

12 Auberge Fleurie

Une grosse maison de bord de route, où la tradition demeure quand les voitures passent. Jacky Loyer, imperméable au temps qui file, récite son sage répertoire avec l'appui d'un chœur fidèle, toujours favorablement impressionné par la sole au beurre blanc et le ris de veau aux morilles, dans une carte utilisant à bon escient les produits du cru.

C : 45 € • M : 14-37 €

→ 64 rte des Flandres
☎ 03 44 85 06 55
F. dim. à dîn., lundi, mardi à dîn., merc. à dîn., jeudi à dîn., 3 sem. août et 1 sem. Noël-nouvel an. Jusqu'à 20h45.

🏠 Idéal gourmet

DAMPIERRE EN YVELINES - 78720 (7 B 2)
Paris 35 - Versailles 17 - Rambouillet 17

13 La Table des Blot

Christophe au piano, Sylvie en salle : voilà la table des Blot, digne auberge XVIIe face au château, avec son décor dans le ton, meubles et objets anciens, et sa cuisine pas si classique, revisitée au goût du jour par un chef de talent, qui soigne le produit aussi bien que les présentations. Une noix à la plancha, l'autre en coque feuilletée, avec une compotée de tomate fraîche, le résultat est aussi plaisant à l'œil qu'au palais, le bar sauvage est au rendez-vous d'une belle sauce au vin blanc tandis que la relecture du kouign aman autour de la poire fait fondre les gourmands. L'accueil de Sylvie Blot apporte un relationnel des plus courtois que les habitués apprécient beaucoup, au même titre que le bon pain à la bière. On regrette seulement une cave par trop classique.

C : 52 €

→ 1 Grande-Rue
☎ 01 30 47 56 56
F. dim. à dîn., lundi et mardi. 2 sem. fin fév., 2 sem. fin août et 2 sem. fin déc. Jusqu'à 21h30.

DANJOUTIN - 90400 (21 D 2)
Belfort 3 - Metz 241

15 Le Pot d'Etain

Soleil gastronomique du Territoire de Belfort, la table de Marie et Frédéric Roy n'est jamais en retard d'une saison lorsqu'il s'agit d'en livrer le meilleur, d'accommoder le gibier et les saint-jacques en hiver, les légumes de l'été ou les champignons à l'automne. Autour de ces bases on ne peut plus saines et bien choisies, Frédéric Roy compose de bien jolies ballades (l'homme est volontiers poète), épurées et soignées en un bel hommage aux asperges blanches (avec un sabayon délicat et un superbe jambon San Daniele), à l'agneau des Pyrénées (une viande aux qualités parfaitement

→ 4 rue de la République
☎ 03 84 28 31 95
Ouv. 7j/7.
Jusqu'à 21h30.

préservées par une cuisson rigoureuse) ou aux légumes mariés dans une ratatouille qui veille à préserver chaque saveur. Un plaisir qui s'apprécie dans un décor sobre en blanc et rouge, au rythme d'un service pro et efficace.
M : 29 €   www.lepotdetaindanjoutin.com

DAX - 40100   (23 C 4)
Paris 732 - Mont-de-Marsan 50 - Bayonne 51

14 ≳ Une Cuisine en Ville

La formule "tapas y pinchos" connaît toujours le même légitime succès. Ce n'est pas tant que l'Espagne soit si proche (les Pyrénées ne cernent pas encore la cité thermale) mais le concept même de cette salle moderne en centre-ville pousse au grignotage expert et varié des petites assiettes pointues de Philippe Lagraula. Qui organise avec finesse et modernité cette succession de saveurs étonnantes alliant l'exotisme, l'orientalisme et le régionalisme dans une imagination qui semble heureusement intarissable, du saumon mariné d'herbes et gaspacho de cerises au piment d'Espelette aux crevettes avec un tofu de mangue à la brousse fraîche, du maigre avec une hollandaise personnalisée avec des nems de légumes jusqu'au canard grillé à l'orientale, blé dur à l'abricot et pak choï. Le ton est juste, la formation joue bien en salle, emmenée par Jérôme Tauzin, et la cave s'aligne, finaude, belles références et tarifs attractifs, pour la bongran de Thévenet comme pour le corbières des Deux Anes.
C : 60 € • M : 23-60 €

→ 11 av
Georges-Clemenceau
☎ 05 58 90 26 89
F. dim. à dîn., lundi, mardi, dim., 15 jrs janv. et 15 jrs août.
Jusqu'à 22h.
≋❄

---

13 L'Amphitryon

Le décor bon genre plaira à tout le monde : vous pouvez y sortir en amoureux, ou inviter votre belle-mère. Car chacun trouve assiette à sa mesure dans la carte œcuménique d'Eric Pujos, amphitryon attentif et très bon professionnel qui utilise le terroir comme rampe de lancement et brode un voyage sur terre ou sur mer toujours avantageux : cappuccino de soupe de petits poissons et croûtons de morue gratinée, dorade à la plancha coulis d'aromates, magret grillé sauce romaine à l'hydromel, comme autant de clins d'œil entre modernité et antiquité. Toujours avec malignité, à petit prix et avec une cave régionale très gouleyante.
C : 40 € • M : 20-38 €

→ 38 cours Gallieni
☎ 05 58 74 58 05
F. sam. à déj., dim. à dîn., lundi, 22 août-5 sept. et 1er-30 janv.
Jusqu'à 21h.
≋❄

🛏 Grand Hôtel

Une haute bâtisse d'architecture contemporaine, à quelques encablures du centre-ville. Directement relié au centre de balnéothérapie, l'établissement offre des chambres fonctionnelles, bien tenues et toutes climatisées.
7 appart. 84-103 € • 129 ch. 66-84 €   www.thermesadour.com

→ Bd des Sports
☎ 05 58 90 53 00
🖨 05 58 90 52 88
Ouv. 7j/7.
🚗 ♿ ≋❄ 🐾

🛏 Grand Hôtel Mercure Splendid

Plus que dans un Mercure, vous êtes au Grand Hôtel Splendid, immeuble 1930 classé. Côté pratique, le centre thermal intégré est bien sûr un atout majeur mais le voyageur appréciera également l'élégance contemporaine des chambres, belle réinterprétation des canons Art Déco.
30 appart. 155-170 € • 106 ch. 78-120 €   www.mercure.com

→ Cours de Verdun
☎ 05 58 56 70 70
🖨 05 58 74 76 33
F. janv.-fév.
🚗 ♿ ≋❄ 🏊 🐾

DEAUVILLE

Villes de proximité, voir :

⟳ POUILLON . 17 km S. par D 106, D947, D15 et D 322 **(13/20)**

⟳ SAINT PAUL LES DAX..............................au N.O. **(14/20)**

DEAUVILLE - 14800 (6 A 3)

Caen 45 - Le Havre 40 - Lisieux 30

---

14 🍴 **Le Spinnaker**

Peut-être Pascal Angenard hissera-t-il un jour le pavillon vers d'autres rivages, mais en attendant ce jour le plus tardif possible, les Deauvillais de souche, comme les lecteurs de bons guides, apprécient cette table discrète et élégante, tout près des Planches et pourtant d'une rassurante timidité. Le chef est un modeste, il fait juste la meilleure cuisine de poissons de Deauville, vision traditionnelle revue et personnalisée et grande précision saucière, entre autres. Pour le homard rôti au vinaigre de cidre et pommes de terre à la crème, le turbot cuit à l'arête, échalotes confites et pommes de terre, la côte de veau aux morilles et macaronis, ces jolis standards qui respirent le travail bien fait. Accueil pro, bonne cave classique.
C : 50 € • M : 30-45 €

→ 52 rue Mirabeau
☎ 02 31 88 24 40
F. lundi (sf fériés), mardi (sf août), 7-31 janv., 25 juin-4 juil. et 12-28 nov.
Jusqu'à 21h30.

---

13 🍴 **La Belle Epoque**

La toque se défend dans un rythme andante, piano langoureux d'une salle au cadre confit dans l'histoire du Normandy, boiseries et meubles anciens, éclairages diffus. Pourtant la clientèle internationale et joueuse apprécie bien les généreux buffets (la meilleure formule est à 54 € avec les fruits de mer à volonté), mais le chef peut encore montrer, sur un beau cabillaud provençale, un poisson hyperfrais et un tour de main sans faille. Cave classique négoce, aux grands crus pas trop coûteux.
M : 48-64 €

→ 38 rue Jean-Mermoz
☎ 02 31 98 66 22
Ouv. 7j/7.
Jusqu'à 22h.

www.lucienbarriere.com

🎩🎩🎩🎩 **Normandy Barrière**

Hôtel Normandy, Deauville… Symbole de l'art de vivre deauvillais au même titre que les Planches, le palace anglo-normand n'est pas qu'un bel héritage du passé : derrière la façade à colombages, le luxe feutré et élégant, la gentillesse du personnel et les nombreuses attentions (par exemple le soin porté à l'accueil des enfants) prouvent que le présent est largement à la hauteur du mythe.
33 appart. 480-1810 € • 258 ch. 230-726 €

→ 38 rue Jean-Mermoz
☎ 02 31 98 66 22
📠 02 31 98 66 23
Ouv. 7j/7.

www.lucienbarriere.com

---

13 🍴 **Ciro's Barrière**

Voir ou être vu, voilà la question shakespearienne à laquelle Ciro's répond : les deux, mon capitaine. Sur les planches, sur la plage, avec ses baies vitrées ouvertes, les badauds contemplent avec envie cette salle raffinée au service abondant et chic : la belle clientèle de cette unité Barrière joue les indifférentes à ces marques d'envie, mais savoure en petto la situation et, corollairement, l'élégante et coûteuse cuisine marine, tradition actualisée, belles présentations : bar grillé purée truffée, sole meunière, turbot hollandaise… On termine avec une tarte aux pommes, ciel de Normandie oblige, et on boit simple, un rully blanc ou un sancerre, en dessous de 40 €, dans une carte très classique.
C : 70 € • M : 39 €

→ Bd de la Mer
☎ 02 31 14 31 14
F. mardi, merc., jeudi (h.s.) et janv.
Jusqu'à 21h.

G
M

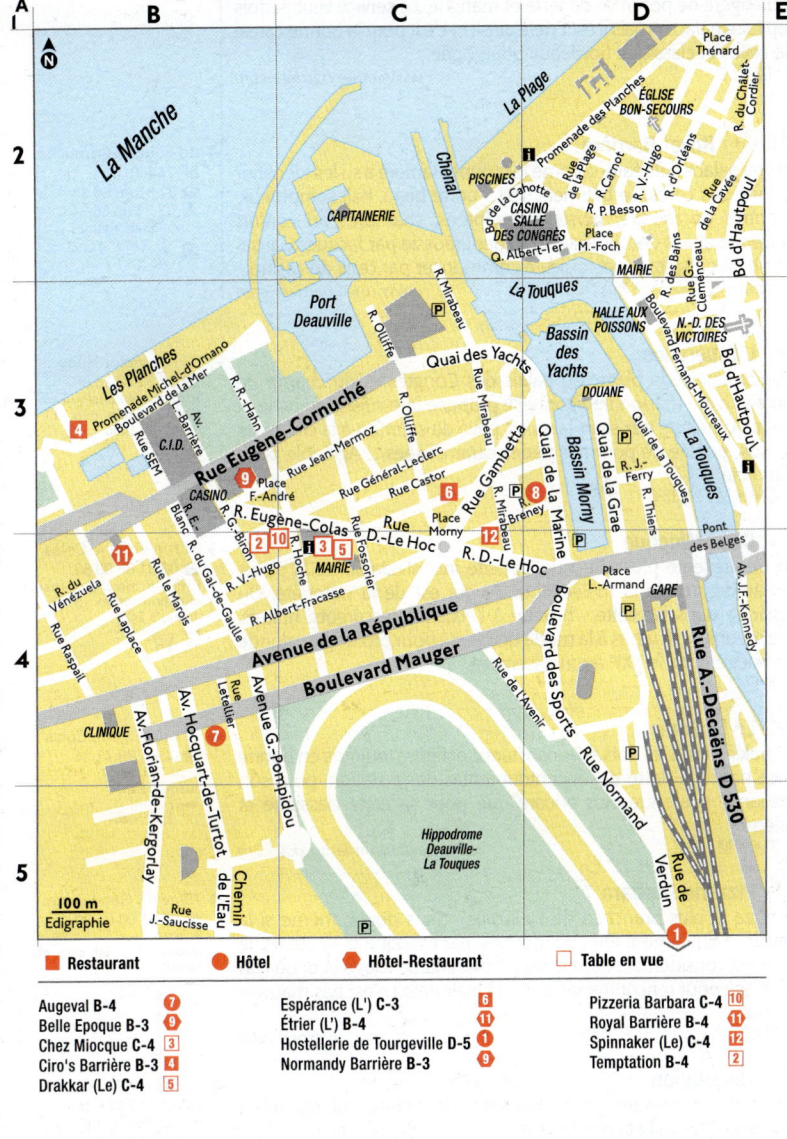

■ Restaurant **● Hôtel** **◆ Hôtel-Restaurant** **□ Table en vue**

13 🍺 L'Etrier

Les assiettes ne peuvent être ici moins que royales : c'est ce qu'a compris Eric Provost, qui fait servir sur la terrasse face aux Planches ou dans la salle grande bourgeoise de ce resplendissant palace une carte fière garnie de produits nobles, mais qu'il a cependant pu faire évoluer vers un peu de simplicité sous couvert de mode : les panais et topinambours apparaissent avec la truffe, le bar en peau croustillante avec une tombée de céleri, bulots au combava et mousseline betterave framboise ou un pigeon en deux cuissons, suprêmes au chou rouge cannelle et genièvre, cuisses croustillantes avec une

→ Bd Eugène-Cornuché
☎ 02 31 98 66 33
F. à déj. (lundi-vend.) et
nov.-déb. mars.
Jusqu'à 22h.

boulangère de pommes de terre et mangue. Le service veut parfois trop faire palace - mais il est briefé ainsi, et c'est pour la bonne cause - la cave est classique bordeaux-bourgogne.
M : 62-92 €   www.etrier-barriere.com

Royal Barrière

Un vrai palace balnéaire comme le groupe Barrière a su les identifier au long des côtes. Le bâtiment 1913 porte beau, hall somptueux, colonnes de marbre, boiseries sculptées, chambres au confort souverain et à la déco indiscutablement réussie par Jacques Garcia. Nombreux avantages et loisirs, à commencer par ceux du casino.
32 appart. 376-5084 € • 220 ch. 240-658 €   www.royal-barriere.com

→ Bd Eugène-Cornuché,
BP 74400
☎ 02 31 98 66 33
🖨 02 31 98 66 34
F. nov.-déb. mars.

10 L'Espérance

A deux pas de la plage, du palais des Congrès et du champ de courses, cette maison traditionnelle propose une cuisine franche et directe, omelette aux saint-jacques, pavé de saumon à la crème de cresson, poêlée de pommes tièdes caramélisées… Agréable patio pour l'été.
C : 42 € • M : 23-33 €

→ 32 rue Victor-Hugo
☎ 02 31 88 26 88
F. merc., jeudi (sf juil.-août) et 2 sem. fin juin.-déb. juil.
Jusqu'à 21h30.

Chez Miocque

On ne présente plus Miocque, vedette incontestable de la place, très au-dessus de la mêlée pour ce qui est de la notoriété. Du classique dans l'assiette - bavette à l'échalote, escargots, huîtres, sole meunière et tripes à la mode de Caen - pour profiter du monde qui bouge dans le XXIe arrondissement.
C : 40 €

→ 81 rue Eugène-Colas
☎ 02 31 88 09 52
F. mardi, merc. (oct.-mai). F. ann. non comm.
Jusqu'à 24h.

Le Drakkar

Le Drakkar fend les flots avec constance et figure toujours en bonne place parmi la flotte des incontournables de la station, pour son ambiance soutenue plus encore que pour sa carte classique et variée.
C : 33 € • M : 28 €   www.restaurant-le-drakkar.com

→ 77 rue Eugène-Colas
☎ 02 31 88 71 24
F. 24-25 déc.
Jusqu'à 24h.

Pizzeria Barbara

La pizza la plus branchée de Deauville ? Sans doute, même si la "caviar" a finalement été abandonnée par manque d'amateurs, le choix est considérable dans la salle à dominante rouge et or où l'on se presse pour rencontrer les amis. Et le tiramisu n'est pas mauvais du tout.
C : 27 €   jpl@orange.fr

→ 79 av du Gén-Leclerc
☎ 02 31 98 01 90
F. janv.
Jusqu'à 22h (24h sam. ou fêtes).

Temptation

Du cosy sur mesure pour Deauvillais branchés qui regardent l'addition d'un œil et cherchent une assiette un peu originale dans un beau cadre d'aujourd'hui. Promesse tenue jusque dans l'assiette, avec le risotto au pesto et langoustines, le parmentier de queue de bœuf et le pavé de turbot.
C : 35 € • M : 19 €   temptation-deauville@wanadoo.fr

→ 77 rue du Gén-Leclerc
☎ 02 31 98 25 45
F. à dîn. dim.-jeudi (h.s.), mardi à dîn. et merc. (moyenne saison).
Jusqu'à 22h.

Augeval

A l'image de son architecture anglo-normande, l'hôtel révèle dans son décor de jolis témoignages anciens, voûtes de pierre ou poutres apparentes. Jolies chambres de caractère, meubles de style et ambiance feutrée.
3 appart. 178-320 € • 32 ch. 62-220 €   www.augeval.com

→ 15 av Hocquart-de-Turtot
☎ 02 31 81 13 18
🖨 02 31 81 00 40
Ouv. 7j/7.

ⓒⓒ Hostellerie de Tourgeville

Calme et détente dans la campagne deauvillaise, base idéale pour le tourisme et les séminaires. Pierre normande, bois de chêne, ardoise bleue : les matériaux sont nobles et régionaux, les équipements de haut niveau, dans un parc de 20 ha. Restaurant de cuisine actuelle.

19 appart. 190-330 € • 6 ch. 125-175 €   www.hostellerie-de-tourgeville.fr

→ Chemin de l'Orgueil, Tourgeville
☎ 02 31 14 48 68
🖥 02 31 14 48 69
F. 17 fév.-11 mars.
🚗

Villes de proximité, voir :

⟳ SAINT GATIEN DES BOIS .... 10 km E. par D 74
⟳ TOUQUES .... 3 km S.E. par N 834
⟳ TROUVILLE SUR MER .... 2 km N.E. par D 513 **(13/20)**

13 🍴 La Tavola

L'élégance de la salle plante le décor, blanc immaculé des murs ponctués d'étonnants miroirs baroques et rouge des fauteuils, la carte bilingue trahit la clientèle d'affaires internationale, tandis que c'est vers le Sud qu'on regarde les cuisines, avec des assiettes soignées dans le produit, relativement classiques dans le traitement mais qui fédèrent sans peine autour du lapin farci au romarin, du saint-pierre au suc de bouillabaisse ou coing façon tian et sorbet à la brousse. Tavola Italie voire Espagne. La cave sait aussi élargir ses horizons vers le Sud, le voyage étant commenté avec passion et bonne humeur.

C : 69 € • M : 61-83 €   www.sofitel-paris-ladefense-centre.com

→ 34 cours Michelet
☎ 01 47 76 72 30
F. à dîn., w.-e., fériés, 11 juil.-25 août et 24 déc.-5 janv.

🛏🛏🛏 Sofitel La Défense Centre

Bien sûr, pas question ici d'immeuble haussmannien ni de meubles XVIIIe : parfaitement à l'aise dans son quartier, l'hôtel adopte des lignes contemporaines, dehors comme dedans. Tout en lignes sobres et couleurs harmonieuses, les chambres sont d'un confort parfait et le service remarquablement disponible.

1 appart. 800 € • 150 ch. 365-590 €

www.sofitel-paris-ladefense-centre.com

→ 34 cours Michelet
☎ 01 47 76 44 43
🖥 01 47 76 72 10
Ouv. 7j/7.

- -

❓ Côté Parvis

Changement de concept depuis le mois d'août (brasserie de luxe au cadre furieusement contemporain) pour l'ex-Restaurant Les Communautés, précédente enseigne de la table du luxueux Hilton la Défense. Un nouveau chef, Frédéric Bidault, est chargé de mener cette petite révolution qui repose sur une approche fusionnante de la cuisine. A suivre.

C : 25 €   www.paris-lafedense.hilton.com

→ 2 pl de La Défense
☎ 01 46 92 10 30
Ouv. 7j/7.

- -

🛏🛏🛏 Renaissance Paris-Hôtel La Défense

Cette construction à l'architecture contemporaine propose plus de trois cents chambres de standing au cœur du quartier d'affaires de la Défense. Agréable petit jardin arboré devant l'entrée, vue imprenable sur le Grande Arche et équipements nombreux comprenant notamment un centre de remise en forme (salle de musculation, sauna, hammam, jacuzzi et solarium).

3 appart. 550-1050 € • 324 ch. ch. 210-260 €

→ Bd circulaire sortie 7, 60 jardin de Valmy
☎ 01 41 97 50 50
🖥 01 41 97 51 51
Ouv. 7j/7.

DEOLS - 36130 (18 A 5)

Châteauroux 3 - Issoudun 25

14 **Relais Saint-Jacques**

Directement installé sur l'aéroport de Châteauroux, le relais de Pierre Jeanrot ne peut se comprendre que par ceux qui ont une véritable culture du produit haut de gamme et de la cuisine certes académique, mais jamais ennuyeuse. Car si les saint-jacques poêlées au beurre de Noirmoutier, le filet de bar sauvage poêlé sauce hollandaise, les rognons de veau sautés minute au chinon ou la dacquoise à l'abricot et praliné se pratiquaient déjà dans les années soixante-dix, Pierre Jeanrot a su les convertir à la mode actuelle, raccourcissant les cuissons et allégeant tout ce qui pouvait l'être. La cave, commentée avec science par Jean-François Rondier, étonne toujours autant pour son incroyable probité, en particulier sur les grandes bouteilles.

C : 43 € • M : 22-53 € *www.relais-st-jacques.com*

→ A20 Coings
☎ 02 54 60 44 44
F. dim. à dîn.
Jusqu'à 21h45.

DEUIL LA BARRE - 95170 (8 B 4)

Paris 19 - Enghien 2 - Montmorency 1

12 **Verre chez Moi**

Cave totalement indiscutable, brillante, alléchante, sans rossignol, ce qui est la véritable marque du connaisseur. On ne citera donc aucun vigneron, car ils sont tous remarquables et nombreux (près de 300 références qui font rêver, la majorité à moins de 50 €). C'est bien la vitalité de nos vignes qui est exposée ici, s'appuyant naturellement sur une cuisine de produit, simple et suggestive, par un jeune chef de talent passé par le Crillon et l'Astrance. Si Deuil la Bare vous paraît une banlieue inaccessible, faites vous prêter un GPS : cette aventure en Val d'Oise est une escapade viticole dont on se souvient.

C : 30 € *www.verrechezmoi.free.fr*

→ 75 av de la
Division-Leclerc
☎ 01 39 64 04 34
F. w.-e., fériés, 1re sem. mai, août et sem. Noël-nouvel an.
Jusqu'à 21h30.

LES DEUX ALPES - 38860 (28 B 4)

Grenoble 77 - Le Bourg-d'Oisans 28

14 **Le P'tit Polyte**

Cette vénérable maison de famille fait preuve, depuis de longues années, d'une remarquable régularité. Un nouveau chef s'est installé depuis deux ans et les habitués n'ont sans doute rien remarqué. Ce savoir-faire, orchestré aujourd'hui par Alban Mounier, digne héritier de la famille, constitue sans aucun doute la principale qualité de cette adresse : poêlée de langoustines à l'huile d'olive, carré d'agneau de Castres rôti au thym brûlé et doré au beurre en cocotte, millefeuille de framboises, crème légère, croustillant amande, coulis de menthe et sorbet aux fraises des bois. Ambiance chaleureuse et décontractée dans la salle à manger principale, atmosphère plus compassée dans le petit salon du fond, au surprenant décor.

C : 48 € • M : 47-49 € *www.chalet-mounier.com*

→ Châlet-Hôtel Mounier, 2 rue de la Chapelle
☎ 04 76 80 56 90
F. à déj. (sf dim. et fériés), lundi à dîn., déb. mai-mi-juin et sept.-mi-déc.
Jusqu'à 21h45.

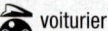 parking privé   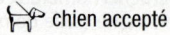 parking fermé   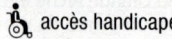 voiturier

hôtel très tranquille   chien accepté   accès handicapé

Chalet Mounier

C'est dès les années trente que la ferme d'alpage de la famille Mounier s'est métamorphosée en hôtel et de génération en génération, le Chalet reste une valeur sûre de la station, avec son parc arboré ouvert sur le parc naturel et ses belles chambres, élégantes avant d'être montagnardes, où le bois est présent sans être étouffant, le mobilier de caractère sans être rustique et les tissus raffinés. Equipement de bon confort.

3 appart. 118-249 € • 43 ch. 82-226 €

www.chalet-mounier.com

→ 2 rue de la Chapelle
☎ 04 76 80 56 90
🖨 04 76 79 56 51
F. déb. mai-mi-juin et déb. sept.-mi-déc.

DIEFMATTEN - 68780 (10 B 6)
Mulhouse 21 - Colmar 50

13 Le Cheval Blanc

Ce Cheval Blanc paît en pleine nature, choyé depuis trois générations par la famille Schlienger, dans un cadre un peu nostalgique. Mais l'ancien relais de diligence n'en est pas resté aux carpes frites, popularisées par la grand-mère il y a près de cent ans, Patrick Schlienger témoigne à travers sa carte d'un judicieux équilibre entre actualisation et respect des traditions : foie gras au torchon, mais roulé aux pistaches sur lit d'asperges, pigeon cuit en cocotte, mais avec une fricassée de pied de veau aux truffes, ananas au kirsch, avec un croustillant de mousse aux agrumes.

C : 50 € • M : 23-72 €

www.auchevalblanc.fr

→ 17 rue de Hecken
☎ 03 89 26 91 08
F. lundi, mardi (sf fériés), 8-16 janv. et 16-31 juil.
Jusqu'à 21h15.

DIEPPE - 76200 (6 C 1)
Rouen 56 - Abbeville 63 - Le Havre 111

13 Bistrot du Pollet

Vous n'avez pas réservé ? Difficile alors d'espérer l'une des 8 ou 9 tables de ce bistrot de poche installé sur l'îlot du Pollet. Xavier Héricher y propose une ardoise quotidiennement revue, dans un esprit canaille et marin qui ne manque ni de justesse ni d'espièglerie : tartine chaude au Neufchâtel, lieu jaune de ligne à la vapeur, pomme dorée au caramel. Ambiance chaleureusement entretenue par une promiscuité jamais gênante, petite cave bien sentie.

C : 30 € • M : 15,40 €

→ 23 rue Tête-de-Boeuf
☎ 02 35 84 68 57
F. dim., lundi, 2 sem. mi-avril et 2 sem. mi-août.
Jusqu'à 21h30.

Bistro du Quai ♥

Tony Pochon, qui régala pendant de longues années les bons mangeurs rouennais, s'est converti sur le tard au poisson en reprenant cette adresse idéalement située. L'homme a conservé sa faconde et son savoir-faire, se montrant aussi à l'aise sur les quelques lyonnaiseries encore présentes sur sa carte que sur les poissons, traités avec l'expérience d'un vieux loup de mer. Sans doute la meilleure nouvelle en ville.

C : 30 € • M : 17,50-29,80 €

→ 35 quai Henri-IV
☎ 02 35 82 28 03
F. dim. à dîn., lundi à dîn., merc. (sf saison) et janv.
Jusqu'à 22h30.

Le Comptoir à Huîtres

Stéphane Barcq, ancien patron du Bistrot du Pollet, tient là une affaire comme on les aime : authentique, sans chichis et sérieuse. Les meilleurs fruits de mer des environs (dont une belle variété d'huîtres, proposées par exemple en assiette dégustation) et des poissons à privilégier sous les recettes les plus simples.

C : 22 €

→ 12 cours de Dakar, Quai de Norvège
☎ 02 35 84 19 37
F. dim., lundi et mi-mars-mi-avril.
Jusqu'à 21h30.

Villes de proximité, voir :

⟳ ARQUES LA BATAILLE .... 7 km S.E. par D 154 **(13/20)**

⟳ MARTIN EGLISE .... 7 km S.E. par D 1 **(11/20)**

⏱ NEUVILLE LES DIEPPE .... E. **(13/20)**

DIEULEFIT - 26220   (27 D 5)
Valence 69 - Montélimar 30

12 L'Auberge des Brises

Cette maison aux tons abricot respire la douceur, autant dans le que dans la gentillesse de l'accueil de Marie-Anne Le Doujet. On en apprécie encore mieux les belles assiettes classiques de son époux, la salade au magret fumé et flan au picodon, le filet de rouget à la tapenade ou le sympathique fromage blanc de chèvre. Les desserts sont certes un peu passe-partout mais les vins de la région se proposent à prix raisonnables.
C : 35 € • M : 23-37 €   *www.auberge-des-brises.com*

→ Rte de Nyons
☎ 04 75 46 41 49
F. merc. (sf juil.-août), lundi à dîn., mardi, 2 sem. fév. et 2 sem. nov.
Jusqu'à 21h.

12 La Barigoule

L'ancien atelier de poterie est un point de ralliement naturel, avec sa terrasse au bord du Jabron et son animation permanente, particulièrement en saison, naturellement. Parce que le service au taquet est toujours souriant, parce que la table se tient bien, jamais trop dispendieuse pour peu qu'on suive la région et les propositions simples et parfumées : aïoli de morue et légumes vapeur, feuilleté de picodon, tripes à la provençale, onglet de veau au tricastin...
C : 32 € • M : 14,50-43 €

→ 20 quai du Jabron
☎ 04 75 46 37 36
F. mardi, merc. et 20 déc.-30 janv.

Villes de proximité, voir :

⏱ POET LAVAL (LE) .... 4 km par D 540 **(14/20)**

DIGNE LES BAINS - 04000   (34 A 3)
Gap 87 - Avignon 164 - Aix-en-Provence 108

13 Le Grand Paris

Dans le cadre bourgeois de cet ancien couvent XVIIᵉ, la famille Ricaud (désormais représentée par Noémi en cuisine) a toujours à cœur de proposer aux locaux comme aux touristes partis en pèlerinage sur la Route Napoléon une gastronomie élégante, aux bases sudistes bien interprétées, où le soufflé chaud au citron ou le carré d'agneau tian provençal côtoient les langoustines à la plancha pressé de tomates et basilic glacé pour le plaisir de chacun. Le service est à la hauteur de ces belles assiettes et de l'argenterie, la cave s'alimente au plus près, entre provence et rhône.
C : 53 € • M : 31-67 €   *www.hotel-grand-paris.com*

→ 19 bd Thiers
☎ 04 92 31 11 15
F. lundi à déj., mardi à déj., merc. à déj. (h.s.) et 1ᵉʳ déc.-28 fév.
Jusqu'à 21h30.

Villa Gaïa

Une maison de maître dans un parc arboré de 3 ha issue de la fortune des "Mexicains" (comme à Barcelonnette) de retour au pays. L'atmosphère demeure familiale comme celle d'une pension de famille - chambres classiques, mobilier ancien, style 1900 - avec des équipements d'aujourd'hui, et un hammam dans le parc.
10 ch. 70-105 €   *www.hotelvillagaia.fr*

→ 24 rte de Nice
☎ 04 92 31 21 60
📠 04 92 31 20 12
F. mi-oct.-mi-avril et 1re sem. juil.

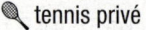

🌴 repas en terrasse ou dans un jardin   🚬 cave à cigare

🏊 piscine privée   🎾 tennis privé   ≋❄ air conditionné

DIGOIN - 71160 (19 D 6)

Mâcon 74 - Roanne 56

12 Les Diligences

Cet ancien relais de poste sur les quais fait valoir son joli cadre à l'ancienne, et on se sent bien installé dans la salle à manger aux pierres apparentes. La cuisine évite soigneusement les extravagances et privilégie les valeurs sûres : rillettes de lapin, jambonnette de canard aux olives, œufs à la neige aux pralines.

C : 45 € • M : 24-34 € www.les-diligences.com

→ 14 rue Nationale
☎ 03 85 53 06 31
F. lundi, mardi (sf juil.-août) et 15 déc.-10 janv.
Jusqu'à 21h.

DIJON - 21000 (20 B 3)

Paris 307 - Besançon 95 - Orléans 300

16 Hostellerie du Chapeau Rouge

Le Dijonnais, connaisseur exigeant, n'échangerait son pain d'épice contre aucun autre en France. Et quand il l'adopte, c'est pour longtemps. Voilà le Chapeau Rouge, et son chef William Frachot, intronisé parmi les grands du patrimoine. Et comme la cuisine n'est pas ici un art mineur, l'affaire devient sérieuse dès le seuil franchi : brigade en ordre de mission, chacun à son poste, déco contemporaine très élégante et lumineuse, table impeccable, prête à accueillir des assiettes fringantes, de champion épanoui. Car ce cuisinier à maturité trouve dans chaque saison un puits d'inspiration qui aiguillonne sans dérouter, qui captive sans décevoir. Le menu dégustation, baptisé "Signature" est bien nommé, car il s'agit bien d'un travail d'auteur, qui met de beaux et rares produits en position gagnante : le soft shell (un crabe à carapace molle) en tempura, avec une béarnaise au gingembre et un tataki de chou sauté au wok, le remarquable cabillaud avec un bouillon de coquillages au gingembre, façon rougail, avec des champignons et wakame, le cochon noir de Bigorre aux racines, topinambour et jabugo. On applaudit l'équipe entière, du commis au pâtissier, du porteur de plateau au sommelier, qui enrichit avec le chef une cave déjà pointue, portant l'effort régulièrement sur de nouvelles régions (le Rhône cette année avec Gangloff, Montez, Courbis, Louis Chèze...), tout en gardant la puissance d'un croiseur sur Bourgogne et Bordelais.

C : 75 € • M : 40-100 € www.chapeau-rouge.fr

→ 5 rue Michelet
☎ 03 80 50 88 88
F. 3-4 sem. janv.
Jusqu'à 22h.

Hostellerie du Chapeau Rouge

Cadre contemporain dans un beau bâtiment XVIe près de la cathédrale. Chambres aux styles très variés, arrangés avec goût, baroques ou romantiques, les plus récentes donnant dans le feng shui, influence asiatique, bois sombres, lignes douces, équipées d'écrans plats, de couettes.

2 appart. 216 € • 28 ch. 129-155 € www.chapeau-rouge.fr

→ 5 rue Michelet
☎ 03 80 50 88 88
🖷 03 80 50 88 89
Ouv. 7j/7.

16 Le Pré aux Clercs

La révolution de palais orchestrée l'an passé face au palais des Ducs de Bourgogne, avec le passage de témoin de Jean-Pierre Billoux à son fils Alexis est maintenant bien digérée. La carte est en place, bien équilibrée, savante ma non troppo, donnant à chaque génération son contentement : le foie gras peut se goûter de deux façons, cuit dans sa graisse au confit de vin rouge, ou poêlé aux huîtres écume d'oignons fumés. L'amateur d'escargots et de filet de bœuf marchand de vin, comme le progressiste recherchant un

→ 13 pl de la Libération
☎ 03 80 38 05 05
F. dim. à dîn., lundi, vac. fév. et 17-27 août.
Jusqu'à 21h30.

DIJON

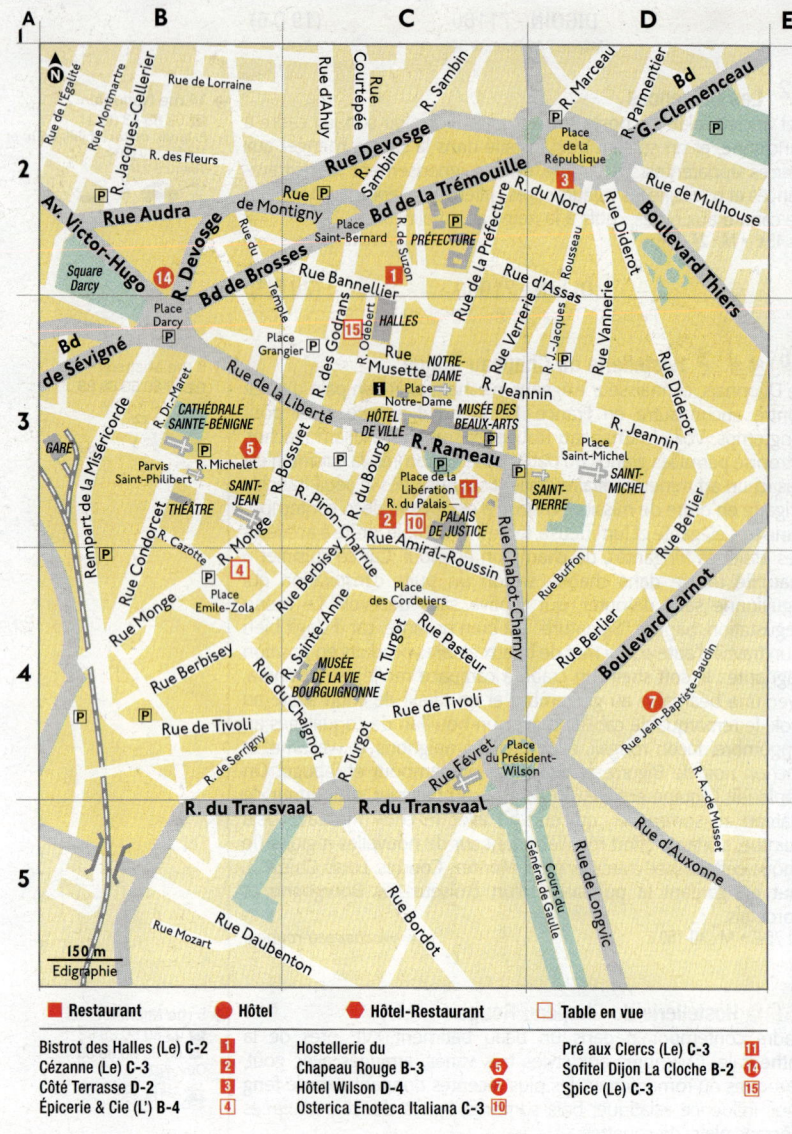

■ Restaurant	● Hôtel	◆ Hôtel-Restaurant	□ Table en vue

Bistrot des Halles (Le) **C-2**	■1	Hostellerie du		Pré aux Clercs (Le) **C-3**	■11
Cézanne (Le) **C-3**	■2	Chapeau Rouge **B-3**	●5	Sofitel Dijon La Cloche **B-2**	●14
Côté Terrasse **D-2**	■3	Hôtel Wilson **D-4**	●7	Spice (Le) **C-3**	■15
Épicerie & Cie (L') **B-4**	■4	Osterica Enoteca Italiana **C-3**	■10		

suprême de volaille aux mirabelles et jus de crustacé ou un ris de veau cocotte étuvée et purée de rhubarbe savent qu'ils peuvent toujours compter sur la maison Billoux. Sans chercher à concurrencer l'avant-garde mais sans traîner à l'arrière du peloton, le jeune successeur place cette célèbre enseigne dans son rôle, en harmonie avec un service distingué et une cave bourguignonne naturellement puissante.

M : 35 €

www.le-pre-aux-clercs.com

de 🍺🍺🍺 **20** à **10** les tables sont classées par ordre dégressif de note

En **Bourgogne**, seul le raisin est pressé.

Larguez les amarres en **Bourgogne**.

www.vite-en-bourgogne.com
Le meilleur de la Bourgogne en quelques clics

13 🍴 Le Bistrot des Halles

Pour les touristes comme pour les Dijonnais, voilà une adresse à fréquenter les yeux fermés, tant son efficacité n'est jamais prise en défaut : service parfait, même face à l'affluence d'une belle soirée d'été, ambiance soutenue de gens contents d'être là, de vraies nappes en tissu dans un beau décor de caractère, carte des vins fort sympathique, y compris sur les propositions au pichet. Et bien sûr il y a la cuisine, parfaite dans ses allers retours entre plats lyonnais et bourguignons (escargots, œufs en meurette, tablier de sapeur….) et aux produits choisis avec soin. Entre jambon persillé et magret de canard sauce à la menthe, on ressort heureux, Jean-Pierre Billoux a su trouver ici la bonne recette du bistrot chic.
C : 26 € • M : 16 €   *billoux@club-internet.fr*

→ 10 rue Bannelier
☎ 03 80 49 94 15
F. dim., lundi et 25 déc.-2 janv.
Jusqu'à 22h.

- -

12 Le Cézanne

Sur une robuste trame traditionnelle, la scène inspirerait en effet peut-être l'artiste de la Sainte-Victoire : Cézanne à Dijon apprécierait les allusions aux cigales, le tian de saumon mariné, la marmite de poisson en bourride au fenouil, l'aiguillette de canette miel lavande et citron. Cadre tranquille, cave sage et service à l'avenant.
C : 45 €

→ 36-38 rue de l'Amiral-Roussin
☎ 03 80 58 91 92
F. dim., lundi à déj. 2 sem. fin août et 1 sem. Noël.
Jusqu'à 21h30.

- -

12 Côté Terrasse

Installé à côté de la rhumerie la Jamaïque (haut lieu de la nuit dijonnaise), on tient là le nouvel endroit à la mode sur Dijon, celui où l'on croise toute la jeunesse dorée dans un cadre design très réussi. Effet de mode ? Pas si vite, car au-delà des tartares et autres salades, les nems de foie gras sauce aigre douce, la minute de thon rouge et légumes façon ratatouille ou le tartare de fruits frais s'en sortent bien. Carte des vins bien dans l'esprit des lieux, séduisante et facile à appréhender, avec pas mal de vins étrangers et de vins au verre.
C : 25 €

→ 10-12 pl de la République
☎ 03 80 74 39 55
Ouv. 7j/7.

- -

L'Epicerie et Cie

Le cadre d'ancienne épicerie des années 30 a été un peu retouché pour un peu plus de convivialité, avec un mobilier rénové. La carte, en revanche, ne change pas de direction, avec ses œufs cocotte, ses quenelles de brochet et ses magrets rôtis, simplicité et amabilité d'une cuisine bourgeoise sans façon.
C : 25 € • M : 30-55 €

→ 5 pl Emile-Zola
☎ 03 80 30 70 69
F. 24-25 déc. et 31 déc.-1er janv.
Jusqu'à 22h (23h vend.-sam.)

- -

Osteria Enoteca Italiana

Du pain et du vin made in Italy : une bonne carte transalpine par un chef qui connaît la barcarolle et la cave qui peut aller avec les mandolines.
C : 30 € • M : 14-39 €

→ 32 rue de l'Amiral-Roussin
☎ 03 80 50 07 36
F. lundi, 15 août-5 sept. et 23 déc.-6 janv.
Jusqu'à 22h30.

- -

Le Spice

Des épices et des voyages : prenez votre billet dans ce cadre feutré du centre-ville et attachez votre ceinture, car la chef singapourienne qui a fait le tour du monde connaît la route des Indes et un peu plus loin : gambas et viniagrette de légumes au curry, satay sauce coco, thon rouge en croûte de sésame sauce gingembre, filet laqué aux poires et badiane...
C : 24 € • M : 21-25 €

→ 12 rue Odebert
☎ 03 80 50 09 26
F. dim. et nov.
Jusqu'à 23h.

♔♔♔ Sofitel Dijon La Cloche

Si l'enseigne existait sur Dijon depuis le XVe siècle, c'est à la fin du XIXe que l'hôtel de la Cloche s'est installé dans ce vaste immeuble bourgeois. Il n'a cessé d'évoluer (tout un étage a encore été rénové l'an passé) pour proposer des chambres tout en élégance feutrée, rappelant des influences Art Déco. L'arrière ouvre sur un jardin privatif, avec fontaine à l'ombre des arbres.
4 appart. 500-700 € • 64 ch. 180-300 €   *www.hotel-lacloche.com*

→ 14 pl Darcy, BP 42559
☎ 03 80 30 12 32
📠 03 80 30 04 15
Ouv. 7j/7.

♔♔ Hôtel Wilson

Sur une belle place néoclassique, un établissement de longue réputation, ancien relais de poste XVIIe. La moitié des chambres, meublées Louis-Philippe et Louis XIII, ont reçu la climatisation l'an passé. Plafonds à la française, poutres apparentes, un cachet certain.
27 ch. 74,50-103 €   *www.wilson-hotel.com*

→ Pl Wilson
☎ 03 80 66 82 50
📠 03 80 36 41 54
Ouv. 7j/7.

Villes de proximité, voir :

↻ HAUTEVILLE LES DIJON .... 8 km O. par N 71 **(12/20)**

↻ MARSANNAY LA COTE .... 8 km S.O. par D 122 **(14/20)**

↻ PRENOIS .... 12 km N.O. par N71 et D 104 **(17/20)**

DINAN - 22100   (14 B 3)
Saint-Brieuc 60 - Dinard 25

13 Les Trois Lunes

Le bon goût du fait maison par un cuisinier adroit qui aime contrôler de A à Z sa production, les sauces et la conception bien sûr, mais aussi le pain, les glaces et la bonne pâtisserie. Ce perfectionnisme se traduit par une belle solidarité dans une salle moderne et sobre au mobilier contemporain et une carte de franchise et d'humeur que l'on découvre dans chaque menu : langoustines grillées et purée de chorizo, saint-pierre plancha et jus de betterave, carré et ris de veau de lait printanière de légumes... Cave un peu timide, sans grande recherche, accueil charmant de Magali.
C : 40 € • M : 14,50-49,50 €   *thierryteffaine@wanadoo.fr*

→ 22 rue de la Lainerie, pl des Cordeliers
☎ 02 96 85 10 32
F. dim. (sf fêtes et fériés). Jusqu'à 22h.

----

12 La Fleur de Sel

Cette rue stratégique, entre les deux grandes places et la vieille ville, accueille cette jolie maison à façade bleue. Décoration à la simplicité touchante dans les deux salles à manger et cuisine consciencieuse malgré quelques mariages peu convaincants : pressé de tête de veau et brochette de saint-jacques, vinaigrette de betteraves, dos de cabillaud, risotto d'épeautre et émulsion de roquette, croustillant praliné et poires pochées, sorbet à la betterave. Cave courte mais astucieuse, sélection de vins au verre qui mériterait de s'élargir.
C : 30 € • M : 14,50 €

→ 7 rue Sainte-Claire
☎ 02 98 85 15 14
F. dim. à dîn., lundi et merc. Jusqu'à 14h.

----

12 Léonie

Valeur sûre de cette charmante cité médiévale, la table de Christophe Dubois a construit l'essentiel de son succès sur ce très avantageux "gros" menu à 17 € : ravioles de crevettes à l'orange et vadouvan, pastilla de tête de porc, menthe fraîche et chorizo, carpa-chaud de banane, caramel au rhum et glace au vieux rhum. Seule option possible ? Retirer l'entrée ou le dessert et gagner 3 €. A quoi bon ?
M : 17 €

→ 19 rue Rolland
☎ 02 96 85 47 47
F. dim., lundi, jeudi à dîn., 1 sem. fév., 1 sem. mai, 1 sem. fin août et 2 prem. sem. sept.

12 Saint-Louis

Le buffet de hors-d'œuvre qui faisait naguère le bonheur des touristes a été fort opportunément jeté dans les douves du château tout proche ! La réorientation " gastro " a été négociée avec bonheur et les jolies salles rustiques où crépitent le feu de cheminée ne désemplissent pas. On s'y presse pour choisir l'une des innombrables formules, dans un esprit orienté vers le bio et la diététique : délicieuse crème de cocos de Paimpol, revigorant jarret de porc et tête de veau confits aux cinq épices et attendrissant maingaux rennais (dessert traditionnel composé de crème fouettée allégée à la meringue). Carte des vins pertinente et service virevoltant.
C : 29 € • M : 18-32 €   *www.lesaintlouis.com*

→ 9 rue de Léhon
☎ 02 96 39 89 50
F. mardi à dîn. (sf juil.-août) et merc.
Jusqu'à 21h30.

---

10 Crêperie Ahna

Locaux et touristes sont unanimes, on tient là la meilleure crêperie de la ville et même si la gentillesse de l'accueil fait une partie du succès, la qualité tout à fait objective des galettes, confectionnées autour des produits du terroir, a bâti un succès durable.
C : 12 €

→ 7 rue de la Poissonnerie
☎ 02 96 39 09 13
F. dim.
Jusqu'à 22h.

Hôtel le d'Avaugour

Bien intégrées dans ce haut lieu breton, deux belles maisons de granit proposent un séjour typique aux chambres mariant le contemporain et l'ancien. Agréable jardin fleuri donnant sur les remparts.
3 appart. 135-290 € • 21 ch. 70-170 €   *www.avaugourhotel.com*

→ 1 pl du Champ
☎ 02 96 39 07 49
🖩 02 96 85 43 04
F. janv.-fév. et nov.-31 déc.

❀ A la Villa Côté Cour

Au cœur de la ville, cette villa en pierres séduit par son style épuré, qu'on retrouve dans le souci de créer des ambiances personnalisées et sereines au gré des chambres (certaines avec jacuzzi).
1 appart. 119-165 € • 3 ch. 69-135 €   *www.villa-cote-cour-dinan.com*

→ 10 rue Lord-Kitchener
☎ 02 96 39 30 07
Ouv. 7j/7.

DINARD - 35800   (14 B 2)
Rennes 72 - Saint-Malo 13

12 Le Blue B

Une restauration bien adaptée aux besoins de la clientèle, simple, fraîche, marine et traditionnelle, avec des influences méditerranéennes : seiches poêlées au thym crêpe au brocciu, sardines marinées et fraîcheur de tomates en gelée, daurade grillée craquant de sarrazin, pigeon rôti chartreuse de légumes au foie gras. Service de bon niveau, cave généraliste avec une bonne sélection en loire.
C : 50 € • M : 39-52 €   *www.lucienbarriere.com*

→ 46 av George-V
☎ 02 99 88 26 26
F. mi-nov.-mi-mars.
Jusqu'à 21h30.

Grand Hôtel Barrière

Un palace de tradition, architecture haussmannienne, dominant la mer face aux remparts de Saint-Malo. La bonne société britannique qui le fréquentait au XIXe siècle est restée fidèle, les familles (Label Accueil Enfants) et les joueurs du casino étant bien sûr les bienvenus. Belles chambres stylées et harmonie des lieux, dues au talent de Jacques Garcia, agréables terrasses, fitness, hammam, salle de massages…
90 ch. 120-450 €   *www.lucienbarriere.com*

→ 46 av George-V
☎ 02 99 88 26 26
🖩 02 99 88 26 27
F. fév.

🏵🏵 Villa Reine Hortense

Construite pour un prince russe au début du XXᵉ siècle, cette élégante villa surplombe la mer, avec un accès direct sur la plage. Le jardin et la terrasse, comme les chambres au mobilier ancien de famille, ornées de reproductions de tableaux anglais XIXᵉ, offrent un panorama splendide sur la Manche et Saint-Malo.
1 appart. 275-385 € • 7 ch. 150-235 €   www.villa-reine-hortense.com

→ 19 rue de la Malouine
☎ 02 99 46 54 31
🖳 02 99 88 15 88
F. 30 sept.-1ᵉʳ avril.

Villes de proximité, voir :

⟳ PLEURTUIT.............................5 km S. par D 266 **(10/20)**
⟳ SAINT LUNAIRE.......................5 km O. par D 786 **(13/20)**

DISSAY - 86130   (22 C 3)
Poitiers 17 - Châtellerault 22

13 🍽 Le Binjamin

Le Binjamin reste une valeur sûre et l'arrivée d'un nouveau chef ou l'ouverture d'un bistrot tiennent plus de la péripétie que de la remise en cause, car Catherine Daubisse veille avec soin sur la destinée de l'affaire créée par ses parents. On retrouve donc avec satisfaction un menu-carte efficace et équilibré, entre propositions classiques (terrine de foie gras, pièce de bœuf au vin rouge) et des clins d'œil chaleureux comme l'embeurrée de coco (avec l'agneau farci aux herbes) ou la purée de châtaignes (avec la daurade au jus de volaille). Une maison très pro, y compris au niveau du service, et qui sait évoluer face aux contraintes (beau choix de vins au verre pour compléter une cave sérieuse).
C : 35,50 €   www.binjamin1.com

→ RN 10, Longève
☎ 05 49 52 42 37
F. sam. à déj., dim. à dîn. et lundi.
Jusqu'à 21h30.

🎁 idéal gourmet

DIVES SUR MER - 14160   (6 A 4)
Caen 22 - Cabourg 3

13 🍽 Chez le Bougnat

Le Bougnat ? C'est François Teissonnière, propriétaire de cette immuable adresse de brocanteur gourmand et chantre de la cuisine de ménage. Pichets, pots et vins au verre escortent une solide ardoise typiquement bistrotière : charcuterie maison à base de cochon fermier, tête de veau, rognons, navarin d'agneau... le ton est volontiers bourru mais tellement sincère ! Une adresse attachante et vraie.
C : 28 € • M : 15,90-25,90 €   www.chezlebougnat.fr

→ 27 rue Gaston-Manneville
☎ 02 31 91 06 13
F. à dîn. dim., lundi à dîn., mardi à dîn., merc. à dîn. et 15 déc.-15 janv.
Jusqu'à 22h.

DIVONNE LES BAINS - 01220   (28 B 1)
Saint-Claude 52 - Genève 20

15 🍽🍽 La Terrasse

A la Terrasse, la table gastronomique du domaine, c'est Philippe Conan qui a pris le relais en tant que chef exécutif. L'ancien chef du Pavillon du Golf trame une carte de très belle allure, saveurs du marché dans la belle salle aristocratique aux matériaux nobles et au service discrètement ampoulé et toujours efficace. Les influences asiatiques à la mode touchent ces assiettes de fraîcheur, le thon rouge en tataki et sahimi au miso blanc, les crevettes croustillantes et ceviche de légumes, vinaigrette thaïe, la daurade sur peau jus au pistou et bayaldi provençal, le pavé de veau parfumé à l'indonésienne, légumes cajou et citronnelle. Présentations travaillées,

→ av des Thermes
☎ 04 50 40 35 39
F. dim. à dîn., lundi et janv.
Jusqu'à 21h30.

fluidité et sourire, tous les apanages d'une table d'aujourd'hui, en euros et en francs suisses. Vaste cave bien renseignée sur tous les vignobles.

C : 55 € • M : 39 €   *www.domaine-de-divonne.com*

₵₵₵ Grand Hôtel 〰

Le domaine s'ouvre largement à la détente, avec notamment le golf et le casino, mais aussi la salle de spectacle ou l'atelier de beauté. La partie hôtel se répartit entre deux bâtiments dans ce parc boisé, et propose des ambiances feutrées et élégantes. L'équipement est aussi généreux que l'espace, avec en prime la vue sur les montagnes, Jura d'un côté, Alpes de l'autre.

17 appart. 690-1450 € • 117 ch. 230-420 €   *www.domaine-de-divonne.com*

→ Domaine de Divonne, av des Thermes
☎ 04 50 40 34 34
▤ 04 50 40 34 24
Ouv. 7j/7.

---

14 🍴 Château de Divonne

Le Château s'est trouvé encore un nouveau chef en fin d'année dernière, avec l'arrivée d'Eric Manent et d'une équipe entièrement renouvelée. Les ambitions restent évidemment, comme l'architecture, tournées vers les hauteurs et une clientèle suisse friande d'art de vivre à la française. Le nouveau chef répond à ces attentes avec beaucoup de professionnalisme et de précision, dans une veine classique intelligemment revisitée. Il est bien difficile de trouver un défaut à cette salade d'émincé de pigeonneau et taboulé de quinoa, à ce médaillon de lotte à la pancetta ou à la raviole d'ananas et gingembre, pas plus qu'à un service parfaitement efficace ou à un décor châtelain aux salons en enfilade, faussement XVIIIe, mais cette prestation sévèrement professionnelle peine à soulever l'enthousiasme. Cave bien construite, jusque dans ses propositions au verre, et servie par un sommelier disert et compétent.

C : 79 € • M : 41 €   *www.chateau-divonne.com*

→ 115 rue des Bains
☎ 04 50 20 00 32
F. à déj. lundi-merc. (janv. et fév.)
Jusqu'à 21h30.

₵₵₵ Château de Divonne 〰

Entre Jura et Léman, le château trône sur son éperon rocheux au cœur d'un vaste parc dans toute la blancheur de son architecture XIXe. A l'intérieur, il se pare de tous les éléments d'une élégance bourgeoise et raffinée, sans oublier des couleurs chaleureuses, en accord avec la douceur de vivre qui règne en terrasse aux beaux jours.

6 appart. 445-559 € • 28 ch. 150-335 €   *www.chateau-divonne.com*

→ 115 rue des Bains
☎ 04 50 20 00 32
▤ 04 50 20 03 73
Ouv. 7j/7.

---

12 Le Léman

Ancien second à la Terrasse (la table de prestige du domaine), Fabrice Lacombe a pris logiquement en main le destin de ce Léman qui ne manque pas non plus d'atouts. Petite noblesse certes, mais la carte a fière allure et les propositions ne manquent pas de séduction : sablé au parmesan salade de tartare de tomate et magret fumé, caille aux châtaignes et blé aux six légumes façon risotto, pudding aux noix de pécan et crème glacée banane. Cadre et service bénéficient du standing de la maison, tandis que la cave a les idées larges.

C : 40 € • M : 25-34 €   *www.domaine-de-divonne.com*

→ Grand Hôtel, av des Thermes
☎ 04 50 40 34 18
F. mardi-sam. (sf groupes).
Jusqu'à 21h30.

14 Les Grains d'Argent

Passé par quelques-unes des plus belles maisons de la région (les Armes de Champagne, le Royal Champagne, la Briqueterie, l'Hôtel d'Angleterre à Châlons), Eric Vignot possédait toutes les clés au moment de lancer sa première affaire en 2005, à quarante ans passés. Mâture et délurée à la fois, sa cuisine a gentiment réveillé le paysage gastronomique local au son d'une carte d'inspiration classique : fine tranche de bar mariné aux herbes, soja et caviar d'Aquitaine, rouget juste raidi, tapenade d'olives et fumet d'anchois, pastilla de fraises au basilic et glace à l'huile d'olive. Superbe plateau de fromages, belle cave en champagne.
M : 25-32 €   www.lesgrainsdargent.com

→ 1 allée du Petit-Bois
☎ 03 26 55 76 28
F. lundi et 26 déc.-4 janv.
Jusqu'à 21h (21h30 w.-e.).

15 La Chaumière

Une chaumière, un cœur, et un sacré tour de main. Celui de Joël Césari qui ne s'ennuie pas et qui nous distrait beaucoup dans cette élégante salle contemporaine. Chaque saison, des idées, des produits nobles apprêtés avec délicatesse et imagination, des duos talentueux comme le foie gras et tourteau en carpaccio avec une gelée de crustacés ou les saint-jacques et les nems de légumes. Une technique évidente pour des présentations séduisantes comme dans la réalisation, et des produits régionaux à leur avantage (pièce de bœuf montbéliarde pulpe de poivron parfum de pamplemousse et gingembre). Une ambiance d'initiés et de connaisseurs, également sensibles aux attraits d'une cave bien fournie dans sa région, et jouant la carte des propriétaires.
C : 50 € • M : 32-75 €   www.la-chaumiere.info

→ 346 av du Mal-Juin
☎ 03 84 70 72 40
F. sam. à déj., dim. et lundi à déj. (sf juil.-sept.) et 23 déc.-8 janv.
Jusqu'à 22h.

14 Le Bec Fin

Il s'est taillé une réputation au cœur de la ville historique, avec patience et efficacité. Mais après un lustre de montée en puissance, Romuald Fassenet change de braquet, et de lieu. Avec son épouse Catherine ils ont racheté et aménagé le château du Mont Joly, à quelques minutes du centre pour en faire un hôtel de charme en poursuivant l'activité restaurant. L'ouverture étant prévue lorsque nous paraîtrons, nous ne pouvons évoquer le cadre ni le décor. En revanche, la cuisine que nous goûtons chaque saison aura, à n'en pas douter, les mêmes qualités de finesse et d'inventivité, utilisant intelligemment - contrastes de texture, terre-mer, légumes de saison - les produits régionaux : escargots du Jura poêlés aux épinards sous une croûte de farine de lentilles émulsion au lait d'absinthe, cappuccino de pois frais au goût fumé, grenouilles sautées aux noisettes risotto carnaroli et morteau croustillante, noisette d'agneau franc-somtois en croûte d'herbes cannelloni d'aubergine purée de tarbais à l'ail nouveau. Cave jurassienne très au fait de la question, enrichie de quelques flacons rares et pointus ailleurs (Dard et Ribo, Férigoule) et de grands crus.
C : 62 € • M : 30-78 €   www.le-bec-fin.com

→ 67 rue Louis-Pasteur
☎ 03 84 82 43 43
F. mardi, merc. (sf été) et 3 prem. sem. janv.
Jusqu'à 21h30.

DOMME

DOMME - 24250 (24 D 4)
Beynac-et-Cazenac 8 - Sarlat-la-Canéda 11

14 L'Esplanade

L'histoire de cette maison est si longue et prestigieuse qu'il est peu de grands chefs en France qui n'aient pas un jour goûté un foie gras ou un magret depuis cette terrasse qui ouvre un panorama majestueux sur la Dordogne. Hommage à une tradition sévèrement gardée et prolongée aujourd'hui par un cuisinier adroit qui met en scène à la façon contemporaine des truffes en gnocchis, la graisse de canard avec une barbue et des asperges blanches caramélisées, l'agneau du Quercy en filet avec une brochette de ris et un parfum de réglisse. Cela ne sonne pas encore la charge révolutionnaire, mais au pays de Cro-Magnon, on ne va tout de même pas laisser l'Esplanade dériver vers le débraillé.
C : 72 € • M : 40-90 €   www.esplanade-perigord.com

→ 2 rue Pontcarral
☎ 05 53 28 31 41
F. lundi, mardi à déj., merc. à déj. (mars-avril), lundi à déj. et merc. à déj. (mai-sept.). F. ann. non comm.
Jusqu'à 21h.

idéal gourmet

LE DORAT - 87210 (25 A 2)
Paris 370 - Limoges 53 - Guéret 68 - Bellac 13

13 La Promenade

C'est ce qu'on appelle une institution, que l'on reconnaît à mille détails, dont la carte à l'ancienne et ses plats de répertoire, figés dans le temps et toujours dans l'actualité grâce à la patte sécurisée de Bernard Penot qui fait l'inventaire avec la terrine, la truite meunière et l'entrecôte aux herbes. La toque du mérite et du respect en quelque sorte. Vins de propriétaires, et huit chambres pour prolonger la Promenade.
C : 28 € • M : 12-25 €

→ 3 av de Verdun
☎ 05 55 60 72 09
F. dim. à dîn., lundi, 1er-15 janv. et 1er-21 sept.
Jusqu'à 20h15.

DORE L'EGLISE - 63220 (26 C 4)
Montbrison 66 - Saint-Etienne 126

11 L'Auberge du Ripailleur

Pierres et poutres apparentes, ambiance familiale, vieux outils et service souriant : voilà une auberge aussi accueillante que son nom le laisse espérer. Dans ce contexte, c'est bien sur le terroir que se joue la partition, enlevée et plaisante, avec le coq au vin, la charcuterie auvergnate, la truffade ou les lentilles du Velay. Fromages et vins de la région en prime.
C : 21,50 € • M : 18-30 €

→ Le Bourg
☎ 04 73 95 06 68
F. dim. à dîn., lundi, mardi, vac. scol. fév., 1re sem. juil. et 2 sem. sept.-oct.
Jusqu'à 21h30.

DOUAI - 59500 (2 A 4)
Lille 40 - Arras 27

11 Restaurant Au Turbotin

Les Coussement ne ménagent pas leurs efforts pour faire vivre cette maison XVIIIe du centre-ville. En complément des salles élégantes, la création de la terrasse sur la Scarpe est un plus aux beaux jours, la carte des vins confirme une vraie curiosité et le chef fait preuve d'une belle ouverture d'esprit, s'appropriant les spécialités de poisson ou les produits régionaux dans des assiettes actuelles, joli coup d'œil et saveurs ensoleillées. L'association foie gras anguille fumée ou fraises poivrons rouges confits montre une certaine imagination.
C : 46 € • M : 19,90-55 €   www.au-turbotin.com

→ 9 rue de la Massue
☎ 03 27 87 04 16
F. sam. à déj., dim. à dîn., lundi et 3 sem. déb. août.
Jusqu'à 21h30.

G
M

DOUARNENEZ - 29100 (13 B 4)
Quimper 22 - Brest 76

10 Au Goûter Breton
La crêpe qui régale, c'est toujours chez Tudal, avec ses galettes qui donnent envie de jouer du biniou, à la saucisse du Cap Sizun, à l'andouille de Guéméné, aux sardines marinées au basilic. Au dessert, une Suzette ! Et pour la grosse soif, il y a le litre de beuk ou de jus de pomme de Kerdaniel.
C : 12 € • M : 9-18 €

→ 36 rue Jean-Jaurès
☎ 02 98 92 02 74
F. dim. et dern. quinz. juin.
Jusqu'à 21h (22h été et vac.)s.

Clos de Vallombreuse
Ce manoir classique, avec ses salons stylés, sa piscine et son jardin idyllique en bord de mer, possède un charme évident. Encore renforcé dans les très belles chambres aménagées dans le logis, les autres, plus contemporaines, se répartissant dans une aile plus récente. Restaurant de cuisine classique et marine.
25 ch. 50-122 €   www.closvallombreuse.com

→ 7 rue d'Estienne-d'Orves
☎ 02 98 92 63 64
▤ 02 98 92 84 98
Ouv. 7j/7.

DOUCIER - 39130 (21 B 5)
Lons-le-Saunier 25 - Champagnole 19

12 Le Comtois
Toujours sous la houlette de Christophe Menozzi, qui veille sur la salle mais aussi sur la précieuse cave qu'il a forgée avec passion au fil des ans, un nouveau jeune chef laboure le terroir jurassien avec une application louable : terrine de champignons au fumé du Haut-Doubs, balluchon de morteau au poulsard, pain d'épice glacé au macvin, même si elles datent de quelques années, ces idées sont plutôt bienvenues dans une carte frétillante qui sent bon la campagne et la montagne. 300 références sur la carte des vins, et le meilleur du Jura.
C : 36 € • M : 20-32 €   restaurant.comtois@wanadoo.fr

→ 806 rue des 3-Lacs
☎ 03 84 25 71 21
F. dim. à dîn., mardi à dîn., merc. et mi-déc.-1er mars.

DOURLERS - 59440 (2 D 4)
Maubeuge 17 - Avesnes-sur-Helpe 10

13 Auberge du Châtelet
François Carlier perpétue la tradition familiale avec une fidélité qui fait le bonheur d'habitués peu soucieux de découvrir la fusion food dans ce joli décor rustique. Délaissant les fricassées de cuisse de grenouille et autre chaud froid de foie gras aux asperges du gros menu, on apprécie les propositions terroir d'un menu Auberge équitable : tasse de gros gris de Radinghen à la crème, gibelotte de lapin au maroilles et tarte du jour. Cave classique.
C : 45 € • M : 23-55 €   www.aubergeduchatelet.com

→ 3 rte Nationale 2, les Haies-à-Charmes
☎ 03 27 61 06 70
F. dim. à dîn. et fériés à dîn.
Jusqu'à 21h15.

DOUVAINE - 74140 (28 B 1)
Evian-les-Bains 26 - Thonon-les-Bains 17

15 O Flaveurs
Grand de demain ? Cela sonne plutôt bien sur le CV de Jérôme Mamet qui, après un long parcours de formation dans quelques très belles maisons françaises (le Jaquemart à Moulins, Pic, Les Crayères, la Briqueterie à Vinay) puis suisses (le Domaine de Châteauvieux puis l'Hôtel du Rhône Mandarin Impérial à Genève), a enfin sauté le pas en 2005, à 34 ans, en reprenant ce délicieux petit château. Percutante, contemporaine, soignée, sa cuisine fait

→ Rte du Crépy
☎ 04 50 35 46 55
F. mardi et merc.

preuve d'une remarquable personnalité : les cuisses de grenouilles en blanquette, croustillant de pommes de terre et jeunes asperges, le filet de bar cuit sur peau, fleur de courgette farcie au vert de courgettes et crème de Havane, la carbonara de ris de veau et jus de veau et la cristalline aux fraises basilic et crème glacée aux amandes témoignent d'une maturité implacable. Cuissons millimétrées, produits superbes, service délicieusement orchestré par Agnès Mamet et cave finaude, avec le "S" d'Ampelidae ou l'Insolite de Thierry Germain en loire. 15/20, et ce n'est qu'un début.

C : 65 € • M : 56-79 €   www.oflaveurs.com

DRACY LE FORT - 71640   (20 A 5)
Mâcon 67 - Chalon-sur-Saône 9

Le Dracy
Le joli parc a bénéficié de quelques aménagements dont on profite depuis les chambres, paisibles et élégantes, avec leurs tons pastel et un décor discrètement raffiné.
47 ch. 65-130 €   www.ledracy.com

→ 4 rue du Pressoir
☎ 03 85 87 81 81
🖷 03 85 87 77 49
Ouv. 7j/7.

DRAIN - 49530   (15 D 4)
Ancenis 7 - Nantes 49

Le Mesangeau
Sobre et équilibrée, l'architecture XIXe de cette gentilhommière séduit lorsqu'elle apparaît au bout de l'allée du vaste parc. A l'intérieur, les chambres affichent leur caractère à travers un beau mobilier ancien.
2 appart. 160-220 € • 3 ch. 90-110 €   www.anjou-et-loire.com/mesangeau

→ M et Mme Gérard et
Brigitte Migon
☎ 02 40 98 21 57
🖷 02 40 98 28 62
Sur réserv. nov.-mars.

DUCEY - 50220   (5 B 5)
Saint-Lô 70 - Le Mont-Saint-Michel 21

Le Moulin de Ducey
Près d'un vieux pont classé, un ancien moulin entièrement rénové au bord de la Sélune, qui offre des chambres contemporaines douillettes au mobilier néo-rustique, avec wifi gratuit.
28 ch. 46-100 €   www.moulindeducey.com

→ 1 Grande-Rue
☎ 02 33 60 25 25
🖷 02 33 60 26 76
F. 15 jrs fév. et Noël.

DUNES - 82340   (29 C 3)
Montauban 61 - Agen 22

12 Les Templiers
Au cœur de cette superbe bastide, on apprécie le cadre feutré d'une salle à l'élégance bourgeoise et une cuisine de produits nobles qui prend tout son sens dans le menu-carte, encore raisonnable et qui permet d'apprécier le savoir-faire de Patrick Dumoutier sur le foie gras (avec une gelée de vin doux dynamisée au gingembre), le pigeonneau (une belle viande, relevée d'un jus net au cacao) ou encore la gourmandise rafraîchissante d'un macaron aux framboises et glace à l'estragon. La région apporte son lot de plaisir en cave.

C : 51 € • M : 22-56 €   lestempliers4@wanadoo.fr

→ 1 pl des Martyrs
☎ 05 63 39 86 21
F. sam. à déj., dim. à dîn., lundi, mardi à dîn. et vac. scol. Toussaint.
Jusqu'à 21h.

DUNKERQUE - 59140   (1 C 1)
Lille 74 - Calais 45

15 L'Estouffade
Solidité face à la mer. Comme un rempart traditionnel, Maurice Claeyssen dresse une carte iodée, exemplaire d'un classicisme bien compris et qui a su évoluer avec son temps. Poissons et crustacés

→ 2 quai de la Citadelle
☎ 03 28 63 92 78
F. 30 août-30 sept.

^G_M

choisis dans le meilleur arrivage, préparations soignées : les langoustines et l'émulsion de cresson de fontaine, la cocotte de queues d'écrevisses au jus de langoustines, un turbot superbe, des bonbons de foies de canard pané à la chapelure de pain d'épices... Cette tradition-là ne manque pas d'idées, ni de répondant, présentations travaillées, personnel stylé et cave généraliste en harmonie.
C : 39 € • M : 26-37 €

L'Estaminet Flamand

Le seul estaminet du centre-ville propose une cuisine forcément authentique, tarte au maroilles, tartines, potjevleesch, welsch et gaufres, dans un décor savamment reconstitué.
C : 20 € • M : 10,50-25 €

→ 4-6 rue des
Fusiliers-Marins
☎ 03 28 66 98 35
F. sam. à déj., dim. (sf fêtes des mères et carnaval), 4 jrs déb. vac. scol. Pâques, 2 sem. fin juil.-déb. août et 23 déc.-3 janv.
Jusqu'à 23h (24h w.-e.).

Borel

L'immeuble de brique traditionnel donne sur le port de plaisance et le Leughaener, offrant une atmosphère simple et conviviale. Chambres spacieuses, mobilier contemporain et bons équipements. Salle de fitness.
2 appart. 86 € • 48 ch. 72-78 €   www.hotelborel.fr

→ 6 rue de l'Hermitte
☎ 03 28 66 51 80
🖨 03 28 59 33 82
Ouv. 7j/7.

Villes de proximité, voir :

COUDEKERQUE BRANCHE .... 4 km S. sur D 916 **(14/20)**

TEDERGHEM .... 3 km E. par D 204 **(14/20)**

TETEGHEM .... S.E. par N 1 **(13/20)**

DURAS - 47120   (24 A 1)
Agen 82 - Marmande 24

---

14 Hostellerie des Ducs

Comme un coq en pâte : l'expression n'a rien de galvaudé chez Jean-François Blanchet et sa famille qui mènent depuis plusieurs générations cette hostellerie avec un dévouement sans limite, dans la religion d'un terroir qui évolue bien. Jean-François, et désormais son fils Vincent à ses côtés, savent effectivement prendre le canard par l'affection, terrine de foie gras à la prune d'Ente, ou en magret farci, ou en escalope de foie frais aux cerises, et proposer le meilleur de la production régionale travaillée au goût du jour (alvéoles de saint-jacques aux tomates confites et bonbons gascons, fricassée de volaille aux écrevisses). Des menus généreux et appétissants, une forte sélection en vins de Duras et périphériques, et l'accueil toujours aussi motivant et motivé de Marie-Christine Blanchet.
C : 67 € • M : 28-52 €   www.hostellerieducs-duras.com

→ Bd Jean-Brisseau
☎ 05 53 83 74 58
F. sam. à déj., dim. à dîn., lundi (oct.-juin), sam. à déj. et lundi à déj. (juil.-sept.).
Jusqu'à 21h15.

Hostellerie des Ducs

Des chambres bien tenues, contemporaines et intimes dans cette maison rénovée au pur style quercinois. Vue sur le jardin fleuri, la piscine ou les terrasses, pour un agréable séjour de cocagne.
2 appart. 78-111 € • 14 ch. 53-88 €   www.hostellerieducs-duras.com

→ Bd Jean-Brisseau
☎ 05 53 83 74 58
🖨 05 53 83 75 03
Ouv. 7j/7.

DUREIL - 72270   (16 B 2)
Paris 240 - Le Mans 50 - Sablé-sur-Sarthe

13 🍴 Auberge des Acacias
Vous ne savez pas ce que vous allez manger demain aux Acacias ? Nous non plus. Et Gérard Chevallier non plus. Cela dépendra du marché, de l'envie, des idées. Ah ! oui, un détail, ce sera bon. Cuisiné, mijoté, frais, naturel, toujours bon. Dans cette auberge idyllique, coupée du monde sur les bords de Loir, le chef montre que la spontanéité et la sensibilité sont des vertus qui surpassent la technique. Il y aura peut-être un sandre, peut-être une belle volaille, tiens une pintade appétissante, avec les légumes du moment, les herbes du potager, une terrine, une salade, des desserts de gourmands. Il y aura de la gentillesse, de la chaleur… Et vous n'oublierez pas cette auberge-là.
M : 29-34 €

→ 4 rue Jules-Moreau
☎ 02 43 95 34 03
F. dim. à dîn. et lundi. F. ann. non comm.
Jusqu'à 21h.

DURTOL - 63830   (26 D 1)
Clermont-Ferrand 4 - Vichy 71

15 🍴 Restaurant Bernard Andrieux
Tel père, tel fils ? En tout cas, le piano désormais partagé par Bernard et Robert Andrieux émet la même belle musicalité, sans que la tradition finement actualisée n'en soit bouleversée dans cette belle salle bourgeoise où l'on sait travailler en famille (Marie, la fille de la maison, est en salle) et en harmonie. La même délicatesse, la même rigueur sur les produits, font des assiettes sans faiblesses, soignées jusque dans la présentation : carpaccio de saint-jacques aux cèpes, brochette de ris de veau aux noisettes, douceur pralinée sorbet thé. Cave de grands flacons classiques et de petits auvergnats.
C : 52 € • M : 26-80 €

andrieuxbe@wanadoo.fr

→ av du Puy-de-Dôme
☎ 04 73 19 25 00
F. sam. à déj., dim. à dîn., lundi, merc. à déj., 26 déc.-7 janv., sem. 1er mai et 20 juil.-17 août.
Jusqu'à 21h30.

🎁 idéal gourmet

DURY - 80480   (3 C 3)
Amiens 7 - Roubaix 150

14 🍴 L'Aubergade
La maison d'Eric Boutté s'est imposée depuis trois ou quatre ans comme la plus en vue de l'agglomération amiénoise. Et de loin. Formé chez les plus grands (Robuchon, Lorain, Delaveyne), habile technicien et redoutable acheteur, l'homme demeure un exemple d'humilité et de discrétion, remettant cent fois le métier sur l'ouvrage pour ne jamais décevoir, pour proposer une cuisine qui lorgne franchement vers une rusticité paysanne pas sans charme : asperges vertes croustillantes sur un bouquet de roquette, miettes de pot-au-feu et bouillon crémeux de foie gras, petite lotte étuvée au beurre de pimentos, "oreilles de cochon" de la baie de Somme et coulis de carotte, râble de lapin à la sarriette et lanières de patate douce, palet croustillant de spéculoos à la rhubarbe, rosace de fraises et glace gingembre. Fromages affinés par Philippe Olivier, cave fournie et mettant l'accent sur les petits producteurs.
C : 70 € • M : 39-70 €

www.aubergade-dury.com

→ 78 rte Nationale
☎ 03 22 89 51 41
F. dim., lundi, 2 sem. avril-mai, 3-18 août et 23 déc.-7 janv.
Jusqu'à 21h30.

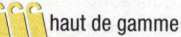 standard    grand confort   haut de gamme   exceptionnel

    hôtels de charme

EFFIAT - 63260   (26 B 3)

Clermont-Ferrand 39 - Riom 22 - Thiers 38

12 Le Cinq Mars

Proche de l'imposant château du XVIIᵉ siècle, ce Cinq Mars est, depuis des lustres, une véritable aubaine pour cette petite ville. Francis Glomond y pratique une cuisine franche et directe, qui va droit au cœur : très beaux amuse-bouche, reflets des produits phares de la région (saucisson cru, jambon cru, tome), délicieuse tête de veau sauce ravigote et crème brûlée d'école.

C : 20 €

→ 16 rue du Cinq-Mars
☎ 04 73 63 64 16
F. à dîn. (sf groupes), 1er-6 janv., vac. scol. fév. et 4-24 août.
Jusqu'à 21h15.

EGUISHEIM - 68420   (10 D 3)

Colmar 8 - Guebwiller 20 - Mulhouse 42

15 Caveau d'Eguisheim

Ce fut une belle maison vigneronne XIXᵉ avec son pressoir à vis qui trône toujours au milieu de la salle du rez-de-chaussée, puis, il y a un quart de siècle, un des caveaux alsaciens les plus excitants de la région (GaultMillau en faisait une de ses cantines alsaciennes préférées). C'est aujourd'hui, tout simplement, une très belle table à deux toques, qu'un chef bien formé et bien doué anime avec son épouse Patricia en salle. Jean-Christophe Perrin a repris naturellement les bases du terroir, les adaptant à sa manière élaborée, fine, moderne, dans les intitulés les plus rustiques, un boudin noir de cochon fermier, des ravioles de carpes au bouillon de vin blanc safrané, une choucroute aux huit viandes... Ce terroir-là vaut deux toques, car sur de majestueux produits s'inscrit un vrai travail de cuisinier. Accueil délicieux, cave alsacienne qui fait le tour du village, puis de la région.

C : 47 € • M : 37-59 €

→ 3 pl du Château Saint-Léon
☎ 03 89 41 08 89
F. lundi, mardi et déb. fév.-mi-mars.
Jusqu'à 21h15.

----

13 La Grangelière

Installés depuis plus de quinze ans dans cette élégante et discrète maison à colombage de la promenade des remparts, les Finkbeiner ont trouvé leur créneau : une cuisine du plus pur classicisme français (noisettes de chevreuil sauce Cumberland, bouchée à la reine, feuilleté aux poires caramélisées), sage mais artisanale, soignée et équilibrée, proposée à des tarifs démocratiques. Il fait bon vivre dans cette salle confortable et d'une chaleur familiale, même si le service supervisé par l'enthousiaste Karine Finkbeiner est parfois débordé aux heures de pointe. Cave très classique, alsace, bordeaux, bourgogne avant tout.

C : 50 € • M : 23 €   www.lagrangeliere.com

→ 59 rue du Rempart-Sud
☎ 03 89 23 00 30
F. dim. à dîn. (nov.-avril), jeudi (mai-oct.) et en janv.
Jusqu'à 21h30.

----

12 Le Pavillon Gourmand

Ce bistrot de la pittoresque promenade des remparts perpétue la tradition du terroir alsacien mais aussi des poissons soufflés à la manière des Haeberlin (où sont passés aussi bien Pascal Schubnel que son fils David). Les touristes de la route des vins ne s'y trompent pas et apprécient ce lieu idéal pour goûter une vraie choucroute où professionnalisme et simplicité de bon aloi sont associés. Les vins sont désormais conseillés par la belle-fille, Séverine, tandis que maman Schubnel distribue la bonne humeur. C'est cela, l'Alsace sans conflits de génération !

C : 35 € • M : 17-60 €   www.perso.orange.fr/pavillon.schubnel/

→ P.-Schubnel, 101 rue du Rempart-Sud
☎ 03 89 24 36 88
F. mardi et merc.

Hostellerie du Château

Au cœur d'un des Plus Beaux Villages de France, un hôtel de caractère, aux chambres contemporaines de très bons goûts, tons coordonnés, matériaux de qualité.
1 appart. 115-160 € • 10 ch. 65-120 €
www.hostellerieduchateau.com

→ 2 rue du Château Saint Léon-IX
☎ 03 89 23 72 00
🖷 03 89 41 63 93
Ouv. 7j/7.

EGUZON CHANTOME - 36270 (17 D 6)
Argenton-sur-Creuse 20 - Châteauroux 57

La Maison du Lac

Au cœur du Berry, il règne dans cette maison une délicieuse atmosphère romantique que n'aurait pas reniée George Sand. Le bois sombre et le blanc se marient harmonieusement, les belles matières confortent la sensation de bien-être.
1 ch. 80 €
www.maison-du-lac.fr

→ 29 Fressignes
☎ 06 77 60 34 24
Ouv. 7j/7.

ELBEUF - 76500 (6 C 3)
Rouen 20 - Evreux 47

12 L'Os à Moelle

Un bistrot animé et pro, où l'on sert sérieusement un répertoire ménager qui ne mégote, ni sur la quantité, ni sur les provenances : tartine d'os à moelle qui impose le respect, pied-de-veau désossé, pavé d'andouille de Vire sauce cidre, pot-au-feu ou cassoulet. Petite cave, vins au verre et service disponible et rapide.
C : 24 € • M : 20,50-24,70 €

→ 73 rue du Neubourg
☎ 02 35 77 99 88
F. lundi à dîn., sam. à déj. et dim. F. ann. non comm.
Jusqu'à 22h.

EMBRUN - 05200 (34 B 2)
Gap 38 - Briançon 51

11 La Mairie

Un établissement familial et pratique où le chef tourne une honnête cuisine qui suit de près ou de loin les modes contemporaines avec des ravioles aux morilles et du sandre au beurre rouge. Ce qu'on y préfère ? La simplicité des tourtons de pays, de l'andouillette sauce moutarde ou du confit maison. Et la gentillesse du service, qui se démène pour ces tarifs très abordables.
C : 25 € • M : 18,50-26 €
www.hoteldelamairie.com

→ Pl Barthelon
☎ 04 92 43 20 65
F. dim. à dîn., lundi, 18-31 mai et oct.-nov.
Jusqu'à 21h30.

Villes de proximité, voir :

↻ CROTS .... 4 km S.O. par N 94 **(12/20)**

EMMERIN - 59320 (2 A 3)
Lille 5 - Roubaix 25

La Howarderie

La belle maison du XVIIe siècle poursuit une mue qui, outre la création d'un restaurant l'hiver dernier, s'est traduite par la création d'un nouvel espace d'accueil, d'un bar et d'une terrasse. Les chambres font l'objet de soins attentionnés, l'une d'elles étant tapissée d'un papier signé Pierre Frey, d'autres laissant apparaître briques et poutres et un motif peint à la main au début du XXe siècle, l'une des suites offrant le raffinement de portes comportant des vitraux peints à la main et l'originalité d'une douche à effet de pluie.
3 appart. 150-220 € • 4 ch. 95-160 €
www.lahowarderie.com

→ 1 rue des Fusillés
☎ 03 20 10 31 00
🖷 03 20 10 31 09
F. sem. 15 août et vac. scol. Noël.

ENGHIEN LES BAINS - 95880 (8 B 4)

Paris 18 - Pontoise 22 - Argenteuil 6

13 **Aventurine**

Le nouveau jeune chef, formé dans quelques établissements de grand standing, s'est rapidement adapté au cahier des charges Barrière. Dans ce cadre luxueux, sa cuisine ne manque pas d'allure, les saint-jacques juste saisies à l'huile de sésame, mousse vanillée et citron confit, le saint-pierre rôti à l'unilatéral et parmentier de coques et le baba au rhum, brochette de fruits au pain d'épices peinant toutefois à réveiller une atmosphère souvent empesée. Cave classique proposant quelques références au verre, à partir de 14 €.
C : 65 € • M : 45 €

www.restaurants-barriere.com

→ 85 rue du Gén-de-Gaulle
☎ 01 39 34 10 19
F. lundi, mardi et 28 juil.-17 août.
Jusqu'à 22h.

Grand Hôtel Barrière

Derrière la sobre façade blanche, on retrouve tout le professionnalisme des hôtels du groupe, dans la gentillesse et la disponibilité du service, comme dans l'élégance des chambres (un cadre sobre et feutré pensé par Jacques Garcia). Agréable parc paysager qui descend jusqu'au lac.
6 appart. 270-300 € • 39 ch. 210-235 €

www.grand-hotel-enghien.com

→ 85 rue du Gén-de-Gaulle
☎ 01 39 34 10 00
🖨 01 39 34 10 01
Ouv. 7j/7.

ENTRAIGUES - 84320 (33 B 4)

Carpentras 14 - Avignon 13

12 **Mas de la Dragonette** ♥ *d≤*

Dans un esprit demeure d'hôtes, ce mas XVIIIe constitue une très jolie découverte, havre sobre et raffiné où l'on respire un vrai parfum d'authentique, accentué par le désir des propriétaires de travailler en quasi-autarcie. Un jardinier cultive les légumes du potager, le chef les utilise dans des menus pleins de fraîcheur, en particulier celui du déjeuner où chaque semaine, et pour 19 €, l'un d'eux est mis en évidence. Une cuisine relativement simple, mais bien tournée (un bon lieu jaune aux cocos, une soupe au pistou bien dosée) accrochant presque une petite toque. Petite cave locale maligne, avec un choix en petits rhônes et locaux et une bonne sélection dans les verres à 3 €.
C : 46 € • M : 19-35 €

www.masdeladragonette.com

→ 260 chemin A.-Messager
☎ 04 90 39 20 77
F. dim. à dîn., lundi, mardi à dîn., 3 sem. janv., 1 sem. fév. et 2 sem. août.
Jusqu'à 21h30.

ENTRAYGUES SUR TRUYERE - 12140 (30 C 2)

Espalion 27 - Aurillac 42

12 **Ferme Auberge La Méjanassère**

Le domaine qui entoure cette superbe ferme de caractère au-dessus de la vallée du Lot permet une production variée, du vin à l'huile de noix en passant par la volaille ou les herbes aromatiques. Pour le reste, les collègues veillent pour fournir l'hydromel, les fruits de saison ou le cochon fermier. Le résultat est un petit bonheur de générosité, avec un menu unique débordant de saveurs, et une ambiance soutenue. On n'a plus envie de partir ; ça tombe bien, les bâtiments annexes abritent de superbes chambres d'hôtes qui rappellent que Véronique Forveille a reçu une formation Beaux-Arts.
C : 26 €

→ ☎ 05 65 44 54 76
F. lundi (juil.-août) et sem. (sf fériés avril-oct.)

431

EPERNAY - 51200   **(9 A 3)**

Châlons-en-Champagne 34 - Reims 25

14 Hôtel-Restaurant Les Berceaux

Le bistrot de Patrick Michelin (le 7, installé à quelques mètres de là dans la même rue) rencontre un franc succès, en particulier au déjeuner. Au point de faire de l'ombre à la maison mère ? Peut être. Mais le visiteur d'un soir ne regrettera pas son choix, confortablement installé dans cette belle salle à manger récemment rénovée, chouchouté par un personnel très pro et forcément ravi de la justesse des plats : homard bleu sur une fricassée de coco, champignons sauvages au jus de crustacés et amandes fraîches, cabillaud rôti sur peau, croustillant de morue douce et chorizo, pigeon rôti à la broche, boulgour aux dattes et citron confit, macaronnade aux framboises et verrine de framboises pochés. Très belle cave en champagne.

C : 75 € • M : 53-69 €   www.lesberceaux.com

→ 13 rue des Berceaux
☎ 03 26 55 28 84
F. lundi, mardi, vac. scol. fév.
et 2 sem. mi-août.
Jusqu'à 21h.

13 Les Cépages

Les vignes sculptées sur la belle façade en pierre annoncent la couleur, le divin breuvage est à l'honneur chez les Mathieu, avec en particulier une vaste cave champenoise. Pour accompagner, le chef privilégie les valeurs sûres et les beaux produits, le foie gras (en nougat, au miel et ratafia) ou la pièce de veau (au jus de viande), sans oublier le homard à qui un menu est dédié. Le menu du marché à l'ardoise permet de varier les plaisirs, dans une salle aux couleurs chaleureuses.

C : 55 € • M : 18-69 €   www.lescepages-epernay.com

→ 16 rue Fauvette
☎ 03 26 55 16 93
F. dim., merc. (sf groupes),
vac. scol. hiver et 2 sem. été.
Jusqu'à 20h45.

12 Bistro le 7

La foule se presse chaque midi dans le bistrot de Patrick Michelon au décor récemment repensé, à la fois chic et bistrotier et cédant même aux sirènes de la mode (un écran plasma passant des films tournés sur des îles paradisiaques). Assiettes parfaitement raccord, entre tradition locale et ouverture sur le monde : cannelloni d'épinards à la crème de gorgonzola, risotto virtuel d'encornets au thym, grosses crevettes grillées et aromates, gaufre minute, sauce chocolat, chantilly et glace vanille. Champagnes à prix canon.

C : 40 € • M : 24 €   www.les.berceaux.com

→ 7 rue des Berceaux
☎ 03 26 55 28 84
Ouv. 7j/7.
Jusqu'à 22h.

12 La Grillade Gourmande

A proximité du théâtre, la nouvelle adresse de Christophe Bernard, ancien chef de La Briqueterie à Vinay, passe presque inaperçue ; la faute à une façade un peu terne. Oubliée la cuisine un peu empesée du Relais et Châteaux et place à une habile cuisine du marché servie dans une salle chaleureuse : agréable cappuccino de carottes nouvelles, caille rôtie savoureuse avec son petit foie gras grillé, bonne tarte aux pommes. Jardin pour les beaux jours.

C : 40 € • M : 19 €   www.lagrilladegourmande.com

→ 16 rue de Reims
☎ 03 26 55 44 22
F. dim., lundi, vac. fév., 2 sem.
sept. et sem. Noël.
Jusqu'à 22h.

---

découverte 𝄌 GM met en avant des nouveautés méconnues

💗 coup de cœur   🍇 carte des vins remarquable   🔽 notation en hausse

11 La Table Kobus

Cadre et cuisine de brasserie, on pourrait se contenter de la sentence, mais Kobus et son chef méritent un peu mieux, pour une carte bien organisée et attractive avec ses menus à thème et ses histoires d'hier et d'aujourd'hui, plutôt pas mal racontées : velouté de panais, foie gras poêlé et crème de persil plat, filet de sandre aux goldens et noix sauce vin rouge, magret de canard, nems aux champignons et risotto carotte…

C : 50 € • M : 27-47 €

→ 3 rue du Dr-Rousseau
☎ 03 26 51 53 53
F. dim. à dîn., lundi, jeudi à dîn., 1re sem. janv., 10 jrs vac. scol. Pâques, 15 jrs août et dern. sem. déc.
Jusqu'à 21h15.

---

10 La Cave à Champagne

L'enseigne et la devanture sympathiques, annonciatricess d'univers bachiques, ne trompent pas, le champagne est ici à l'honneur, dans le décor (niches avec des mises en scène, publicités anciennes) comme sur la carte des vins (y compris au verre avec un cru renouvelé chaque jour et un menu avec trois coupes différentes). Inspiration régionale également en cuisine (tarte au boudin blanc de Rethel, cuisses de volaille de ferme sauce au champagne), qui remplit honnêtement son office.

C : 35 € • M : 16,50-32 € *www.la-cave-a-champagne.com*

→ 16 rue Gambetta
☎ 03 26 55 50 70
F. mardi et merc.
Jusqu'à 22h.

Le Clos Raymi

Une maison particulière ayant appartenu à Monsieur Chandon, qui n'est autre que le copain de Moët. Le style demeure de famille a été conservé, dans des chambres raffinées et personnalisées comme dans les réceptions.

7 ch. 100-160 € *www.closraymi-hotel.com*

→ 3 rue Joseph-de-Venoge
☎ 03 26 51 00 58
🖨 03 26 51 18 98
F. 23 déc.-2 janv.

Villes de proximité, voir :

⟳ CHAMPILLON .... 6 km N. par N 51 **(14/20)**

⟳ DIZY .... **(14/20)**

⟳ VINAY.................................... 7 km S. par N 51 **(14/20)**

EPINAL - 88000 (12 A 5)
Paris 396 - Nancy 71 - Chaumont 124

16 Les Ducs de Lorraine

Laissant doucement les rênes à son ancien second Stéphane Ringer, qui travaille avec lui depuis dix ans, Claudy Obriot sait que l'image d'Epinal sera bien défendue par ce brillant artisan d'une carte qu'il inspire encore beaucoup. Dans ce manoir classique de style victorien, on attend du prestige et un peu de terroir, ils arrivent, dans cet ordre, bien peignés, endimanchés pour la noce : une déclinaison de foie gras, une entrecôte de veau de lait aux morilles et un soufflé aux mirabelles plus tard, on est convaincu que tout va bien chez les Ducs de Lorraine et qu'il fait bon vivre dans ce duché-là. Même si le jeune chef veut aussi montrer quelques idées du jour, avec un carpaccio de saint-jacques et vinaigrette d'amandes ou une mousseline vanille avec le filet de saint-pierre à l'huile parfumée. Ambiance raffinée sous les plafonds moulurés, service bien ordonné et cave puissante sur toutes les régions.

C : 57 € • M : 42-74 € *www.ducsdelorraine.fr*

→ 5 rue de Provence
☎ 03 29 29 56 00
F. dim. à dîn., fériés à dîn. et 1er-15 août.
Jusqu'à 21h15.

L'EPINE - 51460 (9 B 3)

Châlons-en-Champagne 9 - Sainte-Ménehould 33

15 Aux Armes de Champagne

Après cent ans, les armes sont-elles toujours affûtées ? La réponse est oui, et c'est toujours avec plaisir qu'on passe outre le manque de charme de la façade ou les tables un peu trop rapprochées pour apprécier la cuisine de Philippe Zeiger, qui met volontiers son espièglerie au service de son talent comme avec cette dynamite de seiches, fenouil confit et poivrons doux à l'allure étonnante. Il sait aussi rendre au terroir les hommages qu'il mérite (impeccables asperges et morilles à l'œuf cassé) et trouve un efficace relais en salle avec Pascal Fouassier, à la tête d'un service alerte et particulièrement aimable. Un seul regret, la somptueuse carte des vins (qui fait honneur notamment au champagne) est relayée par un choix au verre insuffisant.

C : 70 € • M : 44-60 €

→ 31 av du Luxembourg
☎ 03 26 69 30 30
F. dim. à dîn., lundi (oct.-mai) et 7 janv.-6 fév.
Jusqu'à 21h30.

🚗 ❄❄ 🎾 🐕 🚬

idéal gourmet

www.aux-armes-de-champagne.com

Aux Armes de Champagne

La maison fête cette année son centenaire, mais les chambres régulièrement rénovées n'accusent pas le poids des ans et séduisent toujours, avec leurs ambiances personnalisées. Une belle élégance classique, où le décor fleuri fait écho par endroits au jardin.

2 appart. 265 € • 37 ch. 85-168 €

→ 31 av du Luxembourg
☎ 03 26 69 30 30
📠 03 26 69 30 26
F. 7 janv.-6 fév.

🚗 ❄❄ 🎾 🐕

www.aux-armes-de-champagne.com

EQUEURDREVILLE HAINNEVILLE - 50120 (5 A 2)

Saint Lô 81 - Cherbourg 2

13 La Gourmandine

La bonne démarche, c'est celle de Sylvain Lebas, qui fait du terroir simple et bon avec la pêche du jour, et sait mettre sa valeur ajoutée dans la plupart des assiettes, la saucisse de Savoie avec les huîtres chaudes ou le cannelloni de queue de bœuf avec le filet. La petite salle marine, vue sur la rade et déco eighties de club anglais, s'accorde à une atmosphère de douceur qui incite à la bienveillance. Et si l'on remettait la toque ? Le très bon saumon de Cherbourg, (même s'il est desservi par un sorbet tomate au goût de concentré), le filet de bar sauvage cuit aux algues, avec une crème andouille et pommes, comme la tarte du Cotentin, la méritent. Service plein de gentillesse, cave modeste, mais honnête, avec le chablis de Laroche ou le saint-joseph de la cave de Sarras.

C : 40 € • M : 13,50-46 €

→ 24 rue Surcouf
☎ 02 33 93 41 26
F. dim., lundi, 13 juil.-7 août et 4 déc.-7 janv.
Jusqu'à 21h30.

♿ ❄❄ 🐕

www.perso.wanadoo.fr/restaurant-la-gourmandine

ERBALUNGA - 20222 (35 D 2)

Bastia 10 - Corte 80

14 Le Pirate

On sent poindre chez ce Pirate méditerranéen un grand désir de reconnaissance, une volonté de standing qui ne s'altère pas. Et tant mieux, malgré des efforts ça et là un peu voyants, car les Bastiais tiennent là une vraie belle table, grâce à un jeune chef qui se sort avec brio des fourches caudines de l'épate touristique, coulis exotique, risottos et enrobages divers. De la légèreté et de la précision, voilà ce qui transparaît dans la brandade de denti et moules, comme un parmentier, avec un trait d'épeautre acidulé ou dans la déclinaison de veau - côte poêlée, effilochée de ris et rognon au foie gras dans un cercle de macaronis, quasi pané - exemplaires

→ Pl Marc-Bardon
☎ 04 95 33 24 20
F. lundi, mardi (oct.-mai) et mi-janv.-mi-fév.
Jusqu'à 22h.

🎋 ❄❄ 🐕 🚬

d'une manière un tantinet démonstrative mais reposant sur des bases très saines. Cave intéressante, vins corses nombreux et un peu chers, mais où les grands crus et quelques beaux flacons de connaisseurs (Ebrescade de Richaud, Saturne d'Olivier Pithon…) sont très honnêtement tarifés, dans une sélection certes classique, mais effectuée avec beaucoup de soin pour donner les bons propriétaires (le gevrey 1er cru de Geantet-Pansiot à 100 €). Jeune service très protocolaire, le sommelier corse apportant davantage de naturel et d'aisance.

C : 60 € • M : 35-90 €   www.restaurantlepirate.com

Hôtel Demeure Castel Brando

Le charme, cela fonctionne ou pas, et cela ne tient pas forcément à trois bibelots et la vue sur la mer. Cette maison de maître XIXᵉ a véritablement une âme, un accueil distingué et chaleureux pour des amis de passage, un intérieur plein de goût, des chambres délicieuses, meublées d'ancien dans la demeure et la villa rose, plus cosy dans la villa jaune et l'orangeraie, les villas étant disséminées dans le parc, autour des palmiers, tilleuls centenaires et essences méditerranéennes.

6 appart. 111-165 € • 45 ch. 99-199 €   www.castelbrando.com

→ Erbalunga
☎ 04 95 30 10 30
🖳 04 95 33 98 18
F. 15 nov.-15 mars.

ERMENONVILLE - 60950   (3 D 5)
Compiègne 43 - Meaux 24 - Senlis 13

Château d'Ermenonville

Délicatement posé sur l'eau, le château marie dans son architecture l'élégance XVIIIᵉ à des rappels d'un lointain passé, comme les tours rondes. Meubles de style et tentures épaisses sous les hauts plafonds pour des chambres cossues sans ostentation, ouvertes largement sur les magnifiques paysages du parc, soigneusement restauré dans l'esprit de l'époque.

2 appart. 290 € • 51 ch. 110-215 €   www.chateau-ermenonville.com

→ Rue René-Girardin
☎ 03 44 54 00 26
🖳 03 44 54 01 00
Ouv. 7j/7.

ERNEE - 53500   (15 D 1)
Laval 30 - Fougères 19

13 Le Grand Cerf

Quand un chef (en fait, ils sont deux…) s'applique à suivre les saisons, s'implique dans des repas débats (autour du vin, du chocolat), bref fait vivre sa maison au fil des mois, c'est forcément bon signe, non ? En tout cas, c'est bien le cas ici, malgré le cadre d'ancien relais de poste aussi classique que l'enseigne, et malgré les intitulés des menus, la touche personnelle ne fait pas défaut, avec les queues de langoustines interprétées en rémoulade avec céleri mais aussi mangue et fines herbes, un bon médaillon de veau en cocotte au moelleux préservé et accompagné de légumes savoureux, ou encore avec un baba… au calvados et sorbet petit suisse.

M : 23-32 €   www.legrandcerf.net

→ 17-19 rue Aristide-Briand
☎ 02 43 05 13 09
F. 15-31 janv.
Jusqu'à 21h.

ERQUY - 22430   (14 B 2)
Saint-Brieuc 39 - Dinard 39

14 L'Escurial

La progression de Denis Froc en quelques années réjouit naturellement les vieux Rhoeginéens qui ont depuis si longtemps fait de l'Escurial, avec sa belle salle en rotonde regardant la mer, leur table-fétiche et l'emblème de la cité de la saint-jacques. En brochette avec des tagliatelles de blé noir, marinées à la fleur de

→ 29 bd de la Mer
☎ 02 96 72 31 56
F. dim. à dîn., lundi, jeudi à dîn.(sf juil-août) et janv.
Jusqu'à 21h30.

sel avec une vinaigrette de betterave jaune, saisies dans un crémeux de morilles ou à l'étouffée dans une cocotte lutée à la fenouillette sauvage, le délicieux coquillage est naturellement à l'honneur dans la carte marine, spirituelle et expressive de ce chef adroit, qui montre autant de curiosité pour les saveurs accordées que pour les variétés de cuissons et de textures (dos de bar aux épices chinoises, saint-pierre rôti et bouillon de poule au xérès). Desserts plaisants, menus bien pensés, très bon accueil de Sandrine, cave malheureusement sans intérêt.

C : 45 € • M : 22-45 €   *www.lescurial.com*

---

11 **Relais Saint-Aubin**

L'ancien prieuré du XVIIᵉ siècle ouvre sur une terrasse donnant sur un jardin joliment fleuri. Ce cadre bucolique s'accorde à merveille avec la gentille cuisine de Gilbert Josset, dont les assiettes marines (très tournées vers la star locale, la saint-jacques) affichent une franche simplicité : salade tiède de saint-jacques, langoustines grillées aux piments doux, sole meunière et pommes vapeur. Quelques plats de viandes ciblés (jarret de porc grillé, entrecôte grillée au feu de bois…).

C : 44 € • M : 17-55 €   *www.relais-saint-aubin.fr*

→ Rte D 68
☎ 02 96 72 13 22
F. lundi (juil.-août), lundi, mardi (h.s), lundi, mardi, merc. (15 nov.-15 mars), 15 fév.-10 mars, 7-17 oct. et 17-26 déc.
Jusqu'à 21h30.

ERVAUVILLE - 45320   **(18 C 2)**
Courtenay 10 - Montargis 32

14 **Le Gamin**

Vous aimez le tweed, les longues promenades d'automne sur un chemin forestier, la méditation tranquille dans une aube de rosée. Vous aimez certainement aussi le douillon de truffe, le turbot à l'os, le ris de veau aux morilles et le filet de bœuf Rossini. Pour retrouver ces plats de toujours, respectés, bichonnés, dans une ambiance adéquate, faites un tour dans ce coin de Beauce à une heure de Paris, où Joël Desmurs et son jeune chef Yannick Ris tricotent comme depuis l'enfance du gamin d'Ervauville, les plats de la douce France. Le prix de la nostalgie est considérable, mais il n'y en a pas tant que cela à ce niveau. Bonne cave bourguignonne.

C : 70 € • M : 46-56 €   *restaurantlegamin@wanadoo.fr*

→ Le Bourg
☎ 02 38 87 22 02
F. dim. à dîn., lundi et mardi.
F. ann. non comm.
Jusqu'à 21h.

ESPALION - 12500   **(30 C 2)**
Conques 49 - Rodez 31

13 **Le Méjane**

Entre plats de poissons et recettes régionales, Philippe Caralp ne choisit pas et trace une route personnelle, choisissant le produit parce qu'il est beau et qu'il lui plaît plus que par souci de coller aux attentes touristiques. Alors, dans ce cadre caramel plutôt contemporain, un service précis et bien au fait de ce qui sort des cuisines fait s'enchaîner les nems de tourteau et porc à la bisque de crustacés, le filet de bar sur tatin de fenouil ou le craquelin de noisette au caramel comme autant de plaisirs gourmands, surtout à ce prix. Cave agréable variée de belles valeurs sûres, y compris au plus proche.

M : 23,50-34 €   *lemejane@wanadoo.fr*

→ 8 rue Méjane
☎ 05 65 48 22 37
F. dim. à dîn., lundi à déj., merc., (sept.-juin), dim. à dîn., lundi (juil.-août), mars et 23-28 juin.
Jusqu'à 21h.

12 L'Eau Vive

Spécialités de poissons d'eau douce pour la table de l'hôtel Moderne, emmenée par le fils de la famille autour de belles préparations classiques (papillote de sandre au foie gras, omble chevalier à la crème d'amande). Aveyron oblige, les carnivores ne sont pas oubliés, avec le jambon de mouton séché aux herbes ou le quartier de broutard grillé, servis dans le cadre d'une maison de tradition. A découvrir en cave, les vins de la région.
C : 43 € • M : 14-45 €   www.hotelmoderne12.com

→ 27 bd de Guizard
☎ 05 65 44 05 11
F. dim. à dîn., lundi, 2-18 janv.
et 3 nov.-10 déc.
Jusqu'à 21h.

ESPARRON DE VERDON - 04800   (33 D 4)
Aix-en-Provence 70 - Gréoux-les-Bains 14

✳ Château d'Esparron

Ce château classé tire ses origines du XIIIe siècle et la famille Castellane l'a fait évoluer depuis jusqu'à cette magnifique bâtisse, où ses descendants proposent des chambres spacieuses, avec mobilier d'époque. La situation en pleine nature et le jardin de roses sont autant d'atouts supplémentaires.
5 ch. 130-220 €   www.esparron.com

→ ☎ 04 92 77 12 05
F. Toussaint-Pâques.

ESPELETTE - 64250   (24 D 6)
Pau 123 - Bayonne 22

12 Euzkadi

Le lexique basque est une délicate attention et résume bien l'esprit d'une maison entièrement tournée vers la générosité du terroir, expression un peu galvaudée qui prend tout son sens derrière les volets rouges, quand il s'agit d'attaquer le menu Ezpeleta, avec l'elzekaria (la soupe de légumes), le tripotxa (boudin de veau), l'axoa (hachis de veau et piments d'Espelette) et la koka (crème renversée). A défaut de devenir bilingue, on en sort conquis.
C : 25 € • M : 18-35 €   www.hotel-restaurant-euzkadi.com

→ 285 rte Karrika-Nagusia
☎ 05 59 93 91 88
F. lundi, mardi (h.s.) et
1er nov.-22 déc.
Jusqu'à 21h.

Euzkadi

Etape simple et soignée au pays du piment, avec un hôtel accueillant dans son allure basque comme dans ses jolies chambres, murs clairs et parquets flottants, ponctuées d'agréables touches de couleurs.
27 ch. 45-68 €   www.hotel-restaurant-euzkadi.com

→ 285 rte Karrika-Nagusia
☎ 05 59 93 91 88
🖨 05 59 93 90 19
F. 1er nov.-22 déc.

ESQUELBECQ - 59470   (1 C 2)
Calais 58 - Dunkerque 19 - Lille 59

10 Table des Géants

La petite table des Flandres telle qu'on l'imagine sur les cartes postales : une ancienne bâtisse flamande, autrefois dépendance du château voisin, les photos des géants des ducasses accrochées aux poutres, le feu de bois et les assiettes traditionnelles, carbonnade, potjevleesch et frites maison. Et la jolie blonde locale sur toutes les tables.
C : 30 € • M : 20-35 €   laurence-george2@wanadoo.fr

→ 9 bis pl Bergerot
☎ 03 28 62 95 84
F. lundi-merc. (sf groupes) et
fin oct.-déb. nov.
Jusqu'à 22h30.

ESQUIULE - 64400 (23 C 6)
Oloron-Sainte-Marie 10 - Mauléon-Licharre 23

14 **Chez Château**

L'épicerie et bistrot de village des arrières-grand-parents de Jean-Bernard Hourçourigaray (multiple champion de France de pelote basque) n'a finalement pas tant changé. La meilleure preuve ? Les anciens du village viennent toujours y bavarder autour d'un verre, sagement installés dans la petite salle de l'entrée qui fait encore office de bar. Confiée à Jean-François Leclerc, la cuisine affiche une bonne humeur qu'on ne rencontre que très rarement ailleurs comme s'il se produisait, presque par magie, une alchimie sans cesse entretenue entre la clientèle et les plats proposés par cet ancien du Chapon Fin (à Bordeaux) : crème de garbure aux haricots maïs et morue biscayenne, dos de merlu au jambon poêlé et jus vinaigré, poêlée de ris d'agneau aux cèpes en persillade.
C : 45 € • M : 19-60 €

→ Pl du Fronton
☎ 05 59 39 23 03
F. dim. à dîn., lundi, merc. à dîn. et 15 fév.-15 mars. Jusqu'à 22h.

www.obron-ste-marie.com/restau/chateau

ESTAING - 12190 (30 C 2)
Entraygues-sur-Truyère 17 - Espalion 10

13 **Auberge Saint-Fleuret**

Une étape de caractère dans un village qui n'en manque pas, voilà ce que proposent les Moreau, le gîte comme le couvert, dans une imposante salle bourgeoise sous le haut plafond poutré. Dans ce contexte, on ne peut que saluer la volonté du chef qui, loin de céder aux sirènes d'un terroir pour touristes, s'appuie sur les produits du cru pour proposer des assiettes personnelles et ludiques, comme le pesto d'ail des ours et la glace au persil qui accompagne la brochette d'escargots ou le couscous de montagne sur le filet mignon de porc aux cèpes. Courte carte des vins, avec ce qu'il faut de variété et bien sûr les vins locaux en vedette.
M : 19-59 €

→ 19 rue François-d'Estaing
☎ 05 65 44 01 44
F. dim. à dîn., lundi (h.s.), lundi à déj. (15 juin-15 sept.) et 15 nov.-30 mars. Jusqu'à 21h.

www.auberge-st-fleuret.com

- -

11 **Aux Armes d'Estaing**

Sur les bords du Lot, face au vieux pont, la maison de Rémi Catusse prouve que ces Armes-là sont celles de la noblesse, prenant son ampleur sur les plats ambitieux et les touches personnelles du chou farci (de ris d'agneau aux cèpes et crème de cacahuète) ou du plus classique filet de bœuf au foie gras poêlé et réduction de vin d'Estaing.
M : 15-45 €

→ 1 quai du Lot
☎ 05 65 44 70 02
F. dim. à dîn., lundi et 10 nov.-15 mars. Jusqu'à 21h.

www.estaing.net

ESTISSAC - 10190 (9 A 5)
Troyes 16 - Aix en Othe 8

Moulin d'Eguebaude

Un ravissant moulin du XIIIe siècle à pans de bois, sur les rives de la Vanne. Parc de cinq hectares, sauna et restaurant donnant la part belle aux produits de la pisciculture dirigée par les propriétaires de cet établissement. Deux des chambres disposent d'une baignoire-jacuzzi.
8 ch. 42-71 €

→ ☎ 03 25 40 42 18
▤ 03 25 40 40 92
Ouv. 7j/7.

eguebaude@aol.com

ETAPLES - 62630 (1 A 3)
Le Touquet 5 - Montreuil 9

10 Aux Pêcheurs d'Etaples

Poissonnerie, traiteur et restaurant, cette grande maison sur le quai de la Canche joue sur un registre d'une confondante simplicité, conforme au cahier dressé par la CME (un groupement de patrons de bateaux) lors de la création de cette ambassade de la pêche, en 1983. De bonnes spécialités, dont la gainée boulonnaise.
C : 32 € • M : 19-35 €   rptetables@cmeop.com

→ Quai de la Canche
☎ 03 21 94 06 90
F. dim. à dîn. (nov.-fin mars)
et 3 sem. déb. janv.
Jusqu'à 21h15.

ETOGES - 51270 (9 A 4)
Epernay 25 - Châlons-en-Champagne 40 - Sézanne 25

Château d'Etoges

Classé aux Monuments Historiques, ouvrant sur un vaste parc de près de vingt hectares et encore protégé par des douves en eau, cet élégant château du XVIIe siècle aux chambres impeccablement tenues (tissus luxueux, climatisation) fait preuve d'allure. Excellentes prestations d'ensemble, jusqu'au restaurant, désormais installé dans l'ancienne orangerie.
28 ch. 80-260 €   www.etoges.com

→ 4 rue Richebourg
☎ 03 26 59 30 08
🖨 03 26 59 35 57
F. 20 janv.-13 fév.

ETOUY - 60600 (3 D 4)
Beauvais 21 - Amiens 76 - Clermont 7

15 L'Orée de la Forêt

Après le tour à cheval en forêt de Chantilly, il faut retrouver quelques royales habitudes dans une maison où l'on est bien reçu. Au milieu d'un parc arboré, traversé d'une rivière, la maison des Leclercq fait bonne figure dans le paysage de chasse : des foies gras, du turbot, du ris de veau à la truffe, du pigeonneau du Maine-et-Loire, du homard à l'huile de ciboulette, des provenances françaises et des histoires de vicomte qui donnent envie de sonner du cor. La salle nous a semblé cette année encore en progrès, digne de ces nobles assiettes, à des tarifs qui n'ont d'ailleurs rien d'exorbitant. Cave dans le fil conducteur, classique et sage.
C : 70 € • M : 28-72 €   www.loreedelaforet.fr

→ 255 rue de la Forêt
☎ 03 44 51 65 18
F. vend., sam. à déj., dim.
à dîn., 1re sem. janv. et août.
Jusqu'à 21h.

ETREAUPONT - 02580 (4 C 3)
Laon 47 - Saint-Quentin 51

Le Clos du Montvinage

Sur une route au faible potentiel touristique, cette belle demeure de 1850, en pierres blanches et briques rouges, offre un accueil familial et souriant à une clientèle avide de calme et de confort bourgeois. Meublées en style Louis-Philippe, les chambres donnent sur un vaste parc doté de plusieurs aménagements à caractère sportif.
1 appart. 92-120 € • 19 ch. 45-88 €   www.clos-du-montvinage.fr

→ 8 rue Albert-Ledant
☎ 03 23 97 91 10
🖨 03 23 97 48 92
F. 2 sem. déb. janv., 2 sem.
août et 24 déc.

ETRETAT - 76790 (6 A 2)
Le Havre 29 - Fécamp 17

Domaine Saint-Clair

Sur les hauteurs à l'entrée de la ville, l'hôtel bénéficie d'une vue superbe et déploie son parc en terrasse au pied d'une architecture typique de la station (un château anglo-normand et une villa Belle Époque). Chaleureuses, les chambres sont personnalisées avec bonheur, objets anciens, tissus raffinés et déclinent des ambiances si différentes qu'elles incitent à revenir encore et encore.
2 appart. 111-302 € • 21 ch. 31-302 €   www.hoteletretat.com

→ Chemin de Saint-Clair
☎ 02 35 27 08 23
🖨 02 35 29 92 24
Ouv. 7j/7.

Dormy House

Posté sur l'un des sites les plus célèbres du littoral français, au sommet des fameuses falaises, ce château du XIXe siècle, de type anglo-normand, profite d'une vue imprenable sur la mer. Personnalisées selon des thèmes classiques (Louis-Philippe, années cinquante, moderne, mobilier cérusé…), les chambres offrent désormais un excellent niveau de confort depuis les récentes rénovations. Centre-ville à 5 minutes de marche.
1 appart. 205 € • 60 ch. 60-170 €   www.dormy-house.com

→ Rte du Havre
☎ 02 35 27 07 88
📠 02 35 29 86 19
Ouv. 7j/7.

La Résidence

Dans un esprit maison d'hôtes, cette Résidence au style normand a développé une hôtellerie personnalisée, chambres intimes et confortables, certaines avec lits à baldaquin ou balnéo-jacuzzi, toutes différentes, avec mobilier de bois massif, fer forgé, couettes. En annexe, une brasserie traditionnelle n'utilisant que des produits issus de la bio-agriculture.
15 ch. 38-98 €

→ 4 bd du Pdt-René-Coty
☎ 02 35 27 02 87
📠 02 35 27 02 87
Ouv. 7j/7.

ETUPES - 25460 (21 D 2)
Montbeliard 3 - Delle 14

12 Au Fil des Saisons ♥

Branchée en direct sur la marée et la saison, la cuisine de Stéphane Robinne ne cesse de séduire, alerte, actuelle. Les jolies assiettes révèlent fraîcheur et bonnes idées, sur la salade de haricots verts et écrevisses, la daurade à la plancha ou la tarte sablée aux fruits de saison. De beaux produits et beaucoup de plaisir, pour un prix raisonnable. On apprécie également un cadre contemporain et lumineux ou quelques plaisants vins découvertes.
C : 42 € • M : 22-29 €   www.aufildessaisons.eu

→ 3 rue de la Libération
☎ 03 81 94 17 12
F. sam. à déj., dim., lundi, 3 sem. déb. août et 23 déc.-5 janv.
Jusqu'à 21h30.

idéal gourmet

EUGENIE LES BAINS - 40320 (23 D 5)
Mont-de-Marsan 24 - Dax 66

19 Les Prés d'Eugénie - Michel Guérard

Cela fait plus de trente ans que Michel Guérard vante le bien-être, la santé, la forme et qu'il le fait avec des plats jouissifs qu'un contrôleur des finances neurasthénique et végétarien ne pourrait pas ne pas finir sans lécher l'assiette. La langoustine avec sa fausse béarnaise au citron et cet envoûtant bouillon d'herbes au combava illustre, par sa légèreté et sa puissance, cet esprit enjôleur, comme l'est, au moins autant, cette idée très guérardienne du hareng (c'est le Normand qui se souvient des foires aux harengs des pêcheurs de Saint-Valery) marié au caviar d'Aquitaine dans une douceur exquise. Tout est dit dans chaque plat, et un peu plus dans certains, débordant de générosité, comme le parmentier de pied de cochon, où l'on met toute l'offrande d'une région, les écrevisses, le foie gras d'oie, les truffes, le ris de veau dans une composition justement appelée Dieu est-il Gascon ? Il passe au moins régulièrement à Eugénie, bénir cette maison du bonheur, son personnel souriant, pas fâché d'être ici plutôt qu'en Silésie et même les clients qui prennent vite le pli d'un sourire extatique au fur et à mesure des assiettes. Même le homard, immergé dans l'armagnac, connaît une fin heureuse, gorgé de senteurs dionysiaques. Et l'on ne parle ici que des plats nouveaux d'une carte forcément exemplaire où l'on retrouve aussi bien l'oreiller moelleux de mousserons et morilles

→ ☎ 05 58 05 06 07
F. lundi à dîn. (sf veilles et fériés, 8 juil.-26 août) et 5 janv.-21 mars.
Jusqu'à 22h.

aux asperges que la griblette de bar, dans une nouvelle version, le ris de veau sur une sauce Albufera pimentée d'abricot ou la poitrine de volaille doucement cuite à la cheminée. On connaît la passion du chef pour les desserts : avec son pâtissier, il réinvente le millefeuille, en le taillant verticalement, insérant une divine crème vanille et ajoutant une purée d'abricot. Enfin, le livre de cave est toujours aussi agréable à feuilleter, comme une belle histoire des vignobles de France : les très bons voisins (Larredya, Arretxea, Da Ros) et un catalogue de crus de prestige, en bordeaux surtout, mais aussi en bourgogne, à la fois excitants (tout ce qui est beau dans les bonnes années) et attractifs. L'art de recevoir est aussi en cave : avec une Jadis de Barral, un Simone, une Marginale de Germain, vous buvez très grand dès les premiers prix, autour de 60 €.
C : 135 € • M : 145-190 €   www.michelguerard.com

©©© Les Prés d'Eugénie - Michel Guérard ⌑
Voué à la détente et au thermalisme, le domaine aligne la blancheur de ses bâtiments XVIIIe et XIXe au cœur d'un parc verdoyant et cultive cet esprit historique jusque dans l'allure des chambres, entre romantisme et douceur champêtre, au gré des différents espaces dédiés au confort des hôtes.
6 appart. 420-530 € • 25 ch. 300-350 €   www.michelguerard.com

→ ☎ 05 58 05 06 07
📠 05 58 51 10 10
F. 5 janv.-21 mars.

----

15 🛏 Auberge de la Ferme aux Grives
C'est dans la grange à foin de cette authentique ferme née sous Charles X que Christine et Michel Guérard ont restauré la gloire paysanne. Celle des volailles à la broche, du cochon ou de l'agneau qu'on cuit longuement au four de boulanger, des bonnes choses de la terre dont la qualité est insurpassable. Sur les royales tables d'hôtes ou sur la terrasse au jardin fleuri, on s'ébahit de tant de naturel et de tant de justesse, retrouvant le bon goût d'une terrine de champignons sauvages au foie gras ou de cet inénarrable cochon comme en Castille, avant la charlotte de riz au lait fumé, extraite d'un carnet de cuisine de l'impératrice Eugénie. Service tonique et souriant, en accord avec les lieux, beaux vins de la propriété, élargie au sud-ouest et au bordelais. Tant de bonheur pour 46 € ! Est-ce qu'on le mérite vraiment ?
C : 46 € • M : 46 €   www.michelguerard.com

→ Lieu-dit les Charmilles
☎ 05 58 05 05 06
F. mardi, merc. (sf veilles fêtes, fériés, 14 juil.-25 août) et 6 janv.-7 fév.
Jusqu'à 21h45.

©©© Logis de la Ferme aux Grives ⌑
La Ferme est une auberge ravissante et délicieuse, le Logis fait vivre dans cette ambiance nostalgique d'un paradis paysan reconstitué. Divisé en maisonnettes d'art, il offre des chambres spacieuses, avec lits à baldaquin et belles étoffes. Possibilité de louer la maison tout entière.
3 appart. 420-530 € • 1 ch. 320-410 €   reservation@michelguerard.com

→ ☎ 05 58 05 05 06
📠 05 58 51 10 10
F. 5 janv.-7 fév.

©©© La Maison Rose ⌑
Une sympathique maison d'amis à l'entrée du domaine, dans l'esprit des maisons d'hôtes à l'anglaise, cheminées allumées dans les salons et salles à manger, boiseries claires dans les chambres, tables cérusées, fauteuils Louis XVI paillés et planches d'herboristes sous verre.
9 appart. 110-250 € • 22 ch. 95-175 €   www.michelguerard.com

→ ☎ 05 58 05 06 07
📠 05 58 51 10 10
F. 1er janv.-7 fév.

EVIAN LES BAINS - 74500 (28 C 1)

Annecy 94 - Thonon-les-Bains 10

16 🥄🥄 Le Café Royal

Effectivement Royal, l'hôtel domine la ville dans tous les sens du terme, et la vaste salle en longueur, avec sa hauteur de plafond impressionnante, son décor travaillé et son service remarquable d'aisance et aux petits soins pour une clientèle essentiellement âgée, n'incite pas précisément à la gaudriole. C'est donc en toute logique et avec tout le poids de l'expérience que Michel Lentz privilégie des propositions classiques dans leur composition, le choix des produits comme dans l'exécution. On s'en accommode d'autant plus facilement que le niveau de qualité tout comme l'utilisation des légumes du potager et des produits de Savoie, donnent une réelle personnalité au filet de féra mariné à l'aneth et sorbet raifort ou aux ris de veau crispy réduction de vin jaune et crozets ; disons simplement qu'un mariage aussi réussi que la crème de topinambour et émulsion menthe chocolat goûtée en amuse-bouche fait regretter que le chef ne fasse pas preuve de plus d'audace, tant il prouve ici qu'il sait trouver des associations à la fois originales et qui font sens. Reste à saluer un très beau plateau de fromages locaux, avec des appellations méconnues comme le bleu de Termignon ou le persillé de Tignes, et une large carte des vins, avec des domaines sérieux dans la plupart des régions et un choix au verre bien sûr, y compris du très local (appellation marin, un village à 4 km de l'hôtel).

C : 80 € • M : 70 € *www.evianroyalresort.com*

→ Rive Sud du lac de Genève
☎ 04 50 26 85 00
F. 7 janv.-13 fév. F. hebdo non comm.
Jusqu'à 22h.

🥄🥄🥄 Evian Royal Palace

Ce palace majuscule nécessiterait probablement une page entière si l'on voulait décrire de façon exhaustive l'ensemble des prestations qu'il dispense. Pourtant, au-delà du luxe qui caractérise ce somptueux hôtel, construit en 1907 par la Société des Eaux Minérales d'Evian, c'est probablement cette atmosphère inimitable que l'on retient, cette ambiance Belle Epoque qui habite chaque mètre carré de ce grand complexe où aucun équipement de confort ou de loisirs ne fait défaut.

23 appart. 1300-1970 € • 121 ch. 210-840 €

→ Royal Parc Evian, rive sud du lac de Genève
☎ 04 50 26 85 00
📠 04 50 75 38 40
Ouv. 7j/7.

13 🥄 Le Gourmandin

Cadre élégant, service parfait d'aisance et d'efficacité, l'Ermitage fait ce qu'il faut pour contenter sa clientèle exigeante et peut compter sur l'expérience de Michel Mottet, qui a depuis longtemps apprivoisé les exigences du lieu, proposant une cuisine sagement dans l'air du temps, qui prend tout son sens grâce à la qualité des produits servis : asperges vertes et morilles roulées au jus de viande, filet de bœuf race abondance au sautoir et jus blond aux morilles, financier aux fraises et fenouil. Belle cave, qui peut compter sur des références solides en toutes régions.

C : 85 € • M : 60-80 € *www.evianroyalresort.com*

→ Rive sud du Lac de Genève, Lieudit Neuvecelle
☎ 04 50 26 85 54
Ouv. 7j/7.
Jusqu'à 21h30 (22h vend.-sam.).

Les fermetures hebdomadaires et annuelles sont celles que les restaurateurs et les hôteliers pensent pratiquer en 2008. Pour éviter des déplacements inutiles, téléphonez pour avoir confirmation.

🅒🅒🅒 Evian Royal Ermitage 🏌️

Paradis des golfeurs, à deux pas du Léman, pourvu d'un efficace country-club et d'un spa non moins remarquable, l'Ermitage profite des nombreuses possibilités du Royal Resort, et propose dans une architecture de palace anglo-normand que ne renierait pas Deauville des chambres à peine moins luxueuses que son grand frère, dans un délicieux esprit de cocooning contemporain, couettes épaisses et couleurs chaleureuses.

3 appart. 390-670 € • 88 ch. 130-670 €   www.evianroyalresort.com

→ Av du Léman, Neuvecelle
☎ 04 50 26 85 28
🖨 04 50 75 29 37
Ouv. 7j/7.

---

13 🍴 La Verniaz

La mission du chef est parfaitement remplie : les rappels régionaux fidèlement adaptés (omble chevalier sauce mousseline, écrevisses pattes rouges avec un risotto à la milanaise, volaille de Bresse Miéral à la broche), le prestige indispensable aux rencontres internationales : velouté et médaillons de homard, tatin de foie gras, filet de bœuf Lucullus et une réalisation sans reproche dans la belle salle bourgeoise et fleurie. Bonne cave de propriétaires sérieux (Deiss, Rion, Dagueneau…) à des prix rarement vus (Grange des Pères blanc 2004 à 75 €).

C : 55 € • M : 39-75 €   www.verniaz.com

→ Av d'Abondance,
Neuvecelle-Eglise
☎ 04 50 75 04 90
F. 1er janv.-9 fév. et 11 nov.-31 déc.
Jusqu'à 21h.

🅒🅒🅒 La Verniaz et ses Chalets 🏌️

Le mix entre l'architecture savoyarde et la touche anglo-normande fait… un palace où sont passés Charlie Chaplin et le roi Farouk. Les jolis chalets disséminés sur les 3 ha de parc ont le charme montagnard, les chambres sont plus originales, avec leur décor unique pour chacune, au cœur de l'ancienne ferme XVIIe.

1 appart. 255-335 € • 32 ch. 115-245 €   www.verniaz.com

→ Av d'Abondance,
Neuvecelle-Eglise
☎ 04 50 75 04 90
🖨 04 50 70 78 92
F. 1er janv.-9 fév. et 11 nov.-31 déc.

🏨 Hilton Evian-les-Bains

Récemment inauguré, cet établissement de style contemporain offre un espace intérieur dont la décoration, subtile et équilibrée, répond à merveille au cadre exceptionnel dont jouit ce bel ensemble. Dotées de terrasses ou de balcons, les chambres offrent une vue superbe sur le lac et le parc fleuri. Un spa de près de 2000 m², avec soins en cabine, sauna, bassin de relaxation, bassins japonais et piscine intérieure et un buddha-bar ajoutent au caractère exclusif de l'établissement.

5 appart. 305-535 € • 168 ch. 135-505 €   www.evianlesbains.hilton.com

→ Quai Paul-Léger
☎ 04 50 84 60 00
🖨 04 50 84 60 50
Ouv. 7j/7.

Villes de proximité, voir :

○ SAINT PAUL EN CHABLAIS ....8 km S. par D 21

EVISA - 20126 (35 B 3)
Ajaccio 72 - Calvi 96 - Piana 33 - Porto 23

11 L'Aïtone

Au-dessus du village, la maison de Toussaint Ceccaldi déploie une vue panoramique jusqu'au golfe de Porto et célèbre la Corse dans toute sa générosité, sens de l'accueil et saveurs entières, de l'assiette de charcuterie, de la truite Aïtone, du cabri à la corse ou de l'omelette au brocciu.

C : 30 € • M : 16-20 €   www.hotel-aitone.com

→ Toussaint-Ceccaldi
☎ 04 95 26 20 04
F. 15 nov.-1er fév.
Jusqu'à 21h30.

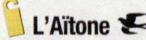 **L'Aïtone**

Le golfe de Porto d'un côté, la forêt d'Aïtone et les montagnes de l'autre, en contrebas le village typique... L'étape corse comme on la rêve, rustique et conviviale. Différents niveaux de prestations dans les chambres.
32 ch. 35-90 €

www.hotel-aitone.com

→ Toussaint-Ceccaldi
☎ 04 95 26 20 04
📠 04 95 26 24 18
F. 15 nov.-1er fév.

EVREUX - 27000 (6 C 4)
Paris 100 - Rouen 59 - Chartres 77

12 La Gazette

Le nom trouve écho dans les intitulés des menus, mais aussi dans les unes d'époque qui ponctuent ce décor contemporain et soigné. En cuisine, le rédac'chef n'a pas besoin de changer la formule, il séduit toujours dans sa façon de composer avec le terroir et la saison des éditos dans l'air du temps : tartare de daurade et melon marinés au citron vert, suprême de pintade jus aux griottes et finger aux crozets, tube crousti-choc mousse de lait et caviar de pomme rouge. Service agréable et belle cave classique, avec une ouverture sur l'étranger.
C : 45 € • M : 22-42 €

xavier.buzieux@wanadoo.fr

→ 7 rue Saint-Sauveur
☎ 02 32 33 43 40
F. sam. à déj., dim. et 3 sem. août.
Jusqu'à 21h30.

 idéal gourmet

- -

👁 **Croix d'Or**

Fidèle au poste, méritant sa forte fréquentation (même si les desserts manquent d'intérêt dans l'ensemble), cette cantine pour collègues de bureau soigne suffisamment ses assiettes (privilégier les plats les plus simples et les fruits de mer) pour mériter la halte.
C : 35 € • M : 11,90-32 €

→ 3 rue Joséphine
☎ 02 32 33 06 07
Ouv. 7j/7.
Jusqu'à 23h.

Villes de proximité, voir :

⏱ PARVILLE.................................4 km E. par N 13 **(12/20)**

EVRON - 53600 (16 A 2)
Laval 34 - Le Mans 57

13 Relais du Gué de Selle

Régulièrement primée pour son fleurissement, cette ferme restaurée posée au bord d'un étang de 50 hectares conserve chaque année, avec une parfaite constance, sa jolie toque. Régionale, s'appuyant sur des produits de qualité, la cuisine de Didier Peschard, chef expérimenté, ne prend il est vrai que très peu de risques avec une clientèle avide de quiétude : terrine de foie gras de canard, filet de sandre rôti au jus de tomates épicées et fondue de poireaux, pigeon cuit au sautoir, tagliatelle de légumes au beurre frais, sablé de fromage blanc et framboises écrasées au basilic. Cave solide offrant même quelques grands crus à tarif d'amis.
C : 44 € • M : 24-52 €

www.relais-du-gue-de-selle.com

→ Rte de Mayenne, D 7
☎ 02 43 91 20 00
F. vend. à dîn., dim. à dîn., lundi (16 oct.-31 mai), lundi à déj. (1er juin-30 sept.), 22 déc.-7 janv. et 17 fév.-3 mars.
Jusqu'à 21h.

Relais du Gué de Selle

Les habitués de cette ancienne ferme auront sans doute remarqué le réaménagement complet des jardins installés entre le restaurant et l'étang. Les autres loueront le calme impressionnant dont jouit le site, les chambres spacieuses, désormais toutes climatisées, la piscine extérieure chauffée ou la salle de remise en forme.
6 appart. 99-171 € • 24 ch. 59-127 €

www.relais-du-gue-de-selle.com

→ Rte de Mayenne
☎ 02 43 91 20 00
📠 02 43 91 20 10
F. 21 déc.-8 janv. et 15 fév.-3 mars.

12 La Toque des Coëvrons

Au cœur du bourg, la table des Ménard montre une constance et un vrai savoir-faire, s'appropriant le terroir à travers un bon réseau de producteurs, le chef en livrant une version plutôt personnelle, comme la terrine lapin et andouille, la joue de sanglier à la bière et son chou à l'orange ou le nostalgique riz caramel au lait, le tout pour un impeccable rapport qualité-prix.
C : 40 € • M : 16,50-31 €
marcmenard@wanadoo.fr

→ 4 rue des Prés
☎ 02 43 01 62 16
F. dim. à dîn., lundi, merc. à dîn, 2 sem. vac. scol. fév., 1er-15 août et 2 sem. été.
Jusqu'à 20h45.

EYBENS - 38320 (28 A 4)
Grenoble 4 - Chambéry 60

Château de la Commanderie 🕊

A dix minutes de Grenoble, cette commanderie a bien vu passer des templiers mais se présente aujourd'hui sous la forme d'une belle maison bourgeoise XVIIIe. Ambiance personnalisée au gré des chambres, toujours dans un esprit d'élégance rehaussée de façon plus ou moins marquée par un remarquable mobilier de style. Au-delà du parc, la vue se déploie sur les monts du Vercors. Belle cuisine classique.
25 ch. 92-180 €
www.commanderie.fr

→ 17 av d'Echirolles
☎ 04 76 25 34 58
🖥 04 76 24 07 31
F. 20 déc.-5 janv.

EYGALIERES EN PROVENCE - 13810 (33 B 4)
Marseille 79 - Avignon 32

16 Le Bistrot d'Eygalières ↗

Il se passe toujours quelque chose dans cette ambassade belge où un cuisinier passionné et passionnant tombé en amour de la Provence des Alpilles a su cristalliser dans son bistrot de charme des envies d'une clientèle vacancière autant avide de découvertes que de parfums de terroir. Jolie table, service polyglotte conversant en flamand aussi bien qu'en anglais, carte toujours attrayante à des prix qui unissent les privilégiés : trio de saumon, thon et foie gras au wasabi crème d'avocats, ris de veau en salade à la vinaigrette de truffes et glace parmesan, king crab à la mousse de pomme de terre aux truffes, croustillant de cochon de lait au porto... La manière est habile, l'atmosphère de café de village raffiné très réussie, pour une gastronomie de détente chic pour dîners tranquilles en veste de lin et chapeau de paille. Cave de connaisseur passionné, plus de 600 références, et bien sûr le meilleur des Baux et des rhônes du Sud.
C : 95 € • M : 85-100 €
www.chezbru.com

→ Chez Bru, rue de la République
☎ 04 90 90 60 34
F. dim. à dîn., lundi (oct.-déc.), lundi, mardi à déj. (1er juin-30 sept.) et janv.-mars.
Jusqu'à 22h.

Hôtel Mas dou Pastré

Douceur des Alpilles, à deux pas de Saint-Remy et des Baux, dans la parfaite tranquillité d'un mas provençal XVIIIe, accueillant et ensoleillé. Hammam, jacuzzi, piscine chauffée et restaurant de cuisine régionale.
2 appart. 240 € • 14 ch. 125-180 €
www.masdupastre.com

→ Rte d'Orgon
☎ 04 90 95 92 61
🖥 04 90 90 61 75
F. 15 nov.-15 déc.

L'Oliviera

Ambiance provençale typique avec un vieux mas installé sur une vaste oliveraie (dont on peut apprécier les produits en table d'hôtes). Tranquillité et paysages (vue panoramique) en complément de belles chambres soignées.
1 appart. 140-150 € • 3 ch. 90-100 €
www.loliviera.fr

→ Chemin des Jaïsse
☎ 04 90 90 65 28
F. 15 nov.-15 mars.

La Demeure

Noyé sous la verdure, le vieux mas XVIIIᵉ constitue une étape sereine et charmante, avec des chambres aux tons actuels et chaleureux et une touche de mobilier de style.
1 appart. 140 € • 2 ch. 80 €

→ 2 rue du Fossé-Meyrol
☎ 04 90 57 85 05
Ouv. 7j/7.

14 **Au Vieux Moulin**

L'intègre et expérimenté Georges Soulié ne met pas le mouchoir sur le terroir au moment de composer sa carte. Certes, le prestige régional est en avant, foie gras mi-cuit, truffe sous la cendre, mais on trouve une simplicité de bon aloi dans les légumes braisés au lard croustillant, la fricassée de cèpes, le confit aux mogettes ou le carré d'agneau au thym. Les résidents apprécient le savoir-faire et la maîtrise, l'atmosphère encore familiale et une cave bien équipée en bergerac et cahors (Tour des Gendres, Chambert…).
C : 50 € • M : 30 €   www.moulindelabeune.com

→ 2 rue du Moulin-Bas
☎ 05 53 06 94 33
F. sam. à déj., mardi à déj.,
merc. à déj. et 31 oct.-5 avril.
Jusqu'à 21h.

Le Moulin de la Beune

Retraite paisible dans la verdure et le confort de cet ancien moulin avec sa roue encore en fonctionnement et ses jardins au bord de l'eau sur lesquels donnent des chambres stylées à la décoration sobre de meubles anciens. Celles du second étage bénéficient de la climatisation.
20 ch. 50-68 €   www.moulindelabeune.com

→ 2 rue du Moulin-Bas
☎ 05 53 06 94 33
🖶 05 53 06 98 06
F. 31 oct.-5 avril.

---

13 **L'Hostellerie du Passeur**

Chez les Brun, la transition se passe sans douleur et les deux frères forment une équipe efficace pour faire vivre cette belle étape traditionnelle au cœur du Périgord. La salle à manger respecte l'architecture bourgeoise de cette maison XIXᵉ mais en saison, c'est en terrasse que ça se passe, au rythme d'un service élégant et autour d'un menu-carte qui dose habilement ses influences, entre le risotto gambas et foie gras et la poularde et son embeurrée de chou à la truffe.
M : 30-34 €   www.hostellerie-du-passeur.com

→ Pl de la Mairie
☎ 05 53 06 97 13
F. sam. à déj., mardi à déj. (sf juil.-sept.) et 1ᵉʳ nov.-15 mars.
Jusqu'à 21h.

L'Hostellerie du Passeur

Donnant sur l'esplanade de la Vezère, près de l'ancienne maison du passeur, l'hôtel cultive sens de l'accueil et prestations confortables, avec des chambres personnalisées, entre style ancien et touches plus actuelles.
19 ch. 72-97 €   www.hostellerie-du-passeur.com

→ Pl de la Mairie
☎ 05 53 06 97 13
🖶 05 53 06 91 63
F. 1ᵉʳ nov.-1ᵉʳ avril.

Le Centenaire

D'une chambre à l'autre, l'ambiance varie au gré de détails attentionnés, de mobilier ou de couleurs différents, et prolonge à l'intérieur de cette maison de caractère la douceur accueillante du parc ombragé.
5 appart. 230-305 € • 14 ch. 100-230 €   www.hotelducentenaire.fr

→ 2 rue du Cingle
☎ 05 53 06 68 68
🖶 05 53 06 92 41
F. déb. nov.-déb. avril.

Villes de proximité, voir :

☊ MARQUAY .... 12 km E. par D 47, D 48 et D 6 **(12/20)**

☊ SAINT LEON SUR VEZERE. 15 km N.E. par D 706 et D 66 **(11/20)**

EZE - 06360 (34 D 4)
Nice 11 - Monaco 14

18 🏨🏨🏨 ⪧ **Le Château de la Chèvre d'Or**

Qu'est-ce qui peut aujourd'hui empêcher Philippe Labbé de rejoindre le club des célébrités, alors qu'il fait la cuisine la plus follement complexe, la plus royalement imaginative, la plus luxuriante de la Riviera ? Comme les sonates de Paganini, ces plats, sauf à avoir chez soi une brigade d'une vingtaine de seconds survitaminés, sont à peu près impossibles à reproduire. Tâtez un des plus sublimes plats de l'année, la variation sur la tomate - en quatre assiettes faramineuses, jouant sur les textures, les associations, la nostalgie (le panzanella comme un pain trempé des trois tomates verte rouge noire relevé de pequillos, la barre de tomate avec un tube de mozza sur un damier des trois couleurs, la soupe de green zebra) dans une précision que seule une équipe de palace peut assurer. Les New-Yorkais et les Kieviens adorent la simple et magnifique langouste puce, ou l'assiette de coquillages (à 130 €) dans une assiette surprise, gonflée d'une émulsion géante (iode et amande) comme une barbe à papa à la fête foraine et abritant un monde marin de langoustines, ormeaux, coques, palourdes et des fettucinis verts pour une pêche miraculeuse à l'aveugle. Et tout le monde est baba devant la prouesse d'un turbot magnifié par une juste sauce yaourt et menthe ou un pigeon royal sur lit de pêche et amande, brunoise de courgettes et amande, cuisse en brochette au foie gras et émulsion de foie gras. Tout le monde adopte la betterave aujourd'hui, mais Labbé, avec son chef pâtissier, l'apprivoise, la dresse comme une otarie savante en un duo magique avec la fraise. Ni Gagnaire, ni Veyrat, Philippe Labbé marche dans son sillon, brillantissime, plus proche d'un Savoy, d'un Chibois ou d'un Lameloise de la grande époque : il est l'un des représentants de la très haute cuisine française, sans doute trop discret dans cette maison ultra-classique qui voit enfin débarquer un public français connaisseur dans une salle vieillotte malgré la vue sublime sur la côte et qui nuit sans doute pour partie à sa renommée auprès de l'intelligentsia gastronomique. Excellent service, nombreux et vigilant, avec des têtes pensantes qui assurent la marche du paquebot. La cave est riche, mais déséquilibrée avec pléthore de grands bordeaux, des bourgognes maximaux (Leroy, Romanée) et un choix en provence, languedoc qui montre que le sommelier connaît très bien son boulot mais manque encore de latitude pour la renforcer.

C : 180 € • M : 65-180 € *www.chevredor.com*

↱ Rue du Barri
☎ 04 92 10 66 61
F. merc. (mars) et 2 déc.-14 mars.
Jusqu'à 22h.

🏰🏰🏰🏰 **Le Château de la Chèvre d'Or** ⪦

Des suites, du restaurant, de la salle de remise en forme : partout cette vue merveilleuse, où le bleu du ciel se fond dans celui de la mer, privilège d'une situation idyllique entre ciel et terre, accrochée à la falaise de terrasses en jardins. Les vieilles maisons de village se sont métamorphosées en cocons de luxe, à grand renfort de matériaux précieux et de meubles de style. Les chambres invitent à en profiter dans des ambiances différentes et toujours exclusives, à l'image de cette fameuse salle de bains troglodytique.

3 appart. 970-2640 € • 31 ch. 270-805 € *www.chevredor.com*

↱ Rue du Barri
☎ 04 92 10 66 66
🖷 04 93 41 06 72
F. 2 déc.-14 mars.

EZE

13 🦷 Château Eza 🔷

Avec l'arrivée d'un nouveau chef, la table du Château propose désormais une cuisine plus à la hauteur de son cadre merveilleux, impression de bout du monde et vue panoramique. Le sobre décor de la salle ne détourne pas l'attention du spectacle qui se trouve derrière les vitres, la cuisine non plus en fait, qui ne fait pas preuve d'une personnalité débordante, mais les saveurs délicates du tartare de saumon au sésame et chutney de clémentine, la moelleuse jambonnette de volaille sur une timbale de polenta aux raisins de Corinthe et l'impeccable crème brûlée, sucre muscovado sont désormais à la hauteur. Dommage que le service quant à lui reste aussi mécanique.

M : 39-49 €

www.chateaueza.com

→ Rue de la Pise
☎ 04 93 41 12 24
F. lundi, mardi (2 janv.-1er avril) et 1er nov.-15 déc.
Jusqu'à 22h.

🎋 🍽 🐕 🛥

¢¢¢ Château Eza

Nid d'aigle surplombant la mer, le château est en parfait accord avec le charme du village, fait de vieilles pierres et d'une vue vertigineuse sur la grande bleue. A l'intérieur de ce cadre magique se déploie l'exclusivité d'un luxe harmonieux, à la fois actuel dans ses prestations et inscrit dans la continuité historique qui sied à l'ancienne résidence d'été du Prince de Suède. Les meubles de style et les luxueux tissus tendus personnalisent des chambres superbes.

1 appart. 600-110 € • 9 ch. 180-795 €

www.chateaueza.com

→ Rue de la Pise
☎ 04 93 41 12 24
🖨 04 93 41 16 64
F. 1er nov.-15 déc.

🍽 ❄

¢¢¢¢ Cap Estel

Conçu comme une maison d'hôtes de très grand prestige, Cap Estel se trouve sur une presqu'île protégée, ouvrant sur la Méditerranée et la plage privée. Huit chambres et douze appartements, certains de grand luxe, jusqu'à 500 m² pour des résidents du monde entier qui jouissent en toute quiétude de cette datcha de luxe construite par un prince russe à la fin du XIX siècle. Restaurant de cuisine actuelle et méditerranéenne pour les résidents.

12 appart. 2700-12000 € • 8 ch. 330-2300 €

www.capestel.com

→ 1312 av Poincaré
☎ 04 93 76 29 29
🖨 04 93 01 55 20
F. 8 janv.-28 fév.

🍽 ❄ ⌇

❄ La Bastide aux Camélias

Outre sa situation exceptionnelle sur la Grande Corniche, la maison séduit par le raffinement des prestations, dans le décor (belles chambres personnalisées) comme dans l'équipement (DVD, sauna). Beau jardin aux essences provençales, entouré d'un parc départemental protégé.

4 ch. 100-150 €

www.bastideauxcamelias.com

→ 23c rte de l'Adret
☎ 04 93 41 13 68
🖨 04 93 41 13 68
Ouv. 7j/7.

🚗 ⌇

FABREGUES - 34690 (32 A 4)
Montpellier 12 - Sète 23

❄ Commanderie Templière

Remaniée au fil des siècles, cette maison templière du XIIe siècle a gardé sa beauté altière. Les chambres privilégient la sobriété, avec une touche ancienne en parfait accord avec l'esprit de cet endroit à part.

5 ch. 50-110 €

jeanpaulbeils@hotmail.com

→ Domaine de Launac-le-Vieux
☎ 04 67 85 16 08
Ouv. 7j/7.

🚗

FAGNON - 08090 (9 B 2)

Charleville-Mézières 8 - Verdun 105

13 **Abbaye des Sept Fontaines**

Dirigé depuis dix ans par Eric Bronner, le restaurant de cette splendide abbaye du XIIe siècle propose une vision très classique de la cuisine dans laquelle l'accent est placé prioritairement sur le choix des produits et le rythme des saisons. De belles manières, des sauces onctueuses et un service parfaitement briefé.
C : 60 € • M : 29-56 € — www.abbayeseptfontaines.fr

→ Rue des Sept-Fontaines
☎ 03 24 37 38 24
Ouv. 7j/7.
Jusqu'à 21h30.

Abbaye de Sept Fontaines

Fondée au XIIe siècle par les moines des Prémontrés avant d'être ravagée pendant la révolution, l'abbaye n'a conservé intacte que sa partie centrale, aujourd'hui convertie en hôtel après avoir accueilli le roi de Prusse Guillaume II ou le général de Gaulle. Les golfeurs plébiscitent désormais les lieux puisqu'ils profitent d'un beau parcours de 9 trous (et 9 supplémentaires en avril 2008) aménagé dans l'immense parc. Chambres élégantes et raffinée,
23 ch. 89-199 € — www.abbayeseptfontaines.fr

→ Rue des Sept-Fontaines
☎ 03 24 37 38 24
🖨 03 24 37 58 75
Ouv. 7j/7.

FALAISE - 14700 (5 D 4)

Caen 34 - Lisieux 53 - Argentan 23

14 **L'Attache**

A l'écart de la ville, une maison sérieuse pour la pause du voyageur. Michel Hastain ne laisse jamais faire le hasard. Depuis un quart de siècle, il bichonne son répertoire, agrémente et modernise, dans des présentations d'aujourd'hui sur des idées éprouvées mêlant parfois un coin de terroir : quenelle de camembert à la ciboulette, brochette d'escargots aux épices, bar sauvage à l'huile d'amandes grillées, râble de lapereau jus à la sauge. La cave est bien commentée, avec des partis pris et des explications détaillées, jusqu'aux flacons étrangers.
C : 45 € • M : 19-30,50 € — sarlhastain@orange.fr

→ Rond-point nord de Falaise par centre ville ou, Sortie n°10 dir. Saint-Pierre-sur-Dives-Lisieux
☎ 02 31 90 05 38
F. mardi, merc. et 22 sept.-9 oct.
Jusqu'à 21h.

Hôtel de la Poste

Une institution depuis la reconstruction. Né après-guerre, comme nombre de bâtiments falaisiens, cet ancien relais de poste accueille le visiteur dans la tradition des étapes de province. Chambres simples mêlant rustique et contemporain, table vertueuse aux recettes régionales (filet de truite de mer au cidre, magret de canard au pommeau).
2 appart. 95 € • 13 ch. 52 €

→ 38 rue Clémenceau
☎ 02 31 90 13 14
🖨 02 31 90 01 81
F. janv.

Villes de proximité, voir :

PONT D'OUILLY .... 18 km O. par D 511 (11/20)

découverte *d* GM met en avant des nouveautés méconnues

♥ coup de cœur — 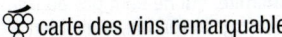 carte des vins remarquable — 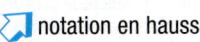 notation en hausse

FAVIERES - 80120 (3 B 1)

Amiens 72 - Abbeville 25

13 La Clé des Champs

L'ancienne ferme picarde, au cœur d'un village célèbre pour ses deux pionniers de l'aviation (les frères Caudron), s'est offert un petit relookage intérieur pour montrer à ses clients fidèles qu'elle ne s'endort pas dans les charmes du passé. Et l'intègre Bruno Flasque en profite pour conforter sa toque, en particulier sur les produits de la mer, avec les huîtres de Blainville au fenouil ou la minute de bar sauvage au thym et aux moules dans un bon menu à moins de 40 €. Des provenances sûres, une fraîcheur jamais prise en défaut, des desserts soignés et une cave de propriétaires également à bon compte.

C : 28 € • M : 14,50-39,50 €

→ Rue des Frères-Caudron
☎ 03 22 27 88 00
F. lundi, mardi (sf fériés), 7-22 janv., vac. scol. fév. et 27 août-3 sept.
Jusqu'à 21h30.

idéal gourmet

FAYENCE - 83440 (34 B 5)

Fréjus 35 - Grasse 29

14 Le Castellaras

Du beau, du bon, du provençal par un félibre dévoué qui ne commet pas d'écart de langue (la région est partout, sous le soleil) mais instille dans les bonnes et riches recettes de son cru une touche de modernité qui réjouit les nombreux habitués de cette maison de maître de l'arrière-pays, avec sa belle terrasse devant le parc, la roseraie, l'oliveraie, le bassin. Ne manquez pas les gibiers en automne, dégustez la cave méditerranéenne bien triée et savourez quelques préparations du moment, un carpaccio de langoustines, une escalope de foie gras poêlée, à la rhubarbe et jus vanillé.

C : 65 € • M : 45-60 €

→ 461 chemin de Peymeyan
☎ 04 94 76 13 80
F. lundi (juil.-août), lundi, mardi (h.s.) et 6 janv.-6 fév.
Jusqu'à 22h.

- -

13 La Table d'Yves

Dépaysement provençal garanti au bout de l'allée, après le portail en fer forgé, jusqu'à cette terrasse où chantent les cigales au milieu des vignes. Yves et Isabelle Merville ont trouvé leur mas de cocagne et le plaisir d'une clientèle gourmande de Provence, mais qui en regardant cette nature parfumée et le village, se prête bien volontiers à des voyages plus lointains avec le chef, inspiré par les harmonies de partout : brochette de crevettes à la citronnelle et légumes aux épices douces, filet de pagre, pommes grenailles rôties, quasi de veau rôti aux olives taggiasche et citron confit, courgettes farcies, gratin de figues de Solliès aux amandes sorbet cassis. Très bonne tenue de salle d'Isabelle, qui fait une maison d'amis, jolie cave régionale avec ceux qu'on aime (Maïme, Rasque, Giscle, Jale, Saint-André de Figuière...).

C : 45 € • M : 30-55 € *www.latabledyves.com*

→ 1357 rte de Fréjus
☎ 04 94 76 08 44
F. merc., jeudi à déj. (et à dîn. h.s.), vac. scol. fév. et vac. scol. Toussaint.
Jusqu'à 21h30 (22h été).

- -

Moulin de la Camandoule

Au cœur de cet ancien moulin à huile, la Provence déroule ses charmes à travers un savoureux mélange de luxe et de clins d'œil rustiques, de vieilles armoires de campagne et de tissus raffinés. Il règne ici un délicieux parfum d'intimité, qui ne tient pas au calme du domaine, gardé par un aqueduc gallo-romain, mais bien à la qualité de cette ambiance intemporelle. Vaste piscine et, pour ne pas avoir à quitter les lieux au risque de rompre le charme, deux types de restauration, raffinée ou ambiance grill.

1 appart. 128-190 € • 10 ch. 51-145 € *www.camandoule.com*

→ Chemin Notre-Dame-des-Cyprès
☎ 04 94 76 00 84
📠 04 94 76 10 40
Ouv. 7j/7.

FECAMP - 76400 (6 A 2)
Rouen 69 - Le Havre 40 - Dieppe 65

13 Auberge de la Rouge

L'ancien relais de poste installé sur les hauteurs de la ville a connu quelques soubresauts ces dernières années, enregistrant quelques mouvements en cuisine. Paul-Aymeric Durel, arrivé en 2004, apporte une stabilité bien venue à cette maison cossue en proposant une carte classique : piqué de noix de saint-jacques et jambon de Bayonne, fondue de tomates acidulées et fondue de poireaux, pavé de turbot cuit sur le sel, légumes mijotés et crème réduite aux huîtres, moelleux tiède au chocolat guanaja et quenelle de glace à la mandarine impériale. Service diligent, cave sans surprise.
C : 57 € • M : 19-53 €   www.auberge-rouge.com

→ Rte du Havre, Saint-Léonard
☎ 02 35 28 07 59
F. sam. à déj., dim. à dîn. et lundi.
Jusqu'à 21h.

13 Les Terre-Neuvas

Malgré le changement d'équipe en cuisine, le cap est maintenu sans faille pour ces Terre-Neuvas qui font souffler un vent de modernité sur Fécamp. Le plaisir tient bien sûr à la situation, avec la superbe salle, claire et contemporaine, qui donne largement sur la mer. Il se prolonge avec un patron impliqué et dynamique, et par des assiettes actuelles et plutôt séduisantes : gourmande crème de papaye sur le ravioli à la farce de homard, saint-jacques de bon niveau, avec une émulsion de chorizo qui n'apporte finalement pas grand-chose, ludique croustillant à la crème vanille et jus glacé au Bounty. La cave se distingue par quelques efforts de variété, y compris sur les vins du monde.
M : 31-42 €   www.lesterreneuvas.com

→ 63 bd Albert-1er, Front de mer
☎ 02 35 29 22 92
F. dim. à dîn.-vend. à déj. (h.s.), à déj. sf w.-e. (1er juin-30 sept.), 2-17 janv. et 12 nov.-4 déc.
Jusqu'à 21h30.

12 La Marée

L'enseigne, la poissonnerie au rez-de-chaussée, le port en face : inutile de dire qu'on n'est pas ici chez les viandards. La Marée ramène avec constance des poissons bien choisis, dans des préparations certes sages mais toujours soignées, entre le pot de hareng et la crème brûlée à la Bénédictine parce qu'on est à Fécamp et pas ailleurs. Dagueneau, Muré, Laroche, la cave tient son rang, notamment en blanc.
C : 45 € • M : 19-36 €

→ 77 quai Bérigny
☎ 02 35 29 39 15
F. dim. à dîn. et lundi. F. ann. non comm.
Jusqu'à 21h15.

11 Café de la Boucane

A l'écart du passage touristique, ce Café peut miser à toute heure sur un décor superbe, moderne et agréable à vivre, avec ses volumes généreux et ses associations de couleurs et de matériaux. En cuisine, on salue quelques bonnes idées (verrine de tartare de tourteau sur lit de guacamole), les assiettes sont généreuses (beau morceau de turbot de pays au beurre d'algue) et les propositions variées, peut-être trop pour garantir à chaque fois la satisfaction maximale. Ambiance conviviale.
C : 28 € • M : 20-50 €

→ 12 Grand-Quai
☎ 02 35 10 50 50
Ouv. 7j/7.
Jusqu'à 22h (23h vend.-sam.).

Les villes sont citées par ordre alphabétique.
Les villes au nom composé d'un article sont classées sans tenir compte de celui-ci.

11 Le Vicomté

Chaque année le même plaisir simple au moment de retrouver cette charmante petite adresse installée à quelques pas des quais : madame en cuisine, monsieur seul en salle, la moustache toujours aussi joyeuse et un mot gentil pour chacun, habitué des lieux ou non. Menu unique proposé à l'ardoise, deux entrées, deux plats et trois desserts au choix, dans un décor marin agrémenté de vieilles réclames et unes de journaux.

M : 17 €

→ 4 rue du Pdt-Coty
☎ 02 35 28 47 63
F. dim., merc., fériés, 1 sem. déb. mai, 2 sem. fin août et 2 sem. fin déc.
Jusqu'à 21h.

La Ferme de la Chapelle

À proximité des falaises, cette ancienne ferme à l'allure typique, avec sa façade de brique et silex, offre un superbe panorama sur la mer et le port. Sobrement décorées et s'ouvrant sur le jardin, les chambres sont paisibles et agréables à vivre. Restaurant.

5 appart. 115-180 € • 17 ch. 78-115 €   www.fermedelachapelle.fr

→ Rte du Phare
☎ 02 35 10 12 12
🖷 02 35 10 12 13
F. courant janv.

FEGERSHEIM - 67640   (10 C 3)
Strasbourg 13 - Obernai 26

12 Auberge du Bruchrhein

La vue sur le jardin (voire aux beaux jours la terrasse) permet d'oublier la nationale toute proche et de faire une vraie pause alsacienne en prenant le temps de découvrir la cuisine de Gilles Salomon. Et elle le mérite, équitable et sans fard, nourrie aux produits de saison et aux idées du chef : sandre aux asperges, fraises crème au poivre.

C : 33 € • M : 17-28 €

→ 24 rte de Lyon
☎ 03 88 64 17 77
F. dim. à dîn., lundi à dîn. et jeudi à dîn.
Jusqu'à 21h15.

FENEU - 49460   (16 A 3)
Cholet 82 - Angers 19

Château de Montriou

Les extérieurs sont d'une richesse exceptionnelle, avec une succession d'espaces de charme, fleurs, arbres ou légumes. Au milieu de cette verdure trône un château du XVe siècle, où sont installées les chambres, personnalisées dans une ambiance historique.

1 appart. 155 € • 2 ch. 85 €   www.chateau-de-montriou.com

→ ☎ 02 41 93 30 11
Ouv. 7j/7.

FENEYROLS - 82140   (30 A 3)
Villefranche-de-Rouergue 41 - Caussade 27

12 Hostellerie Les Jardins des Thermes

De son passé thermal, la maison a conservé le caractère serein, entre arbres et rivière. Sous la houlette de Frédéric Raffi, elle a heureusement délaissé les carottes vapeur pour une intelligente cuisine de terroir, pleine de bonnes idées comme cette soupe de poissons traitée en capuccino avec des churros fumés ou l'association coquelet, pied de porc, chorizo avec un caramel de betterave. Les bonbons pruneaux armagnac et crémeux au safran rappellent la région, bien aidés par quelques domaines bien choisis dans un riche sud-ouest viticole.

C : 42 € • M : 18,50-30 €   www.jardinsdesthermes.com

→ Le Bourg
☎ 05 63 30 65 49
F. merc., jeudi (sf juil.-août) et 15 nov.-15 fév.
Jusqu'à 21h30.

G
M

FERCE SUR SARTHE - 72430 (16 B 2)
La Flèche 28 - Le Mans 29

❄ Château de Vaulogé
Un authentique château XVᵉ dans un cadre de verdure, avec ses murailles, douves, tours et tourelles, agrandi au XIXᵉ siècle dans un style néo-gothique. Il offre cinq chambres d'hôtes pour amoureux du calme et du charme historique, toutes différentes, spacieuses, meubles Louis XVI et tomettes au sol, l'une d'elle installée dans une tour. Promenade dans les bois, pause au jardin potager où les fruitiers côtoient les plantes aromatiques.
5 ch. 250 €

→ ☎ 02 43 77 32 81
📠 02 43 77 32 81
F. janv.-mars.

www.vauloge.com

FERE EN TARDENOIS - 02130 (4 B 5)
Laon 54 - Château-Thierry 23

15 🏨 Château de Fère ❤
Les ruines d'un château du XIIᵉ superbement mises en lumière, un château du XVIIIᵉ siècle aux lignes harmonieuses, une immense forêt, une petite route en terre qui serpente au milieu d'un parc de plusieurs dizaines d'hectares, un silence assourdissant seulement troublé par le chant des oiseaux et le ronron des grosses berlines : difficile de trouver un lieu plus séducteur dans la région. L'enfilade de salles ne craint pas les surcharges : tapis, lourdes tentures, tapisseries et peintures à la gloire des fables de La Fontaine… Le contraste est saisissant avec la cuisine de Dominique Quay, certes classique mais légère et acérée, bien en phase avec le marché : très belle fricassée de homard, parfait saint-pierre souligné d'un coulis d'oseille, superbe pigeonneau aux légumes mijotés. Dommage que les desserts soient en retrait parce que trop sages. Carte des vins encyclopédique.
C : 70 € • M : 36-52 €

→ Rte de Fismes
☎ 03 23 82 21 13
F. lundi, mardi à déj.
(fév.-mars, nov.-déc. sf lundi
Pâques- Armistice et groupes)
et 2 janv.-1ᵉʳ fév.
Jusqu'à 21h (21h30 saison).

www.chateaudefere.com

🍴🍴🍴 Château de Fère ✈
Si l'on est d'emblée saisi par la majesté des ruines du château du XIIᵉ siècle, orgueilleusement posées sur leur butte, c'est dans une construction XVIIIᵉ que se déploient les chambres personnalisées de l'hôtel, pour proposer confort, meubles de style et espace généreux. Au gré des suites, les détails charment, comme les murs en pierre ici ou la baignoire à l'ancienne là. Parc et forêt voisins donnent à l'ensemble un petit côté bout du monde particulièrement rassérénant.
7 appart. 300-410 € • 19 ch. 150-360 €

→ Rte de Fismes
☎ 03 23 82 21 13
📠 03 23 82 37 81
F. 2 janv.-1ᵉʳ fév.

www.chateaudefere.com

LA FERMETE - 58160 (19 C 4)
Nevers 14 - Saint-Bénin-d'Azy 7

❄ Le Domaine de Prye
Les vastes chambres déclinent des ambiances personnalisées dans le cadre classé d'un château XVIIᵉ, ancienne propriété de la Reine de Pologne. Autour, ce sont 150 ha de parc qui forment cette retraite délicieusement hors du temps.
2 appart. 90-125 € • 2 ch. 90-125 €

→ ☎ 03 86 58 42 64
📠 03 86 58 47 64
F. mi-oct-mi-avril.

www.chateaudeprye.com

FERNEY VOLTAIRE

FERNEY VOLTAIRE - 01210 (28 B 1)
Divonne- les-Bains 25 - Genève 7

13 🗗 Le Chanteclair
Dans le cadre contemporain de ce Chanteclair, Lionel Stankoff poursuit avec constance sur la voie d'une cuisine ambitieuse dans ses compositions, mélanges de saveurs et de couleurs aux échos tantôt exotiques (pyramide saumon crabe cannelloni d'avocat et vinaigrettes aux agrumes), tantôt terroir revisité (esturgeon fumé au foin émulsion cardamome épinards à l'ail des ours). La cave propose de jolies références dans la plupart des régions.
C : 50 € • M : 22-27 €

→ 13 rue de Versoix
☎ 04 50 40 79 55
F. dim., lundi, août et 23 déc.-2 janv.
Jusqu'à 21h30.

13 🗗 Le Pirate
Ce pirate-là parcourt toutes les mers : ses voyages le portent aussi bien sur les mers tranquilles d'un classicisme bon teint et assumé (raviole de tourteaux et cébette coulis de homard) que sur les eaux plus exotiques de mélanges originaux (tarte fine de requin artichauts et oignons glacés au foie gras). Ces cales toujours bien pleines réjouissent une clientèle d'habitués, dans un cadre largement ouvert sur le jardin.
M : 61 €

→ Av de Genève
☎ 04 50 40 63 52
F. dim., lundi (sf Pâques et fêtes des mères), 1 sem. janv. et août.
Jusqu'à 22h.

www.lepirate.fr

12 Hôtel de France
Une élégante bâtisse XVIe, un décor frais et soigné, une cuisine à deux vitesses (de brasserie au déjeuner et gastronomique au dîner), les Formentin ont mis de nombreux atouts dans leur jeu. On peine cependant encore un peu à se laisser séduire par cette cuisine aux intitulés alléchants, qui use et abuse des beaux produits, mais a tendance à oublier que la gourmandise n'est pas qu'une question de noblesse des produits. Le médaillon de thon cuit-cru, qui repose sur une semoule et un bouillon épicé, ou le filet mignon de biche et ses nombreux accompagnements gagneraient à plus de simplicité dans le traitement pour en faire ressortir les qualités réelles. Jolis desserts de pâtissiers, service courtois et jolie cave avec 3 000 vins du monde entier présentés dans un album photos.
M : 23-43 €

→ 1 rue de Genève
☎ 04 50 40 63 87
F. dim., lundi, 1er-9 janv., 13-22 avril, 27 juil.-5 août, 25 oct.-4 nov., 21 déc.-31 déc.
Jusqu'à 21h30.

www.hotelfranceferney.com

FERRIERES LES VERRERIES - 34190 (32 A 3)
Béziers 96 - Montpellier 40

14 🗗 La Cour
On peut parfois craindre qu'Eric Tapié s'enferme dans le genre campagnard languedocien, en faisant tourner son répertoire de terroir contemporain. Fort heureusement, dans ce superbe outil bucolique en pleine nature, l'imagination ne fait pas le coup de la panne dans une carte expressive, pas trop sophistiquée, naturelle comme le paysage : gambas plancha ragoût de primeurs et lait d'anchois, agneau de lait, gratin d'aubergines et caillé de brebis, mangue rôtie, glace persil et nougatine de sésame. Ambiance de jeunesse souriante et sans souci dans un beau décor intégré au cadre naturel et architectural.
C : 45 € • M : 38-65 €

→ Mas de Baumes
☎ 04 66 80 88 80
F. dim. à dîn., lundi (15 avril-31 oct.), dim. à dîn., lundi, mardi à dîn. et merc. à dîn. (1er nov.-14 avril).

www.oustaldebaumes.com

G
M

Mas de Baumes

Dans un environnement naturel d'une beauté sauvage, près du Pic Saint-Loup, sept chambres, dont deux suites de quatre personnes, d'un bon goût plein de sobriété, permettent de vivre caché et heureux, en se coupant du monde.

2 appart. 144-176 € • 4 ch. 58-98 €　　　　　*www.austaldebaumes.com*

→ ☎ 04 66 80 88 80
▤ 04 66 80 88 82
F. janv.

LA FERTE BERNARD - 72400　　(16 C 2)
Le Mans 50 - Nogent-le-Rotrou 22

12 **La Perdrix**

La maison des Thibaut fait partie de ces étapes provinciales dans le bon sens du terme, atmosphère feutrée et cuisine de tradition, mais pas trop : Serge Thibaut sait ponctuer sa cuisine de touches personnelles pour des assiettes globalement séduisantes et toujours maîtrisées. Le crumble d'escargot à l'œuf poché ou le gratin de queues d'écrevisses au sabayon à l'estragon résume bien cet état d'esprit, qui justifie l'étape. Plaisante cave en loire.

C : 40 € • M : 18-38 €　　　　　*restaurantlaperdrix@hotmail.com*

→ 2 rue de Paris
☎ 02 43 93 00 44
F. lundi à dîn., mardi et fév.
Jusqu'à 21h.

LA FERTE SAINT AUBIN - 45240　　(18 A 3)
Orléans 22 - Blois 78

14 **La Ferme de la Lande**

Les chefs n'ont pas toujours brillé par leur constance dans cette ancienne ferme du château de la Ferté-Saint-Aubin. Le jeune Julien Thomasson, arrivé en 2005, répond toujours à l'appel, attirant vers lui tous les fins mangeurs de la région, ravis de profiter d'une cuisine moderne, inspirée et souriante : langoustines bretonnes, beignets de kadaïf, laque épicée et pousses insolites, bar sauvage cuit sur peau, copeaux d'artichauts et pousses d'épinards au cumin, ris de veau cuit croustillant, asperges vertes de Mallemort glacées et jus au vin jaune, ananas Victoria en marinade aux épices, crème glacée à la vanille de Papouasie. Ambiance chic et décontractée, cave en progression.

M : 37-59 €　　　　　*www.fermedelalande.com*

→ Rte de Marcilly, D 921
☎ 02 38 76 64 37
F. dim. à dîn., lundi et 13 janv.-5 fév.
Jusqu'à 21h15.

- -

 L'Orée des Chênes

Un morceau de Sologne typique, avec des bâtiments à colombages sur un vaste parc verdoyant, entre arbres et étang. Le décor cultive le style rustique avec élégance.

26 ch. 95-120 €　　　　　*www.loreedeschenes.fr*

→ Rte de Marcilly, D 921
☎ 02 38 64 84 00
▤ 02 38 64 84 20
Ouv. 7j/7.

LA FERTE SOUS JOUARRE - 77260　　(8 A 1)
Paris 68 - Melun 68 - Reims 84

Château des Bondons

Entouré d'un parc de plus de sept hectares garantissant calme et ambiance champêtre, ce château du XIXe siècle propose des chambres à la décoration soignée, des tissus fleuris tendus aux murs répondant à un mobilier Louis XV. Ouvrant toutes sur le parc et offrant un espace intéressant au premier étage, elles deviennent plus intimes au second car mansardées. Les suites et appartements, de grand standing, ajoutent le luxe d'une terrasse privée ou d'un jacuzzi. Restaurant.

5 appart. 140-220 € • 9 ch. 100-140 €　　　　　*castel@chateaudesbondons.com*

→ 47-49 rue des Bondons
☎ 01 60 22 00 98
▤ 01 60 22 97 01
Ouv. 7j/7.

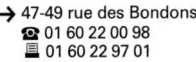

FIGEAC - 46100 (30 B 2)

Cahors 70 - Villefranche-de-Rouergue 36

13 🍴 La Cuisine du Marché

Jeune et joyeuse, forcément proche de sa région, la cuisine de Christophe Bourdon ne survend jamais son enseigne. Le menu "Cuisine du Marché", sagement établi à 30 €, donne déjà beaucoup, avec les anchois lamparo frais marinés à l'huile verte et canelons d'aubergine, le dos de cabillaud, lasagne caponata au pesto et croustillant aux épinards et le coque de meringue, tajine de banane aux fruits du mendiant et délice glacé passion. La cuisine, ouverte sur la salle, créé une ambiance joyeuse.

C : 34 € • M : 18-45 €

→ 15 rue Clermont
☎ 05 65 50 18 55
F. dim.
Jusqu'à 21h30.

cuisinedumarche@wanadoo.fr

---

13 🍴 La Dînée du Viguier

Cette cuisine toquée est dans le bon tempo : un tel cadre ne prête pas aux expériences de petit chimiste, mais plutôt à des violons langoureux et altiers où la douceur se mêle à de beaux et riches éléments : carpaccio de homard et râpée de truffes, ravioles de foie gras aux truffes, aumônière de fruits de mer et poêlée de saint-jacques, noisettes d'agneau fermier du Quercy. On peut trouver un peu plus de simplicité dans le menu à 29 €, un soulagement financier mais un peu moins de noblesse. Service prévenant, cave bien armée en cahors.

C : 56 € • M : 29-75 €

→ 52 rue Emile-Zola
☎ 05 65 50 08 08
F. sam. à déj., lundi à déj. (1er mai-30 sept.), sam. à déj., dim. à dîn., lundi (1er oct.-30 avril), 3 sem. fin janv.-déb. fév. et 3e sem. nov.
Jusqu'à 21h15.

🍷🍷🍷 Château du Viguier du Roy 🐎

Superbe château au style intemporel, fruit de maints aménagements depuis le XIVe siècle. Les vieilles pierres, les boiseries d'époque, les parquets et escalier Louis XIV, la chapelle datée de 1302 s'intègrent dans la ville médiévale, offrant au voyageur confort et charme historique. Le cloître s'orne d'un jardin médiéval, la cour intérieure abrite un puits XIVe, les chambres sont en harmonie, de calme et d'élégance discrète, dans le grand style néanmoins.

5 appart. 315-450 € • 16 ch. 160-320 €

→ 52 rue Emile-Zola
☎ 05 65 50 05 05
🖷 05 65 50 06 06
F. 15 oct.-15 avril.

www.chateau-viguier-figeac.com

---

12 La Puce à l'Oreille

Situation centrale, magnifique décor historique (une bâtisse XVe, une salle aux murs de pierres apparentes avec cheminée monumentale), les vins de Gaillac et une cuisine ensoleillée aux parfums régionaux (foie gras poêlé au vinaigre de framboise, tarte fine de chèvre chaud et tapenade), la maison des Filhol concentre toutes les vertus classiques qu'on attend d'une table au cœur du Lot.

C : 41 € • M : 19,80-39,50 €

→ 5-7 rue Saint-Thomas
☎ 05 65 34 33 08
F. dim. à dîn., lundi (h.s.), 10 jrs juin et 3 sem. oct.
Jusqu'à 21h30.

Villes de proximité, voir :

Les noms des villes de proximité (dans un rayon d'environ 10 km), ayant au moins un établissement sélectionné, sont listés à la fin de chaque grande ville, avec mention de la note du restaurant la plus élevée.

FITOU - 11510 (31 D 5)
Sigean 16 - Rivesaltes 16

10 La Cave d'Agnès

Installés depuis le début de l'année 2006 dans cette ancienne bergerie, Aurélie Guillou et son chef Patrice Robert imposent progressivement leur patte sur cette enseigne qui cumule les atouts : un environnement de choix (vue sur la garrigue, charme des pierres apparentes qui composent la maison) et une gentille cuisine de circonstance, sagement tarifée et d'une parfaite probité : huîtres de Leucate gratinées à la blanquette de Limoux, duo de bar et grenadier au piment d'Espelette et crème catalane.
C : 32 € • M : 16-37 €

→ 29 rue Gilbert-Salamo
☎ 04 68 45 75 91
F. merc. et mi-nov.-fin mars.
Jusqu'à 21h30 (22h été).

restocavedagnes@orange.fr

FLACEY - 28800 (17 D 2)
Châteaudun 10 - Bourges 178 - Blois 66

Domaine de Moresville

Autour du château XIIIe, la vie et le séjour s'organisent. Un gîte pour 10 personnes a été créé dans le vaste parc de 3 ha entouré de bois, et abritant les dépendances, les chambres montrent un style XVIII et XIXe siècle, le confort est actuel (balnéo, jacuzzi...).
1 appart. 160-200 € • 11 ch. 80-160 €

→ Rte de Brou
☎ 02 37 47 33 94
🖨 02 37 47 56 40
Ouv. 7j/7.

www.domaine-moresville.com

FLAVIGNY SUR MOSELLE - 54630 (11 D 4)
Nancy 16 - Lunéville 36

15 Le Prieuré

Aussi paradoxale que l'expression puisse paraître, cette noble table appréciée de tout le département cultive un genre pas si rare, le moderne de tradition. Joël Roy est un chef remarquable, de précision, de respect du produit, d'exigence et sa clientèle le suit aveuglément pour des langoustines au lard, des ris de veau purée truffée, un pigeon au vin rouge. Alors, pas question de décevoir les attentes, les apprêts sont brillants, familiers, classiquement actuels, les concessions aux modes se retrouvant dans un foie gras en carpaccio, des grenouilles en nems et des blettes en spaghettis sur un très bon saint-pierre à la crème de parmesan. Le cadre bourgeois recueilli se prête à de beaux dîners d'affaires ou en famille, et le Prieuré est en quelque sorte un deux-toques emblématique. Belle cave classique. Quatre chambres bien équipées complètent l'offre.
C : 70 € • M : 46-79 €

→ 3 rue du Prieuré
☎ 03 83 26 70 45
F. dim. à dîn., lundi, merc. à dîn., 2 sem. fév., 2 sem. fin août-déb. sept. et 1 sem. nouvel-an.
Jusqu'à 17h.

www.restaurant-le-prieure.com

FLAYOSC - 83780 (34 A 5)
Toulon 86 - Draguignan 12

13 L'Oustaou

La terrasse sur la place du village est bien jolie, mais la salle, entre pierres et tomettes, se défend d'autant mieux qu'elle devrait bénéficier d'un rafraîchissement. Si Mathieu Cassin a mis en vedette avec succès le homard (un menu lui est dédié), nous continuons pour notre part à l'aimer surtout dans la gourmandise régionale d'un menu provençal bien pensé, équilibré entre classiques (daube de bœuf, pieds et paquets) et interprétations plus actuelles (risotto d'épeautre aux cèpes et parmesan, cabillaud poché au beurre et pimientos farcis de brandade). Cave classique, avec quelques valeurs sûres en Provence.
C : 45 € • M : 26-40 €

→ 5 pl Brémond
☎ 04 94 70 42 69
F. non. comm.
Jusqu'à 22h.

www.loustaou.net

LA FLECHE - 72200 (16 B 3)
Le Mans 43 - Angers 52

13 Le Moulin des Quatre Saisons 🍇

C'est en terrasse, au bord de l'eau, que s'apprécie la maison aux beaux jours (d'autant que le décor a été embelli), mais on aime aussi la salle sous les poutres de l'ancienne tannerie. Le décor comme la qualité de l'accueil des Constantin suffisent à installer dans une bonne humeur propice à apprécier une cuisine d'amoureux du produit, de celle qui suit les saisons et la marée pour concocter des assiettes ambitieuses et équilibrées entre tradition et touche personnelle : homard tiède et huîtres marinées à l'huile de truffe et olive, cabillaud meunière sauce au beurre de chinon et polenta aux cèpes. Autre atout solide de la maison, la cave sait proposer de belles références venues d'horizons variés, même si elle avoue une tendresse particulière pour la vallée de la Loire et l'Autriche natale de Madame.

C : 50 € • M : 23,50-30,50 €   *www.moulindesquatresaisons.com*

→ 2 rue Gallieni
☎ 02 43 45 12 12
F. dim. à dîn., lundi (sf juil.-août), vac. scol. fév. et vac. scol. Toussaint.
Jusqu'à 21h.

- -

Le Relais Cicéro

Halte classique de bon ton dans cet ancien couvent XVIᵉ au seuil du centre-ville. Les chambres reprennent le caractère historique et ancien, meubles et style dans l'esprit, avec poutres apparentes, plus modernes dans la partie hôtelière occupant l'ancienne imprimerie.

3 appart. 72-142 € • 19 ch. 69-122 €   *www.cicero.fr*

→ 18 bd d'Alger
☎ 02 43 94 14 14
🖥 02 43 45 98 96
F. 1er-15 août et 23 déc.-7 janv.

- -

Vert Galant

L'ancien relais de poste du XVIIIᵉ siècle, complètement transformé par les actuels propriétaires, n'affiche pas de charme particulier depuis l'extérieur. Les chambres se font en revanche élégantes et sont chaleureusement meublées.

1 appart. 120-150 € • 21 ch. 64-88 €   *www.vghotel.com*

→ 70 Grande-Rue
☎ 02 43 94 00 51
🖥 02 43 45 11 24
Ouv. 7j/7.

Villes de proximité, voir :

↻ CROSMIERES....................................7 km N.O. par D 306

FLERS - 61100 (5 C 5)
Alençon 69 - Argentan 43 - Vire 31

13 Auberge du Relais Fleuri

Quelles nouvelles du Relais Fleuri, deux ans après l'installation de Claire et Grégory Pereira ? Bonnes, excellentes mêmes, la toque demeurant solidement accrochée sur cette maison en pierre qui fait partie du paysage gastronomique local depuis plus de 50 ans. Oublions la façade ingrate et ne retenons que l'accueil jeune et souriant, la salle à manger au décor rafraîchi, la rustique cheminée pour l'hiver et la cuisine, certes encore perfectible, mais déjà percutante : cromesquis de crabe et petits légumes fondants, pané à la noix de coco et jeunes pousses au mirin sauce thaï, grosse côte de cochon rôtie, jus de cuisson réduit au citron confit et crème épaisse de la ferme, pommes ratte fondantes, petits oignons des Cévennes, soufflé cuit minute à la figue, glace à l'huile d'olive.

C : 30 € • M : 19,50-37 €   *pereira.gregory@wanadoo.fr*

→ 115 rue Schnetz
☎ 02 33 65 23 89
F. dim. à dîn. et lundi.
Jusqu'à 21h30.

12 **Au Bout de la Rue**

Anaïs et Yohan Lelaizant ont repris voilà quelques semaines cette maison d'apparence banale, proche de la gare. Le style intérieur a évolué depuis Jacky Lebouleux, l'ancien propriétaire, et arbore désormais de belles chaises de bistrot noires et des nappes rayées en jaune et rouge qui égaient joliment cette salle à manger sombre et cosy. Jolie cuisine bistrotière avec l'émincé de saumon cru mariné aux épices, les ravioles de Romans à la crème d'herbes fraîches et la poire vigneronne et tuiles à la cannelle. Plaisant lounge-bar.
C : 29 € • M : 22-29 €

→ 60 rue de la Gare
☎ 02 33 65 31 53
F. merc. à dîn., sam. à déj., dim. et fériés. F. ann. non comm.
Jusqu'à 21h30.

FLEURIE - 69820 (27 C 1)
Lyon 67 - Mâcon 18

14 **Le Cep**

Disciple du mouvement Slow Food, Chantal Chagny privilégie l'identité culturelle et l'artisanat. Jusqu'à rédiger sa carte à la main, pour donner encore un peu plus de personnalité et d'humanité à une cuisine régionale traditionnelle d'une absolue sincérité. Rien de routinier dans l'andouillette beaujolaise, la matelote d'anguilles, le cervelas au chou braisé ou le pigeonneau de grain : vous n'en aviez jamais mangé auparavant. De l'énergie, une véritable fraternité entretenue avec les producteurs locaux, le Cep est un emblème pour la région. Vaste choix de desserts maison (goûtez le sorbet cassis), le vin provenant naturellement du village.
C : 65 € • M : 45-75 €

→ Pl de l'Eglise
☎ 04 74 04 10 77
F. dim., lundi et déc.-janv.
Jusqu'à 21h15.

FLEURVILLE - 71260 (20 B 6)
Mâcon 16 - Tournus 14

ĉ ĉ ĉ **Château de Fleurville** 🦅

La ferme fortifiée des comtes de Fleurville a évolué en une hôtellerie au charme historique, évoqué par la haute tour ronde, les cheminées de pierre et les poutres séculaires. Les chambres, avec lits à baldaquin, bonnetières XVIIe et douces teintes pastel, donnent sur le vaste parc et la terrasse où sont servis les dîners. Restaurant de cuisine actuelle sur des bases classiques.
1 appart. 250-300 € • 14 ch. 95-170 €   www.chateau-de-fleurville.com

→ ☎ 03 85 27 91 30
📠 03 85 27 91 29
F. 13-30 janv. et 25 nov.-27 déc.

FLORAC - 48400 (32 A 2)
Millau 83 - Mende 40 - Alès 71

13 **L'Adonis**

L'architecture années cinquante est sans grand charme, le service pas toujours attentif, mais le plaisir est ailleurs, dans un accueil enlevé et une cuisine suffisamment à l'aise dans son terroir pour prendre quelques libertés et proposer un millefeuille de betterave purée butternuts et marrons tièdes ou un sandwich de galettes de maïs aux blettes avec le civet de chevreuil. L'ambiance affiche une paisible satisfaction, d'autant que la cave réserve de bonnes surprises, bouteilles régionales et escapades internationales à prix raisonnables. Huit chambres viennent d'être rénovées.
C : 40 € • M : 17-60 €   www.hotel-gorgesdutarn.com

→ 48 rue du Pêcher
☎ 04 66 45 00 63
F. merc. (sf juil.-août) et Toussaint-Pâques.
Jusqu'à 20h30.

12 **La Source du Pêcher**

Bienvenue dans les Cévennes, au cœur de cette petite ville de caractère, près de la rivière. Dans un étonnant décor ponctué d'influences Art Déco, la maison propose une large carte où se côtoient du régional pur jus et une cuisine plus élaborée, mais du bavarois à la tomate parfumée d'estragon au mirliton à la châtaigne des Cévennes, la satisfaction ne faiblit pas, même si avouons-le, c'est autour du canard aux myrtilles des montagnes ou du dôme de brousse de brebis qu'en bon touriste on apprécie le mieux cette Source. Plaisante cave languedocienne, y compris au verre.
C : 60 € • M : 20-40 €

→ 1 rue de Rémuret
☎ 04 66 45 03 01
F. merc.-sam. (sf juil.-août) et Toussaint-Pâques.
Jusqu'à 21h.

Villes de proximité, voir :

⟳ COCURES .... 4 km N.E. par N 106 et D 998 **(13/20)**

à LA FLOTTE, voir RE (ILE DE)

FLOURE - 11800 **(31 C 5)**
Carcassonne 12 - Lézignan-Corbières 22

12 **Le Poète Disparu**

Cercle vertueux du Poète disparu : de bons produits, un cuisinier autodidacte et passionné, pour des plats spontanés, sans autre ambition que donner du plaisir et de la générosité dans ce noble cadre : carpaccio de thon rouge, crique et légumes confits, grenadin de lotte au vin rouge des Corbières, tournedos d'agneau au thymer ragoût de févettes. Les redoutables tarifs de la carte sont compensés par un menu à moins de 50 €, cave de connaisseur, en particulier sur corbières et minervois.
C : 75 € • M : 49-79 €   *www.chateau-de-floure.com*

→ Allée Gaston-Bonheur
☎ 04 68 79 11 29
F. 30 janv.-13 fév.
Jusqu'à 21h30.

Château de Floure 🕊

L'ancienne abbaye romane a du style et un gros potentiel pour un séjour de charme. Le parc d'1,5 ha avec son jardin à la française, la vue sur les montagnes d'Alaric, le canal du Midi à 2 km... On accède à la demeure par une belle allée de platanes tricentenaires, les chambres se répartissent dans le château, dans un style d'époque, régional languedocien aux Hirondelles et provençal dans la nouvelle aile Gaston Bonheur, qui fut le propriétaire pendant trente ans.
11 appart. 190-280 € • 10 ch. 110-140 €   *www.chateau-de-floure.com*

→ 1 allée Gaston-Bonheur
☎ 04 68 79 11 29
🖨 04 68 79 04 61
F. 3 janv.-13 fév.

FOIX - 09000 **(30 A 5)**
Paris 783 - Toulouse 84 - Carcassonne 89

12 **Le Médiéval**

Bien placée au cœur de la vieille ville, la table sage des Lemoine ne cède pas, dans ce décor aux accents rustiques, à la facilité d'un terroir plus ou moins authentique, mais privilégie une belle cuisine traditionnelle, autour d'une formule astucieuse de menu-carte (le plat principal détermine le prix du menu) qui ouvre des horizons variés, du sauté de lotte aux épices au filet de bœuf sauce aux morilles, du foie gras chutney de pruneau à l'hypocras aux queues de gambas à l'asiatique. On trouve en cave aisément son bonheur dans les régions les plus proches (Languedoc et Sud-Ouest).
M : 22-36 €

→ 42 rue des Chapeliers
☎ 05 34 09 01 72
Ouv. 7j/7.
Jusqu'à 21h30.

🎁 idéal gourmet

G
 M

12 Le Phoebus

La façade, certes soignée, ne transpire pas d'une folle gaieté. Qu'importe puisque la salle à manger, qui ouvre sur une terrasse avec vue imprenable sur le château, affiche quant à elle beaucoup de personnalité, à l'image d'un service très pro. Les assiettes font honneur au terroir (nombreux plats à base de foie gras) mais savent en sortir à l'occasion : variation en cappuccino léger de lentilles, de cocos en soupe et de petit ragoût de fèves au beurre fondu, filets de rougets poêlés à la tapenade d'olives au chorizo et marmelade de tomates fraîches au basilic. Jolie cave, en particulier en Languedoc.

C : 48€ • M : 28-39€

→ 3 cours Irénée-Cros
☎ 05 61 65 10 42
F. sam. à déj., lundi, 18-27 fév. et 21 juil.-20 août.
Jusqu'à 22h30.

Le Sainte-Marthe

La tradition ne s'éteint pas et la marmite chauffe toujours place Lazéma. Pour le cassoulet, le magret farci au foie gras et le tournedos Rossini. Et pour une carte de vins courte mais fort bien triée en sud-ouest et languedoc (La Livinière et Massamier en minervois par exemple).

C : 35€ • M : 23-39,50€

www.le-saintemarthe.fr

→ 21 rue Noël-Peyrevidal
☎ 05 61 02 87 87
F. mardi à dîn., merc. (sf vac. scol., fériés, h.s.) et 2e quinz. janv.
Jusqu'à 22h30.

FONDETTES - 37230 (18 B 1)

Tours 7 - Chinon 50

13 Auberge de Port Vallières

Trois ans après avoir quitté l'Oubliette à Rochecorbon pour reprendre cet ancien bistrot de pêcheurs des bords de Loire, Bruno Leroux semble avoir atteint sa vitesse de croisière, dans un registre gastronomique certes sans surprise mais sans faille : cassolette de noix de saint-jacques à la crème de cèpes en cappuccino, civet de homard au romarin et petits légumes, tarte fine aux pommes et glace au lait d'amande. Cave pertinente en loires.

C : 58€ • M : 18-44€

→ Lieu-dit Vallières, RN 152
☎ 02 47 42 24 04
F. dim. à dîn., lundi, mardi à dîn. (h.s.), merc. à dîn., vac. scol. fév. et 20 août- 3 sept.
Jusqu'à 21h.

FONT-ROMEU-ODEILLO-VIA - 66120 (31 B 6)

Bourg-Madame 19 - Ax-les-Thermes 56

Carlit Hôtel

Chambres classiques dans leur inspiration montagnarde pour cet hôtel à la façade sympathique, qui propose une bonne étape, dans son atmosphère comme son équipement, pour découvrir la région : piscine panoramique, espace remise en forme.

58 ch. 100-110€

www.carlit-hotel.fr

→ 5 rue du Dr-Capelle
☎ 04 68 30 80 30
🖷 04 68 30 80 68
Ouv. 7j/7.

Le Grand Tétras

Pour le stage en altitude des athlètes, l'endroit est parfait, avec son équipement de remise en forme, sauna, muscu, terrasse solarium, piscine couverte et chauffée. Pour le promeneur amoureux des Pyrénées, c'est aussi un havre très agréable été comme hiver, aux chambres modernes et fonctionnelles, au style montagnard, aux balcons plein sud.

4 appart. 115-148€ • 36 ch. 66-92€

www.hotelgrandtetras.fr

→ 14 Av Emmanuel-Brousse
☎ 04 68 30 01 20
🖷 04 63 30 35 67
Ouv. 7j/7.

FONTAINE DE VAUCLUSE - 84800 (33 B 4)
Cavaillon 15 - Carpentras 21

Hôtel du Poète
Original et bien vu, le jacuzzi au-dessus du bras de rivière. Une des fantaisies de confort qui donne une personnalité certaine à cet ancien moulin dont toutes les chambres ont une déco différente selon le thème, dans une belle harmonie de couleurs et de matières.
3 appart. 200-310 € • 21 ch. 70-240 €   www.hoteldupoete.com

→ Le Village
☎ 04 90 20 34 05
🖷 04 90 20 34 08
F. 1ᵉʳ déc.-3 mars.

FONTAINE NOTRE DAME - 59400 (2 A 5)
Cambrai 6 - Valenciennes 38

11 Auberge Fontenoise
Du sérieux régulier dans une salle désormais climatisée et légèrement rafraîchie, voilà le programme de Patrice Demarcq, ardent défenseur d'un terroir assez malin pour évoluer dans les cuissons plus courtes et les apprêts bien de leur temps tout en gardant les préceptes d'une bonne restauration à la française, atmosphère de bon ton et flambages en salle : escargots de Radinghem jus de viande à l'ail et feuilleté aux céréales, saint-jacques plancha coulis de légumes émulsion beurre salé, rognons de veau flambés au genièvre.
C : 41 € • M : 23-43 €   www.auberge-fontenoise.com

→ 543 rte de Bapaume
☎ 03 27 37 71 24
F. sam. à déj., dim. à dîn., lundi, 15 jrs fév. et 15 jrs été. Jusqu'à 21h30.

idéal gourmet

FONTAINEBLEAU - 77300 (7 D 3)
Paris 66 - Melun 18 - Montargis 52

12 Croquembouche
Dans ce cadre feutré et élégant du centre-ville, la maison de Claude Maison d'Arblay interprète une partition ambitieuse, où les produits de saison se teintent de parfums du Sud (le chef a passé 12 ans en Espagne) pour séduire une clientèle d'habitués fidèles : tartare de maquereaux échalote et tomate confite, râble de lapin rôti et épaule à la moutarde chorizo et jus de piperade. A l'image de la cave, les desserts font preuve d'un classicisme éprouvé.
M : 32-42 €   www.restaurant-croquembouche.com

→ 43 rue de France
☎ 01 64 22 01 57
F. sam. à déj., dim., lundi à déj., 1re quinz. août et 1 sem. noël.
Jusqu'à 22h.

La Demeure du Parc
Cet hôtel particulier XVIIᵉ réinterprète les canons de l'élégance à la française avec une touche de modernité bienvenue, avec des chambres sobres et spacieuses, un beau mobilier de style. Le parc et la terrasse à l'italienne sont des exclusivités agréables si près du centre-ville.
8 appart. 120-160 € • 23 ch. 90-100 €   www.hotelfontainebleau.fr

→ 36 rue Paul-Séramy, 6 rue d'Avon
☎ 01 64 22 24 24
🖷 01 64 22 22 05
Ouv. 7j/7.

Villes de proximité, voir :

BOURRON MARLOTTE.................7 km S. par N 7 (16/20)

Les prix au restaurant
C : addition moyenne à la carte (sans les boissons), comprenant 1 entrée, 1 plat et 1 dessert, dans le cadre d'une restauration traditionnelle.
M : fourchette de prix mentionnant le menu le moins cher et le menu le plus cher, proposant à la fois entrées, plats et desserts, sans les boissons.

G
M

FONTANGES - 15140 (26 A 5)
Salers 5 - Mauriac 23

12 Auberge de l'Aspre

Au cœur des paysages verdoyants de la vallée de l'Aspre, cette auberge joue la partition idéale pour épouser cette belle région : une architecture typique, pierre et ardoise, et une cuisine de terroir qui mérite vraiment son nom, chou farci, potée auvergnate, bœuf de Salers sauce au bleu et bien sûr les fromages, autant de produits sélectionnés et préparés avec l'attention qui fait les assiettes généreuses en saveur. Terroir toujours, avec une sélection de vins d'Auvergne à petit prix.

M : 18-35 € www.auberge-aspre.com

→ ☎ 04 71 40 75 76
F. dim. à dîn., lundi, merc. à dîn. (oct.-mai) et mi-nov.-mi-fév.
Jusqu'à 20h45.

FONTANGY - 21390 (20 A 3)
Beaune 82 - Dijon 85

10 Ferme-Auberge La Morvandelle

Les produits de la ferme en direct, la recette est connue et efficace, on croque donc à belles dents le terroir du Morvan, et plus largement de la Bourgogne (œufs meurette, canard sauce aligotée, fromage blanc à la crème), dans un ancien bâtiment de ferme.

M : 19,50 €

→ Fontangy
☎ 03 80 84 33 32
F. 11 nov.-1er avril.

FONTANIL CORNILLON - 38120 (28 A 4)
Grenoble 8 - Voiron 15

12 Au Taille Bavette

Jacques Mallet a succédé l'an dernier à André Pra mais les abattoirs tout proches fournissent toujours viandes et abats. Ouf ! Si le cadre n'a rien de très gai, le feuilleté de ris de veau aux écrevisses ou le formidable chateaubriand aux morilles assurent l'essentiel.

C : 30 € • M : 24 € www.letaillebavette.com

→ 2 rue de la Louisiane
☎ 04 76 75 47 70
F. dim., mardi à dîn., sam. à dîn. et août.
Jusqu'à 21h.

FONTENAY SUR LOING - 45210 (18 C 2)
Orléans 85 - Montargis 14

Domaine de Vaugouard

A une heure de Paris, un ensemble luxueux pour la détente, le golf ou les séminaires de travail, dans le cadre d'un château d'allure classique, aux aménagements modernes. Des chambres de grand confort, mobilier ancien dans une déco contemporaine, celles des dépendances ayant été rénovées, la plupart d'entre elles donnant sur le parcours, au cœur d'un domaine de 120 ha.

46 ch. 140-240 € www.vaugouard.com

→ Chemin des Bois
☎ 02 38 89 79 00
🖨 02 38 89 79 01
F. 23-29 déc.

FONTEVRAUD L'ABBAYE - 49590 (16 B 4)
Angers 59 - Saumur 14

13 Le Prieuré Saint Lazare

Dans le décor sobrissime et superbe des voûtes du cloître, l'enjeu pour le nouveau chef (habitué des abbayes puisqu'il vient des Vaux de Cernay) est d'être à la hauteur de la noblesse du cadre. Il y parvient en distillant une touche de modernité sur les bases classiques imposées : un tartare de légumes à la citronnelle avec les gambas, une cuisson plancha pour le filet de bœuf, des présentations soignées. Service efficace et feutré, belle cave régionale.

C : 45 € • M : 38-49 € www.hotelfp-fontevraud.com

→ Rue Saint-Jean-de-l'Habit, Abbaye Royale de Fontevraud
☎ 02 41 51 73 16
F. 1er janv.-21 mars et 12 nov.-31 déc.
Jusqu'à 21h30.

Prieuré Saint-Lazare

L'abbaye royale des Plantagenet (Aliénor, Henri II, Richard Cœur de Lion y reposent) abrite un hôtel au charme évidemment historique. Chambres dans l'esprit, sans luxe ostentatoire, sobres, élégantes et calmes sans être monacales.

52 ch. 54-105 €

www.hotelfp-fontevraud.com

→ Abbaye-Royale-de-Fontevraud, 38 rue
Saint-Jean-de-l'Habit
☎ 02 41 51 73 16
🖶 02 41 51 75 50
F. 1er janv.-21 mars et 12 nov.-31 déc.

FONTJONCOUSE - 11360   (31 D 5)
Sigean 29 - Lézignan-Corbières 28

---

18 ≶ **Auberge du Vieux Puits**

Gilles Goujon ? Un formidable gourmand moderne. Qui résout l'équation impossible entre tendance, progrès et tradition. Entre plaisir d'esthète, celui qui s'évanouit d'effroi devant une quenelle mais pleure en écoutant Fauré, et ripaille de goinfre ; entre la Belle et la Bête, entre un pizzicato et une fanfare, entre Terpsichore et Obélix. Ecoutez les convives de cette salle sobre, languedocienne, en rouge, blanc et écru, parler et rire entre eux, d'une table à l'autre, échanger leur euphorie d'avoir goûté ensemble les couteaux à l'aïgo boulido, merveille de précision et de finesse et pourtant plat de bâfreur, aillé, friand jusqu'au cannellon de roquette, petits gris et tomates, au point qu'on ne peut que lécher l'assiette. Voilà la vérité selon Goujon, tour à tour metteur en scène et interprète, acteur et compositeur d'une pièce qui balance entre le conceptuel et l'art brut, entre le titillement du mélomane et la jouissance primale. Mais tout de même ! Quel pied ! Le homard avec les arômes de basilic et l'émulsion de crustacés, la tomate qui apprivoise le loup (une perfection nacrée presque élastique), entre le concentré de Marmande et l'amusant pousse-pousse de tomate glacée ; l'anguille ivre de vin rouge, enroulée dans le pain cremat (brûlé) et qui crie "Ohé ! Ohé ! Matelote", en réclamant encore un peu de sauce, un plat emblématique, un "plat d'homme" dirait-on dans les Tontons Flingueurs ; le sublime pigeon, suprême rosé, chair en pastilla amande et cannelle, cuisse rôtie, croustillante et gourmande, comme confite, que l'on ne peut résister à l'envie de ronger jusqu'à l'os. Voilà pourquoi on va tous à Fontjoncouse, village improbable au milieu des Corbières, où un bon génie truculent fait une cuisine prodigieuse que la terre entière aime sans la connaître. Service à l'unisson, porté par la joie collective, cave indiscutable en corbières, où elle passe en revue tous les terroirs, très riche de Nîmes à Perpignan, et commentée avec brio par un sommelier qui sait donner soif. Un dernier détail : avec celui de Marc Veyrat, le plus beau chariot de fromages de France.

C : 104 € • M : 55 €

www.aubergeduvieuxpuits.fr

→ Eurl Gilles-Goujon
☎ 04 68 44 07 37
F. dim. à dîn., lundi, mardi (6 mars-6 juin, 15 sept.-1er janv.), lundi à déj. (16 juin-15 sept.) et 2 janv.-6 mars.
Jusqu'à 21h30.

Auberge du Vieux Puits

Organisées autour de la piscine, les chambres de l'auberge optent pour des harmonies de couleurs personnalisées et des murs blancs qui accentuent l'impression d'espace. On en apprécie la sobriété et la tranquillité. Autant de qualités que reprend à son compte la Maison des Chefs, à deux pas, avec le plaisir supplémentaire d'un joli clin d'œil à quelques grandes figures de la profession.

1 appart. 215-230 € • 14 ch. 105-190 €

www.aubergeduvieuxpuits.fr

→ Av Saint-Victor
☎ 04 68 44 07 37
🖶 04 68 44 08 31
F. 2 janv.-6 mars.

G
M

FONTVIEILLE - 13990 (33 B 5)
Marseille 99 - Arles 11

14 🍴 Auberge La Régalido

Jean-Pierre Michel croit à la transmission du patrimoine, à l'échange culturel avec la jeunesse, et à la pérennité de la cuisine provençale. Pas loin de la retraite, comme il le souligne avec le sourire, il fait tourner cet ancien moulin à huile cité par Daudet pour revisiter, chaque jour avec émerveillement, son chaleureux terroir de papeton d'aubergine et légumes croquants en inclusion ou de pavé de taureau et jus d'olives cassée au romarin. Les jeunes cuisiniers qui l'épaulent en prennent de la graine, et lui du plaisir à faire chanter le piano avec l'accent pointu. Bonne cave classique avec quelques choix personnels.

C : 65 € • M : 45 €   *www.laregalido.com*

→ Rue Frédéric-Mistral
☎ 04 90 54 60 22
F. lundi, à déj. (mardi-sam.) et 15 nov.-15 mars.
Jusqu'à 21h (21h30 été).

🏠🏠 Auberge La Régalido

Sur les hauteurs du village, une base propice à la découverte des Alpilles, des Baux et de Saint-Rémy. Chambres délicieuses mêlant un style contemporain à de vieux meubles provençaux. Les parties communes viennent d'être rénovées.

15 ch. 95-255 €   *www.laregalido.com*

→ Rue Frédéric-Mistral
☎ 04 90 54 60 22
🖵 04 90 54 64 29
F. déb. nov.-fin fév.

🏠🏠 La Peiriero

Entouré de verdure, ce grand mas propose une belle étape provençale, avec ses vastes chambres à l'élégance classique, ses couleurs chaleureuses et les plaisirs de la détente dans le parc.

8 appart. 169-210 € • 42 ch. 89-135 €   *www.hotel-peiriero.com*

→ 36 av des Baux
☎ 04 90 54 76 10
🖵 04 90 54 62 60
F. Toussaint-Pâques.

FORBACH - 57600 (12 B 2)
Metz 57 - Sarrebruck 9

13 🍴 Le Schlossberg

C'est une chose entendue, la cuisine de Pascal Beckendorf, pour classique qu'elle soit, est postérieure à la construction de l'élégante maison de maître, qui date du début du XXe siècle : le foie gras, la meunière de saint-pierre, l'omble chevalier crème d'agrumes et même le nougat glacé appartiennent à la digne école française dont on a longtemps été si fier. Atmosphère agréablement sérieuse et distinguée, service de bon savoir-faire, agréable terrasse donnant sur le parc public. Cave intéressante ne se limitant pas à l'Alsace proche, mais regardant jusqu'en Loire ou en Bourgogne.

C : 55 € • M : 20-47 €

→ 13 rue du Parc
☎ 03 87 87 88 26
F. dim. à dîn., mardi à dîn., merc., 1re quinz. janv. et dern. sem. juil.-1re sem. août.
Jusqu'à 21h30.

Villes de proximité, voir :

♻ ROSBRUCK............................6 km S.O. par N 3 **(13/20)**
♻ STIRING WENDEL ....3 km N.E. par N 3 **(16/20)**

FORCALQUEIRET - 83136 (34 A 5)
Brignoles 12 - Toulon 35

12 Auberge des Tuileries

Sous son lierre, la bastide XVIIe ne manque pas d'allure (c'est effectivement une ancienne tuilerie) et constitue une des rares adresses gastronomiques dignes de ce nom de sa région. De quoi justifier la fidélité des locaux, un peu moins l'enthousiasme de l'hôte de passage : la prestation est certes maîtrisée (produits de

→ Rond-point des Tuileries
☎ 04 94 86 60 71
F. non comm.
Jusqu'à 22h.

qualité, pour une gastronomie provençale bien interprétée) mais on attendrait, notamment du service, un peu plus d'implication pour apprécier dignement la pissaladière et rouget saisi à l'anchois (un peu trop discret) ou l'onglet cuit au gros sel et sa fricassée de champignons. Dommage pour ce cadre par ailleurs chaleureux, dans une ambiance rustico-champêtre.

C : 50 € • M : 27-39 €   *www.auberge-des-tuileries.com*

FORCALQUIER - 04300   (33 D 4)
Digne 50 - Manosque 24

 Charembeau ✈

Le site est un premier bonheur : cette ancienne ferme XVIIIe en pierre est paisiblement installée sur un vaste domaine, avec bois et prairies à perte de vue. A l'intérieur, les chambres sont bien arrangées, spacieuses et relativement simples. Location de vélo sur place.

2 appart. 88-125 € • 22 ch. 54,50-96 €   *www.charembeau.com*

→ Rte de Niozelles
☎ 04 92 70 91 70
📠 04 92 70 91 83
F. 1er janv.-1er mars et 15 nov.-31 déc.

LA FORET FOUESNANT - 29940   (13 C 4)
Quimper 17 - Concarneau 11

12 **Auberge du Saint-Laurent**

Le cadre reste un atout majeur, jolie maison de caractère entre vieilles pierres, poutres et meubles régionaux. Pas de franche bouffée de terroir dans ce contexte mais une tranquille cuisine classique, ouverte à des influences suffisamment variées pour n'exclure personne, entre salade de pétoncles aux champignons, croustillant d'avocat et tomates confites, pavé de lieu jaune aux échalotes confites et mignon de porc au sirop d'érable.

C : 29 € • M : 15-39 €

→ 6 rue Beg-Menez
☎ 02 98 56 98 07
F. lundi à dîn., mardi à dîn., merc. (h.s.), merc. (saison), vac. scol. fév. et vac. scol. Toussaint.
Jusqu'à 21h.

FORGES LES EAUX - 76440   (6 D 2)
Rouen 45 - Beauvais 51

13 **Auberge du Beau Lieu**

Pas d'erreur de casting dans cette auberge champêtre : on est chez un maître canardier en Pays de Bray et c'est bien ainsi qu'il faut apprécier les lieux, avec la jolie assiette de dégustation de canard (dans sa présentation comme dans les produits savoureux) et le généreux magret à la rouennaise, viande superbe et sauce délicieuse. Classique ? Oui, mais qu'est-ce que c'est bon ! Le reste est à l'avenant, l'allure rustique et chaleureuse de la salle, les tranquilles desserts classiques ou la gentillesse de Marie-France Ramelet en salle. Mention spéciale pour la carte des vins qui maintient un bel effort pour proposer des flacons de toutes les régions.

M : 37-57 €   *www.auberge-du-beau-lieu.com*

→ 2 rte du Montadet, le Fossé rte de Paris
☎ 02 35 90 50 36
F. lundi, mardi et 6 janv.-5 fév.
Jusqu'à 21h.

FOUESNANT - 29170   (13 C 4)
Quimper 17 - Concarneau 14

13 **La Pointe du Cap-Coz**

Cuisine naturellement marine dans cet environnement privilégié. Ludovic Le Torc'h navigue entre Armor et Argoat avec la même réussite, veut parfois trop bien faire avec les ingrédients de prestige, mais cuit avec justesse tous les poissons de l'arrivage, tout en sachant choisir comme il faut le pigeonneau et l'agneau. Accueil en famille de Valérie, cave classique. Seize chambres de bon confort donnent sur la baie.

M : 25-47 €   *www.hotel.capcoz.com*

→ 153 av de la Pointe-du-Cap-Coz
☎ 02 98 56 01 63
F. dim. à dîn., lundi à déj. (15 sept.-15 juin), merc. et 1er janv.-12 fév.
Jusqu'à 20h30.

L'Orée du Bois

Une hôtellerie soignée et charmante dans une demeure de 1920 à l'âme bretonne. Chambres à tendance marine donnant sur un petit jardin pour les petits-déjeuners d'été. Celles du premier étage ont été rénovées cette année.
15 ch. 31-58 €   www.hotel-oreedubois.com

→ 4 rue de Kergoadig
☎ 02 98 56 00 06
📠 02 98 56 14 17
Ouv. 7j/7.

La Pointe de Mousterlin 🦐

Entre la mer (juste là, au bout du parc) et la campagne, cet hôtel bientôt centenaire s'est vu doté d'une toute nouvelle suite avec vue sur l'océan et bain bouillonnant. Les autres chambres affichent un confort et une décoration au goût du jour, la piscine chauffée ajoutant encore au confort du séjour.
43 ch. 55-142 €   www.mousterlin-hotel.com

→ Rte de la Pointe
☎ 02 98 56 04 12
📠 02 98 56 61 02
F. 10 fév.-3 mars.

FOUGERES - 35300   (14 D 3)
Rennes 45 - Vitré 36

13 Le Haute Sève

La salle, dont le style daté commençait à choquer par son anachronisme, vient d'être entièrement refaite. Et comme la cuisine de Thierry Robert continue d'afficher la même robustesse et la même constance, le bilan demeure forcément favorable : tempura de queues de langoustines, chutney de mangue et courgette, carré d'agneau laqué au miel de romarin, frites de maïs et purée d'olives noires à la réglisse, riz au lait au gingembre confit, carpaccio d'ananas et infusion de feuille de combava.
C : 42 € • M : 20-53 €

→ 37 bd Jean-Jaurès
☎ 02 99 94 23 39
F. dim. à dîn., lundi, 1 sem.
vac. scol. fév. et 23 juil.-23
août.
Jusqu'à 21h.

FOUGEROLLES - 70220   (21 C 1)
Vesoul 38 - Luxeuil 10

13 Au Père Rota

La tradition que cultivent les Kuentz (Jean-Pierre aux fourneaux, Chantal en salle) semble perdre de plus en plus rapidement de vue les convenances et les contingences d'aujourd'hui. Le gâteau aux trois poissons très "années 70" déçoit fortement malgré le formidable céleri rémoulade qui l'accompagne ; le dos de lapin farci à la royale ne manque pas d'allure mais le gratin dauphinois, les haricots verts au beurre, la tomate farcie de ratatouille et le flan de carottes sont d'un anachronisme criant. Le chariot de desserts, avec force charlottes et mousses, affiche le même caractère, une qualité d'ensemble indéniable mais une tradition qui confine à l'immobilisme. Service pro. Cave très traditionnelle.
C : 55 € • M : 25-33 €   www.pere-rota.com

→ 8 Grande-Rue
☎ 03 84 49 12 11
F. dim. à dîn., lundi, mardi
à dîn. (sf fériés) et 2-28 janv.
Jusqu'à 21h.

FOULAYRONNES - 47510   (24 A 4)
Agen 9 - Marmande 76 - Cahors 90

13 Restaurant Océanis

Au cœur du Lot-et-Garonne, Francis Zago propose une carte orientée vers les produits de la mer (remarquables), traités avec un souci constant de simplicité : duo de thon et rouget, queue de lotte aux petits légumes et profiteroles. Agréable terrasse ombragée.
C : 33 € • M : 21,50-42 €   oceanis2@wanadoo.fr

→ 1 rue des Mimosas
☎ 05 53 47 34 65
F. lundi et 6-21 août.
Jusqu'à 22h.

FOURCES

FOURCES - 32250 (29 B 3)
Condom 12 - Barbotan-les-Thermes 30

Château de Fourcès
Dominant cette bastide entièrement classée, avec ses maisons des XIIIe et XIVe siècle, ce château Renaissance (fin du XVe siècle) jouit d'un cadre privilégié avec son parc magnifique ceinturé par une rivière elle-même bordée de saules. Illuminées par d'immenses fenêtres à meneaux donnant sur le parc, les chambres sont décorées de meubles Louis XIII et bénéficient d'un confort actuel. Dîner aux chandelles au restaurant.
6 appart. 195-230 € • 12 ch. 100-155 €

→ ☎ 05 62 29 49 53
▤ 05 62 29 50 59
F. déb.nov.-fin mars.

www.chateau-fources.com

FOURGES - 27630 (6 D 4)
Evreux 47 - Rouen 85 - Dreux 67

10 Le Moulin de Fourges
L'essentiel des charmes de la maison se concentre dans le cadre, architecture de caractère et terrasse au bord de l'eau. Pour le reste, la carte du nouveau chef doit encore évoluer et s'affiner, sur des bases d'une sympathique brasserie classique.
C : 36 € • M : 26,50-46 €

→ 38 rue du Moulin
☎ 02 32 52 12 12
F. dim. à dîn., lundi et oct.-mars.
Jusqu'à 21h30.

www.moulindefourges.com

FRANCESCAS - 47600 (24 A 4)
Agen 31 - Villeneuve-sur-Lot 62

16 Le Relais de la Hire
La belle maison de maître du XVIIIe siècle, à la lisière de ce paisible village, dégage une quiétude et une modestie étonnantes. La Hire ? Le valet de cœur des jeux de cartes, compagnon de Jeanne d'Arc, séjourna en effet sur le site où Jean-Michel Prabonne distille une cuisine à l'image de sa maison, solidement posée sur ses fondations. De beaux produits, des portions généreuses et une relative modestie dans les apprêts : poêlée de cèpes en persillade flambée à l'armagnac, artichaut soufflé au foie gras et jus de canard, bar, gambas et lotte en brochettes agrémentées d'un sabayon passion, grosses langoustines décortiquées, roulées dans du coco râpé et dorées au curry. Une cuisine séduisante, facile d'accès, à l'image de la cave, très didactique, chaque référence (de jolies trouvailles en région d'ailleurs) portant la mention du plat avec lequel le vin se mariera idéalement. Accueil et service délicieux.
C : 40 € • M : 20-30 €

→ Rue Porte-Neuve
☎ 05 53 65 41 59
F. dim. à dîn., lundi, merc. à dîn. et sem. Toussaint.
Jusqu'à 21h30.

www.la-hire.com

FREJUS - 83600 (34 B 5)
Toulon 88 - Draguignan 28

L'Arena
Au cœur de la ville, la façade colorée abrite des chambres chaleureuses dans leur allure provençale et au confort soigné, et l'intimité d'un plaisant jardin abondamment arboré.
36 ch. 70-150 €

→ 145 rue du Gén-de-Gaulle
☎ 04 94 17 09 40
▤ 04 94 52 01 52
F. 15 déc.-15 janv.

www.arena-hotel.com

Les prix des hôtels correspondent au tarif journalier en chambre ou en appartement (ou suite) pour au minimum 1 personne seule en basse saison et 2 personnes en haute saison.

FRICHEMESNIL - 76690 (6 C 2)

Rouen 29 - Dieppe 47 - Neufchâtel-en-Bray 32

15 Au Souper Fin

Voilà un deux-toques référence : vous voulez étalonner la bonne table près de chez vous suivant les critères GaultMillau ? Faites un tour par cette campagne rayonnante, à vingt minutes de Rouen, sur les hauteurs de Clères. Le village est minuscule, la table majuscule, et Eric Buisset un sacré pro, dont les plats, les cuissons, les produits, servent d'exemple, dans la sobriété, la concision. Les langoustines 10/15 grillées à l'huile vierge, le bar avec un fumet à la bière et aux endives, le carré d'agneau et jus au confit d'ail. Trop simple ? Oui, c'est vrai, les intitulés font une demi-ligne, mais laissent plus de souvenirs que ceux qui sont cinq fois plus longs. Et la vérité est dans le menu du marché, qui à 43 € donne la quintessence de la maison en instantané. Un moment de bonheur aidé par un service sans ampoules, aidé par Véronique, excellente directrice de salle et sommelière de talent pour faire le bon choix dans une carte des vins qui sait se renouveler sans trahir les classiques. Deux chambres agréables pour retenir le temps...
C : 65 € • M : 30-50 €

→ 1 rte de Clères
☎ 02 35 33 33 88
F. dim. à dîn., merc., jeudi, 2 sem. janv. ou mars, 8-28 août et 1 sem. vac. scol. Noël. Jusqu'à 21h.

www.souperfin.com

FRŒNINGEN - 68720 (10 B 6)

Colmar 54 - Mulhouse 9

12 Auberge de Frœningen

Dans le cadre feutré de cette maison à l'architecture alsacienne typique, la famille Renner maintient un vrai sens de la convivialité et c'est avec un large sourire que l'on installe devant les belles spécialités de Christophe, qui ne dédaigne pas s'aventurer de temps en temps sur les scampi à l'indienne et beignets de banane ou le gaspacho sorbet concombre, mais qu'on aime surtout sur l'escalope de foie gras d'oie et la langue de bœuf Klapperstein.
C : 40 € • M : 24 €

→ 2 rte d'Allfurth
☎ 03 89 25 48 48
F. dim. à dîn., lundi, mardi (nov.-avril), 3 sem. fin janv., 2 dern. sem. août et 3 jrs Noël. Jusqu'à 21h.

www.aubergedefroeningen.com

FRONSAC - 33126 (23 D 2)

Libourne 3 - Bordeaux 41

13 Le Bord d'Eau

L'eau en question, c'est la Dordogne, en panorama par les baies vitrées, avec Libourne un peu plus loin. Sereine dans son décor contemporain, la salle invite à la détente pour apprécier l'hommage que Laurent Le Comte rend au meilleur des produits régionaux, dans des assiettes nettes et dans l'air du temps, sur le poisson (beau saint-pierre aux cèpes) comme sur la viande (gourmand chevreau de lait au lard paysan), sans négliger la touche personnelle (la compotée de fraise sur le foie gras poêlé). L'enseigne prend un autre sens en cave, largement dédiée à la région.
C : 35 € • M : 19-35 €

→ Rte de Libourne
☎ 05 57 51 99 91
F. dim. à dîn., lundi, merc. à dîn., 2 sem. fin fév., 1 sem. fin sept. et 2 sem. fin nov. Jusqu'à 21h30.

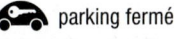 parking privé   parking fermé   voiturier

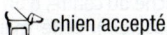 hôtel très tranquille   chien accepté   accès handicapé

FUTEAU

FUTEAU - 55120 (11 B 2)

Bar-le-Duc 45 - Verdun 40 - Sainte-Ménehould 13

14 🍷 L'Orée du Bois

Le département ne regorge pas de très bonnes tables. Une raison à elle seule suffisante pour partir à la découverte de la maison de Paul Aguesse qui, depuis plus de 25 ans, compte parmi les meilleures adresses de la Meuse : langoustines bretonnes en pâte de kadaïf, miel et citron vert, saint-pierre au safran et pommes de terre de Noirmoutier, ris de veau rôti, girolles d'Argonne à l'émulsion de pommes de terre. Service dirigé avec professionnalisme par Roselyne Aguesse.
C : 65 € • M : 43-65 €

→ Hameau de Courupt
☎ 03 29 88 28 41
F. dim. à dîn., lundi, mardi (h.s.), lundi à déj., mardi à déj. (Pâques-fin sept), déc. et janv. Jusqu'à 21h30.

www.aloreedubois.fr

A l'Orée du Bois

Le calme absolu, la fraîcheur et la beauté de la forêt d'Argonne et le luxe que prodigue un petit chalet où sont regroupés sauna, hammam et jacuzzi. Chambres spacieuses et classiques.
3 appart. 150 € • 11 ch. 80-130 €

→ Hameau de Courupt
☎ 03 29 88 28 41
📠 03 29 88 24 52
F. déc. et janv.

www.aloreedubois.fr

GAGERON - 13200 (33 B 5)

Arles 12 - Avignon 52

👁 Restaurant chez Bob

Cuisine au feu de bois, menu unique et cadre typique au cœur de la Camargue, ça fait plus de vingt ans que la maison de Jean-Guy Castello cultive sa recette du bonheur autour du toro du coin ou de l'agneau de Provence et devant tant de générosité, on n'a pas envie que ça s'arrête.
M : 39 €

→ Hameau du Petit-Antonelle
☎ 04 90 97 00 29
F. lundi et mardi. Jusqu'à 21h30.

GAILLAC - 81600 (30 A 3)

Toulouse 58 - Albi 26 - Castres 51

14 Les Sarments

Dans cette atmosphère véridique de caveau soigné, à l'intérieur d'un ancien chai XIVe-XVIe de brique rouge et voûtes d'époque, on ne peut pas tricher. Bernard Bisson joue juste une partition de fugue et de fantaisie sur le thème du terroir, légumes de saison et saveurs vraies dans une carte de caractère : croustillant de sardines et anchoyade, saint-jacques poêlées sauce civet, pastilla de confit de canard aux haricots de cassoulet, pivoine au chocolat noir, griottes et whisky. Ce n'est pas exactement de l'avant-garde, mais cette personnalité et cette sincérité valent toujours une vraie bonne toque. Cave fidèle, naturellement, au Gaillacois, accueil tout en gentillesse et sourire de Sylvie Bisson.
C : 40 € • M : 25-46 €

→ 27 rue Cabrol
☎ 05 63 57 62 61
F. dim. à dîn., lundi, merc. à dîn. (nov.-janv.), dim. à dîn., lundi, mardi, merc. à dîn., 1re sem. mars, 1 sem. mai et mi-déc.-mi-janv. Jusqu'à 21h.

🍴 Idéal gourmet

La Verrerie

Bénéficiant, malgré sa situation proche du centre, d'un parc de plus d'un hectare (dont une bambouseraie), cette maison XIXe de caractère propose de jolies chambres contemporaines et paisibles et une atmosphère chaleureuse.
14 ch. 55-70 €

→ 1 rue de l'Egalité
☎ 05 63 57 32 77
📠 05 63 57 32 27
Ouv. 7j/7.

www.la-verrerie.com

GM

GAILLAN EN MEDOC - 33340 (23 C 1)
Soulac 29 - Pauillac 22 - Bordeaux 66

12 **La Table d'Olivier**

Après les vignes, après tout, dans la pointe du Médoc, le paysage est plus sauvage. Une occasion pour Olivier Millet, au parcours de grandes maisons, de promouvoir une carte personnelle de bonne tradition dans un cadre du même métal, fer forgé et tables de ferme pour des assiettes d'un raffinement certain : pierrade de queues de gambas et cappuccino d'herbes, filets de sole à l'échalote sauce osso-buco, feuillantine de selle d'agneau aux champignons des bois.
C : 60 € • M : 25-55 €

restaurantlatabledolivier.com

→ 53 rte de Lesparre
☎ 05 56 41 13 32
F. sam. à déj., dim. à dîn., lundi (sf juil.-août) et vac. scol. fév.
Jusqu'à 21h (21h30 été).

GALLARGUES - 30660 (32 B 3)
Nîmes 27 - Lunel 8

11 **Croqu'au Sel**

Ravissant village, ravissante maison. Les bons génies sont donc du côté de cette sympathique Croq au sel, nichée dans son cadre voûté de pierre XVIIIe, prolongé d'une cour intérieure et d'une terrasse sur la place piétonne. On se laisse donc charmer d'autant plus facilement que le crumble d'escargots, la brochette de saint-jacques et gambas au lard fumé et le jarret d'agneau confit n'incitent pas à faire la fine bouche. Accueil languedocien au sourire naturel, vins d'ici.
C : 35 € • M : 26 €

lacroqausel@cegetel.com

→ Impasse Hôpital Saint-Jacques
☎ 04 66 35 05 98
F. dim. à dîn., lundi à dîn., merc. à dîn. (h.s.), dim., lundi (juil.-août), vac. scol. fév., vac. scol. Toussaint et vac. scol. Noël.
Jusqu'à 21h30.

🍴 Idéal gourmet

GAMBAIS - 78950 (7 A 2)
Paris 56 - Dreux 26 - Rambouillet 22

13 **Auberge du Clos Saint-Pierre**

Après plus de dix ans ici, Thierry Frisse poursuit sur sa lancée, toujours avec le souci d'offrir, dans cette jolie salle aux couleurs chaleureuses, le meilleur de la saison (la carte change tous les deux mois), à travers des assiettes sobres et nettes, entre solides bases classiques et touches personnelles : tartare de fond d'artichaut et de tomate accompagné de gambas rôties, quasi de veau rosé et tendre, accompagné de pommes grenailles et d'une poêlée de girolles ou encore une tarte aux abricots, avec un sorbet aux dattes et les touches de couleurs de lamelles de fraises, d'abricot et de framboises. Service attentionné mais un peu long, petite cave pas mal choisie.
C : 48 € • M : 35 €

clossaintpierre@wanadoo.fr

→ 2 bis rue Goupigny
☎ 01 34 87 10 55
F. dim. à dîn., lundi, mardi à dîn. et 1er-22 août.
Jusqu'à 21h30.

GAN - 64290 (23 D 6)
Pau 8 - Tarbes 54

10 **Le Clos Gourmand**

A quelques minutes de Pau, une maison tranquille à apprécier aux beaux jours sur la terrasse au jardin, près de la rivière, pour un tournedos de canard au chèvre ou un filet de bœuf au foie gras. Recherchez plutôt la simplicité des premières formules.
C : 35 € • M : 16,50-30 €

www.closgourmand.com

→ 40 av Henri-IV
☎ 05 59 21 50 43
F. sam. à déj. et dim. à dîn.
Jusqu'à 21h.

GANGES - 34190　　　　(32 A 3)
Montpellier 45 - Nîmes 60 - Le Vigan 19

ℭℭℭ Château de Madières 🐦
Murs blancs, tissus fleuris, espace généreux, quelques touches de meubles de style, les chambres sont très agréables dans l'absolu, et le sont encore plus dans ce cadre exceptionnel, celui d'un château médiéval au-dessus des gorges de la Vis, architecture austère et magnifique, avec un délicieux parfum de bout du monde.
4 appart. 220-299 € • 8 ch. 150-233 €　　　www.chateau-madieres.fr

→ Hameau de Madières
☎ 04 67 73 84 03
📠 04 67 73 55 71
F. 1er janv.-1er avril.

🚗 ⛵

Villes de proximité, voir :

🕐 BRISSAC . . . . 7 km S. par D 4 **(13/20)**

🕐 FERRIERES LES VERRERIES . . . . 15 km S.E. par D 986 et D 107
　　(14/20)

GAP - 05000　　　　(34 A 2)
Paris 673 - Valence 160 - Nice 220

14 🍴 Le Pasturier
Pascal Dorche n'a pas suivi son père dans l'atelier de zinguerie. Il a préféré en faire un restaurant. Bien lui en a pris, et les Gapençais le remercient encore vingt ans après. Sur la zone piétonne, ce Pasturier est naturellement bien placé, mais le succès tient avant tout à cette atmosphère de convivialité familiale et à cette approche d'une cuisine simple et généreuse qui ouvre les yeux sur le monde tout en respectant son terroir : mille-feuille de chèvre frais artichauts poivrade et vinaigrette à la tapenade, bar plancha à la fleur de thym, noisettes d'agneau de pays et foie gras jus réduit à la lavande. Pour accompagner un menu-carte très appétissant, une cave classique qui sait bien regarder vers le Sud, jusqu'en Italie, pour proposer d'excellents flacons à prix accessibles (Jadis de Barral à moins de 50 €).
C : 49 € • M : 26-39 €　　　pasturier.resto@wanadoo.fr

→ 18 rue
Pérolière-et-la-Placette
☎ 04 92 53 69 29
F. dim. à dîn., lundi, mardi à déj., 7-21 janv. et 23 juin-7 juil.
Jusqu'à 21h30.
🍴 ♿ ❄ 🐴

🔴 idéal gourmet

- -

13 🍴 Le Patalain
Une seule adresse, une belle maison de maître en centre-ville, et deux formules avec le bistrot du Patalain (entrecôte, oreilles d'âne...) et le "gastro", où le bon tour de main de Gérard Périnet s'exprime sur un unique menu-carte : velouté de champignons aux ravioles du Royans, escabèche de filets de rouget grillés et beurre de tapenade, poêlée de rognons déglacée au vinaigre de framboise.
C : 38 € • M : 19-23 €　　　sarl-le-patalain@wanadoo.fr

→ 2 pl Ladoucette
☎ 04 92 52 30 83
F. dim., lundi et 21 déc.-15 janv.
Jusqu'à 21h.
🍴 🚗 ♿ 🐴

Villes de proximité, voir :

🕐 VENTEROL . . . . 22 km S. par N 85, D 943 et D 854 **(11/20)**

GARABIT - 15390　　　　(26 B 5)
Aurillac 85 - Saint-Flour 12

🍴🍴 Beau Site
La vue sur le lac et le célèbre viaduc de Gustave Eiffel justifie l'étape. On se réjouit donc du supplément de chaleur, par l'ambiance familiale et les chambres simples et soignées, aux tons pastel.
3 appart. 77 € • 17 ch. 48-62 €　　　www.beau-site-hotel.com

→ Garabit
☎ 04 71 23 41 46
📠 04 71 23 46 34
F. 2 nov.-1er avril.

🚗 ⛵ 🎣 🐴

GARANCIERES - 78890 (7 A 2)

Paris 47 - Versailles 27 - Mantes-la-Jolie 30

 **La Ferme du Château**

Au milieu de la cour trône le vieux pigeonnier, tout autour les bâtiments de cette ferme du XVIIe siècle, maison de famille depuis huit générations. Les chambres sont installées dans les anciennes écuries. L'impression d'espace est saisissante et les détails de décoration charmants.

3 ch. 80-140 €   www.la-ferme-du-chateau.com

→ M Denis-Lavenant, 5 rte de Boissy
☎ 01 34 86 53 94
🖷 01 34 86 53 77
Ouv. 7j/7.

LA GARDE - 48200 (31 D 1)

Saint-Chély-d'Apcher 9 - Viaduc-de-Garabit 14

Château d'Orfeuillette 🦢

Dans une Lozère plus habituée aux vieilles fermes rustiques, le château propose une étape nettement plus raffinée, dans une architecture XIXe posée dans un parc arboré. Belles chambres sobres et personnalisées.

4 appart. 180 € • 23 ch. 65-145 €   www.chateauorfeuillette.com

→ Best Western
☎ 04 66 42 65 65
🖷 04 66 42 65 66
F. 20-27 déc.

LA GARDE ADHEMAR - 26700 (27 C 6)

Montélimar 21 - Pierrelatte 6

13 **Le Logis de l'Escalin**

La terrasse (très chic) de cette belle maison de campagne compte sans doute parmi les plus charmantes de la vallée : beau panorama, calme garanti, cette exclusivité vaudrait à elle seule la halte. Mais ce Logis se vit également au cœur de l'hiver, confortablement installé dans l'un des petits salons bourgeois et cossus que réchauffe une grande cheminée. Classique sans être ennuyeuse, maîtrisée au point, parfois, de manquer de personnalité, la cuisine de Serge Fricaud se hisse sans peine à la hauteur du cadre : croustillant de saint-jacques et saumon sauvage sur un lit de légumes frits, minute de rouget sur pomme au safran écrasé et nectar de Provence, filet de lièvre juste poêlé, délice grand veneur sauce Marie-Stuart. Jolie cave rhodanienne s'adaptant à tous les budgets.

C : 46 €   www.lescalin.com

→ Quartier les Mamarteaux
☎ 04 75 04 41 32
F. non comm.
Jusqu'à 21h15.

LA GARDE GUERIN - 48800 (32 B 2)

Alès 62 - Aubenas 69 - Mende 56

12 **Auberge Regordane**

Une fois plongé dans les délices du voyage dans le temps que représente cet hôtel magnifique au cœur du village médiéval classé, on n'a plus guère envie de ressortir, pour ne pas rompre le charme. Cela tombe bien, la cuisine de Philippe Nogier, savoureuse et proche du terroir, s'applique à ne pas rompre le charme. A apprécier dans une simplicité qui n'exclut pas le raffinement, en dégustant les vins de la région, bien mis en avant dans une cave fouineuse.

C : 38,50 € • M : 20-37 €   www.regordane.com

→ ☎ 04 66 46 82 88
F. 1er janv.-18 avril et 13 sept.-31 déc.
Jusqu'à 21h.

Auberge Regordane 🦢

L'ancienne demeure seigneuriale du XVIe siècle jouit d'un cadre privilégié, au cœur de ce charmant village, vieux de plus de 800 ans et interdit à la circulation automobile. Chambres délicieuses avec leurs planchers en chêne, leur mobilier ancien et leurs murs chaulés.

16 ch. 56-67 €   www.regordane.com

→ ☎ 04 66 46 82 88
🖷 04 66 46 90 29
F. 1er janv.-18 avril et 13 sept.-31 déc.

LA GARENNE COLOMBES - 92250   (8 B 4)
Paris 12 - Nanterre 6 - Argenteuil 6

12 **Le Saint-Joseph**

Ambiance conviviale, cuisine bistrotière fraîche et sagement tarifée (verrine de pétoncles et ratatouille, quasi de veau de lait de Corrèze flanqué de frites maison, mascarpone au pain d'épices et glace au pain d'épices), cave courte mais ne rassemblant que des petits propriétaires, l'adresse fait fureur à la Défense.
M : 28 €

→ 100 bd de la République
☎ 01 42 42 64 49
F. w.-e. et 3 prem. sem. août.
Jusqu'à 22h.

 idéal gourmet

www.lestjoseph.com

GARONS - 30128   (32 B 3)
Nîmes 8 - Arles 24

16 〓 ⋛ **Restaurant Alexandre**

"Un moment d'exception". Il n'y a pas que Michel Kayser qui le dit, nombre de lecteurs soulignant un accueil remarquable, la courtoisie de Madame, l'impression d'être pris en charge par une équipe débordant de gentillesse. Cette exception-là devrait être commune : elle ne l'est pas, et d'autant plus rare dans les maisons de cette envergure. Car la cuisine du chef est elle aussi rare, car personnelle, spontanée et technique en même temps. Peu de mousses ni de gelées, mais des saveurs franches, orientées plein Sud, des produits et des recettes magnifiés, la tielle sétoise par le homard et les crevettes royales, le filet de loup par une cuisson lente et une belle sauce réglissée, l'agneau allaiton toujours grandiose avec ses cromesquis de ris au fromage de chèvre. Au jeu des textures, Kayser est un empereur, qui ménage toujours de quoi croquer ou croustiller, délaissant la mode yaourtière. Très bon dessert chocolat, cave pléthorique et attractive qui propose une véritable course aux trésors, la palme revenant naturellement au Languedoc et au Rhône.
C : 85 € • M : 59 €

→ 2 rue Xavier-Tronc
☎ 04 66 70 08 99
F. dim. à dîn., lundi, mardi
(sept.-juin), dim., lundi
(juil.-août) et vac. scol. fév.
Jusqu'à 21h30.

www.michelkayser.com

GARREVAQUES - 81700   (30 A 4)
Revel 7 - Puylaurens 11

Le Pavillon du Château ≫

Les anciennes écuries accueillent la partie hôtel, avec spa et des chambres soignées, dont les meubles respectent l'esprit ancien du prestigieux voisin, un château du XVe siècle, toujours aux mains de la même famille depuis seize générations. La façon qu'ont Marie-Christine et Claude Combes de faire vivre les lieux et les chambres d'hôtes qui y sont installées est évidemment empreinte de cette longue histoire, qui se retrouve également dans les meubles de famille.
15 ch. 130-220 €

→ Château de Garrevaques
☎ 05 63 75 04 54
📠 05 63 70 26 44
Ouv. 7j/7.

www.garrevaques.com

GASNY - 27620   (6 D 3)
Rouen 71 - Vernon 10

12 **Auberge du Prieuré Normand**

A proximité de Giverny, la fière petite auberge de village, confite dans ses traditions, dans le cadre d'un ancien prieuré où l'on vient fêter communions et anniversaires. Le chef connaît le métier, travaillant une carte bourgeoise qui se marie avec les bordeaux de la carte des vins : foie gras, cuisses de grenouille provençale, ris de veau à la normande, entrecôte Bercy... La douceur d'une religion aux nombreux adeptes.
C : 50 € • M : 17-40 €

→ 1 pl de la République
☎ 02 32 52 10 01
F. mardi à dîn., merc. et 3
prem. sem. août.
Jusqu'à 21h.

prieure.normand@wanadoo.fr

GASSIN - 83580   (34 B 6)
Toulon 66 - Saint-Tropez 10

17 Villa Belrose

Le luxe, c'est aussi cela : un palace discret, une terrasse de rêve dominant la baie, à l'écart, ailleurs, et pourtant à cinq minutes de la place des Lices. C'est aussi la retenue, la sobriété, sans aller jusqu'à la modestie. Dans ce registre, Thierry Thiercelin a suivi la bonne piste, d'une carte attrayante, sans morgue, sans pétarade, sans flashes et pourtant pas sans éclat. Sa représentation d'un carnaval niçois par les légumes d'été, son mariage rouget-calamar tout en suavité et précision, et même son filet de bœuf à la moelle avec une petite tourte ris de veau épinards blettes du meilleur effet appartiennent à cet univers de haute maîtrise où l'on croise aussi les desserts thématiques, la rhubarbe, le chocolat, les fraises et pistache… Thiercelin est un métronome qui ne peut que séduire une clientèle internationale aux attentes évidemment variées. Et si les trois toques peuvent paraître généreuses, elles continuent de récompenser cette extrême rigueur sur le haut niveau. Service huilé, souriant, sans componction, cave assez complète, assez chère, pas très excitante, mais bien vue en région, là où il faudra se réfugier : Sainte-Roseline, Saint-Baillon, Giscle, Font du Broc et de nouveaux domaines (Margilière, Bastidière…) à explorer.
C : 115 € • M : 55-115 €   www.villabelrose.com

→ Bd des Crêtes, la Grande-Bastide
☎ 04 94 55 97 97
F. 1er janv.-20 mars et 26 oct.-31 déc.
Jusqu'à 22h.

Villa Belrose

Idéale pour prendre de la hauteur par rapport à l'agitation tropézienne, cette luxueuse villa ouvre sur les jardins et la baie en une superbe vue panoramique, un luxe qui s'ajoute (via les terrasses privatives) au raffinement des chambres, entre mobilier Louis XVI et salle de bains en marbre. Accueil attentif et soigné.
3 appart. 900-2250 € • 34 ch. 190-790 €   www.villabelrose.com

→ Bd des Crêtes
☎ 04 94 55 97 97
🖨 04 94 55 97 98
F. 1er janv.-20 mars et 26 oct.-31 déc.

- -

12 Le Micocoulier

Réservez en terrasse, quand il y a encore un peu de fraîcheur, pour profiter de ce panorama, de cette douceur, loin de l'agitation tropézienne pourtant toute proche. C'est Gassin, envahi l'été, mais qui garde cette authenticité villageoise qui permet à cette table de s'exprimer sans (trop) jouer les snobs, avec une cuisine qui entretient à sa façon actuelle une Méditerranée bien ensoleillée, dans un décor entièrement refondu l'an passé.
C : 55 € • M : 29-50 €

→ Pl des Barrys
☎ 04 94 56 14 01
F. nov.-déc. (sf fêtes) et 7 janv.-15 mars.
Jusqu'à 22h30.

GAZERAN - 78125   (7 A 1)
Paris 60 - Versailles 40 - Rambouillet 4

13 Villa Marinette

Rachetée en 2002 par Sébastien et Myriam Bourgeois alors qu'elle était fermée depuis plusieurs années, cette auberge centenaire a conservé intacts son âme et son charme, malgré une importante et nécessaire campagne de travaux. Très classique à ses débuts mais prenant progressivement de l'assurance, la carte de Sébastien Bourgeois, un ancien du Carré de Feuillants et du Château d'Esclimont, ne manque pas de personnalité : mousseline de topinambour à la truffe noire, foie gras poêlé et vinaigrette truffée, filet de bar en cuisson lente, jus pointu et cromesquis de risotto crémeux à la truffe, selle d'agneau désossée puis panée au thym et polenta

→ 20 av du Gén-de-Gaulle
☎ 01 34 83 19 01
F. dim. à dîn., lundi et mardi à déj. F. ann. non comm.
Jusqu'à 21h30.

au piquillos. Cave manquant quant à elle un peu de personnalité, préférant se retrancher derrière les Hugel, Prieur, Durup, Faiveley et autres Chapoutier.

C : 52 € • M : 27-60 €

www.villamarinette.fr

GEMENOS - 13420 (33 D 6)

Marseille 26 - Aix-en-Provence 36 - Toulon 52

Bastide Relais de la Magdeleine

Dans la campagne provençale entre Aix et Toulon, une bastide XVIIIe qui a conservé sa décoration d'époque, chambres stylées avec un mobilier authentique, climatisées, donnant sur le parc de 2 ha, orné d'une grande allée centrale et d'une orangerie.

4 appart. 110-220 € • 26 ch. 90-185 €

www.relais-magdeleine.com

→ Rte d'Aix-en-Provence
☎ 04 42 32 20 16
📠 04 42 32 02 26
F. 15 nov.-15 mars.

LE GENEST SAINT ISLE - 53940 (15 D 2)

Evron 51 - Laval 12

13 Restaurant Le Salvert

Sébastien Philouze, ancien chef du restaurant l'Ermitage à Saulges (13/20) a repris en janvier dernier cet établissement avec son épouse, Marie-Laure. Les prestations demeurent sensiblement identiques, avec une carte assez classique : tartare de truite servie en coquilles d'huître et crème acidulée à la laitue de mer, filet mignon de porc rôti au four et jus au miel et aux figues séchées, croustillant de pommes façon Apple Strudel et crème à la cannelle. A suivre.

C : 39 € • M : 22-42 €

www.le.salvert.monsite.wanadoo.fr

→ Rte d'Olivet
☎ 02 43 37 14 37
F. dim. à dîn., lundi, mardi
à dîn. (1er oct.-31 mars), dim.
à dîn., lundi (1er avril-30 sept.),
2 sem. janv., 1 sem. sept. et 1
sem. Noël.
Jusqu'à 21h (21h30 sam.).

🍴 idéal gourmet

GENESTON - 44140 (15 C 4)

Nantes 20 - La Roche-sur-Yon 43

15 Le Pélican

Quelles nouvelles d'Annie et Pascal Vilaseca ? Toujours excellentes, le menu-carte à deux toques s'affichant toujours au prix prohibitif de 20 € comprenant tout de même, soyons précis, quelques plats à (petit) supplément. Leur recette ? C'est vrai, ni le village, ni la maison (la façade comme la salle à manger) ne font preuve d'un charme ravageur. Pas de personnel nombreux, pas de voiturier, pas d'écran plasma pour retransmettre en direct les prouesses du chef. Mais toujours ces divines ravioles de langoustines à la crème de homard, ce formidable sandre rôti aux artichauts et vinaigrette citronnée ou cette toute simple poêlée de saint-jacques (mais quelles saint-jacques !) à l'huile de piment. Les desserts sont, peut-être, un petit cran en dessous des deux toques mais le détour demeure, évidemment, indispensable.

M : 20 €

→ 13 pl Georges-Gaudet
☎ 02 40 04 77 88
F. dim. à dîn., lundi, mardi,
4-29 août et vac. scol. fév.
Jusqu'à 21h.

GENEUILLE - 25870 (21 B 3)

Dijon 98 - Vesoul 42

13 Château de la Dame Blanche

Petite musique douce au restaurant : pour suivre le tempo d'une hôtellerie où tout est fait pour une relaxation de haut standing, la carte, au prestige indéniable (mille-feuille de foie gras de canard caramel au macvin et fruits secs, filet de turbot rôti sauce absinthe, pigeon rôti vinaigrette au curry) est confié au très adroit Jean-François Maire, que l'on a connu à deux toques à Ecole-Valentin. Belle façon dans la tradition, du cousu main qui n'étonne pas, mais

→ 1 chemin de la Goulotte
☎ 03 81 57 64 64
F. dim. à dîn. et lundi.
Jusqu'à 21h15.

fait vivre le terroir avec distinction dans le cadre Louis XVI de la salle à manger. Cave importante, donnant la parole aux vins du Jura, service impeccable.

M : 35-84 €   *www.chateau-de-la-dame-blanche.fr*

Château de la Dame Blanche
Dépaysement, détente, respiration… Selon que vous êtes en famille ou en affaires, vous trouverez la bonne vibration dans cet ensemble de prestige aux portes de Besançon. Style contemporain ou rustique dans les chambres très bien aménagées, pour profiter des vieilles pierres et du parc de 7 ha. En dérivatif, balade en calèche, initiation à l'attelage.

2 appart. 185-220 € • 24 ch. 75-139 €   *www.chateau-de-la-dame-blanche.fr*

→ 1 chemin de la Goulotte
☎ 03 81 57 64 64
🖷 03 81 57 65 70
F. dim.

GENSAC - 33890 (24 A 2)
Bordeaux 66 - Bergerac 40

13 Les Remparts Hôtel et Restaurant
De cette jolie salle de campagne rénovée de l'ancien presbytère, dominant collines et forêts, Steve et Veronica Parker ont fait en deux ans un sympathique bastion britannique. Certains soirs, la salle est entièrement anglaise, ce qui n'est finalement pas si étonnant entre Guyenne et Gascogne. On se dépaysera donc, dans le temps et l'espace, avec l'accueil so typically british de la maîtresse de maison et la cuisine mousses et chutneys de Steve, maître d'une carte naturellement bilingue et peu coûteuse, vantant le foie gras, les saint-jacques, la pintade aux champignons ou le filet de veau dans une veine empreinte de simplicité. La toque mérite de flotter sur les Remparts autant que l'Union Jack, et la petite cave offre les vins des propriétaires voisins, soigneusement visités (Lugagnac, Moulin Caresse, Lestrille Capmartin…). Sept chambres agréables ouvrant sur la vallée.

C : 25 € • M : 25-30 €   *www.lesremparts.net*

→ 16 rue du Château
☎ 05 57 47 43 46
F. dim. à dîn., lundi, janv. et fév.
Jusqu'à 21h.

GERARDMER - 88400 (12 B 6)
Epinal 44 - Saint-Dié 27

15 Les Bas-Rupts
Après avoir connu quelques soubresauts ces dernières années, la plus belle maison du massif des Vosges s'est stabilisée sur ses deux toques qui lui vont comme un gant. Dirigée par François Lachaux, MOF en 1993 et secondé par Michel Philippe, lui-même maître cuisinier de France, la brigade de cuisiniers a tous les atouts en main pour réussir. Jouant sur la corde sensible, dans un registre traditionnel rajeuni, la carte privilégie les produits nobles et les associations canailles et chics : carpaccio de tête de veau à l'huile de truffe et queues de langoustines rôties, noix de saint-jacques rôties sur une galette de pied de porc, poulette de Bresse Miéral au vin jaune, morilles et purée de rattes façon Robuchon. Les desserts rameutent les grands classiques, vacherin glacé et profiteroles en tête. Cave bien triée dans toutes les régions.

C : 48 € • M : 32-95 €   *www.bas-rupts.com*

→ 181 rte de la Bresse
☎ 03 29 63 09 25
Ouv. 7j/7.
Jusqu'à 21h30.

🎁🎁🎁 Les Bas-Rupts et Chalet Fleuri 🦅

Le décor d'inspiration autrichienne qui règne dans les chambres rappelle que nous sommes à la montagne dans ces trois beaux chalets installés à l'écart de la station. L'espace détente, inauguré récemment, rassemble une piscine intérieure, un sauna, un hammam et un cabinet de massages et de soins esthétiques.
4 appart. 260-480 € • 22 ch. 140-210 €   www.bas-rupts.com

→ Les Bas-Rupts, D 486 vers La Bresse
☎ 03 29 63 09 25
🖷 03 29 63 00 40
Ouv. 7j/7.

---

13 🍴 Restaurant Côté Lac

L'hôtel dispose d'une situation stratégique au cœur de la station et la vue sur le lac est le principal atout de cette plaisante salle à manger fraîche et lumineuse. Jean-Michel Costa sait cuisiner à la mode d'aujourd'hui, actuelle et goûteuse, même si elle manque parfois d'un peu de finesse : timbale de mâche et rémoulade de céleri aux noix, thon rouge mariné et grillé ; carré de cochon de lait rôti, poitrine paysanne et boudin noir, hachis d'aubergines ; mille-feuille croustillant aux pommes caramélisées. La jolie cave met en avant les coups de cœur du sommelier, également disponibles au verre. Restent quelques points à corriger, comme un service manquant de dynamisme.
C : 62 € • M : 38-64 €   www.hotel-beaurivage.fr

→ 2 av de la ville de Vichy, esplanade du Lac
☎ 03 29 63 22 28
F. vend.-sam. à déj. (sf vac. scol. et fériés).
Jusqu'à 21h (21h30 vend.-sam.).

🎁🎁 Hôtel Beau Rivage 🦅

La vue sur le lac est bien là (on en profite également désormais depuis le lounge-bar installé au deuxième étage) et la palette de confort est large, entre les chambres classiques, claires et agréables avec leur mobilier cérusé, et les luxueuses suites au décor contemporain. L'équipement de détente, déjà agréablement complet, s'est enrichi d'une piscine couverte, avec baies vitrées donnant sur le lac.
4 appart. 160-340 € • 52 ch. 69-159 €   www.hotel-beaurivage.fr

→ 2 av de la ville de Vichy, esplanade du Lac
☎ 03 29 63 22 28
🖷 03 29 63 29 83
Ouv. 7j/7.

---

12 Cap Sud

Depuis la véranda, on survole le massif vosgien, les fiers sapins, la nature conquérante. Dans l'assiette, changement de cap : l'ancienne Belle Marée conserve ses prérogatives en cherchant le large, les fruits de mer et les poissons de la Grande Bleue : tajine de bar aux légumes provençaux, tartare de thon et polenta, entrecôte de Simmenthal à la plancha, jus au porto. Un peu formaté, mais sympathique, avec une bonne cave qui ne se limite pas à l'Alsace, proposant de bons ceps en Languedoc et même en Italie.
C : 42 € • M : 25-35 €   www.capsud-bellemaree.fr

→ 144 Rte de la Bresse
☎ 03 29 63 06 83
F. lundi et mardi à déj. (hors vac. scol.)
Jusqu'à 22h30.

🎁🎁🎁 Le Manoir au Lac 🦅

Un manoir XIXe chargé d'histoire, au bord du lac, dans un parc de 1 ha contenant un étang. Après les artistes et écrivains qui y séjournèrent, vous goûterez ces rêveries lacustres dans une des douze chambres, toutes différentes, de style classique ou contemporain. Piscine intérieure, sauna, hammam, massage...
2 appart. 330-435 € • 10 ch. 150-290 €   www.manoir-au-lac.com

→ 59 chemin de la Droite-du-Lac
☎ 03 29 27 10 20
🖷 03 29 27 10 27
Ouv. 7j/7.

Le Grand Hôtel ✏

Le Grand Hôtel ne ménage pas ses efforts pour rester dans le peloton de tête des hôtels de la station et après l'ouverture du Chalet il y a deux ans, l'hôtel s'est par exemple doté d'un spa. Au gré des espaces ou des étages, les chambres adoptent des styles personnalisés, clin d'œil montagnard (superbes réalisations au Chalet), ambiance claire et romantique ou luxe feutré et cosy.
14 appart. 200-480 € • 58 ch. 75-200 €   www.grandhotel-gerardmer.com

→ Pl du Tilleul
☎ 03 29 63 06 31
🖨 03 29 63 46 81
Ouv. 7j/7.

Villes de proximité, voir :

↻ XONRUPT LONGEMER ....3 km E. par D 147 **(13/20)**

GERDE - 65200	**(29 B 5)**

Lourdes 24 - Bagnières-de-Bigorre 3

Relais des Pyrénées

Il serait dommage de laisser les seuls cyclistes stagiaires du centre Laurent Fignon profiter de ce magnifique hôtel ouvert par le champion : dans un parc arboré, l'ancienne usine textile s'est muée en un superbe ensemble contemporain, né d'une association soignée entre les matériaux, les couleurs et les lignes du mobilier. L'espace bien-être, avec spa et sauna, est là pour se remettre de l'ascension du Tourmalet.
4 appart. 99-119 € • 51 ch. 66-89 €   www.relais-des-pyrenees.com

→ av du 8-Mai
☎ 05 62 44 66 67
🖨 05 62 44 90 14
F. 5 nov.-5 déc.

LES GETS - 74260	**(28 C 1)**

Annecy 85 - Morzine 10

13 Le Saint-Laurent

Un avis franchement mitigé d'un de nos lecteurs, une relative prudence de notre part : la toque se maintient en pointillé pour la table du Labrador, car le chef a indiscutablement le savoir-faire qu'il faut pour cette exigeante clientèle, même si l'on peut penser qu'il vaudrait mieux concentrer le tir sur les produits du cru et les recettes éprouvées, plutôt que d'aller sur le caviar, le homard et le tartare de saint-jacques. Il n'empêche que dans ce cadre chaudement montagnard la bonne côte de bœuf à la cheminée, avec son gratin savoyard ou le filet de canette grillé avec les pâtes gratinées au beaufort, valent leur pesant de plaisir simple. Cave généraliste sans grande recherche.
C : 50 € • M : 45-90 €   www.labrador-hotel.com

→ 266 rte du Léry
☎ 04 50 75 80 00
F. 5 avril-21 juin et 6 sept.-20 déc.
Jusqu'à 21h15.

Le Labrador ✏

Un chalet de montagne typique et chaleureux, tout de bois et de pierre, aménagé pour la détente été comme hiver (deux piscines, tennis, salle de jeux pour les enfants, billard, wifi...). Chambres agréables aux tissus épais et boiseries claires donnant sur le parc fleuri aux beaux jours.
23 ch. 80-256 €   www.labrador-hotel.com

→ 266 rte du Lery
☎ 04 50 75 80 00
🖨 04 50 79 87 03
F. 5 avril-21 juin et 6 sept.-20 déc.

Chalet-Hôtel Crychar

Été comme hiver, au milieu des prés ou au pied des pistes, mais toujours à deux pas du cœur de la station, l'hôtel s'affiche comme un sympathique cocon montagnard, dans le décor typique des chambres comme dans la gentillesse de l'accueil.
5 ch. 55-210 €   www.crychar.com

→ 136 impasse de la Grange-Neuve
☎ 04 50 75 80 00
🖨 04 50 79 83 12
F. 15 avril-30 juin et 15 sept.-15 déc.

🏨🏨 Le Mont Chéry

Un chalet de tradition édifié après-guerre au cœur de la station, face aux pistes. Vieux bois, cheminée, chambres typiques et correctement équipées, donnent une ambiance authentique. Piscine couverte et chauffée, sauna, hammam, jacuzzi.
2 appart. 140-210 € / 25 ch. 95-140 €   www.hotelmontchery.com

→ Chef-Lieu, rte du Front-de-Neige
☎ 04 50 75 80 75
🖨 04 50 79 70 13
F. 16 avril-14 déc.

GEVREY CHAMBERTIN - 21220   (20 B 4)
Dijon 14 - Beaune 23

13 🍺 Chez Guy

Des tarifs, en relation directe avec le niveau de qualité de la maison, de belles propositions qui hissent cette salle à la mise raffinée bien au-dessus du tout-venant. Les escargots de Bourgogne séduisent par leur saveur nette comme par la texture soignée de la compotée de tomates qui les accompagne, le quasi de veau, à la cuisson bien maîtrisée, joue de la douceur face à une purée de carotte relevée d'une pointe de cumin. La cave est remarquablement exhaustive en gevrey, très complète sur le reste de la Bourgogne, notamment en crus réputés, et se complète de solides références classiques sur les autres régions. Au-delà du standing affiché dans le décor, le service offre une convivialité très agréable.
M : 31-60 €   www.hotel-bourgogne.com

→ 3 pl de la Mairie
☎ 03 80 58 51 51
F. 24 déc.
Jusqu'à 21h30 (22h été).

- -

12 Le Bonbistrot

Il sait trouver l'assiette pour le dire : Jean-Pierre Nicolas, après un long parcours d'honnête artisan, clame son attachement à la belle tradition régionale et hexagonale, plats de ménage, plats de toujours, joliment et passionnément exécutés. La salade de pieds de cochon, le bœuf braisé, le coq au vin et même le baba au rhum font partie d'un folklore tendre et indispensable qui trouve un aboutissement dans ce décor de bistrot parisien Belle Epoque attaché à la Rôtisserie. Cave naturellement fournie en gevrey.
M : 26-33 €   www.rotisserie-bonbistrot.com

→ Rue de Chambertin, BP 4
☎ 03 80 34 33 20
F. dim. à dîn., lundi, mardi à déj. (sf fêtes), 3 sem. fév. et 2 prem. sem. août.
Jusqu'à 21h30.

- -

🏨🏨 Les Arts et Terroirs

Dans ce haut lieu viticole, une ancienne maison vigneronne qui fournit une hôtellerie de qualité au calme. Des chambres au beau mobilier d'époque et aux salles de bains entièrement rénovées, vue sur le jardin et les vignes
20 ch. 58-86 €   www.arts-et-terroirs.com

→ 28 rte de Dijon
☎ 03 80 34 30 76
🖨 03 80 34 11 79
Ouv. 7j/7.

- -

🏨🏨 Les Grands Crus 🕊

Une belle maison bourguignonne au cœur de la côte de Nuits avec ses chambres stylées et rénovées, les écrans plats jouxtant les meubles Louis XV, d'autres plus contemporaines ouvrant sur le jardin fleuri.
24 ch. 75-85 €   www.hoteldesgrandscrus.com

→ Rte des Grands-Crus
☎ 03 80 34 34 15
🖨 03 80 51 89 07
F. déb. déc.-déb. mars.

GIEN - 45500   (18 B 3)
Orléans 67 - Vierzon 74

12 La Poularde

Le nouveau propriétaire a pour le moment conservé le décor ultra-classique de cette maison sage à la renommée bien établie. Il faudrait néanmoins un vrai rajeunissement pour rendre la Poularde plus appétissante, malgré la qualité certaine des assiettes,

→ 13 quai de Nice
☎ 02 38 67 36 05
F. dim. à dîn. et lundi à déj.
Jusqu'à 21h.

G_M

les langoustines crème de topinambour et flan de persil, le ris de veau braisé porto et champignons, un standard fort bien exécuté et le bon sorbet hibiscus avec un macaron pistache. Atmosphère compassée, service déférent et appliqué, cave régionale mettant en avant le sauvignon des coteaux-du-giennois.

C : 65 € • M : 20-65 € *lapoularde2@wanadoo.fr*

GIF SUR YVETTE - 91190   (7 C 3)
Paris 27 - Evry 32 - Versailles 17

11 Les Saveurs Sauvages

Largement composée par des anciens du Boudin Sauvage à Orsay, l'équipe de cette table installée face à la gare joue la carte d'un exotisme mesuré et de prix serrés pour construire sur de bonnes bases. Le bilan est encore mitigé pour l'instant même si les cailles laquées an banyuls, l'espadon mariné au citron et romarin et le crumble de bananes et kiwis laissent entrevoir quelques belles manières. Cave à étoffer.

C : 40 € • M : 22,50-37,50 € *les-saveurs-sauvages@wanadoo.fr*

→ 4 rue Croix-de-Grignon
☎ 01 69 07 01 16
F. dim., lundi et 3 sem. août.
Jusqu'à 21h30.

GIGNAC - 34150   (32 A 4)
Montpellier 28 - Sète 54

13 Les Liaisons Gourmandes Capion

Désormais très accessible par l'autoroute depuis Montpellier, cette auberge de longue réputation tient son terroir à disposition des citadins, dans un cadre simple et traditionnel. On a peine à croire qu'il soit facile de gérer, au quotidien, à Gignac, une carte d'une cinquantaine de plats, desserts compris, mais Jacques Capion se débrouille pour faire tourner un honnête menu à 18 € où l'on trouve son bonheur avec la soupe de poissons, le gigot d'agneau et la gardiane de taureau. Bonne sélection viticole avec des domaines pointus (Grécaux, Jougla, La Voulte Gasparets…).

C : 40 € • M : 18-45 € *liaisons-gourmandes.capion@wanadoo.fr*

→ 3 bd de l'Esplanade
☎ 04 67 57 50 83
F. sam. à déj., dim. à dîn.,
lundi et mi-fév.-mi-mars.
Jusqu'à 21h.

12 Ferme Auberge de Pélican

Domaine viticole dans la vallée de l'Hérault, le grand mas aux vieilles pierres typiques ne se contente pas du liquide et propose également une chaleureuse cuisine régionale, autour de produits du coin, volailles fermières, fromages de chèvre, fruits de saison ou encore chevreau. Le tout dans une ambiance paisible et conviviale dont on peut prolonger les effets en optant pour une des jolies chambres d'hôtes personnalisées. Vue magnifique sur la vallée.

M : 23-30 € *www.domainedepelican.fr*

→ Domaine de Pélican
☎ 04 67 57 68 92
F. sem. (nov.-fin oct.), à déj.
(juil.-août), dim. à déj., jeudi et
sept.-oct.
Jusqu'à 21h.

GIGONDAS - 84190   (33 B 3)
Avignon 35 - Carpentras 14

11 Les Florets

Pas jeune jeune l'ambiance qui règne dans la grande salle rustique, heureusement plus romantique sur la terrasse, au pied des dentelles de Montmirail. Et même si l'on a de l'indulgence pour le sérieux et la bonne volonté, la bohémienne de rougets, la roulade de saumon fourrée de brandade, et même le duo d'agneau, rendu méconnaissable par l'ail et la surcuisson, datent franchement, servis avec dignité et gentillesse. Les gigondas du domaine sont à l'honneur, les tarifs sont assez vigoureux au regard d'un repas où le meilleur va à la pomme compotée au romarin de dessert. Il va tout de même falloir songer à évoluer.

C : 52 € • M : 27-41 € *www.hotel-lesflorets.com*

→ Rte des Dentelles
☎ 04 90 65 85 01
F. merc. (avril-fin oct.), lundi
à dîn., mardi, merc. (nov.-déc.)
et 1er janv.-20 mars.
Jusqu'à 20h50.

GILLY LES CITEAUX - 21640   **(20 B 4)**

Dijon 23 - Beaune 20

15   **Le Clos Prieur**

Installés dans les magnifiques caves voûtées du château, le restaurant et son cadre délicieusement médiéval appellent une cuisine tout en noblesse, un exercice auquel se prête avec brio Jean-Alain Poitevin, remarquablement à l'aise pour associer les saint-jacques et le foie gras (un plat équilibré, relevé d'une touche de sauce truffée), pour faire ressortir tous les atouts d'un excellent pigeon (en deux cuissons, pour faire ressortir à la fois la puissance et le moelleux de la viande) ou assurer une sortie tout en légèreté avec les fruits rouges cristalline aux amandes et glace mangue et passion. Service impeccable et discret, en accord avec l'atmosphère feutrée, un maître d'hôtel qui s'adapte avec talent à chaque client ou une imposante cave bourguignonne (pratiquement exhaustive notamment en grevrey) complètent une prestation, certes sans grande originalité, mais incontestablement de haut niveau.

C : 65 € • M : 42-65 €   *www.chateau-gilly.com*

Clos Prieur
☎ 03 80 62 89 98
F. à déj. lundi-sam.
Jusqu'à 21h30.

Château de Gilly

A l'image du magnifique jardin à la française, le XVIIe siècle est venu embellir la construction XIVe, résidence des pères abbés de Citeaux, sans la priver de sa sobriété initiale. C'est le même respect et le même souci de cohérence qui ont dicté l'aménagement des chambres, avec un mobilier d'époque et des tentures raffinées en accord avec les hauts plafonds, sans verser dans le passéisme.

11 appart. 405-715 € • 37 ch. 156-300 €   *www.chateau-gilly.com*

Clos Prieur
☎ 03 80 62 89 98
🖳 03 80 62 82 34
Ouv. 7j/7.

GIMONT - 32200   **(29 C 4)**

Auch 24 - Toulouse 52

11   **Le Relais du Pont**

Certes, cette architecture sans âme de bord de route n'est pas très emballante, mais on aurait tort de ne pas s'y arrêter, car la maison ne manque pas de ressources, avec son décor plutôt plaisant, un service enlevé ou encore un petit choix de vins au verre. La cuisine fonctionne à deux vitesses, propositions pas chères le midi (omelette, tartine de tomate) et un peu plus élaborées le soir. La sympathie l'emporte.

C : 30 € • M : 35 €   *www.le-relais-du-pont.com*

Bd du Nord
☎ 05 62 67 06 66
F. dim. à dîn.
Jusqu'à 22h.

GISORS - 27140   **(6 D 3)**

Evreux 67 - Beauvais 32

12   **Le Cappeville**

Depuis le temps qu'on en parle, le déménagement est annoncé pour 2008. Oh pas trop loin, puisqu'on passera du 13 au 17 de la rue, dans un ancien relais de diligence. Au-delà du décor, plus spacieux et avec une cour intérieure, l'équipe reste la même et Pierre Potel continue de livrer avec enthousiasme sa vision du terroir normand, une vision qui ne dédaigne pas faire preuve d'originalité, mariant le filet de rouget à la purée de camembert ou accompagnant le filet de bœuf d'un ravioli de pomme. Les produits sont bien choisis, le chef a du métier, le résultat ne manque donc pas de caractère.

C : 55 € • M : 26-46 €   *www.lecappeville.com*

17 rue Cappeville
☎ 02 32 55 11 08
F. merc., jeudi, vac. scol. fév. (sf St-Valentin) et 1 sem. fin août.
Jusqu'à 22h.

G
M

Villes de proximité, voir :

↻ BAZINCOURT SUR EPTE............................6 km N. par D 14

GIVERNY - 27620   **(6 D 4)**
Evreux 34 - Rouen 65

✳ **La Réserve**

Un peu à l'écart du village, au milieu des prés et des pommiers, la maison arbore une sympathique allure colorée. Les chambres respectent l'esprit authentique des lieux, avec un décor délicatement nostalgique.
5 ch. 120-160 €   *www.giverny.fr/LARESERVE.html*

→ M et Mme Brunet
☎ 02 32 21 99 09
🖩 02 32 21 99 09
F. déc.-janv.

GLAINE MONTAIGUT - 63160   **(26 C 3)**
Lezoux 11 - Billom 8

12 **Auberge de la Forge**

L'ancienne forge arbore bien le cachet rustique espéré (y compris dans les jolies chambres) et cultive dans la simplicité de menus abordables tout le plaisir d'un terroir généreux, autour de la truite fumée, des lentilles du Puy, de la truffade, des fromages ou du coq au vin. On poursuit logiquement en privilégiant aussi les vins de la région.
C : 22 € • M : 12-32 €   *www.aubergedelaforge.com*

→ Pl de l'Eglise
☎ 04 73 73 41 80
F. dim. à dîn., lundi, mardi et 1er-20 sept.
Jusqu'à 22h.

GODEWAERSVELDE - 59270   **(1 D 2)**
Cassel 11 - Steenvoorde 5

11 **Blauwershof**

Décor authentiquement flamand dans cet estaminet où bat le cœur des Flandres : jeux traditionnels et cuisine au diapason, avec le potjevleesch, la carbonade et le coq à la bière. L'un des meilleurs choix de bières de la région.
C : 18,70 € • M : 18,70-22,50 €

→ 9 rue d'Eecke
☎ 03 28 49 45 11
F. lundi, prem. sem. janv. et 3 sem. juil-août.
Jusqu'à 22h30.

GORDES - 84220   **(33 C 4)**
Avignon 42 - Carpentras 35

15 **Les Bories**

Les deux toques étaient un peu fragiles, elles se confirment et nous nous en réjouissons pour cette adresse de longue renommée, un des standards luxueux de ce fameux village. Pascal Ginoux, en poste depuis trois ans, commence à bien asseoir sa carte, ses repères sont solides et peut-être sa liberté un peu plus grande. Toujours est-il que sa carte actuelle, sans vraiment d'attache avec la région, se montre convaincante, avec des poissons très bien cuits et accompagnés (saint-pierre poêlé, coquillages et jus à l'ail, turbot topinambour au jus de truffe, châtaigne et jus au lard...) et une utilisation sans esbroufe des produits de luxe, toujours aussi envahissants. Bons desserts du pâtissier Benoît Dulou, cave régionale correcte, tarifs naturellement élevés.
M : 55-88 €   *www.hotellesbories.com*

→ Rte de l'Abbaye-de-Sénanque
☎ 04 90 72 00 51
F. dim. à dîn., lundi et 6 janv.-14 fév.
Jusqu'à 21h30.

🅒🅒🅒 Les Bories ⚓

Une institution, un incontournable : pour profiter de cette lumière sur la pierre sèche des bories de bergers, l'ancienne propriété de l'abbaye de Senanque offre un séjour idyllique, à l'écart du village, dans un domaine de 8 ha de cyprès, oliviers et chênes verts. Chambres romantiques et harmonieuses, tournées vers la Provence, mobilier cérusé, salles de bains en marbre vieilli. Spa rénové dans les tons wenge, practice de golf, fitness.

2 appart. 460-810 € • 27 ch. 180-395 €   www.hotellesbories.com

→ Rte de
l'Abbaye-de-Sénanque
☎ 04 90 72 00 51
🖨 04 90 72 01 22
F. 6 janv.-14 fév.

- -

14 🍴 Le Mas Tourteron

Elisabeth Bourgeois avoue quarante-cinq années passées en cuisine dont bientôt vingt dans ce mas superbe ouvrant sur une cour-jardin adorable. Les soirées au mas (la maison n'ouvre qu'au dîner sauf le dimanche midi) ne sont pas vraiment accessibles à toutes les bourses, l'unique menu flirtant avec les 60 €. C'est le prix à payer pour goûter cette cuisine ensoleillée, sage et luxueuse à la fois, collant parfaitement à l'esprit de maison d'hôtes que la propriétaire cherche manifestement à créer : melon à l'italienne, mozzarella de Buffala et basilic, cœur de faux-filet de bœuf Hereford grillé béarnaise, rognons de veau dorés au miel d'acacia, beignets d'oignons nouveaux et galette de polenta. Jolie cave locale.

M : 59 €   www.mastourteron.com

→ Chemin de Saint-Blaise
☎ 04 90 72 00 16
F. dim. à dîn., lundi, mardi
(mars, oct.) et 31
déc.-1er mars.
Jusqu'à 21h30.

- -

13 🍴 Le Restaurant de la Bastide

De grands chefs se sont illustrés dans ce cadre splendide à la terrasse de rêve dominant les collines du Luberon. Un bon chef est à la manœuvre, et même si l'on n'est plus tout à fait dans le grand genre, ni dans l'assiette ni dans l'environnement, cette carte actuelle aux bases classiques ne s'en sort pas trop mal, avec les asperges vertes et œuf poché, le veau de lait foie gras et morilles (un peu massacrées par une surcuisson) et d'excellents desserts (transparence de mûres et framboises) maintenant la toque en l'état pour une clientèle internationale qui n'en réclame finalement pas beaucoup plus. Cave trop classique pour être vraiment attractive, mais de bonnes références en région (Hauvette, Trévallon, Roc d'Anglade, Grangeneuve...).

C : 90 € • M : 39-64 €   www.bastide-de-gordes.com

→ Le Village
☎ 04 90 72 12 12
F. 2 janv.-8 fév.
Jusqu'à 21h45.

🅒🅒🅒 La Bastide de Gordes & Spa

Cette bastide provençale, littéralement posée sur les remparts du village, compte sans aucun doute parmi les étapes les plus prisées du Luberon, pour son décor tout d'abord, composé de matériaux authentiques, mais aussi pour sa situation en balcon, gage d'une vue splendide sur la région. Habillées de mobilier d'époque, personnalisées par des tableaux de maîtres provençaux, les chambres se font spacieuses et raffinées. Parmi les nombreuses prestations proposées (piscine extérieure, solarium, merveilleux bar en terrasse), impossible de passer sous silence le spa, probablement l'un des plus beaux de France en milieu hôtelier.

5 appart. 472-866 € • 40 ch. 170-490 €   www.bastide-de-gordes.com

→ Le Village
☎ 04 90 72 12 12
🖨 04 90 72 05 20
F. 2 janv.-8 fév.

👁 La Pause

Au milieu des bibelots kitsch, des cartes postales, des cadres anciens et des chansons des années trente, une dizaine de convives au plus peuvent goûter la cuisine de pension de famille d'un hôte plein de gentillesse qui s'affaire autour de la gazinière. Certes pas de la gastronomie, mais accompagner son osso-buco ou son lapin à la moutarde de "Comme un p'tit coquelicot" et du ronronnement du caniche LaToya dans cette petite salle à manger de grand-mère offre un cachet certain.
C : 12€

→ Rte Neuve
☎ 04 90 72 11 53
F. dim. à dîn.
Jusqu'à 20h.

Villes de proximité, voir :

⏱ JOUCAS.........................6 km E. par D 2 et D 102 **(15/20)**

GOSNAY - 62199   **(1 D 3)**
Arras 33 - Lille 43

13 🍴 Le Robert II 🍇

Au cœur du complexe, le "gastro" occupe une belle place sans pour autant bousculer ses camarades, complétant ainsi l'offre de façon harmonieuse. Le chef Franck Galabert se cale dans l'espace ainsi aménagé et garnit une grande carte (un enfant a du mal à la tenir), langoustines rôties à la moelle et aux cèpes, bar de ligne en croûte de sel, poularde Souvaroff truffes et foie gras, une liste fringante, finement modernisée, gratifiant les convives de prestige et de belles manières. Dans un cérémonial bien orchestré, le plus exceptionnel reste la cave qui, dans son genre classique, accueille tout ce qu'il y a de grand et de beau, à des prix qui paraîtront sans doute attractifs à l'habitué des très grands flacons (Petrus 90 à moins de 2000 €).
C : 65€ • M : 32-70€   *www.lachartreuse.com*

→ 1 rue de Fouquières
☎ 03 21 62 80 00
Ouv. 7j/7.
Jusqu'à 21h30.

idéal gourmet

🍴🍴 La Chartreuse du Val Saint-Esprit 🦅

Un resort ch'ti parfaitement aménagé, respectant l'architecture de cette chartreuse XVᵉ dans son parc de 6 ha abritant étang, verger, deux courts de tennis et une piste pour hélicoptère. La capacité hôtelière a diminué, pour offrir plus de confort à ces chambres toutes différentes, de grand calme, avec mobilier de style. Nombreux loisirs, salle de remise en forme, trois restaurants, dont une brasserie traditionnelle dans l'ancienne distillerie, le Vaco, plus cosy, et le gastro, le Robert II.
3 appart. 260-380€ • 50 ch. 125-180€   *www.lachartreuse.com*

→ 1 rue de Fouquières
☎ 03 21 62 80 00
🖨 03 21 62 42 50
Ouv. 7j/7.

LA GOUESNIERE - 35350   **(14 C 3)**
Cancale 11 - Saint-Brieuc 83

13 🍴 Château de Bonaban

Fleur de Lys, le ton est donné, pour ceux à qui l'allure des lieux ne suffirait pas, on parle ici de cuisine noble, de belles assiettes qui peuvent s'afficher sans honte sous les hauts plafonds. Formé à bonne école, David Lamelyn est à l'aise dans ce registre, à tel point qu'il ne se contente pas d'asséner les classiques mais sait aussi s'approprier le terroir (de beaux légumes à la coriandre avec la poitrine de caille et foie gras truffé) ou encore regarder vers le large (rouget barbet rôti sur galette de socca), voire marier les influences (macaron banane poêlée carotte confite gratinée au rhum).
C : 52€ • M : 28-38€   *www.hotel-chateau-bonaban.com*

→ ☎ 02 99 58 24 50
F. dim. à dîn., lundi à déj., merc. (oct.-avril), lundi à déj., mardi à déj. et merc. à déj. (mai-sept.).
Jusqu'à 21h.

⌇⌇ Château de Bonaban ✈

Au cœur de son parc, entre bois et étang, le château arbore fièrement ses tours XVIIᵉ, comme pour surveiller la baie du Mont Saint-Michel. Ce cadre prestigieux adopte une décoration en rapport, avec de belles chambres à l'ancienne, volumes généreux et meubles de style.

1 appart. 235-300 € • 34 ch. 70-230 €   www.hotel-chateau-bonaban.com

→ ☎ 02 99 58 24 50
🖥 02 99 58 28 41
Ouv. 7j/7.
🚗 ♿ 🔍 🦮

GOUJOUNAC - 46250   (29 D 2)
Cahors 33 - Sarlat-la-Canéda 50

12 La Poule au Pot

Le foie gras, les volailles, les bons légumes, en direct de la ferme et des environs : voilà le Sud-Ouest sincère et conquérant dans toute sa roborative tradition.

C : 25 € • M : 22-27 €

→ ☎ 05 65 36 65 48
F. à dîn. (sf groupes) et 12 nov.-4 déc.
Jusqu'à 21h.
🌳 🚗 ♿ ❄️ 🎪 🦮

GOULT - 84220   (33 C 4)
Gordes 8 - Apt 14 - Bonnieux 6

10 Auberge du Fiacre

Bien pratique cette auberge de bord de route entre Avignon et Apt. Les poutres, les cigales en porcelaine, les sièges tapissier, un service féminin tout sourire : on s'agrippe avec vaillance à la tradition, le tian de morue est généreusement aillé, le tiramisu correct, et si les intitulés sont assez flatteurs, les premiers menus sont bien honnêtes, en particulier la formule du déjeuner.

C : 35 € • M : 18-35 €

→ RN 100
☎ 04 90 72 26 31
F. à dîn. à dîn., mardi à dîn., merc. (h.s.) et 11 nov.-20 déc.
🌳 🚗 🦮

GOUPILLIERES - 14210   (5 D 4)
Caen 23 - Falaise 34 - Condé-sur-Noireau 26

11 Auberge du Pont de Brie

La jolie salle à manger, ouverte sur la vallée de l'Orne par de larges baies vitrées, affiche un décor (inspiré des Fables de La Fontaine) qui ne laisse personne indifférent. Plus attendue, dans son registre normand traditionnel, la cuisine de Thierry Cottarel ne manque jamais de franchise, sa charlotte d'andouille à la crème de soja, le blanc de pintade farci aux pommes et sauce au cidre et le craquant de pommes vertes au caramel de cidre valant bien un petit détour aux portes de la Suisse Normande.

C : 33 € • M : 20,30-43,60 €   www.pontdebrie.com

→ Halte-de-Grimbosq
☎ 02 31 79 37 84
F. lundi, mardi (h.s.), lundi (juil.-août), dim. à dîn. (sept.-Pâques), lundi, mardi, merc., jeudi (nov.-déc.), 1er-18 janv., 18-28 fév., 30 juin-9 juil. et 24-31 déc.
Jusqu'à 20h30 (21h w.-e.).
🌳 🚗 🦮

GOURDON - 06620   (33 B 1)
Nice 39 - Grasse 14

13 🔔 Au Vieux Four

Un de nos gros coups de cœur de l'an passé… On en remet une couche, allez, quand on aime on ne compte pas, et tous les lecteurs attirés par l'incitation de l'an passé nous en ont remerciés. La preuve que ce métier peut encore sourire à ceux qui sont armés d'autant de professionnalisme et de sincérité, deux qualités récurrentes chez Stéphane et sa compagne pour faire apparaître le soleil sur l'ardoise, la joie de vivre et de partager. C'est le retour du marché qui dicte les intitulés, une daurade magnifique, un minestrone de légumes, une épaule d'agneau cuite doucement. Dans ce décor de

→ Rue Basse
☎ 04 93 09 68 60
F. jeudi. F. ann. non comm.
Jusqu'à 21h30.
🌳 🦮

chaleur au cœur d'un village de charme, c'est l'amitié qui prend les devants, celle des producteurs de fromage ou de vin (Richeaume, Revelette, les Schistes…) et des visiteurs, évidemment conquis.
C : 22 € • M : 30 €

GOURDON - 46300 (29 D 1)
Cahors 46 - Sarlat-la-Canéda 28

Domaine du Berthiol
Une maison quercynoise aux chambres joliment personnalisées : poutres et mobilier de style s'y marient dans un esprit régional préservé. Agréable piscine.
2 appart. 125-142 € • 27 ch. 67-99 €

→ D 704
☎ 05 65 41 33 33
🖨 05 65 41 14 52
F. 10 déc.-fin mars.

www.hotelperigord.com

GOURNAY EN BRAY - 76220 (6 D 3)
Rouen 52 - Gisors 25

12 Le Bistrot D'Gourmay
La petite musique brayonne sonne gentiment dans ce bistrot-restau sincère animé depuis plus de dix ans par Sylvain Hellot. Produits du cru, recettes personnelles bien tournées, dans une salle refaite, gaie et moderne en conservant sa simplicité. Canards et légumes du coin font bon ménage avec le neufchâtel et le cidre : profitez des spécialités (l'aumônière de tripes, les foies gras...) à prix souriants. Petite cave classique.
C : 35 € • M : 12-28 €

→ 6 rue Barbacane
☎ 02 35 09 16 35
F. sam. à déj., dim. à dîn. et lundi.
Jusqu'à 21h30.

www.bistrot-gourmay.com

GOUVIEUX - 60270 (3 D 5)
Beauvais 43 - Chantilly 9

Château de la Tour 🦅
Villégiature de tradition et de détente dans cette belle demeure anglo-normande entourée d'un parc de 5 ha, arboré et vallonné. Dans la partie historique du logis, chambres dans l'esprit, avec parquets, cheminée et meubles d'époque ; dans la partie contemporaine climatisée, une déco naturellement plus actuelle, dans des ambiances spécifiques. Nouveau bar dans un style anglais, restaurant de cuisine traditionnelle actualisée.
41 ch. 140-250 €

→ Chemin de la Chaussée
☎ 03 44 62 38 50
🖨 03 44 57 31 97
Ouv. 7j/7.

www.lechateaudelatour.fr

GRAMAT - 46500 (30 A 1)
Cahors 58 - Figeac 34

15 Le Lion d'Or
La page des Mommejac est désormais complètement tournée. Peter Bond, le propriétaire de ce modèle d'hôtellerie traditionnelle, et son chef Jérôme Roseau forment un duo efficace et entièrement tourné vers un avenir qui se fait, au moins en cuisine, toujours plus proche des tendances actuelles : rémoulade de céleri confit, râpé de pommes aiguillettes et pastis chaud de foie gras de canard, carré d'agneau rôti, artichauts barigoule aux olives et pignons, "curiosité" au rocamadour, diamant chocolat, biscuit de légumes, crème cardamome et cappuccino glacé de mangue. Service efficace et décontracté, cave sagement tarifée.
C : 45 € • M : 15,50-35 €

→ 8 pl de la République
☎ 05 65 38 73 18
F. lundi à déj. et 3 janv.-3 fév.
Jusqu'à 21h.

www.liondorhotel.com

13 Le Relais des Gourmands

Cette table porte bien son nom. Paisiblement installé dans ce cadre champêtre, on profite d'une carte équitable, qui balaie les incontournables à sa manière, avec savoir-faire et le désir sincère d'en offrir un peu plus. Ainsi les assiettes sont belles, et le plaisir bien réel : marbré de pintade au foie gras, sauté d'épaule d'agneau aux trompettes de la mort. Comme ces belles viandes, les vins sont essentiellement puisés chez les producteurs locaux.

C : 27 € • M : 17,50-40 €   www.relais-des-gourmands.com

→ 2 av de la Gare
☎ 05 65 38 83 92
F. dim. à dîn., lundi (sf juil.-août), vac. scol. fév. et 1 sem. oct.
Jusqu'à 20h30.

----

12 Hostellerie du Causse

La cuisine à quatre mains proposée par le patron, Olivier Foussat, et son ex-second promu chef, Guillaume Dessailly a la fibre régionale sans pour autant être engoncée ou archaïque. On aime y retrouver le foie gras mi-cuit, l'omelette aux truffes, le confit de canard avec son risotto aux champignons, le cabécou et le soufflé aux noix, mais la réalisation sait se montrer actuelle et légère, et les saint-jacques poêlées et quinoa au pistou montrent d'autres facettes de cette table attachante, au service plein de gentillesse. La cave s'étoffe dans le même élan de modestie et de curiosité, avec le valençay, le picpoul de pinet, aux côtés des classiques bergeracs et cahors...

C : 38 € • M : 18-56 €   www.hostellerieducausse.com

→ Rte de Cahors
☎ 05 65 10 60 60
F. dim. à dîn. et lundi à déj. (h.s.), 1er janv.-1er fév. et déc.
Jusqu'à 21h15.

Hostellerie du Causse

Une hôtellerie de qualité, bien intégrée dans cet environnement privilégié : une belle bâtisse contemporaine au style quercinois, aux chambres sages et contemporaines rénovées pour un tiers l'an passé, donnant sur le parc et la piscine.

28 ch. 47-73 €   www.hostellerieducausse.com

→ Rte de Cahors
☎ 05 65 10 60 60
▤ 05 65 10 60 61
F. 1er janv.-1er fév. et déc.

Villes de proximité, voir :

LE GRAND BORNAND - 74450   **(28 B 2)**

Annecy 34 - La Clusaz 6

13 La Ferme de Lormay

Au beau milieu des alpages où l'on fabrique le reblochon, ce chalet traditionnel affiche encore sa structure générale intacte, avec en particulier une cheminée de type borne, toujours en place depuis la fin du XVIIIe siècle. Dans ce cadre authentique, Albert Bonamy propose une cuisine régionale ultra-traditionnelle : soupe au lard, atriaux, fricassée de caion, beignets de pomme de terre et tomme blanche… Les superbes mondeuses font le reste.

C : 40 €

→ Lieu-dit Lormay
☎ 04 50 02 24 29
F. mardi, 15 avril-20 juin et 10 sept. 20 déc.
Jusqu'à 21h30.

----

13 L'Hysope

Prenez une bonne louche d'Atlantique, renversez-la sur les Aravis, et voilà les saint-jacques, le homard et le bar étuvé sauce champagne sur la carte de Jean-Christophe Prat, cuisinier précis inspiré par la mer. En se débarrassant du terroir, il offre une carte compacte qui nous plaît surtout dans les premières formules, sans foie gras et sans homard : mille-feuille de saumon fumé au raifort, pavé de sandre à la moutarde violette, onglet de veau à la mondeuse dans un menu de bon aloi à moins de 30 €. Le décor lui-même,

→ Pont-de-Suize, rte du Bouchet
☎ 04 50 02 29 87
F. merc., jeudi (h.s., mai-juin, sept-nov) et 3 prem. sem. oct.
Jusqu'à 21h.

contemporain et sobre, tranche avec les habituelles profusions de poutres. Cave régionale bien faite et bien conseillée par Vanessa, maîtresse de maison douce et attentive.
C : 42 € • M : 28-68 €

---

11 Le Traîneau d'Angeline

La terrasse fleurie pour l'été, la grande cheminée et les baies vitrées pour l'hiver, on n'en finit plus de manger les Aravis, des yeux et de la bouche, dans ce cadre d'ancienne ferme où les vieux bois et le décor montagnard ont été fort bien mis en valeur. Authenticité jusque dans l'assiette avec les grillades, le jarrotin de porc, la tartiflette et la fondue.
C : 32 €

→ Pont-de-Suize
☎ 04 50 63 27 64
F. lundi, mardi à déj. (janv.-mars), lundi, mardi (avril, sept.), lundi-merc. (mai, automne), juin et 15 nov.-15 déc.
Jusqu'à 22h.

👁 Le Chalet des Troncs

Un refuge pour le terroir montagnard, dans une ancienne ferme XVIIIe arrangée fidèlement. Christine Charbonnier déploie les charmes régionaux, la tarte soufflée au beaufort, l'agneau des Aravis à la cheminée, le reblochon gratiné... Quatre chambres pour vivre en trappeur civilisé.
C : 42 € • M : 35 €

→ Vallée du Bouchet
☎ 04 50 02 28 50
F. à déj. (ouv. à dîn. seult. sur réserv.), 23 avril-30 juin et 1er sept.-22 fév.
Jusqu'à 21h.

www.chaletdestroncs.com

à GRAND VILLAGE PLAGE, voir OLERON (ILE D')

GRANDCAMP MAISY - 14450   (5 C 3)
Cherbourg 73 - Caen 60 - Saint-Lô 42

12 La Marée

C'est marée haute le plus souvent, dans cette salle familiale et accueillante, et les nombreux touristes qui fréquentent le petit port ont appris à reconnaître les bons embruns. Frédéric Lévêque travaille dans la simplicité, mais aussi dans la passion et l'application. et si nous apprécions plus volontiers les saveurs franches (les saint-jacques lardées rôties au beurre de noix plutôt qu'en carpaccio avec un sorbet granny), il faut lui accorder une belle curiosité pour les associations (pavé de lieu purée d'aubergines et fromages frais, dos de cabillaud gratiné à l'orange et asperges vertes...). Service actif, cave honnête sans grande recherche.
C : 45 € • M : 18-35 €

→ 5 quai Henri-Chéron
☎ 02 31 21 41 00
F. 1er janv.-13 fév.
Jusqu'à 22h.

www.restolamaree.com

LA GRANDE MOTTE - 34280   (32 B 4)
Montpellier 21 - Nîmes 50

13 Alexandre

Inoxydable Alexandre ! Toujours présent, avec son bistrot en bas et la vaste salle ouverte sur le port à l'étage, fidèle au poste pour proposer une belle cuisine gastronomique, qui prend la Méditerranée à bras-le-corps et propose, avec l'assurance d'une patte bien rodée, une jolie tarte fine d'anchois, adoucie par la salade de poulpe, ou personnalise le filet de toro avec une touche de gingembre et d'aromates. Beaux desserts, classiques et pleins de fraîcheur (ravioles d'ananas aux framboises) et ce qui convient à un standing recherché, de l'accueil à la cave.
C : 70 € • M : 30-75 €

→ Esplanade de la Capitainerie
☎ 04 67 56 63 63
F. dim. à dîn., lundi, mardi (oct.-mars) et 2 janv.-2 fév.
Jusqu'à 21h30.

www.alexandre-restaurant.com

Hôtel Méditerranée

Au cœur de la station, l'hôtel aurait pu se contenter d'assumer son nom avec une tranquille décoration marine, mais la notion de chambres personnalisées prend ici une dimension rare, puisque chaque chambre ou presque a été confiée à un artiste local pour qu'il imprime sa griffe. Le résultat est aussi varié que superbe, jeu de matières et de couleurs qui donnerait envie de changer de chambres tous les soirs ! Climatisation, terrasse et vue sur le parc pour tout le monde.

3 appart. 180-320 € • 37 ch. 80-165 €

→ 227 allée du Vacarès
☎ 04 67 56 53 38
📠 04 67 56 98 30
Ouv. 7j/7.

www.hotellemediterranee.com

GRANGES LES BEAUMONT - 26600 (27 D 4)

Valence 22 - Romans 8

16 Les Cèdres

L'accueil, le service tonique, l'esprit d'équipe sont les atouts phares de Jacques et Jean-Paul Bertrand qui ont hissé à la force du poignet ce beau pavillon contemporain parmi les premiers de la région. Et si tout semble désormais un peu trop formaté calibré, entre tradition et actualité, avec autant de prudence que d'énergie pour contenter tout le monde et tous les budgets, soyez indulgent pour cette famille qui mouille sa chemise et qui, sans chercher la renommée internationale, touche au cœur et au nerf du plaisir une fidèle clientèle locale ravie du rendement. Car le menu-carte, autour de 60 € à trois plats, fait une vraie belle fête accentuée par une hyperefficacité de chaque instant, même s'il est vrai que cette année, l'expérience s'est avérée un peu "en dedans" par rapport à l'enthousiasme des dernières saisons. Ne retenons donc que le meilleur, la brochette de saint-jacques plancha ou l'excellent moelleux au guanaja et glace vanille de Tahiti et attendons la prochaine saison pour vérifier que les torpilles sont à nouveau dans le sens de la marche. Cave sentimentale, qui chérit les belles bouteilles de ses vignerons favoris, surtout en rhône bien sûr (Guigal, Cuilleron, Gramenon, Chave, etc.) mais avec tendresse partout pour les champions hexagonaux, d'Ostertag à Arena, en passant, par exemple, par les compilations de Jean-Michel Deiss.

C : 57 € • M : 40 €

→ Le Village
☎ 04 75 71 50 67
F. lundi, mardi, dim. à dîn.,
14-23 avril, 18 août-2 sept et
22 déc.-6 janv.
Jusqu'à 21h.

GRANVILLE - 50400 (5 A 4)

Saint-Lô 55 - Le Mont-Saint-Michel 50

12 La Citadelle

Valeur sûre face au port, la Citadelle affiche la couleur dans son joli décor marin, bois et tons bleus en tête, il s'agit bien là de cuisine de la mer, autour des fruits de mer ou des poissons sauvages. Préparations classiques et soignées s'enchaînent avec maîtrise, au service de la mer, mais aussi du terroir (le magret de canard figure en bonne place) pour une vision saine et gourmande de la Normandie.

C : 36 € • M : 19-34 €

→ 34 rue du Port
☎ 02 33 50 34 10
F. mardi, merc. (oct.-mars) et
4 sem. après 15 nov.
Jusqu'à 21h30.

www.restaurant-la-citadelle.com

- -

12 La Gentilhommière

Foie gras, saumon et confit de canard. Vous aimez la tradition, vous êtes servi, et plutôt bien, dans ce cadre bourgeois où l'on cultive une certaine atmosphère familiale qui garantit la sincérité du propos.

C : 42 € • M : 15-27 €

→ 152 rue Couraye
☎ 02 33 50 17 99
F. dim. à dîn. et lundi.

G
M

Le Grand Large

Dans le giron Mercure, les chambres de cet hôtel bâti sur une falaise face à la mer ont bénéficié d'une rénovation complète achevée début 2007. Déco contemporaine sur le thème marin dans les chambres, accès direct à la mer et vue sur les îles Chausey depuis la vaste terrasse.

13 appart. 81-150 € • 38 ch. 62-110 €   www.hotel-le-grand-large.com

→ 5 rue de la Falaise
☎ 02 33 91 19 19
🖳 02 33 91 19 00
Ouv. 7j/7.

GRANZAY GRIPT - 79360   (22 B 3)

Niort 14 - Poitiers 82

Domaine du Griffier

Entre le mur de pierres et la baie vitrée, la piscine est particulièrement agréable et résume bien la façon dont l'hôtel mêle le cachet d'une gentilhommière XIXe et un confort soigné.

29 ch. 75-125 €   www.domainedugriffier.com

→ N 150
☎ 05 49 32 62 62
🖳 05 49 32 62 63
F. Noël-nouvel an.

GRASSE - 06130   (33 A 1)

Nice 37 - Cannes 14

18 La Bastide Saint-Antoine

Des toiles de Muhl se retrouvent dans la salle de la Bastide et à l'Auberge de l'Ill. Un détail, une coïncidence ? Oui, bien sûr, mais finalement pas si innocente. Et si Jacques Chibois représentait aujourd'hui en Provence ce qu'était et demeure l'Auberge de l'Ill en Alsace ? Une sorte de compromis idéal, qui fait à la fois panorama de la cuisine française et régionale, havre de luxe pour connaisseurs et happy few, prestige sans clinquant d'une maison multirécompensée qui n'a plus besoin de paraître pour convaincre, mais qui s'astreint à chaque minute à être tout simplement la meilleure. Et vous pouvez faire confiance au chef-patron pour ce sacerdoce-là : quand il va couper lui-même une pensée ou une capucine pour la placer sur une assiette, ce n'est pas pour frimer face aux caméras, c'est le perfectionnisme et la passion qui parle. Quand il dose les épices à la perfection dans les saint-jacques dorées aux petits oignons, parfumées au curry, salade de truffe au céleri-rave, courgettes et parmesan ; quand il extrait les arômes de sous-bois dans la merveilleuse fricassée de champignons des bois aux petites ravioles, quand il tente le curry avec le chocolat dans une composition hardie et épatante (tartelette tiède de chocolat noir de Tanzanie, coulis d'abricot, sorbet cacao, jus de curry). Alors, au milieu des fleurs, du jardin idyllique, avec la vue sur les collines jusqu'à la mer, dans la douceur grassoise, il y a lieu de savourer. Un seul bémol, que nous avions hésité à mentionner l'an passé, mais que nous ne pouvions passer sous silence, se trouve dans les approximations de service, assez étonnantes dans leur répétition, quand on connaît l'extrême soin apporté par la maison à chaque détail. Très belle cave de collectionneur, servie par un jeune sommelier expert, qui laisse exprimer son enthousiasme.

C : 100 € • M : 59-190 €   www.jacques-chibois.com

→ 48 av Henri-Dunant
☎ 04 93 70 94 94
Ouv. 7j/7.
Jusqu'à 21h30.

- -

11 Lou Fassum *d*

Tombé amoureux (comme nous) du Sud et de ce mas à la situation idyllique en rase campagne, Emmanuel Ruz a quitté sa Bourgogne pour cette auberge aux grandes baies vitrées offrant une vue sur Grasse. Au charme de la situation est associé grâce à la qualité de son travail le plaisir d'une cuisine gourmande aux accents du Sud.

→ 381 rte Plascassier
☎ 04 93 60 14 44
F. dim. à dîn., lundi à déj., merc. (h.s.) et lundi, mardi à déj., merc à déj. (juil.-août).
Jusqu'à 21h30.

Certains plats ne sont pas encore aboutis (foie gras un peu fade sur la fine dodine de caille, canard un peu étouffé par le jus au miel et pollen de fleurs) mais tous montrent beaucoup de bonne volonté, tandis que les joues de porc confites au vin rouge ou le minestrone de mangue, menthe, milkshake fruits de la passion sont déjà de belles réussites. Cave à travailler.

C : 65 € • M : 36-56 €   www.loufassum.com

Villes de proximité, voir :

⟳ CABRIS .... 6 km O. par D 4 **(12/20)**
⟳ OPIO .... 8 km S.E. par D 2085 et D 3

LE GRAU D'AGDE - 34300   (32 A 4)

Agde 4 - Montpellier 64

13 🍴 L'Adagio

Pascale Alric ne fléchit pas, continuant sur le chemin qu'elle s'est tracé depuis plusieurs années, à des années-lumière des nombreuses cantines à touristes environnantes. La concurrence est pourtant rude, et surtout moins chère (mais si peu finalement). Et les produits travaillés dans cet impeccable menu à 27 € ne laissent que de jolis souvenirs, fidélisant les locaux et enchantant les gastronomes de passage : risotto à l'encre de seiche, moules saisies à la ciboulette et crème mousseuse, spirale de filet de saumon au céleri et marinade de légumes croquants au soja, tarte tiède à la pomme et cassis éclaté, strussel croustillant, glace et crème anglaise. Belle cave régionale parfois un peu chère.

M : 27-52 €

→ 3 quai Cdt-Méric
☎ 04 67 21 13 00
F. janv.

GRAVESON - 13690   (33 B 4)

Marseille 101 - Avignon 14 - Cavaillon 29

14 🍴 Le Clos des Cyprès

Changement de cap depuis mars dernier dans ce beau mas provençal contemporain. Stéphane Bettinelli est toujours aux fourneaux mais propose désormais une gastronomie plus simple (et dont les tarifs ont été nettement revus à la baisse) mais toujours aussi soignée. Notre confiance demeure donc intacte, sur la salade de magret fumé et petite compotée d'avocats à l'huile d'olive, sur le feuilleté de saumon de Norvège rôti et sauce crémeuse réduite à l'oseille et sur la tarte fine aux pommes et coulis de caramel au lait. Et toujours cette délicieuse terrasse...

M : 27-34 €

→ Rte de Châteaurenard
☎ 04 90 90 53 44
F. dim. à dîn., lundi, merc.
à dîn., 2 sem. janv. et 1 sem.
vac. scol. fév.
Jusqu'à 21h30.

- -

12 Le Moulin d'Aure

Un chef italien au cœur d'une bastide provençale : l'idée est cohérente, débouchant sur une carte d'arômes et de soleil, aux intitulés un peu emphatiques : croquant de légumes et gambas à l'huile d'olive du domaine, trofiette au pistou et tombée de pignons de pin, saltinbocca de veau lardée de speck, nougat glacé au miel de lavande. Cave un peu mince, mais pas mal vue en région.

C : 52 €   www.hotel-moulindaure.com

→ Rte de
Saint-Rémy-de-Provence,
D 5
☎ 04 90 95 84 05
F. lundi à déj. (sf juil.-août) et
15 nov.-14 fév.
Jusqu'à 22h.

🕮🕮 Le Moulin d'Aure

Deux bâtiments de pure tradition provençale, la Bastide et le Mas, sont réunis pour offrir une hôtellerie de standing, à la très belle décoration campagnarde, dans les réceptions et les chambres, aux tons clairs et ocres, beaux tissus et linges, terre cuite au sol, stucco, patine à la chaux, fer forgé...

1 appart. 200 € • 18 ch. 60-180 €   www.hotel-moulindaure.com

→ Rte de
Saint-Rémy-de-Provence,
D 5
☎ 04 90 95 84 05
🖳 04 90 95 73 84
Ouv. 7j/7.

GRENADE SUR L'ADOUR - 40270 (23 D 4)
Mont-de-Marsan 15 - Dax 58

15 🍴🍴 ⛵ **Pain Adour et Fantaisie**

S'arrêter sur la place du village, parcourir la galerie d'arcades, entrer dans cette belle maison de pierre noblement aménagée, c'est un privilège, un plaisir qui s'annonce. Pas pour le cérémonial, d'ailleurs assez discret avec un service proche et souriant, mais surtout pour l'assiette. La carte excitante de Philippe Garret prend l'air du temps en s'imbibant de la personnalité du chef, toujours aussi imaginatif quand il s'agit d'apprêter un poulet des Landes (fumé au romarin, artichauts et crumble de citron), une ventrèche de cochon (laquée, avec des huîtres et un risotto d'épeautre) ou d'arranger à sa façon le pastis landais (comme un pain perdu, avec des fraises et une glace amande). Menus tous intéressants, belle cave de bordeaux et de sud-ouest.

C : 57 € • M : 38-69 €   *pain.adour.fantaisie@wanadoo.fr*

→ 14-16 pl des Tilleuls
☎ 05 58 45 18 80
F. lundi à déj., merc. à déj. (14 juil.-fin août), lundi, merc. à déj. et dim. à dîn., F. ann. non comm.
Jusqu'à 21h30.

ℂℂ Pain Adour et Fantaisie 🦞

Une belle maison XVIIᵉ sur la place à couverts, belle pierre et accueil distingué. Les chambres sont décorées avec goût, donnant sur la place ou la campagne.
1 appart. 243-303 € • 10 ch. 70-164 €   *pain.adour.fantaisie@wanadoo.fr*

→ 14-16 pl des Tilleuls
☎ 05 58 45 18 80
🖨 05 58 45 16 57
Ouv. 7j/7.

----

12 🍴 **Restaurant Jean-Jacques Bernadet**

D'accord, la salle de cet Hôtel de France sur la place du village ne fait pas neuve, mais le rustique rudimentaire est au moins authentique, comme l'accent du patron. Et si c'est plutôt le bistrot qui, au quotidien, draine l'animation, le restaurant de Jean-Jacques Bernadet ne cède pas un pouce de terrain à la complaisance. Son terroir est fier, et encore vaillant, à en juger par la qualité du jambon et de toute la charcuterie, et de son savoir-faire quand on touche au canard ou à la pintade farcie au chou, un plat réjouissant d'un menu si aimablement facturé à 22 €. On boit simple aussi (saint-mont, gascogne, tursan) et la gentillesse flotte sur la marmite.
C : 25 € • M : 12,50-16,50 €   *www.restaurant.bernadet.free.fr*

→ 6 pl des Tilleuls
☎ 05 58 45 19 02
F. dim. à dîn., lundi, jeudi à dîn., 1re sem. janv. et Noël-nouvel an.
Jusqu'à 21h.

GRENOBLE - 38000 (28 A 4)
Paris 570 - Lyon 101 - Chambéry 58

14 🍴 **Auberge Napoléon**

Cuisine de femme, et tout serait dit ? C'est un peu court, jeune homme, nous rétorquerait-on. Car Agnès Chotin est un chef à part entière, une cuisinière pleine de maîtrise et de bonnes idées, qui ne féminise sa cuisine que dans le sens d'une sensibilité exacerbée, mais qui possède la poigne et l'allant d'un maître aguerri. A chaque saison, dans ce cadre historique (l'empereur y passa durant les Cent-Jours) arrangé bourgeoisement, elle offre des thèmes (champignons, cucurbitacées, poissons et crustacés…) et refond une carte toujours alléchante, construite et harmonieuse mêlant le beau à des apprêts personnels : tarte de foie gras meringuée abricots pochés au champagne, blanc de dorade à la vinaigrette d'encornets, purée de céleri et sésame et très belle déclinaison de chocolat en fin de parcours. Frédéric Caby, le patron, en salle, veille au grain et au grain de raisin, avec une cave bien inspirée et pas trop chère.
C : 65 € • M : 47-87 €   *www.auberge-napoleon.fr*

→ 7 rue Montorge
☎ 04 76 87 53 64
F. à déj. et dim.
Jusqu'à 22h.

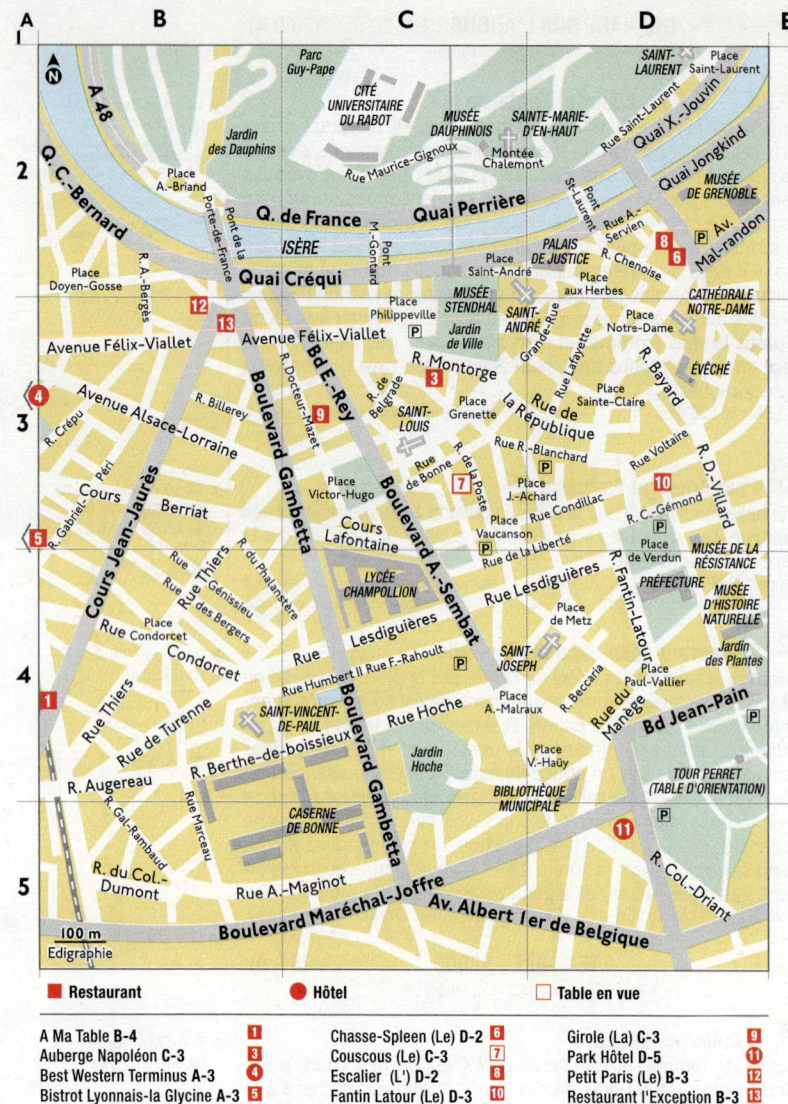

Restaurant ■		**Hôtel** ●	**Table en vue** □

A Ma Table **B-4**	[1]	Chasse-Spleen (Le) **D-2**	[6]	Girole (La) **C-3**	[9]
Auberge Napoléon **C-3**	[3]	Couscous (Le) **C-3**	[7]	Park Hôtel **D-5**	[11]
Best Western Terminus **A-3**	[4]	Escalier (L') **D-2**	[8]	Petit Paris (Le) **B-3**	[12]
Bistrot Lyonnais-la Glycine **A-3**	[5]	Fantin Latour (Le) **D-3**	[10]	Restaurant l'Exception **B-3**	[13]

[14] 🦷 **L'Escalier**

→ 6 pl de Lavalette
☎ 04 76 54 66 16
F. sam. à déj., dim. et lundi à déj.
Jusqu'à 21h45.

L'Escalier tient la rampe dans la capitale du Dauphiné depuis près de 30 ans. Le jeu de mots est un peu facile, mais il illustre la prééminence de cette table toujours aux avant-postes depuis sa création, grâce au dynamisme d'Alain Girod, qui sait à chaque saison innover et progresser. C'est un menu baroque qui vient aujourd'hui secouer le cocotier dans ce cadre élégant de tables aux nappage de soie froissée et couverts en argent, déco contemporaine entre les vieilles pierres près du musée et du téléphérique. Le chef Boris Rodginski adapte les idées maison avec finesse et précision, les sucettes au foie gras enrobées de chocolat ou le bar mariné à l'aneth vaporisé d'absinthe sur une assiette "volcan" comme la joue de bœuf aux griottes ou la tatin d'endives au saint-marcellin. Un exposé brillant de la cuisine actuelle, de belles mises en scène, une cave pour le coup un peu classique : cet Escalier continue de grimper...

C : 59 € • M : 32-69 €   escalier@wanadoo.fr

----

14 A Ma Table

Une table de poche où l'on affiche complet à moins de vingt couverts. La réservation est indispensable donc pour pouvoir profiter de la belle cuisine de l'inusable Michel Martin : fricassée d'escargots au vin rouge, rouget barbet grillé à l'huile d'olive et gâteau d'aubergines sauce safranée, crème glacée au cointreau et salade d'oranges caramélisées. Atmosphère de maison d'hôtes, service souriant orchestré par Michelle Martin.

C : 47 €

→ 92 cours Jean-Jaurès
☎ 04 76 96 77 04
F. sam à déj., dim., lundi et août.
Jusqu'à 21h15.

----

13 Bistrot Lyonnais - La Glycine

Bistrot lyonnais et ambiance parfois plus méditerranéenne dans l'assiette, Philippe Rostang n'ayant pas oublié les années passées à la Bonne Auberge d'Antibes. Le terroir dauphinois et lyonnais est néanmoins bien mis en avant dans un joli cadre de caf chic, prolongé d'une terrasse sous la glycine. Le prestige et la tradition font bon ménage avec la salade de homard aux ravioles de Romans ou le soufflé de quenelles de brochet. Cave rhodanienne bien étendue.

M : 30-39 €

→ 168 cours Berriat
☎ 04 76 21 95 33
F. dim. et 2 sem. mi-août.
Jusqu'à 21h45.

----

13 L'Exception

La maison annonçait une large rénovation de la salle, mais l'esprit d'Olivier Bichard reste le même, le respect du client et de ses envies de bons moments culinaires plus que d'expériences plus ou moins réussies. Alors le chef revendique une cuisine, certes raffinée, mais facile à appréhender, où le client tire son plaisir d'un joli coup d'œil, de préparations raffinées et de produits de qualité. Le pari est réussi, autour de la déclinaison de foie gras, de la féra poêlée purée d'artichaut ragoût d'escargots ou de la crème brûlée à la verveine. Carte des vins didactique et bien choisie.

C : 45 € • M : 25-50 €

→ 4 cours Jean-Jaurès
☎ 04 76 47 03 12
F. w.-e., 2-15 janv., 14 juil.-9 août et 24 déc.
Jusqu'à 21h45.

----

13 Restaurant Le Petit Paris

Ce beau bistrot sur le cours a bien cerné les façons de plaire à une clientèle aisée et désireuse de sortir d'une cuisine trop classique : le large choix de menus et les propositions volontiers décalées garantissent la satisfaction aussi efficacement que le service compétent, dans un cadre bien de son époque. On retient l'idée plaisante du foie gras en tiramisu davantage que la qualité, on prend plaisir à découvrir la saveur du mérou -cuisson parfaite- et une quenelle de seiche, avant un baba qui se parfume ici, touche locale oblige, à la chartreuse. Si l'on atteint parfois les limites d'authenticité d'un concept un peu trop bien léché, la séduction l'emporte néanmoins.

C : 40 € • M : 25-75 €   www.lepetitparis.fr

→ 2 cours Jean-Jaurès
☎ 04 76 46 00 51
F. 1er janv. à dîn., 1er mai et 24-25 déc.
Jusqu'à 21h45.

idéal gourmet

12 Le Chasse-Spleen

L'annexe de l'Escalier ne brille pas d'une folle gaieté : la lumière n'entre pas beaucoup dans cette salle aux murs sombres, située sur une petite place en contrebas de la rue, la seule fantaisie étant assurée par de grands filets tendus aux plafonds et remplis de noix. On avale donc sans manières la tartelette mousseuse d'artichauts, le pain brioché, tourteaux et crème de crustacés et un fromage blanc en faisselle tout en lisant Baudelaire dont quelques poèmes (dont le Spleen bien sûr) ont été peints sur les murs. Service peu concerné.
C : 39 € • M : 26-32 €

→ 6 pl de Lavalette
☎ 04 38 37 03 52
F. w.-e.
Jusqu'à 22h.

12 La Girole

Dans une rue du centre plutôt vouée aux restaurants asiatiques, la Girole fait de la résistance et la mignonne petite salle, bien arrangée avec sa touche de pierres apparentes, bat au rythme d'une cuisine de marché aux saveurs gourmandes, sachant humer le terroir comme l'air du temps pour proposer une onctueuse brandade à la sétoise, une très belle brochette de saint-jacques sauce morilles ou encore la vraie gourmandise d'une tarte au chocolat maison. La grande gentillesse du service renforce la convivialité. Un point de plus.
C : 37 € • M : 34 €

→ 15 rue du Dr-Mazet
☎ 04 76 43 09 70
F. sam. à déj., dim., lundi et août.
Jusqu'à 21h15.

? Le Fantin Latour

Décidément, les chefs se succèdent à un rythme effréné dans ce bel hôtel particulier de l'îlot Sainte-Cécile. Julien Dumas, que nous avions pourtant trouvé performant lors de l'ouverture, fin 2005, aura rapidement été remplacé par son second, Jean Rubini, auquel nous allions décerner deux jolies toques prometteuses. Las ! Le jeune homme n'est plus en poste, Stéphane Froidevaux, ancien second chez Marc Veyrat et chef éphémère de l'Antidote au Monétier les Bains (14/20 dans notre précédente édition), lui ayant succédé en juin. Nous attendrons donc une souhaitable stabilisation en cuisine avant de noter cette belle table qui, potentiellement, vaut sans doute deux toques.
C : 70 € • M : 34-110 €

→ 1 Gén-de-Beylié
☎ 04 76 01 00 97
F. sam. à déj., dim., lundi et 3 prem. sem. août.
Jusqu'à 22h.

www.fantin-latour.net

Le Couscous

Voilà une enseigne qui ne s'embarrasse pas de complication, et cela fait plus de 35 ans que ça dure. Car si les salades ou les brochettes tiennent leur place à la carte, c'est bien sûr sur le choix de couscous que la maison a bâti son succès.
C : 18 € • M : 15-22 €

→ 19 rue de la Poste
☎ 04 76 47 92 93
F. lundi à déj. et avril.
Jusqu'à 23h.

Park Hôtel

Pour les affaires ou la promenade, cet immeuble des années 60 entre les grandes entreprises et le centre historique, possède des atouts de conforts et d'équipements (wifi gratuit depuis cette année), proposant des chambres classiques avec boiseries et meubles de style.
15 appart. 345-650 € • 50 ch. 165-345 €

→ 10 pl Paul-Mistral
☎ 04 76 85 81 23
🖷 04 76 46 49 88
F. 26 juil.-25 août et 1 sem. Noël-nouvel an.

www.park-hotel-grenoble.fr

Best Western Terminus

Une hôtellerie traditionnelle de standing dans cet immeuble Art Nouveau offrant, dans les chambres fonctionnelles et bien tenues, la vue sur les montagnes.
39 ch. 68-149 €   *www.terminus-hotel-grenoble.fr*

→ 10 pl de la Gare
☎ 04 76 87 24 33
🖳 04 76 50 38 28
Ouv. 7j/7.

Villes de proximité, voir :

↻ CHAMPAGNIER.............. 10 km S. par N 85 et D 64 **(12/20)**
↻ CORENC............................ 6 km N.E. par D 512 **(12/20)**
↻ EYBENS .... 3 km S. par D 5
↻ FONTANIL CORNILLON............. 8 km N.O. par N 75 **(12/20)**
↻ MONTBONNOT SAINT MARTIN.... 8 km N.E. par N 90 **(13/20)**
↻ URIAGE .... 12 km S. par D 524 **(17/20)**

GREOUX LES BAINS - 04800   (33 D 4)
Digne 71 - Manosque 14

La Crémaillère

Avec ses allures de mas et son jardin qui respire la détente, l'hôtel ne risque pas de gâcher les effets bienfaisants d'une cure, d'autant que les chambres, claires et actuelles, bénéficient d'un confort soigné.
7 appart. 105-115 € • 44 ch. 85-105 €   *www.chainethermale.fr*

→ Rte de Riez
☎ 04 92 70 40 04
🖳 04 92 78 19 80
F. 1er janv.-15 mars.

- -

Villa Borghese

Les clients, malgré leur fidélité, ont peu de chance d'avoir connu Pauline Borghese, qui séjourna ici au début du XIXe siècle, ni même la naissance des chênes centenaires. Ils trouvent ici un repos parfait dans une maison de tradition, entourée d'un parc de 1500 m². Chambres des années soixante-dix au confort et à la déco rénovée, tons provençaux, tissus Souleïado ou Olivades. Restaurant de cuisine actuelle provençale.
67 ch. 82-150 €   *www.villa-borghese.com*

→ Av des Thermes
☎ 04 92 78 00 91
🖳 04 92 78 09 55
F. 15 déc.-9 mars.

GRESSE EN VERCORS - 38650   (28 A 4)
Grenoble 57 - Clelles 24

Le Chalet 🕊

Tenue par la même famille depuis 1947, cette solide maison traditionnelle installée au pied de la chaîne du Vercors offre l'agrément d'une vaste terrasse solarium avec vue sur le Grand Veymont. Chambres habillées de bois teinté et ciré. Piscine, court de tennis flambant neuf.
5 appart. 83 € • 20 ch. 56-83 €   *www.lechalet.free.fr*

→ Le Village
☎ 04 76 34 32 08
🖳 04 76 34 31 06
F. 9 mars-3 mai et 12 oct.-20 déc.

GRESSY - 77410   (7 C 1)
Melun 57 - Meaux 17

Le Manoir de Gressy

Avec ses jardins superbement paysagers et son allure élégante, qui a conservé une délicieuse touche rustique de l'ancienne ferme briarde, le Manoir est une belle étape champêtre, aux chambres personnalisées dans l'esprit des lieux, douceur, meubles de style et belles matières.
85 ch. 150-300 €   *www.manoirdegressy.com*

→ ☎ 01 60 26 68 00
🖳 01 60 26 45 46
F. 2 ou 3 sem. août et 1 sem. déc.

GRESY SUR ISERE - 73460 (28 B 3)

Albertville 19 - Chambéry 38 - Aiguebelle 12

🏷️🏷️ La Tour de Pacoret

La tour est bien là, et depuis le XIIIᵉ siècle. A ses côtés, s'est développé l'hôtel et ses chambres raffinées, avec meubles de style et tons chaleureux, en accord avec les noms fleuris. De quoi apprécier la détente au sein de ce parc qui ouvre sur les paysages magnifiques de la combe toute proche.

1 appart. 150 € • 9 ch. 65-110 €   www.savoie-hotel-pacoret.com

→ Montailleur
☎ 04 79 37 91 59
▤ 04 79 37 93 84
F. 3e dim. oct.-1ᵉʳ dim. mai.

GRIGNAN - 26230 (27 D 6)

Valence 74 - Montélimar 28

13 🛎️ Manoir de la Roseraie

Sous la rotonde en verre, la noble salle se prolonge en une jolie terrasse regardant le parc et la piscine. Un cadre idyllique pour les résidents du manoir, qui n'ont pas besoin de donner au chef Freddy Trichet le cahier des charges : produits du pays, ingrédients riches, façon moderne et familiale : pot-au-feu de foie gras, saint-pierre au fumet de bouillabaisse, filet d'agneau au citron confit et mendiants. Cave rhodanienne bien variée, aux sages et solides références.

C : 65 € • M : 35 €   www.manoirdelaroseraie.com

→ Chemin des Grands-Prés
☎ 04 75 46 58 15
F. 1ᵉʳ janv.-15 mars et 10 nov.-31 déc.

🏷️🏷️🏷️ Manoir de la Roseraie 🐦

Un manoir XIXᵉ au cœur d'un parc de 2,8 ha peuplé de rosiers, essences méditerranéennes, arbres fruitiers, qui fait un havre à la fois chaleureux et distingué : les chambres s'harmonisent avec les vieilles pierres, dans un style Empire, meubles anciens et tons coordonnés.

3 appart. 272-380 € • 18 ch. 152-250 €   www.manoirdelaroseraie.com

→ Chemin des Grands-Prés, rte de Valréas
☎ 04 75 46 58 15
▤ 04 75 46 91 55
F. 1ᵉʳ janv.-15 mars et 10 nov.-31 déc.

11 Le Poème de Grignan

Il ne faut pas mésestimer les attraits de la simplicité. Bien sûr le foie gras, les saint-jacques, la truffe et le homard, c'est très bon, mais ce chef, qui a une bonne main, devrait aussi offrir un peu plus de région et de produits du marché aux visiteurs du ravissant village historique de Madame de Sévigné. Cadre bourgeois villageois dans une vieille ruelle, atmosphère un peu guindée sous les notes de piano, et service d'une grande amabilité. Petite cave locale, bon choix en Tricastin (Montine, Grangeneuve), les châteauneufs d'Usseglio et les classiques de Jaboulet.

C : 34 € • M : 25 €

→ Rue Saint-Louis
☎ 04 75 91 10 90
F. lundi à déj., merc., 1 sem. déb. mars et 15 jrs fin nov. Jusqu'à 21h.

Villes de proximité, voir :

↻ REAUVILLE ....8 km S.E. par D 456 et D 541

---

 parking privé   parking fermé   voiturier

 hôtel très tranquille   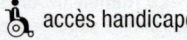 chien accepté   ♿ accès handicapé

    hôtels de charme

GRILLON - 84600   (33 B 3)
Valréas 5 - Grignan 5

12 Auberge des Papes

Il règne ici comme un parfum de maison d'hôtes, dans la gentillesse de l'accueil, la douceur de vivre qui émane de ces vieilles pierres ou du jardin ou encore dans la volonté de n'ouvrir que lorsque la demande est là et ainsi pouvoir faire le marché dans les meilleures conditions pour amener sur la table de belles assiettes aux parfums de Provence volontiers nostalgiques : terrine de lapin à l'ancienne, gigot d'agneau frotté à l'ail, cabillaud au beurre blanc... L'hiver amène les spécialités autour de la truffe et la cave ce qu'il faut de propriétaires rhodaniens.

M : 19 €   *www.aubergedespapes.free.fr*

→ Rte de Grignan
☎ 04 90 37 43 67
F. sem. et fériés sur réserv.
(oct.-mars) et sept.
Jusqu'à 21h.

GRIMAUD - 83310   (34 B 6)
Toulon 63 - Saint-Tropez 12

15 Le Mûrier

Jean-Philippe Dubourg attendait sa seconde toque depuis quelques années, la voici qui arrive enfin, récompensant sa cuisine colorée qui ne met en scène que des produits de première qualité. Lumineuses et abouties, ses assiettes brillent parfois de leur quasi nudité comme ce remarquable et simplissime (en apparence) florilège de légumes du jardin. Elle se fait parfois charmeuse avec un dos de cabillaud d'une épaisseur remarquable, cuit à la perfection et accompagné simplement de calamars, de chorizo et de quelques traits d'encre de seiche ; ou enjôleuse, comme avec ces divines framboises du pays en tartelette et sorbet. Applaudissements également à l'égard du service, remarquablement orchestré par Martine Dubourg et pour la cave, très complète.

C : 60 € • M : 40 €   *dubourglemurier@wanadoo.fr*

→ Quartier La Boal - R.D. 14
☎ 04 94 43 34 94
F. sam. à déj., lundi à déj.,
jeudi (avril-nov.), et dim.
à dîn., lundi, jeudi (nov-mars)
15-30 janv. et nov.
Jusqu'à 21h45.

13 La Bastide des Cabris

Les cabris habitant désormais une Bastide, à la place des Jardins précédents, le standing s'est quelque peu élevé, dans les tenues du service (orange : garçons, vert : filles), dans l'atmosphère et dans la cuisine inspirée par Laurent Tarridec : des idées simples, peu de plats, fournissant trois menus sans choix, mais une précision et un savoir-faire identifiables, sur la soupe de cocos au jambon séché, la volaille braisée, le filet de bœuf. Ce sont, comme souvent, les détails qui font la différence, une cuisson parfaite, un assaisonnement, une extraordinaire glace fraise avec un blanc-manger d'école, et justifient amplement une toque qui ne demande qu'à évoluer avec un peu plus de générosité et de fantaisie. Cave bien vue sur la région : Giscle, Jale, Rasque, Valentines, Chausse, prouvant la vitalité du vignoble et l'esprit de recherche de la maison.

C : 45 € • M : 35-58 €

→ Quartie Brusquet
☎ 04 94 97 25 28
F. dim., à déj. lundi et merc. F.
ann. non com.

10 Auberge la Cousteline

La terrasse en pleine nature provençale, à quelques minutes de Saint-Tropez, dans son écrin de lauriers roses, poivrier, figuiers, peut concourir dans la rubrique charme et détente. Un agréable service féminin place les convives dans une atmosphère festive, et la cuisine provençale suit à peu près le mouvement - tian de légumes, sardines grillées, dos de bar, farcis provençaux - dans un esprit fait à la maison qui ajoute à la vérité de ce mas couvert de vigne vierge.

C : 50 € • M : 33 €

→ Chemin départemental 14,
entre Grimaud-Village et
Saint-Pierre-les-Mûres
☎ 04 94 43 29 47
F. mardi, merc. à déj. (hiver),
à déj. (juil.-août) et 20 nov.-20
janv.

GROIX (ILE DE)

GROIX (ILE DE) - 56590   **(13 D 5)**

Accès par Lorient

12 **La Marine**

Entre les murs de pierre de cette ancienne forge, comme sur la terrasse aux beaux jours, il fait bon profiter ici d'une cuisine franche et directe, qui privilégie bien sûr les produits de la mer et s'apprécie dans la simplicité : sardines au gros sel, barbecue de poisson ou, pour les terriens, l'andouillette grillée au cidre et aux pommes. L'ambiance est familiale mais agréable, dans un décor traditionnel sans vieillerie.

C : 36 € • M : 18-26 €   *www.hoteldelamarine.com*

→ 7 rue du Gén-de-Gaulle
☎ 02 97 86 80 05
F. dim. à dîn., lundi (h.s., sf vac. scol.), 17 nov.-9 déc. et janv.
Jusqu'à 21h.

La Marine

Derrière les volets bleus s'épanouit une atmosphère sereine, les chambres sobres sont dominées par les murs blancs et ponctuées de meubles anciens pour les plus grandes. Détente paisible dans le jardin clos.

20 ch. 40-96 €

→ 7 rue du Gén-de-Gaulle
☎ 02 97 86 80 05
🖷 02 97 86 56 37
F. janv. et 17 nov.-9 déc.

GROSLÉE - 01680   **(28 A 3)**

Saint-Genix 16 - La Tour du Pin 25

12 **Restaurant Penelle**

Amandine Penelle dirige désormais l'auberge familiale et a placé en cuisine le jeune Nicolas De Swetschin, à charge pour celui-ci de maintenir le niveau de prestations antérieur. La cuisine régionale et traditionnelle demeure à l'honneur avec la salade bugiste, l'escalope de saumon à l'oseille ou la côte de veau à la crème.

C : 25 € • M : 18-40 €

→ Le Port
☎ 04 74 39 71 01
F. lundi, mardi et janv.
Jusqu'à 21h.

GRUISSAN - 11430   **(31 D 5)**

Narbonne 16 - Narbonne-Plage 10

13 **G Restaurant** ♥ *d*

Vingt ans après 37,2, la plage des Chalets est à nouveau à l'affiche. Grâce à un beau lounge déguisé en bar à huîtres où Gérard et Anaïs, la sœur de Gilles Goujon, mettent les pendules à l'heure : vignerons d'ici, huîtres de Gruissan (superbes, charnues, bien iodées) et recettes du terroir remises en ondes et inspirées, pour certaines, du grand frère de Fontjoncouse, comme l'excellente version de la boulinade ou l'Arpège au chocolat en dessert. Dans cette ambiance très cool, mauve, vert, orange, grand écran, clips marins et musique douce, cette juste modernité touche à l'essentiel dans la vérité du produit.

C : 40 € • M : 35 €   *www.g-restaurant.fr*

→ 12 av des Dunes
☎ 04 68 32 61 46
F. lundi (sept.-juil.) et fév.

---

12 **L'Estagnol**

La vue sur l'étang de Gruissan et sur le massif de la Clape est superbe depuis la terrasse de cette ancienne grange de pêcheurs. Essentiellement régionale, la carte gagne chaque jour de nouveaux fidèles, les moules à la sauce ravigote, les encornets farcis à la sauce tomate façon sétoise et le gaspacho de fruits de saison collant parfaitement aux désirs de la clientèle estivale.

C : 33 € • M : 15-30 €

→ Av de Narbonne
☎ 04 68 49 01 27
F. dim. à dîn., lundi (h.s.), lundi, mardi à déj. (juil.-août) et fin sept.-fin mars.
Jusqu'à 22h.

LE GUA - 17600 (22 A 4)
La Rochelle 64 - Royan 14

14 Le Moulin de Châlons

Les lecteurs s'expriment et, comme souvent, se partagent en trouvant la note trop haute ou trop basse. Ce qui nous conforte dans notre jugement, une nouvelle fois confirmé par les bonnes dispositions du jeune chef Vincent Coiquaud qui chasse sur le bon terroir et ramène dans sa besace de quoi garnir équitablement une carte-menu alléchante à chaque saison : huîtres pochées, copeaux de foie gras et pomme de terre en velouté, bar sur peau, piqué au romarin spaghettis de courgettes et coquillages au vert, poitrine de porc en cocotte et oignons caramélisés. L'avantage de la simplicité bien interprétée, jusqu'au dessert, cave classique et généraliste présentant quelques domaines de Charente et de Poitou.
M : 25-35 €   www.moulin-de-chalons.com

→ 2 rue du Bassin
☎ 05 46 22 82 72
Ouv. 7j/7.
Jusqu'à 21h30.

idéal gourmet

Le Moulin de Châlons

Un beau moulin à marée XVIIe, joliment rénové en gardant l'esprit d'antan : pierre apparente, poutres patinées, meubles anciens, dans un confort modernisé (clim, production d'eau chaude solaire), les chambres redécorées avec goût donnant sur la terrasse, le jardin et la rivière.
2 appart. 120-160 € • 8 ch. 95-140 €   www.moulin-de-chalons.com

→ 2 rue du Bassin
☎ 05 46 22 82 72
🖷 05 46 22 91 07
Ouv. 7j/7.

GUEBWILLER - 68500 (10 B 5)
Colmar 28 - Mulhouse 23

12 Les Terrasses

La cuisine originale et le rapport qualité-prix calculé de cette bâtisse montagnarde aux accents scandinaves connaît déjà de nombreux fidèles. Souvent alléchants, comme cette tarte flambée de foie gras, les mets ne sont pas toujours aboutis (la salade de mâche dans le dessert est trop abondante !) mais cette créativité fait plaisir à voir (dans tous les sens du terme d'ailleurs, les présentations étant soignées) et est bien dans le ton d'un décor tendance design avec un joli mobilier transparent de Philippe Starck, bar orange et écrans plats. Cave intéressante et nombreux vins au verre. Jolies chambres contemporaines pour profiter plus longtemps de la situation très agréable au bord de l'étang.
C : 34 € • M : 20-38 €   www.domainedulac-alsace.com

→ 244 rue République
☎ 03 89 76 15 76
Jusqu'à 22h.

Villes de proximité, voir :

↻ JUNGHOLTZ .... 6 km S.O. par D 51 **(14/20)**

GUERANDE - 44350 (15 A 4)
Nantes 76 - Saint-Nazaire 18

12 Les Remparts

Les produits de terroir résistent à l'envahisseur. C'est un peu le credo de Philippe Cariou qui occupe la cité médiévale où l'air et le sel sont marins et le cœur breton (ou au moins l'appétit) , même si la géographie en décide autrement : andouille de Guéméné, huîtres de Romain Fohanno, porc fermier label rouge, filet de bar beurre nantais. Bonne formule bistrot, accueil et service pro et prévenants.
M : 14,50-38 €

→ 14 bd du Nord
☎ 02 40 24 90 69
F. dim. à dîn., lundi (sf août), à dîn. (4 nov.-20 mars) et 10 déc.-15 janv.
Jusqu'à 20h45.

GUERET

Villes de proximité, voir :

MESQUER . . . . 8 km N. par D 252 **(12/20)**

GUERET - 23000	**(25 C 2)**

Châteauroux 90 - Montluçon 66

13 Les Touristes

Les habitués n'ont que des compliments à la bouche. Il est vrai que depuis que Michel Roux se fait assister d'un jeunot de 29 ans pour booster les assiettes, il y a comme un petit air de renouveau dans cette carte bourgeoise, toujours astiquée et reluisante comme un sou neuf. On passe donc volontiers au grand menu, dans ce cadre contemporain d'un ancien relais de poste d'humeur festive, pour le feuilleté de pieds de cochon au foie gras, les tagliatelles aux pétoncles, supions poêlés et chorizo, la côte de veau au sautoir beurre salé et poivre de Séchouan. Bons desserts classiques, cave équilibrée.
M : 18-46,50 €

→ Michel Roux, 1 pl de la Mairie
☎ 05 55 80 00 07
F. dim. à dîn., lundi, merc. à dîn. et janv.
Jusqu'à 21h.

Villes de proximité, voir :

BENEVENT L'ABBAYE . . . . 25 km S.E. sur D 914

à LA GUERINIERE, voir NOIRMOUTIER (ILE DE)

GUERN - 56310	**(13 D 4)**

Pontivy 14 - Guéméné-sur-Scorff 12

10 Auberge de Quelven

Au pied de la basilique classée XVIe, la Bretagne rayonnante et gourmande dans une longère de granit : galettes savoureuses à dévorer par tous les temps, dans une bonne humeur générale, et sans ruine (la complète à 3,60 €, l'andouille de Guéméné à 3 €.)
C : 15 €

→ Quelven
☎ 02 97 27 77 50
F. lundi-merc. (15 oct.-30 mars) et merc. (1er avril-14 oct.).
Jusqu'à 21h.

GUETHARY - 64210	**(24 C 5)**

Pau 132 - Saint-Jean-de-Luz 7

Villa Catarie

Une typique villa basque XVIIIe, face au fronton de Guéthary. Atmosphère de maison de famille, étoffes précieuses et objets anciens dans les réceptions et les chambres lumineuses, donnant sur le jardin ombragé et la piscine.
2 appart. 195-245 € • 14 ch. 125-170 €   *www.villa-catarie.com*

→ 415 av du Gén-de-Gaulle
☎ 05 59 47 59 00
📠 05 59 47 59 02
F. janv.-mi-fév. et nov.-mi-déc.

GUEWENHEIM - 68116	**(10 B 5)**

Mulhouse 21 - Thann 9

12 La Gare

Michel Seidel nous fait remarquer que la "grappe de raisin", qui distingue les caves bien fournies, avait été oubliée l'an passé. C'est plus qu'une faute, c'est une erreur... Car ce n'est pas une grappe, mais un vignoble tout entier qu'il faudrait décerner à ce catalogue monumental de passionné, de fou de vin qui offre, outre une très vaste sélection alsacienne, de hautes références (Coche-Dury, Tollot-Beaut, Comtes Lafon), des pépites, le tout à des prix rarement vus (Syrah Leone 95 à 55 € par exemple...). Il faut aller jusqu'à Guewenheim. Trois fois oui, parce que, en prime, la cuisine est sincère, régionale et bien tournée, avec sa friture de carpes, son pied de porc truffé en crépinette, son charolais sauce au bourgogne ou son baeckeoffe d'escargots. De quoi soutenir les verres....
C : 32 € • M : 27-45 €

→ 2 rue de Soppe
☎ 03 89 82 51 29
F. mardi à dîn., merc., 20 fév.-7 mars et 22 juil.-13 août.
Jusqu'à 22h.

12 **Au Relais du Porhoët**

Maison de caractère au cœur du village, le relais vit au rythme de la famille Courtel, soucieuse du bien-être de ses hôtes. Un soin qui passe par un cadre élégant, un accueil soigné et une cuisine qui dose ses efforts entre noblesse gastronomique et compétitivité des tarifs. Le résultat est plutôt plaisant, autour des produits de la mer notamment, et s'accompagne de quelques belles références en fouinant dans la carte des vins.

C : 27 € • M : 13,50-19 €   www.aurelaisduporhoet.com

→ 11 pl de l'Eglise
☎ 02 97 74 40 17
F. dim. à dîn., lundi (sept.-juin), lundi à déj. (juil.août), 2 sem. déb. janv., 1re sem. juil. et 1re sem. oct.
Jusqu'à 20h45.

12 **Le Clos de la Fontaine**

Dans une rue discrète du centre-ville, la jolie maison de granit de Stéphane Ollivier joue les rassembleuses. Son patio joliment fleuri, au calme car bien isolé de la rue, est toujours aussi agréable et la carte, qui évolue tout doucement, se concentre sur les valeurs régionales : huîtres chaudes de la baie de Paimpol au cidre et aux poireaux, filet de cabillaud et purée à l'huile d'olive, jus d'arêtes rôties au citron confit et asperges, gâteau au chocolat mi-cuit, sauce chocolat et truffe glacée. Cave concise et proposant les classiques du val de Loire (Henri Bourgeois, Filliatreau…)

C : 36 € • M : 27,50-42 €

→ 9 rue du Gén-de-Gaulle
☎ 02 96 21 33 63
F. dim. à dîn., lundi, vac. scol.
Jusqu'à 21h30.

14 **La Guérinière**

Une belle table festive, qui donne du confort plus que de grands airs et qui réunit tous les locaux dans la belle salle-club en grenat et brun ou sur la terrasse autour de la piscine. Et l'on craque volontiers, dans ce bien-être contemporain pour la carte d'aujourd'hui du jeune chef Vincent Pujo, qui a remplacé au pied levé Thierry Renou. Une cuisine maligne pas avare d'émulsions, qui utilise les bonnes recettes d'aujourd'hui et se montre surtout convaincante dans la réalisation. Ce qui permet de maintenir allégrement la note, pour un esturgeon très bien préparé, écrevisses et huîtres, et la gourmandise au chocolat, un savarin avec une chantilly et une excellente glace chocolat. La cave prouve que le bordeaux peut ne pas être cher, avec une flopée de crus intéressants à faibles coefficients, ce qui réjouira nombre de lecteurs que l'on n'est pas contraint ici de détourner de cette région-phare.

C : 62 € • M : 36-60 €   www.lagueriniere.com

→ 18 cours de Verdun
☎ 05 56 66 08 78
F. dim. à dîn. (nov.-mai) et sam. à déj.
Jusqu'à 22h.

---

de **20** à **10** les tables sont classées par ordre dégressif de note

👁 table en vue, lieu à la mode, ethnique

? signale une notation en attente ou un changement de dernière minute

découverte *d≷* GM met en avant des nouveautés méconnues

GUNDERSHOFFEN - 67110 (10 C 1)
Strasbourg 41 - Karlsruhe 79 - Haguenau 16

15 🍴🍴 Le Cygne

C'est presque une image pour l'ami Fritz : la grande maison à colombages aux fenêtres fleuries, ancien moulin à grains transformé en auberge cossue, décor néorustique ou contemporain selon les salles, et la patte assurée, paternelle et régionale de François Paul, qui instille le cappuccino de homard et le risotto noir dans une carte certes d'un beau prestige avec du foie gras, des morilles, des langoustines et des ris de veau, mais qui aime manifestement la mer dans les apprêts d'aujourd'hui (filets de rougets aux noisettes torréfiées, queue de lotte rôtie sur l'os au pomerol et tartines d'encornets et échalotes). Atmosphère d'une sobre élégance, cave riche en Alsace bien complétée en grands crus.
C : 75 € • M : 44-55 €

→ 35 Grand-Rue
☎ 03 88 72 96 43
F. dim. à dîn., lundi, jeudi, 19 fév.-8 mars et 30 juil.-20 août. Jusqu'à 21h.

www.aucygne.fr

🏠🏠 Le Moulin

Transformé il y a quatre ans en hôtel, cet ancien moulin à grains jouit d'un cadre encore champêtre, avec les herbes folles et le cours d'eau qui traverse son parc, absolument délicieux. De style contemporain ou bien meublées d'antiquités, les chambres, décorées par Edgard Mahler, proposent une ambiance raffinée et apaisante.
5 appart. 150-220 € • 5 ch. 90-110 €

→ 7 rue du Moulin
☎ 03 88 07 33 30
🖷 03 88 72 83 97
F. 7-13 janv., 19 fév.-3 mars et 4-25 août.

www.hotellemoulin.com

HAGENTHAL LE BAS - 68220 (10 B 6)
Colmar 80 - Bâle 18

14 🍴 Le Lertzbach

Pour être revisité, ce terroir alsacien cher à toute une région l'est bien, et plutôt deux fois qu'une. Entre Emmanuel Lambelin, formé chez Westermann et son second d'origine italienne, le turbo est mis sur un moteur qui fait parler sa vivacité et sa souplesse : aériennes et goûteuses, les cuisses de grenouilles avec un risotto et un coulis de cresson, délicieusement régressif, le jarret de veau fermier en cocotte et, beaucoup plus surprenante, la mousse de morue croustillant à la noisette et écume de munster frais ou les queues d'écrevisses sur un tartare d'asperges soupe au minot gris. Ce tandem, à l'image d'une maison qui va de l'avant en respectant des racines, est fort prometteur, avec une belle exigence sur le produit (viandes de chez Denaux, pigeonneaux de chez Théo Kieffer…). Forte cave, alsacienne, mais également bourguignonne.
C : 40 € • M : 26-66 €

→ 84 rue de Hegenheim
☎ 03 89 68 50 09
F. à déj., dim. à dîn., 20 juil.-10 août et 24 déc.-8 janv. Jusqu'à 22h.

www.hotel-jenny.fr

HAGETMAU - 40700 (23 C 5)
Mont-de-Marsan 30 - Dax 46

14 🍴 Restaurant Jambon

Si parfois nous semblons faire la fine bouche devant ces cartes immuables dans leur attachement viscéral au terroir, nos lecteurs savent bien que nous défendrons toujours bec et ongles ce qui fait la richesse d'une gastronomie nationale. Aussi, cher Philippe Labadie - nous nous permettons de nous adresser directement à vous - ne changez rien à ces excellents foies gras, au filet de sandre

→ 245 av Carnot
☎ 05 58 79 32 02
F. dim. à dîn., lundi et janv. Jusqu'à 21h30.

au beurre blanc ou à la caille farcie au foie gras, au ris d'agneau aux truffes et aux profiteroles d'école. Et les visiteurs de l'hôtel Jambon nous remercieront, de notre, et de votre fidélité.
M : 15-26 €

---

13 **Les Lacs d'Halco**
Posée littéralement comme un nénuphar, cette salle contemporaine contemple le lac à 360°. Et procure au visiteur une impression de paix qui aiguise l'appétit devant les propositions d'Annie Demen, du beau consensuel sur des bases classiques : croustillant de sésame au foie gras, pavé de bar en croûte de cèpes crème de fenouil, demi-pigeon farci au ris de veau et truffes. Bonne petite cave ciblée sur jurançon et madiran.
C : 45 € • M : 30-60 €   www.hotel-des-lacs-dhalco.com

→ Rte de Cazalis
☎ 05 58 79 30 79
Ouv. 7j/7.
Jusqu'à 21h45.

Les Lacs d'Halco
Un domaine de 2 ha au bord de l'eau, un bâtiment contemporain, comme un observatoire sur le lac, avec ses grandes baies vitrées, aux chambres lumineuses et design.
24 ch. 68-98 €   www.hotel-des-lacs-dhalco.com

→ Rte de Cazalis
☎ 05 58 79 30 79
🖨 05 58 79 36 15
Ouv. 7j/7.

LA HAIE FOUASSIERES - 44690   (15 C 4)
Ancenis 48 - Nantes 21 - Châteaubriand 85

Château du Breil
Sur un parc de 10 hectares, les chambres se répartissent entre une folie XIXᵉ et une sobre et élégante dépendance XVIIIᵉ. Les chambres principales, dans le château, arborent un charmant décor à l'ancienne, avec meubles d'époque.
5 ch. 100-120 €   www.lebreil.monsite.orange.fr

→ 5 rue du Breil
☎ 02 40 36 71 55
🖨 02 40 36 71 55
F. 1ᵉʳ janv.-28 fév. et 15-31 déc.

HALLUIN - 59250   (2 D 1)
Béthune 57 - Lille 21

10 **Auberge du Loisel**
Ancienne maison de famille, l'auberge en garde un sympathique parfum hors du temps, dans son décor comme dans son ambiance. La cuisine cultive cette même veine nostalgique, avec les œufs cocotte aux langoustines, l'agneau de pays et la tarte aux fruits de saison qui témoignent de beaucoup de bonne volonté.
C : 55 € • M : 23 €   www.perso.wanadoo.fr/auberge-du-loisel

→ 599 chemin de Loisel
☎ 03 20 94 72 81
F. dim. à dîn., lundi, jeudi à dîn. et mi-juil.-mi-août.
Jusqu'à 21h.

HARDELOT PLAGE - 62152   (1 A 3)
Boulogne 15 - Le Touquet 18

 Le Parc
Le parc est bien là et entoure une construction contemporaine rythmée par les colombages et les espaces vitrés. La lumière met en valeur un cadre clair et paisible, avec des chambres spacieuses et ouvertes sur les arbres.
25 appart. 155-890 € • 81 ch. 105-270 €   www.hotelduparc-hardelot.com

→ 111 av François-1er
☎ 03 21 33 22 11
🖨 03 21 83 29 71
Ouv. 7j/7.

HAUTE GOULAINE - 44115   (15 C 4)
Nantes 14 - Le Loroux-Bottereau 9

17 🍴🍴🍴 ≽ **Manoir de la Boulaie**

→ 33 rue de la Chapelle-Saint-Martin
☎ 02 40 06 15 91
F. dim. à dîn., lundi, merc., 3 sem. août et 22 déc.-16 janv. Jusqu'à 21h30.

Balayons les incompréhensions du passé pour faire revenir Laurent Saudeau dans nos colonnes et donner à cette cuisine incontestable la dimension qu'elle mérite. Car depuis la cataplana d'agneau, que nous avons connue à ses débuts, et qui figure toujours sur la carte, la Loire a beaucoup coulé, et le chef a nettement affiné, épuré, et considérablement gagné en précision et justesse des saveurs. La technique s'efface devant le goût naturel d'un petit pois et basilic dans le sorbet qui accompagne une adroite composition de homard, le yaourt de foie gras et champignons, avec ses croquettes du même métal et sa ballottine pigeon foie gras est spectaculaire et flatteur, la langoustine, roulée dans les épices tandoori, est superbement préparée, avec les spaghettis de ris de veau qui sont presque surnuméraires avec l'émulsion et sorbet asperge. Et sur certains plats, une véritable personnalité s'esquisse, montrant par exemple le saint-pierre en tronçon, filet contre filet, très brillamment traduit avec ses aubergines de légumes et ses gnocchis. Certains de nos lecteurs avides de modernité goûteront moins le style bourgeois chic de ce manoir tranquille posé au bord de son étang dans un grand parc de verdure à un quart d'heure du centre de Nantes, mais l'agrément et le talent qui s'en dégagent, jusqu'à un service un poil cérémonieux, mais bien dans le rythme et à une brigade fort soudée, y compris en pâtisserie où l'on astique des desserts dignes de la carte (tout citron, chocolat, déclinaison de fraise...). Cave sérieuse, de valeurs sûres, et bien orientée Loire, avec tous les vignerons consacrés et des préférences (Alliet, Blot, Foucault, Closel en savennières) aux côtés d'une très belle sélection de muscadets et d'un honorable tour de France des vignobles.
C : 100 € • M : 35-92 €

HAUTELUCE - 73620   (28 C 2)
Alberville 23 - Chambéry 75

13 🍴 **Ferme du Chozal**

→ ☎ 04 79 38 18 18
F. à déj., dim. à dîn. (vac. scol.), lundi, mardi à déj., merc. à déj., à dîn. jeudi-dim. (été sf vac. scol.), 14 avril-23 mai et 12 oct.-12 déc. Jusqu'à 21h.
🌲 🚗 🚲 ⚘ 🚬

Une ancienne ferme transformée en hôtel chaleureux, avec chambres confortables et boisées, le propos n'est pas original en soi mais il est ici bien entretenu, notamment dans sa partie restaurant, où les produits de la région sont mis au service d'une vision ouverte de la cuisine, réinterprétés (les écrevisses du Léman en bocal, avec des petits poireaux) ou convoqués pour un mariage inattendu (la saucisse de Savoie avec la sardine en croustini) avec des beaux produits d'ailleurs que Cyril Suet convoque avec autant d'aisance (barbue rôtie gnocchis de pomme de terre). La cave fait preuve du même esprit de fraîcheur, en convoquant les Alpes au sens large, de la France à... la Slovénie.
C : 45 € • M : 25-35 €   *www.lafermeduchozal.com*

🌲 repas en terrasse ou dans un jardin   🚬 cave à cigare

🏊 piscine privée   🎾 tennis privé   ≋❄ air conditionné

HAUTEVILLE LES DIJON - 21121 (20 B 3)
Dijon 8 - Beaune 50

12 La Musarde

Musarder au jardin ou dans la salle aux touches de couleurs vives, cette ancienne ferme y incite d'autant mieux que la cuisine fait de réels efforts pour sortir de l'ordinaire, mélangeant le terroir et les propositions à la mode avec un certain talent : couronne de fromage de Gilly les Cîteaux, vapeur de tomates grappa et jambon cru d'Espagne ; caille fermière façon tajine, filet au tandoori, cuisse à la marjolaine. Musarde certes, mais pas somnolente.
C : 45 € • M : 22,50-45 €

→ 7 rue des Riottes
☎ 03 80 56 22 82
F. dim. à dîn., lundi, mardi à déj. et 20 déc.-10 janv.
Jusqu'à 21h30.

www.lamusarde.fr

HAUTMONT - 59330 (2 D 4)
Maubeuge 7 - Valenciennes 35

12 Les Hauts Fourneaux

Si les hauts fourneaux ne font plus vivre la région, ceux-ci en tout cas nourrissent ses appétits de gastronomie, et le font avec entrain : Alexandre Dubois s'est approprié les produits de l'Avesnois pour enrichir une carte classique, et les madeleines au maroilles et pistaches ou l'os à moelle sur sa tranche de pain de campagne témoignent avec sympathie de cette approche ludique de la cuisine, bien plus à notre goût que les exercices imposés (et par ailleurs pas mal réussis) du mijoté de veau aux champignons ou de la sole au beurre blanc.
C : 30 € • M : 20-47 €

→ 55 av Gambetta
☎ 03 27 66 27 20
F. lundi à dîn., mardi à dîn., merc., 10 jrs fév. et 3 sem. août.
Jusqu'à 21h30.

www.leshautsfourneaux.com

LE HAVRE - 76600 (6 A 2)
Paris 211 - Rouen 92 - Deauville 40

13 Le Havre des Sens

Une vision bien construite de la cuisine d'aujourd'hui par l'expérimenté Patrick Picard, de plus en plus à son aise dans le cadre de ce Pasino multi-loisirs, où le Havre des Sens est un des trois maillons de la restauration. Influence world, Asie et cuissons nouvelles, le technicien s'exprime avec un thon rouge en déclinaison, l'un confit, l'autre laqué puis en maki, le dos de bar plancha jus de crustacé ou la poule au pot en suspension de verveine. Une offre bien formatée, un ticket moyen de bonne gastronomie, les joueurs et leurs accompagnateurs sont ravis. Cave un peu anecdotique, sans mention de propriétaires ni d'année.
C : 48 €

→ Pl Jules-Ferry
☎ 02 35 26 00 00
F. dim. et lundi.
Jusqu'à 22h.

www.partouche.com

Hôtel du Pasino

Déroulant ce concept du tout en un, Partouche a ouvert l'an passé ce Pasino où "tout est possible" : jeux, restaurants, concerts, spectacles, mariages, séminaires, soirées à thème. Sur les docks réhabilités, une architecture inspirée de Perret, design néo-portuaire, grand confort dans les chambres parfaitement équipées, spa, centre esthétique, fitness. Et, bien sûr, le casino, avec ses trois restaurants, dont le Havre des Sens.
appart. 170-350 € • 40 ch. 120-250 €

→ Pl Jules-Ferry
☎ 02 35 26 00 00
▤ 02 35 25 62 18
Ouv. 7j/7.

www.partouche.com

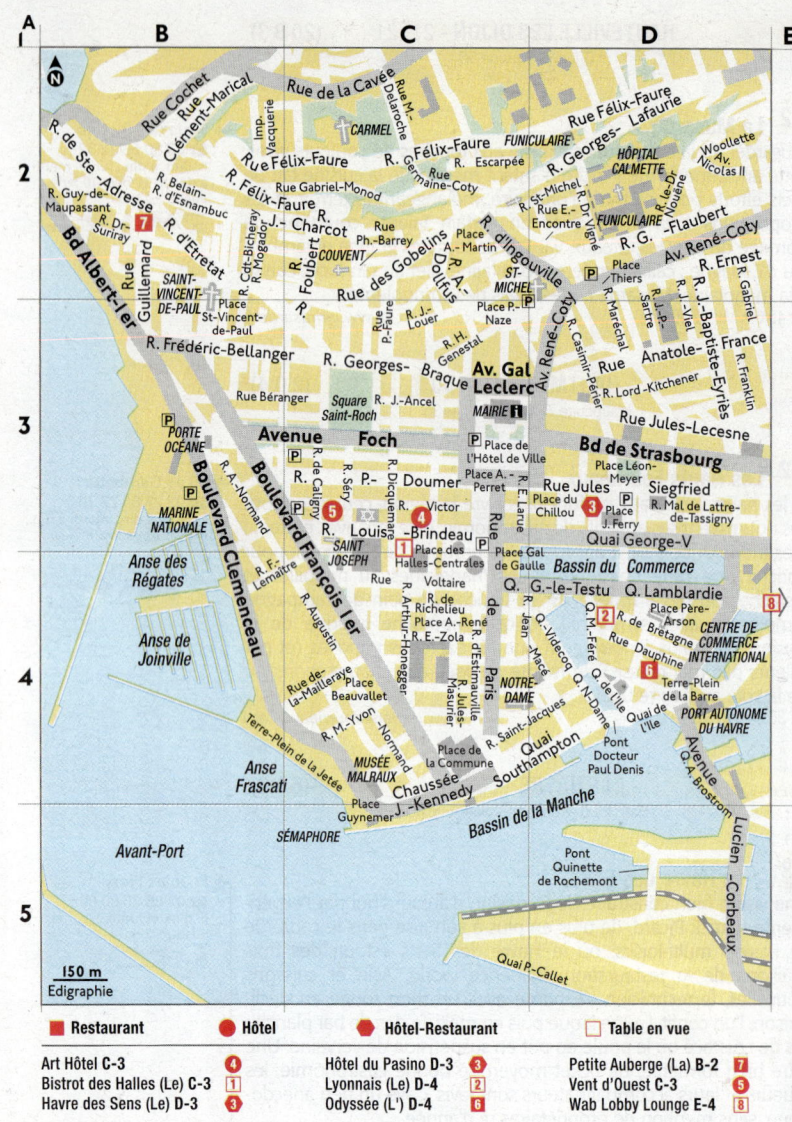

■ Restaurant	● Hôtel	◆ Hôtel-Restaurant	□ Table en vue	

Art Hôtel **C-3**	❹	Hôtel du Pasino **D-3**	❸	Petite Auberge (La) **B-2**	❼
Bistrot des Halles (Le) **C-3**	1	Lyonnais (Le) **D-4**	2	Vent d'Ouest **C-3**	❺
Havre des Sens (Le) **D-3**	❸	Odyssée (L') **D-4**	❻	Wab Lobby Lounge **E-4**	8

12 L'Odyssée

Valeur sûre de l'îlot Saint-François, l'Odyssée n'invite pas à un voyage au long cours, mais plutôt à une balade rassurante dans un univers parfaitement maîtrisé, dans le choix des produits comme dans leur préparation : salade de jambon d'Aoste et aubergines grillées, croustillant de cabillaud, saumon et maquereau, crème d'amande aux fruits rouges à la mode de Plougastel. Le service manque parfois un peu de naturel et on aimerait un peu de recherche côté cave mais le bilan reste largement positif.
C : 50 € • M : 29-39 €

→ 41 rue du Gén-Faidherbe
☎ 02 35 21 32 42
F. sam. à déj., dim. à dîn., lundi, 2 sem. vac. scol. fév. et 3 sem. août.
Jusqu'à 21h30.

12 La Petite Auberge

Lionel Douillet a passé la main à l'automne 2006. Son remplaçant, Alexandre Hennetier, a pris cet héritage à bras-le-corps, conscient de la difficulté de maintenir une table de bon niveau dans un quartier assez excentré. Le décor n'a pas changé, poutres et influences normandes, la cuisine naviguant pour le moment légèrement en dessous de la toque : escargots crème de bacon et tuiles aux pavots, trilogie de poissons fleur de thym et douceur de choco-caramel. Cave correcte.

C : 46 € • M : 22-41 €

→ 32 rue de Sainte-Adresse
☎ 02 35 46 27 32
F. dim. à dîn., lundi, merc. à déj., 18-26 fév. et 3 sem. août.
Jusqu'à 21h.

Le Bistrot des Halles

Central, pratique, animé et plutôt correct dans l'assiette, voilà l'archétype du bistrot urbain tel qu'on le recherche dans chaque sous-préfecture pour un mâchon sans prétention : les viandards sont à la fête mais on peut, à quelques brasses de la mer, affronter les vagues avec succès, pour le tartare de saumon et le filet de haddock, épinards et œuf poché. Service rapide qui manque un peu de sourire.

C : 35 € • M : 29,90 €   www.bistrotdeshalles.fr

→ 7 pl des Halles-Centrales
☎ 02 35 22 50 52
F. dim., fériés et 2e quinz. juil.
Jusqu'à 23h.

Le Lyonnais

Changement de propriétaire cet hiver mais pas d'esprit, les lyonnaiseries conservant la vedette dans ce sympathique bistrot de l'îlot Saint-François. Quelques nouveautés tout de même avec l'arrivée de généreuses salades pour l'été.

C : 25 € • M : 16-25 €

→ 7 rue de Bretagne
☎ 02 35 22 07 31
F. dim., lundi à dîn. et sam. à dîn.
Jusqu'à 22h.

Wab Lobby Lounge

Dans un cadre hype sur les docks, le WAB aime le voyage et les horizons variés, naviguant de la tarte aux fromages normands au minestrone de fruits exotiques, en passant par le suprême de volaille et poitrine de cochon laqués au soja. Des propositions de vin au décor joliment moderne, tout est pensé efficacement (la maison a d'ailleurs été récompensée lors de la 10e édition des Palmes du Leaders Club des concepts remarquables) pour passer un moment différent.

C : 32 € • M : 25-55 €   www.wablobbylounge.com

→ 33 rue d'Iena
☎ 02 35 53 03 91
F. sam. à déj., dim., lundi à dîn. et 1er-21 août.
Jusqu'à 22h.

 Art Hôtel

Le plus ancien hôtel du Havre a changé de nom à plusieurs reprises pour suivre son temps. Derrière l'architecture Perret, une rénovation totale et le travail de décoration de Catherine Boisdon donnent des chambres contemporaines, lignes sobres, bons équipements, et vue sur la place du Volcan et le bassin de commerce.

31 ch. 79-139 €   www.bestwestern.fr/arthotel

→ Best Western, 147 rue Louis-Brindeau
☎ 02 35 22 69 44
🖷 02 35 42 09 27
Ouv. 7j/7.

 Vent d'Ouest

L'architecture Perret ayant le vent en poupe, cette bâtisse typique en profite pour faire entrer un air nouveau dans une déco soignée, club de marins, lignes sobres bateau prêtant à l'évasion, certaines ambiances cosy menant même jusqu'aux montagnes. Nouvelle salle de billard et installations séminaires.

3 appart. 150 € • 35 ch. 95 €   www.ventdouest.fr

→ 4 rue de Caligny
☎ 02 35 42 50 69
🖷 02 35 42 58 00
Ouv. 7j/7.

HEBECREVON - 50180 (5 B 3)
Saint-Lô 5 - Périers 21

❋ Château de la Roque
Les raisons de craquer ne manquent pas : adorable parc fleuri, une belle architecture XVIIe, à la sobre élégance, un décor riche en détails soignés pour personnaliser les chambres ou encore un équipement de confort inhabituel dans une chambre d'hôtes.
5 appart. 140-176 € • 15 ch. 64-102 €   *www.chateau-de-la-roque.fr*

→ ☎ 02 33 57 33 20
🖷 02 33 57 51 20
Ouv. 7j/7.

HEDE - 35630 (14 C 3)
Rennes 27 - Dinan 32 - Dol-de-Bretagne 31

13 La Vieille Auberge
L'ancien moulin à aube du XVIIe siècle jouit d'un cadre romantique avec sa pièce d'eau, les dahlias qui égaient le jardin et la terrasse peuplée d'hortensias au bord d'un étang. La carte de Jean-Marc Leffondré privilégie les recettes traditionnelles, l'escalope de foie gras aux pommes et gingembre, le filet de bar braisé au fenouil, la sole meunière, les rognons de veau grillés en brochette, exécutées avec précision et s'appuyant sur des produits de premier choix. Cave dans le même esprit, sans originalité mais sans défaut.
C : 45 € • M : 17-70 €   *www.lavieilleauberge35.fr*

→ La Vallée
☎ 02 99 45 46 25
F. dim. à dîn., lundi et 18 fév.-4 mars.
Jusqu'à 21h15.

Villes de proximité, voir :

↻ CARDROC..............................9 km O. par D 221 **(12/20)**

HENDAYE - 64700 (24 B 5)
Pau 149 - Saint-Jean-de-Luz 13

12 Enbata
Décor clair et élégant, vue sur le port, service attentif, le restaurant fait preuve d'un professionnalisme sans faille, entre cuisine classique et inspiration régionale, le lomo de lotte à la plancha ou la noix de veau aux asperges et pistou mettent à l'abri des mauvaises surprises. Pour un repas plus simple et tourné vers une ambiance typique, l'hôtel propose aussi la botega la Pinta.
M : 21-28 €   *www.groupesergeblanco.com*

→ 96 av des Mimosas
☎ 05 59 48 88 88
F. 3 sem. déc.
Jusqu'à 22h.

Ibaïa Serge Blanco
Largement tourné vers la détente et la thalasso, l'hôtel, à l'architecture moderne inspirée des canons basques, propose de belles chambres classiques au confort soigné, certaines avec l'exclusivité d'une terrasse privée sur le port. Nombreuses propositions de forfaits et séjours à thèmes, et pas seulement autour des soins.
24 appart. 259-1316 € • 60 ch. 84-184 €   *www.groupesergeblanco.com*

→ 76 av des Mimosas
☎ 05 59 48 88 88
🖷 05 59 48 88 89
F. 3 sem. déc.

Serge Blanco
Le site est superbe, entre la grande plage de sable fin, le port de plaisance et les montagnes. Sobres et parfaitement aménagées, affichant une ambiance zen ou plus cosy, les chambres ouvrent sur la plage. Centre de thalassothérapie sur place.
11 appart. 132-170 € • 90 ch. 87-125 €   *www.thalassoblanco.com*

→ 125 bd de la Mer
☎ 05 59 51 35 35
🖷 05 59 51 36 00
F. 2 à 3 sem. déc.

Villes de proximité, voir :

↻ BIRIATOU ....4 km S.E. par N 121 et D 258 **(14/20)**

HENNEBONT - 56700 (13 D 4)
Vannes 50 - Lorient 14

14 Château de Locguénolé

Ambiance châtelaine et beaux dîners orchestrés par l'impeccable Jean-Bernard Pautrat, maître d'une cérémonie qui fédère au-delà des frontières, par les apprêts minutieux sur les produits nobles : foie gras poché dans un consommé au muscat et mousseline croustillante de chou camus, médaillons de homard et brunoise de ses pinces mangue et pomelo, turbot poudré de thé de Chine et rôti à l'arête, petit pois à la mousse de lait fumé. Service au diapason d'une prestation seigneuriale, desserts inventifs et bien faits, grande cave classique aux bons propriétaires bourguignons (Mugneret, Tollot-Beaut, Rion…) et enrichie de quelques bons choix (Gendrier, fronton du Roc, Puech Haut…).
C : 78 € • M : 49-94 €   *www.chateau-de-locguenole.com*

Rte de Port-Louis
☎ 02 97 76 76 76
F. à déj. (sf dim. et groupes), lundi à dîn. (1er sept.-14 juil.) et 1er janv.-17 fév.
Jusqu'à 21h.

Château de Locguénolé

La vue sur l'embouchure du Blavet, qui se prolonge jusqu'à l'océan, est idyllique, embrassant le vaste parc de 120 ha qui forme un domaine privilégié et préservé pour les résidents. Un univers de raffinement dans cette fière demeure XIVe, dont les chambres respectent le style dans un confort très actuel. Saunas, hammam, piscine extérieure chauffée, ponton sur le bras de mer.
4 appart. 330-410 € • 18 ch. 112-295 €   *www.chateau-de-locguenole.com*

Rte de Port-Louis
☎ 02 97 76 76 76
🖷 02 97 76 82 35
F. lundi (sf 10 juil.-3 août dîn. seult sf dim.) et 2 janv.-13 fév.

Les Chaumières de Kerniaven

D'authentiques chaumières morbihannaises XVIIIe en pleine nature, à dix minutes des plages, aménagées avec goût par les propriétaires de Locguénolé. Chambres au style régional, meubles de style, pierre et poutres apparentes, tomettes, cheminées dans trois d'entre elles.
9 ch. 75-112 €   *www.chateau-delocguenole.com*

Rte de Gâvres en Kervignac
☎ 02 97 76 91 90
🖷 02 97 76 82 35
F. 1er janv.-20 mars et 28 sept.-31 déc.

HERISSON - 03190 (26 B 2)
Montluçon 28 - Cérilly 17

12 Ferme Auberge la Quécoule

À deux pas de la superbe forêt de Tronçais, une ferme-auberge pour accomplir un vrai retour à la nature, sans compromission : tourte à la volaille et autres tartes salées, légumes pleins de saveurs, simplicité. On accompagne cette heure de vérité d'un peu de saint-pourçain.
M : 14,50-16,50 €

☎ 04 70 06 88 16
F. sem. (sf groupes).

HEROUVILLE - 95300 (7 B 1)
Paris 37 - Pontoise 9 - Poissy 27

12 Les Vignes Rouges

Tons pastel et bonnes manières, cuisine sérieuse et belles assiettes. Le projet n'est pas nouveau, il est simplement bien mis en pratique dans un coin qui manque un peu de gourmandise. Visez le menu à 38 € (la carte grimpe vite) pour connaître l'essentiel des pensées de Marcel Desor, son escalope de foie gras sur pain d'épices et sirop de banyuls, ses ravioles de langoustines, son rognon de veau à la moutarde violette et ses profiteroles maison. On fait ainsi le tour de la cuisine de tradition sans s'éloigner de la région parisienne.
C : 55 € • M : 38 €

5 pl de l'Eglise
☎ 01 34 66 54 73
F. dim. à dîn., lundi, mardi, 1er-10 mai, août, 31 oct.-7 nov. et Noël-15 janv.
Jusqu'à 21h.

HEUDICOURT SOUS LES COTES - 55210 (11 C 3)

Verdun 44 - Pont-à-Mousson 33 - Saint-Mihiel 15

⌒⌒ Lac de Madine

À 500 m du fameux lac et de ses multiples activités, la maison des Herbin séduit par son atmosphère conviviale et accueillante, qui trouve son prolongement dans de jolies chambres contemporaines, confortables et colorées. Confort parfaitement actuel.
44 ch. 53-90 €

→ 22 rue Charles-de-Gaulle
☎ 03 29 89 34 80
🖷 03 29 89 39 20
F. 2 janv.-12 fév. et 20-28 déc.

www.hotel-lac-madine.com

HEUGUEVILLE SUR SIENNE - 50200 (5 A 4)

Coutances 9 - Agon-Coutainville 5 - Granville 32

15 ⌒⌒ ⋛ Le Mascaret

Philippe et Nadia Hardy ont enfin investi leur nouvelle adresse, à quelques kilomètres de l'ancien presbytère qu'ils occupaient depuis un peu plus de dix ans. Au cœur de Blainville sur Mer, dans l'ancienne école municipale (fermée depuis 2000), ils jouissent d'un cadre plus propice au développement d'une affaire qui comprend désormais quelques chambres d'hôtel et un spa. En salle, on retrouve les couleurs chatoyantes des voilages de l'ancienne adresse et les manières de dînette chic voulues par Nadia, ancienne danseuse étoile qui met l'art et l'esthétique à table : l'onguent dont on se frotte les mains avant le repas et dont les effluves doivent se marier avec celles des assiettes, l'huile d'olive pimentée dans laquelle on trempe à sa guise l'un des (excellents) pains maison ou la boîte à musique (qui cache une figurine de danseuse évidemment) qui accompagne le service du café. Essentiellement marine, la cuisine de Philippe Hardy n'a pas perdu ses bonnes habitudes au cours du déménagement, les couteaux aux plantes du marais, les ormeaux de Saint-Malo rissolés ou le turbot sauvage rôti à basse température valant toujours deux belles toques.
C : 55 € • M : 29-69 €

→ 16 rue de Sienne, l'ancien presbytère
☎ 02 33 45 86 09
F. dim. à dîn., lundi à dîn., merc. à dîn., 2-28 janv. et 20-30 nov.
Jusqu'à 21h.

www.restaurant-lemascaret.fr

HILLION - 22120 (14 A 2)

Guingamp 46 - Saint-Brieuc 14

❋ Château de Bonabry

Le vaste parc bénéficie d'un accès privé à la plage et d'un aménagement à l'anglaise. Il sert d'écrin à un château XVIe à l'allure typique, où sont aménagées des chambres spacieuses dans un décor à l'ancienne très raffiné.
2 appart. 140 € • 1 ch. 100 €

→ ☎ 02 9632 21 06
F. oct.-Pâques.

bonabry@wanadoo.fr

HINSINGEN - 67260 (10 A 1)

Strasbourg 92 - Sarreguemines 25 - Sarre-Union 9

12 La Grange du Paysan

Plus qu'un nom, une philosophie : grange elle est, avec un adorable décor rustique, et Jean-Luc Rieger qui la fait vivre est paysan autant que restaurateur (on peut d'ailleurs visiter la ferme pour s'en convaincre). Tout est réuni donc pour prendre une grande bouffée de terroir, autour du lapin à la moutarde, de la volaille au riesling ou des mirabelles flambées.
M : 10-52 €

→ 8 rue Principale
☎ 03 88 00 91 83
F. lundi. F. ann. non comm.
Jusqu'à 21h45.

GM

HIRTZBACH - 68118 (10 B 6)
Colmar 67 - Mulhouse 22 - Altkirch 4

13 ⌂ Hostellerie de l'Illberg

La famille Wahl n'est jamais en peine d'inspiration pour faire vivre cette plaisante maison du Sundgau, lui offrant (et à tous les amoureux d'un franc terroir alsacien) un petit frère avec le Bistrot d'Arthur ou organisant des rencontres artistiques, et surtout déclinant au gré des saisons une cuisine d'idées autant que de produits. Jean-Michel Wahl accommode à son inspiration le pigeonneau ou le homard, la choucroute ou le chicon, tandis que Delphine, non contente d'être une hôtesse très agréable, veille sur une cave qui réserve également de bien bonnes surprises.

C : 55€ • M : 25-60€

→ 17 rue de Lattre-de-Tassigny
☎ 03 89 40 93 22
F. non comm.

www.hostelillberg.fr

HONFLEUR - 14600 (6 A 3)
Caen 62 - Le Havre 25 - Rouen 84

16 ⌂⌂ La Ferme Saint-Siméon

L'établissement le plus luxueux de la côte normande a toujours su mener grand train en s'adaptant aux exigences de son époque. Dans ce cadre à la fois seigneurial et molletonné, le chef suit le cahier des charges avec zèle, produits de prestige et régionalisme, des langoustines et du foie gras, du turbot et des pommes, apprêts chic-classiques dans la légèreté d'aujourd'hui et la netteté des cuissons. Mais, pour coller encore davantage à la réalité d'une clientèle zappeuse, la Ferme se démocratise au point de décliner sa vision de la Normandie dans une deuxième unité, la Table Toutain et un menu à 55 € qui n'est pas encore la soupe populaire, mais propose dans une ambiance plus simple de la poitrine de veau à la broche et du riz au lait évoquant la teurgoule. Service VIP évidemment parfait dans les deux unités, cave considérable et classique.

C : 105€ • M : 55-125€

→ Rue Adolphe-Marais
☎ 02 31 81 78 00
F. mardi à déj., merc. et jeudi à déj.
Jusqu'à 21h30.

⌂⌂⌂ La Ferme Saint-Siméon

Les impressionnistes avaient fait de la ferme Toutain leur camp de base à Honfleur. Ce sont aujourd'hui ceux qui achètent les tableaux de ces maîtres du passé qui peuvent loger dans ces superbes bâtiments de style normand dominant l'estuaire de la Seine. Chambres personnalisées, à l'ultra-confort, parquets de chêne, boiseries anciennes, tissus choisis (Frey, Canovas, Rubelli) ouvrant sur le jardin fleuri et arboré de pommiers.

4 appart. 550-850€ • 30 ch. 220-450€

→ Rue Adolphe-Marais
☎ 02 31 81 78 00
▤ 02 31 89 48 48
Ouv. 7j/7.

www.fermesaintsimeon.fr

16 ⌂⌂ ⌇ Sa.Qua.Na ⬳

On ne parle que de lui. Le buzz créé par les journalistes (Honfleur n'est pas trop loin de Paris, et le coin n'est pas désagréable) ne fait pas oublier aux lecteurs assidus que nous avions découvert Alexandre Bourdas il y a quelques années au château de Sully. Revenu après quelques saisons au Japon au service de Michel Bras, où il fut formé, son envolée depuis son installation l'an passé à deux pas des quais, dans cette salle zen contemporaine, un noir et blanc qui annonce la couleur, est spectaculaire. Une succession de saveurs étonnantes, complexes, parfois trop diront certains, une recherche de plus en plus aboutie (le ragoût de quinoa au jus d'herbes, poireaux, pain frit, foie gras et émulsion d'huile

→ 22 pl Hamelin
☎ 02 31 89 40 80
F. à déj. et jeudi. F. ann. non comm.
Jusqu'à 21h30.

HONFLEUR

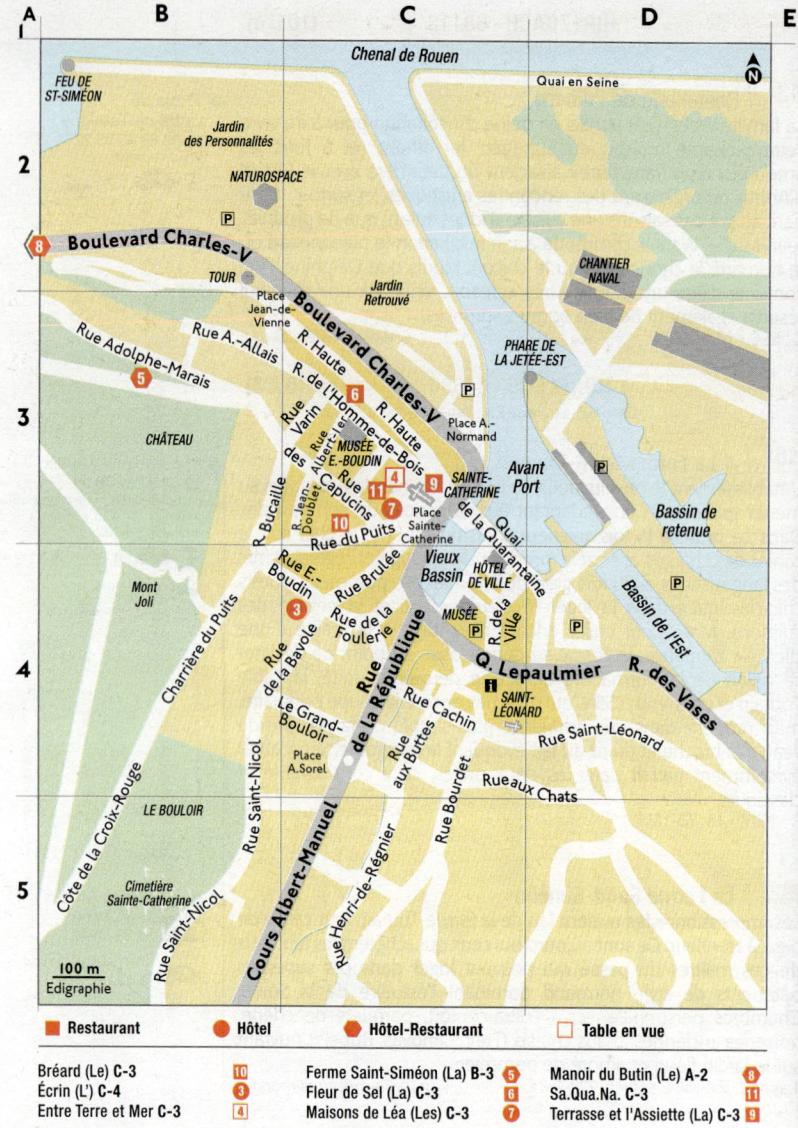

Restaurant		**Hôtel**		**Hôtel-Restaurant**	**Table en vue**

Bréard (Le) **C-3**	10	Ferme Saint-Siméon (La) **B-3**	5	Manoir du Butin (Le) **A-2**		8
Écrin (L') **C-4**	3	Fleur de Sel (La) **C-3**	6	Sa.Qua.Na. **C-3**		11
Entre Terre et Mer **C-3**	4	Maisons de Léa (Les) **C-3**	7	Terrasse et l'Assiette (La) **C-3**		9

d'amandon de pruneau forme un bel équilibre de textures, d'acidité, de sucre et sel...) et ce goût très séduisant des passerelles (façon Bras évidemment) entre terroir et contemporanéité (pascale aveyronnaise à l'huile de truffes, asperges blanches croûtées de lait, yaourt fermier marmelade d'orange et roquette). La ville, le port, donnent également de belles idées marines (superbe cabillaud étuvé avec une purée froide de brocolis, crevettes, gingembre, sabayon) et les desserts ne font pas de la figuration. Service prévenant, rapide, efficace, cave bien pensée, avec les vignerons

actuels. S'il sait maîtriser cette nouvelle notoriété, sans grosse tête ou auto-suffisance, il n'y a pas à douter que ce cuisinier très inspiré n'arrêtera pas là sa progression. Un point de plus.
M : 40-80 €

---

15 🏠 La Terrasse et l'Assiette

La place Sainte-Catherine, le vieil Honfleur, les maisons à colombages, le souvenir de Satie, Allais, Boudin. Et Gérard Bonnefoy. Infatigable pêcheur, qui aura amélioré le paysage marin durant des lustres. Sa carte est toujours aussi enjouée, sa maîtrise pleine d'aisance, ses idées jamais en berne, de quoi inspirer bien des capitaines au long cours et des moussaillons avides de grand large : le tartare de daurade et saint-jacques, le carpaccio de homard au piment d'Espelette, le pavé de bar sauce vierge et aubergine n'ont qu'une vocation : apporter les embruns dans l'assiette, l'iode et le vent marin qui vous enivre. Jusqu'à la brochette de fraises sur compotée de rhubarbe, dans ce décor élégant qui échappe à la frénésie touristique du port. Cave classique bien fournie en blancs.
C : 80 € • M : 29-49 €

→ 8 pl Sainte-Catherine
☎ 02 31 89 31 33
F. lundi et mardi (sf juil.-août) et 15 janv.-7 fév.
Jusqu'à 21h30.

---

13 🏠 Le Bréard

Les créations de Fabrice Sébire, jeune chef passé par le Grand Véfour et Senderens, risquent parfois le déséquilibre (un foie gras de canard marbré au maquereau par exemple) mais elles font mouche le plus souvent, attirant une clientèle de connaisseurs avides de nouveauté : prétexte autour du thon cuisiné en 3 façons, petite sauce soja, moutarde wasabi, idée limpide, réalisation sans faille mais portion minuscule, brochette de saint-jacques piquées à la vanille, endives cuites, pomme acidulée, émulsion aux senteurs de truffes, un plat d'une grande légèreté et croustillant de pommes légères, un dessert évident pour rabibocher partisans de la cuisine classique et tenants de l'exotisme. Une maison toute proche de l'étage supérieur. A suivre.
C : 60 € • M : 26-34 €   *www.restaurant-lebreard.com*

→ 7 rue du Puits
☎ 02 31 89 53 40
F. mardi à déj., merc., jeudi à déj., 1re sem. fév. et 3-26 déc.
Jusqu'à 21h30.

---

13 🏠 Le Manoir du Butin

Cette belle maison de style anglo-normand cumule a priori les qualités : cadre verdoyant au calme, jolie vue sur la baie de Seine, salle à manger fraîche et claire, et un jardin où quelques tables sont dressées aux beaux jours. Il manque pourtant comme une étincelle pour porter encore plus haut cette maison, jamais déméritante pourtant : dos de saumon, brochette rôtie au pavot et tartare de chair de tourteau amusant malgré un saumon trop cuit, filet de cabillaud poêlé à l'andouille, salsifis à la crème, lardons de canard, choux vert et beurre rouge, un plat assez simple et plutôt tendance la cuisson impeccable et chausson d'ananas et dés de coco compotée de banane à la vanille et glace au miel, agréable association de parfums créoles. Service sans faille.
C : 60 € • M : 35-48 €

→ Phare-du-Butin
☎ 02 31 81 63 00
F. lundi à déj., jeudi et vend. à déj.
Jusqu'à 21h30.

---

36 Le Manoir du Butin 🦋

Au cœur de ce manoir, le vrai butin, c'est l'impression de douceur hors du temps, cette sérénité romantique qui se dégage de cette maison XIXe un peu à l'écart et de son décor raffiné, couleurs pastel et détails charmeurs.
10 ch. 120-350 €

→ Phare-du-Butin
☎ 02 31 81 63 00
🖨 02 31 89 59 23
F. 9-25 janv. et 14-30 nov.

12 La Fleur de Sel

La façade affiche ses nouvelles couleurs à deux pas du bassin et Vincent Guyon conserve le cap d'une table qui s'éloigne nettement des tables à touristes pour proposer une cuisine élaborée, jouant des mélanges sur des bases traditionnelles pour proposer le tartare de daurade agrumes et menthe poivrée, la côte de cochon au sautoir miel et carvi ou encore l'effeuillé de pommes séchées crème chiboust au calvados. La manière est soignée, le cadre plaisant et la satisfaction rarement prise en défaut.
C : 45 € • M : 25-35 €

→ 17 rue Haute
☎ 02 31 89 01 92
F. mardi, merc. et janv.
Jusqu'à 21h30.

 Entre Terre et Mer

Au cœur de la ville, le cadre est à la hauteur de la situation, jolie terrasse au mobilier en rotin ou salle de caractère sous les poutres quand les beaux jours se font attendre. La cuisine navigue effectivement entre terre et mer, dans une veine sagement actualisée.
C : 64 € • M : 49-74 €

→ 12-14 pl Hamelin
☎ 02 31 89 70 60
F. merc. (oct.-avril) et 10 janv.-10 fév.
Jusqu'à 22h.

 L'Ecrin

Dans un quartier calme du vieux Honfleur, un écrin cocon, bon goût et intimité dans des chambres romantiques distribuées dans un ensemble de maisons anciennes aux styles complémentaires.
2 appart. 200 € • 27 ch. 95-180 €   www.honfleur.com

→ 19 rue Eugène-Boudin
☎ 02 31 14 43 45
🖶 02 31 89 24 41
Ouv. 7j/7.

---

cc **Les Maisons de Léa**

Au cœur du vieux Honfleur, plusieurs maisons XVIe, dont un ancien grenier à sel, sont réunies dans cet ensemble de charme, dans de belles harmonies de rouge, jaune d'or et pâle, crème et grège pour créer des atmosphères variées, romance, campagne, Baltimore, Capitaine...
2 appart. 235-310 € • 28 ch. 85-195 €   www.lesmaisonsdelea.com

→ Pl Sainte-Catherine
☎ 02 31 14 49 49
🖶 02 31 89 28 61
Ouv. 7j/7.

Villes de proximité, voir :

⟳ VASOUY .... 4 km O. par D 513 **(13/20)**

L'HOPITAL SAINT BLAISE - 64130   (23 C 5)

Pau 50 - Orthez 35 - Oloron-Sainte-Marie 18

11 Auberge du Lausset

Cette agréable petite auberge sur le chemin de Saint-Jacques de Compostelle vit en parfaite osmose avec cette terre souletine qui lui sert de mère nourricière : magret de canard grillé, sauce à l'orange, fondue de poivrons et polenta crémeuse aux noisettes, filets de merlu à la plancha, fondue de fenouil à la tomate gratinée, tomme de chèvre et brebis, bouquet de mâche et confiture de basarana. Accueil souriant de Mayelen
M : 18-32 €

→ Le Bourg
☎ 05 59 66 53 03
F. lundi à dîn., mardi, merc. (printemps-automne) et sem. (hiver).
Jusqu'à 21h.

HORBOURG WIHR - 68180   (10 D 3)

Colmar 2 - Strasbourg 78

Hôtel L'Europe

A deux pas de Colmar, l'hôtel mêle les influences pour séduire une large clientèle, avec des touches de luxe imposant (le hall entre marbre et verrière) ou raffiné (avec de superbes ciels de lit), mais aussi des chambres sobrement contemporaines, aux tissus agréablement colorés. Equipement de bon niveau.
10 appart. 168-700 € • 118 ch. 103-156 €   www.hotel-europe-colmar.com

→ 15 rte de Neuf-Brisach
☎ 03 89 20 54 00
🖶 03 89 41 27 50
Ouv. 7j/7.

HOSSEGOR - 40150   (23 B 4)
Mont-de-Marsan 80 - Bayonne 20

13   **Le Pavillon Bleu**

Dans cette jolie maison de caractère posée au bord de l'eau (qui propose également des chambres agréables), Philippe Béraud joue avec talent des saisons et des richesses du terroir pour composer des assiettes personnelles et soignées, maîtrisées dans les cuissons comme les associations : tête de veau laquée aux épices et encornets au madiran, mignon de porc au cidre damier céleri pomme et sirop de piquillos, russe pistaché et fraises au jus. Son travail est bien relayé en salle par une équipe impliquée. Cave de valeurs sûres, en local et en bordeaux notamment.
C : 56 € • M : 30-60 €

www.pavillonbleu.fr

→ 1053 av du Touring-Club-de-France
☎ 05 58 41 99 50
F. lundi (1er oct.-1er mai) et 26 déc.-19 janv.
Jusqu'à 21h30 (22h saison).

Les Hortensias du Lac

Cette belle maison basco-landaise des années 30 ouvre sur le lac à côté duquel est aménagée la piscine de l'hôtel. Lumineuses, raffinées et paisibles, les chambres ouvrent sur un balcon ou une terrasse et offrent une vue agréable sur la pinède.
4 appart. 185-385 € • 20 ch. 115-235 €

www.hortensias-du-lac.com

→ 1578 av du Tour-du-Lac
☎ 05 58 43 99 00
🖷 05 58 43 42 81
F. 5 nov.-1er avril.

Barbary Lane

Une enseigne qui fait référence à Amistead Maupin (Chroniques de San Francisco) et qui a au moins le mérite d'éveiller la curiosité. Cette jolie maison basco-landaise, cachée dans la verdure entre lac et océan offre agrément et tranquillité. Chambres vastes, toutes différentes, d'esprit rustique, avec des façades de lits clos bretons. Piscine, billard, bibliothèque.
18 ch. 40 €

www.barbary-lane.com

→ 156 av de la Côte-d'Argent
☎ 05 58 43 46 00
🖷 05 58 43 95 19
F. 1er janv.-29 fév. et 16 nov.-31 déc.

HOUDEMONT - 54180   (11 D 4)
Nancy 6 - Toul 30

12   **Nicole Vigneron Chez Elle**

Derrière la porte d'entrée se cache un intérieur cosy. Nicole Vigneron, ancienne patronne du Faitou à Nancy, s'est retirée à quelques kilomètres pour recevoir chez elle une clientèle amoureuse des tables d'hôtes. La salle à manger, avec ses vieilles poutres sombres, ses murs recouverts de papier vermillon et ses vieux meubles, les tables aux nappes blanches avec vaisselle à l'ancienne (verres en baccara, assiettes en limoges et couverts en argent) donnent l'impression d'être chez soi tout en étant "chez elle". La cuisine, classique, s'articule autour d'un menu qui change toutes les semaines et ne manque pas d'ambition. Promesses généralement tenues pour la tatin de magret de canard avec un chantilly bien relevée au Tabasco, l'onglet de veau à la vanille ou la salade de fraises à l'infusion (un peu fade) de fleur d'hibiscus. Service et ambiance évidemment décontractés.
M : 28 €

→ 9 rue du Mal-Leclerc
☎ 03 83 56 27 27
F. sam. à déj., dim., lundi à déj., 1re sem. janv, dern. sem. mars et 3 sem. fin août-déb. sept.

---

 standard   grand confort   haut de gamme   exceptionnel

          hôtels de charme

HOULGATE - 14510 (5 D 3)
Caen 33 - Deauville 14 - Lisieux 33

12 L'Eden

Discrète. Voilà le premier qualificatif qui s'impose au moment d'évoquer cette maison installée dans une petite rue paisible. Respectueux du produit, ne tirant jamais la couverture à lui, le chef donne un joli récital de cuisine marine : fondant de saint-jacques et queues de langoustines au coulis de crustacés, un plat délicatement parfumé, lotte aux petits légumes au wok et bouillon d'herbes, d'une confondante simplicité, moelleux au chocolat valant les meilleurs du genre. Agréable véranda pour l'été.
C : 35 € • M : 18-37 €

→ 7 rue Henri-Fouchard
☎ 02 31 24 84 37
F. lundi et mardi (sf vac. scol.), 2 janv.-5 fév. et 6-14 oct.
Jusqu'à 21h (21h30 w.-e.).

HYERES - 83400 (34 A 6)
Toulon 19 - Draguignan 79

13 La Colombe

A la sortie de la ville, sur la route de Toulon, Pascal Bonamy s'est taillé une jolie réputation depuis son arrivée dans cette auberge, il y a tout juste vingt ans. Créative mais pas trop, solidement ancrée en Méditerranée, sa cuisine se remarque aussi pour ses menus très accessibles : pressé de volaille au foie gras, cuisse de pintade cuite en papillote aux cèpes, assortiment de desserts. Jolie cave régionale, carte de cafés, de whiskies et d'armagnacs.
C : 50 € • M : 28-36 €   www.restaurantlacolombe.com

→ 663 rte de Toulon-la-Bayorre
☎ 04 94 35 35 16
F. sam. à déj., dim. à dîn., lundi (sept.-juin), sam. à déj., lundi et mardi à déj. (juil.-août).
Jusqu'à 21h30.

13 Les Jardins de Bacchus

Dans ce cadre récemment revu, plus sobre et contemporain, la cuisine généreuse et sincère de Jean-Claude Santioni semble comme plus à son aise : ravioles de cèpes et foie gras poêlé et crème de foie gras, filet de saint-pierre, tian de rattes et céleri de petits pois, pavé de loup poêlé, aïade d'épices et fenouil braisé, billes de risotto et asperges. Jolie cave, commentée avec science par Claire Santioni.   www.les-jardins-de-bacchus.com

→ 32 av Gambetta
☎ 04 94 65 77 63
Jusqu'à 22h.

Villes de proximité, voir :

◔ CARQUEIRANNE .... 12 km S.O. par D 559 **(13/20)**

IGE - 71960 (20 A 6)
Mâcon 16 - Lyon 85

Château d'Igé

Cet authentique château médiéval, fortifié par les Comtes de Mâcon au XIIIᵉ siècle, fut converti en hôtellerie haut de gamme au début des années 1970. Malgré les nombreuses rénovations, l'ensemble a conservé son charme intact, tant dans les chambres (toutes installées dans le château et richement décorées), que dans les parties communes, meublées de style. Beau jardin, restaurant dirigé par Olivier Pons.
7 appart. 180-215 € • 9 ch. 90-160 €   www.chateaudige.com

→ Le Bourg
☎ 03 85 33 33 99
🖻 03 85 33 41 41
F. janv.-fév. et fin nov.-déc.

L'ILE BOUCHARD - 37220 (17 C 5)
Tours 52 - Chinon 16

14 Auberge de l'Ile

Quelques plats sont à deux toques, cela ne fait pas de doute, quand le chef travaille, avec son très grand savoir-faire et son attention au produit, des recettes enlevées et personnelles. Pourtant, c'est presque dans la constance des plats simples et même ménagers,

→ 3 pl Bouchard
☎ 02 47 58 51 07
F. mardi, merc. et 4-29 fév.
Jusqu'à 21h.

sans homard ni foie gras du dimanche, que l'on admire le plus cette maîtrise, dans le sandre rôti sur peau avec une anguille en persillade, dans le pied de cochon désossé et rôti en crépinette sauce diable, ou la très charmeuse géline de Touraine en pot-au-feu, où, pour le coup, le bouillon aux arômes de truffes fraîches fait merveille. Ce qui motive les nombreux habitués de cette salle bourgeoise où il faut, le week-end, presque pousser les murs, c'est l'ambiance créée par Geneviève et l'équipe de salle, la haute qualité de la cave de loire (un choix impressionnant et des verticales en chinon, mais de très bons choix partout, comme un meursault de Coche-Dury à moins de 100 €) et, pour être franc, l'excellente affaire d'un menu à 31 € qui a peu de concurrence.

C : 31 € • M : 31 €   *www.aubergedelile.fr*

Villes de proximité, voir :

⏱ CHAVEIGNES......................11 km S.O. par D 361 et D 757

⏱ TROGUES...6 km O. par D 757

L'ILE ROUSSE - 20220   (35 B 2)
Bastia 68 - Calvi 24

🌿 La Bergerie

La Bergerie tient les promesses de bonne humeur et d'accents rustiques et chaleureux de son nom, mais bien plus que des montagnes, c'est de la mer que vient l'inspiration en cuisine, accommodée volontiers à sa sauce marocaine par le chef. C'est ainsi que les sardines farcies côtoient avec bonheur le tajine de mérou, les pâtes aux oursins ou la terrine de fugatelli.

C : 37 €   *labergerie-corse@wanadoo.fr*

→ Rte de Monticello
☎ 04 95 60 01 28
F. lundi (h.s.) et
1er nov.-1er avril.
Jusqu'à 21h30.

🛏 Funtana Marina

Modernes, fonctionnelles et chaleureuses, les chambres de cet établissement de bon confort offrent l'agrément de la climatisation. Piscine chauffée, vue agréable.

29 ch. 55-98 €   *www.hotel-funtana.com*

→ Monticello
☎ 04 95 60 16 12
🖷 04 95 60 35 44
Ouv. 7j/7.

🛏 Santa Maria

Jolie architecture contemporaine posée au bord de l'eau, l'hôtel réserve bien des moments agréables, dans ses chambres élégantes comme ses multiples espaces apaisants, des terrasses privatives à la plage privée.

56 ch. 86-169 €   *www.hotelsantamaria.com*

→ Rte du Port, BP 107
☎ 04 95 63 05 05
🖷 04 95 60 32 48
Ouv. 7j/7.

ILLHAEUSERN - 68970   (10 C 4)
Colmar 17 - Sélestat 15 - Strasbourg 65

🍴 L'Auberge de l'Ill

L'esprit de famille dans une maison mythique. On chante "Illhaeusern, Illhaeusern" comme on fredonnait "Ivanhoé" et son glorieux générique. Ici, il est immuable, consacrant la réussite dynastique des Haeberlin, père, fils, frère, sœur, au service d'une histoire qui coule comme l'eau vive de l'Ill au pied de ce temple purement alsacien, au jardin romantique de saules pleureurs, mobilier de teck et herbe verte comme un green de golf. La salle, entièrement redécorée par Patrick Jouin, intègre l'époque moderne aux canons régionaux (boiseries repeintes en gris, fauteuils de cuir beige), comme le suggère d'une certaine façon la cuisine de Marc, au rayon respect et innovation, plus proche néanmoins d'un classicisme actualisé. Avec les mêmes superbes foies gras, les assiettes

→ 2 rue de
Collonges-au-Mont-d'Or
☎ 03 89 71 89 00
F. lundi, mardi et fév.
Jusqu'à 21h30.

enjôleuses pour clientèle pré-conquise qui aborde aussi bien le saumon soufflé que la salade de homard au fenouil mariné à l'orange et coriandre, avec les cromesquis de pois chiches ou le filet de bar sur un risotto de pastèque à la crème de wasabi, qui donne indubitablement aux convives l'impression d'être bien "dans le coup". L'excellence des produits (la tendreté de l'agneau, les pommes de terre préparées comme dans les marcaireries vosgiennes), la finesse de certains desserts (une très belle soupe de pêche à la verveine et gelée de muscat d'Alsace), consacrent comme à l'accoutumée la table des Haeberlin parmi les premiers de la classe. Superbe cave de collectionneur aux millésimes fastueux, service efficace et gentil, naturellement moins personnalisé que l'accueil toujours chaleureux de Danièle Haeberlin.
M : 92-145 €   www.aubergedelill.com

Hôtel des Berges

Dans le jardin de la fameuse auberge, posé au bord de l'eau, l'hôtel rappelle les séchoirs à tabac de la région. Dans cette architecture habilement ouverte sur l'extérieur, les chambres adoptent des ambiances personnalisées, pleines de charme avec leur mobilier contemporain et leurs jeux de couleurs. Adorable et exclusive Maison du Pêcheur.
6 appart. 350-520 € • 7 ch. 262-300 €   www.hoteldesberges.com

→ 4 rue de Collonges
☎ 03 89 71 87 87
🖨 03 89 71 87 88
F. 4 fév.-6 mars.

La Clairière

Une maison typique à colombages, au seuil de la forêt, entourée d'un jardin arboré. Détente parfaite dans la nature, vue sur le Haut-Koenigsbourg, chambres personnalisées, lits à baldaquin...
2 appart. 190-230 € • 23 ch. 77-98 €   www.hotel-la-clairiere.com

→ 50 rte de Guémar
☎ 03 89 71 80 80
🖨 03 89 71 86 22
F. janv. et fév.

INGERSHEIM - 68040   (10 D 3)
Colmar 5 - Strasbourg 70

12 La Taverne Alsacienne

Jean-Philippe Guggenbuhl n'a pas totalement coupé les liens qui unissent la taverne familiale (créée dans les années 60) avec la gastronomie locale. Certaines spécialités (la choucroute notamment) figurent toujours à la carte mais c'est surtout vers les produits de la mer qu'il faut désormais chercher les meilleures sensations : blanc de cabillaud sauvage saisi et sa vinaigrette tiède, fricassée de barbue, saint-jacques et gambas à la plancha au beurre de citron, saumon cru à l'huile d'olive vierge et au citron. Très belle cave, en toutes régions.
C : 40 € • M : 20-53 €   tavernealsacien@aol.com

→ 99 rue de la République
☎ 03 89 27 08 41
F. dim. à dîn., lundi, jeudi à dîn., 1er-12 janv. et 28 juil.-11 août.
Jusqu'à 21h30.

INGOUVILLE SUR MER - 76460   (6 B 2)
Rouen 64 - Fécamp 30 - Saint-Valéry-en-Caux 3

16 Les Hêtres

L'horloge s'arrête à la porte de cette longère fleurie dans son parc tellement vert qu'il ne peut être que Normand. Déjà quinze ans, une vie, qu'Eric Liberge et Bertrand Warin ont posé le piano et les couverts dans ce coin de campagne de la côte d'Albâtre, petit village caché à quelques minutes de Saint-Valéry. La pêche est donc toujours bonne chez ce chef éternellement jeune qui fait une merveille d'un craquant de tourteau subtilement épicé, un grand plaisir régional avec le saint-pierre et son tartare de bulot et quand

→ 24 rue des Fleurs, le Bourg
☎ 02 35 57 09 30
F. lundi, mardi (sf fériés), déb. janv.-mi-fév.
Jusqu'à 22h.

il le faut, embellit la tradition d'un ris et rognons de veau parfaitement cuits. L'aisance et la maîtrise sont aussi en salle, quand Eric aborde n'importe quelle table de cette salle élégamment patinée et la laisse tout sourire, comblé par tant de tact, de compétence et d'humour. Cave classique et équitable.
C : 80 € • M : 40-85 €   www.leshetres.com

Les Hêtres

Un plein bouquet de charme, de savoir-vivre, de soin dans l'accueil, tout simplement ce bon goût si rarement partagé. Donnant sur le vaste parc à quelques jets de galets de la Manche, des chambres délicieuses, intimes, contemporaines et campagnardes à la fois, pour cocooner, rêver, aimer.
5 ch. 90-160 €   www.leshetres.com

→ 24 rue des Fleurs, le Bourg
☎ 02 35 57 09 30
📠 02 35 57 09 31
F. déb. janv.-mi-fév.

INXENT - 62170   (1 B 3)
Boulogne-sur-Mer 33 - Calais 64

11 Auberge d'Inxent

Solidement ancrée dans le paysage boulonnais, cette auberge possède bien d'autres atouts que son architecture de caractère ou sa situation : fidèle au poste depuis un moment, l'équipe se met en quatre pour proposer une étape (la maison propose également quelques chambres) chaleureusement ancrée dans son terroir. Les menus font ainsi défiler avec bonheur la flamiche aux poireaux, le poulet au cidre, la truite au bleu, les fromages de Philippe Olivier ou la mousse glacée au genièvre. Un des rares entorses à cette jolie couleur locale, c'est la cave, fruit de longues années de recherche et qui propose de très belles bouteilles à prix raisonnables.
C : 29 € • M : 15-38 €   auberge.inxent@wanadoo.fr

→ 318 rue de la Vallée-de-la-Course
☎ 03 21 90 71 19
F. mardi (juil.-août), mardi, merc. (sept.-juin), fin juin-déb.-juil. et mi-déc.-mi-janv. Jusqu'à 20h30.

ISIGNY SUR MER - 14230   (5 C 3)
Cherbourg 62 - Saint-Lô 31 - Caen 63 - Carentan 11

11 La Flambée

La belle cheminée et les poutres anciennes confèrent à cette jolie petite salle une atmosphère immédiatement conviviale. La vue sur le port et le sage cuisine normande de David Cadel complètent ce joli tableau normand : huîtres chaudes au camembert, crumble de foie gras aux saveurs normandes, chaud-froid de pommes au caramel.
C : 30 € • M : 16,50-26,50 €   la.flambee.isigny@wanadoo.fr

→ 2-4 rue Emile-Demagny
☎ 02 31 51 70 96
F. mardi à dîn. (sauf été), merc., 2 dern. sem. fév. et 2 dern. sem. juin. Jusqu'à 21h.

L'ISLE ADAM - 95290   (7 B 1)
Paris 39 - Pontoise 26 - Argenteuil 30

10 Le Troubadour

L'ancienne guinguette a conservé beaucoup du charme de cette époque, cadre verdoyant et vaste terrasse au bord de l'Oise. Alors, tant pis si la cuisine ne donne pas autant le sourire que cette atmosphère conviviale, on trouvera bien sur l'ardoise du jour de quoi satisfaire ses appétits.
C : 35 € • M : 28-50 €   www.letroubadour.com

→ 23 quai de l'Oise
☎ 01 34 08 10 34
F. dim. à dîn. (oct.-fin avril) et 24 déc.-15 janv.

Villes de proximité, voir :

⟳ CHAMPAGNE SUR OISE ......4 km N. par D 64 et D 4 **(12/20)**

L'ISLE D'ABEAU - 38300 (27 D 3)
Bourgoin-Jallieu 9 - Lyon 25

14 **Le Relais du Catey**

Girardet et Gagnaire comme parrains de métier, on peut difficilement faire mieux. Installé depuis quinze ans dans cette belle maison ancienne ouvrant sur un parc somptueux, Dominique Ducrettet livre une cuisine parfaitement raccord avec le standing des lieux : vive, spontanée, fraîche, elle sait également rester raisonnable avec les additions. Les rognons de veau juste poêlés au poivre, beurre mousseux et champignons, les saint-jacques craquantes aux salsifis et avocat écrasé aux épices et la version tiède de biscuit moelleux et pamplemousse rose valent ainsi une jolie toque. Cave rhodanienne fouillée.

C : 45€ • M : 22-53€

www.le-relais-du-catey.com

→ 10 rue du Didier
☎ 04 74 18 26 50
F. dim., lundi, 1er-7 janv. et 2-26 août.
Jusqu'à 21h.

ISLE ET BARDAIS - 03360 (26 B 1)
Moulins 70 - Clermont-Ferrand 147 - Montluçon 53

11 **Le Relais de Pirot**

Située à la lisière nord de la belle forêt de Tronçais et proche d'un étang destiné au XIXᵉ siècle à alimenter le canal de Berry, la coquette maison de Christophe Boudeau ne manque pas de charme. Sérieuse et soignée, la cuisine de ce berrichon satisfait les appétits les plus solides avec la profiterole d'escargots aux morilles et petits radis glacés, la fricassée de gambas flambées et déglacées au cognac servies sur un croquant d'endives au parfum de noisettes et le chateaubriand de filet de bœuf, persillade de cèpes et escalope de foie gras poêlé. Service souriant et bien dirigé.

C : 40€ • M : 23-35€

www.lerelaisdepirot-boudeau.com

→ Le Bourg
☎ 04 70 66 61 72
F. lundi à dîn., mardi à dîn., 2 sem. fév. et 1 sem. oct.
Jusqu'à 21h.

L'ISLE SUR LA SORGUE - 84800 (33 B 4)
Avignon 20 - Cavaillon 10

14 **Jardin du Quai**

Daniel Hébet a réussi à faire de cette délicieuse petite maison un lieu à part, à la fois bistrot, avec son menu unique qui change à chaque service (plus élaboré le soir, mais toujours dans un esprit provençal), les bons petits vins pas chers, la décoration minimaliste (pas de nappes sur les tables mais de très jolis verres en revanche) et lieu de partage et d'échange où il n'est pas impossible, parfois, d'être un peu déçu par un plat un peu moins réussi. Jolie cave régionale, agréable terrasse.

M : 30-40€

www.lejardinduquai.com

→ 91 av Julien-Guigue
☎ 04 90 20 14 98
F. mardi et merc.
Jusqu'à 21h30.

14 **La Prévôté**

Comme le confirme aimablement un lecteur sagace, la Prévôté est vraiment de retour, grâce à Jean-Marie Alloin qui a su redonner du lustre à cet ancien couvent des Ursulines arrangé en auberge de charme au cœur de la cité. Si l'on n'évite pas les tics contemporains - raviolis de homard, risotto aux huîtres - la réalisation est suffisamment au point pour faire son choix selon son cœur et son appétit, une belle oursinade, un rouget barbet farci aux crabes sauce favouilles, des noisettes de chevreuil polenta aux châtaignes, dans l'atmosphère distinguée et un poil cérémonieuse de cette salle au décor soigné, prolongé de quatre chambres aux matériaux de qualité et déco provençale.

C : 61€ • M : 26-68€

www.la-prevote.fr

→ 4bis rue Jean-Jacques-Rousseau, derrière l'Eglise
☎ 04 90 38 57 29
F. mardi, merc. (h.s.), mardi (juil.-août), 25 fév.-12 mars et 17 nov.-6 déc.
Jusqu'à 21h30.

Idéal gourmet

14 Le Vivier

Patrick et Céline Fischnaller ont repris cette maison moderne en 2005 : installée au cœur d'une zone d'activités, assez loin du centre-ville mais près de la Sorgue, elle cache derrière une façade assez peu engageante un aménagement intérieur très réussi : déco minimaliste, quelques miroirs, fauteuils noirs, jolie vaisselle... il règne une atmosphère plutôt branchée. Conçues dans le même esprit, les assiettes de Sébastien Di Noto affichent une réelle personnalité : pressé de foie gras et anguille, chutney et pommes caramélisées, noix de saint-jacques poêlées, croustillant de queue de bœuf et crème de chou-fleur et dessert tout chocolat. Excellent pain maison, service très pro, cave courte mais aux choix judicieux.
C : 38 € • M : 38-53 €   *www.levivier-restaurant.com*

→ 800 cours Fernande-Peyre
☎ 04 90 38 52 80
F. sam. à déj., lundi, jeudi à déj., vend. à déj. (juil.-août), sam. à déj., dim.à dîn., lundi, 1re sem. janv. et vac. scol. fév. Jusqu'à 21h30.

Domaine de la Petite Isle

Dans un parc de 2 ha en bordure de rivière, l'hôtel interprète la Provence à sa façon, en mode contemporain, avec des chambres claires dont le confort a été optimisé par des travaux de modernisation efficaces.
3 appart. 149-210 € • 52 ch. 55-138 €

→ Best Western, 871 rte d'Apt
☎ 04 90 38 40 00
🖨 04 90 20 84 74
F. janv.

Villes de proximité, voir :

⟳ VELLERON.................................7,5 km N. par D 31 et D1

Auxerre 51 - Avallon 15

15 Auberge le Pot d'Etain 🍇

Inusable Pot d'Etain, fournisseur de flacons distingués depuis une petite vingtaine d'années, et qui a su évoluer en gardant son acuité pour séparer le bon grain de l'ivraie : un travail minutieux d'Alain Péchery, qui possède une des caves les plus formidables de la région, et même du pays, pour celui qui aime à la fois découvrir et s'offrir des bouteilles rares et/ou royales au meilleur tarif, particulièrement sur la Bourgogne, en toute logique. Les deux toques ne sont pas sur le vin, il est vrai, dans cette auberge accueillante qui sait aussi travailler un décor chaleureux, mais sur les épaules de Fabien, le fils de la maison, qui a tout intégré du mix terroir-bistrot chic, avec des ravioles de homard, un gâteau de pommes de terre à l'andouillette de Troyes, un cabillaud plancha ou une pièce de charolais en réduction de vin rouge.
C : 47,50 € • M : 25-49,90 €   *www.potdetain.com*

→ 24 rue Bouchardat
☎ 03 86 33 88 10
F. dim. à dîn., lundi et mardi à déj., fév. et 2e quinz. oct. Jusqu'à 20h30.

Auberge le Pot d'Etain

L'hôtel répartit de part et d'autre d'une adorable cour intérieure des chambres non moins sympathiques dans leur interprétation alerte et personnalisée d'une certaine forme de rustique chic et convivial. Idéal après avoir profité comme il se doit de la formidable cave du restaurant.
2 appart. 75 € • 7 ch. 56-69 €   *www.potdetain.com*

→ 24 rue Bouchardat
☎ 03 86 33 88 10
🖨 03 86 33 90 93
F. fév. et 2e quinz. oct.

Les fermetures hebdomadaires et annuelles sont celles que les restaurateurs et les hôteliers pensent pratiquer en 2008. Pour éviter des déplacements inutiles, téléphonez pour avoir confirmation.

ISOLA 2000

ISOLA 2000 - 06420	(34 C 3)

Nice 90 - Barcelonnette 81

12 Le Cow-Club

Chaleur et bonne pâte sur les pistes : les pizzas sont excellentes (les mêmes qu'au Vieux Sauvaire au Lavandou), les classiques montagnards très soignés et l'ambiance est soutenue toute la saison, avec un Roland Gallo à la bonne humeur indéfectible et à la forte personnalité.

C : 25 € • M : 19,50 €

www.cow-club.com

→ Départ piste Belvedère
☎ 04 93 23 12 01
F. fin avril-fin nov.
Jusqu'à 22h.

ISSIGEAC - 24560	(24 B 3)

Bergerac 15 - Beaumont 15

13 La Brucelière

Voyage, voyage... Le CV de Nicolas De Visch est riche en horizons lointains et il ne craint pas, en terre de foie gras et de confit, d'en faire profiter sa cuisine et de proposer épices et produits de la mer. Aux croisements de ces routes, on s'attable avec gourmandise devant un filet de sébaste aux cerfeuils et topinambours, avec une sauce aux truffes, ou un turbot sauvage vapeur, bouillon de légumes Rendang et nouilles Soba. La greffe a décidément bien pris, comme celle de Maffe, bien loin de ses origines philippines dans cette salle aux pierres apparentes et hôtesse remarquable de gentillesse.

C : 40 € • M : 24,50-38 €

www.bruceliere.com

→ Pl de la Capelle
☎ 05 53 73 89 61
F. mardi à dîn. (oct.-avril),
merc. et janv.
Jusqu'à 21h30.

ISSOUDUN - 36100	(18 A 5)

Châteauroux 28 - Bourges 35

15 La Cognette

La Cognette est une véritable institution, un fleuron régional, où l'ombre de Balzac plane toujours sur une salle au magnifique style empire. Jean-Jacques Daumy s'emploie à maintenir la réputation des lieux autour d'une belle cuisine classique, pour laquelle il utilise de beaux et nobles produits (ayant le don de faire monter les additions). La rançon de cette exigence ne tarde pas à se faire sentir tant les assiettes sont belles et les saveurs nettes : la gelée apporte une touche de fraîcheur à une impeccable réinterprétation du poulet fermier aux écrevisses, l'huile de colza et la coriandre ponctuent agréablement le pavé de morue, tandis que le cappuccino de langoustines à la poudre de cèpes, parfaite réussite tant dans sa présentation que dans sa réalisation, représente bien le savoir-faire de la maison. Reste que, à l'image du décor ou de l'ambiance, on pourra trouver ces propositions doucement surannées, la maison ne cherchant visiblement pas à se renouveler. Les habitués lui en savent gré. Vaste cave, bien sélectionnée, notamment en Loire.

C : 60 € • M : 31-58 €

www.la-cognette.com

→ 6 bd de Stalingrad
☎ 02 54 03 59 59
F. dim. à dîn., lundi, mardi
à déj. (sf juin-sept.) et janv.
Jusqu'à 22h.

idéal gourmet

La Cognette

Le temps a passé depuis que Balzac a livré sa description des lieux, mais il n'aurait sans doute pas renié leur évolution. Les chambres, aux noms de personnages célèbres, cultivent une élégance hors du temps, avec meubles de style et tentures raffinées.

3 appart. 150-220 € • 10 ch. 75-115 €

www.la-cognette.com

→ Rue des Minimes
☎ 02 54 03 59 59
🖶 02 54 03 13 03
Ouv. 7j/7.

11 Pile ou Face

Simplicité et classicisme : le voyageur n'est pas mécontent du service rendu par la bavette à l'échalote, la cuisse de canard confite à l'estragon et la pintade au vin de reuilly. A des tarifs avenants (le menu à 20 € est une bonne affaire) jusqu'à la cave, bien soutenue en loires. Vaste choix de desserts bien faits.

C : 40 € • M : 13-50 €

→ 11 rue Danièle-Casanova
☎ 02 54 03 14 91
F. dim. à dîn., lundi, merc. à dîn., 3e sem. fév., 1re sem. mai, dern. sem. juil. et 1re sem. août.
Jusqu'à 21h.

ISSY LES MOULINEAUX - 92130   (8 B 5)
Paris 8 - Nanterre 17 - Versailles 17

13 Manufacture

Branchée ? Sans aucun doute, et ce malgré un âge désormais avancé (13 ans déjà). Cette ancienne manu-facture affiche un style loft qui fonctionne encore très bien et qui s'accorde à merveille à une carte qui fuse dans toutes les directions : terrine de gigot rustique, ciboulette, sel de Guérande et pain grillé, brochette de calamar et son risotto à l'encre, pastilla au chocolat et poires rôties et crème glacée au pop-corn. Service nourri aux amphétamines, cave bien dans son époque avec de nombreuses références étrangères.

C : 33 € • M : 33 €

→ 20 esplanade de la Manufacture, face au 30 rue Ernest-Renan
☎ 01 40 93 08 98
F. dim., 2 sem. août et fêtes fin année.
Jusqu'à 22h30.

---

12 Restaurant le Coquibus

Pour plaisante qu'elle soit, l'ambiance n'est tout de même pas ici aux chansons à boire, on est plutôt entre habitués et amateurs de ce cadre de brasserie intemporelle et soignée, des qualificatifs que l'on peut tout aussi bien appliquer à la cuisine, aussi à l'aise sur le cabillaud au chorizo que sur les rognons de veau à la diable.

C : 35 € • M : 17-22 €   www.coquibus.com

→ SARL le Coqui, 16 av de la République
☎ 01 46 38 75 80
F. dim.
Jusqu'à 22h30.

---

11 Les Quartauts

Comme chez des amis… On ne tape pas la bise à la patronne en cuisine, mais le cœur y est, pour la remercier de garder la main généreuse sur une cuisine de ménage qui ne joue pas les pimbêches. A deux pas des grands immeubles médiatiques, cette enclave solidaire fait du bien aux habitués d'assiettes qu'on lèche, de jarret de porc confit au chou rouge, de gratin de morue ou de blanquette de veau à l'estragon.

C : 26 €

→ 19 rue Georges-Marie
☎ 01 46 42 29 38
F. à dîn., w.-e. et août.

Hôtel Gabriel

Rénové en 2006, l'hôtel séduit par son allure contemporaine, mobilier aux lignes épurées, murs blancs ou pastel réchauffés de touches de bois.

56 ch. 70-120 €   www.gabrielhotel.com

→ 32 bd des Frères-Voisin
☎ 01 40 93 44 15
🖨 01 40 93 43 68
Ouv. 7j/7.

ISTRES - 13800   (33 B 5)
Marseille 54 - Arles 40

14 La Table de Sébastien

Le décollage était prévisible chez Sébastien Richard, dont l'ancienne bergerie en plein centre, élégante et moderne, ne pouvait rester sans toque. Si nous nous sommes montrés prudents à l'égard de cet ancien Thierry-Marxiste, c'est aussi pour pouvoir, aujourd'hui, louer une stabilité et une précision qui s'affirment. Sur les détails

→ 7-9 av Hélène-Boucher
☎ 04 42 55 16 01
F. dim. à dîn., lundi, 1 sem. avril, 2 sem. août-sept. et vac. scol. Noël.
Jusqu'à 22h.

notamment - une merveille de brandade émulsionnée au Siphon, une jolie gâterie avec le velouté de carotte au wasabi, une remarquable glace Carambar avec le tout chocolat - mais aussi dans une ligne directrice inspirée de l'époque et des saisons : la pizza aux asperges et brousse, les délicates saint-jacques sur une crème d'huîtres aux légumes bio snackés révèlent aujourd'hui une véritable maîtrise des températures et des textures. Deux toques dès à présent, pour le plaisir du produit (un excellent chevreau printanier) jusqu'aux bons desserts. Cave intelligente et sudiste, bonifiée à tous les prix, du Rayas au chasan du Mas de Rey à 20 €, avec un choix bien inspiré dans la plupart des régions et une sélection au verre.
C : 65 € • M : 28-83 €   www.latabledesebastien.fr

ITEUIL - 86240   (22 C 3)
Iteuil 10 - Vivonne 9

12 **Au Gardon Frais**

→ Rte de l'Ancienne-Gare, Aigne
☎ 05 49 55 00 04
F. lundi, mardi, 1 sem. janv., 1 sem. mars, 1 sem. sept. et 1 sem. nov.
Jusqu'à 21h30.

Passé chez Robuchon, Troisgros et Maxime (à Poitiers), Jean-Philippe Bonnaudeau s'est installé au milieu des années quatre-vingt dans cette ancienne guinguette au bord de l'eau. Essentiellement régionale et traditionnelle, sa carte réserve quelques jolis moments avec la terrine de foie gras de canard aux figues et pineau, le filet de bœuf cuit au bouillon et cromesquis de queue de bœuf et le soufflé à l'angélique.
M : 14-46 €

ITTERSWILLER - 67140   (10 B 3)
Strasbourg 43 - Sélestat 13

Arnold Hotel

→ 98 rte des Vins
☎ 03 88 85 50 58
🖷 03 88 85 55 54
Ouv. 7j/7.

Entre bois et vignes, cette jolie maison jaune réserve bien l'accueil chaleureux qui son allure laisse espérer et qui fait d'autant mieux profiter des jolies chambres au confort feutré, qui évite la caricature et préserve leur caractère régional notamment à travers de beaux meubles anciens.
1 appart. 115-300 € • 28 ch. 77-111 €   www.hotel-arnold.com

ITXASSOU - 64250   (24 D 6)
Biarritz 24 - Bayonne 23 - Cambo-les-Bains 5

13 **Restaurant du Chêne**

→ Près de l'Eglise
☎ 05 59 29 75 01
F. lundi, mardi (oct.-juin), lundi (juil.-sept.), 1er janv.-1er mars et 15-31 déc.
Jusqu'à 21h.

Dans le paisible décor rustique de la salle, cette maison fin XVIIe cultive simplicité et convivialité qui vont si bien avec la générosité du terroir basque. Le menu Chêne en donne beaucoup, de la garbure au gâteau basque en passant par la piperade et l'axoa, et Geneviève Salaberry veille à ce qu'on se sente bien chez elle. Pour les grandes occasions, le menu Gourmand prouve que le chef en garde sous le pied, déclinant foie gras, gibier et autre produit noble avec la même aisance. La cave s'alimente au plus près et il fait bon vivre sous les poutres bleues.
C : 28 € • M : 16-25 €

IVOY LE PRE - 18380   (18 B 4)
Bourges 34 - La Chapelle-d'Angillon 5

Château d'Ivoy

→ ☎ 02 48 58 85 01
🖷 02 48 58 85 02
Ouv. 7j/7.

Au cœur du Berry, un château XVIIe niché dans son parc aux arbres centenaires. 5 chambres d'hôtes stylées, avec leur mobilier d'époque, entourées d'attention par la propriétaire, décoratrice de son métier.
5 ch. 150 €   www.chateaudivoy.com

JANVRY - 91640 (7 B 3)
Paris 35 - Evry 30 - Arpajon 11

12 Bonne Franquette Janvry

Peut-on être plus explicite ? La qualité française, un petit label saucisson-baguette qui peut se coller sur nombre de bistrots, mais qui prend ici un peu plus de hauteur, tant la cuisine de Bernard Blanchet a autre chose à raconter que des refrains ménagers. Une tarte fine de saint-jacques échalotes confites au safran, une cressonnière de poissons et coquillages, un pavé de foie de veau au vinaigre de framboises et galanga : voilà une carte qu'on ne peut pas qualifier d'endormie, dans un menu-carte qui change tous les jours selon le marché, et épaule une cave classique et depuis cette année des propositions de vins au verre.
C : 33 € • M : 33 €   www.bonnefranquette.fr

→ 1 rue du Marchais
☎ 01 64 90 72 06
F. sam à déj., dim. à dîn., lundi, 24 déc.-7 janv. et 13 août-15 sept.
Jusqu'à 22h.

JARNAC - 16200 (22 C 4)
Angoulême 28 - Cognac 15

13 Restaurant du Château

Trois ans après avoir succédé à Daniel Chapon, qui demeura pendant trois décennies à la tête de cette discrète maison sur la place, Ludovic Merle a définitivement trouvé ses marques en même temps que sa cuisine gagnait en assurance. Sa brochette de bonbons d'huîtres au beurre d'escargots et fraîcheur de bigorneaux ou ses grosses langoustines rôties à l'orange et risotto aux truffes et asperges affichent une belle tenue, dans un registre chic et rustique qui sied à merveille à cette jolie salle provinciale.
C : 40 € • M : 26-39 €   www.restaurant-du-chateau.com

→ 15 pl du Château
☎ 05 45 81 07 17
F. dim. à dîn. et lundi.
Jusqu'à 21h45.

- -

✹ Château Saint-Martial

Bien que situé en ville, le château déploie paisiblement plus de deux hectares de parc au bord de la Charente. Décor et meubles de style donnent aux chambres une ambiance conforme à l'architecture XIXe.
5 ch. 70-130 €   brigitte.cariou@wanadoo.fr

→ 56 rue des Chabannes
☎ 05 45 83 38 64
🖨 05 45 83 33 38
F. 1er-6 janv., 9-24 fév. et 25 oct.-5 nov.

Villes de proximité, voir :

↻ BOURG CHARENTE.................6 km O. par N 141 **(15/20)**

JAUSIERS - 04850 (34 B 2)
Barcelonnette 9 - Dignes-les-Bains 93

? Villa Morélia

Nous comparions l'an dernier Vincent Lucas, chef de cette superbe "villa de mexicain" à un véritable météore de la cuisine. Il flirtait avec les deux toques mais son avenir n'est désormais plus à Jausiers puisqu'un nouveau chef devrait l'avoir remplacé à l'heure où ce guide sera mis en vente. Les propriétaires, Marie-Christine et Robert Boudard mettront probablement tout en œuvre pour maintenir le niveau des prestations. A suivre.
M : 58-85 €   www.villa-morelia.com

→ Le Château
☎ 04 92 84 67 78
F. dim., lundi, mardi (sf juin, juil.-août) et 1er oct.-30 avril.
Jusqu'à 21h.

18 🍴🍴🍴 ⤳ **La Côte Saint-Jacques**

Rares sont ces maisons qui ont su maintenir un si haut niveau de prestations de père en fils. C'est sans aucun doute le principal atout de cette Côte Saint-Jacques, bel ensemble contemporain dominant l'Yonne et relié par un souterrain à la maison "historique", installée de l'autre côté de la route. Le grand hall d'accueil, le chef de rang qui vous accompagne à l'étage inférieur (non sans avoir emprunté le bel ascenseur vitré) et on prend place dans l'une des deux salles ouvertes sur la rivière : sobres et chaleureuses à la fois, on s'y sent comme dans un cocon, séparé des tables voisines par toute la distance nécessaire au recueillement qui s'impose devant la parfaite maîtrise technique de Jean-Michel Lorain qui, s'il présente encore quelques "plats de mémoire" (le bar légèrement fumé au caviar osciètre ou le boudin noir fait à la maison et purée mousseline à l'ancienne), s'est depuis longtemps imposé comme l'un des chefs les plus créatifs. Présente à la carte depuis quelques années, sa genèse sur le thème de l'huître, qui présente sur une même assiette les diverses étapes de la création d'un plat, se fait didactique sans s'appesantir. Les filets de sole en cuisson lente, betteraves cuites en croûte de sel et quinoa ou l'agneau de lait des Pyrénées, crème de cocos à la truffe, gousses d'ail rose de Lautrec et jus à la réglisse témoignent de la grande noblesse d'une cuisine encore capable d'étonner et de se distinguer. Très didactique elle aussi, truffée de citations et aphorismes, la carte des vins est bien celle d'une grande maison, ultra complète, plutôt chère mais sans véritable appétit de découverte. Service efficace mais un peu mécanique.
C : 150 € • M : 85-165 €

www.cotesaintjacques.com

→ 14 fg de Paris
☎ 03 86 62 09 70
F. lundi à déj., mardi à déj. et 2 janv.-7 fév.
Jusqu'à 21h30.

🏰🏰🏰 **La Côte Saint-Jacques**

Les chambres sont plus agréables côté rivière, dans leur vue comme dans leur aménagement, contemporain et chaleureux dans sa façon d'associer les charmes anciens du bâtiment à des lignes sobres et des harmonies de couleur apaisantes. Jardin au bord de l'Yonne (bateau privé pour des promenades) et un spa depuis cette année.
9 appart. 390-580 € • 23 ch. 150-305 €

www.cotesaintjacques.com

→ 14 fg de Paris
☎ 03 86 62 09 70
🖥 03 86 91 49 70
F. 2 janv.-7 fév.

🛏️ **Modern' Hotel**

Etape simple et conviviale, la grande maison à colombages a fait bénéficier ses chambres d'un rafraîchissement bienvenu, tandis que l'arrivée de l'ADSL permet de justifier un peu mieux le nom.
2 appart. 95 € • 18 ch. 55-80 €

contact@modern-hotel.com

→ 17 rue Robert-Petit
☎ 03 86 62 16 28
🖥 03 86 62 44 33
Ouv. 7j/7.

🛏️ **Le Rive Gauche** ⤳

Situé face à la Côte Saint-Jacques , cet hôtel de bon standing ouvre sur un parc de deux hectares avec parking privé. L'accès au centre de remise en forme de la Côte Saint Jacques (sauna, piscine, hammam, jacuzzi et salle de fitness) est possible pour 12 € par personne.
42 ch. 70-80 €

www.hotel-le-rive-gauche.fr

→ Chemin du Port-au-Bois
☎ 03 86 91 46 66
🖥 03 86 91 46 93
Ouv. 7j/7.
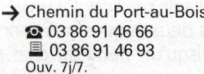

JOINVILLE - 52300 (9 C 4)
Chaumont 42 - Saint-Dizier 31

14 **Le Soleil d'Or**

La maison a de l'élégance, avec sa sobre façade de pierre et son décor bourgeois qui met en avant argenterie et colonnades. Une élégance qui n'a cependant rien d'intimidant, d'autant que Christophe Quackelbeen est un hôte attentif. Il fait donc bon vivre dans cette salle, d'autant que la cuisine opère également les bons choix, bien au-dessus du tout-venant sans pour autant verser dans les excès (tarifaires entre autres) des produits trop nobles. Emmené par un chef loin d'être maladroit (Rudy Robbe), tout cela nous donne des assiettes nettes et plaisantes, de l'idée et du brio, par exemple sur un minestrone d'escargots au basilic croûtons aux olives et romarin, un omble chevalier mousseline de petits pois et crème de lardon ou une nougatine pistache et gingembre crème mascarpone et émincé de fraise. La cave permet de compléter le plaisir sans génie, mais sans encombre.
C : 56 € • M : 20-42 €
www.hotellesoleildor.com

→ 9 rue des Capucins
☎ 03 25 94 15 66
F. dim. à dîn., lundi, mardi à déj., 2e-3e sem. fév. et 2 sem. fin août.
Jusqu'à 21h30.

JONGIEUX - 73170 (28 A 2)
Lyon 110 - Chambéry 31

14 **Les Morainières** ♥ *d₹*

Quelle délicieuse maison ! A peine installé, Mickaël Arnoult est déjà encensé par la critique, plébiscité par la clientèle locale, qui n'hésite pas à faire un détour pour goûter les charmes (sagement tarifés) de sa cuisine. Contemporaine, vive et enjouée, la vision de la restauration gastronomique que nous renvoie ce jeune homme est sans nul doute celle du restaurant de demain : noix de saint-jacques dorées, asperges et herbes, saint-pierre doré, gnocchis aux herbes et bœuf d'alpage, pigeon en croûte de pain, noisette et parfum de truffe. Cadre superbe (une maison de pays entièrement rénovée et dominant la vallée), service aimable à défaut d'être très rapide.
C : 55 € • M : 26-34 €
lesmorainieres@wanadoo.fr

→ Rte de Marétel
☎ 04 79 44 09 39
F. 2 sem. janv. et 2 sem. sept.
F. hebdo. non comm.
Jusqu'à 21h30.

JOSSELIN - 56120 (14 A 4)
Vannes 45 - Dinan 84 - Rennes 79

12 **La Table d'O**

Cuisinier autodidacte, Olivier Buffard a fait de cette jolie petite maison dominant le village l'une des bonnes étapes du centre du département. Dans cette salle fraîche et ensoleillée, sa cuisine se fait l'interprète des accords terre-mer : brochette de saint-jacques, petit ragoût de barbes à la vanille et tatin d'échalotes, pavé de bar rôti à l'andouille, topinambours sautés et beurre au pommeau, filet de pigeonneau et cuisse confite, rognon poêlé en chartreuse à l'Oyster sauce. Cave concise mais faisant l'effort de dénicher les petits propriétaires.
C : 32 € • M : 15,50-46 €
www.latabledo.com

→ 9 rue Glatinier
☎ 02 97 70 61 39
F. dim. à dîn., merc., 1 sem. fév., 1 sem. juil. et Toussaint.
Jusqu'à 21h15.

10 **La Marine**

Joli décor à deux pas du château, celui d'une sympathique crêperie-guinguette marine où les galettes sont impeccablement moelleuses et croustillantes.
C : 15 € • M : 10,30 €

→ 8 rue du Canal
☎ 02 97 22 21 98
F. lundi à déj. (été), lundi et mardi à dîn. (h.s.), 3 sem. fév., 2 sem. nov. et 2 sem. déc.
Jusqu'à 21h (21h30 été).

JOSSIGNY - 77600 (7 D 2)
Fontainebleau 62 - Pontault-Combault 17

Le Relais du Cheval Blanc
La grande maison blanche, avec les poutres qui rythment discrètement la façade, a gardé l'allure XVIIIe de l'ancien relais de poste, mais son confort a bien évolué, jusque dans de jolies chambres de caractère, déclinées dans l'esprit ancien des lieux.
19 ch. 75-150 € www.chevalblanchotel.com

→ 2 rue de Lagny
☎ 01 64 02 24 27
🖨 0164 02 41 61
Ouv. 7j/7.
🚗 ≋❄

JOUCAS - 84220 (33 C 4)
Avignon 46 - Carpentras 39 - Gordes 5

15 Le Mas des Herbes Blanches
Le changement de PDG n'a pas affecté l'équipe nouvellement en place et Benoît Vidal, bien formé à l'école des palaces, peut consolider ses acquis dans une carte provençale de plus en plus personnelle. Jouant le jeu du produit régional, il ne s'interdit pas la digression moderne, une fine gelée à l'arabica et feuille craquante de cacao sur une pressée de foie gras de canard, une association de bienfaiteurs, rouget de roche et mosaïque au jambon cru, huile de pistache grillée, un curry d'agrume avec l'agneau des Alpilles. Les résidents sont ravis, gardant une belle table dans la tradition maison. Service au niveau, cave riche, patiemment forgée sur les vignobles régionaux, mais aussi les grands châteaux et propriétaires bourguignons et rhodaniens de renom.
C : 85 € • M : 49-105 € www.relaischateaux.fr/masherbes

→ Rte de Murs
☎ 04 90 05 79 79
F. mardi, merc. (15 oct.-2 janv. et 9 mars-15 avril), 2 janv.-8 mars.
Jusqu'à 21h30.

Le Mas des Herbes Blanches
Bel ensemble méditerranéen adossé au plateau du Vaucluse, ce mas typique s'inspire des bories de bergers, chambres lumineuses avec terrasse ou jardin privatif, offrant une vue grandiose sur la campagne luberonnaise. Nombreuses activités proposées, outre la piscine et le tennis.
3 appart. 320-685 € • 16 ch. 149-330 € www.relaischateaux.fr/masherbes

→ Rte de Murs
☎ 04 90 05 79 79
🖨 04 90 05 71 96
F. 2 janv.-8 mars.
🚗 ≋❄ 🔍 🐕

15 ⌇ Restaurant Xavier Mathieu
Xavier Mathieu fait preuve d'un esprit d'entreprise et d'un talent pour la communication indéniables. Pour compléter l'offre gastronomique de sa ravissante hôtellerie, il vient d'ouvrir, en mai dernier, la Café de la Fontaine, annexe installée dans le parc et conçue pour rappeler l'ambiance propre aux petites places des villages provençaux. Notre homme continue évidemment de veiller à la bonne marche du "deux toques", très belle table : mille-feuilles d'asperges fumées, noix de saint-jacques tièdes et purée de carottes aux arachides, queue de homard breton à la citronnelle, lait de coco épicé et cannelloni de céleri, canon de bœuf doré au genièvre, comme un gnocchi en viennoise de moelle… Desserts superbes, cave au diapason.
C : 110 € • M : 60 € www.lephebus.com

→ Rte de Murs
☎ 04 90 05 78 83
F. à déj. mardi-jeudi et fin oct.-déb. mars.
Jusqu'à 21h30.

---

découverte *d⌇* GM met en avant des nouveautés méconnues

💗 coup de cœur 🍇 carte des vins remarquable 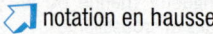 notation en hausse

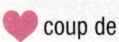

₵₵₵ Hostellerie le Phébus ⚓

Reconstruite sur les vestiges d'une ancienne demeure templière, cette merveilleuse maison cultive les superlatifs. Isolé dans la garrigue, au cœur du Luberon, dans un parc de 4 hectares et doté d'une grande piscine chauffée, ce mas de pierre sèche compte parmi les étapes les plus exclusives de la région, pour ses chambres décorées de meubles chinés chez les antiquaires de la région, comme pour l'excellence de ses prestations.
10 appart. 300-605 € • 14 ch. 165-285 €   *www.lephebus.com*

→ Rte de Murs
☎ 04 90 05 78 83
🖷 04 90 05 73 61
F. fin oct.-déb. mars.

JUAN LES PINS - 06160   **(33 B 2)**
Nice 23 - Cannes 9

13 La Passagère

Dans la belle salle ou sur la terrasse panoramique face aux îles de Lérins, la carte sérieuse s'harmonise avec le cadre en toute quiétude. Les résidents de toute nationalité comprennent fort bien cette cuisine accessible, aux produits nobles sous influences azuréennes : cannelloni de homard au poivron rouge, loup de Méditerranée au citron cuit en croûte d'argile et fricassée de légumes au pistou, agneau plancha jus à la chicorée. Des assiettes brillantes, servies et présentées avec grâce, une bonne pâtisserie classique et une cave de vins régionaux bien triée.
C : 85 € • M : 70-95 €   *www.bellesrives.com*

→ 33 bd Edouard-Baudoin
☎ 04 93 61 02 79
F. 2 janv.-4 fév.
Jusqu'à 22h (22h30 été).

₵₵₵₵ Hôtel Belles Rives

Une villa romantique pour lire Scott Fitzgerald en regardant la mer. L'écrivain et sa femme Zelda vous ont précédé, mais l'atmosphère est éternellement aux années trente et aux fastes de la French Riviera. Chambres vastes, Arts Déco aux lignes droites façon Ruhlmann ou plus fantaisie années cinquante. Mobilier original, tissus Pierre Frey, chambres avec balcon donnant sur la plage privée, le Cap d'Antibes, l'Esterel, dans une douceur romantique. Le grand hall a été redécoré, fresques polychromes à la feuille d'or, mosaïques de marbre, porte d'entrée monumentale en fer forgé...
5 appart. 480-1450 € • 39 ch. 240-750 €   *www.bellesrives.com*

→ 33 bd Edouard-Baudoin
☎ 04 93 61 02 79
🖷 04 93 67 43 51
F. 2 janv.-4 fév.

---

10 Bijou Plage

La plage privée, la vue magique sur les îles de Lérins, la salle à manger restylée dans un esprit plus contemporain : ce Bijou brille encore même s'il faut parfois chercher son lustre d'antan. Les poissons demeurent bien choisis et bien traités (le filet de saint-pierre grillé à la vinaigrette, le filet de chapon au jus de bouillabaisse…).
C : 40 € • M : 21-49 €   *www.bijouplage.com*

→ Bd du Littoral
☎ 04 93 61 39 07
Ouv. 7j/7.
Jusqu'à 22h30 (23h été).

La Terrasse Club

Sympathique dînette chic au Juana, où un chef d'envergure, Jean-Laurent Depoil tricote du sur-mesure en petite ou grande portion selon l'appétit et l'envie des convives dans une ambiance musicale : dégustation autour du homard, langoustine et risotto de potimarron, pigeon rôti au verjus et mendiants. Et la terrasse est toujours aussi belle et romantique.
C : 50 €   *www.hotel-juana.com*

→ La Pinède, 19 av George-Gallice
☎ 04 93 61 08 70
F. 3-26 déc.
Jusqu'à 23h.

JUAN LES PINS

 Hôtel Juana

Palace au cœur de la station, le Juana attire les convoitises des touristes, baba devant cette villa azuréenne Art Déco qui a vu passer l'Aga Khan et Churchill, Chagall et Prévert. Au seuil de la fameuse pinède Gould, il offre un séjour de luxe serein, des chambres et des suites contemporaines respectant l'esprit maison, avec le mobilier américain Baker et sa ligne Archétype, bois précieux et tissus tendus, salles de bains en marbre, jacuzzi dans les suites.
3 appart. 305-1235 € • 37 ch. 220-665 €   www.hotel-juana.com

→ La Pinède, 19 av Georges-Gallice
☎ 04 93 61 08 70
🖷 04 93 61 76 60
F. 3-26 déc.

 Ambassadeur

Dans une architecture moderne et lumineuse, l'hôtel décline le luxe de chambres spacieuses, tons chaleureux et mobilier d'inspiration provençale, en fer forgé ou bois peint, pour un confort soigné, qui passe également par des équipements de confort complets, de l'espace remise en forme à la plage privée, à quelques minutes à pied.
19 appart. 395-627 € • 206 ch. 150-288 €   www.hotel-ambassadeur.com

→ 50-52 chemin des Sables
☎ 04 92 93 74 10
🖷 04 93 67 79 85
F. déc.

 Hôtel Sainte-Valérie

Un hôtel de tradition dans le style provençal, aux mains de la même famille depuis sa création il y a soixante ans. Atmosphère de maison d'hôtes, déco personnalisée, mobilier de bois et fer forgé dans les chambres, dont certaines sont équipées de douches hydromassantes. Spa et piscine chauffée.
5 appart. 350-550 € • 24 ch. 150-230 €   www.juanlespins.net

→ 3 rue de l'Oratoire
☎ 04 93 61 07 15
🖷 04 93 61 47 52
F. 15 oct.-28 avril.

 Le Méridien Garden Beach

Vaste immeuble contemporain face à la mer, le Méridien conserve cet esprit jusque dans les chambres, aux lignes tout aussi modernes dans leur façon de décliner les couleurs chaleureuses face au grand bleu. Ponton privé, casino, sauna... la palette d'activités proposée est particulièrement large et le service veille aux exigences de la clientèle avec célérité.
17 appart. 200-820 € • 175 ch. 115-490 €   www.lemeridien-juanlespins.com

→ La Pinède, 15-17 bd Baudoin
☎ 04 92 93 57 57
🖷 04 92 93 57 56
F. déc.

 Le Pré Catelan

Une bastide provençale XVIIe dans un grand jardin d'essences méditerranéennes et de palmiers. Terrasse charmante, aménagement dans l'esprit provençal, tons ocre gais, meubles anciens dans les chambres au style régional, expositions permanentes de peintures.
2 appart. 125-192 € • 22 ch. 85-162 €   www.precatelan.fr

→ 27 av des Palmiers
☎ 04 93 61 05 11
🖷 04 93 67 83 11
Ouv. 7j/7.

 découverte *d≷* GM met en avant des nouveautés méconnues

❤ coup de cœur   carte des vins remarquable   notation en hausse

JUILLAC - 33890   (24 A 2)
Bordeaux 60 - Libourne 28

13 🍴 Le Belvédère

Le Belvédère ouvre sur la campagne et la Dordogne, la salle joue de ses charmes rustiques, grande cheminée et poutres apparentes, mais c'est bien pour le travail de Michel Pestel que l'on revient ici avec le même plaisir depuis plus de trente ans. Trente ans à servir le terroir bordelais, à en tirer le meilleur au fil des saisons et à s'en servir pour tisser quelques plats personnels (comme cette terrine de lièvre au foie gras et salade au vinaigre de canne à sucre), finalement plus séduisants qu'un tournedos sauce venaison ou des huîtres tièdes à la fondue de poireaux pourtant sans reproche. Cave évidemment régionale.

C : 45 € • M : 19-58 €   *www.restaurantlebelvedere.com*

→ 1 côte de la Tourbeille
☎ 05 57 47 40 33
F. mardi, merc. (h.s.), mardi à dîn., merc. (juil.-août) et oct.
Jusqu'à 21h.

JULIENAS - 69840   (27 C 1)
Lyon 67 - Mâcon 13 - Cluny 35

12 Le Coq à Juliénas

Jean-Paul Lacombe aura bientôt fermé les portes de son adresse phare (Léon de Lyon, ex "trois toques") mais continue de superviser ses "bistrots de cuisiniers" dont ce Coq, seul exemple existant hors de la capitale des Gaules. Un bon menu-carte unique, avec la dariole de rémoulade de pieds de veau et condiments, coulis d'olives noires et huile de piment, le gâteau de foie de volaille, coulis de tomate et champignons et les poires et pruneaux pochés à la Beaujolaise. Terrasse agréable.

M : 22,80 €   *www.coq-julienas.com*

→ Pl du Marché
☎ 04 74 04 41 98
F. merc. et mi-déc.-mi-janv.
Jusqu'à 22h.

JUMIEGES - 76480   (6 B 3)
Rouen 29 - Evreux 79 - Caudebec-en -Caux 15

14 🍴 Auberge des Ruines

Promenade en bord de Seine, visite des ruines, un site splendide, un environnement apaisant, un grand moment de sérénité. Pour se remettre de ces émotions, voyage dans la cuisine du présent derrière la façade gentiment normande. Loïc Henry a le talent pour se permettre des chantillys à l'ail, des vinaigrettes de betterave et des tartes au citron déstructurées, comme les grands modernes. Certes, il ne peut se permettre ni les prix, ni la clientèle de palace, mais dans ce bel environnement, il donne un récital intéressant d'une gastronomie évoluée avec un délicat menu à 46 €. On aimerait une offre plus simple : voici le maquereau et la pintade avec un jus émulsionné d'échalote, bien calés à 35 €. Service aimable et policé sous la supervision d'Agnès, cave classique et équitable.

C : 60 € • M : 35-62 €   *www.auberge-des-ruines.fr*

→ 17 pl de la Mairie
☎ 02 35 37 24 05
F. dim. à dîn., mardi, merc., 1 sem. vac. scol. fév., 20-31 août et 20 déc.-10 janv.
Jusqu'à 21h.

JUNGHOLTZ - 68500   (10 B 5)
Colmar 32 - Mulhouse 28

14 🍴 ⋛ Les Violettes

A mesure que l'hôtel gagne en confort, la cuisine de Sébastien Sattler semble prendre de l'assurance et faire preuve de toujours plus de personnalité, entre influences traditionnelles et plus contemporaines : salade de homard avec des crackers de crabe, réduction de coco aux arômes exotiques, pavé de turbot sur un risotto de riz noir aux asperges vertes et espuma de homard, tajine

→ Rte de Thierenbach
☎ 03 89 76 91 19
F. lundi et mardi.
Jusqu'à 21h15.

de jarret de veau braisé à l'orange, farandole de légumes et gnocchis de pommes de terre, dacquoise noisette-chocolat et sa glace des Caraïbes, ganache au Soho et sa poêlée de légumes exotiques. Cave essentiellement alsacienne, ne s'intéressant hors région qu'aux grands bourgognes et bordeaux mais proposant un judicieux choix au verre.
C : 55 € • M : 28-63 €

www.les-violettes.com

Les Violettes

Une maison typiquement alsacienne, en grès des Vosges, confortablement nichée au creux d'une verdoyante vallée. L'établissement aura subi cette année de profonds bouleversements entraînant une longue période de fermeture. Début décembre, un nouveau restaurant, un lounge bar et un spa flambant neuf de 1000 m² auront vu le jour, ainsi qu'une piscine intérieure et extérieure.
22 ch. 70-300 €

www.les-violettes.com

→ Rte de Thierenbach
☎ 03 89 76 91 19
🖷 03 89 74 29 12
Ouv. 7j/7.

JURANÇON - 64110   (23 D 5)
Pau 2 - Biarritz 122

16 **Chez Ruffet**

Le terroir progressif selon Stéphane Carrade, ce n'est pas commencer par le foie gras et finir par la tourtière. L'idée est naturellement de faire évoluer, aller de l'avant comme un maul pénétrant grâce à la vision synthétique et imaginative d'un chef réellement proche des trois toques, sans aller chercher d'extravagance, mais en s'attachant à la justesse et à l'harmonie des saveurs : celles des asperges blanches en tranches snackées, avec des dés de ventrèche câpres anchois crus marinés et piquillos vanillé, du pagre de ligne braisé au beurre demi-sel et poulpe au vin rouge, fèves et lait de coco galanga (on admirera au passage la fine utilisation des épices, jamais un microgramme de trop) ou l'agneau des Pyrénées rôti aux feuilles de citronnier et cannelle. L'harmonie est aussi dans la salle, bel espace contemporain de calme et de convivialité où chacun est en place pour un service de haute tenue, où un sommelier distingué sait marier avec pertinence les gros et petits mansengs des meilleurs jurançons.
C : 85 € • M : 25-120 €

www.restaurant.chezruffet.com

→ 3 av Charles-Touzet
☎ 05 59 06 25 13
F. dim. et lundi.
Jusqu'à 22h.

- -

12 **Castel du Pont d'Oly**

Sur les murs, les taches de couleurs de tableaux contemporains (des couleurs qu'on retrouve dans les jolies chambres de l'hôtel) viennent égayer la sobre élégance de la salle. Depuis plus de vingt ans aux commandes, Christian Marcoux garde de beaux mariages sous le coude et séduit avec un menu de saison particulièrement gourmand, au point de délaisser les produits nobles et les belles préparations classiques de la carte : clafoutis de cèpes et tartare tomate aubergine, langoustine en escabèche copeaux de chorizo et semoule à la sauge, noisettes de cochon confit au thym et à l'ail, poire rôtie au caramel pimenté.
C : 40 € • M : 19-58 €

www.hotel-restaurant-pau.com

→ 2 av Rausky, RN 134
☎ 05 59 06 13 40
F. dim. à dîn.
Jusqu'à 22h.

G
M

KATZENTHAL - 68230   (10 D 3)

Colmar 8 - Strasbourg 74 - Kaysersberg 9

13 🍴 A L'Agneau

La lourdeur du décor traditionaliste de cet établissement ne laisse pas présager de la finesse et de la délicatesse de la cuisine de son jeune chef entreprenant, qui travaille dans le sens de la gourmandise et l'esprit des produits. Depuis les ravioles de petits pois à la menthe jusqu'à l'excellent moelleux au chocolat, tout est bien fait et témoigne de l'attention portée au produit (qui s'exprime en particulier sur un bar sauvage aux artichauts et tomates séchées) et d'une tendance mode, qui cependant ne détonne pas (sushis, tempuras...) Bonne petite cave de propriétaires, mais service manquant un peu d'implication.

C : 30 € • M : 19-39 €

www.agneau-katzenthal.com

→ 16 Grand'Rue
☎ 03 89 80 90 25
F. merc., jeudi (sf à dîn. juil.-sept.), 2-24 janv., 18-24 fév., 20 juin-10 juil., 12-20 nov. et Noël.

KAYSERSBERG - 68240   (10 B 4)

Colmar 13 - Sélestat 25

16 🍴🍴 ≥ Le Chambard

L'une des tables qui montent en Alsace ? Celle d'Olivier Nasti bien sûr qui, à 40 ans, s'est offert un titre de Meilleur Ouvrier de France et un 16/20 dans nos colonnes. Les deux jurys seraient-ils de mèche ? Evidemment non mais ils auront forcément tous les deux apprécié la lutte acharnée que ce chef livre au quotidien pour proposer une cuisine très technique, d'une épure quasi japonaise, où toute superficialité se voit systématiquement bannie : foie gras d'oie rôti en escalope au miel de bruyère de Calune et chutney de fruits (osé, grandiose et aérien), pavé de saumon sauvage confit, sur lit d'épinards, purée et lait d'amandes (un poisson extraordinaire, valant trois toques, et sur lequel on vient verser au dernier moment un lait d'amande), pigeonneau de nid, betterave rouge au jus de bigarreaux, sablé à la framboise caramel au beurre salé et vinaigre balsamique. Que de chemin parcouru depuis les balbutiants débuts à Eguisheim ! Service fluide et très pro.

C : 70 € • M : 31-49,50 €

www.chambard.fr

→ 9-13 rue du Gén-de-Gaulle
☎ 03 89 47 10 17
F. lundi, mardi à déj., merc. à déj. et 7 janv.-8 fév.
Jusqu'à 21h.

🎁 Le Chambard ✈

Hôtel vedette de la fameuse route des vins d'Alsace, le Chambard est appelé à évoluer, peut-être pour suivre l'évolution de la cuisine en progrès, et sans doute pour renforcer un contraste bienvenu entre l'architecture alsacienne typique et un décor qui cède de plus en plus à une sobriété contemporaine très réussie.

appart. 225 € • 20 ch. 104-159 €

www.chambard.fr

→ 9-13 rue du Gén-de-Gaulle
☎ 03 89 47 10 17
📠 03 89 47 35 03
Ouv. 7j/7.

🎁 Flamme and Co

Et une annexe de grand chef supplémentaire ! Fraîchement élu parmi la dernière promotion des MOF, Olivier Nasti (le Chambard) dirige depuis l'an dernier les cuisines de cette adresse entièrement dédiée à la promotion des tartes flambées (munster rösti, céréales, jambon cru...) et de la cuisson sur pierre (entrecôte ou gambas). Produits superbes et valeureuse cave régionale avec une attention particulière portée aux offres au verre ou en carafe.

C : 23 € • M : 15-30 €

www.flammeandco.fr

→ 4 rue du Gén-de-Gaulle
☎ 03 89 47 16 16
F. lundi, lundi et mardi (janv.-mars).
Jusqu'à 23h30.

Villes de proximité, voir :

○ KIENTZHEIM...3 km E. par D 28
○ LABAROCHE..9 km S.O. **(15/20)**

KIENTZHEIM - 68240 (10 B 4)

Kaysersberg 3 - Colmar 15

ℂℂ Hostellerie de l'Abbaye d'Alspach

Dans un ancien couvent de clarisses, un bel hôtel alsacien avec ses colombages et son petit jardin ombragé d'une vigne. Atmosphère régionale dans les réceptions et les chambres, accueillantes et sobres, aux meubles rustiques.

5 appart. 144 € • 28 ch. 65-108 €

www.abbayealspach.com

→ 2 rue Foch
☎ 03 89 47 16 00
▤ 03 89 78 29 73
F. 5 janv.-15 mars.

KRUTH - 68820 (10 A 5)

Belfort 68 - Gérardmer 38

Les Quatre Saisons

Quel bonheur de profiter de cette vue magnifique sur le massif vosgien, confortablement lové dans l'une des chaises longues disposées dans le jardin ! Cette ancienne ferme, construction de type chalet avec balcons sculptés, profite en effet d'un cadre privilégié, dans un hameau perdu en pleine nature. Chambres personnalisées (style montagnard, anglais, romantique, contemporain…).

2 appart. 67-80 € • 7 ch. 52-57 €

www.hotel4saisons.com

→ Le Frenz
☎ 03 89 82 28 61
▤ 03 89 82 21 42
F. 30 mars-13 avril et 24-25 déc.

LA TANIA - 73120 (28 C 3)

Megève 77 - Chambéry 84 - Courchevel 10

14 🍽 Le Farçon

La petite histoire de cette discrète adresse, installée sur la place centrale de cette station proche de Courchevel, ne manque pas de piquant. En à peine plus de quinze ans, avec le même propriétaire à sa tête (Fernand Machet), elle s'est passée du statut de simple crêperie à celui de table gastronomique en vue. Formé aux Bories, à Gordes, et au Bateau Ivre (au Bourget du Lac), Julien Machet, le fils de la famille, n'est évidemment pas étranger à cette spectaculaire mutation. Contemporaine, habile, parfois éclatante (des huîtres spéciales de Gillardeau tièdes, accompagnées d'une mousse légère parfumée au seigle et de vinaigre de xérès absolument magistrales, un sorbet au foin "de nos montagnes", pamplemousse rôti, mandarine et croquant aux noix renversant), sa cuisine secoue le paysage gastronomique local avec une enthousiasmante vigueur. Service sérieux, contrastant presque trop avec la décontraction de la clientèle (chaussures de ski de rigueur au déjeuner).

C : 65 € • M : 30-95 €

→ ☎ 04 79 08 80 34
F. dim. à dîn., lundi (été), mai et oct.-nov.
Jusqu'à 21h30.

LABAROCHE - 68910 (10 D 3)

Colmar 15 - Mulhouse 60

15 🍽 Blanche Neige

Sans même parler de conte de fées, tout est étonnant dans cette auberge entre montagnes vosgiennes et plaine d'Alsace, à 700 m d'altitude, attirante en toutes saisons : le décor campagnard contemporain, table élégante sous la charpente et les poutres, terrasse au jardin pour les déjeuners de soleil. Et puis cette cuisine, subtile, métissée, inventive, de Mike Germershausen, jeune chef allemand qui a passé la frontière pour travailler chez Haeberlin avant de rejoindre cette belle aventure. On aime sa précision comme sa fantaisie, son cappuccino de crustacés cannellonis de langoustines et viande des Grisons comme son filet de truite du val d'Orbey ragoût de fenouil à la crème et pralins croustillants de riz,

→ 692 Lieu-dit Evaux
☎ 03 89 78 94 71
F. mardi, merc. et jeudi à déj.
F. ann. non comm.
Jusqu'à 21h.

ou le magret de canard laqué rouleaux de légumes et jus de veau à la citronnelle. Au cours du voyage, le personnel de bord est à la fois prévenant et enthousiasme, le vin bien choisi, en Alsace comme ailleurs (Leccia, Gonon, Graillot...).
C : 60€ • M : 39-68€

www.auberge-blanche-neige.fr

LABASTIDE MURAT - 46240 (30 A 2)
Cahors 35 - Figeac 47

12 La Garissade

L'ancienne demeure quercinoise est abritée par des murs du XIIIᵉ siècle. Traditionnelle et puisant l'essentiel de ses idées dans le terroir local, la cuisine de Jan Recourt offre quelques jolies envolées avec le velouté de carottes au safran du Quercy et huile vierge de colza, l'épaule d'agneau fermier mijotée à la bière d'Olt blanche et la brioche dorée aux pruneaux confits, glace vanille et vieille prune. Egalement une vingtaine de chambres personnalisées.
M : 12,50-24€

www.garissade.com

→ Pl de la Mairie
☎ 05 65 21 18 80
F. 1ᵉʳ janv.-16 mars et 3 nov.-31 déc.
Jusqu'à 21h.

LACABAREDE - 81240 (30 C 4)
Albi 79 - Castres 37

13 Demeure de Flore

Quand un Italien épouse le terroir du Haut-Languedoc, cela donne… un bien beau mariage ! Francesco Di Bari fait souffler en permanence un vent de renouveau dans sa belle maison de maître, renouvelant menus, mais aussi carte des vins, au gré des saisons et de ses envies, n'hésitant pas à proposer des menus sans choix pour privilégier la qualité du produit : loup à la plancha artichauts rôtis à l'anchois, canette fourrée aux olives et aubergines fondantes, macaron mascarpone et amaretto…
M : 27-35€

www.demeuredeflore.com

→ 106 Grande-Rue
☎ 05 63 98 32 32
F. lundi (h.s.) et 2-30 janv.
Jusqu'à 21h30.

Demeure de Flore

L'arrivée sur la maison par l'allée de tilleuls fait toujours son petit effet, mais la suite ne déçoit pas : les chambres sont jolies, déclinant des ambiances complémentaires, avec toujours l'agrément de la vue sur le parc. Une belle douceur de vivre au pied de la Montagne Noire.
1 appart. 150€ • 10 ch. 75-110€

www.demeuredeflore.com

→ 106 Grande Rue
☎ 05 63 98 32 32
🖩 05 63 98 47 56
F. 2-30 janv.

LACANAU OCEAN - 33680 (23 C 2)
Bordeaux 61 - Andernos-les-Bains 44

Hôtel Vitalparc

Les activités sont nombreuses au cœur du domaine, centre équestre, spa ou encore parcours aventure, et nécessitent de vastes espaces de verdure dont l'hôtel profite largement. Chambres sobres et confortables, avec quelques touches de bois et de fer forgé dans le mobilier.
38 appart. 315-1495€ • 59 ch. 50-174€

www.vitalparc.com

→ Rte du Baganais
☎ 05 56 03 91 00
🖩 05 56 03 91 10
F. mi-nov.-mi-fév.

LACAPELLE MARIVAL - 46120 (30 A 1)
Cahors 69 - Figeac 20

14 La Terrasse

Un havre quercinois de très bon goût : dans leur grande maison contemporaine au style régional, jolie salle bourgeoise et véranda donnant sur le jardin et la rivière, Valérie et Stéphane Amalric réinventent l'art de vivre en pays de cocagne, dans une vision XXIᵉ siècle qui aide à sortir d'une image galvaudée des canardises et de

→ Pl Larroque
☎ 05 65 40 80 07
F. dim. à dîn., lundi, mardi à déj. (h.s.), lundi à déj. (juil.-août) et 1ᵉʳ janv.-5 mars.
Jusqu'à 21h.

l'hypercalorique. La cuisine de Stéphane s'inspire des saisons, elle se décline par jolis thèmes gourmands (pigeon et morille, sole et artichaut...) et soigne ses apprêts et présentations : crumble de melon et foie gras poêlé, jus au Noilly Prat, cannellonis de champignons, langoustines au jus de truffe, porcelet de montagne en deux cuissons... Atmosphère élégante et familiale, carte de cahors, de grands crus et de vins de pays à tarifs très aimables.

C : 45 € • M : 20-55 €   www.hotel-restaurant-la-terrasse-lot.fr

LACAVE - 46200   (30 A 1)

Cahors 79 - Sarlat-la-Canéda 43

16 Château de la Treyne

L'archétype du Relais & Châteaux bien compris et bien mené, dans sa cuisine comme dans son environnement. Stéphane Andrieux, ancien Grand de demain, a fait le bon choix en offrant au visiteur une carte en totale harmonie avec les lieux, la salle dans l'esprit châtelain, la terrasse idyllique dominant la vallée de la Dordogne. Pas de demi-mesure ici : quand il y a de la truffe, elle se sent, se goûte, se déguste, dans le potage meringué avec sa crème renversée, une création renversante, ou dans le boudin blanc, délicieux, avec le suprême de poularde poché et polenta crémeuse. L'esprit Sud-Ouest est magnifié (déclinaison de foie gras, homard bleu aux pommes de terre à l'ail), les desserts convaincants, le service digne d'une grande maison moderne. Cave classique, bien équipée sur cahors, bergerac et le Bordelais.

C : 105 € • M : 48-128 €   www.chateaudelatreyne.com

☎ 05 65 27 60 60
F. à déj. mardi-vend., 3 janv.-14 mars et 15 nov.-23 déc.
Jusqu'à 21h.

Château de la Treyne

Surplombant la Dordogne dans un site absolument merveilleux, ce superbe château des XIVᵉ et XVIIᵉ siècles compte sans aucun doute parmi les plus belles étapes de la région. Le parc aux arbres centenaires et la forêt privée de 120 hectares invitent à la rêverie. Les chambres, au luxe discret et châtelain, affichent espace et aménagements soignés.

4 appart. 480-800 € • 12 ch. 180-400 €   www.chateaudelatreyne.com

☎ 05 65 27 60 60
🖥 05 65 27 60 70
F. 3 janv.-14 mars et 15 nov.-23 déc.

16 Le Pont de l'Ouysse

Les habitués apprécient grandement la nouvelle déco qui leur fait redécouvrir cette charmante adresse ouverte sur la verdure, en bordure de rivière, avec sa terrasse ombragée donnant sur le parc. Daniel Chambon fait exactement ce qu'il faut pour garder leur confiance : de la belle ouvrage, des produits rares et nobles, des apprêts sans trop de complication, mais suffisamment érudits pour rendre admiratifs, voilà un investissement au rapport prix-plaisir indiscutable. Les beaux dimanches et les repas de fête s'organisent autour d'un terroir sans cesse revisité : mille-feuille de légumes pressés au foie gras, truffes et asperges vertes, bar plancha au jus de crustacés, ris de veau aux langoustines épinards et beurre citronné. Desserts classiques, cave opulente sur la région et le Bordelais, tarifs logiques. Pour une première visite, la daube de pieds de porc truffée avec sa crème de pomme de terre, s'impose.

C : 70 € • M : 46-85 €   www.lepontdelouysse.fr

☎ 05 65 37 87 04
F. lundi à déj., mardi à déj. (saison), lundi, mardi à déj. (h.s.) et mi-nov.-déb. mars.
Jusqu'à 21h30.

ඟඟඟ Le Pont de l'Ouysse 🛥

La maison s'ouvre sur le parc de verdure bordé par l'Ouysse, les chambres contemporaines ont l'esprit campagnard, de calme et de charme, aux tons chauds et à l'atmosphère de bon goût.
2 appart. 160-185 € • 12 ch. 140-150 €   www.lepontdelouysse.fr

→ ☎ 05 65 37 87 04
🖷 05 65 32 77 41
F. mi-nov.-déb. mars.

LADIGNAC LE LONG - 87500   (25 B 3)

Saint-Yrieux-la-Perche 12 - Châlus 15 - Limoges 43

11   Ferme-Auberge du Moulin

Venus à l'agriculture après 10 ans de restauration, il était écrit que les Granger sauraient marier les plaisirs dans une ferme-auberge. Le regard perdu sur les 11 ha de l'étang voisin, on se laisse bercé par cette cuisine de tradition, aux produits de qualité, notamment le canard de la ferme, qui fournit foie gras et confit.
M : 15-24,50 €

→ Les Etangs
☎ 05 55 09 38 16
F. merc.
Jusqu'à 20h45.

LAGNES - 84800   (33 C 4)

Aix-en-Provence 71 - Apt 29

❄ Le Mas du Grand Jonquier

Les tons chaleureux et les touches de fer forgé confortent l'atmosphère provençale de cette ancienne magnanerie transformée en demeure de charme. Avec les deux hectares du parc, il règne ici un agréable parfum de vacances.
6 ch. 90-95 €   www.grandjonquier.com

→ ☎ 04 90 20 90 13
🖷 04 90 20 91 13
Ouv. 7j/7.

LAGUIOLE - 12210   (30 C 1)

Espalion 24 - Chaudes-Aigues 31

19 🦷🦷🦷🦷 ≳ Michel Bras

Le feuilleton en cours pourrait s'appeler Michel et Sébastien, avec des images d'Aubrac, des histoires d'hommes, de rencontres, de passion et d'amour. On ne peut effectivement pas parler de la cuisine de Michel Bras, et aujourd'hui celle de son fils Sébastien, sans parler d'empathie, de sensibilité, de sentiments. C'est une cuisine à cinq sens et un véhicule d'affectif, naturellement, en symbiose avec le moment rare dans cette salle contemporaine où certains voient du gris quand il n'y a qu'harmonie entre le végétal et le minéral. La montagne est moyenne, et tout est grand, immense presque lorsque le regard se perd sur les collines et que dans un voisinage proche parviennent quelques effluves du gargouillou du moment, des légumes, des fleurs, une nature vivante qui embaume la salle et donne le ton d'une séquence où tout est dans tout : le saint-pierre poêlé à l'ail vert, poireau grillé, haricots à l'ail des ours, jus de jambon, le formidable oignon de Lézignan croûté aux truffes de Comprégnac (on ne peut plus s'en passer de celui-là), la canette de Challans et ses artichauts poêlés... C'est un récital qui semble se réciter mais qui, à l'image d'une nature qui varie selon les saisons, n'est jamais deux fois le même. Fromages exceptionnels, desserts de même grandiose performance, parfaite harmonie en salle, où le service se mêle à la famille comme s'il en faisait partie, cave presque insurpassable, puisque à côté des grands, comme dans tous les palaces du monde, on trouve une sélection languedocienne impeccable et excitante.
C : 150 € • M : 110-175 €   www.michel-bras.fr

→ Rte de l'Aubrac
☎ 05 65 51 18 20
F. lundi, mardi à déj., merc. à déj. (h.s.), lundi (juil.-août) et fin oct.-déb. avril.
Jusqu'à 21h15.

€€€ 🌀 Michel Bras 🐦

La maison des Bras prouve que l'amour de la terre, des paysages de l'Aubrac, n'implique pas un décor rustique et une maison plusieurs fois centenaire. Au sommet de la colline, une architecture contemporaine et aérée ouvre largement sur la nature pour en apprécier toutes les richesses, jusque dans les chambres épurées et abondamment vitrées.

2 appart. 500-570 € • 11 ch. 235-400 €   *www.michel-bras.fr*

→ Rte de l'Aubrac
☎ 05 65 51 18 20
🖨 05 65 48 47 02
F. fin oct.-déb. avril.

----

15 🍴 Grand Hôtel Auguy

Il y a les Aveyronnais de Paris et ceux qui restent au pays. Isabelle Auguy est un modèle exemplaire, qui ne cherche pas à exporter l'Aubrac, mais au contraire à le présenter sous son jour gourmand à ceux qui le traversent. La maison de famille, en plein centre, montre son évolution vers une modernité sereine. La chef prend sa viande chez Conquet, les escargots à Nadaillac, les fromages dans les fermes alentour. Et ses beaux menus montrent un livre ouvert sur le département, qui raconte les aventures des joues de porc et de la lentille du Puy, de la truite fario et du chou farci au lard paysan, des tripous comme autrefois et du faux-filet à l'aligot de montagne. L'histoire finit bien, sur une poire caramélisée aux épices et le vignoble languedocien est bien trié. Service attentif dans un cadre bourgeois néo-rustique.

M : 37-65 €   *www.hotel-auguy.fr*

→ 2 allée de l'Amicale
☎ 05 65 44 31 11
F. lundi-vend. à déj.
(1er avril-30 juin, 1er sept.-11
nov.), lundi-merc. à déj.
(juil.-août), 1er janv.-25 mars et
11 nov.-31 déc.
Jusqu'à 21h.

€€ 🌀 Grand Hôtel Auguy

Si l'hôtel représente sur Laguiole une longue tradition familiale, son présent est tout à fait remarquable, avec un décor superbe, clair et contemporain dans sa façon d'intégrer boiseries et tissus de grandes maisons. Un endroit qui respire la douceur de vivre, d'autant que la plupart des chambres donnent sur le jardin et sa délicieuse terrasse.

20 ch. 57-100 €   *www.hotel-auguy.fr*

→ 2 allée de l'Amicale
☎ 05 65 44 31 11
🖨 05 65 51 50 81
F. 1er janv.-25 mars et 11
nov.-31 déc.

LAMAGDELAINE - 46090   (30 A 2)
Cahors 7 - Agen 94

15 🍴 Restaurant Marco

Trônant sur la place de ce village aux portes de Cahors, cette bâtisse de caractère dégage un délicieux air de vacances (les jolies chambres ensoleillées et décorées de fresques sont là pour prolonger le séjour), dans la chaleur de l'accueil (l'accent et l'humour aidant) comme dans l'ambiance parfaitement détendue. Il fait bon vivre ici, bercé par une gentillesse permanente ; on prend donc son temps (tant mieux, car le service est un peu long) pour apprécier une belle salle voûtée en pierre et une cuisine entre Périgord et Espagne, beaux produits en avant : ludique soupe de manchego avec confiture de tomate, fraîcheur de la salade de haricots verts, avec écrevisses et truffes d'été, moelleux carré d'agneau rôti au thym et poêlée de cèpes, soupe de fraises parfumée avec sa glace au yaourt poivrée. Cave parfaite pour explorer la diversité du cahors.

C : 58 € • M : 30 €   *www.restaurantmarco.com*

→ Lamagdelaine
☎ 05 65 35 30 64
F. dim. à dîn., lundi, mardi
à déj. (h.s.), lundi, mardi à déj.
(15 juin-15 sept.), 2 janv.-5
mars et 20-30 oct.
Jusqu'à 21h.

LAMALOU LES BAINS - 34240   (31 D 4)
Montpellier 77 - Béziers 40

13 Les Marronniers
A l'abri sous la tonnelle, on savoure l'atmosphère paisible autant que les saveurs sudistes de la belle cuisine traditionnelle de Gilles Aubert, parfaitement à l'aise aux commandes de l'affaire familiale, aussi bien sur la convivialité de la tarte de tomates aux sardines fraîches que sur la petite noblesse de la fricassée de rognons et ris de veau à la crème. Cave régionale.
C : 31,50 € • M : 13-31,50 €   *restolesmarronniers@free.fr*

→ 8 av de Capus
☎ 04 67 95 76 00
F. merc. à dîn. (oct.-mai), dim. à dîn., lundi et 25 janv.-11 fév.
Jusqu'à 21h15.

LAMBALLE - 22400   (14 B 3)
Saint-Brieuc 25 - Dinan 41

12 Le Manoir des Portes *d*≶
Aux portes de la ville, ce manoir du XVIe siècle en granit dont les ailes encadrent une belle pelouse affiche un charme typiquement local. Simple mais pertinente, la cuisine de cet ancien propriétaire du Bouchon Jeannot (à Rennes) colle à merveille au décor rustique de la salle à manger : salade de pommes à l'andouille de Guéméné, joues de bœuf braisées au pain d'épices, soupe d'agrumes au Grand-Marnier. Accueil et service d'une grande courtoisie, quelques bonnes pioches dans une cave peu étoffée.
C : 25 € • M : 23 €   *www.manoirdesportes.com*

→ La Poterie
☎ 02 96 31 13 62
F. dim., lundi (1er oct.-1er avril, sf groupes), 2 sem. fév. et 1 sem. Noël.
Jusqu'à 21h30.

Le Manoir des Portes
Autour d'un jardin paysager entretenu avec soin, se répartissent les bâtiments d'un manoir du XVIe siècle, remarquablement remis au goût du jour pour accueillir de jolies chambres, aux tons chaleureux et aux ambiances personnalisées.
1 appart. 97 € • 12 ch. 47,50 €   *www.manoirdesportes.com*

→ La Poterie
☎ 02 96 31 13 62
🖷 02 96 31 20 53
F. 2 sem. fév. et 1 sem. Noël.

LAMBERSART - 59130   (2 D 2)
Lille 2 - Roubaix 17

15 ≶ La Laiterie
Chez Benoît Bernard, le paradoxe est presque permanent, et fait le charme de la maison. A cause de la personnalité du bonhomme, face de viking rayonnante, pile d'énergie, qui entretient un intérieur et une terrasse de grande distinction (la réputation de la Laiterie ne date pas d'hier) tout en restant profondément ch'ti, un gars du Nord direct et sans façon, capable pourtant de produire une cuisine raffinée et sensible comme on l'attend dans un tel lieu. Les cadres costumés arrivent avec un parapluie et repartent avec une tape dans le dos, l'entraîneur du LOSC se détend, la bourgeoisie locale se lâche un peu, parce que tout simplement cet afflux de chaleur, si naturel ici, permet autre chose qu'une cérémonie classique. Tout en savourant des assiettes de grande pointure, crevettes grises chipirons et mousse d'asperges blanches, ravioles de homard crème estragon, asperge verte, girolles et fleur de bourrache aux saveurs nettes et bien dissociées, saint-pierre rôti sur girolles, tomate confite mini courgette et sa fleur farcie, un très beau poisson parfaitement cuit, prenant encore plus de sens dans un bouillon de pancetta finement salé fumé et une déclinaison d'agneau, carré foie rognon, petits pois, mousseline d'artichauts d'une grande délicatesse. Les desserts sont gourmands, rappelant la région avec les spéculoos ou les gaufres. Et ce n'est même pas lui faire grief que

→ 138 av de l'Hippodrome
☎ 03 20 92 79 73
F. dim., lundi et 3 prem. sem. août.
Jusqu'à 22h30.

de constater un peu moins d'envolée lyrique, car on peut légitimement penser que cette cuisine de vérité lui va sans doute mieux
que les expériences moléculaires. Cave très fouillée, l'une des
toutes premières de la ville, par sa variété et la qualité de ses
références, modernes et classiques.
C : 80 € • M : 39-75 €   www.lalaiterie.fr

- -

13 La Table de Didier Beckaert

Repris totalement par le jeune chef Benjamin Bajeux, le Colysée,
adossé au musée, offre une table contemporaine toujours intéressante. La terrasse se partage joyeusement (et sans problème) les
clients selon leurs envies et leurs moyens, d'un côté de la petite
brasserie, de l'autre des repas plus ambitieux. Le choix des produits,
les suggestions du jour, la cuisine donnent dans le qualitatif sans
esbroufe, la modernité s'appliquant dans les préparations sans
travestir les ingrédients : très bon thon mariné aux épices, filet
mignon polenta, tarte pomme et cassonade... Service pro et
adorable, cave encore à peaufiner.
C : 45 € • M : 26-59 €   www.didierbeckaert.com

→ 201 av du Colysée
☎ 03 20 45 90 00
F. sam. à déj., dim. et lundi.
Jusqu'à 22h.

LAMOTTE BEUVRON - 41600   (18 A 4)
Orléans 37 - Blois 60 - Salbris 21

12 Hôtel Restaurant Tatin

Tout gourmand ressent forcément un petit pincement au cœur au
moment d'entrer dans ce monument de l'histoire culinaire, on se
pourlèche d'avance à l'idée de déguster la vraie tarte Tatin, préparée
dans les règles de l'art. Mais il faut bien manger un peu avant, et
de ce côté-là, pas de problème, Martial Caillé sait y faire aussi, dans
une paisible veine régionale qui cadre si bien à cette maison de
caractère : feuilleté de sanglier sauce grand veneur, canard à la
Solognote. Quelques tables dressées au jardin quand l'été se
décide enfin à pointer le bout de son nez.
C : 40 € • M : 30-54 €   www.hotel.tatin.com

→ 5 av de Vierzon
☎ 02 54 88 00 03
F. dim. à dîn., lundi, 25 mars-8
avril, 3-19 août et 23 déc.-8
janv.
Jusqu'à 20h45.

LAMPAUL PLOUARZEL - 29810   (13 A 3)
Brest 25 - Le Conquet 15 - Ploudalmézeau 16

10 Auberge du Vieux Puits

Sans appeler à la grande aventure, ce Vieux Puits s'alimente aux
bonnes sources et soigne ses produits, justifiant ainsi des tarifs a
priori élevés pour une cuisine aussi classique : langoustines et
huîtres creuses au naturel, terrine de lapin aux pistaches, lieu au
beurre nantais, magret de canard aux pommes et lambig. Un travail
à l'ancienne, mais réalisé avec une honnêteté qu'on ne retrouve
pas toujours sur des terres aussi touristiques.
M : 34-44 €

→ Pl de l'Eglise
☎ 02 98 84 09 13
F. dim. à dîn. et lundi.
Jusqu'à 21h.

LANDEDA - 29870   (13 B 2)
Lannilis 5 - Brest 23

La Baie des Anges

Une maison XIXᵉ tournée vers la mer, pour faire retraite et méditation, ou simplement passer un séjour de charme et de tranquillité.
Le cadre naturel somptueux de l'aber Wrac'h, les chambres
spacieuses et cosy, au style contemporain, permettent de vivre
l'Armor dans les conditions idéales.
2 appart. 195-235 € • 18 ch. 95-195 €   www.lesanges.fr

→ 350 rte des Anges, l'Aber
Wrac'h
☎ 02 98 04 90 04
🖨 02 98 04 92 27
F. janv.

Colmar 54 - Mulhouse 12

14 🍺 **Hostellerie Paulus** 🍇

Hervé Paulus n'a jamais souhaité, ni prétendu, servir avec dévouement le terroir sundgovien, se contentant de piocher aveuglément parmi les poncifs de la gastronomie locale. Il ne tourne pourtant pas le dos à sa région, préférant y piocher ponctuellement les meilleurs produits lorsqu'ils l'intéressent et s'ouvrir à de multiples horizons gastronomiques : ravioles de langoustines et choux-raves, caramel de crustacés, féra du lac Léman, purée de fenouil confit et beurre mousseux à la réglisse, pomme strudel, crème légère à la vanille et glace vanille. Cave magnifique, avec tous les propriétaires qui comptent en Alsace et en Bourgogne.

C : 60 € • M : 29-59 €　　　　hostellerie-paulus@orange.fr

→ 4 pl de la Paix
☎ 03 89 81 33 30
F. dim. à dîn., lundi et 1re quinz. août.
Jusqu'à 21h.

Quimper 20 - Douarnenez 11

❀ **Château de Guilguiffin**

Un château familial Louis XV classé au milieu de 430 ha de terres. Ce qui suffit au calme des chambres stylées XVIIIᵉ avec ses meubles anciens d'époque et ses tapis d'Orient. Et ce qui permet une détente nature dans le parc de 45 ha et ses 16 kms d'allées.

2 appart. 170 € • 4 ch. 160 €　　　　www.guilguiffin.com

→ Guilguiffin
☎ 02 98 91 52 11
🖷 02 98 91 52 52
F. 4 nov.-31 mars.

Tours 24 - Chinon 32

14 🍺 **Errard**

Derrière la fière façade de cette maison à toits d'ardoise couverte de lierre, la solide salle rustique ne fait pas mystère des propos de bouche : Yannick Errard, à la solide formation classique, propose un terroir gastronomique assez peu dénaturé par le temps qui passe, avec le sandre au beurre blanc, le feuilleté d'escargots au thym et à la crème d'ail, l'anguille farcie à la mousseline de brochet, sans oublier le homard Thermidor et le fameux Charles VIII en dessert, avec son praliné à l'ancienne et framboise. Un catalogue avantageux, direct et toujours aussi bien maîtrisé dans une inimitable ambiance bourgeoise et familiale. Sérieuse cave de loires, avec de très belles références (Chidaine et Delétang en montlouis, Huet en vouvray...) et classique sur bordeaux-bourgogne-rhône.

C : 58 € • M : 29-39 €　　　　www.errard.com

→ 2 rue Gambetta
☎ 02 47 96 82 12
F. dim. à dîn.-mardi à déj. (h.s.), à déj. lundi-mardi (saison), déc. et janv.
Jusqu'à 21h.

Bordeaux 49 - La Réole 18

15 🍺 **Restaurant Claude Darroze** 🍇

La petite, montée à Paris, a plutôt bien réussi. A Langon, le clan Darroze montre la force de la dynastie et perpétue un savoir-faire, une histoire qui remonte à Raymond Oliver, un terroir Sud-Ouest qui a porté une grande partie de la gastronomie française. Alors Claude Darroze, nouveau croisé face aux sushis et pastillas ? Il n'y a pas là matière à affrontement, mais le voyageur aura bien du plaisir à trouver retranscrits, au plus sincère et au plus juste, les codes génétiques de la région, savamment remis au goût du jour : chipirons plancha et piquillos à la morue, blanc de volaille truffée, foie gras chaud pommes caramélisées, côte de veau gascon mousseline de pomme de terre à la truffe. L'autre grande force des

→ 95 cours du Gén-Leclerc
☎ 05 56 63 00 48
F. 5-25 janv. et 15 oct.-10 nov.
Jusqu'à 21h15.

lieux, c'est cette cave impressionnante, qui fait paraître soudain tout petit l'amateur de bordeaux accroché à quelques noms, et qui découvrira des millésimes jusqu'en 1920, et aussi une très belle gamme de liquoreux.

C : 75€ • M : 42-75€

www.darroze.com

Villes de proximité, voir :

⟳ SAINT MACAIRE .... 2 km N. **(13/20)**

LANGRES - 52200 (9 D 5)
Chaumont 35 - Vesoul 75

11 Auberge des Voiliers

→ Lac de la Liez
☎ 03 25 87 05 74
F. dim. à dîn., lundi (sf juil.-août) et 1er janv.-1er mars.
Jusqu'à 21h.

Posée au bord du lac, l'auberge s'apprécie pour la vue (l'eau, mais aussi la cité fortifiée) mais aussi la convivialité qui déborde de la partie brasserie pour gagner un gastro où il fait bon vivre, d'autant que Joël Bourrier n'est pas maladroit quand il s'agit d'envoyer la faisselle de Langres au saumon fumé, le filet de brochet soufflé à l'ortie ou la terrine de prune glacée et poêlée de mirabelle. Cave plaisante, tout comme les chambres, à l'ambiance marine.

C : 30€ • M : 20-45€

www.hotel-voiliers.com

LANGUIMBERG - 57810 (12 B 3)
Nancy 62 - Sarrebourg 18

14 Chez Michèle

☎ 03 87 03 92 25
F. mardi, merc. et 23 déc.10 janv.
Jusqu'à 21h.

Quelles nouvelles de Bruno Poiré, notre "Jeune Chef 2007" de Lorraine ? Bonnes, excellentes même! Ce récent trentenaire, ancien du Buerehiesel poursuit paisiblement son chemin, dans un registre éloigné des contingences locales : brandade de cabillaud, œuf de poule mollet et croustillant d'herbes, saint-jacques grillées en brochette et risotto aux châtaignes, épaule de cochon ibérico braisée aux vieux légumes. Cave sage et solide, à l'image de cette maison.

C : 50€ • M : 27-67€

www.chezmichele.fr

LANNION - 22300 (13 D 2)
Saint-Brieuc 66 - Morlaix 37

16 La Ville-Blanche

→ La Ville-Blanche
☎ 02 96 37 04 28
F. dim. à dîn., lundi, merc. (h.s.), lundi (été), 30 juin-7 juil. et 24 déc.-1er fév.
Jusqu'à 21h30.

Que dira-t-on du nouveau décor ? Plus chic, aussi chaleureux, plus moderne. Oui, c'est vrai, les nostalgiques pourront regretter l'atmosphère familiale de l'auberge d'il y a dix ans. Mais aujourd'hui que la Ville-Blanche fait partie du gotha régional, il faut assumer. C'est ce que fait Jean-Yves Jaguin, concentré de talent et de finesse qui lui fait sentir et anticiper ce que peut devenir demain la cuisine de terroir. Ce qui est même un peu réducteur pour cet habile marieur de grand et de petit, de noble et de roturier, d'épices et de parfums : cochon de la tête au pied (en sushi, en boudin, en crépinette), ormeaux au beurre demi-sel, mousse de pommes de terre, carré d'agneau au jus de sauge et saucisse d'agneau aux tomates confites. Bons desserts malins et gourmands, service exemplaire de doigté et de fluidité, cave imposante privilégiant les "vins de vignerons".

C : 60€ • M : 28-74€

www.la-ville-blanche.com

LANVENEGEN - 56320 (13 D 4)
Le Faouët 6 - Quimperlé 22

10 Auberge de Kérizac
On vient faire la fête en famille dans cette ancienne grange
aménagée pour la convivialité et les balades digestives sur les 23
ha de terres environnantes. Faites confiance au terroir, la terrine de
campagne, fameuse, la salade d'andouille de Guémené, le jambon
à l'os ou l'émincé de poulet à la bière bretonne. Vin et cidre pour
faire passer de bien généreuses assiettes.
C : 25 € • M : 13,50-32 €   www.aubergeetfermeauberge.com

→ Kérizac, Rte Le Faouët
☎ 02 97 34 44 57
F. lundi (h.s.) et w.-e. (sur
réserv. seult).
Jusqu'à 21h.

LAON - 02000 (4 C 4)
Paris 140 - Amiens 120 - Reims 50

13 La Petite Auberge
La trêve estivale d'août 2007 devait être mise à profit par Willy-Marc
Zorn pour rafraîchir le décor de sa Petite Auberge et donner ainsi
enfin un cadre à la hauteur à sa cuisine que l'on continue à saluer
dans sa façon intelligente et mesurée d'épouser la saison et une
touche d'air du temps, qui se manifeste par exemple par des
touches asiatiques : une vinaigrette au wasabi sur la déclinaison de
langoustines ou les nouilles chinoises et le jus au soja sur le filet de
sandre (sans oublier la glace aux crustacés qui accompagne le tout).
Le produit est beau, le résultat équilibré et les tarifs raisonnables de
la carte permettent de composer son repas selon ses envies. De
jolies propositions de vin au verre confirment un amour du vin qui
se traduit aussi par une cave variée et pointue dans ses références.
C : 56 € • M : 25-33 €   palaon@orange.fr

→ 45 bd Brossolette
☎ 03 23 23 02 38
F. sam. à déj., dim., lundi
à dîn., 1 sem. vac. scol. fév., 1
sem. Pâques et 2 sem. août.
Jusqu'à 21h30.

Villes de proximité, voir :

○ SAMOUSSY .... 8 km N.E. par D 977 **(13/20)**

LAPALISSE - 03120 (26 C 2)
Moulins 50 - Vichy 23

13 Galland
A travers les années, la maison conserve son rang, car si cuisine ou
décor ne peuvent être qualifiés de contemporain, ils n'ont rien de
démodé non plus, grâce aux efforts permanents des Duparc,
Madame en salle, Monsieur en cuisine, pour maintenir la qualité
des prestations. Ramassée autour de belles propositions classiques,
la carte laisse apparaître maîtrise et qualité des produits, justifiant
sans peine la toque : saint-jacques poêlées vinaigrette d'olive et
coriandre, filet de charolais et la lie de saint-pourçain et le plaisir
gourmand d'un chariot de desserts comme on n'en fait plus. Belle
sélection locale en vin et en eau.
C : 45 € • M : 28-50 €

→ 20 pl de la République
☎ 04 70 99 07 21
F. dim. à dîn. (h.s.), lundi,
mardi à déj., 22 janv.-12 fév. et
25 nov.-9 déc.
Jusqu'à 21h.

LAPLUME - 47310 (24 A 4)
Agen 15 - Villeneuve-sur-Lot 46

Château de Lassalle
Au milieu d'un parc de 8 ha, arbres centenaires, jardins, piscine et
vue sur les coteaux de Gascogne, une maison de maître XVIIIe dont
les vestiges les plus anciens remontent au XIe siècle. Le calme, le
style, la noblesse d'un séjour seigneurial dans des chambres au
décor bourgeois personnalisé.
2 appart. 189 € • 15 ch. 119-149 €   www.chateaudelassalle.com

→ Brimont
☎ 05 53 95 10 58
🖨 05 53 95 13 01
F. fêtes de Noël et vac. scol.
fév.

LAPOUTROIE - 68650 (10 B 4)
Colmar 20 - Strasbourg 81

🎗 Faudé 🛫

Cette affaire de famille (les Baldinger l'ont créée en 1960, les enfants et petits-enfants ayant pris le relais) se porte merveilleusement bien. Les chambres, régulièrement rénovées et affichant un style à la fois campagnard et contemporain réussi, se hissent à la hauteur des autres prestations proposées (piscine couverte et chauffée, jacuzzi, hammam, sauna et petit espace de remise en forme). Au restaurant, service en costume welche et alsacien.
2 appart. 129-165 € • 30 ch. 43-93 €

→ 28 rue du Gén-Dufieux
☎ 03 89 47 50 35
🖨 03 89 47 24 82
F. 17 fév.-8 mars et 2 nov.-22 nov.

www.faude.com

LARAGNE - 05300 (33 D 3)
Avignon 201 - Gap 40

12 L'Araignée Gourmande

On se laisse volontiers prendre dans la toile de cette Araignée, car elle n'a rien d'un piège : en salle (Mickaëlle) ou en cuisine (Thierry), les Chouin ne ménagent par leurs efforts pour faire vivre leur maison et surtout pour qu'il y ait bon vivre : ambiance détendue et légitime satisfaction au moment de déguster des assiettes aux saveurs nettes et aux produits soignées : salade d'asperges vertes à la mousse de brousse citronnée, déclinaison autour de l'agneau de pays ou encore ludique fougasse interprétée en dessert avec sorbet pamplemousse et thé vert. Comme les menus, la cave se distingue par le soin porté à un rapport qualité-prix performant.
C : 40 € • M : 22-42 €

→ 8 rue de la Paix
☎ 04 92 65 13 39
F. dim. à dîn., mardi à dîn., merc., vac. scol. fév., 2e quinz. nov. et quelques jrs Noël. Jusqu'à 21h.

LARÇAY - 37270 (18 B 1)
Tours 4 - Poitiers 109

14 Les Chandelles Gourmandes

Homards dans l'un des aquariums, saint-jacques et foie gras - fort bien travaillé - à la carte, le prestige n'est pas tout sous les chandelles de Bernard Charret. Car l'essentiel de la population locale occupe les deux autres bassins. Une foule de poissons de rivière et d'étangs participe ainsi à une fête régionale assez rare : silure séché et fumé, perche, brochet, brême, carpe ou la rare alose, entièrement désarêtée, sur une sauce au cresson de fontaine. La salle, poutre et tufeau, ouvrant sur le patio aux poissons, est fort agréable, le régionalisme va bien jusqu'aux desserts. L'ambiance est rendue un peu rigide par les nombreux oukases imposés, en toute bonne volonté, par cette maison attachante où la cuisine est franchement bonne et où l'on devrait cependant penser avant tout au bien-être du client. La cave de Loire présente le gratin régional contemporain, Puzelat, Quenioux, Hérédia, Courtois, Angéli et de belles verticales de bourgueil et chinon. Ailleurs, la sélection n'est pas mauvaise, permettant de croiser la Canorgue ou Arretxea, par exemple.
M : 29-65 €

→ 44 rue Nationale
☎ 02 47 50 50 02
F. dim. à dîn. et lundi. F. ann. non comm. Jusqu'à 21h30.

www.chandelles-gourmandes.fr

Les fermetures hebdomadaires et annuelles sont celles que les restaurateurs et les hôteliers pensent pratiquer en 2008. Pour éviter des déplacements inutiles, téléphonez pour avoir confirmation.

Forcalquier 18 - Les Orgues 12

12 Le Café de la Lavande

Les promesses de convivialité et de saveurs estivales de l'enseigne sympathiques sont tenues dans ce petit café de village comme on voudrait en trouver plus, où Emmanuelle Burollet cultive les produits du terroir dans un menu unique gage de fraîcheur, de l'agneau à la brandade de morue, en passant par le taureau de Camargue. Ambiance conviviale et en prime une sélection pointue de vignerons passionnants.
C : 25 € • M : 25 €

→ ☎ 04 92 73 31 52
F. mardi à dîn., merc., vac. scol. fév. et 15 nov.-10 déc. Jusqu'à 21h.

LARMOR PLAGE - 56260 (13 D 5)
Vannes 63 - Lorient 5 - Quimper 72

13 Les Mouettes

Maison blanche posée dans un site naturel privilégié, les Mouettes y gagnent une vue superbe (terrasse panoramique face à l'île de Groix), mais on aurait tort de limiter à cela les atouts d'une maison où souffle également l'air vivifiant d'une cuisine alerte, aussi moderne que le décor, soignée dans ses présentations et ses associations : marbré de légumes et verrine aux coquillages, daurade au four taboulé de quinoa aux légumes croquants, déclinaison autour de la fraise, en crème brûlée, sorbet, sablé et soupe. Le service attentif ou encore la cave bien construite complètent une partition très plaisante.
C : 35 € • M : 22-60 €

→ Rue de Rennes, Anse de Kerguelen
☎ 02 97 65 50 30
Ouv. 7j/7.
Jusqu'à 21h30.

www.lesmouettes.com

Les Mouettes

Pour profiter plus longtemps de ce site naturel préservé, la maison propose de jolies chambres, ambiance contemporaine et confort de bon niveau dans un style discrètement marin.
21 ch. 71-81 €

→ Anse de Kerguélen
☎ 02 97 65 50 30
📠 02 97 33 65 33
Ouv. 7j/7.

www.lesmouettes.com

LARRAU - 64560 (23 C 6)
Pau 78 - Saint-Jean-Pied-de-Port 47

14 Etchemaïté

L'Espagne, c'est en continuant la route. Mais il faut s'arrêter là, pour l'auberge idéale, encore un peu secrète (les Parisiens et les Strasbourgeois ne vont pas tous les jours remonter la vallée de la Soule) où le terroir, depuis le moindre plat, la moindre omelette, le plus petit bout de charcuterie, prend des airs de fête, de découverte, de vérité. Chez Pierre Etchemaïté, le cœur est sur la main, la générosité dans l'assiette, avec une grande sensibilité dans cette cuisine qu'on dit rustique : macaire de boudin et salade d'oreilles de cochon, endive farcie au fondant d'agneau, jus de blanquette et garbure de haricots maïs, ballottine de pintade farcie et risotto, dans ce menu du terroir à 24 € qui commence par une soupe paysanne dont on se souvient longtemps après, comme de ce moment privilégié. Les chambres ouvrant sur les Pyrénées sont là pour vous garder en paix.
C : 45 € • M : 18-34 €

→ Le Bourg
☎ 05 59 28 61 45
F. dim. à dîn., lundi (11 nov.-Pâques) et janv. Jusqu'à 21h.

www.hotel-etchemaite.fr

LASCABANES - 46800 (29 D 2)
Cahors 19 - Moissac 45

14 Domaine de Saint-Géry

L'expérience est particulière : au cœur d'un vaste domaine (64 ha, dont 10 dédiés aux truffières), dans une superbe demeure de caractère (qui abrite également quelques somptueuses chambres d'hôtes), Patrick et Pascale Duler proposent chaque été à une poignée de privilégiés les bonheurs d'un menu unique et luxueux, riche des saveurs des produits nobles dont la région regorge, truffes et foie gras en tête. Un sentiment d'exception renforcé par la qualité de l'accueil et la qualité des plats proposés.
M : 91 €

→ ☎ 05 65 31 82 51
F. à dîn. dim.-mardi,
1er janv.-15 mai et 1er oct.-31 déc.
Jusqu'à 21h30.

www.saint-gery.com

LASTOURS - 11600 (31 C 4)
Carcassonne 20 - Conques-sur-Orbiel 9

15 Le Puits du Trésor

Le pari était probablement risqué mais, après cinq années d'exercice, Jean-Marc Boyer semble sur la bonne voie. La presse gastronomique commence, certes un peu tard, à nous suivre et cette ancienne usine textile ouvrant par de larges baies vitrées sur la rivière demeure l'une de nos favorites dans les environs de Carcassonne. Maîtrisée, contemporaine, la carte de cet ancien de l'Ambroisie affiche de belles certitudes, sur l'œuf de poule pané à la coque et mouillettes truffées, la darne de cabillaud poêlée à la fondue d'Angélique et cornichons et soufflé chaud au chocolat. Jolie petite cave régionale. Une table agréable à vivre et qui mérite d'être suivie.
C : 45 € • M : 37-75 €

→ 21 rte des
Quatre-Châteaux
☎ 04 68 77 50 24
F. dim. à dîn., lundi, mardi,
merc. à déj. et 16 fév.-5 mars.
Jusqu'à 21h30.

www.lepuitsdutresor.com

LATTES - 34970 (32 B 4)
Montpellier 4 - Palavas-les-Flots 5

14 Le Mazerand

Sur la colline, dans un environnement privilégié (un parc peuplé de platanes, de palmiers, de micocouliers et d'acacias), la belle maison de maître des Mazerand (Jacques en cuisine, Christian en salle), porte au plus haut les couleurs de sa région. La cave traduit avec force cette volonté, s'attachant à rassembler tous les vignerons en vue en Languedoc, Laurence et François Henry pour leur vin de table merveilleux ou la cuvée Syrah Léone de Marlène Soria. Soignée, précise, maîtrisée, aboutie, la cuisine de Jacques Mazerand profite de la même attention, ne semblant jamais rien laisser au hasard : espadon fumé taillé finement sur un toast et verre de mousse d'avocat, filet de loup juste grillé à l'huile d'olive noire, galette de pomme de terre, filet de bœuf d'Aubrac, quinoa et légumes taillés en ratatouille et jus à l'ail des ours. On n'a plus qu'à se laisser porter.
C : 50 € • M : 29-38 €

→ Mas de Causse, CD 172
☎ 04 67 64 82 10
F. sam. à déj., dim. à dîn. et lundi.
Jusqu'à 21h30.

idéal gourmet

13 Le Bistrot d'Ariane

La fameuse affiche "le geste qui sauve le vigneron, épaulé-jeté", dessinée par Cathy et Pierre Breton figure en bonne place, signe de ralliement des amateurs de vrai vin. L'essentiel est donc dans cette carte languedoc-roussillon très pointue, où chaque bouteille est commentée d'une phrase d'ici ou d'ailleurs, même celles pour lesquelles "on pleure pour en avoir", comme Roumier ou

→ 5 rue des
Chevaliers-de-Malte, port Ariane
☎ 04 67 20 01 27
F. dim. et vac. scol. Noël.
Jusqu'à 21h45.

Coche-Dury en bourgogne. L'assiette suit valeureusement le mouvement, carte bistrotière fidèle, jolis produits (soupe de butternot aux moules, échine de porc noir de Bigorre aux châtaignes...) et service jamais énervé grâce à un patron cool dont les clients sont des amis. Le simple menu du déjeuner prouve que l'on est très au-dessus du bar-tabac.

C : 45 € • M : 17,50-38 €

LAURET - 34270 (32 B 3)
Nîmes 51 - Montpellier 30

12 L'Auberge du Cèdre

Belle maison de maître au milieu des vignes, l'auberge met en avant bien sûr une belle cave languedocienne, y compris sur de vieux millésimes. Pas de souci pour en profiter, la maison fait aussi chambres d'hôtes, claires et actuelles dans leurs coloris typiquement sudistes. Une inspiration qu'on retrouve dans la salle de restaurant, et pas seulement au niveau du décor : tempura de sardines à la citronnelle, gaspachos rouge à la tomate et poivron et vert au fenouil crémeux, agneau de sept heures et semoule méditerranéenne, la cuisine également se fait alerte et sudiste, et c'est pour ça qu'on est heureux d'avoir trouvé son chemin à travers les vignes.

C : 28 € • M : 28-37 €   www.auberge-du-cedre.com

→ Domaine de Cazeneuve
☎ 04 67 59 02 02
Ouv. seult vend. à dîn., sam. à dîn., dim. à déj. (dim. juil.-août). F. mi-nov.-mi-mars. Jusqu'à 20h30 (22h w.-e.).

LAUTREC - 81440 (30 B 4)
Albi 42 - Castres 16

12 Le Garde Pile

L'ancien bâtiment de ferme, vieux de trois siècles, a été bien réhabilité par Thierry Bardou qui a su conserver l'essentiel, c'est-à-dire l'âme rustique, avec la charpente en chêne d'époque et les pierres apparentes, fondues dans l'environnement campagnard de la capitale de l'ail rose. Le chef manœuvre en adéquation, hommage au village avec la soupe à l'ail ou le croustillant de boudin noir confit et pommes, et bonnes recettes classiques, pintade aux morilles, gigot d'agneau, soutenus par les vins de Gaillac.

M : 17-32 €   legardepile@wanadoo.fr

→ Combelasse
☎ 05 63 75 34 58
F. juil.
Jusqu'à 21h.

LAVAL - 53000 (16 A 2)
Rennes 75 - Angers 78

14 Le Bistro de Paris

On le répète chaque année, mais ce n'est pas une corvée : un MOF de cette envergure, avec ses plats d'école aux ingrédients choisis avec la plus grande rigueur, c'est un petit bonheur vraiment pas surtaxé dans ce cadre Arts déco au seuil du centre-ville. Guy Lemercier a quelques fonds de sauce derrière lui, mais l'œil est précis et la main ferme, pour l'ambroisie de langoustines, le sifflet de sole au jus de homard ou la tourte de foie frais de canard. La carte s'enrichit chaque jour des plats du moment, réalisés sans le moindre défaut. Cave intéressante sur un mode classique, accueil parfois un peu mécanique mais pro et efficace.

C : 43 € • M : 26-47 €   www.lebistro-de-paris.com

→ 67 rue du Val-de-Mayenne
☎ 02 43 56 98 29
F. sam. à déj., dim. à dîn., lundi et 1er-27 août. Jusqu'à 22h.

Villes de proximité, voir :

○ GENEST SAINT ISLE (LE) .... 11 km O. par D 576 **(13/20)**

16 🍴 〰 **Mathias Dandine** ⬆

Nous nous posions la question du challenge des frères Dandine dans cette adresse quasi mythique. La réponse est aujourd'hui éclatante : tout a changé, rajeuni, et désormais décalé avec l'hôtellerie (Les Roches). Un bar-lounge, une pointure en DJ pour l'animation, une terrasse très chic et une salle complètement refaite, dans les tons orange-chocolat, réalisé par Tolmer, l'architecte, entre autres, du Market à Paris. Non seulement ça décoiffe, mais la cuisine aussi se retrouve boostée par cette énergie à la kryptonite : une mousse d'artichaut aux truffes en amuse-bouche, un très bon départ qui se poursuit avec une cigale de mer sur lit de fenouil, un trait de poivron rouge, un plat très juste et très pur qui prouve que Mathias a gagné en assurance et en esprit de synthèse. Un saint-pierre parfait avec un risotto de persil plat, une daurade beaux-yeux chou croquant ou la selle d'agneau, sur le même thème du produit en avant, simplement magnifié. La progression est encore patente, le lieu révolutionne les habitudes touristiques et Le Lavandou retrouve sa fierté d'une grande table. Cave encore perfectible, mais que Sébastien, le sommelier, saura sans doute faire évoluer, tandis que Fabien Dandine est un hôte attentif qui veille à tout.

C : 90 € • M : 45-115 €   www.mathiasdandine.com

→ Hôtel les Roches, 1 av des Trois-Dauphins - Aiguebelle-Plage
☎ 04 94 71 15 53
Ouv. 7j/7.
Jusqu'à 22h (23h été).

- -

14 🍴 **Le Sud**

De certaines tables, on dit qu'elles ont tendance à jouer l'épate. Ici, c'est une marque de fabrique, une sorte de joie de vivre provençale qui pousse à montrer au visiteur qu'on peut lui offrir du homard ou des truffes en toutes saisons. Cela irritera les blasés, mais les heureux touristes plongent avec jubilation dans ce menu gargantuesque (et imposé) où le défilé des amuse-bouches et le kir royal à la pêche proposé à toutes les tables les persuadent qu'ils sont dans une grande maison. Vous ne pourrez donc échapper à peu de truffe, à des clins d'œil régionaux en pétarade (barigoule d'artichaut et supions crème de cèpe, truffe et pétoncles, loup et risotto, carré d'agneau au romarin, lapin et polenta aux pignons) et pardonnerez une sorte de représentation à la chaîne qui, du service voltigeur au rythme plus ou moins rapide à votre convenance, comporte peu de failles. C'est l'image d'une certaine forme d'enthousiasme et d'animation permanente et bien huilée qui prévaut, en laissant de côté une addition justifiée par cette débauche d'attentions. Assiette de desserts classiques façon dînette, cave négoce et grands bordeaux, assez pointue en région, avec Maïme, l'Anglade, les Valentines, Jasson…, bref la crème des vignes proches et pas trop connues, même si, à 50-60 € le flacon, le coefficient est fortement dissuasif.

M : 65 €

→ Av des Trois-Dauphins, Aiguebelle
☎ 04 94 05 76 98
Ouv. 7j/7.
Jusqu'à 21h30.

- -

13 🍴 **Le Relais du Vieux Sauvaire** 💗

La recette de la pâte à pizza, qui sert aussi pour les tartes au citron ou aux pommes, est un secret de famille jalousement gardé par Daniel et Roland Gallo, les deux frères qui se partagent l'animation de cette terrasse magique au milieu des Maures, avec une vue panoramique à couper le souffle, sur les îles d'Or et la Méditerranée. Pour tout dire, cette pizza (goûtez d'abord la simple sicilienne

→ Rte des Crêtes, ou av des Cèdres
☎ 04 94 05 84 22
F. fin sept.-fin mai.

tomate et anchois, la plus authentique) est sans équivalent, autre que l'hiver à Isola au Cow Club, la résidence montagne des Gallo. Les bons mangeurs enchaînent avec un poisson grillé ou en croûte de sel, des gambas ou une côte de bœuf. On fait couler le Jasson et les Valentines, et le coup de cœur est toujours largement mérité.
C : 30 € • M : 19,50-36 €   roland.gallo@wanadoo.fr

---

13 🍴 Les Tamaris

Du bateau à l'assiette, tout est contrôlé par Raymond Viale, patron pêcheur et patron tout court, qui amène la fraîcheur sur la table et vous fait une bouillabaisse de compétition sur commande. C'est évidemment dans la simplicité de la friture maison, des beignets de calamars, d'un poisson grillé avec une crème caramel de pro qu'on trouve la toque, et dans les pâtes aux langoustes, à 60 € tout de même, un délicieux plaisir. Service dévoué, cave suffisante avec les domaines du coin (Aumérade, Jasson, Saint-Baillon…).
C : 50 €

→ Plage de Saint-Clair
☎ 04 94 71 02 70
F. mardi (h.s.), mardi à déj.
(saison) et mi-nov.-mi-fév.
Jusqu'à 22h30.

₵₵₵ Les Roches

Plage privée et vue sur la mer pour toutes les chambres de cet établissement mythique, niché dans une calanque face aux îles d'Or. D'importants travaux visant à faire encore progresser les prestations seront réalisés cet hiver.
9 appart. 300-1180 € • 30 ch. 160-390 €   www.hotelprestigeprovence.com

→ Aiguebelle plage, 1 av des
Trois-Dauphins
☎ 04 94 71 05 07
🖨 04 94 71 08 40
F. 1er nov.-28 fév.

LAVANNES - 51110   (9 B 3)
Reims 14 - Laon 71

❀ La Closerie des Sacres

C'est dans les anciennes écuries de cette ferme champenoise typique que sont aménagées les chambres. D'une belle sobriété, murs clairs en écho aux parquets sombres, elles séduisent par leur élégance à la fois actuelle et hors du temps.
1 appart. 90-110 € • 2 ch. 70-83 €   www.closerie-des-sacres.com

→ 7 rue Chéfossez
☎ 03 26 02 05 05
🖨 03 26 08 06 73
Ouv. 7j/7.

LAVANS VUILLAFANS - 25580   (21 C 4)
Besançon 33 - Pontarlier 35 - Ornans 15

12 La Ferme du Rondeau

Dans sa ferme, la famille Bourdier privilégie le bio depuis les années soixante : affaire de conviction et non de mode. Et pour faire partager cette qualité au plus grand nombre, la ferme-auberge et les chambres d'hôtes sont venues se greffer sur l'exploitation. On mange avec un appétit ouvert par l'ambiance pleine nature et par la gentillesse de l'accueil, les jambons fumés à la ferme, le chevreau confit à l'ail ou le civet de sanglier, les fromages de la région et la corne d'abondance.
C : 30 € • M : 22-31 €   lerondeau@terre-net.fr

→ ☎ 03 81 59 25 84
F. lundi (sf vac. scol.) et
mi-déc.-mi-janv.

LAVAUDIEU - 43100   (26 C 4)
Brioude 5 - Le Puy-en-Velay 56 - La Chaise-Dieu 44

12 Auberge de l'Abbaye

C'est l'auberge du temps qui passe doucement, éternelle adresse de tradition dans un village typique. Dans l'ancienne maison de chanoinesse, la chef sait faire monter le soufflé de foies de volailles et caramel de porto, et confire la souris d'agneau aux aubergines.
M : 21-29 €

→ Le Bourg
☎ 04 71 76 44 44
F. dim. à dîn., jeudi (h.s.) et
janv.
Jusqu'à 20h30.
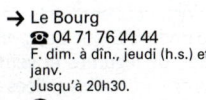

10 Court La Vigne

La simplicité d'une cuisine fraîche de saison, vous la croiserez dans cette sympathique auberge où le foie gras vient d'une ferme voisine, travaillé avec soin par Luc Watel, et où la viande et les légumes ont enfin le goût de l'authentique.

C : 23 € • M : 18-28 €

→ Le Bourg
☎ 04 71 76 45 79
F. mardi, merc., janv. et déc.
Jusqu'à 21h.

LAVENTIE - 62840   **(1 D 3)**

Arras 49 - Lille 33

14 Le Cerisier

Ça c'est le Nord : on croit que Laventie, c'est Perpette-les-Oies et Cuges-les-Pins réunis, qu'un restaurant perdu ainsi dans la pampa, à vingt bonnes minutes de Lille et un peu plus du centre, ne peut y fonctionner qu'avec les comices agricoles et les repas de communion. Et l'on s'aperçoit qu'Eric Delerue fait l'unanimité, que tous les Lillois y vont sans rechigner, bien au contraire, et que nombre de repas d'affaires viennent s'y traiter au calme, dans le salon élégant et discret de cette maison bourgeoise bien rénovée, pour goûter dans un cadre impeccable les dernières réalisations de ce maître discret : thon à la plancha et marmelade d'orange, ravioles d'huître juste pochées et salade de betteraves rouges, cœur de ris de veau et galettes de pommes de terre. Cave classique assez bien renseignée sur tous les vignobles.

C : 76 € • M : 29-68 €   *www.lecerisier.com*

→ 3 rue de la Gare
☎ 03 21 27 60 59
F. sam. à dîn., dim. à dîn.,
lundi, vac. scol. fév. et août.
Jusqu'à 21h.

idéal gourmet

LECTOURE - 32700   **(29 C 3)**

Auch 35 - Agen 36

14 De Bastard

Dans le cadre élégant de son hôtel XVIIIe, au cœur de la ville, Jean-Luc Arnaud défend une belle tradition d'accueil et une vision personnelle du terroir gascon et de la saison, à tel point qu'on pourra préférer la gourmandise de la tarte fine de tomates en 4 façons à la noblesse du foie gras de canard à l'esturgeon fumé, les saveurs préservées du foie gras cuit à basse température ou le jeu de texture de la tempura de sole concombre et pois gourmand au classicisme du filet de bœuf grillé sauce béarnaise. En dessert, le soufflé aux pruneaux et à l'armagnac reste incontournable mais le travail autour du melon est tout aussi intéressant. Terrasse agréable, tout comme l'hôtel, aux chambres personnalisées.

C : 60 € • M : 29-48 €   *www.hotel-de-bastard.com*

→ Rue Lagrange
☎ 05 62 68 82 44
F. dim. à dîn., lundi et mardi
à déj.
Jusqu'à 21h30.

LEERS - 59115   **(2 D 2)**

Roubaix 6 - Tourcoing 9

12 Auberge de la Buissonnière

Un carrefour, un phare, une école buissonnière pour toutes les escapades entre Roubaix et la Belgique. Luc et Olivier Vérone ont réussi leur pari de fédérer le canton avec une cuisine qui se décline en plats traiteur, recettes traditionnelles et cuisine actuelle dans un catalogue qui emprunte ce qu'il faut à la région : terrine de lapin à la blonde d'Esquelbecq, filets de rouget croustillants aux figues salade de légumes et vermicelles chinois, poulet de Licques aux sucs de cacahuètes grillées et bruschetta au basilic, bénéficiant d'un service éternellement gentil et de tarifs serrés.

C : 43 € • M : 26-35 €   *www.la-buissonniere.fr*

→ 72 rue Pierre-Catteau
☎ 03 20 83 90 26
F. sam. à déj., dim. à dîn.,
lundi, à dîn. mardi-jeudi, vac.
scol. fév. et 3 prem. sem. août.
Jusqu'à 21h30.

LEGE CAP FERRET - 33970   **(23 C 2)**

Bordeaux 67 - Arcachon 73 - Lacanau-Océan 57

12   Le Rond-Point de L'Herbe

Une maison au cœur de la verdure, un cadre soigné avec en clin d'œil les tables aux mises personnalisées (ça marche pour les chambres d'hôtel, pourquoi pas au restaurant ?) et une clientèle qui va bien au-delà du flux touristique, les indices ne trompent pas, il se passe quelque chose chez Ophélie Bazeugeaud. On y vient pour le plaisir (pas si) simple de l'agneau de Pauillac ou des huîtres du bassin, du bar sauvage ou du pain maison. Large choix de vins bien au-delà du Bordelais.

C : 45 € • M : 14-24 €   *www.lerondpointdelherbe.com*

→ 2 bd de la Plage
☎ 05 56 60 51 32
F. 15 nov.-15 déc.
Jusqu'à 23h.

11   La Cabane

Des volailles à la cheminée, de beaux canards, un carré de cochon de lait, comment ne pas aimer cette générosité gasconne dans un des plus beaux coins d'Aquitaine. Dans un décor plein de fraîcheur océanique et une ambiance de bons vivants en vacances perpétuelles.

C : 45 €

→ 58 b av de l'Océan
☎ 05 56 54 50 67
F. à déj. (été), à déj. jeudi-dim.
(h.s. et sf vac. scol).
Jusqu'à 0h30.

10   Chez Hortense

Depuis que les congés payés ont ouvert au peuple la route des plages, la famille de Bernadette Lescaret lui propose face à la dune du Pilat son atmosphère conviviale de cabane de pêcheur et ses assiettes de la mer en direct de la marée. Bon, qualité oblige, les tarifs ne sont peut-être pas vraiment populaires, mais le charme du moment n'est pas près de s'éteindre.

C : 60 €

→ Av du Sémaphore
☎ 05 56 60 62 56
F. oct.-mars.
Jusqu'à 22h30.

Le Bistrot du Bassin

En terrasse, protégé par la verdure, ou au milieu de la salle qui rend un hommage raffiné à la mer, on profite d'une cuisine de bistrot tout aussi raffinée, de la simplicité des huîtres au buffet de desserts à l'ancienne, en passant par l'élégance du pressé foie gras artichaut.

C : 40 € • M : 25-39 €   *www.lamaisondubassin.com*

→ 5 rue des Pionniers
☎ 05 56 03 72 46
F. mardi (sf fériés et vac.
scol.), janv.

La Maison du Bassin

Face à la mer, cet hôtel distille une ambiance à la Robinson en version luxe, avec ses chambres sereines, où le bois se fait chaleureux et où chaque détail concourt à créer une atmosphère unique. Une douceur de vivre exclusive, bercée par la lumière du bassin.

1 appart. 300 € • 11 ch. 90-215 €   *www.lamaisondubassin.com*

→ 5 rue des Pionniers
☎ 05 56 60 60 63
▤ 05 56 03 71 47
F. janv.

Pinasse Café

De la terrasse de cette maison XIXe, on embrasse le bassin, de la dune du Pilat à Arcachon et au-delà. La déco soignée, les idées mode et sympathiques d'Emmanuel Gonçalvès attirent le joli monde de la presqu'île, ravis notamment par le Menu du marché qui change effectivement deux fois par semaine, les jours de marché. Bonne sélection bordelaise en cave.

C : 40 € • M : 37,50 €   *www.pinassecafé.com*

→ 2 bis av de l'Océan
☎ 05 56 03 77 87
F. dim. à dîn.-jeudi à dîn.
(mars, oct.-nov.), 12
nov.-1er mars et vac. scol.
Toussaint.
Jusqu'à 22h (23h été).

Sail Fish

Une table marine pour les adeptes du style Cap Ferret, un peu exclusif, tranquille et branché à la fois, loin des foules mais tout à fait dans le mood. Pêche et musique au rendez-vous.
C : 40 €

www.chezgreg.fr

→ Rue des Bernaches
☎ 05 56 60 44 84
Ouv. seult l'été.

LEMBACH - 67510 (10 C 1)
Strasbourg 59 - Wissembourg 15

16 Auberge du Cheval Blanc

"Le restaurant gastronomique a été réduit à 65 couverts afin de garder le standing", prévient désormais Fernand Mischler... Précaution presque inutile pour les visiteurs de ce temple, relais de poste depuis 1740, aux mains de la famille depuis quatre-vingt-dix-huit ans. On vient d'Alsace, d'Allemagne, de Suisse et du Luxembourg, autant pour la visite du lieu saint que pour goûter la cuisine de Fernand et Franck. Elle est pourtant bien intéressante cette carte qui bouge, sous l'influence du fils de famille qui introduit une dose importante de proportionnalité en faisant cohabiter tradition et actualité : foie de canard poêlé à la rhubarbe cuite et crue, saint-jacques, huîtres et langoustines pressées à l'eau de mer, cappuccino de homard, lotte plancha et poêlée d'encornets aux aromates, carré d'agneau allaiton d'Aveyron en croûte d'herbes. Que l'on rassure les fondamentalistes, et pas seulement avec le foie gras d'oie selon la recette du grand-père ou les noisettes de chevreuil Fleckenstein, le Cheval Blanc est égal à lui-même, fièrement cabré comme celui d'une Ferrari, dans l'intouchable ambiance bourgeoise que l'on aime. Et la cave est toujours l'une des plus opulentes d'Alsace, avec ses 830 références.
C : 71 € • M : 35-92 €

www.au-cheval-blanc.fr

→ 4 rue de Wissembourg
☎ 03 88 94 41 86
F. lundi, mardi, vend. à déj., 13 janv.-8 fév. et 6-25 juil.
Jusqu'à 21h.

Auberge du Cheval Blanc

Cent ans bientôt : la famille Mischler fait vivre cette superbe maison alsacienne, dont les origines remontent à 1740, améliorant sans cesse le confort de ses chambres. Derrière le grès rose et les colombages, c'est un mythe alsacien, du bien vivre et du bien recevoir, lié à une gastronomie de très haute réputation.
5 appart. 138-199 € • 1 ch. 107 €

www.au-cheval-blanc.fr

→ 4 rue de Wissembourg
☎ 03 88 94 41 86
🖶 03 88 94 20 74
Ouv. 7j/7.

---

12 D'Rössel Stub

Deux adresses à Lembach, deux adresses appartenant aux Mischler. Cette winstub remplit parfaitement son rôle, distillant avec parcimonie mais sans regret une partie de l'âme qui règne au Cheval Blanc, à des tarifs évidemment beaucoup plus concurrentiels : tartare de saumon et thon, crème de raifort, pied de porc en crépine sauce moutarde, savarin au rhum et glace plombières. Petite mais intéressante carte des vins.
C : 35 € • M : 26-41 €

www.au-chevalblanc.fr

→ 3 rte de Woerth
☎ 03 88 94 41 86
Ouv. 7j/7.
Jusqu'à 21h.

LEMPDES - 63370 (26 D 1)
Clermont-Ferrand 10 - Thiers 36

13 Restaurant Sébastien Perrier

Cette table de la banlieue clermontoise, installée face à une charmante petite église romane, vit depuis quatre ans au rythme de la cuisine de Sébastien Perrier, une cuisine très actuelle dans son concept (le fameux répertoire bourgeois remis au goût du jour) et qui fait mouche grâce à la touche artisanale que ce jeune homme

→ 6 rue du Caire
☎ 04 73 61 74 71
F. dim. à dîn., lundi et 10-31 août.
Jusqu'à 21h30.

s'attache à faire vivre dans chaque assiette : queues de langoustines coupées au couteau façon tartare, glace avocat et crème frappée au raifort, dos de cabillaud en viennoise d'agrume, risotto arborio et huître meunière à l'oseille, raviole transparente glacée à la mandarine, crème battue à la vanille et arlette craquante. Cave allant droit à l'essentiel, avec les bons petits vins de la région et de jolis choix en languedoc.
C : 40 € • M : 25,50-45 €

LENCLOITRE - 86140   (22 C 2)
Poitiers 29 - Châtellerault 18 - Richelieu 24

C|C Château Hôtel Savigny ✈
Au cœur d'un vaste domaine de 18 ha, ce superbe château Renaissance a été racheté à la fin des années 80 par un couple d'anglais qui en ont fait un hôtel de grand standing. Exposées au sud, donnant sur le parc, les bois et, au loin, les collines de la Vienne, les chambres, qui portent toutes le nom d'un château (Cheverny, Chinon, Villandry...) affichent beaucoup de charmes. Certaines disposent même d'une petite tour.
10 ch. 180-290 €

→ Lieu-dit
Savigny-sous-Faye
☎ 05 49 20 41 14
F. 1er nov.-29 fév.

www.chsfrance.com

LENS - 62300   (1 D 4)
Arras 19 - Lille 34

12 L'Arcadie II
Dommage que les desserts aient tendance à ternir l'impression générale d'une maison honnête, la meilleure de la ville, dont les plats frisent régulièrement la toque. Une fois de plus, nous avons aimé la qualité de produit (le foie gras, le sandre notamment) en oubliant des présentations inutilement alambiquées et les bourdes d'un service par ailleurs dévoué (le vinaigre "basmatique"). Atmosphère bon bourgeois dans une salle élégante, cave classique et globalement sans intérêt.
C : 52 € • M : 16,50-45 €

→ 13 rue Decrombecque
☎ 03 21 70 32 22
Ouv. 7j/7.
Jusqu'à 21h30.

www.restaurant-arcadie2.com

Villes de proximité, voir :

⟳ BULLY LES MINES ....8 km O. **(11/20)**

LESTELLE BETHARRAM - 64800   (23 D 6)
Pau 25 - Lourdes 17

12 Le Vieux Logis
Ce Vieux Logis porte bien son nom, avec son architecture de ferme début XIXe dans un cadre champêtre. Héritage familial et amour palpable du métier, Francis Gaye maîtrise son terroir (basque et plus généralement sudiste) à la perfection, ce qui lui donne la liberté de l'interpréter à sa façon, de risquer avec succès le lait anisé sur la brandade de morue ou la préparation en piccata du porc gascon. On apprécie là à sa juste valeur la patte du bon professionnel. Intéressante cave régionale.
C : 45 € • M : 25-40 €

→ Rte des Grottes
☎ 05 59 71 94 87
F. dim. à dîn., lundi (h.s.),
lundi à déj., 28 oct.-2 nov.,
22-30 déc. et 1er fév.-3 mars.
Jusqu'à 21h.

www.hotel-levieuxlogis.com

▮▮ Le Vieux Logis
À côté de la maison historique, les chambres sont installées dans une annexe contemporaine, dans une ambiance colorée qui convient bien à la convivialité chaleureuse qui règne ici et incite à prolonger l'étape, au milieu des prés, des forêts et des collines.
34 ch. 48-70 €

→ Rte des Grottes
☎ 05 59 71 94 87
▤ 05 59 71 96 75
F. 28 oct.-2 nov., 22-30 déc. et
25 janv.-1er mars.

www.hotel-levieuxlogis.com

LEUCATE

LEUCATE - 11370 (31 D 5)
Carcassonne 88 - Perpignan 41

🌀 La Closerie
Dans une zone davantage dédiée aux pizzerias et autres tables à touristes, ce n'est pas le moindre mérite de Jean-Marc Gautier que d'avoir imposé sa Closerie, ses exigences de qualité et les tarifs qui vont avec. Ce n'est d'ailleurs pas cher payé le plaisir d'un poisson sauvage grillé au feu de bois ou d'un cochon de lait de la Montagne Noire rôti au four, le décor riche de mille histoires ou la cave chaleureuse d'un propriétaire vigneron.
C : 30 €

→ 101 bis av Jean-Jaurès
☎ 04 68 40 07 91
F. mardi, merc., jeudi (h.s.) et mi-nov-fin mars.
Jusqu'à 23h.

LEUTENHEIM - 67480 (10 D 1)
Strasbourg 41 - Haguenau 22 - Karlsruhe 48

12 Auberge Au Vieux Couvent
Les fidèles de cette maison à colombage, isolée dans un hameau de la forêt de Kœnigsbruck, se laissent gagner par l'enthousiasme des Hirschel et de leur cuisine du marché pleine de bonne volonté. Saumon à l'unilatérale lentilles vertes du Puy et crème de raifort ou jarret d'agneau confit et ratatouille confite jus à l'ail doux sont servis généreusement et proposés dans des menus de rapport qualité-prix avantageux.
C : 30 € • M : 27-36 €
hirschel.vieux-couvent@wanadoo.fr

→ Lieu-dit Koenigsbruck
☎ 03 88 86 39 86
F. lundi, mardi, 2 sem. fév., 3 sem. fin août-déb. sept. et Noël-nouvel an.
Jusqu'à 21h.
🎁 idéal gourmet

LEVALLOIS PERRET - 92300 (8 B 4)
Paris 8 - Nanterre 10 - Argenteuil 7

11 O Restaurant
Une barge de plus sur les quais de Seine, mais le patron n'a pas raté son étude de marché, car l'emplacement est heureux et la clientèle des bureaux voisins y vient nombreuse. De quoi remplir ce qui s'annonce fièrement comme le plus grand restaurant flottant d'Europe. Les tarifs sont assez élevés à la carte mais les clients préfèrent cette formule au menu du jour qui n'est pas très attirant. Dans ce décor feutré de bois, cuir et velours, la machine fonctionne autour d'une cuisine de brasserie modernisée, dans ses intitulés comme son traitement, qui réserve de bons moments, comme ce superbe cabillaud (pardon, K-billo) rôti à l'aïoli.
C : 40 €
www.orestaurant.fr

→ 47 quai Michelet
☎ 01 41 34 32 86
Ouv. 7j/7.
Jusqu'à 23h (24h w.-e.).

🍾🍾🍾 Evergreen Laurel Hôtel
Un vaste ensemble pour businessmen à deux pas des affaires, de la Défense et de Maillot. Chambres très spacieuses et lumineuses, aux styles mixtes Asie-Europe, parfaitement équipées et insonorisées. Wifi, satellite, fitness, deux saunas.
16 appart. 1100 € • 338 ch. 180 €
www.evergreenhotel-paris.com

→ 8 pl Georges-Pompidou
☎ 01 47 58 88 99
🖨 01 47 58 88 88
Ouv. 7j/7.

LEVERNOIS - 21200 (20 B 4)
Dijon 46 - Beaune 4

15 🍳🍳 🥄 Hostellerie de Levernois
C'est l'heure de la consolidation pour Levernois, enseigne réputée qui fait la fierté légitime des Beaunois. Le choix de Vincent Maillard, jeune chef à l'itinéraire ducassien, participe du bon coaching. La carte est solide et pleine de fantaisie, la manière est nette et actuelle, les Bourguignons comme les Japonais de passage peuvent y piocher des lampées de bonheur et de saveur, dans le foie gras

→ Rue du Golf
☎ 03 80 24 73 58
F. à déj. (lundi-sam.) et 27 janv.-6 mars.
Jusqu'à 21h30.

G/M

poché au pinot noir, les langoustines plancha, le bar vapeur et cannelloni aux oignons doux et boulangère truffée ou la déclinaison de bœuf à l'échalote et à la moelle. Desserts classiques et pointus (l'adaptation de la poire Belle-Hélène, le sablé à l'anis de Flavigny), cave bourguignonne impressionnante, dans une carte de 800 références. Le Bistrot du bord de l'eau, aménagé dans les anciennes cuisines du bâtiment historique, avec son menu à 28 €, vient renforcer l'offre pour des séjours complets.
C : 90 € • M : 65-98 €   *www.levernois.com*

♙♙♙ Hostellerie de Levernois

Un superbe domaine de 5 ha traversé par la Bouzaise, un bel outil pour les séjours chics des golfeurs, hommes d'affaires, familles, étapes VIP. Suzanne et Jean-Louis Bottigliero ont su conserver et développer l'âme de cette maison renommée, les chambres alliant tradition (dalle de Bourgogne, parquet de chêne) et modernité des équipements.
4 appart. 245-400 € • 18 ch. 135-305 €   *www.levernois.com*

→ Rue du Golf
☎ 03 80 24 73 58
🖨 03 80 22 78 00
F. 27 janv.-6 mars.

LEYNES - 71570   (20 A 6)
Mâcon 6 - Bourg-en-Bresse 40

12 Le Fin Bec

Le rétro-baroque de la déco s'accorde avec cette cuisine de terroir qui vous tire habilement par la manche : les grenouilles à la persillade, l'andouillette au mâcon blanc, les œufs meurette et la volaille à la crème participent à l'effort de défense du patrimoine, dans la bonne humeur et la rigueur d'une réalisation au cordeau, en accompagnant des vins régionaux.
C : 35 € • M : 16-41 €

→ ☎ 03 85 35 11 77
F. jeudi à dîn. (sf juil.-août), dim. à dîn., lundi (sf fériés), 2 sem. déb. janv., 1 sem. fin juil.-déb. août et 3 sem. nov. Jusqu'à 20h45.

LEZOUX - 63190   (26 C 3)
Clermont-Ferrand 26 - Vichy 47

12 Les Voyageurs

Souhaitons à Annabelle et Christophe Pillière que le nouveau Musée de la Céramique voisin amène ici beaucoup de nouveaux voyageurs. Ils pourront profiter de menus équitables, dans la simplicité de la bonne fermière ou du civet de joue de porc à l'ancienne d'une carte bien rodée.
C : 30 € • M : 13,80 €

→ 2 pl de la Mairie
☎ 04 73 73 10 49
F. vend. à dîn., sam., dim. à dîn. et 16 août-7 sept. Jusqu'à 21h.

Villes de proximité, voir :

⟳ BORT L'ETANG............8 km S.E. par D 223 et D 309 **(15/20)**
⟳ GLAINE MONTAIGUT .....11 km S. par D 20 et D 212 **(12/20)**

LIBOURNE - 33500   (23 D 2)
Bordeaux 35 - Saint-Emilion 8

12 Chez Servais

La solidité du fauteuil n'exclut pas un peu de fantaisie dans le tissu : les fourneaux de Pierre Servais tournent comme une horloge suisse, les rognons de veau sautés grand-mère et le filet de bœuf sauce saint-émilion, maintes fois répétés, sont d'une qualité incontestable. Ce qui permet à ce chef de grand métier de proposer dans ce cadre hiératique quelques chemins de traverses à ses traditionalistes, une tarte de saint-jacques et tartare d'huîtres à l'encre, un pavé de morue fraîche en suggestion du moment, des nems de banane... Cave naturellement libournaise, avec ce qu'il faut, bien placé au classement.
C : 36 € • M : 25 €

→ 14 pl Decaze
☎ 05 57 51 83 97
F. dim. à dîn., lundi, 1er sem. mai et 2e quinz. août. Jusqu'à 21h30.

LIESSIES

Villes de proximité, voir :

⟳ FRONSAC.................................3 km O. par D 670 **(13/20)**
⟳ RIVIERE (LA) ....8 km N.E. par D 670

LIESSIES - 59740 (2 D 5)
Maubeuge 26 - Hirson 24

11 Le Carillon

Au centre du village et face à l'église, cette grosse maison typique de l'Avesnois comptait autrefois parmi les dépendances de l'abbaye locale. L'ambiance y est désormais beaucoup moins recueillie, Bruno Schmitz multipliant d'ailleurs les sources d'animation puisqu'il tient un bar à vin et un service traiteur parallèlement à son activité de restaurateur. Contemporaine et soignée, sa cuisine mérite le détour, pour la crème de lentilles vertes du Puy et sauté de foie gras de canard, la lotte rôtie à l'andouille et réduction de bière ou les rognons de veau à la moutarde aux cèpes.
M : 17-42 €

→ Face à l'Eglise
☎ 03 27 61 80 21
F. dim. à dîn., lundi à dîn., mardi à dîn., merc., jeudi à dîn., 6-27 fév. et 18 nov.-4 déc.
Jusqu'à 20h45.

www.le-carillon.com

LIGNAN SUR ORB - 34490 (31 D 4)
Béziers 9 - Murviel-les-Béziers 7

13 Château de Lignan

La séduction du cadre est immédiate, vaste parc et vieilles pierres habillées de touches contemporaines sous les hauts plafonds de la salle de restaurant, le personnel se distingue par son abondance et sa prévenance, à l'image du chef qui vient présenter sa carte en personne, on pourrait rester des heures dans ce lieu magnifique, comme coupé du monde. Alerte et raffinée, la cuisine se montre à la hauteur et ne risque pas de gâcher la magie de l'instant, tant : les produits sont de qualité, la réalisation sans défaut, et les ravioles aux champignons girolles et mousseron, la noisette d'agneau de l'Aveyron rôti au miel d'acacias tout comme le dessert autour de la pomme tiennent leurs promesses. Vaste cave, entre valeurs sûres et terroir, à prix raisonnables.
C : 52 € • M : 25-62 €

→ Pl de l'Eglise
☎ 04 67 37 91 47
Ouv. 7j/7.
Jusqu'à 22h.

idéal gourmet

www.chateaulignan.fr

Château de Lignan

Il faut plusieurs jours pour épuiser les possibilités offertes, tant le lieu est vaste. La situation magnifique, le charme des vieilles pierres (c'est une ancienne résidence d'été des évêques de Béziers), les animations régulières, autant de bonnes raisons de prolonger le séjour.
49 ch. 92-150 €

→ Pl de l'Eglise
☎ 04 67 37 91 47
🖷 04 67 37 99 25
Ouv. 7j/7.

www.chateaulignan.fr

LIGNY EN CAMBRESIS - 59191 (2 B 5)
Cambrai 16 - Saint-Quentin 33 - Arras 51

15 Le Château de Ligny

Le duo de chefs s'entend à merveille pour créer l'atmosphère idéale de table au château. Belle table et cuisine précise et sans emphase, même si le cadre s'y prête : Gérard Fillaire et Raymond Brochard privilégient les saveurs de saison, les associations justes, jouant aussi bien du homard (étuvé avec une polenta, des asperges vertes et une émulsion chorizo) que du maquereau (façon tartelette, chutney de poire à la réglisse, langoustines et crème au lait de coco). Les ingrédients ont parfois tendance à se multiplier mais

→ 2 rue Pierre-Curie
☎ 03 27 85 25 84
F. dim. à dîn., lundi, mardi, fév. et 1re quinz. août.
Jusqu'à 21h30.

l'assiette est brillante, jamais ronflante et à tarifs justes compte tenu de la qualité, des poissons comme du ris de veau ou du lapin Rex. Desserts agréables et bien faits (dacquoise fruits secs, mille-feuille chicorée et croquant cardamome). Cave mahousse, impressionnante en champagne, riche en grands crus, avec des tarifs aberrants par endroits (Grange des Pères 2002 à 267 €).
C : 70 € • M : 48-82 €   www.chateau-de-ligny.fr

Le Château de Ligny

→ 2 rue Pierre-Curie
☎ 03 27 85 25 84
🖷 03 27 85 79 79
F. fév. et 1re quinz. août.

De la noble construction historique subsistent une tour ronde XIIe et un bâtiment Renaissance flamande XVIIe, ce qui offre une noblesse certaine à cette hôtellerie distinguée à l'accueil toujours très engageant. L'espace détente a été ouvert l'an passé avec spa, hammam, sauna, balnéo, cabines de soins. Belles suites décorées de fresques et trompe-l'œil, chambres élégantes, style italien, marqueterie, donnant sur le parc de 2 ha.
16 appart. 220-440 € • 10 ch. 120-200 €   www.chateau-de-ligny.fr

LILLE - 59000   (2 D 2)
Paris 217 - Amiens 116 - Bruxelles 116

15 L'Huîtrière

→ 3 rue des Chats-Bossus
☎ 03 20 55 43 41
F. dim. à dîn., fériés à dîn. et 27 juil.-26 août.
Jusqu'à 21h30.

Indémodable, indéfroissable, indéfraîchissable : c'est le tissu magique de l'Huîtrière, maison majuscule qu'Antoine Proye mène, à la suite de son père, avec la fermeté et l'assurance d'un capitaine au long cours. Le coq de la cambuse est Philippe Lor : veinard, de trouver chaque matin une pêche toute luisante. En synergie avec la poissonnerie attenante, il ne galvaude pas son talent, s'appliquant comme au premier jour sur ce que lui réclament les Lillois de souche, dans ce décor lambrissé, dont une partie date du XVIIIe siècle : du beau, du bon, travaillé de façon traditionnelle. Alors s'il rajoute un peu d'épices, des ravioles de tourteau par ci, un pot-au-feu de homard par là, ce sont les belles pièces, un gros turbot poché, une grosse lotte rôtie avec une sauce aux écrevisses (pas mal l'idée du trait de chocolat) ou le saint-pierre avec une mousseline d'herbes fraîches qui déplacent les foules connaisseuses. Service dans la tradition, cave complète dans les grandes régions.
C : 72 € • M : 43 €   www.huitriere.fr

15 Le Sébastopol

→ 1 pl de Sébastopol
☎ 03 20 57 05 05
F. sam. à déj., lundi à déj., dim. à dîn. et 3-25 août.
Jusqu'à 21h45.

Vous ne pourrez pas prendre Jean-Luc Germond en défaut sur les provenances. Sur cette question, certains sont intègres, il est intransigeant. Sur la réalisation, d'autres sont soigneux, il est maniaque de précision et de rigueur. C'est dans son cadre bourgeois Napoléon III qu'il sort ces plats-étalons, sans autre satisfaction que de voir des clients connaisseurs et reconnaissants applaudir à ce classicisme pas si classique tant il est peu commun dans cette qualité. Tâtez celle de la tartine de rougets aux olives et guimauve à l'ail des ours, des goujons de sole et asperges de Raimbeaucourt à la mélisse, du carré d'agneau allaiton, févettes et piquillo. Et revenez pour le foie gras, les repas à thème, la déclinaison de chicorée. Cave opulente et sérieuse où l'on peut aussi découvrir Mille Vignes, Alquier ou Olivier Pithon par exemple. Service et accueil de standing dirigé par Nicole Germond.
C : 69 € • M : 50-65 €   www.restaurant-sebastopol.fr

LILLE

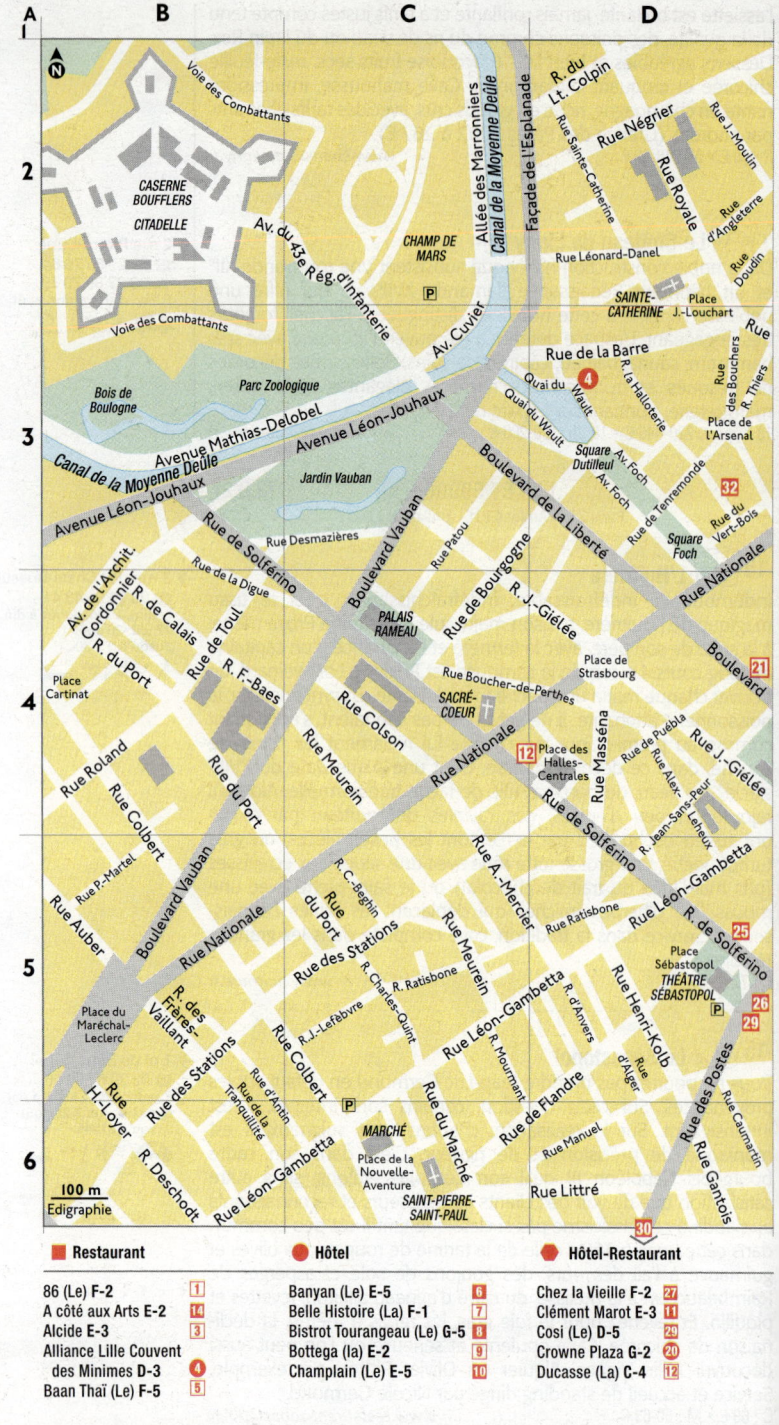

Restaurant	Hôtel	Hôtel-Restaurant

86 (Le) **F-2**	1	Banyan (Le) **E-5**	6	Chez la Vieille **F-2**	27
A côté aux Arts **E-2**	14	Belle Histoire (La) **F-1**	7	Clément Marot **E-3**	11
Alcide **E-3**	3	Bistrot Tourangeau (Le) **G-5**	8	Cosi (Le) **D-5**	29
Alliance Lille Couvent des Minimes **D-3**	4	Bottega (la) **E-2**	9	Crowne Plaza **G-2**	20
Baan Thaï (Le) **F-5**	5	Champlain (Le) **E-5**	10	Ducasse (La) **C-4**	12

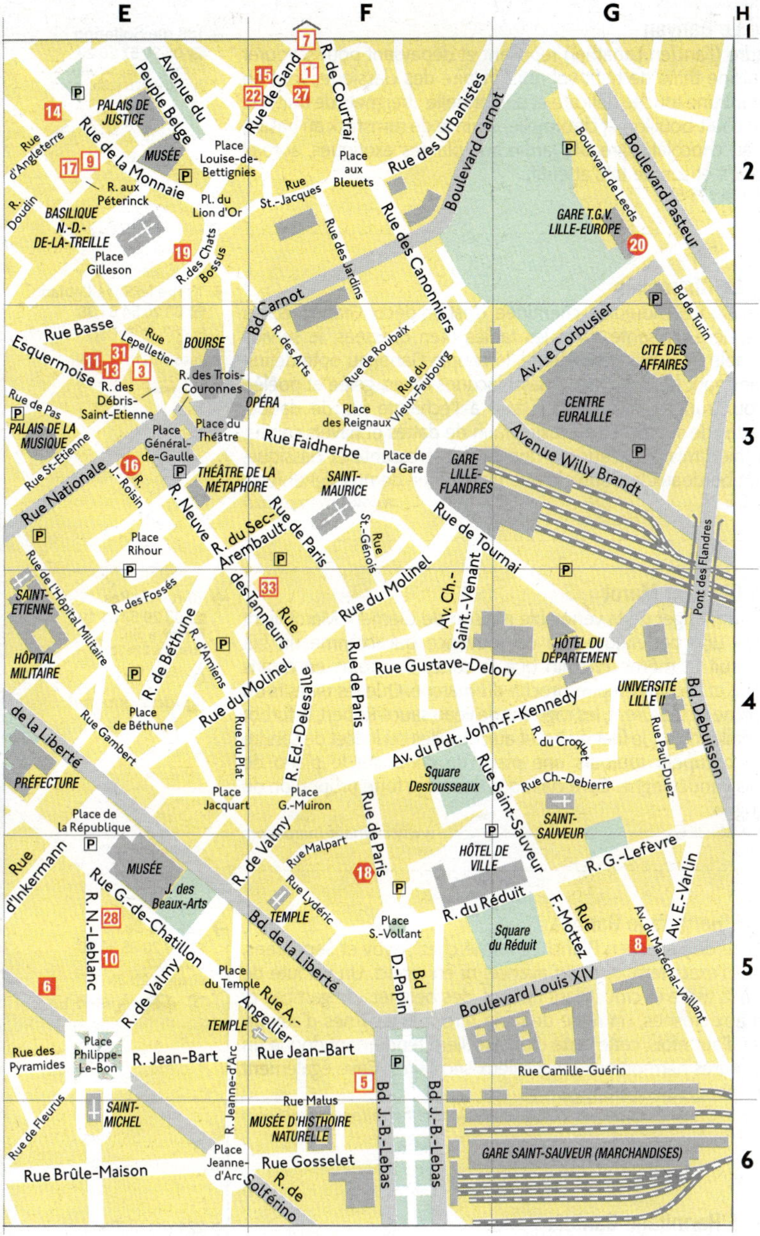
E
F
G
H
2
3
4
5
6
PALAIS DE JUSTICE
Avenue du Peuple Belge
Rue de Gand
R. de Courtrai
Rue d'Angleterre
Rue de la Monnaie
MUSÉE
Place Louise-de-Bettignies
Place aux Bleuets
Rue des Urbanistes
Boulevard Carnot
Boulevard de Leeds
Boulevard Pasteur
R. aux Péterinck
Pl. du Lion d'Or
Rue St.-Jacques
R. Doudin
BASILIQUE N.-D.-DE-LA-TREILLE
Place Gilleson
R. des Chats Bossus
Rue des Jardins
Rue des Canonniers
GARE T.G.V. LILLE-EUROPE
Bd de Turin
Bd Carnot
R. des Arts
Rue de Roubaix
Rue du Vieux-Faubourg
Av. Le Corbusier
CITÉ DES AFFAIRES
Rue Basse
Rue Lepelletier
BOURSE
Rue Esquermoise
R. des Débris-Saint-Etienne
R. des Trois-Couronnes
OPÉRA
Place des Reignaux
CENTRE EURALILLE
Rue de Pas
PALAIS DE LA MUSIQUE
Place Général-de-Gaulle
Place du Théâtre
Rue Faidherbe
Place de la Gare
Avenue Willy Brandt
Rue St-Etienne
Rue Nationale
R. J.-Roisin
THÉÂTRE DE LA MÉTAPHORE
SAINT-MAURICE
GARE LILLE-FLANDRES
R. Neuve
R. du Sec-Arembault
Rue de Paris
Rue St.-Génois
Rue de Tournai
Place Rihour
Pont des Flandres
Rue de l'Hôpital Militaire
SAINT-ETIENNE
R. des Fossés
Rue des Tanneurs
Rue du Molinel
Av. Ch.-Saint.-Venant
HÔPITAL MILITAIRE
R. de Béthune
R. d'Amiens
Rue Gustave-Delory
HÔTEL DU DÉPARTEMENT
UNIVERSITÉ LILLE II
Bd. Debuisson
Place de Béthune
Rue du Molinel
R. Ed.-Delesalle
Rue de Paris
Av. du Pdt. John-F.-Kennedy
R. du Croquet
Rue Paul-Duez
Rue Gambert
Rue de la Liberté
Rue du Plat
Square Desrousseaux
Rue Saint-Sauveur
Rue Ch.-Debierre
PRÉFECTURE
Place Jacquart
Place G.-Muiron
SAINT-SAUVEUR
Place de la République
R. de Valmy
Rue Malpart
HÔTEL DE VILLE
R. G.-Lefèvre
Rue d'Inkermann
MUSÉE
J. des Beaux-Arts
Rue Lydéric
TEMPLE
Av. E.-Varlin
R. N.-Leblanc
Rue G.-de-Châtillon
Bd. de la Liberté
Place S.-Vollant
R. du Réduit
Square du Réduit
Rue F.-Mottez
Av. du Maréchal-Vaillant
Bd D.-Papin
Boulevard Louis XIV
Place du Temple
Rue A.-Angellier
R. de Valmy
TEMPLE
Place Philippe-Le-Bon
Rue des Pyramides
R. Jean-Bart
Rue Jean-Bart
Rue Camille-Guérin
R. Jeanne-d'Arc
Rue Malus
Bd. J.-B.-Lebas
Bd. J.-B.-Lebas
SAINT-MICHEL
MUSÉE D'HISTOIRE NATURELLE
GARE SAINT-SAUVEUR (MARCHANDISES)
Rue de Fleurus
Place Jeanne-d'Arc
Rue Gosselet
Rue Brûle-Maison
R. de Solférino

Table en vue

Ecume des Mers (L') E-3 13
Estaminet 't Rijsel (L') F-2 15
Grand Hôtel Bellevue E-3 16
Gré du Vin (Au) E-2 17
Hermitage Gantois (L') F-5 18
Huîtrière (L') E-2 19
Mamma Teresa D-6 30
Meet People F-2 22
N'Autre Monde E-3 31
Passe-Porc (Le) D-5 25
Restaurant le Maroc D-4 21
Sébastopol (Le) D-5 26
Tête de l'Art (La) D-3 32
Tiger Wok F-4 33
Viêtnamienne (La) E-5 28

13 🦷 Le Banyan

Joli cadre (l'ancien Lanathaï) reposant et dépaysant pour savourer une cuisine thaïe de haut vol qui s'inspire des classiques tout en apportant une touche délicate et personnelle : beignets de fruits de mer au court-bouillon et citronnelle, éminclé de rumsteck au basilic, nems au chocolat. Agréable jardin aux plantes exotiques, accueil engageant et service très attentif.

C : 45 € • M : 25-55 €

→ 189 rue Solferino
☎ 03 20 57 20 20
F. sam. à déj. et dim.
Jusqu'à 22h (23h w.-e.).

- -

13 🦷 Le Champlain

Hauts plafonds, moulures, cheminée, c'est un décor Grand Siècle à l'atmosphère plaisante. Avec les tables bien dressées, le service impeccable et la cuisine élégante, le couple Gaboriau opte définitivement pour le raffinement. Saint-Jacques rôties, gelée et poêlée de choux rouges, filet de bar tatin à l'échalote jus de daube, brochettes de suprêmes de caille gratin de dattes et navets confits, le tout bien mis en valeur par une cave intéressante et classique, riche en bordeaux, qui survole une large partie de nos vignobles.

M : 25-45 €   www.lechamplain.fr

→ 13 rue Nicolas-Leblanc
☎ 03 20 54 01 38
F. sam. à déj., dim. à dîn. et août.
Jusqu'à 21h.

- -

13 🦷 Clément Marot

La salle à manger de la vénérable maison de Clément Marot vient de subir une bénéfique cure de Jouvence qui, comme un fait exprès, suit le même chemin que la carte, de moins en moins classique et de plus en plus proche du marché. Que les tenants du classicisme se rassurent, les rognons de veau sauce Robert, le turbot sauce hollandaise, le filet de bœuf aux morilles ou le filet de sandre au vert occupent toujours une place de choix sur le piano de François Vandeweghe. Cave classique avec une forte proportion de bourgogne.

C : 40 € • M : 34 €   www.clement-marot.com

→ 16 rue de Pas
☎ 03 20 57 01 10
F. dim. à dîn.
Jusqu'à 22h30.

🔴 idéal gourmet

- -

13 🦷 L'Hermitage Gantois

La cuisine de Sébastien Blanchet, formé chez Savoy et Senderens, est dans l'exact tempo, ni en avance, ni en retard. Un velouté de cèpes à la truffe et croustillant au lard, des beignets de gambas et risotto aux crosnes, un râble de lapin farci aux légumes d'aujourd'hui et d'autrefois, cette carte d'un excellent rendement donne un éclairage très harmonieux de ces lieux séculaires. Cave également bien inspirée, sans dérapage.

C : 43 €   www.hotelhermitagegantois.com

→ 224 rue de Paris
☎ 03 20 85 30 30
Ouv. 7j/7.
Jusqu'à 22h30.

🧀🧀🧀 L'Hermitage Gantois

Un superbe ensemble classé au cœur de la ville, sur les bases d'un hospice XVe. L'hospitalité est donc naturellement un maître mot de cet établissement luxueux, très bien aménagé dans son architecture intérieure comme dans sa décoration. Patio intérieur, cour des sœurs à la glycine classée et chapelle toujours consacrées, voisinant avec un design contemporain dans les très belles chambres aux tomettes anciennes, meubles de style côtoyant les fauteuils Stark.

8 appart. 415-440 € • 64 ch. 205-310 €   www.hotelhermitagegantois.com

→ 224 rue de Paris
☎ 03 20 85 30 30
🖥 03 20 42 31 31
Ouv. 7j/7.

13 N'Autre Monde

La guerre des mondes n'aura pas lieu. David Bève a inventé le sien, qui n'a rien de virtuel, à la fois proche et lointain. Au moins accessible. Les habitués de Second Life apprécieront que cette réalité soit bien concrète, que ce Cap Canaveral au milieu des rues pavées du Vieux-Lille les fasse décoller vers une déclinaison de potiron, des nems de confit de canard, un omble chevalier rôti et compote de figues fraîches, un mijoté de souris d'agneau à l'indienne. Des épices, des saveurs, un n'autre monde dans un enrobage qui reste accessible, y compris en tarifs. Cave un peu trop branchée négoce, mais le bon choix de vins étrangers et au verre, dans un cadre renouvelé, moins hétéroclite et plus chic et cosy.
C : 40 €   www.nautremonde.com

→ 1 bis rue du Curé
Saint-Etienne
☎ 03 20 15 01 31
F. dim. et lundi.
Jusqu'à 23h.

---

12 Le Bistrot Tourangeau

La vallée des Rois au cœur de Lille exporte son plus beau patrimoine : les œufs frits à la tourangelle, les rillons, le sandre à l'oseille, le mignon de porc, des spécialités réjouissantes qui s'enrichissent d'un répertoire bistrotier plus classique et tout aussi bien travaillé. Cave de vins de Loire pour suivre la logique, à tarifs attractifs.
M : 28,50 €   hhochard@laposte.net

→ 61 bd Louis-XIV
☎ 03 20 52 74 64
F. sam. à déj. et dim.
Jusqu'à 22h.

---

12 Le Cosi

Cadre élégant pour cette table transalpine jouxtant la grande maison de Jean-Luc Germond (le Sébastopol). De l'autre côté des Alpes, la musique est différente et les plats soignés, expressifs de leur terroir : mini-légumes farcis ricotta, aubergines au parmesan, linguine aux palourdes, osso-buco, dans une tradition certes fidèle mais adroitement personnalisée.
C : 28 €   verocosi@hotmail.com

→ 2 pl Sébastopol
☎ 03 20 54 41 04
F. sam. à déj., dim. et 3 sem.
(été).
Jusqu'à 22h30 (23h w.-e.).

---

12 A Côté aux Arts

Cet adorable bistrot ne soigne pas que son décor, le plaisir est aussi dans l'assiette, avec une cuisine dans laquelle Florence Dervaux met toute son expérience et qui nous vaut de franches satisfactions, sur des horizons variés, de la grande tradition (filet de bœuf flambé au cognac) aux digressions exotiques (thon rouge mi-cuit et wasabi). On salue une cave largement déclinée au verre et à la carafe, qui contribue à un bon rapport prix-plaisir.
C : 30 €   dervaux.florence@wanadoo.fr

→ 5 pl du Concert
☎ 03 28 52 34 66
F. dim. et lundi.
Jusqu'à 22h30 (23h
vend.-sam.).

---

12 L'Ecume des Mers

Un slogan en forme de sacerdoce : "à l'exception du saumon, tous nos poissons sont sauvages" annonce Christian Leroy sur sa carte, en gros caractères. Des poissons traités avec un maximum de simplicité, le pavé de cabillaud rôti en croûte de romarin, la sole en cuisson meunière, les filets de rougets rôtis au beurre citronné. Quelques viandes et un service dynamique complètent le bon bilan de cette institution locale.
C : 35 € • M : 20 €   www.ecume-des-mers.com

→ 10 rue de Pas
☎ 03 20 54 95 40
F. dim. à dîn.
Jusqu'à 23h.

12 Le Passe-Porc

Une enseigne coutumière des amateurs de bons bistrots lillois, et plus particulièrement du quartier Solférino. Une bonne tranche de viande ou de charcutaille, que le patron, ancien maquignon, sélectionne avec la plus grande compétence, taillant le bœuf dans tous ses recoins pour offrir une belle hampe ou une araignée aux amateurs avertis. Quelques flacons aimables accompagnent les carnivores dans leur régalade.
C : 24 €

→ 155 rue Solferino
☎ 03 20 42 83 93
F. dim., à dîn. sf vend. et 3 prem. sem. août.
Jusqu'à 23h.

11 L'Estaminet 't Rijsel

Estaminet : le ton est donné, c'est la carte régionale qui est à l'honneur dans cette rue de la faim du Vieux Lille. Une carte jouée habilement dans le décor, adorable à souhait avec foule de détails authentiques, mais aussi à travers une cuisine généreuse et typique, entre volaille au maroilles, carbonnade flamande et potjevleesch.
C : 21 € • M : 11,50-25 €

→ 25 rue de Gand
☎ 03 20 15 01 59
F. dim., lundi à déj., 3 prem. sem. août et 1 sem. Noël-nouvel an.
Jusqu'à 21h30 (22h30 w.-e.).

11 Mamma Teresa

Gaspard Stellino a appris le métier de son père, et de ses ancêtres. La tradition italienne, la cuisine de trattoria, c'est aussi de tout faire soi-même, en bon artisan. Alors le pain, les pâtes, le spolpettes à la calabrese, la caponata d'aubergine et les cannoli sortent évidemment des fourneaux de la maison et cette chaleur familiale déteint sur une ambiance véridique qui donne envie d'embrasser tout le monde après d'aussi bonnes tagliatelle à l'encre. Vins des provinces, jusqu'en Sicile avec le Rapitala.
C : 29 € • M : 27 €

→ 240 rue des Postes
☎ 03 20 40 10 61
F. dim., mardi à dîn. et dern. sem. juil.-3 prem. sem. août.
Jusqu'à 22h.

11 La Tête de l'Art

Traditionnelle et régionale, la cuisine de Grégory Petiau, ancien de l'Huîtrière et du Val d'Auge, fait déjà preuve d'une intéressante maturité pour un chef aussi jeune : mitonnée d'escargots et langue de bœuf, filet de bar poêlé et wok de légumes au basilic, suprême de volaille en robe de lard fumé et maroilles. Décor bourgeois, tarifs serrés.
M : 28 €

→ 10 rue de l'Arc
☎ 03 20 54 68 89
F. dim., lundi à dîn., mardi à dîn. et 2 sem. août.

10 Chez la Vieille

Cuisine presque exclusivement régionale (soupe de chicons, flamiche vlams, waterzoï, lapin aux pruneaux, crème brûlée au spéculoos...) dans un cadre conçu avec un souci constant d'authenticité (objets anciens, broderies, jeux traditionnels...). Bières locales.
C : 20 € • M : 11,50-25 €

→ 60 rue de Gand
☎ 03 28 36 40 06
F. dim., lundi, 3 sem. août et Noël-nouvel an.
Jusqu'à 22h30.

Le 86

Au 86, l'offre est tout à fait digne de la variété et de la profusion exposées rue de Gand. Comme un symbole, une cuisine bistrotière adroite et actuelle dans un joli cadre : croquettes de crevettes, filet de sole à la crème de betterave, pavé à la fondue de maroilles. petite cave française et étrangère, vin au verre.
C : 28 € • M : 25,50-25,50 €   *restaurant.le86@wanadoo.fr*

→ 86 rue de Gand
☎ 03 20 78 19 86
F. sam. à déj., dim., lundi et 3 sem. août.
Jusqu'à 22h30.

Alcide

A deux pas de la Grand'Place, un modèle de brasserie lilloise, de ceux qui font le bonheur des touristes : décor mêlant les influences contemporaines et les boiseries anciennes, superbe verrière et carte sans surprise, avec les saint-jacques aux endives, le potjevleesch, le steak tartare ou le baba au rhum.

C : 38 € • M : 18-34 €   *www.restaurantalcide.fr*

→ 5 rue des
Débris-Saint-Etienne
☎ 03 20 12 06 95
F. dim. à dîn., dim. et lundi
(juil.-août).
Jusqu'à 22h.

Le Baan Thaï

Une maison de maître au décor soigné, une cuisine raffinée notamment autour des produits de la mer, un service attentif : le Baan Thaï aligne les bons atouts dans le secteur oriental de la gastronomie lilloise et se hisse ainsi au-dessus du lot avec ses Promenades siamoises déclinées en terre et mer.

C : 24 € • M : 23-41 €

→ 22 bd Jean-Baptiste-Lebas
☎ 03 20 86 06 01
F. 1er-8 mai.
Jusqu'à 22h30.

La Belle Histoire

Histoire du Nord sauce rue de Gand, c'est-à-dire forcément moderne dans le cadre, avec des rappels de tradition pour une assiette familière aux présentations travaillées : cigare de chèvre aux aubergines, saint-jacques et gambas flambés au pistou, magret miel et agrumes…

C : 36 € • M : 36-46 €   *hurejean@aol.com*

→ 82 rue de Gand
☎ 03 20 06 41 51
F. à déj. et dim.
Jusqu'à 22h.

La Bottega

Une pizza unique dans tout le nord de la France, pas moins. la pâte, les garnitures authentiques. Essayez la pizza blanche, un peu de roquette et de parmesan, quelques gouttes d'une excellente huile d'olive : la vie change et les avis sur la pizza aussi. Atmosphère tout aussi authentique dans une des plus jolies rues du Vieux Lille.

C : 16 €   *contact@la-bottega.com*

→ 8 bis rue Péterinck
☎ 03 20 21 16 85
F. lundi
Jusqu'à 22h.

La Ducasse

L'ambiance fête au village a bien pris même en ville et permet de faire le plein de bonne humeur et de plats terroir et autres salades. Résolument convivial, alors assiette flamande pour tout le monde !

C : 25 € • M : 20,35-29 €

→ 95 rue de Solférino
☎ 03 20 57 34 10
F. sam. à déj., dim. à dîn. et 3
prem. sem. août.
Jusqu'à 23h (24h vend.-sam.).

Au Gré du Vin

Bar à vins de connaisseur, choix des meilleurs crus du Sud par des Méridionaux égarés en terre nordiste. Toujours est-il que dans la jolie rue Péterinck, ce caveau très avenant, les guéridons sur le patio sous verrière offrant des mâchons de la plus grande convivialité à ciel ouvert, on déguste Gardiès, Gauby, Da Ros, Cosse, Barral avec des piquillos aux anchois de Collioure, une fameuse charcuterie, un carpaccio de magret…

C : 22 €   *augreduvin@nordnet.fr*

→ 20 rue Péterinck
☎ 03 20 55 42 51
F. lundi, fériés, 10 jrs fév. et 3
prem. sem. août.

Meet People

On peut désormais rencontrer encore plus de gens, grâce à une salle qui a gagné l'étage et à une terrasse (très courue) déployée sur l'arrière de cet immeuble de caractère du Vieux Lille. La rencontre se fait toujours autour des saveurs exotiques et des vins sélectionnés par Monsieur Jacques, caviste de référence de la rue de Gand.

M : 20 €

→ 21 Rue de Gand
☎ 03 20 51 62 54
F. dim. et 2 sem. août.
Jusqu'à 24h (1h w.-e.).

🦚 Restaurant le Maroc

L'immeuble est lillois, le décor et la cuisine marocaine : du typique à tous les étages dans un bon esprit, pour déguster couscous et tagines.

C : 25 € • M : 21-35 €　　　　　　　m.chniouer@yahoo.fr

→ 77 bd de la Liberté
☎ 03 20 42 84 94
F. 1er mai.
Jusqu'à 22h30.

🦚 Tiger Wok

Le buffet s'agite au rythme des woks pour décliner une cuisine asiatique in the mood dans une ambiance résolument ludique. samosa et autres bouchées tiennent leur rang, aucun détail n'est oublié (carte des thés, sélection de vins du monde, service attentif) et le succès est au rendez-vous d'un concept décidément efficace.

C : 14 € • M : 13,50-22,90 €

→ 43-45 rue des Tanneurs
☎ 03 20 14 91 60
F. 24-25 déc. et 31 déc.-nouvel an.
Jusqu'à 22h30 (tél. pour w.-e.).

🦚 La Viêtnamienne

Les vénérables hôtes ne sont jamais déçus par cette cuisine vietnamienne orthodoxe et parfumée, dans un cadre simple et typique : marmite de canard, porc au caramel, crevettes au curry…

C : 18 € • M : 10,70-15,50 €

→ 5 rue Nicolas-Leblanc
☎ 03 20 57 82 96
F. sam. à déj., dim. à dîn., lundi à dîn., merc. à dîn. et 1re quinz. août.
Jusqu'à 21h.

Alliance Lille Couvent des Minimes

Rares sont les hôtels à pouvoir jouir d'un cadre aussi exceptionnel. Associant avec grâce les vieilles pierres d'un ancien couvent bénédictin du XVIIe siècle, le verre et le métal, l'architecture de cet établissement est une véritable réussite stylistique. Le patio, couvert d'une pyramide de verre et de métal, est un joyau à lui seul. Chambres sans défaut, situation pratique à proximité du centre.

8 appart. 299-399 € • 75 ch. 205-225 €　　　www.alliance-lille.com

→ 17 quai du Wault, BP 133
☎ 03 20 30 62 62
🖨 03 20 42 94 25
Ouv. 7j/7.

Crowne Plaza

Une architecture contemporaine - l'hôtel a cinq ans - dans le quartier des affaires, tout près de la gare TGV. Les chambres, dominant la ville, bénéficient d'équipements dernier modèle, chaises Starck et déco design. Fitness avec sauna, espace bar-bibliothèque. Restauration classique, buffet et brunch.

121 ch. 185-220 €　　　　　　www.lille-crowneplaza.com

→ 335 bd de Leeds
☎ 03 20 42 46 46
🖨 03 20 40 13 14
Ouv. 7j/7.

Grand Hôtel Bellevue

Derrière la grande façade classique, tout près de la Grand'Place, un bel intérieur bourgeois, des chambres aux couleurs chaudes, agrémetées de meubles et tableaux d'époque. Ecrans LCD, clim depuis l'an passé.

60 ch. 130-180 €　　　　　　www.grandhotelbellevue.com

→ 5 rue Jean-Roisin
☎ 03 20 57 45 64
🖨 03 20 40 07 93
Ouv. 7j/7.

Villes de proximité, voir :

- ↻ BONDUES.............................9 km N. par N 17 **(14/20)**
- ↻ EMMERIN ....5 km S.O. par D 48
- ↻ LAMBERSART...........................2 km N.O. **(15/20)**
- ↻ MARCQ EN BARŒUL..............5 km N.E. par N 350 **(12/20)**

LILLEBONNE - 76170　　　　　(6 B 2)

Le Havre 39 - Bolbec 10

🔟 La P'tite Auberge

Un nouveau chef est arrivé l'an dernier chez Arnaud Lombart mais l'ambition demeure la même, servir une cuisine classique et sans risque à des familles désireuses de ne pas se ruiner : gambas à l'huile d'olive, moelleux au chocolat et griottes.

C : 28 € • M : 18,90-26,90 €　　　　www.la-ptite-auberge.com

→ 20 rue du Havre
☎ 02 35 38 00 59
F. vend. à dîn., sam. à déj., dim. à dîn. et 11-31 août.
Jusqu'à 21h.

LIMOGES - 87000 **(25 B 3)**

Paris 399 - Poitiers 124 - Bordeaux 217

13 Amphitryon Richard Lequet

Dès le menu du Marché, Richard Lequet plante le décor d'une cuisine alerte, qui maîtrise ses audaces et séduit efficacement (sashimi de thon rouge, pagre à la plancha et risotto aux herbettes, cube aux noix). Les présentations sont soignées, les cuissons sans défaut et tout cela renforce la séduction d'une table par ailleurs déjà bien pourvue en la matière, avec son joli décor qui joue le contraste contemporain dans le cadre d'une maison de la vieille ville et un service souriant et parfaitement à l'aise. Joliment présentée, la cave propose de belles références dans les principales régions françaises. Un faisceau de qualités qui mérite bien la toque.

C : 60 € • M : 36-60 €   amphitryon87000@aol.com

→ 26 rue de la Boucherie
☎ 05 55 33 36 39
F. dim., lundi, 1re sem. janv., dern. sem. fév., 1 sem. mai, dern. sem. août et prem. sem. sept.
Jusqu'à 21h30.

11 Le Vanteaux

Agitateur de gourmandises, une jolie revendication à laquelle Christophe Aubisse et son équipe ne font pas défaut, en tenant le pari d'une cuisine actuelle, dans ses associations, le choix des produits comme la présentation : compotée cubique de lapin et brochette de langoustines, filet d'esturgeon gambas poêlées sauce bordelaise, carré d'agneau en chapelure de pain d'épices et carottes confites. Des efforts louables, d'autant qu'ils s'accompagnent d'une cave variée et d'un service impliqué.

C : 35 € • M : 18-51 €   christof.aubisse@chello.fr

→ 122 rue d'Isle
☎ 05 55 49 01 26
F. dim. à dîn., lundi, 1er-7 janv., 18-25 fév. et 28 juil.-31 août.
Jusqu'à 21h30.

11 Le Versailles

La plus ancienne brasserie de la ville fête cette année son 75e anniversaire. La tradition y est jalousement gardée, flambages et découpages se pratiquent toujours en salle. De belles manières sur l'aile de raie aux câpres, la sole meunière ou l'omelette norvégienne.

C : 30 € • M : 14-27 €   www.restaurateursdefrance.com

→ 20 pl d'Aine
☎ 05 55 34 13 39
F. 1er mai.

? Faugeras

Aux commandes de la restauration du magnifique domaine de Faugeras, Philippe Redon semble encore chercher la bonne formule pour mixer ambitions gastronomiques et succès commercial. Aux dernières nouvelles, la formule gastro d'un côté bistrot lounge de l'autre devrait céder la place à un restaurant unique, en terme de carte comme de décor. Une chose est sûre, il ne devrait pas y avoir de déception, on connaît le savoir-faire du chef et nos premiers contacts avec la maison témoignent de la volonté d'offrir des prestations d'excellent niveau, à commencer par des produits d'une qualité irréprochable. Une table à suivre de très près.

C : 60 € • M : 80 €   www.domainedefaugeras.com

→ Domaine de Faugeras, Allée de Faugeras
☎ 05 55 34 66 22
F. dim. à dîn.-merc. à dîn.
Jusqu'à 21h30.

Domaine de Faugeras

Aux portes de la ville, ce manoir XVIIIe séduit dans son allure à la fois élégante et décontractée, fort d'un luxe à taille humaine : les chambres se font douillettes dans leur magnifique allure contemporaine, le personnel est d'une gentillesse permanente, le spa invite à la détente, on regarde les lapins gambader dans le parc le temps d'un apéritif...

appart. 200-290 € • 18 ch. 95-180 €

→ Allée de Faugeras
☎ 05 55 34 66 22
🖨 05 55 34 18 05
Ouv. 7j/7.

LIMOGES

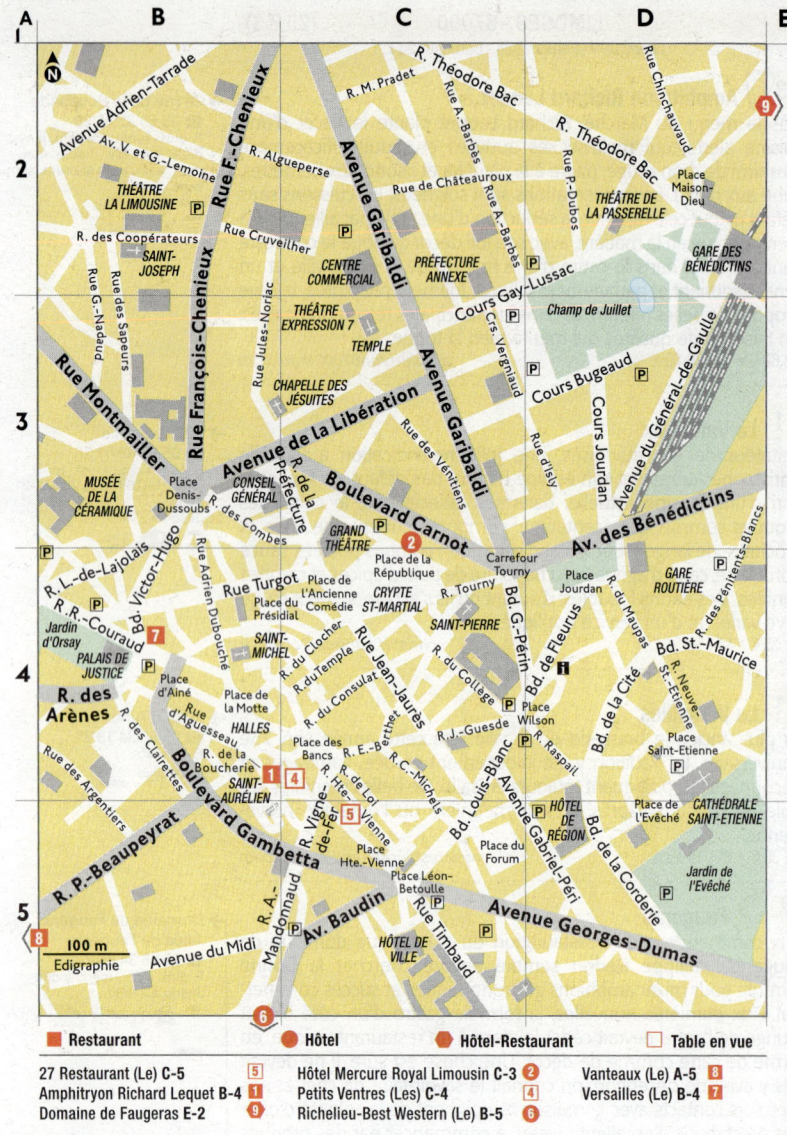

- ■ Restaurant
- ● Hôtel
- ● Hôtel-Restaurant
- □ Table en vue

27 Restaurant (Le) C-5	**5**	Hôtel Mercure Royal Limousin C-3	**2**	Vanteaux (Le) A-5	**8**
Amphitryon Richard Lequet B-4	**1**	Petits Ventres (Les) C-4	**4**	Versailles (Le) B-4	**7**
Domaine de Faugeras E-2	**9**	Richelieu-Best Western (Le) B-5	**6**		

👁 Le 27 Restaurant

Spécialités régionales et ouverture sur les terroirs dans le plus "up to date" des bistrots limougeauds, décor design et assiettes de plaisir et de chaleur : la charcuterie basque sélectionnée par Christian Parra, les supions et tartine de polenta, la côte de porc fermier à la grenobloise, les tripes de Jean-Marie Bessette et l'incontournable entrecôte limousine de 300 g. Petite cave plaisante (le cahors du Cèdre à 30 €).
C : 32 € • M : 25-40 €

→ 27 rue Haute-Vienne
☎ 05 55 32 27 27
F. dim. et fériés.
Jusqu'à 22h30 (23h jeudi-sam.).

◉ Les Petits Ventres

Le décor bistrotier superbe de cette maison XVᵉ est une incitation à saisir le couteau et à profiter d'un approvisionnement de qualité, directement des halles, andouillette et trips en particulier, complétées par de vrais plats de connaisseurs, langue et tête de veau, cervelle d'agneau meunière, confit de veau façon sept heures. Bonne sélection viticole (Tour des Gendres, Tou Péndesses…).
C : 30 € • M : 21,50-35 €   *www.les-petits-ventres.fr*

→ 20 rue de la Boucherie
☎ 05 55 34 22 90
F. lundi, dim., vac. scol. fév., vac. scol. Pâques et 8-18 sept. Jusqu'à 22h.

🏨🏨 Hôtel Mercure Limoges Royal Limousin

En plein centre, le grand hôtel de la ville, aujourd'hui dans le giron Mercure. Bonnes prestations, rénovations permanentes (ascenseurs et salles de bains l'an passé), chambres alliant confort et modernité.
78 ch. 88-125 €   *www.mercure.com*

→ Pl de la République
☎ 05 55 34 65 30
🖨 05 55 34 55 21
Ouv. 7j/7.

🏨🏨 Richelieu Best Western

Un établissement de tradition, bien modernisé, au seuil du centre-ville, pratique et fonctionnel, aux chambres calmes et bien équipées, idéal pour le voyage d'affaires.
2 appart. 115-129 € • 40 ch. 85-109 €   *www.bestwestern.fr/richelieu*

→ 40 av Baudin
☎ 05 55 34 22 82
🖨 05 55 34 35 36
Ouv. 7j/7.

LISIEUX - 14100   (6 A 3)
Caen 51 - Deauville 30 - Alençon 93

⑫ Aux Acacias

Dans son univers aux tons pastel, Bertrand Bonnard cultive une veine traditionnelle mâtinée de terroir qui sied bien à la clientèle. Dans ce contexte donc, il y a tout lieu d'être satisfait, par exemple sur un menu Tradition, avec sa persillade d'escargots et dés de pieds de cochon, sa fricassée de pintade fermière au cidre et aux pommes, le choix de fromages normands et la tarte paysanne aux pommes. A 23 €, il confirme la maison au rang de valeur sûre de la ville.
C : 43 € • M : 17-45 €

→ 13 rue de la Résistance
☎ 02 31 62 10 95
F. dim. à dîn., lundi. F. ann. non comm.
Jusqu'à 21h30.

🏨🏨 Azur Hôtel

Cette résidence classique appréciée des pèlerins se modernise petit à petit, wifi et câble, pour ouvrir sur le monde les chambres de bonnes dimensions, claires et fonctionnelles.
15 ch. 60-110 €   *www.azur-hotel.com*

→ 15 rue au Char
☎ 02 31 62 09 14
🖨 02 31 62 16 06
F. non comm.

Villes de proximité, voir :

 CAMBREMER .... 14 km O. par N 13, D 50 et D 85 **(14/20)**

LLO - 66800   (31 B 6)
Saillagouse 3 - Molitg-les-Bains 53

🏨🏨 L'Atalaya

Accrochée à la montagne de toute son âme, la maison séduit par ses vieilles pierres et la vue panoramique sur les montagnes certes, mais elle sait également offrir un confort de bon niveau, avec des chambres personnalisées, tissus de grande maison et mobilier de style distribués avec goût pour créer un luxe paisible et très agréable. Cuisine du jour raffinée autour des produits du terroir.
12 ch. 98-128 €   *www.atalaya66.com*

→ ☎ 04 68 04 70 04
🖨 04 68 04 01 29
F. nov.-20 déc. et 15 janv.-Pâques.

LOCMARIAQUER - 56740 (14 A 5)
Vannes 34 - Carnac 13

 Trois Fontaines

Une maison d'architecte à la bretonne, bien intégrée dans l'environnement, au caractère renforcée par une déco intérieure tournée vers les voyages. Dans la sérénité, on profite du jardin fleuri, de la terrasse pour le petit-déjeuner et de la vue sur le golfe du Morbihan.
18 ch. 72-130 € — www.hotel-troisfontaines.com

→ Golf du Morbihan
☎ 02 97 57 42 70
🖷 02 97 57 30 59
F. 1er janv.-8 fév. et 6 nov.-26 déc.

LOCMINE - 56500 (14 A 4)
Vannes 29 - Pontivy 26 - Lorient 51

11 **Auberge de la Ville au Vent**

La Bretagne vaut par ses produits et son terroir : on le vérifie d'autant mieux, presque à la source, dans cette accueillante ferme rénovée, pierre de taille, poutres apparentes et grande cheminée, même si le chef aime se faire plaisir par un peu de sophistication. Préférez la simplicité, les coquillages farcis, le cabillaud à l'andouille de Guéméné, le filet mignon de porc en croûte d'algues.
C : 32 € • M : 18-35 €

→ 9 rue Olivier-de-Clisson
☎ 02 97 60 08 40
F. dim. à dîn., lundi, 1 sem. mars et 3 sem. nov.
Jusqu'à 21h.

LOCQUIREC - 29241 (13 C 2)
Brest 80 - Lannion 22 - Morlaix 23

Grand Hôtel des Bains

Un classique de l'hôtellerie bretonne, une maison presque légendaire en Armor, au charme classique et presque nostalgique, mais aussi aux excellentes installations (spa marin). Vastes chambres, meubles peints, lambris, avec vue sur le parc accédant à la mer. Restaurant de cuisine marine contemporaine.
36 ch. 132-312 € — www.grand-hotel-des-bains.com

→ 15 rue de l'Eglise
☎ 02 98 67 41 02
🖷 02 98 67 44 60
Ouv. 7j/7.

LES LOGES EN JOSAS - 78350 (8 A 5)
Paris 23 - Versailles 6 - Chevreuse 13

Relais de Courlande

Une ancienne ferme à 20 km de Paris, dans un parc de 2 ha, offrant la tranquillité et une certaine authenticité, avec ses poutres apparentes. Chambres personnalisées, l'une d'elles étant décorée de meubles ayant appartenu à Colette. Egalement un restaurant sur place, de cuisine traditionnelle actualisée.
2 appart. 148-185 € • 51 ch. 96-149 € — www.relais-de-courlande.com

→ 23 rue de la Division-Leclerc
☎ 01 30 83 84 00
🖷 01 39 56 06 72
Ouv. 7j/7.

LONGJUMEAU - 91160 (8 B 6)
Paris 21 - Evry 18 - Corbeil 19

13 **Le Saint-Pierre**

Une ambassade du Gers en pleine banlieue parisienne ? Et pourquoi pas, lorsque cette dernière ne joue pas les exclusives, laissant toute liberté à ce chef expérimenté de jouer avec ses produits. Ainsi cette pizza gourmande aux saint-jacques, cette entrecôte de porc et haricots tarbais ou cette crème brûlée au fenouil et à l'ananas, originale et réussie composition. Le foie gras n'est bien sûr pas oublié puisqu'un menu entier lui est dédié (de l'entrée au dessert) et la petite cave met en valeur le Sud-Ouest (madiran, buzet et jurançon en vedettes).
C : 50 € • M : 32-45 € — www.lesaintpierre.com

→ 42 Grande-Rue François-Mitterrand
☎ 01 64 48 81 99
F. sam. à déj., dim., lundi à dîn., merc. à dîn., 1 sem. Pâques et 3 sem. août.
Jusqu'à 21h.

idéal gourmet

LONS LE SAUNIER - 39000 (21 A 5)
Bourg-en-Bresse 58 - Dijon 96

13 La Comédie

Valeur sûre de la ville, la maison de Bernard Hémay cultive, jusque dans le rapport prix-prestation soigné des menus, une certaine forme de sérénité, d'équilibre entre élégance gastronomique et plaisir d'un bon moment, bien aidé par l'accueil souriant de Véronique. Si les morilles et la sauce au vin jaune s'invitent volontiers à la table, c'est aussi pour sa façon de traiter la pêche du jour (par exemple sobrement grillée à la plancha) qu'on aime voir jouer la Comédie.

M : 18-32 €

→ 65 rue de l'Agriculture
☎ 03 84 24 20 66
F. dim., lundi, 2 sem. Pâques et 3 sem. août.
Jusqu'à 21h.

----

11 Le Relais des Salines

Sur le thème bistrotier, la maison restitue, dans le cadre, l'atmosphère des relais de chevaux. Le répertoire tourne gentiment en s'appuyant sur les poêlées maison (à base de pomme de terre, avec entrecôte, canard, montbéliarde…), les fritures et les spécialités fromagères. Dans la chaleur et l'animation, on boit un pichet de côtes-du-jura ou de savagnin, ou les bouteilles de Puffeney ou Rolet.

C : 25 € • M : 13-24,90 €

→ 26 rue des Salines
☎ 03 84 43 01 57
F. dim. et lundi. F. ann. non comm.
Jusqu'à 21h.

Villes de proximité, voir :

⟳ COURLANS .... 6 km E. par N 78

LORETO DI CASINCA - 20215 (35 D 2)
Piedicroce 24 - Vescovato 7

12 Restaurant U Rataghju

La vérité sort du séchoir à châtaignes (U Rataghju) dans ce village aux belles pierres corses, au seuil de la Castagniccia, dans cette belle Casinca des initiés. Lilie Albertini mitonne la soupe corse, fait un ragoût d'anthologie et trouve des charcuteries et du fromage en direct du maquis. C'est une tranche précieuse que les privilégiés viennent chercher loin de la côte, dans ce décor plus vrai que nature (une autre salle plus contemporaine peut accueillir 120 personnes).

M : 24 €

→ Village
☎ 04 95 36 30 66
Sur réserv. seult.
Jusqu'à 20h30.

LORIENT - 56100 (13 D 5)
Vannes 59 - La Trinité 48

19 L'Amphitryon

L'osmose est permanente, comme une communication ou plutôt une communion. Derrière le gris austère de cette façade qui ne veut pas jouer les marquises dans un environnement de ZAC, tout paraît simple, si bleu, si calme, le minéral (verre, pierre) est pur et laisse diffuser les sentiments, l'empathie, la chaleur humaine. Bien sûr, Jean-Paul Abadie est un cuisinier hors norme, un maître du dosage savant, de la subtilité marine, un Neptune moderne qui réorganise l'océan à sa façon, le maquereau confit, mousseline et glace petits pois à la menthe, qui devient rustique et domestiqué, infiniment suave et profond, les ormeaux laqués au jus de viande, palourde, sabayon, caviar, un plat à la fois très fin et puissamment iodé, que le jeune sommelier accompagne d'un chignin bergeron de chez Berlioz, le homard al dente émulsion combava, simple et superbe, autour duquel s'enroule le pinot gris grand cru Muenchberg, le

→ 127 rue du Col-Müller
☎ 02 97 83 34 04
F. dim., lundi et 26 mai-15 juin.
Jusqu'à 22h.

blanc de barbue et la mousseline de morilles, aérienne et terrestre pour un mariage idéal, oui, il est certain que les piliers de la maison tiennent par son talent et son expérience. Mais l'histoire de l'Amphitryon s'écrit à deux et Véronique, dans son exercice de désacralisation, de décomplexion, sait donner de l'humain là où il n'est pas toujours, en faisant passer un message de sympathie, de modestie, de chaleur et de joie qui est l'autre indispensable marque de fabrique de tout ce qui se passe ici. Du coup la salle exulte, le jeune personnel se passionne pour son boulot, les convives se libèrent, posent des questions, déchiffrent la cave passionnante, qui parle, elle aussi, de cœur et de fidélité, pour les amis vignerons qui accompagnent la belle aventure de cet Amphitryon sans égal, sans comparaison possible avec un autre banquettes blanc cassé où il vient vains oripeaux du luxe matériel. Depuis la rafale de coquillages en amuse-bouche, jusqu'à la chouquette chocolat, gelée eucalyptus, cerise et glace miel, le moment est plus que rare, il est unique.

C : 100 € • M : 56-118 €   www.amphitryon-abadie.com

---

15 🍴 ⊰ **Henri et Joseph**

Lorient attire les talents, c'est évident. Et l'on ne parle pas de l'équipe de foot locale, les Merlus, mais des chefs avisés qui trouvent une clientèle sachant apprécier le poisson. Et en particulier celui travaillé par Philippe Le Lay, un fonceur qui s'implique jusque dans la salle moderne en gris et noir aux banquettes blanc cassé où il vient présenter lui-même la carte avant d'officier, en cuisine ouverte. Les intitulés à rallonge ne promettent rien qui ne soit pas tenu, les langoustines sont excellentes dans leur bouillon thaï coco-coriandre, la queue de lotte superbe, la texture et la saveur bien rendues, presque comme un steak, avec un délicat fumet de homard, avant de remarquables fraises poêlées et financiers menthe. Les attentions comme les intentions sont les bonnes, le service pro, discret efficace, à un bon rythme ni lent ni expéditif. Cave courte mais bien faite et détaillée.

C : 48 € • M : 48 €

→ 4 rue Léo-le-Bourgo
☎ 02 97 84 72 12
F. dim. et lundi (sam. juil.-août).
Jusqu'à 21.

---

14 🍴 **Le Jardin Gourmand**

Le quartier est agréable, le lieu plaisant, jolie déco récente dans la salle prolongée par le jardin, en fait une petite terrasse en bois fermée (pour cacher la vue sur les immeubles disgracieux tout autour), quelques carrés d'herbes et de fleurs pour égayer. Arnaud Beauvais, en salle, défend avec conviction les plats de Nathalie, répertoire actuel, proche de la mer, n'hésitant pas à promouvoir les roturiers de la pêche, la sardine, le lieu, les moules de bouchot... mais aussi capable de noblesse avec une lotte au curry sur fondue de poireaux. La volonté de bien faire, mais pas d'épater, un lieu attrayant où tout est dans la bonne mesure, très juste, jusqu'aux tarifs. Bons desserts chocolatés, ambiance détendue, cave relativement fouillée, bien vue en Loire.

M : 28-40 €   jardingourmandlorient@yahoo.fr

→ 46 rue Jules-Simon
☎ 02 97 64 17 24
F. dim., lundi, mardi, vac. scol fév. et 2 sem. fin août-déb. sept.
Jusqu'à 21h30.
🌳 👤 ❄❄ 🐑

Les villes sont citées par ordre alphabétique.
Les villes au nom composé d'un article sont classées sans tenir compte de celui-ci.

12 Le Pic

Le cadre de bistrot chic comme la terrasse accueillante inspirent la confiance dans ce Pic de longue réputation. La carte ménage-terroir est en adéquation, tout en manifestant une ambition certaine, la salade de grillons de ris d'agneau à l'andouille de Guéméné, le croustillant de crabe, la ballottine de pintade fermière de Challans et gratin de macaroni au foie gras montrant une évidente volonté de faire grimper le standing. Cave bien conseillée, assez personnelle, s'offrant quelques jolies raretés comme les meursaults de Coche-Dury.

C : 35€ • M : 18-38€   restaurant.lepic@wanadoo.fr

→ 2 bd Franchet-d'Esperey
☎ 02 97 21 18 29
F. sam. à déj. et dim.
Jusqu'à 22h15.

Villes de proximité, voir :

Ò PLOEMEUR...........................6 km O. par D 162 **(13/20)**

PLOEMEUR...........................6 km O. par D 162 **(13/20)**

LORMONT - 33310   **(23 D 2)**
Bordeaux 9 - Arcachon 80

14 ⧓ Restaurant Jean-Marie Amat *d*

Si, par hasard, Jean-Marie Amat se demande si les Bordelais l'ont oublié, il n'aura la réponse que dans quelques mois, quand les travaux du château seront achevés et qu'une bretelle de la rocade rejoindra directement les lieux. Car pour le moment, il faut avoir envie de se perdre dans Lormont, contourner les obstacles, bref être très motivé pour retrouver l'ex-petit prince bordelais dans son nouvel écrin, salle zen en gris blanc rouge avec d'amusants fauteuils Directoire de cuir noir entourant les tables blanches au piètement chromé sur le béton ciré, juste ornée de quelques oeuvres au mur, toiles et photos d'artistes. La carte fait pour le moment la modeste, comme on peut le penser, travail de cuisinier accompli n'ayant plus rien à prouver, se débarrassant des fioritures et des exploits techniques pour s'offrir le luxe de la simplicité tout en restant dans le mood, dans des présentations sobres et cubistes : un sashimi de thon avec un sorbet betterave et wasabi, un blanc manger parmesan et tomate confite, un foie frais aux figues, un filet de maigre grillé, le produit tel qu'en lui-même, sans redondance ni emphase, et même un filet de bœuf à la moelle pour une faim de tradition locale. L'objectif, en cuisine, semble atteint. Reste à dynamiser la salle, l'animer de rires, de larmes, de galipettes, de matière vivante. Petite cave, exclusivement bordelaise, avec du petit et du grand, dans des millésimes bien choisis. Un seul vin dans la catégorie "Ailleurs en blanc", celui de Daumas Gassac, quelques rhônes en "Ailleurs en rouge".

C : 60€ • M : 30€

→ Château du Prince Noir,
26 bis rue Raymond-Lis
☎ 05 56 06 12 52
F. dim., lundi et vac. de Pâques.
Jusqu'à 22h30.

LOUE - 72540   **(16 B 2)**
Le Mans 29 - Laval 58

16 ⧓ Ricordeau

On sent la gourmandise chez cet homme-là, franc comme le pain, épicurien tendance rabelaisienne. "Un beau dessert" devient une truculente aventure. Achevant des repas marquant cette année un jubilatoire sens des mariages, qui nous a fait connaître l'alliance de l'asperge et de la sardine; le tartare de thon et le foie gras - très beau contraste de textures et justesse des saveurs - les huîtres, fondant de cresson et émulsion de muscadet comme interprétation très réussie de l'huître - vin blanc. A peine le temps de suivre dans le jardin de verdure les petits lapins, aussi

→ 11-13 rue de la Libération
☎ 02 43 88 40 03
F. dim. à dîn. (sf juin-sept.),
lundi et mardi.
Jusqu'à 21h15.

heureux que les Sarthois fidèles de cette salle mythique (Ricordeau, orgueil national depuis l'après-guerre), qu'interviennent le saint-pierre et les langues de canard et un superbe agneau en croûte d'herbes avec une sauce légumes ris d'agneau façon blanquette, des macaronis à l'oseille du jardin. Certains courriers signalent quelques désappointements : nous avons à nouveau trouvé un excellent chef, proche des trois toques. Le service est parfait, les desserts toujours gourmands, la cave maligne, valant par sa sélection ligérienne (Mosse, Breton, Joguet, Delétang, Blot, Nicolas, Mérieau…) et par sa sobriété tarifaire, sur les standards du négoce comme sur un patrimonio d'Arena.
C : 60 € • M : 26-50 €

www.hotel-ricordeau.fr

Ricordeau

Côté pile, l'imposante façade XIXe d'une grande maison à la longue histoire. Côté face, un plaisant jardin. Entre les deux, des chambres personnalisées, espace généreux, meubles de style et sympathiques touches de couleurs.
3 appart. 135-150 € • 10 ch. 85-125 €

www.hotel-ricordeau.fr

→ 11-13 rue de la Libération
☎ 02 43 88 40 03
🖳 02 43 88 62 08
Ouv. 7j/7.

----

14 Coq Hardi

Le Coq Hardi a déménagé de quelques mètres, désormais de l'autre côté de la maison-mère, Ricordeau qui lui Dieu merci n'a pas bougé. Est-ce de lui avoir dégourdi les pattes, mais nous l'avons trouvé en pleine forme, alerte, toujours réjouissant sur les plats de bistrot et de ménage, très précis sur les cuissons, avec des produits que l'on ne trouve que dans les bonnes fermes, sélectionnés par un Jean-Yves Herman toujours attentif. Ce qui donne un œuf (de Loué) mollet à la sarthoise, avec ses bâtonnets de foie gras, gourmand à se damner, une plantureuse et savoureuse joue de bœuf avec son risotto printanier, une déclinaison autour du chocolat qui arrondit également le visage et l'estomac, dont un excellent moelleux. Cave courte, mais futée, service dans le tempo. Un point de plus.
M : 12,50-18,50 €

→ 11 rue de la Libération
☎ 02 43 88 31 14
F. dim., mardi à dîn., merc. à dîn., jeudi à dîn. (sf groupes).
Jusqu'à 21h15.

Villes de proximité, voir :

↻ BRULON... 7 km S.O. par D 21

| LOURDES - 65100 | (29 A 5) |

Tarbes 21 - Pau 43

Eliseo

Avec son parking privé et fermé, son emplacement idéal à moins de cent mètres de l'entrée principale des sanctuaires et sa complète et récente rénovation, cet établissement cumule les atouts. Prestations d'ensemble de grande qualité, chambres climatisées comprenant lit king-size, télévision écran plat et salle de bains soignée.
7 appart. 107-254 € • 204 ch. 82-150 €

www.cometolourdes.com

→ 4 rue de la Reine-Astrid
☎ 05 62 41 41 41
🖳 05 62 41 41 50
F. 16 déc.-14 mars.

Grand Hôtel de la Grotte

Installé au pied du château, cet hôtel de standing appartient à la même famille depuis quatre générations. A seulement cinq minutes des sanctuaires, des chambres aux prestations soignées, décorées dans le style Napoléon III.
5 appart. 230-350 € • 83 ch. 67-161 €

www.hotel-grotte.com

→ 66 rue de la Grotte
☎ 05 62 94 58 87
🖳 05 62 94 20 50
F. 30 oct.-déb. fév.

Mercure Impérial

Les vitraux et escaliers en fer forgé hérités de la Belle Epoque, période où cet établissement fut construit, témoignent d'une riche histoire. Vue panoramique sur la rivière et la basilique du Rosaire depuis la terrasse, chambres sobrement décorées.

2 appart. 145-165 € • 93 ch. 84-110 €   hotel.mercure.imperial@wanadoo.fr

→ 3 av du Paradis
☎ 05 62 94 06 30
🖷 05 62 94 48 04
F. 15 déc.- 3 fév.

LOURMARIN - 84160   (33 C 4)
Avignon 61 - Cavaillon 31

---

16 La Fenière

La ravissante auberge provençale, chaleureuse et moderne, que dirigent Reine et Guy Sammut depuis 1975 c'est, en toute sécurité, le plaisir de se retrouver dans une oasis de douceur, perpétuellement baignée d'une lumière magique, de s'installer confortablement sur la terrasse, sous les figuiers ou bien dans la jolie salle à manger, entièrement refaite cette année. Un plaisir qui a peu d'égal dans la région. Enjôleuse, jamais aussi enthousiasmante que lorsqu'elle puise son inspiration au plus profond des racines provençales, chic et rustique à la fois, la cuisine de Reine Sammut s'apprécie dès le parfait menu "Découverte", à moins de 80 € : chutney de betteraves rouges et cébettes à la poutargue de Martigues, gravlax de maquereau et blinis à la farine d'épeautre, loup à la peau croustillante, bulbes de fenouil et citrons confits, millefeuille aux deux chocolats, coulis d'orange et glace aux parfums de garrigue. Cave superbe, fouillée, passionnante, et commentée avec science par une équipe de sommeliers efficacement dirigée par Guy Sammut.

C : 110 € • M : 78-120 €   www.reinesammut.com

→ Rte de Cadenet, D 943
☎ 04 90 68 11 79
F. lundi et mardi à déj. et janv.
Jusqu'à 21h.

Auberge La Fenière

A l'écart du village, le parc de 7 ha domine la vallée de la Durance. Parfaitement intégrée au paysage, la belle bastide propose pour moitié des chambres décorées dans le style provençal ou contemporain, tout en proposant l'originalité d'un hébergement différent, dans l'une des deux roulottes gitanes.

7 appart. 150-350 € • 18 ch. 130-295 €   www.reinesammut.com

→ Rte de Cadenet
☎ 04 90 68 11 79
🖷 04 90 68 18 60
F. janv.

---

13 L'Antiquaire

Adresse précieuse, à la fois familiale et intime, au cœur du village. Dans l'ancien fief de Reine Sammut, Axelle et David Dubouchet sont fidèles à une certaine morale gastronomique : de bons produits mais sans luxe véhément, une réalisation sincère, des prix calibrés au mieux. Les touristes, habitués à payer les sites, sont ravis de cette petite salle d'étage accueillante pour toute la famille où le terroir se renouvelle au fil des saisons : croustillant de brandade de morue, souris d'agneau confite à l'ail doux, beignets de courgette crème au citron vert... Cave bien vue en luberon, augmentée du Pierrevert et d'autres rhônes.

C : 30 € • M : 20-30 €

→ 9 rue du Grand-Pré
☎ 04 90 68 17 29
F. lundi, mardi à déj.
(mai-sept.), dim. à dîn., lundi,
mardi à déj. (oct.-avril),
mi-janv.-fin janv. et
mi-nov.-mi-déc.
Jusqu'à 21h30.

LOURMARIN

13 🍴 Comptoir d'Edouard

Edouard Loubet a déménagé sa table gastronomique à Bonnieux mais a conservé son magnifique Moulin de Lourmarin pour y faire vivre cette table contemporaine et joyeuse : artichaut en tatin, écume aux senteurs des Claparèdes, lisette, anchois et sardines justes saisis, jus d'olive noire et socca comme une pissaladière, blanc-manger à la cerise et crème glacée au guanaja.
C : 40 € • M : 42 €   www.moulindelourmarin.com

→ Rue du Temple
☎ 04 90 68 06 69
Ouv. 7j/7.
Jusqu'à 22h.

🎋 Le Moulin de Lourmarin

La table gastronomique a déserté les lieux mais le Moulin conserve cette hôtellerie haut de gamme, parmi les adresses les plus charmeuses du Luberon. Matériaux bruts, lignes épurées, décoration minimaliste, le mot d'ordre est désormais "simplicité", dans un esprit se rapprochant le plus possible d'une maison d'hôtes.
2 appart. 280 € • 17 ch. 80 €   www.moulindelourmarin.com

→ Rue du Temple
☎ 04 90 68 06 69
🖨 04 90 68 31 76
Ouv. 7j/7.

- -

👜 Mas de Guilles 🐦

Une tranquille retraite provençale à l'écart du village, calme et d'un cachet certain. Les chambres reçoivent une heureuse rénovation (cinq d'entre elles l'an passé) pour accéder à un confort d'aujourd'hui. Mobilier ancien et couleurs douces, grand parc réaménagé sur 2 ha, restaurant de cuisine classique et provençale.
2 appart. 200 € • 27 ch. 90-170 €   www.guilles.com

→ Rte de Vaugines
☎ 04 90 68 30 55
🖨 04 90 68 37 41
F. déb. nov.-Pâques.

| **LOUVIERS - 27400** | **(6 C 3)** |

Rouen 33 - Les Andelys 22

👜👜 Le Pré Saint-Germain

Installé en centre-ville mais bénéficiant d'un environnement calme grâce à la protection apportée par son jardin de 4000 m €, un établissement de conception récente aux prestations soignées. Chambres de style contemporain agrémentées de mobilier en bois cérusé. De bonnes formules déjeuner au restaurant.
1 appart. 89-103 € • 30 ch. 73-86 €   www.le-pre-saint-germain.com

→ 7 rue Saint-Germain
☎ 02 32 40 48 48
🖨 02 32 50 75 60
Ouv. 7j/7.

Villes de proximité, voir :

⟳ ACQUIGNY .... 7 km S. par N 155, A 154 et D 71 **(12/20)**
⟳ QUATREMARE .... 7 km S.O. par D 133 **(10/20)**

| **LE LUC - 83340** | **(34 A 5)** |

Toulon 50 - Draguignan 26

12 Le Gourmandin

Vins de pays et cuisine régionale, le Gourmandin joue bien là où on l'attend, jolie façade typique et salle à manger doucement nostalgique, le cadre idéal pour apprécier l'efficacité du Menu du Marché, impeccable rapport qualité-prix avec les fleurs de courgettes farcies à la mousse de rascasse, les pieds et paquets d'agneau et la soupe de fraises crème glacée aux pétales de rose.
C : 40 € • M : 25-45 €   www.legourmandin.com

→ 8 rue Louis-Brunet
☎ 04 94 60 85 92
F. dim. à dîn., lundi, jeudi à dîn., 25 fév.-10 mars et 25 août-20 sept.
Jusqu'à 21h30.

G
M

LUC SUR MER - 14530   (5 D 3)
Caen 17 - Cabourg 24

11 **Hôtel-Restaurant Le Beau Rivage**

Il y a quelque chose d'émouvant à fréquenter les salles à manger de ces hôtels de bords de mer, qui ont été chics après-guerre et qui se complaisent désormais dans une routine souvent néfaste. Les chambres de cet hôtel, repris l'an dernier par Philippe et Marie Lefèvre, ont été rénovées et les cuisines confiées au jeune Nicolas Adèle qui, avec les moyens du bord, s'en tire avec les honneurs : brochette de queue de lotte, escalope de foie gras de canard aux pommes, gâteau d'andouille de Vire. La note se maintient et le service, souriant, assure l'essentiel malgré quelques approximations sans gravité. Vue sur la mer pour certaines tables, malheureusement un peu gâchée par les voitures en stationnement.
M : 15-49 €

→ 1 rue du Dr-Charcot
☎ 02 31 96 49 51
F. lundi, mardi (h.s.) et 6-27 janv.
Jusqu'à 21h15.

www.hotellouistraham.com

LUÇON - 85400   (15 D 6)
La Rochelle 41 - La Roche-sur-Yon 33

13 **La Mirabelle**

En réduisant la voilure dans la capacité d'accueil, en trouvant la sérénité d'une affaire bien assise à la clientèle fidèle, Benoît Hermouet prend encore un peu plus d'assurance et de temps pour fignoler ses belles assiettes régionales : un produit irréprochable, un traitement de faveur, dans la ligne actuelle, voilà un terroir bien exposé dans un cadre agréable de province pimpante. Les intentions créatives (agréable lotte en saumurade effilochée d'endives au gingembre et citron vert) sont vite rattrapées par les classiques de la maison par lesquelles on se laisse finalement tenter, la nage d'escargots au curry, la fricassée d'anguilles sautées ou le croustillant de jarret et pieds de cochon avec un farci poitevin. Cave généraliste montrant le vignoble régional.
C : 57 € • M : 25-65 €

→ Benoît-Hermouet, 89 bis rue du Gén-de-Gaulle
☎ 02 51 56 93 02
F. dim. à dîn., lundi à dîn. (h.s.) et mardi. F. ann. non comm.
Jusqu'à 21h15.

idéal gourmet

LUMIO - 20260   (35 B 2)
Calvi 10 - Belgodère 30

12 **Chez Charles**

Entre la table de prestige et la planche de charcuterie, Charles taille sa route avec un certain talent, soignant l'élégance du cadre comme celle des assiettes ce qu'il faut de touches locales pour séduire aussi le touriste : marinade de sardines au piment doux crème de potiron glacée au curry, poitrine de porc noir confite jus à la bière de l'île, crème brûlée aux agrumes. Service agréable et cave qui explore bien le terroir corse.
C : 46 € • M : 36-49 €

→ Rte de Calvi
☎ 04 95 60 61 71
F. lundi (mars-avril), à déj. lundi-merc. (mai-sept.) et 30 oct.-15 mars.
Jusqu'à 22h.

www.hotel-chezcharles.com

LUNEL - 34400   (32 B 3)
Montpellier 26 - Nîmes 31

12 **Chodoreille**

Ancrée en Camargue, la maison ne l'est pas seulement par son décor chaleureux ou sa terrasse entre le bleu de la piscine et celui du ciel, elle l'est surtout dans la cuisine, le filet de taureau grillé, le turbot à la carthagène ou le galet de Pompignan. Une fidélité qui s'étend à la cave, forcément languedocienne.
C : 49 € • M : 21-52 €

→ 140 rue Lakanal
☎ 04 67 71 55 77
F. dim., lundi, 2-21 janv. et 16 août-3 sept.
Jusqu'à 21h.

www.chodoreille.fr

LUNEVILLE

Villes de proximité, voir :

⟳ GALLARGUES.............8 km S.O. par N 313 et 113 **(11/20)**

16 🏨 Château d'Adoménil

Conventionnelle sans aucun doute, raffinée évidement, la table de ce château du XVIIIe siècle évite pourtant soigneusement toute lourdeur, exploitant sans ostentation un luxe omniprésent pour offrir un moment inoubliable à sa clientèle, sans jamais la placer dans ses petits souliers. Pâtissier de formation, Cyril Leclerc use de sa très sûre technique pour magnifier, à défaut de toujours transcender, des produits toujours au meilleur de leur forme : queues de langoustines rôties, craqueline de mangue et légumes aigre doux, dos de sandre de pays, échalote confite et légumes de saison sauce au pinot noir, côte de veau de lait rôtie, asperges blanches, râpé de pommes de terre et pied de veau. Desserts magnifiques, forcément, cave intelligente s'adaptant à (presque) toutes les bourses.
C : 85 € • M : 45 €

www.adomenil.com

→ Rehainviller
☎ 03 83 74 04 81
F. lundi, mardi à déj., merc. à déj., jeudi à déj., vend. à déj., dim. à dîn. (1er nov.-15 avril), 7-31 janv. et 18-29 fév.
Jusqu'à 21h15.

idéal gourmet

🍷🍷🍷 Château d'Adoménil ✒

Le château, construit au XVIIIe, partage le parc avec des arbres magnifiques et quelques dépendances. D'un bâtiment à l'autre, les chambres adoptent des styles différents, avec toujours un sens parfait du détail et du confort, du charme à l'ancienne des chambres du château à l'ambiance chaleureuse et ensoleillée de celles de la Maison du Vigneron. Service attentionné.
5 appart. 230-260 € • 9 ch. 165-210 €

www.adomenil.com

→ Rehainviller
☎ 03 83 74 04 81
🖨 03 83 74 21 78
F. 7-31 janv. et 18-29 fév.

- -

🍷🍷 Les Pages

Entre le château et la rivière, quelques maisons anciennes sont devenues hôtel de charme, dans une adorable harmonie de couleurs et de matières, l'ancien et le moderne se mariant avec bonheur pour créer des chambres superbes.
9 appart. 95-120 € • 28 ch. 55-65 €

→ 5 quai des Petits-Bosquets
☎ 03 83 74 11 42
🖨 03 83 73 46 63
Ouv. 7j/7.

15 🏨 Thierry Lassala

Les portables ne passent pas toujours très bien chez Thierry Lassala ? C'est vrai, surtout dans les chambres installées à flanc de colline. Et puis ? Le lieu est si paisible, l'atmosphère si détendue qu'on oublie rapidement ce petit désagrément. D'une grande sobriété dans ses intitulés de plats, ne tentant pas de vendre une quelconque inventivité pour attirer le chaland, la cuisine de Thierry Lassala séduit par l'extrême qualité des produits travaillés : asperges blanches des Landes, œuf simplement poché et vinaigrette à la truffe noire, filet de bar de ligne poêlé, nage potagère de céleris, navets et asperges vertes, biscuit moelleux à la pistache, confiture de tomate au citron et glace au fromage blanc. Sa cuisine ne manque pas de souffle et ce répertoire néo-régionaliste nous plaît follement. Excellente cave en sud-ouest et languedoc.
C : 42 € • M : 42 €

www.thierry-lassala.com

→ Rte des Thermes
☎ 05 59 34 40 12
F. dim. à dîn., lundi, mardi à déj. (h.s.), lundi à déj., mardi à déj. (juin-sept.) et 1 sem. fév.
Jusqu'à 21h30.

Au Bon Coin ✈

Dirigé par la famille Lassala depuis quatre générations, cet établissement jouit d'un cadre délicieux, en pleine nature, à flanc de colline. Accueil délicieux, superbes petits-déjeuners. Attention toutefois, certaines chambres sont parfois un peu humides. Calme absolu.

18 ch. 56-88€   *www.thierry-lassala.com*

→ Rte des Thermes
☎ 05 59 34 40 12
🖨 05 59 34 46 40
F. 1 sem. fév.

Villes de proximité, voir :

⟳ OSSE EN ASPE .... 16 km S. par N 134 et D 237 **(12/20)**

LUYNES - 37230   (18 B 1)
Tours 17 - Amboise 50

14 🍴 Domaine de Beauvois

Terroir au déjeuner, gastronomie au dîner, voilà le partage des tâches auxquels répond avec brio Régis Guilpain, au château depuis près de vingt ans. Il en connaît donc tous les rouages, les cachettes secrètes et la petite musique des plats de prestige et des accents régionaux, ajoutant la touche de mode indispensable aux habitués de grandes étapes : le foie gras chaud, avec un crémeux de rutabaga, saint-jacques et truffes avec un mousseux de cresson, bar sauvage coquillages et artichauts avec une émulsion iodée au caviar. Les assiettes sont adroitement réalisées, les produits remarquables (le pigeonneau avec son risotto ou l'agneau avec sa polenta) pour une carte un brin formatée mais toujours séduisante. La cave est érudite en loires (Chidaine, Cotat, Nicolas, Audebert, Joguet) et très bien fournie dans les classiques.

C : 68€ • M : 48€   *www.beauvois.com*

→ Le Port-Clouet
☎ 02 47 55 38 77
Ouv. 7j/7.
Jusqu'à 21h30.

🏰🏰🏰 Domaine de Beauvois ✈

Style royal aux portes de Tours : un manoir XVI-XVIIᵉ dans un parc boisé face à l'étang de Briffaut : 140 ha pour respirer un air de seigneur et la douce vie tourangelle, dans les chambres stylées et toutes différentes, belles tentures et baldaquin pour certaines, confort souverain. Dégustation de vins dans la cave voûtée.

1 appart. 300€ • 35 ch. 145-280€   *www.beauvois.com*

→ Le Port-Clouet
☎ 02 47 55 50 11
🖨 02 47 55 59 62
Ouv. 7j/7.

LUZ SAINT SAUVEUR - 65120   (29 A 6)
Pau 77 - Lourdes 32

10 La Tasca

Convivialité, ambiance soutenue et cuisine chaleureuse à petit prix, la recette appliquée par Laurence et Serge Balet est efficace et se nourrit aussi bien des traditions espagnoles de bodega que des produits du terroir basque.

C : 27€ • M : 22-24€

→ 17 pl Saint-Clément
☎ 05 62 92 96 22
F. dim., merc. (sf vac. scol.),
mai et nov.
Jusqu'à 22h.

LYON 1 - 69001   (27 D 3)
Paris 462 - Dijon 193 - Marseille 312

14 🍴 Magali et Martin

De la vraie bistronomie version lyonnaise : de ce vieux bar de quartier, Magali et Martin Schmied on fait un rendez-vous trendy, gouleyant, apéritif. La carte change midi et soir, les clients pas toujours, tellement contents d'avoir leur rond de serviette dans une des places les plus vivantes et agitées de la ville. Le chef, passé chez

→ 11 rue des Augustins
☎ 04 72 00 88 01
F. w.-e., 3 sem. août et 3 sem.
mi-déc.-mi janv.
Jusqu'à 22h.

LYON

■ Restaurant   **● Hôtel**   **⬡ Hôtel-Restaurant**

G
M

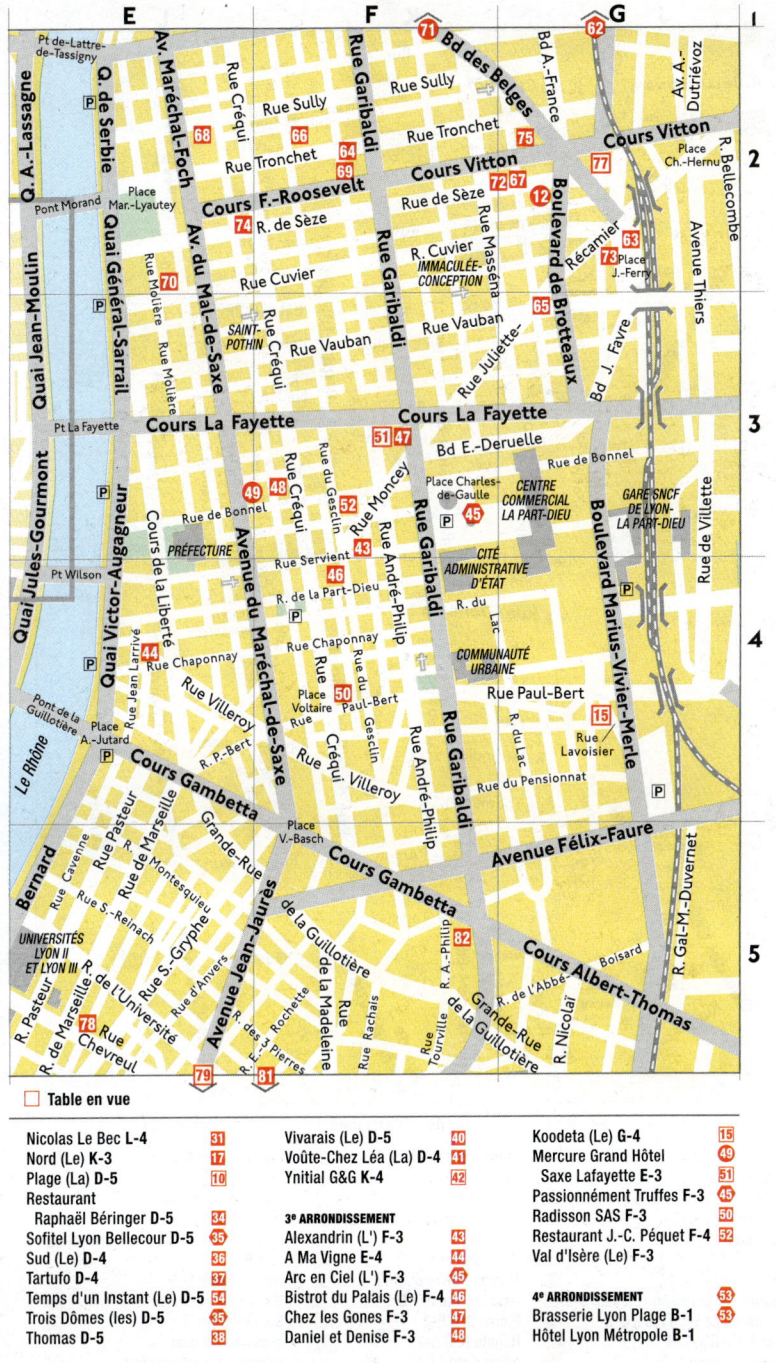

Table en vue

LYON

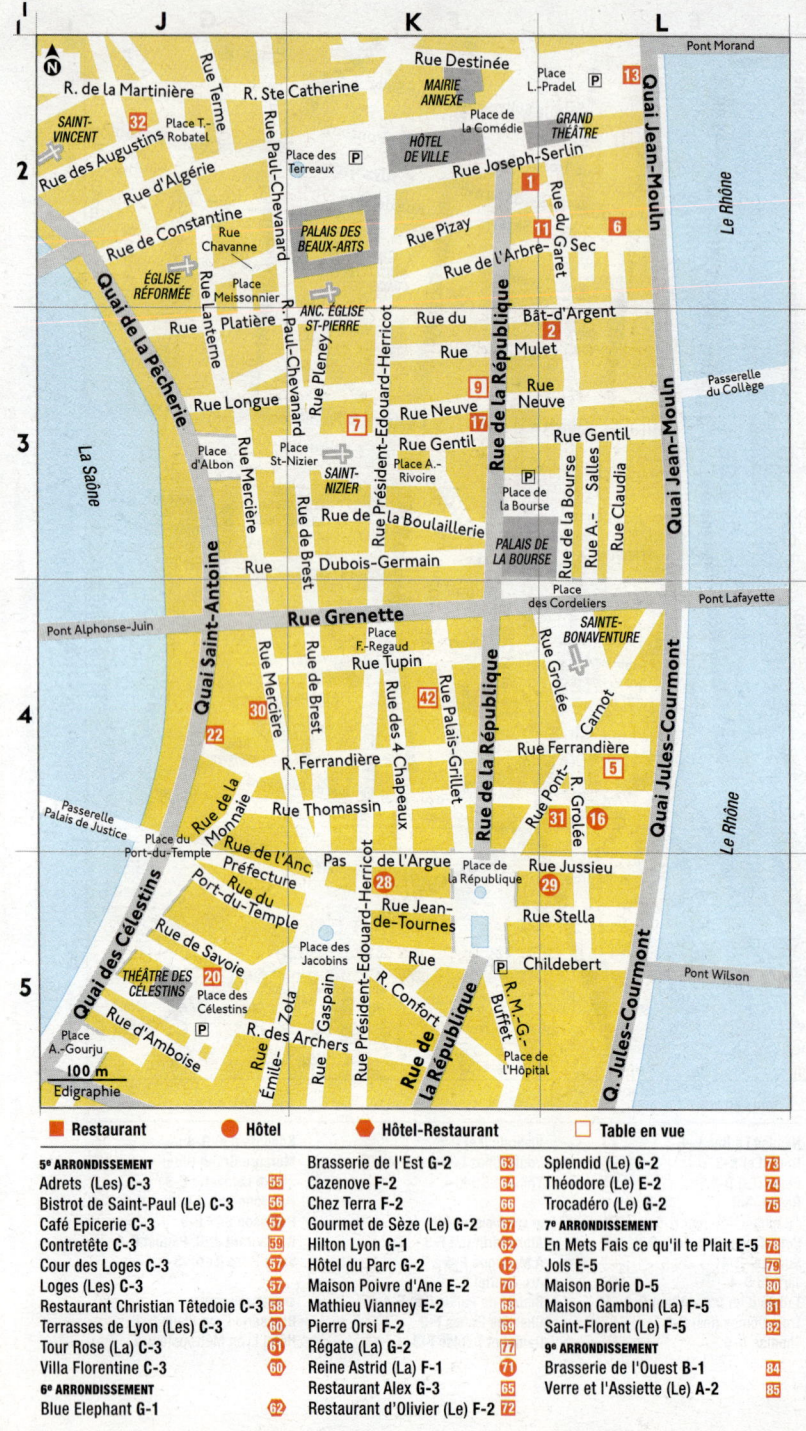

■ Restaurant ● Hôtel ◆ Hôtel-Restaurant □ Table en vue

Ducasse, Taillevent, Ledoyen ne fait pas du bouchon revisité mais surfe simplement sur le marché avec une élégance et une gourmandise permanentes. Au hasard, les beignets de sardines, le filet de bœuf Strogonoff, le moelleux au chocolat compotée de kumquat. Ils ne sont plus sur la carte ? Mais il y a autre chose, d'aussi bon et réussi. Cave maligne, de Barral à Métrel et aussi hors frontières.
C : 30 € • M : 17-45 €   *magali-et-martin@wanadoo.fr*

---

13 Le Caro de Lyon

→ 25 rue du Bât-d'Argent
☎ 04 78 39 58 58
F. dim.
Jusqu'à 24h.

idéal gourmet

L'ancien foyer de jeunes filles redécoré en bibliothèque cosy voit passer quotidiennement le Tout-Lyon des musiciens, des acteurs et des politiciens qui viennent y trouver ce que peu d'adresses rassemblent dans la capitale des Gaules : une ambiance unique, à la fois exotique, branchée, chic et bourrue et une cuisine marquée par les mêmes influences : pâté en croûte de volaille et foie gras, andouillette de homard, duxelle de champignons et émulsion de soja au citron vert.
C : 44 € • M : 27-39 €   *www.lecarodelyon.com*

---

13 Les Chats Siamois

→ 4 Petite-rue-des-Feuillants
☎ 04 78 39 34 72
F. dim., sam. à déj., 14 juil.-fin
août et 24 déc.-2 janv.
Jusqu'à 22h30.

La cuisine authentiquement thaïe proposée par Vasu Issarawattana ne se sert qu'en portions pantagruéliques. Tant mieux pour les gros appétits, les autres n'auront qu'à s'expliquer devant leurs assiettes à moitié finies. Mais ces portions imposantes ne trahissent en réalité qu'une sincère générosité et ne sauraient cacher un quelconque manque de finesse ou d'authenticité. Les gambas au poivre et à l'ail ou le magret de canard sont extrêmement séduisants, tout comme le cadre, une ancienne maison de canut au pied de la Croix-Rousse.
C : 30,50 €   *www.leschatssiamois.com*

---

13 Maison Villemanzy

→ 25 montée
Saint-Sébastien
☎ 04 72 98 21 21
F. dim., lundi à déj. et 3 sem.
janv.
Jusqu'à 22h.

Dans la galaxie des bistrots de Jean-Paul Lacombe et Guillaume Mouchel, l'atout de celui-ci pour se distinguer est sans conteste la belle vue sur la ville, depuis la terrasse ou la salle abondamment vitrée à l'étage. En cuisine, la formule reste assez proche, avec un efficace menu-carte, qui prend ici plus volontiers des accents sudistes, une affaire de nuances mais on s'attaque avec bonne humeur à l'épaule d'agneau jus au thym et risotto aux légumes ou au pavé de thon sauce basquaise.
M : 23 €   *www.maison-villemanzy.com*

---

12 Bouchon Authentique Lyonnais - Chez Hugon

→ 12 rue Pizay
☎ 04 78 28 10 94
F. w.-e. et août.
Jusqu'à 22h.

Chez Arlette ? Oui, ça, c'est un bouchon, et Arlette Hugon a quelques kilomètres de gras-double derrière elle. Si, donc, vous voulez de l'authentique sans guignolade, misez sur cette salade de cervelas, cette tête de veau, ce poulet aux écrevisses ou cette immuable et exemplaire blanquette. Henri tient la salle, conseille un brouilly ou un chiroubles, dans une cave évidemment beaujolaise.
C : 28 € • M : 23-34 €

12 La Mère Brazier

Renommée séculaire, quotidien typique : Philippe Bertrand entretient le mythe, astique les cuivres et fait bouillir la marmite, pour proposer une cuisine de bouchon chic correcte et orthodoxe avec les recettes du lieu : quenelles au gratin, volaille de Bresse demi-deuil, rognons de veau Gaston Brazier. Un beaujolais, un côtes ou même un bon bourgogne pour trinquer à la légende.
C : 40 € • M : 18-50 €   www.lamerebrazier.com

→ 12 rue Royale
☎ 04 78 28 15 49
F. lundi, sam. à déj., dim. et 21 juil.-19 août.
Jusqu'à 22h30.

----

12 Le Potager des Halles

Une table qui affiche clairement sa décontraction (service en tenue de ville branchée, carte des vins présentée sur un porte-photos...) mais qui galvaude jamais la qualité de ses assiettes : salade de figatellis grillés et chèvre frais à l'huile d'olive, onglet de bœuf, pommes de terre sautées au lard et artichauts, poire rôtie au caramel et glace Carambar. Joyeux et moderne, ce Potager mérite les encouragements.
C : 30 € • M : 13-30 €

→ 3 rue de la Martinière
☎ 04 72 00 24 84
F. dim., lundi, 1 sem. printemps, août et 1 sem. Noël.

----

12 Le Potiquet

Le restaurant d'Aurélien Gourrat en donne beaucoup pour un prix raisonnable : on apprécie le cadre élégant et feutré, les arcades de pierres de l'immeuble classé, les œuvres d'art en exposition, ainsi que ses efforts pour proposer une cuisine raffinée, donnant accès pour un peu plus de 30 € au foie gras poêlé (cuisson précise, accompagnement équilibré entre ananas, chocolat et épices) ou aux saint-jacques (avec une touche de citronnelle). Comme l'homme est un bon professionnel, l'affaire ne cache aucune mauvaise surprise et la cave permet de trouver sans trop de peine de quoi compléter le plaisir.
M : 26-33 €   lepotiquet@free.fr

→ 27 rue de l'Arbre-Sec
☎ 04 78 30 65 44
F. sam. à déj., dim., lundi et 20 juil.-16 août.
Jusqu'à 21h.

----

11 Au Petit Bouchon - Chez Georges

Une page se tourne chez Georges, Marc Gorgette prend la succession des Deschamps. Pas de quoi heureusement bouleverser ses habitudes, le décor n'a pas changé et les Halles de Lyon y déversent toujours généreusement de quoi alimenter une carte on ne peut plus traditionnelle, entre saucisson chaud, quenelles de brochet et cervelle de canuts.
C : 30 € • M : 18-25 €   aupetitbouchon-chezgeorges@orange.fr

→ 8 rue du Garet
☎ 04 78 28 30 46
F. sam. à déj., dim., 1 sem. fév., août et 1 sem. Noël-nouvel an.
Jusqu'à 22h.

La Gargotte d'Ivan

Dans une ancienne pâtisserie, une cuisine ludique où le jeune chef Ivan Péric se joue des tabous avec des associations risquées mais au moins décoiffantes : crème glacée de mozzarella sorbet de tomate au romarin carpaccio de sardines vinaigrette au foie gras, volaille pochée au lait d'anchois et morilles. Petite cave bien vue.
C : 25 € • M : 6-35 €

→ 15 rue Royale
☎ 04 78 28 79 20
F. sam. à déj., dim. à déj., lundi, mardi à déj. et août.
Jusqu'à 23h.

Matsuri

Sur le comptoir tournant défilent les top-models de la cuisine nippone, sushi, maki, sashimi, yakitori, à des tarifs équitables et dans le décor typique que l'on espère.
C : 23 €

→ 7 rue Fromagerie
☎ 04 78 27 83 06
Ouv. 7j/7.
Jusqu'à 22h30.

🔘 La Meunière

La Meunière ne risque pas de s'endormir : son moulin va toujours vite et fort, le défilé des dix saladiers lyonnais n'en finit plus, le saucisson pistaché, le gâteau de foies de volaille et le coq au brouilly attirent des cohortes touristiques au cœur de la ville, dans ce cadre authentique de bouchon de 1926.
M : 18-30 €

→ 11 rue Neuve
☎ 04 78 28 62 91
F. dim., lundi, ponts, 14 juil.-15 août et dern. sem. déc. Jusqu'à 21h30.

🔘 La Table d'Eugène

Rachetée en septembre 2006 à Babette et Alain Fort, cette adresse bien connue des Lyonnais est désormais dirigée par Eric Simond. Influences classiques au menu : gâteau de foie de volailles et crème de morilles, entrecôte au ragoût d'escargots, tarte pistache gianduja.
C : 23 € • M : 15-26 €   latabledeugene@yahoo.fr

→ 18 rue Royale
☎ 04 78 39 57 00
F. hebdo. non comm. F. fév. et 2 sem. août.
Jusqu'à 22h (22h30 sam.).

LYON 2 - 69002   **(27 D 3)**

18 🍺🍺🍺 ⋛ Nicolas Le Bec

Cette salle si bien climatisée est infiniment reposante. Ce n'est pas seulement la température qui est égale dans un froid de grizzly comme dans la canicule, mais les autres données objectives qui sont entièrement sous contrôle, respectant une norme ISO virtuelle du bien-être dans la restauration d'aujourd'hui. Eclairages et tons calmes, en variation d'ocre, musique entre deux ciels, de voix de chœurs ou d'instrumental, assiettes angéliques, comme une préfiguration d'un paradis urbain vers lequel les Lyonnais sont aujourd'hui fiers d'emprunter le chemin. Car la cuisine de Nicolas Le Bec est bien l'expression d'un talent particulier, et rare, celui par exemple de rendre savoureusement familière une saveur nouvelle, comme si elle existait déjà dans notre cortex sensible. L'attelage asperges-anguilles-foie gras, ce goût de fumé, cette harmonie de textures ? Mais c'est bien sûr ! Les langoustines, à peine cuites, d'un moelleux incomparable, mais "terminées" dans une crème façon marinière exaltante, avec ses salicornes, cocos de Paimpol et bigorneaux ? Une évidence, aussi forte que la rencontre, pourtant improbable, d'une daurade et d'un jus de lapereau, ayant choisi pour témoin une tomate cœur de bœuf en parfaite entremetteuse. C'est bien de cela qu'il s'agit : derrière la technique ébouriffante du petit prince lyonnais se niche la vibration irradiante d'une corde de plaisir qui sait jouer tous les accords, du ménager au princier, en passant par du bourgeois de fête, une caille gavée au maïs, dodue comme un caneton, escortée de cèpes et de foie gras. Les affaires se traitent au déjeuner, les serments au dîner et en mezzanine on partage en bonne compagnie un peu de snacking à l'ibérique, sympathiques tranchettes et fins gorgeons. A cet égard, la carte des vins est intelligemment rangée par vignobles et propriétaires, ouvrant grand ses colonnes aux étiquettes de prestige, avec de solides verticalités, mais ne s'ouvre peut-être pas encore suffisamment aux flacons moins aristocratiques. A 50 € et moins, le morgon de Lapierre, le cairanne de Richaud ou la Nine de Sénat ressemblent à des enfants non accompagnés voyageant en business. Service parfaitement raccord, chic élégant et souriant, donnant le bon rythme à cette atmosphère délicieusement isotherme.
C : 158 € • M : 48-148 €   www.nicolaslebec.com

→ 14 rue Grolée
☎ 04 78 42 15 00
F. dim., lundi et fériés.
Jusqu'à 22h.

15 Les Trois Dômes

D'Est en Ouest, le Sofitel sait recevoir. De l'Angus irlandais à la lotte au pak-choï chinois et curry thaï en passant par le chutney de mangue avec le foie gras, le chef Alain Desvilles règle sa montre sur le méridien de Greenwich et défie le décalage horaire. Sa cuisine est précise, internationale, brillante, sachant se centrer quand il faut sur le produit (l'agneau laiton du Limousin) comme la cave est planétaire, rassemblement de valeurs sûres qui trouve aussi les bonnes références en petites appellations (le vivarais de Gallety, le saumur de Germain, le saint-foy d'Hostens Picant). Service digne de l'enseigne, pléthorique, efficace et souriant qui met en valeur les assiettes millimétrées de la brigade dans ce cadre de chic businessman dominant la ville, tenant la promesse des trois dômes, derrière les baies vitrées.

M : 73-138 €

www.les-trois-domes.com

→ 20 quai du Dr-Gailleton
☎ 04 72 41 20 97
F. dim., lundi, 1 sem. vac. scol. fév. et 4 sem. juil.-août.
Jusqu'à 21h45.

Sofitel Lyon Bellecour

Un article parfaitement au point dans l'hôtellerie de luxe d'une métropole européenne : chambres vastes aux normes de la chaîne, calme absolu, équipements parfaits, cadre contemporain traditionnel. Parmi les agréments, la situation centrale, la vue sur les quais, le Rhône et la ville, le patio d'hiver au rez-de-chaussée.

29 appart. 470-1200 € • 135 ch. 320-340 €

www.sofitel.com

→ 20 quai du Dr-Gailleton
☎ 04 72 41 20 20
🖨 04 72 40 05 50
Ouv. 7j/7.

14 Fleur de Sel

L'an dernier, le petit monde de la gastronomie lyonnaise a poussé un soupir de soulagement lorsqu'il a appris que l'affaire de Cyril Nitard était enfin sauvée. L'homme n'a pas changé depuis, plébiscitant les beaux produits, le bar sauvage de pêche côtière qu'il accommode avec un nem de légumes croquants et une purée de patate douce, les beaux foies gras, les saint-jacques qu'il flanque d'une purée de petits pois et d'une embeurrée de pointes d'asperges ou les langoustines, qu'il propose en ravioli ouvert, avec un émincé d'artichaut poivrade sauté. On s'attardera un peu moins sur les desserts, pour lorgner en revanche avec envie vers la très jolie petite cave.

C : 30 € • M : 19-32,50 €

→ 3 rue des Remparts-d'Ainay
☎ 04 78 37 40 37
F. dim., lundi et août.
Jusqu'à 21h15.

13 Le Mercière

La concurrence est rude dans le petit monde des bouchons et le Mercière trône dans la rue du même nom avec l'assurance d'une prestation maîtrisée, du décor savamment typique au Menu des Canuts qui fait le bonheur des touristes entre saucisson chaud et quenelle de brochet, sans oublier bien sûr la cervelle. Pour les autres, en bon professionnel, Jean-Louis Manoa sait aussi varier les plaisirs et proposer la terrine de saint-jacques ou la souris d'agneau en tajine. La cave offre ce qu'il faut de la région pour compléter le plaisir.

C : 30 € • M : 17,40-36,50 €

www.le-mercière.com

→ 56 rue Mercière
☎ 04 78 37 67 35
Ouv. 7j/7.
Jusqu'à 23h (24h w.-e.).

Les noms des villes de proximité (dans un rayon d'environ 10 km), ayant au moins un établissement sélectionné, sont listés à la fin de chaque grande ville, avec mention de la note du restaurant la plus élevée.

13 🍺 Le Nord

L'axe Nord des quatre brasseries bocusiennes n'est pas pour autant la moins chaleureuse : recettes lyonnaises (saucisson chaud, quenelles de brochet) et tradition tout court font bon ménage dans un cadre qui ouvre l'appétit. Service toujours efficace, comme la cave, beaujolais et rhône, maligne et pas trop chère, avec une offre au verre équitable.
C : 40 € • M : 21,80-26,90 €   *www.bocuse.com*

→ 18 rue Neuve
☎ 04 72 10 69 69
Ouv. 7j/7.
Jusqu'à 23h (24h vend.-sam.).
♿ ≋❄ 🐕 🚬

---

13 🍺 Restaurant Raphaël Béringer

Ici on joue du piano avec talent, le maître d'hôtel, de temps en temps, mais surtout Raphaël Beringer, à chaque service, sur un air enjoué de bistronomie qui fait écho au décor contemporain en un concept abouti et séduisant jusqu'au bout des assiettes (risotto aux pointes d'asperges, selle d'agneau rôtie à la menthe, daurade grillée au sésame). Bon choix de vins au verre.
M : 19-45 €   *www.raphaelberinger-restaurant.com*

→ 37 rue Auguste-Comte
☎ 04 78 37 49 83
F. dim., lundi à déj. et 20 juil.-20 août.
Jusqu'à 22h.
≋❄

---

13 🍺 Thomas

La séquence de ce menu bien calé sous les 40 € - une somme rondelette mais qui s'avère finalement de bon rapport - montre le savoir-faire régulier de Thomas Ponson dans tous les compartiments du jeu : un risotto arborio impeccable qui varie selon la saison (artichauts et foies de volaille, seiches et langoustines...), du ménager gourmand (ravioli ouvert de daube de bœuf charolais à la provençale), des poissons bien travaillés (saint-pierre rôti aux gousses d'ail émulsion de lard fumé), de beaux braisages (épaule de veau façon osso-buco) et les fromages de la mère Richard, autant de clignotants au vert d'un professionnalisme plein de sûreté.
M : 17-37 €   *www.restaurant-thomas.com*

→ 6 rue Laurencin
☎ 04 72 56 04 76
F. w.-e.
Jusqu'à 21h.
🚬

---

13 🍺 La Voûte - Chez Léa

L'héritage est entre de bonnes mains avec Philippe Rabatel. Ce bouchon pur jus, avec ses salons 1900 à l'étage, demeure l'une des adresses les plus célèbres de la capitale des Gaules. Lyonnaise en diable, servant même le gibier en saison, la carte de cette maison séculaire ne froisse pas les susceptibilités : saucisson chaud poché au Mâcon Viré, tablier de sapeur sauce aux herbes, pâte en croûte pistaché et truffé au foie gras.
C : 30 € • M : 27,50-39,50 €

→ 11 pl Antonin-Gourju
☎ 04 78 42 01 33
F. dim.
Jusqu'à 21h45.
≋❄ 🐕 🚬

---

12 Les Comédiens

Ces Comédiens-là connaissent leur texte à la perfection, celui d'une belle cuisine classique, soucieuse de ses produits et d'une louable sobriété : pavé de morue fraîche taboulé aux herbes, souris d'agneau au romarin et polenta ou tournedos grillé sauce aux morilles, le jeu est juste. La cave fait plus que jouer les seconds rôles, le patron y veille, avec un bon choix qui a le bon sens de s'étendre aux verres ou aux pots lyonnais.
C : 30 € • M : 21,80-35 €   *lescomedienslyon@aol.com*

→ 2 pl des Célestins
☎ 04 78 42 08 26
F. dim., lundi et 5-24 août.
Jusqu'à 23h.
♿ ≋❄ 🐕

12 Comptoir des Marronniers

Plus qu'un paradis de la cuisine lyonnaise, ce Bistrot de Cuisiniers (une formule chère à Jean-Paul Lacombe) est avant tout un... bistrot, avec un adorable décor rustique et une cuisine en rapport, entre spécialités classiques et influences saisonnières. La formule unique d'un menu-carte qui change quotidiennement est en tout cas plaisante, avec ses idées qui permettent de renouveler des bases traditionnelles : andouillette à la moutarde, mais en cassolette, tartare de bœuf aux herbes fraîches, sauté de cochon à l'estragon cuit comme une blanquette.

M : 23 €   www.comptoir-des-marronniers.com

→ 8 rue des Marronniers
☎ 04 72 77 10 00
F. dim., lundi à déj. et 3 sem. déb. août.
Jusqu'à 22h.

----

12 Du Côté de Chez Xane

Du côté de chez Xane, c'est une balade gourmande et fortement teintée d'authenticité, du côté des finesses et des richesses de la cuisine thaïe, une salle de poche où l'on prend le temps de bien faire, où l'on ne sacrifie pas le produit à l'exotisme des préparations, bref un voyage à recommander absolument, même dans la capitale des Gaules.

C : 30 €   xaneetflorence@aol.com

→ 26 quai Saint-Antoine, Passage Merciere
☎ 04 78 37 93 51
F. dim. et vac. scol. fév.
Jusqu'à 23h.

----

12 L'Hostel

Original et attachant, ce salon Napoléon III où un chef de bonne tradition propose une carte léchée, bien dans ses meubles et fignolée comme un secrétaire d'ébéniste. La tatin de foie gras, la fricassée de saint-jacques risotto au parmesan ou les rognons de veau à l'échalote sont autant de défenseurs des bonnes mœurs, soutenus par le saint-aubin de Roux ou le crozes de Yann Chave.

C : 48 €

→ 2 pl de l'Hôpital
☎ 04 72 41 71 53
F. dim., lundi et 3 sem. août.
Jusqu'à 24h.

----

12 La Plage

Loin de la mode lounge, la Plage surnage sur un mode plus traditionnel, nappes blanches et parquet brut en écoutant RFM dans une petite boisée comme un intérieur de chalet, prolongeant un bar-pub cosy. La cuisine elle-même du nouveau MOF Sébastien Chambru possède des bases très saines, et les associations ne se concluent pas à l'emporte-pièce : tartare de seiches, anchois marinés sur une tartelette poivron, thon mi-cuit sur un lit de courgette, côtes d'agneau et tomates farcies. Même s'il y a un peu d'ostentation dans les présentations, des brunoises, des juliennes, des petits tas, le fond est tout de même bien solide. Desserts standards sympas, financier, fondant au chocolat fleur de sel, tatin. Petite cave classique et maligne (Montine, Jale, Puech-Haut...), Service jeune sans façon, bien dans le ton.

C : 42 € • M : 28-41 €   guybenayour@hotmail.fr

→ 40 rue Charité
☎ 04 78 42 25 12
F. dim.
Jusqu'à 22h30.

----

12 Le Sud

Vue sur la place Antonin Poncet et la Méditerranée depuis cette brasserie au style provençal imaginé par Paul Bocuse pour couvrir les points cardinaux de la restauration lyonnaise. La parole est donc donnée à l'assiette du pêcheur façon bouillabaisse, au tajine de poulet de Bresse au citron confit et au café glacé en cappuccino. Cave et prix parfaitement adaptés.

C : 38 € • M : 21,80-26,90 €

→ 11 pl Antonin-Poncet
☎ 04 72 77 80 00
Ouv. 7j/7.
Jusqu'à 23h (24h vend.-sam.)

12 Le Vivarais

Une petite tranche de Lyon : allez la découper au Vivarais, bistrot traditionnel au décor fifties où les Lyonnais apprécient le foie gras, la salade lyonnaise, la raie, les noisettes d'agneau, avec cervelle, langue et ris, et les fameuses pommes paillasson, icône du lieu. au même titre que le gâteau de riz à l'orange final. On boit simple un verre de chiroubles, extrait d'une sage carte du négoce rhodanien.
C : 40 € • M : 21-28 €

→ 1 pl Gailleton
☎ 04 78 37 85 15
F. sam. et dim. à déj., dern. sem. juil. et 3 sem. déb. août. Jusqu'à 22h15.

---

11 Tartufo

Depuis plus de vingt ans, Tartufo chante la barcarolle au cœur de la capitale des Gaules, près du Musée des tissus, et le récital n'est heureusement pas près de s'achever. On déguste le carpaccio comme à l'Harry's Bar, le vitello tonnato, le risotto aux cèpes et la panna cotta, classiques indémodables et bien faits dans un cadre soutenu de nombreux tableaux.
M : 18,50 €   *tartufo@wanadoo.fr*

→ 37 rue Sainte-Hélène
☎ 04 78 37 22 42
F. w.-e., à dîn, mi-juil.-mi-août et Noël-nouvel an.

---

11 Le Temps d'un Instant

Au cœur de Lyon, entre Perrache et Bellecour, Yannick Decelle met un savoir faire acquis notamment auprès d'institutions locales au service d'une vision personnelle des classiques d'ici ou d'ailleurs, comme la nage de joues de raie au safran, jouant la séduction des textures (cappuccino de lentilles à la crème de poitrine fumée) ou des saveurs canaille détournées (fricassée de joues de cochon aux épices). Tout ça mérite bien d'y consacrer un instant.
C : 25 € • M : 25-35 €

→ 27 rue Franklin
☎ 04 78 37 80 94
F. dim., lundi, 4-12 mai et 3-25 août. Jusqu'à 21h30.

👁 Chabert et Fils

À deux pas de la place Bellecour, la maison joue à fond la carte presque folklorique du bouchon de tradition, dans le décor, l'ambiance comme les propositions, dûment alimentées aux Halles en cochonnailles et autres volailles fermières.
C : 25 € • M : 17,50-34 €   *www.chabertrestaurant.fr*

→ 11 rue des Marronniers
☎ 04 78 37 01 94
24-25 déc. et 31 déc-1er janv. Jusqu'à 23h (tél. pour w.-e.).

👁 Cuisine et Dépendances

Le concept se dédouble désormais, avec une autre adresse au 68, rue de la Charité, pour cette cuisine marine et branchée dans un esprit conquérant et personnel par un jeune ancien de chez Troisgros, langoustines et foie gras émulsion à l'araguani, pastilla de saumon et pignons de pin, maxi Finger caramel jivara au beurre salé mousse chocolat sauce passion gingembre…
C : 32 € • M : 25-49 €   *www.cuisineetdependances.com*

→ 46 rue Ferrandière
☎ 04 78 37 44 84
F. dim., lundi et 3 sem. août. Jusqu'à 22h30.

👁 Yinitial G & G

L'appétissant décor lounge tout près de Bellecour ouvre la voie à la restauration d'aujourd'hui ouverte sur le monde et les cuissons qui plaisent (wok, plancha, teriyaki). Les idées viennent d'elles-mêmes : cabillaud vapeur lait coco bergamote, mandoo porc jus gingembre et soja, wok litchi gingembre confit sorbet fraise pour une véritable aventure sans frontières.
C : 27 € • M : 21-27 €   *palais.grillet@wanadoo.fr*

→ 14 rue Palais-Grillet
☎ 04 78 42 14 14
F. dim. et 27 juil.-17 août. Jusqu'à 22h30 (tél. pour w.-e.).

Boscolo Grand Hôtel

Un fier immeuble haussmannien entre Bellecour et Opéra, station idéale pour une visite du cœur de ville. Chambres au style Art Déco, parfaitement insonorisées et climatisées. Un décor luxuriant, presque baroque, harmonisé avec goût, jusqu'aux salons et bar le Tilbury. Equipements de qualité, installations séminaires.
140 ch. 179,35-316,50 €   www.boscolohotels.com

→ 11 rue Grôlée
☎ 04 72 40 45 45
🖷 04 78 37 52 55
Ouv. 7j/7.

Grand Hôtel Mercure Château-Perrache

D'une architecture Art nouveau inspirée par la patte de Louis Majorelle et d'Emile Gallé, ce bâtiment classé a récemment soufflé sa centième bougie. Chambres de style contemporain récemment rénovées.
2 appart. 220-240 € • 111 ch. 95-250 €   www.mercure.com

→ 12 cours de Verdun-Rambaud, esplanade de la Gare
☎ 04 72 77 15 00
🖷 04 78 37 06 56
Ouv. 7j/7.

Hôtel Carlton de Lyon

Au cœur du quartier piétonnier, un immeuble haussmannien de grande tradition, au confort régulièrement actualisé dans les chambres vastes toutes personnalisées selon des thématiques variées, anglais, Art Déco, moderne…
5 appart. 179-189 € • 83 ch. 99-151 €   www.mercure.com

→ 4 rue Jussieu
☎ 04 78 42 56 51
🖷 04 78 42 10 71
Ouv. 7j/7.

Globe et Cecil

La rénovation se poursuit (salles de bains cette année) dans cet hôtel de caractère au cœur du quartier classé, à proximité de Bellecour. Chambres au décor personnalisé, tissus d'éditeurs (Nobilis, Canovas, Jouffre, Lelièvre…), certaines avec cheminée en marbre et moulures anciennes,
60 ch. 125-155 €   www.globeetcecilhotel.com

→ 21 rue Gasparin
☎ 04 78 42 58 95
🖷 04 72 41 99 06
Ouv. 7j/7.

Mercure Lyon Beaux-Arts

Dans un immeuble typique XIXᵉ à la façade rafraîchie, l'esprit Art Déco règne sur cet intérieur fonctionnel et élégant, à 300 m de la place Bellecour. Chambres vastes aux équipements complets.
4 appart. 153-175 € • 71 ch. 118-152 €   www.mercure.com

→ 73-75 rue du Pdt-Edouard-Herriot
☎ 04 78 38 09 50
🖷 04 78 42 19 19
Ouv. 7j/7.

LYON 3 - 69003   (27 D 3)

15 L'Alexandrin

Alain Alexanian, après vingt années passées à la tête de cet Alexandrin, a cédé son affaire à son chef de cuisine, Laurent Rigal. Notre homme évolue en terrain connu puisqu'il officie dans les cuisines de cette joyeuse maison depuis près de 10 ans. Quelques retouches dans la salle à manger ainsi que la réfection de la terrasse ont rapidement suivi ce passage de témoin. A table, les habitués n'auront rien remarqué, l'omble chevalier rôti sur asperges et morilles, la véritable mousseline de brochet en quenelle sauce écrevisses ou le gratin de pamplemousse au coulis de fruits de la passion et pistaches de Sicile conservant le classicisme sérieux sur lequel cet Alexandrin a bâti sa réputation. Cave intéressante à défaut d'être très fouineuse.
C : 60 € • M : 38 €   www.lalexandrin.com

→ 83 rue Moncey
☎ 04 72 61 15 69
F. 29 juil.-20 août et 1 sem. Noël.
Jusqu'à 22h.

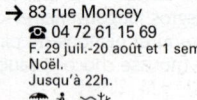
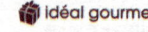
idéal gourmet

G_M

15 L'Arc en Ciel

Chaque Lyonnais et Lyonnaise rêve de se faire inviter dans la pointe du crayon, comme les Parisiens rêvent du Jules Verne au deuxième étage de la tour Eiffel. Un verre au bar en admirant la vue, avant de laisser Christian Lherm prendre les choses en mains : sa carte aussi a de l'altitude, le vent souffle, les idées traversent le monde : opéra de foie gras de canard aux figues sèches et milk-shake à la confiture de lait, saint-jacques rôties, fondant à la ganache de châtaignes, pigeon rôti au massalé, cuisses en nems consommé de carcasse et wok de légumes; le chef joue de toutes les influences, passant du terroir à l'exotisme et à la créativité en apnée, dans l'aisance d'une brigade bien conditionnée. Et si parfois, il y a un petit soupçon d'esbroufe, elle est balayée par un savoir-faire totalement évident. Et puis la vue vaut bien qu'on en mette un peu plein les yeux ! Bonne cave solide entre bourgogne et rhône.

M : 40-58 €   *www.lyonradissonsas.com*

→ 129 rue Servient
☎ 04 78 63 55 00
F. sam. à déj., dim. et 15 juil.-24 août.
Jusqu'à 22h.

Radisson SAS

Vous y êtes dans ce fameux crayon que l'on voit de partout ? Les hommes d'affaires n'y prêtent plus vraiment attention, mais à partir du 32e étage (les premières chambres) jusqu'au dernier (39e), la vue est tout de même époustouflante, dans le confort de chambres certes un peu standardisées mais d'un confort et d'une insonorisation parfaits.

245 ch. 110-300 €   *www.lyonradissonsas.com*

→ 129 rue Servient
☎ 04 78 63 55 00
🖨 04 78 63 55 20
Ouv. 7j/7.

- -

13 Daniel et Denise

Il ne faut pas croire ce bouchon figé dans la bouteille. Joseph Viola fait vivre cette cuisine lyonnaise riche et haute en couleurs sans remâcher des idées galvaudées. Il y a d'abord la précision d'un chef de haut niveau (ancien second de Michel Guérard, MOF 2004) qui peut revisiter des classiques par une préparation parfaite. Et puis cette façon intelligente d'adapter une tête de veau, un pâté en croûte ou une simple omelette comme s'ils constituaient une découverte, dans ce décor savamment conservé et rafraîchi de façon tendre et gaie. Service juste et attentif dans l'esprit lyonnais, cave idoine.

C : 38 €

→ 156 rue de Créqui
☎ 04 78 60 66 53
F. w.-e., août et Noël.
Jusqu'à 21h40.

- -

13 Restaurant J.-C. Péquet

Sur ce registre traditionnel, Jean-Claude Péquet ne prétend pas être le seul à Lyon. Pourtant, les connaisseurs du quartier n'échange-raient pour rien au monde ces ravioles de foie gras au jus de truffe, ce faux-filet de charolais sauce marchand de vin ou ce chaud et froid de chocolat noir, dans une salle accueillante et soignée, ou l'été sous les platanes. Maîtrise et équité jusqu'à la cave, où la centaine de références représente avec brio le Rhône, le Beaujolais et la Bourgogne.

M : 26-49 €

→ 59 pl Voltaire
☎ 04 78 95 49 70
F. w.-e., août et Noël-nouvel an.
Jusqu'à 21h.

Les prix au restaurant
C : addition moyenne à la carte (sans les boissons), comprenant 1 entrée, 1 plat et 1 dessert, dans le cadre d'une restauration traditionnelle.
M : fourchette de prix mentionnant le menu le moins cher et le menu le plus cher, proposant à la fois entrées, plats et desserts, sans les boissons.

12 Le Bistrot du Palais

L'un des "bistrots de cuisinier" drivé par Jean-Paul Lacombe, ex-chef à trois toques (Léon de Lyon) désormais hors du circuit de la grande gastronomie. En cuisine, Olivier Belval, qui fut second dans la maison mère, fait de son mieux dans les limites imposées (un menu-carte unique à moins de 24 €) avec la terrine de campagne et compotée de betteraves aux figues, le tartare de bœuf et la tarte au citron meringuée et coulis de fruits rouges. Vins au verre et pots lyonnais pour encore mieux embrasser la tradition.

M : 23,80 €   *www.bistrot-du-palais.com*

→ 220 rue Duguesclin
☎ 04 78 14 21 21
F. dim., lundi à dîn. et 3 prem. sem. déb. août.
Jusqu'à 22h.

- -

12 Chez les Gones

Une situation au cœur des Halles, une terrasse vitrée sur le cours Lafayette, un décor bouchon typique : bienvenue là où bat le cœur de la ville, dans une ambiance soutenue bien aidée par un service dynamique. A déguster bien sûr autour des spécialités typiques de la cuisine lyonnaise, fort bien traitées ici, surtout compte tenu des tarifs compétitifs.

C : 22 € • M : 15 €   *www.chez-les-gones.com*

→ 102 cours LaFayette, Halles-de-Lyon
☎ 04 78 60 91 61
F. à dîn. (sf groupes).

- -

11 Restaurant A Ma Vigne

Patrick Giraud a pratiquement tout appris dans cette maison de famille qui n'a finalement que peu changé depuis les années 60. La gastronomie lyonnaise occupe toujours une place prépondérante sur une carte où l'on retrouve avec plaisir la salade de pied-de-veau, les tripes ou le gratin d'andouillette.

C : 28 €

→ 23 rue Jean-Larrivé
☎ 04 78 60 46 31
F. w.-e. et août.

- -

10 Le Val d'Isère

Pas de ski rue de Bonnel : entre Part-Dieu et le Rhône, c'est Lyon et le Beaujolais qui font la carte de ce sincère bouchon de quartier : gras double, tripes, sabodet, quenelles, foie de veau, andouillette Bobosse sauce moutarde... Pot de coteaux-du-lyonnais, de régnié ou de mâcon blanc, ou le bon gigondas de Piaugier en bouteille.

C : 24 € • M : 15-22 €

→ 64 rue de Bonnel
☎ 04 78 71 09 39
F. w.-e., fériés et 3 sem. déb. août.
Jusqu'à 22h.

- -

Koodeta

Coup d'état permanent chez Koodeta, où la mousse monte de plus en plus pour le plaisir des Lyonnais avides de sensations. Un chef passé chez El Bulli pour faire de la "play food" et du "snacking chic", un programme édifiant où le wasabi, les espumas et la gelée de pâtisson tiède font naturellement partie du conseil de la révolution. Le décor est absolument superbe, sur l'idée d'une manufacture de tabac cubaine, couleurs vives, agencement très réussi, nombreux accessoires et détails inédits.

C : 40 € • M : 22,50 €

→ 6 rue Lavoisier
☎ 04 78 60 94 42
F. à dîn. lundi et mardi, dim.
Jusqu'à 3h (merc.-sam.).

- -

Passionnément Truffes

De la truffe en veux-tu en voilà, dès l'ouverture des halles, dans une jolie et appétissante échoppe : à partir de 8h, une petite tartine, une brouillade, une salade de saint-jacques. La melano est en abondance, les plats frisent les 60 €. mais quand on aime la truffe passionnément…

C : 50 €

→ 102 cours Lafayette, Halles de Lyon
☎ 04 78 60 15 98
F. à dîn., lundi.

Mercure Grand Hôtel Saxe-Lafayette

L'hôtel bénéficie d'un espace généreux, puisqu'il reprend les murs (belle architecture Art déco) d'un ancien garage. Les chambres, au cadre classique, en bénéficient directement.
1 appart. 275-381 € • 156 ch. 119-225 €   www.mercure.com

→ 29 rue de Bonnel
☎ 04 72 61 90 90
▤ 04 72 61 17 54
Ouv. 7j/7.

LYON 4 - 69004   (27 D 3)

Brasserie Lyon Plage

Pas moins authentique que Paris Plage, juste plus exclusif, mais ouvert à l'année : Lyon Plage s'installe au bord de la piscine olympique de l'hôtel, dans un décor marin, pour une sereine cuisine de brasserie, tendance allégée pour coller à l'esprit des lieux (Lyon-Plage c'est avant tout le centre de soin et remise en forme).
C : 28 €   www.lyonmetropole.com

→ 85 quai J.-Gillet
☎ 04 72 10 44 30
Ouv. 7j/7.

Hôtel Lyon Métropole

Vaste construction contemporaine en bord de Saône, l'hôtel bénéficie ainsi d'un cadre arboré non loin du centre. Aux chambres, sobres et au confort parfait, s'ajoute le luxe d'un équipement de détente extrêmement complet, de la piscine olympique au plus grand spa urbain d'Europe, en passant par les cours de tennis ou l'institut de beauté : respirez, on prend soin de vous.
1 appart. 250-395 € • 117 ch. 150-250 €   www.lyonmetropole.com

→ 85 quai Gillet
☎ 04 72 10 44 44
▤ 04 72 10 44 42
Ouv. 7j/7.

LYON 5 - 69005   (27 D 3)

16 Restaurant Christian Têtedoie

Les hommages prodigués par le Guide depuis des années ont sans doute plu à Christian Têtedoie, homme discret et sensible au col tricolore. Cette année, c'est la Légion d'Honneur qui sert de reconnaissance supplémentaire, s'il en était besoin, pour ce professionnel d'une extrême rigueur et qui a aussi appris qu'un restaurant était un lieu de fête. Alors, s'il porte au plus haut niveau le savoir-faire culinaire, il n'oublie pas de faire de cette salle contemporaine des bords de Saône un lieu de vie, de rendez-vous, où les convives savent que le plus produit de ce havre de convivialité est une cuisine chatoyante, maligne, toujours bien enrobée par un expert en royale de homard et cappuccino, en cromesquis, une petite tarte à la châtaigne avec la minute de saint-jacques, en canaillerie avec l'anguille farcie au bœuf carotte et sucs de syrah, en légumes oubliés avec son pigeonneau de ferme rôti et son ragoût de salsifis, topinambour et crosnes au jus. C'est tout cela Têtedoie, une facilité à changer de genre, à inventer, broder, raconter une belle histoire, faire vivre un moment différent dans un lieu de restauration. Cave excitante, forte sur les régions sud, service dans le bon tempo, souriant et précis.
C : 65 € • M : 48-75 €   www.tetedoie.com

→ 54 quai Pierre-Scize
☎ 04 78 29 40 10
F. sam. à déj., dim., lundi à déj., 1 sem. fév. et 3 sem. août.
Jusqu'à 21h30.

16 Les Terrasses de Lyon

Un champion à la barre d'un tel paquebot, ce n'est pas un luxe, c'est presque indispensable. Davy Tissot encadre une équipe de 35 personnes et produit, dans ce cadre éblouissant, une cuisine actuelle qui ne manque pas de panache. De la complexité, de l'innovation, une technique très aboutie, le MOF 2004 offre aux privilégiés de ce faste italien une carte à la fois audacieuse et

→ 25 montée Saint-Barthélemy
☎ 04 72 56 56 02
Ouv. 7j/7.
Jusqu'à 21h15.

maîtrisée ne s'appuyant naturellement que sur des produits d'exception : le king crab de Norvège avec un mille-feuille au sarrasin et chutney de citron vert, les saint-jacques d'Erquy et caviar d'Aquitaine sur une royale de céleri et soupe iodée aux huîtres, une côte de veau de Dordogne cuite lentement au four, ravioles de ris de veau, émulsion de lait aux truffes : c'est du palace sur mesure, avec des plats calibrés entre modernité et assurance, toujours en équilibre jusqu'à la sphère en chocolat de Tanzanie et son cœur au caramel beurre salé. Un régiment remarquablement ordonné assure un service fluide et sans faille, et la cave ne manque naturellement pas d'arguments entre rhône, bordeaux et bourgogne.

C : 85 € • M : 98 €   www.villaflorentine.com

Villa Florentine
L'ancien couvent classé, aux superbes fresques, domine la colline de Fourvière et offre un panorama à 180º sur toute la ville. Lyon à ses pieds, un rêve pour les résidents de cette villa raffinée, où chaque chambre a son caractère, mezzanine, terrasse, salles de bains de marbre ou de faïence, où l'ancien se mêle au contemporain jusque dans le confort (clim, chaîne hifi...). Beaux jardins en terrasse tout autour de la villa, ornés de sculptures, salle de fitness, installations séminaires...

8 appart. 365 € • 20 ch. 155-430 €   www.villaflorentine.com

→ 25 montée
Saint-Barthélemy
☎ 04 72 56 56 56
🖨 04 72 40 90 56
Ouv. 7j/7.

----

15 ☞ Les Loges
En trois saisons à peine, le jeune et bouillant Anthony Bonnet, distingué par le guide l'an passé, a imposé son style et sa fougue. Intransigeant sur le produit, précis dans ses apprêts, il livre une carte sensitive et gourmande, où l'on intègre le style théâtre à l'italienne de la superbe cour intérieure où la lumière tombe du ciel pour goûter simplement le plaisir de la représentation. Pur Lyonnais fier de ses racines, il travaille avec enthousiasme l'élevage local et sait dénicher auprès de producteurs sélectionnés les meilleurs légumes pour accompagner le pigeon à la broche ou le veau de lait en cocotte. Quelques associations punchy en dessert (les framboises et la betterave par exemple, le mille-feuille au miel et fleur d'acacia, yaourt et gelée fruits rouges), et une cave fine où la bio-dynamie est à l'honneur, servi par un sommelier compétent dans une équipe qui s'adapte au lieu, distinction et décontraction.

C : 75 € • M : 55-80 €   www.courdesloges.com

→ 6 rue du Boeuf
☎ 04 72 77 44 44
F. à déj., dim., lundi et juil.-août.
Jusqu'à 21h45.

Cour des Loges
Cet ensemble de maisons typiques de la Renaissance italienne a été remarquablement arrangé par la Compagnie des Hôtels de Montagne pour en faire un établissement unique, baroque et luxueux où chaque détail des chambres, cocon mignon ou suite seigneuriale, est personnalisé. Aux drapiers toscans succèdent aujourd'hui de simples amoureux de la ville en recherche d'une nuit romantique au cœur du Vieux-Lyon.

10 appart. 510-600 € • 52 ch. 240-470 €   www.courdesloges.com

→ 2-8 rue du Boeuf
☎ 04 72 77 44 44
🖨 04 72 40 93 61
Ouv. 7j/7.

13 **Les Adrets**

La cave largement rhodanienne que Jean-Luc Wesolowski soumet à sa clientèle n'a que peu d'équivalents dans la région : les meilleurs producteurs y figurent tous en bonne place, les Tardy, Graillot, Richaud ou la Janasse par exemple. La table conserve ses (bonnes) habitudes, plus simple au déjeuner et plus ambitieuse le soir, avec l'œuf poché sur assiette de cèpes à la crème, les saint-jacques à la pancetta sauce pesto ou la noisette de biche poêlée au jus. Jolie salle agrémentée de poutres apparentes et petite cour intérieure. M : 22-42 €

→ 30 rue du Boeuf
☎ 04 78 38 24 30
F. w.-e., fériés, août et sem. Noël.
Jusqu'à 21h30.

---

13 **Café Epicerie**

Mieux qu'un bistrot annexe, ce café-épicerie est l'un des lieux les plus charmants du Vieux-Lyon. Une terrasse de rêve, un espace de convivialité et de bien vivre autour des belles viandes sélectionnées par le chef qui met un point d'honneur à ce que les standards soient exceptionnels, la cuisson du bœuf comme la purée d'anthologie, le cochon du Limousin ou la selle d'agneau au romarin. Ces attentions, alliées à une atmosphère bien lyonnaise, chic et détendue, plaident toujours largement pour la toque.
C : 45 €   www.courdesloges.com

→ 2 rue du Boeuf
☎ 04 72 77 44 40
F. mardi, merc.(h.s.).
Jusqu'à 23h.

---

12 **Le Bistrot de Saint-Paul**

"Le Sud-Ouest sur les bords de Saône", plus qu'un leitmotiv, une réalité, soigneusement entretenue depuis vingt ans par Jean-Paul Labaste dans le cadre historique d'un immeuble classé et dans la bonne humeur, entretenue à grand renfort de cèpes, foie gras et canard gras, sans oublier une cave de même origine.
C : 35 € • M : 20-31 €

→ 2 quai de Bondy
☎ 04 78 28 63 19
F. dim. (h.s.), sam. à déj., dim. (printemps,été), 1 sem. mai et 3 sem. août.
Jusqu'à 22h.

Contretête

Amusant jeu de mots pour l'enseigne de ce bouchon lyonnais dirigé par Christian Têtedoie qui livre ici une intéressante interprétation des grands classiques de la cuisine locale : bouillon de poule aux ravioles de foie gras, filet de bœuf rôti au vin de cassis et gratin de poire, quenelle de brochet sauce Nantua.
C : 30 €   www.tetedoie.com

→ 55 quai Pierre-Scize
☎ 04 78 29 41 29
F. sam. à déj., dim, 3 sem. déb. août.
Jusqu'à 23h30.

La Tour Rose

L'hôtel joue des charmes d'un enchevêtrement de bâtiments XVIe et XVIIe et de la tradition de la soierie lyonnaise pour proposer des espaces personnalisés aux couleurs étudiées et aux détails raffinés. Une expérience exclusive.
5 ch. 230-290 €   www.tour-rose.com

→ 22 rue du Boeuf
☎ 04 78 92 69 10
🖷 04 78 42 26 02
Ouv. 7j/7.

LYON 6 - 69006   (27 D 3)

16 **Pierre Orsi**

Et le V12 se mit en marche. Confort britannique, tradition française, élégance italienne, il y a tout chez Orsi pour donner à une clientèle internationale, dans ce décor théâtral d'un salon très privé, l'image de la haute restauration à la française. Le cérémonial cache-t-il un folklore désuet ? Non, car si le cuir et les boiseries sont de la plus haute qualité, le moteur lui-même est un bijou, entre Bentley et Maserati, totalement onctueux, totalement sous contrôle, quels que

→ 3 pl Kléber
☎ 04 78 89 57 68
F. dim. et lundi.
Jusqu'à 21h30.

soient les classiques abordés saisonnièrement : on ne pourra s'empêcher de goûter le foie gras, en ravioles avec un jus de porto et truffes par exemple, un dos de saint-pierre doré aux pistils de safran, un pigeonneau rôti aux gousses d'ail confites en chemise. Simple, direct, dans l'extrême qualité du produit, servi par un des ballets les mieux réglés de France. Cave de grands crus, très forte en bourgognes et rhônes. Aux beaux jours, la roseraie-terrasse s'ouvre au premier étage pour goûter un peu plus encore le dessus du panier.

C : 60 € • M : 60-120 €   www.pierreorsi.com

- -

14 🍴 Cazenove

Si Orsi est en Rolls, Cazenove, sa voisine et cousine, deuxième bijou de la famille, est une Bentley distinguée et feutrée, dont le cuir est tout aussi solide, la fleur aussi fine et le moteur aussi puissant. Dans ce registre bourgeois de prestige, Cazenove pratique le cousu main, le sur-mesure, dans le vrombissement onctueux d'un V12 qui n'a pas besoin de trop monter en régime. Le foie gras est parfait, rose et fondant, le carré d'agneau est de haute qualité, viande moelleuse, petits légumes croquants, bons desserts chocolatés. Les plus petites intentions sont empreintes de délicatesse, à l'image de cette simple clémentine, divinement bonne, apportée en prédessert. Le service est instamment briefé par des maîtres d'hôtel rompus à toutes les manœuvres, le ton docte, cérémonieux, et légèrement donneur de leçon étant inclus dans une addition finalement équitable. Grosse belle carte de vins, axée sur les régions phares, sommelier très compétent.

M : 30-40 €   www.pierreorsi.com

→ 75 rue Boileau
☎ 04 78 89 82 92
F. w-e. et août.
Jusqu'à 21h30.

- -

14 🍴 Chez Terra

Si Mayuri Hara et son chef Hiroshi Teramoto continuent à appeler "bistrot japonais" leur petite échoppe, sans doute à cause des dimensions des lieux, il ne faut pas confondre : c'est ici une vraie table initiatique pour apprendre le japonais sans peine, avec un chef brillant qui ne se contente pas de trancher les sashimis. Faites lui confiance avec le traditionnel menu Omakase proposé généralement par les restaurants nippons : il choisit, selon l'arrivage et son humeur parmi les sushis de maquereau, le chou salé, les raviolis de porc grillé, les fritures d'aile de poulet, les coquillages au saké. Dépaysement - surtout si l'on accompagne de Kirin, de thé ou de saké - garanti dans une ambiance forcément zen débordant de courtoisie.

M : 11,50-24 €

→ 81 rue Duguesclin
☎ 04 78 89 05 04
F. dim., lundi, 3 sem. août et 2 sem. Noël.
Jusqu'à 21h30.

- -

14 🍴 Le Gourmet de Sèze

Lameloise, Troisgros, Chavent, tout dans le CV de Bernard Mariller fleure la bonne référence et l'école de la magistrature culinaire. Exercée avec brio dans d'exemplaires travaux pratiques, gentiment modernes, sagement originaux. Chaque passager de ce douillet salon témoigne de sa satisfaction en dégustant les saint-jacques d'Erquy sur velouté de céleri, l'œuf poché meurette et escargots de Bourgogne, chips d'ail, sur pousses d'épinards frais et la canette de Vendée jus tapenade fricassée de légumes tuberculés, la maîtrise technique contaminant jusqu'à l'assiette des très bons desserts de référence. Dans cette salle apaisante et moderne, le service se fait souple, moucheté de quelques touches de cérémonie sans en

→ 129 rue de Sèze
☎ 04 78 24 23 42
F. dim., lundi, fériés, 1 sem. fév., 1 sem. mai et août.
Jusqu'à 21h15.

abuser, fixant le standing d'une table distinguée dont la cave bordeaux-rhône-bourgogne suit les grands axes avec des propriétaires consacrés.
M : 37-70 €

legourmetdeseze@wanadoo.fr

---

14 Mathieu Viannay

→ 47 av Foch
☎ 04 78 89 55 19
F. non comm.
Jusqu'à 21h30.

On ne peut guère insister sur les acrobaties ou les numéros de claquettes en salle, parce que, par essence, cette adresse élégante entre Rhône et Brotteaux ne donne pas dans le clinquant ni le tonitruant. Pour les Lyonnais connaisseurs, et ils sont nombreux, Mathieu Viannay est bien des leurs, avisé, technique sûre, plats gourmands dans une tradition bien à la page : brochette de sot-l'y-laisses et asperges croustillantes à l'huile d'argan, saint-pierre plancha légumes crus et cuits à l'huile de lierre, noix de ris de veau de lait caramélisée, ravioles de mangue aux fruits de la passion. La démonstration, au lieu de se faire au travers des intitulés, se fait dans l'assiette. Très bon menu dégustation qui donne les idées du moment, cave sérieuse avec du grand et du finaud (brézème de Texier, Gallety, Croix Belle) axée bourgogne et rhône, même si 'on trouve Dagueneau, Brumont, Barral...
C : 75 € • M : 33-85 €

---

13 Brasserie de l'Est

→ 14 pl Jules-Ferry
☎ 04 37 24 25 26
Ouv. 7j/7.
Jusqu'à 23h (24h vend.-sam.).

Qualité du concept, professionnalisme, cadre : rien n'est laissé au hasard par la Bocuse Inc. dans l'ancienne gare des Brotteaux où un petit train électrique circulant en hauteur sert de clin d'œil à cette déco souriante où l'on voyage aussi loin que le train peut vous emmener : riz cantonais aux gambas et calamars, côte de veau rôtie en cocotte, gaufres grand-mère. Voilà du bistrot malin et ouvert, aux tarifs compressés, devant lequel on tire le chapeau.
M : 21,80-26,90 €

---

13 Maison Poivre d'Ane

→ 29 rue Molière, angle rue Bugeaud
☎ 04 72 74 44 14
F. sam. à déj., dim., lundi, 1er-8 mai, 4 sem. été et sem. Noël-nouvel an.
Jusqu'à 22h.

Les bonnes idées sont toujours légion dans cette petite adresse qui n'en finit pas de jouer, de détourner les classiques (le moelleux au chocolat, enrichi au beurre salé et au caramel), de brasser les influences (tandoori de volaille yaourt coriandre) ou d'imposer les mélanges sucré-salé (yaourt de foie gras aux pralines et asperges vertes). Une partition enlevée et bien exécutée, les bonnes ondes de la cuisine amenant sans peine la bonne humeur en salle.
C : 36 € • M : 29-35 €

lepoivredane@hotmail.fr

---

13 Restaurant Alex

→ 44 bd des Brotteaux
☎ 04 78 52 30 11
F. dim., lundi et août.
Jusqu'à 21h30.

La route est droite, bien tracée au cordeau, dégagée par un chef qui fait preuve tout au long de l'année d'une vraie maîtrise et d'un sens très actuel de la cuisine bistro-gastro : la tête de cochon et le foie gras, la caillette de homard et saumon au chou, la galette de rouget en croûte de noix, l'onglet au Salers et nems de blettes témoignent autant du savoir-faire que d'un swing culinaire plein de séduction. Les menus sont très bien balancés, la déco contemporaine est très réussi et l'équipe de salle sait suivre le rythme, au service comme à la cave, futée et intéressante, notamment en rhônes.
C : 40 € • M : 22-55 €

chez.alex@club-internet.fr

13 Le Splendid

Comme l'ancienne gare des Brotteaux, cette brasserie mériterait d'être classée, pour son décor mais surtout sa façon très plaisante de livrer le patrimoine gastronomique des mères lyonnaises à la gourmandise du XXIe siècle. Le Poulet de Bresse selon la Mère Blanc est un monument de gourmandise, même si le velouté glacé de piments doux au gingembre ou le sauté de gambas nage épicée ont aussi leurs adeptes. Service efficace et sympathique, cave tout aussi attractive dans son exploration régionale.

C : 30 € • M : 17-45 €
www.georgesblanc.com

→ 3 pl Jules-Ferry
☎ 04 37 24 85 85
Ouv. 7j/7.
Jusqu'à 23h30.

12 Le Restaurant d'Olivier

Une voûte en pierre et un décor aux accents champêtres, une cuisine qui prend volontiers des accents provençaux (mousseline de tomate à la mozarella, cabillaud rôti au bacon et sauce au pistou, jarret d'agneau braisé au thym), la maison d'Olivier Clauzier permet de changer du bouchon tout en conservant les valeurs de convivialité et de rapport qualité-prix qui en font le succès.

C : 30 € • M : 13,90-23 €

→ 125 rue de Sèze
☎ 04 78 24 41 26
F. dim., lundi, 3 sem. août et 10 jrs Noël-nouvel an.
Jusqu'à 21h30.

12 Le Théodore

Les fresques et tentures de la salle contrastent avec le mobilier contemporain de la terrasse, mais c'est toujours l'élégance qui domine. Cette élégance, on la retrouve dans une cuisine aux vertus bien digérées, qui alterne la fraîcheur d'un millefeuille de légumes confits à la feta et la nostalgie d'un foie de veau au vinaigre de cidre, qui décline aussi bien le tartare que l'aïoli de cabillaud. Service remarquable d'efficacité.

C : 40 € • M : 19,80-38,50 €
le.theodore@wanadoo.fr

→ 34 cours
Franklin-Roosevelt
☎ 04 78 24 08 52
F. dim. , fériés et 2e-3e sem. août.
Jusqu'à 22h30.

12 Le Trocadéro

En poussant la porte de verre au pied de cet immeuble début XXe, on découvre un cadre élégant, aussi éloigné du bouchon que la belle cuisine classique de Gérard Duc peut l'être du tablier de sapeur, car si les spécialités lyonnaises pointent bien le bout de leur nez, on vient ici avant tout pour les menus à thèmes (les habitués attendent avec impatience l'arrivée des saint-jacques) ou les spécialités de poissons. La cave va au plus proche, avec le Beaujolais et la Bourgogne en avant.

C : 30 € • M : 19,50-39 €

→ 16 cours Vitton
☎ 04 78 52 71 30
F. dim., lundi et août.
Jusqu'à 22h.

Blue Elephant

Réputée pour sa finesse comme pour ses saveurs épicées (heureusement les petits éléphants rouges veillent), la cuisine thaïlandaise trouve ici un ambassadeur expérimenté, décor discrètement exotique et réalisation soignée.

C : 37 € • M : 43-55 €
www.hilton-lyon.com

→ 70 quai Charles-de-Gaulle
☎ 04 78 17 50 00
F. sam. à déj., dim. et 19 juil.-18 août.
Jusqu'à 22h30.

Hilton Lyon

Posé entre le Rhône et le parc de la Tête d'Or, l'architecture contemporaine et lumineuse de Renzo Piano accueille des chambres spacieuses et au cadre classique, avec un sens du détail qui justifie les tarifs.

13 appart. 170 € • 199 ch. 145-355 €
www.hilton-lyon.com

→ 70 quai Charles-de-Gaulle
☎ 04 78 17 50 50
🖶 04 78 17 52 52
Ouv. 7j/7.

◉ La Régate

Lyon moderne et entreprenant dans cet espace modulable et privatisable : le jeune chef Cédric Sachet et son associé Romain Simonetti en salle ont plutôt bien marketé le concept, cuisine d'aujourd'hui plutôt simple, salade pâtes, risottos, brochette de gambas, pavé de morue, Simmental, dans une ambiance festive.
C : 30 € • M : 19,50 €   www.laregate-restaurant.com

→ 88 cours Vitton
☎ 04 78 24 01 00
F. sam. à déj., dim. à dîn.,
lundi à dîn., sem. 15 août et 1
sem. Noël.
Jusqu'à 21h45.

- -

La Reine Astrid

Face au parc de la Tête d'Or, en centre-ville mais jouissant tout de même de calme et d'espace, cette construction contemporaine propose des chambres spacieuses et confortablement équipées. Excellentes prestations d'ensemble, restaurant dans l'esprit lounge.
88 ch. 215-500 €   www.warwickhotels.com

→ 24 bd des Belges
☎ 04 72 82 18 00
🖳 04 72 93 80 06
Ouv. 7j/7.

- -

Hôtel du Parc

A proximité du parc de la Tête d'Or, un établissement pratiquement neuf aux chambres de très bon confort, climatisées et fonctionnelles.
23 ch. 68-136 €   www.hotelduparc-lyon.com

→ 16 bd des Brotteaux
☎ 04 72 83 12 20
🖳 04 78 52 14 32
Ouv. 7j/7.

LYON 7 - 69007   (27 D 3)

15 ⤳ Maison Borie

Il est toujours délicat - le rôle ingrat des notes distribuées comme à l'école - de sembler faire la leçon quand on voudrait se contenter d'applaudir. Ce n'est même pas le cas : ici, l'affaire est claire, Manuel Viron a autant de talent que de goût, et ces deux atouts sont intacts. Pourtant, il faut aussi être sincère: tout, dans la superbe galerie-véranda d'artiste de cette grande maison posée comme un ovni entre Rhône et Gerland, ne tourne pas aussi rond que prévu. L'ancienne bâtisse douanière devrait quasiment représenter le restaurant idéal, vins et cuisine se rejoignant dans la personnalité, le choix, l'acuité. Pourtant si tout est toujours alléchant, bien fait, et même souvent pointu - la tomate confite et aromatisée au balsamique avec la brochette de sardine, la grosse crevette avec son risotto carnaroli parfumé à la rose de Damas, le lapin de cabane farci d'olives et d'escargots ou la belle entrecôte à la moelle - il y a comme une pointe de laisser-aller inattendu qui donne envie de réveiller le conducteur avant que la berline ne file dans le rail. Une assiette un peu éloignée de l'intitulé initial, le service, pourtant plein de qualités, qui balance vite entre condescendance et désinvolture et même la carte des vins - enfin ce qui est proposé au public parmi les milliers de bouteilles en cave - qui nous a pour la première fois un peu déçus. Certes des trouvailles, certes des raretés, mais un certain classicisme, des tarifs altiers sur certains standards (Grange des Pères ou Coulée de Serrant à des prix de palace) et un choix finalement assez restreint sur certaines appellations. Heureusement, un sommelier, sûr de son fait, saura vous aiguiller dans un catalogue évidemment tous budgets (le sablet des Gouberts à moins de 30 €, le vin de table le Mazel à 22 €...).
C : 50 € • M : 28-75 €   www.maisonborie.com

→ 3 pl Antonin-Perrin
☎ 04 72 76 20 20
F. dim., 2 sem. mi-août et 1
sem. Noël-nouvel an.
Jusqu'à 22h.

Château Chapeau Cornu

*À Vignieu (38), un établissement hôtelier, affilié aux Châteaux
et Demeures de tradition, grandes étapes Vignoble.*

Le Rual, 38890 Vignieu - Tél. : 04 74 27 79 00 - Fax : 04 74 92 49 31
chapeau.cornu@wanadoo.fr - www.chateau-chapeau-cornu.com

14 En Mets Fais ce qu'il te Plaît

La carte, les plats ? On ne sait pas trop, cela dépend du marché : Katsumi Ishida fait exactement ce qui lui plaît, et, belle coïncidence, cela plaît aussi à la clientèle de cette salle zen et douce aux tables de bois peint, décor simple et net pour une assiette aux qualités similaires. Car ce qui place cette maison pas comme les autres au seuil des deux toques, c'est ce dépouillement aristocratique d'une cuisine en liberté, centrée sur le produit et les saisons, qu'elle touche de belles sardines, un magret de canard, une volaille de Bresse ou une lotte débarquée le matin même. Service discret et efficace, carte de vins assez courte mais bien renseignée.
C : 45 € • M : 24-46 €   *ishida.katsumi@hotmail.fr*

→ 43 rue Chevreul
☎ 04 78 72 46 58
F. sam. à déj., dim., fériés et 3 sem. août.
Jusqu'à 22h.

---

12 La Maison Gamboni

À un dégagement de Grégory Coupet du stade Gerland et de la halle Tony Garnier, ce repaire de carnivores est le back-office des spectacles ou du foot. Tartare, tête de veau gribiche, rognons et côtes de bœuf défilent devant les aficionados, qui accompagnent les rouges assiettes d'une syrah de Delas ou d'une Mouline de Guigal, dans une cave qui a du répondant, comme le service, toujours au tourniquet dans ce cadre moderne et vivant.
C : 28 € • M : 28 €   *www.maisongamboni.com*

→ 241 rue Marcel-Mérieux
☎ 04 78 72 62 48
Ouv. 7j/7.
Jusqu'à 22h30.

---

12 Le Saint-Florent

La volaille de Bresse est la véritable vedette de cette adresse-dédicace ou dans le décor, comme dans l'assiette, Philippe Zagonel fait vibrer la guitare régionale : gâteau de fois blonds, chapons, poulet à la crème, bréchets façon grenouilles… On n'en rate pas une, entraînés dans l'ambiance sacerdotale instillée par Pauline, et une carte de vins du Bugey qui fait une bonne piqûre de rappel.
C : 35 € • M : 14,50-33 €

→ 106 cours Gambetta
☎ 04 78 72 32 68
F. sam. à déj., dim., lundi à déj. et 3 sem. août.
Jusqu'à 21h15.

Jols

Les jols ? Des petits poissons qu'on déguste en friture, présent dans ce moderne temple poissonnier où l'on vient faire son marché dans chaque étal. 600 m² d'un décor un peu mauresque pour croiser quelques peoples locaux, à deux pas de Gerland et de la halle Tony Garnier.
C : 25 € • M : 18-23 €   *www.jols.fr*

→ 283 av Jean-Jaurès
☎ 04 78 72 10 10
F. dim.
Jusqu'à 23h.

LYON 9 - 69009   **(27 D 3)**

---

14 Brasserie de l'Ouest

La plus moderne brasserie de Lyon tenue par un octogénaire sur lequel le temps n'a pas de prise : ce dance floor de la gastronomie d'aujourd'hui, imaginée par Paul Bocuse et son équipe, avec ses écrans plats, sa vaste terrasse au calme des bords de Saône, cette salle zen moderne où le service virevolte de table en table pour créer des mouvements de foule et un engouement que peu de villes peuvent s'offrir, prouve s'il en est besoin l'intérêt des Lyonnais pour toutes les cuisines quand elles sont bien faites : acras de morue antillais, minute de thon rouge plancha, volailles à la broche, fondant au chocolat caraïbe, on voyage dans la salle et dans l'assiette, tout en restant purement lyonnais. Cave bien faite, bouteilles, fillettes, verres, de la Bourgogne au Rhône.
M : 21,80-26,90 €   *www.bocuse.com*

→ 1 quai du Commerce
☎ 04 37 64 64 64
Ouv. 7j/7.
Jusqu'à 23h (24h vend.-sam.).

13 🍴 Le Verre et l'Assiette

Pas plus de 25 couverts, le déjeuner seulement sauf en fin de semaine (le soir c'est pour les enfants) : Olivier et Maryline Delbergues ont choisi de vivre leur métier sans oublier de vivre eux-mêmes, ce qui est plutôt un atout pour bien recevoir ses contemporains, dans cet intérieur simple de bois clair et de pierre au mobilier brun. Olivier est seul en cuisine, ouverte sur la salle, Marilyne seule en salle et tout fonctionne gentiment avec ce menu de marché, une formule à petit prix qui n'exclut pas le soin et un peu d'ambition (quelques suppléments pour les ingrédients nobles), sur les associations (pressé de queue de bœuf et thon fumé) comme sur les cuissons (très bon cabillaud plancha avec une semoule épicée). Et les desserts (riz au lait déstructuré avec un excellent sorbet litchi). Petite cave assez débrouillarde, sur Rhône et Bourgogne notamment, quelques grands crus accessibles, forgée avec un bon caviste lyonnais.
M : 21 €

→ 20 Grande-Rue-Vaise
☎ 04 78 83 32 25
F. w.-e., 1re sem. vac. scol. hiver et 3 prem. sem. août.
Jusqu'à 21h15.

Villes de proximité, voir :

↻ CALUIRE ET CUIRE....................................3 km N. **(14/20)**
↻ COLLONGES AU MONT D OR. 12 km N. bords de Saône **(Icône)**
↻ MARCY L' ETOILE ....8 km N.O. par N 7 et D 7 **(14/20)**
↻ MIONNAY ....19 km N. par N 83 **(Icône)**
↻ RILLIEUX LA PAPE ....7 km N. par N 83 et N 84 **(15/20)**
↻ TOUR DE SALVAGNY (LA)..........10 km N.O. par N 7 **(16/20)**

LYONS LA FORET - 27480 (6 D 3)

Rouen 36 - Gournay-en-Bray 25 - Les Andelys 20

10 Restaurant de la Halle

Un petit mâchon de simplicité sur la place des très jolies halles de la petite ville forestière. Choisissez les menus, les recettes plutôt classique et profitez de la gentillesse de l'accueil.
C : 30 € • M : 18,50-28,50 €

→ 6 pl Isaac-Benserade
☎ 02 32 49 49 92
F. dim. à dîn., merc. et 3 sem déb. déc.
Jusqu'à 22h.

- -

🦄 La Licorne

Sur la ravissante place du village, un nouveau directeur tente de relancer cette auberge de lointaine réputation, née au XVIIIe siècle. Les chambres ont été refaites et la cuisine confiée à un jeune chef ambitieux, passé par l'Ecaille chez Marc Tellier, qui offre, encore aujourd'hui une carte relativement prudente.
3 appart. 70-225 € • 20 ch. 70-225 €

→ 27 pl Benserade
☎ 02 32 49 62 02
▤ 02 32 49 80 09
Ouv. 7j/7.

LYS SAINT GEORGES - 36230 (18 A 6)

Châteauroux 28 - Argenton-sur-Creuse 27

12 Auberge La Forge

Cette longère berrichonne constitue depuis bien longtemps le seul commerce en activité de ce ravissant village classé. Dans la rustique salle à manger que réchauffe un feu de cheminée ou bien dans le charmant jardin ombragé par une tonnelle, le même plaisir champêtre, les mêmes bonnes ondes émanant d'une cuisine toujours sincère : cannelloni d'escargots du Berry à la crème d'ail, suprême de pintade et sa cuisse confite à l'émulsion de bacon, parfait glacé au chocolat blanc et pépites du Berry. Cave bien triée en Loire, moins fouineuse ailleurs
C : 40 € • M : 18-45 €

→ 7 rue du Château
☎ 02 54 30 81 68
F. dim. à dîn., lundi, mardi (h.s.), lundi (juil.-août), 3 sem janv. et 2 sem. fin sept.
Jusqu'à 21h.

🎁 idéal gourmet

www.restaurantlaforge.com

MACAYE - 64240 (23 B 5)

Hasparren 11 - Cambo-les-Bains 14

12 Ogibarnia

l'ère de la mobilité, Ogibarnia donne un cours de savant immo-
ilisme : le terroir basque est porté avec dévotion dans ce refuge
ittoresque et accueillant. D'année en année, la piperade et le
oulet basquaise réconfortent touristes et autochtones en renou-
elant chaque jour une denrée vitale : le plaisir d'une assiette simple
t authentique.
: 25 € • M : 15,50-25 €

→ Quartier Place
☎ 05 59 93 30 35
F. merc., vend. à dîn (h.s.), 22
fév.-11 mars et 21 déc.-7 janv.
Jusqu'à 20h45.

MACE - 61500 (6 A 5)

Alençon 27 - Argentan 24

Ile de Sées

ifficile de reconnaître une ancienne laiterie derrière ces façades
uvertes de lierre. Le parc ajoute au charme champêtre parfait
our une étape normande. Les chambres, simples et personna-
sées, sont d'un confort soigné.
ch. 53-70 €   www.ile-sees.fr

→ Vandel
☎ 02 33 27 98 65
🖵 02 33 28 41 22
F. 30 nov.-1er mars.
🚗 🐾

MACON - 71000 (20 B 6)

Lyon 70 - Bourg-en-Bresse 35

4 Restaurant Pierre

n chic bourgeois indémodable qui a des parfums de cuisine
école, dans un cadre soigné et chaud, brique nue et beau
appage, cheminée en pierre de Bourgogne, agréable patio. Chris-
an Gaulin, qui travailla avec Ducloux chez Greuze, connaît évidement tous les fondamentaux. Sa carte peut alors tournoyer autour
es meilleurs produits du cru, on ne risque pas la dégringolade : ni
ans les ravioles de saint-jacques truffées, ni dans le saint-pierre en
aille de pomme de terre et jus de viande tranchée à l'huile
amande, ni bien sûr dans le tournedos de charolais et foie gras
êlé sauce bourguignonne. De beaux desserts stylés (soufflé,
ndant, arlettes à l'ananas crème au kirsch…) et une cave sérieu-
ment bourguignonne (mais aussi des grands bordeaux, des
rcellaires de Guigal…) permettent également à un service rodé
se montrer sous son meilleur jour.
60 € • M : 28-72 €

→ 7-9 rue Dufour
☎ 03 85 38 14 23
F. dim. à dîn., lundi, mardi
à déj., 10 jrs vac scol. fév. et 3
sem. juil.
Jusqu'à 21h.
❄✳ 🐾 ⬛

Hôtel d'Europe et d'Angleterre

ne maison sérieuse et classique XIXe qui a vu passer Lamartine et
lette. Un salon de style, parquet, tapis et objets anciens, des
ambres un peu plus contemporaines aux tons pastel.
ch. 45-70 €   www.hotel-europeangleterre-macon.com

→ 92 quai Jean-Jaurès
☎ 03 85 38 27 94
🖵 03 85 39 22 54
F. dim. (janv.-fév.).
🚗 🐾

lles de proximité, voir :

BERZE LA VILLE...........9 km N.O. par N 79 et D 220 **(15/20)**

CHAINTRE...........9 km S.O. par N 6, N 19 et D 169 **(14/20)**

LEYNES...6 km S.O. **(12/20)**

REPLONGES............................4 km E. par D 68a et N 79

SAINT LAURENT SUR SAONE.........3 km E. par N 79 **(13/20)**

MAGALAS - 34480 (31 D 4)
Béziers 22 - Bédarrieux 21

14 | O Bontemps *d⋚*

Longtemps appelée the Boucherie, gouailleuse et carnivore dans un décor nostalgique d'affiches et vieilles réclames, cette table de village revue par Olivier Bontemps (ex-Octopus, ex-Jardin des Sens) prend évidemment un visage beaucoup plus contemporain. La ligne ébauchée à Béziers (Octopus 15/20) se décline naturellement dans un décor sobre, plaisant, prolongé d'une petite terrasse. En quelques mois, les petites routes de l'arrière-pays sont redevenues familières aux aficionados d'une cuisine actuelle, expressive et nette. Une seule expérience, mais sans équivoque, place une première toque sur ces plats d'inspiration. Jolie cave en languedoc et roussillon, trouvailles et confirmations.

C : 24 € • M : 16-24 €

the_boucherie_of_malagas@yahoo.fr

→ Pl de l'Eglise
☎ 04 67 36 20 82
F. sam. à déj., dim., lundi et Toussaint.
Jusqu'à 21h45.

MAGESCQ - 40140 (23 B 4)
Mont-de-Marsan 68 - Dax 26

15 | | Relais de la Poste

Magescq et cet ancien relais de poste, une histoire commune qui dure depuis plus de cinquante ans. La famille Coussau en a fait l'une des étapes les plus courues du Sud-Ouest, autant pour l'hôtel que pour la table, rassurante, cossue, émanation parfaite du savoir-vivre à la française tel qu'on se l'imagine souvent depuis l'étranger. Pour incarner cette tradition, Jean Coussau ne lésine pas sur les moyens, n'achetant que les meilleurs produits et se refusant à toute alliance a priori contre nature. Les merveilleuses huîtres Gillardeau sont escortées de caviar d'Aquitaine, les saint-jacques en étuvée se marient avec des truffes, le homard avec des châtaignes, la formidable poularde de Duplantier rôtie à l'os étant rehaussée d'un ragoût de morilles fraîches au jurançon. Riche, obstinément régionale, cette cuisine conquiert encore de nombreux adeptes, et nous ne serons jamais les derniers à effectuer un pèlerinage annuel sur le chemin de Saint-Jacques-de-Compostelle.

C : 90 € • M : 52-105 €

poste@relaischateaux.com

→ 24 av de Maremne
☎ 05 58 47 70 25
F. lundi, mardi (1er oct.-30 avril), lundi, mardi à déj., jeu à déj. (1er mai-30 sept.) et 11 nov.-20 déc.
Jusqu'à 21h30.

↺↺↺ Relais de la Poste

Presque une légende, le relais des Coussau incarne à merveille l'art de vivre gascon, au restaurant bien sûr, mais aussi dans les chambres, une douzaine simplement, pour que chacun se sente comme chez soi, personnalisées selon plusieurs thèmes, contemporain, Art déco, classique ou "tout bois". Massages et soins esthétiques s'ajoutent à la piscine couverte, au sauna, au hammam et au jacuzzi.

4 appart. 250-430 € • 12 ch. 135-290 €

www.coussau@wanadoo.fr

→ 24 av de Maremne
☎ 05 58 47 70 25
▤ 05 58 47 76 17
F. 11 nov.-20 déc.

11 | Le Cabanon La Grange au Canard

Les Landes telles qu'on les aime : une ancienne ferme au milieu d'un airial de chênes centenaires et une cuisine généreuse, où le canard gras est roi. C'est bien ainsi qu'il faut l'apprécier, en prenant son temps pour digérer le foie gras à la confiture de vieux garçon ou le cassoulet au foie gras.

C : 45 € • M : 25-48 €

www.perso.wanadoo.fr/lecabanon40

→ 1129 av des Landes
☎ 05 58 47 71 51
F. dim. à dîn. et lundi (sf juil.-août).
Jusqu'à 22h30.

MAGNAC LAVAL - 87190   (25 B 2)
Poitiers 67 - La Souterraine 18 - Bellac 16

11 La Ferme du Logis

Dans un cadre campagnard reposant, en pleine nature, un restaurant installé dans une ancienne étable dont les pierres, les poutres et les tomettes ne laissent planer aucun doute sur l'authenticité du site. Cuisine sans faille s'appuyant sur les grands classiques ménagers, grandes salades, gigot d'agneau aux herbes, filet de truite sauce crémée safranée, flognarde aux fruits de saison.
C : 40 € • M : 15,50-32 €

→ La Thibarderie
☎ 05 55 68 57 23
F. dim. à dîn., lundi (h.s.), lundi à déj. (15 juin-15 sept.) et janv.-mi-fév.
Jusqu'à 21h.

www.resa-france.com

MAGNY COURS - 58470   (19 B 4)
Nevers 15 - La Charité 38

Absolue Renaissance

Une renaissance pour cette maison de longue tradition : après des lustres de bons et loyaux service à proximité du circuit de F1, le jour se lève et la solennelle atmosphère bourgeoise s'estompe avec une nouvelle équipe qui rajeunit les cadres. C'est l'Absolue Renaissance, excusez du peu, avec ses menus à l'ardoise, sa veine bistrotière et ses menus étagés, rendant la maison gaie et accessible pour les dimanches en famille.
C : 28 € • M : 18-49 €

→ 2 rue de Paris
☎ 03 86 58 10 40
F. 1er mai et 24 déc. à dîn.
Jusqu'à 22h.

www.absolue-renaissance.fr

Absolue Renaissance

Un jardin de 2500 m², un potager encore plus vaste et surtout une âme au caractère presque indéfinissable, empreinte d'élégance, de sobriété et de raffinement. Situation pratique, à quelques pas du circuit de Formule 1.
4 appart. 100-150 € • 9 ch. 84-92 €

→ 2 rue de Paris
☎ 03 86 58 10 40
📠 03 86 21 22 60
F. 1er mai et 24 déc.

www.absolue-renaissance.fr

MAILLANE - 13910   (33 B 4)
Avignon 16 - Saint-Rémy-de-Provence 7

L'Oustalet Maianen

Installée face au musée Mistral, sous une tonnelle, la terrasse de cette délicieuse maison agit comme un aimant. Provençale et authentique, la cuisine de Christian Garino ne manque pas d'esprit, la mitonnée de blettes et de ris de veau aux olives, la pièce d'agneau de Provence rôti et laitée braisée et la pomme cuite, sablé amande et sorbet au cidre valant bien le détour dans cette chic vallée.
C : 42 € • M : 25-39,50 €

→ 16 rue Lamartine
☎ 04 90 95 74 60
F. dim. à dîn. (sf juil.-août), lundi et nov.-janv.
Jusqu'à 21h30.

www.oustaletmaianen.com

MAILLEZAIS - 85420   (15 D 6)
La Roche-sur-Yon 65 - Fontenay-le-Comte 14

11 Auberge de l'Abbaye

Une petite maison de bord de route au cœur du Marais Poitevin, typique du sol de pavés aux poutres du plafond, avec la terrasse pour les beaux jours et bien sûr les spécialités du cru, fricassée de lumas, bouilliture d'anguille et farci poitevin. A savourer en toute simplicité.
C : 25 € • M : 17-33 €

→ Le Petit-Port-Sauvage
☎ 02 51 87 25 07
F. lundi (h.s.) et 15 déc.-1er mars.
Jusqu'à 21h30.

auberge-abbaye@hotmail.fr

MAISONNAIS

MAISONNAIS - 18170　(18 B 6)
Chateaumeillant 10

🥂🥂 La Maison d'Orsan ✈

Intronisé l'an dernier parmi les adhérents Relais et Châteaux, ce merveilleux prieuré du XIIe siècle est bien sûr connu pour ses fameux jardins, créés par Patrice Taravella. Mariant le bois blond et la pierre, les chambres offrent un cadre absolument charmant. Parc immense et visite des jardins.
7 ch. 180-280 €

→ Orsan
☎ 02 48 56 27 50
🖷 02 48 56 39 64
F. 1er nov.-31 mars.

www.prieuredorsan.com

MAISONS LAFFITTE - 78600　(8 A 4)
Paris 20 - Versailles 21 - Poissy 7

14 🍺 Le Tastevin

Cette grande maison en meulière est dirigée depuis plus de 30 ans par les époux Blanchet. Cuisinier d'expérience (forcément), Michel Blanchet laisse passer les modes sans jamais s'affoler et, au lieu de courir derrière une hypothétique reconnaissance de la presse branchée, préfère se concentrer sur son marché, affichant une exigence de tous les instants sur le choix des produits. Cette qualité a un prix, plutôt élevé, dans l'assiette. Néo-classique, comme il la qualifie lui-même, sa cuisine ne cherche pas à surprendre, mais plutôt à rassurer une clientèle chic et bourgeoise qui ne demande que cela : aiguillettes de rougets en fine pissaladière, dos de bar cuit sur peau, aubergine grillée et son caviar. Presque révolutionnaire dans ce contexte, le moelleux de fenouil confit, sorbet au poivron rouge et sauce safran vaut bien deux toques. Belle cave classique, service sans faille.
C : 80 € • M : 45-85 €

→ 9 av Eglé
☎ 01 39 62 11 67
F. lundi, mardi, 2 sem. fév.-mars et 3 sem. déb. août.
Jusqu'à 21h45.

MAISONS LES CHAOURCE - 10210　(9 B 5)
Chaource 6 - Les Riceys 19

12 Aux Maisons

Un peu perdue dans la campagne auboise, cette maison vit grâce à l'opiniâtreté d'une famille soudée autour de Cédric Enfert, aux fourneaux depuis plus de dix ans. Traditionnelle et soignée, sa cuisine fait preuve parfois d'une emphase inutile, les escargots de Bernon et crème d'ail fumé, le pigeon façon tajine aux épices douces et le sablé, épices, chocolat, banane rôtie et glace carambar (un dessert un peu chargé) ne valant pas tout à fait la toque. Petite cave proposant quelques champagnes à prix très attractifs.
M : 31 €

→ 11 rue des AFN
☎ 03 25 70 07 19
Ouv. 7j/7.
Jusqu'à 21h30.

www.logis-aux-maisons.com

MALATAVERNE - 26780　(27 C 5)
Montélimar 9 - Donzère 6

15 🍺🍺 ≥ Le Domaine du Colombier 𝑑≶

Les planètes sont en conjonction : GaultMillau ne pouvait éviter cette maison de bonne renommée qui végétait quelque peu dans la campagne montilienne. Deux jeunes chefs ont transformé la citrouille : Julien Gleize et Cyril Fressac sont deux cuisiniers manifestement talentueux, légitimement ambitieux, et leur technique est déjà très au point, pour les cuissons, comme pour la traduction de leurs idées bouillonnantes. Dans un remarquable menu-carte à trois plats pour à peine plus de 50 €, ils font apparaître des compositions précises et enjôleuses - pied de porc et gaspacho d'asperge, bar cuit à basse température, cannelloni de cèpe et

→ Rte de Donzère
☎ 04 75 90 86 86
Ouv. 7j/7.
Jusqu'à 21h30.

G
M

potimarron, filet de bœuf jus truffé et frites de polenta, canard laqué aux blettes - et quelques brillantes comètes, comme la tartelette de boudin blanc truffé, soutenue de potimarron et flanquée de très belles saint-jacques et d'une lamelle d'iberico. Les contraintes d'un hôtel de standing, confortable et calme, ne semblent pas peser sur l'imagination de ce duo prometteur, et servir d'aussi belles assiettes (très jolis desserts, aux fruits notamment) dopent une équipe de salle emmenée avec distinction par un très bon directeur. Cave très sérieuse avec les grands noms du Rhône dans une belle sélection, une force particulière sur les châteauneufs, de beaux flacons en bordeaux et languedoc et les vins de l'abbaye de Lérins, suite à une visite du père abbé. Un tel endroit de charme et de plaisir paraît idéal pour venir y déguster une Syrare de Gallety, facturée sans excès à 75 €.

: 70 € • M : 28-46 €   *www.domainecolombier.com*

MALBUISSON - 25160   (21 C 4)
Besançon 75 - Pontarlier 19

15 Le Bon Accueil

La précision suisse à deux pas de la frontière : chez les Faivre, le coucou n'a pas besoin d'être remonté. Le chef, encore jeune malgré ses presque vingt ans de maison, assure du deux toques sur tous les plats qui passent avec une aisance qui rassure tout le canton. Les associations ont du sens, la réalisation se fait fluide, naturelle, léchée, que l'on soit dans la phase rustique (tarte aux escargots de Bourgogne et tranches de lard fumé) ou plus exotique (saint-jacques et patates douces confites au gingembre, fromage de tête de cochon au foie gras et chutney d'ananas). La déco, sobre et épurée se marie avec cette manière limpide dans une atmosphère de connaisseurs, qui ont aussi un regard entendu pour la carte de vins, très bien renseignée en Jura (Lornet, Puffeney, Tissot...) et inspirée ailleurs (Petite Bellane au verre). Huit chambres complètent l'offre, couleurs chaudes et bois naturel pour un séjour de calme confort.

: 60 € • M : 29-54 €   *www.le-bon-accueil.fr*

→ 32 Grande-Rue
☎ 03 81 69 30 58
F. dim. à dîn., lundi, mardi
à déj., 14-23 avril, 27 oct.-5
nov. et 15 déc.-17 janv.
Jusqu'à 21h.

13 Jean-Michel Tannières

La maison de Jean-Michel Tannières, installée à la sortie du village, tout près du joli lac de Saint-Point, semble marquer le pas. Les raisons en sont probablement multiples et sans doute que le franc succès rencontré par l'annexe, le "Bistrot d'Angèle", n'y est pas étranger. On peine toutefois à retrouver, ou alors seulement par instant, ces produits du terroir transcendés auxquels le chef nous avait habitués. Lassitude ? Baisse de forme passagère ? Le pressé de foie gras de canard à l'artichaut, le dos de sandre en écailles de pommes de terre sauce au vin et le soufflé au Grand Marnier ne peuvent en tout cas plus prétendre aux deux toques. Service courtois.

: 38-60 €   *www.restaurant-tannieres.com*

→ 17 Grande-Rue
☎ 03 81 69 30 89
F. dim. à dîn., lundi, mardi
(hiver), janv. et 2 sem. vac.
scol. Pâques.
Jusqu'à 21h.

12 Le Fromage

Dans un joli cadre montagnard (banquettes conviviales, plafonds de bois sculpté), ce Fromage (un des trois restaurants de l'hôtel du lac) propose un plaisant voyage aux franches saveurs de terroir, croûtes et raclettes bien sûr, mais aussi saucisse de Morteau ou quiche aux escargots. A arroser d'un verre d'arbois pour ne pas trop s'éloigner.

: 21 € • M : 18-21 €   *www.lelac-hotel.com*

→ Au Village
☎ 03 81 69 34 80
F. 12 nov.-19 déc. (sf w.-e.).
Jusqu'à 21h.

🍷🍷 Le Lac

La situation face au lac constitue bien sûr le premier charme des lieux, mais les chambres prennent soin de décliner les ambiances pour satisfaire les envies les plus variées. On a un faible pour les chambres de style chalet, claires et chaleureuses, qui rappellent la forêt toute proche.

5 appart. 125-183 € • 50 ch. 22-110 €

→ Au Village
☎ 03 81 69 34 80
🖷 03 81 69 35 44
F. 12 nov.-19 déc. (sf w.-e.).

www.lelac-hotel.com

LA MALENE - 48210	**(31 D 2)**

Mende 38 - Millau 43

🎁 Manoir de Montesquiou

Célèbre pour sa tradition batelière, ce village sur le Tarn forme un bien joli cadre pour ce manoir XVᵉ, chaleureuses vieilles pierres aux chambres délicieusement nostalgiques, meubles de style et lits à baldaquin.

2 appart. 69,50-142 € • 10 ch. 69,50-108 €

→ ☎ 04 66 48 51 12
🖷 04 66 48 50 47
F. fin oct.-déb. avril.

MALROY - 57640	**(11 D 2)**

Metz 9 - Thionville 21

10 Aux Trois Capitaines

Deux ans après avoir repris (et entièrement rénové cette maison installée à cinq minutes du centre-ville de Metz), l'inusable Marcel Moureau (cinquante ans de cuisine cette année) porte toujours haut l'étendard de la cuisine d'hier : terrine de foie de volaille, gelée de confiture d'oignons et céleri rémoulade, véritable quenelle de brochet (maison) sauce Nantua, soufflé glacé à la mirabelle sauce suzette.

C : 25 € • M : 19,50-34,50 €

→ 43 rue Principale
☎ 03 87 77 77 07
F. lundi à dîn.
Jusqu'à 21h30 (22h w.-e.).

georges.greiner@wanadoo.fr

MANERBE - 14640	**(6 A 3)**

Caen 51 - Lisieux 7

13 Le Pot d'Etain

Bienvenue en Pays d'Auge, dans une ambiance champêtre et conviviale, accueil direct et franc sourire, au service d'une cuisine ludique et personnelle : Christophe Hamonou n'hésite pas à tirer le terroir vers le XXIᵉ siècle, n'en déplaise aux amoureux des tripes à la mode de Caen ou de la sole à la dieppoise. Ces élans pleins d'enthousiasme emportent l'adhésion, d'autant qu'ils ne se font pas aux dépends du produit, qu'il soit venu en voisin (les huîtres d'Isigny, la volaille fermière) ou de plus loin (le chef ne dédaigne pas travailler le caviar d'Aquitaine).

C : 60 € • M : 19-28 €

→ Le Bourg
☎ 02 31 61 00 94
F. dim. à dîn., lundi, mardi (hiver), 12-22 nov. et 3-25 mars.
Jusqu'à 21h15.

MANIGOD - 74230	**(28 B 2)**

Annecy 49 - La Clusaz 15

14 Chez Marie-Ange

Chaque année, la même gentillesse, la même farandole montagnarde, entraînante et gourmande. De l'accueil de Marie-Ange et d'Isabelle à la cuisine supervisée, en direct ou à distance par Edouard Loubet et traduite par Eric Guelpa, que du bonheur, du bien-être, du bien vivre dans un cadre de chalet de conte de fée. Dans un monde presque utopique où tout est moelleux et souriant, on partage le plaisir d'une dînette joyeuse, avec les idées du moment, un magret, une côte de veau, un carré d'agneau, des

→ Rte du Col de la Croix-Fry
☎ 04 50 44 90 16
F. lundi, mardi à déj., merc. à déj., mi-avril-mi-juin et mi-sept.-mi-déc.
Jusqu'à 20h45.

produits d'exception aidés par des champignons, un matafan et l'indispensable gratin de Mamie Loubet. Les résidents sont comme des coqs en pâte (tiens, ce soir, on mangera une raclette !), et aimeraient parfois que la neige les bloque ici quelques semaines...
C : 55 € • M : 26-76 € www.hotelchaletcroixfry.com

Chalet-Hôtel de la Croix-Fry
Le chalet de Marie-Ange est un bijou avec ses vieux bois, ses tissus épais, ses coussins moelleux, mais l'accueil est le plus précieux des cadeaux de bienvenue, donnant à chacun l'impression d'être un ami de la famille. Atmosphère délicieuse à tout moment de la journée, pour un thé ou un chocolat, chambres parfaites dans l'esprit régional, et chalets à louer tout autour.
4 appart. 150-420 € • 6 ch. 150-360 € www.hotelchaletcroixfry.com

→ Rte du Col de la Croix-Fry
☎ 04 50 44 90 16
04 50 44 94 87
F. mi-avril-mi-juin et mi-sept.-mi-déc.

MANOM - 57100 **(11 D 1)**
Thionville 3 - Metz 33

11 Les Etangs
Cadre de détente à cinq minutes de Thionville pour déstresser les cadres et faire la joie des familles le week-end. Avec plus de 25 000 couverts à l'année, on comprend que l'objectif est parfaitement rempli et la formule bien ajustée, cuisine d'aujourd'hui, ambitieuse et fédératrice, aux présentations travaillées (araignée de mer sur un blanc-manger aux petits pois, saint-pierre vapeur tempura de gambas et wok de légumes aux nouilles de sarrasin...), grande cave classique aux références indiscutables (Ramonet, Sauzet, Comtes Lafon...).
C : 50 € • M : 35-60 € www.restaurantlesetangs.com

→ Rte de Garche
☎ 03 82 53 26 92
F. dim. à dîn., lundi et merc. à dîn.
Jusqu'à 21h30.

MANOSQUE - 04100 **(33 D 4)**
Digne 57 - Aix-en-Provence 53

12 Le Petit Lauragais
Situation pratique en centre-ville (face au parking municipal) pour cette sympathique adresse dédiée à la gastronomie du sud-ouest : duo de saint-jacques et foie gras au jus de canard, cassoulet du Lauragais "à la façon de Madame" (Lucette Di-Biase, la maîtresse de maison), cabillaud au lard. Cave régionale.
C : 30 € • M : 22,50-34 €

→ 6 pl du Terreau
☎ 04 92 72 13 00
F. sam. à déj., dim. à dîn., 14 juil.- 14 août et 25 oct.- 10 nov.
Jusqu'à 22h.

Le Pré Saint-Michel
Un bâtiment contemporain au style provençal aux détails soignés, dans l'accueil comme dans la décoration (meubles patinés, parquets de chêne vieilli, boutis provençaux, toiles de lin). Des chambres bien équipées donnant sur le jardin aux oliviers et lauriers roses.
24 ch. 56-100 € www.presaintmichel.com

→ Montée de la Mort d'Imbert
☎ 04 92 72 14 27
Ouv. 7j/7.

Villes de proximité, voir :

LE MANS - 72000   **(16 C 2)**

Paris 204 - Orléans 152 - Alençon 56 - Angers 97

15 Le Beaulieu

Chic et contemporain, voire baroque dans ses associations de couleurs, le décor contraste avec la façade austère de cet ancien hôtel particulier, mais s'avère finalement bien adapté pour le travail d'Olivier Boussard, qui s'emploie depuis de nombreuses années à bousculer le paysage gastronomique manceau pour tailler une route personnelle entre rillettes et homard. Poussées modernistes sagement dosées (avec des parfums sudistes, souvenirs des années passées au Pays basque), produits toujours soignés et présentant bien, cuissons sans défaut, la mécanique est bien rosée. Belle cave classique, à explorer de préférence entre loire et bourgogne.
C : 71 € • M : 28-99 €

→ Pl des Ifs
☎ 02 43 87 78 37
F. w.-e., 29-3 mars et août.
Jusqu'à 21h.

13 La Ciboulette

Fidèle au poste, à son frais décor au cœur de la vieille ville, à sa ligne de conduite, soigné-pas cher, à une jolie cuisine du temps présent, mélange malin de bistrot, de canaillerie, d'idées en vogue (pied de cochon, risotto de gambas, lieu jaune au beurre de cidre, mascarpone au Grand-Marnier) : voilà la Ciboulette de Laurent et Michèle Lachat, qui relève bien agréablement la gastronomie mancelle. La cave manque un peu d'attrait, sauf en loires.
C : 35,50 € • M : 15,90-29,90 €

→ 14 rue de la Vieille-Porte
☎ 02 43 24 65 67
F. sam. à déj., lundi à déj. (sf groupes) et dern. sem. août-1re sem. sept.
Jusqu'à 22h.

11 Le Bistro du Mans

Un bistrot-brasserie dans l'air du temps, bien calibré avec les plats qu'apprécient autant touristes et locaux, entre la marmite sarthoise et la choucroute de poissons. Cadre plaisant, choix considérable et service rapide.
C : 17 € • M : 27 €   *www.lebistrotdumans.com*

→ 12 rue Hippolyte-Lecornué
☎ 02 43 87 51 00
F. dim., lundi. et 20 juil.-7 août.
Jusqu'à 22h30.

11 Le Flambadou

La seule adresse du Vieux Mans à être spécialisée dans la cuisine du Sud-Ouest et du Gers (cou de canard farci au foie gras truffé, rognon de veau sauce moutarde violette, civet de cuisse d'oie...) ? Elle est tenue depuis l'an dernier par Mickaël Palvadeau qui, en reprenant cette agréable maison en a profité pour en refaire complètement la décoration intérieure. Très belle terrasse ombragée.
C : 25 €

→ 14 bis rue Saint-Flaceau
☎ 02 43 24 88 38
F. sam. à déj., dim., sam. et 3 sem. fin sept-déb. oct.
Jusqu'à 22h.

10 Auberge des Sept Plats

Un menu-carte entièrement paramétrable (entrée, plat et dessert pour 19,90 €, notez la précision du tarif) avec les traditionnelles propositions sans le dessert ou sans l'entrée et la possibilité de choisir une bouteille de vin pour deux, le café et un apéritif au choix pour 27,90 € tout compris. La cuisine ? Bistrotière, avec le caquelon d'œufs pochés au foie gras, le magret de canard sauce périgourdine ou tiramisu maison aux framboises.
C : 19,90 € • M : 19,90-27,90 €

→ 79 Grande-Rue
☎ 02 43 24 57 77
F. dim., lundi, mardi à déj. et 24 déc.-3 janv.
Jusqu'à 22h30.

G_M

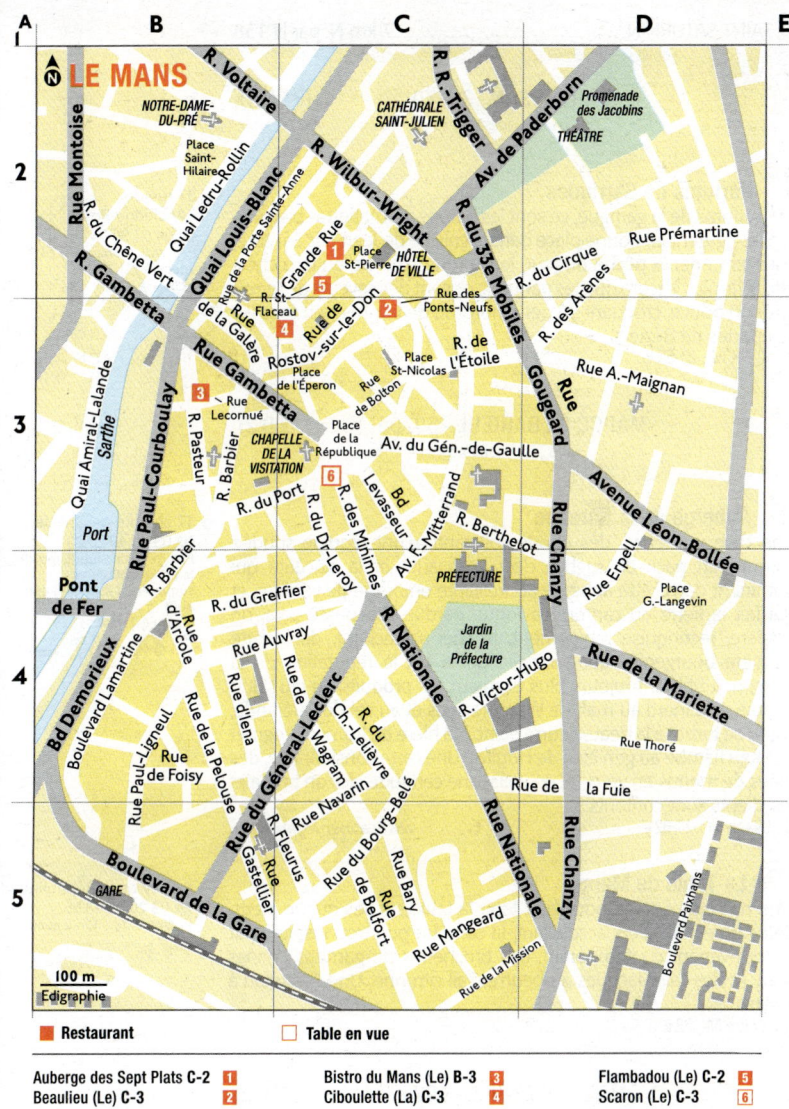

■ Restaurant   □ Table en vue

Auberge des Sept Plats **C-2** ■1	Bistro du Mans (Le) **B-3** ■3	Flambadou (Le) **C-2** ▢5
Beaulieu (Le) **C-3** ■2	Ciboulette (La) **C-3** ■4	Scaron (Le) **C-3** ▢6

👁 Le Scarron

La terrasse, agrandie, peut désormais accueillir 200 places. On peut donc croire en la possibilité d'un été au nord de la Loire l'an prochain. En attendant, on profite au chaud de cette très honnête carte brasserie, salades, poissons plancha et rôti de porc grand-mère.
C : 25 € • M : 18,50 €

www.le-scarron.com

→ 36 pl de la République
☎ 02 43 28 43 22
Ouv. 7j/7.
Jusqu'à 22h30 (24h w.e.).
♿ 🐕

Villes de proximité, voir :

↻ ARNAGE .... 10 km S. par D 147 **(14/20)**
↻ RUAUDIN .... 9 km S.E. par D 142 **(13/20)**

⟳ SAINT SATURNIN.................................. 7 km N. par N 138

MARAUSSAN - 34370   **(31 D 4)**

Béziers 6 - Capestang 11

12 Parfums de Garrigues

Les parfums de la garrigue, ce sont les herbes aromatiques bien sûr, et elles figurent en bonne place dans la cuisine de Jean-Luc Santuré, pour parfumer la pêche du jour, le pigeon de ferme ou le cochon rôti. Et là, plus encore que les parfums, ce sont des saveurs de terroir que l'on trouve, croquant un petit morceau de bonheur en terrasse aux portes de Béziers.

C : 40 € • M : 23-55 €

→ 37 rue de l'Ancienne-Poste
☎ 04 67 90 33 76
F. mardi, merc. et 19-27 fév.
Jusqu'à 21h30.

MARCQ EN BARŒUL - 59700   **(2 D 2)**

Lille 15 - Roubaix 8

12 Auberge de la Garenne

Une cave immense, des efforts constants d'une équipe soudée comme un pack de rugby : c'est la loyauté et la sincérité qui dominent dans cette auberge accueillante entourée de verdure, et qui fait la fierté du canton. La toque perdue l'an passé sera, on l'espère, reconquise rapidement, le chef s'attachant, dans cette manière bourgeoise traditionnelle qui a fait la réputation de la maison, à utiliser toujours plus et mieux les produits du cru : duo de foie de canard au malt de Wambrechies et au sel de Guérande, blanc de turbot à la peau, beurre blanc à la bière de froment, rognon de veau flambé au genièvre de Houlle... Une carte considérable, des idées de menus en veux-tu, en voilà, une certitude : ici, on bosse et les clients sont contents...

C : 50 € • M : 24-62 €   *www.aubergegarenne.fr*

→ 17 chemin de Ghesles
☎ 03 20 46 20 20
F. dim. à dîn., lundi, mardi (sauf réceptions et séminaires) et 3 sem. déb. août.
Jusqu'à 21h30.

- -

👁 La Table de Marcq

Une nouvelle équipe pour faire tenir la table sur ses quatre pieds. Le cadre est toujours accueillant, la carte un peu trop inspirée par le tout-venant contemporain, des brochettes de gambas ananas curry et des saint-jacques au beurre d'ail citronné. Une évolution à suivre.

C : 27 € • M : 22 €

→ 944 av de la République
☎ 03 20 72 43 55
F. dim. à dîn., lundi et août.

MARCY L'ETOILE - 69280   **(27 C 2)**

Bourg-en-Bresse 71 - Lyon 14

14 🍺 L'Orangerie de Sébastien

Les quelque 115 hectares de parc sur lesquels ouvre ce château du XVIe siècle composent un cadre idyllique avec parcours santé, petit train et potager à visiter, pourquoi pas, lors d'une promenade apéritive. Un nouveau chef, Sébastien Dumas, est en charge depuis quelques mois de faire vivre cette table toujours influencée par la cuisine classique : foie gras au torchon, chutney de pommes granny smith au pain d'épices, filet de bœuf à la plancha, fricassée de girolles et haricots verts au beurre fin, millefeuille d'ananas frais poêlé à la coriandre et tuile à la cannelle. Cave classique.

M : 24-39 €   *www.orangeriedesebastien.fr*

→ Domaine de Lacroix-Laval
☎ 04 78 87 45 95
F. lundi, mardi et fév.
Jusqu'à 21h30.

MARGAUX - 33460   (23 D 2)
Bordeaux 27 - Pauillac 27

13 L'Ile Vincent

Glissement en douceur du passage de toque au Relais, dont le restaurant est désormais baptisé l'Ile Vincent. Le chef parti au Radisson, c'est le second qui fait tourner les assiettes, sans que le public n'ait vraiment vu le changement, grâce à une carte bien formatée autour de produits adroitement mis en valeur d'une façon très actuelle : saint-pierre doré au beurre demi-sel, polenta crémeuse en cappuccino, gratin de blettes, carré de veau cuit doucement jus tranché à la fève de Tonka, riz noir vénéré en sushi baguette de thé vert et wasabi en kiwi... Joli cadre aux tons pastel, belle terrasse ouvrant sur le golf et l'estuaire, service sans faille mis en condition par un directeur de salle très efficace. Cave bordelaise évidement fournie, avec près de 300 références.
C : 55 € • M : 46-83 €   www.relais-margaux.fr

→ 5 rte de l'Ile-Vincent, BP 9
☎ 05 57 88 38 30
F. dim. à dîn., lundi, mardi (h.s.), dim., lundi (juil.-août) et nov.-fév.
Jusqu'à 21h30.

Relais de Margaux Meeting et Resort Hotel

Un véritable resort à la bordelaise, sur un parcours de golf 18 trous en bordure d'estuaire, sur les bases d'un domaine viticole. Des équipements de haut niveau pour golfeurs exigeants ou businessmen en séminaire. Belles chambres au style ancien avec une touche anglaise, nouvelles chambres plus spacieuses et modernes. Spa et balnéo, tennis, volley...
8 appart. 359-399 € • 92 ch. 159-299 €   www.relais-margaux.fr

→ Golf et Spa, 5 rte
Ile-Vincent
☎ 05 57 88 38 30
🖨 05 57 88 31 73
Ouv. 7j/7.

Villes de proximité, voir :

○ ARCINS .... 6 km N.O. par D 2 **(13/20)**

MARGENCEL - 74200   (28 C 1)
Thonon-les-Bains 6 - Annecy 70 - Lyon 188

11 Le Clos du Lac

A la lisière du paisible hameau de Port de Séchex, sur les rives du lac, cette ancienne ferme n'hésite pas à se pousser du col pour se faire un peu plus imposante qu'elle n'est. Assez sévèrement tarifée, la cuisine de Laurent Delimèle, malgré quelques jolies impressions (sur les saint-jacques caramélisées à la plancha et grosses gambas grillées) semble manquer de constance (un homard rissolé au basilic et aux olives noires flanqué d'un risotto de basmati plutôt décevant) pour s'approcher de la toque. Cadre cossu et lumineux.
C : 53 € • M : 27-37 €   le-clos-du-lac@wanadoo.fr

→ Port de Séchex
☎ 04 50 72 48 81
F. dim. à dîn., lundi, 2 prem. sem. janv., 1er-10 juil. et 1er-10 oct.
Jusqu'à 21h (21h30 w.-e.).

MARINGUES - 63350   (26 C 3)
Clermont-Ferrand 30 - Lezoux 16

11 Le Clos Fleuri

Si ses grands-parents, sans doute nostalgiques de leur région d'origine, ont donné à la maison une allure flamande, Roland Vigier a quant à lui bien intégré le terroir auvergnat, carpaccio de canard de Limagne aux lamelles de cantal, truite au vin de Montgacon, pavé de bœuf à la fourme d'Ambert voisinent sans problème avec des compositions plus ambitieuses, rappels d'un parcours dans quelques hôtels de prestige (soupe de cèpes gambas et langoustines, onglet de bœuf foie gras poêlé et jus au porto).
C : 30 € • M : 22-39 €   closfleuri63@wanadoo.fr

→ 18 rte de Clermont
☎ 04 73 68 70 46
F. dim. à dîn., lundi (sf juil.-août), vend. à dîn. (sf juin-sept.) et 15 fév.-15 mars.
Jusqu'à 21h.

MARLENHEIM - 67520 (10 C 2)
Strasbourg 24 - Colmar 74 - Saverne 19

16 Le Cerf

C'est plus qu'une affaire de famille, c'est une locomotive : le Grand Cerf, c'est le début de la Route des Vins, les prémices d'une aventure alsacienne où le bon ton serait donné dès l'entame. Michel Husser a toujours la main aussi agile et ferme, mais chaque année il sait poser les questions et faire évoluer sa carte. Par exemple dans la présentation, centrée sur le produit, toujours aussi magnifiques, le foie gras comme le saumon fumé, les saint-jacques de l'île d'Houat, les anguilles d'Alsace attrapées par un pêcheur du coin, le pigeonneau d'un élevage proche, servi simplement avec une fricassée de pissenlit et salsifis. Et tout à l'avenant, dans des préparations qui ne cherchent pas l'artifice, ni les feux, mais la netteté, la mise en valeur, qu'il s'agisse d'un pied de cochon ou d'une truffe noire. Service d'une gentillesse confondante, attentif en permanence, dans ce cadre aux belles boiseries et marqueteries, majestueuse cave alsacienne.

C : 85 € • M : 39-125 €   www.lecerf.com

→ 30 rue du Gén-de-Gaulle
☎ 03 88 87 73 73
F. mardi et merc.
Jusqu'à 21h30.

Le Cerf

Maison de famille au caractère régional marqué, l'hôtel des Husser a le souci de l'agrément de ses visiteurs, dans l'accueil comme dans le confort de chambres boisées, au style classique raffiné. Pour se mettre au parfum, un agréable jardin d'herbes aromatiques.

2 appart. 200 € • 12 ch. 90-140 €   www.lecerf.com

→ 30 rue du Gén-de-Gaulle
☎ 03 88 87 73 73
🖨 03 88 87 68 08
Ouv. 7j/7.

MARLY LE ROI - 78160 (8 A 5)
Paris 22 - Versailles 7 - Saint-Germain-en-Laye 5

14 Le Village

Tomohiro Uido est un homme ambitieux et sûr de son fait. Dans sa petite maison installée au centre du village, cet ancien de la Côte Saint-Jacques propose une vision chaque année plus personnelle et aboutie de la cuisine. Les idées fusent de toutes parts, sans faire mouche à tous les coups toutefois, témoignant d'une intense activité créatrice : feuillantines de croûtes de pavot bleu au saumon biologique, pavé d'espadon saisi à la pâte au curry et meunière de pastèque, cannelloni de ratatouille de fruits frais et sorbet passion. Dommage toutefois que seule la carte, plutôt chèrement tarifée, permette véritablement d'apprécier l'esprit de cette cuisine singulière. Accueil et service charmants.

C : 85 € • M : 35-70 €   tomohiro.vido@club-internet.fr

→ 3 Grande-Rue
☎ 01 39 16 28 14
F. sam. à déj., dim. à dîn., lundi, 1 sem. hiver. et 3 sem. août.
Jusqu'à 21h30.

MARQUAY - 24620 (24 C 4)
Les Eyzies-de-Tayac 12 - Sarlat-la-Canédat 12

12 L'Esterel

Au cœur du Périgord Noir, Ludovic Charrieras évolue sans complexe dans cette auberge de campagne au décor rustique et chamarré. Laissant le protocole de côté, il évolue sur le mode classique à sa façon, apprêts d'aujourd'hui et menus bien constitués : escalopes de foie gras au poivre de Séchouan et pak choi, filet de rougets sur lit de poivron rouge, croustade de magret d'oie aux cèpes dans une formule équitable à 27 €. Petite cave timide, avec le bergerac de la Laulerie et les cahors de Vigouroux.

C : 45 € • M : 11-33 €   restaurant.lesterel@wanadoo.fr

→ Le Bourg
☎ 05 53 29 67 10
F. vend. à déj., sam. à déj. F. ann. non comm.
Jusqu'à 22h.

G
M

MARQUISE - 62250 (1 A 2)
Boulogne-sur-Mer 16 - Calais 20

13 Le Grand Cerf

Si cet ancien relais de poste compte plus de deux cents ans d'activité au service des appétits de toute sorte (on peut même voir le banc sur lequel mangea Victor Hugo), Stéphane Pruvot ne s'en tient pas pour autant à la nostalgie d'un turbot sauce hollandaise (qu'il fait très bien). Il préfère broder autour des produits de saison une cuisine précise et ponctuée de discrètes touches personnelles, comme les fruits au vinaigre avec les filets de sardines au caviar d'aubergine ou le lard virtuel avec le suprême de pintade au cassis. Un travail bien relayé en salle par un service impliqué et une atmosphère paisible, notamment dans le petit salon, plus sobre que les murs de pierre de son grand frère.

C : 50€ • M : 28-59€   www.legrandcerf.com

→ 34 av Ferber
☎ 03 21 87 55 05
F. dim. à dîn., lundi et jeudi à dîn.
Jusqu'à 21h.

MARSANNAY LA COTE - 21160 (20 B 3)
Dijon 11 - Beaune 32

14 Restaurant les Gourmets

Ne venez pas en short, ni même sans doute en baggy et Converse : d'un regard à l'accueil, on comprend que le style de la maison est plutôt au costume croisé ou à la veste de tweed, le terme Gourmet lui-même renvoyant à une certaine époque. Ces détails ne font pas l'assiette bien sûr, mais révèlent une partie des intentions, toujours louables, de cette bonne maison. Le petit pot d'escargots, les beaux filets de daurade, les rognons de veau Germain Teinturier appartiennent à un beau répertoire, mais qui bien sûr ne rajeunit pas, à des tarifs qui, en revanche, ne s'amenuisent pas non plus. Service pro et protocolaire, à l'ancienne, cave essentiellement bourguignonne.

C : 80€ • M : 25-45€   www.les-gourmets.com

→ 8 rue du Puits-de-Têt
☎ 03 80 52 16 32
F. dim. à dîn., lundi, mardi à déj., 13 janv.-6 fév. et 3-19 août.
Jusqu'à 21h15.

MARSEILLAN - 34340 (32 A 4)
Montpellier 48 - Agde 7

14 Chez Philippe

L'enseigne est éloquente : vous êtes chez quelqu'un, et il y a là de l'humanité, de la chaleur, qui vaut tous les services de palace et les cérémonies. Et aussi un nouveau chef, dans cette salle ouverte, sobrement languedocienne, ou sur la délicieuse terrasse en retrait du port. De nouvelles ambitions en cuisine, donc, sur une même ligne de produits d'ici présentés à leur avantage. Même s'il ne faut pas tomber dans l'emphase littéraire pour les intitulés ("arc-en-ciel sur la brousse", "sorti de son terrier en marinade d'estragon", "communion de suprême de canette et racine confite à l'orange"), on adhère complètement à cette démarche de produits frais, de sorbets faits maison et de "cuisine cuisinée". Bons vins sélectionnés avec rigueur dans le vignoble régional, tarifs toujours doux.

M : 28€   chezphilippe@club-internet.fr

→ 20 rue de Suffren
☎ 04 67 01 70 62
F. lundi, mardi (h.s.), lundi (15 juin-15 sept.) et 15 nov.-15 fév.
Jusqu'à 22h.

Les prix des hôtels correspondent au tarif journalier en chambre
ou en appartement (ou suite) pour au minimum 1 personne seule en basse saison
et 2 personnes en haute saison.

12 Le Château du Port

Le cadre est un atout de rêve, belle demeure de caractère qui se reflète dans le port et décor modernisé avec bonheur dans un esprit brasserie contemporaine. On s'y sent d'autant mieux installé que le service est une autre qualité et que les assiettes suivent la cadence, valeurs sûres là encore bien actualisées : terrine de fromage de chèvre escabèche de sardines, daurade grillée ragoût de blé aux calamars, yaourt au rhum et salade de fruits exotiques. Un concept efficace et séduisant.

C : 45 € • M : 20-32 €   www.chateauduport.com

→ 9 quai de la Résistance
☎ 04 67 77 31 67
F. merc. à déj. (sf juil.-août) et 30 sept.-30 mars.
Jusqu'à 22h (23h juil.-août).

MARSEILLE - 13000   **(33 C 6)**

Paris 771 - Montpellier 166 - Lyon 302 - Nice 200

18 ⟩ Passédat - Le Petit Nice

La mer en face. Jamais Gérald Passédat ne s'en est approché avec autant d'élégance et de lucidité réunies, jamais on a senti une telle harmonie entre le pêcheur et le poisson, entre le créateur et la matière. Le cadre magique du Petit Nice, cette superbe maison plantée comme un défi sur ses rochers, ce cadre Arts déco contemporain qui remplit de sérénité les convives au regard plongé dans le bleu de la Méditerranée est bien une des plus belles salles de France. Il faut maintenant retenir que l'assiette est aussi l'une des plus intéressantes, des plus justes dès que l'on parle de cuisine marine, résonance traditionnelle (le poisson de palangre comme Tante Nia, le loup en hommage à Lucie Passédat...), et lecture personnelle qui joue des émulsions et des mariages d'amour entre terre et mer pour composer une séquence parfaitement bluffante, au point d'en oublier l'addition, qui paraissait naguère colossale et qui semble aujourd'hui parfaitement équitable. Grâce, sans doute, à la fraîcheur de coquillages, émulsion iodée de palmiste, artichaut et jus de poisson, les totènes, radis noir, cube de citron poutargue et eau de tomate, pak choi et jus de veau pour un trio très cohérent, très construit et bien équilibré ou au merlan jus de myrte, cannelloni de légumes, émulsion citronnelle. Passédat va parfois très loin et plonge dans des profondeurs inhabituelles (où va-t-il chercher l'anémone de mer, comme dans un flan, caviar et émulsion, et en beignet avec des coquillages au persil ?) mais la balade dans les calanques est tellement belle que l'on se réjouit de la prolonger jusqu'au dessert où il y a encore à voir et à goûter, par exemple dans la spectaculaire chrysalide, un jeu entre le caramel et le chocolat arbitré par le café, une réalisation stupéfiante de justesse et proche des quatre toques. Service parfait, équilibré et proche, cave de fidèle, aux liens étroits avec d'excellents vignerons pour obtenir les millésimes réguliers et les cuvées rares.

C : 180 € • M : 65-200 €   www.passedat.fr

→ Anse de Maldormé, corniche J.-F. Kennedy (7e)
☎ 04 91 59 25 92
F. dim., lundi (h.s.), dim., lundi à déj. (mai-mi-juin, sept.), dim. à déj., lundi à déj. (juil.-août, sf certains fériés) et 1re sem. janv.
Jusqu'à 22h.

ℭℭℭ Passedat - le Petit Nice

Pour ses quatre-vingt-dix ans, le Petit Nice s'est offert quelques travaux, rénovant la moitié des chambres ou embellissant le jardin. Ces deux villas posées sur la mer restent un must d'élégance, notamment dans leurs superbes chambres contemporaines, qui traduisent chacune à leur manière la forte personnalité d'une maison entre art et nature, couleurs vives et harmonie bleu et blanc du paysage.

3 appart. 650-1000 € • 13 ch. 270-590 €   www.petitnicepassedat.com

→ Anse de la Maldormé (7e), corniche J.-F.-Kennedy
☎ 04 91 59 25 92
🖷 04 91 59 28 08
F. 1re sem. janv.

G
M

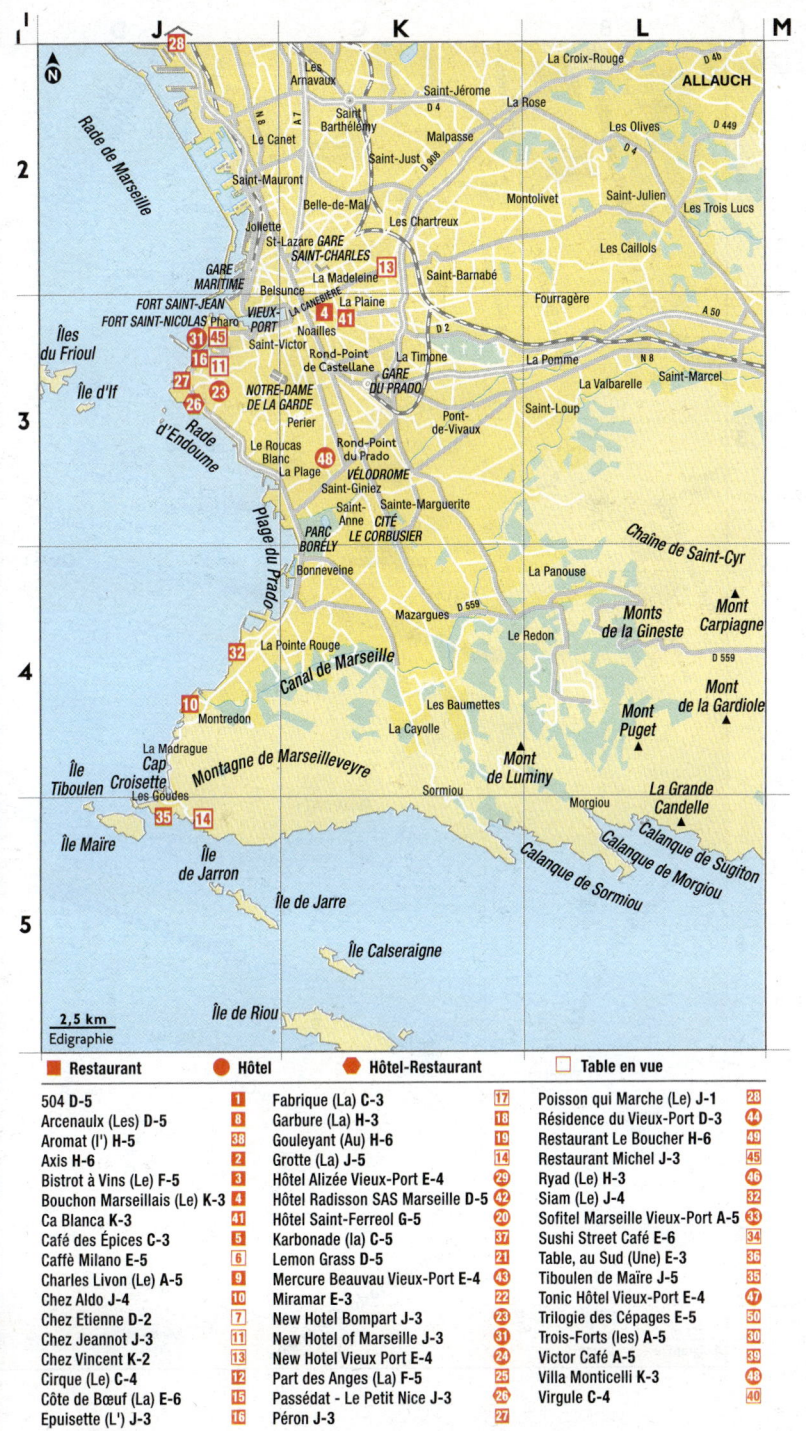

MARSEILLE

Legend: ⬛ Restaurant   🔴 Hôtel   🔴 Hôtel-Restaurant   ⬜ Table en vue

MARSEILLE

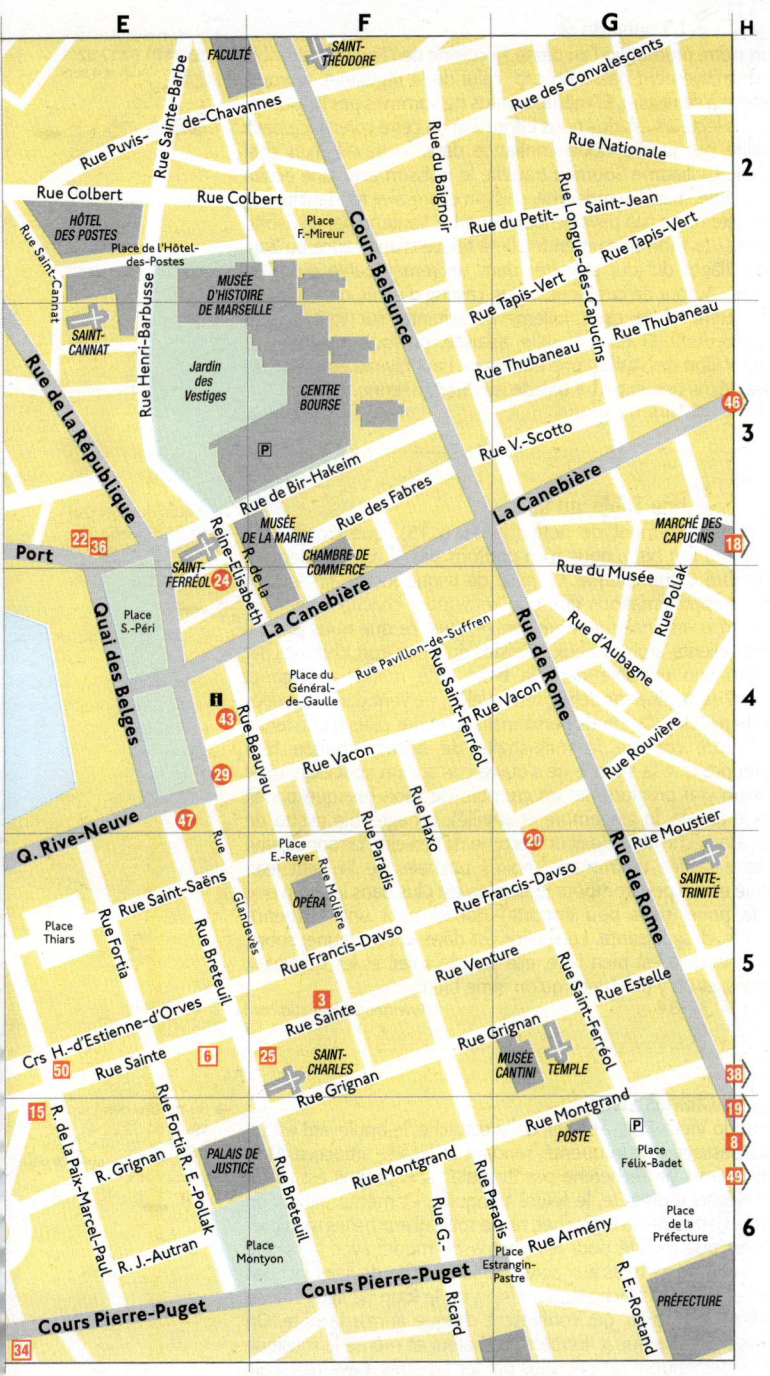

FACULTÉ

SAINT-THÉODORE

Rue des Convalescents

Rue Puvis-de-Chavannes

Rue Sainte-Barbe

Rue du Baignoir

Cours Belsunce

Rue Nationale

Rue Colbert

Rue Colbert

Place F.-Mireur

Rue du Petit-Longue-des-Capucins

Saint-Jean

Rue Tapis-Vert

HÔTEL DES POSTES

Rue Saint-Cannat

Place de l'Hôtel-des-Postes

MUSÉE D'HISTOIRE DE MARSEILLE

Rue Tapis-Vert

Rue Tapis-Vert

SAINT-CANNAT

Rue Henri-Barbusse

Jardin des Vestiges

CENTRE BOURSE

Rue Thubaneau

Rue Thubaneau

Rue de La République

Rue de Bir-Hakeim

Rue des Fabres

Rue V.-Scotto

46

La Canebière

3

Port

22 **36**

MUSÉE DE LA MARINE

Reine-Élisabeth R. de la

CHAMBRE DE COMMERCE

MARCHÉ DES CAPUCINS

18

SAINT-FERRÉOL

24

La Canebière

Rue du Musée

Rue Pollak

Quai des Belges

Place S.-Péri

Place du Général-de-Gaulle

Rue Pavillon-de-Suffren

Rue Saint-Ferréol

Rue Vacon

Rue de Rome

Rue d'Aubagne

4

H **43**

Rue Beauvau

Rue Vacon

Rue Rouvière

29

Q. Rive-Neuve

47

Rue Glandevès

Place E.-Reyer

Rue Paradis

Rue Haxo

Rue Molière

Rue Francis-Davso

20

Rue Moustier

Rue de Rome

SAINTE-TRINITÉ

Rue Saint-Saëns

Rue Fortia

Rue Breteuil

OPÉRA

Rue Francis-Davso

Rue Venture

Rue Saint-Ferréol

Rue Estelle

5

Place Thiars

Rue Sainte

3

Crs H.-d'Estienne-d'Orves

Rue Sainte

6

25

SAINT-CHARLES

Rue Grignan

MUSÉE CANTINI

TEMPLE

50

Rue Grignan

38

15

R. Grignan

R. de la Paix-Marcel-Paul

Rue Fortia R. E.-Pollak

PALAIS DE JUSTICE

Rue Breteuil

Rue Montgrand

POSTE

Place Félix-Badet

19

8

Rue Montgrand

Rue Paradis

49

R. J.-Autran

Place Montyon

Rue G.-

Place Armény

Place Estrangin-Pastre

Rue Armény

Place de la Préfecture

6

Cours Pierre-Puget

Cours Pierre-Puget

Ricard

R. E.-Rostand

PRÉFECTURE

34

E   F   G   H

2   3   4   5   6

16 🍴🍴 ⌇ **L'Epuisette** 🍇

→ Vallon-des-Auffes (7e)
☎ 04 91 52 17 82
F. dim., lundi et 4 sem. fin
juil.-août.
Jusqu'à 22h.

Depuis notre promotion l'an passé, la cuisine de l'Epuisette semble avoir définitivement passé un cap, celui de la régularité, toujours révélatrice à ce niveau. Et même si nous ne sommes pas là tous les jours, nos lecteurs assidus nous informent de cette constance dans la qualité qui justifie notre confiance dans le travail d'un chef accompli. Guillaume Sourrieu travaille le poisson avec une acuité remarquable, manière moderne, cuisson expressive rendant justice à la matière brute : un pavé de loup superbe, soutenu par un risotto à la truffe, un thon mi-cuit en feuilleté relevé d'une sauce au Zan, les coquillages du jour préparés dans un remarquable esprit de fraîcheur... Autour de ces bienfaits, un casting d'enfer, des légumes d'Annie Bertin à la cave, follement excitante, sur tout le Sud particulièrement. Et dans la salle, apaisée, presque magique, au bout du Vallon des Auffes, une équipe de haut niveau emmène les convives dans une superbe balade méditerranéenne.
C : 85 € • M : 50-110 €   www.l-epuisette.com

----

15 🍴🍴 ⌇ **Une Table, au Sud**

→ 2 quai du Port (2e)
☎ 04 91 90 63 53
F. dim., lundi et 29 juil.-24
août.
Jusqu'à 22h.

Dans ce réajustement de note (de 16 à 15), que Lionel Lévy comprendra fort bien, nous n'en doutons pas, il n'y a finalement pas l'ombre d'une critique. La prise de risque justifie finalement quelques approximations que non seulement chacun accepte et comprend, mais finalement encourage. C'est ce que nous venons chercher, clients, amis, curieux, touristes du Vieux-Port, charmés par cette situation enviable dans la belle salle marine d'étage et amateurs de cuisine moderne, renouvelée, de vent dans les voiles et de liberté. Des standards personnalisés, et des plats d'une fertile imagination, comme le milk-shake de bouille-abaisse font comprendre que la séance ne s'ouvre pas sur un spectacle, mais offrent un vrai programme, un crumble de thon presque parfait (mais ce jour-là, le gingembre était aillé), un agréable risotto de morue à la pêche blanche et une écume de verveine citronnée, une jolie tarte sablée au romarin, poires pochées de la saint jean (l'intitulé est un peu trompeur puisqu'on est plus dans le citron que dans la poire, mais peu importe) qui forment une séquence cohérente et séduisante. Le service est dans le ton, jeune, sobre, souriant, la cave est bien faite, elle sent le soleil et les nouveaux vignerons, et on y pioche ce qu'on aime bien.
C : 55 € • M : 34-99 €   www.unetableausud.com

----

14 🍴 **Le Charles Livon**

→ 89 bd Charles-Livon (7e)
☎ 04 91 52 22 41
F. sam. à déj., dim., lundi
à déj., 8-26 juil. et 19-29 août.
Jusqu'à 22h.

Au bout du Vieux-Port, au seuil de la corniche, le boulevard est un lieu de passage très fréquenté, rendant la façade attractive. Mais Christian Ernst ne recherche pas la foule : son propos est plutôt dans l'élégance discrète, le feutré tranquille, et même parfois un peu trop. Certes, rien à reprocher, ni à la salle, ni aux belles manières d'un classique revisité pour les photos de mode, avec la sphère croustillante de gambas aux agrumes, la plancha de saint-jacques aux asperges et gaspacho en émulsion ou le loup de ligne rôti en croustillant d'anchois, qui confirment chaque année la note. On aimerait peut-être que la lumière, la chaleur et même la musique marseillaises entrent un peu plus par les fenêtres. Cave régionale plutôt bien faite, à tarifs logiques.
C : 55 € • M : 33-68 €

NEW HOTEL
★★★★
OF MARSEILLE

VOUS AIMEREZ LA DIFFERENCE

14 🍴 Miramar

Incontournable adresse reprise voilà quelques années par Christian Buffa, ce Miramar s'est fait un nom autant pour son emplacement rêvé sur le Vieux Port (avec vue sur la Bonne Mère) que pour sa bouillabaisse. Il semble toutefois impossible de faire l'unanimité à Marseille, lorsqu'on propose ce plat. Chacun y trouve à redire, dissertant des heures sur la présence ou non de tel poisson ou l'assaisonnement du bouillon. Laissons ce débat de côté pour rappeler que les prestations d'ensemble ne souffrent d'aucun reproche, la salade de homards en fricassée d'asperges et champignons des bois et sa vinaigrette acidulée au jus de viande parfum de noisette, les formidables poissons grillés et les desserts, d'un parfait classicisme, demeurant un bon cran au-dessus de la mêlée. Prix élevés mais justifiés. Service détendu et efficace.

C : 65 €
www.bouillabaisse.com

→ 12 quai du Port (2e)
☎ 04 91 91 10 40
F. dim. et lundi.
Jusqu'à 22h.

- -

14 🍴 Restaurant Michel

Ce n'est même pas de l'humour, mais le patron précise que la carte n'a pas changé depuis 64 ans.... Oui, c'est vrai, on pêchait déjà avant-guerre et même si les clients ne se souviennent pas tous de cette époque, Michel est un temple depuis des temps immémoriaux. On ne peut évidemment pas passer le seuil de cette maison mythique, dont le décor, certes traditionnel, se rafraîchit régulièrement, sans commander une bouillabaisse, au moins pour les dix premières visites. Ensuite, vous pourrez regarder le reste de la carte, les poissons du jour, des préparations de la tradition marseillaise. Mais le cérémonial de la bouillabaisse reste un grand moment...

C : 80 €

→ 6 rue des Catalans (7e),
(début corniche Kennedy)
☎ 04 91 52 30 63
F. 2 sem. vac. scol. fév.
Jusqu'à 21h45.

- -

13 🍴 Bouchon Marseillais

Si l'appellation fleure bon la nostalgie, Yann Defrance a essentiellement retenu du bouchon l'atmosphère conviviale, car pour le reste il n'hésite pas à bousculer les classiques, dans le décor résolument contemporain comme dans une cuisine d'autodidacte, au sens liberté (libertaire ?) du terme. Les produits de région et de saison se voient ici inculquer quelques leçons de fraîcheur et de décontraction, pour des assiettes alertes et séduisantes. Le patio est un petit bonheur pour oublier la ville et la cave fait preuve de bonnes initiatives pour suivre le mouvement.

C : 40 € • M : 37 €
le.bouchon.marseillais@wanadoo.fr

→ 41-43 rue Adolphe-Thiers (1er)
☎ 04 91 42 47 33
F. dim.
Jusqu'à 23h.

- -

13 🍴 Café des Epices

Le marché, la fraîcheur, la spontanéité : Arnaud de Grammont a tout compris et compte sur ses habitués pour le suivre en confiance. Il n'a pas tort, car les assiettes sont limpides, les légumes comme le poisson du jour sont remarquablement exprimés et sa cuisine vissée à 23 € au déjeuner, et à 40 € le soir, un peu plus de choix, des produits différents, est une des très bonnes idées marseillaises pour tâter d'une cuisine sensitive et contemporaine.

M : 23-40 €
cafedesepices@yahoo.fr

→ 4 rue Lacydon (2e)
☎ 04 91 91 22 69
F. sam. à dîn., dim. et lundi.

13 Le Cirque

Christophe Verdu persiste et signe dans l'un des lieux les plus aboutis de la ville : populaire mais chic et vice-versa, superbement placé, toujours facilement au niveau de la toque avec une cuisine marine méditerranéenne finement tournée, vers le plaisir et la convivialité, des sardines aux supions grillés, du chapon du jour à la parillada de poissons. Jeune service souriant, bonne petite cave régionale.

C : 20 € • M : 35-50 €   christhava@hotmail.fr

→ 118 quai du Port (2e)
☎ 04 91 91 08 91
F. dim. et 24 déc.-2 janv.
Jusqu'à 23h.

13 La Garbure

La Gascogne a son ambassade cours Julien, et les diplomates en poste en assurent la promotion avec zèle. Depuis près de trente ans, Jean-François Chuine travaille le terroir occitan avec soin et respect, faisant venir les foies et les magrets des meilleures origines, mais aussi le pigeon des Landes et la confiture d'Itxassou, pour marier le fromage de brebis et la cerise, à la mode basque. Daube de cèpes au jambon de Bayonne, salmis de palombes aux cèpes, potée gasconne, dacquoise ou tourtière aux pommes. Bonne cave Sud-Ouest, avec les cahors du Cèdre, les madirans de Montus, l'irouléguy de Mignaberry.

C : 40 € • M : 24 €

→ 9 cours Julien (6e)
☎ 04 91 47 18 01
F. dim. et 15 juil.-13 août.
Jusqu'à 23h30.

13 La Karbonade

Les verrines en entrée et en dessert, les grillades au teppan yaki ou le dynamisme du service confortent le côté branché du décor joliment coloré, mais au concept efficace se substitue le plaisir de produits bien choisis et bien traités et des saveurs entières qui vont avec et font accéder la soupe de saison ou le filet de thon sauce vierge à la dimension des vrais bons restaurants. Terrasse sur le Vieux Port et un dispositif pour proposer le crozes-hermitage de Colombo ou le bandol de Terrebrune au verre, décidément le plaisir est complet.

C : 25 € • M : 25-45 €   www.lakarbonade.com

→ 42 quai de Rive-Neuve (7e)
☎ 04 91 55 02 27
F. dim à dîn.
Jusqu'à 23h.

13 Lemon Grass

L'enseigne ne correspond plus tout à fait à la cuisine, moins exotique mais bien campée sur ses bases, de Norbert Garcia. Un immeuble ancien près du Vieux Port, un cadre contemporain, design et confortable pour accueillir ces assiettes ensoleillées de saveurs sudistes pour certaines, apprêts mode et beaux produits pour d'autres, déclinées dans un menu-carte avantageux : carpaccio de saint-jacques et boudin noir écume de lait à la chicorée, pavé de cabillaud brandade et brunoise de piquillos, filet de porcelet en croûte de sésame torréfié petite banane safranée.

M : 39-55 €   www.lemongrass.fr

→ 8 rue Fort-Notre-Dame (7e)
☎ 04 91 33 97 65
F. dim., lundi, 1re sem. janv., 1 sem. vac. scol. fév. et 15 juil.-14 août.
Jusqu'à 22h30.

13 Le Siam

Les charmes de la maison fonctionnent toujours, tant pour l'agrément de sa terrasse et de sa situation proche de la mer, que pour la réelle qualité d'une cuisine thaïlandaise irréprochable, qui rend bien hommage aux subtilités de ces préparations de soupes ou de plats, notamment en les mariant aux poissons de Méditerranée : curry de poisson et fruits de mer au lait de coco et basilic thaï, loup croustillant aux petits légumes sauce aigre-douce.

C : 33 € • M : 19-33 €   www.monsite.wanadoo.fr/lesiam

→ 25 promenade du Grand-Large (8e)
☎ 04 91 73 91 08
F. lundi et à déj. juil.-août.
Jusqu'à 23h.

13 Tiboulen de Maïre

Plus de 20 ans d'existence pour cette table connue et reconnue pour sa parfaite interprétation de la pêche locale : poissons et fruits de mer d'une éclatante fraîcheur, logiquement tarifés à des niveaux pas vraiment démocratiques. Certains jours on refusera, faute de poisson de qualité, de vous servir... mais on vous parlera du combat pour sauver le phare de Planier... Toute une histoire à délecter, avec l'accent, pour mieux profiter de cette vue merveilleuse sur la grande bleue...
C : 55€

→ Calanque-Blanche rte des Goudes (8e)
☎ 04 91 25 26 30
Ouv. 7j/7.
Jusqu'à 22h.

---

13 Les Trois Forts

Les Trois Forts, mais aussi le Vieux Port et toute la ville : la vue offerte depuis la salle largement vitrée est un atout majeur de la table du Sofitel. Le service est fluide et efficace, mais on se concentre rapidement sur l'assiette, car, sous la houlette de Dominique Frérard, la table a pris une belle ampleur dans un registre au luxe maîtrisé et aux inspirations méditerranéennes : sauté de rouget et mousseline de cerfeuil, carré d'agneau rôti en croûte d'amande et panais grillé, tiramisu aux fraises émulsion au calisson. Solide cave classique.
M : 55-85€

www.sofitel.com

→ 36 bd Charles-Livon (7e)
☎ 04 91 15 59 56
Ouv. 7j/7.
Jusqu'à 21h45.

Sofitel Marseille Vieux-Port

Au-dessus du Vieux Port, l'hôtel domine la ville de son architecture contemporaine tout en verre fumé et dispose ainsi d'une vue superbe. A l'intérieur, espace généreux, lignes tout aussi modernes et chambres ponctuées d'agréables touches de couleurs s'additionnent à un équipement généreux et un service impeccable.
3 appart. 469-1000€ • 131 ch. 159-415€

www.www.sofiltel.com

→ 36 bd Charles-Livon (7e)
☎ 04 91 15 59 00
🖷 04 91 15 59 50
Ouv. 7j/7.

---

13 Victor Café

En osmose parfaite avec l'architecture très moderne et design de l'hôtel, ce restaurant propose une carte certes inventive mais ne se coupant jamais de ses racines locales. Pour interpréter cette partition, il fallait un chef à la formation solide (école Ducasse à l'abbaye de la Celle et au Louis XV, nouvelle vague marseillaise auprès de Lionel Levy, une Table au Sud) et enthousiaste ; Jérôme Pollo, tout juste 25 ans, est celui-là. Son tartare de thon, julienne de légumes et vinaigre de soja, ses risotti, sa fricassée de lotte au tandoori et lait de coco et son mille-feuille aux fruits exotiques collent à merveille au cahier des charges qui comprend en outre une cave variée et pas trop chère.
C : 35€ • M : 29-40€

→ 71 bd Charles-Livon (7e)
☎ 04 88 00 46 00
Ouv. 7j/7.
Jusqu'à 22h30.

New Hotel of Marseille

Si l'entrée de l'hôtel est hébergée par l'ancien Institut Pasteur, construit à la fin du XIXe siècle, l'immeuble principal est en revanche ultramoderne, affichant une architecture de pointe et un design intérieur épuré et très étudié. Place a été faite à de nombreux jeunes artistes en matière de décoration, sculptures, tableaux, jeux de lumières. Les chambres, lumineuses, très confortables, arborent une décoration raffinée. Très agréable piscine dominant le Vieux Port, accès pratique grâce au parking de plus de 400 places sous l'hôtel.
8 appart. 260-270€ • 92 ch. 180-200€

www.newhotelofmarseille.com

→ 71 bd Charles-Livon (7e)
☎ 04 91 31 53 15
🖷 04 91 31 20 00
Ouv. 7j/7.

12 Les Arcenaulx

Avant d'être un restaurant, cette belle maison ancienne est celle d'une amatrice de beaux livres, libraire et éditrice et tout ce décor de caractère (voire les conversations des habitués) est empreint de cet amour. Il dicte également une cuisine plutôt classique, au sens littéraire du terme, de ces pages qu'on a plaisir à relire régulièrement : velouté d'artichaut crème de truffe et œuf poché, magret de canard Rossini et polenta, gratin de rhubarbe et cassis. La carte des vins navigue à travers toute la France pour en ramener quelques références (au double sens du terme).
C : 40 € • M : 32 €   www.les-arcenaulx.com

→ 25 cours
  d'Estienne-d'Orves (1er)
  ☎ 04 91 59 80 30
  F. dim. et 2 sem août.
  Jusqu'à 23h.

---

12 L'Aromat

Le quartier ne fourmille pas de bonnes tables mais celle-ci, ouverte en 2004 par le tout jeune Sylvain Robert, ancien second à l'Epuisette, pourrait très rapidement faire école. Fraîche, ensoleillée, immédiatement sympathique, cette cuisine touche droit au cœur avec le sushi de magret aux fruits secs et salade de légumes au wasabi, le suprême de lièvre en croûte de noix, crème brûlée au foie gras et cannelloni de blettes au parmesan et le macaron à l'anis aux suprêmes d'oranges. Jeune et ludique, cette cuisine s'accompagne d'une cave régionale plus banale.
C : 33 € • M : 10-33 €

→ 4 rue d'Italie (6e)
  ☎ 04 91 47 57 50
  F. dim., sam. à déj., à dîn.
  lundi-vend. et août.
  Jusqu'à 21h45.

---

12 Axis

De bonnes idées modernes pour aller avec l'ambiance et le mobilier Starck, voilà ce qui inspire Stéphane Lamani dans la composition de sa carte, un carpaccio de noix de saint-jacques et risotto à l'encre, un dos de loup grillé wok de légumes et pesto de coriandre, un suprême de pintade farci au chèvre, tomates séchées, épinards et pignons, de quoi alimenter les conversations et donner à cette vertèbre toute proche de Castellane des allures branchées et attrayantes. Formules bien vues, cave rhône et provence bien triée (Citadelle, Pélaquié, Santa Duc, Grangeneuve…).
C : 27 € • M : 25-31 €   www.axis-restaurant.com

→ 8 rue Sainte-Victoire (6e)
  ☎ 04 91 57 14 70
  F. sam. à déj., dim., lundi
  à dîn., août et 1 sem.
  Noël-nouvel an.
  Jusqu'à 22h30.

---

12 Ca Blanca

Trait d'union entre culture marseillaise et catalane, une tranche de Méditerranée qui rassemble poissons plancha et paella, seiches et gambas dans une soupe de poissons, accent pointu et couleurs de flamenco. Vins d'ici et d'Espagne dans une atmosphère fédératrice et très tonique.
C : 25 € • M : 30 €

→ 53 rue Saint-Pierre (5e)
  ☎ 04 91 48 68 23
  F. dim. à dîn. et lundi à dîn.

---

12 Chez Aldo

Rien ne change ici, et c'est tant mieux car cette adresse au-dessus de la Madrague de Montredon reste séduisante autant par son décor que par sa cuisine. Les deux sont d'ailleurs tournés vers la mer et la simplicité que seule peut se permettre la vraie qualité, avec des poissons sauvages préparés au naturel (grillés, à la plancha) à savourer en profitant de la vue magnifique sur les îles du Frioul.
C : 30 €   www.chezaldo.com

→ 28 rue Audemar-Tibido
  (8e)
  ☎ 04 91 73 31 55
  F. dim. à dîn., lundi,
  mi-fév.-mi-mars et 2 sem.
  Noël-nouvel an.
  Jusqu'à 22h30.

12 La Côte de Bœuf

La côte de bœuf vaut le déplacement, à l'instar de toutes les viandes grillées à la cheminée proposées dans cette maison installée dans un ancien entrepôt. On regrettera le peu de soin apporté en revanche aux garnitures (les pommes de terre en robe des champs fourrées à la crème lassent vite) pour se consoler en piochant dans une cave exceptionnelle.
C : 42 €

→ 35 cours Estienne-d'Orves (1er)
☎ 04 91 54 89 08
F. dim., 14 juil.-15 août et 23 déc.-7 janv.
Jusqu'à 23h15.

12 Au Gouleyant

Ce décor de vieille cave évolue lentement, avec l'aménagement récent d'un petit coin plus intime, près du cellier. La bonne humeur qui règne en salle ne fait jamais défaut, en permanence entretenue par les bons petits plats ménagers (brouillade aux morilles, cuisse de canard confite, boudin noir aux oignons confits, entrecôte grillée…) et la vingtaine de vins au verre tous recommandés (initiative intelligente) avec l'un des plats de la carte en particulier.
C : 24 € • M : 11-17 €

→ 8 rue Dragon (6e)
☎ 04 91 37 10 62
F. w.-e. et août.

12 La Part des Anges

Atout numéro un, une sélection viticole pointue, curieuse, engagée… Mais l'autre force de la maison, c'est une atmosphère de vrais bons vivants, connaisseurs et fidèles, qui savent faire confiance aux verres, mais aussi à l'assiette, grâce à une belle cuisine de marché, sagement actuelle et attentive aux produits (de beaux poissons par exemple).
C : 22 € • M : 26-42 €   www.lapartdesanges.com

→ 33 rue Sainte (1er)
☎ 04 91 33 55 70
F. dim. à déj., 24 à dîn.-25 déc. et 1er-2 janv.

12 Péron

Cette superbe maison dominant la Méditerranée depuis la corniche reste un rendez-vous trendy pour briller au soleil. Les efforts portent sur les détails de décoration (les tissus tendus sont passés de l'orange au corail, le parquet intérieur a été changé). L'assiette permet à un jeune chef d'offrir une cuisine fusion intéressante et variée, influence méditerranéenne et asiatique, dans une carte qui change tous les trois mois. Petite cave adaptée aux circonstances, service dans le tempo dance floor, jeune et souriant.
C : 56 € • M : 56 €   www.restaurant-peron.com

→ 56 corniche Kennedy (7e)
☎ 04 91 52 15 22
Ouv. 7j/7.
Jusqu'à 22h30.

12 Le Poisson qui Marche

Avec la clientèle d'habitués des professionnels du MIN et la vue sur les chalutiers, pas question de dévier sur la qualité des poissons. Les Giodice le savent bien et veillent à ce que l'agréable décor contemporain ne soit pas le seul atout de la maison : avec le filet de sole farci aux truffes ou le turbot poché au beurre rouge, nous voilà rassurés.
C : 50 € • M : 27-58 €   www.le-poisson-qui-marche.com

→ MIN Saumaty, chemin du Littoral (16e)
☎ 04 91 46 70 00
F. lundi-vend. à dîn. et dim. à dîn.
Jusqu'à 22h15.

12 Restaurant Le Boucher

Boucher depuis 37 ans, Alain Langianni n'est pas peu fier de ses viandes en provenance de Marvejols, de ses abats et triperies rigoureusement fraîches. Grillades, grosses frites croquantes et jamais grasses, ambiance à la bonne franquette, cette adresse proche de la place Castellane irradie d'une joie communicative.
C : 35 € • M : 23-32 €

→ 10 rue de Village (6e)
☎ 04 91 48 79 65
F. dim., lundi, fériés, 1 sem. fév. et août.

12 Trilogie des Cépages

L'enseigne Baud et Millet s'est muée en cette trilogie qui emprunte davantage au monde moderne et un peu moins au triptyque franchouille "pain, fromage, vin". Le chef s'est donc procuré un Pacojet pour travailler comme les djeuns à de nouvelles textures dans une carte qui sent bon le XXIᵉ siècle : cappuccino de crabe et d'écrevisse et mousse de fromage frais aux herbes, filet de saint-pierre et risotto aux cèpes, sablé breton et chocolat crémeux, ce qui n'occulte pas les plats à base fromagère, plus discrets, ni les vins de tous standings, avec près de 350 références. Moins de spécificité et de personnalité, mais un concept plus actuel et fédérateur : la clientèle tranchera.

C : 40 € • M : 27-50 €   www.trilogiedescepages.com

→ 35 rue de la Paix Marcel-Paul (1er)
☎ 04 91 33 96 03
F. sam. à déj., dim., lundi à déj., mardi à déj., 1er-14 janv., 13-15 juil. et 12-19 août. Jusqu'à 23h.

---

11 Le Bistrot à Vin

On appréciait déjà l'ambiance conviviale, le joli décor rétro sous les poutres et une sélection de vins (bouteilles et verres) pointue et riche en plaisirs variés, elle s'accompagne, sous la houlette d'un nouveau chef, d'une cuisine qui joue une partition terroir-saison plutôt plaisante, des tartines de légumes confits à la tarte tropézienne en passant par les spécialités de gibier.

C : 28,50 €

→ 17 rue Sainte (1er)
☎ 04 91 54 02 20
F. sam. à déj., dim. et août. Jusqu'à 23h30.

---

10 504

Casa sur le Vieux-Port dans ce classique de la cuisine marocaine sur une des places les plus animées de la ville. Une animation qui ne se dément pas pour savourer l'inimitable couscous royal du 504.

C : 28 € • M : 25 €   garciaberkani@aol.com

→ 34 pl aux Huiles (1er)
☎ 04 91 33 57 74
F. lundi à déj.
Jusqu'à 23h.

Caffè Milano

On repère sans peine la belle enseigne rouge, on craque pour le décor bistrot faussement nostalgique, mais aussi pour l'ambiance soutenue (la maison fait régulièrement le plein) et la gentillesse de l'accueil. Cuisine classique et plutôt bien troussée, à consonance italienne.

C : 30 €

→ 43 rue Sainte (1er)
☎ 04 91 33 14 33
F. sam. à déj., dim. et 14 juil.-20 août. Jusqu'à 22h30.

Chez Etienne

Au cœur du Panier, depuis 60 ans, Etienne affiche complet, sans téléphone et sans carte de crédit… on passe, on réserve ou on s'installe… Il faut dire que les accros aux superbes supions frits (13 €), aux pizzas (7 € pour 1), aux grillades très goûteuses (15 €) et à la bonne humeur d'Etienne (et de ses fils) sont vraiment nombreux…

C : 20 €

→ 43 rue Lorette (1er)
☎ Pas de tél.
F. dim., fêtes et août.

Chez Jeannot

Une terrasse au bord de l'eau dans le vallon des Auffes, une atmosphère typique qui n'hésite pas à accueillir le touriste au milieu des habitués et une cuisine qui s'apprécie dans la simplicité des poissons grillés.

C : 28 €

→ 129 rue des Auffes (7e)
☎ 04 91 52 11 28
F. dim., lundi, mardi (oct.-mars).
Jusqu'à 23h.

Chez Vincent

Quand on va chez Vincent, on va chez Rose… et ça fait 60 ans que ça dure. Ame de ce décor de bistrot qui n'est même plus démodé, sous le regard des stars de l'OM en photo, Rose vous accueille avec le sourire et vous pose sur la table ses pieds paquets, ses gras doubles, sa soupe au pistou ou ses merveilleuses pizzas avec la même gentillesse.

C : 25 €

→ 2 bis av des Chartreux (4e)
☎ 04 91 49 62 34
F. dim. et 3 sem. août. Jusqu'à 2h.

La Fabrique

Fabrique d'actualité dans la déco renouvelée (grand miroir, peinture blanche, cuir, bois et acier...), dans la musique lounge et dans une cuisine qui bouge bien, et tourne tous les mois, sur le mode world et saveurs d'aujourd'hui : poêlée de supions frais à l'ail et au persil, gambas de curry coco, magret de canard au caramel de soja...

M : 30 €

→ 3 pl Jules-Verne (2e)
☎ 04 91 91 40 48
Ouv. 7j/7.
Jusqu'à 24h.

La Grotte

La route s'arrête à la Grotte, nichée dans la calanque de Callelongue… si ce n'est pas le bout du monde, c'est le bout de Marseille. Un décor à l'italienne, un service aguerri, des familles qui se retrouvent en grandes tablées, des pizzas qui assurent, des grillades généreuses, des plats de pâtes comme on les aime ici : le restaurant marseillais typique quoi…

C : 40 € • M : 45-60 €

→ 1 av Pébrons, calanque de Callelongue (8e)
☎ 04 91 73 17 79
Jusqu'à 22h30.

Sushi Street Café

Plus fidèle que jamais à l'esprit japonais, ce restaurant de poche a remisé ses tables et c'est désormais au comptoir qu'on profite de la cuisine de Tao Kennedy et de sa façon personnelle et soignée d'accommoder la tradition des sushis et autres sashimis.

C : 33 € • M : 31,50 €   *suchi.streetcafe@neuf.fr*

→ 24 bd Notre-Dame (6e)
☎ 04 91 54 17 90
F. dim., lundi, 1er janv. et 4 août-5 sept.
Jusqu'à 22h.

Virgule

La relecture maison de l'œuf mayo est unanimement appréciée, le décor contemporain aussi, qui cadre bien à l'esprit de cette adresse voulue par Lionel Lévy pour capter les envies de modernité des cadres branchés (déjeuner au comptoir en un temps record) et d'une clientèle tendance forcément volage.

C : 35 € • M : 19-27 €

→ 27 rue de la Loge (2e)
☎ 04 91 90 91 11
Ouv. 7j/7.
Jusqu'à 23h30.

Hôtel Radisson SAS Marseille

Une impeccable étape contemporaine sur le Vieux-Port, architecture moderne et aérée, chambres spacieuses, confort irréprochable, lignes sobres et plaisantes harmonies de couleurs. Vue sur le port pour les plus luxueuses.

7 appart. 450-1200 € • 186 ch. 165-395 €
reservations.marseille@radissonsas.com

→ 38-40 quai de Rive-Neuve (7e)
☎ 04 88 92 19 50
📠 04 88 92 19 51
Ouv. 7j/7.

Mercure Beauvau Vieux-Port

Derrière l'élégante façade classique du plus vieil hôtel de la ville, on apprécie le luxe feutré de vastes chambres meublées de style. Situation idéale qui donne envie par exemple de prendre un verre (belles propositions de vins) au bar en regardant les bateaux.

8 appart. 289-449 € • 65 ch. 169-249 €   *www.mercure.com*

→ 4 rue Beauvau (1er)
☎ 04 91 54 91 00
📠 04 91 54 15 76
Ouv. 7j/7.

🎁🎁 Hôtel Alizé Vieux-Port

Cet hôtel logé dans un immeuble en pierre de taille XVIIIe donnant sur le Vieux-Port a été complètement rénové au printemps dernier. Les chambres bénéficient de cet embellissement, dans un style sobre et moderne : murs passés à la chaux décorative, salles de bains Porcelana, rideaux et dessus de lits Rubelli, écrans plats...

39 ch. 65-93 € *www.alize-hotel.com*

→ 35 quai des Belges (1er)
☎ 04 91 33 66 97
📠 04 91 54 80 06
Ouv. 7j/7.

🎁 Hôtel Saint-Ferréol

Style contemporain légèrement teinté d'influences provençales dans les chambres de cet hôtel discret situé à proximité du Vieux-Port.

18 ch. 86-99 € *www.hotel-stferreol.com*

→ 19 rue de Pisançon (1er)
☎ 04 91 33 12 21
📠 04 91 54 29 97
F. 19-30 déc.

🎁🎁 New Hotel Bompard 🐦

Une oasis dans la ville, calme d'un hôtel très agréable non loin de la corniche, dans un coin résidentiel, piscine et détente dans le jardin fleuri de 3000 m². Chambres contemporaines aux belles harmonies d'ocre, esprit Art Déco. Au Mas des Genêts dans le parc, quatre suites à la décoration provençale.

4 appart. 180-215 € • 45 ch. 85-145 € *www.new-hotel.com*

→ 2 rue des Flots-Bleus (7e)
☎ 04 91 99 22 22
📠 04 91 31 02 14
Ouv. 7j/7.

🎁🎁 New Hôtel Vieux-Port

Installé face au Vieux-Port, au pied de la Canebière, cet établissement à taille humaine est placé sous le signe de l'exotisme. Les chambres sont ainsi personnalisées selon plusieurs thèmes (Soleil Levant, Mille et une Nuits, Afrique Noire, Pondichery, Vera Cruz) qui marquent comme autant d'étapes d'un tour du monde. Deux des chambres bénéficient d'une terrasse avec vue sur le Vieux-Port.

42 ch. 140-240 € *www.new-hotel.com*

→ 3bis rue Reine-Elisabeth (1er)
☎ 04 91 99 23 23
📠 04 91 90 76 24
Ouv. 7j/7.

🎁🎁 Résidence du Vieux-Port

C'est là que descendait Simone Signoret. Aujourd'hui encore, les gens du théâtre et du cinéma y séjournent. Il faut dire que la vue sur le Vieux-Port et Notre-Dame-de-la-Garde est époustouflante. Balcon-terrasse dans les chambres spacieuses, à la déco provençale ou années 50, un peu désuète mais charmante.

7 appart. 165 € • 43 ch. 93 € *www.hotelmarseille.com*

→ 18 quai du Port (2e)
☎ 04 91 91 91 22
Ouv. 7j/7.

🎁🎁 Le Ryad

À deux pas de La Canebière et du Vieux-Port, dans une grande demeure à l'ambiance marocaine, Fatiha Ouichou reçoit dans ses dix chambres et mini suites aux noms évocateurs : Argane, Chaouen, Mogador. Dépaysement assuré au cœur de Marseille.

2 appart. 120-140 € • 7 ch. 95-120 € *www.leryad.fr*

→ Fatiha Ouichou, 16 rue Seinac-de-Meilhan (1er)
☎ 04 91 47 74 54
Ouv. 7j/7.

🎁🎁 Tonic Hôtel Vieux Port

Un design plein de sobriété et de fluidité pour un hôtel différent aux chambres évoquant les calanques et la mer dans le style, le mouvement, les tonalités. Une douzaine de chambres ont vue sur le Vieux-Port, toutes sont très bien équipées, baignoires hydromassantes et écrans LCD.

56 ch. 180-295 € *www.tonic-hotel.com*

→ 43 quai des Belges (1er)
☎ 04 91 55 67 46
📠 04 91 55 67 56
Ouv. 7j/7.

G
M

❄️ **Villa Monticelli**

Dans le quartier résidentiel du Prado, cette villa prend des allures italiennes dans son architecture. Harmonieusement personnalisées, les chambres soignent également leur confort (climatisation).

5 ch. 80-100 €

→ 96 rue du Cdt-Rolland (8e)
☎ 04 91 22 15 20
🖨 04 91 80 89 54
Ouv. 7j/7.
🚗 ≋❄️

www.villamonticelli.com

MARTEL - 46600 (30 A 1)
Brive 32 - Cahors 79 - Figeac 58 - Gourdon 44

13 🦷 **Le Patio Sainte-Anne** *d*⋜

Une bonne nouvelle à Martel, l'arrivée de ce jeune chef, Bertrand Torrez, pour dynamiser une cuisine qui ne demande qu'à s'épanouir dans un tel cadre de sérénité, cloître contemporain au gris très chic. Aux côtés d'un menu du marché bien constitué, il livre une lecture du terroir futée et personnelle, bien qu'encore immature : une fine tranche d'agneau, gelée d'ail tiède, fromage frais et copeaux d'asperges, un maigre poché au lait de coco, une poitrine de porc confite, jus de soja et oeufs d'avraga. On boit le cahors et l'eau de source locale pour fêter une première toque.

C : 55 € • M : 25-65 €

→ Rue du Pourtanel
☎ 05 65 37 19 10
F. mardi à déj., merc. à déj. (juin-sept.), mardi, merc. à déj. (h.s.) et mi-nov.-mi-mars (sf 31 déc.-1er janv.).
Jusqu'à 21h30.
🌂🚗 ♿ ≋ 🍽️ 🔦

www.relais-saint-anne.com

🦷🦷 **Relais Sainte-Anne** 🦅

La vieille et belle pierre du Quercy est bien mise en valeur dans cet intérieur raffiné à la déco très bien intégrée. Chambres agréables et lumineuses d'inspiration campagnarde, parc boisé et fleuri de 6000 m², chapelle à l'entrée du domaine.

4 appart. 170-245 € • 12 ch. 40-180 €

→ Rue du Pourtanel
☎ 05 65 37 40 56
🖨 05 65 37 42 82
F. mi-nov-mi-mars.
🚗 ♿ ≋❄️ 🍽️ 🐾

www.relais-sainte-anne.com

MARTILLAC - 33650 (23 D 3)
Bordeaux 11

15 🧑‍🍳 **La Grand'Vigne**

Aucun doute sur la destination d'une table aussi voluptueuse : la courte carte ne cherche pas l'exploit ou l'avant-garde mais le bien-être de ses résidents charmés par les plaisirs de Caudalie. On ne peut d'ailleurs guère ratiociner devant cet épicurisme pour fortunés. Franck Salein choisit d'excellents produits, propose quelques plats minceur et associe les saveurs avec sagesse et sûreté, le beau saint-pierre et le feuilleté aubergine et tomate, le homard au Smith-Haut-Lafitte rouge, le filet de bœuf de Chalosse. Ce qui ne l'exonère pas de très jolies assiettes, comme les langoustines sur un blini de pomme de terre, mousse d'anguille fumée sous une gelée de langoustine et quelques grains de caviar, un plat flatteur et très réussi. Desserts bien dans leur époque (soufflé, macaron, chocolat et eucalyptus…), service délicat et précis dans un costume rustique chic. La cave ne s'embarrasse pas de travail de sourcier : elle cumule les vins de la propriété, les grands châteaux, des verticales, et les valeurs sûres, pas mal établies, dans chaque région, à des tarifs qui ne dissuaderaient que ceux qui ne viennent pas.

C : 65 € • M : 62 €

→ Chemin de Smith-Haut-Lafitte
☎ 05 57 83 83 83
F. lundi, mardi et 2 sem. déb. janv.
Jusqu'à 21h30.
🌂🚗 ♿ ≋❄️ 🎾 🍽️

www.sources-caudalie.com

🅒🅒🅒 La Grand'Vigne 🦅

Inaugurés en 1999, les bâtiments de ce splendide complexe hôtelier se découvrent au sein des prestigieuses vignes du château Smith Haut Lafitte. Quatre bâtiments indépendants comprenant une trentaine de chambres : la bastide des Grands Crus, qui rend hommage aux passionnés du vin, le Comptoir des Voyages, aux influences exotiques, la maison du Lièvre, reconstituée sur la base de deux anciennes granges landaises et l'Ile aux Oiseaux, au style rappelant les cabanes du bassin d'Arcachon. Equipements sans faille, comprenant un spa de vinothérapie ou un parcours de jogging privé aménagé dans les bois de la propriété.
9 appart. 310-600 € • 40 ch. 190-275 €   www.sources-caudalie.com

→ Chemin de Smith-Haut-Lafitte
☎ 05 57 83 83 83
🖨 05 57 83 83 84
F. 2 sem. déb. janv.

13 🍴 La Table du Lavoir

Sous la belle charpente, le bistrot de Caudalies est toujours très fréquenté, par les résidents, mais aussi par les Bordelais en vadrouille, qui trouve ici une carte simple et astucieuse mise au point par le chef du "gastro", Franck Salein. De belles huîtres du Cap Ferret gratinées au beurre de noix, des gambas à la ventrèche et risotto parmesan, une aimable tartelette de canard à l'émulsion de raisins frais : ce régionalisme intelligent mérite toujours une toque, aidé par un service impeccable et une cave bien maligne, de Blot à Kreydenweiss, de la Janasse à Da Ros, de Floridène à… Smith Haut-Lafitte !
C : 35 € • M : 35-66 €   www.sources-caudalie.com

→ Chemin de Smith-Haut-Lafitte, les Sources de Caudalie
☎ 05 57 83 83 83
F. 2 sem. déb. janv.
Jusqu'à 21h45.

11 Restaurant Le Pistou

Derrière l'enseigne provençale, un cadre traditionnel de bistrot de village, rafraîchi au fil des ans (nouveaux éclairages et peintures) et une cuisine bordelaise de grande orthodoxie, avec le civet d'alose et la lamproie à la bordelaise. Accueil bonne franquette et cave de graves accessible et bien renseignée.
C : 28 € • M : 15-35 €   www.restaurantlepistou.com

→ Centre Bourg
☎ 05 56 72 00 00
F. lundi-jeudi à dîn. (15 oct.-15 mai) et w.-e. (juil.-août).
Jusqu'à 21h30.

MARTIN EGLISE - 76370	(6 C 2)
Rouen 58 - Dieppe 7	

11 Auberge Clos Normand

Clos Normand : la bâtisse XVᵉ à colombages porte merveilleusement son nom, distillant une ambiance unique, entre poutres et vieux cuivres. La cuisine est bien dans le ton, chaleureuse et classique, avec l'œuf cocotte au lard, le paleron au jus de pot-au-feu, les fromages normands et les pommes fondantes à la cannelle, pour parfaire la carte postale.
M : 34-46 €   www.closnormand.fr

→ 22 rue Henri-IV
☎ 02 35 40 40 40
F. lundi, mardi, merc., 15 fév.-5 mars et 15 nov.-5 déc.
Jusqu'à 21h.

LA MARTRE - 83840	(34 B 4)
Digne 80 - Castellane 26	

🅒🅒🅒 Château de Taulane 🦅

En pleine nature au cœur de la Provence, le château se pose entre les bois et les espaces du golf dans toute l'élégance de son architecture XVIIIᵉ. Les chambres se répartissent entre le château et les anciennes écuries, de beaux espaces ponctués de mobiliers, couleurs et matériaux délicieusement provençaux. Le domaine propose de nombreuses activités (golf bien sûr, remise en forme, randonnée...) et une élégante cuisine classique au restaurant.
45 ch. 145-295 €   www.chateau-taulane.com

→ RN 85
☎ 04 93 40 60 80
🖨 04 93 60 37 48
F. 5 nov.-31 mars.

MASSAGUEL - 81110   (30 B 4)
Castres 16 - Dourgne 2

13 🍴 L'Auberge des Chevaliers

Auberge de village au pied de la Montagne Noire, l'auberge joue bien un peu des accents rustiques du décor, mais les sets de table en ardoise ou le mobile à base de vieux ustensiles de cuisine signalent déjà des manières plus personnelles, que Serge Lavigne confirme en convoquant le terroir certes, mais au service d'assiettes qui ne remontent pas au temps des chevaliers : tarte à la tomate façon tatin avec jambon de Lacaune et crème de petits pois, cabillaud poêlé au chorizo purée de fèves aux oreilles de cochon confites, terrine d'agrumes au muscat sucette glacée à l'anis. La cave ramène quelques crus locaux à prix abordables.
C : 31 € • M : 13-25 €

→ 4 pl de la Fontaine
☎ 05 63 50 32 33
F. lundi à dîn., mardi et 1re quinz. mars.
Jusqu'à 21h.

MASSIGNAC - 16310   (22 D 4)
La Rochefoucauld 23 - Montembœuf 8

🧀🧀🧀 Domaine des Etangs 🛥

Répartis sur un domaine immense (850 ha), le château du XIXᵉ siècle et ses dépendances accueillent des chambres dont la décoration, sobre et soignée, se marie à merveille avec le style de la bâtisse principale. Les nombreux étangs et forêts qui parsèment le domaine assurent de nombreuses heures de promenade, sur l'eau, à pied ou en deux roues.
3 appart. 260-780 € • 15 ch. 155-470 €   www.domainedesetangs.com

→ Le Bourg
☎ 05 45 61 85 00
▤ 05 45 61 85 01
F. 14 jrs avant Noël.

MAULEON LICHARRE - 64130   (23 C 5)
Pau 66 - Saint-Jean-Pied-de-Port 40 - Orthez 39

13 🍴 Restaurant Bidegain

Pierre Chilo, également propriétaire de "Chez Chilo" à Barcus, dirige depuis la fin des années quatre-vingt-dix cet ancien relais de poste. En cuisine, ce chantre de la cuisine basque place des hommes de confiance, Franck Broussard occupant ce poste depuis deux ans bientôt, proposant une élégante interprétation des grands succès régionaux : profiteroles d'escargots au beurre d'herbes et flan de persil, cazula de merlu rôti au jus de fenouil et pommes de terre ratte, aiguillette de noix de bœuf de Soule à la plancha et grosses frites. Desserts joliment travaillés, avec le tiramisu à l'ananas, mousse mascarpone et noix de coco ou la charlotte fondante de Carambar et chocolat coulant.
C : 34 € • M : 13-20 €   www.francehotelreservation.com

→ 13 rue de la Navarre
☎ 05 59 28 16 05
F. dim. à dîn. et lundi (h.s.).
Jusqu'à 21h.

MAULEVRIER - 49360   (16 A 5)
Cholet 13 - Mauléon 10

13 🍴 Le Stofflet

Nombre de Choletais considèrent à juste titre le Stofflet (l'histoire des Mauges est passée par là) comme la meilleure table de l'arrondissement. Sébastien Cramard travaille désormais en confiance, sa belle carte grand format ne manque pas d'adeptes, convaincus par une tradition au petit point mâtinée d'un zeste de modernité, et collectionnant les ingrédients de prestige : langoustines en pressé de légumes confits aux aromates, bar sauvage rôti au jus de volaille, pigeonneau au foin et foie gras poêlé, crème diplomate au thé vert matcha... D'intéressantes suggestions du moment, à suivre de préférence, intéressante cave en Loire, évidemment fournie en grands crus.
C : 50 € • M : 25-65 €   www.chateaucolbert.com

→ Pl du Château
☎ 02 41 55 51 33
F. dim. à dîn., 2-6 janv., 15 fév.-2 mars et 22-30 déc.
Jusqu'à 21h.

Château Colbert

Edifié sur les plans de Mansart, le château se présente comme un petit Versailles, avec salons d'apparat et chambres seigneuriales, les plus belles ayant été récemment rénovées, avec lits à baldaquins et tissus d'éditeurs (Frey, Canovas) donnant sur le parc de 3 ha et offrant, pour certaines, la vue sur le proche Parc oriental.
1 appart. 250 € • 20 ch. 40-150 €
www.chateaucolbert.free.fr

→ Pl du Château
☎ 02 41 55 51 33
🖷 02 41 55 09 02
F. 2-6 janv., 15 fév.-2 mars et 22-30 déc.

MAURY - 66460   (31 C 5)
Perpignan 35 - Narbonne 85

14 Maison du Terroir

Pascal Borrell, notre ancien Grand de Demain (c'était au temps où il dirigeait les cuisines du Chapon Fin à Perpignan), a ouvert cette année cette jolie table ensoleillée où il vante les meilleurs produits régionaux au gré de menus soigneusement fignolés : morue fraîche gratinée à l'aïoli doux, trinxat de jeunes poireaux étuvés à l'huile vierge, mignon de veau des Pyrénées saisi au beurre, hollandaise à la pistache, carotte fondante, caramel de carottes et jus de betterave, fraises crues et cuites en compotée, sorbet au romarin et croquant au romarin. Au bar-dégustation, Mathieu Tereins propose la découverte des crus locaux.
M : 19-25 €

→ Av Jean-Jaurès
☎ 04 68 86 28 28
F. non comm.

MAUSSANE LES ALPILLES - 13520   (33 B 5)
Marseille 80 - Arles 19

13 Ou Ravi Provençau

Ouvert dans les années 60 par la mère d'Aurore Richard, l'actuelle propriétaire, ce bistrot a su demeurer moderne tout en conservant intacte une charmante patine provençale à laquelle participent les meubles anciens, les roses fraîches qui égaient chaque table et le petit jardin de curé. Artisanale et provençale, la cuisine de Jean-François Richard se focalise sur les produits régionaux : anchois et poivrons grillés, huile d'olive et basilic, lapin sauté à l'ail et aux lardons, poire confite au vin rouge et zestes d'orange et cannelle. Et il faut absolument goûter le jambon à l'os, fumé sur place au romarin. Belle cave locale (Hauvette, Mas de la Dame, Trévallon...)
C : 50 € • M : 34-50 €
www.ouravi.net

→ 34 av de la Vallée-des-Baux
☎ 04 90 54 31 11
F. mardi et merc.
Jusqu'à 22h.

- -

13 Restaurant La Place

On ne peut pas se tromper. Du jeune et branché, qui ne tape pas dans le folklore provençal ou le campagnard guilleret, c'est ici que cela se passe. Une déco contemporaine réussie, en gris et pastel, une courte carte, de produits, de saison : la marque de fabrique de Jean-André Charial (Oustau de Baumanière) est indiscutable et qualitative, sur le velouté d'artichauts, franchement excellent, comme sur les piquillos à la ratatouille, la daurade (plus que le cabillaud, moins précis en cuisson) ou l'entremets chocolat-passion, un vrai dessert de pâtissier. Cave bien fournie en vins des baux.
M : 30 €

→ 65 av de la Vallée-des-Baux
☎ 04 90 54 23 31
F. mardi et janv.

Villes de proximité, voir :

○ PARADOU................................2 km O. par D 17 **(11/20)**

G
 M

MAUZAC ET GRAND CASTANG - 24150 (24 B 4)
Périgueux 58 - Les Eyzies 36

La Métairie

Le nom fait des promesses de petite noblesse champêtre qui sont agréablement tenues dans ce cadre ancien (une ancienne ferme, un parc arboré), qui propose quelques très jolies chambres personnalisées, bourgeoises ou romantiques.
appart. 175-250 € • 9 ch. 115-150 €   www.la-metairie.com

→ Millac
☎ 05 53 22 50 47
▤ 05 53 22 52 93
F. 31 oct.-15 mars.

MAYENNE - 53100 (16 A 1)
Laval 37 - Fougères 45

Le Grand Hôtel

Typique et bonne maison de province dans un bâtiment 1850, étape incontournable d'un séjour mayennais. Aimables chambres contemporaines, jolie terrasse au jardin fleuri. Restaurant de cuisine classique actualisée.
appart. 91-116 € • 22 ch. 67-116 €   www.grandhotelmayenne.com

→ 2 rue Ambroise-de-Loré
☎ 02 43 00 96 00
▤ 02 43 00 69 20
F. 4-17 août et 20-31 déc.

Villes de proximité, voir :

MAZAN - 84380 (33 C 4)
Apt 43 - Avignon 34

13 L'Ingénue

L'ancien second - chef pâtissier a pris le relais l'été dernier pour produire une cuisine d'un raffinement certain, dans les intitulés comme dans la forme : méli-mélo de coquillages crus et cuits, crumble de saumon aux herbes fraîches, pannequet de bar au sarrasin, mille-feuille de langues de chat au chocolat et poivre noir. Cave intéressante et bien renseignée sur ventoux et rhônes méridionaux (le viognier de Pesquié à 25 e).
: 44 € • M : 35 €   www.chateaudemazan.fr

→ Rue Bernus
☎ 04 90 69 62 61
F. lundi, mardi (h.s.) et
1er janv.-2 mars.

Château de Mazan

Osera-t-on dire que Sade, ancien propriétaire, était un humaniste ? Il flotte sur cette belle demeure XVIIIe un parfum de douceur et de sérénité qui déteint sur l'humeur des résidents, choyés dans de jolies chambres stylées, couettes profondes, mobilier ancien, certaines avec balnéo et hammam. Vue sur la piscine et le jardin fermé par l'enceinte médiévale du village, paysagé d'oliviers, lavande, platanes mûriers, palmier...
appart. 320-400 € • 28 ch. 98-275 €   www.chateaudemazan.fr

→ Pl Napoléon
☎ 04 90 69 62 61
▤ 04 90 69 76 62
F. 2 janv.-2 mars.

MAZEROLLES - 40090 (23 D 4)
Mont-de-Marsan 4 - Dax 61

3 Auberge de la Pouillique

Autrefois possession de l'abbaye de Beaussiet, cette ancienne ferme landaise jouit d'un calme bienvenu, bien à l'abri dans son vaste parc peuplé d'arbres centenaires. Formé à l'école classique (le Ritz et Lasserre), Christian Darzacq chante aujourd'hui les louanges d'un sud-ouest riche et généreux, où la salade de gésiers confits, la daurade sébaste à la piperade et le civet de cuisse de canard ont le goût de l'authentique. Cave éclectique, service souriant assuré par Evelyne Darzacq.
: 32 € • M : 19-25 €

→ 656 chemin de la
Pouillique, rte de
Villeneuve-de-Marsan
☎ 05 58 75 22 97
F. dim. à dîn., lundi, mardi
à dîn. et 20 août-10 sept.
Jusqu'à 21h30.

MEAUX

12 **La Grignotière**

Certes le décor entre colombages et tons orangés reste sympathique et le succès ne se dément pas, mais la cuisine traditionnelle de Joël Verguin nous a semblé manquer cette année de tonus, les morilles farcies de chair de volaille étouffées par un jus trop corsé, la côte de veau au sautoir un peu trop cuite et le millefeuille aux framboises manquait de séduction, surtout pour un dessert attendu fort longtemps. Reste une plaisante cave classique.
C : 50 € • M : 29-42 €

→ 36 rue de la Sablonnière
☎ 01 64 34 21 48
F. sam. à déj., mardi, merc. et août.
Jusqu'à 22h.

Villes de proximité, voir :

⟳ POINCY . . . . 5 km E. par D 17a **(13/20)**

17 🗨🗨🗨 〉 **Flocons de Sel** ↘

Emmanuel Renaut rejoint cette année notre contingent de trois toques et nombreux seront ses clients à exprimer leur accord. Au centre de la station, presque cachée, cette discrète maison héberge depuis une dizaine d'années l'un des chefs les plus créatifs des Alpes et aussi l'un des plus observés. La salle à manger, à la décoration très simple (murs enduits de plâtre blanc, appliques montagnardes en bois brut) laisse l'esprit entièrement disponible pour la cuisine de cet ancien élève de Marc Veyrat : fine tarte d'asperges du Lubéron, jaune poule et huile d'amandes douces (un plat immense, au comble de l'épure), brochet du Léman en toast inversé navet campari, consommé de légumes à la citronnelle (où comment transgresser les codes avec cette variation carrée sur la sempiternelle quenelle), perche du lac et churros, poteries de pommes de terre (des perchettes transcendées, un plat ludique avec ces pommes de terre qui ressemblent à des cailloux et les churros salés, au fromage), ballon de chocolat flambé à la chartreuse et mousse bergamote (un immense dôme de chocolat qui fond dans l'assiette une fois versée la chartreuse flambée et dans lequel se cache un gâteau moelleux au chocolat). Ludique et mature, cette cuisine de MOF (Emmanuel Renaut fait partie de la promotion 2004) compte désormais séduire par son traitement subversif de la gastronomie savoyarde. Atmosphère décontractée mais clientèle de connaisseurs. Cave remarquable sur tous les grands vignobles.
C : 80 € • M : 30-110 €

→ 75 rue Saint-François
☎ 04 50 21 49 99
F. lundi à déj., mardi, merc., jeudi à déj. (h.s.), mai, juin et nov.
Jusqu'à 22h.

🍴 Idéal gourmet

– –

14 🍷 **Les Fermes de Marie**

Deux restaurants sont confiés à Christophe Côte, auxquels nous décernons une note conjointe : produits du cru travaillés avec finesse (brochette d'escargots et ris de veau jarret confit à la réglisse, omble mariné, yaourt au sapin pignons concassés, râble de lapin au serpolet, ragoût d'épeautre au jambon du Sauget) à la table traditionnelle et spécialités fromagères avec une rôtisserie (brasérade, raclette...) à la table savoyarde. Dans les deux cas, le raffinement, la maîtrise, un service à la hauteur de la maison et une cave complète qui aligne aussi bien Tour Pénedesses et Bois des Merveilles que Bertagna et Haut Brion.
C : 85 € • M : 55-70 €

www.fermesdemarie.com

→ Chemin de Riante-Colline
☎ 04 50 93 03 10
F. déb. avril-fin juin et déb. sept.-mi-déc.
Jusqu'à 22h.

G
M

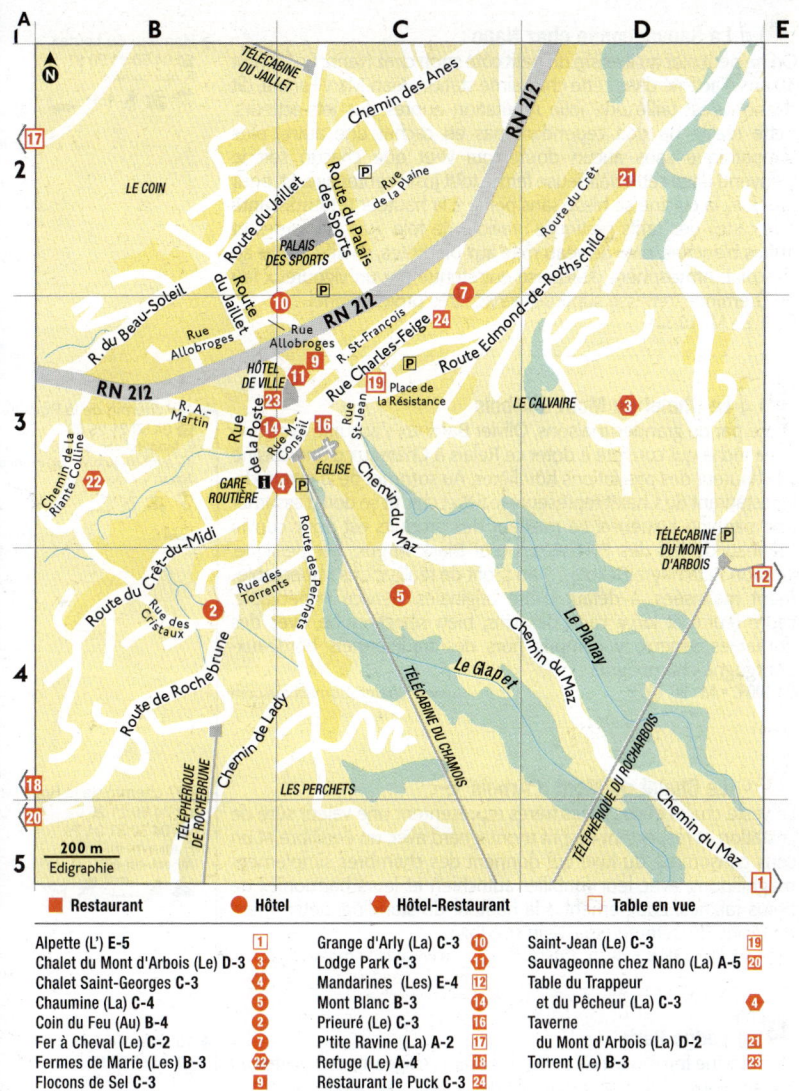

■ **Restaurant**		● **Hôtel**	◆ **Hôtel-Restaurant**		□ **Table en vue**	

Alpette (L') **E-5**	**1**	Grange d'Arly (La) **C-3**	**10**	Saint-Jean (Le) **C-3**	**19**
Chalet du Mont d'Arbois (Le) **D-3**	**3**	Lodge Park **C-3**	**11**	Sauvageonne chez Nano (La) **A-5**	**20**
Chalet Saint-Georges **C-3**	**4**	Mandarines (Les) **E-4**	**12**	Table du Trappeur	
Chaumine (La) **C-4**	**5**	Mont Blanc **B-3**	**14**	et du Pêcheur (La) **C-3**	**4**
Coin du Feu (Au) **B-4**	**2**	Prieuré (Le) **C-3**	**16**	Taverne	
Fer à Cheval (Le) **C-2**	**7**	P'tite Ravine (La) **A-2**	**17**	du Mont d'Arbois (La) **D-2**	**21**
Fermes de Marie (Les) **B-3**	**22**	Refuge (Le) **A-4**	**18**	Torrent (Le) **B-3**	**23**
Flocons de Sel **C-3**	**9**	Restaurant le Puck **C-3**	**24**		

♥♥♥♥ Les Fermes de Marie ✎

Un hameau de fermes savoyardes assemblées par Jocelyne et Jean-Louis Sibuet en chalets de luxe, avec un soin et un souci du détail qui justifie le succès de leurs diverses réalisations. Superbes chambres au style montagnard (poutres, vieux bois), mobilier savoyard authentique et confort de haut niveau, spa complet, ferme de beauté, atelier du cheveu en hiver. Le jardin, sur deux niveaux, est fleuri en été de diverses espèces alpines
8 appart. 420-1180 € • 63 ch. 185-784 €

→ Chemin de Riante-Colline
☎ 04 50 93 03 10
📠 04 50 93 09 84
F. mi-avril-déb. juin et déb. oct.-déb. déc.

www.fermesdemarie.com

14 🍴 La Sauvageonne chez Nano

On ne peut nier qu'il existe un petit côté snob chez Nano. En bientôt 30 ans d'activité dans cette chicissime station, Jean-Marc Fanara, dit "Nano", s'est taillé une jolie réputation auprès des jets-setteurs. Cette réalité ne doit cependant pas en cacher une autre, plus sympathique sans aucun doute, qui veut que chacun soit le bienvenu dans cette délicieuse ferme tout juste centenaire. Et, pour une fois, la cuisine se hisse sans peine à la hauteur (étourdissante à la carte) des tarifs pratiqués : raviole de foie gras aux cèpes et truffes blanches, côte de veau rôtie aux pleurotes, soufflé chaud au chocolat. Atmosphère délicieuse entretenue par un vigoureux feu de cheminée, terrasse superbe, service très professionnel.
C : 70 € • M : 19-30 €

→ Hameau du Leutaz
☎ 04 50 91 90 81
F. non comm.

----

13 🍴 Le Chalet du Mont d'Arbois

Passé par de grandes maisons, Olivier Bardoux s'acquitte avec brio de la tâche qui consiste à doter ce Relais & Châteaux d'une cuisine à la hauteur des prestations hôtelières. Au sommet de la pyramide, le restaurant du Chalet représente le ticket chic et se doit d'assumer une partition luxueuse. Le meilleur des produits est donc convié (agneau de lait des Pyrénées, bœuf Black Angus, bar de ligne, jambon Pata negra Bellota…) au profit de réalisations impeccablement maîtrisées, à défaut d'être originales. Service impeccable, cadre feutré et large carte des vins, bien sélectionnée, avec des domaines sérieux, y compris hors des traditionnels bordeaux-bourgogne-champagne.
C : 100 € • M : 60-130 €   www.chalet-montarbois.com

→ 447 chemin de la Rocaille
☎ 04 50 21 25 03
F. lundi (sf vac. scol.),
mi-avril-mi-juin et oct.-mi-déc.
Jusqu'à 22h.

🏠🏠🏠 Le Chalet du Mont d'Arbois 🍴

Le vaste chalet et ses petits frères représentent une valeur sûre de la station et respectent l'esprit montagnard avec un équilibre et un sens consommé du luxe qui donnent des chambres simplement magnifiques, avec leur mobilier autrichien et leurs harmonies de tissus raffinés. Equipement à la hauteur du standing, notamment en terme de détente (spa, bain suédois).
9 appart. 900-3900 € • 28 ch. 238-830 €   www.chalet-montarbois.com

→ 447 chemin de la Rocaille
☎ 04 50 21 25 03
🖷 04 50 21 24 79
F. mi-avril-mi-juin et
mi-oct.-mi-déc.

----

13 🍴 Lodge Park

Une cuisine forcément chic pour les clients exigeants : vous êtes au Lodge, vous n'allez pas manger de la reblochonnade ou de la tartiflette ? Vous trouverez bien sûr, pour vous distraire, des poissons de l'océan, de belles langoustines, mais aussi un bon jambon à l'os avec son gâteau de polenta, dans le chic savoyard parfaitement étudié.
C : 60 €   www.lodgepark.com

→ 100 rue d'Arly
☎ 04 50 93 05 03
F. 1er avril-20 déc.
Jusqu'à 22h.

🏠🏠🏠 Lodge Park 🍴

Au cœur de Megève, une maison typique et soignée, d'un luxe montagnard discret, beaux salons, chambres de grand confort en phase avec l'environnement, dans une déco personnelle pour magazine thématique.
11 appart. 530-1800 € • 49 ch. 220-550 €   www.lodgepark.com

→ 100 rue d'Arly
☎ 04 50 93 05 03
🖷 04 50 93 09 52
F. 1er avril-20 déc.

13 🍴 Le Refuge

Très chic refuge sur les hauteurs de la station, où l'on se protège du blizzard dans un cocon de chaleur élégant et boisé, à déguster un tartare de bar et crabe aux parfums d'agrumes et des sushis d'ananas, ce qui change notablement des reblochonnades. Pour un peu de rusticité, le carré d'agneau à la rôtissoire est un plaisir à partager.

C : 45 € • M : 27 €   www.refuge-megeve.com

→ Hameau du Leutaz
☎ 04 50 21 23 04
F. merc. (sf vac. scol.), dim. à dîn., lundi, mardi, merc. (h.s.), 3 juin-10 juillet et 15 oct.-15 nov.
Jusqu'à 22h.

----

13 🍴 La Taverne du Mont d'Arbois

Taverne certes, mais parce que l'on est tout de même à Megève, on est bien loin d'une cuisine canaille. Dans son décor savoyard impeccablement léché, la table pratique un œcuménisme chic, de la côte de bœuf Aberdeen grillée à la cheminée au risotto de truffe noire, en passant par l'incontournable fondue savoyarde. Le menu Terre lac et montagne a la séduction efficace, entre terroir et produits nobles, avec la crème de pois cassé œuf poché tartine de foie gras ou la féra en croûte de pain d'alpage. Une prestation bien dans le ton de la station, jusqu'à la cave et ses bouteilles nobles.

C : 70 € • M : 42-63 €   www.chalet-montarbois.com

→ 3001 rte Edmond-de-Rothschild
☎ 04 50 21 03 53
F. mai et nov.
Jusqu'à 23h.

----

12 Le Prieuré

Au pied de l'église, le prieuré classé a reçu une cure de rajeunissement, terrasse refaite, intérieur rafraîchi. Dans ce cœur du cœur, le chef tourne sans état d'âme la cuisine qu'il sait faire : de jolis veloutés, des gambas à la provençale, un risotto aux cèpes, un carré d'agneau au romarin. Un peu cher à la carte, mais les deux menus ont l'affaire, dans une ambiance de gentille tradition. Trop petit choix de vins, y compris régionaux.

C : 45 € • M : 24-38 €   richardfremondiere@msn.com

→ Pl de l'Eglise
☎ 04 50 21 01 79
F. dim. à dîn., lundi, mardi (h.s.), juin et nov.
Jusqu'à 22h.

----

12 Restaurant le Puck

Cadre et ambiance de lounge contemporain au cœur de la station, avec la terrasse donnant sur la patinoire. La carte est maligne, bien de son époque et assez finement travaillée : féra du Léman, tendron de veau, poêlée de girolles, esquimau chartreuse aux financiers.

C : 45 € • M : 29 €

→ 192 rue Charles-Feige
☎ 04 50 21 06 61
Ouv. 7j/7.
Jusqu'à 22h.

----

12 La Table du Trappeur et du Pêcheur

Deux tables différentes hébergées dans le même hôtel-chalet : le trappeur se spécialise dans les viandes (ravioles de foie gras au jus de porto, carpaccio tiède de tête de veau sauce ravigote, pintade fermière rôtie laquée au miel et poêlée d'aubergines…), le Pêcheur s'attachant évidemment à proposer une cuisine de la mer (filets de bar grillés sur peau aux graines de sésame, meunière d'omble chevalier aux amandes…). Pour ne pas diviser les familles, les deux restaurants proposent quelques plats tirés de la carte de son binôme. Signalons enfin le Face au Mont-Blanc, restaurant d'altitude installé au sommet du Jaillet et qui offre l'exclusivité d'une belle terrasse face au toit de l'Europe ainsi qu'une piscine extérieure chauffée.

C : 40 € • M : 28 €   www.hotel-chaletstgeorges.com

→ 159 rue Mgr-Conseil
☎ 04 50 93 07 15
F. 15 avril-25 juin et 15 sept.-24 oct.
Jusqu'à 21h30.

🏆🏆🏆 Chalet Saint-Georges

Largement rénové et redécoré ces dernières années, ce luxueux chalet aux chambres décorées dans un esprit authentiquement savoyard diffuse une ambiance familiale propice à un séjour réussi. Situation pratique à l'extrémité de la zone piétonne, à 100 mètres de la place du village et à 50 mètres de la télécabine du Chamois.
5 appart. 240-650 € • 19 ch. 120-380 €   www.hotel-chaletstgeorges.com

→ 159 rue Mgr-Conseil
☎ 04 50 93 07 15
📠 04 50 21 51 18
F. 10 avril-25 juin et 15 sept.-15 déc.

----

12 Le Torrent

Tout près de l'église, au centre de la station, une ravissante maison au décor à la fois cosy et montagnard. Spécialités locales (pela des Aravis au reblochon fermier, fondue) et nombreuses propositions bistrotières ou bourgeoises, certaines sous influence provençale : rillettes de saumon aux pistaches, loup flambé au pastis, truite aux amandes, rognons de veau à la cannelle,
C : 35 € • M : 26 €

→ 18 rue Ambroise-Martin, pl de l'Eglise
☎ 04 50 58 92 21
F. merc (sf vac. scol.), lundi, mardi, merc. (15 avril-1er juil.-1er sept.- 15 déc.) et mai.
Jusqu'à 22h.

👁 L'Alpette

Présent sur les pistes depuis 1937, ce restaurant a eu le temps de parfaire ses techniques d'approvisionnement et propose ainsi, sous une présentation ludique, un vaste choix (à manger, mais aussi à boire), dans un décor typique de chalet.
C : 23 €

→ Massif de Rochebrune
☎ 04 50 21 03 69
F. à dîn., 15 avril-6 juil. et 4 sept.-14 déc.

👁 Les Mandarines

Le plus vieux restaurant d'altitude de France (depuis 1934 !) répond toujours présent, avec de solides atouts, comme une belle terrasse face au Mont Blanc mais aussi une cuisine honorable et aux propositions variées, de la planche de charcuterie aux spécialités de pâtes en passant par les fromages des Alpes ou le lapin à la moutarde. Taxi chenillette pour les non-skieurs.
C : 38 €

→ Le Mont-d'Arbois
☎ 04 50 21 31 27
F. mi-avril-mi-déc.

👁 La P'tite Ravine

Au milieu des alpages, ce chalet associe une décoration typiquement savoyarde à quelques éléments inspirés du far-west pour composer une ambiance singulière et immédiatement sympathique. L'achat d'un tipi pour accueillir la clientèle en été devrait relancer une activité devenue difficile en hiver, le télésiège desservant le site ayant même été démonté par manque de neige récurrent. Spécialités savoyardes, salades et omelettes. Jeux pour les enfants, petit boulodrome.
C : 25 € • M : 21 €

→ Chemin de la Ravine, Demi Quartier Combloux
☎ 04 50 21 38 67
F. 6 avril-31 mai et 25 sept.-17 déc.
Jusqu'à 21h.

👁 Le Saint-Jean

Au Cœur de Megève (c'est le nom de l'hôtel), cette table réchauffe les soirées hivernales au rythme d'un élégant décor rustique en sous-sol et de solides spécialités montagnardes, agréablement soignées dans leur réalisation, des diots au vin rouges à l'incontournable raclette.
C : 35 €   www.hotel-megeve.com

→ 46 rue Charles-Feige
☎ 04 50 21 25 30
F. lundi (janv. et mars) et avril-mi-déc.
Jusqu'à 23h.

---

 parking privé   parking fermé   voiturier

hôtel très tranquille   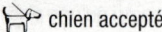 chien accepté   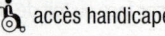 accès handicapé

🛎🛎🛎 Le Fer à Cheval

C'est bien le forgeron, quand Megève était un village, qui a construit ce chalet dont Marc et Isabelle Sibuet ont conservé une partie de la patine authentique. Intérieurs élégants en vieux bois, ambiance feutrée, belles chambres pour montagnards très chics, meubles d'époque, teintes chatoyantes et confort d'aujourd'hui. Un spa est prévu cette année. Restaurant de cuisine actuelle.
14 appart. 751 € • 42 ch. 229-564 €　　　www.feracheval-megeve.com

→ 36 rte du Crêt-d'Arbois
☎ 04 50 21 30 39
🖷 04 50 93 07 60
F. déb. avril-fin juin et mi-sept.-mi-déc.

🛎🛎🛎 Mont Blanc

Mythique sans doute, en particulier grâce à la foule de célébrités qui ont plébiscité ce lieu dans les années cinquante (de Cocteau à Vadim en passant par Aznavour et l'Agha Khan), ce chalet a su s'adapter pour ne pas se couper d'une clientèle avide de prestations haut de gamme. Pas vraiment un palace, plutôt une maison de vacances qu'on aimerait retrouver chaque année, pour se lover confortablement dans le même profond fauteuil, face à la cheminée du salon, avant de regagner sa chambre, la même que l'année précédente, toujours aussi chaleureuse, chic et cossue.
11 appart. 370-670 € • 29 ch. 230-470 €　　　www.hotelmontblanc.com

→ 29 rue Ambroise-Martin
☎ 04 50 21 20 02
🖷 04 50 21 45 28
F. 20 avril-6 juin.

🛎🛎 La Chaumine

L'ancienne ferme a conservé le charme des vieux bois et de l'esprit montagnard. Chambres classiques savoyardes, bois clair aux murs et plafonds, meubles régionaux anciens. Un jardin agréable pour l'été.
11 ch. 65-109 €　　　www.hotel-lachaumine-megeve.com

→ 36 chemin des Bouleaux
☎ 04 50 21 37 05
🖷 04 50 21 37 21
F. 31 mars-28 juin et 1er sept.-18 déc.

🛎🛎 Au Coin du Feu

Le Coin du Feu, c'est la quiétude en version luxe, avec des espaces qui déclinent en version montagnarde un délicieux esprit de club anglais, luxe feutré et matières nobles, bois et tissus douillets en tête. Une délicieuse douceur de vivre, chaleureuse même quand la cheminée est éteinte.
23 ch. 205-360 €　　　contact@coindufeu.com

→ 252 rte de Rochebrune
☎ 04 50 21 04 94
🖷 04 50 21 20 15
F. déb. avril-déb. déc.

🛎🛎 La Grange d'Arly

Au calme bien que proche du centre de la station, baignant dans une agréable ambiance familiale grâce à sa relative petite taille, ce chalet encore récent (ouvert au début des années quatre-vingt-dix) synthétise à merveille la douceur de vivre savoyarde. Chambres sobrement décorées, habillées d'essences de bois locales. Télécabine du Chamois à 400 mètres.
3 appart. 167-287 € • 19 ch. 96-213 €　　　www.grange-darly.com

→ 10 rue des Allobroges, BP 68
☎ 04 50 58 77 88
🖷 04 50 93 07 13
F. fin sept.-mi-déc. et fin mars-fin juin.

---

 parking privé　　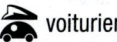 parking fermé　　voiturier

hôtel très tranquille　　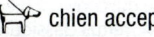 chien accepté　　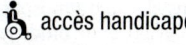 accès handicapé

    hôtels de charme

MEJANNES LES ALES - 30340 (32 B 3)
Nîmes 43 - Alès 7

13 Auberge des Voutins

Le beau mas cévenol de Mireille et René Turonnet se fait tranquille et sûr, dans un registre sudiste qui sied à merveille à ce cadre soigné plébiscité par la clientèle d'affaires. Classique tout en comportant quelques touches personnelles, la carte fait honneur au terroir provençal : escalopine de foie gras frais de canard aux pêches de pays rôties, râble de lapereau à la purée d'olive noire et gnocchis au safran, éminté de filet d'agneau de Lozère, compotée de légumes et jus à l'infusion de romarin. Terrasse ombragée par un superbe tilleul centenaire.
C : 50 € • M : 28-58 €

→ Rte d'Uzès
☎ 04 66 61 38 03
F. dim. à dîn. et lundi (sf fériés).
Jusqu'à 21h30.

MELISEY - 70270 (21 C 2)
Vesoul 40 - Luxeuil-les-Bains 30

12 La Bergeraine

Cette petite maison posée sur le bord de la route pourrait incarner à merveille le restaurant de province tel qu'il devrait être, accueillant et probe. Christophe Aubry l'a bien compris, ne travaillant que de bons produits qu'il propose à des prix d'une grande douceur : gratin de pied de cochon et noix de saint-jacques, médaillons de ris de veau aux morilles et vin jaune, millefeuille fondant à la rhubarbe en duo de mousseline aux fraises et crème fouettée meringuée. Intéressante sélection de vins au verre.
C : 55 € • M : 15-85 €   labergeraine@wanadoo.fr

→ 27 rte des Vosges, BP 20
☎ 03 84 20 82 52
F. dim. à dîn., mardi à dîn. et merc. (sf fériés et veilles fêtes).
Jusqu'à 21h.

MELLE - 79500 (22 C 3)
Niort 31 - Poitiers 59

13 L'Argentière

Architecture moderne et décor contemporain (une remarque également valable pour les jolies chambres claires), et une cuisine qui, habilement, sait prendre ses distances avec la tradition pour proposer des assiettes personnelles et enlevées, même sur les petits menus : pour un peu plus de 20 €, le céviche de coques et seiches salpicon de thon rouge et spoon d'asperges et l'onglet de veau à l'ail vert et gratin de topinambours au lard fumé tiennent largement leurs promesses. Au-dessus, les produits gagnent en noblesse et les inspirations restent les bienvenues. Cave agréablement variée.
C : 44 € • M : 14,50-46 €   www.largentiere.com

→ Rte de Niort
☎ 05 49 29 13 74
F. dim. à dîn. et lundi à déj.
Jusqu'à 21h30.

---

12 Les Glycines

La maison XIXe en pierre cultive un décor contemporain et paisible, soignant couleurs et lumière (y compris dans les jolies chambres) pour installer une atmosphère sereine qui convient bien à la cuisine d'Eric Caillon, entre produits de saison, vertus classiques et touches régionales : foie gras poêlé aux épinards et jus au pineau, joues de lotte marinées et lentilles de Vouillé au curry, sans oublier les desserts (fraises rôties au poivre et menthe poivrée sorbet rhubarbe).
C : 45 € • M : 24-39,50 €   www.hotel-lesglycines.com

→ 5 pl René-Groussard
☎ 05 49 27 01 11
F. dim. à dîn. (sf juil.-août) et 2e-3e sem. janv.
Jusqu'à 21h.

G
M

LA MEMBROLLE - 37390 (17 C 4)

Tours 7 - Blois 67

 Château de l'Aubrière

Sur 15 ha de parc arboré, ce château XIXe cultive sa belle élégance bourgeoise jusque dans les chambres, décorées avec soin et associant tentures et meubles de style avec beaucoup de goût.
5 appart. 175-210 € • 8 ch. 110-150 €   www.aubriere.fr

→ Rte de Fondettes
☎
F. fin sept-fin Avril

MENDE - 48000 (32 A 2)

Le Puy-en-Velay 92 - Aurillac 155

14 **La Safranière**

L'ancien corps de ferme installé sur les hauteurs de Mende affiche un cadre rénové dans un esprit contemporain : sol en jonc de mer, murs chaulés et colorés, tableaux modernes, tables et chaises métalliques, l'ensemble est réussi et colle à merveille à la cuisine touche à tout de Sébastien Navecth : sardines marinées sur tarte fine à l'oignon et mesclun de salades, darne de saumon d'Ecosse poêlée et beurre blanc aux herbes, mignon de porc en cocotte à l'ail rose et à la sauge et chou rouge à la flamande. Cave intéressante en languedoc.
M : 22-46 €

→ Chabrits
☎ 04 66 49 31 54
F. dim. à dîn., lundi, mars et 1 sem. sept.
Jusqu'à 21h.

MENERBES - 84560 (33 C 4)

Avignon 39 - Cavaillon 12 - Apt 22

14  **Le Roy Soleil**

Ce Roy Soleil voit défiler les chefs : Frédérick Pelletier, arrivé mi-mai dans ce splendide mas provençal, vient de la Signoria où nous l'avions récompensé l'an dernier comme Jeune talent 2007 pour la région Corse. Le transfert de l'année ? Attendons quelques saisons (on ne sait jamais) avant de nous déterminer mais les premières impressions ressenties sur le tartare de thon rouge à la "niçoise" et craquant à l'huile d'olive ou sur le pigeonneau de tradition vendéenne désossé, farci de petits pois à la française et gaufrettes de pommes de terre ne remettaient absolument pas en cause le 14/20.
C : 55 € • M : 28-85 €   www.roy-soleil.com

→ Le Fort, rte des Beaumettes
☎ 04 90 72 25 61
F. 15 oct.-27 mars.
Jusqu'à 22h.

Hostellerie Le Roy Soleil

Un nouveau chef au restaurant, quelques arbres (mûriers et platanes) plantés sur le parking et un tout nouveau mobilier (dont une splendide bibliothèque du XIXe siècle) installé dans la réception au rayon des nouveautés à signaler dans ce mas du XVIIe siècle en pierres de pays installé face au village fortifié. Meublées de chines (dont des commodes provençales à la belle patine), décorées de superbes tissus, les chambres se font douces et chaleureuses. Massages et bains relaxants assurés par des professionnels.
4 appart. 168-360 € • 17 ch. 110-240 €   reservation@roy-soleil.com

→ Le Fort, rte des Beaumettes
☎ 04 90 72 25 61
☐ 04 90 72 36 55
F. 2 janv.-2 mars.

La Bastide de Marie

Au milieu des vignes et des délicats parfums des jardins, la vaste bâtisse XVIIIe joue d'un luxe sobre et proche de la nature : pierres apparentes, douceurs des couleurs et des matières, les chambres ainsi personnalisées respirent la sérénité. Des touches subtiles (meubles ou objets anciens notamment) signent l'exclusivité autant que les équipements soignés.
6 appart. 635-725 € • 8 ch. 450-540 €   www.c-h-m.com

→ Rte de Bonnieux
☎ 04 90 72 30 20
☐ 04 90 72 54 20
F. 4 nov.-18 avril.

MENTON

17 🍴🍴🍴 ≷ **Mirazur** 🔷

La véranda, simple et élégante, tables rondes à nappage blanc, chaises cannées, fait le tour de la salle, montrant l'Italie à 30 m à gauche, Menton et le cap de Roquebrune à droite, laissant deviner l'Afrique, puis l'Asie, le monde… Dani Colagreco vous accueille, Elena, la sœur aînée, a écrit un petit mot admiratif pour son frère sur la carte que vous déchiffrez avec envie. Mauro apparaît alors, dans les premières bouchées, soucoupes, verres et assiettes tarabiscotées. Sa cuisine regarde l'Italie, la France, l'Afrique, l'Asie, le monde… Elle n'est pas démonstrative, mais incitative. Elle expose comme dans une galerie, les idées, les impressions de saison. Comme Ferran livre chaque saison la production de son atelier d'hiver, Mauro tisse au fur et à mesure, les mailles d'un présent-futur. Car une fois qu'on aura séparé les restaurants entre les points d'alimentation (kebabs, viennoiseries, fast-food, pizzerias et un certain nombre de tables traditionnelles) et les points de dégustation, le Mirazur semblera un pionnier où l'on goûte, par bouchées, le goût des fleurs et des légumes, d'un martini de tomate avec les fleurs du jardin (capucine, bourrache, pensées…), d'une langoustine à cru, cuite à peine par un remarquable bouillon dashi qui vient la submerger. Tout semble ici limpide, cohérent, de la même famille : le foie gras est si net dans sa cuisson avec une purée de betterave et une pointe acide-anisée, citron et fleur d'absinthe, la liche sur les feuilles d'oseille prend toute sa saveur dans l'émulsion de fumet de poisson, une aisance dans la justesse qui évoque par exemple un Pascal Barbot. Pour la concentration, voyez le merveilleux pigeon à basse température avec ses fruits rouges vinaigrés, les légumes à cru, l'œuf coque à la crème de maïs et citron de Menton, ou la truffe glacée glace maté pour achever de façon forcément provisoire un voyage assez émerveillant, soutenu par un service souriant, stylé dans le bon sens, efficace. Cave pas très importante et pourtant excitante, entre France et Italie, avec quelques références qui font saliver (Gros Noré, Mille Vignes…) et d'excellents barolos.

C : 80 € • M : 35-70 €

info@mirazur.fr

→ 30 av Aristide-Briand
☎ 04 92 41 86 86
F. lundi, mardi et mi-nov.-mi-déc.
Jusqu'à 22h30.

🚗 ♿ ≋❄ 🍷

----

10 **La Coquille d'Or**

L'allure fonctionnelle et touristique de cette table en plein centre ne doit pas masquer une qualité correcte sur la grande terrasse débordant sous l'affluence. Une fraîcheur certaine, un boulot de brasserie de la mer bien fait par une équipe nécessairement survoltée.

M : 27 €

→ 1 quai Bonaparte
☎ 04 93 35 80 67
F. mardi et nov.-10 déc.
Jusqu'à 22h.

🍄 🐑

👁 **Restaurant Paris-Rome**

Une ambition un peu renouvelée, avec de bons chefs qui se succèdent dans cette salle branchée au bout de la promenade de la mer. Il faudrait un peu de constance en cuisine, avant de chercher l'originalité à tout crin, pour s'approcher d'une toque, à l'image de la bonne lotte rôtie avec son macaroni farci. Cave plutôt bien vue, avec notamment les bons vignerons corses (Leccia, Gentile…), mais le tarif au verre est un peu élevé.

C : 42 € • M : 42-85 €

www.paris-rome.com

→ 79 av Porte-France
☎ 04 93 35 70 35
F. lundi, mardi à déj. et 11 nov.-29 déc.
Jusqu'à 21h30.

🍄 ≋❄ 🍷

♛♛♛ Grand Hôtel des Ambassadeurs

La grande bâtisse de 1865 affiche un esprit typique des grandes villas Belle Epoque. Au milieu des palmiers, profitant d'une plage privée, l'établissement propose des chambres et suites au caractère exclusif. Superbes prestations d'ensemble.

21 appart. 240-700 € • 11 ch. 100-220 € www.ambassadeurs-menton.com

→ 3 rue Partouneaux
☎ 04 93 28 75 75
📠 04 93 35 62 32
F. nov.

♛ L'Aiglon

A deux pas de la mer, cette villa XIXᵉ séduit par son atmosphère feutrée (qui tient également à la qualité de l'accueil) et son décor ancien. Détente (et parking privé) dans le parc.

6 appart. 146,50-209 € • 23 ch. 78,50-169 € www.hotelaiglon.net130

→ 7 av de la Madone
☎ 04 93 57 55 55
📠 04 93 35 92 39
F. 23 nov.-19 déc.

MEOUNES LES MONTRIEUX - 83136 (34 A 6)
Brignoles 22 - Cuers 18

13 🍴 La Source

La source alimentait le fonctionnement de l'ancienne tuilerie et assure aujourd'hui la fraîcheur des viviers de truites ou d'écrevisses, où Marie-Pierre Larget puise une partie de son inspiration. Le reste lui vient de la nature, des herbes et du terroir, et surtout d'envies contagieuses de belles et bonnes choses. On adhère avec le sourire, séduit par l'atmosphère autant que le cadre, la gentillesse autant que le plaisir de la côte de veau en croûte de thym ou du rouget farci aux herbes. Oh temps suspends ton vol... par exemple le temps d'une nuit dans une des adorables chambres d'hôtes.

M : 25-40 € www.les-sourciers.net

→ 59 rte de Brignoles
☎ 04 94 48 99 83
F. dim. à dîn.-merc.
Jusqu'à 21h30.

MERACQ - 64410 (23 D 5)
Pau 25 - Arzacq-Arraziguet 4

♛♛♛ Château de Méracq

Ce petit château se trouve en pleine campagne, dans un parc qui déroule la vue jusqu'aux Pyrénées. Y sont aménagées, dans une atmosphère intime et chaleureuse, de jolies chambres personnalisées, mêlant meubles anciens et tissus aux tons pastel dans des atmosphères douces et accueillantes.

2 appart. 176-208 € • 6 ch. 88-120 € www.chateau-meracq.com

→ ☎ 05 59 04 53 01
📠 05 59 04 55 50
Sur réserv. seult.

MERCUES - 46090 (29 D 2)
Cahors 8 - Agen 87

13 🍴 Château de Mercuès

La carte du très sérieux Philippe Combet, qui a fait ses classes dans quelques grandes maisons azuréennes, mérite naturellement une toque. A des tarifs altiers, ces plats à thème où la truffe est comme chez elle, à l'instar de la frite à Bruxelles, ont de l'allure et la belle saveur des plats de prestige : risotto de truffes jus céleri et croustille parmesane, foie gras de canard en terrine marbré aux girolles, ris de veau aux morilles et chateau-chalon, fondant de chocolat araguani émulsion au thé. Service stylé, cave évidemment solide pour dialoguer sur le cahors.

C : 95 € • M : 65-115 € www.chateaudemercues.com

→ ☎ 05 65 20 00 01
F. lundi, mardi-jeudi à déj. et nov.-Pâques.
Jusqu'à 21h.

MERCUES

⊂⊂⊂ Château de Mercuès 🦢
Un formidable château médiéval, avec ses fières tourelles à toits pointus d'ardoise, bastion superbe des évêques de Cahors dominant le vignoble. Propriété de Georges Vigouroux, l'un des papes du vin de cahors (il ne faut pas manquer la visite du chai souterrain), cette hôtellerie est remarquablement tenue et animée, les chambres vastes et seigneuriales, dont la déco a été confiée à François Champsaur, ouvrent sur le parc et son jardin à la française, la belle cour d'honneur et plus loin la vallée du Lot.
6 appart. 320-400 € • 24 ch. 180-280 €   www.chateaudemercues.com

→ ☎ 05 65 20 00 01
🖶 05 65 20 05 72
F. nov.-Pâques.

MERCUREY - 71640   (20 A 5)
Mâcon 70 - Chalon-sur-Saône 11

13 🍴 Hôtellerie du Val d'Or
Ce relais de diligences début XIXᵉ sur la route des vins cultive une ambiance traditionnelle bourguignonne chic (poutres, cheminée et comblanchien) et cherche davantage à rassurer qu'à étonner. Elaborée sur des bases solides et montrant beaucoup de bonne volonté (parfait marbré de ris de veau et foie de canard aux artichauts), la cuisine se montre parfois un peu brouillonne (un cochon rôti aux oignons un peu trop cuit, un clafoutis rhubarbe un peu caoutchouteux). C'est pourtant bien le plaisir qui l'emporte, d'autant que le service, attentif, souriant, sait très bien mettre en valeur la cuisine du chef. Cave bourguignonne complète et jolie sélection de vins au verre.
C : 64 € • M : 24-71 €   www.le-valdor.com

→ 140 Grande-Rue
☎ 03 85 45 13 70
F. lundi, mardi à déj. et 15 déc.-15 janv.
Jusqu'à 21h30.

🍷🍷 Hostellerie du Val d'Or
Dans la droite ligne du restaurant, l'hôtel propose une vision rassurante et soignée de l'hôtellerie bourguignonne, jolis meubles de style et tons chaleureux.
12 ch. 75-95 €   www.le-valdor.com

→ Grand-Rue
☎ 03 85 45 13 70
🖶 03 85 45 18 45
F. 15 déc.-15 janv.

MERIBEL LES ALLUES - 73550   (28 C 3)
Paris 624 - Chambéry 88 - Albertville 42

13 🍴 Allodis
L'hôtel pratiquant la demi-pension, on est heureux d'y trouver un chef de bon niveau : fidèle au poste depuis plus de quinze ans, Alain Plouzané se montre à la hauteur de la tâche et si la cuisine est à deux vitesses (déjeuner et dîner), le déjeuner réserve déjà de sympathiques moments gourmands, avec le liégeois de châtaigne et volaille fermière, la pierrade de bar ou les côtes d'agneau et polenta aux cèpes. Le soir, la cuisine suit la même veine, entre terroir et produits nobles, dans une version un peu plus élaborée, pour que les soirées paraissent moins longues. Cave essentiellement classique.
C : 68 € • M : 32-73 €   www.hotel-allodis.com

→ Le Belvédère
☎ 04 79 00 56 00
F. mai-juil. et sept.-mi-déc.
Jusqu'à 21h30.

🍷🍷🍷 Allodis 🦢
Hôtel ski au pied sur les hauteurs de la station, le gros chalet de pierre et de bois n'exagère pas la touche montagnarde, en gardant juste ce qu'il faut pour livrer des chambres cossues aux couleurs chaleureuses. De même, l'atmosphère livre un équilibre judicieux entre luxe et convivialité, avec un équipement de détente agréable.
12 appart. 124-602 € • 44 ch. 102-518 €   www.hotel-allodis.com

→ Le Belvédère
☎ 04 79 00 56 00
🖶 04 79 00 59 28
F. mai-juil. et sept.-mi-déc.

12 Le Blanchot

Christophe Perrin peut escalader des montagnes pour ses clients fidèles. Mais il fait mieux que cela : il parcourt le monde, et l'Asie en particulier, à la recherche de nouvelles idées dans des provinces reculées, donnant aux skieurs et aux promeneurs d'autres cartes postales et des saveurs d'ailleurs : sauté de crevettes flambées au saké, agneau de lait de Bombay et épices indiennes, déclinaison d'agrumes, tout en maintenant un esprit bistrot avec ses classiques (effilochée de confit de canard et foie gras aux truffes).
C : 55 € • M : 42-70 €

→ Rte de l'Altiport
☎ 04 79 00 55 78
F. dim. à dîn., lundi à dîn. (hiver), 25 avril-23 juin et 11 sept.-14 déc.
Jusqu'à 22h.

Chalet-Hôtel Marie-Blanche

Les chalets-hôtels sont désormais nombreux sur la station, mais dans les années cinquante, celui de Marie-Blanche (toujours aux mains de la famille) était l'un des premiers. Il y a gagné une situation de premier ordre, tandis que l'âge n'a pas de prise sur son atmosphère délicieuse, accueil personnalisé et chambres au luxe montagnard bien interprété.
1 appart. 358 € • 20 ch. 89-296 €   *www.marie-blanche.com*

→ Rte de la Renarde
☎ 04 79 08 65 55
📠 04 79 08 57 07
F. 20 avril-7 juil. et 25 août-10 déc.

Hôtel la Chaudanne

Au cœur de la station, à deux pas des pistes, les Dallery ont affiné en trois générations le confort de ce superbe chalet et l'authenticité de son décor chaleureux, tout de bois vêtu. Bel espace détente, de l'institut de beauté au squash en passant par la piscine extérieure, accessible même en hiver. Remarquable cuisine classique par un chef d'expérience.
10 appart. 365-4170 € • 69 ch. 79-454 €   *www.chaudanne.com*

→ Rte de la Chaudanne BP7
☎ 04 79 08 61 76
📠 04 79 08 57 75
F. mai, oct. et nov.

Le Yeti

Espace généreux, confort soigné, ambiance feutrée et douillette, avec des couleurs empreintes de douceur en écho au bois chaleureux, sans oublier tout l'équipement de détente : ce gros chalet au bord des pistes dispose de tous les atouts pour un séjour montagnard parfait.
5 appart. 475-540 € • 32 ch. 210-240 €   *www.hotel-yeti.com*

→ Le Rond-point-des-pistes
☎ 04 79 00 51 15
📠 04 79 00 51 73
F. 15 avril-1er juil. et 1er sept.-15 déc.

MERKWILLER PECHELBRONN - 67250   (10 C 1)
Strasbourg 44 - Karlsruhe 70 - Haguenau 22

13 Auberge du Puits VI

La maison dans les bois est certes une adresse d'initiés, mais elle a en quelques années fait sortir les citadins pour retrouver davantage qu'un peu de nostalgie industrielle : ce qui était une simple cantine de mineurs est devenu une des tables les plus intéressantes du canton, grâce à un chef inspiré qui remonte à l'air libre et s'envole même dans les couches hautes de l'atmosphère pour offrir un air frais, léger, voyageur, curieux de terroirs, en particulier méditerranéen, avec ses carpaccios, ses herbes thaïes, son esprit tapas, dans un joli décor épuré. Accueil souriant et bonne cave généraliste touchant toutes les régions.
C : 40 € • M : 34-60 €

→ 20 rte de Lobsann
☎ 03 88 80 76 58
F. lundi, mardi, merc. à déj. et janv.
Jusqu'à 21h.

MERY SUR OISE - 95540 (7 B 1)

Paris 36 - Pontoise 3 - Saint-Germain-en-Laye 20

15 Le Chiquito

Avec les tarifs rivetés dans la carte pour ne plus bouger, on sait où l'on va chez Alain Mihura, défenseur d'une certaine idée de la gastronomie moderne, acquise notamment chez Dutournier et Guy Savoy, c'est-à-dire celle des valeurs du terroir, réinterprété et magnifié dans ces produits nobles ou fermiers. C'est tout ce qu'on aime dans ce chic Chiquito, la terrine de jarret de porc au foie gras et gelée de piment d'Espelette, le tronçon de turbot aux arômes de pain d'épices, royale de homard et pistou de légumes aux coquillages, la pièce de blonde d'Aquitaine avec sa purée et sa ventrèche croustillante. De la générosité jusqu'aux desserts de grand gourmand (excellent Paris-Brest sauce chicorée) sur ce fond traditionnel qui habite les cuisiniers de cette trempe, pétris de sincérité. Cave bine vue sur le Sud-Ouest et le Languedoc, au bon fond classique.

C : 55 € • M : 55-70 €

→ Rue de l'Oise
☎ 01 30 36 40 23
F. sam. à déj., dim. à dîn., lundi et 1 sem. déb. janv.
Jusqu'à 22h.

www.lechiquito.fr

MESNIERES EN BRAY - 76270 (6 D 2)

Forges-les-Eaux 23 - Chartres 184

13 Auberge du Bec Fin

A côté du château qui se reconstruit lentement, l'auberge a trouvé son allure de croisière pour installer dans le paysage gastronomique du Pays de Bray une cuisine ambitieuse, qui joue des associations gourmandes pour séduire sans trop s'éloigner en terrain inconnu. L'équilibre est généralement bien tenu et le résultat bien homogène avec le cadre douillet d'auberge champêtre et son atmosphère feutrée : foie gras en brioche et confiture de potiron, rognon de veau et chutney d'oignon aux fruits secs, un chariot de fromages de bon niveau et un pithiviers aux pommes chocolat et crème d'amande tout à fait gourmand.

C : 40 € • M : 16-42,50 €

→ 1 rue du Château
☎ 02 35 94 15 15
F. dim. à dîn., merc. et déb. sept.
Jusqu'à 21h.

MESNIL SAINT PERE - 10140 (9 B 5)

Troyes 19 - Vendeuvre-sur-Barse 10

13 Au Vieux Pressoir

Près du fameux lac de la forêt d'Orient, Patrick Gublin tire encore un bien beau jus de son Vieux Pressoir, brassant les produits nobles dans des préparations maîtrisées : la déclinaison de foie gras en chaud et froid, le magret laqué aux épices gingembre et patates douces ou le moelleux au chocolat et glace au lait d'amande tiennent leurs promesses et font oublier un service à l'ancienne. De bonnes bouteilles locales à découvrir en cave.

C : 70 € • M : 25-54 €

→ 5-7 rue du 28-août-1944
☎ 03 25 41 27 16
F. dim. à dîn., lundi à déj. (15 oct.-15 mars), lundi à déj. (15 mars-15 oct.) et 16 déc.-22 janv.
Jusqu'à 21h.

www.auberge-du-lac.fr

LE MESNIL SUR OGER - 51190 (9 B 3)

Châlons-en-Champagne 37 - Epernay 15

? Le Mesnil

Un nouveau jeune chef/propriétaire a investi cette année cette maison auparavant tenue par Claude Jaillant, pendant plus d'un quart de siècle. Cédric Boulhaut, 28 ans et ancien chef de partie au Foch à Reims lui succède. Quelques travaux d'embellissement de la salle ont été effectués et les premières impressions ressenties sur la cuisine, sans lien particulier avec la région, laissent à penser que l'affaire est entre de bonnes mains. Nous suspendons la note en attendant la consolidation d'un ensemble prometteur.

C : 70 € • M : 34-45 €

→ 2 rue Pasteur
☎ 03 26 57 95 57
F. lundi à dîn., mardi à dîn., merc., vac. scol. fév. et 3 sem. août.
Jusqu'à 21h30.

www.restaurantlemesnil.com

MESNIL VAL - 76910   (6 C 1)
Rouen 92 - Le Tréport 4,5

 **Royal Albion Hôtel**
Une station calme à proximité du Tréport, une vaste construction de style colonial regarde la mer du haut de la falaise. Chambres aux décors variés, Chippendale, Louisiane, Empire…
20 ch. 64-133 €

→ 1 rue de la Mer
☎ 02 35 86 21 42
▤ 02 35 86 78 51
F. 17-23 déc.

www.treport-hotels.com

MESQUER - 44420   (15 A 3)
Guérande 9 - Le Croisic 23

12 La Vieille Forge
La rencontre improbable entre les cuisines coréenne et bretonne s'est produite sur ce petit bout de terre, à l'extrême ouest de la Loire-Atlantique. Cette rencontre est également celle d'un chef, Thierry Mousset, breton d'origine et d'une coréenne, Kim, devenue son épouse et chef de salle. Les poissons sont traités avec le plus grand respect (aiguillettes de grosse sole de Bretagne dorées aux épices douces, queues de langoustines et asperges au parmesan, escalope de lieu jaune cuit sur peau, julienne de légumes et jus de homard à la citronnelle…) et les quelques spécialités issues du pays du Matin Calme (les queues de crevettes sel et poivre à l'orientale et son kim-chi ou le pulgogi, barbecue coréen à base de tranches d'entrecôtes marinées) permettent de varier les horizons.
C : 50 € • M : 25-46 €

→ 32 rue d'Aha
☎ 02 40 42 62 68
F. lundi, mardi, merc. (sf vac. scol.), lundi (sf vac. sept-juin), dim. à déj. (été), fév., 6-16 juin et 20-30 sept.
Jusqu'à 21h30.

www.lavieilleforge.fr

METEREN - 59270   (1 D 2)
Lille 28 - Bailleul 4

10 Ferme de l'Haghedoorn
A côté d'une sortie de l'A25, ce café de village nourrit le quartier à peu de frais, avec des plats de brasserie, dans un cadre typique d'estaminet. Avec la cuvée du patron ou la bière flamande, on peut d'ailleurs tenter sans crainte le waterzoï, la carbonade ou le potjevleesch, la grande simplicité du lieu allant de pair avec la sincère gentillesse des patrons.
C : 15,50 € • M : 12,60-20,75 €

→ 922 rue de l'Haghedoorn
☎ 03 28 41 22 41
F. mardi et fév.
Jusqu'à 21h30.

www.haghedoorn.ift.fr

METZ - 57000   (11 D 2)
Paris 337 - Strasbourg 161

15 Le Magasin aux Vivres
Hôtel de prestige, belle table : les Messins peuvent en rosir de fierté quand ils passent devant la noble façade de ce magasin qui ne s'adresse plus depuis longtemps à la soldatesque. Christophe Dufossé travaille pour l'aristocratie gourmande, et s'il compose une quiche lorraine, c'est qu'elle est déstructurée, personnalisée, mise en clin d'œil dans une carte qui ne laisse pas de surprendre, avec sa dégustation de homard mi-cuit en chaud-froid ou son "festival de club sandwichs surprenants", effectivement peu communs, homard, foie gras et langoustines côtoyant le boudin, l'andouillette et le céleri. L'imagination, mais aussi la maîtrise technique sont au pouvoir dans cette salle très bien ordonnée, service au cordeau et cave bien variée, riche et malheureusement un peu coûteuse en relatif, même si le patrimonio de Leccia est abordable.
C : 100 € • M : 38-58 €

→ 5 av Ney
☎ 03 87 17 17 17
F. dim. à dîn.
Jusqu'à 22h.

www.citadelle-metz.com

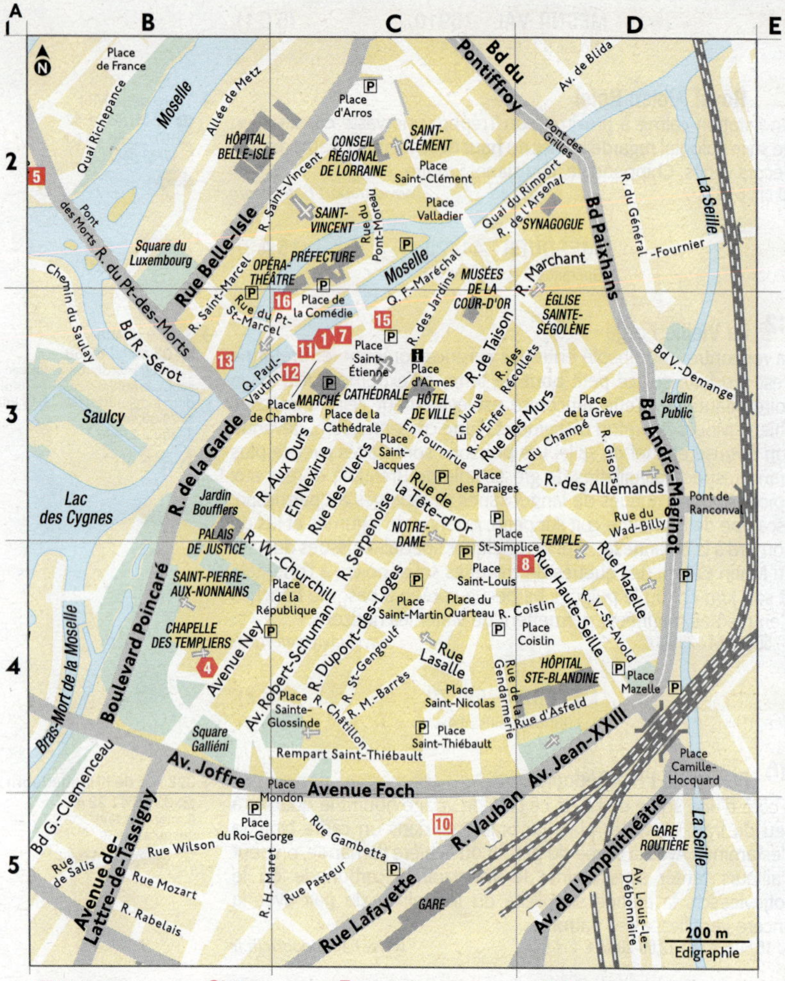

N

A | B | C | D | E

Map labels (Metz city centre):

Place de France · Quai Richepance · Moselle · Allée de Metz · Bd du Pontiffroy · Av. de Blida · Pont des Grilles · Place d'Arros · HÔPITAL BELLE-ISLE · CONSEIL RÉGIONAL DE LORRAINE · SAINT-CLÉMENT · Place Saint-Clément · R. Saint-Vincent · Square du Luxembourg · R. du Pt-des-Morts · Pont des Morts · SAINT-VINCENT · Rue du Pont-Moreau · Place Valladier · Quai du Rimport · R. de l'Arsenal · R. de SYNAGOGUE · R. du Général-Fournier · La Seille · Chemin du Saulcy · Bd R.-Sérot · R. St-Marcel · Rue du Pt-St-Marcel · OPÉRA-THÉÂTRE · PRÉFECTURE · Place de la Comédie · Moselle · Q. F.-Maréchal · R. des Jardins · MUSÉES DE LA COUR-D'OR · R. Marchant · ÉGLISE SAINTE-SÉGOLÈNE · Bd V.-Demange · Bd André-Maginot · Bd Paixhans · Q. Paul-Vautrin · MARCHÉ · CATHÉDRALE · Place Saint-Étienne · Place d'Armes · HÔTEL DE VILLE · R. de Taison · R. des Récollets · Jardin Public · Place de la Cathédrale · R. Aux Ours · En Nexirue · Place Saint-Jacques · En Jurue · R. d'Enfer · Rue des Murs · R. du Champé · Place de la Grève · Saulcy · Jardin Boufflers · En Fournirue · Place des Paraiges · R. des Allemands · Rue du Wad-Billy · Pont de Ranconval · Lac des Cygnes · R. de la Garde · PALAIS DE JUSTICE · R. des Clercs · Rue de la Tête-d'Or · R. Serpenoise · NOTRE-DAME · Place St-Simplice · TEMPLE · Rue Haute-Seille · R. V.-St-Avold · R. du Wad-Billy · Rue Mazelle · Bras-Mort de la Moselle · Boulevard Poincaré · SAINT-PIERRE-AUX-NONNAINS · R. W.-Churchill · Place de la République · R. des Loges · Place Saint-Martin · Place du Quarteau · R. Coislin · Place Coislin · HÔPITAL STE-BLANDINE · CHAPELLE DES TEMPLIERS · Avenue Ney · R. Robert-Schuman · R. Dupont-des-Loges · St-Gengoulf · Place Saint-Louis · Rue Lasalle · R. de la Gendarmerie · Place Mazelle · Square Galliéni · R. Ste-Glossinde · R. Châtillon · R. M.-Barres · Place Saint-Nicolas · Rue d'Asfeld · Av. Vauban · Av. Jean-XXIII · Place Camille-Hocquard · Bd G.-Clémenceau · Av. Joffre · Rempart Saint-Thiébault · Place Saint-Thiébault · Avenue Foch · Place Mondon · GARE ROUTIÈRE · La Seille · Avenue de-Lattre-de-Tassigny · Rue de Salis · Place du Roi-George · Rue Wilson · Rue Gambetta · R. Vauban · Av. de l'Amphithéâtre · Av. Louis-le-Débonnaire · Rue Mozart · Rue Pasteur · R. H.-Maret · Rue Lafayette · GARE · R. Rabelais

200 m · Edigraphie

■ Restaurant   ● Hôtel   ◆ Hôtel-Restaurant   □ Table en vue

Baraka (La) C-3 ■ **1**	Goulue (La) D-4 ■ **8**	Pampre d'Or (Au) C-3 ■ **11**
Cathédrale (La) C-3 ■ **1**	Grand Hôtel de la Citadelle B-4 ◆ **4**	Restaurant L'Ecluse C-3 ■ **12**
Dinanderie (La) B-2 ■ **5**	Loft (Le) C-5 □ **10**	Restaurant Maire B-3 ■ **13**
El Theatris C-3 ■ **16**	Magasin aux Vivres B-4 ◆ **4**	Thierry Saveurs & Cuisine C-3 ■ **15**
Gargouille (La) C-3 ■ **7**		

 Le Grand Hôtel de la Citadelle

Dans le centre historique, près du secteur piétonnier, l'ancien bâtiment militaire classé est un Grand Hôtel de charme et de distinction, avec ses vastes réceptions et ses chambres de haut niveau, dans la déco, mobilier design et lignes contemporaines, comme dans la qualité des équipements.

2 appart. 335 € • 77 ch. 185-265 €

www.citadelle-metz.com

→ 5 av Ney
☎ 03 87 17 17 17
🖨 03 87 17 17 18
Ouv. 7j/7.

---

hôtels : standard   grand confort   haut de gamme   exceptionnel

GM

14 🛏 Au Pampre d'Or

L'hôtel particulier XVIIe entretient une douce mélodie, non pas les flonflons d'un bal populaire, mais plutôt la jolie musique de chambre que l'on entendrait dans le salon de Madame Verdurin. Pampre d'Or ! Tout un programme suivi à la lettre par Jean-Claude Lamaze, foie gras d'oie maison, sole côtière aux nouillettes fraîches, carré d'agneau labellisé, paume de ris de veau aux truffes d'été... Une interprétation de virtuose, l'accueil tout en distinction de Catherine, l'atmosphère bienheureuse d'une maison lubrifiée à l'huile essentielle. On ne résiste pas aux fraises Romanoff ou aux œufs à la neige revisités et l'on visite la cave, classique et variée, avec la même attention.

C : 60 € • M : 35-65 €

→ 31 pl de Chambre
☎ 03 87 74 12 46
F. dim à dîn., lundi à déj.,
mardi à déj. et 1re sem. janv.
Jusqu'à 21h30.

www.aupampredor-metz.com

---

13 🛏 La Dinanderie

Bien installé désormais dans le paysage gastronomique de la ville, ce décor chatoyant dynamise agréablement le contexte de bâtiment classé. La cuisine d'Eric Jacquard est quant à elle moins aventureuse qu'à ses débuts, sans doute pour coller aux attentes de la clientèle, mais on trouve heureusement toujours, aux côtés des réductions de vermouth ou flambages au cognac, de quoi satisfaire un peu de curiosité, avec les saint-jacques aux pignons de pin et mangues poêlées ou le flétan poché à la crème de yaourt et fines herbes. Cave équilibrée, avec un bel effort sur les vins au verre.

C : 46 € • M : 25-38 €

→ 2 rue de Paris
☎ 03 87 30 14 40
F. dim. à dîn., lundi. F. ann.
non comm.
Jusqu'à 21h30.

---

13 🛏 La Goulue

La Goulue, c'est bien sûr l'égérie de Toulouse Lautrec, en hommage à une décoration Belle Epoque, et non une habituée qui manquerait de tenue à table ! Il est vrai que c'est avec joie et appétit qu'on retrouve fidèlement, année après année, la belle cuisine de la mer d'Yves François, plus soucieux de la qualité du produit que de la dernière mode, et c'est très bien ainsi, pour se régaler goulûment d'un thon rouge mariné au citron vert ou d'un pot-au-feu de la mer à l'estragon.

C : 32 € • M : 32 €

→ 24 pl Saint-Simplice
☎ 03 87 75 10 69
F. dim., lundi et Noël-nouvel
an.
Jusqu'à 21h30.

---

13 🛏 Restaurant L'Ecluse

Bienvenue dans le monde moderne, semble dire Eric Maire, habile éclusier qui a fait passer Metz dans l'ère d'un restaurant décomplexé, remarquablement homogène dans son concept, avec un cadre contemporain très réussi en parfaite harmonie avec une carte ouverte sur le monde et la mode, avec ses cuissons à la plancha, ses influences exotiques ou encore ses poissons crus. On y vient et surtout on y revient, parce que tout cela est de plus orchestré de main de maître et que derrière les intitulés prometteurs se dévoilent des plats cohérents et soignés. Désormais, la maison s'apprécie également en terrasse.

C : 57 € • M : 35 €

→ 45 pl de Chambre
☎ 03 87 75 42 38
F. sam. à déj., dim. à dîn.,
lundi et 1er-15 août.
Jusqu'à 22h.

---

13 🛏 Restaurant Maire

Yves Maire vient tout juste de fêter son 25e anniversaire à la tête de cette jolie maison perchée au-dessus de la maison et dont l'enseigne originelle, Au Retour du Pêcheur, pourrait encore faire sens aujourd'hui. Spécialisée dans les poissons, la carte de cet

→ 1 rue du Pont-des-Morts
☎ 03 87 32 43 12
F. mardi et merc. à déj.
Jusqu'à 21h30.

ancien des Mousardins (Saint Tropez) et de la Tour Rose (à Lyon) ne brille pas par son extrême modernité mais tient solidement son rang : langoustines décortiquées sur une salade mesclun, jus d'orange safrané et tuiles à la fleur de sel, saint-jacques rôties sur une brunoise d'amandes, de pommes et crème de pain brûlé, filet de bar poêlé, risotto de blé au riesling et réduction balsamique tranchée à l'huile d'olive. Cave très complète et commentée avec pertinence par Eric Bandel.
C : 52 € • M : 40 €

www.restaurant-maire.com

---

13 🍴 **Thierry Saveurs et Cuisine**

Un parcours de grande maison, un hôtel particulier XVIIᵉ dans la vieille ville… Pour des assiettes résolument fusion food ou un apéro tapas ! Voilà un contraste d'autant plus agréable à vivre que le chef n'a pas oublié ses belles manières et soigne le fond autant que la forme. Dans cette ambiance revendiquée de bistrot chic, les nems de crevettes, la tempura de sole légumes croquants et quinoa ou le magret aux épices cajun ont un vrai sens et de vraies saveurs.
C : 36 € • M : 21,50-31,50 €

www.restaurant-thierry.fr

→ Maison de la Fleure-de-Ly, 5 rue des Piques
☎ 03 87 74 01 23
F. dim., merc., vac. scol. fév., 15 juil.-8 août et vac. scol. Toussaint.
Jusqu'à 22h.

---

12 **El Theatris**

Installé dans une aile d'un ancien pavillon militaire, ce bistrot moderne et joyeux vient d'enregistrer l'arrivée d'un nouveau chef. Pas d'inquiétude cependant, les bonnes manières sont demeurées intactes : velouté d'asperges et croustillant de lard fumé, mignon de porc aux cinq épices et jus au miel, transparence passion chocolat blanc aux pépites de mangue confite. Cave intéressante s'ouvrant progressivement aux vins étrangers, italiens en particulier.
C : 45 € • M : 25-39 €

→ 2 pl de la Comédie
☎ 03 87 56 02 02
Ouv. 7j/7.
Jusqu'à 22h30 (23h30 w.-e.).

---

11 **La Gargouille**

La piste est tracée, la Gargouille fait le travail proprement, efficacement pour des habitués d'un terroir de tradition qui poussent la porte de cette salle Art Déco dans les délices rassurants de la sécurité alimentaire : avec la tourtière, les escargots de Laquenexy au beurre d'herbes, les joues de porcelet braisées à l'ancienne et la dodine de poularde fermière à l'ancienne. Service actif, avec de bonne humeur et de modération.
C : 40 € • M : 19,50-41 €

www.lagargouille.com

→ 29 pl de Chambre
☎ 03 87 36 65 77
F. lundi à déj., mardi, merc. et 10-25 juil.
Jusqu'à 21h45.

🌿 **La Baraka**

Fadila Hocine dirige le plus vieux couscous messin, ouvert depuis les années cinquante face à la cathédrale. Décor agréable, nombreuses spécialités étrangères.
C : 20 €

→ 25 pl de Chambre
☎ 03 87 36 33 92
F. merc. et 15 juil-15 août.
Jusqu'à 22h30.

🌿 **Le Loft**

Les temps ont bien changé pour la gare de Metz : après la vapeur et l'Excelsior, aujourd'hui c'est Loft et TGV, une modernité qui a du bout, se traduit dans le décor plus que dans l'assiette, qui reste sur les rails des valeurs sûres.
C : 36 € • M : 16-23 €

www.leloftmetz.fr

→ 5 pl du Gén-de-Gaulle
☎ 03 87 50 56 57
F. sam. à déj. et dim. à déj.
Jusqu'à 22h30 (23h w.-e.).

ⓒⓒ La Cathédrale

L'ancien relais de poste XVIIᵉ allie le confort de chambres entre ancien et moderne, toutes différentes, tissus choisis, beau mobilier, à la situation, au cœur du quartier historique face à la cathédrale. Agréable patio avec terrasse d'été, dix nouvelles chambres ouvertes cette année.

2 appart. 95-105 € • 28 ch. 58-90 €

→ 25 pl de Chambre
☎ 03 87 75 00 02
🖷 03 87 75 40 75
Ouv. 7j/7.

www.hotelcathedrale-metz.fr

Villes de proximité, voir :

○ MALROY .... 8 km N. par D 1 **(10/20)**

○ PLAPPEVILLE ...... 7 km O. par D 103, N 3 et D 157 A **(14/20)**

METZERAL - 68380 (10 B 4)

Colmar 25 - Gérardmer 39 - Thann 44

10 Auberge Kastelberg

C'est installé dans la première salle, en fait l'ancienne fromagerie, avec sa collection de cloches, qu'on est au plus près de l'esprit typique et chaleureux de cette ancienne ferme, à deux pas du col de la Schlucht. On y cultive de père en fils la tradition des repas marcaires, caractérisés par le roïgabrageldi (pommes de terre cuites sous la braise). Idéal pour reprendre des forces après une randonnée dans les magnifiques paysages vosgiens environnants.

M : 16,50 €

→ Rte des Crêtes
☎ 03 89 77 62 25
F. lundi et 20 oct.-1ᵉʳ mai.
Jusqu'à 20h30.

MEUDON - 92190 (8 B 5)

Paris 10 - Boulogne-Billancourt 3 - Clamart 3

13 L'Escarbille 💙

Si les habitués se disputent les tables en terrasse (malgré le passage des trains, pas vraiment agréable), les trois salles à manger (joliment personnalisées) aménagées dans cette ancienne gare ne manquent pas d'attrait. Portées par un service dynamique, les assiettes font mouche : langoustines rôties, purée de petits pois et pissenlits, saint-pierre, artichaut poivrade et cappuccino de citronnelle, croquant à la rhubarbe caramélisée et crème fraîche à la vanille. Excellent pain maison, petite cave bien triée.

M : 40 €

→ 8 rue de Vélisy
☎ 01 45 34 12 03
F. sam. à déj., dim. à dîn., lundi, 2 sem. vac. scol. fév., 2 sem. fin août et sem. Noël.
Jusqu'à 22h.

- -

Mercure Paris Meudon

Derrière la façade d'inspiration néoclassique, on apprécie le confort des chambres, version contemporaine du style Directoire. La forêt à deux pas offre une vue apaisante.

3 appart. 122-140 € • 65 ch. 112-133 €

→ Rte du Colonel-Moraine
☎ 01 46 01 46 86
🖷 01 46 01 46 99
Ouv. 7j/7.

www.ermitage-villebon.com

MEURSAULT - 21190 (20 D 4)

Dijon 45 - Beaune 8

Les Charmes

Dans le bourg, un parc arboré cache une maison vigneronne XVIIIᵉ. Certaines chambres sont dans cet esprit ancien, avec meubles de style voire poutres apparentes, d'autres adoptent une allure plus contemporaine avec un sobre mobilier laqué blanc.

14 ch. 85-115 €

→ 10 pl du Murger
☎ 03 80 21 63 53
🖷 03 80 21 62 89
Ouv. 7j/7.

www.hotellescharmes.com

MEYRONNE - 46200 (30 A 1)
Cahors 76 - Sarlat-la-Canéda 40

12 La Terrasse

La terrasse est bien là, largement ouverte sur la campagne et la rivière, mais la belle salle à manger de style, avec ses voûtes de pierre, distille un cachet historique auquel il est difficile de résister. Dans ce contexte, les menus privilégient les valeurs classiques d'une belle noblesse régionale, terrine de foie gras de canard (et pain aux noix) ou poularde fermière farci et jus aux morilles. Elégance toujours du côté des desserts, avec la macaronnade de fraises au lait d'amande et estragon. Cave classique.

C : 60 € • M : 20-50 €   *www.hotel-la-terrasse.com*

→ Le Bourg
☎ 05 65 32 21 60
F. mardi à déj. et nov.-fév.
Jusqu'à 21h.

La Terrasse

Héritage du passé de château-fort, la propriété domine la rivière de sa silhouette imposante. C'est pourtant un monde de douceur qui s'y cache, notamment dans les suites qui conservent les belles pierres apparentes. Les chambres n'en sont pas moins agréables, mobilier de style en touches discrètes et confort soigné.

3 appart. 155-230 € • 15 ch. 70-125 €   *www.hotel-la-terrasse.com*

→ Le Bourg
☎ 05 65 32 21 60
🖷 05 65 32 26 93
F. nov.-fév.

MEYRUEIS - 48150 (32 A 2)
Mende 54 - Millau 42

11 Le Mont-Aigoual

Entre Causses et Cévennes, au cœur de paysages d'une spectaculaire beauté, cet hôtel-restaurant installé au bord de la route semble avant tout fréquenté par les résidents. Une pause déjeuner y demeure toutefois un bon moment, pour le charme de la table (salle moderne, belle vue sur le quai et la rivière) et pour les manières simples et sûres de Daniel Lagrange : tartare de légumes de saison, onglet de bœuf et tatin d'échalotes, dos de cabillaud au jus de bourride et fenouil braisé à la coriandre. Jolie cave régionale, prix raisonnables.

M : 20-40 €   *www.hotel-mont-aigoual.com*

→ 34 quai de la Barrière
☎ 04 66 45 65 61
F. mardi à déj. (sf juil.-août) et nov.-fin mars.
Jusqu'à 20h45.

Château d'Ayres

Prêts pour la balade dans les gorges ? Cette étape tranquille et seigneuriale dans un ancien monastère a gardé une certaine atmosphère familiale, avec des chambres rustiques de maison de campagne soignée et accueillante. Restaurant de cuisine régionale.

7 appart. 158 € • 21 ch. 96-160 €   *www.chateau-d-ayres.com*

→ Rte d'Ayres
☎ 04 66 45 60 10
🖷 04 66 45 62 26
F. 3 janv.-12 fév.

MEZIERES EN BRENNE - 36290 (17 D 5)
Châteauroux 40 - Argenton-sur-Creuse 45

13 Au Bœuf Couronné

Ancien relais de poste, ce Bœuf Couronné maîtrise le répertoire de Brenne sur le bout de la cuillère, et cette aisance permet à Bernard Brossier de l'accommoder à sa manière, de s'en servir sans s'y accrocher. Le menu-carte permet une navigation efficace dans ces belles réalisations classiques, comme la marinade de carpe fumée et salade de lentilles vertes du Berry ou le filet de bœuf au pouligny saint-pierre. La cave s'est étoffée, autour de valeurs sûres, et c'est en loire bien sûr qu'on l'apprécie le mieux.

C : 49 € • M : 20-42 €   *au.bœuf.couronne@hotmail.fr*

→ 9 pl du Gén-de-Gaulle
☎ 02 54 38 04 39
F. dim. à dîn., lundi, 23-30 juin et 8 déc.-31 janv.
Jusqu'à 20h30.

MEZZAVIA - 20000   (35 B 4)
Ajaccio 6 - Porto 73

👁 Chez Maïsetti
Au-dessus d'Ajaccio, Danielle Poletti cultive avec constance le registre corse, omelette au bruccio, veau de pays aux cèpes, dans un menu équitable. Sur commande, parce qu'on ne triche pas avec le produit, les pâtes à la langouste ou les merles grillés.
C : 28 € • M : 22-26 €

→ Baleone
☎ 04 95 22 37 19
F. dim.
Jusqu'à 22h.
🚗 ⅙ ≋❄ 🐾

MIGNALOUX BEAUVOIR - 86550   (22 C 3)
Poitiers 9 - Nouillé-Maupertuis 5

🏛 Le Manoir de Beauvoir
Sur un domaine golfique de 90 ha, une belle demeure de 1864 parfaitement rénovée pour des séjours détente. Le bâtiment abritant la résidence (Le Verger) a été rafraîchi (peinture, moquette...), pour des chambres spacieuses et élégantes. Au manoir, atmosphère cosy, poutres apparentes et mobilier moderne.
4 appart. 149 € • 41 ch. 99-129 €   www.manoirdebeauvoir.com

→ 635 rte de Beauvoir
☎ 05 49 55 47 47
🖷 05 49 55 31 95
Ouv. 7j/7.
🚗 ≋❄ 🏊 🐾

MILLAU - 12100   (30 D 3)
Rodez 71 - Mende 96

🇨 Emma Calvé
Portant le nom d'une cantatrice qui vécut ici, un hôtel de tradition au charme classique, aux tapisseries et moquettes récemment rénovées, et à l'agréable patio pour les petits-déjeuners.
13 ch. 51-73 €   www.emmacalve.ifrance.com

→ 28 av Jean-Jaurès
☎ 05 65 60 13 49
🖷 05 65 60 93 75
F. non comm.
🚗

Villes de proximité, voir :

⟳ CREISSELS............................2 km S.O. par D 992 **(13/20)**

MINERVE - 34210   (31 D 4)
Narbonne 35 - Saint-Pons 29

12 Relais Chantovent
A l'entrée de ce beau village perché, cette adresse touristique par excellence n'évolue guère. Les déceptions sont de toute façon rarissimes sur le menu à 25,50 €, le croustillant de tête de veau ravigote, le carré de veau fermier et réduction de jus aux épices et la dacquoise au chocolat noir n'étant jamais pris en défaut. Cadre agréable, toute petite cave régionale.
C : 37 € • M : 20-38 €

→ 17 Grand-Rue
☎ 04 68 91 14 18
F. dim. à dîn., lundi et 15 déc.-15 mars.
Jusqu'à 21h.
🎍 🐾

MIONNAY - 01390   (27 D 2)
Lyon 27 - Villefranche-sur-Saône 34

👨‍🍳 Alain Chapel
Dans la salle à l'élégance rustique ou sur la terrasse, on profite de la vue sur le jardin clos, avec un petit côté hors du monde bien agréable. On se sent donc facilement enclin à se laisser dorloter par un service à l'ancienne comme par les saveurs précises et comme familières d'une impeccable cuisine de saison, bien servie par une sélection rigoureuse du produit et un sens précis des cuissons qui donnent tout leur sens au lapin de quatre heures, poitrine épicée et foie gras en gelée au romarin, au saint-pierre cuit en cocotte à l'huile d'olive ou au pigeon de la Bresse rôti à la cardamome verte. Une sérénité que bien peu de choses viennent troubler.
M : 75-151 €   www.alainchapel.fr

→ 60 rte du Bourg
☎ 04 78 91 82 02
F. lundi, mardi, vend. à déj. et janv.
Jusqu'à 21h.
🎍 🚗 🐾 🍷

ⒸⒸⒸ Alain Chapel ⬱

Le cœur de cette maison aux tons vert amande bat autour de son jardin intérieur, protégé par les vieux murs de cette maison familiale. Ambiance familiale et raffinée avec une douzaine de chambres au charme champêtre.

12 ch. 125-145 €

60 rte du Bourg
☎ 04 78 91 82 02
🖶 04 78 91 82 37
F. janv.

www.alainchapel.fr

MIRABEL AUX BARONNIES - 26110   (27 D 6)
Valence 106 - Carpentras 39

12 La Coloquinte

Au pied des superbes collines des Baronnies, cette table de village se met doucement en sommeil hors saison, et la carte, qui n'évolue guère, donne une légère impression de routine dans une ambiance un peu léthargique, ce qui rend la toque légèrement caduque. Il va falloir redonner un peu de tonus à ces assiettes travaillées avec sincérité, mais sans vraiment d'exigence, malgré une évidente qualité des produits de base, comme l'agneau, un peu gâché par le poivre et des accompagnements sans charme. Cave pauvrette pour une région aussi riche.

C : 30 € • M : 20-35 €

Rte de Vaison-la-Romaine
☎ 04 75 27 19 89
F. lundi, merc. (oct.-mars) et 20 déc.-6 janv.
Jusqu'à 22h.

la.coloquinte@hotmail.fr

MIRAMBEAU - 17150   (22 B 5)
Royan 50 - Saintes 43

14 Château de Mirambeau

Pour les résidents d'un 4* Luxe, on s'attend au pire, aux truffes imposées, au homard immolé à chaque service. C'est assez dire si le chef ne manque pas de personnalité : il a réussi à imposer un méli-mélo de moules avec un effiloché de canard confit aux lentilles, et il récidive avec un paleron de bœuf oignon rouge confit et asperges roulées au lard paysan. Cette carte de riche et de rustique est décidément plaisante, l'atmosphère n'en rajoute pas dans le cérémonieux, et l'on peut saluer sans réserve les qualités techniques, pour le coup, du consommé de bœuf et tortellinis de homard, du crumble de foie gras ou du bar de ligne truffé d'olives sur une galette de blé, artichauts, citron et crème de chou-fleur. Grosse cave pas sotte, amenant la cavalerie, mais rameutant également des fantassins moins connus, les Conquêtes, la Marfée, Angéli…

C : 70 € • M : 65 €

☎ 05 46 04 91 20
F. nov.-fin mars.
Jusqu'à 21h.

www.chateauxmirabeau.com

ⒸⒸⒸ Château de Mirambeau ⬱

Sur les vestiges d'une forteresse médiévale, un superbe ensemble décoré avec beaucoup de goût par des architectes d'intérieur inspirés, qui ont travaillé sur la sobriété et l'esprit de détente, au milieu d'un parc fleuri et arboré de 8 ha. Chambres vastes et lumineuses, aux nombreux équipements de pointe.

3 appart. 535-890 € • 16 ch. 230-525 €

☎ 05 46 04 91 20
🖶 05 46 04 26 72
F. 1er janv.-31 mars et 4 nov.-31 déc.

www.chateauxmirambeau.com

MIREPOIX - 09500   (30 A 5)
Foix 34 - Carcassonne 48

16 ⩫ Le Ciel d'Or

L'Ariège trouve ici une nouvelle fierté, une occasion de sortir du sympathique registre rustique, grâce à Robert Abraham, chef au long cours, nouveau Gaston Phébus capable de dévier les rayons du soleil jusqu'à cette salle seigneuriale et sobre, de blanc nappée. Sa cuisine est si limpide que chaque plat sonne comme une évidence tranquille, une friandise qui semble composée avec trois

8 rue du Mal-Clauzel
☎ 05 61 60 19 19
F. à déj. (sf dim.), lundi ,mardi (nov.-Pâques), lundi, mardi, sam. à déj., 2 janv.-6 fév. et 2e sem. nov.
Jusqu'à 21h30.

fois rien et qui montre une sensibilité et une subtilité rares : macaron aux olives de Lucques crème glacée à l'olive et fenouil confit, carpaccio de daurade à l'huile de fleurs d'achillée gelée de concombre au cerfeuil, pièce de bar fumé jus curry coriandre chutney de poivrons rouges. Et cette superbe mécanique, service au niveau Relais & Châteaux, atmosphère seigneuriale sans excès cérémonieux, fonctionne à bon régime jusqu'aux desserts de Philippe Pereira, bien dosés dans les textures et les parfums. Cave remarquable, dans ses choix et sa personnalité, des grands crus aux vins de pays.
C : 65 € • M : 35-90 €

www.relaisroyal.com

₡₡₡ Relais Royal

L'hôtel particulier XVIIIe au cœur de la ville possède le charme des maisons à l'histoire harmonieuse, propriété de famille jusqu'à sa transformation récente il y a quatre ans. L'hôtellerie a été aménagée avec goût et respect, mettant en valeur la cour d'honneur, le grand escalier et sa rampe en fer forgé, la pierre originelle et les meubles d'époque dans des chambres de caractère aux superbes tissus.
3 appart. 250-350 € • 5 ch. 160-240 €

www.relaisroyal.com

→ 8 rue du Mal-Clauzel
☎ 05 61 60 19 19
🖳 05 61 60 14 15
F. 2 janv.-6 fév. et 2e sem. nov.

₡₡ La Maison des Consuls

Sur la place médiévale, une demeure historique XVe pour revivre l'histoire occitane dans un cadre préservé et de nombreux rappels de style, dans les réceptions et dans les chambres, aux noms de personnages célèbres, décorées Louis XIII, Louis XV, Louis XVI, Restauration ou plus moderne, des années cinquante à aujourd'hui.
2 appart. 80-140 € • 6 ch. 75-95 €

www.maisondesconsuls.com

→ 6 pl Mal-Leclerc
☎ 05 61 68 81 81
🖳 05 61 68 81 15
Ouv. 7j/7.

MIRMANDE - 26270 (27 D 5)
Valence 35 - Montélimar 17

₡₡ La Capitelle 🐦

La maison cultive le souvenir d'André Lhote, dont elle fut l'atelier, et séduit par l'élégante sobriété de son architecture XVIIe, la vue sur les monts de l'Ardèche ou encore un décor serein, ponctué de meubles d'époque et d'objets chinés, qui créent une atmosphère authentique et très agréable.
1 appart. 150 € • 11 ch. 80-140 €

www.lacapitelle.com

→ Le Rempart
☎ 04 75 63 02 72
🖳 04 75 63 02 50
F. 15 déc.-15 fév.

MISON - 04200 (33 D 3)
Sisteron 10 - Gap 42

12 L'Iris de Suse

Claude Scarsini a repris cette petite auberge de campagne, au sommet du village, en début d'année. Dans ce cadre apaisant, les premières impressions sont bonnes : de belles assiettes, copieusement garnies et tournées principalement vers les produits locaux : salade du sabot-de-vénus, oreilles d'âne du Triève et jambon, pavé de selle d'agneau au parfum de la garrigue, nougat glacé maison au coulis de framboise. Des cuissons maîtrisées, des jus goûteux et bien dosés pour un bilan qui pourrait être un peu plus favorable si la cave s'étoffait un peu. __
C : 35 € • M : 19,90-33 €

→ Le Village, 12 rue du Vieux Oustaou
☎ 04 92 62 21 69
F. dim. à dîn., lundi à déj.. F. ann. non comm.
Jusqu'à 21h30.

MISSILLAC - 44780 (15 B 3)
Nantes 61 - Saint-Nazaire 37

16 Le Montaigu

Ce n'est pas une suspicion d'immobilisme mais un compliment : Gilles Charpy, en un peu plus de dix années d'activité à la Bretesche, est un pilier indispensable de cette grande demeure bretonne, un des facteurs d'équilibre. Les golfeurs gourmands qui ont la chance de venir régulièrement le savent bien : on est proche du zéro défaut dans cette carte assurée, qui respecte et cajole le meilleur de la pêche et de l'élevage. Et parce qu'il sait tout faire, le chef n'est jamais aussi bon que lorsqu'il associe des fondements classiques terre et mer, des langoustines citronnelle avec un croustillant de pied de porc, des saint-jacques avec un foie gras rôti et une émulsion de petits pois, un saint-pierre avec un risotto maraîcher et un jus de viande tranché à l'huile d'argan. Un beau travail de présentation, une équipe motivée en salle, des tarifs plutôt équitables, jusqu'en cave où la loire a le beau rôle, mais où les références sont solides partout, vous voilà, et c'est le but, dans un domaine entièrement sécurisé.
M : 49-90 €
www.bretesche.com

→ Domaine de la Bretesche
☎ 02 51 76 86 96
F. à déj. lundi-vend. et fév.
Jusqu'à 21h.

La Bretesche

Aménagé dans les dépendances du château XVIᵉ, l'hôtel profite d'un site exceptionnel, au cœur d'un parc de 200 ha accueillant un parcours de golf et un vaste étang de 13 ha. Les chambres, aux styles variés (contemporain, Régence, Louis XIII), aux tissus choisis (Rubelli, Frey, Canovas), donnent sur une belle cour intérieure fleurie et son jardin sous le tilleul. Une nouvelle piscine intérieure est venue s'ajouter aux nombreux agréments du domaine.
11 appart. 350-430 € • 21 ch. 150-290 €
www.bretesche.com

→ Domaine de la Bretesche
☎ 02 51 76 86 96
📠 02 40 66 99 47
F. fév.

MITTELBERGHEIM - 67140 (10 B 3)
Strasbourg 39 - Obernai 12

13 Restaurant Am Lindeplatzel

La place des tilleuls dans ce village typique et viticole, pur joyau alsacien sur la route des vins, c'est évidemment une carte postale. Mais les habitués du canton oublient presque les balcons fleuris et les façades peintes pour se concentrer sur la belle prose classico-contemporaine de Patrick Durot. Un artisan soigneux et plein d'aisance qui donne le ton juste au foie gras aux asperges, au dos de lieu jaune dans un bouillon de curcuma, à la caille farcie aux champignons et réduction de pistou. Dans une ambiance studieuse, on apprécie aussi le service précis et les vins du village, dont le nouveau grand cru Zotzenberg attribué au sylvaner.
C : 50 € • M : 21,50-52 €

→ 71 rue Principale
☎ 03 88 08 10 69
F. lundi à déj., merc. à dîn., jeudi, 2 sem. fin janv.-déb. fév., 20-31 août et 10 jrs fin nov.-déb. déc.
Jusqu'à 21h.

MITTELHAUSBERGEN - 67206 (10 C 2)
Strasbourg 6 - Saverne 38

13 La Table de Jacques

Maison classique, cuisine fine, évolutive : dans ce cadre alsacien XIXᵉ, maître Jacques pourrait se contenter de pâté en croûte et de choucroute. Mais il préfère pousser les voiles jusqu'à l'Atlantique pour travailler le beau à son idée, sans œillères, mais avec un solide fonds classique qui lui ouvre bien des possibilités, face à un homard ou un turbot. Agréables desserts, cave alsacienne remarquablement diversifiée, par cru, parcelles, années.
C : 35 € • M : 25-40 €
www.autilleul.fr

→ 5 rte de Strasbourg
☎ 03 88 56 18 31
F. sam. à déj., dim. à dîn., mardi, merc., 2 sem. fév. et 1er-16 août.
Jusqu'à 21h30.

MITTELWIHR - 68630 (10 D 3)
Colmar 11 - Strasbourg 69

12 La Table de Mittelwihr

Avec son toit de tuiles colorées et sa charpente apparente ouvragée, cette maison a toute la coquetterie attendue sur la fameuse route des vins d'Alsace. La petite terrasse dans la cour intérieure est un plus agréable. Ruth Pyka a le sens de l'accueil et du contact humain et contribue largement à l'atmosphère conviviale qui fait pardonner les serviettes en papier. Les gourmands trouvent également leur satisfaction dans les assiettes de Jean-Jacques Klein qui propose une cuisine simple mais maîtrisée et orientée vers les saveurs : légère et délicate terrine maison de filet de pintade, impeccable pavé de maigre de ligne rôti sur peau et ses légumes méditerranéens confits très plaisants, verrine chocolat et café coiffée d'une chantilly aérienne. Avec ses petits fours soignés et son moka Yrgacheffe, le café est un très bon moment.
C : 43 € • M : 17-30 €

latabledemittelwihr@wanadoo.fr

→ 19 A rte du Vin
☎ 03 89 78 61 40
F. dim. à dîn., lundi, mardi (janv.-fév.), lundi et mardi à déj., vac. scol. fév. et 2/3 sem. nov.
Jusqu'à 22h.

MOELAN SUR MER - 29350 (13 C 4)
Quimper 45 - Lorient 23

14 Les Moulins du Duc

Niché au creux d'une vaste vallée irriguée par le Belon, ce moulin du XVIe siècle ouvre sur une propriété d'une douzaine d'hectares, propice aux promenades iodées (la mer n'est qu'à quelques pas). Puisant ses inspirations à de multiples sources, au plus profond du terroir local (crème de choux-fleurs aux petits coquillages et morilles en croûte d'herbes, pigeonneau et sa galette d'andouille de Baye et pomme fruit caramélisée…) comme dans des contrées plus lointaines (dos de lieu à la pulpe d'agrumes et poivrons, croustillant d'agneau farci au foie gras et tapenade d'olives…), Thierry Quilfen fait preuve d'une productive ouverture d'esprit. Service souriant, cave sans œillères.
C : 46 € • M : 36-66 €

www.hotel-moulins-du-duc.com

→ Rte des Moulins
☎ 02 98 96 52 52
F. dim. à dîn., lundi (h.s.), lundi à déj., mardi à déj. (été) et déc.-fév.
Jusqu'à 21h.

- -

Le Manoir de Kertalg

Posés parmi les arbres d'un vaste parc (plus de 80 hectares), le château et ses dépendances arborent la silhouette altière d'une construction XVe de granit. L'intérieur séduit par ses espaces clairs et spacieux, les murs blancs et les ouvertures sur le parc invitent à la détente dans des superbes chambres, élégantes dans leur mariage d'éléments anciens et de sobriété contemporaine.
1 appart. 240 € • 8 ch. 105-195 €

www.manoirdekertalg.com

→ Rte de Riec
☎ 02 98 39 77 77
📠 02 98 39 72 07
F. 13 nov.-1er avril.

MOINES (ILE AUX) - 56780 (14 A 5)
Embarq. à Port-Blanc

10 Hôtel de l'Isle

L'un des très rares restaurants de l'île, au centre de la commune. Ambiance authentique, les tables étant disposées tout autour du bar de ce petit hôtel-restaurant fréquenté par les pêcheurs locaux, crêpes et galettes soignées.
C : 25 €

www.hotel-de-lile.com

→ Rue du Commerce
☎ 02 97 26 32 50
F. dim. à dîn., lundi (sf vac. scol.) et 15 nov.-Noël.
Jusqu'à 21h.

MOIRAX - 47310 (24 A 4)
Agen 8 - Villeneuve-sur-Lot 37

15 Auberge du Prieuré

→ Le Bourg
☎ 05 53 47 59 55
F. dim. à dîn., lundi et mardi.
Jusqu'à 21h30.

Ils sont étonnants ces jeunes chefs de la nouvelle génération, ceux qui réinventent le restaurant comme de nouveaux vignerons réinventent le vin. Et ils nous obligent aussi à nous adapter, à raconter un repas autrement qu'en énonçant des spécialités. Chez Benjamin Toursel, Grand de demain l'an passé, dans son auberge de campagne (on croit entendre tinter une cloche comme lorsqu'on entre dans une boulangerie de village) arrangée avec goût et simplicité (c'est tout de même une maison XIIIᵉ à colombages), on ne peut guère deviner la carte, construite selon le marché. Tout juste peut-on supposer que le pigeonneau fermier sera parfait, que les sardines épouseront la tête de veau sans problème avec une émulsion de cornichon, que le cappuccino de fenouil sur les langoustines révèle le cuisinier d'aujourd'hui, qui n'a pas envie de se priver de bonnes idées, même si elles font tendance, marquant sa liberté et son caractère. Les choix sont nets, jusqu'à la cave sud-ouest avec tous les copains, Da Ros, Cosse, Le Bihan, et la manière habile et précise. Quant à l'accueil d'Agathe, le sourire, la prévenance sans tralala, il est juste dans le ton.
C : 40 €

MOISSIEU SUR DOLON - 38270 (27 D 3)
Grenoble 82 - Beaurepaire 11

12 Le Domaine de la Colombière

→ Château de Moissieu
☎ 04 74 79 50 23
F. dim. à dîn., lundi (sf fériés),
vac. scol. fév. et 1 sem.
mi-août.
Jusqu'à 21h.

Les occasions de déguster étant rares dans le canton, le voyageur avisé qui s'arrêterait dans ce beau château aura la satisfaction de trouver un chef pas maladroit, qui traite avec finesse un répertoire oscillant entre tradition et actualité, formatant une offre assez appétissante autour de 30 € avec les grenouilles au curry, le tronçon de barbue piquée aux anchois ou le râble de lapin farci au chorizo et polenta au pecorino. Desserts classiques, cave rhodanienne et bourguignonne se rassurant avec les valeurs reconnues (Jaboulet, Bouchard, Chapoutier, Delas…)
C : 46 € • M : 31-47 €   www.lacolombière.com

Le Domaine de la Colombière

→ Château de Moissieu
☎ 04 74 79 50 23
🖨 04 74 79 50 25
F. 2 sem. vac. scol. fév., 1
sem. mi-août et 24-30 déc.

Dans son parc arboré de 4 ha, entièrement clos de mur, une belle demeure XIXᵉ pour se ressourcer à l'écart du tumulte. Les propriétaires ont assuré eux-mêmes la déco, enrichie des reproductions de tableaux de Madame, artiste-peintre, et les chambres, toutes différentes sont conçues chacune autour du tableau. Les parties communes sont les salons authentiques du château où, dit-on séjourna Mandrin.
1 appart. 200 € • 20 ch. 80-117 €   www.lacolombière.com

LA MOLE - 83310 (34 B 6)
Grimaud 12 - Saint-Tropez 19 - Draguignan 54

Domaine de Ventabren

→ M Emmanuel de
Bizemont, Rte des Guiols
☎ 04 94 49 51 21
🖨 04 94 49 57 89
F. nov.-déc.

Ce vaste domaine aux allures d'hacienda, avec ces bâtiments ordonnancés autour de la cour intérieure et de la piscine, propose des chambres élégantes et personnalisées, dans le cadre préservé de l'arrière-pays varois, à une vingtaine de kilomètres du golfe de Saint-Tropez.
5 ch. 131 €   www.le-domaine-de-ventabren.com

MOLINEUF - 41190   (17 D 4)
Blois 10 - Herbault 7

13 Restaurant de la Poste

L'intègre Thierry Poidras n'attend pas la retraite une marguerite entre les lèvres : cette année, il a rénové les abords extérieurs de son auberge de village, enseigne et éclairages et modernisé la déco en utilisant bois et inox. au cœur du réacteur, la cuisine est toujours léchée, aboutie et consensuelle, le foie gras, les langoustines en trois façons (tartelette, coupe surprise, tartare), saint-jacques minute au pistou, dos de bar sauvage et nem de céleri au tourteau. Jolie carte de vins de Loire, accueil souriant et professionnel de Violette.

C : 33 € • M : 17-33 €   www.restaurant-poidras.com

→ 11 av de Blois
☎ 02 54 70 03 25
F. mardi (oct.-avril), merc., dim. à dîn. (sept.-juin), 18 fév.-7 mars et 17 nov.-5 déc. Jusqu'à 21h.

MOLITG LES BAINS - 66500   (31 C 6)
Perpignan 53 - Prades 7

14 Château de Riell

L'esprit Guérard (beaucoup de savoir-faire, beaucoup de plaisir et le sens de l'équilibre, qui fait voisiner sans problème la gourmandise et le thermalisme) flotte évidemment sur cette carte sensitive où Lionel Migliori, formé à Eugénie, exprime ce désir de terroir dans une carte fière de ses racines, dans une superbe terrine de lapin en gelée de bière au banyuls, le risotto de langoustines et supions de roche à la plancha ou l'épaule d'agneau aux épices braisée au four et spaghettis de courgettes et piquillos. Les dîners romantiques dans ce cadre unique évoquent la Belle Epoque et un savoir-vivre artistique, au milieu d'une nature exubérante. Service fluide, décontracté et précis, cave bipartite région-vignobles traditionnels, très intéressante pour apprendre les vins du Roussillon (Laporte, Piquemal, Sarda-Malet, les Schistes…).

M : 46 €   www.chateauderiell.com

→ ☎ 04 68 05 04 40
F. 4 nov.-30 mars. Jusqu'à 22h.

Château de Riell

Ce château baroque surgi des pins et des chênes-verts est unique et indispensable dans un paysage formaté de cubes hôteliers. Géométrique d'apparence, il intègre une architecture et un design flamboyant, sols dallés, tons ocres, rocaille, étonnant salon-jungle, les oh et les ah admiratifs vont jusqu'à la paisible terrasse au bord de la piscine, aux mystérieuses oubliettes ou aux chambres stylées, dans un décalage permanent et indispensable. Extensions avec le Village Blotti, deux maisons de cinq et deux chambres, et récemment de la Datcha, une maison tout en bois, accès au centre thermal.

3 appart. 340-396 € • 16 ch. 144-304 €   www.chateauderiell.com

→ ☎ 04 68 05 04 40
🖷 04 68 05 04 37
F. 4 nov.-30 mars.

MOLSHEIM - 67120   (10 C 2)
Strasbourg 28 - Obernai 12

Diana

Une belle étape contemporaine, dans son confort et son équipement mais surtout son décor, ponctué d'œuvres d'art. Chambres paisibles et chaleureuses.

4 appart. 93 € • 56 ch. 89 €   www.hotel-diana.com

→ 14 rue Sainte-Odile
☎ 03 88 38 51 59
🖷 03 88 38 87 11
Ouv. 7j/7.

MONBAZILLAC

MONBAZILLAC - 24240   (24 A 2)
Bergerac 7 - Périgueux 55

13 🍽 **La Tour des Vents**

Marie Rougier, en bonne cuisinière autodidacte, se refuse à qualifier sa cuisine par quelques mots. Bien ancrée dans son terroir, la cuisine de cette femme truculente subit de multiples influences, se montrant à la fois sensible, limpide et parfois (rarement) inutilement compliquée : tarte feuilletée de thon aux tomates, salade d'herbes, vinaigrette de betterave et crème au wasabi, quasi de veau rôti, croustillant de jarret de veau, jus au romarin et boulangère de patate douce, macaron de gariguettes, nuage de fromage blanc et milk-shake fraise. Vue magnifique sur la campagne bergeracoise et le vignoble de Monbazillac. Jolie cave locale.

C : 40 € • M : 25-56 €   *www.tourdesvents.com*

→ Moulin de Malfourat
☎ 05 53 58 30 10
F. dim.-mardi à déj. (h.s.), lundi (juil.-août), janv. et 1re sem. fév.
Jusqu'à 21h30.

MONCORNEIL GRAZAN - 32260   (29 C 4)
Auch 27 - Masseube 8

13 🍽 **Auberge d'Astarac**

C'est Christian Termote qui dirige, c'est Bacchus qui inspire cette truculente auberge où le bras du patron est prolongé par un tire-bouchon. Un beau choix de madirans, des brulhois, les gaillacs de Rotier, d'excellents bordeaux sup (Lugagnac par exemple) et de belles références languedociennes (Mas Cal Demoura, Aupilhac, Mas Jullien…) permettent d'envisager sous son meilleur jour la bonne cuisine de ménage gascon : joue de bœuf en civet au vieux madiran, suprême de pintade farcie au foie gras, poitrine de canette grillée…

M : 25-32 €   *www.compagniedesvins.com*

→ Au Village
☎ 05 62 65 48 81
F. lundi, mardi, merc. et oct-avril.
Jusqu'à 21h30.

MONDRAGON - 84430   (33 B 3)
Avignon 46 - Orange 14

13 🍽 **La Beaugravière**

Retour dans nos pages pour la table de Guy Jullien, grand amateur de truffes, qui multiplie les interventions dans le département pour promouvoir la tuber mélanosporum de Vaucluse, qu'il sert en abondance chaque année et grâce à laquelle il a, au fil des ans, bâti sa réputation. Sorti de cet or noir qu'il mitonne de moult façons, le reste de sa carte est d'un grand classicisme, non dénué de finesse : gâteau de foie gras et coulis de homard, pigeon en cocotte sauce salmis. La Beaugravière s'inscrit ainsi dans la lignée de toutes ces maisons qui évoluent désormais dans le chic campagnard, fortes de cet esprit auberge, très à la mode, où se mêlent charme rustique, convivialité et décontraction. Entre un service expérimenté, à la fois simple et soigné, et des produits de bonne fraîcheur, travaillés dans les règles de l'art, sans fard ni surcharge inutile, la recette est ici un succès.

M : 26-100 €   *www.beaugraviere.com*

→ RN 7
☎ 04 90 40 82 54
F. dim. à dîn., lundi et 15-30 sept.
Jusqu'à 22h.

---

 repas en terrasse ou dans un jardin   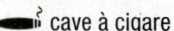 cave à cigare

 piscine privée   tennis privé   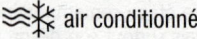 air conditionné

MONESTIER - 24240 (24 A 3)
Bergerac 18 - Sainte-Foy-la-Grande 12

14 Les Fresques ♥
Le vin de la propriété est plutôt agréable, donnant, un court instant de dîner à la ferme. Pour le reste, le faste n'est jamais loin, dans les produits bien choisis à dominante marine, dans le service tiré à quatre épingles, et dans une réalisation au cordeau par un jeune chef qui assure : la cassolette de gambas et crevettes aux pommes vertes et safran, la marinière de daurade au pesto, pignons et basilic, le dos de cabillaud rôti beurre d'herbes ou le croustillant de fraises à l'orange amère. La cave, bien sûr, déborde les limites de la propriété pour aller chatouiller tous les grands terroirs bordelais.
C : 45 € • M : 35-65 € *www.vigiers.com*

→ Château des Vigiers
☎ 05 53 61 50 00
F. mardi, merc. et 1er oct.-30 avril.
Jusqu'à 21h30.

Château des Vigiers
Le "petit Versailles du Périgord" est une belle construction XVIe parfaitement aménagé en conservant toutes ses beautés architecturales. Les golfeurs comme les visiteurs sans clubs de ce luxueux ensemble bénéficient d'un domaine de 200 ha, les chambres sont très agréables, au logis comme à la résidence du Lac, style d'époque ou plus moderne selon le lieu.
47 ch. 160-300 € *www.vigiers.com*

→ Les Vigiers
☎ 05 53 61 50 00
▤ 05 53 61 50 20
F. 15 déc.-31 janv.

LE MONETIER LES BAINS - 05220 (34 A 1)
Gap 101 - Briançon 15

13 Le Chazal
Crème brûlée au vin jaune ou à la lavande : entre ses origines bressanes et les montagnes alentours, Jacques Michel ne choisit pas et prend (et donne) autant de plaisir à cuisiner le poulet au vin jaune et aux morilles que les spaghetti de concombre au fromage de brebis des Guibertes. Les poissons frais remontent de la mer pour côtoyer les viandes du terroir et c'est avec bonne humeur que s'opère le mariage, sous les voûtes d'une ancienne bergerie et la surveillance attentionnée d'Edwige Weber.
C : 40 € • M : 26-40 €

→ Les Guibertes, haut du village
☎ 04 92 24 45 54
F. lundi, 15 jrs sept. et 20 nov.-15 déc.
Jusqu'à 21h.

Hôtel Alliey et Spa
Deux maisons anciennes de caractère, entre les deux le jardin, en commun un même esprit sobre et chaleureux, dans l'accueil (gentillesse, conseils pour découvrir la région) comme dans le décor, qui met en avant le bois brut et des harmonies de couleurs qui respirent la douceur de vivre.
15 appart. 79-145 € • 24 ch. 79-125 € *www.alliey.com*

→ Rue de l'Ecole, Serre-Chevalier 1500
☎ 04 92 24 40 02
▤ 04 92 24 40 60
F. mi-avril-mi-juin et mi-sept.-mi déc.

MONHOUDOU - 72260 (16 C 1)
Alençon 36 - Mamers 11

❋ Château de Monhoudou
Le château remonte au XIVe siècle et abrite actuellement la dix-neuvième génération de Monhoudou. Les tentures luxueuses des chambres créent des atmosphères chaleureuses et feutrées. On y accède à travers un parc à l'anglaise peuplé de chevaux, de moutons et de cygnes sur la pièce d'eau. Piscine couverte chauffée, spa, salon de billard et aérodrome privé.
6 ch. 100-155 € *www.monhoudou.com*

→ ☎ 02 43 97 40 05
▤ 02 43 33 11 58
Ouv. 7j/7.

MONSWILLER - 67700   (10 B 2)
Saverne 2 - Strasbourg 40

13 🍴 **Restaurant Kasbur**

La toque se confirme dans cette maison familiale au décor entièrement rajeuni (une belle verrière avec vue sur la campagne) où toute l'équipe mouille le maillot pour satisfaire les habitués. Avec une cuisine simple, franche, sans jargon, mais pas non plus en encéphalogramme plat, piochant dans le terroir, et pas seulement alsacien, les idées du moment : carpaccio de veau aux herbes, bar sur peau et poivrons confits à la verveine, joue de veau braisée. Bonne cave régionale.

C : 37 € • M : 19-58 €   *www.restaurant-kasbur.fr*

→ 8 rue de Dettwiller, D 421
☎ 03 88 02 14 20
F. dim. à dîn., lundi, merc. à dîn., 1re sem. janv., 1re sem. fév. et dern. sem. juil.-1re sem. août.
Jusqu'à 21h.
🍴🚗♿≋❄🐕

MONT DE MARSAN - 40000   (23 D 4)
Bordeaux 129 - Pau 83

14 🍴 〰 **Un Air de Campagne** ♥ *d*〰

C'est un air vivifiant qui souffle sur cette petite rue du centre-ville, joli décor de campagne contemporaine, sièges et piétements de fer forgé, plateau de verre, chemin de table coloré, jolis tableaux, fins voilages, mobilier paysan. Un jeune chef, François Duchet, ancien second chez Garret à Grenade-sur-Adour, s'exprime sur un registre terroir pris à bras-le-corps et représenté d'une façon rustique et personnelle : dans une terrine de merlu et serrano bien campée avec un jambon épais et puissant, coulis de poivron rouge et trait de soja ou, après les poissons plancha agrémentés des idées de saison, une selle d'agneau aubergines au citron ou un quasi de veau parfaitement cuit, clouté au chorizo et au citron sur un lit d'artichaut confit et asperges vertes dans une chapelure d'épices. Les Montois raffolent déjà de ce lieu moderne où la musique lounge rythme une séquence attrayante jusqu'au croustillant de fruits exotiques, avec une remarquable glace verveine. Petite cave bien faite, avec des gascognes, de bons jurançons (Cancauillau, Uroulat) et un sud bien trié jusqu'au languedoc (marcillac du Cros, pic-saint-loup de l'Hortus), accueil féminin charmant et naturel.

C : 38 € • M : 26-38 €

→ 3 rue Thérèse-Clové
☎ 05 58 06 05 41
F. sam. à déj., dim. à dîn., lundi, mardi à dîn., 1re sem. janv., 3 sem. déb. août et 1re sem. nov.
Jusqu'à 21h30.
♿≋❄🐕

- -

13 🍴 **Les Clefs d'Argent**

On s'en doutait un peu, mais Christophe Dupouy, qui a repris cette affaire il y a deux ans, sait cuisiner. Un bagage, des connaissances (une Thermidor ou une Dubarry ne l'effraient pas), le sens du produit (des bouquets très frais, une belle langoustine, un bon foie gras, une côte de veau bien épaisse) : cela peut suffire au cœur d'une grande ville. Mais sur ce bord de route à la lisière de Mont-de-Maran, dans ce cadre bourgeois anonyme, il faudrait ajouter un peu de joie et de décontraction à cette salade de tomates jaunes et vertes et truite fumée, au bar confit à l'huile d'olive (bon produit dénaturé par la surtempérature de service), au pigeon des Landes cuit au sautoir. Cave sud-ouest plutôt bien triée, bergerac De Conti, marcillac de Cros, duras d'Allégret, gaillac de Rotier, irouléguy d'Arretxea, permettant de se faire plaisir à moindre frais. Service dévoué et classique, égayé par la présence d'Eugénie, l'épouse du chef, qui apporte un peu de naturel et de chaleur.

C : 50 € • M : 18-90 €   *www.clefs-dargent.com*

→ 333 av des Martyrs-de-la-Résistance
☎ 05 58 06 16 45
F. dim. à dîn., lundi, 3 sem. déb. août et 1 sem. Noël.
Jusqu'à 21h45.
🍴🐕🥖

Le Renaissance 🐦

Une villa contemporaine bien équipée pour les vacances ou les affaires, avec son parc paysager et sa piscine au bord de l'étang. Chambres plaisantes et tranquilles, restaurant de cuisine régionale actualisée.

1 appart. 98-109 € • 28 ch. 56-88 €   www.le-renaissance.com

→ 225 av de Villeneuve
☎ 05 58 51 51 51
🖨 05 58 75 29 07
Ouv. 7j/7.

Villes de proximité, voir :

⏱ MAZEROLLES…4 km S.E. par D 30, D 932 E et D 321 **(13/20)**
⏱ UCHACQ ET PARENTIS…………7 km N.O. par N 134 **(14/20)**

LE MONT SAINT MICHEL - 50170   (5 A 5)
Saint-Lô 83 - Granville 50 - Rennes 69

11 La Mère Poulard

Au rythme des marées, la belle mariée aux pieds mouillés s'endort et paresse dans la mélancolie de ses murs, reflétant la gloire passée… Michel Bruneau envolé, la Mère Poulard peine à se relever : on fait pas d'omelette sans casser des œufs, mais il va falloir plus qu'une bonne recette pour justifier des tarifs toujours altiers dans une cuisine qui ne vaut pas une toque, avec des plats inchangés (agneau de pré-salé, tripes Chatel, omelette…) justement vraiment plats. L'assiette gourmande de dessert est la meilleure surprise, justifiant qu'on reste jusqu'à la fin de la représentation, ni l'accueil, ni le service ne permettant de tempérer l'esprit critique.

C : 70 € • M : 45-65 €   www.mere-poulard.com

→ Grande-Rue
☎ 02 33 89 68 68
Ouv. 7j/7.
Jusqu'à 22h30.

Le Relais Saint-Michel

Halte de grand standing avec l'abbaye en toile de fond, l'exclusivité d'un parc fleuri et des chambres élégamment meublées en style anglais. Très jolie vue depuis la terrasse.

7 appart. 280-370 € • 32 ch. 100-190 €   www.relais-st-michel.com

→ La Caserne
☎ 02 33 89 32 00
🖨 02 33 89 32 01
Ouv. 7j/7.

MONTAGNAC - 34530   (32 A 4)
Lodève 40 - Montpellier 45

12 Auberge de Bessilles

Un nouveau labo, un potager de 2000 m2… Il semble que Philippe Gairoard ait pris le tournant d'un développement assumé dans cette ancienne dépendance de l'abbaye de Valmagne. Il est vrai que le sourire de Sandrine illumine la maison, que la carte est vivifiante, tournée vers son terroir avec une interprétation personnelle toujours intéressante : plancha de couteaux en vinaigrette vierge, darne de bonite à la sicilienne et gnocchis frits, carré d'agneau en croûte d'herbes. La maison est accessible sur réservation, le week-end ou tous les soirs en saison. En annexe, un bistrot, la Bonne Franquette ouvre en saison le midi en semaine.

C : 30 € • M : 21-35 €   www.bessilles.fr

→ Domaine de Bessilles
☎ 04 67 24 75 75
F. dim. à dîn., lundi, merc. (sf vac. scol.), 4 janv.-4 fév. et vac. scol. Toussaint.
Jusqu'à 21h.

MONTAGNY LES BEAUNE - 21200   (20 B 4)
Beaune 5 - Dijon 47

Hôtel le Clos

Clos il est, protégé par ses vieux murs XVIIIe aux belles pierres de Bourgogne. L'ancienne ferme a trouvé une seconde vie, dans un décor qui met remarquablement en avant son architecture d'origine, tout en la parant de vertus de confort et de douceur de vivre inconnues à l'époque.

appart. 140-220 € • 19 ch. 75-120 €   www.hotelleclos.com

→ 22 rue des Gravières
☎ 03 80 25 97 98
🖨 03 80 25 97 98
F. 25 nov.-20 janv.

MONTAIGUT LE BLANC - 63320 (26 C 4)
Issoire 16 - Champeix 6

✿ Le Chastel Montaigu

Dominant le village médiéval et la région, le donjon du XIIe siècle abrite comme un trésor des chambres magnifiques, au caractère historique affirmé mais jamais étouffant. Partout, la vue se déploie sur un panorama exceptionnel, vers le village et la nature environnante.

5 ch. 125-130 €

→ Le Château
☎ 04 73 96 28 49
🖷 04 73 96 21 60
F. fin sept-début mai.

MONTAUBAN - 82000 (29 D 3)
Toulouse 56 - Cahors 58

15 La Table des Capucins

Hervé Sauton a l'habitude de relever des challenges et surtout de les réussir. L'ancien second de Roland Mazère est un chef adroit et décidé qui ne se trouve pas là par hasard : sa cuisine, volontiers tournée vers le Sud, est très inspirée par ce cadre d'une beauté romane contemporaine peu commune et par la générosité d'un Sud-Ouest qui sait toujours cultiver le beau produit. Voilà une carte directe et moderne, qui va vers l'essentiel sans multiplier les leurres : un beau duo foie gras d'oie et de canard avec une confiture de mendiants et d'épine-vinette, une plancha de saint-pierre aux épices tandoori et poivrades sautés, un agneau du Quercy qui exprime sa terre natale, farci de tomates, échalotes confites et courgette au parmesan. Du travail propre, sans trop d'aventurisme, c'est vrai, mais frappé au coin du bon sens. Cave intéressante pour ses vins du Sud-Ouest et ses grands bordeaux, service détendu dans l'atmosphère des lieux.

C : 55 € • M : 25-70 € *www.crowneplaza-montauban.com*

→ 6-8 quai de Verdun
☎ 05 63 21 00 00
F. sam. à déj. et dim.
Jusqu'à 21h30.

🍶🍶🍶 Crowne Plaza Montauban

Superbe ensemble hôtelier dans un ancien couvent des capucins XVIIe dont l'esprit a été largement conservé, mixant un contemporain presque design aux lignes romanes de l'édifice religieux. Chambres de haut niveau, dans l'équipement comme les matériaux, déco sobre et nombreux loisirs sur place, en dehors des équipements pour réunions et séminaires. Le Crowne Plaza s'est doté cette année d'un spa de 450 m² et 14 nouvelles chambres sont prévues en 2008.

4 appart. 350-450 € • 62 ch. 200-250 € *www.crowneplaza-montauban.com*

→ 6-8 quai de Verdun
☎ 05 63 22 00 00
🖷 05 63 22 00 01
Ouv. 7j/7.

14 Les Saveurs d'Ingres

Peut-on vraiment faire grief à ce chef intègre d'avoir augmenté son menu Fascination de 6 € en un an ? Certes, ce n'est pas rien, mais cela permet à Cyril Passerand de s'exprimer encore plus complètement, dans cette salle contemporaine voûtée d'un bâtiment classé en plein centre-ville et d'offrir des assiettes construites, équilibrées, qui ne lésinent pas sur la qualité des ingrédients : foie gras mi-cuit croustillant de pépins de courge et duo de tomates, thon mariné au saté en croûte de sésame, légumes farcis à l'effilochée de manchon de canard, panna cotta et salade de maras des bois. Un bel enchaînement, tout en finesse mais suffisamment complet pour convenir aussi à un rugbyman. Service de très bon ton, cave variée qui met l'accent sur la région.

C : 60 € • M : 25-75 €

→ 11 rue de l'Hôtel-de-Ville
☎ 05 63 91 26 42
F. dim., lundi, 27 avril-5 mai et 17 août-1er sept.
Jusqu'à 21h30.

13 🍽 La Cuisine d'Alain

Dans sa maison de briques roses face à la gare, Alain Blanc a conquis depuis longtemps le cœur des Montalbanais et leur donne peu de motif de déception, sur la terrasse cernée de géraniums, sur les vertus classiques du pressé de foie gras et légumes de saison, la salade de seiche frite sauce soja, la daurade au piment d'Espelette ou les ris de veau braisés au madère. Le chariot des desserts fait partie d'un folklore touchant, tandis que la cave ramène ce qu'il faut des appellations locales.

C : 40 € • M : 23 €   www.hotel-restaurant-orsay.com

→ 29 rue Roger-Salengro, face à la Gare
☎ 05 63 66 06 66
F. sam. à déj., dim., lundi à déj., fériés, 1er-8 mai, 4-20 août et 23 déc.-6 janv.
Jusqu'à 22h.
🚗 ≈❄

---

11 Au Fil de l'Eau

Face au musée Ingres, cette belle bâtisse des années 30 entièrement rénovée peut probablement se vanter de jouir de l'une des plus jolies vues de la ville. Dans la salle récemment refaite, on se laisse porter au son d'une jolie cuisine classique, tartare de saumon d'Ecosse aux huîtres, crème acidulée et blinis de pomme de terre, filet de bœuf aux échalotes et dés de foie gras, crème brûlée à la cassonade.

C : 46 € • M : 31-55 €   www.aufildeleau82.com

→ 14 quai du dr-Lafforgue
☎ 05 63 66 11 85
F. dim., lundi (juil.-août), dim. à dîn., lundi, merc. à dîn. et 1 sem. 14 juil.
Jusqu'à 21h30.
🚗 ♿ ≈❄ 🐕 🍷

Villes de proximité, voir :

↻ NEGREPELISSE.....................17 km N.E. par D 115 **(11/20)**

---

14 🍽 Auberge des Fontaines d'Aragon ♥

Quelle belle maison ! Cette réflexion qu'on pourrait entendre de la bouche des clients ravis de leur sort (on les comprend) ne se rapporte pas qu'à l'architecture de cette maison basse installée au pied du village ou même à la délicieuse terrasse ombragée. La gentillesse du personnel, Carine Maio en tête, laisse immanquablement un souvenir impérissable. Ensoleillée, enjôleuse, la cuisine d'Eric Maio semble avoir atteint sa vitesse de croisière dans un registre provençal qui colle à merveille à ce cadre décidément superbe : crumble de reggiano façon pissaladière, rougets, gaspacho tomates et melon, selle d'agneau de Provence et petits farcis, soupe de fruits rouges accompagnée d'une pêche pochée à l'hibiscus, d'une brochette de fruits rouges et de guimauve. De nombreux travaux (un espace bar, un salon d'attente, une cave à vin offerte au regard de la clientèle et une amélioration générale du confort) seront entrepris cet hiver, pour un plaisir sans doute encore plus grand.

M : 37-90 €   www.fontaines-daragon.com

→ CD 37 Quartier Narbonne
☎ 04 94 47 71 65
F. lundi, mardi, 7-31 janv. et 5-20 nov.
Jusqu'à 21h30.
⛱ 🚗 🐕 🍷

---

15 🏨 ≋ La Chancelière - Le Jeu de Cartes ♥

C'est si reposant, une table moderne. La musique, jazzy cool, le décor (du gris, du zen, de la sobriété), l'accueil (distingué, personnalisé, attentif), le style et bien sûr la cuisine. Tout ce qu'il faudrait trouver partout et qui est si rare. Ou, pour paraphraser Cocteau, un restaurant singulier quand d'autres sont pluriels. L'assiette projette un regard panoramique sur les cuisines de tous horizons, du passé comme du futur, privilégiant la fraîcheur et la spontanéité. Celle de

→ 1 pl des Marronniers
☎ 02 47 26 00 67
F. dim., lundi (sf fériés), 10 fév.-5 mars et 10-27 août.
Jusqu'à 21h.
♿ ≈❄ 🐕

rougets snackés à la nano-seconde, dans une nage justement acidulée d'agrumes, d'un excellent wok terre-mer associant lotte et crevettes à un bouillon de foie gras ou d'une simple et légère charlotte aux fraises. Carte des vins intelligente, assez ramassée mais précise, avec ce qu'il faut en bons loires, et un regard acéré sur les autres régions, par des propriétaires bien choisis (Alquier en faugères, Ollieux-Romanis en corbières).

M : 34-38 €

www.lachanceliere.fr

----

13 Château d'Artigny

Où sont les fastes de la cuisine d'Artigny ? Bien sûr, l'atmosphère reste châtelaine, dans cette architecture où tout est grand, les plafonds deux fois plus hauts que les hauts plafonds, les salons deux fois plus vastes, les dorures deux fois plus nombreuses et brillantes. Un chef peut-il véritablement s'y épanouir ? On peut en douter sur nos dernières expériences, peu convaincantes, entre les colonnes et les grands tableaux. L'essentiel est sauvé par une réalisation appliquée sur des produits de bonne tenue, mais il faut redonner un peu de punch à l'ensemble pour retrouver une seconde toque. Cave classique pas mal faite, avec un large catalogue ligérien et un bon choix en vin au verre.

C : 78 € • M : 50-85 €

www.artigny.com

→ Rte de Monts
☎ 02 47 34 30 30
Ouv. 7j/7.
Jusqu'à 21h30.

Château d'Artigny

Fastueux, majestueux, magnifique, les qualificatifs se bousculent au moment de décrire la merveilleuse demeure construite par le parfumeur François Coty. Dominant la vallée de l'Indre de toute la superbe de ses pierres blanches, ce château entouré de 25 hectares de parc et ouvrant sur un jardin à la française propose des chambres aux volumes immenses et au luxe évident. Promenades balisées dans le parc, parcours de santé, piscine de plein air chauffée d'avril à octobre, courts de tennis, espace de remise en forme ultra-complet.

2 appart. 590 € • 61 ch. 160-450 €

www.artigny.com

→ Rte de Monts
☎ 02 47 34 30 30
🖥 02 47 34 30 39
Ouv. 7j/7.

----

11 Domaine de la Tortinière

Au restaurant, une musique pour château, un cadre soigné sans grande personnalité, avec vue sur la forêt et la Loire. L'assiette a des ambitions limitées, régionale et traditionnelle, assurant l'essentiel dans une réalisation sans panache. Visez les premiers menus et les produits du cru.

C : 41 € • M : 39-72 €

www.tortiniere.com

→ Rte de Ballan-Miré
☎ 02 47 34 35 00
F. dim. à dîn. (mars, nov., déc.), 20 déc.-1er mars.
Jusqu'à 21h15.

Domaine de la Tortinière

Tout en haut trône le château, construction Second Empire qui évoque les plus belles heures de la Renaissance, puis le parc descend doucement vers la rivière. Au cœur des 12 ha arboré, différents pavillons abritent des chambres personnalisées, dans un style qui actualise avec bonheur l'élégance bourgeoise dictée par l'architecture des lieux, mariant meubles d'époque et tissus anglais chaleureux.

7 appart. 335-320 € • 23 ch. 130-215 €

www.tortiniere.com

→ Rte de Ballan-Miré
☎ 02 47 34 35 00
🖥 02 47 65 95 70
F. 1er janv.-1er mars et 20 déc.-1er janv.

Besançon 82 - Mulhouse 57

13 Joseph

Au cœur de la ville, cette petite table ne joue pas de la séduction facile d'un décor lounge, mais préfère les vraies valeurs d'une cuisine de saison, pointilleuse sur le choix des produits, remarquablement précise dans les cuissons et volontiers créative dans les associations, les mélanges terre mer notamment : la tartinette d'anchois et tomates séchées avec la pièce de bœuf, les morilles et la crème de noix sur le turbot. Maîtrise et ouverture d'esprit, la recette est parfaite et justifie la dépense.
C : 50€

→ 17 rue de Belfort
☎ 03 81 91 20 02
F. dim., lundi et 13-25 août.
Jusqu'à 22h.

Villes de proximité, voir :

ETUPES..................................3 km E. par D 463 **(12/20)**
SELONCOURT.........................8 km S.E. sur D 34 **(11/20)**

Grenoble 8 - Saint-Ismier 3

13 Alain Pic

Dans le cadre feutré de la salle à manger ou dans le jardin d'hiver ouvert sur la montagne, cette maison fait partie de ces étapes rassurantes, qui tracent leur route sans se préoccuper des effets de mode ni s'ancrer dans une cuisine dépassée, juste soucieuse du plaisir d'une belle cuisine classique. Et Alain Pic sait y faire dans ce registre, comme le prouvent le bonbon de foie gras et lapin ou le filet de bar au vinaigre, de bonnes idées bien maîtrisées. Solide cave classique.
C : 60€ • M : 25-55€   www.restaurant-alain-pic.com

→ 876 rue Gén-de-Gaulle
☎ 04 76 90 21 57
F. sam. à déj., dim. à dîn., lundi, 1 sem. (hiver) et 3 sem. (été).
Jusqu'à 21h15.

Montélimar 4 - Dieulefit 23

11 Restaurant du Monard

Les chefs valsant ici plus vite que les balles sur le fairway, nous attendrons que l'un d'eux accomplisse deux saisons d'affilée pour mieux saisir l'évolution de la table. La formule, cette année, s'est concentrée sur une ligne prudente, sous influence régionale, cassolette d'escargots et salade au pistou, lotte à l'étuvée, gratin de légumes au basilic, selle d'agneau en croûte de mendiants. Atmosphère détendue des résidents golfeurs dans une salle claire animée par un service dévoué.
C : 40€ • M : 31-44€   www.domainedelavaldaine.com

→ Domaine de la Valdaine
☎ 04 75 00 71 32
Ouv. 7j/7.
Jusqu'à 21h15.

Château du Monard

Un domaine golfique à quelques minutes de Montélimar, au cœur de la Drôme provençale. Le parcours international de 18 trous attire les joueurs, mais les accompagnateurs seront séduits par le calme de ce bel hôtel de 30 chambres au style provençal, aux chambres joliment aménagées.
appart. 135-202€ • 30 ch. 74-148€   www.domainedelavaldaine.com

→ Domaine de la Valdaine
☎ 04 75 00 71 30
📠 04 75 00 71 31
Ouv. 7j/7.

MONTCEAU LES MINES - 71300 (20 A 5)
Mâcon 74 - Le Creusot 22

15 〉 **Jérôme Brochot**

On se promène dans sa carte avec confiance et gourmandise. Jérôme Brochot sait s'approprier le terroir dans une vision actuelle, structurée et précise, offrant les escargots au pied de cochon, le sandre de Saône avec un croustillant de chèvre du Charolais, le coq au chamabertin aux oignons grelots et crêtes de coq. On en vient presque à ne pas regretter que, dans cette salle au cadre contemporain brisant le rythme de ce doux hôtel de tradition, les tables soient si rapprochées que l'on mange presque dans l'assiette du voisin. Cela permet de saisir l'équilibre suavité-rusticité de l'assiette de canard (foie gras aux passe-crassane, saucisson aux herbes fraîches, bouillon et raviole) ou du merlan rôti au beurre clarifié, pané aux fruits secs dans une belle et légère émulsion artichaut, et flanqué de superbes légumes d'accompagnement. Un des plats qui, parmi d'autres, notamment de remarquables compositions de desserts, vaut bien aujourd'hui les deux toques que ce chef inspiré briguait depuis quelques années. Service prévenant et aimable, cave sage, bien variée et équitable dans l'ensemble, jouant sur les valeurs sûres et défendant correctement sa Bourgogne.
C : 52 € • M : 20-80 €

→ 7 pl Beaubernard
☎ 03 85 67 95 30
F. sam. à déj., dim. à dîn. et lundi. F. ann. non comm.
Jusqu'à 21h15.

www.jeromebrochot.com

MONTCHENOT - 51500 (9 B 3)
Châlons-en-Champagne 32 - Reims 11

15 **Auberge du Grand Cerf**

Le duo formé par Dominique Giraudeau (propriétaire) et Pascal Champion (chef de cuisine) fonctionne à merveille, et ce depuis bientôt 15 ans. Leur association semble proscrire tout risque de déception chez une clientèle toujours ravie de fréquenter cette belle table de la Montagne de Reims où l'on traite les huîtres, le veau ou le pigeon avec les plus grands égards : huîtres chaudes au champagne, pièce de veau du Limousin rôti, purée mousseline aux truffes fraîches et jus à l'huile d'olive, pigeonneau rôti en cocotte au foie gras et à l'huile de noisette. Desserts ultra-classiques (facturés 15 € à la carte tout de même) et recelant même une rareté aussi luxueuse que régressive avec les crêpes au beurre demi-sel aux truffes fraîches et glace aux truffes fraîches, un dessert facturé au prix aristocratique de 27 €. Cave complète et commentée avec science.
C : 85 € • M : 34-76 €

→ 50 rte Nationale
☎ 03 26 97 60 07
F. dim. à dîn., mardi à dîn., merc., vac. scol. fév. et 3 dern. sem. août.
Jusqu'à 21h30.

MONTCUQ - 46800 (29 D 2)
Cahors 25 - Moissac 42 - Agen 50

12 **Café de France**

Témoin d'un temps où le café concentrait l'animation et la vie du village, la table de Christophe Estrade s'apprécie particulièrement en terrasse sous les marronniers et dans les accents sudistes d'une cuisine déclinée par exemple en habiles assiettes thématiques (Quercy, Pays basque). Le menu du jour en donne déjà beaucoup, autre survivance d'un temps hélas disparu. Cave sud-ouest elle aussi, le cahors en avant.
M : 12-29 €

→ 5 pl de la République
☎ 05 65 22 90 29
F. lundi à dîn. (sf fériés) et à dîn. janv.
Jusqu'à 21h30.

18 Le Louis XV-Alain Ducasse

Spectacle total, magie du prestige hexagonal, le plus haut niveau de réception gastronomique d'Europe est ici. Vous ne trouverez pas plus haut, plus fort, plus étourdissant que cette image radieuse de l'atout numéro un du premier pays touristique du monde. Gustativement, cette table est pourtant comme pétrifiée. Par nécessité, certes, mais c'est ainsi. Nous nous posions la question l'an passé de savoir quand Franck Cerrutti allait éditer un nouveau plat. Ce point est dépassé, tant la carte est cadenassée avec les plats qui fonctionnent, sans autre volonté que d'obtenir avec les tripettes de stockfish, l'assiette de coquillages, les gamberonis de San Remo, le loup sur peau ou le veau sous la mère, aux apprêts finalement assez simples, seulement ducassiens par l'absolue précision de la réalisation, l'assentiment de la clientèle internationale pré-séduite par la notoriété du lieu et la hauteur de l'investissement. A la rigueur peut-on se demander s'il y a vraiment besoin d'un cerveau pour reproduire une mécanique aussi implacable, dont les particules figées échappent à l'incertitude d'Heisenberg. On a pu supposer, à Paris, ou même ici, à Monte-Carlo, qu'Alain Ducasse voulait refaire la Pyramide et Fernand Point. On peut aujourd'hui plutôt penser qu'il souhaite avant tout recréer les fastes d'une légende, un Ritz ou un Savoy 1900, bouclant la boucle en proposant en dessert la fameuse pêche Melba d'Escoffier (il serait inconvenant de demander pourquoi il n'y a pas de banana split). Des Japonaises en costume traditionnel écoutent le canon de Pachelbel et font un repas d'épouses, de très jolies femmes avec des Lamborghinistes grisonnants choisissent le champagne rosé, l'argenterie défile, concurrençant l'or omniprésent du décor total Louis XV, le luxe se découpe au guéridon en tranches dorées… On applaudit un show culinaire plus qu'une cuisine et l'on peut penser que, comme chez d'autres confrères de même renommée, une armée de MOF devrait suffire à suivre le cahier des charges. La magie demeure, bien sûr, vous êtes au Louis XV…

: 180 € • M : 125-225 € *www.alain-ducasse.com*

→ Pl du Casino
☎ 377 98 06 88 64
F. mardi, merc. à déj. (18 juin-20 août), mardi, merc. (h.s.), 27 nov.-27 déc., 12-27 fév. et 1er-30 déc.

Hôtel de Paris

Adresse mythique et figure de proue du prestigieux resort de la Société des Bains de Mer, ce palace XIXe fait les choses en très grand, le décor déborde de fastes et de dorures dans le hall et les salons, le service est rompu aux exigences d'une clientèle haut de gamme. Chambres et suites, entre cosy à l'anglaise et raffinement contemporain, adoptent un style plus sobre et plus propice au repos, entre un passage au casino ou une séance de soins aux Thermes Marins (accès direct depuis l'hôtel).

appart. 1015-10000 € • 187 ch. 410-980 € *www.montecarloresort.com*

→ Pl du Casino
☎ 377 92 16 30 00
🖨 377 92 16 38 49
Ouv. 7j/7.

17 Joël Robuchon Monte Carlo

Le concept atelier - le produit, au plus près de la saveur originelle - avec la participation d'un chef de grande envergure. C'est presque antinomique (le principe étant de toucher très peu à la bête), mais quand la fusion se déroule aussi bien qu'ici, cela donne des étincelles proches d'une bombe atomique. Christophe Cussac ne refait pas le coup de Tonnerre (à l'Abbaye) ou de Beaulieu (la Réserve) mais il propose tout de même du pur Cussac sur les bases

→ 4 av de la Madone
☎ 377 93 15 15 10
F. à déj. mi-juil.-mi-août. Jusqu'à 22h30.

MONTE CARLO

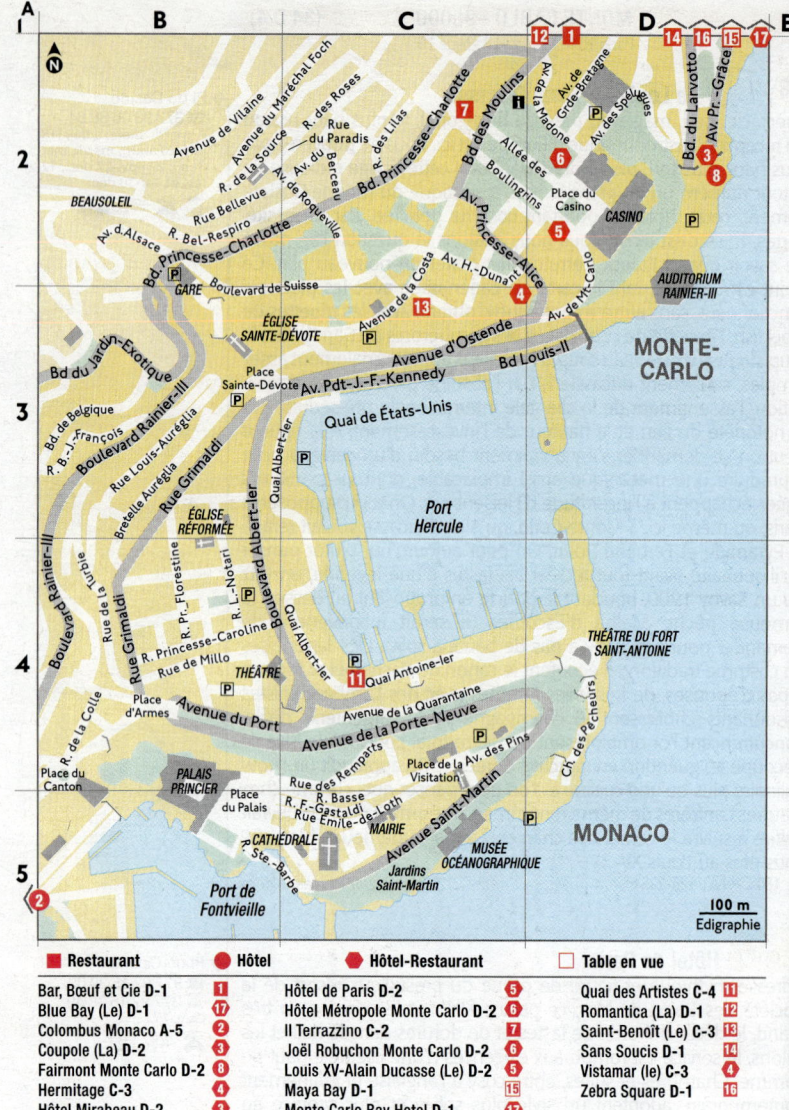

Restaurant	Hôtel	Hôtel-Restaurant	Table en vue

Bar, Bœuf et Cie D-1	**1**	
Blue Bay (Le) D-1	**17**	
Colombus Monaco A-5	**2**	
Coupole (La) D-2	**3**	
Fairmont Monte Carlo D-2	**8**	
Hermitage C-3	**4**	
Hôtel Mirabeau D-2	**3**	
Hôtel de Paris D-2	**5**	
Hôtel Métropole Monte Carlo D-2	**6**	
Il Terrazzino C-2	**7**	
Joël Robuchon Monte Carlo D-2	**6**	
Louis XV-Alain Ducasse (Le) D-2	**5**	
Maya Bay D-1	**15**	
Monte Carlo Bay Hotel D-1	**17**	
Quai des Artistes C-4	**11**	
Romantica (La) D-1	**12**	
Saint-Benoît (Le) C-3	**13**	
Sans Soucis D-1	**14**	
Vistamar (le) C-3	**4**	
Zebra Square D-1	**16**	

édictées par Joël Robuchon. Ce qui donne, dans ce cadre luxueux mais pas étouffant, tout simplement une grande table, sur le mode atelier de haute couture : coriandre (soupe froide, tempura) et tomate avocat (tartine), langouste puce sublime avec une mayonnaise géante, robuchonnienne, ventrèche de thon puissante, cochon de lait magnifique avec la purée du maître, pêche, meringue et chocolat blanc. Le chef effleure tous ces ingrédients splendides, les enveloppe d'un voile, souffle un zéphyr, et tout devient grandiose. Dans un style indiscutablement moderne, jouissif et à des prix que l'on peut moduler mais qui sont, dans ce contexte luxueux, d'une parfaite équité. La carte des vins, bonne élève, joue une certaine sécurité avec de très bonnes références, actuelles et classiques, et facture sévèrement ceux qui veulent marcher au verre, la sommellerie manquant un peu de tact sur ce chapitre (le viognier ne va pas avec tout, même quand il s'agit de faire passer un condrieu à 24 € le verre). Service par ailleurs à peu près irréprochable, à la fois très élégant, discret et détendu.

C : 120 € *www.metropole.com*

Hôtel Metropole Monte-Carlo

→ 4 av de la Madone, BP 19
☎ 377 93 15 15 15
🖷 377 93 25 24 44
Ouv. 7j/7.

Soigné jusqu'au délicat ordonnancement du jardin méditerranéen, ce palace décline bien sûr le luxe dans une opulence très monégasque, raffinement des détails et noblesse des matières comme du mobilier, dans une ambiance intemporelle moins ostensiblement chatoyante que d'autres réalisations de Jacques Garcia. Le spa ou le programme d'activités Just for You garantissent un séjour exclusif.

5 appart. 1350-8000 € • 131 ch. 425-1000 € *www.metropole.com*

---

16 🍴 Bar Boeuf & Co

→ Le Sporting-Monte-Carlo,
av Princesse-Grace
☎ 377 98 06 71 71
F. à déj. et oct.-avril
Jusqu'à 1h.

En Ferrari ou en Twingo, le parking du Sporting est pour vous (en Ferrari, c'est mieux pour le parking). Pour accéder à l'un des nombreux spots qui font la mode gastronomique de la cité, la deuxième adresse d'Alain Ducasse, chic choc entre bar et bœuf dans une carte qui s'est élargie à d'autres ingrédients pour ne pas paraître figée ou intégriste. La marque de fabrique, c'est évidemment cette rectitude, ce "zéro défaut" recherché à tous les étages. Tout est carré et propre, du cadre au service, de la cave à l'assiette. Et pour rester dans le fondamentalisme, tâtez le carpaccio de bœuf (quelle étoffe, quel moelleux, quel goût !) et le bar de ligne d'une chair parfaite, d'une cuisson exemplaire. Peu d'imagination, peut-être, on pourrait le dire comme cela, mais la volonté de perfection passe avant tout par le produit, ce qui met hors sujet les digressions verbeuses. Jusqu'aux desserts, jusqu'à ce chocolat aussi simple que puissant, comme cette machine imperturbable, dont le froid méthodique rassure plus qu'il n'inquiète.

C : 82 € *www.alain-ducasse.com*

---

14 🍴 Le Blue Bay

→ 40 av Princesse-Grace
☎ 377 98 06 03 60
F. à déj. (mai-sept.).
Jusqu'à 22h.

Le dernier resort proposé par la SBM se devait d'aligner une table en conséquence. C'est chose faite dans ce cadre contemporain et épuré, ouvert sur les cuisines où opère Marcel Ravin, qui a ramené de ses origines martiniquaises un sens aigu du mariage entre acidulé et pimenté et l'applique avec créativité et maîtrise à des produits de Méditerranée ou d'ailleurs, pourvu qu'ils soient beaux : saint-jacques et homard breton en cocotte émulsion de crustacés au lait d'avocat et curry, côte de veau de lait cloutée de figatelli et aigre-doux de kumquat.

C : 65 € • M : 40-80 € *www.montecarlobay.com*

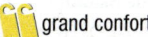 standard 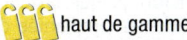 grand confort  haut de gamme  exceptionnel

    hôtels de charme

✪✪✪ Monte Carlo Bay Hotel

Ce vaste ensemble d'inspiration néoclassique bénéficie d'un luxe d'installations de confort fort appréciable, entre 4 ha de jardin, casino ou encore spa. Pour la décoration des chambres, Pierre-Yves Rochon a fait le choix de lignes épurées et contemporaines, dans des déclinaisons de matières nobles et de couleurs chaleureuses en écho à la lumière méditerranéenne (75% des chambres ouvrent sur la mer). Exclusif et fort agréable, le lagon sablonneux.

22 appart. 770-2965 € • 312 ch. 310-820 €   *www.montecarlobay.com*

→ 40 av Princesse-Grace
☎ 377 98 06 02 00
▤ 377 98 06 00 03
Ouv. 7j/7.

----

14 🍽 La Coupole

Opulent décor moderne avec des fauteuils médaillon revisités, moquette à gros pois rouges, tables décorées de sculptures de verre : la solidité monégasque de cette table d'hôtel s'exprime aussi bien dans le goût sûr de la décoration moderne et chaleureuse, que dans la maîtrise technique d'une cuisine parfaitement aboutie (signée Yannick Franques, qui a remplacé en février Didier Aniès) : saumon cuit à l'unilatérale, jus aux pointes d'asperges, poitrine de cannette rôtie aux épices, palets de navets caramélisés à l'orange, carpaccio de framboises et litchi, et pamplemousse glacé.

C : 80 € • M : 45-83 €   *www.montecarloresort.com*

→ 1 av Princesse-Grace
☎ 377 93 25 93 00
F. à déj. (1ᵉʳ juil.-31 août).
Jusqu'à 22h.

✪✪✪✪ Hôtel Mirabeau

La plupart des (spacieuses) chambres de cette élégante bâtisse contemporaine ouvrent sur la Méditerranée par une large terrasse. La terrasse avec piscine (chauffée et à débordement évidemment) et solarium ou bien l'accès privilégié aux divers établissements de la SBM (casino, thermes marins, golf, tennis) sur présentation de la Carte d'Or remise à chaque client, témoignent du haut niveau de prestations offert.

14 appart. 460-620 € • 89 ch. 280-515 €   *www.montecarloresort.com*

→ 1 av Princesse-Grace
☎ 377 93 25 93 00
▤ 377 93 25 93 25
Ouv. 7j/7.

----

13 🍽 Il Terrazzino

Du transalpin collatéral, qui se trouve pratiquement chez lui du côté du Rocher. La cuisine est typiquement napolitaine côté beaux quartiers, les préparations très soignées dans un cadre d'élégance et de gaieté. On peut se contenter de quelques pâtes, mais la carte, qui vole assez haut, sait aussi plonger pour ramener quelques beaux poissons de Méditerranée préparés comme en baie d'Amalfi.

C : 40 € • M : 19-30 €   *www.ilterrazzino.com*

→ 2 rue des Iris
☎ 377 93 50 24 27
F. dim.
Jusqu'à 22h30.

----

13 🍽 La Romantica

Plus élégante que franchement romantique, la trattoria de Maurizio Grossi est discrètement et solidement implantée dans le paysage monégasque, grâce à la qualité constante d'une cuisine italienne en version noble : soufflé aux herbes et fondue de fromage, linguine au homard ou un osso-buco parfait, avec son risotto au safran. Jolie cave italienne en prime.

C : 40 €   *maurizio.grossi@orange.fr*

→ 3 av Saint-Laurent
☎ 377 93 25 65 66
F. dim. et 1er-14 août.
Jusqu'à 22h30.

13 Le Vistamar

Même sans profiter de l'extraordinaire terrasse, la table de l'Hermitage est largement tournée vers la mer. C'est vrai du décor, touches de bois sombre et de bleu, et surtout de la cuisine de Joël Garault, passé maître dans l'art de confectionner des assiettes (certes coûteuses) parfaites de fraîcheur et de netteté autour de la pêche du jour. Les poissons nobles sont bien sûr à l'honneur (loup, saint-pierre), la bouillabaisse est ici anoblie. Atmosphère de prestige bon teint, cave fortement axée bordeaux et bourgogne, service ad hoc.

C : 100 €   *www.montecarloresort.com*

→ Square Beaumarchais
☎ 377 98 06 98 98
Ouv. 7j/7.
Jusqu'à 21h30.

Hermitage

L'énorme palace fait toujours le bonheur des curistes et des touristes, par son atmosphère comme la palette de services proposés pour la détente. Les installations thermales sont notamment remarquables. Le luxe de l'architecture n'est jamais étouffant, avec des espaces magnifiquement éclairés. On retrouve cette atmosphère Belle Epoque dans les chambres Luxe, tandis que les chambres Exclusive adoptent une allure sobre et contemporaine, dans de belles harmonies de couleurs.

0 appart. 790-7000 € • 250 ch. 360-895 €   *www.montecarloresort.com*

→ Square Beaumarchais
☎ 377 98 06 40 00
🖨 377 98 06 59 70
Ouv. 7j/7.

12 Quai des Artistes

Les artistes sont dans la clientèle (parfois) et sur les murs (régulièrement), petit cachet supplémentaire pour cette typique brasserie à la parisienne transposée au cœur de l'animation monégasque. Vaste terrasse, prestation efficace, dans le service comme dans l'assiette, qui ajoute aux réalisations attendues (le foie gras, andouillette 5A) les poissons et les saveurs de la Méditerranée.

M : 22 €   *www.quaidesartistes.com*

→ 4 quai Antoine-1er
☎ 377 97 97 97 77
Ouv. 7j/7.
Jusqu'à 23h.

12 Le Saint-Benoît

A l'ombre des palaces, une table aux accents de retraite paisible sur les bords défiscalisés de la Grande Bleue. Tradition, tradition, en mettant le temps d'une soirée son destin dans les mains expertes de Marcel Athimond, plus de cinquante ans de métier : saint-jacques provençale, turbotin au beurre blanc, dorade au fenouil et crêpes Suzette.

C : 55 € • M : 29-39 €   *www.monte-carlo.mc/lesaintbenoit*

→ 10 ter av de la Costa
☎ 377 93 25 02 34
F. dim. à dîn., lundi et 22 déc.-5 janv.
Jusqu'à 22h30.

12 Sans Soucis

Plus encore que la salle aux lambris sombres, on apprécie la terrasse, abritée du soleil comme de l'agitation et où l'on peut profiter effectivement sans souci d'une équitable carte aux parfums méditerranéens, des spécialités de riz et pâtes aux poissons grillés.

C : 45 €   *www.restaurant-sans-souci.mc*

→ 42 bd d'Italie
☎ 377 93 50 14 24
F. dim. et juin.
Jusqu'à 22h15.

12 Zebra Square

Le changement de chef ne bouleverse pas une adresse qui mise au moins autant sur l'ambiance soignée (du décor contemporain à la programmation musicale) que sur la cuisine très fusion food, puisant aussi bien dans le patrimoine provençal, italien qu'asiatique. La qualité des produits n'est pas sacrifiée au côté branché et justifie ainsi les tarifs.

C : 60 € • M : 50-95 €   *www.zebrasquare.com*

→ 10 av Princesse-Grace,
Grimaldi-Forum
☎ 377 99 99 25 50
Ouv. 7j/7.
Jusqu'à 23h (23h30 vend., sam.).

👁 Maya Bay

Il fallait savoir si la carte menée désormais par un chef de haut niveau, Olivier Streiff, allait être autre chose qy'un gdget dans le décor luxuriant nippo-thaï du Maya Bay, avec ses cages d'oiseaux évoquant les marchés de Kyoto, le mobilier de bois exotique, ma musique traditionnelle, les costumes du service. A lire la carte, avec ses nems de tout, ses tubes de vin de pomme, ses chutneys et ses émulsions on craint que la poudre ne soit pour les yeux des touristes. Dans l'assiette, pourtant, c'est assez sérieux ; même si on ne pourra les considérer comme indiscutables, certains attelages, dans les efforts ostensibles pour chercher des produits rares et des présentations tourmentées (nems de rouget, chutney d'olives taggiasche, dentelle de poivre Muntack) marquent les esprits.
C : 60 € • M : 49-79 € www.mayabay.mc

→ 24 avenue Princesse Grace
☎ 377 97 70 74 67
F. dim., lundi et fév.
Jusqu'à 22h30.

🏨🏨🏨🏨 Fairmont Monte Carlo

Un îlot de plus de 600 chambres, véritable oasis de luxe dans l'un des quartiers les plus huppés au monde. Trois restaurants, trois bars, une vingtaine de salles de réunion, et des chambres somptueuses disposant toutes d'une terrasse privée surplombée la mer, le parc ou la ville. Les chambres Standard affichent 35 m² de superficie, un lit king size et une foule d'équipements dont une station de rafraîchissement. Prestations sans faille comprenant bien sûr une piscine (sur le toit) et un centre de remise en forme.
29 appart. 659-2059 € • 590 ch. 359-559 € www.fairmont.com/montecarlo

→ 12 av de Spélugues
☎ 377 93 50 65 00
🖨 377 93 30 01 57
Ouv. 7j/7.

🏨🏨🏨 Columbus Monaco

Zen et contemporaine, l'ambiance de cet établissement proche du stade Louis II et de la piscine olympique forme une symbiose parfaite avec les équipements ultramodernes qui fourmillent dans l'établissement (dont la reconnaissance par empreinte digitale par exemple). Chambres soignées, lumineuses et spacieuses, ambiance musicale travaillée et bar lounge branché.
28 appart. 370-990 € • 153 ch. 240-370 € www.columbusmonaco.com

→ 23 av des Papalins
☎ 377 92 05 90 00
🖨 377 92 05 91 67
Ouv. 7j/7.

MONTEILS - 82300	(29 A 3)

Caussade 3 - Caylus 20

14 🍺 Le Clos Monteils

Ambiance maison d'hôtes dans cette maison à la sortie du bourg : il faut toquer à la vieille porte de bois et attendre qu'on vienne vous ouvrir, avant de traverser une salle qui a gardé la simplicité de l'ancien presbytère et de passer sur la terrasse, aménagée sur l'arrière, où l'on profite, sur un mobilier en fer forgé, de la vue sur le jardin. Françoise Bordariès s'occupe du service, Bernard de la cuisine, cuisine à deux vitesses (midi et soir) et peu de choix pour une cuisine de beaux produits de terroir (les cèpes, le veau, l'agneau), délicatement relevée d'herbes et d'épices, pour des assiettes séduisantes. Cave assez courte, concentrée sur la région.
C : 40 € • M : 17-51 €

→ Lieu-dit Gazherbes
☎ 05 63 93 03 51
F. sam. à déj., dim. à dîn., lundi, mardi (1er nov.-1er mai) sam. à déj., dim. à dîn., lundi (1er mai-30 oct.), mi-janv.-mi-fév. et 1 sem. no Jusqu'à 21h.

MONTELIMAR - 26200	(27 C 5)

Valence 48 - Avignon 83

11 Le Bistro Latin ↗

Beaucoup plus accueillant que le quartier, ce bistrot gentillet aux murs blancs, arrangé avec les moyens du bord (on entend bien le frigo quand il n'y a pas foule) se fait une spécialité de carpaccios, tartares et plats de pâtes relativement classiques et plaisants (un

→ 3 rue du Collège
☎ 04 75 51 90 76
F. dim. et 3 sem. déb. août.
Jusqu'à 22h30.

très bon pesto avec les tagliatelles) agrémentés de standards français comme tombés du ciel (escargots par exemple). Les desserts viennent de la pâtisserie d'à côté, qui vaut donc aussi la moyenne. Vin abordable, au verre et au pichet, service cool, pas pressé mais sans faute.

C : 25 € • M : 18-38 €   *www.bistro-latin.com*

---

11 La Table des Pins

Les clins d'œil provençaux du décor trouvent un écho modeste dans des préparations avant tout classiques, valeurs sûres attendues pour ne pas avoir à ressortir avant d'aller dormir.

M : 20,90-36 €

→ 148 rte de Marseille
☎ 04 75 01 15 88
Ouv. 7j/7.
Jusqu'à 21h45.

L'Hostellerie des Pins

Ouvertes sur le parc, les chambres sont désormais toutes rénovées, dans une veine classique et des coloris (volontiers fleuris) agréables. Facile d'accès pour une étape au calme à la sortie de la ville.

43 ch. 62-95 €   *www.hostelleriedespins.com*

→ 148 rte de Marseille
☎ 04 75 01 15 88
📠 04 75 51 09 40
Ouv. 7j/7.

Villes de proximité, voir :

⟳ MALATAVERNE ....9 km S. par N 7 et D 844 **(15/20)**

⟳ MONTBOUCHER SUR JABRON .....5 km E. par D 169 et D 540 **(11/20)**

MONTEUX - 84170 **(33 B 4)**
Avignon 19 - Carpentras 8

13 Le Saule Pleureur

On se doutait que Laurent Azoulay, jeune chef-patron dynamique et ambitieux, n'allait pas rester les deux pieds dans le même sabot à se lamenter au pied du magnifique saule pleureur. Deux ans seulement après son installation, il a encore amélioré les lieux, avec une vinothèque (la cave est d'ailleurs en nets progrès avec près de 150 références, notamment en Rhône, Provence et même vins du monde) et une nouvelle terrasse ambiance Sud pour profiter du jardin de 5 000 m². La cuisine suit, toujours un peu flambeuse (sur quatre entrées, foie gras et homard paraissent indispensables), mais avec indéniablement des idées et du savoir-faire. Le saint-pierre poché aux algues, parfaitement cuit et iodé avec une émulsion de crevettes grise ou l'agneau en coque d'argile au serpolet de Venasque, qui livre tous ses parfums concentrés avec une polenta crémeuse et des olives taggiasche, sont là pour témoigner. La progression devrait venir naturellement (mais pour-rait-on se passer d'un menu tout homard au milieu du Vaucluse ?)

C : 100 € • M : 29-89 €   *www.le-saule-pleureur.com*

→ 145 chemin de Beauregard, Laurent Azoulay
☎ 04 90 62 01 35
F. sam. à déj., dim. à dîn., lundi (oct.-mars), 2-8 janv., 3-17 mars et 28 oct.-10 nov.
Jusqu'à 21h30.

Domaine de Bournereau

Un mas au calme, à un quart d'heure d'Avignon, rénové et arrangé avec goût, pour une clientèle internationale. Chambres personna-lisées dans les harmonies de teintes, sobres, jolis meubles, donnant sur le jardin fleuri et arboré.

appart. 160-170 € • 11 ch. 85-150 €   *www.bournereau.com*

→ 579 chemin de la Sorguette
☎ 04 90 66 36 13
📠 04 90 66 36 93
F. 1er nov.-28 fév.

MONTFAUCON - 25660 (21 B 3)
Besançon 5 - Valdahon 30

13 La Cheminée

Il fait bon venir s'attabler près de cette cheminée et profiter de la vue plongeante sur la montagne. Le plaisir ne se limite pas au cadre, la cuisine est pleine de fraîcheur et pour que la fête soit complète, les parfums sont de la partie : tagliatelles de concombres à la crème et écrevisses à la vinaigrette à la passion, carré de veau rôti accompagné d'un jus court à l'anis vert, de girolles et de légumes croquants, compotée de rhubarbe et glace au thé. Service d'une grande amabilité et les amateurs de vins du Jura trouveront dans la carte les plus grands. Bon café (carte).

C : 52 € • M : 22-49 €

restaurantlacheminee@wanadoo.fr

→ 3 rue de la Vue-des-Alpes
☎ 03 81 81 17 48
F. dim. à dîn., lundi et merc. à dîn.
Jusqu'à 21h15.

MONTFAVET - 84000 (33 B 4)
Avignon 7 - Châteaurenard 8

12 Le Jardin des Frênes

Dans une jolie salle contemporaine à l'atmosphère chic tranquille, on attend mieux d'un restaurant d'un tel standing. De l'ambition, certes, mais une réalisation et des idées qui peinent encore à atteindre la toque donnant l'impression, par comparaison, d'une addition himalayenne, malgré les produits de qualité. Un plat bien réussi (thon au sel marin légumes du moment) permet néanmoins d'ouvrir une perspective favorable.

C : 72 € • M : 30-70 €

www.lesfrenes.com

→ 645 av des Vertes-Rives
☎ 04 90 31 17 93
F. sam. à déj., lundi et 4 nov.-15 mars.
Jusqu'à 21h30.

Hostellerie les Frênes

La belle maison construite sous l'Empire possède indéniablement un charme historique, intime et privilgiée dans son parc méditerranéen de 1 ha. Chambres aux styles divers, influencés par la Provence. Piscine extérieure, jacuzzi, sauna.

6 appart. 385-750 € • 14 ch. 160-385 €

www.lesfrenes.com

→ 645 av des Vertes-Rives
☎ 04 90 31 17 93
▤ 04 90 23 95 03
F. 4 nov.-14 mars.

- -

Les Lauriers Roses

Montfavet option cantine : mais quand tout le monde y converge, bureaux, usines et copains des alentours, c'est que la sauce de la daurade ou la terrine de poulet sont suffisamment soignées pour mériter la mention. Et le soir c'est pizza.

C : 30 € • M : 12-25 €

→ 670 cours Card-Bertrand
☎ 04 90 32 43 48
F. sam. à dîn., dim., lundi à dîn., mardi à dîn. et merc. à dîn.
Jusqu'à 21h.

MONTHIEUX - 01390 (27 D 2)
Lyon 24 - Villefranche-sur-Saône 20

Le Golf du Gouverneur

Coupée du monde par un immense domaine d'étangs et de bois, à travers lequel sont dessinés trois parcours de golf, l'ancienne résidence du gouverneur de la Dombes répartit ses services à travers plusieurs bâtiments, dont les plus anciens, autour du château du Breuil, remontent au XIVe siècle. Chambres spacieuses et contemporaines, pour une détente parfaite.

7 appart. 130-160 € • 53 ch. 90-110 €

www.golfgouverneur.fr

→ Château du Breuil
☎ 04 72 26 42 00
▤ 04 72 26 42 20
F. Noël.

MONTIGNAC - 24290 (24 B 2)
Sarlat 26 - Les Eyzies 26

13 🍴 Le Relais du Soleil d'Or

La direction de l'établissement a changé de mains récemment mais Pierre Tocheport et Jean-François Delmas demeurent fidèles au poste en cuisine, prêts à fêter prochainement leurs vingt ans de collaboration dans les cuisines de cet ancien relais de poste. La carte, solidement ancrée dans sa région, évolue peu, préférant jouer la sécurité des grands classiques : salade périgourdine, crépinette de volaille au confit de canard, crème de persil et pommes confites à la graisse, noisettes de magret de canard sauce au miel et au gingembre… Cave dans le même esprit, privilégiant les valeurs sûres de la région (bergerac et bordeaux en tête).
C : 48 € • M : 25-26 €   www.le-soleil-dor.com

→ 16 rue du 4-Septembre
☎ 05 53 51 80 22
F. dim. à dîn., lundi
(1er nov.-31 mars.) et fév.
Jusqu'à 22h.

Villes de proximité, voir :

⟳ CONDAT SUR VEZERE.........................8 km N. par D 704

MONTIGNY LE BRETONNEUX - 78180 (8 A 5)
Paris 33 - Houdan 32 - Versailles 13

🎁🎁 Auberge du Manet

Ancienne dépendance de l'abbaye de Port-Royal, la maison, qui remonte au XIIe siècle, fait miroiter ses vieilles pierres au bord de l'eau en un ensemble superbe. Au gré des chambres, les meubles en merisier ou la belle charpente apparente créent une atmosphère de caractère.
4 appart. 120-150 € • 45 ch. 75-120 €   www.aubergedumanet.com

→ 61 av du Manet
☎ 01 30 64 89 00
🖵 01 30 64 55 10
Ouv. 7j/7.

MONTLOUIS SUR LOIRE - 37270 (18 C 1)
Tours 12 - Amboise 15 - Châteauroux 115

13 🍴 La Tourangelle

Adossée à la roche, faisant face au fleuve royal, cette belle maison des bords de Loire arbore une agréable salle à manger, tout en longueur, lumineuse et accueillante, mais surtout une très agréable terrasse, au calme. Ses ondes favorables se répercutent jusqu'en cuisine. Bruno Delagneau, qui fut second chez Gagnaire à Saint Etienne, privilégie les produits de la mer et ses belles manières sur les poissons nobles trahissent une véritable ambition : fricassée de grosses langoustines, bouillon acidulé et raviole de homard aux herbes, bar de ligne en écaille de Belle de Fontenay et poivrade sautée au lard, tronçon de turbot juste poché, carottes confites au Montlouis. Viandes bien traitées (la géline de Touraine, le ris de veau...), desserts gourmands. Belle cave ligérienne, un peu moins intéressante sur les autres vignobles.
C : 43 € • M : 31-60 €

→ 47 quai Albert-Baillet
☎ 02 47 50 97 35
F. dim. à dîn., lundi (sf Pâques et Pentecôte), 1 sem. vac. scol. fév., 24 juin-3 juil. et 15-22 nov.
Jusqu'à 21h30.

- -

🎁🎁 Château de la Bourdaisière 🦐

Dormir dans un lit à baldaquin, arpenter les couloirs d'un véritable château Renaissance au cœur de la Vallée des rois, cadeau de François Ier à l'une de ses favorites et qui se transmit plus tard à Gabrielle d'Estrées. Ce fantasme est réalisable dans les meilleures conditions, sur ce domaine de 50 ha, dont un est entièrement consacré au potager. Les chambres stylées, aux tissus nobles, ont été restaurées par le prince de Broglie.
appart. 164-254 € • 17 ch. 124 €   www.chateaulabourdasiere.com

→ 25 rue de la Bourdaisière
☎ 02 47 45 16 31
🖵 02 47 45 09 11
F. 1er janv.-1er avril.

MONTLUÇON - 03100 (26 A 2)
Moulins 81 - Guéret 65

14 🍴 **Le Grenier à Sel**

La meilleure table de la ville, installée dans un superbe hôtel du XVIe siècle au cœur du quartier historique, vit depuis une quinzaine d'années sous la direction de Jacky Morlon. Sans doute tiraillé entre la nécessité d'atteindre un taux de remplissage convenable et l'envie de se faire (et faire) plaisir, l'homme connaît parfois des sautes d'humeur et ses assiettes s'en ressentent, variant entre l'étage du dessus (certaines à deux toques) et celui du dessous : consommé de médaillons de homard à la badiane, perles du Japon et mosaïque de légumes, filet de bar poché au safran de la Creuse en écailles de rave et mousseline de brocolis, ananas cuit en infusion de vanille, sorbet aux fruits de la passion et croquant de pain d'épices. Cadre élégant, service très pro.

M : 21,50-66 €   *www.legrenierasel.com*

→ 10 rue Sainte-Anne, pl des Toiles
☎ 04 70 05 53 79
F. sam. à déj. , dim. à dîn., lundi (h.s.), lundi à déj. (juil.-août), 3 sem. vac. scol. fév., mai et 8 jrs déb. nov.
Jusqu'à 21h30.

----

11 🍴 **La Chapelle de Saint-Jean**

Ce château du XVe siècle, transformé en hôtellerie par la municipalité dans les années vingt, ne manque pas d'allure au fond de son vaste parc. Installée dans une chapelle du XIIe siècle, la salle de restaurant, aux proportions harmonieuses, compte parmi les plus romantiques de la région. La cuisine gagnerait toutefois à faire l'objet d'un peu plus d'attention, se bornant simplement à remplir avec application un cahier des charges qu'on aimerait plus ambitieux : cuisse de lapin au thym et boulangère de charlotte, faux-filet de bœuf grillé et cressonnière de légumes, crème brûlée à la vanille bourbon et mousse au chocolat noir.

C : 62 € • M : 48-76 €   *www.chateaustjean.net*

→ Parc Saint-Jean
☎ 04 70 02 71 71
F. dim. à dîn. (nov.-avril) et 1er janv. à dîn.-13 janv.
Jusqu'à 21h.

Villes de proximité, voir :

⟳ REUGNY.............................14 km N. par N 144 **(13/20)**

MONTMORILLON - 86500 (22 D 3)
Poitiers 51 - Châtellerault 56

14 🍴 **Le Lucullus**

C'est une institution, tout le canton la connaît, ce qui ne l'empêche pas d'avoir su évoluer, d'offrir un décor gai et contemporain, et de rénover les assiettes grâce à un chef d'expérience qui vit avec son temps. De bonnes sensations à chaque visite, et pas seulement le dimanche pour les cérémonies familiales, un traitement fin des produits du marché, sur des bases traditionnelles. Voilà un consensus qui explique la longue réputation du lieu. Service appliqué, cave sans grand attrait, mais avec les régionaux.

C : 35 € • M : 18,50 €   *lucullus.hoteldefrance@wanadoo.fr*

→ 4 bd de Strasbourg
☎ 05 49 84 09 09
F. dim. à dîn., mardi à dîn. et 3 sem. mi-nov.
Jusqu'à 21h30.

MONTNER - 66720 (31 C 5)
Estagel 3 - Ile-sur-Têt 16

14 🍴 **Auberge du Cellier**

La toque reste solidement accrochée sur la tête de Pierre-Louis Marin et, sans quelques détails parfois agaçants, notre homme pourrait espérer mieux : quelques portions parfois presque mesquines dans des menus qui, en outre, ne permettent aucun choix (et poussent ainsi à se reporter sur la carte) ; et, ça et là, des cuissons légèrement trop poussées sur un poisson notamment.

→ 1 rue de Sainte-Eugénie
☎ 04 68 29 09 78
F. lundi (janv.-avril, nov.-déc.), mardi, merc. et 12 nov.-12 déc.
Jusqu'à 21h30.

Rien de grave bien sûr, plutôt le sentiment agacé que cette maison vaut encore mieux que ce joli 14/20 : mato de Georges au sel d'anchois, anchois de Collioure et poivrons grillés , filet de colinot en "rollmops", cerises de Céret aigrelettes, volaille de Patrice Ey en salmis, escargots petits gris et genièvre, fruits frais de saison et sorbet maison. Superbe cave locale, accueil chaleureux et extrêmement courtois.

C : 60 € • M : 39-85 €   www.aubergeducellier.com

MONTPELLIER - 34000   (32 A 4)
Paris 778 - Lyon 305 - Toulouse 241

18 🍴🍴🍴 ⋛ **Le Jardin des Sens**

On ne les surnomme pas encore les Bocuse de Montpellier, mais tout de même, les Pourcel et leur Jardin sensuel représentent un fort pôle de notoriété gastronomique sur la région, ce qui donne des privilèges et beaucoup de compliments, mais aussi des devoirs. Du prestige, de l'onctuosité, des truffes et du homard, cette grande maison un peu baroque dont nous aimons toujours fort la salle lumineuse qui descend comme un théâtre vers le grand écran de la nature, jardin et bassin derrière les baies vitrées, s'astreint à des exercices de style bien acceptés par les habitués (certains plats reviennent désormais d'année en année, la preuve que l'on devient indispensable, comme les ravioles de foie gras ou la cassolette de pistes, toujours aussi bluffante). Des cuissons parfaites, sur des mariages aristocratiques qui font de grands plats (un loup parfait, surmonté d'une escalope de foie frais cuit minute, avec une raviole ouverte aux blettes, le ris de veau avec une grosse crevette sur un très décisif beurre cébette-citron), des desserts artistiques mais surtout excellents (tartelette citron dans une roue meringuée sur un granité citron vert) avec de splendides compositions chocolatées. Derrière le costume sérieux de chacun des deux frères à l'exemplaire réussite (des annexes partout, en Languedoc, à Paris et à l'étranger), bat pourtant toujours un cœur de lutin malin et sensible qui peut encore assaisonner trois tomates - mais pas n'importe lesquelles bien sûr - en une salade grandiose et produire un feu d'artifice de saveurs languedociennes et catalanes, et pas seulement pour le 14 juillet. Carte de vins de notables, avec tout ce qu'il faut là où il faut, à des prix élevés, même pour les vignerons qui cultivent à la porte, encore la marque d'une grande maison. Pourtant, si l'on fouille bien, on admet volontiers qu'Olivier Château et Georges-Albert Aoust, qui conseille la sélection, continuent à la nourrir de trouvailles régulières en région avec de splendides vins de pays dont ils participent à créer la vogue (Péchigo, Augustin...).

C : 130 € • M : 50-190 €   www.jardindesssens.com

11 av Saint-Lazare
☎ 04 99 58 38 38
F. dim., lundi à déj, merc.
à déj. et 1er janv.
à dîn.-mi-janv.
Jusqu'à 22h30.

ϾϾϾ Le Jardin des Sens

Contemporain et chaleureux, le décor créé par Bruno Borrione dans la maison des Pourcel est bien dans l'esprit de leur cuisine, conçu pour donner du plaisir, à travers une succession de lieux intimes et chaleureux, de la terrasse aux chambres, pleines de douceur dans leurs matières comme leurs couleurs. Un esprit cocooning et épuré remarquablement interprété.

2 appart. 290-470 € • 13 ch. 160-270 €   www.jardindessens.com

11 av Saint-Lazare
☎ 04 99 58 38 38
🖨 04 99 58 38 39
Ouv. 7j/7.

681

MONTPELLIER

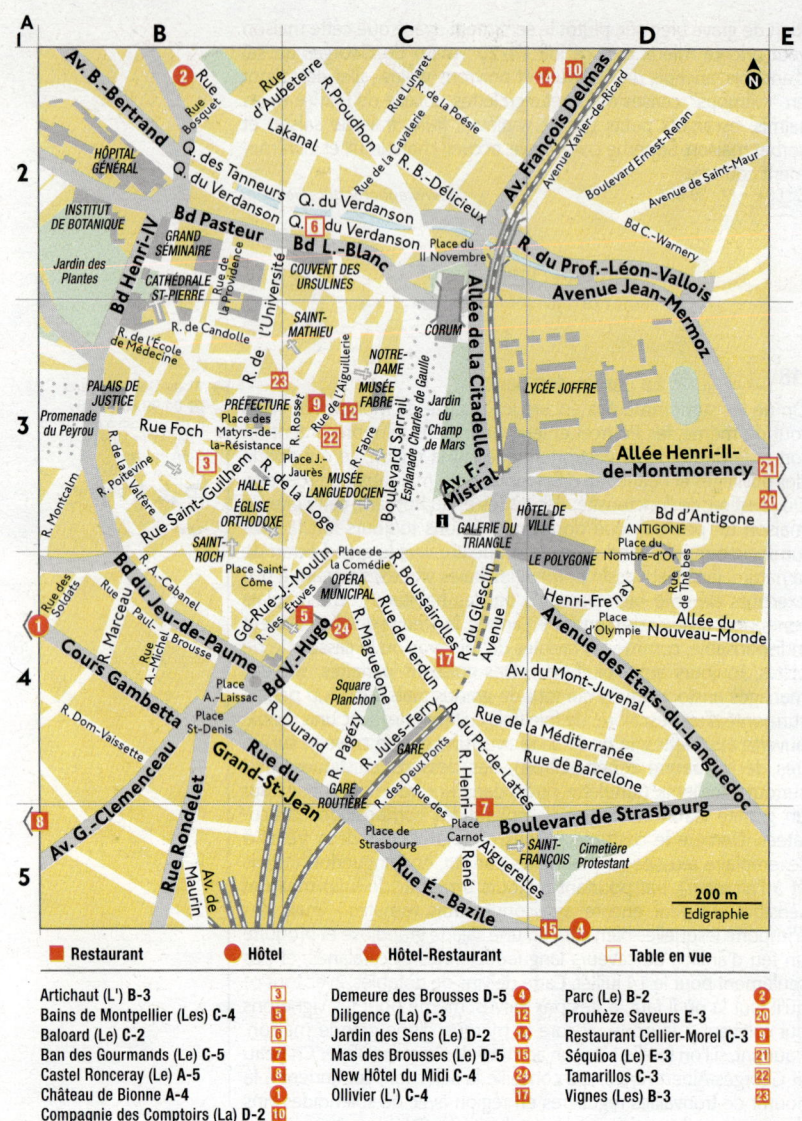

| Restaurant | ● Hôtel | ◆ Hôtel-Restaurant | □ Table en vue |

Artichaut (L') B-3 ③	Demeure des Brousses D-5 ④	Parc (Le) B-2 ②
Bains de Montpellier (Les) C-4 ⑤	Diligence (La) C-3 ⑫	Prouhèze Saveurs E-3 ⑳
Baloard (Le) C-2 ⑥	Jardin des Sens (Le) D-2 ⑭	Restaurant Cellier-Morel C-3 ⑨
Ban des Gourmands (Le) C-5 ⑦	Mas des Brousses (Le) D-5 ⑮	Séquioa (Le) E-3 ㉑
Castel Ronceray (Le) A-5 ⑧	New Hôtel du Midi C-4 ㉔	Tamarillos C-3 ㉒
Château de Bionne A-4 ❶	Ollivier (L') C-4 ⑰	Vignes (Les) B-3 ㉓
Compagnie des Comptoirs (La) D-2 ⑩		

16 ✚ Restaurant Cellier-Morel

Toujours joyeuse, toujours féconde, la cuisine de terroir largement revisitée par Eric Cellier : c'est tout l'esprit du Sud, d'un Lozère qui conquiert des territoires jusqu'à la Méditerranée, qui préside dans ce décor lumineux où l'on ne s'ennuie jamais, aidé par le rythme, l'enthousiasme en salle et le beau cadre historique d'un hôtel particulier XIVe au cœur de la ville. Les plats changent comme dans un tourbillon, les bonnes saveurs demeurent, gambas en tempura purée de pruneaux et crème de crustacés à l'amande amère, filet de loup et jus au Grand-Marnier (une belle trouvaille !) ravioles

→ La Maison de la Lozère, 27 rue de l'Aiguillerie
☎ 04 67 66 46 36
F. dim., lundi à déj., merc. à déj., sam. à déj., fériés et 1er-15 août.
Jusqu'à 21h30.

G
M

citronnelle et gingembre, le faux-filet d'agneau en kadaïf et pressé de pâtes aux algues. Une carte riche et volubile, comme la cave, formidable sur tout le languedoc.
C : 75 € • M : 37-90 €   *www.celliermorel.com*

---

14 Le Castel Ronceray

→ 130 rue du Castel-Ronceray
☎ 04 67 42 46 30
F. dim., lundi (sf groupes), 24 fév.-3 mars et 10 août-1er sept.
Jusqu'à 21h30.

La belle bâtisse du XIXe siècle dirigée par Patrick et Nathalie Guillat donne furieusement envie de sortir de la ville pour découvrir cette table charmeuse où l'on se sent presque comme dans une maison d'hôte (le sens de l'accueil de la maîtresse de maison n'y est pas étranger). Traditionnelle dans son esprit mais intelligemment personnalisée par Patrick Guillat, la cuisine colle à merveille à ce cadre soigné et bourgeois : escalopes de foie gras de canard rôties, sirop épicé aux fruits secs sur un lit de fenouil et céleri branche croquants, pigeon désossé, sauce à la truffe légèrement moutardée, poêlée de blettes à la crème, quintet de bouchées gourmandes. Cave intéressante en languedoc.
C : 44 € • M : 27-62 €   *www.lecastelronceray.fr*

---

14 La Compagnie des Comptoirs

→ 51 rue François-Delmas
☎ 04 99 58 39 29
Ouv. 7j/7.
Jusqu'à 23h.

A deux pas de la maison mère, de l'autre côté du parking, le Comptoir historique des Pourcel est bien surveillé. Beaucoup imité, dupliqué, copié même, cet exemplaire est un modèle. Un exemple ? Cette simple daurade rose, parfaite, limpide, à la cuisson remarquable avec son jus crémé iodé et ses petites carottes situe la table bien au-delà d'une brasserie à la mode. Des années après la création, tout reste moderne, brillant, jubilatoire et les Monpelliérains remercient par leur fidélité. Service dynamique, cave sympathique, même si elle est un peu moins fouineuse que ce qu'on aimerait, avec la plupart des valeurs sûres du coin (Puech Haut, Grange, la Negly...). Bons desserts classiques (le chocolat, la framboise...), terrasse agréable, en prolongement d'une véranda toujours aussi animée.
C : 50 € • M : 23-35 €   *www.lacompagniedescomptoirs.com*

---

13 Le Ban des Gourmands

→ 5 pl Carnot
☎ 04 67 65 00 85
F. dim., lundi, mardi à déj., merc. à déj., 3 sem. août et 10 jrs hiver.
Jusqu'à 22h.

La cuisine de marché, ça marche quand les produits sont bons... Jacques Delépine a su tisser de bons rapports avec les commerçants du quartier et en fait profiter la cantonade, avec des assiettes alertes et ensoleillées : croustillant d'asperges vertes à la ventrèche, sole de Méditerranée rôtie au pesto, soupe de fraises crème fouettée à l'amaretto. Ajoutez un décor où l'on se sent bien, un service impliqué et une belle carte de vins coup de cœur, ce Ban-là est à sonner haut et fort.
C : 40 € • M : 28 €

---

13 Le Mas des Brousses

→ 450 rue Mas-des-Brousses
☎ 04 67 64 18 91
F. sam. à déj., dim. à dîn. et lundi.
Jusqu'à 22h.

Plongez ! Dans la piscine, au milieu des arbres, et surtout dans la cuisine de Jérôme Bartoletti, chef inspiré qui profite de cette situation bucolique aux portes de la ville pour réinventer le goût de la campagne avec un esprit créatif : foie gras de canard poêlé tagliatelle au jus de poulet, ris d'agneau et gambas rôties salade de haricots verts et févettes, carré d'agneau et asperges rôties au parmesan. De jolis clins d'œil régionaux (brandade de cabillaud cuit sur la pierre de garrigue, filet de bœuf et beurre de Montpellier...), des desserts soignés, une cave intéressante dans une ambiance d'aujourd'hui.
C : 50 € • M : 24-58 €   *www.masdesbrousses.com*

13 L'Olivier

Les Breton cultivent l'amour du travail bien fait avec une constance qui force l'admiration et fait passer au second plan les menus défauts de la maison (décor vieillot, atmosphère un rien compassée) face à la franche satisfaction d'une cuisine sûre de ses produits et qui ne s'embarrasse pas d'effets modeux pour livrer toutes les saveurs du veau de l'Aveyron ou du filet de bar sauvage. Michel Breton souligne la régularité de ses prestations ; on ne peut que souscrire, et souhaiter que cela dure encore longtemps.
M : 36-53 €

→ 12 rue Aristide-Olivier
☎ 04 67 92 86 28
F. dim., lundi, fériés et 24 juil.-1er sept.
Jusqu'à 21h30.

13 Prouhèze Saveurs

Un restaurant de ville comme à la campagne, voilà ce que Guy Prouhèze a souhaité et il a visiblement croisé là bien des appétits citadins, ravis de profiter de cette ambiance décontractée-chic. On travaille en famille autour d'un menu-carte qui n'exclut pas grand monde, prix bien calibrés et large palette de propositions, saveurs du sud bien enveloppées et tout aussi chics : poivrons grillés, maïs farcis à la chair de crabe (et parmesan), tournedos de canard sauce à l'orange épicée, moelleux à la châtaigne des Cévennes. La cave dévoile une richesse en Languedoc rarement égalée.
C : 42 € • M : 32 €

→ 728 av de la Pompignane
☎ 04 67 79 43 34
F. sam. à déj., dim., à dîn. lundi-merc. et août.
Jusqu'à 21h45.

prouhezesaveurs@wanadoo.fr

13 Les Vignes

La table de David Mogicato compte parmi nos chouchoutes de la capitale languedocienne. Ce jeune chef aux idées claires et précises livre une interprétation moderne de la cuisine régionale, charmeuse sans être modeuse : cœur d'artichauts, fèves et asperges en vinaigrette, copeaux de parmesan et pistou, daurade royale poêlée, fenouil confit et moules au chorizo, faisselle à la crème de ciboulette, fraises natures servies avec un gaspacho, craquant à la rhubarbe et sorbet au thym. Cave enthousiasmante, avec la génération montante dans la région, Cazeneuve, les Quatre Pilas, le Moulin de Lène...
C : 60 € • M : 39-55 €

→ 2 rue Bonnier-d'Alco
☎ 04 67 60 48 42
F. sam. à déj., dim., merc. à dîn., 2e sem. vac. Pâques et 3 sem. août.
Jusqu'à 21h30.

www.lesvignesrestaurant.com

11 Les Bains de Montpellier

Les anciens Bains offrent un écrin original pour des dîners précieux, au patio, près de la fontaine, sous les palmiers. La cuisine des marchés provençaux alimente une carte plaisante et moderne, un risotto à l'encre de seiche et une brochette de poisson, une fricassée de magret de canard à l'échalote avec des conchiglies. La jeunesse montpelliéraine se détend au bar-lounge en profitant du cadre.
C : 40 € • M : 22 €

→ 6 rue Richelieu
☎ 04 67 60 70 87
F. dim., lundi à déj., vac. scol. fév., vac. scol. Toussaint et Noël-nouvel an.
Jusqu'à 23h.

11 La Diligence

Au cœur de l'Ecusson, cette vieille demeure du XIVe siècle séduit surtout par son cadre magnifique et romantique, idéal pour passer un bon moment à deux ou impressionner beau-papa et belle-maman. Une qualité qui en fait une adresse incontournable de Montpellier, même si la cuisine reste très classique. Filet mignon de porc sauce aux cèpes, tournedos Rossini, crème brûlée ou tiramisu, on ne suit pas les tendances du moment mais le résultat est dans l'ensemble bon et copieux. La cave axée sur les vins de la région est loin d'être exhaustive, mais la collection de whisky présentée dans le bar est impressionnante.
C : 47 € • M : 20-35 €

→ 2 pl Pétrarque
☎ 04 67 66 12 21
F. sam. à déj., dim., lundi à déj. et 3 sem. août.
Jusqu'à 22h30.

www.la-diligence.com

👁 L'Artichaut

L'élégance du décor (qui se sert remarquablement des vieilles pierres de la maison) est bien à l'image d'une cuisine qui réalise un mélange globalement réussi entre les composantes traditionnelles et une vision actuelle, autour d'un menu du marché garant de produits soignés.
M : 26 €

→ 15 bis rue Saint-Firmin
☎ 04 67 67 91 86
F. dim. et lundi.
Jusqu'à 21h30.

👁 Le Baloard

Proche du Corum, un complexe qui offre, sur deux niveaux, une salle de spectacles, une galerie et une restauration franco-méditerranéenne pour se nourrir l'esprit et un peu plus, cuisine actuelle simple et de bonne façon : crumble de légumes provençaux, suprême de pintadeau en croûte d'amandes et noisettes, millefeuille aux fraises.
C : 26 € • M : 16-24 €   www.baloard.com

→ Bd Louis-Blanc
☎ 04 67 79 36 68
F. sam. à déj., dim. et août.
Jusqu'à 22h.

👁 Le Séquioa

Une table branchée Sud, méditerranéenne et latine, où l'on aime voir et être vu, retrouver des amis, et profiter d'une carte élaborée aux allures plutôt chic et pas mal tournée, aux présentations recherchées.
C : 33 € • M : 24-39 €

→ 148 rue Galata
☎ 04 67 65 07 07
F. sam. à déj., dim. et merc.
Jusqu'à 22h30.

👁 Tamarillos

Intimiste et charmeuse, la maison de Philippe Charon, ancien chef pâtissier chez Guy Savoy et deux fois champion de France des desserts s'est spécialisée dans la cuisine des fruits et des fleurs. Une adresse idéale pour s'initier à cette gastronomie originale, avec le tartare de thon à l'orange et violette, la raie aux pistaches, émulsion d'huîtres et citron, fleurs de bourrache ou les tranches de gigot aux pêches et infusion de lavande. Desserts remarquables.
C : 55 € • M : 50-90 €

→ 2 pl du Marché-aux-Fleurs
☎ 04 67 60 06 00
F. dim. (tél.), lundi à déj.,
merc. à déj. et 1 sem. vac.
scol. (sf été).
Jusqu'à 22h30.

Château de Bionne

Cette belle maison de maître, propriété de l'Intendant du Languedoc au début du XVIIIe siècle, fut remaniée au XVIIIe siècle pour prendre son aspect actuel. Suites et appartements de grand standing, parc immense et vue panoramique sur le vignoble. Belle cuisine classique au restaurant, Le Grand Arbre.
29 appart. 120-180 €   www.chateau-bionne.com

→ 1225 rue de Bionne
☎ 04 67 45 20 93
🖨 04 67 45 71 52
Ouv. 7j/7.

Demeure des Brousses

Une maison de maître consacrée à l'hôtellerie depuis près de 40 ans, dans un cadre champêtre. Chambres stylées, Empire, Louis XV, Art Déco, aux meubles anciens et tableaux, donnant sur le parc classé aux arbres bicentenaires.
17 ch. 72-125 €   www.demeure-des-brousses.com

→ 538 rue du Mas de Brousse
☎ 04 67 65 77 66
🖨 04 67 22 22 17
F. 1er-15 janv.

New Hôtel du Midi

Face à l'Opéra, un hôtel de longue réputation, fêtant ses deux siècles cette année. L'immeuble actuel, d'inspiration Belle Epoque, a bénéficié d'une rénovation complète en 2006, renforçant le confort et la modernité (wifi, clim réversible…). Très jolies chambres, élégantes, modernes, redécorées, marient les couleurs avec bonheur, caramel et chocolat, framboise et pistache.
44 ch. 135-180 €   www.new-hotel.com

→ 22 bd Victor-Hugo
☎ 04 67 92 69 61
🖨 04 67 92 73 63
Ouv. 7j/7.

Le Parc

Une fresque en trompe l'œil agrémente la façade méridionale de cette maison de maître XVIIIe, bien aménagée, aux chambres en accord avec le style languedocien, patines, enduits, plâtres cirés.
19 ch. 45-82 €
www.hotelduparc-montpellier.com

→ 8 rue Achille-Bège
☎ 04 67 41 16 49
🖫 04 67 54 10 05
Ouv. 7j/7.

Villes de proximité, voir :

⟳ FABREGUES .... 12 km S.E. par N 113
⟳ LATTES .... 5 km S. par D 132 et D 986 **(14/20)**
⟳ SAINT GELY DU FESC .... 12 km N.O. par D 986 **(12/20)**

MONTPEYROUX - 34150	(32 A 3)

Montpellier 41 - Sète 67

11 La Terrasse du Mimosa

Au centre de ce bourg viticole, cette jolie maison de ville, ancien commerce, séduit immédiatement par sa décoration contemporaine et bien sentie (comptoir en granit noir, grande bibliothèque, tables de bistrot, couverts design...). On pioche une bonne bouteille directement à la boutique (8 € supplémentaires pour la boire à table) qui servira de compagne de choix au tartare de betterave, à la kefta à la marocaine ou à une simple assiette de charcuteries de la région.
C : 30 € • M : 19 €

→ 23 pl de l'Horloge
☎ 04 67 44 49 80
F. mardi (h.s.) et merc. F. ann. non comm.

MONTPON MENESTEROL - 24700	(24 A 2)

Périgueux 56 - Bergerac 42

14 Auberge de l'Eclade

L'ancienne étable a bien changé depuis que le jeune Franck Jubily l'a reprise en 2002. Cet ancien de Trama et de Toulousy y propose une vision personnelle et contemporaine de la gastronomie locale, ludique et joyeuse : sandwich de filet de bœuf au foie gras poêlé, tarte fine aux pommes du "Petit Laurent". Jolie cave locale et service souriant dirigé par Michèle Jubily.
M : 15-50 €
auberge-de-leclade@wanadoo.fr

→ 17 rue Paul-Emile-Victor
☎ 05 53 80 28 64
F. lundi à dîn., mardi à dîn. et merc.
Jusqu'à 21h30.

MONTREAL - 32250	(29 B 3)

Condom 15 - Barbotan-les-Thermes 25

13 Chez Simone - Bernard Daubin

Idéalement située sur la place de l'église, dont le pavement vient d'être entièrement refait, cette solide maison de famille (dont la cave se constitue au gré des rencontres de Bernard Daubin avec ses amis vignerons) rassemble sous une même bannière, celle du partage, les gens du coin et les touristes de passage. On y goûte une cuisine sans fard et dont l'intérêt repose essentiellement sur la qualité des produits : saumon fumé, poêlée de ris d'agneau, magret de canard rôti, lobe de canard poché…
C : 45 € • M : 15 €

→ Pl des Champions-de-France
☎ 05 62 29 44 40
F. dim. à dîn., lundi, mardi.

MONTREUIL - 93100	(8 C 5)

Paris 8 - Bobigny 6 - Bagnolet 3

13 Villa 9 Trois

Révélation du guide Paris l'an passé, cette belle table moderne dans un cadre bourgeois d'une maison ancienne dans son parc, avec la cheminée en hiver entourée d'une déco bien contemporaine, et la terrasse en été, justifie pleinement son entrée et une première

→ 28 rue Colbert
☎ 01 48 58 17 37
F. 24-25 déc.
Jusqu'à 21h30.

toque. Marie Lejeune produit une cuisine pleine de sensibilité, aux saveurs justes et aux produits bien sélectionnés (charcuterie de chez Bobosse) : un homard mi-cuit sauce vierge citronnelle, un thon rouge et couscous de légumes aux épices, des ris et rognons de veau à la chicorée, petits navets et roquette. Les Parisiens tentent l'aventure, enjambent les barrières, passent le périph' : c'est tellement fun le 9-3 ! Belle cave de 200 références classiques et branchées (Anne Gros, Graillot, Gripa, Barral...).
C : 40 € • M : 35 €

---

11 La Cave est Restaurant

→ 45 rue de Paris
☎ 01 42 87 09 48
F. dim. et août.
Jusqu'à 22h30.

Prolongement décontracté de la cave à vins, le restaurant permet bien sûr de découvrir une sélection pointue de propriétaires, avec des thématiques régionales, mais l'accompagnement va bien au-delà de la charcuterie : quand tartine il y a, c'est au serrano et copeaux de foie gras, les assiettes sont belles et soignées, voire ludiques (petits pots Carambar en trois textures).
C : 36 € • M : 31-40 €   www.lacaveestrestaurant.com

MONTREUIL SUR MER - 62170   (1 A 3)
Arras 80 - Le Touquet 20

---

15 Auberge de la Grenouillère

→ La Madelaine-sous-Montreuil
☎ 03 21 06 07 22
F. mardi, merc. (sf juil.-août) et 18 déc.-3 fév.
Jusqu'à 21h30.

Dire que ça grenouille, frétille, frissonne, bouillonne à la Grenouillère n'est pas un scoop. Préciser que la maîtrise d'Alexandre Gauthier, dans le choix de ses produits, dans ses associations, dans son approche d'une assiette moderne et personnelle, nous semble encore plus nette qu'auparavant va sans doute de soi, le jeune fils de la maison, arrivant précocement, à 28 ans, à maturité. Et que, même si quelques assiettes continuent à laisser perplexes certains de nos lecteurs, cela n'empêche pas le chef d'aller de l'avant. Avec de nouvelles idées à chaque saison, des calamars sautés au chorizo et soja, une queue de lotte condimentée à la cerise à tomate cerise acidulée, le pigeon de Licques aux asperges croustillantes, qui prouvent que du côté des textures comme des présentations, il se passe bien quelque chose d'effervescent. Ambiance tonique, service parfois un peu condescendant - attention à la grosse tête - cave intéressante.
C : 70 € • M : 35-55 €   www.lagrenouillere.fr

---

15 Château de Montreuil

→ 4 chaussée des Capucins
☎ 03 21 81 53 04
F. lundi, mardi à déj. (sf fériés et juil.-août), jeudi à déj. et 16 déc.-1er fév.
Jusqu'à 21h15.

On ne réserve pas au Château de Montreuil pour s'offrir une franche partie de rigolade : le service extrêmement pincé (et bizarrement affublé d'un canotier très "guinguette de bords de Marne" par forcément du meilleur goût) n'est évidemment pas étranger à ce regret. La cuisine de Christian Germain vaut pourtant le détour : rigoureuse, inventive, personnalisée, elle séduit tout en évitant de n'être que "facile" : fine crème potagère, pétale de cabillaud, émulsion poivron doux, mignon de porc caramélisé, navets confits et pommes fruits au gingembre, jus acidulé et chaud-froid de mirabelle. Les exquises mignardises, les pains délicieux, les fromages parfaitement affinés traduisent la parfaite probité d'une maison qui pourrait accrocher l'étage supérieur avec simplement plus de régularité. Immense cave classique.
C : 65 € • M : 38-85 €   www.chateaudemontreuil.com

₵₵₵ Château de Montreuil 🍽

Dans un cadre superbe et calme, une belle maison 1930 et son jardin à l'anglaise, à l'abri des regards, à la lisière des remparts de la ville. Personnalisées et meublées avec élégance (sous la direction de Lindsay Germain), les chambres offrent de vastes salles de bains, certaines avec balnéo. Petite piscine chauffée.

4 appart. 265 € • 12 ch. 195-230 € — www.chateaudemontreuil.com

→ 4 chaussée des Capucins
☎ 03 21 81 53 04
📠 03 21 81 36 43
F. 14 déc.-1er fév.

---

13 🍺 Jéroboam

Dans l'enceinte de l'hôtel Hermitage, un restaurant appelé Jéroboam, cela annonce générosité et esprit d'escalier. Céline Germain, ancienne attachée de direction au Château de Montreuil, et son jeune chef François Granderie, qui y a également travaillé, ont bien peaufiné le concept, dans un décor très cosy. La cuisine est moderne, forcément, un peu asiatisante : raviole de crabe bouillon citronnelle, tempura de crevettes façon thaïe, mais aussi rassurante : vol-au-vent de ris de veau, gainée étaploise. Les tarifs sont bien étudiés avec des menus sympas, dont le Tandem (une belle côte de bœuf, une tatin pour 62 € à deux). Carte de vins courte mais bonne (Jolivet, Cazal Viel, Croix Belle n°7).

C : 40 € • M : 16-25 €

→ 1 rue des Juifs
☎ 03 21 86 65 80
F. dim., lundi (sf lundi à dîn. juil.-août) et jeudi. Jusqu'à 21h15.

---

10 🍺 Auberge du Vieux Logis

Dans une maison de caractère fin XIXe, Etienne Boutin décline avec constance les vertus classiques du poisson du jour ou du canard gras, des sardines grillées ou de la tarte Tatin, pour constituer une bonne étape champêtre aux portes de Montreuil.

C : 33 € • M : 22-26 €

→ Pl de la Mairie, La Madelaine-sous-Montreuil
☎ 03 21 06 10 92
F. dim. à dîn., lundi, merc., vac. scol. fév. et 10 jrs déb. juil.
Jusqu'à 21h15.

Villes de proximité, voir :

⟳ INXENT .... 9 km N. par D 127 **(11/20)**

MONTREVEL EN BRESSE - 01340   (27 D 1)
Bourg-en-Bresse 17 - Mâcon 24

14 🍺 Léa

Une lectrice, qui avoue n'être que très rarement convaincue par la cuisine des grands chefs et surtout par les tendances expérimentales, nous a en revanche vanté récemment les mérites de cette table de village, solide et classique. Ici, pas d'azote liquide ou d'espumas, la vedette étant au contraire réservée aux standards de la cuisine régionale (avec même quelques anachronismes comme le gratin de homard façon Eugénie Brazier). Mais lorsque la poularde de Bresse Miéral rôtie au four, le gâteau de foies blonds et bouquet d'écrevisses ou le navarin de homard atteignent un tel degré d'accomplissement, on ne peut que s'incliner devant une tradition si bien comprise. Service sans faille.

C : 68 € • M : 25-62 € — www.restaurantlea.com

→ 10 rte Etrez
☎ 04 74 30 80 84
F. dim. à dîn., lundi (sf juil.-août), merc., 22 juin-11 juil. et 22 déc.-15 janv.
Jusqu'à 20h45.

---

découverte *d╪* GM met en avant des nouveautés méconnues

♥ coup de cœur   🍇 carte des vins remarquable   ⟋ notation en hausse

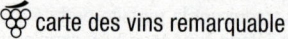

MONTROUGE - 92120 (8 B 5)
Paris 6 - Neuilly-sur-Seine 13

12 Voi Elephant

Tableaux, statuettes, bibelots… la plupart des éléments décoratifs choisis habillent cette salle à manger aux murs partiellement recouverts de bambou qui ont pour thème l'éléphant. Ce noble animal n'est en revanche pas proposé à la carte, typiquement vietnamienne : assortiment de beignets, ca loung la chuoi (cabillaud grillé en feuille de bananier), canard mijoté au lait de coco… Clientèle d'habitués.

C : 20 € • M : 12,50-15 €

→ 9 rue Gabriel-Péri
☎ 01 57 63 70 56
F. non comm.

MONTSALVY - 15120 (26 A 5)
Aurillac 36 - Conques 30

13 Auberge Fleurie ✾

Sur place l'Auvergne, à deux pas le Languedoc et l'Aveyron, au bout de l'autoroute la Méditerranée : tout ceci n'a pas échappé à Jean-Pierre Courchinoux et sous sa houlette le vénérable relais de poste s'ouvre à tous ces horizons avec un sens aigu du beau mariage. Terre et mer s'embrassent notamment avec bonheur, comme en témoignent l'escalope de jambe de cochon à la vinaigrette poulpe de roche ou la marinade d'anchois à l'huile sur les noisettes d'agneau de Lacaune (avec une gourmande pulpe de pomme de terre à la tome, clin d'œil appuyé à l'aligot). Les desserts marquent un peu le pas en terme d'originalité mais sans jamais manquer de gourmandise, tandis que l'élégance rustique du décor et la gentillesse du service complètent parfaitement le plaisir de l'assiette. Belle cerise sur le gâteau, la cave témoigne d'une recherche régulière des domaines en pointe, et pas seulement sur les Sud-Ouest et Languedoc voisins.

M : 14-40 €   www.auberge-fleurie.com

→ Pl du Barry
☎ 04 71 49 20 02
F. dim. à dîn., lundi (sf juil.-août) et 8 janv.-13 fév.
Jusqu'à 21h.

Auberge Fleurie

L'Auberge Fleurie, ce sont aussi quelques chambres adorables et chaleureuses, dans leur utilisation du bois (murs, parquet, mobilier régional) et d'étoffes confortables, une belle étape pour prolonger le plaisir du restaurant.

7 ch. 43-55 €   www.auberge-fleurie.com

→ Pl du Barry
☎ 04 71 49 20 02
🖷 04 71 49 29 65
F. 8 janv.-13 fév.

MONTSOREAU - 49730 (16 B 4)
Angers 57 - Saumur 11

La Marine de Loire

Face à la Loire et au centre du Parc Régional Loire-Anjou-Touraine, un hôtel singulier décoré avec talent dans un esprit campagnard chiné par Caroline et Thierry Chagnaud. En relisant les amours de Bussy et de la dame de Montsoreau, on devient romantique dans des décors raffinés et différents d'une chambre à l'autre. Le jardin avec son mobilier de bois exotique, le spa et la boutique allongent la liste des agréments. Table d'hôte sur réservation.

4 appart. 240 € • 7 ch. 170 €   www.hotel-lamarinedeloire.com

→ 9 av de Loire
☎ 02 41 50 18 21
🖷 02 41 50 19 26
F. 24-25 déc.

Paris 22 - Evry 14 - Versailles 24 - Longjumeau 5

13 🍴 Le Sabayon

Claude Van Moos, après presque cinq décennies passées en cuisine (dont deux dans cette sympathique maison), semble ne rien avoir perdu de sa fougue. Loin de s'endormir sur une carte bourgeoise et ennuyeuse, il insuffle à sa cuisine quelques touches de modernité, discrètes mais qui font la différence : gratin d'huîtres chaudes sur une mousse d'épinards nouveaux et bigorneaux au poivre, dorade royale cuite à plat, marmelade de citron confit et citronnelle, compote de tomate sucrée, croustillant de magret de canard flanqué d'un foie gras chaud poêlé et pomme écrasée à l'huile de truffe. Cave manquant malheureusement de recherche, entre les grands classiques bordelais et les négociants bourguignons.
M : 40-60 €

→ 15 rue Lavoisier
☎ 01 69 09 43 80
F. sam. à déj., dim., lundi, mardi, merc. à dîn. et août.
Jusqu'à 21h30.
🚗 ≋❄

La Tour-du-Pin 15 - Aix-les-Bains 56

11 Auberge du Fouron

Auberge du Fouron pour le cadre certes, avec la maison dans un parc fleuri et la salle chaleureuse sous les poutres, mais esprit créatif permanent chez Stéphane Gérente-Lapierre. Son truc à lui, ce sont les assiettes designées, jeux de couleurs et de saveurs multiples (parfois trop), pour une expérience bien loin de la cuisine de grand-mère : la brandade de morue se retrouve en mousse en verrine et en croquette, croquette encore pour l'agneau, avec un cœur de parmesan, un sorbet hibiscus accompagne le jubilé de cerises. Un pari à encourager.
C : 28 € • M : 17-28 €

→ RN 75, rte de Bourg
☎ 04 74 80 28 69
F. sam. à déj., lundi, dim. à dîn. (h.s.), 2 sem. déb. mai et 2 sem. mi-oct.
Jusqu'à 21h.
🍽 🚗 ♿ 🐕

Paris 76 - Melun 29 - Fontainebleau 11

13 🍴 Les Impressionnistes

Intrinsèquement cette cuisine, pétrie de bonnes intentions, entre contemporain et classique mignard (des mousses, des bavarois, du sucré-salé, des présentations traiteur) mérite bien sa toque. La seule question est de savoir d'où l'on fera le crochet vers Morêt, qui a bien changé depuis l'époque impressionniste, pour s'installer dans cette véranda certes jolie, dans un style Belle Epoque revisité, mais qui peut s'avérer lugubre certains soirs vides, sans musique, sans présence, affrontant une addition bien cossue pour une toque (première formule intéressante au-dessus de 40 €). Cela n'enlève rien à la qualité d'exécution, de la lotte, de la déclinaison de foie gras, du "cigare de sole" ou du pigeon "dans tous ses états", (très bons suprêmes sur un canapé foie-gras-rhubarbe et tartare en navet) avant les desserts travaillés, orange, chocolat ou passion, en mousses ou en soufflé. Cave classique et chère, colonisée par le bourgogne de négoce et les châteaux bordelais. Les rares bouteilles un peu avenantes étant imposées à fort coefficient (La Croix Belle n°7 à 58 €).
C : 70 € • M : 30-90 €

→ 47 av Jean-Jaurès
☎ 01 60 70 80 20
F. lundi à déj., mardi à déj., 21 janv.-3 fév. et 21 juil.-10 août.
Jusqu'à 21h30.
🍽 ♿ ≋❄ 🐕 🚬

www.chevalnoir.fr

13 Le Relais de Pont-Loup

On aime le dadre charmant de cette grande maison tapissée de vigne vierge, terrasse ouvrant sur un parc se prolongeant jusqu'au Loing. Atmosphère apaisante surtout lorsque le temps est de la partie et permet de prendre un verre en flânant le long de la rivière. Côté cuisine c'est classique, presque daté : brochette d'huîtres enroulées d'une fine tranche de lard, belle canette de Challans rôtie accompagnée de légumes un peu tristes, soufflé glacé aux marrons confits. Service attentif, cave qui mériterait plus de curiosité.
C : 42 € • M : 28-38 €   relaispontloup@wanadoo.fr

→ 14 rue du Peintre-Sisley
☎ 01 60 70 43 05
F. dim. à dîn., lundi et quelques jrs sem. mi-août.
Jusqu'à 21h30.

Villes de proximité, voir :

⟳ VENEUX LES SABLONS .... 4 km O. par D 302 **(11/20)**

MOREY SAINT DENIS - 21220   **(20 B 4)**
Dijon 17 - Beaune 29

12 Castel de Très Girard

De trop nombreuses tables de cette opulente allée viticole entre Dijon et Beaune arborent la houppelande et le tralala. Malgré son patronyme médiévaliste, ce Castel a décidé d'ouvrir les vannes à la démocratie. Et, au moins ici, il y a de la vie. Avec son menu à 21,50 € du déjeuner, le Castel ne joue pas les bêcheurs et rassemble les affaires comme le plaisir. Alors, si la marge est sans doute mince, elle permet d'entretenir le rythme, d'autant que les formules supérieures n'ont guère de valeur ajoutée. On s'orientera de préférence sur les viandes, les terrines (sympa, celle de colvert, servie tiède avec une purée de coing) et les desserts classiques. Service précis et agréable, remarquable carte des vins, forgée avec un caviste proche, qui donne, sur la Bourgogne, un panorama passionnant, avec une prédilection légitime pour la côte de Nuits et une sélection didactique sur l'ensemble du vignoble hexagonal (où trouver en Bourgogne, ailleurs, les vins de Poirel ou le jurançon de Dagueneau, par exemple ?)
C : 55 € • M : 21,50-39 €   www.castel-tres-girard.com

→ 7 rue de Très-Girard
☎ 03 80 34 33 09
Ouv. 7j/7.
Jusqu'à 21h30.

Castel de Très Girard

La belle maison de pierre et poutre, bâtie sur les bases de l'ancien pressoir de Morey, a du style et des atouts, au cœur des grands crus bourguignons. Chambres meublées d'époque pour certaines, modernes et romantiques pour d'autres, toutes avec un certain cachet. Suite spacieuse avec lit à baldaquin, vue sur la piscine et le fameux Clos de Tart.
2 appart. 149-185 € • 7 ch. 78-129 €   www.castel-tres-girard.com

→ 7 rue de Très-Girard
☎ 03 80 34 33 09
▤ 03 80 51 81 92
Ouv. 7j/7.

MORIANI PLAGE - 20230   **(35 D 3)**
Bastia 40 - Corte 66

11 U Lampione

Ne vous fiez pas seulement à son air de bar de village avenant et authentique. Sous la tonnelle, face à la mairie, l'ardoise apparaît, oie gras, espadon, côte de veau bordelaise. On peut bien sûr s'en tenir à l'excellente charcuterie, à la daube et aux cannellonis, mais il y a au moins ici une tradition de cuisine qui n'est pas à négliger. Vin de l'île, service simple et familial.
C : 25 € • M : 20 €

→ Rte de Timone
☎ 04 95 59 08 87
F. dim. (hiver).
Jusqu'à 22h30.

MORLAIX - 29600 (13 C 2)
Quimper 82 - Brest 59 - Saint-Pol-de-Léon 20

11 **Brasserie de l'Europe**

Secondée désormais par un petit frère, le Comptoir de l'Europe (dans une optique saladerie sandwichs mais aussi bar à vins), la Brasserie est certes parfaitement actuelle dans son esprit et son décor mais n'en délaisse pas pour autant les vertus classiques de ses aînées, cuisine traditionnelle et propositions du jour. La Bretagne se rappelle au bon souvenir des adeptes de l'andouille de Guémené (sur la lotte) ou des cocos (avec la souris d'agneau) et permet de sortir de l'entrecôte béarnaise ou de l'andouillette à la ficelle. Les grandes assiettes sont aussi sympathiques que la carte des vins, triée en fonction des envies.
C : 23 € • M : 15 €   www.brasseriedeleurope.com

→ Pl Emile-Souvestre
☎ 02 98 88 81 15
F. dim., 1re sem. janv. et 2e sem. mai.
Jusqu'à 21h30.

----

10 **Crêperie Ar Bilig**

La plus ancienne crêperie de Morlaix porte bien ses 32 ans, jeune fille alerte qui sait manier la bilig selon la tradition, en soignant la garniture avec une bonne charcuterie artisanale, dans un décor ad hoc régulièrement rafraîchi.
C : 13 € • M : 9 €

→ 6 rue du Fil
☎ 02 98 88 50 51
F. dim., lundi (sf vac. scol. et été), 1 sem. fin janv., 1 sem. juin et 2 sem. nov.
Jusqu'à 21h.

MORSBRONN LES BAINS - 67630 (10 C 1)
Strasbourg 44 - Wissembourg 28

14 **La Source des Sens**

La belle endormie des années 30 revit depuis le début du millénaire grâce à l'enthousiasme d'un jeune couple de propriétaires, Pierre Weller aux fourneaux et son épouse Anne en salle. D'importantes rénovations ont donné à cet ensemble un esprit contemporain qui se marie à merveille avec la cuisine jeune et créative proposée par Pierre Weller : langoustines rôties aux cébettes, gnocchis aux truffes et sot-l'y-laisse, filets de sardines au pain de seigle grillé monté comme un club et fondue d'oignons tomatée... Des écrans plasma permettent d'apprécier le travail des cuisiniers et la cave propose à prix serrés une jolie sélection des meilleurs vignerons locaux.
C : 50 € • M : 22-60 €   www.lasourcedessens.com

→ 19 rte d'Haguenau, Durrenbach-Neufeld
☎ 03 88 09 30 53
F. dim. à dîn., lundi, mi-janv.-mi-fév., 2e quinz. juil. et 2e sem. nov.
Jusqu'à 21h.

MORTAGNE AU PERCHE - 61400 (6 B 5)
Alençon 41 - Nogent-le-Rotrou 37

Hôtel du Tribunal

Au cœur du vieux Mortagne, une bâtisse classée dont les parties les plus anciennes datent du XIIIe siècle. Autrefois connue sous l'enseigne "Jean qui Rit, Jean qui pleure" en raison de sa proximité avec le tribunal, elle ne fait aujourd'hui que des clients heureux, le ravissant jardin intérieur, la place ombragée de tilleuls devant l'hôtel et l'ambiance chic et champêtre dans les chambres remportant sans peine tous les suffrages.
4 appart. 80-100 € • 17 ch. 50-80 €
www.perso.wanadoo.fr/hotel.du.tribunal.61.normandie

→ 4 pl du Palais
☎ 02 33 25 04 77
▤ 02 33 83 60 83
F. 24-25 déc. et 31 déc.-1er janv.

MORZINE - 74110 (28 C 1)
Annecy 95 - Genève 62

13  L'Atelier

Après un parcours qui l'a mené entre autres chez Jean-Pierre Jacob, Alexandre Baud-Pacon a pris les commandes de cet Atelier, où il forge et cisèle des assiettes aussi élégantes et chaleureuses que le décor, taillées pour séduire et qui y parviennent efficacement, en mêlant produits nobles et clins d'œil au terroir : le gâteau de féra mariné côtoie la salade de copeaux de foie gras et rosevals, le tournedos de lotte s'habille de jambon fumé de pays, tandis que les desserts font céder aux gourmandises chocolatées. Le cadre est superbe et boisé, la cave un peu trop classique.

C : 50 € • M : 36-65 € *www.hotel-lesamoyede.com*

→ 9 pl du Baraty
☎ 04 50 79 00 79
F. à déj. hiver (sf dim., fériés), à déj. lundi-merc. (15 avril-15 juin et 15 sept.-15 déc.). Jusqu'à 22h.

 Le Samoyède

L'affaire de famille a bien évolué avec les années (2007 a amené ainsi de nouvelles suites) sans se départir de son esprit originiel, discret et convivial. Bois clair en vedette, les chambres misent sur la sobriété et le moelleux des tissus et des moquettes pour créer, avec succès, une atmosphère douillette et feutrée. Situation centrale et centre de remise en forme.

appart. 220-400 € • 29 ch. 60-270 € *www.hotel-lesamoyede.com*

→ 9 pl du Baraty
☎ 04 50 79 00 79
🖨 04 50 79 07 91
F. 15 avril-15 juin et 15 sept.-15 déc.

MOSNAC - 17240 (22 B 5)
La Rochelle 104 - Saintes 31

Moulin du Val de Seugne

L'aménagement en hôtel de cet ancien moulin s'est heureusement fait dans le respect de ses vieilles pierres XVIe et de l'esprit serein des lieux. Le bief sous les arbres comme les jolies chambres de caractère, meubles de style et tissus raffinés, composent un cadre parfait pour oublier tous ses soucis.

appart. 158 € • 13 ch. 98-118 € *www.valdeseugne.com*

→ Marcouze
☎ 05 46 70 46 16
🖨 05 46 70 48 14
F. janv.

MOSTUEJOULS - 12720 (30 D 3)
Marvéjols 64 - Millau 22

13 Grand Hôtel de la Muse et du Rozier

Plutôt austère côté route, arborant une belle architecture côté Tarn, cette étape jouit d'un important capital de sympathie. En cuisine depuis deux ans, le jeune Samuel Roux donne entière satisfaction dans un registre régional sans œillères : langoustines rôties au citron corsé, coulis de févette à la mousse de lait de noisette, pavé de cabillaud demi-sel en croûte de thé macha sur un lit de riz vénéré aux lentilles vertes du Puy, croustillant de chocolat blanc au pralin, "vin choc" et crème glacée aux noix. Ambiance agréable encore rehaussée par un design réussi (mise de table, couverts).

C : 60 € • M : 30-45 € *www.hotel-delamuse.fr*

→ D 907, commune de Peyreleau
☎ 05 65 62 60 01
F. 13 nov.-30 mars. Jusqu'à 21h30.

Grand Hôtel de la Muse et du Rozier

Les dernières chambres terminées cette année, l'ensemble de l'offre d'hébergement étant désormais entièrement refaite à neuf. Décorées dans un style contemporain et zen, ces chambres offrent un excellent niveau de confort dans un environnement calme, en pleine nature.

appart. 175-220 € • 35 ch. 65-145 € *www.hotel-delamuse.fr*

→ D 907, Commune de Peyreleau
☎ 05 65 62 60 01
🖨 05 65 62 63 88
F. 13 nov.-30 mars.

MOUANS SARTOUX - 06370 (33 B 2)
Nice 35 - Grasse 5

11 Sot l'y Laisse

A Mouans, sur la calme place de l'église, cette terrasse nappée de blanc est évidemment attractive. La carte formatée, les assiettes poudrées aux présentations plus travaillées que le contenu et le jeune service correspondent aux attentes touristiques, sans qu'il soit trop besoin de sortir d'un honnête menu à 22 € et de ses plats du moment, la salade de sardines, la palangre fraîche et bien cuite ou le tiramisu d'un pâtissier pas maladroit. Cave très modeste de café de province, où l'on extraira Sorin et Saint-Julien d'Aille.
C : 38,50 € • M : 22-28,50 €

→ 1 pl de l'Eglise
☎ 04 93 75 54 50
F. mardi.
Jusqu'à 22h.

phoue@ics.fr

MOUDEYRES - 43150 (36 D 5)
Le Puy-en-Velay 30 - Yssingeaux 35

13 Le Pré Bossu

La carte de marché de Carlos Grootaert ne risque pas d'être copiée. Les idées du chef, sur des bases de terroir, ne ressemblent pas à des recettes de grand-mère, c'est ce qui fait leur charme, et plaît aux résidents qui peuvent goûter un peu plus loin que le bout du champ : thon séché, mojama de Almadraba sauce raifort, cassolette de champignons de sous-bois, pousses de fougères et polenta, veau du Velay et cèpes poêlés... Les menus sont assez coûteux, mais démarrent en dessous de 40 €, l'accueil familial dans cette chaumière rêvée est un luxe de plus et la cave est garnie de bonnes bouteilles de propriétaires.
M : 38-62 €

→ ☎ 04 71 05 10 70
F. à déj. et nov.-Pâques.
Jusqu'à 20h30.

Le Pré Bossu

Au pied du Mézenc, une ancienne ferme rénovée à l'authentique, avec ses pierres du pays, son toit de chaume, ses sols en lauze et ses poutres. Chaque chambre, personnalisée dans des styles variés (provençal, anglais, japonais...) porte le nom d'un oiseau de la région, au style campagnard, ouvrant sur le jardin fleuri et les herbes sauvages.
5 appart. 125-150 € • 1 ch. 110 €

→ ☎ 04 71 05 10 70
🖨 04 71 05 10 21
F. nov.-30 avril.

MOUGINS - 06250 (34 C 5)
Nice 37 - Cannes 5

16 Le Moulin de Mougins

Alain Llorca, taulier de l'immense ex-maison Vergé, palazzo gastronomique provençal dont le cadre a su bien évoluer, plus sobre, moins chamarré, avec l'agréable véranda, la terrasse sous les oliviers et les cigales, fait un excellent professeur : il explique en exergue de la carte qu'il est vain d'opposer cuisine classique et contemporaine, et propose donc en conséquence, sur des thèmes semblables, trois couleurs de carte (en y ajoutant une version légère) pour distinguer les différentes facettes de sa cuisine. C'est tellement limpide qu'on ne voit pas toujours la différence entre la créativité d'aujourd'hui et un apparent classicisme, et que le chef lui-même peut placer exactement le même plat, son boudin de saint-pierre aux coquillages et cocos - une très jolie composition - dans les contemporains à la carte et dans les classiques sur le menu, prouvant ainsi aux prosélytes les limites d'une telle classification. Sans gloser, Llorca fait partie de ces chefs doués et à l'aise qui peuvent aussi

→ Av Notre-Dame-de-Vie
☎ 04 93 75 78 24
F. lundi. (oct.-avril).
Jusqu'à 22h.

bien jongler avec la tradition que suivre leurs chemins de traverse, même si cette facilité l'amène, dans nos dernières expériences à un peu de relâchement dans la conception comme dans la réalisation. Son menu tapas est toujours engageant et ludique (si vous ne voulez pas jouer à la dînette à 170 €, gardez la carte ou le très bon menu trois plats à 115 €) et sa technique très séduisante, qu'il s'attaque à la pomme de terre (en ravioles, en purée avec un beurre d'escargots et des morilles en blanquette) ou à l'agneau (selle un peu sèche mais farcis chair en mousseline et faisselle parfaits). Il supervise également avec talent une pâtisserie innovante ou simplement gourmande. Seule la cave échappe au vent du siècle, gardant jalousement ses trésors burgo-bourguignons, sans considérations inutiles envers les autres régions, hormis une Provence bien représentée, à des prix mollement dissuasifs (Grange des Pères 2003 à 240 €, cela fera tout de même sourire bien des sommeliers).

C : 120 € • M : 98-170 €   www.moulindemougins.com

Le Moulin de Mougins

A l'image du parc où les sculptures contemporaines côtoient les vieux arbres, ce moulin construit au XVIe siècle mélange habilement l'image luxueuse et douillette d'une Provence éternelle (dans les chambres) avec un luxe contemporain tout aussi plaisant (dans les appartements).

appart. 300 € • 3 ch. 140 €   www.moulindemougins.com

→ Av Notre-Dame-de-Vie
☎ 04 93 75 78 24
🖶 04 93 90 18 55
Ouv. 7j/7.

----

15 ⟩ **Le Candille**

Se hisser quotidiennement au même (très) haut niveau que l'hôtel est un pari aussi difficile que motivant pour Serge Gouloumès. Après les tentations d'une cuisine trop emphatique à ses débuts, l'homme a peu à peu trouvé ses marques, imposant progressivement sa patte sur une carte qui tend de moins en moins à n'être que luxueuse, devenant au contraire plus personnelle à chaque saison : morille géante soufflée aux ris de veau, émulsion Tio Pepe, soupeton de courgette fleur en surprise de langoustines au cerfeuil, jarret de veau confits au citron bio, tarte fine de cardons aux oignons nouveaux, beignets au brocciu corse, fine gelée d'orange citronnelle et sorbet clémentine. Tarifs en rapport avec le standing affiché, cave intéressant à tous les grands vignobles.

C : 120 € • M : 54-105 €   www.lemascandille.com

→ Bd Clément-Rebuffel
☎ 04 92 28 43 43
F. lundi et mardi (janv.-mai, oct.-déc.).
Jusqu'à 21h45.

Le Mas Candille

A deux pas du centre, ce domaine cultive, sur ses 4 ha, un luxe informel alliant une tranquillité exclusive (l'impression d'être complètement coupé de l'agitation touristique) et l'élégance classique propre à cette demeure, ancien mas provençal du XVIIIe siècle. Blotti au creux d'un coteau, ouvrant sur un panorama embrassant toute la vallée préalpine, l'hôtel propose des chambres dont la majorité dispose d'un balcon ou d'une terrasse privée. Luxe suprême, le spa Shiseido compte parmi les plus beaux de toute Europe.

appart. 665-845 € • 39 ch. 340-615 €   www.lemascandille.com

→ Bd Clément-Rebuffel
☎ 04 92 28 43 43
🖶 04 92 28 43 40
Ouv. 7j/7.

13 Feu Follet

Le propriétaire des lieux, Jean-Marie Bigard en personne, n'a plus l'âge d'être qualifié de feu follet. S'être associé avec Hervé Audierne, ancien directeur du Fouquet's de Cannes démontre au contraire le sérieux de l'homme qui n'a pas souhaité bouleverser l'équipe de cuisine à son arrivée, proposant simplement à l'ancien second, Didier Chouteau, de prendre la place laissée vacante par Jean-Paul Battaglia. La maison semble toutefois repartie sur de meilleures bases, les quelques changements, discrets mais utiles, opérés dans la décoration s'étant assortis d'un dynamisme retrouvé dans les assiettes : riz carnaroli glacé au vert de cresson, cylindre de saumon au tourteau et caviar avruga, poitrine de canard frottée aux épices pilées, poires mi-confites et purée d'agria pistachée, pyramide au chocolat noir doucement pimenté, confiture de tomate verte et mousse au chocolat blanc. Agréable terrasse donnant sur l'une des fontaines de ce village ultrachic.
C : 60 € • M : 26-55 €

→ Pl du Cdt-Lamy
☎ 04 93 90 15 78
F. dim. à dîn., lundi et mi-déc.-mi-janv.
Jusqu'à 22h30.

www.feu-follet.fr

---

12 L'Amandier de Mougins

La toque n'est plus très loin pour ce classique de la vie azuréenne, maison créée par Roger Vergé où quelques grands chefs, comme Alain Ducasse, ont fait leurs premières armes. Christophe Ferré ne fait pas d'accroc dans la nappe avec ces plats de fraîcheur et de saison parfumés de Méditerranée : les petits violets avec le foie gras, les simples légumes du marché, les gambas plancha avec les artichauts barigoule ou le carré d'agneau au thym montrent, sinon de l'originalité, du moins un savoir-faire irréprochable. Très bon menu du déjeuner à 25 €, la meilleure affaire du soir étant à 34 €. Cave régionale bien faite, dans une ambiance chic vacancière.
C : 55 € • M : 25-44 €

→ Pl des Patriotes
☎ 04 93 90 00 91
Ouv. 7j/7.
Jusqu'à 22h15 (21h45 hiver).

www.amandier.fr

---

12 Le Bistrot de Mougins

Une impeccable situation pour drainer le flot touristique : pourtant, ce Bistrot plutôt sincère n'en abuse pas, préférant offrir une certaine simplicité méridionale au plus grand nombre, sans jouer les chochottes : petits farcis niçois, daube de bœuf à la provençale, gigot d'agneau…
C : 45 € • M : 39,50-46 €

→ Pl du Village
☎ 04 93 75 78 34
F. sam. à déj., merc., jeudi à déj., 1 sem. fév. et 26 nov.-27 déc.
Jusqu'à 22h.

---

12 La Terrasse à Mougins

Certes, le cadre enchanteur (une véranda-terrasse bourrée de charme avec vue sur l'arrière-pays, dans l'un des villages les plus chics de la Côte d'Azur) induit une certaine (et relative) sévérité au niveau des tarifs. Mais cette dernière (d'ailleurs pas plus marquée que chez la concurrence) ne souffre d'aucun reproche au regard de la qualité des produits travaillés : asperges blanches servies froides, crème glacée et mousseline, ris de veau poêlé, fondue de pied de cochon et galette croustillante de pomme de terre, biscuit à la pistache et pamplemousse, sorbet au yaourt. Menu-déjeuner d'un excellent rapport (à 25 € ou 19 € pour entrée-plat ou plat-dessert, 35 € avec le vin et le café compris), belle cave en rhône, languedoc et provence.
C : 65 € • M : 25-45 €

→ 31 bd Courteline
☎ 04 92 28 36 20
F. dim. à dîn., lundi, mardi à déj. et janv.

www.la-terrasse-a-mougins.com

? Le Clos Saint-Basile

Un nouveau jeune propriétaire pour cette maison de tradition, bien placé, qui ne demandait justement qu'un peu de rajeunissement. Laissons à ce jeune cuisinier prometteur le temps d'installer sa cuisine des marchés de Provence, spontanée et inventive, mais il nous étonnerait bien que la toque ne soit pas au rendez-vous dès l'année prochaine, dans un cadre déjà entièrement refait.

C : 56 € • M : 37 € *benoit.dargere@orange.fr*

→ 351 av Saint-Basile
☎ 04 92 92 93 03
F. lundi-jeudi à déj. (juil.-août), mardi, merc. et janv.
Jusqu'à 22h15.

Mougins

A deux minutes du parc de la Valmasque, à proximité immédiate du golf de Cannes-Mougins, un ensemble de quatre mas provençaux entourant un délicieux jardin. Chambres spacieuses, climatisées et ouvrant sur un balcon ou une terrasse. Piscine et pool house.

1 appart. 460-480 € • 50 ch. 170-375 €

→ 205 av du Golf
☎ 04 92 92 17 07
🖨 04 92 92 17 08
Ouv. 7j/7.

MOULAY - 53100 (16 A 1)
Mayenne 6 - Laval 25

12 La Marjolaine

Avec son parc, mais aussi la rivière et le château tout proches, cette maison en pierre de pays compose une belle carte postale champêtre. Jean-Marie Chapin y concocte une cuisine gastronomique qui mêle volontiers les influences terre et mer : huîtres chaudes au lard coulis de petits pois, anguille rôtie persil frit, palet breton aux framboises et chocolat. Le soin porté au choix des produits apporte son lot de satisfaction dans l'assiette.

C : 49 € • M : 18,50-40,80 € *www.lamarjolaine.fr*

→ Domaine du Bas-Mont
☎ 02 43 00 48 42
F. dim. à dîn. (15 oct.-Pâques), sam. à déj., vend. à dîn. (1er janv.-Pâques), 1re sem. janv., vac. scol. fév. et 1re sem. août.
Jusqu'à 21h30.

MOULES ARLES - 13280 (33 B 5)
Arles 11 - Marseille 84

❋ Mas du Petit Grava

Dans un authentique mas de maître du XVIIIe siècle entouré de jardins et vergers, les chambres respectent un esprit ancien, avec un beau mobilier régional. Nombreux équipements de détente.

4 ch. 80-120 € *www.masdupetitgrava.net*

→ Quartier Saint-Hippolyte
☎ 04 90 98 35 66
🖨 04 90 98 35 66
F. 4 janv.-15 mars. et 1er nov.-22 déc.

MOULEYDIER - 24520 (24 A 2)
Berjerac 12 - Périgueux 48

15 La Bruyère Blanche

Traditions périgourdines réinventées par un chef hollandais, Albert Kooy, volontiers inspiré par l'Asie, et notamment le Japon, en appréciant les saveurs méditerranéennes. Le mixage est parfois surprenant, souvent séduisant, à tout le moins original, grâce notamment à l'apport de deux jeunes chefs qui irriguent la carte d'une imagination supplémentaire : épinards japonais au soja, grains de sésame et anguille fumée, poulet fermier en croûte de sel, chicorée sautée à la bière, foie gras fondu et crème de morilles, fondant de chocolat... Une assiette assez riche et démonstrative, mais bien ficelée et incontestablement séduisante. Cave régionale bien constituée.

M : 35-42 € *www.lesmerles.com*

→ Château les Merles, Tulières
☎ 05 53 63 13 42
Ouv. 7j/7.

MOULEYDIER

ⓒⓒⓒ Château les Merles ⚓

Ce beau château XVIIe-XIXe néoclassique, avec ses colonnes ioniques et toscanes, a été acquis et développé en hôtellerie de luxe et de détente par un propriétaire hollandais qui, après sept ans à parcourir le monde sur un voilier avec sa famille, voulait jeter l'ancre. Ce coin de Périgord est aussi un havre idéal pour le voyageur, décor superbe dans l'esprit XIXe et confort moderne dans les chambres donnant sur le parc, le golf, les vignes.

3 appart. 290 € • 11 ch. 95-180 €　　　　www.lesmerles.com

→ Tulières
☎ 05 53 63 13 42
🖶 05 53 63 13 45
Ouv. 7j/7.
🚗 ⛵ 🔍 🐾

MOULICENT - 61290　　(6 B 5)

Longny-au-Perche 5, Mortagne-au-Perche 21

✳ Château de la Grande Noé

Depuis le XVe siècle aux mains de la même famille, cette propriété de caractère a évolué en préservant le caractère percheron typique qui fait son charme. Chambres de caractère, avec décor à l'ancienne et vue sur le parc.

4 ch. 70-115 €　　　www.www.chateaudelagrandenoe.com

→ ☎ 02 33 73 63 30
🖶 02 33 83 62 92
F. déc.-fév.
🚗

MOULINS - 03000　　(26 C 2)

Paris 297 - Clermont-Ferrand 101 - Bourges 101

13 Le Clos de Bourgogne

Nous l'avions ressenti l'an dernier et nos impressions se sont confirmées cette année. La cuisine d'Hervé Chandioux, sans révéler la moindre faille technique, s'est clairement repliée vers plus de simplicité que dans les premiers mois qui avaient suivi l'inauguration de ce restaurant installé dans un ancien hôtel particulier du XVIIIe siècle. Les ravioles d'escargots et moules de pleine mer à l'œuf battu en crème aïgo boulido, le pavé de bar à la nage de pamplemousse aigre, le carré d'agneau et samoussas d'épaule confite, confiture de tomate et tapenade et le millefeuille aux trois chocolats démontrent le savoir-faire d'un chef qu'on aimerait voir encore plus entreprenant. La cave s'étoffe progressivement et le cadre demeure toujours aussi charmant.

C : 54 € • M : 27-57 €　　　　www.closdebourgogne.fr

→ 83 rue de Bourgogne
☎ 04 70 44 03 00
F. sam. à déj., dim. à dîn. et lundi.
Jusqu'à 21h.
🚗 ♿ ≋❄ 🚬

🛏 Le Clos de Bourgogne

Le décor agréable du restaurant se prolonge dans des chambres au confort soigné, dans l'équipement comme dans le décor personnalisé, qui décline aussi bien les influences romantiques que l'élégance rustique. Belles salles de bains et vue sur le parc.

11 ch. 70-150 €　　　　www.closdebourgogne.fr

→ 83 rue de Bourgogne
☎ 04 70 44 03 00
🖶 04 70 44 03 33
Ouv. 7j/7.
🚗 ≋❄

---

13 Le Trait d'Union ❤

Après avoir fait ses classes chez Jacques Decoret et Régis Marcon, Vincent Hoareau a décidé de voler de ses propres ailes en reprenant cet ancien magasin d'articles de mode qu'il a transformé en une table à l'ambiance zen. Epurée, inspirée, sa cuisine trahit des ambitions assez élevées : crique "trait d'union", une association d'omble chevalier et de bar snackés, langoustine rôtie, bisque en vinaigrette et pistache concassée, sandre cuit à l'unilatéral, trait onctueux de courgette et fine tomate décalottée, un poisson d'une saveur nette, à peine travaillé, et poire pochée, soupe au chocolat, biscuit de Reims, pointe de guimauve et sorbet, un dessert marqué

→ 16 rue Gambetta
☎ 04 70 34 24 61
F. lundi, merc. à déj., 8 juil.-23 juil. et quelques jrs nov.
Jusqu'à 21h30.
🐾

par la légèreté et la délicatesse. Le paysage gastronomique bouge à Moulins et Vincent Hoareau n'en est pas le moindre des agitateurs.
C : 45 € • M : 22-54 €

---

11 **9/7 Olivier Mazuelle** *d*≋

Près des halles, le 9/7, aux allures de bistro, apporte une touche jeune et pratique dans le quartier. Olivier Mazuelle (ancien chef du mythique hôtel de Paris, qui ne fait désormais plus restaurant) sort des sentiers battus avec l'idée du tourton bourbonnais dans une version moderne (à base de purée de pommes de terre et de pâte sablée cuite au saindoux) ou la tarte au citron meringué et caramel laitier aux noix. Petite cave au bon rapport qualité-prix.
C : 40 € • M : 22-25 €

→ 97 rue d'Allier
☎ 04 70 35 01 60
F. sam. à déj., dim. et lundi à déj.
Jusqu'à 21h30.
♿ ≋ 🐕

MOURIES - 13890   (33 B 5)
Paris 715 - Avignon 35 - Arles 24

12 **Vieux Four** ⬯ ♥

L'ancien four communal mérite bien d'être le rendez-vous du village : tout est avenant, la déco provençale comme l'accueil des femmes de la maison, les tarifs comme la cuisine d'un chef qui travaille à l'inspiration son menu Frédéric, saisit le taureau par les cornes pour une terrine ou une gardiane et peaufine des présentations modernes sur des recettes locales (confit de lapin avec une excellente compote d'aubergine aux olives, pieds et paquets). Le soir, la rue s'enflamme avec de généreuses pizzas et le vin des Baux coule tout seul, avec notamment un bon Gourgonnier rouge au verre. Un point de plus et un franc coup de cœur.
C : 40 € • M : 16-28 €   www.le-vieux-four.com

→ 5 Cours Paul-Revoil
☎ 04 90 47 64 94
F. mardi, merc. (h.s.), lundi à déj., mardi à déj. (juil.-août) et Noël-déb. fév.
Jusqu'à 22h.
�ూ

Villes de proximité, voir :
↻ AUREILLE...7 km S.O.

MOUSTIERS SAINTE MARIE - 04360   (34 A 4)
Digne 62 - Manosque 48

16 🥊 ≋ **La Bastide de Moustiers** ⬯

La perfection façon Ducasse ? Cette Bastide, qui fut l'une des premières à symboliser la diversification du chef star, s'en approche sans le moindre doute. Au pied de la montagne, la bastide synthétise à merveille la table provençale typiquement ducassienne, chic et branchée : une délicieuse terrasse ombragée avec vue imprenable sur le vignoble et les collines alentour, un parc de plusieurs hectares et même, luxe absolu, un héliport pour gourmands pressés. En place depuis plus de trois ans désormais, Eric Santalucia (issu de la filière interne, évidemment) compose une cuisine sans la moindre faille, extrêmement technique tout en n'en laissant rien paraître, comme si la réussite permanente coulait naturellement de source chez Ducasse : pissaladière aux anchois frais du littoral, brouillade aux truffes noires d'ici, mouillettes dorées, suc d'un rôti, fricassée de lapin à la tomate et au romarin, gnocchi de Mona Lisa et gros lardons, poire rôtie, caramel au beurre et glace vanille. Service d'une grande fluidité, à la fois très pro et précis mais sachant manier l'humour avec prestance. Cave ultra-complète.
M : 44-58 €   www.bastide-moustiers.com

→ Chemin de Quinson
☎ 04 92 70 47 47
F. lundi-merc (1er nov.-28 fév., sf fêtes), mardi, merc. (1er-30 mars) et 7-31 janv.
Jusqu'à 21h.

♦♦♦ La Bastide de Moustiers

Construite au XVIIe siècle pour un maître faïencier et transformée par Alain Ducasse au début des années quatre-vingt-dix, la Bastide ne s'est pas départie depuis de son atmosphère de luxueuse maison d'hôtes. Sans ostentation, le décor regorge pourtant d'un luxe de détails précieux, signés le plus souvent par des artistes locaux. Installées dans la maison proprement dite ou dans des annexes, les chambres sont personnalisées et distillent une belle interprétation du luxe provençal. Le jardin et la campagne alentour se prêtent à de multiples distractions.

1 appart. 275-330 € • 11 ch. 155-315 € — *www.bastide-moustiers.com*

→ Chemin de Quinson
☎ 04 92 70 47 47
🖨 04 92 70 47 48
F. 7-31 janv.

- -

♦ La Ferme Rose

Ferme, elle n'est plus, rose elle est toujours, au milieu de son parc verdoyant. La maison de Kako Vagh séduit par son ambiance unique, fruit notamment des nombreux objets de collection (des jouets aux ventilateurs) qui ponctuent l'espace. Les chambres, qui doivent leurs noms aux décors de faïences soignés de chaque salle de bains, séduisent par leur sobriété et leur élégance.

12 ch. 78-148 € — *www.lafermerose.com*

→ Rte de Sainte-Croix
☎ 04 92 75 75 75
🖨 04 92 73 73 73
F. 5 janv.-20 mars et 16 nov.-27 déc.

MOUX EN MORVAN - 58230 (19 D 4)
Autun 30 - Château-Chinon 31 - Nevers 93

🔟 Auberge de la Queue du Lac

On ne peut qu'encourager la spontanéité quand elle débouche sur un menu si honorable pour seulement 12 €, loin des villes, loin du bruit, loin des modes. Sur la rive gauche du lac, en pleine nature, cette petite maison forestière a de la gentillesse à revendre, et elle ne la vend pas cher, entre la terrine du jour, le pavé de charolais et la tarte aux poires.

C : 18 € • M : 12-14 €

→ Rte touristique les Settons
☎ 03 86 76 02 46
Ouv. 7j/7.
Jusqu'à 21h.

MOUZON - 08210 (9 C 2)
Sedan 17 - Stenay 17

❓ Les Echevins

Depuis des années, les Echevins figurent dans le peloton de tête des ardents Ardennais. Le nouveau chef-propriétaire, Birce Buffet, prend ses marques progressivement, avec une carte courte, intéressante et actuelle (déclinaison de foie ras glacé, brûlé et en crème crumble de noisettes, filet de bar au chou rouge braisé à la Chimay, pastilla de pintade). Laissons, comme à l'accoutumée, une saison passer avant d'attribuer une première note.

C : 38 € • M : 25-39,50 €

→ 33 rue Charles-de-Gaulle
☎ 03 24 26 10 90
F. dim. à dîn., lundi et sam. à déj. F. ann. non comm.
Jusqu'à 22h.

MUGRON - 40250 (23 C 4)
Dax 28 - Saint-Sever 16

1️⃣2️⃣ Ferme-Auberge de Marquine

Au cœur des Landes, on peut être sûr que ces canards-là ont eu droit à tous les soins nécessaires. On s'installe donc en toute confiance dans cette ancienne étable décorée de vieux outils, pour s'attaquer aux saveurs généreuses du foie gras frais aux pommes, du confit ou du magret grillé, mais aussi sur commande de la poule au pot ou, pour sortir de la volaille, du bœuf de Chalosse.

C : 13 € • M : 13-31 €

→ Marquine
☎ 05 58 97 74 23
Ouv. sur réserv. seult.
Jusqu'à 20h30.

Mer 5 - Chambord 6

13 **Auberge du Bon Terroir**

Un chef lambda prendrait le terroir comme il vient, avec ses recettes et ses produits, et l'accommoderait à sa sauce. Chez les Boisgard, c'est différent. Parce que Françoise Boisgard est avant tout une maîtresse de maison qui aime recevoir, elle fait la cuisine en autodidacte, comme elle la sent et comme elle l'aime, avec les produits du cru. La différence est évidemment dans l'assiette, enthousiasmante, dans ce décor d'auberge d'aujourd'hui de poutres et de briques ouvrant sur la verdure. Ce terroir se trouve finalement réinventé au fil des saisons, avec une simple terrine, une fricassée d'escargots, un filet de canard aux choux de Bruxelles, en terminant par le très bon fondant chocolat noir. La toque solide est renforcée par l'accueil de Dominique qui mène aussi une cave de loires juste et modérée.

M : 23-53 €

→ 20 rue du 8-Mai-1945
☎ 02 54 87 59 24
F. dim. (oct.-avril), lundi, mardi (sf juil.-août)., lundi à déj., mardi à déj., merc. à déj. (juil.-août), 3 sem. déb. janv. et 3 sem. fin nov.-déb. déc.
Jusqu'à 20h45.

Paris 465 - Colmar 45 - Belfort 40

13 **Il Cortile**

Si le cadre contemporain de cette maison classé est propice à d'élégantes agapes, c'est en été, sur cette terrasse ensoleillée et parfumée de lavande, de citron, de basilic, que l'on goûte, en toute quiétude, à l'abri des regards, la jolie carte transalpine mise au point par Stefano d'Onghia et son chef Jean-Marc Feger : arômes puissants du fondant de pomme de terre au castelmagno et sa râpée de truffe noire, du filet d'empereur vapeur avec ses raviolis de blette aux petits légumes et palourde ou du filet de bœuf au lard de Colonnata, cuit en croûte de sel au romarin et un gratin de macaroni. Cette cuisine pas donnée (le menu Découverte est excellent, mais à 55 € tout de même) a le goût de la spontanéité et du naturel. Cave exclusivement italienne et bien triée, avec un très beau choix au verre (dont le passito de Pantelleria pour le dessert).

C : 56 € • M : 37-67 €

→ 11 rue des Franciscains, cour des Chaînes
☎ 03 89 66 39 79
F. dim., lundi, 6-20 janv. et 17-31 août.
Jusqu'à 21h30.

----

11 **Bistrot d'Oscar**

Dans le quartier de la gare TGV et tout près du fameux Musée de l'Impression sur Étoffes, on tient là une agréable brasserie à la parisienne, banquettes de velours rouges et photos anciennes. La prestation rassure, avec une cuisine classique qui soigne généralement ses produits (très agréable veau aux morilles, tartare au couteau) et un service élégant et appliqué. Jolie cave de passionné, avec un bon choix au verre et au pichet.

C : 40 € • M : 22-35 €   *bisitrot.oscar@wanadoo.fr*

→ 1 av Mal-Joffre
☎ 03 89 45 25 09
F. w.-e., fériés, 2-17 août et 21 déc. (à dîn.)-6 janv.
Jusqu'à 23h.

Le Petit Zinc

Rendez-vous d'artistes autour de Myriam Weill qui a fait de son bouchon alsacien un haut lieu de culture et de terroir. Dans une salle refaite et toujours Art Déco, on déclame les tirades et on refait le casting entre le pâté en croûte et le munster, se donnant des forces avec le derrfleisch (bœuf salé et fumé), les surlawerla aux späetzle et le jarret de porc choucroute.

C : 27 € • M : 13-35 €

→ 15 rue des Bons-Enfants
☎ 03 89 46 36 78
F. dim. (sf déc.), 3 prem. sem. août et Noël-nouvel an.
Jusqu'à 23h15.

MULHOUSE

🏛️🏛️🏛️ Hôtel du Parc

Typique d'une certaine idée du palace, le Parc affiche en centre-ville son architecture imposante et s'habille d'un esprit Art Déco, lignes sobres et associations de couleurs feutrées. Chambres spacieuses, au confort parfait.

7 appart. 250-450 € • 76 ch. 95-170 €   *www.hotelduparc-mulhouse.com*

→ 26 rue de la Sinne
☎ 03 89 66 12 22
🖷 03 89 66 42 44
Ouv. 7j/7.

Villes de proximité, voir :

MUNSTER - 68140   (10 B 4)
Colmar 18 - Gérardmer 32

🏛️🏛️ Verte Vallée

Idéal pour se ressourcer, l'hôtel ajoute au plaisir apaisant d'une vallée effectivement verte le confort de chambres spacieuses aux lignes contemporaines, avec le clin d'œil des boiseries claires, et l'agrément du centre de remise en forme.

107 ch. 80-105 €   *www.vertevallee.com*

→ 10 rue Alfred-Hartmann
☎ 03 89 77 15 15
🖷 03 89 77 17 40
F. 8-28 janv.

MUR DE BRETAGNE - 22530   (14 A 3)
Saint-Brieuc 52 - Pontivy 18

14 🍴 Auberge Grand'Maison

Cette auberge reste grande de façon intemporelle. Et pour tout dire, au cœur de la Bretagne bretonnante, dans cette campagne où chaque ferme ne produit que du bon, Christophe Le Fur porte l'héritage comme il convient : une carte sobre, des produits de première nécessité, un savoir-faire presque ancestral traduit à l'ère moderne dans les ravioles de chair de tourteau et sot l'y laisse cuisinés au bouillon de poule, la cotriade de rouget barbet dans un bouillon infusé aux épices, citronnelle et anis et wok printanier, le croque-pigeon de Sainte Anne et foie gras sur un jus relevé à l'huile de truffe. Distinction sobre dans la salle ornée de vieux meubles bretons, cheminée en pierre, toiles d'un artiste local et fauteuils Louis XV, cave classique enrichie de nombreux vieux millésimes.

C : 60 € • M : 26-90 €   *www.auberge-grand-maison.com*

→ 1 rue Léon-le-Cerf
☎ 02 96 28 51 10
F. dim. à dîn., lundi, mardi (h.s.), lundi (saison), 1re sem. janv., 2 sem. fév. et 2 sem. oct.
Jusqu'à 20h45.

🏠 Idéal gourmet

MURAT - 15300   (26 B 4)
Aurillac 53 - Saint-Flour 25

14 🍴 Le Jarrousset

En plein Cantal, sur un bord de Nationale, on peut trouver des Jarrousset et c'est ce qui sauvera la gastronomie française. Rien de moins. A ceux qui vous expliquent, au cœur d'une métropole, que c'est difficile de trouver de bons vins, on montrera, par exemple, cette cave assez ramassée, mais qui donne à boire et à réfléchir : champagne Duval-Leroy, minervois de Sénat, cahors de Cosse-Maisonneuve, Luberon de Guillaume Gros. Alors ? Alors, à table, pour cette superbe et inventive cuisine de terroir, des lisettes en rillettes, une poitrine de cochon de montagne associée à un rouget croustillant, oignons et marrons, un pigeon savoureux, un ris d'agneau avec quelques légumes… De vraies saveurs, une

→ RN 122
☎ 04 71 20 10 69
F. lundi, mardi (sf juil.-août), déc. et janv.
Jusqu'à 21h30.

précision et une sensibilité qui évoque un peu la philosophie d'un Michel Bras, chez lequel Jérôme Cazanave a passé naguère un an. Ambiance et enthousiasme à l'unisson grâce à Isabelle en salle.
C : 45€ • M : 22-45€   *www.restaurant-le-jarrousset.com*

LA MURAZ - 74560   (28 B 2)
Cruseilles 16 - Annemasse 9

14 L'Angelick

Actuelle et chaleureuse, la vaste salle de cette auberge de village présage fort bien du plaisir qu'on prend à découvrir avec Yannick Janin une cuisine actuelle, qui prouve que l'air du temps souffle aussi sur les montagnes. Si le bar rôti crème brûlée au potimarron manque un peu de netteté pour tenir toutes les promesses de son intitulé, le canard cuit à basse température aux épices joue la séduction habile, de la viande à la cuisson soignée, délicatement imprégnée d'épices, avec un croquant de polenta servi avec une pipette de jus de cuisson pour l'imprégner. Séduisante également, la pomme comme chez nous et son association gourmande de saveurs et de texture. Cette vision contemporaine et décomplexée du restaurant se retrouve dans une ambiance à la fois feutrée et décontractée, les habitués optant les yeux fermés pour le menu Secret, et dans un service attentif et impliqué. Cave intéressante, complétée par des formules vin compris attractive.
C : 65€ • M : 33€   *www.angelick.fr*

→ Chef-Lieu
☎ 04 50 94 51 97
F. dim. à dîn., lundi, mardi, à déj. (merc.-vend.), 11-20 août et 22 déc.-7 janv.
Jusqu'à 21h30.

MURET - 31600   (29 D 4)
Toulouse 26 - Auch 79

13 Il Paradiso

Le paradis, c'est déjà un cadre tranquille et verdoyant. C'est aussi une atmosphère chaleureuse, avec un chef qui n'hésite pas à pousser la chansonnette. Mais c'est aussi, et surtout, la cuisine italienne (sans pizza, comme aime à le préciser Marco Ottaviani) gourmande et pleine de soleil, des spécialités de pâtes, de carpaccio ou d'escalope milanaise. Cave transalpine évidemment.
C : 35€ • M : 24-28€

→ 350 rte de Rieumes
☎ 05 61 56 39 73
F. dim. à dîn. et lundi.
Jusqu'à 22h.

MURZO - 20160   (35 B 4)
Ajaccio 57 - Porto 46

10 Auberge U Fragnu

Le vieux moulin à huile fournit un cadre typique à cette cuisine sincère et traditionnelle que les randonneurs et les promeneurs du maquis apprécient sans retenue : cannelloni au brocciu, cabri, agneau au feu de bois...
C : 24€ • M : 16,50-24€

→ Casa Mayotto-Alivella
☎ 04 95 26 69 26
F. dim. à dîn., lundi (sf juil.-août), janv.-mars.

---

de  à les tables sont classées par ordre dégressif de note

👁 table en vue, lieu à la mode, ethnique

❓ signale une notation en attente ou un changement de dernière minute

découverte *d⸗* GM met en avant des nouveautés méconnues

NAJAC - 12270 (30 A 3)

Villefranche-de-Rouergue 25 - Cordes-sur-Ciel 29

13 L'Oustal del Barry

Pour reprendre des forces après la balade jusqu'au château, rien ne vaut l'arrêt dans cette belle maison de caractère en haut du village. Les Simon livrent ici le terroir aveyronnais en version noble, et si le menu Terroir permet d'attirer le plus grand nombre, le savoir-faire de Rémy Simon mérite de s'aventurer sur les propositions plus ambitieuses, là où règnent le foie gras, le cèpe (en tarte feuilletée, avec le jambon cru), le pigeonneau ou le veau fermier. Un fort parfum de tradition qui sied bien à ce cadre élégant et bourgeois. Pour l'étape, on bénéficie désormais de chambres rénovées, claires et chaleureuses.

C : 55 € • M : 18,50-49 €

www.oustaldelbarry.com

→ Le Faubourg
☎ 05 65 29 74 32
F. lundi à déj., mardi à déj. (avril-mi-juin et mi-sept.-mi-nov.), lundi à dîn. (sf résidents) et mi-nov.-fin mars.
Jusqu'à 21h15.

NALZEN - 09300 (30 A 6)

Lavelanet 8 - Foix 17

11 Les Sapins

Au bord de la forêt, les grands sapins ne font pas d'ombre à cette auberge simple qui sait se défendre avec un terroir vaillant, un foie gras bien fait, des viandes sincères, les fromages pyrénéens et de belles portions pour répondre aux attentes des randonneurs.

C : 35 € • M : 14-46 €

→ Lieu-dit Conte
☎ 05 61 03 03 85
F. dim. à dîn., lundi et merc. à dîn.
Jusqu'à 21h.

NANCY - 54000 (11 D 4)

Paris 389 - Metz 56 - Chaumont 117

16 Le Grenier à Sel

Dix ans déjà ! Patrick Fréchin a bien amené son Grenier dans les plus hauts étages de la ville, il n'attend plus, et nous avec lui, que ce petit déclic, de personnalité, d'envergure ou d'audace pour la consécration d'une troisième toque. En attendant ce moment que l'on espère prochain, les Nancéiens sont ravis, dans l'un des plus anciens hôtels particuliers de la ville, cadre distingué parqueté, œuvres d'art, peintures refaites, de l'aubaine que constituent ces assiettes au cordeau, à la fois inventives et racées, piochant à bon escient quelques influences plus ou moins lointaines : thon rouge semi-confit et gambas rôties à l'huile de sésame chou-fleur à la fève de Tonka, ris de veau laqué à la manzana et granny acidulée, tournedos au wasabi. Sans risques inconsidérés, cette cuisine a du sens, de l'élégance, à des tarifs respectables, mais ne faiblissant jamais, même au moment des desserts de même lignée (tarte chocolat barbe à papa éphémère, tube aux olives et fraises marinées sorbet huile d'olive). cave équilibrée, sérieuse, sans point faible, bien renseignée en rhône et languedoc.

C : 85 € • M : 30-60 €

www.chez.com/grenierasel/

→ 28 rue Gustave-Simon
☎ 03 83 32 31 98
F. dim., lundi, 1er mai, dern. sem. juil. 2 sem. août. et 24-25 déc.
Jusqu'à 21h30.

14 Le Cap Marine

Patrick Antoine bichonne sa maison de centre-ville : il vient ainsi de lui offrir une complète rénovation, la moquette, les luminaires, les nappes ou les plafonds arborant désormais un éclat nouveau. Ce qui ne change pas, tant mieux, c'est son goût pour les poissons, superbes, aux cuissons irréprochables et discrètement accompagnés de sauces qui ne tirent pas la couverture à elles. Un gros coup de cœur pour la sole au four, asperges vertes et blanches et morilles ou pour le filet de rascasse grillé à la plancha et fondue d'oignons nouveaux. Cave encyclopédique. Vive la Marine !

C : 60 € • M : 25-33 €

www.restaurant-capmarine.com

→ 60 rue Stanislas
☎ 03 83 37 05 03
F. sam. à déj., dim., merc. à déj., fériés et 15-30 août.
Jusqu'à 21h30.

G
M

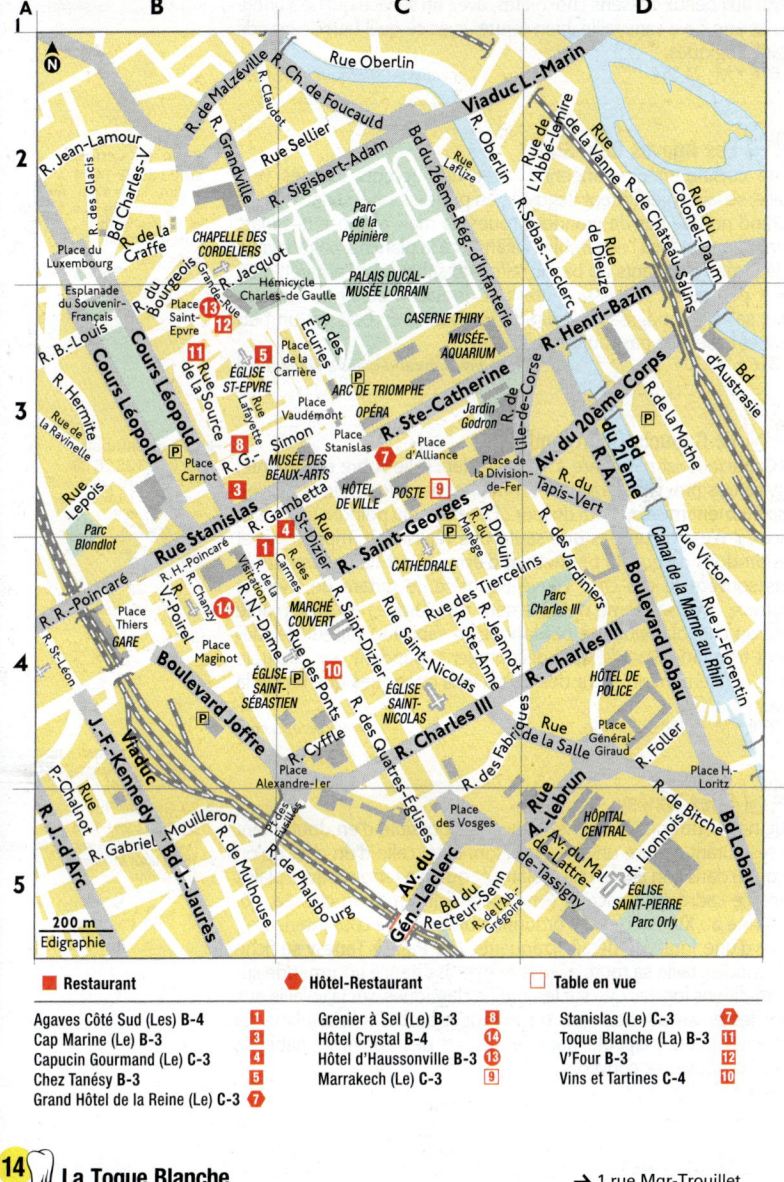

Agaves Côté Sud (Les) **B-4** ■ 1	Grenier à Sel (Le) **B-3** ■ 8	Stanislas (Le) **C-3** ◆ 7
Cap Marine (Le) **B-3** ■ 3	Hôtel Crystal **B-4** ● 14	Toque Blanche (La) **B-3** ■ 11
Capucin Gourmand (Le) **C-3** ■ 4	Hôtel d'Haussonville **B-3** ◆ 13	V'Four **B-3** ■ 12
Chez Tanésy **B-3** ■ 5	Marrakech (Le) **C-3** □ 9	Vins et Tartines **C-4** ■ 10
Grand Hôtel de la Reine (Le) **C-3** ◆ 7		

14 ▭ La Toque Blanche

C'est une toque qui va bien à Bertrand Heckmann, cuisinier inspiré et consciencieux qui donne le la pour toute la maison dans une carte d'actualité, belles présentations et textures intéressantes (la grillade de foie gras pommes et betteraves rouges aux épices, l'omble chevalier asperges vertes et mousseline à l'orange, le ris de veau au sautoir risotto aux truffes de Meuse et parmesan). Tout dans ce décor serein et discret semble posé, raisonné, fluide

→ 1 rue Mgr-Trouillet
☎ 03 83 30 17 20
F. dim. à dîn., lundi, 1 sem. fév., 1 sem. avril et 2 sem. juil.-août.
Jusqu'à 22h.

jusqu'aux beaux desserts chocolatés, avec un service qui ne s'affole pas et une cave sans faille, bien tenue, avec ce qu'il faut de grands à tarifs logiques.
C : 60 € • M : 24-35 €   restaurant@latoqueblanche.fr

---

13 ⬛ Les Agaves Côté Sud

Cette cuisine méditerranéenne, avec des accents tournés vers l'Italie, se laisse gentiment déguster, en professionnel sérieux, Gilles Durand ne vise pas de grandes prouesses mais propose des plats bien préparés dans l'ensemble : calamars à la plancha, pageot grillé et légumes croquants au basilic, affogato sabayon à l'amaretto. Le client peut aussi se laisser tenter par un flacon de vin italien. Les deux salles sont agréables, mais la banquette en bois est un peu dure et le service pas toujours souriant.
C : 35 € • M : 30 €   les-agaves.durand-gilles@wanadoo.fr

→ 2 rue des Carmes
☎ 03 83 32 14 14
F. dim., lundi à dîn., merc. à dîn., 1re sem. vac. scol. fév. et 2e sem. août.
Jusqu'à 21h30.

---

13 ⬛ Le Capucin Gourmand

Le Capucin n'est pas genre à s'encanailler : salle sobre et élégante, service très pro, gilet à rayures col mao et pantalon noir, et cuisine discrètement mise au goût du jour... De là à sentir poindre un discret ennui, il n'y a qu'un pas que seule une réalisation impeccable et des produits de qualité permettent d'éviter. C'est heureusement le plus souvent le cas chez Hervé Fourrière, le tartare de thon et saumon, avec sa crème délicatement moutardée, et l'impeccable tarte au chocolat aidant à pardonner un cabillaud vapeur décidément trop fade. Pas de quoi décourager cependant une clientèle fidèle, également amateur des beaux vins classiques que recèle la cave.
C : 75 € • M : 28-38 €   www.lecapu.com

→ 31 rue Gambetta
☎ 03 83 35 26 98
F. sam. à déj., dim. à dîn., lundi (h.s.), sam. à déj., dim. et lundi (été).
Jusqu'à 22h.

---

13 ⬛ Chez Tanésy

Oui, nous sommes bien chez Tanesy, impossible d'en douter tant ce restaurant respire une vraie personnalité, celle d'un chef qu'on a connu dans son ancien Gastrolâtre et qu'on a retrouvé avec plaisir dans ce cadre de caractère (une magnifique maison classée, qui remonte au XVIe siècle, et s'ordonne autour d'une cour intérieure), riche d'une foule de détails craquants. Car Patrick Tanesy se fiche des modes, taille sa route avec la même assurance gourmande sur les traditions locales que sur les grands classiques, sur la volaille aux morilles et vin d'Arbois que sur le rouget barbet à la catalane. La satisfaction est palpable dans le sourire des convives, habitués comme nouveaux convertis.
C : 45 € • M : 35-40 €

→ 23 Grande-Rue
☎ 03 83 35 51 94
F. dim., lundi, 1 sem. Pâques, 15-30 août et 1 sem. Toussaint.
Jusqu'à 22h.

---

13 ⬛ Le Stanislas

Grand Hôtel, noblesse oblige... Dans ce cadre prestigieux, sous les hauts plafonds moulurés et la surveillance des toiles de maîtres, on ne saurait s'aventurer dans la fusion food, non, ce n'est pas ce que vient chercher ici une clientèle surtout sensible au cadre et à l'élégance du service. Dès lors, produits nobles et intitulés luxueux, fort correctement mis en musique, suffisent à faire vivre ce décor un brin théâtral : saint-jacques saisies à la fleur de sel et caviar d'Aquitaine, ris de veau en panure de truffe noire, macarons au caramel à la fleur de sel.
C : 70 € • M : 31-62 €   www.hoteldelareine.com

→ 2 pl Stanislas
☎ 03 83 35 03 01
F. sam. à déj., dim. à dîn., lundi et 1er avril-31 oct.
Jusqu'à 21h45.

Le Grand Hôtel de la Reine

Le cadre est classé, la situation parfaite et les prestations en rapport. Le décor suit le mouvement avec son mobilier d'inspiration Louis XV, le service est attentif et certaines chambres bénéficient d'une vue sur la superbe place.
2 appart. 360 € • 40 ch. 145-230 €   www.hoteldelareine.com

→ 2 pl Stanislas
☎ 03 83 35 03 01
🖨 03 83 32 86 04
Ouv. 7j/7.

---

12 V'Four

Le chef n'a guère de mal à remplir cette petite salle au cadre agréablement coloré et contemporain. Réservation obligatoire et clientèle d'habitués ravis, notamment autour du plat du jour pour un plaisir renouvelé : pointes d'asperges en gaspacho et langoustines, carré d'agneau et tartelette de légumes provençaux, gratin de framboises. Si la présentation est belle, on regrette tout de même un peu d'irrégularité dans la réalisation et une trop longue attente. Pas de quoi faire fuir des Nancéens conquis.
C : 68 € • M : 25-37 €

→ 10 rue Saint-Michel
☎ 03 83 32 49 48
F. dim. à dîn., lundi, fin janv.-déb. fév. et 2 sem. sept.

---

11 Vins et Tartines

A côté de ses Pissenlits, Danièle Mengin, maître sommelier de France, a trouvé ici une bonne formule pour faire découvrir ses vins. Ces Tartines se déclinent bien au-delà de la tranche de pain (cela peut être aussi bien de la pâte sablée, feuilletée, de la feuille de brique ou de la meringue) et sont agréablement actuelles (sablé au parmesan, poularde et risotto, meringuée façon vacherin). Grâce à une cave encyclopédique, la plupart des clients préfèrent prendre un verre différent avec chaque tartine et varier les plaisirs avec des vins de producteurs gentiment tarifés. Dans ce plaisant décor de cave voûtée, l'affaire est tentante.
C : 18 €   www.vins-et-tartines.com

→ 25 bis rue des Ponts
☎ 03 83 35 17 25
F. dim. et lmundi; du 3 au 18 août.
Jusqu'à 22h.

Le Marrakech

De Marrakech à Nancy la route est longue, mais les Touiel maintiennent depuis vingt ans ouverte une petite brèche d'espace temps qui permet de faire le voyage le temps d'une soirée, décor et spécialités dépaysants à l'appui.
C : 19 € • M : 13,50-26 €

→ 85 rue Saint-Georges
☎ 03 83 37 21 03
F. merc. et 15 juil.-20 août.
Jusqu'à 23h.

Hôtel d'Haussonville

Dans un bâtiment XVIe, un établissement de prestige à proximité de la place Stanislas. Les chambres et les suites, d'ambiance classique, sont décorées par les propriétaires sur des thèmes de voyage : Khartoum, Ming, Ispahan...
7 ch. 140-230 €   www.hotel-haussonville.fr

→ 9 rue Monseigneur-Trouillet
☎ 03 83 35 85 84
🖨 03 83 32 78 96
F. 2-15 janv. et 6-20 août.

Hôtel Crystal

Un hôtel d'affaires à la déco contemporaine soignée, à quelques minutes du centre-ville. Chambres bien équipées, tons harmonieux, bois sombre et couleurs gaies.
2 appart. 120 € • 58 ch. 90-120 €   www.bestwestern-hotel-crystal.com

→ 5 rue Chanzy
☎ 03 83 17 54 00
🖨 03 83 17 54 30
F. 22 déc.-2 janv.

Villes de proximité, voir :

↻ FLAVIGNY SUR MOSELLE........... 16 km S. par D 93c **(15/20)**
↻ HOUDEMONT .... 6 km N.E. par D 570 **(12/20)**
↻ VANDOEUVRE LES NANCY .... 6 km par D 93

NANS LES PINS - 83860 (33 D 5)

Toulon 69 - Marseille 45 - Brignoles 26

Domaine de Châteauneuf

Au cœur d'un parcours de golf, une élégante bastide XVIIIᵉ aux chambres raffinées, qui déclinent l'image sereine d'une Provence éternelle, couleurs chaleureuses et belles touches de mobilier ancien.

4 appart. 345-590 € • 26 ch. 132-385 € *www.domaine-de-chateauneuf.com*

→ Rte de Marseille, RN 560
☎ 04 94 78 90 06
🖷 04 94 78 63 30
F. 31 oct.-14 mars.

NANTERRE - 92000 (8 B 5)

Paris 15 - Versailles 14 - Bobigny 12

12 La Rôtisserie

Les volailles à la broche justifient l'enseigne, un message direct pour tous les cadres de la Défense qui n'ont évidemment pas de temps à perdre en salamalecs : on leur offre ici une carte simple et intelligible, dans une ambiance bosseuse mais détendue.

M : 30 €

→ 180 av
Georges-Clemenceau
☎ 01 46 97 12 11
F. dim.
Jusqu'à 21h30.

NANTES - 44000 (15 C 4)

Paris 386 - Rennes 108 - Poitiers 180

17 L'Atlantide

L'ascenseur monte au quatrième pour offrir aux visiteurs le panorama sur la Loire et le cuirassé Maillé-Brézé, mais où s'arrêtera Jean-Yves Guého dans son irrésistible escalade ? A la façon d'un Abadie touché par la grâce à l'âge où tant de leurs confrères pensent avoir tout dit, il emprunte l'ascenseur du talent et se fait plus inspiré que jamais. Son menu tout crustacé est exemplaire, ses mariages terre-mer de vraies dédicaces à une région prolifique (excellent ris de veaux aux écrevisses, superbe pigeonneau au homard du Croisic) et son imagination, dans les six bouchées de départ, dans une batterie de desserts réalisés par un très adroit pâtissier, ne se tarit pas. N'ayez pas peur des contrastes : il y a de vrais bonheurs dans l'araignée et crémeux de petits pois, dans les grosses langoustines sous une couverture de navet, vinaigre miel et romarin, fleurs de bourrache et shiso ou dans le rouget barbet, vert de blette et moelle. Dans ce tourbillon, un service pro, très à l'aise et de haut niveau virevolte sur le parquet blond, dans un vaste et bel espace contemporain. Epoustouflante carte de vins d'amateur et de chercheur, même plutôt culottée à ce niveau de compétition : le gotha de la Loire moderne (Puzelat, Angéli, Poirel, Courtois, Chidaine, Nicolas, Michon…), des vieux millésimes de muscadet ou de touraine (des 76 de JF Dehelly), le bon choix en toutes régions (Allemand en cornas, Hauvette et Milan en baux, Ostertag ou Deiss en alsace…) et des cuvées rares un peu partout (la Petite Sibérie de Bizeul, la Muntada…) qui encadrent un très solide fonds bourgo-bordelais (Méo-Camuzet, Coche-Dury ou les grands châteaux), à des tarifs plutôt attractifs.

C : 75 € • M : 30-40 € *www.restaurant-atlantide.net*

→ 16 quai Ernest-Renaud,
4ème étage
☎ 02 40 73 23 23
F. sam. à déj., dim., fériés,
août et Noël-nouvel an.
Jusqu'à 22h.

----

15 Manoir de la Régate

Ils sont attachants, sympas, passionnés, inventifs, enthousiastes. ce sont les frères Pérou, les duettistes de charme de la restauration nantaise. Ils cuisinent à quatre mains, s'entendent comme des frères, chacun complétant les qualités de l'autre. Ils entraînent dans la ronde dans leur élégant manoir à la lisière de la ville une équipe

→ 155 rte de Gachet
☎ 02 40 18 02 97
F. dim. à dîn., lundi, 26-30 déc.
et 31 déc. à déj.
Jusqu'à 22h.

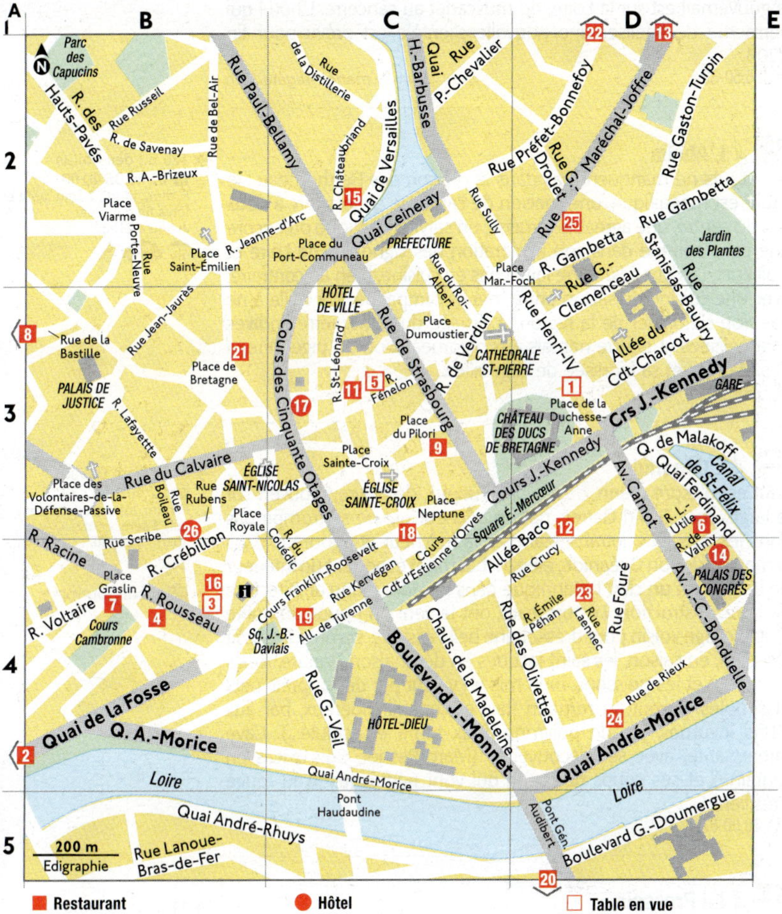

Map labels (Nantes city center):

A | B | C | D | E

Parc des Capucins
R. des Hauts-Pavés
Rue Russeil
R. de Savenay
Rue de Bel-Air
Rue Paul-Bellamy
Rue de la Distillerie
Rue H.-Barbusse
Quai H.-Barbusse
Rue P.-Chevalier
Rue de Versailles
Quai de Versailles
Rue Châteaubriand
Rue Préfet-Bonnefoy
Rue G. Drouet
Rue Maréchal-Joffre
Rue Gaston-Turpin
R. A.-Brizeux
Place Viarme
Rue Porte-Neuve
R. Jeanne-d'Arc
Place Saint-Émilien
Place du Port-Communeau
Quai Ceineray
PRÉFECTURE
Rue Sully
Rue G.
Rue Gambetta
R. Gambetta
Rue Stanislas-Baudry
Jardin des Plantes
Rue de la Bastille
Rue Jean-Jaurès
Cours des Cinquante Otages
HÔTEL DE VILLE
Place Dumoustier
Rue du Roi-Albert
Place Mar.-Foch
R. G.-Clemenceau
PALAIS DE JUSTICE
R. Lafayette
Place de Bretagne
R. St-Léonard
R. Fénelon
Rue de Strasbourg
Rue de Verdun
CATHÉDRALE ST-PIERRE
Place de la Duchesse-Anne
Allée du Cdt-Charcot
Crs J.-Kennedy
GARE
Rue du Calvaire
ÉGLISE SAINT-NICOLAS
Place Sainte-Croix
Place du Pilori
CHÂTEAU DES DUCS DE BRETAGNE
Q. de Malakoff
Place des Volontaires-de-la-Défense-Passive
Rue Boileau
Rue Rubens
Place Royale
Rue du Couëdic
ÉGLISE SAINTE-CROIX
Place Neptune
Cours J.-Kennedy
Square É.-Mercœur
Av. Carnot
Canal St-Félix
Quai Ferdinand-Favre
R. Racine
Rue Scribe
R. Crébillon
Cours Franklin-Roosevelt
Rue Kervégan
Cdt d'Estienne d'Orves
Allée Baco
Rue de Vauban
R. L.-
Utile
PALAIS DES CONGRÈS
Av. J.-C.-Bonduelle
R. Voltaire
Place Graslin
R. Rousseau
Rue Crucy
Rue Fouré
Cours Cambronne
All. de Turenne
Rue des Olivettes
R. Émile Péhan
R. Émile Péhan
Chant d'Avril
Boulevard J.-Monnet
Rue Lennec
Quai de la Fosse
Q. A.-Morice
Rue G.-Veil
HÔTEL-DIEU
Chaus. de la Madeleine
Rue de Rieux
Quai André-Morice
Loire
Quai André-Morice
Pont Haudaudine
Pont Gén. Audibert
Quai André-Rhuys
Rue Lanoue-Bras-de-Fer
Loire
Boulevard G.-Doumergue
Sq. J.-B.-Daviais
200 m
Edigraphie

Legend:

■ Restaurant | ● Hôtel | □ Table en vue

Abélia (L') D-1	22	Eau à la Bouche (L') D-3	12	Océanide (L') C-2	15		
Atlantide (L') A-4	2	Engoulevent (L') C-3	11	Paludier (Le) B-4	16		
Auberge du Château D-3	1	Félix D-3	6	Pérouse (La) C-3	17		
Bambou d'Or (Le) B-4	3	Graines au Vin (Des) D-2	25	Poissonnerie (La) C-3	18		
Bistrot de l'Écrivain (Le) B-4	4	Hôtel Pommeraye B-3	26	Pressoir (Le) C-4	19		
Brasserie La Cigale B-4	7	Maison Baron Lefèvre (La) D-4	24	Restaurant Les Enfants			
Capucines (Les) A-3	8	Manoir de la Régate D-1	13	Terribles C-3	5		
Chant d'Avril D-4	23	Novotel Nantes		Rive Gauche (Le) D-5	20		
Courtine (La) C-3	9	Cité des Congrès D-4	14	Temps Changent (Les) B-3	21		

gagnante et volontaire, et un repas chez eux est obligatoirement
une fête. Parce que leur cuisine, aussi inventive soit-elle, se rattache
toujours à un plaisir familier, celui du pigeonneau en ballottine aux
truffes et marmelade de kumquat, des nems de langoustines sur
un beau turbot rôti, celui des artichauts barigoule au lard de
Colonnata et polenta crémeuse. Nombre de nos lecteurs recherchent les saveurs nouvelles et de joyeux rappels gourmands. Ils
trouvent ici les deux, sans excès de tarifs, jusque dans une cave où

 hôtels de charme

le gouvernail est sur la Loire, du muscadet au sancerre. L'hôtel qui permettra de fidéliser une nouvelle clientèle est prévu pour fin 2008.

M : 25,50-39 €

www.manoir-regate.com

---

13 L'Abélia

Les atouts ne manquent pas dans la maison des Berthomeau : le cadre est magnifique, une maison de caractère et son parc à deux pas du centre, une agréable terrasse, un service impliqué ou encore une cave pointue dans son exploration des vignobles de Loire et d'ailleurs. Le dynamisme ne faiblit pas en cuisine, bien au contraire, avec une cuisine de saison entre mer et campagne, qui veille à ne pas trop s'éloigner de la région, à l'image du saint-pierre endives caramélisées et beurre nantais aux bigorneaux ou du pigeonneau des Mauges et sa fricassée de cagouilles.

M : 29 €

→ 125 bd des Poilus
☎ 02 40 35 40 00
F. dim., lundi, 2 sem. août et fêtes fin d'année.
Jusqu'à 21h30.

---

13 L'Océanide

Tout est d'esprit marin, c'est-à-dire curieux, découvreur, ouvert sur le large, chez David Garrec, patron pêcheur qui ne se trompe pas dans les arrivages, intransigeant sur la fraîcheur et rigoureux dans la marche de son Océanide, élégant bâtiment évoquant un intérieur de bateau ou un club britannique dans le cadre d'une architecture de la reconstruction. Les ormeaux ont le vent en poupe, il profite d'un élevage voisin pour dresser une belle assiette, comme il réussit fort bien, en saison, les saint-jacques en déclinaison (tartare, rôties en tripes) et les poissons, bien mis en valeur par des apprêts nets et simples (turbot au romarin frais et cerfeuil tubéreux, bar aux petits légumes, jus de poivrons doux fumé et acidulé...). Cave intéressante, avec ses découvertes (Marc Pesnot, Bois Lucas en touraine) et ses coups de cœur, qui vont parfois jusqu'au rouge brésilien.

M : 18,50-57 €

→ 2 rue Paul-Bellamy
☎ 02 40 20 32 28
F. dim., lundi et dern. sem. juil.-3 sem. août.
Jusqu'à 21h30.

idéal gourmet

---

13 Le Pressoir

Johey Verfaille a vite imposé l'escale dans cet immeuble XVIIe à tous les amateurs de bons vins, grâce à une sélection pointue en toutes régions, déclinée sous de multiples formes (vente à emporter également). Bonne nouvelle, l'intérêt de la maison ne se limite pas aux plaisirs bachiques, le chef suit gaillardement le mouvement dans une veine bistrot gourmande (saint-jacques au pied de cochon, anguille au vert, pot-au-feu d'oie).

C : 30 € • M : 35-50 €

lepressoirnantes@yahoo.fr

→ 11 quai Turenne
☎ 02 40 35 31 10
F. sam. à déj., dim., lundi à dîn., 1re sem. janv. et mi-juil.-mi-août.
Jusqu'à 22h.

---

12 La Courtine

La Complicité, on aime bien. C'est le nom d'un des menus proposés par Eric Fairand (une bonne affaire à 22 €, avec le cylindre de volaille farcie au pain brûlée et farce fine, le pavé de cabillaud caviar d'aubergine ou le poulet au sésame risotto au potimarron), mais c'est aussi, d'une certaine façon, le maître mot d'une maison attachante où les habitués savent pourquoi ils reviennent. Pour l'assiette, pour le cadre accueillant de ce rez-de-chaussée d'un immeuble haussmannien près du Bouffay et pour l'atmosphère... de complicité. Cave bien inspirée sur les blancs en particulier.

C : 32 € • M : 14,90-29,90 €

www.la-courtine.com

→ 15 rue de Strasbourg
☎ 02 40 48 13 30
F. dim., à dîn. et lundi.
Jusqu'à 21h30.

12 Félix

A des années-lumière de la haute gastronomie de son Manoir de la Comète, Christian Thomas-Trophime prouve que la bonne cuisine peut se décliner sous bien des aspects, avec cette brasserie résolument contemporaine, dans son décor largement ouvert sur le canal comme dans ses propositions ludiques et gourmandes, carpaccio de bœuf tartine de ciabata oignons et câpres, sardines de Croix de Vie et pommes de terre de Noirmoutier.

C : 35 € • M : 23 €   *www.brasseriefelix.com*

→ 1 rue Lefèvre-Utile
☎ 02 40 34 15 93
Ouv. 7j/7.
Jusqu'à 24h.

12 La Maison Baron Lefèvre

La maison de Jean-Charles Baron, que nous avions connu tout jeune à Cholet avant de le retrouver à Ancenis (la Toile à Beurre) a déjà beaucoup fait parler d'elle, en tout juste trois ans d'existence. L'ancien entrepôt de grossistes en légumes a été restauré dans un esprit architectural très proche de ses origines et en même temps très moderne. L'affluence est au rendez-vous, autant pour ce cadre ébouriffant que pour une cuisine qui revendique sans faux-semblant son attachement à la tradition : marinade de lieu jaune à l'huile d'argan, dos de sandre de pays rôti au beurre blanc, fricassée de rognons et ris de veau, sablé breton et poire caramélisée au miel et glace chocolat. Belle cave en Loire.

C : 40 € • M : 25 €   *baronlefevre@wanadoo.fr*

→ 33 rue de Rieux
☎ 02 40 89 20 20
F. dim., lundi et 1er-18 août.
Jusqu'à 23h (sur réserv.).

12 La Poissonnerie

Climat océanique chez Yves Scaviner (de retour des Trois As au Bugue) et son chef Alain le Hecho, qui travaille depuis un quart de siècle le retour de pêche. Un répertoire immuable, modernisé par petites touches, dont la fraîcheur est renouvelée chaque saison : les huîtres refont leur eau, comme la sole aux amandes, le bar en croûte de sel et le blanc de turbot aux fruits secs et jus de canard aux épices. Cave fort bien pourvue en loire et bourgogne.

C : 40 €   *lestroisas@orange.fr*

→ 4 rue Léon-Maître
☎ 02 40 47 79 50
F. sam. à déj., dim., lundi, août et 22 déc.-3 janv.
Jusqu'à 22h30.

12 Le Rive Gauche

Les seuls charmes de cette maison des bords de Loire ne sauraient suffire à déplacer les foules, malgré cette façade avenante qui donne sur le fleuve et l'île Beaulieu. Classique mais suffisamment proche des dernières tendances pour se montrer rassembleuse, la carte de Christophe Fouré suit les saisons avec constance, se montrant toujours rassurante : poêlée de langoustines aux pistaches torréfiées et raviole de foie gras au cacao, tronçon de turbot cuit à l'arête, ratte, oignon et lard sur un jus caramélisé, croquant de noix de coco, fruits exotiques rôtis et cannelloni d'ananas glacé. Jolie cave, très pertinente en loire et languedoc.

C : 58 € • M : 21,50-63 €   *www.restaurant-lerivegauche.com*

→ 10 côte Saint-Sébastien
☎ 02 40 34 38 52
F. sam. à déj, dim. à dîn., lundi, 14-20 avril, 4-24 août et 22-30 déc.
Jusqu'à 21h30.

12 Les Temps Changent

Cette maison et cette cuisine ne vous laisseront pas indifférents. Après un démarrage brillant, nous avions été un peu perplexes devant l'audace naturelle de Laurent Le Bouler l'an passé. Une certitude, c'est une carte qui interpelle et qui intrigue, avec des idées personnelles, de sympathiques réussites (sot-l'y-laisse et bulots tiédis, thon et melon plancha radis noir...) et des tarifs attractifs pour un dépaysement effectif. Atmosphère agréable, cave axe Loire comptant sur de bonnes références.

M : 25-69 €   *les.temps.changent@wanadoo.fr*

→ 1 pl Aristide-Briand
☎ 02 51 72 18 01
F. w.-e., 1 sem. avril et 3 sem. août.
Jusqu'à 21h30.

11 Le Bistrot de l'Ecrivain

Bistrot de l'Ecrivain, mais aussi des Chefs (les frères Pérou du Manoir de la Régate) qui ont placé là une équipe efficace, tant en salle qu'en cuisine, pour faire vivre une de ces tables chaleureuses et conviviales comme on a plaisir à en trouver pour une soirée entre amis, à découvrir les vins du moment autour d'une cuisine classique et rondement menée, aussi à l'aise sur le sandre au vin rouge que le thon en kadaïf et ratatouille aux piments d'Espelette.

C : 32 € • M : 14,50-18 €   www.manoir-regate.com

→ 15 rue
Jean-Jacques-Rousseau
☎ 02 51 84 15 15
F. dim. et fériés.
Jusqu'à 23h30.

---

11 Brasserie La Cigale

Le décor de cette célèbre maison du Vieux Nantes est d'une telle beauté (œuvre d'un céramiste de l'époque Modern Style) qu'on pourrait presque en oublier l'assiette. Elle mérite pourtant plus que de simples égards, pour sa parfaite interprétation de la gastronomie de brasserie : andouillette à la plancha, risotto carnaroli de saint-jacques au parmesan, steak tartare, tarte sablée au café. De bonnes formules et de bons petits-déjeuners.

M : 16,50-26,30 €   www.lacigale.com

→ 4 pl Graslin
☎ 02 51 84 94 94
Ouv. 7j/7.
Jusqu'à 0h30.

---

11 Les Capucines

Avec les ravioles de saint-jacques et crevettes ou les rognons de veau à la graine de moutarde, Claude Debray rassure ses habitués en optant pour le simple, direct, connu, sur des produits irréprochables, les anguilles comme le pigeon, l'onglet comme la charlotte aux poires. Cave classique et pas chère.

C : 34 € • M : 11,50-32 €

→ 11 bis rue de la Bastille
☎ 02 40 20 41 58
F. dim., lundi à déj., sam
à déj., 1 sem. fév., 1 sem. mai
et 3 sem. août.
Jusqu'à 22h.

---

11 L'Engoulevent

Un petit stand-by pour cette table prometteuse où le jeune chef a laissé sa place l'hiver dernier au patron lui-même. Bien sûr, les objectifs sont maintenus sur une carte relativement ambitieuse (betterave rouge macérée à la roquette sauvage et anguille fumée, lotte aux poireaux sauces truffe, citron vert et fenouil marin, poulet fermier au cidre d'Erbrauy...), mais il faut à nouveau consolider. Ce qui fonctionne très bien, dans cette salle au thème nature marqué, c'est l'accueil d'Alexandra et une carte de vins étonnante, riche et personnelle, rangée par appellation, par thèmes d'associations, par cépage, selon votre souhait.

C : 34 € • M : 20-45 €

→ 4 rue des Trois-Croissants
☎ 02 40 20 33 86
F. sam. à déj., dim., merc.
à déj., 27 juil.-18 août et 24
déc.-4 janv.
Jusqu'à 22h.

---

11 Le Paludier

Si les lieux évoquent une brasserie de la mer un peu chic, malgré l'exiguïté, dans un cadre marin contemporain, la carte de Christophe Moyon s'éloigne du standard pour montrer une petite personnalité, avec le tartare de thon, la terrine de raie inutilement tomatée et servie trop froide, ses anguilles au fenouil et vin rouge ou sa blanquette de lotte et langoustines aux asperges, sympathique mais décevante. Et si l'on ne se dispense pas de quelques tics tape-à-l'œil, les menus bien étagés permettent à chacun un choix judicieux, en particulier dans les petits prix. Jeune service féminin dévoué, petite cave de loire un peu chétive, renforcée de quelques bons choix outre-région (Grossot en chablis).

C : 36 € • M : 17-34 €   restpaludiernant@aol.com

→ 2 rue Santeuil
☎ 02 40 69 44 06
F. dim., lundi à déj. et 1er-20
août.
Jusqu'à 22h.

Auberge du Château

Une auberge de centre-ville authentique et sincère où Vincent Quéruel sert principalement une cuisine axée sur les produits de la mer et les plats canaille : terrine de canard maison au foie gras et ris de veau, bar sauvage et embeurrée de chou fondant, châtaignes et lardons, gargouillou de ris de veau, gnocchis et morilles ou parmentier de gigot de 7 heures à l'époisses. Carte des vins assez maligne et s'étoffant progressivement.

M : 23-26 €

aubduchat@wanadoo.fr

→ 5 pl de la Duchesse-Anne
☎ 02 40 74 31 85
F. sam. à déj., dim., 2 sem. Noël-nouvel an et 1 sem. Noël.
Jusqu'à 21h30.

Le Bambou d'Or

La recette est rodée et fonctionne toujours, le décor typique et le service diligent se marient à une carte qui propose aussi bien des formules à petit prix que des spécialités plus luxueuses (le vrai canard pékinois ou le bœuf royal).

C : 15 € • M : 8,50-20 €

→ 8 rue Jean-Jacques-Rousseau
☎ 02 40 73 60 01
F. dim. F. ann. non comm.
Jusqu'à 23h.

Chant d'Avril

Un joyeux bistrot dans un quartier calme, mais qui prend de la vogue. Le décor est simple et frais, l'accueil simple et chaud, patron-patronne, pour une cuisine qui se défend bien, ardoise fournie et alléchante au quotidien : de bons maquereaux au vin blanc, un farci d'aubergine soigné comme la mousse au chocolat, pour une clientèle initiée et plutôt col blanc.

M : 17,50-22 €

→ 2 rue Laënnec
☎ 02 40 89 34 76
F. w.-e. et 10-30 août.

L'Eau à la Bouche

L'ex- Pescadou s'est transformé en une petite table de quartier avenante au décor de club zen et aux plats simples, notamment au déjeuner avec une formule à 15 € qui nourrit son Nantais ou son voyageur en sortie de gare. Le soir, un peu plus de choix, huîtres, poissons de l'arrivage.

C : 35 € • M : 15-35 €

→ 8 allée Baco
☎ 02 40 35 29 50
F. sam. à déj., dim. et 2 sem. août.
Jusqu'à 22h30.

Des Graines au Vin

Une cave personnalisée sur une cuisine actuelle bien interprétée, voilà le concept réussi de cette nouvelle table où le cadre, pierre apparente, poutres anciennes, tons chaleureux, joue aussi son rôle dans un moment de convivialité. Avec le saumon mariné au fenugrec, l'escalope de foie gras poêlée aux noisettes, les saint-jacques au risotto, on aura plaisir à piocher dans les bourgognes de Leflaive, les rhônes de Colombo ou le pic-saint-loup de Valflaunes, enrichis d'une carte de whiskies et bières.

C : 30 € • M : 22-25 €

→ 55 rue Maréchal-Joffre
☎ 02 40 37 06 44
F. dim., merc. et 2 sem. août.
Jusqu'à 21h30.

Restaurant Les Enfants Terribles

Derrière la discrète façade de cet immeuble ancien, on apprécie toujours autant le décor craquant ou la gentillesse du service. Pour le reste, on se satisfera de la simplicité de la soupe de tomate ou de la souris d'agneau, dans un menu qui ne laisse personne sur le pas de la porte.

M : 16,20 €

→ 4 rue Fénelon
☎ 02 40 47 00 38
F. sam. à déj., dim., lundi, 1 sem. janv., 1 sem. juin et 3 sem. août.
Jusqu'à 21h30.

Hôtel Pommeraye

L'ancien Hôtel de Paris a été rénové en 2003 pour offrir au visiteur un cadre contemporain dessiné par des architectes inspirés, au cœur de la ville.

50 ch. 49-107 €

www.hotel-pommeraye.com

→ 2 rue Boileau
☎ 02 40 48 78 79
🖳 02 40 47 63 75
Ouv. 7j/7.

Novotel Nantes Cité des Congrès

Jouxtant la Cité des Congrès et ses jardins, au cœur du nouveau centre des affaires nantaises, un hôtel fait pour la détente des cadres sous pression. Dans les chambres, lignes fluides, écrans LCD, ADSL gratuit… et une très belle vue sur les jardins de la Cité, pour envisager le jogging du lendemain matin.

2 appart. 200 € • 103 ch. 90-135 €

→ 3 rue de Valmy
☎ 02 51 82 00 00
📠 02 51 82 07 40
Ouv. 7j/7.

www.accorhotels.com

- -

ĊĊ **La Pérouse**

Une réussite contemporaine conçue par Clotilde et Bernard Barto, un hôtel pas comme les autres au cœur de la ville, à la lisière des vieux quartiers. Déco zen, engagement dans le développement durable, matériaux modernes, bois, stucco, verre dans les salles de bains, murs blancs… Et un accueil personnalisé qui rend le souvenir durable.

46 ch. 81-181 €

→ Cour des 50-Otages, 3 allée Duquesne
☎ 02 40 89 75 00
📠 02 40 89 76 00
F. non comm.

www.hotel-laperouse.fr

Villes de proximité, voir :

- ↻ BASSE GOULAINE .... 8 km E. par N 149 **(13/20)**
- ↻ CARQUEFOU .... 11 km N. par D 178 **(12/20)**
- ↻ HAUTE GOULAINE .... 14 km E. par N 149 et D 119 **(17/20)**
- ↻ ORVAULT .... 7 km N.O. par N 137 et D 42
- ↻ SAINT JULIEN DE CONCELLES .... 15 km E. par N 23 et D 37 **(12/20)**
- ↻ SAINTE LUCE SUR LOIRE........... 8 km N.E. par N 23 **(13/20)**
- ↻ SORINIERES (LES) .... 12 km S. par N 137 et D 178

NANTIAT - 87140	(25 B 2)
Limoges 28 - Bellac 18	

11 **Le Relais des Etangs**

Des tables au décor soigné, personnalisées par de petits personnages : ça n'a l'air de rien, mais c'est à ces petites attentions qu'on sent d'entrée la volonté de bien faire. Et Guy Suaire n'en manque pas, avec un menu ardoise qui change chaque semaine et des assiettes séduisantes à tous les étages : tempura de lieu noir, éminé de langue d'agneau au chou, salade de joues de porc confites et cèpes à l'huile.

C : 38 € • M : 20,50-49 €

→ 4 pl de la Mothe
☎ 05 55 53 51 50
F. dim. à dîn. et lundi.

🎁 idéal gourmet

www.lerelaisdesetangs.com

NANTILLY - 70100	(21 A 3)
Vesoul 72 - Dijon 46	

ĊĊĊ **Château de Nantilly** 🦢

Une belle gentilhommière de 1830 et deux dépendances contemporaines au cœur d'un vaste parc arboré et fleuri, au calme, traversé par une adorable rivière. De style classique au château ou plus contemporain dans les dépendances, les chambres affichent le même soin dans les détails de décoration. Le petit centre de remise en forme (piscine, hammam et jacuzzi) a été rénové cette année.

2 appart. 150-190 € • 39 ch. 70-150 €

→ Gray
☎ 03 84 67 78 00
📠 03 84 67 78 01
F. janv.-fév.

www.chateau-de-nantilly.com

NANTOUX - 21190 (20 A 4)
Beaune 8 - Dijon 55

 Domaine de la Combotte

Sobres et claires, les confortables chambres de ce domaine viticole permettent de profiter au mieux des activités, autour de la truffe ou du vin par exemple.

1 appart. 78-130 € • 5 ch. 68-120 €   www.lacombotte.com

→ La Combotte
☎ 03 80 26 02 66
🖶 03 80 26 07 84
F. 2e sem. janv.

LA NAPOULE - 06210 (33 A 2)
Nice 40 - Cannes 8 - Mandelieu 3

16 **L'Oasis**

De plus en plus une Oasis. C'est-à-dire un monde à part, feutré et luxueux, à l'écart des modes, du temps, de l'agitation. Stéphane et Antoine Raimbault ont tissé dans cette maison séculaire une toile fine de fils d'or, au motif personnel : comme une marque de fabrique, cette cuisine qui s'orientalise, se japonise, se chinoise tout en restant éminemment solide dans ses repères classiques et régionaux, n'appartient finalement qu'à eux, sans guère de points de comparaison, autres que celui du bien-être qui se dégage d'un repas à l'Oasis. Trois options se dégagent, trois cartes, Orient (pavé de loup laqué et rôti à la broche, chao mian de homard sauce teriyaki, filet de bœuf aux huîtres et wasabi), Tradition (soupière de saint-jacques et praires au champagne, mignon de veau de lait au foie gras et aux truffes), Méditerranée (chapon au four, tian de légumes...). On s'extasie devant la capacité à réaliser autant de plats pour une clientèle aussi vaste, mais une certitude, l'attelage fonctionne toujours très bien, dans un rythme et un standing qui ne baissent pas. Belle pâtisserie, cave opulente, immense, avec tous les grands, mais aussi de jolis flacons pas trop chers (irouléguy d'Arretxea par exemple).

C : 110 € • M : 54 €   www.oasis-raimbault.com

→ Rue Jean-Honoré-Carle
☎ 04 93 49 95 52
F. dim., lundi (sf Pâques, Pentecôte et fêtes des mères) et mi-déc.-mi-janv.
Jusqu'à 21h30 (22h été).

- -

11 **Le Riou**

La situation dans cet hôtel de luxe dicte une cuisine plutôt classique, mais qui sait doser ses ambitions avec sagesse, y compris dans les tarifs, et livre une vision plaisante de la Méditerranée, ses poissons et ses parfums du Sud. Propriétaire des lieux, la famille Sumeire propose bien sûr ses vins, ainsi que ceux de nombreux collègues de la région.

C : 70 € • M : 25-80 €   www.ermitage-du-riou.fr

→ Av Henri-Clews
☎ 04 93 49 95 56
Ouv. 7j/7.
Jusqu'à 22h.

Ermitage du Riou

L'hôtel doit son nom à son lointain passé religieux et bénéficie d'une situation privilégiée, au-dessus de la mer. Meubles anciens et tissus fleuris marquent la personnalisation de chambres spacieuses et raffinées, qui invitent à une détente hors du temps.

4 appart. 341-529 € • 37 ch. 126-301 €   www.ermitage-du-riou.fr

→ Av Henri-Clews
☎ 04 93 49 95 56
🖶 04 92 97 69 05
Ouv. 7j/7.

Les fermetures hebdomadaires et annuelles sont celles que les restaurateurs et les hôteliers pensent pratiquer en 2008. Pour éviter des déplacements inutiles, téléphonez pour avoir confirmation.

NARBONNE

16 🍽️ **La Table Saint-Crescent**

S'il était connu comme peintre, Lionel Giraud ne serait pas plus facile à rattacher à un courant pictural que comme cuisinier : impressionniste le matin, fauve à midi, cubiste le soir. Ce qu'on aime dans ses plats, comme dans l'atmosphère de cet ancien oratoire, c'est aussi cette diversité. Le cadre est noblement sobre, liturgique presque, mais le sourire et l'aisance de Marie Giraud et du service féminin rendent la partie légère, joyeuse, méditerranéenne. Le terroir semble pesant ou certains intitulés paraissent au contraire trop aventureux ? Ni l'un, ni l'autre, le chef maîtrise, fait des clins d'œil, place un aïgo boulido pour alléger les beignets de seiche et moruettes invente de superbes ravioles d'huîtres et serrano sous un cube de fenouil de génération moléculaire, enrichi une poitrine de veau cuite douze heures d'une croquette de petits gris sur un lit de sucrine et soja et manie l'azote liquide avec dextérité dans l'éblouissante carte de desserts où chaque gourmand tirera la langue devant un impossible choix (étonnante variation sur les légumes en glace, superbe compression de framboise façon vacherin avec une glace basilic). Cave bien en phase avec son environnement immédiat (le Pied des Nymphettes des Guérin, c'est ici), fitou, corbières et minervois avec tous les meilleurs (Haut Gléon, Ollieux Romnis, Massamier la Mignarde...)
C : 63,50 € • M : 20 €   *www.la-table-saint-crescent.com*

→ 68 av du Gén-Leclerc
BP 624
☎ 04 68 41 37 37
F. sam. à déj., dim. à dîn., lundi., 1 sem. janv., 3 sem. juin et juil.
Jusqu'à 21h30.

---

12 Le Petit Comptoir

Ce n'est pas Pondichéry, mais la tradition de ce petit comptoir, logé dans une brasserie Art Déco trentenaire, remonte à quelques décennies. Peu importe, puisque tout est sincère et correctement fait, les saint-jacques au coulis de favouilles, le bœuf Rossini, les crêpes soufflées au citron. Une sélection régionale de connaisseur dans les verres, avec Gauby, Canet-Valette, Ollieux-Romanis, Mas Jullien...
C : 45 € • M : 15-35 €   *camillepastoret@aol.com*

→ 4 bd Mal-Joffre
☎ 04 68 42 30 35
F. dim., lundi, 1re sem. janv. et 2 prem. sem. août.
Jusqu'à 22h.

👁️ **Aladin**

Un bon couscous de quartier, préparé et servi comme au pays, avec beaucoup de gentillesse et de simplicité, dans un cadre vaguement oriental, grand chameau déguisé et photos de souks.
C : 23 € • M : 20-29 €   *resto_aladin@hotmail.com*

→ 51 rue de la Parerie
☎ 04 68 42 17 44
F. dim. à dîn. et lundi.
Jusqu'à 22h.

👁️ **Brasserie Co**

A un carrefour stratégique au seuil du centre-ville, une brasserie moderne à la terrasse animée. On expédie à rythme soutenu plats de répertoire languedocien et assiettes inspirées de la mode, mille-feuille de foie gras et épices au caramel d'épices, pastilla de pigeon au foie et petits légumes, flip-flap de thon et ratatouille au cumin...
M : 19,50-27 €

→ 1 bd du Dr-Ferroul
☎ 04 68 32 55 25
F. dim.
Jusqu'à 22h.

🛏️ **La Résidence**

A une centaine de mètres de la magnifique cathédrale, cet immeuble XIXe cossu représente une valeur sûre de la ville, avec ses chambres personnalisées cossues, qui cultivent avec élégance une certaine idée du confort bourgeois parfaitement adapté au cadre.
26 ch. 65-96 €   *www.hotelresidence.fr*

→ 6 rue du 1er-Mai
☎ 04 68 32 19 41
🖳 04 68 65 51 82
F. 18 janv.-17 fév.

Château de l'Hospitalet ✒

Au milieu des vignes de ce vaste domaine et des paysages du massif de la Clape, l'hôtel a bénéficié d'une rénovation en 2007 et arbore, sous le nom des différentes cuvées du domaine, des chambres actuelles dans leur confort, comme leur décor agréablement coloré. Les nombreuses animations et activités font du site un pôle touristique important.

38 ch. 125-250 €　　　　　　　　　*www.gerard-bertrand.com*

→ Rte de Narbonne-Plage
☎ 04 68 45 28 50
🖷 04 68 45 28 78
Ouv. 7j/7.

Villes de proximité, voir :

⟳ BAGES ....8 km S. par N 9 **(11/20)**
⟳ ORNAISONS ....14 km O. par N 113 et D 24

NEAUPHLE LE CHATEAU - 78640　　(7 B 2)
Paris 37 - Versailles 17

13 La Griotte

Le coin n'est pas si riche : la Griotte est la cerise sur le gâteau, l'indispensable resto-bistro, au cadre souriant, à la façade rénovée, qui abrite un chef plutôt adroit pour tourner un menu-carte assez attractif, jouant du supplément pour les ingrédients nobles (foie gras, truffes...) mais assez équitable pour la manière et la prestation (bon service, cave classique pas trop chère) : terrine de chèvre frais, artichauts, tomates, courgettes, filet mignon de porcelet et nem de légumes coriandre et menthe, morue fraîche aux haricots tarbais...

C : 45 € • M : 28-40 €　　　　　*www.restaurant-la-griotte.com*

→ 58 av de la République
☎ 01 34 89 19 98
F. dim., lundi et 3 sem. août.
Jusqu'à 21h30.

Domaine du Verbois ✒

Elégance bourgeoise et ambiance romantique pour les chambres de caractère de cette maison de maître, née au XIXᵉ pour héberger les amours d'un antiquaire et de sa maîtresse. L'ancien propriétaire n'aurait pas renié la qualité du mobilier, style ancien bien dans le ton des lieux. Un charme à l'ancienne, dans le calme verdoyant d'un grand parc.

2 appart. 180 € • 22 ch. 98-140 €　　　　　*www.hotelverbois.com*

→ 38 av de la République
☎ 01 34 89 11 78
🖷 01 34 89 57 33
F. 10-22 août et 21-28 déc.

NEGREPELISSE - 82800　　(29 D 3)
Montauban 17 - Caussade 14

11 Chez Terrassier

Au-delà des plaisirs tranquilles de l'hôtel, la maison des Cousseran, à quelques kilomètres des gorges de l'Aveyron, cultive avec douceur et fidélité les plaisirs du terroir autour des cèpes, en fricassée comme en accompagnement du foie gras poêlé.

C : 28 € • M : 15-40 €　　　　*hotel-rest.terrassier@wanadoo.fr*

→ Vaissac
☎ 05 63 30 94 60
F. vend. à dîn., dim. à dîn.,
1er-15 janv. et 1 sem. nov.
Jusqu'à 21h.

NERAC - 47600　　(24 A 4)
Agen 38 - Villeneuve-sur-Lot 60

14 Aux Délices du Roy

A quelques pas du château d'Henri de Navarre, le poisson est roi dans cette petite maison sans prétention, tenue par un ancien du Queen Elizabeth. Une qualité de produit remarquable, une technique de cuisson simple mais d'une totale maîtrise (la plupart des poissons sont servis entiers et grillés, simplement accompagnés d'un assortiment de légumes et d'une sauce au choix présentée à part) et un service d'une absolue gentillesse. Petite cave régionale peu coûteuse.

C : 37 € • M : 37 €

→ 7 rue du Château
☎ 05 53 65 81 12
F. 1er déc.-1er mai.
Jusqu'à 22h.

NESTIER

Villes de proximité, voir :

⟳ FRANCESCAS .... 14 km S.E. par D 930 et D 112 **(16/20)**

NESTIER - 65150 (29 B 5)
Tarbes 43 - Bagnères-de-Luchon 47

15 🍴 **Relais du Castera**

Difficile de faire vivre un "deux toques" dans une région de faible fréquentation touristique ? Pas si, à l'instar de Serge Latour, on a bâti sa popularité sur une cuisine de terroir personnalisée, sagement tarifée et sachant s'adapter en temps réel aux exigences du marché quotidien : carpaccio de tête de veau aux condiments, pastilla de pintade fermière du Gers au citron confit, jeunes pousses et foie gras poêlé, riz au lait "grand-mère", compotée de fruits exotiques et tuiles au miel et à la fève tonka. Cave essentiellement régionale, service souriant sous la direction de Ghislaine Latour. Six chambres bien tenues pour ne pas reprendre la route.

C : 45 € • M : 25-50 €   *www.hotel-castera.com*

→ Entrée du Village
☎ 05 62 39 77 37
F. dim. à dîn., lundi, mardi à dîn., 2-31 janv. et 8 jrs déb. juin.
Jusqu'à 21h.
🌂 🚗

NEUFCHATEAU - 88300 (11 C 5)
Epinal 71 - Contrexéville 27 - Chaumont 59

12 **L'Eden**

C'est plus un souffle régulier qu'un grand vent de modernité qui anime cette adresse, mais quelques efforts percent ça et là qui prouvent que l'air du temps arrive aussi jusqu'à Neufchâteau : la tarte minute de thon rouge côtoie les asperges sauce mousseline, le crumble de cabillaud, le magret de canard aux champignons, tandis que la sauce porto arrose la pastilla de volailles. Le travail est bien fait, le service suit le rythme avec vaillance. Cave classique, un peu trop.

C : 45 € • M : 24-46 €   *www.leden.fr*

→ Parking de l'Office-du-Tourisme
☎ 03 29 95 61 30
F. dim. à dîn., lundi à déj. et 2-13 janv.
Jusqu'à 21h30.
🚗 ♿ ≋❄🐕 🍴

NEUFCHATEL SUR AISNE - 02190 (4 D 4)
Laon 45 - Reims 20

13 🍴 **Le Jardin**

L'ancienne quincaillerie a bénéficié cette année d'un grand lifting : les cuisines, puis les salles, puis la façade. le Jardin est tout neuf et le chef peut bosser. Ce qu'il sait faire dans un menu complet à 17 € nous épate chaque année. Mais cela donne aussi envie de voir plus loin, la même maîtrise technique sur la superposition d'asperges vinaigrette aux truffes et gambas plancha, la verrine de petits gris moelleux de persil écume de pomme de terre et le suprême de volaille de Licques aux morilles. Les produits sont locaux, traités avec soin, la terrasse sur le jardin est bien agréable et la cave simple et raisonnable.

C : 48 € • M : 17-52 €   *www.restaurant-le-jardin.com*

→ 22 rue Principale
☎ 03 23 23 82 00
F. dim. à dîn., lundi, mardi (sf fériés), 1re sem. sept. et 3 sem. janv.
Jusqu'à 21h (21h30 w.-e.).
🌂 ♿ ≋❄🐕

---

découverte *d∈* GM met en avant des nouveautés méconnues

💗 coup de cœur   🍇 carte des vins remarquable   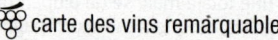 notation en hausse

---

NEUILLE LE LIERRE - 37380 (17 C 4)

Tours 26 - Amboise 14 - Montrichard 32

13 Auberge de la Brenne

C'est une affaire sérieuse menée par Ghislaine et François Sallé dans une salle campagnarde qui reçoit la confiance de tout le canton. Parce que la chef, formée chez Gisèle Crouzier, connaît tout, jusqu'au beurre blanc, des bonnes traditions ligériennes - les rillettes au chaudron, la géline en gelée, les rognons aux morilles - en utilisant les herbes du jardin, l'estragon, le romarin, toujours à bon escient. Le patron, plein de gouaille, connaît tout des recettes de Madame, jusqu'aux "pets de M. Leroux", délicate appellation pour des profiteroles à la chicorée, mais aussi le vignoble, et les vignerons avec lesquels il travaille depuis des lustres, Tout cela, avec l'enthousiasme communicatif de la salle, vaut bien une petite toque.

C : 50 € • M : 25-46 €   www.auberge-brenne.com

→ 19-17 rue de la République
☎ 02 47 52 95 05
F. dim. à dîn., mardi, merc. (1er janv.-15 juin), mardi à dîn., merc. (16 juin-30 sept.), 24 janv.-6 fév., 15 fév.-13 mars et 26 nov.-5 déc.
Jusqu'à 21h.

NEUILLY LE REAL - 03340 (26 C 2)

Moulins 14 - Roanne 82

13 Logis Henri-IV

Henri-IV fut Vert-Galant pendant des lustres, ce Logis qui lui est dédié est dans la même position, hiératique et sans mollesse quand il s'agit de défendre la tradition dans cet ancien relais de chasse à colombages. Les producteurs locaux et le potager alimentent une cuisine saine et bien appliquée par Valdi Persello : délice Henri IV (un feuilleté au foie gras), sandre braisé au saint-pourçain rouge, civet de lièvre, crêpes au beurre d'orange. Dans la salle, la même authenticité, la gentillesse de Patricia, aux petits soins pour chacun, et proposant une carte de vins équitable en loires, avec le saumur du Hureau, le chinon de Joguet et le sancerre de Marnier-Lapostolle, sans oublier bien sûr les saint-pourçain.

M : 20-19,50 €

→ 13 rue du 14-Juillet
☎ 04 70 43 87 64
F. dim. à dîn., lundi, vac. scol. fév. et 1re sem. sept.
Jusqu'à 21h.

NEUILLY SUR SEINE - 92200 (8 B 5)

Paris 9 - Nanterre 8 - Argenteuil 8

14 Les Feuilles Libres

Ce que montre Emmanuel Laporte dans ses restaurants, c'est autant du professionnalisme qu'une écoute assidue de son époque et de sa clientèle. Aux Feuilles Libres, la liberté de penser est souveraine, dans une carte intelligente rondement menée, voltigeant de terroir en continent, de nems de crevettes au sésame aux saint-jacques et risotto de moules, de brochettes de gambas et quinoa citronnelle et coco à la côte de veau et légumes printaniers. Et si le ticket flirte aujourd'hui avec les 60 €, en englobant les bons desserts, mascarpone orange amère et clémentine, carpaccio de mangue et ananas, la prestation dans son ensemble mérite la distinction, jusqu'à la courte et bonne carte des vins laissant s'exprimer de bons domaines comme Amadieu, l'Hortus… ou Laporte et son muscat sec.

M : 25-45 €   www.laporterestaurants.com

→ 34 rue Perronet
☎ 01 46 24 41 41
F. sam. à déj. et dim.
Jusqu'à 22h30.

14 La Truffe Noire

Neuilly oblige, les additions chez Patrice Hardy n'ont vraiment rien de démocratiques. Et comme le petit menu (à 38 €) revêt assez peu d'intérêt, on opte bien vite pour la carte et ses propositions alléchantes où la truffe (dont le cours ne baisse pas) tient le haut

→ 2 pl Parmentier
☎ 01 46 24 94 14
F. 3 sem. août.
Jusqu'à 22h15.

idéal gourmet

du pavé : savoureux croque-truffe (croustillant à l'extérieur, moelleux à l'intérieur et fourré de lamelles de truffe noire) accompagné de quelques copeaux de truffe blanche râpée au dernier moment, risotto à la truffe aux parfums magnifiés. Un point de plus, malgré les desserts légèrement en retrait, cave essentiellement axée sur le bordelais.
C : 70 € • M : 38-130 €   www.truffenoire.com

---

12 Bistrot d'à Côté La Boutarde

On est toujours bien chez Michel Rostang, comme dans un costume de velours à grosse côte, moelleux et indémodable. L'ambiance vieux bistrot parisien prend évidemment, à Neuilly, des quartiers de noblesse, qui touchent aussi les travers de porc et croustillant de polenta, le parmentier de cabillaud au persil et potiron ou le curry d'agneau riz basmati, une carte bien actuelle exposée dans une formule bien calibrée à 36 €. Cave sérieuse de noms connus et de beaux bordeaux.
C : 43 €   www.michelrostang.com

→ 4 rue Boutard
☎ 01 47 45 34 55
F. sam. à déj. et dim.
Jusqu'à 23h.

---

12 Jarrasse l'Ecailler de Paris

La vieille institution a repris des couleurs depuis que les Rostang père et fille se sont penchés sur son cas. Une cuisine qui frise la toque, (très belle cuisson des poissons) : noix de saint-jacques en coquilles soufflées, pavé de lieu rôti et fricassée de pommes de terre grenailles et cigare croustillant au tabac de Havane et mousseline au cognac dépoussiérant avec respect la vieille dame.
C : 70 € • M : 38 €   www.michelrostang.com

→ 4 av de Madrid
☎ 01 46 24 07 56
Ouv. 7j/7.
Jusqu'à 23h.

---

12 Aux Saveurs du Marché

Le concept est parfaitement rodé et tellement séduisant que les places se négocient à prix d'or au déjeuner : une rafraîchissante cuisine bistrotière déclinée à l'ardoise (ravioles de tourteau et consommé d'étrilles, dos de cabillaud épais rôti au pistou, tarte fine aux pommes) qu'on arrose à sa guise en piochant parmi les nombreuses propositions de vin au verre ou en pichet. Service attentif.
C : 42 €   auxsaveursdumarche@wanadoo.fr

→ 4 rue de l'Eglise
☎ 01 47 45 72 11
F. w.-e., 1er janv., 1 sem. fév.,
3e sem. août et Noël.
Jusqu'à 22h30.

---

11 Temps Libres

Feuilles Libres, Entrées Libres et désormais Temps Libre, le très entreprenant Emmanuel Laporte multiplie les ouvertures. Cette adresse proche de l'église Saint-Jean Baptiste occupe plutôt le créneau des repas d'affaires pris sur le pouce, dans un registre forcément plus simpliste qu'aux Feuilles Libres mais néanmoins soigné : pressé de volaille aux artichauts, dos de bar au jus de coques et carottes, petits bonbons au chocolat. Quelques tables sur le trottoir.
C : 38 € • M : 23-45 €   www.feuilles-libres.com

→ 158 av Charles-de-Gaulle
☎ 01 46 24 84 42
F. sam. à déj. et dim.
Jusqu'à 22h30.

---

10 Chez Livio

Les toits de la terrasse s'ouvrent à la belle saison, un agrément supplémentaire pour le quartier d'apprécier cette carte italienne de bonne orthodoxie administrée par un chef qui connaît la messe en latin : insalata Livio, scampi fritti, linguine al limone, foie de veau à la vénitienne...
C : 29 € • M : 20-37 €   restaurant-livio@wanadoo.fr

→ 6 rue de Longchamp
☎ 01 46 24 81 32
F. w.-e. (août), 24-25 déc. et 31
déc.-1er janv.
Jusqu'à 22h45.

⬤ Yamazato

Décor clair, sens du service, et la déclinaison des spécialités attendues, la maison permet à prix raisonnables de s'offrir un petit voyage dans l'univers culinaire japonais, le plateau Yamazato constituant sans doute la meilleure approche.
M : 12-17 €

→ 142 av Charles-de-Gaulle
☎ 01 47 22 96 46
F. 15-30 août.
Jusqu'à 23h.
❄ 🐾

- -

🛎🛎🛎 Hôtel Courtyard

Dans le calme relatif de Neuilly, le grand immeuble blanc dispose de chambres spacieuses à l'élégance contemporaine et au confort impeccable, à l'image d'un service disponible et d'un équipement de bon niveau.
69 appart. 400 € • 242 ch. 175-300 €

→ 58 bd Victor-Hugo
☎ 01 55 63 64 65
▤ 01 55 63 64 66
Ouv. 7j/7.
🚗 ❄ 🐾

- -

🛎🛎 Hôtel de la Jatte

Un bel immeuble blanc en bord de Seine, sur l'île de la Jatte, campagne chic à deux pas de la Défense. Chambres au calme, au cadre contemporain et au style sobre créé par Jean-Christophe Nuel. Peintures et moquettes rénovées l'an passé.
3 appart. 160-240 € • 68 ch. 95-145 €   www.hoteldelajatte.com

→ 4 bd du Parc, île de la
Grande Jatte
☎ 01 46 24 32 62
▤ 01 46 40 77 31
Ouv. 7j/7.
♿ ❄ 🐾

NEUVILLE LES DIEPPE - 76370   (6 C 1)
Rouen 66 - Saint-Valéry-en-Caux 36

13 Les Voiles d'Or 💛

Il faut certes aller le chercher, là-haut sur la falaise à côté de la chapelle de Bonsecours, mais la table de Corinne et Tristan Arhan mérite le détour pour tous les amoureux du beau poisson. Le chef travaille une carte courte, en fonction des approvisionnements du jour, et sort des assiettes sobres qui rendent hommage à un produit de premier choix : superbes noix de saint-jacques, pêche dieppoise, juste passées au four et légèrement assaisonnées ; pêche du jour (barbue, saint-pierre et turbot) servie généreusement avec une touche de jus discrètement crémé. On apprécie également l'ambiance feutrée qui règne en salle et qui doit beaucoup à la gentillesse du service.
C : 48 € • M : 30-48 €

→ 2 chemin de la Falaise
☎ 02 35 84 16 84
F. dim. à dîn., lundi, mardi et 15-30 nov.
Jusqu'à 21h30.
🍽 ♿ 🐾

NEVERS - 58000   (19 B 4)
Bourges 69 - Moulins 54 - Autun 101

16 Jean-Michel Couron

Une discrète façade dans le quartier historique, près de l'église Saint-Etienne (qui, voilà bien longtemps, était dotée d'un cloître dont les derniers vestiges constituent une des trois salles du restaurant), c'est ici que depuis quinze ans, Jean-Michel Couron ne cesse de créer, de composer des plats auxquels il adjoint avec grand talent des épices venues de l'Inde. On sent là une technique irréprochable, une présentation artistique, et surtout une belle maîtrise des épices, qui lui permettent de sublimer des produits classiques comme le saumon d'Ecosse (mariné au tandoori, en intercalé de lamelles de betterave rouge avec crème fraîche à l'avruga) ou le faux-filet de bœuf charolais (frotté au garam masala et rôti, crémeux de parmesan et fine tarte de courgettes à l'huile de basilic). Les desserts séduisent par leur légèreté, le service de Marie-Hélène Couron par sa gentillesse attentionnée qui amène

→ 21 rue Saint-Etienne
☎ 03 86 61 19 28
F. dim. à dîn., lundi, mardi à déj., 1-17 janv. et 13 juil.-4 août.
Jusqu'à 21h15.
❄ 🐾

une atmosphère détendue. Solide en Loire, la cave trouve également quelques bons domaines dans la plupart des régions françaises.
C : 55 € • M : 20-48 €   www.jm-couron.com

---

13 L'Assiette

Le concept de ce restaurant installé dans le quartier historique n'est pas sans risque : proposer (uniquement au déjeuner, le restaurant étant fermé tous les soirs sauf le vendredi et le samedi) sur une seule et même assiette l'ensemble du repas, de l'entrée au dessert ! Le pari est réussi, à condition de ne pas aimer traîner à table ! Un menu classique est proposé les deux soirs où la maison est ouverte : pressé de crevettes au pamplemousse, noix de saint-jacques poêlées et endives braisées, bon fromage blanc. Petite cave tournée vers la Loire.
C : 25 € • M : 23-27 €

→ 7 bis rue
Ferdinand-Gambon
☎ 03 86 36 24 99
F. dim., à dîn. (lundi-jeudi), 1re sem. janv., 1 sem. Pâques et 3 sem. fin août-déb. sept.
Jusqu'à 21h30.

---

11 Au Bistrot Gourmand

L'endroit fait presque penser à une élégante brasserie parisienne. Avec une ravissante terrasse, ce restaurant dirigé par un tout nouveau chef (Pascal Bélujon, venu du Bas-Bréau à Barbizon) cumule les atouts et sert une jolie cuisine, fraîche et contemporaine : raviolis de pétoncles et homard à la fleur de thym et basilic frais, filet de dorade au beurre d'agrumes et spaghettis de courgettes, tarte aux pommes et cannelle. Cave concise et sagement tarifée.
C : 30 € • M : 25 €   au-bistro-gourmand.com

→ Pl de la Résistance
☎ 03 86 61 45 09
F. dim. à dîn. et lundi.
Jusqu'à 21h30 (22h w.-e.).

---

11 Hôtel le Morvan

Après avoir passé près de 20 ans dans les cuisines de la Lisière de Sénart, Lionnel Lorin s'est installé en 2005 dans ce modeste hôtel-restaurant de la préfecture de la Nièvre. Les spécialités régionales (œuf en meurette, jambon persillé de fabrication artisanale) cohabitent avec les classiques, mosaïque de saumon crème de ciboulette, cuisses de grenouilles poêlées et purée de persil, blanquette de lotte aux morilles ou confit de canard maison. Accueil et service souriants.
C : 45 € • M : 17-30 €

→ 28 rue du Petit-Mouësse
☎ 03 86 61 14 16
F. dim. à dîn.
Jusqu'à 21h.

Le Puits de Saint-Pierre

Une certaine recherche, encore à affiner, mais des menus intéressants qui, au fil du temps, séduisent les Nivernais : moelleux de joues de bœuf à la menthe et aux pignons, filet de barbue au salpicon de la mer, financier choco-pistache aux griottines. Cave trop concentrée sur un petit nombre de propriétaires.
M : 21-29 €

→ 21 rue Mirangron
☎ 03 86 59 28 88
F. dim. à dîn., lundi, mardi à déj., merc. à déj., 1er-9 janv. et 3 sem. août.
Jusqu'à 21h15.

Clos Sainte-Marie

Jolies chambres claires et fleuries, situation agréable dans un jardin, les fleurs sont partout et créent une atmosphère paisible et chaleureuse, à quelques encablures du centre-ville.
1 appart. 110 € • 17 ch. 67-82 €   www.clos-sainte-marie.fr

→ 25 rue du Petit-Mouësse
☎ 03 86 71 94 50
🖨 03 86 71 94 69
F. 25 déc.-2 janv.

Villes de proximité, voir :

NEVEZ - 29920 (13 C 4)
Quimper 40 - Concarneau 16

14 Ar Men Du *d≥*

La mer dans tous ses états, la mer de tous les côtés…les deux petites maisons blanches accolées sur ce bout de terre face à l'océan jouissent d'un environnement exceptionnel. C'est là que nous avons retrouvé la trace de Patrick Le Guen, ancien capitaine de l'Agape à Sainte-Marine-Combrit (15/20) et désormais à la barre de cet élégant vaisseau. Conviviale et bistrotière, la cuisine se marie à merveille à l'ambiance des lieux avec de belles langoustines accompagnées d'une délicieuse purée d'avocat et d'une aérienne émulsion de concombre, de réjouissants côte et pied de cochon parfumés à la sauge et un dessert à faire grimper en flèche le taux de cholestérol mais tellement plaisant : des pommes coupées en fines tranches, cuites au beurre très doucement, pendant deux bonnes heures… La croisière risque de paraître bien trop courte.
C : 60 € • M : 35-70 €   *www.men-du.com*

→ Raguenes-Plages
☎ 02 98 06 84 22
F. mardi à déj. (h.s.), 2 janv.-14 mars et 12 nov.-21 déc.
Jusqu'à 21h45.

Ar Men Du

Situation de rêve au bord de la mer pour ces deux maisons blanches, une vue dont profite chaque chambre. Claires et épurées, celles-ci déclinent une tonalité de couleurs en hommage aux impressionnistes. Confort soigné, avec notamment de très belles salles de bains.
2 appart. 129-160 € • 15 ch. 80-115 €   *www.men-du.com*

→ Raguenes-Plages
☎ 02 98 06 84 22
▤ 02 98 06 76 69
F. 2 janv.-14 mars et 12 nov.-21 déc.

NEZIGNAN L'EVEQUE - 34120 (32 A 4)
Pézenas 6 - Montpellier 57 - Sète 43

Hostellerie Saint-Alban

Cette noble bâtisse, ancienne maison de maître du XIXᵉ siècle au grand jardin arboré, associe avec bonheur le fer forgé et le bois pour composer un décor chaleureux d'inspiration méditerranéenne. Spacieuses, ornées de stuc au premier étage, plus intimes au second, les chambres offrent toutes une vue superbe sur les collines alentour ou sur le pittoresque village.
1 appart. 150-180 € • 12 ch. 74-120 €   *www.saintalban.com*

→ 31 rte d'Agde
☎ 04 67 98 11 38
▤ 04 67 98 91 63
F. 14 nov.-14 fév.

NIAUX - 09400 (30 A 6)
Tarascon-sur-Ariège 5 - Vicdessos 10

12 Petite Auberge de Niaux

L'Ariège à l'honneur, pour Georges Cecconi, ce n'est pas affaire de paysage ou de maison de caractère (même si de ce côté non plus il n'y a pas lieu de se plaindre), mais avant tout de produits, puisés au plus près du terroir et livrés dans toute la générosité de leurs saveurs, de la soupe d'orties au cabri aux noisettes, en passant par la tourte aux fromages. Une générosité qu'on retrouve dans la gentillesse de l'accueil.
C : 40 € • M : 18-38 €   *www.ariege.com/aubergedeniaux*

→ Village
☎ 05 61 05 79 79
F. dim. à dîn. et lundi (h.s), mi-nov.-mi-fev.
Jusqu'à 21h (22h30 été).

NICE - 06000 (34 C 4)
Paris 951 - Toulon 153 - Digne 152

15 L'Ane Rouge

Michel Devillers peut changer le décor autant qu'il veut (le dernier en date est très réussi), l'Ane Rouge restera un fief des traditiona-listes et des purs Niçois, ceux qui entreraient bien les yeux fermés s'il le fallait pour goûter à cette carte rédigée comme sur un parchemin et qui, dans sa faconde et son authenticité, n'est pas

→ 7 quai des Deux-Emmanuel
☎ 04 93 89 49 63
F. merc., jeudi à déj. et fév.
Jusqu'à 22h15.

NICE

■ **Restaurant**	● **Hôtel**	◆ **Hôtel-Restaurant**

GM

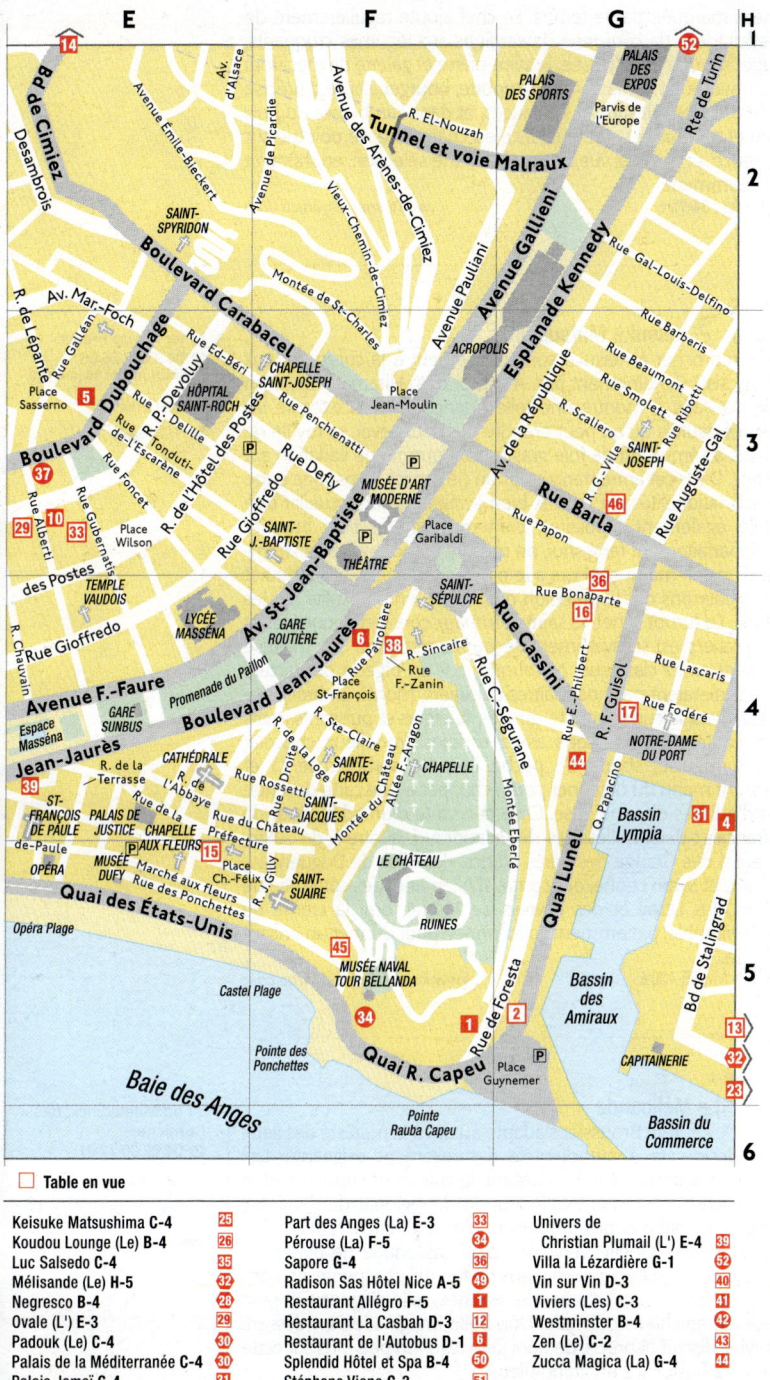

vraiment marquée par le temps. Le chef ajoute régulièrement de nouvelles idées (la couronne de sardines aux légumes croquants, le rouget sur une pâte tressée, le saint-pierre et galette de macaroni truffée) mais c'est la manière qui importe, bourgeoisement précise dans les cuissons, les jus et les sauces, et dans l'ambiance ad hoc, feutrée et tranquille, sur le quai face au château. Cave pointue sur la Provence, et pas mal vue, dans une courte sélection, en rhône et loire notamment.

C : 69 € • M : 34-75 €   www.anerougenice.com

- -

15 🍴 🍴 ❦ **Keisuke Matsushima**

→ 22 ter rue de France
☎ 04 93 82 26 06
F. dim., lundi et 10 janv.-10 fév.
Jusqu'à 21h45.
♿ ≋❄ 🚗

Doit-on reprocher à Keisuke son attachement à la cuisine et aux vins français ? Certainement pas. A l'instar d'un Hiramatsu ou d'un Yoshino à Paris, il montre une telle aisance lorsqu'il exécute les classiques gaulois qu'on peut prendre des cours avec sa royale de shii-takés à l'émulsion de foie gras ou sa gourmande variation sur les cèpes. Dans cet antre franco-nippon (le service se partage entre les deux nationalités, ce qui est bien pratique pour accueillir une clientèle également bipolaire), contemporain de bois brun et naturel, parfaitement feng shui, on mesure la modernité de l'hommage d'un self-made-chef qui a le plus haut respect du produit et dont les cuissons ont la précision quartzique, en particulier sur les poissons. Le turbot si net, le saint-pierre aux cocos et coques, dont chaque saveur est si savamment découpée montrent une maîtrise finalement assez classique, corroborée par un pigeon de Verzeni que ne renieraient pas nos maîtres-cuisiniers, monté en brochette avec les abats, la cuisse confite, girolles, foie gras et puissants petits navets confits. Jolis desserts assez simples (moelleux chocolat sorbet framboise, soupe de pêche blanche sorbet rose…) et intéressant menu du déjeuner pour échapper à une carte devenue aujourd'hui très dispendieuse. Cave puissante d'un admirateur de vins français : deux millésimes de Valandraud, quatre S de Salon, mais aussi des Grange des Pères blancs, des Silex de Dagueneau, des Cistes et Syrah Leone, des cornas d'Allemand, des côte-rôtie de Stephan, des Leroy et des gevreys de Mortet, bref la crème de chaque vignoble, patiemment collationnée pour donner un brillant catalogue.

C : 100 € • M : 35-130 €   www.keisukematsushima.com

- -

15 🍴 **Le Mélisande**

→ 30 bd Maeterlinck, Basse Corniche
☎ 04 92 00 72 01
Ouv. 7j/7.
Jusqu'à 22h.
🌳 🍴 ♿ ≋❄ 🏖 🐾 🚗

La carte de Laurent Broussier s'adapte autant à la majesté des lieux qu'aux desiderata d'une clientèle naturellement exigeante. Les envies sont variées, selon le moment, la culture et l'humeur, et le chef s'attache à contenter tout le monde, du régional, du classique, un peu de création et des produits nobles quand il le faut : melba de homard en chantilly, verveine froide cassonade de betterave, barigoule de coquillages et copeaux de fenouil et asperge, goujonnette de loup et nougat d'amandes fraîches, selle d'agneau en pain d'épices et artichauts poivrade. Une belle imagination en dessert, un service discret et précis, de quoi faire rêver un peu plus sur cette terrasse idyllique face au grand bleu.

C : 65 € • M : 45-75 €   www.palais-maeterlinck.com

ꞔꞔꞔꞔ Palais Maeterlinck 🛬

Rachetée dans les années 30 par Maurice Maeterlinck, écrivain belge et prix Nobel de Littérature, l'ancienne villa Orlamonde fut transformée en hôtel en 1987 par un homme d'affaires suisse. Le célèbre patio entouré de colonnes ioniques accueille depuis une piscine chauffée alors que le jardin des lavandes, peuplé de cyprès, a été conservé dans son état d'origine. Spacieuses et luxueuses, les chambres, de style néoprovençal et contemporain, seront rénovées en 2008.

28 appart. 450-3000 € • 12 ch. 245-580 €   www.palais-maeterlinck.com

→ 30 bd Maeterlinck, Basse Corniche
☎ 04 92 00 72 00
🖳 04 92 04 18 10
Ouv. 7j/7.

- -

14 🍴 ⧽ Jouni, Atelier du Goût

Tout le monde aime Jouni, c'est une affaire entendue. L'histoire de ce chef finlandais amoureux du terroir niçois, formé à bonne école française, tient du conte social, avec happy end dans cette maison mythique, posée sur l'eau avec vue sur le port, très jolie salle Art déco au luxe sobre agrandie d'un balcon-terrasse sur l'eau turquoise. On aime le naturel, la rigueur dans les provenances, le soin à habiller le marché. On l'adorait dans l'échoppe du côté de Garibaldi, ses petits plats simples où pour 40 à 50 €, on découvrait une cuisine hyper-pointue sur des produits simples. La vue a changé, le ticket a doublé, le personnel sans doute quintuplé, et la cuisine est toujours la même. Pourtant, on tique un peu plus sur la faiblesse du choix (quatre entrées mais une qui manque, un seul poisson, deux viandes mais une côte de bœuf seulement pour deux) pour une addition qui ne peut guère descendre sous les 100 € (heureusement, il y a un bistrot, au rez-de-chaussée). C'est bon simple, naturel, le foie gras plancha ou le loup à basse température sont très bien faits (surtout de merveilleuses courgettes presque fondues), le soufflé au citron et les autres desserts de Freddy fort bien réalisés. Et la cave est remarquable, dans les choix régionaux comme sur les grands crus, avec de très beaux flacons accessibles. Certains Niçois nostalgiques et fortunés apprécieront le retour de leur Réserve, certains autres regrettent la cantine.

C : 50 € • M : 30-75 €   www.jouni.fr

→ La Réserve de Nice, 60 bd Franck-Pilatte
☎ 04 93 14 68 73
F. dim., lundi, août et 20 déc.-10 janv.

- -

14 🍴 Luc Salsedo

Bistronomie niçoise chez Luc Salsedo, image du renouveau local par un jeune chef du cru et non une vedette parachutée sur la Riviera. Luc Salsedo, formé chez Plumail, Ettlinger, Delacourt a les idées de son temps et de son pays. Son bistrot est un modèle accueillant, dans un quartier authentique de la vie contemporaine locale, et sa carte respire la région et la saison, spontanée, directe, issue du marché : carpaccio de bœuf, légumes croquants et vinaigrette pistou, cabillaud plancha, cocos, girolles et jus de volaille, cannelloni braisé à la tomate et gratiné au parmesan. L'atmosphère est vive, un soleil permanent de convivialité et la cave plaît naturellement, par ses choix et par ses prix sur tout l'axe Sud (le Roudaï à 49 €, jale les Fenouils à 30 €, Emotion de Fulla à 32 €...)

C : 42 € • M : 26-60 €

→ 14 rue Maccaranl
☎ 04 93 82 24 12
F. merc., jeudi à déj., sam. à déj., 3 prem. sem. janv. et dern. sem. juin.
Jusqu'à 22h.

14 🍴 **Le Padouk**

L'apaisement que connaissait ce palace à l'histoire mouvementée n'aura finalement été que de courte durée. Le talentueux Bruno Sohn a quitté la Promenade des Anglais mais le beau jouet demeure toutefois entre de bonnes mains puisque c'est Philippe Thomas, l'ancien second (et alsacien lui aussi) qui dirige désormais la manœuvre. Dans cette salle toujours aussi luxueuse et magique (mais depuis laquelle la vue sur la mer est impossible, malgré la présence d'une immense terrasse-patio !), le propos demeure évidemment méditerranéen : thon rouge de Méditerranée aux agrumes et filet de dorade, tomates confites, veau en saltimbocca et gros macaron aux fraises et sorbet à la rhubarbe. Il flotte tout de même sur cette table comme un parfum différent, moins luxueux, depuis le rachat de l'établissement. Et la cave, nettement plus courte que par le passé, semble en avoir fait les frais également.
C : 54 € • M : 35-75 €   www.lepalaisdelamediterranee.com

→ 15 promenade des
Anglais, BP 1655
☎ 04 92 14 76 00
F. dim. et lundi (sf 1er juil.-26 août).
Jusqu'à 21h30.

🎋 🚗 🚲 ≈❄ ⛵

𝒸𝒸𝒸𝒸 **Palais de la Méditerranée**

Rouvert en janvier 2004, ce Palais dont la majestueuse façade Art Déco ne passe pas inaperçue, est très vite redevenu l'un des établissements les plus prisés de la Promenade. Rassemblés au troisième étage, la terrasse panoramique, la piscine intérieure-extérieure chauffée, la salle de fitness et le bar (le Pingala) concentrent l'essentiel de l'animation de l'établissement. Chambres meublées de pièces contemporaines (en wengé et sycomore) spécialement conçues pour l'hôtel. Exclusivité garantie.
12 appart. 1000-2000 € • 176 ch. 280-440 €

www.lepalaisdelamediterranee.com

→ 13 promenade des
Anglais
☎ 04 92 14 77 00
🖨 04 92 14 77 14
Ouv. 7j/7.

🚗 🚲 ≈❄ ⛵ 🐾

----

14 🍴 **L'Univers de Christian Plumail**

Figure réputée de la restauration niçoise, Christian Plumail entretient l'amitié et au passage une solide carte de plats emblématiques et personnels qui font le cœur toujours bien vivant de cet intérieur chaleureusement classique à dominante de blanc. Entre prestige et tradition, l'estomac balance, pour un bon pigeon et foie gras à la cuiller, petits pois en gelée, crème, pousses, un loup de ligne épais et bien cuit desservi par des asperges vertes pataudes, un beau palet au chocolat. Service à la solennité un peu marquée, qui devrait penser que le naturel a parfois du bon, cave relativement bien fouillée, des grands crus et du local, mais les références sont choisies avec soin.
C : 60 € • M : 44-70 €   www.christian-plumail.com

→ 54 bd Jean-Jaurès
☎ 04 93 62 32 22
F. w.-e. et lundi à déj.
Jusqu'à 22h.

🎋 ≈❄ 🐾 🍷

----

13 🍴 **Côté Sud**

Une petite salle, une petite terrasse, le temps des copains toute l'année, voilà cette table d'aujourd'hui, cuisine sur le pouce mais cuisine de pro, marché du jour, poissons de l'arrivage, légumes frais et basta. Voilà le credo d'un chef d'aujourd'hui, Luc Jaffrès qui travaille pour ses fidèles, ceux qui dénichent cette petite adresse du côté de Cimiez et ne la lâchent qu'à leurs vrais amis. La cave soutient les débats dans une simplicité choisie et moderne.
M : 24,50-30 €   resto-cotesud@free.fr

→ 2 rue du Pr-Sureau
☎ 04 93 01 36 40
F. w.-e. et août.
Jusqu'à 22h.

🎋 ≈❄

13 Palais Jamaï

Dans un décor magnifique, inspiré des Mille et une Nuits, ce temple de la haute gastronomie marocaine jouit d'une telle popularité que le prince Albert y possède son propre salon et un couscous qui lui est tout spécialement dédié (association d'agneau, de légumes, kefta et tfaya, des raisins confits dans la cannelle et le miel).
C : 35 € • M : 26 €
jamai.palais@wanadoo.fr

→ 3 quai des
Deux-Emmanuel
☎ 04 93 89 53 92
F. lundi et juil.
Jusqu'à 22h.

----

13 Restaurant L'Allégro ❤

Un patron slovène (sommelier expert qui veille sur une très vaste et intéressante cave franco-italo-slovène), un tout jeune chef français, à peine sorti de l'école, aidé par une spécialiste qui met la main à la pâte, et à peu près la meilleure cuisine italienne de Nice, à la régulière, imperturbablement peut-on dire. Au bout du port, au pied du château, là où passent les joggers le matin en venant de la Promenade, cette salle au décor vénitien Commedia dell'Arte est assez discrète. Mais les Niçois savent de quoi il retourne : un fritto misto superbe de fraîcheur, des raviolis au beurre de sauge dont chaque ingrédient semble venir du marché le matin (épinards, ricotta), un excellent tiramisu... Mamma mia ! En prime, l'accueil est souriant et charmant, ce qui vaut bien un petit coup de cœur.
C : 30 € • M : 18,30-53,40 €
sarl.divin@orange.fr

→ 4 pl Guynemer
☎ 04 93 56 62 06
F. sam. à déj., dim., 1er-7 janv.
et 4-31 août.
Jusqu'à 22h45.

----

13 Les Viviers

Référence niçoise en matière de poissons, ces Viviers savent alimenter l'aquarium avec une pêche toujours fraîche, un arrivage varié, principalement de l'Atlantique et une réalisation au petit point, grâce au travail méticuleux de David Vaque, un ancien de chez Guérard. On aimerait simplement que s'estompe un peu l'atmosphère de cérémonie traditionnelle qui préside à ce qui ne doit être après tout qu'un bain de fraîcheur, comme on le ressent par exemple plus ouvertement dans la partie bistrot. D'autant que les plats d'inspiration récente, comme le tartare de maquereau aux saveurs d'un mojito, le filet de daurade et jus de volaille à la citronnelle ou les saint-jacques poêlées, poitrine caramélisée et sauce au vin de riz méritent qu'on s'y intéresse. Très belle cave de grands crus, augmentée d'un choix très pertinent en région (Jale, Rasque, Barbanau…).
C : 55 € • M : 60 €
www.les-viviers-nice.fr

→ 22 rue Alphonse-Karr
☎ 04 93 16 00 48
F. sam. à déj., dim., dern. sem.
juil. et 3 prem. sem. août.
Jusqu'à 22h.

----

12 Aphrodite

Cette maison installée dans un quartier résidentiel cossu se repère facilement, grâce en particulier à la grande terrasse vitrée qui l'isole de la rue. Dans ce cadre élégant (la salle à manger et la terrasse ont manifestement fait l'objet de soins intensifs), la cuisine inventive de David Faure ne tarde pas à trouver ses marques, malgré quelques inexactitudes (une cuisson un peu trop poussée par ci, une autre un peu trop courte par là). De jolies sensations toutefois sur le filet de rascasse poêlé à la fleur de thym, crémeux à la farine de pois chiche et bouillon de moules safrané et sur la soupe de fraises mi-cuites au basilic et au poivre, écume de chantilly, grains cara-mélisés de glace au thé vert Matcha. Service compétent et souriant, cave complète.
C : 55 € • M : 23-85 €
www.restaurant-aphrodite.com

→ 10 bd Dubouchage
☎ 04 93 85 63 53
F. dim., lundi. et 3. prem. sem.
janv.
Jusqu'à 21h30.

12 La Cantine de Lulu

Lulu ? Lucien Brych bien sûr, cuisinier sympathique et qui n'a rien d'autre à vendre, dans son ancien café-bistrot, qu'une cuisine authentiquement régionale : beignets d'aubergines, poivrons grillés et salade de pois chiches, bagna cauda, tourte de blettes. Pour les petits malins, la daube de joue de bœuf aux cèpes et ses merda de can ou le stockfish, sur commande, permettent de s'immerger encore plus profondément dans la culture niçoise. Indispensable.
C : 30 € · www.lacantinedelulu.com

→ 26 rue Alberti
☎ 04 93 62 15 33
F. w.-e., fériés, 1 sem. fév., août et fêtes fin année.
Jusqu'à 21h30.

12 Restaurant de l'Autobus

Là où l'autobus quitte la ville pour les montagnes, arrêt gourmand, bien mieux que le buffet de la gare : à l'ombre des tonnelles, on se laisse séduire par une cuisine niçoise de tradition, gorgée de soleil, pour redécouvrir le plaisir authentique des farcis, daubes et autre beignets, réalisés avec le meilleur des produits de saison.
C : 30 € • M : 25-40 €

→ 142 av de Gairaut
☎ 04 93 84 49 88
F. merc. et janv.
Jusqu'à 21h30.

12 La Zucca Magica

Fidèle au poste à deux pas du port, Marco Folicardi a donné une âme à sa maison, par son sens de l'accueil comme par sa façon toujours chaleureuse de décliner sa cuisine végétarienne, de jouer des mélanges de couleurs et de saveurs et d'emporter l'adhésion avec un grand sourire. Cave sudiste, de la Provence à l'Italie.
M : 19-29 € · www.lazuccamagica.com

→ 4 bis quai Papacino
☎ 04 93 56 25 27
F. dim. et lundi.
Jusqu'à 22h30.

11 La Table Alziari

Au cœur du Vieux Nice, Anne-Marie Alziari met désormais depuis dix ans son amour de la cuisine au service du métier et de la plus conviviale des traditions niçoises, celle qui se conjugue dans la gourmandise des beignets de fleur de courgette, des petits farcis ou des alouettes sans tête. Une simplicité qui va droit au cœur.
C : 25 €

→ 4 rue François-Zanin, Vieux-Nice
☎ 04 93 80 34 03
F. dim., lundi, 8-21 janv., 3-9 juin, 7-20 oct. et 2-15 déc.
Jusqu'à 22h.

? Chantecler

Les touristes chics de la Promenade des Anglais apprécient ce lieu de mémoire voué au coq gaulois (l'emblème de la maison, en porcelaine, trône dans un coin de la salle), autant pour sa patine que pour son histoire. Dans ce décor Régence XVIIIe composé de boiseries récupérées dans la salle d'apparat du château de Chaintré et où les rideaux proviennent d'un fournisseur du château de Versailles, les plus grands chefs se sont succédé, de Jacques Maximin à Alain Llorca en passant par Dominique Le Stanc et, plus récemment, Bruno Turbot. Ce dernier a été remplacé à la mi-septembre par Jean-Denis Rieubland qui a quitté son poste de second au Faventia (le restaurant gastronomique du Domaine de Terre Blanche à Tourrettes) pour reprendre cette table mythique. MOF en 2007, rompu aux exigences de la cuisine de palace, cet ancien du Carlton et du Mas Candille devrait maintenir le Chantecler parmi les meilleurs adresses de la côte. A suivre.
C : 125 € • M : 45-130 € · www.hotel-negresco-nice.com

→ 37 promenade des Anglais
☎ 04 93 16 64 00
F. lundi, mardi (sf fériés) et 6 janv.-6 fév.
Jusqu'à 22h.

♙♙♙♙ Negresco

Monument classé, le Negresco et sa fameuse coupole sont indissociables de l'image de la ville. A l'initiative de Jeanne Augier, sa propriétaire depuis plus de 50 ans, il se pare de nombreuses œuvres d'art qui lui donne toute sa personnalité. C'est le cas notamment dans l'imposant hall d'accueil, avec ses statues contemporaines, mais aussi des chambres, qui déclinent les grandes périodes artistiques françaises, de Louis XIII à nos jours. La palette des services proposés répond avec efficacité aux exigences d'une clientèle évidemment haut de gamme.

24 appart. 650-1840 € • 119 ch. 280-570 €   www.hotel-negresco-nice.com

→ 37 promenade des
Anglais
☎ 04 93 16 64 00
📠 04 93 88 35 68
Ouv. 7j/7.

☻ Amou Daria

Une terrasse sur le port, voilà qui invite au voyage. Ici, la destination favorite, c'est l'Afghanistan. On s'installe devant les tables basses pour profiter d'une ambiance paisible, d'un accueil soigné et d'une cuisine aux parfums d'ailleurs autour des viandes cuites au four de terre ou marinées aux épices notamment.

C : 23 € • M : 19-36 €

→ 26 quai Lunel
☎ 04 93 55 09 35
F. dim. et lundi à déj. (h.s.),
dim. à déj. (juil.-août).
Jusqu'à 23h.

☻ Bông-Laï

Le train sort des rails et fait un tour au Viet-Nam à deux pas de la gare. Une occasion de se dégourdir les jambes en goûtant le fameux pho chin, convivial et emblématique pot-au-feu, les crêpes à la vapeur (banh cuôn) ou la poitrine de porc laquée aux cinq parfums. L'ambiance typique vient autant de la déco que de l'accueil.

C : 45 € • M : 16-39 €

→ 14 rue Alsace-Lorraine
☎ 04 93 88 75 36
F. 23-31 mai.
Jusqu'à 22h.

☻ Boni

Une agréable trattoria à cinq minutes du port. Stefano Bonizzoni propose une aimable cuisine d'inspiration piémontaise avec le cochon de lait au four, le risotto aux cèpes frais et le sauté de crustacés. Quelques jolis flacons et l'ambiance authentiquement transalpine font le reste.

C : 19,50 € • M : 19,50-30 €

→ 21 rue Barla
☎ 04 93 56 35 39
F. dim. et lundi.
Jusqu'à 22h30.

☻ Coco Beach

Née en même temps que les congés payés, la maison de Jean-Baptiste Coco est toujours là, accrochée à la roche au-dessus de la plage et aux mains de la troisième génération. La recette n'a pas changé, salle aux allures de bateau comme suspendue au-dessus de l'eau, la mer en direct, plein les yeux et plein l'assiette, avec les poissons (sauvages) grillés et la bouillabaisse.

C : 55 € • M : 39-45 €   www.cocobeach.fr

→ 2 av Jean-Lorrain
☎ 04 93 89 39 26
F. dim., lundi (hiver), dim.,
lundi à déj. (été) et déc.
Jusqu'à 21h30 (22h30 été).

☻ Delhi Belhi

La route des Indes dans le dédale du Vieux-Nice, mais en fait à deux pas de Saleya. Le billet est finalement modique pour goûter les tandooris, les biryanis, les plats végétariens et un très bon nan au fromage. Dans le décor et avec le service idoines et une cave assez ramassée mais plutôt bien penchée sur sa région (Rasque, Saint-André de Figuière).

C : 29 € • M : 19-29 €   www.delhibelhi.com

→ 22 rue Barillerie
☎ 04 93 92 51 87
F. à déj. sf vend., sam., dim.
(mai-sept).
Jusqu'à 23h30.

Le Domino

Envie de samba, d'aventures à Rio, sans trop s'éloigner du port ? Voilà le bon côté du Domino, et l'occasion de s'offrir une feijoada dans les règles de l'art, dans un déco bois et plantes typiquement latin. Tranquille le midi comme un bar de quartier, plus animé le soir.

C : 30 € • M : 16-26 €   ledominonice@wanadoo.fr

→ 20 rue Bonaparte
☎ 04 93 55 99 01
F. dim., lundi à déj. et 2 sem. août.
Jusqu'à 22h30.

Don Camillo

Cette institution niçoise (où Franck Cerruti s'était autrefois distingué) connaît une nouvelle époque depuis l'arrivée l'an dernier de Marc Laville. Une modification d'enseigne discrète mais lourde de sens ("Créations" s'ajoutant à Don Camillo) a accompagné de changement de propriétaire, une musique lounge et new age flirtant désormais avec une carte bien dans son époque, partant parfois un peu dans toutes les directions mais se montrant toujours vivante : crabe croustillant, cornetto aux légumes croquants et patate douce, pièce de veau rôti à la feuille de citron, champignons et maccherronicci farci et, parmi les desserts, un amusant mille-feuille de blettes, pommes, pignons et émulsion basilic.

C : 38 € • M : 38-58 €   www.doncamillo-creations.fr

→ 5 rue des Ponchettes
☎ 04 93 85 67 95
F. dim. et lundi.
Jusqu'à 21h30.

Fjord

Sans faire plus de bruit que cela, cette discrète - et un peu fatiguée d'abord - enseigne nordique est une quasi-exclusivité niçoise pour les produits scandinaves : gravlax, saumon au torchon, harengs, renne fumé. Et caviar d'Aquitaine en prime.

C : 25 € • M : 20 €

→ 21 rue François-Guisol
☎ 04 93 26 20 20
F. dim., lundi et août.

Hi Food Cantine Bio

"Cantine bio", c'est bien de cela qu'il s'agit, mais cantine chic bien sûr, dans un cadre aussi moderne que le reste de l'hôtel, pour un grignotage très tendance, à arroser d'un jus de fruits frais.

C : 30 € • M : 25 €   www.hi-hotel.net

→ 3 av des Fleurs
☎ 04 97 07 26 26
Ouv. 7j/7.
Jusqu'à 22h30.

Hi Hôtel

Qu'est-ce qui différencie le Hi d'un hôtel classique ? On peut répondre : tout, tant l'accueil, la déco, le patio végétal, le toit terrasse où l'on dîne pour découvrir toute la ville et l'ambiance à la fois zen et privilégiée, dans le décor de Matali Crasset, se montrent à l'usage dépaysants.

3 appart. 425 € • 38 ch. 190-215 €   www.hi-hotel.net

→ 3 av des Fleurs
☎ 04 97 07 26 26
🖨 04 97 07 26 27
Ouv. 7j/7.

L'Indyana

La touche d'exotisme reste modeste, dans le décor comme sur la cuisine, mais n'entame pas le plaisir d'un moment passé dans ce cadre chaleureux, autour d'une cuisine provençale bien tournée par un chef sérieux.

C : 40 € • M : 28 €   indyana@wanadoo.fr

→ 11 rue Deloye
☎ 04 93 80 67 69
F. sam. à déj., dim. et lundi à déj.
Jusqu'à 23h50.

Kamogawa

Tout près du cœur d'animation, un comptoir à sushis des plus sérieux, où les deux chefs manient le couteau à trancher avec dextérité sur un thon, un saumon, une daurade de première fraîcheur, confectionnant en direct sashimis, makis et sushis. Menus bien faits, excellente soupe miso et service comme attendu, d'une inébranlable courtoisie.

C : 45 € • M : 18-65 €

→ 18 rue Buffa
☎ 04 93 88 75 88
F. dim. à déj., lundi (h.s.), dim. à déj. (juil.-sept.).
Jusqu'à 22h30.

Karr

Rénové en mars dernier, ce lounge au décor branché (de belles tonalités de gris en salle) offre une cuisine contemporaine et bien vue : osso-buco, pavé d'espadon, escalope de foie gras, moelleux au chocolat...

M : 15-20 €

www.karr.fr

→ 10 rue Alphonse-Karr
☎ 04 93 82 18 31
F. dim.
Jusqu'à 23h.

Le Koudou Lounge

Les larges fauteuils en osier, le mobilier en teck, la déco coloniale, la vue magnifique sur la mer, l'immense carte (tartare de saumon au couteau, soupe à l'oignon gratinée, risottos variés, grandes salades...) et le service bien briefé s'associent à un emplacement rêvé, à deux pas du Negresco.

C : 35 € • M : 29 €

koudou@nicerestaurant.net

→ 28 promenade des Anglais
☎ 04 93 87 33 74
Ouv. 7j/7.
Jusqu'à 23h.

L'Ovale

Changement de propriétaire mais pas d'orientation : le Sud-Ouest vaillant et roboratif reste à l'affiche pour les nombreux fervents du quartier qui ont forcément un cassoulet sur le feu entre deux matchs de Coupe du Monde ou du Tournoi.

C : 23 € • M : 15 €

→ 29 rue Pastorelli
☎ 04 93 80 31 65
F. dim., fériés et 7-29 août.
Jusqu'à 22h30 (23h vend.-sam).

La Part des Anges 🍇

Olivier Labarde est un des plus fins connaisseurs de la ville : sa sélection viticole, en Loire comme en Rhône, et ses nombreuses découvertes tout au long de l'année, font autorité. Tout est à acheter, et bien sûr à goûter, en ajoutant une bonne assiette de saison, des gnocchis aux artichauts, une daube de joues de cochon, une tarte au mascarpone...

C : 25 €

part.des.anges@wanadoo.fr

→ 17 rue Gubernatis
☎ 04 93 62 69 80
F. dim., fériés, 1er-15 août et 20 déc.-4 janv.
Jusqu'à 22h.

Restaurant la Casbah

Tradi-Maghreb dans une petite rue tranquille près de l'avenue Médecin : dans l'ambiance, comme dans l'assiette, un authentique immuable, qui ne rajeunit pas, mis fait correctement le métier : boulettes et merguez confectionnées sur place, dans un couscous de bonne facture.

M : 18-31 €

→ 3 rue du Dr-Balestre
☎ 04 93 85 58 81
F. lundi, dim. à dîn., et 1er juil.-30 sept.
Jusqu'à 21h30.

Sapore

Saveurs branchées dans une cantine transalpine néanmoins bien plus chic qu'une trattoria de village du côté de Garibaldi. Des idées malignes chaque jour, un peu de roquette, de parmesan, de pesto et l'affaire est bien ficelée, avec, par exemple, une bruschetta de sardine, une tarte à la tomate, une épaule d'agneau confite.

M : 28 €

→ 19 rue Bonaparte
☎ 04 92 04 22 09
F. 3 prem. sem. août et 2 sem. Noël.
Jusqu'à 22h30.

Stéphane Viano

Il faut encourager la jeunesse et l'entreprise même si, dans cette salle moderne en gris, blanc et noir, un peu lounge, on attend mieux de l'assiette : taboulé, supions à la niçoise, tarte aux pommes... Un peu de crédit pour les débuts...

C : 40 € • M : 32-58 €

vianostephane@wanadoo.fr

→ 26 bd Victor-Hugo
☎ 04 93 82 48 63
F. dim.

Vin sur Vin

Autant brasserie que bar à vins, un emplacement de choix dans une rue animée du côté de la gare, un service souriant pour une cuisine de tous les jours assistée d'une cave plutôt intéressante.

C : 25 €

vinsur20@hotmail.fr

→ 18 rue Biscarra
☎ 04 93 92 93 20
F. dim.
Jusqu'à 22h30.

👁 Kaprice

Cuisine et tapas du monde dans un cadre évidemment branché, décoration dans les tons anis et aubergine, écrans plasma et lumières aux couleurs changeantes.
C : 15 € • M : 20 €

kapriceresto@yahoo.fr

→ 26 rue Buffa
☎ 04 93 81 56 32
F. dim. et lundi à dîn.
Jusqu'à 22h.
❄️ 🐕

👁 Le Zen

Un des bons nippons de la ville, quartier gare, mais cadre agréable, jardin japonais et tables teppanyaki avec un chef officiant à chacune. Autant de sérieux pour les sushis et sashimis.
C : 25 € • M : 20-35 €

→ 27 rue d'Angleterre
☎ 04 93 82 41 20 ou 04
F. 1er janv. à déj., 1er mai à déj.
et 25 déc. à déj.
Jusqu'à 22h30.
🌸 ♿ ❄️

🏨 Four Points by Sheraton Elysée Palace

La baie des Anges sert de toile de fond à cet établissement d'architecture moderne donc les superbes Vénus de bronze signées Sosno et hautes de près de 20 mètres personnalisent la façade. Avec leurs salles de bains en marbre et leur style Art déco, les chambres, qui donnent sur la mer ou sur les jardins de la fondation Heine Furtado, associent décor personnalisé et prestations de haute volée. Piscine et restaurant sur le toit.
15 appart. 340-700 € • 143 ch. 195-420 €

www.elyseepalace.com

→ 59 promenade des Anglais
☎ 04 93 97 90 90
🖥 04 93 44 50 40
Ouv. 7j/7.
🏊 ❄️ 🏊 🐕

🏨 Goldstar Resort

Un établissement dans son neuf, au concept exclusif, avec ses 51 suites et des équipements haut de gamme, piscine chauffée, fitness, sauna, hammam, 100 places de parking, salles de séminaires. Déco contemporaine, parfaite insonorisation, restaurant de cuisine contemporaine.
51 appart. 165-1500 €

www.goldstar-resort.com

→ 45 rue Mal-Joffre
☎ 04 93 16 92 77
🖥 04 93 76 23 30
Ouv. 7j/7.
🚗 ♿ ❄️ 🏊 🐕

🏨 Le Grimaldi

Autour d'une cour intérieure gage de tranquillité, l'hôtel regroupe deux immeubles Belle Epoque pour y répartir une cinquantaine de chambres, dans une ambiance luxueuse et feutrée, tantôt bourgeoise, tantôt contemporaine ou empreinte d'une belle douceur provençale.
2 appart. 165-230 € • 44 ch. 80-195 €

www.le-grimaldi.com

→ 15 rue Grimaldi
☎ 04 93 16 00 24
🖥 04 93 87 00 24
Ouv. 7j/7.
❄️ 🐕

🏨 Hôtel Ellington

Le jazz d'Ellington est effectivement plus moderne que l'Acropole, l'ancien nom de cet élégant hôtel de style Riviera de 1926. Une réfection totale, dans un esprit Boutique Hôtel ou de ryad niçois, avec du caractère et une déco très harmonieuse, stylé, contemporaine ou design. Dans le coin cheminée-bibliothèque ou dans le salon Blue Note, le jazz est là...
119 ch. 165-670 €

→ 25 bd Dubouchage
☎ 04 92 47 79 79
🖥 04 92 47 78 80
Ouv. 7j/7.
🏊 ❄️ 🐕

🏨 Hôtel Masséna

Derrière la façade Belle Epoque de cet établissement centenaire, des chambres aux harmonies de couleurs très actuelles, parquet flottant en bois sombre, tons mauves ou nuances de rouge, le résultat est chaleureux, amplifié par la qualité des prestations.
110 ch. 145-305 €

www.hotel-massena-nice.com

→ 58 rue Gioffredo
☎ 04 92 47 88 88
🖥 04 92 47 88 89
Ouv. 7j/7.
🏊 ♿ ❄️ 🐕

◌◌◌ La Pérouse

Niché au pied de la colline du château, l'hôtel ouvre sur la mer et parvient à faire oublier la ville, sensation fort agréable relayée par des chambres tout de blanc vêtues, comme pour absorber la lumière de la Grande Bleue. Mobilier d'inspiration provençale et plaisante petite piscine extérieure. Restaurant saisonnier Le Patio, sur la terrasse intérieure, de cuisine méditerranéenne.

4 appart. 680-1125 € • 58 ch. 170-500 €   www.hotel-la-perouse.com

→ 11 quai Rauba-Capeu
☎ 04 93 62 34 63
🖷 04 93 62 59 41
Ouv. 7j/7.

Radisson Sas Hôtel Nice

Situation de choix pour ce nouvel "urban resort" Radisson, l'ultra-moderne raffiné pour villégiature et séminaires très haut de gamme. Des chambres entièrement rénovées sur trois théma-tiques : "urban", "chili" (tendance et épicée), océan, la plupart avec terrasse privative. Qualité des prestations, des équipements de détente, service concierge 24/24, navette centre-ville en saison, très belle terrasse panoramique de 700 m² sur le toit. Restaurant de cuisine régionale contemporaine.

12 appart. 300-1560 € • 331 ch. 145-720 €   www.nice-radissonsas.com

→ 223 Promenade des
Anglais
☎ 04 97 17 71 77
🖷 04 93 71 21 71
Ouv. 7j/7.

Splendid Hôtel et Spa

Le grand immeuble blanc se trouve au cœur de la ville et propose un beau luxe classique, meubles de style et tissus raffinés. Si la mer (pourtant à deux pas) vous paraît trop loin, une superbe piscine panoramique est installée au huitième étage, avec une vue magni-fique dont profite également le bar ou la salle des petits-déjeuners. Pour la détente, sauna et spa, entre autres.

15 appart. 245-345 € • 112 ch. 145-245 €   www.splendid-nice.com

→ 50 bd Victor-Hugo
☎ 04 93 16 41 00
🖷 04 93 16 42 70
Ouv. 7j/7.

Westminster

Depuis la fin du XIXe siècle, le Westminster garde intact son prestige, mais aussi son magnifique décor, véritable œuvre d'art, des fresques italiennes du hall au décor à la feuille d'or du salon Belle Epoque, en passant par la collection de tableaux XIXe de Nice. Disposant d'un espace confortable et de tout le luxe attendu, les chambres ne jouent pas la surenchère au niveau de la décoration, privilégiant une élégance raffinée.

16 appart. 340-1150 € • 84 ch. 170-290 €   www.westminster-nice.com

→ 27 promenade des
Anglais
☎ 04 92 14 86 86
🖷 04 93 82 45 35
Ouv. 7j/7.

Boscolo Hôtel Plaza

Face aux Jardins Albert Ier et à la mer, ce palace Belle Epoque, proche de la place Masséna, offre l'agrément de chambres spacieuses, bien équipées et climatisées. Lignes sobres, tons chaleureux et équipement moderne.

10 appart. 496-602 € • 182 ch. 264-338 €   www.boscolohotels.com

→ 12 av de Verdun
☎ 04 93 16 75 75
🖷 04 93 88 61 11
Ouv. 7j/7.

Les Cigales

Un trois étoiles de caractère, joliment décoré, dans le quartier des musiciens, tout près de la Promenade des Anglais, du casino Ruhl et du Palais de la Méditerranée. Chambres classiques et bien tenues, aux tons gais et harmonisés.

19 ch. 75-150 €   www.hotel-lescigales.com

→ 16 rue Dalpozzo
☎ 04 97 03 10 70
🖷 04 97 03 10 71
Ouv. 7j/7.

 **Hôtel Aria**

Un hôtel entièrement rénové en 2006, pratique et bien équipé (jacuzzi, clim, minibar, écrans plasma, wifi) aux vastes chambres avec balcon, offrant la vue sur le parc Mozart.
30 ch. 59-185 € *www.aria-nice.com*

→ 15 av Auber
☎ 04 93 88 30 69
🖨 04 93 88 11 35
Ouv. 7j/7.

 Hôtel Windsor 🐦

Chaque chambre invite ici à un voyage différent, qu'elles soient décorées de fresques, d'affiches, ou qu'elles aient été entièrement créées par un artiste contemporain, y gagnant ainsi une personnalité unique. Colorée et contemporaine, l'ambiance qui règne au bar ou dans le jardin contribue également au plaisir de vivre ici. Equipement de bon niveau.
57 ch. 85-170 € *www.hotelwindsornice.com*

→ 11 rue Dalpozzo
☎ 04 93 88 59 35
🖨 04 93 88 94 57
Ouv. 7j/7.

❀ **Villa la Lézardière**

A l'écart du centre, bénéficiant d'une vue extraordinaire grâce à sa situation sur la Grande Corniche, la maison recèle également d'autres charmes, avec des chambres à l'élégance raffinée, qui réservent de multiples attentions : terrasse, sauna…
1 appart. 120-160 € • 4 ch. 70-130 € *www.villa-nice.com*

→ 87 bd de l'Observatoire
☎ 04 93 56 22 86
🖨 04 93 56 22 86
Ouv. 7j/7.

NIEDERMORSCHWIHR - 68230	(10 D 3)
Colmar 7 - Strasbourg 78 - Bâle 73	

12 **Caveau Morakopf**

Une admirable stoube à vins dans un pittoresque village de la route des vins épargné par les autocars. Le Tout-Colmar accourt, autant pour la convivialité que pour la générosité d'une cuisine qui met en avant la tradition rurale : tête de veau, langue de porc, jambonneau, fleischnakas. Vins locaux en pichet ou au verre._
C : 28 € *www.caveaumorakopf.com*

→ 7 rue des Trois-Epis
☎ 03 89 27 05 10
F. dim., lundi à déj., 3e sem. janv., 3e sem. mars, 1 sem. fin juin et 1 sem. mi-nov. Jusqu'à 22h.

NIEUIL - 16270	(22 C 4)
Angoulême 44 - Confolens 24 - Limoges 65	

13 **La Grange aux Oies**

Pour aménager les écuries face au prestigieux château de Nieuil, l'équipe n'a pas hésité à faire le choix d'un décor résolument contemporain, mobilier design et couleurs vives. La cuisine assume elle aussi fort bien ce mélange de tradition et de modernité, teintant de bonnes idées de saison de touches dans l'air du temps : les moules de bouchot se traitent en croustillant, avec un velouté glacé concombre-tomate, l'aile de raie prend des parfums d'épices douces et s'accompagne d'un risotto vert, le filet de bœuf grillé ou la marinière de coquillages au pineau réaffirment l'ancrage régional d'une maison à la séduction efficace, jusque dans son ambiance ou l'intelligente sélection viticole.
C : 55 € • M : 20-35 € *www.grange-aux-oies.com*

→ Château de Nieuil
☎ 05 45 71 81 24
F. dim. à dîn., lundi, mardi à déj. (Pâques-Toussaint), dim. à dîn., lundi à déj. (juil.-août), dim. à dîn., lundi, mardi (Toussaint-Pâques), nov. et 1 sem. avril. Jusqu'à 21h15.

 **Château de Nieuil** 🐦

Bienvenue au château, élégante construction Renaissance préservée de toute agitation par un vaste parc arboré, cadre privilégié pour quelques chambres exclusives, empreintes de douceur et de raffinement, où mobilier et œuvres d'art authentiques créent avec bonheur de délicates ambiances personnalisées.
3 appart. 230-380 € • 11 ch. 108-250 € *www.chateaunieuilhotel.com*

→ ☎ 05 45 71 36 38
🖨 05 45 71 46 45
F. 1er janv.-30 mars et 5 nov.-31 déc.

13 🍷 La Chapelle Saint-Martin

Les Limougeauds en vadrouille chic ne tergiversent guère pour sélectionner une table. Ils font appel à Gilles Dudognon, son expérience, son savoir-faire classique qu'il sait très bien agrémenter de volutes modernes, une émulsion truffée avec la raviole de foie gras, des tagliatelles d'asperges tièdes au gorgonzola avec les asperges et la mayonnaise truffée, la fraîcheur betterave granny avec les filets de sole vapeur. On retrouve aujourd'hui une spontanéité bienvenue dans ce cadre bourgeois au service sans faille et aux grands bordeaux dormant sagement en cave.
C : 69 € • M : 30-69 € *www.chapellesaintmartin.com*

→ Saint-Martin-du-Fault
☎ 05 55 75 80 17
F. dim. à dîn. (nov.-mars), lundi, mardi à déj., merc. à déj., janv., 1re sem. fév. et 1 sem. mi-nov.
Jusqu'à 21h45.

🍷🍷🍷 La Chapelle Saint-Martin 🕊

À un petit quart d'heure du centre de Limoges, une maison bourgeoise précieuse dans son environnement de verdure d'un parc de 30 ha. Chambres classiques et chaleureuses, au mobilier XIXᵉ. Depuis cette année, exposition permanente d'artistes.
3 appart. 215-285 € • 10 ch. 100-205 € *chapelle@relaischateaux.com*

→ Saint-Martin-du-Fault
☎ 05 55 75 80 17
📠 05 55 75 89 50
F. janv., 1re sem. fév. et 1 sem. mi-nov.

14 🍷 Le Darling

Un petit dîner au Darling, chérie ? L'entrée en fanfare, l'an passé, avec une belle toque, aux portes de la deuxième, n'a évidemment pas freiné les ardeurs de Vincent Croizard. Avec son épouse Gisèle et belle-maman, Mireille, toutes deux attentives à ce que la salle se détende, se sente bien dans ce cadre intime du centre-ville, il forme un trio familial et plein d'énergie qui, s'il ne renverse pas encore les montagnes, fait souffler un joli vent de nouveauté sur Nîmes : du graphisme, de la recherche sur le foie gras caille laquée, pomme verte et céleri, jus de carottes des sables, le loup et calamar rôtis, tofu, billes de wasabi et bois de citronnelle, encre de seiche, un peu de complication mignarde encore, parfois, avec la multiplication des ingrédients, mais un enthousiasme que l'on ne souhaite pas brider, d'autant qu'à moins de 40 €, on ne peut que saluer des efforts jusqu'à cuisiner le fromage (roquefort, pruneaux, thé vert et agrumes) et s'applique autant sur les desserts. La cave a aussi demandé temps et compétence, elle offre une approche du vignoble languedocien tout à fait convaincante à prix justes.
C : 50 € • M : 42-45 € *www.ledarling.com*

→ 40 rue de la Madeleine
☎ 04 66 67 04 99
F. merc., 1ᵉʳ mai, dern. sem. juin, 2 sem. déb. juil., 24-25 déc., 31 déc.-10 janv.
Jusqu'à 21h30.

13 🍷 L'Enclos de la Fontaine

Au restaurant, dans un cadre provençal préservé, le chef tourne une cuisine de belle tradition régionale, assez ambitieuse et variée : jus de bouillabaisse œuf de ferme poché et brandade de morue, blanc de saint-pierre rôti au beurre demi-sel haricots munjo et amandes, selle d'agneau rôtie sur l'os germes de soja purée de cocos et jus niellé au thym. Un service sûr et souriant, une bonne cave locale (les costières) et provençale, une mention spéciale pour le très bon menu du marché à 30 €.
C : 57 € • M : 30-60 € *www.hotel-imperator.com*

→ Quai de la Fontaine
☎ 04 66 21 90 30
Ouv. 7j/7.
Jusqu'à 22h.

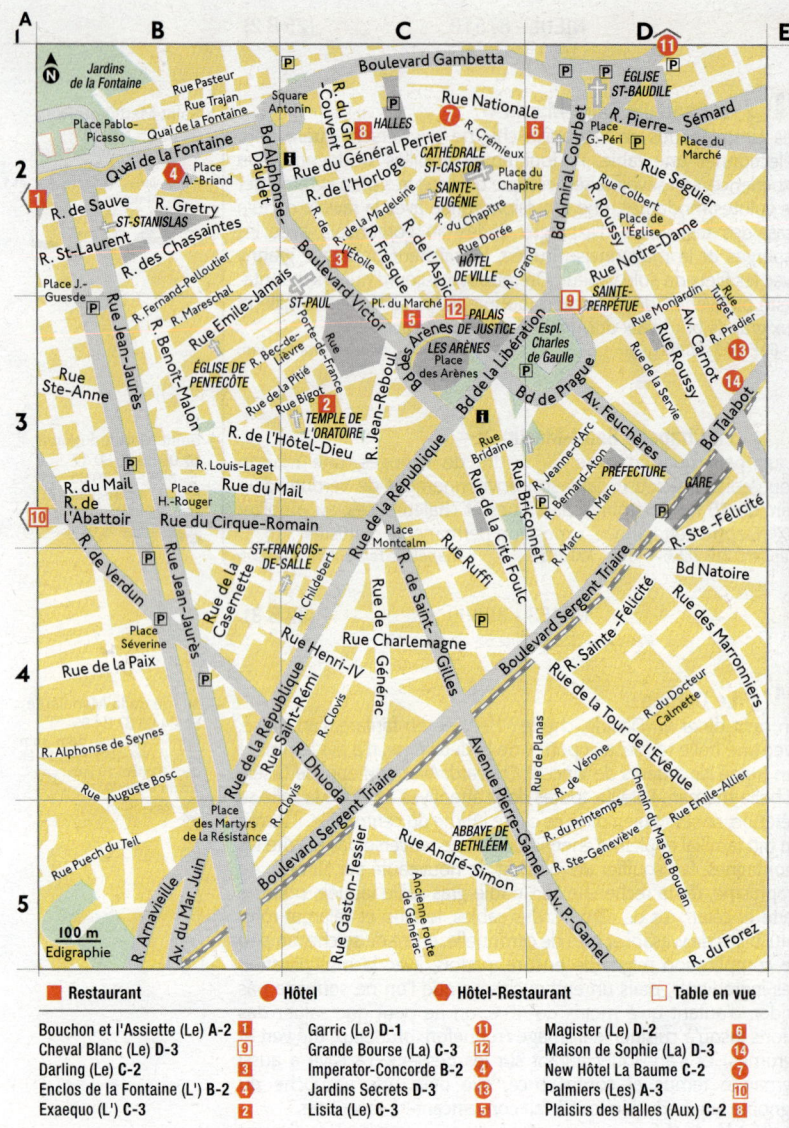

Restaurant		● Hôtel	◆ Hôtel-Restaurant	☐ Table en vue

Bouchon et l'Assiette (Le) **A-2**	1	Garric (Le) **D-1**	11	Magister (Le) **D-2**	6
Cheval Blanc (Le) **D-3**	9	Grande Bourse (La) **C-3**	12	Maison de Sophie (La) **D-3**	14
Darling (Le) **C-2**	3	Imperator-Concorde **B-2**	4	New Hôtel La Baume **C-2**	7
Enclos de la Fontaine (L') **B-2**	4	Jardins Secrets **D-3**	13	Palmiers (Les) **A-3**	10
Exaequo (L') **C-3**	2	Lisita (Le) **C-3**	5	Plaisirs des Halles (Aux) **C-2**	8

€€€ Imperator-Concorde

L'empereur de l'hôtellerie nîmoise porte toujours beau et fier. Construit par la Compagnie des Wagons-Lits en 1929, il garde, derrière un confort totalement actualisé, les charmes de la nostalgie. Chambres aux meubles provençaux et tissus d'époque, boiseries et style plus moderne pour certaines, donnant sur le jardin privé aux cèdres centenaires, ginkgo biloba, tilleuls, palmiers, sephora... Peut-être occuperez-vous les chambres Ava Gardner ou Hemingway qui portent les noms de ceux qui les ont fréquentées...

12 appart. 220-242 € • 48 ch. 134-242 €

→ Quai de la Fontaine
☎ 04 66 21 90 30
🖷 04 66 67 70 25
Ouv. 7j/7.

www.hotel-imperator.com

13 L'Exaequo

1. La cuisine. 2. La cave. 3. Le patio. Et vous pouvez classer ex aequo ces trois atouts majeurs d'une table moderne du centre-ville. Le concept mis au point par ces deux passionnés, Valentin Lerch en cuisine, Jean-Philippe Delaforge en salle est exemplaire de ce que le client peut attendre. Dans ce cadre apaisé, attrayant, cosy, le chef offre la fraîcheur d'un minestrone de légumes au basilic, une gamba géante plancha, un filet de bar sur peau crème cajou et coulis de riz noir thaï ou un bon cochon de lait pour le clin d'œil canaille. La cave languedocienne est prétexte à tous les plaisirs (des dégustations sont organisées régulièrement), pour ne pas dire les folies, les deux compères ayant institué la formule taxi-repas pour les entreprises, permettant aux décideurs de décider ce qu'ils boivent sans risquer leur permis rose.

C : 37 € • M : 19-53 €   www.exaequorestaurant.com

→ 11 rue Bigot
☎ 04 66 21 71 96
F. sam. à déj., dim., et 25-29
déc. F. ann. non comm.
Jusqu'à 22h.

13 Le Magister

Enfin ! Le nouveau mobilier est installé depuis la fin du printemps, donnant à la salle à manger de cette belle table bourgeoise une allure un peu moins solennelle. Le service a conservé son professionnalisme et la carte de Martial Hoquart, secondé par le jeune Andrew Winship, toute sa verve : saucisson de volaille en trois façons, compressé de légumes aux fines herbes et au foie gras, baudroie aux épices, écumes de mangue et zestes d'agrumes au concombre, croustillant de feuilletage glacé, cube de passion et quenelle de sorbet de fruits rouges. Cave essentiellement régionale, avec le bon vin de pays des côtes catalanes de Gauby ou le coteaux du languedoc d'Arnal.

C : 40 € • M : 25-46 €   www.le-magister.com

→ 5 rue Nationale
☎ 04 66 76 11 00
F. sam. à déj. et dim.

13 Aux Plaisirs des Halles

Valérie et Sébastien Granier tiennent l'une des tables les plus modernes et les plus enthousiasmantes de la ville (malgré, parfois, quelques facilités modeuses sur certains plats) : petits farcis d'épinards aux huîtres de chez Papin, jus de poule et bœuf, filet de rouget au foie gras, jus façon bécasse et haricots coco, raviole d'ananas à la crème d'estragon et sorbet orange et gingembre. Cave remarquable en région, agréable patio intérieur.

C : 55 € • M : 20-25 €   www.auxplaisirsdeshalles.com

→ 4 rue Littré
☎ 04 66 36 01 02
F. dim., lundi, vac. scol. fév., 1
sem. déb. mai et vac. scol.
Toussaint.
Jusqu'à 22h.

12 Le Bouchon et l'Assiette

Plus table sérieuse que bistrot canaille, la maison de Lionel Geiger cultive les vertus classique d'une belle cuisine de saison, de l'élégance et du savoir-faire dans la crème brûlée aux asperges, le ravioli de joue de bœuf aux champignons ou le financier d'aubergine et sardine marinée blanc-manger aux olives. Le résultat est plaisant, voilà pour l'Assiette, et se complète d'une cave bien construite, notamment autour de la région, voilà pour le Bouchon.

C : 41 € • M : 17-45 €

→ 5 bis rue de Sauve
☎ 04 66 62 02 93
F. mardi, merc., 2-17 janv. et
14 juil.-15 août.
Jusqu'à 21h30.

12 Le Lisita

L'ambition demeure, heureusement, dans cette jolie maison XVIIIe au pied des arènes, où sont passés Hemingway et Picasso. On n'en doute pas d'ailleurs, que la toque reviendra vite sur la tête imaginative d'Olivier Douet qui a toujours la bonne formule pour mixer

→ 2 bis bd des Arènes
☎ 04 66 67 29 15
F. dim. et lundi.
Jusqu'à 22h.

idéal gourmet

classique et moderne dans des présentations avantageuses : saint-jacques caramélisées embeurrée de topinambours, saint-pierre doré au beurre salé, poireaux et carottes en nage de jus de coques au safran, filet de taureau au jus déglacé à la cardamome. Des desserts bien gourmands, un choix de produits nobles bien distribués dans des menus équilibrés, la sûreté d'accueil de Stéphane Debaille : il n'y a plus qu'à confirmer pour retrouver le niveau espéré.

C : 80 € • M : 35 €   www.lelisita.com

Le Cheval Blanc

→ 11 square de la Couronne
☎ 04 66 76 19 59
F. dim. et lundi à déj.
Jusqu'à 23h.

Nouvelle adresse (l'hôtel du Cheval Blanc, face aux arènes) et nouveau chef (Jean-Michel Nigon, ancien de l'Imperator et plus récemment des Jardins du Sud, toujours à Nîmes) pour ce Wine Bar de plus en plus fréquentable. Cuisine joyeuse et roborative, crépinette de pied de porc au foie gras, carré d'agneau des Pyrénées rôti en croûte d'amandes ou huîtres spéciales de Marennes-Oléron.

C : 27 € • M : 18 €   winebar@wanadoo.fr

La Grande Bourse

→ 2 bd des Arènes
☎ 04 66 67 68 69
Ouv. 7j/j.
Jusqu'à 23h.

Face aux arènes, la grande brasserie où l'on peut voir tout en étant vu. Cadre authentique et cuisine bien troussée dans un registre à la fois chic et bistrotier. La maison avait connu de grandes difficultés, au point d'être fermée en 2005, avant qu'un grand groupe ne fasse revivre le mythe. Pari pour l'instant réussi, dans un décor rafraîchi.

M : 23,50 €

Les Palmiers

→ Hôtel Vatel
☎ 04 66 62 57 57
F. à déj. (sf dim.), dim. à dîn.,
lundi et août.
Jusqu'à 21h.

Deux restaurants, un hôtel quatre-étoiles : l'Ecole Internationale Vatel met la table d'application à l'heure moderne et européenne. Aux Palmiers, saveurs du Sud et visées gastronomiques dans une ambiance lounge, au Provençal, grands buffets et convivialité. Un chef supervise le tout avec compétence. Dépaysant et intéressant.

C : 45 € • M : 30-54 €   www.hotelvatel.com

Jardins Secrets

→ 3 rue Gaston-Maruejols
☎ 04 66 84 82 64
🖨 04 66 84 27 47
Ouv. 7j/7.

L'architecture de cette demeure de maître effectivement secrète, nichée dans un jardin luxuriant, prête à des compositions romantiques, dans les salons comme dans les chambres, aux détails minutieusement étudiés, dans l'harmonie des tons grège, ivoire, sable, turquoise, aux salles de bains à l'ancienne et beaux parquets cirés, où chaque objet est choisi et à sa place.

6 appart. 180-350 € • 8 ch. 180-350 €   www.jardinssecrets.net

---

New Hôtel la Baume

→ 21 rue Nationale
☎ 04 66 76 28 42
🖨 04 66 76 28 45
Ouv. 7j/7.

Dans le cadre d'un hôtel particulier XVIIe en partie classé (un escalier de pierre aux arcades ouvertes ouvre sur la cour carrée), une hôtellerie agréable, respectant parfaitement les lieux. Chambres contemporaines, à la déco design, bien équipées, certaines ornées de plafonds peints à la française. Très jolie ambiance générale.

34 ch. 105-230 €   www.new-hotel.com

La Maison de Sophie

→ 31 av Carnot
☎ 04 66 70 96 10
🖨 04 66 30 00 47
Ouv. 7j/7.

Une maison de maître au bel intérieur Art Déco, au caractère affirmé dans les salons et aussi dans les vastes chambres, stylées et élégantes, ouvrant sur un jardin fleuri.

7 ch. 120-290 €   www.hotel-lamaisondesophie.com

❀ Le Garric

Un havre de paix à l'écart de la ville, dans une délicate ambiance provençale, dans l'architecture comme dans les tons choisis pour personnaliser les vastes chambres.
1 appart. 78-92 € • 2 ch. 70-85 €

→ Mme Laurence-Martin,
631 chemin d'Engance
☎ 04 66 26 64 77
🖷 04 66 26 64 77
Ouv. 7j/7.

Villes de proximité, voir :

○ GARONS ....9 km S. par D 42 et D 442 **(16/20)**
○ UCHAUD ....9 km S.O. par N 113 **(13/20)**

---

13 🍴 La Belle Etoile

Un peu à l'écart du centre, dans un joli cadre feutré, cette Belle Etoile se laisse suivre avec constance, sur les traces d'une belle gastronomie classique, niortaise par petites touches bienvenues (le chutney d'angélique avec le foie gras aux figues, la fricassée de chevreau à l'ail vert), impeccables sur ses bases classiques (asperges blanches en émulsion de saumon fumé, lotte rôtie au thym et jus de langoustine, fondant de chocolat grand cru) mais qui sait aussi ne pas négliger l'air du temps pour passer les années sans se démoder (tartare de thon rouge au piment espuma de yaourt au citron vert).
C : 52 € • M : 29-42 €   *www.la-belle-etoile.fr*

→ 115 quai Maurice-Métayer
☎ 05 49 73 31 29
F. dim. à dîn., lundi, merc.
à dîn. et 3 sem. déb. août.
Jusqu'à 21h30.

---

13 🍴 Restaurant Mélane

La table la plus intéressante, disons la plus moderne, de la cité des assurances et de l'angélique. Dans un cadre accueillant - frais décor, ambiance jeune - Eric Dionneau s'attache à l'essentiel, traduire des saveurs originelles dans le respect et la sobriété, sur des produits nobles comme sur les roturiers : goûtez la julienne de poireaux et petites vives à l'écrasée de pommes de terre à l'huile de curry, le mille-feuille de lisette et saumon, faites connaissance avec la (trop?) longue liste des poissons disponibles, la goujonnette de maigre, la minute de mérou au tartare d'algues, le tournedos de lotte au lard... Il y a beaucoup d'idées et de générosité, jusqu'à la douzaine de desserts, fruités, exotiques, chocolatés... Bonne petite cave généraliste.
C : 33 € • M : 22,30-49 €   *www.lemelane.com*

→ 1 pl du Temple
☎ 05 49 04 00 40
F. dim. et lundi. F. ann. non comm.
Jusqu'à 22h.

Villes de proximité, voir :

○ GRANZAY GRIPT...............................10 km S. par N 150
○ SANSAIS ....12 km S.O. par N 11 et D 3 **(12/20)**

---

12 Auberge de la Beursaudière

Vous reprendrez bien un peu de terroir ? Cette table morvandelle est un petit bonheur de convivialité et d'homogénéité, le cadre ancien, le service en costume plein de bonne humeur et la cuisine directe et généreuse, tout concourt à passer un bon moment gourmand, autour des œufs en meurette ou de l'agneau de 7 heures au four à bois. Belle cave régionale, avec un choix agréable au verre et en chopine.
C : 35 € • M : 25 €   *www.beursaudiere.com*

→ 9 chemin de Ronde
☎ 03 86 33 69 69
F. 2 sem. mi-janv.
Jusqu'à 22h.

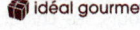
🏠 idéal gourmet

cc Hôtel de la Beursaudière

La franche bonne humeur qui se dégage de cet ancien prieuré du XIIe siècle incite à prolonger l'étape, d'autant plus volontiers que les chambres sont superbes dans leur évocation des vieux métiers, entre matériaux apparents et mobilier rustique. Magnifique cour intérieure, avec ses galeries typiques.

11 ch. 75-115 €   www.beursaudiere.com

→ 5 et 7 rue Hyacinthe-Gautherin
☎ 03 86 33 69 70
🖷 03 86 33 69 60
F. 2 sem. mi-janv.

🚗 ♿ 🐕

NOCE - 61340   (6 B 6)
Alençon 57 - Nogent-le-Rotrou 16

13 Auberge des Trois J

Stéphan Joly et son épouse, Marie, ont fêté cette année leur vingt-cinquième anniversaire à la tête de cette délicieuse auberge du XVIIe siècle. Loin de se scléroser dans une ennuyeuse interprétation du terroir normand, la cuisine de cet ancien de la Tour d'Argent et de Vigato évolue régulièrement : langoustines et espadon, éventail de betterave et potiron, échine de porc confit et tarte de courgettes grillées, banane rôtie et croustillant à la noix de coco. Service sans faille.

C : 35 € • M : 25 €

→ 1 pl du Dr-Gireaux
☎ 02 33 73 41 03
F. w.-e., lundi, mardi (1er sept.-31 juin), 1re quinz. janv. et 2e quinz. sept. Jusqu'à 21h.

🐕

NOEUX LES MINES - 62290   (1 D 3)
Lille 39 - Arras 25 - Lens 16

12 Carrefour des Saveurs

L'ancien relais de poste voit beaucoup de voyageurs fourbus, ou plus certainement le canton, en pleine forme, lui est-il fidèle, pour les déjeuners d'affaires comme les dîners en famille. David Wojtkowiak sait rassurer et innover, plaire sans mégoter, prenant des risques calculés par des apprêts personnels sur des valeurs sûres : avec une escalope de foie gras chaud, un clafoutis d'artichaut jus au cassis, saint-jacques grillées et salade de roquette au parfum de balsamique, filet de bœuf et son confit d'échalote à la grenadine, il vise juste et bien dans une salle de province élégante, pierre et brique apparente. Service actif, cave classique sans vraiment de recherche.

C : 45 € • M : 20-56 €   davidwojtkowiak@wanadoo.fr

→ 94 Route Nationale
☎ 03 21 26 74 74
F. dim. à dîn., lundi, merc. à dîn. (sf groupes) et 3 prem. sem. août.

🚗 ♿ 🐕

NOGARO - 32110   (29 B 4)
Auch 63 - Aire-sur-l'Adour 21

12 Solenca

Un vaste parc, un hôtel bien équipé pour la détente et pour nourrir tous ces voyageurs, un bon bol de terroir, avec le canard en vedette (terrine de foie gras, magret jus d'échalote à la ventrèche), le gibier en saison (pavé de cerf et persillade de cèpes) ou encore la croustade aux pommes, mais les formules d'attaque ont également les faveurs des locaux, sûrs de ne pas se tromper dans le rapport prix-prestations.

C : 38 € • M : 11,50-39 €   www.solenca.com

→ Av Daniate
☎ 05 62 09 09 08
Ouv. 7j/7.
Jusqu'à 21h.

⛱ 🚗 ♿ ✎ 🎾

NOGENT SUR SEINE - 10400   (9 A 4)
Troyes 58 - Provins 20

13 Beau Rivage

La salle bourgeoise contemporaine, la terrasse au jardin pour les beaux jours, les chambres bien tenues : c'est l'esprit aubergiste bosseur qui domine ici, et justifie que le canton et les voyageurs de passage manifestent leur confiance dans ce beau rivage de Seine. Patrick Duhayer produit aussi, à sa manière une cuisine évoluée et

→ 20 rue Villiers-aux-Choux
☎ 03 25 39 84 22
F. dim. à dîn., lundi, 18 fév.-mars et 18 août-2 sept. Jusqu'à 20h45.

⛱

personnelle, issue du terroir, corrigée en finesse : petits rougets d'herbiers, palets de topinambours émulsion de persil, savarin de lentilles en gelée de poule au pot, noix de ris de veau dorée, chanterelles blondes et grises. Son aisance s'affirme dans des compositions de menus pleines d'à propos ("chardonnay", "pinot noir"...), l'accueil de Marie-Claire est distingué et prévenant, et la cave est correctement équipée, avec notamment de beaux bordeaux accessibles.

C : 50€ • M : 24-56€   *aubeaurivage@wanadoo.fr*

NOHANT VIC - 36400   (18 A 6)
La Châtre 6 - Châteauroux 31

12   Auberge de la Petite Fadette

Aux mains de la même famille depuis cinq générations, cette auberge proche de la maison de George Sand affiche un romantisme ravageur grâce à une décoration soignée, presque trop parfois. Créative, presque impulsive, la cuisine du jeune chef n'est pas sans risque, faisant mouche le plus souvent mais tombant parfois complètement à côté de la plaque : tartine de champignons au reblochon et saumon fumé relevé de germes de moutarde, pavé de cabillaud rôti et purée de lentilles vertes du Berry, mille-feuille de poires au gianduja chaud. Bonne cave en Loire.

C : 55€ • M : 19-50€

→ Pl du Château, Nohant
☎ 02 54 31 01 48
Ouv. 7j/7.
Jusqu'à 21h30.

Auberge de la Petite Fadette

Romantique, décorée dans un esprit qui puise son inspiration dans le siècle de George Sand, cette maison propose des chambres confortables et meublées de souvenirs de famille.

ch. 65-140€

→ Pl du Château
☎ 02 54 31 01 48
📠 02 54 31 10 19
Ouv. 7j/7.

NOIRMOUTIER (ILE DE) - 85   (15 B 4)
Accès par Fromentine

Hôtel Punta Lara

Au milieu des pins, coupé du monde, un ensemble de villas contemporaines dans le style régional, façades blanches et toits de tuiles romaines, où tout est fait pour la détente et les vacances. Chambres claires et spacieuses invitant au farniente, nombreux loisirs sur place.

appart. 198-268€ • 59 ch. 116-200€   *www.hotelpuntalara.com*

→ Château de Sable, rte de Noure
☎ 02 51 39 11 58
📠 02 51 39 69 12
F. fin sept.-29 avril.

15   Restaurant La Marine

Poussez le gouvernail planté dans la porte : le décor appartient au folklore touristique, lambris, hublots, cuivres et cordages, mais l'atmosphère est bien contemporaine, jeune service souriant et affûté, patronne dynamique pour présenter la cuisine d'un jeune gars de la Marine qui va faire parler de lui. Alexandre Couillon connaît aussi bien la pêche vendéenne que les techniques et les présentations d'aujourd'hui. Attentif aux saveurs et aux textures, il offre une carte personnelle, encore perfectible mais d'excellente inspiration. A l'image du réjouissant cracker de sardine avec un très séduisant sorbet chou-fleur, du parfait équilibre entre une langouste tendre et fraîche et un crémeux de petit pois puissant, tuile de osses et sorbet parmesan, du bar de ligne de Noirmoutier avec

→ Port de l'Herbaudière
☎ 02 51 39 23 09
F. dim. à dîn., mardi à dîn. et merc.
Jusqu'à 21h.

son œuf de pomme de terre aux huîtres, seule composition un peu pataude dans un repas remarquable jusqu'à la tartelette mara et une glace verveine qui prouve une fois de plus la parfaite maîtrise en ce domaine. En alibi fermier, le pigeonneau de Mesquer et le beau plateau de fromages, soutenu par le pain maison. Cave intelligente, qui se concentre bien sur sa région (les Michon ou Chabirand sont bien là) mais se montre futée sur tous les vignobles (crozes de Tardy, jurançon de Ramonteu, saumur de Germain) et propose une dizaine de vins au verre tous bien choisis. Et deux toques d'emblée, à suivre impérativement.

C : 50 € • M : 18,50-55 €

---

13 🍴 **Fleur de Sel**

Une belle toque qui se confirme dans cette oasis noirmoutrine où le chef entretient, sous la charpente ou en terrasse, les amitiés franco-atlantiques avec une cuisine de la mer renouvelée au rythme des marées. Du consommé de crevettes aux langoustines saisies, nori et champignons noirs, langoustines en kadaïf au clafoutis à la mangue tremblotante, on trouve peu de points faibles, ni aux produits, ni aux cuissons, du bar plancha au rouget rôti, des saint-jacques aux fèvettes au suprême de poulet grillé. Des accompagnements travaillés, un service bien fondu dans l'esprit maison, une cave de bons loires (et les vendéens de Chabirand !), voilà la fine Fleur de Sel !

C : 40 € • M : 27,50-49 €

www.fleurdesel.fr

→ Rue des Saulniers,
derrière l'église à 500 m
☎ 02 51 39 09 07
F. lundi à déj., mardi à déj. (sf fériés et été) et 4 nov.-15 mars.
Jusqu'à 21h (21h30 été).

Fleur de Sel 🚤

C'est aujourd'hui un des hôtels les plus appréciés de l'île : charme de la déco, sens de l'accueil et attentions diverses rendent le séjour très agréable dans cette maison typique aux murs blancs entourée d'un jardin méditerranéen et fleuri. Des chambres cosy, tissus à rayures et boutis ou des "supérieures" au thème marin avec terrasse privée, la vue est plaisante, sur le village, le vieux château et l'église.

35 ch. 89-175 €

www.fleurdesel.fr

→ 500 m derrière l'Eglise
☎ 02 51 39 09 07
🖨 02 51 39 09 76
F. 3 nov.-mi-mars.

---

13 🍴 **Le Grand Four**

Dans une zone touristique, les habitués sont le signe de la réussite. Il faut dire que la maison des Vételé ne ménage pas ses efforts pour les voir revenir, ne se contentant pas de miser sur son joli cadre bourgeois de maison XVIIe. La vraie qualité se reconnaît dans l'assiette, où les produits du terroir sont mis au service d'une cuisine personnelle et talentueuse : tartare de bar et combawa beignet de crevette et mini-légumes, croustillant de rouget au blé noir marmelade de fruits et légumes à l'huile de menthe, sans oublier les poissons en version classique (turbot braisé, sole façon meunière). Quelques jolies chambres d'hôtes en complément.

C : 54 € • M : 19-39,50 €

www.legrandfour.com

→ 1 rue de la Cure, derrière le château
☎ 02 51 39 61 97
F. dim. à dîn., lundi (sf juil.-août), déc. et janv.

❊ La Maison de Marine

Il règne dans cette maison une délicieuse atmosphère de sérénité. Sous des prénoms à la mode, les chambres arborent une allure tout aussi contemporaine, délicieusement personnalisées, de la douceur romantique et rêveuse de Marine aux couleurs orientalisantes de Bertille.

5 ch. 90-130 €

→ 1 rue de la Cure, derrière le château
☎ 02 28 10 27 21
F. 6 janv.-1er fév.

12 Le Petit Bouchot

Petit Bouchot certes, mais pas question de se contenter de la moules-frites : au fil des années, cette petite table au charme discret a su trouver un juste d'équilibre entre prix raisonnables et qualité de l'assiette, sans trop céder aux sirènes du pseudo-prestige pour privilégier la qualité de la daurade (grillée à la sauge) ou de la julienne (en croûte à la coriandre). Ambiance sereine et souvent d'intéressantes propositions à l'ardoise, y compris en matière de vin.

C : 29€ • M : 16-25€   *lepetitbouchot@yahoo.fr*

→ 3 rue Saint-Louis
☎ 02 51 39 32 56
F. mardi à dîn., merc. (h.s.), lundi (juil.-août) et mi-déc.-fin janv.

---

11 Château du Pélavé

Les tableaux aux cadres patinés et la vue sur le jardin égayent cette salle rose-rose aux couleurs d'hôpital et à l'ambiance vieillotte et familiale. La carte sagement maniérée est capable de vous offrir une aile de raie de bonne fraîcheur dans un océan de banalités d'hier. Cave assez complète, généraliste et classique, avec de bon choix en loire, service dévoué.

C : 37€ • M : 25-59€   *www.chateau-du-pelave.fr*

→ 9 allée de Chaillot
☎ 02 51 39 01 94
F. dim. à dîn. (fév.-mars, oct.-nov.), 6 janv.-11 fév. et 12 nov.-25 déc.
Jusqu'à 21h.

Château du Pélavé

Bâti au XIXe siècle dans un style victorien, ce castel poursuit sa mue au gré de travaux de rénovation (dans les chambres) et de changement de mobilier (dans les salles de bains). Parc très agréable, peuplé d'une palmeraie délicieuse, cadre privilégié, à quelques encablures du bois de la Chaize. Restaurant de bonne tenue

18 ch. 60-195€   *www.chateau-du-pelave.fr*

→ 9 allée de Chaillot
☎ 02 51 39 01 94
🖨 02 51 39 70 42
Ouv. 7j/7.

---

10 La Bisquine

La mer est partout, dans le décor (dominé par l'énorme aquarium), dehors à deux pas mais aussi à la carte, qui brasse poissons et fruits de mer de l'île avec plus ou moins de simplicité (plateau de fruits de mer, bar de ligne grillé, cassolette de saint-jacques aux champignons).

M : 18-37€   *sauvaget.p248@orange.fr*

→ 30-A rue du Port-l'Herbaudière
☎ 02 51 35 78 72
F. lundi., 28 janv.-11 fév. et 3-14 mars.
Jusqu'à 21h.

👁 Les Glycines

A deux pas du château, cette jolie terrasse invite à la détente et à savourer en toute convivialité les brochettes maison, les déclinaisons d'omelettes ou encore l'Herbaudière (pomme de terre farcie au chèvre et jambon de Vendée).

C : 25€ • M : 15-23€   *les.glycines@yahoo.fr*

→ 9 rue du Robinet
☎ 02 51 39 76 07
F. dim. à dîn., lundi et janv.
Jusqu'à 20h30 (22h30 saison).

---

 parking privé   parking fermé   voiturier

hôtel très tranquille   chien accepté   accès handicapé

   hôtels de charme

Hôtel du Général d'Elbée

Construit en 1767, cet élégant hôtel particulier installé sur la place du château est bordé par le canal. Un emplacement idéal en centre-ville qui n'exclut pourtant pas l'agrément d'un jardin au calme et d'une piscine chauffée.
1 appart. 190-285 € • 26 ch. 95-235 €

→ Pl d'Armes
☎ 02 51 39 10 29
▤ 02 51 39 08 23
F. déb. oct.-Pâques.

www.generaldelbee.com

NOISY SUR ECOLE - 77123 (7 C 3)
Paris 64 - Melun 33 - Fontainebleau 27

12 Auberge Auvers Galant

L'ancien relais de campagne, au seuil de la forêt de Fontainebleau, est effectivement un rendez-vous de bonne bouche, aimable et policé. Un ancien de chez Delaveyne et du Prince de Galles soigne une tradition qui ne fait pas bailler dans un décor rustique d'une autre époque : foie gras, tête de veau sauce gribiche, croustade forestière, confit de joue de porc. Un moment qui peut faire partie d'un parcours initiatique sur l'histoire de la restauration française. La cave est un peu plus actuelle, avec le saint-joseph de Villard, le graves de Haut-Selve, les saumurs de Thierry Germain.
C : 38 € • M : 24-49 €

→ 7 rue d'Auvers
☎ 01 64 24 51 02
F. dim. à dîn., lundi, mardi, 14 janv.-7 fév. et 25 août-9 sept. Jusqu'à 21h15.

NOIZAY - 37210 (18 C 1)
Vouvray 9 - Amboise 9

14 Château de Noizay

Un château affilié R&C, avec tous ses apanages, parquets qui craquent, grande cheminée, vastes miroirs à trumeaux dorés, service ampoulé et Ferrari sur le gravier. Si le pain, bien faible, peut annoncer un service minimum, la surprise vient vite : une carte équilibrée, contemporaine, qui n'abuse pas de superlatifs (ravioles d'anguille, lotte rôtie, ris de veau) et observe sa région avec assiduité, volailles et légumes notamment. Sobriété et précision valent autant pour le traitement des produits que pour les présentations, la langoustine en croustillant, le foie gras, le superbe pigeonneau de Racan avec ses cuisses en pastilla, ou les asperges de Vernou, vantées au printemps dans un beau menu à thème qui emmène jusqu'au dessert, si vous avez la patience de supporter un rythme plutôt lent. Cave généraliste et ligérienne, pas trop chère, qui vaut particulièrement par ses vouvrays de Blot, Foreau, Huet ou les vieux millésimes de Brédif. Un point de plus.
C : 65 € • M : 38-76 €

→ Rte de Chancay
☎ 02 47 52 11 01
F. à déj. (mardi-jeudi), mardi à dîn. et mi-janv.-mi-mars. Jusqu'à 21h30.

www.chateaudenoizay.com

Château de Noizay

L'ancien fief protestant est devenu un repaire distingué d'hôtes qui protestent peu contre la dureté de la vie. Un beau parc avec son jardin à la française, un joli bois romantique, des chambres au calme, stylées, avec leur mobilier d'époque, tissus Pierre Frey, atmosphère intimiste. Qui voudrait se plaindre ?
19 ch. 135-275 €

→ Rte de Chancay
☎ 02 47 52 11 01
▤ 02 47 52 04 64
F. mi-janv.-mi-mars.

www.chateaudenoizay.com

Les villes sont citées par ordre alphabétique.
Les villes au nom composé d'un article sont classées sans tenir compte de celui-ci.

GM

NOTH - 23300   (25 B 2)

La Souterraine 13 - Guéret 28

12 **Château de la Cazine**

Les hauts plafonds du château n'appellent pas vraiment une cuisine canaille et Stéphane Proux en tient compte dans sa façon de décliner les saisons, mais sans pour autant s'endormir sur des plats trop classiques : le pied de cochon farci à la vitelotte et à la truffe ou le saint-pierre au beurre blanc d'anchois ont la gourmandise séduisante qui, combinée à un service gentil et attentif, fait vite oublier le cadre imposant pour se concentrer sur le plaisir de belles assiettes. Cave classique.

C : 60 € • M : 18-55 €   *www.chateaulacazine.com*

→ Domaine de la Fôt
☎ 05 55 89 60 00
F. 24-25 déc.
Jusqu'à 21h15.

Château de la Cazine 🦐

Roi d'un vaste domaine (160 ha ponctués de forêts et d'étangs), l'hôtel est installé dans un élégant château XIXᵉ, qui propose un séjour agréable dans des chambres actualisées, dans leur confort comme leur décoration.

2 appart. 95 € • 20 ch. 60-95 €   *www.chateaulacazine.com*

→ Domaine de la Fôt
☎ 05 55 89 60 00
▤ 05 55 63 71 85
F. 24-25 déc.

NOTRE DAME DE BELLECOMBE - 73590   (28 C 2)

Chambéry 72 - Megève 11

13 **La Ferme de Victorine**

Cette ferme montagnarde typique accueille les bons mangeurs depuis les années vingt lorsque Victorine, la grand-mère, tenait les rênes de cette maison. Le registre culinaire demeure fondamentalement régional : terrine de campagne aux foies de volaille, médaillon de longe de porc fermier, jus caramélisé aux rouelles d'échalotes et embeurrée de pomme de terre et pavé de bœuf Abondance à la moelle assurant dignement la succession. Délicieux cadre authentique.

M : 20-48 €

→ Le Planay
☎ 04 79 31 63 46
F. dim. à dîn., lundi,
(avril.-juin, sept.-nov.), 15-30
juin et 10 nov.-15 déc.
Jusqu'à 21h30.

Villes de proximité, voir :

⟳ CREST VOLAND...................3 km S.O. par D 71b et D 218b

NOTRE DAME DE COURSON - 14140   (6 A 4)

Caen 58 - Lisieux 27

10 **Le Tournebroche**

Une auberge de famille où l'on regarde couler la Touques depuis quarante ans. Et où l'on mange en vrai Normand les bons produits du Pays d'Auge, le jambon braisé, les tripes maison et la teurgoule, sans chercher plus de malice, et en buvant un bon cidre fermier.

M : 15,80-36,50 €

→ Le Bourg
☎ 02 31 32 31 65
F. mardi à dîn., merc., fév. et
10 jrs fin sept.
Jusqu'à 21h.

NOTRE DAME DE GRAVENCHON - 76330   (6 B 2)

Rouen 50 - Le Havre 41

12 **Hôtel-Restaurant Pascal Saunier**

Maîtrise technique et connaissance du produit. Pascal Saunier, Normand pure souche, apprivoise dans son hôtel bourgeois provincial les visiteurs du complexe pétrochimique qui constitue le panorama principal - hallucinant de nuit - depuis les fenêtres de cette salle habillée classiquement. Suivez la mer et les bonnes idées du chef, la tatin de poissons, la printanière de lotte, le cabillaud aux langoustines, en terminant par un feuilleté aux pommes.

C : 48 € • M : 25 €

→ 1 av A.-Grasset
☎ 02 35 38 60 67
F. w.-e. et août.
Jusqu'à 20h45.

NOUAN LE FUZELIER - 41600   (18 A 4)
Blois 101 - Romorantin 41

14 🍴 **Restaurant Le Dahu**

Si le dahu ne prolifère guère dans les forêts solognotes, le dernier spécimen vit paisiblement dans cette ferme de 1860 bien située, à l'écart de la nationale. Dans la salle au cadre rustique typiquement régional, ou bien dans le ravissant jardin, la cuisine sans aspérité de Jean-Luc Germain se sent parfaitement à l'aise, ne brusquant jamais un public tout acquis : saumon fumé maison et salade d'avocat, saint-jacques en croûte de noisettes et fondue de poireaux, déclinaison de fraises… Un ensemble qui vaut toujours la toque mais qu'on sent pourtant comme s'essoufflant sous un immobilisme gastronomique latent.

C : 55 € • M : 28-38 €

→ 14 rue Henri-Chapron
☎ 02 54 88 72 88
F. lundi à dîn., mardi à dîn. (hiver), merc., jeudi, 8 janv.-2 fév., 3-20 mars, 17-26 juin et 17 nov.-5 déc.
Jusqu'à 21h.

www.restaurantledahu.com

NOYAL SUR VILAINE - 35530   (14 C 4)
Rennes 15 - Vitré 30

15 🍴🍴 **L'Auberge du Pont d'Acigné**

Elu par notre magazine GaultMillau d'Or pour notre spécial Rennes, Sylvain Guillemot a désormais les deux toques bien installées. Les convives ont le sourire, les produits sont nobles, Marie-Pierre mène la salle avec l'aisance que peut donner la confiance et la carte semble elle aussi avoir pris un peu d'assurance en ne se référant pas systématiquement aux ingrédients riches : on se régale, au même prix, mais de façon plus variée et personnelle, avec les ravioles de rouget barbet et aubergines, le thon à l'huile d'herbe, le chevreau rôti et caillette à la rhubarbe, le craquant d'endives et fraises. De la lucidité, une certaine forme de sobriété réfléchie, c'est du Guillemot nouveau, assagi et performant, qui se prolonge dans la cave, de grande ressource, très intéressante par ses trouvailles en Loire, et jouant franc jeu avec une offre au verre prépondérante et de bon conseil dans les associations.

C : 85 € • M : 24-34 €

→ Le Pont-d'Acigné
☎ 02 99 62 52 55
F. sam. à déj., dim. à dîn., lundi, 1re sem. janv., 1 sem. avril et 3 prem. sem. août.
Jusqu'à 21h30.

www.auberge-du-pont-dacigne.com

NOYANT DE TOURAINE - 37800   (17 C 5)
Sainte-Amure-de-Touraine 4 - L'Ile-Bouchard 12

🏠🏠🏠 **Château de Brou** 🐦

Entre Sainte-Maure et Chinon, une demeure de tradition, bel ensemble XVᵉ avec ses tourelles à toits pointus, ses salons et chambres meublés d'anciens, aux nombreux rappels historiques, donnant sur le parc et la vallée du Courtineau. Bon confort (clim, jacuzzi, satellite), plan d'eau avec transat et possibilité d'excursion en 4x4 à la découverte des animaux du parc.

2 appart. 210-285 € • 10 ch. 115-170 €

→ ☎ 02 47 65 80 80
🖶 02 47 65 82 92
F. 2 janv.-7 fév. et 14-25 déc.

www.chateau-de-brou.fr

NOYERS SUR CHER - 41140   (17 D 4)
Blois 39 - Romorantin 34

🏠 **Hostellerie le Clos du Cher**

Nichée dans un parc d'un hectare, cette belle maison de maître du XIXᵉ siècle cache des chambres au mobilier alternant styles rustique et contemporain. Détail amusant, elles portent toutes un nom de château. Aire de jeux pour les enfants.

10 ch. 63-92 €

→ 2 rue Paul-Boncour
☎ 02 54 75 00 03
🖶 02 54 75 03 79
F. dim. à dîn.

www.closducher.com

13 Dame Journe

A bientôt soixante ans, Jean-Guy Paternotte ne nous décevra plus. Solidement accroché à sa toque et à sa cuisine classique, qu'il sait revisiter régulièrement, par petites touches, pour ne jamais être à la traîne, l'homme se pose également comme l'un des plus ardents défenseurs des fromages de la région (maroilles et autres spécialités picardes méconnues). Bon menu à 25 € (avec de bons médaillons de rognons de veau), petite cave classique.
C : 36 € • M : 22-50 €

→ 2 bd Mony
☎ 03 44 44 01 33
F. dim. à dîn., lundi, mardi à dîn., merc. à dîn., 1re sem. janv. et 2 sem. déb. sept. Jusqu'à 21h.

14 Le Chef Coq

Dans une maison de caractère nichée dans la vallée, ce Chef Coq chante toujours juste, s'adaptant à l'air du temps (avec désormais une formule unique au déjeuner) sans prise de bec sur la qualité, toujours juste, ni sur une saine vision d'une cuisine généreuse, élégante et ouverte à des influences variées et bien intégrée à la cuisine de René-Georges Pianetti, comme en témoigne par exemple le ludique croque sandwich d'huîtres meunière au beurre blanc et caviar de hareng ou le moelleux du canon d'agneau en croûte d'herbes avec sa polenta aux olives. Le service est remarquable d'efficacité et de gentillesse, dans un décor discrètement rafraîchi. Belle cave bourguignonne, héritage d'années de collaboration avec les meilleurs propriétaires.
C : 60 € • M : 45-59,50 €

→ 13 vallée de la Serrée
☎ 03 80 61 12 06
F. sam. à déj., mardi, merc. à déj. et 12 déc.-déb. fév. Jusqu'à 21h.

idéal gourmet

La Gentilhommière

Même si les chambres traditionnelles sont agréables par leur confort douillet et leur élégance, on reste avant tout séduit par le contraste entre le caractère délicieusement champêtre d'un relais de chasse du XVIe siècle en pleine nature et de superbes suites contemporaines dédiées aux voyages.
11 appart. 200-220 € • 20 ch. 90 €   www.lagentilhommiere.fr

→ 13 vallée de la Serrée
☎ 03 80 61 12 06
☎ 03 80 61 30 33
F. 12 déc.-déb. fév.

13 La Cabotte ♥

Ouf ! Le changement d'équipe n'altère pas la séduction de cette petite adresse installée dans la rue piétonne. On retrouve bien sûr le décor coup de cœur, judicieux mélange de matériaux anciens et de touches actuelles. Décomplexée, souriante, cette approche du restaurant gastronomique s'articule, à travers le travail de Thomas Protot (Jeune Talent Bourgogne il y a deux ans au Vieux Moulin à Bouilland), sur une carte courte, aux propositions contemporaines et aux influences volontiers asiatiques, et doit aussi beaucoup aux efforts déployés en salle par deux jeunes gens délicieux, attentifs et efficaces, qui aident à faire passer le temps quand les plats tardent à arriver de la cuisine ouverte sur la salle. On ne regrette cependant pas l'attente, car ce paraître accompagne un fond solide, ponctué de touches fort séduisantes (la gourmande mouillette de Morteau avec la cassolette de langoustine, le jus thaï parfaitement dosé sur le filet de féra). Cave bourguignonne attrayante, y compris au verre.
C : 79 € • M : 29-47 €   lacabotte@wanadoo.fr

→ 24 Grande-Rue
☎ 03 80 61 20 77
F. lundi à déj., sam. à déj. et dim. Jusqu'à 20h45.

12 **L'Alambic**

Récemment réaménagée, la terrasse d'été installée sur l'arrière de ce caveau en pierres de taille garantit de délicieux moments, dorlotés par la généreuse cuisine régionale de Christophe Dumay : œufs en meurette de crémant de Bourgogne, ris de veau aux queues d'écrevisses et vinaigre de framboises, émincé de veau à la crème de morilles. Bonne sélection de crus locaux à prix serrés.
C : 45 € • M : 22-45 €   www.lalambic.com

→ Rue du Gén-de-Gaulle
☎ 03 80 61 35 00
F. dim. à dîn. (h.s.), lundi à déj. et Noël.
Jusqu'à 21h.

C **Château de la Berchère** 🐦

Une demeure de prince charmant à deux pas des vignes de Nuits-Saint-Georges, corps XVe-XVIIe, façade XVIIe, belles tours. Chambres de style, rénovées par tranches, certaines avec balnéo, donnant sur le parc séculaire.
3 appart. 130-210 € • 23 ch. 60-210 €   www.hotelchateauberchere.com

→ Boncourt le Bois
☎ 03 80 61 01 40
🖷 03 80 61 32 31
F. 15 déc.-15 mars.

| **OBERLARG - 68480** | **(10 B 6)** |

Bâle 36 - Montbéliard 45

11 **A la Source de la Largue**

Les canons du Sundgau sont bien sûr présents (la friture de filets de carpe en tête) dans cet attachant conservatoire alsacien où l'on apprécie aussi les classiques ménagers comme le bœuf gros sel ou le croustillant de pied de porc.
C : 30 € • M : 21 €

→ 19 rue Principale
☎ 03 89 40 85 10
F. mardi, merc. et jeudi.
Jusqu'à 22h.

| **OBERNAI - 67210** | **(10 B 3)** |

Strasbourg 31 - Sélestat 25 - Colmar 50

16 🍴🍴 ≷ **Le Bistro des Saveurs**

Une petite maison simple, une grande cuisine. A l'image de sa région, loyale et travailleuse, Thierry Schwartz a élevé le niveau de cette ancienne forge devenue winstub, puis restaurant, jusqu'à un niveau inimaginable. Sans plus de démonstration que cela, ce jeune trentenaire va chercher des provenances et des associations d'une grande personnalité. Une fois n'est pas coutume, commençons par la fin : pousses d'endives du Piémont orange et vanille de Tahiti, casse-croûte yaourt pomme de terre cannelle, deux exemples de dessert qui changent assez nettement du kougelhopf. Pour conseiller qu'il vaut mieux se laisser guider, par ses intuitions, ses envies, par Hélène qui connaît si bien la cuisine de son époux, et savourer tranquillement cette carte au naturel où épices, légumes soulignent sans jamais masquer, un sandre et une saucisse noire au verjus, un gigot de cabri d'une ferme voisine cuit dans l'argile de Soufflenheim ou la délicieuse simplicité d'une tarte d'asperges au lard paysan et citron fumé. Cave riche et pointue, en Alsace et en Bourgogne, mais aussi en Loire ou même en Provence, avec de nombreux millésimes de chez Henri Milan par exemple.
C : 58 € • M : 32-44 €

→ 35 rue de Sélestat
☎ 03 88 49 90 41
F. lundi, mardi, 25 fév.-13 mars, 14 juil.-7 août et 27 oct.-13 nov.
Jusqu'à 22h.

---

15 🍴🍴 ≷ **La Fourchette des Ducs**

En attendant l'ouverture d'un hôtel de charme (Nicolas Stamm et Serge Schaal ont acquis l'hôtel des Ducs d'Alsace au-dessus du restaurant), on ne se lasse pas d'admirer le décor de cette coquette maison à colombages, où la richesse des détails est permanente (marqueteries de Spindler, appliques de René Lalique, vieux meubles astiqués, collection de vieux appareils photos), un décor

→ 6 pl de la Gare
☎ 03 88 48 33 38
F. à déj. (sf dim.), dim. à dîn., lundi, 1er-10 janv. et 28 juil.-12 août.
Jusqu'à 21h30.

superbe où se joue une pièce gourmande orchestrée à quatre mains par Serge Schaal en salle et Nicolas Stamm en cuisine. On ne sait quoi applaudir le plus, de l'ambiance délicieusement chaleureuse entretenue par l'un ou de la cuisine personnelle et raffinée de l'autre. La qualité des produits est évidente (remarquables saint-jacques, servies avec une sauce Lucullus bien adaptée, magnifique dessert autour du moka et du chocolat), les associations actuelles bien que parfois excessives dans leurs ardeurs (betterave rouge entêtante sur la grillade de foie gras) mais Nicolas Stamm est visiblement en marche vers les étages supérieurs. Remarquable cave alsacienne.

C : 115 € • M : 85-115 €

----

12 La Cour des Tanneurs

Ancienne tannerie, la maison en a gardé une situation paisible au bord de l'eau et un cadre de caractère. Pas question pour autant pour Roland Vonville de s'en tenir aux tartes flambées et à la choucroute, il élargit volontiers son horizon (et celui des habitués) avec des classiques bien interprétés, comme les brochettes de crevettes au curry, la côte de veau aux morilles ou les propositions végétariennes. Bon choix de vins, y compris hors de la région.

C : 35 € • M : 20-35 €

→ Ruelle du Canal-de-l'Ehn
☎ 03 88 95 15 70
F. mardi, merc., 1er-14 juil. et 23 déc.-4 janv.
Jusqu'à 20h30.

₵₵₵ Le Parc Hôtel et Spa

L'architecture typiquement alsacienne appelle un décor à grand renfort de boiseries et de rustique régional, et pourtant... Le Parc sait décliner d'autres ambiances et miser sur un cadre contemporain et une atmosphère d'inspiration zen dans ses associations de couleurs et de lignes épurées. Un plaisir de la détente conforté par les prestations du spa Asiante.

6 appart. 195-325 € • 56 ch. 115-225 €   www.hotel-du-parc.com

→ 169 rte d'Ottrott
☎ 03 88 95 50 08
🖨 03 88 95 37 29
F. 1er-12 juil. et 15 déc.-15 janv.

Villes de proximité, voir :

↻ OTTROTT .... 4 km O. par D 426 **(12/20)**

OBERSTEINBACH - 67510   (10 C 1)
Strasbourg 88 - Karlsruhe 68 - Haguenau 33

13 Anthon

Une maison familiale toujours aussi bien tenue après quatre générations. Georges Flaig illustre le renouveau de la maison, jeune trentenaire épanoui dans une cuisine bien de son époque, étayée par les solides fondements régionaux. Les fameux schniederspaetle sont à l'omble du Canada, le chèvre frais du village est en carpaccio avec le jambon de la Forêt Noire, la poitrine de pigeon rôtie et ses cuisses confites s'enrichissent de marron glacé. Pour faire bonne mesure, dans cette belle salle lumineuse donnant sur le jardin fleuri, on termine avec le kougelhopf façon pain perdu et sauce caramel au beurre salé. Belle cave régionale, huit chambres agréables et parfaitement tenues.

C : 50 € • M : 25-65 €   www.restaurant-anthon.fr

→ 40 rue Principale
☎ 03 88 09 55 01
F. mardi, merc. et janv.
Jusqu'à 21h.

Les villes sont citées par ordre alphabétique.
Les villes au nom composé d'un article, sont classées sans tenir compte de l'article.

OGNES - 02300 (4 B 4)
Chauny 2 - Laon 35

11 L'Ardoise

En cuisine depuis déjà quelques années, Nicolas Gautier a pris complètement en charge l'affaire familiale et en a profité pour changer l'enseigne et rafraîchir le décor. Bienvenue à l'Ardoise donc, dans un décor épuré en noir et blanc, et autour d'une cuisine assez classique (viandes et poissons grillés en tête) où percent quelques accents personnels (sucette de canard, bar grillé au sirop balsamique).
M : 18-39 €

www.lardoise.biz

→ 26 av de la Liberté
☎ 03 23 52 15 77
F. jeudi, 1 sem. fév. et 1 sem. août.
Jusqu'à 22h.

OISLY - 41700 (17 D 4)
Blois 32 - Romorantin 36

15 Le Saint-Vincent

Dernier commerce d'un village de 325 âmes, le Saint-Vincent a tout pour résister à l'implacable loi de la distribution mondialisée. Pas seulement parce que ce fief viticole est un repaire de bons vivants, pas parce que Catherine et Christophe Picard sont d'irréductibles Gaulois, mais aussi et avant tout parce qu'il y a autant de gaieté dans la salle que de talent dans les assiettes. Une ambiance de banquet permanent, même en semaine, pour louer cette carte directe, précise, emmenée par un garde-champêtre intègre qui a appris dans de grandes tables capitales et de par le vaste monde le respect de chaque produit. Ici on se régale en découvrant, la raviole de canard à la coriandre et langoustines au satay, le dos de sandre en écaille d'andouille de Guéméné et quinoa de Bolivie aux fèves, le blanc-manger au combava et coulis passion à la fève Tonka. Cave supérieure, très affûtée en loire, service d'une gentillesse constante.
C : 54 € • M : 25-33 €

→ Le Bourg
☎ 02 54 79 50 04
F. lundi à dîn., mardi, merc., quelques jrs déb. août et mi-déc.-mi-janv.
Jusqu'à 21h.

OIZON - 18700 (18 B 4)
Bourges 56 - Gien 38 - Aubigny-sur-Nère 6

Château de la Verrerie

Un élégant château Renaissance dans une belle région verdoyante au centre de la France. Les beaux volumes, le mobilier d'époque, les portraits anciens et le vaste parc de 40 ha avec son lac font un séjour de douceur et de sérénité, jusqu'aux chambres Louis XV. Au restaurant, une intéressante carte de produits de saison et de terroir, bien arrangée par un jeune chef de 29 ans, Jérôme Godon.
2 appart. 360 € • 10 ch. 155-265 €

www.chateaux-france.com

→ ☎ 02 48 81 51 60
📠 02 48 58 21 25
Ouv. 7j/7.

OLERON (ILE D') - 17 (22 A 6)
Paris 500 - Marennes 10

à LA COTINIERE 17310

Motel Ile de Lumière

Un bâtiment de plain-pied à l'écart de la route, sur les dunes, le soleil et l'océan pour environnement. Chambres de bon confort, nombreux loisirs, piscine, tennis, ping-pong, sauna, salle de musculation.
45 ch. 74-130 €

www.moteliledelumiere.com

→ Av des Pins
☎ 05 46 47 10 80
📠 05 46 47 30 87
F. 1er janv.-22 mars et 30 sept.-31 déc.

à GRAND VILLAGE PLAGE 17370

12 Relais des Salines

Une cabane en bois, une terrasse rêveuse au bord de l'eau, une grosse vague d'authenticité pour prendre l'air du large avec les coquillages et les poissons accommodés sincèrement par James Robert. Qui ne se contente pas de marinière ou de crème au curry, mais fait un joli gâteau de langoustines au jus de palourde, de délicieux céteaux au persil frit et une authentique chaudrée oléronaise dont on se souvient. On boit simple et bon, à la santé des marins.
C : 28 € • M : 16 €

→ Port des Salines
☎ 05 46 75 82 42
F. dim. à dîn., lundi (sf vac. scol.) et déc.-fév.
Jusqu'à 21h30.

à SAINT PIERRE D'OLERON 17310

12 Les Alizés

Cette petite brise n'a rien de décoiffant, mais huîtres ou légumes de saison puisés aux bonnes adresses permettent de nourrir une carte classique à l'honnêteté sans faille, entre melon de pays, mouclade et les mojettes avec la morue à la crème d'ail. A arroser d'un vin du pays.
C : 23 € • M : 18-33 €

→ 4 rue Dubois-Aubry
☎ 05 46 47 20 20
F. mardi, merc. (sf fériés), merc. (vac. scol., sf juil.-mi-sept.) et
1er janv.-mi-mars.
Jusqu'à 21h.

12 Le Petit Coivre

Dans son ancienne maison de meunier, Gilles Beaudrillier ne roule pas le touriste dans la farine, mais lui propose sous forme de menu-carte à l'ardoise une cuisine de saison et de terroir, autour des poissons (sympathique filet de maigre aux mogettes) ou pourquoi pas du gibier. Les tarifs restent raisonnables, l'ambiance conviviale et idéale pour la détente, et les vins de l'île répondent présents.
C : 25 € • M : 25-31 €

→ 10 av de Bel-Air, D 734
☎ 05 46 47 44 23
F. dim. à dîn., lundi, merc. à dîn. (h.s. et hors vac. scol.).
Jusqu'à 21h (21h30 été)..

à SAINT TROJAN LES BAINS 17370

13 Le Homard Bleu

A l'image de sa classique architecture blanche, cette maison au cadre plaisant joue la sécurité pour séduire le touriste de passage, la large vue sur la mer appelant naturellement les assiettes de fruits de mer et les poissons du jour, dans des préparations aisément séduisantes : ravioles d'huîtres au jus de viande, joues de lotte et encornets farcis façon piquillos, poêlée de fraises au poivre vert.
C : 40 € • M : 19,80-39,50 €   www.homardbleu.fr

→ 10 bd Félix-Faure
☎ 05 46 76 00 22
F. mardi, merc. (oct.-Pâques) et déb. nov-déb. fév.
Jusqu'à 22h.

OLMETO - 20113   (35 B 5)
Ajaccio 65 - Sartène 21

Marinca

Passage en 4* en 2006, ouverture du spa en 2007 : cet hôtel né dans les années soixante n'a cessé d'améliorer son invitation au voyage, au cœur des beautés corses d'abord (terrasses panoramiques, plage privée), à travers le monde et le temps ensuite (chambres magnifiquement personnalisées sur le thème des voyages). Un cadre idyllique et feutré.
1 appart. 345-740 € • 52 ch. 165-480 €   www.hotel-marinca.com

→ Lieu-dit Vintricella
☎ 04 95 70 09 00
🖶 04 95 76 19 09
F. oct.-avril.

 **Ruesco**

Installé les pieds dans l'eau, sur la rive Nord du golfe du Valinco, cet établissement d'architecture moderne, inspirée par la Méditerranée, profite d'une situation au calme, au cœur d'un parc arboré. Les chambres, au confort actuel, donnent toutes sur la mer et le parc. Restaurant.
2 appart. 179-202 € • 25 ch. 59-134 €   www.hotel-ruesco.com

→ Capicciolo
☎ 04 95 76 70 50
📠 04 95 76 70 51
F. janv.-mi-avril.

OLORON SAINTE MARIE - 64400   (23 C 6)
Pau 32 - Lourdes 60

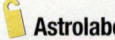 **Astrolabe**

Dépaysement sur le thème des voyages : derrière la façade austère de cette grande maison rose, huit chambres incitent à prendre le large : Marocaine, Indienne, Africaine, Japonaise, Anglaise, Chinoise, Crétoise, Mexicaine. Bon goût, sobriété, harmonie, il n'y a plus qu'à choisir la destination.
8 ch. 55-85 €   www.hotel-astrolabe.com

→ 14 pl Léon-Mendiondou
☎ 05 59 34 17 35
📠 05 59 36 32 47
F. vac. scol. fév. et 8 jrs déb. nov.

Villes de proximité, voir :

⟳ ESQUIULE .... 10 km O. par D 24 **(14/20)**

ONET LE CHATEAU - 12850   (30 C 2)
Rodez 5

 **Hostellerie de Fontanges**

Ouvrant sur un parc d'un hectare avec terrasse et vue sur la cathédrale de Rodez, cette hostellerie érigée au début du XVIIe siècle associe les charmes d'une décoration classique dans des chambres aux beaux volumes, au luxe d'une grande piscine aménagée dans le parc. Restaurant.
6 appart. 110-168 € • 42 ch. 56-85 €   www.hostellerie-fontanges.com

→ Rte de Conques
☎ 05 65 77 76 00
📠 05 65 42 82 29
Ouv. 7j/7.

ONZAIN - 41150   (17 D 4)
Blois 19 - Amboise 21

16 **Domaine des Hauts-de-Loire**

Cette grande maison nichée au cœur de la forêt est un modèle de douceur de vivre, qui ne tient pas seulement à la parfaite tranquillité que ne vient rompre que le chant des oiseaux. C'est aussi une affaire de qualité d'accueil, lorsque tout est fait pour vous mettre à l'aise et vous faire profiter de l'instant : bonne humeur, sourire, humour... La preuve est faite ici que ces qualités ne sont pas incompatibles avec un service de grande maison, par ailleurs parfait de professionnalisme. Dans la salle, les tons clairs dominants (le jaune des murs, le chêne clair du parquet) estompent le côté intimidant des poutres sombres ou de la cheminée monumentale. Produits nobles sans esbroufe et préparations sobres, la cuisine est exactement dans le ton des lieux : cuisson précise et saveur nette du filet de féra, servi avec un feuilleté à l'avoine de Savoie ; agréable carré d'agneau en croûte d'herbe, avec une délicieuse purée de carotte ; panna cota vanille toute en douceur. Reste que ces moments gastronomiques, pour beaux qu'ils soient, peinent un peu à sortir du lot, à nous réserver les traits uniques qui font le charme d'une grande table, le suprême de caille farci au foie gras était ainsi décevant par sa réalisation finalement un peu banale. Il en est de même de la cave, musclée en vouvray mais trop classique

→ Rte de Herbault
☎ 02 54 20 72 57
F. lundi, mardi (sf fériés) et 1er déc.-20 fév.
Jusqu'à 21h15.

par ailleurs. Reste à saluer un rapport qualité-prix attractif grâce à des menus bien conçus et à apprécier encore une fois la douceur du moment.

C : 100 € • M : 60-90 €   *www.domainehautsdeloire.com*

🄲🄲🄲 Domaine des Hauts-de-Loire ⬤

Tout au bout de la longue allée, dans ce vaste parc où les sentiers sous les arbres invitent à des heures de rêverie, la gentilhommière et ses dépendances constituent une étape champêtre et volontiers romantique, délicieuse dans son décor mais surtout dans la grande gentillesse de l'accueil, avec une équipe passée maître dans l'art de mettre ses hôtes à l'aise.

11 appart. 320-450 € • 19 ch. 130-280 €   *www.domainehautsloire.com*

→ Rte d'Herbault
☎ 02 54 20 72 57
🖨 02 54 20 77 32
F. 1er déc.-20 fév.

Nice 30 - Grasse 8

🄲🄲 Château de la Bégude

Une bastide XVIIe, un golf, la Riviera, une hôtellerie entièrement rénovée... Voilà un complexe réjouissant pour les happy few ayant des envies de soleil, de verdure et de sérénité à portée de Bentley de la Croisette ou de la Promenade. De très belles chambres romantiques dans l'esprit des lieux, patines à l'ancienne mais aussi écrans LCD, ouvrant sur ce domaine de 220 ha. Restaurant de cuisine actuelle méditerranéenne.

appart. 330-390 € • 34 ch. 74-190 €   *www.opengolfclub.com/begude*

→ Golf d'Opio Valbonne, rte de Roquefort-les-Pins
☎ 04 93 12 37 00
🖨 04 93 12 37 13
F. 18 nov.-28 déc.

Limoges 39 - Rochechouard 11

🄸🄸 Hostellerie la Bergerie

De vieux chênes et châtaigniers peuplent le vaste parc sur lequel est posée cette superbe bergerie ancienne aux murs en pierres apparentes. Spacieuses, disposant toutes d'un coin salon (et, pour cinq d'entre elles, d'une terrasse privée), les chambres allient confort moderne (accès wifi gratuit par exemple) et charme ancien des lits à baldaquin. Piscine chauffée, tennis. Restaurant.

ch. 45-90 €   *www.domainedeschapelles.com*

→ Chemin de la Côte
☎ 05 55 78 29 91
🖨 05 55 71 70 19
F. 1er-11 janv. et 17-30 nov.

Avignon 32 - Carpentras 23

12 Monteverdi

Installé à la lisière du centre-ville, sur le boulevard circulaire, ce restaurant joue les lounges sages dans une ville guère réputée pour la modernité gastronomique. Le pari de l'originalité est gagné, sans grande émotion, avec la salade de poulpe aux aromates, jeunes pousses et crudités fraîches, la poêlée de saint-jacques en persillade et crème de poivron rouge et le magret de canard rôti sauce au miel d'acacia.

C : 25 € • M : 15 €

→ 443 bd Edouard-Daladier
☎ 04 90 29 53 77
F. lundi.
Jusqu'à 22h30 (23h30 w.-e.).

Les noms des villes de proximité (dans un rayon d'environ 10 km), ayant au moins un établissement sélectionné, sont listés à la fin de chaque grande ville, avec mention de la note du restaurant la plus élevée.

ORANGE

12 Le Parvis

On ne s'amuse pas toujours follement dans ce cadre bourgeois où règne le plus souvent une ambiance feutrée et policée. Dommage, car la cuisine de Jean-Michel Bérenguer, sans briller par un modernisme éclatant, flirte le plus souvent avec la toque : filets de rouget à la compote de tomate et tapenade, cabillaud aux asperges et fenouil à l'huile d'olive et d'anis, entremets à la citronnelle et basilic, coulis et fraises fraîches. Cave classique en rhône avec les bons propriétaires.

C : 24,50 € • M : 17-42 €   le-parvis@wanadoo.fr

→ 55 cours Pourtoules
☎ 04 90 34 82 00
F. dim., lundi, 14-31 janv. et 3 dern. sem. nov.
Jusqu'à 21h15.

---

12 La Rom'Antique

La terrasse offre la vue sur le forum : une aubaine pour les touristes qui jouissent du spectacle en savourant les créations de Cédric Brémond. L'ancien chef-pâtissier de la Mirande trouve de jolies idées pour enrober le terroir à petit prix, avec la roulade de confit de lapin et jambon cru, le filet de loup plancha et topinambours au jus de volaille, l'épaule de cochon à l'étouffée écrasée de pommes de terre aux herbes. Et on peut faire confiance, sur les desserts, au crumble poire romarin ou au cappuccino d'ananas. Sympathique petite cave des rhônes du Sud.

C : 27 € • M : 19-37 €   cedricbremond@aol.com

→ 5 pl Silvain
☎ 04 90 51 67 06
F. sam. à déj., dim. à dîn., lundi (h.s.), sam. à déj. et lundi (juin-sept.), 3 prem. sem. août et 2 dern. sem. oct.
Jusqu'à 21h30.

Villes de proximité, voir :

ORBEC - 14290   (6 A 4)
Caen 72 - Lisieux 22 - Bernay 18

12 L'Orbecquoise

Saucier convaincu et talentueux, Hervé Doual suit les goûts de sa clientèle plus qu'il n'attise sa curiosité. Mais qu'importe. La salade de ris de veau au porto, le dos de cabillaud à l'échalote et au vin rouge et le filet de veau à la crème, pommes et foie gras valent bien un détour par cette charmante auberge normande. Cave peu onéreuse à défaut de faire preuve de personnalité.

C : 38 € • M : 17-30 €

→ 60 rue Grande
☎ 02 31 62 44 99
F. merc., jeudi (sf juil.-août), merc. à dîn. et jeudi (sf fév. et fêtes).
Jusqu'à 21h.

ORCINES - 63870   (26 D 1)
Clermont-Ferrand 8 - Pontgibaud 15

12 Auberge des Muletiers

Sur la route du Puy de Dôme, cette auberge est un petit bonheur pour randonneurs de tout poil, nourrie au terroir du peloux (un apéritif à base de liqueur de châtaigne) à la tarte aux myrtilles, en passant par de revigorantes et savoureuses potées ou truffades, à arroser d'un verre de côtes d'Auvergne.

M : 25-28 €

→ Col de Ceyssat, rte du Puy-de-Dôme
☎ 04 73 62 25 95
F. dim. à dîn., lundi à dîn. (avril-janv.), mardi à dîn. (sept.-janv.), 11 nov.-17 déc. 8 janv.-8 fév.
Jusqu'à 21h.

G
M

10 Auberge des Dômes

Dans son adorable décor rustique, cette auberge séduit par ses propositions gourmandes, proches de la terre comme du terroir, du velouté de potiron aux châtaignes au fromage de pays (avec le pain aux céréales maison) en passant par la truite bio aux amandes. C'est ainsi, dans la simplicité (y compris tarifaire) du bien nommé Menu de l'Aubergiste qu'on apprécie le mieux cette sincère auberge.

C : 35 € • M : 20-35 €   www.auberge.des.domes.free.fr

→ 36 rte du Puy-de-Dôme, La Font de l'Arbre
☎ 04 73 62 10 13
F. lundi et nov.
Jusqu'à 22h.

ORGEVAL - 78630   (7 B 2)

Paris 31 - Pontoise 25 - Mantes-la-Jolie 25

✽ La Thuilerie

Trois chambres, trois ambiances, mais un même soin porté à créer une atmosphère agréable et sereine, pour profiter de l'étape dans cette maison XIXe au milieu des arbres.

3 ch. 90 €   www.lathuilerie.com

→ Isabelle Renard-Delahaye, 321 rue de la Chapelle
☎ 01 39 75 40 23
▤ 01 39 75 40 23
F. janv.-fév.

ORLEANS - 45000   (18 A 3)

Paris 127 - Rouen 218 - Dijon 300

14 Les Antiquaires

La réputation de la maison et la fidélité des locaux donnent une belle assurance à Philippe Bardau, qui n'a pas besoin de conseils pour évoluer. Sur des bases traditionnelles, il virevolte avec des préparations tantôt canailles tantôt sophistiquées pour proposer une lecture différente du produit : tapas autour de la grenouille, hamburger de homard et ris de veau à l'artichaut, mille-feuille de bœuf au foie gras. Un peu de prestige, des présentations travaillées et une ambiance bourgeoise dans une salle refaite dont on dit qu'elle pourrait déménager non loin de là l'an prochain. Affaire à suivre.

C : 58 € • M : 40-56 €   www.restaurantlesantiquaires.com

→ 2 rue au Lin
☎ 02 38 53 52 35
F. dim. à dîn., lundi et mardi à déj.
Jusqu'à 22h.

🏠 idéal gourmet

---

13 L'Epicurien

Les frères Philippot demeurent fidèles au poste dans leur maison de caractère des bords de Loire. Si le homard grillé ou l'aumônière de ris et rognon de veau sont très à l'aise sous les poutres, on apprécie surtout le sens du beau produit, bien acheté et bien traité, qu'il soit puisé au plus près (les asperges vertes, en croque chaud et coulis de cresson) ou pas (turbot sauvage braisé en cocotte). Cave très performante en loire, habile ailleurs, commentaires éclairés sur le choix des vins.

C : 60 € • M : 25-40 €

→ 54 rue des Turcies
☎ 02 38 68 01 10
F. dim., lundi, 10 jrs Pâques, 3 sem. août et 10 jrs Noël.
Jusqu'à 21h30.

---

13 Eugène

A la lisière du centre-ville, dans un quartier proche de l'animation mais à l'abri de toute nuisance, cette petite salle intime (qui devrait d'ailleurs être bientôt rénovée) prend des accents ensoleillés sous l'influence des créations d'Alain Gérard : cannelloni de homard en ratatouille à l'huile de galathé, pièce de veau en croûte d'éclats de châtaigne et cappuccino à la réglisse, moelleux d'amandes aux myrtilles et zestes de citron "boule de neige". La cave navigue en revanche vers des horizons plus proches en s'intéressant essentiellement aux rives de la Loire.

C : 53 € • M : 22,50-45 €

→ 24 rue Sainte-Anne
☎ 02 38 53 82 64
F. sam. à déj., dim., lundi à déj., 27 avril- 11 mai, 27 juil.-18 août et 23 déc.-7 janv.
Jusqu'à 21h30.

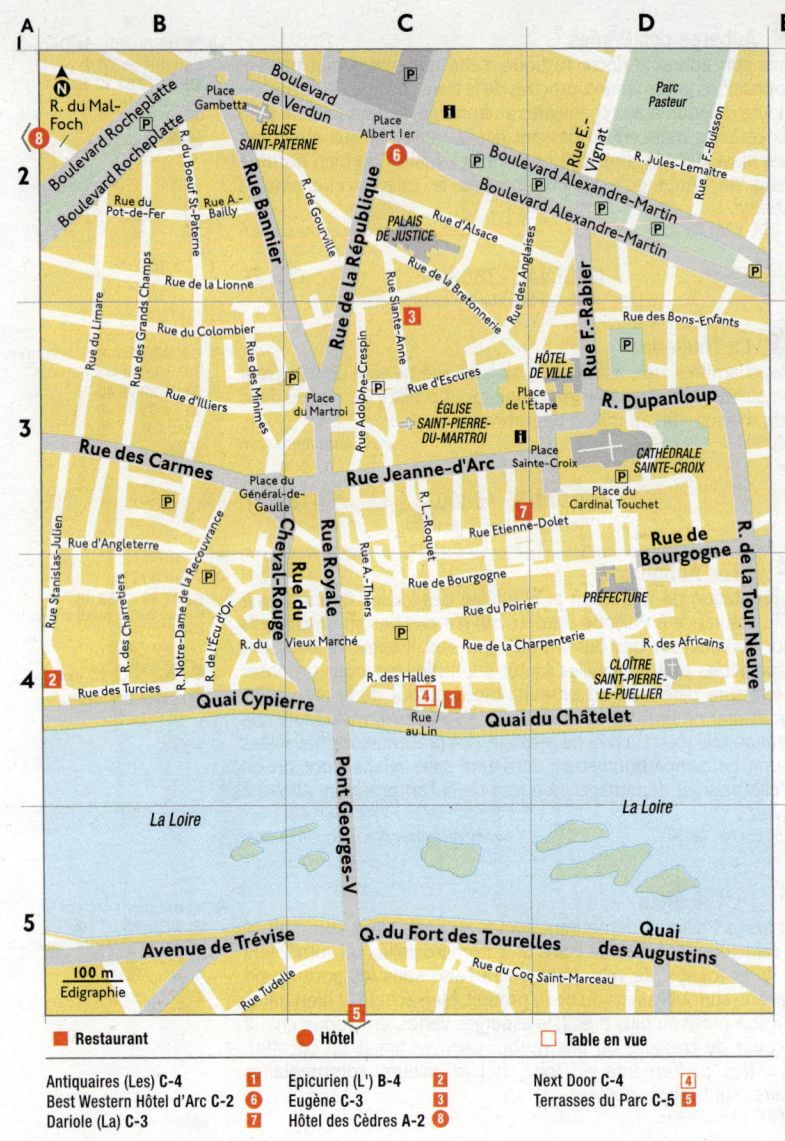

| | Restaurant | | ● Hôtel | | □ Table en vue |

Antiquaires (Les) **C-4**	**1**	Épicurien (L') **B-4**	**2**	Next Door **C-4**	**4**
Best Western Hôtel d'Arc **C-2**	**6**	Eugène **C-3**	**3**	Terrasses du Parc **C-5**	**5**
Dariole (La) **C-3**	**7**	Hôtel des Cèdres **A-2**	**8**		

12 **Terrasses du Parc**

Un cadre d'exception pour les cadres orléanais en quête de détente, en affaires ou en famille : au cœur du Parc floral, une cuisine maligne et actuelle se prête à cette escapade bucolique aux portes de la ville : pressé de lapin au foie gras et râpé de chou, rillettes de maquereau et carotte au cumin, quasi de veau rôti aux asperges, verrine de riz au lait et marmelade de rhubarbe aux fraises. Bonne cave de loires pour un ticket global bien serré.
C : 26 € • M : 18-39 €

→ Av du Parc Floral
☎ 02 38 25 92 24
F. dim. à dîn. et lundi.
Jusqu'à 22h.

idéal gourmet

11 La Dariole

Pas vacciné contre la Dariole ? Alors courez jusqu'à cette petite table sincère, de pierre et de briques, du quartier ancien. Derrière les colombages, des intitulés un peu pompeux du registre traditionnel, mais une réalisation soignée dans une ambiance d'habitués pour les quenelles des deux saumons, le filet de truite de mer et gnocchis d'herbes en nage de persil et la marquise au chocolat parfumée au jasmin et suprême d'orange confite. Cave de vins de Loire, service impeccable.
C : 32 € • M : 22 €

→ 25 rue Etienne-Dolet
☎ 02 38 77 26 67
F. à dîn. lundi-jeudi. et 3 sem. août.
Jusqu'à 21h30.

Next Door

La porte à côté des Antiquaires offre une vision ludique et contemporaine de la cuisine, façon Philippe Bardau. Décoration contemporaine et design, écrans plats et cuisine fusionnante : boudin noir, émulsion d'oignon et mouillette croustillante, conserve minute de sardines, tapenade de poivron rouge et aubergine, cabillaud rôti, mikado de carotte et coco vinaigrette. Un concept réussi.
C : 28 € • M : 28-41 €   www.nextdoor45.com

→ 6 rue au Lin
☎ 02 38 53 10 93
F. dim.
Jusqu'à 23h.

idéal gourmet

Best Western Hôtel d'Arc

L'hôtel affiche son élégante façade Art Nouveau au cœur de la ville. A l'intérieur, les chambres sont aménagées dans une belle élégance classique, mobilier Louis-Philippe et tissus assortis.
35 ch. 96-155 €   www.hoteldarc.fr

→ 37 rue de la République
☎ 02 38 73 10 94
🖨 02 38 81 77 47
Ouv. 7j/7.

Hôtel des Cèdres

Proche du centre-ville, un établissement simple et accueillant, qui doit son nom au jardin de cèdres. Régulièrement rafraîchi, il offre des chambres claires auxquelles le mobilier rotin donne un petit air de vacances.
32 ch. 50-80 €   www.hoteldescedres.com

→ 17 rue du Mal-Foch
☎ 0238 62 22 92
🖨 02 38 81 76 46
Ouv. 7j/7.

Villes de proximité, voir :

○ SAINT HILAIRE SAINT MESMIN…7 km S.O. par D 951 **(11/20)**

ORMOY LA RIVIERE - 91150   **(7 B 3)**
Paris 55 - Etampes 5

12 Le Vieux Chaudron

Ce Vieux Chaudron bout, mais à feu doux. Guillaume Giblin travaille autour d'un bon menu-carte entièrement paramétrable (avec plats à suppléments) qui, à défaut de briller d'une intense modernité, s'adapte tranquillement aux dernières tendances : terrine de harengs fumés et pommes de terre Agatha, bavaroise de chou-fleur et mayonnaise safranée, suprême de volaille pochée, sauce à la saveur de truffe et mousseline de pommes de terre aux truffes du Gâtinais, blanc-manger à la vanille de Madagascar et sirop d'érable, chutney d'ananas cuisinés au gingembre.
C : 32 € • M : 32-46 €   www.levieuxchaudron.com

→ 45 rue Grande
☎ 01 64 94 39 46
F. dim. à dîn., lundi, jeudi à dîn., 25 déc.-5 janv. et 15 août-8 sept.
Jusqu'à 21h.

Les prix au restaurant
C : addition moyenne à la carte (sans les boissons), comprenant 1 entrée, 1 plat et 1 dessert, dans le cadre d'une restauration traditionnelle.
M : fourchette de prix mentionnant le menu le moins cher et le menu le plus cher, proposant à la fois entrées, plats et desserts, sans les boissons.

ORNAISONS - 11200 (31 D 5)
Carcassonne 46 - Narbonne 17

 **Relais du Val d'Orbieu**

A deux pas de Narbonne, au cœur des Corbières et au départ de nombreuses excursions (les châteaux cathares, le canal du Midi, la Cité de Carcassonne), cette charmante demeure languedocienne associe les charmes d'une situation au calme, dans un cadre verdoyant et fleuri, aux excellentes prestations hôtelières (piscine, tennis, chambres de style contemporain ou classique). Restaurant.
5 appart. 125-220 € • 15 ch. 80-165 €

→ ☎ 04 68 27 10 27
🖨 04 68 27 52 44
F. janv. et déc.

ORRY LA VILLE - 60560 (3 D 5)
Chantilly 9 - Senlis 11

12 **Le Relais d'Aumale**

La table prolonge le séjour, dans l'harmonie et la logique de tradition distinguée, prestige français et bonnes manières : crustacés, poissons de petit bateau et viandes de belles provenances peuplent une carte engageante où le chef montre qu'il sait cuire une sole au four et mettre un peu de foie gras et un jus de truffe sur le bœuf de Chalosse, ce qui ne part pas, admettons-le, d'un mauvais sentiment. Cave complète et classique.
C : 57 € • M : 36-46 €   www.relais-aumale.fr

→ 37 pl des Fêtes Delaunay, Montgrésin
☎ 03 44 54 61 31
F. 21 déc.-3 janv.
Jusqu'à 21h30.

Le Relais d'Aumale

Havre raffiné au cœur de la forêt de Chantilly : l'ancien relais de chasse du Duc d'Aumale est aujourd'hui une élégante villa dans un domaine de 4000 m². Chambres pour la plupart contemporaines (2 dans un style classique), réalisées sur mesure par un designer suédois. Atmosphère agréable de demeure privée.
2 appart. 160-250 € • 22 ch. 110-158 €   www.relais-aumale.fr

→ 37 pl des Fêtes
☎ 03 44 54 61 31
🖨 03 44 54 69 15
F. 21 déc.-3 janv.

ORSAY - 91400 (8 B 6)
Paris 27 - Evry 28 - Arpajon 19

👁 **Asia**

Heureux Franciliens qui peuvent s'offrir d'un trait de RER B une escapade vietnamienne, à trente mètres de la gare. Lucile Tran Dinh cultive la tradition de son pays, de la soupe, des nems et des crevettes géantes sauce piquante depuis un quart de siècle.
M : 15-25 €

→ 59 rue du Gén-de-Gaulle
☎ 01 69 28 68 83
F. dim., lundi et août.
Jusqu'à 22h.

ORTHEZ - 64300 (23 C 5)
Pau 48 - Dax 40

12 **Auberge Saint-Loup**

Le menu-carte résume bien le travail d'Aurélien Cathelin, solide sur ses bases classiques mais qui ne se contente pas du filet de bœuf Rossini ou du parmentier d'avocat au saumon fumé, préférant leur adjoindre quelques plats plus ludiques dans leurs parfums du Sud, comme la tartine tomate brebis jambon façon bruschetta, la parillada de viandes ou la crème brûlée aux fraises Tagada. C'est sous cet angle qu'on apprécie le mieux l'étape dans cet ancien relais de la route de Compostelle.
C : 34 € • M : 21,30-45 €   www.auberge-saint-loup.com

→ 20 rue du Pont-Vieux
☎ 05 59 69 15 40
F. dim. à dîn., lundi. F. ann. non comm.
Jusqu'à 21h30 (22h été).

ORVAULT - 44700 (15 C 4)
Nantes 9 - Rennes 101

🗪 Le Domaine d'Orvault
Installé aux portes de Nantes, cet hôtel aux allures de villa a bien évolué ces dernières années, et séduit par la douceur de ses chambres contemporaines, le parc fleuri ou encore les nombreuses possibilités de détente, notamment au sein de l'espace bien-être.
2 appart. 144 € • 40 ch. 86 €   www.domaine-orvault.com

→ Chemin des Marais-du-Cens
☎ 02 40 76 84 02
🖨 02 40 76 04 21
Ouv. 7j/7.

OSNY - 95520 (7 B 1)
Paris 36 - Pontoise 1 - Poissy 19

11 Le Moulin de la Renardière
Si cet ancien moulin à eau ouvrant sur un vaste parc dégage toujours autant de charme avec sa terrasse couverte installée le long de la rivière, la cuisine semble connaître une baisse de régime, passagère, espérons-le. Les quenelles soufflées à la queue d'écrevisse et sauce armoricaine (vraiment décevantes), la souris d'agneau braisée au houblon et thym et le crumble de figues et marmelade de fruits d'automne trahissant les faiblesses d'une carte qui gagnerait sans aucun doute à réduire le nombre de plats proposés. A suivre.
C : 34 € • M : 34-45 €   www.moulinrenardiere.fr

→ Rue du Grand-Moulin
☎ 01 30 30 21 13
F. dim. à dîn. et lundi.
Jusqu'à 21h.

🎁 idéal gourmet

OSSE EN ASPE - 64490 (23 C 6)
Lurbe-Saint-Christau 16 - Lescun 13

12 Pimparela
Parfum d'agneau grillé sur les Pyrénées : cette grange restaurée accueille les randonneurs et les touristes avides de vérité dans un décor somptueux, sur un plateau entouré de montagnes. Les truites, les fromages fermiers, les fruits de saison et le jurançon font le reste.
C : 20 € • M : 16 €   sarl.ipere@wanadoo.fr

→ Ipère
☎ 05 59 34 52 23
Ouv. ts les jrs sur réserv.

OSSES - 64780 (23 B 5)
Saint-Jean-Pied-de-Port 12

12 Mendi-Alde
La fidélité n'exclut pas l'évolution, et dans cette auberge, tenue depuis plus de 150 ans par la famille Minaberry, le chef a beau cuire le pain ou l'agneau au feu de bois, il sait aussi manier la plancha et élargir ses horizons. On apprécie donc le terroir sous une formule raffinée (étuvée de poireaux truite de Banca légèrement fumée, filet de bœuf à la plancha gelée de piment d'Espelette, macaronnade au chocolat et cerises), une recette qui marche aussi pour les jolies chambres, désormais complétées d'une piscine et d'un sauna.
M : 14,50-33 €   www.hotelmendialde.com

→ Pl de l'Eglise
☎ 05 59 37 71 78
F. lundi, mardi, déc. et mi-janv.
Jusqu'à 21h30 (saison).

OSTHOUSE - 67150 (10 C 3)
Strasbourg 29 - Obernai 18 - Sélestat 23

13 Restaurant A L'Aigle d'Or
L'Aigle d'Or est avant tout une affaire de vraie famille alsacienne, unie et sans conflits de générations, celle des Hellmann, qui se partage le travail entre salle et cuisine. Tout ceci rassure la clientèle de la cité sucrière mais aussi la clientèle traditionaliste d'Outre-Rhin. La cuisine de Jean-Philippe en fait autant, ses plats de tradition

→ 10 rue de Gerstheim
☎ 03 88 98 06 82
F. lundi, mardi, 1 sem. fév., 15 jrs août et 1 sem. Noël-nouvel an.
Jusqu'à 21h.

remis au goût du jour cultivent la gourmandise et mettent en valeur les produits locaux comme l'anguille mais aussi le fameux pigeon de la ferme Kieffer de Nordhouse. Desserts gourmands, avec de bonnes glaces maison, carte des vins alsacienne un peu brouillonne dans sa présentation et ambiance paisible et conviviale, dictée par un service gentil et familial. Quelques jolies chambres de caractère, personnalisées avec bonheur entre meubles régionaux et ambiance douillette.

C : 48 €
www.hotelalaferme.com

OSTWALD - 67540 (10 C 2)
Strasbourg 7 - Metz 174

11 S'Asszimmer

Une cuisine favorisant le produit, relativement ambitieuse et qui mérite de progresser encore pour accrocher à nouveau la toque : pavé de sandre sur peau, céleri et brisures de truffes caramel au banyuls, choucroute royale et baeckeoffe de caille au foie gras, crousti-fondant au chocolat grand cru et glace aux marrons. Vaste cave équilibrée avec de belles références alsaciennes (Ostertag, Bernhard-Reibel, Kuentz-Bas...).

C : 50 € • M : 49-92 €
www.chateau-ile.com

→ 4 quai Heydt
☎ 03 88 66 85 00
F. à déj. (sf dim.) et dim. à dîn.
Jusqu'à 22h.

Château de l'Ile

L'architecture alsacienne de ce château XIXe, avec ses colombages et grès des Vosges, offre autant de pittoresque que d'élégance. Dans un parc de 4 ha aux portes de Strasbourg, atmosphère de détente chic dans des chambres toutes différentes, dont les balcons contemplent l'Ill ou le village.

2 appart. 765-715 € • 60 ch. 240-190 €
www.chateau-ile.com

→ 4 quai Heydt
☎ 03 88 66 85 00
🖶 03 88 66 85 49
Ouv. 7j/7.

OTTROTT - 67530 (10 B 3)
Strasbourg 34 - Obernai 6

12 A l'Ami Fritz

Le nom fait des promesses d'Alsace éternelle, gourmande et chaleureuse, que ne manque pas de tenir le travail de Patrick Fritz et de son équipe et les repas de fête mis en scène sur les marqueteries trouvent écho dans la franche satisfaction des convives d'aujourd'hui, autour d'une belle cuisine aux racines solidement ancrée dans le terroir et la tradition : foie gras mariné au rouge d'Ottrott, carré de cochon de lait rôti aux marrons, crêpes au Grand Marnier. Solide cave classique, l'Alsace en tête bien sûr.

C : 38 € • M : 24-65 €
www.amifritz.com

→ 8 rue des Châteaux
☎ 03 88 95 80 81
F. merc., 14-31 janv. et 30 juin-10 juil.
Jusqu'à 21h.

A l'Ami Fritz

Géraniums et grès rose, cette belle maison XVIIIe respecte les canons alsaciens, sans virer à la caricature : les touches de bois ou les tissus fleuris sont mis au service de chambres élégantes et sobres. Le parc arboré ouvre sur les fameux châteaux et le mont Saint-Odile.

3 appart. 112-150 € • 19 ch. 75-107 €
www.amifritz.com

→ 8 rue des Châteaux
☎ 03 88 95 80 81
🖶 03 88 95 84 85
F. 14-31 janv.

Hostellerie des Châteaux

Accueillante avec sa façade robuste et colorée et ses géraniums, cette maison XVIIe déploie un luxe alsacien douillet, fait de boiseries, de tons chaleureux, d'un sens de l'accueil remarquable ou encore d'un équipement de détente très complet.

6 appart. 274-506 € • 61 ch. 120-214 €
www.hostellerie-chateaux.fr

→ 11 rue des Châteaux
☎ 03 88 48 14 14
🖶 03 88 48 14 18
F. fév.

OUCHAMPS - 41120 (17 D 4)
Blois 18 - Amboise 36

Relais des Landes 🦢
Arbres centenaires, pièces d'eau et au milieu des 20 ha cette gentilhommière du XVII⁰ siècle, voilà un cadre champêtre et raffiné, qui trouve un prolongement délicieux dans le décor des chambres, respectueuses de cet esprit, avec des touches de mobilier ancien.
3 appart. 208 € • 25 ch. 103-148 €   www.relaisdeslandes.com

→ Ouchamps
☎ 02 54 44 40 40
🖳 02 54 44 03 89
F. 30 nov.-1ᵉʳ mars.

OUZOUER SUR LOIRE - 45570 (18 B 3)
Orléans 51 - Gien 16

12 **Auberge l'Abricotier**
Paisibles accents champêtres pour cette maison de village, qui s'apprécie aux beaux jours en terrasse sur le jardin privatif et en toute saison autour d'une cuisine traditionnelle sans anicroche : marbré de volaille aux petits légumes, agneau à la fleur de thym, macaron aux amandes et coulis abricot.
C : 48 € • M : 24 €

→ 106 rue de Gien
☎ 02 38 35 07 11
F. dim. à dîn., lundi, merc.
à dîn. et 1re quinz. août.
Jusqu'à 21h.

PACY SUR EURE - 27120 (6 D 4)
Rouen 62 - Evreux 18

Château de Brécourt 🦢
L'allée d'arbres annonce les bâtiments de la cour d'honneur et guide le regard vers l'élégante façade début XVII⁰. A l'intérieur, vastes volumes et noblesse à l'ancienne, avec meubles authentiques et matériaux d'époque, et toujours un souci d'élégance.
5 appart. 205-270 € • 29 ch. 90-175 €   www.chateaudebrecourt.com

→ Douain
☎ 02 32 52 40 50
🖳 02 32 52 69 65
Ouv. 7j/7.

PAIMPOL - 22500 (14 A 2)
Saint-Brieuc 47 - Guingamp 31

14 **De La Marne**
Maître-cuisinier de France, chef ambitieux et jamais à cours de projets pour embellir sa maison (l'entrée de son restaurant vient ainsi d'être transformée en un agréable salon, cossu et feutré), Stéphane Kokoszka a bâti sa solide réputation sur le sérieux et la probité d'une cuisine dans laquelle il use, sans abuser, des accords terre-mer : pressé de foie gras au crabe, crème coraillée et sirop de verjus à la pomme, pavé de lotte rôti au lard, jus tomaté et cocos de Paimpol, marmite de ris de veau à l'ancienne, pomme de terre au beurre écrasée à la fourchette. Desserts personnalisés (une brochette de banane aux morilles et caramel de champignons associée à un sorbet au chocolat par exemple), cave très fournie.
M : 30-71 €   www.marne-paimpol.monsite.wanadoo.fr

→ 30 rue de la Marne
☎ 02 96 20 82 16
F. dim. à dîn., lundi (saison),
dim. à dîn., lundi, mardi
(oct.-mars) et oct.
Jusqu'à 20h45.

- -

12 **La Vieille Tour**
Au cœur du vieux Paimpol, la maison des Rosec se fait toujours aussi accueillante pour les amoureux d'une Bretagne intemporelle, dans son décor, son homard à l'armoricaine ou son pigeon Rossini. Mais cette Vieille Tour n'est pas démodée, loin de là, et on goûte avec appétit l'émietté de tourteau et croquant de blé noir, le pavé de cabillaud purée de harengs ou le crumble à la mangue rôtie. La cave ne manque pas non plus d'intérêt et le sens de l'accueil résiste aux années comme aux vagues de touristes.
C : 48 € • M : 28-48 €   restaurant.lavieilletour.paimpol@orange.fr

→ 13 rue de l'Eglise
☎ 02 96 20 83 18
F. dim. à dîn., lundi à dîn.,
merc. (sept.-nov.), lundi
(juil.-août), dim. à dîn., merc.
(avril-juil.) et dern. sem. juin.
Jusqu'à 21h.

PALAVAS LES FLOTS

Villes de proximité, voir :

⟳ PLOUBAZLANEC.....................2 km N. par D 789 **(11/20)**

au PALAIS, voir BELLE ILE EN MER

PALAVAS LES FLOTS - 34250   **(32 B 4)**

Montpellier 12 - Nîmes 59

12 L'Escale

Solide institution touristique où de véritables professionnels proposent une offre large, plats ambitieux et beaux produits issus de la pêche du moment : soupe de crabes, dos de loup sauvage risotto à l'orge perlé sauce vierge, brochettes de saint-jacques ris d'agneau et gambas sauce vin rouge, tout pour satisfaire les vacanciers et les habitués locaux. Service mené tambour battant, parfaitement briefé et efficace, cave étendue avec de bons choix sur tout le Sud (lirac de la Mordorée, clos Marie, Simone à 88 € montrant le standing recherché).

C : 50 € • M : 19-28 €

rizzotti@club-internet.fr

→ 5 bd Sarrail
☎ 04 67 68 24 17
F. merc.
Jusqu'à 22h.

Le Petit Lézard

A 100 m des grandes plages de Palavas, cette table qui se la joue très "tendance" attire le chaland avec ses prix serrés et des assiettes bourrées de bonne humeur : aubergines grillées parmiggiana, carpaccio de bœuf, médaillon de veau, croquant au chocolat.

C : 23 € • M : 13-19 €

→ 63 av de l'Etang-du-Grec
☎ 04 67 50 55 55
Ouv. 7j/7.
Jusqu'à 22h.

LES PALUDS DE NOVES - 13210   **(33 B 4)**

Arles 40 - Saint-Rémy-de-Provence 10

15 La Maison de Bournissac

Privilégiant plutôt l'assiette simple et ensoleillée au bord de la piscine pour le déjeuner, la table de Christian Peyre prend toute son ampleur au dîner. Non pas qu'on déballe l'artillerie lourde, l'argenterie et les serveurs en queue de pie. Non, ce n'est vraiment pas le genre d'une maison qui privilégie la simplicité d'un patio ombragé ou d'une salle à manger élégante sans ostentation. Le chef convoque la Provence et le Sud au bal des saveurs, au meilleur des produits de saison. Si certains chefs tentent d'afficher une noblesse de façade sur des produits très moyens, Christian Peyre joue volontiers à inverser la tendance, et on aura rarement rencontré un œuf à la coque et panini de jambon (avec salade d'asperges tout de même) aussi raffiné, tandis que, avec sa tatin de navet et son jus de betterave, le porcelet cuit au four est d'un fondant confondant. Le service tout en gentillesse confirme l'esprit délicieux de la maison, tandis que la cave reste un atout majeur, pointue, fouineuse, bien au-delà des frontières de la région.

C : 75 € • M : 45-70 €

www.lamaison-a-bournissac.com

→ Montée d'Eyrargues
☎ 04 90 90 25 25
F. lundi et mardi (sf 1er mai-30 sept.) et 6 janv.-13 fév.
Jusqu'à 21h30.

La Maison de Bournissac

C'est un vieux mas, sur la colline, c'est une terrasse dominant le Ventoux, les Alpilles et le Luberon, un vieux chêne, qui offre généreusement son épais feuillage aux siestes les plus longues, un patio, où l'on se réfugie pour dîner et une douzaine de chambres, seulement, comme pour rester en famille, et où l'on profite d'un esprit provençal et chaleureux ; c'est un petit coin de paradis, en pleine nature, en Provence.

3 appart. 195-260 € • 10 ch. 130-230 €

www.lamaison-a-bournissac.com

→ Montée d'Eyrargues
☎ 04 90 90 25 25
▤ 04 90 90 25 26
F. 6 janv.-13 fév.

G
M

PAMIERS - 09100 (29 A 5)
Foix 19 - Lavelanet 41

13 🍽 **Au Gré des Saisons**

François Bassas, jeune chef passé notamment au Pastel à Toulouse, semble avoir parfaitement synthétisé les exigences de la restauration actuelle : un décor clair et contemporain en salle, des serveurs jeunes et dynamiques, une constante promotion des producteurs bio locaux (qui fournissent une large part des produits utilisés) et des tarifs bien ciblés pour un succès d'estime qui ne se dément pas. L'assiette de légumes bio "de chez Christophe à Camon", l'entre-côte de bœuf limousin "de chez M. Eychenne" et pommes de terre rattes, les noix de saint-jacques rôties et légumes bio au sésame affichent une belle vigueur qu'on retrouve jusqu'en cave.
C : 50 € • M : 16-60 €

→ 5 cours du Dr-J-Rambaud
☎ 05 61 60 20 88
F. sam. à déj., dim., lundi à déj. F. ann. non comm.
Jusqu'à 21h30.

www.hoteldefrancepamiers.com

PARADOU - 13520 (33 B 5)
Marseille 82 - Arles 17 - Maussane-les-Alpilles 2

11 **Bistrot La Petite France**

Dans une charmante maison de pays cachée derrière des platanes, une salle de bistrot provençal impersonnel, à l'accueil plein de sourire. Celui-ci s'estompe malheureusement devant une assiette qui peine à garder son rang, répertoire ménager, produits simples et desserts sans passion. Il faudrait remettre le réacteur en marche, ce qui n'empêche pas de trinquer avec le vin de la patronne.
M : 27 €

→ 55 av de la
Vallée-des-Baux
☎ 04 90 54 41 91
F. merc., jeudi à déj. (sf été, ouv. jeudi à dîn.) et nov.
Jusqu'à 21h30.

- -

Du Côté des Olivades 🍃

Au pied des Alpilles, la belle nature provençale entoure sur 1 ha ce mas contemporain habillé de calme et de sérénité. Chambres joliment dessinées et décorées avec goût, dans le style de la maison. Accueil très personnalisé de la famille Bourguignon. Agrandissement de l'hôtel prévue en 2008. Restaurant de cuisine régionale utilisant les meilleurs produits, petits farcis, bar de ligne à l'unilatérale, canon d'agneau...
8 appart. 290-450 € • 16 ch. 150-295 €

→ Lieu-dit de Bourgeac
☎ 04 90 54 56 78
🖨 04 90 54 56 79
Ouv. 7j/7.

www.ducotedesolivades.com

- -

Le Hameau des Baux 🍃

Lorsqu'on découvre pour la première fois ce hameau étonnamment reconstitué, le choc est violent. Un ensemble de maison à l'ancienne, organisées autour d'une place ombragée, un parc clôturé de deux hectares où les possibilités de flâner ne manquent pas, et une offre d'hébergement à la hauteur du cadre, des chambres spacieuses et décorées dans un esprit campagnard, meublées de chine et habillées de tissus griffés. Le restaurant, bien qu'acceptant la clientèle extérieure sur réservation, se destine avant tout aux résidents.
6 appart. 260-520 € • 9 ch. 190-265 €

→ Chemin de Bourgeac
☎ 04 90 54 10 30
🖨 04 90 54 45 30
F. janv.-mi-fév.

www.hameaudesbaux.com

Les prix des hôtels correspondent au tarif journalier en chambre ou en appartement (ou suite) pour au minimum 1 personne seule en basse saison et 2 personnes en haute saison.

18 🏨🏨🏨 Le Grand Véfour

"Bienvenue parmi nous." Vous êtes au Grand Véfour, dans ce joyau du XVIIIe siècle dont les tables, comme chacun sait, portent les noms de grandes figures du monde des Arts et des Lettres. C'est d'ailleurs ainsi que l'on peut reconnaître, presque instantanément, les clients - pour les étourdis qui l'auraient oublié, le port de la veste est "obligatoire" au Grand Véfour, même au déjeuner, mais on aura l'élégance de vous en prêter une au cas où - qui s'assoient pour la première fois à la place de Malraux ou d'Hugo, découvrant avec étonnement les plaques cuivrées rendant hommage au passé. Tour à tour aristocratique, contemporaine, personnelle, la cuisine de Guy Martin s'adapte à toutes les clientèles, touristes à peine débarqués d'Asie comme hommes d'affaires de haut vol : langoustines juste saisies, d'autres crues assaisonnées aux fruits de la passion, filets de sole cuits à basse température, haricots, perles de pequillo et arête croquante, pigeon frotté aux quatre épices, rôti, melon et pastèque légèrement acidulés ou parmentier de queue de bœuf aux truffes, pour les grands nostalgiques. Au déjeuner, le mythe descend presque dans la rue avec un "vrai" menu à 88 € comprenant un choix de trois entrées, trois plats, trois desserts et les fromages. Cave aux tarifs souvent affolants mais ayant l'obligation de proposer assez de flacons à prix raisonnables pour s'ouvrir à (presque) tous.

C : 189 € • M : 78-256 €   www.grand-vefour.com

→ Plan : 1 C 3
17 rue de Beaujolais
☎ 01 42 96 56 27
F. vend. à dîn., w.-e., 9-13 avril, 28 avril-5 mai, 28 juil.-25 août et 21-31 déc.
Jusqu'à 21h.

🍴 ≈❄ 🍷

🛎 idéal gourmet

---

18 🏨🏨🏨 ⪦ Le Meurice

"Je vous livre les secrets du chef", sourit le maître d'hôtel en délivrant la carte. Une manière de bienvenue assez cohérente dans ce cadre de magnitude 9,95/10 sur l'échelle du prestige, avec ses marbres, mosaïques, fresques mignardes, et lustres monumentaux au scintillant cristal de Bohême. Mais cette annonce cache aussi un des traits fondamentaux du succès actuel du Meurice : il y a bien un chef, et il fait - à peu près - ce qu'il veut ; de la sardine dans une entrée majeure, en choisissant d'une tomate green zebra les végétations (l'impression eau de tomate est superbe) ; un pavé de turbot étuvé, enveloppé dans une feuille de céleri et qu'il couvre de foie gras, de lamelle de pied de cochon en ajoutant à ces notes profondes et terreuses un rappel iodé avec l'algue kombu. Bref, il se donne les moyens d'une carte en liberté où il mêle sans vergogne le riche et le pauvre, le campagnard et l'urbain, le rock and roll et la bourrée. Certains parlent parfois de cuisine de premier de la classe, pas assez jouissive, pas assez poète ; Alleno répond par un boulot de titan sur des produits caressés dans le bon sens : le pavé de veau d'un sublime moelleux avec son risotto d'épeautre - la couverture feuille d'or vaguement nouveau riche est un peu surprenante - et ses girolles boutons, l'artichaut est transfiguré dans les agnolotti parmesan et roquette aux textures contrastées. Dans cet ordonnancement sans faille, on prend le temps de la respiration (l'éloge de la lenteur est consommée dans des cuissons douces parfaitement dosées) et on goûte de tous ses sens jusqu'aux desserts (chocolat confiture d'algue et yuzu parmi les compositions notables). La cave, malgré ses tarifs ravageurs dès qu'un nom ou une référence est un peu connu, se débrouille pour placer quelques flacons accessibles, Puech Haut ou Canarelli par exemple, au milieu d'un catalogue d'une richesse naturellement palatiale.

C : 205 € • M : 75-190 €   www.lemeurice.com

→ Plan : 1 B 3
228 rue de Rivoli
☎ 01 44 58 10 55
F. w.-e., vac. scol. fév. et août.
Jusqu'à 22h.

🍴 ♿ ≈❄ 🍷

₵₵₵₵ Le Meurice

Mobilier Louis XVI, tissus raffinés aux couleurs douces, espace généreux, le Meurice sait choyer ses occupants dans une belle douceur de vivre, un luxe élégant dans sa sobriété qui garantit un séjour paisible. L'exclusif spa avec vinothérapie est bien dans cette logique.

39 appart. 810-12000 € • 121 ch. 520-850 €   www.lemeurice.com

→ Plan : 1 B 3
228 rue de Rivoli
☎ 01 44 58 10 10
🖥 01 44 58 10 15
Ouv. 7j/7.

---

17 Carré des Feuillants

On va au Crillon, au George V et au Bristol, mais on va chez Vigato, chez Le Divellec ou chez Dutournier. Evidemment cela change beaucoup de choses, même si, pour le touriste plongé dans son guide, une note est une note, comme une décoration ou un label. Alain Dutournier a su entretenir, vaillamment, irréductiblement, son côté aubergiste. Cela peut en froisser certains, avides d'un luxe discret où seuls les chuchotis sont admis, mais ici, la truculence gasconne, si elle est mise en grande partie sous l'éteignoir, agite encore quelques braises. Si l'atmosphère est à la grande maison, le style général continue pour les nostalgiques à évoquer le Trou gascon, et c'est tant mieux ; jusque dans le service, moins à l'affût de tout qu'ailleurs et pourtant aussi efficace. Et si l'émotion n'est pas toujours au rendez-vous (elle ne l'est jamais entièrement, nulle part), c'est bien la patte d'un grand qui s'exprime, avec les asperges blanches des Landes, les mousserons et l'œuf en coque d'asperges, du beau brut naturel, parfaitement maîtrisé, les tronçons de saint-pierre ficelés de pomme de terre et caviar (pour le rappel iodé), fumet mousseux au raifort, le carré d'agneau de lait des Pyrénées au four, le gigot cuit à l'étouffée dans l'argile, cousinage de primeurs, cresson froissé, un plat spectaculaire aux parfums très expressifs. Desserts gourmands très adroitement composés, cave énorme, d'un très grand connaisseur qui peut aligner le carignan 1903 de Marjorie Gallet face à une verticale de Latour ; toutes les stars du moment, tous les grands de ce monde, un beau choix de découverte au verre... ça, c'est une cave !

C : 130 € • M : 65-165 €   www.carredesfeuillants.fr

→ Plan : 1 B 3
14 rue de Castiglione
☎ 01 42 86 82 82
F. w.-e. et août.
Jusqu'à 22h30.

---

16 L'Espadon

Michel Roth, c'est le général en chef passant en revue les effectifs, sondant le terrain, scrutant l'horizon, analysant les forces en présence avant d'orienter sa stratégie. Il a les fantassins qu'il faut, aucune difficulté technique ne peut le rebuter, il peut passer de la poularde Albufera à l'émulsion de chorizo virtuel s'il le faut en un tournemain, et la scène se déroule dans le plus majestueux décor de Paris, sous les ors du salon de César Ritz. Alors le chef compose, et c'est diablement séduisant : langoustines rôties et raviole avec un consommé citronnelle gingembre, un turbot au fenouil sec et confit avec un aïoli de courgette, une côte de veau persillée au thym citron... La clientèle peut aligner 100 € sur un plat sans sourciller, on y met donc à peu près ce qu'on veut, en qualité et quantité, le service est complètement à la hauteur du site, doux sans obséquiosité, d'une précision métronimique et les desserts font festival pour petits et grands. Le scintillement est aussi à la cave, les plus hautes références (les très grands vignerons sont cajolés ici depuis des lustres) jouxtant quelques flacons de propriétaires distingués.

M : 75-220 €   www.ritzparis.com

→ Plan : 1 B 3
15 pl Vendôme
☎ 01 43 16 30 80
Ouv. 7j/7.
Jusqu'à 22h.

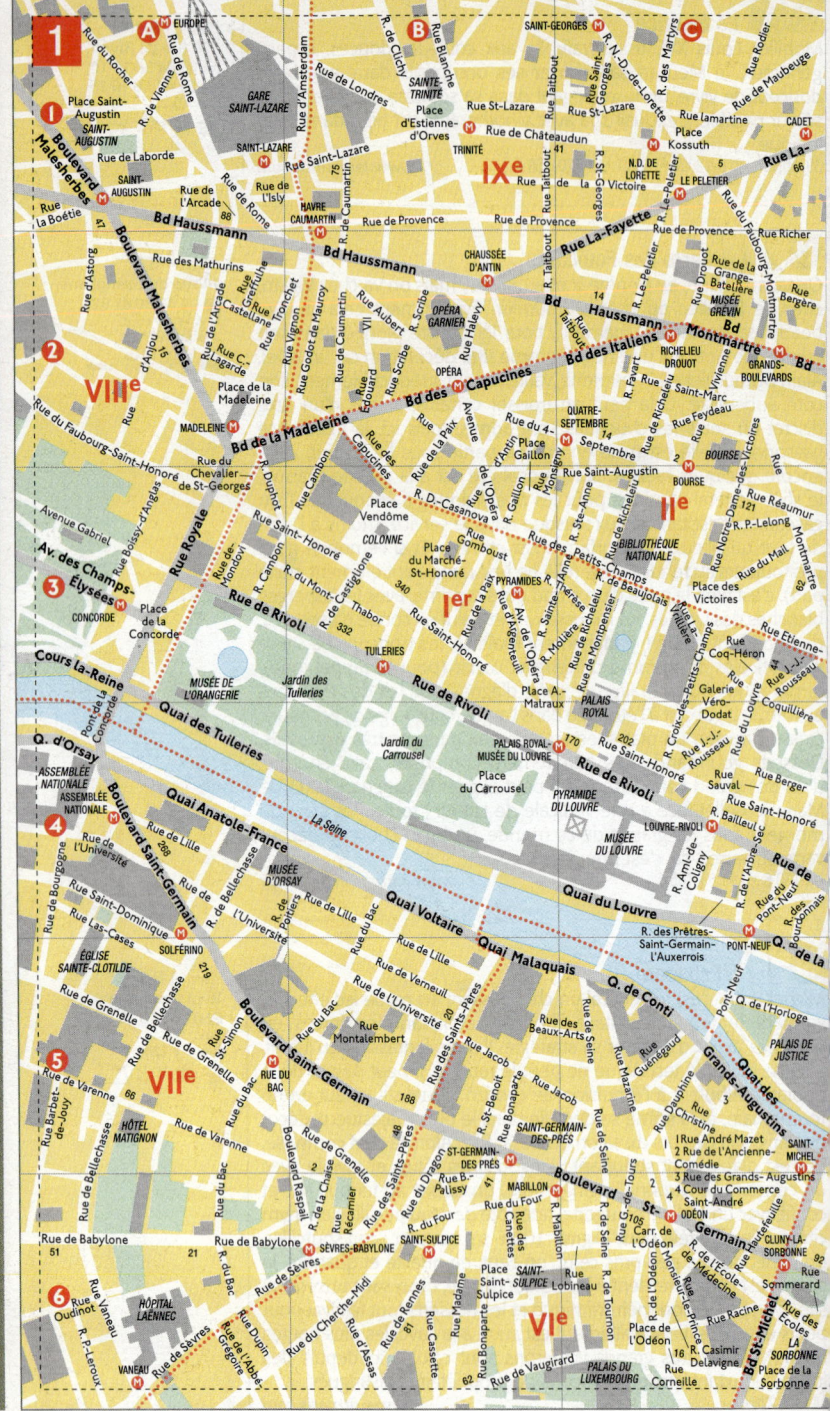

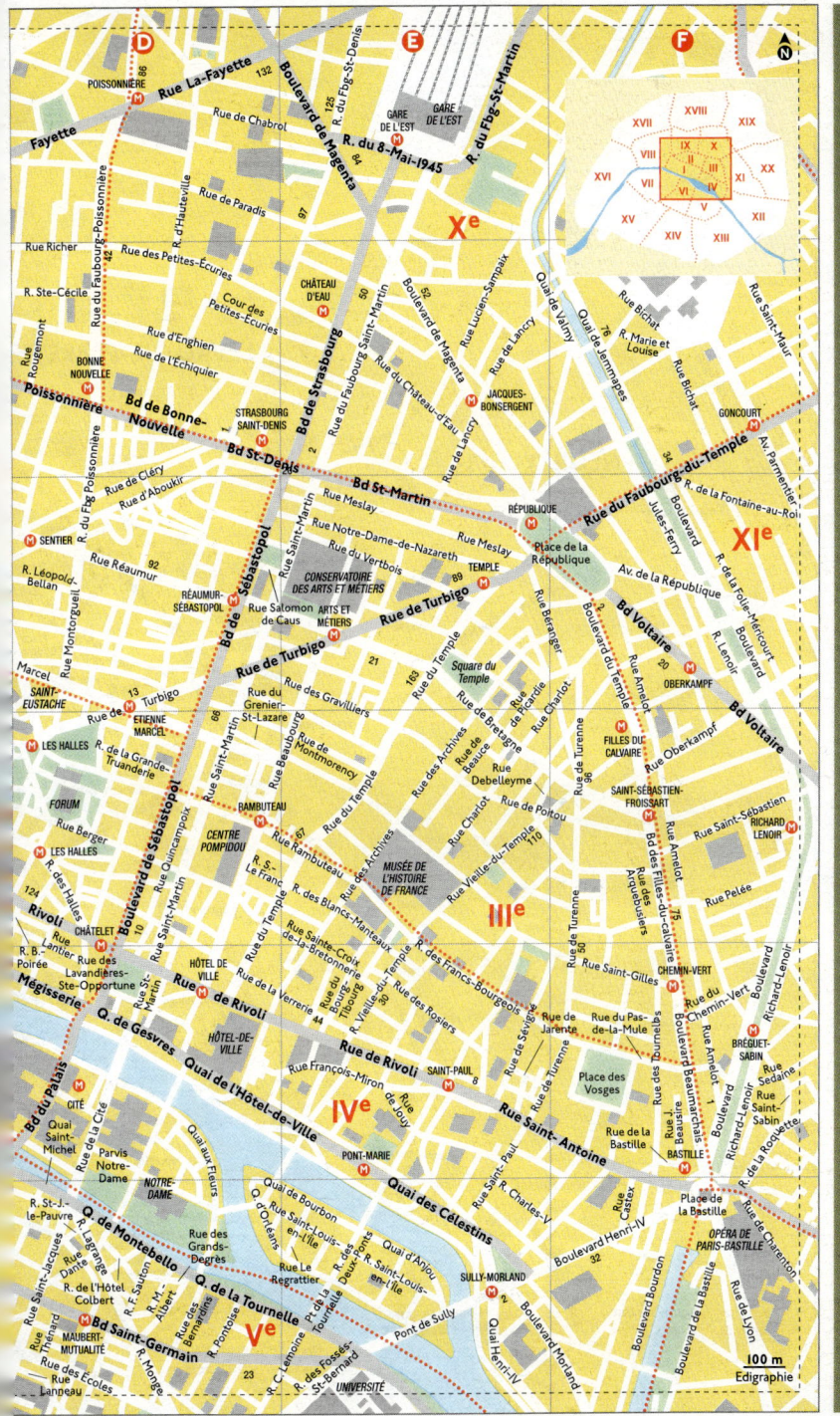

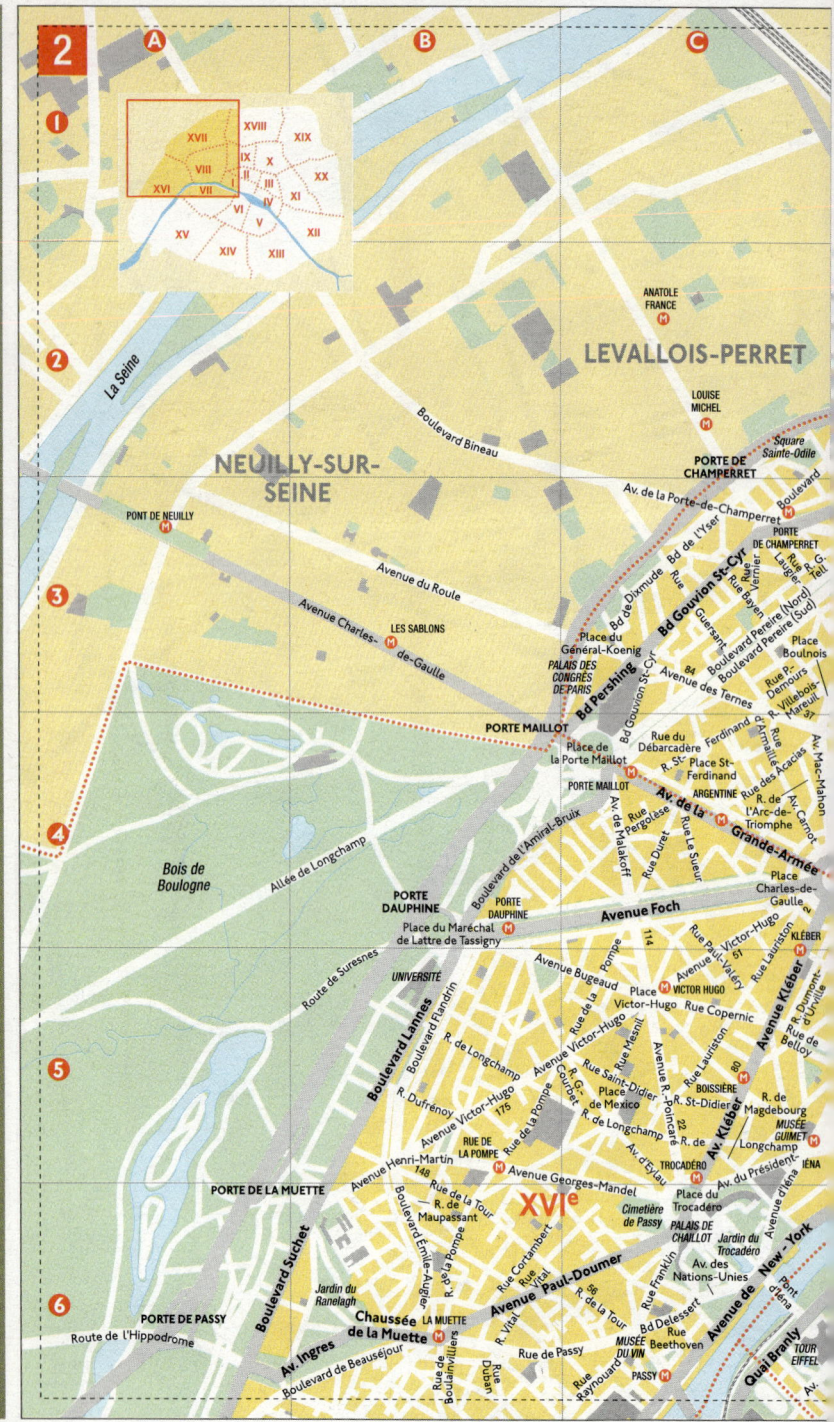

2

Ⓐ   Ⓑ   Ⓒ

Ⅰ

XVIII
XVII   XIX
VIII   X
IX   Ⅲ   XX
XVI   Ⅱ   Ⅳ   XI
VII   Ⅰ
Ⅵ   Ⅴ   XII
XV   Ⅹ
XIV   XIII

2

La Seine

ANATOLE FRANCE Ⓜ

LEVALLOIS-PERRET

Boulevard Bineau

LOUISE MICHEL Ⓜ

NEUILLY-SUR-SEINE

Square Sainte-Odile

PORTE DE CHAMPERRET Ⓜ

Av. de la Porte-de-Champerret

Boulevard

PONT DE NEUILLY Ⓜ

PORTE DE CHAMPERRET

3

Avenue du Roule

Bd de Dixmude
Bd de l'Yser
Rue Bayen
Rue Vernier
R. G. Tell

Avenue Charles- Ⓜ -de-Gaulle

LES SABLONS Ⓜ

Bd Gouvion St-Cyr

Rue Guersant

Place du Général-Koenig

Boulevard Pereire (Nord)
Boulevard Pereire (Sud)

Place Boulnois

84

PALAIS DES CONGRÈS DE PARIS

Bd Gouvion St-Cyr
Avenue des Ternes

Rue P. Demours
R. Villbois-Mareuil

Bd Pershing

PORTE MAILLOT

Rue du Débarcadère
R. Ste Ferdinand

Av. Mac-Mahon

Place Ste-Ferdinand

Place de la Porte Maillot

PORTE MAILLOT Ⓜ

Rue des Acacias
R. de l'Arc-de-Triomphe

4

Bois de Boulogne

Allée de Longchamp

Boulevard de l'Amiral-Bruix

Av. de Malakoff
Rue Pergolèse
Rue Duret
Rue La Sueur

ARGENTINE Ⓜ
Av. de la Grande-Armée

Av. Carnot

Place Charles-de-Gaulle

PORTE DAUPHINE

PORTE DAUPHINE Ⓜ

Avenue Foch

114

Rue Paul-Valéry
Rue Lauriston

KLÉBER Ⓜ

Place du Maréchal de Lattre de Tassigny Ⓜ

Avenue Bugeaud

Pompe

UNIVERSITÉ

Place Victor-Hugo

VICTOR HUGO Ⓜ

Avenue Victor-Hugo

R. Dumont d'Urville

Rue Copernic

Avenue Kléber

5

Boulevard Lannes

Boulevard Flandrin

R. de Longchamp

R. Dufrénoy

Avenue Victor-Hugo

Rue de la Pompe

Avenue Victor-Hugo

Rue Mesnil

Rue Saint-Didier
R. G.
Courbet

Place Victor-Hugo
Rue Copernic

Rue Lauriston

Rue de Belloy

175

Avenue Victor-Hugo

Place de Mexico

Rue St-Didier

BOISSIÈRE Ⓜ

R. de Magdebourg

Av. Kléber

R. de Longchamp

Av. d'Eylau

RUE DE LA POMPE Ⓜ

Rue de la Pompe

R. de

MUSÉE GUIMET Ⓜ
Longchamp

IÉNA Ⓜ

PORTE DE LA MUETTE

Avenue Henri-Martin

148

Rue de la Tour

Avenue Georges-Mandel Ⓜ

TROCADÉRO Ⓜ

Av. du Président

Av. d'Iéna

6

Boulevard Suchet

R. de Maupassant

XVIe

Cimetière de Passy

Place du Trocadéro

PALAIS DE CHAILLOT
Jardin du Trocadéro

Av. des Nations-Unies

Avenue de New-York

Pont d'Iéna

Jardin du Ranelagh

Av. Ingres

PORTE DE PASSY

Route de l'Hippodrome

Chaussée de la Muette

LA MUETTE Ⓜ

Rue Cortambert

Boulevard Émile-Augier

R. Vital

R. de la Pompe

Avenue Paul-Doumer

Rue Vital

Rue Franklin

R. de la Tour

56

Bd Delessert

MUSÉE DU VIN

Rue Beethoven

Rue de Passy

PASSY Ⓜ

Rue Raynouard

Quai Branly

TOUR EIFFEL

Rue de Boulainvilliers
Rue Duban

Boulevard de Beauséjour

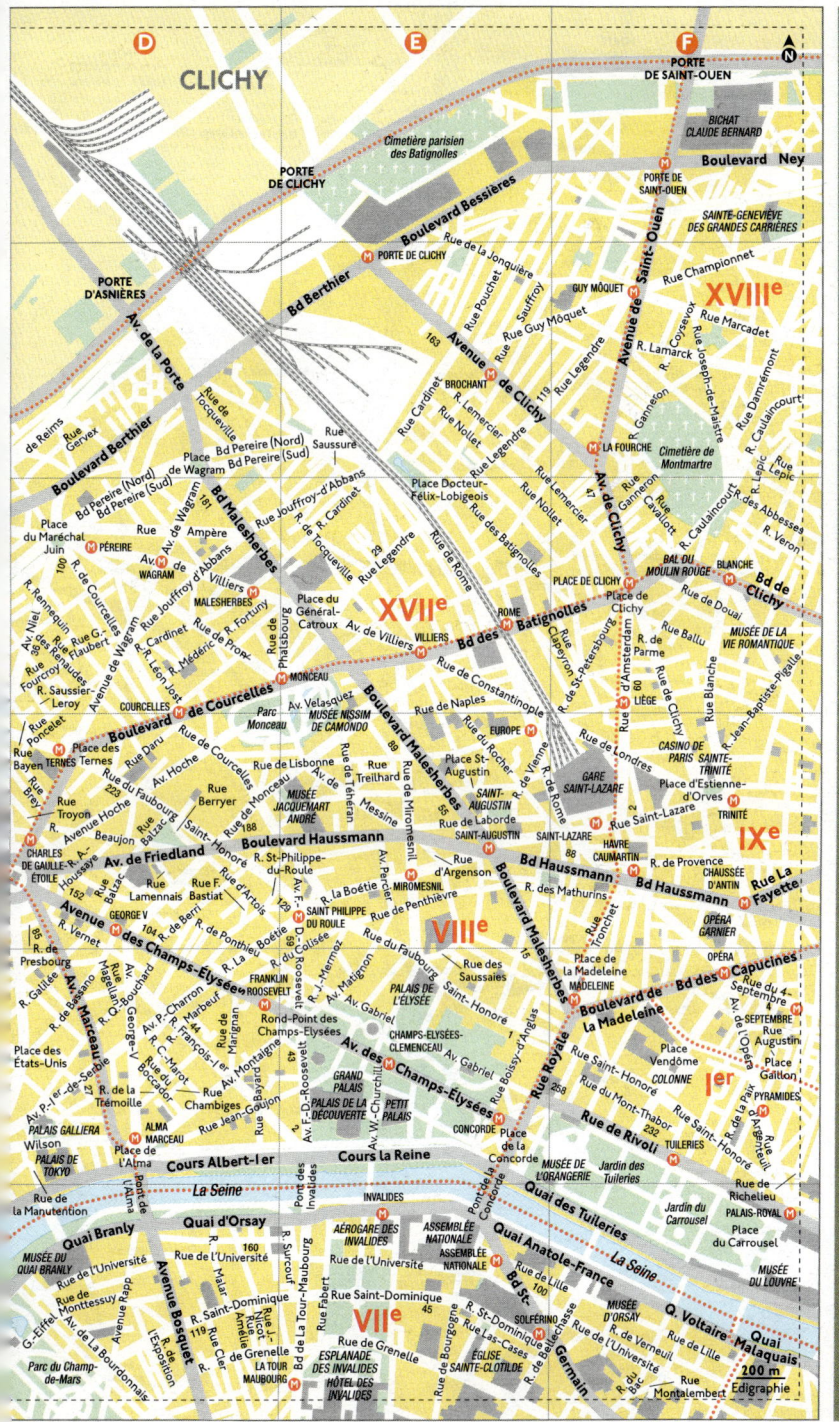

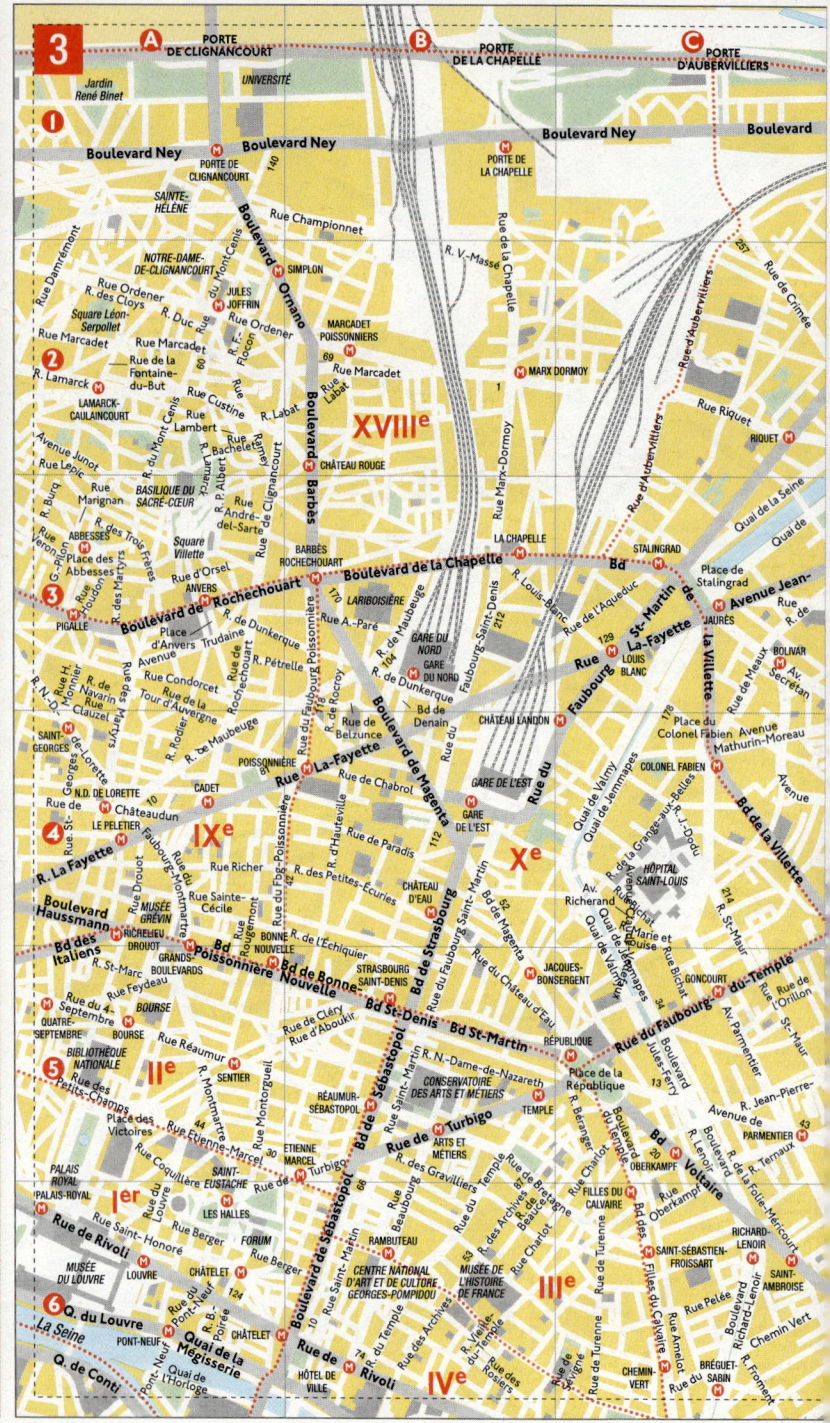

4

A PORTE DE PASSY

Route de l'Hippodrome

Jardin du Ranelagh

B Chaussée de la Muette

Bd Suchet

Av. P-Doumer

Rue de la Tour

Bd Delessert

C

Rue Beethoven

Av. de New-York

Pont d'Iéna

TOUR EIFFEL

Av. Ingres

Boulevard de Beauséjour

R. Vital

Rue de Passy

R. J. Bologne

MUSÉE DU VIN

Av. de New-York

Quai Branly

I

105

Rue de l'Assomption

Rue du Ranelagh 65

R. Duban

R. Dubois

Rue Raynouard

Pont de Bir-Hakeim

R. de la Fédération

Boulevard Suchet

Rue de l'Yvette

Rue du Ranelagh

MAISON DE RADIO FRANCE

Avenue du Président-Kennedy

Quai de Grenelle

Bd de Grenelle

Rue Desaix

Boulevard de Montmorency

Rue Raffet

Avenue Mozart

86

Rue La Fontaine

Av. Théophile Gautier R. Gros

Rue Félicien David

Av. de Versailles

Pont de Grenelle

La Seine

Rue du Théâtre

Rue Saint-Charles

R. de Lourmel R. Juge

XVIe

2 PORTE D'AUTEUIL

Avenue de la Porte d'Auteuil

Rue Chanez

Rue d'Auteuil

Place de Barcelone

Av. de Versailles

Pont Mirabeau

Avenue Émile-Zola

Avenue Émile-Zola du

95

Rue Boileau

Rue Mirabeau

27

IMPRIMERIE NATIONALE

Rue de Javel

Rue des Entrepreneurs

Square Violet

PORTE MOLITOR

Boulevard Murat

Rue Molitor

HÔPITAL SAINTE-PÉRINE

R. Chardon-Lagache

Avenue de Versailles

Quai Louis-Blériot

2

Rue de la Convention

Rue du Lourmel

58

Rue Saint-Charles

3

Parc des Princes

Boulevard Murat

R. M. Ange

Bd Exelmans

Cimetière d'Auteuil

Rue Boileau

Rue Chapu

Square des Cévennes

Rue

Rue Balard

Cauchy

Cimetière de Grenelle

HÔPITAL BOUCICAUT

Jardin Duranton

Av. F.-Faure

R. de Pernet

XVe

138

R. Le Marois

Bd Murat

Bd Murat

Av. de Versailles

Quai Saint-Exupéry

Quai André-Citroën

Pont du Garigliano

Parc André-Citroën

Rue Leblanc

Rue Saint-Charles

Avenue

R. du Lourmel

R. Félix-Faure

R. Duranton

Cimetière de Vaugirard

Rue Lecourbe

Rue de la Croix-Nivert

Rue St-Lambert

Rue Blomet

Bd du Gal-Martial-Valin

Rue Leblanc

364

R. Vasco-de-Gama

Rue Desnouettes

386

Rue Desnouettes

Boulevard Victor

Boulevard

Rue de Vaugirard

4

Quai du Pont du Jour

Pont d'Issy

QUAI D'ISSY

PORTE DE SÈVRES

Boulevard Périphérique

Rue Louis Armand

PARC DES EXPOSITIONS

PALAIS DES SPORTS

Boulevard

386

Rue

PARC DES EXPOSITIONS

PORTE DE LA PLAINE

5

Avenue Ernest-Renan

ISSY-LES-MOULINEAUX

6

XVII XVIII XIX

XVI VII VI V XII

XV XIV XIII

IX X XI

VIII II III IV

I

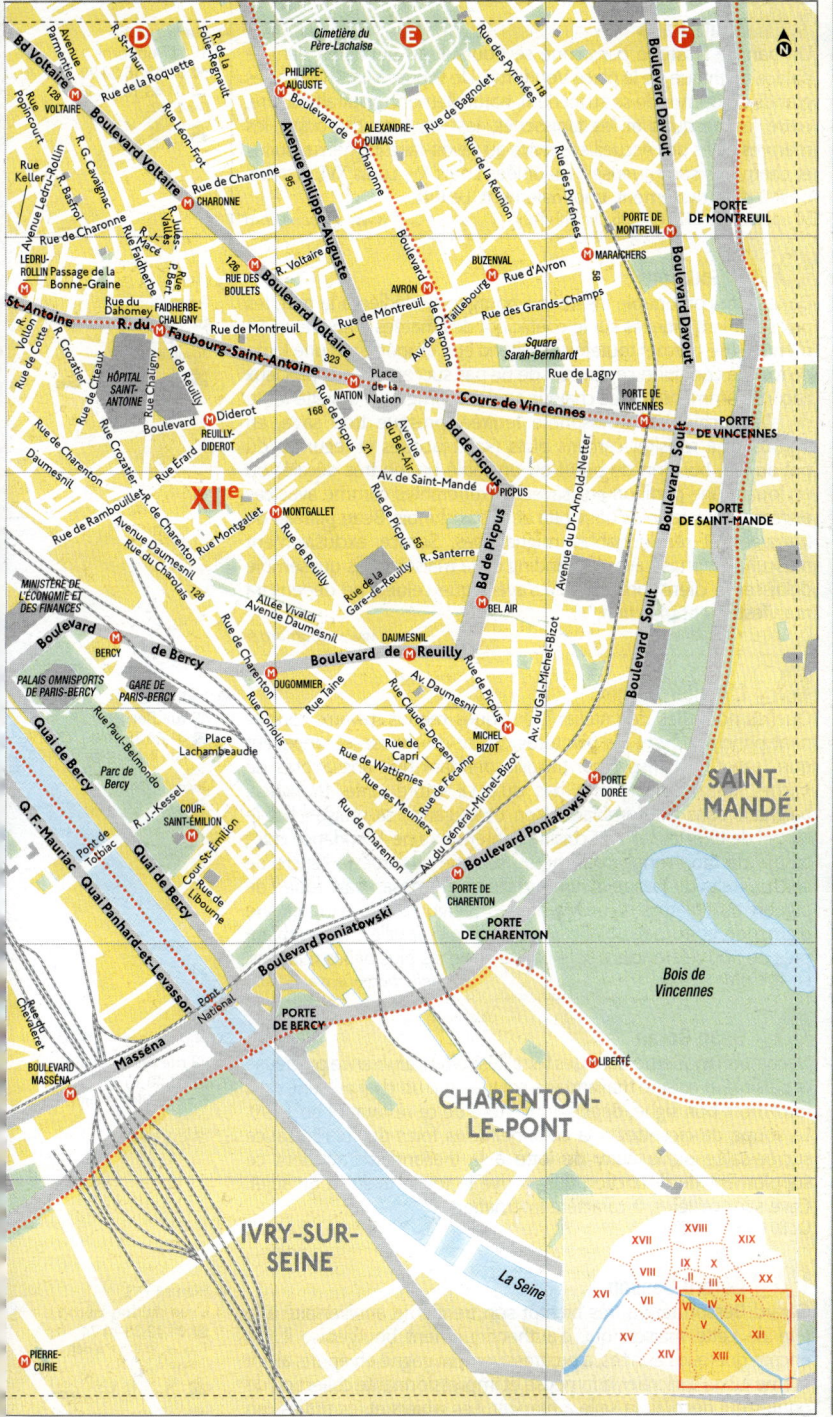

CCCC Ritz Paris

Un pan de l'histoire parisienne se poursuit au quotidien dans le palace mythique de la place Vendôme. De Proust à Lady Diana, les grands de ce monde se succèdent, naturellement, pourrait-on dire, entre les fresques et les tapisseries, les meubles d'époque, les marbres et les ors. Accueil et service au savoir-faire immense, suites et chambres somptueuses, meublées Louis XV, Louis XVI, Empire, c'est-à-dire royalement, impérialement. Le Ritz...

56 appart. 910-9120 € • 105 ch. 710-810 €   www.ritzparis.com

→ Plan : 1 B 3
15 pl Vendôme
☎ 01 43 16 30 30
🖷 01 43 16 45 38
Ouv. 7j/7.

15 Goumard

Dans cette confortable institution bourgeoise dédiée à la mer, les prix semblent indexés sur le coefficient des marées d'équinoxe. Le menu à 46 € permet toutefois d'éviter d'être emporté par une lame de fond, à condition cependant de ne pas succomber aux précieux flacons commentés avec chaleur par le sommelier. L'assiette tente de s'affranchir de l'atmosphère feutrée, presque trop sage, en s'amusant à revisiter certains plats (saint-jacques et légumes du pot-au-feu, bouillon de bœuf ou un sablé breton très décalé) ou en jouant une partition aux saveurs exubérantes comme avec ces encornets aux ravioles de ricotta et choux chinois. Beau plateau de fromages et remarquables mignardises. Service exclusivement masculin en phase avec le standing de la maison mais qui semble délaisser le client lorsque qu'il s'avère que celui-ci ne dépensera manifestement plus rien...

C : 100 € • M : 46-60 €   www.goumard.fr

→ Plan : 1 A 3
9 rue Duphot
☎ 01 42 60 36 07
F. 24-25 déc.
Jusqu'à 22h30.

14 L'Atelier Berger

Quelles nouvelles de l'Atelier ? Quelques menus travaux, concernant principalement les peintures du rez-de-chaussée, rappellent que Jean Christiansen, qui travailla pendant huit ans auprès de Michel Rostang, ne pense pas qu'à sa future carte. Branchée, baignant dans une ambiance zen et élégante, sa maison bat le rappel de tous les fans de cuisine contemporaine à tendance chic : tartare de thon rouge parfumé au sésame et sorbet à l'encre de seiche, gratin de penne et homard filé au parmesan frais, tourte de pigeon aux blettes et ricotta, fraises gariguettes à la nougatine d'amande et fromage blanc. Cave affûtée et fouillée, rassemblant près de 500 références à faire pâlir d'envie les plus belles maisons.

C : 40 € • M : 36-49 €   atelierberger@wanadoo.fr

→ Plan : 1 C 4
49 rue Berger
☎ 01 40 28 00 00
F. sam. à déj., dim. et 24-25 déc.
Jusqu'à 23h.

14 Baan Boran

Décoration moderne dans des tonalités safran, ambiance précieuse et paisible et cuisine thaïlandaise soignée par un chef présent, c'est forcément bon signe, depuis l'ouverture de ce restaurant en 1999. La soupe de crevettes à la citronnelle, les foies de volaille sauce sucrée-salée ou le curry de lotte à la thaïlandaise affichent ce supplément de distinction qui prouve la totale maîtrise du sujet. Cave sans œillères, à caractère international.

C : 30 € • M : 14,50 €

→ Plan : 1 C 3
43 rue Montpensier
☎ 01 40 15 90 45
F. sam. à déj. et dim.
Jusqu'à 23h15.

14 Gérard Besson

Gérard Besson fêtera très bientôt son trentième anniversaire à la tête de cette maison qui, d'authentiquement bourgeoise il y a encore quelques années, a progressivement gagné en épure, allant même jusqu'à sacrifier la fameuse et impressionnante collection de poules qui décorait la salle à manger. Les gibiers et les truffes (en

→ Plan : 1 C 3
5 rue du Coq-Héron
☎ 01 42 33 14 74
F. w.-e. et lundi à déj.
Jusqu'à 21h30.

🍴 idéal gourmet

saison seulement, comment pourrait-il en être autrement !) demeurent les vedettes d'une cuisine qui privilégie les produits de luxe (homard, volaille de Bresse), justifiant les tarifs d'un trois toques de province. Une belle cuisine ultra-classique, jamais ennuyeuse. Pour goûter, au moins une fois dans sa vie, la brioche de homard aux petits légumes et beurre de citronnelle ou les minis babas au Grand-Marnier.
C : 120 € • M : 90-120 €   *www.gerardbesson.com*

---

14 Kaï

Voilà une bien jolie petite adresse, sans doute une des meilleures adresses nipponnes de la capitale, séduisante dans sa petite salle au décor zen et épuré (matériaux bruts et nobles), dans son accueil aussi détendu qu'efficace, comme bien sûr dans sa cuisine. On ne peut en effet que saluer des assiettes très raffinées, pures et graphiques, mais aussi tout simplement bonnes, avec des produits remarquables : salade de thon, chawanmushi façon Kaï, sashimi et autre filet de bœuf portent la patte d'un chef ultra-compétent. Chose suffisamment rare dans une table asiatique pour être soulignée, vins et desserts ne sont pas oubliés, avec une cave bien troussée et relativement pointue, tandis que les seconds sont tout simplement confiés au pâtissier Pierre Hermé, un excellent parti pris. Autant de qualités qui justifient les tarifs.
C : 80 €

→ Plan : 1 C 4
18 rue du Louvre
☎ 01 40 15 01 99
F. lundi et 3 sem. août.
Jusqu'à 22h.

---

14 Kinugawa I

Peu d'écart entre les deux Kinugawa, de nombreuses passerelles, une cuisine japonaise peut-être un peu plus "familiale" au Mont-Thabor, et aussi plus accessible tout en restant privilégiée dans la qualité. Bons menus, bien composés et pédagogiques pour comprendre l'art d'un panaché de légumes au sésame, d'un consommé de fruits de mer et pleurotes ou d'un émincé de bœuf au gingembre. On accompagne de thé, de préférence, ou de saké.
C : 70 € • M : 32-125 €   *hihashiushi.kinugawa@free.fr*

→ Plan : 1 B 3
9 rue du Mont-Thabor
☎ 01 42 60 65 07
F. dim., 23 déc.-7 janv.
Jusqu'à 22h.

---

13 A Casaluna

Les parfums du maquis dans les anciennes écuries du Palais Royal. Le flacon est d'ailleurs bien authentique, salle voûtée, évocations de l'île et chants polyphoniques pour entourer l'ivresse d'une promenade entre Castagniccia et Alta Rocca : civet de sanglier au patrimonio, stufatu de veau aux olives (pas facile d'en trouver un vrai dans la capitale), cannelloni au brocciu : l'orthodoxie est là, la gentillesse et la tradition d'accueil corses en prime. Et les produits arrivent en direct de l'île, y compris le vin, avec d'excellents domaines (Arena, Orenga, Gentile, Leccia, Fiumiccicolià) et des propositions au verre ou en carafe.
C : 36 € • M : 21,50 €   *www.acasaluna.com*

→ Plan : 1 C 3
6 rue du Beaujolais
☎ 01 42 60 05 11
Ouv. 7j/7.
Jusqu'à 23h.

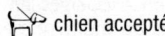 parking privé   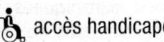 parking fermé   voiturier

hôtel très tranquille   chien accepté   accès handicapé

13 Les Cartes Postales

Les Cartes Postales ? Sans doute sont-elles expédiées vers le Japon, terre natale de Yoshimaga Watanabe, chef depuis bientôt vingt ans de cette belle et discrète maison proche du marché Saint-Honoré. Talentueux, affichant une technique sans faille, ce saucier hors pair travaille sur un répertoire d'un classicisme forcené : carpaccio de bar et noix de saint-jacques façon japonaise, raviolis et croustillants de langoustines et leur coulis, carré d'agneau rôti au romarin. Cave d'une grande sagesse. La salle à manger mériterait toutefois une petite rénovation.
C : 45 € • M : 30-40 €

lescartespostales@wanadoo.fr

→ Plan : 1 B 3
7 rue Gomboust
☎ 01 42 61 23 40
F. 15 juil.-5 août et 25 déc.-5 janv.
Jusqu'à 22h15.
❄❆

13 Chez Vong

La devanture sobre ne laisse rien deviner de l'insolite décor (jamais kitsch) qui habille la salle à manger de cette vieille maison du quartier des Halles : les tomettes et pierres anciennes cohabitent avec des bambous, bouddhas et meubles importés de Chine qui, associés à une décoration végétale foisonnante, donnent l'illusion d'un village chinois reconstitué. Dans cet environnement propice aux repas en tête à tête (les tables sont bien espacées), les spécialités cantonaises et vietnamiennes font mouche, depuis les hors-d'œuvre variés (nems, bouchées vapeur, salade au poulet et sésame) jusqu'aux spécialités de la maison, le canard laqué (en trois services) ou l'abalone, un gros coquillage ressemblant à l'ormeau et proposé avec des brocolis et une sauce à base d'huîtres. Les tarifs, élevés, laissent en revanche peu de place à la rêverie.
C : 41 € • M : 32 €

www.chez-vong.com

→ Plan : 1 D 4
10 rue de la Grande-Truanderie
☎ 01 40 26 09 36
F. dim. et mi-août.
Jusqu'à 23h30.
🎋 ☂ ❄❆ 🐾 🍳

13 Delizie d'Uggiano

Uggiano ? Le nom que porte le domaine viticole toscan de Giuseppe Losapio, le propriétaire de cette maison spécialisée dans la cuisine... toscane : charcuterie traditionnelle, risotto au safran, fagottini farcis à la truffe blanche et truffe noire râpée, linguine à la poutargue de Sardagine et palourdes. Service dévoué, cave essentiellement transalpine avec quelques propositions au verre.
C : 65 € • M : 42 €

losapiog@wanadoo.fr

→ Plan : 1 A 3
18 rue Duphot
☎ 01 40 15 06 69
F. sam. à déj., dim. et 2 sem. août.
Jusqu'à 22h30.
❄❆

13 Le Grand Louvre

C'est le Louvre, et même le Grand Louvre. Le décor ne saurait être banal, il ne le sera pas. L'architecte Jean-Michel Wilmotte s'en charge, les matériaux sont nobles, le lieu intime, l'atmosphère raffinée, le service pléthorique qui n'empêche pas quelques erreurs minimes. L'art a ses indulgences... Pour tenir la dragée haute, on s'est adjoint les services d'un chef qui sait faire plaisir aux visiteurs de toutes nationalités. Sa cuisine est moderne, bien pensée, équilibrée avec un regard sur le monde, même si les présentations sont un poil alambiquées : bottillon d'asperges en sarcophage, tempura de crevettes aux légumes du moment, déclinaison de fruits rouges. Les bonnes manières et une certaine ambition justifient cette première toque.
M : 37-80 €

marie-gabrielle.cave@elior.com

→ Plan : 1 C 4
Sous la Pyramide du Musée du Louvre
☎ 01 40 20 53 63
F. mardi.

13 Il Cortile

Dans ce club d'affaires de haut niveau, on ne peut guère plaisanter : la carte est des plus sérieuses, mais à la mode transalpine, ce qui ensoleille grandement des assiettes au cordeau tracées par Vittorio Beltramelli, qui a longuement travaillé avec Gualtiero Marchesi, référence absolue des trente dernières années. Pas une erreur dans les cuissons, le croquant des légumes, la délicatesse des associations, du carpaccio de lotte à l'huile d'olive et truffe noire de Norcia, des raviolis de queue de bœuf et langoustines bretonnes, du filet de saint-pierre plancha au poivre de Séchouan, tuile de lard de Colonnata, châtaignes et agrumes. Très belle cave de barolos, barbarescos, brunellos di Montalcino et les langhe de Gaja.
C : 80 € • M : 48 €   *www.castille.com*

→ Plan : 1 B 3
33-37 rue Cambon
☎ 01 44 58 45 67
F. w.-e., août et 1 sem. après Noël.
Jusqu'à 22h30.

Hôtel Castille-Paris

De nouvelles suites, rendant hommage à Coco Chanel, dont les ateliers se trouvaient dans la rue, ont été créées dans ce superbe ensemble au cœur de la capitale, à deux pas de la place Vendôme. Autour d'un patio au décor de piazzetta, rafraîchi par une splendide fontaine, les trois hôtels particuliers XVIIIe qui la composent proposent des chambres d'atmosphère entre le style vénitien traditionnel et le contemporain le plus épuré, avec des matériaux nobles et des éléments de déco d'un grand raffinement.
21 appart. 790 € • 86 ch. 390-500 €   *www.castille.com*

→ Plan : 1 B 3
37 rue Cambon
☎ 01 44 58 44 58
▤ 01 44 58 44 00
Ouv. 7j/7.

13 Pinxo

Dans le cadre soigné d'un décor japonisant à la mode, ce bistrot à la mode Dutournier puise son inspiration notamment dans le Sud-Ouest et séduit par sa capacité à s'adapter au goût du jour. Les mets, qui adoptent volontiers un style fusion (présentation design du marbré de chèvre et aubergines confites ou de la piperade froide, gélifiée), sont préparés devant les convives, servis par un personnel pro, dans une ambiance de bistrot chic. Ils sont accompagnés de crus bien choisis et bien conseillés.
C : 40 €

→ Plan : 1 B 3
9 rue d'Alger
☎ 01 40 20 72 00
F. 3 sem. août.
Jusqu'à 23h.

13 Le Pré Salé

Le Pré Salé, c'est bien sûr l'agneau, spécialité normande chère au cœur des époux Vienne, qui portent haut l'étendard aux lions dans une carte élégante, qui explore autant la mer que la terre, livrant sa version des fruits de mer de la baie du Mont comme les tripes à la mode de Caen, aux côtés d'autres réalisations ancrées avec un certain brio dans une paisible veine classique (filet de rouget sur ratatouille, carpaccio de thon aux baies roses).
M : 25,50-31,50 €

→ Plan : 1 B 3
9 rue d'Argenteuil
☎ 01 42 60 56 22
F. w.-e., 3 sem. août et 1 sem. fév.
Jusqu'à 22h30.

🎁 idéal gourmet

13 Restaurant du Palais-Royal

Bien sûr, l'adresse prend une autre dimension aux beaux jours, lorsqu'elle déploie sa terrasse dans les fameux jardins, mais même au cœur de l'hiver, le cadre fait son petit effet, dans ses chaleureux tons vermillon. Un plaisir qui a un prix, l'absence de menus n'arrange rien : le bar grillé et sa purée à l'huile d'olive ou le tajine de pigeon fermier ont un coût, et si la qualité des produits n'appelle guère de reproche, la banalité du traitement ou quelques laisser-aller du côté du service amènent de légitimes réticences. Cave classique mais aux références bien choisies, tarifs en conséquence.
C : 50 €   *www.restaurantdupalaisroyal.com*

→ Plan : 1 C 3
110 galerie de Valois, face au 4 rue du Beaujolais
☎ 01 40 20 00 27
F. dim. et 21 déc.-10 janv.
Jusqu'à 22h.

🎁 idéal gourmet

13 Vin et Marée

Vin et Marée, la promesse est fidèlement tenue, ici comme ailleurs dans Paris, avec une efficacité rarement pris en défaut : décor plaisant, service enlevé, cave largement déclinée au verre ou en carafe et des produits de la mer de bonne provenance, qu'il s'agisse des fruits de mer ou des poissons. Un répertoire classique, mais du savoir-faire.
C : 45 €

→ Plan : 1 C 3
165 rue Saint-Honoré
☎ 01 42 86 06 96
Ouv. 7j/7.
Jusqu'à 0h30.

12 L'Absinthe

Caroline Rostang a su amener au cœur de la capitale, sur la place même d'un marché fameux, le meilleur des terroirs comme son père les connaît si bien. Voilà les huîtres de Madec et Cadoret, les saint-jacques d'Erquy, la morteau, les lentilles du Puy, astucieusement travaillées dans des cocottes de la convivialité et de la nostalgie et dans une manière actuelle, bar plancha, jarret de veau émulsion parmesan, ravioles de Romans aux langoustines. Très bonne cave de petits à prix vissés (une page à 19 €, une autre à 28 €…).
C : 36 € • M : 12-29 € *www.michelrostang.com*

→ Plan : 1 B 3
24 pl du
Marché-Saint-Honoré
☎ 01 49 26 90 04
F. sam. à déj. et dim.
Jusqu'à 23h.

12 Le Dauphin

Le style bistrot chic et sobre plaît autant aux touristes du Louvre qu'aux fervents du quartier, qui savent trouver du direct de qualité, rillettes d'oie et foie gras de canard, côtes de bœuf et parillades, assiettes conviviales et pratiques pour rassembler les bons effluves du Sud-Ouest, terre, mer, légumes, Bayonne… réalisées avec un soin certain dans tous les compartiments du jeu, cave comprise, et très bien comprise, avec les champions de toute l'Aquitaine.
C : 38 € • M : 38 €

→ Plan : 1 B 3
167 rue Saint-Honoré
☎ 01 42 60 40 11
Ouv. 7j/7.
Jusqu'à 22h15.

12 L'Escargot Montorgueil

Cette mythique maison au décor Second Empire, où Marcel Proust et Sacha Guitry avaient leur rond de serviette, où André Terrail faisait venir le Tout-Paris, vit depuis deux ans sous la direction de Laurent Couegnas, cuisinier de formation. Il s'est adjoint un nouveau chef depuis novembre 2006, Frédéric Giraud, habile technicien, ancien chef de partie auprès de Gérard Vié et de Jean-Marc Banzo. L'assiette reste classique, avec le colimaçon d'escargots de Bourgogne aux trois saveurs, le canard du Gâtinais à la broche sauce à l'orange et les grosses langoustines de Loctudy à la mangue et au fenouil. Délicieux service, à l'ancienne, à l'image de la cave.
C : 90 € • M : 45-89 € *www.escargot-montorgueil.com*

→ Plan : 1 D 3
38 rue Montorgueil
☎ 01 42 36 83 51
F. sam. à déj. F. ann. non comm.
Jusqu'à 22h30 (23h30 sam.).

12 Le First, Restaurant Boudoir Paris

L'ancien hôtel Intercontinental s'appelle depuis quelques mois hôtel Westin, et son restaurant a été pour l'occasion complètement remodelé : nouveau décor ultra cosy signé Garcia (avec la toujours aussi fabuleuse et pourtant si discrète terrasse), une cuisine entre " brasserie chic " et " snack snob" très aboutie dans son genre, et une carte des vins irréprochable (surtout pour la jolie sélection au verre). Une table devenue incontournable.
C : 55 € *www.lefirstrestaurant.com*

→ Plan : 1 D 5
234 rue de Rivoli
☎ 01 44 77 10 40
Ouv. 7j/7.

Hôtel Westin

Inauguré en 1878 à l'occasion de l'Exposition Universelle, cet établissement jouit d'une situation exceptionnelle, face au jardin des Tuileries. Confiée à Sybille de Margerie, la nouvelle décoration des chambres a insufflé un nouvel élan à l'établissement grâce à un habile mélange entre les styles classique et contemporain. Inauguration prochaine d'un centre de fitness et d'un spa.

78 appart. 419-4000 € • 360 ch. 309-690 €

→ Plan : 1 B 3
3 rue de Castiglione
☎ 01 44 77 11 11
🖨 01 44 77 14 60
Ouv. 7j/7.

www.westin.com/paris

---

12 Au Gourmand

Adieu Tartufo, bonjour Au Gourmand : la jolie devanture de bois toute rouge à deux pas du Palais Royal a changé d'enseigne (mais conservé le décor qui rappelle la Comédie Française toute proche) et on tient là une jolie petite adresse, avec un bon menu bien étudié, affûté, qui se distingue notamment sur les finesses potagères (tous les légumes viennent de chez Joël Thiébault) : de belles asperges légèrement gratinées au parmesan, avec une émulsion fumée aux morilles fraîches irréprochable, de bons petits pois sur un pigeonneau fermier rosé comme il faut. De très bonnes glaces et une jolie et conséquente sélection de vins au verre font contrepoint à une ambiance un peu studieuse, avec un service un peu raide.

M : 30-36 €

→ Plan : 1 C 3
17 rue Molière
☎ 01 42 96 22 19
F. sam. à déj., dim., lundi à déj. et août.
Jusqu'à 22h.

---

12 Olio Pane Vino

Le patron s'est mis aux fourneaux pour suivre le rythme d'un snacking à l'italienne plein de fraîcheur et de spontanéité : charcuteries, tomate mozza, carpaccio de bresaola, salades, fromages, baba au limoncello... C'est tout simple, les produits sont excellents et le pinot grigio ou le sangiovese se partagent dans la franche camaraderie.

C : 30 €

→ Plan : 1 C 4
44 rue Coquillère
☎ 01 42 33 21 15
F. w.-e., lundi à dîn., mardi à dîn., merc. à dîn. et août.
Jusqu'à 22h30.

fbertuna@wanadoo.fr

---

12 Ristorante Fellini

Le cadre est celui d'un ristorante, distingué dans l'accueil comme dans le décor, évoquant les belles heures du cinéma italien. Les pâtes ont indiscutablement le label de la squadra azzura, paglia e fieno, spaghetti vongole ou risotto milanese correspondant trait pour trait au standard attendu. On approche la toque avec les calamaretti aux fagiolini ou les médaillons de veau au citron. Cave des régions italienne, intéressante et pas trop coûteuse.

C : 40 €

→ Plan : 1 C 4
47 rue de l'Arbre-Sec
☎ 01 42 60 90 66
Ouv. 7j/7.
Jusqu'à 23h.

---

12 La Robe et le Palais

Noblesse de robe et tiers-état se retrouvent convivialement dans ce bistrot attachant où les références viticoles pleuvent comme à Gravelotte et où le bon esprit va se nicher dans les assiettes : verrine d'avocat au thon, assiette de poissons fumés, côte de cochon noir de Bigorre, magret rôti...

C : 35 € • M : 19 €

→ Plan : 1 D 5
13 rue des Lavandières-Ste-Opportune
☎ 01 45 08 07 41
F. dim., Noël et nouvel an.
Jusqu'à 23h.

www.robe-et-palais.com

12 Yasube

Apprendre le japonais ? Aucun problème chez ce spécialiste d'une cuisine classique et orthodoxe, dans le quartier où la concentration en tables nippones de qualité est la plus importante, sashimis, sushis, tempuras, avec une spécialité sur les yakitoris, dans un cadre également traditionnel.

C : 25 € • M : 25 €

→ Plan : 1 B 3
9 rue Saint-Anne
☎ 01 47 03 96 37
F. dim.
Jusqu'à 22h30.
≈❄

---

11 Lescure

La maison se transmet dans la famille depuis la fin de la Grande Guerre. Ce sympathique bistrot est aujourd'hui dirigé par Laurent Lascaud, habile interprète de la solide cuisine traditionnelle : confit de canard, bœuf bourguignon, filet de bœuf en croûte... Large gamme de vins au verre.

C : 30 € • M : 22,50 €

→ Plan : 1 A 3
7 rue de Mondovi
☎ 01 42 60 18 91
F. w.-e., août et sem.
Noël-nouvel an.
Jusqu'à 22h15.
☂ ≈❄ 🐕

---

11 Ragueneau

La plus grande carte de bergeracs de Paris : voilà déjà un titre de gloire qui résonne jusqu'à Casteljaloux. Dans cet antre lié à Cyrano, et dont le nouveau décor est résolument théâtral, on succombe à la brandade de morue et à la tartelette amandine de Ragueneau. Salon de thé, snacking, restaurant, une ouverture à multiples usages dans un lieu de mémoire.

C : 30 € • M : 10,20-24 €   www.ragueneau.fr

→ Plan : 1 C 3
202 rue Saint-Honoré
☎ 01 42 60 29 20
F. 1er mai, 1er janv. et 25 déc.
Jusqu'à 22h.
☂ ♿ ≈❄

🎁 idéal gourmet

? Chez la Vieille

La gouailleuse table de Marie-José Cervoni a été reprise récemment par Yannick Guépin, un chef chevronné justement passé par chez Gérard Besson, auparavant associé dans cette affaire. Cuisine de tradition (foie de veau et échalotes confites, rognon de veau et bœuf braisé) à laquelle nous laisserons un peu de temps pour s'installer. A suivre.

C : 45 € • M : 27 €

→ Plan : 1 C 4
37 rue de l'Arbre-Sec, 1 rue Bailleul
☎ 01 42 60 15 78
F. sam. à déj., dim. (30 sept.-30 mars) et 3 sem. août.
Jusqu'à 22h.
🚗 🐕

◉ Café Véry

Au cœur du jardin des Tuileries, avec sa terrasse sous les marronniers, un café rafraîchissant, tant pour sa cuisine (du vrai taboulé, des rouleaux de printemps à la volaille pas mauvais, une brochette de veau aux épices) que pour son cadre, vert et aéré, parfait pour les jours de canicule.

C : 30 €   dametartine2@wanadoo.fr

→ Plan : 1 B 3
Jardin des Tuileries
☎ 01 47 03 94 84
Ouv. 7j/7.

◉ La Cloche des Halles

Une institution des Halles, de la noblesse dans la charcutaille, et du sérieux dans les verres, le patron mettant lui-même son vin en bouteille.

C : 15 €

→ Plan : 1 C 4
28 rue Coquillière
☎ 01 42 36 93 89
F. sam. à dîn., dim. et 3 sem. août.
Jusqu'à 21h.
☂ 🐕

◉ Davé

Adresse d'initié dans ce quartier calme mais au milieu de tout : une cuisine globalement asiatique, à tendance thaïe, pas mal faite, les bons parfums et l'atmosphère idoine.

C : 40 € • M : 16,50-19 €

→ Plan : 1 C 3
12 rue Richelieu
☎ 01 42 61 49 48
F. sam. à déj., dim. à déj. et 2 sem. août.
Jusqu'à 23h.
≈❄ 🐕

Kong

Jeux de transparence, éclairages soignés, ambiance japonisante et design (nous sommes dans le siège de Kenzo) by Philippe Stark, et bien sûr le fameux dôme panoramique sur Paris : le décor est toujours aussi séduisant. La cuisine s'adapte au lieu, classique d'une restauration décomplexée ouverte aussi bien sur le Sud que sur l'Orient.

C : 40 €

www.kong.fr

→ Plan : 1 C 4
1 rue Pont-Neuf
☎ 01 40 39 09 00
Ouv. 7j/7.
Jusqu'à 24h.

Lavinia

La cave de Lavinia est connue de tout Paris. Avant de porter les caisses, il est bon de prendre un petit en-cas du bout des doigts : salade de lentilles et copeaux de foie gras, saint-jacques façon petit salé, côte de veau et risotto de blé.

C : 50 €

www.lavinia.fr

→ Plan : 1 A 2
3 bd de la Madeleine
☎ 01 42 97 20 27
F. à dîn. et dim.

Lounge Club du Bar Anglais

Hébergé par le très select hôtel Régina, ce Lounge Club, qui donne sur la cour-jardin, vise une clientèle internationale formée aux nouvelles tendances culinaires : grand verre de soupe du jour, salade César, croque-monsieur au pain de campagne et pâtisseries signées Jean-Paul Hévin.

M : 25 €

www.regina-hotel.com

→ Plan : 1 B 3-4
2 pl des Pyramides
☎ 01 42 60 35 50
Ouv. 7j/7.
Jusqu'à 22h.

Nodaïwa

La maison mère fonctionne à Tokyo depuis cinq générations ! Cuisine japonaise traditionnelle au programme avec, comme spécialité, les plats à base d'anguille grillée. Atmosphère typique dans un cadre élégant et sobre.

C : 25 € • M : 19-62 €

www.nodaiwa.com

→ Plan : 1 C 3
272 rue Saint-Honoré
☎ 01 42 86 03 42
F. dim. et 15-30 août.
Jusqu'à 22h.

Au Petit Théâtre

Au cœur de Paris, le cochon est en vedette, dans le décor (adorables saynètes qui ponctuent le décor) mais aussi à la carte, où les habitués délaissent les pourtant très honorables salades d'asperges vertes et autres filet de bar à la plancha pour l'inégalable pied de cochon ou l'assiette de charcutaille.

C : 40 € • M : 23,50-28 €

→ Plan : 1 B 3
15 pl du
Marché-Saint-Honoré
☎ 01 42 61 00 93
F. dîm., lundi, 3 sem. août et 1
sem. Noël-nouvel an.
Jusqu'à 22h15.

Point Bar

Alice Bardet a bien pensé son installation parisienne, avec une adresse décontractée-chic au décor soigné où se déclinent des assiettes facilement séduisantes : tartare de thon rouge à la coriandre, veau en croûte de parmesan, panna cotta à la vanille Bourbon. Petite cave bien troussée.

C : 44 € • M : 44-52 €

restaurantpointbar@free.fr

→ Plan : 1 B 3
40 pl du
Marché-Saint-Honoré
☎ 01 42 61 76 28
F. dim., lundi et 23 déc.-2 janv.
Jusqu'à 23h.

Saudade

L'adresse compte depuis longtemps parmi les meilleures ambassades portugaises de la capitale. Trop longtemps peut-être quand on s'installe dans ce décor vieillot et triste malgré les Azulejos aux murs. Service performant mais sans enthousiasme. Restent les assiettes, escabèche de sardihna (sardines frites marinées à l'huile d'olive, vinaigre et oignons), bacalhau a Joao do Porto (pavé de morue grillée, tranches d'oignons crus arrosés d'huile d'olive chauffée), satisfaisantes en oubliant les desserts. Et toujours cette cave 100 % lusitanienne, tarifée sagement et remarquablement mise en valeur par une carte très pédagogique.

C : 34 € • M : 20 €

→ Plan : 1 C 4
34 rue des Bourdonnais
☎ 01 42 36 03 65
Ouv. 7j/7.
Jusqu'à 22h30.

Le Saut du Loup

Une carte certes un peu snob mais sans défaut dans cette élégante cantine installée au coeur de l'Institut des Arts Décoratifs. Vue imprenable sur les jardins du Carrousel, des Tuileries et sur la Tour Eiffel et de belles assiettes un tantinet modeuses : foie gras poêlé à l'orange, chocolat, hamburger "d'aujourd'hui et de demain" et pommes frites.
C : 40 € • M : 26-30 €

→ 107 rue de Rivoli, musée des Arts Décoratifs
☎ 01 42 25 49 55
Ouv. 7j/7.

La Table d'Hôte du Palais-Royal

Une table à part, comment pourrait-il en être autrement ? Caroll Sinclair travaille à sa manière les gambas au soja, le rumsteck au foie gras, l'agneau de sept heures et, majoritairement, des produits d'agro-biologie, dans une vision tradi-méditerranéenne naturellement personnalisée, dans le cadre historique de caves voûtées XVIe, à la déco entièrement rénovée.
C : 45 € • M : 30 €

→ Plan : 1 C 3
8 rue du Beaujolais
☎ 01 42 61 25 30
Ouv. 7j/7.
Jusqu'à 23h30.

Costes

Le Costes revu par Jacques Garcia, cela donne évidemment l'un des établissements les plus chics et les plus en vue de la place parisienne. Luxe omniprésent, confort sans faille, magnifique patio à l'italienne et équipements ultra-complets (piscine, hammam, centre de fitness...). Extravagant sans doute, mais un must. Le restaurant demeure l'un des endroits les plus à la mode de Paris, avec une très jolie clientèle.
3 appart. 1450-2800 € • 79 ch. 400-750 €

→ Plan : 1 C 4
239 rue Saint-Honoré
☎ 01 42 44 50 00
📠 01 42 44 50 01
Ouv. 7j/7.

Hôtel du Louvre

Un beau classique de l'hôtellerie parisienne, dont les fenêtres donnent sur les galeries du musée, la Comédie Française et le Palais Royal. Des salons au charme historique équipés pour les réunions de travail. Chambres stylées alliant la modernité des équipements à une structure Directoire, très beaux tissus et ensemble harmonieux dû à l'architecte Sibylle de Margerie. Joli cadre parisien pour la brasserie à la cuisine typique.
7 appart. 800-2000 € • 177 ch. 280-800 €   www.hoteldulouvre.com

→ Plan : 1 B 3
Pl André-Malraux
☎ 01 44 58 38 38
📠 01 44 58 38 01
Ouv. 7j/7.

Hôtel Washington Opéra

L'ancien hôtel particulier de la Pompadour a conservé une façade de style Louis XV et cultive une discrétion de bon ton dans un confort bourgeois, belles prestations, suites avec lits à baldaquin, wifi, room service. Détente dans le grand salon avec cheminée, au bar ou sur la terrasse, donnant sur le théâtre du Palais Royal.
36 ch. 195-275 €   www.hotelwashingtonopera.com

→ Plan : 1 C 3
50 rue de Richelieu
☎ 01 42 96 68 06
📠 01 40 15 01 12
Ouv. 7j/7.

Opéra Richepanse

Qualité d'accueil et luxe tranquille dans cet hôtel Art Déco en plein centre de la capitale, bâti au XIXe siècle sur les fondations d'un ancien couvent. Les poutres d'origine ont été conservées dans certaines chambres, les suites offrent une vue splendide sur les toits de Paris et le confort est bien actuel, écrans plats, téléphone sans fil.
3 appart. 450-590 € • 35 ch. 240-350 €   www.richepanse.com

→ Plan : 1 A 2
14 rue du Chevalier-de-Saint-George
☎ 01 42 60 36 00
📠 01 42 60 13 03
Ouv. 7j/7.

🍴🍴🍴 Saint-James et Albany

La large cour pavée et fleurie, le jardin à la française s'étalant de toute sa superbe devant cette splendide demeure historique du XVIIe siècle et le prestige de l'adresse assurent un statut d'exception à cet établissement de grand standing. Les luxueux équipements (spa avec piscine et fitness) s'ajoutent au confort dont jouissent les chambres, spacieuses et remarquablement aménagées.
15 appart. 1300 € • 180 ch. 400 €
www.saintjamesalbany.com

→ Plan : 1 B 3
202 rue de Rivoli
☎ 01 44 58 43 21
🖨 01 44 58 43 10
Ouv. 7j/7.

🍴🍴 Hôtel Brighton

Construit à la fin du XIXe siècle, cet établissement offre une vue imprenable sur le Jardin des Tuileries et quelques-uns des plus beaux monuments de Paris. Pour certaines chambres, la vue s'ouvre à 180°, depuis Notre Dame jusqu'à l'Arche de la Défense.
14 appart. 198-289 € • 47 ch. 154-190 €
www.esprit-de-france.com

→ Plan : 1 B 3
218 rue de Rivoli
☎ 01 47 03 61 61
🖨 01 42 60 41 78
Ouv. 7j/7.

🍴🍴 Hôtel Thérèse

Bel emplacement près de l'Opéra pour cet immeuble XVIIIe offrant une hôtellerie personnalisée, intime et charmante pour une clientèle variée, de la mode, du journalisme ou simplement de tourisme, qui apprécie la déco sobre et contemporaine de Jean-Philippe Nuel, bois wengé, tissus d'éditeurs, belles étoffes et literie de qualité.
43 ch. 145-280 €
www.hoteltherese.com

→ Plan : 1 B 3
5-7 rue Thérèse
☎ 01 42 96 10 01
🖨 01 42 96 15 22
Ouv. 7j/7.

🍴 Mansart

Donnant sur la place Vendôme, cet hôtel classique qui rend hommage au grand architecte offre des chambres toutes différentes, au caractère marqué, dans l'esprit des vieilles demeures parisiennes.
57 ch. 145-315 €
www.esprit-de-france.com

→ Plan : 1 B 2
5 rue des Capucines
☎ 01 42 61 50 28
🖨 01 49 27 97 44
Ouv. 7j/7.

🍴🍴 Le Relais du Louvre

Veinards, les clients de la 2 qui bénéficient d'un petit patio privatif. Les autres chambres ont néanmoins du cachet, mobilier Directoire, style cosy, dans cet immeuble XVIIe qui a reçu une complète rénovation l'an passé. Air conditionné, écrans LCD, accès Internet gratuit… et vue sur le Louvre.
3 appart. 232-420 € • 18 ch. 105-198 €
www.relaisdulouvre.com

→ Plan : 1 C 4
19 rue des Prêtres,
Saint-Germain-l'Auxerrois
☎ 01 40 41 96 42
🖨 01 40 41 96 44
Ouv. 7j/7.

🍴🍴 Relais Saint-Honoré

Dans un immeuble XVIIe, confort et charme parisien dans des chambres aux couleurs gaies, esprit bonbonnière, déco soignée et équipements d'aujourd'hui (ADSL, écrans plats).
2 appart. 290-330 € • 13 ch. 196 €
www.relaissainthonore.com

→ Plan : 1 B 3
308 rue Saint-Honoré
☎ 01 42 96 06 06
🖨 01 42 96 17 50
Ouv. 7j/7.

🍴 Tonic Hotel Louvre

Un bon rapport qualité-prix pour cet hôtel contemporain proche du Louvre, à l'instar de ces cousins de Biarritz ou Marseille. Chambres agréables, néoclassiques, très bien équipées, avec pierre apparente.
35 ch. 125-183 €
www.tonichotel.com

→ 12-14 rue du Roule
☎ 01 42 33 00 71
🖨 01 40 26 06 86
Ouv. 7j/7.

PARIS 2e ARRONDISSEMENT

15 🍴 **Le Céladon**

Sans bruit ou presque, Christophe Moisand assure une prestation digne des lieux, pour les résidents encore là l'heure du déjeuner, ou pour les lords en habit à celle du dîner. Sa cuisine, de produit et de belle façon, s'adapte à tous les genres avec la même réussite, qu'il entoure un turbot ou un ris de veau dans le métissage d'une cuisine bourgeoise et d'apprêts dans l'air du temps. C'est la douceur et la délicatesse qui priment, y compris dans l'atmosphère chuchoteuse et le service, déférent et attentionné. Cave classique qui ne manque cependant pas d'arguments, y compris dans les prix.
C : 100 € • M : 51-71 €   www.leceladon.com

→ Plan : 1 B 2
15 rue Daunou
☎ 01 47 03 40 42
F. w.-e. et août.
Jusqu'à 21h30.
🚗♿≋❄🐑🛏

Hôtel Westminster

A deux pas de la place Vendôme, ce palace doit son enseigne à la présence régulière, au XIXe siècle, du duc de Westminster parmi la clientèle. Décorées par Pierre-Yves Rochon, les chambres affichent désormais un cadre très luxueux composé de toiles de Jouy, mobilier d'époque et lustres en cristal.
21 appart. 800-1500 € • 80 ch. 500-600 €   www.hotelwestminster.com

→ Plan : 1 B 2
13 rue de la Paix
☎ 01 42 61 57 46
🖨 01 42 60 30 66
Ouv. 7j/7.
🚗♿≋❄🐑

15 🍴 🍷 **Pur' Grill**

Un palace (presque) flambant neuf s'élevant sur une rue aussi mythique ne pouvait décemment pas s'offrir le premier commis venu pour diriger ses cuisines. C'est Jean-François Rouquette, aveyronnais de naissance et grand connaisseur des immenses brigades qui a remporté l'appel d'offres qui devait probablement comprendre un cahier des charges très strict à respecter pour le futur vainqueur. La cuisine de l'ancien du Crillon et de Taillevent fait heureusement preuve d'assez de personnalité pour se faire apprécier par une clientèle pas forcément d'affaires : risotto carnaroli aux girolles "boutons de culotte" et brocoli, filets de rougets grillés à l'huile d'argan et fin couscous de chou-fleur, macaron aux fraises des bois et coquelicot. Cave affichant déjà une belle ampleur dont une intéressante offre au verre.
C : 115 € • M : 110 €

→ Plan : 1 B 2
5 rue de la Paix
☎ 01 58 71 10 61
F. août.
Jusqu'à 23h.
🍽🚗♿≋❄🛏

Hôtel Park Hyatt Vendôme

Le premier palace contemporain à avoir ouvert ses portes à Paris (en 2002) a été dessiné par le célèbre architecte américain Ed Tuttle. On retrouve sa patte dans l'alliance parfaitement réussie entre le classicisme à la française et l'utilisation intelligente de styles et matériaux contemporains s'inspirant de divers courants stylistiques, de Louis XVI aux années 30. Pour la part du rêve, sachez que les deux nouvelles suites Présidentielles s'affichent à 8000 € la nuit.
36 appart. 910-8000 € • 132 ch. 700-810 €   www.paris.vendome.hyatt.com

→ Plan : 1 B 2
5 rue de la Paix
☎ 01 58 71 12 34
🖨 01 58 71 12 35
Ouv. 7j/7.
🚗♿≋❄

14 🍴 **Bizan**

Non loin de la Bourse, cette institution joue volontiers la discrétion. La salle du rez-de-chaussée est dominée par le plan de travail et quelques tables organisées comme pour ne pas perdre une miette de la dextérité du chef. A l'étage, petite salle (réservation obligatoire) japonisante. De jolis assortiments de sushi, produits remarquables, sauces équilibrées, cuissons précises.
C : 70 € • M : 30-100 €   bizan@ksm.fr

→ Plan : 1 C 3
56 rue Sainte-Anne
☎ 01 42 96 67 76
F. dim.
Jusqu'à 22h.
≋❄🍴

14 Chez Georges

Du bistrot taille patron dans ce décor 1900 immuable. Georges et l'une des références absolue de l'imagerie parisienne authentique, cuisine pure qui commence par le museau de bœuf et finit par le baba au rhum, en traversant un monde de plats de légende, des œufs mayo, des harengs pommes à l'huile, une salade de frisée, un turbot grillé béarnaise, une andouillette de Troyes, une entrecôte à la moelle et de profiteroles au chocolat chaud... La cave est un peu chère et pas très passionnante. Soit, mais quel spectacle !
C : 50 €

→ Plan : 1 C 3
1 rue du Mail
☎ 01 42 60 07 11
F. w.-e., 28 juil.-28 août et 22 déc.-2 janv.
Jusqu'à 22h15.
≋✳ ↦

14 Drouant

L'académie du terroir ménager revu par Westermann l'Enchanteur dans le cadre vénérable et relooké XXIe de Drouant. Antoine Westermann s'est fait les dents parisiennes sur son Vieil Ami de l'île Saint-Louis (14/20). Il rejoue gagnant avec Anthony Clémot, qui a ainsi traversé la Seine pour raconter les régions françaises et les traditions aux petits Parisiens à travers des assiettes qui méritent pour la plupart le Goncourt : pâté en croûte, bouchée à la reine, poulette de Simmental, poitrine de cochons. De beaux hors-d'œuvre, des desserts à thème, un très bon rythme en salle. Ce label France s'avère plutôt original.
C : 67 € • M : 42-67 €   *www.drouant.com*

→ Plan : 1 B 3
18 rue Gaillon
☎ 01 42 65 15 16
Ouv. 7j/7.
Jusqu'à 24h.
🌴 ☎ ≋✳ ⬤
🎁 idéal gourmet

13 ⌇ Angl'Opéra

Entre le style haussmannien de l'immeuble et la modernité du lieu, l'angle est bien trouvé, en harmonie et fluidité. On boit de l'eau Voss si c'est transparent, et si c'est rouge ou blanc, cela vient de vignerons tendance (Pfifferling, Arretxea, Da Ros, Arena, Goisot, Breton...), on fait dînette chic grâce à Gilles Choukroun qui compose les assiettes les plus trendy de Paris, ce qui lui a valu d'être aussi l'artificier en chef du restaurant du Grand Palais. A la fois simples et intello, ces assiettes séduisent ou déroutent, mais au moins interpellent et ouvrent une voie pour la restauration de demain, snacking, impro, dégustation : cabillaud poché, concombre crevettes gingembre, onglet de veau tomates sardines croustillantes citron, magret rôti, céleri-rave rhubarbe muscade...
C : 45 €   *www.anglopera.com*

→ Plan : 1 B 3
39 av de l'Opéra
☎ 01 42 61 86 25
F. w.-e. et 2 sem. août.
Jusqu'à 23h.
🌴 ♿ ≋✳ ↦

CCC Hôtel Edouard VII

La déco de l'architecte Frédéric Foucault, les œuvres du sculpteur Nicolas Cesbron s'accordent à merveille avec cet intérieur Napoléon III entièrement repensé dans le chic contemporain. Chambres du même esprit, contrastes et harmonies, très beaux matériaux, lignes épurées, équipement de premier ordre, des dessus de lit aux salles de bains.
5 appart. 405-545 € • 71 ch. 350-445 €   *www.edouard7hotel.com*

→ Plan : 1 B 2
39 av de l'Opéra
☎ 01 42 61 56 90
🖥 01 42 61 47 73
Ouv. 7j/7.
≋✳ ↦

🌴 repas en terrasse ou dans un jardin   ⬤ cave à cigare

🏊 piscine privée   🎾 tennis privé   ≋✳ air conditionné

13 La Fontaine Gaillon

La roue tourne, la fontaine coule, les assiettes se remplissent et se vident, le rideau tombe et se relève dans ce bel hôtel particulier qu'un célèbre couple cinématographique a relancé pour en faire une cantine chic et coutumière. Un bon chef assure le déroulement de la pièce, le casting des produits est fait minutieusement, poissons, coquillages, viandes de qualité… Beau décor de scène, fresques remarquables dans les salons, terrasse superbe et cave plutôt bien fournie.

C : 65 € • M : 41 €

→ Plan : 1 B 3
Pl Gaillon
☎ 01 47 42 63 22
F. w.-e. et 3 sem. août (sous réserv.).
Jusqu'à 23h30.

---

13 Aux Lyonnais

Malgré le TGV, Lyon est un peu loin pour la pause déjeuner ? Pas de problème, sa gastronomie s'invite à Paris, dans ce décor Art Nouveau, stuc, moulures, miroirs, table métal et bois. Magnifique témoignage d'une autre époque, c'est la bonne adresse pour découvrir la cuisine d'une des régions les mieux pourvues en célébrités culinaires et en spécialités chaleureuses. La salade de pissenlit œuf frais poché et croûtons foie de volaille frits, l'association écrevisse et quenelle ou le fromage blanc frais et crème fraîche sont à la hauteur des attentes et se complètent, à travers une carte raisonnable (vins au verre ou au pot) de propositions qui accompagnent agréablement le repas. Service féminin plein d'attentions.

C : 40 € • M : 30 €   www.alain-ducasse.com

→ Plan : 1 C 2
32 rue Saint-Marc
☎ 01 42 96 65 04
F. sam. à déj., dim., lundi, 20 juil.-18 août et 23 déc.-1ᵉʳ janv.
Jusqu'à 23h.

---

13 Mori Venice Bar

Un Harry's Bar post-moderne revu par Philippe Starck, voilà la tête de gondole la plus trendy au cœur de la capitale. On a dépêché un chef venu du Monaco Grand Canal pour garantir l'authenticité lagunaire d'une carte molto frizzante où les classiques (vitello tonnato, carpaccio, foie de veau vénitienne, risi e bisi) sont joliment accompagnés de plats d'inspiration personnelle ou très Harrys, marinière de sardines et polenta grillée, pappardelle dei santi aux saint-jacques, seiches à l'encre et polenta crémeuse. La cave est transversalement italienne, avec très peu d'allusions à la Vénétie, le service vif et altier.

C : 50 €   www.mori-venicebar.com

→ Plan : 1 C 2
2 rue du Quatre-Septembre
☎ 01 44 55 51 55
F. sam. à déj. dim. et août.
Jusqu'à 23h30.

---

13 Le Versance d≳

Sous des atours néobourgeois (le cadre, la musique classique, le service 100% masculin en costume-cravate), qui doivent plaire aux golden boys du quartier, cette table mérite le détour pour son jeune chef, Samuel Savagnis, formé par de glorieux aînés, et qui se distingue d'entrée par des assiettes qui sortent des sentiers battus (la semoule à l'encre de seiche avec le saumon citronné), des produits top, et une qualité d'exécution irréprochable (impeccable crème de chou-fleur au curry). Cave à l'image du service, un peu trop classique et sérieux.

C : 45 € • M : 38 €   www.leversance.fr

→ Plan : 1 C 2
16 rue Feydeau
☎ 01 45 08 00 08
F. sam. à déj., dim., lundi, août et 23 déc.-2 janv.
Jusqu'à 22h.

---

 standard   grand confort   haut de gamme   exceptionnel

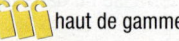  hôtels de charme

12 Brasserie Gallopin

Si le décor a été rafraîchi l'été dernier, on n'a heureusement pas vu débarquer les fauteuils Starck ou les platines techno : non, ce décor fin XIXe, cette verrière 1901 ou ces boiseries chaleureuses nous sont trop précieuses ainsi. En cuisine aussi, on a le sens des vraies valeurs pour proposer encore la sole meunière, le tartare de bœuf ou le baba au rhum.

C : 35 € • M : 28-33,50 €   www.brasseriegallopin.com

→ Plan : 1 C 3
40 rue
Notre-Dame-des-Victoires
☎ 01 42 36 45 38
Ouv. 7j/7.
Jusqu'à 24h.

---

12 Guibine Opera

Dans la rue des sushis (les restaurants japonais prospèrent), le Coréen se distingue : le décor est peut-être un monument du kitsch oriental, l'assiette se tient plutôt bien, avec la crêpe et le barbecue qui offre une viande excellente arrosée de bouillon. Addition assez épicée, chaude ambiance typique.

C : 30 €

→ Plan : 1 C 3
44 rue Sainte-Anne
☎ 01 40 20 45 83
F. non comm.

---

12 Le Mesturet

Dans ce cadre intemporel de vieux bistrot parisien (un effet accentué par les objets d'époque en déco), une équipe formée à bonne école s'applique à respecter les canons d'une cuisine de bistrot, dans sa richesse et sa diversité, explorant divers terroirs de France. L'astucieux menu-carte permet ainsi de jouer avec autant de bonheur la carte nostalgique (blanquette de veau à l'ancienne) que le végétarien (feuilleté de légumes aux champignons des bois), le poisson (sandre à la plancha étuvée de chou rouge) que la viande (filet de montbéliarde sauce Bercy). Cave solide et variée dans l'ambiance forcément branchée d'un bistrot en vue. .

C : 25,50 € • M : 25,50 €   www.lemesturet.com

→ Plan : 1 B 3
77 rue de Richelieu
☎ 01 42 97 40 68
F. sam. à déj., dim. et 2 sem.
août.
Jusqu'à 22h30.

---

11 Korin

Cuisine au comptoir et intitulés en japonais : la table de Shigeru Kobayashi ne fait pas dans la cuisine japonaise d'opportunisme, mais cultive une authenticité bienvenue. Compte tenu des prix raisonnables, c'est une excellente affaire pour découvrir ou redécouvrir les plaisirs du poisson cru en version nippone.

M : 12-22 €   korin@noos.fr

→ Plan : 1 C 3
58 bis rue Sainte-Anne
☎ 01 40 20 49 93
F. dim., lundi et fêtes.
Jusqu'à 22h.

---

10 Le Gavroche

"Gloire au vin", c'est le credo de ce sympathique galopin, amateur de beaujolais et qui manie la convivialité aussi bien que l'andouillette grillée ou les carottes râpées. Simple et efficace.

C : 25 €

→ Plan : 1 C 2
19 rue Saint-Marc
☎ 01 42 96 89 70
F. dim., 1 sem. fév. et août.
Jusqu'à 24h.

---

10 Mémère Paulette

J'aime pas Paulette, racontait Bedos. Nous, on adore cette simplicité gouailleuse du cœur parisien. L'œuf mayo, la morteau, les rognons de veau, ça c'est Paname, dans le décor idoine et avec une carte des vins qui tient chaud au cœur.

M : 16-20 €   chezmemerepaulette@free.fr

→ Plan : 1 C 3
3 rue Paul-Lelong
☎ 01 40 26 12 36
F. w.-e. et lundi.
Jusqu'à 22h.

Le Bar à truffes

Tout près de la Bourse, une devanture de bistrot classique et une boutique rassemblant les produits de la Commanderie de Peyrassol (vins, épicerie fine…). Agréable petite salle à manger, dans un style brut presque design (parquet, bar en bois, murs en pierres apparentes…) et assiettes portées sur la truffe : avec une pomme de terre au four à la crème, en brouillade, en gnocchi… Cave réservée au domaine de Peyrassol, chaque référence étant proposée à la bouteille (demi ou non) et au verre.
C : 50 €

→ Plan : 1 C 2
13 rue Vivienne
☎ 01 42 60 12 92
F. w.-e.
Jusqu'à 22h.

La Crêpe Dentelle

Le décor fait mouche et attire les nombreux touristes de ce quartier ancien, mais ce n'est pas le seul atout de cette crêperie, qui soigne ses garnitures, notamment autour des produits de la mer, en proposant quelques originalités comme la galette maldivienne à l'aile de raie ou le clafoutis crêpes pomme banane.
C : 17 € • M : 10,20-12,20 €

→ Plan : 1 D 3
10 rue Léopold-Bellan
☎ 01 40 41 04 23
F. dim.
Jusqu'à 23h.

Hôtel Opéra de Noailles

Une déco moderne dans le quartier des théâtres, les chambres de grand confort bénéficient d'un cadre hôtelier de qualité, patio intérieur pour le petit-déjeuner, sauna, accès ADSL.
2 appart. 450-480 € • 59 ch. 215-330 €   *www.hoteldenoailles.com*

→ Plan : 3 A 5
9 rue de la Michodière
☎ 01 47 42 92 90
🖨 01 49 24 92 71
Ouv. 7j/7.

L'Horset Opéra

Ancien hôtel particulier des ducs d'Antin, ce classique chic du quartier Opéra offre des chambres toutes différentes dans l'esprit Arts Déco, tons fleuris, ambiance de tradition.
54 ch. 180-280 €   *www.hotelhorsetopera.com*

→ Plan : 1 B 2
18 rue d'Antin
☎ 01 44 71 87 00
🖨 01 42 66 55 54
Ouv. 7j/7.

Victoires Opéra

Un quartier privilégié pour découvrir le cœur de Paris, un hôtel agréable décoré avec raffinement dans un esprit contemporain, meubles de style colonial et teintes chaleureuses.
24 ch. 180-335 €   *www.victoiresopera.com*

→ Plan : 1 D 3
56 rue Montorgueil
☎ 01 42 36 41 08
🖨 01 45 08 08 79
Ouv. 7j/7.

PARIS 3e ARRONDISSEMENT

Murano Urban Resort

Nous l'avions regretté dans les colonnes du magazine de juin-juillet : l'ambiance est souvent survoltée dans cette adresse chic et contemporaine et, parfois, vraiment trop bruyante. Mais cela fait sans doute partie d'un concept qui brille par son caractère à la fois abouti et continuellement changeant. Les chefs passent (Antoine Perray occupant désormais le fauteuil encore chaud de Julien Chicoisne) mais les bonnes vibrations résonnent toujours avec la même amplitude, au son de la musique dispensée par le DJ : risotto safrané, asperges et gambas à la plancha, agneau comme un kefta et carottes au cumin ou croque jambon blanc ibérique et truffes. Cave complète offrant une intelligente sélection au verre. Service et accueil dans le bon tempo.
C : 55 € • M : 55-130 €   *www.muranoresort.com*

→ Plan : 1 F 3
13 bd du Temple
☎ 01 42 71 20 00
Ouv. 7j/7.
Jusqu'à 23h30.

Murano Urban Resort

Trois ans après son ouverture, le Murano demeure l'un des lieux les plus photographiés et les plus épiés de la capitale. Ce resort urbain joue avec les éclairages aux couleurs modulables (sept couleurs ainsi disponibles dans les chambres), les matières (le verre, le bois, le fluide) pour créer un espace unique et hors normes. Certaines chambres offrent l'exclusivité d'une cheminée ou d'une piscine privée.

10 appart. 750-2500 € • 42 ch. 360-650 €

→ Plan : 1 F 3
13 bd du Temple
☎ 01 42 71 20 00
🖷 01 42 71 21 01
Ouv. 7j/7.

www.muranoresort.com

---

13 Le Pamphlet

La maison a fait peau neuve et c'est une réussite : murs de pierres apparentes fraîchement refaits, poutres brillant d'une couleur taupe chic, moquette grise épaisse, tables rondes espacées et fauteuils rouges à l'assise haute pour un port altier. On apprécie vraiment le côté bourgeois/douillet, renforcé encore par la gentillesse de l'accueil. En cuisine, Alain Carrère surfe toujours sur les bons produits et la vague sud-ouest, pleine de saveurs et de saisonnalité : feuilleté champignons du jour et asperges vertes à la sauce goûteuse, rôti de porcelet délicatement caramélisé avec pommes grenailles et cœur de sucrine, fraises et framboises parfumées, avec une glace au turron. Cave assez courte, avec une prédilection pour le sud-ouest et le rhône. Le moment est agréable, la musique est une délicieuse compagne et le service sait se montrer présent sans trop en faire pour autant.

C : 60 € • M : 34 €

→ Plan : 1 E 4
38 rue Debelleyme
☎ 01 42 72 39 24
F. sam. à déj., dim., lundi
à déj., 10-24 août et 23 déc.-3
janv.
Jusqu'à 23h.

pamphlet@wanadoo.fr

---

12 Ambassade d'Auvergne

La tradition auvergnate trouve effectivement une belle ambassade dans ce restaurant sur deux étages, et notamment dans la grande salle conviviale et festive du rez-de-chaussée, avec ses jambons d'Auvergne suspendus aux poutres du plafond. On apprécie également une carte des vins didactique qui fait dans l'authenticité en proposant un large éventail de vins régionaux d'Auvergne et d'Aveyron et bien sûr une cuisine qui s'alimente aux mêmes sources, saucisse de Parlan et son aligot, bœuf salers à la moelle, potée de porc fermier. Devant tant de générosité, on revient volontiers aux vertus digestives de la collection de liqueurs régionales à base de plantes.

C : 32 € • M : 28 €

→ Plan : 1 D 4
22 rue du
Grenier-Saint-Lazare
☎ 01 42 72 31 22
Ouv. 7j/7.
Jusqu'à 22h.

idéal gourmet

www.ambassade-auvergne.com

---

12 Auberge Nicolas Flamel

On ne peut guère toucher à une tradition hexacentenaire... Quelques notes contemporaines viennent égayer ce cadre presque austère de l'auberge qui accueillait les sans-logis au XVe siècle. Et la cuisine, elle aussi, bouge vers notre époque, avec le steak de thon rôti à la citronnelle, poêlée de shiitaké aux pousses de soja ou le sablé fraises et framboises et sorbet mojito. Quelques promesses dans l'assiette, certes, mais pas encore vraiment abouties, dans une atmosphère qui peine à se moderniser.

C : 40 € • M : 31-45 €

→ Plan : 1 D 4
51 rue de Montmorency
☎ 01 42 71 77 78
F. dim. et 4-24 août.
Jusqu'à 23h.

www.auberge-nicolas-flamel.fr

12 Au Bascou

Un ancien de Senderens a repris l'an dernier ce célèbre Bascou, ambassadeur pur et dur de la "basquitude" parisienne. Le décor de chalet basque avec les murs voûtés, les poutres épaisses sur lesquelles pendent des cordes de piments et les reliques d'Euskadi, a été préservé, la carte n'ayant elle non plus pratiquement pas changé : pimientos del piquillo farcis de brandade de morue, axoa de veau, tourtière aux pommes et glace pruneaux-armagnac.
C : 33 € • M : 18 €

→ Plan : 1 D 3
38 rue Réaumur
☎ 01 42 72 69 25
F. w.-e., fériés, août et 1 sem. déc.
Jusqu'à 22h30.

12 Le Café des Musées

Ambiance surchauffée midi et soir dans ce Café installé au cœur du quartier des musées. Cuisine ménagère de rigueur avec le velouté de cresson, la terrine de campagne au calva, les saint-jacques poêlées à l'huile de noisette et le crumble aux pommes. Excellent rapport qualité-prix. Au sous-sol, bar de nuit installé dans un caveau.
C : 32 € • M : 19 €

→ Plan : 1 F 4
49 rue de Turenne
☎ 01 42 72 96 17
F. 3 sem. août et 1 sem. après Noël.
Jusqu'à 23h.

12 Pramil d≡

Dans le quartier branché du gay Paris, une jolie table discrète lancée l'an passé par Alain Pramil, sur les bases conviviales du bistrotier à la page, terrine de queue de bœuf et gigot de sept heures. les plats sont bien faits, y compris les poissons (lotte au fenouil et fèves fraîches de très bon goût), cave honnête assez maligne (Gravillas, Piccinini, irancy de Cantin...) et service plein d'attention.
M : 29 €

→ Plan : 1 E 3
9 rue du Vertbois
☎ 01 42 72 03 60
F. dim. à déj., lundi et août.
Jusqu'à 23h.

11 Le Vertbois

Cuisine bistrotière sans prétention dans cette sympathique maison proche des églises Sainte Elisabeth et Saint Nicolas des Champs : ravioles du Royans, foie gras poêlé et pommes caramélisées, quasi de veau en cocotte. Ambiance décontractée.
C : 27 € • M : 24,60-27 €

→ Plan : 1 E 3
38 rue du Vertbois
☎ 01 42 71 66 95
F. 2-3 sem. déb. août.

404

Du tajine à fil d'or dans cette maison XVIIIᵉ ayant appartenu à Gabrielle d'Estrées. Un chef passé par la Mamounia tisse une carte aux parfums subtils, harira, briouats, pastilla de pigeon escortant les tagines d'agneau, pruneaux ou de poulet, olives et citron confit sans oublier les six variétés de couscous, en accompagnant de Guerrouane ou Tlemcen. Le week-end, sympathiques et typiques brunchs berbères.
C : 50 € • M : 30-80 €   404resto@wanadoo.fr

→ Plan : 1 E 3
69 rue des Gravilliers
☎ 01 42 74 57 81
Ouv. 7j/7.
Jusqu'à 24h.

Caves Saint-Gilles

Un bistrot façon bodega, tapas y vinos comme unique slogan. Tous les grands classiques de la cuisine espagnole sont proposés, les poissons frits, les viandes à la plancha et, chaque week-end, la paella.
C : 25 €

→ Plan : 1 F 5
4 rue Saint-Gilles
☎ 01 48 87 22 62
Ouv. 7j/7.
Jusqu'à 24h.

Chez Jenny

Depuis 1932, Jenny s'attache avec coquetterie à préserver son ambiance historique et s'apprécie pour ce joli décor de boiseries et de marqueteries plus encore que pour ses spécialités alsaciennes finalement assez communes. Les fruits de mer permettent de varier les plaisirs
M : 23,50 €   www.chezjenny.com

→ Plan : 1 F 3
39 bd du Temple
☎ 01 44 54 39 00
Ouv. 7j/7.
Jusqu'à 24h.

Little Palace Hotel

On peut être Little dans son nombre de chambres encore raisonnable, on n'en est pas moins Palace, dans les prestations comme dans un esprit Années trente, à travers des reproductions de Klimt qui dicte l'esprit des superbes chambres contemporaines, séduisantes dans le jeu des matières et des couleurs.

4 appart. 228-327 € • 49 ch. 159-262 €   *www.littlepalacehotel.com*

→ Plan : 1 D 3
4 rue Salomon-de-Caus
☎ 01 42 72 08 15
🖨 01 42 72 45 81
Ouv. 7j/7.

Le Pavillon de la Reine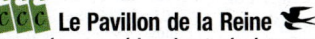

Cette demeure historique, ainsi nommée pour rendre hommage à la Reine d'Autriche, qui fréquenta les lieux, offre calme et discrétion à sa clientèle, malgré la situation exposée sur l'ancienne Place Royale. Chambres habillées de superbes tissus muraux et agrémentées de meubles raffinés et antiquités, certaines avec lits à baldaquin et poutres apparentes.

15 appart. 570-820 € • 41 ch. 370-520 €   *www.pavillon-de-la-reine.com*

→ Plan : 1 F 5
28 pl des Vosges
☎ 01 40 29 19 19
🖨 01 40 29 19 20
Ouv. 7j/7.

Hôtel du Petit Moulin

Dix-sept chambres toutes différentes décorées par Christian Lacroix, une dimension humaine dans cet hôtel romantique aménagé dans deux immeubles XVIIᵉ classés, entre Bastille et République.

17 ch. 180-350 €   *www.hoteldupetitmoulin.com*

→ 29 rue du Poitou
☎ 01 42 74 10 10
🖨 01 42 74 10 97
Ouv. 7j/7.

PARIS 4ᵉ ARRONDISSEMENT

18 L'Ambroisie

L'adresse fait rêver tous les collectionneurs de belles adresses, ceux qui ne tiennent plus en place, plusieurs semaines à l'avance, à l'idée de découvrir une nouvelle grande table. La place des Vosges, les arcades et, dans un angle, l'Ambroisie, l'un des plus beaux endroits de Paris, un fleuron de la grande gastronomie, avec ses parquets anciens patinés par les années, ses tapisseries d'Aubusson et son personnel affable et distingué. Ce collectionneur de grandes tables aura bien entendu pris soin de noter qu'à l'Ambroisie, cela va sans dire, on ne propose pas de menu, pas même au déjeuner, pas même en formule dégustation. Soit. Il aura également la désagréable surprise, au cas où l'envie saugrenue lui en prendrait, d'apprendre qu'à l'Ambroisie, on ne propose pas de vin au verre (ou alors, il faut insister longtemps et le sommelier, au demeurant d'une grande gentillesse, prendra un air désolé au moment de vous servir, vous faisant comprendre que ce vin est à peine digne du repas servi, ce qui, d'ailleurs, n'est pas faux). Ce même sommelier vous expliquant avec le plus grand sérieux que, si sa cave ne recèle que si peu de flacons hors Bourgogne et Bordelais, c'est simplement que seuls ces derniers sont susceptibles de convenir à une table qui aurait choisi plusieurs plats différents. Mais ces petits désagréments, finalement pas si rares dans la grande restauration, ne sont rien à côté de l'extraordinaire plaisir que procurent les assiettes de Bernard Pacaud, de plus en plus hors d'âge sans doute, mais tellement jouissives : de merveilleuses langoustines, translucides, à peine cuites, accompagnées d'une crème poivrée, d'épinards et de feuillantines au sésame d'une délicatesse infinie ; un veau absolument divin, en piccata, escorté de quelques légumes (presque) dans leur plus simple appareil et d'un jus court ; des arlettes d'une légèreté étonnante, des framboises fabuleuses, les meilleures des meilleures probablement. Et après ? Apprend-on

→ Plan : 1 F 5
9 pl des Vosges
☎ 01 42 78 51 45
F. dim., lundi, vac. scol. fév. et août.
Jusqu'à 22h.

réellement quelque chose sur les dernières tendances culinaires, place des Vosges ? Non bien sûr, aucun membre du personnel ne cherchera d'ailleurs à vous faire croire le contraire. Mais peut-on trouver une seule adresse où les langoustines ou le veau afficheraient un meilleur pedigree ?

C : 230 €

---

15 🍴🍴 ⋛ **L'Orangerie**

Même si Michel del Burgo veut faire taire les rumeurs, celles qui disent qu'il est plus souvent à Moscou qu'à Paris, par exemple, ce n'est pas lui faire grief que d'ajouter que l'atmosphère n'est pas encore totalement installée dans cette maison historique de l'île Saint-Louis. La cuisine, à de nombreux égards, vaut bien ses deux toques, avec de vraies idées personnelles et une réalisation pointue la plupart du temps : la galette de peaux de courgettes sans pâte aux légumes primeurs aux herbes du potager et fruits de la passion, le homard snacké risotto d'épeautre au basilic thaï, pak choï étuvé émulsion de têtes au tamarin ou le pigeonneau en nid aux cerises de Céret finger de céleri caramélisé et feuilles de caramel aux épices. Il a tout d'une grande, cette cuisine, il lui suffit d'un peu d'assise et d'enthousiasme dans la salle...

C : 90 € • M : 40-75 €   lorangerie75@orange.fr

→ Plan : 1 E 6
28 rue Saint-Louis-en-l'Ile
☎ 01 46 33 93 98
F. dim.
Jusqu'à 22h30.
≋❄ 🐑
🎁 idéal gourmet

---

14 🍺 **Benoît** 🍇

Et un bistrot parisien, un ! ça marche, chef ! Alain Ducasse lance et conceptualise ses établissements comme s'il mettait au point une nouvelle recette de gigot. Benoît est un classique, Ducasse en fait un musée vivant, une sorte d'Orient-Express de la culture parisienne pour voyager dans le temps en restant dans le 4e arrondissement. Il ne manque pas un lampadaire, pas une banquette rouge, pas un miroir à ce décor pur sucre Belle Epoque complété par le salon particulier à l'étage. Dans l'assiette, une reconstitution tout aussi fidèle, langue de veau Lucullus, escargots au beurre d'ail, tête de veau ravigote, cassoulet, profiteroles... Le service va bien, et la cave aussi, sélection maligne, ni trop pointue, ni trop banale, en toutes régions.

C : 70 € • M : 38 €   www.alain-ducasse.com

→ Plan : 1 D 4
20 rue Saint-Martin
☎ 01 42 72 25 76
F. août.
Jusqu'à 22h.
🚗 ✒

---

14 🍴 **Isami**

Le Soleil Levant secret, image de cette enseigne de l'île Saint-Louis que les promeneurs sur le pont regardent sans savoir ce qui se trame exactement derrière la porte. On peut y évoquer un voyage d'initiés, qui trouvent ici l'authentique découpe des poissons crus pour le sashimi ou les sushis, mais il y a aussi à connaître le secret des bouillons, des vapeurs et d'une glace au thé toujours aussi subtile. Accueil d'une courtoisie prévisible, plus chaleureuse encore avec les habitués.

C : 60 €

→ Plan : 1 D 6
4 quai d'Orléans
☎ 01 40 46 06 97
F. dim. et lundi. F. ann. non comm.
Jusqu'à 21h30.
≋❄

---

découverte d⋛ GM met en avant des nouveautés méconnues

❤ coup de cœur   🍇 carte des vins remarquable   ◺ notation en hausse

14 Mon Vieil Ami

Rusticité chic au cœur de Paris, c'est un pari. Et il est gagné par Antoine Westermann et son équipe de jeunes fougueux qui ont pris à bras-le-corps ce concept réjouissant d'une cuisine aussi traditionnelle que le suggère l'enseigne, revue au XXIᵉ siècle pour offrir sous les poutres des maquereaux marinés et du pâté en croûte, un cabillaud malin et des rognons à se damner, dans un panorama qui évolue comme un paysage des terroirs traversés lors d'un voyage en train. Subtil, charmant, dans une des rues les plus romantiques de la capitale.

M : 41 €

→ Plan : 1 E 6
69 rue Saint-Louis-en-l'Ile
☎ 01 40 46 01 35
F. lundi, mardi, 3 sem. janv. et 3 sem. août.
Jusqu'à 22h30.

www.mon-vieil-ami.com

----

14 L'Osteria

Une expression purement italienne dans ce repaire d'artistes au cœur du Marais. Pietro Matranga, qui a pris la suite de Toni Vianello, réussit parfaitement les classiques indémodables, l'osso-buco, les gnocchis qui ont fait la réputation du lieu, le veau à la sicilienne et les risottos. L'ambiance est à la fois raffinée et chaleureuse, entretenue par des habitués de cette auberge vénitienne en plein Paris. La cave offre un panorama attractif de ce qui se fait dans les vignes de l'autre côté des Alpes.

C : 35 €

→ Plan : 1 E 5
10 rue de Sévigné
☎ 01 42 71 37 08
F. sam. et lundi à déj., dim.
Jusqu'à 23h.

≋❋ ⊱

🦌 idéal gourmet

----

13 Le Dôme du Marais

La salle en rotonde est toujours aussi éblouissante avec sa verrière en dôme dominant un superbe décor XIXᵉ. Touristes attirés par le mythe, habitués, jeunes et vieux communient dans la même ferveur, se gardant bien toutefois de pousser trop haut les décibels ; dans un tel cadre, ce serait faute de goût. En cuisine, un nouveau chef tient les commandes depuis l'été 2006. Le jeune Denis Groison, ancien second chez Guy Laussasaie et licencié en… microbiologie (!), perpétue une tradition maison qui place le produit naturel, son goût et sa texture, au centre des débats : huîtres creuses de Paimpol à la pomme verte, tronçon de carrelet rôti, acidulé de betterave et d'algues, tarte chocolat noir aux fruits secs et spoom à l'absinthe. Jolie cave privilégiant les vignerons travaillant de façon naturelle.

C : 50 € • M : 35-65 €

→ Plan : 1 E 5
53 bis rue des Francs-Bourgeois
☎ 01 42 74 54 17
F. dim., lundi et 18-30 août.
Jusqu'à 22h30.

dome-dumarais@hotmail.com

----

12 Bistrot de l'Oulette

"Bistrot de l'Oulette" : au moins maintenant les choses sont claires, et on retrouve avec plaisir une équipe inchangée au service d'une cuisine de bistrot dans le meilleur sens du terme, décontractée et alerte, qui propose des assiettes à la fois originales et familières, comme les escargots aux artichauts en feuille de chou ou la compotée de lapin à l'estragon et purée de patate douce (en verrine). Bien sûr, on n'oublie pas les racines Sud-Ouest, avec le cassoulet maison ou le salmis de pintade, mais surtout un sens de la bonne humeur que n'altère bien sûr pas le décor légèrement renouvelé.

C : 33 € • M : 33 €

→ Plan : 1 F 5
38 rue des Tournelles
☎ 01 42 71 43 33
F. sam. à déj. et dim.
Jusqu'à 24h.

⊱

12 Au Bourguignon du Marais

Pas de fausse promesse, c'est bien à la Bourgogne que se voue en priorité cette adresse au décor soigné, avec les escargots, les œufs meurette ou encore l'andouillette à l'aligoté. Pour élargir son propos, la maison cultive une veine bistrot, tantôt nostalgique (confit de canard purée maison), tantôt un peu plus actuelle (saumon à l'unilatérale légumes au wok). Une valeur sûre, les desserts très classiques étant compensé par une belle sélection de vins de Bourgogne, notamment au verre.

C : 40 €

→ Plan : 1 E 5
52 rue François-Miron
☎ 01 48 87 15 40
Ouv. 7j/7.
Jusqu'à 23h.

12 L'Enoteca

Des soirées à thèmes rendent régulièrement hommage au terroir italien, viticole comme gastronomique, sous les murs vénérables de cette maison du XVIᵉ siècle où, on s'en doute, la cave a peu de rivale dans son exploration des richesses transalpines. La cuisine suit bien sûr ces influences, pour des assiettes au raffinement ensoleillé qui ont le bon goût de se renouveler régulièrement.

C : 34 €   www.enoteca.fr

→ Plan : 1 E 6
25 rue Charles-V
☎ 01 42 78 91 44
F. Pâques, 1ᵉʳ mai, 24-25 déc.
et 1 sem. 15 août.
Jusqu'à 23h30.

12 Au Grain de Sel

On cherche en vain le grain de sel de la personnalisation dans la carte concoctée par Nathalie Ben Samoun, créatrice de ce sympathique bistrot en 2004, et son jeune chef Laurent Dupas. La valeur ajoutée est incarnée par la parfaite honnêteté qui habite chaque assiette et dans le soin apporté au choix des produits : mille-feuilles en tuiles au sésame, tartare de saumon et thon, jarret de veau, pommes nouvelles et oignons grelots, tartelette citron pistache.

C : 45 € • M : 35 €   www.augraindesel.com

→ Plan : 1 F 5
13 rue Jean-Beausire
☎ 01 44 59 82 82
F. dim., lundi, 1 sem. janv., 1
sem. mars et 2 sem. août.
Jusqu'à 22h30.

12 Le Rouge-Gorge

Voilà maintenant vingt ans que le Rouge-Gorge chante dans cet immeuble XVIIᵉ et y fait venir tous les amoureux du vin grâce aux efforts de François Briclot pour proposer des vins à forte personnalité, qui reflètent leur terroir autant que les hommes et les femmes qui les font : Stéphane Tissot en jura, Jean-François Mérieau en touraine... Alors ici, on choisira d'abord son vin, avant de trouver sans peine une assiette gourmande pour l'accompagner au mieux dans une carte à l'esprit bistrot tout aussi plaisant.

C : 35 €

→ Plan : 1 E 6
8 rue Saint-Paul
☎ 01 48 04 75 89
F. dim. et 2e quinz. août.
Jusqu'à 23h.

12 Thanksgiving

Le restaurant a pris de la hauteur pour laisser place à la boutique au rez-de-chaussée, mais on retrouve les richesses d'une cuisine venue tout droit de Louisiane, terre de blues, de jazz, mais aussi pour ce qui nous intéresse ici d'épices et de brassage d'influence, qui se traduit par des assiettes colorées, dans tous les sens du terme.

M : 20-25 €   www.thanksgivingparis.com

→ Plan : 1 E 5
20 rue Saint-Paul
☎ 01 42 77 68 29
F. non comm.
Jusqu'à 22h30.

Dans le Noir ?

L'expérience est déroutante, ludique, et finalement instructive, tant sur le plan humain (l'idée de base reste de faire partager le handicap du personnel, dont la moitié est non-voyant) que sur le plan des saveurs. Les propositions jouent donc le jeu au maximum, en travaillant avec soin les textures ou encore les odeurs, premiers repères dans ce monde où l'obscurité est reine (pas question de conserver sa montre rétro-éclairée !).

C : 30 € • M : 41-62 €   www.danslenoir.fr

→ Plan : 1 D 4
51 rue de Quincampoix
☎ 01 42 77 98 04
F. à déj. (sf réserv.), 1er janv.,
1er mai et 24 déc.
Jusqu'à 22h30.

La Taverne du Nil

Ne vous fiez pas à l'enseigne (qui fait référence à la rue du IIe où est né le restaurant), c'est bien le Liban qui est ici à l'honneur, servi avec constance notamment dans des menus tout compris qui constituent une bonne approche de la maison. Le décor contribue également au succès, avec ses salons feutrés, s'animant le week-end au rythme de danses orientales.

C : 40 € • M : 15-38 €   lataverne.dunil@wanadoo.fr

→ Plan : 1 E 6
16-18 rue Le Regrattier
☎ 01 40 46 09 02
F. lundi à déj.
Jusqu'à 23h.

Le Jeu de Paume

Derrière le porche, l'univers bien préservé de cette ancienne salle de jeu de paume dans un immeuble historique et plein de charme. Nombreux rappels artistiques (Picasso est apprécié) dans les parties communes, ascenseur central en verre pour accéder à des chambres plus simples, aux dimensions modestes, mais qui ne manquent pas de cachet.

3 appart. 435-545 € • 27 ch. 180-335 €   www.jeudepaumehotel.com

→ Plan : 1 E 6
54 rue Saint-Louis-en-L'Ile
☎ 01 43 26 14 18
🖥 01 40 46 02 76
F. 1 sem. août.

Bastille Speria

Un hôtel contemporain dans le quartier du Marais, pratique et bien équipé. Chambres bien tenues, au confort d'aujourd'hui.

42 ch. 105-175 €   www.hotel-bastille-speria.com

→ Plan : 1 F 5
1 rue de la Bastille
☎ 01 42 72 04 01
🖥 01 42 72 56 38
Ouv. 7j/7.

La Bretonnerie

Bien à sa place dans le quartier du Marais, cet ancien hôtel particulier a conservé les voûtes, pierres de taille et autre cave voûtée (où se trouve la salle des petits-déjeuners) de son architecture XVIIe et bénéficie ainsi d'un cadre de caractère, bien mis en valeur par un décor bien accordé, meubles de style et tentures luxueuses.

7 appart. 180 € • 22 ch. 120-155 €   www.bretonnerie.com

→ Plan : 1 E 5
22 rue Sainte-Croix-de-la Bretonnerie
☎ 01 48 87 77 63
🖥 01 42 77 26 78
Ouv. 7j/7.

Caron de Beaumarchais

Au cœur du Marais, un hôtel d'atmosphère, qui rend hommage à Beaumarchais, qui vécut dans la rue. Des objets et meubles précieux (un piano-forte Erard de 1792, une cheminée Louis XVI…) contribuent à rendre ce cadre agréablement raffiné, jusque dans les chambres, équipées XXIe (écrans plats, clim, mini-bar) ou la salle de petits-déjeuners.

19 ch. 125-162 €   www.carondebeaumarchais.com

→ Plan : 5 B 1
12 rue Vieille-du-Temple
☎ 01 42 72 34 12
🖥 01 42 72 34 63
Ouv. 7j/7.

Castex Hôtel

Au cœur du Marais, l'établissement conserve son cachet XVIIᵉ (toiles de Jouy, boiseries, fer forgé, tomettes). Un petit patio rénové, des chambres plus contemporaines, wifi et borne Internet dans le hall.
30 ch. 120-150 €   www.castexhotel.com

→ Plan : 1 F 6
5 rue Castex
☎ 01 42 72 31 52
🖨 01 42 72 57 91
Ouv. 7j/7.
≋❄

- -

Hôtel Duo

Design très réussi signé par l'architecte d'intérieur Jean-Philippe Nuel, le Duo est un hôtel à part, aux atmosphères uniques, dans les harmonies de tons et de matériaux et la recherche des pièces contemporaines, objets et mobilier, où le fer forgé côtoie les beaux papiers (Osbone) ou les tissus choisis. De nouvelles chambres, aussi singulières, ont été créées, ainsi qu'un bar, une salle de fitness, un sauna.
2 appart. 320-430 € • 56 ch. 115-300 €   www.duoparis.com

→ Plan : 1 D 6
11 rue du Temple
☎ 01 42 72 72 22
🖨 01 42 72 03 53
Ouv. 7j/7.
♿ ≋❄

- -

Lutèce

Dans la rue centrale de l'île, un hall accueillant et intime, des chambres entièrement rénovées en 2006 dans un style contemporain, tout en préservant le charme historique de l'immeuble, poutres et cheminées.
23 ch. 185 €   www.hoteldelutece.com

→ Plan : 1 E 6
65 rue Saint-Louis-en-l'Ile
☎ 01 43 26 23 52
🖨 01 43 29 60 25
Ouv. 7j/7.
≋❄

- -

Le Saint-Merry

Une passerelle d'histoire entre le passé de ce presbytère gothique et le confort présent, belles lumières sur les boiseries ouvragées, chambres personnalisées au style unique faisant revivre à l'époque médiévale au cœur du Marais.
1 appart. 230 € • 11 ch. 160 €   www.hotelmarais.com

→ Plan : 1 D 5
78 rue de la Verrerie
☎ 01 42 78 14 15
🖨 01 40 29 06 82
Ouv. 7j/7.
🛒

- -

Villa Mazarin

Un hôtel de caractère dans un immeuble en pierre de taille XIXᵉ à deux pas de l'Hôtel de Ville et de Beaubourg. C'est l'esprit de l'époque qui est restitué à chaque étage, intimité et exclusivité, teintes douces et harmonieuses, déco classique dans les chambres.
1 appart. 300-400 € • 28 ch. 150-350 €   www.villamazarin.com

→ Plan : 1 E 4
6 rue des Archives
☎ 01 53 01 90 90
🖨 01 53 01 90 91
Ouv. 7j/7.

PARIS 5ᵉ ARRONDISSEMENT

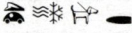

La Tour d'Argent

La Tour d'Argent retrouve un Terrail à sa tête : c'est le tout jeune André qui mène la glorieuse maison du quai de la Tournelle vers un nouveau firmament. Et avec un nouveau chef, dans le cadre mythique - salon bourgeois feutré à l'étage, vue sur Notre-Dame, grande histoire parisienne de George Sand à John Kennedy - qui fait rêver le monde. La bonne idée, nous le répétons depuis longtemps, c'est ce menu du déjeuner à 70 € qui permet d'être un prince sans le titre ni les possessions. Et puisque ce menu est résolument inscrit dans son nouveau siècle, avec sa "raviole éphémère de king crab et crevettes grises parfumée au bouillon de mangue", on découvre ainsi la Tour sous une nouvelle perspective. Donnant peut-être envie de revenir un soir pour une escale en bateau-mouche, tâter une fois de plus des quenelles de brochet et du caneton Tour d'Argent... Service maison, cave de 14 000 bouteilles. Une légende, vous dit-on...
C : 170 € • M : 70 €   www.latourdargent.com

→ Plan : 1 E 6
15 quai de la Tournelle
☎ 01 43 54 23 31
F. lundi et août.
Jusqu'à 22h.
☎ ≋❄🛒 🚬

15 La Truffière 🍷

On pourrait y tourner un épisode de Rocambole ou des Mystères de Paris. Les caves voûtées, la tradition parisienne, l'atmosphère un poil ripailleuse : c'est du grand genre à l'ancienne, mais qui sait se faire apprécier de tous. Car on ne peut guère résister à cette opulence, à cette cave magistrale qui donne un cours sur toutes les grandes régions viticoles du monde, avec des étiquettes par grappes entières sur une même parcelle (3200 références au dernier recensement). Le chef Jean-Christophe Rizet peut jouer sur tous les tableaux, des classiques truffe et foie gras, dans tous leurs états, à un peu de création (dos de cabillaud aux vapeurs de combava, cœur de thon rouge et foie gras en feuille de nori), en passant par un impeccable menu déjeuner à 22 € qui donne envie de prendre son après-midi en sélectionnant ses flacons à l'avance.
C : 90 € • M : 22 € · · · · · · · · · · · · · · · *www.latruffiere.com*

→ Plan : 5 B 3
4 rue Blainville
☎ 01 46 33 29 82
F. dim., lundi et 1 sem.
Noël-nouvel an.
Jusqu'à 22h30.

---

14 Mavrommatis

Mavrommatis demeure sans aucun doute l'institution helleno-gastronomique de la capitale. La carte suit les saisons, les mouvances les plus récentes sans toutefois renier ses origines (les photos de familles accrochées çà et là rappellent ce profond attachement à la Grèce). Le tarama, la croquette d'agneau à la menthe, les crépinettes d'agneau, jambon cru et roquette et la crème à la fleur d'oranger assurent des prestations haut de gamme dans une ambiance détendue. La terrasse sous lierre est prise d'assaut aux beaux jours.
M : 35-48 € · · · · · · · · · · · · · · · · · · · *www.mavrommatis.fr*

→ Plan : 5 B 3
42 rue Daubenton
☎ 01 43 31 17 17
F. dim., lundi. F. ann. non comm.
Jusqu'à 23h.

---

13 Atelier Maître-Albert

Belle cheminée (elle date du XVIᵉ siècle, prélevée dans un château de la Loire) et murs en pierres apparentes se marient au mobilier contemporain et aux tons gris très chics pour donner un cadre élégant, dans lequel évolue une équipe impliquée, service aimable et cuisine sans fausse note dans sa façon de livrer les viandes grillées à la rôtissoire comme les plaisantes spécialités, à la fois familières et judicieusement actualisées (y compris dans les présentations) : sardines marinées sur compotée de tomates, rognon cuit à la broche accompagné d'un gratin d'aubergine et champignons de Paris, dessert nostalgique (bocaux de riz au lait et quartiers d'abricot). Cave plaisante, notamment dans ses coups de cœur.
C : 60 € • M : 30-50 € · · · · · · · · · *www.ateliermaitrealbert.com*

→ Plan : 1 D 6
1 rue Maître-Albert
☎ 01 56 81 30 01
F. sam. à déj., dim. à déj.,
1ᵉʳ mai, 2 sem. août et vac. Noël.
Jusqu'à 23h30 (1h jeudi, vend.).

🍴 idéal gourmet

---

13 Christophe Restaurant

Christophe Philippe est fier de son travail, au point de s'installer dans un décor d'un dépouillement qui confine à la froideur et de pratiquer des prix nettement plus élevés que la concurrence. On le suit sans problème sur ses cuissons parfaites et ses produits bien choisis (un bar de ligne accompagné d'endives caramélisées, une volaille " gauloise blanche à crête pâle " croustillante et carottes fanes), qui justifient les prétentions, mais on tique sur l'ambiance un peu prétentieuse, le jusqu'au boutisme du "tout est dans l'assiette" qui va jusqu'à exclure tout fond sonore. Un peu de décontraction ne ferait pas de mal. Un bon point en revanche pour les propositions de vin au verre en accord avec les plats et un point de plus pour le tout.
C : 35 €

→ Plan : 5 B 2
8 rue Descartes
☎ 01 43 26 72 49
F. dim., lundi et août.
Jusqu'à 22h30.

13 L'Equitable

Nous considérons depuis plusieurs années que la table d'Yves Mutin compte parmi les meilleurs compromis qualité/confort/prix de la capitale. Quelques déceptions récentes (en particulier sur le service, parfois désinvolte) nous conduisent pourtant à actionner la sonnette d'alarme. Le foie gras de canard en marbré de jambonneau de porc confit et salade de lentilles vertes, la pièce de bœuf de Charolais, pommes rattes aux olives et tomates confites et le clafoutis pistache-griottes et grué de cacao (plus proche d'une crème brûlée que d'un clafoutis d'ailleurs) accrochent encore une toque (fragile) sur cette maison au décor toujours aussi charmant. Cave bien triée et bon marché.

C : 31,50 € • M : 21-31,50 €

→ Plan : 5 B 3
1 rue des Fossés-Saint-Marcel, 47 bis rue Poliveau
☎ 01 43 31 69 20
F. dim. à dîn., lundi, mardi à déj., 1 sem. avril et 3 sem. août.
Jusqu'à 22h30.

---

13 Au Moulin à Vent

Le beaujolais en question est bien là, à côté du morgon de Lapierre, et appuie, aux côtés du saucisson chaud ou du foie de veau à la lyonnaise, sur le côté bouchon lyonnais. En fait la maison d'Alexandra Damas est surtout un modèle de ce bistrot parisien qui résiste au temps et aux modes, dans son décor craquant à l'ancienne comme dans sa carte de spécialités traditionnelles. Une résistance qui tient bien moins à la nostalgie qu'à des qualités tout à fait actuelles, le chateaubriand de Salers et sa béarnaise maison valant tous les discours sur la cuisine moléculaire pour les vrais carnivores.

M : 35 €

www.au_moulinavent.com

→ Plan : 5 B 2
20 rue des Fossés-Saint-Bernard
☎ 01 43 54 99 37
F. sam. à déj., dim., lundi, sem. Ascension, 3 sem. août et sem. Noël-nouvel an.
Jusqu'à 23h.

---

13 Le Pré Verre

Les frères Delacourcelle font voguer leur goélette sur toutes les mers du monde, laissant le vent pousser l'imagination du chef, entre bistrot parisien, air du large et parfums d'ailleurs. Ce mariage, toujours aussi plaisant et réussi, fait de cette table branchée l'un des endroits les plus distrayants et des moins chers de Paris. On est logiquement au coude à coude pour trouver un coin libre dans cette atmosphère très animée, mais sans fumée, dans le respect d'un beau cochon de lait aux épices, des sardines aux aubergines et de la truffade au chocolat.

C : 26,50 €

www.lepreverre.com

→ Plan : 1 D 6
8 rue Thénard
☎ 01 43 54 59 47
F. dim., lundi et 5-26 août.
Jusqu'à 22h30.

---

13 La Table de Fabrice

Fabrice ayant remplacé Michel à Table la saison passée, l'assiette s'en est trouvée régénérée, et plutôt pour la bonne cause. Fabrice Devercy, ancien de chez Lasserre, Robuchon et Senderens, fait du bourgeois gentilhomme, presque aristocratique, assiettes léchées et bonne tendance dans une déco trop classique mais qui offre la vue sur l'île Saint-Louis à l'étage : un mille-feuille de crabe très bien fait, un risotto de langoustines un peu moins emballant, mais le ris de veau à l'ancienne et les gibiers en saison sont des arguments de poids.

C : 75 € • M : 40 €

latabledefabrice@orange.fr

→ Plan : 1 E 6
13 quai de la Tournelle
☎ 01 44 07 17 57
F. sam. à déj., dim. et 2 sem. fin août.
Jusqu'à 23h.

12 Bistro Toustem *d≈*

Bien vu, le bistrot lancé il y a quelques mois par Hélène Darroze, snacking Sud-Ouest chic, plats malins de l'air du temps mâtinés gascons, macaronnade de foie gras, ventrèche de thon de Fontarabie au poivre, tarte au chocolat et caramel au beurre salé. Déco tendance, signée Matalie Crasset dans le cadre historique d'une maison XIIIe. Service approximatif. Niveau de prix très élevé pour la qualité de la prestation.
M : 50 €   toustem@helenedarroze.com

→ Plan : 1 D 6
12 rue de l'Hôtel-Colbert
☎ 01 40 51 99 87
F. non comm.
Jusqu'à 23h.

---

12 Bistroy les Papilles

L'ancienne cave à vins transformée en bistrot a bâti l'essentiel de son succès sur son impeccable (et unique) menu changé quotidiennement : cochonnaille, lomo de thon aux épices, boudin noir, brandade de morue... 400 références en cave, toutes issues de la production hexagonale et toutes sévèrement triées.
C : 40 € • M : 28,50 €   lespapilles@hotmail.fr

→ Plan : 5 A 3
30 rue Gay-Lussac
☎ 01 43 25 20 79
F. dim., 1re sem. janv., 3
prem. sem. août.
Jusqu'à 22h30.

---

12 Le Buisson Ardent

Du sérieux sans forfanterie, une des bonnes affaires du Quartier Latin, face à l'université, dans un genre qui se rapproche progressivement du bistrot actuel, sans façon, au solide fonds ménager (crépinette de veau et cochon à la sauge, haricots beurre, confit d'épaule d'agneau au citron, côte de bœuf Simmental gratin dauphinois). Très performante formule à 16 € au déjeuner. Belle carte de vins, pédagogique et complète, animée par Jean-Michel Deluc.
M : 29-37 €   www.lebuissonardent.fr

→ Plan : 5 B 2
25 rue Jussieu
☎ 01 43 54 93 02
F. sam. à déj., dim. et août.
Jusqu'à 22h.

🎁 idéal gourmet

---

12 Chantairelle

L'ambassade de la Haute-Loire à Paris ? Oui et même un peu plus qu'un conservatoire, dans une salle bien vivante prolongée d'un jardin d'été au calme. Car cette cuisine de terroir montre qu'elle a de la vitalité et de l'avenir, dans des présentations alléchantes et pas du tout archaïques, des lentilles vertes à la joue de cochon, du chou farci Yssingeaux, de la truffade ou de la généreuse potée. Accueil tout en sourire, vins d'Auvergne - saint-pourçain, forez, châteaugay et boudes de Sauvat, ainsi qu'une agréable initiation aux eaux minérales (Saint-Géron, Chateldon, Ventadour…)
C : 24 € • M : 32-28 €   www.chantairelle.com

→ Plan : 5 A 2
17 rue Laplace
☎ 01 46 33 18 59
F. sam. à déj., dim. et sem. 15
août.
Jusqu'à 22h30.

---

12 Chez René

Nouveaux propriétaires pour ce temple bistrotier de Saint-Germain. Décor évidemment inchangé (on ne peut pas toucher à l'Histoire dans ce bistrot que fréquentèrent Hemingway et Mitterrand) et carte ménagère et bourgeoise dans son jus, telle qu'on l'attend : œuf mayo, coq au vin, bourguignon, gâteau de riz… La sélection viticole n'est pas mauvaise, et le service fait ce qu'il faut.
C : 40 € • M : 23,50-53,50 €

→ Plan : 1 D 6
14 bd Saint-Germain
☎ 01 43 54 30 23
F. dim., lundi, août et 10 jrs
Noël-nouvel an.
Jusqu'à 22h30.

12 Le Cosi

Les oliviers gardent la porte, les livres sur la Corse sont à portée de main, les vins d'Antoine Arena aussi, Olivier Andreani fait remonter dans ce décor de bistro parisien chic un peu des parfums du maquis, sur des produits plus nobles que rustiques : agneau de lait aux herbes du maquis, gambas au prizuttu, lotte rôtie à la panzetta et au romarin.
C : 40 € • M : 21 €

→ Plan : 5 A 2
9 rue Cujas
☎ 01 43 29 20 20
F. dim. et 9-26 août.
Jusqu'à 23h.

12 Lhassa

Le décor invite déjà au voyage, avec ses poupées habillées de costumes traditionnels ou la musique assortie, mais l'intérêt de la maison est surtout dans sa façon soignée de transcrire pour les palais occidentaux les recettes ancestrales du Tibet et ses plats rustiques ou raffinés, étonnants et pleins de saveurs.
C : 22 € • M : 11-21 €

→ Plan : 5 B 2
13 rue de la Montagne-Sainte-Geneviève
☎ 01 43 26 22 19
F. lundi.
Jusqu'à 23h (22h30 dim.).

12 Le Réminet

Une salle de charme à deux pas des quais, décor chiné, vieux miroirs, chandeliers et lustres en cristal. La cuisine du nouveau chef reste dans une ligne de simplicité moderne, de bistrot personnalisé, avec ses raviolis de crevettes, son thon plancha, son cabillaud rôti, concassée d'escargot et cocos glacés au jus de viande, qui flirte avec la toque, un salpicon de fraises et framboises à la menthe fraîche, compote de rhubarbe en croustillant pour l'indispensable mariage de l'année fraise-rhubarbe. Cave de connaisseur, avec l'ardoise aux suggestions, toujours de bon goût.
C : 40 € • M : 14 €

→ Plan : 1 D 6
3 rue des Grands-Degrés
☎ 01 44 07 04 24
F. mardi, merc. et 3 sem. août.
Jusqu'à 23h.

12 Ribouldingue

Emmené par une équipe féminine, ce Pied Nickelé là est toujours aussi sympathique et l'ambiance faiblit rarement dans la petite salle, autour d'un efficace menu-carte qui n'hésite pas à brasser les poissons et les abats avec la même bonne humeur et surtout un sens du bon qui fait mouche et se prolonge jusque sur la carte des vins.
M : 27 €

→ Plan : 1 D 6
10 rue Saint-Julien-Le-Pauvre
☎ 01 46 33 98 80
F. dim., lundi et 3 sem. août.
Jusqu'à 23h.

11 Le Berthoud

Pas spécialement montagnarde, malgré l'enseigne, la cuisine de ce bistrot bien connu dans le quartier se consacre à un registre assez évolué qui emprunte plus volontiers à la Méditerranée : agneau de sept heures et polenta, risotto et brochette de lotte...
M : 15,50-30,50 €

→ Plan : 5 A 2
1 rue Valette
☎ 01 43 54 38 81
Ouv. 7j/7.
Jusqu'à 24h.

11 Au Coin des Gourmets

Spécialités indochinoises à prix low-cost dans cette agréable petite adresse dirigée depuis deux ans par les frères Ta. Amok (filet de cabillaud cuit dans une feuille de bananier), buncha (brochettes de porc caramélisé) et fondue maison à arroser de vins essentiellement français.
C : 30 € • M : 25-35 €

→ Plan : 1 D 6
5 rue Dante
☎ 01 43 26 12 92
F. lundi à déj.
Jusqu'à 22h30.

⑪ Louis Vins

Chaleureux et hors du temps, le décor correspond bien à une cuisine qui vise la gourmandise avant tout, avec sa terrine de campagne, sa blanquette à l'ancienne ou son rognon de veau grillé, des plats qui tirent leur plaisir de produits bien choisis. Bien choisies également, les références d'une cave qui ramène le Clos du Rouge Gorge du Roussillon ou les vins d'Annick Parent de Bourgogne.
C : 27 € • M : 27 €

→ Plan : 5 B 2
9 rue de la
Montagne-Sainte-Gene-
viève
☎ 01 43 29 12 12
Ouv. 7j/7.
Jusqu'à 22h30.

⑪ Pema Thang - Restaurant du Tibet

Parmi les riches nuances de la cuisine asiatique, voici ici l'occasion d'apprécier les spécialités tibétaines, héritages d'un climat monta-gnard qui privilégie par exemple la simplicité de la tsampa (farine d'orge) comme base de travail. Une expérience plaisante, d'autant que le cadre comme l'accueil sont adorables.
C : 15 € • M : 14-20 €   *www.pemathang.com*

→ Plan : 5 B 2
13 rue de la
Montagne-Sainte-Gene-
viève
☎ 01 43 54 34 34
F. dim. et lundi à déj.
Jusqu'à 22h30.

⑪ Le Petit Prince de Paris

Sans aller jusqu'à s'endormir sur l'assiette, on apprécie le côté feutré, presque douillet, du décor, et la gentillesse du service. La cuisine dans ce contexte fait gentiment son office, le porcelet au miel est désormais un classique.
C : 21 € • M : 23-32 €

→ Plan : 1 D 6
12 rue Lanneau
☎ 01 43 54 77 26
Ouv. 7j/7.
Jusqu'à 24h.

⑪ Le Vin Sobre

Un bar à vins comme il en existe (en apparence) des dizaines à Paris. Celui-ci s'extirpe de la mêlée grâce à un service toujours souriant (à défaut d'être 100 % efficace) à une cave vraiment pointue (beaucoup de vignerons de la jeune génération) et à des assiettes qui, sans révolutionner le genre, affichent un bon rapport qualité-prix : planche de charcuteries corses, rémoulade de crabe au céleri, entrecôte de bœuf du Limousin et frites au couteau. Ambiance agréable.
C : 35 €

→ Plan : 5 A 3
25 rue
Feuillantines-sur-Angles,
Saint-Jacques
☎ 01 43 29 00 23
F. 1ᵉʳ janv. et 15 août.
Jusqu'à 22h45.

◉ L'Atlas

Le Marrakech Express offre un beau décor germanopratin pour les pastillas, couscous et tagines bien faits et assez originaux dans leur composition, exemplaires d'une cuisine marocaine aussi soignée que le cadre.
C : 38 €

→ Plan : 1 D 6
12 bd Saint-Germain
☎ 01 44 07 23 66
F. lundi et mardi à déj.
Jusqu'à 23h.

◉ El Palenque

La bonne adresse pour vérifier à quel point est justifiée la réputation du bœuf d'Argentine, pour une vraie bonne parrilla, avec les beignets de maïs en garniture. D'Amérique du Sud également arrivent quelques bonnes bouteilles, dans un joli décor typique et confortable.
C : 30 € • M : 23-40 €   *www.elpalenque-paris.com*

→ Plan : 5 B 2
5 rue de la
Montagne-Sainte-Gene-
viève
☎ 01 43 54 08 99
F. à déj. (sf vend.-sam.), dim.,
lundi et 24 déc.-2 janv.
Jusqu'à 23h.

◉ Inagiku

Un exemplaire assez loyal de la cuisine nippone, teppayaki, sushis et sashimis exposés en direct dans un cadre typique, clair et dépouillé. Pour une première, allez directement sur les menus, à moins de 30 € le voyage.
C : 42 € • M : 27,20-65,30 €

→ Plan : 5 B 2
14 rue de Pontoise
☎ 01 43 54 70 07
F. dim. et août.
Jusqu'à 22h30.

Lena et Mimile

La terrasse de cette vieille institution, récemment reprise par une nouvelle équipe, est très agréable. Les divers espaces aménagés à l'intérieur témoignent du soin apporté à la rénovation. Touche à tout, la carte rassemble sous une même bannière la potée d'escargots aux épinards et aux noix, la choucroute de haddock au beurre blanc et, d'octobre à février, un menu conçu à partir des préceptes d'Hervé This, roi de la cuisine moléculaire! Fondant de joue de bœuf au foie gras et polyphénols de syrah, (une joue de bœuf cuite à 75 °C dans une sauce sans alcool...) une expérience qui n'a toutefois rien de bien émouvant sur le plan gustatif...
M : 36 €

→ Plan : 5 B 3
32 rue Tournefort
☎ 01 47 07 72 47
F. lundi et mars.
Jusqu'à 23h.

Macchu Pichu

Inca... unique à Paris : une cuisine péruvienne, donc, de sauces épicées, de poissons et de viandes vues de Lima, avec les vins sud-américains. Evidemment dépaysant.
C : 28 € • M : 10,50 €

→ Plan : 5 A 2
9 rue Royer-Collard
☎ 01 43 26 13 13
F. sam. à déj., dim. et août.
Jusqu'à 22h30.

Marty

Ouverte juste avant la guerre (la Grande...), cette brasserie fait partie des rares de sa caste dans la capitale à être demeurée indépendante. L'authentique décor Art déco laisse pantois les primo-arrivants, la carte se bornant quant à elle à proposer les grands classiques de la cuisine bistrotière, l'aile de raie pochée à l'huile, au vinaigre et à l'échalote, le cœur de rumsteck poêlé sauce au poivre ou les profiteroles au chocolat.
C : 40 € • M : 33 €   *www.marty-restaurant.com*

→ Plan : 5 B 3
20 av des Gobelins
☎ 01 43 31 39 51
F. 3 sem. août.
Jusqu'à 23h.

Le Refuge du Passé

Décor théâtral, chapeau de Romy Schneider dans le Vieux Fusil, carte des terroirs comme les Parisiens aiment visiter la province (confit, cassoulet, tripoux), on vient bien sûr pour l'ambiance et la nostalgie en déclamant Cyrano.
C : 32 € • M : 32 €   *refugedupasse@hotmail.com*

→ Plan : J B 2
32 rue Fer-à-Moulin
☎ 01 47 07 29 91
F. 13-18 août.
Jusqu'à 23h.

Best Western Premier Royal Saint-Michel

Pour vivre dans le calme la fièvre du quartier latin, à deux pas de Notre-Dame, un hôtel haussmannien au bon goût classique, mais aux chambres paisiblement contemporaines, d'un confort très moelleux dans les tons beige, chocolat, rouge foncé.
39 ch. 139-240 €   *www.hotelroyalsaintmichel.com*

→ Plan : 5 A 2
3 bd Saint-Michel
☎ 01 44 07 06 06
🖦 01 44 07 36 25
Ouv. 7j/7.

Relais Saint-Jacques

Un établissement de caractère, au style haussmannien, à deux pas du Panthéon et du jardin du Luxembourg. Mobilier d'époques diverses, Louis XV, Louis XVI, Empire, Manuélien ou Portugais dans les chambres et suites d'un beau classicisme.
1 appart. 490 € • 21 ch. 165-260 €   *www.relais-saint-jacques.com*

→ Plan : 5 A 3
3 rue de l'Abbé-de-l'Epée
☎ 01 53 73 26 00
🖦 01 43 26 17 81
Ouv. 7j/7.

Best Western Hôtel la Tour Notre-Dame

Installé entre Notre-Dame et le Panthéon, l'hôtel réserve ambiance feutrée dans des harmonies de tons chocolat, confort soigné dans un décor sobre et classique, avec quelques exclusivités comme la salle des petits-déjeuners dans une cave voûtée XVIIe ou quelques chambres avec poutres apparentes.
6 appart. 130-231 € • 48 ch. 120-190 €   *www.la-tour-notre-dame.com*

→ Plan : 1 C 6
20 rue du Sommerard
☎ 01 43 54 47 60
🖦 01 43 26 42 34
Ouv. 7j/7.

Hôtel Dacia Luxembourg

Ambiance feutrée et raffinée, meubles élégants et tissus de grandes maisons, pour des chambres au confort soigné. La petite taille de l'hôtel se traduit avec bonheur dans un accueil et des conseils personnalisés qui permettent de profiter au mieux du séjour, à deux pas des Jardins du Luxembourg.
38 ch. 95-153 €   *www.hoteldacia.com*

→ 41 bd Saint-Michel
☎ 01 53 10 27 77
▤ 01 44 07 10 33
Ouv. 7j/7.
≋❄

- -

Hôtel des Grands Hommes

Profitez de cet environnement d'art et d'intelligence pour un repos méditatif (André Breton y écrivit Les champs magnétiques). Chambres de style Empire, mobilier ancien, tons en harmonie, jolis détails précieux, wifi gratuit partout.
3 appart. 170-425 € • 31 ch. 90-285 €   *www.hoteldesgrandshommes.com*

→ Plan : 5 A 2
17 pl du Panthéon
☎ 01 46 34 19 60
▤ 01 43 26 67 32
Ouv. 7j/7.
≋❄

- -

Hôtel Henri IV Rive Gauche

Les éléments d'époque de cette demeure XVIIᵉ ont été soigneusement préservés, et la déco des salons s'en inspirent. Les chambres sont plus contemporaines, tissus fleuris d'éditeurs, salles de bains en marbre beige, certaines offrant la vue sur Saint-Séverin.
23 ch. 157-175 €   *www.hotel-henri4.com*

→ Plan : 5 A 2
9-11 rue Saint-Jacques
☎ 01 46 33 20 20
▤ 01 46 33 90 90
Ouv. 7j/7.
≋❄

- -

Hôtel Observatoire Luxembourg

Situation précieuse et ambiance raffinée, l'ancienne pension de famille fin XIXᵉ s'est muée en un hôtel distingué, avec des chambres entre meubles de style et atmosphère feutrée, certaines avec vue sur le jardin intérieur.
40 ch. 135-220 €   *www.hotel-resas.com*

→ Plan : 5 A 2
107 bd Saint-Michel
☎ 01 46 34 10 12
▤ 01 46 33 73 86
F. non comm.
≋❄ ⌂

- -

Les Jardins du Luxembourg

Un établissement XIXᵉ de cachet, décoré avec soin d'œuvres originales, avec balcons et garde-corps ouvragés sur sa façade haussmannienne. Les fenêtres des chambres aux couleurs chaudes, au mobilier créé pour l'hôtel et aux lits en fer forgé donnent sur les toits du Quartier Latin.
26 ch. 130-150 €   *www.les-jardins-du-luxembourg.com*

→ Plan : 5 A 2
5 impasse Royer-Collard
☎ 01 40 46 08 88
▤ 01 40 46 02 28
Ouv. 7j/7.
≋❄

- -

Sully Saint-Germain

Chinés par un décorateur inspiré par le Moyen Age, les meubles et objets de décoration s'harmonisent avec les belles pierres et la grande cheminée, ciels de lits et fer forgé, dans un confort d'aujourd'hui, fitness, sauna, hammam.
appart. 140-240 € • 60 ch. 85-165 €   *www.hotelsullysaintgermain.com*

→ Plan : 1 D 6
29-31 rue des Ecoles
☎ 01 43 26 56 02
▤ 01 43 29 74 42
Ouv. 7j/7.
🚗 ≋❄

- -

Familia Hotel

L'hôtel affirme son caractère parisien dans son architecture haussmannienne comme dans les charmantes fresques en hommage aux grands monuments de la ville. Entre toiles de Jouy ou murs de pierre, les chambres personnalisées arborent une allure romantique qui participe à cette atmosphère parfaite pour découvrir la ville. Pratique, le parking privé à deux pas.
30 ch. 85-115 €   *www.hotel-paris-familia.com*

→ Plan : 1 C 6
11 rue des Ecoles
☎ 01 43 54 55 27
▤ 01 43 29 61 77
Ouv. 7j/7.
🚗

The Five Hotel

Design en avant dans le Quartier Latin, avec un hôtel aux couleurs chatoyantes, riche des effets de brillance de la laque de Chine, la matière première du travail de l'artiste Isabelle Emmerique, qui ponctue chacune des chambres. Des effets de lumière encore accentués par la décoration des bien nommées chambres Scintillantes et qui donnent à cet hôtel une personnalité bien particulière.
1 appart. 320 € • 23 ch. 150-200 €

→ 3 rue Flatters
☎ 01 43 31 74 21
▤ 01 43 31 61 96
Ouv. 7j/7.

www.thefivehotel.com

15 · Hélène Darroze

Pour du beau boulot, c'est du beau boulot. Le problème, c'est que c'est un petit peu cher. Pourtant les langoustines sont bien grosses avec les épices tandoori (85 €) et il y a du caviar d'Aquitaine avec le filet de merlu à la citronnelle, bien iodé, avec un beurre blanc citronné (72 €). Sans parler, bien sûr, des plats de l'école Darroze, le porc de la vallée des Aldudes (85 € avec les truffes), le très bon bœuf de Chalosse (côte frottée de poivre du Lampong et queue braisée) et le pigeonneau de Racan et foie gras des Landes. Ensuite il y a l'ambiance, que l'on peut adorer, de connivence avec les habitués, d'une légère condescendance avec la province. C'est ce qui aide aussi à faire les légendes. La cave a oublié d'être sotte, en faisant appel au tout meilleur du Sud, Frédéric Ribes, de Conti, jusqu'à Henri Milan.
C : 150 € • M : 72-175 €

→ Plan : 4 F 2
4 rue d'Assas
☎ 01 42 22 00 11
F. dim., lundi (h.s.), à déj. (27 juil.-30 août).
Jusqu'à 22h30.

idéal gourmet

www.helenedarroze.com

15 · Jacques Cagna

Jacques Cagna connaît aussi bien que nous l'histoire de la gastronomie parisienne, à laquelle il a beaucoup participé depuis plus de trente ans. Et s'il n'est plus, comme dans les années quatre-vingt, au cœur du vortex, sa place, et celle de son bel hôtel particulier XVIIe, ancienne dépendance du couvent des Grands Augustins, reste ancienne et unique. Il sait aussi, comme sa sœur Annie Logereau, parfaite maîtresse de maison, et son chef Jacques Ruivo, qui ni le passé, ni l'expérience, ne modifient l'appétit et l'avis du client lambda, en quête tout simplement d'une poignée de bonheur. On peut le rassurer, dans ce cadre élégamment parisien, les produits sont toujours d'exception, et la manière reste celle d'un grand pro, sur des plats de belle tradition : saint-jacques grillées à la vinaigrette à l'huile de truffes, bar rôti émulsion au xérès, pigeon de Vendée à la chartreuse verte... Cave sérieuse, tarifs correspondant à la réputation du lieu.
M : 45-100 €

→ Plan : 1 C 5
14 rue des Grands-Augustins
☎ 01 43 26 49 39
F. sam. à déj., dim., lundi à déj. et 3 sem. août.
Jusqu'à 22h15.

www.jacques-cagna.com

15 · Le Paris

Les années passent, le Paris sera toujours le Paris. Et Philippe Renard un chef plein d'expérience qui, au fil des saisons, s'adapte aux nouvelles tendances avec équanimité. Faut-il un peu de thon germon mariné au yuzu et des tomates cœur de bœuf en 2007 ? Il comble illico cette belle clientèle rive gauche, politique et médiatique, la rassurant sans coup férir avec le bar de ligne fleur de courgettes et girolles ou la pintade rôtie aux aromates et cèpes aux noisettes. Du travail à façon, sans état d'âme mais non sans âme, construit et abouti pour des assiettes où pointe toujours la séduction. Dans le décor unique d'un des lieux de caractère de la capitale.
C : 90 € • M : 60-130 €

→ Plan : 1 B 6
23 rue de Sèvres
☎ 01 49 54 46 90
F. w.-e., fériés et août.
Jusqu'à 22h.

idéal gourmet

www.lutetia-paris.com

⊞⊞⊞⊞ Hôtel Lutetia

Le plus bel établissement de la rive gauche fut construit en 1910 à l'initiative du "Bon Marché", le célèbre grand magasin. D'inspiration Art déco et contemporaine, la décoration des chambres est signée Sybille de Margerie. Le bar fréquenté par le gratin du monde artistique et littéraire, propose des soirées jazz quatre fois par semaines.

12 appart. 1150-3000 € • 219 ch. 280-850 €

www.lutetia-paris.com

→ Plan : 1 B 6
45 bd Raspail
☎ 01 49 54 46 46
🖷 01 49 54 46 00
Ouv. 7j/7.

----

15 ⊞⊞ ⊱ Sensing ⊿

On ne reconnaît plus l'ancien Dominique dans le décor imaginé par Jérôme Faillant-Dumas (ancien directeur artistique chez Yves Saint-Laurent) et Hubert de Malherbe, dans une ambiance intime et contemporaine, tons mode, confort chic, accueil enthousiaste. Rémi Van Peteghem, ancien collaborateur de Guy Martin au Grand Véfour, dresse une carte subtile, aux contrastes de bons goûts sur des mariages parfois morganatiques mais qui fonctionnent fort bien, sur le snacking (goûtez l'assortiment en entrée) comme sur les plats plus classiques : mahi-mahi (un des poissons vedettes de la carte), polenta, mangue et agrumes, pigeon d'Anjou, enrobé de muscovado, radis glacés et pois gourmands, cerises cuites et crues, amandes mousseuses et pain de Gênes. Des plats qui claquent, la plupart à deux toques, justifiant, dans le rythme très plaisant d'un service qui mouille la chemise, un point supplémentaire dès cette année. Cave bien vue, sélective et assez pointue.

C : 65 € • M : 55 €

www.restaurant-sensing.com

→ Plan : 4 F 3
19 rue Bréa
☎ 01 43 27 08 80
F. dim., lundi à déj. et août.
Jusqu'à 22h30.

----

15 ⊞⊞ ⊱ Ze Kitchen Galerie ⊿ ♥

La capitale compte sans doute très peu d'adresses aussi cohérentes, tant sur le fond que sur la forme. Moderne, sans œillères, enthousiaste, amusante, imaginative, ouverte sur le monde, la cuisine de William Ledeuil (homme dont la discrétion n'est pas la moindre des qualités) synthétise à la perfection les dernières tendances de la cuisine fusionnante. Contrastées, ultra-créatives et rigoureuses à la fois, ses créations sont simplement insolites, subtiles et délicieuses : saint-jacques marinées, crevettes aux herbes thaï et condiments, maquereau laqué-grillé, émulsion persil-estragon, sablé citron-agrumes confits, sorbet kumquat. Cave à l'image de la cuisine, moderne et intelligente, avec une jolie sélection au verre.

C : 53 € • M : 36 €

www.zekitchengalerie.fr

→ Plan : 1 C 5
4 rue des
Grands-Augustins
☎ 01 44 32 00 32
F. sam. à déj., dim., 1ᵉʳ mai et Noël-nouvel an.
Jusqu'à 22h45.

----

14 ⊟ Azabu

Nous aurions presque envie "d'oublier" de faire paraître cette adresse dans nos colonnes tant on aimerait être les seuls à pouvoir profiter de cette minuscule et adorable ambassade de la cuisine japonaise teppanyaki. Service souriant (assuré par un personnel intégralement japonais) et cuisine authentique préparée devant la clientèle : mijoté de radis noir et consommé aux œufs en amuse-bouche, sandre grillé accompagné de concombres marinés, de riz, de légumes grillés et d'une soupe miso et glace au thé vert dans les règles de l'art. Délicieux thé rouge grillé offert au moment de l'addition.

C : 45 € • M : 39-59 €

→ Plan : 1 C 5
3 rue André-Mazet
☎ 01 46 33 72 05
F. dim. à déj., lundi, 1 sem. avril et 2 sem. juil.
Jusqu'à 22h15.

14 La Bastide Odéon

Face au théâtre de l'Odéon, au pied d'un immeuble XVIIIᵉ et à deux pas des Jardins du Luxembourg (qu'on distingue d'ailleurs depuis la salle à manger), cette brasserie chic œuvre sur le créneau de la gastronomie provençale ; crème glacée de lentilles et miettes de haddock, légumes de printemps, œuf poché et bouillon de légumes, suprême de volaille et foie gras à la plancha et risotto crémeux, brandade de cabillaud à l'huile des Baux. Service alerte et souriant,

C : 38 € • M : 26-52 €   www.bastide-odeon.com

→ Plan : 1 C 6
7 rue Corneille
☎ 01 43 26 03 65
F. dim., lundi et août.
Jusqu'à 22h30.

---

14 Le Caméléon *d*

Perpendiculaire au boulevard du Montparnasse, une rue sans histoire qui confine à l'oubli. Tout le contraire du patron de ce Caméléon, Jean-Paul Arabian himself, que l'on retrouve dans ce petit rez-de-chaussée confortablement aménagé mais sans aspérités décoratives. Alors oui bien sûr, l'homme n'a rien perdu de son professionnalisme et de sa connaissance des produits. Et son chef, David Angelot, le prouve en apprêtant avec une simplicité remarquable de beaux escargots de Bourgogne légèrement aillés ou en proposant un somptueux foie de veau " de Corrèze " épais comme un guide GM qui s'encanaille avec des pommes de terre grenailles généreusement confites dans le beurre ! Pour clore les débats, un baba au rhum que l'on aurait toutefois apprécié plus moelleux ! Cave courte et assez sévèrement tarifée.

C : 50 € • M : 30 €

→ Plan : 4 F 3
6 rue de Chevreuse
☎ 01 43 27 43 27
F. dim., lundi et 3 sem. fin juil.-déb. août.
Jusqu'à 23h.

---

14 Le Comptoir du Relais

La salle étriquée, avec son décor à l'ancienne, déborde en toute saison sur la terrasse pour faire face au succès, la réservation est impossible et l'ambiance bruyante, mais qu'importe ! C'est une clientèle abondante qui vient goûter la cuisine de ménage et campagnarde d'Yves Camdeborde, qui célèbre, en plein Carrefour de l'Odéon, le cochon, les charcuteries et les abats anoblis et transcendés. Netteté et puissance des saveurs (rouelles de cochon de lait goûteuses et fondantes, parmentier de queue de bœuf agréablement compoté, crème Guanaja onctueuse servie sans son pot de grès) en font sans doute un des meilleurs bistrots de France. Cave courte mais volontiers pointue, service remarquablement courtois dans ce contexte si particulier.

C : 35 € • M : 45 €   www.hotel-paris-relais-saint-germain.com

→ Plan : 5 A 2
9 carrefour de l'Odéon
☎ 01 43 29 12 05
Ouv. 7j/7.
Jusqu'à 21h30.

---

14 L'Epi Dupin

Très convoitées, les quelques tables de ce bistro minuscule, rustique et dépaysant (les pierres et poutres apparentes sans doute), ne sont accessibles le plus souvent qu'à ceux qui ont réservé. Accueil sympathique mais un peu speedé (il faut bien que ça tourne...) et carte qui fonce droit à l'essentiel : le marché, les épices, les textures et la cuisine bistrotière, ravivée, fraîche et lumineuse ; moules en croûte de sésame et velouté au curry, foie de veau et purée de céleri, miel de banane, suprêmes d'orange et mousse de lait coco.

M : 24-32 €   www.epidupin.com

→ Plan : 1 A 6
11 rue Dupin
☎ 01 42 22 64 56
F. w.-e., lundi à déj. et août.
Jusqu'à 22h30.

14 🍴 Fogon

Le vrai goût, la quintessence de la cuisine traditionnelle espagnole, vous les trouverez chez Alberto Herraiz, qui concocte les tapas comme à Grenade ou Saragosse, non sans mettre son piment et ses idées. Deux idées fortes : la qualité inégalable de la charcuterie modèle "iberico" et l'imagination au service d'une paella de haute école, dans ses versions simples (poulet, lapin, légumes) ou plus nobles (langoustines, jambon ibérique), le riz savamment roussi, remarquablement parfumé, transportant de joie les aficionados de cette salle flamboyante et suranimée des quais. On boit espagnol pas très cher, on rit, on chante, on pleure de joie - pour les plus émotifs - en espagnol.
C : 40 € • M : 35 €

→ Plan : 1 D 6
45 quai des
Grands-Augustins
☎ 01 43 54 31 33
F. 1er-15 janv. et 2 dern. sem. août.
Jusqu'à 24h.
🚗❄️🐎

fogon@wanadoo.fr

---

14 🍴 Le Restaurant de l'Hôtel

La délicieuse petite salle à manger colorée et intimiste, éclairée d'une verrière, a des allures de boudoir que n'aurait pas détesté Oscar Wilde, qui poussa son dernier soupir dans cet hôtel. Tout cela est signé Jacques Garcia et c'est tout dire. Au déjeuner, le plat du jour agrémenté d'un bon verre de vin permet de goûter à peu de frais à ce lieu confortable et feutré. Quant au " grand " menu à 60 €, il colle aux saisons et donne un fidèle aperçu de cette cuisine sans écran de fumée, de facture classique et bien tournée : belles asperges vertes rôties au jus embellies par de la moelle et des copeaux de truffe, saint-jacques, mâche et vieux parmesan, canard en tourte à la sauce Périgueux en retrait. Joli final avec une déclinaison autour des agrumes. Personnel souriant.
C : 66 € • M : 60 €

→ Plan : 1 B 5
13 rue des Beaux-Arts
☎ 01 44 41 99 01
F. dim., lundi, août et Noël.
Jusqu'à 22h.
❄️

🍴 idéal gourmet

www.l-hotel.com

🏨🏨🏨 L'Hôtel 🛥️

Chargée d'histoire, n'oubliant jamais de rappeler le souvenir des personnalités passées dans les lieux (Oscar Wilde y a même fini ses jours, l'établissement étant alors connu sous l'enseigne de l'Hôtel d'Alsace), cette icône de la rive gauche a subi voilà quelques années (ainsi que l'an dernier, dans une moindre mesure) une sévère cure de jouvence sous les ordres de Jacques Garcia qui, outre une redécoration totale, aura rajouté aux lieux une piscine privée, un hammam et conçu l'aménagement du restaurant. Chambres luxueuses et personnalisées.
4 appart. 540-740 € • 20 ch. 255-740 €

→ Plan : 1 B 5
13 rue des Beaux-Arts
☎ 01 44 41 99 00
📠 01 43 25 64 81
Ouv. 7j/7.
❄️

www.l-hotel.com

---

14 🍴 Le Timbre

Une des bonnes surprises parisiennes de la saison que ce bistrot Sud-Ouest tradition d'aujourd'hui tenu et animé par un chef-patron britannique qui vous accueille lui-même. L'accent d'Oxford qui se mêle aux canardises, cela vous a un petit côté Guyenne et Gascogne du meilleur effet, Chris Wright multipliant les clins d'œil avec la crème de chou-fleur aux noix et stilton ou le boudin noir béarnais avec son chutney de mangue. La réalisation est précise et l'assiette séduisante, la tarte aux anchois et oignons confits comme la daurade royale et polenta, dans une salle de poche au coude à coude. Une première toque et nos encouragements.
C : 32 €

→ Plan : 4 F 3
3 rue Sainte-Beuve
☎ 01 45 49 10 40
F. dim., lundi et août.
Jusqu'à 22h15.

14 Le 21

Paul Minchelli a repris du service et tous les amoureux des poissons exceptionnels ont aussitôt transformé en leur cantine ce 21 de la rue Mazarine. Soupe de poissons superbe, supions et risotto au vert de grande lignée, sardines à la ravigote. Pour (re)découvrir la patte Minchelli.
C : 55 €

→ 21 rue Mazarine
☎ 01 46 33 76 90
F. dim., lundi et août.
Jusqu'à 23h.

---

13 Alcazar

Ah que de moments d'histoire sous cette jolie verrière ! Aujourd'hui, elle met en lumière l'élégant décor d'une brasserie contemporaine, un qualificatif qui ne s'adresse pas qu'au décor puisque la carte a bien compris les enjeux d'un lieu à la mode, amenant le cocktail attendu de plats éternels (l'entrecôte sauce béarnaise, le veau aux morilles, les plateaux de fruits de mer) et les plus actuels tataki de saumon ou quinoa au piment doux. Ajoutez une carte des vins qui sonne bien, en France comme à l'étranger, et des animations (musicales notamment) régulières, et voilà la recette du succès.
C : 40 € • M : 40 €
www.alcazar.fr

→ Plan : 1 C 5
62 rue Mazarine
☎ 01 53 10 19 99
Ouv. 7j/7.
Jusqu'à 24h (1h w.-e.).

idéal gourmet

---

13 Les Bouquinistes

Le livre de cuisine de ces Bouquinistes ne sent pas la poussière, au contraire : dans ce cadre magnifique et épuré de brasserie contemporaine, remarquablement installée sur les quais, la cuisine est bien dans l'air du temps, avec des méthodes de cuisson différentes, des mousses de légumes, des sauces aériennes, autant de choses qui séduisent une clientèle branchée, intellectuels et touristes nombreux venus goûter la qualité Savoy. Cave de bon niveau, largement déclinée au verre, et service remarquable, performant et impliqué.
C : 60 € • M : 25-70 €
www.guysavoy.com

→ Plan : 1 C 5
53 quai des
Grands-Augustins
☎ 01 43 25 45 94
F. sam. à déj., dim., 23 déc-3 janv. et 2 sem. août.
Jusqu'à 23h30.

idéal gourmet

---

13 Casa Bini

Dans le quartier Saint-Germain, Casa Bini se fait discret, image même de la maison très pro, avec une équipe plus efficace que chaleureuse et un décor classique et propret, réchauffé par les photos de produits italiens vraiment appétissantes. Cette cuisine italienne, simple et gourmande, va à l'essentiel, les produits et le goût, et les calamars émincés (des lamelles bien grillées à la consistance parfaite), les spaghettinis à la vongole (parfumés et délicieux) ou la panna cotta (fondante et ferme à la fois) confirment une toque solide. Du sérieux (un peu trop parfois dans l'ambiance), à prix raisonnable à ce niveau de qualité.
C : 45 €
casabini1@noos.fr

→ Plan : 1 C 6
36 rue Grégoire-de-Tours
☎ 01 46 34 05 60
Ouv. 7j/7.
Jusqu'à 23h.

---

13 La Closerie des Lilas

Certains habitués ont comme les vedettes littéraires qui ont fait la réputation du lieu, leur coin réservé, commandant presque invariablement les mêmes plats, à la nostalgie proustienne. Il convient donc, lorsqu'on n'est pas reconnu comme l'un d'eux, d'avoir l'humilité du néophyte pour profiter de cette ambiance intemporelle, dégustant le tartare et les crêpes Suzette, par ailleurs excellents. La bonne affaire, c'est en profitant des charmes du lieu par le versant brasserie, sensiblement moins coûteux.
C : 65 € • M : 45 €
www.closeriedeslilas.fr

→ Plan : 4 F 3
171 bd du Montparnasse
☎ 01 40 51 34 50
Ouv. 7j/7.
Jusqu'à 23h.

13 Emporio Armani Caffè

La déco de ce restaurant d'étage est, bien sûr, du pur Armani, une grande réussite d'élégance et de sobriété. Aux fourneaux, un chef italien qui livre avec brio une cuisine italienne légère, équilibrée, parfumée et quasiment diététique : superbe bottarga, agnolotti di mare, On supporte aisément la promiscuité de tables vraiment proches qui renforce la convivialité. Service alerte, efficace et italien et sélection pointue de vins transalpins.

C : 65 €   *www.emporioarmanicaffe.fr*

→ Plan : 1 C 6
149 bd Saint-Germain
☎ 01 45 48 62 15
F. 22 juil.-27 août.
Jusqu'à 23h30.

----

13 Joséphine - Chez Dumonet

Un vrai bistrot dans son jus, cadre idéal pour découvrir les arcanes du Paris gouailleur et gourmand à travers des plats d'école : bœuf bourguignon, chateaubriand béarnaise, canard sauvageon et même omelette aux truffes pour ceux qui cherchent avec quoi déboucher le Latour, dans une carte foisonnante de grands bordeaux classés.

C : 60 €

→ Plan : 1 B 6
117 rue du Cherche-Midi
☎ 01 45 48 52 40
F. w.-e.
Jusqu'à 22h30.

----

12 Aux Charpentiers

Toujours l'esprit compagnonnage et solidarité aux Charpentiers, où l'atmosphère n'est pas la même qu'à Paris ni qu'à Saint-Germain. Face au marché couvert, on partage le pain, le fromage de tête, le boudin noir et la truite meunière sans se rendre compte qu'on vient de changer de siècle. Le saumon mariné est généreusement parsemé d'aneth, la matelote de perche montre que le poisson n'est pas l'idéal ici, mais le nougat glacé coulis de fruits rouges redonne toutes les indulgences. Cave de toutes régions, service bien évidemment sans chichis.

C : 35 € • M : 26 €   *auxcharpentiers@wanadoo.fr*

→ Plan : 1 B 6
10 rue Mabillon
☎ 01 43 26 30 05
F. 1er mai et Noël.
Jusqu'à 23h30.

----

12 Fish la Boissonnerie

Spécialités provençales, italiennes et espagnoles dans cette ancienne poissonnerie où règne une jolie ambiance dans un décor coloré. A fréquenter pour des assiettes d'une confondante simplicité et une cave parmi les plus pointues de la capitale.

M : 31,50 €   *laboissonnerie@wanadoo.fr*

→ Plan : 1 C 5
69 rue de Seine
☎ 01 43 54 34 69
F. lundi, 1 sem. août et 1 sem. déc.
Jusqu'à 22h45.

----

12 La Méditerranée

Fresques classées, dessins de Cocteau installent la table dans l'histoire, celle où le lieu était ler endez vous incontournable des artistes de la rive gauche. Aujourd'hui, avec discrétion, Denis Rippa propose avec constance le meilleur des poissons sauvages. Une qualité qui lui permet de privilégier des assiettes sobres, les sardines marinées au cru ou le turbot purée, le carpaccio de bar à la moutarde de Meaux ou le saint-pierre compotée de courgettes au gingembre. Cave sérieuse et service dynamique.

C : 55 € • M : 32 €   *www.la-mediterranee.com*

→ Plan : 1 C 6
2 pl de l'Odéon
☎ 01 43 26 02 30
F. Noël.
Jusqu'à 23h.

Les fermetures hebdomadaires et annuelles sont celles que les restaurateurs et les hôteliers pensent pratiquer en 2008. Pour éviter des déplacements inutiles, téléphonez pour avoir confirmation.

12 La Muraille de Jade

La façade classée cache un des établissements les plus en vogue de la capitale : sobre, raffinée, alliant avec élégance poutres et pierres apparentes, la décoration de la salle à manger témoigne du profond attachement que la famille Ma Kim voue à son établissement. Naviguant entre influences chinoise, vietnamienne et thaïlandaise, la cuisine se veut avant tout rassembleuse, orthodoxe et soignée.
C : 24 € • M : 11-34 €

→ Plan : 1 C 5
5 rue de
l'Ancienne-Comédie
☎ 01 46 33 63 18
Ouv. 7j/7.
Jusqu'à 23h45.

12 Le Petit Zinc

Déco Art Nouveau au cœur de Saint-Germain pour ce néobistrot à la belle façade de serrurerie au décor faïencé. Sur la terrasse lumineuse ou dans la jolie et sobre salle à manger, le même plaisir un peu régressif avec le foie de veau, l'épaule d'agneau rôtie ou le bar en croûte d'argile.
C : 48 € • M : 29-35 €   www.petitzinc.com

→ Plan : 1 B 5
11 rue Saint-Benoît
☎ 01 42 86 61 00
Ouv. 7j/7.
Jusqu'à 24h.

12 Le Procope

Restaurant depuis le XVIIᵉ siècle (il est fier de son statut de plus vieux restaurant de Paris), témoin de la naissance de l'Encyclopédie ou de la Constitution américaine, le Procope a bien sûr un statut à part, inscrit dans les boiseries de son décor. Fidèle à son fondateur (Francesco Procopio), il cultive une veine transalpine qui colore une carte d'un classicisme (forcément) hors du temps, mais qui ne démérite pas dans la réalisation des ravioles d'épinard et ricotta ou du suprême de poulet fermier poché et ne fait pas trop cher payer la leçon d'histoire.
C : 39 € • M : 26-32 €   www.procope.com

→ Plan : 1 C 6
13 rue de
l'Ancienne-Comédie
☎ 01 40 46 79 00
Ouv. 7j/7.
Jusqu'à 1h.

11 La Lozère

Authentique balade entre Aubrac et Gévaudan du côté de Saint-Germain : aligot, entrecôte, carré d'agneau, truite saumonée, l'arrivage des fermes et élevages est régulier et d'excellente qualité, manié avec délicatesse et sens des traditions, et aidé d'une cave languedocienne très bien inspirée pour soutenir le dialogue (Estanilles, Mas Jullien, Sénat, Gardiès...).
C : 25 € • M : 16-21,90 €   www.lozere-a-paris.com

→ Plan : 1 C 6
4 rue Hautefeuille
☎ 01 43 54 26 64
F. dim., lundi, 1 sem. Pâques,
14-juil.-20 août et 1 sem. Noël.
Jusqu'à 22h.

11 Le Petit Verdot

Hidé Ishizuka, que l'on a connu chez Hiramatsu, a ouvert ce petit comptoir de poulbots pour travailler la cuisine ménagère de qualité : il a récemment convaincu un de ses compatriotes cuisiniers de venir de chez Thierry Marx jusqu'à la capitale. Pour des rognons et des escargots, pourquoi pas ? Jolie cave bordelaise.
C : 40 € • M : 20-30 €

→ Plan : 1 B 6
75 rue du Cherche-Midi
☎ 01 42 22 38 27
F. dim., lundi, 1ᵉʳ mai et août.
Jusqu'à 22h.

Les villes sont citées par ordre alphabétique.
Les villes au nom composé d'un article sont classées sans tenir compte de celui-ci.

Bouillon Racine

Miroirs biseautés, opalines, vitraux, boiseries, mosaïques de marbre : ces éléments typiquement Art nouveau valent à cette table tout juste centenaire (elle fut ouverte par les frères Chartier en 1906) d'être classée aux Monuments Historiques. Sans trop jouer sur la corde sensible de la cuisine de nos grands-mères, la carte d'Alexandre Belthoise rassemble cependant tous les grands classiques, depuis le tartare pommes Pont Neuf jusqu'à la cassolette de blanquette de poulet en passant par le pavé de saumon et flan de potiron ou la gaufre fourrée à la crème brûlée. Beau choix de bières belges.

C : 33 € • M : 29 €   www.bouillonracine.com

→ Plan : 1 C 6
3 rue Racine
☎ 01 44 32 15 60
F. 15 août et Noël.
Jusqu'à 23h.

 idéal gourmet

---

La Ferrandaise

Une affaire bien montée dans le quartier de la Sorbonne et du Luxembourg : de bons produits d'Auvergne, un alibi bistrotier avec force plats de ménage et un jeune chef bien formé dans les grandes écoles pour assurer les cuissons : la promotion de la race ferrandaise, veau de lait, bœuf, génisse, est bien faite, l'ambiance agréable et les vins de propriétaire sur le devant de la scène

C : 21 € • M : 28-32 €   www.laferrandaise.com

→ Plan : 1 C 6
8 rue de Vaugirard
☎ 01 43 26 36 36
F. dim. et 12-26 août.
Jusqu'à 22h30 (23h30 vend.).

Orient-Extrême

Si le décor ne cède pas à la surenchère asiatisante, la carte défendue par Lôc Jacques Tran s'appuie bel et surtout bien sur les vertus de la cuisine japonaise, bien transcrites ici par un chef expérimenté et formé au Japon.

C : 40 € • M : 22-48 €   orient.extreme@wanadoo.fr

→ Plan : 1 B 6
4 rue Bernard-Palissy
☎ 01 45 48 92 27
F. dim. et août.
Jusqu'à 23h15.

L'Osteria del Passe Partout

Moins voyageuse que le héros de Jules Verne, la maison se cantonne à l'escapade en Italie, avec des produits importés de là-bas et un savoir-faire qui maintient au beau fixe l'ambiance chaleureuse de cette petite adresse discrète.

C : 27 € • M : 14,50-29 €

→ Plan : 1 C 5
20 rue de l'Hirondelle
☎ 01 43 54 15 98
F. dim. à déj.
Jusqu'à 23h (23h30 vend. - w.-e.

Le Petit Saint-Benoît

L'un des plus vieux restaurants de Saint-Germain des Prés (naissance en 1901) aujourd'hui aimable bistrot proposant une cuisine ménagère pur jus (hachis parmentier, pot-au-feu...). Agréable terrasse.

C : 18 € • M : 16,50 €   petit-st-benoit.fr

→ Plan : 1 B 5
4 rue Saint-Benoît
☎ 01 42 60 27 92
F. dim. et août.
Jusqu'à 22h30.

Yen

Les soba sont des pâtes de sarrasin très consommées au Japon, le fait de les trouver ici témoigne du soin porté au respect du produit et place Yen au-dessus de la moyenne des tables exotiques. Décor zen et carte impeccable pour explorer la vraie gastronomie japonaise.

C : 52 € • M : 55-65 €   restau.yen@wanadoo.fr

→ Plan : 1 B 5
22 rue Saint-Benoît
☎ 01 45 44 11 18
F. dim., 1ᵉʳ janv., 1ᵉʳ mai, 2 sem. août et 24-25 déc.
Jusqu'à 22h30.

Les noms des villes de proximité (dans un rayon d'environ 10 km), ayant au moins un établissement sélectionné, sont listés à la fin de chaque grande ville, avec mention de la note du restaurant la plus élevée.

Yugaraj

Ce temple de la cuisine indienne a pignon sur rue depuis plus de vingt ans. Il nous semble toutefois que la maison glisse sur une mauvaise pente, peinant à se distinguer véritablement de ses consœurs parisiennes, la faute en particulier à un service qui pousse un peu trop à la consommation. Dommage, le mixed pakoras (assiette composée de beignets d'aubergines, de pommes de terre et d'oignons aux graines d'ajowan, servis avec des condiments) ou la caille à la crème de gingembre nous ayant pourtant laissé de bonnes sensations. Décor agréable, en particulier dans la salle de l'étage, agrémentée d'une superbe collection d'antiquités.
C : 38 € • M : 29,80-46 €

→ Plan : 1 C 5
14 rue Dauphine
☎ 01 43 26 44 91
F. lundi, jeudi à déj. et août.
Jusqu'à 22h30.

Abbaye Saint-Germain

Calme et sérénité au cœur de Saint-Germain : pas pour une retraite monastique mais pour un séjour d'intimité et de confort dans le cadre d'un ancien couvent XVIIᵉ. Les chambres, au style sobre, classique ou plus contemporain, donnent pour certaines sur le délicieux jardin. Salons de réception, hall et salle de petits-déjeuners ont été rénovés et les salles de bains des suites refaites en marbre de Carrare.
7 appart. 395-470 € • 37 ch. 215-340 €   www.hotel-abbaye.com

→ Plan : 1 B 6
10 rue Cassette
☎ 01 45 44 38 11
🖨 01 45 48 07 86
Ouv. 7j/7.

Hôtel Bel-Ami

Espaces ouverts, jeux de lumières ultra travaillés, matériaux naturels et couleurs chaudes, cet hôtel design décline quatre ambiances différentes dans les chambres (cumin, orange, bleue ou verte) déclinées en quatre catégories. On profite désormais d'un tout nouvel espace dédié au sport et à la relaxation.
2 appart. 490-600 € • 113 ch. 270-500 €   www.hotel-bel-ami.com

→ Plan : 1 B 5
7-11 rue Saint-Benoît
☎ 01 42 61 53 53
🖨 01 49 27 09 33
Ouv. 7j/7.

Hôtel d'Aubusson

Toute la noblesse d'un hôtel particulier XVIIᵉ, poutraisons d'origine, parquets de Versailles, meubles d'époque et cheminée monumentale. L'aménagement a été entièrement pensé pour le confort des hôtes d'aujourd'hui dans un cadre historique, séduisant pour les affaires (salons pour séminaires) comme pour la détente. Agréable patio, chambres douces et harmonieuses offrant intimité et romantisme.
50 ch. 295-450 €   www.hoteldaubusson.com

→ Plan : 1 C 5
33 rue Dauphine
☎ 01 43 29 43 43
🖨 01 43 29 12 62
Ouv. 7j/7.

Le Placide Saint-Germain-des-Prés

Nouveau venu dans le quartier germanopratin, le Placide, apaisant dans ses harmonies de couleurs, séduit par son décor contemporain, signé par le décorateur Brunio Borrione, chaque étage décline une couleur, avec la constance d'espaces qui respirent et invitent à la détente.
9 appart. 370 € • 2 ch. 350 €   www.leplacidehotel.com

→ 6 rue Saint-Placide
☎ 01 42 84 34 60
🖨 01 47 20 79 78
Ouv. 7j/7.

Prince de Conti

Une façade classique XVIIIᵉ près du fleuve, au cœur de Saint-Germain des Prés et une déco très soignée, dans les chambres romantiques et au salon aménagé comme un petit cabinet de curiosité.
. appart. 280 € • 24 ch. 165-195 €   www.prince-de-conti.com

→ Plan : 1 C 5
8 rue Guénégaud
☎ 01 44 07 30 40
🖨 01 44 07 36 34
Ouv. 7j/7.

€€€ Relais Christine ✈

Une personnalité et une atmosphère dans cette maison entre cour et jardin au cœur de Saint-Germain. Sur les vestiges d'une abbaye XIIIe, un cachet historique, une salle de petits-déjeuners en pierre brute, colonnes et voûtes, des chambres intimes, dans un esprit d'harmonie et de douceur, tentures murales et antiquités, certaines avec poutres apparentes et terrasse privée. Spa complet, jardin privé.

19 appart. 545-770 € • 32 ch. 365-465 €   www.relais-christine.com

→ Plan : 1 C 5
3 rue Christine
☎ 01 40 51 60 80
🖷 01 40 51 60 81
Ouv. 7j/7.

- -

€€€ Le Relais Médicis

Les charmes de Saint-Germain des Prés dans le cadre historique d'un immeuble XVIIIe tout près de l'Odéon. Des chambres gaies, aux motifs colorés évoquant Florence et la Provence, beaux tissus, tableaux et bois peints répondent à l'atmosphère précieuse distillée par la réception, le salon aux poutres cirées et meubles anciens et le patio intérieur, source d'intimité et de bien-être.

16 ch. 142-258 €   www.relaismedicis.com

→ Plan : 5 A 2
23 rue Racine
☎ 01 43 26 00 60
🖷 01 40 46 83 39
Ouv. 7j/7.

- -

Victoria Palace Hôtel

Le Victoria revendique son style traditionnel et parisien dans le quartier du Cherche-Midi : les clients sont accueillis comme des amis et les enfants choyés. Les vastes chambres (la moitié ont plus de 35 m2) ont été décorées par le propriétaire, dans un esprit grand style, Louis XVI, murs tendus de tissus précieux, baldaquins dans les suites… Très bons équipements.

4 appart. 620-820 € • 58 ch. 330-390 €   www.victoriapalace.com

→ Plan : 4 F 2
6 rue Blaise-Desgoffe
☎ 01 45 49 70 00
🖷 01 45 49 23 75
Ouv. 7j/7.

- -

La Villa Saint-Germain

Matières nobles, élégance du bois sombre ou douceur de tons pastel, l'hôtel propose une allure contemporaine très agréable, du bar (carte de whiskies et cocktails) aux chambres.

31 ch. 265-445 €   www.villa-saintgermain.com

→ Plan : 5 A 1
29 rue Jacob
☎ 01 43 26 60 00
🖷 01 46 34 63 63
Ouv. 7j/7.

- -

Aramis Saint-Germain

Entre Saint-Germain et Montparnasse, un hôtel discret et classique dans un immeuble XVIIIe. Qualité d'accueil et belles prestations dans les chambres, climatisées, dont un tiers ont été rénovées cette année, certaines avec jacuzzi.

42 ch. 85-210 €   www.hotel-aramis.com

→ Plan : 4 F 2
124 rue de Rennes
☎ 01 45 48 03 75
🖷 01 45 44 99 29
Ouv. 7j/7.

- -

Artus Hotel

Le design contemporain voulu par le propriétaire de cet hôtel réouvert en 2006 après une minutieuse rénovation est une grande réussite. Qualité des matériaux, des éclairages, des tonalités de couleurs pour un ensemble à la fois zen et chaleureux, lignes sobres et touches personnelles. C'est ainsi que chaque chambre possède son objet d'art insolite qui la distingue et les détails, comme le marbre des douches ou les têtes de lit, répondent à une exigence de bien-être pour chaque moment.

2 appart. 390-410 € • 27 ch. 235-295 €   www.artushotel.com

→ 34 rue de Buci
☎ 01 43 29 07 20
🖷 01 43 29 67 44
Ouv. 7j/7.

Le Clos Médicis

Un hôtel discret au design contemporain très réussi conciliant le charme historique d'une demeure XVIIIᵉ avec les exigences d'aujourd'hui. Jardin intérieur, salon-bar avec cheminée, chambres très bien équipées.

1 appart. 416-490 € • 37 ch. 136-490 €   *www.closmedicis.com*

→ Plan : 5 A 2
56 rue Monsieur-le-Prince
☎ 01 43 29 10 80
🖨 01 43 54 26 90
Ouv. 7j/7.
≋❄

 Hôtel Danemark

C'est dans cet établissement né à la fin du XIXᵉ siècle que Simone de Beauvoir débuta sa relation épistolaire avec Jean-Paul Sartre. Proche du Jardin du Luxembourg, de Montparnasse et de Saint-Germain, cet hôtel à taille humaine offre des chambres chaleureuses, meublées en style contemporain et remarquablement personnalisées. Une minuscule enclave de charme dans le quartier des artistes.

15 ch. 125-165 €   *www.hoteldanemark.com*

→ 21 rue Vavin
☎ 01 43 26 93 78
🖨 01 46 34 66 06
Ouv. 7j/7.
≋❄

 Hôtel Aviatic

Un hôtel de charme et de caractère entre Saint-Germain et le Luxembourg, aux détails soignés, dans un style unique entre Art Déco et contemporain imaginé pièce à pièce par la propriétaire Christina Cordel. Objets chinés, insolites, exotiques, au hasard de chambres spacieuses et aux salles de bains lumineuses décorées de mosaïques à l'ancienne.

2 appart. 295-350 € • 41 ch. 144-260 €   *www.aviatic.fr*

→ Plan : 4 F 2
105 rue de Vaugirard
☎ 01 53 63 25 50
🖨 01 53 63 25 55
Ouv. 7j/7.
🚗 ≋❄ 🐑

 **Hôtel d'Angleterre**

Ancienne ambassade d'Angleterre, cette demeure calme en plein Saint-Germain offre des chambres aux styles variés, de Louis XIII à Directoire, des tissus de qualité (Frey, Canovas, Casal…) et un relaxant patio fleuri.

4 appart. 285-320 € • 23 ch. 140-265 €   *www.hotel-dangleterre.com*

→ Plan : 1 B 5
44 rue Jacob
☎ 01 42 60 34 72
🖨 01 42 60 16 93
Ouv. 7j/7.

 Hôtel des Marronniers

Au cœur de Saint-Germain, les marronniers existent : ils apportent de l'ombre à un calme jardin pour les petits-déjeuners, apéritifs ou goûter. Les chambres ont été rafraîchies, nouvelles moquettes, tissus Lelièvre dans une ambiance conviviale.

37 ch. 110-178 €   *www.hoteldesmarronniers.com*

→ Plan : 1 B 5
21 rue Jacob
☎ 01 43 25 30 60
🖨 01 40 46 83 56
Ouv. 7j/7.
🚗 ≋❄

 Hôtel du Danube

Un ancien hôtel particulier Napoléon III, avec un délicieux patio arboré, idéal pour un séjour germanopratin. Chambres agréables, les supérieures étant dotées de meubles anciens (Directoire, victorien, chinois…), de tissus Frey, Nobilis ou Canovas et les standards étant plus contemporaines.

5 appart. 250 € • 34 ch. 135-185 €   *www.hoteldanube.fr*

→ Plan : 1 B 5
58 rue Jacob
☎ 01 42 60 34 70
🖨 01 42 60 81 18
Ouv. 7j/7.
🐑

 Hôtel Jardin le Bréa

Au-delà du jardin d'hiver qui justifie son nom, l'hôtel séduit par ses tons sudistes, des harmonies chaleureuses dans les jaunes qui renforcent le confort feutré des chambres.

23 ch. 120-220 €   *www.jardinlebrea-paris-hotel.com*

→ Plan : 4 F 3
14 rue Bréa
☎ 01 43 25 44 41
🖨 01 44 07 19 25
Ouv. 7j/7.
≋❄

Le Jardin de l'Odéon

Agréable ambiance dépaysante par des touches exotiques au cœur de Saint-Germain. Chambres personnalisées dans le style Arts Déco, certaines donnant sur l'Odéon.

41 ch. 195-225 € *www.hoteljardinodeonparis.com*

→ Plan : 1 C 6
7 rue Casimir-Delavigne
☎ 01 53 10 28 50
🖷 01 43 25 28 12
Ouv. 7j/7.
≋❄

 Left Bank Saint-Germain

L'esprit classique et même historique prévaut dans cet immeuble XVIIᵉ de la rive gauche (left bank), face à l'ancienne Comédie française. De charmants jardins intérieurs autour desquels se distribuent des chambres à poutres apparentes, mobilier ancien et tapisserie d'Aubusson.

1 appart. 370 € • 30 ch. 160-250 € *www.paris-hotels-charm.com*

→ Plan : 5 A 2
9 rue de
l'Ancienne-Comédie
☎ 01 43 54 01 70
🖷 01 43 26 17 14
Ouv. 7j/7.
♿ ≋❄ 🐾

 Madison

Camus (qui aurait mis la dernière main à l'Étranger dans ces murs) mais aussi Malraux et Pasternak ont fréquenté cet immeuble haussmannien situé à deux pas de Saint-Germain des Prés. Chambres confortables meublées d'ancien et habillées de chaleureuses étoffes murales.

1 appart. 330-415 € • 53 ch. 165-370 € *www.hotelsmauricehurand.com*

→ Plan : 1 C 6
143 bd Saint-Germain
☎ 01 40 51 60 00
🖷 01 40 51 60 01
Ouv. 7j/7.
🚗 ≋❄ 🐾

 Le Saint-Grégoire

Atmosphère familiale de bon goût dans un immeuble XVIIIᵉ aux chambres meublées d'ancien, tons sobres et apaisants, salon avec cheminée, terrasse privative pour certaines et accès wifi depuis cette année.

1 appart. 260 € • 19 ch. 185-240 € *www.hotelsaintgregoire.com*

→ Plan : 4 F 2
43 rue de l'Abbé-Grégoire
☎ 01 45 48 23 23
🖷 01 45 48 33 95
Ouv. 7j/7.
≋❄

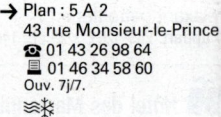 **Saint-Paul Rive Gauche**

C'est généralement Monsieur Spoutnic, le chat de la maison, qui accueille les visiteurs de cet hôtel charmant et intime, au patio fleuri bien entretenu. Les chambres, dont plus de la moitié ont été récemment rénovées, avec installation de la climatisation, donnent pour certaines sur la cour du lycée Saint-Louis. Déco classique, tissus colorés et patines chatoyantes ou plus apaisantes.

4 appart. 186-206 € • 31 ch. 136-206 € *www.hotelsaintpaulparis.com*

→ Plan : 5 A 2
43 rue Monsieur-le-Prince
☎ 01 43 26 98 64
🖷 01 46 34 58 60
Ouv. 7j/7.
≋❄

 Le Sainte-Beuve

Un lieu intime et personnalisé tout près du jardin du Luxembourg, dans une rue calme entre Saint-Germain et Montparnasse pour un séjour Rive gauche du meilleur goût. Avant l'apéritif au Flore, détente dans le beau salon au coin de la cheminée, ou dans les chambres au confort soigné des maisons patriciennes.

1 appart. 288-340 € • 21 ch. 138-290 € *www.hotelsaintebeuveparis.com*

→ Plan : 4 F 3
9 rue Sainte-Beuve
☎ 01 45 48 20 07
🖷 01 45 48 67 52
Ouv. 7j/7.
≋❄ 🐾

 Saints-Pères

Un hôtel de cachet, dans un immeuble XVIIᵉ dû à un architecte de Louis XIV. Les habitués réclament la chambre 100, dont la fresque au plafond fut peinte à l'origine dans ce qui était un salon de réception. Escalier également d'époque, chambres spacieuses au mobilier ancien, tableaux XVIIIᵉ, tissus choisis, donnant sur le jardin intérieur où sont servis les petits-déjeuners.

4 appart. 300-360 € • 35 ch. 150-210 € *www.esprit-de-france.com*

→ Plan : 1 B 5
65 rue des Saints-Pères
☎ 01 45 44 50 00
🖷 01 45 44 90 83
Ouv. 7j/7.
≋❄

19 🍴🍴🍴🍴 🦞 L'Arpège

Trop fort, Alain Passard ? Dans son salon zen contemporain bourgeois, l'artiste fait ce qu'il veut. "Passard, il met trois tranches de tomates dans une assiette, ça a beau être les meilleures tomates du monde, moi si je mets ça à la carte à 50 € les trois tranches, je me fais couper en deux." La réflexion vient d'un trois toques à l'autre bout de la France, qui avoue ne pas pouvoir jouer dans la même catégorie, sans jalousie d'ailleurs, mais plutôt avec une admiration qui se ponctue par "Il est vraiment très fort !". C'est vrai, il n'y a peut-être qu'à Paris que l'on peut aligner une tranche d'œil-de-pigeon, de banana, de green zebra artistiquement dans une assiette, condimenter d'éclats de poivron, oignons, radis, appeler le plat "tomate naturelle" et éblouir un parterre de citadins de Tokyo ou du XVIᵉ arrondissement. Et nous par la même occasion, qui ne perdons pas de vue le compteur, bien sûr, mais qui sommes une fois de plus bluffés par cette qualité transcendée, par ce petit miracle permanent d'assiettes comme on n'en mange finalement jamais à ce degré pointu et unique de la saveur. Passard est un révélateur, un catalyseur qui passe au crible un légume et restitue, sans effort apparent alors que finalement personne ne peut aller le chercher sur ce terrain-là, un goût oublié, profond, irradié d'inno-cence et de vérité. Il en va ainsi du haricot émeraude et pêche blanche, courgette émulsion à la menthe : ces haricots verts sont juste fabuleux, comme jamais, dans ces rêves rustiques les plus fous, on a pu les approcher ; et de la fameuse betterave qui s'épanouit sur toutes les cartes modes, et simplement transcendées ici, la blanche, la rose, la rouge, sur une huile d'olive au miel d'acacia et citron vert ; et de l'épinard avec une mousseline de carotte zéphyrienne et citron vert confit ; et du bar avec une pomme de terre et jus fumé inoubliable ; et du T-bone d'agneau du causse de Sauveterre, avec une pomme darphin et une purée d'aubergine. Tout ce qu'il touche se transforme en plat unique, tranquille et éblouissant, une histoire simple, un livre qui s'ouvre sur l'œuf coque, indispensable entrée en matière, et s'achève sur le feuille-tage, incontournable happy end. L'expérience, c'est vrai, est une des plus coûteuses de Paris - ce n'est pas indécent de le dire, mais un peu redondant - jusqu'à la cave dont les coefficients semblent vouloir vous dissuader de consommer de l'alcool, ce qui n'est pas la moindre contribution du maestro pour rapprocher l'homme moderne d'une vie saine au milieu du potager. Service épatant de doigté et de compétence discrète dans une atmosphère du très chic parisien.
C : 208 € • M : 130-340 €   *www.alain-passard.com*

→ Plan : 1 A 5
84 rue de Varenne
☎ 01 45 51 47 33
F. w.-e.
Jusqu'à 22h30.
❄️🐑🦞
🎁 idéal gourmet

---

16 🍴🍴 Le Divellec

La cuisine présidentielle de Monsieur est avancée... On ne l'entend pas, mais à mots couverts, on ne peut ignorer la chance de faire partie de ce gotha politique, people et média qui s'asseoit réguliè-rement face à des huîtres de Marennes-Oléron, un plateau de fruits de mer à 160 €, un bar de ligne en croûte de sel parfumé au thé citronné ou une sole au plat et ses asperges mousseline. Plus que l'atmosphère de ce salon moelleux, son service d'une onctuosité méthodique et sa carte essentiellement marine, les connaisseurs apprécient cette façon inimitable, ce qu'on pourrait appeler de tradition personnalisée, de traiter la marée dans une manière

→ Plan : 4 F 1
107 rue de l'Université
☎ 01 45 51 91 96
F. w.-e., fin juil.-fin août et Noël-nouvel an.
Jusqu'à 22h30.
🚗♿❄️🦞

luxueuse presque anachronique, celle-là même qui permet encore de manger le caviar osciètre à la cuiller avec un vermicelle de pomme de terre. Cave aussi fastueuse avec de très beaux chardonnays, mais aussi, sans ostracismes, des châteaux bordelais et des condrieux bienvenus.

C : 135 € • M : 55-70 €   *www.le-divellec.com*

----

16 🍴🍴 **Le Jules-Verne**

Avec Alain Ducasse aux commandes, les boulons de cette merveille ferroviaire sont encore mieux vissés. Derrière le décor, entièrement revu, de cette salle qui fait rêver le monde entier il y a une armée sans doute plus contrôlée qu'auparavant, le caviar d'Aquitaine posé sur le tartare de bœuf compté au milligramme, le service sans doute chronométré. Peu importe à vrai dire, pour la plupart des touristes qui, comme nous, avouons-le, s'émerveillent encore, à chaque fois, de l'ascenseur privé qui les emmène au septième ciel pour trouver à leurs pieds la plus belle ville du monde. Alors oui, derrière le décor, il y a une armée sans doute encore plus sévèrement briefée qu'auparavant et du coup un service un peu plus tendu et moins complice qu'auparavant. La cuisine n'a pas baissé en qualité, c'est indéniable (terrine de foie gras et volaille impeccable, maigre rôti avec des légumes superbes dans une présentation très moderne), mais la part des anges, cette grâce diffuse qui faisait oublier le "truc à touristes" s'est un peu estompée. Carte des vins assez simple et ramassée, normalement coûteuse : il faut compter 70 à 100 € pour une bouteille assez classique, mais bien choisie.

M : 65-142 €

→ Plan : 4 C 1
Champ-de-Mars, Tour Eiffel
☎ 01 45 55 61 44
Ouv. 7j/7.
Jusqu'à 21h30.

----

15 🍴🍴 ⅃ **L'Atelier de Joël Robuchon**

L'atelier, depuis sa création, a donné des idées à d'autres. Peu importe pour Joël Robuchon, qui reste le maître des lieux, mais aussi du jeu, inimitable et inégalé. Un comptoir, des produits majestueux, accommodés finement, dans la sobriété, dans la mise en valeur, des langoustines, des saint-jacques, d'un thon, d'un bœuf. L'apprêt change, moderne, classique, oriental, toujours unique, jamais banal même dans la familiarité de saveurs identifiables et toujours exacerbées. Cave également remarquable, atmosphère particulière créée par le privilège d'en être après avoir réussi à obtenir son laissez-passer.

C : 100 € • M : 110 €

→ Plan : 1 B 5
5-7 rue de Montalembert
☎ 01 42 22 56 56
Ouv. 7j/7.
Jusqu'à 24h.

🏛🏛🏛 **Pont-Royal**

La vue sur la capitale est superbe depuis les septième et huitième étages de cet immeuble de prestige, à l'atmosphère unique pour happy few, ambiance club, chuchotements et intimité entre les belles étoffes, les meubles de cachet et les tentures luxueuses.

10 appart. 600-1050 € • 65 ch. 390-450 €   *www.hotel-pont-royal.com*

→ Plan : 1 B 5
5-7 rue Montalembert
☎ 01 42 84 70 00
📠 01 42 84 71 00
Ouv. 7j/7.

----

14 🍴 **Aïda**

Le cadre zen, élégant et épuré de cette singulière petite table (une dizaine de couverts, pas plus, et 8 places au comptoir) fait office de scène au jeune Koji Aïda, qui propose une vision très personnelle de la cuisine teppanyaki : des assiettes pointues, avec le sashimi de saint-pierre et turbot aux herbes japonaises, le teppanyaki de poisson (langoustines, asperges blanches, sauce petits pois) et la soupe de tomates et fraises. Une très jolie table japonaise.

C : 70 € • M : 68-160 €

→ Plan : 4 E 2
1 rue Pierre-Leroux
☎ 01 43 06 14 18
F. w.-e., lundi, à déj., mardi, 1 sem. mars et 3 sem. août.
Jusqu'à 22h.

14 🍴 Auguste

Lecteurs comme enquêteurs partagent le même enthousiasme pour cette table maligne et différente, cadre moderne et cuisine bien orientée, une gastronomie qui ne fait pas la vantarde mais qui a tout d'une grande, par un jeune chef ayant trempé ses spatules chez Bocuse, Taillevent, Lucas-Carton, au George V, au Meurice, au Crillon... Excusez du peu, mais cela devrait suffire à réussir la gelée aux huîtres creuses et bulots avec une crème légère au fenouil et cromesquis de pied de porc, le rouget étuvé aux betteraves en aigre doux ou le ris de veau croustillant aux cacahuètes caramélisées. la formule déjeuner à 35 € est une super affaire, la carte des vins est courte, pas mal faite, morgon de Foillard et fronton du Roc.
C : 62 € • M : 35 €   *www.restaurantauguste.fr*

→ Plan : 4 E 1
54 rue de Bourgogne
☎ 01 45 51 61 09
F. w.-e., 3 prem. sem. août et entre Noël-nouvel an.
Jusqu'à 22h30.
❄❄ 🐑 🐷

---

14 🍴 Chez l'Ami Jean

Sitôt passée la porte, on se retrouve plongé dans une bruyante ambiance d'habitués, de ceux qui savent que derrière cette façade peu avenante, se cache un des bistrots les plus chaleureux de la capitale, tant la cuisine de Stéphane Jego déborde de goûts et d'envie de marché, d'accents basques, de produits magnifiques, de saveurs et de textures. On se bouscule donc gentiment sous les piments d'Espelette et les jambons qui pendent du plafond, on s'accroche à sa table en bois brut, pour se régaler d'un rôti d'encornet en crumble d'amande, d'une effilochée de queue de bœuf et foie gras en mousseline de céleri-rave ou d'une crème vanille délicate et parfumée, avec des dés de fraises exquises et des greouich (gâteaux algériens) inattendus et délicieux. Cave Sud-Ouest, coude-à-coude obligatoire, mais quel plaisir !
C : 50 € • M : 32 €

→ Plan : 2 D 6
27 rue Malar
☎ 01 47 05 86 89
F. dim., lundi et août.
Jusqu'à 24h.
🐷

---

14 🍴 Le Club - Maison des Polytechniciens

On ne s'amuse pas toujours follement dans cet ancien hôtel particulier où les non initiés ont parfois le sentiment de ne pas être tout à fait à leur place, au milieu de ces businessmen et autres cadres de haut niveau. Dans ce salon discret et intime règne pourtant une intéressante atmosphère gourmande qui essaie, le plus souvent avec réussite, de coller au plus près à ce cadre prestigieux et luxueux : homard rôti en coque, gratinée d'herbes et fricassée de légumes frais, ris de veau et épeautre à la crème de truffes, saint-jacques et parmentier de cèpes et cébettes. Carte des vins sans faux-col puisque confiée aux Caves Taillevent.
C : 55 € • M : 36 €   *www.maisondesx.com*

→ Plan : 1 A 4
12 rue de Poitiers
☎ 01 49 54 74 54
F. w.-e., fériés, 27 juil.-27 août et 23 déc.- 3 janv.
Jusqu'à 21h30.
🚗 🍴

---

14 🍴 Les Fables de la Fontaine ◁

Ancien second de Constant, Sébastien Gravé a repris l'affaire l'an passé poursuivant une cuisine désormais plus franchement océanique et basque, correspondant à son passé biarrot : émietté de tourteau mousse de piquillos, saint-pierre plancha mousseline de patates douces, gâteau basque. Non seulement l'accueil de son associé David Bottreau est excellent, dans un décor élégant ou sur la terrasse face à la Fontaine de Mars, mais ces assiettes précises (une daurade parfaite, un très bon riz au lait aux abricots) propulsent ce qui n'était longtemps qu'une annexe vers les tables sur lesquelles on peut compter. Deux points de plus.
C : 42 €

→ Plan : 4 E 1
131 rue Saint-Dominique
☎ 01 44 18 37 55
Ouv. 7j/7.
Jusqu'à 22h30.
🌳 🚗 ❄❄ 🐷

14 🍴 **Gaya Rive Gauche**

La pêche au gros devient ici la pêche au beau, au grand, pour ne pas dire au grandiose. Ce poisson-là, traité avec respect et modernité dans une carte très alléchante supervisée par Pierre Gagnaire, c'est du prince de l'Atlantide, de l'hauturier vraiment pas roturier. Les tarifs vont avec cette distinction, ces titres de noblesse, qu'ils s'appliquent à un turbot comme à une sardine, magnifiés par des apprêts dignes d'une grande maison d'aujourd'hui : beau décor moderne imaginé par Christian Ghion, service jeune, élégant, très professionnel, petite carte des vins très maligne (et pas trop chère) ; dommage que les desserts soient en retrait.

C : 90 €

→ Plan : 1 B 5
44 rue du Bac
☎ 01 45 44 73 73
F. août.
Jusqu'à 22h30.
🍴 ⚱ ❄❄ 🐕 ▬

----

14 🍴 **Les Olivades-Bruno Deligne**

Taillevent, Pic, Girardet, Troisgros, Maximin, le Ritz et Fauchon, Bruno Deligne affiche un CV qui en impose. Dans ce décor lavande et ocre, pas de folklore surjoué ou de formules choc pour attirer le chaland. Seulement une percutante cuisine du grand sud, alerte, joyeuse et tout simplement meilleure que partout dans les environs : daurade royale et saumon marinés au citron vert et gingembre, filet de canette farcie au jambon serrano, foies et olive et tian d'aubergines, fraîcheur aux fraises gariguettes. Pour les grandes occasions, le menu Découverte, à 60 € et cinq plats. Service pro, cave à l'affût des tendances.

C : 40 € • M : 25 €

→ Plan : 4 D 2
41 av de Ségur
☎ 01 47 83 70 09
F. sam. à déj., dim., lundi
à déj. fériés, août et 1 sem.
Noël.
Jusqu'à 22h.
🍴 ⚱ ❄❄ 🐕

----

14 🍴 **Le Violon d'Ingres**

Christian Constant a définitivement changé de partition. Ce Montalbanais de naissance ne pratique plus la grande cuisine classique et préfère se concentrer sur les produits, désormais travaillés dans un registre bistrotier haut de gamme qui colle à merveille à cette salle au design élégant : blinis de pommes de terre, saumon fumé et caviar de hareng, pintadeau fermier, petits oignons, girolles et foie gras en cocotte lutée, soupe de fruits frais. C'est terriblement gourmand, copieusement servi et, si les deux toques ne sont désormais plus d'actualité, le succès demeure constant, la longue liste d'attente l'attestant. Cave courte mais faisant preuve de flair avec le riesling de Beyer ou le sancerre de Crochet.

C : 47 € • M : 47 €   www.leviolondingres.com

→ Plan : 4 E 1
135 rue Saint-Dominique
☎ 01 45 55 15 05
F. dim. et lundi.
Jusqu'à 22h30.
❄❄ 🐕 ▬

----

13 🍴 **35º Ouest** 𝑑 ≷

Ancien du Gaya Rive Gauche et de Goumard, Pascal Yar a naturellement fait le choix d'un restaurant de poissons. L'homme connaît son affaire et est vraiment irréprochable tant au niveau de l'accueil que du service. Il est efficacement secondé en cuisine par Teddy Mérienne et cette table récente réalise ainsi une prestation remarquablement homogène. La toute petite salle (20 couverts) contemporaine s'avère intimiste, cosy, élégante, et est à l'image des assiettes, aux présentations très soignées pour une cuisine marine assez créative et personnelle (mais sans trop se hausser du col) : la sole en tronçon, duxelle de crevettes et noix, poêlée de pleurotes et surtout les superbes coquilles saint-jacques poêlées, moelleux de topinambour, écume d'amande infusée au basilic, valaient largement la toque, tandis que, bonne surprise, les desserts ne sont pas que des faire-valoir. La carte des vins est courte mais bien ficelée et abordable, au contraire de la cuisine qui fait payer la belle qualité

→ Plan : 1 B 5
35 rue de Verneuil
☎ 01 42 86 98 88
F. dim., lundi et août.
Jusqu'à 22h30.
❄❄

des produits. Pas de quoi émouvoir sans doute une clientèle bourgeoise, voire assez snob, qui génère une ambiance parfois un peu ennuyeuse.

C : 62 € • M : 29 €   *35degresouest@orange.fr*

---

13 L'Affriolé

Avec son menu carte très compétitif à 29 € et les suggestions du jour à l'ardoise, Thierry Vérola a tout compris de la bistronomie. Bien réalisés, jouant parfois d'une présentation élaborée (comme le croustillant de cabillaud), les plats proposés témoignent d'un savoir-faire sans défaut, dans la simplicité (les fleurs de courgettes farcies de mousse de poisson) comme le respect des cuissons (agneau impeccable, accompagné d'une ratatouille et d'une poêlée de girolles). La cave est petite mais ses prix aussi, l'accueil et le service sont souriants et on apprécie les petites attentions, comme ces fruits du moment, mini pots de gelée et morceaux de guimauve servis avec le dessert.

C : 34 € • M : 23-29 €

→ Plan : 2 E 6
17 rue Malar
☎ 01 44 18 31 33
F. dim., lundi et 3 sem. août.
Jusqu'à 22h30.

---

13 Au Bon Accueil

Une telle enseigne ne saurait mentir et Jacques Lacipière, aux commandes depuis plus de trente ans, n'est sans doute pas étranger au succès d'estime dont profite cette petite table de quartier. Un décor de caractère, soigné dans un esprit bistrotier, et une cuisine droite dans ses bottes, sobre et prudente : avec la salade de langoustines et asperges vertes, la pomme de ris de veau meunière et morilles et le tiramisu. De bons choix en cave.

C : 45 € • M : 27-31 €

→ Plan : 4 D 1
14 rue de Monttessuy
☎ 01 47 05 46 11
F. w.-e.
Jusqu'à 22h30.

---

13 Chez les Anges

L'ancienne adresse de Paul Minchelli s'est muée voilà deux ans en un standard contemporain et branché conceptualisé par les propriétaires du Bon Accueil, dans le même arrondissement, Jacques et Catherine Lacipière. Leur chef, Hidenori Kitaguchi, ancien du Jamin, travaille une carte moderne et soignée, n'évitant cependant pas toujours une inclination marquée vers la mode revival : presskopf de tête de cochon et petite salade verte, cabillaud façon morue cuit à la plancha et salade de carottes, baba au rhum ambré et sa crème chantilly.

C : 50 € • M : 34 €   *www.chezlesanges.com*

→ Plan : 2 E 6
54 bd de la
Tour-Maubourg
☎ 01 47 05 89 86
F. sam. et dim. à déj.
Jusqu'à 23h.

---

13 Le Clos des Gourmets ♥

Une cuisine bistrotière haut de gamme ? Voilà sans doute l'une des meilleures qualifications possibles de la cuisine d'Arnaud Pitois qui pratique à merveille les petits gris en gelée de consommé et brunoise de légumes, la tête de cochon croustillante et vinaigrette d'herbes fraîches (un intense plaisir) et les pommes de terre rattes écrasées au beurre demi-sel et le fenouil confit aux épices douces et sorbet citron-basilic. Mais la principale force de cette maison réside dans ce rapport prix-plaisir presque imbattable encore accentué par un service certes pressé mais toujours aimable et par une cave finaude. Réservation conseillée.

C : 35 € • M : 29-35 €   *closdesgourmets.com*

→ Plan : 4 D 1
16 av Rapp
☎ 01 45 51 75 61
F. dim., lundi et août.
Jusqu'à 23h.

13 Le Maupertu

Une adresse de connaisseurs, tant elle est isolée dans un quartier très tranquille. Pourtant, installé en terrasse face aux Invalides ou dans un décor de brasserie moderne, avec des tons rouge et marron, on se dit que les absents ont bien tort, car on y passe un moment agréable, avec une cuisine inventive et simple : brochette de gambas grillées, pavé d'espadon et un délicieux sabayon de pamplemousse rose et jaune servi tiède avec une glace à la violette. Vous trouverez toujours un plat qui vous convient et déjeuner pour 30 euros avec cette qualité devient rare sur Paris et dans ce quartier. Service efficace et d'une grande gentillesse.

M : 30 €   www.restaurant-maupertu-paris.com

→ Plan : 2 E 6
94 bd La Tour-Maubourg
☎ 01 45 51 37 96
F. dim. et 9-20 août.

----

13 Les Ombres *d*

De l'ambition pour une cuisine altière et d'altitude, au cinquième étage du musée des Arts Nouveaux, architecture de Jean Nouvel, vue sur Paris et menu dégustation à 95 € par un fringant jeune chef ayant fait ses humanités chez Laurent. On attend monts et merveilles, on sent tous les oripeaux de la mode, les ravioles de betterave, la sole et ses macaronis "en garden-party" et le cochon en trois façons, joue, pied, échine. A l'arrivée, un peu de désorganisation dans le service et dans les plats (le velouté de petits pois à la menthe et gelée de crustacés manque de goût, la ventrèche est bonne mais l'assiette trop salée), qui valent une petite toque d'encouragement et dont on attend mieux après la période de rodage.

C : 80 € • M : 37-95 €   www.lesombres-restaurant.com

→ Plan : 2 C 6
5e étage musée du Quai Branly
☎ 01 47 20 68 00
F. 28 juil.-28 août.
Jusqu'à 22h30.

----

13 Pétrossian Restaurant Le 114

Le meilleur plan pour Pétrossian ? Le menu du déjeuner bien sûr qui permet de monter à l'étage de ce salon vénérable entre Invalides et Tour Eiffel sans avoir besoin de vendre la datcha. A 35 €, on goûte les coupes du tsar, saumon fumé de trois façons différentes, les crevettes à la vapeur de citronnelle et l'agneau Yagouline, confit sept heures, avec un tagine de fruits. Bref on touche en même temps le mythe de Pétrossian et la sensibilité de Rougui Dia, qui bien plus qu'une gravure de mode pour magazines flairant le bon sujet, a quelque chose à raconter dans ce cadre hiératique. Provoc' ou coup de pub, Armen et Rougui ont même mis au point un menu Noir et Blanc avec du riz noir et des truffes blanches, du riz blanc et des truffes noires, une salade métissée, des saint-jacques au caviar et poivre noir de Guinée… Une autre façon de faire vivre la tradition…

C : 70 € • M : 40-90 €

→ Plan : 4 E 1
18 bd de La Tour-Maubourg
☎ 01 44 11 32 32
F. dim., lundi et août.
Jusqu'à 21h30.

----

13 Vin & Marée

La recette est toujours efficace, aussi claire qu'énoncée dans l'enseigne, avec de beaux poissons et des vins bien choisis. Dans le détail, cela donne des assiettes classiques et maîtrisées, de la simplicité du turbot grillé aux herbes au plus élaboré croustillant de gambas sauce tandoori, un service alerte pour faire vivre un décor là encore aux accents marins chics, et une cave qui ramène une sélection de belles valeurs sûres.

C : 38 € • M : 21 €   www.vin-et-maree.com

→ Plan : 4 D 2
71 av de Suffren
☎ 01 47 83 27 12
Ouv. 7j/7.
Jusqu'à 22h30.

⑫ Café Constant

C'est l'ardoise qui rythme la vie de ce bistrot de ses accents familiers et de ses propositions du jour (y compris pour le vin), au gré d'une cuisine qui vise la simplicité (y compris en terme de prix) et ne cherche pas à en mettre plein la vue. Une formule qui fait recette grâce à une qualité digne de l'étiquette Christian Constant.
C : 27 € • M : 27 €

→ Plan : 2 E 6
139 rue Saint-Dominique
☎ 01 47 53 73 34
F. dim. et lundi.
Jusqu'à 22h30.
❄❉

---

⑫ D'Chez Eux

L'adresse pourrait n'avoir de l'intérêt que pour les touristes étrangers en mal d'authenticité, eh bien non ! Chacun, familier ou non de la gastronomie de bistrot, jeune ou vieux, ne pourra refréner ce petit pincement au cœur qu'il sentira forcément poindre au moment où l'un des serveurs, forcément tiré à quatre épingles, lui présentera la sélection de cochonnailles ou lorsqu'il découpera face à lui, au guéridon, une fabuleuse côte de bœuf encore fumante. Folklorique ? Sans doute. Pas donné ? Evidemment. Indispensable ? Bien sûr !
C : 55 € • M : 40 €   www.chezeux.com

→ Plan : 4 D 2
2 av Lowendal
☎ 01 47 05 52 55
F. dim. et 1er-24 août.
Jusqu'à 22h.
❉❉ ⬛²

---

⑫ Le Florimond

Situation agréable (dans la contre-allée arborée de l'avenue, entre Invalides et Ecole Militaire) pour cette maison dont la principale qualité demeure le bon rapport qualité-prix de son menu "supérieur" à 35,50 € : ravioles de homard et brunoise de légumes, joue de veau braisée, sauce au chorizo et poivrons del piquillo farcis, millefeuille à la vanille bourbon. Cave classique avec une légère inclination pour la Loire et le Sud-Ouest.
C : 45 € • M : 21-35,50 €

→ Plan : 4 D 1
19 av de la Motte-Picquet
☎ 01 45 55 40 38
F. w.-e., 1ᵉʳ et 3e sam. du mois, 28 avril-4 mai, 28 juil.-17 août et 24 déc.-6 janv.
Jusqu'à 22h15.
☂ ♿

---

⑫ Il Giramondo

De l'épicerie fine à la salle de restaurant, en passant par le repas sur le pouce au comptoir, la maison et son atmosphère chaleureuse répondent à toutes les envies de soleil des amoureux de cuisine transalpine, avec une carte courte et globalement soignée dans sa façon de décliner pasta, pesce ou risotto. Cave italienne, largement déclinée au verre.
C : 25 €

→ Plan : 4 D 1
175 rue de Grenelle
☎ 01 45 51 10 65
F. sem. 15 août.
Jusqu'à 22h30.
☂ ❄❉ 🐕

---

⑫ Lei

Dans cet espace contemporain à la déco minimaliste, la principale source de distraction ne peut venir que des assiettes. Sérieuses, appliquées, elles proposent un joli tour d'horizon de la gastronomie traditionnelle italienne avec les calamars et artichauts sautés, le carpaccio de poulpe et salade d'herbes folles, les linguine aux agrumes, les côtes d'agneau grillées à la fleur de sel noir… De très bonnes ondes mêmes si les tarifs montent assez haut (plats de pâtes entre 20 et 25 €, tiramisu à 10 €). Jolie cave transalpine.
C : 45 € • M : 31 €   lei@sljcohen.fr

→ Plan : 4 D 1
17 av de la Motte-Picquet
☎ 01 47 05 07 37
F. dim. à déj., lundi et mardi à déj.
Jusqu'à 23h.
☂ ☎ 🐕

12 Le P'tit Troquet

La déco de bistrot à l'ancienne enrichie des idées et objets personnels de Patrick et Dominique Vessière offre un cadre plus humain et sensible qu'un formatage ordinaire baguette-saucisson. Même au coude à coude, on respire comme au temps des copains ces petits plats mijotés et loin d'être banals que la patronne dépose avec gentillesse : tatin d'endives et fondant de chèvre lasagne de lapin, mitonné de porc au vin rouge, clafoutis aux poires. Un crozes de Colombo pour aider à refaire le monde et tout va bien.

C : 32 € • M : 32-37 €

→ Plan : 2 D 6
28 rue de l'Exposition
☎ 01 47 05 80 39
F. sam. à déj., dim., lundi
à déj. et août.
Jusqu'à 22h30.

----

12 Le Soleil

Le Soleil de Saint-Ouen darde désormais ses rayons jusqu'à la rue de Grenelle, décor élégant (salle en longueur, harmonie actuelle de marron avec tableaux et miroirs), service dynamique et souriant et surtout le soleil dans l'assiette avec les plats principalement orientés vers le poisson. Les cuissons sont bien dosées et les parfums d'ail et de crème d'anchois viennent relever avec bonheur cette cuisine de fraîcheur réalisée avec soin. Plaisante petite cave sudiste. Le soleil, toujours...

C : 35 €

→ Plan : 1 A 5
153 rue de Grenelle
☎ 01 45 51 54 12
F. dim., lundi, août et 25
déc.-1 janv.
Jusqu'à 22h30.
🍸 ❄️
🏠 idéal gourmet

----

12 Le Vin de Soif

Le Vin de Soif fait partie de ces bistros de poche qu'on voudrait voir au pied de chez soi partout dans la ville. Les sourires de Marylène et de Gérald sont désarmants, leur gentillesse fait plaisir à voir, leur cuisine vise clairement le style bistrotier, et le fait sans anicroche sur la qualité, tandis que la courte carte des vins fleure bon la surprise et la curiosité. Autant de bonnes raisons de passer outre un décor un peu tristounet, d'autant qu'il ne devrait pas tarder à y avoir du changement de ce côté.

C : 30 €

levindesoif@orange;fr

→ Plan : 1 A 6
24 rue Pierre-Leroux
☎ 01 43 06 79 85
F. w.-e.
Jusqu'à 22h30.
☂️ ❄️

----

11 Kniaz Igor

Le décor feutré dominé par les velours, l'épopée du Prince Igor illustrée au plafond, la galerie de tableaux et de portraits consacrés aux personnages russes illustres ne laissent aucun doute sur l'authenticité du lieu. Outre la gamme de caviars, les assiettes rassemblent les spécialités russes classiques, assiette de zakouskis, filet de bœuf à la Strogonoff ou vatrouchka aux pommes. Chaque soir, un chanteur guitariste crée une ambiance musicale tzigane qui rehausse encore le charme de cette délicieuse ambassade russe.

C : 35 € • M : 28-140 €

→ Plan : 4 D 1
43 av de la Bourdonnais
☎ 01 45 51 91 71
F. août.
Jusqu'à 23h45.
🍸 ❄️ 🐕

👁 Bellota Bellota

Philippe Poulachon, importateur de produits espagnols haut de gamme, propose de goûter le meilleur de la gastronomie ibérique dans cette épicerie-restaurant où l'on se serre les coudes. Outre les différentes variétés de jambon "bellota-bellota" (sans doute le meilleur jambon du monde) qu'on déguste religieusement avec un gaspacho de tomates et du pain Poujauran (normal, la boulangerie est juste à côté), on peut s'essayer à la grande assiette de légumes, aux noix de joue de cochon ou aux fromages tout en observant le ballet des maîtres cortadors.

M : 40 €

www.bellota-bellota.com

→ Plan : 4 F 1
18 rue Jean-Nicot
☎ 01 53 59 96 96
F. dim., lundi et 1 sem. août.
Jusqu'à 23h.
❄️

Les Cocottes

Et de quatre ! Christian Constant n'en finit plus d'ouvrir de nouveaux restaus rue Saint-Dominique. Aux Cocottes, on ne réserve pas et on trouve une place sur le grand comptoir pour se régaler d'une très jolie salade ou de l'une des recettes présentées en cocotte Staub (pommes de terre confites et farcies de pied de porc...). Générosité et ambiance au programme.

C : 30€ • M : 25€

→ Plan : 4 E 1
135 rue Saint-Dominique
☎ Pas de tél.
F. non comm.

Le Petit Niçois

Bouillabaisse, petits farcis niçois, saint-jacques poêlées à la provençale, morue à l'aïoli, beignets d'aubergines, canette fermière aux olives, les assiettes de Jean-Henri fleurent bon la Provence et la sincérité (notre homme tient à effectuer tous les achats en personne, à Rungis).

C : 40€ • M : 32-26€

→ Plan : 2 D 6
10 rue Amélie
☎ 01 44 18 07 84
F. août.
Jusqu'à 22h30.

Au Pied de Fouet

A Paris aussi, on trouve des relais de poste… Ici, le cadre et l'esprit sont préservés, rien n'a changé depuis les années cinquante et cette fidélité aux vertus du potage ou de la purée maison, des œufs mayo ou du pâté de campagne, emporte l'adhésion avec d'autant plus d'entrain que les prix ont gardé toute leur sagesse.

C : 17€

→ Plan : 1 A 6
45 rue de Babylone
☎ 01 47 05 12 27
F. dim. et sem. 15 août.
Jusqu'à 23h.

Hôtel Le Tourville

Près des Invalides, un fier bâtiment haussmannien, intime et confortable, créant une atmosphère de bon goût classique dans la sérénité. Chambres au mobilier ancien, quatre d'entre elles bénéficiant d'une terrasse privative.

3 appart. 400€ • 30 ch. 150€   *www.hoteltourville.com*

→ Plan : 4 F 1
16 av de Tourville
☎ 01 47 05 62 62
🖨 01 47 05 43 90
F. non comm.

Le Walt

Un classique immeuble haussmannien récemment rénové où chaque chambre est ornée de reproductions d'œuvres classiques. Salles de bains très modernes contrastant avec bonheur avec le mobilier de style installé dans les chambres.

25 ch. 260-330€   *www.lewaltparis.com*

→ Plan : 4 D 1
37 av de la Motte-Picquet
☎ 01 45 51 55 83
🖨 01 47 05 77 59
Ouv. 7j/7.

Duc de Saint-Simon

Vous serez duc d'un soir dans cet hôtel particulier XIXᵉ, à la décoration très soignée, chambres stylées ornées de meubles d'époque, la plupart donnant sur le jardin privé.

5 appart. 375-385€ • 29 ch. 220-280€   *www.hotelducdesaintsimon.com*

→ Plan : 1 A 5
14 rue de Saint-Simon
☎ 01 44 39 20 20
🖨 01 45 48 68 25
Ouv. 7j/7.

Le Duquesne-Eiffel

Cet établissement à la décoration moderne et chaleureuse jouit d'une excellente situation, entre la Tour Eiffel (sur laquelle on bénéficie d'ailleurs d'une vue imprenable) et les Invalides.

40 ch. 170-210€   *www.hde.fr*

→ Plan : 4 E 2
23 av Duquesne
☎ 01 44 42 09 09
🖨 01 44 42 09 08
Ouv. 7j/7.

Hôtel Académie

Meubles de style et tissus fleuris raffinés, les chambres de cet ancien hôtel particulier s'habillent d'un décor en accord avec l'atmosphère des lieux et l'architecture de caractère, qui a conservé largement pierres et poutres apparentes.

5 appart. 199-299€ • 33 ch. 99-229€   *www.academiehotel.com*

→ Plan : 1 B 5
32 rue des Saints-Pères
☎ 01 45 49 80 00
🖨 01 45 44 75 24
Ouv. 7j/7.

Hôtel d'Orsay

Les deux bâtiments réunis et rénovés offrent un bel ensemble, à deux pas du musée, dans un quartier calme. Chambres tendues de tissus d'éditeur, meubles anciens, tons apaisants, joli patio.
2 appart. 320-360 € • 39 ch. 145-210 €   www.esprit-de-france.com

→ Plan : 4 F 1
93 rue de Lille
☎ 01 47 05 85 54
🖶 01 45 55 51 16
Ouv. 7j/7.
❄

Hôtel de la Tulipe

L'atmosphère est encore celle d'une maison particulière, offrant une hôtellerie à taille humaine dans un ancien couvent XVIIe. Des chambres claires aux couleurs sudistes, un délicieux jardin pour les petits-déjeuners d'été.
1 appart. 180-265 € • 20 ch. 120-165 €   www.paris-hotel-tulipe.com

→ Plan : 2 D 6
33 rue Malar
☎ 01 45 51 67 21
🖶 01 47 53 96 37
Ouv. 7j/7.
🐕

Hôtel de Varenne

Le maréchal Oudinot, qui possédait ce charmant hôtel particulier, aurait écarquillé les yeux devant les nouveaux écrans plats incluant un lecteur de DVD. dans ce quartier tranquille et résidentiel, les chambres les plus agréables, au style Louis XVI et Empire, donnent sur le jardin en retrait de la rue, agrémenté d'une fontaine, et où l'on prend le petit-déjeuner.
25 ch. 115-217 €   www.hoteldevarenne.com

→ Plan : 1 A 4
44 rue de Bourgogne
☎ 01 45 51 45 55
🖶 01 45 51 86 63
Ouv. 7j/7.
❄

Hôtel Latour-Maubourg

Face aux Invalides, un hôtel particulier Napoléon III réouvert l'an passé après une complète rénovation, qui a vu notamment la création de neuf chambres supplémentaires, d'un ascenseur et la climatisation dans toutes les chambres. Déco raffinée dans des styles variés, Napoléon III, Louis XIII, Louis XVI, tissus choisis. Hammam, jardin intérieur, salon wifi.
17 ch. 220-450 €   www.latourmaubourg.com

→ 150 rue de Grenelle
☎ 01 47 05 16 16
🖶 01 47 05 16 14
Ouv. 7j/7.
♿ ❄ 🐕

Hôtel Le Verneuil

Si les visiteurs sont nombreux dans la rue, c'est parce que face à ce petit immeuble XVIIIe se tient l'ancienne maison de Serge Gainsbourg. Les chambres décorées par Michèle Halard sont heureusement fort calmes, toutes différentes, tendues de tissus d'éditeurs, ornées de toiles de Jouy et de meubles classiques patinés.
26 ch. 136-210 €   www.hotelverneuil.com

→ Plan : 4 F 1
8 rue de Verneuil
☎ 01 42 60 82 14
🖶 01 42 61 40 38
Ouv. 7j/7.
❄

PARIS 8e ARRONDISSEMENT

Alain Senderens

La notoriété d'Alain Senderens étant planétaire, son orientation nouvelle, un genre de brasserie moderne dont il représente l'unique exemplaire, réussit le tour de force de réunir à la fois le quartier - les affaires au déjeuner, les sorties festives le soir - et le reste du monde. A chaque plat son verre idéal en suggestion, la lecture des oeuvres du maître étant désormais assurées par Jérôme Banctel dans le cadre historique de Lucas-Carton revisité et relooké par l'architecte Noé Duchaufour-Lawrance. Une cuisine de produits majeurs exposés à bon escient, allant griffer une addition autour de 100 € dans une atmosphère évidemment unique : avec les belons 00 tièdes beurre à la manzanilla et bellota bellota, Alain Senderens recommande un xérès, avec la tempura de sole un viognier de

→ Plan : 2 F 5
9 pl de la Madeleine
☎ 01 42 65 22 90
F. 3 sem. août.
Jusqu'à 23h15.
☎ ❄ 🍴

Georges Vernay, avec le quasi d'agneau, péquillos, aubergine pelée et noisettes torréfiées au curry, un Coudoulet de Beaucastel.... Le monde, finalement, n'est pas si cruel.
C : 90€ • M : 77-100€   *www.senderens.fr*

 **Lasserre**

Lasserre by Nomicos. La griffe est désormais bien dessinée, le chef est totalement dans ses marques, et l'on profite de ce lieu de mémoire, toujours aussi bluffant quand le toit s'ouvre sur le firmament parisien dans les belles soirées d'été, avec une délectation à chaque fois renouvelée. La lourde porte, le liftier, l'arrivée dans cette salle vénérable à l'étage, la prise en charge par un personnel aussi affable que discret, c'est l'esprit Lasserre. Ensuite, place au chef ! Jean-Louis Nomicos n'a évidemment aucun problème pour refaire un vol-au-vent aux écrevisses et aux grenouilles, un homard à la nage ou un pigeon André Malraux. Il a lui-même ses classiques (les fameux macaronis aux truffes noires et au foie gras) et sait aussi renouveler le grand genre par des créations qui n'en sont pas vraiment mais qui dans leurs préparations projettent la maison vers l'avant : émulsion de topinambour aux châtaignes et truffes blanches, saint-jacques aux huîtres et aux poireaux, mille-feuille au caramel, pomme et crème glacée pistache. Dans ce conservatoire forcément nostalgique, on peut s'ennuyer à périr ou goûter en esthète les fastes d'une grande maison éternelle. Préférez la deuxième option.
C : 135€ • M : 75-185€   *www.restaurant-lasserre.com*

→ Plan : 2 E 5
17 av
Franklin-D.-Roosevelt
☎ 01 43 59 53 43
F. sam. à déj., dim., lundi à déj., mardi à déj., merc. à déj. et août.
Jusqu'à 22h.

Laurent

Des palais tout autour (le Grand, le Petit, l'Elysée), des Champs tout près (Elysées), un théâtre voisin (Marigny), tout concourt à faire de Laurent une exception culturelle de prestige. Les magnifiques salons à l'étage, la salle à manger feutrée du rez-de-chaussée et la superbe terrasse au jardin, cachée derrière les haies sous les marronniers, à côté de la fontaine Hittorff plantent un décor lui-même théâtral qui ne rend pas étonnant un accueil aussi cérémonieux. En laissant dérouler les exercices impeccablement précis et traditionnels d'Alain Pégouret, on songe, avec l'aristocratie locale, des arts, du spectacle, de l'industrie et de la politique, qu'il serait opportun de béatifier cette indémodable maison. Ce qui donne un relief et une saveur particulière à la terrine de volaille, ris de veau et foie gras de canard en croûte, gelée au vin d'Arbois, au filet de saint-pierre poêlé, ravioles de poivrons rouges aux coquillages, ou au flanchet de veau de Corrèze braisé, blettes à la moelle et au jus, parmi les assiettes à retenir cette année. La cave, symbolique du prestige classique hexagonal, est l'une des plus brillantes de Paris, réunissant à profusion grands châteaux et domaines légendaires.
C : 160€ • M : 75-150€   *www.le-laurent.com*

→ Plan : 2 E 5
41 av Gabriel
☎ 01 42 25 00 39
F. sam. à déj., dim. et fériés.
Jusqu'à 22h30.

---

19 **Pierre Gagnaire**

"Ça, c'est pas pour nous, maman", dit un monsieur regardant la carte avec son épouse. Il vient peut-être de Chaumont, de Guéret, de Montparnasse ou même de Saint-Etienne, comme Pierre Gagnaire. Mais cette carte ne peut que le rendre perplexe. Davantage encore devant les intitulés sur quatre lignes que sur les tarifs, normalement himalayens. Voilà pour le point de vue profane. Pour l'initié, qu'il soit Français ou Japonais, pas de problème et plutôt de

→ Plan : 2 D 4
6 rue Balzac
☎ 01 58 36 12 50
F. sam., dim. à déj., 2e quinz. juil. et vac. scol.
Jusqu'à 22h.

l'excitation en visitant l'un des grands chefs de la planète, qui peut bien faire ce qu'il veut dans son art, regrouper sur un thème donné quatre assiettes, pousser la complexité jusqu'à l'ésotérisme. Les amuse-bouches constituent une première rafale, comme un avertissement : cinq compositions, une dizaine d'ingrédients dans chacune, que personne ne pourrait retenir malgré le soin pris à les présenter, dans ce décor contemporain rendu chaleureux par ses tons caramel et ocre. Pourtant, selon les textures et présentations au graphisme esthétique, l'amande, l'oignon-navet-curry, la pastèque-pois chiche, la moule-canard-betterave et l'exceptionnel bouillon de fruits restent en mémoire gustative pour un moment, comme une émotion que l'on ne cherche pas plus que cela à disséquer. Il aura fallu trancher entre les thèmes, jouir de ces bouchées exceptionnelles, tenter de les assimiler. L'important reste le moment, celui de la ventrèche-foie gras truffe ou de la sardine-bonite-quinoa, de l'exceptionnel tartare sorel-bœuf-sauce diable et de la brillantissime et charmeuse croustade maquereau pousse d'épinard selon Edouard Nignon, dans le tableau "poissons bleus" qui pourrait à lui seul remplir un musée. On comprend que cette représentation est aussi originale, au premier sens, qu'une toile de maître, et que chaque plat, conçu en élément (la très belle opposition ris de veau braisé au gingembre rhubarbe au sirop d'érable, gambas en chili à l'eau-de-vie de prune, et filet de veau dans une gelée pomme verte-coriandre-ciboulette) s'inscrit dans l'exception de l'instant, même si, à chaque service, Gagnaire refait le match, avec les mêmes nuances d'ailleurs, qu'un plasticien qui ne reproduirait finalement que des originaux. Desserts de même veine (évanouissement total devant le carotte-orange kumquat, au jeu de texture idéal), service de haute distinction, avec en particulier un sommelier expert et sans grosse tête et un exquis maître d'hôtel nippophone. Enfin, pour un tel lieu, la cave est excellente, encore soucieuse de recherche, et montrant en fait du respect pour le véritable amateur, en lui proposant à tarif courtois les Eglantiers de la Reméjeanne, le Rouge-Gorge de Cyril Fhal ou les vieilles vignes de Marjorie Gallet.

C : 210 € • M : 95-245 €   *www.pierre-gagnaire.com*

----

18 🐑🐑🐑 ⋛ **Les Ambassadeurs**

→ Plan : 2 E 5
10 pl de la Concorde
☎ 01 44 71 16 16
F. dim., lundi et août.
Jusqu'à 21h45.

🕿 ≋❄ ◢

 idéal gourmet

L'amuse-bouche le plus fun de France, pastiche du plateau-télé, avec les saveurs familières dans des enveloppes peu communes, limonade de carotte râpée, cromesqui de pizza, tube croustillant de jambon beurre fait un début pétaradant. Plus que parodique, cette entame est complètement emblématique du travail de Jean-François Piège qui peut relooker entièrement des saveurs d'hier en rehaussant magnifiquement les standards ainsi évoqués : la paella du XXIᵉ siècle, la poire Belle Hélène version 2006, l'esquimau "d'entracte" ou la sublime crème caramel tiennent d'un Piège ensorcelant dont l'imagination est si bouillonnante qu'il ne peut, pour un même plat, se contenter d'une seule version. Ainsi la tomate mozza est en strates froides et mêmes glacées, et chaude façon gratin avec la panzetta, la volaille-foie gras se présente en compression et gelée ou en bouillon, le ris de veau en deux barres, brune et blanche, l'une rôtie et roulée dans une croûte de ris, l'autre braisée sous une émulsion au parmesan encadrant des spaghettis carbonara ou encore le détonant ping-pong entre la pomme et le coing en dessert. Pourtant, ne voyez pas trop là de fantaisie ludique chez ce champion de la précision chirurgicale. Sous la pellicule de pain de mie du "casse-croûte de homard", se dessine un équilibre

NewWave

La passion
du style.

Boutique Villeroy & Boch
21, rue Royale
F-75008 Paris
Tél.: 01 42 65 81 84

My House of Villeroy & Boch

Villeroy & Boch
1748

très savant entre le crustacé et son jus, l'épinard compressé, les girolles légèrement vinaigrées ; comme dans le turbot sublimé par des carottes de Créances, elles-mêmes soutenues d'un trait de moutarde ou au contraire adoucies dans l'émulsion mitoyenne. Le service a gagné en gentillesse et simplicité, ce qui n'est pas un moindre effort dans ce décor opulent où le marbre et le cristal se taillent la part du lion, entre les dorures et les grands miroirs. On n'ose à peine l'écrire pour un livre de cave qui contient nombre de flacons de prestige, mais les tarifs de cette cave nécessairement opulente sont presque raisonnables, naviguant à 30 ou 40% en dessous de ceux des petits camarades de même renom. En dessous de 100 €, on trouve quantité de bouteilles intéressantes, à peu près sur toutes les régions (Roc d'Anglade, saint-joseph de Villard, la Marginale de Germain, les coteaux du loir d'Eric Nicolas...).
C : 250 € • M : 75 €
www.crillon.com

Hôtel de Crillon

La signature palace n'est pas tant dans l'architecture opulente sur la fameuse place ou un décor au luxe somptueux, image parfaitement actualisée du luxe à la française, dans les hôtes prestigieux qu'a vu passer le décor intemporel des suites Historiques ou dans un équipement très complet, elle est surtout dans un sens de l'accueil et du service qui fait de chaque client un hôte unique.
44 appart. 1160-8200 € • 103 ch. 615-810 €
www.crillon.com

→ Plan : 2 E 5
10 pl de la Concorde
☎ 01 44 71 15 00
📠 01 44 71 15 02
Ouv. 7j/7.

----

18 🍺🍺🍺 ≷ **Le Bristol**

On ne peut cette année que saluer les efforts démesurés accomplis en cuisine comme dans la salle formatée et consensuelle, ouvrant aux beaux jours sur une très chic terrasse en jardin intérieur, pour qu'il n'y ait aucune aspérité, aucune faiblesse. Des efforts qui mettent ainsi en avant le talent cristallin d'Eric Fréchon et son aisance pour traiter le riche ou le canaille avec la même élégance. Que ce MOF normand s'attaque à la tête de veau, piquée d'anchois, modernisée avec une pellicule câpres-piment doux d'une grande justesse, à une déclinaison sur la tomate (tartare de green zebra, soupe de tomate ananas, sorbet cœur de bœuf) pleine de gaieté et de fraîcheur, ou qu'il réhabilite le merlan de Saint-Gilles dans une association d'une pureté absolue, équilibre parfait de l'acidité des feuilles de trétragone et des textures sous une tuile amande diaphane et croustillante, aux saveurs exacerbées par l'huile curry-pequillos, il est toujours juste. On ne peut qu'apprécier ce balancement de la terre à la lune (le bonhomme est capable de vous faire l'un des meilleurs pot-au-feu de la création, ou une spectaculaire poularde en vessie aux écrevisses et royale d'abats et morilles) qui permet aux gourmands du monde entier de raffoler des compositions du chef, jusqu'aux exploits pâtissiers d'une équipe menée par Laurent Jeannin et tendue vers le succès (très fortes compositions chocolatées, adroite création sur la framboise pimentée en sorbet avec une huile d'olive vanillée), faisant passer au second plan des tarifs ravageurs. La carte des vins n'évolue guère, très concentrée sur son offre de grands crus, abdiquant progressivement la pointe de curiosité qui existait encore il y a peu. Quant au sommelier qui cherche à placer ses vins au verre les plus coûteux sans vraiment prendre en compte les préférences des convives, ça ne fait pas vraiment palace. Un infime détail dans un océan de perfection...
M : 85-210 €
www.lebristolparis.com

→ Plan : 2 E 5
112 rue du
Fg-Saint-Honoré
☎ 01 53 43 43 00
Ouv. 7j/7.
Jusqu'à 22h.

ℭℭℭℭ Le Bristol ⌘

Dans l'architecture haussmannienne, dans le luxe du mobilier de style ou des salles de bain en marbre, le Bristol assume sa part d'élégance à la française. Le jardin, les terrasses ou la piscine couverte donnant sur les toits de Paris sont des exclusivités précieuses.

73 appart. 930-8200 € • 88 ch. 610-810 €   *www.lebristolparis.com*

→ Plan : 2 E 5
112 rue du
Fg-Saint-Honoré
☎ 01 53 43 43 00
▤ 01 53 43 43 01
Ouv. 7j/7.

---

18 🍺🍺🍺 Restaurant Alain Ducasse au Plaza Athénée

A une altitude stratosphérique, vogue le Plaza d'Alain Ducasse. Le maître l'a voulu ainsi, du faste, du luxe, du Paris éternel habillé dernier cri. La salle est superbe, alliant à la fois classicisme (la hauteur sous plafond, les dorures, les moulures, les impressionnants lustres habillés de nuages de pampilles) et modernisme (les couleurs beiges et orange de la moquette, les fauteuils Régence revus sur un mode contemporain, les rideaux argentés, la vaisselle). La cuisine ne fait pas mystère de sa volonté d'omnipotence et d'omniscience : les produits les plus luxueux, les préparations les plus grandioses, mais compréhensibles par toute la planète. Donc peu de création à proprement parler, mais des adaptations suffocantes de précision de succès intemporels, des homards et de la truffe, du caviar et des langoustines, de la volaille de Bresse et des écrevisses. L'araignée de mer avec son émulsion truffée est normalement sublime, la sole de petit bateau et marinière de coquillages herbacée est parfaite dans la cuisson et la texture (croustillant en attaque, moelleux iodé ensuite), la quintessence du style ducassien et le pigeonneau poudré au thé fumé, navets en aigre-doux fournit le meilleur moment du repas : tout simplement une grande claque de précision et d'équilibre. Une fois de plus, c'est la recherche de la perfection et de la cohésion d'une énorme machinerie qui est en jeu, et non la manifestation d'un génie individuel, fût-il aussi talentueux que l'excellent chef Christophe Moret. Cave évidemment munificente, mais pas gratuite, aux verticales vertigineuses, qui recèle néanmoins quelques relatifs bons plans, service précis par une escadre de souvent jeunes serveurs et serveuses, très élégants, mais aujourd'hui un peu plus solennels que par le passé, comme s'ils avaient reçu des consignes de raideur, ce qui serait bien surprenant de la part d'un staff aussi avisé.

C : 230 € • M : 220-320 €   *www.alain-ducasse.com*

→ Plan : 2 D 5
25 av Montaigne
☎ 01 53 67 65 00
F. à déj. lundi-merc., w.-e., 19 juil.-25 août et 20 déc.-30 déc.
Jusqu'à 22h15.

ℭℭℭℭ Plaza-Athénée ⌘

Haut lieu de la mode et de l'élégance (avenue Montaigne oblige), le palace haussmannien assume son histoire notamment à travers un hommage appuyé à la haute couture, avec deux étages Art Déco décorés de croquis de créateurs, mais aussi un soin particulier porté au choix des tissus d'ameublement, jeux de couleur et de matières qui habillent de superbes chambres à l'élégance classique, meubles de style et luxe permanent.

45 appart. 1450-6600 € • 143 ch. 575-1350 €   *www.plaza-athenee-paris.com*

→ Plan : 2 D 5
25 av Montaigne
☎ 01 53 67 67 65
▤ 01 53 67 66 66
Ouv. 7j/7.

---

17 🍺🍺🍺 Apicius

Paris à la campagne, dans une villégiature seigneuriale au coeur de la capitale : un bel hôtel particulier, entre Saint-Honoré et les Champs-Elysées, un grand jardin, un privilège fou ! A l'image de toute la maison, des fourneaux à la salle, le style est à la fois classique et épuré, pour être bien, tranquille, serein. Et passionné

→ Plan : 2 D 3
20 rue d'Artois
☎ 01 43 80 19 66
F. w.-e. et août.
Jusqu'à 22h.

de table, de produits, de cuisine et de vins, à l'image d'un Jean-Pierre Vigato complètement épanoui (qui ne le serait pas dans un tel cadre ?) qui peut aujourd'hui (presque) tout se permettre, faire voyager ses grouses d'Ecosse en première classe ou ses langoustines en wagon-lit. Elles sont d'ailleurs magnifiques, fraîches et disposes, en trois préparations superbes, tempura, tartare, grillée au beurre d'estragon, comme le bar aux oignons doux caramélisés, d'une douceur iodée exemplaire. Qui n'aimerait pas se prélasser dans ces salons bourgeois, discuter de la fusion Suez-Gaz de France avec un ris de veau magnifique, fondant et croustillant, navets confits et mijotée d'abats sauce poulette ? Le style Vigato, c'est à la fois l'aisance et la générosité, qui peut aller jusqu'à la simplicité (l'agneau des Pyrénées à la broche, les gibiers en saison) quand le produit le mérite. La cave est assez renversante, dans sa prodigalité, dans ses choix si justes, en grand comme en petit, qu'il faut plus qu'un expert, mais un goûteur passionné pour opérer une sélection aussi fine.

C : 145 € • M : 150-160 €   *restaurant-apicius@wanadoo.fr*

---

17 🦷🦷🦷 Le Cinq

Certains palaces placent la salle de restaurant juste à l'entrée, pour accueillir les externes comme les internes. Au George V, le chemin est long et suggestif : il est impératif de s'imprégner de cette atmosphère d'un des hôtels les plus réputés au monde, saisir ce que ces lieux ont d'unique, à un degré de confort inégalé, dans l'accueil, le bien-être, l'aisance. Vous pouvez passer à table. Avec la certitude d'être attendu, choyé, mis en condition optimale. Le cœur tendre de chaque produit apparaît, dorloté comme nulle part ailleurs, au faîte de sa qualité intrinsèque : le saumon mariné est d'une infinie douceur et une volaille de si haute caste est certainement recherchée par Interpoule. Ce qui n'interdit pas à Philippe Legendre d'adjoindre quelques associations de sa veine, les couteaux et palourdes aux betteraves de pleine terre et à l'huile de tamarin ou le mille-feuille d'aubergine fumée et fines lamelles de cèpe cru avec un ris de veau fermier à la parfaite cuisson, croustillant-fondant. Desserts finement échafaudés, douceur finale dans cette salle d'une grande élégance fleurie à l'atmosphère ouatée. La cave est traditionnellement un point fort, une vaste sélection avec les grands de ce monde - Italie et hémisphère Sud bien représentés - et beaucoup de petits malins, de Chidaine à Cosse.

C : 200 € • M : 135-210 €   *www.fourseasons.com/paris/dinning*

→ Plan : 2 D 5
31 av George-V
☎ 01 49 52 71 54
Ouv. 7j/7.
Jusqu'à 22h30.

🏰🏰🏰🏰 Four Seasons Hotel George-V

De la cour intérieure au spa, le raffinement et le charme sont partout dans cette architecture Art Déco typique, riche d'une décoration florale permanente et d'une collection d'œuvres d'art exceptionnelle. Les chambres conçues par Pierre-Yves Rochon livrent à une clientèle essentiellement étrangère les références attendues du luxe à la française, dans un classicisme parfaitement assumé.

59 appart. 1350-11000 € • 186 ch. 800-940 €   *www.fourseasons.com/paris*

→ Plan : 2 D 5
31 av George-V
☎ 01 49 52 70 00
🖨 01 49 52 71 10
Ouv. 7j/7.

---

17 🦷🦷🦷 ⅔ Les Elysées du Vernet

Il est comme ça Eric Briffard. Il peut sortir la philharmonie, les quatre-vingts violons, pour vous jouer le Cygne de Tonuela avec des plats de pure orthodoxie, complètement raccord avec ce monument réfrigérant que constitue le décor Napoléon III sous la verrière que les Japonais nous envient. Et puis, après un tourteau pétales

→ Plan : 2 D 4
25 rue Vernet
☎ 01 44 31 98 98
F. w.-e., lundi à déj. et 30 juil.-28 août.
Jusqu'à 22h.

de daikon et une gelée de crustacé crème au vin jaune digne d'une académie des beaux-arts, il sort le ukulele façon Nouvelle Star et bluffe le jury avec une tartine aubergine foie gras herbes potagères à tomber tout simplement de plaisir, de naturel, de fantaisie. Dans le contexte parfois aride de cette vénérable grande maison - qui pourrait prochainement faire évoluer son cadre - au service d'une cérémonieuse fluidité, il montre qu'il sait tout faire (ça, on le sait) avec des émulsions nuageuses et des sorbets hardis, mais cultive désormais cette pincée de spontanéité qui lui faisait parfois défaut. Le cochon des Aldudes, servi rosé, d'un incomparable moelleux, la peau juste grillée, souligné de pak choi au gingembre est sympto-matique d'un état d'esprit porté vers l'avenir. Desserts à thème fort bien travaillés (citron, chocolat, fraise des bois…), bonne grosse cave panoramique, pas très excitante mais sans grande faille non plus, et qui mériterait elle aussi d'évoluer vers davantage de découverte.
C : 120 € • M : 59 €   *www.hotelvernet.com*

Hôtel Vernet ⚓
L'élégance classique et raffinée des vastes chambres permet d'apprécier dans un confort irréprochable le séjour au cœur de Paris, dans le cadre relativement intime d'un bel hôtel particulier.
9 appart. 390-1200 € • 42 ch. 230-550 €   *www.hotelvernet.com*

→ Plan : 2 D 4
25 rue Vernet
☎ 01 44 31 98 00
🖨 01 44 31 85 69
Ouv. 7j/7.

---

17 Ledoyen
Comment ? Vous prétendez tout connaître des grandes maisons et n'avez jamais fréquenté les salons de chez Ledoyen ? Quelle impudence ! Une fois installé à sa table, après avoir été pris en charge par toute une armée d'hôtesses d'accueil et de maîtres d'hôtel, on laisse son regard se porter vers les hauts plafonds, superbes, sur l'épaisse moquette et, par-delà les baies vitrées, une petite portion des Champs, comme un curieux fourmillement complètement étranger à la paisible atmosphère qui règne en ces lieux. Voici bien une grande table, luxueuse, raffinée, feutrée. Les amuse-bouches (dont un enthousiasmant macaron d'anguille et betterave) donnent immédiatement le ton du repas et puis les plats s'enchaînent, modèles d'une sage perfection portant l'estampille Le Squer, des produits au luxe inouï : grosse langoustine bretonne en deux préparations (décortiquée, poêlée et reconstituée en boule enrobée de kadaïf pour l'une, demi-langoustine poêlée avec une émulsion d'agrume posée à la minute par le maître d'hôtel et qui se liquéfie en vinaigrette pour l'autre), noix de ris de veau au bois de citronnelle -, impeccable - puissamment parfumé de citronnelle, toast brûlé d'anguille pomme ratte à la crème de raifort, un plat ludique et coloré et très gourmand millefeuille tout chocolat. L'addition ? A la hauteur du mythe.
C : 195 € • M : 88-284 €   *info@ledoyen.com*

→ Plan : 2 E 5
8 av Dutuit, Carré des Champs-Elysées
☎ 01 53 05 10 01
F. w.-e., lundi à déj. et 30 juil.-26 août.
Jusqu'à 21h45.

---

17 Taillevent
Club ou restaurant ? L'ambiance qui règne dans l'ancien hôtel particulier du duc de Morny, repris en 1950 par Jean-Claude Vrinat, pourrait presque prêter à confusion. On y est reçu, c'est vrai, comme chez des amis, le plus souvent par Jean-Claude Vrinat en personne, qui veille sur son personnel et sur la clientèle avec une attention et une gentillesse inégalées et n'oublie jamais de saluer chacun au

→ Plan : 2 D 4
15 rue Lamennais
☎ 01 44 95 15 01
F. w.-e. et 26 juil.-25 août.
Jusqu'à 22h.

moment du départ. La cuisine, d'un classicisme revendiqué, ne vient jamais troubler l'atmosphère feutrée qui règne dans ces salons luxueux. Alain Solivérès n'a pas été recruté en 2002 pour faire de la rue Lamennais le phare gastronomique parisien mais pour entretenir la légende, évidemment plus forte que le CV de n'importe quel chef. On pourra regretter, toutefois, que certains plats ne justifient pas tout à fait les trois toques (un rouget barbet, brandade de merlu et aïoli assez banal, un sablé aux figues rôties et à la cannelle sans relief) pour ne retenir que les belles impressions ressenties sur la rémoulade de tourteaux à l'aneth et sauce fleurette citronnée, un plat presque novateur dans la galaxie Taillevent, ou sur le canard colvert rôti aux épices, d'une grande noblesse. Cave immense, dans toutes les appellations ou presque, s'intéressant même (avec parcimonie) à la jeune génération et offrant un choix au verre très varié.

C : 140 € • M : 70 €   *www.taillevent.com*

---

16 🍴 ≷ La Table du Lancaster

→ Plan : 2 D 4
7 rue de Berri
☎ 01 40 76 40 18
F. non comm.
Jusqu'à 22h.

Les résidents de ce palace élyséen ne peuvent ignorer que la Table du Lancaster n'est pas une banalité hôtelière de plus. Supervisée par Michel Troisgros, drivée avec finesse et précision par Fabrice Salvador, un jeune chef trentenaire pétri de qualités, dans ce décor très chic d'un contemporain légèrement orientaliste, elle n'est bien sûre pas anodine, chaque assiette pouvant soulever les "oh !" et les "ah !" du public. Comme à Roanne, les plats sont rangés par caractère, d'une façon encore plus poussée, ou plus sophistiquée : "l'esprit de la tomate", "l'éclat des agrumes", "le piquant des condiments et des épices", "la verdeur des légumes des herbes et des fruits", avec des réalisations à la hauteur (barbue au kaloupilé gnocchi à l'oseille, pièce de thon au ponzu sur un riz koshi-hikari). Même si l'impression de procédé est un peu récurrente, le résultat est en tout point à hauteur des espérances. Service parfaitement glamour, belle cave avec une quinzaine de références au verre.

C : 86 € • M : 110-150 €   *www.hotel-lancaster.fr*

🍷🍷🍷🍷 Hospes Lancaster

→ Plan : 2 D 4
7 rue de Berri
☎ 01 40 76 40 76
🖨 01 40 76 40 00
Ouv. 7j/7.

Sublime. Cet ancien hôtel particulier érigé à la fin du XIXᵉ siècle fut transformé en hôtel de luxe dans les années 30 par un homme féru d'antiquités, le suisse Emile Wolf. Progressivement, ce dernier a enrichi la décoration de son établissement au gré de ses acquisitions : mobilier de style, cartels du XVIIIᵉ siècle, toiles des Indes et de Damas... Superbes salles de bains, en bois de wenge et marbre. Fitness et sauna.

11 appart. 870-1700 € • 46 ch. 315-610 €   *www.hotel-lancaster.fr*

---

15 🍴 Le Chiberta

→ Plan : 2 D 4
3 rue Arsène-Houssaye
☎ 01 53 53 42 00
F. sam. à déj., dim. et 3 sem. août.
Jusqu'à 23h (23h30 vend.-sam.).

🏅 idéal gourmet

Le salon des princes, discrète annexe de Guy Savoy pour les déjeuners chics de l'Etoile. L'atmosphère de club d'initiés, l'accueil remarquable et personnalisé d'une équipe qui connaît et reconnaît tout ce monde, fait du Chiberta, dans son élégant cadre contemporain, un rendez-vous de businessmen presque incontournable pour conclure en toute tranquillité les gros contrats. Entre une sole et un pigeon, entre les langoustines et le bœuf de Simmental, les VIP ont un regard distrait sur la carte, faisant confiance aux conseils avisés distillés par le maître d'hôtel ou le sommelier.

C : 70 € • M : 60-100 €   *www.lechiberta.com*

15 Le Clovis

A qui s'adresse le Clovis ? Aux clients du Sofitel, aux étrangers venus photographier l'Arc de Triomphe et réconfortés par le prestige de l'enseigne, par les hommes d'affaires regardant à peine le menu préparé par François Rodolphe, mais certains qu'ils ne trouveront aucune arête dans la vapeur de sole en impression d'herbes et minestrone de légumes au pistou ou un os en trop dans l'entrecôte de veau et ses légumes au jus de truffe. On peut penser tout simplement que l'amateur d'une facture irréprochable (dans les deux sens du terme, car tout ici est équitable, relativement) d'un agneau nickel (un allaiton rôti en cocotte avec un tagine de légumes), de textures et cuissons maîtrisées dans une vision d'aujourd'hui, sait trouver cette adresse aristocratique où l'erreur n'est pas humaine. Très bon menu déjeuner à moins de 40 €.
C : 75 € • M : 37-69 €   www.arcdetriomphe-sofitelparis.com

→ Plan : 2 D 4
14 rue Beaujon
☎ 01 53 89 50 53
F. w.-e., fériés, août et
23-1ᵉʳ janv.
Jusqu'à 21h45.

Sofitel Demeure Paris Arc de Triomphe

L'immeuble haussmannien à deux pas des Champs-Elysées propose des prestations de premier ordre, avec en particulier le confort feutré de chambres spacieuses d'inspiration très XVIIIe (meubles Louis XVI, tentures raffinées).
6 appart. 1000 € • 128 ch. 230 €   www.arcdetriomphe-sofitelparis.com

→ Plan : 2 D 4
14 rue Beaujon
☎ 01 53 89 50 50
🖷 01 53 89 50 51
Ouv. 7j/7.

15 Le Jardin des Cygnes

Aucun doute, nous sommes bien dans un palace : voiturier, hall imposant, marbre, dorures à tous les étages, ce Jardin des Cygnes est marqué d'un pedigree sans tache. La grande salle de restaurant s'affranchit heureusement de toutes ces pesanteurs grâce à ses larges ouvertures donnant sur un ravissant jardin. Les assiettes sont marquées du même poinçon luxueux et on en vient à regretter que l'esthétique graphique des plats ne soit pas toujours à la hauteur de la qualité des produits travaillés : belles saint-jacques portées par des saveurs acidulées et épicées, magnifique turbot à l'émulsion de cresson et fabuleux quatre-quarts breton digne d'être conservé au Pavillon de Sèvres. Un directeur de salle irréprochable et de jeunes serveurs en revanche peu aguerris.
C : 90 € • M : 51-59 €

→ Plan : 2 D 5
33 av George-V
☎ 01 53 23 78 50
F. dim.
Jusqu'à 22h.

Prince de Galles

Derrière son architecture Art déco (sensible notamment dans les détails des colonnes qui entourent le patio) et son hall imposant, ce palace à l'emplacement prestigieux privilégie un luxe feutré, sans ostentation. Couleurs harmonieuses et matières nobles s'associent au service discret et efficace pour une prestation de très haut niveau.
30 appart. 3005 € • 138 ch. 349 €   www.luxurycollection.com

→ Plan : 2 D 5
33 av George-V
☎ 01 53 23 77 77
🖷 01 53 23 78 78
Ouv. 7j/7.

15 Kinugawa II

S'il peut paraître trop subjectif de parler aujourd'hui de "meilleur Japonais de Paris", tant la gastronomie nippone s'est développée au point de se décliner en traditionnelle, évolutive, moderne, orthodoxe ou minimaliste, on peut au moins évoquer l'envergure maintenue de Kinugawa II, c'est-à-dire l'exemplaire discret et remarquable de Saint-Philippe du Roule. On y pénètre comme dans un club privé, l'atmosphère d'initié, la carte ésotérique confirment l'arrivée dans une chapelle où la difficulté, pour le néophyte,

→ Plan : 2 D 4
4 rue
Saint-Philippe-du-Roule
☎ 01 45 63 08 07
F. dim., 23 déc.-7 janv.
Jusqu'à 22h.

sera de laisser faire le destin tout en infléchissant un peu le choix. Vers par exemple les consommés, d'une rectitude absolue, les poissons bien sûr, mais aussi les coquillages et, si vous le souhaitez, pour revenir sur un terrain familier, quelques sushis. Tarifs en concordance avec la rareté des produits proposés à ce niveau qualitatif pour une expérience plébiscitée par les Japonais eux-mêmes.

C : 70 € • M : 32-125 €   www.llkinugawa.free.fr

----

15 ≷ **Maison Blanche**

Un célèbre magazine américain a récemment élu cette Maison Blanche comme la meilleure table d'affaires au monde. Est-ce la vue extraordinaire sur l'ouest parisien, l'atmosphère si souvent électrique, les peintures récemment refaites, le service casté et sans faille, la cave chère et magnifique ou la cuisine supervisée par les frères Pourcel à qui revient le mérite de cette distinction ? Nous ne possédons pas nos entrées à la rédaction de Forbes mais gageons que les belles manières de Thierry Vaissière ont pesé très lourd dans la balance au moment du choix : carpaccio de saint-jacques sur une gelée de pommes vertes et vinaigrette truffée, filet de bar cuit longuement au four, purée de cresson et marinière de coques et bigorneaux, ris de veau, asperges vertes et croustillant de légumes. Des assiettes d'une rare élégance dans un cadre d'une beauté à couper le souffle, des tarifs élyséens, le Triangle d'Or adore.

C : 90 € • M : 55-65 €   www.maison-blanche.fr

→ Plan : 2 D 5
15 av Montaigne
☎ 01 47 23 55 99
F. sam. à déj., dim. à déj.,
1er janv., 1er mai, 15 août et 25 déc.
Jusqu'à 23h.
🎋 🚗 ❄️❄️ 🐕 ▬

 idéal gourmet

----

15 **Le Restaurant W**

Ambiance de palace discret, cuisine chic et précise, une marque de fabrique presque indispensable au Warwick. Dans cette salle feutrée où l'on ne cherchera pas à vendre le cadre ou la vue, c'est la cuisine de Christophe Moisand, chef au long cours et d'expérience du haut niveau qui garantit la satisfaction internationale, qui peaufine avec son chef exécutif Frédéric Lesourd une carte deux toques sans faiblesse : saint-jacques en carpaccio et fine gelée de poireaux aux truffes, bar et endivettes aux sucs d'orange, poitrine de cochon cromesquis, ravigote et céleri, palet de mangue épicée, glace mangue coco. Tarifs logiques - et donc pas abusifs - pour la prestation, cave sérieuse abordant tous les vignobles. Au déjeuner, jolie formule bonne et rapide au bar.

C : 55 € • M : 55 €   www.warwickhotels.com

→ Plan : 2 D 4
5 rue de Berri
☎ 01 45 61 82 08
F. w.-e. et août.
Jusqu'à 21h30.
🚗 ♿ ≋ ❄️❄️ 🐕 ▬

🏨 **Hôtel Warwick Champs-Elysées**

Les chambres sont au standard américain, c'est-à-dire immenses, elles ne négligent aucun élément de confort, du bureau avec double prise téléphone aux produits de soin de grande marque. Le décor privilégie les lignes sobres et élégantes, et les harmonies de couleurs feutrées, pour que rien ne vienne troubler le calme du séjour.

24 appart. 800-3000 € • 125 ch. 500-630 €   www.warwickhotels.com

→ Plan : 2 D 4
5 rue de Berri
☎ 01 45 63 14 11
🖨 01 42 56 77 59
Ouv. 7j/7.
🚗 ≋ ❄️❄️ 🐕

----

15 ≷ **Spoon Food and Wine**

On pourrait se croire dans un épisode de "Sex and The City" : un beau parquet sombre, des banquettes et fauteuils rouges ou violets, un plafond orange, des bois exotiques, du mobilier design, des tables très rapprochées (un petit "truc", réservez la 7 si vous voulez être tranquilles) et une excellente ambiance musicale (world, jazz,

→ Plan : 2 D 5
14 rue de Marignan
☎ 01 40 76 34 44
F. w.-e., fériés et 27 juil.-27 août.
Jusqu'à 22h30.
🚗 ≋ ❄️❄️ 🐕

lounge) assez vite couverte cependant par le brouhaha qui règne en salle. La carte, dont le principe reste à peu près inchangé depuis les débuts, offre la possibilité de zapper entre sauces, condiments et accompagnements et de se composer ainsi (presque) à volonté le plat de son choix. Une fois le mécanisme (un peu compliqué) de la carte assimilé, la cuisine estampillée Ducasse ne semble pas avoir vieilli, malgré huit années d'ancienneté (une éternité dans ce créneau) : thon à la plancha + sauce satay + légumes sautés au wok, bœuf Wagyu laqué + sauce BBQ + gratin de macaroni, travers de porc à la broche + marmelade " diable " + cœur de laitue. Cave balayant tous les horizons (sauf les moins onéreux), service parfait.
C : 65 € • M : 38 €   www.spoon.tm.fr

Hôtel Marignan-Champs-Elysées

Du passé d'ancien hôtel particulier XVIIIe, il reste une atmosphère feutrée, appuyée par la décoration raffinée des chambres, cocons intimes de tentures luxueuses et de couleurs harmonieuses, mais aussi par la qualité de l'accueil. Les chambres avec terrasse sont particulièrement agréables.
16 appart. 720-820 € • 73 ch. 395-620 €   www.hotelmarignan.fr

→ 14 rue de Marignan
☎ 01 40 76 34 56
🖶 01 40 76 34 34
Ouv. 7j/7.

---

15 Stella Maris

Sommes-nous dans un restaurant japonais ? Incontestablement oui pour l'ambiance " zen " de la très chic salle à manger, simplement habillée de noir et blanc et illuminée d'un éclairage discret. Oui encore pour le personnel de salle pour moitié japonais et enfin oui bien sûr, pour Tateru Yoshino, le chef nippon qui, après avoir fait ses classes chez de grands chefs français a décidé, voici dix ans, de voler de ses propres ailes en reprenant cette institution proche des Champs. Mais, et c'est bien là la pirouette la plus surprenante de Tateru, pas le moindre shushi à l'horizon... mais de la tête de veau et du kouign aman ! Ne nous y trompons pourtant pas car si la carte semble ne donner aucun indice sur les origines du chef, l'exécution quant à elle porte l'empreinte de la virtuosité asiatique par l'esthétisme des présentations, la remarquable précision des cuissons et la subtilité des saveurs tranchées au scalpel. En témoignent, l'étuvée d'asperges et langoustines croustillantes et l'admirable saumon à peine fumé, à peine mariné et à peine cuit, juste accompagné d'une émulsion de petits pois. Belle sélection de vins. Personnel d'une urbanité naturelle. Prix chocs !
C : 90 € • M : 45-130 €   www.tateruyoshino.com

→ Plan : 2 D 4
4 rue Arsène-Houssaye
☎ 01 42 89 16 22
F. sam. à déj., dim., 10-20 août et fériés à déj.
Jusqu'à 22h30.

---

14 Chez Catherine

Catherine Guerraz ? Cette cuisinière plutôt médiatisée reçoit comme chez elle dans cette salle chic entre l'avenue de Friedland et le faubourg Saint-Honoré. La joue de veau braisée en gremolata, mini-carottes et jeunes pousses d'épinards et le dos de dorade coryphène et fenouil caramélisé justifient par leur qualité intrinsèque les additions logiques mais élevées. Service compétent mais manquant parfois de chaleur.
C : 60 € • M : 43 €

→ Plan : 2 D 4
3 rue Berryer
☎ 01 40 76 01 40
F. w.-e. et fériés.
Jusqu'à 22h.

14 🦷 Citrus Etoile ↗

Gilles Epié n'a pas toujours fait preuve d'une parfaite stabilité depuis son retour à Paris, après une décennie passée outre-Atlantique. L'ancien trublion du Miraville semble avoir posé ses valises pour de bon rue Arsène-Houssaye ; un décor sobre et moderne et une carte proposant quelques touches (discrètes) estampillées Silicon Valley sur une base française classique sont ses nouvelles armes : asperges vertes au caviar de saumon, velouté de jaune d'œuf au citron vert, saint-pierre aux feuilles de laurier sous la peau, romaine et parmesan, soufflé chaud au caramel laitier. Maîtrise technique indéniable, assiettes créatives, Gilles Epié is back. Cave complète et pas trop chère, service délicieusement dirigé par Elizabeth Epié.
C : 60 € • M : 39 €　　　　　　　　　*www.citrusetoile.fr*

→ Plan : 2 D 4
6 rue Arsène-Houssaye
☎ 01 42 89 15 51
F. w.-e. et 2 sem. août.
Jusqu'à 22h30.

♿ ❄️ 🐕

idéal gourmet

---

14 🦷 La Luna

Ce salon des années 30 Art déco affiche un chic très parisien finalement plaisant si l'on excepte un service qui, tout en faisant preuve d'un extrême professionnalisme, pourrait afficher un peu plus de décontraction. Passons également sur le moment de l'addition, qui opère une rude sélection naturelle, pour mettre en exergue l'extrême qualité des produits travaillés : émincé de thon rouge et saint-pierre à l'huile de citron, gaspacho andalou au tourteau, sole de Noirmoutier meunière. Cave prestigieuse (à l'image de l'enseigne) et lourdement tarifée.
C : 65 €　　　　　　　　　*laluna75008@yahoo.fr*

→ Plan : 2 E 4
69 rue du Rocher
☎ 01 42 93 77 61
F. dim., 29 juil.-21 août et 31 déc.
Jusqu'à 22h45.

❄️ 🍴

---

14 🦷 La Marée

Lorsqu'à Paris, cette année, les gourmets vous interrogent par un "Alors, la Marée ?", ce n'est pas pour connaître les horaires de passage du Gois, mais pour l'état des lieux de la célèbre maison de la rue Daru (à l'angle du Faubourg). On peut les rassurer : la reprise s'est effectuée en douceur, la tradition persiste (les plus beaux poissons, des préparations traditionnelles) et l'atmosphère, à la fois chic et détendue, est même repartie à la hausse. Il reste encore à peaufiner un peu la manière sur des plats moins familiers (la terrine de brochet et langoustine est excellente comme un plat traiteur haut de gamme, les rougets au grill et risotto basque, un peu mous, atteignent une petite toque, heureusement relevée par une belle farandole de desserts) mais les fondations restent solides. Ouf !
C : 100 € • M : 66-115 €　　　　　　　*www.lamaree.fr*

→ Plan : 2 D 4
258 rue du
Fg-Saint-Honoré
☎ 01 43 80 20 00
F. sam. à déj., dim. et août.
Jusqu'à 22h30.

🚗 ❄️

---

14 🦷 ⅃ Market

Restaurant-concept comme peut l'être un Spoon, le Market de Jean-Georges Vongerichten, français star des fourneaux américains, est une réussite : situation au cœur du Triangle d'Or, casting d'enfer au service, et derrière les effets de manche et de mode, une cuisine très pointue, due au chef exécutif Wim Van Gorp. La black plate, assortiment d'entrées, est toujours aussi suggestive, avec ses bouquets en brochette, croustillants de crabe, rouleaux de thon cru ou homard au radis daikon, les pizzas sont craquantes, le bar vapeur et carottes confites au cumin ou le filet de bœuf Simmenthal au foie gras exactement ce qu'on a envie de trouver ici. Avec du vin de partout, c'est-à-dire du monde entier, trié par genre (blancs fins et minéraux, rouges riches et épicés...), évidemment un peu cher pour les grands, mais accessible dans l'ensemble.
C : 60 € • M : 50-83 €　　　　　　　*www.jean-georges.com*

→ Plan : 2 E 5
15 av Matignon
☎ 01 56 43 40 90
Ouv. 7j/7.
Jusqu'à 23h30.

⛱️ 🚗 ♿ ❄️ 🍴 🐕

14 Relais Plaza

Restaurée à la feuille d'or en 2000, la salle du Relais, annexe chicissime du Plaza, compte parmi les plus élégantes de la capitale avec son large comptoir, ses profonds fauteuils en cuir clair et son atmosphère très "années 30" (la déco est en partie inspirée du paquebot le Normandie). L'emblématique Werner Küchler veille sur cette magnifique salle où la clientèle se laisse dorloter par la cuisine sobre et raffinée signée Philippe Marc (raviolis de pommes de terre et comté aux trompettes de la mort, risotto aux oursins, noisette de chevreuil, sauce Grand-Veneur). Desserts de concours (conçus par Christophe Michalak, champion du monde de la spécialité en 2005) et cave très parisienne.

C : 70 € • M : 50 €   www.plaza-athenee-paris.com

→ Plan : 2 D 5
25 av Montaigne
☎ 01 53 67 64 00
F. août.
Jusqu'à 23h30.

---

14 Les Saveurs de Flora

Ces Saveurs ont tous les atours d'un boudoir exquis et charmant. A deux pas des Champs-élysées et sur l'Avenue Georges V, la déco (qui varie au gré des salles) se prête à toutes les confidences et Flora Mikula impose sa pâte féminine dans les quartiers fréquentés essentiellement par les chefs masculins. Cette cuisine bien armée apporte peps et gourmandise, tant sur un répertoire solide (belle tête de veau panée aux noisettes, dense, fondante et croustillante) que lorsqu'une touche de créativité vient parfois souligner les produits du marché (le paleron de bœuf façon sangria, une viande ultra fondante, délicatement parfumée à la cannelle), une tendance qui s'exacerbe sur les desserts (jeu de textures à foison, comme cette mousse fruits exotiques et sorbet au sésame noir hallucinant). Le livre des vins est ouvert, accessible et complet, avec une belle sélection dans l'air du temps, tandis que le service, prévenant à souhait, est bien dans le ton de la maison.

C : 60 € • M : 37-68 €   www.lessaveursdeflora.com

→ Plan : 2 D 5
36 av George-V
☎ 01 40 70 10 49
F. sam. à déj., dim. et août.
Jusqu'à 23h.

---

14 Seafood Café Prunier

Installé sur la place de la Madeleine, au-dessus de la fameuse boutique, ce restaurant arbore un très chic décor Art déco composé de plaques émaillées et d'appliques Lalique. Produits emblématiques de la maison Prunier, le saumon et le caviar (dont plusieurs variétés sont proposées à la dégustation) occupent évidemment le devant de la scène aux côtés de produits exclusifs comme les pinces de crabe géant du Kamchatka. Atmosphère presque décontractée, service sans faille.

C : 60 € • M : 39 €

→ Plan : 2 F 5
15 pl de la Madeleine
☎ 01 47 42 98 98
F. dim. et août.
Jusqu'à 23h.

---

13 L'Angle du Faubourg

Tons ocre et toiles contemporaines, le décor est superbe et bien servi par un éclairage soigné ou encore une équipe impliquée. Les caves Taillevent alimentent une carte de connaisseurs, où l'on croise aussi bien le rully de Dureuil-Janthial que le Roc d'Anglade du Causse-Marines, ainsi qu'un large choix au verre. On accompagne de plats sagement actuels, bien ficelés pour séduire (sablé de thon aux épices, risotto crémeux, foie gras poêlé au banyuls).

C : 65 € • M : 35-70 €   www.taillevent.com

→ Plan : 2 D 4
195 rue du
Fg-Saint-Honoré
☎ 01 40 74 20 20
F. w.-e. et 26 juil.-25 août.
Jusqu'à 22h30.

13 🍷 **L'Arôme** *d≲*

Cette adresse a été ouverte en novembre 2006 par Eric Martins (dont on apprécie déjà depuis quelques années L'Ami Marcel) et elle fait du bien dans ce quartier qui manque cruellement d'adresses sincères, authentiques, et (relativement) abordables. Le cadre est élégant, confortable, assez " lounge-chic ", le service bénéficie du savoir-faire d'Eric Martins, parfaitement secondé par de jeunes serveuses souriantes et efficaces. La cuisine est tout aussi convaincante, dans le style classique revisité avec talent, un peu dans la tendance bistronomique : les radis verts en rémoulade et gambas au saté, le lieu jaune rôti purée surprise vitelotte ou le millefeuille de bananes frécinettes et pain d'épices décrochent la toque tant par la qualité des produits que celle de l'exécution (on sent un vrai chef aux fourneaux). Belle carte des vins notamment au verre.
M : 33-45€

→ Plan : 2 D 4
3 rue
Saint-Philippe-du-Roule
☎ 01 42 25 55 98
F. dim.
Jusqu'à 23h.
🛋 👤 ≈❄ 🐖
🍴 idéal gourmet

- -

13 🍷 **Le Bistrot du Sommelier**

Le ton est donné : ici, la cuisine est au service du vin, qui est le vrai roi de la fête à travers la carte résolument ouverte composée par Philippe Faure-Brac, qui visite chaque table au moment de la commande, pour choisir au mieux le vin qui lui plaira et revient même au moment de la dégustation pour savoir si l'accord est parfait. On laisse faire volontiers le maître, pour accompagner aiguillettes de saumon façon hareng fumé, lasagne d'émietté de haddock et coulis de poivron et tarte au chocolat bien réalisées, tout en regrettant la sobriété du décor, qui manque un peu de la gaieté qu'on ne peut s'empêcher d'associer à un bistrot à vins.
C : 49€ • M : 39€   www.bistrotdusommelier.com

→ Plan : 2 E 4
97 bd Haussmann
☎ 01 42 65 24 85
F. w.-e. F. ann. non comm.
Jusqu'à 22h30.
≈❄ 🐖

- -

13 🍷 **Café Faubourg**

La carte de Jérôme Videau se doit forcément de répondre à un cahier de charges extrêmement précis afin de répondre au mieux aux aspirations de la clientèle internationale qui occupe les 150 chambres de l'hôtel. Imaginée par Alain Dutournier, la carte affiche une logique inclination du sud-ouest : foie gras confit au nectar de bruyère et gelée de crevettes, dos de sandre laqué et embeurrée de chou rouge et gingembre, civet de joues de porc noir en cocotte. Cave éclectique et pas trop chère.
C : 60€   www.sofitel.com

→ Plan : 1 A 3
15 rue Boissy-d'Anglas
☎ 01 44 94 14 24
F. w.-e. à déj. et 1er-20 août.
Jusqu'à 22h.
🚗 🛏

🏛🏛🏛 **Le Faubourg Sofitel Demeure Hotels**

Cet ensemble des XVIIIe et XIXe siècles est bien à sa place dans ce quartier où les vitrines chics sont légion. Depuis le hall, où sofas, divans et fauteuils profonds créent immédiatement une ambiance apaisante, jusqu'aux chambres, où les souvenirs d'Asie cohabitent avec les bureaux Louis XVI et les livres d'art, tout est irréprochable. Une salle de fitness et deux hammams rendent le séjour plus exclusif encore.
24 appart. 595-2500€ • 149 ch. 465-636€   www.sofitelfaubourg.com

→ Plan : 2 E 5
15 rue Boissy-d'Anglas
☎ 01 44 94 14 14
🖨 01 44 94 14 28
F. 1er-20 août.
🚗 👤 ≈❄ 🐖

13 Café M

Dans ce cadre hôtelier prestigieux, les propriétaires ont choisi de faire vivre une table d'affaires à tendance décontractée, poussant même le concept jusqu'à n'habiller les belles tables marron foncé que de simples sets en papier noir. Contemporaine et d'inspiration méditerranéenne, la carte de Franck Paget va droit à l'essentiel. Time is money... Fraîcheur de gambas au gingembre et légumes confits, linguines et supions farcis à la purée de courgette, crumble d'abricots. Carré.

C : 70 € • M : 52 €

→ Plan : 2 E 4
24 bd Malesherbes
☎ 01 55 27 12 34
Ouv. 7j/7.
Jusqu'à 22h30.

Hyatt Regency Paris-Madeleine

La verrière 1901 classée Monument Historique tranche singulièrement avec l'architecture un peu austère de ce bel immeuble haussmannien. Les espaces intérieurs allient le classicisme parisien à un décor contemporain du plus bel effet. Chambres de très grand standing avec notamment des salles de bains en marbre ivoire rehaussé de chrome. Sauna, hammam.

4 appart. 1180-2700 € • 82 ch. 325-700 €   www.paris.madeleine.hyatt.fr

→ Plan : 2 E 4
24 bd Malesherbes
☎ 01 55 27 12 34
🖷 01 55 27 12 35
Ouv. 7j/7.

13 Copenhague

Dans un joli cadre chic scandinave, une cuisine de même obédience, prétexte à de jolies dînettes sur les Champs. On aime les poissons fumés, les déclinaisons de harengs mais aussi le foie gras avec son verre d'aquavit, entre gens de très bonne compagnie, venus pour un business détendu ou un tête-à-tête au milieu du shopping.

C : 110 € • M : 50-109 €   www.restaurantfloradanica.com

→ Plan : 2 D 4
142 av des
Champs-Elysées
☎ 01 44 13 86 26
F. w.-e. et fériés.
Jusqu'à 22h30.

13 L'Evasion

Les immenses ardoises sur lesquelles figure une partie des 300 références de la cave affichent des prix qui font parfois frémir. Cela explique sans doute pourquoi la clientèle s'oriente vers le (remarquable) choix au verre qui permet même de goûter des grands crus. Ancien second chez Marco (dans la banlieue de Cahors), Christophe Cavallo propose une cuisine de bistrot chic, qui fonctionne toutefois sur courant alternatif : terrine de queue de bœuf et foie gras, crépinette de volaille de Bresse aux girolles et foie gras, Paris-Brest. Tarifs élevés, sans doute le prix de l'évasion.

M : 40-70 €   famille.brenta@wanadoo.fr

→ Plan : 2 E 4
7 pl Saint-Augustin
☎ 01 45 22 66 20
F. w.-e.
Jusqu'à 22h45.

13 Findi

Arbitre des élégances de la cuisine italienne dans le Triangle d'Or, Findi a bien d'autres atouts que le seul raffinement chamarré de la décoration ou un emplacement stratégique, la réputation de la maison (et sa présence de longue date dans ces pages) tient aussi à la qualité sans faille des spécialités proposées, qui ne s'éloignent que peu du répertoire classique mais constituent le plus souvent un modèle du genre. Le service est à la hauteur du cadre, la cave complète efficacement et le brunch italien du dimanche matin constitue une sympathique proposition décalée.

C : 39 €   www.findi.net

→ Plan : 2 D 5
24 av George-V
☎ 01 47 20 14 78
Ouv. 7j/7.
Jusqu'à 24h.

 idéal gourmet

13 🍴 **Hôtel Astor Saint-Honoré**

L'espace est rythmé par les hauts plafonds et le jeu de noir et blanc du dallage, il s'anime au gré d'un service évidemment soigné, afin de permettre d'apprécier le travail de Jean-Luc Lefrançois, chef d'expérience et grand amateur de poissons (il est passé notamment chez Prunier). Dans ce contexte, le menu bien calibré se révèle équilibré dans ses audaces et soigné dans ses produits, avec la tartelette d'oignons et sardines, le thon rouge en marinade de citronnelle et le riz au lait muscovado. Cave solide.

C : 65 € • M : 48 €   *www.3ahotels.com*

→ Plan : 1 A 2
11 rue d'Astorg
☎ 01 53 05 05 20
F. sam. à déj., dim., lundi. F. ann. non comm.
Jusqu'à 22h.
☎ ≋❄ 🐕

Hôtel Astor Saint-Honoré

Derrière la sobre façade début XXe se déploie toute l'élégance d'un palace Belle Epoque, avec des espaces aux couleurs harmonieuses, structurés par des lignes sous influence Art Nouveau et habillés de superbes meubles de style. Service de haut niveau, avec une attention de tous les instants.

13 appart. 510-1850 € • 115 ch. 290-520 €   *www.3ahotels.com*

→ Plan : 1 A 2
11 rue d'Astorg
☎ 01 53 05 05 05
📠 01 53 05 05 30
Ouv. 7j/7.
☎ 🚗 ♿ ≋❄ 🐕

- -

13 🍴 **Hôtel Daniel**

La cuisine de Denis Fetisson suit le thème voyageur qui habite l'hôtel, tout en restant proche des apprêts traditionnels qui font la fierté nationale et la joie des touristes : rougets pressés aux légumes confits, anis vert et couteaux en Dugléré, carpaccio de langoustines en poudre d'agrumes, tendron de veau Rossini, soufflé fève du Tonka… Dans la très belle salle, l'atmosphère est aux confidences, dans le plus grand sérieux d'un service qui fait tourner, mais avec une pointe de fantaisie, sauf dans la cave très hôtelière, qui manque tout de même d'étoffe.

C : 60 € • M : 45-80 €   *www.hoteldanielparis.com*

→ Plan : 2 D 4
8 rue Frédéric-Bastiat
☎ 01 42 56 17 05
F. w.-e. (sf résidents) et 19 juil.-26 août.
Jusqu'à 22h30.
☎ ≋❄ 🍷

Hôtel Daniel

Une réussite de déco harmonieuse due à Tarfa Salam sur le thème de l'exploration, des tissus nobles mariés avec grâce, meubles chinés, objets du monde entier garnissant des chambres délicieuses comme autant de modèles uniques. Le vert amande rejoint le cramoisi ou le gris souris, l'Orient rejoint la Méditerranée, les zelliges côtoient les fins motifs chinois dans une inspiration world et XVIIIe typique de ce palace nouvelle formule logé dans un immeuble haussmannien.

7 appart. 510-740 € • 19 ch. 330-460 €   *www.hoteldanielparis.com*

→ Plan : 2 D 4
8 rue Frédéric-Bastiat
☎ 01 42 56 17 00
📠 01 42 56 17 01
Ouv. 7j/7.
☎ 🚗 ❄

- -

13 🍴 **Louis 2**

Exit le Senso, l'équipe (Frédéric Duca répond toujours présent en cuisine) évolue désormais dans le nouveau décor du Louis 2, ambiance lounge contemporaine et feutrée bien dans le ton de l'hôtel. On retrouve une cuisine sous influence méridionale, beaux produits du marché, cuissons respectueuses, sauces plutôt légères et présentations pleines de couleurs et d'allant. Service aux petits soins et carte des vins élégante, avec un joli choix au verre.

C : 65 € • M : 47 €   *www.hotel-tremoille.com*

→ Plan : 2 D 5
Hôtel de la Trémoille,
14-16 rue de la Trémoille
☎ 01 56 52 14 14
F. sam. à déj., dim.
Jusqu'à 23h.
🍴 ☎ ♿ ≋❄ 🐕

La Trémoille

Le majestueux immeuble haussmannien séduit par son service à l'efficacité discrète comme par sa remarquable interprétation contemporaine des vertus classiques de l'hôtellerie de luxe à la française, parée de luxe feutré et de belles harmonies de tons beige et marron.

5 appart. 680-1100 € • 88 ch. 475-620 €   www.hotel-tremoille.com

→ Plan : 2 D 5
14 rue de la Trémoille
☎ 01 56 52 14 00
🖷 01 40 70 01 08
Ouv. 7j/7.

---

13 Mini Palais ♥ *d*

C'est Gilles Choukroun qui s'est vu confier le restaurant du Grand Palais récemment rénové. Le lieu est spectaculaire, notamment la formidable terrasse toute en longueur sous l'aile gauche du Grand Palais, face au Petit Palais. Le service, jeune et souriant, n'est pas encore totalement rôdé, au contraire de la carte des vins déjà impeccable de modernité. Au niveau de la cuisine, les assiettes créées par Gilles Choukroun sont toujours aussi intéressantes, même si ici elles semblent plus ludiques qu'abouties : superbe marinade d'huîtres et œuf poché, gambas à la plancha et avocat au gingembre, Piz'choco dans le rôle du dessert régressif. Ce plaisir a un coût, mais le lieu est franchement singulier, et cette terrasse va devenir un incontournable des soirées parisiennes estivales.
C : 50 €

→ Plan : 2 E 5
Av Winston-Churchill -
aile gauche du
Grand-Palais, Cours la
Reine
☎ 01 42 56 42 42
Ouv. 7j/7.
Jusqu'à 23h.

---

13 La Place

Décor contemporain et feutré, ouvert sur une vaste terrasse, cuisine impeccablement dosée, entre tradition française et air du temps (notamment dans une plaisante mouvance sudiste), tout est fait ici pour assurer une satisfaction maximale, de la qualité sans faille des produits jusqu'à l'efficacité du service ou la cave pas sotte.
C : 68 €   www.paris.radissonsas.com

→ Plan : 2 D 4
78 bis av Marceau
☎ 01 53 23 43 63
F. w.-e., 3 sem. déb. août et 24
déc.-1ᵉʳ janv.
Jusqu'à 22h.

Radisson SAS Hôtel Champs-Elysées

Transformé en hôtel il y a cinq ans, l'ancien siège de Louis Vuitton affiche un style contemporain empreint d'une folle élégance grâce à la présence de matériaux nobles, bois précieux, verre. Mariant la pierre et le bois, la décoration des chambres offre une ambiance chaleureuse et contemporaine.

1 appart. 450-750 € • 45 ch. 280-550 €   www.paris.radissonsas.com

→ Plan : 2 D 5
78 bis av Marceau
☎ 01 53 23 43 43
🖷 01 53 23 43 44
Ouv. 7j/7.

---

13 Pomze

On peut y voir un peu d'opportunisme, mais les habitués ont compris qu'il y avait sous le pommier un vrai pro, un chef qui prend le fruit pour gimmick et non comme prétexte, brodant une cuisine d'imagination et de plaisir où la pomme est un ticket pour le voyage et la découverte. Pomophiles de tous les pays, unissez-vous pour aller à la rencontre des idées saisonnières de Daniel Dayan (la carte est entièrement renouvelée tous les trois mois) dans son cadre de fraîcheur, couleurs claires et bois foncé, qui en profite au passage pour soutenir la culture de toutes ces variétés : filets de truite fumée en rémoulade de céleri et cox au pain d'épices, chartreuse de confit de canard aux reinettes et salade de betteraves, cheesecake aux pommes caramélisées.
C : 45 € • M : 33 €   www.pomze.com

→ Plan : 2 E 4
109 bd Haussmann
☎ 01 42 65 65 83
F. dim.
Jusqu'à 22h30.

 idéal gourmet

13 🍴 **R. Café**

Un nouveau chef, passé chez Robuchon et Ducasse, vient affiner le trait dans ce havre de bon goût, table moderne dans les tons gris et bordeaux, assiettes précises guidées par la saison : la crème de petits pois et brochette de gambas et le steak de thon rouge, épinards et coulis de poivron, montrent des produits d'une indéniable qualité, travaillés avec sérieux. Service aux petits soins, cave bien équilibrée, visant les jeunes producteurs de qualité.
C : 40 € • M : 36-45 €   *info @rcafeparis.com*

→ Plan : 1 A 2
6 rue Chauveau-Lagarde
☎ 01 44 71 20 85
F. w.-e., fériés et 14 juil.-15 août.
Jusqu'à 22h.
⚐ ❄️ 🐄 22h.

🛍️ **idéal gourmet**

👶👶👶 New Hotel Roblin

Un hôtel discret près de la Madeleine, une touche de raffinement feutré dans les grands airs et les dorures. La déco provençale prédominante dans des chambres vastes et calmes, tissus choisis et meubles de style, apporte un note ensoleillée pour les jours de grisaille.
2 appart. 470 € • 76 ch. 290 €   *www.new-hotel.com*

→ Plan : 1 A 2
6 rue Chauveau-Lagarde
☎ 01 44 71 20 80
🖨 01 42 65 19 49
Ouv. 7j/7.
❄️ 🐄

----

13 🍴 **Ratn** *d̄*

L'ancien repaire auvergnat de Jean-Yve Bath a changé de continent pour laisser place à un véritable palais indien : un univers au charme envoûtant, très beaux objets et éléments, comme la porte d'entrée, vieille de trois siècles, une atmosphère qui place les convives dans les bonnes dispositions pour faire connaissance avec une cuisine rare et raffinée, inspirée de la gastronomie moghole indienne, avec des préparations et recettes traditionnelles dont certaines remontent au Moyen Age. Un voyage culturel qui est aussi un moment de plaisir dépaysant, aidé par un service d'une discrète courtoisie.
C : 50 € • M : 39 €   *www.restaurantratn.com*

→ 9 rue de la Trémoille
☎ 01 40 70 01 09
Ouv. 7j/7.
Jusqu'à 23h50.

----

13 🍴 **Restaurant Maxan** 🔄

La localisation, le cadre (standing élevé, du contemporain un peu froid), l'ambiance et le service (irréprochable, souriant et attentionné) se prêtent merveilleusement aux déjeuners d'affaire, où notes de frais évacuent le souci de tarifs conséquents. Restent des assiettes irréprochables, produits de qualité, cuissons parfaites et des associations ne dédaignant pas une pointe d'originalité : saint-jacques étuvée de chou fleur et tartare d'algues, pithiviers de canard au foie gras sauce civet pinot noir. Petite cave à tarifs assez équitables, avec d'intéressants coups de cœur.
C : 60 € • M : 30 €   *www.rest-maxan*

→ Plan : 2 E 4
37 rue de Miromesnil
☎ 01 42 65 78 60
F. sam. à déj., lundi à dîn., 3 sem. août et 25 déc.-31 déc.
Jusqu'à 23h.
❄️ 🐄

----

13 🍴 **Sens par la Compagnie des Comptoirs**

Ils sont ici, et ailleurs, et partout. Dans chacune de leurs affaires, les frères Pourcel savent imprimer une marque, imposer un label. Celui, pour faire court, de la modernité dans une cuisine de produits ouverte sur le Sud. Ici, tout fait Sens, comme déjà à Levallois, l'autre enseigne créée en cours d'année. Décor superbe, rythme effréné et cuisine évidemment branché, fusion food, désormais sous le contrôle de Benjamain Lechevallier qui a officié deux ans au Park Hyatt. Les assiettes sont nettes et les idées fusent, de la verrine de crabe et guacamole avec une espuma coco ou du dos de cabillaud rôti au chorizo Bellota et pointes d'asperges. Cave maligne, tarifs parisiens sans excès.
C : 40 € • M : 33-60 €   *www.lacompagniedescomptoirs.com*

→ Plan : 2 D 5
23 rue de Ponthieu
☎ 01 42 25 95 00
F. sam. à déj., dim. et 3 prem. sem. août.
Jusqu'à 23h.
🚗 ❄️

13 Tante Louise

Rien à dire sur le concept et le cadre d'un bistrot créé par Bernard Loiseau, le produit et les recettes bourgeoises sont convenablement interprétées : une terrine de queue de bœuf au vin rouge, sauce moutarde au cassis, une pièce de dos de biche rôtie et compotée de chou rouge, un beau carré de veau jus à l'origan, sans oublier les grands classiques maison, les filets de sole ou le rognon de veau. Il faudrait pourtant peut-être, à ces tarifs altiers (plus de 60 €) songer à renouveler un peu le genre du joli salon où l'on cause. Belle sélection viticole.

C : 60 € • M : 36-40 €

www.bernard-loiseau.com

→ Plan : 2 E 5
41 rue Boissy-d'Anglas
☎ 01 42 65 06 85
F. w.-e., fériés, août et Noël.
Jusqu'à 22h30.

12 Brasserie Lorraine

Chic parisien indémodable, boulons vissés sur chaque pièce, cette Brasserie Lorraine est un modèle, un ballet qui fonctionne à plein régime, du voiturier au desk d'accueil, du service virevoltant aux cuisines en flux tendu. Ce formatage brillant débouche sur des assiettes correctes et typées, choucroute, poisson plancha et filet de bœuf béarnaise, enrichi de quelques idées de vogue, comme le mariage fruits rouges et morilles en dessert.

C : 50 €

www.brasserielalorraine.com

→ Plan : 2 D 4
2-4 pl des Ternes
☎ 01 56 21 22 00
Ouv. 7j/7.
Jusqu'à 1h.

12 Chez Cécile

Le décor a l'élégance qui sied au quartier, les soirées jazz du jeudi ont leurs fidèles et Cécile Désimpel maintient en salle une ambiance décontractée qui fait qu'on se sent bien installé sur ces banquettes, pour apprécier la cuisine juste de Stéphane Pitré et ses réalisations volontiers dépaysantes : dorade à l'écorce de combawa pêche de vigne et lavande, brochette d'agneau fermier sur une raïta mentholée écrasé de navets et ricotta aux citrons confits, tartare de pastèque à l'huile de sésame grillé et sorbet pomme verte-estragon. Courte cave classique.

C : 35 € • M : 34-37 €

www.chezcecile.com

→ Plan : 1 A 2
La Ferme des Mathurins,
17 rue Vignon
☎ 01 42 66 46 39
F. sam. à déj., dim. et août.
Jusqu'à 22h30.

12 Devez

Les rugbymen du quinze de la Rose ou de l'équipe de France passent régulièrement une tête dans cette maison ouverte par les propriétaires de la Maison de l'Aubrac. On l'aura deviné, les bons mangeurs sont à la fête dans cette ambassade du terroir lozéro-aveyronnais : tapas de l'Aubrac, carpaccio de bœuf roulé au Laguiole, merveilleuse entrecôte (mûrie trois semaines au minimum), côte de bœuf, aligot… Ambiance soutenue, accueil jusqu'à minuit et jolie cave avec une prédilection pour le rhône et le languedoc.

C : 35 €

www.devezparis.com

→ Plan : 2 D 5
5 pl Alma
☎ 01 53 67 97 53
Ouv. 7j/7.
Jusqu'à 24h.

12 Le Grenadin Gourmand

Une table de quartier, pratique et discrète, standing bourgeois et cuisine d'aujourd'hui sur des bases traditionnelles. La mention vaut pour ce menu à moins de 40 €, équilibré dans ses choix : ravioles de tourteau, raie pochée en vinaigrette minestrone de légumes, agneau de sept heures à la sarriette, cappuccino de rhubarbe au cacao amer. Vous êtes dans le quartier ? Pourquoi pas ?

M : 31-53 €

→ Plan : 2 E 3
44-46 rue de Naples
☎ 01 45 63 28 92
F. w.-e. et 2 sem. août.
Jusqu'à 22h30.

12 Shin-Jung

On apprécie la gentillesse et les conseils de l'équipe au moment de partir à la découverte d'une carte coréenne abordable mais dont les épices peuvent réserver quelques surprises aux palais sensibles. La qualité de la réalisation comme le décor contribuent à l'atmosphère de franche satisfaction qui règne ici.

C : 25 €
joung6161@yahoo.fr

→ Plan : 2 F 3
7 rue Clapeyron
☎ 01 45 22 21 06
F. dim. à déj.
Jusqu'à 22h30.

- -

12 Village d'Ung et Li Lam

Le tout-Paris du Triangle d'Or, des médias et du biz-biz a forcément passé une tête en Thaïlande un jour ou l'autre. C'est dans ce joli temple aux aquariums suspendus que Li Lam fait la cuisine de son village lointain, de raviolis aux crevettes ou au poulet, de canard aux champignons noirs ou de bœuf sauté au basilic.

C : 32 € • M : 19-35 €

→ Plan : 2 E 5
10 rue Jean-Mermoz
☎ 01 42 25 99 79
F. sam. à déj. et dim. à déj.
Jusqu'à 24h.

- -

10 Le Cap Vernet

De petites salles à l'ambiance de club d'affaires, une terrasse face à l'Arc de Triomphe : ce concentré de privilèges tient à son standing sans vraiment négliger l'assiette, avec laquelle on avance en terrain connu : lisettes en escabèche, dorade plancha, pressé de courgettes et aubergines à l'ossau iraty, filet de bœuf au beurre de foie gras... Cave adaptée au concept, classique et maligne, service plein d'onctuosité.

C : 49 € • M : 40-60 €

→ Plan : 2 D 4
82 av Marceau
☎ 01 47 20 20 40
F. sam. à déj., dim., 1ᵉʳ mai et Noël.
Jusqu'à 23h.

- -

1728

Les salons de l'ancien hôtel particulier du marquis de Lafayette ont gardé l'apparat XVIIIᵉ qui leur va si bien, mais s'animent désormais au rythme d'une cuisine étonnante et détonante, avec des assiettes aussi ludiques que leurs intitulés et leurs influences exotiques. Très belle carte des vins, tarifs à la hauteur du cadre.

C : 60 €
www.restaurant-1728.com

→ Plan : 1 A 2
8 rue d'Anjou
☎ 01 40 17 04 77
F. dim. et août.
Jusqu'à 23h.

Al Ajami

Cette institution familiale approche doucement de ses quatre-vingt-dix ans, ce n'est pas à elle qu'on va apprendre à faire l'hommos ou les karabij, et cette version élégante de la gastronomie libanaise n'en finit pas de séduire, d'autant que le décor arbore tous les atours du raffinement oriental. Accueil parfait et une belle occasion de découvrir les vins libanais.

C : 36 € • M : 25-43 €
www.ajami.com

→ Plan : 2 D 5
58 rue François-1er
☎ 01 42 25 38 44
Ouv. 7j/7.
Jusqu'à 24h.

Asian

Décor soigné, vision contemporaine du Shangaï des Années trente, service charmant, pour un voyage exotique qui ne se limite pas à la cuisine (qui puise aux différentes traditions pour proposer une carte variée) grâce aux expositions ou animations régulières.

C : 40 € • M : 25-50 €
www.asian.fr

→ Plan : 2 D 5
30 av George-V
☎ 01 56 89 11 00
F. sam. à déj. et 1ᵉʳ mai.
Jusqu'à 23h30.

Bound

Toujours très cinématographique, l'ancien Barfly est devenu Bound. Cinématographique également, le décor branché, aux jeux de lumière élaborés, et l'ambiance soutenue par une musique (trop) forte. Dans l'assiette, la touche exotique ne se limite pas au sushi-bar, avec le wok d'aiguillettes de canard sautées au basilic ou la soupe de mangue glacée. Service dynamique.

C : 55 € • M : 50-70 €
www.buddhabar.com

→ Plan : 2 D 5
49-51 av George-V
☎ 01 53 67 84 60
F. 1ᵉʳ mai et 24 déc.-25 déc.
Jusqu'à 2h.

Buddha-Bar

Une référence incontestable, avec son cadre, son atmosphère et sa musique, reprise dans tous les lounges de France : du world transpacifique entre Californie et Asie, canard laqué aux fruits confits, thon au sésame vinaigrette de shii-takés...Ce n'est pas très bon marché, mais c'est le Buddha Bar of Paris...

C : 70 € • M : 60-80 €   www.buddhabar.com

→ Plan : 2 E 5
8 rue Boissy-d'Anglas
☎ 01 53 05 90 00
Ouv. 7j/7.
Jusqu'à 0h45.

Flora Danica

Alter ego plus qu'annexe du Copenhague, cette enseigne pour initié des Champs est un joli bijou contemporain, avec sa terrasse très prisée en été et son beau cadre contemporain pour déguster saumons et autres poissons fumés.

C : 60 € • M : 33 €   www.restaurantfloradanica.com

→ Plan : 2 D 5
142 av des
Champs-Elysées
☎ 01 44 13 86 26
Ouv. 7j/7.
Jusqu'à 23h.

Le Marcande

Une adresse autrefois très courue et rendue à nouveau populaire par un efficace duo, Emmanuel Cazaux aux commandes et son compère Stéphane Ruel, ancien de Guérard, Chibois et Cagna, aux fourneaux. Noix de saint-jacques bretonnes au curry, pavé de saumon sauvage à l'unilatéral, émulsion à la framboise et pigeon grillé en crapaudine au menu, pour une jolie partition gastro-terroir. Cave à privilégier sur les découvertes, avec l'arbois du domaine de la Pinte ou le Néguebouc vintage, un étonnant vin de pays des côtes de Gascogne.

C : 60 € • M : 41 €   www.marcande.com

→ Plan : 2 E 4
52 rue de Miromesnil
☎ 01 42 65 19 14
F. non comm.

Music Hall Restaurant

Si le décor franchement étonnant s'accorde à ce lieu tellement tendance - matériaux, jeux de lumière, clientèle jet-setteuse - la cuisine sophistiquée mais plutôt soignée par un chef au beau CV fait du Music Hall une table à part entière devant laquelle on peut garer sa 612 Scaglietti et apprécier le damier de saint-jacques pressé de concombre et granny smith au nori, le blanc manger au caviar ou le quasi d'agneau confit cèpes et châtaignes au tandoori.

C : 50 €   www.musichallparis.com

→ Plan : 2 E 5
63 av
Franklin-D.-Roosevelt
☎ 01 45 61 03 63
F. sam. à dîn. et dim. à dîn.
Jusqu'à 24h30.

Le Pavillon Elysées

Il y a tout d'abord cette terrasse comme on n'en connaît peu dans la capitale, avec vue sur les jardins des Champs-Elysées, le voiturier, précieux, le service, d'une parfaite maîtrise, et la cuisine enfin, formatée Lenôtre bien sûr, c'est-à-dire sans faille, à défaut d'être toujours attachante (mais qui s'en soucie ?) : espadon et thon fumé, salade de roquette et fenouil, vinaigrette aux agrumes, médaillon de lotte aux olives et cœur d'artichaut aux aromates, fondant au chocolat noir et glace à la vanille Bourbon.

C : 45 €

→ Plan : 2 E 5
10 av des Champs-Elysées
☎ 01 42 65 85 10
F. dim. à dîn., lundi à dîn.
(hiver), 1 sem. fév. et 3 sem.
août.
Jusqu'à 22h30 (23h été).

Rue Balzac

Chez Messieurs Hallyday et Bouillon, à deux pas des Champs, le repas ne peut être qu'assez brillant et un peu rock and roll. Yann Roncier, formé chez Rostang, tient le manche dans le bon sens afin de flatter l'intérêt pour la people attitude, avec les langoustines croustillantes de Laeticia et les pâtes aux olives vertes façon Johnny. Salades, pâtes, thon plancha, fricassée de sot-l'y-laisse sucré salé, en petit ou grand modèle... Il y a tout ce qu'il faut dans ce cadre forcément trendy. Et on boit le coteaux-du-languedoc du patron...

C : 70 €   www.ruebalzac.fr

→ Plan : 2 D 4
3-5 rue Balzac
☎ 01 53 89 90 91
F. sam. à déj., dim. à déj. et
août.
Jusqu'à 23h30.

Spicy

Sur la vague, il faut durer, ne pas tomber trop tôt, en tout cas vite remonter. Cinq ans après un lancement furieux, Spicy bénéficie toujours d'une bonne cote tendance et d'une carte actuelle sans faire trop de fusion, un genre vite obsolète : foie gras poêlé, pavé de lieu plancha, tartare, entrecôte d'Argentine au sel de Guérande… On annonce un possible changement de décor pour la rentrée… Histoire de revenir en haut de la vague.

C : 42 € • M : 28 € *www.spicyrestaurant.com*

→ Plan : 2 E 5
8 av Franklin-D.-Roosevelt
☎ 01 56 59 62 59
Ouv. 7j/7.
Jusqu'à 24h.

idéal gourmet

Le Stresa

Les spaghettis vongole à 30 €, les fleurs de courgettes farcies à 22 €, on comprend que la Stresa soit réservée à une catégorie d'Italiano-philes qui ne fréquentent pas les pizzerias. D'ailleurs la sole Stresa et le foie de veau au balsamico plaident pour un classicisme de haut vol dans un joli décor nostalgique.

C : 80 €

→ Plan : 2 D 5
7 rue Chambiges
☎ 01 47 23 51 62
F. w.-e., août et 20 déc.-4 janv.
Jusqu'à 22h30.

A Toutes Vapeurs

Plus qu'à une cadence plein gaz (succès aidant, l'attente est parfois un peu longue), le nom fait écho au mode de cuisson choisi pour des paniers terre ou mer à la présentation appétissante et à la mise en place convaincante compte tenu des prix raisonnables. Une bonne idée pour changer de la brasserie plat du jour.

C : 15 € *atoutesvapeurs@yahoo.fr*

→ Plan : 1 A 1
7 rue de l'Isly
☎ 01 44 90 95 75
F. dim.
Jusqu'à 22h30.

Fouquet's Barrière

Le petit monde qui fréquente les hôtels de très grand standing n'aura évidemment pas manqué l'inauguration de ce tout nouveau palace griffé Barrière et décoré par Jacques Garcia. Construit autour d'un jardin intérieur, doté d'une superbe terrasse panoramique, l'établissement cumule les prestations hors normes, depuis les vidéos et musiques à la carte jusqu'aux photocopieuses couleurs en passant par le service de majordomes privés 24 heures sur 24. Salles de bains alliant mosaïques et boiseries acajou, spa ultramoderne comprenant six cabines de soins, deux piscines dont l'une avec nage à contre-courant et une salle de fitness dernier cri.

40 appart. 1900-8500 € • 107 ch. 690 € *lucienbarriere.com*

→ Plan : 2 D 4
46 av George V
☎ 01 40 69 60 00
🖨 01 40 69 60 35
Ouv. 7j/7.

Paris Marriott Champs-Elysées

Le seul hôtel situé sur les Champs Elysées se doit de proposer une vision modèle du luxe à la française. Derrière la façade classée (où l'on aperçoit encore le nom de Vuitton, dont l'immeuble fut le siège social), le Marriott trouve le ton juste entre respect des traditions (meubles de style, moquettes épaisses) et un parfum plus actuel qui donne des chambres remarquablement agréables et parfaitement à la hauteur de l'exclusivité de la situation.

18 appart. 650-1950 € • 192 ch. 365-650 € *www.marriott.com/pardt*

→ Plan : 2 D 5
70 av des Champs-Elysées
☎ 01 53 93 55 00
🖨 01 53 93 55 01
Ouv. 7j/7.

Royal Monceau

Ce prestigieux hôtel parisien a connu une année agitée et une complète restructuration dont nous n'avons pas encore pu juger du résultat. Le potentiel est là, la volonté également, le résultat ne devrait donc pas manquer de ramener le Monceau dans la cour des grands.

45 appart. 880-7000 € • 155 ch. 460-650 € *www.royalmonceau.com*

→ Plan : 2 D 4
37 av Hoche
☎ 01 42 99 88 00
🖨 01 42 99 87 90
Ouv. 7j/7.

Le A

C'est un véritable hôtel-galerie, original et charmant, qui s'abrite dans cet immeuble XIXe entièrement refait à neuf. Une très belle architecture intérieure, un quadruple vitrage qui apporte un silence absolu, une déco contemporaine élégante enrichie d'œuvres d'art et de belles parties communes (bibliothèque, lounge bar…).
10 appart. 472-620 € • 16 ch. 345-490 €   www.hotel-le-a-paris.com

→ Plan : 2 D 4
4 rue d'Artois
☎ 01 42 56 99 99
🖳 01 42 56 99 90
Ouv. 7j/7.
≋❄

Le Balzac

Cette prestigieuse adresse a rouvert cet été sous de nouveaux atours, dans une atmosphère de luxe néoclassique et de romantisme à la française, meubles de style, luminaires Murano, tonalités douces des couleurs. Equipement et service s'annoncent d'emblée de haut niveau, tandis que la magnifique verrière constitue une belle exclusivité.
14 appart. 800-5000 € • 56 ch. 420-600 €   www.www.hotelbalzac.com

→ Plan : 2 D 4
6 rue Balzac
☎ 01 44 35 18 00
🖳 01 44 35 18 05
Ouv. 7j/7.
🚗 ≋❄ ⊬

Bradford-Elysées

Un agréable hôtel discret dans un quartier d'exception, tranquilité et haut standing. Chambres climatisées, au style classique, certaines avec cheminées, vestiges de l'époque haussmannienne de construction de l'hôtel.
50 ch. 218-371 €   www.astotel.com

→ Plan : 2 E 4
10 rue
Saint-Philippe-du-Roule
☎ 01 45 63 20 20
🖳 01 45 63 20 07
Ouv. 7j/7.
≋❄

Champs-Elysées Plaza

Un emplacement idéal pour cet hôtel à l'architecture haussmannienne datant du début du XXe siècle. Un très haut niveau d'équipement, spa, wi-fi, hammam, sauna, salle de fitness, des chambres et suites spacieuses, la plupart avec baignoires jacuzzis, à la décoration classique en harmonie avec la maison : moulures, rideaux de soie, tissus Osborne et Little, peintures contemporaines.
15 appart. 1100 € • 40 ch. 390 €   www.champselyseesplaza.com

→ Plan : 2 D 4
35 rue de Berri
☎ 01 53 53 20 20
🖳 01 53 53 20 21
Ouv. 7j/7.
🚗 ≋❄ ⊬

Concorde Saint-Lazare

Le vaste immeuble fin XIXe a gardé tout l'éclat d'un Paris triomphant (celui de l'Exposition Universelle), comme en témoigne notamment le hall classé, entre marbres et fresques d'époque. Plus sobres dans leur interprétation d'un style classique, les chambres dispensent généreusement espace et confort.
30 appart. 685-1580 € • 236 ch. 300-460 € www.concordestlazare-paris.com

→ Plan : 2 F 4
108 rue Saint-Lazare
☎ 01 40 08 44 44
🖳 01 42 93 01 20
Ouv. 7j/7.
🚗 ≋❄ ⊬

Hôtel Arioso

Séjour agréable dans cet hôtel intime et bien placé. On se détend sur le patio fleuri orné d'une fontaine, on goûte le confort de jolies chambres aux meubles de style et tons coordonnés, équipées d'écrans plats et bénéficiant de multiples attentions (miroirs grossissants, chaussons dans les salles de bain)
28 ch. 180-265 €   www.arioso-hotel.com

→ Plan : 2 E 4
7 rue d'Argenson
☎ 01 53 05 95 00
🖳 01 40 06 04 21
Ouv. 7j/7.
♿ ≋❄

Hôtel California Champs-Elysées

A cinquante mètres seulement des Champs-Elysées, le California joue la carte des équipements et prestations exclusifs (plusieurs salons équipés des dernières technologiques pouvant accueillir jusqu'à 120 personnes, toute nouvelle salle de sport de 80 m2…) et le charme de chambres personnalisées par une superbe collection de tableaux. Le bar compte plus de 150 références de whiskies
16 appart. 850-1500 € • 158 ch. 395-480 €   www.california-paris.com

→ Plan : 2 D 4
16 rue de Berri
☎ 01 43 59 93 00
🖨 01 45 61 03 62
Ouv. 7j/7.

Hôtel de Sers

Le contraste est aussi séduisant que surprenant : la sobre et élégante façade de cet hôtel particulier XIXᵉ cache un décor résolument contemporain, dans le choix des couleurs comme les lignes épurées du mobilier design. Un parti-pris qui s'exprime bien sûr également dans les superbes chambres, spacieuses et associant les matières et les jeux de couleurs avec bonheur. Les suites panoramiques justifient leur nom avec brio.
7 appart. 800-2300 € • 45 ch. 480-650 €   www.hoteldesens.com

→ Plan : 2 D 5
41 av Pierre-1er-de-Serbie
☎ 01 53 23 75 75
🖨 01 53 23 75 76
Ouv. 7j/7.

Hôtel de Vigny

Situation privilégiée et atmosphère exclusive, deux atouts majeurs pour cette demeure au luxe feutré, dans une atmosphère romantique que n'aurait pas reniée Alfred de Vigny et qui se nourrit de tissus raffinés et de meubles de style mariés avec goût par la décoratrice Nina Campbell.
11 appart. 575-850 € • 26 ch. 395-440 €   www.hoteldevigny.com

→ Plan : 2 D 4
9-11 rue Balzac
☎ 01 42 99 80 80
🖨 01 42 99 80 40
Ouv. 7j/7.

Hôtel François 1er

Dans une rue calme et chic, un immeuble haussmannien abrite cet hôtel entièrement décoré par Pierre-Yves Rochon, mixant les styles, avec de beaux matériaux et des tissus choisis, dans les tons rouge, jaune d'or, orange… Ecrans plasma, GPS piéton en location…
2 appart. 420-1000 € • 38 ch. 280-490 €   www.the-paris-hotel.com

→ Plan : 2 D 5
7 rue Magellan
☎ 01 47 23 44 04
🖨 01 47 23 93 43
Ouv. 7j/7.

Hôtel le Vignon

Un espace chic dans un quartier chic, design artistique et épuré, tableaux pop art, à l'intérieur d'une maison classique Directoire. Calme et intimité dans cet hôtel plein de cachet à taille humaine.
28 ch. 260-390 €   www.levignon.com

→ Plan : 1 B 2
23 rue Vignon
☎ 01 47 42 93 00
🖨 01 42 42 04 60
Ouv. 7j/7.

Hôtel Waldorf-Madeleine

Classique du grand hôtel haussmannien dans un quartier qui n'en manque pas, le Waldorf Madeleine signe sa personnalité dans une certaine légèreté, non pas dans le sérieux des prestations (service efficace et disponible), mais dans le décor des chambres, juste équilibre entre élégance classique à la française et ambiance plus contemporaine, dans la ponctuation régulière d'œuvres d'art ou le choix des tissus d'ameublement.
45 ch. 310-410 €   www.hotelswaldorfparis.com

→ Plan : 2 F 5
12 bd Malesherbes
☎ 01 42 65 72 06
🖨 01 40 07 10 45
Ouv. 7j/7.

Relais-Monceau
Un intérieur très chic mêlant contemporain et style ancien dans cet immeuble haussmannien proche du parc Monceau. Chambres aux beaux matériaux, moquette et parquet, salles de bains avec volets en bois, dalles d'argile, vasques... La salle de petit-déjeuner a été entièrement rénovée, en deux parties, dont l'une donne sur le patio, ainsi que les salons.
1 appart. 195 € • 50 ch. 170-175 €   www.relais-monceau.com

→ Plan : 2 E 3
85 rue du Rocher
☎ 01 45 22 75 11
▤ 01 45 22 30 88
Ouv. 7j/7.
❄

 San Regis
Ce petit palace ouvert en 1923 par Simon André Terrail, alors propriétaire de la Tour d'Argent et du George V, se distingue par un service personnalisé à l'extrême, privilège facilité par la relativement faible capacité d'accueil (moins de 50 chambres et appartements) proposée dans cet ancien hôtel particulier situé au cœur du Triangle d'Or. Totalement personnalisées, décorées par Pierre-Yves Rochon dans un classicisme à la française qui leur sied à merveille, les chambres arborent un superbe mobilier d'époque parfaitement coordonné aux riches tissus, bronzes, porcelaines et tableaux de maîtres. Belle cuisine classique au restaurant, sous la direction de Christophe Lericolais.
11 appart. 675-1080 € • 33 ch. 340-610 €   www.hotel-sanregis.fr

→ Plan : 2 D 4
12 rue Jean-Goujon
☎ 01 44 95 16 16
▤ 01 45 61 05 48
Ouv. 7j/7.
🚗 ❄

 Amarante Beau Manoir Hôtel
L'ancien monastère a su conserver presque intacte l'atmosphère des origines : les chambres, sans être austères bien sûr, sont sobrement décorées, tapissées d'une belle toile unie et rehaussées de tableaux de maîtres. L'épaisse moquette, qui répond aux belles poutres anciennes, créée un agréable sentiment de cocooning. Salle de remise en forme.
3 appart. 350-650 € • 60 ch. 140-580 €   www.amarante-beau-manoir.com

→ Plan : 2 F 5
6 rue de l'Arcade
☎ 01 53 43 28 28
▤ 01 53 43 28 88
Ouv. 7j/7.
♿ ❄

 Best Western Folkestone Opéra
Elégant décor intime et feutré à proximité de l'Opéra et du Faubourg Saint-Honoré : tons doux, ocre et caramel, chambre de très bon standing, rénovées par tranche (tout le 4e l'an passé) et désormais équipées d'écrans plats.
50 ch. 115-230 €   www.hotelfolkestoneopera.com

→ Plan : 1 A 2
9 rue de Castellane
☎ 01 42 65 73 09
▤ 01 42 65 64 09
Ouv. 7j/7.
❄

Chambiges-Elysées
L'atmosphère d'une maison de famille dans un confort de haut niveau entre les Champs-Elysées et l'avenue Montaigne. Chambres très soignées aux tissus Frey, Canovas, Rubelli, agréable cour intérieure pour les petits-déjeuners ou l'apéritif.
9 appart. 400-460 € • 25 ch. 265-370 €   www.hotelchambiges.com

→ Plan : 2 D 5
8 rue Chambiges
☎ 01 44 31 83 83
▤ 01 40 70 95 51
Ouv. 7j/7.
❄

Franklin Roosevelt
Un hôtel classique et agréable, d'architecture haussmannienne, dans le style anglais de Boutique Hôtel. Confort total, belles prestations et emplacement évidemment idéal pour un séjour chic parisien.
3 appart. 440-550 € • 45 ch. 265-295 €   www.hroosevelt.com

→ Plan : 2 D 5
18 rue Clément-Marot
☎ 01 53 57 49 50
▤ 01 53 57 49 59
Ouv. 7j/7.
♿ ❄

Le Galileo

Elégance feutrée et atmosphère intimiste, des atouts précieux pour ce petit hôtel à deux pas des Champs Elysées. Belles chambres claires et personnalisées.

27 ch. 150-174 €

www.galileo-paris-hotel.com

→ Plan : 2 D 5
54 rue Galilée
☎ 01 47 20 66 06
🖨 01 47 20 67 17
Ouv. 7j/7.
≋❄

Hôtel de l'Arcade

Un 3 étoiles discret entre Concorde, Opéra et Madeleine, entièrement rénové il y a une dizaine d'années dans l'esprit d'une maison de famille. Chambres agréables, dans un contemporain stylé, et très bien équipées.

4 appart. 234 € • 37 ch. 160-194 €

www.hotel-arcade.com

→ Plan : 2 F 4
9 rue de l'Arcade
☎ 01 53 30 60 00
🖨 01 40 07 03 07
Ouv. 7j/7.
≋❄ 🐕

Hôtel de l'Elysée

Un immeuble de style, datant de la Restauration, effectivement tout près de l'Elysée. Salons Napoléon III, trompe l'œil, dalles de marbre… Les chambres suivent le tempo, meubles anciens, lits à baldaquin en cuivre. La plupart sont tapissées de toile de Jouy, certaines avec un balcon.

3 appart. 225-315 € • 32 ch. 150-275 €

hoteldelelysee@wanadoo.fr

→ Plan : 2 E 5
12 rue des Saussaies
☎ 01 42 65 29 25
🖨 01 42 65 64 28
Ouv. 7j/7.
 ≋❄

Hôtel Tronchet

Au cœur de l'animation, dans le quartier des théâtres, de la mode et des grands magasins, un établissement très bien tenu, à l'atmosphère feutrée, aux chambres de très bon goût, tissus coordonnés, bains à hydromassage ou douches multijets.

34 ch. 175-205 €

www.hotel-tronchet.com

→ Plan : 2 F 4
22 rue Tronchet
☎ 01 47 42 26 14
🖨 01 49 24 03 82
Ouv. 7j/7.
≋❄

🏨 Queen Mary

Sous le signe d'une très gracieuse majesté, un hôtel traditionnel très bien situé entre Madeleine et Saint-Lazare. Atmosphère cosy et raffinée, chambres stylées Empire aux tissus épais, en harmonie de rouge et jaune, bar accueillant qui se prolonge par un patio pour l'été.

1 appart. 199-284 € • 35 ch. 175-254 €

www.hotelqueenmary.com

→ Plan : 1 A 2
9 rue de Greffulhe
☎ 01 42 66 40 50
🖨 01 42 66 94 92
Ouv. 7j/7.
🦮 ≋❄ 🐕

PARIS 9e ARRONDISSEMENT

---

15 Les Muses

La salle du restaurant, sage et intime, radieusement bourgeoise beaux quartiers, ne prête pas à la gaudriole. Les hommes d'affaires du déjeuner, les habitués du dîner, ne se tapent d'ailleurs pas sur le ventre. En revanche, ils apprécient à leur façon - on sauce discrètement, on esquisse un sourire - les œuvres de Franck Charpentier, précédemment au Warwick, rompu à l'exercice. Les influences world, les classiques totalement intégrés, les produits d'ailleurs et les goûts d'ici : croustillant d'asperges vertes au basilic thaï et cappuccino de carotte au gingembre, rôti de saint-pierre, lasagne et feuille de nori montrant une cuisson impeccable, carré d'agneau rôti, rognon en brochette, fondant de blettes et vieux parmesan, jus corsé. Belle cave de grands crus, de grands noms, et de petits propriétaires dénichés par un adroit sommelier, service qui joue son rôle avec un indéfectible zèle.

C : 80 € • M : 52-120 €

www.sofitel.com

→ Plan : 1 B 2
1 rue Scribe
☎ 01 44 71 24 26
F. w.-e., fériés, août et 1 sem.
Noël-nouvel-an.
Jusqu'à 22h.

ᏨᏨᏨᏨ Hôtel Scribe

Au printemps dernier, la vaste rénovation de l'hôtel Scribe a été achevée (chambres, hall, réception, entrée, façade) sous la supervision du décorateur Jacques Grange, qui a intégré l'architecture haussmannienne de ce palace discret et sa longue histoire émaillée de rencontres des arts et des lettres à un caractère chic contemporain utilisant au mieux les espaces. Chambres en harmonie, aux équipements parfaits, spa, hammam, remise en forme, verrière dans le lobby, cour intérieure fleurie.
9 appart. 950-2340 € • 213 ch. 540-685 €   *www.sofitel.com*

→ Plan : 1 B 2
1 rue Scribe
☎ 01 44 71 24 24
🖷 01 42 65 39 97
Ouv. 7j/7.
🚗 ♿ ≋❄ 🐾

----

14 Dell'Orto

De la cuisine italienne ? Pas tout à fait. Plutôt une cuisine de chef italien, inspirée, parfumée, savoureuse, étonnante parfois, vive, fine, percutante, impulsive et créative. Des produits au-dessus de tout soupçon (les morilles, les poulpes, la seiche, les pâtes, les framboises...), des plats qui flirtent avec les deux toques et une cave qui, chaque année, gagne en clarté et précision. Dommage que les propositions du jour soient simplement énoncées oralement, sans prix (d'autant que la facture avec laquelle on repart ne comporte pas le détail des plats choisis), que le personnel manque parfois de chaleur et que la décoration de la salle ne soit pas plus gaie. Mais ces quelques griefs pèsent bien peu face aux assiettes de Patrizio Dell'Orto, génial touche à tout.
C : 32 €

→ Plan : 3 A 4
45 rue Saint-Georges
☎ 01 48 78 40 30
F. dim., lundi, août et 1 sem. Noël.
Jusqu'à 24h.
🐾

----

14 Restaurant Jean

Benoît Bordier fut sans aucun doute l'un des précurseurs dans ce créneau de la gastronomie de bistrot chic. De nombreux confrères l'ont copié depuis, pas toujours avec le même succès cependant, mais ce chouchou de la critique gastronomique a néanmoins réussi à conserver quelques prérogatives, dont cette faculté à toujours conserver une petite longueur d'avance sur l'innovation. Les intitulés de plats, toujours aussi farfelus, traduisent parfaitement cette gaieté gourmande qui semble habiter en permanence ce jeune chef : parc floral (asperges, boudin noir au géranium et mimosa d'œuf), rouge tendre (un cœur de rumsteck, pompadour au safran, épinard-cacao et beurre d'algues), opération tropic (ananas rafraîchi de persil à la cardamome, shortbread et sorbet noix de coco). Cadre en décalage total avec les assiettes, carte des vins pointue et bien dans son époque (bravo pour la sélection au verre), accueil et service irréprochables.
C : 52 € • M : 45 €   *www.restaurantjean.fr*

→ Plan : 2 F 4
8 rue Saint-Lazare
☎ 01 48 78 62 73
F. w.-e. et 28 juil.-28 août.
Jusqu'à 22h30.
≋❄ 🐾 🍷

----

13 L'Alsaco

Ce décor typique composé de boiseries peintes servira prochainement de décor à un film où jouera Clovis Cornillac. Claude Steger, un homme entier, y propose l'une des cuisines alsaciennes les plus enthousiasmantes de la capitale. Une formidable choucroute, des tartes flambées émouvantes et un presskopff d'école. Belle cave alsacienne.
C : 24 € • M : 20-32 €   *www.alsacoparis.com*

→ Plan : 3 A 3
10 rue Condorcet
☎ 01 45 26 44 31
F. sam. à déj., dim., lundi à déj. et juil-août.
Jusqu'à 23h.

13 Carte Blanche

Le duo Claude Dupont (ex-Gagnaire) et Jean-François Renard (ex-Beauvilliers) en cuisine a trouvé la bonne carburation et les habitués leur laissent désormais carte blanche pour les mener dans ce petit paradis bistrotier où les plats de l'ardoise sont à peu près tous affriolants. On cale un repas d'humeur et de saveur en dessous de 40 € pour goûter, dans une ambiance copains-chic les ravioles de champignons et tomate cumin, le cabillaud à la peau et risotto de pâtes, le barbecue de bœuf et volaille et la ganache thym citronnelle. Léger, astucieux, convaincant, le même effort portant sur les vins de propriétaires exposés également sur ardoise.
C : 37 € • M : 35-38 €   rest.carteblanche@free.fr

→ Plan : 1 C 1
6 rue Lamartine
☎ 01 48 78 12 20
F. sam. à déj., dim. et 24 juil.-15 août.
Jusqu'à 22h.

---

13 Casa Olympe

On est chez Olympe, sa salle trop petite pour contenter tous les fidèles, un caractère trempé et une cuisine qui fait remonter jusqu'à Paris les senteurs de Provence et du maquis. Une cuisine qui justifie à elle seule de franchir la porte. Tant mieux d'ailleurs, car on peut difficilement considérer comme des coquetteries sympathiques le manque total d'intimité d'une table à l'autre et d'amabilité du service.
M : 38 €   casaolympe@orange.fr

→ Plan : 3 A 4
48 rue Saint-Georges
☎ 01 42 85 26 01
F. w.-e., 2 sem. déb. mai, 3 sem. août et 10 jrs Noël-nouvel an.
Jusqu'à 23h.

---

13 I Golosi

Au pied d'un immeuble ancien, les différentes salles (les habitués privilégient la petite, au milieu de l'épicerie fine) bruissent des échanges en VO de serveurs parfaitement décontractés et de la bruyante satisfaction des fidèles qui comparent les mérites des gnocchis farcis à la romaine, de la fricassée de veau aux petits pois ou de la salade "fave rape rose e cannelini". Une cuisine alerte, gourmande, fidèle aux saisons autant qu'à la Péninsule. Importante cave italienne, disponible en partie à l'œnothèque.
C : 28 €   www.igolosi.com

→ Plan : 3 A 4
6 rue de la Grange-Batelière
☎ 01 48 24 18 63
F. sam. à dîn., dim., et 2 sem. août.
Jusqu'à 23h30.

---

13 Le Jardinier

C'est presque un potager du roi, cette salle haussmannienne aux moulures fleuries où légumes et herbes tiennent toute la place qui leur revient. Stéphane Fumaz est dans son jardin, travaillant un bon menu-carte qui parle culture, avec les ravioles de légumes de printemps, le velouté de petits pois frais sur une royale d'oignons (l'ancien second d'Anton au Pré Catelan maîtrise évidemment tous les classiques), le pavé de bar sur peau fondue d'endives ou la tourtière d'épaule d'agneau confite en rosace d'aubergines, tomates et courgettes. Catherine anime une salle à maturité, bon service et petite cave très futée qui fait appel à des propriétaires peu connus.
C : 29 € • M : 32-38 €   www.restaurant-jardinier.fr

→ Plan : 1 D 2
5 rue Richer
☎ 01 48 24 79 79
F. dim. et 15 juil.-7 août.
Jusqu'à 23h.

🎁 idéal gourmet

Les prix au restaurant
C : addition moyenne à la carte (sans les boissons), comprenant 1 entrée, 1 plat et 1 dessert, dans le cadre d'une restauration traditionnelle.
M : fourchette de prix mentionnant le menu le moins cher et le menu le plus cher, proposant à la fois entrées, plats et desserts, sans les boissons.

13 🍴 Pétrelle

Les habitués vous diront sans doute que les livres sont là pour patienter, mais pour le néophyte décortiquer les richesses du décor prend déjà un moment, ambiance bourgeoise et romantique assurée. Tant mieux, car la noblesse du travail artisanal de Jean-Luc André se paye aussi d'une attente non négligeable pour les adeptes du repas express. Qu'ils passent leur chemin, ici, on prend le temps du bon, de vivre avec les saisons, celles qui amènent les champignons, les légumes ou les saint-jacques au meilleur de leur forme, et de composer des assiettes certes classiques, mais délicieusement savoureuses. La cave réserve aussi de bonnes surprises, avec du bon en toute région.
C : 50 € • M : 29 €

→ Plan : 3 A 3
34 rue Pétrelle
☎ 01 42 82 11 02
F. dim., lundi, 1 sem. mai, 20 juil.-20 août et sem. Noël.
Jusqu'à 22h.
🐏

---

13 🍴 Wally le Saharien

Trente-cinq ans de Wally à travers Paris : sur l'île Saint-Louis, dans le 18e et ici, rue Rodier, on l'a suivi partout. Pour certains goûts, jamais retrouvés ailleurs, ceux de l'incomparable harira, des sardines farcies, de la pastilla. le couscous saharien, à l'agneau de lait confit ? Prenez-en de la graine, celle-ci est inimitable, douce, moelleuse, elle se déguste seule comme une gourmandise. le menu est assez immuable. Mais à 39 €, ce voyage qui vous emmène dans les sables du désert au soleil couchant est un cadeau divin.
C : 35,50 € • M : 39 €

→ Plan : 3 A 4
36 rue Rodier
☎ 01 42 85 51 90
F. dim. et lundi. (sauf sur réserv.)
Jusqu'à 23h.
🚶 ≋❄

---

12 Charlot Roi des Coquillages

Afflux de coquillages place Clichy, arrivage récent, très bonne qualité. Ce n'est pas la braderie, ni même un slogan d'accroche, mais un peu le thème, l'argumentaire de cette maison au débit important qui peut s'offrir la fraîcheur au quotidien. Poissons, bouillabaisse en complément, dans un cadre Art Déco qui ne cherche pas à se cacher.
C : 62 € • M : 19,50-25 €

www.lesfreresblanc.com

→ Plan : 2 F 3
81 bd de Clichy
☎ 01 53 20 48 00
Ouv. 7j/7.
Jusqu'à 24h.
🚗 ≋❄ 🐏 🍷

---

12 Le Chêne Vert

A l'étage de Lafayette Gourmet, quittez les rayons d'épicerie fine pour trouver cette salle plutôt discrète et élégante où se détaille une carte de saison, chic et légère, mais sachant s'encanailler avec un bon plat de ménage. Service souriant et de bon niveau, belle cave inspirée bien sûr de la formidable sélection maison, à consulter dans la partie cave attenante.
M : 40 €

→ Plan : 1 B 1
Lafayette Gourmet, 97 rue de Provence
☎ 01 40 23 52 31
F. à dîn. et dim.
🚗 🚶 ≋❄ 🐏

---

12 Izaaki

Dans le quartier des grands magasins, cette cuisine japonaise se distingue en utilisant des produits cachères très bien préparés. Elle se hisse donc sans peine au-dessus de la mêlée avec ses sushis ou teriyakis, à savourer dans un décor élégant.
C : 32 € • M : 20 €

→ Plan : 3 A 4
35 rue La Fayette
☎ 01 53 16 43 48
F. vend. à dîn., sam., Pâques et août.
Jusqu'à 22h45.
≋❄

12 J'Go

Le J'Go ? La Gascogne en plein Paname, un éleveur qui se cache derrière chaque assiette, un vigneron derrière chaque verre et autant de sourires accrochés aux visages des clients. Une rôtissoire qui tourne à plein régime (l'épaule d'agneau fermier du Quercy, le quasi rôti, la selle pour six personnes, le demi-poulet de ferme ou le carré de côtes de porc noir de Bigorre), de superbes foies gras et une cave qui réchauffe les cœurs.
C : 35 € • M : 21-29 €   www.jgo.com

→ Plan : 3 A 4
4 rue Drouot
☎ 01 40 22 09 09
F. dim.
Jusqu'à 0h30.

12 New Balal

Indo-paki dans un quartier qui bouge, parfums typiques et atmosphère bien entretenue par une déco appropriée, tapis et miroirs, pour savourer tous les classiques, servis avec la douce courtoisie de rigueur : raita, pakora, samossa, poulet tikka, massala, biriani, rien ne manque au catalogue, et l'on aime bien, pour notre part, la simplicité du butter chicken et du vindaloo, le délicieux curry de pommes de terre.
C : 25 € • M : 16-20 €

→ Plan : 1 B 2
25 rue Taitbout
☎ 01 42 46 53 67
Ouv. 7j/7.
Jusqu'à 23h30.

12 Au Petit Riche

Après le changement de propriétaire, la note est maintenue sur les premières impressions d'une cuisine bistrotière bien appliquée, un peu moins scotchée aux standards que dans la formule précédente, avec une certaine marge d'évolution à laquelle nous serons naturellement attentifs.
C : 35 € • M : 26,50-30,50 €   www.aupetitriche.com

→ Plan : 1 C 1
25 rue Le Peletier
☎ 01 47 70 68 68
F. dim.
Jusqu'à 24h.

🍴 idéal gourmet

12 Le Santal Opéra

Face à l'Opéra Garnier, cette petite enclave vietnamienne affiche un décor orignal façon cabane en bambou. On privilégiera la salle de l'étage, plus authentique, pour s'essayer à la salade de papaye verte, au porc au caramel doux ou aux gambas au safran et lait de coco. Service attentionné.
M : 29-60 €   www.le.santal.com

→ Plan : 1 B 2
8 rue Halevy, pl de l'Opéra
☎ 01 47 42 24 69
F. dim.
Jusqu'à 23h.

11 Le Café de la Paix

On peut se douter qu'un lieu aussi incontournable de Paris ne manquera pas de touristes, guide ou pas. En revanche nos lecteurs ont le droit de savoir que cette cuisine évidemment de grande brasserie parisienne se met en place, et que si le turbot béarnaise dépasse les 40 €, la qualité des produits, des fruits de mer, de l'arrivage, des excellentes huîtres et de la charcuterie de Pierre Oteiza, alliée à la main ferme d'un jeune MOF volontaire, commence à justifier les tarifs.
C : 75 € • M : 45-85 €   www.cafedelapaix.com

→ Plan : 1 B 2
2 rue Scribe
☎ 01 40 07 36 36
Ouv. 7j/7.
Jusqu'à 23h.

Intercontinental Paris le Grand Hôtel

Arrimé aux flancs du Palais Garnier, cette magnifique bâtisse offre une palette de services propre à satisfaire la plus exigeante des clientèles d'affaires ou de tourisme : garde d'enfants, blanchisserie, business center, sauna, centre de remise en forme unique à Paris (proposant des soins marins en association avec un spécialiste des produits dédiés à la thalassothérapie). Chambres luxueuses, spacieuses et sans la moindre lacune d'équipement.
72 appart. 900-4000 € • 470 ch. 650-740 €

→ 2 rue Scribe
☎ 01 40 07 32 32

Ouv. 7j/7.

⑪ Côté 9ème

Un bistrot de Pigalle, à la sympathie et à la simplicité, mais sur un mode bien actuel soigneusement revisité. On entend presque l'accordéon en se partageant une effilochée de joue de bœuf, une cocotte de veau au miel et un fondant chocolat glace marron. Et les bourgognes de Chantal Lescure ou le saumur de Denis Duveau, ce sont de bien belles trouvailles d'aujourd'hui.

C : 30 €

→ Plan : 3 A 3
5 rue Henri-Monnier
☎ 01 45 26 26 30
F. sam. à déj. et dim.
Jusqu'à 22h45.

Copacabana

Pour être totalement brésilien, autant en profiter avec les animations musicales du week-end. En semaine, on apprécie l'ambiance chaleureuse attendue, qui tient autant au décor qu'à l'assiette. Allez, feijoada et caipirinha pour tout le monde !

M : 13-22 €   antonius.louisa@wanadoo.fr

→ Plan : 3 A 4
18 rue Rodier
☎ 01 48 78 06 86
F. lundi. F. ann. non comm.
Jusqu'à 23h30.

Au Général La Fayette

Décor d'origine d'un vrai bistrot parisien séculaire : on peut au moins rendre grâce au Général de ne pas rester confit dans son uniforme, en apportant aux habitués une cuisine de marché qui se renouvelle dans un menu bien calé à moins de 30 € : salade de lentilles au saumon fumé, effilochée de morue aux légumes confits, tagine d'agneau au citron confit... La sélection viticole est courte mais bonne (morgon de Foillard).

C : 28 € • M : 29 €

→ Plan : 1 C 1
52 rue La Fayette
☎ 01 47 70 59 08
Ouv. 7j/7.
Jusqu'à 2h30.

Georgette

Déco tendance, bistrot du XXIe siècle, cuisine de marché en forme de clins d'œil branché à une clientèle neuvième férue d'authenticité civilisée : carpaccio de saint-jacques, oreilles de porc, croustillant de veau pommes sautées et de suprêmes tirages de manches nostalgiques, comme le pâté en croûte à la Ducloux à faire fondre les thuriféraires de Greuze.

C : 33 €

→ Plan : 1 C 1
29 rue Saint-Georges
☎ 01 42 80 39 13
F. w.-e., lundi, 8 jours
à Pâques, ponts mai-juin et
août.
Jusqu'à 23h.

Momoka

Pas plus de seize couverts dans ce restaurant de poche à Pigalle mais surtout un menu dégustation d'anthologie qui prouve le savoir-faire de Masayo, étonnante cuisinière bourrée d'énergie. Réservation indispensable.

C : 50 €

→ Plan : 3 A 3
5 rue Pigalle
☎ 01 40 16 19 09
F. non comm.

Le Sinago

Il ne faut pas hésiter à pousser la porte de cette adresse dont le seul défaut pourrait bien être le manque de gaieté qui émane tant de la façade que de la décoration intérieure. Heureusement, l'ambiance est au rendez-vous et les spécialités cambodgiennes réussies.

C : 20 € • M : 10,50 €

→ Plan : 1 C 1
17 rue de Maubeuge
☎ 01 48 78 11 14
F. dim. et août.
Jusqu'à 22h.

Les Vivres

Amusante et véridique épicerie artisanale où l'ambiance solidaire éclate au grand jour et en tout naturel : bouillon de légumes aux artichauts, agneau des Pyrénées au thym, géline de Touraine aux truffes, pruneaux bio gonflés de vin cuit, cannelle et orange : on peut vivre bien ce moment de pleine harmonie.

C : 55 € • M : 27 €

→ Plan : 3 A 3
28 rue Pétrelle
☎ 01 42 80 26 10
F. dim., lundi, fériés, sem.
1er mai, 25 juil.-30 août et sem.
Noël.
Jusqu'à 19h.

€€€ Hôtel le Péra

Emplacement privilégié et cadre contemporain et luxueux pour cet établissement du quartier de l'Opéra. Chambres délicieusement accueillantes, prestations haut de gamme et atmosphère feutrée.
15 appart. 380-390 € • 47 ch. 230-420 € — www.hotellepera.com

→ Plan : 1 B 1
17 rue Caumartin
☎ 01 53 43 54 00
🖷 01 53 43 54 10
Ouv. 7j/7.
🚗 ≋❄

€€€ Pavillon de Paris

Cet immeuble haussmannien est prétexte à un aménagement très design dû à l'architecte d'intérieur Joseph Karam. Atmosphère feng shui, dépouillement à la japonaise dans des chambres de grand confort, ambiance feutrée, nouvelle moquette dans les chambres aux salles de bains également rénovées, style pur et matériaux nobles, panneaux de hêtre, chromes.
30 ch. 215-296 € — www.pavillondeparis.com

→ Plan : 2 F 3
7 rue de Parme
☎ 01 55 31 60 00
🖷 01 55 31 60 01
Ouv. 7j/7.
♿≋❄🐾

€€ Hélios Opéra

Totalement réhabilité il y a quelques années, cet immeuble classique haussmannien, dans le quartier Opéra Grands magasins, accueille des chambres mixant les styles contemporain et 1930, bois wenge, tons rouge et bleu, couettes champagne, certaines avec balcon.
1 appart. 259-289 € • 42 ch. 189-249 € — www.hotels-emeraude.com

→ Plan : 1 B 2
75 rue de la Victoire
☎ 01 48 74 28 64
🖷 01 48 78 98 70
Ouv. 7j/7.
≋❄🐾

€€ Hôtel Montréal

Référencé Exclusive Hotels, un établissement à taille humaine qui offre dix-huit chambres raffinées et personnalisées, au style classique et aux beaux tissus, agrémenté d'un patio agréable.
4 appart. 220 € • 18 ch. 129-145 € — www.paris-hotel-montreal.com

→ Plan : 1 B 2
23 rue Godot-de-Mauroy
☎ 01 42 65 99 54
🖷 01 49 24 07 33
Ouv. 7j/7.

€ La Tour d'Auvergne-Opéra

Un hôtel classique et accueillant entre Gare du Nord et Opéra, chambres stylées, certaines avec lits à baldaquin, tissus tendus.
24 ch. 130-190 € — www.hoteltourdauvergne.com

→ Plan : 3 A 3
10 rue de la Tour-d'Auvergne
☎ 01 48 78 61 60
🖷 01 49 95 99 00
Ouv. 7j/7.
≋❄🐾

13 Chez Michel

Chez Michel ne désemplit pas et c'est justice car sa cuisine percute toujours autant les papilles côté marée et côté terroir, parfois les deux additionnés. Sur le tartare de saint-jacques, endives et œufs de harengs, le contraste entre l'amertume, l'iodé et le salé est vraiment intéressant, la joue de bœuf à la ficelle régale par son fondant et sa saveur, plongée dans un bouillon fameux et une quenelle de ganache ultra dense et chocolatée accompagne de fines tranches d'orange sanguine. Le décor est immuable (le confort sommaire des banquettes mériterait pourtant un petit coup de jeune) et le service parfois plus impliqué vis à vis des people qui passent une tête que des simples gens, mais qu'importe, la table de Thierry Breton reste incontournable.
M : 30-50 €

→ Plan : 3 B 4
10 rue de Belzunce
☎ 01 44 53 06 20
F. w.-e., lundi à déj., sem. 15 août.
Jusqu'à 24h.
⛱♿🐾

12 **Et dans mon Cœur il y a** ♥ *d᷃*

... une enseigne pour jeunes filles en fleurs ou une table digne d'intérêt ? Tout près du canal Saint-Martin, ce restaurant dont tout le monde parle depuis son ouverture, à l'été 2006, n'est pas juste un concept. Il y a un vrai chef aux manettes, Benoît Mathurin, aux idées bien ordonnées. Saveurs nettes, graphismes travaillés, ses assiettes affichent déjà beaucoup de maturité : tartare d'avocat et tourteaux et coulis de piquillos, risotto aux gambas, steak de thon mi-cuit, écrasée de brocolis et vinaigrette aux noisettes torréfiées, ambiance romantique (forcément), service efficace et discret.
C : 40 €   *www.etdansmoncoeur.com*

→ Plan : 1 E 2
56 rue de Lancry
☎ 01 42 38 07 37
F. dim. et 24 déc.-1ᵉʳ janv.
Jusqu'à 23h30.

----

11 **La Madonnina**

Giovanni Guida offre un coin de Naples à deux pas du canal Saint-Martin. N'y allez pas à trois sur un scooter pour vous mettre en situation, l'ambiance, la musique et la déco brocante et madones suffiront à vous dépayser en savourant les antipasti, les linguine vongole, la viande du jour et la pannacotta fruits rouges et caramel, élaborés pour la plupart avec les produits de là-bas.
C : 25 €

→ Plan : 3 C 4
10 rue Marie-et-Louise
☎ 01 42 01 25 26
F. sam. à déj., dim. et 2 sem. août.
Jusqu'à 23h (23h30 w.-e.).

----

11 **La Marine**

Du typique savamment reconstitué pour faire de ce bistrot de dix ans d'âge un classique du Paname de toujours au bord du canal Saint-Martin et une belle terrasse pour l'été. Les déjeuners rassemblent les habitués pour une salade, une entrecôte ou la formule à 13 €, la liste des plats s'allonge le soir avec le foie de veau, la souris d'agneau braisée à la sarriette et du camembert rôti ou un croustillant de gambas pour les touristes... Desserts coutumiers, parmi lesquels on aime bien le gâteau spéculoos et mascarpone au citron.
C : 30 € • M : 13 €

→ Plan : 1 B 2
55 bis quai de Valmy
☎ 01 42 39 69 81
F. Noël.
Jusqu'à 23h30.

----

10 **Le Verre Volé** 🍾

L'esprit d'un bon bar à vins, c'est l'échange, trouver le bon produit au bon moment : du côté du liquide comme du solide, Cyril Bordarier sait y faire et ne s'essouffle pas face à la concurrence, la cave est bien dans la mouvance actuelle des vins naturels, proches de leur terroir, et l'ambiance ne faiblit que rarement.
M : 20 €

→ Plan : 1 E 2
67 rue de Lancry
☎ 01 48 03 17 34
F. sem. 15 août.
Jusqu'à 23h.

🍃 **Bob's Juice Bar**

Amusante, l'impression d'entrer dans l'appartement en désordre d'un copain new-yorkais. Sur les murs blancs, des petites annonces, les étagères garnies de vieux magazines et de jeux de société. Un jus de fruits, une soupe ? Ici, pas de vin, mais pour accompagner les bienfaits de la nature, préparés à la minute, des salades, des sandwichs, des muffins. On peut acheter le livre de Bob, pour connaître les secrets des smoothies.
M : 6-15 €   *www.bobsjuicebar.com*

→ Plan : 1 E 2
15 rue Lucien-Sampaix
☎ 06 82 63 72 74
F. dim. et août.

🍃 **Cambodge**

Un petit îlot cambodgien face au canal Saint-Martin, pour déguster dans une ambiance d'exquise gentillesse une cuisine familiale et soignée, avec ses saveurs de gingembre ou de citronnelle et ses soupes traditionnelles.
: 18 € • M : 7-10 €   *www.lecambodge.fr*

→ Plan : 3 C 4
10 av Richerand
☎ 01 44 84 37 70
F. fév., avril et fin juil.-déb. sept.
Jusqu'à 23h30.

Julien

On ne saurait toucher à un décor qui a vu passer Sarah Bernardt : cette superbe salle Art nouveau n'a que peu varié, brasserie immortelle et intemporelle, où la cuisine respecte aussi ses classiques, du gigot d'agneau du Quercy aux crêpes Suzette flambées (en salle) au Grand Marnier.

C : 45 € • M : 26,50 €

→ Plan : 1 E 1
16 rue du Fg-Saint-Denis
☎ 01 47 70 12 06
Ouv. 7j/7.
Jusqu'à 24h30.

Terminus Nord

Le décor cultive son cachet ancien, les serveurs plaisantent ou poussent la chansonnette pour les anniversaires, la brasserie de la Gare du Nord n'engendre pas la morosité, qu'on soit sur le départ ou fraîchement débarqué. Pas de potchevleesch ou de tarte au suc, mais plutôt de bons standards, qui là encore contribuent volontiers à l'ambiance (flambage en salle des rognons ou des crêpes Suzette).

C : 45 € • M : 30,50-45 €

→ Plan : 3 B 3
23 rue de Dunkerque
☎ 01 42 85 05 15
Ouv. 7j/7.
Jusqu'à 1h.

Holiday Inn Paris-Opéra

Il est bien loin le souvenir du pavillon de chasse du bon Roi Henri, désormais l'hôtel cultive un luxe bourgeois, avec tentures aux tons chaleureux et meubles de style, et un confort soigné.

92 ch. 150-480 €   *www.holiday-inn.com/paris-opera*

→ Plan : 1 D 2
38 rue de l'Echiquier
☎ 01 42 46 92 75
🖨 01 42 47 03 97
Ouv. 7j/7.

Paix-République

Un établissement pratique logé dans un immeuble haussmannien tout près de République. Chambres au style classique, meubles de style, cuir et boiseries.

45 ch. 79-200 €   *www.hotel-paix-republique.fr*

→ Plan : 3 B 5
2 bis bd Saint-Martin
☎ 01 42 08 96 95
🖨 01 42 06 36 30
Ouv. 7j/7.

14 Le Chateaubriand

Grand de demain l'an passé, Inaki Aizpitarte promène sa nonchalance superbe sur ce coin de 11e devenu son jardin. L'avenue est un peu morne, soit, mais à l'intérieur de ce bistrot auquel il a su conserver l'âme pure de café parisien, il joue et se joue des modes, des oukases, des discours bienveillants, pour n'en faire qu'à sa tête, heureusement bien faite. Il n'y a pas qu'en mai qu'il fait ce qu'il lui plaît, mais toute l'année, quand le marché lui inspire sa carte de déjeuner, si simple qu'elle ressemble aux menus de cantine d'une école communale, mais aussi une carte du soir plus élaborée, tout aussi nette et incisive, liée à une technique impeccable qui peut lui permettre, façon Camdeborde, de faire d'un boudin compote un plat majestueux et de nouer des associations toujours inattendues et qui deviennent évidentes après la dégustation. Cave tout aussi remarquable, avec la crème des vignerons d'aujourd'hui, y compris ceux qui se refusent à des tables beaucoup plus prestigieuses.

C : 39 € • M : 14 €

→ Plan : 3 C 5
129 av Parmentier
☎ 01 43 57 45 95
F. sam. à déj., dim. et lundi.
Jusqu'à 23h.

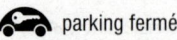 parking privé   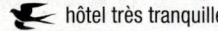 parking fermé   voiturier

hôtel très tranquille   chien accepté   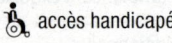 accès handicapé

14 Le Repaire de Cartouche

C'est un tel repaire d'habitués qu'il n'a plus guère besoin de publicité. Pourtant, si les amis de Cartouche savent qu'ils trouveront ici une très belle cuisine bistrotière et de réjouissants flacons, il n'est jamais inutile de rappeler à ceux qui visitent Paris que du côté de Bastille, ils ont une petite institution à visiter et que ce cadre d'auberge en plein Paris abrite beaucoup de sympathie et de gourmandise.
C : 38 € • M : 26 €

→ Plan : 1 F 4
8 bd des Filles-du-Calvaire
☎ 01 47 00 25 86
F. dim., lundi, 1 sem. fév., 1 sem. mai et août.
Jusqu'à 23h.

- -

14 Le Villaret ✾

La vogue du Villaret n'est pas près de s'éteindre. Il y a sans doute cent mille bistrots à Paris qui s'en inspirent, mais ce compromis entre table de haut vol et esprit de simplicité, sur des bases bourgeoises et ménagères, a rarement été aussi bien traduit qu'ici. Et aujourd'hui encore, un jarret de veau, des œufs cocotte au foie gras, une belle pièce d'agneau toujours savamment accompagnés ne se trouvent pas sous le pied de n'importe quelle table. Ajoutez les flacons, entre grands et petits, de véritables affaires et des découvertes notables parmi les 500 références, pour comprendre ce que désigne à Paris le terme à la mode de bistronomie.
C : 42 € • M : 27 €

→ Plan : 3 C 5
13 rue Ternaux
☎ 01 43 57 89 76
F. sam. à déj., dim., août et fêtes fin d'année.
Jusqu'à 23h.
≋❄

- -

13 L'Aiguière

Repérable de loin à sa belle façade, l'Aiguière est avant tout une affaire d'amoureux du vin, grâce au travail de Patrick Masbatin, guide très agréable pour naviguer dans la vaste cave. Les propositions au verre permettent de varier intelligemment les plaisirs au long du repas. On profite alors pleinement d'un cadre raffiné et agréable et d'une cuisine avant tout pensée pour mettre en valeur les vins, même si l'air du temps et celui des saisons soufflent sur la carte : pavé de cabillaud rôti sur sa peau, jus de betteraves, croustillant d'andouillette de veau marchand de vin, petit moelleux aux pommes.
C : 80 € • M : 25-67 €

→ Plan : 5 E 2
37 bis rue de Montreuil
☎ 01 43 72 42 32
F. sam. à déj. et dim.
Jusqu'à 22h30.

🚗 ♿ ≋❄ 🐕 ⬛

🎁 idéal gourmet

www.laiguiere.com

- -

13 Bistrot Paul-Bert

La régularité dans la qualité des mets et des vins, à la fois classiques, canailles et complices, fait de ce bistro Paul Bert une adresse solide apte à fournir un plaisir sans cesse renouvelé, non dépourvu de finesse y compris sur la hure de cochon (légère et croquante). Les poissons (belle daurade à la cuisson soignée) sont aussi bien traités que les viandes (le tartare maison fait recette) et les desserts ne sont pas oubliés. On se salue entre habitués, le temps d'un coup d'œil à l'ardoise pour choisir son menu, le service, jeune et dynamique, fait face à l'affluence sans faillir, et la cave est aussi sérieuse dans sa variété que dans les domaines sélectionnés.
M : 16-32 €

→ Plan : 5 D 2
18 rue Paul-Bert
☎ 01 43 72 24 01
F. dim., lundi et août.
Jusqu'à 23h.
☂

- -

13 Blue Elephant

Dans la très branchée rue de la Roquette où les restaurants asiatiques et les magasins bio pullulent, ce Thaï ravissant commence à faire figure d'institution, le décor fait toujours forte impression (bouddhas, fontaines, verdure, débauche de fleurs…) et le professionnalisme de la maison rassure, à défaut de séduire

→ Plan : 5 C 1
43 rue de la Roquette
☎ 01 47 00 42 00
F. dim. à déj.
Jusqu'à 24h (23h dim.).

🚗 ≋❄ 🐕 ⬛

865

(service mécanique, prestations un peu trop calibrées). On applaudit des légumes exotiques de la plus grande fraîcheur et d'une authenticité indiscutable, on enrage contre le " maquillage " opéré par les sauces qui ne suffit pas à sauver un poulet ou un filet de poisson assez moyens et on se dit que si le cuisinier consentait à plus de rigueur dans son marché et ses menus, on pourrait profiter de la table sous la fontaine sans arrière-pensée.
C : 50 €

www.blueelephant.com

---

13 🍷 Le Marsangy 🍇

Ambiance années cinquante pour ce bistrot-bar à vins, table de quartier pour bons mangeurs ravis de s'installer devant une carte des vins géante et des assiettes pantagruéliques. La bonne nouvelle, c'est que la qualité est aussi au rendez-vous, le mille-feuilles avocats/écrevisses s'accompagne d'une vinaigrette soignée, le thon aux graines de sésames est poêlé à la perfection, le faux-filet est garni d'excellents légumes de saison. On ne s'embarrasse pas des détails, mais le service est efficace et de bon conseil, par exemple pour trouver son bonheur dans une large carte des vins, aux références pointues.
C : 30 € • M : 30 €

→ Plan : 3 C 5
73 av Parmentier
☎ 01 47 00 94 25
F. sam. à déj., dim., 10 jrs mai,
2 sem. déb. août et 2 sem.
vac. scol. Noël.
Jusqu'à 22h30.

---

12 Astier

Et si Astier redevenait Astier ? C'est-à-dire cette énorme réserve bachique qui concentre ce qu'on aime à des prix incitatifs, finement rangés par impression ou circonstance (vins gourmands, de soif, de méditation...) appuyée sur une solide carte bistrotière. Il nous avait un peu déçus l'an passé, mais l'arrivée de Benjamin Bajolle, ancien second d'Alleno au Meurice porte à croire au retour rapide de la toque. Le menu à moins de 30 € redevient effectivement fringant, avec son marbré de lapin en gelée à l'estragon, le merlan Marie-Antoinette meunière et la palette de cochon pommes charlottes au foin, et donne la banane pour attaquer un meursault des Comtes Lafon, une Azalaïs de Férigoule ou un volnay de Mikulski aux meilleurs prix de Paris.
M : 25,50-29,50 €

www.restaurant-astier.com

→ Plan : 3 C 5
44 rue
Jean-Pierre-Timbaud
☎ 01 43 57 16 35
Ouv. 7j/7.
Jusqu'à 22h30.

---

12 Auberge Pyrénées-Cévennes

Les Pyrénées sont bien là, en version béarnaise (piperade, saumon grillé béarnaise), mais des Cévennes on a plutôt glissé au nord-est vers le Lyonnais, avec le sabodet, l'andouillette Bobosse ou le foie de veau poêlé. Qu'importe, l'importe c'est le plaisir, et dans cette ambiance conviviale, il est au rendez-vous.
C : 28 € • M : 29 €

→ Plan : 3 C 6
106 rue de la
Folie-Méricourt
☎ 01 43 57 33 78
F. sam. à déj., dim., fériés et
27 juil.-22 août.
Jusqu'à 22h.

---

12 Cefalù

Discrète et authentique ambassade de Sicile, la table de Giuseppe Cala propose bien plus que quelques plats de pâtes : avec le filet de bœuf poire et gorgonzola ou la sole au parmesan, c'est une véritable et généreuse gastronomie du soleil qui s'élabore ici depuis bientôt vingt ans.
C : 35 € • M : 32 €

→ Plan : 5 E 1
43 av Philippe-Auguste
☎ 01 43 71 29 34
F. sam. à déj., dim. et août.
Jusqu'à 21h30.

12 Chez Mélac

L'Auvergne et l'Aveyron réunis sous une même bannière, celle de Jacques Mélac. Notre homme a repris l'affaire il y a trente ans, à la suite de son père, qui s'était lui-même installé rue Léon Frot en 1938. Les petits farçous "comme chez Monique à Soulages-Bonneval", la salade de joue de bœuf aux lentilles vertes du Puy et la flognarde aux fruits de saison forment d'aimables compagnons au grand choix de vins au verre (en 12 ou 27 cl). Un bistrot à vins pur et dur, forcément indispensable.

C : 25 € • M : 16,50 €　　　　　　　　　　　　　　*www.melac.fr*

→ Plan : 5 D 1
Bistrot à vins, 42 rue Léon-Frot
☎ 01 43 70 59 27
F. dim., lundi, Pâques, août et Noël.

---

12 L'Ecailler du Bistrot

L'esprit bistrot se manifeste dans le décor, gentiment nostalgique avec ses mosaïques, pour le reste c'est bien l'air de la Bretagne qui souffle ici, en direct des producteurs pour une remarquable sélection d'huîtres, notamment de Riec sur Belon, esprit de famille oblige. Les poissons témoignent de la même fraîcheur, de celle qui appelle la simplicité des préparations pour s'apprécier pleinement. Cave de bon rendement pour trouver le petit blanc qui va bien.

C : 37 € • M : 16-50 €

→ Plan : 5 D 2
22 rue Paul-Bert
☎ 01 43 72 76 77
F. dim., lundi et août.
Jusqu'à 23h.

---

12 Mansouria

Allez, osons le dire, malgré toute l'affection que l'on porte à cette représentante historique de la cuisine marocaine à Paris, la cuisine de Fatema Hal ne vaut plus tout à fait sa toque. Rien de grave, certes, et on apprécie toujours autant la variété des propositions (notamment au niveau des entrées), l'authenticité des tajines ou couscous ou encore la beauté du cadre.

M : 30-46 €

→ Plan : 5 D 2
11 rue Faidherbe
☎ 01 43 71 00 16
F. dim., lundi à déj., mardi à déj. et sem. 15 août.
Jusqu'à 23h.

---

12 La Muse Vin

Derrière cette façade typique de bar à vin, on découvre l'un des lieux les plus conviviaux et les plus attachants de l'arrondissement. Un mariage réussi entre une cuisine de saison fraîche et soignée (compotée de courgettes au chorizo et chèvre frais, rôti andalou, cocos plats et jus réduit au thym, nage d'ananas à la coriandre fraîche) et une cave centrée sur les petits producteurs et les vins travaillés en biodynamie.

C : 35 € • M : 30-30 €　　　　　　　　　　　*www.lamusevin.com*

→ Plan : 5 D 2
101 rue de Charonne
☎ 01 40 09 93 05
F. sam. à déj., dim. et fin juil.-16 août.
Jusqu'à 23h.

---

12 L'Unico

Hormis le décor (très réussi dans le genre régressif 70's pop), le pain et les légumes (qui viennent du marché d'Aligre), tout ici est estampillé " 100% argentin ". Mention particulière à la très pointue carte des vins, entièrement dédiée à l'Argentine, et pas chère du tout. Mais l'Argentine est surtout réputée pour ses viandes et l'Unico s'en montre digne représentant : grande qualité (quelle tendreté) et belles sauces. Entrées et desserts sont un peu en deçà, mais pas au point de gâcher le plaisir, d'autant que les prix restent raisonnables.

C : 40 € • M : 19 €　　　　　　　　　　　　　*www.unico.naco.net*

→ Plan : 5 D 2
15 rue Paul-Bert
☎ 01 43 67 68 08
F. dim., lundi, 7-21 août et 24-31 déc.
Jusqu'à 22h30.

12 Vin et Marée

Cette chaîne de restaurants a trouvé un compromis très acceptable pour une prestation judicieusement calibrée, on ne peut ainsi que saluer la qualité du poisson, le service ultra rapide et professionnel, mais aussi regretter que la réalisation des plats souffre de standards parfois trop approximatifs ou que la carte des vins soit récitée sans ordre de prix, ni d'année.

C : 39 € • M : 19,50 €

www.vin-et-maree.com

→ Plan : 5 E 2
276 bd Voltaire
☎ 01 43 72 31 23
Ouv. 7j/7.
Jusqu'à 22h30.

---

11 Les Bas Fonds

Le nom un peu provoc', le décor branché, vieilles pierres et mobilier contemporain, la cave bien dans l'air du temps, les soirées à thèmes ou encore la cuisine qui assume le grand écart entre le finger de gambas sauce épicée et la tarte fine aux pommes, on peut s'irriter de ce désir de plaire à toute force ou bien tout simplement se laisser faire et profiter de l'ambiance.

C : 35 € • M : 29 €

www.lesbasfonds.com

→ Plan : 1 F 4
116 rue Amelot
☎ 01 48 05 00 30
Ouv. 7j/7.
Jusqu'à 23h30.

---

11 Clown-Bar

Le Cirque d'Hiver tout proche a amené ici, depuis le début du siècle dernier, des saltimbanques de tous les pays et le décor leur est entièrement dédié, avec en particulier une belle frise en céramique. Dans ce contexte, la cuisine est presque aussi intemporelle, avec ses œufs en meurette, son onglet de bœuf et frites maison ou encore son pain d'épices maison. Aux tarifs pratiqués, la satisfaction est de mise, d'autant que l'enseigne a gardé de son passé de négoce de vin le bon goût de s'approvisionner aux bons endroits : le chinon de Pierre Breton, le bergerac de David Fourtout…

C : 30 € • M : 25 €

→ Plan : 1 F 5
114 rue Amelot
☎ 01 43 55 87 35
F. dim. et août.
Jusqu'à 23h30.

---

11 Les Petits Frères

Entre Ménilmontant et le Père Lachaise, cette adresse cache en réalité deux activités : un petit frère à l'avant-scène, pour un apéritif façon Amélie Poulain, confortablement lové dans l'un des fauteuils en cuir qui meublent la terrasse installée sur la rue ; et l'autre se chargeant de l'arrière-cour, une salle à manger baignée par un éclairage tamisé où, bercé par un fond musical latino-jazz, on grignote d'un air détaché un tartare, une entrecôte, des gambas à la provençale ou un millefeuille d'aubergines grillées.

C : 32 €

→ Plan : 2 C 5
68 av de la République
☎ 01 43 55 52 74
F. sam. à déj., dim. et 10 jrs août.
Jusqu'à 23h (23h30 w.-e.).

---

11 Au Vieux Chêne

Il fait décidément bon vivre à l'ombre de ce vieux chêne, qui n'a guère de vieux que le zinc et le sol d'origine, rappel aux Années Trente. Tout le reste a été actualisé avec bonheur et petites touches astucieuses par Stéphane Chevassus pour en faire un bistrot de son temps. Son credo ? Le produit ! Les assiettes sont nettes et alertes, souvenir d'enfance réinterprétés (œuf mollet sur brioche perdue épinards à la crème) ou clin d'œil à divers terroirs (échine de porc cul noir confite au boudin noir, cabillaud aux chipirons). Cet amour du beau produit se prolonge en cave, avec de très belles références parfaitement d'actualité.

C : 37 € • M : 29 €

→ Plan : 5 D 2
7 rue du Dahomey
☎ 01 43 71 67 69
F. sam. à déj., dim., 1 sem. Pâques, dern. sem. juil., 2 sem. déb. août et 1 sem. Noël-nouvel an.
Jusqu'à 22h30.

10 Amici Miei

L'une des bonnes pizzas parisiennes, installée dans les murs de l'ancien Petit Caporal, entre Bastille et Cirque d'Hiver. De bonnes pizzas donc, mais aussi du jambon de Parme, des pâtes soignées et une ambiance toujours détendue.

C : 40 € • M : 11-40 €

→ Plan : 1 F 5
44 rue Saint-Sabin
☎ 01 42 71 82 62
F. dim., lundi et août.
Jusqu'à 22h45.

www.amici-miei.net

Khun Akorn

Valeur sûre de la cuisine thaïlandaise à deux pas de la place de Nation, Khun Akorn respecte les canons du genre avec un certain brio, du service affable au décor typique, en passant par une carte bien calibrée et correctement interprétée par un chef d'expérience.

C : 35 €

→ Plan : 5 E 2
8 av de Taillebourg
☎ 01 43 56 20 03
F. lundi.
Jusqu'à 23h.

Maison Chardenoux

Les chefs se succèdent aux manettes de ce qui fut l'un des bistrots de tradition les plus cotés de la capitale. La tête de veau ravigote et le bourguignon gardent le bon esprit d'un bistrot parisien en fête, dans un décor 1900 à peine retouché de cet immeuble classé Monument Historique.

C : 42 €

→ Plan : 5 D 1
1 rue Jules-Vallès
☎ 01 43 71 49 52
Ouv. 7j/7.
Jusqu'à 22h30.

La Plancha

Cuisine basque s'inspirant au maximum des recettes traditionnelles de la région de San Sebastien dans cette sympathique enclave espagnole au cœur de Paris. Grillades (de poissons uniquement) à la plancha, fruits de mer, tapas variées et cave ibérique.

C : 30 €

→ Plan : 5 D 1
34 rue Keller
☎ 01 48 05 20 30
F. dim., lundi et août.
Jusqu'à 1h30.

Restaurant de la Réunion

Dans une maison coloniale typique, la cuisine exclusivement réunionnaise et le décor ont le parfum typique des vacances lointaines, avec les beignets de morue et les samossas, les rougails et les massalés (cabri, agneau...).

C : 40 € • M : 9,90 €

→ Plan : 5 A 2
23 rue Paul-Bert
☎ 01 43 70 94 11
Ouv. 7j/7.
Jusqu'à 23h30.

Suds

Le regard, la musique, l'assiette, les parfums sont tournés vers un Sud élargi qui va des îles à l'Argentine, préférence latine et couleurs chaudes dans une carte métissée et attirante qui s'accorde au cadre. Vins en harmonie, du Chili, d'Afrique du Sud...

M : 11,90-28,50 €

→ Plan : 5 D 2
55 rue de Charonne
☎ 01 43 14 06 36
Ouv. 7j/7.
Jusqu'à 23h (24h sam.).

www.suds.fr

Le Général Hôtel

Design contemporain, tons doux en rose et blanc, belles prestations dans cet immeuble années 30 entièrement rénové, à deux pas de la place de la République. Elégantes salles de bains, matériaux nobles, style épuré dû à Jean-Philippe Nuel, équipements de qualité (sauna, wifi...).

3 appart. 238-273 € • 46 ch. 138-233 €

→ 5-7 rue Rampon
☎ 01 47 00 41 57
🖨 01 47 00 21 56
Ouv. 7j/7.

www.legeneralhotel.com

Standard Design Hôtel

La complète rénovation effectuée en 2005 a permis à cet hôtel de passer du standard au standing, du banal au design, dans des chambres au style contemporain affirmé par une déco sobre et réussie, bien placées pour se promener entre Bastille et Marais.

36 ch. 95-175 €

→ 29 rue des Tallandiers
☎ 01 48 05 30 97
🖨 01 47 00 29 26
Ouv. 7j/7.

www.standard-hotel.com

15 🦷🦷 L'Oulette

Vous trouvez le quartier un peu froid, la devanture intimidante ? Poussez la porte, le Sud-Ouest vaillant et généreux est juste derrière, dans un cadre certes raffiné, mais où les assiettes de Marcel Baudis, pour civilisées qu'elles soient, ne s'adressent qu'à de véritables épicuriens. On relâche progressivement la ceinture et le protocole pour se laisser entraîner dans une farandole gasconne qui sait aller jusqu'à l'océan, entre une poêlée de supions et carottes jaunes au paprika émulsion à l'encre de seiche, un croustillant de sardines à l'aubergine et piment d'Espelette, une daurade royale au garam massala et épeautre bio, un délicieux parmentier d'épaule d'agneau de lait des Pyrénées aux épices. certes les purs classiques sont aussi présents (foie gras, confit) mais le raffinement et les idées sont bien ceux d'une cuisine d'auteur. Cave excitante, de l'Atlantique à la Méditerranée, grands crus assez bien placés et le meilleur du Sud-Ouest, de Plageoles à Riouspeyroux.
C : 60 € • M : 43-70 €

→ Plan : 5 D 4
15 pl Lachambeaudie
☎ 01 40 02 02 12
F. w.-e.
Jusqu'à 22h15.
🌂 ≋❄ 🐾 ◖
📦 **idéal gourmet**

www.l-oulette.com

---

14 🦷 Au Trou Gascon

Quelles nouvelles du fief historique de Nicole et Alain Dutournier ? Plutôt bonnes et ce n'est pas le changement de chef (Frédéric Raspiller s'étant installé en juillet 2006) qui pourrait remettre en cause un seul instant la tradition de la maison : poêlée de chipirons, chair d'aubergines et gaspacho, tartare de thon rouge au couteau et quinoa en guacamole, merlu à la plancha, subric de céleri et jus au cresson, navarin de jarret d'agneau des Pyrénées en cocotte. Décor ultra sobre et distingué, personnel très pro, cave immense.
C : 55 € • M : 36-50 €

→ Plan : 5 E 3
40 rue Taine
☎ 01 43 44 34 26
F. w.-e., août et 1 sem.
Noël-nouvel an.
Jusqu'à 22h.
≋❄ 🐾 ◖

---

13 🦷 La Frégate

Le produit en avant, dans des assiettes alertes et soignées : c'est ainsi que navigue la Frégate, embarquant dans son voyage les amoureux du poisson. Air du large et air du temps se mêlent harmonieusement sur le tartare de thon rouge, les sardines bretonnes prennent un coup de soleil en tarte façon pissaladière, la rascasse regarde vers l'orient, laquée aux épices douces. Le plaisir ne faiblit pas au moment du dessert et ces gourmandises peuvent compter aussi bien sur un service de bon niveau que sur une cave courte et bien construite.
C : 38 €

→ Plan : 5 C 2
30 av Ledru-Rollin
☎ 01 43 43 90 32
F. w.-e., fériés et 3 prem. sem.
août.
Jusqu'à 21h30.
≋❄ 🐾

---

13 🦷 La Gazzetta 💗

Même si quelques esprits chagrins crient à l'effet de mode, il y a ici tout ce qu'on aime dans un resto aujourd'hui : un cadre sympathique dans son cachet Années trente, une ambiance conviviale, un accueil et un service gentil, à la fois professionnels et décontractés, une carte des vins bien dans son époque (belle sélection au verre notamment), et surtout des assiettes pointues, très originales, avec des jeux sur les textures et les saveurs bien vus, qui évitent le piège du gadget et trahissent une qualité technique irréprochable pour cette cuisine moderne qui n'hésite pas à jouer le décalage avec le cadre : assortiment de betteraves (et si, et ça marche), daurade grillée et émulsion d'huître, pain perdu de brioche sorbet amande et caramel salé de poire... Sans hésitation, il faut foncer au dîner sur

→ Plan : 5 D 2
29 rue De Cotte
☎ 01 43 47 47 05
F. dim., lundi et août.
Jusqu'à 23h (23h30 w.-e.).
≋❄ 🐾

le menu à 32 €, certes sans grand choix, mais qui reflète véritablement l'inspiration de Peter Nilsson qui fut, il n'y a pas si longtemps, un enthousiasmant Grand de Demain (aux Trois Salons, à Uzès). Une table à suivre de très près.
M : 20-32 €

www.lagazzetta.fr

---

13 🍴 Jacquot de Bayonne

Tendre évocation de Demy en enseigne, mais pure tradition bayonnaise dans l'ambiance et l'assiette, par un patron fidèle qui respecte l'esprit cochonnailles et généreux Sud-Ouest. Ambassadeur de la piperade au jambon de Bayonne, de l'achoa de veau au piment d'Espelette et de la tourtière des Landes, il réunit un parterre de bons vivants dans la fraternité basque renforcée par une toute petite cave où madiran et irouléguy ne sont pas absents. Accueil adorable.
C : 30 € • M : 16-29,10 €

→ Plan : 5 D 3
151 rue de Charenton
☎ 01 44 74 68 90
F. dim., lundi et 22 juil.-22 août.
Jusqu'à 21h45.
🐖

---

13 🍴 O Rebelle

Un patron français, un chef japonais, des tableaux d'artistes aborigènes au mur... Voilà une adresse qui incite à encourager bien fort le brassage culturel ! Le cadre est craquant, tons chaleureux et influences contemporaines, le service enlevé et la cuisine brasse les influences avec la même bonne humeur, coupe de brandade et œufs de cabillaud, filet de gazelle et purée de patates douces, vacherin à la crème d'uzu et jus balsamique. La carte des vins suit les mêmes influences et prend le large vers le Nouveau Monde.
C : 44 € • M : 38 €

www.o-rebelle.fr

→ Plan : 5 C 2
24 rue Traversière
☎ 01 43 40 88 98
F. sam. à déj., dim., 1er-6 janv. et 4-26 août.
Jusqu'à 22h30.

---

12 Janissaire

Si l'enseigne, pour ceux qui ont ouvert le dictionnaire avant de venir (le janissaire est un tueur stipendié) peut faire reculer, cette ambassade turque, élégante et presque envoûtante dans son atmosphère typique est bien à l'opposé d'un coupe-gorge. Le chef, formé dans les palaces de son pays, exporte une gastronomie fine et typique, que l'on expérimente pour une première visite avec le tarama, les feuilles de vignes et la brochette de viande hachée ail et persil, mais aussi des plats plus élaborés, comme la sole marinée grillée ou l'épaule d'agneau cuite au four huit heures. Vins turcs et français, service agréablement courtois.
C : 27 € • M : 13-42 €

→ Plan : 5 E 3
24 allée Vivaldi
☎ 01 43 40 37 37
F. sam à déj., dim., 24 déc. à dîn. et 23 déc.
Jusqu'à 23h30.
⛱ 🐖

---

12 Le Quincy

Et pourquoi voudriez-vous que ça change ? A l'heure où tant de jeunes cuisiniers semblent redécouvrir les charmes du bistrot à l'ancienne, Michel Bossard (Bobosse) reste fidèle à ces valeurs depuis plus de 35 ans, à la terrine fermière et à la queue de bœuf, à la tête de veau ravigote et à la brandade de morue. Cette cuisine-là est comme le décor : démodée pour certains, immortelle pour les autres. A fréquenter en connaissance de cause dans ce cadre intemporel d'un bistrot pur jus.
C : 60 €

→ Plan : 5 C 2
28 av Ledru-Rollin
☎ 01 46 28 46 76
F. w.-e., lundi et 12 août-12 sept.
Jusqu'à 21h30.
〰❄ 🐖

12 Les Zygomates

Le service souriant et joyeux fait honneur à cette enseigne dont la naissance remonte aux années vingt lorsque cette ancienne charcuterie fut transformée en bistrot. La décoration rappelle d'ailleurs fortement cette ancienne activité, la relative proximité entre les tables créant rapidement une atmosphère conviviale et fraternelle jamais pesante. Bonnes assiettes ménagères, avec le gâteau de champignons, le croustillant de maquereau en pissaladière ou le filet de dorade au riz noir. Réservation conseillée.

C : 20 € • M : 14,50-30 € _www.leszygomates.fr_

→ Plan : 5 E 4
7 rue de Capri
☎ 01 40 19 93 04
F. dim., lundi et août.
Jusqu'à 22h30 (23h vend. et sam.).

Les Bombis Bistrot

Un bistrot tranquille, à la sympathie, portions généreuses et tradition revue dans l'esprit d'un quartier qui bouge. Bon choix de vins au verre, quelques tables en terrasse aux beaux jours.

C : 35 € • M : 15-25 €

→ Plan : 5 D 2
22 rue de Chaligny
☎ 01 43 45 36 32
F. sam. à déj., et dim.
Jusqu'à 22h30.
🌳

Cappadoce

Sauce yaourt avec l'onglet de bœuf, gigot farci au fromage épicé, agneau aux champignons : c'est un répertoire typiquement turc dans un cadre de kilims et de scènes locales, servi avec beaucoup d'attention.

C : 21 € • M : 20-22 €

→ Plan : 5 E 4
12 rue de Capri
☎ 01 43 46 17 20
F. sam. à déj., dim. et août.
Jusqu'à 23h30.

🄲🄲 Pavillon Bastille

La rénovation complète de cet hôtel particulier lui a donné un esprit contemporain original, des chambres modernes, chaleureuses et fonctionnelles, et un agréable patio avec palmier et olivier.

1 appart. 170-210 € • 24 ch. 120-170 € _www.pavillon-bastille.com_

→ Plan : 5 C 2
65 rue de Lyon
☎ 01 43 43 65 65
🖳 01 43 43 96 52
Ouv. 7j/7.
≋❄

🄲 Nouvel Hôtel

Une demeure mi-XIXe conçue comme une maison de famille, tissus Lelièvre, papiers peints dans le style Laura Ashley, peintures anglaises… pour une atmosphère précieuse et différente.

28 ch. 65-109 € _www.nouvel-hotel-paris.com_

→ Plan : 5 E 2
24 av du Bel-Air
☎ 01 43 43 01 81
🖳 01 43 44 64 13
Ouv. 7j/7.

14 L'Avant-Goût

Le néo-bistrot (néo, plus tout à fait, l'adresse affichant désormais dix ans au compteur) de Christophe Beaufront est systématiquement cité dans tous les articles recensant ces cantines chics et populaires où l'on sert une cuisine de bistrot élaborée. Quel que soit le vocable sous lesquelles on essaie de les regrouper, comme pour former une famille virtuelle, la plupart de ces adresses peuvent encore piocher pas mal de bonnes idées chez cet Avant Goût. Une cave remarquable et des assiettes qui évitent d'en rajouter : pot-au-feu de cochon aux épices (LA spécialité de la maison), aileron de raie poêlé, ravigote aux fruits acidulés et aumônière de chou, onglet de veau, pistou d'herbes et gâteau de pommes de terre et légumes.

C : 31 € • M : 31-39 €

→ Plan : 5 B 4
26 rue Bobillot
☎ 01 53 80 24 00
F. dim., lundi, 3 dern. sem. août.
Jusqu'à 22h45.

13 🍴 La Mer de Chine

Là où tant d'autres misent sur un emplacement touristique ou un décor à l'exotisme exubérant, la Mer de Chine cultive son succès sur les bases bien plus solides d'une qualité sans faille et d'un vrai savoir-faire. Les propositions du jour de Seak Chan Wong sont à juste titre réputées, réalisations aussi soignées que personnelles qui portent cette table bien au-dessus de nombre de ses semblables. Quelques points communs cependant : un accueil parfait et une cave anecdotique.
C : 30 € • M : 15 €

→ Plan : 5 C 5
159 rue du
Château-des-Rentiers
☎ 01 45 84 22 49
F. mardi. et août.
Jusqu'à 0h30.
≋❄

---

13 🍴 L'Ourcine

La conjonction d'une belle cave, d'un accueil aux petits oignons et d'une cuisine à vocation bistrotière et qui tourne vite à la démonstration, moderne et maligne, d'une véritable adaptation gastronomique. Voilà l'Ourcine, que nous avons salué en son temps parmi les "affranchis" d'un certain style rigide, et qui est aujourd'hui reconnu par tous. Dans ce décor simple et pourtant étudié, un peu brocante, l'ambiance est à la connivence, la complicité des connaisseurs, autour d'un paleron de bœuf ou d'un cabillaud, entourés des plus grands soins.
M : 30 €

→ Plan : 5 A 4
92 rue Broca
☎ 01 47 07 13 65
F. dim., lundi, 4 sem. été et 1 sem. hiver.
Jusqu'à 22h30 (23h w.-e.).
🐕

---

12 Anacréon

Tombée en désuétude depuis quelques années (les travaux du boulevard Saint-Marcel n'y étaient sans doute pas étrangers), cette table renaît depuis quelques mois sous la direction d'un nouveau chef-patron, Christophe Accary. Complètement repensée, dans un esprit moderne très réussi, la déco s'accorde à merveille avec une cuisine bien dans son époque : carpaccio de saint-jacques et lamelles de truffe noire, blanc de bar à la citronnelle, endives à l'orange, pigeon de Racan entier, navets et betteraves glacés au Porto (un volatile cuit rosé à la perfection, net et limpide). L'un des rares bons plans du quartier.
C : 35 € • M : 35 €

→ Plan : 5 B 3
53 bd Saint-Marcel
☎ 01 43 31 71 18
F. sam.à déj., dim. et lundi.
Jusqu'à 22h15.
≋❄ 🐕 🍷

---

12 Les Cailloux 🔵

Première d'une longue série (ont suivi Sasso dans le XIVᵉ, Lei dans le VIIᵉ, Altro dans le VIᵉ), cette table cultive la même cuisine italienne toute en franchise, qui met avant tout l'accent sur les produits, pleine de vie, de peps. On y retrouve également une équipe de salle italienne et souriante, une cave plaisante et la même ambiance jeune, branchée juste ce qu'il faut. Une réussite, aussi bien sur le fond que sur la forme, pour un joli moment gourmand.
C : 25 € • M : 13,50-17,50 €

lescailloux@sljcohen.fr

→ Plan : 5 B 5
58 rue des Cinq-Diamants
☎ 01 45 80 15 08
Ouv. 7j/7.
Jusqu'à 23h.
🪑 ♿

---

de 20 🍴🍴🍴🍴 à 10 les tables sont classées par ordre dégressif de note

👁 table en vue, lieu à la mode, ethnique

❓ signale une notation en attente ou un changement de dernière minute

découverte *d≶* GM met en avant des nouveautés méconnues

12 Les Délices du Shandong

Voilà une adresse ô combien singulière, dans la veine de ces tables intransigeantes du type "snack asiatique". La province de Shandong, au nord de la Chine, propose, comme chacun ne l'ignore plus après avoir consulté la carte, un "sommet insurpassable de la cuisine gastronomique chinoise" : arachides au céleri, tripes au piment, oreilles de porc au concombre, gelées de pied de cochon, méduses à l'ail, intestins frits… pour des assiettes peu ordinaires. C'est franchement bon, d'une extraordinaire fraîcheur (ah ! ces raviolis maison…), dans une ambiance très dépaysante, avec une clientèle bruyante d'habitués se mêlant aux aventuriers du goût et aux amateurs d'authenticité.
C : 15 €

→ Plan : 5 B 4
88 bd de l'Hôpital
☎ 01 45 87 23 37
F. merc.
Jusqu'à 23h.

12 Le Terroir

Le terroir façon Michel Chavanon ? C'est le rognon de veau en cocotte ou à la moutarde, le lapin à la moutarde, la tête de veau, les tripoux, l'andouillette mâconnaise et les gibiers en saison. En réalité, plutôt une saine interprétation de la cuisine bourgeoise, ne se rattachant à aucun terroir précis mais surtout à nos souvenirs culinaires. Produits bien choisis, presque bruts de décoffrage, additions grimpant rapidement (pas de menu).
C : 50 € • M : 50 €

→ Plan : 5 B 4
11 bd Arago
☎ 01 47 07 36 99
F. w.-e., août et 1 sem.
Noël-nouvel an.
Jusqu'à 22h15.

11 Assis au Neuf

On ne saurait se passer d'un bistrot de ce calibre, honnête et avenant, dans un arrondissement à la recherche de racines ménagères bien traitées. Le répertoire est ici plutôt personnalisé par des apprêts soignés, et la cave a du répondant.
C : 30 € • M : 13 €

→ Plan : 5 C 4
166 bd Vincent-Auriol
☎ 01 45 82 69 69
F. Noël-nouvel-an.
Jusqu'à 23h30.

www.a6o9paris.com

11 Au P'tit Cahoua

Modestie et bonne humeur jusqu'au p'tit cahoua de fin de repas pour une cuisine marocaine qui ne raconte pas les Mille et une nuits, mais se contente de donner le bon parfum à ses briouats et ses hariras, ses tajines de la mer et ses préparations aux fruits, très réussies (aux dattes medjoul, à la mangue et à la menthe, banane et cannelle pour les tajines poulet). Cadre dépaysant, en buvant Guerrouane et Berkane.
C : 27,50 € • M : 27,50-32,50 €

→ Plan : 5 B 3
39 bd Saint-Marcel
☎ 01 47 07 24 42
F. 10 jrs mi-août.
Jusqu'à 22h30.

ptitcahoua@orange.fr

11 Le Petit Marguery

Les habitués ne voudraient pour rien au monde qu'on touche à ce décor, qui n'a que peu varié depuis les années vingt. Le reste est à l'avenant, du ballet des serveurs à la carte on ne peut plus classique, offrant une large palette de propositions pour ne laisser personne sur le carreau, des adeptes du gras double à ceux du dos de morue aux épices.
M : 26,20-35 €

→ Plan : 5 B 4
9 bd de Port-Royal
☎ 01 43 31 58 59
F. dim., lundi et août.
Jusqu'à 22h15.

www.petitmarguery.fr

11 Xinh Xinh

Après plus de dix ans de fidélité à ce quartier peu touristique, la maison propose toujours une cuisine soignée et une certaine forme de tradition, du sens de l'accueil, qui justifie la fidélité au bo bun et à la soupe pho.
C : 25 € • M : 17,50-19,50 €

→ Plan : 5 B 3
6-8 rue des Wallons
☎ 01 47 07 26 20
F. dim., lundi et à dîn., 1 sem.
juillet et 3 sem. août.
Jusqu'à 22h30.

Lê-Lai

Les habitués trouvent sans peine leur chemin jusqu'à ce digne représentant parisien de la gastronomie vietnamienne, pour reprendre une dose d'anguille coco ou de crevettes au caramel et rêver d'ailleurs.

C : 20 € • M : 13-25 €

→ Plan : 5 C 5
105 rue de Tolbiac, 24 rue Javelot
☎ 01 45 83 83 33
F. mardi et mi-déc.-mi-janv.
Jusqu'à 22h45.

Le Tassili

Gainsbourg, Coluche et Philippe Léotard y avaient leurs habitudes. Le couscous et les spécialités maghrébines sont demeurés identiques, rassemblant sous une même bannière tous les bons vivants, dans un cadre soigné.

C : 30 € • M : 020 €

→ Plan : 5 A 5
11 bis rue Amiral-Mouchez
☎ 01 45 89 53 71
F. dim., lundi et mi-juil.-mi-août.
Jusqu'à 22h.

La Tonkinoise

Avec son enseigne néon verte et sa salle très classique, la Tonkinoise n'a à priori pas la séduction facile, mais son interprétation convaincante de la cuisine traditionnelle vietnamienne mérite citation.

C : 18,50 € • M : 9,80 €

→ Plan : 5 B 6
20 rue Philibert-Lucot
☎ 01 45 85 98 98
F. lundi et août.
Jusqu'à 22h.

Villa Lutèce Port-Royal

Ambiance cosy, dans un style contemporain avec un élégant salon feutré axé autour d'une cheminée design, et des chambres distinguées, dans des tons volontairement sobres.

9 appart. 150-400 € • 39 ch. 139-289 €   www.leshotelsdeparis.com

→ Plan : 5 B 4
52-52 bis rue Jenner
☎ 01 53 61 90 90
🖳 01 53 61 90 91
Ouv. 7j/7.

La Demeure

Une maison XIXᵉ dont l'attrait principal, outre le style et le standing, réside dans l'accueil charmant de propriétaires qui s'investissent dans la tenue de leur établissement. Chambres élégantes à la déco contemporaine, tons chauds et vue agréable pour certaines.

3 appart. 260 € • 37 ch. 160-197 €   www.hotel-paris-lademeure.com

→ Plan : 5 B 3
51 bd Saint-Marcel
☎ 01 43 37 81 25
🖳 01 45 87 05 03
Ouv. 7j/7.

La Manufacture

Installé à proximité de la Manufacture des Gobelins, cet établissement offre des chambres dont la décoration alterne entre les styles moderne et colonial.

56 ch. 120-230 €   www.hotel-la-manufacture.com

→ Plan : 5 B 4
8 rue Philippe-de-Champagne
☎ 01 45 35 45 25
🖳 01 45 35 45 40
Ouv. 7j/7.

15 Le Duc

Toujours présent au rang des noblesses poissonnières de la capitale, le Duc suit sa route avec la sérénité d'un bateau de croisière (auquel son allure fait d'ailleurs penser), distillant dans une atmosphère apaisante et distinguée (le service prévenant orchestré par Franck Barrier y veille) le meilleur des produits de la mer. A ce niveau de qualité du produit, on fait dans la sobriété et Pascal Hélard l'a bien compris, évitant de surcharger des assiettes qui convainquent avant tout par leur fraîcheur : escalopes de saint-pierre au beurre vodka, rougets barbets poêlés à l'huile d'olive sauce piquante, pavé de cabillaud à la vapeur d'algues. Riche cave classique.

C : 100 € • M : 46 €

→ Plan : 4 F 3
243 bd Raspail
☎ 01 43 20 96 30
F. sam. à déj., dim., lundi, fériés, 3 prem. sem. août et Noël-nouvel an.
Jusqu'à 22h15.

15 🦷 **Le Montparnasse 25**

Greuze, Ledoyen, le Ritz, le Meurice, Maxim's : Christian Moine connaît par cœur ces maisons dans lesquelles, à chaque service, la clientèle vous oblige à un résultat sans la moindre faiblesse, vous interdit la plus minuscule faille dans la cuisson d'un poisson ou l'assaisonnement d'une viande. Très technique, s'appuyant sur de remarquables produits, la cuisine du 25 n'oublie pas de faire preuve d'enthousiasme, sur le guacamole d'araignée, sashimi de loup et salade d'herbettes, la sole de petit bateau, cébettes et truffe d'été ou le ris de veau cuit à la plancha, jus de tendrons au cassis, pennes et truffes d'été. Cave remarquable.

C : 95 € • M : 49 €

www.m25.fr

→ Plan : 4 E 3
19 rue du
Cdt-René-Mouchotte
☎ 01 44 36 44 25
F. w.-e., fériés et mi-juil.-fin
août.
Jusqu'à 22h30.
♿ ❄ 🍷

🏛🏛🏛 **Le Méridien Montparnasse**

En prenant de la hauteur, les chambres et suites bénéficient d'une vue sur Paris de plus en plus remarquable. Spacieuses, elles adoptent un style élégant et contemporain, avec une touche artistique pour revendiquer l'esprit Rive gauche.

35 appart. 435-840 € • 918 ch. 145-550 €

www.montparnasse.lemeridien.com

→ Plan : 4 E 3
19 rue du
Cdt-René-Mouchotte
☎ 01 44 36 44 36
🖨 01 44 36 49 00
Ouv. 7j/7.
♿ ❄ 🐕

---

15 🦷 ≷ **La Régalade**

Toujours la même chanson : le refrain de la Régalade nous plaît par sa simplicité truculente, celle qu'avait si bien mise sur pied Yves Camdeborde, et que Bruno Doucet a su magnifiquement entretenir. Mais voilà, certains de nos lecteurs la trouvent parfois trop simple, étonnés des deux toques à une cuisine de ménage et de bistrot. Alors redisons-le nettement : il faut courir tout Paris, ou faire confiance à quelques palaces, pour trouver de façon aussi pointue la qualité d'un jus avec une côte de cochon, une pintade aussi merveilleusement tendre, un foie de veau ou une biche préparée aussi scrupuleusement. Dans cet antre de bons vivants, pas de place pour l'à peu près, de la noblesse bistrotière où le décor justement bonne franquette n'est entretenu ainsi que pour l'ambiance. La cave est performante dans toutes ses lignes, le service ne s'endort pas tout en accueillant avec le sourire jusqu'à 23h30 et l'addition reste, permettons-nous de le souligner, sage pour ce niveau de qualité.

M : 32 €

la_regalade@yahoo.fr

→ Plan : 4 E 5
49 av Jean-Moulin
☎ 01 45 45 68 58
F. w.-e., lundi à déj., 1 sem.
janv. et 3 sem. août.
Jusqu'à 23h30.
🐕

---

14 🦷 **Le Dôme**

Ceux qui ont la chance de s'asseoir dans ce cadre 1930 que fréquentèrent Picasso et Modigliani ne vont pas faire la fine bouche : on ne discute pas l'arrivage dans un tel temple poissonnier, la haute qualité étant, par essence, un prérequis. Ensuite, chaque touriste fera son affaire d'une tradition qui a su se moderniser, en raccourcissant un peu les cuissons, par exemple, pour offrir une carte représentative et équilibrée : encornets farcis au jus d'encre, saint-jacques fricassée d'héliantis et foie gras, bouillabaisse, turbot hollandaise. Les standards sont naturellement impeccables, l'addition comme la mer, assez salée et le service fait ce qu'il faut pour que vous n'oubliiez pas où vous êtes. Cave classique montrant ce qu'il faut de bourgognes blancs.

C : 75 €

→ Plan : 4 F 3
108 bd du Montparnasse
☎ 01 43 35 25 81
F. dim. et lundi (août).
Jusqu'à 24h.
❄ 🐕

14 🍴 La Maison Courtine 🍇

Non, les modernes ne s'extasient pas devant la tendance tradi-parisien de la maison d'Yves Charles, qui cultive tout bêtement la passion du vin comme celle d'une cuisine occitane décomplexée, qui n'a pas peur de vendre de la chaleur dans un cadre plutôt moderne et sobre. Pourtant, ils ont tort de la snober, car derrière cette assiette simple et généreuse (tête de veau en vinaigrette de basilic, fois gras mi-cuit, cassoulet au canard confit et haricot maïs, veau de lait et lentilles blondes), il y a un vrai savoir-faire de cuisinier. Et une cave toujours formidable, elle aussi triée par un expert, avec ce et ceux qu'on aime (Yvonne, Breton, Courtois en loire, Nicq, Foulaquier, Hasard en languedoc et roussillon, Arena et Leccia en corse, Gramenon, Férigoule, Dard et Ribo en rhône...), et les autres à découvrir...

M : 38-43 €

→ Plan : 4 F 4
157 av du Maine
☎ 01 45 43 08 04
F. sam. à déj., dim., lundi
à déj. et 5 août-3 sept.
Jusqu'à 23h.

---

13 🍴 Bistrot du Dôme

Dans le quartier déjà pourvu en restaurants, cette adresse est un bon rendez-vous pour les amateurs de poissons, avec un choix renouvelé tous les jours en fonction du marché et les qualités attendues d'une adresse du quotidien : pas d'attente, pas besoin de réserver, un vrai bistro qui tourne avec ses habitués. En prime, le cadre est agréable, une salle en longueur avec un bar ancien et de beaux meubles, un service abondant et efficace. Qu'on soit adepte de la traditionnelle raie aux câpres ou d'un plus actuel saint-pierre aux épices sauce aux amandes, on tient là une bonne adresse, plaisante et en mouvement.

C : 40 €

→ Plan : 4 F 3
1 rue Delambre
☎ 01 43 35 32 00
F. dim. et lundi (août).
Jusqu'à 23h.

---

13 🍴 La Cagouille

Après les péripéties du début des années 2000, saluons le retour cette table parmi les bonnes adresses marines de la capitale. A la salle, confortable et sobrement contemporaine, on préférera dès que possible les charmes de la terrasse, pour s'attaquer à une cuisine de la mer qui réserve de bien belles choses, comme ce poulpe à la galicienne riche en saveurs bien dosées, une belle assiette de poissons crus qui prouve s'il en était besoin la rigueur des approvisionnements ou encore un mulet, sauce beurre blanc, impeccablement cuit à la perfection. Saluons également une carte des vins qui propose de bonnes affaires (dans les 20 €) et s'en va dénicher quelques raretés, un rapport qualité-prix favorable, pour ne regretter que des desserts un peu en retrait et un service qui manque un peu de chaleur dans sa recherche d'efficacité. Bien peu de choses en somme.

M : 26 €

→ Plan : 4 E 3
10 pl Constantin-Brancusi,
face au 23 rue de l'Ouest
☎ 01 43 22 09 01
Ouv. 7j/7.

www.la-cagouille.fr

---

découverte *d⁵* GM met en avant des nouveautés méconnues

💗 coup de cœur 🍇 carte des vins remarquable 🔷 notation en hausse

13 La Cerisaie

Lucien Vanel, Gérard Garrigues, les palaces cannois, le Relais Louis XIII, le Bascou, la formation de Cyril Lalanne est aussi solidement bâtie que sa jolie carte bistrotière à tendance sud-ouest. L'ardoise évolue fréquemment, pour mieux suivre les tendances du marché, la pastilla de sardines et salade de jeunes pousses ou le filet de dorade vapeur et compotée de blettes laissant rapidement la place à de tout aussi joyeux remplaçants. Le côtes d'auvergne de Maupertuis, le madiran du château Viella ou le faugères de la Liquière se partagent les rayonnages d'une cave pleine de ressources.
C : 30,50 € • M : 30,50-37,50 €

→ Plan : 4 F 3
70 bd Edgar-Quinet
☎ 01 43 20 98 98
F. w.-e., 25 juil.-25 août et 20 déc.-2 janv.
Jusqu'à 22h.

---

13 Vin et Marée

Vins de propriétaires, poissons sauvages en direct des ports de Bretagne et de Normandie, décor contemporain sous influence marine, la recette est désormais éprouvée et le changement de chef n'y change pas grand-chose, on retrouve un traitement classique et efficace, avec le clin d'œil des poissons à se partager.
C : 40 € • M : 21 €
vin-et-maree@wanadoo.fr

→ Plan : 4 F 4
108 av du Maine
☎ 01 43 20 29 50
Ouv. 7j/7.
Jusqu'à 23h.

---

12 L'Amuse-Bouche

Après avoir longtemps fait monter des soufflés, Philippe Dubois a ouvert sa propre affaire du côté de Montparnasse. Le décor est modeste, un poil suranné, mais coloré et plaisant, pour aider une cuisine valeureuse à prix honnêtes, terrine de queue de bœuf, bonne dorade vapeur et vinaigrette de légumes, et bien sûr quelques soufflés, dont un fromage qui peut faire une typique et agréable entrée en matière.
C : 31,50 € • M : 31,50 €

→ Plan : 4 E 4
186 rue du Château
☎ 01 43 35 31 61
F. dim., lundi. F. ann. non comm.

---

12 Les Caves Solignac

Le vieux bistrot n'a guère été chamboulé l'an dernier lorsque Pascale et Philippe Moisan l'ont repris. Tout juste le parquet d'origine a-t-il été remis à neuf et les peintures rafraîchies. La tradition règne toujours dans l'assiette, les terrines maison (lapin-pistache, foie de volaille…), la caille désossée en crépinette ou le fondant au chocolat au beurre salé font honneur à cette enseigne où l'on découvre également une cave bien triée à défaut de faire preuve de recherche.
C : 28 € • M : 18-28 €

→ Plan : 4 E 4
9 rue Decrès
☎ 01 45 45 58 59
F. sam. à déj., dim., lundi, 3 sem. août et 1 sem. Noël-nouvel an.
Jusqu'à 22h (22h30 vend.).

---

12 La Coupole

Tout est ici historique, nostalgique et irréversible. Les trente-trois piliers classés, armoriés par des artistes inconnus, ne reverront plus Malraux ni Simone de Beauvoir, et les touristes qui s'empilent sous la coupole de cette académie de la brasserie parisienne ne font pas pour autant revivre les années folles. Les affaires courantes sont traitées avec un certain respect, dans la liturgie attendue des plateaux de fruits de mer, du tartare de bœuf limousin ou de la sole meunière. La visite est assez coûteuse et on peut se passer de guide, tout étant exactement comme attendu.
C : 48 € • M : 30,50 €
www.flobrasseries.com

→ Plan : 4 F 3
102 bd du Montparnasse
☎ 01 43 20 14 20
Ouv. 7j/7.
Jusqu'à 1h (1h30 w.-e.).

12 La Grande Ourse

Nichée au cœur de Paris, cette Grande Ourse séduit par l'atmosphère créée par Martine Alexandre (décor adorable, avec les ours en rappel), décontractée et feutrée à la fois, autant que par la cuisine d'Yves Moulin, volontiers ludique dans sa façon de décliner les terrines, les plats agréablement actuels (cuisson plancha, sauces ludiques, touches exotiques) ou encore une gourmande palette de desserts.

C : 40 € • M : 36-41 € *www.restaurant-lagrandeourse.com*

→ Plan : 4 F 4
9 rue Georges-Saché
☎ 01 40 44 67 85
F. sam. à déj., dim., lundi et 2 der. sem. août.
Jusqu'à 22h.

---

12 Sushi Gozen

Henri Lee, restaurateur à Montparnasse depuis le début des années soixante et son fidèle chef, Kazumi Arai proposent une version parfaitement léchée de la cuisine japonaise. Sashimi, sushi et gyudon au meilleur de leur forme, dans une ambiance zen.

C : 25 € • M : 9-30 € *kkatogravez@free.fr*

→ Plan : 4 F 3
22 rue Delambre
☎ 01 40 47 55 01
F. dim., lundi et 2 sem. vers 15 août.
Jusqu'à 23h.

---

12 Swann et Vincent

Comme son nom ne l'indique pas, ce restaurant (et ses petits frères, répartis dans Paris) joue une partition italienne. Dans un décor un brin nostalgique de bistrot parisien, il conjugue les spécialités de pâtes, en mode marin notamment, dans un rapport prix-prestations bien étudié.

C : 30 € • M : 14,90 € *swann.vincent@wanadoo.fr*

→ Plan : 4 F 4
22 pl Denfert-Rochereau
☎ 01 43 21 22 59
F. Noël-nouvel an.
Jusqu'à 23h30.

---

11 Contre-Allée

A deux pas de la place Denfert-Rochereau, cette brasserie rassemble la clientèle du quartier autour d'une rafraîchissante cuisine bistrotière et d'un menu du jour à 16 € sans faille. Les effluves qui s'échappent de la cuisine jusqu'en salle sont prometteurs et la papillote d'escalope de foie gras et saucisse de Morteau, l'entrecôte grillée ou le bourguignon font honneur à leur genre. Viognier et tricastin au verre bien choisis.

C : 40 € • M : 16 € *www.contreallee.com*

→ Plan : 4 F 4
83 av Denfert-Rochereau
☎ 01 43 54 99 86
F. sam. à déj., dim. et 3 prem. sem. août.
Jusqu'à 22h.

🍴 idéal gourmet

---

11 Il Gallo Nero

Dans un décor vaguement transalpin, bois foncé et grandes baies vitrées, l'accueil ne fait pas tout pour vous transporter en gondole, mais la cuisine, à la fois simple et précise, mérite mention pour ses pâtes, le carpaccio de bœuf aux courgettes et la caponata.

C : 25 € • M : 17 €

→ Plan : 4 D 6
30 rue Raymond-Losserand
☎ 01 42 18 00 38
F. dim.
Jusqu'à 23h.

---

10 Le Rond de Serviette

La simplicité du bistrot XIXᵉ qui vous tire par la manche, plats manuscrits et simplicité gouailleuse dans un coin pas si rieur de Montparnasse. Sur les toiles cirées, ambiance cantinière pour le buffet d'entrées, l'andouillette, le poulet basquaise.

M : 15-19 €

→ Plan : 4 D 6
166 rue Raymond-Losserand
☎ 01 45 41 20 30
F. dim., 2 dern. sem. août.
Jusqu'à 22h.

Le Bernica

Cuisine traditionnelle réunionnaise (cabri massalé, crabe farci, maïdo, rougail de morue, canard à la vanille…) dans une bonne humeur jamais surjouée. Salle à l'étage décorée dans un esprit case, celle du bas dans le style colonial.

M : 17-32 €

→ Plan : 4 F 3
4 impasse de la Gaîté
☎ 01 43 20 39 02
F. lundi fériés et 26 déc.-2 janv.
Jusqu'à 23h30.

Aux Iles Marquises

Dans une ambiance gentiment marine et désuette, Mathias Théry privilégie certes le poisson, mais dans une veine plus classique qu'exotique, daurade rôtie aux olives ou sandre à la fondue d'oseille rythmant le menu à côté des noblesses de la carte (salade foie gras écrevisse, turbot aux morilles) d'une maison dont la relative discrétion et la longue histoire ont fait un repère pour les soupers d'après-spectacle.
C : 50 € • M : 28 €

→ Plan : 4 F 3
15 rue de la Gaîté
☎ 01 43 20 93 58
F. sam. à déj., dim. et août.
Jusqu'à 23h.

Pavillon Montsouris

L'architecture caractéristique, le portier en grande tenue, la vue sur le parc par l'immense verrière ou bien encore la terrasse, une des plus agréable de Paris : le Pavillon, c'est d'abord un cadre exceptionnel. Si le décor semble éternel, la carte a su évoluer avec le temps, et propose des assiettes tout à fait actuelles et fort fréquentables : pressé de saumon crème de wasabi, rascasse à la plancha blinis de févettes et pointes d'asperges, compotée de fraises mousse légère au gingembre.
C : 70 € • M : 35-49 €

→ Plan : 5 A 5
20 rue Gazan
☎ 01 43 13 29 00
F. dim. à dîn. (hiver).
Jusqu'à 22h30.

Ristorante Il Barone

Spécialités transalpines de bonne tenue (pâtes fraîches maison en particulier) pour cette adresse ayant pignon sur rue depuis plus de 25 ans.
C : 37 €

→ Plan : 4 F 3
5 rue Léopold-Robert
☎ 01 43 20 87 14
F. dim. et 23 déc.-2 janv.
Jusqu'à 23h30.

Lenox Montparnasse

Le charme de l'ancien dans des conditions de confort absolu, entre Montparnasse et le Panthéon. Grands miroirs, meubles de style habillent les vastes chambres de cet établissement de caractère, au bar-lounge réputé, aux équipements complets.
6 appart. 260-290 € • 46 ch. 150-185 €   *www.hotellenox.com*

→ Plan : 4 F 3
15 rue Delambre
☎ 01 43 35 34 50
☎ 01 43 20 46 64
Ouv. 7j/7.

PARIS 15e ARRONDISSEMENT

15 Chen, Soleil d'Est

Ce que les habitués viennent chercher ? Le rituel et le goût du canard laqué (trois services, dont la fameuse découpe de la peau par Madame Chen, et un bouillon fabuleux), des standards superbes (les grenouilles sautées, les raviolis), quelques idées du moment (des ormeaux, des saint-jacques, une belle poularde...) parfaitement présentées et commentées par Monsieur Jean, qui a toujours la fibre et réussit, même les soirs de pluie où un léger ennui perle sur les vitres de la salle sans un regard pour l'extérieur, à faire passer les bonnes ondes. Les deux toques sont toujours là, mais les tarifs sont élevés pour un lieu qui, on peut le dire sans vexer, ne rajeunit pas. Y compris sur la cave, certes sympathique, mais qui manque de petits prix.
C : 75 € • M : 40-120 €

→ Plan : 4 C 2
15 rue du Théâtre
☎ 01 45 79 34 34
F. août.
Jusqu'à 22h30.

14 Benkay

Trois chefs différents (l'un dédié au washoku, la cuisine traditionnelle, le second aux sushis et le troisième au teppan-yaki) se partagent la lumière japonisante qui émane de cette élégante table d'hôtel. Les prix n'ont rien de démocratiques mais l'ambiance, la qualité générale des prestations et la vue sur la Seine valent bien un petit sacrifice.
C : 85 € • M : 30-130 €   *43546-fb4@accor.com*

→ Plan : 4 C 2
61 quai de Grenelle
☎ 01 40 58 21 26
Ouv. 7j/7.
Jusqu'à 22h.

Novotel Paris Tour Eiffel

Dominant la Seine de toute sa haute stature, ce vaste immeuble rassemble de multiples qualités dont, en premier lieu, la superbe vue sur Paris. Décor contemporain.

12 appart. 550-1500 € • 764 ch. 260-450 €   www.novotel.com

→ Plan : 4 C 2
61 quai de Grenelle
☎ 01 40 58 20 00
🖳 01 40 58 24 44
Ouv. 7j/7.

Le Bistro d'Hubert 💗

Hubert, l'une des figures emblématiques de la restauration parisienne, a depuis longtemps dépassé l'âge théorique de la retraite. Il garde pourtant bon pied bon œil et la salle à manger, ouverte sur la cuisine, bruisse toujours du même plaisir : le marbré de poireaux aux deux saumons, le dos de morue fraîche rôtie aux coques et purée de vitelotte et le bouquet de pimientos del piquillo farci à la brandade de cabillaud demeurant d'excellents ambassadeurs de la cuisine bistrotière. Un véritable petit chez soi, sincère et émouvant.

C : 40 € • M : 34 €   www.bistrodhubert.com

→ Plan : 4 E 3
41 bd Pasteur
☎ 01 47 34 15 50
F. sam. à déj., dim., lundi à déj., 15 août et 24 déc. Jusqu'à 22h15.

🎁 idéal gourmet

La Dînée

Comment la Dînée version Christophe Recouvreur (en salle) et Nicolas Angebault (en cuisine) se porte-t-elle ? Les dernières nouvelles sont bonnes, le menu-carte à 38 € rencontre toujours le même succès, merci : nems de poireau au crabe et aux gambas, soja et nuoc-mâm, dos de saumon à la peau croustillante et endives braisées aux enzymes de papaye, tartelette aux fruits secs, crumble et glace au nougat. Cave courte (une cinquantaine de références) mais bien triée (Eydins en Luberon, Bassanel en Minervois).

M : 38 €   www.restaurant-ladinee.com

→ Plan : 4 B 4
85 rue Leblanc
☎ 01 45 54 20 49
F. w.-e., Noël et 1er janv. Jusqu'à 22h.

🎁 idéal gourmet

L'Os à Moelle

Dans son recoin de Paris, Thierry Faucher a trouvé la recette du succès pour son bistrot, une recette qui tient à un art consommé de décliner le produit pour proposer des assiettes à la fois familières et personnelles, avec un soin permanent de la qualité, aussi perceptible sur l'agneau du Limousin que sur les quenelles de chocolat sauce safranée. Le reste est à l'avenant, décor revu, service efficace et cave qui témoigne d'une même recherche du bon.

C : 32 € • M : 16-38 €

→ Plan : 4 C 4
3 rue Vasco-de-Gama
☎ 01 45 57 27 27
F. 1er sam. du mois, dim., lundi et dern. sem. juil.-3 prem. sem. août. Jusqu'à 23h30 (24h w.-e.).

Thierry Burlot

Le jeudi, c'est homard grillé à la vanille, avec un parmentier de boudin. Une bonne habitude dans une carte qui n'a rien de routinière. Thierry Burlot travaille à façon et à sa façon, selon l'inspiration, dans une veine bistronomique teintée d'orientalisme en cohérence avec un alerte cadre contemporain : thon rouge comme un tartare au sel fumé sashimi et granité, daurade dans un tajine d'olives, citrons confits et artichauts, jambon de cochon de ferme cuit doucement au four jus de braisage et pommes écrasées. le "dégustation" pas trop cher offre une belle représentation de ce que peut offrir cette table singulière qui tient sa place dans l'arrondissement. Cave également personnelle et finaude.

M : 39-55 €

→ Plan : 4 E 3
8 rue Nicolas-Charlet
☎ 01 42 19 08 59
F. w.-e., 14 juil.-15 août et 24-31 déc. Jusqu'à 22h.

13 Le Troquet

En plein cœur du 15ème arrondissement, ce bistrot de caractère est toujours aussi plaisant à fréquenter, grâce au cadre rétro à souhait, à l'ambiance survoltée dans un joyeux coude à coude, à la petite carte des vins maligne et pas chère (même si on l'aimerait encore plus marquée Sud-Ouest, la région s'y prête), et surtout grâce à la présence de Christian Etchebest, formidable personnage charismatique, qui a les deux pieds bien ancrés dans le terroir, possède un tour de main irréprochable et un talent certain pour rajeunir les recettes traditionnelles de son pays d'origine. Dommage seulement que les plats les plus intéressants (comme les belles asperges de Provence poêlées, au jambon de pays) donnent lieu à des suppléments parfois coûteux.
M : 28 €

→ Plan : 4 D 2
21 rue François-Bonvin
☎ 01 45 66 89 00
F. dim., lundi, 1 sem. mai, 3 sem. août et 1 sem. déc.
Jusqu'à 23h30.

13 La Villa Corse

Cette adresse a de nombreux atouts : un cadre chic et élégant, une superbe carte de vins corses et une belle cuisine qui puise aux mêmes sources, avec surtout de beaux produits. Terre ou mer, l'assiette est belle (on est loin du style rustique) et les saveurs ensoleillées : délicieuses sardines marinées à l'huile parfumée, gourmandes garganelli du berger (version corse des pâtes quatre fromages), des fromages corses superbement affinés et les délices de Mariuccia pour finir en douceur. Bien sûr, on peut tiquer sur les tarifs ou tomber (manque de chance) sur un serveur particulièrement peu aimable, mais tout cela n'entame pas la bonne humeur d'une clientèle essentiellement jeune et branchée qui fait le déplacement jusqu'à ce coin du XVᵉ plus habitué aux dames patronnesses.
C : 50 €

→ Plan : 4 D 2
164 bd de Grenelle
☎ 01 53 86 70 81
F. dim.
Jusqu'à 23h30.

lavillacorse@wanadoo.fr

12 L'Ami Marcel

Un joli bistrot, au décor contemporain très sobre, dans les tons chocolat et beige : la nouvelle direction, sans bouleverser la donne, a su fort bien animer ce quartier sans joie en rassemblant les bons vivants autour d'une cuisine maligne, bourgeoise et actuelle, qui sait montrer son caractère, gaspacho de carottes à l'orange et glace moutarde de Meaux, gambas en croustillant, légumes et mangue au wok. En cave, les étiquettes friandes que l'on aime retrouver, Ormes Sorbet et Marionnet, Cuilleron-Villard-Gaillard et Lapierre, Gitton et Roc de Cambes.
M : 25-30 €

→ Plan : 4 E 4
33 rue Georges-Pitard
☎ 01 48 56 62 06
F. dim., lundi et 3e sem. août.
Jusqu'à 22h30.

www.lamimarcel.com

12 L'Antre Amis

Antre Amis, ou entre amoureux (le cadre parvient à ménager une certaine intimité), en terrasse aux beaux jours, pour un vernissage d'artiste contemporain... Tous les prétextes sont bons pour revenir chez Stéphane Pion. D'abord parce qu'on s'y sent bien, ensuite parce que la cuisine évolue, suit la saison et réserve de bonnes surprises (ludiques magret-en-burger ou religieuse de crabe au curry) au-delà du plaisir, pas si simple, de saveurs bien préservées, dans un menu-carte au rendement toujours aussi performant : pressé d'anchois tomates confites et tapenade, bar poêlé au naturel, pommes façon Tatin et croquant de nougatine.
C : 33 € • M : 33 €

→ Plan : 4 E 2
9 rue Bouchut
☎ 01 45 67 15 65
F. w.-e. et Noël-nouvel an.
Jusqu'à 22h30.

www.lantreamis.fr

12 Arti

On retrouve ici les valeurs traditionnelles de gentillesse, de simplicité et de doux exotisme qu'on apprécie dans les restaurants indiens, mais elles sont ici au service d'une cuisine particulièrement soignée, signée par un homme (Arun Sachdeva) qui a fait beaucoup pour faire connaître la finesse des recettes du nord de l'Inde et ne saurait supporter de les trahir par quelque approximation que ce soit. Une valeur sûre, au sens noble du terme.
C : 25 € • M : 10,50-22,50 €   www.eatinparis.com

→ Plan : 4 D 3
173 rue Lecourbe
☎ 01 48 28 66 68
Ouv. 7j/7.
Jusqu'à 23h15.

----

12 Autour du Mont

Dans cette petite salle au décor feutré, la table de Philippe Bonne reste une étape de choix pour les amoureux du beau poisson et des produits de la mer en général, avec un approvisionnement régulier et un travail maîtrisé pour proposer à un prix compétitif le choix d'un menu-carte qui met en avant les huîtres de Normandie, la daurade royale en croûte de sel ou le steak de thon rouge et purée de vieux légumes.
C : 35 € • M : 18-22 €

→ Plan : 4 C 4
58 rue Vasco-de-Gama
☎ 01 42 50 55 63
F. sam. à déj., dim., lundi et août.
Jusqu'à 23h.
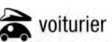

----

12 Le Bélisaire

Nostalgique de sa Bretagne, Matthieu Garrel a préféré l'amener à Paris plutôt que d'y retourner, tant mieux pour les adeptes de cette plaisante table tendance bistrot, avec ses meubles en bois sculpté et la pêche de l'Ouest qui ne tarde pas à arriver pour alimenter l'ardoise du jour. Les habitués comme les autres font confiance, pour découvrir des recettes à l'originalité bien dosée.
M : 20-40 €

→ Plan : 4 D 4
2 rue Marmontel
☎ 01 48 28 62 24
F. sam. à déj., dim., 3 sem. août et 1 sem. hiver.
Jusqu'à 22h30.

----

12 Le Beurre Noisette

Bien avant qu'on parle de bistronomie, Thierry Blanqui avait quitté les ors du Ritz ou de la Tour d'Argent pour ouvrir cette adresse de poche dans un quartier un peu improbable. Il est toujours là et son alerte cuisine de marché aussi, dans un registre d'inspiration canaille où l'on retrouve néanmoins une touche personnelle (roulade de tête de veau poêlée, boudin noir aux pommes confites). Même un peu rentrée dans le rang, l'adresse reste un bon point de ralliement dans le quartier.
M : 22-32 €

→ Plan : 4 C 4
68 rue Vasco-de-Gama
☎ 01 48 56 82 49
F. dim., lundi, 1 sem. janv. et 3 prem. sem. août.
Jusqu'à 23h.

----

12 Le Caroubier

Si le décor a été un peu renouvelé, Fradj Yaga est toujours en cuisine, ne s'écartant pas des rails d'une cuisine marocaine soignée et aux propositions variées, dans les tajines comme les couscous. Une constance gage de sérieux, enveloppée dans la gentillesse d'un service attentif.
C : 35 € • M : 19-28 €

→ Plan : 4 D 5
82 bd Lefebvre
☎ 01 40 43 16 12
F. lundi et 20 juil.-20 août.

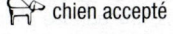 parking privé   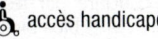 parking fermé   voiturier

hôtel très tranquille   chien accepté   accès handicapé

12 Cristal de Sel *d*

Cette toute nouvelle adresse a été ouverte au début de l'été dernier par deux (très) jeunes professionnels : Damien Crépu en salle (remarquable d'efficacité et de gentillesse) et Karil Lopez en cuisine (un ancien du Bristol). Cadre sobre, salle ouverte sur la cuisine et inspiration clairement " bistronomique ", le ton est donné, naviguant entre grands classiques bistrotiers (charcuterie, côte de bœuf) et des créations plus recherchées. Les desserts très soignés et ou de superbes ravioles de langoustines plaident pour la toque, les plats tempèrent un peu l'enthousiasme, surtout que l'absence de menus emmène rapidement assez haut en terme de tarifs. Gageons que l'équipe devrait rapidement prendre ses marques, une affaire à suivre.
C : 50 €

→ Plan : 4 C 3
13 rue Mademoiselle
☎ 01 42 50 35 29
F. dim., lundi, août et 1 sem. hiver.
Jusqu'à 22h30.

12 Fellini

Dolce vita dans ce quinzième tranquille comme Baptiste. Giuseppe Feleppa y pratique la cuisine régionale apprise et récitée depuis toujours, pas molto vivace, mais dans un andante de bon aloi, maîtrise sûre et plats de pâtes très soignés après de corrects antipasti : tagliolini à l'encre de seiche, fettuccini alla fiorentina, penne alla casareccia... Cave italienne de bon conseil.
C : 32 € • M : 20 €

→ Plan : 4 C 4
58 rue de la Croix-Nivert
☎ 01 45 77 40 77
F. août.
Jusqu'à 23h.
≋❄

12 Fontanarosa

Le propriétaire de cette souriante et chaleureuse trattoria vante avec passion une gastronomie italienne qu'il préfère manifestement lorsqu'elle s'inspire des influences sardes et siciliennes : œufs brouillés à la poutargue de mulet, gnocchis sardes à la tomate, saucisse et fenouil, chausson au fromage frit et miel du maquis. L'été, la terrasse devient un lieu romantique et très en vogue.
M : 21-30 €

→ Plan : 4 D 2
28 bd Garibaldi
☎ 01 45 66 97 84
Ouv. 7j/7.
Jusqu'à 23h.
≋❄🐑

www.fontanarosa-ristorante.eu

12 Le Gastroquet

La déco de ce bistrot-gastro a été assez revue depuis l'an dernier mais les bonnes recettes des débuts (en 1990) n'ont pas bougé, bonne humeur en salle (Madeleine Bulot y est pour beaucoup) et rafraîchissante cuisine traditionnelle très sagement tarifée : salade de topinambour, huile d'olive, citron et parmesan, escalope de volaille panée, mie de pain et olives vertes, crème caramel à la fleur d'oranger dans un parfait menu à 22 €.
C : 60 € • M : 22-29 €

→ Plan : 4 C 4
10 rue Desnouettes
☎ 01 48 28 60 91
F. sam. à dîn., dim., fin juil. et août.
Jusqu'à 23h30.
🐑

12 Le Grand Pan *d*

Cette toute nouvelle adresse est née par la volonté de Christian Etchebest (le Troquet, dans le 15e) qui y a placé Benoît Gauthier aux fourneaux. Une carte à deux vitesses, le menu-carte du déjeuner lorgnant vers le sud-ouest alors que la formule du soir abandonne l'entrée pour une mise en bouche imposée et propose ensuite un choix parmi trois côtes (veau, bœuf ou porc) pour deux personnes, avec frites et salade, puis un plat de homard pour deux avant de conclure par les fromages et quelques desserts "de grand-mère". Vins bios bien choisis, une adresse pleine de gaieté dont seule la déco, anodine, mériterait un peu plus d'attention.
C : 35 € • M : 15-28 €

→ Plan : 4 D 4
20 rue Rosenwald
☎ 01 42 50 02 50
F. sam. à déj., dim., 1 sem. août et 1 sem. Noël.
Jusqu'à 23h.
🎋

12 Restaurant du Marché

Gros succès (mérité) pour cette adresse dont le cadre rétro à souhait possède beaucoup de charme et s'avère agréable et confortable. Le service, effectué en partie par le chef, est efficace, souriant et surtout marque des points par ses sympathiques attentions (excellent saucisson sec à l'apéro et les cerises à l'eau-de-vie avec le café). La cuisine, de base classique, assez orientée Sud-Ouest, est fort bien réalisée, parfois créative, et soutient efficacement l'ambiance sympathique et animée générée par une clientèle de quartier assez jeune. Une bien jolie petite adresse.
C : 32 € • M : 16-29 €

→ Plan : 4 D 4
59 rue de Dantzig
☎ 01 48 28 31 55
F. dim., lundi, 2e sem. avril et août.
Jusqu'à 22h30.

12 Le Sept-Quinze

Un vieux bar de quartier rénové en bistrot où les habitués consentent du bout des lèvres à laisser quelques tables aux clients de passage. Cuisine méditerranéenne pour tous, avec le risotto de gambas et fèves fraîches, la croustade de filet de bœuf et tapenade ou le thon grillé farci à la riquette. Jolie petite cave à tendance sud-est.
C : 30 € • M : 30 €

→ Plan : 4 D 2
29 av Lowendal
☎ 01 43 06 23 06
F. sam. à déj., dim., 2 sem. août et 24 déc.-3 janv.
Jusqu'à 23h.

12 Stéphane Martin

Derrière la façade rafraîchie, on a bien affaire à un restaurant de cuisinier : plus que dans le cadre cosy ou le service, c'est dans l'assiette qu'il faut chercher les vertus de cette table, autour d'une cuisine de marché volontiers bistrotière (le jarret de porc a ses fans) calibrée autour d'un efficace menu-carte.
C : 42 € • M : 22-35 €   *www.stephanmartin.com*

→ Plan : 4 C 3
67 rue des Entrepreneurs
☎ 01 45 79 03 31
F. dim., lundi et 1er-23 août.
Jusqu'à 23h.

12 Le Triporteur

Le bistrot gouailleur et nostalgique, plats à l'ardoise et service direct. On ajoute deux pincées d'épices, on rafraîchit l'esprit ménager pour s'évader un peu et l'on trouve de quoi faire son marché, entre les légumes du moment, une pastilla, des chipirons, un beau magret. Carte des vins, maligne et actuelle, avec le pic saint loup du Mas Foulaquier ou le crozes hermitage de Dard et Ribo.
C : 32 €

→ Plan : 4 D 4
4 rue de Dantzig
☎ 01 45 32 82 40
F. sam. à déj., dim., 3 sem. août et 1 sem. Noël.
Jusqu'à 22h30.

11 L'Alchimie

La petite salle aux tons clairs n'a rien d'un antre dédié aux effets de fumée, c'est plutôt le lieu d'exercice d'un bon professionnel, qui anime sa table au gré de l'évolution du menu-carte, des expositions de peinture ou des dégustations de vins, et propose une cuisine de saison raisonnablement actualisée et plutôt convaincante : asperges vertes et œuf poché beurre aux câpres, filet mignon d'agneau à la sarriette, crêpe au mascarpone et aux fruits. Cave classique et carte de cigares, le dada du patron.
C : 28 € • M : 28 €   *www.alchimie.lesrestos.com*

→ Plan : 4 C 2
34 rue Letellier
☎ 01 45 75 55 95
F. dim., lundi, 3 sem. août et Noël-nouvel an.
Jusqu'à 22h.

🎁 idéal gourmet

🔵 Derrick Catalan

Ce Derrick-là fore avec constance (bientôt 30 ans) la veine du terroir catalan, raffine juste ce qu'il faut pour envoyer aux Parisiens tout le soleil de la parrillada, de la zarzuela ou du jambon serrano. Joli décor, vins d'Espagne et animation musicale de temps en temps.
C : 35 €

→ Plan : 4 D 3
346 rue Lecourbe
☎ 01 45 58 48 75
F. août.
Jusqu'à 23h15.

Erawan

Une cuisine thaïe régulière et sans surprise dans un quartier qui manque : on s'évade à bon compte avec la salade de crevettes à la citronnelle, le poisson vapeur et le magret sauté au basilic.
C : 20 € • M : 18-35 €

→ Plan : 4 C 1
76 rue de la Fédération
☎ 01 47 83 55 67
F. dim. et 3 sem. août.
Jusqu'à 22h30.

- -

L'Instant Quai

Evidemment, quand on tient une vedette, on la montre : les cuisines sont ouvertes sur la salle, pour que chacun puisse vérifier que le médiatique Cyril Lignac est bien aux fourneaux. Décor contemporain et cuisine dans l'air du temps, teintée d'exotisme et de touches herbacées, à la séduction indéniable.
C : 70 € • M : 40 €   www.restauantlequinzieme.com

→ Plan : 4 B 3
14 rue Cauchy
☎ 01 45 54 43 43
F. sam. à déj., dim. et 1 sem. août.
Jusqu'à 22h.

- -

Sawadee

Ce quartier proche de Beaugrenelle n'est pas vraiment exotique mais ce thaï compte sans doute aucun parmi les meilleurs du genre dans les environs. Bientôt deux décennies d'existence et des spécialités remarquables, rouleau impérial, brochettes de fruits de mer ou riz sauté aux crevettes et aux saucissons.
C : 25 €

→ Plan : 4 C 2
53 rue Emile-Zola
☎ 01 45 77 68 90
F. dim. et 4-17 août.
Jusqu'à 22h30.

- -

Ttotte

Aimable et fraternelle enclave basque à deux pas de Montparnasse. Chez Ttote Jauregui, on peut venir le béret sur la tête et s'installer en face des chipirons à l'encre, de la piperade au jambon et des piquillos à la morue sans risquer d'être dépaysé.
C : 25 € • M : 16-22 €

→ Plan : 4 E 3
22 rue Falguière
☎ 01 43 22 34 73
F. sam. à déj., dim., 3 sem. août et 1 sem. Noël-nouvel an.
Jusqu'à 23h.

- -

Hilton Paris

Dans cet ordre, les deux termes mettent à l'abri du scandale et des mauvaises surprises. Point d'architecture haussmannienne ici, mais un immeuble aux lignes modernes et structurées, qui abrite des chambres tout aussi actuelles, sobres et parées d'apaisantes harmonies de marron et beige. Le confort est parfait, le sens du service élevé.
25 appart. 910-1500 € • 460 ch. 650-785 €   www.hilton.com

→ Plan : 4 C 1
18 av de Suffren
☎ 01 44 38 56 00
🖷 01 44 38 56 10
Ouv. 7j/7.

- -

Bailli de Suffren tour Eiffel

Ce grand immeuble haussmannien en pierre de taille est une résidence coutumière des diplomates et politiques près de la Tour et de l'UNESCO. Chambres de grand confort, aux équipements sans faille, salon, bar et réception rénovés.
3 appart. 190-240 € • 22 ch. 95-155 €   www.baillidesuffren-paris-hotel.com

→ Plan : 4 D 2
149 av de Suffren
☎ 01 56 58 64 64
🖷 01 45 67 75 82
Ouv. 7j/7.

19  L'Astrance

Y aurait-il une Normale Sup' de la cuisine, que Pascal Barbot sortirait major de sa promotion. L'élève modèle d'Alain Passard est devenu un maître, un monstre de professionnalisme dont la cuisine a la pureté du cristal dans une précision chirurgicale. Entre Christophe Rohat, l'interprète en salle, et le chef-compositeur, virtuose du piano, l'entente est plus que cordiale, elle est fondatrice, harmonieuse, énergétique. Dans ce théâtre de poche contemporain où le privilège n'est pas de loger à l'orchestre ou au balcon, mais

→ Plan : 2 C 6
4 rue Beethoven
☎ 01 40 50 84 40
F. w.-e. et lundi. F. ann. non comm.
Jusqu'à 21h15.

simplement de trouver un siège, un strapontin, durement acquis après des semaines de réservation, l'intrigue repose sur des ressorts simples qui tiennent autant de l'évidence que de la révélation : l'œuf de poule, persil, émulsion vin jaune et parmesan, feuille de pak choï, girolles, quelques écailles d'oignon pour un ensemble irradiant où le naturel vient au galop, aussi stupéfiant de grandiose simplicité que la lotte, épinard, amarante, cumin, citron et une bouleversante petite sardine qui passe par là comme le pigeon cuit à basse température, rôtie d'abats, cuisse confite, betterave-framboise dans une veine actuelle qui n'a rien de frelatée : les assiettes créées par Pascal Barbot ont le genre unique, et après plusieurs saisons, on constate que personne n'est allé se frotter à son foie gras - champignons de Paris qui mérite toujours un brevet et les félicitations du jury. On rigole de bonheur, à l'idée que personne n'est capable de rééditer sa brioche romarin citron d'amusebouche, et encore moins certaines fulgurances en desserts, le sorbet piment basilic citronnelle, la mousse chocolat blanc gingembre émulsion de thé vert sorbet yuzu ou l'ahurissante salade de fruits aux tomates et fèves japonaises. L'atmosphère a beau être feutrée, on a tout de même l'impression de marcher sur la Lune. Cave d'excellente tenue où les vignerons d'aujourd'hui ont la même exposition que les grands maîtres, tarifs d'ensemble à l'image apparente de cette maison de haute convoitise, sages et courtois.

C : 135 € • M : 70-270 €

----

18 🦷🦷🦷 〉 **Le Pré Catelan**

On se réjouit naturellement de tout ce qui arrive de bon au Pré Catelan, le dynamisme d'une maison qui bouge sans cesse dans le bon sens (on attend la fin des travaux pour découvrir la nouveauté au milieu de cet automne, quasiment à parution), la qualité supérieure d'un des meilleurs services de France, couronné l'an passé avec le directeur de salle Jean-Jacques Chauveau, et les prouesses, comment le dire autrement, d'un Frédéric Anton qui n'en finit plus de se surpasser dans la complexité, mais aussi la justesse : une grandiose sardine en gelée de bouillabaisse, une langoustine royale (en ravioli dans un bouillon à l'huile d'olive vierge, en nems frits jus de romaine et cacahuète torréfiés, le turbot, épais et friands, recouvert d'amandes, en clin d'œil à la truite de Mamie, jus d'amande amère, risotto, seiche juste poêlée, jus gras et le sublime pigeonneau à la broche et ses macaronis aux petits pois, sans oublier les succès désormais indispensables, comme les fameux os à moelle. L'atmosphère très reposante, parfois trop, de ce salon suranné au cœur du Bois de Boulogne reste un atout certain et la cave, évidemment spacieuse, contient toutes les références utiles, jusqu'au très grand.

C : 180 € • M : 140-180 € *www.lenotre.fr*

→ Plan : 2 A 5
Rte de Suresnes, bois de Boulogne
☎ 01 44 14 41 14
F. dim., lundi (h.s.), dim. à dîn., lundi (saison), 3 sem. fév. et 1 sem. Toussaint. Jusqu'à 22h.

----

17 🦷🦷🦷 **La Grande Cascade**

Un, deux, trois, nous irons au Bois… Une, deux, trois toques bien en place… Nous avions appris, au moment du bouclage de notre dernière édition, le départ de Richard Mebhkout pour un palace de Gstaad et son remplacement par l'expérimenté Frédéric Robert qui, à 45 ans, affiche dix années de pratique auprès d'Alain Senderens mais aussi quelques années comme chef de partie poisson à l'Ambroisie et, déjà, trois années comme adjoint chez les Menut. Ce changement en cuisine n'a en rien perturbé l'ordonnancement

→ Plan : 2 A 5
Allée de Longchamp, bois de Boulogne
☎ 01 45 27 33 51
F. vac. scol. fév.
Jusqu'à 22h.

🎁 idéal gourmet

de ce romantique pavillon Napoléon III à l'imposante rotonde de verre et d'acier. La cuisine allègre du nouveau chef allège même l'atmosphère un rien solennelle qui règne dans l'immense salle verrière. De l'entrée diaphane - homard tiède servi avec des pêches blanches légèrement parfumées à l'hibiscus - au magnifique thon rouge - moelleux, cuit à la perfection et ceint de cheveux d'ange craquants, le tout parfumé à la coriandre et au gingembre - en passant par un beau foie gras poêlé associé à une sauce soja équilibrée et à une variation de grande facture autour de l'oignon doux et des noisettes. Du pigeonneau vendéen de noble lignée, plus traditionnel, on retiendra les délicieux navets caramélisés. Desserts se hissant au même niveau, service de très grande maison et cave forcément prestigieuse mais sachant s'intéresser aux jeunes vignerons.

C : 200 € • M : 70-165 €   www.lagrandecascade.fr

----

16 🦷🦷 〰️ **Hiramatsu**

Le franco-nippon le plus distingué - et sans doute le plus cher de Paris - voit juste. Thuriféraire de Paul Bocuse et de la haute tradition française, Hiroyuki Hiramatsu a fait de l'ex-Faugeron une reproduction fidèle de ce que pourrait être l'ambassade de la France gourmande à Tokyo : des produits de très haute valeur, une manière sensible, délicate, orientale, de les apprêter avec une précision époustouflante, voilà un hommage vivant - rien d'archaïque, bien au contraire dans ces plats d'obédience orthodoxe - à notre patrimoine culinaire, du foie gras de canard jus de truffes au feuilleté de homard au jus d'estragon (et un peu de truffe tout de même, pourquoi se priver), des lamelles d'agneau compotée d'oignons blancs et jus... de truffe au gâteau au chocolat. Service de velours, fluide et distingué, ébouriffante cave classique qui elle aussi fait l'apologie de notre vignoble avec des références prestigieuses et pointues.

C : 110 € • M : 95-130 €   www.hiramatsu.co.jp

→ Plan : 1 E 6
52 rue de Longchamp
☎ 01 56 81 08 80
F. w.-e., 29 déc.-6 janv.,
1ᵉʳ mai, 14 juil. et août.
Jusqu'à 21h30.
🚗 〰️❄️🐑

----

16 🦷🦷 **Le Relais d'Auteuil - Patrick Pignol**

Le très haut niveau de la cuisine bourgeoise, le style parisien, XVIᵉ gouailleur en plus, apporté par un véritable épicurien. Patrick Pignol est un maître souriant, qui aime les mêmes bonnes choses que ses clients. Et c'est un avantage décisif pour supporter les additions fracassantes : parce que ces produits-là, distribués avec prodigalité (on ne mégote pas sur la taille des langoustines, ni même sur le gramme de caviar) ne se trouvent pas sous le pied d'un cheval fut-il pur sang d'Auteuil. Des prix de palace, oui peut-être, mais pour une cuisine en grand, imperturbablement classique, indiscutablement séduisante, avec ses cuisses de grenouilles meunière, échalotes grises et cresson de fontaine, la grosse sole de ligne et pommes de terre écrasées, la superbe côte de veau de lait sous la mer et lentilles du Puy... Comme dans le temps, on peut pousser la porte de ce salon distingué, au service ampoulé en pensant saint-jacques ou ris de veau : le chef saura s'occuper du reste. Et le sommelier de trouver le flacon noble adéquat, dans une cave de collectionneur, hélas un peu intouchable en tarifs.

C : 120 € • M : 58 €   pignol.p@wanadoo.fr

→ Plan : 4 A 3
31 bd Murat
☎ 01 46 51 09 54
F. sam. à déj., dim., lundi,
août et Noël-nouvel an.
Jusqu'à 22h15.
🚗🚹♿ 〰️❄️
🛵 **idéal gourmet**

16 ⟩ La Table de Joël Robuchon

Joël Robuchon s'est adapté à la mode des bistrots chics en bannissant les nappes et en rapprochant les tables. Mais cela ne suffit évidemment pas à en faire l'une de nos tables préférées. Le décor dépouillé signé Jacques Garcia, l'accueil certes un peu sévère mais distingué, les fleurs naturelles disposées sur chaque table laissent deviner que le moment vaudra d'être vécu. L'assiette ? Du "classicisme robuchonien" dans le texte, des compositions superbes, soyeuses, sans la moindre aspérité disgracieuse : truffe noire sur une salade tiède de pommes de terre aux fins copeaux de foie gras, araignée de mer au coulis de cerfeuil, crème de chou-fleur et fine gelée de langoustines, caille au foie gras caramélisée, pomme purée truffée (ah ! la mythique purée, toujours aussi riche en matière grasse) et Mont-Blanc à la crème de marrons parfumé au vieux rhum et ses perles de meringue. Un bon plan ? Plusieurs plats sont proposés en demi-portion et le menu du déjeuner, à 55 €, est proposé même le dimanche. Cave experte en belles étiquettes, personnel très compétent.
C : 80 € • M : 55-150 €   latabledejoelrobuchon@wanadoo.fr

→ Plan : 2 C 5
16 av Bugeaud
☎ 01 56 28 16 16
Ouv. 7j/7.

---

14 L'Acajou

Trois ans après avoir repris l'ancienne Fontaine d'Auteuil, le tout jeune Jean Imbert, ancien de chez Rostang et Westerman, semble s'être définitivement imposé parmi les bonnes adresses de l'arrondissement. Son approche à la fois ludique et innovante de la cuisine (le tourteau et l'œuf mollet associés à une purée d'avocat, le thon rouge marié à une purée de patate douce et à de l'orange et à du pamplemousse crus et cuits, le ris de veau accompagné de langoustine et d'une frisée à la menthe...) se distingue par une maturité et une précision étonnantes, signes d'une parfaite maîtrise technique. Petite cave pas trop chère.
C : 60 € • M : 35-40 €

→ Plan : 4 B 2
35 bis rue
Jean-de-la-Fontaine
☎ 01 42 88 04 47
F. sam. à déj., dim. et août.
Jusqu'à 22h30.

---

14 Conti

C'est moi, c'est l'Italien… Michel Ranvier peut chanter Reggiani, il n'y aura pas usurpation d'identité. On peut certes estimer qu'on n'est pas chez Conti comme dans une trattoria de village, mais cette cuisine transalpine des beaux quartiers est impeccablement travaillée par un chef dont la référence la plus prestigieuse, malgré Troisgros et Jamin dans son CV, est d'avoir officié dans la marqueterie acajou de l'Orient-Express. Et ça, ça vous pose un chef, bien obligé d'être aussi parfait sur la cuisson des spaghettis à la puttanesca que sur le bar sauvage, sur le carpaccio de saint-jacques à la poutargue que sur l'osso buco ou la panna cotta. S'il y a peu à apprendre, l'essentiel est dans le confort et l'onctuosité de cet élégant cocon de sécurité. On boit bien dans toutes les régions, avec les grands toscans (Sassicaïa, Tignanello, Brunello di Montalcino) en pointe.
C : 53 € • M : 33 €

→ Plan : 2 C 5
72 rue Lauriston
☎ 01 47 27 74 67
F. w.-e., feriés et 2-24 août.
Jusqu'à 22h30.

🌴 repas en terrasse ou dans un jardin   ⌐ cave à cigare

🏊 piscine privée   🎾 tennis privé   ≋❄ air conditionné

14 🦷 Essaouira

La discrète maison d'Ali El Mansouri œuvre avec efficacité et probité pour la promotion de la cuisine marocaine. Pas cette gastronomie, certes tout à fait louable, que ses confrères copient à l'envi en n'ayant d'autre ambition que de multiplier les recettes de couscous, mais plutôt celle d'une "haute cuisine" marocaine, sensible et délicatement revisitée : soupe de concombre parfumée à l'eau de rose, tajine de crevette (ceux à la viande valent aussi le détour), Atmosphère douce et intime.

C : 30 €

→ Plan : 4 B 1
135 rue Ranelagh
☎ 01 45 27 99 93
F. dim., lundi à déj. et août.
Jusqu'à 22h30.

---

14 🦷 Passiflore

On peut ne pas être forcément enthousiasmé par ce décor certes sobre, très élégant avec ses boiseries blondes, sa moquette chocolat, ses tables bien dressées et ses quelques touches ethniques (Afrique ou Asie) mais qui peine à égayer une salle décidément bien sombre. Impossible en revanche de ne pas verser dans un enthousiasme presque béat (et tout proche des deux toques) devant la cuisine de Roland Durand, très technique : soupe de concombres à la rose (étonnant et puissant), pleurote géant mariné au basilic, filet mignon d'agneau poêlé, jus au pesto et confit d'aubergines (une explosion de saveurs)... Une telle cuisine mérite probablement un cadre plus adapté que cette bonbonnière pour repas d'affaire.

C : 85 € • M : 35-54 €   *www.restaurantpassiflore.com*

→ Plan : 2 C 5
33 rue de Longchamp
☎ 01 47 04 96 81
F. sam. à déj., dim. et 20
juil.-20 août.
Jusqu'à 22h30.

---

14 🦷 Le Pergolèse

Deux ans après avoir repris cette institution, Stéphane Gaborieau, MOF et ex Villa Florentine (à Lyon), peut songer à quelques évolutions. Les bases sont solides, la cuisine demeure classique dans son esprit (ah ! ces habitués qu'il faut choyer !) mais on sent poindre une ouverture toujours plus nette vers les influences méditerranéennes : moelleux de sardine en filets marinés, symphonie de poivrons en basquaise et sorbet tomate, rougets en filets cuits à la salamandre, salade de lentilles tièdes à la lie de vin, mousseline de brocolis à l'huile de noisette, tarte sablée tiède aux figues, fine biscotte aux mendiants et crème glacées aux saveurs de Jamaïque. Le menu business, à 39 €, demeure l'une des meilleures affaires de l'ouest parisien (entrée, plat et dessert avec deux verres de vin) et la cave brille toujours autant par son classicisme.

C : 80 € • M : 80 €   *www.lepergolese.com*

→ Plan : 2 C 4
40 rue Pergolèse
☎ 01 45 00 21 40
F. w.-e. et 3-29 juil.
Jusqu'à 22h30.

---

14 🦷 Le Relais du Parc

Dans cette maison marquée par l'histoire gastronomique du pays, rien de moins, le jeune chef Romain Corbière s'acquitte de sa tâche envers la clientèle internationale avec brio. Sans le confondre avec ses prédécesseurs prestigieux, Joël Robuchon et Alain Ducasse, il offre une carte du XXIᵉ siècle, particulièrement appréciable aux beaux jours sur la terrasse fleurie et ombragée, entre canaille branché et bistrot de luxe, entre le lapin de ferme en porchetta et tartine d'épaule, le maigre à la plancha, l'échine de cochon fondante laquée et le blanc-manger coco-mangue, dans une distinction inaltérable, au service comme à table. Cave aux belles références, avec sa liste de vins du monde.

C : 75 €   *www.sofotel.com*

→ Plan : 2 C 5
55-57 av
Raymond-Poincaré
☎ 01 44 05 66 10
F. sam. à déj. (sf 12 mai-8
juil.), dim., lundi, août et 2
sem. Noël.
Jusqu'à 22h.

Le Parc Paris

Atmosphère de grand raffinement dans cette maison anglo-normande début XXᵉ dont les chambres offrent un repos de très haut standing, belles matières et bois précieux.
116 ch. 400-620 €   *www.sofitel.com*

→ Plan : 2 C 5
Sofitel Demeure Hôtels,
55-57 av
Raymond-Poincaré
☎ 01 44 05 66 66
🖷 01 44 05 66 39
Ouv. 7j/7.

---

14 La Salle à Manger

Ce n'est pas la Salle à Manger de n'importe qui, les hauts plafonds moulurés et les lustres précieux venant prendre la suite de l'imposant hall d'accueil, mais l'aspect intimidant du décor est vite gommé par la gentillesse du service comme par la qualité d'une cuisine qui, bien que luxueuse, ne cherche pas à en faire trop, Philip Delahaye laissant la vedette au produit, les saint-jacques (en mousseline aux épices douces), les ris de veau (aux oignons rouges et câpres) ou encore le thon rouge (aux courgettes et citrons confits). Jolis desserts de pâtissier.
C : 75 € • M : 50-60 €   *www.raphael-hotel.com*

→ Plan : 5 B 6
17 av Kléber
☎ 01 53 64 32 11
F. w.-e., fériés et août.
Jusqu'à 21h30.

Hôtel Raphaël

Seul palace parisien à pouvoir se vanter d'être encore indépendant et tenu par la même famille depuis son ouverture (en 1925), le Raphaël entretient une image d'exclusivité qui en fait presque un Club plus qu'un hôtel. Ayant la particularité de proposer de nombreuses chambres alcôve (un arc de boiserie décoré et agrémenté de grandes tentures marquant la séparation entre la chambre et le salon), il demeure l'un des établissements les plus attachants de la capitale. Les suites des derniers étages offrent de superbes points de vue sur les plus beaux sites de Paris.
47 appart. 730-5450 € • 39 ch. 475-570 €   *www.raphael-hotel.com*

→ Plan : 2 C 4
17 av Kléber
☎ 01 53 64 32 00
🖷 01 53 64 32 01
Ouv. 7j/7.

---

14 Le Vinci

Les fidèles de l'Etoile suivent depuis longtemps cette planète transalpine installée dans leur quartier. Une Squadra Azzura solide mène le jeu avec brio, sans trop insister sur la défense des valeurs sûres (goûtez le très bon carpaccio), mais en se montrant au contraire convaincante sur les idées du moment, un piccata de saint-pierre aux asperges et purée à l'huile d'olive, un risotto aux morilles et foie gras poêlé et bien sûr une liste de pâtes chic qui donnent faim : linguine aux saint-jacques poêlées au jus de citron, gratiné de lasagne au chou vert sauce trompettes et carpaccio de veau, tagliatelle aux fruits de mer. la distinction règne dans cette salle feutrée, jusqu'au tiramisu (fraise, croquant aux amandes) et la pannacotta. Belle cave italienne (jusqu'aux Sassicaïa et aux Solaias d'Antinori) augmentée de grands crus français.
C : 50 €   *www.le-vinci.com*

→ Plan : 2 C 5
23 rue Paul-Valéry
☎ 01 45 01 68 18
F. w.-e. et 1er-24 août.
Jusqu'à 22h15.

 standard    grand confort    haut de gamme    exceptionnel

             hôtels de charme

13 Bellini

La rue s'était rendue célèbre grâce au sinistre docteur Petiot. On la fréquente désormais pour la rafraîchissante cuisine italienne proposée par Erwan Garel, ancien chef de partie chez Sormani : carpaccio de bœuf tiède à l'émulsion de gorgonzola, tagliatelles aux anchois et tapenade d'olives noires, risotto milanais au safran et copeaux de parmesan. Atmosphère chic et sérieuse, réservation fortement conseillée.

C : 45 € • M : 28 €   *www.restaurantbellini.com*

→ Plan : 2 C 4
28 rue Le-Sueur
☎ 01 45 00 54 20
F. sam. à déj., dim., 3 sem.
août et 1 sem. déc.
Jusqu'à 22h30.

- -

13 La Butte Chaillot

Digne représentant de la galaxie Guy Savoy, la Butte joue d'un décor contemporain, élégant et chaleureux (sobre décor de murs tendus de cuir, égayés de lithographies de Tony Soulié), et d'une cuisine qui permet de profiter de l'excellence des produits, de l'équilibre des saveurs et du professionnalisme du "grand restaurant". Entre tradition française (superbe pavé de saumon cuit vapeur) et air du temps (influence japonaise du thon juste saisi aux épices douces), ce bon moment de plaisir se partage hélas un peu trop largement avec les voisins, du fait d'une ambiance franchement bruyante. Une des rares fausses notes de cette prestation impeccablement huilée.

M : 33-50 €   *www.guysavoy.com*

→ Plan : 2 C 5
110 bis av Kléber
☎ 01 47 27 88 88
F. sam. à déj.,1ᵉʳ janv., 1ᵉʳ mai,
3 dern. sem. août et 24-25 déc.
Jusqu'à 22h30.

🍴 idéal gourmet

- -

13 Duret Mandarin

Avec constance et savoir-faire, la famille Tang cultive ici la tradition d'une cuisine chinoise sans effet de manche ni tralala, qui ne se distingue en rien aux yeux du profane mais séduit l'amateur par sa sincérité et une qualité sans faille, dans le choix des produits comme le sérieux des préparations. Gentillesse du service et modestie des tarifs sont également au rendez-vous, autant de bonnes raisons qui justifient notre fidélité et celle de la clientèle.

C : 20 € • M : 12,50-14,80 €   *duret-mandarin@club-internet.fr*

→ Plan : 2 C 4
34 rue Duret
☎ 01 45 00 09 06
Ouv. 7j/7.
Jusqu'à 22h45.

- -

13 Les Filaos

Voilà plus de vingt ans que cette table (dont le nom évoque l'arbre de fer, aux rameaux caractéristiques) séduit par sa cuisine mauricienne d'une belle qualité, qui ne sacrifie pas la qualité des gambas ou de l'agneau aux saveurs épicées qui les accompagnent et livre ainsi un vrai bon moment gourmand, qu'on savoure bercé par la gentillesse de l'accueil en rêvant qui sait à de prochaines vacances dans l'Océan Indien.

C : 27 €   *www.lesfilaos.com*

→ Plan : 2 B 6
5 rue Guy-de-Maupassant
☎ 01 45 04 94 53
F. dim. et août.
Jusqu'à 22h30.

- -

13 Lac Hong

Si décor et accueil sont à la hauteur de la réputation des restaurants asiatiques, les tarifs donnent déjà un indice d'une exigence supérieure à la moyenne. Ils sont justifiés par la qualité rarement prise en défaut de la réalisation d'une cuisine vietnamienne riche en variété et en raffinement.

C : 37 € • M : 19 €

→ Plan : 2 C 5
67 rue Lauriston
☎ 01 45 55 87 17
F. dim. et août.
Jusqu'à 20h45.

13 Oum el-Banine

Ancien du Mansouria, Fouad El-Jamri propose une version très soignée de la cuisine marocaine, en particulier de celle que l'on aime pratiquer dans la région de Fès. Tajines excellents, couscous dans les règles et jolie cave marocaine.

C : 37 € • M : 29,90-44 €　　　　　　　　　　　www.oumelbanine.com

→ Plan : 2 B 5
16 bis rue Dufrenoy
☎ 01 45 04 91 22
F. dim.
Jusqu'à 22h30 (23h w.-e.).

13 Ozu *d≷*

On se sent un peu " Lost in translation " dans cette immense salle sans fenêtres, un peu trop froide dans sa jolie déco japonisante, et il ne faut pas compter sur le service, complètement à côté de la plaque, malgré sa volonté de bien faire, pour retrouver ses marques. Heureusement les assiettes sont à la hauteur des prétentions (notamment tarifaires), avec de très bons produits, une exécution irréprochable et de magnifiques présentations pour ces recettes japonaises mises à la sauce européenne (filet de porc légèrement cuit à la vapeur sauce sésame, langoustines grillées sur pierrade parfumée aux algues et de bons desserts pas du tout japonais). Une toque d'entrée pour cette table singulière, qui doit cependant soigner son service.

C : 60 € • M : 25-48 €

→ Plan : 2 C 6
2 av des Nations-Unies
☎ 01 40 69 23 90
Ouv. 7j/7.
Jusqu'à 23h.

13 Pavillon Noura

Point ici de folklore facile, cet antre parisien de la cuisine libanaise cultive le décontracté chic, dans son décor, contemporain avant d'être oriental, son ambiance feutrée, son service avant tout efficace. La bonne adresse pour apprécier au sommet de leur forme et de leur fraîcheur les déclinaisons de mezzes, keftas et chiche taouks, mais aussi une sélection de vins libanais de qualité.

M : 36-64 €

→ Plan : 2 D 5
21 av Marceau
☎ 01 47 20 33 33
Ouv. 7j/7.
Jusqu'à 23h30.

13 Le Roland Garros

Il règne ici une ambiance de club-house, chic et charmant avec son décor moderne fait de bois et de vert pastel, et surtout sa terrasse verdoyante de 120 couverts, une des plus belles de la capitale et qui donne sur le court Philippe Chatrier. Une impression renforcée par un service d'une grande qualité, alliant avec finesse décontraction et amabilité. La cuisine n'est pas oubliée, loin de là, et si les plats préparés devant les clients autour de la rôtisserie et de l'espace wok et plancha assurent le côté moderne et convivial, le travail de Xavier Rousseau prend toute sa dimension dans une carte qui traduit son goût du beau produit et son amour des herbes et épices. Sous leurs intitulés classiques, le filet de bœuf, jus d'estragon, frites de polenta, la cassolette de poissons au safran ou le gâteau tiède liquide au chocolat, glace au thym remportent le match et justifient leurs tarifs coquets, qui ne découragent cependant pas une clientèle huppée.

C : 65 € • M : 52 €　　　　　　　　　　　www.laffiche.fr

→ Plan : 4 A 2
2 av Gordon-Bennett
☎ 01 47 43 49 56
F. w.-e. (oct.-mi-avril), dim.
à dîn. (mi-avril-fin sept.), 4
prem. sem. août et
Noël-nouvel an.
Jusqu'à 22h.

---

découverte *d≷* GM met en avant des nouveautés méconnues

♥ coup de cœur　　🍇 carte des vins remarquable　　◹ notation en hausse

13 🍽 **La Table de Babette**

Ambassadrice reconnue de la cuisine antillaise, Babette ne pouvait se contenter d'en livrer une version ordinaire, comme une table exotique de plus dans le paysage gastronomique parisien. Elle a donc fait le choix d'un cadre raffiné (l'ancien Jamin) et d'une carte ambitieuse, qui déclinent les saveurs délicatement épicées de la cuisine antillaise avec le savoir-faire attendu, du boudin créole (un modèle genre) au colombo de collier d'agneau, en passant par le touffé de requin ou la délicieuse mousse de patates douces à la crème de mangue. Punchs et vieux rhum sont bien sûr au rendez-vous.

C : 70 €   www.latabledebabette.com

→ Plan : 2 C 5
32 rue de Longchamp
☎ 01 45 53 00 07
F. sam. à déj., dim. et 15-31 août.
Jusqu'à 21h30.
🚗 ❄ 🐾 🍴

----

13 🍽 **La Terrasse Mirabeau**

Il n'y a pas qu'en terrasse que la maison est agréable à vivre, d'abord grâce au décor de la salle, tout en harmonies contemporaines de tons beiges, et surtout parce que son principal atout réside dans la cuisine de Pierre Negrevergne, séduisante dans sa façon de décliner les propositions dans l'air du temps (ambiance Sud-Ouest sur le piquillos farci au boudin noir, méditerranéenne sur le steak de thon à la plancha, italienne sur les gambas au risotto arborio ou traditionnelle sur l'onglet de veau aux morilles) et convaincante dans la réalisation. A fréquenter en confiance donc, d'autant que le rapport qualité-prix est préservé par des formules équitables et un choix de vins au verre et en carafe.

M : 23-29 €   www.terrasse-mirabeau.com

→ Plan : 4 B 2
5 pl de Barcelone
☎ 01 42 24 41 51
F. w.-e., 15 jrs août et 1 sem. Noël.
Jusqu'à 22h30.
⛱ 🚗 🐾 🍴

----

13 🍽 **La Villa Corse Rive Droite** *d*

La Villa Corse se dédouble et cette deuxième adresse est une véritable réussite, à tout point de vue : le cadre chic et distingué (où quelques photos en noir et blanc rappellent que l'on est dans un restaurant corse), l'ambiance trendy, la carte des vins corses (la plus belle de la capitale sans doute) et la cuisine de l'île de beauté, très sérieuse et irréprochable, des parfums délicats des supions sautés à l'huile Terra Rossa aux superbes fromages. Service efficace et souriant, clientèle jeune et branchée, peu gênée par des tarifs assez élevés.

C : 50 €   www.lavillacorse.com

→ Plan : 2 C 4
141 av de Malakoff
☎ 01 40 67 18 44
F. dim.
Jusqu'à 23h30.
🚗 ❄

----

13 🍽 **Vin et Marée**

On retrouve ici les vertus cardinales de la chaîne, accueil professionnel, service efficace, décor sous influence marine et bien sûr, nom oblige, de quoi satisfaire les envies de poissons et de vins, de façon alerte et convaincante, vins au verre et produits de qualité, rarement trahis par des préparations aussi efficaces sur les classiques que sur des versions plus actuelles.

M : 40-60 €   vin-et-maree@wanadoo.fr

→ Plan : 4 A 3
183 bd Murat
☎ 01 46 47 91 39
Ouv. 7j/7.
Jusqu'à 23h.
🚗

----

12 A&M Restaurant

Formé chez Apicius, Tsukasa Fukuyama fait partie de ces chefs japonais qui rendent hommage à la gastronomie française plutôt que de surfer sur la vague sushi. Tant mieux, c'est bien plus adapté à ce contexte de bistrot moderne et élégant, à l'aise dans son quartier comme un saint-pierre dans l'océan (avant qu'il ne soit rôti au jus de veau épicé). Le rapport prix-prestations de la salade de chair de tourteau et asperges sauvages ou du hachis parmentier à la joue de bœuf justifie sans peine le succès.

C : 40 € • M : 30 €

→ Plan : 4 A 3
136 bd Murat
☎ 01 45 27 39 60
F. sam. à déj., dim. et août.
Jusqu'à 22h30.

----

12 Al Mounia

Comme le superbe décor oriental, le chef est là depuis trente ans : c'est donc bien à une longue tradition que le présent doit se montrer fidèle. On aurait tort de se plaindre du résultat, sur les pastillas et autres couscous, d'autant que la qualité de l'accueil reste une qualité marquante.

C : 30 € • M : 25-48 €   www.al-mounia.com

→ Plan : 2 C 5
16 rue de Magdebourg
☎ 01 47 27 57 28
F. dim. et w.-e. 15 août.
Jusqu'à 23h.

----

12 Chaumette *d*

Cette adresse qui n'en finissait plus de rebondir vient d'être reprise par une toute jeune équipe qui a rapidement dépoussiéré les lieux pour en faire l'un des (rares) bons et vrais bistrots du quartier. Une jolie cuisine de ménage revisitée, des produits de premiers choix et une technique évidente, en particulier sur les cuissons : tarte fine de cervelle de veau et beurre citronné, filet de bœuf sauce au poivre, timbale d'abricots aux framboises. Excellente ambiance générale, équipe dynamique et souriante.

C : 40 €

→ Plan : 4 B 2
7 rue Gros
☎ 01 42 88 29 27
F. sam. à déj., dim., 3 sem. août et 10 jrs Noël-nouvel an.
Jusqu'à 22h45.

----

12 Il Fra Diavolo

Classique transalpin près du Trocadéro. Le carpaccio de bœuf est de première fraîcheur, les antipasti sont bien variés, les pennes au pistou ou les fusilli tomates dans la bonne moyenne. A des tarifs concurrentiels pour le quartier, jusqu'à la sélection de vins italiens.

C : 35 € • M : 20-29 €

→ Plan : 2 C 5
73 av Kléber
☎ 01 47 27 73 75
Ouv. 7j/7.

----

12 Le Kiosque

Sans doute pas complètement remis de son long parcours dans la presse, Philippe Lemoine ponctue le décor de son restaurant d'indices explicites, comme cette collection de machines à écrire. L'attrait de la maison ne se limite cependant pas au décor, la cuisine est également au sommaire, entre menus du marché et influences ludistes, et les lecteurs assidus ne manquent pas.

C : 31,50 € • M : 27,50 €   restaurantlekiosque@wanadoo.fr

→ Plan : 2 C 5
1 pl de Mexico
☎ 01 47 27 96 98
F. dim. et lundi.

----

12 La Marée Passy

Dans un décor chaleureux, clin d'œil appuyé aux intérieurs de bateau, la table de Jean-Michel Bichard joue avec efficacité les chasse-marées et ramène de Loctudy, la Cotinière ou Sète de biens beaux poissons, de ceux qui s'apprécient dans la simplicité d'une cuisson juste et d'une discrète touche de sauce : bar grillé au romarin, saint-pierre rôti à la fleur de sel, pavé de thon sauce vierge. Jolie cave pour accompagner, avec le quincy de Sorbes ou le mondrieu de Colombo.

C : 40 €   www.lamareepassy.com

→ Plan : 2 C 6
71 av Paul-Doumer
☎ 01 45 04 12 81
Ouv. 7j/7.
Jusqu'à 22h30.

12 La Table Lauriston

Serge Barbey, ancien de chez Troisgros, Savoy, Lameloise ou Verger, met sa verve et sa bonne humeur au profit d'une généreuse cuisine bistrotière à tendance chic : langoustines rôties sur lit de roquette sauvage, blanc de turbot au coulis d'oursins et tétragone, côte de veau et rattes de Noirmoutier au jus.
C : 45 € • M : 25 €

→ Plan : 2 C 5
129 rue Lauriston
☎ 01 47 27 00 07
F. sam. à déj., dim. et 3 sem.
août.
Jusqu'à 22h30.

---

12 Le Vin dans les Voiles

A la cave, du sérieux, sans pléthore de découvertes, qu'on trouvera davantage sur l'ardoise des vins du moment. Les verres encadrent un aimable tour des terroirs vus à la mode bistrot, cuisses de grenouilles, selle d'agneau, tatin caramel au lait et retours des marchés. En sortant le monocle, on vérifie que les provenances sont les bonnes : tripes de chez Chatel à la Ferté-Macé, andouillette de Troyes 5A, cœur de rumsteak de Salers…
C : 40 € • M : 29,50-28 €   www.vindanslesvoiles.com

→ Plan : 4 A 3
8 rue Chapu
☎ 01 46 47 83 98
F. dim. et août.
Jusqu'à 22h30.

---

11 Mathusalem

Nappage Vichy, affiches vantant le Lillet, décor inspiré par les années trente, pas de doute, ce bistrot ouvrant sur une petite terrasse avec vue sur la Seine affiche clairement la couleur de l'authenticité. Cette dernière ne se résume pas à ce décor plutôt chaleureux, le croustillant de camembert et confiture de griottes, la gigolette d'agneau confite cuite au romarin et le faux-filet marchand de vin faisant le bonheur des habitués. Les pots de passetoutgrain ou de brouilly défilent joyeusement.
C : 30 €   www.mathusalem.fr

→ Plan : 4 A 3
5 bis bd Exelmans
☎ 01 42 88 10 73
F. sam. à déj. et dim.
Jusqu'à 22h30.

Al Dar

Cadre et service feutrés, aux touches exotiques bien dosées : la présence à côté de la boutique et du snack permet au restaurant d'afficher des prétentions (et des tarifs) de bon niveau, une exigence confirmée par la qualité reconnue des mezzes et autres spécialités, typiques et généreuses.
C : 50 € • M : 24-54 €

→ Plan : 2 C 5
93 av Raymond-Poincaré
☎ 01 45 00 96 64
Ouv. 7j/7.
Jusqu'à 24h.

Bon

Des travaux étaient prévus en fin d'année 2007, on imagine qu'ils se sont faits bien sûr dans le respect du décor conçu par Philippe Starck et qui a tant fait pour le succès de l'adresse. A décor moderne, carte adaptée : Bon propose un voyage fusion, cuissons snackées, sauces sous influences asiatiques, pour des assiettes résolument ludiques.
C : 55 € • M : 30 €   www.restaurantbon.fr

→ Plan : 2 C 5
25 rue de la Pompe
☎ 01 40 72 70 00
F. sam. à déj. et 1er-20 août.
Jusqu'à 23h30.

Le Chalet des Iles

Du solide sans surprise en cuisine, malgré des assiettes gentiment actualisées et soigneusement présentées (samoussa de saumon râpée de chou rouge, polenta de saint-jacques au pistou, vrai/faux tiramisu), mais le charme des lieux reste intact et respire le romantisme, dans ce chalet qui évoque les amours de Napoléon III et Eugénie, posé sur une île au cœur du Bois de Boulogne.
C : 42 € • M : 35 €   www.lechaletdesiles.net

→ Plan : 2 A 4
Lac du Bois de Boulogne
☎ 01 42 88 04 69
F. dim. à dîn (nov-mars), lund et sem. Noël-nouvel an.
Jusqu'à 22h30.

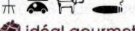 idéal gourmet

Cristal Room Baccarat

Une carte naturellement ambitieuse dans un tel écrin de cristal : de beaux dîners en perspective dans ce décor unique d'une salle de prestige. Thierry Burlot peut y livrer toute sa faconde sur les ingrédients nobles : un marbré de langoustines à cru caviar de Gironde et pana cotta de crustacés, pigeon de la Bruyère Blanche, épices douces samossa de cuisses confites et dattes dans le jus, délicats desserts aux noms évocateurs (Joconde et gianduja, Océan Indien). Cave variée et aussi efficace que le service, digne d'une belle maison parisienne.

C : 90 € • M : 150-200 €   *cristalroom@baccarat.fr*

→ Plan : 2 D 5
11 pl des Etats-Unis
☎ 01 40 22 11 10
F. dim.
Jusqu'à 22h.

Fakhr el Dine

Spécialisé dans la cuisine libanaise, bénéficiant d'un cadre soigné (bon confort, climatisation, voiturier), ce restaurant propose un voyage en première classe au pays du chiche taouk (poulet mariné au citron, ail, thym), de la kafta khachkhach (viande hachée, sauce tomate épicée, oignon, pignons) et du halawat el jebn (pâte au fromage mozzarella, eau de fleur d'oranger, crème de lait). Vins de Kefraya et de château Musar.

C : 45 € • M : 23-34 €   *www.fakhreldine.com*

→ Plan : 2 C 5
30 rue Longchamp
☎ 01 47 27 90 00
Ouv. 7j/7.
Jusqu'à 23h.

Waknine

Les belles pierres des immeuble du quartier ne laissent pas planer le mystère : la clientèle bon genre du Waknine aime une cuisine moderne sur un fond classique, jolies bouchées et ambiance feutrée : brochette de thon grillé façon yakitori, nouilles chinoises sautées aux gamabs et à la citronnelle...

C : 45 € • M : 30 €

→ Plan : 2 D 5
9 av Pierre-1er-de-Serbie
☎ 01 47 23 48 18
F. dim.
Jusqu'à 22h30.

Zebra Square

Le ton est donné par l'harmonie de noir et blanc, bois sombre et clair, qui rythme un décor contemporain, bien soutenu par des soirées et une programmation musicale branchées. Dans ce contexte (celui de l'hôtel du Square, dans lequel ce restaurant, bien que géré indépendamment, est hébergé), la cuisine se fait plutôt actuelle, mais sans exhubérance pour autant, pavé de thon poêlé au sésame et légumes au wok, tartares de bœuf ou de saumon, escalope de veau panée.

C : 42 € • M : 33 €   *www.zebrasquare.com*

→ Plan : 4 B 2
3 pl Clément-Ader
☎ 01 44 14 91 91
Ouv. 7j/7.
Jusqu'à 23h30.

Saint-James Paris

Erigé à l'emplacement du premier aérodrome parisien, là où décollaient les montgolfières, cet édifice néo-classique fut racheté dans les années quatre-vingt par un homme d'affaire britannique qui choisit d'en faire un club privé. Transformé depuis en luxueuse résidence hôtelière, cet établissement est l'un des rares de la capitale à jouir d'un jardin privé. On apprécie les prestations de très grand standing et les terrasses couvertes et privatives des chambres du dernier étage. Restaurant réservé aux membres du club et aux clients de l'hôtel.

30 appart. 630-790 € • 18 ch. 380-530 €   *www.saint-james-paris.com*

→ Plan : 2 C 5
43 av Bugeaud
☎ 01 44 05 81 81
🖨 01 44 05 81 82
Ouv. 7j/7.

Le Garden-Elysée

Entre Etoile et Tour Eiffel, un lieu cosy et dépaysant pour trouver l'intimité au cœur de Paris, dans les chambres au style contemporain, au jardin intérieur ou sous la belle verrière. Prestations de haute qualité, fitness.

2 appart. 400-600 € • 44 ch. 180-475 €   *www.paris-hotel-gardenelysee.com*

→ Plan : 2 C 5
12 rue Saint-Didier
☎ 01 47 55 01 11
🖨 01 47 27 79 24
Ouv. 7j/7.

Hôtel Duret

Derrière la façade haussmannienne de cet immeuble des beaux quartiers, une déco contemporaine très réussie, par l'architecte Arnaud de Petiville. Atmosphère intime, accueil personnalisé, chambres parfaitement équipées au luxe tranquille.
2 appart. 410-450 € • 27 ch. 210-310 € *www.hotelduret.com*

→ Plan : 2 C 4
30 rue Duret
☎ 01 45 00 42 60
📠 01 45 00 55 89
Ouv. 7j/7.

Hôtel Elysées Regencia

Derrière la façade classique de cet immeuble haussmannien à deux pas des Champs, un cadre contemporain, des chambres design très bien équipées dans des tons gais et d'actualité, pour la détente et le confort.
2 appart. 300-500 € • 41 ch. 175-340 € *www.regencia.com*

→ Plan : 2 D 4
41 av Marceau
☎ 01 47 20 42 65
📠 01 49 52 03 42
Ouv. 7j/7.

Hôtel Montfleuri

La déco intérieure signée Philippe Hurel a apporté une note élégante et actuelle à cet hôtel de haut niveau du quartier Etoile : équipements d'aujourd'hui (écrans LCD, wifi…), atmosphère sobrement luxueuse.
4 appart. 340-390 € • 42 ch. 230-290 € *www.montfleuri.fr*

→ Plan : 2 C 4
21 av de la Grande-Armée
☎ 01 45 00 33 65
📠 01 45 00 06 36
Ouv. 7j/7.

L'Hôtel Pergolèse

Tout près de Maillot et de l'Etoile, un hôtel pratique de très bon confort. La rénovation des chambres se poursuit, déco soignée et cadre design avec de très bonnes prestations.
40 ch. 195-380 € *www.pergolese.com*

→ Plan : 2 C 4
Best Western, 3 rue Pergolèse
☎ 01 53 64 04 04
📠 01 53 64 04 40
Ouv. 7j/7.

Hôtel Waldorf Trocadéro

Beau cadre chaleureux et chic dans un quartier tranquille du XVIᵉ, luxe discret et VIP choyé dans cet exemplaire distingué des hôtels Waldorf, aux prestations de haut niveau, dans les chambres suré-quipées.
45 ch. 320-415 € *www.hotelwaldorftrocadero.com*

→ Plan : 2 C 5
97 rue Lauriston
☎ 01 45 53 83 30
📠 01 47 55 92 52
Ouv. 7j/7.

Keppler

Une nouvelle réalisation de Pierre-Yves Rochon dans le très chic Paris entre Champs Elysées et Etoile. Dans un immeuble hauss-mannien totalement rénové, un espace de designer inspiré, luxe stylé contemporain, dans l'harmonie des tons, aux influences anglaises, campagnard, Louis XV et Louis XVI, toile de Jouy dans les salles de bain, sol de marbre noir et écrans plasma. très belles suites, espace détente complet, salon de thé sous verrière.
5 appart. 480-1000 € • 34 ch. 280-490 € *www.keppler-paris-hotel.com*

→ Plan : 2 C 5
10 rue Keppler
☎ 01 47 20 65 05
📠 01 47 23 02 29
Ouv. 7j/7.

Sofitel Trocadéro Dokhan's

Cet hôtel particulier fin XIXᵉ a bénéficié d'une décoration très personnalisée par Frédéric Méchiche. Il en a fait un lieu original, chargé d'âme, jardin d'hiver néo-classique, esprit XVIIIᵉ dans les salons, restaurés à la feuille d'or, un grand salon à l'anglaise, des chambres et suites conçus comme des appartements privés, tous différents, tous attirants.
4 appart. 850 € • 41 ch. 430-510 € *www.accorhotels.com*

→ Plan : 2 C 5
117 rue Lauriston
☎ 01 53 65 66 99
📠 01 53 65 66 88
Ouv. 7j/7.

La Villa Maillot

Entre Maillot et Trocadéro, un hôtel d'affaires très bien tenu, facile d'accès, d'un luxe sobre dans les réceptions et dans les chambres, décorées avec goût dans un style Arts Déco. Belles prestations, spa, hammam, sauna, massage...

3 appart. 400-600 € • 39 ch. 225-400 € www.lavillamaillot.fr

→ Plan : 2 C 4
143 av de Malakoff
☎ 01 53 64 52 52
🖳 01 45 00 60 61
Ouv. 7j/7.

 Le Floride Etoile

Un hôtel contemporain pratique et bien équipé, offrant des prestations et un confort d'aujourd'hui : room service, chasseur, hall spacieux et salle de réunion.

63 ch. 103-230 € www.floride-paris-hotel.com

→ Plan : 2 C 5
14 rue Saint-Didier
☎ 01 47 27 23 36
🖳 01 47 27 82 87
Ouv. 7j/7.

CC **Hôtel Bassano**

Un hôtel de beau quartier, à deux pas de l'Etoile, dimension humaine, où les habitués se sentent chez eux, cocon de luxe serein à l'atmosphère provençale, dans les chambres aux tissus ensoleillés.

3 appart. 300-450 € • 31 ch. 175-270 € www.hotel-bassano.com

→ Plan : 2 D 5
15 rue Bassano
☎ 01 47 23 78 23
🖳 01 47 20 41 22
Ouv. 7j/7.

 Hôtel d'Argentine

Un ancien du groupe Costes a repris cet établissement l'an passé, pour en faire un hôtel indépendant du type boutique hôtel. déco contemporaine, wifi, chambres agréables décorées par Alain Fitoussi, tons bleus Klein, écran plasma, machine Nespresso, station I Pod...

5 appart. 400-425 € • 37 ch. 265-295 € www.hotelargentine.com

→ 1 rue d'Argentine
☎ 01 45 02 76 76
🖳 01 45 02 76 00
Ouv. 7j/7.

CC **Square**

Dans le quartier de la Maison de la Radio, mais aussi proche du Trocdéro et du musée des arts Premiers, un hôtel exclusif aménagé par Patrick Derdérian qui signe une déco de matériaux nobles, marbre de Carrare, palissandre, bronze pour des hôtes privilégiés.

6 appart. 600 € • 16 ch. 300 € www.hotelsquare.com

→ Plan : 2 B 6
3 rue de Boulainvilliers
☎ 01 44 14 91 90
🖳 01 44 14 91 99
Ouv. 7j/7.

19 🍴🍴🍴🍴 🍴 **Restaurant Guy Savoy**

Les critères qui permettent d'affirmer, sans la moindre hésitation, qu'on fréquente une grande table ? Ils sont certes nombreux mais le respect du planning de la clientèle, en particulier au déjeuner, en est assurément un. Une fois l'addition réglée, tout juste 90 minutes après s'être installé dans l'un des délicieux salons dessinés par Wilmotte et tout cela sans jamais avoir eu, un seul instant, l'impression d'avoir été chronométré, plus aucun doute ne subsiste sur le statut de la maison. Le service, justement, est à classer probablement parmi les plus remarquables de la capitale : précis, souriant, distingué (même s'il s'installe très rapidement une certaine connivence entre les habitués, nombreux, et le personnel), il traite avec les mêmes égards ces hommes d'affaires qui semblent avoir pris un abonnement à l'année et les touristes asiatiques ou sud-américains. Sensible, brillante parfois, réfléchie plus qu'instinctive, la carte de Guy Savoy ne cherche pas à étonner par quelque fulgurance créative. Elle est au contraire presque familière, se

→ Plan : 2 D 4
18 rue Troyon
☎ 01 43 80 40 61
F. sam. à déj., dim., lundi, août et fêtes fin d'année. Jusqu'à 22h30.

🎁 **idéal gourmet**

reposant sur des produits d'une qualité inégalée : bar rôti sur écaille, champignons et côtes de blettes, émulsion vanille gingembre (un équilibre remarquable entre la puissance de la peau croustillante, qu'on vous conseille fortement de déguster, et la douceur de l'émulsion), papillote de volaille de Bresse à la citronnelle (une magnifique volaille qu'on présente en salle, dans sa papillote entrouverte encore fumante), pêche pochée à la verveine et myrtilles (d'une gourmandise absolue, totalement raccord avec l'esprit Savoy) et fondant au chocolat praliné sur un lit de coulis à la chicorée. Merveilleux chariot de mignardises (le riz au lait à la praline rose et la glace au petit-suisse sont inoubliables), livre de cave encyclopédique que personne, ou presque, n'ouvre, préférant se laisser guider par Eric Mancio.

C : 180 € • M : 230-295 €   www.guysavoy.com

---

17 🍴🍴🍴 Michel Rostang

Le standing d'un établissement peut sans doute se mesurer à cette capacité innée ou non à créer une bulle de raffinement et de bien-être autour de sa clientèle, qu'elle soit familière des lieux ou non. Chez Michel Rostang, cette délicate alchimie est toujours réussie, grâce à un personnel à la présence à la fois permanente et distanciée. Quant à Michel Rostang, il n'a jamais semblé en aussi bonne forme, exemplaire gardien d'une cuisine que l'on dit, non sans parfois une pointe d'ironie, classique : existe-t-il pourtant tant de maisons où le turbot (sauvage of course) rôti à l'os, épais comme ça, est servi presque nature et tout juste rehaussé de quelques traits d'une crème d'étrille pointue et équilibrée ? Rencontre-t-on quotidiennement un homard bleu d'une telle noblesse, cuit au moment, servi entier avec un jus de homard à l'huile d'olive au bois de cèdre, râpé de radis noirs et borsch de betteraves rouges ? Classique, cette cuisine l'est sans aucun doute. Elle manque également, parfois et sans que cela ne revête aucun caractère de gravité, d'un soupçon de fantaisie. La cave brille par son classicisme elle aussi, se souciant assez peu des jeunes vignerons.

C : 170 € • M : 78-285 €   www.michelrostang.com

→ Plan : 2 D 3
20 rue Rennequin
☎ 01 47 63 40 77
F. sam. à déj., dim., lundi
à déj. et 3 prem. sem. août.
Jusqu'à 23h.

 idéal gourmet

---

15 🍴🍴 Bath's d≷

Fraîchement installé dans cet immeuble cossu du XVIIᵉ arrondissement, Jean-Yves Bath semble déjà avoir atteint son rythme de croisière aux commandes de cette maison proche de la place des Ternes. Sobre et élégante, la façade cache une salle décorée dans le même esprit, agréable et contemporain (on pourra, peut être, regretter un éclairage vraiment faible et la relative proximité entre les tables). Utilisant à merveille les épices, surveillant les cuissons avec une précision d'horloger, Jean-Yves Bath et son chef, François le Quillec, proposent une vision très personnelle de la cuisine à tendance latine. Le menu Clin d'fiil Ibérique par exemple : gulas au piment d'Espelette et huile d'olive, encornet juste sauté, riz paella et sauce chorizo et salambo à la vanille, fruits rouges et noirs confits incarnent à merveille cette implacable ouverture d'esprit. Cave succincte mais proposant toutes les références (une trentaine) au verre.

C : 60 € • M : 25-42 €   www.baths.fr

→ Plan : 2 C 3
25 rue Bayen
☎ 01 45 74 74 74
F. sam. à déj., dim., lundi
à déj., 3 sem. août et 2 sem.
hiver.

15 🏨 **La Braisière**

Quand le Gers monte à la capitale, revu et civilisé par un chef d'expérience (on l'a connu au Trou Gascon), cela donne une carte brillante dont l'accent occitan claque comme un fouet gascon. De la noblesse et de l'esprit dans ces traits incisifs, un homard en ceviche avec une délicate gelée au vin de Madiran et seulement pour 22 €, pavé de thon rouge mi-cuit laqué au galanga, févettes au jus, confitures d'oignons au gingembre, chipirons plancha et tête de veau croustillante, parmentier de ris de veau, effilochée de canard et veau. Pas de doute, on aime toutes ces assiettes chaleureuses et familières, jusqu'aux desserts du cru ou d'ailleurs, la tourtière ou le fondant chocolat noir et sorbet thym citron. cave des meilleurs du Sud-Ouest (Plageoles, Le Roc, Fourtout...), et beau choix de seconds de grands châteaux, atmosphère sereine de bons vivants dans un cadre intime et chaleureux.

C : 56 € • M : 35 €   *labraisiere@free.fr*

→ Plan : 2 D 3
54 rue Cardinet
☎ 01 47 63 40 37
F. sam. à déj., dim. et août.
Jusqu'à 22h30.
≈❄ 🐕 🍷

---

14 🏨 **Caïus**

Au risque de se répéter, il est difficile de prendre en défaut Jean-Marc Notelet sur la qualité de ses assiettes, tant le rendement est appréciable dans un menu-carte à 38 € qui ne réserve que des bonnes surprises. Quelques immuables comme le cabillaud plancha, dont la précision de cuisson vaudrait à elle seule deux toques, mais que les saisons font évoluer, par exemple avec une sauce olives et un jus de viande qui lui va comme un gant et des intemporels plein de fraîcheur et de justesse, comme ce tartare d'huîtres et saumon, d'apparence toute simple, excellente évoca-tion classique avec ses saveurs de gribiche. Dans ce joli décor club affaires du quartier de l'Etoile, on profite d'une prestation rodée, d'un service de haut niveau et d'une cave pas immense mais bien structurée, avec de très bons choix en toutes régions.

M : 38 €

→ Plan : 2 C 4
6 rue d'Armaillé
☎ 01 42 27 19 20
F. w.-e. F. ann. non comm.
Jusqu'à 22h30.
≈❄

---

14 🏨 **Sormani**

Sormani premier, mais premier de quoi ? On peut toujours poser la question, car en vingt ans, la restauration a changé et être spécialiste de "haute gastronomie italienne" n'a pas le même sens pour Fulvio Pierangeli que pour Jean-Pascal Fayet, artisan remar-quable d'une tradition qui existe bien sûr aussi en Italie. Vous trouverez donc ici, des pâtes remarquables, des ingrédients riches, un style et une atmosphère de grande maison élégante, entre les tapisseries et les baies vitrées donnant sur le jardin : friture de scampis et chipirons, raviole de homard, filet de bœuf façon bistecca et tiramisu Sormani, le ticket final, certes élevé, restant en deçà d'un aller-retour Paris-Milan. Grande cave classique franco-italienne, la verticale de Sassicaia répondant à celle de Mouton-Rothschild.

C : 80 € • M : 44-120 €   *sasormani@wanadoo.fr*

→ Plan : 2 C 4
4 rue du Gén-Lanrezac
☎ 01 43 80 13 91
F. w.-e., fériés et 4-19 août.
Jusqu'à 22h.
🍴 ♿ ≈❄ 🐕 🍷

Les villes sont citées par ordre alphabétique.
Les villes au nom composé d'un article sont classées sans tenir compte de celui-ci.

⑬ Baptiste

Rassurante, régulière, solide, la jolie maison au décor années trente particulièrement soigné ne dévie jamais de son cap. Les produits sont au meilleur de leur forme, les recettes presque immuables et c'est justement cette absence de (mauvaise) surprise qui fait tout le charme de la cuisine de Denis Croset : le lièvre de 12 heures à la cuillère, qui revient chaque hiver, le tartare d'huîtres, parfait, les gambas rôties, superbes et le tartare de mangue et d'avocat ou la sublime entrecôte, simplement poêlée et flanquée de pommes de terre au persil. Cave tout aussi classique et pas trop chère.
M : 32-34 €

→ Plan : 2 D 3
51 rue Jouffroy-d'Abbans
☎ 01 42 27 20 18
F. dim., lundi et août.
Jusqu'à 22h30.

---

⑬ Caves Pétrissans

Classés par type de saveurs et disponibles au verre, les vins de la semaine permettent aux indécis de ne pas hésiter des heures à la lecture d'une carte des vins énorme, fruit d'une longue expérience et de contacts suivis. Côté cuisine, comme dans le décor, c'est du bistrot sans sucre, avec une belle tradition ménagère qui justifie ses tarifs par une qualité qu'on ne rencontre plus guère et qui reste chère aux amateurs de fromage de tête ou de tête de veau sauce ravigote.
C : 55 € • M : 34 €

→ Plan : 2 D 3
30 bis av Niel
☎ 01 42 27 52 03
F. w.-e. et août.
Jusqu'à 22h15.

cavespetrissans@noos.fr

---

⑬ Dessirier

Chic tranquille, dans un XVIIᵉ sans écart de langage où la noblesse atteint tous les poissons et coquillages de l'océan. Dans ce salon marin, Michel Rostang a tracé le meilleur itinéraire possible, ostréiculteurs princiers (Gillardeau, Cadoret, Madec…), standards voluptueux (cotriade, raie aux câpres, aïoli de cabillaud pour la tradition au fil de la semaine) et assiettes plus modernes pour rester dans la ronde : fricassée de calamars émulsion à la soubressade, pavé de maigre gratinée d'épinards à la crème de tourteau, saint-pierre en croustillant de pommes de terre et bœuf séché de Megève, un plat bien fait qui atteint certes la toque mais en approchant les 40 €. Cave adaptée, avec quelques trouvailles agréables (Eolienne de Mas d'Espanet par exemple) pas trop chères.
C : 70 €

→ Plan : 2 D 3
9 pl du Mal-Juin
☎ 01 42 27 82 14
Ouv. 7j/7.
Jusqu'à 23h.

 idéal gourmet

www.michelrostang.com

---

⑬ L'Entredgeu

Un bistrot de quartier devenu vedette du 17e, et ce n'est que justice : Philippe Tredgeu a su adapter à ce cadre authentique, zinc et rideaux velours, boiseries et pâte de verre, une cuisine ménagère personnalisée, en appuyant largement sur la qualité des produits et celle des cuissons en particulier. Du pigeon fermier, des saint-jacques d'Erquy, une côte de veau fermière, entourés du marché du jour, qui met en valeur une soupe de cosses de petits pois au parmesan, un lieu jaune en écailles de chorizo avec une semoule de légumes ; les desserts, loin d'être négligés fournissant au besoin le clou du spectacle (belle tartelette mascarpone et garriguettes). Les tables proches facilitent le contact des habitués, dans une ambiance sans façons.
C : 30 € • M : 30 €

→ Plan : 2 D 3
83 rue Laugier
☎ 01 40 54 97 24
F. dim., lundi, 1 sem. avril-mai, 3 sem. août et 1 sem. Noël.
Jusqu'à 22h30 (23h w.-e.).

13 🏠 **Epicure 108**

Tetsu Goya fait preuve d'une constance sans faille et d'une fidélité à toute épreuve envers une cuisine traditionnelle française teintée d'un léger accent alsacien (un long passage auprès d'Emile Jung, au Crocodile, n'étant pas étranger à ce choix). Le dos de bar sauvage aux tempuras de gambas et sa julienne de légumes, le suprême de pigeonneau rôti au foie gras et les rognons de veau au pinot noir et spaetzles associent nostalgie et tradition dans une ambiance un peu solennelle.

M : 29 €

→ Plan : 2 E 3
108 rue Cardinet
☎ 01 47 63 50 91
F. sam. à dîn., dim., lundi à déj. et 2 sem. août.
Jusqu'à 22h.
≋❄ 🐕

---

13 🍴 **Les Fougères**

Le cadre peut paraître peu engageant (salles plus proprettes que charmantes, service un peu raide) mais le principal atout de la maison est bien son propriétaire, Stéphane Duchiron, jeune chef habile et grand amateur de vin. Les conséquences de cette double casquette ne tarde pas à se faire (agréablement) sentir, dans une cave habile qui privilégie le Rhône et surtout le Languedoc (avec une belle verticale de Grange des Pères parmi une vingtaine de belles références), comme dans un très beau menu-carte à 35 €, généreux, et savoureux, du vrai néo-classique irréprochable, avec ce petit supplément d'âme qui fait la différence : œuf de poule mollet et lard fumé aux topinambours, gigot d'agneau de lait de Pauillac rôti et Puntarella au jus corsé, lait glacé de châtaignes, sorbet aux marrons et madeleine tiède au café.

M : 35 €   *www.restaurant-les-fougeres.fr*

→ Plan : 2 C 3
10 rue Villebois-Mareuil
☎ 01 40 68 78 66
F. w.-e., 1 sem. Pâques et 3 sem. août.
Jusqu'à 22h15.
≋❄ 🐕

---

13 🍴 **L'Orénoc** 🔷

Le challenge n'est pas mince pour un chef aussi sensible et talentueux que Claude Colliot : l'Orenoc n'est pas exactement une petite salle feutrée comme son ex-Bamboche, où l'on peut exprimer sa personnalité, mais une cantine chic, bruyante et cosmopolite où les clients du Méridien attendent surtout d'être servis rapidement et avec efficacité. Dans ce contexte, les thèmes à la mode défilent (gambas, calamars, cochon en trois service...) dans une sorte d'indifférence générale, salle pleine et coude à coude multilingue. Par éclairs, on entrevoit pourtant la toque du chef (d'excellentes ravioles aux oignons doux), les cuissons sont très nettes, la pâtisserie un ton en-dessous, malgré les effets de manche (fenouil et citron, tomate, macarons fruits rouges...). Courte carte des vins adaptée à la clientèle internationale.

C : 55 € • M : 40 €   *www.lorenoc.com*

→ Plan : 2 C 3
81 bd Gouvion-Saint-Cyr
☎ 01 40 68 30 40
F. dim., lundi, août et 1 sem. Noël.
Jusqu'à 23h.
♿ ≋❄ 🐕
🍴 **Idéal gourmet**

🏨🏨🏨 **Le Méridien Etoile**

Le premier hôtel de la chaîne Méridien fait partie du paysage familier des Parisiens depuis 35 ans : le jazz club, les fréquents tournages de films, les nombreuses personnalités à avoir fréquenté l'une des mille chambres de cette immense tour, les petits-déjeuners d'affaires... participent au quotidien de cet établissement de très grand standing.

21 appart. 490-110 € • 1004 ch. 175-765 €   *www.lemeridien.com/etoile*

→ Plan : 2 C 3
81 bd Gouvion-Saint-Cyr
☎ 01 40 68 34 34
🖨 01 40 68 31 31
Ouv. 7j/7.
♿ ≋❄ 🐕

13 🍴 Restaurant Graindorge

La flamme flamande tout près de celle de l'Arc de Triomphe. Bernard Broux l'entretient depuis des années avec la même ferveur, dans un salon plus poli et élégant qu'un estaminet, mais où la bière est choisie avec soin, de chaque côté du Quiévrain. La cuisine à base classique donne donc de plaisantes allusions à ce terroir, potjevleesch bien fait, bon waterzooï de la mer aux crevettes grises d'Ostende qui maintient la toque avec un pain perdu de cramique à la cassonade et glace pain d'épice ludique et gourmand.

C : 40 € • M : 28-24 € *www.jre.publishingportal.fr*

→ Plan : 2 C 4
15 rue de l'Arc-de-Triomphe
☎ 01 47 64 33 47
F. sam. à déj, dim. et 1er-15 août.
Jusqu'à 22h30.

🚗 🐕

🏠 idéal gourmet

---

13 🍴 La Soupière

Une carte traditionnelle dont le principal intérêt réside dans le choix des produits (foie gras de canard poêlé et figue au vin, noix de saint-jacques sautées et mendiants du piquillos, foie de veau poêlé à l'hydromel et poivre de Madagascar, poire pochée au galanga et glace laurier…) et une cave passionnante, où les trouvailles apparaissent à un rythme effréné.

M : 34-72 € *cthuillart@yahoo.fr*

→ Plan : 2 D 3
154 av de Wagram
☎ 01 42 27 00 73
F. sam. à déj., dim. et 3 sem. août.
Jusqu'à 22h30.

� 🍢 ≈❄❄ 🐕 🥄

---

13 🍴 Why Not

Décor élégant et épuré, tableaux contemporains pour les touches de couleurs aux murs, le cadre ne manque pas d'allure. La cuisine adopte une veine actuelle, sans exubérance, avec ce qu'il faut de produits nobles et de grands classiques pour rassurer (os à moelle au caviar, rognon de veau à l'échalote), mais surtout de belles couleurs sudistes, sardine Ramon Pena piquillos confits, pastilla de canette et filet rôti aux olives, panacotta menthe fruits rouges.

C : 47 € • M : 35 € *www.restaurantwhynot.com*

→ Plan : 2 D 3
123 av de Wagram
☎ 01 42 27 61 50
F. sam. à déj., dim. et 1 sem. août.
Jusqu'à 22h30.

🌴 🍢 ≈❄❄ 🐕 🥄

🏠 idéal gourmet

---

12 🍴 Le Ballon des Ternes

Le vent qui porte ce Ballon est toujours favorable aux amateurs de brasseries et de leur ambiance typique. Ici, ils sont comblés, avec un cadre authentique et un service plus qu'alerte, qui envoie sans faillir les spécialités de fruits de mer, l'andouillette 5A ou la véritable crème au caramel. La qualité des approvisionnements garantit la satisfaction dans l'assiette.

C : 45 € *leballondesternes@fr.oleane.com*

→ Plan : 2 D 4
103 av des Ternes
☎ 01 45 74 17 98
F. 1er-21 août.
Jusqu'à 24h.

🐕 🥄

---

12 🍴 Le Bistral

Ici, le plaisir est au menu. Un accueil chaleureux du jeune patron, Alexandre Mathieu, ancien cuisinier passé en salle, qui est un fou des produits. Thierry, son chef, se passionne pour les légumes, Joël Thiébault est un des fournisseurs de la première heure, mais se plaît à travailler textures et saveurs:les plats changent tous les jours. Canneloni langoustine céleri vanille et bouillon poivre, longe de porc ratatouille et sorbet jambon, pannequet aubergine confite capuccino fraise et cardamome. Côté cave, le choix est exigeant, pas de levurage, pas de chaptalisation.

C : 47 € • M : 35 €

→ Plan : 2 E 2
80 rue Lemercier
☎ 01 42 63 59 61
F. dim., lundi, 3 sem. août et 1 sem. Noël-nouvel an.
Jusqu'à 23h30.

12 Le Bistro d'à Côté-Villiers

Qualité Rostang dans ce bouchon parisien agréablement moder-nisé par un formatage d'expert. On fait cousiner les acras de morue et la raviole de joue de bœuf braisé, le cabillaud à la citronnelle et le gratin de macaronis au vieux jambon et beaufort, le jambonneau braisé aux aromates cajun et la côte de bœuf béarnaise. Le gourmand XVIIᵉ et ses décideurs pressés apprécient le service rapide, le cadre simple-chic et une petite cave équitable.

C : 39 € • M : 34-39 €   bistrot@michelrostang.com

→ Plan : 2 D 3
16 av de Villiers
☎ 01 47 63 25 61
F. w.-e. F. ann. non comm.
Jusqu'à 23h.

---

12 Le Clou

Le Clou est un bistro tenu de main de maître par le chef du même nom et par une équipe dynamique et joyeuse. Le cadre est typique, avec ses vieilles réclames, le service est d'une exquise gentillesse (le charme de Melle Lamare remporte tous les suffrages), la cuisine est simple et savoureuse, le chef manie ses classiques avec effica-cité, reste que lors de notre dernier passage, les asperges blanches et vinaigrette d'herbes ou la fondue de fenouil qui accompagnait le filet de daurade (impeccablement cuit à la plancha) manquaient un peu de saveurs. Pas de quoi décourager la clientèle des habitués du quartier.

C : 33 € • M : 22-33 €   www.restaurant-leclou.fr

→ Plan : 2 E 3
132 rue Cardinet
☎ 01 42 27 36 78
F. dim., 2 sem. août et 1 sem. hiver.
Jusqu'à 22h30.
idéal gourmet

---

12 Le Galvacher

Un petit air de campagne profonde installé avenue des Ternes, cela ressemble un peu au Salon de l'Agriculture. Sans la paille et les odeurs, mais avec les tabliers de boucher et les assiettes civilisées, un peu éloignées des tables de ferme, mais savoureuses, le carpaccio comme le parmentier. Cave variée et atmosphère affairée.

C : 35 € • M : 28-57 €   www.legalvacher.fr

→ Plan : 2 D 4
64 av des Ternes
☎ 01 45 74 16 66
F. 24 et 25 déc.
Jusqu'à 22h30.
idéal gourmet

---

12 Hier et Aujourd'hui

Ce bistrot contemporain égayé d'ancien est comme un refuge au fond du 17e. Tons gris et brique rouge, horloge ancienne, beaux meubles, plaques émaillées, accueil gentil et sincère, répertoire traditionnel et plats d'aujourd'hui : soupe de concombre au pesto de tomate et parmesan, sot l'y laisse et gnocchis crémeux, soupe de fraises. La simplicité a de beaux jours devant elle et le quartier emprunte volontiers cette passerelle entre les époques.

C : 30 € • M : 26 €

→ Plan : 2 E 2
145 rue de Saussure
☎ 01 42 27 35 55
F. sam. à déj., dim., août et sem. Noël.

---

12 Meating Steakhouse

La rencontre de la viande et du chic parisien, dans un décor discrètement carnivore, mais surtout contemporain et très réussi. Le choix des viandes, la cuisson très précise, les assiettes géné-reuses font le reste, à des tarifs 17e qui trient naturellement les connaisseurs. Au service une équipe jeune et souriante, à la cave, du bon, malin et pas trop cher.

C : 65 € • M : 37 €   www.restaurant-meating.com

→ Plan : 2 D 3
122 av de Villiers
☎ 01 43 80 10 10
F. dim., lundi. et Noël.
Jusqu'à 23h.

12 MonMarché

Une épicerie pour faire son marché, ambiance rustique et nappes vichy, charcutailles, bonne franquette et cave à vin, plutôt bien fournie en vins du Sud. La salade de fruits de mer aux agrumes est anodine mais le tartare excellent, la carte s'étoffant un peu le soir.

C : 30 € • M : 12-20 €   pmonmarche@wanadoo.fr

→ Plan : 2 C 3
31 rue Guillaume-Tell
☎ 01 43 80 04 73
F. w.-e., lundi à dîn. et 2 à 3 sem. août.
Jusqu'à 22h30.

---

12 Petrus

Brasserie chic mythique de la place du Maréchal Juin, Petrus séduit par son cadre romantique à l'allure de navire avec ses boiseries et son velours bleu, bien adapté à la cuisine de la mer qui ne démérite pas mais manque singulièrement de personnalité malgré ses intitulés prometteurs : filet de raie rôti sur pousses d'épinards, saint-jacques plancha et risotto verde, pot-au-feu de foie gras. La clientèle bourgeoise de Pereire et Champerret ne semblent pas pour autant bouder son plaisir, bichonnée par un service attentionné.

C : 50 €   gillesmalafosse@hotmail.fr

→ Plan : 2 D 3
12 pl du Mal-Juin
☎ 01 43 80 15 95
F. sam. à déj. et 2/3 sem. août.
Jusqu'à 23h.

---

12 Le Rech

Dans ses atours Art Déco soigneusement rénovés, l'élégante brasserie vogue désormais sous pavillon Ducasse sans se départir de sa ligne marine pleinement exprimée par un banc d'écailler justement réputé et confirmée par la qualité des préparations de poissons, du classique filet de bar sauce béarnaise au saint-pierre à l'unilatérale et roquette poêlée. Belle cave classique et atmosphère chic et typique.

C : 70 € • M : 34-53 €   www.alain-ducasse.com

→ Plan : 2 C 3
62 av des Ternes
☎ 01 45 72 29 47
F. dim., lundi et 3 sem. août.
Jusqu'à 22h.

---

11 Petit Champerret

Le changement de propriétaire intervenu fin 2005 (Joëlle Houtmann remplaçant Marie-Laure Deltour) confirme que cette maison s'épanouit avec les cuisines de femmes. Ménagère et suivant le marché au plus près, la carte de cette ancienne du Petit Verdot et de Guy Savoy fait preuve d'une belle générosité : sole meunière, tête de veau ravigote, fondant au pain d'épices. Cave sérieuse et accessible.

C : 30 € • M : 28 €   joellehoutmann@lepetitchamperret.com

→ Plan : 2 C 3
30 rue Vernier
☎ 01 43 80 01 39
F. sam. à déj., dim., lundi à dîn., fériés et sem. 15 août.
Jusqu'à 22h30.

L'Accolade

L'ancienne boucherie s'est encore transformée, en bistrot accueillant mené par un jeune chef qui intègre les données corrigées des variations saisonnières : la carte emprunte au ménager, au boucher, au temps présent, avec les oreilles de cochon, les langoustines en tempura et le soufflé banane et pépites de chocolat. Courte cave intéressante dans ses choix (Puech Haut, Foillard, Alary, Thévenet...).

C : 40 € • M : 20 €   www.laccolade.com

→ Plan : 2 C 3
23 rue Guillaume-Tell
☎ 01 42 67 12 67
F. dim., lundi et août.
Jusqu'à 22h30.

Bistrot de l'Etoile-Niel

C'est un ancien second de Bruno Gensdarmes qui assure aujourd'hui le service d'ordre dans ce néo-bistrot chic XVIIe où le bœuf arrive d'Argentine et le jambon cru d'Espagne. des recettes actuelles et bien calibrées, servies avec dynamisme : thon rouge plancha, risotto de gambas, cochon de lait farci avec un ragoût de cocos à la sauge. Intelligente sélection viticole, avec un choix de vins au verre.

C : 44 € • M : 31 €   www.bistrotetoileniel.com

→ Plan : 2 D 3
75 av Niel
☎ 01 42 27 88 44
F. sam. à déj. et dim.
Jusqu'à 22h30.

Restaurant Ménélik

Bienvenue en terre éthiopienne, une étape originale, à commencer par son décor aux détails soignés. Si l'on connaît de longue date le café d'Ethiopie, voici l'occasion de découvrir d'autres richesses gourmandes, viandes aux subtils jeux d'épices et l'ingera, la galette traditionnelle.

C : 20 € • M : 20-27 €   *www.menelikrestaurant.com*

→ Plan : 2 E 2
4 rue Sauffroy
☎ 01 46 27 00 82
F. merc. à déj.
Jusqu'à 23h45.

Taïra

Taïra Kurihara a fêté cette année sa vingtième année passée rue des Acacias. Une carte presque exclusivement dédiée aux produits de la mer, à privilégier dans les versions les plus exotiques : thon mariné cru et julienne de légumes sauce gingembre, encornets cuits à la vapeur, basilic et tomates, brochette de langoustines poêlées aux herbes d'Asie.

C : 60 € • M : 36-66 €

→ Plan : 2 C 4
10 rue des Acacias
☎ 01 47 66 74 14
F. sam. à déj., dim. et 15-31 août.
Jusqu'à 22h.

Concorde La Fayette

En plus de trente ans d'existence, sa silhouette élancée, dominant la capitale du haut de ses 140 mètres, est devenue familière des parisiens. Premier hôtel IGH (immeuble de grande hauteur) construit en Europe, il offre près de 1000 chambres offrant une vue unique (dès le 8e étage), des salons de prestige, un restaurant, deux bars dont l'un panoramique (au sommet de l'hôtel), un centre de remise en forme, une boutique Baccarat…

32 appart. 1280-1800 € • 960 ch. 540 €   *www.concorde-lafayette.com*

→ Plan : 2 C 3
3 pl du Gén-Koenig
☎ 01 40 68 50 68
🖨 01 40 68 50 43
Ouv. 7j/7.

Hôtel de Banville

Un hôtel de propriétaire, intime et raffiné, où l'on perçoit un esprit et une harmonie dans chaque pièce. Chambres personnalisées, mêlant les styles dans un confort moderne. Marianne Moreau, passionnée de musique, chante tous les mardis soirs, créant ainsi une ambiance encore plus exclusive pour les habitués.

1 appart. 380 € • 37 ch. 270-310 €   *www.hotelbanville.fr*

→ Plan : 2 D 2
166 bd Berthier
☎ 01 42 67 70 16
🖨 01 44 40 42 77
Ouv. 7j/7.

Hôtel Waldorf Arc de Triomphe

Très chic et très moderne, le Waldorf du XVIIᵉ, ouvert l'an passé, tient largement son rang. Chambres d'un confort parfait (wifi, LCD), aux tons alternant couleurs vives et neutres, sauna, spa.

44 ch. 340-460 €   *www.waldorfarcdetriomphe.com*

→ Plan : 2 D 3
36 rue Pierre-Demours
☎ 01 47 64 67 67
🖨 01 40 53 91 34
Ouv. 7j/7.

Hôtel Ampère

Le jardin est une agréable exclusivité dont la vue profite à certaines chambres et qui offre une détente apaisante en terrasse. On apprécie également le cadre contemporain, mobilier et touches de couleurs chaleureuses, et le confort soigné.

5 appart. 400-530 € • 91 ch. 260-320 €   *www.hotelampere.com*

→ Plan : 2 D 3
102 av de Villiers
☎ 01 44 29 17 17
🖨 01 44 29 16 50
Ouv. 7j/7.

 Le Cottage Marcadet

Avec son cadre raffiné et douillet meublé Louis XVI, le Cottage Marcadet est un endroit parfait pour une soirée romantique à Montmartre. Le maître des lieux, Cyril Choisne, a donné un coup de jeune à cette honorable maison. Il incarne le renouveau de la cuisine française en s'attachant à cultiver le goût des fleurs, thés et épices dans ses préparations modernes, originales et ludiques :

→ Plan : 3 A 2
151 bis rue Marcadet
☎ 01 42 57 71 22
F. dim., lundi, Pâques et août.
Jusqu'à 22h.

velouté de roquette et fleurs, copeaux de parmesan, tomates confites ; Filet de sole viennoise au thé Oolong " 7 agrumes ", lanières de concombres, crème de gingembre ; Jeunes poires au vin rouge épicé façon sushi, caramel au Syrha. De belles idées, même si leur mise en pratique ne tient pas toujours toutes ses promesses. Pas de quoi altérer la satisfaction d'une clientèle bourgeoise, qui apprécie cette ambiance intime et feutrée, ce service stylé et se préoccupe assez peu du classicisme un peu trop marqué de la carte des vins.

C : 60 € • M : 27,50-35 €   *www.cottagemarcadet.com*

- -

13 🍴 Moulin de la Galette

C'était une table historique (les Impressionnistes, puis Dalida, puis les touristes…) qui végétait depuis plusieurs années. Elle a été reprise il y a quelques mois par Antoine Heerah et Jérôme Bodereau, les deux anciens complices du Chamarré, dans le 7e arrondissement. Le succès est au rendez-vous, grâce à un cadre joliment rénové, la terrasse toujours aussi agréable, un service jeune et professionnel (en partie provenant du "Chamarré "), une ambiance plutôt chaleureuse, une carte des vins moderne et pertinente et, surtout, une cuisine jolie cuisine néobistro, très franco française : tartare de thon au combava, crème d'avocat et chair de crabe, agneau fermier du cantal frotté à la sarriette, pommes darphin aux cives et haricots du jour, framboises, glace au chèvre doux, jus de groseille.

C : 50 € • M : 25-35 €   *www.lemoulindelagalette.com*

→ Plan : 2 F 2
83 rue Lepic
☎ 01 46 06 84 77
Ouv. 7j/7.
Jusqu'à 23h30.
🎍 ♿ ≋❄ 🐄
🏅 idéal gourmet

- -

13 🍴 L'Oriental

Changement de taille pour l'Oriental, passé de la rue des Martyrs à l'avenue de Trudaine, dans un tout nouveau décor, élégante interprétation contemporaine des canons de l'esthétique marocaine, avec coussins moelleux et tables en mosaïque. Pas de changement côté cuisine, Serge Kaci décline avec un savoir-faire intact couscous et tajines riches en saveurs, à accompagner de vins du Maghreb, y compris au verre.

C : 30 € • M : 14,50-30 €

→ Plan : 3 A 3
47 av Trudaine
☎ 01 42 64 39 80
F. 5-22 août.
Jusqu'à 23h.
🎍 ♿ ≋❄

- -

13 🍴 Le Sourire de Saïgon

Chaque soir, le ballet recommence, avec une qualité et une authenticité qui justifie la toque. Et on ne parle pas là du décor, aux beaux objets asiatiques, ou de la gentillesse du sourire, qui justifie pleinement l'enseigne, mais de la qualité des préparations de Ba Dang, qui après avoir mis son talent au service du dernier empereur du Vietnam, propose depuis près de 20 ans ici sa vision d'une cuisine raffinée et pleine de nuances. Cave agréablement variée, même si le Bordelais reste le point fort.

C : 35 €

→ Plan : 3 A 2
54 rue du Mont-Cenis
☎ 01 42 23 31 16
F. à déj.
Jusqu'à 23h30.
≋❄ 🐄 🚬

- -

13 🍴 Wassana

Entre le cadre joliment modernisé, mélange d'élégance et de caractère oriental, et la qualité sans faille d'une cuisine qui traduit remarquablement toutes les finesses de la cuisine thaïlandaise, la maison des Pugpoonsup fait partie de l'aristocratie des tables asiatiques parisiennes, de celles où l'on a plaisir à revenir sans cesse savourer une cuisine soignée dans ses moindres détails, de la qualité des produits aux présentations raffinées, et une atmosphère apaisante (Wassana est aussi un institut de massage).

C : 20 € • M : 11,80-35 €   *www.wassana-beauty.com*

→ Plan : 2 F 2
10 rue Ganneron
☎ 01 44 70 08 54
F. sam. à déj., dim., fériés à déj.
Jusqu'à 23h30.
≋❄

12 L'Afghani

Moins risqué et coûteux qu'un aller-retour à Kaboul, cette excursion afghane derrière le Sacré-Cœur (Courage, la pente est raide !) est un dépaysement bien étudié : musique, décor, photos, vêtements et instruments traditionnels, un patron prosélyte pour une mise en condition efficace pour goûter les légumes et leur sauce yaourt finement épicée, les beignets d'aubergine et les plats de viande toujours bien accompagnés (très bon riz parfumé).
C : 20 € • M : 18-25 €

→ Plan : 3 A 3
16 rue Paul-Albert
☎ 01 42 51 08 72
F. dim. et 15-31 août.
Jusqu'à 23h.

----

12 Chez Grisette

Chez Grisette, c'est-à-dire comme à la maison. On l'a décorée avec le cœur, cette petite échoppe viticole, les pichets en forme de grappes, les publicités et objets du vin, le mur de casiers, le mobilier de bistrot dans son jus. Les terroirs se mettent en quatre pour fournir matière aux assiettes, des escargots à la tarte Tatin, des bons œufs en meurette à la brandade de morue, très soigneusement travaillée. Une base solide pour remplir les verres, le domaine de prédilection de Grisette, qui sait renouveler le stock, conseiller et dénicher inlassablement les bouteilles plaisent à la clientèle bobo plutôt connaisseuse.
C : 32 € • M : 23 €   *www.chez-grisette.fr*

→ Plan : 3 A 3
14 rue Houdon
☎ 01 42 62 04 80
F. à déj., w.-e. et août.
Jusqu'à 23h30.
🎋

----

12 Le Diapason

Une jolie petite carte du temps présent soutient cette hôtellerie distinguée pour rester chez soi avant d'aller prendre un verre avec Amélie Poulain : risotto arborio chips de jambon de Parme, filet de rouget snacké croquant "poivragrumes" et épeautre, souris d'agneau aux saveurs de pain d'épices. Sympathique et panoramique, au septième étage, la vue sur les toits de la capitale.
C : 42 € • M : 29-35 €   *www.terrass-hotel.com*

→ Plan : 2 F 2
12 rue Joseph-de-Maistre
☎ 01 44 92 34 00
F. sam. à déj., dim. à dîn.
Jusqu'à 22h30.
🎋 🍴 ≋❄ 🐾

🛏🛏🛏 Terrass Hotel

Au seuil de Montmartre, un hôtel facile d'accès, bien placé, et panoramique. Belles chambres aux tons doux, à la déco variée, Louis XVI, contemporaine, Art Déco, parmi lesquelles une dizaine a été rénovée, toutes de haut standing.
15 appart. 350-395 € • 98 ch. 240-285 €   *www.terrass-hotel.com*

→ Plan : 2 F 2
12 rue Joseph-de-Maistre
☎ 01 44 92 34 30
🖳 01 42 92 34 30
Ouv. 7j/7.
🍴 ☎ ♿ ≋❄ 🐾

----

12 La Famille

Bien sûr, on retrouve le plaisir d'un cadre brut de fonderie, sobre et assez chic, bistro sans chichi, mais où l'éclairage et la disposition donnent à l'ensemble de l'élégance. Bien sûr, l'ambiance est plutôt sympa, très bruyante (plafond bas et étroitesse du lieu), clientèle bobo du quartier et variée. Mais le renouvellement de l'équipe nous fait mesurer toute l'importance d'un chef de Famille et Jaume Morera semble avoir du mal à rattraper ses aïeux. Le résultat est très irrégulier aussi bien dans la cuisine (amusant saumon mariné en croûte de thym et de romarin et glace piperade, banal thon au sésame) que dans le service(qui peut être franchement pète-sec). Le moment reste agréable mais a perdu de son charme.
M : 35 €

→ Plan : 3 A 3
41 rue des Trois-Frères
☎ 01 42 52 11 12
F. dim, lundi (sf 1ᵉʳ dim. du mois) et 3 dern. sem. août.
Jusqu'à 23h15.
≋❄ 🐾

12 Le Mono

A quelques pas des Abbesses, l'Afrique s'ouvre derrière la porte, musique, plantes, fruits exotiques et grosse animation dans un espace de bric et de broc. Le service adorable et efficace, délivre à bon rythme les spécialités du Togo, beignets de crevettes, pain de haricots vapeur, gombo fétri... toujours meilleures après un punch coco.

C : 25 €

→ Plan : 2 F 3
40 rue Véron
☎ 01 46 06 99 20
F. merc., août et 1 sem. Noël.
Jusqu'à 24h.

lemono75@hotmail.com

----

12 Au Petit Budapest

Enclave hongroise près de Pigalle, ce restaurant de poche à l'ambiance conviviale permet de découvrir que les traditions culinaires hongroises vont bien au-delà du goulash, avec les viandes et poissons fumés, des mélanges dépaysants (foie de volaille et escargots du plat gitan), et pas seulement dans leur sonorité. Hongrie toujours en cave, et pas seulement le tokaji.

C : 30 € • M : 18,50 €

→ Plan : 3 A 3
96 rue des Martyrs
☎ 01 46 06 10 34
F. lundi. F. ann. non comm.
Jusqu'à 23h (23h30 w.-e.).

----

11 Chéri Bibi ♥ *d⋲*

Après La Famille et Le Réfectoire, voici donc la troisième adresse ouverte par les cousins Samot. Une nouvelle fois, c'est une réussite. Ils ont décidé de jouer la carte nostalgique, en remettant au goût du jour les années cinquante, dans l'enseigne, le décor (sorte de Deschiens élégant), et la cuisine, qui fleure bon le répertoire ménager et la cuisine de grand-mère. C'est certes moins ambitieux dans l'assiette que pour leurs deux premières adresses, mais les produits sont de la meilleure provenance, le rapport qualité-prix excellent (24 € le menu) et surtout on craque pour l'atmosphère pure jeune bobo branché, une ambiance de feu, très parisienne, et très très sympathique.

M : 24 €

→ Plan : 3 A 3
15 rue André del Sarte
☎ 01 42 54 88 96
F. dim. et lundi.
Jusqu'à 23h.

----

10 L'Assiette

Menu-carte s'inspirant du marché dans cette sympathique petite adresse où la gastronomie périgourdine tient la vedette. Atmosphère joyeuse et décontractée.

C : 18 € • M : 12,50-21 €

→ Plan : 3 B 2
78 rue Labat
☎ 01 42 59 06 63
F. sam. à déj. et dim.
Jusqu'à 22h30.

Wepler

Temple clichyssois de l'huître et de la brasserie à la parisienne, Wepler tient son rang, dans son cadre Arts Déco, banc d'écailler et service à pas d'heure. Des Prat Ar Coum, des spéciales, des belons, des normandes épaulées par d'aimables plats brasserie, poissons, viandes et canards gras.

C : 34 € • M : 26 €

→ Plan : 2 F 3
14 pl de Clichy
☎ 01 45 22 53 24
Ouv. 7j/7.
Jusqu'à 1h.

idéal gourmet

PARIS 19e ARRONDISSEMENT

14 La Cave Gourmande

Parfois, les soirs d'hiver, la cuisine semble un peu ronronnante et la mayonnaise prend moins facilement. Pourtant, il suffit souvent de peu de chose pour que ce coin de village des Buttes-Chaumont devienne tout à coup festif par la grâce d'un magicien sincère et passionné. Mark Singer privilégie le produit de haute caste, les recettes personnalisées, et produit, justement l'hiver, un lièvre à la

→ Plan : 3 E 3
Restaurant Mark-Singer,
10 rue du Gén-Brunet
☎ 01 40 40 03 30
F. sam. à déj., dim., 1 sem.
vac. scol. fév. et 3 sem. août.
Jusqu'à 22h30.

royale mémorable. On doit évidemment redire que son menu à 36 € est une aubaine qui devrait faire courir jusque depuis Montparnasse et qu'il y a toujours autant de bonnes sensations dans les ravioles de cagouilles au tamarin ou dans le canard croisé fumé au jus de banyuls. Cave éclectique de connaisseur, qui puise chez les vrais vignerons de quoi alimenter la carte, de Jaumier en quincy à la Liquière en faugères.
M : 31-36 €   la-cave-gourmande@wanadoo.fr

- -

13 Chez Vincent

Désormais installé au Pavillon Puebla, Vincenzo Cozzoli semble avoir perdu quelques casseroles pendant son déménagement de la rue du Tunnel aux Buttes Chaumont. Une carte purement transalpine qui flirte avec le peloton de tête sans parvenir véritablement à le menacer : salade mozzarella, carpaccio de thon, rigatoni aux quatre fromages et tiramisu proposé en plat commun pour toute la table. Vins italiens uniquement.
M : 35-50 €

→ Plan : 3 D 3
Pavillon Puebla, parc des Buttes-Chaumont
☎ 01 42 02 22 45
F. à déj., dim. et lundi (en prévision).
Jusqu'à 23h.

- -

13 L'Hermès

L'ancien bougnat s'est bien éloigné de ses racines. Géographiquement d'abord, puisque les influences sont davantage à rechercher du côté du Sud-Ouest que de l'Auvergne. Dans l'esprit ensuite, car cette plaisante cuisine de marché prend des accents de noblesse qui lui vont bien pour habiller des produits aussi bien choisis que le porc noir de Bigorre ou le turbot. Hermès n'est pas bégueule pour autant, on s'y sent bien, de l'americano maison au Troubadour Coffee, en passant par le cidre basque ou les vins du Sud-Ouest.
C : 45 € • M : 15,30-30 €   lhermes@wanadoo.fr

→ Plan : 3 D 4
23 rue Melingue
☎ 01 42 39 94 70
F. dim., lundi, merc. à déj., 1 sem. vac. scol. fév., 1 sem. vac. scol. Pâques et août.
Jusqu'à 22h30.

- -

13 Lao-Siam

Une carte thaïe facile à déchiffrer : pas seulement parce que les idéogrammes sont traduits, mais parce que le rangement est bien fait et les intitulés suffisamment typiques et simples pour être compris des touristes que sont tous les Parisiens quand ils entrent dans ce décor typique plongé dans l'ambiance de Belleville : poulet sauté au basilic, bœuf aux pousses de bambou au lait de coco, pâte de riz sauté à la sauce thaïe.
C : 22 €

→ Plan : 3 D 4
49 rue de Belleville
☎ 01 40 40 09 68
Ouv. 7j/7.
Jusqu'à 23h30.

- -

12 Au Cochon de Lait

Le dernier bistrot datant des anciens abattoirs de la Villette distille une ambiance sans pareille au milieu d'une foule d'établissements qui tentent, sans succès, de lui faire de l'ombre. Beaucoup de bonne humeur, des prix serrés et de bonnes viandes, l'onglet, le confit de canard ou la côte de bœuf valant toutes les campagnes de promotion pour la viande. Les vins d'Estaing en pichet rencontrent un franc succès.
C : 23 €

→ Plan : 3 D 1
23 av Corentin-Cariou
☎ 01 40 36 85 84
F. 1 sam. sur 2, dim. et août.
Jusqu'à 14h30.

- -

12 La Pièce de Bœuf

Le bœuf bien sûr, la côte pour deux, l'entrecôte à la moelle, mais aussi le canard, en foie gras ou en confit, bref un petit paradis pour carnivores comme on n'en fait plus tant que cela dans la capitale, héritage de la gloire des abattoirs de la Villette qui supporte plutôt bien le changement d'époque.
C : 39 € • M : 34 €

→ Plan : 3 D 1
7 av Corentin-Cariou
☎ 01 40 05 95 95
F. w.-e. et août.
Jusqu'à 22h.

Le Pacifique

Traverser l'Océan Pacifique à Belleville, aussi facilement qu'un passage piéton, pour se retrouver à Pékin, Canton et Shanghaï en un seul trajet : bœuf sauce huître, porc laqué, poulet aux cinq parfums...
M : 14-33 €

→ Plan : 3 D 4
29-35 rue de Belleville
☎ 01 42 49 66 80
Ouv. 7j/7.

PARIS 20ᵉ ARRONDISSEMENT

12 Les Allobroges

Les Allobroges nouvelle formule, après le changement de propriétaires, ressemblent globalement aux précédents, et c'est tant mieux. Atmosphère tranquille, cuisine classique eighties sur des produits de tradition, croustillant d'escargots, carré de saumon d'Ecosse à la fleur de thym, grenadin de veau aux champignons et une spécialité de parmentier de homard. Petite cave où l'on distingue néanmoins la Closerie de Sylva Plana en faugères.
M : 20-34 €

d.rousseau7@tiscali.fr

→ Plan : 5 E 2
71 rue des
Grands-Champs
☎ 01 43 73 40 00
F. dim. à dîn., lundi et août.
Jusqu'à 22h15.

---

12 Le Baratin

Philippe Pinoteau aux commandes, expert en vins et propriétaire de la maison, Raquel Carena, cuisinière autodidacte, aux fourneaux, pas de grands discours mais des assiettes qui vont à l'essentiel, franches et sincères dans une déco digne d'une photo de Doisneau. La langue de veau en cocotte aux haricots et les bons petits plats du jour font honneur à la cuisine de ménage et la bonne petite cave de propriétaires délie les langues. Très belle ambiance.
C : 30 € • M : 15 €

→ Plan : 3 D 4
3 rue Jouye-Rouve
☎ 01 43 49 39 70
F. sam. à déj., dim., lundi, 2 sem. fév., 1 sem. mai et 3 sem. août.
Jusqu'à 24h.

Le Saint-Amour

Kitsch ? Sans aucun doute, et les propriétaires revendiquent même ce qualificatif pour leur ambassade des cuisines auvergnates et aveyronnaises installée à deux pas du Père Lachaise : entrecôte de Salers au sel de Guérande et pommes à l'ail, saucisse d'Auvergne, truffade... les portions mettent K.O. les plus gros mangeurs. Cave beaujolaise, avec le saint-amour bien sûr.
C : 22 € • M : 10-12,50 €

www.le-saint-amour.fr

→ Plan : 3 D 6
32 bd Ménilmontant
☎ 01 47 97 20 15
F. Noël.
Jusqu'à 22h30.

Villes de proximité, voir :

○ LEVALLOIS PERRET	**(11/20)** 92300
○ MEUDON	**(13/20)** 92190
○ MONTREUIL	**(13/20)** 93100
○ MONTROUGE	**(12/20)** 92120
○ NANTERRE	**(12/20)** 92000
○ NEUILLY SUR SEINE	**(14/20)** 92200
○ LE PERREUX SUR MARNE	**(17/20)** 94170
○ LE PRE SAINT GERVAIS	**(13/20)** 93310
○ RUEIL MALMAISON	**(14/20)** 92500
○ SAINT CLOUD	**(12/20)** 92210
○ SAINT MANDE	**(13/20)** 94160
○ SAINT MAUR DES FOSSES	**(12/20)** 94100
○ SURESNES	**(12/20)** 92150
○ LA VARENNE SAINT HILAIRE	**(14/20)** 94210
○ VILLE D'AVRAY	92410
○ VILLENEUVE LA GARENNE	**(11/20)** 92390
○ VINCENNES	**(13/20)** 94300

découverte *dé* GM met en avant des nouveautés méconnues

♥ coup de cœur   carte des vins remarquable notation en hausse

PARTHENAY - 79200 (22 B 3)
Niort 47 - Thouars 40

12 **Le Fin Gourmet**

Au cœur de la vieille ville, cette salle aux pierres apparentes et au mobilier rustique fait écho, dans son mélange de simplicité et d'élégance, à la cuisine de Thierry Guilbault, qui prend plaisir à composer des assiettes raffinées autour des produits du terroir poitevin : rillettes de queue de bœuf et melon, foie de veau rôti au cognac purée à la fourchette. La partition se fait volontiers luxueuse en montant dans les menus, sans perdre de son équilibre, et évolue régulièrement.

C : 45 € • M : 25-39 €

→ 28 rue Ganne
☎ 05 49 64 04 53
F. dim. à dîn., lundi et merc. à déj.
Jusqu'à 21h.

www.lefingourmet.com

PARVILLE - 27180 (6 C 4)
Evreux 4 - Rouen 58

12 **Côté Jardin**

Emmanuel Dossemont accueille depuis plus de dix ans une clientèle d'affaires qui connaît par cœur cette maison posée sur le bord de la Nationale 13. Un grand parking bien pratique, deux salles à manger aux ambiances différentes et un jardin pour varier les plaisirs selon les caprices de la météo. Solides et traditionnelles, les assiettes affichent quant à elle une constance bienvenue : foie gras, compotée de pommes et caramel de cidre, blanc de cabillaud rôti en meunière de betteraves et coques, tournedos de filet de bœuf poêlé et jus de viande à l'émulsion de pain brûlé. Excellent menu-carte, cave classique.

C : 27 €

→ RN 13
☎ 02 32 39 19 19
F. dim. à dîn. et lundi.
Jusqu'à 21h30.

PATRIMONIO - 20253 (35 C 2)
Bastia 17 - Saint-Florent 6

11 **Osteria di San Martinu**

Sur la route reliant Saint-Florent à Bastia, cette maison familiale s'est spécialisée dans une goûteuse cuisine de grillades. Préparées dans le grand barbecue installé sous la tonnelle, l'entrecôte, les côtes d'agneau et la côte de bœuf forment de parfaits compléments aux spécialités corses. Ravissant jardin avec vue, ambiance délicieuse (à condition d'éviter la période du festival de Patrimonio).

C : 25 € • M : 22 €

→ Au Village
☎ 04 95 37 11 93
F. 1er oct-30 avril.
Jusqu'à 22h (saison).

PAU - 64000 (23 D 5)
Paris 780 - Mont-de-Marsan 81 - Auch 110

15 **Le Jeu de Paume**

La maison a de l'ambition, sa table ne saurait être anodine. Ni son chef. Christophe Canati maîtrise son sujet, par sa jeunesse, son ouverture sur le monde, sa technique. Dans ce cadre contemporain, il précède la musique avec une gelée de betterave et wasabi sur le maigre mariné, du chocolat de Tanzanie et suprême de sanguine avec le foie gras de canard, mais sait aussi se montrer impeccablement classique avec une Albuféra sur la superbe poularde à basse température. C'est une cuisine fringante qui plaît naturellement aux Palois d'aujourd'hui qui laissent la poule au pot pour les dîners chez Mamie. Bon menu du marché, service alerte et courtois, cave des meilleurs régionaux, mais bien branchée Sud.

C : 65 € • M : 38-80 €

→ 1 av Edouard VII
☎ 05 59 11 84 00
Ouv. 7j/7.
Jusqu'à 22h.

www.hôtel-parc.beaumont.com

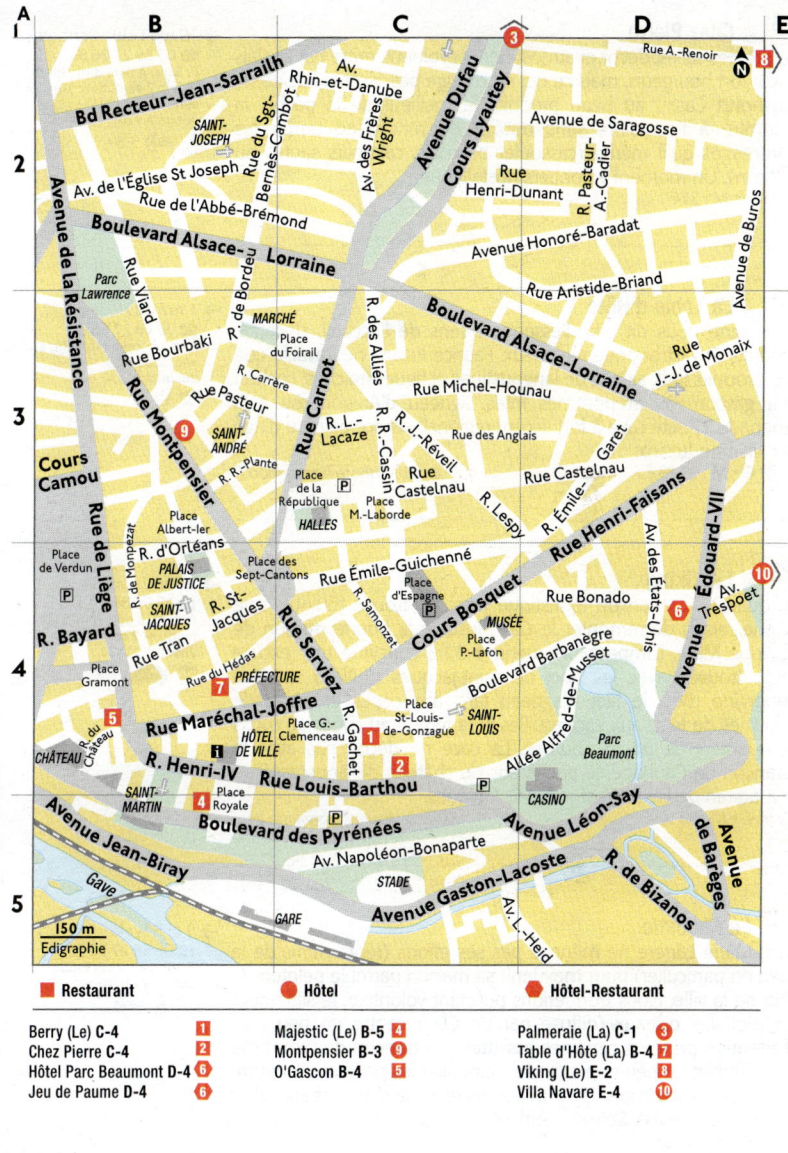

Restaurant ■　**Hôtel** ●　**Hôtel-Restaurant** ●

Berry (Le) **C-4** `1`
Chez Pierre **C-4** `2`
Hôtel Parc Beaumont **D-4** `5`
Jeu de Paume **D-4** `6`

Majestic (Le) **B-5** `4`
Montpensier **B-3** `9`
O'Gascon **B-4** `5`

Palmeraie (La) **C-1** `3`
Table d'Hôte (La) **B-4** `7`
Viking (Le) **E-2** `8`
Villa Navare **E-4** `10`

🛏🛏🛏 Hôtel Parc Beaumont

Une réussite contemporaine au cœur de la ville, beau bâtiment concave orienté vers les Pyrénées, un lieu de détente et d'affaires, rendez-vous idéal des séminaires et conventions, en lisière du Parc. Chambres harmonieusement décorées en suivant l'environnement, tons marron et beige, bois, pierre et marbre, tissus Rubelli, confort et design.

13 appart. 365-999 € • 67 ch. 200-365 €

→ 1 av Edouard-VII
☎ 05 59 11 84 00
🖶 05 59 11 85 00
Ouv. 7j/7.

www.hotel-parc-beaumont.com

découverte *d≿* GM met en avant des nouveautés méconnues

13 Chez Pierre

Au gré des salles, décor et atmosphères évoluent, entre bar anglais et confort bourgeois, mais ce qui ne change pas, c'est la fidélité de Raymond Casau au beau produit : le meilleur de la pêche, la palombe à l'occasion, sans oublier de rendre au terroir les hommages qu'il mérite (cassoulet béarnais, calamars sautés au poivron). Un moment volontiers nostalgique.
C : 50 € • M : 34 €

→ 16 rue Louis-Barthou
☎ 05 59 27 76 86
F. sam. à déj., dim., lundi à déj., 2 sem. déb. janv. et 2 sem. août.
Jusqu'à 22h.

----

13 La Table d'Hôte

L'enseigne nous dit déjà l'essentiel : sens de l'accueil, sincérité, produits et gastronomie régionaux. Fabrice Juzanx ne travaille que des produits frais, salade de langoustines et figues fraîches, cochon noir gascon rôti et pommes frites, agneau d'Aragon rôti à la tapenade... Petite cave à fort accent régional, service efficace dirigé par Martine Juzanx.
C : 41 € • M : 23-29 €   la-table-dhote@wanadoo.fr

→ 1 rue du Hédas
☎ 05 59 27 56 06
F. dim., lundi (sf à dîn. été) et vac. scol. Noël.
Jusqu'à 21h30.

----

13 Le Viking

Le quartier n'a rien de touristique mais on trouve toujours une bonne raison de remonter le Gave jusqu'à la bonne maison de Philippe Maté. L'impeccable menu à 32 € constitue une excuse toute trouvée avec les noix de saint-jacques poêlées sur une aubergine rôtie, le filet d'agneau farci aux cèpes et gratin de pommes de terre aux escanouilles et la terrine au chocolat, coulis et quartiers de poires sautées. La cave ne déçoit pas avec le jurançon de Cauhapé, le pacherenc du château de Bouscassé ou le madiran de Laffite-Teston à prix logiques.
C : 50 € • M : 20-32 €   www.restaurant-le-viking.com

→ 33 bd Tourasse
☎ 05 59 84 02 91
F. sam. à déj., dim à dîn., lundi, et 2 sem. août.
Jusqu'à 21h30.

----

12 Le Majestic

Jean-Marie Larrère ne ménage pas ses efforts (rénovations de la salle en particulier) pour maintenir sa maison parmi le peloton de tête de la ville. Nous troquerions pourtant volontiers le sifflement artificiel des oiseaux (diffusé par un CD !) contre un peu plus d'attention portée à certaines assiettes (un tronçon de turbot rôti aux gambas un peu trop cuit, des saint-jacques poêlées au beurre d'herbes un peu trop salées, un bon millefeuille d'ananas au sorbet et confit d'ananas). Service souriant.
C : 50 € • M : 18-37 €

→ 9 pl Royale
☎ 05 59 27 56 83
F. dim à dîn. et lundi.
Jusqu'à 21h30.

----

12 O'Gascon

Fierté gasconne dans le vieux quartier piétonnier du château de Pau, exprimée avec vigueur par un jeune chef passé notamment chez Georges Blanc. Du foie gras en veux-tu en voilà, de la garbure "royale", de la caille farcie, de la poule au pot, des plats de senteur et de couleur qui font honneur à la région. Cave en concordance, jurançon et madiran, dans une ambiance dynamique.
C : 41 € • M : 21-50 €   ogascon@medialibre.com

→ 13 rue du Château
☎ 05 59 27 64 74
F. mardi et 15 jrs oct.
Jusqu'à 22h30.

11 Le Berry

Une nouvelle équipe aux commandes, mais depuis des lustres, c'est le Berry qui commande. Entendez que la plus célèbre brasserie de Pau a ses habitudes, et qu'il n'est pas vraiment question d'y déroger. Alors, comme depuis toujours, en avant sur le tartare, la sole meunière, le foie de veau et le confit, en arrosant d'un madiran ou d'un jurançon, dans la salle ou la nouvelle véranda.
C : 15 €

→ 4 rue Gachet
☎ 05 59 27 42 95
F. 1er mai, 24 à dîn.-25 déc. et 31 déc.-1er janv.
≋❋

ĈĈĈ Villa Navarre

Sur les bases d'une villa de 1865, une hôtellerie de prestige, élégante et stylée, qui a su respecter l'esprit des lieux, au cœur d'un parc de 2,5 ha face aux Pyrénées. Belles boiseries, cheminée d'époque, chambres aux meubles anciens dans le logis et plus modernes dans le pavillon. restaurant de cuisine actuelle.
2 appart. 307-327 € • 28 ch. 169-296 €   www.villanavarre.fr

→ 59 av Trespoey
☎ 05 59 14 65 65
▤ 05 59 14 65 64
Ouv. 7j/7.
🚗 ♿ ≋❋ 🛏 🐾

La Palmeraie

Le style inspiré des maisons coloniales justifie le nom de cet hôtel installé à l'écart du centre. A l'intérieur, on apprécie des chambres bien tenues et un décor plutôt contemporain.
36 ch. 109-151 €   www.mercure.com

→ 1 passage de l'Europe
☎ 05 59 14 14 14
▤ 05 59 14 14 10
Ouv. 7j/7.
🚗 ♿ ≋❋ 🐾

Ĉ Montpensier

Un établissement de caractère, entouré d'un jardin fleuri et arboré, tout proche du parc Lawrence. Chambres décorées avec beaucoup de goût, dans un esprit de charme intime et de confort douillet, tons harmonieux, beaux tissus. Wifi gratuit, room service, terrasse ombragée.
22 ch. 55-120 €   www.hotel-montpensier-pau.com

→ 36 rue Montpensier
☎ 05 59 27 42 72
▤ 05 59 27 70 95
F. 1re quinz. janv.
🚗 ≋❋ 🐾

Villes de proximité, voir :

PAUILLAC - 33250	(23 C 2)

Bordeaux 53 - Margaux 27

19 ⟮⟯⟮⟯⟮⟯ ≷ Château Cordeillan-Bages

Il serait naturel de penser que les cuisines de Thierry Marx ressemblent à quelque chose entre la salle de contrôle de la Nasa et le bureau d'études de Ferrari. Les formes, le graphisme, les couleurs participent à l'évidence d'une construction mentale et technologique très élaborée, au même titre que les textures et les températures, sans parler, naturellement, des parfums et des saveurs. Oui, le restaurant est une fête, un spectacle, une expérience, quand il est traité comme un art. Marx tire sa glaise de la nature, de l'océan et de la terre, mais ce qu'il modèle en des formes uniques vient de lui, de sa vie, de sa philosophie, de sa manière d'envisager le sens et la sensualité d'un plat. Aucun autre cuisinier n'a comme lui une démarche aussi structurée et analytique (une sorte d'école des sens à la japonaise, une culture dont il se nourrit trois mois par an), quand il compose un triptyque où se mêlent l'acide et le suave, le

→ Rte des Châteaux
☎ 05 56 59 24 24
F. sam. à déj., lundi, mardi à déj. et 1er déc.-13 fév.
Jusqu'à 21h30.
🚗 ♿ ≋❋ 🛏 🐾 ⛵

froid et le chaud, le doux et l'épicé. Là il pousse un curseur d'amertume citron amande entre le king crab snacké et la douceur terrienne du petit pois betterave, ici il décide d'une tuile croustillante avec la suavité machiavélique d'une barre moelleuse anguille-foie gras. Sur de nombreuses tables, les intitulés claquent beaucoup plus fort que les assiettes. A Cordeillan-Bages, évoquer le "saint-pierre mariné pop corn friture chaude et friture polaire" sans le raconter en détail, sans le voir, sans le goûter, sans le manger expose naturellement à la platitude, quand il faudrait plus d'une page pour en expliquer la genèse, l'objectif, l'architecture, le dessin, la synthèse, l'impression en bouche. Vous penserez peut-être que seuls la vue, le toucher, l'odorat et le goût sont sollicités. Mais Mahler sur le pigeon au thé, pâtes fraîches fumées, Ayo sur le cabillaud passion, et Astor Piazzola sur le biscuit à l'huile d'olive, crème givrée au Campari et mascarpone, cela fonctionne aussi très bien ! Desserts par ailleurs les plus inventifs de France (pâte de brioche à fermentation interrompue sur un nuage de lait, betterave, crème glacée réglisse spaghettis muscovado réglisse évoquant les rouleaux de notre enfance), service jeune à l'unisson, concerné, naturel, content d'être là, cave à peu près imbattable sur Bordeaux (et offre au verre excitante), mais aussi en Champagne, discrète ailleurs, quoique, histoire de montrer que le sommelier ne dort pas, on trouve le saumur de la Fosse Sèche ou le Clos du Rouge-Gorge de Cyril Fhal...
M : 75-150 €   *www.cordeillanbages.com*

€€€ Château Cordeillan-Bages ✈

Les chambres au sobre décor contemporain dû à Anne-Monique Bonadéï s'harmonisent à l'atmosphère de douceur de cette char-treuse XVIe devenue château viticole. Un prolongement délicieux d'une table hors normes. Des cours de dégustation sont organisés régulièrement.

2 appart. 510 € • 26 ch. 195-385 €   *www.cordeillanbages.com*

→ Rte des Châteaux
☎ 05 56 59 24 24
🖳 05 56 59 01 89
F. 1er déc.-13 fév.

🚐 ♿ ≈❄ 🏊 🐎

---

12 Café Lavinal 🔲 ♥

A deux pas de Cordeillan-Bages, au milieu des bobos, connaisseurs et voisins, Thierry Marx vient souvent passer une tête dans ce bistrot soigné dont il supervise à distance l'approvisionnement. Ce qui met dans l'assiette une mémorable entrecôte, une très bonne terrine de grattons au foie gras ou, à l'occasion, une lamproie à la bordelaise ou un cassoulet. Exactement de son temps, voilà un café de village où tout est bon, du pain au café, servi par une jeune escouade qui gambade avec le sourire. Petite cave alerte, bouteilles malignes et bon pauillac (Croizet Bages par exemple) au verre. Un point de plus.

C : 35 € • M : 13 €   *cafe.lavinal@bordeauxsaveurs.com*

→ Pl Desquet
☎ 05 57 75 00 09
F. dim. à dîn. (sf 15 juin-15 oct).
Jusqu'à 21h30.

🌳 🚗 ♿ ≈❄ 🐎

PAULHAC EN MARGERIDE - 48140   (32 A 1)

Saint-Chély-d'Apcher 24 - Viaduc-de-Garabit 28

11 Auberge le Bon Accueil

Dans cette rude Margeride, paysages sauvages et habitat dispersé, cette auberge au décor assez banal est l'étape idéale, dans sa simplicité confondante et sa gentillesse permanente. Les repas redonnent du cœur au ventre aux randonneurs, avec des prépa-rations simples mais des produits de qualité, volailles élevées en plein air (excellent ce coq au vin), charcuteries régionales ou spécialités de champignons.

M : 11-15 €

→ Le Bourg
☎ 04 66 31 73 46
F. dim. à dîn. et 15-31 déc.
Jusqu'à 20h30.

🚗

14 L'Authentique

Chez les Millo, la tradition n'est pas qu'un concept fumeux destiné à cacher un quelconque déficit de sincérité. Après plus de soixante années passées à diriger cette belle auberge à une demi-heure du centre de Nice, cette famille, qui eut l'honneur d'accueillir le président Coty parmi une foule de vedettes, continue de recevoir ses hôtes avec une passion et une bonne humeur jamais surjouées. Aux fourneaux, Christian et son fils Thomas (passé par les plus belles maisons des environs, dont la Chèvre d'Or, le Louis XV ou la Bastide Saint-Antoine) composent une cuisine bien ancrée dans son terroir mais en constante mutation : noix de saint-jacques, anchois mariné et barquette végétale de socca et ratatouille, suprême de pintade aux cerises du jardin, galette croustillante de polenta aux olives, abricots pochés au vieux muscat, sablé Audrey et crème pistache. Belle cave régionale.
C : 68 € • M : 40-80 €   www.chateauxhotels.com/madone

→ Auberge de la Madone, 2 pl Auguste-Arnulf
☎ 04 93 79 91 17
F. merc., 15-31 janv. et 5 nov.-24 déc.

L'Auberge de la Madone

Les terrasses fleuries, les jardins soigneusement entretenus, le parc de 5 ha peuplé d'oliviers sont à l'image de la cuisine proposée au restaurant : authentiques et charmants. Chambres meublées d'ancien, lumineuses et ouvrant sur le village, la vallée et la montagne.
3 appart. 340 € • 15 ch. 95-200 €   www.chateauxhotels.com/madone

→ 2 pl Auguste-Arnulf
☎ 04 93 79 91 17
🖨 04 93 79 99 36
F. 14-31 janv. et 5 nov.-24 déc.

Château de Pennautier

Les bons cabardès de ce domaine viticole réputé accompagnent la tartine de chèvre, la brochette de magret aux coings ou la mitonnée de bœuf à l'ancienne. Pour l'atmosphère et pour le site naturel, dans un petit village à quelques minutes de Carcassonne.
M : 20,50 €   www.vignobles-lorgeril.com

→ La Métairie Basse
☎ 04 68 25 63 48
F. dim. à dîn.
Jusqu'à 22h.

14 La Maison sur la Place

Cette ancienne épicerie transformée en une maison de charme se distingue avant tout par l'ambiance si particulière qui y règne, délicate alchimie entre le dépaysement qu'offre une décoration très particulière (la propriétaire est une ancienne architecte) et une cuisine touche à tout, rassemblant sous une même bannière les vedettes locales (le canard, le foie gras) mais aussi la traditionnelle entrecôte grillée flanquée d'un gratin dauphinois, le rôti de lotte au lard ou les spécialités afghanes ou turques. Jolie cave centrée sur la région.
C : 30 € • M : 27 €   www.lamaisonsurlaplace.com

→ 10 pl Gambetta
☎ 05 53 01 29 18
F. dim. à dîn., lundi (mai-sept.), dim. à dîn., lundi, mardi, merc. et déb. oct.
Jusqu'à 21h15.

Dans chaque ville, les établissements sont classés par note décroissante, les restaurants d'abord de 20 à 10 et , les hôtels ensuite.

PERI - 20167 (35 B 4)
Ajaccio 22 - Corte 62

13 Auberge Chez Séraphin

Ce petit bonheur se mérite et il faut accepter de serpenter sur des petites routes et de débourser plus de 40 €. Vous voilà prévenu, mais il fait délicieusement bon vivre chez Monique Manzaggi : la terrasse de la belle maison en pierre ouvre largement sur le maquis, l'accueil est adorable et du four à bois sort un délicieux agneau grillé, gorgé de saveurs. Encadré (entre autres) des beignets de fleur de courgette, des légumes farcis au broccio ou encore du plateau de fromages corses, il s'accompagne d'une belle sélection de vins du cru.
M : 42 €

→ Usciatellu village
☎ 04 95 25 68 94
F. lundi (juil.-sept.), lundi-jeudi et oct.-nov.

PERIGUEUX - 24000 (24 B 2)
Paris 482 - Limoges 101 - Angoulême 84

13 Le Clos Saint-Front

Philippe Barbier a été remplacé cette année en cuisine par le jeune Nicolas Lamstaes, dont le solide CV (second au Bar et Bœuf à Monaco, au Moulin du Roc à Champagnac de Bel Air et au 59 Poincaré), trahit sans contestation l'ambition montante dont font preuve Patrick et Richard Feuga depuis qu'ils ont repris cette superbe bâtisse du XVIe siècle voilà quatre ans. Contemporaine, suivant les saisons au plus près, la carte affiche une réjouissante liberté : chaud-froid de tomate, bolognaise aux aromates et granité de pistou, plancha de seiche au sésame, marmelade de courgettes et olives noires et condiment de patate douce vanillée, soufflé chaud de pommes pink lady au beurre d'orange et glace cannelle. Cave en constante progression avec, comme ligne directrice, la recherche de produits atypiques.
C : 36 € • M : 26-60 €

→ 5-7 rue de la Vertu, 2ème accès par la rue Saint-Front
☎ 05 53 46 78 58
F. dim. à dîn., lundi (sf 1er juin-30 sept.) et vac. scol. fév.
Jusqu'à 21h45.

www.leclossaintfront.com

- -

13 L'Essentiel

Le premier contact, avec une salle colorée et ponctuée de jolies tables, met en confiance et présage bien des vertus d'une cuisine tout aussi actuelle, qui fait évoluer ses envies (et les nôtres) au gré des saisons, embrasse des influences larges avec un louable sens de la sobriété et du respect des saveurs : Eric Vidal a bien compris qu'un beau poisson a davantage besoin de précision dans la cuisson que d'une sauce étouffante. La carte des vins marque une nette appartenance au Sud-Ouest, avec bonheur tant on y retrouve la plupart des noms qui comptent.
C : 45 € • M : 21-48 €

→ 8 rue de la Clarté
☎ 05 53 35 15 15
F. dim. et lundi.
Jusqu'à 21h30.

- -

Bristol Hôtel

A deux pas de la cathédrale Saint-Front, un immeuble moderne des années 70 aux chambres toujours améliorées (cinq d'entre elles ont été refaites, l'ascenseur a été changé) et modernisées (écrans plats, clim...).
29 ch. 58-75 €

→ 37 rue Antoine-Gadaud
☎ 05 53 08 75 90
🖶 05 53 07 00 49
F. 21 déc.-8 janv.

www.bristolfrance.com

Villes de proximité, voir :

⟳ CHAMPCEVINEL ....4 km N. par D 3 **(13/20)**
⟳ CHANCELADE ....6 km N.O. par D 710 et D 1 **(16/20)**

G
M

PERNAND VERGELESSES - 21420 (20 B 4)
Beaune 7 - Dijon 49

15 ⌂ ≳ **Le Charlemagne**

Laurent Peugeot, évidemment ! Voilà la destination qu'il vous faut pour goûter une cuisine française différente. Celle d'un jeune homme de 33 ans, distingué l'an passé par un titre de Grand de demain GaultMillau, passionné de culture nippone (son épouse Hiroko est japonaise, et il a ouvert l'an passé à Beaune la meilleure table japonaise de Bourgogne). La véranda sur les vignes était jolie, mais il la voyait autrement : tout est refait, pour plus d'espace, de lumière, d'absolu. Il est comme ça. La carte change, tout le temps, les plats deviennent d'éphémères spécialités, les émulsions, les bouillons et les mousses aériennes entretenant un appétit de création inextinguible, accompagnant un thon mi-cuit, d'improbables billes de bar, un veau orientalisé avec subtilité. Atmosphère zen moderne qui gagne le service, très belle cave de connaisseur, offrant des flacons bourguignons superbes au meilleur tarif, logiquement affûtée sur les vins des Vergelesses.
M : 41-79 €

→ Rte des Vergelesses
☎ 03 80 21 51 45
F. mardi, merc. (sf à dîn. juin-août), fév. et dern. sem. juil.
Jusqu'à 21h30.

www.lecharlemagne.fr

PERNAY - 37230 (17 C 4)
Château-la-Vallière 20 - Tours 21

❋ **L'Hérissaudière**

Construite en pierre de tuffeau, cette vaste demeure XVIIᵉ profite du calme d'un parc de 7 ha. Dans un tel contexte, on apprécie le style ancien et raffiné des vastes chambres.
3 appart. 125-140 € • 2 ch. 115-130 €

→ , D 48
☎ 02 47 55 95 28
Ouv. 7j/7.

www.herissaudiere.com

PERNES LES FONTAINES - 84210 (33 B 4)
Avignon 24 - Carpentras 7

13 ⌂ **Dame l'Oie**

Au jeu de Dame l'Oie, on est rarement perdant, Bernard Collomb livrant avec un plaisir intact sa vision d'une cuisine sudiste au sens large, puisqu'il trouve avec autant de bonheur son inspiration en Provence que dans les riches saveurs du Sud-Ouest. Au milieu des oies qui ponctuent le décor, on se laisse aller à cette atmosphère toute de gentillesse et d'authenticité, entre canard gras, poissons de Méditerranée et agneau de pays, en débouchant une bouteille qui, pour le coup, ne saurait venir d'ailleurs que de Provence.
C : 25 € • M : 16-30 €

→ 56 rue du Troubadour-Durand
☎ 04 90 61 62 43
F. lundi, mardi à déj., 2 sem. fév. et nov.
Jusqu'à 22h.

- -

13 ⌂ **Au Fil du Temps**

Dans le joli cadre traditionnel de son restaurant, Frédéric Robert cultive avec constance l'élégance d'une belle cuisine classique, produits nobles et associations raffinées, pour une clientèle conquise et sensible autant à cette qualité rarement prise en défaut qu'à un service à l'efficacité respectueuse.
M : 40-65 €

→ Pl Louis-Giraud
☎ 04 90 66 48 61
F. mardi, merc., vac. scol. Noël et Toussaint.
Jusqu'à 21h.

fildutemp@wanadoo.fr

- -

❋ **Domaine de la Petite Cheylude**

Cet authentique mas du XVIIᵉ siècle concentre toute la douceur de vivre provençale, notamment à travers trois chambres superbes, épurées et aux ambiances délicieuses.
4 appart. 350-1060 € • 3 ch. 95-105 €

→ 518 rte de la Gasqui
☎ 04 90 61 37 24
F. 1ᵉʳ nov.-1ᵉʳ mars.

www.petite-cheylude.com

PERONNAS - 01960   (27 D 1)
Bourg-en-Bresse 4 - Mâcon 41

14 🍴 **Restaurant la Marelle** ↗

Nous annoncions l'an passé un point en plus pour le remarquable travail de Didier Goiffon dans cette maison en pleine évolution (huit chambres devraient être créées prochainement). Une transcription malheureuse ayant laissé la note inchangée, nous réparons l'erreur dans la présente édition (en appréciant au passage la courtoisie constructive du chef qui ne nous en a pas tenu rigueur) en soulignant encore cette intelligente interprétation du terroir, sur le pigeon Miéral traité en soubressade, jus au carvi, lait caillé et cébettes, les belles variations sur les saint-jacques ou la version personnelle de la soupe de gaudes, avec fritots de grenouilles, émulsion de cèpes et cardamome noire. Les tables un peu en avance sur leur temps ne sont pas légion autour de Bourg : courez-y ! La cave s'est bien étoffée, avec près de 400 références sur toutes les régions et un choix de vins au verre, dans une atmosphère de curiosité et de bien-être.
C : 60 € • M : 28-69 €

→ 1593 av de Lyon
☎ 04 74 21 75 21
F. dim. à dîn., mardi, merc., 1 sem. fév., 1er-8 mai et 3 sem. août.

🍴 🚗 ♿ 🛏️ 🐑

www.lamarelle.fr

PEROUGES - 01800   (27 D 2)
Bourg-en-Bresse 44 - Lyon 36

€€€ **Ostellerie du Vieux Pérouges** 🕊️

Dans ce magnifique village ancien, l'Ostellerie répartit ses chambres dans quatre maisons de caractère, à l'authentique architecture Renaissance. On craque notamment pour celle du Manoir, à l'ambiance ancienne délicatement préservée par des meubles d'époque notamment.
28 ch. 78-250 €

→ Pl du Tilleul
☎ 04 74 61 00 88
🖨 04 74 34 77 90
F. 2e quinz. fév.

🚗 🐑

www.ostellerie.com

PERPIGNAN - 66000   (31 D 6)
Paris 935 - Carcassonne 114 - Montpellier 153

16 🍴 ⌇ **Le Chapon Fin**

"The right man in the right place" : on ne sait comment le dicton se transpose en catalan, mais il est certain que la présence d'Alexandre Klimenko, Grand de demain dans notre édition 2007, est une chance pour tout le monde dans cet hôtel que les notables locaux et les aristocrates espagnols fréquentent toujours aussi assidûment. Une chance pour lui-même, d'abord, jeune chef aussi imaginatif que précis, qui a quitté les brumes béthunoises pour la chaleur du Roussillon et ne le regrette assurément pas : il touche les produits qu'il veut, de très haute gamme - des espardeignes, des saint-jacques superbes qu'il décline dans une très belle variation, des poissons nobles, le meilleur de la saison en viandes et en légumes - et montre une très belle curiosité pour les techniques du jour, des émulsions (très beau mariage de la langoustine croquante, en tempura, avec une émulsion coco, le doux épicé de la carotte-cardamome, la suavité teintée d'amertume du cacao) du déstructuré (bar et chorizo dans un plat très graphique, le chevreau et macaronis avec une "barigoule inversée") jusqu'aux tours de magie (les billes de passion qui dansent dans un verre de menthe limpide comme les ballons dans un jeu de foire). L'ensemble est en tout point harmonieux, une chance, répétons-le pour les clients, aussi traditionalistes soient-ils, qui s'y retrouvent largement dans les saveurs justes, et pour la maison tout entière, qui bénéficie de ce

→ 18 bd Jean-Bourrat
☎ 04 68 35 14 14
F. dim., lundi à déj., vend. à déj., sam. à déj. et 2-20 janv. Jusqu'à 21h30.

🚗 ❄️ 🐑

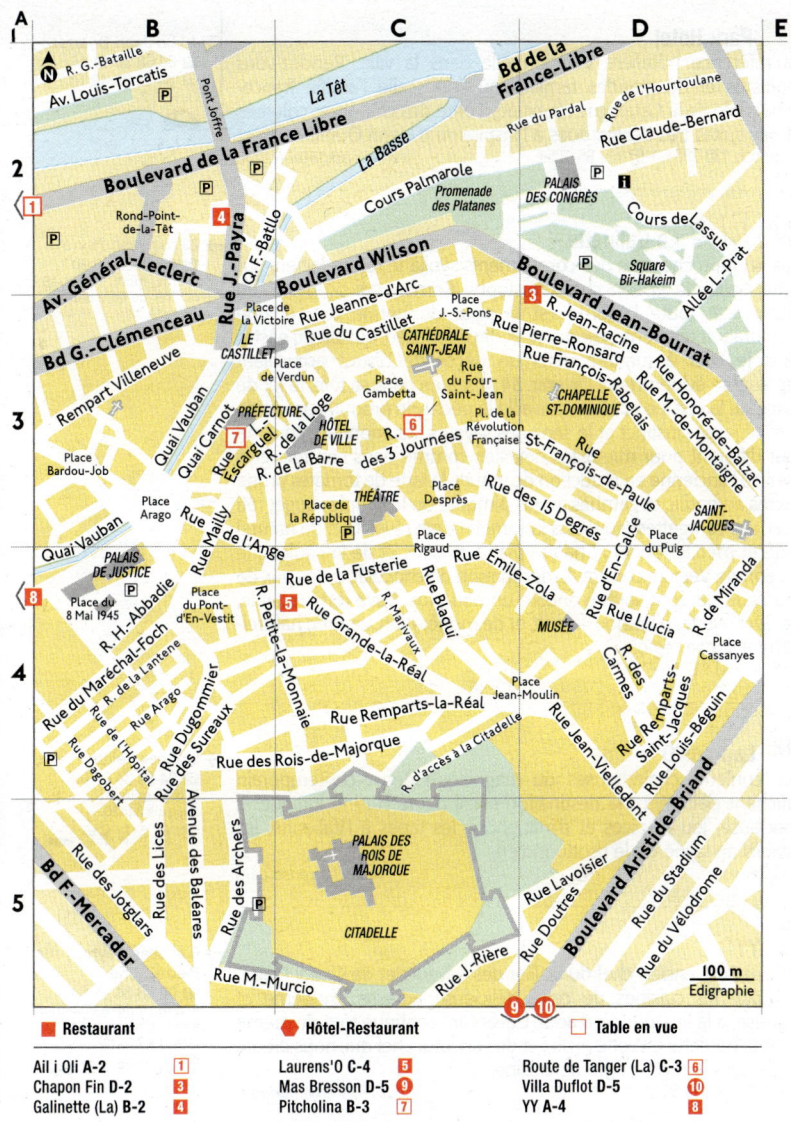

■ Restaurant	◆ Hôtel-Restaurant	□ Table en vue

Ail i Oli **A-2**	☐1	Laurens'O **C-4**	☒5	Route de Tanger (La) **C-3**	☒6
Chapon Fin **D-2**	☒3	Mas Bresson **D-5**	◆9	Villa Duflot **D-5**	◆10
Galinette (La) **B-2**	☒4	Pitcholina **B-3**	☐7	YY **A-4**	☐8

regain, en profitant pour réchauffer le décor, augmenter la convivialité, jusque dans un service très bien coordonné. Cave raisonnable
et classique, surtout intéressante pour ses bons choix régionaux.
C : 80 € • M : 49-100 €   www.parkhotel-fr.com

Les noms des villes de proximité (dans un rayon d'environ 10 km), ayant au moins
un établissement sélectionné, sont listés à la fin de chaque grande ville,
avec mention de la note du restaurant la plus élevée.

Park Hotel

La référence hôtelière traditionnelle dans la ville. Rendez-vous d'artistes et de grandes familles où l'on scelle l'amitié franco-espagnole de la Catalogne réunifiée, il offre des chambres colorées et des suites très design dues à l'inspiraion d'Henri Quinta.
2 appart. 130-280 € • 67 ch. 65-105 €　　　*www.parkhotel-fr.com*

→ 18 bd Jean-Bourrat
☎ 04 68 35 14 14
🖳 04 68 35 48 18
Ouv. 7j/7.

---

15 🍴 ⚖ **La Galinette**

Pas un reproche, que des compliments : voilà le retour lecteur sur cette Galinette et son chef Christophe Comes, qui prouvent, au pluriel, car toute l'équipe est là pour donner le ton, qu'une restauration différente, moderne et décomplexée, qui fait du gastro sans le crier à tue-tête dans un décor de bistrot accueillant représente évidemment l'avenir. 34 ans, bien dans sa tête, le fer de lance de la cuisine catalane travaille la pêche, le produit fermier de qualité, avec l'instinct et le sens des saveurs, les montrant sous un jour différent pour mieux les dévoiler, comme dans son foie gras confit à l'ancienne en réduction de maury, la tarte de tomates prune noires au basilic et gambas au jus pimenté ou le simple rouget rôti avec ses courgettes étuvées à la sarriette, une révélation de naturel iodé et méditerranéen. Chaque plat a du sens et de la couleur, le pigeon de Verzeni comme la déclinaison de chocolat, à des prix de brasserie qui font sourire encore un peu plus. Cave remarquable, de découverte, d'enthousiasme, et de modération, centrée naturellement sur sa région.
C : 60 € • M : 17-50 €

→ 23 rue Jean-Payra
☎ 04 68 35 00 90
F. dim., lundi, 15 juil.-15 août et fêtes de fin d'année.
Jusqu'à 22h.

---

12 **Laurens'O**

Les couleurs chaleureuses du magnifique décor contemporain affichent clairement la destination soleil d'une cuisine ludique et modeuse, jeu d'épices et d'influences, les tapas à l'italienne, les raviolis au tajine ou le risotto indien.
C : 32 €　　　*www.laurenso.com*

→ 5 pl des Poilus
☎ 04 68 34 66 66
F. dim. et lundi.
Jusqu'à 22h30.

❓ **YY**

Daniel Brin, ancien chef du Voilier des Saveurs et de Gaudi Plaisir, a quitté les cuisines de cette délicieuse adresse, moderne et joyeuse, à la fin du mois d'août. L'aventure continue tout de même sous la houlette d'Yvette Amiel et de son futur chef qui, nous dit-on, proposera le même style de cuisine.
C : 40 € • M : 19,50-42 €　　　*doublerey@wanadoo.fr*

→ 8 pl Jean-Payra, 1 rue Pierre-Curie
☎ 04 68 34 51 16
F. dim., lundi à dîn., mardi à dîn. et merc. à dîn.
Jusqu'à 22h30.

👁 **Ail i Oli**

Au long du parc Ducup, à quelques minutes de la ville, l'atmosphère folklorique et populaire de cette salle de tradition rassemble dans la simplicité et autour du feu de bois les amateurs de grillades et de parilladas. Carte immense, service empressé, vins du Roussillon.
C : 26 € • M : 20 €

→ Allée des Chênes, parc Ducup
☎ 04 68 55 58 75
F. 24-26 déc. et 31 déc.-2 janv.
Jusqu'à 22h.

👁 **Pitcholina**

Ambiance bodega au cœur de la ville, décor sang et or, atmosphère chaleureuse et les classiques sudistes, entre Catalogne et Pays Basque (parillada, lomo au piment d'Espelette ou tapas du jour).
C : 25 € • M : 12-18 €　　　*jb-conseil@wanadoo.fr*

→ 12 rue Lazare-Escarguel
☎ 04 68 34 02 01
F. dim. et lundi.
Jusqu'à 22h30.

🌿 La Route de Tanger

Transméditerranée chaleureuse et typique dans ce décor marocain où l'on est évidemment tenté de s'évader, avec la salade Essaouïra, le tajine à la tchoutchouka, le couscous Route de Tanger, boulettes kefta et merguez. On mange la sefa en dessert et on boit le gris de Boulaouane ou un collioure des Paulilles.
C : 23 € • M : 12-30 €

rtdetanger@free.fr

→ 1 rue du Four-Saint-Jean
☎ 04 68 51 07 57
F. dim. et lundi. F. ann. non comm.
Jusqu'à 23h.

- -

🏠 Villa Duflot 🦅

Villa à l'italienne nichée dans la verdure d'un vaste parc aux portes du centre-ville, l'hôtel cultive une atmosphère précieuse, faite de touches artistiques, d'influences Art Déco et d'une belle utilisation de la lumière à travers verrière et baies vitrées.
1 appart. 200 € • 24 ch. 120-160 €

www.villa-duflot.com

→ Rond-point-Albert-Donnezan
☎ 04 68 56 67 67
🖨 04 68 56 54 05
Ouv. 7j/7.

- -

❄ Mas Bresson

A l'écart de la ville, ce mas ancien accueille des chambres spacieuses, raffinées dans leur équipement (climatisation) comme leur décoration, rehaussée de meubles anciens. Vaste parc arboré.
3 ch. 90-110 €

www.lemasbresson.com

→ M et Mme Pascale et Pierre Palud, Chemin du Mas-Bresson
☎ 04 68 55 53 61
Ouv. 7j/7.

Villes de proximité, voir :

⊙ THUIR .... 10 km S.O. par N 9 et D 612a **(12/20)**

LE PERREUX SUR MARNE - 94170   **(8 D 5)**
Paris 17 - Créteil 9 - Vincennes 7

17 🦷🦷🦷 ≥ Les Magnolias ↗

Tout ici est surréaliste : l'environnement rieur du Perreux, le cadre entre lambris années 60 et motifs contemporains, la clientèle bigarrée, affaires internationales, photographes japonais et couples explorateurs, venus se colleter à la cuisine dadaïste d'un Jean Chauvel qui néanmoins, au fil des années, met de l'eau dans son coca pour rendre, sinon accessible, tout du moins lisible sa cuisine d'une autre planète. On en regrette presque, dans ce contexte qui tient autant de la poésie que de l'avant-garde, un service certes parfait mais ultra-conventionnel qui rattache les Magnolias à l'univers rassurant des tables gastronomiques hexagonales. Dans l'assiette, la maturité n'est pas loin : malgré les éprouvettes et les drôles de cornues, l'univers du petit chimiste et le gastronome en culottes courtes s'éloignent au profit d'une galaxie de saveurs franches, originales et abouties, d'un calamar au chou rouge avec ses couteaux et coquillages au thym citron, la "brume matinale d'un rouget" (les intitulés de Jean de la Lune sont toujours au programme) qui fait, avec les légumes de Joël Thiébault, l'émulsion très juste et le poisson parfait un plat remarquable, ou de desserts surprenants et ravissants, comme le "mécano de vanille et ses boulons de fruits" ou le 4-21, réelle composition de dés de couleur sur une assiette-plateau. On peut penser qu'un jour, pour grandir vraiment, il faudra, même pour ce Fanfan la Tulipe de la cuisine, tirer un trait sur le "retour à l'enfance" suggéré par les mignardises et la barbe à papa. La cave est un concentré des bonnes valeurs sûres dans chaque région, avec Gauby, Ostertag, Chave, le dessus du panier bourguignon (Bertagna, Dujac...), les grands châteaux et les bons coûts bordelais (Falfas, Cambes, Floridène, Ormes-Sorbet).

→ 48 av de Bry
☎ 01 48 72 47 43
F. sam. à déj., dim., lundi et 1 sem. janv. et août.
Jusqu'à 21h30.

Et surtout des tarifs justes un peu partout qui peuvent orienter sans remords sur une Reine des Bois de la Mordorée ou même un Champs Murmurés.

M : 52-85 €

www.lesmagnolias.com

LE PERRIER - 85300   (15 B 5)
Challans 10 - Saint-Jean-de-Monts 6

11 Auberge Le Relais

Le joli décor rustique du Relais est d'autant plus plaisant qu'il ouvre largement sur les paysages de marais qui l'entourent. A mi-chemin entre Saint-Jean-de-Monts et Challans, la cuisine regarde aussi bien vers la mer que vers la terre, alternant saint-jacques poêlées et canard au sang, bar cuisson vapeur et petits gris de Vendée. Entre Loire et Vendée, quelques crus sympathiques pour accompagner.

C : 39 € • M : 17,50-48 €

www.auberge-le-relais.com

→ 283 rte de Challans
☎ 02 51 68 32 28
F. dim. à dîn., lundi et 1er-25 oct.
Jusqu'à 21h.

PERROS GUIREC - 22700   (13 D 2)
Saint-Brieuc 75 - Lannion 11

14 Le Belouga

Le bon travail de Franck Marchesi porte ses fruits dans ce décor ultra-contemporain qui nécessite une cuisine peu commune. Les résidents trouvent au Belouga, sans forfanterie ni caviar, exactement ce qu'on peut attendre : un menu de déjeuner bien pensé et pas cher et une carte fine sur bases familiales, joliment mise au goût de la maison, respirant les embruns : nems de langoustines au lard colonnata et basilic, tempura de légumes, pavé de bar poché et tartare d'huîtres Gillardeau, mini-ormeaux au jus de cochon, grillade de ris de veau au bois de réglisse... Quelques plats trop rares en demi-portion, des poissons de l'arrivage à tarifs copieux et une certaine propension à "faire moderne", dans les apprêts, une chantilly par-ci, une tempura par-là, quelques broutilles qui n'altèrent pas une impression franchement positive. Cave variée, assez prudente et fédératrice, aux tarifs attendus (le bon gamay de Marionnet dans les petites cuvées).

C : 80 € • M : 34-72 €

www.lagapa.com

→ 12 rue des Bons-Enfants
☎ 02 96 49 01 10
Ouv. 7j/7.
Jusqu'à 22h30.

L'Agapa Hôtel Spa

L'immeuble verre et ardoise pourrait se trouver dans une ZAC périphérique sans vraiment surprendre. En revanche, posé en bout de piste, face aux Sept Iles, il renverse les canons classiques bretons. Et l'architecture intérieure, remarquablement pensée, avant-garde zen qui construit un décor marin épuré, place l'Agapa dans un registre à part d'hôtellerie contemporaine aux atouts multiples, aux nombreux équipements de détente, spa avec une terrasse de 150 m² pour prendre le soleil, fitness, sauna. Les chambres se répartissent en trois bâtiments, privilégiant le noir et blanc, design et high tech, certaines avec une terrasse privative face à la mer.

1 appart. 490-590 € • 49 ch. 120-380 €

www.lagapa.com

→ 12 rue des Bons-Enfants
☎ 02 96 49 01 10
🖨 02 96 91 16 36
Ouv. 7j/7.

14 La Clarté

La Clarté - le nom du hameau - est dans la salle, gaie, modernisée derrière la typique façade bretonne de pierre - et dans la cuisine de Daniel Jaguin qui a trouvé dans cet ancien café-épicerie un nouveau souffle, en préservant l'essentiel, une atmosphère de comme chez soi sur une manière très pointue. Dans une apparente facilité, il rapproche Armor et Argoat, le meilleur de la mer, le meilleur de la

→ 24 rue Gabriel-Vicaire
☎ 02 96 49 05 96
F. dim. à dîn., lundi, merc. à dîn. (avril-oct.), lundi (juil.-août), dim. à dîn., lundi, merc. (nov.-mars), 2 sem. déb. oct. et 30 déc.-mi-fév.
Jusqu'à 21h.

ferme, dans la chair de tourteau au céleri tomate estragon et langoustines citronnelle, le saint-pierre au cidre, poireaux des champs et poitrine de cochon rôtie, le pigeon rôti au laurier et parmentier de cuisses. L'essentiel est rassemblé dans un excitant menu, modulable selon le nombre de plats, le mille-feuille à l'ananas est parfait et la cave a tout ce qu'il faut en loires (Bellivière, Clément, Baumard, Huet, Chidaine) et bien pourvue ailleurs.
C : 60 € • M : 25-51 € *laclarte22@aol.com*

---

13 Le Castel Beau Site

→ Plage de Saint-Guirec
☎ 02 96 91 40 87
F. dim. à dîn. (sf juin-sept.).
Jusqu'à 22h.

Certes, un fameux présentateur de journal télévisé en a pour ainsi dire fait un peu son havre de repos dans ses séjours bretons. Mais si un lecteur, plus anonyme, trouve le traitement de faveur pas si favorable, nous en prenons également note. Tout en maintenant, pour le moment, la toque à l'équipe en place, à son nouveau chef Paul Gandillon et à cette fraîche cuisine marine qui ne nous a pas encore déçus : ravioles de tourteaux au consommé d'étrilles, bar à la vapeur d'algues crème iodée aux asperges et croustillant de serrano, carré d'agneau en pastilla et légumes plancha.
C : 37 € • M : 32-48 € *www.castelbeausite.com*

---

13 Le Manoir du Sphinx

→ 67 chemin de la Messe, plage de Trestrignel
☎ 02 96 23 25 42
F. lundi à déj., vend. à déj. et vac. scol. fév.
Jusqu'à 21h.

La bâtisse des années 1930 en pierres du pays surplombe magnifiquement la baie de Perros-Guirec. Emotions garanties ! Alors bien sûr, pour profiter de la vue, mieux vaut être installé dans la petite salle qui ouvre sur les flots (les deux autres grandes salles s'avèrent cependant chaleureuses et confortables). Sérieuses et proches du produit, les assiettes de Christophe Lenfant-Gallard manquent toutefois d'un peu de personnalité : brochette de langoustines et sauce aux agrumes, bar grillé accompagné de légumes de saison et sablé aux fraises. Cave sérieuse mais sans originalité, service efficace à défaut d'être chaleureux.
C : 45 € • M : 31-51 € *www.lemanoirdusphinx.com*

Le Manoir du Sphinx

→ 67 chemin de la Messe, plage de Trestrignel
☎ 02 96 23 25 42
Fax 02 96 91 26 13
F. vac. scol. fév.

Ce manoir 1900 surplombe la mer dans un site magnifique, au calme. Un agréable jardin descend en pente douce vers la mer et il fait bon y passer quelques instants sur une chaise longue. Récemment rénovées, les chambres se font douillettes et chaleureuses.
20 ch. 108-127 € *www.lemanoirdusphinx.com*

Demeure de Rosmapamon

→ Mme Annick-Sillard
☎ 02 96 23 00 87
Rens. non comm.

Mer et campagne : la Côte de Granit Rose est à 300 m et cette belle maison de maître XIXe se niche dans un vaste parc arboré. Chambres spacieuses dans une belle atmosphère à l'ancienne.

PESSAC - 33600 (23 D 2)

Bordeaux 6 - Arcachon 62

Bistrot l'Alouette

→ 2 av du Gén-Leclerc
☎ 05 57 26 90 15
Ouv. 7j/7.
Jusqu'à 23h30.

Les codes couleur de la branchitude - fauteuils mauves et blanc, tables de bois marron, sol sombre - sont scrupuleusement respectés dans ce lounge typé qui mixe avec à propos : carpaccio d'espadon, huîtres et saucisses, wok de linguinis aux légumes, dorade royale et risotto épinards vitelotte, foie de veau persillé, côte de bœuf. Cet assemblage ne fait pas tout à fait une cuisine, mais

le lieu est sympathique, enlevé et tellement moderne. Service jeune et souriant en T-shirt noir, cave maligne de bordeaux sup, cotes de bourg, seconds... et une dizaine de vins au verre, dont la réserve maison, dans les trois couleurs, plutôt pas mauvaise. Le seul hic est dans le ticket moyen, autour de 50 €, qui fait payer un peu cher la modernité.

C : 35 € • M : 16,50 €

www.bistrot2lalouette.com

LE PETIT PRESSIGNY - 37350 (17 C 5)
Tours 64 - Loches 35

16 🍷 **Restaurant Dallais**

Pas plus de bruit que cela sur la Promenade ? Non, c'est vrai, il n'y a pas de "buzz" autour de la maison de Jacky Dallais, tranquille étape de village que le canton visite avec plaisir et déférence à chaque occasion. Pour le goûteur patenté, il y a pourtant toutes les raisons du monde de faire le crochet, depuis Nevers, Besançon ou Quimperlé : la passion du produit, celle du vin dans une cave ligérienne unique et évolutive, marquant décidément le dynamisme retrouvé des vignerons de la vallée, et la grande modération tarifaire du chef pour produire ces plats d'une justesse consommée dans un monde impitoyable. Le "dégust" renouvelé à chaque saison, est un bonheur renouvelé, avec sa vinaigrette de bellota et truffe noire, son turbot sauvage aux coquillages, son ris de veau clouté d'anchois et carotte au pamplemousse, sa lasagne de pommes et sorbet au thé... Service plein de gentillesse dans une atmosphère de belle province.

C : 70 € • M : 38-80 €

→ La Promenade, 11 rue du Savoureulx
☎ 02 47 94 93 52
F. dim. à dîn., lundi, mardi, 2 janv.-1 fév. et 22 sept.-7 oct.
Jusqu'à 21h.
♿ ≋❄🐾

LE PETIT QUEVILLY - 76140 (6 C 3)
Rouen 6 - Le Havre 87

12 **Les Capucines**

Les tables de bon niveau se font très rares sur la rive gauche rouennaise. Plébiscitée chaque midi par une clientèle d'affaires ravie de l'aubaine que constitue le menu à 27 €, fréquentée par les couples attirés par ce cadre cossu, la maison de Thierry Demoget vient de subir une complète rénovation en salle, pour un style plus contemporain et plus chic. La cuisine demeure dans son registre traditionnel avec les saint-jacques cuites à l'étouffée sur un lit de légumes ou le croustillant de ris de veau. Cave sans grandes surprises.

C : 55 € • M : 27-52 €

→ 16 rue Jean-Macé
☎ 02 35 72 62 34
F. sam. à déj., dim. à dîn., lundi et 1 sem. déb. janv.
Jusqu'à 21h15.
☂ 🚗 ♿ ≋❄🐾

PETITE HETTANGE - 57480 (11 D 1)
Metz 43 - Thionville 19

12 **Restaurant Olmi**

Jean-Marc Olmi donne désormais son nom à son Relais des Trois Frontières, dans un décor qui aura été revu d'ici la sortie du guide et accompagne fort bien, avec ses nappage et vaisselle soignés, toute l'élégance d'une cuisine dédiée aux beaux produits et aux préparations classiques : asperges sauce mousseline, caille en croûte truffée au foie gras, fondant chocolat pur Caraïbes. La qualité de la réalisation et la disponibilité du service emportent l'adhésion.

C : 60 € • M : 32-70 €

relais3frontieres@wanadoo.fr

→ 11 rte Nationale
☎ 03 82 50 10 65
F. lundi, mardi à dîn., merc. à dîn., vac. scol. fév. et dern. sem. juil.-prem. sem. août.
Jusqu'à 21h30.
🚗 🐾 ⬧

LA PETITE PIERRE - 67290 (10 B 1)
Strasbourg 77 - Sarrebourg 32 - Sarre-Union 24

La Clairière
L'hôtel cultive une impression délicieuse de sérénité, qui va bien au-delà de sa situation paisible au cœur de la forêt. Le spa et ses soins inspirés de l'Inde, son cadre boisé, clair ou foncé au gré des chambres et des espaces, en font une belle étape de détente.
50 ch. 120-182 €
www.laclairiere.com

→ 63 rte d'Ingwiller
☎ 03 88 71 75 00
🖨 03 88 70 41 05
F. 1 ou 2 sem. janv.

PEZENAS - 34120 (32 A 4)
Montpellier 56 - Agde 20 - Sète 37

13 L'Entre Pots ♥ d≶
Les Albano autour d'Agde, c'est un peu comme les Pourcel à Monpellier : quand ils ouvrent quelque chose, c'est moderne, gai, et surtout très pro. Cette jolie salle de pierre, en enfilade derrière le comptoir, dans un ancien entrepôt, fait naturellement florès depuis son ouverture fin 2006 et l'association entre Lionel (ex Numéro Vins à Agde) et Paul Courtaux, talentueux Lozérien qui connaît fort bien le terroir. Parce qu'on a tous envie d'y être, entre potes, prendre un petit plat malin, une tartelette de tartare et anchois, un pot-au-feu de sandre et foie gras (un plat qui fonctionne superbement par le rustique du bouillon, le moelleux du foie gras et la qualité du sandre, tous favorisés par une cuisson remarquable) une brochette de ris et rognons de veau, avec une bonne bouteille choisie avec soin dans une cave héraultaise des champions classiques (Saint-Jean de Bébian, Grange des Pères...) et de chouchous mis en avant (Les Aurelles). Gardez un petit flacon pour les desserts, qui font aussi la soirée joyeuse. Une première toque
C : 35 € • M : 25 €
entre-pots@orange.fr

→ 8 av Louis-Montagne
☎ 04 67 90 00 00
F. dim.
Jusqu'à 21h30.

----

13 Le Pré Saint-Jean
Dans ce cadre simple mais soigné, Philippe Cagnoli fait parler son métier avec clarté, s'adaptant avec intelligence aux exigences de la clientèle d'aujourd'hui (le premier menu, facturé 22 € et baptisé la Promenade, se sert en une heure avec mise en bouche et fromage ou dessert) sachant également répondre aux désirs plus gastronomiques : escargots petits gris cuits en coquille à la languedocienne, médaillons de baudroie en fricassée, laqués au vin de Faugères et au miel de romarin, pommes écrasées à l'olive et au safran. Cave essentiellement régionale.
C : 50 € • M : 25-45 €
leprest.jean@wanadoo.fr

→ 18 av du Mal-Leclerc
☎ 04 67 98 15 31
F. dim. à dîn., lundi et jeudi à dîn. F. ann. non comm.
Jusqu'à 21h30.

PFULGRIESHEIM - 67370 (10 C 2)
Strasbourg 11 - Colmar 76

13 Restaurant Bürestubel
L'ancienne ferme à colombages affiche un cadre d'une authenticité qui se marie à merveille avec la cuisine typiquement alsacienne proposée par Pierre Meyer. Formé à bonne école (le Cheval Blanc à Lembach), ce dernier fait défiler avec application le jambonneau salé, le boudin maison et pommes de terre sautées, la tête de veau sauce gribiche et les flammekueche, qu'on arrose d'un verre de vin puisé dans une jolie cave locale.
C : 24 € • M : 17-30 €
www.burestubel.com

→ 8 rue de Lampertheim
☎ 03 88 20 01 92
F. dim., lundi (déc.-fév.), lundi, mardi (mars-nov.), 15 fév.-1er mars, 30 juil.-15 août et Vendredi Saint.
Jusqu'à 22h.

PHALSBOURG - 57370 (12 C 3)

Metz 112 - Sarrebourg 16

16 🍴 Au Soldat de l'An II

Cette solide et majestueuse grange aurait-elle pris un abonnement à vie pour le 16/20 ? Chaque année, nos visites se concluent par le même bilan, celui d'avoir vécu un moment privilégié, dorloté par un service d'une grande sympathie et charmé par cette cuisine généreuse et créative, composée à quatre mains par Georges-Victor Schmitt et Michel Didelon, inséparable duo de chefs fonctionnant depuis plus de 20 ans. Toujours ce même étonnement au moment de goûter ce que l'on croit être de simples classiques, les langoustines à la soupe glacée d'Elsa, la tempura de grenouilles aux arômes de Provence et riquette de pissenlit, les magnifiques poissons, les côtes d'agneau accompagnées d'un tiramisu destructuré ou l'immense rognon entier mijoté en cocotte. Desserts s'élevant presque au même niveau, cave complète, véritable encyclopédie de la vigne alsacienne.
C : 60 € • M : 39,50-88 €

→ 1 rue de Saverne
☎ 03 87 24 16 16
F. dim. à dîn., lundi, mardi à déj., 2-17 janv., 25 fév.-6 mars, 30 juil.-9 août et 27 oct.-6 nov.
Jusqu'à 21h (21h30 été).

www.soldatan2.com

PIANA - 20115 (35 A 3)

Ajaccio 71 - Calvi 87 - Porto 11

🎁 Capo Rosso

A deux pas des fameuses Calanches, tourné vers la mer, l'hôtel dispose d'une situation très agréable. Belles chambres classiques, dans des harmonies de jaune chaleureuses, la plupart avec balcon grâce à une architecture conçue pour profiter au maximum de la vue.
1 appart. 425 € • 47 ch. 90-305 €

→ Rte des Calanches
☎ 04 95 27 82 40
🖨 04 95 27 80 00
F. fin oct.-1er avril.

www.caporosso.com

PIERREFONDS - 60350 (4 A 4)

Compiègne 15 - Soissons 32 - Beauvais 75

🎁 Domaine du Bois d'Aucourt 🐦

Etape de caractère en forêt de Compiègne, dans un manoir anglo-normand, ancien relais de chasse. Dans le choix des objets comme les couleurs et tissus qui habillent le décor, les chambres personnalisées font voyager à travers le temps et l'espace, de la romantique Colette à l'épurée Zen. Choix audacieux et bien dans l'esprit de détente de l'endroit, la télévision est remplacée par une bibliothèque dans chaque chambre.
1 appart. 112-119 € • 10 ch. 72-90 €

→ ☎ 03 44 42 80 34
🖨 03 44 42 80 36
F. janv.

www.boisdaucourt.com

Villes de proximité, voir :

↻ CHELLES ....5 km E. par D 85 **(10/20)**
↻ SAINT JEAN AUX BOIS.................6 km O. par D 85 **(13/20)**

PIERREVERT - 04860 (33 D 4)

Manosque 6 - Forcalquier 24

❀ Daniel et Francine Jacquet

Au cœur du Luberon et de ses vignes, cette bastide XVIIIe cultive son charme ancien à travers des chambres superbes, notamment la Cigale aux influences provençales, avec son lit à baldaquin, ouvrant sur un parc de 1,8 ha entièrement clos, aux essences centenaires. Piscine avec jacuzzi et cascade.
2 appart. 990-1400 € • 2 ch. 120-140 €

→ La Réserve, rte de la Bastide
☎ 04 92 72 94 72
🖨 04 92 72 94 73
Ouv. 7j/7.

www.bastidedelareserve.com

PINEY - 10220 (9 B 5)
Troyes 21 - Brienne-le-Château 19

11 Le Tadorne
Contemporaine des halles classées qui lui font face, la maison XVIᵉ des Carillon a bénéficié d'un rafraîchissement de la salle de restaurant, en préservant son charme ancien. Dans ce contexte, la cuisine de Patrice Carillon s'adapte aux envies, en privilégiant le terroir et les vertus classiques d'une terrine de canard maison, d'une pintade au ratafia ou d'une poire au vin. Agréable cave champenoise, y compris en vins tranquilles, et une étape agréable dans le parc naturel de la Forêt d'Orient, avec un hôtel soigné et bien équipé.
C : 26 € • M : 17,80-49 €

→ Pl de la Halle
☎ 03 25 46 30 35
F. dim. (1ᵉʳ oct.-31 mars), 1er-15 janv., vac. scol. fév. et 24-31 déc.
Jusqu'à 21h30.

www.le-tadorne.com

PIOBETTA - 20234 (35 C 3)
Bastia 72 - Piedicroce 19 - Cervione 17

12 Auberge des Deux Vallées
Petit changement cette année dans ce beau chalet de montagne : Jane Serafini, nièce de la précédente chef-propriétaire dirige désormais les cuisines. Pas d'inquiétude cependant, les bonnes manières corses sont demeurées intactes, les beignets au fromage frais et à la châtaigne, le cabri en sauce et l'excellente charcuterie régionale ajoutant à la magie du lieu.
C : 24 € • M : 16,50-26 €

→ Col d'Arcarotta
☎ 04 95 35 91 20
F. merc. et déc.
Jusqu'à 22h.

les2vallees@wanadoo.fr

PIOLENC - 84420 (33 B 3)
Orange 7 - Bollène 15

✽ La Mandarine
Installé sur un vaste parc arboré, cet authentique mas provençal charme par son élégante sobriété, une qualité que l'on retrouve dans les chambres, avec un mariage harmonieux de tons chaleureux et de meubles de style.
1 appart. 120 € • 4 ch. 96 €

→ Le Grand Colombier, 5336 chemin des Mians
☎ 04 90 29 69 99
🖥 04 90 29 79 64
Ouv. 7j/7.

www.lamandarine.net

PISSOS - 40410 (23 C 3)
Mont-de-Marsan 55 - Mimizan 47

12 Le Café de Pissos
Un efficace menu du jour à 12 €, certes, mais ce Café sait aussi mener une conversation autrement plus ambitieuse et Jean-Paul Clavé livre, autour de son menu-carte, une vision intemporelle du terroir, notamment quand le gibier s'invite à la table : les petits pâtés chaussons de sanglier ou la palombe en salmis restent des modèles du genre, aussi fidèles que le pastis landais. Entre Bordelais et Sud-Ouest, la cave permet de trouver son bonheur au plus près et l'ambiance fait le reste.
C : 33 € • M : 12-42 €

→ 42 rue du Pont-Battant
☎ 05 58 08 90 16
F. dim. à dîn., mardi à dîn., merc., janv. à dîn. et 11 nov.-4 déc.
Jusqu'à 21h.

Les prix au restaurant
C : addition moyenne à la carte (sans les boissons), comprenant 1 entrée, 1 plat et 1 dessert, dans le cadre d'une restauration traditionnelle.
M : fourchette de prix mentionnant le menu le moins cher et le menu le plus cher, proposant à la fois entrées, plats et desserts, sans les boissons.

PLAIMPIED GIVAUDINS - 18340 (18 B 5)
Bourges 17 - Saint-Amand-Montrond 41

? Aux Marais
Un couple de nouveaux (jeunes) propriétaires vient de s'installer dans cette belle maison basse berrichonne. En cuisine, Amandine Gachet affiche, à seulement 23 ans, un joli parcours dont trois années passées aux Hauts de Loire à Onzain dont plusieurs mois comme chef de partie poisson. Les premières impressions laissent à penser que le 12/20 n'est absolument pas en péril mais nous préférons suspendre la note pour l'instant, pour laisser le temps de la consolidation.
M : 18 €

→ 12 rue des Marais
☎ 02 48 25 54 45
F. dim. à dîn., lundi et 3 sem. janv.
Jusqu'à 22h30.

LA PLAINE SUR MER - 44770 (15 B 4)
Nantes 60 - Pornic 8

16 ⫸ Anne de Bretagne 🍇
Un de ces rares endroits en France où l'art de recevoir se conjugue à une table de grande envergure. Chez Michèle et Philippe Vételé, vous avez tout, le cadre unique d'une maison préservée face au petit port et à l'Atlantique, une déco contemporaine et un accueil de deux passionnés complémentaires, une maîtresse de maison qui habite et donne une âme tout en connaissant mieux que quiconque la cave et la cuisine, aussi bien que le chef, en paix, en phase avec la mer, ravi d'exprimer pour les convives ses idées de saison et du plaisir d'être à table. Ce qui transparaît, éclate, explose dans les huîtres de pleine mer, croustillant et asperges, dans les langoustines poêlées aux agrumes, dans le turbot plancha et coquillages, dans ces menus à thème forgés par les circonstances (on aime beaucoup aussi l'automne et les champignons), dans cette façon aujourd'hui d'une totale maîtrise entre saveurs de toujours et exploration. Un symbole : le menu enfant est une initiation aux quatre saveurs, acide, salé, sucré, amer, en quatre assiettes remarquablement travaillées. Tout s'apprend, et les Vételé sont d'excellents pédagogues, jusqu'à la cave, véritable caverne aux trésors de partout, forgée par ces deux passionnés.
M : 32-115 €   *www.annedebretagne.com*

→ Port de la Gravette
☎ 02 40 21 54 72
F. dim. à dîn. (nov.-mars), mardi (sf à dîn. saison), lundi, janv.-mi-fév.
Jusqu'à 21h (21h30 saison).

Anne de Bretagne
Une petite baie, un port, l'océan, une maison contemporaine, vivante et accueillante, isolée du reste du monde. La partie hôtelière a été entièrement réaménagée, sur un thème Art déco marin dans des chambres aux lignes douces, claires, blanc apaisant et touches de couleur, une ambiance de grande sérénité face à la mer.
12 appart. 180-315 € • 7 ch. 120-160 €   *www.annedebretagne.com*

→ Port de la Gravette
☎ 02 40 21 54 72
🖷 02 40 21 02 33
F. janv.-mi-fév.

PLANCOET - 22130 (14 B 3)
Saint-Brieuc 48 - Dinan 19

15 ⫸ Restaurant Maxime et Jean-Pierre Crouzil
En de bonnes mains. Voilà où vous êtes chez Crouzil. L'assiette est sous la responsabilité de Jean-Pierre, un des pionniers de la haute cuisine résolument bretonne, et son fils Maxime qui se complètent dans une carte sans cesse en évolution, dont le dénominateur commun est le produit en avant toutes, flamberge au vent, Armor et Argoat. Cette salle élégante est une fierté pour tout le département et l'atmosphère, solidaire et heureuse, s'en ressent au

→ 20 les Quais
☎ 02 96 84 10 24
F. dim. à dîn., lundi, mardi (h.s.), lundi, mardi à déj. (juil.-août), 2 dern. sem. janv. et 2 prem. sem. oct.
Jusqu'à 21h30.

moment de goûter les saint-jacques poêlées au verjus de tokay, le homard flambé au lambic, le turbot aux petits légumes et sucs de cuisson liés à la truffe noire ou la pomme de ris de veau et carottes fondantes au carvi. Rien d'une extrême complication, mais rien de banal, le bateau avance, serein, sur un cap nettement tracé jusqu'au soufflé aux poires. Service à l'unisson, belle cave généraliste de près de 500 références.

C : 80 € • M : 25-80 €   www.crouzil.com

 L'Ecrin

Prolongement de cette table majeure, la maison Crouzil propose sept chambres intimes, modernes et décorées avec soin, toutes différentes dans des tons harmonieux et gais. Tissus muraux de qualité, meubles d'antiquaires, et tonique petit déjeuner breton.

7 ch. 78-168 €   www.crouzil.com

→ 20 les Quais
☎ 02 96 84 10 24
🖷 02 96 84 01 93
F. 2 dern. sem. oct. et 2 dern. sem. janv.

Villes de proximité, voir :

⏱ SAINT POTAN ....5 km N.O. par D 794 **(12/20)**

PLANGUENOUAL - 22400   **(14 A 3)**
Saint-Brieuc 22 - Saint-Quay-Portrieux 40

Manoir de la Hazaie 🐦

Un beau manoir XVIᵉ au décor élégant, fruit d'une restauration très soignée, au mobilier d'époque (XVIII-XIXe) et aux chambres personnalisées (lits à baldaquin, cheminée de granit). Agréable parc avec son jardin médiéval.

1 appart. 214-240 € • 5 ch. 145-240 €   www.manoir-hazaie.com

→ ☎ 02 96 32 73 71
🖷 02 96 32 79 72
F. non comm.

LES PLANTIERS - 30122   **(32 A 2)**
Mont-Aigoual 25 - Valleraugue 21

10 Auberge de La Sariette

Au plus profond des Cévennes, un lieu absolument magique, une charmante auberge toute en longueur, installée sur une rive du Gardon de Borgne, ouvrant sur deux terrasses, l'une fermée donnant sur la rivière, l'autre ouverte, face au village. Simple mais soignée, un peu faible sur les desserts toutefois, la table de Philippe Labatut vaut le détour, pour la bonne assiette de charcuteries, la truite de la région et le bon plateau de fromages.

C : 22 € • M : 17-28 €   www.sariette_cevennes.com

→ ☎ 04 66 83 92 71
F. merc. (h.s.), janv. et fév. Jusqu'à 21h.

PLAPPEVILLE - 57050   **(11 D 2)**
Metz 9 - Thionville 21

14 Le Jardin d'Adam

Traditionnelle au premier regard, la carte de François Adam semble peu à peu gagnée par un mimétisme bienvenu, comme si les assiettes ressemblaient de plus en plus à ce cadre chic et contemporain inauguré il y a quatre ans : fricassée de langoustines, asperges et morilles, saumon gravlax et sa chantilly à l'aneth, pigeon farci de ris de veau et foie gras, moelleux de chocolat chaud aux framboises. Des idées classiques remaniées avec personnalité (joli traitement graphique) et une cave en permanence recherche de nouveautés.

C : 47 € • M : 44-70 €   www.le-jardin-adam.com

→ 50 rue du Gén-de-Gaulle
☎ 03 87 30 36 68
F. mardi à dîn., merc., 2ème quinz. août et vac. scol. Noël. Jusqu'à 21h.

PLELO

PLELO - 22170 (14 A 2)

Saint-Brieuc 21 - Saint-Quay-Portrieux 20

11 Au Char à Bancs

Toute la ville vient à la campagne, entre Guingamp et Saint-Brieuc, pour célébrer la fête pastorale dans la simplicité de déjeuners au bord de la rivière, dans une ancienne minoterie. La famille Lamour cultive l'amitié, offre de nombreuses animations pour les enfants, au milieu des animaux de la ferme et des poneys dans la prairie. On se régale de potée bretonne, de galettes de blé noir, d'andouille de Kerprat et de crêpes de froment.
C : 20 € • M : 16-28 €   www.aucharabanc.com

→ Moulin de la Ville-Geffroy
☎ 02 96 74 13 63
F. sem. (h.s.), mardi (juil.-août) et janv.
Jusqu'à 22h.

PLERIN - 22190 (14 A 3)

Saint-Brieuc 3 - Saint-Quay-Portrieux 16

15 **La Vieille Tour**

Si la tour (de Cesson) est vieille, ce restaurant voisin, lui, regarde vers l'avenir autant que vers la mer, souvent d'ailleurs en associant les deux, et ce n'est pas le moindre des atouts de la table de Solange et Nicolas Adam. Le décor annonce la couleur, moderne mais sobre, dans le travail harmonieux (les matières, l'éclairage) plus que dans le tape-à-l'œil design. Et c'est bien dans cet esprit que le chef compose ses assiettes, touches personnelles et ludiques certes, mais respect du produit et réalisation sans faille avant tout : sardine marinée en cloche de fumée au foin d'artichaut, le désormais classique Mac'Adam de foie gras, bar à la plancha soba noodles émulsion d'huîtres et Granny Smith. Cave solide, avec une sélection intelligente dans la plupart des régions.
C : 65 € • M : 26-75 €   www.la-vieille-tour.com

→ 75 rue de la Tour
☎ 02 96 33 10 30
F. sam. à déj., dim. à dîn., lundi, vac. scol. fév., et 17 août-9 sept.
Jusqu'à 21h30.

PLEURTUIT - 35730 (14 C 3)

Rennes 72 - Dinard 6

10 Crêperie Fleurs d'Ajoncs

Cette petite maison derrière l'église a changé de propriétaire l'an dernier mais ce bouleversement n'a en rien entamé le fort capital de sympathie dont jouit l'adresse. Galettes bien garnies et cidre fermier au programme dans une ambiance conviviale.
C : 10 €

→ 19 rue Brindejonc-des-Moulinais
☎ 02 99 88 46 94
F. dim. à dîn., merc. (h.s.), 2 sem. fév., 2 sem. juin et 2 sem. oct.
Jusqu'à 21h30.

 Manoir de la Rance

Perchée au-dessus de l'estuaire, la bâtisse blanche à l'architecture XIXᵉ offre une vue magnifique, le vert du parc plongeant dans le bleu profond de la rivière. A l'intérieur, meubles anciens et tissus de style créent une atmosphère feutrée et raffinée.
2 appart. 155-180 € • 7 ch. 90-165 €

→ Jouvente
☎ 02 99 88 53 76
🖨 02 99 88 63 03
F. 6 janv.-15 mars.

Le Moulin Neuf

Construit au début du XIXᵉ siècle, cet ancien moulin à marée bénéficie d'une agréable situation les pieds dans l'eau. Les chambres adoptent un décor entre rustique et romantique, vue sur la rivière et le parc arboré.
1 appart. 90-120 € • 2 ch. 70-90 €   www.lemoulinpleurtuit.free.fr

→ M et Mme Lefèvre
☎ 02 99 88 61 25
F. janv.

PLEVEN - 22130 (14 B 3)
Saint-Brieuc 39 - St-Malo 38

Manoir du Vaumadeuc
Monument historique construit au XVe siècle dans un site superbe, cette fière et solide maison de pierres s'ouvre sur des jardins à la française et un parc boisé. Chambres intimes et discrètement rustiques.
2 appart. 165-230 € • 11 ch. 90-195 €   www.vaumadeuc.com

→ Pleven
☎ 02 96 84 46 17
🖷 02 96 84 40 16
F. Toussaint-Pâques.

PLEYBEN - 29190 (13 C 3)
Brest 55 - Quimper 30

13 Crêperie de L'Enclos
A côté d'un des enclos les plus fameux de Bretagne, un temple sans égal de la galette bretonne, qui voit défiler quelques célébrités et de très nombreux pèlerins. Nicole Le Roux garde le cap sur l'authenticité et la qualité, enrichissant sa carte de spécialités de terroir, les tripes, la garbure, le cassoulet et déclinant ses blé noir selon les provinces ou les thèmes, le Sud-Ouest, la Provence, les fermières, les fromagères, pour faire un beau tour de France gourmand.
C : 13 €

→ 52 pl Charles-de-Gaulle
☎ 02 98 26 38 68
F. à dîn. sem. (sf vend.-dim. seult hors vac. scol.), 10 jrs après vac. scol. fév., 15 jrs après Pentecôte et 2 sem. déb. oct.
Jusqu'à 21h.

PLOËMEL - 56400 (13 D 5)
Vannes 27 - Carnac 8

Hôtel du Golf Saint-Laurent
Bien sûr, les amateurs de golf seront comblés (il y a même un simulateur), mais l'architecture plaisante, le confort contemporain et soigné et l'équipement de détente sont des éléments propres à séduire un public beaucoup plus large.
42 ch. 62-169 €   www.hotel-golf-saint-laurent.com

→ Golf de Saint-Laurent
☎ 02 97 56 88 88
🖷 02 97 56 88 28
F. vac. scol. Noël.

PLOEMEUR - 56270 (13 D 5)
Vannes 66 - Lorient 7

13 Le Vivier
Face à la mer, cette maison moderne typiquement bretonne ne saurait tourner le dos à son terroir. Pragmatiques sans doute, les deux chefs, Patrick Le Calvare et Erwan Le Fur puisent dans l'Atlantique l'essentiel de leurs idées avec le carpaccio de bar et langoustines aux épices, les beaux plateaux de fruits de mer ou le dos de cabillaud en croûte d'herbes. Jolie cave, bien fournie en blancs, avec le muscadet de Sauvion, le pouilly fumé de Dagueneau et le condrieu de Guigal.
C : 40 € • M : 26-47 €   www.levivier-lomener.com

→ 9 rue Beg-er-Vir, Lomener
☎ 02 97 82 99 60
F. dim. à dîn. (sf Pâques-fin sept.) et vac. scol. Noël.
Jusqu'à 22h.

PLOERMEL - 56800 (14 B 4)
Vannes 49 - Josselin 12

Le Thy
Un hôtel attachant et original, dont les nouveaux propriétaires sauront à coup sûr conserver l'esprit artiste pour offrir ce melting-pot culturel unique sur la ville. Chambres aux noms de peintres ou dessinateurs, décorées selon le thème : les dorures tapissent la chambre "Klimt", tandis que Corto Maltese habite la chambre "Pratt"...
7 ch. 50-60 €   www.le-thy.com

→ 8 bd Foch
☎ 02 97 74 05 21
🖷 02 97 74 02 97
Ouv. 7j/7.

PLOMODIERN - 29550 (13 B 3)
Quimper 28 - Douarnenez 22

16 🍽 ≷ **Auberge des Glazicks**

On ne lui envoie pas dire... Olivier Bellin qualifie son travail de "cuisine d'auteur", il s'agit bien de cela, de cette distinction qui sépare l'original de la photocopie, des créateurs et des interprètes. Le fils de la famille - Marie-Noëlle, la maman, veille sur la salle avec poigne et gentillesse - après dix ans à diriger les fourneaux de cette belle auberge bretonne, peut se retourner sans douter : le chemin accompli est net, rectiligne et toujours autant porteur de promesses. Une petite salle contemporaine est venue compléter l'espace, sans doute pour coller mieux encore à cette carte flamboyante qui marie les styles, les terroirs, les modes, avec adresse et un grand sens du produit, comme le montrent la tartelette de tripes et encornets au jus corsé, la carte friande de homard et crème de boudin noir aux pommes ou le désossé de pigeonneau, nems de cuisse et palet de foie gras. Cave pas immense, mais assez bien triée et juste en tarifs.
C : 80 € • M : 45-115 €

→ 7 rue de la Plage
☎ 02 98 81 52 32
F. dim. à dîn. (sf vac. scol.), lundi, mardi. F. ann. non comm.
Jusqu'à 21h.
🚗 🐾 🚬 🛏

PLONEVEZ PORZAY - 29550 (13 B 4)
Quimper 21 - Douarnenez 12 - Châteaulin 15

⌂⌂ **Manoir de Moëllien** ✈

Sauvé de la ruine par la famille Le Corre en 1960, désormais tenu par la fille de ces derniers et son mari cuisinier, cet élégant manoir du XVIIe siècle, dans son cadre tranquille et verdoyant, constitue une étape de choix, à seulement dix minutes des plages. Fleuries, colorées et très gaies, les chambres (dispersées entre l'Orangerie, les Ecuries et le Ty Bihan) disposent pour certaines de terrasses de plain-pied donnant sur la campagne et les jardins.
5 appart. 112-226 € • 13 ch. 72-145 €   www.moellien.com

→ ☎ 02 98 92 50 40
🖨 02 98 92 55 21
F. déb. janv.-fin mars.
🚗 ♿ 🐾 🛏

PLOUBALAY - 22650 (14 B 3)
Saint-Brieuc 59 - Dinard 13

13 🍽 **La Gare**

Ce n'est pas le tchouk-tchouk de la micheline, mais plutôt l'express régional, confortable et moderne, qui passe dans la belle maison de pierre au décor rustique face à l'ancienne gare. Thomas Mureau a bien pris ses repères, maîtrise les horaires, les températures, les cuissons : sa cuisine est faite de spontanéité, forgée dans la saison et le marché, intelligemment actualisée : salade de langoustines lardées à la pancetta, poisson de l'arrivage, agneau en deux façons (croustillant et en brochette au ras-el-hanout), polenta à la fleur d'oranger et aux dattes deglet-nour. De bons menus encadrent cette carte qui aime les influences méditerranéennes, la salle est animée avec entrain par Valérie, et à la cave, on cherche les loires intéressants (Gendrier, Germain).
C : 43 € • M : 24-40 €

→ 4 rue des Ormelets
☎ 02 96 27 25 16
F. lundi à dîn., mardi à dîn., merc. (sept.-juin), lundi à déj., mardi à déj., merc. (juil.-août), 15-31 janv., 23-30 juin et 10 jrs mi-oct.
Jusqu'à 21h (21h30 été).
🌳 🚗 ♿ 🛏

Les prix des hôtels correspondent au tarif journalier en chambre
ou en appartement (ou suite) pour au minimum 1 personne seule en basse saison
et 2 personnes en haute saison.

PLOUBAZLANEC - 22620 (14 A 2)
Saint-Brieuc 49 - Paimpol 4

11 Au Grand Large
La jolie salle contemporaine ouvre largement sur le port et donne effectivement des appétits de grand large. Cela tombe bien, c'est ainsi qu'on a envie d'apprécier la cuisine de Jacques Rouillon, sur les palourdes délicatement farcies, l'osso buco de lotte cocos paimpolais qui prend des accents du sud avec le chorizo et le piment d'Espelette, et la tarte du jour.
C : 35 € • M : 16-35 €   *www.hotelrestaurantaugrandlarge.com*

→ Loguivy de la Mer
☎ 02 96 20 90 18
F. dim. à dîn., lundi, merc. à dîn. (sf vac. scol.), janv. et mi-nov.-mi-déc.
Jusqu'à 21h30.

PLOUER SUR RANCE - 22490 (14 C 3)
Saint-Malo 23 - Dinan 11 - Saint-Brieuc 69

Le Manoir de Rigourdaine
L'ancienne demeure seigneuriale est devenue une ferme, puis un agréable et typique hôtel sur les hauteurs de la Rance. Chambres au style campagnard, au mobilier ancien, donnant sur le parc boisé. Billard à disposition.
19 ch. 62-82 €   *www.hotel-rigourdaine.fr*

→ Rte de Langrolay
☎ 02 96 86 89 96
🖶 02 96 86 92 46
F. 11 nov.-20 mars.

PLOUGONVELIN - 29217 (13 A 3)
Quimper 109 - Brest 27

Hostellerie de la Pointe Saint-Mathieu
Le contraste entre l'allure ancienne de cette maison de caractère en pierre et des chambres volontiers très modernes n'est qu'un des charmes de la maison. La situation est doublement superbe, entre la côte et ses rochers sauvages et les ruines de l'ancienne abbaye, la détente prend volontiers des parfums de légende, avant de retrouver les plaisirs plus concrets de la piscine ou du sauna.
27 ch. 90-170 €   *www.pointe-saint-mathieu.com*

→ Pointe Saint-Mathieu
☎ 02 98 89 00 19
🖶 02 98 89 15 68
F. mi-janv.-mi-fév.

PLOUGUERNEAU - 29880 (13 B 2)
Brest 26 - Morlaix 68

11 Le Castel Ac'h
Face à la mer, la grande salle au cadre soigné ramène les embruns jusque dans l'assiette, avec des spécialités de poissons et fruits de mer mitonnées par une équipe dynamique. Des produits en apparence simple (le maquereau, les cocos, la daurade) prennent goût et personnalité entre les mains d'Yvonnick Couet.
C : 45 € • M : 31-58 €   *www.castelach.fr*

→ Pl de Lilia, Kervenny
☎ 02 98 37 16 16
Ouv. 7j/7.
Jusqu'à 21h30.

PLOUIDER - 29260 (13 B 2)
Brest 27 - Lesneven 5 - Saint-Pol-de-Léon 25

12 La Butte
D'une génération à l'autre, la cohabitation se passe en douceur et permet d'élargir les horizons de la maison aussi sûrement que la situation élevée. Ainsi, on ne s'étonne pas de voir au menu le cœur d'artichaut et saint-jacques à l'infusion de cacahuètes grillées côtoyer le foie gras en chaud et froid au caramel de porto, ou le farz pitilig se décliner avec la lotte et l'anchoïade de tomates cerise. Le mariage est heureux, bien aidé par des produits de qualité et un service impliqué.
C : 50 € • M : 23-63 €   *www.labutte.fr*

→ 10 rue de la Mer
☎ 02 98 25 40 54
F. dim. à dîn., lundi et 20 janv.-13 fév.
Jusqu'à 21h.

PLUGUFFAN - 29700　　(13 B 4)
Quimper 9 - Pont l'Abbé 18

15 🍴🍴 ⋛ **La Roseraie de Bel-Air**

Quelles nouvelles de cette belle maison, sans doute l'une des plus agréables de Bretagne ? Nous évoquions l'an dernier les projets d'agrandissement décidés par les familles Cornec et Hénaff. Devant l'ampleur et le coût du chantier, ce dernier a été ajourné, laissant pour le moment le champ libre à des améliorations esthétiques moins onéreuses. Et la cuisine ? Toujours solidement accrochée à ses deux toques grâce à une intransigeance sans cesse renouvelée quant au choix des produits (les poissons en particulier, toujours de petite pêche) : ormeaux de l'île Vierge, pain brûlé et copeaux de jambon ibérique, bar de ligne, girolles, artichauts et tempura de petits gris, fraises et rhubarbe en club sandwich. Service agréablement dirigé par Maryvonne Cornec, cave intéressante et commentée avec science.
C : 55 € • M : 25-85 €

→ Rue de la Boissière
☎ 02 98 53 50 80
F. dim. à dîn., lundi et 6 sept.-2 oct.
Jusqu'à 21h.

www.roseraie.de.bel.air.com

LE POET LAVAL - 26160　　(27 D 5)
Dieulefit 4 - Montélimar 23

14 🍴 **Les Hospitaliers**

Un autre monde, une autre époque. Revenir au Moyen-Age le temps d'un repas dans cette belle maison de pierre parfaitement intégrée au village des Hospitaliers de Saint-Jean est une expérience pleine de charme et de plaisir. Bernard Morin est un hôte très attentif, grand maître d'un ordre gourmand au sein d'une demeure de famille qu'il a su fort bien faire évoluer, en cuisine puis en salle depuis qu'il a délégué la production à son fidèle chef Luc Spilemont. La table est belle pour les dîners d'été, les parfums sont d'ici, les assiettes toujours jolies : velouté d'asperge aux ailerons de volaille façon cappuccino, filet de dorade aux pommes de terre écrasées et marmelade de chorizo, râble de lapin aux abricots secs, pain perdu aux herbes fraîches sauce à la bière de Saou. Ambiance distinguée, réception de qualité, soutenue par une forte cave classique bien affûtée en rhônes.
C : 60 € • M : 39-75 €

☎ 04 75 46 22 32
F. lundi, mardi (h.s. sf résidents), 1er janv.-17 mars et 11 nov.-31 déc.
Jusqu'à 21h.

www.hotel-les-hospitaliers.com

🅲🅲 **Les Hospitaliers** 🍃

Intégrée dans les murs de l'ancienne commanderie, cette demeure de caractère joue superbement de sa situation, dominant la plaine, jouant l'histoire médiévale dans un confort et un charme souverains. Chambres agréables, toutes rénovées il y a deux ans, ornées de meubles anciens, agréables petits-déjeuners en terrasse, quand le soleil vient jouer avec les vieilles pierres du village.
2 appart. 145-160 € • 20 ch. 73-140 €

☎ 04 75 46 22 32
☎ 04 75 46 49 99
F. 1er janv.-17 mars et 11 nov.-31 déc.

www.hotel-les-hospitaliers.com

POGGIO D'OLETTA - 20232　　(35 C 2)
Bastia 20 - Saint-Florent 10

12 **Auberge A Magina**

A dix minutes de Saint-Florent, dans les collines, cette fringante auberge bien dans son neuf met le paquet identitaire : polyphonies dans les baffles, écrans plats diffusant des images de villages corses, charcuterie et sauté de veau, tout en enfilant la panoplie du tourisme gastronomique, des tartes aux langoustines, des croustillants de gambas, des ravioles de ce qu'on veut de la mer, et des

→ Le Village
☎ 04 95 39 01 01
F. lundi (h.s.) et 15 oct.
Jusqu'à 21h45.

saint-jacques ou du thon au soja en suggestion du jour. Avec les présentations d'aujourd'hui en trois dimensions, petits tas, verrines et cocottes qui garnissent de très jolies assiettes, la table correspond à ce qu'on peut en attendre, jusqu'au carpaccio d'ananas ou à la déclinaison de cédrat (sabayon, brochette de chamallows...). La cave est pour sa part bien locale, avec les patrimonios pas très chers.
C : 50 € • M : 25 €

LE POINÇONNET - 36330   **(18 A 6)**
Châteauroux 5 - Ardentes 12

---

15 ≷ **Le Fin Gourmet**

→ 73 av de la Forêt
☎ 02 54 35 40 17
F. dim. à dîn., lundi et mardi à dîn.
Jusqu'à 21h.

Le décor clair et élégant, l'aimable sourire de la maîtresse de maison, autant d'atouts pour cette table, mais pas autant que la cuisine qui n'en finit pas de surprendre. En effet, Franck Gatelin confirme tout le bien que l'on pensait de lui l'an dernier. Cette cuisine à base de mousses et émulsions joue juste, sait plaire et émouvoir dans la simplicité. Des menus (à la présentation originale), on extrait de bien jolies propositions, aussi séduisantes à l'œil qu'au palais, comme cette très belle déclinaison autour de la tomate (confite et farcie de fromage blanc de chèvre, en sorbet et en tartelette), ou un filet de veau en écume de cèpes cuit à la perfection. Le mousseux de chocolat noir confirme par sa texture légère et sa saveur profonde tout le talent du chef. Service attentif et efficace, carte des vins également soignée, et pas seulement dans sa présentation.
C : 50 € • M : 32-48 €   *www.lefingourmet-36.com*

POINCY - 77470   **(7 D 1)**
Paris 59 - Meaux 5

---

13 **Le Moulin de Poincy**

→ 14 rue du Moulin
☎ 01 60 23 06 80
F. lundi à dîn., mardi, merc., 2-24 janv. et 1er-25 sept.
Jusqu'à 21h.

Si le parc aux tilleuls centenaires est superbe et le cadre extérieur élégant, l'intérieur mériterait un petit rafraîchissement et la cuisine laisse parfois un petit goût d'inachevé, les assiettes sont belles mais peu enthousiasmantes (le pressé de tourteau et saumon fumé) voire imparfaites dans le détail. Service prévenant et belle cave classique.
C : 50 € • M : 30-60 €

POISSON - 71600   **(19 D 6)**
Mâcon 72 - Paray-le-Monial 8

---

13 **Restaurant de la Poste**

→ Le Bourg
☎ 03 85 81 10 72
F. lundi, mardi (sept.-juin), lundi, mardi à déj. (juil.-août), fév. et 1er-15 oct.
Jusqu'à 20h30.

Jean-Noël Dauvergne s'était taillé une jolie réputation de trublion dans les années soixante-dix, secouant les veilles habitudes de la gastronomie régionale en proposition une vision joyeuse et très personnelle de la Bourgogne. L'homme s'est assagi avec l'âge mais n'a rien perdu de son tour de main qu'il réserve néanmoins aujourd'hui à une carte nécessairement plus attendue : duo de foie gras sur une gelée d'oignons au banyuls, pavé de charolais en pastilla de joue de bœuf, poulet de Bresse poché rôti à la crème de morilles… Agréable véranda ouverte sur une terrasse, face au jardin. Quelques chambres pour la halte.
C : 48 € • M : 27,50-57 €   *la.reconce@wanadoo.fr*

13 🍴 Maxime

La constatation s'impose : la meilleure adresse intra-muros est bien située rue Saint-Nicolas. Professionnel chevronné, acheteur hors pair et bon technicien, Christian Rougier a fêté cette année son vingtième anniversaire à la tête de cette belle maison de ville qui arbore désormais une façade joliment relookée. La carte demeure solide et s'oriente progressivement, malgré d'inévitables pesanteurs, vers un répertoire plus moderne, les raviolis d'huîtres chaudes et beurre aux herbes cohabitant ainsi avec le croque-monsieur de sole et foie gras fumé ou la poire cubique en saveur de mangue. Service très pro.
C : 53 € • M : 21-32 €

www.maitrescuisiniersdefrance.com

→ 4 rue Saint-Nicolas
☎ 05 49 41 09 55
F. w.-e. (sf sam. à dîn. nov.-fév.), 1re sem. janv. et 14 juil.-20 août.
Jusqu'à 22h.

12 Alain Boutin

On ne s'amuse pas toujours follement chez Alain Boutin. Si l'accueil et le service, orchestrés par son épouse, Annick, ne sont pas à remettre en cause, ce sont plutôt les assiettes qui, à trop demeurer immobiles, prennent un retard qui devient difficile à combler avec les nouvelles tendances culinaires. Les prix demeurent d'une grande probité et la salade de mojettes et émincés de jambon vendéen, l'entrecôte sauce lie de vin et la crème brûlée à l'angélique de Niort font honneur à leur terroir.
C : 27 € • M : 27-36 €

→ 65 rue Carnot
☎ 05 49 88 25 53
F. sam. à déj., dim., lundi à déj., 2 sem. janv.
Jusqu'à 21h30.

12 Les Bons Enfants

Boucherie, puis imprimerie, puis brocante, cette maison du XVIe siècle décorée d'ardoises d'écoliers et de photos de classe est chargée d'histoire. Alain Philipponneau occupe les lieux depuis quinze ans et régale les Poitevins au son d'une cuisine simple et régionale : ris de veau aux girolles et échalotes, porée (plat traditionnel de la région) marinée au pineau des Charentes et jolie carte de crumbles en dessert.
C : 27 € • M : 11-23 €

→ 11 bis rue Cloche-Perse
☎ 05 49 41 49 82
F. dim. à dîn., lundi, 1 sem. fév., 1 sem. Pâques et sem. après 15 août.
Jusqu'à 21h30.

12 Nardo's Bouchon 🍇

Lui, Thierry Nardo, fut sommelier chez Jean Bardet puis chez Jean Crotet, à Levernois, près de Beaune. Elle, Marie-Annick Lhomme, cuisinière autodidacte, fut maître d'hôtel chez ce même Jean Crotet. Les voici réunis dans ce bistrot à vins du centre-ville, en parfaite osmose autour d'une cuisine de marché au goût du jour (tartine de pied de cochon, nardo's burger, pastilla de poulet...) surtout prétexte à une réjouissante dégustation des vins bios de la jeune génération de vignerons.
C : 25 €

nardosbouchon@wanadoo.fr

→ 27 pl Charles-de-Gaulle
☎ 05 49 52 80 03
F. dim., lundi. et prem. sem. janv.
Jusqu'à 22h.

🏨 Le Grand Hôtel 🕊

Un hôtel moderne et sérieux en plein centre, pour businessmen attentifs à la qualité d'un confort actuel dans un cadre Art Déco du meilleur goût. Terrasse à l'étage, prestations de qualité.
6 appart. 77-85 € • 41 ch. 67-70 €

www.grandhotelpoitiers.fr

→ 28 rue Carnot
☎ 05 49 60 90 60
🖨 05 49 62 81 89
Ouv. 7j/7.

Villes de proximité, voir :

G
M

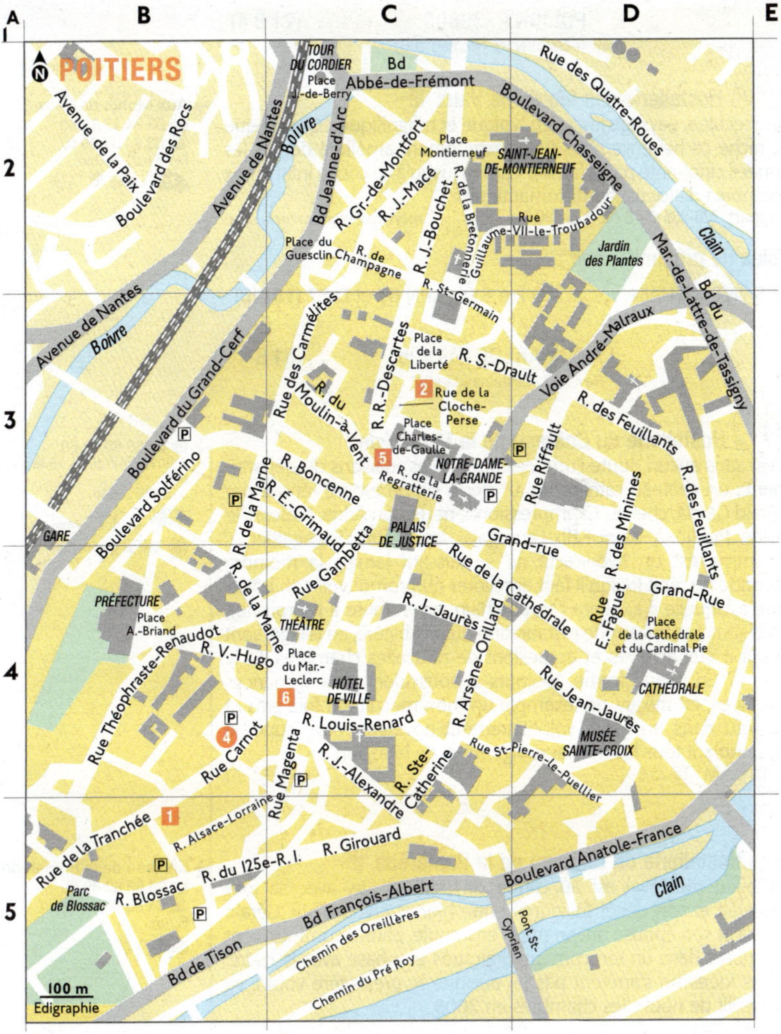

POITIERS

Tour du Cordier
Place J.-de-Berry
Bd Abbé-de-Frémont
Rue des Quatre-Roues
Boulevard Chasseigne

Avenue de la Paix
Boulevard des Rocs
Avenue de Nantes
Boivre

Place Montierneuf
SAINT-JEAN-DE-MONTIERNEUF
Bd Jeanne-d'Arc
Bd Gr.-de-Montfort
R. J.-Macé
R. J.-Bouchet
R. de la Bréonnerie
Guillaume-Vil-le-Troubadour
Rue
Jardin des Plantes
Mar.-de-Lattre-de-Tassigny
Clain

Place du Guesclin
R. de Champagne
R. St-Germain
Bd du

Avenue de Nantes
Boivre

Rue des Carmélites
R.-R.-Descartes
Place de la Liberté
R. S.-Drault
Voie André-Malraux
R. des Feuillants

R. du Moulin-à-Vent
Rue de la Cloche-Perse **2**
Place Charles-de-Gaulle
R. Riffault
R. des Feuillants

Boulevard du Grand-Cerf
Boulevard Solférino
R. Boncenne
5
Place Charles-de-Gaulle
NOTRE-DAME-LA-GRANDE
R. de la Regratterie

GARE
R. E.-Grimaudetta
PALAIS DE JUSTICE
Grand-rue
R. des Minimes
Grand-Rue

PRÉFECTURE
Place A.-Briand
Rue de la Marne
Rue Gambetta
R. J.-Jaurès
Rue de la Cathédrale
Rue E.-Faguet
Place de la Cathédrale et du Cardinal Pie

Rue Théophraste-Renaudot
R. V.-Hugo
THÉÂTRE
Place du Mar.-Leclerc
HÔTEL DE VILLE **6**
R. Louis-Renard
R. Arsène-Orillard
Rue Jean-Jaurès
CATHÉDRALE

4
Rue Carnot
Rue Magenta
R. J.-Alexandre
R. Ste-Catherine
Rue St-Pierre-le-Puellier
MUSÉE SAINTE-CROIX

1
Rue de la Tranchée
R. Alsace-Lorraine
R. Girouard
Boulevard Anatole-France
Clain

Parc de Blossac
R. Blossac
R. du 125e-R. I.
Bd François-Albert
Pont St-Cyprien

Bd de Tison
Chemin des Oreillères
Chemin du Pré Roy

100 m
Edigraphie

■ Restaurant   ● Hôtel

Alain Boutin B-5 **1**
Bons Enfants (Les) C-3 **2**
Grand Hôtel (Le) B-4 **4**
Maxime C-4 **6**
Nardo's Bouchon C-3 **5**

MIGNALOUX BEAUVOIR........................9 km S.E. sur N 147
SAINT BENOIT ....6 km S. par D 88 **(14/20)**

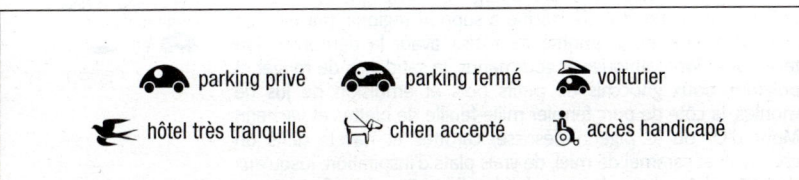

parking privé   parking fermé   voiturier

hôtel très tranquille   chien accepté   accès handicapé

POLIGNY - 39800 (21 B 4)

Lons-le-Saunier 31 - Pontarlier 61

↝ↄↄↄ Hostellerie des Monts de Vaux 🐦

Une reculée, paysage jurassien typique et magnifique... C'est là que se niche ce bel ensemble XVIIIe, patiemment amélioré depuis les années cinquante par la famille Carrion jusqu'à ce cocon intime aux chambres délicieusement romantiques.

2 appart. 220-235 € • 8 ch. 135-190 €

mtsvaux@hostellerie.com

→ Aux Monts-de-Vaux
☎ 03 84 37 12 50
📠 03 84 37 09 07
F. fin oct.-28 déc.

Villes de proximité, voir :

⟳ SAINT LOTHAIN ....9 km S.O. par N 83 et D 57 **(10/20)**

LA POMAREDE - 11400 (31 B 4)

Revel 10 - Castelnaudary 12

14 🍺 Hostellerie du Château de la Pomarède

C'est sans aucun doute l'une des plus belles maisons du département ; un château cathare du XIe siècle superbement rénové par Gérald Garcia, chef au CV impressionnant (Ferran Adria, Marcon, le Poids Public à Saint-Félix-Lauragais, les sœurs Fagegaltier...). L'homme est un hyper-actif ne se laissant jamais la moindre seconde de répit lorsqu'il faut améliorer ou promouvoir son hôtellerie à laquelle il ajoutera l'an prochain (sans doute à l'automne), un bistrot. Les travaux de restauration du presbytère, au village, sont quant à eux achevés et accueillent de nouvelles chambres. Et le gastro ? En pleine forme, toujours à bousculer les convenances culinaires, en mixant par exemple un thon mi-cuit, du foie gras et du tofu dans un esprit volontairement novateur. Cave superbe rassemblant tous les meilleurs vignerons de la région.

C : 80 € • M : 18-26 €

☎ 04 68 60 49 69
F. lundi, mardi, 15-28 fév. et nov.
Jusqu'à 21h30.

 idéal gourmet

↝ↄↄↄ Hostellerie du Château de la Pomarède 🐦

Ce bijou médiéval est au centre du petit village, avec sa tour crénelée et son décor fusionnel entre hier et aujourd'hui. Gérald Garcia et son épouse ont arrangé l'ensemble, parties communes et chambres dans un ton contemporain très en phase avec le cadre, et les idées ne s'arrêtent pas là, puisque le presbytère voisin, va accueillir de nouvelles chambres en 2008.

7 ch. 85-200 €

→ Château de la Pomarède
☎ 04 68 60 49 69
📠 04 68 60 49 71
F. nov.

PONS - 17800 (22 B 5)

La Rochelle 97 - Saintes 22

13 🍺 Hôtel de Bordeaux

L'ancien relais de poste a le sens de l'accueil : maison soignée, jolie salle redécorée dans un cadre bourgeois campagnard, repas au jardin ou au patio et belle cuisine à support régional par un chef inventif qui donne la priorité au plaisir avant la démonstration technique. Sympathiques et gourmands, le sandwich de rouget et poivrons doux gnocchis de petits pois et émulsion de jus de moules, la côte de porc fermier mille-feuille de blettes et vacherin Mont d'Or ou le pigeon désossé, carottes et navets dans un chausson et caramel de miel, de vrais plats d'inspiration, jusqu'aux desserts, pleins de couleurs et de friandises. Cave bien inspirée un

→ 1 av Gambetta
☎ 05 46 91 31 12
F. sam. à déj., dim. à dîn. (oct.-Pâques) et Noël.
Jusqu'à 21h.

peu partout, surtout en Sud-Ouest (Cauhapé, Da Ros, Mouthe - Le Bihan) et présentant les vins charentais. Chambres contemporaines, gaies et douillettes, aux tons chauds, rénovées il y a peu.
C : 38 € • M : 15-22 €   *www.hotel-de-bordeaux.com*

Villes de proximité, voir :

↻ MOSNAC .... 11 km S. par N 137 et D 134

PONT AUDEMER - 27500   (6 B 3)
Evreux 70 - Honfleur 25

12 **Belle Isle sur Risle**

On peut adorer ou bouder le décor très proustien de cette salle à manger largement surannée, pester contre un service un brin désinvolte, mais force est de constater qu'il y a aussi un vrai chef au piano, capable de s'évader du répertoire bourgeois par une réalisation de qualité qui emporte l'adhésion : la belle cuisson du bar en écailles de pommes de terre et la gourmandise de la balluchette aux pommes, noix et raisins font pardonner un pancake de tourteau et d'araignée de mer sans personnalité ou des tarifs sans amabilité. On aimerait tant un peu de légèreté dans ce cadre champêtre... A suivre ?
M : 29-118 €   *www.bellile.com*

→ 112 rte de Rouen
☎ 02 32 56 96 22
F. lundi, mardi, merc. à déj., 2 janv.-15 mars et 15 nov.-26 déc.
Jusqu'à 21h30 (22h w.-e., fériés).

Belle Isle sur Risle 🐦

Sur une île de la Risle, une belle demeure romantique dont l'atmosphère XIXᵉ bien préservée et l'architecture normande évoque Maurice Leblanc ou Flaubert. Belles et calmes chambres d'époque, accueil délicieux de la propriétaire Mme Yazbeck, piscine intérieure et extérieure, balnéo chauffée, salle de fitness…
3 appart. 170-239 € • 17 ch. 116-239 €   *www.bellile.com*

→ 112 rte de Rouen
☎ 02 32 56 96 22
🖨 02 32 42 88 96
F. 2 janv.-15 mars et 15 nov.-26 déc.

Villes de proximité, voir :

↻ BOURNEVILLE .... 10 km N.E. par D 139 **(11/20)**
↻ CAMPIGNY .... 6 km S.E. par D 29

PONT AVEN - 29930   (13 C 4)
Quimper 32 - Concarneau 15

16 **La Taupinière**

On ne les changera pas, et on les aime comme cela. Pierrette en salle, éternellement Années Folles, attentive au bien-être de chacun, conseillant les plats de Guy, formidable pacha dans sa cuisine - tour de contrôle, où il fait tourner cette machine à plaisir installée dans une chaumière contemporaine à quelques minutes de la cité des peintres. On goûte la mer et la terre, et les détails importent finalement assez peu : la pêche est toujours bien achetée, bien traitée, les huîtres pochées au lait ribot et ciboulette, le rouget poêlé avec un mille-feuille d'asperges, les filets de sole aux langoustines et girolles. Pour chaque plat, le même soin, la même philosophie de l'artisan soigneux, qui peut être fier après chaque service, en lisant les sourires des convives. Faim de rusticité ? Canard de Challans, agneau de lait des Pyrénées, filet de bœuf sauce Périgueux, le terroir est en de bonnes mains. Cave de propriétaires, plutôt intéressante
C : 75 € • M : 53-85 €   *www.la-taupiniere.com*

→ Croissant Saint-André
☎ 02 98 06 03 12
F. lundi, mardi et 21 sept.-16 oct.
Jusqu'à 21h.

13 Le Moulin de Rosmadec

Avec sa terrasse au bord de l'Aven et les vieilles pierres d'une construction XVᵉ, ce Moulin forme un décor ravissant, rehaussé dans la salle par des tableaux évoquant l'école de Pont Aven. Dans ce contexte qu'on imaginerait volontiers rustique, les frères Sebilleau ont fait depuis longtemps le choix des produits nobles, bien choisis et bien mis en valeur, dans des préparations raffinées où l'on sent la patte d'une solide expérience : langoustines croquantes et risotto crémeux, beau contraste de textures et saveurs harmonieuses ; impeccable noix de ris de veau braisée, épinards sautés et morilles, beau classique d'un sablé breton et fruits rouges. La cave privilégie les valeurs sûres, en accord avec une ambiance feutrée.

C : 77 € • M : 35-74 €   www.moulinderosmadec.com

→ Venelle de Rosmadec
☎ 02 98 06 00 22
F. dim. à dîn., jeudi (h.s.), lundi à déj. (oct.-mai), vac. scol. fév. et 2e sem. oct. Jusqu'à 21h15.

----

10 Le Talisman

Pas de recette magique pour faire venir la clientèle dans cette maison à l'écart de l'agitation touristique, le Talisman tire son pouvoir d'un savoir-faire reconnu, transmis dans la famille depuis trois générations, pour des galettes et crêpes soignées. Cadre agréable, avec une terrasse à l'arrière pour les beaux jours.

C : 13 €

→ 4 rue Paul-Sérusier
☎ 02 98 06 02 58
F. dim. à déj. et lundi (h.s.), lundi (juil. août) et mi-nov.-déb. déc.

La Chaumière Roz Aven

Cette belle chaumière XVIᵉ en pierre bretonne et toit de chaume authentique possède de nombreux atouts, la vue sur le port et la rivière, le confort des chambres, bien personnalisées dans un style néoclassique ou plus campagnard.

15 ch. 52-93 €   www.hotelpontaven.online.fr

→ 11 quai Théodore-Botrel
☎ 02 98 06 13 06
🖨 02 98 06 03 89
F. mi-janv.-mi-fév.

PONT D'OUILLY - 14690   (5 D 4)
Caen 48 - Falaise 18

11 L'Auberge Saint-Christophe

Nichée au fond d'un vallon verdoyant tracé par l'Orne et les falaises, l'auberge est couverte de vigne vierge. Il fait beau ? Préférez la terrasse fleurie. Vous aurez alors tout loisir (l'attente est parfois longue) de contempler les vieilles pierres et d'apprécier la sérénité des lieux. Dans ce contexte, la cuisine de Gilles Lecoeur remplit bien son office, simple voire routinière. Mais à défaut de mettre le feu, le saucisson de magret de canard au foie gras, le saint-pierre à l'oseille du jardin (hélas un peu trop cuit) ou l'assiette de desserts du terroir (teurgoule en tête) ne sollicitent pas exagérément les cordons de la bourse.

C : 45 € • M : 21-51 €   aubergesaintchristophe@wanadoo.fr

→ Saint-Christophe
☎ 02 31 69 81 23
F. dim. à dîn., lundi, 14 fév.-8 mars et 20 août-4 sept. Jusqu'à 21h.

PONT DE L'ISERE - 26600   (27 D 4)
Valence 8 - Tournon 12

16 Michel Chabran 💗

Des aubergistes comme Michel Chabran, il n'y en a finalement pas tant que cela. C'est-à-dire un patron, chef, restaurateur, hôtelier, qui ait autant gardé le sens de la terre et des amis, qui connaît personnellement la plupart de ses habitués, et dont l'ego est finalement moins précieux que la chaleur qu'il dispense au quotidien dans tout l'établissement. Du haut de gamme qui ne s'en vante, pas, une cuisine de très belle technique et d'énormément

→ Av du 45e-Parallèle
☎ 04 75 84 60 09
F. dim. à dîn. (oct.-mars), merc. et jeudi à déj. Jusqu'à 22h.

 idéal gourmet

de plaisir, autour de tout ce que le chef aime travailler. Les produits d'ici, bien sûr, la truffe, l'agneau, les superbes légumes, les fruits d'été, mais aussi une superbe sole de Noirmoutier aux crosnes, pousses d'épinard et truffes noires ou un pigeonneau majestueusement préparé dans un bouillon de légumes mémorable, exhalant la terre et la truffe, le potager de son enfance. Beaux desserts pour conclure un repas toujours à la lisière des trois toques et qui, dans le cœur, les mérite amplement. Dans la salle élégante et intemporelle, les grands moments se passent aussi autour d'un hermitage ou d'un crozes bien choisis dans une carte de rhône de première puissance.

C : 120 € • M : 42-98 €   *www.michelchabran.fr*

 Michel Chabran

Des chambres très agréables dans cette maison du bonheur s'ouvrant chaque année à la modernité, avec récemment l'apparition d'un grand espace lounge-bar. Jardin à l'arrière de la maison, prestations de haute qualité.

11 ch. 115-185 €   *www.www.michelchabran.fr*

→ 29 av du 45e-Parallèle
☎ 04 75 84 60 09
🖷 04 75 84 59 65
F. dim. (oct.-mars).

PONT DE VAUX - 01190   **(27 D 1)**
Bourg-en-Bresse 47 - Mâcon 19

13 **Le Raisin**

Cette façade briquée comme un grain de raisin neuf annonce le restaurateur sérieux, le cuisinier dans la force de l'âge, les bonnes volailles et les grenouilles fraîches. Et c'est exactement ce qui se passe dans la salle rustique sous les poutres. Gilles Chazot bat, fouette, émulsionne, apprête, émince, pare, taille, cuit, comme il a appris, comme il sait, et comme sa bonne clientèle aime, dans une indéfectible fidélité. Les cheminées du Logis de France sont solides autour du gâteau de foies de volailles, des escargots de Bourgogne et du poulet de Bresse Miéral à la crème et aux morilles. Pour tout dire, de cette tradition-là, choyée et respectée, on en redemande. Bonne et honnête cave bourguignonne et beaujolaise, dix-huit chambres dont douze rénovées et six au cachet ancien, avec plafonds à la française et meubles bressans.

C : 45 € • M : 23-48 €   *www.leraisin.fr*

→ 2 pl Michel-Poisat
☎ 03 85 30 30 97
F. dim. à dîn., lundi, mardi à déj. et 6 janv.-6 fév. Jusqu'à 21h.

---

13 **Restaurant le Commerce**

Après avoir défendu la gastronomie française tout autour de la planète, Dominique Tissier met son savoir-faire au service de cette belle maison traditionnelle, qui s'accommode fort bien de son sens de la mesure et du produit du terroir. Alors, on retrouve avec plaisir les saint-jacques au beurre de citronnelle aux côtés des grenouilles sautées, le feuilleté aux champignons des bois et aux escargots près de la terrine de foie gras maison. Cave classique, à fréquenter notamment sur la Bourgogne toute proche.

C : 37 € • M : 17-41 €   *www.hotelrestaurantducommerce.com*

→ 5 pl Joubert
☎ 03 85 30 30 56
F. mardi, merc. (h.s.), merc. (juil.-août) et 25 oct.-25 nov. Jusqu'à 21h.

---

 repas en terrasse ou dans un jardin   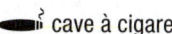 cave à cigare

 piscine privée    tennis privé   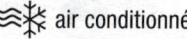 air conditionné

PONT DU CHATEAU - 63430 (26 B 3)
Clermont-Ferrand 16 - Vichy 48

12 Pierre Villeneuve

Près du château, le menu du marché fait toujours recette chez les habitués en se renouvelant régulièrement. L'hôte de passage pourra bien sûr également en profiter, à moins qu'il ne préfère opter pour des menus où l'on salue encore le homard thermidor ou le filet de bœuf réduction au porto, aux côtés du foie gras chaud cuisson vapeur ou de l'omble chevalier. Des valeurs sûres donc, dans une ambiance en rapport à laquelle Mme Villeneuve contribue efficacement. Beau plateau de fromages régionaux, cave classique.
M : 19-44 €

→ 6 rue de la Poste
☎ 04 73 83 50 03
F. dim. à dîn., lundi, mardi, 1er-15 janv., 1er-21 août et 26-31 déc.
Jusqu'à 21h.

PONT L'EVEQUE - 14130 (6 A 3)
Caen 48 - Deauville 12

Le Lion d'Or

L'ancien relais de poste XVIIe a été rénové et agrandi il y a deux ans par la famille Huet, qui en a fait un havre augeron très agréable, à quelques minutes de Deauville. Ambiance brocante (tout le mobilier est à vendre) dans ce décor chiné de très bon goût, belle cour intérieure avec une terrasse ensoleillée, chambres en duplex avec un bureau à l'étage, certaines avec un lit à baldaquin.
20 appart. 90-160 € • 5 ch. 60-120 €   www.leliondorhotel.com

→ 8 pl du calvaire
☎ 02 31 65 01 55
▤ 02 31 64 90 10
Ouv. 7j/7.

PONT REAN - 35170 (14 C 4)
Vannes 109 - Rennes 16

12 Auberge de Réan

Une maison de caractère, un pont classé sur la Vilaine, voilà qui justifie l'étape (la maison fait également hôtel). Et une fois installé dans la salle à manger aux tons clairs, ou mieux encore en terrasse, Patrick Gicquel veille à ce que personne ne regrette son choix, habile sur le poisson comme sur la viande, et composant des assiettes à la fois franches et élégantes : crème de lentilles aux langoustines et poitrine fumée, demi-pigeon aux morilles, sablé breton et ganache framboise.
M : 28-50 €   www.auberge-de-rean.com

→ 86 rte de Redon
☎ 02 99 42 24 80
F. dim. à dîn. et lundi.
Jusqu'à 21h.

PONT SAINT PIERRE - 27360 (6 C 3)
Rouen 26 - Les Andelys 19

10 Auberge de l'Andelle

Normande et authentique, l'auberge de Dominique Leman ne joue d'aucun faux-semblant, se bornant à proposer les incontournables de la cuisine bourgeoise, mais toujours dans une parfaite probité : pressé de ris de veau et champignons des bois en gelée, mignon de veau pané au pain d'épices et sauce au jus de truffes, crème brûlée à la vanille. Toute petite cave, service enjoué.
C : 40 € • M : 21-59 €

→ 27 Grande-Rue
☎ 02 32 49 70 18
F. mardi à dîn.
Jusqu'à 21h.

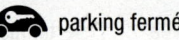 parking privé   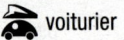 parking fermé   voiturier

Troyes 3 - Reims 119

15 **Hostellerie de Pont-Sainte-Marie**

Rachetée en 2001 par Sandra et Christian Chavanon, progressive-ment rénovée depuis, cette maison cossue, proche de l'église, compte parmi nos bonnes découvertes de cette année. Dans la belle salle à manger au décor élégant (judicieuse association des styles ancien et contemporain), la cuisine très personnelle du chef s'épanouit avec évidence : saint-jacques fumées au lard séché, brique de foie gras et langoustine, réduction de poivre long, agneau de l'Aube, ravioles de truffes blanches d'Italie et desserts en dégustation. Atmosphère un peu précieuse, belle cave classique.
C : 70 € • M : 43-89 €   chavanon3@wanadoo.fr

→ 34 rue Pasteur
☎ 03 25 76 90 41
F. dim. à dîn., mardi à dîn., merc., 2-12 janv. et 4-27 août. Jusqu'à 21h.

- -

11 **Bistrot Dupont**

Désormais propriétaire de cette affaire dans laquelle il officiait déjà depuis plus de quinze ans, Yves Brouillet n'a guère bouleversé les habitudes : le succès demeure indéniable (un joyeux coude à coude à midi) mais le service souvent trop empressé et des lacunes sur certaines assiettes (une terrine maison, servie à volonté mais un peu sèche, une jolie andouillette grillée avec de bonnes pommes de terre sautées, une mousse au chocolat banale) laissent comme un goût d'inachevé.
C : 38 € • M : 18-29 €

→ 5 pl Charles-de-Gaulle
☎ 03 25 80 90 99
F. dim. à dîn., lundi, jeudi à dîn., 7-13 avril, 14 juil.-3 août et 27 déc.-3 janv. Jusqu'à 21h30.

Vannes 64 - Lorient 14

12 **Laurent le Berrigaud le Bistrot Saumon**

Jeune chef ambitieux, membre des JRE, Laurent le Berrigaud défend et promeut sa maison avec un enthousiasme et une conviction qui font honneur à sa profession. Très personnelle, sa cuisine prend des risques, ne craignant pas de déranger pour mieux faire passer son message : cheese burger au foie gras de canard, parmesan et ketchup de sureau, filet de rouget, compote de chorizo, orange et soda de carotte, gingembre, bar en cuisson lente, barre de risotto de nougat et fève de tonka. Une intéressante vision de la cuisine du XXIe siècle qui vaut d'être mise en avant. Plaisant décor de bois et de verre dans un ancien moulin les pieds dans l'eau.
M : 34-47 €   laurent-le-berrigaud@wanadoo.fr

→ Moulin des Princes
☎ 02 97 32 42 07
F. sam. à déj., dim. à dîn., lundi, merc. à dîn. et 1er-15 janv. Jusqu'à 21h.

Bourganeuf 10 - Guéret 23

11 **L'Air du Temps**

Les clins d'œil anciens du décor sont en accord avec une cuisine qui privilégie les valeurs sympathiques et intemporelles de la brasérade, de la cervelle de canut ou des gambas flambées. L'ambiance est conviviale et les fleurs sont à l'honneur dès les beaux jours.
C : 16 € • M : 11,90-23 €   www.airdutemps23.fr

→ 2 rue du Thaurion
☎ 05 55 64 98 78
F. à dîn. dim., lundi (h.s.), dim. à dîn. (juin-août) et 1er-15 janv. Jusqu'à 21h.

PONTAUMUR

PONTAUMUR - 63380   **(26 B 3)**
Clermont-Ferrand 41 - La Bourboule 54

13 🍴 Hôtel de la Poste

Moins de conviction, certainement pas, mais le temps qui passe ne rajeunit pas ce vaillant Logis de France où un vrai bon chef tourne le fouet depuis tant d'années. Ce qui n'empêche nullement le foie gras, le filet de sandre aux herbes et la côte de veau de porter toujours beau l'habit du dimanche. Cave classique mais de bon conseil, notamment sur les rhônes (Cuilleron, Courbis, Colombo...), et de vraies affaires en languedoc (Montcalmès 2003 à 30 €, Syrah Leone 1994 à 40 €).

C : 35 € • M : 16,50-47 €   www.hotel-delaposte.com

→ Av du Marronnier
☎ 04 73 79 90 15
F. dim. à dîn., lundi, mardi et 15 déc.-1ᵉʳ fév.
Jusqu'à 21h.

LE PONTET - 84130   **(33 B 4)**
Avignon 5 - Arles 42

13 🍴 Auberge de Cassagne

Le cadre ou l'élégance très grande maison du maître d'hôtel sont en parfait accord avec une carte certes bourgeoise en apparence, mais qui ne perd pas de vue le terroir. Sur des produits nobles (velouté de châtaigne et ragoût de ris de veau) ou tel qu'en lui même (savoureuse déclinaison autour du chevreau et des herbes). Cave complète bien que très classique.

C : 80 € • M : 37-98 €   www.aubergedecassagne.com

→ 450 allée de Cassagne
☎ 04 90 31 04 18
F. 6 janv. à dîn.-1ᵉʳ fév.
Jusqu'à 21h30.

🏨🏨🏨 Auberge de Cassagne

La notion de bonheur caché semble taillée pour cette maison nichée au cœur d'un parc généreusement arboré. L'élégance XIXᵉ de l'architecture dicte un beau décor classique, mobilier provençal et tissus raffinés. Depuis l'an dernier, la maison propose un espace détente très complet.

8 appart. 397-874 € • 40 ch. 110-387 €   www.aubergedecassagne.com

→ 450 allée de Cassagne
☎ 04 90 31 04 18
🖨 04 90 32 25 09
F. 6 janv.-1ᵉʳ fév.

PONTIVY - 56300   **(14 A 4)**
Vannes 54 - Rennes 113 - Concarneau 103

14 🍴 La Pommeraie

Un cuisinier qui fait encore l'effort de préparer lui-même son beurre, ses glaces et ses sorbets ne peut que mériter un coup de pouce. Laurent Martin et son épouse Chantal, délicieuse hôtesse, reçoivent donc les louanges, pour le pressé de lapereau et foie gras et salade de poireaux, le filet de daurade poêlé à la fleur de sel et risotto aux langoustines et les rognons de veau à la moutarde à l'ancienne et poêlée de spaetzles, parfaits interprètes d'un terroir au meilleur de sa forme. Cave sans surprise.

C : 38 € • M : 19-25 €

→ 17 quai du Couvent
☎ 02 97 25 60 09
F. dim., lundi, 1re sem. janv., 15-30 avril et 15-31 août.
Jusqu'à 21h30.

Villes de proximité, voir :

↻ GUERN .... 14 km O. par D 2 et D 2b **(10/20)**

🏨 standard   🏨🏨 grand confort   🏨🏨🏨 haut de gamme   🏨🏨🏨🏨 exceptionnel

   hôtels de charme

PONTOISE - 95300 (7 B 1)
Paris 35 - Versailles 30

13 L'Auberge du Cheval Blanc

L'une des principales qualités de cette maison réside sans le moindre doute dans le soin apporté à la sélection des produits. L'agneau, le veau et le porc sont ainsi fournis par de petits producteurs. Laurence Ravail et son jeune chef, Hervé Horne, proposent volontairement un nombre réduit de plats, pour mieux coller aux exigences du marché : tartare de dorade royale marinée à l'aneth, fricassée de ris et rognon de veau et purée de céleri, carpaccio d'ananas et glace vanille. Cave pointue avec quelques rares vins de pays (d'Oc, d'Ardèche, des Landes…) dénichés par la patronne.
C : 45 € • M : 38 €

→ 47 rue de Gisors
☎ 01 30 32 25 05
F. sam. à déj., dim., lundi et août.
Jusqu'à 21h30.

13 Hostellerie du Maupertu

Cette Hostellerie, dont le succès ne se dément pas, semble cependant connaître une petite baisse de régime. Un personnel nombreux mais hésitant et ne prenant pas toujours la peine de présenter les plats et quelques assiettes manquant de précision (les lasagnes au ris de veau et champignons, la tarte à l'ananas), voilà de petites déceptions auxquelles cette maison ne nous avait pas habitués. Cave pléthorique sans trop de curiosité.
C : 65 € • M : 38 €   www.maupertu.com

→ 25 rte d'Auvers
☎ 01 30 38 08 22
F. sam. à déj. et dim.
Jusqu'à 21h45.

PONTONX SUR L'ADOUR - 40465 (23 C 4)
Mont-de-Marsan 39 - Dax 15

12 Le Val Fleuri

Trente ans de maison fêtés cette année par José Pozuelo qui fut formé chez André Daguin, à Auch, et chez Michel Guérard, lorsque ce dernier exerçait encore au Pot-au-feu, à Asnières. Trois décennies passées à défendre le terroir régional, à servir une simple mais généreuse salade landaise, à cajoler un magret de canard aux pruneaux, à se diversifier également, avec les filets de rougets croustillants aux poivrons ou bien à rendre hommage aux maîtres de la Nouvelle Cuisine avec les saint-jacques à l'effilochée d'endives. Ambiance délicieuse, cave variée.
C : 35 € • M : 15-24 €   www.restaurant-levalfleuri.com

→ 20 chemin de Masson, N 124
☎ 05 58 57 20 75
F. dim., lundi et mi-janv.
Jusqu'à 21h30.

PORNIC - 44210 (15 B 4)
Nantes 52 - Saint-Nazaire 29

13 Auberge La Fontaine aux Bretons

La belle maison à l'architecture typique est entourée d'une véritable petite ferme. Le potager, mais aussi la richesse du terroir breton tout proche, alimentent les envies et la cuisine de Fabrice Guilleux. Sur la simplicité des sardines de la Turballe (marinées, avec croquant printanier au parmesan), la nostalgie de la marmite (à l'ancienne, au four à pain) comme sur l'élégance des langoustines aux pointes d'asperges et crème de tourteau aux herbes, satisfaction et bonne humeur sont de rigueur : Michel Pavageau a créé ici un bel endroit, homogène du service aux (très belles) chambres aménagées dans un style maison de campagne.
C : 27 € • M : 19,50-44 €   www.auberge-la-fontaine.com

→ Chemin des Noelles
☎ 02 51 74 08 08
F. dim. à dîn., lundi (oct.-mars) et janv.
Jusqu'à 21h30.

13 Beau Rivage

→ Plage de la Birochère
☎ 02 40 82 03 08
F. lundi, mardi et mi-déc.-fin janv.
Jusqu'à 21h30.

idéal gourmet

Claire, accueillante, récemment rénovée en partie, la salle à manger ouvre sur un océan que nul obstacle ne trouble. Gérard Corchia puise bien entendu l'essentiel de ses idées dans ce milieu marin omniprésent, sélectionnant soigneusement chaque produit. Pour mieux appuyer son discours, sa carte référence ainsi une longue liste de ses producteurs. Influencée par la Méditerranée, cette belle cuisine marine est celle d'un connaisseur : langoustines poêlées au pistou, artichauts violets en barigoule et copeaux de parmesan, dorade de la Turballe rôtie, sauce vierge au citron, mousseline insolite et grenailles de Noirmoutier. Desserts soignés, avec une préférence pour le chocolat. Très belle cave en Loire.
C : 50€ • M : 35-80€   www.restaurant-beaurivage.com

----

11 Le Bistrot Entre Vins et Marées

→ 70 quai Leray, pl du Petit-Nice
☎ 02 40 82 51 25
F. dim. à dîn., merc. à dîn. (sf vac. scol.), jeudi et mi-nov.-mi-déc.
Jusqu'à 21h30.

Les propriétaires, Philippe et Michèle Vétélé ne sont pas des inconnus (Anne de Bretagne à la Plaine sur Mer, 16/20). Ils dirigent ce bistrot marin depuis sept ans et travaillent depuis cette année avec un nouveau chef, François Lostanlen. Ce dernier fait preuve d'un parfait savoir-faire sur les queues de langoustines poêlées, jus d'orange au romarin et salade de roquette, sur le risotto à l'encre de seiche, encornets grillés et crevettes ou sur le chocomoelleux au caramel à la fleur de sel, jolis ambassadeurs d'une noble cuisine de bistrot. Très jolie cave, bien sûr construite par Michèle Vétélé.
C : 28€

Alliance Pornic Resort Hôtel & Thalasso

→ Plage de la Source
☎ 02 40 82 21 21
📠 02 40 82 80 89
F. déb. déc.

Appuyé sur un ancien casino fin XIXe, l'hôtel se dresse face à la mer. Le centre de thalasso lié est bien sûr un atout, mais les jolies chambres contemporaines, ambiance marine ou épurée, forment une étape tout confort pour tous.
8 appart. 220-330€ • 112 ch. 115-245€   www.thalassopornic.com

PORNICHET - 44380   (15 A 4)
Nantes 71 - Saint-Nazaire 11

14 Sud Bretagne

→ 42 bd de la République
☎ 02 40 11 65 00
F. dim. (h.s.) et fév.
Jusqu'à 21h30.

La maison des Bardouil affiche une noble tradition, née dans les années vingt lors de l'ouverture de cet établissement. Après plus de vingt années passées au piano, Gilles Laurent connaît la cuisine marine dans ses moindres détails, choisissant avec minutie les plus beaux produits qu'il travaillera ensuite avec un souci constant de naturel : tartare de bulots et saumon, daurade en bouillon aux épices, sole poêlée "tout simplement", gâteau au chocolat accompagné d'un cappuccino au café.
C : 55€ • M : 50€   www.hotelsudbretagne.com

Sud Bretagne

→ 42 bd de la République
☎ 02 40 11 65 00
📠 02 40 61 73 70
F. non comm.

La piscine, le jacuzzi et le hammam pourraient presque paraître superflus dans cet ensemble élégant, calme et discrètement luxueux. On y vient surtout pour profiter de la table, du grand air, du patio donnant sur un jardin intérieur et du grand confort dont jouissent les chambres, romantiques et sous influence marine.
4 appart. 200-280€ • 25 ch. 120-180€   www.hotelsudbretagne.com

G
M

12 Le Sunset

Pas de problème effectivement pour admirer le coucher du soleil, avec cette salle élégante largement ouverte sur la baie pour la vue panoramique. C'est à la clientèle bauloise que s'adressent les Joneau, soignant l'accueil comme l'allure de la carte, riche en produits nobles et en préparations élaborées (jeux d'épices, mélanges terre-mer).

C : 55 € • M : 50-60 €

www.lesunset.com

→ Face bd des Océanides,
adresse postale : 84 av de
Mazy
☎ 02 40 61 29 29
F. dim. à dîn., lundi, 1-15 oct.
et fév.
Jusqu'à 22h30.

PORQUEROLLES - 83400   (34 A 6)

Embarq. à Cavalaire, Hyères ou Toulon

15 L'Olivier

La table s'adapte aux vacances, à des résidents heureux, à des visiteurs alléchés : la carte en donne pour chacun, du simple relaxant (la pêche du jour, une belle grillade) aux plats plus élaborés par l'expérimenté Joël Guillet, qui mixe entre hier et aujourd'hui une carte méditerranéenne pleine de bons arômes : filets de rougets poêlés, brouillade d'œufs à la rouille, riquette et tomates confites, filet de saint-pierre rôti au beurre de gingembre et coriandre, brick d'avocat jus de fruit de la passion, filet d'agneau en croûte d'épices à la tajine, aubergines confites à l'orange. Chaque saison, la même belle façon enjôleuse, le même standing à table, de préférence, bien sûr, sur la terrasse au milieu des essences méditerranéennes. Cave sérieuse, en région comme ailleurs, où l'on privilégiera les vins de l'île.

C : 75 € • M : 55-88 €

www.langoustier.com

→ Le Mas-du-Langoustier
☎ 04 94 58 30 09
F. mi-oct.-mi-avril.
Jusqu'à 20h45.

Le Mas du Langoustier

Sur une pointe de l'île, un domaine préservé, caché, magique pour la tranquillité des hôtes : un coin de Méditerranée secret, et pourtant à deux pas de la civilisation, des myriades de familles en vélo sillonnant les chemins de cette autre île de beauté. Les chambres, au style provençal, sont toutes de grand confort, ouvrant sur la mer et la nature, dans les arômes de pin, de thym, de romarin et au son des cigales.

5 appart. 379-624 € • 45 ch. 289-524 €

www.langoustier.com

→ ☎ 04 94 58 30 09
▤ 04 94 58 36 02
F. mi-oct.-mi-avril.

---

11 La Plage d'Argent

Un bonheur n'arrive jamais seul… C'est bien vrai ici, où on se régale autant de la beauté du site les pieds dans l'eau que de la réelle qualité d'assiettes qui n'ont rien de secondaires, dans la fraîcheur et la sobriété : aïoli de coquillages, pêche du jour ou les belles Assiettes de la Plage en plat unique.

C : 30 €

→ Chemin du Langoustier
☎ 04 94 58 32 48
F. oct.-avril.

PORT CAMARGUE - 30240   (32 B 4)

Nîmes 50 - Le Grau-du-Roi 3

15 Le Carré des Gourmets

Une cuisine de bon vivant qui se repère d'un seul coup d'œil. La maison est ouverte pour les amis, et la table est mise, dans ce beau décor contemporain, cette salle ouverte sur le port avec sa terrasse. Le truculent Jean-Pierre Cazals offre une carte qui lui ressemble, généreuse, pleine de couleurs et de saveurs : tartelette croustillante de parmesan aux filets de sardines de petit bateau et granité thym

→ Pointe de la Presqu'île
☎ 04 66 53 36 37
F. lundi, mardi (h.s.) et 11
nov.-14 fév.
Jusqu'à 21h30.

citron, tajine de baudroie de Méditerranée jus d'agneau léger aux épices marocaines, pigeon braisé rosé, foie gras poché dans un petit consommé... Jusqu'aux exploits pâtissiers de Stéphane Maréchal, on a l'eau à la bouche, mais le vin est aussi bon, choisi par un sérieux sommelier (10 millésimes de Grange des Pères) qui offre un vrai récital d'amphores cachées avec ses cuvées "sympathiques" rassemblant une vingtaine de coups de cœur du moment.
M : 61-91 €   www.spinaker.com

Le Spinaker

A la pointe de la Camargue, et à la pointe de son hôtellerie : une villa moderne sur une presqu'île du port privé, calme et confort au cœur d'un parc de 3000 m² ombragé de palmiers et de pins. Chambres contemporaines très bien équipées, décorées sur des thèmes variés évoquant le Sud.
10 appart. 99-259 € • 11 ch. 80-120 €   www.spinaker.com

→ Pointe de la Presqu'île
☎ 04 66 53 36 37
🖷 04 66 53 17 47
F. 11 nov.-14 fév.

PORT DES BARQUES - 17730   (22 A 4)
Rochefort 17 - Royan 45 - La Rochelle 38

10 Ferme Auberge Marine

Le nom résume parfaitement le lieu et toute l'originalité d'un concept rarement appliqué aux productions marines. Sur leur île (seulement accessible à marée basse, c'est pourquoi la maison ne sert qu'au déjeuner), les Mineau proposent leurs fruits de mer et leurs poissons (les bars notamment) dans une atmosphère typique et chaleureuse.
M : 15-27 €   www.ilemadame.com

→ Ile Madame
☎ 05 46 84 12 67
F. à dîn., merc., 2e quinz. janv., 1re quinz. fév et 2e quinz. nov.

PORT EN BESSIN HUPPAIN - 14520   (5 C 3)
Caen 41 - Bayeux 10

13 L'Ecailler

Cette brasserie marine de bon standing jouit d'une situation rêvée, face au port. En à peine quatre ans d'exercice, Stéphane Carbone y jouit déjà d'une excellente presse, en particulier pour sa belle cuisine de la mer : un impeccable menu autour de la saint-jacques (en saison bien sûr, on ne peut se permettre d'en servir en été lorsqu'on travaille dans l'une des capitales de la coquille), des poissons d'excellente facture, préparés le plus souvent avec exactitude et sobriété.
C : 60 € • M : 26-86 €

→ 2 rue de Bayeux
☎ 02 31 22 92 16
F. lundi (juil.-août) et janv.-mi-fév.
Jusqu'à 21h30.

---

11 Le Bistrot d'à Côté

Pas de vue sur la mer ? Qu'importe, les huîtres, la papillote de lieu jaune à l'orientale, la poêlée de saint-jacques au basilic, l'aile de raie au beurre rouge ou le filet de dorade poêlé au thym font honneur à la pêche locale et aux fruits de mer de la baie.
C : 35 € • M : 20-35 €   www.barque-bleue.fr

→ 10-12 rue Michel-Lefournier
☎ 02 31 51 79 12
F. merc., jeudi et janv.
Jusqu'à 21h30.

La Chenevière

Construit par une famille de cordiers de marine, ce château est un petit trésor de charme romantique à deux pas de la mer, au cœur d'un parc verdoyant aux arbres centenaires. Les chambres respirent la douceur et l'élégance, mariant harmonieusement les meubles de style et les tissus raffinés.
3 appart. 401-500 € • 24 ch. 221-500 €   www.lacheneviere.fr

→ Commes
☎ 02 31 51 25 25
🖷 02 31 51 25 20
F. janv.

PORT GRIMAUD - 83310   (34 B 6)

Toulon 32 - Marseille 95 - Le Lavandou 13

13 ⌂ L'Amphitrite

Dans le cadre paisible de l'hôtel, le chef s'acquitte fort bien de sa mission, proposer à la clientèle une cuisine digne d'intérêt, autour des produits de la mer, en version plus noble le soir. Les propositions du jour réservent généralement de bonnes surprises, les filets de rouget ou les trois déclinaisons de thon rouge sont bien traités et les desserts marquent quelques efforts également, comme cette tomate confite en surprise de framboise. Atmosphère légère et conviviale, parfois troublée par une musique live franchement décalée dans ce contexte.

C : 55 € • M : 52 €

→ Pl du 14-Juin
☎ 04 94 56 31 33
F. du 23 sept. à mi-mai
Jusqu'à 21h15.

⌂⌂⌂ Giraglia 🐟

Les pieds dans l'eau, au bout de la plage, face au golfe, on tient là le plus bel hôtel de la cité, à taille humaine, remarquable dans son accueil (personnel gentil et très professionnel, en toute situation), sa délicieuse plage privée, plus que par ses chambres discrètement provençales. Petit déjeuner de bonne facture, à l'image d'une efficace cuisine gastronomique de la mer.

1 appart. 420-460 € • 48 ch. 260-420 €   *www.hotelgiraglia.com*

→ Pl du 14-Juin
☎ 04 94 56 31 33
🖨 04 94 56 33 77
F. fin sept.-mai.

PORT LESNEY - 39600   (21 B 4)

Besançon 38 - Salins-les-Bains 11 - Mouchard 3

15 ⌂⌂ Château de Germigney

Pas seulement une table d'hôtel, évidemment. Pas une soirée étape pour voyageur fourbu. Pierre Basso Moro entretient dans son décor châtelain une gastronomie qui a peu d'égal dans la région, et qui déplace naturellement les Jurassiens le temps d'une soirée ou d'un repas de fête en famille. Sa carte est imaginative, pleine de fraîcheur, distillant les impressions régionales avec parcimonie, mais à bon escient, une mousseline de brochet fleur de courgette truffes de Bourgogne et lard croustillant, une volaille de Bresse en terrine lutée, suprême au vin jaune et cuisse en salade "comme un lendemain de pot-au-feu", le mille-feuille d'arlette aux quetsches. Cadre très plaisant dans un esprit chic campagnard, belle terrasse au jardin, service distingué et décontracté, vaste cave bien inspirée, naturellement très forte en juras.

C : 75 € • M : 39-99 €   *www.chateaudegermigney.com*

→ Rue Edgar-Faure
☎ 03 84 73 85 85
F. lundi à déj., mardi à déj. et 1er janv.-2 fév.
Jusqu'à 21h30.

⌂⌂⌂ Château de Germigney 🐟

Ce sobre manoir du XVIIIe siècle, abrité des regards extérieurs par un vaste parc, propose des chambres douillettes, véritables petits cocons de bien-être parfumés des délicates effluves du bois de cèdre dont sont faits les parquets. Un luxe discret les habille. Original bassin de baignade naturel dans le parc.

3 appart. 295-350 € • 17 ch. 125-280 €   *www.chateaudegermigney.com*

→ Rue Edgar-Faure
☎ 03 84 73 85 85
🖨 03 84 73 88 88
F. 1er janv.-2 fév.

---

découverte *d⁵* GM met en avant des nouveautés méconnues

♥ coup de cœur   🍇 carte des vins remarquable   ◁ notation en hausse

12 Bistrot de Port Lesney

Le bistrot du château de Germigney est une jolie dépendance, accueillante et typique avec ses nappes vichy et sa carte affriolante, mélange de terroir jurassien et de plats simplement bistrotiers : la ligne de partage des eaux sépare la tomate vinaigrette tandoori de la friture d'ablettes du Doubs, la volaille au vin jaune et morilles de l'entrecôte béarnaise. La cave est aussi gouleyante que l'ambiance, Béthanie de la Fruitière d'Arbois en pot, ploussard de Frédéric Lornet et viognier de Gérard Bertrand pour prendre un peu de Sud.

C : 28 € • M : 22-30 €　　　　　www.chateaudegermigney.com

→ Le Pontarlier, Sur les Rives de la Loue
☎ 03 84 37 83 27
F. lundi-jeudi (fév.-mai) et 2 janv.-1 fév.
Jusqu'à 21h30.

PORT LOUIS - 56290　　(13 D 5)
Vannes 59 - Lorient 19

14 Avel-Vor

Patrice Gahinet sait bien que nous promouvons depuis bien longtemps déjà sa belle maison installée sur le petit port de Locmalo. Une affaire de famille comme on n'en voit presque plus, Patrice, le chef, aux fourneaux, Catherine, son épouse, en salle, et Samuel et Jérémy, les fils, également impliqués dans l'affaire, le second veillant sur la cave. S'appuyant essentiellement sur la pêche locale, la carte se fait volontairement concise : tarte fine aux légumes, homard bleu, vinaigrette de homard, sole au beurre de citron confit, petite nage de coquillages, vis-à-vis de poissons "retour de petit bateau" et légumes cuisinés aux épices douces… Belle vue sur la mer.

C : 70 € • M : 25-39,50 €

→ 25 rue de Locmalo
☎ 02 97 82 47 59
F. dim. à dîn., lundi, mardi, 15 jrs janv., 1 sem. juin et 15 jrs oct.
Jusqu'à 21h.

PORT NAVALO - 56640　　(14 A 5)
Vannes 30 - Redon 74

10 Crêperie La Sorcière

Si les sorcières sont bien là, amusant clin d'œil dans le décor de cette maison de caractère en pierre, elles n'ont pas jeté de mauvais sort sur une carte de belles galettes et crêpes classiques. Terrasse pour les beaux jours.

C : 13 €　　　　　creperielasorciere@wanadoo.fr

→ 59 rue des Fontaines
☎ 02 97 53 87 25
F. lundi (avril-oct.) et nov.- fin janv.
Jusqu'à 22h.

Villes de proximité, voir :

↻ ARZON...................................2 km N.E. **(14/20)**

PORT VENDRES - 66660　　(31 D 6)
Perpignan 34 - Collioure 4

14 La Côte Vermeille

Ici, c'est le direct. Le play-back, les frères Bessière ne connaissent pas. Ils vont droit au but, à la catalane, et les habitués comme les touristes adorent qu'on leur indique le chemin des vraies valeurs. Tout ici est commode : l'enseigne est éloquente, la maison est en face du port de pêche et les poissons n'ont qu'à sortir des casiers et traverser pour se jeter dans l'assiette. Philippe intervient alors, prépare les anchois, grille les petits rougets, rôtit le loup au four avec des asperges et des artichauts poivrade, confectionne une mémorable bouillabaisse, et pour seulement 25 €. Car là aussi, la sincérité est de mise, et l'on joue franc jeu, Guilhem, excellent directeur de salle, sachant orienter les convives vers ce qui leur fera plaisir sans ruine. Bonne cave régionale, les collioures en avant.

C : 50 € • M : 25-35 €

→ Quai du Fanal
☎ 04 68 82 05 71
F. dim., lundi (sf juil.-sept.), 15 janv.-15 fév. et 1re sem. juil.
Jusqu'à 21h15.

12 **Le Poisson Rouge**

Esprit intact, le Poisson Rouge tourne bien rond dans son bocal, en l'occurrence une improbable et délicieuse cabane de pêcheur, qui doit toute sa personnalité a des périples au long cours, le chef mêlant volontiers les parfums exotiques aux poissons fraîchement pêchés proposés à la carte.

C : 40 €

→ Rte de la Jetée
☎ 04 68 98 03 12
F. nov.-Pâques.
Jusqu'à 22h30.

Le Cèdre

Sur les bases d'une maison début XXᵉ, un ensemble au confort contemporain pour la détente et les vacances, avec des chambres actuelles, gaies et colorées. Cuisine d'aujourd'hui, tournée vers la mer.

1 appart. 144-184 € • 18 ch. 58-92 €   www.hotel-le-cedre.com

→ 29 rte de Banyuls
☎ 04 68 82 01 05
🖶 04 68 82 22 13
F. 6 janv.-10 fév. et 15 nov.-15 déc.

aux PORTES EN RE, voir RE (ILE DE)

PORTICCIO - 20166   (35 B 5)
Ajaccio 18 - Sartène 68

14 **L'Arbousier**

Hôtel de luxe et table chic, comme on l'imagine dans les séries télé, dîners aux chandelles au bord de la piscine en regardant la mer. L'orchestre se met en marche avec brio, service impeccable d'hôtellerie internationale, cuisine parfaitement cadrée, luxe sage et produits d'ici, sans familiarité, mais sans aventure : tarte rougets salée à l'anchois, vapeur de loup aux herbes et légumes cuits comme un pot-au-feu, pièce de veau poêlée, marmelade vigneronne aux oignons, tian d'artichauts à la pancetta. La cave est suffisamment pourvue en vins corses, à prix équitables pour le lieu, qu'il est inutile d'aller vers les bordeaux classés ou les bourgognes de négoce.

C : 90 € • M : 65-70 €   www.lemaquis.com

→ ☎ 04 95 25 05 55
F. ann. non comm.
Jusqu'à 22h.

Le Maquis

Un ensemble de luxe privilégié dans la station chic de la baie d'Ajaccio. Plage privée, piscine intérieure et extérieure, chambres luxueusement équipées, personnalisées dans un style identique, poutres apparentes, meubles anciens et volets en bois, donnant sur les jardins fleuris.

6 appart. 300-1250 € • 19 ch. 155-600 €   www.lemaquis.com

→ Bd Rive-Sud
☎ 04 95 25 05 55
🖶 04 95 25 11 70
F. non comm.

Sofitel Thalasso Porticcio

Le vaste immeuble blanc, paisiblement posé sur sa presqu'île, abrite un remarquable complexe pour les loisirs et la détente, avec la mer en panoramique et les activités de la thalasso. Les chambres adoptent un luxe chaleureux dans ses associations de couleurs et élégant dans son mobilier de style.

2 appart. 282-689 € • 98 ch. 149-519 €   www.sofitel.com

→ Golfe d'Ajaccio
☎ 04 95 29 40 40
🖶 04 95 25 00 63
F. 1ᵉʳ déc.-3 fév.

Les fermetures hebdomadaires et annuelles sont celles que les restaurateurs et les hôteliers pensent pratiquer en 2008. Pour éviter des déplacements inutiles, téléphonez pour avoir confirmation.

PORTO - 20150 (35 A 3)
Ajaccio 83 - Calvi 75 - Evisa 23

10 Chez Felix

Un dépliant touristique à lui seul : le village de montagne, la Spelunca qui coule en bas, les maisons de pierre gris argenté, l'atmosphère purement insulaire, et la cuisine qui va avec, de charcuteries, de cannellonis, de daube et de brocciu… Les touristes et les randonneurs se pressent, à dix minutes de Porto.
C : 30 € • M : 22 €

→ Capo Sottano
☎ 04 95 26 12 92
Ouv. 7j/7.

Capo d'Orto
A l'entrée de la station en venant de Calvi, entre mer et maquis, un établissement récent et confortable aux chambres contemporaines de bon goût. Nombreuses activités de détente et de découverte.
39 ch. 59-160 €   www.hotel-capo-dorto.com

→ A Ota, Rte de Calvi, RD 81
☎ 04 95 26 11 14
🖨 04 95 26 13 49
F. 15 oct.-31 mars.

Les Flots Bleus
Un hôtel pratique dans un site privilégié, aux chambres fonctionnelles et rafraîchies l'an passé (rideaux, dessus de lit, mobilier), bénéficiant d'une terrasse privée pour profiter de la vue sur le golfe.
28 ch. 64-99 €   www.hotel-lesflotsbleus.com

→ Marine de Porto
☎ 04 95 26 11 26
🖨 04 95 26 12 64
F. 30 oct.-10 avril.

Le Subrini
Un hôtel simple, vacancier et classique, très bien placé dans cette sublime marine aux couchers de soleil enchanteurs. Déco contemporaine sans charme, mais bon confort, terrasse privée, et possibilité de piscine, hammam, spa et sauna à l'hôtel Eden Park proche.
25 ch. 60-80 €   www.hotels-porto.com

→ La Marine de Porto
☎ 04 95 26 14 94
🖨 04 95 26 11 57
F. fin oct.-31 mars.

Villes de proximité, voir :

⟳ SERRIERA...............................6 km N. par D 81 et D 524

PORTO VECCHIO - 20137 (35 C 6)
Ajaccio 146 - Bonifacio 27 - Sartène 62

17 Casadelmar
Porto-Vecchio, capitale de la grande gastronomie en Corse ? Avec deux maisons de haut niveau (dont le voisin "d'en face", le Grand Hôtel de Cala-Rossa), la riche clientèle touristique qui fréquente les environs du golfe aura au moins de quoi occuper ses soirées. Ce Casadelmar est un rêve : une merveilleuse construction contemporaine, qui s'agrandit d'ailleurs cette année en proposant des chambres supplémentaires, ouverte sur le golfe. La terrasse, luxueuse, exclusive, et dont l'éclairage varie au cours de la soirée, offre un panorama sans nuage sur Porto-Vec', juste en face. Une armée de serveurs - que couve du regard un directeur d'une classe folle, veillant sur les visiteurs d'un soir comme sur les résidents avec la même délicatesse - s'active dans un ballet parfaitement réglé où les sourires ne sont jamais forcés. La carte de Davide Bisetto ne fait jamais mystère de ses intentions : luxueuse mais sans lourdeur, elle magnifie et personnalise les codes de la cuisine méditerranéenne : baccala de seiche, gambas de San Remo en sashimi et jus de poivrons rouges, tagliolini maison au fin ragoût de ris de veau, fleurs de courgettes et muscat d'Antoine Arena, loup de ligne en croûte de sel gris, coquillages à la verveine, canette caramélisée au miel et épices, sorbet à la fleur d'oranger et petits oignons farcis à

→ Rte de Palombaggia, BP 93
☎ 04 95 72 34 34
F. à déj., 1er janv.-4 avril et 2 nov.-31 déc.
Jusqu'à 22h30.

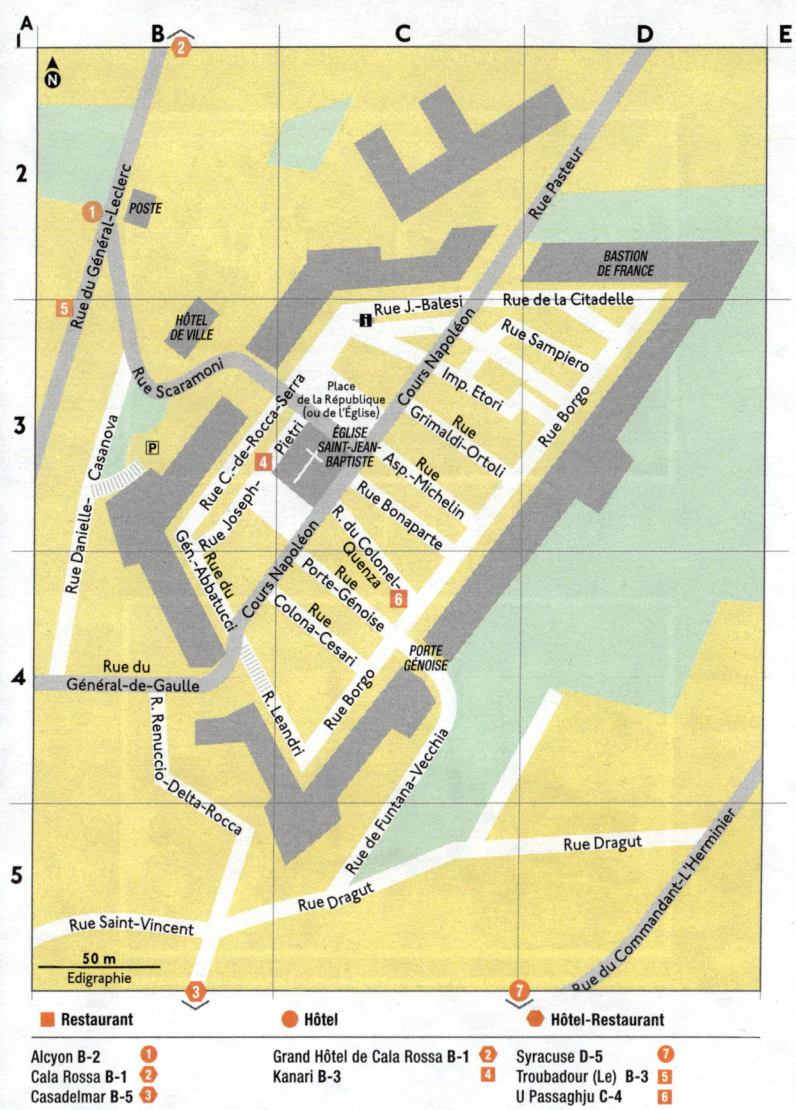

Alcyon **B-2**	❶	Grand Hôtel de Cala Rossa **B-1**	❷	Syracuse **D-5**	❼
Cala Rossa **B-1**	❷	Kanari **B-3**	❹	Troubadour (Le) **B-3**	❺
Casadelmar **B-5**	❸			U Passaghju **C-4**	❻

amaretto. Cave sans faille, sévèrement tarifée (mais qu'importe, la clientèle qui remplit chaque soir la grande terrasse ne semble jamais s'en soucier).
C : 140 € • M : 70-160 €   www.casadelmar.fr

Les villes sont citées par ordre alphabétique.
Les villes au nom composé d'un article sont classées sans tenir compte de celui-ci.

Un hôtel unique,

Une superbe vision contemporaine de l'hôtellerie de luxe...

CASADELMAR
HÔTEL - RESTAURANT - SPA

Route de Palombaggia BP 93 - 20538 Porto-Vecchio Cedex
Tél. : +33 (0)4 95 72 34 34 - Fax : +33 (0)4 95 72 34 35
info@casadelmar.fr - www.casadelmar.fr

 Casadelmar 🍃

La situation sur la baie est si belle que le cadre lui cède habilement la vedette, avec une sobriété contemporaine, dans l'architecture comme dans le décor, qui révèle ses charmes petit à petit, dans sa façon de laisser entrer la lumière, de ponctuer l'espace de touches de couleurs vives ou d'utiliser avec élégance le bois brut. Le résultat est magnifique et n'oublie pas les indispensables du luxe, comme le spa, la page privée remarquablement aménagée ou la superbe piscine en bord de mer.

20 appart. 470-3000 € • 14 ch. 350-880 €   *www.casadelmar.fr*

→ Rte de Palombaggia
☎ 04 95 72 34 34
🖨 04 95 72 34 35
F. 1er janv.-4 avril et 2 nov.-31 déc.

----

16 📖 ⩚ Cala Rossa

Les résidents du très privé domaine de Cala Rossa ont de l'exclusivité à tous les rayons : service pléthorique, accueil de palace vacancier, accès par barrière gardée, vous pourriez être aux Seychelles ou à Hawaï. L'assiette porte la marque d'un chef français inspiré, Georges Billon et d'un second prometteur, Jean-Michel Bardet. Par rapport aux saisons précédentes, la cuisine traditionnellement sudiste à thème corse, s'épure et se modernise, dans le sens du dépouillement et du graphisme, alliés à une forte personnalité. Un veau plus un thon ne font pas forcément un vitello tonato : ils sont séparés ici avec finesse (superbe veau en lamelles) dans une assiette sobre aux saveurs nettes, éclairés de cubes de légumes et d'une pointe de soja. Le saint-pierre sent la complication (couteau en brunoise, émulsion de fumet de poisson, légumes hachés, crème de coco, jus de veau) et pourtant l'assiette est belle, le poisson splendide et l'ensemble finalement harmonieux, signes d'une véritable maîtrise. Splendides desserts d'un pâtissier véritablement expert en chocolat, service humain et concerné dont la motivation fait plaisir, cave non seulement très complète en corse, avec les meilleurs, mais offrant un panorama pointu à des tarifs avenants, une vraie belle carte française pour une clientèle internationale qui boit aussi bien le Cèdre ou Clos Bacquey qu'un Clos Canarelli.

C : 150 € • M : 90-140 €   *www.relaischateau.fr/calarossa*

→ Rte de Cala-Rossa
☎ 04 95 71 61 51
F. 3 janv.-31 mars.
Jusqu'à 21h30 (22h été).

🍃 Grand Hôtel de Cala Rossa 🍃

Le luxe est ici davantage dans la situation privilégiée et les multiples détails pensés avec raffinement pour une détente parfaite, que dans un décor outrancier : sobriété et raffinement sont les maîtres mots de chambres superbes, tons clairs et meubles authentiques. Plage privée, spa, randonnées au départ de l'hôtel ou balade en mer, le séjour paraîtra forcément trop court.

appart. 320-1000 € • 42 ch. 250-780 €   *www.relaischateaux.fr/calarossa*

→ Rte de Cala-Rossa
☎ 04 95 71 61 51
🖨 04 95 71 60 11
F. déb. janv.-déb. avril.

----

12 Kanari

Jeanine Sauli ne nourrit pas le touriste par opportunisme, mais par passion et amour du partage, une attitude qui fait toute la différence dans sa façon d'appréhender les produits corses, qualité de l'approvisionnement et traitement personnel, voilà qui nous donne de belles assiettes comme la soupe de légumes et charcuterie, les linguini aux coquillages flambés au cédrat ou encore les bonnes surprises autour des poissons de la pêche du jour. Vins corses bien sûr pour arroser le tout.

M : 25-60 €   *lekanari@wanadoo.fr*

→ 2 rue J.-Pétri
☎ 04 95 72 00 31
F. merc. et nov.-mars.
Jusqu'à 23 h.

12 Le Troubadour

→ 13 rue du Gén-Leclerc
☎ 04 95 70 08 62
F. non comm.
Jusqu'à 22h (24h w.-e.).

Authentique troubadour, héraut de la chanson corse (polyphonie dans les baffles) jusque dans l'assiette où l'on sait toutefois utiliser la langue moderne pour mettre à l'honneur les produits du cru. Car le cadre étudié, meubles anciens, tables de café de campagne et chemins de table grège, abrite une table réellement moderne. que l'atmosphère, notamment lors des soirées guitare et chants au rez-de-chaussée, rend presque incontournable. L'assiette, cette année, s'est montrée en revanche décevante, un manque dans les finitions, des produits pas toujours au top, qui ne font pas la toque comme les années précédentes. On souhaite d'autant plus fort le sursaut que le jeune service est très dévoué et que la table, avec son agréable véranda d'étage, est toujours aussi attachante. Bonne cave régionale.
C : 40 € • M : 19-29 €

10 U Passaghju

→ 15 rue du Col-Kuenza
☎ 04 95 20 15 66
F. lundi, janv., 30 nov.-10 avril.
Jusqu'à 23h.

L'emplacement dicte bien sûr le choix d'une cuisine corse idéalisée, où les charcuteries et les viandes de pays permettent de faire le plein de saveurs en tenant les prix. Avec son sauté de veau aux olives ou son sanglier aux deux polentas, la maison s'en tire plutôt bien dans ce registre.
M : 18,50-21,50 €   pdubois20@aol.com

Le Belvédère

→ Port de Porto
☎ 04 95 26 12 01
▤ 04 95 26 11 97
Ouv. 7j/7.

Sur la route qui mène à l'une des plus célèbres plages de l'île, cet établissement de caractère, entouré d'une forêt de pins parasols, de palmiers et d'eucalyptus, fait face à la ville de Porto Vecchio, qui se dresse juste de l'autre côté du golfe. Petite capacité d'accueil mais prestations haut de gamme, délicieuse piscine comprenant deux vasques d'hydro-massage.
20 ch. 45-110 €   www.hotel-le-belvedere.com

Syracuse

→ Quartier Casetta Bianca,
Rte de Palomaggia
☎ 04 95 70 53 63
▤ 04 95 70 28 97
F. 30 sept.-1er avril.

Installé sur les rives du golfe de Porto-Vecchio, sur la route qui mène à la fameuse plage de Palombaggia, cet établissement jouit d'un cadre enchanteur, lové dans un écrin où roches rouges et maquis se mêlent dans une parfaite harmonie. Spacieuses et modernes, les chambres offrent l'agrément d'un écran plat et de la climatisation.
1 appart. 236-275 € • 18 ch. 110-250 €   www.corse-hotelsyracuse.com

Alcyon

→ Rue Mal-Leclerc, Haute Ville
☎ 04 95 70 50 50
▤ 04 95 70 25 84
F. 23-27 déc.

A l'orée du centre, tout près du Troubadour, un hôtel pratique, de bon accueil, aux chambres simples et fonctionnelles, modernisées récemment, pas trop chères compte tenu des tarifs de la station.
10 appart. 112-272 € • 30 ch. 52-172 €   www.hotel-alcyon.com

Villes de proximité, voir :

POUANCAY - 86120   (16 B 4)
Fontevraud-l'Abbaye 16 - Saumur 27

12 Trésor Belge

Nous avions fréquenté, plus souvent qu'à son tour, cette délicieuse maison lorsqu'elle enchantait le centre de Thouars. La voici désormais installée à Pouançay, Marc De Cock, en salle, et André Willemsen, en cuisine, répondant toujours à l'appel. Un dépaysement total dans un cadre 100% "Plat Pays", une cuisine dans laquelle la bière est très présente (carbonade à la flamande, gambas à la bière aux framboises, moules à la bière d'Hommel, carré d'agneau à la trappiste Westmalle Triple...) et une fabuleuse carte de bière pour accompagner une cave intelligente où les vignerons belges travaillant en France sont légion.
C : 35 € • M : 27-37 €   www.tresorbelge.com

→ 1 allée du Jardin-Secret
☎ 05 49 98 72 25
F. lundi, mardi et janv.
Jusqu'à 22h30.

Villes de proximité, voir :

⟳ TERNAY .... 5 km E. par D 55

POUILLON - 40350   (23 C 5)
Dax 17 - Orthez 30

13 Auberge du Pas de Vent ♥

Saluons le retour, dans nos colonnes, de la bonne maison de Frédéric Dubern. Délicieusement accueillante, que ce soit sur la terrasse couverte (un peu bruyante cependant parfois car proche de la rue) ou dans la rustique salle à manger. Généreuses au point de paraître pantagruéliques, les assiettes du chef interprètent à merveille le terroir local, avec les foies gras, le cochon, le ris de veau. Une cuisine mijotée, riche, tellement émouvante.
C : 38 € • M : 21,50-35,50 €   www.auberge-dupasdevent.com

→ 281 du Pas-de-Vent
☎ 05 58 98 34 65
F. dim. à dîn., mardi à dîn.,
merc., vac. scol. fév. et vac.
scol. Toussaint.
Jusqu'à 21h30.

POUILLY LE FORT - 77240   (7 C 3)
Paris 55 - Meaux 52 - Melun 4

15 ≷ Le Pouilly

Le train qui passe par cette élégante ferme briarde n'est pas celui d'un sénateur. A 33 ans, Anthony Vallette, déjà nommé Grand de Demain, n'a pas l'intention de musarder. Quitte à choquer quelques dames patronnesses avec ses écarts d'assiette, il ajoute l'audace au talent pour créer sans cesse de nouveaux plats. Dans ce cadre de campagne cossue où l'on verrait davantage le lièvre à la royale et la tête du dix-corps en trophée au mur, en veux-tu des tempuras de langoustines, capsules de chèvre frais, chutney mangue ananas tomates et herbes du jardin, en voilà un filet de barbue braisé au beurre de baratte, confit d'aubergine spirale de pied de cochon et gorgonzola. Les sens ne se reposent guère jusqu'à l'explosion des desserts, l'un d'eux, la "dynamite" se composant d'un riz coulant pistaché, de billes de melon et olives confites. Amusants, inventifs, ses menus à thème sont aussi à tenter (le chocolat, assez impressionnant) et la cave très sérieuse en références d'aujourd'hui (Grossot, Gauby, Germain, Brun, Bressy...).
C : 80 € • M : 43-65 €   www.lepouilly.fr

→ 1 rue de la Fontaine
☎ 01 64 09 56 64
F. dim. à dîn., lundi, 15 août-13 sept. et 22-28 déc.
Jusqu'à 21h30.

POUILLY SUR LOIRE - 58150 (19 B 3)

Bourges 57 - Nevers 38 - Vierzon 78

13 Coq Hardi Relais Fleuri

Philippe Martin n'a jamais totalement coupé les ponts avec ses anciennes fonctions. Longtemps employé en salle chez Marc Meneau, il quitte encore régulièrement son piano pour parler beaux et bons produits avec sa clientèle. Sage et traditionnelle, sa cuisine n'attire que les louanges pour sa parfaite interprétation des grands classiques : foie gras marbré aux pommes et gelée de pommeau, tronçon de turbot aux pruneaux braisés au vin rouge, entrecôte de Salers et sa croûte de Laguiole, mousse de chocolat blanc, crème de fruits rouges et fruits rouges. Cave attendue et largement dominée par le val de Loire, pouilly fumé et sancerre en vedettes.
C : 70 € • M : 23-60 €   *www.lerelaisfleuri.fr*

→ 42 av de la Tuilerie
☎ 03 86 39 12 99
F. mardi, merc. (oct.-avril) et déb. janv.
Jusqu'à 20h30.

10 Restaurant Chez Mémère

Mémère reste au village, rustique et familiale adresse pour mâchon d'étape. Avant de reprendre la visite touristique de la vallée, on attaque l'andouillette de Troyes et le suprême de pintade avec un verre de pouilly ou de sancerre.
C : 15 € • M : 12-22 €

→ 72 av Waldeck-Rousseau
☎ 03 86 39 02 43
F. dim. à dîn., lundi et 2e quinz. juil.
Jusqu'à 21h.

Le Relais de Pouilly

Entre bord de Loire et Nationale 7, le Relais préserve une atmosphère champêtre et conviviale et constitue une étape confortable, avec ses chambres classiques et spacieuses.
24 ch. 50-75 €   *www.relaisdepouilly.com*

→ Quai de Loire
☎ 03 86 39 03 00
🖷 03 86 39 07 47
Ouv. 7j/7.

POULDREUZIC - 29710 (13 B 4)

Quimper 25 - Pont-l'Abbé 16

Breiz-Armor

La maison a tout de l'hôtel de vacances idéal, par sa situation face à la mer, le confort d'un cadre contemporain (y compris au niveau des chambres), sans oublier le nécessaire de détente, du sauna au prêt de VTT.
10 appart. 98-128 € • 26 ch. 69-79,50 €   *www.breiz-armor@wanadoo.fr*

→ Plage de Penhors
☎ 02 98 51 52 53
🖷 02 98 51 52 30
F. 5 oct.-4 avril.

POULIGNY NOTRE DAME - 36160 (18 A 6)

La Châtre 12 - Châteauroux 48 - Guéret 49

12 Les Dryades Harmonie

Dans le contexte verdoyant de ce complexe contemporain dédié entre autres aux plaisirs du golf, le chef joue la sécurité, avec une belle carte classique. Les produits nobles viennent de la région (volailles et fromages du Berry) ou de plus loin (omble chevalier, saint-jacques) pour des assiettes élégantes : crème caramel au foie gras, cabillaud à l'unilatéral et chips de betterave.
C : 60 € • M : 25-55 €   *www.les-dryades.fr*

→ Rue du Golf
☎ 02 54 06 60 60
Ouv. 7j/7.
Jusqu'à 21h.

Domaine des Dryades

Le vaste immeuble contemporain, au calme sur son vaste parc, a évolué en 2007. Le cadre rafraîchi permet de profiter dans des conditions améliorées des multiples atouts : chambres paisibles avec balcon sur le parc, golf, centre de remise en forme.
5 appart. 216 € • 80 ch. 113-134 €   *www.les-dryades.fr*

→ Rue du Golf
☎ 02 54 06 60 60
🖷 02 54 30 10 24
Ouv. 7j/7.

LE POULIGUEN - 44510 (15 A 4)
Nantes 71 - Saint-Nazaire 13

Café Jules
Cadre contemporain soigné pour cette jolie salle installée dans une bâtisse du XIXᵉ siècle sur le quai Jules Sandeau. Large carte d'inspiration brasserie, avec quelques pizzas (assez sévèrement tarifées), salades et spécialités marines. Cave centrée sur la Loire.
C : 27 € • M : 20 €

→ 15 quai Jules-Sandeau
☎ 02 40 42 31 79
Ouv. 7j/7.
Jusqu'à 23h.

www.cafejules.com

PRALOGNAN LA VANOISE - 73710 (28 C 3)
Chambéry 106 - Megève 87

Le Grand Bec
Proposant des prestations classiques à ce niveau de standing dans les Alpes (sauna, jacuzzi, UVA), cet établissement ajoute la chaleur d'un accueil familial (l'hôtel fut construit par les Favre dans les années trente) et une décoration personnalisée grâce aux peintures sur bois de Mme Favre. Restaurant.
12 appart. 125 € • 27 ch. 90 €

→ ☎ 04 79 08 71 10
📠 04 79 08 72 22
F. 6 avril-7 juin et 15 sept.-20 déc.

www.hoteldugrandbec.fr

PRATS DE MOLLO LA PRESTE - 66230 (31 C 6)
Perpignan 61 - Céret 32 - Montpellier 212

12 Bellavista
Les Menus Terroir sont un grand classique des provinces françaises, mais ils ont rarement un tel panache : dans l'auberge familiale, Denis Visellach propose une vision particulièrement raffinée du terroir catalan (et un peu au-delà) : jambon serrano et amandes torréfiées sur de belles sucettes de foie gras, agneau de pays en cuisson de huit heures rehaussé par une panure au basilic, le fromage des Pyrénées et l'assiette dégustation ludique et gourmande autour de la fraise, autant de belles assiettes qui justifient la dépense (un peu plus de 30 €). Le soin et le goût du beau produit local sont tout aussi palpables sur de plus petits menus et confortent le plaisir qu'on a à fréquenter cette maison de caractère. Parfait relais en salle du travail de son mari, Patricia Visellach propose une très belle cave, qui met en avant les petits producteurs en pointe de la région.
C : 44 € • M : 19,50-50 €

→ Pl le Foirail
☎ 04 68 39 72 48
F. mardi, merc. (15 fév.-31 mars et 10-30 nov.),
1ᵉʳ janv.-14 fév. et déc.
Jusqu'à 21h.

www.lebellevue.fr.st

LE PRE SAINT GERVAIS - 93310 (8 C 5)
Paris 7 - Bobigny 4 - Pantin 3

13 Le Pouilly-Reuilly
François Mitterrand était un habitué de cet authentique bistrot où furent tournées quelques scènes du Petit Rapporteur. Mais aujourd'hui ? Christian Millet dirige les lieux, Pascal Heurteau œuvre en cuisine et chacun s'attache, sans avoir été directement témoins de ces événements, à faire fructifier l'héritage au son d'une cuisine d'autrefois : tête persillée et vinaigrette aux herbes, pavé de rumsteck sauce au poivre et baba au rhum. Jolie petite cave où les reuillys de Jean-Michel Sorbe cohabitent avec le côtes-de-provence des Meguières.
M : 28-65 €

→ 68 rue André-Joineau
☎ 01 48 45 14 59
F. sam. à déj. et dim.
Jusqu'à 21h45.

PRENOIS - 21370 (20 B 3)
Dijon 15 - Beaune 51

17 🏨🏨 ⚡ **Auberge de la Charme**

Notre ancien Grand de demain vient tout juste de fêter son quarantième anniversaire. L'heure serait-elle venue de s'assagir, de ne plus s'exercer, ne plus créer et simplement se contenter de faire bouillir la marmite en contemplant, d'un œil satisfait, cette petite salle à manger toujours pleine ? David Zuddas ne semble pas encore gagné par cette facilité qui se révélerait probablement fatale. Car on ne vient pas sur les hauteurs du circuit pour se contenter d'un ris de veau aux morilles ou d'un pigeon farci au foie gras. Ludique, mais gardant le sérieux nécessaire, sa cuisine conserve encore une belle longueur d'avance sur la meute : maquereau vin blanc dans tous ses états, nouilles soba tièdes liées à l'œuf, avruga et shitaké, dos de cabillaud, rave confite au curcuma, pâte de citron et lait de concombre à l'huile vierge, poitrine de pigeon frottée aux épices du Maghreb, boulgour, pois chiche et cuisses confites. Cave pas forcément ultra-érudite mais privilégiant les meilleurs rapports qualité-prix chez les valeurs sûres.
C : 70 € • M : 25-80 €   davidlacharme@aol.com

→ ☎ 03 80 35 32 84
F. dim. à dîn., lundi, mardi à déj., vac. scol. fév. et 1er-15 août.
Jusqu'à 21h30.
♿ 🐕 🚗

PROJAN - 32400 (29 A 4)
Aire-sur-l'Adour 19 - Riscle 16

🅲 **Château de Projan** ⚓

Décorées par un architecte dont le travail se matérialise par un judicieux mélange entre l'ancien et le contemporain, les chambres de cet hôtel de toute petite capacité vivent en parfaite harmonie avec l'architecture de cette belle bâtisse du XVIIIe siècle. Vue imprenable sur les Pyrénées et les coteaux du Gers, exposition permanente de peintures modernes.
2 appart. 140-170 € • 5 ch. 95-140 €   www.auchateau-de-projan.com

→ ☎ 05 62 09 46 21
🖷 05 62 09 44 08
F. fév., vac. scol. Toussaint et sem. Noël.
🚗 ⚓ 🎾

PROPRIANO - 20110 (35 B 5)
Ajaccio 70 - Sartène 13

14 🏨 **Le Tout Va Bien** ♥

La meilleure table de Propriano se trouve aujourd'hui sur les quais, et les gourmands du pays vous indiqueront facilement "chez Parenti". La salle élégante se prolonge d'une terrasse à balustrade sur le port, le service est plein d'aménité pour délivrer des assiettes vraiment travaillées, mais près de la nature corse, dans des présentations étudiées : tartare de poisson façon granny, avec une bonne tuile miellée à la coriandre, courgette farcie de légumes et coppa, transparent de seiche en cannelloni à la purée d'aubergine, et très bon veau bio avec des frites de navets et une mirepoix de carottes. Les vins du Sarténais sont au garde à vous, avec les cuvées spéciales, pas trop chères.
C : 52 € • M : 21-30 €   www.chezparenti.fr

→ 10 av Napoléon
☎ 04 95 76 12 14
F. dim. à dîn., lundi à dîn. (sf saison), janv.-fév. et 15 jrs nov.-déc.
Jusqu'à 22h.
🌂 ♿ 🐕

Les noms des villes de proximité (dans un rayon d'environ 10 km), ayant au moins un établissement sélectionné, sont listés à la fin de chaque grande ville, avec mention de la note du restaurant la plus élevée.

---

12 Terra Cotta

Rien à désavouer quand on pourrait nourrir quelques préjugés : en position centrale, sur le quai jonché de tables diverses, Terra Cotta et son jeune chef Thomas Duval font le métier sans déchoir, en s'éloignant plutôt radicalement du terroir. Le menu à 29 € est la bonne affaire de la ville, avec le mille-feuille de saumon, le croustillant de langoustines, le mérou sur une nage de légumes au coco ou les saint-jacques. Gentils desserts, cave de vins de Sartène très abordable et service plein de sollicitude.
C : 40 € • M : 29-49 €

→ 29 av Napoléon
☎ 04 95 74 23 80
F. dim. à déj. (juin-sept.), dim.
(mars-juin, mi-sept.-nov.) et
fin nov.-déb. mars.
🎋 ≋❄ 🐾

---

10 Le Cabanon

Une véranda simple comme un cabanon : dans une ambiance qui semble ne se réveiller qu'en saison, le poisson de la pêche, correctement préparé, rattrape une charcuterie sans éclat. Un dépannage touristique que l'on peut fréquenter à petits prix.
C : 35 € • M : 21-29,50 €

→ Av Napoléon
☎ 04 95 76 07 76
F. mi-oct.-mars.
Jusqu'à 22h30.
🎋 ≋❄ 🐾

🄲🄲 Hôtel-Restaurant le Lido

Une avancée sur la mer, une languette de sable et rochers, une situation unique pour ces 14 chambres décorées simplement dans un style méditerranéen et où la lumière joue un rôle primordial. Très belle terrasse ouverte sur le golfe pour savourer par exemple la recette familiale de la langouste "Noël Pittilloni"
1 appart. 145-219 € • 14 ch. 102-155 €   *le.lido@wanadoo.fr*

→ Av Napoléon
☎ 04 95 76 06 37
🖳 04 95 76 31 18
Ouv. 7j/7.
≋❄

PROVINS - 77160   **(8 A 3)**
Melun 60 - Sens 46

12 Aux Vieux Remparts

La vénérable maison est prête à accueillir un flux grandissant de visiteurs attirés par le statut de ville classée. Elle est bien armée pour y parvenir, tête de pont incontestée de la gastronomie locale dont le cadre de charme ne peut que séduire. Tout aussi efficace, la cuisine de Lionel Séret assume aussi bien la tradition et des idées plus personnelles, le magret de canard rôti au miel et à l'orange et le lieu noir fumé au moelleux mascarpone citron, la noblesse d'un cassoulet de homard et un attrayant premier menu qui fait de réels efforts pour convaincre (tartine de filet de maquereau mariné, pavé de cochon à la tomme sauce chorizo, crumble pommes rhubarbe). La cave gagnerait à s'élargir un peu hors des classiques bordeaux bourgogne.
C : 60 € • M : 28-90 €   *www.auxvieuxremparts.com*

→ 3 rue Couverte
☎ 01 64 08 94 00
F. 20 déc.-3 janv.
Jusqu'à 21h30.
🎋 🚗 ♿ 🐾 🚬

🄲🄲 Aux Vieux Remparts

Ouvertes sur le jardin, les chambres, toutes récemment rénovées, charment par leur ambiance à la fois romantique et actuelle, couleurs et matériaux harmonieux qui permettent de profiter au mieux de la situation au cœur de la vieille ville. Le mobilier patiné ou les salles de bain en pierre ajoutent une remarquable touche d'authenticité.
32 ch. 80-300 €   *www.auxvieuxremparts.com*

→ 3 rue Couverte
☎ 01 64 08 94 00
🖳 01 60 67 77 22
F. 20 déc.-3 janv.
🚗 ♿ 🐾

PUJOLS - 47300   **(24 B 3)**

Agen 33 - Villeneuve-sur-Lot 2

15 La Toque Blanche

A deux pas du vieux village, au bout de sa voie privée, la maison défend avec bonheur une certaine tradition. Le décor est d'autant plus agréable qu'il ouvre largement sur la vallée et le standing est de bon niveau, belles manières et service sous cloche. Tradition également côté cuisine, où Bernard Lebrun met fièrement les deux pieds dans le terroir pour proposer des assiettes équilibrées, dans la délicatesse du foie gras poêlé feuilleté d'asperges ou de la trappe d'Echourgnac à la liqueur de noix, comme dans la vraie gourmandise d'un impeccable tournedos de filet de bœuf au sautoir jus court aux morilles et ses frites de polenta au jambon ou du mont Pujol, délicieux dessert sur le thème du pruneau. De belles affaires sur les vieux millésimes, fer de lance d'une cave riche de 25 000 bouteilles.

C : 60 € • M : 25-80 €

→ ☎ 05 53 49 00 30
F. dim. à dîn., lundi, mardi à déj., 21-29 janv., 23 juin-8 juil. et 17-25 nov.
Jusqu'à 21h45.

www.la-toque-blanche.com

---

14 La Villa Smeralda

Il y a quelque chose d'immédiatement magique qui se dégage de cette terrasse au cœur du ravissant village de Pujols : une atmosphère chic et sereine, les sourires de l'accueil et ce plateau en bois garni d'olives vertes, de copeaux de fromages, de tranches de charcuterie artisanale, de petits légumes et de Carta da Musica (un pain sarde craquant et très fin) qu'on vous apporte à peine installé à table. Les bases (excellentes) sont posées et le rythme ne faiblit plus ensuite avec les filets de poissons bleus panés et semoule fine, la raviole de ricotta, zeste d'orange et citron, miel et safran ou le homard à la catalane servi froid avec de la tomate fraîche et un émincé d'oignons et poivrons rouges. Belle cave languedocienne.

C : 22 € • M : 15-25 €

→ Le Bourg
☎ 05 53 36 72 12
F. dim. à dîn. et mardi (h.s.), lundi, 15-30 janv. et 15-30 oct.
Jusqu'à 21h30.

---

12 Auberge Lou Calel

Pujols, l'un des "Plus beaux villages de France", pierres médiévales, vue magnifique sur le Lot. Tout le monde descend et se répartit dans les restaurants du village, se mettre dans l'ambiance. Lou Calel tient son rang, installé dans les remparts, depuis cinquante ans. Les jeunes chefs se succèdent, la tradition demeure, arrangée selon les modes qui passent : tatin de foie gras, ravioli de queue de bœuf, gigot d'agneau de 13 h (qui dit mieux !), paupiette de magret. cave intéressante pour ses vieux millésimes bordelais et le Chante Coucou d'Elian à 32 €.

C : 38 € • M : 18-38 €

→ ☎ 05 53 70 46 14
F. mardi à dîn., merc., jeudi à déj. et 3-16 janv.
Jusqu'à 21h45.

PUJOLS - 33350   **(24 A 2)**

Bergerac 48 - Libourne 25 - Marmande 50

14 La Poudette ♥ d≋

Une maison particulière, dans les champs, la campagne girondine tout autour : le style très nature s'exprime dans l'environnement (carré d'herbes, arbres fruitiers, les poules devant la porte) et la déco, fraîche et claire. Cette auberge - ferme est en tout cas un joli retour aux sources, le chef, formé chez Chibois, montrant un appétit visible pour les saveurs vraies : très bon jambon de noir de Bigorre, superbe lotte avec ses épinards al dente et des nems de coquillages, moelleux chocolat de chef-pâtissier... Il y a du

→ 1 Bernadigot
☎ 05 57 40 71 52
F. dim. à dîn. mardi (h.s.), lundi (juil.-août) et mars.
Jusqu'à 21h.

répondant, y compris dans la salle, atmosphère distinguée, service familial au ton juste, une cohérence totale pour une des plus belles découvertes dans la région. Cave régionale bien vue, avec de la recherche sur les petits prix. Un gros coup de cœur.
C : 40€ • M : 31-34€   *www.la-poudette.com*

PULIGNY MONTRACHET - 21190   (20 D 4)
Dijon 49 - Beaune 12

14 Le Montrachet

La chambre est douillette, tout est sous contrôle ? Il est temps de passer à table, de commander les œuvres bourguignonnes de Thierry Berger, chef très adroit pour mixer un terroir imaginatif ponctué de standards régionaux, et de déchiffrer l'opulente carte des vins sans arrière-pensée. Car l'on tient ici le prototype de l'hôtel-restaurant d'hier et d'aujourd'hui, traditionnel dans son concept, moderne dans son approche : la table est élégante, l'assiette fait envie, des escargots au vin blanc à la canette Miéral aux bourgeons de cassis, mais aussi de la lotte en croûte de sel au tube de citron sur un sablé fondant, parmi des desserts très affriolants. La cave, il faut le redire, est l'une des plus complètes en bourgognes, et plus particulièrement sur son domaine de montrachet, puligny et chassagne décortiqués parcelle par parcelle, les grands crus étant proposés à des tarifs attractifs.
C : 55€ • M : 30-75€   *www.le-montrachet.com*

→ 10 pl des Marronniers
☎ 03 80 21 30 06
F. 26 nov.-11 janv.
Jusqu'à 21h30.

Le Montrachet

La bonne étape bourguignonne, chic et familiale pour réunir la qualité du vivre et du couvert. Derrière la façade typique et fleurie en pierre du pays, des chambres rustiques plaisantes, bien équipées, avec écrans plats et coffre-fort.
4 appart. 180€ • 26 ch. 110-130€   *www.le-montrachet.com*

→ 10 pl des Marronniers
☎ 03 80 21 30 06
🖨 03 80 21 39 06
F. 26 nov.-11 janv.

---

10 La Table d'Olivier Leflaive

Table d'hôte certes mais quand l'hôte s'appelle Olivier Leflaive, on ne saurait bouder son plaisir et pour accompagner les vins réputés de la maison, le chef livre une version de la Bourgogne tout à fait digne d'intérêt : charcuterie de qualité, vraie bonne blanquette de volaille à midi, la poêlée de morilles ou le bœuf bourguignon le soir. Ambiance évidemment conviviale, on déguste entre amateurs éclairés (7 ou 14 vins !) avec les conseils avisés de deux sommeliers diserts.
M : 40-50€   *www.olivier-leflaive.com*

→ Pl du Monument
☎ 03 80 21 37 65
F. janv.

La Table d'Olivier Leflaive

Peut-être parce que le grand menu dégustation et ses 14 vins ne font pas bon ménage avec les réglementations routières, Olivier Leflaive propose désormais dans sa belle maison vigneronne XVIIe des chambres superbes, qui déclinent leurs ambiances avec une constante, le souci d'élégance et de douceur de vivre, avec les tons clairs et les beaux meubles anciens.
12 ch. 140-170€   *www.olivier-leflaive.com*

→ Pl du Monument
☎ 03 80 21 37 65
🖨 03 80 21 33 94
F. janv.

🦉 La Chouette

Une maison contemporaine bien placée au coeurs des grands crus de blancs. La terrasse et le jardin ouvrent sur les vignes, les chambres modernes ont un style affirmé, des tons chaleureux, des équipements d'aujourd'hui (ADSL gratuit, mini-bar...).
6 ch. 125-140 €

www.la-chouette.fr

→ 3 bis rue Creux-Chagny
☎ 03 80 21 95 60
🖨 03 80 21 95 61
F. 20 déc.-2 janv.

PUTANGES PONT ECRÉPIN - 61210   (5 D 4)
Alençon 58 - Argentan 20 - Falaise 17

11 Le Lion Verd

La situation de cette grande maison traditionnelle est agréable et on veillera donc à privilégier la vue sur la rivière pour s'installer dans la sympathique salle à manger coquille d'œuf. La cuisine cultive une veine terroir et simplicité bienvenue et, dans ce canton où les bonnes tables n'abondent pas, il faut relever la qualité remarquable de la viande (filet de bœuf à la crème de camembert), des desserts savoureux (tiramisu normand) et surtout des prix très très sages. Service rapide, qu'on aimerait juste un peu plus souriant, carte des vins maigrichonne.
C : 27 € • M : 11,50-18 €

hotel.lionverd@wanadoo.fr

→ 2 pl de l'Hôtel-de-Ville
☎ 02 33 35 01 86
F. dim. à dîn., lundi, mardi à déj. (h.s.) et 22 déc.-15 janv.
Jusqu'à 21h.

LE PUY EN VELAY - 43000   (26 C 5)
Paris 546 - Clermont-Ferrand 129

14 François Gagnaire

Opiniâtre, légitimement ambitieux, dynamique, les qualificatifs ne manquent pas pour ce néo-quadra qui a percé dans une ville dont la réputation gastronomique était à faire. Certaines idées de François Gagnaire, c'est vrai, nous ont parfois laissés un peu perplexes, mais cela n'empêche pas le chef d'avancer, et de finir par convaincre : avec un sens du terroir si bien personnalisé qu'il en devient intime, avec des mariages lointains qui lient les parfums avec bonheur : saint-pierre braisé au vadouvan et cervelas aux cèpes, sole au thé souchong et risotto carnaroli aux artichauts, souris d'agneau confite aux écorces d'orange et coriandre, galette croustillante aux parfums d'amande et lentille sorbet fromage blanc. Ajoutez-y le contexte d'un bel espace contemporain, chic et feutré, d'un service de très bon standing et d'une cave qui se bonifie en gardant les valeurs sûres, pour comprendre que les Ponots ont des raisons d'avoir de l'appétit pour ce Gagnaire-là.
C : 80 € • M : 25-128 €

www.francois-gagnaire-restaurant.com

→ 4 av Clément-Charbonnier
☎ 04 71 02 75 55
F. dim. à dîn., lundi, mardi à déj. (h.s.), dim., lundi, mardi à déj. (juil.-août), 2-18 janv., 15 jrs fin juin-déb. juil. et 15 jrs déb. nov.
Jusqu'à 21h30.

idéal gourmet

🏨 Hôtel du Parc

Face au Jardin Vinay, un hôtel en évolution, auxquels les travaux prévus en 2008 devraient apporter chic et confort contemporain. Notamment en réduisant le nombre de chambres pour plus d'espace et en apportant la climatisation.
2 appart. 58-75 € • 19 ch. 54-70 €

www.hotel-du-parc-le-puy.com

→ 4 av Clément-Charbonnier
☎ 04 71 02 40 40
🖨 04 71 02 18 72
F. 2-13 janv.

Les prix au restaurant
C : addition moyenne à la carte (sans les boissons), comprenant 1 entrée, 1 plat et 1 dessert, dans le cadre d'une restauration traditionnelle.
M : fourchette de prix mentionnant le menu le moins cher et le menu le plus cher, proposant à la fois entrées, plats et desserts, sans les boissons.

13 🍽️ Restaurant Tournayre

Avec constance, mais sans immobilisme, Eric Tournayre fait vivre depuis plus de vingt ans cette salle aux voûtes vénérables au rythme d'une cuisine de produits personnelle et soignée. Le menu Compostelle incite à l'arrêt tout pèlerin du bien manger, avec de bonnes idées (la glace roquette qui dynamise le duo de thon rouge, mi-cuit en croûte et verveine et cru en caillette) comme des classiques impeccables (cuisson rigoureuse du carré d'agneau et de ses légumes de printemps). A ce tarif, on ne boude pas son plaisir, d'autant que la cave recèle son lot de valeurs sûres et actuelles pour compléter une prestation qu'on ne se lasse pas de voir se renouveler.
C : 50 € • M : 22-70 €

→ 12 rue Chêne-Bouterie
☎ 04 71 09 58 94
F. dim. à dîn., lundi, merc.
à dîn., 1re sem. sept. et janv.
Jusqu'à 21h30.

www.restaurant-tournayre.com

---

12 Lapierre

Le terroir du Velay et d'Auvergne au sens plus large est désormais entre les mains d'Alain Rétif, chef de métier qui a choisi l'option produits du cru et bio prioritaire. Sa carte est bien faite, sérieuse et permet de conserver la mention, pour la terrine de lentilles vertes à la vinaigrette de betteraves, l'escalope de truite du Vourac au beurre de verveine ou le foie de veau au miel de sapin du Velay.. Bon menu auvergnat à 20 €, petite cave d'appoint.
C : 32 € • M : 20-29 €

→ 6 rue des Capucins
☎ 04 71 09 08 44
Ouv. 7j/7.
Jusqu'à 21h.

---

12 L'Olympe

Au cœur de cette villa souvent jugée austère, la maison de Pierre Faurrite, un ancien bistrot réaménagé en une jolie petite table, accroche immédiatement un franc sourire aux visages des visiteurs grâce à une cuisine s'inspirant librement du terroir vélave : escabèche de maquereau, accras de thon et tomates séchées, pain de truite du Vourzac aux lentilles et coulis d'étrilles, tarte aux châtaignes de l'Ardèche et crème brûlée au chocolat. Petite cave de propriétaires, avec tous les bons de la région.
C : 45 € • M : 19-59 €

→ 8 rue du Collège
☎ 04 71 05 90 59
F. sam. à déj.(sf juil.-août),
dim. à dîn., lundi et mars.
Jusqu'à 21h30.
♿ 🐎

Villes de proximité, voir :

○ SAINT VINCENT......................18 km N. par D 103 **(12/20)**

PUY L'EVEQUE - 46700 **(29 D 2)**

Agen 71 - Cahors 31 - Villeneuve-sur-Lot 43

13 🍽️ Côté Lot

De nouveaux propriétaires, Marine et Laurent Boussion, viennent de reprendre ce bel hôtel-restaurant qui fut créé par le grand-père du chef de cuisine actuel. Christophe Lasmaries, installé depuis 2000 au piano, poursuit l'aventure sans contrainte supplémentaire. La toque demeure donc solidement accrochée sur cette cuisine inspirée par le Quercy et la Méditerranée : velouté de châtaigne, jambon de canard, crème fouettée et tartine de foie gras, pigeonneau grillé aux épices, pastilla, salade d'herbes et sauce au gingembre, croustillant aux fraises, framboises écrasées au sucre et sorbet au fromage blanc et miel. Belle cave en région.
M : 28-46 €

→ Pl de la Truffière
☎ 05 65 36 06 60
F. dim. à dîn., lundi, jeudi
à dîn. (h.s.), dim., lundi
(juil.-août) et janv.
Jusqu'à 21h.
♿ ❄️ 🐎

www.lot-hotel-bellevue.com

Bellevue

L'hôtel, entièrement rénové en 2000, jouit d'une vue magnifique sur la vallée du Lot et le vignoble de Cahors. Décorées dans un style contemporain, sobres et élégantes, les chambres associent meubles en fer forgé, parquet clair et murs blancs pour composer un ensemble charmant et lumineux.

11 ch. 64-90 €

www.lot-hotel-bellevue.com

→ Pl de la Truffière
☎ 05 65 36 06 60
🖷 05 65 36 06 61
F. janv.

---

12 Bistrot l'Aganit

Bien sûr, on ne profite pas de la vue panoramique (le bistrot donne sur la place) ni des produits nobles du Côté Lot, mais Christophe Lasmaries applique avec brio son talent à cette déclinaison brasserie et l'expérience est résolument plaisante, avec des assiettes pleines de saveurs, volontiers ludiques (le riz cubain mêlant chorizo et banane) et un menu du jour au rapport qualité-prix difficilement égalable.

C : 30 € • M : 12,50-20 €

www.lot-hotel-bellevue.com

→ Pl de la Truffière
☎ 05 65 36 06 60
F. dim. à dîn., lundi (h.s.), dim., lundi (juil.-août) et janv.
Jusqu'à 21h30.

LE PUY NOTRE DAME - 49260 (16 B 4)
Loudun 32 - Saumur 25

Le Chai de la Paleine

Dans un ancien chai, un hôtel dans son neuf, au cadre contemporain et aux chambres sobres et bien équipées donnant sur le parc d'un hectare et les vignes. Et vous pourrez prendre le petit déjeuner à l'intérieur d'un foudre aménagé...

1 appart. 50-79 € • 11 ch. 40-57 €

www.paleine.fr

→ Chateau de la Paleine, pl Jules-Raimbault
☎ 02 41 38 28 25
🖷 02 41 38 42 38
F. 2-24 janv.

PUYLOUBIER - 13114 (33 D 5)
Aix-en-Provence 21 - Toulon 89

12 Les Sarments

Le cadre est magnifique, avec une salle élégante (et désormais rénovée) dans une ancienne bergerie et une terrasse avec vue sur la Montagne Sainte-Victoire, mais on revient surtout pour le travail de Jean-Sébastien Gentil, sa façon personnelle de composer des assiettes jamais intimidantes et toujours séduisantes, d'équilibrer ses audaces pour ne pas trahir le produit.

C : 32 € • M : 32 €

jsgentil@yahoo.fr

→ 4 rue-qui-Monte
☎ 04 42 66 31 58
F. lundi, mardi.
Jusqu'à 21h30.

PUYMIROL - 47270 (24 B 4)
Agen 17 - Moissac 42

18 Michel Trama

Il règne une véritable humanité chez Michel Trama. Les récompenses gastronomiques, mêmes les plus prestigieuses (son palmarès est probablement l'un des plus complets de la profession) n'ont jamais brisé les sourires de l'accueil, ni remis en cause la poignée de mains que l'on vous tend à votre arrivée, même lorsque vous êtes un parfait inconnu. Lorsqu'on a la chance d'être installé dans le cloître, tout de blanc vêtu (le dallage de vieilles pierres, les murs parés de bois, les poutres peintes) tout de même plus gai que la salle à manger décorée par Jacques Garcia, le moment prend instantanément un caractère exclusif. La cuisine ? A l'image de la maison, raffinée, luxueuse, mais sans ostentation, presque sobre : rouleaux de crabe au combawa, sympathique invitation à manger avec les doigts, crevette (cuite à la plancha) à

→ 52 rue Royale
☎ 05 53 95 31 46
F. dim. à dîn., lundi, mardi à déj. (h.s.), lundi à déj., mardi à déj.
Jusqu'à 21h30.

l'émulsion de coco billes de vinaigre, un plat dynamique, estofinado de morue version Michel Trama (présentation ludique en petites boules coincées dans des tuiles délicates et relevées d'une touche de coulis de tomate et de persil), noix de saint-jacques aux asperges vertes et pomme de terre fumée. Le morceau de bravoure ? Sans doute ce chou-fleur préparé comme un risotto, avec un jus d'achillée et le dessert en dégustation, la désormais classique "assiette de tous les sens", avec la pomme cristalline, la vague de chocolat et cerise kirschée ou le cigare et crème whisky café. Cave très complète, n'oubliant pas de proposer de jeunes vignerons du Sud à prix abordables.
C : 150 € • M : 76-215 €   www.aubergade.com

ĈĈĈ Michel Trama 🍴

→ 52 rue Royale
☎ 05 53 95 31 46
🖨 05 53 95 33 80
Ouv. 7j/7.

Au cœur de la bastide classée, l'ancienne résidence des comtes de Toulouse livre ses magnifiques vieilles pierres du XIIIᵉ siècle à la détente des gourmets du XXIᵉ siècle dans une version drapée de couleurs chaleureuses (la patte Jacques Garcia) et riche de détails raffinés.
1 appart. 620 € • 9 ch. 270-500 €   www.aubergade.com

PYLA SUR MER - 33115   **(23 C 3)**
Bordeaux 57 - Arcachon 8

12 Côte du Sud

→ 4 av du Figuier
☎ 05 56 83 25 00
F. déc. et janv.
Jusqu'à 22h30.

Tout aussi soigné dans son décor que les chambres, le restaurant s'apprécie ainsi autant en salle qu'en terrasse. La cuisine s'ouvre aux produits du Sud-Ouest, sans exclusivité marine, et y marie volontiers des parfums de voyage. On l'apprécie finalement encore plus dans sa simplicité, bien dans le ton d'une ambiance agréable : assiette d'huîtres, ventrèche de thon à la plancha hachard de légumes et crème de poivron, tatin de mangue au basilic.
C : 42 € • M : 22-28 €   www.cote-du-sud.com

ĈĈ Côte du Sud

→ 4 av du Figuier
☎ 05 56 83 25 00
🖨 05 56 83 24 13
F. déc. et janv.

L'ancienne cabane de pêcheurs ne se contente pas des atouts de sa situation au bord de la plage : son ambiance exclusive se décline, au gré des chambres, dans les tonalités chaleureuses d'un voyage au long cours, qui vous emmène du Mexique à l'Asie en passant par l'Afrique. Très belles salles de bains et confort tout aussi soigné.
1 appart. 89-130 € • 8 ch. 59-99 €   www.cote-du-sud.com

? L'Authentic d'Eric Thore

→ 35 bd de l'Océan
☎ 05 56 54 07 94
F. mardi, merc. (sf juil.-août).
F. ann. non comm.
Jusqu'à 22h.

Cette bonne maison atlantique, reprise à la fin de l'année dernière, bénéficie de l'apport d'un chef de valeur, Eric Thore. Comme de coutume, nous attendrons un exercice entier avant de fixer une première note pour le travail, intéressant et prometteur de ce cuisinier passé notamment chez Taillevent.
C : 55 € • M : 30 €

Les prix des hôtels correspondent au tarif journalier en chambre
ou en appartement (ou suite) pour au minimum 1 personne seule en basse saison
et 2 personnes en haute saison.

QUAEDYPRE - 59380 (1 C 2)
Bergues 4 - Cassel 18

13 🍴 **Taverne du Westhoek**

Tout concorde : le village flamand typique, sans emphase, sans point de vue suffocant, mais qui accueille une auberge régionale dans un bâtiment XVIIe où l'atmosphère villageoise a été fort bien préservée. Et pour accroître le plaisir de l'authentique, une cuisine d'estaminet parfaitement appliquée : potjevleesch, carbonade, tripes grillées, côte à l'os, tarte spéculoos à la bière. A savourer en buvant une bonne bière locale.

C : 21 € • M : 15-21 €   www.lataverneduwesthoek.com

→ 2 rte du Wylder
☎ 03 28 68 68 14
F. dim. à dîn.-merc., jeudi à dîn. et 2 prem. sem. janv.
Jusqu'à 21h30.

QUARRE LES TOMBES - 89630 (19 D 3)
Auxerre 71 - Avallon 20

14 🍴 **Auberge de l'Atre**

Il n'y a pas que dans ses paysages que le Morvan est généreux : ses truites, ses champignons, alimentent la cuisine de Francis Salomard avec constance et gourmandise, pour un résultat à la fois personnel et résolument bourguignon, raffiné et ancré dans le terroir : le charolais fournit le carpaccio, mariné au citron et à l'aneth, le sandre se travaille en mousseline, au lard fumé et crémant de Bourgogne, on ne saurait manquer la fricassée de champignons du moment, pas plus que le plateau de fromages du cru. Et puisqu'on parle de crus, saluons également la vaste cave bourguignonne, autre atout phare de la maison.

C : 55 € • M : 32,50-57 €   www.auberge-de-latre.com

→ Les Lavaults
☎ 03 86 32 20 79
F. mardi, merc., 12 fév.-8 mars et 20-30 juin.
Jusqu'à 21h30.

🍴🚗 ♿ 🐕

⌂⌂ Auberge de l'Atre ⬿

Eté comme hiver, cette ferme de caractère au cœur du Morvan constitue une étape de choix et l'endroit idéal pour se détendre dans un cadre champêtre. Les chambres, aux noms de champignons, combinent espace généreux, élégance rustique et vue sur la campagne en un cocktail très accueillant.

7 ch. 48-88 €   www.auberge-de-latre.com

→ Les Lavaults
☎ 03 86 32 20 79
🖨 03 86 32 28 25
F. 12 fév.-12 mars et 20 juin-5 juil.

🚗 ♿ 🐕

QUATREMARE - 27400 (6 C 3)
Louviers 7 - Le Neubourg 15 - Rouen 37

10 **Ferme-Auberge Le Germoir**

Presque entièrement cernée par la forêt, cette ferme-auberge vit au rythme d'une petite équipe familiale dirigée par Martine Coquelin, agricultrice et cuisinière autodidacte. Produits de la ferme et de celles des alentours au menu, petit circuit de quad sur le site.

M : 19 €   legermoir@orange.fr

→ 3 rte de Damneville
☎ 02 32 25 25 10
F. dim. à dîn., lundi, mardi, août et 24 déc.-2 janv.
Jusqu'à 21h.

🚗 ♿

QUENZA - 20122 (35 C 5)
Zonza 8 - Porto Vecchio 46

13 🍴 **Sole e Monti**

Au cœur de la Corse, l'ambiance simple et conviviale qui règne ici présage bien d'une cuisine pleine de saveurs entières, des plaisirs d'une soupe de légumes mijotée au talon de jambon, d'un sanglier à la mode corse ou d'une tarte au bruccio. Quand s'y ajoute le petit bonheur d'être installé au jardin, on savoure en prenant son temps, autour d'une bouteille de vin corse.

C : 45 € • M : 28-45 €   www.solemonti.com

→ ☎ 04 95 78 62 53
F. lundi à déj., mardi à déj., 1er janv.-15 avril et 15 oct.-31 déc.
Jusqu'à 21h30.

🍴 🐕

G
M

QUESTEMBERT - 56230 (14 B 5)
Vannes 29 - Redon 36

14 Le Bretagne et sa Résidence

Pas facile de relever le challenge d'un mythe sans en risquer de complexe, même si les dernières années du Bretagne n'étaient pas les plus flamboyantes. Cultivant le prestige bourgeois quasi-séculaire de l'ex-maison Paineau (essayez de contourner le homard...), Alain Orillac brode une carte qui ne manque pas d'attrait mais d'un poil d'imagination et de modernité. Hormis l'excellent agneau dans une croûte d'amande, noisette, pistache qui, avec son mille-feuille pomme-navet, valait bien deux toques, on ne peut s'empêcher de rapprocher la dépense conséquente d'une certaine banalité dans une ambiance crispée et cérémonieuse comme on n'en fait plus, et malgré de bons produits très correctement travaillés (un saint-pierre bien cuit, une araignée de mer avec une émulsion curcuma et une infusion de criste-marine...). La cave, sur une architecture traditionnelle, est franchement plus excitante, avec une très forte sélection en loires et une personnalité certaine dans les choix.
C : 35 € • M : 28-100 €   www.residence-le-bretagne.com

→ 13 rue Saint-Michel
☎ 02 97 26 11 12
F. dim. à dîn., lundi, mardi à déj. F. ann. non comm.
Jusqu'à 22h.

Le Bretagne et sa Résidence

En reprenant cette vénérable maison lors de l'été 2006, Alain Orillac n'a pas seulement pris la succession de Michèle et Georges Paineau, il a tout simplement redonné vie à l'une des plus célèbres étapes de Bretagne. Les réfections se poursuivent, en particulier dans les parties communes et dans le jardin d'hiver et les chambres affichent toujours cette même élégance presque surannée mais ô combien délicieuse.
3 appart. 90-120 € • 6 ch. 70-90 €   www.paineaulebretagne.com

→ Rue Saint-Michel
☎ 02 97 26 11 12
📠 02 97 26 12 37
F. non comm.

QUETTEHOU - 50630 (5 B 2)
Cherbourg 29 - Saint-Vaast-la-Hougue 3

12 Auberge de Ket'hou

Les signes d'une bonne table comme nous l'entendons : des produits régionaux travaillés avec esprit et personnalité, et de la cuisine jusque dans les petits menus, par lesquels Thierry Leroy ne se contente pas de balancer du plat du jour : petit flan au camembert et jambon du pays, joue de bœuf braisée pâtes maison au sarrasin, poire pochée au caramel crémeux de chocolat au lait, dans une exemplaire formule à 18,50 €, le prix d'une brasserie, dans une ambiance sincère et familiale. Quelques beaux poissons à la carte, cave relativement vaste, classique négoce mais pas mal triée : Taluau, Mont-Redon, Mellot…
C : 40 € • M : 18,50-38 €   aubergedekethou@wanadoo.fr

→ 17 rue du Gén-de-Gaulle
☎ 02 33 54 40 23
F. dim. à dîn. (sf juil.-août) et lundi. F. ann. non comm.
Jusqu'à 20h45 (21h été).

 parking privé   parking fermé   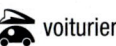 voiturier

 hôtel très tranquille   chien accepté   accès handicapé

    hôtels de charme

QUIBERON

12 La Duchesse Anne

Quelques lecteurs ont regretté d'avoir été parfois un peu malmenés par un service qui, il est vrai, ne se laisse pas marcher sur les pieds lorsqu'on lui réclame de la rapidité. Pour les plus pressés, mieux vaut passer son chemin. Pour ceux qui ne rechigneraient pas à passer plus d'une heure dans cette salle agréable pour simplement déguster une ou deux galettes et une crêpe au froment, nous persistons à asséner que l'adresse, dans sa catégorie, fait partie des meilleurs choix du département. Farine artisanale travaillée à la main, garnitures soignées.
C : 10 € • M : 8,90 €

→ 10 pl de la Duchesse-Anne
☎ 02 97 30 49 33
F. dim. à déj., lundi (sf vac. scol.) et 10 janv.-15 fév.
Jusqu'à 23h.

---

10 La Chaumine

Dans ce hameau de pêcheurs, on apprécie l'ambiance conviviale et la cuisine traditionnelle de cette maison familiale, qui met en avant l'andouille de Guémené, les huîtres de Quiberon ou la pêche du jour. Un sens de la tradition qu'on a plaisir à retrouver.
C : 28 € • M : 16-18 €

→ 36 pl du Manémeur
☎ 02 97 50 17 67
F. dim. à dîn., lundi (h.s.), lundi (été) et mi nov.-mi mars.
Jusqu'à 20h30.

---

10 Le Relax

Etre face à la mer, pour l'ancienne école de ski nautique, cela va de soi. Pour la cuisine, c'est assez propice pour trouver l'inspiration et envoyer les huîtres de la baie, le pot-au-feu de la mer ou le poisson du jour au beurre blanc. L'ambiance ? Forcément relax !
C : 40 € • M : 19,50-35 €

→ 27 bd de Castero
☎ 02 97 50 12 84
F. dim. à dîn.-mardi (oct.-mars), dim. à dîn., lundi (avril-juin, sept.), lundi (juil.-août), janv.-mi-fév. et dern. sem. nov.
Jusqu'à 21h.

Bellevue 🕊

La construction contemporaine a fait suite à une maison de famille des années 30, dans un quartier calme, mais offrant néanmoins la vue sur mer à l'étage. Chambres au confort d'aujourd'hui, donnant sur le jardin, la piscine, les dunes. Au restaurant, une intéressante cuisine de la mer.
38 ch. 54-117 €

www.bellevuequiberon.com

→ Rue du Tiviec
☎ 02 97 50 16 28
🖳 02 97 30 44 34
F. 1er janv.-31 mars et 1er oct.-31 déc.

14 L'Ambroisie

Les deux salles bourgeoises, à l'atmosphère sage, sont exemplaires d'une restauration sobre et traditionnelle. Pas de rond-de-jambe, de la probité et du savoir-faire chez les Guyon, qui ont construit pierre à pierre leur réputation sur la ville. En vingt ans, Gilbert a convaincu ses concitoyens qui peuvent se passer du GPS pour retrouver leur adresse fétiche et cette réalisation sans faille : langoustines sautées sur un jus parfumé à la badiane et lanières de crêpes, lieu jaune au jus d'échalotes confites et risotto de riz noir aux asperges, foie gras chaud au chouchen, pomme et carottes fondantes, norvégienne au praliné sur un coulis de chocolat amer. Une cave également sage et classique, où la modération est de rigueur.
C : 70 € • M : 24-70 €

www.ambroisie-quimper.com

→ 49 rue Elie-Fréron
☎ 02 98 95 00 02
F. lundi.
Jusqu'à 21h30.

12 Auberge Ti Coz

L'identité par le terroir et ses producteurs : le ton est donné et les Despinasse creusent avec bonheur le sillon du plaisir autour des escargots du Cap Sizun, des langoustines du Guilvinec ou du porcelet de lait de Cast. Le résultat est réjouissant, servi avec le sourire et dans un cadre idéalement adapté. Et comme la Bretagne ne produit pas de vin, Jean-Christophe Despinasse fait également preuve d'une belle connaissance des terroirs viticoles pour alimenter une vaste cave, notamment en bordeaux et bourgogne.
C : 40 € • M : 20-54 €

→ Lieu-dit Ti-Sanquer
☎ 02 98 94 50 02
F. à dîn. mardi-merc. (sf juil.-août), dim. à dîn. et lundi. Jusqu'à 21h (21h30 w.-e.).

www.auberge-tycoz.com

----

12 Erwan Restaurant

Dans le nouveau décor, Anne Le Goff entend affirmer encore plus fort l'identité bretonne de sa table, confirmant aux les amateurs de douar (terre) qu'ils ont frappé à la bonne porte.
C : 30 € • M : 19,90 €

→ 3 rue Aristide-Briand
☎ 02 98 90 14 14
F. w.-e. F. ann. non comm. Jusqu'à 21h.

----

10 Crêperie du Guéodet

Cette petite maison en centre-ville, nichée dans une ravissante rue piétonne, n'a connu que deux propriétaires depuis les années trente. Nelly Lauzevis veille sur la tradition depuis bientôt 20 ans désormais, s'occupant comme une mère-cuisinière des six ou sept tables que compte sa toute petite salle (réservation indispensable), préparant chaque galette au dernier moment (l'attente peut parfois se prolonger) pour une satisfaction maximale. Produits superbes (farine comme garniture), quelques glaces artisanales au lait de ferme.
M : 9-15 €

→ 6 rue du Guéodet
☎ 02 98 95 40 38
F. dim., lundi et 15 jrs janv. Jusqu'à 20h30.

Hôtel Gradlon

Une dizaine de chambres de cet honorable établissement d'atmosphère familiale, tout près du quartier historique, ont été redécorées entièrement, le béton remplaçant le bois au sol. Toutes sont différentes, avec tapisseries et tissus d'éditeurs, mobilier ancien de styles variés, bois massif, cannage et rotin. Jolie cour pavée à l'ancienne, fleurie de vasques et potées, ornée d'une fontaine surmontée d'une gloriette.
4 appart. 130-155 € • 16 ch. 95-110 €

→ 30 rue de Brest
☎ 02 98 95 04 39
🖶 02 98 95 61 25
F. mi-déc.-mi-janv.

www.hotel-gradlon.com

Villes de proximité, voir :

⟳ PLUGUFFAN ....7 km O. par D 40 **(15/20)**

QUIMPERLE - 29300 (13 C 4)
Quimper 47 - Concarneau 31

13 Le Bistro de la Tour ❀

Le rendement de cette ancienne Caisse d'Epargne est toujours aussi performant, et à tout point de vue : le décor est adorable, l'ambiance est chaleureuse et conviviale, sans même forcer sur une cave pourtant exceptionnelle (y compris au verre) et la cuisine rameute le terroir breton au service d'assiettes tout aussi enlevées : bouquet d'asperges et fondant d'artichaut à la coriandre, bar poêlé aux saveurs de cacao, sans oublier de jolies trouvailles du jour du pâtissier.
C : 40 € • M : 38-51 €

→ 2 rue Dom-Morice
☎ 02 98 39 29 58
F. sam. à déj., dim. à dîn., lundi (h.s.), sam. à déj., dim. à déj. et lundi à déj. (juil.-août).
Jusqu'à 21h.

www.hotelvintage.com

ⒸⒸ Le Vintage Hôtel

Après avoir apprécié à sa juste valeur le menu vin compris, c'est un autre bonheur que de profiter de ces chambres superbes, renouvelant l'esprit Art déco dans des ambiances personnelles à grand renfort d'œuvres d'art et de mobilier design. Un résultat superbe et attachant.
10 ch. 60-115€

www.hotelvintage.com

→ 2 rue Dom-Morice
☎ 02 98 35 09 10
🖷 02 98 35 09 29
Ouv. 7j/7.

---

10 Ty Gwechall

Pascal Dziewulski, propriétaire depuis bientôt trois ans de cette belle maison en pierre du XVIIᵉ siècle, ancienne demeure d'un maréchal-ferrant, élabore lui-même ses glaces, fabrique les confiseries offertes avec l'addition et personnalise même ses crêpes et galettes en fonction des produits de saison. Une excellente crêperie, à cinq minutes à pied de la place Saint-Michel.
M : 17,50-21€

→ 4 rue Mellac
☎ 02 98 96 30 63
F. dim. à dîn., lundi, jeudi
à dîn., dim. à déj. (juil.-août).
Jusqu'à 21h.

RAISMES - 59590 (2 B 4)

Valenciennes 5 - Saint-Amand-les-Eaux 10

12 La Grignotière

Le décor de cette maison traditionnelle en briques, dans sa façon de mêler caractère ancien et touches contemporaines (notamment dans les tons chaleureux) traduit bien l'équilibre trouvé par Claude Stanislawiak et Christophe Paillousse pour faire vivre cette table au rythme d'une cuisine sage et soignée, nourrie d'influences régionales (langue Lucullus, turbot à la chicorée).
C : 45€ • M : 25-34€

www.lagrignotière.fr

→ 6 rue Jean-Jaurès
☎ 03 27 36 91 99
F. lundi, à déj. mardi et merc.
et 3 sem. août.
Jusqu'à 21h15.

RAMATUELLE - 83350 (34 B 6)

Toulon 68 - Saint-Tropez 5

13 Villa Marie

Les Sibuet ont imaginé cette enclave luxueuse sur les hauteurs de Ramatuelle et y proposent une version chic et détendue de la cuisine méditerranéenne. Jean-François Guidon (un ancien des Fermes de Marie et de la Tour d'Argent) est chargé de suivre une feuille de route à tendance chic : soupe de poissons de roche et queues de langoustines rôties, piccata de veau à la sauge, artichauts à la romana et citron confits, poêlée de cerises au romarin et glace à la vanille.
C : 80€ • M : 95€

www.villamarie.fr

→ Rte des Plages, chemin
Val de Rian
☎ 04 94 97 40 22
F. 1ᵉʳ janv.-24 avril et 5 oct.-31
déc.
Jusqu'à 22h30.

ⒸⒸⒸ Villa Marie 🐦

Cette luxueuse résidence nichée au cœur d'un jardin de 3 ha en pleine pinède jouit d'un cadre d'une parfaite quiétude, entre l'agitation tropézienne et les plages de Pampelonne. Jardins aquatiques et fontaines personnalisent le parc aux essences méditerranéennes. Décorées selon les souhaits des époux Sibuet, les chambres affichent un caractère évidemment exclusif, notamment grâce au superbe mobilier chiné. L'agrément d'un spa, moderne, est bien entendu proposé à la clientèle.
42 ch. 196-678€

www.villamarie.fr

→ Rte des Plages, chemin
Val de Rian
☎ 04 94 97 40 22
🖷 04 94 97 37 55
F. 1ᵉʳ janv.-24 avril et 5 oct.-31
déc.

12 Chez Madeleine

Chez Madeleine, Saint-Trop' vit sous le règne de la tradition, du carré d'agneau aux herbes, du tournedos Rossini ou de la bouillabaisse. Le produit est soigné, et le jardin si agréable qu'on reprend sans peine sa petite part de Madeleine.

C : 50 € • M : 52 €   *www.chezmadeleine.fr*

→ Rte de la Plage-de-Tahiti
☎ 04 94 97 15 74
F. 1er oct.- déb. avril.
Jusqu'à 22h30.

---

12 Le Club 55

"Les célébrités ? Tenez, ce midi, Bono nous honore de sa présence". C'est ça le Club 55, une plage mythique où les stars se pressent depuis que le restaurant fut créé pour satisfaire les besoins de la troupe de Roger Vadim lors du tournage de "Et dieu créa la femme". Pas si chère que cela, la carte propose bien sûr le meilleur des poissons sauvages grillés, le risotto aux fruits de mer ou l'aïoli servis, tout de même, avec infiniment plus de classe que dans un banal restaurant de plage.

C : 47 €

→ 43 bd Patch, Plage de Pampelonne
☎ 04 94 55 55 55
F. 8 janv.-22 mars et 5 nov.-18 déc.

---

12 La Forge

La déco brocante, les lumières douces à deux pas de la petite église apportent un romantisme de façade à une table à forte consonance touristique, où l'on ne s'embarrasse pas de suivre le terroir ou même les saisons pour adopter le catalogue des banalités : foie gras, carpaccio de saumon, gambas, loup d'élevage et saint-jacques en juillet. Pourtant, si le service, gentil et souriant, a parfois l'air de s'ennuyer un peu, on peut en délaissant un menu à 37 € sans intérêt, trouver à la carte, certes pour un peu plus cher, des raisons de sourire, avec une bonne tarte de sardines ou un parmentier de jarret de veau correct (beaucoup plus de purée que de viande). Et subsidiairement de maintenir la note.

C : 55 € • M : 37 €   *laforge-ramatuelle@wanadoo.fr*

→ Rue Victor-Léon
☎ 04 94 97 25 56
F. à déj. (juil.-août), merc.à déj. et 15 oct.-15 mars.
Jusqu'à 23h.

La Ferme d'Augustin

Dans le style rustique provençal, un établissement de tradition sur la route des plages. Chambres de standing, décorées de toiles de peintres régionaux, piscine chauffée, balnéo et douche hydro-jets dans certaines suites.

25 appart. 275-615 € • 21 ch. 180-320 €   *www.fermeaugustin.com*

→ Plage de Tahiti, St-Tropez
☎ 04 94 55 97 00
🖵 04 94 97 59 76
F. 15 oct.-mi-avril.

Lou Castellas

Depuis les hauteurs du village, la vue porte loin sur la grande bleue et les fameuses plages de Pampelonne. L'hôtel séduit également par son atmosphère intime et ses jolies chambres (avec terrasse), confort feutré et tissus raffinés pour une personnalisation harmonieuse.

16 ch. 76-160 €   *www.lecurieducastellas.com*

→ Rte des Moulins-de-Paillas
☎ 04 94 79 20 67
🖵 04 94 79 21 04
Ouv. 7j/7.

La Ferme d'Hermès

Au milieu des vignes et tout près des plages et de Saint-Tropez, un mas provençal de caractère, au calme, avec son jardin fleuri et sa piscine à l'écart des foules. Chambres gaies dans un style typiquement régional, meubles en bois blonds, tissus Souleïado, carrelages faits main.

1 appart. 250 € • 8 ch. 130-200 €

→ Rte de l'Escalet
☎ 04 94 79 27 80
🖵 04 94 79 26 86
F. 1er nov.-1er avril.

RAMBOUILLET

11 Auberge du Louvetier

Poissons et fruits de mer dans un cadre méditerranéen au bord de la forêt. Le propos est un peu décalé, mais il a le mérite d'être sincèrement traité par un chef de devoir dans une veine traditionnelle : effilochée de raie sur lit de caviar d'aubergines et œuf poché, pavé de cabillaud à la florentine sauce hollandaise, civet de canard au pomerol. Atmosphère intemporelle, cave ultra-classique.
C : 33 € • M : 33 €   www.aubergedulouvetier.com

→ 19 rue Etang-de-la-Tour
☎ 01 34 85 61 00
F. sam. à déj., dim. à dîn. et lundi.
Jusqu'à 22h.

Mercure Rambouillet

Entièrement rénové en 2006, cet ancien relais de poste du centre-ville habille son architecture XVIIIe d'un décor clair, murs blancs, mobilier contemporain aux lignes sobres, avec quelques touches dans le respect de l'esprit des lieux. Un mélange homogène et un confort soigné.
6 appart. 145-165 € • 77 ch. 120-155 €   www.mercure-rambouillet.com

→ 1 pl de la Libération
☎ 01 34 57 30 00
🖶 01 30 46 23 91
Ouv. 7j/7.

Villes de proximité, voir :

⟳ GAZERAN.............................5 km O. par D 906 **(13/20)**

13 A Maurin des Maures

Si le mythique Maurin était un chasseur, le restaurant qui porte son nom est plutôt une affaire de pêcheurs : la cuisine, comme le joli décor chaleureux, est largement tournée vers la Méditerranée. Elle est telle qu'on l'attend dans cette ambiance authentique : directe et ensoleillée, proposant les aubergines grillées, le pain aux olives, la souris d'agneau confite ou le cabillaud à la provençale.
C : 32 € • M : 13,50-28 €   www.maurin-des-maures.com

→ Av du Touring-Club-de-France
☎ 04 94 05 60 11
Ouv. 7j/7.
Jusqu'à 22h.

12 Le Relais des Maures

Installez-vous tranquillement, sur cette terrasse abritée à l'écart de la jolie route côtière entre Le Lavandou et Cavalaire. L'atmosphère de cette auberge familiale est douce, la cuisine provençale assez joliment faite. Si la carte vous emmène vite vers les 50 € (un émietté de tourteau ratatouille froide plein de fraîcheur, un loup sauvage bien cuit avec les légumes de saison et les coquillages), le menu du marché à 27 € est souvent bien inspiré, servie avec dévouement par un jeune service encadré par une patronne accueillante. Choix correct en vins de Provence (Rimauresq, Jale, Saint-André de Figuière, Sainte-Roseline).
C : 55 € • M : 27-49 €   www.lerelaisdesmaures.fr

→ Golfe de Saint-Tropez
☎ 04 94 05 61 27
F. dim. à dîn., lundi (sf juin-sept.) et mi-nov.-fin janv.

Bailli de Suffren 🕊

Accès direct à une plage privée, situation merveilleuse en surplomb d'une jolie crique, vue sur la mer pour toutes les chambres, cette vaste maison contemporaine cumule les atouts. Au restaurant, luxueuse cuisine d'inspiration provençale faisant payer très cher la merveilleuse terrasse.
54 ch. 184-420 €

→ Av des Americains
☎ 04 98 04 47 00
🖶 04 98 04 47 99
F. 15 oct.-15 avril.

G
M

à ARS EN RE   17590

Le Bistrot de Bernard

Bernard Frigière est connu comme le loup blanc sur le port où il anime depuis quinze ans ce bistrot marin à succès. Egalement sculpteur animalier, il expose ses bronzes et résines dans la salle, prolongée d'une terrasse prise d'assaut en saison.

C : 40 €

bistrot.de.bernard@wanadoo.fr

→ 1 quai de la Criée
☎ 05 46 29 40 26
F. lundi, mardi (1er oct.-31 mars) et 30 nov.-15 fév. Jusqu'à 22h.

La Cabane du Fier

Une cabane de fête pour déguster les huîtres, dans un décor brocante, mais aussi les spécialités marines du cru : éclade, mouclade, marmite du pêcheur. Simple et spontané, les touristes raffolent, naturellement.

C : 40 €

→ Le Martray
☎ 05 46 29 64 84
F. mardi à dîn., merc. (sf juil.-août) et 15 nov.-1er avril.

Frères de la Côte

Entre pêcheurs et vacanciers, le courant passe dans cette cambuse toute simple où l'on retrouve le goût de l'océan, avec les gambas ou les seiches grillées, les fruits de mer, la friture, les poissons de l'arrivage.

C : 25 €

→ Rte de la Grange
☎ 05 46 29 04 54
F. mi-nov.-mi-déc.
Jusqu'à 21h30.

au BOIS PLAGE EN RE   17580

11 L'Océan

Dans une salle redécorée l'an passé, la mer entre par brassées d'embruns dans la cuisine vivifiante du chef Yoann Léraut, qui garnit son ardoise quotidienne de l'arrivage du matin : dos de cabillaud rôti au thym et purée à l'ail et huile d'olive, bar plancha et marinière de coquillages, ris de veau et langoustines, tagliatelle au serrano, jonchée charentaise et confiture de fenouil.

C : 35 € • M : 23-40 €

www.re-hotel-ocean.com

→ 172 rue de Saint-Martin
☎ 05 46 09 23 07
F. merc. à déj. (avril-fin oct.), merc. (nov.-fin mars) et 7 janv.-7 fév.
Jusqu'à 22h.

Hôtel Océan

Une atmosphère marine pleine de personnalité dans cette maison de village arrangée avec un goût très sûr par Martine et Noël Bourdet : petits salons en boiseries rétaises, maquettes de bateaux, lignes fluides… Les chambres, personnalisées, au design très réussi pour les plus récentes, se distribuent autour du patio et des jardins.

29 ch. 72-180 €

www.re-hotel-ocean.com

→ 172 rue Saint-Martin
☎ 05 46 09 23 07
🖶 05 46 09 05 40
F. 7 janv.-7 fév.

La Bouvette

Sympathie à la rétaise au milieu des vignes (dont on retrouve le produit sur la carte des vins d'ailleurs) pour cette ancienne grange, où les produits de la mer se déclinent à l'envi dans une louable simplicité : éclade de moules, bar de ligne grillé au feu de bois.

C : 30 € • M : 21-23,50 €

→ Raise Flottaise
☎ 05 46 09 29 87
F. lundi, mardi (1er janv.-30 mars), lundi (1er avril-30 sept. sf juil.-août), 1 sem. mars et mi-nov.-mi-déc.
Jusqu'à 21h (21h30 été).

ILE DE RE

11 La Cabine de Bain

Il fait bon vivre ici, séduction du décor et gentillesse du service aidant, une agréable interprétation de la douceur rétaise. Dans l'assiette, au-delà des menus d'attaque, il convient de s'intéresser de près à une carte qui met en valeur les produits du cru (poissons, mais aussi légumes) avec une agréable touche personnelle : les bâtons de concombre et rhubarbe sur le saint-pierre à la plancha, les légumes en tajine avec la lotte rôtie.

C : 30 € • M : 17 €   michaelemmanuelle@yahoo.com

→ 33 Grande-Rue
☎ 05 46 29 84 26
F. lundi-merc. (h.s sf vac.
scol.) et janv.-fév.
Jusqu'à 22h30.

---

11 Les Jardins du Pélican

Décor brocante et sympathie bistrotière à la mode de l'île, avec les moules, les sardines grillées, les coquillages et la mousse au Nutella.

C : 93 €   blandin.rodolphe@wanadoo.fr

→ ☎ 05 46 29 59 26
F. merc.-fin mars.

---

14 Poissonnerie Dégustation du Port

Sur l'île, c'est un rendez-vous de connaisseurs. Même si cette salle bien arrangée, avec sa terrasse protégée et chauffée, fait aussi beaucoup pour séduire le touriste, de la patronne, ancienne ostréicultrice, au chef, passé par le Ritz et le Crillon, le casting est ultra-pro pour offrir à des convives assoiffés d'embruns le meilleur de la pêche : des Gillardeau, un bar entier à la plancha, de belles soles, des homards et des langoustes, des saint-jacques langoustines et tomates confites, du très beau préparé dans la simplicité, exactement ce qu'on aime et que l'on recherche. Ambiance dynamique et moderne, cave bien constituée pour trouver un blanc adapté.

C : 50 €

→ 4 quai de Sénac
☎ 05 46 09 04 14
F. dim. à dîn., lundi et 15
nov.-1er mars.
Jusqu'à 22h.

---

12 Le Chasse-Marée

Des présentations et des préparations originales et qui font voyager, avec des samossas, des tagines, des légumes au wok et autre hamburger breton, voilà ce qu'on aime trouver dans ce repaire charmant qu'apprécient les vacanciers pour changer de la mouclade party. Un cadre agréable de brocante au goût du jour, un service actif et une bonne petite cave de Loire.

C : 40 € • M : 26-45 €   restaurant.le.chasse.maree@wanadoo.fr

→ Pl de la Liberté
☎ 05 46 29 52 03
F. dim. à dîn., lundi et
janv.-mars.

Le Chat Botté

Un classique de l'hôtellerie rétaise, belle maison de famille sur la place du village, au confort sans cesse amélioré, avec son jardin fleuri et ses belles chambres élégantes et douillettes. Un espace beauté complet, soins visage et corps, réflexologie, enveloppements, hydromassage... Agréable patio pour les petits-déjeuners, atmosphère intime.

3 appart. 195-245 € • 20 ch. 55-152 €   www.hotelchatbotte.com

→ Pl de l'Eglise
☎ 05 46 29 21 93
🖨 05 46 29 29 97
F. 7 janv.-10 fév.

à SAINT MARTIN DE RE   17410

12 La Baleine Bleue

Une île très chic et une table tout aussi chic, sur le très branché port rétais. La clientèle aisée adore ce vieil entrepôt du début du XIXe siècle qui, une fois le service terminé, se transforme en bar de nuit. Avant cela, le carpaccio de thon rouge autour de l'arabica, copeaux de mangue et avocat, les langoustines à la plancha, patate douce rôtie à la vanille et épinard frais et la poire servie en crumble et gianduja, glace au praliné auront justifié sans peine les 32 € d'un menu-carte finalement pas si mal placé. Service féminin souriant.
C : 50 € • M : 32-45 €   www.baleinebleue.com

→ Ilôt du Port
☎ 05 46 09 03 30
F. lundi, mardi (oct.- mars),
lundi (avril-mai, juin et sept.),
5 janv.-1er fév. et 12 nov.-20 déc.
Jusqu'à 22h.

----

12 Le Perroquet Noir

Sur les hauts de Saint-Martin, au bout de la rue piétonne qui démarre du port, le Perroquet a des allures de navire amiral : dépaysement garanti dans ce décor tout en bois où l'on s'attend à voir surgir un corsaire à chaque coin de pièce. L'oiseau ne se contente pas d'ânonner un répertoire touristique, faisant bon usage des poissons sauvages : le rôti de lotte ou le saint-pierre aux champignons des bois réservent bien des satisfactions et justifient l'attente d'un service un peu long. Courte cave, avec le vin de l'île au verre.
C : 40 € • M : 38-50 €   restaurant.leperroquetnoir@wanadoo.fr

→ Rue du Dr-Kemmerer
☎ 05 46 01 97 75
Ouv. 7j/7.
Jusqu'à 22h.

----

11 Le Serghi

Le nom rend hommage au peintre qui a créé le décor dans une ambiance 1900, une vocation confortée encore aujourd'hui par des expositions régulières. Autour du zinc, sur les canapés en terrasse ou à table, il fait bon vivre ici, autour d'une cuisine de la mer bien approvisionnée et sagement actualisée : tartare de thon rouge au balsamique, émincé de blanc de seiche en colombo.
C : 36 € • M : 25 €

→ 15 quai Clémenceau
☎ 05 46 09 03 92
F. dim. à dîn. et lundi (h.s.).
Jusqu'à 22h.

L'Hôtel de Toiras

Composée de trois bâtiments répartis autour d'un jardin aroma-tique dont la création a été inspirée par les patios marocains, cette ancienne maison d'armateur du XVIIe siècle poursuit sa mue, affichant désormais une façade entièrement rénovée, des parquets et peintures refaits à neuf et très bientôt un tout nouveau bar dans la salle de restaurant. Toutes habitées par une âme et une histoire personnelles, les chambres, meublées d'époque et tendus de tissus précieux, plongent leurs hôtes au cœur de l'histoire locale.
7 appart. 290-610 € • 10 ch. 135-330 €   www.hotel-de-toiras.com

→ 1 quai Job-Foran
☎ 05 46 35 40 32
🖥 05 46 35 64 59
Ouv. 7j/7.

La Maison Douce

Un ancien couvent au cœur de Saint-Martin, pour un séjour doux et paisible dans une pure ambiance de maison de famille rétaise. Chambres agréables et coquettes aux tons clairs.
2 appart. 165-185 € • 9 ch. 115-165 €   www.lamaisondouce.com

→ 25 rue Mérindot
☎ 05 46 09 20 20
🖥 05 46 09 09 90
F. 2 janv.-15 fév.

Domaine de la Baronnie

Etape historique dans une ancienne demeure des seigneurs de l'Ile de Ré au cœur du village. Les chambres adoptent un cadre en accord avec l'architecture, avec meubles de style et tentures.
3 appart. 250-310 € • 3 ch. 120-230 €   www.domainedelabaronnie.com

→ 21 rue Baron-de-Chantal
☎ 05 46 09 21 29
🖥 05 46 09 95 29
F. 5 nov.-21 mars.

REAUVILLE - 26230 (27 D 6)

Montélimar 26 - Grignan 8

 Mas de Pantaï

Murs blancs et tons pastel pour une délicieuse ambiance provençale, dans ce mas du XVIe siècle. On profite aussi du vaste parc, sur
lequel sont réparties d'autres formes d'hébergement.
6 appart. 180 € • 3 ch. 80-100 € *www.masdepantai.com*

→ Le Village
☎ 04 75 98 51 10
Ouv. 7j/7.

RECQUES SUR HEM - 62890 (1 B 2)

Saint-Omer 17 - Calais 22 - Ardres 9

Château de Cocove

Entre Saint-Omer et Calais, l'hôtel respecte l'architecture de ce
superbe château XVIIe en livrant des chambres dans un esprit de
sobre élégance qui l'habille remarquablement. Les extérieurs du
domaine réservent également bien des attraits, avec de belles
constructions anciennes et un vaste parc à l'anglaise.
22 ch. 80-162 € *www.www.chateaudecocove.com*

→ 2 av de Cocove
☎ 03 21 82 68 29
☒ 03 21 82 72 59
F. 24-25 déc.

REDON - 35600 (14 B 5)

Rennes 67 - Saint-Nazaire 53

14 **Le Moulin de Via**

Traditionnelle sans aucun doute, mais tellement plaisante, la
restauration façon Jean-Claude Cheneau fait encore preuve d'une
réelle vitalité. Sa belle longère enfouie dans la verdure resplendit
de bonheur et sa cuisine, habile et sérieuse, fait honneur à la
tradition gastronomique locale : tartare de saint-jacques aux huîtres
et herbes, poêlée de homard breton aux cocos de Paimpol sur son
corail, émietté de ris de veau aux cèpes et tarte fine aux pommes
au beurre salé. Accueil souriant et service efficace dirigé par
Claudine Cheneau.
C : 40 € • M : 22-65 €

→ Rte de Lagacilly
☎ 02 99 71 05 16
F. dim. à dîn., lundi, mardi
à dîn., 1re sem. janv. et 3 sem.
mars.
Jusqu'à 21h.

REIMS - 51100 (9 B 3)

Paris 147 - Châlons-en-Champagne 49 - Epernay 25

17 **Château Les Crayères**

Vous rêviez d'un autre monde ? D'une machine à remonter le
temps ? Une voiture, par exemple, qui vous emmène dans ce
château en ville où opère pour un public sensible la magie d'un
autre siècle, grands tableaux et lambris, moulures et bois sculpté,
cheminée de marbre et lustres éléphantesques. C'est dans ce cadre
d'un prestige français poussé dans ses derniers retranchements,
royal et amusant, que s'exprime à point nommé Didier Elena, the
right man in the right place. Ancien poulain d'Alain Ducasse, il sait
donc à merveille transposer les plats d'hier dans un esprit actuel
pour restituer des saveurs familières. On peut parfois regretter dans
cet exercice systématique un certain manque de créativité, mais elle
existe pourtant dans le choix de la préparation, le lapereau avec la
granny, la confrontation bénéfique de l'anguille et du céleri, et celle,
moins convaincante de l'huître en ravioles et du cassoulet (le hachis
d'huître est en fait pâteux, manquant de cette fraîcheur iodée qui
aurait servi de contrepoint aux haricots - saucisse). Nous ne
tempérons pas pour autant le plaisir d'une soirée unique,
d'assiettes parfaitement contrôlées, dont certaines sont extrêmement séduisantes (le dos de bar roulé dans le persil, cèpes et
bouillon de cèpes, une interprétation du tournedos Rossini qui fait

→ 64 bd Henry-Vasnier
☎ 03 26 82 80 80
F. 21 déc.-12 janv.

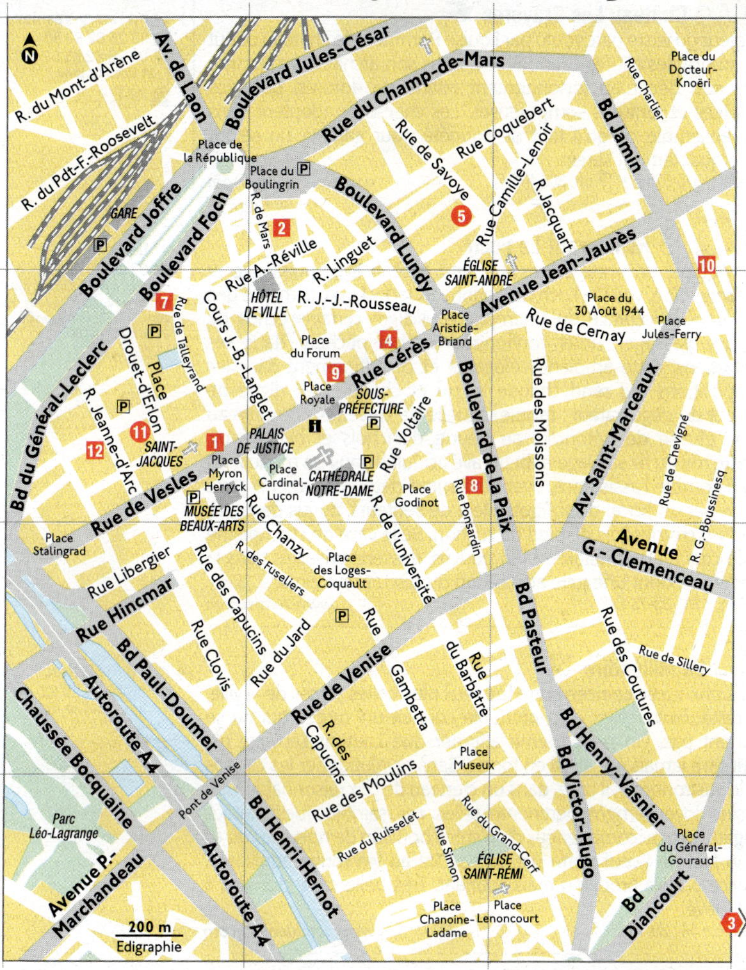

A B C D E

Map labels:

N

R. du Mont-d'Arène
Av. de Laon
R. du Pdt-F.-Roosevelt
Boulevard Jules-César
Rue du Champ-de-Mars
Place de la République
Place du Boulingrin
Rue de Savoye
Rue Coquebert
Bd Jamin
Place du Docteur-Knoëri
Rue Chartier
GARE
Boulevard Joffre
Boulevard Foch
Rue de Mars
Boulevard Lundi
Rue Camille-Lenoir
R. Jacquart
ÉGLISE SAINT-ANDRÉ
Avenue Jean-Jaurès
R. A.-Réville
R. Linguet
Cours J.-B.-Langlet
HÔTEL DE VILLE
R. de Talleyrand
R. J.-J.-Rousseau
Place Aristide-Briand
Rue de Cernay
Place du 30 Août 1944
Place Jules-Ferry
Bd du Général-Leclerc
R. Drouet-d'Erlon
Place du Forum
Rue Cérès
Place Royale
SOUS-PRÉFECTURE
R. Jeanne-d'Arc
SAINT-JACQUES
PALAIS DE JUSTICE
Place Myron Herryck
Place Cardinal Luçon
CATHÉDRALE NOTRE-DAME
Rue Voltaire
Boulevard de la Paix
Rue des Moissons
Av. Saint-Marceaux
Rue de Chevigny
R. G.-Boussinesq
Rue de Vesles
MUSÉE DES BEAUX-ARTS
Rue Chanzy
Rue de l'université
Place Godinot
R. Ponsardin
Avenue G.-Clemenceau
Place Stalingrad
Rue Libergier
R. des Fuseliers
Place des Loges-Coquault
Rue Hincmar
Bd Paul-Doumer
Rue des Capucins
Rue Clovis
Rue du Jard
Rue de Venise
Rue Gambetta
Rue du Barbâtre
Bd Pasteur
Rue des Coutures
Rue de Sillery
Chaussée Bocquaine
Autoroute A4
Pont de Venise
Rue des Capucins
Rue des Moulins
Place Museux
Bd Henry-Vasnier
Parc Léo-Lagrange
Avenue P.-Marchandeau
Bd Henri-Hermot
Rue du Ruisselet
Rue Simon
Rue du Grand-Cerf
ÉGLISE SAINT-RÉMI
Bd Victor-Hugo
Place du Général-Gouraud
Place Chanoine-Lenoncourt Ladame
Place Lenoncourt
Bd Diancourt

200 m
Edigraphie

Legend:

■ Restaurant   ● Hôtel   ⬣ Hôtel-Restaurant

Brasserie du Boulingrin C-2 **2**	Da Nello Ristorante C-3 **4**	Restaurant de la Paix B-3 **12**
Café du Palais (Le) B-3 **1**	Grand Hôtel des Templiers C-2 **5**	Restaurant Le Foch B-3 **7**
Château Les Crayères E-5 ⬣	Latino Hôtel B-3 **11**	Vigneron (Le) C-3 **8**
Cul de Poule (au) D-2 **10**	Millénaire (Le) C-3 **9**	

applaudir tout l'orchestre - mais est-ce tellement meilleur qu'un Rossini ?) et d'un service sur mesure, old school pleine d'aisance et jeune classe appliquée. Grande cave de l'ancien temps, pléthorique et complète en champagne, très sécurisante en bourgogne, bordeaux, et rhône.
C : 160 €

www.lescrayeres.com

 hôtel très tranquille   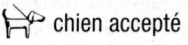 chien accepté   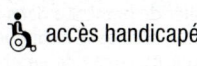 accès handicapé

ꞔꞔꞔꞔ Château Les Crayères ⌁

→ 64 bd Henry-Vasnier
☎ 03 26 82 80 80
▤ 03 26 82 65 52
F. 21 déc.-12 janv.

Au cœur du vaste parc voulu par Louise Pommery, le château début XXᵉ arbore des allures Grand Siècle, dans son architecture comme dans son décor au foisonnement raffiné de dorures, boiseries sculptées et tentures somptueuses. Les chambres adoptent dans leur ensemble ce qu'il faut de sobriété pour garantir un séjour remarquablement serein.

1 appart. 520-575 € • 19 ch. 300-575 € *www.lescrayeres.com*

---

16 ≷ Restaurant Le Foch

→ 37 bd Foch
☎ 03 26 47 48 22
F. sam. à déj., dim. à dîn., lundi, vac. scol. fév. et dern. sem. juil.-3e sem. août.
Jusqu'à 21h15.

Une équipe, un porte-avions qui fend l'océan avec puissance et détermination, voilà le Foch de Corinne et Jacky Louazé, maître des flots dans la capitale du Champagne. Malgré certains échos de tangage passager, nous confirmons le chef pêcheur dans ses attributions, cette ambiance élégante et ce raffinement dans les compositions qui rend chaque menu et chaque plat digne de l'intérêt du dégustateur : raviole virtuelle de crevettes et moule au curry, étuvée de pétoncles au beurre d'anchois et bigorneaux, sandre rôti au riz sauvage et betterave acidulée dans un menu à 43 E qui comble l'assistance, éventuellement détournée vers la terre ferme par un bocal d'escargots plein de senteurs, au jus de persil, avec ses cromesquis de pied de cochon. Belle cave de champagne et de crus de propriétaires bien trouvés, desserts travaillés dans la modernité, dont une jolie adaptation du biscuit de Reims.

C : 75 € • M : 33-75 € *www.lefoch.com*

---

14 Le Millénaire ↗

→ 4 et 6 rue Bertin
☎ 03 26 08 26 62
F. sam. à déj. et dim.
Jusqu'à 21h30.

Dans une ruelle coincée entre les deux plus belles places de la ville, ce restaurant design et confortable connaît un succès qui ne se dément pas. On peut même affirmer que Laurent Laplaige n'a peut-être jamais été aussi en forme. Sans révolutionner les canons de la gastronomie, il offre, dans un créneau de prix raisonnable, une cuisine joyeusement pertinente telles ces saint-jacques panées élégamment accompagnées d'un subtil bouillon de noisettes ou ce beau filet de bœuf porté par une sauce au vin rouge équilibrée. Service parfois brouillon mais souriant. Très belle carte des vins à tarif élevé.

C : 78 € • M : 30-75 € *www.lemillenaire.com*

---

12 Brasserie du Boulingrin

→ 48 rue de Mars
☎ 03 26 40 96 22
F. dim.
Jusqu'à 23h.

Le vibrionnant Denis veille au grain, Cyril raconte la blague du jour, le champagne passe de table en table… et cela fait de longues décennies que cette authentique brasserie aux fresques viticoles régale de harengs pommes à l'huile, de tartares, d'onglets et autres plats sans prétention une clientèle éclectique où se côtoient étudiants, touristes, vignerons et le " Tout Reims ". Prix serrés.

C : 30 € • M : 18-25 € *www.boulingrin.fr*

---

11 Restaurant de la Paix

→ 9 rue Buirette
☎ 03 26 40 04 08
F. à dîn. (fêtes de fin d'année seult.)

Il fallait au très chic hôtel de la Paix un restaurant baignant dans le même esprit architectural. C'est désormais chose faite. Exit donc Maître Kanter et place à cette brasserie très colorée que l'on pourrait qualifier de branchée dans le contexte local. Traditionnelle et sans surprise, la carte se distingue néanmoins de la concurrence : trio de tartares, brochette de gambas et salade d'agrumes.

C : 33 € • M : 29,80-34,90 € *www.bestwestern-lapaix-reims.com*

Best Western - Hôtel de la Paix

Au cœur de la ville, cet hôtel au nom on ne peut plus classique et à la longue tradition (Antoine Renardias poursuit l'œuvre de son arrière-grand-père) séduit par son décor spectaculairement rajeuni, qui habille le vieux bâtiment XVIIIe d'atours contemporains épurés et de couleurs élégantes. Très agréable piscine.
1 appart. 350 € • 169 ch. 120-180 €   *www.bestwestern-lapaix-reims.com*

→ 9 rue Buirette
☎ 03 26 40 04 08
🖳 03 26 47 75 04
Ouv. 7j/7.

---

11 Le Café du Palais 💗

Ce haut lieu de la vie rémoise a été véritablement mis en scène par Jean-Louis Vogt, au gré de ses humeurs et de ses découvertes. Ici, le salon de la grand-mère paternelle, là des angelots mutins, là-bas des photos noir et blanc et quelques tableaux en reliefs, à côté un dessin de Chagall, tout au fond une remarquable verrière Art déco signée Jacques Simon… Quant à la cuisine, servie uniquement au déjeuner, elle est un modèle de bonhomie ménagère : assiette de serrano, blanquette de veau à l'ancienne, ris de veau à la crème, coq au vin, soupe de fraises... Service virevoltant dans une constante bonne humeur.
C : 30 €

→ 14 pl Myron-Herrick
☎ 03 26 47 52 54
F. à déj., dim., 3 sem. août et 1 sem. Noël-nouvel an.

---

11 Au Cul de Poule

L'invasion des tartares dans un quartier tranquille, cadre ancien et mobilier moderne, où l'on privilégie le produit originel, mais aussi du bon plat de ménage : tartare de tourteau tomates séchées parmesan, souris d'agneau de sept heures au gingembre, déclinaison autour du biscuit de Reims.
C : 30 € • M : 26 €

→ 46 bd Carteret
☎ 03 26 47 60 22
F. w.-e., 3e sem. fév., 1re sem. mai et 2 prem. sem. août.
Jusqu'à 22h.

---

10 Da Nello Ristorante

Antonello, dit " Nello ", a passé la main. L'ambiance s'en ressent. Il reste fort heureusement les pizzas du frère, David, qui continue a préparer et cuire au feu de bois, les meilleurs spécimens de la ville. Ne pas hésiter à goûter la version aux anchois de Collioure et les plats de pâtes, remarquables. Le décor mériterait tout de même un petit coup de jeune.
C : 25 €

→ 39 rue Cérès
☎ 03 26 47 33 25
F. non comm.
Jusqu'à 23h.

---

10 Le Vigneron

Hervé Liégent, chef débonnaire affichant une belle moustache, incarne à lui seul l'âme de cette maison dédiée au champagne et à la Champagne (musée et collection unique d'affiches). La cuisine n'est pas toujours aussi pertinente que la sélection viticole (même si les commentaires sur la cave sont bien difficiles à obtenir) mais le foie gras et gelée au Pommery 61, la côte de bœuf aux champignons et le sorbet au marc de champagne assurent, tout juste, l'essentiel.
C : 40 €

→ Pl Paul-Jamot
☎ 03 26 79 86 86
F. sam. à déj., dim., 12 jrs août et 1 sem. fin déc.

Grand Hôtel des Templiers

Dans un quartier résidentiel, un hôtel particulier XIXe au style néo-gothique affirmé dans les parties communes (bel escalier de bois, plafond en bois sculpté, plafonds à moulures, bow-window avec vitraux). Chambres personnalisées, tendues de tissus, aux salles de bains en marbre.
18 ch. 190-280 €   *www.http://perso.wanadoo.fr/hotel.templiers*

→ 22 rue des Templiers
☎ 03 26 88 55 08
🖳 03 26 47 80 60
Ouv. 7j/7.

Latino Hôtel

Plus que par sa situation pratique, l'hôtel séduit par son décor, qui insuffle un vent muy caliente dans la ville du champagne, avec des couleurs chatoyantes. Un contexte chaleureux, pour des chambres au confort tout à fait correct.

1 appart. 54-74 € • 11 ch. 54-74 €

www.latinocafe.fr

→ 33 place Drouet-d'Erion
☎ 03 26 47 48 89
▤ 03 26 86 92 67
Ouv. 7j/7.
≋❄

Villes de proximité, voir :

↻ CHAMPIGNY	4 km N.O. par N 31 et D 275	**(12/20)**
↻ LAVANNES	13 km S.E. par D 31 et D 46	
↻ MONTCHENOT	11 km S. par N 51	**(15/20)**
↻ TINQUEUX	6 km O. par D 980	**(17/20)**

REMIREMONT - 88200   (12 A 6)
Epinal 27 - Belfort 71

14 Le Clos Heurtebise

Ce ne sont pas les Hauts de Hurlevent, mais cette vallée, ces forêts lorraines ont bien du caractère, comme cette belle maison de maître XIXᵉ sur les hauteurs de la ville, au décor bourgeois bien peigné. Ludovic Léné met sa jeunesse et sa technique au service d'une carte aux belles manières, mâtinée de Méditerranée et de cette poudre d'Asie acquise notamment auprès des frères Raimbault à l'Oasis : langoustines rôties, orge perlé au basilic et soupe de poissons de roche rafraîchie, bar rôti à la peau clouté au lard vosgien et asperges à l'huile de noisette, émincé de noix de veau, croustillant de riz thaï aux algues nori. La cave solide (Trimbach, Cuilleron, les beaujolais de Brun…) et l'accueil de Valérie Léné confirment le propos et l'ambition de ce Clos Heurtebise : une belle table classique.

C : 50 € • M : 18-60 €

→ 13 chemin des Capucins
☎ 03 29 62 08 04
F. dim. à dîn. et lundi. F. ann. non comm.
Jusqu'à 21h.
🌲 🚗 🦽 🐕

RENNES - 35000   (14 C 4)
Paris 350 - Nantes 108 - Caen 174

15 La Fontaine aux Perles

Un manoir, un jardin à la française, serait-on au paradis du classicisme ? Pas si vite, car si l'atmosphère générale est parfois bourgeoise, la manière n'en est pas moins actuelle, et pas seulement dans le décor. Les richesses de Bretagne, terrestres et marines, sont convoquées au service d'une cuisine efficace, où le chef Rachel Gesbert apporte sa touche personnelle dans les présentations (étagée de volaille au foie gras et gelée de cidre), les mélanges terre-mer (saint-jacques à l'andouille et jus de viande au lard) ou une note exotique (pigeonneau à l'orientale). La cave réserve aussi de bons moments dans son exploration des grandes régions françaises.

C : 70 € • M : 25-75 €

www.lafontaineauxperles.com

→ 96 rue de la Poterie, au Manoir de la Poterie
☎ 02 99 53 90 90
F. dim. à dîn. (dim. août) et lundi.
Jusqu'à 21h30.
🚗 🦽 🐕 🛎
🍴 idéal gourmet

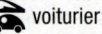 parking privé    parking fermé   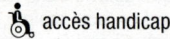 voiturier

🐦 hôtel très tranquille   🐕 chien accepté   🦽 accès handicapé

14 🍴 La Coquerie

Désormais dirigée par Marc Tizon, revenu en terre bretonne (il s'était fait remarquer pendant de longues années au restaurant le Palais) après un exil doré d'une dizaine d'années à l'Oustau de Baumanière, la table de cette institution hôtelière rennaise occupe désormais la place qu'elle mérite. Concise et inspirée par la Provence, sa cuisine ne s'embarrasse jamais de circonvolutions : chair de dormeur, huile de la vallée des Baux et basilic, saint-jacques rôties, lamelles d'ormeau et jambon d'Antonello, carré de veau fermier au sautoir, rougettes et petites pois au parmesan, crème de riz au lait, fruits de la passion et sablé au chocolat. Cave de bon niveau.
C : 60 € • M : 33-46 €   *www.lecoq-gadby.com*

→ 156 rue d'Antrain
☎ 02 99 38 05 55
F. dim., lundi, 23 fév.-10 mars, 15 avril-5 mai, 15 juil.-15 août et 31 déc.-8 janv.
Jusqu'à 21h15.

🎁 **idéal gourmet**

🍷🍷🍷 Lecoq-Gadby

Cette institution locale poursuit sa mue : agrandie de quelques chambres depuis l'hiver dernier, elle bénéficie également de quelques aménagements à caractère exclusif, à l'image du spa à cinq cabines, de la boutique de fleurs et du fumoir. Au calme bien qu'en ville, organisée autour d'un jardin, cette belle maison offre des chambres décorées de meubles de famille des XIXe et XXe siècles.
1 appart. 250-305 € • 11 ch. 123-170 €   *www.lecoq-gadby.com*

→ 156 rue d'Antrain
☎ 02 99 38 05 55
📠 02 99 38 53 40
Ouv. 7j/7.

---

14 🍴 Le Corsaire

Antoine Luce a passé plus de la moitié de sa vie dans cette cambuse rennaise. C'est donc peu dire qu'il connaît la marée et qu'il a mesuré la difficulté d'un arrivage de qualité régulière. Raison de plus pour accorder sa confiance à cet intègre pêcheur, qui trouve des ormeaux toute la saison, des saint-jacques superbes qu'il accompagne d'un jus de pomme verte, et marie pour les grandes occasions le ris de veau et le homard breton, aux épices et aromates de mer. Derrière la façade discrète, voir quelconque, un intérieur bourgeois pour prendre la mer, et trouver de bons menus, un cave classique, et l'accueil pro de Nelly Luce.
M : 22-37,50 €

→ 52 rue d'Antrain
☎ 02 99 36 33 69
F. dim. à dîn., merc., lundi (seult été) et 10 jrs août.
Jusqu'à 21h15.

---

14 🍴 L'Escu de Runfao

Refaite entièrement il y a deux ans, la décoration de la salle à manger, contemporaine et chaleureuse, semble avoir redonné un coup de jeune à la maison d'Alain Duhoux. Soignée et personnalisée, la cuisine de ce dernier ne s'embarrasse pas de faux-semblants, s'appuyant travaillant dans un registre classique et attrayant (risotto au citron et langoustines, rouget barbet rôti à l'encre de seiche, ris de veau aux épices de Santa Klauss) succombant même parfois, sur certains desserts, à une dérive modeuse (figues fraîches rôties et glace carambar). Belle cave, surtout en loire.
C : 75 € • M : 29-87 €   *www.escu-de-runfao.com*

→ 11 rue du Chapitre
☎ 02 99 79 13 10
F. sam. à déj., dim. à dîn., dim. (juil.-août), vac. scol. fév. et 3-24 août.
Jusqu'à 22h.

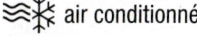

🏖 repas en terrasse ou dans un jardin   ⬤ cave à cigare

🏊 piscine privée   🎾 tennis privé   ≋❄ air conditionné

RENNES

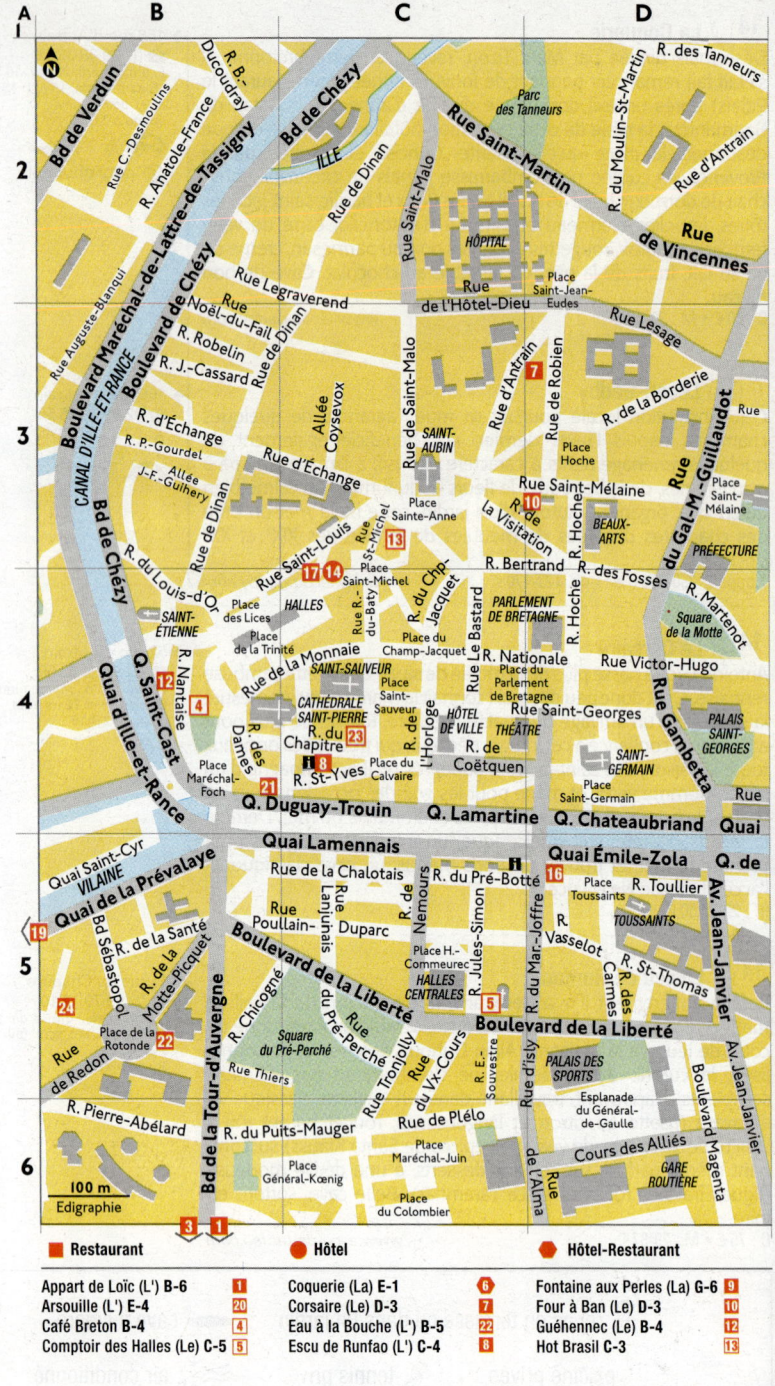

Restaurant ■ **Hôtel** ● **Hôtel-Restaurant** ◆

Appart de Loïc (L') **B-6** ▣1	Coquerie (La) **E-1** ⑥	Fontaine aux Perles (La) **G-6** ⑨
Arsouille (L') **E-4** ⑳	Corsaire (Le) **D-3** ⑦	Four à Ban (Le) **D-3** ⑩
Café Breton **B-4** ④	Eau à la Bouche (L') **B-5** ㉒	Guéhennec (Le) **B-4** ⑫
Comptoir des Halles (Le) **C-5** ⑤	Escu de Runfao (L') **C-4** ⑧	Hot Brasil **C-3** ⑬

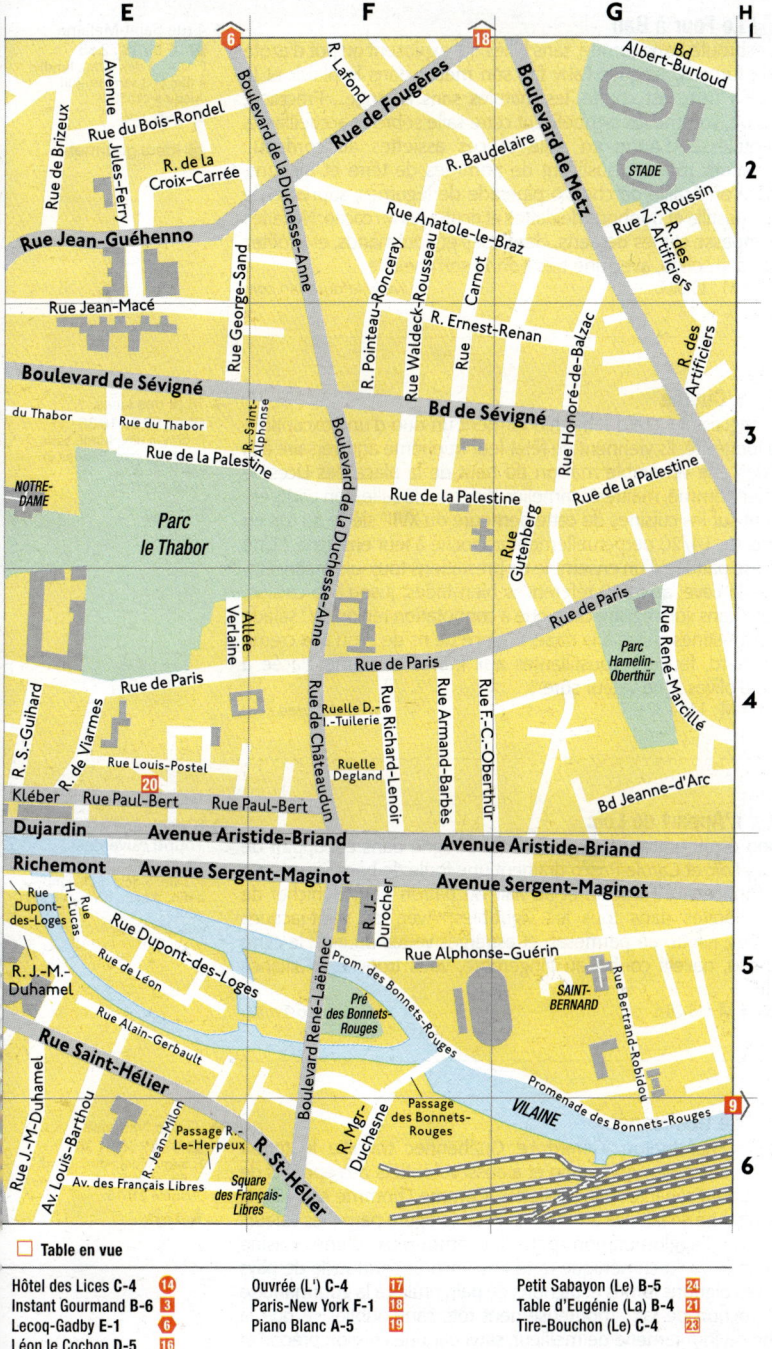

☐ Table en vue

14 Le Four à Ban

Sans esbroufe, sans cornue, sans billes qui explosent ou pot d'azote liquide fumeux, Jacques Faby fait son métier dans le plaisir et la clarté. Sa carte est courte, les intitulés sans rallonge... Précision, concision, comme les symbolisent cette salle sobre et accueillante, la gentillesse d'Anne en salle et ces assiettes au cordeau : langoustines rôties, croustillant de pommes de terre et oignons, rascasse en écaille de chorizo piperade de légumes, suprême de pigeon pastilla et bonbons de dattes et ricotta jus au cacao. Ne faites pas l'impasse sur les desserts, classiques et gourmands, et profitez d'une cave solide, avec une très bonne sommelière.

C : 50 € • M : 19-50 €   www.lefouraban.com

→ 4 rue Saint-Melaine
☎ 02 99 38 72 85
F. sam. à déj., dim., lundi
à dîn. et 3 sem. mi-juil.
Jusqu'à 21h30.

idéal gourmet

- -

14 L'Ouvrée

Joël Langlais et Gérard Jehannin forment un duo d'une exceptionnelle longévité. Ils viennent de fêter leur trentième anniversaire à la tête de cette vénérable maison du haut de la place des Lices, le premier nommé, maître-sommelier, dirigeant la salle, son compère régnant sur les cuisines de cette demeure du XVIIe siècle au toit en carène. Ce 14/20 perpétuellement accroché à leur enseigne ? Une synthèse parfaite d'un ensemble de prestations toujours maîtrisées, depuis la cave, aux 200 références bien triées, jusqu'à la cuisine, parfaite dans son registre classique à connotation régionale : salade de langoustines cuites à la nage, émincé de ris de veau à la crème de homard, feuilles croustillantes aux fraises et crème glacée à l'huile d'olives. Une valeur sûre.

C : 42 € • M : 14,50-32 €   www.louvree.com

→ 18 pl des Lices
☎ 02 99 30 16 38
F. dim. à dîn., lundi, sam.
à déj., 2e sem. Pâques et
1er-15 août.
Jusqu'à 21h30.

- -

13 L'Appart de Loïc

Le bon esprit entre vin et gourmandise règne dans cet appart de copain. Loïc et Carole Pasco drainent une foule de bons vivants qui font confiance à l'ardoise et au flair du patron pour dénicher de vraies pépites dans tous les vignobles. Avec les saint-jacques snackées, risotto au parmesan et asperges vertes ou avec le carré d'agneau, navets confits au gingembre, vous trouverez l'alliance idéale.

C : 35 € • M : 18-28 €   carole.pasco@rtel.fr

→ 67 ter bd de la
Tour-d'Auvergne
☎ 02 99 67 03 04
F. sam. à déj., lundi
à dîn., 1 sem. hiver et 3 sem.
août.
Jusqu'à 22h.

- -

13 Le Guéhennec

En bon chef breton, Gérard Le Guéhennec travaille le terroir terrestre aussi bien que marin et a aussi volontiers des appétits de voyage pour rehausser ses assiettes. Comme l'homme sait y faire, le résultat ne se fait pas attendre et la table figure parmi les valeurs sûres de l'agglomération pour les amoureux d'une cuisine exigeante, de l'œcuménique tarte fine encornet andouille de pays avec ses oignons fumés et pignons de pain brûlés à la gourmandise d'un cochon de lait amoureusement rôti, sans oublier ce que la pêche du jour ramène de meilleur, servi par une cuisson précise et un accompagnement sobre. Le reste est à l'avenant, du cadre actuel et raffiné à la gentillesse attentive de Régine Le Guéhennec en salle.

C : 63 € • M : 18,50-75 €

→ 33 rue Nantaise
☎ 02 99 65 51 30
F. sam. à déj., dim., lundi
à dîn. et août.
Jusqu'à 21h15.

13 Léon le Cochon

Léon prouve avec brio que le statut d'institution n'est pas incompatible avec l'air du temps. Témoin le décor très réussi qui mêle couleurs acidulées et mobilier rustique dans une ambiance entre ville et campagne bien dans le ton d'une carte toujours aussi habile entre canaille et distingué, gargouille de légumes à l'huile de truffe et andouillette ficelle se côtoyant avec autant de bonne humeur qu'une clientèle de fidèles enthousiastes devant ce cochon alerte comme devant sa cave pleine de bonnes idées.
C : 23 €

→ 1 rue du Mal-Joffre
☎ 02 99 79 37 54
F. dim. (juil.-août).
Jusqu'à 22h30 (23h
vend.-sam.).

---

12 L'Eau à la Bouche

Nous évoquions l'an dernier la table de Stéphane et Laëtitia Cloteaux comme l'une des plus prometteuses de la capitale bretonne. Le temps semble nous donner raison et la clientèle, plutôt jeune et féminine, ne nous contredit pas : rillettes de poissons et avocat (du poisson émietté disposé au fond d'une verrine et recouvert d'une délicieuse crème fouettée, le tout accompagné de pain grillé, tranches d'avocat et graines germées), filet mignon de porc au caramel de soja, fromage blanc au caramel au beurre salé. Petite cave personnalisée.
C : 37 € • M : 16-32 €

→ 12 rue de l'Arsenal
☎ 02 23 40 27 95
F. sam. à déj., lundi, mardi,
à déj. 14 juil.-fin août, 2 prem.
sem. sept., Noël-nouvel an.
Jusqu'à 21h30.

---

12 Instant Gourmand

Un menu pour le midi, bistrotier et sympathique, une carte plus élaborée le soir, pour prendre le temps, de l'apéritif à la banane au quatre-épices, de savourer cette cuisine gaiement fusionnante, intitulé sur deux lignes et ingrédients du monde, emplie d'épices et d'associations à la mode : ravioles de langoustines au curry thaï, lotte au curcuma et romarin, jus de coriandre, risotto noir de quinoa, fumet au chorizo, agneau parfumé de zaathar, jus au carvi. Le décor se prête aux confidences, la petite cave est un peu minimaliste.
C : 36 € • M : 23-30 € *instant.gourmand@wanadoo.fr*

→ 11 bd de la Tour
d'Auvergne
☎ 02 99 65 01 77
F. sam. à déj., dim., lundi et 2
sem. mi-août.
Jusqu'à 21h30.

---

12 Paris-New York

Installé face au plus grand parc de loisirs de la ville, cet établissement à l'architecture contemporaine séduit toujours autant la clientèle du déjeuner au son d'un impeccable menu à 22 € : mousse de gorgonzola aux poires, sirop de vin rouge et croustilles de blé noir, pressé de jarret de porc, tarte de polenta à la provençale, panacotta chocolat et milk-shake de banane. Le même esprit règne dans la cave, constituée pour offrir un rapport prix/plaisir maximal.
C : 35 € • M : 16-29,50 €

→ 276 rue de Fougères
☎ 02 23 21 15 71
F. sam. à déj., dim., 1er-10 mai
et 5-22 août.
Jusqu'à 22h.

---

12 Le Petit Sabayon

On ne retiendra que les (nombreux) bons côtés de cette petite adresse installée entre la cité judiciaire et les quais, dans une rue résidentielle. Un jeune couple veille jalousement sur une clientèle ravie d'un tel rapport qualité-prix : rillettes de poissons aux aromates et guacamole, cabillaud à la crème de lard fumé et clafoutis aux cerises pour 15 €, l'affaire est belle ! Service soigné assuré par la délicieuse maîtresse de maison.
C : 35 € • M : 15-30 € *lepetitsabayon@free.fr*

→ 16 rue des Trente
☎ 02 99 35 02 04
F. sam. à déj., dim. à dîn.,
lundi, vac. scol. fév., 2 sem.
août-sept.
Jusqu'à 21h30.

11 L'Arsouille

Quelques tables sans nappes, des chaises bistrot, un comptoir et ses tabourets dépareillés, un poêle à gaz hors d'âge trônant au beau milieu de la pièce, un vieux poste radio… et des bouteilles de bons vignerons alignées sur des étagères et servies au verre, pour justifier l'enseigne. La cuisine est bien sûr bistrotière : croustillant de boudin noir, filet mignon aux champignons… Service à la bonne franquette assuré par le patron qui joue la carte du détachement avec les clients de passage.
C : 30 € • M : 14-18 €

→ 17 rue Paul-Bert
☎ 02 99 38 11 10
F. dim., lundi, 1er-21 août.
Jusqu'à 22h30.

----

11 Le Piano Blanc

Centre de relaxation traditionnel à l'orée de la ville, le Piano Blanc accueille nombre de déjeuners d'affaires dans la verdure, à proximité des terrains d'entraînement du FC Rennes. Salle élégante et moderne, jolie terrasse sous les tilleuls, oliviers et bambous pour goûter une cuisine actuelle bien calculée, viandes grillées à la cheminée, poissons de l'arrivage, nems de saint-jacques et boudin noir, tiramisu framboises.
C : 40 € • M : 26-58 €

→ 315 Chemin de la Prévolaye, rte de Sainte-Foix
☎ 02 99 31 20 21
F. sam. à déj. et dim.
Jusqu'à 22h30.

----

11 La Table d'Eugénie

Dans le centre historique, une adresse au fort capital de sympathie et qui, tranquillement, s'impose dans le paysage gastronomique rennais. En partie formé au Pays Basque (Didier Oudill période Café de Paris et les frères Ibarboure), Erwann Hergué mixe les influences pour proposer une jolie petite cuisine aguicheuse : raviole de chair de tourteau aux fèves et nage d'étrilles à la réglisse, filet de bar rôti, purée de patates douces et sauce coco-cardamome, crumble pomme-ananas au romarin et crème glacée au romarin.
C : 32 € • M : 26-38 €

→ 2 rue des Dames
☎ 02 99 30 78 18
F. à déj., dim. et 2 sem. août.
Jusqu'à 22h.

Café Breton

A deux pas de la place des Lices, cette ancienne boutique de cuirs et crépins a conservé son agencement d'origine ainsi que ses boiseries qui créent une atmosphère à la fois chaleureuse et authentique. L'ardoise du jour assure l'essentiel avec la roulade de saumon au guacamole et chèvre frais, la poêlée de gambas à la crème d'anis ou le quasi de veau sauce citronnée au curcuma.
C : 22 €

→ 14 rue Nantaise
☎ 02 99 30 74 95
F. dim., lundi à dîn. et 1re quinz. août.

Le Comptoir des Halles

Près des halles, un comptoir branché malin et bonne franquette pour déguster Prat ar Coum et Gillardeau, poissons plancha et wok de légumes, ce qui n'empêche pas quelques digressions canailles avec la saucisse aplatie de "la ferme à André" ou la planche de charcuterie.
C : 28 €

→ 17 rue Jules-Simon
☎ 02 99 78 20 07
F. dim.
Jusqu'à 22h30 (23h vend.-sam.).

Hot Brasil

C'est chaud, c'est brésilien, on pourrait presque sentir le sable de Copacabana sous nos pieds. Un chef carioca propose une cuisine "do brasil" (feijoada, xinxim de galinha…) dans une maison ancienne de centre-ville. Choc des cultures assuré.
C : 25 € • M : 22-32 €

→ 27 rue de Penhoët
☎ 02 99 78 17 81
F. à déj., dim., 2 sem. août et 1 sem. hiver.
Jusqu'à 22h30.

hot.brasil@laposte.net

G
 M

Le Tire-Bouchon

Vins naturels et souffle de nouveauté et de dynamisme : voilà comment on fait d'un bar à vins un objet de curiosité, pour découvrir les dernières trouvailles de chez Puzelat, Binner ou Lebreton. Et trinquer avec quelques aimables assiettes bistrotières, les rillettes de maquereau, l'agneau de sept heures et le riz au lait.
C : 22 €

→ 2 rue du Chapitre
☎ 02 99 79 43 43
F. w.-e., vac. scol. fév. et 3 sem. août.
Jusqu'à 22h45.

Hôtel des Lices

La clim et le wifi sont venus s'ajouter au confort de ces chambres design contemporain dans un immeuble classique des années cinquante du Vieux Rennes.
45 ch. 59-68 €   www.hotel-des-lices.com

→ 7 pl des Lices
☎ 02 99 79 14 81
🖨 02 99 79 35 44
Ouv. 7j/7.

Villes de proximité, voir :

REPLONGES - 01750   (27 D 1)
Bourg-en-Bresse 32 - Mâcon 5

La Huchette

A deux pas de Mâcon, la vaste maison bénéficie d'une belle situation au cœur d'un parc et propose des chambres spacieuses et feutrées.
2 appart. 175-220 € • 12 ch. 85-115 €   www.hotel-lahuchette.com

→ N 79
☎ 03 85 31 03 55
🖨 03 85 31 10 24
F. 1 sem. fin oct. et 1re quinz. nov.

RESTIGNE - 37140   (17 B 4)
Tours 41 - Bourges 202

Manoir de Restigné

Au cœur du vignoble de Bourgueil, une élégante maison d'architecture Grand Siècle, au calme. Nouveaux propriétaires depuis 2006, Sophie et François-Michel Duguet ont consenti d'importants investissements pour faire de cet établissement l'une des étapes obligées en Val de Loire : chambres superbes et spacieuses avec un coup de cœur pour la suite Isabelle, avec bureau, cheminée de pierre, dressing et salle de bain en marbre avec balnéo. Un spa devrait très bientôt voir le jour.
3 appart. 215-345 € • 3 ch. 175-205 €   www.manoirderestigne.com

→ 15 rue de Tours, la Platerye
☎ 02 47 97 00 06
🖨 02 47 97 01 43
F. janv.-fév.

RETHONDES - 60153   (4 A 4)
Beauvais 77 - Compiègne 10

16 Alain Blot

Chez Alain Blot, la nouveauté est cette année davantage dans le décor de la salle que dans la cuisine, qui reste fidèle à elle-même. Personne ne songerait d'ailleurs à s'en plaindre, tant le chef confirme un art consommé de choisir ses produits, notamment les poissons, et une parfaite maîtrise dans les cuissons. A ce titre, le menu à 55 € est une véritable aubaine pour l'amateur, grâce à des cuissons superbes, le bar, le turbot ou la sole sont préparés avec une sobriété réfléchie qui les met en valeur (confiture d'oignon et touche de grenadine avec le bar grillé, asperges sauvages et un beurre blanc modèle sur le turbot, crème de volaille goûteuse pour

→ 21 rue du Mal-Foch
☎ 03 44 85 60 24
F. sam. à déj., dim. à dîn., lundi, mardi, fêtes à dîn., 2 sem. janv. et 2 sem. sept.
Jusqu'à 21h.

enveloper la soupière de sole et crevettes grises) et les présentations sont soignées (de nouvelles assiettes ont fait leur apparition). Madame Blot et son personnel féminin sont aux petits soins pour faire patienter le client confortablement installé dans cette salle à manger raffinée, tandis que la carte des vins à prix sages s'est vue complétée par des bordeaux et des bourgognes de bonne facture.

M : 39 €

www.alainblot.com

REUGNY - 03100 (26 B 2)
Montluçon 14 - Moulins 64

13 La Table de Reugny
Jean-Luc Sanguillon, en professionnel chevronné, connaît toutes les ficelles de son métier. Faire vivre un "une toque" dans cette partie peu fréquentée de l'Allier n'est pas forcément une affaire qui va de soi. Il vient ainsi de rénover sa salle à manger, a rejoint l'association des Maîtres Cuisiniers de France et poursuit sa sincère mise en valeur de la cuisine classique et régionale : millefeuille de foie gras chaud, artichauts et pommes caramélisées, salade à l'huile de noix, escalope de lieu jaune au sel de Guérande, tombée de fenouil et coulis de poivrons rouges, quasi de veau piqué à l'ail, jus infusé aux échalotes et purée de cèpes. Une maison solide et loyale.

C : 31 € • M : 21,50-48 €

www.restaurant-reugny.com

→ 25 rte de Paris
☎ 04 70 06 70 06
F. dim. à dîn., lundi, mardi,
2-15 janv. et 16-31 août.
Jusqu'à 21h.

REUILLY SAUVIGNY - 02850 (4 C 5)
Laon 103 - Château-Thierry 13

16 Auberge Le Relais ♥
La maison de Line et Martial Berthuit a certes quitté récemment le giron des Logis de France mais n'a pas pour autant perdu sa délicieuse ambiance, jamais guindée, toujours sincère, à l'image des sourires de l'accueil. La salle à manger au décor plutôt contemporain ouvre par de larges baies vitrées sur les collines et ce vignoble de champagne qui compose justement l'un des axes forts d'une cave principalement dédiée aux domaines les plus connus. Solide et distinguée, la carte de Martial Berthuit place la barre très haut, dans un registre à l'image des lieux, sobre et actuel : saint-jacques sur velouté de haricots coco, croustillant de jambon et huile de pistache, déclinaison de sanglier, en daube, côte rôtie et lardé aux champignons, dacquoise à la noisette, pomme poire, lit de caramel et mousse au chocolat guarani. Prix d'une grande douceur, quelques chambres, toutes redécorées en février.

C : 85 € • M : 31-58 €

www.relaisreuilly.com

→ 2 rue de Paris
☎ 03 23 70 35 36
F. mardi, merc., 27 janv.-29
fév. et 17 août-5 sept.
Jusqu'à 21h15.

REVILLE - 50760 (5 B 2)
Cherbourg 33 - Carentan 45

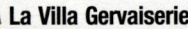 La Villa Gervaiserie
Une agréable villa au calme, dont les chambres bien pensées, au mobilier actuel, donnent sur le jardin aux essences exotiques et plus loin, la mer et l'île Tatihou.

10 ch. 85-112 €

www.lagervaiserie.com

→ 17 rte des Monts
☎ 02 33 54 54 64
🖨 02 33 54 73 00
F. 15 nov.

13 🍴 **Le Chat qui Rit**

Deux ans après avoir repris cette auberge de bord de route, les Lopez semblent avoir réussi leur pari en maintenant le niveau des anciennes prestations. Dans un décor entièrement dédié au noble animal domestique (tableaux, photos, objets divers), les bonnes spécialités traditionnelles (tournedos de bœuf à l'échalote, le filet mignon de porc à l'ananas, la cuisse de canard au cidre…) témoignent du soin apporté au choix des produits. Petite cave locale.
C : 30€ • M : 23-34€

→ 1 rte de Céret
☎ 04 68 87 02 22
F. dim. à dîn., lundi, mardi (sf été) et 7 janv.-6 fév.
Jusqu'à 21h30.

🌂 🚗 ♿ ≋❄ 🐕
🍴

15 🍴 **Au Vieux Couvent**

Si Rhinau n'est pas précisément une bourgade riante, les bonnes vibrations qui animent cette vaste salle au bord de la rivière ont de quoi redonner le sourire à tous les gourmands. Alexis Albrecht nous emmène sur une route personnelle, entre terroir alsacien et influences italiennes, où il appelle en renfort les producteurs locaux que les herbes du jardin, et tout ce petit monde fournit prétexte à de bien jolies assiettes, quand les langoustines rôties et les oseilles du jardin s'associent au risotto ou le pigeon à la polenta aux amandes et aux tomates confites. La maison a décidément les idées larges, comme en témoigne également la carte des vins, parfaite en Alsace certes, mais aussi bien construite un peu partout en France, avec de belles références. Service impliqué et d'une grande gentillesse.
C : 65€ • M : 35-86€

→ 6 rue des Chanoines
☎ 03 88 74 61 15
F. lundi à dîn., mardi, merc., 18 fév.-7 mars, 30 juin-18 juil. et 20-24 oct.
Jusqu'à 20h45.

🐕

🏮 idéal gourmet

❀ **Château de Ribaute**

Maison de famille depuis le XIIIe siècle, le château a été remanié au XVIIIe pour trouver son allure actuelle. A l'intérieur, on apprécie les chambres très spacieuses, qui marient avec bonheur tons clairs et meubles anciens.
5 ch. 80-110€

chateau.de-ribaute@wanadoo.fr

→ ☎ 04 66 83 01 66
Ouv. 7j/7.

🚗 ⌇ 🐕

14 🍴 **Au Valet de Coeur**

Paul Haeberlin fut apprenti dans cette maison dont le premier propriétaire, M. Weber, fut cuisinier auprès du Tsar de Russie et à la cour de Grèce. Passé dans quelques très belles maisons (Bocuse, le château Saint-Martin à Vence, la Chenaudière à Colroy la Roche), Christophe Cavelier dirige avec compétence ce Valet de Cœur auquel il vient d'offrir un nouveau décor, dans un esprit de "chalet contemporain". Manquant parfois d'un soupçon de personnalité, sa cuisine affiche en revanche une solidité à toute épreuve, grâce au soin indéniable porté au choix des produits : pressé de tourteaux, tomates mi-confites et avocat, filet de bar, asperges vertes,

→ 40 rte
Sainte-Marie-aux-Mines
☎ 03 89 73 64 14
F. dim. à dîn.-mardi à déj.
Jusqu'à 21h30.

🚗 ♿ 🐕

pousses d'épinards et truffes d'été, sablé breton aux mangues, pignons de pin et glace à la vanille. Service remarquable, sous la direction du très professionnel Jean-Pierre Egert.
C : 65 € • M : 29-45 €   www.valetdecoeur.fr

La Pépinière

En pleine nature, un chalet élégant à la lisière de la forêt pour un séjour de calme et de gastronomie. Chambres au confort régional, accueil souriant dans la tradition alsacienne.
3 appart. 99 € • 13 ch. 55-80 €   www.valetdecoeur.fr

→ 40 rte
Sainte-Marie-aux-Mines
☎ 03 89 73 64 14
🖨 03 89 73 88 78
Ouv. 7j/7.

Le Clos Saint-Vincent

Des chambres récemment climatisées, une piscine fraîchement rénovée, des chambres mêlant les styles (du Louis XVI au contemporain), cet établissement situé au milieu du vignoble jouit d'une vue imprenable sur l'ensemble de la plaine d'Alsace. Agréable jardin paysager aménagé au milieu des vignes.
4 appart. 190-235 € • 20 ch. 115-205 €   www.leclossaintvincent.com

→ Rte de Bergheim
☎ 03 89 73 67 65
🖨 03 89 73 32 20
F. 21 déc.-17 mars.

Hostellerie des Seigneurs de Ribeaupierre

Un cadre typiquement alsacien pour cet hôtel de tradition, installé dans une noble demeure XVIIIe, aux chambres agréables meublées dans le style régional.
4 appart. 155-175 € • 6 ch. 125-155 €
hostellerie.seigneursderibeaupierre@wanadoo.fr

→ 11 rue du Château
☎ 03 89 73 70 31
🖨 03 89 73 71 21
F. 1er janv.-15 mars.

RIEC SUR BELON - 29340   (13 C 4)
Quimper 37 - Lorient 31

Domaine de Kerstinec

Une ancienne ferme bretonne aménagée en hôtellerie de tradition, chambres classiques, toutes différentes, donnant sur la belle nature morbihannaise, dans le site classé du Belon. Restaurant de cuisine traditionnelle actualisée.
18 ch. 59-100 €   www.hotelbelon.online.fr

→ Rte de Moëlan-sur-Mer, D 24
☎ 02 98 06 42 98
🖨 02 98 06 45 38
F. 3-17 janv.

RIEDISHEIM - 68400   (10 B 5)
Colmar 45 - Mulhouse 4

15 Restaurant la Poste-Kieny

Les quelques retouches opérées dans le décor le laissent pressentir, un souffle nouveau agite doucement cette maison attachante, Jean-Marc Kiény accentue la modernisation d'une cuisine qui ne sentait déjà pas précisément la poussière, dans un très ludique menu Clin d'œil au terroir, mais aussi dans sa "grande" carte, où les produits nobles (toujours aussi bien choisis) s'allègent de touches contemporaines dans les présentations comme les associations de saveurs : un tube aux épices garni d'une chantilly au wasabi avec le homard mariné, des gnochettis au safran et de la mortadelle avec la sole meunière ou une pêche Melba "new look", on joue volontiers avec le chef, dans une atmosphère de douce satisfaction, emmenée par un service qui trouve le juste équilibre entre élégance et convivialité. La cave fait d'appréciables efforts pour varier les plaisirs.
C : 65 € • M : 26-37 €   www.restaurant-kieny.com

→ 7 rue du Gén-de-Gaulle
☎ 03 89 44 07 71
F. dim. à dîn., lundi, mardi à déj. et 25 juil.-14 août.
Jusqu'à 21h.

RIGNAC - 46500   (30 A 1)
Cahors 69 - Figeac 45

13 🍴 Château de Roumégouse

Totalement isolé, ce château semble en premier lieu réserver sa table aux résidents. Eloignement oblige... La cuisine de Jean-Louis Lainé mérite pourtant le détour, en particulier pour son intéressante vision de la cuisine régionale : gaspacho de tomate fraîche et crème légère, lapin aux épices et petites côtelettes, feuilleté d'écrevisses aux girolles, salade de caille confite à l'huile de noisettes. Cave sans grande surprise mais n'oubliant pas de promouvoir la production locale.

C : 75 € • M : 35-85 €   www.chateauderoumegouse.com

→ ☎ 05 65 33 63 81
F. mardi (sf juil.-août) et
1er janv.-27 avril.
Jusqu'à 21h30.

ĉĉĉ Château de Roumégouse 🦅

Reconstruit à la fin du XIXe siècle, ce château que l'on jurerait médiéval repose sur un site déjà habité au Xe siècle. Dominant le causse de Rocamadour, ouvrant sur un parc de cinq hectares, ce château au charme à la fois joyeux et austère propose des chambres meublées de style (Louis XIV, Louis-Philippe). Belle piscine, au pied de la demeure, terrasse panoramique.

1 appart. 300-390 € • 14 ch. 80-250 €   www.chateauderoumegouse.com

→ ☎ 05 65 33 63 81
🖥 05 65 33 71 18
F. 1er janv.-27 avril.

RILLIEUX LA PAPE - 69140   (27 D 2)
Lyon 19 - Bourg-en-Bresse 50

15 🍴🍴 Larivoire

Quelques cours de navigation sur le bateau-école : voilà Gérard Constantin qui vous fait descendre le Rhône depuis sa maison centenaire. et si les plats n'ont pas tous un siècle, ils garantissent à toutes les générations de retrouver le goût commun pas si commun des classiques à deux toques : des huîtres gratinées au champagne, après tout pourquoi pas sur des Gillardeau ? Des escargots sautés aux griottines, des goujons de sole aux raviolis et crème mousseuse, la côte de cochon de l'Allier ou la charmeuse canette de la Dombes laquée. Et quand par hasard, sur l'ardoise, pointe un risotto carnaroli aux truffes de Richerenches, faites une folie, et consultez en même temps la belle cave axe rhône et périphériques qui vous permettra, avec une équipe de salle qui ne demande qu'à faire plaisir.

C : 70 € • M : 33-80 €   www.larivoire.com

→ Chemin des Iles
☎ 04 78 88 50 92
F. dim. à dîn., lundi à dîn.,
mardi et 16-29 août.
Jusqu'à 22h.

RIOM - 63200   (26 B 3)
Clermont-Ferrand 16 - Vichy 39

13 🍴 Le Flamboyant

Au cœur du quartier historique, cette ancienne école de filles à l'architecture typique (en pierre de Volvic) frappe le visiteur par une certaine austérité. Même impression une fois installé à table, dans une salle à manger sans ouverture heureusement égayée par le blanc des murs et d'un plafond truffé de spots diffusant une très agréable lumière. Les assiettes, vives et au goût du jour, achèvent de renverser la tendance : salade de homard rôti, carottes chaudes aux raisins et dattes, dos de turbot au miel de châtaignes, citron vert et pignons de pin, deux plats parfaitement maîtrisés, dessert moins emballant, une menthe chocolat en gelée, moelleux et coulant au chocolat. Belle cave didactique, service semblant parfois manquer d'organisation.

C : 47 € • M : 26-55 €   www.restaurant-le-flamboyant.com

→ 21 bis rue de l'Horloge
☎ 04 73 63 07 97
F. dim. à dîn., lundi, 8-30 sept.
et 26 déc.-8 janv.
Jusqu'à 21h45.

RIQUEWIHR - 68340 (10 B 4)

Colmar 15 - Strasbourg 65

16 La Table du Gourmet

→ 5 rue de la 1re-Armée
☎ 03 89 49 09 09
F. à déj. mardi, merc., jeudi, merc. à dîn. (h.s.) et 3 janv.-13 fév.
Jusqu'à 21h15.

Si Jean-Luc Brendel était breton ou limousin, il aurait sans doute la même approche du terroir, mais aussi la même curiosité pour les affaires étrangères. Cet Alsacien qui connaît comme sa poche les secrets ancestraux des marmites régionales n'a pas son pareil pour faire entrer dans cet élégant décor contemporain, à l'ambiance d'une sobriété qui confine parfois à l'ascétisme, les produits et les idées d'un autre monde, d'une autre planète même parfois, où la personnalité flirte parfois jusqu'à l'insolite sans jamais déraper vers le déroutant. Cette vision, aidée par une technique sans faille, le fait balancer régulièrement entre deux et trois toques, avec un marlin salé fumé au poivre de Sarawak et souskaï de mangue, le skreï rôti sur peau dans un baeckeoffe de rattes et racines thaïes ou la pomme de ris de veau et crevette épicée au tandoori, asperges au wok crème et oxalis. La table la plus passionnante du canton est aidée par une sommelière experte, Fabienne, la sœur du chef, qui mène la salle avec aisance, ses grands crus de partout et ses beaux alsaces en toute compétence.

C : 62 € • M : 27-90 € *www.jlbrendel.com*

---

12 Brendel Stub

→ 48 rue du Gén-de-Gaulle
☎ 03 89 86 54 54
F. merc. (saison), mardi, merc. (h.s.) et 10 janv.-2 fév.
Jusqu'à 22h15.

Une maison début XVIIe, pierres et poutres, la promesse de tartes flambées et cochon de lait à la broche : une table à l'ancienne pour amateur de nostalgie ? C'est mal connaître Jean-Luc Brendel, qui sait insuffler dans tout ça le vent de la modernité, dans le décor (mobilier contemporain et jeux de lumière soignés) comme dans la cuisine, qui à côté de ces belles valeurs classiques, sait aussi donner des envies de voyage autour du dos de vivaneau à la cubaine ou de la salade retour des îles.

C : 26,50 € • M : 26,50 € *www.jlbrendel.com*

---

12 Le Sarment d'Or

→ 4 rue du Cerf
☎ 03 89 86 02 86
F. dim. à dîn., lundi, mardi à déj. (sf fériés), 7 janv.-4 fév. et 29 juin-7 juil.
Jusqu'à 21h.

Dans le cadre d'une maison vigneronne XVIIe, sous les boiseries abondantes, on pourrait se contenter de la choucroute garnie ou du foie gras d'oie, mais Olivier Haas a de l'appétit et suffisamment de belles maisons derrière lui pour élargir sa palette à l'esturgeon en crème d'épinard ou au carpaccio de saint-jacques et tartare de crabe. Le grand écart est bien maîtrisé et la cave alsacienne bien complète.

C : 40 € • M : 20-48 € *www.riquewihr-sarment-dor.com*

---

11 L'Epicurien

→ 12 rue des Ecuries-Seigneuriales
☎ 03 89 72 73 50
F. merc. et vac. scol. fév.
Jusqu'à 21h.

Le flot touristique étant plus important sur la route des vins que dans la cité fortifiée, l'équipe de l'Epicurien de Neuf-Brisach a migré à Riquewihr. L'occasion espérons-le pour Frédéric Wurtz de gagner en maturité, pour mettre son sens du beau produit au service d'une cuisine plus nette et plus régulière que ce qu'il nous a été permis de goûter lors de notre dernier passage à son ancienne adresse, où les jolies saint-jacques et l'omble étaient accompagnés d'une garniture confuse et la verrine de queues d'écrevisses étouffée sous la crème. Service jeune et abondant choix de vins au verre.

C : 22 € • M : 16-42 € *lepicurien.wurst@wanadoo.fr*

RIVE DE GIER

La Couronne

Une belle bâtisse XVIe au cœur de la cité médiévale, pour vivre à l'heure alsacienne dans un cadre typique. Chambres douillettes aux meubles peints, dans une certaine simplicité familiale.
4 appart. 110 € • 36 ch. 43-68 €   *www.hoteldelacouronne.com*

→ 567 rue de la Couronne
☎ 03 89 49 03 03
🖨 03 89 49 01 01
Ouv. 7j/7.

A l'Oriel

Une typique maison de vigneron XVIe, aux fenêtres fleuries, aux chambres accueillantes, dans le style alsacien, Louis XV, Louis XVI et Louis-Philippe, tissus Kelch, soigné et modernisé. Agréable cour intérieure à colombages.
1 appart. 155-180 € • 21 ch. 67-97 €   *www.hotel-oriel.com*

→ 3 rue des
Ecuries-Seigneuriales
☎ 03 89 49 03 13
🖨 03 89 47 92 87
Ouv. 7j/7.

RIS ORANGIS - 91130   **(7 C 2)**
Paris 30 - Evry 2 - Melun 26

11 Etoile de Mer

Une Etoile de mer posée sur une avenue de grande banlieue, un peu de bleu au milieu des tables à karaoké et asiatiques. Pourquoi pas, puisque le propos est honnête, l'accueil beaucoup plus engageant que l'environnement et même que le cadre lui-même, et le carpaccio d'espadon, comme le bar de ligne méritent une mention honorable ? La cave, relativement modeste, fait néanmoins l'effort de présenter toutes les régions et l'ambiance, plutôt joyeuse, est propice au partage d'un plateau de fruits de mer.
C : 45 € • M : 30-50 €

→ 45-47 rue Albert-Rémy
☎ 01 69 06 00 02
Ouv. 7j/7.
Jusqu'à 22h.

RISCLE - 32400   **(29 A 4)**
Mont-de-Marsan 48 - Aire-sur-l'Adour 17

13 Le Pigeonneau

Dans ce fief gersois du canard gras, James Hooton fait parler la nature : foie gras, pigeon, magret... la carte est sobre et gourmande à la fois, sans salamalecs, allant à l'essence du terroir sans pour autant gommer toute personnalité : croustillant de gésiers aux pruneaux, pigeonneau rôti escalope de foie poêlé sauce griottes, porc noir de Bigorre aux pommes caramélisées... La délicate prestance de Victoria en salle, les madirans et quelques bons seconds de grands châteaux et la bonne affaire est conclue.
C : 34 € • M : 15 €

→ 36 av de l'Adour
☎ 05 62 69 85 64
F. lundi, mardi, 2 sem. déb.
juil. et 10 jrs en janv.
Jusqu'à 20h45.

RIVE DE GIER - 42800   **(27 C 3)**
Saint-Etienne 29 - Vienne 27

14 Hostellerie La Renaissance

Cette tradition superbe et généreuse cache une passion qui ne se dément pas et un constant désir de progression chez Jean-Paul Mounier, fidèlement assisté d'Hervé Briot aux manettes. Car dans ce cadre bourgeois distingué, la carte ne laisse rien de côté, offrant par exemple un menu d'appel à 29 € tout à fait performant, signe d'un vrai professionnalisme. Les produits de région, mis aussi les poissons et les coquillages sont comme chez eux dans ces assiettes malignes ou le rouget minute rencontre un croustillant de tête de veau, les saint-jacques font connaissance avec le jambon speck et

→ 41 rue Antoine-Marrel
☎ 04 77 75 04 31
F. dim. à dîn., lundi, merc.
à dîn., 1re sem. janv. et 2e-3e
sem. août.
Jusqu'à 21h15.

un risotto d'huîtres, la selle d'agneau avec une quenelle de mendiants et polenta moelleuse. Atmosphère de douceur, belle cave classique.
C : 60 € • M : 29-80 € restaurant.larenaissance@wanadoo.fr

LA RIVIERE - 33126 (23 D 2)
Bordeaux 37 - Libourne 8

❋ Château de la Rivière
Le château (une construction fin XVIᵉ restaurée au XIXᵉ par Viollet le Duc) est avant tout un domaine viticole, avec 4 ha de caves souterraines. Les chambres réinterprètent l'esprit Grand Siècle de façon plus actuelle. Ouvrant sur le parc et son jardin à l'anglaise, elles permettent de profiter de nombreuses activités sur place.
5 ch. 130-190 € www.chateau-de-la-riviere.com

→ Mme Maïté-Belloumeau
☎ 05 57 55 56 51
🖷 05 57 55 56 54
F. 15 déc.-15 janv.

RIXHEIM - 68170 (10 B 5)
Mulhouse 3 - Colmar 48

14 🍴 Le Manoir Runser
La maison de maître, l'escalier monumental, les salons feutrés : à cinq minutes de Mulhouse, c'est l'ambiance châtelaine qui séduit la clientèle franco-helvétique intransigeante sur les bonnes manières. On y écoute les violons de la tradition, allegro ma non troppo car Eric Runser, main ferme et savoir-faire irréprochable, aime se balader sous toutes les latitudes, ici un carpaccio une saltimbocca au serrano jus de viande et pappardelle aux olives, là un croustillant de saumon et homard en tartare, une raie façon grenobloise et purée de carottes au gingembre ou un pigeon en croûte de pain à l'arôme de laurier. La carte éclectique et franchement plus excitante que les menus, la cave est riche en alsace, classique dans toutes ses lignes, avec un bon choix en demi-bouteilles.
C : 47 € • M : 25-75 € www.runser.fr

→ 65 av du Gén-de-Gaulle
☎ 03 89 31 88 88
F. dim. (sf fêtes et banquets).
Jusqu'à 22h.

ROAIX - 84110 (33 B 3)
Orange 21 - Vaison-la-Romaine 7

14 🍴 Le Grand Pré
Vous connaissez pas Raoul ? Pas celui des Tontons Flingueurs, mais Raoul Reichrath, Hollandais virevoltant qui s'amuse avec le terroir, qu'il ventile, disperse façon puzzle avec une gaieté et une acuité très réjouissantes. Passer des saint-jacques saisies à l'huile de Nyons, compotées d'oignons doux des Cévennes à l'assiette corse, coppa et vieux brebis en copeaux, du sashimi de muge et caviar d'Aquitaine à l'huile de pimprenelle, à la selle et ris d'agneau allaiton avec un jus émulsionné aux anchois salé, c'est un vrai bonheur et une rareté dans le beau paysage des collines et des vignes de la Provence rhodanienne. Cette cuisine moderne, sensitive, est remarquablement mise en lumière par Flora, sa compagne, qui entoure l'entoure l'atmosphère d'un soleil latin. Cave maligne qui fait les bons choix dans les villages alentour et sait trouver les bons flacons ailleurs.
C : 68 € • M : 32-72 € www.legrandpre.com

→ Rte de Vaison
☎ 04 90 46 18 12
F. sam. à déj., mardi et nov.-déc.
Jusqu'à 21h30.

19 🦷🦷🦷 ≷ Troisgros

La donne a beaucoup changé depuis les années cinquante, quand la ville était sur un axe majeur, comme Moulins ou Limoges. On marquait l'étape chez les frères Troisgros avant de reprendre la route. Aujourd'hui, pour le goûter, Roanne, Laguiole ou Saint-Bonnet-le-Froid, c'est à peu près kif-kif. Pas d'aéroport, pas un site touristique majeur, pas de Méditerranée, pas de capitale. On vient goûter la cuisine de Michel Troisgros et on y vient exprès, à moins d'habiter la Loire. Alors, si la salle a beaucoup évolué - douceur contemporaine épurée comme un salon japonais - l'atmosphère provinciale feutrée a cette légèreté surannée que le service de fidèles grognards (certains ont dû faire sauter le chef sur leurs genoux quand il était petit) amplifie jusqu'à la rendre familiale (un jour, un apport de jeunesse, inéluctable, provoquera sans doute une révolution). La famille, Michel Troisgros lui est fidèle. Pas seulement par quelques plats emblématiques, comme le saumon à l'oseille, mais au sens plus large par les influences culinaires, de l'Italie (la branche féminine) au Japon (une véritable patrie d'adoption) qui lui fait habiller les splendides écrevisses pattes rouges comme des agnolotti, aux olives et poivrons, enroulées dans une feuille de lard de Parme ou placer l'umami (la "cinquième saveur") sur le bar aux navets piquants, avec un bouillon algues et poisson séché. Le jeu de piste peut se prolonger, avec le yuzu, les ravioles ou raviolis (qui appartiennent aux deux cultures), les dim sum, les cuissons lentes ou vapeur, la dissociation des saveurs, la netteté des associations où chaque ingrédient joue son rôle, en nombre suffisamment limité pour ne pas dégénérer en foire à tout. La carte intelligemment rubriquée (saveurs voyageuses, texture et mâche, plats carnés) incite à cette évasion vers d'autres rivages, la subtilité et le dépouillement de la réalisation (la dentelle de saint-pierre et cèpes à cru, dans sa pureté minimaliste, est symbolique, mais le foie de veau à la tomate frise la banalité) forgeant une véritable personnalité. Certains viennent pour une douzaine d'huîtres et la pièce de bœuf au fleurie et à la moelle, créée il y a cinquante ans, prouvant, avec les tenants des sardines in saor et des mikimotos à la crème de persil et à la fraise (les desserts, très inventifs, ne peuvent être occultés), que Troisgros sera toujours Troisgros. La cave de prestige est entourée de petits malins, et pas des moindres : on peut grimper aussi haut que l'on veut avec les étiquettes dorées et considérer une cuvée Romain Pauc 98 à 50 € comme une véritable amie.

C : 170 € • M : 90-190 € *www.troisgros.com*

→ Pl Jean-Troisgros
☎ 04 77 71 66 97
F. lundi à déj. (1er oct.-28 fév.), mardi, merc.,18 fév.-5 mars et 5-20 août.
Jusqu'à 21h30.

🛏️🛏️🛏️ Troisgros

L'hôtel respecte avec bonheur l'esprit de la cuisine de Michel Troisgros, épurée, raffinée sans être intimidante, baignée dans la gentillesse permanente d'un service attentif. La contemplation des œuvres d'art ou la bibliothèque gourmande sont des façons de passer le temps plus originales que la fréquentation de la nouvelle salle de remise en forme.

4 appart. 430-540 € • 12 ch. 185-370 € *www.troisgros.com*

→ Pl Jean-Troisgros
☎ 04 77 71 66 97
🖨 04 77 70 39 77
F. non comm.

13 🍴 Café-Epicerie le Central

Une annexe à la mode Troisgros, le moment ne peut être qu'enthousiasmant. Dans cette salle à la patine charmeuse, bercé par un service aussi charmant qu'efficace, on se convainc sans peine que la salade de haricots cocos et copeaux d'agneau à la feta, le filet de maigre meunière aux aromates et le tutti frutti à la meringue brûlée à la mode Troisgros, cela ne manque pas d'allure.
C : 37 € • M : 25-28 €

→ 20 cours de la République
☎ 04 77 67 72 72
F. dim., lundi et 3 prem. sem. août.
Jusqu'à 22h.

restaurant.lecentral@wanadoo.fr

Villes de proximité, voir :

⏻ COTEAU (LE) ....3 km E. par N 7 **(13/20)**
⏻ VILLEREST..............................6 km S.O. par D 56 **(12/20)**

ROBION - 84440	(33 C 4)
Cavaillon 7 - Avignon 30	

❀ Le Mas de la Pomarède

Vieilles pierres (il date du XVIIe) et volets lavande, le mas est un charmant concentré de Provence. A l'intérieur, les teintes pastel et les jolis détails de décoration confortent cette ambiance sereine et accueillante.
1 appart. 135 € • 3 ch. 100-115 €

→ Chemin de la Fourmilière
☎ 04 90 20 21 81
Ouv. 7j/7.

www.maslapomarede.com

ROCAMADOUR - 46500	(30 A 1)
Cahors 71 - Figeac 45	

13 🍴 Jehan de Valon

La toque est heureusement maintenue par Nathalie Vallée, l'ancienne second de Franck Laubadère, décédé accidentellement l'an passé. Les classiques du Quercy sont habilement et fidèlement traité, le menu caussenard est une excellente approche de la maison et les bons mangeurs feront un sort réjouissant au foie gras aux câpres, à la terrine de confit aux champignons, au gigot d'agneau fermier et à la fameuse tourtière de truffes sauce Périgueux, qui emplit de parfum toute la salle. Bonne cave de cahors, enrichie de grands crus bordelais.
M : 18,50-55 €

→ Cité médiévale
☎ 05 65 33 63 08
F. 1er janv.-9 fév. et 12 nov.-31 déc.
Jusqu'à 21h (21h30 juil.-août).

www.bestwestern-beausite.com

🛏 Hôtel Beau Site

La famille Menot a développé et embelli l'hôtel depuis cinq générations : une maison sérieuse et confortable, au cœur de la cité médiévale, où la rénovation est régulière, par roulement. Chambres personnalisées, d'époque, avec mobilier ancien et lit à baldaquin au contemporain. Belle vue sur la vallée ou la ville depuis les fenêtres ou les terrasses.
5 appart. 96-140 € • 33 ch. 42-105 €

→ Cité Médiévale
☎ 05 65 33 63 08
🖨 05 65 33 65 23
F. 1er janv.-9 fév. et 12 nov.-31 déc.

www.bestwestern-beausite.com

🛏🛏 Domaine de la Rhue

Pour visiter le site de Rocamadour, à 5 km, et la région alentour, cet hôtel agréable et calme dans un environnement campagnard souriant est installé dans des anciennes écuries XIXe. Chambres plaisantes et stylées, toutes différentes, au beau mobilier ancien.
14 ch. 70-130 €

→ ☎ 05 65 33 71 50
🖨 05 65 33 72 48
F. 1er janv.-17 mars et 3 nov.-31 déc.

www.domainedelarhue.com

🍴 Hôtel du Château

Près du château bien sûr, l'hôtel est tout comme lui sur les hauteurs de la ville et respecte les canons de l'architecture locale. Chambres claires et contemporaines, certaines avec balcon pour profiter encore mieux du parc autour de l'hôtel.

58 ch. 70-98 €

→ Rte du Château
☎ 05 65 33 62 22
📠 05 65 33 69 00
F. 8 nov.-25 mars.

🚗 ≋❄ 🏊 🔍 🐾

www.hotelchateaurocamadour.com

LA ROCHE BERNARD - 56130   **(14 B 5)**
Vannes 39 - Redon 32

---

17 🎩🎩🎩 ⋛ L'Auberge Bretonne

Ce ne sont ni son exemplaire carrière, ni sa réputation, ni son expérience qui peuvent amener Jacques Thorel à se débarrasser de certaines contraintes. C'est sa personnalité tout court qui, conjuguée à la maturité professionnelle (que doit-il encore prouver ?), lui autorise certaines libéralités. Le défilé des amuse-bouches a valsé, comme la sommellerie, dans une ambiance plus simple et finalement plus proche du client. La carte l'ennuyait, trop statique, trop coercitive, et finalement déceptive. Il l'a fait sauter pour ne garder qu'une formule thématique (le homard par exemple) et son fameux menu du moment, qui est l'empreinte Thorel depuis des années. C'est là que vous piochez l'essentiel du bonhomme, son adresse, sa fantaisie, son imagination pour créer tout ce qu'on aime chez lui, une cuisine marine unique et intemporelle. Peut-on vraiment lui reprocher de sortir du chapeau des plats à trois toques par intermittence, mais tous d'une grande subtilité, et de provoquer l'incompréhension de certains lecteurs devant ce qu'ils croient être des baisses de régime ? Il faut goûter le carpaccio de lotte et fraîcheur de langoustines, d'un dosage en épices brillantissime, la sardine fruits rouges, d'une majestueuse simplicité, le bouillon citronnelle sur le tourteau magnifié par la julienne de navet et de nectarine, pour comprendre qu'il peut se permettre des clins d'œil, des coups de repos, dans la malicieuse rusticité qu'il fait sienne, et qui n'en sont pas moins pour autant des coups de maître. Ajoutez le zeste qui sauve : une maison d'atmosphère, grâce à deux aubergistes qui ont tous les talents, dont celui d'avoir bon goût : Solange est la maîtresse de maison idéale, qui reçoit avec tact, sourire, aisance dans la salle-galerie de pure et belle sobriété bretonne qui s'enroule autour de son petit potager. Enfin, délaissez l'extrait de carte de vins présentée avec les menus : il ne rend pas justice à l'ahurissant livre de cave (en fait deux, un pour les blancs, l'autre pour les rouges) qui représente un stock que quasiment aucun palace ne peut plus s'offrir. Partout les pointes, les flèches, les icônes : les gevrey de Mortet, les Bonnes Mares de D'Auvenay, des Comtes Lafon, des Roumier, des comtes Armand, des Coche-Dury comme s'il en pleuvait... 38 millésimes d'Yquem, vous l'avez déjà vu ? Oui ? Et 26 de Sainte-Hune ??

C : 100 € • M : 35-137 €

→ 2 pl Duguesclin
☎ 02 99 90 60 28
F. à déj. (lundi, mardi, vend.), jeudi et 15 nov.-20 janv. (sf fêtes).
Jusqu'à 20h45.

🚗 ♿ 🐾 ⚬

www.auberge-bretonne.com

🏠🏠 L'Auberge Bretonne

La plaisante maison de granit abrite des chambres superbes, contemporaines et épurées, déclinaison d'ambiances sur le terme de la douceur de vivre, tons clairs, tissus romantiques, touches de mobilier de style et belle lumière.

1 appart. 280 € • 10 ch. 100-225 €

→ 2 pl Du-Guesclin
☎ 02 99 90 60 28
📠 02 99 90 85 00
Ouv. 7j/7.

🚗 🐾

www.auberge-bretonne.com

LA ROCHE L'ABEILLE - 87800 (25 B 3)

Limoges 26 - Brive-la-Gaillarde 73

16  **Au Moulin de la Gorce**

Ce manoir est bien accueillant, joli havre limousin pour retraite épicurienne. Et Pierre Bertranet possède les arguments convaincants, dans un décor de tradition, murs de pierre et ambiance bourgeoise. Mêlant les atouts du prestige (une lamelle de truffe par-ci, une tranche de foie gras par-là) à un fonds patrimonial solide, il actualise avec un bon esprit les recettes efficaces, le croustillant de langoustines avec une terrine de tourteau et un mille-feuille d'avocat, très joliment réalisé, un risotto de pigeon avec une fricassée de champignons (et le foie gras !), agréable dans l'idée, un peu moins dans la réalisation, et la tarte sablée aux abricots, impeccable, qui permet de maintenir la note à ce haut niveau. Cave classique avec un choix correct, mais un peu cher, de vins au verre, accueil à l'ancienne, continuant par exemple, année après année, à punir les personnes seules en les coinçant contre la cheminée.
M : 49-61 €

☎ 05 55 00 70 66
F. à déj. lundi-mardi et 11 nov.-7 fév.
Jusqu'à 22h.

www.moulindelagorce.com

Au Moulin de la Gorce

Le moulin (du XVIᵉ siècle) et ses dépendances se mirent dans l'étang, seuls les oiseaux et l'eau en cascade troublent le silence de la campagne et on oublie dans un long soupir les tracasseries du quotidien pour profiter de la détente dans ces jolies chambres de caractère, meubles de style et de belles touches de couleurs pour un charme champêtre.
1 appart. 220-230 € • 9 ch. 85-170 €

☎ 05 55 00 70 66
▤ 05 55 00 76 57
F. 11 nov.-7 fév.

www.moulindelagorce.com

LA ROCHE POSAY - 86270 (22 D 2)

Poitiers 60 - Châtellerault 24

Saint-Roch

Au cœur de la vieille ville et avec un accès direct aux thermes, l'hôtel constitue une valeur sûre de la ville avec ses chambres classiques et soignées ou encore un restaurant de bon niveau.
1 appart. 69-102 € • 36 ch. 47,50-91 €

→ 4 cours Pasteur
☎ 05 49 19 49 00
▤ 05 49 19 49 40
F. 15 déc.-20 janv.

www.la-roche-posay.info

LA ROCHE SUR YON - 85000 (15 C 5)

Nantes 70 - La Rochelle 85

13 **Le Rivoli**

Yves Privat a réussi à faire de cette ancienne table traditionnelle l'une des adresses les plus attachantes du département. Beaucoup de décontraction en salle (ce qui n'exclut ni retenue ni professionnalisme) et une cuisine soignée, largement inspirée par le marché : feuilleté de haddock aux asperges, poêlée de rognons et ris de veau à la moutarde, gâteau au chocolat et aux pruneaux d'Agent.
C : 32,50 € • M : 29-35 €

→ 31 bd Aristide-Briand
☎ 02 51 37 43 41
F. sam. à déj., dim., lundi à dîn., et 2 prem. sem. déb. août.
Jusqu'à 22h.

 idéal gourmet

www.le-rivoli.com

ROCHECORBON - 37210 (18 B 1)

Tours 5 - Vouvray 8

14 **Les Hautes Roches**

Le cadre est bien sûr superbe, manoir semi-troglodytique paré des atours qui siéent à un Relais & Châteaux dans ce Val de Loire si cher aux rois de France, et la cuisine cultive le plaisir des produits nobles. Mais il n'y a là rien d'arrogant et la qualité de l'accueil ou le naturel du service confortent un moment agréablement ludique, où l'on

→ 86 quai de la Loire
☎ 02 47 52 88 88
F. dim. à dîn., lundi à dîn. et 1ᵉʳ fév.-31 mars.
Jusqu'à 21h15.

suit le chef Didier Edon dans des mélanges terre-mer aboutis et personnels : les langoustines s'associent aux champignons, au bouillon de poule mais aussi à la pomme fruit et au jambon de canard tandis que, juste retour des choses, la pièce de bœuf tapée au poivre accepte les anchois sur ses navets. Le plaisir se complète d'une très belle cave dédiée aux petits producteurs de la région, l'occasion de découvrir, aidé par un sommelier impliqué, que la région est particulièrement active dans le travail en biodynamie.
C : 76 € • M : 48-71 €   www.leshautesroches.com

Les Hautes Roches
Le nouvel accueil "pierre et verre" donne le ton exclusif d'un hôtel en partie troglodytique, ancien monastère sur les bords de Loire qui joue avec le coteau de tuffeau au pied duquel il est construit pour aménager des espaces intimes et charmants, terrasses dehors et chambres dedans. Le décor respecte les canons de l'élégance classique, meubles de style et tissus de grandes maisons.
15 ch. 145-275 €   www.leshautesroches.com

→ 86 quai de la Loire
☎ 02 47 52 88 88
🖷 02 47 52 81 30
F. mi-janv.-mi-mars.

ROCHEFORT - 17300   (22 A 4)
La Rochelle 36 - Royan 40

13 La Corderie Royale
Depuis l'arrêt de l'Escale, voici quelques années, la Corderie tient le rang de table gastronomique de la ville. Le chef précédent parti dans les Cévennes, Nicolas Durif reprend le challenge d'une assiette à hauteur d'un cadre exceptionnel : la Corderie Royale de Colbert, ensemble de bâtiments historiques dans un environnement naturel superbe, offrant une salle aux tables un peu serrées mais tournées vers le canal et la verdure, prolongée d'une terrasse abritée. La carte est assez maligne pour gratter plusieurs cordes, tradition revisitée et clins d'œil régionaux : tartare de maigre mariné coco, vermicelles chinois et crevettes thaïes, rouget au cantal et à la tomate, sole meunière à l'anchois, lapin Rex du Poitou farci aux fruits secs, coquelet au foin. La façon est encore à peaufiner, manquant de dépouillement, mais l'ambition et la ligne tracée donnent des perspectives comme les lignes géométriques de ce superbe ensemble. La cave semble sage dans ses choix (petits bordeaux, négoce bourguignon, vins de France et du monde) mais s'avère tout de même très coûteuse par endroits (Ormes de Pez 99 à 95 €). La bonne idée est d'aller sur les régionaux, Fiefs vendéens ou vins de Frédéric Brochet (Ampelidae).
C : 59 € • M : 30-36 €   www.corderieroyale-hotel.com

→ Rue Audebert, BP 30275
☎ 05 46 99 35 35
F. sam. à déj., dim. à dîn. et lundi.
Jusqu'à 21h30.

La Corderie Royale
Sur le site historique XVIIe, l'hôtel s'habille d'un sobre décor contemporain et soigne son confort dans des chambres dont les plus agréables donnent sur les jolis jardins (avec piscine).
3 appart. 148-245 € • 45 ch. 75-165 €   www.corderieroyale.com

→ Rue Audebert, BP 275
☎ 05 46 99 35 35
🖷 05 46 99 78 72
F. fév.

 standard 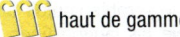 grand confort  haut de gamme exceptionnel

   hôtels de charme

12 **Le Tourne-Broche**

Une maison qui vieillit doucement, où les lecteurs GaultMillau n'auraient pas forcément l'idée de s'arrêter, surtout si, comme à notre dernière visite, la porte d'entrée reste obstinément bloquée. Pourtant dans ce cadre précieux de pension de famille bourgeoise, les classiques sont soignés, le saumon fumé maison comme l'onglet à l'échalote ou le râble de lapin à la moutarde, servis avec gentillesse par une patronne dévouée.

C : 50 € • M : 28-42 €

→ 56 av Charles-de-Gaulle
☎ 05 46 87 14 32
F. dim. à dîn., lundi, mardi, 25 déc.-15 janv. et 30 juin-10 juil.
Jusqu'à 21h.

letournebroche@free.fr

Villes de proximité, voir :

↻ PORT DES BARQUES.................8 km O. par D 911 **(10/20)**

ROCHEGUDE - 26790 (27 D 6)
Valence 84 - Orange 31 Nyons 30

13 🐻 **Château de Rochegude**

Habitué des grandes maisons, le chef Thierry Frébout, en place depuis dix ans, fait marcher le savoir-faire et les tendances actuelles : de la truffe de Richerenches (un plein menu), du foie gras (en raviolis), du homard (en risotto) et quelques canailleries rustiques comme le velouté de topinambour beignets de petits gris et pied de cochon ou le pavé de sandre à l'échalote confite et coquillages fumet au côtes-du-rhône qui valent une toque dans un rapport qualité-prix assez avantageux compte tenu du cadre et de la qualité du service. Bons desserts d'actualité, intéressant menu Terroir à 35 € en cave bien fournie localement avec les tricastins et autres rhônes sud.

C : 55 € • M : 35-85 €

→ ☎ 04 75 97 21 10
F. dim. à dîn., lundi, mardi à déj. (1ᵉʳ déc.-Pâques) et nov.
Jusqu'à 21h.

www.chateauderochegude.com

🍴 🏊 ≋❄ ⌂ 🔍 🐎 🛥

Château de Rochegude 🐦

Des siècles d'histoire s'étalent au pied de ce château médiéval, dont les tours dominent la plaine et le vignoble, au milieu d'un parc de 10 ha où se prélassent en liberté daims et biches. La magie et la noblesse des lieux s'accompagnent d'une hôtellerie souriante, qui n'en rajoute pas dans le cérémonial, mais offre de vastes chambres romantiques, avec mobilier d'époque et tissu provençal.

2 appart. 344-555 € • 23 ch. 136-355 €

→ ☎ 04 75 97 21 10
📠 04 75 04 89 87
F. nov.

🏊 ≋❄ ⌂ 🔍 🐎

www.chateauderochegude.com

LA ROCHELLE - 17000 (22 A 3)
Paris 465 - Bordeaux 182 - Niort 63

16 🍴 **Richard Coutanceau**

Un luxe accessible : Richard Coutanceau a toujours fait vibrer, d'une façon ou d'une autre, une corde populaire qui lui permet de durer avec une clientèle fidèle et fière de son champion. La salle contemporaine aux tons grenat, framboise, abricot, est plutôt élégante et l'accueil d'excellent standing, mais les belles tables sont rapprochées comme si l'on voulait "faire du couvert" à l'instar de la brasserie attenante qui partage ce bâtiment aux lignes basses face à l'océan et ses couchers de soleil sublimes sur la baie et le port. Dans le même esprit, la cuisine semble vouloir un peu épater le chaland (un dégust qui envoie les langoustines, le foie gras, le homard en civet), les fourneaux débitent des assiettes qui semblent calibrées au milligramme à un rythme impressionnant, alors qu'elle s'appuie sur des produits superbes (marins, mais aussi fermiers, comme l'agneau de lait de Castille) et que l'imagination à quatre

→ Plage de la Concurrence
☎ 05 46 41 48 19
F. dim.
Jusqu'à 21h30.

🚗 ♿ ≋❄🍴 🥄 🛥

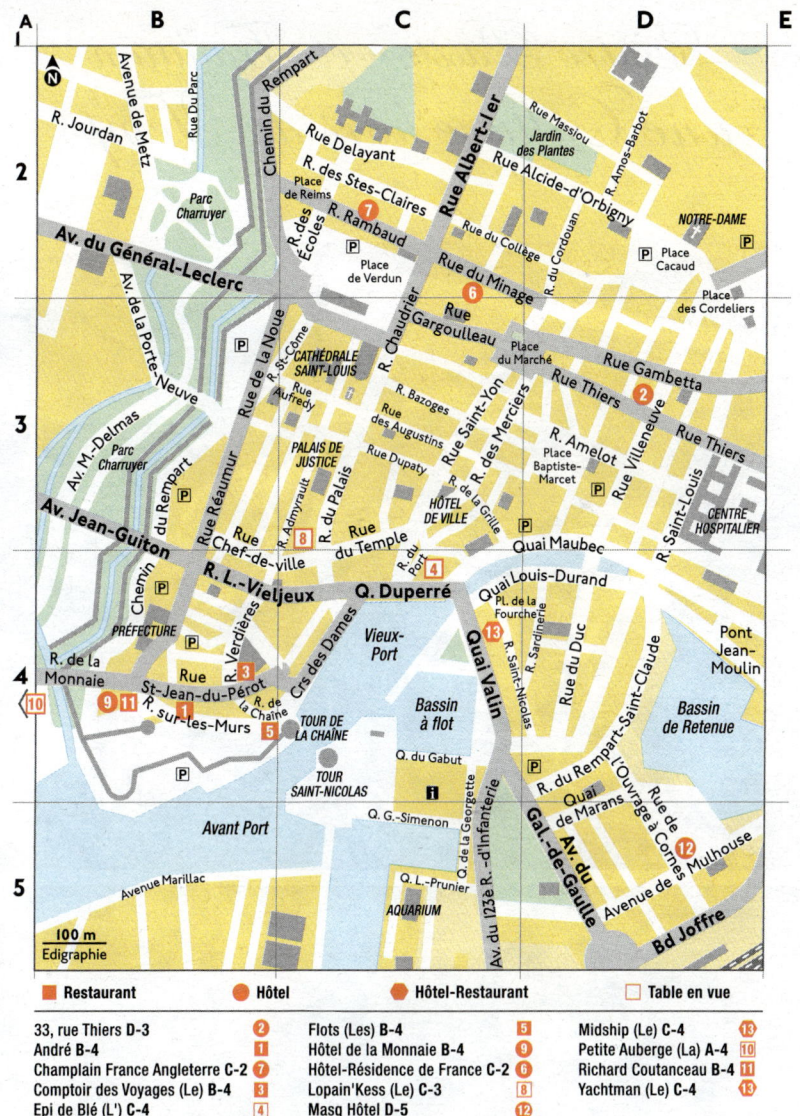

■ Restaurant		● Hôtel		◆ Hôtel-Restaurant	□ Table en vue

33, rue Thiers **D-3**	②	Flots (Les) **B-4**	⑤	Midship (Le) **C-4**	⑬
André **B-4**	①	Hôtel de la Monnaie **B-4**	⑨	Petite Auberge (La) **A-4**	⑩
Champlain France Angleterre **C-2**	⑦	Hôtel-Résidence de France **C-2**	⑥	Richard Coutanceau **B-4**	⑪
Comptoir des Voyages (Le) **B-4**	③	Lopain'Kess (Le) **C-3**	⑧	Yachtman (Le) **C-4**	⑬
Epi de Blé (L') **C-4**	④	Masq Hôtel **D-5**	⑫		

mains de Richard et son fils Christopher montrent une délicatesse et un doigté remarquables sur les assiettes les plus simples. Dans une carte bien formatée, on frise pourtant bien les trois toques avec ce délicieux tartare de langoustines sauce thaïe et vinaigrette de xérès ou un bel accompagnement casserons basilic émulsion de coquillages et tagliatelle encre de seiche avec un bar grillé croustillant. Très bonne cave, d'autant meilleure qu'elle propose, pour une table majeure, un grand et bon choix autour de 50 €, avec tout de qui est bon et moderne un peu partout, mais aussi des flacons plus rares et tout aussi judicieux (bandol de Sorin, faugères de Sylva Plana, corbières de Mansenoble). On en pardonne du coup

Entre Passion et Tradition
une Culture hors du Temps

quelques forts coûts sur des grosses références (Château-Grillet, Haut-Brion 99...) dans une pléthore de très belles étiquettes accessibles.

C : 87 € • M : 48-90 €   www.coutanceaularochelle.com

---

14 Les Flots

→ 1 rue de la Chaîne
☎ 05 46 41 32 51
Ouv. 7j/7.
Jusqu'à 22h.

idéal gourmet

La famille Coutanceau a subi quelques grains importants ces derniers temps, les quelques velléités d'implantation sur Paris n'ayant pas vraiment réussi au très entreprenant Grégory. Ce dernier tient toujours solidement la barre de son vaisseau amiral, demeurant sagement dans l'ombre du paquebot que dirige son père à l'écart de la ville. Ces Flots demeurent sans aucun doute la table la plus aboutie du quartier historique, grâce à une parfaite interprétation de la cuisine de l'océan : langoustines saisies au piment d'Espelette, compression de tomates confites et mozzarella, filet de saint-pierre doré, cuit en cocotte au gingembre, tomates de pays et figues au citron confit, sole de petit bateau à la plancha, et vitelottes façon pommes boulangères. Salle chic et lumineuse, terrasse régulièrement prise d'assaut, service efficace mais pêchant parfois par excès de détachement. Belle cave avec les grands noms et les vignerons de la nouvelle génération.

C : 44 € • M : 25,50-79 €   www.coutanceau.com

---

13 Le Comptoir des Voyages

→ 22 rue
Saint-Jean-du-Pérot
☎ 05 46 50 62 60
Ouv. 7j/7.
Jusqu'à 22h.

L'aventure en première classe, confortablement assis dans un environnement ultra-sécurisé ? Grégory Coutanceau maîtrise à merveille les dernières tendances en matière de restauration et, lorsqu'il décide de se lancer sur la route des Epices, il ne laisse rien au hasard : le décor, évoquant les contrées les plus lointaines, est ainsi parfaitement raccord avec la fusion food proposée par son chef, Fabrice Guérineau. Très sagement tarifée (menu carte à 27,50 € comprenant quelques plats à supplément), cette cuisine navigue toujours sous les alizés : tempura de gambas, vindaye de pommes vertes et curcuma, saint-jacques grillées, risotto crémeux aux fruits de la passion et copeaux de serrano, parfait à la senteur de café "Pur Arabica" et crème de lait. Et toujours cette décontraction ultra-professionnelle griffée Coutanceau.

M : 29,50 €   www.coutanceau.com

---

12 André

→ 5 rue Saint-Jean-du-Pérot
☎ 05 46 41 28 24
F. 24-25 déc. et 31 déc.-1er janv.
Jusqu'à 22h15.

André ? Présent ! Et bien présent, valeur sûre de la brasserie marine sur le port, ouvrant grand ses dix salles aux touristes, mais aussi aux habitués, qui savent bien qu'ils trouveront là le meilleur des produits de la mer, poissons et fruits de mer.

C : 34 € • M : 19,30-30,60 €   www.bar-andre.com

---

11 Le Midship

→ 23 quai Valin
☎ 05 46 41 20 68
F. dim. (h.s.) et 17-30 déc.
Jusqu'à 22h.

Cuisine de la mer à la Rochelle, la partition n'est pas très originale, mais elle a ici le mérite d'être jouée sans fausse note, autour d'un menu-carte d'une louable simplicité, ce qui n'exclut ni l'exotisme (tartare de thon rouge et mangue vinaigrette wasabi, papillote de julienne au gingembre et banane), ni un petit détour par les terres charentaises (porcelet laqué au vieux pineau), ni de belles douceurs sucrées (madeleines maison compotée de fruits chocolat tiède aux épices douces).

C : 30 € • M : 18 €   www.logis-de-france.fr

LA ROCHELLE

Le Yachtman
Belle situation sur les quais, douceur marine dans les chambres, patio avec piscine, les atouts ne manquent pas pour cet hôtel au confort de bon niveau.
4 appart. 145-162 € • 40 ch. 86-110 €

www.logis-de-france.fr

→ Vieux-Port-Centre, 23 quai Valin
☎ 05 46 41 20 68
▤ 05 46 41 81 24
Ouv. 7j/7.

L'Epi de Blé
Mieux qu'une simple crêperie, un rendez-vous touristique et souriant de la cuisine d'aujourd'hui : planchas, tartare, cabillaud à la broche et cocotte de saucisses Montbéliard et Morteau aux haricots.
C : 20 €

www.les-cailles.com

→ 2 rue du Port
☎ 05 46 41 26 85
F. dim.
Jusqu'à 23h30.

Le Lopain'Kess
Confit de canard, foie gras plancha, "big" côte de bœuf, voilà un bistrot sans complexe, humeur cool et joyeuse pour une petite ripaille sans façon à la santé des bons mangeurs. Cave également futée avec de bonnes références au verre.
C : 28 € • M : 12,80-17 €

www.lopain-kess.com

→ 6 rue Chef-de-Ville
☎ 05 46 41 01 14
F. dim.
Jusqu'à 23h.

La Petite Auberge
En lieu et place du Petit Rochelais, voici une nouvelle table dans le paysage déjà très fourni de la rue Saint-Jean-du-Pérot. Un joli cadre contemporain, une carte bien calibrée, sans aventurisme, mais avec une bonne dose de personnalité (saumon pommes à l'huile façon hareng, encornets et langoustines à l'artichaut et piment d'Espelette, tiramisu à la mangue caramélisée et noix de coco), les débuts s'avèrent intéressants.
M : 28 €

→ 25 rue Saint-Jean-du-Pérot
☎ 05 46 41 28 43
F. dim.
Jusqu'à 22h.

Hôtel-Résidence de France
Par endroits, les poutres ou les magnifiques vieilles pierres rappellent le passé (la maison remonte au XVIe siècle), mais cette délicieuse étape au cœur de la vieille ville ne s'en remet pas à la fibre nostalgique, préférant séduire par une douceur de vivre, née du charme du jardin ou des harmonies paisibles des chambres.
11 appart. 150-400 € • 5 ch. 110-195 €

www.hotel-larochelle.com

→ 43 rue du Minage
☎ 05 46 28 06 00
▤ 05 46 28 06 03
Ouv. 7j/7.

Champlain France Angleterre
Une belle demeure au calme, à cinq minutes du vieux port : l'ancien hôtel particulier abrite de belles chambres classiques et stylées, en haut de l'escalier imposant, encadré par des colonnes à chapiteaux. Vaste et calme jardin à la française.
4 appart. 115-140 € • 36 ch. 70-110 €

www.hotelchamplain.com

→ 30 rue Rambaud, BP 1222
☎ 05 46 41 23 99
▤ 05 46 41 15 19
Ouv. 7j/7.

Hôtel de la Monnaie
L'ancien hôtel particulier où l'on battait monnaie au XVIIe siècle est un havre accueillant pour visiteurs exigeants. Douceur et calme dans les chambres contemporaines (aucune ne donnant sur la rue), petit jardin avec transats, patio pour les petits-déjeuners.
4 appart. 180-220 € • 31 ch. 82-120 €

www.hotel-monnaie.com

→ 3 rue de la Monnaie
☎ 05 46 50 65 65
▤ 05 46 50 63 19
Ouv. 7j/7.

G
M

Masq Hôtel

Ouvert l'an passé, le Masq est l'avant-garde design et high tech de l'hôtellerie rochelaise. Réalisé par l'architecte-décorateur Michel Dufour, il offre une palette de tons surprenants, des lignes épurées, des éléments évoquant des tendances variées, du zen au pop art, décorées d'oeuvres abstraites de deux frères hindouistes balinais. Chambres lumineuses, au mobilier de grandes signatures et bien équipées (wifi, ADSL), bar-lounge l'Ouvrage à cornes.

4 appart. 140-270 € • 76 ch. 95-170 €   *www.masqhotel.com*

→ 17 rue de l'Ouvrage à Cornes
☎ 05 46 41 83 83
🖷 05 46 07 04 43
Ouv. 7j/7.

Le 33 Rue Thiers

Au cœur de la vieille ville, cet hôtel particulier XVIIIᵉ se souvient de son passé de maison d'armateur par des clins d'œil au voyage qui renforcent le charme des lieux, mariage habile d'époques et d'influences. Agréable jardin, avec palmiers et bambous.

4 ch. 90-120 €   *www.33ruethiers.com*

→ 33 rue Thiers
☎ 05 46 31 03 47
F. sept.-1ᵉʳ avril.

Villes de proximité, voir :

⟳ AYTRE.................................5 km S. par N 137 **(14/20)**

LA ROCHETTE - 73110	**(28 B 3)**

Chambéry 31 - Albertville 37 - Annecy 78

13 La Fresque

Bonne nouvelle, avec cinq tables désormais, la Fresque peut accueillir plus de monde ! On est encore bien loin de la brasserie, car Siôn Evans (qu'on peut voir travailler en direct par télé interposée) est de cette jeune génération qui préfère faire peu et bien, renouveler le menu en fonction des envies et des approvisionnements du jour, avoir le temps d'échanger avec les producteurs de la région pour nourrir sa cuisine alerte et résolument personnelle, bref faire vivre un endroit qui en devient un petit peu plus qu'un restaurant, un lieu d'échanges ouvert sur le monde, où l'on découvre au rythme d'un service tout en gentillesse, le mariage séduisant du quasi de veau et de la sauce thon-yaourt ou les saveurs gourmandes qui entourent la féra à l'unilatérale.

M : 17-55 €   *www.restaurantlafresque.net*

→ 6 pl Saint-Jean
☎ 04 79 65 78 05
F. dim. à dîn., lundi à dîn., mardi (ouv. sur réserv. été). Jusqu'à 21h.

RODELLE - 12340	**(30 C 2)**

Estaing 17 - Rodez 18

12 Auberge du Roc

Accroché à la roche, le village vaut le détour et on n'oubliera pas au passage de réserver (c'est obligatoire) une table chez Pierrette Bruel, gardienne, non pas du temple, mais d'une cuisine traditionnelle généreuse, faite de recettes qui n'ont que peu varié depuis que son arrière-grand-mère a fondé cette auberge de caractère en 1880. Arrosés des vins de Marcillac ou Estaing venus en voisin, les volailles ou charcuteries, sélectionnées chez les producteurs locaux, sont un petit bonheur dont on ne se lasse pas.

M : 12 €

→ Av de Rodez
☎ 05 65 44 93 43
F. merc.

RODEZ - 12000 (30 C 2)
Aurillac 93 - Albi 79

15 🍴🍴 Goûts et Couleurs

→ 38 rue de Bonald
☎ 05 65 42 75 10
F. dim., lundi, merc. à dîn. (sf juin-août et déc.), janv., 30 avril-9 mai et 3-13 sept. Jusqu'à 21h30.

Vous n'êtes pas aveyronnais et vous n'allez pas tous les jours à Rodez ? Dommage ! Pas seulement pour la superbe cathédrale, mais parce qu'il y a juste un des restaurants modèles de notre beau pays, à la fois moderne et bien inspiré par son terroir, avec un chef plein d'aisance et d'idées qui se défonce comme s'il avait une brigade de trente marmitons pour proposer une vraie cuisine d'auteur dans des menus d'une douceur tarifaire exemplaire. Alors loin des paillettes et de la guéguerre entre les nombrils des plus grands chefs du monde, Jean-Luc Fau remet quelques pendules à l'heure dans un menu à 32 € qui sonne vrai : galette de riz, purée de haricots rouges au gingembre, touche de rougail et crème de morue en gelée de curcuma (rappelons que la morue est un des grands ingrédients de la tradition culinaire aveyronnaise), poitrine de porc chou rouge au piment, purée de combavas et bouillon à la citronnelle, mousse de roquefort billes de coing et blanc-manger aux carottes confites. De quoi rester baba et pas seulement en lecture ! Cave remarquable, avec tous les potes (Poudou, Sarda-Malet, Gramenon, Combier...) sans oublier les vins du coin, d'Entraygues et du Fel.

C : 48 € • M : 33-75 €   *www.goutsetcouleurs.com*

- -

© © La Ferme de Bourran 🐟

→ Quartier de Bourran
☎ 05 65 73 62 62
🖨 05 65 72 14 15
Ouv. 7j/7.
🚗 ≋❄ 🐕

La famille Fagegaltier (le Vieux Pont à Belcastel) a ouvert l'an passé cette jolie maison de maître XIXe, à la façade classique, parfaitement rénovée, pour y offrir sept chambres modernes aux tonalités actuelles, dans les lignes fluides comme dans les coloris. Beau salon-bibliothèque, grande terrasse ouvrant sur le parc de 4000 m², avec vue sur le village.

7 ch. 100-180 €   *contact@fermedebourran.com*

Villes de proximité, voir :

↻ ONET LE CHATEAU.................5 km N.O. par D 901 et D 568

ROGNES - 13840 (33 C 5)
Marseille 48 - Aix-en-Provence 23

12 Le Korrigan ◁

→ Pl de la Coopérative
☎ 04 42 50 17 13
F. dim. et lundi.
Jusqu'à 20h30.
≋❄

On ne saurait reprocher à la maison de Laurent Aspignon de manquer de personnalité car nous aimons bien cette ambiance conviviale et bon enfant, le cadre douillet de cette petite salle voûtée ou le service énergique du patron. Ce qui ne souffre pas la contestation, c'est la qualité de cette cuisine provençale simple et chaleureuse, saveur puissante du pasté camarguais (une caillette aux herbes à base de viandes de taureau et de porc), bon jus de cuisson sur la gardiane de taureau, sympathique tatin de figues, le tout arrosé d'une cave régionale pas maladroite.

C : 35 €

---

découverte *d⃯* GM met en avant des nouveautés méconnues

❤ coup de cœur   🍇 carte des vins remarquable   ◁ notation en hausse

ROISSY EN FRANCE - 95700   (8 D 4)

Paris 24 - Pontoise 44 - Bobigny 17

14 🍽 **Les Etoiles**

Prestations hôtelières luxueuses et table au diapason au cœur de l'aérogare n°2 : fricassée de homard et légumes d'hiver, filet de canette de Challans rôti, brioche à la fleur d'oranger et gâteau de navets confits à la cannelle, feuilleté de fressinettes et litchis rôtis au rhum, sorbet citron vert. Service sous parfait contrôle, cave sans surprise avec quelques flacons exotiques.

C : 85 € • M : 57 €

→ Sheraton Paris Airport,
BP 35051 Le
Tremblay-en-France
☎ 01 49 19 70 70
F. w.-e., fériés et 28 juil.-28 août.
Jusqu'à 22h30.
🚗 ♿ ❄ 🐾

🏨🏨🏨 **Sheraton Paris Airport**

Vaisseau épuré à côté du terminal 2, l'œuvre de l'architecture André Putman abrite un ensemble hôtelier de haut niveau, espace généreux, chambres au confort impeccable et équipement complet, pour la détente comme pour le travail.

1 appart. 899 € • 251 ch. 200-499 €

→ Le Tremblay-en-France
☎ 01 49 19 70 70
🖥 01 49 19 70 71
Ouv. 7j/7.
🚗 ❄ 🐾

ROMORANTIN LANTHENAY - 41200   (18 A 4)

Blois 43 - Vierzon 34

17 🍽🍽🍽 **Grand Hôtel du Lion d'Or**

L'hôtel particulier Renaissance de la famille Clément se découvre au cœur de la ville, dans la rue principale. Toujours le même cérémonial une fois gravies les quelques marches et franchie la porte vitrée du petit salon où brûle un vigoureux feu de cheminée pour l'apéritif aux belles salles à manger, installées de l'autre côté de la grande et délicieuse cour intérieure. Classique, à l'image de la décoration intérieure (dalles et boiseries anciennes, quelques touches contemporaines tout de même grâce au mobilier), la carte de Didier Clément possède le petit supplément d'âme qui lui vaut, cette année encore, trois toques : variation d'asperges blanches, lait d'amandes, petits pois et citronnelle, cuisses de grenouilles à la rocambole, langoustines "coco", écume et primeurs au vinaigre de sureau, bar de ligne, miel de bruyère et jambon serrano, carré et travers d'agneau allaiton, cumin et citron. Desserts remarquables (dont un blanc-manger de fleur de sureau, fraises des bois et sucre filé). Cave complète et érudite s'intéressant également à la génération montante.

C : 100 € • M : 95-150 €   *www.hotel-liondor.fr*

→ 69 rue
Georges-Clemenceau
☎ 02 54 94 15 15
F. mardi à déj., 17 fév.-21 mars et 16-28 nov.
Jusqu'à 21h30.
⛱ 🍽 ♿ ❄ 🐾 🚬

🏨🏨🏨 **Grand Hôtel du Lion d'Or** 🌿

L'hôtel particulier Renaissance accueille les voyageurs depuis la fin du XVIIIe siècle et les splendides matériaux anciens viennent rappeler ce passé prestigieux et donner une âme à ce décor qui a bien évolué au fil du temps. Ambiance intime et luxe sans ostentation pour les chambres, réparties autour de la superbe cour intérieure.

3 appart. 250-480 € • 13 ch. 125-360 €   *www.hotel-liondor.fr*

→ 69 rue
Georges-Clemenceau
☎ 02 54 94 15 15
🖥 02 54 88 24 87
F. 17 fév.-21 mars et 16-28 nov.
🍽 ♿ ❄ 🐾

Les fermetures hebdomadaires et annuelles sont celles que les restaurateurs et les hôteliers pensent pratiquer en 2008. Pour éviter des déplacements inutiles, téléphonez pour avoir confirmation.

11 Le Lanthenay

Une table familiale qui peine à se régénérer, entre la salade folle "Jacques Manière" et le tournedos Rossini, nostalgique d'un passé glorieux. Au quotidien, pourtant, on voudrait un peu plus d'enthousiasme, dans la salle comme dans l'assiette, malgré la qualité des produits utilisés, sur le carpaccio de saint-jacques comme sur la selle d'agneau aux herbes, où le gratin dauphinois pèche un peu. Cave étendue, bien représentée en loire.

C : 55 € • M : 23-42 €

→ 9 rue de Notre-Dame-du-Lieu
☎ 02 54 76 09 19
F. dim. à dîn., lundi et vac. scol. Noël.
Jusqu'à 21h.

RONCE LES BAINS - 17390   (22 A 4)
La Rochelle 64 - Royan 26

11 Le Brise-Lames

Née au milieu du XIXᵉ siècle comme casino, la maison compte parmi les premières de la station et s'est réservé une place de choix face à la mer et à l'île d'Oléron. On retrouve bien sûr l'influence de la mer dans le travail de Laurent Didier, mais il prouve aussi que le terroir charentais a de la ressource, en proposant le fagot de queue de bœuf braisée ou la salade de pointes d'asperges à côté du mulet aux légumes confits et des huîtres de chez Papin. La couleur locale vient également teinter la classique carte des vins.

C : 45 € • M : 25-45 €   www.legrandchalet.net

→ 2 av de la Cèpe
☎ 05 46 36 06 41
F. dim. à dîn., lundi, mardi (h.s.), lundi à déj., mardi (Pâques-fin sept.) et 5 nov.-10 fév.
Jusqu'à 21h.

LA ROQUE GAGEAC - 24250   (24 C 4)
Beynac-et-Cazenac 5 - Sarlat-la-Canéda 11

14 Auberge La Plume d'Oie

De la personnalité, l'amour du terroir, l'envie de remettre l'ouvrage sur le métier : voilà en quelques impressions ce que laisse Mark Walker à ses visiteurs. Adopté et adoptant, il a fait du Périgord et de ses produits l'histoire de sa carrière et de sa cuisine ; son foie gras, ses canards, son cabecou ou son carré d'agneau du Quercy ne sauraient trahir leurs provenances, l'origine britannique de Hiddy - parfaite et souriante hôtesse - et de Mark ne transparaissant que dans l'accent et le sel de Maldon. Ensuite, il y a la patte sincère d'un chef toujours inspiré, pour une cocotte d'escargots et cèpes à la purée d'herbes, une sole cuite à l'arête aux girolles, un boudin de pigeon au jus de truffes. Un moment de plaisir dans une jolie maison médiévale sur la route des châteaux. Quatre chambres très agréables au-dessus de la Dordogne.

C : 70 € • M : 45 €   www.hotel-restau-dordogne.org

→ Le Bourg
☎ 05 53 29 57 05
F. lundi (sf à dîn. juil.-août), mardi à déj. (h.s.), 8 janv.-mi-mars et 15 nov.-20 déc.
Jusqu'à 21h15.

---

13 La Belle Etoile

Une étoile fidèle, dont le succès ne tient pas seulement à la situation hautement touristique : dans ce joli décor (mention spéciale pour la terrasse au bord de l'eau), le rapport qualité-prix est tout simplement remarquable, avec un menu Village aux propositions gourmandes, entre charme à l'ancienne (œufs cocotte aux morilles et crème de chicorée) et préparations au goût du jour (poulette fermière au sautoir et risotto aux cèpes, pana cotta vanille et fraises gariguettes). Au-dessus, on accède aux produits nobles (foie gras, filet de bœuf) sans y laisser sa chemise. Une modération qu'on retrouve à l'hôtel.

M : 26-42 €

→ ☎ 05 53 29 51 44
F. lundi, merc. à déj. et nov.-déb. avril.
Jusqu'à 21h.

G
 M

13 🍽 Le Périgord

Il règne ici un mélange étonnant, l'ambiance franchement conviviale et l'allure gentiment à l'ancienne appellent une tartine de
charcuterie alors qu' il y a un vrai potentiel en cuisine : Fabrice
Giraud, venu du Grand Barrail à Saint-Emilion fait mieux ici que bien
des châteaux des environs. Il ne faut donc pas hésiter à mettre la
main au porte-monnaie et à se faire plaisir sur les gros menus, les
fins raviolis de foie gras et champignon délicatement relevés d'une
sauce au vin de noix, la moelleuse selle d'agneau au poêlon polenta
au basilic ou la superbe tarte à la noix de Vézac du chef pâtissier
Jérôme Piedallu méritent le déplacement.
C : 40 € • M : 20-38 €

→ ☎ 05 53 28 36 55
F. lundi, mardi (oct.-déc.,
mars-avril) et 2 janv-28 fév.
Jusqu'à 21h.

www.hotelleperigord.com

ROQUEBRUNE CAP MARTIN - 06190 (34 D 4)
Nice 22 - Menton 3

🌿 Sea Lounge

Le lounge du Monte Carlo Beach travaille dans un registre fusion
qui colle parfaitement à la clientèle internationale : esprit tapas,
avec le mikado de gressins et jambon de Parme, l'assiette de sushi,
makis et sashimis, le curry minute de thon et riz poêlé ou les fajitas
de bœuf et salade pat choy. Chiquissime.
C : 60 € • M : 25-63 €

→ Monte-Carlo Beach, av de
la Princesse-Grâce
☎ 04 93 28 66 42
F. 1er janv.-12 mai et
1er sept.-31 déc.
Jusqu'à 23h.

www.montecarlobeachhotel.com

ROQUEFORT LES PINS - 06330 (33 B 1)
Nice 23 - Grasse 14

11 Auberge du Colombier

Entre Grasse et Nice, on ne s'arrête pas dans cette maison pour son
décor, l'élément le plus agréable étant la vue sur le jardin. On
préfèrera se concentrer sur la cuisine aux accents méditerranéens
(assez mécanique, le service n'est pas non plus un atout majeur),
le millefeuille aux asperges et œuf mollet, le pavé de cabillaud aux
artichauts et jus de coquillages ou le carré magique de chocolat à
la griotte réservant de bons moments gourmands. Petite cave à
dominante régionale.
C : 55 € • M : 23-39 €

→ RN 2085
☎ 04 92 60 33 00
F. mardi et déb. janv.-déb. fév.
Jusqu'à 22h.

www.auberge-du-colombier.com

ROSBRUCK - 57800 (12 B 2)
Metz 52 - Sarrebruck 15

13 🍽 Restaurant Albert-Marie

La famille Sternjacob regroupée pour faire vivre une tradition qui
n'est pas près de s'éteindre. Nicole et Patrick en salle, Pierre, le papa
aux fourneaux, pour le meilleur de la pêche et de la chasse, dans
le naturel éprouvé des recettes éternelles : saint-pierre aux
asperges, filets de chevreuil sauce poivrade, saint-jacques, cailles en
ballottine... Pas de demi-mesure dans ce porte-étendard d'un bon
goût bourgeois et rassurant, étayé par une cave de 400 références
qui porte les couleurs du prestige hexagonal.
C : 55 € • M : 25-41 €

→ 1 rue Nationale
☎ 03 87 04 70 76
F. sam. à déj., dim. à dîn.,
lundi et 1re quinz. août.
Jusqu'à 21h30.

ROSCOFF - 29680 (13 C 2)
Morlaix 26 - Saint-Pol-de-Léon 5

16 ⬧ Le Temps de Vivre

Déjà un quart de siècle ? On ne voit pas le temps passer. Grâce à
Jean-Yves et Line Crenn, les années s'égrènent sans que jamais la
moindre assiette ne semble dépassée ou démodée. C'est le
savoir-faire brillant d'un chef profondément humble devant les
produits de la mer qu'il chérit, et rigoureusement précis lorsqu'il
s'agit de les présenter sous la meilleure marée. Oui, il y a un peu

→ 17-19 pl Lacaze-Duthiers
☎ 02 98 61 27 28
F. lundi, mardi à déj. (été),
dim. à dîn., lundi à déj., mardi
à déj. (printemps, automne) et
dim. à dîn., lundi, mardi
(hiver).
Jusqu'à 21h.

d'atemporalité dans la gelée de tourteau et crème de crustacés - il faut les ravioles de betterave pour rappeler que l'on est en 2007, dans le homard rôti et sa crème au vin moelleux ou dans le superbe turbot de pêche côtière, pommes de terre nouvelles et jus de veau à l'oignon rosé. De Roscoff, de Bretagne, les provenances locales sont naturellement prioritaires dans cette cuisine d'humeur et de caractère où le beurre de Jean-Yves Bordier assiste à la fête et où la cave, pléthorique et sage, est un argument de poids pour faire un tour dans cette salle agréable et sans flonflon, le regard vers la mer.

C : 75€ • M : 39-98€   www.letempsdevivre.net

Le Temps de Vivre

Cette solide maison de corsaires brave les éléments depuis plus de quatre siècles. Line et Jean-Yves Crenn y entretiennent l'une des meilleures tables de la région ainsi qu'une quinzaine de chambres et appartements de bon standing, les pieds dans l'eau. Décoration contemporaine.

2 appart. 180-270€ • 13 ch. 82-270€   www.letempsdevivre.net

→ 17-19 pl Lacaze-Duthiers
☎ 02 98 19 33 19
🖨 02 98 19 33 00
F. non comm.

---

15 Le Yachtman

Dans ce vieux manoir authentique sur les hauteurs du port de Roscoff (la vue sur l'île de Batz est somptueuse), on est à peine surpris de croiser un Ecossais en kilt tant son vaste hall, ses dalles de pierre, ses tapis, son immense salle et ses fenêtres à ogives lui donnent un cachet « so british ». En cuisine, la feuille de route de Loïc Le Bail est claire : jouer la carte bretonne, dans un registre classique propre à régaler, mais aussi à rassurer, une forte clientèle étrangère. Mission accomplie avec les honneurs comme le prouvent le bon homard breton niché dans une verrine (avec avocat, tomates, aromates…), les délicats pétoncles de la baie relevés d'un subtil mélange concombre-citron vert, la canette rôtie ou le kouign aman de compétition. Le service souriant et prévenant assure une prestation sans faille tandis que la carte des vins privilégie les vertus classiques.

C : 62€ • M : 59-79€   www.hotel-brittany.com

→ Bd Sainte-Barbe, BP 47
☎ 02 98 69 70 78
F. à déj., lundi (h.s.) 15 nov.-21 mars.
Jusqu'à 21h.

Le Brittany

Un vrai manoir breton, de caractère et de luxe tranquille, où la sérénité s'empare des résidents dès qu'ils sont installés, regardant la mer, l'île de Batz à portée, dans des chambres rénovées pour la plupart dans des styles variés, bord de mer, traditionnel, contemporain…

3 appart. 270-495€ • 22 ch. 125-270€   www.hotel-brittany.com

→ Bd Sainte-Barbe
☎ 02 98 69 70 78
🖨 02 98 61 13 29
F. 15 nov.-21 mars.

---

10 Crêperie Ti Saozon

Le décor est exactement celui qu'on attend dans une crêperie bretonne : rustique, ancien, de belles faïences, une statue de la Vierge enchâssée dans un mur… Même orthodoxie dans l'assiette, des pâtes généreuses, des garnitures variées sans exotisme. Bon choix de cidres.

C : 15€   a-combot@yahoo.fr

→ 30 rue Gambetta
☎ 02 98 69 70 89
F. à déj. (sf dim. et lundi) et 15 juil.-20 août.
Jusqu'à 21h30.

⊙ Hôtel du Centre - Chez Janie
Excellent rapport qualité-prix dans cet hôtel du centre-ville où, dans la jolie salle à l'étage, on se régale de la vue sur le port et d'une bonne cuisine marine.
C : 22 €   *www.chezjanie.com*

→ Le Port
☎ 02 98 61 24 25
F. 12 nov.-21 fév.
Jusqu'à 21h.

Ⓒ Hôtel du Centre
La situation est favorable (vue sur la mer pour la moitié des chambres), mais on a le coup de cœur pour ces jolies chambres claires, ponctuées de jolies touches de couleurs notamment à travers des tissus Bayadère. Equipement et confort sans concurrence à ce prix.
16 ch. 69-118 €   *www.chezjanie.com*

→ Le Port
☎ 02 98 61 24 25
🖨 02 98 61 15 43
F. 12 nov.- 21 fév.

ROSHEIM - 67560   (10 B 3)
Strasbourg 27 - Obernai 9

14 Hostellerie du Rosenmeer
Petit poisson deviendra gros, on connaît l'adage dans l'Alsace industrieuse où chaque génération ajoute une pierre à la maison de famille. Chez Isabelle et Hubert Maetz, on admire l'ensemble cossu, la salle élégante et la grande véranda donnant sur le jardin... Ce qui n'était qu'une petite winstub il y a trente ans est devenu un pôle majeur pour le canton, et la cuisine d'Hubert, racée, inventive et techniquement parfaite, fait l'unanimité. Il n'y a qu'un chef accompli et rayonnant qui peut inscrire sur sa carte gastronomique le pissenlit au lard fermier au pinot noir et œuf mollet, un délice aujourd'hui introuvable sur une table de cette envergure. On naturellement autant à complimenter les saint-jacques purée de rattes au beurre mousseux citronné, les cannellonis de canard, magret et foie poêlé et l'adaptation très moderne du vacherin fait minute. Service solidaire, grande cave alsacienne et généraliste, avec d'impressionnantes verticales en grands châteaux.
M : 34-46 €   *www.le-rosenmeer.com*

→ 45 av de la Gare
☎ 03 88 50 43 29
F. dim. à dîn., lundi, merc., 15 fév.-déb. mars et fin juil.-déb. août.
Jusqu'à 21h30.

🎁 idéal gourmet

12 D'Rosemer Winstub
Winstub de haute tradition (c'est la quatrième génération aux commandes...), D'Rosemer ne s'en laisse pas compter en matière de presskopf, de tarte flambée au munster ou de choucroute garnie. Accompagné du vin de la maison, il ne s'agit pas là de folklore, mais bien d'une belle et savoureuse authenticité.
C : 26 € • M : 10-25 €   *www.le-rosenmeer.com*

→ 45 av de la Gare
☎ 03 88 50 43 29
F. dim., lundi, 15 fév.-déb. mars et fin juil.-déb. août.
Jusqu'à 22h.

LES ROSIERS - 49350   (16 B 4)
Angers 29 - Saumur 17

13 La Toque Blanche
Dans sa délicate ambiance de maison familiale à l'élégance intemporelle, cette Toque des bords de Loire en mérite toujours bien une, car dans ce décor classique largement ouvert sur le jardin, le poisson de Loire est dans son élément, Gilles Klein sait où l'acheter et surtout comment le préparer, alternant les propositions classiques et des touches plus personnelles pour tirer le meilleur du sandre (au beurre blanc ou en coulis de figue) ou de l'anguille (à la provençale ou en matelote). Ce souci de qualité se retrouve ailleurs sur une carte certes classique mais fort bien mise en musique. La région amène également son lot de belles bouteilles.
M : 23-37 €

→ 2 rue Quarte, rte d'Angers
☎ 02 41 51 80 75
F. mardi, merc., 3 sem. janv. et 2 sem. mi-nov.
Jusqu'à 20h45.

ROSTRENEN - 22110 (13 D 3)
Gouarec 10 - Carhaix-Plouguer 17

13 L'Eventail des Saveurs

Le joli cadre contemporain contraste avec le vieux manoir qu'on aperçoit de la terrasse, mais est bien plus en rapport avec le travail de Laurent Bacquer et de sa façon très personnelle de s'approprier un terroir qui n'est pas avare de richesses. Il compose ses assiettes avec assurance et obtient l'harmonie là où d'autres cèdent à la surcharge : filet de merlu fondant de tomate au bouillon et pressé de poireaux aux épices, magret de canard rôti salsifis au jus et crumble aux dix épices, pain d'épices perdu aux framboises et glace fromage blanc. Il est bien secondé dans son travail, par Stéphanie en salle mais aussi par Olivier Lacube qui gère une cave aux références pointues.
C : 37 € • M : 25-48 €

→ 3 pl du Bourg-Coz
☎ 02 96 29 10 71
F. mardi à dîn. (sept.-mai),
dim. à dîn., lundi et merc.
à dîn.
Jusqu'à 21h.

idéal gourmet

www.leventail-des-saveurs.fr

ROUBAIX - 59100 (2 D 1)
Lille 16 - Tourcoing 6

13 Le Beau Jardin

Installé dans l'un des plus beaux parcs au nord de Paris, entièrement rénové en 2005 dans un style contemporain le plus en harmonie possible avec la nature environnante, l'établissement de Frédéric Leman et Jean-Michel Cailloux (le premier en cuisine, le second en salle) a soudain tiré de sa torpeur le paysage gastronomique local. Ancien chef de partie à l'Huîtrière, fin technicien, Frédéric Leman travaille dans un registre à la fois classique et créatif : poêlée de langoustines et cannelloni de légumes au gingembre, pavé de veau poêlé aux morilles et espuma de petits pois, melon rafraîchi au sirop de fenouil et mousse virtuelle. Cave s'étoffant progressivement autour d'un noyau dur de vignerons indépendants.
C : 42 € • M : 29 €

→ Av Lenôtre, Parc Barbieux
☎ 03 20 20 61 85
Ouv. 7j/7.
Jusqu'à 21h.

restaurant@lebeaujardin.fr

12 Chez Charly

Dans un cadre indémodable (façade en verre classée, décor Années Vingt paré d'acajou), Charly Bacquaert continue son bonhomme de chemin avec constance et une curiosité intacte : il pourrait s'en tenir aux classiques rognons de veau sauce porto ou petit salé maison (qu'il maîtrise fort bien), mais la brochette d'escargots panés ou le filet de rouget sur pain perdu et tapenade de poivrons prouvent qu'il a su évoluer et justifier ainsi la confiance des habitués.
C : 40 € • M : 19-29,50 €

→ 127 av
Jean-Baptiste-Lebas
☎ 03 20 70 78 58
F. w.-e. et 1er-20 août.
Jusqu'à 20h30.

www.chez-charly.fr.st

Villes de proximité, voir :

LEERS .... 2 km E. par D 6 **(12/20)**

de **20** à **10** les tables sont classées par ordre dégressif de note

table en vue, lieu à la mode, ethnique

? signale une notation en attente ou un changement de dernière minute

découverte *d≷* GM met en avant des nouveautés méconnues

ROUDOUALLEC - 56110 (13 C 4)

Gourin 9 - Châteauneuf-du-Faou 16 - Quimper 34

12 Le Bienvenue

Restaurant du Terroir : ce n'est pas ici un vœu pieu, mais une réalité cultivée depuis plus de 25 ans par les Spegagne, soucieux de mettre en avant les richesses bretonnes, marines ou terriennes, mais aussi d'ouvrir la curiosité culinaire. La salle à manger claire vit donc au rythme d'un voyage tantôt proche, tantôt lointain, tantôt classique, tantôt personnel, à l'image de l'assiette tour du monde, entre foie gras à la gelée de cidre et salade de quinoa.

C : 40 € • M : 24,90-48,90 €   www.hotellebienvenue.com

→ 84 rue Nicolas-le-Grand
☎ 02 97 34 50 01
Ouv. 7j/7.
Jusqu'à 21h30.

ROUEN - 76000 (6 C 3)

Paris 138 - Amiens 114 - Orléans 219 - Caen 122

17 Gill

Ce qu'il y a de commode avec ces régions un peu appauvries gastronomiquement, c'est qu'on sait où aller sans chercher trop longtemps. La Normandie, par exemple : cinq départements (en supposant qu'on la réunifie), un seul trois toques, Gilles Tournadre... L'itinéraire est vite fait, l'aiguille plantée sur la carte, le GPS réglé sur le quai de la Bourse. Et ça tombe bien pour la salle la plus élégante, le service le plus distingué, l'atmosphère la plus chic. Et la cuisine la plus inspirée, beaux produits, manières sûres, exposé brillant d'une cuisine à fond traditionnel et régional traduite par un chef d'esprit et de goût, capable de pigeon à la rouennaise comme de légumes en fricassée, oeuf cuit à basse température, râpée de truffes ou d'écrevisses étuvées raviolis de chèvre frais et poivrons émulsion à l'ail des ours. Des poissons remarquables de justesse (bar en filet fricassée de tomates artichauts et fenouils tuile aux olives, turbot en tronçon, mijotée de petits pois au lard et aux herbes, crème mousseuse...) et menu du déjeuner toujours aussi performant. Cave aux grands noms assez accessibles en bourgogne (Comtes Lafon, Bertagna, Roumier) plus coûteuse en bordeaux et pas encore assez ouvertes sur le reste du vignoble, mais en correspondance avec les goûts rouennais.

C : 80 € • M : 35-89 €   www.gill.fr

→ 9 quai de la Bourse
☎ 02 35 71 16 14
F. dim., lundi, 2-8 janv., 6-21 avril et 3-25 août.
Jusqu'à 21h30.

----

16 L'Ecaille

Pas si facile pour le néophyte ou l'habitué du poisson carré d'aborder une salle qui semble aussi traditionnelle dans son cadre marin urbanisé. Pas simple de lire entre les lignes des intitulés que le poisson et sa cuisson n'appartiennent pas au registre commun. Pas évident, sauf à consulter un guide, de deviner que Marc Tellier est LE spécialiste du poisson, non seulement à Rouen, mais à cinq départements à la ronde. Bateaux de pêche à Saint-Valery, choix fait chaque matin à l'arrivage, œil expert, traitement pro : vous pouvez vous laisser faire, par les grosses langoustines au thym comme par la tajine de rougets, par le bar au brouilly et morilles comme par le turbot béarnaise, par du grand classique (tâtez aussi la bouillabaisse) comme par un peu de création : la mer sera là, vraiment là. Et les plateaux de fruits de mer ne sont pas non plus ceux d'une brasserie : tout y est choisi et de qualité supérieure. Cave classique, accueil de Nicole et Franck, de la distinction, mais en famille.

M : 31-100 €   www.lecaille.fr

→ 26 Rampe-Cauchoise
☎ 02 35 70 95 52
F. dim. à dîn., lundi
(1er oct.-1er mai), dim. et lundi.
Jusqu'à 21h30.

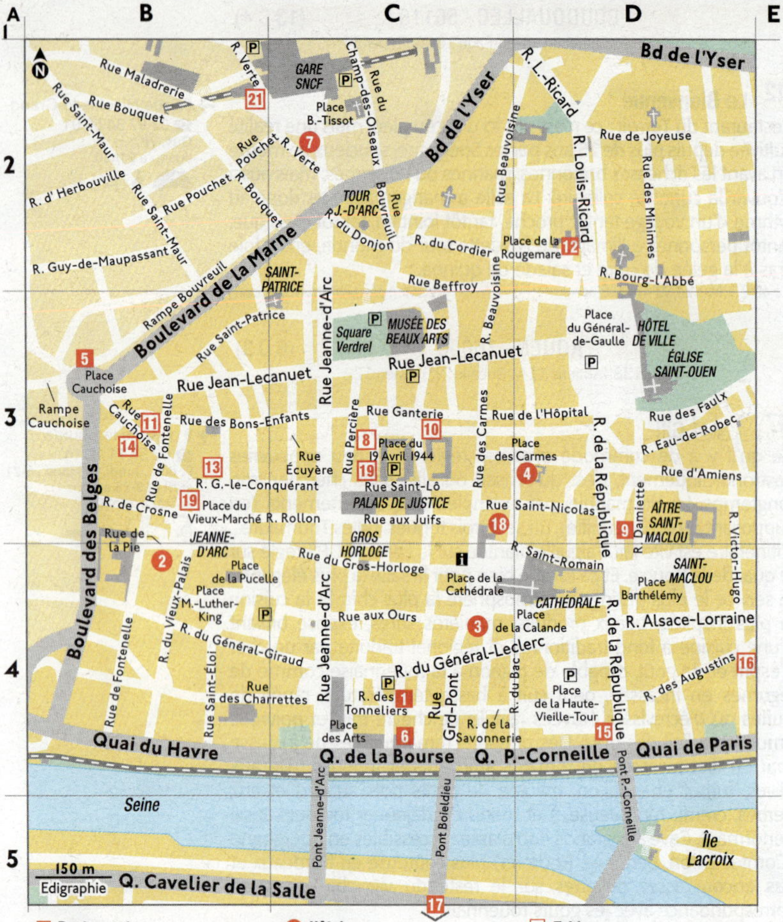

ROUEN

| | A | B | C | D | E |

[Map of Rouen city centre with streets, landmarks and numbered restaurant/hotel markers]

■ Restaurant   ● Hôtel   □ Table en vue

16/9 (Le) C-3 ⑩	Hôtel de Dieppe C-2 ⑦	Petit Cauchois (Le) A-3 ⑪
37 (Le) C-4 ①	Hôtel des Carmes D-3 ④	Petits Parapluies (Les) D-2 ⑫
Bandol B-2	Hôtel du Vieux Marché B-4 ②	P'tit Zinc (Le) B-3 ⑬
Bistrot d'Arthur (Le) B-3 ⑭	Jardin de Chine (Au) C-3 ⑧	Premier Restaurant (Mon) C-3 ⑲
Bistrot des Hallettes (Le) B-3 ⑲	Maharadja (Le) D-3 ⑨	Réverbère (Le) D-4 ⑮
Cardinal (Le) C-4 ③	Mercure Rouen	Suite Afghane D-4 ⑯
Ecaille (L') B-3 ⑤	Centre cathédrale C-3 ⑱	Veau d'Or (Le) C-5 ⑰
Gill C-4 ⑥		

🔶13 **Le 37**

Joli cadre contemporain et cuisine soignée, centrée sur le produit mais ludique dans son interprétation : le 37 continue d'avancer, poussé par l'air du temps et une clientèle d'habitués qui s'élargit pour profiter du rouleau de blé noir crabe et aubergines, du crumble de pintade polenta tranché ou de la pastilla chocolat orange confite et glace mascarpone. Plus feutrée qu'intime,

→ 37 rue
Saint-Etienne-
de-Tonneliers
☎ 02 35 70 56 65
F. dim., lundi., 1er-8 janv.,
13-21 avril et 3 août-2 sept.
Jusqu'à 22h.

❤ coup de cœur   🍇 carte des vins remarquable   🔷 notation en hausse

G
M

l'atmosphère colle bien à l'esprit des lieux et la cave rassemble en quelques références ce qu'il faut du vignoble français pour accompagner le moment.
C : 33 €

----

13 🍴 Le Réverbère

→ 5 pl de la République
☎ 02 35 07 03 14
F. dim., 1 sem. Pâques et 3 sem. août.
Jusqu'à 21h30.
♿ ❄ 🐕

Des points faibles, vous n'en trouverez pas beaucoup, et les Rouennais, qui ont les yeux de Chimène depuis des lustres pour cette maison des quais de Seine n'en connaissent pas. Les points forts sont en revanche évidents : un décor contemporain en rouge et gris parmi les plus réussis de la ville, une cave classique à la fois riche et performante, pour vous offrir un premier cru de Dauvissat à moins de 60 € ou un Hermitage La Chapelle 86 à 110 €, et bien sûr la cuisine de José Rato. Maligne, parlant de temps en temps du pays natal du chef, le Portugal, mais plutôt volontiers tourné vers une tradition un peu canaille, elle est précise et très bien tournée : œufs brouillés aux huîtres, saint-jacques au riz sauvage, steak de canard rouennais aux herbes thaïes, très bon mille-feuille à la vanille. Service efficace qui pourrait être encore un peu plus à l'aise.
C : 50 € • M : 35-47 €

----

12 Les P'tits Parapluies

→ 46 rue du Bourg-l'Abbé, pl de la Rougemare
☎ 02 35 88 55 26
F. sam. à déj., dim. à dîn., lundi, 2 sem. août. et 1 sem. déb. janv.
Jusqu'à 21h45.
🍃 🐕
📦 idéal gourmet

Vingt-cinq ans dans cette mignonne échoppe à deux pas de l'Hôtel de Ville, à l'orée d'une place arborée, calme et historique : Gisèle et Marc Andrieu regardent le trajet avec une logique satisfaction, les habitués ont parfois pris quelques rides mais sont toujours là, fidèles à une cuisine bourgeoise appliquée à des produits de qualité, un leitmotiv que ce chef consciencieux n'a jamais abandonné. Il y a toujours un menu qui fait plaisir, un bon rendement, un service et une ambiance feutrés.
C : 55 € • M : 26 €   www.lesptits-parapluies.com

----

12 Le Veau d'Or 🐚

→ 3 rue Desseaux
☎ 02 35 72 76 60
F. w.-e.
❄ 🐕

Impeccable rendez-vous viandard, le dernier vraiment authentique de la ville, avec son rite, son service à l'ancienne dans une salle de café où les Rouennais de toujours se retrouvent. Entre initiés de la vraie tête de veau gribiche, des harengs pommes à l'huile, du boudin noir purée et de la blanquette de veau. Le neufchâtel ne fait pas non plus le voyage pour rien, très affiné, presque brun, pour les connaisseurs, et les gâteaux de pâtissier sont là pour les grosses faims. Un point de plus.
C : 32 €

----

10 Le Maharadja

→ 15 rue Damiette
☎ 02 35 71 48 35
F. lundi à déj.
Jusqu'à 22h30 (23h w.-e.).
🐕

Un Indien dans la ville ? Oui, mais le meilleur, irréprochable sur le poulet tikka, les tandooris et les biryanis, le nan au fromage et l'aloo palak, ce subtil mélange d'épinards et pommes de terre. Accueil courtoisement oriental, service parfois un peu longuet, mais l'atmosphère au charme dépaysant donne de la patience.
C : 23 € • M : 17-23 €

👁 Le 16/9

→ 30 rue Socrate
☎ 02 35 70 63 33
F. dim. et lundi.
Jusqu'à 22h (23h w.-e.).
🍃 🐕
📦 idéal gourmet

Avec sa terrasse devant l'Espace du Palais et un intérieur très moderne comme Rouen en compte peu, cette nouvelle table voit le succès à sa porte. Une carte mi-lounge, mi-classique, encore un peu en désordre, mais qui se stabilise petit à petit.
C : 30 € • M : 15-33 €   contact@169.fr

👁 Bandol

Pour les pizzas, civilisées, urbaines et un peu patchwork mais pas mal faites, le cadre moderne de cette salle accueillante à côté de la gare et le jeune service qui confère à cette table son indéniable caractère branché.
M : 13,50-20 €

regisbandol@free.fr

→ 27 rue Verte
☎ 02 35 71 46 43
F. dim. et août.
Jusqu'à 22h.
♿ 🐕

👁 Le Bistrot d'Arthur

Une des bonnes brasseries de la ville, carte complète où il faut privilégier la viande de bœuf, bien achetée et bien préparée. Service au taquet sous la direction de Marie et Jean-François Portefaix, cave classique intéressante dans ses tarifs de grands crus.
C : 20 € • M : 15,90-25 €

entrecote.vm@wanadoo.fr

→ 27 rue Cauchoise
☎ 02 35 70 34 09
F. dim., 4-23 août et 24 déc.-3 janv.
Jusqu'à 23h.
☂ 🍷 ❄ 🐕

👁 Bistrot des Hallettes

L'un des bistrots les plus courus du Vieux Rouen, deux ceux que tous les bons (gros) mangeurs connaissent : ravioles du Royans, pavé de saumon, travers de porc, andouillette Bobosse et crumble aux fruits rouges.
C : 40 € • M : 25-30 €

bistrot-hallettes@wanadoo.fr

→ 43 pl du Vieux Marché
☎ 02 35 71 05 06
F. dim., lundi. F. ann. non comm.
Jusqu'à 22h30 (23h w.-e.).
☂ ❄ 🐕

👁 Au Jardin de Chine

Le cadre est joli, asiatique tendance zen et rénové il y a peu, les spécialités convenables, comptant un certain nombre d'habitués, en plein centre-ville, près du Palais de Justice.
C : 25 € • M : 11-19 €

→ 36 rue Percière
☎ 02 35 89 72 07
F. dim., juil.-août.
Jusqu'à 22h.
❄

👁 Mon Premier Restaurant

Pas une mauvaise idée, que cette cuisine en kit qui tient du self-service : les salades devant vous, une idée d'entrée, un tartare, un plat de pâte, une assiette de saumon. La différence avec n'importe quoi, c'est qu'objectivement, ces assiettes sont plutôt bien composées et le choix du vin, établi avec un caviste proche, plutôt avisé. Dans une ambiance branchée, déco moderne, petite terrasse en secteur piétonnier en face de la FNAC.
C : 20 €

monpremierrestaurant@yahoo.fr

→ 9 rue de la Poterne
☎ 02 35 36 85 93
F. à dîn. (tél.) et dim.
Jusqu'à 20h.
☂

👁 Le P'tit Zinc

Très bien placé sur la place du Vieux-marché, un bistrot en vue, au joli décor rétro, et à la carte sur ardoise plutôt alléchante, un peu coûteuse, mais somme toute équitable, soutenue par un large choix viticole, au verre, en fillette, en bouteille.
C : 29,50 €

→ 20 pl du Vieux-Marché
☎ 02 35 89 39 69
Ouv. 7j/7.
Jusqu'à 22h30.
☂ 🐕

👁 Le Petit Cauchois

La nouvelle terrasse intérieure, en partie couverte, et les travaux de rénovation entrepris par le nouveau propriétaire, Julien Michel, ont donné un nouvel élan à cette petite table proche du Vieux-Marché. Cuisine régionale (émincé de bœuf au camembert) au programme.
M : 19,50-11,50 €

→ 58 rue Cauchoise
☎ 02 35 15 30 96
F. dim. et lundi.
Jusqu'à 22h.

👁 Suite Afghane

Une cuisine délicate, à découvrir dans un des décors orientaux les plus soignés de la ville. Classiques aux bœuf ou à l'agneau, où les habitués des cuisines turques et indiennes pourront voir quelques passerelles.
C : 16,50 € • M : 16,50-54 €

www.lasuiteafghane.com

→ 3 rue des Augustins
☎ 02 35 15 42 52
F. sam. à déj. et dim.
Jusqu'à 22h30.
☂ ♿

GaultMillau

Hôtel de Dieppe

L'hôtel des voyageurs ferroviaires, en face de la gare, a largement dépassé sa vocation, depuis plus d'un siècle, pour devenir le plus connu des hôtels d'affaires, avec son bar et son grill animé. Chambres au contemporain néoclassique, les plus récentes en mobilier style Louis XVI. Restaurant de cuisine traditionnelle actualisée, présentant toujours le fameux canard au sang.
41 ch. 85-115€   *www.bestwestern.fr*

→ Pl Bernard-Tissot
☎ 02 35 71 96 00
🖨 02 35 89 65 21
Ouv. 7j/7.

Hôtel du Vieux-Marché

Derrière une façade bien intégrée dans ce quartier historique, l'hôtel affiche un beau confort classique, matériaux nobles et couleurs assorties pour une ambiance feutrée.
48 ch. 97-117€   *www.hotelduvieuxmarche.fr*

→ 15 rue de la Pie
☎ 02 35 71 00 88
🖨 02 35 70 75 94
Ouv. 7j/7.

Mercure Rouen Centre Cathédrale

L'hôtel marque un effort notable pour s'intégrer au cœur touristique de la ville, avec son architecture à colombages mais aussi un décor qui, à une allure contemporaine classique, ajoute une touche d'hommage aux grands écrivains normands qui ne manque pas de cachet.
4 appart. 250€ • 125 ch. 69-155€   *h1301@accor-hotels.com*

→ 7 rue de la Croix-de-Fer
☎ 02 35 52 69 52
🖨 02 35 89 41 46
Ouv. 7j/7.

Le Cardinal

Au pied de la cathédrale, sur une place évidemment centrale et piétonne, un hôtel classique aux chambres calmes rénovées dans un style contemporain, avec vue sur Notre-Dame.
18 ch. 52-92€   *www.cardinal-hotel.fr*

→ 1 pl de la Cathédrale
☎ 02 35 70 24 42
🖨 02 35 89 75 14
F. non comm.

Hôtel des Carmes

Un immeuble XIXe sur la centrale et animée place des Carmes, atmosphère intime et familiale, chambres simples décorées avec goût. Peintures à l'huile réalisées par la propriétaire.
12 ch. 47-63€   *www.hoteldescarmes.com*

→ 33 pl des Carmes
☎ 02 35 71 92 31
🖨 02 35 71 76 96
Ouv. 7j/7.

Villes de proximité, voir :

⟳ PETIT QUEVILLY (LE) ....4 km N. par N 338 **(12/20)**
⟳ SAINT ETIENNE DU ROUVRAY.....3 km sud par N138 **(12/20)**
⟳ SOTTEVILLE LES ROUEN........................5 km S.E. par N 28

ROUFFACH - 68250   (10 B 5)
Colmar 16 - Mulhouse 27

15 🍴 Restaurant Philippe Bohrer

Philippe Bohrer pourrait presque se définir comme un artisan. Sa cuisine, qu'il qualifie lui-même de classique, et aussi, et surtout, une cuisine précise, soignée, proche de sa région. Dans sa délicieuse maison où règne une délicate atmosphère bourgeoise, sa science du produit et sa technique font merveille : escalope de foie gras de canard, streussel à l'amande et aignelette au miel, aile et cuisse de pigeon sur crème de petits pois et girolles en raviole, déclinaison de rhubarbe à la fraise et crème glacée à la cannelle. Les vignes alentours fournissent l'essentiel du livre de cave.
C : 65€ • M : 27-80€   *www.villesetvignobles.cpm*

→ 1 rue Poincaré
☎ 03 89 49 62 49
F. dim., lundi à déj., merc. à déj., 2 sem. mars, 21 juil.-3 août. et 24-26 déc. Jusqu'à 21h30.

11 Les Tommeries

Très agréable en été avec sa terrasse panoramique sur la ville, le restaurant prend ses quartiers d'hiver sous les voûtes XIVe de la salle Dagobert, offrant une cuisine noble aux propositions raffinées : cannelloni saumon gambas crème aux œufs de hareng, quasi de veau sauce aigre douce, fondant aux marrons et salade d'agrumes. Belle sélection de vins d'Alsace.

M : 31 €

www.isenbourg.com

→ Route de Pfaffenheim
☎ 03 89 78 58 50
Ouv. 7j/7.
Jusqu'à 21h30.

Château d'Isenbourg 🦅

Les possibilités de détente sont nombreuses, du prêt de VTT au centre de soins, et incitent sans peine à prolonger l'étape au-dessus des vignes. Dans les chambres, les tons clairs et fleuris se marient à l'élégance des meubles de style pour composer des charmants cocons douillets.

2 appart. 422-545 € • 39 ch. 118-380 €

www.isenbourg.com

→ ☎ 03 89 78 58 50
☐ 03 89 78 53 70
Ouv. 7j/7.

ROUFFIAC TOLOSAN - 31180   (30 A 4)

Toulouse 12 - Montastruc 8

14 O Saveurs

L'ancien bar-tabac aux portes de Toulouse s'est mué en un ravissant carrosse pour gastronomie d'aujourd'hui. Daniel Gonzalez et David Biasibetti ont vingt ans d'écart, mais la même conception du travail bien fait : leur cuisine a du tonus, du verbe, de la cohérence : entre truffe périgourdine et risotto carnaroli, le ménage est savoureux, adossé à un bar en cocotte, le turbot et le foie gras se rejoignent en pot-au-feu, le ris de veau et les écrevisses trouvent de savoureux points d'entente avec les champignons du moment. Menus nets et attractifs, tournés vers le plaisir dans cette jolie salle contemporaine prolongée d'une terrasse charmante, cave imposante aux bons choix dans chaque région (Montgilet, Joguer, Fosse Sèche, Cotelleraie en loires, une belle force en Sud-Ouest, les Mille Vignes en fitou...).

C : 60 € • M : 35-50 €

www.http://o.saveurs.free.fr

→ 8 pl des Ormeaux
☎ 05 34 27 10 11
F. sam. à déj., dim. à dîn., lundi, 17-25 fév., 27 avril-5 mai et 17 août-8 sept.
Jusqu'à 21h30.

LE ROUGET - 15290   (26 A 5)

Aurillac 25 - Figeac 43 - Saint-Céré 38

12 Les Voyageurs

Ils sont bien accueillis les voyageurs, dans cette grande maison de caractère aux chambres entièrement rénovées, mais aussi dans la salle de restaurant (également rafraîchie), où Gérard Roussilhe soigne de belles assiettes classiques (sandre au beurre rouge, carré d'agneau en croûte d'herbes) mais surtout une vision équitable du terroir auvergnat, dans ses charcuteries gourmandes ou sa truffade généreuse. Les Assiettes de Charme forment une alternative sympathique aux menus, là encore dans une belle veine terroir.

C : 24 € • M : 12,50-32 €

www.hotel-des-voyageurs.com

→ 20 av du
15-Septembre-1945
☎ 04 71 46 10 14
F. dim. à dîn. (1er oct.-1er mai), fév. et 1 sem. Noël.
Jusqu'à 21h.

Les villes sont citées par ordre alphabétique.
Les villes au nom composé d'un article sont classées sans tenir compte de celui-ci.

ROULLET SAINT ESTEPHE - 16440 (22 C 5)
Angoulême 13 - Cognac 51

La Vieille Etable

Entre Angoulême et Barbezieux, une belle maison charentaise en pierre de Sireuil et couverture d'ardoise, que la famille Flamary-Mandon a su rendre confortable et même charmante dans les nouvelles chambres de catégorie supérieure, aux beaux tissus et mobilier choisi, salles de bains à vasques, et équipements complets. Au restaurant, une cuisine classique, intéressante, à prix justes.
13 appart. 120-150 € • 16 ch. 62 €   www.hotel-vieille-etable.com

→ Les Plantes
☎ 05 45 66 31 75
🖨 05 45 66 47 45
Ouv. 7j/7.

LE ROURET - 06650 (33 B 1)
Cannes 19 - Nice 28 - Grasse 10

13 Le Clos Saint-Pierre

Au cœur du bourg, le Clos des Ettlinger propose un menu unique, sans choix et au tarif déjà coquet. Restrictif ? Peut-être, mais c'est le prix à payer pour délivrer avec constance le meilleur des produits régionaux et de saison, et dans ce registre la maison fait merveille et on compte peu de mécontents devant la fausse simplicité de la salade de pommes de terre nouvelles, mozarella lard grillé et anchoïade ou la pièce de bœuf à la plancha et légumes à l'huile d'olive. Cave plaisante, notamment sur le grand Sud-Est, et pour en profiter au mieux, deux maisons de caractère ont été aménagées en une jolie hôtellerie provençale.
M : 31-54 €   ettlingercath@aol.com

→ Pl de l'Eglise
☎ 04 93 77 39 18
F. mardi, merc. et 3 sem. fév.
Jusqu'à 22h.

ROUSSILLON - 84220 (33 C 4)
Avignon 50 - Cavaillon 26

13 Restaurant David

Le chic contemporain provençal des débuts s'estompe progressivement devant une cérémonie un peu convenue, dans la jolie salle familiale regardant la falaise des ocres. C'est un peu dommage pour la valeureuse cuisine d'Emmanuel Champion, précise et saisonnière (œufs cocotte asperges et morilles, queue de lotte aux légumes du moment, le tout cochon, crème de mascarpone fraise rhubarbe) qui mériterait une ambiance un peu plus en cadence avec le branchouille luberonien. Cave locale pas trop chère, tarifs d'ensemble relativement raisonnables.
C : 47 € • M : 31,50-52 €   www.luberon-restaurant.com

→ Pl de la Poste
☎ 04 90 05 60 13
F. dim. à dîn., merc.
(1er nov.-15 avril) et
mi-janv.-mi-fév.
Jusqu'à 21h30.

Le Clos de la Glycine

Face aux falaises d'ocre, l'hôtel a de la chance et du talent dans la déco, très élégante, alliance du fer forgé et du bois patiné dans des chambres douces et lumineuses aux beaux tissus, avec leurs terrasses ouvrant sur le Ventoux.
1 appart. 210-250 € • 8 ch. 100-170 €   www.luberon-hotel.com

→ Pl de la Poste
☎ 04 90 05 60 13
🖨 04 90 05 75 80
Ouv. 7j/7.

Mas de Garrigon

Entre Luberon et Ventoux, face aux ocres de Roussillon, cet établissement pas encore trentenaire jouit d'une situation privilégiée, au centre de nombreux sites touristiques. Désormais climatisées, décorées dans un esprit rustique et raffiné, les chambres répondent en cœur à la délicieuse décoration des parties communes auxquelles des objets chinés dans le monde entier donnent beaucoup de charme. Ambiance familiale.
1 appart. 175 € • 8 ch. 105-135 €   www.masdegarrigon-provence.com

→ D 2
☎ 04 90 05 63 22
🖨 04 90 05 70 01
F. mi-nov.-mi-janv.

ROUTOT - 27350 (6 B 3)
Rouen 36 - Le Havre 60 - Pont-Audemer 19

11 L'Ecurie
Même si l'adresse possède un passé avantageux, on vient aujourd'hui sur la place du village pour le site et la gentillesse de l'accueil, davantage que pour une cuisine certes valeureuse, mais sans relief particulier. Privilégiez le classique régional, avant la balade dans le Parc Régional.
C : 40 € • M : 15-38 €

→ Pl de la Mairie
☎ 02 32 57 30 30
F. dim. à dîn., lundi et merc. à dîn.
Jusqu'à 21h30.
🌳 🪑 ⛴

ROUVROIS SUR OTHAIN - 55230 (11 C 1)
Longuyon 8 - Thionville 50 - Longwy 25

13 La Marmite
La salle a été rénovée mais la Marmite de Gérard Silvestre n'a pas changé sur le fond, on cuisine le terroir comme il vient, en fonction des arrivages du jour, et on le sert généreusement, en quantité comme en saveurs, en version noble (le foie gras n'est jamais bien loin) aussi bien que canaille (andouillette ficelle et tête de veau rémoulade font partie des classiques).
C : 40 € • M : 15-53 €

→ RN 18
☎ 03 29 85 90 79
F. dim. à dîn., lundi, mardi, 1re sem. janv. et 3e sem. août.
Jusqu'à 21h.
🌳 🚗 ⚕ ❄

ROYAN - 17200 (22 A 4)
La Rochelle 77 - Rochefort 40

14 La Jabotière
Royalement installée sur la place de Pontaillac, cette Jabotière toise la masse des tables touristiques de toute sa superbe. Principalement inspiré par la mer, Patrick Bachelard y propose une version sagement personnalisée de la cuisine classique, toujours sérieuse : fleurs de courgettes farcies et queues de langoustine au basilic, dos de bar et meunière d'endives aux oignons rouges, julienne de poire confite au miel et à l'orange, crème glacée à la réglisse. Délicieuse atmosphère de vacances, cave très bordelaise.
C : 51 € • M : 19-46 €

→ Esplanade de Pontaillac
☎ 05 46 39 91 29
F. dim. à dîn., lundi, merc. à dîn. et janv.
Jusqu'à 21h30.
🌳 ⚕ 🐾

- -

12 Les Filets Bleus
Frédéric Berteloot a la même passion marine que sa clientèle. Le dos de saumon à la vapeur de civette, les bons poissons du jour ou le turbot au beurre battu au chardonnay rassemblent ainsi les Charentais, dans un registre d'une grande simplicité.
C : 40 € • M : 16-50 €

→ 14 rue Notre-Dame
☎ 05 46 05 74 00
F. dim., lundi à déj. (h.s.), sam. à déj., lundi (juil.-août).
Jusqu'à 21h.
❄ 🐾

- -

10 La Chaumière
La belle terrasse ombragée de cet hôtel-restaurant familial accueille les touristes avec le sourire, ravis d'une carte classique traitée avec dévouement et à petits prix. Moules charentaises, sole meunière, noisettes d'agneau à la crème d'ail doux et carpaccio d'ananas dans le menu à 24 €, cela laisse de quoi choisir un petit muscadet ou un rosé de Mareuil.
C : 30 € • M : 18,50-31 €

la.chaumiere@wanadoo.fr

→ 61 av de Paris
☎ 05 46 39 01 01
Ouv. 7j/7.
Jusqu'à 22h.
🌳 🚗 🐾 ⛴

Villes de proximité, voir :

↻ VAUX SUR MER .... 3 km N.O. par D 141 e **(10/20)**

G_M

ROYAT - 63130 (26 D 1)
Clermont-Ferrand 5 - Pontgibaud 20

16 La Belle Meunière

Cette facilité, ce bien-être, ce terroir magnifié, c'est tout le talent d'Yves Jury que de les installer dans cette maison de longue tradition où officia il y a un siècle et demi une des premières mères cuisinières de France, la Belle Meunière. Elle serait fière du travail exprimé ici par l'ancien chef de la Bergerie de Sarpoil, maniant dans une totale modernité d'esprit, de technique, de présentation les produits les plus divers, les rattachant à l'Auvergne, l'Asie ou son propre univers : melba de rouget et foie gras, olives, pêches et groseilles, jambonnettes de cuisses de grenouilles, risotto aux morilles émulsion d'orties, mille-feuille de tofu, tête de cochon et thon en tartare, orange et coriandre. Une table singulière, jouissive, incontournable, dans la belle salle classée, redécorée sur le thème de l'Art Nouveau. Vaste cave qui fait le tour des vignobles avec acuité, ne manquant peu près aucun des vignerons d'aujourd'hui (Chidaine, Da Ros, Arretxea, Jullien, Gauby), ajoutant une forte sélection de grands crus et bien sûr les bons petits vins d'Auvergne.
C : 55 € • M : 25-68 €   www.la-belle-meuniere.com

→ 25 av de la Vallée
☎ 04 73 35 80 17
F. sam. à déj., dim. à dîn., lundi, 1er-15 mars et 10-31 août.
Jusqu'à 21h30.

- -

11 Le Chatel

Sur ces terres de bonne santé, la cuisine de Sylvain Fleuriet a les idées larges, épousant aussi le terroir qu'un répertoire plus bourgeois en accord avec la salle aux tons chaleureux. Au gré de ses envies, on s'assure ainsi de saines satisfactions aussi bien sur la tartelette du buron que sur le filet d'omble au Noilly, le tournedos de pintade au vieux cantal ou le nem de saumon fumé et crème de raifort.
C : 32 € • M : 21-30 €   www.hotel-le-chatel.com

→ 20 av de la Vallée
☎ 04 73 29 53 00
F. 1er nov.-30 mars
Jusqu'à 21h30.

- -

Le Métropole

Edifié à la grande époque du thermalisme, ce bel ensemble est un exemple superbe de l'architecture de prestige de la cité, style Napoléon III, salon à coupole inscrit à l'ISMH, belles chambres classiques au mobilier d'époque chiné par le propriétaire.
4 appart. 110-158 € • 58 ch. 55-115 €   www.metropole-hotel.com

→ 2 bd Vaquez
☎ 04 73 35 80 18
🖷 04 73 35 66 67
F. oct.-avril.

ROYE - 80700 (4 A 3)
Amiens 45 - Compiègne 36

15 La Flamiche

Deux belles toques, encore, et dans l'enthousiasme. Celui communiqué par Marie-Christine Borck-Klopp qui trouve chaque année de nouvelles pistes, dans son terroir et dans son tiroir secret, pour enjoliver et enchanter cette salle feutrée, élégante et fleurie aux beaux meubles de campagne patinés, à l'atmosphère de distinction bourgeoise personnelle comme une maison de famille. Si elle est, depuis plus de quinze ans, chef de file régional, ce n'est certes pas le fruit du hasard mais d'un travail de passion et de savoir-faire. Gérard, en salle, règle le tempo imprimé par son épouse, apporte les conseils sur le mariage saint-jacques aubergines et artichauts poivrade à la diable, le bar côtier fenouil et rhubarbe ou le pigeonneau de kernivinen à la nigelle, gâteau de blettes et parmesan au jambon ibérique, tout en gérant une cave

→ 20 pl de l'Hôtel-de-Ville
☎ 03 22 87 00 56
F. dim. à dîn., lundi, mardi à déj., 2-15 janv. et 4-26 août.
Jusqu'à 21h45.

🎁 idéal gourmet

approfondie, centrée sur les grands crus, mais avec de très belles options latérales, un E Croce de Leccia ou un Bagnard des Valentines pour aller brillamment vers le Sud.
C : 85 € • M : 32-45 €

www.laflamiche.fr

RUAUDIN - 72230   (16 C 2)
Le Mans 9 - Ecommoy 14

13 Auberge des Blés d'Or

Rustique, chaleureuse et fidèle, la maison de François Planchard connaît un succès qui, nous le rappelons chaque année, n'est évidemment pas due au hasard ni au seul charme de la salle à manger. Le sens de l'accueil manifesté par Isabelle Planchard et la cuisine simple et généreuse (rognons de veau en persillade, foie gras poêlé aux fruits de saison) y participent évidemment, au même titre qu'une addition qui sait demeurer à un niveau très fréquentable.
M : 18-48 €

→ 29 rue Principale
☎ 02 43 75 79 33
F. lundi, à dîn. mardi-jeudi, 2 sem. fév. et 1 mois été.
Jusqu'à 21h.

RUEIL MALMAISON - 92500   (8 B 5)
Paris 17 - Nanterre 13 - Versailles 18

14 Le Bonheur de Chine

La famille Chen n'a plus rien à prouver sur son authenticité ni sur la (haute) et toujours égale qualité des plats qu'elle propose dans ce cadre élégant agrémenté de porcelaines de Limoges : potages, salades, viandes remarquables, volailles superbes (le poulet au curry ou le canard laqué à la Cantonnaise par exemple) Service sans faille, cave manquant en revanche de curiosité.
C : 35 € • M : 20-56 €

www.bonheurdechine.com

→ 4 allée Aristide-Maillol
(adresse postale),
Clientèle : (face au 35 av Jean-Jaurès, Suresnes)
☎ 01 47 49 88 88
F. lundi.
Jusqu'à 22h.

- -

12 La Jument Verte

Paris n'est pas bien loin et pourtant cette maison prend des allures presque champêtres avec sa façade couverte de végétation. Confortablement installé dans un intérieur clair (rafraîchi récemment), on apprécie une classique cuisine de saison, déclinée dans un menu-carte équitable, où quelques suppléments permettent l'accès aux produits nobles (le foie gras au torchon ou le tagliatelle au homard). La morue fraîche rôtie à l'andouille ou le clafoutis aux fruits de saison, avec leurs saveurs nettes et gourmandes, donnent toute satisfaction.
C : 40 € • M : 26 €

www.lajument.verte.net1.fr

→ 41 bd National
☎ 01 47 32 20 60
F. sam. à déj., dim. et août.
Jusqu'à 22h30.

RUSTREL - 84400   (33 C 4)
Apt 10 - Banon 23

12 Auberge de Rustréou

Le décor joue habilement de la fibre nostalgique, photos anciennes en accord avec l'histoire de la maison (qui remonte au XVIe siècle) et du Colorado provençal. Délaissant les trop touristiques salades ou entrecôte au poivre vert, on se concentrera plutôt sur les spécialités provençales qu'appelle un tel décor, daube, pieds et paquets ou gâteau du Rustréou, à arroser des vins de la région.
C : 27 € • M : 24-33 €

→ 3 pl. de la Fête
☎ 04 90 04 90 90
Ouv. 7j/7.
Jusqu'à 21h.

13 **Domaine des Sequoias**

La toque se maintient, Eric Jambon a de l'ambition et a déjà su grandement moderniser cette maison réputée. Il ne reste plus qu'à consolider, affiner, épurer, en gardant ces bases traditionnelles qui ont été le ciment des Séquoias. Les produits sont bien choisis, la réalisation ne manque pas de mordant, sur le bar entier légumes croquants et soupe mousseuse au fenouil ou sur les suprêmes de pigeon des terres froides laqué à la vulnéraire et aux coings. Il faut encore du cœur à l'ouvrage pour ajuster la note et les prix (plus de 80 € à la carte), mais si les résidents trouvent dans le ris de veau aux truffes des accents familiers et charmeurs, pourquoi chercher plus loin? Belle cave autour du rhône, service stylé dans un cadre bourgeois cossu en accord avec la carte.
C : 65 € • M : 30-78 €   www.domaine-sequoias.com

→ 54 Vie-de-Boussieu
☎ 04 74 93 78 00
F. dim. à dîn., lundi, mardi à déj., août et 23 déc.-9 janv. Jusqu'à 21h15.

idéal gourmet

Domaine des Sequoias

Les séquoias et les chênes centenaires protègent cette belle demeure édifiée en 1840 par un soyeux lyonnais. Les chambres de la demeure, hauts plafonds et moulures donnent sur le parc de 5 ha, et 14 autres, créées dans la ferme attenante, sont franchement contemporaines, design, éclairage Starck, mosaïque, écrans plats…
19 ch. 110-180 €   www.domaine-sequoias.com

→ 54 Vie-de-Boussieu
☎ 04 74 93 78 00
📠 04 74 28 60 90
Ouv. 7j/7.

15 **Beau Rivage**

Malgré son architecture contemporaine et son décor marin chic, voici un Beau Rivage à l'ancienne comme les côtes françaises savent encore en proposer. Le Joseph Drapeau flotte sur la marmite de l'océan depuis plus de trente ans, et la cuisson de la sole vendéenne ou du gros turbot ne lui font aucun souci. Dans une ambiance old school, malgré la présence rayonnante d'une jeune serveuse slovaque qui connaît les fromages français mieux que quiconque, à l'étage au-dessus du bistrot maison, le chef administre la pêche et la grande tradition sans mollir. Carpaccio de thon rouge, saint-pierre avec un beurre blanc majestueux, bar de ligne aux champignons et jus de viande : on pourrait songer à railler un peu ces classiques usités et fort coûteux, mais au fond, tout le monde se régale. Desserts dans la ligne, gratins, crêpes, soufflés, mousses et Grand-Marnier, truffes au whisky. Le sommelier veille sur une cave somnolente, hormis la présence surprenante des vins de Marjorie Gallet, proposant au verre Faiveley et Ott : on s'orientera naturellement sur les excellents vins de Vendée - très bien conseillés - ou même la bonne eau minérale.
C : 70 € • M : 42 €   www.le-beau-rivage.com

→ 1 bd de Lattre-de-Tassigny, la Pironnière
☎ 02 51 32 03 01
F. dim. à dîn., lundi (h.s., sf fêtes), lundi à déj. (juil.-août), 2-21 janv. et 29 sept.-16 oct. Jusqu'à 21h30.

Les noms des villes de proximité (dans un rayon d'environ 10 km), ayant au moins un établissement sélectionné, sont listés à la fin de chaque grande ville, avec mention de la note du restaurant la plus élevée.

13 La Pilotine

Si la cuisine reste sagement classique, le regard bien tourné vers l'océan, c'est un esprit plutôt moderne qui règne dans cette salle entièrement refaite, teck et inox, plantes vertes et luminosité. Philippe Pleuën calibre son offre avec la rigueur d'un vrai pro, offrant un menu à 15 € quasi imbattable, et jouant sur un registre régional et ménager avec une réussite certaine : petit salé de saumon aux lentilles fricassée d'anguilles et polenta, gratin de langoustines à la crème de troussepinette. Jolie petite cave mettant en valeur les valeurs montantes des Fiefs vendéens, proposant le Mouratus au verre à 4 €.

C : 55 € • M : 15-45 €

pvp.pilotine@tele2.fr

→ 7-8 promenade
Georges-Clemenceau
☎ 02 51 22 25 25
F. dim. à dîn., lundi, mardi
(h.s.) et lundi (juil.-août).
Jusqu'à 21h30.

---

12 Le Saint-Louis

La table du Casino des Pins offre une animation presque permanente (avec, en particulier, des concerts organisés sur la scène du Cotton) et une agréable architecture inspirée par la Louisiane. Cuisine volontiers voyageuse, associant avec pertinence épices, fruits exotiques et poissons et viandes régionales : brochettes de gambas aux épices cajun sur fondue de tomates, filet de daurade royale à l'étuvée de poireaux et dattes, marmelade de citron.

C : 30 € • M : 24-29 €

www.casinodespins.fr

→ Av Rhin-et-Danube
☎ 02 51 21 69 03
F. à dîn. (sf dim. et fériés),
lundi, mardi (h.s.) et 2-13 janv.
Jusqu'à 23h.

---

11 L'Affiche

En tête d'affiche ? les produits de la mer bien sûr ! La vue sur le port et les arrivages dictent le mouvement, bien adapté aux désirs des touristes, charme de la terrasse et menus bien calibrés en tête. Et dans ce domaine, l'Affiche poursuit sa route sans aventure certes, mais on a plaisir à retrouver la petite assiette de coquillages, le filet de merlu ou le crumble aux fruits de saison, avec les vins des fiefs vendéens pour accompagnement.

C : 34 € • M : 14-30 €

→ 21 quai Guiné
☎ 02 51 95 34 74
F. dim. à dîn., lundi (h.s.),
lundi (15 juin-15 sept.) et janv.
Jusqu'à 21h30.

---

11 Le Petit Pavillon

Si vous choisissez simple, les huîtres, les premiers menus, les propositions du moment, la raie beurre noisette ou le gigot aux mojettes, vous profiterez à plein de ce bel espace moderne, charpente apparente et cadre festif latino tout de bois vêtu. Le homard flambé au cognac ou le duo de foie gras et saint-jacques hors saison, c'est pour le fun ! Service masculin charmant, petite cave incitant à choisir la Vendée.

C : 20 € • M : 16-29 €

www.lepetitpavillon.fr

→ 22 quai Guiné
☎ 02 51 32 71 76
Ouv. 7j/7.
Jusqu'à 22h30 (23h saison).

Atlantic'Hôtel

Celui qui fut le premier établissement de grand standing de la station vient d'achever un important programme de réhabilitation. Décorées sur un thème évoquant les cabines de yacht, les chambres forment une harmonie parfaite avec l'environnement. Vue imprenable sur la mer, piscine intérieure chauffée.

30 ch. 61-148 €

www.atlantichotel.fr

→ 5 promenade Godet
☎ 02 51 95 37 71
▤ 02 51 95 37 30
Ouv. 7j/7.

Les Roches Noires

Campé au-dessus de la plage, cet hôtel de tradition offre une base idéale pour les vacances ou un court séjour olonnais. Chambres contemporaines simples et lumineuses, agréables patio et salon panoramique pour embrasser l'océan.
37 ch. 58-125 € *www.bw-lesrochesnoires.com*

→ 12 promenade
Georges-Clemenceau
☎ 02 51 32 01 71
▤ 02 51 21 61 00
Ouv. 7j/7.

Villes de proximité, voir :

↻ CHATEAU D'OLONNE (LE) ....4 km E. par D 36 **(14/20)**

SABLES D'OR LES PINS - 22240 **(14 B 2)**
Saint-Brieuc 39 - Saint-Malo 45

15 La Voile d'Or

Une jolie baie entre Saint-Malo et Saint-Brieuc, une maison tournée vers la mer, une carte de saveur et d'humeur qui fait bonne pêche en toutes saisons. Michel Hellio a transmis à Maximin son fils l'art de la cuisine marine. Formé notamment au Pré Catelan et à Illhaeusern, le jeune chef a rapidement retrouvé les embruns pour adapter un savoir-faire sans œillères (un carrelet au cresson et riz vénéré, des pétoncles au sarawak, une queue de homard au vadouvan et hibiscus, un turbot au petit pois et à l'arroche, jus perlé) mais qui ne multiplie pas les fioritures pour épater, laissant toujours la vedette au produit, cuisson courte et respectueuse, ingrédients et épices limités. Menus bien étagés dans ce cadre de standing, cave intéressante, assez complète, dans la variété des régions (particulièrement en Loire) comme dans la gamme tarifaire.
C : 75 € • M : 36-95 € *www.la-voile-dor.fr*

→ Allée des Acacias
☎ 02 96 41 42 49
F. lundi, mardi à déj. merc.
à déj. et janv.-mi-fév.
Jusqu'à 21h.

La Voile d'Or

La situation dans un aber, au bord de la lagune, permet d'admirer une lumière superbe depuis les chambres, contemporaines et agréables à vivre dans leurs harmonies de couleurs.
4 appart. 160 € • 18 ch. 95-145 € *www.lavoiledor.fr*

→ Allée des Acacias
☎ 02 96 41 42 49
▤ 02 96 41 55 45
F. janv.-mi-fév.

SABLET - 84110 **(33 B 3)**
Avignon 47 - Vaison-la-Romaine 11

13 Les Abeilles

Les Abeilles nous ont semblé butiner avec un peu moins d'entrain dans cet ancien café à la sortie du village, la prestation est sans défaut majeur, mais peine à susciter le plaisir qu'on a connu par le passé et on se surprend à trouver le minimalisme du décor un peu glacial, le service un peu terne, la cave un peu courte ou encore la cuisine un peu inachevée. L'ambiance table d'hôte et le choix de la rusticité, très louable, sont des atouts non négligeables, comme les produits frais, de belle origine, et plutôt bien travaillés.
C : 52 € • M : 28-38 € *www.abeilles-sablet.com*

→ 4 rte de Vaison
☎ 04 90 12 38 96
F. dim. à dîn., lundi
(Rameaux-1ᵉʳ sept.), dim.,
lundi (1ᵉʳ sept.-Rameaux, sf
dim. à déj. janv.) et 15 nov.-27
déc.
Jusqu'à 21h.

SABRAN - 30200 **(32 C 2)**
Bagnols-sur-Cèze 11 - Alès 47

Château de Montcaud

Des sentiers thématiques invitent à la découverte du magnifique parc paysager qui entoure cette maison XIXᵉ et ses dépendances. Les chambres respectent l'esprit des lieux et s'habillent de tentures raffinées et de meubles de style, tandis qu'un équipement très complet permet de s'abandonner à une détente parfaite.
7 appart. 360-800 € • 21 ch. 180-380 € *www.chateau-de-montcaud.com*

→ Hameau de Combe
☎ 04 66 89 60 60
▤ 04 66 89 45 04
F. 1ᵉʳ janv.-16 avril et 26
oct.-31 déc.

15 🏨 **L'Auberge des Pins**

Michel et Nadine Lesclauze ont su créer une maison à leur image, joyeuse, souriante, paisible, délicieuse enclave gourmande au cœur de la forêt de pins. Généreuse également, à l'image des assiettes dont les portions semblent ne jamais être comptées, comme pour mieux coller à l'image d'opulence qui colle à la cuisine régionale : aumônière de pied de porc sur sa compotée d'oignons, pomme fondante, filet de sole aux cèpes, pigeonneau désossé au foie gras, pommes fondantes et petite compote de légumes, délice de poire rôtie garnie de sa crème brûlée et son duo vanille-chocolat. Une cuisine de partage, sans complication, immédiatement plaisante. Cave régionale sagement tarifée.

C : 48 € • M : 19-65 €   *www.aubergedespins.fr*

→ Rue de la Piscine
☎ 05 58 08 30 00
F. dim. à dîn., lundi (sf saison), lundi à déj. (juil.-août), janv. et 1 sem. nov.
Jusqu'à 21h.

🎏 🍴 🚗 👤 🐕

🏨🏨 **Auberge des Pins** 🦐

Au cœur du Parc Naturel régional des Landes, une belle maison landaise au calme, dans un grand parc tranquille et reposant. Les chambres, spacieuses, lumineuses et bien tenues, donnent sur le jardin où sont installés des jeux pour les enfants.

25 ch. 58-130 €   *www.aubergedespins.fr*

→ Rue de la Piscine
☎ 05 58 08 30 00
📠 05 58 07 56 74
F. janv. et 1 sem. nov.

🚗 🐕

- -

11 **Bistrot Gourmand de l'Auberge des Pins**

Avec son bien nommé Bistrot Gourmand, Michel Lesclauze pousse au maximum la simplicité chaleureuse et conviviale du terroir landais. Doigts de pied en éventail, bercé par la douceur du parc, on se régale d'une vraie bonne salade landaise, d'un cassoulet au manchon de canard ou d'un pastis landais.

C : 22 € • M : 15 €   *www.aubergesdespins.fr*

→ Rue de la Piscine
☎ 05 58 08 30 00
F. dim., lundi, janv. et 1 sem. fin oct.-déb. nov.

🎏 🍴 🚗 👤 🐕

15 🏨 **Auberge du XIIᵉ Siècle**

Relire Eugénie Grandet sans compter : autant les romans de Balzac, l'illustre figure des lieux, ont l'art de relater l'avarice des sentiments, autant cette auberge se fait généreuse, truculente, appétissante dès que se mettent à tables les deux chefs Thierry Jimenez et Xavier Aubrun. Aucune mesquinerie, que du bonheur dans les langoustines rôties aux châtaignes et tuile au pied de porc, dans la pomme de ris de veau braisé aux truffes, les saint-jacques au beurre de cidre ou la volaille fermière aux écrevisses. Le cadre, à deux pas du musée consacré à l'écrivain, est joliment poutré, avec un bel escalier de pierre, la cave solide quand elle parle des vignobles ligériens.

C : 70 € • M : 30-68 €

→ 1 rue du Château
☎ 02 47 26 88 77
F. dim. à dîn., lundi, mardi à déj., 2 sem. janv., 1 sem. juin, 1 sem. sept et 1 sem. nov.
Jusqu'à 21h.

👤 🐕 🍽

Les prix au restaurant
C : addition moyenne à la carte (sans les boissons), comprenant 1 entrée, 1 plat et 1 dessert, dans le cadre d'une restauration traditionnelle.
M : fourchette de prix mentionnant le menu le moins cher et le menu le plus cher, proposant à la fois entrées, plats et desserts, sans les boissons.

SADROC - 19270 (25 B 4)
Tulle 44 - Brive-la-Gaillarde 25

13 **Relais du Bas Limousin**

Sur la route des vacances ou en voisins, on a plaisir à retrouver cette grande maison blanche, son cadre gentiment suranné et sa belle cuisine traditionnelle, qui sait mettre en avant le pressé de veau élevé sous la mère ou l'entrecôte aux cèpes, la tête de veau ravigote comme les gambas poêlées à la citronnelle. Un peu sage tout ça sans doute, mais la prestation reste homogène, jusque dans les chambres au bon niveau de confort.

C : 30 € • M : 19-44 €   www.relaisbaslimousin.fr

→ Lafonsalade, D 920
☎ 05 55 84 52 06
F. dim. à dîn. (sf juil.-août),
lundi à déj., 10-22 fév. et 26
oct.-9 nov.
Jusqu'à 21h.

idéal gourmet

SAGNES ET GOUDOULET - 07450 (27 B 5)
Vals-les-Bains 36 - Mont-Gerbier-de-Jonc 12

12 **La Table du Terroir**

Jean-François Chanéac adapte intelligemment ses ouvertures à la fréquentation et peut ainsi soigner des approvisionnements qui font de sa maison un endroit des plus sympathiques pour croquer l'Ardèche à pleines dents, dans toute la générosité des charcuteries maison, des pommes de terre bio, du fameux bœuf fin gras du Mézenc ou des desserts à la châtaigne. Le maocho est un modèle du genre et la gentillesse permanente fait le reste, au point qu'on prendra volontiers pension dans les jolies chambres rustiques.

C : 25 € • M : 19-27 €   www.ardeche-tourisme.com

→ ☎ 04 75 38 80 88
F. à déj. (juil.-août), dim. à dîn.
et dern. sem. août.
Jusqu'à 20h15.

SAILLAGOUSE - 66800 (31 B 6)
Font-Romeu 12 - Bourg-Madame 8

11 **La Vieille Maison Cerdane**

Cette vieille grange joliment restaurée, ancien relais de diligences, vit depuis cinq générations au rythme de la famille Planes. Fidèle à sa région, solide comme le roc, la cuisine de Jean-Luc Planes ne déçoit jamais, les ravioles de gambas rissolées aux germes de soja, le pied de porc désossé farci au foie gras et cèpes, le magret de canard en aiguillette et jus aigre aux fruits rouges nous convenant mieux que les propositions décalées (raclette et fondue bourguignonne). Chambres agréables pour prolonger les plaisirs de la table.

C : 40 € • M : 22-30 €   www.planotel.fr

→ Pl de Cerdagne
☎ 04 68 04 72 08
F. 5-20 mars et 3 nov.-23 déc.
Jusqu'à 21h.

Villes de proximité, voir :

LLO...3 km E. par D 33

SAINT AGREVE - 07320 (27 C 4)
Le Puy-en-Velay 52 - Yssingeaux 37

13 **Domaine de Rilhac**

Sur cette terre prodigue, pas la peine d'aller faire le marché trop loin : les truites du Lignon, le bœuf du Mézenc sont là en voisins, et les producteurs et commerçants locaux alimentent en grande partie la carte savoureuse de Ludovic Sinz au rustique évolué : tartare de truite et lentilles à l'huile de noix, blanquette de chevreau à l'ancienne, parmentier de pied de cochon et foie gras chaud. Pour un peu, on aimerait trouver simplement le produit brut, un bon steak de fin gras, une volaille rôtie... Le cadre s'y prête, l'envie de nature aussi.

C : 54 € • M : 23-70 €   www.domaine-de-rilhac.com

→ Lieu-dit Rilhac
☎ 04 75 30 20 20
F. lundi à déj., mardi, merc.,
jeudi à déj. et 20 déc.-15 mars.
Jusqu'à 21h15.

Domaine de Rilhac

La nature ardéchoise entoure cette grande ferme en pierre de taille, rénovée et aménagée en hôtel il y a une quinzaine d'années. Un calme souverain dans le grand parc clos ou dans les chambres, néo-rustiques ou stylées, dans le confort et le bon goût.

1 appart. 168-198 € • 6 ch. 84-114 €   *www.domaine-de-rilhac.com*

→ Lieu-dit Rilhac
☎ 04 75 30 20 20
🖪 04 75 30 20 00
F. 20 déc.-20 mars.

SAINT ALBAN AURIOLLES - 07120   (27 C 6)
Aubenas 29 - Alès 47

❋ **Villa Saint-Patrice**

Comme en témoigne la chapelle, cette belle maison fin XVIIIe accueillait auparavant des prêtres. Elégance et sobriété caractérisent le décor de chambres lumineuses, à la déco personnalisé. Parc fermé, piscine en béton projeté épousant la roche.

1 appart. 120-130 € • 3 ch. 75-95 €   *www.villastpatrice.com*

→ Guillemette-Tourre
☎ 04 75 39 37 78
Ouv. 7j/7.

SAINT ALBAN SUR LIMAGNOLE - 48120   (32 A 1)
Mende 39 - Saint-Flour 50

12 **La Petite Maison**

Il n'est pas toujours facile de faire venir la clientèle dans cette maison de caractère, dans une petite ville isolée de la Margeride, et pourtant la satisfaction est au rendez-vous d'une cuisine ancrée dans le terroir, entre viande de bison (l'élevage se trouve non loin de là et une imposante tête surveille la salle) et les traditions généreuses de l'aligot, de la fricassée de cèpes, de la truite de Lozère ou de la coupétade. Plaisant décor rustique et service prévenant, une cave plus que suffisante, sur le terroir comme ailleurs et pour les amateurs une imposante cave de whiskies.

C : 55 € • M : 28-69 €   *www.relais-saint-roch.fr*

→ 5 av de Mende
☎ 04 66 31 56 00
F. lundi, mardi à déj., merc. à déj. et 3 nov.-14 avril.
Jusqu'à 21h.

- -

Relais Saint-Roch

Le granit rose de cette construction XIXe joue avec le vert des arbres et cache des chambres à la belle élégance classique, avec des tapisseries raffinées et des meubles de style, dans des tons à dominante beige. Pour les amateurs, le bar propose une carte de plus de 300 whiskies.

9 ch. 98-198 €   *www.relais-saint-roch.fr*

→ Château de la Chastre
☎ 04 66 31 55 48
🖪 04 66 31 53 26
F. 3 nov.-14 avril.

SAINT AMAND MONTROND - 18200   (18 B 6)
Bourges 57 - Montluçon 54

12 **Hôtel de la Poste**

Du relais de poste XVIe, l'hôtel a conservé la cour fermée et les éléments typiques (poutres et cheminée), mais aussi un sens de l'accueil qui incite à prendre son temps pour apprécier la cuisine de Franck Laville, dans ses associations qui ont su évoluer sur leurs bases traditionnelles : terrine de jarret et pieds de cochon au foie gras, sandre rôti au chorizo.

C : 27 € • M : 14-27 €

→ 9 rue du Dr-Vallet
☎ 02 48 96 27 14
F. dim. à dîn., lundi à déj., merc. (oct.-mai), à déj. lundi-merc. (juin-sept.), 1re sem. oct. et 2 sem. vac. scol. Noël.
Jusqu'à 21h (21h30 été).

12 Le Mont-Rond

Tout tourne rond au Mont-Rond de Saint-Amand. Ainsi peut-on résumer simplement le fonctionnement d'une maison sincère où le chef-patron Régis Fève, comme sa dynamique associée Maryline en salle, pratiquent le métier avec beaucoup d'application et de constance. Des menus bien adaptés, une carte où les plats dépassent à peine les 10 € sans pour autant être frappés de léthargie créatrice : consommé de grenouilles aux fèves, dos de vivaneau et blini de rutabaga, jarret de canard et billes de navets. Vins de la région, reuilly, pouilly, sancerre… et autres loires.

C : 37 € • M : 18-49 €   www.tablegourmandeduberry.com

→ 86 rue Juranville
☎ 02 48 96 42 72
F. lundi, mardi à dîn., merc. à dîn. (sf été), vac. scol. fév. et Toussaint.
Jusqu'à 22h.

Villes de proximité, voir :

⟳ BRUERE ALLICHAMPS…………8 km N.O. par N 144 **(12/20)**

SAINT AMOUR BELLEVUE - 71570   (20 B 6)

Mâcon 11 - Villefranche-sur-Saône 33

14 Auberge du Paradis

Rarement une enseigne n'aura aussi bien qualifié une maison. Cyril Laugier, qui y fête cette année son dixième anniversaire d'exercice (après une solide formation auprès de Georges Blanc et Jacques Chibois) y propose une cuisine métissée, enthousiasmante, précise et sans concessions. Son simple menu du déjeuner, aux plats imposés, frise à lui seul les deux toques pour un prix ahurissant de 25 € ! Cuisinier d'instinct, en avance sur son époque, l'homme change complètement son menu-dégustation toutes les trois semaines, pour éviter toute lassitude. Et quel festival ! Queues de langoustines et poudre de pain d'épices, glace aux oignons et à la menthe, velouté de pois frais et beignets d'oignons, roulade de cuisse de poulet fermier en copie d'une pastilla marocaine (cannelle, amande grillée, persil et sucre glace) et œuf au persil et à la menthe, framboises au sirop de graines d'anis vert et crème glacée au fromage de chèvre. Un moment délicieux à prolonger dans l'une des huit ravissantes chambres de l'hôtel (dont une nouvelle cette année).

M : 25-42 €   www.aubergeduparadis.fr

→ Leplâtre-Durand
☎ 03 85 37 10 26
F. dim. à dîn., lundi, mardi, vend. à déj. et janv.
Jusqu'à 21h.

SAINT ANDRE D'ALLAS - 24200   (24 C 4)

Sarlat-la-Canéda 9 - Beynac-et-Cazenac 12

12 Auberge Lo Gorissado

Cette maison en pierres du pays, nichée dans un site pittoresque, dans la merveilleuse région de Sarlat, propose une gentille cuisine régionale à consonance touristique : omelettes, soupe paysanne, magret de canard sauce au monbazillac, pavé de bœuf sauce Périgueux… Service aimable.

C : 20 € • M : 20 €   www.lo-gorissado.fr

→ Lo Gorissado
☎ 05 53 59 34 06
F. 30 oct.-1er avril.
Jusqu'à 21h30.

SAINT ANDRE DE BUEGES - 34190   (32 A 3)

Montpellier 45 - Le Vigan 32 - Ganges 15

✳ Le Mas de Bombéquiols

Installées dans un vaste domaine boisé (70 ha) dans la haute vallée de l'Hérault, ces chambres ont le charme des vieilles pierres (la maison remonte au Xe siècle) et se répartissent autour de la cour intérieure du mas. Beau décor à l'ancienne, dans l'esprit des lieux.

3 appart. 120-130 € • 3 ch. 90-120 €   www.masdebombequiols.free.fr

→ ☎ 04 67 73 72 67
▤ 04 67 73 72 67
Ouv. 7j/7.

SAINT ANDRE DE VALBORGNE - 30940 (32 A 2)

Mende 69 - Alès 52 - Millau 82

14 🗲 **Bourgade** ♥ d𝄽

Nous avions connu Laurent Carlier à Rochefort, en Charentes-Maritimes, où il tenait ces dernières années les rênes de la Corderie Royale. Le voici propriétaire depuis quelques mois de cette vénérable maison, hôtel-restaurant plusieurs fois centenaire et qui n'avait jamais quitté, jusqu'à lors, le giron de la famille Bourgade. L'héritage est passé en de très bonnes mains et, si notre homme ne se fatigue pas (il accomplit trois fois par semaine le trajet jusqu'à Nîmes, dès l'aube, pour se fournir en produits frais, au prix de trois bonnes heures de route aller-retour !), nous tenons là l'une des plus belles trouvailles du moment : foie gras de canard aux châtaignes cuit au torchon, confiture d'oignons doux des Cévennes et pain au levain toasté, râble de lapin en crépinette à la cannelle, le reste en samosas, citron confit et coriandre, fondant au chocolat " mangaro noir " de chez Michel Cluizel, cœur coulant et glace au thé vert matcha, trois plats comme autant de coups de cœur, pour une maison qui flirte déjà avec l'étage du dessus.
C : 39 € • M : 15-56 €   www.restaurant-bourgade.com

→ Pl de l'Eglise
☎ 04 66 56 69 32
F. dim. à dîn., lundi (sf juil.-août) et fév.
Jusqu'à 21h30.
🍴 🪑 🐑

SAINT ANTONIN NOBLE VAL - 82140 (30 A 3)

Villefranche-de-Rouergue 41 - Caussade 19

12 **La Corniche**

Dans ce petit hameau bourré de charme, tout près de Saint Antonin et de la vallée de l'Aveyron, la jolie petite maison de Michel Corbeau demeure l'un des points de chutes rêvés pour qui veut goûter la cuisine régionale sans casser sa tirelire. L'agneau, les volailles, la terrasse avec vue sur la vallée, tout est dit.
C : 28 € • M : 18-28 €

→ Brousses
☎ 05 63 68 26 95
F. dim. à dîn., lundi, fin sept-oct et fin d'année.
Jusqu'à 20h30.
🚗

Villes de proximité, voir :

↻ FENEYROLS................9 km E. par D 958 et D 102 **(12/20)**

SAINT AUBIN DE MEDOC - 33160 (23 C 2)

Saint-Médard-en-Jalle 4 - Bordeaux 18

14 🍽 **Thierry Arbeau**

Valeur sûre. Voilà ce que l'on peut inscrire en exergue de toute évocation de cette maison facile d'accès, au bord de la voie rapide Bordeaux-Lacanau. Thierry Arbeau a vingt-cinq ans d'exercice d'une certaine vision de la cuisine, naturelle, directe, loyalement réalisée dans ce cadre contemporain Louisiane assez étonnant, après avoir durant des lustres égayé la bonne ville de Marmande. Un exemplaire menu-carte, dont le prix est indicatif puisque la plupart des plats sont à supplément, permet d'extraire l'essentiel du travail produit ici, où l'on sait à la fois nourrir, séduire et distraire, derrière des intitulés dont certains paraissent presque simplistes : mille-feuille de crevettes roses, compote de mangue et tomate au gingembre, pigeonneau grillé aux épices douces, financier aux fraises glace vanille. Belle cave, fine et personnelle, en bordeaux et sud-ouest, avec de vraies belles affaires (Falfas à 22 €).
M : 35-47 €   www.thierry-arbeau.com

→ Pavillon Saint-Aubin, rte de Picot
☎ 05 56 95 98 68
F. sam. à déj., dim. à dîn., lundi, 1re quinz. janv. et 2ème quinz. août.
Jusqu'à 21h30.
🍴 🚗 ♿ 🐑

Evreux 54 - Lisieux 38

14 Hostellerie du Moulin Fouret

Un fou de cuisine et avant tout un homme de cœur. Si le moulin va si bien, c'est que le meunier ne s'endort jamais. François Déduit a fait de son cocon rustique au bord de la Charentonne un véritable lieu de chaleur humaine, où tout le monde a envie de gazouiller comme les moineaux du parc. On se fait plaisir avec le Menu plaisir, le risotto de cèpes au jus de bœuf et ventrèche de porc, le rôti de lièvre à l'infusion de morille et le baba au rhum inspiré du grand-père Gustave Chauvel, dans un choix de desserts de vrai gourmand. Et l'on goûte tout autant la joie de vivre qui émane de cet endroit, l'accueil d'Edwige, l'implication de l'équipe de salle et une cave classique et honnête où quelques grands crus peuvent attirer l'œil. Quelques chambres pour prolonger la douceur, qui devraient être refaites prochainement pour coller au charme des lieux.
C : 60 € • M : 40-55 €

www.lemoulinfouret.com

→ 2 rte du Moulin-Fouret
☎ 02 32 43 19 95
F. dim. à dîn., lundi et mardi à déj. (oct.-mars)
Jusqu'à 21h.

Elven 16 - Vannes 4

15 Le Pressoir

Clair, épuré, ponctué des touches de couleurs des tableaux ou des fleurs, le cadre de cette maison est une réussite, d'autant plus agréable qu'avec son talent derrière les fourneaux, Bernard Rambaud pourrait évoluer dans un décor de cantine qu'on n'en viendrait pas avec moins de plaisir se régaler de son talent intact pour mélanger les influences, marier racines bretonnes et évasion lointaine, terre et mer, avec un sens de la justesse et du beau produit qui fait naître un franc sourire gourmand devant le chaud-froid d'araignée de mer et velouté d'asperges, la queue de homard aux épices et xérès ou le pigeonneau à l'unilatéral (une belle idée de cuisson, peu courante sur la viande) au grué de cacao et brochette pomme-ananas. Service professionnel, cave abondante et bien choisie.
C : 75 € • M : 35-95 €

www.le-pressoir-st-ave.com

→ 7 rue de l'Hôpital
☎ 02 97 60 87 63
F. dim. à dîn., lundi, mardi, 3-19 mars, 1er-9 juil. et 1er-22 oct.
Jusqu'à 21h.

Castres 18 - Revel 56

15 Les Saveurs de St-Avit

Voilà une auberge comme toutes les campagnes françaises devraient en posséder. Et comme par hasard, c'est un sujet de sa Très Gracieuse Majesté qui donne l'exemple de ce qu'il faut faire pour réveiller nos provinces et donner envie de retourner aux champs. Simon Scott, ancien chef du Savoy londonien, et son épouse Marie-Hélène ont réhabilité le bonheur dans le pré, avec le foie gras d'un producteur du village, les légumes et les fromages locaux, alliés à la brillante cuisine de Simon : tronçon de turbot cuit à l'unilatérale, ravioli de cèpes de la Montagne Noire et jus de truffes, poitrine de cochon de lait, laquée aux épices du Maroc, carpaccio de pieds de cochon et mousseline de petits pois à la menthe, crème glacée au maïs. les belles assiettes défilent sur cette table élégante, déco zen et contemporaine, ouverte sur la nature. Atmosphère en harmonie, et vins de vignerons, les Riouspeyrous, Da Ros, Cabrol…
C : 55 € • M : 28-36 €

www.les-saveurs-tarn.com

→ Lieu-dit La Baraque, rte de Dourgne
☎ 05 63 50 11 45
F. sam. à déj., dim. à dîn., lundi, 2 sem. janv. et 2 sem. nov.
Jusqu'à 21h30.

SAINT AY - 45130 (18 A 3)
Orléans 13 - La Ferté-Saint-Aubin 33

12 La Grande Tour

Une jolie petite halte de campagne dans cet ancien relais de poste. On fera donc reposer les chevaux du moteur pour se requinquer sur le terroir d'un commerce équitable dans le menu à 36 €, tarte au foie gras et fine gelée de coing, suprême de pintade Beauce et Perche en croûte de noisettes, râble de lapin en cocotte. dans un cadre rustique bourgeois qui explique cette tradition de belle manière. Très bons choix en vins de Loire (sancerre de Pinard, vouvray de Blot, saumur de Germain, chinon de Baudry…)
C : 45 € • M : 23-44 €

→ 21 rte Nationale
☎ 02 38 88 83 70
F. dim. à dîn., lundi, merc. à dîn., 2e sem. vac. scol. fév. et 3 dern. sem. août.
Jusqu'à 21h.

www.lagrandetour.com

SAINT BEAUZEIL - 82150 (29 C 2)
Montauban 64 - Villeneuve-sur-Lot 26

11 Château de L'Hoste

La belle bastide du XVIIe siècle, ancienne maison de maître, propose une cuisine à l'esprit châtelain : terrine de foie gras mi-cuit et pruneau confit au Mas Amiel, filet de pintade à l'infusion de romarin et crevettes sautées, minestrone de fruits au thé russe. Charmante terrasse, au calme.
M : 34-40 €

→ RD 656
☎ 05 63 95 25 61
Ouv. 7j/7.
Jusqu'à 21h30.

www.chateaudelhoste.com

Château de L'Hoste

Atmosphère châtelaine et précieuse dans cette belle gentilhommière du XVIIe siècle aux vieilles pierres chaleureuses. Progressivement rénovées, les chambres affichent beaucoup de caractère. Un tout nouveau cabinet d'esthétique permet de recevoir des soins dispensés par des professionnelles diplômées.
1 appart. 155-210 € • 27 ch. 88-105 €

→ RD 656
☎ 05 63 95 25 61
🖷 05 63 95 25 50
Ouv. 7j/7.

www.chateaudelhoste.com

SAINT BENOIT - 86280 (22 C 3)
Poitiers 7 - La Villedieu-du-Clain 11

14 Passions et Gourmandises ♥ *d*≲

On avait laissé Richard et Laure Toix à Lencloître, on les retrouve dans cette banlieue de Poitiers où ils ont déniché le lieu idéal pour réaliser leur rêve de restaurant. On tombe sous le charme de cette salle contemporaine tout en longueur, aux fenêtres ouvrant largement sur la terrasse et les arbres. L'attention portée au décor se retrouve dans les assiettes, à la présentation soignée et aux inspirations dans l'air du temps : bel effet de contraste, dans les textures comme dans les saveurs, des langoustines et tomates en chaud-froid vinaigrette acidulée ; efficace poitrine de pigeon légumes snackés cuisse en caillette, avec un jus discret à la cardamome. Le beau plateau de fromages, avec en vedette les chèvres de la région et les pâtes pressées et quelques à-côtés bien vus, précède une assiette de desserts agréable de variété. Dans une ambiance décontractée et devant un parterre déjà conquis, Richard Toix effectue là une prestation vouée au plaisir, et bien relayée en salle par un service sans défaut. La carte des vins est tout aussi actuelle, avec des noms qui comptent comme François Chidaine, Sang del Païs et même Elian Da Ros au verre.
C : 70 € • M : 24-67 €

→ 6 rue du Square
☎ 05 49 61 03 99
F. lundi (28 mai-26 août), dim. à dîn., lundi et 23-26 déc.
Jusqu'à 22h.

www.passionsetgourmandises.com

G
M

12 **Laiterie du Col Bayard**

La vallée du Champsaur que l'on découvre de la terrasse donne le ton d'une cuisine pastorale et montagnarde qui respecte l'environnement. Accolée à la fromagerie, l'ancienne ferme est devenue un restaurant à part entière, avec cette année des peintures rafraîchies, un nouveau nappage et des toilettes avec accès handicapés. pour savourer les 70 sortes de fromages et les recettes qui en découlent : tourtons, oreilles d'âne, gratin de ravioles, tartiflettes, fondues, raclettes…

C : 22 € • M : 18-36 €

→ Laye
☎ 04 92 50 50 06
F. 12 nov.-21 déc.
Jusqu'à 21h30.

www.laiterie-col-bayard.com

13 **La Calèche**

Ah ! Les trilogies de foie gras, ciment du prestige provincial contemporain, quand la bonne idée vient à la déclinaison d'un produit phare (on trouve aussi, comme de juste, un menu tout homard) ! La chance ici, c'est que Jean-Marie Tatier a le sens de la composition et que, si l'idée n'est pas d'une folle originalité, elle est ici assez joliment traduite. C'est d'ailleurs cette cuisine française de tradition, avec ses mousses et émulsions, qui est à l'honneur, avec les saint-jacques au grill, le bar en croûte et purée à l'ail violet, le pigeon rôti pané au pain d'épice et gnocchis. De bons desserts, une cave de petits régionaux et de propriétaires, une maison qui respire l'honnêteté.

C : 36 € • M : 21-37 €

→ 2 rue du Cdt-Marey
☎ 04 77 50 15 58
F. mardi à dîn., merc., dim.
à dîn (1er avril-1er oct.), lundi
à dîn., mardi à dîn., merc.,
dim. à dîn. (1er oct.-1er avril), 2
janv.-17 janv. et vac. scol. fév.
Jusqu'à 21h30.

18 **Hôtel-Restaurant Régis et Jacques Marcon**

Certains, dans leurs tours urbaines, font du "terroir chic" entre deux bouches de métro. Marcon fait du terroir vrai. La nature triomphe parce qu'il est né au milieu, comme Bras, comme Veyrat, comme Goujon. Quand "paysan" est un titre de noblesse et pas une imbécile marque de mépris. Lorsque Régis Marcon parle du bistrot aménagé (La Coulemelle) à son ancienne adresse, il avoue: "Je ne pouvais pas m'en séparer, c'est la maison où je suis né". On ne récitera pas une fois de plus la mythologie de Saint-Bonnet, le gamin qui court dans les collines chercher les champignons et qui, devenu apôtre de la mycologie et restaurateur comblé d'honneurs, les contemple depuis les baies vitrées de cette superbe base aux lignes pures - bois sombre dominant, belles fresques de verre - comme un gabion moderne pour observer l'environnement. Pas besoin de longue vue, il est dans l'assiette : dans les champignons de saison présentés avant toute dégustation, dans les herbes et les fleurs choisies avec tant de justesse pour parfumer un enjôleur homard sur un coulis de tomates (green zebra, ananas...), pied-de-mouton et quatre-épices, une grosse langoustine à fondre sur une pomme de terre trifolle (variété ardéchoise) et un bouillon d'herbes. Le sans-faute permanent n'est pas lassant : il pourrait être répétitif, mais il laisse la place à l'émotion d'un ris de veau sublime, avec ses girolles et petits pois à l'hysope, à la nostalgie de la truite aux amandes dans un omble-chevalier, artichaut et amande au très beau jeu de texture et de saveur sur un poisson parfait, à la

→ Larsiallas
☎ 04 71 59 93 72
F. lundi à dîn. (avril-mai et
nov.-déc.), mardi, merc. et
janv.-mars.
Jusqu'à 21h.

bouleversante évidence acidulée de la mûre sur l'escalope de foie gras, fruits secs et quinoa pour le contrepoint croquant et céréalier, à la trouvaille jubilatoire du praliné de cèpes sur l'agneau de Sauges, à l'éblouissante gourmandise des desserts chocolatés. La cave est exactement celle qu'il faut ici : pas opulente ni ostentatoire, mais juste partout, elle ne présente que des bouteilles tentantes à des prix tentants (une Silex Dagueneau à 105 €, un Jadis de Barral à 55 €...), impeccable et excitante en Languedoc, Roussillon, Rhône, mais aussi bien vue en Bourgogne et en Loire, laissant Bordeaux et Champagne à une place plus modeste. L'atmosphère de grande maison au sens vellave, c'est-à-dire une maison qui sait accueillir tout le monde, est renforcée par un service plein de tact et de hautes compétences (sommeliers et maîtres d'hôtel remarquables).

C : 150 € • M : 120-180 €

www.regismarcon.fr

Le Clos des Cimes

Si on attend pour le printemps 2008 si tout va bien, un nouvel hôtel contemporain ancré dans le paysage (les chambres seront troglodytiques) à côté du nouveau restaurant, le Clos des Cîmes répond toujours présent plus bas dans le village, avec son décor rénové empreint de douceur et de respect pour la nature environnante.

10 ch. 300-350 €

www.regismarcon.fr

→ Le Village
☎ 04 71 59 93 72
📠 04 71 59 93 40
F. janv.-mars.

---

13 André Chatelard

Entre meubles anciens, plantes vertes et murs de couleurs, la salle résume bien l'atmosphère d'une maison de famille où l'on a plaisir à revenir à chaques vacances ou pour l'anniversaire du grand-père, d'autant qu'on a, avec André Chatelard, la certitude de ne pas être déçu dans l'assiette. C'est lorsqu'il embrasse le terroir, dans le menu du même nom, que ce bon professionnel nous plaît le plus, sur la fraîcheur (dans tous les sens du terme) d'un tartare de truite du Lignon et concombre aux épices ou le fondant d'une souris d'agneau laquée de jus aux cèpes, avec le céleri gratiné à la fourme d'Yssingeaux. La cave témoigne d'une recherche régulière de propriétaires qui partagent avec le chef l'amour de leur terroir.

C : 48 € • M : 26,50-50 €

www.restaurant-chatelard.com

→ Pl aux Champignons
☎ 04 71 59 96 09
F. dim. à dîn., lundi, mardi (h.s.), dim. à dîn., lundi (juil.-août) et 6 janv.-5 mars.
Jusqu'à 21h.

---

12 Le Fort du Pré

Profitant de l'attrait touristique du bourg, Cécile et Thierry Guyot ont bien arrangé cette classique maison de montagne en rassemblant les amoureux d'une calme et belle nature. Le chef en profite pour embellir le terroir avec des intitulés un peu ronflants pour un résultat honorable sur les bons produits du pays : tarte aux escargots du Lignon et oignonnade au chorizo, ballotin de filet de lapin et risotto aux herbes, cocotte de baron et ris d'agneau légumes en tajine. Bonne petite cave équilibrée, avec de bonnes références languedo-catalanes (Barral, la Rectorie, Gardiès, Roc d'Anglade) et du bon aussi ailleurs. Agréables chambres contemporaines, bien équipées, pour profiter du paysage, de la belle piscine, de la douceur de vivre en Velay.

C : 39 € • M : 20-68 €

www.le-fort-du-pre.fr

→ Rte du Puy
☎ 04 71 59 91 83
F. dim. à dîn., lundi (sf juil.-août) et 20 déc.-28 fév.
Jusqu'à 21h.

12 Le Tronçais

Les maîtres de forge qui occupaient par le passé cette demeure XVIIIᵉ n'auraient pas renié cette cuisine qui a su évoluer sans perdre de vue une certaine tradition : la poêlée d'escargots aux cèpes et à la bière ou le magret d'oie au miel d'épices sont convaincants et point trop déjà vus. L'assiette gourmande pour le dessert décline des thèmes plus classiques, mais n'en constitue pas moins une conclusion plaisante, à ponctuer pourquoi pas d'une promenade dans le parc, entre chênes et étang, à deux pas de la magnifique forêt.

C : 35 € • M : 23-36 €   www.letroncais.com

→ 12 av Nicolas-Rambourg
☎ 04 70 06 11 95
F. dim. à dîn., lundi, mardi
à déj. (h.s.), 1ᵉʳ janv.-9 mars et
17 nov.-31 déc.
Jusqu'à 20h45.

16 Le Yupala

Un irréductible breton dans son village gaulois ? La comparaison avec Asterix qui se défend contre l'envahisseur serait un contresens. Jean-Marie Baudic ne se protège pas des influences extérieures, il s'en nourrit au contraire pour construire, offrir, partager. Il tient évidemment à cette appellation bistrot qui décomplexe la grande table, même si sa cuisine navigue toujours entre deux et trois toques. Le décor de pierre brut, sièges de cuir rouge et belle table simple est évocateur : c'est un restaurant où l'on respire, où l'on n'a pas peur de se cogner dans un cristal de Bohême et des chandeliers de cuivre. Une table d'aujourd'hui, souriante, sans majordome, mais avec le sourire d'une équipe en salle heureuse de présenter les dernières associations du marché, un saint-pierre délicatement nacré avec une émulsion iodée quelques coques et girolles, le bar et le spoom de coco, les langoustines mariées aux tomates cœur de bœuf et plus selon le retour des bateaux ou l'inspiration fermière qui habitera l'un des esprits libres et conquérants de la gastronomie d'aujourd'hui. On l'a compris, l'atmosphère en salle est comme la cave, moderne, facile d'accès, et les tarifs sont avenants, francs, sans risque d'étranglement.

M : 45-70 €   www.youpala-bistrot.com

→ Jean-Marie-Baudic, 5
Palasme-de-Champeaux
☎ 02 96 94 50 74
F. lundi, mardi, 1re quinz. de
janv., 1re quinz. de juin et 1re
quinz. de sept.
Jusqu'à 21h30.

----

15 La Croix Blanche

C'est du lourd, cette table bourgeoise au frais et chaleureux décor, qui cultive le savoir-vivre et le savoir-manger au niveau professionnel, et pas seulement pour les banquets d'entreprise, confortablement installés dans les salons annexes. Michel Mahé y tourne les spatules depuis une vingtaine d'années, les épices ont changé, les jus passion et les chantillys d'herbes sont apparus aussi sur cette table de tradition, car le chef cuisine sans œillères et régale la curiosité de ses habitués : lieu jaune et galette de blé noir aux légumes primeurs et palourdes, lotte au mesclun d'herbes et soja asperges vertes et jaune d'œuf à l'émulsion de volaille, une belle déclinaison sur le cochon, des desserts bien sentis, dont un soufflé au café lambig et glace caramel dont on se souvient. Cave de bon ton, accueil très courtois de Martine Mahé.

M : 22-43 €

→ 61 rue de Genève, Cesson
☎ 02 96 33 16 97
F. dim. à dîn., lundi, vac. scol.
fév. et 3 prem. sem. août.
Jusqu'à 21h30.

 idéal gourmet

14 🍽 **Manoir le Quatre Saisons**

Atypique et autodidacte : Patrick Faucon aime se décrire ainsi, sans forfanterie ni fausse modestie, ne se déclarant d'aucune autre chapelle que celle du bien vivre. Dans cette belle maison de pierre ouvrant sur un charmant jardin, il propose une cuisine toujours au plus proche du produit et dans laquelle les associations terre-mer prennent une place de choix : noix de saint-jacques grillées, far à l'andouille de Guémené et glace de blé noir, suprême de filet de saint-pierre aux asperges vertes et huîtres saisies, croustillant de noix de ris de veau, légumes à la sauge et purée de pommes de terre aux noisettes. Le menu Aventure propose les fromages, de jolis desserts, un cocktail et un verre de vin pour 51 € : une aubaine.
C : 65 € • M : 16-75 €   www.manoirquatresaisons.fr

→ 61 chemin des Courses, Cesson
☎ 02 96 33 20 38
F. dim à dîn., lundi, 2 sem. mars et 2 sem. oct. Jusqu'à 21h30.

----

14 🍽 **Aux Pesked**

Une des cartes maîtresses de la ville, belle maison dont Mathieu et Sophie Aumont ont fait un rendez-vous de la dégustation fine et branchée. Le goût sûr de la saveur juste permet à cet autodidacte de voler de ses propres ailes et d'honorer l'enseigne (pesked = poisson) par des compositions marines de très belle allure : langoustines en tandoori et jus de crevettes grises, filet de saint-pierre en émulsion de fenouil et carottes à la cardamome, pavé de bar et jus de bœuf caramélisé aux agrumes. les produits régionaux sont là, jusqu'au cochon de lait du pays et le beurre salé avec le soufflé au caramel, et les producteurs dûment répertoriés. Cave intéressante, visant les propriétaires et, depuis peu, cinq chambres de caractère avec vue sur mer.
C : 54 € • M : 23-35 €   www.auxpesked.com

→ 59 rue du Légué
☎ 02 96 33 34 65
F. sam. à déj., dim. à dîn. (sf août), lundi, 2-15 janv., 28 avril-5 mai et 1er-8 sept. Jusqu'à 21h15.

🛏🛏 **Clisson**

Pour profiter au mieux de cette ville gourmande, un hôtel tradi-tionnel qui se modernise et s'embellit : wifi haut débit dans tout l'établissement, écrans plats, satellite dans des chambres agréables et fonctionnelles ; agrandissement du jardin.
25 ch. 58-120 €   www.hoteldeclisson.com

→ 36-38 rue du Gouët
☎ 02 96 62 19 29
🖨 02 96 61 06 95
Ouv. 7j/7.

Villes de proximité, voir :

⏻ PLERIN...............................3 km N.E. par D 24 **(15/20)**

🛏🛏 **Mas de Fauchon**

L'ancienne bergerie familiale, construite à la fin du XVIIIe siècle puis restaurée dans les années soixante-dix fut tout d'abord convertie en restaurant avant d'accueillir une quinzaine de chambres en 2000. Le parc de trois hectares avec piscine, le calme qu'offre la pinède, les tissus choisis avec soin garantissent un ensemble de prestations haut de gamme. Restaurant.
2 appart. 285 € • 14 ch. 110-240 €   www.mas-de-fauchon.fr

→ 1666 chemin de Berre, quartier Fauchon
☎ 04 42 50 61 77
🖨 04 42 57 22 56
Ouv. 7j/7.

Les prix des hôtels correspondent au tarif journalier en chambre
ou en appartement (ou suite) pour au minimum 1 personne seule en basse saison
et 2 personnes en haute saison.

15 Les Trois Soleils de Montal

Une table destinée à être fréquentée par la clientèle de l'hôtel ? Sans doute, mais pas uniquement tant la cuisine de Frédéric Bizat, en poste depuis plus de 15 ans, affiche une vraie personnalité une fois gratté le vernis formé par des intitulés un peu classiques : éminé de homard breton, crème de carottes aux agrumes, carré d'agneau rôti sur l'os et jus à l'ail doux, caneton de Challans, tapenade et jus court aux olives. De belles manières, un cadre privilégié et une cave parmi les meilleures du département. Une adresse incontournable dans le Lot.
C : 55 € • M : 29-59 €   www.lestroissoleils.fr.st

→ Les Prés-de-Montal
☎ 05 65 10 16 16
F. dim. à dîn.-mardi à déj.
(1er fév.-31 mars et 1er oct.-30 nov.), lundi à déj. (1er avril-30 sept.) et déc.-janv.
Jusqu'à 21h.

Les Trois Soleils de Montal

Caché dans les arbres du parc du château, l'hôtel privilégie les teintes ensoleillées de jaune et d'orangé pour habiller des jolies chambres paisibles, ouvertes sur la verdure.
6 appart. 130-280 € • 24 ch. 85,50-119 €

→ Les Prés-de-Montal
☎ 05 65 10 16 16
🖨 05 65 38 30 66
F. déc.-janv.

13 Le Rabelais

L'ancien moulin à blé du XVIIe siècle, avec ses pierres authentique, ses superbes voûtes et sa terrasse fleurie meublée en fer forgé, constitue l'une de nos bonnes découvertes de ces trois dernières années dans le département. Gérald Guilly, sans véritablement bousculer les convenances, propose une version très personnelle de la cuisine provençale, entre influences canailles et luxueuses : œufs brouillés à la truffe noire, velouté crémeux de chou-fleur, nems de boudin noir et homard, parmentier de queue de bœuf et foie gras sauce au vin rouge, pain perdu et fruits exotiques et sabayon au rhum blanc gratiné. Cave intéressante en région, plus banale au dehors.
C : 37 € • M : 26-37 €   www.restaurant-le-rabelais.com

→ 8 rue Auguste-Fabre
☎ 04 90 50 84 40
F. dim. à dîn. (sf juil.-août), lundi. F. ann. non comm.
Jusqu'à 21h30.

----

12 La Bergerie

Cette bergerie remplit sa mission auprès des villages environnants, plats de tradition, exécution couci-couça selon le moment. En saison, la fraîcheur de la salle est un atout supplémentaire pour cette grande maison rénovée où l'accueil de la patronne, doux et souriant, donne le ton d'une atmosphère de tranquillité. A privilégier, les produits régionaux et les recettes simples, un bon marbré de lapereau, souris d'agneau, filet de bœuf. Cave sans recherche.
C : 39 € • M : 19,50-40 €   www.restaurant-la-bergerie.info

→ Le Gueby-Sud, près du pont-Flanien
☎ 04 90 50 82 29
F. dim. à dîn., lundi à dîn., mardi à dîn., à déj. 1er lundi du mois, 2-6 janv. et 16 juil.-8 août.
Jusqu'à 21h30.

Mas de la Rabassière

Une allure de mas, une situation à l'écart et largement ouverte sur l'étang de Berre, autant d'atouts dont profitent les vastes chambres climatisées, par ailleurs décorées avec soin.
1 appart. 75-150 € • 4 ch. 75-125 €   www.rabassiere.com

→ Rte de Cornillon
☎ 04 90 50 70 40
🖨 04 90 50 70 40
Ouv. 7j/7.

SAINT CHARTIER - 36400 (18 A 6)

La Châtre 9 - Châteauroux 33 - Issoudun 38

 Château de la Vallée Bleue 🕊

Petit voyage hors du temps dans ce manoir XIXᵉ, au parfum romantique judicieusement dosé par petites touches de meubles de style. On se prend à rêvasser en contemplant le parc à l'anglaise ou les appliques en bronze d'époque.

2 appart. 145-215€ • 13 ch. 100-145€   *www.chateauvalleebleue.com*

→ Rte de Verneuil
☎ 02 54 31 01 91
🖥 02 54 31 04 48
F. mi-nov.-mi mars.

SAINT CHEF - 38890 (28 A 3)

La Tour-du-Pin 13 - Chambéry 59

Château du Chapeau Cornu

Posé sur sa colline boisée, le château veille sur la vallée depuis le XIIIᵉ siècle. Le décor, ponctué (y compris dans certaines chambres) par les pierres ou les poutres apparentes, exploite avec bonheur ce charme ancien, les hauts plafonds pour les jeux de tentures et les murs clairs pour faire ressortir les volumes. Le mobilier en fer forgé fait le lien entre l'ancien et le moderne. Nombreuses possibilités de détente.

3 appart. 150-170€ • 21 ch. 75-170€   *www.chateau-chapeau-cornu.com*

→ Vignieu
☎ 04 74 27 79 00
🖥 04 74 92 49 31
F. 21 déc.-5 janv.

SAINT CHRISTOL DE RODIERES - 30760 (32 C 2)

Orange 40 - Nîmes 83

❋ Clos d'Hullias

Cette magnifique propriété, sur 25 hectares de vignes et d'oliviers, abrite un hameau où sont réparties de superbes maisons XVIIᵉ en pierre. Les chambres mettent en valeur l'architecture ancienne comme un élément de décor à part entière, sous le plafond voûté de la chambre du Laurier ou les pierres apparentes de la chambre du Mûrier.

4 appart. 108-128€ • 3 ch. 88-98€   *www.hullias.com*

→ ☎ 04 66 79 40 74
🖥 04 66 79 40 75
Ouv. 7j/7.

SAINT CIRQ LAPOPIE - 46330 (30 A 2)

Cahors 34 - Villefranche-de-Rouergue 37

12 **Le Gourmet Quercynois**

Le tourisme de masse n'exclut pas la sincérité du propos culinaire. Eric Viven l'a bien compris et propose dans sa jolie maison typiquement quercynoise une version honnête et probe du terroir local : molette aux cèpes, magret de canard sauce à la truffe du Quercy, poire willimas pochée au vin de Cahors et à la cannelle et sorbet poire. Bonne cave locale, pas trop chère.

C : 40€ • M : 19,90-36€

→ Rue de la Peyrolerie
☎ 05 65 31 21 20
F. mi-nov.-mi-déc. et janv.
Jusqu'à 21h.

- -

 Pélissaria

Une belle maison de pierre XVIᵉ dominant le village médiéval, dont les propriétaires ont décoré les neuf chambres différemment, dans des tons coordonnés et lumineux, dans une ambiance qui a su rester familiale.

9 ch. 77-138€   *www.perso.wanadoo.fr/hoteldelapelissaria*

→ ☎ 05 65 31 25 14
F. 15 oct.-1ᵉʳ mai.

à **SAINT CLEMENT DES BALEINES**, voir RE (ILE DE)

G
M

SAINT CLOUD - 92210   (8 B 5)
Paris 16 - Nanterre 13 - Rueil-Malmaison 7

12 Le Garde Manger

Les deux poteaux qui surveillent le garde-manger, Nicolas Bigand et Etienne Briais, nous annoncent de grands travaux (un an environ) ce qui les contraint à provisoirement déménager à 300 mètres de l'adresse actuelle. Que l'on se rassure, les habitués peuvent garder la serviette autour du cou et traverser le quartier le couteau à la main (c'est Saint-Cloud tout de même) pour couper l'épaule d'agneau confite ou la blanquette, qui leur resteront fidèles, comme les bonnes petites bouteilles triées pour ne pas faire trembler l'addition.

C : 28 € • M : 14-17 €   www.legardemanger.com

→ 21 rue Orléans
☎ 01 46 02 03 66
F. dim. et lundis fériés.
Jusqu'à 23h.

Villa Henri-IV

Au cœur des hauts de Saint-Cloud, cette villa bourgeoise propose des chambres au confort cossu et décorées dans les styles Louis-Philippe, Louis XVI ou normand. Balade dans le parc de Saint-Cloud à 5mn à pied.

36 ch. 90-104 €   www.villahenri4.com

→ 43 bd de la République
☎ 01 46 02 59 30
🖳 01 49 11 11 02
Ouv. 7j/7.

SAINT CONSTANT - 15600   (26 A 5)
Aurillac 48 - Rodez 56 - Decazeville 17

12 Auberge des Feuillardiers

Passé par le Ritz et le restaurant Alexandre, à Garons, Pierre Ratier met aujourd'hui toutes ses bonnes manières au service de cette maison nichée dans un petit coin du Cantal. L'ambition est évidemment en rapport avec le standing touristique local mais les spécialités font honneur à la réputation gastronomique du département, avec la poêlée de foies de volaille en mille-feuille de chou, la fricassée de ris d'agneau façon paysanne ou le coffre d'escargots mijotés à l'émincé de fenouil. Ambiance délicieuse.

C : 23 € • M : 18-40 €   lesfeuillardiers@wanadoo.fr

→ Le Bourg
☎ 04 71 49 10 06
F. merc., vac. fév. et 25 août-8 sept.
Jusqu'à 20h45.

SAINT CYPRIEN - 66750   (31 D 6)
Perpignan 20 - Collioure 18

15 L'Almandin

Créateur, avec son épouse Catherine, de ce magnifique hôtel, Jean-Paul Hartmann fait également vivre une table ambitieuse dont les accents catalans collent à merveille avec l'atmosphère chaleureuse qui baigne les lieux. Il n'est pourtant pas toujours simple de satisfaire la clientèle de l'hôtel et les bons mangeurs occasionnels, aux attentes pas forcément identiques. Deux jolies toques cependant pour les blinis de pommes de terre aux anchois façon Collioure, pour le suquet de gambas et baudroie et pommes confites dans un bouillon de poisson et les rouleaux croustillants fourrées de mascarpone et framboises. Jolie cave en toutes régions, commentée avec précision par Stéphane Riard.

M : 28-98 €   www.hotel-ile-lagune.com

→ Bd de l'Almandin, les Capellans
☎ 04 68 21 01 02
F. lundi, mardi (30 sept.-1er mai) et 18 fév.-4 mars.
Jusqu'à 21h30 (22h été).

℃℃℃ L'Île de la Lagune 🕊

Si les étapes de très grand standing ne sont pas légion dans la région, cet établissement de création récente (1990) compte sans le moindre doute parmi les haltes les plus prisées des deux côtés des Pyrénées. Construite sur une presqu'île entourée par la lagune, au milieu d'un jardin luxuriant, cette belle maison blanche n'est justement pas sans évoquer, par son architecture, l'Espagne toute proche. Chaleureuses, décorées dans un esprit contemporain, les chambres offrent des prestations exclusives, au même titre que la plage privée sur la lagune. Location de pontons.
4 appart. 195-285 € • 18 ch. 145-200 €   www.hotel-ile-lagune.com

→ Bd de l'Almandin, les Capellans
☎ 04 68 21 01 02
🖷 04 68 21 06 28
F. 18 fév.-4 mars.

---

13 🍽 Le Restaurant Cala Gogo

Un gastro dans un camping ? Il fallait l'oser, mais les clients ont depuis longtemps appris à passer outre pour apprécier le mélange inédit de convivialité et raffinement culinaire. Marie-France Borrell y livre avec talent sa version d'une cuisine méditerranéenne, ensoleillée et raffinée, du homard au court-bouillon au caviar d'olives à la morue gratinée à l'aïoli, en passant par la côte de cochon noir ménagère. Ambiance décontractée chic, dans le service comme côté clientèle.
C : 40 € • M : 17-52 €

→ Les Capellans, ensemble résidentiel Cala-Gogo
☎ 04 68 21 15 45
F. 22 sept.-12 mai.
Jusqu'à 21h30.

SAINT CYR SUR MER - 83270   (33 D 6)
Toulon 25 - Bandol 7

13 🍽 Le Mas des Vignes

Dans le contexte raffiné de l'hôtel, on aime à ne pas avoir à sortir pour trouver cuisine à son goût. Hervé Robert, formé à bonne école, s'applique donc à éviter toute déception, brassant les produits nobles dans une élégante veine sudiste, de la côte de veau au sautoir jus à la sauge à la daurade farcie aux piquillos et son risotto. Bandol est à l'honneur côté vins.
C : 80 € • M : 55-80 €   www.fregate.dolce.com

→ Rte de Bandol, D 559
☎ 04 94 29 39 39
F. mardi, merc. à dîn. (sf juil.-août) et à déj.
Jusqu'à 21h30.

🏛🏛🏛 Dolce Frégate

Cette ravissante bâtisse est harmonieusement intégrée dans un cadre enchanteur, entre vue sur la mer et la verdure du 18 trous voisin. Des belles chambres provençales, au cadre revu dans une optique plus douillette, à la disponibilité permanente du service, tout ici est pensé pour une détente parfaite, bien aidée également par un large équipement.
133 ch. 239-599 €   www.fregate.dolce.com

→ Rte de Bandol, RD 559
☎ 04 94 29 39 39
🖷 04 94 29 39 40
Ouv. 7j/7.

🏛🏛 Grand Hôtel Les Lecques 🕊

Entourée d'un parc boisé s'étendant sur trois hectares, cette maison de style Belle Epoque semble perpétuellement baignée d'une envoûtante lumière. Sous les pins ou au bord de la piscine, le séjour prend un tour charmant auquel les chambres, au décor provençal, participent évidemment.
60 ch. 70-198 €   www.lecques-hotel.com

→ 24 av du Port, Les Lecques
☎ 04 94 26 23 01
🖷 04 94 26 10 22
F. 2 déc.-2 mars.

14 Le Grand Atelier

Le côté artiste d'une épaule d'agneau confite en pastilla avec un crumble pomme-gingembre ? Oui, il faut un peu d'imagination, mais dans l'ancien atelier de Lorjou, orné naturellement de tableaux, on conçoit que la cuisine, et la présentation des assiettes, touchent évidemment, dans leur artisanat, à une forme d'art. La main du sculpteur, c'est celle de Michel Perron, chef consciencieux et toujours proche du produit, dans une veine plutôt traditionnelle : carpaccio de saint-jacques et feuilles de mâche bavarois de langoustines, crépinette de joues et pieds de cochon mijotés, quasi de veau et croustade de champignons... Ambiance bourgeoise distinguée, habile sélection de vins de Loire, et particulièrement des proches voisins (le cheverny de Tessier), avec de belles découvertes.
C : 42 € • M : 30-42 €   *www.hotel-restaurant-atelier.com*

→ Rue du 8-Mai-1945
☎ 02 54 74 10 64
F. dim. à dîn., lundi et vac. scol. fév.
Jusqu'à 21h30.

12 Ambroisie

La maison semble avoir trouvé son allure de croisière et invite à une navigation avec vue sur le lac autour d'une cuisine de saison discrètement personnalisée, où l'on perçoit toujours quelques extravagances (le désormais bien connu shoot noix de coco sur le foie gras) mais dont on retient surtout la légitime satisfaction d'assiettes bien construites et soignées : sandre poêlé pommes de terre écrasées à la fourchette, pot de crème à la confiture.
C : 40 € • M : 36-50 €   *ambroisie2@wanadoo.fr*

→ 64 rte du Lac
☎ 04 74 97 25 53
Ouv. 7j/7.
Jusqu'à 21h30.

12 Auberge du Velay

La belle maison du XVIIe siècle à façade en pierres a changé de mains voilà deux ans sous la nouvelle direction de Fabrice Lafite. Formé à la dure école des saisons (8 ans à Courchevel, été comme hiver), ce trentenaire fait honneur à la cuisine du sud : rouleau de chèvre et jambon cru relevé au miel et pignons de pin, pièce de veau au romarin et écrasée de pommes de terre noisettes, poêlée de fraises à la cardamome relevée de caramel de violettes. Des chanteuses viennent égayer l'atmosphère deux fois par mois, le vendredi ou le samedi soir.
C : 40 € • M : 17-25 €   *myriam.lafitte@wanadoo.fr*

→ 17 Grand-Place
☎ 04 71 61 01 54
F. dim. à dîn., lundi, 1 sem. janv. et 1 sem. mi-sept.
Jusqu'à 21h.

15 Chartron

Pro, carré, exemplaire. Voilà les commentaires qui reviennent sans cesse sur cette adresse à l'écart des grands axes, et qui ajoutent la dimension du plaisir à la solidité. Car la cuisine de Bruno Chartron n'est jamais en sommeil, toujours sur le qui-vive d'une tradition trempée dans la modernité. La brouillade aux truffes ne minaude pas, elle met en valeur la noblesse de la mélano, sans fanfreluches inutiles. Le bar, superbe, s'accompagne au pied levé de ravioles remarquables parfumées au Noilly, le cappuccino au bouillon de volaille, pomme de terre, truffe et topinambour fait étalage d'une

→ 1 av Gambetta
☎ 04 75 45 11 82
F. mardi, merc. (sf à dîn. juil.-août), 2-10 janv., 29 avril-9 mai et 1er-21 sept.
Jusqu'à 21h30.

superbe technique, avant un pigeon royal, si bien escorté par les légumes du moment qu'il fait visiter la région et ses jardins. Desserts également techniques, cave très fournie en vins régionaux, classés par appellation avec mention des cépages, service dirigé par une jeune femme de grande compétence.

C : 60 € • M : 26-46 €

www.restaurant-chartron.com

SAINT EMILION - 33330   (23 D 2)
Bordeaux 42 - Libourne 10

17 🍴🍴🍴 ⧸ **Hostellerie de Plaisance**

Vous avez vu la carrure du chef ? Alors ne cherchez pas à trop le faire rentrer dans des cases : il s'en échapperait illico. Le rustique raffiné ne lui va pas mal, c'est vrai. Mais ce serait terriblement réducteur pour ce MOF capable d'une folle complexité, d'une folle technicité, féru d'orientalisme et qui vous assoit pour le compte avec un simple amuse-bouche en forme de tartare de bœuf et anguille, bouillon et tartine de pied de cochon. Dans le cadre quasi majestueux d'une historique demeure orgueilleusement plantée sur les remparts, le chef fignole son œuf poché à basse température sur un lit d'œufs de poissons volants et wasabi, jabugo, lamelles d'asperges vertes, émulsion à la truffe, son cubisme de foie gras et thon fumé avec une tartine de caviar d'Aquitaine et son enivrant grand dessert où chacune des cinq assiettes est une prouesse sobre et enjôleuse. Les convives de la nouvelle salle, un peu plus zen, toujours bourgeoisement Relais & Châteaux, peuvent connaître toutes les humeurs, toutes les envies, d'un bar et risotto de chipirons nipponisé par un bouillon épicé à une fière viennoise de ris de veau façon grenobloise. Le remarquable sommelier vante aussi bien les vieux millésimes de bourgueil de Delisle-Boucard que ses chers saint-émilion, et sert une cave certes coûteuse mais très affûtée un peu partout, de Gardiès à Arena, de Muré aux saumurs de la Fosse Sèche, bordeaux et bourgognes étant évidemment irréprochables.

C : 90 € • M : 52-110 €

www.hostellerie-plaisance.com

→ 5 pl du Clocher
☎ 05 57 55 07 55
F. sam. à déj., dim., lundi (nov.-fin mars) et 15 déc.-15 fév.
Jusqu'à 21h30.

🍴🌳🚗🍽

🏠🏠🏠 **Hostellerie de Plaisance**

Le cadre a été totalement revu, les espaces déplacés, une nouvelle aile ajoutée et l'ensemble redécoré par Alfredo Pinto, dans un esprit feutré et respectueux de l'esprit de cette maison au cœur d'un site classé (que la terrasse panoramique permet d'embrasser dans toute sa splendeur). La qualité du service ajoute encore à une délicieuse douceur de vivre.

21 appart. 590 € • 17 ch. 270 €

www.hostellerie-plaisance.com

→ 5 pl du Clocher
☎ 05 57 55 07 55
🖨 05 57 74 41 11
F. 15 déc.-15 fév.

🐾👁❄🐑

— —

12 **L'Envers du Décor** 🍷

L'envers du décor, c'est une inattendue et délicieuse cour intérieure et ce n'est qu'une infime partie des atouts d'une maison capable de rassembler et de renouveler une superbe carte des vins, curieuse de toutes les régions. La cuisine elle aussi se renouvelle, au gré des saisons et du marché, autour de propositions sobres dans un esprit bistrot centré sur le produit : poêlée de lotte au fenouil, asperges blanches au lard gascon, magret de canard sauce au miel. Une table de copains, bien dans son temps et maligne dans ses choix.

C : 33 € • M : 18-28 €

enversdudecor@nerim.fr

→ 11 rue du Clocher
☎ 05 57 74 48 31
F. 23 déc.-12 janv.
Jusqu'à 22h (22h30 été).

🍴🏠🍴🍽

11 **Hôtel Grand-Barrail**

La grande salle de restaurant, classique et intemporelle est en accord avec le style du château. On y développe une cuisine de circonstance, mais peut-être pas vraiment en phase, actuellement, avec les ambitions de la maison : terrine de légumes fraîche, mais servie trop froide, grenadin de veau un peu cuit mais honnête, apprêté classiquement avec des légumes cocotte, tarte aux pommes banale. Cave bordelaise relativement bien fournie, sans surprise. La terrasse, pour les beaux jours, est fort agréable.

C : 52 € • M : 40-61 €

www.grand-barrail.com

→ Rte de Libourne, D 243
☎ 05 57 55 37 00
F. dim. à dîn.-mardi à déj. (nov.-mars) et 4 sem. nov.-déc.
Jusqu'à 21h15.

Hôtel Grand-Barrail 🍃

Entre vignes et étang, le château arbore son architecture XIXᵉ parmi ses dépendances actuelles hélas moins altières. Meubles de style, harmonies de tons actuelles, les chambres sont d'une belle élégance feutrée, tandis que le resort propose de nombreuses activités de détente, golf et spa en tête.

9 appart. 435-620 € • 33 ch. 180-320 €

www.grand-barrail.com

→ Rte de Libourne (D243)
☎ 05 57 55 37 00
🖨 05 57 55 37 49
F. 4 sem. nov.-déc.

? **Le Clos du Roy**

L'arrivée d'un nouveau propriétaire (Nikhola Lavie Cambot, formé chez Bocuse, Marx, Etchebest et Portos) coïncide avec une profonde rénovation de cette institution locale. Nous laissons à ce jeune homme le temps de s'installer mais il ne semble faire aucun doute que sa cuisine naviguera dans les mêmes eaux que celles de son prédécesseur, Alain Barnier (13/20).

C : 60 € • M : 28-46 €

→ 12 rue de la Petite-Fontaine
☎ 05 57 74 41 55
F. dim., lundi et fév.
Jusqu'à 21h30.

Palais Cardinal 🍃

Né au XIVᵉ siècle pour le bon plaisir du cardinal de Sainte-Luce, ce magnifique bâtiment classé forme le cadre idéal pour des chambres de caractère, meubles de style et tissus raffinés aux couleurs chaleureuses. Les extérieurs réservent également quelques plaisirs exclusifs, comme la piscine avec vue sur les vignes, la détente sous la pergola, ou encore la rêverie devant les ruines de l'ancienne abbaye.

1 appart. 176-208 € • 26 ch. 67-168 €

www.palais-cardinal.com

→ Pl du 11-Novembre-1918
☎ 05 57 24 72 39
🖨 05 57 74 47 54
F. déc.-mars.

Château Franc-Mayne

Un domaine viticole classé en Grand Cru de Saint-Emilion, qui abrite une maison de maître girondine XVIᵉ et un relais de poste. Il propose huit chambres aux ambiances exclusives et dépaysantes, de la campagne française à l'african lodge, en passant par "l'indian fusion", "l'asian mood" et le pop art. . La cour d'honneur et une aile de la maison girondine ont été réaménagées.

8 ch. 150-220 €

www.relaisfrancmayne.com

→ 14 Gomerie
☎ 05 57 24 62 61
🖨 05 57 24 68 25
Ouv. 7j/7.

Les Logis du Roy

Idéales pour épouser le charme de cette cité ancienne, les chambres sont installées dans un authentique bâtiment en pierre du XVIIIᵉ. Spacieuses, elles bénéficient d'un grand raffinement, dans le décor comme l'équipement.

3 appart. 110-160 €

www.pomerol.com

→ 7 rue de la Porte-Bouqueyre
☎ 05 57 74 15 26
🖨 05 57 74 15 27
Ouv. 7j/7.

SAINT ETIENNE - 42000 **(27 C 3)**

Paris 524 - Lyon 63 - Le Puy-en-Velay 76

15 🍴🍴 ⧽ Nouvelle

Quoi de neuf chez Stéphane Laurier ? Pas grand-chose, où plutôt si. Sa cuisine évolue, toujours aussi inclassable, contemporaine, japonisante parfois, bourgeoise par moments, et toujours sans œillères. Des ingrédients de prestige, des huîtres de Gillardeau, les plus belles langoustines, le foie gras qui se marie avec des rougets... La salle est d'une élégance folle, dans un style contemporain et zen, le service d'une parfaite décontraction et la cave, qui propose une offre au verre d'une rare diversité, est bien dans son époque.
M : 26-84 €

→ 28-30 rue Saint-Jean
☎ 04 77 32 32 60
F. dim. à dîn., lundi (hiver), dim. et lundi (été) et 2 sem. août.
Jusqu'à 21h30.

----

13 🍴 Le Bistrot de Paris

Installé sur la place Jean Jaurès, à proximité de la préfecture et de la mairie, ce Bistrot rassemble les bons mangeurs stéphanois depuis plus de 30 ans. Noël Graci, chef autodidacte (même si, après plus de trente ans d'exercice, cette précision semble superflue) propose l'une des cuisines de marché les plus abouties de l'agglomération. Des produits bien choisis, cuisinés simplement, et beaucoup de plaisir, sur l'entrecôte de Salers à la moelle ou le thon mi-cuit au sésame. Cave fouillée s'intéressant à la génération montante.
M : 24,50 €

bistrotdeparis@wanadoo.fr

→ 7 pl Jean-Jaurès
☎ 04 77 32 21 50
F. sam. à déj., dim., lundi (avril-sept.) et 23 déc.-12 janv.
Jusqu'à 23h.

----

13 🍴 Restaurant Yves Genaille

Rôtissoire dans la salle, citations culinaires au mur, les disciples de Brillat-Savarin seront les bienvenus pour célébrer une forme moderne de la tradition. Yves Genaille interprète sans barguigner les classiques, le foie gras et le filet de bœuf aux morilles, mais c'est dans son menu de marché à 30 € qu'il est le plus consistant, trouvant même des accents de modernité à la galantine d'écrevisses et rémoulade d'endive à la betterave, à l'éminé de queue de lotte sauce crémeuse au gingembre et curry, à la brochette de gigot d'agneau et jus à l'anchois. Cave classique et honnête, correcte en bourgogne et rhône.
C : 52 € • M : 24-60 €

restaurant.genaillle@wanadoo.fr

→ 3 du parc Rochetaillée
☎ 04 77 32 88 48
F. lundi, mardi à dîn., sam. à déj., dim. à dîn., 1 sem. fév., 1 sem. mai et août.

----

12 L'Epicurien Atelier Gourmand

Le jeune Pierre-Michel Fatet ne tient décidément pas en place. Deux ans seulement après avoir ouvert cet Atelier, le voilà qui repense entièrement la décoration, le parquet, le mobilier et la vaisselle (imaginée par un artisan verrier) ayant été changés cette année, dans un esprit encore plus contemporain et design. A la mode sans doute, mais surtout très personnelle, la cuisine de cet ancien de Têtedoie et Lacombe attire vers elle les plus curieux : fiole de crème de coco de Paimpol et noix de saint-jacques, injection à la seringue de vinaigre de truffe et muffin aux noix, filet de truite cuit à 100 ºC, légumes "light", trait d'huile d'olive et fleur de sel et déclinaison de sorbets, l'un à l'huile d'olive, l'autre au fromage de chèvre et le dernier au romarin. Cave courte et privilégiant les petits propriétaires.
C : 35 € • M : 13,50-55 €

www.epicurienrestaurant.com

→ 13 rue Praire
☎ 04 77 41 09 19
F. sam. à déj., dim. à dîn., lundi, 5-28 août et 26-30 déc.
Jusqu'à 21h30.

G
M

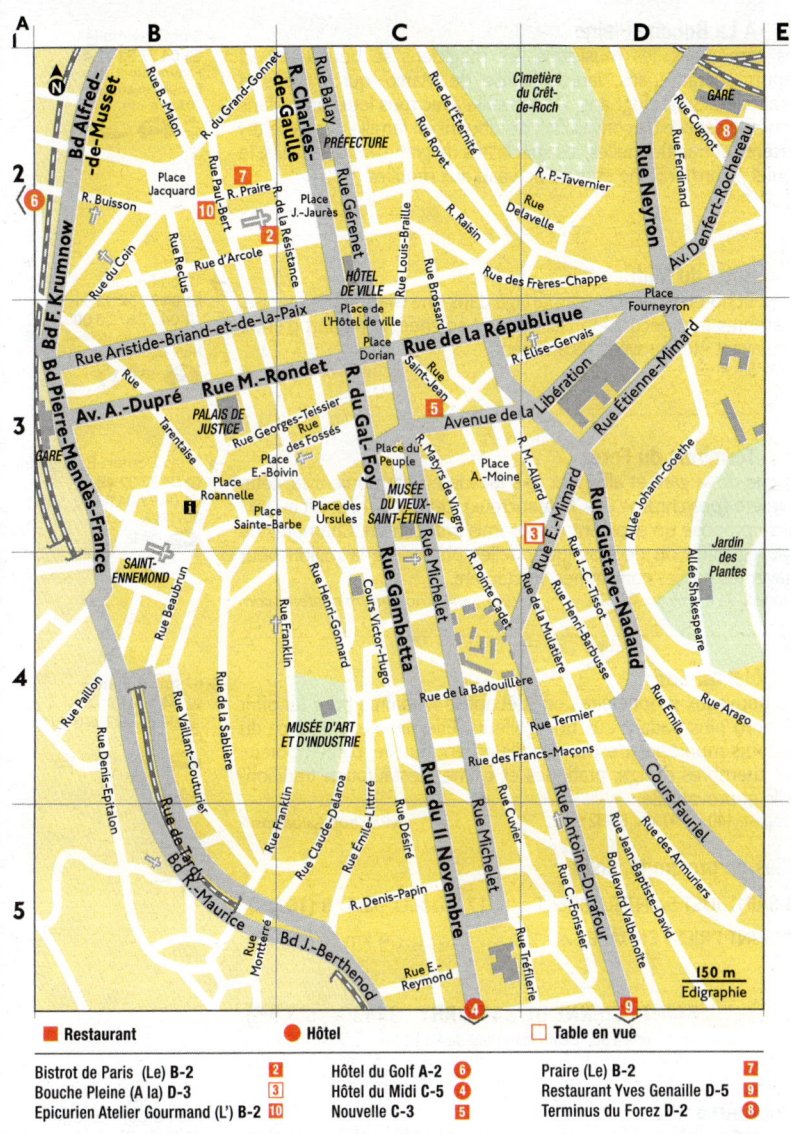

Bistrot de Paris (Le) **B-2** 2
Bouche Pleine (A la) **D-3** 3
Epicurien Atelier Gourmand (L') **B-2** 10

Hôtel du Golf **A-2** 6
Hôtel du Midi **C-5** 4
Nouvelle **C-3** 5

Praire (Le) **B-2** 7
Restaurant Yves Genaille **D-5** 9
Terminus du Forez **D-2** 8

12 Le Praire

Une salle moderne et lumineuse, entre pop art et vaisseau futuriste accueille cette cuisine délibérément marine pour amener l'océan aux Stéphanois : huîtres Gillardeau, fromages de la mère Richard, les références sont bonnes pour entourer l'arrivée de qualité traité avec imagination : fricassée de crevettes et piperade, dos de bar braisé aux épinards, rougets barbets rattes écrasées au gingembre, crêpes Suzette...
C : 37,50 € • M : 24,20-37,50 €

→ 14 rue Praire
☎ 04 77 25 17 10
F. sam. à déj., dim., lundi à dîn. (1er mai-15 sept.), sam. à déj., dim. à dîn., lundi à dîn. (16 sept.-30 avril) et 2 sem. mi-août.
Jusqu'à 22h.

A La Bouche Pleine

Les comédiens, les musiciens, les magiciens se bousculent ici depuis quarante ans. Janick, la fille de Marco, qui a repris la cambuse depuis vingt ans, les accueille avec tous leurs amis dans le même espace de convivialité, distribuant en famille des assiettes sincères et traditionnelles, les spécialités de gratin, les quenelles, le poulet à l'armoricaine et le ris de veau aux morilles.
M : 22-36 €

→ 2 pl Chavanelle
☎ 04 77 33 92 47
F. dim., lundi, déb. janv., Pâques et août.
Jusqu'à 23h.

- -

 Hôtel du Midi

Un petit hôtel de caractère aménagé dans une maison bourgeoise. Chambres à la décoration classique et soignée, la plupart d'entre elles ayant été rénovées récemment.
33 ch. 58-90 €   www.hotelmidi.fr

→ 19 bd Pasteur
☎ 04 77 57 32 55
🖨 04 77 57 28 00
F. 4 sem. juil.-août et 10 jrs Noël-nouvel an.

- -

 Terminus du Forez

Proche de la gare et affichant une façade en harmonie avec cette dernière (polychrome de Châteaucreux), cet hôtel construit au XIXᵉ siècle propose un excellent compromis prix/confort. Chambres de style égyptien ou néoclassique, belles photos de la région pour égayer les parties communes. Restaurant.
1 appart. 71 € • 65 ch. 61-71 €   www.hotel-terminusforez.com

→ 31 av Denfert-Rochereau
☎ 04 77 32 48 47
🖨 04 77 34 03 30
Ouv. 7j/7.

- -

 Hôtel du Golf

Les nouveaux propriétaires ont débaptisé l'Albatros pour lui offrir un nom plus parlant aux non-golfeurs. Effectivement en face du parcours municipal, c'est un établissement rénové, contemporain, aux chambres design, pratiques et calme. Restauration traditionnelle et provençale.
3 appart. 140 € • 47 ch. 80-92 €   www.hotel-albatros.fr

→ 67 rue st Simon
☎ 04 77 41 41 00
🖨 04 77 38 28 16
Ouv. 7j/7.

Villes de proximité, voir :

⟳ SAINT JUST SAINT RAMBERT ...... 17 km N.O. par D 8 **(16/20)**

⟳ SAINT PRIEST EN JAREZ .... 4 km N. **(12/20)**

SAINT ETIENNE DE BAIGORRY - 64430   (23 B 5)
Pau 130 - Saint-Jean-Pied-de-Port 11

13 **Arcé**

Comme dans la correction grammaticale "chez le coiffeur" à la place de "au coiffeur", on dit bien "chez Arcé" et cela change tout. Car la famille Arcé qui dirige la maison depuis 150 ans a le sens de l'accueil, s'investit corps et âme et fait d'un relais tranquille une véritable auberge de charme où l'atmosphère compte plus que tout. Pascal Arcé connaît bien sûr comme sa poche le terroir basque qu'il arrange et traduit dans une langue gourmande et compréhensible : carpaccio de truite de la vallée de la Bnaca, foie gras au jurançon doux et gelée de coing, ris d'agneau et cèpes dorés en persillade. La confiture de cerises noires vient naturellement aux lèvres quand on parle de fromage de brebis, comme l'irouléguy coule dans les verres.
C : 42 € • M : 27-40 €   www.hotel-arce.com

→ Rte du Col-d'Ispéguy
☎ 05 59 37 40 14
F. lundi à déj., merc. à déj. (15 sept.-15 juil., sf fériés) et mi-nov.-mi-mars.
Jusqu'à 21h.

_G_M

 **Arcé** 🦢

Une maison basque de caractère aux chambres de grand confort, modernisées au fil des ans, avec un balcon donnant sur la rivière ou un petit jardin fleuri, et la vue radieuse sur les Pyrénées. Piscine chauffée, billard, tennis...
3 appart. 210-226 € • 20 ch. 125-145 €   *www.hotel-arce.com*

→ Rte du Col-d'Ispéguy
☎ 05 59 37 40 14
🖨 05 59 37 40 27
F. mi-nov.-mi-mars.

SAINT ETIENNE DE FOUGERES - 47380   (24 A 3)
Marmande 39 - Périgueux 109

12 Ferme-Auberge de Feuillade

Dans l'ancienne étable de briques plates presque bicentenaire, on respire des parfums fermiers très attrayants : ceux d'une cuisine de produits sincèrement travaillés par Sandrine Facci, qui offre aux visiteurs l'authenticité qu'ils recherchent avec les canards gras qui gambadent au grand air : cou farci au foie gras, magret aux échalotes et gratin d'aubergines, foie gras poêlé, pâtisseries maison.
C : 23 €

→ Feuillade
☎ 05 53 01 09 84
F. dim. à dîn., merc., 1re quinz. fév. et 2 sem. oct.
Jusqu'à 20h30.

SAINT ETIENNE DE TINEE - 06660   (34 C 3)
Nice 97 - Barcelonnette 58

12 Le Pratois

Sur la route des sommets, la maison de Benoît Grenier fait toujours partie des étapes qui comptent, pour sa convivialité, sa terrasse ouverte sur les paysages du Mercantour (et désormais plus vaste) et pour la générosité typique de cette cuisine traditionnelle, l'agneau au serpolet cuit au feu de bois, la terrine aux cèpes ou encore l'amusante Purée du pauvre... au foie gras !
C : 30 € • M : 22 €   *ben.grenier@laposte.net*

→ Hameau du Pra
☎ 04 93 02 44 65
F. 16 sept.-30 juin.
Jusqu'à 21h.

SAINT ETIENNE DU BOIS - 01370   (27 D 1)
Bourg-en-Bresse 11 - Saint-Amour 15

11 Les Mangettes

Dans cet environnement calme et verdoyant, la cuisine de Christine Collet ne trouble jamais l'atmosphère paisible qui règne dans cette adorable petite maison : terrine de foies de volaille et salade à l'huile de noix, filet de bœuf aux morilles et poulet de Bresse au champagne.
M : 23-36 €

→ Rte des Petites-Mangettes
☎ 04 74 22 70 66
F. dim. à dîn., lundi à dîn., mardi, 8-23 janv., 20-28 juin et 3-11 oct.
Jusqu'à 21h.

SAINT ETIENNE DU ROUVRAY - 76800   (6 C 3)
Rouen 3 - Oissel 8

12 La Bella Cagliari

Le déménagement a réellement bien profité à la famille Secchi : le service monte et descend les escaliers avec énergie, l'un des fils fait la pizza tandis que l'autre tient la salle, papa et mama sont en cuisine, et tout va bene. Les tagliatelle paglie e fieno, les culingiones, les malloredus et les lasagnone à la bresaola, des pâtes d'inspiration sarde sont toujours un régal, dans une ambiance familiale pleine de sincérité, qui fait salle comble presque tous les soirs et le week-end.
C : 23 € • M : 16-32 €

→ 3 bis av des Canadiens
☎ 02 35 72 41 81
F. dim. et lundi.
Jusqu'à 21h.

SAINT ETIENNE EN DEVOLUY - 05250 (33 D 2)
Saint-Bonnet-en-Champsaur 22 - Corps 23

12 Chez Patras

Le bon temps des aubergistes dure encore ! Vous êtes chez René Patras, un pro qui vous offre la montagne et ses richesses, de la gratinée paysanne, des fondues, des raclettes, des oreilles d'âne, dans le cadre éminemment chaleureux d'une ancienne grange habillée en chalet. On boit les petits blancs régionaux, et même départementaux.
C : 26 € • M : 15-23 €

→ Les Cypières
☎ 04 92 58 82 22
F. 24 avril-25 juin. et 10 sept.-15 déc.
Jusqu'à 21h30.

- -

11 Les Chardonnelles

"A déguster entre amis", c'est bien ainsi que s'apprécient le plus les spécialités montagnardes et régionales (de la tartiflette au gigot d'agneau de pays, en passant par les ravioles du Champsaur), d'un bon rapport et servies dans une atmosphère plaisante et conviviale.
C : 30 € • M : 28-37 €   *www.chardo-hotel.com*

→ Superdevoluy-Station
☎ 04 92 58 86 90
F. 22 avril-15 juin et 15 sept.-15 déc.
Jusqu'à 21h.

 Les Chardonnelles

Avec la rénovation des chambres, l'hôtel a bien amélioré ses prestations et le gros chalet contemporain constitue, été comme hiver, une bonne étape classique pour profiter du Dévoluy.
34 appart. 710-2290 € • 42 ch. 60-130 €   *www.chardo-hotel.com*

→ Superdevoluy-Station
☎ 04 92 58 86 90
🖷 04 92 58 87 76
F. 22 avril-15 juin et 15 sept.-15 déc.

SAINT FELIX LAURAGAIS - 31540 (30 A 4)
Toulouse 46 - Castres 42

14  Auberge du Poids Public

L'auberge de campagne bien assise, cultivant sa réputation et ses atouts avec minutie. Car ce qui vous plaira, comme à nous, ne tient pas à la texture de l'excellent foie gras au torchon ou de la jouissance roborative du cassoulet de Saint-Félix, mais à un ensemble de sensations plutôt enthousiasmantes, qui commence dans l'accueil et le décor de cette maison souriante, avec sa vue sur les collines du Lauragais dans un village de cocagne. Et d'ailleurs la cuisine de Claude Taffarello n'a rien de figé pour qu'on la muséifie, elle est au contraire vivante, et d'une certaine façon plus évolutive que par le passé, avec notamment ses plats marins, les maquereaux et couteaux et légumes à la plancha, le bar rôti et sa déclinaison de céleri, le cabillaud avec un tourin à l'ail... Très bonne cave sud-ouest languedoc, chambres mêlant ancien et contemporain.
C : 62 € • M : 29-70 €   *www.auberge-du-poidspublic.com*

→ Fg du Poids-Public
☎ 05 62 18 85 00
F. dim. à dîn., janv. et 1 sem. nov.
Jusqu'à 21h30.

SAINT FERREOL - 74210 (28 B 2)
Annecy 26 - Grenoble 96

Le Florimont

Même s'il cède aux incontournables (architecture chalet, rappels montagnards de boiseries claires), l'hôtel adopte une allure contemporaine et colorée qui rend très agréable l'étape dans ces chambres aux noms fleuris.
27 ch. 66-120 €   *www.hotelflorimont.com*

→ 1006 rte de Champ-Canon
☎ 04 50 44 50 05
🖷 04 50 44 43 20
F. 15 déc.-10 janv.

Le Crotoy 6 - Rue 3

10 **Auberge de la Dune**

Dans les paysages de la baie de Somme, cette ancienne ferme constitue une bonne étape, à condition de se faire à son atmosphère minimaliste. On appréciera alors volontiers le décor rustique et un menu terroir qui respire le travail honnête, avec la ficelle picarde, les moules ou l'agneau de pays.
C : 25 € • M : 17-32 €   *www.auberge-de-la-dune.com*

→ 1352 rue de la Dune
☎ 03 22 25 01 88
F. déc.
Jusqu'à 21h.

Bastia 23 - L'Ile-Rousse 46

13 **La Rascasse**

Du côté des yachts que les touristes admirent à l'heure de l'apéro, sur la promenade où s'entassent les tables de la station, la Rascasse représente l'aristocratie. Jolie terrasse en effort d'élégance, carte un peu pompeuse mais réalisation finalement assez soignée qui vaut sa toque tout en suivant la mode de près (la betterave intervient dès qu'on peut la placer) : cannelloni d'espadon fin et frais, mille-feuille de denti moderne et un poil décevant, sablé à l'huile d'olive, crème vanille et nage de fraises, un dessert malin, comme une tarte aux fraises déstructurées, très bien réussi. cave classique avec les bons corses, service un peu guindé pour le lieu.
C : 50 € • M : 38 €   *atrium-saintflorent@wanadoo.fr*

→ Port de Plaisance
☎ 04 95 37 06 09
F. mardi ou merc. (h.s.) et mi-oct.-déb. avril.
Jusqu'à 22h30.

- -

11 **Ind'e Lucia**

La terrasse est bien accueillante juste au-dessus du port, l'atmosphère encore familiale, même si une petite routine touristique s'installe au fil des ans. Néanmoins, l'essentiel est préservé : si la charcuterie est bonne sans être transcendante, les cannellonis à la brousse et le fiadone sont tout à fait soignés, orthodoxes, de bon goût.
C : 34 € • M : 21,50-31 €

→ Pl Doria
☎ 04 95 37 04 15
F. fév. et mars.

- -

10 **Le Mathurin**

Pas vraiment un restaurant, plutôt un bar à tapas où l'on peut venir dès la fin de l'après-midi pour grignoter quelques charcuteries, bocadillos ou tortillas tout en accomplissant un tour de Corse viticole grâce à une offre de vins au verre particulièrement fournie. Privilégier la terrasse aménagée sur la place, avec ses solides tables en bois brut et ses tonneaux flanqués de chaises hautes.
M : 13-16 €

→ Pl de la Poste
☎ 04 95 37 04 48
F. 1er oct.-fin avril.
Jusqu'à 2h.

- -

La Roya

L'association du parquet clair, des murs aux couleurs ensoleillées et des meubles de bois sombre d'inspiration asiatique crée une chambres sereines et très agréables à vivre, encore plus avec la magnifique vue sur la mer. L'accès aux chambres se fait par un beau patio arboré, tous les espaces (jusqu'à la plage privée) témoignent d'un même soin porté à préserver élégance et atmosphère de détente parfaite. Le tout, les pieds dans l'eau.
3 appart. 240-560 € • 29 ch. 140-390 €   *www.hotelroya.com*

→ Sur la Plage
☎ 04 95 37 00 40
🖳 04 45 37 09 85
F. 12 nov.-29 mars.

Tettola

Situation les pieds dans l'eau, terrasse privée (notamment pour toutes les chambres côté mer), un décor classique aux couleurs ensoleillées, l'hôtel est une proposition sympathique pour profiter de la mer, à 1 km du centre-ville.
30 ch. 53-160 €

→ ☎ 04 95 37 08 53
🖥 04 95 37 09 19
F. 1er nov.-1er avril.

www.tettola.com

Villes de proximité, voir :

⟳ PATRIMONIO ....6 km N.O. par D 3 **(11/20)**

SAINT FLORENTIN - 89600   (19 C 2)
Auxerre 28 - Joigny 29

13 La Grande Chaumière

La tâche est immense lorsqu'on choisit, comme Jean-Pierre Bonvalot, de maintenir une table aux prétentions gastronomiques dans un secteur aussi peu fréquenté. La maison n'a plus le vent en poupe, mais le moment vaut toujours d'être vécu, pour le charme du parc à l'arrière de cette élégante maison, pour le confort en salle et la gentillesse du service. La carte manque toutefois de modernité : ballotin de caille et chou croquant, filets de lièvre sauce poivrade, gratin de pommes au calvados: autant de plats bien faits qui manquent toutefois de joie de vivre.
C : 62 € • M : 28-59 €

→ 3 rue des Capucins
☎ 03 86 35 15 12
F. merc., jeudi à déj., 20 déc.-18 janv. et 1er-15 sept.
Jusqu'à 20h45.

www.lagrandechaumiere.com

SAINT GATIEN DES BOIS - 14130   (6 A 3)
Deauville 10 - Pont-l'Evêque 10

Le Clos Deauville Saint-Gatien

L'ancienne ferme normande aux portes de Deauville est devenue le cœur d'un domaine aux prestations variées, du tennis au sauna, qui a bien évolué ces dernières années, avec des chambres rénovées réparties entre les différents bâtiments, dans un cadre rustique bien actualisé.
58 ch. 78-185 €

→ 4 rue des Brioleurs
☎ 02 31 65 16 08
🖥 02 31 65 10 27
Ouv. 7j/7.

www.clos-st-gatien.fr

SAINT GELY DU FESC - 34980   (32 A 3)
Nîmes 63 - Florac 120

12 Le Clos des Oliviers

Même sans olivier, ce Clos, pas facile à dénicher dans la banlieue montpelliéraine, séduit par son esprit contemporain, dans le décor (jusqu'aux mises de table) comme dans la cuisine, qui joue volontiers des contrastes en mettant un peu de douceur sur les plats salés : canard farci aux petits légumes et patates douces, filet de bar pomme de terre à la vanille, carpaccio d'espadon sur mangue fraîche. Ambiance décontractée, service efficace, mais l'autre point fort de la maison reste une importante cave régionale, pointue et pas trop chère, avec des références également disponibles à la vente et à la boutique voisine.
C : 45 € • M : 26-36 €

→ 53 rue de l'Aven
☎ 04 67 84 36 36
F. dim. à dîn. et lundi à dîn.
Jusqu'à 22h.

www.clos-des-oliviers.com

SAINT GENIEZ D'OLT - 12130   (30 C 2)
Espalion 27 - Sévérac-le-Château 24

13 Le Rive Gauche

Dans les vieilles rue de la ville, les différents bâtiments, cour, jardins arborés ou terrasses couvertes et largement vitrée donnent une agréable impression d'espace. Un service abondant, jeune et attentionné, veille à maintenir une plaisante ambiance de vacances,

→ 3 pl du Charles-de-Gaulle
☎ 05 65 47 43 30
F. 1er nov.-15 mars.
Jusqu'à 22h.

avec l'aide efficace d'une une cuisine qui se renouvelle autour des produits du terroir et de saison. Arrivé il y a peu, le nouveau chef se montre convaincant : asperges de Toulouse et jambon Serrano, trilogie de saint-jacques, mousse de fruit à la fraise. Cave classique, avec des vins au verre très abordable.

C : 30 € • M : 28-50 €   www.hoteldelaposte12.com

SAINT GENIS POUILLY - 01630   (28 B 1)
Genève 11 - Gex 10

13 🍴 Restaurant Le Coq Rouge

→ 1 pl de la Fontaine
☎ 04 50 42 20 50
F. sam. à déj., dim., lundi
à déj., 1er-15 juin et 22 déc.-13
janv.
Jusqu'à 21h15.

Alain Bohant ne semble pas gagné par une quelconque lassitude. Sa salle se modernise progressivement (nouvelle vaisselle, nouvelle verrerie, décoration retouchée) et sa cuisine, sans se prendre pour le chef de file d'une quelconque nouvelle tendance, se montre d'une étonnante vitalité sur son registre traditionnel : truite au vin jaune et julienne de légumes, suprême de volaille de Bresse façon coq au vin, médaillon de porc au gingembre et lentilles vertes du Puy. Les trois menus-cartes permettent de personnaliser le moment.
C : 28 € • M : 17 €

SAINT GEORGES DES SEPT VOIES - 49350 (16 A 4)
Saumur 24 - Angers 27

Auberge la Sansonnière

→ ☎ 02 41 57 57 70
🖷 02 41 57 51 38
F. 2 sem. fév.-mars (sf vac.
scol.) et 3 sem.
mi-nov-mi-déc.

Un petit manoir de tuffeau XVIIᵉ entouré d'un jardin clos, entièrement restauré pour accueillir une hôtellerie de charme. Chambres mansardées avec poutres et tissus soyeux, pierre apparente. Le patron propose au restaurant une cuisine de saison élaborée et intéressante.
1 appart. 70-100 € • 6 ch. 55-70 €   www.auberge-sansonniere.com

SAINT GEORGES SUR CHER - 41400   (17 D 4)
Chenonceaux 6 - Montrichard 6

❀ Le Moulin du Port

→ 26 rue du Gué-de-l'Arche
☎ 02 54 32 01 37
🖷 02 54 32 01 37
Ouv. 7j/7.

Ce moulin du XIX e siècle, en pierre de tuffeau et qui a conservé une impressionnante roue à aube, se trouve bien sûr au bord du Cher, dans un vaste parc arboré. Personnalisées, volontiers romantiques dans leurs tonalités, les chambres sont remarquablement en accord avec un environnement privilégié.
5 ch. 75-110 €   www.lemoulinduport.com

SAINT GERMAIN DE TALLEVENDE - 14584   (5 C 4)
Caen 66 - Vire 5

10 Auberge Saint-Germain

→ 1 rue de l'Eglise
☎ 02 31 68 24 13
F. dim. à dîn., lundi, 1er-14
fév. et 1er-15 sept.
Jusqu'à 21h30.

Dans une carte aux tranquilles vertus classiques, on mettra bien sûr le cap sur les spécialités au parfum de terroir, les plus raccords avec ce cadre rustique d'auberge normande typique. L'assiette de pieds de porc à l'andouille de Vire et feuilleté pomme céleri ou la noix de joue de bœuf braisée au cidre, avant la tarte aux pommes, feront fort bien l'affaire.
C : 25 € • M : 22-25 €

SAINT GERMAIN DES VAUX - 50440 (5 A 2)

Saint-Lô 109 - Cherbourg 34

13 Le Moulin à Vent

Ce n'est pas sans une certaine appréhension que nous avions appris, l'an dernier, le départ de Michel Briens. Cette délicieuse maison posée sur la lande, face à la beauté brute de la Manche, proposait l'une des cuisines de la mer les plus exaltantes de la côte normande. Antoine et Audrey Fernandes ont repris le flambeau et nos premières impressions ont été favorables : blanc de seiche sauté à l'oseille, filet de saint-pierre rôti, risotto et aubergine, millefeuille à la praline.
C : 35 € • M : 26-33 €

www.le-moulin-a-vent.fr

→ Hameau Danneville
☎ 02 33 52 75 20
F. merc. F. ann. non comm.
Jusqu'à 21h.

SAINT GERMAIN EN LAYE - 78100 (8 A 4)

Paris 21 - Versailles 11 - Maisons-Laffitte 10

13 Cazaudehore-La Forestière

Fondée voilà quatre-vingts ans par la famille Cazaudehore, cette ancienne buvette coule aujourd'hui des jours paisibles sous des traits cossus et sereins. Confortablement installé dans de profonds fauteuils en cuir, on se laisse guider par une carte essentiellement traditionnelle : langoustines en gelée de piquillos et émietté de crabe safrané, carré d'agneau du Limousin croustillant et caviar d'aubergines, poire rôtie, glace au caramel et tuile carambar. Le "petit" menu (qui flirte avec les 60 €) ne semble malheureusement pas faire l'objet d'un soin de tous les instants (la clientèle plébiscite les choix à la carte c'est vrai). Service efficace, agréable vue sur le parc depuis la grande salle à manger.
C : 65 € • M : 57-70 €

www.cazaudehore.fr

→ 1 av Kennedy
☎ 01 30 61 64 64
F. lundi et dim. à dîn.
(1ᵉʳ nov.-31 mars).
Jusqu'à 22h15.

¢¢¢ Cazaudehore-La Forestière

La magnifique terrasse, le cadre privilégié, au calme, en pleine nature, confèrent à ce Relais et Châteaux (le plus proche de Paris) un statut particulier. Personnalisées dans un style sobre et contemporain, les chambres conjuguent espace et luminosité.
5 appart. 200-285 € • 25 ch. 160-215 €

www.cazaudehore.fr

→ 1 av Kennedy
☎ 01 39 10 38 38
📠 01 39 73 73 88
Ouv. 7j/7.

- -

Ermitage des Loges

Proche de la capitale et jouissant parallèlement d'un cadre presque champêtre (un sentier de randonnée sillonnant la forêt de Saint-Germain débute même à proximité), cette élégante demeure XIXᵉ propose des chambres de style contemporain où règne une ambiance feutrée. Restaurant.
56 ch. 95-145 €

www.ermitage-des-loges.com

→ 11 av des Loges
☎ 01 39 21 50 90
📠 01 39 21 50 91
Ouv. 7j/7.

SAINT GERMAIN LAVAL - 77130 (7 D 3)

Paris 93 - Melun 34 - Montereau 3

15 Le Richebourg

Presque vingt ans après avoir transformé une ruine isolée en une ravissante et chaleureuse auberge de campagne, Elie Arbel conserve une belle dose de courage, assez en tout cas pour surmonter quelques petites difficultés passagères. Son naturel généreux finit toujours par reprendre le dessus, son envie de transmettre du plaisir, sa satisfaction légitime du devoir accompli. Le yoyo d'artichaut au foie gras et saint-jacques, le turbot braisé au

→ Gardeloup
☎ 01 64 32 98 45
F. dim. à dîn., lundi et 1re quinz. août.
Jusqu'à 21h30.

concombre et à la tomate et l'abricot rôti au basilic incarnent cette volonté de partage et cet appétit de générosité qui font dire à certains clients qu'on ne se rend pas au Richebourg simplement pour la table, mais surtout pour rendre visite à un ami.
M : 30 €   *www.lerichebourg.fr*

SAINT GERMAIN LES ARLAY - 39210   (21 A 5)
Besançon 75 - Lons-le-Saunier 13

11 **Hostellerie Saint-Germain**

Une robuste maison dans son parc, une salle qui décline le mobilier rustique sous les poutres et pierres apparentes, tout cela pourrait ronronner doucement, mais c'est sans compter sur l'enthousiasme d'un jeune couple, Maria et Marc Tupin qui n'ont manifestement pas l'intention de décliner un terroir à la papa. Alors les produits locaux oui, mais dans des assiettes astucieuses, plutôt bien construites : sablé d'escargots épinards, quenelle de truite et émulsion au Pontarlier, omble chevalier timbale d'endives confites aux noix fraîches jus à la bière ou encore crème brûlée au macvin avec le dacquois aux pommes confites. La carte des vins témoigne elle aussi d'une belle exploration du terroir. Jolies chambres sur place pour en profiter sans arrière-pensée.
C : 53 € • M : 22-45 €   *www.hostelleriesaintgermain.com*

→ 365 Grande-Rue
☎ 03 84 44 60 91
F. lundi, mardi (h.s.), lundi (saison) et 10 nov.-4 déc.
Jusqu'à 20h45.

SAINT GERVAIS D'AUVERGNE - 63390   (26 B 3)
Clermont-Ferrand 54 - Montluçon 49

12 **Restaurant du Castel**

La tourelle, la glycine, les belles cours intérieures, pas de doute, ce Castel du XVIIᵉ siècle, converti en hostellerie en 1904, ne manque pas d'allure. Presque austère, affichant un décor qui semble figé depuis des années, la salle à manger au magnifique parquet ciré se veut fière de son passé. La cuisine semble toutefois en perte de vitesse, non pas la faute des produits, bien choisis, mais comme par déficit d'enthousiasme, les plats semblant parfois manquer de cohésion. Service d'une grande gentillesse, cave classique mais bien étudiée.
M : 16-45 €   *www.castel-hotel-1904.com*

→ Rue du Castel
☎ 04 73 85 70 42
F. lundi, mardi (h.s.) et janv.
Jusqu'à 21h.

Castel Hôtel 1904

1904, c'est l'année où l'aïeule de Jean-Luc Mouty a transformé en auberge cet ancien couvent du XVIIᵉ. Elle n'aurait sans doute pas renié l'évolution de la maison qui, après d'importantes rénovations, propose de jolies chambres personnalisées et douillettement nostalgiques, avec leurs meubles de famille.
3 appart. 99 € • 12 ch. 59-79 €   *www.castel-hotel-1904.com*

→ Rue du Castel
☎ 04 73 85 70 42
🖷 04 73 85 84 39
F. 11 nov.-Pâques.

- -

10 **Relais d'Auvergne**

La belle salle rustique de cet hôtel-restaurant installé au cœur du village plaît beaucoup. La cuisine, à défaut de faire preuve de personnalité, remplit correctement son office en plaçant le terroir au premier plan : rognons de veau à la moutarde de Charroux, tripoux et truffade, beau plateau de fromages régionaux. Mieux vaut faire l'impasse sur les desserts. Jolie petite carte des vins dans ses références régionales.
C : 26 € • M : 13-35 €   *www.relais-auvergne.com*

→ Rue de Châteauneuf
☎ 04 73 85 70 10
F. dim. à dîn., lundi (1ᵉʳ oct.-1ᵉʳ déc.),
1ᵉʳ janv.-1ᵉʳ mars et 1er-31 déc.
Jusqu'à 21h.

Relais d'Auvergne

Cette architecture d'ancien relais de diligence, dont les vieux murs en pierres trahissent l'âge respectable, se ferait presque trompeuse. Aménagées dans un style contemporain et coloré, les chambres au parquet ancien disposent de salles de bains spacieuses, sont agrémentées de jolis meubles de style et baignent dans une ambiance cosy.

12 ch. 48-65 €

www.relais-auvergne.com

→ Rue du Châteauneuf
☎ 04 73 85 70 10
📠 04 73 85 85 66
F. 1er déc.-1er mars.

SAINT GERVAIS EN VALLIERE - 71350 (20 B 4)

Mâcon 96 - Beaune 12

13 Moulin d'Hauterive

Dans ce décor de carte postale, un ancien moulin sur les bords de la Dheune ouvrant sur un superbe parc de 3 hectares, impossible de ne servir qu'une cuisine seulement moyenne. La famille Moille, Christiane aux fourneaux, Michel en directeur et Gil en salle, s'attache à maintenir un bon niveau de prestations dans un registre traditionnel : œufs en meurette sur lit de lentilles vertes du Puy, suprême de sandre au vin rouge, pain perdu aux framboises et glace au pain d'épices. Belle collection de grands bourgognes en cave.

C : 50 € • M : 25-40 €

www.moulinhauterive.com

→ 8 rue du Moulin, Chaublanc
☎ 03 85 91 55 56
F. dim. à dîn., lundi à dîn., à déj. lundi-jeudi (fév.-mai, oct.-nov.), lundi, à déj. mardi-jeudi (juin., sept.), à déj. lundi-mardi (juil.-août) et 1er déc.-10 fév.
Jusqu'à 21h.

Moulin d'Hauterive

Au calme, en pleine campagne, installé sur un site privilégié, cet authentique moulin à eau (qui produisait déjà de l'huile au XIIe siècle) poursuit sa mue, désormais doté d'un spa complet (sauna, hammam, douche à jets, jacuzzi, balnéothérapie, pressothérapie, UV). Décorées par Mme Moille, propriétaire des lieux, les chambres affichent un style rustique ou contemporain.

10 appart. 145-170 € • 10 ch. 70-132 €

www.moulinhauterive.com

→ 8 rue du Moulin, Chaublanc
☎ 03 85 91 55 56
📠 03 85 91 89 65
F. 1er déc.-10 fév.

SAINT GIRONS - 09200 (29 D 5)

Foix 44 - Saint-Gaudens 43

Eychenne

Plus qu'un hôtel, une affaire de famille, que les Bordeau chouchoutent et peaufinent depuis six générations dans le respect d'une architecture de caractère. Meubles anciens et harmonies de couleurs douces personnalisent des chambres raffinées. Délicieux jardin propice à la détente.

6 appart. 175-200 € • 34 ch. 79-129 €

hotel-eychenne@wanadoo.fr

→ 8 av Paul-Laffont
☎ 05 61 04 04 50
📠 05 61 96 07 20
F. 1er déc.-31 janv.

SAINT GREGOIRE - 35760 (14 C 4)

Rennes 11 - Saint-Malo 67

16 Le Saison

Ecrin de verdure à quelques minutes du centre de Rennes, le Saison est aussi le plus avancé dans son époque parmi les hauts lieux gastronomiques de la ville. David Etcheverry a une vision, de la cuisine comme de la restauration. Il a voulu un cadre épuré, doux et calme, donnant sur un jardin, un ruisseau, un ancien lavoir, pour entourer des assiettes aussi pures que l'eau d'une source. Maîtrise technique et intelligence de goût font bon ménage dans la confiture de panais muscade caille au foie gras et œuf mollet, le bar de ligne et pied de cochon purée de patate douce aux grillons de courge ou

→ Impasse du Vieux-Bourg
☎ 02 99 68 79 35
F. dim. à dîn., lundi et 3 prem. sem. août.
Jusqu'à 21h30.

la pomme de ris de veau aux noisettes artichauts fondants et chocolat blanc. La bonne idée au bon moment, des tarifs calés pour qu'un vaste public local puisse en profiter, le Saison est effectivement, et plus que jamais, le clignotant indispensable de son époque. Cave passionnante, aux trouvailles sans cesse renouvelées (de Vincent Ricard à Bojanowski), aux affaires excitantes (Roc de Cambes 97 à 80 €), très bon service, impliqué et efficace.
C : 70 € • M : 35-63 €   *www.le-saison.com*

SAINT GROUX - 16230   (22 C 4)
Mansle 6 - Cognac 54

11 ### Les Trois Saules

Les trois saules sont bien là, ombrageant le jardin au bord de la rivière. Dans le contexte champêtre de cette salle rustique au cœur d'un village charentais, Alain Faure navigue entre terroir et propositions classiques avec modestie et savoir-faire, proposant dans des menus attractifs les plaisirs simples du boudin de canard aux pommes, des joues de raie sauce crustacés ou de la fricassée d'agneau aux herbes.
C : 32,50 € • M : 11-33 €   *www.logis-de-france.fr*

→ ☎ 05 45 20 31 40
F. vend. à dîn., dim. à dîn., lundi à déj. (h.s.), 15 fév.-3 mars et 27 oct.-17 nov. Jusqu'à 20h45.

SAINT GUIRAUD - 34725   (32 A 3)
Montpellier 39 - Sète 56

15 ### Le Mimosa

Quelles nouvelles des Pugh ? Bonnes, excellentes mêmes. Bridget, en cuisine, et David, en salle, entretiennent avec passion ce Mimosa, table presque inclassable, à mi-chemin entre le gastro traditionnel et la table d'hôtes. L'ancienne maison de vignerons qu'ils ont très élégamment transformée (la terrasse, en particulier, délicieusement aménagée et donnant sur la petite piscine) demeure l'une des plus secrètes de la région. Très marquée par la Méditerranée, la cuisine de Bridget Pugh se fait immédiatement séduisante : spaghetti à l'encre de seiche, petits légumes et piment d'Espelette, râble de lapin, tapenade et gratin de pommes de terre à la betterave et excellent crumble aux fruits rouges. Cave essentiellement régionale avec une offre intéressante au verre.
C : 81 € • M : 54 €   *www.lemimosa.blogspot.com*

→ ☎ 04 67 96 67 96
F. à déj. (sf dim.), dim. à dîn. (sf juil.-août), lundi et 5 nov.-mi-mars.

SAINT HILAIRE SAINT MESMIN - 45160   (18 A 3)
Orléans 7 - Olivet 4

11 ### L'Escale du Port Arthur

Le principal atout de cette Escale ? Sa terrasse longée par le Loiret et ses deux salles à manger entièrement vitrées, lumineuses et paisibles. Et si les assiettes peinent parfois à réchauffer l'atmosphère, elles ne déméritent jamais, le tartare d'huître et de saumon, le blanc de sandre en écailles de saint-jacques et crème de langoustines et la brioche façon pain perdu, marmelade d'oranges et spéculoos assurant l'essentiel, sans jamais bousculer la hiérarchie locale. Cave sans grand charme mais proposant quelques références au verre.
C : 40 € • M : 26-52 €   *www.escaleduportarthur.com*

→ 205 rue de l'Eglise
☎ 02 38 76 30 36
F. dim. à dîn. et lundi (1er oct.-30 mars). Jusqu'à 21h30.

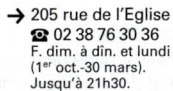

SAINT HIPPOLYTE - 68590   (10 B 4)
Colmar 22 - Sélestat 11

15 **Hôtel-Restaurant Le Parc**

Comme dans toute bonne maison alsacienne qui se respecte, deux espaces de restaurations sont prévus pour les hôtes de ce distingué complexe : une winstub chaleureuse et un "gastronomique" très raffiné, dans son cadre comme dans ses assiettes. Chez Claire, Carmen et Joseph Kientzel, rien n'est laissé au hasard, l'équipe est en place, solidaire, motivée, pleine de prévenance en salle comme autour du chef Emmanuel Perrin, qui a appris notamment chez Régis Marcon les valeurs du terroir. De beaux plats d'inspiration (dos de morue demi-sel braisé en croûte à l'orange et étuvée de chou vert, couci-couça d'agneau de lait des Pyrénées et citron confit au genièvre frais) s'ajoutent à des standards joliment revisités (foie gras d'oie, omble chevalier du val d'Orbey mousseline de pomme de terre et oxalis, sole soufflée...). Cave très forte sur les classiques en bordeaux, bourgogne et rhône, et naturellement bien équipée en alsace, l'occasion de découvrir le rouge de Saint-Hippolyte.
C : 40 € • M : 20-45 €

www.le-parc.com

→ 6 rue du Parc
☎ 03 89 73 00 06
F. dim. à dîn., lundi, mardi, 7 janv.-1er fév. et 23 juin-5 juil. Jusqu'à 21h.

Hôtel-Restaurant Le Parc

Une hôtellerie de haut standing installé dans cet ensemble modernisé d'architecture régionale. Un cadre contemporain néoclassique pour des chambres très soignées, une superbe piscine couverte chauffée avec balnéo, sauna, hammam, fitness. Piano-bar et autres agréments.
6 appart. 85-160 € • 26 ch. 70-140 €

www.le-parc.com

→ 6 rue du Parc
☎ 03 89 72 00 06
🖷 03 89 73 04 30
F. 7 janv.-1er fév. et 23 juin-5 juil.

SAINT ILLIDE - 15310   (26 A 5)
Aurillac 25 - Saint-Cernin 10 - Mauriac 33

14 **Ferme-Auberge du Bruel**

Prenez le temps de bien respirer l'air frais : cette maison de pays, c'est de l'art brut, la vérité d'un terroir, face aux monts du Cantal. Dans la salle rustique ou au jardin en terrasse, Françoise Fleys alphabétise les ignorants en commençant par le B-A - BA, le foie gras de la ferme, le pounti, la truffade, la tomme, le salers, les fondamentaux. Pour enchaîner les leçons, il faut compter aussi sur le chou farci, la volaille, le carré de porc à la sauge. L'inconvénient de ce stage intensif, c'est qu'on a plus vraiment envie de partir retrouver les poulets de batterie. Les vins de pays sont sélectionnés par Laurent, hôte parfait et complice de ce moment de bonté.
M : 25-35 €

www.aubergedubruel.com

→ Le Bruel
☎ 04 71 49 72 27
F. lundi, mardi et Toussaint-Pâques. Jusqu'à 21h30.

SAINT JACQUES DES BLATS - 15800   (26 B 5)
Aurillac 35 - Brioude 75 - Saint-Flour 40

12 **Les Chazes**

Le changement de propriétaires a pour l'instant un impact mesuré, l'essentiel de l'équipe étant restée en place. On retrouve donc un menu-carte aux horizons variés mais surtout un menu terroir qui permet à prix d'attaque d'apprécier le pounti aux tripoux, le tartare de bœuf du Cantal et ses frites maison, le plateau de fromages et le pain perdu à l'ancienne. C'est sur ces valeurs sûres, le veau élevé sous la mère, le porc de montagne ou l'agneau de pays, que s'exprime le mieux toute la générosité de la maison.
C : 25 € • M : 19-28 €

www.hotel-des-chazes.com

→ RN 122
☎ 04 71 47 05 68
Ouv. 7j/7. Jusqu'à 21h30.

G
M

SAINT JEAN AUX BOIS - 60350   (4 A 4)

Pierrefonds 6 - Beauvais 71 - Compiègne 10

13 Auberge A la Bonne Idée

A l'élégance bourgeoise de la salle répond une cuisine raffinée, voire luxueuse, mais d'un luxe qui se niche dans la qualité du produit et la maîtrise séduisante des assiettes plus que dans des intitulés ronflants. On préfère ainsi le menu Saint-Jean au Dégustation, pour ses propositions plus alertes, la samoussa de langoustine et le jus framboisé sur les asperges, les légumes sablés en accompagnement de la volaille aux écrevisses ou encore la poire confite au Carambar. Cave classique.
C : 60 € • M : 29,50-75 €   *www.a-la-bonne-idee.fr*

→ 3 rue des Meuniers
☎ 03 44 42 84 09
F. dim. à dîn., lundi (h.s.), et 7 janv.-6 fév.
Jusqu'à 21h30.

Auberge A la Bonne Idée

Aux portes de la forêt, cette auberge s'apprécie dans le charme champêtre de la vue sur le jardin et l'ambiance paisible et romantique de chambres rénovées, empreintes de couleurs et de matières douces, idéales pour faire une pause l'espace d'un week-end.
4 appart. 105-150 € • 17 ch. 75-90 €   *www.a-la-bonne-idee.fr*

→ 3 rue des Meuniers
☎ 03 44 42 84 09
🖨 03 44 42 80 45
F. 7 janv.-6 fév.

SAINT JEAN CAP FERRAT - 06230   (34 D 4)

Nice 9 - Monaco 12

15 Le Cap

Pourquoi la terrasse du Grand Hôtel est-elle la plus exclusive de France ? La situation, au bout du Cap, l'isolement d'une superbe oasis, les grands pins parasols, le jardin romantique qui descend sur la mer, l'escalier de marbre qui y mène depuis l'hôtel, la clientèle internationale qui porte le smoking et la robe longue, le pianiste qui égrène As times goes by, la brigade au garde à vous, délicatement ampoulée… ? Toujours est-il qu'une atmosphère ineffable, de luxe serein, sans paillettes ni pétards, berce les convives. La maison a consenti quelques efforts en appelant à la barre Didier Aniès, venu de la Coupole à Monte-Carlo : ce vaillant MOF ne réinvente pas la poudre de galanga, mais à 80 € le plat, donne au moins du deux toques, par respect pour ceux qui signent les additions. En balayant le prestige forcé (homard, foie gras), on trouve même avec le poêlon de délicieux légumes à la truffe d'été (ça n'a pas de goût mais c'est cher et ça fait joli), le remarquable loup de ligne à la pêche blanche ou un agneau allaiton, toujours d'exception, parfaitement cuit, des raisons de venir sans être invité ou logé dans l'hôtel. Desserts dans la ligne, entre sagesse familiale (un gratin de fraises des bois) et tradition bourgeoise (soufflé au Grand-Marnier). La cave, très classique, n'a pour point fort que de s'intéresser aux régions du monde, ce qui est utile pour une clientèle naturellement sans frontières.
C : 135 € • M : 44-84 €   *www.grand-hotel-cap-ferrat.com*

→ 71 bd du Gén-de-Gaulle
☎ 04 93 76 50 50
F. 7 oct.-mi-mai.
Jusqu'à 22h.

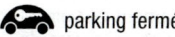 parking privé   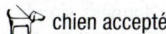 parking fermé   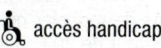 voiturier

🐦 hôtel très tranquille   🐕 chien accepté   ♿ accès handicapé

Grand Hôtel du Cap Ferrat

Le vaste parc est déjà, sur un site aussi magnifique, un luxe rare. Au milieu trône ce prestigieux palace début XXe, qui tourne les balcons de sa façade éclatante vers la mer. Les chambres déclinent sur un mode contemporain un luxe serein, mariage de matières nobles (bois précieux, marbres colorés pour les salles de bains) et de tons harmonieux, sans oublier la vue. La piscine olympique d'eau de mer n'est qu'une des exclusivités que réserve ce palace à ses heureux occupants.

9 appart. 1950 € • 44 ch. 880 €   *www.grand-hotel-cap-ferrat.com*

→ 71 bd du Gén-de-Gaulle
☎ 04 93 76 50 50
📠 04 93 76 04 52
F. 7 oct.-mi-mai.

---

13 Le Panorama

On l'imagine bien, ce Panorama s'apprécie d'autant mieux en terrasse, avec la Méditerranée qui s'offre en panoramique. Dans ce contexte apaisant, Bruno Le Bolch ne cède pas au luxe tape à l'œil de présentations alambiquées, mais bien à l'authenticité de produits parfaits, de ceux qui se contentent d'une cuisson juste et d'un accompagnement bien choisi pour délivrer tout leur plaisir : fraîcheur préservée d'une pastilla de chair de crabe au gingembre et à la menthe, cuisson impeccable du saint-pierre contisé au basilic avec sa socca en clin d'œil. Le menu du marché propose générale-ment un bon rapport prix-plaisir pour cette partie de la côte. Cave solide.

C : 75 € • M : 49 €   *www.royal-riviera.com*

→ 3 av Jean-Monnet
☎ 04 93 76 31 00
F. à déj. (juil.-août) et
1er déc.-14 janv.
Jusqu'à 22h (22h30 été).

Royal Riviera

Sur la presqu'île, disposer d'un jardin de 15 ha et d'une plage privée est un luxe exclusif pour ce palace début XXe. Dans les chambres, on retrouve dans une interprétation luxueuse et contemporaine tout le charme épuré du style Art déco qui évoque les grandes heures des palaces de la côte. A l'Orangerie, le décor se fond dans des harmonies de tons pastel qui accentuent encore l'impression de douceur de vivre.

3 appart. 800-828 € • 94 ch. 230-258 €   *www.royal-riviera.com*

→ 3 av Jean-Monnet
☎ 04 93 76 31 00
📠 04 93 01 23 07
F. 1er déc.-14 janv.

---

12 Le Sloop

La carte insiste sur la fraîcheur, la truffe d'été est à l'honneur en saison, il faut se démarquer de la concurrence qui est féroce sur le quai, et le Sloop, avec une patronne dynamique, a du caractère. L'assiette se maintient bien, une bonne soupe de poisson, un blanc de loup brocolis troffies et huile de truffe d'été (pas moyen d'y échapper !) correct, servi sous cloche pour accentuer le classique so chic : en oubliant les essais modernistes moins convaincants, on justifie le choix, avec la vue sur le port et un menu à 30 € assez convaincant.

C : 65 € • M : 29 €

→ Port-Plaisance
☎ 04 93 01 48 63
F. mardi à dîn., merc. (hiver)
et 15 nov.-20 déc.
Jusqu'à 21h30.

---

10 Restaurant Vivaldi

Au lecteur qui exprime son étonnement de voir sélectionnée une table d'apparence touristique et très simple, nous nous permettrons de rappeler quelques données simples également : des plats autour de 20 €, une sincérité transalpine rarement prise en défaut (on fait même l'effort, dans une cave relativement étoffée, de proposer du vin italien au pichet) pour une terrasse sur le port

→ Port-Plaisance
☎ 04 93 76 01 01
F. mardi et nov.
Jusqu'à 22h.

SAINT JEAN DE LINIERES

franchement équitable. Les poissons sont très correctement traités, avec des accompagnements qui se tiennent, et les spaghettis aux fruits de mer sont bien au-dessus de ceux d'une pizzeria flambeuse.
M : 19,50-26,50 €

♨♨♨ La Voile d'Or

Un des classiques du Cap, bâtiment méditerranéen d'inspiration florentine dans la déco, aux mains de la même famille depuis plus de quarante ans. Atmosphère précieuse devant ce jardin surplombant le port, dans les chambres aux meubles peints à la main, aux salles de bains de marbre rénovées récemment. Sauna, sports nautiques, salle de gym... Restaurant de cuisine actuelle de prestige.
1 appart. 456-839 € • 44 ch. 169-735 €   *www.lavoiledor.fr*

→ 7 av Jean-Mermoz
☎ 04 93 01 13 13
📠 04 93 76 11 17
F. oct.-avril.

🎁 Hôtel Brise Marine

L'ancienne villa à l'italienne de 1878 bénéficie d'une modernisation progressive : les chambres ont été redécorées par un artiste-peintre, les écrans LCD installés. Belles prestations et vue sur la mer et le jardin.
16 ch. 150-172 €   *www.hotel-brisemarine.com*

→ 58 av Jean-Mermoz
☎ 04 93 76 04 36
📠 04 93 76 11 49
F. 1er nov.-1er fév.

SAINT JEAN D'ARDIERES - 69220   (27 C 2)
Lyon 52 - Villefranche-sur-Saône 16

♨♨♨ Château de Pizay 🦞

Toute l'élégance XVIIᵉ se concentre dans l'architecture du château ou l'harmonie du jardin à la française conçu par Lenôtre. Une partie des chambres respecte cette source d'inspiration, entre poutres et parquet ancien, mais à travers les dépendances l'hôtel propose également un cadre plus actuel, avec des chambres claires et ouvertes sur la nature. 2007 a vu l'ouverture d'un spa et de nouvelles suites.
32 appart. 419 € • 30 ch. 97-261 €   *www.chateau-pizay.com*

→ Rte du Château
☎ 04 74 66 51 41
📠 04 74 69 65 63
F. 1er-6 janv. et 22-31 déc.

SAINT JEAN DE BLAIGNAC - 33420   (23 D 2)
Bordeaux 40 - Mérignac 54

❄ Château de Courtebotte

Le parc bénéficie d'une agréable situation au bord de la Dordogne. Ce château début XVIIᵉ propose des chambres à thèmes à l'élégance chaleureuse, joli mariage entre l'ancien et le moderne. Table d'hôte pour les résidents.
2 appart. 220 € • 4 ch. 120-180 €   *www.chateaudecourtebotte.com*

→ 05 57 84 61 61
📠 05 57 84 68 68
Ouv. 7j/7.

SAINT JEAN DE LINIERES - 49070   (16 A 3)
Angers 11 - Cholet 58

12 Auberge de la Roche

L'ancien relais de poste est devenu, logiquement, une étape de voyageurs se requinquant pendant les grands trajets. Laurent Martin assure le ravitaillement, dans une atmosphère de tradition, avec une cuisine de même obédience, actualisée avec un peu de manières qui éloignent parfois un peu des vraies saveurs : fondant d'aile de raie au caviar d'olive, farandole de filets de rougets émulsion crémeuse aux trois algues, magret de canard aux cinq baies fondue de pêches aux amandes…
M : 19-39 €

→ 10 Route-Nationale 23
☎ 02 41 39 72 21
F. dim. à dîn., lundi, sem. 1er avril et 3 dern. sem. août. Jusqu'à 21h30.

SAINT JEAN DE LUZ - 64500   (24 C 5)
Pau 133 - Biarritz 19

16 ≷ **Le Rosewood**

La table profite naturellement du dynamisme ambiant. Après les travaux importants réalisés, la cuisine de Nicolas Masse semble de mieux en mieux adaptée à une maison moderne. Le jeune chef normand travaille sur le produit, en délicatesse, sans oukases et sans lourdeur. Sa carte a du tempérament en s'inspirant de son environnement, pour un merluchon plancha et pastilla de boudin noir des Aldudes, un gros chipiron au pata negra, ou le bon cochon noir du Pays Basque avec des petits pois frais en cocotte. Beaux desserts de Guillaume Capdupuy, menus bien constitués, cave bien équilibrée, assez classique. Un point de plus.
C : 70 € • M : 45-80 €

→ 43 bd Thiers
☎ 05 59 26 35 36
F. janv.
Jusqu'à 21h30.

www.luzgrandhotel.fr

Grand Hôtel

Ce joli palace dominant la baie, avec une vue parfaite jusqu'à Socoa évolue encore vers le haut avec la création d'un centre spa-thalasso d'envergure, sur 1000 m², et la décoration des parties communes, le tout confié à l'architecte Patrick Ribes, qui a également supervisé ces chambres harmonieuses et douillettes ouvrant sur l'océan.
4 appart. 295-730 € • 48 ch. 160-470 €

→ 43 bd Thiers
☎ 05 59 26 35 36
🖶 05 59 51 99 84
F. ann. non comm.

www.luzgrandhotel.fr

----

13 **Les Lierres**

Installé dans une salle largement ouverte sur le parc, dans cette belle villa victorienne, ce ne sont pas précisément des envies de grande aventure ou de rusticité qui nous viennent en priorité. Cohérente, la cuisine s'est un peu éloignée de ses racines basques, pour privilégier une gastronomie raffinée de produits nobles : gratin de filets de sole et crème brûlée au foie gras, saint-pierre rôti aux langues d'oursin, risotto au chocolat.
C : 70 € • M : 39-80 €

→ 5 rue Cépé
☎ 05 59 26 78 78
F. 10 janv.-14 mars et 15 nov.-19 déc.
Jusqu'à 21h30.

www.parcvictoria.com

----

13 **Olatua**

Emplacement rêvé sur le boulevard pour cette délicieuse ambassade de la cuisine basque installée dans un ancien salon de coiffure. Olivier Lataste y propose une vision contemporaine de la cuisine régionale, sans œillère, avec le crème d'asperges des Landes et foie gras grillé, le turbotin sauvage grillé à la fleur de sel de Salies et la fricassée d'agneau fermier et menestra aux légumes. Magnifiques desserts (ceux au chocolat en particulier), cave parfaite en irouléguy.
C : 32,90 € • M : 32,90 €

→ 30 bd Thiers
☎ 05 59 51 05 22
Ouv. 7j/7.
Jusqu'à 21h30 (22h été).

www.olatua.com

----

12 **Le Kaiku**

La plus ancienne maison de la ville subirait-elle soudain les assauts du temps ? Il nous a semblé en effet que la qualité générale des prestations (le service, pas toujours effectué par du personnel chevronné) mais surtout de la cuisine, un peu atone, n'allait pas dans le sens espéré. Le pressé d'anchois marinés aux poivrons et aubergines, le merluchon rôti en croûte de ratatouille et tartine d'aubergines aux légumes du soleil et le sabayon de fruits rouges, vanille et jurançon doux, glace au miel de lavande ne valent plus tout à fait la toque. Petite cave régionale.
C : 40 € • M : 30 €

→ 17 rue de la République
☎ 05 59 26 13 20
F. mardi, merc., 2 sem. fin janv. et 2 sem fin nov.
Jusqu'à 22h (23h juil.-août).

SAINT JEAN DE LUZ

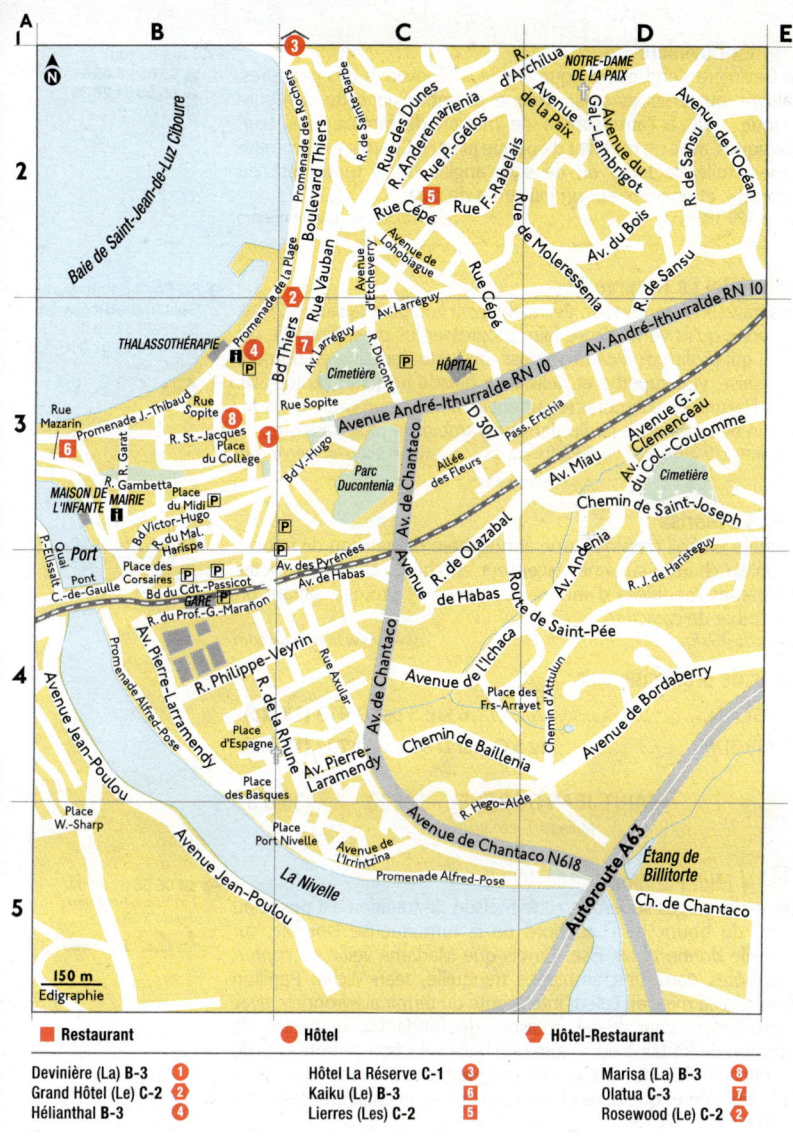

■ Restaurant	● Hôtel	◆ Hôtel-Restaurant

Devinière (La) **B-3** ❶	Hôtel La Réserve **C-1** ❸	Marisa (La) **B-3** ❽
Grand Hôtel (Le) **C-2** ❷	Kaiku (Le) **B-3** ❻	Olatua **C-3** ❼
Hélianthal **B-3** ❹	Lierres (Les) **C-2** ❺	Rosewood (Le) **C-2** ❷

Helianthal

Jouissant d'une situation rêvée (littéralement les pieds dans le sable, la piscine intérieure ouvrant même directement sur la plage), ce bel ensemble aux lignes Art déco offre en outre l'agrément d'un centre de thalassothérapie intégré. Les rues commerçantes sont toutes proches et l'établissement propose plusieurs formules de restauration dont une gastronomique. Belle vue sur l'océan depuis la salle à manger.

100 ch. 94-246 €

→ Pl Maurice-Ravel
☎ 05 59 51 51 00
🖷 05 59 51 51 54
F. 23 nov.-21 déc.

www.hotelhelianthal.fr

SAINT JEAN DE LUZ

La Devinière

La Devinière s'embellit chaque année... Rénovation des peintures, balcons ou terrasses pour chaque chambre de cette demeure basque XVIIIe à l'atmosphère de maison de famille. Elles sont classiques, avec un mobilier d'époque jusqu'à Charles X, ou romantiques (toile de Jouy) ou de style anglais, mais toutes ont du caractère, et donnent sur un joli jardin de curé.

10 ch. 120-180 €   www.hotel-la-deviniere.com

→ 5 rue Loquin
☎ 05 59 26 05 51
🖨 05 59 51 26 38
Ouv. 7j/7.

- -

 Hôtel La Réserve 🐦

Des travaux de rénovation devraient avoir lieu pour la saison 2008. Gageons qu'ils vont encore faire progresser les prestations de cet hôtel qui profite d'un cadre exclusif, un vaste domaine en bordure de falaise, vue superbe et délicieuse balade jusqu'au centre-ville. Pour l'heure, les chambres regardent la mer dans un cadre contemporain et sobre ou le jardin dans une ambiance plus classique.

2 appart. 175-310 € • 39 ch. 80-210 €   www.hotel-lareserve.com

→ Rd-Point Sainte-Barbe, av Gaëtan-de-Bernoville
☎ 05 59 51 32 00
🖨 05 59 51 32 01
F. déc.-fév.

- -

La Marisa

Derrière un hall classique, une atmosphère de pension de famille, salon au charme suranné, ascenseur en chêne, chambres toutes différentes meublées d'ancien, patio fleuri et protégé, offrant un ensemble de caractère.

15 ch. 75-155 €   www.www.la-marisa.com

→ 16 rue Sopite
☎ 05 59 26 95 46
🖨 05 59 51 17 06
F. 6 janv.-9 fév.

Villes de proximité, voir :

↻ ASCAIN.................................6 km S par D 918 **(12/20)**
↻ CIBOURE.....................au S.O. par D 912 et D 704 **(13/20)**

SAINT JEAN DU BRUEL - 12230   (30 D 3)
Millau 40 - Le Vigan 35

13 🛏 **Midi Papillon**

Dans ces gorges superbes, cette maison de tradition est posée au cœur du bourg, juste au bord de la tumultueuse Dourbie, sur laquelle donne la terrasse. Tandis que Madame veille au confort des hôtes dans une ambiance tranquille, Jean-Michel Papillon continue sa mise en valeur intelligente du terroir aveyronnais, avec d'excellentes charcuteries maison, de fondantes quenelles de saumon de fontaine ou encore une belle sélection de fromages de la région. Vins du cru et du Languedoc dans une cave bien sélectionnée et quelques chambres simples et chaleureuses.

C : 27 € • M : 14-26,20 €

→ ☎ 05 65 62 26 04
F. 11 nov.-Rameaux
Jusqu'à 20h45.

SAINT JEAN EN VAL - 63490   (26 B 4)
Issoire 11 - Clermont-Ferrand 45

12 **La Bergerie de Sarpoil**

Les propriétaires, Cyrille et Audrey Zen, ont bien pris leurs repères dans ce cadre renommé. La carte change à chaque saison, issue du marché et des envies d'une clientèle qui aime le changement, les bases restant classiques : foie gras poêlé, ventre de thon de Méditerranée, pavé de veau purée de rattes à la truffe. Petite cave régionale, accueil charmant.

C : 45 € • M : 16-62 €   www.labergeriedesarpoil.com

→ Sarpoil
☎ 04 73 71 02 54
F. dim. à dîn. (sf juil.-août) et lundi.
Jusqu'à 20h30 (21h été).

Pau 120 - Bayonne 53

15 Les Pyrénées

La maison de famille est une référence régionale incontestable. Philippe Arrambide suit donc le chemin de Firmin pour magnifier le terroir à sa façon, avec les petits poivrons farcis à la morue, les filets de rougets et chipirons sauce à l'encre, le filet de louvine aux artichauts et ravioles farcis ou le foie frais poêlé aux raisins, en utilisant au mieux les superbes produits régionaux (dont la charcuterie de Pierre Oteiza). La noblesse du propos et les bonnes manières, dans une atmosphère bourgeoise et vacancière de haut standing, valent toujours deux belles toques, renforcées par les idées du moment, prestige et tradition bien compris. Cave régionale (irouléguy, madiran, jurançon...) qui pousse aisément jusqu'à la Navarre pour trouver de très bonnes affaires.
C : 90 € • M : 42-88 €   www.hotel-les-pyrenees.com

→ 19 pl du Gén-de-Gaulle
☎ 05 59 37 01 01
F. lundi à dîn. (nov.-mars), mardi (20 sept.-30 juin), 6-28 janv. et 20 nov.-22 déc.
Jusqu'à 21h.

Les Pyrénées

Dans une maison quasi-historique au charme séculaire d'un ancien relais de poste sur la route de Saint-Jacques de Compostelle, les rafraîchissements sont fréquents : l'ascenseur, la cage d'escalier mais aussi quelques chambres aménagées pour plus de confort, certaines ornées de vieux meubles et plancher en chêne, d'autres plus modernes. Piscine privée dans un jardin avec cascade, palmier et vigne en treille.
4 appart. 200-250 € • 16 ch. 100-250 €   www.hotel-les-pyrenees.com

→ 19 pl du Gén-de-Gaulle
☎ 05 59 37 01 01
🖶 05 59 37 18 97
F. 6-28 janv. et 20 nov.-22 déc.

13 Etche Ona ♥

Michel Ibargaray, après être passé notamment chez Etchebest et Dutournier, a repris l'an dernier cette délicieuse hôtellerie installée à l'entrée de la ville. Le lieu est resté dans son jus, plutôt rustique mais un rapide examen de l'ardoise ne laisse planer aucun doute sur la modernité du propos : tarte fine au parmesan, tomates confites au four et gambas poêlées, tranche de cochon de lait farci et braisée longuement, pommes de terre et champignons, mi-cuit de chocolat, quenelle de glace au chocolat et liqueur cacao-poire. Des produits superbes, des assiettes ciselées, l'une des très bonnes découvertes de l'année dans le département.
C : 32 € • M : 29 €

→ 15 pl Floquet
☎ 05 59 37 01 14
F. merc. à dîn., jeudi, 2 sem. fin fév.-déb. mars et 3 sem. fin nov.-déb. déc.
Jusqu'à 21h.

Villes de proximité, voir :

○ OSSES.........................12 km N. par D 918 et D 8 **(12/20)**

Nantes 67 - Saint-Nazaire 17

16 La Mare aux Oiseaux

La divine chaumière d'Eric Guérin n'est pas très aisée à dénicher, perdue dans les marais de Brière, tout au bout d'un charmant village installé sur une île. Passionné de photo, animateur d'un blog sur lequel communiquent de nombreux jeunes chefs partageant la même vision de la cuisine, cet ancien Grand de Demain a bien compris qu'une bonne communication était indispensable à la promotion de sa maison. Dans ce jardin au charme ravageur, où chaque détail de décoration, chaque meuble, semble avoir été pensé et disposé avec une minutie d'orfèvre, la magie prend vie

→ 268 île de Fédrun
☎ 02 40 88 53 01
F. lundi à déj. et 7 janv.-13 fév.
Jusqu'à 21h30.

immédiatement : allongé de sardines et foie gras aux algues bretonnes, ravioles de grosses tomates, anguilles fumées et grenouilles, laque citron-mélisse, "finger" chococo, limonade ananas et glace rhum-citron. Ultra-contemporaine, ludique, colorée, la cuisine d'Eric Guérin aguiche, séduit mais ne verse jamais dans le tape-à-l'œil. Service enjoué, cave s'intéressant principalement à la jeune génération de vignerons.

C : 74 € • M : 38-80 €   *www.mareauxoiseaux.fr*

----

10 **La Hutte Briéronne**
L'endroit tient les promesses champêtres de son nom, dans son décor hommage aux marais, comme sa plaisante cuisine régionale, qui met à l'honneur l'anguille, le sandre ou le brochet, dans une atmosphère paisible.
M : 18-30 €

→ 181 Ile de Fédrun
☎ 02 40 88 43 05
F. lundi à dîn., mardi à dîn., merc. et déc.-mars.
Jusqu'à 21h30.

SAINT JOSSE - 62170   (1 A 3)
Calais 70 - Le Touquet 12 - Boulogne-sur-Mer 34

13 **Auberge du Moulinel**
La maison d'Alain Levy affiche une réussite qui force l'admiration : malgré des tarifs qui ne font jamais oublier la proximité du Touquet, cette auberge nichée en pleine campagne rencontre un succès chaque année grandissant, devenant peu à peu l'une des adresses les plus courues du département. Jouant habilement sur le double registre de la cuisine bourgeoise et contemporaine, la carte fait preuve d'un réjouissant dynamisme : croustillant de langoustines et huîtres sur un beurre de persil, filet de bar à la vapeur, risotto truffé légèrement tomaté, beurre blanc au basilic, ris et rognon de veau et grosses pâtes en gratin et merveilleux Paris-Brest. Cave conçue dans le même esprit, classique mais sans faille

C : 60 € • M : 28-40 €

→ 116 chaussée de l'Avant-Pays
☎ 03 21 94 79 03
F. dim. à dîn., lundi, mardi, 7-25 janv. et 23 juin-1er juil.
Jusqu'à 21h.

SAINT JULIEN AUX BOIS - 19220   (25 D 4)
Aurillac 54 - Brive 66 - Mauriac 29 - Tulle 51

11 **Auberge de Saint-Julien-aux-Bois**
Un terroir personnalisé de façon intéressante par Doris Coppenrath : on ne mange pas tous les jours du pounti au tofu et à l'amarante au cœur du Limousin. Mais l'ancienne enseignante en biologie, tombée avec son époux Roland en amour de la Corrèze, a bien d'autres idées hors région, comme l'encornet farci de saumon et quinoa, les saint-jacques aux shitakés ou le filet de sanglier en sauce de sureau, qu'on accompagne du vin corrézien des coteaux de Glanes, dans cette accueillante maison de campagne.

C : 28 € • M : 14-45 €   *www.auberge-saint-julien.com*

→ Le Bourg
☎ 05 55 28 41 94
F. dim. à dîn., merc. (h.s.), merc. à déj. (été) et 6-28 fév.
Jusqu'à 21h.

SAINT JULIEN BEYCHEVELLE - 33250   (23 C 2)
Bordeaux 48 - Blaye 12

13 **Le Saint-Julien**
La tranquillité de cette retraite viticole au milieu du village n'exclut pas le plaisir et la gourmandise. Claude Broussard cultive dans cette maison de pierre taille prolongée d'une agréable terrasse avec rôtissoire centrale, un art de recevoir tout en douceur et intimité. La façon est simple et nette, les produits de qualité, le foie gras est superbement travaillé, comme l'agneau de Pauillac. Voilà une

→ 11 rue de Saint-Julien
☎ 05 56 59 63 87
F. dim. F. ann. non comm.
Jusqu'à 22h.

G
 M

toque régulière, qui n'aborde pas de rivages inconnus, mais se montrer au contraire familier et proche. Accueil plutôt stylé, cave intéressante, bien sûr pour ses saint-julien.
M : 25-45 € *restaurantlessaintjulien@yahoo.fr*

SAINT JULIEN CHAPTEUIL - 43260 (26 D 5)
Le Puy-en-Velay 19 - La Chaise-Dieu 62

14 Vidal
Jean-Pierre Vidal ne quitterait pour rien au monde sa Haute-Loire natale, ce pays qu'il aime tant et s'efforce quotidiennement, à chaque service, de promouvoir au mieux aux yeux d'une clientèle souvent surprise de dénicher une table de ce niveau dans un site aussi éloigné des grands axes de circulation. Le bœuf fin gras du Mezenc ou l'agneau noir du Velay (qu'il prépare par exemple en croûte d'amande, avec un jus aux oignons et fruits secs) sont ses premiers ambassadeurs dans l'efficace campagne de promotion qu'il livre pour son département. Indispensable, parce qu'unique.
C : 60 € • M : 26-57 € *www.restaurant-vidal.com*

→ Pl du Marché
☎ 04 71 08 70 50
F. lundi, mardi à dîn. (sf 14 juil. et 15 août), dim. à dîn. et mi-janv.-déb. mars.
Jusqu'à 21h.

SAINT JULIEN DE CONCELLES - 44450 (15 C 4)
Nantes 15 - Le Loroux-Bottereau 2

12 Auberge Nantaise
Un quart de siècle au service du terroir, ode à la Loire et au bon vivre : Jean-François Hatet peut déboucher une bonne bouteille de muscadet pour fêter la réussit de cette maison emblématique qui regarde passer le fleuve tandis que le chef prépare le sandre au beurre blanc, la lotte au sauternes, curry et morilles ou la viennoise de ris de veau. Tout est bon et franc, jusqu'aux fromages de Beillevaire et au saumur de Filliatreau.
C : 40 € • M : 25-35 €

→ 38 levée de la Divatte
☎ 02 40 54 10 73
F. dim. à dîn., lundi et 13-25 juil.
Jusqu'à 21h.

SAINT JULIEN DE CREMPSE - 24140 (24 A 2)
Bergerac 14 - Périgueux 42

Manoir du Grand Vignoble
Ancienne propriété viticole, ce manoir profite d'un parc de 45 ha pour garantir un séjour au calme. Réparties dans plusieurs bâtiments disséminés sur le domaine, les chambres proposent différents styles (rustique, contemporain et gentilhommière). Centre équestre sur place.
2 appart. 150-241 € • 42 ch. 60-112 € *www.manoirdugrandvignoble.com*

→ Le Grand Vignoble
☎ 05 53 24 23 18
📠 05 53 24 20 89
F. 10 nov.-21 mars.

SAINT JUNIEN - 87200 (25 A 2)
Limoges 29 - Angoulême 73

11 Le Boeuf Rouge
La grande maison à l'allure sympathique est toujours incontour-nable pour les amateurs de bœuf du Limousin, décliné ici, du tartare à la côte. Entre une terrine aux champignons des bois et une tarte fine aux pommes flambée au Grand Marnier, et accompagnée d'une fricassée de cèpes, la recette est efficace. Cave classique et chambres à l'image de la salle de restaurant, contemporaines.
C : 28 € • M : 12-38 € *www.leboeufrouge.com*

→ 57 bd Victor-Hugo
☎ 05 55 02 31 84
Ouv. 7j/7.
Jusqu'à 22h.

11 **Relais de Comodoliac**
Rendez-vous de détente dans un cadre verdoyant à l'écart de la ville. La même famille gère et peaufine depuis trente ans, et la cuisine s'exprime au mieux sur les standards : terrine de foies de volaille, suprême de pintade farce aux morilles, onglet de bœuf aux échalotes confites.
C : 35 € • M : 16-39 €

www.comodoliac.com

→ 22 av Sadi-Carnot
☎ 05 55 02 27 26
F. dim. à dîn. (oct.-Pâques) et 1 sem. vac. scol. fév.
Jusqu'à 21h30.

SAINT JUST ET VACQUIERES - 30580   (32 B 3)
Alès 14 – Nîmes 39

 Mas Vacquières
Accroché à la colline dans un hameau des Cévennes, ce vieux mas (les parties les plus anciennes remontent au XVIIe siècle) accueille des chambres aux tonalités claires et harmonieuses, d'où émane une atmosphère paisible.
1 appart. 110-140 € • 4 ch. 75-125 €

www.masvac.com

→ M et Mme Thomas et Miriam-Van-Dijke,
Hameau de Vacquières
☎ 04 66 83 70 75
Ouv. 7j/7.

SAINT JUST SAINT RAMBERT - 42170   (27 B 3)
Saint-Etienne 19 – Montbason 21

16 **Le Neuvième Art**
En quatre ans seulement, Christophe Roure s'est installé parmi les dix ou quinze chefs les plus prometteurs de l'Hexagone. Son ancienne gare, reconvertie en restaurant, passe désormais pour la table branchée du département : déco très réussie (parquet et peintures contemporaines trahissant un goût indéniable, belles chaises recouvertes de cuir...), accueil personnalisé et assuré par une équipe soudée et solidaire. Fraîchement récompensé par un titre de MOF, Christophe Roure propose l'une des cuisines les plus techniques et les plus modernes du moment : transformation de foie gras de canard comme un fraisier, chutney de fraises aux amandes, agneau du Forez, yaourt épicé, raviole pochée dans une eau de tomate, fritots de polenta, petits pots de mousse au chocolat, blanc, lait et noir, servis sur une planche brûlée, sucette glacée à la napolitaine. Pour quand les trois toques ? On relève encore, çà et là, quelques détails parfois agaçants et qui, dans un registre aussi novateur, ne permettent pas (pas encore ?), le passage à l'étage supérieur : trop d'herbes décoratives avec l'agneau, ces pousses de salade trop nombreuses, et dépourvues de véritable intérêt gustatif ou bien certaines compositions qui, parfois, juxtaposent les saveurs plus qu'elles ne les associent. Mais ce Neuvième Art compte parmi les maisons où l'on ne s'ennuie jamais, dorloté par un service de grande classe et le plus souvent subjugué par un chef au potentiel sans doute encore important.
C : 77 € • M : 55-92 €

le.neuvieme.art@wanadoo.fr

→ Pl du 19 Mars-1962
☎ 04 77 55 87 15
F. dim., lundi, vac. scol. fév., 3 sem. août et 1 sem. Noël.
Jusqu'à 21h.

 découverte 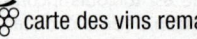 GM met en avant des nouveautés méconnues

♥ coup de cœur 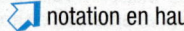 carte des vins remarquable notation en hausse

Tarbes 68 - Bagnères-de-Luchon 44

14 La Pergola

Dans le cadre traditionnel d'un hôtel de caractère, salle rustique et agréable terrasse sous la pergola (forcément), la maison ne se contente pas de décliner garbure et charcuterie de pays, mais s'emploie, grâce au travail d'un chef pointu, à prouver que le terroir basque peut alimenter une gastronomie de bon niveau et que la générosité des saveurs n'exclut pas un certain raffinement dans le traitement. Une démonstration remarquablement efficace dès le menu Terroir, ses ravioles de légumes pochées "comme une garbure", son jarret de porc noir gascon laqué au miel ou son gâteau à la broche et crème anglaise au génépi.
C : 50 € • M : 29,50-49,50 €
www.hotellapergola.fr

→ 25 rue Vincent-Mir
☎ 05 62 39 40 46
F. lundi à déj., mardi à déj.
(1er déc.-31 mai) et nov.
Jusqu'à 22h.

La Pergola

Au cœur de ce charmant village de montagne, dans un environnement naturel agréable, un établissement dont toutes les chambres sont exposées au sud, à quelques pas du téléphérique et à proximité du centre thermal.
23 ch. 57-104 €
www.hotellapergola.fr

→ 25 rue Vincent-Mir
☎ 05 62 39 40 46
▤ 05 62 40 06 55
F. nov.

10 Les Chandelles

Une salle hautement rustique, pierres et poutres apparentes dans une ancienne auberge en pierres de pays où l'on partage sans retenue le goût des bons produits locaux : foie gras, magret de canard...
C : 30 € • M : 17-41 €

→ Impasse des Chandelles
☎ 05 62 39 52 37
F. 2 sem. mai et 2 sem. oct.
Jusqu'à 22h30.

Chambéry 28 - Voiron 15

12 La Blache

Le parfum de la tradition a toujours du bon et avec Christian Cazar, il trouve un interprète consciencieux, qui suit les saisons pour acheter les bons produits et faire redécouvrir en permanence les saveurs si agréables d'un vrai beau tournedos aux morilles, des quenelles de brochet sauce écrevisse ou d'un sot-l'y-laisse aux champignons des bois. L'automne amène des plats de gibier que les habitués attendent avec impatience de voir passer dans cette ancienne gare.
C : 45 € • M : 30-58 €

→ 2 pl du X-Groupement
☎ 04 76 55 29 57
F. dim. à dîn., lundi, mardi,
2-15 janv. et 1er-15 sept.
Jusqu'à 21h15.

Nice 4 - Cannes 27

14 La Mousson

La pluie ne tombe jamais vraiment façon mousson sur Saint-Laurent, et c'est plutôt un bord de mer ensoleillé et rieur qui sert d'écrin à cette cuisine thaïlandaise joliment personnalisée par Eva Barthélémi. Son époux Eric peut légitimement, en salle, faire la promotion du carpaccio de poisson aux épices thaïes, de la salade de bœuf pimentée ou du filet de daurade vapeur en feuille de bananier : c'est un travail de haute précision, servi dans des présentations raffinées et avec sourire et distinction.
C : 37 € • M : 29 €
barthelemi.eric@wanadoo.fr

→ Atoll-Beach, 167 promenade des Flots-Bleus
☎ 04 93 31 13 30
F. dim., lundi (1er oct.-30 avril), dim. (1er mai-30 sept.). F. ann. non comm.
Jusqu'à 21h30.

13 L'Appart de Franck

Les petites pièces précieuses et élégantes font un appartement gourmand et attrayant auquel Franck Torri n'a plus qu'à donner du goût. Réception réussie dans une délicate interprétation du terroir à tarifs modestes : velouté de châtaignes, lard et huile d'olive, filet de pagre et polenta grillée, moelleux au chocolat. Le menu Découverte, bien composé, ouvre la fenêtre sur les idées du marché, la cave suit sans faiblir, même si on l'aimerait un peu plus curieuse.
C : 40 € • M : 24-37 €

→ 7 rue Etienne-Brun
☎ 04 92 27 03 23
F. dim., lundi et août.
Jusqu'à 21h30.

SAINT LAURENT DU VERDON - 04500　(34 A 4)
Digne 56 - Saint-Maximin-la-Sainte-Baume 48

CC Le Moulin du Château

L'ancien moulin à huile a conservé son imposante meule en pierre, mais au lieu de jouer la carte nostalgique, les chambres arborent un mobilier aux lignes plutôt contemporaines et de jolies touches de couleurs vives.
1 appart. 82-105 € • 9 ch. 69-105 €　　　*www.moulin-du-chateau.com*

→ ☎ 04 92 74 02 47
🖷 04 92 74 02 97
F. 10 nov.-8 mars.

SAINT LAURENT SUR SAONE - 01750　(27 C 1)
Mâcon 1 - Villefranche-sur-Saône 45

13 Le Saint-Laurent

Georges Blanc en bord de Saône, cela donne un bistrot résolument plaisant, dans son décor jaune patiné mis en mouvement par une équipe sympathique et impliqué, comme dans sa chaleureuse cuisine de terroir, entre Bresse et Bourgogne, volaille à la crème et jambon persillé. Les produits sont parfaits, Stéphane Chevauchet n'est pas du genre à rater la cuisson du pied de porc farci ou la sauce hollandaise de la florentine de sandre, et la cave se comporte efficacement jusqu'à ses vins au verre.
C : 30 € • M : 17-45 €　　　*www.georgesblanc.com*

→ 1 quai Bouchacourt
☎ 03 85 39 29 19
Ouv. 7j/7.
Jusqu'à 22h30.

- -

10 La Tête de Lard

Vue sur le pont classé de Saint-Laurent depuis la terrasse, ambiance de bouchon lyonnais en salle et bonnes spécialités dans les assiettes, tête de veau, petit salé, terrine maison et pot-au-feu pour réchauffer les corps et les têtes.
C : 28 € • M : 17-26,50 €

→ 194 quai Bouchacourt
☎ 03 85 38 74 38
F. sam. à déj., mardi et déc.
Jusqu'à 22h.

SAINT LEON SUR VEZERE - 24290　(24 C 4)
Montignac 10 - Les Eyzies 15

11 Le Petit Léon

Ce Petit Léon n'ouvre qu'en juillet et en août mais ces deux mois suffisent à notre bonheur, le joli jardin avec vue et la cuisine régionale bien troussée (les cailles, le magret de canard, le foie gras) assurant l'essentiel vis-à-vis de la clientèle touristique.
C : 18 € • M : 14,50-23,50 €

→ Le Bourg
☎ 05 53 51 18 04
F. lundi. Ouv. seult juil.-août.
Jusqu'à 21h30.

☂ repas en terrasse ou dans un jardin　　🚬 cave à cigare

🏊 piscine privée　　🎾 tennis privé　　≋❄ air conditionné

11 Le Grand Saint-Léonard

Bientôt 30 ans de maison pour Jean-Marc Vallet et toujours la même énergie dépensée à défendre les grands classiques : foie gras de canard mi-cuit au parfum de sauternes, pavé de bar grillé sur peau, coulis de homard et petits farcis de coquillages et crustacés, crépinettes de ris de veau au pied de cochon et galette de cèpes.
C : 60 € • M : 25-60 €   www.grandsaintleonard.com

→ 23 av du Champ-de-Mars
☎ 05 55 56 18 18
F. lundi, mardi à déj. (h.s.), lundi à déj., mardi à déj. (15 juin-15 sept.) et 15 déc.-15 janv.
Jusqu'à 21h30.

Hostellerie du Grand Saint-Léonard

L'ancien relais de poste du XVIIIᵉ siècle est installé à l'entrée de la petite ville, sur la départementale. Sobres et bien tenues, les chambres de cette institution offrent un confort actuel dans un cadre rustique typique de ces vieilles demeures provinciales.
14 ch. 55-60 €   grandsaintleonard@wanadoo.fr

→ 23 av du Champ-de-Mars
☎ 05 55 56 18 18
🖨 05 55 56 98 32
F. 15 déc.-15 janv.

13 La Gonivière

Un restaurant d'étage, mais pas pour autant d'altitude. La cuisine est aussi classique que le cadre, relativement ambitieuse, mais les menus débutent à moins de 20 €, et le chef s'écarte à peine de la tradition pour apporter quelques grains d'épices ou un peu d'exotisme : tartare de saint-jacques à la mangue, filet de bar à la cardamome, croustillant de ris de veau aux champignons. La toque est un peu fragile, la cave un peu légère, mais le service tient bon la rampe.
C : 32 € • M : 19-49 €

→ Rond-Point du 6 juin
☎ 02 33 05 15 36
F. sam. à déj.
Jusqu'à 21h30.

----

11 La Cigale

Le bistrot de la Gonivière, au rez-de-chaussée, rassemble les copains, les pressés, les petits budgets, qui trouvent du répondant avec des menus bien façonnés, brasserie-terroir et des classiques correctement traduits (saint-jacques, filet de bar, côte de bœuf...).
C : 20 € • M : 12-25 €

→ Rond-Point du 6-juin
☎ 02 33 05 15 36
Ouv. 7j/7.
Jusqu'à 22h.

Villes de proximité, voir :

◯ HEBECREVON.................................6 km N.O. par D 900
◯ SAINT PIERRE DE SEMILLY. 8 km E. par D 972 et D 90 **(13/20)**

10 La Maison du Haut

A l'écart de toute agitation, au bord de la forêt, la vénérable ferme XVIIIᵉ livre dans une atmosphère de franche convivialité (la maison est aussi gîte d'étape et relais équestre) les saveurs de terroir et de saison, tarte au comté, truite au vin jaune et autre gigot d'agneau au poulsard.
M : 13,50-22 €   www.maisonduhaut.com

→ Les Bordes
☎ 03 84 37 31 08
Sur réserv. seult.
Jusqu'à 21h30.

SAINT LOUIS

SAINT LOUIS - 68300 (10 C 6)
Colmar 62 - Bâle 8

🔖🔖 Hostellerie la Cour du Roy
Construite au début du siècle dernier par une famille de brasseurs allemands, dans un style néorenaissance, l'ancienne maison Katz vit sous cette nouvelle enseigne depuis sa transformation en hôtel-restaurant en 2004. Ayant conservé leurs poutres anciennes, habillées de toile de Jouy et d'un mobilier soigné, les chambres affichent un charme évident. Ravissante cour intérieure avec terrasse, joli bar aménagé sous la charpente.
33 ch. 49-139 € *www.hotelfp-saintlouis.com*

→ 10 av. de Bâle
☎ 03 89 70 33 33
🖦 03 89 70 33 30
Ouv. 7j/7.
🚗❄️❄️🐾

SAINT LUNAIRE - 35800 (14 B 2)
Dinard 5 - Ploubalay 9

13 🍴 Restaurant le Décollé ↗
Dans sa jolie maison basse, posée face à la mer, Eric Lemale pourrait se contenter d'aligner les classiques touristiques en attendant le coucher de soleil (le spectacle est superbe), mais l'homme aime son travail et ne cesse d'élargir ses horizons, apprenant tantôt à faire son propre pain, tantôt à teinter quelques plats de saveurs thaïlandaises, tout ça sans perdre de vue l'essentiel, la qualité des produits, de la mer essentiellement bien sûr. Le résultat est plaisant, d'autant que sa curiosité le porte aussi à dénicher des bouteilles sympathiques et que le sourire de son épouse fait régner la bonne humeur en salle.
C : 45 € • M : 29-39 €

→ 1 pointe du Décollé, BP 13
☎ 02 99 46 01 70
F. lundi, mardi (h.s.), lundi (juil.-août) et 15 nov.-1er fév. Jusqu'à 21h30.
🍴♿❄️❄️🐾

SAINT LYPHARD - 44410 (15 B 3)
Nantes 73 - Saint-Nazaire 20

15 🍴🍴 Auberge de Kerbourg
Une chaumière et deux cœurs gros comme ça : c'est l'image briéronne pour magazine de déco ou de voyage qui s'offre aux voyageurs affamés d'authenticité et de bonnes manières. Sarah et Bernard Jeanson ont aménagé cette ancienne ferme comme chez eux, avec des bibelots, des idées personnelles, des meubles anciens, un cadre dans lequel Bernard, artisan scrupuleux et passionné, travaille au naturel les poissons de mer et de rivière, l'alose comme le turbot et les beaux produits des fermes bretonnes, le pigeonneau de chez Anezo ou le ris de veau aux carottes. Cave de grands crus, atmosphère précieuse et traditionnelle.
C : 55 € • M : 35-58 €

→ Rte de Guerande, Village de Kerbourg
☎ 02 40 91 95 15
F. dim. à dîn., lundi, mardi à déj. et 15 déc.-14 fév. Jusqu'à 21h.
🍴🚗♿🐾

- -

13 🍴 Auberge de Bréca
Aux portes de la Brière, l'auberge abrite sous une typique toiture de chaume un cadre plaisant, rustique juste ce qu'il faut pour apprécier la cuisine de Christian Deniaud, entre valeurs classiques et hommage au terroir, avec les terrines de gibier, les anguilles en persillade et la verrine citron chocolat. On fait traîner, autour d'un reuilly de Jean-Michel Sorbes, pour ne rien perdre de ce petit bonheur champêtre.
C : 38 € • M : 28,50-53,50 € *www.auberge-breca.com*

→ Bréca
☎ 02 40 91 41 42
F. dim. à dîn., jeudi (sf juil.-août), merc. à dîn. (nov.-mars) et 3-18 janv. Jusqu'à 21h15.
🍴🚗♿🐾

Les Chaumières du Lac

Un hameau de cinq chaumières contemporaines dans l'esprit des maisons briéronnes, au cœur d'un parc de 1,3 ha. Chambres lumineuses, aux coloris gais, meubles en rotin... Restaurant de cuisine actuelle.

20 ch. 64 €

www.leschaumieresdulac.com

→ Rue du Vignonet, D 47
☎ 02 40 91 32 32
🖷 02 40 91 30 33
F. 23 déc.-10 fév.

SAINT MACAIRE - 33490 (23 D 3)
Bordeaux 51 - Marmande 35

13 **L'Abricotier**

Alain et Michèle Zanette forment le couple classique de l'hôtellerie à la française : madame en salle, veillant au confort de chaque table et distillant ses conseils quant au choix des vins (dans une cave régionale comprenant une centaine de références), monsieur en cuisine, aussi à l'aise en plein coup de feu le samedi soir que lorsque l'affluence est en berne. Directe et franche, sa cuisine ne s'embarrasse pas de circonvolutions : terrine de foie gras maison à la gelée de pommes vertes, filet de lotte aux tomates confites et fleur de thym, croustillant d'orange sanguinelli et sa paresseuse fourrée d'une crème de riz. Trois chambres pour prolonger les plaisirs de la table.

C : 45 € • M : 22-45 €

→ 2 rue Bergoeing, N 113
☎ 05 56 76 83 63
F. lundi, mardi à dîn., 1 sem. mars et 12 nov.-12 déc.
Jusqu'à 21h.

SAINT MAIXENT L'ECOLE - 79400 (22 B 3)
Niort 27 - Poitiers 48

Le Logis Saint-Martin

La situation entre les arbres du parc et la Sèvre Niortaise toute proche est un premier atout, auquel répond à merveille la sérénité d'une sobre architecture XVIIᵉ parfaitement préservée. Espace généreux, meubles de style et tissus raffinés, les chambres ne trahissent pas l'esprit intime et confortable des lieux. Au restaurant, cuisine de terroir assaisonnée à la mode, ravioles d'huîtres, mignon de veau polenta, déclinaison de mangue.

2 appart. 165-230 € • 10 ch. 110-150 €

www.logis-saint-martin.com

→ Chemin de Pissot
☎ 05 49 05 58 68
🖷 05 49 76 19 93
Ouv. 7j/7.

SAINT MALO - 35400 (14 C 2)
Rennes 69 - Dinard 13

15 **Le Saint-Placide** ♥

À l'âge de la maturité, la quarantaine rugissante, Luc Mobihan semble avoir tout compris, formant avec son épouse Isabelle un exemple de la restauration d'aujourd'hui. Ni palace, ni bistrot de quatre sous, cette table lumineuse est un soleil levant près de la tour Solidor. Logée dans une ancienne gare de tramway, la salle aux lignes fluides accueille cette carte perçante comme un laser, nette et précise, avec ses intitulés minimalistes qui reflètent l'esprit synthétique du cuisinier-marin : thon rouge snacké quinoa pesto, langoustines artichaut estragon, bar de ligne tonka asperges vertes, autant de triptyques qui tirent un trait sur les boursouflures d'une autre époque, et ravivent le plaisir d'une assiette expressive et moderne. Cave intéressante avec une bonne offre au verre.

C : 55 € • M : 26-69 €

www.lesaintplacide.com

→ 6 pl du Poncel
☎ 02 99 81 70 73
F. mardi, merc. (h.s.), mardi, merc. à déj. (juil.-août), 1 sem. fév., 2 sem. fin juin-déb. juil. et 15-30 nov.
Jusqu'à 21h15.

SAINT MALO

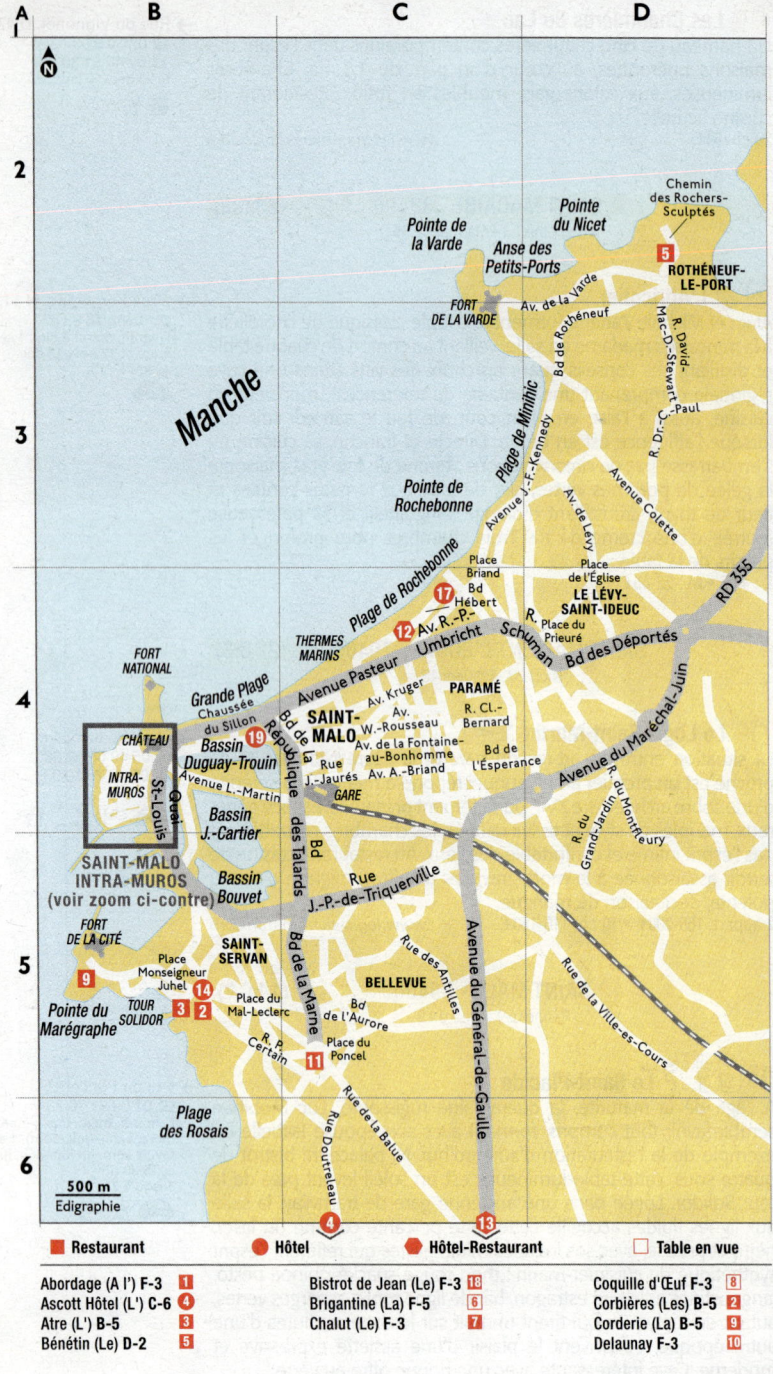

Manche

Pointe de
la Varde

Pointe
du Nicet

Anse des
Petits-Ports

Chemin
des Rochers-
Sculptés

**ROTHÉNEUF-
LE-PORT**

FORT
DE LA VARDE

Av. de la Varde

Bd de Rothéneuf

R. David-
Mac-D-Stewart-

R. Dr.-Paul

Avenue Colette

RD 355

Plage de Minihic

Pointe de
Rochebonne

Avenue J.-F.-Kennedy

Av. de Lévy

Place
Briand

Bd
Hébert

Place
de l'Église

**LE LÉVY-
SAINT-IDEUC**

Place du
Prieuré

Bd des Déportés

Plage de Rochebonne

**THERMES
MARINS**

Av. R.-P.-
Umbricht

Schuman

Avenue du Maréchal-Juin

PARAMÉ

Av. Kruger

Av.
W.-Rousseau

R. Cl.-
Bernard

FORT
NATIONAL

Grande Plage

Chaussée
du Sillon

**SAINT-
MALO**

Avenue Pasteur

Rue
J.-Jaurès

Av. de la Fontaine-
au-Bonhomme

Av. A.-Briand

Bd de
L'Esperance

CHÂTEAU

Bassin
Duguay-Trouin

INTRA-
MUROS

St-Louis

Avenue L.-Martin

Bassin
J.-Cartier

GARE

R. du
Grand-Jardin

R. du Montfleury

Quai

Bd de la République

Bd des Talards

SAINT-MALO
INTRA-MUROS
(voir zoom ci-contre)

Bassin
Bouvet

Rue
J.-P.-de-Triquerville

FORT
DE LA CITÉ

**SAINT-
SERVAN**

Place
Monseigneur
Juhel

TOUR
SOLIDOR

Place du
Mal-Leclerc

Bd de la Marne

Rue des Antilles

Avenue du Général-de-Gaulle

Rue de la Ville-es-Cours

Pointe du
Marégraphe

BELLEVUE

Bd
de l'Aurore

R. P.
Certain

Place du
Poncet

Plage
des Rosais

Rue de la Balue

Rue Doutreleau

500 m
Edigraphie

■ Restaurant ● Hôtel ⬣ Hôtel-Restaurant ☐ Table en vue

Abordage (A l') F-3 **1**	Bistrot de Jean (Le) F-3 **18**	Coquille d'Œuf F-3 **8**
Ascott Hôtel (L') C-6 **4**	Brigantine (La) F-5 **6**	Corbières (Les) B-5 **2**
Atre (L') B-5 **3**	Chalut (Le) F-3 **7**	Corderie (La) B-5 **9**
Bénétin (Le) D-2 **5**		Delaunay F-3 **10**

G
M

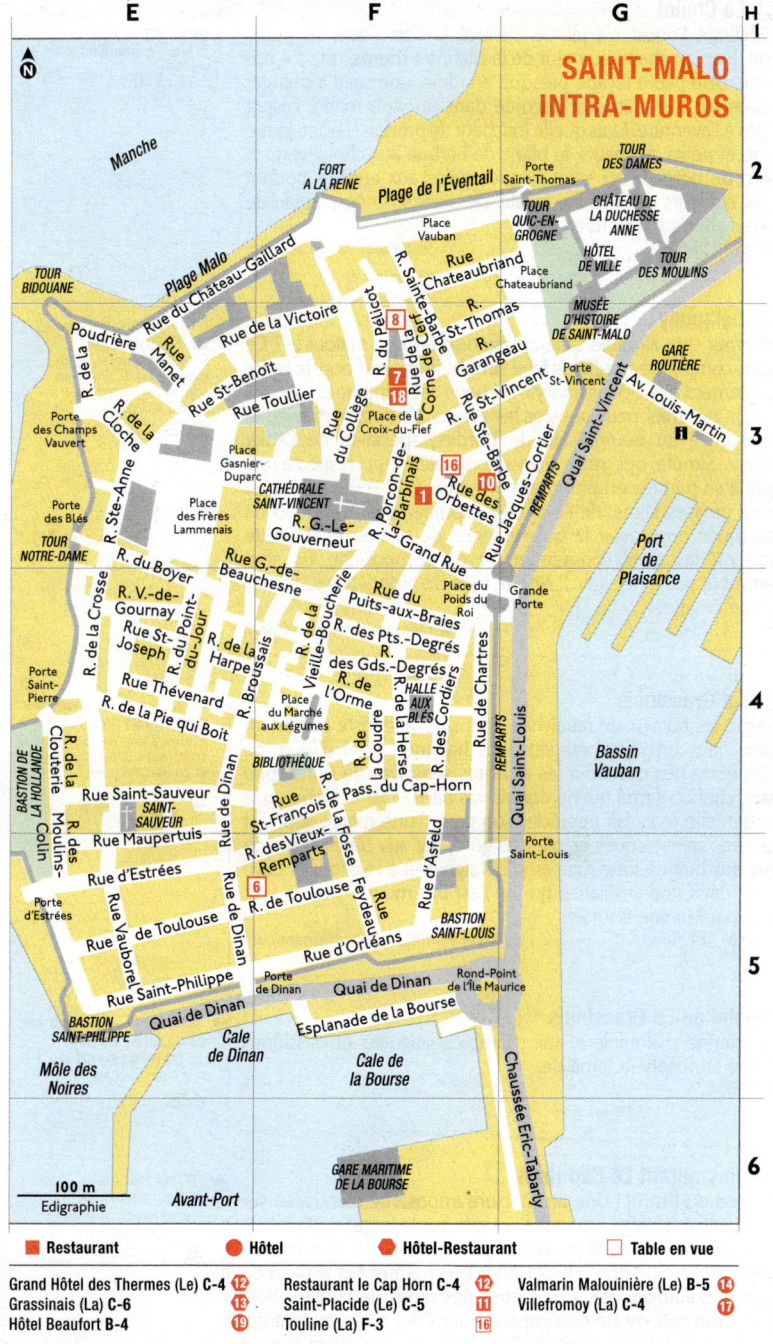

SAINT-MALO
INTRA-MUROS

| Restaurant | ● Hôtel | ◆ Hôtel-Restaurant | □ Table en vue |

14 Le Chalut

Jean-Philippe Foucat n'a jamais défrayé la chronique. Sa petite maison, bien au chaud au cœur de la cité intra-muros, ne paie pas de mine. Une petite façade presque anodine, une salle à manger ramassée sur elle-même et décorée dans un style marin, l'esprit n'est pas à l'aventure. Mais quelle fraîcheur de produit ! Le lieu jaune de ligne et petits artichauts, le blanc de barbue aux choux verts et bouillon de homard, les saint-jacques rôties aux endives portent haut les couleurs de la pêche locale. Desserts soignés, plateau de fromages affinés par Bordier.

C : 50 € • M : 24-68 € *lechalutstmalo@aol.com*

→ 8 rue de la Corne-de-Cerf
☎ 02 99 56 71 58
F. lundi et mardi (sf à dîn. en saison)
Jusqu'à 21h30.

---

14 Delaunay

Transformer une aimable salle bourgeoise en fête malouine ? Ce n'est pas compliqué, il suffit de faire simple. le chef est bon, le cadre complètement refait, dans un style baroque contemporain aux tons mode, prune, miel peut booster les envies. Et c'est parti avec le homard grillé au beurre salé de Bordier, spécialité de Didier Delaunay. Simple oui, mais bien choisi, bien cuit, respecté : ce naturel-là se partage en amoureux, il suffira d'un kouign aman et pour les grosses faims, de l'avoir fait précéder d'un carpaccio de saint-jacques pour avoir la quintessence de la mer et de cette maison où les plats d'inspiration et de composition ne sont évidemment pas à négliger… Bonne cave de propriétaires, accueil parfait de Brigitte.

C : 50 € • M : 28 € *www.restaurant-delaunay.com*

→ 6 rue Sainte-Barbe
☎ 02 99 40 92 46
F. dim. (sf ponts), lundi (oct.-mars). F. ann. non comm.
Jusqu'à 22h30.

---

14 La Grassinais

Si, malgré les travaux de rafraîchissement, la salle reste gentiment anodine dans un style bourgeois, les habitués n'ont d'yeux, de bouche et de nez que pour les assiettes sensitives de Christophe Bouvier, chef confirmé qui ne donne pas dans la fanfreluche ou la crêpe dentelle mais fait apprécier son goût d'une marée sobre et expressive : saint-jacques et foie gras grillé, bar aux cèpes, blanc de barbue aux huîtres, lotte rôtie aux châtaignes et à l'andouille. Cave sérieuse dans une ambiance qui ne l'est pas moins, menée avec autorité par Martine Bouvier.

C : 46 € • M : 24-46 € *www.saintmalohebergement.com*

→ 12 allée de la Grassinais
☎ 02 99 81 33 00
F. dim. à dîn. (sf 15 juil.-fin août), sam. à déj., lundi (h.s.) et 20 déc.-fin janv.
Jusqu'à 21h30.

Hôtel de La Grassinais

Une ancienne malouinière, aux chambres soignées et classiques dans une atmosphère familiale.

29 ch. 58-80 €

→ 12 allée de la Grassinais
☎ 02 99 81 33 00
🖳 02 99 81 60 90
F. 20 déc.-fin janv.

---

14 Restaurant Le Cap Horn

L'antithèse du bistrot ! Une architecture imposante bien calée sur le Sillon face à la plage, une salle ouverte sur le large, confortablement luxueuse, aux tons pastel en gris et bleu… Le restaurant " gastronomique " du prestigieux Hôtel des Thermes fait le plein de curistes et d'autochtones réunis pour des repas de famille. Alors bien sûr, tout cela est un peu impersonnel. Gare à l'imprudent qui tenterait de franchir le seuil de la salle à manger avant l'heure placardée à la porte. L'heure, c'est l'heure ! Une fois assis, la puissance de feu de l'infrastructure est à l'œuvre et tout va alors très

→ 100 bd Hébert
☎ 02 99 40 75 40
F. 6-20 janv.
Jusqu'à 21h30.

vite au rythme des maîtres d'hôtel - trop distants avec les inconnus - et de la noria de serveurs. En cuisine, Patrice Dugué hisse le spi et gagne un point grâce à son éventail de sardines, sa poêlée de barbue et langoustines et beurre blanc coraillé et sa tarte fine aux pommes, des assiettes sérieuses et sans faille.
C : 55 € • M : 28-54 €   www.thalassotherapie.com

Le Grand Hôtel des Thermes
A l'écart de la Cité, l'hôtel étale sa belle architecture Belle Epoque face au ruban de sable de la plage. A l'intérieur, l'espace est généreux et raffiné, la lumière aussi douce que les tissus épais et le sens du service complète des prestations très complètes, aptes à satisfaire bien au-delà de la clientèle de curistes (thermes sur place, évidemment).
7 appart. 230-640 € • 169 ch. 75-390 €   www.thalassotherapie.com

→ 100 bd Hébert
☎ 02 99 40 75 75
🖷 02 99 40 76 00
F. 6-19 janv.

----

13 A l'Abordage
Le message est assez clair : place de la Poissonnerie, on passe à l'Abordage pour arraisonner le bateau de pêche de Cathy et Laurent Nicolas, la fourchette à huître et le couteau à poisson dans les mains. Et si le jeune chef Gurvan Pencole a pour mission de ne paa se contenter de faire l'écailler, c'est bien pour donner au meilleur de la mer une personnalité bien actuelle : langoustines poêlées et crues sablé au parmesan, saint-pierre à la mangue et citron poivré, filet de rouget et raviole d'andouille au pollen, crème de balsamique blanc. Une petite - et savoureuse - concession avec l'agneau de pré-salé au cerfeuil tubéreux et la boucle régionale peut se boucler avec un cornet de sarrasin céleri vert en émulsion et crémeux de chocolat blanc. Une des cuisines les plus intéressantes à découvrir dans la ville, une petite cave internationale et bien ciblée.
C : 47 €

→ 5 pl de la Poissonnerie
☎ 02 99 40 87 53
F. sam. à déj., dim., lundi (h.s.), sam. à déj., lundi (saison), 3 sem. janv., 10 jrs juin et 10 jrs nov.
Jusqu'à 3h30.

----

13 Les Corbières
En deux saisons seulement, Jullian Pekle a fait jaillir une fraîcheur et une vérité qui a largement débordé, en renommée, les frontières du département. Dans le vieux quartier des pêcheurs, ce jeune chef pas encore trentenaire exprime avec simplicité, dans une ambiance solidaire, la quintessence des produits marins et fermiers qu'il trouve en direct des criées et des marchés. Les plats vivent un mois, le temps pour le chef de papillonner sur d'autres fleurs, laissant aux exégètes le soin d'enregistrer le "chou-shi" d'araignée, mousseline et feuille croquante, la barbue braisée laquée à la truffe voire, la joue de bœuf à la cerise, coquillages, encornets et blettes, le croq'pom et crème glacée à la fève Tonka. La cave est sympathique, pour son regard sur le languedoc notamment, même si on peut trouver légère la sélection dans le vignoble des Corbières qui sert d'enseigne.
C : 55 € • M : 23-49 €   jullianpekle@yahoo.fr

→ 7 rue Monseigneur-Juhel
☎ 02 99 82 07 46
F. lundi, mardi (h.s.), lundi, mardi à déj. (juil.-août), 2 sem. fév., 2 sem. juin et 3 sem. nov.
Jusqu'à 21h.

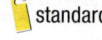 standard 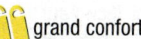 grand confort 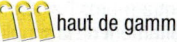 haut de gamme  exceptionnel

     hôtels de charme

12 L'Atre

Marin dans ses tons, épuré dans ses formes, le décor ouvre sur la mer et la tour Solidor voisine et sert bien le travail de Jean-Marc Rivoal, qui compose au gré du marché et des marées des assiettes alertes et joliment présentées, qui renouvellent les bases classiques avec la déclinaison d'entrées (autour des maquereau, sardines, thon), le saint-pierre rôti aux coquillages ou le dôme au chocolat crémeux mascarpone. A 26 €, l'affaire est belle.
C : 45 € • M : 18-43 €

→ 7 Esplanade du Cdt-Yves-Menguy, Saint-Servan
☎ 02 99 81 68 39
F. merc. F.ann. non comm.
Jusqu'à 22h.

----

12 Le Bénétin

Changement de chef cette année au Bénétin, Arnaud Béruel succédant à Alexandre Lagrée, mais toujours les mêmes bonnes ondes émanant de cette salle au design contemporain, lumineuse et ouverte sur la mer, à quelque pas du sentier qui mène aux fameux Rochers Sculptés. Cuisine à l'esprit voyageur : chair de crabe à la mangue et avocat, bar à la plancha et jus de crustacés, écume de fraises et glace au lait d'amandes.
C : 45 € • M : 17-32 €

→ Chemin des Rochers-Sculptés-Rothéneuf
☎ 02 99 56 97 64
F. dim. à dîn., lundi (h.s.).
Jusqu'à 22h30 (23h30 été).

----

12 La Corderie

Au-dessus de l'estuaire de la Rance, la terrasse avec vue sur mer ne peut guère offrir autre chose que de l'arrivage direct, de la marée sans manière, de la cuisine de cambuse à la mode bistrot : huîtres de Cancale, amandes farcies, cabillaud au lard, sans oublier les poissons du jour et les fromages de Bordier : c'est dans ce catalogue qu'il faut aller pêcher le meilleur de cette table équitable où tout roule sans tanguer. On boit le muscadet ou le mâcon sans trembler pour les tarifs.
C : 32 € • M : 17 €   www.lacorderie.com

→ 9 chemin de la Corderie, 8 allée du Marégraphe
☎ 02 99 81 62 38
F. lundi et janv.-fév.
Jusqu'à 21h30 (22h été).

----

10 Le Bistrot de Jean

Un bistrot dans son jus, boiseries et comptoir en étain, dans une petite rue de l'intra-muros. Des pros qui savent faire dressent la table et garnissent l'ardoise, aspic de hareng, dos de lieu jaune au cidre, jarreton de porc rôti, far aux pruneaux. On fait couler le saumur de Targé ou le rhône d'Amadieu et tout trouve le bon compte.
C : 29 € • M : 19 €

→ 6 rue de la Corne-de-Cerf
☎ 02 99 40 98 68
F. sam. à déj., dim., merc. à déj., 2 sem déc.-janv. et 1 sem. fév.
Jusqu'à 21h45.

La Brigantine

Tout ce qu'il faut savoir sur la galette bretonne s'apprend ici, dans cette ambiance touristico-régionale pur beurre breton où l'on aime la galette saucisse de la ferme à André, le boudin noir ou la plus exotique pata negra.
C : 9 € • M : 9,90-17 €

→ 13 rue de Dinan
☎ 02 99 56 82 82
F. mardi, merc. (sf été), 15 janv.-31 janv. et 20 nov.-15 déc.
Jusqu'à 22h.

Coquille d'Oeuf

Dans cette petite maison de l'intra-muros l'expérimenté Jean-Paul Dechaume s'accommode parfaitement de la simplicité : cuisses de grenouilles poêlées au beurre aux parfums d'ail et fines herbes, magret de canard sauce aux agrumes, tarte fine aux pommes et glace caramel.
M : 21-30 €

→ 20 rue de la Corne-de-Cerf
☎ 02 99 40 92 62
F. merc., jeudi (h.s.), merc. (saison).
Jusqu'à 21h30.

G
M

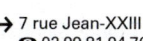 La Touline

Une joyeuse crêperie au centre de la ville, sur une jolie place. De bonnes spécialités dont la Clé d'Aval, à la crème de roquefort, salade, noix et poitrine fumée.
C : 14 € • M : 12,20 €

→ 6 pl de la Poissonnerie
☎ 02 99 40 10 98
F. lundi, mardi (sf vac. scol.), dern. sem. janv., 9-15 juin et dern. sem. nov.
Jusqu'à 22h.

L'Ascott Hôtel

Le calme et le charme de cette maison de maître XIXe d'un quartier résidentiel en font une base idéale pour visiter la ville et la région. Atmosphère de tradition et confort moderne se lient dans les salons et chambres contemporaines. Possibilité de sorties en mer avec le bateau l'Ascott, mise à disposition de vélos.
10 ch. 80-150 €   www.ascotthotel.com

→ 35 rue du Chapitre
☎ 02 99 81 89 93
🖷 02 99 81 77 40
F. janv.

Hôtel Beaufort

Cette maison malouine de 1860 bâtie par un noble égyptien domine la plage du Sillon, cultivant dans des chambres cosy un style New England qui plaira à ceux que l'appel du large ne laisse pas indifférents.
22 ch. 75-205 €   www.hotel-beaufort.com

→ 25 chaussée du Sillon
☎ 02 99 40 99 99
🖷 02 99 40 99 62
Ouv. 7j/7.

Le Valmarin Malouinière

Une malouinière de charme et de caractère, authentique bâtisse XVIIIe précieusement entretenue par des propriétaires méticuleux. Chambres spacieuses et classiques, cheminées de marbre et de granit, boiseries et dalles d'époque, parquet de Versailles, au nom des grands hommes de la région : Duguay-Trouin, Châteaubriand, Surcouf…
12 ch. 95-135 €   www.levalmarin.com

→ 7 rue Jean-XXIII
☎ 02 99 81 94 76
🖷 02 99 81 30 03
F. mi-janv.-mi-fév. (sf sur demande).

La Villefromoy

Une maison très agréable, finement aménagée et rénovée pour respecter l'esprit Second Empire des lieux tout en lui apportant charme et confort actuels. Ambiance intime et bon goût dans les chambres aux teintes douces, mobilier d'acajou et granit poli, tissus choisis et literie King Size, et dans le salon piano-bar.
2 appart. 195-255 € • 19 ch. 85-165 €   www.villefromoy.fr

→ 7 bd Hébert, Plage de Rochebonne
☎ 02 99 40 92 20
🖷 02 99 56 79 49
F. 7 janv.-7 fév.

Villes de proximité, voir :

⟳ GOUESNIERE (LA) …….. 10 km S.E. par N 137 et D 4 **(13/20)**

SAINT MANDE - 94160   (8 C 5)
Paris 10 - Créteil 8 - Vincennes 3

13 Ambassade de Pékin

Une cuisine asiatique sans parti pris (une ambassade chinoise certes mais avec des antennes ouvertes au Vietnam et en Thaïlande), à quelques minutes du périph' : salade de mangue verte et saumon cru, lotte sautée au basilic et ciboulette, canard laqué à la pékinoise en deux services, banane flambée au rhum. Un bilan favorable malgré quelques détails. Service attentionné.
C : 28 € • M : 13-32 €

→ 6 av Joffre
☎ 01 43 98 13 82
Ouv. 7j/7.
Jusqu'à 22h30.

12 L'Ambre d'Or

Jean-Marie Burnet, ancien du Bon Laboureur à Chenonceau, propose une cuisine parfaitement raccord avec l'atmosphère qui règne dans cette salle à manger toute en longueur, habillées de poutres anciennes au plafond et égayée de murs en crépi blanc : asperges blanches rôties, jambon sec et copeaux de parmesan, fricassée de volaille de Bresse au vin jaune et asperges vertes, gariguettes au basilic et sorbet au poivron rouge. Cave sans relief, service manquant parfois de tonus.
C : 70 € • M : 32 €

→ 44 av du Gén-de-Gaulle
☎ 01 43 28 23 93
F. dim., lundi et 10-31 août.
Jusqu'à 21h45.

- -

11 Les Coteaux

Créé il y a une vingtaine d'années et racheté voilà deux ans par Bernard Orly (qui en était le chef de cuisine depuis plus de dix ans), cet ambassadeur du terroir beaujolais affiche une sincérité et une simplicité de propos confondantes : poireaux vinaigrette, œuf en meurette, daube de bœuf beaujolaise, quenelles de brochet sauce Nantua... Le pain est fourni par la maison Poilâne, la charcuterie est estampillée Bobosse et la cave rassemble le meilleur du Beaujolais et de la Bourgogne.
M : 30-34 €

→ 8 rue Jeanne-d'Arc
☎ 01 48 08 74 81
F. w.-e., fériés et août.
Jusqu'à 21h30.

lescoteauxolry@aol.com

SAINT MARC JAUMEGARDE - 13100   (33 D 5)
Aix-en-Provence 7 - Marseille 42

❀ La Quinta des Bambous

Au milieu d'un environnement boisé, cette belle maison contemporaine cultive des influences asiatiques, dans son architecture comme dans le décor des chambres. Jardin japonais, bassin aux lotus, patio, les fenêtres ouvrent sur la nature, la Sainte-Victoire, dans une propriété de 9000 m².
3 ch. 100-120 €

→ Chemin des Ribas
☎ 04 42 24 91 62
🖨 04 42 24 94 05
Ouv. 7j/7.

www.laquintadesbambous.free.fr

SAINT MARCEL - 71380   (20 B 5)
Mâcon 61 - Chalon-sur-Saône 3

12 Jean Bouthenet

Au fil des ans, l'atmosphère vieillotte de cette salle chuchotante, en vert et saumon, des années soixante, imprègne la maison durablement. La belle technique classique de Jean et Laurent Bouthenet, le fils de la maison, n'est pas en cause, mais on préférera finalement le bon menu du marché, simple et peu coûteux, aux manières précieuses de la gelée de ris et cervelle d'agneau, des saint-jacques hors saison au parfum de truffe ou des sucettes de veau et jambon de parme. Belle recherche des desserts, entre chocolat et fruit (même si on peut regretter qu'il n'y ait pas de fruits rouges à la fin juin), cave également vieillissante (peu de propriétaires, faible hors région), dans laquelle le bourgogne générique au verre est indigne d'une maison sérieuse, agréable et souriant service féminin.
C : 36,50 € • M : 18,50-46 €

→ 19 rue de la Villeneuve
☎ 03 85 96 56 16
F. dim. à dîn., lundi, mardi à dîn., 17-28 fév. et 2e quinz. août.
Jusqu'à 21h15.

SAINT MARTIAL DE NABIRAT - 24250   (24 C 3)
Domme 14 - Gourdon 15

13 Le Saint-Martial

Le Saint-Martial, café-restaurant. L'enseigne intrigue immédiatement, comme si l'on se doutait de la bonne farce dont on allait faire l'objet. Le café existe pourtant bien, installé dans une première salle, au rez-de-chaussée. Quelques marches d'un escalier de bois à

→ Le Bourg
☎ 05 53 29 18 34
F. mardi, merc. et Noël.
Jusqu'à 21h.

négocier et voici la (minuscule) salle à manger, un étage plus bas, ouverte par une large baie vitrée sur la rue en contrebas. Décoration soignée (à l'image des rues du village, impressionnantes de propreté, comme pour mieux plaire à la clientèle chic qui fréquente les environs), tables serrées et cuisine aguicheuse, dans un répertoire qu'on pourrait croire tout droit sorti d'un bistrot chic des Alpilles ou du Luberon : galette de filet de rougets barbets marinés au pistou, tomates confites et mozzarella, pavé de thon rouge clouté à la ventrèche, petits farcis de légumes du soleil, nage de framboises du pays aux pistaches, crème légère de blanc-manger, croustillants de carambar et glace à la violette. Jolie cave locale.
C : 45 € • M : 32 €   www.lesaintmartial.fr

SAINT MARTIN D'ARBEROUE - 64640   (23 C 5)
Hasparren 12 - Biarritz 46 - Bayonne 37

13 Auberge Goxoki

→ ☎ 05 59 29 64 71
F. non comm.
Jusqu'à 22h.

Ambiance champêtre et typiquement basque dans l'auberge des Lienhardt, où l'on cultive la convivialité à grand renfort de piperade, omelette aux cèpes et gâteau basque, mais qu'on ne s'y trompe pas, si ces saveurs généreuses sont bien dans le ton des lieux, Margaret sait aussi faire jouer à son piano de beaux airs classiques sur le pigeonneau farci aux morilles ou le velouté de potiron à la cannelle.
C : 50 € • M : 17-45 €

SAINT MARTIN DE BELLEVILLE - 73440   (28 C 3)
Chambéry 94 - Albertville 44

16 La Bouitte

→ Hameau de Saint-Marcel
☎ 04 79 08 96 77
F. lundi (été), mai-juin et sept.-nov.
Jusqu'à 21h.

Dans ce cadre coup de cœur, l'esprit de famille l'emporte sur l'impression de grande maison : le service est abondant, mais encadrée par Madame et sa fille, donnant le la d'un spectacle renforcé par les présentations altières de René et Maxime Meilleur. La faconde traditionnelle du papa, l'esprit conquérant et créatif du fils débouchent sur des assiettes qui ont du style et de l'originalité. Entre le yaourt de foie gras de canard en pot-au-feu mousseux tartelette de légumes et vinaigre balsamique aux écrevisses rôties crème brûlée aux amandes glace olive et coulis de crustacé, on mesure la distance qui les sépare de la tartiflette et des gratins de crozets, jusqu'aux desserts tout aussi savant offrant néanmoins un plaisir à deux toques (nuage de sérac, glace huile d'olive et estragon pignons grillés). Pour peu que l'avant-garde ne devienne pas une religion - heureusement, les excellents fromages "nature" rappellent que la tradition savoyarde n'est pas occultée, les amateurs de nuances et de légèreté seront comblés. Cave régionale étendue au reste du vignoble, aux sérieuses références.
C : 90 € • M : 51-165 €   www.la-bouitte.com

La Bouitte

→ Hameau de Saint-Marcel
☎ 04 79 08 96 77
🖶 04 79 08 96 03
F. mai-juin et sept.-nov.

Au cœur du hameau, la maison des Meilleur cultive depuis plus de trente ans le meilleur de la tradition savoyarde, avec un sens rare de l'authenticité (architecture, matériaux, objets anciens), un raffinement permanent et un sens de l'accueil délicieux. Les quelques chambres sont un bonheur de douceur intime, tandis que l'équipement compte quelques exclusivités, comme le spa de montagne et ses soins à base de foin.
appart. 200-388 € • 5 ch. 200-258 €   www.la-bouitte.com

12 **Le Grenier**

Pour accéder au Grenier, bien sûr, il faut monter : c'est à l'étage, dans un joli décor montagnard ou en terrasse au bord des pistes, que l'on apprécie l'atmosphère conviviale des lieux et une cuisine pas maladroite dans sa façon d'accommoder le terroir à une sauce gentiment gastronomique : risotto aux cèpes bien lié et servi généreusement, sauté de caïon avec en prime gourmande les frites de polenta et les délicieuses tranches de farcement. Desserts classiques mais tout aussi soignés et service résolument sympathique.

C : 48 € • M : 20-69 €   *www.hotel-stmartin.com*

→ Les Grangeraies
☎ 04 79 00 88 00
F. 15 avril-15 déc.
Jusqu'à 21h30.

Hôtel Saint-Martin

Au cœur du village, arborant une architecture typique dans un environnement naturel privilégié, au pied des pistes, cette belle maison en pierres et toit de lauze offre de multiples agréments, propices à tout long séjour : wifi, télévision par satellite et petit centre de remise en forme.

5 appart. 1050-3934 € • 27 ch. 98-404 €   *www.hotel-stmartin.com*

→ Les Grangeraies
☎ 04 79 00 88 00
🖷 04 79 00 88 39
F. 15 avril-15 déc.

11 **Le Montagnard**

Au cœur de Saint-Martin de Belleville, une adresse propre à réconcilier tous les déçus des bistrots de montagne : une probité de chaque instant (assiettes soignées, produits bien choisis, et spécialités régionales parfaites) et des sourires non feints, au moment de l'accueil comme au départ. Rafraîchissant.

C : 30 €   *www.le-montagnard.com*

→ Les Places
☎ 04 79 01 08 40
F. 1er mai-30 juin et
1er sept.-15 déc.

Kaya Hôtel

Tout nouveau tout beau, cet hôtel cache sous une allure de grand chalet un décor superbe dans son utilisation contemporaine des trames classiques (pierres et boiseries de mélèze apparentes). Mariés à un mobilier aux lignes modernes, ces matériaux créent des espaces chaleureux et ouverts, très agréables à vivre. Equipement complet pour profiter des pistes toutes proches.

50 ch. 183-696 €   *www.hotel-kaya.com*

→ Village de Reberty, les Menuires
☎ 04 79 41 42 00
🖷 04 79 41 42 01
F. mi-avril-mi-déc.

SAINT MARTIN DE LA BRASQUE - 84760 (33 C 4)
Pertuis 10 - Apt 35

? **Restaurant de la Fontaine**

Un nouveau propriétaire, Didier Wackers, a repris cette maison installée sur la place du village en juin dernier. Ce dernier semble devoir conserver l'esprit de Michel Girand, son prédécesseur, auquel nous décernions une toque depuis de longues années. Nous laissons pour l'instant la note en suspens, le temps de laisser les plâtres sécher.

C : 30 € • M : 24-34 €

→ Pl de la Fontaine
☎ 04 90 07 72 16
F. dim. et dîn. et lundi.
Jusqu'à 21h30.

SAINT MARTIN DE LONDRES - 34380 (32 A 3)
Montpellier 24 - Le Vigan 37

15 **Les Muscardins**

Une belle maison de famille, l'une de celles, finalement pas si nombreuses, où la succession entre un père (Georges, toujours présent en salle et sommelier érudit sur sa région) et son fils, Thierry, qui maintient les deux toques tout en ayant modernisé la carte historique : queues de gambas en tempura au sésame, nem

→ 19 rte des Cévennes
☎ 04 67 55 75 90
F. lundi, mardi et 15 fév.-5 mars.
Jusqu'à 21h30.

végétal et vinaigrette au soja, aile de raie rôtie, artichaut et cébette, vinaigrette tiède soja citron et pleurotes étuvées, pigeonneau rôti aux épices, tatin aux cèpes et jus à l'huile d'argan. On se sent immédiatement comme chez soi chez les Rousset : des tables bien espacées, pour plus d'intimité, de chaleureuses pierres patinées par les années, un service souriant et plein d'humanité (sous la direction de Cyrille Rousset, l'épouse du chef), il flotte comme une atmosphère de maison d'hôtes.
C : 55 € • M : 72,50 €   *www.les-muscardins.fr*

à **SAINT MARTIN DE RE**, voir **RE (ILE DE)**

SAINT MARTIN DU VAR - 06670   (34 C 4)
Nice 27 - Antibes 34

16 **Jean-François Issautier**

→ D 6202, rte de Digne
☎ 04 93 08 10 65
F. dim. à dîn., lundi, mardi, déb. janv.-déb. fév. et 27 oct.-5 nov.
Jusqu'à 21h30.

La haute haie qui préserve cette belle maison des nuisances sonores et visuelles créées par la Nationale n'a heureusement pas conduit Jean-François Issautier à se couper totalement du monde extérieur. Sa cuisine, par essence classique, a su se moderniser depuis quelque temps, après un petit passage à vide sans doute bien compréhensible lorsqu'on dirige une maison depuis près de 30 ans. Dans cette salle cossue, tout en longueur, égayée par des tableaux classiques et de magnifiques lustres, le ton n'est pas encore, et ne sera jamais, au modernisme le plus enlevé : gamberoni craquants sur un émincé de tendre chou blanc à l'ail et l'huile d'olive fruitée, concentré de carcasse, " cul " d'agneau rôti sur une purée de pommes de terre aux olives noires niçoises, fraises de Carros parfumées au vinaigre balsamique, servies au verre, glace à l'huile d'olives de Nice. Immense cave classique, fruit d'un long travail de collection.
C : 105 € • M : 43-115 €   *jf.issautier@wanadoo.fr*

Villes de proximité, voir :

⏾ CARROS.................................13 km S.E. par D 1 et D 209

SAINT MARTIN VALMEROUX - 15140   (26 B 4)
Aurillac 31 - Mauriac 19

13 **Les Jardins de Revel**

→ Le Theil
☎ 04 71 69 20 33
F. à déj. (sf dim.), 1er janv.-31 mars et 5 nov.-31 déc.
Jusqu'à 21h.

La maison monte en puissance, avec un cadre et un confort revu à la hausse. Pour suivre le mouvement, le fils de la famille, Thierry Decock a pris du recul et travaillé comme chef de partie au Bristol pour parfaire son sens du produit. Le retour au bercail, prévu pour l'ouverture de la saison 2008, devrait donc nous promettre de bons moments gastronomiques et conforter sans peine la toque. A suivre donc.
M : 30-50 €   *www.maronne.com*

Hostellerie de la Maronne

→ Le Theil
☎ 04 71 69 20 33
▤ 04 71 69 28 22
F. 1er janv.-31 mars et 5 nov.-31 déc.

On aimait déjà beaucoup cette belle maison en pierre, bien à l'abri dans son parc impeccable, son confort est encore amélioré par des travaux importants, toujours en préservant la douceur de vivre qui fait son charme dans un décor épuré.
⤷ appart. 150-200 € • 17 ch. 100-150 €   *www.maronne.com*

SAINT MATHIEU DE TREVIERS

14 Lennys

Table moderne, cuisine de produits, esprit de curiosité... C'est au pied du Pic Saint-Loup, haut lieu viticole régional, que Ludovic Dziewulski exprime sa passion pour un métier qu'il prend à bras-le-corps, sans laisser le hasard, ou pire la routine, s'en emparer. Contrôle total, plat d'auteur, c'est un jeune qu'il faut suivre et, accompagner, en savourant chaque assiette : calamars et tripes poêlés au jus de crustacé et queue de bœuf, saint-pierre de Bretagne coulis de petits pois, petites cébettes et tronçon de rhubarbe, carré et selle d'agneau rôtis aux fèves et asperges vertes. Desserts ludiques (lego chocolat-caramel, forêt-noire "pétillante"...), atmosphère tonique, accueil souriant de Sophie et belle cave locale qui présente les vignerons à connaître aujourd'hui.
C : 70 € • M : 18-82 €

restaurant.lennys@wanadoo.fr

→ 266 av Louis-Cancel
☎ 04 67 55 37 97
F. sam. à déj., dim. à dîn.,
lundi et 2 sem. sept.
Jusqu'à 21h (21h30 été).

Villes de proximité, voir :

⏱ LAURET .... 12 km par D 17 **(12/20)**

12 Du Bruit à la Cave

Cette cave-là mérite de faire du bruit, tant elle regorge de trésors, ramenant les noms qui comptent des principaux vignobles français, les Brumont, Colombo et autre Sorbe, mais au-dessus cela se passe pas mal non plus, décor authentique de vieux bistrot et cuisine bourgeoise assumée, qui elle aussi sait soigner ses provenances avant d'envoyer le tartare, l'andouillette ou le clafoutis aux cerises.
C : 30 €

www.dubruitalacave.com

→ 34 rue du Four
☎ 01 48 85 00 07
F. dim., lundi, 1 sem. Pâques,
3 sem. août et 1 sem. Noël.
Jusqu'à 22h.

13 Restaurant Le Verbois

Derrière l'architecture à la belle élégance classique et l'allure plutôt bourgeoise de la salle à manger, mais aussi de la carte, on sent poindre une touche de légèreté, dans la vue sur le jardin ou quelques touches personnelles que Laurent Guibet distille sur ses beaux plats classiques : le sorbet asperge et la viande des Grisons (tout de même plus originale que le jambon) sur le melon, un milk-shake d'artichaut sur le foie gras pané ou macaron citron et pastis. Cave très classique.
C : 60 € • M : 35-60 €

→ RN 16 Chantilly-Creil
☎ 03 44 24 06 22
F. dim. à dîn., lundi (sf fériés),
1re quinz. janv. et 2e quinz.
août.
Jusqu'à 21h15.

Château de Saint-Maximin

Quatre chambres et deux suites seulement dans ce château, classé aux Monuments Historiques, dont les parties les plus anciennes sont datées du XIIe siècle. Portant le nom d'héroïnes de Racine (qui vécut deux ans dans l'aile XVIIe de ce château), les chambres rivalisent de charme et de raffinement. Hammam et piscine chauffée.
2 appart. 280-350 € • 4 ch. 160-250 €

www.chateaustmaximin.com

→ Rue du Château
☎ 04 66 03 44 16
🖨 04 66 03 42 98
F. janv. et fév.

G
M

Toulon 76 - Aix-en-Provence 36

13 Le Chapitre

Posée en centre-ville, cette basilique dégage un charme envoûtant, mis en valeur par un décor minimaliste, les pierres et les voûtes parlant d'elles-mêmes. Une atmosphère de grande quiétude, aérée par les grandes baies vitrées donnant sur le cloître et le jardin. Côté repas, ce n'est pas la grand messe, mais on apprécie à sa juste valeur cette cuisine classique, bien ancrée dans la tradition culinaire régionale : belle texture du velouté de potiron, accompagné de piccatas de caille fondantes, agréables noix de saint-jacques, avec un risotto aux asperges, duo d'agrumes, sauce à la fleur d'oranger. Le moment est d'autant plus plaisant qu'il est rythmé par un service féminin remarquable, attentionné, précis et dynamique. Cave assez courte essentiellement axée sur les crus régionaux.
C : 35 € • M : 35 €   www.hotelfp-saintmaximin.com

→ Pl Jean-Salusse
☎ 04 94 86 55 66
F. dim. à dîn et lundi (nov.-mars).
Jusqu'à 22h.

Hostellerie du Couvent Royal

Impressionnant : tel est le qualificatif qui vient immédiatement à l'esprit lorsqu'on pénètre pour la première fois dans ce merveilleux couvent royal proche de l'abbaye. Dans ce cadre historique unique, l'atmosphère n'est plus tout à fait au recueillement mais la décoration sobre et soignée sait se faire discrète pour mieux se retrancher derrière la beauté nue des vieilles pierres. De style contemporain et provençal, les chambres offrent un excellent niveau de confort malgré leur ancien statut de cellule.
67 ch. 95-150 €   www.hotelfp-saintmaximin.com

→ Pl Jean-Salusse
☎ 04 94 86 55 66
🖷 04 94 59 82 82
Ouv. 7j/7.

Cahors 21 - Sarlat-la-Canéda 52

16 Le Gindreau

Alexis Pélissou dirige cette ancienne école, perchée au sommet d'un village charmant, depuis plus de trente ans. L'heure de la récréation approche sans doute mais chaque nouvelle rentrée des classes se fait avec le même enthousiasme, la même envie. Le contenu des cours ne change guère, variant chaque trimestre au rythme des saisons, dans un esprit classique et régional jamais rébarbatif : magret de canard mariné gros sel, façon carpaccio et julienne de truffes, blanc de saint-pierre aux pistils de safran du quercy et brunoise de courgette safranée, aiguillettes de canette de barbarie aux fruits acidulés, cuisse grillée et brochette d'abats. Délicieuse atmosphère champêtre, service adorable, cave classique.
C : 75 € • M : 38-52 €   le.gindreau@wanadoo.fr

→ Le Bourg
☎ 05 65 36 22 27
F. lundi, mardi (janv.-mars), 3-20 mars et 20 oct.-14 nov.
Jusqu'à 21h30.

Bordeaux 6 - Blanquefort 5

11 Le Tournebride

La grande salle un peu rafraîchie, joli nappage dans une atmosphère de campagne, c'est l'occasion pour Jean-Luc Garcelon de remettre le couvert pour offrir un terroir de pleine orthodoxie : foie frais poêlé, agneau de Pauillac, lamproie à la bordelaise... qui peine cependant à maintenir son niveau. Et les bordeaux de propriétaires sont bien choisis.
M : 13-36 €   le.tournebride@hotmail.fr

→ 55 rue Alexis-Puyo-Hastignan
☎ 05 56 05 09 08
F. dim. à dîn., lundi, merc. à dîn. et 4-31 août.
Jusqu'à 22h.

SAINT MELOIR DES ONDES - 35350 (14 C 2)
Rennes 69 - Cancale 6

14 **Le Coquillage**

Au rez-de-chaussée du Château des Richeux, villa Années Trente à quelques encablures de la maison mère, Olivier Roellinger délègue à Julien Perrodin le soin de proposer un "grignotage de bord de mer". Qu'on ne s'y trompe pas, à plus de 50 € le menu complet, ce grignotage-là, avec vue sur la baie du Mont Saint-Michel, a déjà des airs aristocratiques, produits superbes et manières impeccables, sur les beignets de seiche à la fleur de sel, la barbue au beurre blanc ou le pigeonneau au persil. Sobre et intemporel, le décor laisse la mer en vedette.

M : 29-58 €

→ Le Point-du-Jour
☎ 02 99 89 25 25
F. lundi, mardi à déj., jeudi à déj. et janv.
Jusqu'à 21h30.

www.maisons-de-bricourt.com

Château Richeux des Maisons de Bricourt 🕊

A 5 km de la maison mère, Jane et Olivier Roellinger ont fait de cette grande villa Années Vingt une étape délicieuse, avec un mobilier d'époque qui préserve une atmosphère en accord avec l'architecture et les chambres sont autant de lieux de vie plein de douceur, où paresser en contemplant la mer.

2 appart. 295 € • 11 ch. 170-315 €

→ Le Point du Jour
☎ 02 99 89 64 76
🖨 02 99 89 88 47
F. janv.

www.maisons-de-bricourt.com

SAINT MERD DE LAPLEAU - 19320 (25 C 4)
Tulle 31 - Brive-la-Gaillarde 50

12 **Fabry Rendez-Vous des Pêcheurs**

Dans ce cadre superbe, celui d'une maison de caractère au bord de la Dordogne, on se sent naturellement porté à apprécier un terroir au naturel. La tarte fine quercinoise (avec rocamadour, magrets fumés et noix) et la roulade d'omble au jambon d'Auvergne empruntent intelligemment aux régions voisines pour combler ce désir au mieux. Terrasse très agréable, entre l'ombre des tilleuls et le bruissement de l'eau.

C : 35 € • M : 16-32 €

→ Pont du Chambon
☎ 05 55 27 88 39
F. dim. à dîn., lundi et 12 nov.-13 fév.
Jusqu'à 21h.

www.rest-fabry.com

SAINT MICHEL EN L'HERM - 85580 (15 C 6)
Luçon 15 - La Roche-sur-Yon 46

11 **La Rose Trémière**

On apprécie le cadre rustique, les pierres et poutres apparentes de l'ancienne grange, les expositions de peintures, et une tranquille cuisine de saison qui, déclinée dans les menus du même nom, assure le service déjeuner comme dîner à prix plancher sans démériter, autour de la terrine de légumes, du faux-filet marchand de vin et du dessert du jour. Cave classique aux tarifs tout aussi raisonnables.

C : 37 € • M : 12-42 €

→ 4 rue de l'Eglise
☎ 02 51 30 25 69
F. dim. à dîn., lundi à dîn., mardi, merc. (sept.-juin)), dim. à dîn., merc. (juil.-août), vac. scol. fév. et 2 sem. oct.
Jusqu'à 21h30.

rose.tremiere@wanadoo.fr

SAINT MICHEL TUBOEUF - 61300 (6 B 5)
L'Aigle 5 - Bernay 52 - Evreux 73

11 **Auberge Saint-Michel**

Le décor rustique-chic de cette longère sous la vigne vierge ne trompe pas, on vient là pour une tranquille cuisine de tradition, que Claude Barville maîtrise sur le bout de la spatule, faite de melon au jambon fumé, de magret de canard à l'orange et de nougat glacé, pour le plus grand plaisir des vieux habitués.

C : 30 € • M : 24-37 €

→ RN 26 direction Dreux
☎ 02 33 24 20 12
F. mardi à dîn., merc. à dîn., jeudi (sf fériés jeudi à déj.), 10 jrs janv. et 3 sem. sept.
Jusqu'à 21h.

auberge.saint-michel@wanadoo.fr

SAINT NECTAIRE - 63710 (26 B 4)
Clermont-Ferrand 37 - Issoire 26

 Hôtel Mercure les Bains Romains

L'ancien hôtel de cure XIXe s'est nettement modernisé depuis qu'il figure dans le giron Mercure, écrans plats dans les chambres rénovées du 4e étage, cages d'escalier également revues tout en conservant les atouts naturels du lieu, l'arboretum et le jardin privé. Restaurant de cuisine régionale actualisée.
71 ch. 78-100 €

→ Rue-Principale
☎ 04 73 88 57 00
🖷 04 73 88 57 02
Ouv. 7j/7.
🚗 ♿ ⌂ 🐾

www.mercure.com

SAINT NEXANS - 24520 (24 B 2)
Périgueux 58 - Tulle 160

Chartreuse de Bignac

Bâtie au sommet d'une colline, cette chartreuse XVIIe fut longtemps une villégiature de notables. Elle offre à 360° la vue sur le vignoble et les quatre villages alentour. Chambres de caractère, toutes différentes, draps et housses de couettes brodées, piscine et terrasse jouissant d'une vue panoramique.
1 appart. 400 € • 12 ch. 140-160 €

→ Le Bignac
☎ 05 53 22 12 80
🖷 05 53 22 12 81
F. janv.
🚗 ⌂

www.abignac.com

SAINT NICOLAS DE BOURGUEIL - 37140 (17 B 4)
Saumur 18 - Bourgueil 4 - Chinon 21

12 Saint-Nicolas Gourmand

La jolie salle lumineuse sous les poutres claires traduit bien l'esprit des lieux, celui d'une auberge vigneronne de son temps, conviviale et consensuelle, capable de proposer la salade de rillons comme la terrine de foie gras, une plaisante crème de pois cassé sur le filet de daurade comme un classique pavé de rumsteck au poivre. Vigneronne, elle l'est aussi à travers une large sélection de vins du cru.
C : 40 € • M : 17-39,50 €

→ 28 av Saint-Vincent
☎ 02 47 97 77 37
F. dim. à dîn., lundi et janv.
Jusqu'à 20h45.
🎍 ♿ 🐾

SAINT OMER - 62500 (1 C 2)
Arras 79 - Dunkerque 40

12 Restaurant Le Cygne

Face à la fontaine qui lui donne son nom, la table de Jean-François Wident séduit par sa belle élégance classique, une remarque qui vaut autant pour l'allure de la vaste salle aux tons clairs que pour la déclinaison de menus équilibrés, bien pensés dans leurs associations (olives noires et chorizo sur la daurade, miel et abricots confits sur le magret de canard) et sans mauvaise surprise quant à leur réalisation.
C : 40 € • M : 14-48 €

→ 8 rue Caventou
☎ 03 21 98 20 52
F. dim. à dîn., lundi (sf fériés), vac. scol. fév. et 3 sem. août.
Jusqu'à 21h.
🎍 ❄ 🐾

Villes de proximité, voir :

Ⓞ BLENDECQUES..........................4 km S. par D 77 **(12/20)**

---

découverte 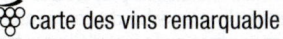 GM met en avant des nouveautés méconnues

💗 coup de cœur carte des vins remarquable ◸ notation en hausse

SAINT OUEN - 41100 (17 D 3)
Vendôme 4 - Fréteval 15

12 La Vallée
Une auberge sérieuse et appliquée, dans laquelle il nous semble encore presque sentir l'atmosphère simple et conviviale qui devait régner autrefois dans cet ancien café-épicerie. Marc Georget y propose une cuisine bien ancrée dans la tradition avec, comme figures de proue, le foie de veau de lait au vinaigre balsamique et endives gâteau ou le bar à la vapeur et crème de curry. Desserts attendus, avec la tatin et glace mirabelle ou la charlotte au chocolat.
C : 32 € • M : 26-45,50 € *www.restaurant-la-vallee.com*

→ 34 rue Barré-de-Saint-Venant
☎ 02 54 77 29 93
F. dim. à dîn., lundi, mardi (sf fériés), 2-8 janv., 1er-16 avril et 15-30 sept.
Jusqu'à 20h45.

SAINT OUEN LES VIGNES - 37530 (17 C 4)
Tours 39 - Amboise 11

15 L'Aubinière
Une telle adresse, chic cossu caché dans une belle maison de village, douceur de vivre et assiette raffinée, pourrait-elle nicher dans une autre région ? Nous ne le croyons pas. Il y a comme l'air de la vallée des rois qui flotte sur cette salle ouverte sur le jardin fleuri, dans la manière sûre, onctueuse et généreuse de Jacques Arrayet pour composer des plats à la fois gourmands et entièrement maîtrisés : gâteau de langoustines, un peu à l'ancienne, bien haché, mais savoureux, une belle pastilla de caille, un fondant chocolat très bien équilibré, une sorte de sans-faute qui semble tenir du quotidien. Un seul bémol à une si agréable symphonie, un accueil pas automatiquement souriant et un service certes efficace, mais auquel il faudrait enseigner la chaleur humaine avant le protocole. La cave ligérienne est très bien affûtée, s'étendant aux autres régions phares de façon classique.
C : 50 € • M : 24-38 € *www.aubiniere.com*

→ 29 rue Jules-Gautier
☎ 02 47 30 15 29
F. dim. à dîn., lundi, merc. à dîn. (h.s.), lundi, mardi à déj. et mi-fév.-fin mars.
Jusqu'à 21h15.

SAINT OURS - 63230 (26 B 3)
Clermont-Ferrand 26 - Vichy 63

12 L'Ours des Roches
A deux pas de Vulcania, en pleine campagne, cet Ours jouit d'une réputation solide dans les environs, autant pour la cuisine sérieuse et appliquée de Philippe Brossard (variation autour de la tomate, croustillant de pieds de porcs aux escargots, cocotte de poissons lutée, râble de lapin aux morilles) que pour l'originalité de la salle à manger, charmante et étonnante avec ses voûtes blanches soutenues par des colonnes en pierre noire de Volvic. Cave étoffée et classique.
C : 34 € • M : 20-64 € *www.oursdesroches.com*

→ La Courteix
☎ 04 73 88 92 80
F. dim. à dîn., lundi (1er avril-30 sept. sf fériés), dim. à dîn., lundi, mardi (1er oct.-31 mars) et 2-24 janv.
Jusqu'à 22h.

SAINT PARDOUX LA CROISILLE - 19320 (25 C 4)
Tulle 32 - Brive-la-Gaillarde 50

13 Beau Site
Entre le bien nommé menu Terroir et les solides classiques du grand menu (salade de homard, pavé d'oie façon Rossini), le chef élargit ses influences et prouve qu'il maîtrise la plupart des répertoires, avec la fraîcheur bienvenue du gaspacho de concombre et chèvre frais et tartine de tomates confites ou le filet d'élingue façon thaï, avec lait de coco et citron vert. Décalé ? Peut-être, comme l'allure anglo-normande de cette maison en Limousin, mais la

→ ☎ 05 55 27 79 44
F. lundi à dîn. (h.s.), mardi à déj., merc. à déj., 1er janv.-30 avril et 1er oct.-31 déc.
Jusqu'à 20h45.

bonne volonté manifeste, en salle comme en cuisine, emporte toujours aussi sûrement l'adhésion et prouve que la maison sait vivre avec son temps et ne se contente pas de son Beau Site.
C : 49 € • M : 19,50-48 €   www.hotel-lebeausite-correze.com

SAINT PATERNE - 72610   (16 B 1)
Alençon 3 - Le Mans 56

Château de Saint-Paterne
Dehors, le parc à l'anglaise et une magnifique architecture héritée du XVIᵉ siècle. Dedans, une atmosphère délicieuse, où les tentures raffinées tombent des hauts plafonds jusqu'aux parquets de chêne clair ou de pavés anciens, dans des ambiances romantiques ou contemporaines.
5 appart. 180-230 € • 4 ch. 135 €   www.chateau-saintpaterne.com

→ ☎ 02 33 27 54 71
▤ 02 33 29 16 71
F. janv.-fin mars.

SAINT PAUL D'ESPIS - 82400   (29 D 3)
Agen 36 - Cahors 58 - Toulouse 89

12 Le Manoir de Saint-Jean
La table affiche des ambitions à la hauteur du cadre, à charge pour le nouveau chef de justifier les tarifs par ses préparations classiques qui mettent en avant les produits nobles : escalope de foie gras poêlé sur tatin d'artichauts, risotto à l'écume de cèpes, mara des bois et mousse mascarpone. Cave classique.
M : 38-70 €   www.manoirsaintjean.com

→ Saint-Jean-de-Cornac
☎ 05 63 05 02 34
F. dim. à dîn., lundi, 2-18 janv. et 2-18 nov.
Jusqu'à 21h30.

Le Manoir de Saint-Jean
Au cœur d'un agréable parc, ce manoir néoclassique construit au XIXᵉ siècle ménage intimité et confort grâce à des suites spacieuses, auxquelles un mobilier choisi avec soin confère une personnalité propre, avec un mélange d'élégance et de sobriété particulièrement remarquable.
9 appart. 135-160 € • 1 ch. 95-115 €   www.manoirsaintjean.com

→ Saint-Jean-de-Cornac
☎ 05 63 05 02 34
▤ 05 63 05 07 50
F. 2-18 janv. et 2-18 nov.

SAINT PAUL DE VENCE - 06570   (33 B 1)
Nice 20 - Antibes 18 - Vence 4

14 Le Saint-Paul
Parfaitement intégrée à la rue principale de ce village ultra-touristique, cette maison cossue joue à merveille la carte du chic tendance Riviera : une délicieuse terrasse coupée du flot touristique et du vent, une cave aux références prestigieuses (prix en rapport avec le standing des lieux) et une cuisine à consonance méditerranéenne : courgette boule farcie au thon fumé et mozzarella, suprême de pintade fermière rôtie, escalopine de foie gras, pomme grenaille et asperges vertes et surprise chocolatée (trois quenelles de mousse, au chocolat blanc, noir et au lait posées sur un fin biscuit praliné). Un point de plus, pour le sérieux du jeune chef, Ludovic Puzenat, et la qualité d'ensemble des produits.
C : 90 € • M : 48 €   www.lesaintpaul.com

→ 86 rue Grande
☎ 04 93 32 65 25
F. à déj. mardi-jeudi (avril, oct.), mardi, merc. (fév., mars, nov.) et déc.-janv.

Les fermetures hebdomadaires et annuelles sont celles que les restaurateurs et les hôteliers pensent pratiquer en 2008. Pour éviter des déplacements inutiles, téléphonez pour avoir confirmation.

🍷🍷🍷 Le Saint-Paul 🕊

Le plus bel hôtel dans l'enceinte des remparts est hébergé dans des murs dont l'histoire remonte au début du XVIᵉ siècle. Chouchouté par un personnel à l'affût de ses moindres désirs, le client jouit d'un accueil personnalisé qui comprend notamment une invitation à boire le thé chaque après-midi. Habillées de tissus signés Pierre Frey, meublées d'ancien et décorées de tableaux du XVIIIᵉ siècle, les chambres de cette maison bourgeoise affichent une charmante ambiance provençale.

4 appart. 420-670 € • 13 ch. 200-450 €

→ 86 rue Grande
☎ 04 93 32 65 25
🖨 04 93 32 52 94
F. janv.-fév.

www.lesaintpaul.com

---

12 La Brouette - Chez les Danois

Dans le melting-pot créé depuis les années 50 par les arrivants du monde entier sur la Riviera subsistent quelques souvenirs baroques et attendrissants comme cette Brouette danoise qui est au restaurant ce que le Combi VW a pu être pour l'automobile. Un espace à part, de liberté, de charme suranné aussi : sur les tables en bois autour de la cheminée ou dans le jardin, c'est l'ambiance cool, si cool, qui prédomine, les assiettes scandinaves, sympathiques au demeurant, ayant une importance relative : harengs de la Baltique, truite fumée au feu de bois, fricadelles, truite fumée au feu de bois sauce aneth.

C : 24 € • M : 20-28 €

→ 830 rte de Cagnes, à Pénétrante
Cagnes-Vences
☎ 04 93 58 67 16
F. lundi et fév.
Jusqu'à 22h.

🍷🍷🍷 Le Mas de Pierre

Niché dans les collines provençales, le Mas s'entoure des couleurs et des odeurs du jardin, des oliviers ou de la serre aux orchidées. Un cadre verdoyant, jusqu'aux jardins privatifs dont profitent les chambres, cocons de douceur et de luxe provençal, dans le choix des couleurs comme le mobilier authentique.

7 appart. 300-850 € • 41 ch. 220-470 €

→ Rte des Serres
☎ 04 93 59 00 10
🖨 04 93 59 00 59
Ouv. 7j/7.

www.lemasdepierre.com

🍷🍷 Le Hameau 🕊

On retrouve dans ce Hameau un esprit village, du terrain de boules à la boutique gourmande, en passant par la galerie d'art. Les différentes maisons, réparties autour de la piscine et du jardin, décline un adorable style rustique provençal, avec de magnifiques meubles anciens et des tissus raffinés.

3 appart. 190-250 € • 14 ch. 105-220 €

→ 528 rte de la Colle
☎ 04 93 32 80 24
🖨 04 93 32 55 75
F. 15 nov.-31 déc. et
1ᵉʳ janv.-15 fév.

www.le-hameau.com

🍷🍷 Les Vergers de Saint-Paul

Un superbe ensemble contemporain de l'arrière-pays pour une détente parfaite à dix minutes de la côte. Un petit nombre de chambres, deux très belles suites, pour garder l'esprit intime, dans une déco sobre et actuelle aux tissus coordonnés.

2 appart. 225-245 € • 15 ch. 110-180 €

→ 940 rte de la Colle
☎ 04 93 32 94 24
🖨 04 93 32 91 07
Ouv. 7j/7.

www.vergersdesaintpaul.com

Villes de proximité, voir :

⟳ COLLE SUR LOUP (LA)...............3 km S.O. par D 7 **(14/20)**

GᴹM

La Forestière

La forêt est bien là, la maison, réinterprétation contemporaine des chalets, est construite à côté. Au-delà des chambres personnalisées, on apprécie le bel équipement de détente (piscine, salle de musculation, sauna, tennis, etc).

4 ch. 140 €
www.laforestiere.com

→ Piolan
☎ 04 50 74 67 10
🖷 04 50 74 67 08
F. nov.-janv.

14 Moulin de Poustagnacq

Cet ancien moulin au bord d'un plan d'eau, en pleine campagne, n'a jamais caché ses visées statutaires, s'imposant comme l'une des tables landaises où l'on vient pour fêter quelque grande occasion, avec l'assurance de trouver au rendez-vous des prestations sans faille. Thierry Berthelier propose une cuisine pleine de noblesse, régionale dans son essence et classique dans son traitement : asperges cuites au beurre et crème d'oignons au parmesan, sole meunière, beurre citron aux gambas et pointe d'asperge, magret de pigeon, jus de carcasse au pomerol et petits oignons glacés, poire fondante au caramel, tartelette craquante et crème glacée au Nutella. Une cuisine immédiatement compréhensible servie par une cave certes complète mais s'attachant peu à promouvoir les générations montantes.

M : 29-69 €
www.moulindepoustagnacq.com

→ Chemin de Poustagnacq
☎ 05 58 91 31 03
F. dim. à dîn., lundi, mardi
à déj., vac. scol. Toussaint et
vac. scol. Noël.
Jusqu'à 21h30.

14 David Mollicone

Cette oasis préservée, au cœur du village, a trouvé un nouveau méhari. David Mollicone s'offre un challenge considérable en succédant aux frères Pourcel dans cet ambitieux projet. Personnel réduit, jeune et dévoué, cadre toujours enchanteur, pour goûter une fraîche carte de saison autour de produits sans gros pedigree (julienne, volaille, thon, agneau…). Le résultat est franchement probant, en particulier avec les légumes (un excellent pistou, une endive farcie aux truffes de Richerenches avec une cuisse de volaille craquante…) et fait gagner un point à la Villa. Carte de vins assez courte, mais bien pourvue en tricastin (Montine, Decelle…) et affûtée en languedoc.

C : 45 € • M : 28-75 €
www.villaaugusta.fr

→ 14 rue du Serre-Blanc
☎ 04 75 97 29 29
F. dim. à dîn.
Jusqu'à 22h.

Villa Augusta

Augusta se décline bien sûr toujours en version hôtelière, dans ce cadre intime et chaleureux, aux parfums de soleil entretenus par le choix des matières comme des couleurs pour personnaliser chaque chambre, chaque espace, jusqu'au jardin ponctué de vestiges antiques.

1 appart. 310-360 € • 23 ch. 95-200 €
www.vvillaaugusta.fr

→ 14 rue du Serre-Blanc
☎ 04 75 97 29 29
🖷 04 75 97 29 27
Ouv. 7j/7.

SAINT PAUL TROIS CHATEAUX

14 ⬥ **La Vieille France Jardin des Saveurs**

Repas à la maison : chez Dalia et Jean Fouillet, l'atmosphère est celle créée par des hôtes attentifs, qui enjolivent chaque année leur intérieur (un nouveau salon d'accueil, un nappage lin taupe et écru) entouré d'un jardin fleuri méditerranéen. Cuisine de produits et de senteurs, cuisine de chef et de maître de maison, qui fait son marché et compose selon la saison : les légumes l'été, les truffes l'hiver, les beaux poissons de Port-Vendres selon l'arrivage. Cette ambiance précieuse se cultive en douceur, aidée aussi par une cave régionale remarquable qui prouve aussi la curiosité et la compétence des propriétaires, particulièrement entre Rhône et Languedoc, de la Reine des Bois à Montcalmès, de Gourt de Mautens à Gauby

C : 67 € • M : 25-46 €   www.restaurant-vieillefrance-jardindessaveurs.com

→ Chemin des Goudessards
☎ 04 75 96 70 47
F. mardi (sf à dîn. juil.-août), lundi et 3 sem. nov.
Jusqu'à 21h30.

---

13 ⬥ **Restaurant Complice L et Lui** *d⅗*

Cathy et Cédric, elle et lui. Au seuil du village, un jardin, un toit, deux cœurs, c'est presque un roman à l'eau de rose. Tiens de l'eau de rose, pourquoi pas devrait penser Cédric, qui fait infuser sa cuisine dans une ribambelle de fleurs, d'herbes et de plantes ramassées sur les collines environnantes et dans le jardin de Cathy. Alors, évidemment, ces assiettes entièrement personnelles, dessinées avec tout l'enthousiasme de ce jeune couple OVNI dans les codes constitués de la restauration traditionnelles nous plaisent a priori, dans un esprit de nature, de découvertes des saveurs, le kephyr et la nigelle, le pageot à la betterave et le pâtisson, le magret fumé sur des brindilles de thym, "soba de kombu aux fleurs thymus"... Les intitulés tiennent autant de la fable de La Fontaine que de la recette pour enchanteur Merlin, parfois cela fonctionne très bien, parfois c'est un peu brouillon, mais tout est tellement sympathique... A condition que les convives jouent le jeu de cette nature, comme de la cave, dédiée chaque mois à un seul vigneron, généralement régional.

C : 36,50 € • M : 26,50-46,50 €

→ 2 rue Charles-Chaussy
☎ 04 75 46 61 14
F. dim.-mercredi, jeudi à dîn., 23 déc.-3 janv. et 19-26 août.

? **La Chapelle**

Changement de propriétaire et changement d'axe dans cette jolie maison XVe au cadre voûté. Carine Cuoq, chef et patronne, reprend à son compte les atouts de la Chapelle, dont le charmant patio ombragé, et poursuit la voie d'une cuisine traditionnelle provençale. La note est pour le moment entre parenthèses avant ajustement.

M : 19-27 €

→ 5 impasse Ludovic-de-Bimard
☎ 04 75 96 60 88
F. mardi à dîn., merc., Toussaint, Noël et nouvel an.
Jusqu'à 21h.

L'Esplan

L'ancien hôtel particulier, au cœur du village, a vécu d'importants changements en cuisine cette année. La partie hébergement plaît toujours autant, pour son délicieux patio ombragé par un palmier centenaire et délicieusement rafraîchi par un brumisateur, pour sa terrasse arborée, sa jolie vue sur les collines et pour ses chambres spacieuses et pleines de charme. Ecrans plats et wifi désormais généralisé.

36 ch. 65,60-114,20 €   www.esplan-provence.com

→ 15 pl de l'Esplan
☎ 04 75 96 64 64
🖨 04 75 04 92 36
F. 19 déc.-12 janv.

15 🏨 ⥌ **L'Auberge Basque** *d*⥌

Une auberge contemporaine dans le cadre d'une ancienne ferme XVIIᵉ, sur une colline face à la vallée de la Rhune... L'histoire commence bien, penserez-vous. Frottez-vous les mains, le jeune chef qui a pris cette affaire n'est pas tout à fait un inconnu. Ancien chef de la cour jardin au Plaza Athénée aux côtés d'Alain Ducasse, Cédric Béchade revient au pays (il a commencé sa carrière à l'Hôtel du Palais) pour mener sa propre barque dans les méandres du terroir qu'il connaît le mieux, en simplicité et élégance. Et deux toques tombent d'emblée dans l'escarcelle de ce jeune prodige pour son œuf poché en gelée de piperade et anguille fumée, sa morue confite au curry et vinaigrette au txacoli, son cochon Ibaïona snacké et confit à l'échalote, salade d'huîtres à la roquette ou le superbe agneau de Castille rôti, avec le boulgour comme une paella. C'est limpide, immédiatement convaincant, et il faut y courir. Courte cave de caractère, aux choix affirmés et de qualité, en France comme en Espagne Onze chambres raffinées au charme intimiste.
C : 50 € • M : 39 €   www.aubergebasque.com

→ Vieille rte de Saint-Pée
☎ 05 59 51 70 00
F. lundi, mardi à déj., vend. à déj. (mai-fin oct.), lundi, mardi, vend. à déj. (nov.-fin avril), 20 janv.-20 fév. et 10-25 nov.

🏨 **L'Auberge Basque**

A flanc de colline verdoyante, l'auberge revendique une identité contemporaine, à travers son décor soigné, mobilier design et tons décalés par rapport à l'imagerie basque traditionnelle et à l'architecture de vieille ferme, judicieusement retouchée par exemple pour intégrer de nouveaux balcons et ouvertures. Délicieuse terrasse, tout aussi actuelle dans son agencement.
2 appart. 950-1450 € • 11 ch. 85-260 €   www.aubergebasque.com

→ Vieille rte de Saint-Pée
☎ 05 59 51 70 00
📠 05 53 51 70 17
F. 20 janv.-20 fév. et 10-25 nov.

15 🏨 **Le Fronton**

La maison est basque, la salle plutôt moderne dans un esprit de jardin d'hiver. Et si le hameau d'Ibarron n'est pas si facile à trouver, tout le canton saura vous conseiller le chemin pour trouver la table de Jean-Baptiste Daguerre et de son épouse, qui fait du terroir grandeur nature au rayon gastronomique. Et à prix doux, ce qui n'est pas la moindre des qualités de cette carte sincère où l'on extrait sans peine le meilleur du pays dans la formule à 43 € avec la tarte feuilletée à la ventrèche de thon et copeaux de brebis, le merlu de ligne rôti en émulsion d'herbes, le filet de canard à la fleur de sel et foie gras grillé. La tradition de qualité ne s'éteint pas au dessert (excellente tarte tiède au chocolat amer et glace chocolat) et les suggestions enrichissent encore l'offre selon le marché. Cave régionale qui va jusqu'à la Rioja, et bien sûr le Bordelais.
C : 43 € • M : 37-43 €   jeanbaptiste.daguerre@wanadoo.fr

→ Quartier Ibarron
☎ 05 59 54 10 12
F. dim. à dîn., lundi, mardi (oct.-avril), dim. à dîn., lundi (mai-sept.) et 15 fév.-20 mars. Jusqu'à 21h30.

17 🏨 ⥌ **L'Espérance**

Le coup est passé tout près et, comme tous les passionnés de gastronomie en France et ailleurs, nous avons ressenti une grande peine à l'annonce des difficultés de l'Espérance. Pourtant, Marc Meneau, arrivé à Vézelay en 1970, ne pouvait abandonner une telle enseigne, au sens finalement prémonitoire. Nous avons donc retrouvé avec un immense plaisir cette belle demeure installée à

→ Rte de Vézelay
☎ 03 86 33 39 10
F. lundi à déj., mardi, merc. à déj. et mi-janv.-déb. mars. Jusqu'à 21h30.

SAINT PERE SOUS VEZELAY

l'entrée du village et son personnel d'une gentillesse toujours digne d'éloge. Si Marc Meneau devait avoir laissé quelques plumes au cours de cette année 2006 sans doute si difficile pour lui, il n'en laisse rien paraître à sa clientèle, assurant sans sourciller une cuisine à trois toques, certes toujours aussi sévèrement tarifée, mais tellement brillante : déclinaison autour de la tomate (un gaspacho en tube, vaporeux et idéalement relevé, une grosse tomate semi-confite servie avec une vinaigrette chaude légèrement épicée, de la tomate déshydratée sur laquelle on verse au dernier moment un bouillon de bœuf aux épices et une touche de crème aux herbes et enfin une tomate jaune farcie de petits dés de légumes et de chèvre frais), un plat certes déjà vu dans ces murs mais d'une haute technicité ; sole fourrée aux herbes du jardin, un poisson dont on a retiré l'arête en début de cuisson (elle est servie à part et elle se mange) pour le remplacer par les herbes, un plat de haute volée ; quasi de veau à la broche, sauce au caramel amer et tatin d'endives (d'une délicieuse amertume, encore renforcée par une salade de cresson, opérant un génial contrepoint à la viande) ; déclinaison de fraises en deux brochettes, l'une au vinaigre balsamique, l'autre en coque caramélisée, l'ensemble étant proposé avec un choix de sauces variées, au porto, au poivre, au paprika, comme pour autant de petites expériences culinaires très ludiques. Et vive l'Espérance !
M : 90-210 €   www.marc-meneau-esperance.com

ℂℂℂ L'Espérance 🦐

Élégance romantique des tissus fleuris et des meubles de style, l'Espérance habille son architecture de grosse maison bourgeoise d'un esprit raffiné et apaisant. On retrouve cet esprit intime et chaleureux sous les poutres des chambres du Moulin, tandis que le Pré des Marguerites à deux pas propose des chambres au style plus sobre, n'hésitant pas à jouer du charme de jolies couleurs vives ou ouvertes sur le parc par des terrasses privatives.
8 appart. 300-450 € • 20 ch. 150-300 €   www.marc-meneau-esperance.com

→ Rte de Vézelay
☎ 03 86 33 39 10
🖨 03 86 33 26 15
F. mi-janv.-déb.mars.

à **SAINT PIERRE D'OLERON, voir OLERON (ILE D')**

SAINT PIERRE DE SEMILLY - 50810   (5 C 3)
Saint-Lô 8 - Cherbourg 85

13 🍴 La Fleur de Thym

Au cœur de la Normandie, la Fleur de Thym trempe la Manche dans la Méditerranée, alternant la daurade sauce poivron doux et la volaille à l'andouille avec le même bonheur, mariant le canard à la lavande ou les légumes avec les anchois. Dans le cadre champêtre de cette ancienne ferme, ce paisible voyage, bien orchestré en salle, ne manque pas d'intérêt.
C : 59 € • M : 28-39 €   www.lafleurdethym.com

→ Le Calvaire
☎ 02 33 05 02 40
F. sam. à déj., dim. à dîn., lundi, 2-21 janv. et 15 jrs août.
Jusqu'à 21h (22h w.-e.).

SAINT PIERRE LA NOAILLE - 42190   (27 B 1)
Roanne 18 - Digoin 36 - Charlieu 9

❋ Domaine du Château de Marchangy

Cœur d'un domaine viticole, ce château XVIIIᵉ propose des chambres spacieuses et raffinées, avec de beaux meubles de style. Agréable balade dans le parc, avec un potager à l'ancienne.
2 appart. 95-103 € • 1 ch. 82-90 €   www.www.marchangy.com

→ ☎ 04 77 69 96 76
🖨 04 77 60 70 37
Ouv. 7j/7.

ᴳ
ᴹ

12 Le Petit Hôtel du Grand Large 🗋 💙

Ouaoh ! Un chef qui écrit en exergue de son menu "il n'y a pas de mauvais poissons, il n'y a que des poissons mal pêchés" ne manque évidemment pas d'audace. Ni d'éthique, lorsqu'Hervé Bourdon privilégie les poissons "méconnus ou déconsidérés" ou qu'il se refuse à vendre du bar pendant la période de reproduction. Ce qui donne une table entièrement nouvelle, alléchante et sobre à la fois, où les langoustines sorties de l'eau sont excellentes, le lieu jaune et le rouget grondin traités avec respect, tout comme la joue de cochon au cidre. La toque est déjà dans les tuyaux, et devrait tomber l'an prochain pour cet autodidacte à l'approche raisonnée dans cette salle chaleureuse et connue des initiés, au bord d'un charmant port. Cave assez mince, mais bien vue (cuvée Orfeo de la Chaume, irancy de Thierry Richou) et sage en tarifs. Six chambres accueillantes, sobres et personnalisées.

C : 35 € • M : 35 €   www.lepetithoteldugrandlarge.fr

→ 11 quai Saint-Ivy-Portivy
☎ 02 97 30 91 61
F. dim. à dîn., mardi, merc. (h.s.), mardi à déj., merc. à déj. (saison), 2 janv.-8 fév. et 15 nov.-26 déc.
Jusqu'à 21h.

SAINT PIERRE SUR DIVES - 14170   **(6 A 4)**
Caen 32 - Lisieux 25

12 Auberge de la Dives

Cette auberge, banale de l'extérieur, cache des trésors de probité. Ardemment normande, la carte alterne le bon (escalope de foie gras normand à la rhubarbe, filet de sandre à l'infusion de ronces et crème au caramel de cidre) et le moyen, comme cette tarte fine aux pommes chaudes et à la cannelle, sèche et sans grand intérêt. Atmosphère agréable, service manquant parfois de suivi.

C : 30 € • M : 18,50-36 €

→ 27 bd Collas
☎ 02 31 20 50 50
F. dim. (15 nov.-30 mars), lundi à dîn., mardi, dern. sem. janv.-1re sem. fév. et 15 nov.-5 déc.
Jusqu'à 21h.

SAINT POL DE LEON - 29250   **(13 C 2)**
Brest 60 - Morlaix 19 - Roscoff 5

14 Auberge de la Pomme d'Api

Deux ans après avoir quitté le Béarn (le Fer à Cheval à Lons), Yannick et Khady le Beaudour ont déjà imprimé leur patte sur cette belle et vieille maison bretonne de centre-ville. Les quelques détails encore à régler que nous évoquions l'an dernier (en particulier la cave, qui s'étoffe progressivement) ont pratiquement tous disparu, ne laissant plus planer le moindre nuage sur cette réjouissante interprétation du terroir local : noix de saint-jacques saisies à l'huile d'olive, courgettes et croquettes à la fourme d'Ambert, lichettes d'agneau ébouillantées d'un consommé aux lentins de Saint-Pol et lard paysan relevé de céleri-rave, carpaccio d'orange sanguine et poivre de Séchuan, gratin coulant au chocolat.

C : 60 € • M : 23-65 €   yannick-lebeaudour@free.fr

→ 49 rue Verderel
☎ 02 98 69 04 36
F. dim. à dîn. et lundi (sf été).
Jusqu'à 21h30.

10 Les Fromentines

Du très sérieux dans la bilig : une crêperie de tradition dans un décor typique et gai, un service attentionné et souriant pour apporter la Léonarde ou la Tro Breizh, garnies des produits du pays.

C : 15 € • M : 11-12,50 €   www.les-fromentines.com

→ 18 rue Cadiou
☎ 02 98 69 23 52
F. dim. à dîn., jeudi (hiver), 1 sem. mars et 3 sem. oct.
Jusqu'à 22h.

SAINT PONS - 07580   (27 C 5)
Aubenas 24 - Montélimar 21

11 Hostellerie Gourmande Mère Biquette
La cuisine de terroir qui convient à ce lieu pleine nature : elle est faite par la fille de la maison, qui connaît la chanson de la truite, qu'elle prépare fumée en aumônière ou sur un lit de ravioles, de la queue de bœuf à la syrah et de la crème de marron dans le dessert surprise ardéchois. Atmosphère simple et conviviale, cave mettant l'accent sur le département.
C : 35 € • M : 20,50-45 €

www.merebiquette.fr

→ ☎ 04 75 36 72 61
F. lundi, mardi, merc. à déj. (sf fériés), dim. à dîn. (oct.-mars) et mi-nov.-10 fév.
Jusqu'à 20h30.

Hostellerie Gourmande Mère Biquette
Une ancienne ferme cévenole rénovée, en pierre de basalte, en haut de la vallée de Saint-Pons, dans un environnement superbe, avec une vue qui porte par temps clair jusqu'à Nîmes. Dans l'aile Mère Biquette, chambres au décor classique, meubles en noyer massif, dans l'aile Petit Biquet, meubles en châtaignier massif et tissus colorés. Nombreux loisirs sur place.
1 appart. 88-92 € • 14 ch. 61-108 €

www.merebiquette.fr

→ Les Allignots
☎ 04 75 36 72 61
🖷 04 75 36 76 25
F. mi-nov.-10 fév.

SAINT PONS DE THOMIERES - 34220   (31 D 4)
Narbonne 56 - Castres 55

Les Bergeries de Pondérach
Les bâtiments XVIIe d'une ancienne propriété viticole se déploient au cœur d'un parc arboré pour offrir un cadre intime à quelques chambres superbes, spacieuses et parées de couleurs chaleureuses. Les nombreuses œuvres qui rehaussent le décor témoignent de la vocation de galerie d'art des lieux.
1 appart. 160-180 € • 6 ch. 79-120 €

www.bergeries-ponderach.com

→ Rte de Narbonne
☎ 04 67 97 02 57
🖷 04 67 97 29 75
F. 2 nov.-20 mars.

Villes de proximité, voir :

🕐 COURNIOU ....5 km O. par N 112 **(10/20)**

🕐 SALVETAT SUR AGOUT (LA) .....22 km S.E. par D 907 **(11/20)**

SAINT POTAN - 22550   (14 B 3)
Dinan 25 - Saint-Malo 38

12 Auberge du Manoir
En moins de 10 km (il a été travaillé notamment chez Crouzil à Plancoët), Nicolas Toutain n'a pas perdu les bonnes recettes pour satisfaire les amateurs de saveurs marines et, plus qu'à travers le foie gras poêlé ou le homard flambé, exercices de prestige pas du tout obligatoires dans ce contexte chaleureux de cette élégante auberge de village, on concentrera son attention sur la qualité sobrement préservée des saint-jacques dorées aux fèves et croquant de poitrine fumée ou de la barbue rôtie à l'andouille et graines de moutarde.
C : 42 € • M : 31-50 €

→ 31 rue du 19-Mars-1962
☎ 02 96 83 72 58
F. mardi, merc., 2 sem. fév. et 3 sem. nov.
Jusqu'à 21h30.

Les villes sont citées par ordre alphabétique.
Les villes au nom composé d'un article sont classées sans tenir compte de celui-ci.

SAINT POURÇAIN SUR SIOULE - 03500 (26 B 2)
Moulins 29 - Vichy 28

12 Le Chêne Vert

Relais de poste puis pensionnat de jeunes filles avant d'être converti en hôtel-restaurant dans les années 1880, ce Chêne Vert s'est imposé comme la valeur sûre locale. Jean-Guy Siret ne fait rien pour contrarier sa clientèle d'habitués (pourquoi le ferait-il !?), proposant la terrine de canard en gelée, le poêlon d'escargots de Bourgogne à l'ancienne ou la sole meunière comme autant d'évidences.
C : 30 € • M : 18,50-28 €   www.hotel-chenevert.com

→ 35 bd Ledru-Rollin
☎ 04 70 47 77 00
F. dim. à dîn., lundi à dîn. (sf juil.-août), lundi à déj. et 6-28 janv.
Jusqu'à 21h.

SAINT PRIEST BRAMEFANT - 63310 (26 C 3)
Vichy 13 - Clermont-Ferrand 51

? Le Maulmont

Stéphane Roesch, chef de cette ancienne commanderie templière depuis sept ans, a quitté les lieux cette année. Nous suspendons pour l'instant la note, la situation en cuisine restant confuse au moment de notre bouclage. A suivre donc, mais avec précaution.
C : 65 € • M : 38-85 €   www.chateau-maulmont.com

→ Maulmont SARL
☎ 04 70 59 03 45
F. 1er janv.-15 mars et 2 nov.-31 déc.

Hôtel du Château de Maulmont ✈

Quelques soubresauts ont agité les cuisines de cet ancien relais de chasse début XIXe cette année mais l'hôtellerie demeure d'un bon niveau (chambres spacieuses et raffinées) et le cadre superbe. De nombreuses activités sur place (piscine, canotage, practice de golf, balade dans les jardins à la française)
4 appart. 195-275 € • 19 ch. 80-195 €   www.chateau-maulmont.com

→ Maulmont
☎ 04 70 59 03 45
🖷 04 70 59 11 88
F. 1er janv.-15 mars et 2 nov.-31 déc.

SAINT PRIEST EN JAREZ - 42270 (27 C 3)
Saint-Etienne 4 - Saint-Chamond 15

12 Le Clos Fleuri

Avec sa salle rafraîchie ou sa terrasse sur le parc, ce Clos Fleuri aux portes de Saint-Etienne est connu de longue date des gastronomes de la région et ce n'est pas le travail de Franck Deville qui va leur en faire oublier le chemin, avec ses assiettes bien présentées et volontiers ludiques, comme ce carpaccio de flétan aux agrumes. Les efforts se prolongent du côté de la cave, avec de bonnes surprises.
C : 38 € • M : 20-70 €   www.closfleuri.fr

→ 76 avenue Albert-Raimond
☎ 04 77 74 63 24
F. dim. à dîn., lundi, merc. à dîn., prem. sem. janv. et sem. 15 août.
Jusqu'à 21h.

🍴 Idéal gourmet

SAINT PRIVAT DES VIEUX - 30340 (32 B 2)
Alès 5 - Orange 84

14 Le Vertige des Senteurs *d≈*

En voilà une jolie découverte ! Même si Janine et Stéphane Delsuc exerçaient déjà depuis 2001 dans le centre-ville d'Alès, leur maison semble désormais avoir franchi une étape supplémentaire en déménageant dans cette campagne proche. Ancien de Veyrat et Laurent Petit (paternité que l'on retrouve parfois, comme par exemple avec l'emploi de la cryogénie), Stéphane Delsuc bouscule avec pertinence les habitudes locales : bar saisi, risotto d'épeautre, jus au chorizo et air de citronnelle, glace de cèpes, liqueur de châtaigne et tuile de cèpes, agneau de lait en déclinaison, polenta coulante et jus au genévrier. Même appétit créatif sur les fromages

→ 35 chemin de l'Usclade
☎ 04 66 91 08 84
F. sam. à déj., dim. à dîn., lundi (h.s.), lundi (juil.-août) et prem. sem. fév.
Jusqu'à 21h30.

(un reblochon pané et écume de lard) et sur les desserts, avec la fusion tiramisu-irish coffee et déclinaison thermique. Salle chic et contemporaine, ambiance feutrée.

M : 35-67 €

www.vertige-des-senteurs.com

SAINT PRIX - 95390 (8 B 4)

Paris 24 - Cergy 23 - Saint-Denis 12

Hostellerie du Prieuré

Inauguré en 2004 dans l'ancien bistrot et épicerie du village, cet hôtel a été entièrement aménagé dans le souci constant de préserver le charme ancien de cette bâtisse du XVIIIe siècle. L'ancienne fontaine cohabite ainsi avec un abreuvoir à chevaux qui donnent encore plus de cachet à l'ensemble. Chambres délicieusement décorées par les propriétaires (esprit colonial, safari...).

1 appart. 160-180 € • 8 ch. 100-150 €

→ 74 rue Auguste-Rey
☎ 01 34 27 51 51
🖨 01 39 59 21 12
Ouv. 7j/7.

www.hostelduprieure.com

SAINT QUAY PORTRIEUX - 22410 (14 A 2)

Paimpol 25 - Saint-Brieuc 22 - Guigamp 27

10 Fleur de Blé Noir

Un joli décor marin, la vue sur la mer, mais surtout le savoir-faire de Catherine Le Folguenec, voilà ce qu'on vient chercher ici, pour le plaisir simple et convivial de garnitures soignées et de suggestions du moment. Les Salagalettes (servies froides) renouvellent le genre pour les beaux jours.

C : 12 €

→ 9 rue du Cdt-Malbert
☎ 02 96 70 31 55
F. dim. à dîn., merc., jeudi à déj. (sf vac.scol.) et 15 nov.-15 déc.

www.fleurdeblenoir.com

SAINT QUIRIN - 57560 (12 B 4)

Metz 108 - Sarrebourg 16

12 Hostellerie du Prieuré

Didier Soulier, après avoir racheté les murs de l'hôtel et du restaurant, est désormais chez lui. Pour exprimer, encore plus sereinement, sa passion du beau produit et d'une cuisine bourgeoise et classique qui ne manque pas de panache ni de générosité : ragoût d'asperges aux tomates confites et morilles, filet de sandre rôti sur peau et sauce pinot noir, ballottine de pintade farcie à la mousseline de trompette des morts. Les gibiers en saison, une flopée de desserts d'hier et d'aujourd'hui, une cave très sérieuse avec une offre très large au verre, et l'accueil de Valérie qui dynamise toute la maison.

C : 55 € • M : 26-56 €

→ 163 rue du Gén-de-Gaulle
☎ 03 87 08 66 52
F. sam. à déj., mardi à dîn., merc., vac. scol. fév., 1 sem. juil. et vac. scol. Toussaint. Jusqu'à 21h.

SAINT RAPHAEL - 83700 (34 B 5)

Fréjus 3 - Saint-Tropez 39

14 L'Arbousier

Le jardin en centre-ville, l'élégant décor ocre au pied de la vieille église permettent de sortir d'une ambiance Riviera presque oppressante en plein été. Et la cuisine de marché de Philippe Troncy procure d'autres dépaysements, simplicité et fraîcheur appliquées à des produits de haute qualité : foie gras de canard dans sa graisse, saint-jacques plancha, cappuccino de homard, tourte de lapereau fermier, on pourrait reprocher à cette aimable tradition de ne privilégier que les ingrédients de prestige, mais le chef prouve le contraire avec un bon menu du marché pour le déjeuner à 28 €.

→ 6 av de Valescure
☎ 04 94 95 25 00
F. lundi, mardi (h.s.), lundi, mardi déj. (saison) et 23 déc.-10 janv.
Jusqu'à 21h45.

Cave bien pourvue en région, avec les classiques (Rimauresq, Maïme, Sainte-Roseline) un peu chère sur certaines références (Simone à 89 €).
C : 70 € • M : 28-59 €

---

13 🍴 Le Jardin de Sébastien

Gaie et ensoleillée, s'appuyant sur une carte que le chef lui-même, Gilles Pradines, qualifie de traditionnelle, cette jolie maison s'accorde à merveille à l'ambiance chic et tranquille qui règne dans les environs. Une carte aux repères bien balisés (risotto arborio aux langoustines, jus de crustacés crémeux, lamelles de truffes et copeaux de vieux parmesan, turbot sauvage et tombée d'épinards au beurre et câpres, pigeonneau doré aux petits pois et lardons fumés et miel de Provence…), une cave bien ciblée, un service sous contrôle, ce Jardin donne décidément de beaux fruits.
C : 52 € • M : 26-55 €   www.jardindesebastien.com

→ Av des Golfs
☎ 04 94 44 66 56
F. dim. à dîn., lundi, jeudi à dîn. (h.s.), lundi, jeudi à déj.(saison), 12 jrs mars et 15 2 sem. nov.
Jusqu'à 21h30.

---

13 🍴 Le Sud

Si le nom peut sembler banal et l'emplacement peu propice à une gastronomie exigente, qu'on ne s'y trompe pas, on tient bien là une vraie table de cuisiniers et le menu-carte justifie sans peine ses tarifs : produits bien achetés, interprétation actuelle et sagement maîtrisée des influences régionales, le résultat est fort agréable, en toute saison : tatin de saint-jacques et tomates aux poivrons, filet de bar poêlé compotée de choux aux lardons, tarte sablée poires et noix et sorbet cidre.
C : 30 € • M : 30-40 €

→ Centre Commercial Golf Esterel
☎ 04 94 44 67 86
F. mardi, merc., 20 déc.-6 janv. et 5-10 juin.
Jusqu'à 21h30.

🛏 Hôtel Excelsior

A l'image de l'architecture haussmannienne, l'hôtel cultive une belle élégance classique, avec des lignes sobres et contemporaines. Situation parfaite et vue sur la mer en prime. Les chambres seront rénovées pour la saison 2008.
36 ch. 45-195 €   www.excelsior-hotel.com

→ 193 bd Felix-Martin
☎ 04 94 95 02 42
🖶 04 94 95 33 82
Ouv. 7j/7.

🛏 Le San Pedro

Au milieu des pins parasols, un vieux mas provençal aux murs couverts de vigne vierge. Vastes salons, patios, fontaines, les chambres au style provençal s'ouvrent sur la pinède, le parc de 5000 m², la piscine à débordements au bord de laquelle est dressée la piscine du restaurant.
28 ch. 79-160 €   www.hotelsanpedro.fr

→ 890 av Cl-Brooke
☎ 04 94 19 90 20
🖶 04 94 19 90 21
F. 10-30 nov.

🛏 La Villa Mauresque

Les pieds dans l'eau ou presque, ces villas éclatantes prennent effectivement des accents mauresques dans leur architecture. A l'intérieur, on tombe sous le charme de chambres superbement personnalisées, dédiées à des écrivains ou peintres célèbres, où la pureté des tons blancs dominants met en valeur autant le mobilier raffiné que la douce lumière extérieure, pour une ambiance exclusive.
4 appart. 930 € • 16 ch. 215 €   www.villa-mauresque.com

→ 1792 rte de la Corniche
☎ 04 94 83 02 42
🖶 04 94 83 02 02
Ouv. 7j/7.

SAINT REMY

SAINT REMY - 21500 (20 B 5)
Dijon 79 - Montbard 4

11 La Mirabelle

Non loin de l'abbaye de Fontenay, Gilles Muzel s'est constitué une clientèle de fidèles, qui aiment à s'installer dans ce décor soigné et ouvert sur la forêt pour un peu de dépaysement, avec le ragoût d'écrevisses et chiboust de chou-fleur à l'anis ou le filet de canette en croûte d'épices. La cave reste quant à elle plus fidèle à son terroir.
C : 40 € • M : 18-37 €   *lamirabelle2@free.fr*

→ 1 rue de la Brenne
☎ 03 80 92 40 69
F. dim. à dîn., mardi à dîn., merc., 1er-8 janv. et 17 août-4 sept.
Jusqu'à 21h.

SAINT REMY DE PROVENCE - 13210 (33 B 4)
Marseille 88 - Avignon 22 - Arles 27

15 La Maison Jaune-François Perraud

Dans Maison Jaune, il y a Maison... C'est un truisme qui n'est pas sans conséquence : du caractère, de la personnalité, une atmosphère. Qui peut ne pas convaincre, comme ce lecteur irrité qui juge défavorable le rapport qualité-prix. Parce que, à l'opposé de dizaines d'autres, et comme nous à chaque visite, il n'est pas entré dans cette ambiance précieuse comme François Perraud et son équipe ont su l'installer dans cette demeure secrète XVIIIe au cœur du village. Alors oui, on adhère, comme chaque année à cette "dégustation provençale" qui inspire le joli menu du moment, l'émulsion de fenouil, pain grillé, purée de tomates au lomo, les asperges et poutargue, les sardines grillées poivron rouge, l'agneau et aubergine rôtie, les fromages de chèvre de la région et le grand dessert agrumes. Autant le dire nettement, ce repas à 54 € nous apparaît, une fois de plus, comme la plus jolie histoire à raconter dans ce village-bijou. Cave bien fournie en vins des Baux, classique en rhônes, et proposant naturellement la Maison Jaune d'Alquier en faugères.
C : 75 € • M : 35-64 €   *www.franceweb.org/lamaisonjaune*

→ 15 rue Carnot
☎ 04 90 92 56 14
F. dim. à dîn. (mars-déc.), lundi, mardi à déj. (juin-sept.) et 2 janv.-2 mars.
Jusqu'à 21h30.

14 Alain Assaud

Vingt ans de répertoire provençal, ça use ou ça fortifie. Dans le cas d'Alain Assaud, on est plutôt dans la deuxième version : maîtrise des produits et des recettes, adaptation intelligente, sens des saveurs méditerranéennes. Et même si, parfois, hors saison, une pointe de lassitude perce la gentille salle à déco régionale, nous n'avons que de bonnes sensations à rapporter du ragoût de fèves et légumes, de l'aïoli de morue fraîche ou de l'agneau au jus d'anchois. Cave provençale avec, bien sûr, les vins des Baux.
C : 47 € • M : 28-43 €

→ 13 bd Marceau
☎ 04 90 92 37 11
F. sam. à déj., merc., jeudi à déj. et 15 nov.-15 mars (sf 26 déc.-6 janv.).
Jusqu'à 21h30.

13 Le Saint-Georges

Chaque mois, un repas à thème s'attache à un pays ou une région. Ces digressions témoignent d'une volonté d'ouverture qui se retrouve au quotidien dans le travail de Pascal Volle à travers une verrine de la mer ou une poêlée de gambas aux piments d'Espelette plus plaisantes qu'un trop classique chateaubriand béarnaise. La cave s'est étoffée en local, avec de bonnes références.
C : 55 € • M : 25-75 €   *www.valmouriane.com*

→ Ancienne rte des Baux, D 27
☎ 04 90 92 44 62
F. 4 nov.-7 déc.
Jusqu'à 21h30.

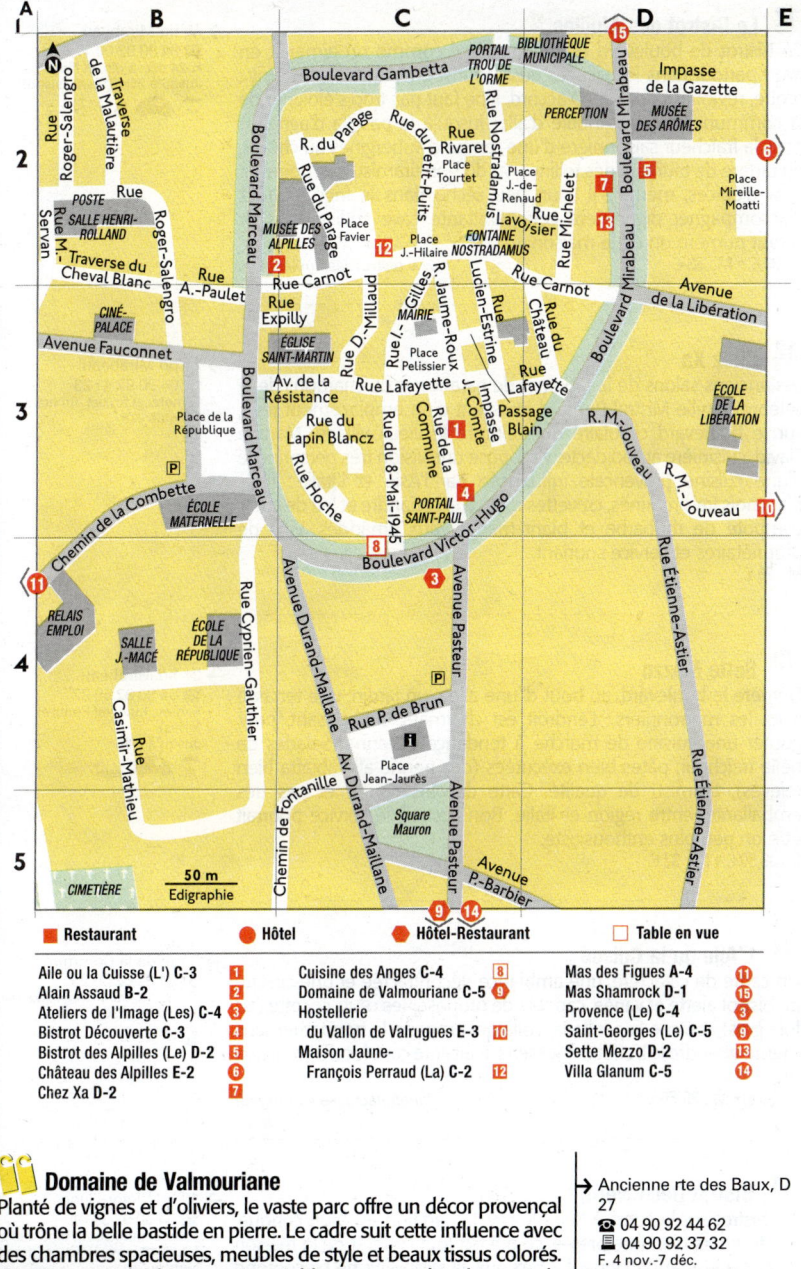

Restaurant ■ **Hôtel** ● **Hôtel-Restaurant** ◆ **Table en vue** □

Aile ou la Cuisse (L') **C-3**	**1**	Cuisine des Anges **C-4**	**8**	Mas des Figues **A-4**	**11**
Alain Assaud **B-2**	**2**	Domaine de Valmouriane **C-5**	**9**	Mas Shamrock **D-1**	**15**
Ateliers de l'Image (Les) **C-4**	**3**	Hostellerie		Provence (Le) **C-4**	**3**
Bistrot Découverte **C-3**	**4**	du Vallon de Valrugues **E-3**	**10**	Saint-Georges (Le) **C-5**	**9**
Bistrot des Alpilles (Le) **D-2**	**5**	Maison Jaune-		Sette Mezzo **D-2**	**13**
Château des Alpilles **E-2**	**6**	François Perraud (La) **C-2**	**12**	Villa Glanum **C-5**	**14**
Chez Xa **D-2**	**7**				

🎁 Domaine de Valmouriane

Planté de vignes et d'oliviers, le vaste parc offre un décor provençal où trône la belle bastide en pierre. Le cadre suit cette influence avec des chambres spacieuses, meubles de style et beaux tissus colorés. L'équipement de détente est agréablement complet, du court de tennis à l'espace bien-être.

1 appart. 230-335 € • 12 ch. 130-260 €   *www.valmouriane.com*

→ Ancienne rte des Baux, D 27
☎ 04 90 92 44 62
🖨 04 90 92 37 32
F. 4 nov.-7 déc.

🚗 ≈❄ ⌇ 🎾

12 Le Bistrot des Alpilles ☙

Ce bistrot de boulevard est un standard comme on aimerait en avoir partout dans les villages aussi touristiques que Saint-Rémy : probe, régional, convivial. D'accord, il ne faut pas trop s'éloigner de la commune mesure (inutile d'aller jusqu'à la pastilla d'agneau) mais la fraîcheur saisonnière d'une terrine d'aubergines au chèvre, du tartare de taureau, des tellines ou du bon tiramisu aux poires et pain d'épices, même s'il a un peu séché dans le frigo, permet d'accompagner dignement cette excitante cave sudiste qui est l'atout numéro un de la maison.

C : 30 € • M : 33 €   www.bistrotdesalpilles.com

→ 15 bd Mirabeau
☎ 04 90 92 09 17
F. 24 déc. à dîn. et Noël.
Jusqu'à 22h (22h30 saison).

12 Chez Xa

Les anciens salons de la fabrique de garance et de chardons de la célèbre famille Mistral-Bernard jouissent d'un emplacement rêvé, sur le boulevard circulaire qui ceinture le vieux village. Martine David, cuisinière autodidacte, y propose une vision très personnelle d'une cuisine provençale influencée par l'Asie et l'Italie : filets d'anchois frais marinés, crevettes roses à la coriandre et lait de coco, compote de rhubarbe et blanc-manger aux amandes. Vins de propriétaires et service souriant.

M : 26 €

→ 24 bd Mirabeau
☎ 04 90 92 41 23
F. merc. et fin oct.-fin mars.
Jusqu'à 22h.

12 Sette Mezzo

Derrière le boulevard, au bout d"une allée, un jardin, une terrasse sous les marronniers : l'endroit est charmant et reposant, pour goûter une cuisine de marché à tendance italienne. Salades de belle fraîcheur, pâtes bien exécutées (des penne allarabiatta bien relevés), tiramisu de qualité. Carte de vins courte et pas très emballante, entre région et Italie. Bon accueil, le service pourrait être un peu plus enthousiaste.

C : 39,50 € • M : 32 €

→ 34 bd Mirabeau
☎ 04 90 92 59 27
F. dim., lundi (sf Ponts et fériés).
Jusqu'à 22h.

11 L'Aile ou la Cuisse

Un cadre de caractère, une ambiance décontractée et une cuisine de bistrot alerte et variée, capable de proposer les œufs cocotte (au foie gras) comme la parillada, voilà qui emporte la sympathie sans même attendre le buffet de desserts. Plaisante cave locale branchée bio.

C : 50 € • M : 35-50 €   laileoulacuisse@orange.fr

→ 5 rue de la Commune
☎ 04 32 62 00 25
F. dim., lundi et 15 déc.-28 fév.
Jusqu'à 21h30.

11 Bistrot Découverte

Un bistrot sur le cours à Saint-Rémy, la partition est bien connue, pas toujours bien interprétée, ce qui fait tout l'intérêt de la maison de Dana et Claude Douard. Chez eux, la simplicité ne se confond pas avec la facilité, ce qui nous vaut quelques assiettes plaisantes sous le soleil, dans une tonalité plutôt classique (risotto aux légumes de saison, canette aux olives). Classée par prix, la carte des vins sait sortir de sa manche les bons domaines, notamment dans un grand Sud.

C : 34 € • M : 15-30 €

→ 19 bd Victor-Hugo
☎ 04 90 92 34 49
F. lundi (juil.-août), dim. à dîn., lundi, 15 janv.-15 fév. et dern. sem. août.
Jusqu'à 22h.

G
M

11 Le Provence

Pour épauler le sushi bar, on a dépêché un chef de bon niveau afin qu'il anime un restaurant à visées gastronomiques, le Provence. La cuisine et l'atmosphère déçoivent pourtant nettement, surtout en face de ce lieu si raffiné dans la modernité. La terrasse, en revanche, est idyllique.
C : 55€ • M : 42€

www.hotelphoto.com

→ 36 bd Victor-Hugo
☎ 04 90 92 51 50
F. mardi, merc. et mi-déc.-fin fév.
Jusqu'à 21h30.

Les Ateliers de l'Image

Au coeur du village mais bénéficiant d'une vue splendide sur les Alpilles, cette adresse se vante, non sans raison, de ne "pas être comme les autres". L'image et la photographie sont reines dans cet hôtel-atelier aménagé dans l'ancien music-hall de Saint-Rémy. Le cuivre, le verre, la pierre, le bois y jouent les notes d'une musique ultra-contemporaine, charmeuse et délicate, qui résonne jusque dans les chambres, spacieuses et tranquilles. Grande piscine, jardin d'un hectare, exposition permanente de photos.
5 appart. 300-600€ • 27 ch. 165-380€

www.hotelphoto.com

→ 36 bd Victor-Hugo
☎ 04 90 92 51 50
🖷 04 90 92 43 52
F. mi-déc.-fin fév.

Cuisine des Anges

Dans une rue calme, cet ancien restaurant de cuisine mexicaine vit depuis six ans sous la direction d'Hélène Ricard, cuisinière par passion. Carte toute simple à apprécier dans le ravissant patio, tartines variées, cuisse lapin à la tapenade et gnocchis de pommes de terre, lasagnes de courgette à la brandade de morue…
C : 30€ • M : 12,50-35€

www.alpilles-delices.com

→ 4 rue du 8-Mai-1945
☎ 04 90 92 17 66
F. lundi et nov.
Jusqu'à 21h30 (22h30 été).

Château des Alpilles

Cette belle demeure de famille dégage une nostalgie et un charme palpables, comme un Manderley provençal. Chaque pierre a une histoire, chaque feuille bruisse d'un passé qui donne au séjour une grande touche de romantisme. En terrasse où l'on peut dîner sous les grands platanes, on admire le parc, la piscine entourée de verdure, on goûte le calme apaisant du bar aux fauteuils signés Le Corbusier et Cassina, et l'on s'endort dans de très belles chambres au raffinement en harmonie.
6 appart. 252-391€ • 15 ch. 175-257€

www.chateaudesalpilles.com

→ RD 31
☎ 04 90 92 03 33
🖷 04 90 92 45 17
F. 3 janv.-12 mars.

Hostellerie du Vallon de Valrugues

Un domaine de prestige à l'écart de la cité, sur les hauteurs, offrant une vue superbe sur les Alpilles en bénéficiant d'un environnement naturel privilégié. Chambres typiquement provençales, atmosphère douce dans un bien-être plutôt décontracté. A table, le nouveau chef prend ses marques petit à petit avec une carte tradi-régionale en évolution, afin de retrouver les toques passées.
16 appart. 390-1290€ • 37 ch. 190-280€

www.vallondevalrugues.com

→ 9 chemin Canto-Cigalo
☎ 04 90 92 04 40
🖷 04 90 92 44 01
F. nov.-mars.

Villa Glanum

Entre Saint-Remy et le site romain, un hôtel tranquille et pratique sur la route des Baux. Les chambres à la déco provençale et aux meubles patinés ont été bien modernisées, peintures rénovées, climatisation et donnent sur un vaste parc méditerranéen de 1 ha. Restaurant de cuisine classique
25 ch. 70-95€

www.villaglanum.com

→ 46 av Vincent-Van-Gogh
☎ 04 90 92 03 59
🖷 04 90 92 00 08
F. 3-31 janv.

Mas des Figues

Des 10 ha qui entourent le vieux mas XVIIIᵉ remontent d'enivrantes odeurs de lavande. A l'intérieur, le décor se fait chaleureux, hommage bien actualisé à une Provence éternelle. Repas avec les produits de la propriété.
2 appart. 200-400 € • 3 ch. 150-250 €   www.masdesfigues.com

→ Vieux Chemin d'Arles
☎ 04 75 41 55 96
📠 04 32 60 00 95
F. lundi-jeudi (hiver).

- -

Mas Shamrock

Quelques touches anciennes (sols et poutres) rappellent dans les superbes chambres, claires et épurées, la belle architecture XVIIIᵉ de cet authentique mas. Parc adorable aux nombreuses essences d'arbres.
5 ch. 85-115 €   www.masshamrock.com

→ Chemin Velleron et du Prud'Homme
☎ 04 90 92 55 79
Ouv. 7j/7.

Villes de proximité, voir :

⏱ MAILLANE.. 7 km N.O. par D 5
⏱ PALUDS DE NOVES (LES)............ 10 km E. par D 30 **(15/20)**

SAINT ROMAIN - 63660	(26 C 4)

Viverols 10 - La Chaise-Dieu 47

12 **Au Pont de Raffiny**

Une jolie maison de pierre, un accueil tout sourire, une salle à la mise en scène amusante autour de la fontaine : on se sent gagné par la bonne humeur, et si la cuisine d'Alain Beaudoux manque un peu de personnalité, elle n'en reste pas moins suffisamment bien faite pour que l'on se satisfasse de la caille en coque au chou rouge ou du pavé de bœuf à la fourme.
C : 28 € • M : 17-33 €   www.hotel-pont-raffiny.com

→ Raffiny
☎ 04 73 95 49 10
F. dim. à dîn., lundi (sf juil.-août), lundi-vend. (mars) et 1ᵉʳ janv.-fin fév.
Jusqu'à 20h30 (21h été).

SAINT SALVADOUR - 19700	(25 C 4)

Tulle 22 - Seilhac 8 - Treignac 20

12 **La Ferme du Léondou**

L'ancienne ferme a tout pour combler les amoureux des vacances vertes, dans son cadre rustique qui s'organise autour des mangeoires et de la cheminée où grillent les viandes, et des menus généreux dans leurs accents terroirs, terrines, omelette et tourtou.
C : 28 € • M : 11-39 €   jlfauvert@aol.com

→ Le Bourg
☎ 05 55 21 60 04
F. merc. (sauf à déj. saison) et 15 fév.-12 mars.
Jusqu'à 21h.

SAINT SATURNIN - 72650	(16 B 2)

Le Mans 7 - La Flèche 62

Domaine de Chatenay

Dans une demeure XVIIIᵉ parfaitement restaurée dans l'esprit de l'époque, des chambres de caractère donnant sur le parc centenaire de 40 ha.
2 appart. 150-160 € • 6 ch. 115-138 €   www.domainedechatenay.com

→ Le Mans-Nord
☎ 02 43 25 44 80
📠 02 43 25 21 00
Ouv. 7j/7.

Les noms des villes de proximité (dans un rayon d'environ 10 km), ayant au moins un établissement sélectionné, sont listés à la fin de chaque grande ville, avec mention de la note du restaurant la plus élevée.

14  **Domaine des Andéols**

Pour se hisser à la hauteur des somptueuses prestations hôtelières, Alain Ducasse fait confiance à une recette depuis longtemps éprouvée dans l'ensemble de sa galaxie : des équipes formées dans le giron "familial", des chef toujours jeunes et qui tournent fréquemment. Yoann Jouys est le dernier en date et propose une carte d'inspiration provençale parfaitement rodée : asperges vertes et jeunes poireaux, vinaigrette de truffes noires, rougets de Méditerranée, sucrines cuites croquante et haricots cocos, , canon d'agneau en viennoise d'herbes et légumes du marché. Cave privilégiant les vins régionaux, service manquant en revanche, parfois, d'attention.
C : 50 € • M : 39-90 €   *www.domainedesandeols.com*

→ Les Andéols
☎ 04 90 75 50 63
F. lundi (1er mars-14 juin et 16 sept.-1er janv.)
Jusqu'à 22h30.

 **Domaine des Andéols** 🍃

Hameau de village entièrement rénové et restructuré, ce domaine jouit d'un cadre unique, en pleine campagne, entre champs de lavande et oliviers. Neuf maisons, toutes différentes, personnalisées par des créateurs talentueux (photographes, peintres, designers, décorateurs) : la maison des Amoureux, un nid douillet de 45 m² face au Ventoux ; la maison des Cascades, une suite prestige de 100 m² avec terrasse et piscine privée ; ou encore la maison Rouge, la plus design, la plus moderne, avec sa sublime salle de bains, son canapé signé Ron Arad et sa terrasse. Une parfaite synthèse de l'exclusivité façon Ducasse.
18 appart. 210-550 €   *www.domainedesandeols.com*

→ Les Andéols
☎ 04 90 75 50 63
🖳 04 90 75 43 22
F. 2 janv.-29 fév.

 Le Mas Parréal

A l'écart du village, ce vieux mas restauré est entouré de 7 ha de vignes et de cerisiers. Dans les chambres comme les salles de bains, les jeux de couleurs et les meubles anciens créent d'agréables atmosphères personnalisées.
1 appart. 95-125 € • 5 ch. 95-125 €   *www.masperreal.com*

→ Lieu-dit La Fortune
☎ 04 90 75 46 31
🖳 04 90 04 88 08
F. déb. avril et vac. scol. Toussaint.

13  **Hostellerie Saint-Jacques**

Une enseigne traditionnelle, une belle maison ancienne, une agréable terrasse sous les arbres... Les vertus de l'hôtellerie périgourdine sont bien là, les produits attendus aussi, mais passés à la moulinette des bonnes idées de Thierry Marcely, qui propose les ravioles de foie gras en chaud-froid avec une crème glacée aux cèpes et une touche de parmesan, et n'hésite pas à préparer une tarte de tourteau au confit de mangue saint-jacques et irish-coffee de poisson. Des intitulés étonnants, mais surtout des assiettes réussies, qui démontrent un talent confirmé par le travail autour du lapin farci à la tapenade. L'ensemble de la maison fait preuve du même enthousiasme que la cuisine, avec un service attentif et une très belle cave, et bien au-delà du Sud-Ouest
C : 50 € • M : 25-67 €   *www.hostellerie-st-jacques.com*

→ Le Bourg
☎ 05 53 56 97 21
F. dim. à dîn. lundi, mardi (29 fév.-15 juin et 15 sept.-30 nov.), à déj. lundi-merc. (16 juin-14 sept.) et 1er déc.-28 fév.
Jusqu'à 21h (21h30 saison).

SAINT SAUD LACOUSSIERE

Hostellerie Saint-Jacques

La décoration personnalisée des chambres joue des couleurs harmonieuses et d'un mobilier adorable pour composer des espaces spacieux et chaleureux, propices à la détente. Elle porte la patte de Mme Bayadou, dont l'accueil chaleureux contribue également à faire de cette maison XVIIIe une très agréable étape en Périgord Vert.

2 appart. 140 € • 12 ch. 70-200 €   www.hostellerie-st-jacques.com

→ Le Bourg
☎ 05 53 56 97 21
📠 05 53 56 91 33
F. 1er déc.-28 fév.

SAINT SAUVANT - 17610   (22 B 4)
Cognac 19 - Saintes 12

Design Hôtel des Francs-Garçons

Inattendu et original, ce Design Hotel entre Saintes et Cognac, ouvert l'an passé, et dont les sept chambres ont été confiées chacune à un architecte différent. Du contemporain très réussi dans ce village médiéval, avec la terrasse au pied de l'église XIIe. Restaurant pour les résidents.

7 ch. 95 €   www.francsgarcons.com

→ 1 rue des Francs-Garçons
☎ 05 46 90 33 93
📠 05 46 91 41 12
F. 15 nov.-15 déc.

SAINT SAUVEUR DE LANDEMONT - 49270 (15 D 4)
Ancenis 15 - Clisson 26

Château de la Colaissière 🐦

Un authentique château médiéval entièrement restauré dans le style médiéval par un élève de Viollet-le-Duc. Vastes chambres au calme d'un parc de 16 ha, adoptant différents styles classiques, du Louis XIII à la Restauration. Restaurant de cuisine traditionnelle.

15 ch. 140-395 €   www.colaissiere.com

→ ☎ 02 40 98 75 04
📠 02 40 98 74 15
F. janv.-mars (sf groupes).

SAINT SAVIN - 65400   (29 A 5)
Tarbes 39 - Lourdes 19

15 Le Viscos

Cette maison de village à quelques minutes d'Argelès-Gazost réunit tout le gratin du canton et les touristes gourmands de passage dans la région : l"assurance d'un accueil familial de standing - chez Françoise et Jean-Pierre Saint-Martin, un quart de siècle de professionnalisme vous contemple - d'une table raffinée (avec un nouveau nappage et une nouvelle mise de table) et d'assiettes au petit point, de la dentelle pyrénéenne exécutée par un chef qui connaît le produit : fricassée de blanc de seiche façon pibale et pimiento au chipiron, lomo de thon beurre blanc au wasabi, nougat d'agneau de sept heures, coque au chocolat à la liqueur crème glacée réglisse. Des saveurs et une gourmandise soutenues par une cave régionale bien trempée (madiran de Brumont, jurançons Cauhapé et Bru Baché, irouléguy de Brana, béarn Lapeyre...). Chambres agréables, contemporaines et simples, donnant sur le village et la montagne.

C : 42 € • M : 27-77 €   leviscos.JPSAINT-MARTIN@wanadoo.fr

→ 1 rue Lamarque
☎ 05 62 97 02 28
F. dim. à dîn., lundi (sf vac. scol.), lundi à déj. (vac. scol.) et 3 sem. janv.
Jusqu'à 20h45.

SAINT SAVIN - 86310   (22 D 3)
Poitiers 44 - Châtellerault 48

14 Restaurant Christophe Cadieu

Entièrement refaite à neuf à l'intérieur, arborant prochainement un tout nouvel habillage en façade, la maison de Christophe Cadieu demeure l'une de nos chouchoutes en Poitou. La cuisine de ce jeune homme (il n'a pas encore 35 ans), formé au Taillevent période Del Burgo, constitue sans aucun doute le plus important

→ 15 rue de l'Abbaye
☎ 05 49 48 17 69
F. dim. à dîn., lundi, merc. à dîn, 2 sem. janv., 1 sem. fin juin et 2 sem. oct.
Jusqu'à 21h.

atout touristique du bourg après la merveilleuse abbaye, située de l'autre côté de la place. Inventive, vivante, personnelle, sa cuisine se fait instinctive lorsqu'elle magnifie la langoustine, à peine raidie et flanquée d'une marmelade de langoustine, d'un velouté de petits pois et d'une espuma réalisée avec les pinces ou lorsqu'elle marie un bar sauvage cuit au four avec un artichaut au jus de tomate, une purée de tomates confites à la coriandre fraîche et des chips croustillantes de pommes. L'une des (très) rares maisons innovantes du département, l'une des plus attachantes également. Service souriant, sous la direction de Béatrice Cadieu.

M : 33-52 €   www.cadieu.com

---

12 Le Relais du Pavillon Costedoat

Assez difficile à dénicher lorsqu'on n'est pas familier de la région (à l'extérieur de la ville, sur la D924 en allant vers Aire-sur-l'Adour), cet établissement contemporain propose une cuisine d'inspiration régionale, assiette landaise, magret de canard grillé et fondue de cèpes, croustade aux pommes et petit verre d'armagnac. Parc avec piscine.

C : 45 € • M : 22 €

→ Rte de Grenade
☎ 05 58 76 20 22
F. dim. à dîn. et lundi.
Jusqu'à 21h30.

idéal gourmet

---

13 L'Authentic

L'ancienne école du village, devenue pizzeria jusqu'à sa reprise par le couple Coudray, en 2002, constitue sans aucun doute l'une des meilleures adresses en Uzège. Assez abordable pour rassembler familles en vacances et épicuriens réguliers, la carte de cette maison effectivement authentique, où règne cette atmosphère vaguement bobo si caractéristique dans les environs, séduit surtout pour sa simplicité et sa parfaite honnêteté : dos de cabillaud poêlé terminé à la vapeur et blanc de poireau, râble de lapin farci et tartelette de pommes de terre aux petits lardons, sablé à l'huile d'olive vierge et sorbet aux framboises et poivrons. Très jolie cave en languedoc et rhône.

M : 20-38 €   lauthenticrestaurant@wanadoo.fr

→ Ancienne-Ecole
☎ 04 66 22 60 09
F. mardi à dîn., merc., 15 fév.-8 mars et 15 nov.-8 déc.
Jusqu'à 21h.

---

14 Restaurant Thierry Drapeau

A côté d'un logis XVe haut lieu des guerres de Vendée, une paisible grange s'est transformée en point de ralliement pour tous les gourmets, les bleus comme les blancs, grâce au talent de Thierry Drapeau pour faire souffler dans cet élégant cadre rustique la douce brise d'une cuisine dans l'air du temps, pleine d'idées et de saveurs, aussi séduisante à l'œil qu'au palais, et qui livre une version remarquablement raffinée de la langoustine (avec la fraîcheur d'un blanc-manger à la tomate et le croustillant du vermicelle), du canon d'agneau (clouté à la tapenade, avec un tajine de légumes) ou du fromage blanc de la maison Beillevaire et de la cerise. Cave bien construite, notamment en loire, et un bon choix de vin au verre.

C : 60 € • M : 35-55 €   www.restaurant-thierrydrapeau.com

→ Logis de la Chabotterie
☎ 02 51 09 59 31
F. dim. à dîn., lundi, mardi, 30 juin-14 juil., 27 oct.-10 nov. et 26-30 déc.
Jusqu'à 21h30.

idéal gourmet

SAINT SYLVAIN D'ANJOU - 49480   (16 A 3)

Angers 17 - La Flèche 41

13 🍴 **Auberge d'Eventard**

L'urbanisation a bien rattrapé cette auberge qui maintient comme elle peut, entre le Parc des Expositions et une zone d'activité, son environnement de verdure. Dans la salle bourgeoise, le charmant salon de piano ou sur la petite terrasse, où l'on ne peut ignorer le trafic proche, Jean-Pierre Maussion dresse pourtant avec becs et ongles les remparts de la tradition. Aux côtés d'une courte carte (un seul poisson, deux viandes), il décline pour ses fidèles hommes d'affaires, plus nombreux au déjeuner, un catalogue "Potager" (primitivement prévu dans une partie bistrot) plus accessible, avec l'andouillette à la ficelle, le jambon de Bigorre et la gigolette de lapin. Malgré sa fidélité évidente, cette cuisine est bien marquée par son temps, sans être vraiment bouleversée par quelques pointes de modernisation. On appréciera donc à leur juste valeur les recettes de toujours, le bon foie gras et les ris de veau aux morilles et vin jaune. Service agréable et cave de bonnes références en loire.
C : 75 € • M : 23-78 €   www.auberge-eventard.com

→ Le Bon-Puits, rond-point du Parc-Expo
☎ 02 41 43 74 25
F. sam. à déj., dim. à dîn., lundi, (sf lundi des Vins de Loire), 1er-12 janv. et 1er-12 mai.
Jusqu'à 21h15.
🌳 🚗 ♿ ≋❄ 🍷

SAINT SYLVESTRE SUR LOT - 47140   (24 B 3)

Agen 29 - Villeneuve-sur-Lot 8

🏰🏰🏰 **Château Lalande** 🐟

L'hôtel profite d'un bel ensemble de bâtiments dont les origines remontent au XIIIe siècle. Le coup d'œil sur la piscine entourée de vieux bâtiments est très agréable, tout comme le vaste parc traversé par une rivière. Les chambres ne dédaignent pas de faire appel à des pièces de mobilier ancien, sans verser dans la caricature.
4 appart. 180-385 € • 20 ch. 95-215 €   www.chateau-lalande.com

→ Av Georges-Robert
☎ 05 53 36 15 15
🖨 05 53 36 15 16
F. nov.-fév.
🚗 ♿ 🏊 🎾 🐕

SAINT SYMPHORIEN LE CHATEAU - 28700   (18 A 1)

Chartres 23 - Rambouillet 19

14 🍴 **La Rochefoucauld**

Cuisine à deux vitesses dans le cadre raffiné de ce château, avec une vocation gastronomique plus affirmée le soir. Entre plafonds moulurés et moquette épaisse, on savoure la vue sur le parc et le ballet de serveurs un peu inexpérimentés. Dans ce contexte de luxe à la française, le chef remplit son contrat, avec des produits bien traités et des propositions certes efficaces, mais un peu ronronnantes : croustillant de langoustines à l'émulsion de tomates, canon d'agneau en croûte d'agrumes, millefeuille et rhubarbe fondante. La cave, qui s'en tient aux grands classiques, ne soulève pas davantage l'enthousiasme.
M : 39-89 €   www.esclimont.com

→ Château d'Esclimont
☎ 02 37 31 15 15
Ouv. 7j/7.
Jusqu'à 21h30.
🌳 🚗 🏊 🎾 🐕

🏰🏰🏰🏰 **Château d'Esclimont** 🐟

L'allée serpente sous les arbres, puis c'est l'arrivée sur ce magnifique château Renaissance, qui fait quelques clins d'œil au Moyen Age avec ses tours rondes et ses douves en eau et ouvre sur un parc impeccable. A l'intérieur, luxe feutré et ambiance volontiers romantique composent le cadre idéal d'un week-end de détente loin de toute agitation, avec un accueil soigné.
6 appart. 150-890 € • 47 ch. 150-890 €   www.esclimont.com

→ ☎ 02 37 31 15 15
🖨 02 37 31 57 91
Ouv. 7j/7.
🚗 🏊 🎾 🐕

SAINT THEGONNEC - 29410   (13 C 3)
Brest 49 - Morlaix 13

10 **Crêperie Stérédenn**

Immuable et bon classique à quelques mètres d'un enclos réputé. La renommée va aussi pour cette authenticité et une ambiance bretonne presque folklorique dans un décor idoine. Les galettes sont le reflet fidèle de la tradition.
C : 11,50 € • M : 11,50-13 €   *alainberrou@aol.com*

→ 6 rue de la Gare
☎ 02 98 79 43 34
F. lundi, mardi (sf juil.-août) et mi-nov.-mi-fév.
Jusqu'à 21h.

à SAINT TROJAN LES BAINS, voir OLERON (ILE D')

SAINT TROPEZ - 83990   (34 B 6)
Toulon 69 - Fréjus 34

17 **Résidence de la Pinède**

Vous n'y résisterez pas. A cette terrasse de rêve de l'autre côté de la baie, embrassant tout Saint-Tropez dans une atmosphère nocturne de grand charme, musique douce, accueil parfait, ambiance jet-setteuse de bon ton, sans couinements de bimbo ou scandale de rapper. On vient ici se détendre entre gens de bonne société (certaines cotées au CAC 40) et si l'on se montre indulgent en période de vacances, ce n'est pas pour dévorer seulement des clubs sandwichs. Intervient alors le talentueux Arnaud Donckele qui, après quelques saisons, maîtrise les envies de chacun dans une carte fédératrice très bien conduite : cannelloni de homard bleu au curry, aromatisé à la badiane et à la citronnelle, le saint-pierre et ses gamberonis à la plancha et couteaux au basilic thaï ou la variation de foie gras et petits violets dans un consommé de canard et artichaut comme un miso, une séquence de plats dont le brillant ne se défraîchit pas, jusqu'au très bon dessert chocolaté, tarte chaude gingembre, glace à la fève de tonka, fondant aux noisettes du Piémont. Bercé par une coupe de Dom Pérignon, le slow d'un repas romantique, que l'on accompagne d'un Bagnard des Valentines, d'un Trévallon, d'un beaucastel ou pourquoi pas d'un Lafite 85, on ne résiste pas, effectivement à ces moments-là.
C : 130 € • M : 98-160 €   *www.residencepinede.com*

→ Plage de la Bouillabaisse
☎ 04 94 55 91 00
F. 8 oct.-3 mai.
Jusqu'à 21h45.

Résidence de la Pinède

Posée au bord de la baie dans ses atours néoclassiques, la Pinède abrite des chambres aux délicates couleurs provençales, pastel ou chaleureuses au gré des espaces, et propose tous les atouts d'une étape tropézienne chic et raffinée.
4 appart. 800-1910 € • 35 ch. 395-1015 €   *www.residencepinede.com*

→ Plage de la Bouillabaisse
☎ 04 94 55 91 00
🖳 04 94 97 73 64
F. 8 oct.-3 mai.

14 **Les Trois Saisons**

Les efforts ne manquent pas pour élever la table au rang espéré : service pléthorique, personnel féminin casté, cave remarquable (un panorama presque exhaustif des valeurs sûres de nos vignobles d'hier et d'aujourd'hui), et intitulés sur trois lignes par un chef qui a du souffle pour enchaîner les quadruples salchows sur chaque plat, prouesses techniques et multiplication d'ingrédients. Cette profusion amène malheureusement parfois un peu de cacophonie dans cette grande salle sans grâce à l'ambiance résidentielle, heureusement prolongée par une terrasse idyllique sur la mer. Difficile d'échapper aux fioritures qui semblent, par les sucrés-salés

→ Rte de Tahiti, château de la Messardière
☎ 04 94 56 76 80
F. lundi à dîn. (sf mi-juin-mi-sept.) et 12 nov.-3e sem. mars.
Jusqu'à 22h30.

SAINT TROPEZ

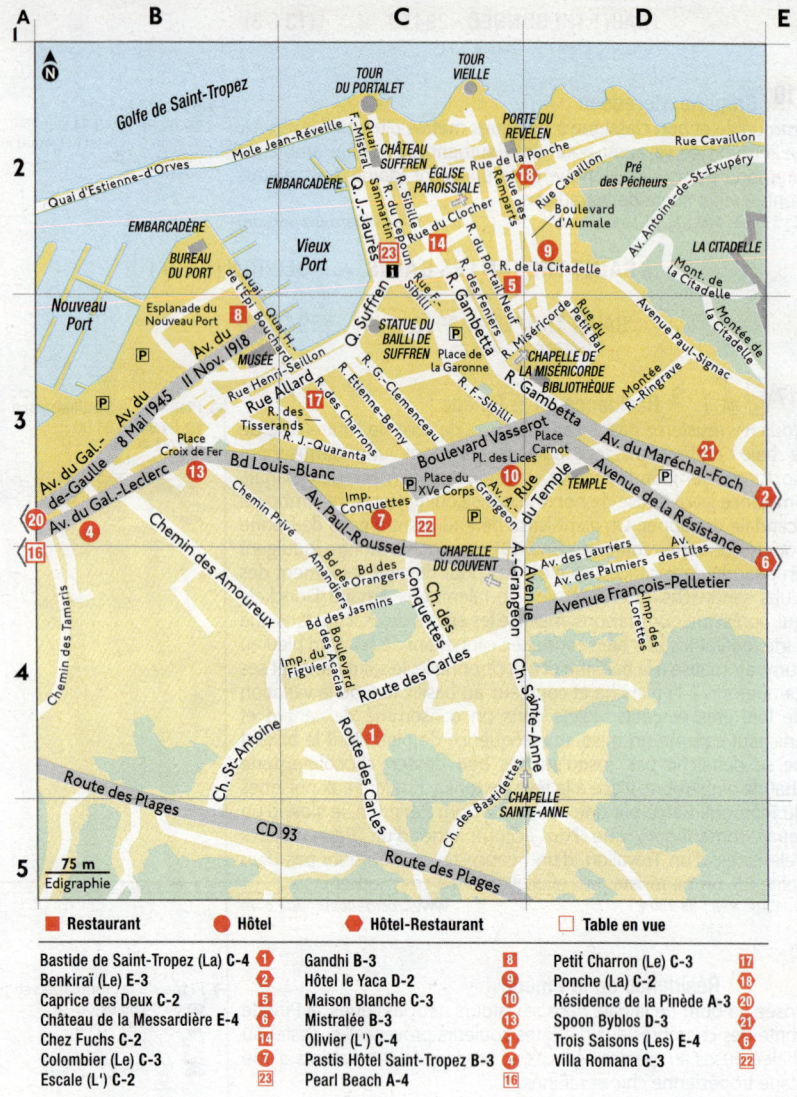

| | Restaurant | | Hôtel | | Hôtel-Restaurant | | Table en vue |

Bastide de Saint-Tropez (La) C-4	1	Gandhi B-3	8	Petit Charron (Le) C-3	17
Benkiraï (Le) E-3	2	Hôtel le Yaca D-2	9	Ponche (La) C-2	18
Caprice des Deux C-2	5	Maison Blanche C-3	10	Résidence de la Pinède A-3	20
Château de la Messardière E-4	6	Mistralée B-3	13	Spoon Byblos D-3	21
Chez Fuchs C-2	14	Olivier (L') C-4	1	Trois Saisons (Les) E-4	6
Colombier (Le) C-3	7	Pastis Hôtel Saint-Tropez B-3	4	Villa Romana C-3	22
Escale (L') C-2	23	Pearl Beach A-4	16		

chutneys et crème yaourt, destinées à une clientèle anglo-saxonne, les deux toques étant seulement frôlées par la qualité des produits, le loup sauvage, le lottillon, la très bonne selle d'agneau.
C : 88 € • M : 64-95 €   *www.messardiere.com*

Les prix au restaurant
C : addition moyenne à la carte (sans les boissons), comprenant 1 entrée, 1 plat et 1 dessert, dans le cadre d'une restauration traditionnelle.
M : fourchette de prix mentionnant le menu le moins cher et le menu le plus cher, proposant à la fois entrées, plats et desserts, sans les boissons.

G
M

♦♦♦♦ Château de la Messardière

Dominant Saint Trop' de toute sa superbe, ouvrant sur un panorama fabuleux couvrant les plages de Ramatuelle, les vignobles et tout le golfe, cette prestigieuse adresse incarne à merveille l'hôtellerie de très grand luxe. On déambule dans l'immense parc de 12 hectares tout en savourant à l'avance le programme de soins dont on bénéficiera le soir même au centre de remise en forme privé. Piscine et cadre merveilleux.

40 appart. 460-2750 € • 75 ch. 200-750 €   www.messardiere.com

→ Rte de Tahiti
☎ 04 94 56 76 00
🖷 04 94 56 76 01
F. 1er janv.-21 mars et 12 nov.-31 déc.

---

13 ♦ Le Benkiraï

Ce nouveau repaire jet-setter (on l'a vu dans Gala !) est moins illusionniste qu'on pourrait le croire : un vrai chef, pas en carton-pâte, Oth Sombath, initie les conducteurs de Ferrari et leurs passagères à la cuisine royale thaïe. Et la salade de thon rouge, l'excellent bar cuit en feuille de bananier, les crevettes en tempura avec un très bon riz gluant coco ne sont vraiment pas du flan (il y a, à propos, une variété de desserts assez rare) même si certains plats, comme le bœuf au basilic sont étonnamment relevés, comme pour ajouter un peu de piment. Cadre idyllique de la terrasse surplombant la piscine et le jardin luxuriant, service jeune, souriant actif, multiples détails design de la plus haute modernité (les petites lampes individuelles pour lire la carte) et cave pas idiote, assez variée, pas trop chère, de Yvon Métras au cassis des Deux Sœurs ou au château Minuty en région, avec bien sûr une sélection de vins du monde.

C : 60 € • M : 52-110 €   restaurant@hotel-benkirai.com

→ 11 chemin du Pinet
☎ 04 94 97 04 37
F. fin oct.
Jusqu'à 22h30.

♦♦♦ Le Benkiraï

Un superbe ensemble sur les hauteurs, une réalisation du XXIe siècle entre le palais mauresque et le jardin japonais, aux lignes très design derrière les murs terracotta. Les chambres se répartissent autour de la superbe piscine, intérieur zen aux tons clairs, équipement parfait, soin du détail dans toutes les parties communes, beaux parasols de terrasse, poufs gigantesques au bord de l'eau dans un confort d'avant-garde.

2 appart. 530-900 € • 40 ch. 280-625 €

→ 11 chemin du Pinet
☎ 04 94 97 04 37
🖷
F. 15 oct.-15 mars.

---

13 ♦ Le Bistrot

Il faut toujours bouger à Saint-Trop' : le décor de ce Bistrot nécessairement branché a donc évolué, sur des tons acier et blanc, avec un patio rénové au décor japonisant. Une façon zen et tonique à la fois de goûter une cuisine de même inspiration, carpaccio de thon, nems de crabe, gambas à l'indonésienne qui accompagne des plats du répertoire, volaille fermière purée aux truffes ou filet de bœuf sauce crémée. Service souriant et dynamique.

C : 50 € • M : 14-45 €   www.bistrot-saint-tropez.com

→ 3 pl des Lices
☎ 04 94 97 11 33
Ouv. 7j/7.
Jusqu'à 23h30.

Les prix des hôtels correspondent au tarif journalier en chambre
ou en appartement (ou suite) pour au minimum 1 personne seule en basse saison
et 2 personnes en haute saison.

13 🍴 Caprice des Deux

Pas un caprice, mais un succès qui dure pour Stéphane et Philippe Avelin qui, au pied de la citadelle, peuvent se permettre d'ouvrir à l'année leur élégant bistrot pour une clientèle locale qui leur fait toute confiance. En saison, la terrasse sur la rue est un agrément supplémentaire pour apprécier la carte de Stéphane, habilement personnalisée sur des ingrédients riches qui font grimper le ticket : brandade de morue à l'émulsion de truffe, filet de loup et poêlée de cèpes, noisettes d'agneau rôtie à la fleur de thym. La cave, pas trop coûteuse en région, montre également quelques grands crus aux touristes fortunés.

C : 58 € • M : 57 €   *www.aucapricedesdeux.com*

➔ 40 rue du Portail-Neuf
☎ 04 94 97 76 78
F. mardi, merc. (h.s.), merc. (avril-juin) et 5 janv.-14 fév.
Jusqu'à 0h30.
🎐

---

13 🍴 L'Escale

Cette annexe de Joseph est bien l'une des terrasses les plus hypes de Saint-Trop', celle où il faut être, mettre les pieds dans le sable au beau milieu de la promenade du port. La cohue regarde et vous êtes là, privilège délicieux qui se prolonge dans une assiette simple et très correctement traitée : carpaccio de thon, de saumon, de bœuf, belles huîtres Gillardeau, rouget plancha et belle entrecôte Black Angus. Cave très bien fournie en grands crus, idéale pour yachtmen russes et esthètes aimant faire rimer chapon et Haut-Brion.

C : 80 € • M : 39 €   *www.joseph-saint-tropez.com*

➔ 9 quai Jean-Jaurès
☎ 04 94 97 00 63
F. non comm.
Jusqu'à 24h (1h30 saison).
🎐 🦞 ❄ 🍸

---

13 🍴 L'Olivier

Olivier Streiff déjà parti, la Bastide a trouvé un successeur, Franck Broc qui assure la saison comme les résidents l'aiment, en proposant une cuisine actuelle, débarrassée de contingences méditerranéennes, travaillant le prestige le foie gras, le menu tout homard et un beau quasi de veau en cocotte. Pour l'exécution, le travail est propre mais manque un peu de profondeur pour briguer les lauriers, la tarte légumes ou le magret, somme toute assez modestes, montrant davantage ce qu'on attend d'une bonne cuisine hôtelière, à peine au niveau d'une toque, mais à tarif de trois. Reste le cadre, parfaitement idyllique, d'une terrasse cernée d'essences sudistes, et d'un service au chic décontracté et tropézien du meilleur goût. La carte des vins vaut par ses choix provençaux, Sainte-Roseline, Chausse, Jasson, Pas du Cerf s'ajoutant à une belle verticale de Pibarnon.

C : 75 € • M : 50 €   *www.bastide-de-saint-tropez.com*

➔ Rte des Carles
☎ 04 94 55 82 55
F. lundi, mardi (h.s.) et 2 janv.-11 fév.
Jusqu'à 22h.
🎐 🦞 ❄ 🏖 🐑

🍴🍴🍴 La Bastide de Saint-Tropez

Cette élégante bastide tropézienne, en réalité une maison de maître et quatre mas organisés autour d'une superbe piscine, ouvre sur un parc aux essences exotiques. Luxueuses, agrémentées de meubles peints et chaleureusement habillées de poutres anciennes, les chambres dispensent une atmosphère raffinée.

26 ch. 225-870 €   *www.bastide-de-saint-tropez.com*

➔ Rte des Carles
☎ 04 94 55 82 55
🖨 04 94 97 21 71
F. 2 janv.-11 fév.
🦞 ❄ 🏖 🐑 🐕

---

13 🍴 Le Petit Charron

Christian Benoît ne peut compter ni sur un emplacement privilégié sur le port de plaisance, ni sur une vue imprenable sur la mer depuis le sommet d'une colline, ni même sur une simple terrasse. Son ancienne maison de pêcheurs se mérite, presque cachée dans une

➔ 6 rue des Charrons
☎ 04 94 97 73 78
F. dim. et nov.-mars.
Jusqu'à 21h30.
❄ 🐕

minuscule ruelle où deux scooters peinent à se croiser. Provençale dans ses racines, un peu chic par obligation, revue pour être avec son temps, la cuisine de ce chef autodidacte joue surtout sur les saveurs : cassolette d'escargots et ravioles aux cèpes en persillade, poêlée de seiches et poivrons en bisque-rouille, risotto arborio à l'artichaut, gambas rôties et jus de truffes, crostini au fromage de brebis et bouquet de roquette. Réservation fortement conseillée en saison.
M : 42-46 €   c-benoit@wanadoo.fr

---

13 Spoon Byblos

Spoon, Byblos, Saint Tropez… Les choses sont claires : le lieu est constellé de jeunes gens au sourire éclatant, de chaque côté du plateau, au service comme dans les moelleux fauteuils où l'on mange presque allongé, ou à table avec ses meilleurs potes, avant d'aller vivre une folle nuit tropézienne. Car ici c'est le club ducassien pour début de soirée, musique de boîte et concept culinaire encore dans le coup, du world guilleret, des assiettes en triptyque variable (produit, sauce, accompagnement) qui font voyager selon les influences (Asie, Maghreb, Inde, Italie…). La réalisation est peut-être un peu moins fulgurante aujourd'hui, mais la soirée est évidemment agréable.
C : 85 € • M : 65 €   www.byblos.com

→ Av Foch
☎ 04 94 56 68 20
F. mardi, merc. (h.s.) et mi-oct.-mi-avril.
Jusqu'à 23h30 (0h30 juil.-août).

Spoon Byblos

Le nouveau spa a ouvert ses portes en mai dernier et propose désormais des soins créés par une célèbre marque de cosmétiques. Les prestations sont tirées encore plus vers le haut dans cet établissement conçu comme un village méditerranéen avec ses patios, ses terrasses et ses façades colorées, le tout au cœur de Saint-Tropez. Décorées de meubles anciens de la région, habillées de tissus de grands créateurs, les chambres jouissent toutes d'une personnalité propre, dans un luxe omniprésent. Sur place, boutiques, salon de coiffure, discothèque et piano-bar.
44 appart. 720-4400 € • 51 ch. 300-830 €   www.byblos.com

→ Avenue Foch
☎ 04 94 56 68 00
📠 04 94 56 68 01
F. mi-oct.-mi-avril.

---

12 Chez Fuchs

Fidèle au poste, Fuchs passe les années en maintenant le cap d'une cuisine provençale classique et sérieuse, rouille de seiche et bœuf en daube, sans se soucier des modes qui passent. La recette est efficace, l'ambiance en rapport et la sélection de vins pas idiote.
C : 40 €   fuchs.sttropez@wanadoo.fr

→ 7 rue des Commerçants
☎ 04 94 97 01 25
F. dim., lundi (hiver) et 10 janv.-15 fév.
Jusqu'à 22h30.

---

12 Gandhi

L'unique ambassade de la gastronomie indienne dans le golfe de Saint-Tropez affiche une stabilité à toute épreuve : jamais de déception avec les beignets de thon aux pommes de terre et épices légères, la brochette d'agneau marinée aux épices et cuite au tandoor ou les crevettes vindaloo (crevettes épicées avec sauce au gingembre et à la coriandre).
C : 35 € • M : 18,50 €   www.gandhisai.com

→ 3 quai de l'Epi
☎ 04 94 97 71 71
F. merc. (h.s.), lundi à déj., merc. à déj. (saison) et 15 déc.-31 janv.
Jusqu'à 22h30.

12 **La Ponche**

Une cuisine bien adaptée aux demandes de grignotage comme aux dîners romantiques sur la terrasse : salade de lotte tiède aux avocats, rougets grillés, carré d'agneau à la farigoulette. A des prix pas si élevés, et dans une atmosphère de détente chic en phase avec les lieux. Bonne petite cave de vins de la région.

M : 25-38 €   www.laponche.com

→ 3 rue des Remparts, port des Pêcheurs
☎ 04 94 97 09 29
F. 4 nov.-15 fév.
Jusqu'à 24h (saison).

La Ponche

C'était un bar de pêcheurs, c'est devenu le petit palace mythique au-dessus de la plage de la Ponche, qu'ont fréquenté Boris Vian, Françoise Sagan ou aujourd'hui Catherine Deneuve. L'espace, entièrement reconstruit, n'a plus guère à voir avec celui des années 50, lorsque Vadim tournait Et Dieu créa la femme sur la plage, mais le quartier est encore très authentique et les chambres raffinées, ornées de toiles de Jacques Cordier que l'on retrouve présent dans tout l'hôtel.

3 appart. 190-365 € • 15 ch. 150-440 €   www.laponche.com

→ 3 rue des Remparts, port des Pêcheurs
☎ 04 94 97 02 53
📠 04 94 97 78 61
F. 4 nov.-15 fév.

Pearl Beach

La situation au bord du golfe prend toute son exclusivité le soir face au coucher du soleil, tandis que le décor sous influence asiatique renforce l'attrait d'un table furieusement tendance. Tout est dit ? Et bien non, car le chef a ramené de ses expériences à l'étranger de quoi animer ce décor de belles assiettes parfaitement dans le ton : papillote de volaille à la banane et lait de coco, mi-cuit de poisson aux épices douces…

C : 60 € • M : 30-60 €   www.thepearlbeach.com

→ Quartier de la Bouillabaisse
☎ 04 98 12 70 70
F. 5 janv.-15 fév.
Jusqu'à 23h.

Villa Romana

Un des must de la station, à tous égards, régulièrement cité dans les chroniques tropéziennes. Dans un jardin luxuriant, yuccas, pins, magnolias, chamérops, bambous, oliviers et une glycine centenaire, qui court après le lierre sur la terrasse. Francis Cardaillac dresse dans ce temple de la fête au décor fracassant (grandes toiles de Botero, ambiance italienne, beaux fauteuils de velours rouge dessinés par Jacques Garcia) une table en rapport avec ses ambitions, pavé de loup rôti sur peau boulgour aux agrumes, côte de veau fermier poêlé, agneau allaiton d'Aveyron rôti sur l'os… Même si les habitués plébiscitent aussi la pizza au jambon de Parme, les risottos et un fameux dessert chocolaté, l'Halicarnasse.

M : 50-80 €   www.villa-romana.com

→ Chemin des Conquettes
☎ 04 94 97 15 50
F. 10 oct.-Pâques.
Jusqu'à 24h.

Domaine de l'Astragale

L'hôtel réparti dans des bâtiments tout en longueur et respectueux de l'architecture méditerranéenne des chambres spacieuses et raffinées, avec rez-de-jardin privatif. Atmosphère exclusive, parc fleuri avec piscines et, pour profiter de la mer toute proche, une plage privée.

16 appart. 750-1300 € • 34 ch. 300-420 €   www.lastragale.com

→ Chemin de Gassine
☎ 04 94 97 48 98
📠 04 94 97 16 01
F. fin sept.-mi-mai.

Hôtel le Yaca

Un ensemble de maisons anciennes au pied de la citadelle, dans lesquelles il règne une atmosphère luxueuse et chaleureuse. Au centre, une ravissante cour intérieure avec piscine. Spacieuses et richement meublées, les chambres se hissent à la hauteur de ce cadre superbe. Cuisine italienne au restaurant le Patio.

3 appart. 580-1270 € • 25 ch. 270-600 €   www.hotel-le-yaca.fr

→ 1 bd d'Aumale
☎ 04 94 55 81 00
📠 04 94 97 58 50
F. 10 oct.-Pâques.

La Maison Blanche

Un des spots indispensables de la station, dont le bar à champagne et petites assiettes, ouvert en saison et survitaminé donne un coup de fouet à la vie tropézienne. Dans ce bel hôtel particulier 1900, la déco est contemporaine, minimaliste, exclusive, avec une dominante de blanc.

4 appart. 350-780 € • 5 ch. 180-390 €   www.hotellamaisonblanche.com

→ Pl des Lices
☎ 04 94 97 52 66
🖷 04 94 97 89 23
F. fév.

La Mistralée

Construit au milieu du XIXe siècle par un ministre de Napoléon III, cet hôtel particulier ne propose que huit chambres et deux appartements forcément soignés et personnalisés. Chaque chambre jouit d'une ambiance particulière, selon des thèmes variés tels que la Chine ou le Maroc, mais aussi Chanel ou Tarzan ! Pourquoi ne pas en profiter pour rester une grosse semaine et changer de décor chaque jour ? Cuisine d'inspiration méditerranéenne au restaurant.

2 appart. 370-790 € • 8 ch. 190-600 €   www.hotel-mistralee.com

→ 1 av Gén-Leclerc
☎ 04 98 12 91 12
🖷 04 94 43 48 43
Ouv. 7j/7.

Pastis Hôtel Saint-Tropez

On ne soupçonne pas ce petit îlot de verdure et cette jolie maison à toit de tuiles romaines, entièrement rénovée par ses propriétaires anglais, dominant la baie, à l'intérieur d'un jardin d'oliviers et de palmiers. Chambres intimes et charmantes entièrement décorées par John et Pauline Larkin dans un style provençal sous influence contemporaine. Nombreuses reproductions de tableaux et photographies créent un espace très personnel et beaucoup de cachet.

9 ch. 200-600 €   www.pastis-st-tropez.com

→ 61 av du Gén-Leclerc
☎ 04 98 12 56 50
🖷 04 94 96 99 82
Ouv. 7j/7.

Le Colombier

Un classique de la vie tropézienne auquel de nombreux habitués, vacanciers fidèles, sont attachés. Pas seulement par nostalgie, mais parce que l'ancienne maison de Charles Vanel a encore le charme ineffable des demeures de famille provençales, chambres douillettes et raffinées, ornées d'aquarelles, situation centrale.

1 appart. 145-160 € • 10 ch. de. 58-140 €

→ Impasse des Conquettes
☎ 04 94 97 05 31
🖷 04 94 97 32 57
F. 1er janv.-1er mars et 12 nov.-25 déc.

SAINT VAAST LA HOUGUE - 50550   (5 B 2)

Saint-Lô 70 - Cherbourg 29

12 Le Chasse-Marée

Il faut des Chasse-Marée à Saint-Vaast-la Hougue, de ces petits restaurants de poissons francs comme le bon pain bis que l'on tartine de beurre demi-sel pour accompagner les spéciales du cru. La confiance règne de l'arrivage à la cambuse, sur la raie beurre noisette, la choucroute de poisson et le turbot beurre blanc. Une fois à quai, on peut même continuer à l'intérieur des terres avec les fromages normands et le gratin de pommes à la cannelle. Petite cave, mais le saumur de Germain ou le muscadet de Sauvion.

C : 35 € • M : 15-28 €

→ 8 pl du Gén-de-Gaulle
☎ 02 33 23 14 08
F. lundi, mardi (h.s.) et janv.
Jusqu'à 21h.

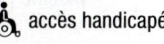

🚗 parking privé   🚗 parking fermé   🚙 voiturier

🚆 hôtel très tranquille   🐕 chien accepté   ♿ accès handicapé

? Les Fuchsias

La toque devrait revenir prochainement sur cette maison valeureuse : un jeune chef prometteur, Pierre Marion, travaille le terroir
comme il faut, associant les huîtres gratinées et l'andouille de Vire,
les saint-jacques sur galet au caviar de hareng, la charlotte pomme
au camembert et gelée de cidre. Dans l'ambiance touristique et
familiale d'une salle de tradition, ou en terrasse au jardin, les
assiettes ont de l'allure, à tarifs tout de même costauds, faisant
passer la carte des vins, par contrecoup, pour franchement faiblarde
(le négoce, peu de choix hors bordeaux-bourgogne)
C : 61 € - M : 28-65 €   www.france-fuchsias.com

→ 20 rue du Mal-Foch
☎ 02 33 54 40 41
F. lundi (sf à dîn. juin-sept.),
mardi à déj., (mardi
nov.-mars), janv.-fév. et 1e
quinz. déc.
Jusqu'à 21h30.

© Hôtel de France

La base idéale pour visiter le Nord-Cotentin et l'île de Tatihou, en
face : un hôtel à la normande, accueillant et fleuri, couvert de
fuchsias centenaires et prolongé par un jardin subtropical planté
d'eucalyptus, mimosas, palmiers, bananiers. Chambres personnalisées sur des thèmes divers (marin, campagne, tendues de chintz
fleuri…) réparties sur trois bâtiments, un étage ayant été entièrement rénové en 2006.
36 ch. 57-115 €   www.france-fuchsias.com

→ 20 rue du Mal-Foch
☎ 02 33 54 40 41
🖶 02 33 43 46 79
F. janv., fév. et 1re quinz. déc.

Villes de proximité, voir :

⟳ QUETTEHOU...3 km O **(12/20)**

SAINT VALERY EN CAUX - 76460   (6 B 1)
Rouen 60 - Dieppe 34 - Yvetot 32

12 Le Restaurant du Port

La cuisine (ainsi que dans une large mesure le décor) de ce
restaurant effectivement situé sur le port dégage certes un petit
parfum hors du temps, mais on sent la patte d'un bon professionnel, sûr de ses approvisionnements comme de ses belles
préparations classiques, et on prend ainsi un réel plaisir à déguster
des plats qu'on ne trouve plus guère à ce niveau de qualité, comme
une généreuse raie au beurre et aux câpres, avec une sauce modèle
du genre, ou des saint-jacques poêlées au lard, sobres et soignées.
C : 50 € - M : 22,50-41 €

→ 18 quai d'Amont
☎ 02 35 97 08 93
F. dim. à dîn., lundi et jeudi
à dîn. F. ann. non comm.
Jusqu'à 21h.

👁 Restaurant La Passerelle

La table du casino séduit par son cadre contemporain et ouvert sur
la mer, la vue sur les falaises ou le service alerte. Les intentions sont
bonnes en cuisine, les produits de la mer en direct des bateaux et
la chef connaît parfaitement la pêche côtière.
C : 35 € - M : 22-37 €   www.casino-saintvalery.com

→ Casino de Saint-Valery, Le
Perrey
☎ 02 35 57 84 11
Ouv. 7j/7.
Jusqu'à 22h.

Villes de proximité, voir :

⟳ INGOUVILLE SUR MER…5 km S.-O. par D 68 et D 15 **(16/20)**

☂ repas en terrasse ou dans un jardin   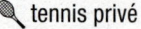 cave à cigare

🐋 piscine privée   🎾 tennis privé   ≋❄ air conditionné

SAINT VALLIER - 26240 (27 D 4)
Valence 32 - Tournon 16

11 Le Bistrot d'Albert

Un bistrot, c'est une affaire d'ambiance (aux beaux jours en terrasse, c'est encore mieux) et de gourmandises. Rompu à la haute gastronomie, Alexandre Lecomte ne cède pas à la facilité, joue avec les produits de saison, aligne l'omble chevalier en marinade à côté de la terrine de pieds de porc ravigote ou du pavé de thon basquaise, s'amuse avec les semaines à thèmes (méditerranéenne, lyonnaise, etc). La bonne humeur l'emporte, avec l'aide d'une bonne cave, notamment rhodanienne.

C : 30 € • M : 14,50 €   bistrotalbert@wanadoo.fr

→ 116 av Jean-Jaurès
☎ 04 75 23 01 12
F. 15-28 fév. et 12-28 août.

SAINT VALLIER DE THIEY - 06460 (34 B 4)
Nice 49 - Grasse 12

10 Restaurant le Préjoly

Aimable étape nature sur la route Napoléon : on ne s'ennuie pas une seconde dans ces menus adroitement composés et qui continuent à valoir la mention, pour le soin et le rendement : marbré de lapin en chemise de lard aux noix, morue en filets pochés et légumes à l'aïoli, daube de joue de bœuf à l'ancienne. On boit la Provence au pichet et un Simone blanc les jours de fête, et tout va bien.

C : 35 € • M : 16,50-25 €   prejoly@aol.com

→ Av Gaston-de-Fontmichel
☎ 04 93 42 61 27
F. dim. à dîn., mardi à dîn. et 15 fév.-25 mars.
Jusqu'à 21h30.

SAINT VERAN - 05350 (34 B 2)
Gap 92 - Briançon 69

L'Astragale

Sous ses allures de chalet traditionnel, l'hôtel bénéficie d'un aménagement contemporain et facile à vivre, avec des chambres claires, murs blancs et mobilier en mélèze, piscine ou encore sauna. Les chambres les plus agréables ouvrent largement au sud, sur la montagne.

21 ch. 81-228 €   www.astragale.queyras.com

→ La Ville
☎ 04 92 45 87 00
▤ 04 92 45 87 10
F. 1er avril-14 juin et 1er sept.-19 déc.

Les Chalets du Villard

Les deux chalets traditionnels ouvrent largement sur les montagnes et appellent à la détente (d'autant que l'équipement s'est enrichi d'un espace sauna hammam), dans le confort de chambres qui reprennent en clin d'œil du mobilier typique du Queyras.

24 appart. 50-150 €   www.leschaletsduvillard.fr

→ Le Villard
☎ 04 92 45 82 08
▤ 04 92 45 86 22
F. 10 avril-5 juin et 20 sept.-20 déc.

SAINT VICTOR - 03410 (26 A 2)
Moulins 78 - Montluçon 7

12 Le Jardin Délice

Après de longues années passées auprès de Michel Rubod, Benoît Larose a posé ses valises près de Montluçon, dans un ancien motel transformé en un établissement comprenant vingt-cinq chambres et un restaurant. La salle à manger, lumineuse, se prête à merveille à la dégustation d'une cuisine bien dans son temps mais encore perfectible : queues de langoustines en salade de fèves au lard, dos de cabillaud à la crème de saint-jacques, filet de bœuf, sauce au vin de thym. Desserts soignés, service sympathique et cave bien construite.

C : 55 € • M : 17-47 €   www.jardindelice.com

→ 6 rte de Paris
☎
F. merc.
Jusqu'à 21h30.

SAINT VICTOR DE RENO - 61290 (6 B 5)
Alençon 52 - Mortagne-au-Perche 15

12 Auberge de Brochard

L'auberge des Lenglare préserve les atouts champêtres qui font son charme, dans le cadre (une maison de caractère dans un vallon isolé et verdoyant) comme dans la cuisine, qui puise sa matière chez les producteurs fermiers des environs pour proposer une belle tranche de terroir chaleureux et gourmand, avec la tarte aux pommes et boudin, le suprême de volaille au cidre, l'assiette de fromages et la tarte Tatin, le tout servi avec gentillesse et sourire.
C : 35 € • M : 20-30 € *www.aubergedebrochard.com*

→ Le Brochard
☎ 02 33 25 74 22
F. dim. à dîn., lundi et mardi à dîn.
Jusqu'à 21h30.

SAINT VINCENT - 43800 (26 D 4)
Le Puy-en-Velay 18 - La Chaise-Dieu 37

12 Auberge La Renouée

Ce terroir travaillé avec application et savoir-faire ne se trouve pas dans tous les villages de Haute-Loire. Il faut donc venir saluer Bruno Capraro, qui sait faire riche et avantageux sans ruiner les visiteurs. Dans ce cadre rustique très soigné à dominante bois, il propose des menus qui tiennent bien avec les grosses ravioles de joue de bœuf braisé et craterelles d'abondance, le tournedos de truite saumonée de Vourzac au jambon cru, le gigot de lapereau parfumé à la Vellavia et emberurée de chou frisé dans une proposition à 30 € qu'il faudrait être fou pour refuser. Cave pas inintéressante, bien conseillée dans les accords mets-vins.
C : 27 € • M : 18,50-39 € *auberge.larenouée@laposte.net*

→ Cheyrac
☎ 04 71 08 55 94
F. dim à dîn., lundi, à dîn.
mardi-jeudi (mars, nov.-déc.),
2 janv.-8 mars et 1 sem.
Toussaint.
Jusqu'à 21h30.

SAINT VINCENT DE LOROUER - 72150 (16 C 3)
Le Mans 33 - Le Grand-Lucé 5

12 L'Hermitière en Forêt de Bercé

Les Manceaux choisissent pour leurs dimanches la belle forêt de Bercé et ses chênes séculaires. Au milieu des arbres, une maison forestière pleine de charme où l'on s'attend à voir l'enchanteur Merlin et Lancelot du Lac. Guy Podevin ne se limite pas au folkore forestier, proposant une carte plutôt recherchée et pas mal tournée : foie gras de canard fumé et blinis d'andouille de tête de cochon, effilochée de raie au jus de pomme du Val-de-Loir, tarte renversée au chocolat. Des efforts constants, une bonne cave régionale, avec les jasnières et coteaux-du-loir, qui valent bien un point de plus.
C : 40 € • M : 26-45 € *www.lhermitiere.fr*

→ Aux Sources de l'Hermitière
☎ 02 43 44 84 45
F. lundi à dîn., mardi, merc. et 10 janv.-15 fév.
Jusqu'à 21h.

SAINT VOUGAY - 29440 (13 C 2)
Landivisiau 13 - Saint-Pol-de-Léon 17

10 Crêperie du Château

Crêpes et galettes, mais aussi pizza, esprit simple et campagnard à côté du château de Kerjean pour se requinquer simplement dans une atmosphère vacancière.
C : 20 € • M : 15-24 €

→ Kerfao
☎ 02 98 69 93 09
F. lundi.
Jusqu'à 23h.

G
M

SAINT YRIEIX LA PERCHE - 87500 (25 B 3)
Limoges 36 - Brive-la-Gaillarde 62

10 **A la Bonne Cave**

Avec son architecture XVIIᵉ et ses vieilles pierres chaleureuses, la maison est bien à sa place dans les vieux quartiers. En accord avec le décor et l'esprit des lieux, l'équipe met l'accent sur les produits du terroir limousin, notamment les viandes et les préparations autour de la pomme, et emballe le tout dans une atmosphère conviviale fort plaisante.
C : 22€ • M : 10-19,50€

→ 7 pl de la
Pierre-de-l'Homme
☎ 05 55 75 02 12
F. lundi, mardi à dîn. et 3 dern. sem. sept.
Jusqu'à 21h.

Villes de proximité, voir :

⏾ LADIGNAC LE LONG .... 12 km N.O. par D 901 **(11/20)**

SAINT ZACHARIE - 83640 (33 D 5)
Marseille 35 - Aix-en-Provence 37 - Brignoles 32

13 **Urbain Dubois**

Cette petite RN 560 ne manque pas de charme, serpentant avec grâce dans l'arrière-pays varois jusqu'à cette délicieuse maison posée sur le bord de la route. Patrice et Cathy Noël y font vivre, presque seuls, cette coquette table dont la petite terrasse, pourtant sans charme particulier, ne désemplit pas en été. Personnelle, novatrice parfois au risque de se perdre dans d'inutiles complications, la cuisine de ce jeune homme déborde d'une bonne humeur communicative : nuage de poivrons et citrons confits aux épices et petite brousse à la fleur de sel, spirale et faux tofu au chocolat, pétale de bacon, cœur de filet de bœuf, dentelle de parmesan et jus d'anchoïade. Il n'est pas impossible d'être parfois désarçonné par un plat trop créatif. Mais le jeu en vaut la chandelle et la toque, qui vaut aussi pour la jolie petite cave, ne saurait être remise en question.
M : 20-72€ *www.urbaindubois.fr.*

→ RN 560, la-Petite-Foux
☎ 04 42 72 94 28
F. dim. à dîn., lundi, mardi à déj., merc. à déj. (sf fériés et sur réserv.), 10 jrs janv.
Jusqu'à 21h30.

SAINTE ADRESSE - 76310 (6 A 2)
Rouen 87 - Le Havre 1

Les Voiles

Ambiance marine (l'hôtel propose des cabines, plutôt que des chambres) et situation idéale sur le front de mer pour cet hôtel moderne et soigné. Qu'on se rassure, le volume des chambres, feutrées et élégantes, est plus que suffisant pour passer un séjour agréable à la découverte de la ville classée.
1 appart. 80-130€ • 16 ch. 80-149€ *www.voiles76.fr*

→ 3 pl Clémenceau
☎ 02 35 54 68 90
🖷 02 35 54 68 90
F. non comm.

SAINTE ALVERE - 24510 (24 B 4)
Montignac 51 - Périgueux 36

Le Moulin Neuf

Les tons clairs et fleuris composent des chambres douillettes et élégantes dans cet ensemble (un moulin et une grange) typique de l'architecture régionale, dans le site paisible d'une vallée verdoyante.
5 ch. 74,60-89€ *www.the-moulin-neuf.com*

→ Paunat
☎ 05 53 63 30 18
🖷 05 53 63 30 55
F. 1re sem. avril, 2e quinz. oct. et Noël.

SAINTE ANNE LA PALUD - 29127 (13 B 4)
Quimper 25 - Douarnenez 16

13 🏛 La Plage
La lumière marine inonde la salle par les larges baies vitrées et son influence domine une carte ambitieuse, à la hauteur du cadre. Le jeune chef maîtrise l'exercice sans se démonter, entre noblesse et séduction gourmande, et puise dans un terroir généreux de quoi composer des assiettes convaincantes : raviole de légumes et œuf poché au mascarpone truffé, langoustines panées à la farine de blé noir, pigeon aux épices cuit au sautoir et pommes confites. Service remarquable et cave prestigieuse, correspondant au standing.
C : 85 € • M : 80-120 €   www.plage.com

→ ☎ 02 98 92 50 12
F. mardi à déj., merc. à déj., vend. à déj. et 4 nov.-21 mars. Jusqu'à 21h.

¢¢¢ Hôtel de la Plage 🦅
Bien sûr, il y a la plage, tournée vers l'ouest et son coucher de soleil, notes irisées et sable fin. Il y a aussi des chambres soignées, au luxe serein et discrètement bourgeois, avec meubles de style et tons clairs, en accord avec l'architecture de cette vaste maison blanche.
4 appart. 233-313 € • 26 ch. 175-313 €   www.plage.com

→ ☎ 02 98 92 50 12
📠 02 98 92 56 54
F. non comm.

SAINTE ENIMIE - 48210 (32 A 2)
Mende 27 - Florac 27 - Millau 56

15 🏛🏛 Château de la Caze
Le site est absolument grandiose : les gorges du Tarn, un château du XVᵉ siècle, un parc peuplé d'arbres magnifiques, la carte postale vaudrait bien une affiche en 4x3 dans les rues de Sainte-Enimie. Le personnel nombreux, l'accueil souriant et très pro ne laissent plus planer le moindre doute sur le standing de la maison. Naviguant avec intelligence entre les répertoires contemporain et classique, la carte de Jean-Paul Lecroq séduit et rassure : thon au caviar d'aubergine et chair de tourteau à la tomate fraîche, truite façon "tataki", piment doux et compote printanière accompagnée de moules et d'une mousse de petit pois, gâteau tiède au chocolat amer et à la châtaigne et sorbet cacao. Salle à manger châtelaine, jolie cave languedocienne.
C : 39 € • M : 34-44 €   www.chateaudelacaze.com

→ Rte des Gorges-du-Tarn
☎ 04 66 48 51 01
F. merc. à déj., jeudi à déj. et merc. à dîn. (oct.), merc. à déj., jeudi à déj. et 4 nov.-21 mars.
Jusqu'à 21h15.

¢ Château de la Caze 🦅
A l'intérieur de ce château médiéval, le charme ne faiblit pas, respectant l'esprit ancien des lieux au plus près (notamment pour les chambres avec pierres et poutres apparentes) ou prenant quelques libertés avec des chambres plus actuelles.
9 appart. 166-276 € • 7 ch. 112-166 €   www.chateaudelacaze.com

→ Rte des Gorges-du-Tarn
☎ 04 66 48 51 01
📠 04 66 48 55 75
F. 4 nov.-21 mars.

10 Auberge du Moulin
La terrasse entièrement rénovée cette année ajoute encore au charme de cette ancienne maison de maître installée au cœur du village. Traditionnelle et sans fard, la carte de Denis Carminati permet aux familles de touristes de se faire plaisir sans grever le budget des vacances : éminé d'endives au prosciutto, civet de sanglier et tagliatelles, gigot d'agneau des Causses ou écrevisses en saison.
C : 25 € • M : 17-35 €

→ Rue de la Combe
☎ 04 66 48 53 08
F. dim. à dîn., lundi à déj. (sf juil.-août) et 15 nov.-fin mars.
Jusqu'à 20h45.

SAINTE GENEVIEVE DES BOIS - 91700 (7 C 2)
Paris 27 - Evry 10 - Arpajon 12 - Corbeil-Essonnes 13

13 **La Table d'Antan**

Proche de l'hôtel de ville, ce pavillon de banlieue transformé en restaurant dans les années 80 travaille efficacement à la promotion de la cuisine classique légèrement orientée vers le sud-ouest : tranches de foie gras chaud panée au pain d'épices, saint-jacques et bar poêlés, jus de tomates, pistaches et étuvée de haricots tarbais, confit de canard aux pommes de terre et pommes fruit, pruneaux à l'armagnac. Carte de foie gras à emporter.
C : 45 € • M : 29-47 €

→ 38 av de la
Grande-Charmille du Parc
☎ 01 60 15 71 53
F. dim. à dîn., lundi, mardi à dîn., merc. à dîn. et août.
Jusqu'à 21h.

www.tableantan.fr

SAINTE LUCE SUR LOIRE - 44980 (15 C 4)
Nantes 9 - Rennes 110

13 **Restaurant Bénureau**

Ce fier manoir du XIXᵉ siècle, en pleine nature, est tenu par la même famille depuis six générations. Stéphane Gravouille veille désormais sur le bien familial, accueillant une clientèle en mal d'ambiance châtelaine et de gastronomie traditionnelle : cuisses de grenouilles à la provençale, bar grillé au beurre blanc, filet de bœuf au poivre vert et tarte fine aux pommes. Belle cave régionale.
C : 55 € • M : 43-58 €

→ Le Grand-Plessis
☎ 02 40 25 95 25
F. dim. à dîn., lundi et 28 juil.-11 août.
Jusqu'à 21h30.

SAINTE LUCIE DE PORTO VECCHIO - 20144 (35 D 5)
Porto-Vecchio 15 - Solenzara 26

14 **Le Rouf**

Les Corses connaisseurs vous refileront certainement le tuyau du côté de Porto-Vecchio : le spécialiste du poisson c'est ce bel établissement sur la plage de Pinarellu, salle élégante et marine à l'étage, terrasse sur mer et carte en prise directe avec la Méditerranée. Le propos est naturel et direct : la pêche du jour cuisinée selon le marché. S'y ajoutent un peu de bœuf et des desserts classiques. Mais le sar grillé, avec une simple concassée de tomate, ail et basilic est une pure merveille, le poisson resplendissant, rose à l'arête, avec un trait d'huile d'olive et basta. Le service est aussi respectueux et pro, le tiramisu pas mauvais, dans une ambiance absolument authentique.
C : 75 €

→ Plage de Pinarello
☎ 04 95 71 50 48
F. déb. oct.-mi-avril.

SAINTE MARIE DE CAMPAN - 65710 (29 B 5)
Bagnères-de-Bigorre 12 - Lourdes 28

11 **Auberge des Pyrénées**

Les charmes rustiques de la salle, la vue sur les montagnes ou encore la convivialité de l'accueil appellent davantage un terroir franc et chaleureux qu'une gastronomie compliquée et c'est bien ainsi que s'apprécie cette auberge, autour de produits bien choisis dans une nature généreuse.
C : 13 € • M : 15-20 €

→ Costes des Bulanettes,
Camping les Frênes
☎ 05 62 91 82 46
F. 2 sem. printemps et 2 sem. automne.
Jusqu'à 20h30.

🌂 repas en terrasse ou dans un jardin　　◄▬ cave à cigare

SAINTE MAURE

SAINTE MAURE - 10150   (9 B 5)
Troyes 7 - Reims 121

14 🍷 **Auberge de Sainte-Maure** ⬈

Une maison sérieuse, confortable, traditionnelle, avec sa grande salle lumineuse ouverte sur le parc et la rivière le long de laquelle est aménagée une ravissante terrasse. Soignée et classique, la cuisine offre le meilleur d'elle-même dans un registre à peine revisité : araignée de mer sur une mousse de lentilles à la badiane, filets de rougets et croustillant aux oignons confits, tarte fine aux figues et glace au spéculoos. Chaleureuse cheminée en hiver, cave bien triée en champagne.

C : 50 € • M : 26-40 €   *auberge.saintemaure@wanadoo.fr*

→ 99 rte de Méry
☎ 03 25 76 90 41
F. dim. à dîn., lundi, mardi à déj. (hiver) et 24 déc.-28 janv.
Jusqu'à 21h30.

SAINTE MAURE DE TOURAINE - 37800   (17 C 5)
Tours 42 - Loches 34

🍷🍷🍷 **Hostellerie les Hauts de Sainte-Maure** 🐦

Dans un parc clos de murs, l'ancien relais de poste aux magnifiques vieilles pierres XVIᵉ se dédouble (Maison du Chai et Maison de la Diligence) pour offrir deux ambiances différentes, dans une magnifique interprétation contemporaine des canons anciens et un sens permanent du raffinement. Au restaurant, une bonne carte de tradition actualisée menée par Jérôme Mourey, saumon fumé, foie gras, sandre à la fleur de sel, agneau en croûte de marjolaine...

2 appart. 210-250 € • 16 ch. 119-210 €   *www.hostelleriehautsdestemaure.fr*

→ 2 av Charles-de-Gaulle
☎ 02 47 65 50 65
📠 02 47 65 60 24
F. janv.

Villes de proximité, voir :

↻ NOYANT DE TOURAINE............................4 km O. par D 760

SAINTE MAXIME - 83120   (34 B 5)
Toulon 72 - Fréjus 20

15 🍷🍷 **La Belle Aurore**

Les pieds dans l'eau, sans autre horizon que la Méditerranée, ce navire hôtelier vit depuis quelques années au rythme des (sages) inspirations de Jérôme Zuéras, qui fut notamment trois ans second auprès de Michel Sarran. Une utilisation des produits luxueux forcément fréquente, et de belles manières, tout en fait en phase avec les attentes d'une clientèle férue de ce type de service : salade de tempura de langoustines aux tomates confites et vinaigrette à l'huile de sésame, filets de rouget rôtis, fagot d'asperges vertes et blanches en vinaigrette de jus de truffe, cochon de lait caramélisé aux épices, pointes d'asperges et gnocchi au parmesan. Belle cave régionale.

C : 80 € • M : 38-80 €   *www.belleaurore.com*

→ 5 bd Jean-Moulin
☎ 04 94 96 02 45
F. merc. (sf juil.-août) et mi-oct.-mi-mars.
Jusqu'à 21h30.

🍷 **La Belle Aurore**

Lors de sa naissance, dans les années 20, ce charmant hôtel de bord de mer ne comptait que quelques chambres. Il est bien loin d'avoir atteint une dimension gigantesque aujourd'hui ce qui lui confère une atmosphère détendue et agréable. Chambres soignées, lumineuses et décorées dans un esprit provençal et contemporain.

1 appart. 360-560 € • 16 ch. 140-320 €   *www.belleaurore.com*

→ 5 bd Jean-Moulin
☎ 04 94 96 02 45
📠 04 94 96 63 87
F. mi-oct.-mi-mars.

10 La Maison Bleue

"La soupe de poisson est préparée exclusivement avec des poissons de roche du golfe de Saint-Tropez"; "loup, dorade, saumon et filet de cabillaud sont frais; les gambas sont congelées"; "pâtes fraîches et gnocchis sont fabriqués par nos soins"... Muriel Hertig-Jacquot affiche une transparence dont certains de ses confrères devraient probablement s'inspirer. Pas de grandes envolées dans les assiettes mais beaucoup de sincérité et une délicieuse terrasse.
C : 29 € • M : 20-26 €

→ 48 rue Paul-Bert
☎ 04 94 96 51 92
F. lundi, mardi (janv.-mars), mardi (avril-oct.) et 30 oct.-27 déc.
Jusqu'à 22h.

ĉĉĉ Le Beauvallon

Hôpital militaire pendant les premières années de son existence, ce splendide édifice Belle Epoque jouit d'un cadre remarquable grâce à son vaste parc qui surplombe la baie de Saint Tropez. Outre les chambres, spacieuses et luxueuses, l'établissement offre le confort d'un véritable resort avec piscine, plage privée, fitness, spa, deux bars, deux restaurants et même une navette-bateau pour Saint-Trop'.
12 appart. 495-2500 € • 58 ch. 210-560 €   *www.hotel-lebeauvallon.com*

→ Bd des Collines, Beauvallon-Grimaud
☎ 04 94 55 78 88
📠 04 94 55 78 78
F. nov.-mi-avril.

ĉĉĉ Villa des Rosiers ✒

Intime et raffinée, cette Villa ouvre en un magnifique panorama sur le golfe de Saint-Tropez et cultive un luxe sobre, dans la beauté des matières et des associations de couleurs d'inspiration provençale, pour une poignée de chambres exclusives et au confort sans défaut. Galerie d'art et accueil distingué.
1 appart. 330-440 € • 12 ch. 140-360 €   *www.villa-les-rosiers.com*

→ Chemin de Guerrevieille, Beauvallon-Grimaud
☎ 04 94 55 55 20
📠 04 94 55 55 33
F. 10 janv.-10 mars.

ĉĉĉ Villa Grimaldi

Ancienne résidence secondaire de la famille princière, la villa séduit par son architecture épurée, typique des années vingt, aussi belle à contempler qu'agréable à vivre, avec ses espaces ouverts sur la mer et ses lumières. A l'intérieur, le décor respecte l'esprit des lieux, avec des œuvres d'art contemporain au milieu d'un luxe feutré et chatoyant, pour quelques chambres personnalisées et très exclusives.
5 appart. 282-579 € • 1 ch. 149-290 €   *www.villa-grimaldi.com*

→ 44 bd des Cistes
☎ 04 98 12 93 79
📠 04 98 12 93 89
F. 1er oct.-1er avril.

SAINTE PREUVE - 02350   (4 D 4)
Laon 28 - Reims 52 - Vervins 29

13 Les Epicuriens

Qui peut le plus peut le moins : en bon professionnel, Franck Dumoulin ne se contente pas de proposer le foie gras aux épices ou le homard au vin chaud, il prouve également sur un raisonnable Menu du Château son sens du produit, avec une sobre assiette d'asperges et jambon de pays, une pintade fermière en deux façons (suprême rôti au thym, cuisse confite en bouillon corsé) et un blanc-manger à la réglisse accompagné de fraises à la menthe et d'un sorbet fraise-basilic. Service impliqué, large carte classique.
C : 70 € • M : 36-90 €   *www.chateau-de-barive.com*

→ ☎ 03 23 22 15 15
Ouv. 7j/7.
Jusqu'à 22h.

Domaine du Château de Barive ⤸

Passés les désagréments des travaux, il reste le plaisir du résultat, à savoir de nouvelles suites et chambres, mais aussi un équipement de confort optimisé (salles de massage, nouvelle salle de sport). Dans cet ancien haras XIXᵉ, les chambres raffinées incitent autant au repos que les balades en pleine nature, sur le vaste domaine entre forêt et étang.

8 appart. 200-350 € • 14 ch. 120-185 €   www.chateau-de-barive.com

☎ 03 23 22 15 15
🖨 03 23 22 08 39
Ouv. 7j/7.

SAINTE RADEGONDE - 33350   (23 D 2)

Castillon-la-Bataille 12 - Sainte-Foy-la-Grande 21

Château de Sanse ⤸

Vivez en seigneur à l'intérieur de ce château-bastide XVIIIᵉ aménagé en demeure de charme sur une colline dominant la campagne. Chambres spacieuses et sobres au style chic campagne, pour certaines avec balcon ou terrasse. Restaurant de cuisine actuelle, dans une belle véranda ouvrant sur la vallée.

4 appart. 100-195 € • 12 ch. 100-195 €   www.chateaudesanse.com

☎ 05 57 56 41 10
🖨 05 57 56 41 29
F. non comm.

SAINTES - 17100   (22 B 4)

La Rochelle 72 - Royan 40

14 Relais du Bois Saint-Georges

Les chefs passent ici sans déteindre vraiment sur cette bonne maison qui vogue comme un paquebot indifférent au changement de quart. Un capitaine, Jérôme Emery, dirige la manœuvre depuis trente ans. Aussi est-il permis de penser que le nouveau chargé de fourneaux, Damien Saudeau, au brillant CV, saura s'adapter à ce cadre de verdure, à cette atmosphère bourgeoise de bon ton depuis tant d'années, où l'on ne connaît que le beau produit, travaillé avec style : fondant de foie gras de canard mi-cuit aux langoustines rôties, saint-jacques au safran et risotto au lard paysan, chateaubriand du Limousin aux truffes, une belle pièce servie pour deux, et un soufflé chaud au cognac. De l'ouvrage bien calibré, avec un service en harmonie et une cave de grands crus aux nombreuses verticales (Clos de Tart, Yquem, et même Daumas Gassac) et quelques découvertes, complétée d'un choix considérable de cognacs et de cigares.

C : 52 € • M : 40 €   www.relaisdubois.com

Cours Genêt, parc Atlantique
☎ 05 46 93 50 99
Ouv. 7j/7.
Jusqu'à 21h30.

Relais du Bois Saint-Georges ⤸

L'établissement fait la fierté de la ville romane : un parc de 7 ha, avec ses jardins fleuris, son lac ou s'égaillent cygnes et canards. Les chambres sont décorées selon des thématiques variées, mythologiques, romanesques, fantastiques, voyages de Jules Verne… Espace détente, massages, piscine à 28° toute l'année.

3 appart. 345 € • 27 ch. 145-270 €   www.relaisdubois.com

Cours Genêt, parc Atlantique
☎ 05 46 93 50 99
🖨 05 46 93 34 93
Ouv. 7j/7.

12 Le Bistrot Galant

Patrick Aumon le martèle avec insistance : il ne travaille que des produits frais issus de son marché quotidien. Son élégante maison de centre-ville demeure l'une de nos favorites dans le canton, autant pour la qualité des viandes ou poissons que pour l'utilisation intelligente qu'en fait ce chef au long cours : pressé de raie et pommes de terre en aïoli, pavé de cabillaud rôti en demi-sel, feuillantine chocolatée à la mousse de poires. Cave classique.

C : 45 € • M : 15,90-35 €   www.lebistrotgalant.com

28 rue Saint-Michel
☎ 05 46 93 08 51
F. dim., lundi. F. ann. non comm.
Jusqu'à 21h15.

10 Le Minaret

Cadre et cuisine au diapason : pas besoin de muezzin pour battre le rappel vers ce décor purement marocain (marqueterie, mosaïque, plafonds peints) où l'on déguste à l'authentique couscous, tagines et pastillas.
C : 25€

→ 78 rue Arc-de-Triomphe
☎ 05 46 92 19 89
F. lundi, mardi et août.
Jusqu'à 21h30.

La Table du Bois

Un bistrot chic et détendu, cornaqué par le même chef que la maison-mère (Relais du Bois Saint-Georges), chargé de tracer une carte accessible de produits familiers traités avec soin et imagination : vol-au-vent de crevettes roses et coquillages au safran, dorade grise grillée et samossas de légumes, émincé de volaille au curry madras.
M : 27€

www.relaisdubois.com

→ Cours Genet, parc Atlantique
☎ 05 46 93 50 99
Ouv. 7j/7.
Jusqu'à 21h30.

Villes de proximité, voir :

SAINTES MARIES DE LA MER - 13460   (33 A 5)
Marseille 125 - Arles 38

13 Mas de la Fouque

Installée au bord de la piscine de cet hôtel délicieusement installé au milieu de la Réserve Naturelle de Camargue, cette jolie table propose une version sage et raffinée de la cuisine régionale : tartine de rouget à la plancha et légumes confits à l'ail, médaillon de foie gras au grué de cacao, filet de taureau rôti à la broche. Environnement délicieux, pour résidents ou non.
C : 50€ • M : 60€

www.masdelafouque.com

→ Rte du Petit-Rhône
☎ 04 90 97 81 02
F. mi-nov.-20 mars.
Jusqu'à 22h.

Le Mas de la Fouque

Toutes personnalisées, utilisant le bois flotté, le bois blanc, les couleurs chaudes, les chambres dispensent une atmosphère pleine de charme et de quiétude. La terrasse sur pilotis, le bar et le salon d'été installés sur les bords de la piscine, la nature à perte de vue, tout concourt à rendre le séjour inoubliable grâce en outre à un spa ultra luxueux. Egalement une ravissante roulotte avec salles de bains.
4 appart. 220-700€ • 19 ch. 110-520€

www.masdelafouque.com

→ Rte du Petit-Rhône
☎ 04 90 97 81 02
▤ 04 90 97 96 84
F. mi-nov.-20 mars.

13 Le Petit Gourmet

Tout au plaisir d'admirer la beauté du cadre naturel et de se faire dorloter par un service attentif, on ne saurait se laisser gâcher la fête par une assiette moyenne. Judicieusement équilibrée entre produits nobles et parfums méditerranéens, la cuisine de Sven Fuhrmann est à l'abri de ce genre de critiques, dans la simplicité de la tartine de pata negra à la tomate comme dans la gourmandise très actuelle d'un risotto au parmesan ou la fraîcheur d'un loup sauce vierge. Cave bien construite, rapportant ce qu'il faut des vignobles alentours.
C : 65€ • M : 40-85€

www.hotelestelle.com

→ Rte d'Aigues-Mortes
☎ 04 90 97 89 01
F. lundi à déj., mardi à déj., 6 janv.-15 mars et 23 nov.-20 déc.
Jusqu'à 21h30.

SAINTES MARIES DE LA MER

L'Estelle en Camargue
Une ligne basse de maisons blanches posées entre l'eau et le ciel, poutres et mobilier en bois peints, c'est une Camargue luxueuse qui invite à la détente, à profiter de la lumière et des animations (une chaîne de télé interne permet de découvrir les possibilités offertes par les environs).
1 appart. 360-470 € • 19 ch. 175-390 €   *www.hotelestelle.com*

→ Rte du Petit-Rhône
☎ 04 90 97 89 01
🖨 04 90 97 80 36
F. 6 janv.-15 mars et 23 nov.-20 déc.

---

11 L'Auberge Cavalière
Une cuisine traditionnelle provençale, à l'accent camarguais avec le filet de taureau en croûte au miel et au romarin : Gérard Guy est un chef expérimenté auquel on peut demander une bouillabaisse ou une morue en raïto.
C : 55 € • M : 28-38 €   *www.aubergecavaliere.com*

→ Rte départementale, RD 570
☎ 04 90 97 88 88
F. janv.
Jusqu'à 21h30.

L'Auberge Cavalière
Au milieu des étangs et des oiseaux, dans la Camargue véritable, une auberge fédératrice de toutes les cultures locales. Pour vivre au cœur de la région, dans d'authentiques cabanes de gardians à la déco provençale typique, faire une promenade à cheval, prendre l'apéritif dans les dunes avant de revenir dîner en terrasse, devant le parc de 2,5 ha.
42 ch. 182 €   *www.aubergecavaliere.com*

→ Rte d'Arles, RD 570
☎ 04 90 97 88 88
🖨 04 90 97 84 07
F. janv.

Lou Santen
Une agréable table de plage pour savourer bien mieux qu'une assiette de snack avec des classiques régionaux actualisés : salade camarguaise, gambas à la poêle au soja, pavé de taureau...
C : 35 €

→ Av Théodore-Aubanel
☎ 06 30 17 32 49
F. 30 sept.-25 avril.
Jusqu'à 22h.

Mangio Fango
Un joli mas blanc dans la nature camarguaise, fait pour la détente au bout du monde. Charme des matériaux anciens (bois, fer forgé) et confort moderne, mobilier original, patiné, exotique dans les chambres lumineuses aux lignes douces, dotées d'écrans plats et possédant toutes un patio, une terrasse ou un jardin privé. Belle cuisine classique aux parfums du Sud, avec le loup sauvage à l'aneth ou le filet de taureau au feu de bois.
5 appart. 100-192 € • 15 ch. 70-125 €   *www.hotelmangiofango.com*

→ Rte d'Arles, RD 570
☎ 04 90 97 80 56
🖨 04 90 97 83 60
F. 7 janv.-7 fév.

Le Pont des Bannes
Au cœur d'un magnifique paysage naturel, l'hôtel tire son nom des petits ponts qui enjambent les roubines pour mener aux cabanes de gardians, sous leur toit de chaume, qui accueillent chacune des chambres de ce magnifique ensemble. Authenticité et exclusivité garanties. Un peu plus loin, le Lodge Saint-Hélène déploie ses magnifiques chambres au bord du lac, sur une île.
27 ch. 130-166 €   *www.pontdesbannes.net*

→ Rte d'Arles
☎ 04 90 97 81 09
🖨 04 90 97 89 28
Ouv. 7j/7.

LES SAISIES - 73620   (28 C 2)
Chambéry 81 - Megève 25

Le Calgary
L'hôtel voulu par Franck Piccard est toujours médaillé d'or sur la station, par la qualité de son cadre hommage aux montagnes comme par la gentillesse de l'accueil.
1 appart. 340-340 € • 39 ch. 50-200 €   *www.hotelcalgary.com*

→ 73 rue des Periots
☎ 04 79 38 98 38
🖨 04 79 38 98 00
F. 22 avril-21 juin et 6 sept.-13 déc.

SALERS

SALBRIS - 41300　　　(18 A 4)
Blois 70 - Vierzon 28

11 Les Copains d'Abord

Si 2007 a vu l'arrivée d'une nouvelle tête au piano, ça ne métamorphose pas la personnalité de ce bistrot de copains, ambiance d'habitués et café-concerts, aussi sympathique dans son décor que dans son ambiance, qui envoie les vins du cru en renfort d'une cuisine de bistrot bien rodée.
M : 9,80-22 €

→ 52 av d'Orléans, RN 20
☎ 02 54 97 24 24
F. dim., mardi (sf groupes sur réserv. seult), 2 sem. déb. janv. et 2 sem. août.
Jusqu'à 21h30.

Domaine de Valaudran

Si l'esprit général de l'hôtel reste fidèle à l'architecture XIXᵉ des lieux, les chambres le réinterprètent dans une veine contemporaine très agréable, une sobriété ponctuée juste ce qu'il faut de touches de couleurs contrastées. Il en résulte une ambiance sereine, confortée par la vue sur le parc arboré.
4 appart. 167-182 € • 32 ch. 69-106 €

→ Av de Romorantin
☎ 02 54 97 20 00
🖨 02 54 97 12 22
F. non comm.

www.hotelvalaudran.com

SALERNES - 83690　　　(34 A 5)
Draguignan 23 - Brignoles 36

Les Cyprès de l'Etang

Parfaite pour les amateurs de tourisme équestre (randonnée au départ du mas), cette maison XVIIIᵉ séduit par sa situation paisible et ses jolies chambres aux couleurs chaleureuses. On adore notamment le mariage du bleu soutenu et des vieilles pierres de la chambre Camargue.
5 ch. 100-200 €

→ 3787 rte de Sillans-la-Cascade
☎ 04 98 0536 60
F. mi-nov.-mi-mars.

www.www.chevalprovence.com

SALERS - 15140　　　(26 A 4)
Aurillac 43 - Mauriac 20

12 Le Bailliage

Au cœur de l'un des plus beaux villages de France, à près de 1000 mètres d'altitude, cette élégante maison à toit de lauze fait honneur à la tradition régionale et à ses grands classiques : le filet de bœuf (Salers bien sûr) au poivre vert, la potée ou le pounti suivent les règles de l'art mais les tenants d'une cuisine plus personnalisée sauront trouver quelques pépites dans la carte de Jean-Michel Gouzon avec les gambas sautées en brochettes ou le fraisier associé à une glace au yaourt et au coquelicot. Chambres agréables.
C : 30 € • M : 16-45 €

→ Rue Notre-Dame
☎ 04 71 40 71 95
F. 15 nov.-6 fév.
Jusqu'à 20h30.

www.salers-hotel-bailliage.com

Hôtel Saluces

Une belle création dans le vieux village, dans la maison XVIᵉ du gouverneur éponyme. Sous les poutres, les chambres sont personnalisées avec goût, jolies couleurs, matériaux chaleureux, meubles de style et touches actuelles forment un cocktail très réussi.
1 appart. 90 € • 8 ch. 58-90 €

→ Rue de la Martille
☎ 04 71 40 70 82
🖨 04 71 40 71 70
F. 15 nov.-30 nov.

www.hotel-salers.fr

Villes de proximité, voir :

 FONTANGES ....5 km S. par D 35 **(12/20)**

SALIGNAC EYVIGUES - 24590 (24 D 4)
Cahors 86 - Sarlat-la-Canéda 16

13 🍴 La Meynardie
Dans un contexte hautement concurrentiel, la maison des Lasserre abat de sérieux atouts, à commencer par la séduction immédiate du cadre, au charme champêtre authentique au milieu des châtaigniers. Qualité de l'accueil, puis de l'assiette, qui tire le meilleur du terroir périgourdin sans verser dans la caricature, avec un impeccable duo de foie gras, le plaisir des cèpes sur les noisettes d'agneau et un tiramisu aux fraises convaincant. En cave, les valeurs sûres de la région répondent présent.
C : 45 € • M : 22-42 €

→ ☎ 05 53 28 85 98
F. mardi à déj., merc. (juil.-août), mardi, merc. (h.s.) et Toussaint-Rameaux. Jusqu'à 21h.
🎋 🚗

lameynardie24@wanadoo.fr

SALINS LES BAINS - 39110 (21 B 4)
Lons-le-Saunier 58 - Poligny 24

12 Restaurant des Bains
Il serait dommage de limiter ce bel hôtel XIXe au seul usage des curistes amateurs de carottes vapeur. Dans la salle au décor agréablement contemporain, le chef livre une sereine cuisine d'inspiration régionale : montgolfière d'escargots aux morilles, dos de sandre rôti au vin jaune, poire rôtie au macvin et pain d'épices. A arroser d'un arbois de chez Tissot par exemple.
M : 21-42,40 €

→ Pl des Alliés
☎ 03 84 73 07 54
F. non comm.
Jusqu'à 21h45.
🌂 🚗 ♿ ❄ 🏊
🐕

www.restaurant-desbains.com

SALLANCHES - 74700 (28 C 2)
Annecy 79 - Megève 13

Ȼ Ȼ Ȼ Le Cerf Amoureux 🐦
L'hôtel a cédé à la mode du spa pour parfaire des prestations de haut niveau qui s'ajoute à l'atmosphère délicieuse qui règne dans ce chalet à taille humaine, où chaque chambre cultive le luxe montagnard à travers les boiseries claires mais surtout de beaux objets anciens sur le thème de la montagne qui viennent s'ajouter à la douceur de tissus raffinés.
4 appart. 200-360 € • 11 ch. 130-275 €

→ Hameau du Nant-Cruy
☎ 04 50 47 49 24
04 50 47 49 25
F. 2 sem. printemps et 2 sem. automne.
🚗 🏊

www.lecerfamoureux.com

SALON DE PROVENCE - 13300 (33 C 5)
Marseille 50 - Aix-en-Provence 37 - Avignon 50

13 🍴 Château de Richebois
Au pied des Alpilles, le château déploie toute la sobre élégance d'une architecture XVIIe. Autre forme de noblesse provençale, le chef Stéphane Tougay aligne de belles maisons sur son cv (Beaumanière, Moulin de Mougins) et peut donc apprivoiser sans faillir les produits nobles, pour les réinterpréter à sa façon : les médaillons de homard se marient au velouté de potimarron, la brandade ou le civet de sanglier viennent en clin d'œil au terroir, tandis que la meringue au coquelicot donne un air champêtre au croquant à la pistache. Le service est à la hauteur des lieux, tandis que la cave a au moins le bon goût d'être raisonnable.
C : 38 € • M : 28-50 €

→ Rte d'Eyguières
☎ 04 90 56 85 85
F. à dîn. (sf vend.-sam.).
🎋 🚗 🐄 🍴

www.richebois.com

G
M

13 🍴 La Salle à Manger

Cette maison bourgeoise vit au rythme des affaires de la famille Miège et la chaleur de leur esprit de famille est vite contagieuse, de la gentillesse non feinte de l'accueil à une cuisine qui n'a pas oublié de renouveler la pièce dans sa façon de faire jouer les produits méditerranéens, qu'ils se piquent de fibre nostalgique (les desserts à l'ancienne) ou se teintent de saveurs exotiques (le magret aux litchis).
M : 15-27 €

→ 6 rue du Mal-Joffre
☎ 04 90 56 28 01
F. dim. et lundi.
Jusqu'à 22h.

12 Le Mas du Soleil

Paisible maison à l'ancienne qui se hausse le col entre les voilages saumon et les fauteuils cannelés cérusés. L'affable Francis Robin prend les commandes en Maître-cuisinier, ravive les bonnes recettes, davantage dans les menus que sur la carte, davantage avec la viande (bonne déclinaison d'agneau, confit, pieds et paquets, côte) que sur le poisson. Desserts du chariot, vieux millésimes et bourgogne de négoce pour une certaine idée de la tradition.
C : 50 € • M : 33-87 €   www.lemasdusoleil.com

→ 38 chemin Saint-Come
☎ 04 90 56 06 53
F. dim. et lundi.
Jusqu'à 21h30.

🅒🅒🅒 Abbaye de Sainte-Croix 🕊

Dominant Salon et ses environs depuis le cœur d'un immense parc de 20 ha, l'ancienne abbaye romane du XIIᵉ siècle fut habitée par des moines cisterciens jusqu'à la Révolution. La transformation des lieux en hôtel en 1973 n'a rien ôté au charme presque austère du site, malgré les nombreux et luxueux aménagements dont disposent les chambres, ces dernières étant décorées dans un style provençal sobre et chaleureux. Un nouveau chef, Jérémy Picanol, intronisé en septembre 2006, veille sur une table à consonance luxueuse et ensoleillée.
4 appart. 439-476 € • 21 ch. 138-349 €

www.relaischateaux.com/saintecroix

→ Val-de-Cuech, D 16
☎ 04 90 56 24 55
🖩 04 90 56 31 12
F. mi-fév.-mi-mars, mi-déc.-mi-janv. et sem. hiver (sf groupes).

Villes de proximité, voir :

LA SALVETAT SUR AGOUT - 34330   (31 C 4)
Lacaune 20 - Saint-Pons-de-Thomières 22

11 La Plage

La plage ? Quelle plage ? Celle du lac, distant d'à peine 200 mètres et dont les eaux limpides invitent à la baignade. On aura pris soin auparavant de bien digérer le déjeuner pris chez Jean-René Pons, son assiette de charcuteries, des tripes, et ses bonnes pâtisseries.
C : 25 € • M : 12-35 €   www.pageloisirs.com/hotel-la-plage

→ Bord du Lac
☎ 04 67 97 69 87
F. dim. à dîn., lundi (1ᵉʳ nov.-30 avril), fév. et 1 sem. nov.
Jusqu'à 21h (21h30 saison).

 parking privé 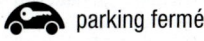 parking fermé 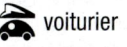 voiturier
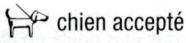 hôtel très tranquille 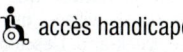 chien accepté accès handicapé
    hôtels de charme

LE SAMBUC - 13200 (33 B 5)
Arles 24 - Saintes-Maries-de-la-Mer 50

14 **Le Mas de Peint**

Un ancien poulain de l'écurie Ducasse, Julien Banlier, jeune trente-naire à la technique éprouvée, est chargé de faire vivre la Camargue mythique du mas dans cette très belle salle rustique, authentique comme celle d'une maison de famille, ce qu'elle est en tous points. La carte en est du coup presque sophistiquée, avec le risotto aux asperges, les encornets farcis, les médaillons de lotte au lard paysan et légumes mijotés, le filet de taureau poêlé et polenta crémeuse paraissant inévitable. Cave sudiste de bon goût (Cal Demoura, Bruguière en languedoc, les Goubert et Graillot en rhône, Hauvette et Pibarnon pour la Provence…), service de très bon ton dans l'esprit maison.
M : 42-57 €

hotel@masdepeint.net

→ Le Sambuc
☎ 04 50 97 20 62
F. mardi à déj., merc., jeudi à déj., 7 janv.-14 mars et 12 nov.-22 déc.
Jusqu'à 21h.

Le Mas de Peint 🕊

La manade Jacques Bon ? 500 ha pour élever taureaux et chevaux dans un espace nature unique, intégrant un hôtel comme un ranch ou une hacienda : vous vivez à l'heure camarguaise, dans un décor naturellement authentique. Chambres très soignées, draps brodés, tons amande et rose, décorées par Estelle Garcin et Lucille Bon, intégrant des meubles anciens. Promenade à cheval ou en 4x4 dans la propriété.
3 appart. 365-395 € • 8 ch. 205-275 €

www.masdepeint.com

→ ☎ 04 90 97 20 62
📠 04 90 97 22 20
F. 7 janv.-14 mars et 12 nov.-22 déc.

SAMOENS - 74340 (28 C 2)
Annecy 84 - Morzine 33

La Renardière 🕊

Un grand chalet typique que l'on a même pu voir au cinéma (Les Voleurs de Téchiné) et qui cultive sérieusement son esprit intime et cocooning. Chambres couettardes façon montagnarde donnant sur le parc de 3000 m², nombreuses installations de détente : piscines intérieure et extérieure, jacuzzi, hammam, sauna, solarium, massage, réflexologie.
27 appart. 90-1800 € • 5 ch. 85-95 €

www.renardiere.com

→ Résidence Hôtelière
☎ 04 50 34 45 62
📠 04 50 34 10 70
F. 25 avril-25 juin et 10 sept.-20 déc.

SAMOUSSY - 02840 (4 C 4)
Laon 8 - Sissonne 14

13 **Relais Charlemagne**

Jean-Pierre Evra, après plus de trente ans passés dans les cuisines de cette jolie maison de campagne, peut se retourner fièrement sur le parcours accompli. Samoussy n'a rien d'un haut lieu du tourisme mais, sa situation agréable à 10 minutes de Laon et le bonheur chaque fois renouvelé que procure cette table de tradition suffisent à faire de ce village une véritable destination gastronomique chaque week-end. L'escalope de foie gras poêlé en aigre-doux et pommes rôties au miel, le filet de turbot aux fruits de mer et jus de crustacés, le filet mignon de veau au beurre d'orange et la poire rôtie et glace caramel au beurre salé affichent un classicisme de bon ton qu'on retrouve également en cave.
C : 60 € • M : 25-58 €

www.lerelaischarlemagne.fr

→ 4 rte de Laon
☎ 03 23 22 21 50
F. dim. à dîn., lundi, merc. à dîn, 15 jrs fév. et 3 sem. août.
Jusqu'à 21h.

13 🛏️ **La Corniche**

Dans une atmosphère résidentielle et familiale, les pensionnaires de ce solide hôtel de la Corniche, au superbe panorama sur le Cap, comptent sur la soupe corse, les excellentes charcuteries, le veau bio ou le fiadone pour parcourir la Corse dans son meilleur circuit. Et même si le chef nourrit sa carte de cannellonis de tourteau, de denti en croûte d'herbes ou de fettuccinis aux palourdes, c'est la tradition qui l'emporte, sans éblouissement majeur, mais avec le plus grand sérieux d'une liturgie consacrée. Bonne cave des vignobles proches (patrimonio, Cap Corse avec les muscats et le Nicrosi notamment), jeune service zélé.
C : 46 € • M : 28 €   www.hotel-lacorniche.com

→ San-Martino-di-Lota
☎ 04 95 31 40 98
F. lundi, mardi à déj.
(avril-oct.), dim. à dîn., lundi,
mardi à déj. (janv.-fin mars,
nov.-fin déc.) et janv.
Jusqu'à 22h.

🔦 **Hôtel de la Corniche**

Tout en haut de cette route étroite qui s'échappe à la sortie de Bastia, tout en haut du village, l'hôtel familial des Anziani offre un panorama unique sur les collines du Cap et la Méditerranée. Des chambres typiques, terre cuite au sol, mobilier de bois et fer forgé, se prolongent en un agréable jardin ombragé de chênes centenaires.
20 ch. 47-102 €   www.hotel-lacorniche.com

→ San-Martino-di-Lota
☎ 04 95 31 40 98
🖨 04 95 32 37 69
F. janv.

🔦🔦 **Pietracap**

Un très bon compromis ville-mer à cinq minutes du centre de Bastia. Sur les hauteurs, un immeuble contemporain, aux chambres impeccables, bien équipées, au calme, au cœur d'un parc de 1 ha, peuplé d'oliviers centenaires, de bougainvillées, d'orangers et de jasmins. Petits-déjeuners près de la piscine.
39 ch. 88-190 €   www.hotel-pietracap.com

→ 20 rte de San-Martino,
Pietranera
☎ 04 95 31 64 63
🖨 04 95 31 39 00
F. 15 nov.-1ᵉʳ avril.

❋ **Château Cagninacci**

L'ancien couvent du XVIIᵉ a été transformé au début du siècle dernier en demeure de style toscan. Le parc arboré donne sur la mer et les chambres adoptent un décor en accord avec le charme ancien des lieux.
4 ch. 85,50-112 €   www.chateaucagninacci.com

→ ☎ 06 78 29 03 94
F. 1ᵉʳ oct.-14 mai.

12 **Le San Lazzaro**

Le tout jeune Anthony Lazzaro, dont les idoles sont Ferran Adria ou Thierry Marx, ne perd jamais une occasion d'apprendre, fréquentant les salons gastronomiques branchés et se nourrissant de ses visites aux confrères. Il se trompe parfois, allant peut-être un peu loin dans une surenchère technique pas toujours facile à maîtriser mais sa bonne humeur et son envie emportent toute la salle dans son sillage : restructuration du carpaccio de bœuf, tomates séchées et câpres "comme une moutarde d'avocat au wasabi", cochon confit et lapereau, couenne émulsionnée et pop corn, risotto arborio, truffes et beurre de parmiggiano. Adorable ambiance familiale, cave pas trop chère.
C : 49 € • M : 42-45 €

→ 10 pl Cavet-Albert
☎ 04 94 88 41 60
F. lundi, à déj. (sf dim. h.s.) et
10 jrs tous les 3 mois.
Jusqu'à 21h30.

10 Le Baroudeur

C'est la cave qui commande dans ce bistrot accueillant et ouvert des ruelles du centre-ville, mais l'assiette ne fait pas la fainéante, changée à chaque saison et s'appuyant sur les produits locaux : tapas, andouillette Bobosse, gambas provençales, crumble chocolat... Dans les verres, une liste alléchante des meilleurs d'un Sud élargi de Menton à Carcassonne, le meilleur du Languedoc et de la Provence.

C : 35 € • M : 14 €

→ 32 bis rue Siat-Marcelin
☎ 04 94 88 32 55
F. dim., lundi (sept.-fin juin), sam. à déj., dim. à déj., lundi à déj. (saison).

SANCERRE - 18300 (18 C 4)
Bourges 46 - La Charité 24

---

14 Restaurant La Tour

L'arrivée de Baptiste Fournier dans l'établissement familial en 2006 a apporté un nouveau souffle à cette maison. Après avoir passé deux années à l'Arpège, ce jeune chef a renouvelé la carte en la modernisant à la mode passardienne. Sa cuisine, subtile et aérienne, s'amuse à marier légumes, épices et émulsions pour composer des plats modernes et percutants : langoustines poêlées et haricots verts, un goût d'amande, foie gras de canard cuit en terrine, rhubarbe sur toast, bar de ligne rôti sauce au sancerre blanc, café et citronnelle façon île flottante. Une cuisine qui ne manque pas de potentiel mais qui, pour le moment, est encore desservie par un personnel de salle parfois brouillon. A suivre évidemment.

C : 49 € • M : 27-47 € — www.la-tour-sancerre.fr

→ 31 Nouvelle-Place
☎ 02 48 54 00 81
F. 24-28 déc. F. ann. non comm.
Jusqu'à 21h30.

---

13 La Côte des Monts Damnés

Période de transition pour la table de Jean-Marc Bourgeois, qui mûrit pour 2008 le projet d'un hôtel-restaurant, avec gastro et bistrot, à partir de la maison existante. Une bonne nouvelle pour tous les adeptes (nous en sommes) de cette maison plaisante, dans son service comme dans sa vision alerte d'une cuisine d'aujourd'hui. Et pouvoir dormir sur place permettra de mieux profiter d'une cave toujours aussi pointue sur son vignoble.

M : 31-55 € — restaurantcmd@wanadoo.fr

→ Chavignol
☎ 02 48 54 01 72
F. dim. à dîn., lundi à dîn., mardi à dîn., merc. (sf juil.-août) et avril.
Jusqu'à 21h.

---

12 Auberge la Pomme d'Or

Une valeur sûre de la cité viticole : on ne s'emmêle pas les spatules dans les molécules, mais on offre au visiteur les produits du cru travaillés avec simplicité et application : légumes en vinaigrette au chavignol rôti, sandre de Loire, pigeonneaux aux épices. Avec, bien sûr, un verre de sauvignon.

M : 18,80-46 €

→ Pl de la Mairie
☎ 02 48 54 13 30
F. dim. à dîn. (oct.-mars), mardi à dîn. et merc.
Jusqu'à 21h.

Le Panoramic

Cet hôtel offre la particularité de proposer, dans sa boutique, les sancerres de Balland Chapuis et de la Parrière au prix "domaine". Entièrement rénové voilà deux ans, l'hôtel rassemble des chambres climatisées et agréables à vivre. Piscine chauffée avec vue sur la vallée.

4 appart. 72-188 € • 53 ch. 59-98 € — www.panoramicotel.com

→ Rempart des Augustins
☎ 02 48 54 22 44
🖳 02 48 54 39 55
Ouv. 7j/7.

G
M

❋ Château de Beaujeu

Le vaste domaine au-dessus de la vallée de la Sauldre compte non seulement le château XVIe, mais aussi de superbes communs. Parquet, tentures et meubles de style : architecture et décor se marient harmonieusement dans des chambres spacieuses et raffinées. Beau parc le long de la Sauldre.

2 ch. 90-140 €   *www.chateau-de-beaujeu.com*

→ Sens-Beaujeu
☎ 02 48 79 07 95
🖶 02 48 79 05 07
F. 1er nov.-1er avril.
🚗 🐾

SANDARVILLE - 28120   (17 D 2)
Chartres 19 - Châteaudun 37 - Brou 24

12 Auberge de Sandarville

Le décor rustique chic et ses beaux objets anciens, le calme de la campagne qui entoure cette ferme beauceronne XIXe, c'est le cadre dans lequel évoluent les Reffo depuis vingt ans, pour y proposer une cuisine gastronomique certes très traditionnelle, mais qui n'en est pas moins séduisante dans sa réalisation : on a toujours plaisir de temps en temps à retrouver les vertus classiques d'un pavé Rossini, d'un rognon grillé béarnaise ou d'une lotte au gingembre.

C : 48 € • M : 25-40 €

→ 14 rue de la Sente-aux-Prêtres
☎ 02 37 25 33 18
F. 2 sem. janv., 1 sem. fév. et 2 dern. sem. août.
Jusqu'à 21h.
🌂 🚗 🐾

SANDILLON - 45640   (18 A 3)
Orléans 12 - Blois 74

15 🍽️ ≥ Saisons d'Ailleurs *d≥*

C'est l'une des découvertes les plus enthousiasmantes de l'année. Dans un charmant hôtel installé au centre du bourg, à un quart d'heure d'Orléans, Françoise et Yannick Hochet ont ouvert en avril 2006 cette table ultra-contemporaine qui, en quelques saisons, a bousculé la hiérarchie gastronomique du Loiret. Et pas seulement. Créative, enthousiaste, innovante, la cuisine de Yannick use des techniques les plus nouvelles pour faire passer son message. Ainsi, son étonnante fondue du XXIe siècle de foie gras frais en tempura : à l'aide d'une pince en bois, on plonge les morceaux de foie gras pendant deux secondes dans un bocal rempli d'azote liquide avant de glisser cet aliment totalement sublimé en bouche ; ou bien son pigeon Miéral étouffé au foin frais et accompagné d'une pancetta Nera Parmigiana, une viande superbe présentée en salle dans son enveloppe de plastique fumante (tiens, on a vu à peu près la même chose chez Marx !). Loin d'être gadget, la cuisine de ce fondu de technique fait déjà preuve d'une étonnante maturité, ne cherchant jamais à camoufler un quelconque déficit de qualité (les poissons sont superbes par exemple) sous une pincée de poudre de perlimpinpin. Salle très agréable, moderne et paisible, cave en développement mais déjà déjà fréquentable pour son intéressante offre au verre.

C : 49 € • M : 42-57 €   *1toipourtoi@wanadoo.fr*

→ 2 rue de la Villette
☎ 02 38 41 00 22
F. dim. à dîn., lundi, 29 juin-10 juil. et 24-30 déc.
Jusqu'à 22h.
🚗 🛥️

SANSAIS - 79270   (22 B 3)
Niort 14 - Saint-Jean-d'Angelys 53

12 Les Mangeux de Lumas

Dans le hameau de la Garette, l'étape s'impose chez les Dupeux, pour une grande bouffée de terroir au cœur du Marais : dans l'ancienne grange au décor embourgeoisé, c'est bien autour des saveurs poitevines qu'il fait bon vivre, les lumas bien sûr, mais aussi la viande parthenaise, les mojettes ou le carré d'agneau. Accueil chaleureux et bonne humeur.

C : 40 € • M : 18-43 €

→ 78 rue des Gravées, lieu-dit la Garette
☎ 05 49 35 93 42
F. lundi à dîn., mardi, merc. à dîn. (sf 14 juil.-31 août) et janv.
Jusqu'à 21h30.
🌂 🚗 🐾

SANTO PIETRO DI TENDA - 20246   (35 C 2)
Bastia 40 - Saint-Florent 17

11 Auberge U Mio Paese

Dans chaque village corse sommeille un fourneau de tradition, qui s'ouvre au public, ou pas. A vingt minutes de Saint-Florent, dans les collines du Nebbio, la maison est calme, typique, accueillant les environs et le touriste cherchant l'unique épicerie à des kilomètres à la ronde, chez Line. Les chiens courent dans la rue, on se parle d'une fenêtre à l'autre, et dans la salle aux murs jaune pâle, on goûte la charcuterie, qui vient de Corte, et le veau aux olives, dans une parfaite sérénité.
C : 25 € • M : 15 €

→ U Corso
☎ 04 95 39 14 88
F. merc. (1ᵉʳ oct.-31 mai) et 15 fév.-31 mars.
Jusqu'à 23h30.

SAOU - 26400   (27 D 5)
Crest 14 - Dieulefit 24

11 L'Oiseau sur sa Branche

C'est un repaire d'habitués, épicuriens et vacanciers revenant chaque année sur la branche de ce café-épicerie de village auquel Thierry Chalancon a su donner une âme et un esprit. Dans cette auberge pas comme les autres, au cadre haut en couleurs, la caillette, la défarde (pieds paquets), les ravioles et le pôgne en pain perdu défendent avec brio le terroir drômois, tandis que le chef compose un menu plein de malice, personnalisé sur des bases ménagères : gelée d'aïoli de morue, pieds de cochon désossés et farcis, poule rôtie et purée de pommes de terre au foie gras, tarte aux myrtilles crème battue. On trinque avec la petite carte de vins de copains rhodaniens.
C : 30 € • M : 25,20-45 €

→ Grand-Place
☎ 04 75 76 02 03
F. lundi, mardi, déc. et janv.
Jusqu'à 21h30.

thierrychalancon4@libertysurf.fr

SARE - 64310   (24 C 6)
Pau 143 - Saint-Jean-de-Luz 21

13 Arraya

Dans cette maison de caractère, le piano à quatre mains (René Dubès et Marc Teisseire) livre une belle symphonie de saveurs basques, s'appuyant sur la richesse du terroir pour proposer les artichauts sautés aux cèpes et jambon Serrano, la lotte rôtie au chorizo ou l'assortiment de fruits rôtis dans leur jus. Le résultat est aussi convaincant dans l'assiette qu'à la lecture des menus, servi avec le sourire et se complète d'une belle cave, entre valeurs sûres et région, à des prix très attractifs.
C : 40 € • M : 22 €

→ Pl du Village
☎ 05 59 54 20 46
F. dim. à dîn., lundi à déj., jeudi à déj. (sf 6 juil.-21 sept.) et 4 nov.-21 mars.
Jusqu'à 21h (22h saison).

www.arraya.com

Arraya

Le village est magnifique et l'hôtel, installé dans une maison du XVIᵉ siècle, y trône sur la place centrale comme une pièce maîtresse. La famille Fagoaga, aux commandes depuis trois générations, a su faire évoluer ce cadre superbe sans le priver de son charme, pour composer des chambres aussi confortables qu'agréables à vivre, avec leurs rappels à la tradition basque. Terrasse agréable, adorable jardin de curé.
20 ch. 84-120 €

→ Pl du Village
☎ 05 59 54 20 46
🖨 05 59 54 27 04
F. 4 nov.-21 mars.

www.arraya.com

Olhabidea

Une enclave de charme et de douceur, une délicieuse etxe labourdine construite au XVIᵉ siècle. Les frères Fagoaga y proposent une cuisine basque généreuse dans une ambiance de maison d'hôtes. Délicieux jardin bordé d'une rivière.

→ Quartier Sainte-Catherine
☎ 05 59 54 21 85
Rens. non comm.
Jusqu'à 21h30.

SARLAT LA CANEDA - 24200   (24 D 4)
Souillac 30 - Brive-la-Gaillarde 52

11 Rossignol

L'institution sarladaise, installée à la lisière de la vieille ville, offre un cadre frais et ensoleillé à des touristes trop heureux d'avoir déniché pareille aubaine. Vaguement inspirée par la région, la carte permet surtout de se faire plaisir sans compromettre la fin des vacances : assiette de saumon fumé, cuisse de canard confite aux cèpes, filet de bar au basilic, parfait glacé aux noix. Cave sans relief mais bien placée dans sa région.
C : 42 € • M : 16,50-60 €

→ 15 rue Fénelon
☎ 05 53 31 02 30
F. lundi.
Jusqu'à 20h30.

Le Clos la Boëtie

Une maison familiale XIXᵉ aménagée en hôtel 4* il y a deux ans pour offrir un séjour de grand charme aux visiteurs de Sarlat. Salons et parties communes ont gardé leur caractère ancien, meubles de famille, cheminées en marbre, guéridon et nombreux bibelots, chambres personnalisées dans un esprit plus contemporain, mais avec des lits à baldaquin, voilages et tentures colorées. Piscine chauffée et couverte, sauna, fitness, wifi.
3 appart. 260-280 € • 8 ch. 180-250 €   www.closlaboetie-sarlat.com

→ 95-97 av de Selves
☎ 05 53 29 44 18
🖨 05 53 28 61 40
Ouv. 7j/7.

La Madeleine

Entièrement rénové il y a cinq ans, le plus ancien hôtel de Sarlat profite d'un site de choix, à proximité de la cité médiévale, au cœur de la ville. Spacieuses et soignées, les chambres bénéficient d'une insonorisation efficace et de la climatisation. Restaurant.
39 ch. 61-105 €   www.hoteldelamadeleine-sarlat.com

→ 1 pl de la Petite-Rigaudie
☎ 05 53 59 10 41
🖨 05 53 31 03 62
F. 1ᵉʳ janv.-mi-fév.

Selves

Les propriétaires du Clos de la Boëtie ont fait de cette propriété un havre accueillant, situé juste à côté. Les 40 chambres ont été refaites cette année, pour plus de confort et d'agrément dans un style contemporain, donnant pour la plupart sur le jardin. Piscine couverte et chauffée, sauna.
40 ch. 65-125 €   www.selves-sarlat.com

→ 93 av de Selves
☎ 05 53 31 50 00
🖨 05 53 31 23 52
F. 6 janv.-14 fév.

Villes de proximité, voir :

○ SAINT ANDRE D'ALLAS .... 9 km O. par D 25 (12/20)
○ VITRAC .... 9 km S. par D 46

SARRAS - 07370   (27 C 4)
Annonay 20 - Saint-Vallier 1

13 Le Vivarais

Si la vallée du Rhône ouvre sur la Méditerranée (filets de rouget à la badiane gâteau niçois), le Vivarais regarde aussi franchement plus loin (rillettes de crabe et cabillaud vinaigrette au lait de coco et gingembre)... ou beaucoup plus près (aiguillettes de bœuf au saint-joseph)... Dans son ancien relais de poste, Thierry Guironnet brasse les influences comme il sied à un lieu de passage. Ce mélange de classicisme et de touche un peu plus actuelle justifie l'arrêt, au même titre qu'une belle cave rhodanienne.
C : 37 € • M : 17-26 €   levivarais@wanadoo.fr

→ Le Village
☎ 04 75 23 01 88
F. dim. à dîn., lundi à dîn., mardi, vac. scol. fév. et 1er-20 août.
Jusqu'à 21h.

SARREBOURG - 57400   (12 B 3)
Metz 94 - Lunéville 53

14 🍞 **Ernest Mathis**

Le point fort de la maison d'Ernest Mathis (installé en cuisine depuis... 1971 !) ? Sans doute pas le charme de sa façade, totalement absent. Le confort cossu qui règne en salle équilibre heureusement l'ensemble mais surtout la belle cuisine de marché, à tendance chic, qui fournit le meilleur prétexte à de régulières visites : montage de foie gras et feuille croquante de chocolat, dos de skrei (le "roi" des cabillauds) cuit à la vapeur douce soupe de brandade et julienne de serrano, filet mignon de veau à la poêle, primeurs du moment et concassée de trompettes "fleurette". Desserts classiques, cave tournée vers l'Alsace.
C : 50 € • M : 29,50-75 €

→ 7 rue Gambetta
☎ 03 87 03 21 67
F. dim. à dîn, lundi, mardi à dîn., 1er-11 janv., 17 fév.-25 fév. et 21 juil.-6 août.
Jusqu'à 20h45.
❄

SARREGUEMINES - 57200   (12 B 2)
Metz 71 - Sarrebruck 18

16 🍞🍞 ≷ **Le Vieux Moulin**

L'atmosphère familiale, malgré le haut standing acquis par la maison, n'a heureusement jamais disparu. Chez les Breininger, tout le monde sait que le fils est en cuisine, mais on mesure bien à quel point il est épaulé, soutenu, encouragé par les siens. Dans la salle au cadre frais et raffiné près de la Sarre, on découvre une carte de saison affriolante, l'une des plus intéressantes de Lorraine, et d'une grande rigueur technique, qu'elle expose des saint-jacques ou un croustillant de pied de porc, une pastilla de pigeonneau ou un mariage osé entre le thon et le foie gras. Pas d'aspérité, du cousu main et même du sur-mesure, que la ville entière vient goûter, mais aussi pour voir et complimenter un fils reconnaissant. Belle cave alsacienne qui se prolonge par un catalogue complet sur les grands crus, mais aussi sur les autres régions.
C : 60 € • M : 35-45 €

→ 135 rue de France
☎ 03 87 98 22 59
F. jeudi et 15 août-1er sept.
Jusqu'à 21h45.
🚗 🚲 🐕 🚬

----

15 🍞🍞 **Auberge Saint-Walfrid**

Délices et vertus du classicisme... L'homogénéité de cette maison est sans faille, le cadre, le service, le style de la cuisine, tout se fond dans un ballet qui décourage la critique et on se laisse bercer, puis séduire, par des assiettes de haute volée, où l'on sent la patte d'un grand professionnel de la qualité du produit à la finesse des cuissons : Stéphan Schneider fait de son escalope de foie gras (poêlée à la rhubarbe et au vin de la Saint-Jean), de son blanc de barbue ou de son tournedos de porc des modèles du genre. Cave solide, privilégiant les grandes régions et les domaines installés.
M : 25-70 €   *www.stwalfrid.free.fr*

→ 58 rue de Grosbliederstroff
☎ 03 87 98 43 75
F. sam. à déj., dîm., lundi à déj., vac. scol. fév. et dern. sem. juil.-1re sem. août.
Jusqu'à 21h30.
⛱ 🚗 🚲 ≋ ❄ 🐕

15 🛏🛏 **Auberge Saint-Walfrid**

Les vertus de sobriété et d'élégance se retrouvent dans les chambres, où parquet et murs clairs allègent l'impression dictée par les meubles de style. Le mélange est harmonieux et très agréable à vivre, avec la vue sur le jardin.
1 appart. 158 € • 10 ch. 95 €   *www.stwalfrid.free.fr*

→ 58 rue de Grosbliederstroff
☎ 03 87 98 43 75
🖷 03 87 95 76 75
F. vac. scol. fév. et dern. sem. juil.-1re sem. août.
🚗 🚲

Villes de proximité, voir :

↻ WOELFLING LES SARREGUEMINES ... 11 km E. par D 974, N 62
(15/20)

G_M

SARTENE - 20000 (35 B 5)
Ajaccio 85 - Bonifacio 53 - Corte 148

13 🍴 Auberge Santa Barbara
Chez Gisèle, comme en famille. Oui, c'est la Corse et le raffinement - belle maison, terrasse de rêve regardant la belle cité de Sartène, perchée en face - s'accompagne toujours de cet accueil comme chez soi, sans manières, pour mettre à l'aise le visiteur. La carte, c'est selon, la saison, le bon plaisir, l'humeur du jour. Une certitude, le goût est juste, la saveur marquée, l'agneau, les légumes, la charcuterie de haute qualité dans une carte élaborée qui réserve toujours des surprises : salade de rougets, tripes sarténaises, pigeon aux myrtes, pain perdu aux poires... Vins de Sartène, naturellement.
C : 50 € • M : 28,50 €
www.santabarbara.fr

→ Rte de Propriano
☎ 04 95 77 09 06
F. lundi à déj. (juil.-août), lundi (h.s.) et 10 oct.-Pâques.
🌂 🚗 ⅋ 🐕

🎁 La Villa Piana
Posée face à "la plus corse des villes corses", cette belle et grande maison de pierres, nichée dans un environnement de vieux chênes et d'oliviers, propose un cadre privilégié et authentique. Chambres au confort soigné, belle piscine à débordement.
32 ch. 58-110 €
www.lavillapiana.com

→ Rte de Propriano
☎ 04 95 77 07 04
🖨 04 95 73 45 65
F. déb. oct.-déb. avril.
🚗 🏊 🔍

SARZEAU - 56370 (14 A 5)
Vannes 23 - Nantes 110 - Redon 62

13 🍴 Le Tournepierre
La recette ne change pas, mais qui s'en plaindrait : les Jouan rendent un hommage appuyé à la Bretagne gastronomique, assiettes raffinées autour des produits du terroir, histoire de se démarquer des bistrots : galette de tourteau et magret crème de céleri vert, cabillaud au sésame lait mousseux au fenouil, tartelette bretonne et coulis de framboise. De quoi retrouver sans peine la route de cette belle longère un peu à l'écart.
C : 40 € • M : 20-44 €

→ Saint-Colombier
☎ 02 97 26 42 19
F. dim. à dîn., lundi, mardi, nov. et 1 sem. juin.
Jusqu'à 21h.
🐕

10 Le Petit Port
Basique marin sur la petite baie du Logeo : on déguste en famille la pêche du jour, les huîtres et les coquillages pour un barbecue flambant de convivialité.
C : 20 €
lepetitport@aol.com

→ Quai des Voileries
☎ 02 97 26 89 87
F. mardi, merc. (sf juil.-août) et mi-nov.-mi-mars.
Jusqu'à 21h30.
🌂 ⅋ 🐕

SAUBUSSE - 40180 (23 C 5)
Biarritz 49 - Dax 21

14 🍴 Villa Stings
Une maison singulière, dont la réputation ne date pas d'hier, et qui promène son aura intemporelle au-dessus de l'Adour, cultivant une atmosphère différente, entre le suranné et le contemporain. Le menu-carte à 35 € dit fort bien ce qu'il faut savoir d'une cuisine précise, sobre, finement personnalisée, intelligente et intelligible : cannellonis de fruits de mer sauce curry, cassolette de pied de porc et petits gris braisés au vin rouge, anguilles persillades, lapereau en rognonnade, servis avec soin dans ce cadre de demeure de famille. Cave de bon goût sur les champions du sud-ouest (Ramonteu, De Conti, Mouthe-le Bihan, Montus, Arretxea, le Roc...).
C : 42 € • M : 35-80 €
villa-stings@wanadoo.fr

→ 9 rue du Port
☎ 05 58 57 70 18
F. sam. à déj., dim. à dîn., lundi, fév. et 12-18 juin.
Jusqu'à 21h30.
🚗

SAUGUES

SAUGUES - 43170 (26 C 5)
Le Puy-en-Velay - Alleyras 21

14 **La Terrasse**

L'équipe fonctionne bien dans ce bourg de Haute-Loire et la maison XVIIIe (qui est également un hôtel fort agréable aux chambres contemporaines) vit au rythme d'un terroir intelligemment revu. Benoît Fromager fait le plein de saveurs auprès de la verveine du Velay ou du bœuf de l'Aubrac pour livrer des assiettes personnelles, aussi soignées dans le coup d'œil que dans les associations de saveurs. Habitués ou hôtes de passage, la gentillesse est de mise pour tout le monde, à travers un service impliqué et souriant.
M : 26-50 €

→ Le Bourg
☎ 04 71 77 83 10
F. dim. à dîn., lundi (sf juil.-août) et 1er déc.-31 janv.
Jusqu'à 21h30.

SAULGES - 53340 (16 A 2)
Laval 47 - Le Mans 51

13 **L'Ermitage**

Un nouveau jeune chef, Pascal Aguettaz, est arrivé aux commandes de cette table réputée au cœur d'un village typique et charmant. La jolie table contemporaine s'habille en élégance pour cette carte ambitieuse qui vaut toujours sa toque, dans une ligne sophistiquée aux bases néanmoins traditionnelles : foie gras en trilogie, bonbons de rougets aux aromates, glacés au beurre demi-sel et émulsion à la badiane, filet de daurade pois gourmands glacés au citron. Bons menus, cave bien fournie et service dans le bon ton, efficace sans être crispé. Chambres contemporaines fonctionnelles et bien équipées.
C : 53 € • M : 23-56 €

→ 3 pl Saint-Pierre
☎ 02 43 64 66 00
F. vend. à dîn., dim. (1er oct.-1er avril) et 3 sem. Noël.
Jusqu'à 21h.

idéal gourmet

www.hotel-ermitage.fr

SAULIEU - 21210 (20 D 3)
Dijon 79 - Avallon 38

17 **Le Relais Bernard Loiseau**

A quelques mètres de la façade, des touristes photographient le monument de Dumaine et Loiseau. La Côte d'Or, une auberge de voyageurs, un mythe. Comme pour la Pyramide à Vienne, la Côte-Saint-Jacques à Joigny, ou même Pic à Valence, l'autoroute a aspiré les routiers pour ne laisser à table que les épicuriens, les mangeurs esthètes, et les nostalgiques, qui ne veulent pas voir bouger un poil du menu des classiques de Bernard Loiseau, les grenouilles, le sandre au vin rouge, la volaille et sa purée truffée. On peut pourtant les inciter à trouver dans la carte de Patrick Bertron, des plats grands comme la Bourgogne, le charolais cuit au foin en croûte d'argile avec sa tartine de moelle, la terrine de homard et poireaux, et une lecture remarquable et émouvante de la volaille de Bresse, suprême étuvé aux asperges vertes, cuisse farcie de foie gras, cannelloni d'abats, un plat grandiose dans la veine traditionnelle aujourd'hui indispensable aux lieux.
C : 124 € • M : 120-185 €

→ 2 rue Argentine
☎ 03 80 90 53 53
F. mardi, merc. à déj. (oct.-fin mars) et 7 janv.-7 fév.
Jusqu'à 21h30.

www.bernard-loiseau.com

Le Relais Bernard Loiseau

Rustique et bourguignon, entre poutres et tommettes, le décor respecte l'esprit de la maison à la lettre, avec un luxe qui se niche dans le confort et non dans d'inutiles dorures. L'accueil est délicieux, le jardin anglais parfait pour se détendre en attendant le repas.
9 appart. 260-470 € • 23 ch. 150-330 €

→ 2 rue Argentine
☎ 03 80 90 53 53
🖨 03 80 64 08 92
F. 7 janv.-7 fév.

www.bernard-loiseau.com

G M

SAULT - 84390   (33 C 3)
Avignon 72 - Apt 31 - Carpentras 41

13 🍴 Restaurant Regain

Le plaisir, c'est contagieux... Yves Gattechaut aime son métier et les produits de Provence et fait partie de ces professionnels pour qui les occupants de la salle à manger sont des hôtes avant d'être des clients. Cette passion, cet enthousiasme, trouve sa traduction au fil des saisons dans le menu truffe, le gibier comme dans les premières fraises, dans des assiettes où le produit prime : artichaut confit à l'huile de canard et médaillon de foie gras, agneau de pays rôti au four et jus à la fleur de thym, une émulsion de fromage de chèvre bio, avant une gourmandise chocolatée. La cave balaie le vignoble français avec brio.

M : 39-45 €   *www.valdesault.com*

→ Rte de Saint-Trinit
☎ 04 90 64 01 41
F. déb. nov.-Pâques.
Jusqu'à 21h.

ℭℭℭ Hostellerie du Val de Sault ✈

Longue et basse, la maison se niche discrètement dans le paysage des collines chères à Giono. Ambiance provençale ou asiatique, la décoration des chambres respire la sérénité et la douceur de vivre, tranche de bonheur hors du temps où un riche équipement de détente permet de savourer encore mieux chaque minute.

5 appart. 210-310 € • 11 ch. 124-169 €   *www.valdesault.com*

→ Rte de Saint-Trinit
☎ 04 90 64 01 41
🖨 04 90 64 12 74
F. déb. nov.-Pâques.

SAULXURES - 67420   (10 B 3)
Strasbourg 62 - Saint-Dié 32 - Sélestat 32

13 🍴 La Belle Vue

Fidèle au poste depuis cinq générations, la famille Boulanger a su faire évoluer sa maison avec justesse : dans le décor comme dans la cuisine, on ne peut que saluer l'équilibre atteint entre le respect de certaines valeurs traditionnelles et un regard tourné vers l'avenir. Au menu Terroir tout à fait valeureux (avec sa verrine façon presskopf ou sa cassolette de biche), on préférera le menu du marché, décliné dans d'intelligentes formules vin compris, et qui permet d'apprécier la façon dont le chef Christian Felder élargit les horizons de la Belle Vue, avec la tempura de gambas mangue épicée et soja, la piccata de veau aux noisettes et risotto vert ou la marquise chocolat crème Paris-Brest. Service au diapason, cave complète.

M : 20 €   *www.la-belle-vue.com*

→ 36 rue Principale
☎ 03 88 97 60 23
F. 12-26 nov. et 24-25 déc.
Jusqu'à 21h.

 idéal gourmet

ℭℭ La Belle Vue

La belle vue, ce sont les contreforts des Vosges et la forêt qui les garnit. La Belle Vue, c'est un cadre moderne et agréablement lumineux, ponctué en rappel de quelques touches hommages à la nature alentours, comme les rappels de bois ou le choix des œuvres d'art. Le résultat est remarquablement homogène et constitue une étape très agréable.

2 appart. 126 € • 9 ch. 86-115 €   *www.la-belle-vue.com*

→ 36 rue Principale
☎ 03 88 97 60 23
🖨 03 88 47 23 71
F. 12-26 nov. et 24-25 déc.

🍴 standard   🍴🍴 grand confort   🍴🍴🍴 haut de gamme   🍴🍴🍴🍴 exceptionnel

       hôtels de charme

SAUMUR

SAUMUR - 49400   (16 B 4)

Angers 46 - Chinon 29

13 🍴 Les Ménestrels

Les Ménestrels entonnent leur complainte dans un cadre rénové, sans perdre heureusement de son côté feutré et chaleureux, avec la pierre de tuffeau mise en valeur par les lampes en verre de Murano. Les chansons qu'accompagne le piano de Christophe Hosselet racontent de belles histoires, de produits de saison et de mises en scène raffinées aux parfums du Sud : pissaladière de sardine au pistou, mignon de veau brochette à l'ananas et vaporeux coco au curry, avant des desserts plus classiques mais empreints de douceur (gelée de fraises brisures de framboises et compotée de rhubarbe). Service agréable qui rythme parfaitement le moment, et belle cave régionale.

C : 45 € • M : 17-26 €   www.restaurant-les-menestrels.com

→ 11 rue Raspail
☎ 02 41 67 71 10
F. dim., lundi (nov.-mars), dim., lundi à déj. (avril-oct.). Jusqu'à 21h30.

10 Le 30 Février

Une maison qui ne fête jamais son anniversaire mais qui rassemble dans une vraie bonne humeur les employés du centre-ville et les touristes grâce à sa large carte de pizzas, d'assiettes végétariennes et à son emplacement idéal.

C : 16 €

→ 9 pl de la République
☎ 02 41 51 12 45
F. dim. à déj. (mi-mai-mi-sept.), dim., lundi (mi-sept.-mi mai), à déj. fériés, 1 sem. mai, 3 sem. sept. et 1 sem. Noël.
Jusqu'à 22h30.

Anne d'Anjou

Cet ancien hôtel particulier installé au pied du château est classé pour sa façade et son escalier. Chambres de style (Restauration ou Louis XVI) et agréable cour fleurie.

44 ch. 79-195 €   www.hotel-anneanjou.com

→ 32 quai Mayaud
☎ 02 41 67 30 30
🖨 02 41 67 51 00
Ouv. 7j/7.

Château de Verrières

Un château classique, atmosphère Napoléon III, aux chambres stylées, mobilier d'époque et tissus d'éditeurs, avec vue sur le parc.

1 appart. 240-280 € • 9 ch. 120-240 €   www.chateau-verrieres.com

→ 53 rue d'Alsace
☎ 02 41 38 05 15
🖨 02 41 28 18 18
Ouv. 7j/7.

Saint-Pierre

Dans les vieux quartiers de la ville, un hôtel de cachet et de caractère, mixant les styles. Bar et jardin d'hiver redécorés, meubles cérusés, or et bronze, chambres agréables aux beaux matériaux, tissus de lin et étoffes précieuses brodées de velours.

2 appart. 150-400 € • 15 ch. 70-150 €   www.saintpierresaumur.com

→ 8 rue Haute-Saint-Pierre
☎ 02 41 50 33 00
🖨 02 41 50 38 68
Ouv. 7j/7.

Villes de proximité, voir :

⟳ TURQUANT...9 km O. par D 947

LA SAUSSAYE - 27370   (6 C 3)

Rouen 24 - Louviers 19

Le Manoir des Saules

Ce superbe manoir affiche un caractère typiquement normand avec ses colombages, ses briques, et les épis de faîtage de Bavent qui lui donnent un caractère exclusif. Chambres alliant charme et distinction (deux d'entre elles ajoutant le luxe d'une cheminée), ravissant jardin avec bassin et terrasse fleurie.

3 appart. 245 € • 6 ch. 160-195 €   www.manoirdessaules.com

→ 2 pl Saint-Martin
☎ 02 35 87 25 65
🖨 02 35 87 49 39
F. fév.-mars et nov.

^G_M

Bordeaux 53 - Langon 10

14 🍴 **Le Saprien**

La belle maison de village de Jean-Luc Garrigues donne sur les prestigieux vignobles. Dans ce contexte, impossible de se permettre la moindre défaillance vis-à-vis d'une clientèle habituée aux meilleurs produits. Confortablement installé sur la jolie terrasse faisant face aux vignes, on se laisse griser par les œufs brouillés aux truffes du marché de Saint Alvère, par la traditionnelle lamproie au sauternes et par le croustillant aux pommes et coings, aimables compagnons d'un flacon de sauternes qu'on aura pris soin de piocher dans un cave sagement tarifée.

C : 45 € • M : 25-37 €   saprien@tiscali.fr

→ 14 rue Principale
☎ 05 56 76 60 87
F. dim. à dîn., lundi, merc.
à dîn. et vac. scol. Noël et fév.
Jusqu'à 21h.

🍴 ♿ 🐕

🍷🍷 **Relais du Château d'Arche** 🦐

Dominant le village de Sauternes, cette délicieuse chartreuse du XVIIᵉ siècle, installée au cœur du domaine viticole du château d'Arche, offre un panorama superbe sur le vignoble et la campagne. Chambres offrant de beaux volumes et beaucoup de raffinement.

1 appart. 160 € • 8 ch. 120-160 €   www.chateaudarche-sauternes.com

→ 2 rue Château Arche
☎ 05 56 76 67 67
🖨 05 56 76 69 76
Ouv. 7j/7.

🚗

Avignon 86 - Alès 30

13 🍴 **La Magnanerie**

Etape de détente sans façons dans une ancienne magnanerie. Pas de grandiloquence - le cadre pourrait y prêter avec de gros investissements - mais de la sympathie régionale et un jeune chef bien adroit pour améliorer l'ordinaire d'un terroir sudiste et généreux. La finesse et la légèreté des sot-l'y-laisse sur une galette de légumes sauce soja, la saveur d'un thon aux épices sur une tarte de brandade et de poivrons, la friandise d'une joue et queue de bœuf en feuille de chou vert confirme que la toque ne doit rien au hasard. Gentil service, petite cave régionale bien vue, en particulier pour découvrir les vins de pays à tout petits prix.

C : 45 € • M : 26-36 €   www.lamagnanerie.fr

→ D 999, l'Evesque
☎ 04 66 77 57 44
F. lundi, mardi à déj., merc.
à dîn. et nov.
Jusqu'à 21h30.

🍴 🚗 🍽 🐕

Nîmes 49 - Avignon 16

🍷🍷 **Château de Varenne**

Une belle demeure XVIIᵉ qui a su préserver ses atouts dans un parc de 3 ha arboré comptant un cèdre quadricentenaire. Le style des salons d'époque, le grand escalier de fer forgé, se marient aux chambres XVIIIᵉ romantiques, respectant les lieux, beaux tissus en harmonie, meubles d'antiquaires, baldaquins…

2 appart. 178-310 € • 11 ch. 98-168 €   www.chateaudevarenne.com

→ Pl Saint-Jean
☎ 04 66 82 59 45
🖨 04 66 82 84 83
F. 6 janv.-18 fév.

🚗 ≋❄ 🍽 🎾 🐕

Naucelle 7 - Rignac 23

15 🍴🍴 **Restaurant Michel Truchon**

En pole position sur le canton, Michel Truchon se sent même parfois un peu seul. La concurrence fait bouger, avancer, mais depuis des lustres, le chef fait un peu la course seul, mettant en avant un terroir très moderne il y a quelques années, un peu plus sage aujourd'hui, mais toujours épatant, dans le cadre unique des

→ ☎ 05 65 71 29 00
F. mardi à déj., jeudi à déj. (sf juil.-août), lundi et janv.-mi-mars.
Jusqu'à 21h.

🍴 ♿ ≋❄ 🍽 🐕 🍴

couverts de cette superbe bastide XIIIe. L'inspiration vient aussi de produits superbes, la lotte de petit bateau et le thon rouge associé à la socca et au pak choï sur un jus de langoustines, le beau foie de canard mi-cuit, la selle d'agneau rôtie aux herbes fraîches ou le filet de bœuf d'Aubrac avec un jus à la moutarde violette. Une réalisation carrée, sans fausse note, appuyée par une bonne cave de classiques et de découvertes.
C : 50 € • M : 25-50 €

www.hotel-senechal.fr

 Le Sénéchal

Situé au cœur d'un des "Plus Beaux Villages de France", ce petit hôtel (huit chambres et trois suites seulement) affiche une architecture historique, où les vieilles pierres diffusent une atmosphère authentique et chaleureuse. Meublées d'ancien mais habitées par un esprit contemporain, les chambres allient confort et personnalité. Délicieuse piscine.
3 appart. 135-165 € • 8 ch. 105-120 €

www.hotel-senechal.fr

→ Le Bourg
☎ 05 65 71 29 00
📠 05 65 71 29 09
F. janv.-mi-mars.

à SAUZON, voir BELLE ILE EN MER

SAVAS - 07430   (27 C 4)

Annonay 12 - Serrières 11

 Auberge du Lac 🕊

Une agréable maison de vacances au bord du lac, au cœur de l'Ardèche verte. Détente et bon goût dans les chambres, à la déco inspirée de la campagne fleurie et de la nature. Jolie table de cuisine actuelle par un jeune chef passé chez Marcon.
12 ch. 80-145 €

www.aubergedulac.fr

→ Le Ternay-Savas
☎ 04 75 67 12 03
📠 04 75 34 90 20
F. 1er-15 janv.

SAVERNE - 67700   (10 B 2)

Strasbourg 38 - Obernai 43 - Sarreguemines 62

14 **Restaurant Staeffele**

Immuable, solide et sans la moindre aspérité disgracieuse, la cuisine de Michel Jaeckel est à l'image de l'ambiance qui règne dans ce "petit escalier" (staeffele en alsacien) : on y est choyé, chouchouté, dorloté avant d'être enthousiasmé par la simplicité d'une salade de crevettes à la coriandre et brunoise de bretzels, la gourmandise d'une raviole ouverte de ris de veau aux morilles et fèves ou la douceur d'un chaud-froid de fraises et citron accompagné d'un sablé à la pistache. Immuable sans doute, et indispensable.
C : 45,50 € • M : 21,50-37 €

→ 1 rue Poincaré
☎ 03 88 91 63 94
F. dim. à dîn., merc., jeudi à déj., 21 juil.-11 août et 23 déc.-7 janv.
Jusqu'à 21h30.

- -

12 **Le Clos de la Garenne**

A l'écart du centre, la grosse maison XIXe dégage dès l'accueil une atmosphère délicieuse, de gentillesse et de douceur de vivre. En cuisine, Sébastien Schmitt fait souffler une brise contemporaine qui nous éloigne résolument de l'Alsace traditionnelle, soignant les associations comme les présentations pour des assiettes ludiques et séduisantes : nem de pata negra tagliatelles de légumes et miel de truffe, thon rouge et escalope de foie gras poêlée salade de cheveux d'ange et bulots. Même esprit du côté de la carte winstub, avec le presskopf en verrine ou les harengs en sandwich. Belle cave, y compris hors de l'alsace, pour une table à surveiller.
C : 65 € • M : 17-38 €

www.closgarenne.com

→ 88 rue du Haut-Barr
☎ 03 88 71 2041
F. sam. à déj., mardi à dîn. et merc. à déj.
Jusqu'à 21h30.

Le Clos de la Garenne

Cette plaisante étape aux portes de la forêt s'apprécie également dans des chambres chaleureuses, mariage de vieux bois et de détails craquants (les vieux objets dispersés avec goût), à savourer dans la quiétude et le moelleux des édredons.
15 ch. 35-95 €
www.closgarenne.com

→ 88 rue du Haut-Barr
☎ 03 88 71 2041
🖷 03 88 02 08 86
Ouv. 7j/7.

---

10 S'Rosestiebel - Chez Jean

Agrandi puis transformé, l'ancien couvent du XVIIᵉ siècle à la façade en grès et aux colombages typiques accueille aujourd'hui des chambres de bon confort et une table délicieusement bourgeoise : pâté en croûte à la strasbourgeoise, sandre rôti sur peau, matelote de poissons aux petits légumes, rognons de veau à la crème et pommes sautées… Cave régionale de bonne tenue.
C : 36 € • M : 15-45 €
www.chez-jean.com

→ 3 rue de la Gare
☎ 03 88 91 10 19
F. dim. à dîn., lundi et 1er-12 janv.
Jusqu'à 21h.

Villes de proximité, voir :

MONSWILLER .... 2 km N. par D 6 et D 719 **(13/20)**

SAVIGNY LES BEAUNE - 21420	(20 B 6)

Dijon 41 - Beaune 6

Le Hameau de Barboron

Dans cette ancienne ferme cistercienne, nul besoin de suivre la règle à la lettre : cette délicieuse demeure est aménagée pour la détente, avec son bel intérieur campagnard derrière les pierres et les tuiles bourguignonnes et ses chambres meublées avec goût dans l'esprit rustique. Tout autour, la nature, un parc animalier, des prairies et des forêts. Et le soir, à partir de 15 personnes, des menus Obélix avec le sanglier qui rôtit et un peu de bourgogne à boire.
3 appart. 160-200 € • 9 ch. 100-150 €
www.hameau-barboron.com

→ ☎ 03 80 21 58 35
🖷 03 80 26 10 59
Ouv. 7j/7.

SAZILLY - 37220	(17 B 5)

Chinon 10 - L'Ile-Bouchard 7

13 Auberge du Val-de-Vienne

La maison en tuffeau au milieu du vignoble, les salles à manger traditionnelles, mobilier rustique et dallage à l'ancienne d'un côté, pierre et boiserie de l'autre, les crêpes Suzette en dessert... Mais non, Jean-Marie Gervais n'est pas esclave de la tradition et cette étape champêtre sait élargir les horizons des gourmands de passage : la crème au crabe pâte d'avocat et bouillon volaille cannelle rivalise avec le croustillant de rillons aux poireaux, le râble de lapin farci aux oignons et moussaka fait ami-ami avec l'onglet de bœuf au vin de Chinon et le sainte-maure se sert mariné à l'huile d'olive. La cave propose une belle exploration du vignoble local.
M : 33-43 €
www.aubergeduvaldevienne.com

→ 30 rte de Chinon
☎ 02 47 95 26 49
F. dim. à dîn., lundi, mardi à dîn (automne-hiver) et janv.
Jusqu'à 21h.

SCHERWILLER - 67750	(10 B 3)

Strasbourg 49 - Sélestat 8

12 Auberge Ramstein

Cette auberge au cœur des vignes (qui propose également quelques chambres agréables) épouse le terroir avec naturel et loyauté, respectant le produit comme les saisons : omble chevalier au riesling et asperges fraîches en fricassée, canette rôtie au pinot noir, mousse glacée au kirsch et compote de fruits frais. Les vignes influencent également une cave agréable, bien au-delà de la seule Alsace.
C : 32 € • M : 24-43 €
www.hotelramstein.fr

→ 1 rue du Riesling
☎ 03 88 82 17 00
F. dim., merc., vac. scol. fév. et 27 déc.-10 janv.
Jusqu'à 20h30.

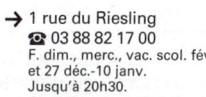

16 🍴🍴 〰 Serge & Co

Entre Kerouac et le Pirate des Caraïbes : c'est l'itinéraire peu commun de Serge Burckel, cuisinier d'aventure qui vous emmène beaucoup plus loin que cette banlieue strasbourgeoise où la bière est ordinairement reine. Ici, plus de frontières : le monde est son jardin. Suivez son Carnet de route, intitulé évocateur d'un menu à 65 € qui explore les quatre horizons, d'un thon rouge galette de riz sushi jus aux radis râpés fermentés et légumes en saumur, sans doute pour évoquer l'umami, le cinquième saveur des Japonais jusqu'aux fameuses frites d'ananas, un dessert vedette dont on ne se lasse pas avec son ketchup de fruits rouges pimentés (présentés dans un vrai tube), crème vanille poudre de coco et coco safran. Entre les deux des produits rois, beaucoup de précision derrière l'apparente rafale d'ingrédients en patchwork, de la cohérence, du sens ; sur le nem mou de tourteau, sur le pigeon en côtelette, papaye, céleri et périgourdine, sur le chevreuil et sa pâte de dattes à l'orientale. Le cadre, évidemment, n'est pas commun, mais moderne, juste, gai, le service, emmené par Corinne, fait des siennes et le fait bien, le vin est une affaire sérieusement menée, avec les costières de Kreydenweiss et la cuvée Ro-Rée de Chèze en saint-joseph, sans oublier les cadors alsaciens.

C : 67 € • M : 27,50-49 €   www.serge-and-co.com

→ 14 rue des Pompiers
☎ 03 88 18 96 19
F. sam. à déj., dim. à dîn. et lundi.
Jusqu'à 21h30.

♿ 〰❄ 🐾 🍷

----

14 🍴 Côté Lac

La terrasse au bord de l'eau apporte détente et bonne humeur aux décideurs des brasseries et autres entreprises tertiaires des environs. Thierry Bendler en profite pour faire passer le message d'une cuisine différente de l'Alsace des cigognes et des colombages, en donnant une version flambant neuve d'un terroir revisité de fond en comble : burger de veau à la coriandre, radis Ostergruss aigre-doux, dorade et pommes de terre au magret d'oie fumé, poire et billes de pastis, crème brûlée à l'alisier, croustillant gianduja et sorbet griottes. Et ce que tout le monde apprécie en chœur, c'est le montant de la découverte, à 33,50 €, et 10 € pour la formule déjeuner, tout aussi excitante. Petite cave trempée dans le bon sens, bordeaux malins et bons alsaces.

C : 33,50 € • M : 23,50-33,50 €   www.cote-lac.com

→ 2 pl de Paris
☎ 03 88 83 82 81
F. sam. à déj., dim., lundi à dîn., jrs fériés, Noël et nouvel an.
Jusqu'à 21h30.

🎍 ♿ 〰❄ 🐾

15 🍴🍴 François-1er

Le nouveau chef, Marco Bassi, apporte un vent de fraîcheur à cette table prestigieuse des bords du Léman et a su remarquablement s'approprier les produits régionaux, tout en apportant une touche personnelle. On ne peut que saluer notamment sa façon de jouer des touches acides pour dynamiser et alléger des plats aux accents rassurants mais qui prennent ainsi une autre dimension : une nage d'agrume sur les noix de saint-jacques piquées au chorizo ou une compote de pomme acidulée sur le carré de porcelet de lait rôti donnent une autre dimension à des produits déjà de bon niveau. Origine italienne oblige, le risotto (aux champignons des bois et écrevisses du lac) est un modèle du genre. Le cadre imposant

→ Domaine de Coudrée, Bonnatrait
☎ 04 50 72 62 33
F. mardi, merc. (sf juil.-août) et nov.
Jusqu'à 21h.

🎍 🚗 ♿ ⌒ 🍷

(hauts plafonds, cheminée monumentale) serait intimidant sans l'efficacité parfaite d'un service remarquable, et l'ensemble forme une très belle table, sans doute promise à un bel avenir.
C : 74€ • M : 39-56€   www.coudree.com

Château de Coudrée

Le château trône sur son parc privé au bord du Léman, silhouette imposante héritée d'une construction du XIIe siècle. A l'intérieur, l'architecture dévoile de multiples détails raffinés et en particulier de superbes plafonds peints. Dans les chambres, le mobilier d'époque marque la noblesse d'un décor sans lourdeur, la vue sur le parc en prime. Plage privée.
4 appart. 389€ • 15 ch. 156-209€   www.coudree.com

→ Domaine de Coudrée
☎ 04 50 72 62 33
🖳 04 50 72 57 28
F. nov.

SECLIN - 59113   (2 D 2)
Lille 16 - Roubaix 24

13 Auberge du Forgeron

La grande maison de brique dans la rue principale se porte bien, fièrement, et fait donner les grands airs à un public fidèle sur de solides bases. Philippe Belot, dynamique chef d'entreprise, a encore réalisé de gros investissements, notamment dans la partie hôtelière, avec ses douze chambres et suit avec la même assiduité une ligne de conduite entre tradition régionale et plats de prestige mâtinés du nécessaire souffle tendance : ravioles de céleri aux morilles, truffes et foie gras, homard bleu sauté au gingembre et citronnelle, carré d'agneau fermier aux petits gris de Radinghem. Cave classique très riche, pour trouver quelques beaux flacons à prix justes (Chaillets de l'Enfer 2005 à 89 €).
C : 65€ • M : 35-65€   www.aubergeduforgeron.com

→ 17 rue Roger-Bouvry
☎ 03 20 90 09 52
F. sam. à déj., dim. et 3 prem. sem. août.
Jusqu'à 21h30 (22h sam.).

🏮 idéal gourmet

SEDAN - 08200   (9 C 2)
Charleville-Mézières 22 - Bouillon 15

11 Au Bon Vieux Temps

Une enseigne jamais mensongère et dont le fonds de commerce tient justement dans cette habile interprétation des classiques de la cuisine : feuilleté d'asperges sauce mousseline, turbot grillé béarnaise ou poché sauce à l'oseille, noix de ris de veau aux morilles ou saint-jacques au noilly-prat.
C : 50€ • M : 24,50-45€   www.restaurant-aubonvieuxtemps.com

→ 1 pl de la Halle
☎ 03 24 29 03 70
F. dim. à dîn., lundi, merc. à dîn., 15 fév.-11 mars et 25-31 août.
Jusqu'à 20h45.

Hostellerie le Château Fort de Sedan

Le Moyen Age l'a vu naître, la Renaissance a allégé son allure martiale, les années soixante ont failli le voir disparaître... Aujourd'hui, le plus grand château fort d'Europe abrite un hôtel. Espace généreux et belle élégance classique, les chambres respectent l'histoire des lieux (par exemple à travers tableaux et meubles de style distillés en touches discrètes), avec tout le confort d'une conception récente.
10 appart. 149-189€ • 44 ch. 69-109€   www.hotelfp-sedan.com

→ Porte des Princes
☎ 03 24 26 11 00
🖳 03 24 27 19 00
Ouv. 7j/7.

12 Le Dauphin

Kitschissime Dauphin, une pension de famille à l'ancienne qui semble interdite aux juniors. Pour ce qui est de la cuisine de l'authentique Roger Bellier - cuissons longues, plats brûlants, sauces sans légèreté - elle se défend par un approvisionnement de qualité, des fermes voisines notamment, et par un indéniable savoir-faire, qui rendent très comestibles le ballotin de lapin aux langoustines, la joue de bœuf et ses purées, la tarte aux pommes de grand-mère Malgré quelques efforts touchants dans les présentations, on est si loin de GaultMillau et du XXIe siècle que l'intérêt de la visite est un peu au second degré, mais, d'une certaine façon, on ne s'ennuie pas. Un point de plus.
C : 60 € • M : 30-60 €

→ 31 pl des Halles
☎ 02 33 80 80 70
F. dim. à dîn., lundi (oct.-mai, sf fêtes et réserv.), dern. sem. nov. et 2e quinz. janv.

dauphinsees@wanadoo.fr

Villes de proximité, voir :

↻ MACE...6 km N. par D 238

14 Domaine de Bassibé

Baignant, au même titre que l'hôtel, dans une ambiance proche d'une luxueuse maison d'amis, le restaurant que dirige Sébastien Gozzer semble se réserver aux clients de l'hôtel en premier lieu. Comme si rien n'était fait pour se faire connaître de la clientèle d'un soir. Personnelle, s'appuyant dès qu'elle le peut sur les producteurs locaux, cette cuisine chic et champêtre mériterait pourtant une meilleure promotion, en particulier pour la sagesse relative de ses tarifs : salade de bonbons de boudin, confiture d'oignons nouveaux et vinaigrette au miel et aux épices, filets de sardines sautés à vif, tatin de tomates au basilic et vinaigrette d'herbes, pastilla de pommes et poires à l'armagnac. Cave essentiellement bordelaise et régionale.
C : 46 € • M : 46-58 €

→ ☎ 05 62 09 46 71
F. à déj. lundi-vend. (h.s., sf réserv.), mardi, merc. et 2 janv.-20 mars.
Jusqu'à 21h.

www.bassibe.fr

Domaine de Bassibé

Cet ancien domaine agricole du XVIIIe siècle se découvre dans un environnement champêtre marqué par un isolement et un silence absolu. Les quatre hectares du domaine sont peuplés d'arbres séculaires dont un chêne exceptionnel vieux de plus de 300 ans. Personnalisées, habillées de tissus signés Pierre Frey et Manuel Canovas, les chambres sont empreintes d'une poésie pleine de romantisme. Ambiance de maison d'amis.
7 appart. 198 € • 10 ch. 130-155 €

→ ☎ 05 62 09 46 71
🖨 05 62 08 40 15
F. 2 janv.-20 mars.

www.bassibe.fr

13 La Table du Comtat

Maître-cuisinier de France et, bien sûr, professionnel chevronné, Franck Gomez dirige depuis plus de 35 ans les cuisines de cette belle demeure nichée au cœur de l'un des plus touristiques villages de Provence. Régionale bien sûr, luxueuse sans ostentation (la maison insiste d'ailleurs sur l'existence d'un "petit" menu à 20 € servi au déjeuner en semaine), sa carte distille un plaisir immédiat,

→ Le Village
☎ 04 90 46 91 49
F. dim. à dîn., mardi à dîn., merc. (sf juil.-août), fév. et 18 nov.-8 déc.
Jusqu'à 20h45.

sans complication : mille-feuille croustillant au sésame de thon frais et fumé et rémoulade de radis roses, pigeon au jus de réglisse et fenouil, poêlée d'abattis et gnocchis de pommes de terre, crème brûlée carotte à l'orange, crème au chocolat et pain de Gênes au safran. Cave régionale, agréable terrasse.

C : 55 € • M : 20 €   *www.table-comtat.fr*

La Table du Comtat

Avec sa vue exceptionnelle sur les Dentelles de Montmirail et sur la vallée du Rhône, cet ancien hospice cumule les charmes. Huit chambres seulement pour un accueil digne d'une chambre d'hôtes, piscine de plein air.

8 ch. 80-110 €   *www.table-comtat.com*

→ Le Village
☎ 04 90 46 91 49
🖨 04 90 46 94 27
F. fév. et 18 nov.-8 déc.

----

12 Le Mesclun

La création d'une nouvelle salle à l'intérieur assure désormais un confort accru à la clientèle qui fréquente cette agréable auberge au cœur du village. Méridionale en diable, la carte de Christophe Bonzi fait preuve d'un enthousiasme communicatif : tarte croustillante de concassée de tomates et sardine de Bretagne marinée au vinaigre balsamique, dos d'églefin cuit en vapeur d'aromate, minestrone de légumes croquants et farfalle au basilic de Roaix, nougat glacé du pâtissier aux fruits confits de Saint-Rémy-de-Provence « Lilamand » et Grand Marnier. Délicieuse terrasse, service et accueil charmants.

C : 38 € • M : 25-38 €   *www.lemesclun.com*

→ Rue des Poternes
☎ 04 90 46 93 43
F. lundi, mardi (h.s.) et janv.
Jusqu'à 21h.

SEILLONNAZ - 01470   **(28 A 2)**

Nantua 76 - Oyonnax 85

14 La Cigale d'Or

Notre découverte de l'an passé confirme son rang et sa toque. Dans la jolie salle voûtée, Nicolas Serrano travaille son terroir avec intelligence, façonne une carte pleine de saveurs et de charme sans jamais se détourner du produit. Son menu "découvrons la Cigale d'Or à 24 €", est furieusement incitative, avec la brandade de haddock fumé, le dos de cabillaud en croûte de pignons ou le cannelloni croustillant de volaille fermière au pesto. Voilà la province moderne qui rapplique en fanfare et donne l'exemple au fond du Bugey ! Desserts sympathiques, très bon accueil de Fabienne Serrano et cave tout aussi futée pour découvrir la région.

C : 30 € • M : 24-39 €   *www.restaurantlacigaledor.fr*

→ Le Village
☎ 04 74 36 13 61
F. mardi à dîn, merc., 15 oct.-30 mars.

SELESTAT - 67600   **(10 B 3)**

Strasbourg 43 - Colmar 22

13 Abbaye de la Pommeraie

Dans le contexte historique de cette maison Renaissance sur les anciens remparts de la ville, les Funaro, qui tiennent cette maison avec beaucoup de rigueur, font logiquement le choix du respect de la plus pure tradition française, dans le décor (à l'élégance soigneusement travaillée), le service (qui en devient envahissant dans sa volonté de bien faire) et bien sûr la cuisine, qui cultive un équilibre volontiers démonstratif et met en avant des produits frais, traités délicatement et sans aventure. Cave impressionnante à défaut d'être vraiment pointue.

C : 70 € • M : 27-89,50 €   *www.relaischateaux.com/pommeraie*

→ 8 bd du Mal-Foch
☎ 03 88 92 07 84
Ouv. 7j/7.
Jusqu'à 21h30.

SELESTAT

Abbaye de la Pommeraie

Au gré des chambres, parquets anciens, plafonds moulurés ou poutres rustiques témoignent de l'âge de cette ancienne abbaye cistercienne, qui au gré des siècles a pris ses accents actuels de superbe demeure bourgeoise, une ambiance que les meubles de style et les matériaux nobles s'emploient à préserver au mieux.

2 appart. 293-318 € • 2 ch. 142-248 €   www.relaischateaux.com/pommeraie

→ 8 bd du Mal-Foch
☎ 03 88 92 07 84
🖨 03 88 92 08 71
Ouv. 7j/7.

- -

11 Auberge à l'Illwald

L'ancien café a gardé son esprit convivial, du service au décor pas de fausse note, et sur les nappes à carreaux, c'est un bon esprit terroir qu'on a plaisir à retrouver, même si le chef réussit sans trop d'effort le grand écart entre la presskopf vinaigrette et la tarte fine de rouget et fromage de chèvre, la tourte au riesling et le picatta de veau, le kouglopff et le crumble aux fruits de saison. Cave essentiellement alsacienne à prix raisonnable.

C : 30 € • M : 10-32 €   www.illwald.fr

→ Le Schnellenbuhl, D 424
☎ 03 88 85 35 40
F. mardi, merc., 26 juin-12 juil. et 24 déc.-10 janv.
Jusqu'à 22h.

Hôtel de l'Illwald

L'hôtel s'agrandit et devrait bientôt accueillir une piscine. Dans cette architecture de caractère, les chambres aux boiseries traditionnelles ont parfaitement leur place, mais cela n'empêche pas de leur préférer les chambres contemporaines et épurées, belle interprétation d'un esprit zen en harmonie avec la campagne environnante.

9 ch. 65-110 €   www.illwald.fr

→ Le Schnellenbuhl, D 424
☎ 03 90 56 11 40
🖨 03 88 85 39 18
F. 24 déc.-10 janv.

- -

Hôtel Vaillant

Bien tenu par des patrons attentifs au confort de leurs hôtes, cet hôtel installé dans un petit square compense une architecture sans grand charme par de jolies chambres personnalisées et actuelles.

47 ch. 55-95 €   www.hotel-vaillant.com

→ Pl de la République
☎ 03 88 92 09 46
🖨 03 88 82 95 01
Ouv. 7j/7.

Villes de proximité, voir :

⟳ SCHERWILLER.................4 km N. par N 422, D 81 **(12/20)**

SELLES SAINT DENIS - 41300   (18 A 4)
Orléans 63 - Vierzon 25 - Salbris 11

14 Auberge du Cheval Blanc

Dans le contexte d'un ancien relais de poste au cœur de la Sologne, il serait facile de faire ronronner une tranquille cuisine classique, mais ce serait bien mal connaître Ludovic Poyau. Sans bousculer les amoureux de la tradition, il leur apporte un peu de nouveauté, quelques touches personnelles, qui font respirer ce Cheval Blanc avec nettement plus de souffle que ses collègues lorsqu'il s'agit de proposer le foie gras (soufflé à la pomme) ou le pigeon (boucané, peau croustillante aux fèves). C'est donc avec un plaisir renouvelé qu'on retrouve le charme de cette vaste salle sous les poutres (la maison date du XVIIe), bien aidé par un service qui sait trouver la juste distance entre élégance et convivialité. Agréable cave ligérienne.

C : 60 € • M : 26,50-55 €   www.chevalblanc-sologne.com

→ Pl du Mail
☎ 02 54 96 36 36
F. dim. à dîn. (nov.-mars), mardi à dîn., merc., 6-28 fév., 16-26 août et 21-30 déc.
Jusqu'à 21h15.

SELONCOURT - 25230   (21 D 3)
Montbéliard 8 - Beaucourt 7

11 Le Monarque
Fier de sa maison, le chef assure lui-même l'accueil de ses hôtes et le suivi du service, mais hélas un peu moins le suivi de ce qui se passe en cuisine et nous avons été quelque peu déçus du résultat, la noblesse des ris de veau aux chanterelles ou de la feuillantine d'ananas sauce caramel tombe à plat et nous fait regretter que le chef ne privilégie pas davantage la fraîcheur et la simplicité (comme sur la terrine de tomate et aubergine au jambon cru).
C : 30 € • M : 18,50-35 €

→ 23 rue de Berne
☎ 03 81 37 12 39
F. sam. à déj., lundi et 26 juil.-12 août et 28 déc.-8 janv.
Jusqu'à 21h.

SENLIS - 60300   (3 D 5)
Beauvais 59 - Compiègne 32

12 Le Scaramouche
Des produits frais, achetés avec dicernement et transformés par un chef. Voilà le message et le credo de Henri Noiret, vice-président des restaurateurs UMIH de l'Oise, qu'on se le dise. Il reste ensuite à apprécier cette cuisine valeureuse, apprêts classiques actualisés et ingrédients nobles : pressé de foie gras de canard et jambon de porcelet, langoustines rôties en coque au beurre de gingembre, salade de gambas et homard au bacon rissolé et copeaux de parmesan... Cave généraliste, atmosphère bourgeoise raffinée.
C : 65 € • M : 29-65 €   *www.le-scaramouche.fr*

→ 4 pl Notre-Dame
☎ 03 44 53 01 26
F. mardi, merc. et 15-30 août.
Jusqu'à 21h15.

SENNECEY LE GRAND - 71240   (20 B 5)
Beaune 50 - Châlon-sur-Saône 17

Le Clos des Tourelles
Les chambres sont installées dans un château XIXᵉ et déclinent, au gré de prénoms féminins, des ambiances personnalisées, mêlant meubles de style et tons chaleureux avec raffinement. Gardé par une tour du XIᵉ siècle, le parc permet de belles balades.
10 ch. 80-150 €   *www.leclosdestourelles.fr*

→ Château de la Tour
☎ 03 85 44 83 95
Ouv. 7j/7.

SENS - 89100   (19 C 1)
Auxerre 59 - Fontainebleau 54 - Montargis 50

11 Le Postillon
L'hôtel de Paris la Poste vit au rythme d'une restauration à deux vitesses, gastronomique au Senon et bistrot ici. Chef d'expérience, Philippe Godard surfe avec aisance entre inspiration classique, produits du terroir et touches personnelles, avec de bonnes idées comme ces tapas à la bourguignonne qui permet de prendre une bonne ration de tradition régionale avant de poursuivre sur un carré d'agneau en croûte plus attendu. Cadre et service soignés, et tarifs plus raisonnables qu'au gastro, pour une satisfaction qui n'est pas très inférieure.
M : 32-56 €   *www.hotel-paris-poste.com*

→ 97 rue de la République
☎ 03 86 65 17 43
F. dim. à dîn. et lundi.
Jusqu'à 22h.

Paris et de la Poste
Etape soignée à deux pas de la cathédrale, cet hôtel exploite les murs historiques d'un ancien relais de poste, architecture XVIIIᵉ autour d'une cour typique. Les chambres s'apprécient dans leur version contemporaine et colorée.
4 appart. 130-150 € • 26 ch. 72-150 €   *www.hotel-paris-poste.com*

→ 97 rue de la République
☎ 03 86 65 17 43
🖨 03 86 64 48 45
Ouv. 7j/7.

SEREZIN DU RHONE - 69360　　(27 D 3)
Lyon 15 - Vienne 17

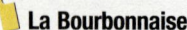

La Bourbonnaise
Une étape paisible sur la route des vacances, avec des chambres actuelles dans leur ambiance comme leur niveau de confort.
39 ch. 62-72 €　　　　　　www.labourbonnaise.com

→ 45 av du Dauphiné
☎ 04 78 02 80 58
📠 04 78 02 17 39
Ouv. 7j/7.

SERIGNAN - 34410　　(32 D 4)
Béziers 7 - Valras-Plage 3

13　Harmonie
Etonnant dans cette maison ancienne, le cadre est tout aussi contemporain que le fameux parking de la Cigalière, conçu par Buren, et ce décor accueille une cuisine où la recherche est permanente dans les plats, avec notamment de belles présentations à l'assiette. On aurait tort de limiter le talent de Bruno Cappellari au coup d'œil, car le tartare de daurade mangue gingembre, le filet de bar confit de courgette et d'aubergine sorbet frais de piment d'Espelette ou le tronçon de rhubarbe framboise et fraises témoignent également d'un fond solide. Un service jeune et prévenant et un bel effort sur les vins au verre complètent les atouts d'une maison décidément pas tout à fait comme les autres.
C : 55 € • M : 23 €　　　　　　www.lharmonie.fr

→ Chemin de la Barque, parking de la Cigalière
☎ 04 67 32 39 30
F. sam. à déj., mardi à dîn., merc., vac. scol. fév. et vac. scol. Toussaint.
Jusqu'à 21h30.

SERIGNAN DU COMTAT - 84830　　(33 B 3)
Avignon 40 - Orange 8

14　Le Pré du Moulin
Le site ne manque pas de charme, dans cette Provence des Papes distinguée. Le service élégant et les belles manières d'un chef chevronné ne laissent planer aucun doute sur les prétentions de cette très belle maison à la campagne : œuf de poule et langoustines, salade d'eau à la japonaise, suprême de saint-pierre aux asperges vertes et olives de Lucques, canon d'agneau de Provence rôti au beurre de basilic et chips de pommes de terre, cannelloni croustillant de mascarpone aux cerises amarena. Cave de belle tenue, tarifs cohérents.
C : 70 € • M : 35-75 €　　　　　　www.predumoulin.com

→ Cours Joële-Estève
☎ 04 90 70 14 55
F. dim. à dîn., lundi, mardi à déj. (mi-sept.-mi-mai) et lundi à déj. (mai-sept.).
Jusqu'à 21h45.

SERRIERA - 20147　　(35 B 3)
Porto 6 - Calvi 80

Eden Park
Au cœur du golfe de Porto, l'hôtel se niche dans la verdure d'un parc de 2,5 ha et propose des chambres contemporaines et paisibles, bien équipées, certaines avec terrasse privée.
3 appart. 110-600 € • 35 ch. 110-234 €　　www.hotels-porto.com

→ Golfe de Porto
☎ 04 95 26 10 60
📠 04 95 26 14 74
F. mi-oct.-mi-avril.

SERRIERES - 07340　　(27 C 4)
Annonay 15 - Saint-Vallier 17

15　Schaeffer
Ancien de l'Escale à Carry le Rouet et de Léon de Lyon, Bernard Mathé préside à la destinée de cette vénérable maison de famille depuis plus d'un quart de siècle. Poids de la tradition oblige, sa carte demeure d'une solidité à toute épreuve, semblant balayer d'un énergique revers de spatule la moindre concession à la mode.

→ 34 quai Jules-Roche
☎ 04 75 34 00 07
F. sam. à déj., dim. à dîn., lundi, 2-21 janv., 3-14 août et vac. scol. Toussaint.
Jusqu'à 21h (21h30 été).

Ennuyeuse cette cuisine ? Jamais, car respectant au plus près le rythme des saisons (les morilles, les truffes…) et ne concédant jamais le moindre pouce sur la qualité des produits : pointes d'asperges, œuf poché et minis morilles, crème brûlée au foie gras et morilles, crémeux d'asperges vertes, os à moelle et escargots, jus d'herbes, pommes de terre nouvelles et morilles… Belle cave rhodanienne.

C : 55 € • M : 35-100 €   *www.hotel-schaeffer.com*

SETE - 34200 (32 A 4)
Montpellier 35 - Béziers 48

13 La Palangrotte

Extérieurement, l'endroit n'inspire pas plus confiance que toutes les autres adresses du port, toutes en enfilade et qui rivalisent "d'ingéniosité" pour allécher le touriste, mais le fait que notre Palangrotte soit ouverte à l'année met la puce à l'oreille. On se sent instantanément bien dans son décor dépouillé aux tons pastel comme dans la gentillesse d'un personnel aux petits soins. Mêmes bonnes ondes côté cuisine, où les plats, simples soignés sont déclinés autour de produits locaux à la fraîcheur indiscutable. Pas d'envolées lyriques certes mais dans ce contexte encombré, cette qualité fait plaisir à voir. Un point de plus.

C : 37 € • M : 20-30 €   *www.http://montpellier.wanadoo.fr*

→ Quai de la Marine, 1
rampe Paul-Valéry
☎ 04 67 74 80 35
F. dim. à dîn. (sf juil.-août) et lundi (sf fériés).
Jusqu'à 21h45.

- -

13 The Marcel

The Marcel of Sète ? Of course, my dear. mais ce n'est pas un pub ou un club de gentlemen. C'est du pur languedocien, du café-restaurant patiné à l'authentique, poutres et ventilateurs au plafond, grandes toiles plus ou moins abstraites, notes de jazz, accent de pêcheur et d'amateur de bourride. Pour une ambiance, c'en est une ! Et l'assiette, précise, du caractère, de la couleur, des saveurs qui claquent comme un fouet (poulpes en salade, loup grillé, marmite The Marcel…). La toque n'est pas évidente sur tous les plats, mais l'ensemble la vaut sans hésiter. Belle cave régionale, courte mais dense, avec les bons propriétaires.

C : 35 € • M : 15 €

→ Rue Lazare-Carnot
☎ 04 67 74 20 89
F. sam. à déj., dim., fin-juin-déb. juil. et fin déc.-déb. janv.
Jusqu'à 23h.

- -

12 Paris Méditerranée

Paris-Méditerranée, le parcours effectué par Nicolas Dubois (formé notamment chez Rostang) pour nous livrer cette réjouissante table sétoise, dont le succès fait plaisir à voir et est la conséquence logique d'un amour du travail bien fait qui transparaît à tous les niveaux : décor agréable de bistrot coloré, service efficace et gentil même face à l'affluence, cave pointue sélectionnée au meilleur des vignerons de pointe du Languedoc et bien sûr la cuisine, alerte, moderne riche en saveurs tout aussi colorées que le décor.

C : 26 € • M : 26 €

→ 47 rue Pierre-Sémard
☎ 04 67 74 97 73
F. sam. à déj., dim., lundi, 1 sem. fév. et 2 prem. sem. juil.
Jusqu'à 23h.

- -

12 La Rotonde

Cette institution pleine de charme mérite une table de même caste : sous les très hauts plafonds moulurés, ce beau décor méditerranéen à l'ambiance lounge cultive la douceur et les assiettes faussement simples bien dosées par un chef de ressource : le pressé de loup au magret fumé et pois gourmand, les calamars farcis de légumes sur un jus de bouille ou la bourride participent à une petite fête de bon goût, qui sonne juste comme

→ 17 quai du Mal-de-Lattre-de-Tassigny
☎ 04 67 74 71 91
F. dim à dîn. et lundi.

un clavecin bien tempéré. Desserts honnêtes, service sobre et de bonne tenue, petite cave régionale de bon conseil, sans intérêt ailleurs.
C : 25 € • M : 14,50-38 €

AmeriK Club

Un espace chic et mode au seuil de la Corniche, pour un panorama unique sur la mer et une atmosphère d'exclusivité, en dégustant une cuisine méditerranéenne tout aussi branchée.
C : 45 € • M : 28 €

→ Promenade du Mal-Leclerc, Mole Saint-Louis
☎ 04 67 53 02 37
F. mi-oct.-1 sem. avant Pâques.
Jusqu'à 23h30 (1h été).

Au Bord du Canal

Créé en 2003 dans les locaux de marée, cet établissement d'un genre nouveau a conservé l'activité de mareyage sur une partie du site. Entièrement conçu par un artiste local, le décor se prête volontiers à la dégustation des vins (jolie sélection d'ailleurs). Les terrasses ont été entièrement remaniées cette année et la cuisine, d'essence méditerranéenne, est exclusivement basée sur la pêche du jour.
C : 30 € • M : 15 €   www.aubordducanal.com

→ 9 quai Maximin-Licciardi
☎ 04 67 51 98 39
F. lundi et déc.-janv.
Jusqu'à 22h30 (23h vend.-sam)..

Les Demoiselles Dupuy

Les demoiselles en question, ce sont les huîtres produites par les Dupuy et qui débarquent dans toute leur fraîcheur dans cet ancien entrepôt. Les collègues pêcheurs y ajoutent les poissons du jour, le tout servi au plus près de la fraîcheur, dans une ambiance conviviale. Agréable terrasse au bord du canal.
C : 25 € • M : 18 €

→ 4 quai Maximin-Licciardi
☎ 04 67 74 03 46
F. 1ᵉʳ déc., 24-25 déc. et 31 déc.
Jusqu'à 22h30.

Restaurant La Rascasse

Honnête, pas cher et assez bon : pour la situation, sur le quai, au ras du flot touristique, la Rascasse n'abuse pas, bien au contraire, avec la bonne soupe de poisson, la daurade bien fraîche... Même si les accompagnements sont rudimentaires, le patron est très gentil, l'ambiance détendue, ça sent les vacances !
C : 35 € • M : 13-27 €   rascasse@worldonline.fr

→ 27 quai du Gén-Durand
☎ 04 67 74 38 46
Ouv. 7j/7.
Jusqu'à 22h30.

Le Grand Hôtel

Le chic ineffable du Grand Hôtel, fierté de la ville pour son cachet Belle Epoque, son atmosphère, ses chambres classiques et sobres dont les fenêtres donnent sur le canal. Beau patio sous verrière, accueil agréable et rafraîchissements permanents.
1 appart. 65-132 € • 42 ch. 190 €   www.legrandhotelsete.com

→ 17 quai de Lattre-de-Tassigny
☎ 04 67 74 71 77
🖷 04 67 74 29 27
F. 24-25 déc. et 31 déc.-4 janv.

SILLE LE GUILLAUME - 72140   (16 B 2)
Le Mans 34 - Laval 56 - Alençon 40

12 Le Bretagne

Etape traditionnelle sur la route de la Bretagne, cet ancien relais de poste a bien évolué, car Jean-Marie Fontaine n'est pas homme à rester les deux pieds dans le même terroir ou à réciter ses classiques. Il s'attache, avec une réussite rarement prise en défaut, à renouveler ses propositions au gré des saisons et à composer des assiettes plus dépaysantes qu'il n'y paraît à première vue : mille-feuille de ragoût d'agneau et salade de haricots tièdes au parfum de truffes, lieu jaune confit beurre demi-sel et crème acidulée aux herbes et le très ludique petit pot de camembert au calvados pain au lard. Chambres contemporaines et gaies pour prolonger l'étape.
C : 56 € • M : 16-50 €   www.lebretagnehotel.com

→ 1 pl Croix-d'Or
☎ 02 43 20 10 10
F. sam. à déj. (oct.-mars), vend. à dîn., dim. à dîn., 20 juil.-10 août et 1 sem. Noël-nouvel an.
Jusqu'à 20h30.

SILLERY - 51500 (9 B 3)
Charleville-Mézières 93 - Reims 13

11 Relais de Sillery

Destination champêtre à quelques kilomètres de Reims, dans un parc de verdure bordé d'une rivière. Philippe Vazart fait évoluer avec personnalité une carte de marché qui ne manque pas d'idées dans le cadre élégant de cet ancien relais de poste à colombages : mirepoix de thon blanc et mousseline de courgettes, sandre rôti sur peau embeurrée de chou frisé et gratin d'escargots, fricassée de ris et rognons de veau aux champignons, au hasard d'une carte qui fait bon usage des produits de prestige. Cave généraliste bien fournie, avec un bon chapitre champenois.
C : 46€ • M : 35-60€

→ 3 rue de la Gare
☎ 03 26 49 10 11
F. dim. à dîn., mardi à dîn., 1er sem. janv., vac. scol. fév. et 16 août-5 sept.
Jusqu'à 21h30.

SIRAN - 34210 (32 C 4)
Carcassonne 35 - Lézignan-Corbières 20

13 La Cigalière

Au cœur du Minervois, cette belle bâtisse dégage une atmosphère plaisante, avec son architecture de caractère, son élégant décor d'inspiration rustique et son agréable terrasse donnant sur la campagne. Bercé par la gentillesse de l'accueil, on apprécie une carte qui s'approprie avec justesse le terroir languedocien, avec le coq mariné au minervois et cèpes ou la gardiane de taureau façon siranaise, tout en respectant les canons gastronomiques qui siéent à ses allures de château XVIIIe (terrine de foie gras, tournedos de magret au jus de truffe). Autre avantage de la situation, les vins régionaux s'invitent à foison sur une carte aux tarifs attractifs.
C : 35€ • M : 22-45€   www.chateau-de-siran.com

→ Av du Château
☎ 04 68 91 55 98
F. lundi et janv.
Jusqu'à 21h.

Château de Siran

C'est une belle ambiance classique qui domine dans cette vénérable bastide, largement modifiée au XVIIIe siècle, où les chambres personnalisées se parent d'un charme bourgeois bien en accord avec l'allure générale.
1 appart. 180€ • 10 ch. 75-125€   www.villadeleis.com

→ Av du Château
☎ 04 68 91 55 98
🖶 04 68 91 48 34
F. janv.

SIX FOURS LES PLAGES - 83140 (33 D 6)
Toulon 13 - Marseille 61 - La Ciotat 37

12 Le Bistro du Dauphin

La nouvelle équipe a légitimé l'enseigne en reprenant totalement le thème bistrotier, sans pour autant le galvauder, avec un jeune chef formé notamment au Lingousto. Des apprêts modernes (crevettes à la provençale et légumes sautés au soja), des poissons grillés de l'arrivage ou la marmite du pêcheur façon bouillabaisse, dans ce cadre plutôt élégant, offrent ainsi un bon rendement et une note conservée.
C : 25€ • M : 20€   dauphin.restaurant@wanadoo.fr

→ 36 square des Bains
☎ 04 94 07 61 58
F. dim. et lundi à dîn.,
Jusqu'à 22h30.

SOCCIA - 20125 (35 B 4)
Ajaccio 70 - Calvi 130 - Vico 18

13 A Merendella

Le pique-nique ultime ? Lorsqu'on quitte, forcément à regret, la délicieuse maison de Stéphanie et Michel Caprino, on est persuadé qu'il n'existe pas plus de 10 tables en France où il règne une telle harmonie entre un lieu et une cuisine : des tables simplement

→ Rte de l'Église
☎ 04 95 28 34 91
F. merc. et déb.-oct.-déb.-avril.
Jusqu'à 22h.

dressées dans un jardin en herbe, que l'on foule pieds nus bien sûr, la vue grandiose sur la montagne, rude et sèche, le petit potager sur le côté, où Michel Caprino puise certains de ses produits, le silence absolu qui règne dans ce village tout au bout du monde... Un site magique, des charcuteries exceptionnelles, une cuisine corse modernisée... Une suggestion ? Monter jusqu'au lac de Creno, de bon matin, profiter de la magie du site et redescendre pour 13h chez les Caprino. La Corse n'aura alors plus de secret pour vous.
M : 25 €

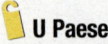 **U Paese** 🐦

Un havre familial authentique, qui doit aussi son charme et la mention pour sa situation exceptionnelle dans un beau village de montagne. Terrasse ombragée, rivière et belle table à proximité.
30 ch. 36-62 €   www.monsite.wanadoo.fr/hotel.u.paese.corse/

→ ☎ 04 95 28 31 92
  🖷 04 95 28 35 19
  Ouv. 7j/7.
  🚗 🐾

SOLENZARA - 20145   (35 D 5)
Ghisonaccia 18 - Porto Vecchio 38

 La Solenzara

Cette maison XVIIIᵉ qui se profile depuis la rue principale ne manque pas de cachet. Illuminée de soleil, son architecture d'inspiration génoise, à la déco traditionnelle, est parfaitement à son aise entre mer et maquis. Chambres au style ancien dans la demeure et plus moderne dans les dépendances. Accès direct à la mer et au port de plaisance.
28 ch. 58-96 €   www.lasolenzara.com

→ Quartier du Palais
  ☎ 04 95 57 42 18
  🖷 04 95 57 46 84
  F. nov.-mars.
  🚗 ≈❄ ⛵ 🐾

SOLESMES - 72300   (16 B 2)
Le Mans 60 - Sablé 3 - La Flèche 30

14 🛏 **Grand Hôtel**

L'histoire récente de cette célèbre maison, ancien relais de poste où l'on faisait déjà étape au XVIIIᵉ siècle, est marquée par l'omniprésence de la famille Jacquet, qui dirige les lieux depuis trois générations. C'est la petite dernière, Marie, qui devrait bientôt tenir les rênes de l'entreprise, à charge pour elle de maintenir au même niveau les prestations de la table. Subtilement classique, la carte de Didier Serre colle parfaitement à la demande d'une clientèle avide de sensations luxueuses : brouillade d'œufs de poulet et truffe, réduction de porto, noix de saint-jacques cuites à la plancha et crème d'huîtres et céleri, suprême de poulet de Loué au miel et pistils de safran, pain perdu aux pommes du Léard, crème glacée au pain d'épices. Cave classique privilégiant les appellations prestigieuses mais n'oubliant pas le muscadet de Sauvion, le saint-nicolas de Lorieux ou la cuvée Frédéric Emile, le riesling du domaine Trimbach.
C : 58 € • M : 26-66 €   www.grandhotelsolesmes.com

→ 16 pl Dom-Guéranger
  ☎ 02 43 95 45 10
  F. dim. à dîn. (nov.-mars) et 26 déc.-2 janv.
  Jusqu'à 21h30.
  🚗 🚲 🍽

SOMMIERES - 30250   (32 B 3)
Arles 60 - Nîmes 39

❁ **Hôtel de l'Orange**

Avec ses terrasses sur la ville et les Cévennes et son architecture XVIIᵉ, cet hôtel particulier distille un charme permanent. Chambres personnalisées, à l'ancienne ou avec des jeux de couleurs plus actuels. Un mazot a été ajouté cette année, avec un coin cuisine et une grande terrasse.
1 appart. 160 € • 5 ch. 70-80 €   www.hotel.delorange.free.fr

→ Montée du château, 7 rue des Beaumes
  ☎ 04 66 77 79 94
  Ouv. 7j/7.
  🚗 🐾

 G꜀M

SORGUES - 84700 (33 B 4)
Avignon 11 - Orange 20

12 Restaurant Patrick Davico

A un quart d'heure d'Avignon, la balade prend peu de temps pour se dépayser dans la salle claire et contemporaine de Patrick et Nathalie Davico. L'accueil donne le ton - on est "chez quelqu'un" - la déco pleine de fraîcheur et de personnalité s'allie à une cuisine provençale précise et sans chichis. Visez aussi la simplicité régionale avec le tian d'aubergines sur concassée de tomate ou le cabillaud purée de panais et jus de favouilles. Du travail bien fait dans une ambiance souriante où chacun s'implique. Cave sudiste axe Rhône bien constituée.
M : 29-42 €

www.restaurantdavico.com

→ 12 Rue du 19-Mars-1962
☎ 04 90 39 11 02
F. dim. (sf groupes), à dîn. lundi-vend. et 5-25 août. Jusqu'à 21h.

Villes de proximité, voir :

⏱ ENTRAIGUES .... 6 km E. par D 38 **(12/20)**

LES SORINIERES - 44840 (15 C 4)
Nantes 9 - Rennes 121

Abbaye de Villeneuve

Les hauts plafonds, les cheminées monumentales, les voûtes de pierre... Le passé (l'abbaye remonte au XIIe siècle, les bâtiments actuels au XVIIIe) a laissé de fort belles traces, au service d'une atmosphère unique, préservée avec soin par un décor de style ancien remarquable d'authenticité.
3 appart. 205 € • 20 ch. 85-165 €

www.leshotelsparticuliers.com

→ Rte de la Roche-sur-Yon
☎ 02 40 04 40 25
🖥 02 40 31 28 45
Ouv. 7j/7.

SOTTEVILLE LES ROUEN - 76300 (6 C 3)
Rouen 5 - Le Havre 85

Le Wasabi

La ville est si pauvre en tables nippones qu'il faut aller chercher sur la place de Sotteville, à dix minutes du centre, son plateau de sashimis, de sushis, de makis, supérieurs aux brochettes. Le poisson est correctement choisi, correctement tranché, l'essentiel est sauf.
C : 22 € • M : 7,50-19 €

→ 34 bis pl de l'Hôtel-de-Ville
☎ 02 35 63 41 82
F. dim. à déj. Jusqu'à 22h (23h30 w.-e.).

SOTTEVILLE SUR MER - 76740 (6 B 1)
Dieppe 24 - Rouen 60 - Saint-Valery-en-Caux 11

13 Restaurant les Embruns

Si les rumeurs de retraite font régulièrement trembler les habitués, Guy Bénard est pour l'instant toujours fidèle au poste et son menu carte aussi. On y fera donc emplette de beaux plats marins, les huîtres venues en voisines de chez Goubert, la sole meunière comme on n'en fait plus, le dos de bar lardé et poêlé ou encore les saint-jacques et gambas à la plancha, preuve que le bonhomme a su évoluer avec son époque. Pourvu qu'il nous régale encore longtemps dans sa belle maison normande au décor sage.
C : 28 € • M : 16-32 €

→ Pl de la Libération
☎ 02 35 97 77 99
F. dim. à dîn., lundi (saison), dim. à dîn., lundi, mardi (h.s.), fin janv.-déb. fév. et fin sept.-mi oct. Jusqu'à 21h.

---

découverte *d≶* GM met en avant des nouveautés méconnues

💗 coup de cœur   🍇 carte des vins remarquable   notation en hausse

SOUBES - 34700 (31 D 3)
Lodève 5 - Le Caylar 16

13 Le Temps de Vivre

On est d'abord séduit par les paysages qui entourent cette maison moderne, posée en pleine nature au milieu des vignes. Laurent Arrazat aime faire partager sa cuisine aux parfums de Languedoc, entre terre et mer (il passe d'ailleurs régulièrement en salle pour en parler avec ses convives), une cuisine personnelle et équilibrée dans ses compositions : brandade d'amande et de morue, agneau pascal sauce à la sauge officinale. On se laisse d'autant plus facilement séduire que la réalisation est soignée, les saveurs remarquablement préservées et c'est avec plaisir qu'on prend le temps de vivre et de les savourer. Autre témoignage de l'attachement du chef au Languedoc, une cave remarquable, riche en nouveaux vignerons.
M : 29-48 €

→ Rte de Poujols, quartiers les Rials
☎ 04 67 44 03 78
F. dim. à dîn., lundi, merc. (h.s.), lundi (saison) et déc.-janv.
Jusqu'à 21h30.

SOULTZ HAUT RHIN - 68360 (10 B 5)
Colmar 29 - Mulhouse 25

13 Hôtel Bellevue

Derrière une élégante façade de maison de maître, se cache un bistrot à grande cuisine à la mode élaborée par Éric Paal, ancien cuisinier de l'Élysée. Les menus et les cartes démocratiques, dont le rapport saveurs-prix est incontestablement bon, proposent une cuisine du marché élaborée avec une grande maîtrise technique. Entrées gourmandes (Tatin de foie gras au jus de viande), poissons traités délicatement (pavé de l'Océan et légumes aux herbes) ou viandes longuement mijotées convertissent tout le Haut-Rhin à la sensualité et à l'épicurisme dans un décor aux teintes claires et épurées et aux éclairages design.
C : 28 €

→ 28 rue du Wuenheim
☎ 03 89 76 55 21
F. dim. à dîn., lundi et 3 sem. août.

SOURZAC - 24400 (24 A 2)
Périgueux 37 - Mussidan 3

Le Chaufourg en Périgord

Sereine et intime, cette belle maison du XVIIe offre espace et luxe discret dans des chambres personnalisées et meublées d'ancien. Ravissant jardin courant jusqu'à la rivière.
4 appart. 340-375 € • 5 ch. 175-285 €

→ Sourzac
☎ 05 53 81 01 56
🖶 05 53 82 94 87
F. 15 déc.-28 fév.

www.lechaufourg.com

SOYAUX - 16800 (22 C 4)
Angoulême 5 - La Rochefoucaud 21

13 La Cigogne

Coupé du monde dans cette ancienne carrière, le restaurant déploie sa terrasse dans un cadre idyllique, ouvert sur la vallée. Un atout majeur, mais on ne saurait résumer la maison à cela, ce serait injuste pour le travail de Sandrine et Erick Boux, qui réussit un judicieux mélange entre produits de belle noblesse, tarifs encore raisonnables et couleur locale : foie gras au cognac et glacis de fruits rouges, agneau du Poitou au miel jus à la sarriette. Du Haut Poitou à la Savoie, la cave a les idées larges et le choix de cognacs fait regretter que la tradition du digestif soit passée de mode.
C : 50 € • M : 26-46 €

→ Impasse de la Cabane-Bambou
☎ 05 45 95 89 23
F. dim. à dîn., lundi, merc. à dîn., 2 sem. déb. mars, 3 sem. Toussaint et 24 déc.-3 janv.
Jusqu'à 21h30.

lacigogne16@wanadoo.fr

SOYONS - 07130 (27 D 5)
Privas 39 - Valence 7

12 Le Château du Sénateur

Même si ce Sénateur a le désir d'élargir la chambre à des visiteurs non-résidents, l'atmosphère et la table elle-même évoquent avant tout un restaurant d'hôtel. Carte d'un banal et inutile prestige (foie gras, homard), cave sans passion, service désenchanté, silence de cathédrale... Heureusement, derrière les fourneaux, on s'active tout de même pour garantir l'essentiel, dans la raviole crabe et écrevisses, l'osso-buco bien fait et généreux... en morilles, le moelleux au chocolat dans la bonne norme.
C : 60 € • M : 25-39 €

www.ledomainedesoyons.com

→ 670 rte de Nîmes
☎ 04 75 60 83 55
F. 1er-8 janv. et 2e sem. oct.
Jusqu'à 21h15.

Musardière et Châtaigneraie

Un jardin de 2 ha où trône un chêne tricentenaire et le choix entre deux ambiances, style champêtre et provençal à la Châtaigneraie ou charme cossu et bourgeois à la Musardière.
28 ch. 92-205 €

www.ledomainedesoyons.com

→ Domaine de Soyons, 670 rte de Nîmes
☎ 04 75 60 83 55
🖳 04 75 60 85 21
F. 1er-8 janv. et 2e sem. oct.

STIRING WENDEL - 57350 (12 B 2)
Metz 59 - Forbach 4

16 La Bonne Auberge

Certains jeunes chefs font des stages dans les palaces du monde entier, fréquentent les plus grands chefs pour s'inspirer et plus tard reproduire, plus ou moins adroitement, en apportant, pour les plus doués, une touche personnelle. Lydia Egloff est comme dans la chanson de France Gall, "Ella, elle l'a". Elle l'a vraiment, ce truc en plus qui lui permet tout, armée certes d'un formidable bagage acquis entre autres chez Maximin, mais surtout doué de sensibilité et d'intuition. Qui lui fait choisir le bon parfum, la bonne association, dans le pêle-mêle de gambas laqué avec une semoule dorée à la cardamome, dans le turbot à la tanaisie, pâte d'arachide et compote de tomate à l'abricot sec et jusque dans de savants desserts, comme le brûlé-glacé à la violette, cigare choco-sangria. Dans cette salle bourgeoise animée par sa sœur, Isabelle, Français, Allemands, Luxembourgeois se mettent d'accord pour placer cette table parmi les premières de leur cœur. Très bonne cave généraliste à dominante alsacienne.
C : 75 € • M : 40-95 €

→ 15 rue Nationale
☎ 03 87 87 52 78
F. sam. à déj., dim. à dîn., lundi (sf fêtes), 2ème quinz. août et 1 sem. après Noël.
Jusqu'à 21h30.

STRASBOURG - 67000 (10 C 2)
Metz 161 - Besançon 238

16 Buerehiesel

Le 1er janvier 2007 aura marqué, symboliquement, la retraite effective d'Antoine Westermann et son remplacement par son fils Eric. Cette "maisonnette du paysan" (Buerehiesel en alsacien), qui fut entièrement démontée à Molsheim avant d'être remontée dans ce parc de l'Orangerie en 1885, n'a cependant pas simplement connu qu'un classique changement de génération. En rendant symboliquement ses galons, Antoine Westermann a également voulu signifier que son Buerehiesel changeait d'époque, devenant encore plus accessible financièrement (une tendance déjà entrevue ces dernières années avec les déjeuners du samedi à tarifs réduits pour la clientèle de jeunes adultes) . Les prix, dans l'ensemble, ont

→ 4 parc de l'Orangerie
☎ 03 88 45 56 65
F. dim., lundi, 3-25 août et 31 déc.-17 janv.
Jusqu'à 21h45.

STRASBOURG

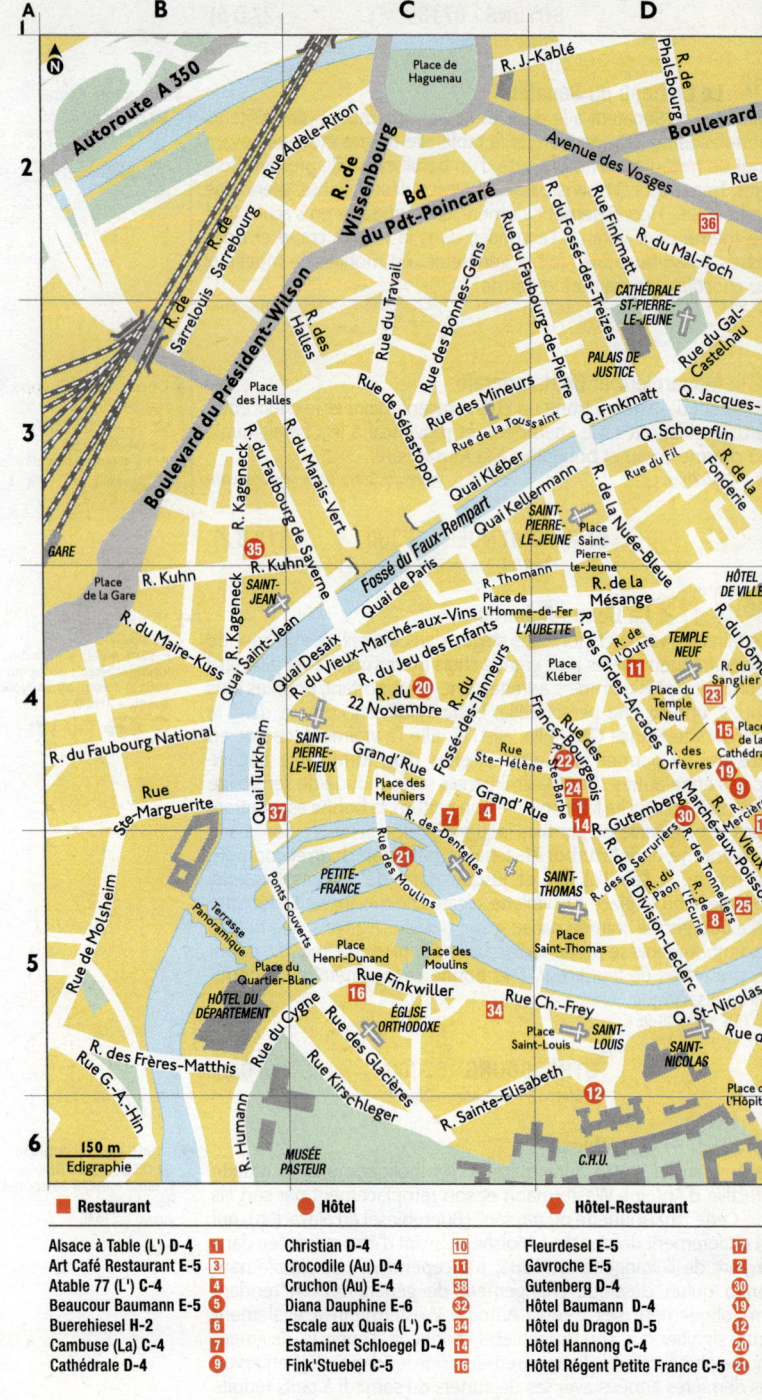

Alsace à Table (L') D-4	1	
Art Café Restaurant E-5	3	
Atable 77 (L') C-4	4	
Beaucour Baumann E-5	5	
Buerehiesel H-2	6	
Cambuse (La) C-4	7	
Cathédrale D-4	9	
Christian D-4	10	
Crocodile (Au) D-4	11	
Cruchon (Au) E-4	38	
Diana Dauphine E-6	32	
Escale aux Quais (L') C-5	34	
Estaminet Schloegel D-4	14	
Fink'Stuebel C-5	16	
Fleurdesel E-5	17	
Gavroche E-5	2	
Gutenberg D-4	30	
Hôtel Baumann D-4	19	
Hôtel du Dragon D-5	12	
Hôtel Hannong C-4	20	
Hôtel Régent Petite France C-5	21	

■ Restaurant   ● Hôtel   ◆ Hôtel-Restaurant

STRASBOURG

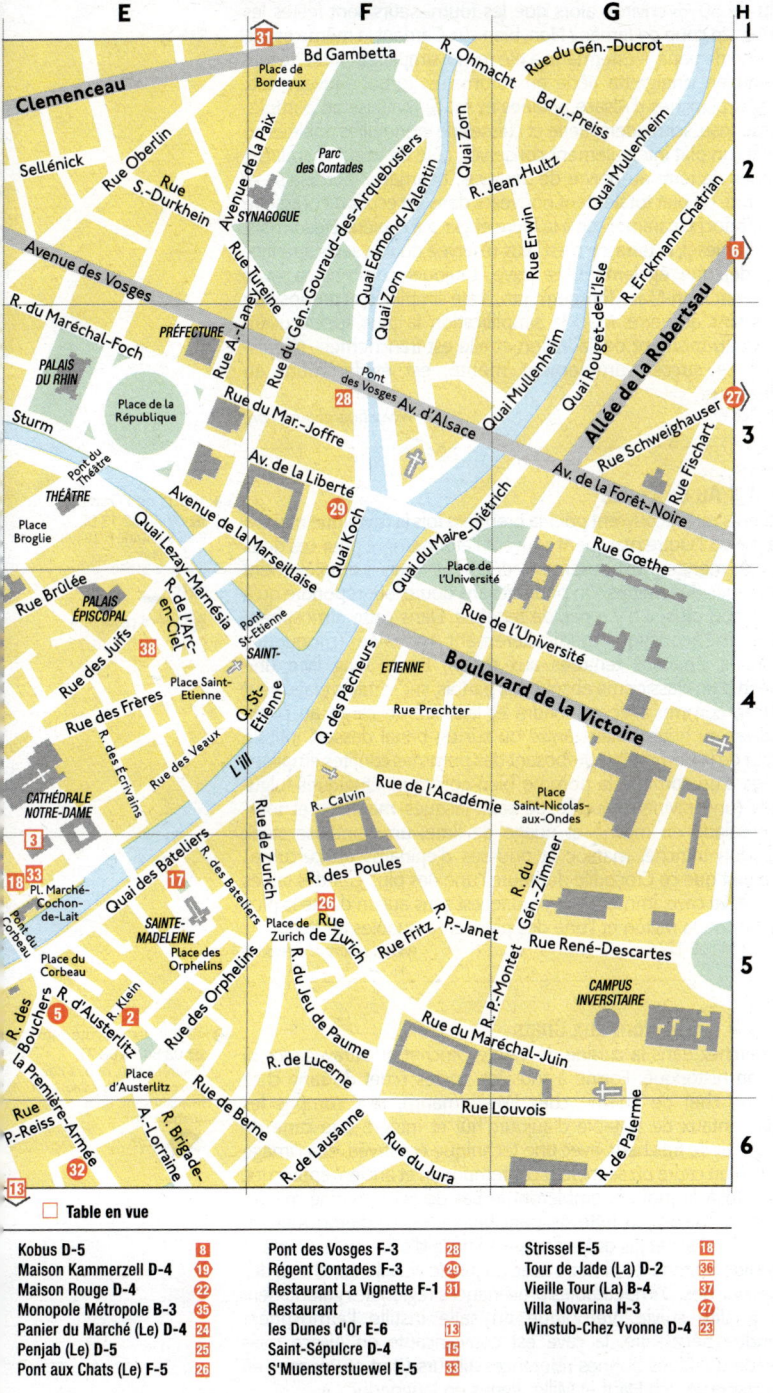

Kobus D-5	8	Pont des Vosges F-3	28
Maison Kammerzell D-4	19	Régent Contades F-3	29
Maison Rouge D-4	22	Restaurant La Vignette F-1	31
Monopole Métropole B-3	35	Restaurant	
Panier du Marché (Le) D-4	24	les Dunes d'Or E-6	13
Penjab (Le) D-5	25	Saint-Sépulcre D-4	15
Pont aux Chats (Le) F-5	26	S'Muensterstuewel E-5	33

Strissel E-5	18
Tour de Jade (La) D-2	36
Vieille Tour (La) B-4	37
Villa Novarina H-3	27
Winstub-Chez Yvonne D-4	23

□ Table en vue

fondu de 50 % environ alors que les fournisseurs sont restés les mêmes. Un coup de Jarnac ? Non, bien sûr. Gardant le même esprit, la cuisine de papa Westermann a été revue, simplifiée : fritot de tête de veau en vinaigrette tiède aux aromates, turbot sauvage rôti, asperges blanches d'Alsace poêlées et sauce maltaise au pamplemousse rose, schniederspaetle et cuisses de grenouilles poêlées au cerfeuil (un plat intégralement conservé), côte de bœuf charolaise, pommes de terre au poivre de Sarawak, béarnaise, bordelaise et jus de rôti, un plat totalement nouveau, dans un esprit de brasserie chic, et brioche caramélisée à la bière et glace à la bière. Désormais, au Buerehiesel, la terrasse n'est plus réservée qu'aux seuls apéritifs. On y déjeune également. La cave, toujours commentée avec science par Jean-Marc Zimmermann, a été simplifiée et propose de grands vins au verre. Mais la simplification la plus spectaculaire survient au moment de l'addition et elle est franchement réjouissante ! Le succès, amplement mérité, est évidemment au rendez-vous.

M : 35-108 €

www.buerehiesel.com

---

16 🦷 Au Crocodile

→ 10 rue de l'Outre
☎ 03 88 32 13 02
F. dim., lundi, 6-28 juil. et 24 déc.-6 janv.
Jusqu'à 21h30.
≋❄

🎁 idéal gourmet

Les clients qui découvrent pour la première fois la mythique maison de la rue de l'Outre marquent l'étonnement pour ces deux salles à manger luxueusement décorées mais complètement dépourvues de fenêtres. On pourrait sans doute leur répondre qu'à l'opéra non plus, il n'y a pas de fenêtres. Dans cette atmosphère feutrée à l'acoustique particulièrement travaillée (moquettes profondes, épaisses tentures aux murs), Emile Jung livre une partition d'un classicisme absolu qui, parfois, sur certains plats, peut ennuyer comme avec ce sandre et laitance de carpe au confit d'endives au beurre blanc anisé ou sur un banal dessert, intitulé "autour de la pomme" et proposant des pommes confites empilées coiffées d'un sorbet à la pomme bien commun. Quelques fulgurances (une divine effeuillée de saint-jacques marinées et tourteaux, salade de mâche et nuage de lime, un grandiose steak d'espadon tranché, manioc et pousses d'épinards au curcuma) rappellent que ce Crocodile demeure l'une des plus grandes tables d'Alsace. La cave, immense et érudite, est sans aucun doute la plus attractive de la région et l'une des plus remarquables au delà.

C : 92 € • M : 59-127 €

www.au-crocodile.com

---

15 🦷 🍃 Le Pont aux Chats

→ 42 rue de la Krutenau
☎ 03 88 24 08 77
F. sam. à déj., dim. à dîn., merc. (oct-mars), vac. scol. fév. et 2 sem. août.
Jusqu'à 22h.
🚗 🐕

Ne cherchez dans la cuisine de Valère Diochet ni extravagance ni tradition historique. Formé à tous les postes (chef de rang chez Mischler, chef de cuisine chez Westermann), il a compris les fondamentaux de la table d'aujourd'hui et intègre une carte de produits et de fraîcheur, avec une technique éprouvée, et à l'image même d'un cadre où se mêlent contemporain et ancien, épuré, net, ciselé. Voilà à quoi ressembleront le bar de ligne mariné minute aux fèves fraîches, la lotte de petit bateau de Quiberon rôtie au beurre demi-sel et jus de déglaçage à l'huile d'olive la simple et splendide poitrine de pintade avec un jus de volaille tranché et des truffes fraîches. D'impeccables provenances régionales garantissent une qualité suivie, Véronique en salle instille l'atmosphère détendue nécessaire, la cave est convaincante en Alsace mais possède quelques bonnes références ailleurs (Bart et Roumier en Bourgogne, Puech Haut et Mille Vignes en languedoc…).

C : 45 €

le-pont-aux-chats.restaurant@orange.fr

14 🍴 L'Atable 77

On y croit encore un peu, au prosélytisme, à l'avenir du métier, à la joie de partager, quand on fréquente cette affriolante salle contemporaine au cœur de la Petite France. Certes les Strasbourgeois sont connaisseurs, mais il est réjouissant de voir l'Atable aussi prisé. Delphine et Stéphane Kaiser ont ajusté le concept d'aujourd'hui - sobriété, précision, modernité, soin - à la conception, à la réalisation, à la présentation. Le foie gras comme la brochette de ris de veau laqué au soja et rouleaux de printemps donnent envie autant que les filets de maquereaux, le lieu jaune en croustillant ou le lapin au gingembre. 30 € la messe est dite, et on chante les cantiques en lisant une carte de 400 références, où l'Alsace est tamisée aussi finement que le Rhône ou le Languedoc.

C : 30 € • M : 30 €

→ 77 Grand'Rue
☎ 03 88 32 23 37
F. dim., lundi, 2 sem. janv., 1 sem. mai et 3 sem. juil.-août.
Jusqu'à 21h30.
♿ ≋❄ 🖐

www.latable77.com

---

13 🍴 La Cambuse

Une telle cambuse n'aura sans doute jamais bourlingué sur le cours de l'Ill. Autodidacte, Babette Lefèbvre ne propose en effet que des poissons de mer sur une carte qui évite soigneusement tous les poncifs culinaires de la région. On peut très bien tenir une délicieuse maison alsacienne du XVIIIe siècle au cœur de la Petite France, ne pas servir de choucroute et s'intéresser aux vignobles du sud. Des applaudissements nourris donc pour la dorade aux algues et tapenade, le bar au pistou, le turbot aigre-doux à l'ananas et les jolis desserts ensoleillés.

C : 48 €

→ 1 rue des Dentelles
☎ 03 88 22 10 22
F. dim., lundi, 6-21 avril et 27 juil.-18 août.
Jusqu'à 22h30.
≋❄ 🖐 🍷

---

13 🍴 Estaminet Schloegel

La relève de cette maison de la Krutenau (rachetée l'an dernier par Stéphane et Philippe Humbert) est sur la voie de la réussite. La mise de table de cette salle colorée décorée d'un vieux zinc a même gagné en soin et montre incontestablement le dynamisme et l'esprit entreprenant de ces deux associés. Tarifée avec sagesse, la carte file droit au but, avec le filet de dorade grise poêlée sur un lit de tomates et chorizo, tombée de pourpier et huile noire, le foie gras de canard pané et poêlé aux amandes, purée de pommes de terre aux truffes et le moelleux chaud aux amandes et Nutella, glace à la confiture de lait. Ambiance chaleureuse dans cette salle à manger dont le décor n'a pas bougé depuis un moment.

C : 45 € • M : 38 €

→ 19 rue de la Krutenau
☎ 03 88 36 21 98
F. dim., lundi, 1re quinz. janv. et 3 dern. sem. août.
Jusqu'à 22h.
≋❄

www.estaminet-schloegel.fr

---

13 🍴 Gavroche

Les Fuchs se sont remis en cause et leur vieux décor a été rajeuni et modernisé au point d'être devenu un agréable bistrot chic. Une maison homogène qui séduit par le fou rire de la patronne (qui est également de précieux conseils sur les vins), la générosité des amuse-bouches, le travail et la présentation des plats. Tout cela donne à un repas ici un caractère volontiers festif, tout en séduction efficace : petit gâteau de saint-jacques confiture d'endives et mousse chorizo, foie gras poêlé associé au caramel au beurre salé, fondante entrecôte d'Irlande et sa tartine à la moelle. Une maison qui connaît un grand succès auprès du public strasbourgeois et qui travaille souvent à guichets fermés.

C : 48 € • M : 35 €

→ 4 rue Klein
☎ 03 88 36 82 89
F. w.-e., 1 sem. mars, dern. sem. juil.-2 prem. sem. août et 1 sem. Noël-nouvel an.
Jusqu'à 21h30.
≋❄

www.restaurant-gavroche.com

1165

Compositeur de saveurs
depuis 1803

1803

EDOUARD ARTZNER
Foie Gras de Strasbourg

FOIE GRAS D' OIE ENTIER
★ ★ ★ ★

Foie gras d'Alsace

EDOUARD ARTZNER
Foie Gras de Strasbourg

EDOUARD ARTZNER
Foie Gras de Strasbourg

La Table d'Edouard Artzner : 7 rue de la mésange - 67000 Strasbourg - Tél : 03 88 23 88 0
La Boutique Edouard Artzner : 7 rue de la mésange – 67000 Strasbourg
Tél : 03 88 32 05 00 / Fax : 03 88 32 91 59
www.edouard-artzner.com

13 Le Penjab

Tous les secrets de la cuisine indienne dévoilés par un cuisinier alsacien autodidacte. Eric Jenny s'est imposé depuis près de vingt ans comme l'un des meilleurs ambassadeurs de cette cuisine exotique dans le Grand Est : samosa au poulet, ginga tandoori, bhan kebab, maschli cashmiri... Cave adaptée à cette cuisine volontiers épicée, avec en particulier un joli choix de gewurztraminers.
C : 30 € • M : 21 €
lepenjab@wanadoo.fr

→ 12 rue des Tonneliers
☎ 03 88 32 36 37
F. dim., lundi à déj. et jeudi à déj.
Jusqu'à 22h.

---

13 S'Muensterstuewel

Dans cette architecture Renaissance alsacienne, donnant sur la plus vieille maison de la ville (la Maison du cochon de lait), pas de musée de la tarte flambée mais une expression libre d'un chef qui sait faire le marché : Patrick Klipfel cultive l'ouverture d'esprit du terroir alsacien, la tradition côtoie l'innovation, les matières premières proviennent des meilleurs producteurs. Les queues de crevettes à peine poêlées sur choucroute caramélisée sont aussi plaisantes que le pied de porc désossé entier et farci bæckeoffe aux trois viandes, des saveurs riches et équilibrées, pour accompagner la superbe sélection viticole des meilleurs et des moins connus. Ambiance typiquement strasbourgeoise et gentillesse du service contribuent à ce rare équilibre. Une ambassade de la cuisine alsacienne, comme peut l'être à Bordeaux la Tupina pour la cuisine du Sud-Ouest.
C : 35 € • M : 18,10-45 €
www.strasnet.com/munsterstub.htm

→ 8 pl du Marché-aux-Cochons-de-Lait
☎ 03 88 32 17 63
F. dim., 1 sem. déb. janv., 1 sem. fév., 2 sem. juil. et 1 sem. mi-nov.
Jusqu'à 22h.

---

13 La Vieille Tour

Le credo d'Emmanuel Lercher, ancien du Buerehiesel, est d'une parfaite netteté : l'homme propose une cuisine du marché, les poissons, viandes et gibiers n'étant servis qu'au meilleur de leur forme, en pleine saison. Une inspiration ménagère guide sa carte, les piments doux farcis à la chair de tourteaux et dés de courgettes, le paleron de bœuf confit 72 heures à la lie de vin et le dos de skrei à la vapeur et bolognaise d'encornets et crustacés répondant à cet impérieux cahier des charges que l'homme s'est fixé : magnifier le produit. Délicieuse ambiance dans cette maison à la façade typiquement alsacienne et à l'intérieur résolument provençal.
C : 50 € • M : 37 €
lercher@hotmail.fr

→ 1 rue Adolphe-Seyboth
☎ 03 88 32 54 30
F. dim. (sf à déj. déc.) et lundi.
F. ann. non comm.
Jusqu'à 20h45.

---

12 Fleurdesel

Nouvelle équipe de cuisine dans l'ex-Julien pour tourner cette aimable cuisine de tradition actualisée, servie façon snacking avec délicatesse : tartine de foie gras piment d'Espelette et chutney abricot, choux farcis escargots et girolles, pavé de cabillaud en croûte de noisettes.
C : 30,50 € • M : 24,50 €
restaurant.fleurdesel@orange.fr

→ 22 quai des Bateliers
☎ 03 88 36 01 54
F. dim. à dîn., lundi. F. ann. non comm.

---

12 Le Panier du Marché

Dans la catégorie bistrotière, c'est le dessus du Panier qui intéresse les Strasbourgeois, un répertoire assez ambitieux traité avec finesse par Christophe Couvent. Dans une salle modernisée, aux couleurs chaudes, sable et terre, il décline une carte maligne et bien adaptée, brochette de saint-jacques aux agrumes, escalope de foie gras de canard et chutney de mangue, filet de sandre à la plancha coriandre et feuillantine amandine, pain perdu aux abricots. Succès logique, appuyé par une cave régionale bien constituée.
C : 45 € • M : 32-55 €
ccouvent2@hotmail.com

→ 15 rue Sainte-Barbe
☎ 03 88 32 04 07
F. dim.
Jusqu'à 22h.

12 Pont des Vosges

Dans l'esprit des brasseries boulevardières de la Belle Epoque, cette maison rassure la clientèle BCBG des beaux quartiers alentours par sa solidité et la qualité suivie d'une cuisine du marché sobre mais de haut niveau, élaborée avec beaucoup de soin : tendron de veau braisé au vin blanc, rognon à la crème, sole meunière. Le cadre élégant, bouquets de fleurs et lustres à bougies, est animé par une patronne et un service pleins de classe. Une valeur sûre.

C : 40 €   *pontdesvosges@noos.fr*

→ 15 quai Koch
☎ 03 88 36 47 75
F. dim.
Jusqu'à 23h30.

---

12 Restaurant la Vignette

Une ambiance entre guinguette et bistrot, un chef adroit et expérimenté (qui dirigea les cuisines de Julien, à Strasbourg, pendant une quinzaine d'années) et une cuisine de marché créative : rillettes de sardines à la moutarde et romarin, souris d'agneau du Quercy sur un baeckoffe provençal, tripes en cocotte comme à Nice et pommes fondantes. Cave éclectique.

C : 32 € • M : 30 €   *lavignetterobertsau@cegetel.net*

→ 29 rue Mélanie
☎ 03 88 31 38 10
F. w.-e., fériés et 24 déc.-5 janv.
Jusqu'à 21h45.

---

11 L'Alsace à Table

Un pied dans le monde des brasseries de fruits de mer à la parisienne (la sélection d'huîtres et de fruits de mer, les poissons entier préparés au guéridon…), l'autre dans cette Alsace traditionnelle si charmante lorsqu'elle est bien comprise (belles choucroutes, baeckeoffe aux trois poissons). Et un menu carte rassembleur, avec les filets de caille rôtis au calvados ou la brochette de joues de lotte marinées au thym.

M : 27 €   *www.alsace-a-table.fr*

→ 8 rue des
Francs-Bourgeois
☎ 03 88 32 50 62
F. 24 déc. et 1er janv. (à dîn.).
Jusqu'à 23h.

---

11 Au Cruchon

L'esprit qui guide le travail de Gilles Spannagel est aussi ludique que l'enseigne et cette salle typique de winstub s'anime d'une cuisine alerte, qui évolue au gré du marché et des envies, sur des bases certes classiques mais qui voit plus loin que le sacro-saint terroir alsacien. La manière est là et la bonne humeur gagne rapidement l'assemblée.

C : 32 €

→ 11 rue des Pucelles
☎ 03 88 35 78 82
F. sam. à déj., dim. et lundi à déj.
Jusqu'à 23h.

---

11 L'Escale aux Quais

Dans la salle bonbonnière, Carole et Clément Fleck jouent naturellement la carte de l'intimité, de la proximité, de la convivialité. Leur jeunesse et leur enthousiasme font le reste, jolie carte de saison, cave astucieuse, petits prix. Il ne nous étonnerait pas que cette note progresse, car les samosas de cuisses de canard confit et choucroute crème au lard paysan, le filet de lieu jaune de ligne et risotto ou les grillons de queue de bœuf braisés aux morilles contiennent de belles promesses.

C : 35 €   *www.escale-aux-quais.com*

→ 2 quai Finkwiller
☎ 03 88 37 32 34
F. sam. à déj., dim., lundi à déj., 1 sem. mars, 3 sem. fin juil. et 1 sem. Noël.
Jusqu'à 21h30 (22h w.-e.).

Les fermetures hebdomadaires et annuelles sont celles que les restaurateurs et les hôteliers pensent pratiquer en 2008. Pour éviter des déplacements inutiles, téléphonez pour avoir confirmation.

11 Fink'Stuebel

Son passé de bureau de poste ancre la maison dans le quartier qui lui donne son nom et le décor, ainsi qu'une partie de la carte, répondent sans peine aux appétits d'Alsace authentique. Mais l'influence est davantage dans le choix des produits que dans un pensum des recettes traditionnelles, et le kougelhopf de joue de porc et foie gras, le jarret de porc confit à la bière de printemps ou les fruits rouges au pinot noir croustillant à la pistache renouvellent agréablement le genre. Ambiance agréable et de très jolies chambres d'hôtes pour prolonger l'étape.

C : 30 €   finkstuebel@noos.fr

→ 26 rue Finkwiller
☎ 03 88 25 07 57
F. dim., lundi, 1re sem. janv.,
2e sem. vac. scol. fév. et 3
sem. août.
Jusqu'à 23h.

----

11 Kobus $d\leqslant$

Eric Kuhn, qui tenait jadis l'Ami Fritz dans la Petite France, a déménagé et dispose désormais de davantage d'espace, dans cette rue des Tonneliers où pullulent les terrasses en tout genre. En harmonie avec un décor peu typé, la cuisine nous a semblé plus neutre que jadis, mais la tourte briochée au foie gras, le sandre rôti et légumes confits au basilic ou la soupe de rhubarbe et fraises et glace au yaourt étaient fort bien faits, disons seulement que la maison gagnerait à affirmer davantage de personnalité. Service courtois et vins en pichets.

C : 30 € • M : 20-32 €   restaurant-kobus.com

→ 7 rue des Tonneliers
☎ 03 88 32 59 71
F. dim., lundi, 3 sem. janv., 1
sem. juin et 1 sem. nov.
Jusqu'à 22h.

----

11 Maison Kammerzell

Tranchant singulièrement avec le style intérieur de l'hôtel, le restaurant de l'hôtel Baumann offre un exubérant décor baroque à sa winstub, sans doute la plus chic de la ville. La carte multiplie les propositions, déclinant les choucroutes (six ou sept variétés, au poisson, au confit de canard, à la strasbourgeoise…) et les spécialités bourgeoises (filet de bœuf sauce béarnaise, râble de lapin farci aux olives…)

C : 40 € • M : 29,50-45 €   www.maison-kammerzell.com

→ 16 pl de la Cathédrale
☎ 03 88 32 42 14
F. 24 déc.
Jusqu'à 23h.

CC Hôtel Baumann Maison Kammerzell

Inscrite à l'Inventaire Supplémentaire des Monuments Historiques, cette maison compte parmi les édifices les plus originaux que la Renaissance vit éclore en Alsace. Outre ce cadre exceptionnel et cet emplacement de rêve (face à la cathédrale), l'établissement propose des chambres au cadre contemporain et sobre.

9 ch. 73-117 €   www.maison-kammerzell.com

→ 16 pl de la Cathédrale
☎ 03 88 32 42 14
🖨 03 88 23 03 92
F. 3 sem. fév.

----

11 Saint-Sépulcre

Après la retraite des Lauck, le Saint-Sépulcre a été sauvé par un fort comité de soutien mais ses vieilles boiseries et l'esprit de vraie winstub originelle ont été mis à la casse. Le décor est tout neuf et la cuisine a trouvé un compromis entre l'esprit du casse-croûte d'antan et une cuisine alsacienne élaborée. La tradition du fameux jambon en croûte découpé devant les convives perdure aux côtés des travers de porc au caramel et coriandre et les vins d'Alsace coulent à flots.

C : 25 €   www.saintsepulcre.fr

→ 15 rue des Orfèvres
☎ 03 88 75 18 45
F. dim. et lundi.
Jusqu'à 23h.

Art Café Restaurant

Le restaurant d'un musée d'art contemporain, c'est forcément d'abord une affaire de décor. Ici, c'est réussi, où que se tourne le regard, vers la salle aux beaux jeux de couleurs (inspirés de Mondrian) ou vers l'extérieur et la rivière qui s'offre en panoramique. Beau coup d'œil aussi dans l'assiette, pour des salades aux noms de peintres et des plats classiques aux parfums de Sud.

C : 20 € • M : 19,50 €

→ 1 pl Jean-Hans-Arp,
Musée d'Art Moderne et
Contemporain
☎ 03 88 22 18 88
F. lundi., à déj. (nov.-avril).
Jusqu'à 22h.

Christian

Un des grands de la pâtisserie alsacienne, qui propose dans son élégant salon du cœur de ville une carte délicate de douceurs contemporaines ou bistrotières, salées ou sucrées : dos de cabillaud sur pissenlit, kefta de canard au chou rouge, pot-au-feu de magret…

C : 25 €

→ 10 rue Mercière
☎ 03 88 22 12 70
F. dim.

www.christian.fr

Restaurant Les Dunes d'Or

Pourtant loin du désert, ces Dunes sont solidement ancrées dans le paysage strasbourgeois, dispensant depuis plus de dix ans les plaisirs d'un décor mauresque et d'une carte typique, entre couscous, tajine et loubia.

C : 39 € • M : 26-38 €

→ 87 av de Colmar
☎ 03 88 41 02 02
F. lundi et août.

Strissel

Lieu de mémoire, cette winstub de 1385 à l'ambiance typiquement strasbourgeoise vient de changer de propriétaire. Désormais ouverte le dimanche, on y propose une cuisine alsacienne éclectique, célébrant les joies roboratives du terroir alsacien.

C : 24 € • M : 15-37 €

→ 5 pl de la
Grande-Boucherie
☎ 03 88 32 14 73
F. 3 jrs Noël et 2 jrs nouvel an.
Jusqu'à 23h.

La Tour de Jade

Trente ans de vapeurs extrême-orientales, cela vous parfume un quartier couleur Jade. Harco Jenny et sa fille en salle mettent à l'honneur dans un joli décor de boiseries laquées la salade de vermicelles, les raviolis vapeur, le poulet croustillant et le canard Tour de Jade. On boit de l'Alsace, très adapté à cette cuisine, avec des propriétaires brillants (Rolly-Gassmann, Mochel, Trimbach…).

C : 25 € • M : 15-35 €

→ 57 av des Vosges
☎ 03 88 35 14 37
F. lundi, lundi à déj., sam.
à déj. et 3 prem. sem. août.
Jusqu'à 22h (22h30 w.-e.).

Winstub - Chez Yvonne

Rendue jadis célèbre par Yvonne et les nombreux chefs d'état qu'elle y a accueillis, cette winstub historique située dans une rue pittoresque est devenue un lieu de mémoire. Ambiance et cuisine typiquement strasbourgeoises. Vins alsaciens en pichets.

C : 32 €

→ 10 rue du Sanglier
☎ 03 88 32 84 15
3 jrs Noël et 2 jrs nouvel an.
Jusqu'à 24h.

€€€ Hôtel Régent Petite France

Une situation loin d'être désespérée : au cœur du quartier de la Petite France, vue sur l'Ill, et les quais, un bâtiment tricentenaire arrangé avec goût, mêlant matériaux nobles, mobilier de créateur et équipements modernes. Dix-sept chambres ont été rénovées l'an passé, une terrasse privée se trouve au premier étage. Restaurant de cuisine actuelle et régionale.

16 appart. 229-505 € • 56 ch. 149-305 €

→ 5 rue des Moulins
☎ 03 88 76 43 43
🖷 03 88 76 43 76
Ouv. 7j/7.

www.regent-hotels.com

Régent Contades

Un classique luxueux de l'hôtellerie strasbourgeoise, dans une maison particulière d'architecture romane XVIIIe. Salons élégants, chambres confortables au style contemporain traditionnel dans des tons pastel et sombre pour clients sérieux.
2 appart. 440 € • 45 ch. 185-320 €   www.regent-hotels.com

→ 8 av de la Liberté
☎ 03 88 15 05 05
🖨 03 88 15 05 15
Ouv. 7j/7.

Beaucour Baumann

Dans le giron Baumann, cette maison purement alsacienne, au cœur de la ville, autour de sa cour intérieure fleurie, offre des chambres personnalisées au style sobre, boiseries chaleureuses, poutres apparentes, certaines avec lits à baldaquin.
6 appart. 167-186 € • 43 ch. 68-139 €   www.hotel-beaucour.com

→ 5 rue des Bouchers
☎ 03 88 76 72 00
🖨 03 88 76 72 60
Ouv. 7j/7.

Cathédrale

Une situation privilégiée, un bel immeuble gothique alsacien face à l'impressionnante et célébrissime cathédrale : on ne saurait mieux goûter la ville que dans ces chambres contemporaines aux boiseries claires en amélioration permanente.
5 appart. 90-150 € • 42 ch. 65-140 €   www.hotel-cathedrale.fr

→ 13 pl de la Cathédrale
☎ 03 88 22 12 12
🖨 03 88 23 28 00
Ouv. 7j/7.

Diana Dauphine

Une jolie étape au cœur de la ville, au cadre fraîchement rénové, au style contemporain et clair, dans les lignes du mobilier comme le choix des coloris. Beaucoup de cachet et d'originalité dans cet ensemble moderne à quelques minutes de la Petite France.
45 ch. 90-135 €   www.hotel-diana-dauphine.com

→ 30 rue de la 1re-Armée
☎ 03 88 36 26 61
🖨 03 88 35 50 07
F. 21 déc.-2 janv.

Hôtel du Dragon

A deux pas du "Munster" (la cathédrale) et de la Petite France, un hôtel agréable et soigné dans une rue calme. Tradition et modernité se rejoignent dans cette maison XVIIe où sont exposées en permanence sculptures et peintures d'artistes contemporains. Chambres claires, certaines très spacieuses, et bien équipées.
2 appart. 109-149 € • 30 ch. 69-119 €   www.dragon.fr

→ 2 rue de l'Ecarlate
☎ 03 88 35 79 80
🖨 03 88 25 78 95
Ouv. 7j/7.

Hôtel Hannong

fiuvres d'art et pièces de faïences XVIIIe rendent hommage aux Hannong, dont l'hôtel utilise l'ancienne fabrique, mais aussi aux frères Horn, grands amateurs d'art qui créèrent l'hôtel. Et comme c'est l'art contemporain qui les intéressait avant tout, l'hôtel prolonge cet amour dans des chambres au décor actuel, meubles design et chambres épurées.
72 ch. 80-188 €   www.hotel-hannong.com

→ 15 rue du 22-Novembre
☎ 03 88 32 16 22
🖨 03 88 22 63 87
F. 1er-6 janv.

Maison Rouge

Des chambres très chaleureuses, bois clair ou foncé, tons harmonieux forment un ensemble accueillant et classique dans cette maison typiquement alsacienne, aux meubles anciens et à l'atmosphère authentique, au cœur du secteur piétonnier.
2 appart. 285-330 € • 140 ch. 85-175 €   www.maison-rouge.com

→ 4 rue des
  Francs-Bourgeois
☎ 03 88 32 08 60
🖨 03 88 22 43 73
Ouv. 7j/7.

Monopole Métropole

L'hôtel propose de choisir entre deux ambiances, classique régional, avec meubles de style, ou de belles chambres modernes, meubles design et œuvres d'artistes locaux contemporains.
86 ch. 75-185 €   *www.bestwestern-monopole.com*

→ 16 rue Kuhn
☎ 03 88 14 39 14
📠 03 88 32 82 55
Ouv. 7j/7.

Gutenberg

D'élégantes chambres de style derrière une typique façade XVIIIe, un confort de bon niveau (plus de la moitié des chambres sont climatisées) et une situation centrale.
42 ch. 74-98 €   *www.hotel-gutenberg.com*

→ 31 rue des Serruriers
☎ 03 88 32 17 15
📠 03 88 75 76 67
Ouv. 7j/7.

✸ Villa Novarina

Œuvre de l'architecte éponyme, cette villa Novarina est unique, déroutante et bien mis en valeur par le vaste jardin. A l'intérieur, les belles chambres se font douillettes, ponctuées par de jolis objets anciens.
2 appart. 150-300 € • 3 ch. 95-150 €

→ 11 rue Westercamp
☎ 03 88 41 18 28
📠 03 90 41 49 91
Ouv. 7j/7.

Villes de proximité, voir :

SURESNES - 92150   (8 B 5)
Paris 16 - Nanterre 5 - Versailles 19

12 Au Père Lapin *d*

Ouvert depuis le printemps 2006, l'établissement de Sébastien Dubrulle, un ancien d'Hélène Darroze et des frères Pourcel, fait souvent salle comble. La présence d'un voiturier, dans ce quartier du mont Valérien au stationnement difficile, et les bonnes propositions inspirées du marché n'y sont pas étrangères : accras de filet de perche et chair de crabe au piment doux, saint-jacques à la plancha et endive grillée, crème onctueuse au chocolat et riz soufflé caramélisé. Terrasse et jardin.
C : 41 € • M : 25-35 €   *www.auperelapin.com*

→ 10 rue du Calvaire
☎ 01 45 06 72 89
F. dim. à dîn., 3 sem. août et 10 jrs déc.-janv.
Jusqu'à 22h.

----

11 Vog en Scène

La barge amarrée dans ce quartier de sièges sociaux (Dassault n'est pas loin) mise avant tout sur l'agrément du décor tendance lounge et l'efficacité de la prestation, service alerte et cuisine sagement actualisée.
C : 40 € • M : 28 €   *www.levog.fr*

→ Face au 5 quai Marcel-Dassault
☎ 01 45 06 55 55
F. dim. et 11-21 août.
Jusqu'à 23h30.

TAIN L'HERMITAGE - 26600   (27 D 4)
Valence 18 - Tournon 3

13 Le Quai

Il a tout compris, Michel Chabran, avec ce bistrot moderne, d'un autre genre encore que son Pré aux Clercs valentinois. Le grand chef de Pont de l'Isère (16/20) a repris l'ex-Rive Gauche pour en faire un lieu vivant et ouvert au bord du Rhône, managé avec brio

→ 17 rue Joseph-Péala
☎ 04 75 07 05 90
Ouv. 7j/7.
Jusqu'à 22h30.

et sourire par sa fille Carole. Des plats de ménage comme à Valence, un bon poulet fermier, de la terrine, du foie gras, mais aussi d'autres voies, curieuses, sympas, exploratrices de terroirs et de produits de saison : une pissaladière, une tartine de pata negra, une friture d'éperlans à se lécher les doigts, un aïoli de morue.... Des formules, une ardoise du marché, des salades pour l'été, voilà comment le bistrot sort du registre franchouillard pour entrer dans un fooding déluré à la française. Carte des vins bien campée sur le vignoble local : saint-jo, crozes, saint-péray, hermitage. Bons propriétaires et prix canon, y compris pour les grands (Hermitage La Chapelle 2000 et 2001)
M : 29-29 €

---

11 La Grappe d'Or

L'ambiance, dans la véranda briquée comme dans un hôtel de chaîne, évoque la province sage oubliée par le train de la modernité. Ce n'est pas une raison pour délaisser cette vaillante Grappe, que les locaux aiment bien, et pour deux bonnes raisons au moins : la main sûre du chef sur son terroir, en oubliant les poissons (les ravioles mère Maury, le carré d'agneau, le duo de foie gras aux cèpes ou la poularde aux morilles) et la sagesse des tarifs, donnant trois plats dans la meilleure formule autour de 30 €. Le choix du vin se circonscrit au rhône, de Condrieu à Châteauneuf, du classique attractif, des vieux millésimes au pichet de crozes.
M : 14 €   la.grappe.dor@free.fr

→ 13 av Jean-Jaurès
☎ 04 75 08 28 52
F. mardi à dîn., merc., 17-30 avril et 18-30 août.
Jusqu'à 21h30.

Les Terrasses du Rhône

De sympathiques propositions d'associations vin-tartine (les vins de la région en avant bien sûr), la simplicité soignée de charcuteries, fromages et autres sardines bien sélectionnés, il n'en faut pas plus pour se laisser conquérir par un petit mâchon au milieu des bouteilles.
C : 10 € • M : 7-15 €   www.ausommelier.com

→ 13 rue Joseph Péala
☎ 04 75 08 40 56
F. sam. à dîn., dim. et lundi, F. ann. non comm.

Pavillon de l'Ermitage

Au cœur de la ville, l'hôtel propose des chambres contemporaines pour faire étape. Terrasse autour de la piscine, avec la vue sur les vignes.
44 ch. 75-86 €   www.pavillon-ermitage.com

→ 69 av Jean-Jaurès
☎ 04 75 08 65 00
🖷 04 75 08 66 05
Ouv. 7j/7.

Villes de proximité, voir :

⟳ TOURNON SUR RHONE .... 1 km S. par N 95 (12/20)

TALLOIRES - 74290	(28 B 2)

Annecy 15 - La Clusaz 35

---

15 Auberge du Père Bise

Sophie Bise n'est pas la cuisinière la plus médiatique du paysage, mais elle assure ses deux toques, dans un haut niveau de prestations, celui qui inspire toute la maison Bise, du cadre séculaire au service, comme dans cette cuisine inspirée par l'histoire de la maison, noble et régionale : gratin de queues d'écrevisses, poitrine de pigeon rôtie à la citronnelle et gingembre, grenadin de veau de lait, asperges, ris et rognon de veau. Des tarifs de haute altitude pour une prestation qui tutoie aussi les sommets. Cave énorme de près de 2000 références.
M : 80-170 €   www.perebise.com

→ 303 rte du Port
☎ 04 50 60 72 01
F. mardi à déj., vend. à déj. (mai-sept.), mardi, merc. (fév.-avril, oct.-déc.) et 17 déc.-8 fév.
Jusqu'à 21h.

😋😋😋 Auberge du Père Bise 🕊

Une maison mythique et centenaire au bord du lac d'Annecy. L'assurance d'une prestation dans la grande tradition hôtelière française, des chambres vastes, très harmonieuses, stylées ou plus modernes, aux équipements parfaits. Ponton privé pour arriver en yacht, plage et parc privés.

8 appart. 400-580 € • 15 ch. 240-400 €　　　　　*www.perebise.com*

→ Rte du Port
☎ 04 50 60 72 01
🖳 04 50 60 73 05
F. 17 déc.-8 fév.

----

14 🍴 Abbaye de Talloires

Les fenêtres du restaurant, à la proue de l'écrin talloirien, contemplent le lac avec une mélancolie surannée. Le chef Frédéric Fouquet est chargé du passage à l'ère moderne, présentations travaillées (pellicule de balsamique avec la ballottine de canard aux pruneaux), saveurs franches proches du produit avec de belles allusions régionales et compositions dignes du standing brillamment maintenu à table par une brigade efficace et policée. Le résultat est à la mesure de ce que les résidents et industriels peuvent attendre, une belle ouvrage dans un noble décor prolongée d'une cave de prestige, avec quelques découvertes (la Cadette de Guérin, saint-joseph de Barge…), de bonnes références bourguignonnes (Dujac, de Montille et ses Rugiens) un peu de local et des grands millésimes bordelais.

C : 70 € • M : 60-90 €　　　　　*www.abbaye-talloires.com*

→ Chemin des Moines
☎ 04 50 60 77 33
F. lundi, mardi (15 oct.-mi-nov., mi-fév.-30 avril) et mi-nov.-mi-fév.
Jusqu'à 21h45.

😋😋😋 L'Abbaye de Talloires 🕊

Les pensionnaires de cette abbaye bénédictine n'étaient de toute façon pas malheureux, les pieds dans l'eau, méditant et priant au bord du lac d'Annecy. L'aménagement en hôtellerie de luxe, dans ce cadre majestueux, est donc presque naturel. Atmosphère bourgeoise recueillie, matériaux de qualité, beaux meubles anciens, voilà une maison qui respire le sérieux. Les chambres (l'une d'elles est classée) associent des plafonds à la française avec les écrans plats, la balnéo et le jacuzzi.

4 appart. 320-580 € • 29 ch. 110-300 €　　　　　*www.abbaye-talloires.com*

→ Chemin des Moines
☎ 04 50 60 77 33
🖳 04 50 60 78 81
F. mi-nov.-mi-fév.

TANCARVILLE - 76430　　　　(6 B 3)
Le Havre 29 - Pont-Audemer 21

13 🍴 La Marine

La Seine coule, Tancarville ne rend plus béats les Normands comme dans les années soixante, et la cuisine de Jean-Pierre Sedon, pour vaillante et appliquée qu'elle soit, n'a plus non plus l'enthousiasme d'il y a vingt ans. Ce qui plaide pour son axe Terroir, terre et mer, dans lequel il est le plus à l'aise, parlant de sa région avec sincérité : pata negra et ris de porc dorade grise ragoût de coquillages écrasée de pomme de terre, brownie chocolat pomme et fruits secs. La carte amène en confiance sur les saint-jacques et le homard, dignement préparés, dans une salle familiale toujours appréciée des hommes d'affaires havrais.

C : 68 € • M : 25-50 €　　　　　*www.lamarine-tancarville.com*

→ Au pied du Pont, 10 rte du Havre
☎ 02 35 39 77 15
F. sam. à déj., dim. à dîn. et lundi. F. ann. non comm.
Jusqu'à 21h.

 idéal gourmet

TANUS - 81190 (30 B 3)
Albi 34 - Rodez 46

12 Les Voyageurs

La maison de famille attire le touriste harassé et affamé vers cette salle provinciale bien briquée où le bon fumet du cassoulet au confit, de la truite aux lardons et des ris de veau braisés aux cèpes est une première réjouissance. David Delpous poursuit la rénovation de l'ensemble (la salle de banquet, les chambres) sans abandonner les repères de cette solide cuisine rouergate et occitane.
C : 26 € • M : 15-35 €

→ Av Paul-Bodin
☎ 05 63 76 30 06
F. dim. à dîn. et lundi (sf juil.-août).
Jusqu'à 20h30.

ddelpous@wanadoo.fr

TARARE - 69170 (27 C 2)
Lyon 47 - Villefranche-sur-Saône 34

15 Jean Brouilly

Eric Lambolez assure et peut se rassurer. Quelques mois seulement après avoir repris cette affaire (tout en conservant l'enseigne), les deux toques demeurent d'actualité, grâce à une approche très maîtrisée d'une cuisine certes très légèrement "old school" mais en parfaite harmonie avec ce cadre charmant et de caractère : terrine de foie gras mi-cuit au sel de Guérande, pain brioché aux épices, tronçon de barbue à l'arête, riz vénéré et mousseux de crustacés, volaille de Bresse étuvée à la marjolaine, petits primeurs, transparence crème caramel et fraises, meringue craquante. Une telle enseigne ne méritait pas de tomber dans l'oubli. Elle vit au contraire une seconde jeunesse.
C : 45 € • M : 35-72 €

→ 3 ter rue de Paris
☎ 04 74 63 24 56
F. dim. à dîn., lundi, 2 sem. vac. scol. fév. et 2 sem. août.
Jusqu'à 21h15.

www.tarare.com/brouilly

TARASCON - 13150 (33 B 4)
Marseille 106 - Arles 18 - Avignon 24

Les Mazets des Roches

Le parc de 13 ha et ses arbres garantissent la tranquillité de cette maison de caractère, qui soigne ses chambres dans la douceur chaleureuse des tissus Olivades.
1 appart. 165 € • 37 ch. 60-153 €

→ Rte de Fontvieille
☎ 04 90 91 34 89
🖷 04 90 43 53 29
F. fin oct.-déb. avril.

www.mazets-des-roches.fr

- -

Le Molières

Au cœur de la ville, cet hôtel particulier du XVIIe siècle ne manque pas de caractère, les chambres non plus, avec de l'une à l'autre tantôt des magnifiques plafonds à la française, tantôt des peintures murales en trompe l'œil, et toujours un beau mobilier ancien.
1 appart. 85-89 € • 3 ch. 85-89 €

→ 7 rue du Progrès
☎ 04 90 43 52 52
🖷 04 90 43 52 52
Ouv. 7j/7.

www.chambres-tarascon.com

TARBES - 65000 (29 B 5)
Toulouse 153 - Pau 42

14 L'Ambroisie

La meilleure table de la préfecture des Hautes-Pyrénées ? Probablement celle de Daniel Labarrère, chef au long cours et professionnel consciencieux. Parfaitement maîtrisée à défaut d'être innovante, sa cuisine repose sur des produits soigneusement choisis et travaillés avec application : cromesquis de veau et jambon pané, pavé de cabillaud (poisson de qualité) au chorizo et haricots tarbais, gratin de chiboust au chocolat réussi. Cave sans point faible, très axée sur le bordelais mais manquant d'esprit de découverte.
M : 50-70 €

→ 48 rue de l'Abbé-Torné
☎ 05 62 93 09 34
F. dim., lundi. F. ann. non comm.
Jusqu'à 21h30.

www.http://perso.wanadoo.fr/lambroisie/

12 Le Petit Gourmand

Climatisée depuis cette année, la petite salle bistrot de cette enseigne installée près de la gare fait le plein d'habitués chaque midi. Moquette, banquettes, chaises : ici, tout est rouge, le cadre est plaisant et l'assiette simple et sincère : tête de veau panée et poireaux étuvés, poitrine de cochon caramélisée et purée à la graine de moutarde, lotte braisée et risotto au chorizo, raviolis d'ananas farcis à la crème glacée pina colada. Prix serrés, cave de coups de cœur avec de jolies références en languedoc.
M : 18-29 €

→ 62 av Bertrand-Barère
☎ 05 62 34 26 86
F. sam. à déj., à dîn. à dîn., lundi, prem. sem. janv. et 15-31 août.
Jusqu'à 21h30.

11 Le Bistro Lafontaine

Ambiance conviviale et cuisine simple et directe, voilà typiquement le genre de bistrot où il faut venir entre copains pour déguster du canard sous toutes ses formes, les calamars à la plancha ou l'entrecôte grillée.
C : 25 € • M : 18-40 €

→ 2 rue Jean-Pellet
☎ 05 62 93 37 95
F. dim. et lundi.

11 Le Fil à la Patte

La petite maison d'André Sanchez sombrerait-elle en plein vaudeville ? Nous avions connu ce Fil à la Patte connaissant mieux son texte, les pimientos del piquillo farcis à l'agneau bigourdan, la cocotte de caille au cumin et chorizo et le millas gascon chaud, amandes et rhum ne pouvant plus vraiment prétendre au premier prix d'interprétation. Service souriant et rapide (un peu trop), cave courte avec les bons propriétaires de la région.
C : 25 € • M : 15-20 €

→ 30 rue Georges-Lassalle
☎ 05 62 93 39 23
F. sam à déj., dim., lundi, et 3 dern. sem. août.
Jusqu'à 21h30 (22h w.-e.).

Le Rex Hôtel

Installé dans les murs de l'ancien cinéma emblématique de la ville (le Rex bien sûr), laissé à l'abandon depuis 15 ans, ce bâtiment de verre, d'acier et d'inox offre une architecture toute en transparence, à la fois étonnante et fascinante. Doté du meilleur de la technologie d'aujourd'hui, l'hôtel est décoré dans un style minimaliste et très élégant. Choisi chez les plus grands designers, le mobilier participe à la mise en scène de cet espace contemporain. L'un des établissements les plus innovants du grand sud.
9 appart. 200-300 € • 77 ch. 100-165 €   www.lerexhotel.com

→ 10 cours Gambetta
☎ 05 62 54 44 44
🖨 05 62 54 45 45
Ouv. 7j/7.

Henri IV

Près du jardin Massey, un bâtiment XVIIIe clame et classique. Autour du patio réaménagé, des chambres spacieuses et personnalisées, certaines avec balcon.
2 appart. 98-130 € • 23 ch. 62-72 €   www.henri4.fr

→ 7 av Bertrand-Barère
☎ 05 62 34 01 68
🖨 05 62 93 71 32
Ouv. 7j/7.

Villes de proximité, voir :

⟳ CHIS...9 km N.E. par N 21

Les villes sont citées par ordre alphabétique.
Les villes au nom composé d'un article sont classées sans tenir compte de celui-ci.

TAUSSAT - 33148 (23 C 2)
Arcachon 36 - Andernos-les-Bains 4

12 **Les Fontaines**

Le décor largement ouvert sur la mer et la lumière du bassin n'est pas trahi par une cuisine qui suit les mêmes inspirations, sans en être esclave. On est en effet ici chez un vrai chef, qui tourne les produits à sa sauce, pas maladroite, mêle terre et mer (huîtres et saucisses), soigne ses associations (pavé de morue aux tomates cerises et saltimboca) et ne néglige pas un peu d'actualité (verrine de fruits). Cave éclectique aux domaines bien choisis.
C : 40 € • M : 23,80-48 €   *www.restaurant-les-fontaines.com*

→ Port de Plaisance
☎ 05 56 82 13 86
F. dim. à dîn., lundi, mardi à dîn. (h.s.), lundi (saison), fév. et nov.
Jusqu'à 21h30.

----

10 **Le Platane**

Dans un ancien atelier ostréicole, une belle terrasse couverte ouvrant sur la plage, repaire d'habitués qui fréquentent les lieux à la recherche de valeurs sûres (le foie gras, la lamproie à la bordelaise, la sole plancha) ou de simplicité (huîtres du banc d'Arguin, calamars persillés) dans une atmosphère bon enfant. On accompagne de L'Hoste blanc ou un montravel.
C : 35 €   *dubarryboby@wanadoo.fr*

→ Port Ostréicole
☎ 05 56 82 32 24
F. lundi à déj. et oct.-30 mars.
Jusqu'à 22h.

TAUTAVEL - 66720 (31 D 5)
Perpignan 28 - Narbonne 74 - Quillan 57

12 **Le Petit-Gris**

Le petit gris, c'est bien sûr l'escargot, qu'on retrouve grillé dans la spécialité maison, la cargolade, mais ce n'est sûrement pas un nuage, car il n'y a guère ici : bercé par la vue sur le village et les vignes, et par la gentillesse ambiante, on se laisse tenter par les grillades soignées, tant les poissons que les viandes, à arroser d'un cru venu en voisin.
C : 35 € • M : 23-33 €   *restolepetitgris@wanadoo.fr*

→ Rte d'Estagel
☎ 04 68 29 42 42
F. lundi et janv.
Jusqu'à 21h30.

TAVERS - 45190 (18 A 3)
Orléans 50 - La Ferté-Saint-Aubin 30

La Tonnellerie

L'ancienne demeure de marchands de vins garde son atmosphère de maison de famille. Couverte de vigne vierge, elle abrite des chambres classiques au style Louis Philippe, donnant sur le jardin, la terrasse fleurie et la piscine.
4 appart. 158-210 € • 16 ch. 130-180 €   *www.tonelri.com*

→ 12 rue des Eaux-Bleues
☎ 02 38 44 68 15
📠 02 38 44 10 01
F. 15 déc.-15 janv.

TERDEGHEM - 59114 (1 C 1)
Lille 49 - Tourcoing 61

14 **Auprès de Mon Arbre**

Moins d'ambition ? Pas si sûr. S'il s'agit bien, pour Christophe Scherpereel, d'une mise au vert après ces années à avoir mené la danse gastronomique dans la capitale (l'Esplanade 16/20), ce n'est en rien une mise à l'écart. D'abord parce que les Lillois ne reculent pas devant cette petite demi-heure d'autoroute qui les mène dans un joli coin de campagne flamande, ensuite parce qu'une simplicité retrouvée, une adéquation plus grande avec son tempérament et sa culture lui permettent d'offrir une carte aux bras ouverts, débarrassée des lourdes chaînes du prestige et du protocole. Des plats directs, issus de la production locale, la crépinette de pied de

→ 932 rte de Eecke
☎ 03 28 49 79 49
F. dim.-jeudi à dîn., 26-27 déc et 2-3 janv.
Jusqu'à 21h.

cochon, le pigeonneau d'une ferme proche, une bonne "demoiselle d'Hazebrouck", tarte aux pommes et chiboust et des recettes régionales revisitées, un excellent potjevleesch, moelleux, frais et bien effiloché ou un waterzoï de la mer remarquable par la cuisson des poissons et des légumes. Les deux toques sont déjà proches, le service déjà bien décontracté, avec une patronne souriante, et la cave réunit dans chaque région de très solides propriétaires, en particulier en Sud-Ouest et Languedoc (de Mouthe le Bihan à Mas d'Espanet, d'Arretxea à Daumas Gassac), à des tarifs très abordables.

M : 18-42 €

www.aupresdemonarbre.fr

TENCE - 43190 (26 D 4)

Le Puy-en-Velay 48 - Yssingeaux 19

15 Hostellerie Placide

Cet environnement, cette verdure, ces douces collines.... Le pays est superbe, le village aussi, on rêve de trouver une table, généreuse, familiale, élégante.... Et elle est là. la famille Placide accueille, conseille, oriente le visiteur. Autant sur les chemins de la forêt de Crouzilhac ou des bords du Lignon que dans ce terroir distingué, parfaitement intégré dans une vision actuelle par plusieurs générations de cuisiniers. Pierre-Marie a la main sûre, le geste large, qui fait communier avec la même ferveur pour la raviole d'escargots de Grazac aux herbes fines que pour le pain soufflé "Jean Placide" sauce cardinal ; pour l'omble chevalier étuvé sauce hollandaise et wok de primeurs que pour le bœuf du Mézenc jus laqué au thé fumé nems de pommes de terre au blanc de poireau. Du travail propre et net, l'enthousiasme du partage qui se communique au service et à l'accueil de Véronique. Cave vaste, avec notamment tous les grands noms du Rhône.

C : 48 € • M : 13-63 €

www.hostellerie-placide.fr

→ 1 rte d'Annonay
☎ 04 71 59 82 76
F. dim. à dîn., lundi, mardi (h.s., sf fêtes), lundi à déj., mardi à déj. (juil.-août) et janv.-mi-mars.
Jusqu'à 20h30 (21h30 été).

Hostellerie Placide

Construite par les arrière-grands-parents de Pierre-Marie Placide, juste à côté de la gare, cette authentique maison de famille jouit d'un cadre naturel superbe, à plus de 800 mètres d'altitude. Ambiance apaisante dans les chambres à la décoration classique.

12 ch. 72-100 €

www.hostellerie-placide.fr

→ 1 rte d'Annonay
☎ 04 71 59 82 76
🖶 04 71 65 44 46
F. janv.-mi-mars.

TERNAY - 86120 (22 C 2)

Loudun 11 - Saumur 32

✳ Château de Ternay

Cette élégante construction du XVe siècle marie des restes d'influences médiévales avec la richesse d'une architecture Renaissance, richement ornementée d'un très beau travail de sculpture notamment. A l'intérieur, les chambres privilégient une ambiance à l'ancienne, tentures et meubles de style sous les hauts plafonds.

1 appart. 160 € • 4 ch. 100-120 €

→ ☎ 05 49 22 97 54
Ouv. 7j/7.

TERRASSON LA VILLEDIEU - 24120 (24 C 2)

Montignac 17 - Brive-la-Gaillarde 21

15 L'Imaginaire

Naguère, il fallait un fort prétexte ou une gourmandise exacerbée. Aujourd'hui la proximité de l'A 20 permet de programmer cette indispensable escale sans détour majeur. Et la récompense est dans cette salle voûtée, moderne, élégante où Eric Samson commet à chaque service quelques jolis prodiges contemporains. Sa cuisine est à l'image de la prestation globale (service sobre et

→ Pl du Foirail
☎ 05 53 51 37 27
F. dim. à dîn., lundi, mardi à déj. (oct.-avril, sf fériés), lundi (mai-sept., sf fériés), 7-24 janv. et 13-30 nov.
Jusqu'à 21h15.

raffiné, cave intelligente, moment gracieux), pleine de fluidité, d'envie, dans une certaine retenue qui donne toute sa lumière à l'ingrédient central, le foie gras acidulé au fruit de la passion, tartare de mangue et sorbet litchi, le mariage champêtre des asperges au chèvre frais et des escargots à l'ail sauvage, la délicatesse d'un ris de veau aux câpres. Parfois point un peu de fierté, un soupçon de condescendance, mais osons le dire, car la région n'est pas si bien lotie : il y a un peu de quoi.
C : 43 € • M : 32-43 €   *www.l-imaginaire.com*

----

12 Les Agapes

Après plus de dix ans, les Agapes restent fidèles au sain principe d'une belle cuisine de saison, sans se cantonner à un registre de terroir d'opérette qu'il serait si facile de cultiver avec la situation dans le vieux Terrasson ou le décor en pierre apparente (le restaurant est installé dans une ancienne cave). Stéphane Manevy voit donc plus loin et quand il invite le Périgord, le foie gras se retrouve en tatin aux pommes ou en terrine avec des ris de veau, et le magret en carpaccio. Les préparations restent classiques (tronçon de daurade sauce safran, entrecôte marchand de vin), mais la qualité des produits et le savoir-faire du chef mettent à l'abri des mauvaises surprises.
C : 26 € • M : 11-38 €   *lesagapes2@wanadoo.fr*

→ Vieille-Ville
☎ 05 53 50 14 75
F. lundi à dîn., mardi à dîn.,
merc. (sf juil.-août), vac. scol.
fév. et vac. scol. Toussaint.
Jusqu'à 21h30.

TETEGHEM - 59229   (1 C 1)
Dunkerque 6

13 La Meunerie

"Et vous avez quelle chambre ?". C'est la première question qui vous est posée le soir à table, tant les bonnes habitudes sont prises dans ce distingué Logis de France où le confort traditionnel est un leitmotiv. Les menus sont équilibrés pour le voyageur, formules carrées et un peu coûteuses qui font caresser les classiques : une daurade bien cuite dans un bouillon d'artichaut, un magret honnête au "fumet de vigne" avec un petit gâteau de courgette et une purée safranée, un chariot de pâtisseries emblématique du temps qui passe. Pas de raison véritable d'enlever la toque, mais pas non plus de quoi s'enflammer, dans la musique douce d'un service aimablement dévoué.
M : 28-61 €   *www.lameunerie.fr*

→ 174-176 rue des Pierres
☎ 03 28 26 14 30
F. à déj. (mardi-sam. sf
groupes), dim. à dîn., lundi, 2e
sem. vac. scol. fév. et 15
juil.-1er août.
Jusqu'à 21h15.

La Meunerie

Une hôtellerie de confort et de détente à quelques minutes de Dunkerque, dans la campagne flamande. Une étape idéale pour voyageurs professionnels, aux chambres spacieuses, dans le cadre d'un ancien moulin à vapeur.
1 appart. 218 € • 8 ch. 90-138 €   *www.lameunerie.fr*

→ 174 -176 rue des Pierres
☎ 03 28 26 14 30
🖥 03 28 26 17 32
Ouv. 7j/7.

THARON PLAGE - 44730   (15 B 4)
Paris 440 - Nantes 56 - Challans 58

11 Le Bac à Blé

Une crêperie sur la côte ? Pas toujours facile de dénicher la bonne. La réputation de Henri Bacqué est faite et méritée, les (nombreux) habitués pourront vous le confirmer. Une affaire de tour de main certes, mais aussi de gentillesse dans l'accueil et surtout d'exigence dans le choix des produits. Le résultat est savoureux et tient les promesses d'intitulés alléchants (galette Galop en forêt, crêpe Vague d'ivresse…).
C : 17 €   *bacable@wanadoo.fr*

→ 67 bd de la République
☎ 02 40 64 90 90
F. mardi, merc., mi nov-déb.
fév.
Jusqu'à 22h30.

THÉOULE SUR MER - 06590 (33 A 2)

Nice 45 - Cannes 11

14 L'Etoile des Mers

Couleurs vives, rappel aux roches de l'Esterel et bien sûr vue panoramique sur la mer, la salle du restaurant concentre les éléments de décor qui font le charme de l'hôtel et y ajoute une vision intelligente de la cuisine Riviera, entre saveurs méditerranéennes et produits nobles. Les compositions sont ambitieuses et cohérentes, et la réalisation permet de passer un beau moment autour du risotto Arborio aux truffes noires, du pavé de loup à la plancha catalane ou du pigeon aux épices, picatta de foie gras et pancake de potimarron. Reste à prendre le temps de savourer l'instant.

C : 70 € - M : 31-85 €

www.mbhriviera.com

→ 47 av de Miramar
☎ 04 93 75 05 05
Ouv. 7j/7.
Jusqu'à 21h30 (22h30 été).

Miramar Beach Hôtel

Entre les rochers rouges de l'Esterel et le bleu de la Méditerranée, se pose l'ocre de cet hôtel voué à la détente : jolies chambres aux couleurs chaleureuses, plage privée, centre de thalassothérapie (sur le principe de l'équilibre des énergies)...

56 ch. 115-750 €

www.mbhriviera.com

→ 47 av de Miramar
☎ 04 93 75 05 05
🖨 04 93 75 44 83
Ouv. 7j/7.

THEZAN DES CORBIERES - 11200 (31 D 5)

Narbonne 24 - Perpignan 68

Bastide de Donos

Si le domaine viticole est dominé par un château XIXᵉ, c'est dans une dépendance, élégante bastide XVIIᵉ, que sont installées les chambres. Cadre raffiné, charme des vieilles pierres et sérénité d'un vaste parc coupé du monde, avec son lac de 3 ha.

2 appart. 105 € • 4 ch. 85 €

www.chateaudonos.com

→ M et Mme Chardigny
☎ 04 68 43 32 11
F. oct.-avril.

THIAIS - 94320 (8 C 5)

Paris 19 - Créteil 6

12 Ophélie la Cigale Gourmande

Voilà une table qui sent bon la Provence, avec son cadre dans les nuances de jaune, sous le regard des cigales accrochées aux murs. Le chef y propose en toute logique une cuisine méditerranéenne bien goûteuse et bien aromatisée aux herbes de Provence : bocal de légumes du Sud confits et brousse, filets de rougets sur risotto bien crémeux aux pointes d'asperges, avec un jus de bouillabaisse, craquant de tuiles aux framboises et crème citronnée. Les assiettes sont généreuses, avec des présentations soignées et pour accompagner, une carte des vins du sud.

M : 35-50 €

luclamass@aol.com

→ 85 av de Versailles
☎ 01 48 92 59 59
F. dim. soir, lundi, merc. soir, sam. midi ; 3 sem. Août
Jusqu'à 22h.

THIERS - 63300 (26 C 3)

Clermont-Ferrand 45 - Vichy 36

11 Le Coutelier

N'allez pas chercher plus loin que l'impeccable menu régional concocté par Jérôme Courtine : un "gargouillou" en apéritif (un soupçon de Salers, un trait de crème, deux doigts de vin blanc et un quartier d'orange), une truffade, de la saucisse au chou et un croustillant de poire au vin rouge pour tout juste 15 €, générosité et bonne humeur comprises. Vins du Forez et d'Auvergne.

C : 40 € - M : 12-30 €

www.le-coutelier.com

→ 4 pl du Palais
☎ 04 73 80 79 59
F. dim. à dîn., lundi, mardi à dîn., merc. à dîn. (oct-mars); dim. à dîn. et lundi à dîn. (avril-sept). F. ann. non comm.
Jusqu'à 21h (21h30 été).

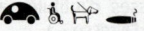

Le Parc de Geoffroy 🎣

Logique à Thiers de faire étape dans une ancienne coutellerie, surtout lorsqu'elle est entourée d'un paisible parc. Chambres classiques, dans un style contemporain et feutré.
31 ch. 67-95 €   *www.parcdegeoffroy.com*

→ Av du Gén-de-Gaulle
☎ 04 73 80 87 00
🖷 04 73 80 87 01
F. 3 sem. janv.

Villes de proximité, voir :

⟳ VOLLORE VILLE .... 17 km S.E.: N 89, D 319, D 85 et D 318

THIONVILLE - 57100   (11 D 1)
Metz 31 - Luxembourg 35

Saint-Hubert

Un bâtiment contemporain en plein centre ville, au long des berges de la Moselle, abritant des chambres fonctionnelles au confort attendu par tous les cadres en déplacement d'affaires. Tons gais et chaleureux, bar rénové, wifi dans tout l'hôtel.
44 ch. 70-82 €   *www.bestwestern-sainthubert.com*

→ 2 rue Georges-Ditsch
☎ 03 82 51 84 22
🖷 03 82 53 99 61
Ouv. 7j/7.

Villes de proximité, voir :

⟳ YUTZ.. 2 km E. **(11/20)**

THOIRY - 01710   (28 B 2)
Bellegarde-sur-Valserine 25 - Genève 32

15 🍴 Les Cépages 🍇

On pourrait très bien ne programmer un séjour chez Jean-Pierre Delesderrier uniquement pour profiter de son exceptionnelle cave, un morceau de bravoure qui sillonne les moindres vignobles hexagonaux. Cette cave est sans aucun doute plus alléchante que la salle à manger, sobre et soignée certes, mais d'un minimalisme qui confine presque à un excès d'austérité. Inspirée par le terroir, d'un classicisme sagement actualisé, la cuisine de Jean-Pierre Delesderrier fait preuve de rigueur et de justesse : mitonnée de joues de bœuf et foie gras de canard, sorbet à la betterave rouge et gelée de pot-au-feu, filet de féra du lac Léman aux écrevisses, bisque de crustacés émulsionnée, suprême de poulet fermier au Bleu de Gex et vin du Jura, crêpes de maïs et fondue de poireaux, carpaccio de mangue et sorbet pinacolada et brochette caramélisée d'ananas. Service pro et fluide.
C : 70 € • M : 29-118 €   *www.lescepages.com*

→ 465 rue
Briand-Stresemann
☎ 04 50 20 83 85
F. dim. à dîn., lundi et mardi.
F. ann. non comm.
Jusqu'à 21h30.

THONES - 74230   (28 B 2)
Annecy 21 - La Clusaz 14

10 Auberge La Gloriette

L'auberge à l'ancienne, bord de route, brut de pierre, de poutres et de chaises paillées raconte une tradition bien française, de cuisses de grenouilles, d'escargots et de foie gras. Au quotidien, on suivra avec intérêt la ligne des cols avec la péla la tartiflette ou le très bon gratin au reblochon, dans une ambiance d'hier, mais aussi de bonne humeur. Petite sélection savoyarde en cave, pas de vin au verre, une rareté en 2007.
C : 30 € • M : 14,50-49 €   *desramaut2002@yahoo.fr*

→ 2 rte d'Annecy
☎ 04 50 02 98 16
F. dim. à dîn., lundi, 3 sem. fin juin et 3 sem. fin nov.
Jusqu'à 21h.

THONON LES BAINS - 74200 (28 C 1)
Annecy 84 - Evian 10

15 Le Prieuré

La table la plus gaie des Alpes ? Nous mentirions en décernant ce titre virtuel à la belle maison bourgeoise de Charles et Florence Plumex. Dans cette salle voûtée où l'on chuchote de peur de couvrir le filet de musique d'ambiance à peine audible, où l'argenterie et la cristallerie affichent le poinçon de l'exception, le moment est plutôt au recueillement. Il est sans doute impossible d'enregistrer la moindre déception sur le foie gras en fausse poire masqué de pistaches et jus acidulé de mûres, sur l'omble chevalier cuit au beurre demi-sel et jus au chasselas ou sur le fondant au chocolat, crème de citron et écorce d'orange confite. Il manque pourtant comme un supplément d'âme, une once de modernité dans cette cuisine qui, peu à peu, semble perdre le contact avec son époque. La cave, remarquable sur les grands crus, fait preuve des mêmes défauts, négligeant la génération montante.

C : 78 € • M : 38-62 €

→ 68 Grande-Rue
☎ 04 50 71 31 89
F. dim. à dîn., lundi, mardi, 2 sem. printemps et 2 sem. nov. Jusqu'à 21h30.

plumex-prieure@wanadoo.fr

Villes de proximité, voir :

⏻ ANTHY SUR LEMAN .... 6 km S.O. par N 5 et D 33 **(12/20)**
⏻ MARGENCEL .... 3 km S. **(11/20)**
⏻ SCIEZ .... 10 km S.O. par N 5 **(15/20)**

THOUARS - 79100 (22 B 2)
Niort 90 - Cholet 57

13 Le Logis de Pompois

La terrasse aménagée devant cet ancien domaine viticole ne domine par la mer mais le golf local. Un panorama qui en vaut bien d'autres et qui s'ajoute à un environnement très calme. La cuisine suit la mode plus qu'elle ne la précède, s'adaptant aux désirs d'une belle clientèle d'affaires avide d'une sophistication maîtrisée : carpaccio de shiitaké et pommes au foie gras de canard et truffe fraîche, fricassée de saint-jacques et saint-pierre, crème d'ail confit, pigeonneau en croûte de noix, chou farci au foie gras et truffe fraîche. Cave privilégiant la Loire et le Bordelais.

C : 48 € • M : 28,50-34 €

→ Sainte-Vierge, BP 86
☎ 05 49 96 27 84
F. dim. à dîn., lundi, mardi et 1re sem. janv. Jusqu'à 21h.

10 Le Hoggar

Nul ne se plaint, bien au contraire, de la direction sudiste prise par cette vénérable maison bourgeoise des années 1830. Chez Brahim, les parfums d'Afrique s'invitent dans les Deux-Sèvres, pour faire côtoyer l'angélique et le sultan avec les couscous et les tagines. Vins de là-bas, ambiance chaleureuse.

C : 18 € • M : 10-20 €

→ 1 rue du Château
☎ 05 49 96 09 02
F. lundi, 2 sem. juil. et 2 sem. Noël. Jusqu'à 22h.

---

de **20** à **10** les tables sont classées par ordre dégressif de note

👁 table en vue, lieu à la mode, ethnique

? signale une notation en attente ou un changement de dernière minute

découverte *d≶* GM met en avant des nouveautés méconnues

THOURON - 87140 (25 B 2)
Limoges 22 - Guéret 78 - Bellac 23

13 La Pomme de Pin

Une carte postale limousine qui donne l'irrépressible envie de s'arrêter. Au bord de l'étang de Tricherie, la jolie maison de pierre tend les bras aux visiteurs chanceux qui ont suivi les sentiers buissonniers. Daniel Mounier connaît l'art de la grillade à la cheminée, mais surtout les bonnes provenances régionales en porc, en canard et en bœuf. L'assiette est généreuse, l'ambiance familiale et quelques chambres permettent même de prolonger un rêve bucolique.
M : 18-28 €

→ La Tricherie
☎ 05 55 53 43 43
F. lundi à déj., mardi à déj.,
1er-22 sept. et 20 janv.-11 fév.
Jusqu'à 21h30.

THUIR - 66300 (31 D 6)
Perpignan 10 - Céret 24

12 Casa Dalie

Voilà un restaurant de village comme on les aime, c'est bon, c'est raisonnablement copieux, la gentillesse est au rendez-vous et la qualité du produit justifie l'affluence d'une clientèle d'habitués ravis, auxquels on se joint avec gourmandise pour profiter des médaillons d'encornets à la coriandre, d'une cuisse de poulet jaune au thym ou d'une vraie crème catalane. Service souriant et rythmé, ambiance bon enfant.
M : 29 €

→ 20 bd Léon Jean-Gregory
☎ 04 68 53 03 92
F. merc.
Jusqu'à 22h.

THURY HARCOURT - 14220 (5 D 4)
Caen 26 - Falaise 27

13 Relais de la Poste

Cette belle étape de tradition au cœur de la Suisse Normande livre tout son sel, pour l'hôte de passage, autour du menu Terroir, avec foie gras, pigeonneau rôti, les fromages normands et le soufflé au calvados. Une partition qui s'accommode fort bien du cadre traditionnel, nappes blanches et argenterie sous les poutres. Pour autant, on aurait tort de limiter à cela le savoir-faire du chef, qui sait aussi humer l'air du temps, livrer le cabillaud en vapeur d'algues et beurre de betteraves douces, les crevettes marinées à la crème de wasabi copeaux de pommes et parmesan ou ponctuer une classique tarte aux pommes d'une glace à l'huile d'olives. Autre preuve qu'on ne s'endort pas ici en rêvant de temps anciens, les chambres ont été rénovées dans un agréable style contemporain.
M : 26-45 €   www.hotel-relaisdelaposte.com

→ 7 rte de Caen
☎ 02 31 79 72 12
F. vend. et sam. à déj.
(oct.-avril) et mars.
Jusqu'à 21h.

TIGNES - 73320 (28 C 3)
Chambéry 138 - Val-d'Isère 13

13 Chalet Bouvier-Restaurant Paysan

Si l'on voit bien traîner par ci par là quelques plats étrangers (entendez par là non savoyards), c'est bien autour des montagnes et de leur réputation de terroir chaleureux que s'est construite cette adresse pleine de bonne humeur, dans son décor, l'atmosphère qui règne dans cette grande salle (bien entretenue par un service dynamique) comme dans la qualité réelle des spécialités proposées, du matafan aux œufs à la neige aux pralines, en passant par le filet d'omble chevalier à la plancha ou l'indispensable raclette.
C : 32 €   www.chaletbouvier-tignes.com

→ Val-Claret
☎ 04 79 06 99 90
F. 1er mai-1er juil. et 25
août-1er déc.
Jusqu'à 23h.

13 🍴 Le Ski d'Or

Une carte raisonnablement ambitieuse, pas vraiment dictée par le cadre malgré la fondue et la raclette, mais n'hésitant pas à draguer les océans pour remonter un bar rôti en croûte de sel ou une assiette de poissons plancha. Le jeune chef se débrouille techniquement fort bien, godillant entre les cuissons d'aujourd'hui et les recettes œcuméniques (sole meunière, côte de veau au four, magret entier au génépi)
C : 40 € • M : 39-48 €

→ Lieu-dit Val-Claret
☎ 04 79 06 51 60
F. 2 mai-1er déc.
Jusqu'à 21h30.

www.hotel-skidor.com

🛏🛏 Le Ski d'Or

Des chambres d'un très bon standing contemporain pour se remettre doucettement d'une journée tout schuss. Matériaux nobles de la montagne, bois et pierre, vue sur l'espace Killy et bons équipements.
27 ch. 149-410 €

→ Val-Claret
☎ 04 79 06 51 60
📠 04 79 06 45 49
F. 2 mai-1er déc.

www.hotel-skidor.com

---

11 La Ferme des 3 Capucines

La ferme familiale est séparée entre l'activité de production de fromage et le restaurant. De fabuleuses raclettes, de bonnes charcuteries, des viandes excellentes (porcs et veaux élevés sur place) et une atmosphère de franche camaraderie.
M : 25 €

→ Le Lavachet
☎ 04 79 06 35 10
F. 8 mai-5 juil. et 28 août-8 déc.
Jusqu'à 21h30.

pifavre@wanadoo.fr

---

10 La Calèche

Spécialités savoyardes (tartiflette, crozets, fondue aux morilles) dans un cadre typique, une certaine ambition à la carte et une belle terrasse plein Sud avec vue sur la montagne et le lac.
C : 35 € • M : 18 €

→ Immeuble le Palafour, lac de Tignes
☎ 04 79 06 50 80
F. 10 mai-juin.
Jusqu'à 22h.

🏠🏠🏠 Village Montana

L'authenticité des chalets de montagne dans l'esprit de convivialité et de raffinement. Chambres au décor rustique ou savoyard très soigné, aux équipements parfaits. Les propriétaires possèdent également les Suites Montana, un ensemble luxueux uniquement composé de suites 4*, et la résidence Village Montana, également en 4*. Plusieurs formules de restauration sur place.
110 appart. 178-265 € • 79 ch. 70-170 €

→ Les Almes
☎ 04 79 40 01 44
📠 04 79 40 04 03
F. mai-juin et sept.-oct.

www.vmontana.com

🏠🏠 Les Campanules

Au cœur de la station, cet hôtel revendique une tradition familiale et soigne son accueil. Boiseries montagnardes sans excès dans des chambres qui privilégient une ambiance douillette et feutrée et des tons chaleureux. Piscine ouverte sur l'extérieur et espace bien-être agréablement complet.
10 appart. 140-340 € • 31 ch. 100-280 €

→ Le Rosset
☎ 04 79 06 34 36
📠 04 79 06 35 78
F. mai-juin et sept.-oct.

www.campanules.com

🏠🏠 Le Gentiana

Un chalet à dimension familiale, face au lac, sans cesse en amélioration (un deuxième jacuzzi est apparu cette année), matériaux typiques et bonnes prestations.
40 ch. 80-166 €

→ Montée du Rosset
☎ 04 79 06 52 46
📠 04 79 06 35 61
F. 4 mai-30 juin et 31 août-25 oct.

www.hotel-gentiana.com

17  ⌇ L'Assiette Champenoise

Il n' y aura jamais assez de vignes pour répondre à la demande mondiale en champagne des prochaines années. Et il n'y aura peut-être pas assez de maisons comme celles d'Arnaud Lallement pour répondre à notre appétit de sincérité, d'esprit de famille pérennisé (la maman fait toujours quelques apparitions), de tradition évoluée vers une modernité assumée. On a dit souvent cette Assiette trop sagement embourgeoisée. Mais avec un chef de 32 ans, une épouse, une soeur et toute une équipe de même génération, en salle comme en cuisine, elle donne au contraire une image de dynamisme salutaire qui contribue aussi à renouveler la clientèle. L'assiette tient aussi une grande part dans cette (r)évolution : le produit au coeur, au noble pedigree, mis en lumière avec finesse et sobriété, la langoustine en trois services, rôtie avec un jus de laitue ou juste snackée avec un délicat mariage navet-oignon, un remarquable turbot, un jus réduit au coteaux, un sabayon légerissime et une variation poireau-pomme de terre ou le pigeon, vedette de la saison dernière, avec sa purée de petit pois, amande et lait de coco émulsionné. L'inspiration est vive, sans esbroufe ni pastiche, avec de très beaux jeux de textures et capable de jolis coups de charme, comme le thon-foie gras avec sa semoule pignons et son jus de couscous bien relevé ou la déclinaison chocolatée et ses allusions régressives, à la tasse du quatre heures ou au Snickers à l'arôme de cacahuète. La cave montre les vignobles de prédilection du chef, la Champagne et la Bourgogne, dont il connaît le moindre chemin, proposant de très belles cuvées à budgets serrés, Rhône et Bordelais se taillant les autres parts du lion.
C : 105 € • M : 67-152 €   *www.assiettechampenoise.com*

→ 40 av
Paul-Vaillant-Couturier
☎ 03 26 84 64 64
F. mardi, merc. à déj. et 17
fév.-5 mars.
Jusqu'à 22h.

♙♙♙ Château de la Muire

Arborant une architecture anglo-normande dans un parc à deux pas de la ville, ce manoir urbain dispose de jolies chambres de style, aux agréables notes de couleurs et au confort raffiné. L'agrément se prolonge au bar, moderne et cosy façon lounge, qui prouve aussi que la maison bouge.
22 appart. 164-284 € • 33 ch. 144 €   *www.assiettechampenoise.com*

→ 40 av
Paul-Vaillant-Couturier
☎ 03 26 84 64 64
🖳 03 26 04 15 69
F. 24-25 déc.

12 Le Vieux Saule

Le Vieux Saule n'est pas pleureur, ni même pleurnicheur. Il fait son boulot de relais de poste, comme naguère, dépanne le voyageur, l'accueille gentiment pour le requinquer dans une grande salle aux lourds rideaux bordeaux et moquette épaisse, un confort de tradition comme dans une maison particulière. Qui se prolonge dans l'assiette, gigot de sept heures et canard en civet, en se montrant honnête, mais pas tout à fait à la toque dans les idées du moment, la brochette de saint-jacques, crevettes aux épices et avocat, pièce de bœuf en croûte de morilles, fondant au chocolat griottines, le tout dans une atmosphère naturellement lénifiante.
C : 45 € • M : 16 €   *www.restaurant-vieux-saule.com*

→ ☎ 03 85 55 09 53
F. dim. à dîn., lundi et 1re
sem. janv.
Jusqu'à 21h15.

TOUDON - 06830 (34 C 4)
Nice 51 - Vence 50

12 La Capeline

L'Esteron est une jolie vallée et dans cette ambiance pleine nature, la Capeline est l'étape idéale pour se mettre à l'abri de la douche froide et bénéficier d'une cuisine authentique et savoureuse. Au gré des saisons, Laurent Laugier décline, dans un cadre simple, le terroir au plus près, des légumes de printemps au chapon fermier d'hiver, en passant par les champignons d'automne ou les beignets de fleur de courgettes, pour accompagner le chevreau ou le lapin.
M : 20-26 €

→ Rte de Roquesteron, Vescous
☎ 04 93 08 58 06
F. merc. (avril-nov.) et sem. (nov.-avril, sf groupes). Jusqu'à 21h.

TOUET SUR VAR - 06710 (34 C 4)
Nice 53 - Vence 52

13 Chez Paul

Les chasseurs (l'ancienne enseigne) n'ont pas posé le fusil, mais ont déménagé pour s'installer sur la place du village et prendre leurs aises. Une capacité supérieure qui permet de traiter du plat de brasserie au déjeuner, et de continuer à régaler les amis avec de la caillette de veau niçoise, des grillades aux cèpes et morilles, de belles souris d'agneau et des pâtisseries maison. Et quand la saison commence, feu sur les poils et les plumes !
M : 22-23,50 €

→ 4260 av du Gén-de-Gaulle
☎ 04 93 05 71 11
F. à dîn. lundi-merc. F. ann. non comm. Jusqu'à 22h.

TOUL - 54200 (11 D 4)
Nancy 22 - Bar-le-Duc 59

14 Le Dauphin

L'ancien mess des officiers de l'OTAN, perdu dans sa zone d'activité, est toujours aussi difficile à trouver, mais surtout, si l'accueil est toujours souriant, la cuisine semble avoir baissé de régime, on y sent un peu moins d'enthousiasme. Qu'on ne s'y trompe pas, Christophe Vohmann reste une valeur sûre et sa façon de traiter le foie gras lorrain (poêlé et en ravioli vapeur) ou le pigeon fermier (en croûte de sel, accompagné d'un risotto aux champignons et d'une sauce aux truffes d'été) fait toujours du Dauphin le meilleur ami des gourmets de la région, le soufflé aux mirabelles est un beau moment gourmand et la cave rend un hommage appuyé à la région.
C : 60 € • M : 29-59 €

christophe.vohmann@wanadoo.fr

→ Rte de Villey-Saint-Etienne
☎ 03 83 43 13 46
F. dim. à dîn., lundi, merc. à dîn. et août. Jusqu'à 22h.

TOULON - 83000 (34 A 6)
Marseille 63 - Nice 153

13 Le Jardin du Sommelier

Dans ce joli décor coloré (revu récemment), Christian Scalisi fait vivre sa cave notamment autour des grandes régions (Bordeaux, Bourgogne) et des vignobles locaux, avec une intelligente formule dégustation régulièrement renouvelée. Mais le sommelier a aussi le bon sens de laisser un cuisinier jouer dans son Jardin et la cuisine de Mickaël Chassigneux est bien plus qu'un faire-valoir, avec des assiettes élaborées et des produits de bon niveau : foie gras chaud et aubergine grillée, loup en portefeuille au pesto et pommes de terre farcie à la roquette, fraises au basilic et blanc-manger aux amandes.
M : 34-39 €

www.le-jardin-du-sommelier.com

→ 20 allée Courbet
☎ 04 94 62 03 27
F. sam. à déj. et dim. Jusqu'à 21h30.

idéal gourmet

12 Blanc le Bistro *d⤳*

Dans une ville qui a besoin de régénérer son offre pour une clientèle qui bouge, ce néo-bistrot trouve sa place dans un ancien cinéma, avec des codes design zen bien appliqués : parquet blond, tables au carré, service sur tréteau et jeunes gens dynamiques encadrés par un patron élégant. En cuisine, quelques fioritures du temps (une limonade de tomate avec la tarte de thon, la "sébaste comme une bouillabaisse" qui manque finalement de liant, d'assaisonnement, de goût) n'empêchent pas de préférer une certaine simplicité, le risotto aux girolles, le filet mignon de porc aux légumes du moment ou les gnocchis roquette et parmesan, joliment présentés dans des sauteuses individuelles en cuivre. Le chariot de pâtisseries, malgré la variété, n'aide pas à monter la note, tandis que la cave tient correctement son rang, petite sélection sympathique et pichets de la Margillière dans les trois couleurs.

C : 36 € • M : 29-39 €   www.blanc-lebistro.fr

→ 290 rue Jean-Jaurès
☎ 04 94 10 20 40
F. dim., lundi et août.
Jusqu'à 22h (23h vend.-sam.).

----

11 Au Sourd

Dans son décor XIXᵉ, le plus ancien restaurant de la ville cultive sa réputation dans une veine classique, belles sauces à l'ancienne sur les poissons de la pêche du jour et du coin. Hors du temps pour certains, indispensables pour d'autres, mais la qualité rassemble tout le monde.

M : 28 €

→ 10 rue Molière
☎ 04 94 92 28 52
F. dim. et lundi.

Grand Hôtel de la Gare

Face à la gare, un hôtel entièrement reconstruit en 2004, offrant des prestations de qualité et un confort actuel : bonne insonorisation, chambres spacieuses et climatisées, wifi, satellite, sèche-cheveux...

10 appart. 80-110 € • 28 ch. 49-672 €   www.grandhotelgare.com

→ 14 bd Tessé
☎ 04 94 24 10 00
🖨 04 94 22 34 82
Ouv. 7j/7.

❋ Domaine Saint-Martin

Avec la terrasse en surplomb, la vue s'offre en cinémascope sur la grande bleue et la crique en contrebas à laquelle mène un petit chemin. Ce n'est pas le seul atout de ce mas XVIIIᵉ, plein de charme avec ses chambres claires, personnalisées par de délicates touches de couleurs.

2 ch. 100-130 €

→ M et Mme Philippe et Dominique Fabry, chemin du Fort-du-Cap-Brun
☎ 06 10 18 64 98
Ouv. 7j/7.

TOULOUSE - 31000   **(29 D 4)**
Bordeaux 245 - Montpellier 241

18 Michel Sarran

Heureux Toulousains qui profitent d'une grande table d'une telle douceur, dans l'atmosphère comme dans les tarifs. La maison de ville en brique, à la lisière du centre-ville, est un exemple à méditer. Michel Sarran semble en effet avoir atteint une maturité presque parfaite, osmose réussie entre une salle au cadre sobre et contemporain et une cuisine sincère, très personnelle, se refusant à toute grandiloquence pour mieux marquer les esprits par la puissance de persuasion des produits travaillés et la netteté des préparations : pressé de tarbais et foie gras, joue fondante de porc noir et salade de fèves, cardine grillée posée sur un boulgour au concombre et pamplemousse, un poisson superbe, à la chair translucide, d'une formidable délicatesse, sablé amande au confit de rhubarbe et

→ 21 bd Armand-Duportal
☎ 05 61 12 32 32
F. w.-e., merc. à déj., août et 1 sem. fin d'année.
Jusqu'à 21h45.

TOULOUSE

Restaurant ■ Hôtel ● Hôtel-Restaurant ●

GM

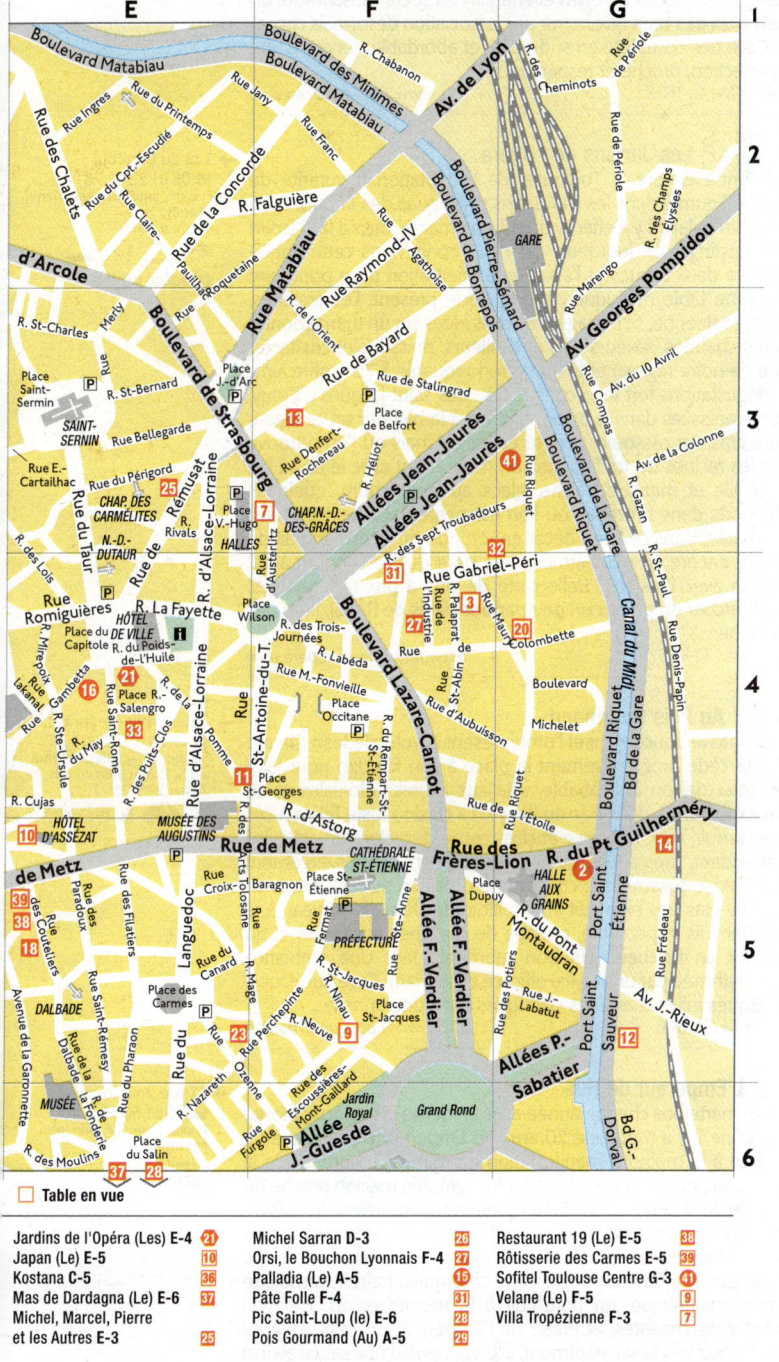

□ **Table en vue**

fraises, jus mousseux au thym et chantilly au sucre muscovado, un dessert d'un très haut niveau sur une association désormais consacrée. Cave très complète en sud-ouest et abordable, service d'une rare perfection, proche et respectueux.

C : 100 € • M : 45-160 €   *www.michel-sarran.com*

----

16 🍞🍞 ⋛ Les Jardins de l'Opera

On s'étonne encore, à Toulouse, de l'adaptation fulgurante de Stéphane Tournié dans les chaussons mythiques des Jardins. D'un bistrot à un palais, il y a effectivement une marge, mais il faut croire que le casting était judicieux, car nous confirmons cette année encore les deux toques et l'excellente orientation prise pour faire entrer cette table mythique dans le siècle présent. Les assiettes, façon gagnairienne, se partagent en trois idées sur un thème donné (entrées chaudes, saveurs d'ici et d'ailleurs, poissons et crustacés, viande de notre région) et le menu remarquable à 70 € offre ainsi neuf dégustations fort bien construites : des saint-jacques d'Erquy, à peine caressées dans la poêle, endives à la bière et sauce légère au foie gras, un cassoulet revisité et allégé, mais où l'on retrouve toutes les racines du traditionnel, un monument avec le riz au lait à la vanille et mangue fraîche, glace au vieux rhum, quelques impressions dans un repas où l'on est perpétuellement en fourchette haute, ce beau décor en rotonde où il conviendrait de détendre encore un peu l'atmosphère pour qu'elle soit tout à fait en phase avec l'assiette. Belle carte de vins à prix raisonnables, allant chercher du pointu un peu partout (Jadis de Barral, fitou des Mille Vignes...).

C : 92 € • M : 70-90 €   *www.lesjardinsdelopera.com*

→ 1 pl du Capitole
☎ 05 61 23 07 76
F. dim., lundi, 1re sem. janv. et août.
Jusqu'à 22h.

🎐❄ 🝌 🐕 🝓

🍴 idéal gourmet

----

15 🍞🍞 Au Pois Gourmand

La main passe doucement et l'omniprésent et volubile Jean-Claude Plazzotta cède progressivement la place à son fils Ugo pour faire vivre cette maison improbable, villa aux allures coloniales et au jardin exubérant à deux pas du fleuve. La cuisine reste fidèle à ses racines terroir, avec noblesse et classicisme discrètement actualisé (en attendant, sans doute, que le fils s'affranchisse plus largement de l'influence paternelle) : consommé de céleri au foie gras bien dosé, foie gras très bien cuit en papillote de chou, ris de veau à la sauce Banyuls impeccable, pressée de pommes aux figues et au miel tout en fraîcheur. Un bon moment, dans une ambiance sereine rythmée par un service efficace et souriant. Cave Sud-Ouest et quelques jolies chambres classiques dans une annexe.

C : 55 € • M : 23-64 €   *www.pois-gourmand.fr*

→ 3 rue Emile-Heybrard
☎ 05 34 36 42 00
F. sam. à déj., dim. et lundi à déj. F. ann. non comm.
Jusqu'à 21h30.

🌂 🚗 🚲 🎐❄ 🝓
🝌

----

14 🍞 L'Empereur de Hué

Nous le martelons chaque année avec la même insistance ; monté sur le trône il y a tout juste 20 ans, cet Empereur n'a jamais eu à faire face à la moindre manifestation de mauvaise humeur de la part de son peuple. Si le cadre de cette agréable maison proche du Palais de Justice n'a rien de typiquement vietnamien, la cuisine affiche en revanche une très belle orthodoxie, visitant avec justesse les spécialités de la région de Hué : soupe du centre, une soupe très pimentée à base de bœuf et de citronnelle fraîche, cassolette de porc magnifique, un porc cuit à la minute et accompagné d'excellentes crevettes, et Plaisir de l'Empereur, un petit pavé de chocolat noir très amer au piment, accompagné d'une sauce avocat et banane. Bon moment garanti.

C : 42 € • M : 34 €

→ 17 rue des Couteliers
☎ 05 61 53 55 72
F. dim., lundi. F. ann. non comm.
Jusqu'à 23h.

🎐❄ 🝓

13 🍴 Les Abattoirs

Les abattoirs ne sont plus en face mais la famille Carmen ne lâche pas le morceau et ne semble pas prête de faire retomber la tension dans ce bistro incontournable, à l'ambiance bouillonnante et où les viandes sont toujours reines, entre bœuf Simmenthal et plats canailles. La gourmandise majuscule, avec des produits particulièrement bien choisis.
C : 27 € • M : 18,50 €

→ 97 allée Charles-de-Fitte
☎ 05 61 42 04 95
F. dim., lundi et août.
Jusqu'à 23h.

13 🍴 Brasserie du Stade Toulousain

On le sait, le rugby réclame un apport calorique et énergétique important. Ne croyez pas pour autant que les adeptes de cette brasserie branchée sport ne savent que dévorer des sangliers à mains nues et des côtes de bœuf sanguinolentes. On croise au contraire dans cette cuisine régionale une finesse certaine, accentuée par des plats marins bien faits - lasagne de saint-jacques au safran, dos de cabillaud et conchiglione à la ricotta - et confirmée par la souris d'agneau confite et haricots à la crème d'ail. Le cadre moderne soigné et la convivialité font partie du pack.
C : 27 € • M : 28 €

→ 114 rue des Troènes
☎ 05 34 42 24 20
F. w.-e., lundi à dîn., mardi à dîn., 19 juil.-25 août et 24 déc.-4 janv.
Jusqu'à 22h.

13 🍴 Chez Emile

Installé sur l'une des places les plus courues de la ville Rose, ouvrant sur une petite terrasse où les places se négocient presque sous le manteau dès les premiers rayons du soleil, Emile incarne la tradition indémodable, presque hors du temps mais évitant toute sclérose. Produits au top, cuissons millimétrées, portions généreuses, tous les feux sont au vert : minestrone de crevette et raviole de tourteau à la coriandre, loup de ligne gâteau et vinaigrette de champignon, agneau de lait des Pyrénées rôti, tronçon de pomme à la frangipane. Cave jouant sur la corde sensible, entre grands crus bordelais et vedettes régionales.
C : 50 € • M : 18-50 €   www.restaurant-emile.com

→ 13 pl Saint-Georges
☎ 05 61 21 05 56
F. dim., lundi (hiver), dim., lundi à déj. (mai-sept.) et 23 déc.-7 janv.
Jusqu'à 22h.

13 🍴 La Corde

Branchée et intéressante, dans un joli décor auquel on accède après un escalier en colimaçon dans une tour médiévale : une première originalité suivie de nombreuses autres belles surprises dans une carte d'auteur, un jeune chef prenant à bras-le-corps les multiples influences actuelles pour tracer sa voie, avec des cuissons vapeur, des émulsions, des herbes et épices orientales, mixant avec astuce et savoir-faire d'intéressantes associations terre-mer.
C : 60 € • M : 32-75 €

→ 4 rue Jules-Chalande
☎ 05 61 29 09 43
Ouv. 7j/7.
Jusqu'à 22h.

13 🍴 Au Gré du Vin

Nous aimions ce Gré du Vin façon Martial Chusseau et notre sentiment n'a pas changé d'un iota depuis que Sami El Sawi et son épouse ont repris l'adresse l'an dernier. Ce qui caractérise le mieux cette adresse ? Carpe Diem, la fameuse devise qui aurait d'ailleurs pu devenir la nouvelle enseigne de cette délicieuse maison de la rue de la Pleau. On y prend son temps, on fignole chaque détail, dans un registre bistrotier haut de gamme : noix de saint jacques et langoustines et bisque aux langoustines, filet de cabillaud cuit dans sa feuille de bananier, boulgour pilaf et tapenade, carré d'agneau glacé à la moutarde anisée, cassoulet de légumineuses et sauce madère.
M : 14-41 €   www.augreduvin.com

→ 10 rue de la Pleau
☎ 05 61 25 03 51
F. sam. à déj., dim.(sf dern. dim. du mois), lundi et 2-24 sept.
Jusqu'à 22h.

13 Le Mas de Dardagna

La toque se confirme aisément chez les frères Joffre, qui ont fait de cette vieille ferme toulousaine de briques et galets de la Garonne rattrapée par l'urbanisation, mais offrant un vrai cadre de détente dans le quartier de Rangueil, un rendez-vous distingué pour déjeuners de soleil, particulièrement avec la belle terrasse au jardin, comme pour les dîners intimes. Une carte astucieuse, bien cadrée, une cuisine simple et précise, centrée sur le produit, c'est bien de modernité dont il s'agit avec l'effiloché de cabillaud aux pommes de terre, le filet de merlu poêlé et bouillon de poisson au parfum asiatique ou le blanc de poulette et asperges blanches de l'Aude, noix râpées feuilles et fleurs d'erythrone... L'époustouflant menu du déjeuner à 18 € connaît un succès légitime, la cave languedoc sud-ouest très bien affûtée (Montcalmès, Barral, Clos des Fées, Tres Cantous...) et l'ambiance de plus en plus vivifiante.

M : 18-55 €

→ 1 chemin de Dardagna
☎ 05 61 14 09 80
F. w.-e., août et dern. sem. déc.
Jusqu'à 21h30.

www.maddedardagna.com

- -

13 Michel, Marcel, Pierre et les Autres

Bistrot de copains, avec la caution de ce Michel-là (Sarran), le lieu est hautement fréquentable. Car si la cuisine, on s'en doutait, est soignée, avec ses saveurs franches et entières, la bonne humeur est aussi au rendez-vous, grâce à un décor à thèmes bien choisi, un service dans le ton ou encore une cave qui propose quelques-uns des domaines les plus intéressants du Sud-Ouest.

C : 35 € • M : 22 €

→ 35 rue de Rémusat
☎ 05 61 22 47 05
F. dim. et lundi.
Jusqu'à 22h (23h vend.-sam.).

www.michelmarcelpierre.com

- -

13 Orsi le Bouchon Lyonnais

Le label Orsi à Toulouse, la bonne façon, le travail d'artisan à la feuille d'or, le raffinement dans le bistrotier lyonnais et Sud-Ouest, saucisson chaud et quenelles de brochet versus foie gras armagnac et cassoulet au confit. Au-delà du répertoire, une atmosphère bourgeoise rasérénante, dans la salle ou sur la belle terrasse refaite et une jolie cave classique avec nombre de grands crus bordelais.

C : 35 € • M : 19,90-33 €

→ 13 rue de l'Industrie
☎ 05 61 62 97 43
F. sam. à déj. et dim. (sf fériés).
Jusqu'à 23h.

www.le-bouchon-lyonnais.com

- -

12 Bistrot du Chevillard

Les Abattoirs en rive gauche, le Chevillard en rive droite : la famille Carmen pense à tous les viandards toulousains et on retrouve ici les ingrédients du succès, ambiance soutenue, décor brasserie typique et une belle gamme de spécialités de viandes, bœuf, veau, canard... Les filets de sardines marinés ou les moules à l'espagnole permettent de varier les plaisirs, tandis que la cave pas maladroite ne risque pas de faire tomber l'ambiance.

C : 26 € • M : 19 €

→ 4 bd Mal-Leclerc
☎ 05 61 21 32 02
F. sam. à déj. et dim.
Jusqu'à 23h.

le-chevillard@wanadoo.fr

- -

12 Chez Jules

Décor esprit brasserie certes, mais dans une version contemporaine fort agréable. Laurent Lamarche ne cherche pas la complication mais soigne le produit comme la réalisation, pour proposer des assiettes convaincantes : chiffonnade de jambon, mais du 14 mois d'affinage (voire du pata negra 36 mois), magret grillé, mais au feu de bois, poisson du jour à la plancha, sans oublier les fromages de chez Xavier ou la pâtisserie du jour de Yannick Delpech.

C : 35 € • M : 22-32 €

→ 25 rue Gabriel-Péri
☎ 05 62 73 12 02
F. dim.
Jusqu'à 23h30.

www.chezjules.fr

G/M

Lous Grits
HÔTEL

Hôtel de luxe et de charme situé dans un village du Gers, en Gascogne, entre Lectoure et Condom. Cette demeure authentique et raffinée dispose de 5 chambres grand confort.

Le charme d'un hôtel de village en Lectourois

Hôtel Lous Grits - Le village 32700 Marsolan (France)
Tél. : 05 62 28 37 10 - Fax : 05 62 28 37 59
Courriel : contact@hotel-lousgrits.com - Site : www.hotel-lousgrits.com

12 Le Colombier

Le temple du cassoulet a des droits et des devoirs, qu'il assume avec efficacité et gaieté. Après les trois décennies de Gérard Zasso, Alain Lacoste reprend le flambeau - on peut effectivement le dire ainsi tant la carte est fidèle à l'esprit maison - pour offrir les foies gras, le tournedos Rossini, l'incontournable cassoulet au confit d'oie et quelques nouveautés marquant le territoire du nouveau chef (tartare de magret, méli-mélo de crevettes sauvages et pétoncles...). Et la note se conserve, plongée pour des lustres dans un bocal de graisse d'oie ou de canard... Atmosphère bourgeoise de Toulousains fidèles dans un décor auquel il convient de ne pas trop toucher, éclairé par la grande fresque Gargantua et Pantagruel à la façon de Doré.
M : 20,10-49 €

→ 14 rue Bayard
☎ 05 61 62 40 05
F. sam. à déj., dim., fériés, juil., 2 prem. sem. août.
Jusqu'à 22h.
≋❄

🍴 idéal gourmet

www.restaurant-lecolombier.com

----

12 Les Copains d'Abord

Les années ne semblent pas avoir de prise sur ces Copains à l'amitié fidèle, peut-être parce que les trois ambiances (bistrot hommage à Brassens, douceur et verdure côté jardin, cubaine à l'étage) permettent de varier les plaisirs. Sans doute aussi parce que Patrick Carthery ne fait pas l'impasse sur les beaux produits (le foie gras, les saint-jacques, la côte de bœuf) pour décliner une élégante cuisine de tradition.
M : 24-35 €

→ 38 rue du Pont-Guilheméry
☎ 05 62 47 39 98
Ouv. 7j/7.
Jusqu'à 23h.
≋❄

les.copains@wanadoo.fr

----

12 Grand Café de l'Opéra

Alex Brégé dirige désormais les cuisines de cette institution toulousaine dont le prestige ne souffre jamais du rapide turn-over qui s'opère aux fourneaux. La carte demeure typée brasserie bien sûr, avec les huîtres de Gillardeau, les poissons grillés, la côte de bœuf ou le risotto de gambas, autant de propositions propres à rassembler une clientèle de tous horizons, depuis les petites tables étudiantes jusqu'aux hommes d'affaires.
C : 30 € • M : 16,90-24 €

→ 1 pl du Capitole
☎ 05 61 21 37 03
F. dim.
Jusqu'à 23h (23h30 vend.-sam.).
≋❄🦮

www.brasserieopera.com

🄲🄲🄲 Grand Hôtel de l'Opéra

Installé sur la célèbre place mais profitant d'un calme relatif grâce à une position légèrement en retrait, cet ancien couvent du XVIIe siècle compte parmi les étapes les plus prestigieuses du sud-ouest. Spacieuses et chaleureuses, les chambres donnent sur la place du Capitole ou le jardin intérieur. Prestations sans faille.
20 appart. 380-470 € • 30 ch. 180-320 €

→ 1 pl du Capitole
☎ 05 61 21 82 66
🖳 05 61 23 41 04
Ouv. 7j/7.
≋❄🦮

www.grand-hotel-opera.com

----

12 Le Pic Saint-Loup

Les habitués trouvent les yeux fermés leur chemin jusqu'à cette maison qui cache derrière sa façade rénovée de bonnes surprises, de la véranda sur le jardin à la qualité d'une cave largement dédiée au Languedoc. Au gré du marché, Marc Gineste les régale d'une cuisine franche et ponctuée d'agréables touches personnelles. Entre collègues le midi ou entre amis le soir, la recette du plaisir ne faiblit pas.
C : 45 € • M : 14-28 €

→ 7 rue Saint-Léon
☎ 05 61 53 81 51
F. dim., lundi, 1 sem. mai et 15 jrs été.
Jusqu'à 22h.
🎋

www.restopicstloup.free.fr

12 Restaurant le 19

Toujours en quête d'une toque qui scellerait une forme de reconnaissance, l'équipe en place dans cette maison historique, à croisée d'ogives et voûtes, où se tenait jadis le marché de Toulouse, avance et suit sa voie. Celle d'une table tendance dans un joli cadre où le chef joue avec de bons produits et des apprêts jeunes et modernes : crème de petits pois frais, coquillages et poulpito, saint-pierre rôti et petits violets en barigoule, carré d'agneau laqué aux épices à curry boulgour aux raisins secs, fraises au balsamique et pancake tiède dans un menu à 40 € plutôt bien balancé. Cave sud-ouest bien inspirée et pas trop chère.
C : 45 € • M : 39 €   www.restaurantle19.com

→ 19 descente de la
Halle-aux-Poissons
☎ 05 34 31 94 84
F. sam. à déj., dim., lundi
à déj., 4-25 août et 23 déc.-8
janv.
Jusqu'à 22h30.

L'Amuse Bouche

Cuisine française, presque une revendication dans ce quartier gagné par les cuisines exotiques. Patrick Léger assume, dans sa jolie salle intime, et continue de proposer une tranquille cuisine traditionnelle teintée d'accent du sud : salade de seiche au bacon et melon, calamars farcis au pied de porc et piment d'Espelette, crumble de pêche au romarin.
C : 27 € • M : 18-27 €

→ 28 rue Palaprat
☎ 05 61 99 64 70
F. sam. à déj., dim., lundi et
lundi, mardi, merc. (2 prem.
sem. janv. et 3 prem. sem.
août).
Jusqu'à 22h (23h15 w.-e.).

Café Evangelina

On grignote au bar en prenant l'apéro, ou simplement pour se restaurer rapidement, ou bien on s'installe de façon plus formelle pour, dans une ambiance chic et décontractée, goûter la salade croquante asiatique au poulet et aux crevettes ou un filet de bar rôti au serrano et jus de saucisson.
C : 30 €

→ 33 bd du Mal-Leclerc
☎ 05 61 21 30 00
F. dim.
Jusqu'à 23h (24h sam.).

Caffé Cotti

La concurrence est rude sur le secteur du grignotage à l'italienne, le Caffe avance donc armé de solides arguments, à commencer par un adorable décor branché, aux couleurs acidulées et qui s'anime au rythme de la musique et d'un service efficace et séduisant pour assurer l'ambiance autour d'une carte classique du genre, pizzas au feu de bois, grillades et salades.
M : 15 €

→ 108 bd Silvio-Trentin
☎ 05 34 41 63 89
F. non comm.

Chez Moi

Sur les bords du canal du Midi, une immense jonque au décor superbe, architecture moderne et zen, vastes espaces et grande armée pour servir une cuisine thaïe et vietnamienne plutôt recherchée, pas donnée mais offrant aux Toulousains branchitude et dépaysement.
C : 30 € • M : 19,50-24,50 €

→ 28 port Saint-Sauveur
☎ 05 61 34 29 29
F. dim.
Jusqu'à 23h.

Le Gallery

Gallery un peu, déco branchée et des œuvres d'art pour se nourrir l'œil, mais restaurant surtout, à deux vitesses (midi et soir) mais toujours avec de la bonne humeur, dans le service comme dans l'assiette.
M : 7-16 €   www.le-gallery.com

→ 8 rue Maury
☎ 05 61 99 30 81
F. sam. à déj., dim., lundi
à dîn., mardi à dîn., 1er-15
août et 23 déc.-2 janv.
Jusqu'à 22h30.

Le Japan

Le cocktail entre le cadre résolument contemporain et une cuisine qui respecte parfaitement l'esprit de la cuisine japonaise (le chef Yoshi Karasawa issu d'une grande famille de restaurateur japonais) est le principal atout de cette adresse du centre-ville.
M : 24,50-46 €

→ 8 rue de l'Echarpe
☎ 05 61 22 85 85
F. dim.

Kostana

La cuisine des Balkans est un thème très rarement évoqué en province. Ljiljana Vidaillac (d'origine serbe) rassemble sous une même enseigne les spécialités roumaines, bulgares, turques, grecques et d'ex-Yougoslavie bien sûr : pasteta od plavog patlidzana (caviar d'aubergines), teletina sveti stefan (escalope de veau servie avec une sauce aux tomates séchées et olives), pile sa paprikom (escalope de poulet au poivron rouge et céleri). Cave ramassée proposant quelques vins des Balkans.

C : 29 € • M : 19-24 €

www.kostana.com

→ 9 rue du Pont-Saint-Pierre
☎ 05 61 59 31 90
F. w.-e.
Jusqu'à 22h-22h30.

Pâte Folle

Beau choix de pâtes pour plaire à des Toulousains toujours avides d'autres terroirs : pâtes aux noix de pétoncles, lasagnes, pâtes végétariennes et quelques plats plus proches du répertoire brasserie dans un plaisant cadre moderne.

C : 30 €

→ 19 rue Castellane
☎ 05 61 62 34 70
F. sam. à déj. et dim. à déj.
Jusqu'à 23h (24h w.-e.).

Rôtisserie des Carmes

Un peu d'air du temps, un peu de produits de saison, un peu de plats indémodables : ça fait bien longtemps que cette adresse à deux pas de la place du Capitole maîtrise cet équilibre et le sens du tempo, ambiance soutenue et service bouillonnant. Les anchois de Collioure, le tartare au couteau ou le magret de canard rôti au banyuls ne sont donc pas prêts de décevoir les fidèles, pas plus que la cave, capable de proposer la Pie Colette en côtes de duras au verre.

C : 50 € • M : 21-25 €

rotisserie@wanadoo.fr

→ 38 rue des Polinaires
☎ 05 61 53 34 88
F. w.-e., fériés, ponts, août et 1 sem. Noël.
Jusqu'à 22h.

Le Velane

Près du jardin des Plantes, un immeuble classé dans un quartier bourgeois, et un intérieur très "looké", bar au rez-de-chaussée, restau à l'étage, décor baroque et lustres vénitiens dans une salle, tableaux mauresques, miroirs et fauteuils d'époque dans l'autre. Dans l'assiette, une cuisine naturellement branchée et ambitieuse par un jeune chef qui multiplie les techniques de haut vol et les ingrédients à la mode (nage de cigales de mer en gelée agar-agar, médaillon de lotte au thé Douchka, riz vénéré aux amandes).

C : 45 € • M : 25-57 €

www.levelane.com

→ 3 pl Montoulieu
☎ 05 61 53 60 56
F. sem. 15 août.
Jusqu'à 23h.

idéal gourmet

Villa Tropézienne

Superbe décor contemporain, lumières et ambiance musicale travaillées, tout comme la présentation d'assiettes qui couvrent avec un certain brio un large éventail d'appétits, des spécialités de tartare au Tigre qui pleure (bœuf sauce thaï), en passant le risotto ou l'agneau des Pyrénées, avec une préférence provençale qu'on retrouve sur la carte des vins et qui plaît beaucoup à une clientèle évidemment branchée.

C : 35 € • M : 12,90-23,90 €

→ 8/10 pl Victor-Hugo
☎ 05 61 22 58 58
Ouv. 7j/7.

Crowne Plaza Hôtel

Outre sa situation remarquable, l'hôtel séduit par son architecture de caractère et son niveau de confort, chambres aussi spacieuses que chaleureuses dans leur décoration contemporaine, harmonieuse et service attentionné. Espace fitness ou plus simplement rêverie dans le joli patio florentin, les possibilités de détente ne manquent pas.

10 appart. 465-1700 € • 162 ch. 110-460 €

www.crowne-plaza-toulouse.com

→ 7 pl du Capitole
☎ 05 61 61 19 19
🖷 05 61 23 79 96
Ouv. 7j/7.

🍴🍴🍴 Palladia

Entre le centre-ville et l'aéroport, l'hôtel déploie une architecture contemporaine derrière ses belles grilles en fer forgé. Les chambres sont spacieuses et déclinent au gré des étages de belles harmonies de couleurs, dans un confort soigné et une atmosphère feutrée très agréable.

1 appart. 305-515 € • 89 ch. 115-250 €   *www.hotelpalladia.com*

→ 271 av de
   Grande-Bretagne
   ☎ 05 62 12 01 20
   🖨 05 62 12 01 21
   F. non comm.

🍴🍴🍴 Sofitel Toulouse-Centre

Entre place Wilson et Canal du Midi, la grande façade de verre est ponctuée de quelques touches de briques. Prestations parfaites dans un luxe contemporain et feutré.

14 appart. 360-410 € • 105 ch. 250-330 €   *www.sofitel.com*

→ 84 allée Jean-Jaurès
   ☎ 05 61 10 23 10
   🖨 05 61 10 23 20
   Ouv. 7j/7.

🍴🍴 Beaux-Arts

Derrière la façade classée XVIIIe, une hôtellerie de haut niveau dans un cadre très bien mis en valeur. Depuis les chambres, raffinées, décorées de toile de Jouy, l'une d'entre elles avec terrasse privée sur les toits, vue imprenable sur le Pont-Neuf et la Garonne.

1 appart. 250 € • 18 ch. 108-250 €   *www.hoteldesbeauxarts.com*

→ 1 pl du Pont-Neuf
   ☎ 05 34 45 42 42
   🖨 05 34 45 42 43
   Ouv. 7j/7.

🍴🍴 Hôtel des Bains-Douches

Hôtel design, boutique hôtel, label approprié pour cet établissement sans classement, mais original et charmant. Les propriétaires, designer et décoratrice, ont apporté leur savoir-faire à ces anciens bains-douches pour en faire un lieu urbain et novateur. Chambres évidemment contemporaines, literie italienne, meubles design (Pillet, Murano...).

3 appart. 310 € • 22 ch. 140-160 €   *www.hotel-bainsdouches.com*

→ 4 rue du Pont-Guilhemery
   ☎ 05 62 72 52 52
   🖨 05 34 42 09 98
   Ouv. 7j/7.

🍴🍴 Hôtel Garonne

Un hôtel intime et discret au cœur du quartier historique et au bord du fleuve, offrant un confort 4* à des chambres de charme décorées par Gérard Cot et utilisant des matériaux nobles, parquets de chêne, salles de bain en pierre, donnant sur la cour ou sur la Garonne.

3 appart. 245-265 € • 11 ch. 165-185 €   *www.hotelgaronne.com*

→ 22 descente de la
   Halle-aux-Poissons
   ☎ 05 34 31 94 80
   🖨 05 34 31 94 81
   Ouv. 7j/7.

Villes de proximité, voir :

↻ CASTANET TOLOSAN ....8 km S.E. sur N 113 **(13/20)**

↻ COLOMIERS.........................9 km O. par N 124 **(17/20)**

↻ ROUFFIAC TOLOSAN ....12 km N.E. par A 68 **(14/20)**

↻ TOURNEFEUILLE ....9 km O. par D 632 **(13/20)**

TOUQUES - 14800   **(6 A 3)**

Caen 43 - Deauville 3

👁 Aux Landiers

A cinq minutes de Deauville et Trouville, au coeur du village, un décor traditionnel égayé des matriochkas inspirée par l'épouse ukrainienne du chef, qui lui doit aussi les pielmenis (raviolis) d'entrée, dans une carte aimable, un peu timide, s'appuyant sur des recettes classiques.

M : 28-44 €

→ 90 rue Louvel-et-Brière
   ☎ 02 31 87 41 08
   F. dim., merc., jeudi à déj.
   (h.s.), 1 sem. début oct. et 1
   sem. déb. fév.
   Jusqu'à 21h30.

LE TOUQUET PARIS PLAGE

15 Flavio - Le Club de la Forêt

Cette adresse incontournable du Touquet réjouira les amateurs de matières premières de très grande qualité : poissons de petits bateaux, viandes fermières, légumes de proximité… rien de tout cela ne voyage et la sélection est parfaite et suit les saisons. La réalisation est traditionnelle (pâté en croûte en gelée de veau, soles au beurre mousseux) malgré quelques petits clins d'œil plus actuels, comme certaines épices maniées avec finesse, le pain d'épices cryogéné sur la soupe de fraises, quelques saveurs du Nord (ail fumé), mais personne ne songe à s'en plaindre parmi une clientèle d'habitués. Il est vrai que le rapport qualité-prix des premiers menus inciterait volontiers à prendre pension. La terrasse rénovée, avec ses fauteuils contemporains, ajoute aux charmes des lieux, le service est à la fois attentif et aimable et la cave un peu classique est compensée par des propositions au verre .

C : 74 € • M : 20-60 €

→ 1-2 av du Verger
☎ 03 21 05 10 22
F. lundi et 10 janv.-5 fév.
Jusqu'à 22h.

www.flavio.fr

----

15 Le Pavillon

William Elliott dirige avec le même brio depuis une quinzaine d'années cette table pas si facile à gérer : une clientèle internationale, franco-britannique en majorité, exigeante et fidèle, des visiteurs d'un jour, attirés par le standing d'une table nécessairement performante. Le chef se débrouille pour contenter tout le monde, cuisine d'aujourd'hui habillée confort, produits irréprochables et belles manières au service, pour le mariage saint-jacques betteraves comme un cannelloni en émulsion iodée, le saint-pierre avec un crémeux de boudin noir épicé au gingembre, un turbot à basse température, tourteau et rattes en brandade… La cave classique est remarquable, bien renouvelée, et toujours riche en petites pépites de connaisseur.

C : 75 € • M : 50-120 €

→ 5 av du Verger
☎ 03 21 05 48 48
F. à déj., mardi (sf juil.-août) et
2 janv.-31 mars.
Jusqu'à 21h30.

cccc Hôtel Westminster

The palace of Le Touquet, ou le plus britannique de cette station entre Londres et Paris. Ambiance de club pour lords amateurs de cottage dépaysants, luxe sobre, accueil parfait, le Westminster dresse sa fière silhouette de brique rose à l'entrée de la ville et offre de vastes chambres stylées au confort actuel. Piscine, jacuzzi, sauna, snooker.

2 appart. 525-750 € • 113 ch. 95-250 €

→ 5 av du Verger
☎ 03 21 05 48 48
▤ 03 21 05 45 45
Ouv. 7j/7.

www.westminster.fr

----

12 Le Paris

Arrivé l'an dernier du Saint-Sébastien à Blendecques, Benoît Duhamel a rapidement trouvé ses marques dans cette agréable maison au centre de la station. Plutôt contemporaine, sa cuisine colle à merveille au décor moderne et chaleureux de la salle à manger : asperges poêlées au parmesan, julienne de coppa et œufs pochés, dos de cabillaud, légumes en barigoule et réduction montée à l'huile d'olives, tarte fine aux pommes sauce caramel. Cave sans surprise, principalement de négoce.

M : 17,50-38 €

→ 88 rue de Metz
☎ 03 21 05 79 33
F. dim. à dîn. (oct.-mars),
mardi à dîn., merc. et déb.
janv.
Jusqu'à 21h30.

G M

Auberge de la Dune aux Loups

Auberge champêtre à la lisière de la ville et de la forêt : dans l'environnement sylvestre, la tradition a toujours le dernier mot, bonnes grillades, viandes sélectionnées, confit, rognons, chevreuil en saison de chasse...
M : 20-47 €

→ Av de la Dune-aux-Loups
☎ 03 21 05 42 54
F. mardi à dîn., merc., 3 sem. fin juin et 3 sem. fin nov.
Jusqu'à 21h30.

Les Cimaises

Brasserie certes, mais au Westminster : dans le cadre comme dans le niveau d'exigence de la cuisine, on est donc entre gens du (beau) monde et le bar (en aiguillettes poêlées, confit de fenouil et mousseux citron), le suprême de volaille (à l'émulsion de lait fumé) ou les pennes (avec foie gras poêlé et bouillon de volaille) ne risquent pas d'entacher la réputation des lieux.
C : 63 € • M : 35 €

→ 5 av du Verger
☎ 03 21 06 74 95
Ouv. 7j/7.
Jusqu'à 22h30.

Mercure Grand Hôtel Le Touquet

Une belle situation ouverte sur la baie, un décor agréablement personnalisé par des expositions régulières d'œuvres d'art, d'agréables chambres ou encore un spa, l'hôtel propose tout le nécessaire à un séjour agréable.
5 appart. 171-255 € • 132 ch. 110-160 €   www.mercure.com

→ 4 bd de la Canche, BP 100
☎ 03 21 06 88 88
🖥 03 21 06 87 87
Ouv. 7j/7.

Villes de proximité, voir :

LA TOUR DE SALVAGNY - 69890   **(27 C 2)**
Lyon 19 - Villefranche-sur-Saône 25

16 La Rotonde

Bien sûr, les Classiques de la Rotonde (autour de produits comme le foie gras ou le homard) sont toujours présents. Bien sûr, le décor Arts déco ouvert sur le parc invite toujours à une ambiance feutrée, au rythme fluide d'un service parfaitement efficace. Bien sûr, la cave privilégie les valeurs sûres et les grandes régions. Bien sûr, le menu homard figure en bonne place, mais le noble crustacé y est assaisonné à des sauces bien différentes du sempiternel américaine ou thermidor, tandis que pointe à l'horizon un fort intéressant menu Autour des épices qui dévoile tout le potentiel de Philippe Gauvreau et son talent pour jouer des saveurs, convoquer des produits parce qu'ils sont bons et non parce qu'ils sonnent bien (la sardine revient en force, les pâtes fraîches accompagnant le rouget) et composer ainsi des assiettes inattendues dans ce contexte, voire joyeuses : des sardines donc, marinées à l'anis, un jeu de sucré-salé sur le bar (avec pomme et fenouil confit), un agneau du Limousin au délicieusement régressif "jus grassouillet"... Ici, quand le chef joue, c'est le client qui gagne.
C : 120 € • M : 40-140 €   www.larotonde.fr

→ 200 av du Casino
☎ 04 78 87 00 97
F. dim., lundi et 22 juil.-22 août.
Jusqu'à 21h30.

Pavillon de la Rotonde

Un très bel hôtel Art Déco, digne des ambitions du groupe Partouche. Lignes fluides et élégantes, raffinement partout, très belles suites au cadre contemporain, prestations de haut niveau, dont un spa de 900 m2
8 appart. 495-525 € • 8 ch. 295-525 €   www.pavillon-rotonde.com

→ 200 av du Casino
☎ 04 78 87 79 79
🖥 04 78 87 79 78
F. 13 juil.-25 août.

LA TOUR DU PIN - 38110 (28 A 3)
Grenoble 67 - Voiron 32

12 Le Comptoir

Un comptoir bien équipé pour accueillir les rendez-vous de travail comme les arrêts-étapes : efficace, rapide, bien carrée, au service comme en cuisine, la prestation ne souffre aucun reproche et les menus, bien étagés, balaient le terroir dans une vue actuelle : gratin de queues d'écrevisses et d'escargots de Chavanay sauce Nantua, dos de maigre grillé mousseline de vitelottes émulsion à la noisette, entrecôte charolaise, poires caramélisées, chantilly au carambar.
C : 28 € • M : 18 €

→ Av du Gén-de-Gaulle
☎ 04 74 83 31 31
F. sam. à déj. et dim. à dîn.
Jusqu'à 21h45.

www.relaistouir.com

Le Relais de La Tour

Confort classique dans cet ensemble contemporain sur une colline dominant la ville, entièrement rénové il y a trois ans. Bons équipements pour les déplacements d'affaires et les réunions de travail, parc de 3 ha avec piscine.
60 ch. 65-78 €

→ Av du Gén-de-Gaulle
☎ 04 74 83 31 31
🖷 04 74 97 87 01
Ouv. 7j/7.

www.relaistour.com

Villes de proximité, voir :

⟳ SAINT DIDIER DE LA TOUR ....3 km E. par N 6 **(12/20)**

TOURCOING - 59200 (2 D 1)
Lille 21 - Roubaix 6

13 La Baratte

Toute l'agglomération lilloise connaît la maison des Bajeux, à deux minutes d'une sortie de voie rapide (sortez tout de même le GPS si vous n'êtes pas du coin), dans cette ambiance bourgeoise, chic et contente, qui fait les beaux repas de famille et les dîners de standing. Un cadre tiré à quatre épingles et toujours embelli (une nouvelle terrasse en teck donnant sur le jardin plein sud, de nouvelles chaises cuir, un beau coin salon), l'assiette n'est pas mise au rencard mais elle fait partie de l'harmonie générale, Didier Bajeux assurant la sécurité des passagers avec la brochette de gambas et asperges à la vinaigrette de truffes, l'enroulé de filets de sole au homard, jus de crustacés et févettes ou la trilogie de veau, dans une carte qui scintille de produits de prestige. Desserts régionaux plaisants (glace spéculoos poires confites, brioche cassonade et glace caramel), cave sérieusement classique.
C : 54 € • M : 21-55 €

→ 395 rue du Clinquet
☎ 03 20 94 45 63
F. dim. à dîn., lundi, sam.
à déj., 2-5 janv. et 2 sem. déb.
août.
Jusqu'à 21h.

www.la-baratte.com

12 Le Plessy

On ne flambe pas, Monsieur, on travaille. Au Plessy comme chez nombre de confrères nordistes, la sincérité prime. Non pas que cette gentille adresse ait l'allure lugubre des maisons de gare, mais le métier y est simplement fait dans la modestie et l'efficacité. On s'y assoit sans se sentir étranger, la courtoisie n'est pas une posture, la cuisine est nette, sans fanfreluches, digne de ses intitulés qui vont à l'essentiel : croustillant de crevettes-grises, tomates confites au basilic, dos de cabillaud poché raifort et perles du japon au jus de volaille, filet de bœuf et moelle au corbières. Et des tarifs exemplaires pour une assiette aussi soignée, toujours proche de la toque. Cave sans histoire, bonne petite sélection au verre (Roches Neuves en saumur).
M : 18-22,50 €

→ 31 av Alfred-Lefrançois
☎ 03 20 25 07 73
F. dim. à dîn., lundi et août.
Jusqu'à 22h.

G
M

11 Le Café de Paris

Brasserie traditionnelle nordiste et rendez-vous coutumier des Tourquennois. le service se presse, la clientèle reste fidèle aux classiques, andouillette, carbonade, entrecôte, dans une salle rénovée l'an passé.

C : 28 € • M : 21,90 €

cafe-de-paris-turcoing@wanadoo.fr

→ 5 pl de la République
☎ 03 20 26 47 16
F. dim. à dîn., lundi et jeudi à dîn.
Jusqu'à 22h.

Villes de proximité, voir :

TOURNEFEUILLE - 31170   (29 D 4)
Toulouse 11 - Colomiers 3

13 L'Art de Vivre

Cette jolie maison aux portes de la ville ne manque assurément pas d'allure avec son superbe jardin doté d'une terrasse que longe un ravissant ruisseau. Dans ce cadre enchanteur, la cuisine de Pierre Sépulcre se montre très à l'aise, à la fois sérieuse et raffinée : marbré de rascasse safrané aux petits légumes et crème de courgettes, croustillant de pied de porc au coulis de cèpes, noisette d'agneau au beurre de sauge et à la fondue de fenouil. Cave fouillée avec une belle sélection régionale.

C : 56 € • M : 23-54 €

www.lartdevivre.fr

→ 279 chemin Ramelet-Moundi
☎ 05 61 07 52 52
F. dim. à dîn., lundi à dîn., mardi à dîn., merc., 2 sem. mars, 3 sem. août et 26 déc.- 9 janv.
Jusqu'à 21h30.

TOURNOISIS - 45310   (18 A 3)
Orléans 27 - Blois 64 - Beaugency 34

12 Le Relais Saint-Jacques

Entre Châteaudun et Orléans, la maison d'Alain Pinsard cultive ses racines à travers un décor champêtre et rustique, en accord avec les poutres et pierres apparentes. La cuisine a également un petit côté hors du temps, mais on a plaisir à retrouver les vertus d'un poisson à la Dugléré, d'une andouille de Jargeau à la moutarde ou d'une chartreuse de ris de veau braisé. La cave ne multiplie pas les références mais propose ce qu'il faut, notamment en local.

C : 28 € • M : 17,50-36,50 €

→ 35 rue de la Mairie
☎ 02 38 80 87 03
F. dim. à dîn., lundi et 14-31 janv.
Jusqu'à 21h.

TOURNON SUR RHONE - 07300   (27 D 4)
Valence 18 - Annonay 36

12 Le Tournesol

Une table singulière, qui aime cultiver les paradoxes et la mixité : la terrasse côté jardin, charmante et calme alors que la façade de la maison donne sur une nationale bruyante - un chef, Cyril Jamet, formé dans les deux meilleures écoles locales, Pic et Chabran, et son épouse, Hea, québécoise d'origine thaïlandaise et délicieuse maîtresse de maison. Et cette cave, qui rassemble tous les bons vignerons des environs. Et cette cuisine enfin, ensoleillée et exotique, à l'instar de la brochette de gambas au gingembre et nouilles chinoises ou du magret de canard rôti façon Tex-Mex et riz latino. Et pour ne pas gâcher cette fête, les prix permettent plusieurs visites mensuelles.

C : 29 € • M : 17-33 €

www.letournesol.net

→ 44 av Mal-Foch
☎ 04 75 07 08 26
F. dim. à dîn., mardi à dîn., merc., 2 sem. fév. et 3 sem. août.
Jusqu'à 21h30.

TOURNUS - 71700 (20 B 5)

Mâcon 30 - Louhans 29 - Chalon-sur-Saône 28

15 🏨🍴 Greuze - Laurent Couturier

Pour ceux qui en doutaient, Greuze est bien vivant, bien loin d'une table engoncée dans le souvenir de sa gloire passée, et le joli cadre de caractère (la grosse cheminée, les pierres apparentes par endroits, les fauteuils en cuir clouté ou les bancs) se pare de touches modernes, dans les associations de couleurs et la forme des luminaires notamment, tandis que la cuisine ajoute aux incontournables une vision plus actuelle à travers les réalisations d'un Laurent Couturier jamais à court de forme pour composer des assiettes séduisantes, enfermant le foie gras dans une coque de caramel, accommodant le rouget façon roll mops ou ponctuant le pigeon rôti d'un jus épicé au cacao. Si certains effets semblent un peu faciles, la qualité des produits et la rigueur des cuissons rejoignent un service communicatif et une cave bien charpentée qui se tient au courant des nouveaux domaines.

C : 80 € • M : 50-105 € *www.restaurant-greuze.com*

→ Rue Albert-Thibaudet
☎ 03 85 51 13 52
F. 11 nov.-11 déc.
Jusqu'à 21h.
≋❄️🐕🥖

13 🍴 Aux Terrasses

La façade modernisée ou les détails contemporains qui ponctuent le décor de la salle mettent la puce à l'oreille : Jean-Michel Carrette ne se contente pas d'aligner les grands classiques, il propose une vision plutôt alerte du terroir bourguignon, et bien au-delà : les escargots sont bien là, mais en raviole ouverte, avec une émulsion d'ail de Lautrec, d'accord pour la poitrine de pigeon rôti, mais avec une pastilla d'émietté de cuisses et fruits secs. On termine sur un milk-shake fraise, menthe, sarawak et son cookie qui se marie bien à l'atmosphère conviviale qui règne en salle.

C : 50 € • M : 30-77 € *www.aux-terrasses.com*

→ 18 av du 23-Janvier
☎ 03 85 51 01 74
F. dim. à dîn., lundi, mardi
à déj., 7 janv.-4 fév., 2-9 juin et
17-24 nov.
Jusqu'à 21h30.
🚗 ≋❄️🐕

11 🍴 Le Rempart

Le registre gastro étant largement représenté sur la ville, ce Rempart en paraît plus solide en version bistrot, mettant le savoir-faire éprouvé d'un chef formé à bonne école au service de la verrine de pâté de foie et canard aux épices, du pot-au-feu à la moelle et pain grillé ou de la gaufre grand-mère et ses petits pots de crème.

C : 25 € • M : 18-23 € *www.lerempart.com*

→ 2-4 av Gambetta
☎ 03 85 51 10 56
Ouv. 7j/7.
Jusqu'à 21h45.
⛱️🛶♿≋❄️🐕🥖

🏨🏨🏨 Hôtel de Greuze

Charme classique, belles patines et grand style dans certaines chambres (Napoléon III, Empire, Louis XVI, florentin...) donnant sur un parc aux buis centenaires, cette ancienne bâtisse tournusienne reconstruite à neuf, entretient son statut avec des améliorations permanentes (écrans plats, wifi, peintures).

5 appart. 120-320 € • 21 ch. 115-320 €

www.hotel-de-greuze-bourgogne.com

→ 5-6 pl de l'Abbaye
☎ 03 85 51 77 77
📠 03 85 51 77 23
Ouv. 7j/7.
♿≋❄️🐕

Villes de proximité, voir :

G
M

TOURRETTES - 83440 (34 B 5)
Toulon 122 - Grasse 30

15 🍴 Faventia

Tout l'intérêt du resort est de regrouper un maximum d'activités et de confort, il serait donc proprement insupportable d'avoir à en sortir pour trouver une table digne de ce nom. Le Faventia évite heureusement ce genre de souci, en proposant une impeccable cuisine de MOF (Philippe Jourdin, en 1993) dans un cadre feutré et contemporain. Les produits de Provence sont bien mis en valeur dans des préparations qui n'ont aucun mal à rentrer dans le par (plaisante déclinaison autour de l'aubergine, la tomate et la courgette, mariage maîtrisé du turbot et de la figue, touche presque nostalgique du carré d'agneau, gnocchi et fleur de courgette farcie). Service abondant et très pro, cave solide, dans sa variété comme sa sélection, même si le classement du cahors du domaine du Cèdre ou du jurançon de Cauhapé dans les vins du Languedoc peut faire sourire.
C : 110 € • M : 68-115 €   *www.fourseasons.com/provence/dining*

→ Domaine de
Terre-Blanche
☎ 04 94 39 36 36
F. à déj., dim., lundi à dîn. et
30 déc.-3 mars.
Jusqu'à 22h (22h30 été).

🍷🍷🍷 Four Seasons Resort Provence

Vaste domaine dans les collines provençales, ce resort (notamment axé sur le golf) y répartit un ensemble de villas qui, comme le décor contemporain, s'inspire de la Provence traditionnelle (matériaux, couleurs) pour coller aux paysages et aux odeurs qui l'entourent. Confort parfait et charme multiple dont il est difficile d'épuiser les possibilités en un séjour.
114 appart. 325-825 €   *www.fourseasons.com/provence*

→ Domaine de
Terre-Blanche
☎ 04 94 39 90 00
🖨 04 94 39 90 01
Ouv. 7j/7.

TOURRETTES SUR LOUP - 06140 (33 B 1)
Draguignan 35 - Fréjus 35 - Grasse 26

14 🍴 Les Bacchanales

Cuisinier d'instinct pour une cuisine d'auteur, tel est Christophe Dufau qui a fait de ce petit village médiéval de l'arrière-pays un rendez-vous de charme dans un joli cadre contemporain, pierre et poutres, cuir et bois. Pour paraphraser WC Fields, un chef qui proclame que sa spécialité, c'est de ne pas en avoir, ne peut pas être foncièrement mauvais. Le public est ravi, il peut avoir confiance sans même regarder la carte : tout est bien senti, bien traduit, jamais sot ni banal dans la carte du jour : langoustines corses en carpaccio au citron bergamote et miso, pagre de Méditerranée et légumes racines en escalivade, canette de Challans en demi-sel au cresson, de fontaine, des plats que vous ne retrouverez certainement pas, expression fugace d'un marché, d'une idée, d'un parfum d'herbe ou d'épice. Cave provençale bien faite et attractive dans ses tarifs, notamment sur les pièces nobles (cuvées spéciales de Tempier, Colimelle de Richeaume...).
M : 38 €   *lesbacchanales06@orange.fr*

→ 21 Grand-Rue
☎ 04 93 24 19 19
F. mardi, merc., 1 sem. juin et
nov.-fin déc.
Jusqu'à 22h.

❄ Le Mas des Cigales

Ce mas propose des chambres claires et agréables à vivre, décorées dans des teintes provençales avec des meubles peints à la main et des trompe-l'œil.
5 ch. 77-105 €   *www.lemasdescigales.com*

→ 1673 rte des Quenières
☎ 04 93 59 25 73
🖨 04 93 59 25 73
Ouv. 7j/7.

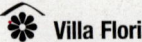 **Villa Florida**

Ambiance évidemment provençale, chaleureuse et colorée, pour ces chambres meublées de style, dans un village de caractère. Parc aux essences méditerranéennes variées.

2 appart. 90-98 € • 2 ch. 80-93 €

→ 73 rte de Carmassade
☎ 04 93 59 27 26
Ouv. 7j/7.

www.lavilla-florida.com

TOURS - 37000 (18 B 1)

Paris 233 - Poitiers 102 - Blois 60

16 🍴🍴 ≷ **Jean Bardet**

Bardet sera toujours Bardet, le chantre truculent de la cuisine de la terre, l'amoureux des vins et des cigares, le bon vivant gourmand qui nous enchante les trois-quarts du temps, encore aujourd'hui. Et si nous revenons toujours à cette source de plaisir, c'est qu'elle est intarissable. Car il y a tout pour être heureux au Château Belmont, après s'être longuement baladé dans le potager aux légumes oubliés et aux herbes aromatiques. A table, une fois balayée la solennité un peu raide qui n'est pas - quoiqu'on puisse en penser - la tasse de thé de Sophie et Jean, on peut effectivement retrouver beaucoup de la joie de vivre de naguère, dans les plats les plus expressifs, le sandre de Loire sortant de l'eau avec ses légumes et son velouté au chardonnay, le pigeon comme à Fez, en pastilla, et abricot moelleux, le très gourmand suprême de pintadeau d'une ferme voisine, hachis parmentier de ris de veau et foie gras. En discutant bourgueil et vouvray avec un sommelier dans la lignée maison (avec une telle collection, mieux vaut être érudit), on se laisse aller au fond du fauteuil, en repensant au steak de carpe de jadis ou au parfait de fèves au persil plat. Sacré Jean !

C : 120 € • M : 100-180 €

→ Château Belmont, 57 rue Groison
☎ 02 47 41 41 11
F. sam. à déj., lundi à déj., mardi (3 mai-1er nov.), sam. à déj., dim. à dîn., lundi, mardi à déj. (1er nov.-3 mai).
Jusqu'à 21h30.

www.jeanbardet.com

🍷🍷🍷 **Jean Bardet** ✈

Le premier charme de la maison est son cadre verdoyant, entre parc à l'anglaise et potager entretenu par le chef, qui fait oublier la ville. Au cœur de cette verdure se niche une demeure à l'élégance Napoléon III, qui s'habille d'un décor en rapport, meubles de style et détails de décoration soignés, pour composer des atmosphères exclusives et raffinées.

5 appart. 335-400 € • 16 ch. 140-270 €

→ Château Belmont, 57 rue Groison
☎ 02 47 41 41 11
🖨 02 47 51 68 72
Ouv. 7j/7.

www.jeanbardet.com

- -

15 🍴🍴 **Charles Barrier**

Hervé Lussault chez Charles Barrier, c'est un peu Lagerfeld chez Chanel. Il défend une marque, tout en traçant son chemin, en montrant tout ce qu'une belle maison doit offrir, une collection revue chaque saison en gardant ses repères. Et cela fonctionne finalement assez bien avenue de la Tranchée où l'on ne se bat plus que pour de nobles causes, la géline de Touraine, les poissons sauvages, les légumes de potager. Derrière les lourds rideaux plissés et sous les grands lustres, on se régale comme au temps du Grand Charles avec de superbes filets de lisette, des asperges Richelieu, morilles et sabayon pamplemousse, la langoustine croustillante au curry de Madras, la barbue en croûte d'agrumes et une admirable géline, la robe de la mariée du défilé, avec ses légumes et ses beignets d'une délicatesse à trois toques. Cave remarquable, parce que large et profonde, grands crus et trouvailles, mises en avant par un jeune sommelier enthousiaste, dans un service au ton toujours juste.

C : 85 € • M : 29-89 €

→ 101 av de la Tranchée
☎ 02 47 54 20 39
F. sam. à déj., dim. (sf fêtes).
Jusqu'à 22h.

charles.barrier@cegetel.net ou charles-barrier@yah

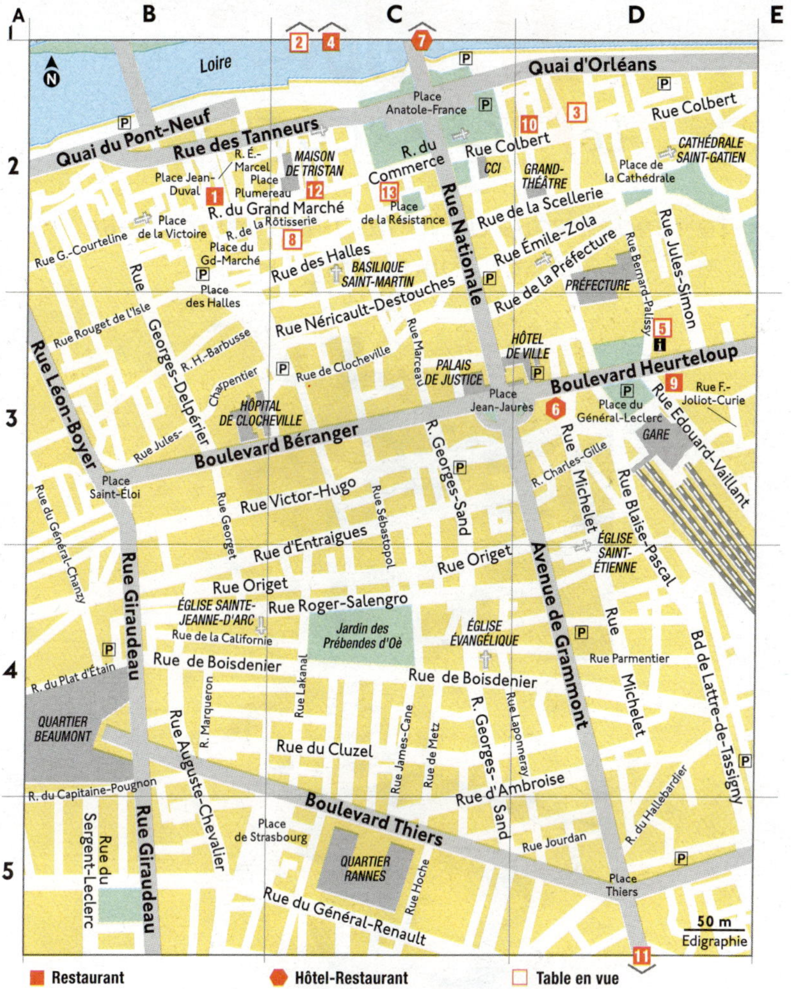

Carte de Tours

Loire

Quai du Pont-Neuf — Rue des Tanneurs — Quai d'Orléans — Rue Colbert

Place Anatole-France

Place Jean-Duval — Place Plumereau — MAISON DE TRISTAN — R. du Commerce — Rue Colbert — CCI — GRAND-THÉÂTRE — Place de la Cathédrale — CATHÉDRALE SAINT-GATIEN

Place de la Victoire — R. du Grand Marché — Place de la Résistance — Rue de la Scellerie

Rue G.-Courteline — Place du Gd-Marché — R. de la Rôtisserie — Place des Halles — Rue des Halles — BASILIQUE SAINT-MARTIN — Rue Émile-Zola — Rue de la Préfecture — PRÉFECTURE

Rue Rouget de l'Isle — Rue Néricault-Destouches — HÔTEL DE VILLE

Rue Léon-Boyer — Rue Georges-Delpérier — R. H.-Barbusse — Charpentier — Rue de Clocheville — PALAIS DE JUSTICE — Place Jean-Jaurès — Boulevard Heurteloup — Rue F.-Joliot-Curie

HÔPITAL DE CLOCHEVILLE — Rue Jules- — Place du Général-Leclerc — GARE

Boulevard Béranger — R. Georges-Sand — R. Charles-Gille — Rue Michelet — ÉGLISE SAINT-ÉTIENNE

Place Saint-Éloi — Rue Victor-Hugo — Rue Sébastopol — Rue d'Entraigues — Rue Origet

Rue Giraudeau — Rue Origet — Rue Roger-Salengro — ÉGLISE SAINTE-JEANNE-D'ARC — Rue de la Californie — Jardin des Prébendes d'Oé — ÉGLISE ÉVANGÉLIQUE — Avenue de Grammont — Rue Parmentier

R. du Plat d'Étain — Rue de Boisdenier — Rue de Boisdenier — Rue Michelet — Bd de Lattre-de-Tassigny

QUARTIER BEAUMONT — Rue Marqueron — Rue du Cluzel — R. James-Cane — R. Georges-Sand — R. Laponnerie

R. du Capitaine-Pougnon — Rue Auguste-Chevalier — Boulevard Thiers — Rue d'Ambroise — Rue Jourdan — R. du Hallebardier — Place Thiers

Rue du Sergent-Leclerc — Place de Strasbourg — QUARTIER RANNES — Rue Hoche — Rue du Général-Renault

50 m
Edigraphie

■ Restaurant ◆ **Hôtel-Restaurant** □ **Table en vue**

Atelier Gourmand (L') **B-2** 1	Deuvalière (La) **C-2** 12	Petit Patrimoine (Le) **D-2** 10
Bistrot de la Tranchée **C-1** 2	Hôtel de l'Univers **D-3** 6	Roche Le Roy (La) **D-5** 11
Cap Sud **D-2** 3	Jean Bardet **C-1** 7	Singe Vert (Au) **C-2** 13
Charles Barrier **C-1** 4	Mari Morgans (Les) **C-2** 8	Touraine (La) **D-3** 6
Chien Jaune (Le) **D-3** 5	Odéon (L') **D-3** 9	

---

15 🍴 La Roche Le Roy

Blanchi sous le harnais classique, Alain Couturier, Maître-cuisinier, donne à ses chers hommes d'affaires qui le suivent depuis lurette tout ce qu'on aime de tradition finaude, de campagne distinguée et de prestige bourgeois : un peu de homard, mais aussi des terrines de gibier, une vraie matelote au vouvray, un cervelas de géline et pied de porc. Cette générosité d'un autre temps se retrouve jusque dans les propositions du moment, un savoureux rouget au pistou ou une vraie bouchée à la reine, avec ris de veau et quenelles de volaille à laquelle il ne manquait que les crêtes de

→ 55 rte de Saint-Avertin
☎ 02 47 27 22 00
F. dim., lundi, vac. scol. fév. et
3 sem. déb. août.
Jusqu'à 21h15.

 idéal gourmet

Le Hardouin
LE CHARCUTIER

Le rendez-vous de la tradition tourangelle
Maison fondée en 1936

Deux magasins à Tours :
• *Les Halles, allée centrale*
• *Le Vinci, 70 rue Bernard Palissy*

Deux magasins à Vouvray :
• *Le Virage Gastronomique, RN 152*
• *Le Bourg, 8 rue de la République*

Expéditions France entière

L'Etang Vignon, Vouvray - 02 47 40 40 40 - www.hardouin.fr

coq. Ce manoir aux portes de la ville, au bord d'une sortie d'autoroute, est tout simplement le symbole d'une Touraine douce, gourmande et encore un peu rabelaisienne, même si la note s'ajuste en légère baisse par souci d'harmonisation. Service sans aucun reproche dans le salon Belle Epoque, avec un maître d'hôtel parfait dans le savoir-faire et le conseil personnalisé, Desserts dans le registre (soufflé, craquelin fruits rouges) et cave classique à tendance Loire, le meilleur de vouvray, montlouis, chinon en particulier.

C : 60 € • M : 35-70 €   www.rocheleroy.com

- -

13 La Touraine

La table de cet hôtel qui compte parmi les plus chics du département ne doit pas se considérer comme presque exclusivement réservée aux résidents. Dans ces beaux salons, chacun trouvera des sources de satisfaction grâce à un impeccable menu-carte à 28 € : pannequet de saumon fumé et crème de raifort, pavé de cœur de rumsteck au poivre vert, poires et pruneaux pochés au vin. Cave complète en loire.

C : 45 € • M : 28-39 €   www.hotel-univers.fr

→ 5 bd Heurteloup
☎ 02 47 05 37 12
F. dim. (1er nov.-31 mars) et à déj. (14 juil.-24 août).
Jusqu'à 21h30.

Hôtel de l'Univers

Le roi Alphonse XIII, le roi Hassan II, Churchill, Hemingway, Rockefeller… autant de prestigieuses signatures sur un livre d'or à faire pâlir de jalousie quelques grands hôtels parisiens. Chambres spacieuses, climatisées et meublées d'époque (fin XIXe, début XXe) offrant des prestations sans failles. Emplacement pratique, à deux pas de la gare TGV.

8 appart. 337-398 € • 77 ch. 198-270 €   www.hotel-univers.fr

→ 5 bd Heurteloup
☎ 02 47 05 37 12
🖨 02 47 61 51 80
Ouv. 7j/7.

- -

12 L'Atelier Gourmand 💙

De l'envie, de la curiosité, du professionnalisme : dans le joli bistrot du quartier historique des frères Bironneau, on avance fort. Sous les notes de jazz, le terroir bistrotier trouve du tonus et de l'imagination. Un clafoutis de poireaux et rillons épaule les asperges sauce mousseline, l'incontournable tête de veau navigue avec le cassoulet de souris d'agneau, les idées du jour ont toujours la grâce, le tian de thon comme le sauté de veau aux olives. La cave est un autre domaine de compétence, avec des cadors de Loire, Mérieau, Guiberteau, Alliet, renforcés par quelques collègues éminents d'autres régions (Binner en Alsace par exemple). Aimables desserts maison (fondant, pudding aux épices, crème renversée cardamome…).

C : 30 € • M : 20 €   www.lateliergourmand.fr

→ 37 rue Etienne-Marcel
☎ 02 47 38 59 87
F. sam. à déj., dim., lundi (h.s.), w.-e., lundi (saison) et 20 déc.-10 janv.
Jusqu'à 22h30.

- -

12 L'Odéon

Sur la vaste place de la gare, l'Odéon est un rendez-vous pratique, bistrot chic classique, parquet, nappes blanches. Assise sur ses acquis, la cuisine ne bouge guère, et il suffit d'un léger déficit d'enthousiasme dans la réalisation pour faire basculer la note, malgré de bons produits (la géline de Touraine, jus de viande et morilles), même si le niveau d'ensemble reste très honorable. La cave, certes importante sur la Loire, mais classique, ne semble pas être une priorité.

C : 45 € • M : 22,50-34,50 €   www.restaurant-odeon.fr

→ 10 pl de la Gare
☎ 02 47 20 12 65
F. dim. et 3 prem. sem. août.
Jusqu'à 21h30.

11 La Deuvalière

Dans le quartier historique et fréquenté, cette petite table vogue dans le bon vent depuis quelques saisons. Une sympathique cuisine d'assemblage, où le produit s'efface devant l'imagination, cultive la fraîcheur dans une atmosphère très détendue qui explique le succès touristico-local. Un jeune service alerte apporte de jolies assiettes qui racontent de lointains voyages (brochette de gambas en chermoula, rouleau de printemps au jambon, rougets tropicaux et risotto à l'encre de seiche) ou de bons plats de terroir à peine détournés. Cave ligérienne classique, tarifs bien étudiés.
C : 28 € • M : 23-32 €   ladevaliere @wanadoo.fr

→ 18 rue de la Monnaie
☎ 02 47 64 01 57
F. sam. à déj., dim. et lundi.
Jusqu'à 22h30.

11 Le Petit Patrimoine

L'enseigne résume joliment l'ambition de ce restaurant de la vieille ville : le terroir avant tout, celui des grands-mères tourangelles qui ont œuvré à perpétuer la tradition de la tourte aux rillons, de la salade aux écrevisses ou des poires tapées. Le décor embrasse à merveille le propos, entre poutres et pierres de tuffeau.
C : 25 € • M : 14,80-31 €

→ 58 rue Colbert
☎ 02 47 66 05 81
F. dim. et lundi. F. ann. non comm.
Jusqu'à 22h.

Bistrot de la Tranchée

Le bistrot d'Hervé Lussault (restaurant Charles Barrier) offre une bonne alternative aux adresses de centre-ville : marbré de lapin au sauvignon et baies roses, filet de bar à la plancha et fenouil confit à la vanille, suprême de pintade au sautoir et risotto de shitaké.
C : 28 € • M : 12-25 €   charles.barrier@cegetel.fr ou charles-barrier@yaho

→ 103 av de la Tranchée
☎ 02 47 41 09 08
F. dim., lundi et août.
Jusqu'à 22h30.

Cap Sud

Une cave super branchée pour une table qui l'est autant dans la rue la plus animée de la ville sur le front de la restauration : les données sont ainsi posées. Reste à mettre le Cap au Sud, mais plutôt tous azimuts pour l'assiette (sablé de thon rouge et vinaigrette de soja, ballottine de poulet fermier farcie de champignons aux herbes sauce morilles, craquant de grué de cacao et crème de chocolat blanc sorbet au cacao) et sur un axe Loire-Rhône-Languedoc, pour les vins avec nombre de très bons propriétaires (Joguet, Blot, chidaine, Villard, Brun, Fadat et même Gallety (jetez vous, si vous le pouvez sur la Syrare à 60 €, c'est si rare)).
C : 34,50 € • M : 20-31 €

→ 88 rue Colbert
☎ 02 47 05 24 81
F. dim., lundi et dern. sem.
août-1re sem. sept.
Jusqu'à 21h30.

Le Chien Jaune

Une rue calme près de la gare, un Chien jaune qui n'aboie ni ne rugit, mais offre un cadre vieux bistrot débordant de sympathie pour une cuisine de brasserie enrichie de quelques plats régionaux (la beuchelle). Jeune service dynamique et gouailleur, bien dans le ton des lieux.
C : 13,95 € • M : 13,95-28,95 €

→ 74 rue Bernard-Palissy
☎ 02 47 05 10 17
F. dim.
Jusqu'à 22h45.

Les Mari Morgans

Même réaménagé pour plus de confort, le décor conserve heureusement son charme rustique, entre architecture typique du vieux Tours et clin d'œil à une Bretagne qui alimente aussi les assiettes, avec les Bisquines de moules de Cancale ou de poissons de la criée, ou encore les Planchettes (cuisson pierrade), qui se déclinent également en version viande. Glaces artisanales et sélection plaisante en vins du Val de Loire.
M : 15,90-23,90 €

→ 6 rue de la Rôtisserie
☎ 02 47 64 95 34
F. à déj. (sem. hiver).
Jusqu'à 22h (23h w.-e.).

G
M

◉ Au Singe Vert

Etape incontournable à deux pas de la place Plumereau dans le décor chaleureux de ce bistrot très Années trente, avec ses réclames et son ambiance conviviale, bien alimentée par de solides spécialités traditionnelles, qui n'excluent pas quelques escapades plus originales.
C : 30 € • M : 13,95-28,95 €

Villes de proximité, voir :

↻ AZAY SUR CHER ....11 km S.E. par N 76

↻ FONDETTES...........................7 km O. par N 152 **(13/20)**

↻ LARÇAY ....4 km E. par N 76 **(14/20)**

↻ MEMBROLLE (LA)................7 km N.O. par D 676 et D 938

↻ ROCHECORBON......................5 km E. par N 152 **(14/20)**

TOURTOUR - 83690 (34 A 5)
Toulon 90 - Draguignan 18

15 🍴🍴 Les Chênes Verts

→ Rte de Villecroze
☎ 04 94 70 55 06
F. mardi, merc. et juin-juil.
Jusqu'à 21h.

Discrète : c'est le premier qualificatif auquel on songe au moment d'évoquer cette maison dont le seul signe d'existence pour les passants se résume à un simple porte-carte accroché à l'entrée d'un parc qui isole totalement cette grande bâtisse du monde extérieur. On manque d'ailleurs l'entrée du parking, située au détour d'un virage serré. Puis on peste parce que le client ne peut opter que pour le menu dégustation et sa succession de plats (certes, d'un remarquable rapport qualité-prix), le menu truffe ou la courte carte qui fait grimper l'addition. L'agacement se confirme avec un premier plat que l'on ne comprend pas vraiment : pourquoi donc emmailloter de jolis petits gris dans une pâte à beignet aux algues ? C'est d'autant plus dommage que la hure de cochon aux épices servie en accompagnement est remarquable. Et puis tout s'emballe avec cette gourmandise de lasagnes fraîches aux légumes de saison rehaussée d'une crème de truffe, de copeaux de parmesan, d'un œuf poché et d'un beau jus d'ortie. La démonstration se poursuit avec un impeccable cabillaud bien enlevé par une association de tomates-courgettes et de rattes écrasées et parfumées au safran, puis avec un plat à tendance bistrotière (des filets d'agneau juste grillés et ses pieds servis en croquette, quelques pommes nappées d'une crème de cèpes et flanquées d'une chiffonnade d'ail des ours…) Assortiment de desserts percutants, cave privilégiant le Bordelais et la Bourgogne.
C : 70 € • M : 52-135 €

13 🍴 L'Empreinte

→ Montée de Saint-Denis
☎ 04 98 10 54 20
F. à déj. lundi-vend. (15 sept-20 déc., 5 janv.-15 juin sf fériés).
Jusqu'à 21h30.

Dans le cadre de caractère de cette salle à manger dominée par les voûtes en pierre, le menu-carte décline un hommage appuyé et plein de raffinement à la gastronomie provençale. Des produits choisis avec soin, des préparations personnelles et respectueuses : le chef sait y faire et le résultat ne manque pas de brio : tarte fine façon pissaladière et brochette de gambas, loup à la salamandre et fenouil braisé, salade de fruits frais et jus verveine. Beau choix de crus provençaux.
M : 32-75 €   *www.bastidedetourtour.com*

↗ 5 rue Marceau
☎ 02 47 20 02 76
F. dim.
Jusqu'à 22h30.

La Bastide de Tourtour

Si l'architecture n'est pas tout à fait authentique, cette évocation des maisons anciennes est réussie et abrite de vastes chambres au luxe très Grand Siècle, avec tentures et meubles de style, dans un espace généreux. Le parc est vaste et la vue embrasse l'horizon au gré des collines provençales.
25 ch. 140-350 €

www.bastidedetourtour.com

→ Rte de Flayosc
☎ 04 98 10 54 20
🖷 04 94 70 54 90
Ouv. 7j/7.

----

13 🍴 La Table

Difficile de faire plus simple comme enseigne… Une sobriété que l'on retrouve dans le décor et qui traduit bien que la vedette ici, c'est la cuisine de Laurent Guyon, ludique et raffinée dans sa façon d'utiliser les produits de saison, habile dans l'art de proposer les saveurs attendues en les assaisonnant à sa sauce personnelle : le foie gras se présente poché, avec un chutney de mangue, le thon s'accompagne de girolles et d'une sauce au vin rouge, tandis qu'on trouve une glace à l'huile d'olive au côté du moelleux au chocolat. L'équilibre est bien tenu et le service impliqué conforte un bon moment, tout comme la cave largement provençale.
C : 50 € • M : 25-35 €

→ Les Ribas
☎ 04 94 70 55 95
F. mardi et prem. sem. de juillet.
Jusqu'à 20h30.

LA TOUSSUIRE - 73300	**(28 B 4)**

Chambéry 83 - Saint-Jean-de-Maurienne 16

Les Soldanelles

Un immeuble contemporain, aux bons équipements de détente et de confort (hammam, spa, fitness), aux chambres agréables dans le style savoyard, mobilier bois, moquette au sol. Cuisine traditionnelle au restaurant avec spécialités régionales.
39 ch. 50-130 €

www.hotelsoldanelles.com

→ Rue des Chasseurs-Alpins
☎ 04 79 56 75 29
🖷 04 79 56 71 56
F. 23 avril-fin juin et sept.-19 déc.

TOUZAC - 46700	**(29 D 2)**

Cahors 38 - Villeneuve-sur-Lot 31

La Source Bleue

Le vaste parc au bord du Lot abrite trois moulins distincts (du XIᵉ au XVᵉ siècle) et bien sûr une source, qui entretient l'humidité nécessaire à la bambouseraie, original lieu de détente, entre bassins de carpes et hérons aux aguets. A l'intérieur, les chambres adoptent des styles personnalisés et permettent d'apprécier cette étape paisible.
1 appart. 140 € • 12 ch. 80 €

www.sourcebleue.com

→ Moulin de Leygues
☎ 05 65 36 52 01
🖷 05 65 24 65 69
F. 15 nov.-13 mars.

TREBEURDEN - 22560	**(13 D 2)**

Lannion 11 - Perros-Guirrec 14

15 🍴🍴 Manoir de Lan-Kerellec

La sûreté du capitaine donne confiance aux passagers de cette croisière dans le plus beau décor marin qui soit. Marc Briand tient la barre avec aisance et raffinement et les convives de cette salle bourgeoise tournée vers la mer jusque dans sa déco apprécient ce naturel en finesse et fraîcheur, sur la dorade en tartare aux aromates et langoustine croustillante, la sole vapeur amandes fraîches poireaux et coquillages ou le bar de ligne poêlé en filets mousseline d'artichaut et jus de rhubarbe. La manière est précise, actuelle, aux

→ Allée Centrale de Lan-Kerellec
☎ 02 96 15 00 00
F. lundi-jeudi à déj. (sf fériés) et fin nov.-mars.
Jusqu'à 21h30.

cuissons justes et servi avec un brin de solennité mais aussi une grande application. Bons desserts fruités, cave de grands crus mais aussi de petits propriétaires.
C : 60 € • M : 39 €   *www.lankerellec.com*

Manoir de Lan-Kerellec

Un vrai manoir de granit rose face à la mer, un charme intact dans la tradition régionale, belles patines, esprit marin et maison de famille. Chambres en harmonie, déco marine ou contemporaine signée par la propriétaire Luce Daubé.
19 ch. 105-434 €   *www.lankerellec.com*

→ Allée Centrale de
Lan-Kerellec
☎ 02 96 15 00 00
🖨 02 96 23 66 88
F. 1er janv.-déb. mars et fin nov.-31 déc.

- -

14 Ti Al Lannec

Au bout d'un petit chemin et d'un parc ciselé, l'énorme bâtisse au style architectural typique de la région s'étale de tout son long en surplomb de la somptueuse baie de Trébeurden. Et même si, comme ce jour là, la brume ouate le manoir, le charme opère avec la même intensité. Une atmosphère chaleureuse, des fauteuils confortables , le feu dans la cheminée, la gentillesse du personnel…voici un bon moment qui s'annonce et que ne démentira pas le repas servi dans la salle panoramique : une cuisine sans manière, équilibrée, réjouissante à l'œil et au palais, et qui vaut un point de plus pour le pressé de tomates et cabillaud sauce pistou, la pièce de bœuf sauce lie de vin et légumes farcis à la moelle, la belle et fraîche fantaisie de fruits rouges. Les chambres, dominant la mer et agrémentées d'un spa, sont un atout supplémentaire de détente et de repos.
C : 92 €   *www.tiallannec.com*

→ 14 allée de Mézo-Guen
☎ 02 96 15 01 01
F. mi-nov.-déb. mars
Jusqu'à 21h30.

Ti Al Lannec

Depuis les différentes terrasses aménagées dans le jardin, comme depuis les chambres (certaines avec balcon), la mer est partout en panorama. L'hôtel s'apprécie également dans le confort personnalisé de jolies chambres romantiques et bourgeoises, tissus fleuris et mobilier de style.
7 appart. 232-279 € • 26 ch. 88-238 €   *www.tiallannec.com*

→ 14 allée de Mézo-Guen
☎ 02 96 15 01 01
🖨 02 96 23 62 14
F. mi-nov.-déb. mars.

TREGASTEL - 22730   (13 D 2)
Saint-Brieuc 78 - Perros-Guirec 9

10 Auberge de la Vieille Eglise

Près de l'église, cette auberge fidèle récite son chapelet de spécialités avec une constance qui justifie le pèlerinage, pour la terrine de foie gras et queue de bœuf, le filet de lieu jaune au beurre blanc, la tarte fine aux pommes, sans oublier le cadre typique.
C : 38 € • M : 15-35 €   *bruno.le-fessant@wanadoo.fr*

→ Bourg
☎ 02 96 23 88 31
F. dim. à dîn., lundi, mardi à dîn. (h.s.), lundi (juil.-août) et 3 sem. mars.
Jusqu'à 20h30.

- -

Park Hotel Bellevue

Née dans les années trente, la maison a gardé, à travers les rénovations et un confort bien actualisé, un peu de l'esprit de cette époque dans l'atmosphère qui s'en dégage. Le parc est un luxe agréable et on préférera bien sûr les douze chambres donnant sur la mer, pour justifier le nom.
2 appart. 168-218 € • 31 ch. 51-136 €   *www.hotelbellevuetregastel.com*

→ 20 rue des Calculots
☎ 02 96 23 88 18
🖨 02 96 23 89 91
F. 1er-16 janv. et 11 nov.-31 déc.

TREGLONOU - 29870 (13 B 2)
Lannilis 3 - Ploudalmézeau 9

10 Manoir de Trouzilit
Installé au bord de l'aber Benoît sur 30 ha de forêts, ce complexe de loisirs (équitation, minigolf, gîtes, chambres d'hôtes…) propose de se restaurer, installé dans un manoir du XVIe siècle, autour d'une carte de crêpes et galettes variées et soignées.
C : 17 €   www.manoir-trouzilit.com

→ ☎ 02 98 04 01 20
F. sem. (sept-juin, sf fériés, sf vac. scol.) et 1 sem. nov.
Jusqu'à 21h (21h30 été).

TREGUNC - 29910 (13 C 4)
Quimper 30 - Concarneau 6

Château de Kerminaouet
Sur un vaste domaine paysager (56 hectares de bois, prairies, jardin, étangs et ruisseaux), les chambres sont installées dans un sobre château du XIXe siècle (le manoir XVe ou le pigeonnier accueillent des gîtes). Décor à l'ancienne et la nature à perte de vue.
1 appart. 200 € • 10 ch. 80-120 €   www.chateaubretagne.info

→ vers la route de Pont-Aven
☎ 02 98 50 19 68
🖷 02 98 50 26 28
Ouv. 7j/7.

TRELLY - 50660 (5 B 4)
Saint-Lô 35 - Granville 25

La Verte Campagne
Nichée dans la verdure manchoise, une délicieuse chaumière XVIIe qui a su cultiver un charme cottage, intime et britannique, très apprécié des amateurs de week-ends romantiques. Chambres aux meubles normands stylés, l'une d'elles avec lit à baldaquin, quelques tapisseries Laura Ashley. Au restaurant, une intéressante cuisine de terroir, bien actualisée.
6 ch. 50-78 €   www.lavertecampagne.com

→ Le Hameau Chevalier
☎ 02 33 47 65 33
🖷 02 33 47 38 03
F. 15 nov.-15 déc.

LE TREMBLAY - 49520 (15 D 3)
Châteaubriant 30 - Segré 13

12 Ferme-Auberge La Touche
En plein bocage, une vraie ferme XVIIIe, des vraies volailles élevées sur place (on peut aller leur dire bonjour), du vrai cidre, du vin d'Anjou pour les sauces : vous ne trouverez pas plus authentique à des kilomètres à la ronde, avec des recettes ancestrales, pâté de canard aux noix, terrine de pintade, blanc de poulet au Cointreau. Les fruits rouges complètent les desserts en saison.
M : 14,70-25,20 €

→ ☎ 02 41 94 22 45
F. dim. à dîn., lundi, mardi, merc. à dîn., jeudi à dîn. (oct.-mars), dim. à dîn., lundi, mardi (avril-sept.), 3e w.-e. de chaque mois, 1 sem. fév. et 1 sem. juil.
Jusqu'à 21h.

LE TREMBLAY SUR MAULDRE - 78490 (7 B 2)
Paris 43 - Versailles 23 - Rambouillet 22

13 Restaurant Laurent Trochain
Pourvu que le teston ne vienne pas trop vite à ce jeune chef doué qui a fait d'une maison de village un rendez-vous d'initiés. Les articles succèdent aux bonnes notes, la renommée auprès de l'intelligentsia qui mange est déjà acquise. Pourtant, il faut encore asseoir, expliquer, progresser, bref s'exprimer avec une certaine humilité pour que ces assiettes, pour intéressantes qu'elles soient - quenelle de poisson, crème de langoustine et croustillant d'emmental, sandre rôti, crème de champignon et vin rouge, céleri-rave, laitue de mer et tomate farcie, filet d'agneau frotté au cumin et brochette de pois gourmands - deviennent des références indiscutables. Certs on peut trouver des cousinages, avec un Zuddas

→ 3 rue du Gén-de-Gaulle
☎ 01 34 87 80 96
F. lundi, mardi, 1er-15 janv. et 15-30 août.
Jusqu'à 21h.

ou même un Chauvel, mais il convient de ne pas brûler les étapes. A moins de 50 €, l'aventure est déjà très tentante, l'atmosphère encore un peu compassée, la cave en développement.
C : 45 € • M : 45-60 €   www.restaurant-trochain.fr

TREMOLAT - 24510   (24 B 4)
Lalinde 14 - Les Eyzies 25

16 🍴 **Le Vieux Logis**

Un lecteur enthousiaste nous parle de son meilleur repas en Périgord, et le compliment sera sans doute du goût du jeune chef de cette superbe maison. Vincent Arnould a d'ailleurs traversé une bonne année 2007, avec son titre de Meilleur Ouvrier de France, ce qui asseoit un peu plus sa légitimité, s'il en était besoin. Car la variation sur les asperges, le veau du pays avec son croustillant de pommes de terre, le superbe pigeon laqué au vin de noix ou les fruits rouges en vacherin minute peuvent facilement dispenser de sortir les diplômes : ils sont suffisamment éloquents, y compris pour ces deux belles toques. Service digne d'un Relais & Châteaux, cave très bien renseignée sur le vignoble départemental (les meilleurs bergeracs) et par extension sur le Bordelais.
C : 75 € • M : 37-90 €   www.vieux-logis.com

→ Le Bourg
☎ 05 53 22 80 06
Ouv. 7j/7.
Jusqu'à 21h.

c̃ c̃ c̃ **Le Vieux Logis** 🥄

La longue réputation du Vieux Logis a depuis longtemps dépassé nos frontières. On vient de toute l'Europe et du monde entier, découvrir le Périgord à travers la belle maison de famille des Giraudel, ancien prieuré XVI-XVIIᵉ, aménagé en hôtel de charme il y a un demi-siècle. La luxueuse sérénité des lieux - terrasse ombragée de tilleuls, jardin à la française de buis taillés, chambres en harmonie, enduits à l'ancienne, mobilier rustique et tissus Pierre Frey - n'est pas près de s'éteindre.
9 appart. 355 € • 17 ch. 158-330 €   www.vieux-logis.com

→ Le Bourg
☎ 05 53 22 80 06
🖷 05 53 22 84 89
Ouv. 7j/7.

- -

13 🍴 **Bistrot d'en Face**

Du bistrot régional qui vaut une toque ? Oui c'est possible, quand le taulier s'appelle Bernard Giraudel, propriétaire du "Relais & Châteaux d'en face", une des plus belles tables du Périgord (le Vieux Logis). Ici, les produits sont simples et bons, et aussi bien traités qu'en la maison-mère, à des tarifs incitatifs : cassolette d'escargots, dos de lieu en aïoli, cuisse de poulet au verjus, pot-au-feu de cuisse de canard... Cave bien vue dans une atmosphère de bon goût.
C : 25 € • M : 13,30-24,75 €   www.vieux-logis.com

→ Le Bourg
☎ 05 53 22 80 69
Ouv. 7j/7.
Jusqu'à 21h.

TREVOU TREGUIGNEC - 22660   (13 D 2)
Saint-Brieuc 66 - Lannion 14 - Perros-Guirec 11

12 **Ker Bugalic**

Avec sa vue panoramique sur la baie, cette salle est un peu l'étape touristique idéale. Pas question, dans ce contexte, de dérouter ou de décevoir, la carte propose donc une belle variété de propositions élaborées, aux saveurs rassurantes, bien dans le ton d'un service convivial et élégant à la fois : poêlée de queues de langoustines au thym et fleur de sel, lieu jaune à la crème de bigorneau, pommes caramélisées sur sablé breton.
C : 40 € • M : 25-38 €   www.kerbugalic.fr

→ 1 Vieille-Côte-de-Trestel
☎ 02 96 23 72 15
F. non comm.
Jusqu'à 21h.

TRIGANCE

Castellane 20 - Toulon 126 - Draguignan 52

11 La Cotte de mailles

La salle voûtée, qui semble encore résonner des éclats de voix de banquets médiévaux, a tendance à figer un peu la cuisine dans un classicisme de bon aloi (pigeon rôti et jardinière de légumes), mais la déclinaison de tomates (farcie au chèvre mentholé, en crumble et en gaspacho) sait également apporter un peu d'air frais. On déniche sans peine un flacon local intéressant sur la carte des vins.
C : 55 € • M : 28-48 €   *www.chateau-de-trigance.fr*

→ Le Château, montée de Saint-Roch
☎ 04 94 76 91 18
F. 1er nov.-27 mars.
Jusqu'à 21h.

Château de Trigance

L'arrivée sur cet imposant château fort, perché au-dessus du village sur un piton rocheux, est un premier grand moment. Arrivé en haut, la vue est époustouflante et les chambres proposent une interprétation remarquable des influences médiévales, respectant ainsi l'esprit des lieux sans perdre en élégance.
2 appart. 195-195 € • 8 ch. 115-175 €   *www.chateau-de-trigance.fr*

→ Le Château, montée de Saint-Roch
☎ 04 94 76 91 18
📠 04 94 85 68 99
F. 1er nov.-27 mars.

Vannes 32 - Carnac 4

14 L'Azimut

Les bonnes vibrations perdurent, l'Azimut est bien réglé. Rudy Deniaud a le talent et les bonnes idées pour viser, à terme, les deux toques, et notre dernier repas a consacré une maîtrise encore en hausse sur des produits irréprochables, dans une manière personnelle qui ne néglige pas les artifices contemporains : carpaccio de langoustines rémoulade de livèche, filet de saint-pierre tomate rôtie et chantilly d'oseille, bar façon mille-feuille, pourpier, roquette et herbes sauvages. L'atmosphère délurée et enthousiaste créée par Véronique en salle aide aussi à faire les bons choix (du standard marin de haut vol, les huîtres, les plates de pleine mer, le bar au beurre blanc, le homard grillé sauce corail…). La cave, très forte en Loire (Angeli, Bablut, Germain, Coulée de Serrant, Puzelat, Dagueneau) s'enrichit de très bons propriétaires un peu partout (Dancer, Hauvette, Arretxea, Olivier Pithon…).
C : 70 € • M : 25-60 €   *www.charme-gastronomie.com*

→ 1-3 rue du Men-Dû
☎ 02 97 55 71 88
F. mardi, merc. (hiver), lundi (juil.-août). F. ann. non comm.
Jusqu'à 21h45.

11 Restaurant l'Arrosoir

L'enseigne est aussi sympathique que la maison et la vue sur le port dicte une cuisine marine dont le chef se sort sans encombre, produits bien achetés et saveurs préservées dans l'assiette par des préparations sobres : dos de cabillaud rôti, filet de rouget à l'huile vierge.
C : 35 €   *leshortensias@aol.com*

→ 4 pl Yvonne-Sarcey
☎ 02 97 30 13 58
F. lundi, mardi à déj., merc. à déj. (h.s.) et janv.
Jusqu'à 22h.

Le Petit Hôtel des Hortensias

Une maison XIXe en pierre sur un port breton, la recette est connue, mais elle prend ici une forme particulièrement agréable, décor coquet mêlant les couleurs et les matières de façon harmonieuse et atmosphère intime et conviviale.
6 ch. 99-150 €   *www.leshortensias.info*

→ 4 pl Yvonne-Sarcey, pl de la Mairie
☎ 02 97 30 10 30
📠 02 97 30 14 54
F. janv.

Le Lodge Kerisper

Un concept hôtelier en accord avec son époque : dans un ancien corps de ferme XIXe, une ambiance de maison de famille avec les services d'un quatre-étoiles (room service, bar à vins, wifi, massages, cadeaux pour les enfants...). Les chambres, contemporaines et claires, décorées de meubles chinés ou plus simplement actuels, rideaux d'organdi, parquets, salles de bains rétro, donnent sur le jardin de curé aux vieux pommiers, rosiers, olivier centenaire, hortensias, camélias...

3 appart. 180-290 € • 20 ch. 95-145 €

→ 4 rue du Latz
☎ 02 97 52 88 56
🖷 02 97 52 76 39
F. janv.

www.lofgekerisper.com

TRIZAY - 17250   **(22 A 4)**
La Rochelle 50 - Rochefort 19

14 Les Jardins du Lac

Désormais assisté par son fils, Michel Suire fait parler sa longue expérience pour transmettre dans les meilleures conditions cette affaire qu'il a montée de toutes pièces dans les années quatre-vingt-dix après plus de vingt années passées aux Claires, à Bource-franc. L'homme a le goût du beau produit et, s'il n'a que peu cédé aux sirènes de la mode, il propose de jolies réalisations dans un esprit régional : petits pots de cagouilles au beurre de cèpes, dos de maigre poêlé, jeune fenouil confit et petites courgettes, pomme Belchard fondante, gelée d'orange et thé vert. Quelques chambres plaisantes, dans un cadre calme et verdoyant.

C : 70 € • M : 28-48 €

→ Lac du Bois-Fleuri, D 123
☎ 05 46 82 03 56
F. dim. à dîn., lundi, mardi (nov.-mars) et vac. scol. fév.
Jusqu'à 21h.

www.jardins-du-lac.com

TROGUES - 37220   **(17 C 5)**
Chinon 28 - Tours 44

Les Molières

Cette maison en pierre blanche donne sur un parc agréablement paysager. A l'intérieur, on apprécie des chambres d'inspiration contemporaine, riches en détails et en couleurs qui se répondent pour créer des ambiances personnalisées.

2 appart. 200-310 € • 5 ch. 110-160 €

→ M. Gabriel-Hebinger, le Bois-Brûlé
☎ 02 47 58 69 73
F. 4-28 fév.

www.lesmolieres.net

LES TROIS DOMAINES - 55220   **(11 B 3)**
Bar-le-Duc 28 - Verdun 25

12 Relais de la Voie Sacrée

L'auberge est à moins de deux kilomètres de la gare TGV, une bonne occasion pour tous de découvrir cette adresse qu'on se repasse déjà depuis longtemps en Meuse. Le piano à quatre mains, entre Christian Caillet-Salvi et son jeune second Julien Dufour, dynamise ces jolies salles traditionnelles au rythme des produits locaux, tantôt sur un mode classique (confit de canard et parmentier aux cèpes), tantôt sur un mode ludique (le marbré de suprême de volaille et foie gras s'habille d'un confit de cynorhodon et tomate verte en contraste acide). La cave fait preuve d'une belle ouverture d'esprit, du plus proche (VDP de la Meuse) jusqu'au Sud-Ouest.

C : 48 € • M : 18-60 €

→ 1 Voie Sacrée, Issoncourt
☎ 03 29 70 70 46
F. dim à dîn., lundi (1er oct.-31 mai) et janv.-fév.
Jusqu'à 21h.

www.voiesacree.com

TROO

TROO - 41800 (17 C 3)
Le Mans 62 - Tours 54 - Vendôme 28

✳ Château de la Voûte
Gardé par deux tours médiévales, cet élégant château XVIIIᵉ bénéficie d'une belle situation sur le Loir (très agréable terrasse panoramique). Dans les chambres, toile de Jouy et meubles chinés créent
une atmosphère très agréable.
2 appart. 135-150 € • 4 ch. 85-135 €   *www.www.chateaudelavoute.com*

→ Trôo
☎ 02 54 72 52 52
🖷 02 54 72 48 18
Ouv. 7j/7.
🚗

TROUVILLE SUR MER - 14360 (6 A 3)
Caen 60 - Lisieux 30

13 Les Quatre Chats
L'ambiance est ici volontiers chaleureuse (le nom fait référence à
une véritable auberge espagnole) et il fait vraiment bon vivre auprès
de ces 4 Chats et des Salmon leurs maîtres, Serge en salle, Muriel
en cuisine, à portée de main et de voix, occupée à concocter au gré
du marché et de ses envies des assiettes complices et savoureuses,
pour un plaisir direct et massif. On en ronronne de plaisir.
C : 35 €

→ 8 rue d'Orléans
☎ 02 31 88 94 94
F. lundi à déj., mardi, merc.,
jeudi à déj. et mi-nov.-mi-déc.
Jusqu'à 21h30 (23h30 w.-e.).
♿ ≋🛒🐕

12 L'Annexe
Dans la rue des restaus, près de la halle en reconstruction, une table
branchée où l'on fait du poisson plancha et des nems d'escargots.
Tout est serré, les tables comme les prix, rythme moderne et cuisine
enlevée par un chef qui bouscule gentiment les oukases. La terrine
de joue de bœuf, les aiguillettes de canard au saté purée au chorizo
ou le bar plancha, un peu décevant néanmoins, changent notablement des moules frites. Service un peu en sous-effectif, cave
gentillette et classique, améliorée par un vaste choix de vins au verre
et de pichets adapté aux circonstances.
C : 26 € • M : 17,50-28 €   *www.restaurant-annexe-trouville.com*

→ 4 rue des Bains
☎ 02 31 88 10 27
F. 24 déc. à dîn. et 25 déc.
Jusqu'à 22h (23h w.e.).
⛱ 🐕

12 Brasserie Villa Tara
Dans ce décor exubérant et luxueux signé Jacques Garcia, on vient
s'encanailler au son d'une cuisine très tendance, entre spécialités
japonisantes (sushi, rouleaux sous le vent) et plats de brasserie
traditionnels : planche de M. Cochon (andouille de Vire, saucisson
de Lyon), jambon fumé, rillettes du Pays d'Auge), escargots sautés
façon bistrotière, soupe de chocolat jivara et glace banane. Cave
ramassée mais offrant un large choix au verre.
M : 25 €   *casinobarrieredetrouville@lucienbarriere.com*

→ Pl Mal-Foch
☎ 02 31 87 75 00
Ouv. 7j/7.
Jusqu'à 23h (23h30 w.-e.).
⛱ ♿ ≋🛒🐕

11 La Régence
Le cadre à l'ancienne fait mouche, avec ses boiseries et miroirs XIXᵉ.
La cuisine est dans le même esprit, veine classique, flambage et
sauces soignées, avec une ardoise dictée largement par les retours
de pêche, juste en face. Cave classique, avec une belle collection
de grands crus bordelais.
C : 60 € • M : 29,50-90 €   *www.la-regence.com*

→ 132 bd Fernand-Moureaux
☎ 02 31 88 10 71
F. merc. (juin, sept.), merc. et
jeudi (h.s.).
Jusqu'à 22h.
⛱ 🐕

ᴳ
 ᴍ

10 Tivoli Bistro

Au cœur de la ville, le décor gentiment suranné de la maison fait écho à une cuisine peu encline à l'aventure, mais rassurante tout autant que convaincante par son art consommé de ramener du port de quoi confectionner des assiettes pleines de fraîcheur et de saveurs, anchois marinés ou vraie sole meunière.
C : 31 € • M : 27 €

→ 27 rue Charles-Mozin
☎ 02 31 98 43 44
F. merc., jeudi, 2 sem. juin et 3 sem. mi-nov.-mi-déc.
Jusqu'à 21h30.

Galatée

Situation imprenable sur les fameuses planches (la maison est historiquement rattachée aux Bains de mer) et efficace cuisine traditionnelle, avec bien sûr une préférence pour les poissons et fruits de mer.
C : 80 € • M : 18-65 €

→ Les Planches
☎ 02 31 88 15 04
F. janv.

Les Vapeurs

La célébrissime maison en face des halles aux poissons hélas détruites par l'incendie demeure un pôle d'attractivité important pour Trouville. Fruits de mer, moules à la crème, sole meunière : on a fêté cette année les 80 ans de cette brasserie inaltérable.
C : 35 €

→ 160 bd Fernand-Moureaux
☎ 02 31 88 15 24
F. Noël.
Jusqu'à 1h.

www.lesvapeurs.fr

Best Western Hostellerie du Vallon

Un établissement néo-normand, accueillant et bien équipé. Coin cheminée et billard pour la détente, chambres de bon confort classique aux tissus coordonnés, certaines avec jacuzzi.
1 appart. 205-270 € • 61 ch. 105-160 €

→ 12 rue Sylvestre-Lasserre
☎ 02 31 98 35 00
🖨 02 31 98 35 10
Ouv. 7j/7.

Le Fer à Cheval

Un établissement simple et accueillant, qui vaut par la qualité de la déco dans des chambres au style contemporain cosy utilisant le bois naturel, le fer forgé, le lin... Viennoiseries et pain faits par le propriétaire, ancien boulanger-pâtissier...
1 appart. 140-180 € • 34 ch. 49-83 €

→ 11 rue Victor-Hugo
☎ 02 31 98 30 20
🖨 02 31 98 04 00
Ouv. 7j/7.

www.hotel-trouville.com

TROYES - 10000   (9 B 5)

Paris 182 - Auxerre 82 - Châlons-en-Champagne 83

13 Le Céladon

Ce Céladon compte parmi les adresses les plus en vue en ville. Une salle agréable proposant de confortables banquettes, un accueil souriant (mais un service un peu lent) et surtout une cuisine pleine de fraîcheur, imaginée par Savier Delavenne, jeune chef passé par quelques belles maisons : langoustines, saint-jacques et gambas rôties, bar sauvage en pavé poêlé, belles de Fontenay et artichaut, variation autour de la pomme. Une petite toque pour commencer, en attendant mieux.
M : 26 €

→ 31 rue de la Cité
☎ 03 25 80 58 23
F. sam. à déj., dim. à dîn., lundi, 2 sem. fin janv. et 3 sem. déb. août.
Jusqu'à 21h15.

---

13 La Mignardise

Le cadre, celui d'un immeuble du XVIe siècle typique de ce quartier du Bouchon de Champagne, n'est pas le moindre des atouts de la maison de Didier Defontaine. Formé à l'école des Sofitel, ce dernier opère aujourd'hui dans un registre certes classique et attendu, mais offrant assez de personnalisation pour ne jamais apparaître ennuyeux : sandre au curry léger et pomme de terre écrasée à la

→ 1 rue des Chats
☎ 03 25 73 15 30
F. dim. à dîn. et lundi.
Jusqu'à 21h30.

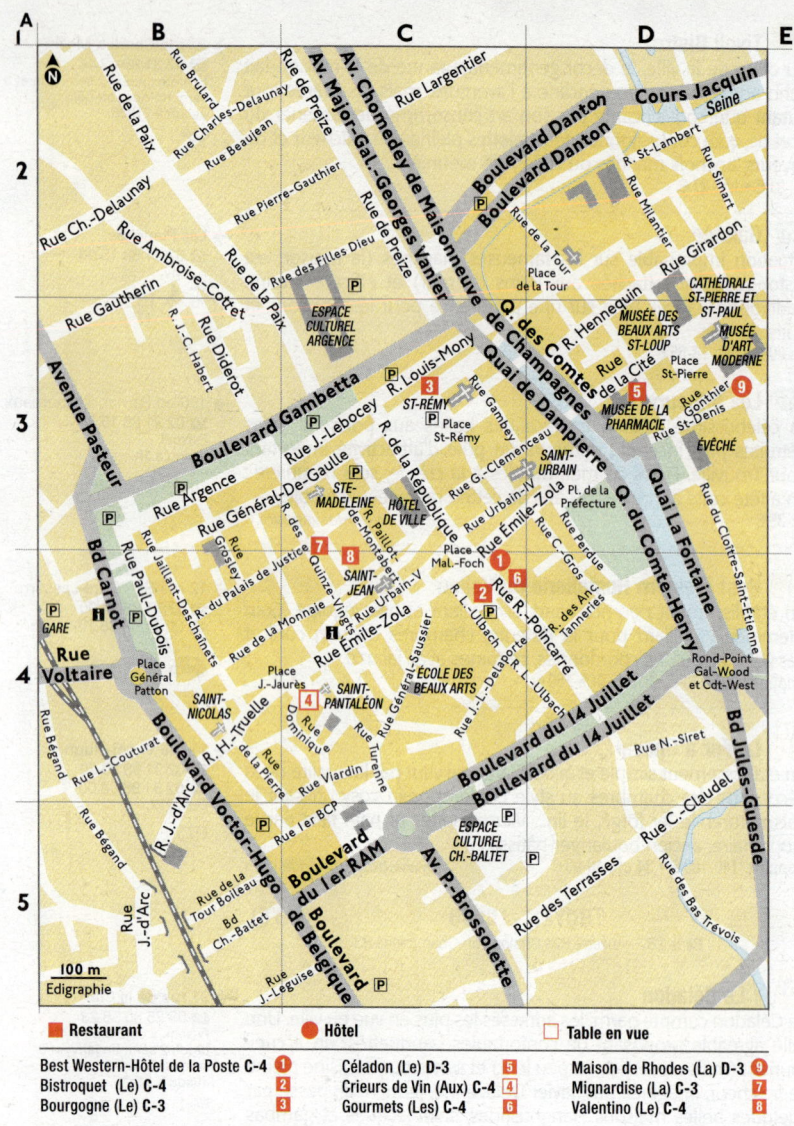

Restaurant	● Hôtel	☐ Table en vue

Best Western-Hôtel de la Poste **C-4** ❶	Céladon (Le) **D-3** ❺	Maison de Rhodes (La) **D-3** ❾
Bistroquet (Le) **C-4** ❷	Crieurs de Vin (Aux) **C-4** ❹	Mignardise (La) **C-3** ❼
Bourgogne (Le) **C-3** ❸	Gourmets (Les) **C-4** ❻	Valentino (Le) **C-4** ❽

fourchette, fricassée de volaille de Bresse aux morilles séchées, ris de veau au vinaigre balsamique et tombée d'épinards. Cave sagement tarifée et privilégiant la région.
C : 65 € • M : 24,50-50 €

Les noms des villes de proximité (dans un rayon d'environ 10 km), ayant au moins un établissement sélectionné, sont listés à la fin de chaque grande ville, avec mention de la note du restaurant la plus élevée.

13 Le Valentino

Cette jolie maison à colombages, installée au fond d'une petite cour dans le centre historique, refuse tout immobilisme et tout repli régionaliste. Si la cave place bien sûr la Bourgogne au centre des préoccupations, la carte bâtie par André Gilles s'ouvre à d'autres horizons, maritimes en particulier. Les gambas rôties au saté et riz noir, les filets de rougets rôtis, étuvée de poireaux, moules et coques et le gaspacho d'ananas et brochettes de fruits caramélisés trahissent une véritable volonté d'aller de l'avant. Service souriant.
C : 50 € • M : 22-48 €   levalentino@free.fr

→ 35 rue Paillot-de-Montabert
☎ 03 25 73 14 14
F. dim., lundi, 1er-15 janv. et 17 août-2 sept.
Jusqu'à 21h30.

12 Le Bourgogne

Petite fatigue passagère ou mal plus profond ? La maison d'Aimé Dubois ne semble pas au meilleur de sa forme, la faute principalement à quelques inexactitudes relevées çà et là dans l'assiette : saint-jacques en nage de cerfeuil sans relief, escalope de ris de veau aux noisettes satisfaisante et gratin de fruits frais et sorbet manquant d'élégance. Nul doute que ce chef chevronné saura redresser la barre et redonner des couleurs à ce conservatoire de la cuisine classique.
C : 60 € • M : 32-50 €

→ 40 rue du Gén-de-Gaulle
☎ 03 25 73 02 67
F. dim. à dîn., lundi, jeudi à dîn., 2-5 janv. et août.
Jusqu'à 21h15.

12 Les Gourmets

Les Gourmets adoptent un nouveau décor, réussi avec les tableaux contemporains sur les miroirs et des tons chaleureux. De quoi profiter dans de bonnes conditions de confort d'une cuisine qui propose des plaisirs variés, alignant aussi bien la tarte de légumes gratinée au chaource que le tajine, le pot-au-feu de cochon aux vieux légumes ou les saint-jacques beurre blanc et risotto. Cave de bon niveau dans ce contexte, ouvrant sur une sélection de champagnes de l'Aube.
C : 35 € • M : 26 €   www.hotel-de-la-poste.com

→ 3 rue Raymond-Poincaré
☎ 03 25 73 80 78
F. sam. à déj., dim. et lundi à déj. sf fériés.
Jusqu'à 22h (22h30 sam.).

Best Western Hôtel de la Poste

Désormais toutes climatisées, les chambres de cet immeuble élégant du centre-ville cultivent un style classique contemporain, sobre et chaleureux, personnalisé d'une chambre à l'autre.
8 appart. 111-167 € • 24 ch. 97-118 €   www.hotel-de-la-poste.com

→ 35 rue Emile-Zola
☎ 03 25 73 05 05
🖨 03 25 73 80 76
Ouv. 7j/7.

11 Le Bistroquet

L'ancien cinéma reconverti en brasserie de tradition (banquettes rouges, chaises en bois foncé, linge de table blanc, sol carrelé) garantit convivialité et prix serrés. Les filets de hareng pommes à l'huile, l'andouillette grillée et le gâteau de riz accomplissent leur devoir sans faire de zèle et la petite cave doit se fréquenter pour son cheverny ou son rosé des riceys en pot.
C : 30 € • M : 31,90 €

→ Pl Langevin
☎ 03 25 73 65 65
F. dim. à dîn. et dim. (fin juin.-déb. sept.).
Jusqu'à 22h30 (23h sam.).

Aux Crieurs de Vin

Les vignerons jouent parfois les invités en salle et peuvent être sûrs d'être ici bien défendus et bien entourés : la cave recèle de nombreux trésors, de ces vignerons de pointe qui font la richesse des terroirs de toute la France. Pour accompagner ces trésors liquides, les assiettes sont nettes et gourmandes, dans la simplicité et la franchise.
C : 20 €   aux.crieurs.de.vin@wanadoo.fr

→ 4 pl Jean-Jaurès
☎ 03 25 40 01 01
F. dim., lundi, 1er-15 janv. et 15 jrs août.
Jusqu'à 22h30.

𝒸𝒸 La Maison de Rhodes

Cette ancienne maison templière a conservé deux parties à l'ancienneté distinctes, l'une datée du XIIᵉ siècle, l'autre du XVIIIᵉ. Patiemment restauré par les Compagnons du Devoir, l'ensemble affiche aujourd'hui une très belle allure, alliance réussie de charme et d'authenticité. Chambres superbes, matériaux anciens et mobilier de style, dans un cadre d'une grande épure.

3 appart. 225-235 € • 8 ch. 143-198 €   www.maisonderhodes.com

→ 18 rue Linard-Gonthier
☎ 03 25 43 11 11
🖨 03 25 43 10 43
Ouv. 7j/7.
🚗

Villes de proximité, voir :

⟳ ESTISSAC .... 16 km O. par N 60
⟳ PINEY .... 21 km N.E. par D 960 **(11/20)**
⟳ PONT SAINTE MARIE .... 3 km N.E. par N 77 **(15/20)**
⟳ SAINTE MAURE .... 7 km N. par N 19 et D 91 **(14/20)**

TULLE - 19000   (25 C 4)
Limoges 86 - Aurillac 82

14 🍴 Le Central Poumier

On comprend d'un seul coup d'œil à ce modèle rustique de l'auberge provinciale que les meubles Louis XIII, les tableaux et la porcelaine conviendront à tous les visiteurs, qu'ils viennent de Chirac ou de Hollande, ou même de Corrèze. Chacun fera honneur aux recettes ancestrales de la troisième génération de Poumier dont la flamme est entretenue par Raymond (Yvette et Jean, 60 ans de Central, sont toujours en salle) pour revisiter le mignon et ris de veau, avec un risotto et des châtaignes, la sole meunière ou le foie gras au sautoir, confiture de pamplemousse et jus de gentiane. Nous préférons, pour notre part, les modèles traditionnels, la sole meunière et la belle côte de veau sans mésestimer la belle tarte d'asperges renversée à la crème de morilles. Cave classique et appropriée.

C : 58 € • M : 25-65 €   www.internet19.fr/restaura/resf.htm

→ 32 rue Jean-Jaurès, et 14 rue de la Barrière
☎ 05 55 26 24 46
F. sam., dim. à dîn. et 28 juil.-13 août.
Jusqu'à 21h.
🚗 ♿ ❄ 🐕 🍽

🛏 Hôtel Mercure

Des chambres agréables et climatisées aux normes de la chaîne, au style contemporain et aux couleurs chaudes.

1 appart. 130 € • 48 ch. 54-78 €   h5065@accor.com

→ 16 quai de la République
☎ 05 55 26 42 00
🖨 05 55 20 31 17
Ouv. 7j/7.
🐕

LA TURBIE - 06320   (34 D 4)
Nice 16 - Menton 16 - Monaco 8

16 🍴🍴 ≳ Hostellerie Jérôme

Peut-on réellement reprocher à Bruno Cirino un manque de personnalité dans la conception alors qu'il en affiche finalement beaucoup dans la réalisation et la rigueur d'une carte certes un peu portée facilement sur le produit de prestige, mais correspondant à la situation altière de la Turbie et à sa clientèle. D'ailleurs le cadre et l'ambiance, si traditionnels qu'ils en sont un peu décalés, prêtent bien à l'abattage des homards et au gavage des canards gras, à l'image d'un menu de vainqueur à 120 € qui aligne les rougets, la macaronade de homard et le veau du Limousin aux morilles. En se débarrassant du carcan d'hostellerie, le goûteur imaginatif se concentrera sur l'essentiel : une assiette d'une limpide précision, des idées de naturel et de saveur vraie, dans la sole dorée aux

→ 20 rue Comte-de-Cessole
☎ 04 92 41 51 51
F. à déj. (juil.-août), lundi, mardi (h.s.) et 5 nov.-13 fév.
Jusqu'à 22h30.
🍴 🐕

noisettes du Piémont et mousseline de topinambours ou dans le ris de veau de lait aux petits pois nouveaux. Ce qui est évident aussi, c'est la solidarité d'une équipe de salle consciente de jouer une grosse partie, avec un sommelier plein de ressources dans une carte très au point dans sa région et costaude partout, rhône et bourgogne (Dujac, Méo, Gouges, Comtes Lafon…).
C : 105 € • M : 65-120 €   www.hostelleriejerome.com

_____

11 **Café de la Fontaine**
Le bistrot de l'Hostellerie Jérôme a la simplicité d'un café de village, dans son décor comme son esprit : jolie salle rustique, banquettes et murs blancs, et une cuisine de ménage qui prend tout son sens dans la qualité des produits, sur les raviolis aux petits pois, l'agneau de Sisteron à la gousse d'ail ou la tarte aux pêches blanches.
C : 22 €

→ 4 av du Gén-de-Gaulle
☎ 04 93 28 52 79
F. lundi (4 nov.-11 fév.).
Jusqu'à 23h.

TURENNE - 19500   **(25 B 5)**
Tulle 36 - Brive-la-Gaillarde 15

14 **La Maison des Chanoines**
A l'image du village qui s'endort largement avec le coucher du soleil, l'ambiance n'est pas ici celle d'un lounge branché, loin de là, mais cette maison historique, avec son cadre bourgeois, n'en constitue pas moins une des meilleures tables du département, grâce au travail sans faille de Chantal et Claude Cheyroux. Madame, en salle, veille avec douceur et gentillesse au bien-être de ses hôtes, tandis que son mari choisit avec rigueur les meilleurs produits de la région pour livrer un menu-carte au rapport prix-plaisir difficile à battre : pour un peu plus de 30 €, les saveurs de truffe noire du riz crémeux, la cuisson parfaite de la pièce de veau aux morilles (avec un gourmand gâteau de pommes de terre aux cèpes) et la spécialité maison autour de la noix ne laissent que des bons souvenirs.
M : 32-40 €

→ Rte de l'Eglise
☎ 05 55 85 93 43
F. à déj. (sf dim., fériés), merc. à dîn. (juin) et mi-oct.-déb. avril.
Jusqu'à 21h.

La Maison des Chanoines ✎
Au-dessus du restaurant, les Cheyroux ont aménagé quelques chambres personnalisées. Le décor est composé avec soin, les vieilles pierres du XVIe siècle viennent en rappel régulier et les fenêtres ouvrent sur la campagne et le village alentours. Le petit-déjeuner est, on s'en doute, à la hauteur de la table.
6 ch. 55-90 €

→ Rte de l'Eglise
☎ 05 55 85 93 43
🖨 05 55 85 93 43
F. mi-oct.-déb. avril.

TURQUANT - 49730   **(16 B 4)**
Saumur 10 - Angers 75

Demeure de la Vignole ✎
Près de Saumur, en retrait de la route, l'hôtel se niche au pied des falaises et s'apprécie pour son architecture troglodytique, la blancheur du tuffeau et les touches de mobilier de style réparties avec goût créent une atmosphère unique.
3 appart. 121 € • 8 ch. 78 €   www.demeure-vignole.com

→ 3 impasse Marguerite-d'Anjou
☎ 02 41 53 67 00
🖨 02 41 53 67 09
F. 1er janv.-15 mars et 15 nov.-31 déc.

UCHACQ ET PARENTIS - 40090 (23 D 4)
Mont-de-Marsan 8 - Dax 57

14 **Restaurant Didier Garbage**

Facile d'accès dans tous les sens du terme, la maison met en avant une ambiance conviviale, un service tout en gentillesse et un décor hors du temps, autant que des menus bistro particulièrement performants, qui amèneront peut-être les clients à revenir apprécier le travail de Didier Garbage en majuscule, sur les gros menus où un Sud-Ouest d'anthologie se taille la part du lion, à coup d'escalope de foie gras à la plancha (savoureuse, cuite comme il faut, et accompagnée d'un coulis de figue) et de lamproie à la bordelaise comme on n'en fait (presque) plus. Pour tout ça, pour le riz au lait délicieusement nostalgique ou pour les belles bouteilles bordelaises, on aime fidèlement cette maison.
M : 12-45 €
restau.didier.garbage@wanadoo.fr

→ RN 134
☎ 05 58 75 33 66
F. dim. à dîn., lundi, mardi à dîn.
Jusqu'à 22h.

UCHAUD - 30620 (32 B 3)
Nîmes 9 - Vauvert 9

13 **La Table des Oliviers**

Sous la tonnelle en fer forgé ou dans la salle de l'ancien relais de poste, le décor a des airs de Provence éternelle qui respire la douceur de vivre, mais aussi une certaine modernité qui donne une ambiance d'aujourd'hui. La cuisine de Frédéric Rigaud est bien adaptée à ce contexte, brassant produits nobles et influences méditerranéennes dans des assiettes élaborées : fondant de lapin fourré au foie gras et gelée d'estragon, selle d'agneau farcie au pistou et crème d'ail. Cave correcte, entre Rhône et Languedoc notamment.
M : 19,50-39 €
latable.des.oliviers@wanadoo.fr

→ 6 voie Domitienne
☎ 04 66 71 14 95
F. dim. à dîn., lundi à déj., merc à déj., vac. scol. fév. et vac. scol. Toussaint.

Le Clos des Capitelles ✈

Indépendant du restaurant, l'hôtel est installé dans une ancienne maison de vigneron. Les chambres bénéficient toutes d'une terrasse privative sur le jardin clos, d'un équipement confortable et d'un décor personnalisé dans une adorable veine provençale, mariage de matières et de couleurs.
1 appart. 120 € • 7 ch. 60-67 €
leclos.descapitelles@wanadoo.fr

→ 37 av Robert-de-Joly
☎ 04 66 35 93 60
📠 04 66 35 93 61
F. vac. scol. fév. et vac. scol. Toussaint.

UCHAUX LE VILLAGE - 84100 (33 B 3)
Bollène 9 - Orange 12

14 **Côté Sud**

Soin à l'assiette, attentions, petit plus dans la manière, dans les présentations, dans la justesse des saveurs : ce credo semble simple comme bonjour, il est pourtant peu partagé. On le souligne donc avec d'autant de plaisir que cette ancienne ferme provençale au milieu des vignes et des bois a vraiment du charme, que Florence et Jean-Michel Besnard ont su créer une véritable atmosphère de maison de famille, et qu'on se met facilement les orteils en éventail devant tant de bienfaits, dans la salle à la déco rafraîchie ou sur l'exquise terrasse au jardin. On peut alors se concentrer sur le plaisir de l'assiette, fine et provençale (sablé d'escargot et jus de persil et crème d'ail, médaillon de lotte à l'émulsion de romarin, lapin farci tapenade jus au pistou, crémeux de chocolat manjari) et

→ Rte d'Orange
☎ 04 90 40 66 08
F. lundi à dîn., mardi, merc. (nov.-avril), mardi, merc. (mai, oct.), merc. (juin-sept.) et vac. scol. Noël.
Jusqu'à 21h.

G
M

d'une cave d'élite des rhônes du Sud, visant toujours le meilleur rapport avec d'excellents propriétaires (Reméjeanne, Petite Bellane, la Mordorée, la Janasse...).

C : 50 € • M : 23-47 €

www.restaurantcotesud.com

UGINE - 73400 (28 C 2)

Megève 32 - Albertville 11

12 La Châtelle

→ 3 rue Paul-Proust
☎ 04 79 37 30 02
F. sam. à déj., dim. à dîn., lundi, 1er-14 janv. et 15-30 août.
Jusqu'à 21h45.

Superbe demeure seigneuriale édifiée au XIIIᵉ siècle et tombée dans le giron de la famille Bon au XVIIIᵉ, cette maison se distingue depuis quelques années et l'arrivée en cuisine d'un jeune chef, Christophe Cortes, passé par quelques belles maisons de la région. Secondé par un cuisinier venu d'Extrême-Orient, il délivre une vision assez personnelle d'une cuisine provençale à légère connotation asiatique : tarte fine de cèpes au beurre persillé, quelques saladines et fruits mendiants, tartare de féra du Léman au tamarin et crème de hareng, cristalline de fruits rouges et crème au thé vert de Chine. Service souriant, sous la direction d'Elisabeth Bon.

C : 38 € • M : 18-36 €

www.lachatelle.com

URCUIT - 64990 (24 D 5)

Biarritz 22 - Bayonne 15 - Pau 102

12 Au Goût des Mets

→ D 261
☎ 05 59 42 95 64
F. lundi et vac. scol. fév.
Jusqu'à 21h30.

Les vingt ans de cette robuste maison basco-béarnaise montrent, davantage que la longévité, la fidélité à un terroir que cajole Christian Capdepuy avec sincérité. Il a vu couler l'Adour et ses anguilles, il donne de l'éclat à une ballottine aux cèpes et connaît à merveille la recette de la lamproie à la bordelaise. Une plongée de plaisir dans un temple de sincérité régionale, où l'on trinque à l'irouléguy, au tursan ou au jurançon.

C : 35 € • M : 12-27 €

URIAGE - 38410 (28 B 4)

Grenoble 10 - Vizille 11

17 Les Terrasses

→ Pl de la Déesse-Hygie
☎ 04 76 89 10 80
F. dim., lundi, mardi à déj., merc. à déj., jeudi à déj. (h.s.), lundi, mardi, merc. à déj., jeudi à déj., vend. à déj. (juil.-août) et 2 sem. fin août.
Jusqu'à 21h30.

Il flotte comme une atmosphère particulière sur cette station thermale aux eaux chlorurées, sodiques et sulfureuses. Jadis vieillotte et mélancolique, elle se réveille petit à petit et le Grand Hôtel, malgré sa façade un peu austère, est probablement le meilleur exemple de cette cure de rajeunissement entreprise par la ville. Derrière une façade austère, on découvre un hall magnifique avec son escalier monumental et une très belle terrasse aménagée. La salle à manger, chaleureuse, sobre, aux nombreux détails bien pensés, est un modèle de confort. Christophe Arribert, chef depuis deux ans après avoir longtemps tenu le poste de second, semble s'éclater dans ce cadre contemporain. Très ludique, pouvant presque se comparer à un grand repas d'amuse-bouche, sa cuisine peut décontenancer la clientèle peu formée à ce type de gastronomie. On attend pendant tout le repas un "vrai" plat de création qui n'arrivera jamais. Mais quel festival ! Jus de pomme et céleri-branche, rhubarbe, sirop de poivre et cacahuètes, suprême de pamplemousse à la grecque, croûte de pain et maquereau à l'escabèche, cabillaud d'asperges blanches et vertes, vinaigre, speck et Beaufort, filet de caneton rôti confit, pommes de terre antésite et multiples desserts en dégustation. Cette cuisine flirte parfois avec un certain bluff, à trop vouloir juxtaposer les saveurs sans les marier.

Mais une telle fête, un service d'une si grande complicité, une telle excentricité valent bien les quelques billets de 10 € du grand menu dégustation. Cave complète et proposant une large offre au verre et au demi-verre.
C : 130 € • M : 85-125 €   www.grand-hotel-uriage.com

 **Grand Hôtel** 🛩
Typique de ces grands hôtels de centre thermal, l'architecture Napoléon III en impose, mais s'habille d'un décor plutôt sobre et contemporain, très élégant et aussi apaisant que la vue sur les montagnes. Centre thermal intégré, nombreuses activités dans le parc.
3 appart. 247-272 € • 38 ch. 100-198 €   www.grand-hotel-uriage.com

→ Pl de la Déesse-Hygie
☎ 04 76 89 10 80
🖶 04 76 89 04 62
F. janv.

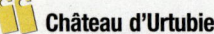
URRUGNE - 64122   (24 C 5)
Saint-Jean-de-Luz 3 - Hendaye 8 - Biarritz 22

Château d'Urtubie
Une maison de famille depuis bientôt sept siècles. Dans un lieu aussi chargé d'histoire, qui a vu séjourner Louis XI, on apprécie le grand calme à cinq minutes de Saint-Jean-de-Luz et les chambres stylées, au mobilier XVIII et XIXᵉ, bien équipées (clim, satellite…), donnant sur un parc de 6 ha.
10 ch. 70-150 €   www.chateaudurtubie.fr

→ ☎ 05 59 54 31 15
🖶 05 59 54 62 51
F. 3 nov.-1ᵉʳ avril.

URT - 64240   (23 B 5)
Bayonne 14 - Peyrehorade 27

14 🍽 **Auberge de la Galupe**
Cette maison a une âme, qui ne date pas d'hier, et n'est pas prête de s'éteindre. Ce n'est pas le moindre mérite de Stéphane Rouville que d'avoir su l'entretenir, Normand converti au saumon sauvage et au bœuf de Chalosse. Dans ce repaire ancien de galupiers, sur les bords de l'Adour, les traditions sont reines et il convient de les respecter. Même si le chef a les arguments pour sortir du registre strict du foie gras, des anguilles ou de l'alose, il faut naturellement éclairer la scène avec les produits du cru. Le saumon de l'Adour est donc joliment entouré de pointes d'orties et de jus de canard, le filet de bœuf flanqué d'un pain perdu aux herbes et l'agneau de lait de quinoa. Produits superbes, desserts suggestifs (tarte soufflée aux pruneaux glace au vieil armagnac) et bonne cave régionale
M : 32-81 €   www.lagalupe.com

→ Pl du Port
☎ 05 59 56 21 84
F. non comm.
Jusqu'à 21h30.

USCLADES ET RIEUTORD - 07510   (27 B 5)
Privas 61 - Le Puy-en-Velay 52

13 🍽 **La Ferme de la Besse**
Les propriétaires de cette ferme ardéchoise du XVᵉ siècle, en cours de classement aux Monuments Historiques, n'avancent que le magnifique cadre naturel qui les entoure comme atout. C'est oublier un peu vite cette cuisine sincère, naturelle, intégralement tournée vers la région, que signe Gérard Méjean : petit soufflé de foie de volaille, agneau de pays en deux cuissons, charlotte aux pommes et pain d'épices, tarte tiède de truite fumée… Tout ici est vrai, calme et généreux.
M : 20-35 €

→ La Besse
☎ 04 75 38 80 64
F. sem. (fév.-mars) et 17 déc.-31 janv. Sous réserv. seult.
Jusqu'à 21h.

ᴳ M

Aulus-les-Bains 12 - Saint-Girons 30

10 Auberge des Ormeaux

L'atmosphère des veillées paysannes dans ce bastion du terroir ariégeois qu'un jeune chef revitalise avec des préparations qui privilégient produits et traditions (mountjetade, pot-au-feu de canard…).
C : 22 € • M : 13-20 €   www.ariege.com/aubergedesormeaux

→ Le Trein d'Ustou
☎ 05 61 96 53 22
F. mardi, merc., Pâques et Toussaint.
Jusqu'à 21h.

Nîmes 25 - Alès 35

14 Les Trois Salons

Tobias Eriksson suit la filière suédoise à Uzès. Second de Peter Nilsson, désormais à Paris à la Gazzetta, il s'inspire des mêmes valeurs pour créer un univers à part dans ce jardin clos d'un hôtel XVIIe, transformant le repas en aventure d'un soir, dépaysante et originale. Parce que la cuisine l'est, dans sa netteté et sa sobriété (risotto d'amandes et gambas, chevreau rôti et braisé, crème de fenouil et safran en dessert), peu d'ingrédients, de la saveur, de la précision, parce que l'ambiance de réception est différente d'une cérémonie à la française, parce que la clientèle, par contrecoup, les pieds dans l'herbe, se laisse aller au relâchement, à la sympathie et au plaisir tout court. Jolie cave axe Sud avec Mas d'Espanet, Canet Valette et le bon faugères de l'Ancienne Mercerie.
C : 45 € • M : 22-51 €   www.web.mac.com/les3salons

→ 18 rue du Dr-Blanchard
☎ 04 66 22 57 34
F. lundi et mardi.
Jusqu'à 21h30.

---

13 Le Marie d'Agoult

A la simplicité chaleureuse des propositions de la Place aux Herbes (loup grillé, assiette de charcuterie, tartare de bœuf), répond la cuisine méditerranéenne et raffinée du restaurant Marie d'Agoult, avec un menu aux propositions changeantes, sobres et soignées, comme il sied à ce cadre paisible et élégant : tartare de thon rouge aux cébettes, côte de taureau poêlée, faisselle de chèvre frais, clafoutis aux cerises et sirop de rose.
M : 28-50 €   www.leshotelsparticuliers.com

→ Rue du Château
☎ 04 66 22 14 48
F. 1er janv.-31 mars et 1er nov.-31 déc.
Jusqu'à 21h30.

ĈĈĈ Château Hôtel d'Arpaillargues

Face au parc, la façade XVIIIe impose une élégance sobre et chaleureuse. A l'intérieur, meubles de style et tentures sont bien dans l'esprit bourgeois qui sied à cette gentilhommière et que n'aurait pas renié la comtesse d'Agoult, égérie de Franz Liszt et célèbre occupante des lieux.
3 appart. 140-270 € • 26 ch. 95-180 €   www.leshotelsparticuliers.com

→ Rue du Château
☎ 04 66 22 14 48
📠 04 66 22 56 10
F. 1er janv.-31 mars et 1er nov.-31 déc.

---

12 La Parenthèse

Dans un décor soigné et aux couleurs chaleureuses, le restaurant fait résonner les produits de saison avec savoir-faire, entre un certain sens de la noblesse (foie gras en habit de magret fumé et salade d'asperges) et des accents méditerranéens (dos de cabillaud aux dés de tomates confites). Jolie cave, qui privilégie la qualité à la quantité et a le bon goût de ne pas le faire payer trop cher.
M : 34-60 €   www.hostellerieprovencale.com

→ 1-3 rue de la Grande-Bourgade
☎ 04 66 22 11 06
F. lundi, mardi et 15 nov.-15 déc.
Jusqu'à 21h30.

Hostellerie Provençale

A la lisière du cœur de ville, l'hôtel à la façade avenante séduit par son utilisation de l'architecture ancienne (pierres apparentes notamment) et son ambiance feutrée. L'équipement n'oublie pas l'air du temps.

9 ch. 75-135 €

www.hostellerieprovencale.com

→ 1-3 rue de la
Grande-Bourgade
☎ 04 66 22 11 06
🖷 04 66 75 01 03
Ouv. 7j/7.

----

11 Au Fil de l'Eau

Nichée sous les arcades bordant une charmante petite place, tout près de la place aux Herbes, une ravissante adresse qui fleure bon les vacances. Vue agréable sur un petit jardin intérieur (n'appartenant malheureusement pas au restaurant) et cuisine alerte, dans un registre touche à tout et plaisant, entre influences canailles et asiatiques : raviolis asiatiques de homard en bouillon à la citronnelle, dorade coryphène juste grillée à la moelle, pyramide de chocolat praliné. Cave pas sotte, avec le morgon de Lapierre, le lirac d'Aquéria ou le vin de pays du duché d'Uzès.

C : 35 € • M : 14,50-21 €

www.au-fil-de-leau.fr

→ 10 pl Dampmartin
☎ 04 66 22 70 08
F. dim. à dîn., merc. à dîn. et jeudi (h.s.).
Jusqu'à 21h30 (22h été).

Villes de proximité, voir :

⏱ SAINT MAXIMIN...................................6 km S. par D 981

VAAS - 72500   (16 C 3)

Le Mans 43 - Angers 78 - Château-du-Loir 8

12 Le Védaquais

L'ancienne école n'a pas tout à fait oublié son passé, avec les ardoises ou le vieux bureau, mais plus personne n'y vient à reculons, tant on a plaisir à s'installer dans ce décor coloré, à se laisser guider par un service attentif ou à déguster la galantine de canard à la compote de pommes et pruneaux, les joues de porc confites à la crème de champignons et olives ou le bourdon aux pommes sauce caramel concoctés par Daniel Beauvais dans un plaisant menu nommé.... Petit Ecolier. Tranquille cave locale.

C : 45 € • M : 17 €

www.vedaquais-72.com

→ Pl de la Liberté
☎ 02 43 46 01 41
F. vend. à dîn., dim. à dîn., lundi, vac. scol. fév. et Toussaint.
Jusqu'à 20h45.

Le Védaquais

Entre l'annexe et sa thématique pommiers et le bâtiment principal où les chambres rénovées se parent de tons chaleureux, il fait bon vivre dans cette atmosphère champêtre au bord du Loir.

12 ch. 50-60 €

www.vedaquais-72.com

→ Pl de la Liberté
☎ 02 43 46 01 41
🖷 02 43 46 37 60
F. vac. scol. fév. et Toussaint.

VAILLY SUR SAULDRE - 18260   (18 B 4)

Bourges 58 - Gien 40

16 Le Lièvre Gourmand

Comme il y a, paraît-il, le gendre idéal, celui dont rêvent les belle-mères, ou le Palais Idéal, celui du facteur Cheval, voici l'auberge idéale de William Page, assemblage hétéroclite, savant et pourtant évident de ce qu'il faut pour faire vivre nos campagnes. Beaucoup d'enthousiasme, de professionnalisme, de travail, de volonté, cela n'étonnera personne ; s'intéresser aux autres, aux autres cuisines, au monde extérieur ; personnaliser l'accueil, le déroulement du repas ; ne rien négliger, ni la cave, ni la carte, ni les produits, ni les prix. Ce grand Australien qui achève cette année son troisième lustre à fidéliser une clientèle au cœur du Berry peut

→ 14 Grande-Rue
☎ 02 48 73 80 23
F. dim. à dîn., lundi, mardi, 7 janv.-1er fév., 23 juin-1er juil. et 1er-9 sept.
Jusqu'à 21h.

donner des leçons de restauration française à nombre d'apprentis. Car le menu est presque accessoire : tout sera bon, de l'attelage tourteau cacahuète maïs à la langue de bœuf pochée puis poêlée aux amandes sautées, du foie gras moelleux à la gelée de rhubarbe jusqu'à la meringue au fenugrec avec un caramel au beurre salé. C'est ce qui se passe dans l'air, dans le plaisir de se sentir chez soi, si bien, si sereinement, qui vaut, autant que l'assiette, les deux toques. Cave superbe, de curiosité et d'envie de partager.

M : 39-59 €   *www.lelievregourmand.com*

VAISON LA ROMAINE - 84110   **(33 B 3)**
Avignon 47 - Carpentras 30

15 📖 Le Moulin à Huile

→ 1 quai du Mal-Foch
☎ 04 90 36 20 67
F. dim. à dîn. et lundi.
Jusqu'à 21h.

Comme chez soi chic en lisière de la ville, vue sur le village et la rivière, c'est un moulin précieux que les Bardot ont aménagé il y a une dizaine d'années pour recevoir les amis comme des amis. Chaque objet semble avoir été choisi, chaque plat préparé au moment selon le marché par Robert, nordiste pour toujours mais provençal d'adoption et de cœur, tant sa cuisine ne saurait se passer d'accents méridionaux qu'il a toujours chéris. Sur la terrasse ou dans la belle salle en pierre de taille passée à la chaux, on suit avec délectation les idées du jour, des saint-jacques dignes d'un trois toques, parfaites en cuisson, sur une crème de petits pois avec une sauce passion, saveurs vraies, produit transcendé, avant les suprêmes de pigeon, chou chinois, gratin truffé et l'indispensable mille-feuille vanille. Simple bien sûr, comme toutes les œuvres un peu consistantes, cette cuisine et cette maison sont intemporelles, leur distinction naturelle contrastant parfois avec l'affluence touristique. Belle cave rhodanienne aux choix personnels. Et trois chambres délicieuses, draps de lin brodés et meubles de famille.

M : 40-75 €   *www.moulin-huile.com*

- -

12 Bistro du 0 ❤

→ Rue du Château
Haute-Ville
☎ 04 90 41 72 90
F. dim. à dîn., lundi (sf
juin-sept.) et mi-nov.-mi-déc.
Jusqu'à 22h (23h été)..

Quand tant d'autres cherchent la formule du succès au fond d'improbables athanors, Flora Reichrath (Grand Pré à Roaix) et le vigneron Yves Gras (Santa Duc) touchent juste dès l'engagement, sans maquillage, sans sulfatage, sans pesticides. Les bouteilles rhodaniennes jonglent à 15, 20, 25 € (et du bon outre les vins d'Yves, la Reméjeanne, Yann Chave entre autres), la cuisine gère une minuscule carte à deux entrées, deux plats, un dessert. Tout est simple et bon, de l'anchoyade au bœuf Antica ou au cabillaud viennois. Un prix de brasserie dans une petite salle voûtée de la ville médiévale, un service et une ambiance de leur époque, soutenus par des rythmes latinos ou Paolo Conte : c'est plein !

C : 25 € • M : 25 €   *info@legrandpre.com*

- -

🏠 Hostellerie Le Beffroi

→ Rue de l'Evêché, Cité
médiévale BP 85
☎ 04 90 36 52 78
🖨 04 90 36 24 78
F. Rameaux-30 oct., 20
janv.-14 mars, 21-26 déc.

Etape au cœur de la cité médiévale, dans deux maisons anciennes (XVIᵉ et XVIIᵉ siècles) parées d'un cadre bourgeois et soigné, entre mobilier de style et rappels historiques des matériaux d'époque.

22 ch. 90-140 €   *www.le.beffroi.com*

Villes de proximité, voir :

↻ SEGURET .... 10 km S.O. par D 88 **(13/20)**

LE VAL D'AJOL - 88340   (12 A 6)
Epinal 38 - Plombières 9

13 🍴 La Résidence

Affaire de famille… Ici, l'expression ne rime pas avec cuisine ronronnante, et si on en retrouve les bons côtés en terme d'implication de tous, le travail de Cédric Bongeot, 35 ans, est bien dans son temps, et prouve que la variété n'implique pas la dispersion : la prestation est tout aussi convaincante sur le tofu d'épinards aux grenouilles que sur le sandre à l'andouille du Val d'Ajol, la tête de cochon se marie à la truite fumée et à la gelée de pinot noir. Dans un décor agréablement rafraîchi, sous la houlette éclairée de Jennifer Bongeot (sœur de…), dont les conseils sont bien utiles pour explorer la cave, notamment en Alsace et Jura.
C : 31,50 € • M : 17-52 €   www.la-residence.com

→ 5 rue des Mousses
☎ 03 29 30 68 52
F. dim. à dîn. (1er nov.-30 avril)
et 26 nov.-26 déc.
Jusqu'à 21h30.

VAL D'ISERE - 73150   (28 D 3)
Chambéry 139 - Albertville 83

14 🍴 La Table de l'Ours

La table de ce magnifique hôtel, nouvelle icône du luxe hôtelier à Val d'Isère, ne rencontre pas de farouche concurrence dans les environs. Est-ce pour cette raison qu'un certain tassement des prestations semble se faire jour dans la cuisine proposée par Alain Lamaison ? Des langoustines très moyennes, fatiguées par une cuisson trop prolongée et beaucoup trop épicée, une sole un peu dure et manquant de saveur, une "nouvelle version d'un tiramisu, tube croquant chocolaté et émulsion Amaretto" sans véritable force de caractère, ce palace semble décidément se satisfaire d'une situation de quasi-monopole gastronomique. Service de bon standing, quoique semblant peu concerné, cave classique, centrée sur la traditionnelle dualité bordeaux-bourgogne.
C : 107 € • M : 68-135 €   www.hotel-les-barmes.com

→ Chemin des Carats
☎ 04 79 41 37 00
F. dim. à dîn. et mai-déc.
Jusqu'à 21h30.

🍷🍷🍷🍷 Les Barmes de l'Ours

Inauguré lors de l'hiver 2003/2004, ce complexe hôtelier est le seul établissement 4* Luxe de Val d'Isère. Jouant la carte de l'exclusivité (les Barmes possèdent également l'un des plus beaux spas des Alpes françaises, sur 800 m2), personnalisant la décoration selon les étages (esprit scandinave, lodge du grand nord des Amériques, chalet alpin et esprit contemporain), ce grand chalet est avant tout un formidable lieu de séjour où l'on peut vivre en complète autarcie (outre le restaurant gastronomique, une rôtisserie et un restaurant savoyard permettent de varier les plaisirs).
27 appart. 600-3500 € • 49 ch. 350-790 €   www.hotel-les-barmes.com

→ Chemin des Carats
☎ 04 79 41 37 00
🖷 04 79 41 37 01
F. mai-déc.

---

découverte 𝑑ℰ GM met en avant des nouveautés méconnues

❤ coup de cœur   🍇 carte des vins remarquable   ◸ notation en hausse

---

12 Pier Paul Jack

Paul, c'est le vrai restaurant du trio Pier Paul Jack et si le décor moderne et feutré a bénéficié de tous les soins, la cuisine ne démérite pas et propose des assiettes ludiques et actuelles qui conviennent bien au lieu : île flottante au wasabi et bisque de homard, roulade de daurade vapeur et risotto vert, brochette de brioches bouillon au génépi et crème légère, à chaque fois de belles mises en scène et des saveurs plaisantes. Service in the mood, on regrette juste l'ambiance un peu bruyante du bar voisin (le Jack). Tapas pour le petit dernier (le Pier). On tient là une des tables les plus agréables de la station, ni gastro, ni folklore savoyard.
M : 35 €   www.pierpauljack.com

→ Immeuble
Aigles-des-Neiges, BP 26
☎ 04 79 06 21 08
F. 30 avril-1er déc.
Jusqu'à 22h30.

----

12 La Table des Neiges

A l'hôtel Tsanteleina, la vaste salle de restaurant, entièrement rénovée, est bien armée pour accueillir une armée de convives (majoritairement des pensionnaires il est vrai) autour d'une large carte gastronomique à tendance terroir. L'affaire fonctionne bien, l'efficacité est palpable, à l'image d'un service abondant et plutôt enjoué et d'une cuisine facilement séduisante, avec la richesse crémeuse de la cassolette d'escargots aux morilles et au beaufort, la petite noblesse dignement assumée des saint-jacques et veau poêlée de champignons et späetzle ou les plaisirs sucrés des oranges à la vanille glace chartreuse sirop de thé aux agrumes. On regrette que la cave soit un peu trop classique.
C : 50 € • M : 29-60 €   www.tsanteleina.com

→ Av Olympique
☎ 04 79 06 12 13
F. mai, juin et sept.-nov.
Jusqu'à 21h45.

Le Tsanteleina

Construit juste après-guerre au cœur du village par la famille Mattis, toujours propriétaire des lieux, ce chalet aux dimensions importantes ne cesse d'évoluer vers un confort accru. Ainsi, un chalet donc la construction devrait être achevée en décembre 2007 accueillera désormais le spa et la piscine de l'hôtel. Spacieuses et décorées dans un style montagnard par trop marqué, les chambres se font chaleureuses. Espace de remise en forme complet, institut de soins, salon de coiffure.
11 appart. 216-518 € • 60 ch. 123-376 €   www.tsanteleina.com

→ ☎ 04 79 06 12 13
▤ 04 79 41 14 16
F. 5 mai-29 juin et sept.-nov.

----

11 Auberge l'Arolay ♥

Nous revivons chaque année les mêmes bonnes sensations dans cette auberge située à l'écart de la station : la même atmosphère bon enfant, la grande cheminée qui crépite, le service affairé et toujours les mêmes spécialités savoyardes, braserade, raclette… ou le coulant du père Francis, à base de beaufort fondu. Bons desserts maison, dont une remarquable tarte aux myrtilles.
C : 30 €   www.arolay.com

→ Le Fornet
☎ 04 79 06 11 68
F. 1er mai-1er juil. et 25 août-5 déc.
Jusqu'à 22h.

----

11 La Fruitière

Au cœur de cet espace Killy qui accueillera l'hiver prochain les championnats du monde de ski alpin, une gentille table décorée dans un esprit de coopérative laitière, ouverte sur les pistes. Cuisine bourgeoise au menu, cou de canard farci au boudin noir, carré d'agneau à la broche et bons fromages. Accessible seulement pendant la saison de ski, et uniquement au déjeuner.
C : 28 €   www.lafoliedouce.com

→ La Daille, (arrivée de télécabine)
☎ 04 79 06 07 17
F. mai-nov.

Christiania

Un hôtel de tradition édifié dans les débuts de la station, dans le pur style des chalets de Haute Tarentaise. Bois, cuir et moquette épaisse, chambres de grand confort au style néorustique montagnard, la plupart avec balcon ouvrant sur la montagne, belle terrasse pour le restaurant. Kid's corner pour les enfants durant les vacances scolaires, spa avec piscine intérieure, sauna, hammam, soins de massage...

7 appart. 634-1304 € • 69 ch. 278-728 €   www.hotel-christiania.com

→ Chef-Lieu
☎ 04 79 06 08 25
📠 04 79 41 11 10
F. 13 avril-1er déc.

Le Kern

Ambiance familiale au cœur de la station, chambres douillettes et typiques, boiseries et couettes, mobilier ancien et savoyard.

18 ch. 110-180 €   www.le-kern.validisere.com

→ Av Olympique
☎ 04 79 06 06 06
📠 04 79 06 26 31
F. 8 mai-1er déc.

VAL THORENS - 73440	(28 C 3)

Chambéry 108 - Albertville 61

15 Oxalys

Partira ? Partira pas ? Des bruits ont couru sur l'avenir de la meilleure table de France à si haute altitude. Tout au bout de la route, tout là-haut, là où l'eau bout dès 80 °C, Jean Sulpice s'accroche à son rêve et son opiniâtreté commence à porter ses fruits avec, ("enfin" pensera-t-il sans doute), une deuxième toque venant coiffer un travail remarquable. Contemporaine, percutante et plutôt sévèrement tarifée (mais la clientèle locale ne s'en émeut pas le moins du monde) sa cuisine semble avoir atteint son potentiel maximum : châtaignes de l'Ardèche en soupe, chaud-froid de parmesan et râpé de truffes, lieu jaune de ligne, artichauts croquants et coulis de kumquat, pomme de ris de veau, chou blanc, pousses de roquette et amertume de citron confit. Cave pas donnée elle non plus, superbe salle à manger et terrasse (presque) toujours ensoleillée avec vue imprenable sur les pistes.

M : 48-105 €   www.loxalys.com

→ Châlets Oxalys
☎ 04 79 00 12 00
F. 19 avril-déc.

12 Le Bellevillois

Le jeune chef en charge du Bellevillois, un des trois restaurants de l'ensemble, s'attache à produire une tradition régionale et généraliste susceptible de plaire aux vacanciers de tous horizons, insufflant un peu de mode dans ses préparations (nems de langoustines, saint-pierre à l'unilatéral et cappuccino de lait à la verveine, côte de veau de lait en cocotte et cébette étuvée à la vanille). Service de bon niveau, cave anodine.

C : 54 € • M : 28-48 €   www.levalthorens.com

→ Pl de l'Eglise
☎ 04 79 00 04 33
F. 20 avril-20 déc.
Jusqu'à 21h30.

Le Val Thorens

Un beau chalet dont la vie s'aménage autour d'une place centrale sous une belle poutraison de sapin. Chambres spacieuses, bien équipées, dans le pur style montagnard, toutes avec balcon.

81 ch. 91-170 €   www.levalthorens.com

→ Pl de l'Eglise
☎ 04 79 00 04 33
📠 04 79 00 09 40
F. 20 avril-7 déc.

12 L'Epicurien

Plus encore que les touches de bois ou de pierres, on remarque instantanément dans cette salle chaleureuse les animaux exotiques en bois sculpté, qui augurent bien du voyage au long cours que propose ici chaque soir Frédéric Tarride, grand voyageur et cuisinier

→ Rue du Soleil
☎ 04 79 00 21 30
F. dim. et mai-nov.
Jusqu'à 21h.

à l'expérience solide. Il prend ainsi plaisir à détourner les produits de luxe pour en livrer une version personnelle : pressé de foie gras au poivre de Sarawak et glace caramel au beurre salé, saint-jacques snackées en trois versions (caraïbe, Asie, Océanie), ou encore cheese cake façon Spoon (il est passé entre autres chez Ducasse). Ludique assurément, mais aussi abouti et cohérent, d'autant que la carte des vins va également chercher au loin s'il le faut de quoi accompagner au mieux le voyage.

M : 45-59 €   *www.restaurantmontana.fr*

---

10 **Le Galoubet**

L'une des terrasses les plus pures des Alpes, au centre de la station la plus haute d'Europe. Grande capacité d'accueil, les pieds dans la neige ou bien au chaud dans l'une des salles de cette sympathique brasserie installée à l'extrémité du centre commercial de Caron. Spécialités bistrotières et savoyardes.

C : 48 € • M : 35-48 €   *le.galoubet@orange.fr*

→ Centre Commercial de Caron
☎ 04 79 00 00 48
F. 4 mai-fin nov.
Jusqu'à 22h.

Fitz Roy

Seul quatre étoiles de la station, l'hôtel a largement évolué ces dernières années, entre rénovation et agrandissement, et cultive entre bois clair et tissus raffinés une ambiance à la fois feutrée et chaleureuse, parfaite pour la détente, d'autant que les équipements ne manquent pas pour profiter du séjour au cœur de la station.

59 ch. 220-950 €   *www.hotelfitzroy.com*

→ Val-Thorens Centre
☎ 04 79 00 04 78
🖨 04 79 00 06 11
F. 26 avril-7 déc.

Hôtel Le Sherpa 🐦

Ce Sherpa vous accompagne sans peine à la découverte de la station, les chambres à l'élégance montagnarde sans lourdeur et aux jolis tissus d'ameublement constituant une étape parfaite après la journée sur les pistes et le passage par le centre de remise en forme.

4 appart. 110-300 € • 52 ch. 70-230 €   *www.lesherpa.com*

→ Val-Thorens Centre
☎ 04 79 00 00 70
🖨 04 79 00 08 03
F. 5 mai-1er déc.

VALAURIE - 26230   **(27 D 6)**
Valence 65 - Montélimar 19

Moulin de Valaurie 🐦

Parquet clair, murs blancs, meubles à la jolie patine ancienne, les chambres respirent la sérénité et la douceur de vivre, en parfait accord avec le cadre idyllique de cet ancien moulin à l'écart du village, dans son vaste parc.

16 ch. 98-195 €   *www.lemoulindevalaurie.com*

→ Le Foulon
☎ 04 75 97 21 90
🖨 04 75 98 63 72
F. vac. scol. fév. et vac. scol. Toussaint.

VALBONNE - 06560   **(33 B 1)**
Nice 30 - Cannes 12 - Grasse 14

---

15 **Lou Cigalon**

Nous évoquions l'an dernier l'extrême rigidité des menus proposés par Alain Parodi. Un parti pris justifié par l'exiguïté des cuisines et aussi par le soin extrême apporté aux choix des produits. Il nous a toutefois semblé, par moments, remarquer comme une légère distorsion entre les ambitions affichées et quelques détails, très concrets, et parfois agaçants : un personnel robotisé et visiblement pas franchement impliqué (nous louions l'an dernier l'absence d'emphase du service, il ne faudrait pas qu'il soit en outre dénué d'humanité) et, çà et là, quelques assiettes ne valant plus tout à fait

→ 4-6 bd Carnot
☎ 04 93 12 27 07
F. dim. et lundi.
Jusqu'à 21h30.

le 16/20 : retour de pêche (un poisson superbement travaillé), vinaigrette de légumes, tomates et asperges violettes, agneau de Sisteron, la selle rôtie, petits farcis et pastilla d'abats, et fraises melba, joli dessert de saison manquant toutefois de force de percussion. Mais ne nous y trompons pas. Le Cigalon compte encore parmi les tables les plus enthousiasmantes des environs (en particulier grâce à des prix d'une grande douceur) et nous ne doutons pas un instant que le talentueux Alain Parodi saura mettre un peu d'ordre dans sa jolie bastide au cœur du village.

C : 60 € • M : 28-98 €

----

13 Daniel Desavie

Daniel Desavie a perfectionné son métier auprès de Roger Vergé avant de s'installer à son nom dans cette maison au décor coquet, à l'écart du village. Sa cuisine en a hérité le goût du produit noble et des associations équilibrées et on ne peut que saluer le foie gras (avec mousse d'artichaut pour rester sur la douceur), le risotto aux asperges et gambas sautées ou l'épaule d'agneau confite et ses frites de panisses, dans la rigueur des cuissons et le plaisir des saveurs. Cave classique, efficace sur la région, et une délicieuse atmosphère d'habitués.

C : 49 € • M : 29-49 €

→ 1360 rte d'Antibes
☎ 04 93 12 29 68
F. dim., lundi, vac. scol. fév., 2 sem. juil. et 2 sem. nov.
Jusqu'à 21h15.

----

11 La Table de Pimprenelle

Les sunlights cannois ne sont pas loin, mais cette jolie maison de poupée au cœur du village sait faire revenir le naturel au galop et la simplicité qui l'accompagne. Dans un décor charmant et avec cette cuisine de femme, sensible et parfumée, avec les créations originales de Priscilla Texier : beignettes de poisson à la provençale, risotto de lotte au safran et fruits de mer, pot-au-feu d'agneau au basilic... L'assiette est fraîche comme le cadre, les vins régionaux correctement choisis.

C : 40 € • M : 35-45 €   www.latabledepimprenelle.com

→ 6 rue de la Fontaine
☎ 04 93 12 09 79
F. merc. à dîn., jeudi à dîn. nov.-mai. F. ann. non comm.
Jusqu'à 22h.

VALCABRERE - 31510   **(29 C 5)**
Saint-Bertrand-de-Comminges 2

14 Le Lugdunum

En perdre son latin ? Cela ne risque pas dans ce cadre distingué face à Saint-Bertrand de Comminges. Depuis plus de vingt ans, l'aventure se poursuit en recréant au Lugdunum la gastronomie telle que les Romains la concevaient, étonnants mariages de sucré et salé mis en scène par Renzon Pedrazzini en liaison avec des chercheurs du CNRS. Sauce aux dattes avec les crevettes, aux graines avec le pigeon, saucisse de Lucanie, bouillie antique, voilà une table étonnante et unique qui ajoute la saveur au plaisir de la découverte.

C : 65 € • M : 37 €

→ Village
☎ 05 61 94 52 05
F. dim. à dîn., lundi, mardi et janv.
Jusqu'à 20h30.

VALENCE - 26000   **(27 D 4)**
Lyon 99 - Privas 41

18 Pic

Le succès donne des ailes ? Cette salle pleine, enthousiaste, cette réputation grandissante pour la fille la plus douée de la dynastie, bien dans son époque et dans sa vision d'une cuisine aussi sensitive que sophistiquée, ont effectivement de quoi donner confiance et

→ 285 av Victor-Hugo
☎ 04 75 44 15 32
F. dim., lundi et 2-24 janv.
Jusqu'à 21h30.

G
M

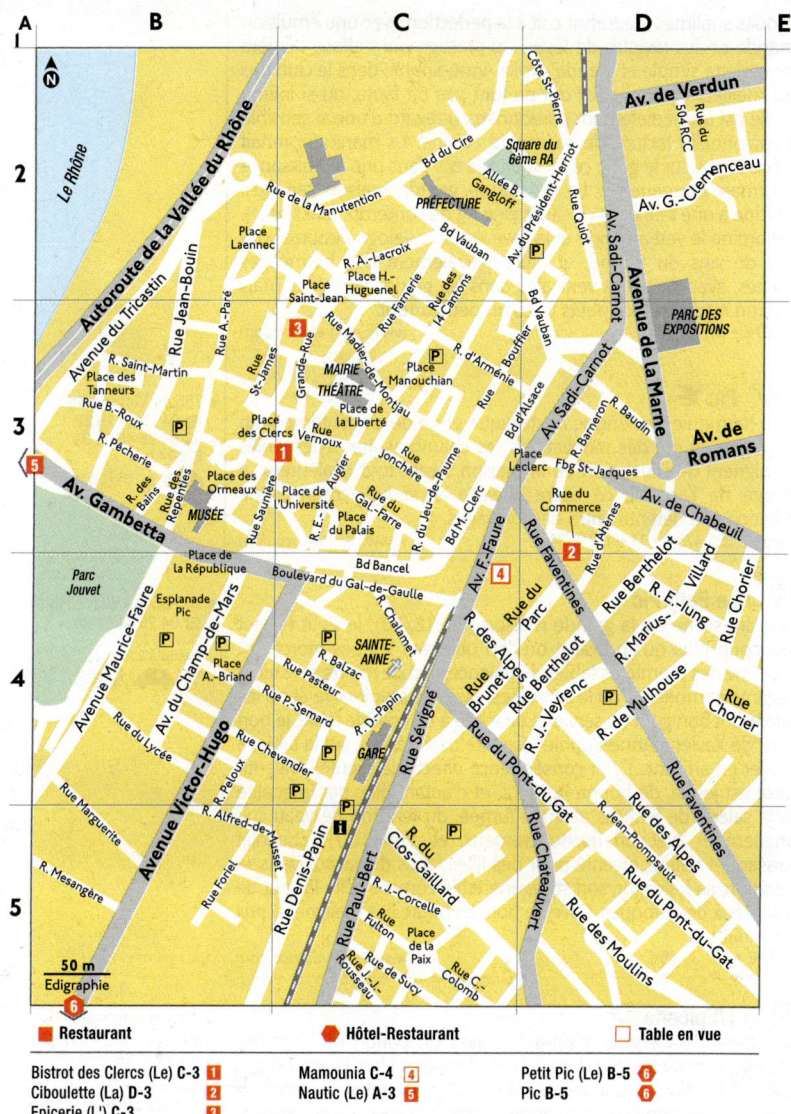

Restaurant ■   **Hôtel-Restaurant** ⬢   **Table en vue** ☐

Bistrot des Clercs (Le) **C-3**	■1	Mamounia **C-4**	☐4	Petit Pic (Le) **B-5**	⬢6
Ciboulette (La) **D-3**	■2	Nautic (Le) **A-3**	■5	Pic **B-5**	⬢6
Epicerie (L') **C-3**	■3				

sérénité. On avait parfois un peu de mal à suivre ces plats scintillants à 100 €... Ils coûtent la même chose, mais le chemin est plus évident, la ligne plus fluide : des langoustines, plancha pour l'une, tartare pour l'autre, une crème de petits pois et cébettes, un jus légèrement réglissé, et voilà la technique qui s'emballe pour déboucher sur un plat radieux, de plaisir sans mélange, où l'on oublie la prouesse pour profiter de son bonheur. Les textures remarquables (la crème brûlée de foie gras avec l'émulsion de granny-smith est une quasi perfection), les associations qui claquent et touchent la cible - le duo rhubarbe estragon fonctionne à merveille, décliné en gelée, compote, sorbet, mousseline - des produits sublimés - le turbot cuit à la perfection avec une émulsion amande et des ravioles de fèves, du prestige qui s'efface derrière une assiette simple et grande - voilà Anne-Sophie dans le club des tout meilleurs, parmi ceux qui ne font pas de faute, ou si infime qu'elle est immédiatement pardonnée au regard d'une si sensible et personnelle lecture de sa propre cuisine. La manière prenait parfois le pas sur le goût, ce n'est plus le cas dans une réjouissance désormais permanente. Le service de grande maison sait qu'il participe à une fête dans ce cadre élégant de contemporain sudiste où domine le vert amande et la cave est un catalogue impressionnant de vins du Rhône, et plus spécialement des hermitages proches, avec de belles verticales dans les grands vignobles mais aussi un regard sur les petits futés un peu partout.

C : 190 € • M : 79-195 €   *www.pic-valence.com*

 **Pic** 🕊

Entre harmonie provençale nostalgique et un décor contemporain qui gagne au gré des rénovations, les chambres aux styles variés témoignent de l'évolution de la maison. Avant tout chaleureux, à l'image de l'accueil, ce cadre charme et séduit, comme une invitation à la détente entre deux voyages.

4 appart. 355-475 € • 11 ch. 240-340 €   *www.pic-valence.com*

→ 285 av Victor-Hugo
☎ 04 75 44 15 32
🖨 04 75 40 96 03
F. 2-24 janv.

---

14 🍴 **Le Petit Pic**

En avant-scène de la grande maison (Pic 18/20), le Petit Pic est beaucoup plus qu'un bistrot où l'on utiliserait les bas-morceaux. C'est une des premières tables de Valence, rien de moins, une table élégante et moderne où le service est plein de savoir-vivre et où les détails ont bon goût (la serviette attachée à un coin de table, le bon pain "de Xavier à Anne-Sophie", la carte déjà déposée sur la table, à déplier en arrivant...). Par conséquence directe, la clientèle valentinoise est jeune, de bonne humeur, et d'autant plus par la qualité de la salade de lentilles et truite fumée, du tendron de veau cuit longuement avec un risotto crémeux, et d'un 100% chocolat puissant et raffiné, inventé pour des filles fanas de cacao. Dans sa précision, sa fraîcheur, son style, une table comme celle-là vaut de nombreux deux-toques. Cave de bonnes bouteilles malignes à prix raisonnables.

C : 43 € • M : 30-49 €   *www.pic-valence.com*

→ 285 bis av Victor-Hugo
☎ 04 75 44 53 86
Ouv. 7j/7.
Jusqu'à 22h30.

---

13 🍴 **L'Epicerie** 📐

Une table d'aubergiste, c'est-à-dire avec un patron qui contrôle, connaît, s'implique, cela change tout. Vous êtes chez Pierre Sève et cela change tout. Dès le velouté de cèpes, concentré, puissant, on saisit une personnalité qui s'exprime jusqu'à la cave, où les propriétaires de cœur plus que de renommée sont rassemblés autour du Rhône (cornas de Lionnet ou de Michel, saint-jo de Gonon, condrieu de Niero, côte-rôtie de Gangloff, châteauneuf de Delorme). La cuisine semble avoir pris une nouvelle dimension dans ce beau décor contemporain taillé dans une ancienne épicerie voûtée, prolongée par un espace plus moderne et une partie bistrot. A côté d'un alléchant menu régional à 24 € (goûtez les tripes d'agneau), une cuisine actuelle, pleine d'allure et de mordant : escalopines de saint-jacques, sur un feuilleté tomaté, soutenues par une purée d'avocat bien épicée, lotte de belle cuisson, canon d'agneau jus réduit au vin rouge, sympathique assiette gourmande. Une toque méritée et un coup de cœur.

C : 50 € • M : 26 €   *pierre.seve@free.fr*

→ 18 pl Saint-Jean
☎ 04 75 42 74 46
F. sam. à déj., dim., fériés, 1 sem. mai, 3 sem. août et 24 déc.-4 janv.
Jusqu'à 21h30.

12 Le Bistrot des Clercs

Chabran en centre-ville : le bon maître de Pont de l'Isère (16/20) surveille de près ce bistrot de copains où l'on sait pouvoir retrouver le bon goût de la caillette, des rognons ou du gigot. L'impression première est familière, accueilli comme si on était venu la veille. On s'offre dans la bonne humeur un pot-au-feu de grand-mère attentionné, une tarte Tatin, avec un verre d'une cave régionale aux petites bouteilles bien choisies, et on se hâte de revenir dans cette joyeuse cantine au quotidien.
C : 35 € • M : 20-29 €

→ 48 Grande-Rue
☎ 04 75 55 55 15
F. dim. à déj. (été) et dim. à dîn. (hiver).
Jusqu'à 23h (24h w.-e.).

12 La Ciboulette

Walter Bellon, ancien de chez Pic et Gagnaire, a du dynamisme à revendre mais aussi des idées : sa carte tourne rond entre la tomate Melba et le pavé de bar avec sa purée coco servie en palmito, le carré d'agneau à la menthe et méli-mélo d'artichauts et abricots et la farandole de desserts. La Ciboulette déborde d'affluence ? Allez vous mettre au vert dans la deuxième affaire du patron, le Coin du Parc, au club de tennis de l'Epervière.
C : 55 €

→ 6 rue du Commerce
☎ 04 75 41 58 40
F. à déj. (mardi-vend., sam.), dim. à dîn., 1 sem. janv., 1 sem. oct. et 2 sem. déb. août.
Jusqu'à 21h15.

www.laciboulette.com

12 Le Nautic

Loin d'une guinguette au bord de l'eau, le Nautic est une table d'affaires pratique (accès, parking) et agréable sur le port de plaisance, à l'écart du centre. Le jeune service apporte une note de détente hors business et les cuisines trouvent le bon message d'une carte équilibrée entre terre et mer. : tartare de saumon et avocat, saint-jacques et grosses crevettes, excellent filet de canette, dans une manière appliquée qui privilégie les sauces légères et frise la toque sur de nombreux plats y compris les desserts. Cave rhodanienne très classique, déco contemporaine douce et impersonnelle dont les fenêtres mériteraient un coup de peinture.
C : 40 € • M : 26-49 €

→ Port de Plaisance de l'Epervière
☎ 04 75 41 58 40
F. sam., dim. à dîn., vend. à dîn. (sf groupes) et 3 sem. déb. août.
Jusqu'à 21h30.

👁 Mamounia

Le soin porté au décor (mobilier, tapis authentiques) et la gentillesse de l'accueil contribuent largement à la séduction de ce voyage culinaire en terre marocaine, efficacement soutenu par une belle palette de couscous.
M : 12,90-20 €

→ 33 av Félix-Faure
☎ 04 75 56 94 21
F. lundi à déj.
Jusqu'à 22h45.

Villes de proximité, voir :

VALENCIENNES - 59300 (2 B 4)
Lille 51 - Tournai 34

13 🍴 Le Grand Hôtel

Impossible ici de ne pas proposer la langue Lucullus, la choucroute et les crêpes Suzette. Si le jeune chef se consacre sans broncher à ces œuvres indispensables, il mêle la langue au foie gras, propose de belles pièces à la broche, comme le carré d'agneau Valencia, pour offrir une tradition plaisamment actualisée, et finalement bien dans le ton de cet établissement phare. Sympathique côté brasserie, bon service typique, cave classique malheureusement pas très excitante, ni en contenus, ni en tarifs.
C : 44,50 € • M : 39 €

→ 8 pl de la Gare
☎ 03 27 46 32 01
Ouv. 7j/7.
Jusqu'à 22h30.

www.grand-hotel-de-valenciennes.fr

VALENCIENNES

 Le Grand Hôtel
Indispensable Grand Hôtel, qui fait partie du patrimoine touristique de la ville. En face de la gare TGV, cet octogénaire a vu descendre quelques voyageurs prestigieux, que vous suivrez dans ce cadre Art Déco aux chambres contemporaines.
6 appart. 105-115 € • 87 ch. 82-95 €   www.grand-hotel-de-valenciennes.fr

→ 8 pl de la Gare
☎ 03 27 46 32 01
🖨 03 27 29 65 57
Ouv. 7j/7.

----

12 **Le Bistrot d'en Face**
Cadre et ambiance intemporels dans cette brasserie chic où collègues de bureau et artistes de passage se rassemblent sous la bannière de la cuisine bistrotière : tête de veau, tripes, pain perdu, gaufres... Service professionnel et souriant.
C : 25 € • M : 22 €   jchaillet@aol.com

→ 5 av d'Amsterdam
☎ 03 27 45 25 25
F. dim. à dîn.
Jusqu'à 22h30.

----

10 **L'Escargot**
Une brasserie de tradition fidèle pour des Valenciennois fidèles, qui aiment retrouver là dans l'ambiance ad hoc la tête de veau, les fruits de mer et l'andouillette 5A.
C : 28 € • M : 23-50 €   lescargot@nordnet.fr

→ 34 pl d'Armes
☎ 03 27 46 29 61
Ouv. 7j/7.
Jusqu'à 24h.

 Auberge du Bon Fermier
Étape historique au cœur de la ville, avec cette adorable maison de briques dont les origines remontent au XVIe siècle et qui en a précieusement gardé tout le cachet, jusque dans des chambres au décor à l'ancienne, tentures et meubles de style pour un confortable et chaleureux voyage dans le temps.
16 ch. 85-129 €   www.bonfermier.com

→ 64 rue de Famars
☎ 03 27 46 68 25
🖨 03 27 33 75 01
Ouv. 7j/7.

Villes de proximité, voir :

↻ RAISMES .... 5 km N.O. par D 169 **(12/20)**
↻ VILLERS POL .... 9 km S.E. par N 45 **(13/20)**

↻ RAISMES .... 5 km N.O. par D 169 **(12/20)**
↻ VILLERS POL .... 9 km S.E. par N 45 **(13/20)**

| VALENSOLE - 04210 | (34 A 4) |
Manosque 19 - Moustiers-Sainte-Marie 31

 Hostellerie de la Fuste 🕊
Maintes fois menacée ces dernières années, cette hostellerie semble repartie sur de bonnes bases, celles d'une Provence luxueuse et secrète qui se prolonge jusque dans les chambres, paisibles et raffinées. Parc enchanteur, peuplé de platanes tricentenaires, piscine couverte ou découverte selon la saison. Au restaurant, Daniel Jourdan fait parler une expérience de plus de quarante années passées derrière les fourneaux de cette maison un peu Vieille France.
2 appart. 200-270 € • 12 ch. 95-185 €   www.lafuste.com

→ Lieu-dit La Fuste, rte d'Oraison, D 4
☎ 04 92 72 05 95
🖨 04 92 72 92 93
F. 1er oct.-31 mars.

| VALLOIRE - 73450 | (28 C 4) |
Chambéry 104 - Saint-Jean-de-Maurienne 31

 Grand Hôtel de Valloire et du Galibier
Fidèle au poste depuis 1890, la maison des Tonone a bien évolué et s'apprécie pour la situation au pied des pistes et pour les chambres rénovées, parquet clair et bois lazuré blanc pour une ambiance lumineuse.
44 ch. 70-100 €   www.grand-hotel-valloire.com

→ Rte des Grandes-Alpes
☎ 04 79 59 00 95
🖨 04 79 59 09 41
F. 12 avril-14 juin et 13 sept.-20 déc.

VALRAS PLAGE - 34350 (31 D 4)
Montpellier 75 - Agde 26 - Béziers 17

13 🍴 Le Delphinium

Delphine dans la salle, le Delphinium va bien. Tourné vers la mer, avec une carte marine joliment moderne, travaillée par un chef qui sent bien les embruns et ce qu'on peut en faire aujourd'hui : un carpaccio de loup tomates et basilic, un pavé de turbot sauvage purée de céleri, un pigeonneau rôti pour faire un tour en ferme. Les assiettes sont nettes, la plage est belle, le soleil luit. On arrose gentiment avec les vins de l'Arjolle ou de Puech Haut pour conclure cette bonne pêche.

C : 50€ • M : 26-45€

ledelphinium@wanadoo.fr

→ Av des Elysées
☎ 04 67 32 73 10
F. sam. à déj., dim. à dîn. (h.s.), à déj. lundi et sam. (juil.-août), 1 sem. fév. et 1 sem. Toussaint.
Jusqu'à 21h30.

🏨 Le Mira-Mar

Face à la mer, littéralement les pieds dans le sable, cet établissement est dirigé par la famille Lengay depuis quatre générations. Ambiance familiale, prestations soignées incluant la climatisation dans toutes les chambres. Restaurant.

3 appart. 1180-1525€ • 27 ch. 56-96€

www.hotel-miramar.org

→ Bd Jean Moulin
☎ 04 67 32 00 31
📠 04 67 32 51 21
F. janv.-20 fév. et 11 nov.-31 déc.

VALS LES BAINS - 07600 (27 C 5)
Privas 32 - Aubenas 5

10 Mireille

Du dépannage traditionnel, petit prix et gentillesse ardéchoise où il faut faire simple en accord avec ce décor de cave voûtée : salade de manchons de volaille caramélisés au miel, ballottine de lapin au ras-el-hanout et parfait glacé au marron dans la formule qui va bien à 15 €.

C : 16€ • M : 12-24€

→ 3 rue Jean-Jaurès
☎ 04 75 37 49 06
F. dim. à dîn., mardi à dîn., merc. (sf été), 1 sem. vac. scol. fév. et 1 sem. vac. scol. Toussaint.
Jusqu'à 21h.

LE VALTIN - 88230 (12 C 5)
Epinal 62 - Gérardmer 18

13 🍴 Auberge du Val Joli

Soirées à thèmes, séjours découverte (la maison propose de très jolies chambres personnalisées), il se passe toujours quelque chose au Val Joli. C'est vrai aussi dans l'assiette, que Philippe Laruelle fait naviguer sans encombre entre grande gastronomie et terroir, entre les ravioles de foie gras au bouillon de poule et le pâté lorrain, l'andouille du Val d'Ajol et le bœuf Simmenthal sauce bordelaise. Les montagnes en perspective, un cadre de caractère, un service adorable et même une cave bien faite, il ne manque rien pour passer un bon moment.

C : 60€ • M : 19-69€

www.levaljoli.com

→ 12 bis le Village
☎ 03 29 60 91 37
F. dim. à dîn., lundi à dîn., mardi à déj. (sf vac.), lundi (sf fériés) et 12 nov.-3 déc.
Jusqu'à 21h.

 idéal gourmet

LA VANCELLE - 67730 (10 B 3)
La Vancelle 3 - Sélestat 11 - Colmar 30

15 🍴🍴 ⌇ Auberge Frankenbourg

Les lutins des Vosges ont entouré cette maison forestière de tout leur bon génie : la jolie salle montagnarde accueille une clientèle de plus en plus lointaine, venue assister aux exploits du fils prodigue. C'est vrai que la cuisine de caractère et de sensibilité de Sébastien Buecher vaut bien de suivre les cailloux du Petit Poucet. A peine regrette-t-on que la carte fasse autant belle place aux produits de prestige, alors que le talent du jeune chef est justement

→ 13 rue Gén-de-Gaulle
☎ 03 88 57 93 90
F. mardi à dîn., merc., 15 fév.-10 mars, 26 juin-6 juil. et 6-10 nov.
Jusqu'à 21h15.

sa capacité à broder dans le naturel et l'élégance. Va donc pour le foie gras poêlé aux asperges, blé et parmesan, queues en bouillon crémeux acidulé ou le homard en risotto, mais on aime aussi beaucoup les senteurs mer-campagne du lieu jaune poché quenelles de moelle et légumes de cuisson ou de l'agneau méditerranéisé avec les doigts de Fatima, une purée d'artichauts, une barigoule et des spaghettis de légumes. Menus très attrayants, cave alsacienne puissante complétée par un choix solide en toutes régions.

C : 46 € • M : 28-44 €   www.frankenbourg.com

- -

14 🍴 **Hôtel-Restaurant Elisabeth**

Des bases sérieuses mais des apprêts d'aujourd'hui : traditionalistes et avant-gardistes se mettent d'accord autour de la table de Gérard Dehaye : du foie gras, oui, avec un cappuccino de langoustines au fumet de cèpes ; des saint-jacques rôties, d'accord, avec un sirop de betterave et une purée de panais au lard fumé ; un omble chevalier, soit, mais à la plancha et avec des carottes au miel ; et une côte de veau, tant mieux, avec un jus à l'arabica et des topinambours au jus de truffe. Finesse et pertinence des choix, dans les cuissons comme dans les accompagnements, caractérisent cette salle accueillant qui manque d'attrait et de personnalité. Cave classique aux bons choix et aux tarifs intéressants. Une dizaine de chambres en appoint.

C : 38 € • M : 10-28 €   www.hotel-elisabeth.fr

→ 5 rue du Gén-de-Gaulle
☎ 03 88 57 90 61
F. sam. à déj., dim. à dîn., lundi, 7-14 janv., 18 fév.-3 mars, 30 juin-7 juil. et 17-24 nov.
Jusqu'à 21h30.

VANDOEUVRE LES NANCY - 54500   (11 D 4)
Nancy 6 - Toul 28

🛏 **Hôtel-Restaurant Cottage**

A l'écart du centre de Nancy, l'hôtel prend ses aises pour proposer des chambres agréables, dans leur décor contemporain, murs blancs et parquet de bois clair.

55 ch. 52-58 €

→ 4 allée de Bourgogne,. Technopole Brabois
☎ 03 83 44 69 00
F. 1er -15 août.

VANNES - 56000   (14 A 5)
Rennes 114 - Lorient 59

13 🍴 **Régis Restaurant**

Des nouvelles de Régis Mahé ? La zone de turbulences semble s'éloigner, et les réacteurs tournent à nouveau au bon régime, si l'on en juge par les dernières impressions marines de cette salle réputée et élégante, au service toujours aussi compétent et fluide. Le chef reprend goût à la pêche et dans son sillage, l'équipe a le vent en poupe. On attend bien sûr confirmation de ces bonnes dispositions.

C : 35 €

→ 24 pl de la Gare
☎ 02 97 42 61 41
F. dim., lundi, vac. scol. fév., dern. sem. juin et dern. quinz. nov.

- -

13 🍴 **Restaurant de Roscanvec**

Au cœur de la vieille ville, derrière les colombages, on salue à nouveau la résurrection d'une vraie belle table, avec un chef de talent. A travers son menu Collection, Thierry Seychelles navigue dans les produits du terroir et taille une route personnelle avec assurance, accompagnant le foie gras confit au chouchen d'une betterave caramélisée et de billes de mangue, optant pour un

→ 17 rue des Halles
☎ 02 97 47 15 96
F. dim. et lundi (sf fériés).
Jusqu'à 21h30.

traitement fumé/poché pour le turbot ou régalant avec la gourmandise d'un kouign aman aux pommes. Pas de doute, cette Collection tient de la haute couture, une belle étoffe et de belles idées.
C : 53 € • M : 26-36 €   www.roscanvec.com

- -

13 **Rive Gauche**

Les chefs tournent, le navire continue de progresser. Sur le quai du port de plaisance, nul besoin d'accorder un pavillon de complaisance à ce bâtiment qui va bien, bistrot préféré des Vannetais pour ses assiettes précises et dans l'air du temps : ris de veau en cocotte, blanc de saint-pierre et écrasée de pommes de terre, entrecôte de Belle-Ile, ce sont toujours de belles pièces qui arrivent dans ce décor moderne et engageant où le patron sait animer la salle avec une cave puissante d'environ 600 références.
C : 40 €

→ 5 pl Gambetta
☎ 02 97 47 02 40
F. dim., lundi et 2 sem. janv.
Jusqu'à 21h30.

- -

13 **La Table des Gourmets**

La déco est contemporaine, le style un peu plus classique ampoulé dans l'assiette. Ce qui rend la toque fragile - des compositions alambiquées parfois à la limite du décevant - alors que le chef montre un très bon savoir-faire sur un terroir bien compris, le mille-feuille de dorade et ses pommes de terre écrasées à l'huile d'olive, le parmentier de tête et pieds de cochon à l'andouille de Guéméné et le far breton, poêlée de pain d'épices et réduction de chouchen d'un très bon menu à 26 € qui donne sa valeur, et sa cotation à cette table bien menée en salle par Laura Huguet, dans une atmosphère de province familiale.
C : 31 € • M : 26-39,50 €

→ 6 rue Alexandre-le-Pontois
☎ 02 97 47 52 44
F. dim. à dîn., lundi, mardi
à déj. (h.s.). F. ann. non
comm.
Jusqu'à 21h30.

- -

12 **Terroirs**

Cette table encore jeune (ouverte en 2005) vient d'enregistrer son premier changement de chef en mars dernier. Fabrice Bernery, principalement formé dans de belles maisons en Allemagne dirige désormais les cuisines de cette belle maison du centre historique, ancienne auberge du XVIIIe siècle. La carte est modifiée chaque mois autour des produits de saison (salade d'aileron de raie, fish and chips sauce tartare, tiramisu glacé...). Cave prenant rapidement de l'embonpoint et regroupant une majorité de vignerons indépendants et une jolie sélection de vins étrangers.
C : 34 € • M : 16-28 €   www.terroirs-restaurant.com

→ 22 rue de la Fontaine
☎ 02 97 47 57 52
F. sam. à dîn., lundi, mardi,
dern. sem. juin et 2 dern. sem.
oct.
Jusqu'à 21h30.

- -

10 **La Taupinière**

Un peu caché en contrebas sur cette place de caractère, on découvre un décor adorable, mais aussi et surtout une vraie bonne crêperie, aux garnitures soignées, où l'on prend le temps de bien faire.
C : 12 € • M : 10 €

→ 9 pl des Lices
☎ 02 97 42 57 82
F. dim., merc., 3 sem. janv., 1
sem. juin et 1 sem. sept.
Jusqu'à 21h30.

- -

Le Carré Blanc

Derrière la façade typique d'une maison à colombages, une cuisine dans l'air du temps, alerte, épicée et pas bien chère, s'appuyant sur les légumes et les herbes du pays : fraîcheur de sardines aux agrumes et estragon, curry de bulots à l'ananas, tandoori de merlu, travers de porc confit et crémeux de lentilles au gingembre.
C : 25 € • M : 20-25 €   lecarreblanc@wanadoo.fr

→ 28 rue du Port
☎ 02 97 47 48 34
F. sam. à déj., dim. à dîn.,
lundi et 1er-9 janv.
Jusqu'à 22h30.

Unique en Bretagne Sud

Les Manoirs de l'Océan
La Cuisine Iodée
Le Spa Marin

RELAIS & CHATEAUX.

domaine de *Rochevilaine*
★★★★

www.domainerochevilaine.com · rochevilaine@relaischateaux.com
Pointe de Pen Lan - 56190 Billiers - Tél. : 02 97 41 61 61

Villa Kerasy

Une belle villa bretonne sous influence asiatique : architecture coloniale, déco précieuse très réussie, motifs cachemire, atmosphère zen, chambres délicieuses (soieries, meubles en bois exotique, tapis d'Orient) à destination des anciens comptoirs : la route des Indes est ouverte.
1 appart. 300-380 € • 11 ch. 97-190 €   www.villakerasy.com

→ 20 av Favrel et Lincy
☎ 02 97 68 36 83
🖨 02 97 68 36 84
F. 6 janv.-4 fév. et 11 nov.-7 déc.

Le Roof

Architecture contemporaine sous influence régionale pour cet établissement largement ouvert vers la mer et sa lumière, dans le cadre paisible et privilégié de la presqu'île de Conleau. Régulièrement remises au goût du jour, les chambres sont claires et d'un confort soigné. Une belle étape de détente.
42 ch. 82-144 €   www.bestwestern.fr

→ Presqu'île de Conleau
☎ 02 97 63 47 47
🖨 02 97 63 48 10
Ouv. 7j/7.

Villes de proximité, voir :

⟳ ARRADON.............................7 km O. par N 165 **(13/20)**
⟳ SAINT AVE...............5 km N.O. par D 767 et D 135 **(15/20)**

Mas de l'Espaïre

L'ancienne magnanerie offre tout son charme et son authenticité, chambres rustiques et atmosphère chaleureuse, dans un parc de garrigue, au cœur du célèbre bois de Païolive et ses chaos calcaires.
30 ch. 35-90 €   www.hotel-espaire.fr

→ Bois de Païolive
☎ 04 75 94 95 01
🖨 04 75 37 21 00
F. 1er nov.-mi-mars.

14 La Bretèche

Proche des quais de la Marne, l'ancienne guinguette connaît une seconde jeunesse depuis l'arrivée de Yoshihiko Mivra voilà quatre ans. Formé chez Loiseau, l'homme travaille les meilleurs produits, ce qui se traduit malheureusement et logiquement par des tarifs impressionnants à la carte. Le menu à 60 € se révèle en revanche d'un bon rapport, le thon rouge mi-cuit et tartare d'avocat au curry, un poisson d'une grande finesse, le filet de bar au four et fondue de fenouil (cuisson millimétrée, jus bien relevé) et la gelée d'ananas à la dacquoise noix de coco valant sans hésitation une belle toque. Cave s'intéressant à toutes les régions avec cependant une prédilection pour le bordelais.
C : 75 € • M : 35-60 €   www.labreteche.fr

→ 171 quai de Bonneuil
☎ 01 48 83 38 73
F. dim. à dîn., lundi, 2 sem. vac. scol. fév. et 16-31 août. Jusqu'à 22h.

Château des Varennes

Un fier manoir XVIe, bien préservé et restauré, dominant les plaines du Lauragais, en brique rose typique du pays. Promenade dans le parc, détente à la piscine, et repos dans des chambres classiques, au mobilier ancien.
4 ch. 95-140 €   www.chateaudevarennes.com

→ ☎ 05 61 81 69 24
🖨 05 61 81 69 24
F. 1er nov.-fin fév.

VARETZ - 19240 (25 B 4)
Tulle 29 - Brive-la-Gaillarde 10

↻↻↻ Château de Castel Novel ✈

Le château a gardé dans son allure la sobriété médiévale, allégée par le grès rose des pierres. A l'intérieur règne un délicieux esprit à la fois romantique et bourgeois, avec de magnifiques chambres personnalisées, certaines, avec en rappel, pierres ou poutres apparentes. Le vaste parc, outre ses équipements de détente, incite à la rêverie, pourquoi pas en relisant Colette, qui séjourna plusieurs fois au château.

5 appart. 245-340 € • 32 ch. 90-310 €   www.castelnovel.com

→ ☎ 05 55 85 00 01
🖶 05 55 85 09 03
F. 2-22 janv.

VARS - 05560 (34 B 2)
Gap 69 - Briançon 45

13 Chez Plumot

Parce qu'on est à la montagne (et même au cœur de la station), fondue et raclette répondent présentes à la carte, mais sur réservation. Car la maison de Dominique Lallez se plaît surtout à jouer la contre-programmation et à regarder vers le Sud-Ouest, le foie gras ou le confit de canard. Du Sud-Ouest, on a également gardé la convivialité, dans une délicieuse ambiance décontractée-chic.

C : 40 € • M : 18-29 €

→ ☎ 04 92 46 52 12
F. mai-juin et sept.-nov.
Jusqu'à 21h45.

VASOUY - 14600 (6 A 3)
Caen 63 - Honfleur 2 - Deauville 15

13 La Chaumière

A deux pas de Honfleur, ce délicat manoir à colombages du XVIIe fait le nécessaire pour contenter une clientèle exigeante, en proposant ce qu'il faut de produits nobles (les saint-jacques, le pigeon au foie gras) dans des assiettes élégantes et maîtrisées, sans risque de décevoir ou de dérouter. Pas d'ennui à l'horizon pourtant, la manière est belle et le moment agréable, dans une ambiance feutrée rythmée par un service efficace. Solide cave classique.

C : 70 € • M : 40-60 €   www.hotel-chaumiere.fr

→ Rte du Littoral
☎ 02 31 81 63 20
F. mardi, merc. à déj., jeudi à déj.
Jusqu'à 21h30.

↻↻↻ La Chaumière ✈

Sereine et séduisante, cette ferme du XVIIe à colombages est un petit paradis de tranquillité, avec des chambres délicieuses où l'on a plaisir à se blottir après une balade autour de l'hôtel, entre pâtures verdoyantes et la mer à l'infini.

1 appart. 450 € • 8 ch. 150-230 €   www.hotel-chaumiere.fr

→ Rte du Littoral
☎ 02 31 81 63 20
🖶 02 31 89 59 23
F. 16 janv.-1er fév. et 27 nov.-13 déc.

VAUCHOUX - 70170 (21 B 2)
Vesoul 16 - Luxeuil 42

15 Château de Vauchoux

Château ? Les esprits pointilleux pourront regretter que l'absence de tour de cet ancien pavillon de chasse de Louis XIV ne lui permette pas vraiment d'utiliser ce titre. Mais qu'importe. Ce lieu possède une longue et riche histoire et celle qu'y écrit Jean-Michel Turin depuis plus de 30 ans n'en est sans doute pas le pan le moins intéressant : rosace de noix de saint-jacques sur un lit de cœur de chou vert, rouget sur coulis de crustacés. dos d'oie rôti au caramel d'épices, compotée de coings. Très beaux desserts, proposés sous la dénomination de Plaisir des Gâtines qui remplace l'ancien chariot

→ Rte de la Vallée-de-la-Saône
☎ 03 84 91 53 55
F. lundi, mardi et dern. sem. fév.
Jusqu'à 21h30.

de desserts : terrine d'agrumes en gelée, carpaccio de fraises et crème chiboust et glaces (maison) menthe, vanille et fraise. Service pro et plein d'humanité dirigé par Franceline Turin, ambiance guesthouse très appréciée par la clientèle de plaisanciers. Cave de collectionneur.
M : 70-100 €

VAULT DE LUGNY - 89200 (19 D 3)
Auxerre 57 - Avallon 6

₵₵₵ Château de Vault-de-Lugny ✈

Séjour intime et exclusif dans ce château médiéval, les pieds des remparts baignant encore dans les douves en eau. Un vaste parc arboré pour l'extérieur et un décor superbe pour l'intérieur, parfaitement respectueux de la longue histoire des lieux, lits à baldaquin sous les plafonds à caissons et tentures raffinées pour des chambres de caractère.
2 appart. 450 € • 15 ch. 165-530 €

→ 11 rue du Château
☎ 03 86 34 07 86
🖷 03 86 34 16 36
F. 11 nov.-17 avril.
☎ 🔍 🐕

www.lugny.fr

VAUTORTE - 53500 (16 A 1)
Laval 37 - Mayenne 16

11 La Coutancière

Dépannage express pour faims de loups voyageurs : cette auberge sincère au cadre d'hier remplit le cahier des charges et les estomacs de tradition, avec ses menus étudiés d'un honnête rendement : tarte aux champignons et filets de canard fumés, pavé de brochet aux endives confites et crème d'orange, suprême de poulet et gastrique de cidre et miel, tarte aux pommes.
C : 27,30 € • M : 23,40-45,50 €

→ ☎ 02 43 00 56 27
F. dim. à dîn., mardi à dîn. et merc.
Jusqu'à 20h30.
🚗 ♿ 🐕

VAUX SOUS AUBIGNY - 52190 (9 C 6)
Chaumont 60 - Dijon 47

12 Aux Trois Provinces

L'arrêt-buffet n'est pas imposé, mais fortement conseillé : d'abord pace qu'il n'y a pas grand-chose à se mettre sous la dent dans les environs, et puis surtout parce que c'est un plaisir : une gentille petite tradition dans un cadre rustique, un dos de saumon à l'unilatérale, un navarin d'agneau, et quelques traits sympathiques d'aujourd'hui. Et si vous restez pour la nuit, vous ne manquerez pas de goûter et regoûter avec modération les vins du village.
C : 40 € • M : 19-29 €

→ Pl de Verdun
☎ 03 25 88 31 98
F. dim. à dîn., lundi et janv.
Jusqu'à 20h30.
🚗

VAUX SUR MER - 17640 (22 A 4)
La Rochelle 77 - Royan 3

10 La Maison Blanche

Si la plage est loin d'être abandonnée, coquillages et crustacés sont bien là, les poissons grillés aussi, dans une ambiance soutenue (la Maison est avant tout un bar branché) et avec une équipe passée maître dans l'art de faire vivre ce petit coin de plage où "la vie est belle".
C : 35 € • M : 27 €

→ Plage-de-Nauzan
☎ 05 46 38 01 06
F. non comm.
Jusqu'à 22h30.
🛥

www.maisonblanche.fr

Résidence de Rohan

A défaut de tenir salon, comme le faisait la duchesse de Rohan en recevant Zola ou Loti, vous apprécierez cette belle demeure de famille, charmant relais de chasse XIXᵉ aux chambres variées (style anglais, Empire, Restauration...), meubles anciens, ciels de lits, plus modernes dans l'annexe, donnant sur les jardins plantés de pins, avec accès direct à la plage au pied de l'hôtel.
44 ch. 65-132 €   www.residence-rohan.com

→ Parc des Fées, rte de Saint-Palais
☎ 05 46 39 00 75
▤ 05 46 38 29 99
F. 11 nov.-25 mars.

VELARS SUR OUCHE - 21370   (20 B 3)
Gevrey Chambertin 16 - Dijon 13

11 L'Auberge Gourmande

Une bonne idée de week-end : ancien chef-pâtissier chez Guy Savoy, Christophe Favre a repris cette maison avec son épouse Delphine en 2004 et lui a redonné une partie de son lustre d'antan. Jolie cuisine du marché, copeaux de bœuf mariné sur un tartare de chèvre frais aux herbes et tomate glacée en rémoulade de cœur de palmier, filet de lieu jaune rôti sur peau, marinière de noix de pétoncles en persillade et brandade de pommes de terre croustillante, sablé gratiné de framboises à la crème de citron sauce milk-shake. Parc agréable.
C : 40 € • M : 19,60-49 €

→ 17 allée la Cude
☎ 03 80 33 62 51
F. dim. à dîn., lundi, mardi à dîn., 3 sem. déb. janv. et 3 sem. à partir 26 août.
Jusqu'à 21h30.

VELLERON - 84740   (33 B 4)
Avignon 20 - Nîmes 70

Hostellerie la Grangette

Installée dans un parc verdoyant et fleuri de façon exceptionnelle, cette belle demeure au centre des principaux attraits touristiques (Avignon, Gordes, Senanque, le Ventoux....) propose des chambres soignées, habillées de tissus de grandes marques et offrant le confort de linge de lit en coton peigné brodé. Des soins de beauté et des massages sont proposés à la clientèle qui profite en outre d'une ravissante piscine.
1 appart. 158-218 € • 15 ch. 92-218 €   www.la-grangette-provence.com

→ 807 Chemin Cambuisson
☎ 04 90 20 00 77
▤ 04 90 20 07 06
F. 11 nov.-12 fév.

VENASQUE - 84210   (33 C 4)
Avignon 31 - Carpentras 14 - Apt 35

Auberge la Fontaine

Au cœur de la Provence et de ce village classé, cette magnifique demeure XVIIIᵉ ne compte que cinq suites, cinq bonheurs exclusifs où le vrai luxe est dans une atmosphère préservée, un respect total des lieux et une sobriété d'une élégance superbe.
5 appart. 125 €   www.auberge-lafontaine.com

→ Pl de la Fontaine
☎ 04 90 66 02 96
▤ 04 90 66 13 14
Ouv. 7j/7.

VENCE - 06140   (33 B 1)
Nice 22 - Antibes 22

Table d'amis, Jacques Maximin

Maximin, on l'adore. C'est clair, il peut toujours faire l'indifférent, le faux modeste, celui qui ne s'en aperçoit pas, mais tous ceux qui ont croisé son chemin, d'un côté ou de l'autre du passe-plat, ont été subjugués. Aujourd'hui, il peut produire chez lui, pépère, une "cuisine au jour le jour" où effectivement il aura ramassé trois bricoles au marché pour se mettre au piano pour les amis : un pagre, un agneau, des légumes, quelques crevettes et voilà que la

→ 689 chemin de la Gaude
☎ 04 93 58 90 75
F. lundi, mardi (sf été). F. ann. non comm.
Jusqu'à 22h.

magie se remet en route, le charme que l'on ne voudrait jamais rompre avec ces fulgurances du feu follet de jadis. Le cadre est celui d'une jolie maison particulière sur les hauteurs, un jardin provençal pour privilégiés, où les soirées sont douces, le vin bien choisi et l'atmosphère propice aux conversations secrètes.
C : 135 € • M : 50-150 €   www.tabled'amis.fr

---

14 L'Auberge des Templiers

Reconnu par tous, Stephan Demichelis surfe sur la vague azuréenne et enchaîne les saisons du succès. Dans ce temple bourgeois à la mode provençale - salle ouverte, agréable, élégante, terrasse sous la tonnelle - il donne un récital permanent de savoir-faire, cuisine maligne à base classique calée dans de bons menus et dans une carte expressive : risotto carnaroli, saint-jacques grillées et croustille de parmesan, filet de sar au thym frais et tomate concassée, rissoles de ris de veau, ravioles de moelle et truffes du Piémont, soufflé chaud au citron. Elena donne la la d'une sonate sans fausse note de chaque côté du passe-plat, les touristes sont ravis, et les locaux goûtent à l'année ce charme inaltérable. Cave généraliste aux bons choix régionaux.
C : 65 € • M : 39-59 €   www.restaurant-vence.com

→ Carrefour Jean-Moulin, 39 av Joffre
☎ 04 93 58 06 05
F. dim. à dîn., lundi, merc. à déj. (sept.-juin), à déj. sem. (été), 10-31 janv. et 10 nov.-10 déc.
Jusqu'à 22h30.

🏨 Idéal gourmet

---

14 La Commanderie

Le site est exceptionnel : sur les hauteurs du village, ce Relais et Châteaux profite d'une vue extraordinaire qui court jusqu'à la mer, l'aéroport de Nice et le cap d'Antibes. Sur la merveilleuse terrasse panoramique ou bien dans la luxueuse et ultra chic salle à manger, la même ambiance aristocratique, le même sentiment d'appartenir à une caste forcément privilégiée. Puisant l'essentiel de son inspiration dans le répertoire provençal, Philippe Guérin s'ingénie à ne pas troubler les rêves de sa clientèle en soumettant à son approbation polie une luxueuse cuisine de circonstance : palangre cuite à la salamandre au serpolet, caviar, chips d'aubergines et jus de ratatouille au basilic, la volaille en brochette, en nems et en ravioli ouvert parfumé aux girolles... Les desserts entretiennent le charme du moment, la cave mêlant flacons prestigieux et vedettes locales.
C : 115 € • M : 46-105 €   www.chateau-st-martin.com

→ Av des Templiers, BP 102
☎ 04 93 58 02 02
F. à déj. lundi-jeudi. (15 juin-31 août) et 11 oct.-fév.
Jusqu'à 22h30.

Le Château du Domaine Saint-Martin

Le premier atout des lieux est sa situation dominante : à ses pieds le village, à l'horizon la mer, tout autour un parc arboré. Les prestations sont de haut niveau, prenant là aussi de la hauteur sur la concurrence. Dans les chambres, murs clairs et hauts plafonds renforcent une agréable impression d'espace.
6 appart. 750-1800 € • 34 ch. 340-800 €   www.chateau-st-martin.com

→ Av des Templiers, BP 102
☎ 04 93 58 02 02
🖨 04 93 24 08 91
F. 11 nov.-7 mars.

 parking privé    parking fermé   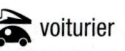 voiturier

 hôtel très tranquille   🐕 chien accepté   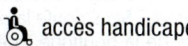 accès handicapé

    hôtels de charme

VENCE

14 🦷 **La Farigoule**

Ni vraiment traditionnelle ni vraiment up to date, la cuisine de Patrick Bruot colle à cette maison tranquille : sincère, probe, équilibrée, bien dans son époque et pour une clientèle de Vence, entre touristes et habitués. Un foie gras mi-cuit aux figues sèches et crème brûlée aux cèpes, un tronçon de lotte piqué d'ail doux avec une tranche d'aubergine et tomates, un risotto aux saint-jacques ou un agneau en cocotte jus tranché aux épices, le parfum est toujours bien dosé, la saveur juste, jusqu'aux spécialités locales (un très bon osso-buco) et aux desserts (tiramisu aux marrons, tarte au citron réduction de fruits rouges au porto). Petite cave provençale, accueil charmant de Valérie.
C : 42 € • M : 22-55 €

lafarigoule@hotmail.fr

→ 15 av Henri-Isnard
☎ 04 93 58 01 27
F. dim. à dîn., mardi, merc. à déj. (hiver), sam. à déj., mardi, merc. à déj. (juin-sept.), vac. scol. fév. et nouvel an.
Jusqu'à 22h.
⛩

- -

14 🍺 **Le Vieux Couvent**

La Méditerranée, à deux pas, participe à l'environnement, mais sa présence est discrète dans la cuisine de Jean-Jacques Bissières, intègre artisan d'un travail soigné qui emprunte à une tradition personnalisée l'essentiel de la carte, belles sauces et présentations avec les honneurs, plats sous cloches et service aux bonnes manières. Après une balade dans l'arrière-pays, le confort d'un foie gras ou d'un ravioli de tourteau, d'un loup sur peau et vinaigrette de tomate au basilic et les petites crêpes au pralin, réchauffent le pèlerin de ce vieux couvent à la fidélité à toute épreuve. Cave correctement équipée sur la région.
C : 45 € • M : 27-37 €

www.restaurant-levieuxcouvent.com

→ 68 av du Gén-Leclerc, 37 rue Alphonse-Toreille
☎ 04 93 58 78 58
F. merc. à déj., jeudi à déj. (été), merc., jeudi (hiver) et 15 janv.-15 mars.
Jusqu'à 21h15 (22h15 été).
🐕

- -

🛏🛏 **Villa Roseraie**

La belle villa provençale traditionnelle a été reprise et entièrement redécorée par la nouvelle propriétaire Laurence Vuillaume. Au cœur d'un jardin luxuriant, des chambres romantiques, en fer forgé et tissus colorés, les chambres du rez-de-jardin donnant sur un patio ou un balcon privé.
14 ch. 70-145 €

www.villaroseraie.com

→ Av Henri-Giraud
☎ 04 93 58 02 20
🖳 04 93 58 99 31
F. 7 janv.-15 fév. et 10 nov.-10 déc.
🚗 ♨

- -

❄ **Nuits d'Azur de Vence**

Au bout d'une impasse, un jardin planté d'oliviers accueille en toute tranquillité une villa provençale qui soigne particulièrement le confort des chambres à thèmes.
3 ch. 80-100 €

www.nuits-azur-vence.com

→ 125 allée du Bois
☎ 04 93 24 07 09
Ouv. 7j/7.
🚗 ♨

VENEUX LES SABLONS - 77250   (7 D 3)
Paris 72 - Moret-sur-Loing 4

11 🍺 **Le Bouledogue Café - La Boutique Florine**

La meilleure idée de ce Bouledogue, à la fois bar à vin, restaurant et traiteur ? Sans doute la possibilité d'aller choisir son vin dans les rayons de la boutique (même si le domaine Bouchard et fils est pratiquement le seul représentant de la Bourgogne par exemple) pour accompagner la coquille saint-jacques à l'ancienne (béchamel et légumes gratinés), le rognon de veau à la broche et la tarte tatin (affublée d'une bien inutile boule de glace à la vanille).
M : 12-20 €

→ 90 av de Fontainebleau, Moret-sur-Loing
☎ 01 60 72 38 87
F. à dîn., lundi, vac. scol. fév., 28 juil.-18 août et vac. scol. Toussaint.

VENTEROL - 05130   (34 A 2)
Gap 22 - Tallard 8

11 La Méridienne

Au cœur d'une nature superbe, cette ancienne ferme propose avec constance un terroir montagnard riche en saveurs comme en couleurs. Le menu se décline en fonction des jours de la semaine, pour les oreilles d'âne, c'est le vendredi, la soupe au pistou le mardi, le dimanche c'est fête, avec les viandes en sauce…
M : 15-25€   *www.lameridienne.com*

→ Le Banchet
☎ 04 92 54 18 51
F. à déj. et oct.-nov.
Jusqu'à 21h.

VENTRON - 88310   (12 B 6)
Epinal 55 - Gérardmer 26

 Hôtel Les Buttes

Ouvert dans les années soixante-dix par les sœurs Leduc, célèbres skieuses dans les années soixante, ce gros chalet en bois installé au pied des pistes dégage un charme évident grâce à sa décoration intérieure soignée (œuvres d'art, tissus aux couleurs chaudes, images d'Epinal, mobilier artisanal vosgien dans les chambres…). Piscine couverte et chauffée, sauna, hammam, parcours de santé.
1 appart. 150-215€ • 26 ch. 98-189€   *www.frerejo.com*

→ Ermitage Frère-Joseph
☎ 03 29 24 18 09
🖷 03 29 24 21 96
F. mi-nov.-mi-déc.

VERBERIE - 60410   (4 A 5)
Compiègne 16 - Senlis 17

12 L'Auberge de Normandie

Entre village et forêt, l'auberge profite d'un agréable décor champêtre, avec son jardin et son allure d'ancien relais de poste. La cuisine, malgré le nom, délaisse la crème et le cidre pour une vision large et équitable des terroirs de France, alternant plats de saison (vinaigrette d'asperges au tourteau), escapade auvergnate (pied de porc farci au saint-nectaire) ou sudiste (épaule d'agneau confite au romarin) avant le retour à la Normandie tarte fine aux pommes caramel laitier.
C : 40€ • M : 20-30€   *www.auberge-normandie.com*

→ 26 rue de la Pêcherie
☎ 03 44 40 92 33
Ouv. 7j/7.
Jusqu'à 21h.

VERDUN - 55100   (11 B 2)
Bar-le-Duc 55 - Metz 80 - Nancy 97

13 Hostellerie du Coq Hardi

Solidement ancrée dans la géographie gastronomique lorraine, la belle maison à colombages reste un havre tranquille pour les amateurs d'une gastronomie élégante, évidemment sage (on ne bouscule pas comme ça la tradition), mais pas figée pour autant : on voit ainsi poindre un trait de wasabi par-ci (sur la côte de bœuf et ses frites à l'ancienne), quelques touches franchement sudistes par-là (le gaspacho et jambon pata negra, la piperade sur la salade de truffes d'été), qui amènent un peu d'air frais au travail toujours impeccable de Frédéric Engels. La cave amorce également quelques mouvements vers des domaines plus actuels.
C : 80€ • M : 44-95€   *www.coq-hardi.com*

→ 8 av de la Victoire
☎ 03 29 86 36 36
F. dim. à dîn.,
mi-fév.-mi-mars et 24-25 déc.
Jusqu'à 21h30.

🏆 idéal gourmet

Hostellerie du Coq Hardi

Les chambres sont très classiques, ou plus modernes pour certaines, mais le style est là, les boiseries sculptées, l'atmosphère vénérable, dans cet établissement presque bicentenaire des bords de Meuse, face au port de plaisance.
2 appart. 150-250€ • 33 ch. 75-135€   *www.coq-hardi.com*

→ 8 av de la Victoire
☎ 03 29 86 36 36
🖷 03 29 86 09 21
F. 24-25 déc.

◉ L'Atelier Restaurant

Contemporain et soigné, le décor plante une ambiance décontractée et volontiers ludique qu'on retrouve dans les assiettes de Ludovic Doussot et sa volonté de brasser les influences, du carpaccio de thon rouge au foie gras au gewurz, du cabillaud au galanga au magret de canard aux noisettes et cappuccino de pois et crème au lard virtuel. La carte, largement déclinée au verre, fait preuve de la même curiosité, du vin des coteaux de Coiffy à la Sicile.
C : 31 € • M : 13,50-29 €   www.atelierrestaurant.fr

→ 33 rue des Gros-Degrés
☎ 03 29 84 45 29
F. dim. à dîn., lundi et 17-25 fév.
Jusqu'à 21h45.

VERDUN SUR LE DOUBS - 71350   (20 A 4)
Beaune 22 - Chagny 24

14 🍺 L'Hostellerie Bourguignonne

Cette hostellerie jouit d'une longue renommée, acquise bien avant l'arrivée de Didier Denis en 1996. Cet ancien second de Michel Rostang n'a heureusement jamais galvaudé cet héritage, s'attachant à perpétuer les traditions (la pochouse verdunoise selon Camille Lauriot étant toujours proposée, ainsi qu'une version plus contemporaine) tout en s'évertuant à personnaliser au maximum sa cuisine : l'asperge étuvée sur une poêlée de truffes est ainsi accompagnée d'un œuf mollet et d'un bouillon truffé, la côte de veau est caramélisée à la poêle avant d'être cuite à basse température et flanquée d'un jus aux oignons, le sandre de Saône étant simplement préparé à la plancha et marié à du riz noir. Une jolie synthèse entre tradition et modernité qu'on retrouve en cave, où les vieux millésimes à prix plancher cohabitent avec la jeune génération bourguignonne. Une vingtaine de chambres au calme.
C : 63 € • M : 22-46 €   www.hostelleriebourguignonne.com

→ 2 av du Pdt-Borgeot
☎ 03 85 91 51 45
F. mardi à déj., merc. à déj. (mai-sept.), dim. à dîn., mardi, merc. à déj. (h.s.) et vac. scol. fév.
Jusqu'à 21h (21h30 sam.).

📦 idéal gourmet

VERNEUIL SUR AVRE - 27130   (6 C 5)
Evreux 39 - Dreux 38

ℭℭℭ Hostellerie Le Clos

Installé en terrasse, on peut détailler à loisir le magnifique travail autour des différentes teintes de briques qui rythment la façade de cet élégant castel XIXe, autant que le parc paysager. Et lorsqu'il faut rentrer, c'est pour apprécier un décor bourgeois et feutré, mariage élégant de tissus fleuris et de mobilier de style.
6 appart. 225-290 € • 4 ch. 180-290 €   www.hostellerieduclos.fr

→ 98 rue de la Ferté-Vidame
☎ 02 32 32 21 81
🖶 02 32 32 21 36
F. 4 janv.-6 fév. et 21-28 déc.

VERNON - 27200   (6 D 4)
Evreux 30 - Rouen 62

12 Restaurant Les Fleurs

Bernard Lefèvre a repris il y a deux ans le pas-de-porte et sa philosophie : derrière la façade anonyme, du bourgeois scrupuleux qui rassemble les confréries vernonnaises. En marge de la carte, de beaux produits de saison entrent en suggestion, des ris d'agneau, une géline aux morilles, un turbot bien préparé aux asperges vertes et risotto d'orge perlé aux seiches. Avec un chouia supplémentaire d'application et de saveur, on guette la toque, les desserts classiques s'enrichissant à l'occasion, grâce à l'enseigne, de fleurs comestibles.
C : 51 € • M : 25-36 €   www.restaurantlesfleurs27.com

→ 71 rue Carnot
☎ 02 32 51 16 80
F. dim. à dîn., lundi et mai-août.
Jusqu'à 21h30.

Villes de proximité, voir :

⟳ GASNY................................8 km E. par D 313 (12/20)

VERQUIERES - 13670 (33 B 4)
Marseille 88 - Avignon 17 - Cavaillon 15

13 Le Croque-Chou
Daniel Folz est venu à la restauration par passion du vin : on s'en serait douté à la lecture d'une carte sudiste particulièrement pointue, en mouvement perpétuel comme les régions qu'elle affectionne particulièrement et comme la passion est aussi dans le partage, les tarifs incitent à en profiter. Pour tenir les cuisines, il a fait confiance à son fils Sébastien et bien lui en a pris, car les ambitions gastronomiques affichées ne sont pas démenties par des assiettes au gourmand parfum de terroir : lapin confit en gelée courgettes écrasées et ricotta, jarret de porc confit au citron et lard croustillant. Ajoutez le décor de caractère d'une ancienne bergerie et on se prend vite l'envie de faire partie de la famille.
C : 58 € • M : 45-90 €   www.le-croque-chou.fr

→ Pl de l'Eglise
☎ 04 90 95 18 55
F. dim. à dîn., lundi, merc.
à dîn. (h.s.), lundi, mardi
à déj., merc. à déj. (saison). F.
ann. non comm.
Jusqu'à 21h30.

VERSAILLES - 78000 (8 A 5)
Paris 24 - Evreux 88 - Evry 39

13 L'Etape Gourmande
Alain Zinsmeister perpétue depuis plus de dix ans une louable habitude : à la recherche des meilleurs produits, bio si possible, il travaille dans un registre classique où son excellente technique se place toujours en retrait de la matière travaillée. La recque tiède de coquillages et saint-jacques à la coriandre se fait tranchante, la côte de cochon ibaïona au piment d'Espelette laisse un souvenir ému et la crème brûlée au café et glace au chocolat amer traduit la même sincérité. Pain excellent, fourni par un artisan boulanger de Viroflay, jolie cave de propriétaires avec un excellent choix en savennières.
M : 42-52 €   etapegourmande@hotmail.fr

→ 125 rue Yves-Le-Coz
☎ 01 30 21 01 63
F. sam. à déj., dim. et lundi (sf
réserv.).
Jusqu'à 21h45.

----

12 L'Harmonium
Cette table encore toute jeune (inaugurée en juin 2005) s'est rapidement fait une jolie place au soleil de Versailles. Les poissons viennent directement de Bretagne (un joli bar sauvage en écaille de patate douce et riz basmati aux agrumes frais et confits), les desserts usent d'originalité (un crumble aux Petits Lu, crème Bailey's et mousse au carambar) et la cave suit doucement, étoffant progressivement son offre en petits propriétaires. Service souriant.
C : 36 € • M : 32-44 €   www.restaurantharmonium.com

→ 64 rue d'Anjou
☎ 01 39 25 00 88
F. dim. et lundi.
Jusqu'à 22h (22h30 vend.,
sam.).

----

12 Le Valmont
Dans la littérature, Valmont est noble et libertin. Si l'on peut bien parler de noblesse pour cette salle élégante installée dans un immeuble XVIIIe classé du centre-ville, la cuisine proposée par René Grassin à ses habitués n'a rien qui puisse heurter la morale, ni la tradition gastronomique française. Un choix cohérent et bien traduit dans un menu gastronomique aux exigences raisonnables et aux saveurs familières et soignées : émincé de betterave aux épices et cuisses de pigeon confites, lieu au sésame jus laqué à l'orange, tartelette crémeuse aux fruits de la passion. Cave tout aussi classique.
C : 45 € • M : 31 €   www.levalmont.com

→ 20 rue au Pain
☎ 01 39 51 39 00
F. dim. à dîn. et lundi.
Jusqu'à 22h.

VERSAILLES

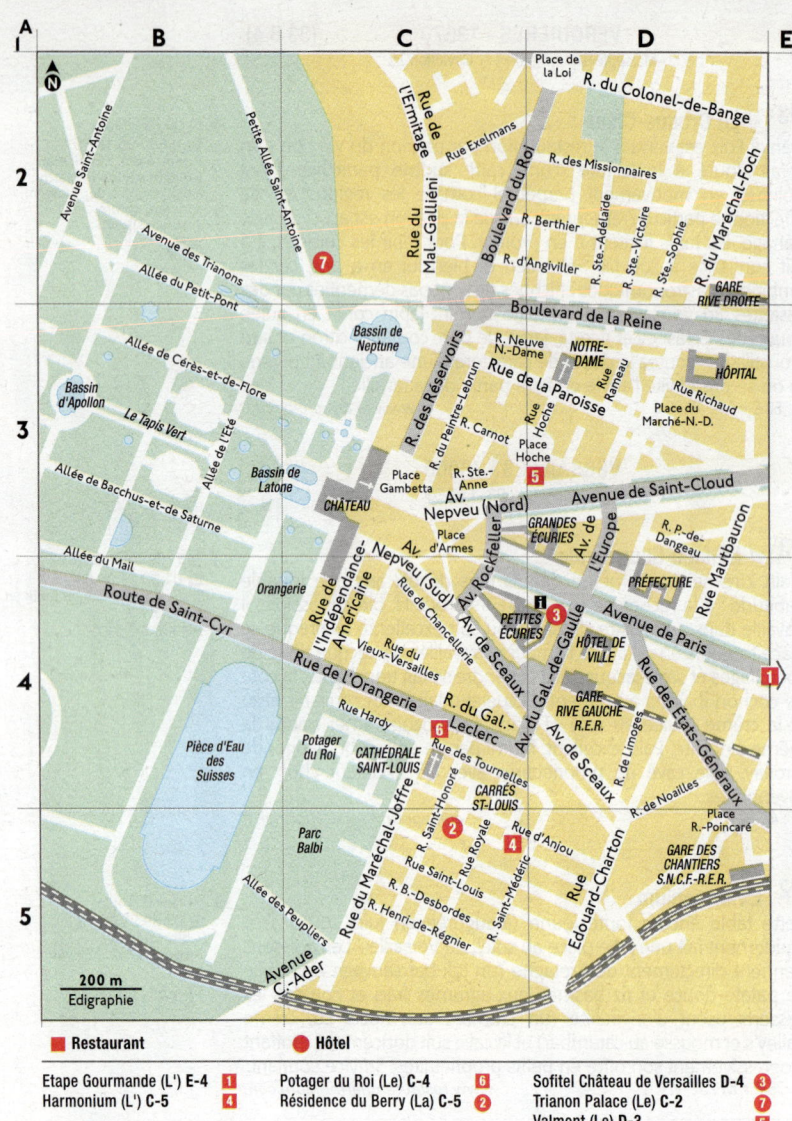

■ Restaurant ● Hôtel

Etape Gourmande (L') **E-4** ◼1	Potager du Roi (Le) **C-4** ◼6	Sofitel Château de Versailles **D-4** ●3
Harmonium (L') **C-5** ◼4	Résidence du Berry (La) **C-5** ●2	Trianon Palace (Le) **C-2** ●7
		Valmont (Le) **D-3** ●5

🟡11 Le Potager du Roy

Installée face au célèbre verger-potager de Louis XIV, cette petite table versaillaise entretient le culte du légume jusque dans les assiettes. Philippe Letourneur s'attache en effet à sublimer les produits du potager qu'il associe avec des produits à tendance rustique (filet d'agneau au four, magret de canard...). Quelques bonnes idées mais on aimerait toutefois un peu plus de recherche sur les sauces, standardisées.
M : 33-40 €

→ 1 rue du Mal-Joffre
☎ 01 39 50 35 34
F. dim., lundi et Noël.
Jusqu'à 21h30.

♙♙♙♙ Trianon Palace, A Westin Hotel & Spa

En juin dernier, l'ensemble du mobilier des 120 chambres et suites de ce prestigieux Trianon a été vendu aux enchères avant rénovation. Meubles Louis XV, Louis XVI, luminaires, pendules... tout ce qu'ont connu Proust ou Sarah Bernhardt a disparu, laissant place à une ambiance plus contemporaine. Prestations d'ensemble de très haut niveau, comprenant notamment un spa fastueux. Cadre enchanteur, à la lisière du parc du château de Louis XIV.
22 appart. 640-1140 € • 170 ch. 240-560 €

→ 1 bd de la Reine
☎ 01 30 84 50 00
🖨 01 30 84 50 01
Rens. non comm.

♙♙♙ Sofitel Château de Versailles

Erigée sur le site des écuries royales et des anciens manèges d'artillerie de Napoléon III, cette élégante demeure classique fait face à la plus belle avenue de la ville, à cinq minutes à pied seulement de l'entrée principale du château. Spacieuses, confortables et de style versaillais, les chambres allient raffinement et équipements modernes.
6 appart. 515 € • 146 ch. 160-475 €   www.sofitel-chateau-versailles.com

→ 2 bis av de Paris
☎ 01 39 07 46 46
🖨 01 39 07 46 47
Ouv. 7j/7.

♙♙ Hôtel la Résidence du Berry

A 100 mètres du potager du roi et à 200 mètres du château, un des plus vieux hôtels particuliers (XVIIIe) du quartier Saint-Louis. Poutres apparentes, tomettes, façade rénovée et dans les chambres (toutes les luxe refaites à neuf cette année), une ambiance feutrée et les équipements de l'époque (accès wifi, écrans LCD).
2 appart. 190-270 € • 38 ch. 125-150 €   www.hotel-berry.com

→ 14 rue d'Anjou
☎ 01 39 49 07 07
🖨 01 39 50 59 40
Ouv. 7j/7.

VERVINS - 02140   (4 C 3)

Laon 39 - Saint-Quentin 49 - Valenciennes 75

13 ♙ La Tour du Roy

Le cadre pourrait être intimidant avec ses apparats et ses matériaux anciens, mais c'est sans compter la gentillesse qui émane des lieux, un vrai plaisir de recevoir que l'on retrouve dans la cuisine d'Annie Desvignes, généreuse et personnelle, des gourmandises à la fois ancrées dans le terroir et respectueuses (mais jamais esclaves…) d'une certaine forme de tradition : fine tourte de lapin de Garenne jus sauce civet et endives poêlées, cabillaud meunière purée paysanne de haricots coco, sablé aux amandes multifruits à la crème de lait vervinoise.
C : 60 € • M : 40-75 €   www.latourduroy.com

→ Lieu-dit la-Tour-du-Roy
☎ 03 23 98 00 11
F. lundi à déj. et mardi à déj.
Jusqu'à 21h.

🎁 idéal gourmet

♙♙ La Tour du Roy

Accrochée aux remparts de la ville, la maison réserve dans ses tours de fort belles suites. Les chambres déclinent des ambiances personnalisées, dans un confort sans reproche et le plaisir d'une atmosphère délicieuse.
5 appart. 185-250 € • 17 ch. 75-185 €   www.latourduroy.com

→ Lieu-dit La Tour-du-Roy
☎ 03 23 98 00 11
🖨 03 23 98 00 72
Ouv. 7j/7.

Les prix au restaurant
C : addition moyenne à la carte (sans les boissons), comprenant 1 entrée, 1 plat et 1 dessert, dans le cadre d'une restauration traditionnelle.
M : fourchette de prix mentionnant le menu le moins cher et le menu le plus cher, proposant à la fois entrées, plats et desserts, sans les boissons.

VESOUL - 70000 (21 B 2)
Besançon 56 - Belfort 62

11 Caveau du Grand Puits

Caveau il y a bien, voûté et sympathique dans son décor soigné, et il n'a pas oublié sa vocation viticole, avec une sélection plaisante, qui accompagne une équitable cuisine classique, salade de queues d'écrevisses et poêlée d'escargots, filet de sandre au vin jaune, crème brûlée aux griottines.

C : 40 € • M : 17,50-37 €

thomas.philippe12@wanadoo.fr

→ Rue de Mailly, pl du Grand-Puits
☎ 03 84 76 66 12
F. sam. à déj., dim., merc. à dîn., fériés, 1 sem. mai, 3 dern. sem. août et 1 sem. Noël.
Jusqu'à 21h.

VEULES LES ROSES - 76980 (6 B 1)
Rouen 60 - Dieppe 25

14 Les Galets

Quarante années à rouler les galets à quelques pas de la plage, cela vous fait un mental à supporter toutes les marées. Gilbert Plaisance a donc toujours la foi, la carte qu'il propose avec son copilote Frédéric Cauchy pour travailler à quatre mains de Maîtres-Cuisiniers est forgée dans la mer et les fermes locales, mâtinée d'orientalisme et d'idées contemporaines parfois un peu forcées : huîtres de Pourville en huit préparations, langoustines bretonnes en trilogie (pressé, brochettes, tempura), homard et joue de porc confite pointes d'asperges relevées à l'amandon de pruneau. Jolie carte de desserts, cave sérieuse et traditionnelle dans un cadre au chic provincial pour la belle société du canton.

C : 65 € • M : 36-76 €

www.veules-les-roses.fr/comm.fr.htm

→ 3 rue Victor-Hugo
☎ 02 35 97 61 33
F. mardi, merc. F. ann. non comm.
Jusqu'à 21h (21h30 été).

VEYRIER DU LAC - 74290 (28 B 2)
Annecy 7 - Genève 48

20 La Maison de Marc Veyrat

Qu'est-ce qu'il y a de nouveau ? Réponse : tout. De quelle cuisine peut-on rapprocher la cuisine de Marc Veyrat ? Réponse : aucune. Que fera-t-il demain ? Réponse : nul ne le sait, et sans doute pas même lui. Même si les trois millions d'idées qu'il a chaque jour pourraient déboucher sur une synthèse, même si les projets d'hier peuvent devenir la réalité de demain, une certitude résiste, une vérité objective : le moment que vous passerez à la table de Marc Veyrat sera unique, inoubliable et surtout différent de ce que vous en attendez. Pas parce que le chef est fantasque et imprévisible - c'est plutôt le contraire, c'est le plus posé, et le plus réfléchi des grands chefs d'aujourd'hui - mais parce qu'on ne mesure pas à quel point l'impact d'une expérience comme celle-là est propre à chaque sensibilité, et presque à chaque circonstance. Il y aura des saveurs inconnues qui vous paraîtront familières, d'autres connues et que pourtant vous aurez du mal à rétablir mentalement, il y aura peut-être du maïs reconstitué, le carvi en conserve, l'incroyable semoule, le boudin de crustacés virtuel, les beignets d'humus cuits à l'azote, les nouilles disparaissantes, le sorbet cardamine. On croit entendre le programme du cirque Grüss, et c'est un peu cela, une succession de numéros, de tours de magie, qui vous laissent pantois mais aussi heureux de les avoir vus, vécus, sentis. Vous croyiez connaître l'Eridan ? Marc Veyrat a tout cassé, reconstitué à sa manière, mis des oreillettes en cuisine afin que l'information circule plus vite, chamboulé, comme d'habitude, toute sa carte, mais il est resté lui-même : celui qui vient en salle, non pas pour faire le beau, mais pour participer à la fête, avec tout le monde,

→ 13 vieille rte de Pensières
☎ 04 50 60 24 00
F. lundi-merc., jeudi à déj. vend. à déj. (1er juil.-31 août), dim. à dîn., lundi, mardi, merc., jeudi et vend. à déj. (h.s.) et mi-nov.-mi-fév.
Jusqu'à 22h.

prenant une fourchette pour mélanger ici, aidant le service avec le bain d'azote là, expliquant avec un émerveillement aussi sincère que celui des clients quel effet va produire la dégustation d'une herbe, d'une fleur, d'une pastille glacée, d'un bonbon qui explose en bouche. L'environnement proche appartient aussi au monde de l'artiste, ce décor unique dans le cadre majestueux du lac, le service à l'unisson, tellement fier et impliqué d'être là à ce moment-là, pour amener par exemple le plus beau chariot de formages de France, les desserts mozartiens (un enfant gourmand et un génie), la cave magnifique aux mille références. Veyrat, seul au monde ? Oui, évidemment, là où il est, il n'y a pas de place pour deux.
C : 330 € • M : 338-425 € *www.marcveyrat.fr*

La Maison de Marc Veyrat ✶

→ 13 vieille rte des Pensières
☎ 04 50 60 24 00
▤ 04 50 60 23 63
F. mi-nov.-mi fév.

Entre lac et montagne... La terrasse les pieds dans l'eau ou les balcons privatifs permettent de contempler le spectacle depuis cette maison bleue à l'architecture caractéristique, habillée d'un luxe savoyard aussi chaleureux que raffiné, qui délaisse toute ostentation au profit de belles matières, au premier rang desquelles le bois. Une apparente simplicité qui n'exclut pas des prestations parfaitement actuelles en terme d'équipement et de confort.
2 appart. 635-695 € • 9 ch. 300-670 € *www.marcveyrat.fr*

La Demeure de Chavoire ✶

→ 71 rte d'Annecy
☎ 04 50 60 04 38
▤ 04 50 60 05 36
Ouv. 7j/7.

Un lieu de détente et de calme au bord du lac, les chambres, rénovées régulièrement, apportent un raffinement romantique par leur style cosy et leurs meubles d'antiquaires. Parmi les nombreux agréments de détente, les chaises longues sur la terrasse en bois, le spa balnéo romassant, les promenades bateau-pique-nique, le prêt de bicyclettes.
3 appart. 225-275 € • 13 ch. 130-145 € *www.demeuredechavoire.com*

VEZAC - 24220 (24 C 4)
Beynac-et-Cazenac 2 - Sarlat-la-Canéda 9

12 Relais des Cinq Châteaux

→ ☎ 05 53 30 30 72
F. non comm.
Jusqu'à 21h.

Avec un magnifique panorama sur la vallée et ses châteaux, le cadre forme un bel outil de travail et le chef a déjà fort bien pris ses marques, jouant avec maîtrise une partition sans doute un peu sage, mais qui a le mérite d'être soignée : sobre salade d'asperges (venues du champ voisin) et canard, magret de canard sauce truffée à la cuisson impeccable, soufflé glacé aux noix sans défaut. Service très agréable, efficace et enlevé.
C : 44 € • M : 23-37 € *5chateaux@perigord.com*

VIC EN BIGORRE - 65500 (29 B 4)
Tarbes 17 - Bagnères-de-Bigorre 38

12 Le Réverbère

→ 29 rue d'Alsace
☎ 05 62 96 78 16
F. sam. à déj. et dim. à dîn.
Jusqu'à 22h.

Dans un tranquille répertoire classique, le Réverbère éclaire bien les pas de l'hôte de passage dès le menu 100% Terroir, terrine de campagne et confit de canard accompagnés du verre de vin du mois. Jolie terrasse, entourée de végétation.
C : 40 € • M : 20-27 € *le.reverbere@wanadoo.fr*

VIC LE COMTE - 63270 (26 B 3)
Clermont-Ferrand 23 - Issoire 16

13 🍽 Le Comté

Dans sa grande maison en pierre, Pascal Bonniol réussit le pari d'une cuisine gastronomique et recherchée, il ne se contente pas d'aligner un répertoire terroir mais préfère proposer quelques gourmandises comme la crème de potiron aux senteurs de foie gras, l'épaule d'agneau polenta au genièvre, les queues de gambas en kadaïf ou le canard rôti sauce au miel et tajine de légumes. Il n'en faut pas plus pour se forger une clientèle d'habitués ? Si, il faut aussi un service agréable ou encore une cave avec quelques bonnes bouteilles.
C : 40 € • M : 20 €

→ 186 bd du Gén-de-Gaulle, Longues
☎ 04 73 39 90 31
F. dim. à dîn., lundi, merc. à dîn. F. ann. non comm.
Jusqu'à 21h (21h30 été).
🚗 🐑

VICHY - 03200 (26 C 2)
Moulins 57 - Clermont-Ferrand 66

16 🍽🍽 ⌇ Jacques Decoret

Il ne fait pas de doute que Martine et Jacques Decoret attendent avec encore plus d'impatience que leurs clients et que nous-même de pouvoir quitter ce quartier sans joie pour trouver la belle maison promise, dont les travaux s'achèvent bientôt, pour occuper une position plus centrale. Et pour s'entourer d'un nouvel écrin, sans doute plus adapté - même si la salle contemporaine de l'avenue de Gramont, dans son chic sobre, s'harmonisait assez bien avec les créations toujours aussi pointues du chef, qui ne résiste pas à la fantaisie joyeuse et aux présentations ludiques. Ce qui n'exclut évidemment pas, dans la réalisation, tout le sérieux et le soin de ce Meilleur Ouvrier de France, dans l'association crabe dormeur et belle de Fontenay glacée, le lieu jaune laqué sur une crème d'oignons des Cévennes, la noisette d'agneau de Saône et Loire à la citronnelle, jus de pamplemousse pour saucer. Derrière l'originalité et le jeu, une philosophie de la cuisine indéniablement personnelle. Cave des vignerons d'aujourd'hui, encore pas bien chère, et dont il faut profiter.
M : 65-82 €

→ 7 av de Gramont
☎ 04 70 97 65 06
F. mardi, merc. F. ann. non comm.
♿ ❄❄ 🐑

- -

14 🍽 L'Alambic

Attention, maison sérieuse, pourrait-on inscrire sur la porte pour avertir le voyageur. Car du sol au plafond, c'est le professionnalisme et le souci du client satisfait qui l'emporte. Dans l'accueil de Marie-Ange, toujours aussi souriante et naturelle, comme si elle démarrait toujours une première fois dans ce décor de bonbonnière qui donne de l'intimité aux Vichyssois, et dans la cuisine de Jean-Jacques Barbot, aussi attentif à ses provenances (viandes charolaises, volailles bourbonnaises…) qu'à la rigueur de la réalisation. Alors on peut suivre son instinct, ses goûts, sans se demander si la sauce prendra : les rougets au caviar d'aubergine, tomates confites et basilic, le pigeon rôti aux épices douces et tatin de charlotte ou le petit ragoût de cuisses de grenouilles seront comme d'habitude impeccables. Cave sage qui ne se complique pas trop la vie, régions phares et négoce : on boit le saint-pourçain ou la côte-roannaise.
C : 40 € • M : 26-45 €

→ 8 rue Nicolas-Larbaud
☎ 04 70 59 12 71
F. dim. à dîn., lundi, mardi, vac. scol. fév., 3 sem. août et 1 sem. Noël-nouvel an.
Jusqu'à 21h.
♿ 🐑

G
M

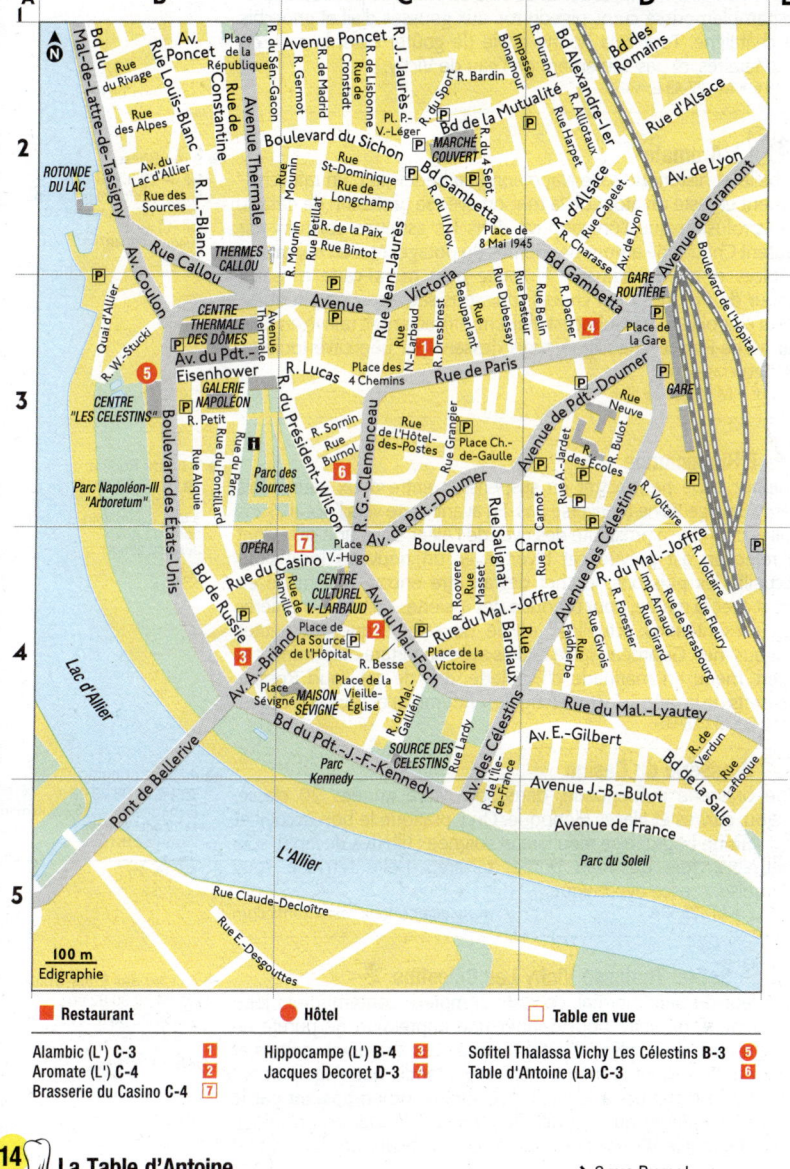

A 1 2 3 4 5 | B | C | D | E

ROTONDE DU LAC

Bd du Rivage
Av. Poncet
Place de la République
R. du Sénn.-Gacon
Av. Poncet
R. J.-Jaurès
R. de Lisbonne
R. Gernot
R. de Madrid
Impasse Bonamour
R. Durand
Bd Alexandre-Ier
Bd des Romains
Rue Louis-Blanc
Rue de Constantine
Rue des Alpes
PL. P.-V.-Léger
R. Bardin
R. du Sport
Bd de la Mutualité
Rue Harpet
Rue d'Alsace

Av. du Lac d'Allier
Boulevard du Sichon
Rue Mounin
Rue St-Dominique
Rue de Longchamp
MARCHÉ COUVERT
Bd Gambetta
Av. de Lyon

R.-L.-Blanc
Rue des Sources
Rue Pétillat
R. de la Paix
Rue Bintot
R. du IX-Nov.
Place de 8 Mai 1945
R. Charasse
Av. de Lyon
Av. de Gramont

THERMES CALLOU
Rue Callou
Av. Coulon
Rue Mounin
Avenue Thermale
Avenue Victoria
R. d'Alsace
R. Capelet
Boulevard de l'Hôpital

Quai d'Allier
CENTRE THERMALE DES DÔMES
Av. du Pdt.-Eisenhower
R. Larbaud
R. Dresbrest
Rue Beauparlant
Rue Pasteur
R. Dubessy
R. Dacher
GARE ROUTIÈRE

R. W.-Stucki
GALERIE NAPOLÉON
R. Lucas
Place des 4 Chemins
Rue de Paris
Rue Belin
Bd Gambetta
Place de la Gare
GARE

CENTRE "LES CELESTINS"
R. Petit
Rue du Parc
Parc des Sources
R. Sornin
Rue Burnol
Rue de l'Hôtel-des-Postes
Place Ch.-de-Gaulle
Avenue de Pdt.-Doumer
Rue Neuve
R.-des-Écoles
R. Bulot

Parc Napoléon-III "Arboretum"
Rue Aigüe
R. du President-Wilson
R.-G.-Clemenceau
Rue Grangier
Rue Carnot
R.-Jardet
Rue des Célestins
R. Voltaire

Boulevard des États-Unis
OPÉRA
Place V.-Hugo
Av. de Pdt.-Doumer
Boulevard Carnot
R. Roovere
Rue Masset
Rue Salignat
R. du Mal.-Joffre
R. Voltaire

Rue du Casino
Rue de Banville
CENTRE CULTUREL V.-LARBAUD
Av. du Mal.-Foch
Rue du Mal.-Joffre
Imp.-Arnaud
Rue Girard
Rue de Strasbourg
Rue Fleury

Bd de Russie
Bd A.-Briand
Place de La Source de l'Hôpital
R. Besse
Place de la Victoire
Rue Bardiaux
R. Forestier
R. Givois

Lac d'Allier
Place Sévigné
MAISON SÉVIGNÉ
Place de la Vieille-Église
R. du Mal.-Gallieni
Rue du Mal.-Lyautey
Av. E.-Gilbert
R. Faidherbe
R. de Verdun
Rue Lafitaque

Pont de Bellerive
Bd du Pdt.-J.-F.-Kennedy
Parc Kennedy
SOURCE DES CELESTINS
Rue Lardy
Av. des Célestins
Av. de l'Ile-de-France
Bd de la Salle

L'Allier
Rue Claude-Decloître
Avenue J.-B.-Bulot
Avenue de France
Parc du Soleil

Rue E.-Desgouttes

100 m
Edigraphie

| ■ Restaurant | ● Hôtel | □ Table en vue |

Alambic (L') **C-3** ❶
Aromate (L') **C-4** ❷
Brasserie du Casino **C-4** 🄻

Hippocampe (L') **B-4** ❸
Jacques Decoret **D-3** ❹

Sofitel Thalassa Vichy Les Célestins **B-3** ❺
Table d'Antoine (La) **C-3** ❻

14 La Table d'Antoine

"Et maintenant la deuxième toque ! " annonce Antoine Souillat, heureux du coup de cœur et de la progression de l'an passé. On lui souhaite évidemment, tant cette maison attachante donne l'exemple d'une restauration décomplexée, fière de ses origines, de son terroir, de ses fondements et de son évolution. Dans ce cadre renouvelé et design, sur le thème de l'eau (verrière, trompe l'œil, fontaine, assiettes de verre), derrière une architecture traditionnelle vichyssoise, il exprime une joie de vivre et une passion pour le produit qui réjouit par contamination : huîtres chaudes aux carottes

→ 8 rue Burnol
☎ 04 70 98 99 71
F. dim. à dîn., lundi, jeudi à dîn. (hiver, sf fériés) et vac. scol. fév.
Jusqu'à 20h45 (21h été).

vichy et au gingembre, rouelles de sole au blanc de poireau beurre de pamplemousse curry, pigeon rôti aux gousses d'ail et gnocchis de châtaigne. Tout cela donne envie de goûter aussi la cave de propriétaires, et pas seulement de l'eau de Vichy.
C : 49 € • M : 22-49 €

- -

13 L'Aromate

La belle et historique salle Napoléon III a bénéficié d'un rafraîchissement et reste un atout de la maison avec sa profusion de détails. Une profusion que l'on retrouve dans les assiettes conçues par Laurent Chauvigné autour des herbes du potager et d'un délicat jeu d'épices et qui constitue le fil rouge d'un menu-carte construit autour de produits bien choisis (poissons sauvages, porc fermier, bœuf charolais). Le résultat est plaisant, efficacement relayé en salle par Marie-France Chauvigné, mais desservi par une cave toujours un peu classique.
C : 35 € • M : 19,50-28,50 €

→ 9 rue Besse
☎ 04 70 32 13 22
F. dim. à dîn., mardi à dîn., merc., 1er-15 janv. et 20 juil.-10 août.
Jusqu'à 20h45.

- -

12 L'Hippocampe

L'hippocampe peut rester en suspension entre deux eaux, mais Rémy Bourgeois ne tergiverse pas. En avant toute vers l'océan, sans bulles de Vichy, à proximité des rives de l'Allier, dans une salle dont la réfection est prévue cet hiver. Avec un nouveau local pour accueillir les poissons, le chef devrait être encore davantage en direct avec la marée, pour produire des assiettes de belles manières aux présentations actuelles : royale de saint-jacques et petites langoustines, Gillardeau juste raidies avec un tartare de pommes et céleri, merlu en marinade d'Espelette, dos de cabillaud Rossini. Desserts de la même facture (soufflé, entremets) et cave éclectique.
C : 38 € • M : 25-50 €

→ 3 bd de Russie
☎ 04 70 97 68 37
F. lundi, mardi à déj., dim. à dîn., 3 sem. juin et 3 sem. après 11 nov.
Jusqu'à 22h30.

- -

Brasserie du Casino

Une brasserie authentique, dans son cadre années 20 classé, acajou, cuivres et glaces d'époque. On y pratique le bon accueil et une cuisine bourgeoise régulière et soignée : rillettes de lapin, sole meunière, foie de veau purée, tartare... Belle terrasse sous marquise, service dynamique.
C : 34 € • M : 25,50 €

→ 4 rue du Casino
☎ 04 70 98 23 06
F. mardi, merc., 23 fév.-5 mars et 20 oct.-20 nov.
Jusqu'à 21h15.

www.allier.hotels-restaurants.com

- -

Sofitel Thalassa Vichy Les Célestins

Au cœur du parc thermal, ce vaste complexe contemporain joue du blanc et du verre pour donner une impression de pureté en accord avec sa vocation d'hôtel thermal. Les chambres, sobres et spacieuses, suivent la même inspiration, tandis que l'équipement est tel (du piano-bar à la piscine panoramique en passant par le centre de balnéo) qu'il est difficile d'en faire le tour en un séjour. Au restaurant le N3, une fine cuisine actuelle, beaux produits et chef inventif.
5 appart. 450-950 € • 131 ch. 180-350 €

→ 111 bd des Etats-Unis
☎ 04 70 30 82 00
🖷 04 70 30 82 72
F. 3 sem. fév.

www.sofitel.com

Les prix des hôtels correspondent au tarif journalier en chambre ou en appartement (ou suite) pour au minimum 1 personne seule en basse saison et 2 personnes en haute saison.

VIDAUBAN - 83550 (34 B 5)
Toulon 60 - Draguignan 19

15 🍴 **La Bastide des Magnans**

La belle bastide en pierre du XIXe siècle, ancienne magnanerie, rassemble de plus en plus d'adeptes. La terrasse ombragée par des platanes centenaires, très agréable par les chaudes soirées d'été, le jardin aux essences méditerranéennes, les cinq chambres bourrées de charme composent un environnement de choix. Concise, pleine de justesse, la cuisine de Ludovic Cosnier se fait tranchante comme un rasoir, privilégiant la qualité des produits et la justesse des cuissons à une quelconque surenchère technique ou graphique : noix de saint-jacques poêlées aux asperges et artichauts, réduction de soupe de poissons, médaillon de lotte aux légumes printaniers, pigeon au foie gras et polenta crémeuse aux pignons, biscuit joconde en millefeuille de fraises et mousseline au lait de coco. Service appliqué et cave affichant une parfaite maîtrise de sa région.
C : 68 € • M : 28-68 €   www.bastidedesmagnans.com

→ 20 av de la Résistance, rte de la-Garde-Freinet
☎ 04 94 99 43 91
F. dim. à dîn., merc. à dîn. (h.s.), lundi, 25 juin-5 juil. et 25-31 déc.
Jusqu'à 22h.

VIELLEVIE - 15120 (26 A 5)
Rodez 51 - Aurillac 44 - Figeac 44

12 **La Terrasse**

La main passe progressivement à la nouvelle génération, une transition marquée également par des travaux de restructuration. La cuisine évolue également assez logiquement, et à côté du chevreau traditionnel à l'oseille apparaît la tartelette de légumes et sandre à la coriandre ou l'omble chevalier au sésame et crumble de légumes. Pas de révolution, les accents du terroir étant bien préservés, mais des efforts qui prouvent qu'il y a de la vie en Terrasse, au bord du Lot.
C : 36 € • M : 22-40 €   www.hotel-terrasse.com

→ Village
☎ 04 71 49 94 00
F. dim. à dîn., lundi (sf w.-e., fériés, juil.-août), 1er janv.-15 mars et 11 nov.-31 déc.
Jusqu'à 20h30.

VIENNE - 38200 (27 D 3)
Grenoble 102 - Lyon 31

16 🍴 **La Pyramide**

Les plus jeunes de nos lecteurs en seront pour leurs frais ; nous ne referons pas ici tout le (riche) historique de la Pyramide, tant pis pour Fernand Point et tous les nombreux grands chefs qu'il a formés. Patrick Henriroux, qui a repris la célèbre maison il y a près de 20 ans, n'a jamais semblé, justement, autant tourné vers l'avenir. Loin de proposer une cuisine de musée qui ne ferait guère plus recette, il préfère au contraire moderniser son propos, ouvrant la porte à un public plus large en lui offrant, chaque déjeuner de semaine, un menu à 56 €, idéal pour toucher le mythe du doigt. Ce revirement, engagé il y a quelques années déjà, aura permis de pérenniser l'entreprise tout en conservant (presque) intact le lustre d'antan. La salle, paisible et sans luxe tapageur, et le service, courtois et compétent, sont bien ceux d'une grande maison. La cuisine, elle, tutoie les trois toques : crabe royal en gelée d'eau de mer et asperges vertes, crémeux de gingembre et huîtres pochées, bœuf de salers à l'échalote grise, raviole de jarret et queue, artichaut macaux juste poêlé, jus au vinaigre de vin de Banyuls épicé, biscuit moelleux au chocolat, mousseline du Piémont, suprême de pamplemousse et sorbet pomelo. Cave d'un haut niveau en vallée du rhône, service d'une grande humanité.
C : 75 € • M : 58-158 €   www.lapyramide.com

→ 14 bd Fernand-Point
☎ 04 74 53 01 96
F. mardi, merc., 3 sem. fév. et 1 sem. 12-20 août.
Jusqu'à 21h30.

€€€ La Pyramide

Légèrement excentrée, cette étape mythique (adjectif qui prend ici tout son sens) n'est sans doute pas la plus luxueuse du sillon rhodanien mais sans aucun doute l'une des plus attachantes. Son jardin à la française, sa terrasse ombragée par des platanes et sa vingtaine de chambres toutes personnalisées, dans un esprit méditerranéen, forment un prolongement heureux à la belle cuisine de Patrick Henriroux.
4 appart. 380-460 € • 21 ch. 198-255 €

→ 14 bd Fernand-Point
☎ 04 74 53 01 96
🖳 04 74 85 69 73
F. 3 sem. fév. et 12-20 août.

www.lapyramide.com

---

13 Le bistrot de Jean-Baptiste

Au cœur de la ville, dans une rue calme non loin du marché, David Sudant cherche sa voie et semble être sur la bonne. Après avoir travaillé assez classiquement, il aborde aujourd'hui des thèmes plus actuels, du style bistronomique, dans un cadre un peu passe-partout mais plaisant : risotto aux herbes et parmesan saint-jacques juste saisies à la coriandre, joues de porc confites au sel de Guérande, moelleux au chocolat confiture de framboise. La toque est fragile mais se maintient, la cave est bien ciblée sur le Rhône.
C : 35 € • M : 16-23 €

→ 9 rue Molière
☎ 04 74 53 08 41
F. sam. à déj., dim., lundi et 3 sem. août.
Jusqu'à 21h30.

---

12 Le Bec Fin

Fidèle au poste depuis 1975, Roger Jolivet n'a certes rien d'un adepte de la fusion food et de la bistronomie, son credo, c'est plutôt, dans un cadre classique, une cuisine aussi classique, éternelle serait-on tenté de dire, qui va du pâté de foie maison au vrai baba au rhum, en passant par le loup grillé au beurre blanc ou le tournedos au jus de cèpes. Ailleurs, ce pourrait être de la facilité, mais dans ce contexte et avec le soin porté à la réalisation, c'est vraiment de la fidélité.
C : 40 € • M : 21-40 €

→ 7 pl Saint-Maurice
☎ 04 74 85 76 72
F. dim. à dîn., lundi, merc. à dîn. et vac. scol. Noël.

---

12 L'Estancot

Le midi, un menu à prix plancher, le soir les criques et paillassons (galettes de pomme de terre) dans une large gamme (de l'andouillette aux saint-jacques et gambas), la recette du succès fonctionne toujours et draine les fidèles jusqu'à cette rue piétonne du vieux centre. L'atmosphère est résolument conviviale et les vins du Rhône répondent présents.
C : 30 € • M : 13-27 €

→ 4 rue de la Table-Ronde
☎ 04 74 85 12 09
F. dim., lundi, fériés. F. ann. non comm.
Jusqu'à 21h30.

---

12 Les Saveurs du Marché

Dans ce quartier un peu décentré, on ne peut que saluer la gentillesse et la bonne volonté qui se dégagent de cette petite table cachée derrière sa sympathique façade boisée. Du sourire du service distribué généreusement au décor agréable, en passant par les efforts faits en cuisine pour proposer un judicieux équilibre entre local et originalité, tout en tenant les tarifs, on ressort plutôt satisfait d'un repas à la découverte du suprême de pintadeau fumé et mousse de noisette, de la brandade de cabillaud ou encore des propositions de vins au verre, puisées dans la région.
C : 37 € • M : 17-36 €

→ 34 cours de Verdun
☎ 04 74 31 65 65
F. w.-e., fériés, 25 juil.-25 août et 24 déc.-5 janv.
Jusqu'à 21h30.

saveurs.du.marche@wanadoo.fr

VIERZON - 18100 (18 A 4)
Bourges 38 - Blois 74

14 La Maison de Célestin

Arrêt en gare de Vierzon : Pascal Chaupitre mérite effectivement que l'on descende du train pour visiter, à deux pas de la gare, sa maison de maître XIXᵉ ayant appartenu à Célestin Gérard, avec sa façade classée. Il puise au centre de la France, aux racines des recettes et des produits pour donner une carte actuelle et éclectique issue de tous les terroirs et de producteurs locaux : pressé de paleron de bœuf au foie gras et légumes du pot-au-feu, saumon en bretzel et choucroute, pomme rôtie à la cannelle, magret du Sud-Ouest rôti réduction de banyuls aux épices ravioles aux fruits secs. Menus bien composés, cave correcte en région.
C : 43€ • M : 23-63€   www.lamaisondecelestin.com

→ 20 av Pierre-Sémard
☎ 02 48 83 01 63
F. sam. à dîn., dim. à dîn., lundi, 2 prem. sem. janv., 1 sem. vac. scol. Pâques et 3 dern. sem. août.
Jusqu'à 21h.

🍴 ♿ ≋ 🐾

🎁 idéal gourmet

VIEUX LES ASFELD - 08190 (9 B 2)
Reims 28 - Neufchâtel-sur-Aisne 6

10 Auberge d'Ecry

Dans la simplicité chaleureuse des salles rustiques, cette ancienne ferme en pierres de craie s'anime au rythme des efforts d'un jeune couple et met en avant convivialité et cuisine de terroir, le boudin blanc ardennais, le magret de canard à la moutarde de Reims ou le soufflé glacé au marc de champagne.
C : 32€ • M : 12,50-28€   www.http://perso.wanadoo.fr/ferme.d.ecry

→ 18 rue d'Ecry
☎ 03 24 72 94 65
F. lundi.
Jusqu'à 21h.
🍴 ♿ 🐾

VIEUX MOULIN - 60350 (4 A 4)
Pierrefonds 10 - Compiègne 8

12 Auberge du Daguet

En pleine forêt de Compiègne, face à l'église de Vieux Moulin, cette auberge au décor médiéval (poutres et pierres apparentes, grande cheminée) propose une interprétation sans tache de la cuisine classique : galantine de foie gras cuit en croûte de sel à la mangue confite et aux épices, ris de veau braisé, tournedos grillé et patates douces au safran façon tartiflette et entremets de crêpes Suzette sauce orange et Grand-Marnier. Cave de négoce dont les fournisseurs demeurent presque inchangés depuis que la famille s'est installée dans les lieux, dans les années 50.
C : 50€ • M : 24-48€

→ Face à l'église
☎ 03 44 85 60 72
F. lundi, mardi (sf fériés et groupes), 2-25 janv. et 15-25 juil.
Jusqu'à 21h (21h30 été).
🚗 🐾

LE VIGAN - 46300 (29 A 1)
Cahors 45 - Sarlat 30 - Brive 60 - Gourdon 5

12 Musée Henri-Giron

Sympathique évocation du passé dans ce restau-musée dédié à un peintre belge qu'ont bien connu Margarete et Geert Hoving. Dans un décor précieux d'une ancienne bergerie arrangée avec retenue, la cuisine est simple, recettes immuables et accents flamands : velouté aux champignons, asperges à la flamande, tournedos Rossini…
M : 43€

→ Les Prades
☎ 05 65 41 33 78
F. dim. à dîn., lundi, mardi, merc., jeudi, vend. à déj., sam. et 2 janv.-15 mars.
Jusqu'à 20h30.
🚗 ♿ 🐾

LE VIGEANT - 86150   (22 D 3)
Poitiers 50 - L'Isle-Jourdain 3

12 La Grimolée

Profitez de ce coin de campagne sur les bords de Vienne pour revenir aux sources. Cette accueillante terrasse, ou la salle contemporaine, incite à la simplicité, que vous trouverez dans la carte de Jean-Philippe Moreau sur quelques assiettes régionalistes bien senties : le cochon fermier, le chevreau au fromage de chèvre et à l'oseille, le gigot d'agneau. Même si la volonté de montrer enrichit parfois trop les assiettes, l'application et la modération tarifaire font de convaincants arguments.

C : 47,50 € • M : 40-55 €

www.restaurantgrimolee-86.com

→ Port de Salles
☎ 05 49 48 75 22
F. 1re quinz. janv.
Jusqu'à 21h.

VIGNOUX SUR BARANGEON - 18500   (18 B 4)
Bourges 30 - Vierzon 7

13 Le Prieuré

Derrière les fenêtres en ogive de cet ancien prieuré XIXᵉ, la salle aux tons clairs s'anime avec brio au rythme d'une cuisine alerte, de belles assiettes, ambitieuses et maîtrisées, dans les cuissons comme les mariages, avec des produits et des préparations d'aujourd'hui : carpaccio de thon rouge aux baies roses, quasi de veau au sautoir frites de polenta et pointes d'asperges, millefeuille de fraise. Bon choix de vins régionaux.

C : 60 € • M : 27-67 €

www.leprieurehotel.com

→ 2 rue Jean-Graczyk
☎ 02 48 51 58 80
F. mardi, merc. (sf réserv.), vac. scol. fév. et vac. scol. Toussaint.
Jusqu'à 21h.

VILLERS SUR MER - 14640   (6 A 3)
Lisieux 35 - Caen 42 - Pont-l'Evêque 18

Hôtel Outre Mer

Cette belle maison classique fin XIXᵉ de la Côte fleurie offre des chambres aux teintes douces et marines dans un environnement qui invite au voyage.

12 ch. 98-135 €

www.hoteloutremer.com

→ 1 rue du Maréchal-Leclerc
☎ 02 31 87 04 64
🖥 02 31 87 48 90
Ouv. 7j/7.

VILLAINES LA JUHEL - 53700   (16 B 1)
Laval 58 - Mayenne 28

Hôtel Oasis

Dans le cadre champêtre et délicieux d'une ferme XVIIIᵉ au bord d'un étang, l'hôtel propose une étape de caractère aux chambres personnalisées.

1 appart. 51-59 € • 13 ch. 41-69 €

www.oasis.fr

→ La Sourderie, rte de Javron
☎ 0243 03 28 67
🖥 02 43 03 35 30
Ouv. 7j/7.

VILLANDRY - 37510   (18 B 1)
Tours 17 - Chinon 38

12 L'Etape Gourmande

En pleine nature, à cinq minutes seulement du château de Villandry, une ravissante ferme du XVIIᵉ siècle dans un cadre authentique. Dans un tel contexte, difficile d'échapper aux standards de la gastronomie rurale, foie gras maison, cochon de lait caramélisé dans son jus et purée à l'ancienne persillée, chevreau (en saison) et parfait glacé au fromage de chèvre façon nougat. Délicieuse terrasse agrémentée désormais d'une fontaine.

C : 41,40 € • M : 26,10-31,40 €

www.letapegourmande.com

→ La Giraudière
☎ 02 47 50 08 60
F. merc. (déb. et fin saison) et 12 nov.-16 mars.
Jusqu'à 21h.

$\frac{G}{M}$

VILLARD DE LANS - 38250 (28 A 4)
Grenoble 36 - Voiron 49

11 A la Ferme du Bois Barbu

Simplicité et convivialité : dans ce joli décor de ferme montagnarde au cœur des paysages du Vercors, la cuisine, comme la gentillesse de l'accueil, vont droit au cœur. Le terroir s'y décline en version rustique sur le menu Randonneur ou un peu plus travaillée, mais toujours avec générosité. La carte des vins prouve qu'on peut faire court et bon et les chambres sont bien dans l'esprit général des lieux.
M : 16-34 €

www.fermeboisbarbu.com

→ ☎ 04 76 95 13 09
F. dim. à dîn., merc., 1 sem. vac. scol. Pâques, 3e sem. juin et 15 nov.-7 déc.
Jusqu'à 20h30.

Le Christiania

Face au Vercors, ce gros chalet habille ses plus belles chambres de boiseries chaleureuses et de tissus fleuris, mais il n'est pas interdit de préférer, pour changer, la sobriété des chambres standard. De toute façon, la convivialité rend le séjour agréable.
23 ch. 60-188 €

www.hotel-le-christiania.fr

→ 220 av du Pr-Nobecourt
☎ 04 76 95 12 51
🖶 04 76 95 00 75
F. mi-avril-mi-mai et mi-sept.-mi-déc.

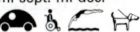

Villes de proximité, voir :

VILLE - 67220 (10 B 3)
Strasbourg 60 - Saint-Dié 38 - Sélestat 16

11 Ferme Auberge Irrkrüt

Les terrines, les tourtes, le baeckeoffe ont le goût vrai de la nature vosgienne, rude et généreuse à la fois. Cette ferme XIXe a conservé tous ses charmes ancestraux, déco locale et accueil des amis, et la terrasse plonge sur la vallée de Villé dans un vaste panorama.
M : 14,50-24,50 €

www.irrkrut.com

→ Breitenau, la Froide-Fontaine, 30 col de Fouchy
☎ 03 88 57 09 29
F. lundi-jeudi et nov.-mars.
Jusqu'à 21h.

LA VILLE AUX CLERCS - 41160 (17 D 3)
Blois 51 - Vendôme 16

12 Le Manoir de la Forêt

Sans être seigneuriale, c'est-à-dire cultivant le prestige à tout prix, la cuisine du jeune chef Arnaud Villedieu suit la tradition avec un certain respect, tout en apportant les indispensables touches cosmétiques de la mode : un carpaccio de thon, un risotto de gambas, un sorbet foie gras avec les suprêmes de caille, un cake aux carottes et épices mousse réglisse.
C : 47 € • M : 27-51 €

www.manoirdelaforet.fr

→ ☎ 02 54 80 62 83
F. dim. à dîn., lundi (1er janv.-1er mai), 7-14 janv. et 1 sem. mars.
Jusqu'à 21h30.

idéal gourmet

Le Manoir de la Forêt

L'ancien relais de chasse du vicomte de Larochefoucauld, en toute simplicité, au cœur de la forêt. Ne soyez pas impressionné, l'accueil est souriant, derrière cette façade couverte de lierre entourée d'un beau parc de 2 ha. Si les suites sont stylées, les chambres sont plus contemporaines, les plus récentes décorées par le peintre Villallard-Drouin.
2 appart. 90 € • 16 ch. 55-80 €

www.manoirdelaforet.fr

→ ☎ 02 54 80 62 83
🖶 02 54 80 66 03
F. 7-14 janv. et 1 sem. mars.

VILLE D'AVRAY - 92410 (8 B 5)
Paris 14 - Sèvres 2 - Versailles 7

Il Boccaccio
Une honnête et sympathique cuisine transalpine dans un cadre rafraîchi à l'étage et un environnement de verdure. le mille-feuille d'aubergines, l'assortiment de pâte et même les pizzas valent un tour de Ville d'Avray, avec un chianti ou un bardolino.
C : 25 € • M : 24 €

→ 147 rue de Versailles
☎ 01 47 09 63 24
Ouv. 7j/7.
Jusqu'à 22h30.

₵₵₵ Les Etangs de Corot
Un véritable havre de paix entre Versailles et Paris, comprenant quatre maisons composant comme un hameau dans un parc magnifique complètement préservé des agressions de l'extérieur. Harmonieuses et personnalisées, les chambres donnent sur la forêt ou les étangs, certaines offrant l'agrément d'un balcon ou bien d'une architecture sur plusieurs niveaux.
1 appart. 240-295 € • 48 ch. 130-135 €
www.etangsdecorot.com

→ 53 rue Versailles
☎ 01 41 15 37 00
🖥 01 41 15 37 99
Ouv. 7j/7.

VILLECOMTAL SUR ARROS - 32730 (29 B 4)
Auch 50 - Tarbes 25

14 Le Rive Droite
Précise, curieuse, joyeuse, les qualités gasconnes de la cuisine de Philippe Piton font un effet toujours aussi roboratif sur les convives de cette maison bourgeoise XIXᵉ où séjourna George Sand. Ajoutez un brin d'esprit de cocagne, loin du lucre et du mercantilisme, et vous aurez une meilleure idée de cette auberge des beaux jours où les canards ne meurent pas pour rien. Retrouvez le goût de la ferme avec le petit pied de porc de Bigorre au jus de persil, les ravioles de coq vierge au foie frais, mais aussi de la mer avec l'aumônière de saint-jacques ou les médaillons de lotte émulsion de petits pois. Accueil engageant de Myriam Piton, dans l'ambiance champêtre d'une salle de campagne ouvrant sur le parc de 1 ha en bord de rivière.
C : 34 € • M : 34 €
www.lerivedroite.com

→ 1 chemin Saint-Jacques
☎ 05 62 64 83 08
F. lundi-merc. (sf 14 juil.-20 août).
Jusqu'à 21h30.

VILLECROZE - 83690 (34 A 5)
Draguignan 21 - Brignoles 39 - Aups 8

13 Hôtel-Restaurant Le Colombier
A l'entrée du village, Claude Lecomte propose avec constance (notamment aux occupants des quelques chambres très agréables) une cuisine immuable et fidèle à une certaine idée des traditions culinaires, composée de terrines ou de sauces soignées autour des produits de Provence. Cave de valeurs sûres, à explorer notamment dans la région bien sûr.
C : 58 € • M : 28-55 €
www.lecolombier-var.com

→ Rte de Draguignan
☎ 04 94 70 63 23
F. dim. à dîn., lundi (sf fériés) et 20 nov.-15 déc.
Jusqu'à 20h30.

VILLEFORT - 48800 (32 B 2)
Mende 55 - Alès 52

13 La Clède
Entre terroir et gastronomie classique, Michel Gomy ne choisit pas et propose deux menus parfaitement complémentaires, appuyés sur son solide savoir-faire comme sur les beaux produits de Lozère. Au gré de ses envies, on se régalera donc tantôt d'une soupe d'orge à la saucisse de châtaignes et d'une daube d'agneau de pays, ou on optera pour la noblesse des sucettes de foie gras et de l'omble chevalier en meunière. Dans les deux cas, on trouvera à accompagner le repas dans une cave équitable, entre Languedoc et Ardèche.
M : 21-36 €
www.hotelbalme.free.fr

→ Pl du Portalet
☎ 04 66 46 80 14
F. dim. à dîn., lundi (sf juil.-août), 15-20 oct. et 15 nov.-15 fév.
Jusqu'à 21h.

G
M

Villes de proximité, voir :

↻ GARDE GUERIN (LA) .... 7 km N. par D 906 **(12/20)**

VILLEFRANCHE DE CONFLENT - 66500   (31 C 6)
Perpignan 51 - Mont-Louis 30 - Olette 10

15 🍴 Auberge Saint-Paul

Salle rustique installée dans une ancienne chapelle ou terrasse sous les arbres au pied des remparts, le cadre est bien celui qu'on attend dans cette jolie ville fortifiée. La cuisine de Patricia Gomez, elle, ne lasse pas d'étonner par sa capacité à se réinventer au fil des saisons, à s'ouvrir aux modes et aux influences sans s'y perdre, à oser les mélanges (les asperges avec les huîtres ou encore en tourte avec le pied de porc et foie gras), à réinterpréter les classiques (carré d'agneau au four et polenta), bref à séduire sans exclure (encore moins avec la bonne idée du menu Tapas et ses propositions variées). Le service suit avec bonne humeur et ne risque pas de tarir notre plaisir, pas plus que la belle sélection de vins régionaux.
C : 50 € • M : 19,50-95 €

→ 7 pl de l'Eglise
☎ 04 68 96 30 95
F. dim. à dîn., lundi et mardi (oct.-Pâques).
Jusqu'à 21h30.

www.perso.wanadoo.fr/auberge.stpaul

- -

11 Au Grill Restaurant La Senyera

Au cœur de la cité fortifiée de Vauban, la défense du terroir est assurée avec vigueur par un jeune chef qui sait saupoudrer les robustes classiques de parfums personnels : civet de canard aux poires, filet de porc plancha et toast de sobrasada, fideoa de saumon, pastilla d'agneau aux pistaches. Cadre convivial et typique d'une ancienne bergerie, bons vins du Roussilon (Sarda-Malet, Cazes…), verres et pichets.
C : 30 € • M : 18-26 €

→ 81 rue Saint-Jean
☎ 04 68 96 17 65
F. dim. (sf sam., merc. été), mardi à dîn., merc., jeudi à dîn. (avril-oct.), merc. (juil.-août), 20 mars-1er avril et 20 oct.-20 nov.
Jusqu'à 21h.

nicolas.benezis@libertysurf.fr

VILLEFRANCHE DE ROUERGUE - 12200   (30 B 2)
Rodez 55 - Cahors 61

11 L' Assiette Gourmande

Avec une telle enseigne au cœur de l'Aveyron, l'affaire s'annonce effectivement gourmande et les bonnes ondes qui émanent de cet ancien chai (de vieilles pierres du XVe siècle) ne sont pas démenties par une cuisine de terroir bien sentie, magret grillé, gigot au feu de bois et aligot. Du fait maison au bon goût de vrai.
C : 27 € • M : 14,50-34 €

→ Pl André-Lescure
☎ 05 65 45 25 95
F. dim. à dîn., mardi à dîn., merc., jeudi à dîn. (sept-juin), dim. (juil.août) et fériés.
Jusqu'à 21h (21h30 été).

- -

🏨 Le Relais de Farrou

Depuis la fin du XVIIIe siècle qui l'a vu naître, l'ancien relais de poste a bien évolué pour rester au goût du jour et constituer une étape confortable et chaleureuse, à quelques minutes du centre. On apprécie les chambres, jolis tons pastel en accord avec un mobilier aux lignes sobres, et l'équipement de détente, avec l'espace remise en forme par exemple.
1 appart. 93-110 € • 25 ch. 46,50-84 €

→ ☎ 05 65 45 18 11
🖨 05 65 45 32 59
F. 2-7 janv., 17 fév.-3 mars et 26 oct.-9 nov.

VILLEFRANCHE SUR MER - 06230   (34 C 4)
Nice 7 - Monte-Carlo 12

13 🍴 Mère Germaine

Ce classique du tourisme azuréen fêtera l'an prochain ses 70 ans. L'occasion de saluer une fois de plus, avec les passagers des yachts de la baie, les Niçois de toujours, les promeneurs de passage, cette enseigne fédératrice qui a su évoluer depuis la baraque de

→ 9 quai Courbet
☎ 04 93 01 71 39
F. 16 nov.-24 déc.
Jusqu'à 22h.

pêcheurs des années trente. On contemple toujours le port et la mer en goûtant une cuisine que l'on aimerait parfois un peu moins sophistiquée mais qui se montre indéniablement fédératrice, dans une ambiance touristico-mondaine qui a su garder un coin de simplicité : tarte de rougets ratatouille et copeaux de sbrinz, poissons plancha sauce anchoyade, grenadins de veau et polenta à la niçoise... Cave très classique laissant peu de place au régional.

C : 58 € • M : 39 €   www.meregermaine.com

---

12 L'Echalote

Eloge de la discrétion, cette table au cœur de la vieille ville, loin de l'agitation des quais, persévère avec un certain brio dans la veine d'une tranquille cuisine de saison : alliance légumes confits et mozzarella jus pesto parmesan, daurade rôtie pommes de terre et artichaut, baba au rhum et aux fraises, à apprécier dans un cadre paisible, en terrasse avec vue sur la mer.

C : 42 € • M : 29 €   lechalote@wanadoo.fr

→ 7 rue de l'Eglise
☎ 04 93 01 71 11
F. dim. (sf juil.-août), lundi (juil.-août) et janv.
Jusqu'à 21h30.

CC Le Welcome 🕊

Dominant la baie de Villefranche, une étape de tradition dans un ancien couvent XVIIIᵉ où Cocteau séjourna. Chambres gaies et bien tenues, en amélioration permanente, sur des thèmes différents et artistiques (Chagall, Dufy, Matisse, romantique, voyage...). Bar à vins.

1 appart. 210-365 € • 34 ch. 70-210 €   www.welcomehotel.com

→ 3 quai Amiral-Courbet
☎ 04 93 76 27 62
🖷 04 93 76 27 66
F. 15 nov.-22 déc.

VILLEFRANCHE SUR SAONE - 69400   (27 C 2)

Lyon 35 - Mâcon 41

12 Le Fleurie

Fleurie en enseigne, fleurie à la cave, dans une liste de beaujolais de propriétaires assez convaincante, aux côtés d'une belle variété d'eaux minérales du monde. Une initiative plaisante en pays vigneron, à l'image de cette table dynamique où la cuisine régionale ne sombre pas dans l'archaïsme et la tambouille, grâce aux légumes primeur qui entourent les bonnes viandes, aux côtés de l'andouillette Bobosse et du poulet de Bresse aux morilles, préparés avec maîtrise par un ancien du Chapon Fin à Thoissey.

C : 30 € • M : 18-45 €   lefleurie@wanadoo.fr

→ 127 rue Antoine-Arnaud, (face à la gare)
☎ 04 74 62 11 74
F. lundi à dîn. et mardi. F. ann. non comm.
Jusqu'à 20h30.

Villes de proximité, voir :

↻ ANSE .... 7 km S. par D 306

VILLEFRANQUE - 64990   (24 D 5)

Pau 109 - Bayonne 11

11 Iduzki Alde

Au cœur du village, entre l'église et le fronton, on s'arrête chez Vivier pour reprendre des forces, dans une ambiance typique et chaleureuse, en salle comme en terrasse. Alors on se concentre logiquement sur les valeurs sûres du terroir local : l'omelette aux cèpes de pays, les chipirons sautés à l'encre, le fromage de brebis à la gelée de pomme ou le pâté de palombe aux cèpes, en arrosant d'irouléguy ou de rioja.

M : 21-26 €

→ Chez Vivier, au Bourg
☎ 05 59 44 94 09
F. à dîn. (sf 14 juil.-14 sept.) et 1er-13 juil.
Jusqu'à 21h30.

G
M

VILLEMAGNE L'ARGENTIERE - 34600 (31 D 3)
Montpellier 72 - Béziers 40

13 🍴 Auberge de l'Abbaye

Les attraits de la maison ne se limitent pas à son architecture, même si les voûtes XIIe siècle de cette aile de l'abbaye sont de toute beauté. Formé aussi bien à la cuisine qu'à la pâtisserie, Christian Belot n'aime rien tant que passer le terroir à sa sauce sucré-salé, mélanger les saveurs et dresser de belles assiettes de fête en multipliant les influences : rouleau de printemps de truite aux légumes croquants, duo de lotte et loup au fumet de vin de mangue, pigeonneau sauce cacao. Le sommelier sait exploiter la richesse du terroir de Faugères pour en ramener les bonnes bouteilles et de jolies chambres à thèmes permettent d'en user sans reprendre la voiture.
C : 45 € • M : 27-58 €

→ Pl du Couvent
☎ 04 67 95 34 84
F. lundi, mardi (h.s.), à déj.
lundi-merc. (saison) et 15
nov.-12 fév.
Jusqu'à 21h30.

www.aubergeabbaye.fr

VILLEMOYENNE - 10260 (9 B 5)
Troyes 21 - Brienne-le-Château 41

14 🍴 La Parentèle

L'ancienne épicerie des frères Caironi n'a rien perdu de son charme : cadre ravissant, contemporain et aéré, accueil et service d'une permanente gentillesse, belle cave bourguignonne doublée d'une séduisante offre au verre. La cuisine semble cependant s'essouffler progressivement, les saint-jacques (cuisson millimétrée) et jus acidulé, le blanc de sandre accompagné de champignons de Paris et de pommes de terre rôties et la tartelette au chocolat coulant et glace au chocolat ne pouvant plus vraiment prétendre aux deux toques. Faiblesse passagère ?
C : 55 € • M : 28-65 €

→ 32 rue Marcellin-Lévêque
☎ 03 25 43 68 68
F. dim. à dîn., lundi, mardi,
vac. scol fév. et 28 Juil.-7 août.
Jusqu'à 21h15.

www.laparentele-caironi.com

VILLEMUR SUR TARN - 31340 (30 A 3)
Toulouse 41 - Montauban 29

13 🍴 La Ferme de Bernadou

A l'écart du centre, la ferme accueille une salle claire et lumineuse, à laquelle on préférera cependant la terrasse abritée sous la vieille charpente et donnant sur l'étang. Au milieu d'une large carte qui veille bien à n'oublier personne, on trouve sans peine quelques assiettes dont la présentation soignée met en appétit et qui ne déçoivent pas, avec de jolies touches personnelles : marinade de sardines et piperade, duo de poitrine de canard grillé et cannelloni d'agneau, assiette autour des fruits de saison. Bonne cave Sud-Ouest et service souriant.
C : 40 € • M : 18,50-40 €

→ 66 av du Gén-Leclerc
☎ 05 61 09 02 38
F. dim. à dîn., lundi (h.s.).
Jusqu'à 21h30 (22h été).

fermedebernadou@wanadoo.fr

VILLENEUVE DE MARSAN - 40190 (23 D 4)
Mont-de-Marsan 16 - Dax 70

13 🍴 Hervé Garrapit

Pas de doute quant à la localisation : c'est bien dans le terroir landais et ses richesses que s'ancre la cuisine de Hervé Garrapit et ses belles propositions classiques, servies dans le cadre parfaitement adapté du salon Louis XVI ou aux beaux jours dans la cour intérieure. Produits sélectionnés avec soin, assiettes élaborées, avec de multiples accompagnements : le chef aime montrer un

→ 21 av Armagnac
☎ 05 58 45 20 08
Ouv. 7j/7.
Jusqu'à 21h30.

savoir-faire soigneusement rodé par les années passées à tirer le meilleur du foie gras ou du filet de Blonde d'Aquitaine. Cave de valeurs sûres et belle sélection d'armagnacs.

C : 50 € • M : 35-85 €   www.herve-garrapit.com

Hervé Garrapit

Au cœur du village, l'ancien relais de poste propose une étape chic et champêtre, avec des chambres personnalisées à l'ambiance romantique et raffinée, mobilier de style et tissus raffinés. Confort soigné et atmosphère exclusive.

8 ch. 95-216 €   www.herve-garrapit.com

→ 21 av Armagnac
☎ 05 58 45 20 08
🖷 05 58 45 34 14
Ouv. 7j/7.

VILLENEUVE LA GARENNE - 92390   (8 C 4)
Paris 11 - Nanterre 16 - Saint-Denis 2

11 Les Chanteraines

La clientèle d'affaires qui fréquente cette élégante maison ouverte sur un grand parc avec plan d'eau apprécie sans doute la qualité indéniable des produits travaillés. Dommage toutefois que certaines cuissons soient parfois trop prolongées (un petit filet de bar, un morceau de saint-pierre et de barbue de qualité mais malheureusement un peu secs), l'ensemble pourrait en effet mériter un point de plus. Service efficace.

C : 55 € • M : 35-50 €   leschauteraines@wanadoo.fr

→ Av du 8-Mai-1945
☎ 01 47 99 31 31
F. w.-e., fériés et août.
Jusqu'à 22h.

VILLENEUVE LA SALLE - 05240   (34 B 1)
Gap 95 - Briançon 8

12 La Marotte

Petits prix, petite salle, petits plats mijotés.... et finalement grande satisfaction, sur la route de Briançon, autour du veau au basilic et petits légumes, des tajines (Pierre Aubert aime bien teinter sa cuisine d'un peu d'exotisme) ou d'une bonne crème au caramel. Il ne reste plus qu'à féliciter le chef, ça tombe bien, on le voit travailler dans sa cuisine... petite bien sûr !

C : 22 € • M : 18-19,30 €   pierreaubert@wanadoo.fr

→ 36 rue de la Guisane
☎ 04 92 24 77 23
F. dim., mai, juin et oct.-nov.
Jusqu'à 21h30.

VILLENEUVE LE COMTE - 77174   (8 B 3)
Paris 40 - Meaux 20 - Melun 37 - Lagny 13

14 A la Bonne Marmite

Jacques Zajd, à qui nous avions gentiment "reproché" ces dernières années de se contenter d'une cave de négoce, a entrepris de refondre entièrement son offre et de travailler avec un sommelier de renom pour sélectionner de nouveaux flacons. Sa cuisine (tant mieux) affiche une stabilité bienvenue, se focalisant sur les meilleurs produits : asperges des Landes tièdes et sauce mousseline, filet de gros turbot cuit à la plancha, jus truffé et purée parmentine, rognons de veau poêlés à la graine de moutarde et linguine au parmesan. Ambiance feutrée, service souriant.

C : 58 € • M : 32 €   www.restaurant-labonnemarmite.com

→ 15 rue du Gén-de-Gaulle
☎ 01 60 43 00 10
F. dim. à dîn., lundi, mardi, 20 janv.-10 fév. et 11-30 août.
Jusqu'à 21h15.

Idéal gourmet

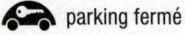 parking privé   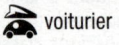 parking fermé   voiturier

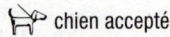 hôtel très tranquille   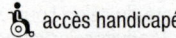 chien accepté   accès handicapé

13 La Vieille Auberge

Une vieille auberge qui lorgne franchement vers la Méditerranée, poussant même la coquetterie jusqu'à utiliser le fer forgé pour la tonnelle abritant la terrasse d'été. Philippe Tissier use volontiers des influences provençales, les ravioles de joue de bœuf avec une émulsion de pistou, les senteurs de Provence sur le filet de daurade poêlé ou le tian de tomates confites et fèves avec la fricassée de gambas appuyant son propos. Prix serrés, service souriant.
C : 50 €

→ 11 rue du Gén-de-Gaulle
☎ 01 60 43 00 35
F. sam. à déj., dim., merc. et 2 sem. août.
Jusqu'à 21h.

www.la-vieille-auberge-77.com

VILLENEUVE LES AVIGNON - 30400   (32 C 3)

Nîmes 42 - Avignon 6

14 Aubertin

Calme et jolie maison au cœur de la cité, tout près de l'oratoire, où le touriste choisira, dans une carte plutôt élaborée, une certaine simplicité, pour profiter au mieux des produits de saison illustrés par une cuisine sage, également à maturité. Menus équitables, atmosphère distinguée et légèrement surannée, cave riche en rhônes du Sud.
M : 35 €

→ 1 rue de l'Hôpital
☎ 04 90 25 94 84
F. dim., lundi et fin août.
Jusqu'à 21h30 (22h30 été).

aubertin51@aol.com

---

14 Le Prieuré

Jean-André Charial (Oustau de Baumanière) préside désormais aux destinées de cette maison fameuse qui fait rêver les visiteurs. Le jeune chef installé par ses soins, au pedigree de champion, prend progressivement ses marques, et sa production est évidemment attendue. Quelques réussites notables, comme la poêlée d'encornets, poivrons confits et risotto à l'encre de seiche, les piccata de veau au jambon de Bayonne, et quelques imprécisions des débuts de partie laissent encore une impression mitigée, mais il est indiscutable que le boss saura faire de cet outil privilégié un phare touristique de prestige dans les mois à venir. Desserts sympathiques (finger citron riz au lait et framboises), service bien dans le rythme, souriant et efficace, belle cave de vins du Rhône.
C : 100 € • M : 40-92 €

→ 7 pl du Chapitre
☎ 04 90 15 90 15
F. mardi, merc. à déj. et 1er janv.-15 mars.
Jusqu'à 21h30.

www.leprieure.com

Le Prieuré

Une maison douce au standing reconnu, installée dans un ancien prieuré XIVe au cœur de la cité. Les jardins fleuris, la belle pierre se mêlent aux embellissements apportés par Geneviève Charial. Chambres de caractère, mobilier provençal et style affirmé.
11 appart. 400-480 € • 20 ch. 140-320 €

→ 7 pl du Chapitre
☎ 04 90 15 90 15
🖨 04 90 25 45 39
F. 1er janv.-15 mars.

www.leprieure.com

---

13 La Magnaneraie

Le nouveau chef Laurent Cros s'est vite placé dans une vision de prestige actualisé à thématique régionale qui convient à cette maison sereine au caractère affirmé. Si le gratin d'huîtres au champagne ou le lièvre à la royale en hiver sont davantage pour le plaisir et la démonstration technique que pour l'orthodoxie, ce sont bien les parfums méridionaux qui embaument les fleurs de cour-gettes farcies, le filet de loup rôti aux girolles et tuile de parmesan, même si la carte a une tendance plus généraliste (nem de homard, croustillant de magret aux épices, carré de veau à la crème de cèpes) que précédemment. Tarifs et service sérieux, bonne cave rhodanienne.
C : 62 € • M : 33 €

→ 37 rue Camp-de-Bataille
☎ 04 90 25 11 11
F. sam. à déj., dim. à dîn., merc. et janv.
Jusqu'à 21h30.

www.hostellerie-la-magnaneraie.com

VILLENEUVE LES AVIGNON

🏵🏵 Hostellerie La Magnaneraie

Une maison de maître sur le mode provençal, ancienne magnanerie au charme rémanent, aux chambres personnalisées, à choisir dans leur style, classique, régional, tendance... Elles donnent sur le jardin réaménagé, la mare aux poissons, la piscine dans une atmosphère de bien-être, tranquillité et tradition.
3 appart. 230-450 € • 29 ch. 135-235 €

www.hostellerie-la-magnaneraie.com

→ 37 rue Camp-de-Bataille
☎ 04 90 25 11 11
🖨 04 90 25 46 37
F. janv.

---

10 Saint-André

Nous mentirions en prétendant que cette petite table installée dans une ruelle montant vers le fort est sur la pente ascendante. Dans un décor qui manque cruellement de soin, les assiettes peinent à rétablir un équilibre chancelant : feuilleté des salines au curry, onglet de bœuf maître d'hôtel, tiramisu. Réaction urgente nécessaire.
C : 25 € • M : 17-21 €

www.lasaintandre.com

→ 4 bis Montée-du-Fort
☎ 04 90 25 63 23
F. lundi, mardi, 1er-15 juin et 1er-15 déc.
Jusqu'à 22h.

VILLENEUVE SUR LOT - 47300 (24 B 3)
Agen 31 - Bergerac 60

12 L'Oustal

Désormais installée sur la charmante et petite place Lafayette, cette ambassade du pays Basque semble encore avoir gagné en capital de sympathie. Bien vendues par un patron omniprésent en salle comme sur la terrasse aménagée sous les arcades, les spécialités de la maison (assiette de jambon de pays, axoa, merlu koskera, gâteau basque…) rassemblent à chaque service un large public, trop heureux d'une telle aubaine. Petite cave régionale et basque.
M : 19,50-35 €

loustal01@aol.fr

→ 24 rue de la Convention, 4 pl Lafayette
☎ 05 53 41 49 44
F. dim., merc. (hiver), mardi à dîn., dim. (été), 1 sem. fév. et 2 sem. oct-nov.
Jusqu'à 22h.

Villes de proximité, voir :

⟳ PUJOLS.................3 km S.O. par D 118 et CC 207 **(15/20)**
⟳ SAINT SYLVESTRE SUR LOT.....................8 km E. par D 911

VILLEREST - 42300 (27 B 2)
Roanne 5 - Saint-Etienne 84

12 Château de Champlong

Troisgros, Blanc, Negresco, les Airelles, ce parcours de champion a donné à Olivier Boizet le droit de parler de terroir, de prestige, d'accords mets et vins, bref de cuisine, à un bon niveau professionnel, comme peuvent l'apprécier à chaque service les habitués de cette demeure XVIe au noble décor, parquet et cheminée d'époque, peintures XVIIIe. De belles idées mais pas toujours suivies d'une réalisation sans faille, comme si la forme l'emportait toujours sur le fond : tartelette de tête de veau et saint-jacques marinées, fraîcheur de betterave rouge, pavé de bar gratiné au saint-nectaire et sauce à la bière.
C : 58 € • M : 25-52 €

www.chateau-de-champlong.com

→ 100 chemin de la Chapelle
☎ 04 77 69 69 69
F. dim. à dîn., lundi, mardi (sf fériés). F. ann. non comm.
Jusqu'à 21h (21h30 été).

 idéal gourmet

VILLERS COTTERETS - 02600 (4 A 5)
Laon 66 - Soissons 28

🏵🏵 Le Régent

Elégance XVIIIe de la façade, charme du balcon-galerie sur la cour pavée XVIe : l'architecture est bien dans le ton de cette ville de caractère. A l'intérieur, les chambres sont personnalisées avec goût, distillant discrètement des touches de style ancien en accord avec l'atmosphère des lieux.

www.hotel-leregent.com

→ 26 rue du Gén-Mangin
☎ 03 23 96 01 46
🖨 03 23 96 37 57
F. 26-30 déc.

VILLERS LE LAC - 25130 (21 D 3)
Besançon 72 - Neuchâtel 38

14 Le France

Le seul centre d'intérêt de la localité ? Le Saut du Doubs et, bien sûr, la maison des Droz où l'on vient goûter une belle cuisine franc-comtoise égayée d'herbes et d'épices. On a pourtant connu Hugues Droz plus en forme, comme si sa cuisine certes généreuse devenait brouillonne ; verrine de lapereau, oignons rouges et vinaigre d'écalleux trop marquée par le curry, foie gras chaud caramélisé, pommes et vinaigre de Buchain très plaisant, jambonnette de volaille fermière aux morilles et au vin jaune de grande qualité, filet de sandre au quinoa rouge et sauce légèrement fumée (malheureusement trop envahissante sur un poisson pourtant remarquable), moelleux au chocolat Guanaja et cœur coulant aux épices douces. Service balbutiant par moments, jolie cave.
C : 48 € • M : 20-68 €   www.hotel-restaurant-le-france.com

→ 8 pl Cupillard
☎ 03 81 68 00 06
F. dim. à dîn., lundi, mardi à déj. (h.s.) et 5 janv.-5 fév.

🎁 idéal gourmet

Hôtel de France

Une solide bâtisse jurassienne à deux kilomètres seulement de la frontière helvétique et à un kilomètre de l'embarcadère pour le Saut du Doubs. Chambres lumineuses et décorées de photos de voyages. Amusant petit musée de la gastronomie au premier étage.
12 ch. 55-100 €   www.hotel-restaurant-le-france.com

→ 8 pl Cupillard
☎ 03 81 68 00 06
▤ 03 81 68 09 22
F. 5 janv.-5 fév. et 5-15 nov.

VILLERS POL - 59530 (2 C 4)
Valenciennes 9 - Le Quesnoy 5

13 La Flambée

Cette plaisante maison en briques de bord de route ouvre sur l'arrière sur un large espace vert et est de ces adresses qui réchauffent le cœur autant que le ventre, par son élégance feutrée, la gentillesse de l'accueil, comme par la sincérité d'une cuisine fidèle à ses principes, rassurantes dans ses intitulés mais surtout dans sa qualité suivie : Laurent Petit ne supporterait pas de décevoir sa clientèle et prête autant d'attention à choisir ses produits qu'à composer sa carte des vins, parfaitement cohérente avec sa cuisine.
C : 35 € • M : 17,90 €   la.flambee@wanadoo.fr

→ 6 les Quatre-Vents
☎ 03 27 49 50 60
F. dim. et 12 août-1er sept.
Jusqu'à 21h30.

VILLIERS LE MAHIEU - 78770 (7 A 2)
Paris 51 - Dreux 38 - Versailles 32

Château de Villiers-le-Mahieu 🐦

L'ancienne propriété de Bernard Buffet est une demeure XIIIe entièrement restaurée, qui a conservé ses douves en eau. Les chambres sont régulièrement rénovées, par tranches, mariant les styles, ouvrant sur le parc de 20 ha arboré. 15 nouvelles chambres sont apparues, ainsi qu'un spa de 700 m² avec piscine intérieure chauffée, nage à contre-courant, canon à eau, hydromassage, sauna, fitness…
95 ch. 199-349 €   www.chateauvilliers.com

→ Rue du Centre
☎ 01 34 87 44 25
▤ 01 34 87 44 40
F. 24 déc.-2 janv.

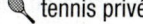 repas en terrasse ou dans un jardin   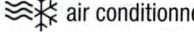 cave à cigare

🏊 piscine privée   🎾 tennis privé   ≋❄ air conditionné

VILLIERS SUR MARNE - 52320 (9 C 5)
Château-Thierry 20 - Charly 5

12 **La Source Bleue**

Ce moulin du XVIIe siècle ouvert sur un parc paysager de cinq hectares agrémenté de deux étangs affiche un charme ravageur que la désormais complète rénovation des salles ne vient pas troubler. A la fois classique et voyageuse, la cuisine de François Thuillier se hisse à la hauteur du cadre, tartare de saumon et jeunes pousses de salade, turbot en blanquette crémeuse, dos de bar à la plancha et ravioles sauce verte. Cave classique et variée.
C : 50 € • M : 18-34 €

→ ☎ 03 25 94 70 35
F. dim. à dîn., lundi, mardi et 20 déc.-20 janv.
Jusqu'à 21h.

VINAY - 51530 (9 A 3)
Châlons-en-Champagne 41 - Epernay 7

14 **Hostellerie La Briqueterie**

Protégée de l'agitation par des murs, un parc arboré et une superbe roseraie, cette vaste bâtisse néo-rustique, construite à l'emplacement d'une ancienne briqueterie, fait l'objet de fréquents embellissements. La salle à manger, élégante et ouvrant sur la roseraie, gagne encore en charme le soir venu, lorsque les éclairages viennent rehausser se chaleureuse décoration. Jouant habilement sur les oppositions terre-mer, Gilles Goess propose une cuisine en pleine ascension : œuf poché, araignée de mer décortiquée et son écume, rôti de lotte au Serrano, écrevisses et fondue de poireaux, selle d'agneau au jus d'herbes, parfait glacé aux fraises et sa déclinaison. Cave exemplaire dans sa région, service pro.
C : 75 € • M : 70-84 € *www.labriqueterie.fr*

→ 4 rte de Sézanne
☎ 03 26 59 99 99
F. sam. à déj. F. ann. non comm.
Jusqu'à 21h30.

Hostellerie La Briqueterie

Au cœur de la campagne champenoise, la Briqueterie n'en finit pas d'évoluer vers plus de confort, avec cette année un espace sauna. Le décor personnalisé des chambres, harmonieux équilibre de couleurs et d'influences, tout comme le parc fleuri qui s'offre en rappel par les larges ouvertures, contribuent à un séjour serein et à un sentiment de raffinement très agréable.
2 appart. 490 € • 40 ch. 205-315 € *www.labriqueterie.fr*

→ 4 rte de Sézanne
☎ 03 26 59 99 99
🖨 03 26 59 92 10
F. non comm.

VINCELOTTES - 89290 (19 C 2)
Auxerre 15 - Nevers 117 - Paris 180

12 **Auberge des Tilleuls**

Le cru bouillant ? Un plat original que le chef raconte avoir découvert enfant aux halles de Paris. En réalité de la viande de bœuf hachée crue, sur laquelle on vient verser plusieurs cuillers de consommé bouillant corsé au pied de porc, le tout étant accompagné d'une mirepoix de légumes du pot-au-feu et surmonté d'une escalope de foie gras poêlée. Cette spécialité qu'Alain Renaudin n'hésite par à détailler lors de la commande traduit bien la philosophie culinaire de cet homme : tradition, beaux produits, portions généreuses, le bon mangeur loue cette vénérable maison sur les bords de l'Yonne où l'on n'oublie jamais les valeurs essentielles, jusqu'au pain, de grande qualité, et au beurre, acheté chez Bordier.
C : 52 € • M : 26-56 € *www.auberge-les-tilleuls.com*

→ 12 quai de l'Yonne
☎ 03 86 42 22 13
F. mardi, merc. (sf fériés à déj.) et 17 déc.-22 fév.
Jusqu'à 21h.

13 🍴 **La Rigadelle**

Saut de puce dans la rue pour cette Rigadelle qui y gagne un confort accru, dans l'ancienne salle (heureusement rénovée) du Vincennes. Une raison supplémentaire pour découvrir, si ce n'est pas encore fait, le travail d'une équipe enthousiaste, qui amène la Bretagne aux portes de Paris au gré d'un menu du marché fortement axé vers l'océan. Les produits sont soignés, les préparations plaisantes, avec les filets de lisette en escabèche, le calamar à la tomate risotto au bouillon de homard ou les aiguillettes de canard au miel frites de polenta. La carte permet d'opter pour des produits plus luxueux.
C : 57 € • M : 33 €

→ 23 rue de Montreuil
☎ 01 43 28 04 23
F. dim., lundi, dern. sem. juil.-2 prem. sem. août et 24 déc.-2 janv.
Jusqu'à 21h30.
♿ 🐕

- -

🏨 **Saint-Louis**

L'environnement du bois et du château de Vincennes enrichit encore les atouts de cet établissement accessible, esprit XVIIe dans la déco et le mobilier, confort d'aujourd'hui avec les douches à jets, le wifi et le satellite.
1 appart. 135-190 € • 25 ch. 90-155 €   www.hotel-paris-saintlouis.com

→ 2 bis rue Robert-Giraudineau
☎ 01 43 74 16 78
🖨 01 43 74 16 49
Ouv. 7j/7.
♿ ≈❄ 🐕

🏨🏨 **La Bastide du Soleil**

Une demeure XVIIe aux matériaux anciens préservés par une habile rénovation. Chambres agréables et calmes dont les fenêtres ouvrent sur un typique village ardéchois. Restaurant de cuisine actuelle à tendance provençale.
5 ch. 100-130 €   www.bastidesoleil.com

→ Le Village
☎ 04 75 36 91 66
Ouv. 7j/7.
≈❄ 🐕

11 **La Détente** $d\lessgtr$

La petite maison de carrefour (ex Croisée des Chemins), au croisement de la route de Mirabel appuie sur la Détente grâce à un jeune couple décidé à rafraîchir les lieux. Avec les moyens du bord, le chef, passé par les bonnes tables du coin, travaille avec sincérité une petite carte qui pourrait se montrer plus simplement régionale sans aller chercher la perche du Nil, le flétan aux agrumes ou les gambas. Le bon tiramisu témoigne d'un indubitable savoir-faire, les vins du village sont bien sûr à l'honneur, en écoutant Souchon ou Tracy Chapman.
C : 28 € • M : 23-32 €

→ Pont de Mirabel
☎ 04 75 27 61 19
F. mardi à dîn et merc.
Jusqu'à 21h.
🍹 🚗 🐕

12 **Le Marcigny**

Daniel Hermet aime rassurer sa clientèle et choyer ses habitués. Dans cette maison intime (une vingtaine de couverts à peine), on se rassemble autour des valeurs sûres, la terrine de lapin "comme à Marcigny", le filet de bœuf aux champignons des bois ou le gratin de pommes en sabayon. Cave sans grande surprise avec une nette prédominance pour la Bourgogne.
M : 24-34 €

→ 27 rue Danielle-Casanova
☎ 01 69 44 04 09
F. sam. à déj., dim. à dîn. et lundi.
Jusqu'à 20h30.
≈❄ 🐕

VITRAC - 15220 (26 A 6)
Aurillac 22 - Maurs 21 - Conques 71

12 Auberge de la Tomette
Ce village niché au cœur du Cantal est absolument charmant ; donnant sur une verdoyante vallée, cette auberge n'est pas en reste avec son ravissant parc arboré et fleuri où sont aménagées plusieurs terrasses. Odette Chausi se repose sur les produits régionaux pour imaginer une cuisine simple ancrée dans son terroir : copeaux de jambon, ventrèche au sel, châtaignes et huile de noix, poêlée de foie gras, réduction de Porto, raisins de Corinthe et pommes rissolées, filet de pigeon et réduction de ratafia rouge de Marcillac.
C : 40 € • M : 27-40 €   www.auberge-la-tomette.com

→ Le Bourg
☎ 04 71 64 70 94
F. 11 nov.-Pâques.
Jusqu'à 20h30.

VITRAC - 24200 (24 D 4)
Sarlat-la-Canéda 9 - Beynac-et-Cazenac 11

₡₡₡ Domaine de Rochebois
Une élégante demeure du XIXᵉ siècle, aux portes de Sarlat. Au Château, les chambres offrent un confort cosy d'un grand raffinement, de splendides salles de bains et des terrasses privées. D'un style différent mais tout aussi haut de gamme, celles des Pavillons disposent également de terrasses. Atmosphère de petit palace.
4 appart. 295-420 € • 36 ch. 145-295 €   www.rochebois.com

→ Rte de Montfort
☎ 05 53 31 52 52
🖨 05 53 29 36 88
F. nov.-fin avril.

VITRE - 35500 (14 D 4)
Rennes 38 - Laval 39

10 Le Petit Pressoir
Une petite adresse locale qu'on fréquente avant tout pour sa simplicité et ses tarifs vraiment alléchants. Pas de grandes émotions peut-être mais l'essentiel est préservé, les blinis de boudins noirs aux pommes, le saumon au beurre blanc et la crème caramel s'affichant à tout juste 16,50 €. Petite cave passe-partout.
C : 28 € • M : 14-30 €   www.lepetitpressoir35.com

→ 20 rue de Paris
☎ 02 99 74 79 79
F. dim., lundi, merc.
à dîn., 1 sem. vac. scol. fév. et
3 sem. août.
Jusqu'à 21h30.

? La Taverne de l'Ecu
Christophe Dalens n'aura pas profité longtemps de la toque dont nous l'avions gratifié l'an dernier. Il a vendu récemment sa Taverne pour s'installer dans le Nord et c'est désormais Cyril-Marc et Juliette Aubry qui dirigent cette table d'une belle bâtisse classée du XVIᵉ siècle. Nous suspendons la note désormais mais les premières impressions ressenties sur cette cuisine traditionnelle mâtinée d'exotisme (épices et fruits très présents) sont plutôt bonnes.
C : 26 € • M : 26-44 €   www.tavernedelecu.fr

→ 12 rue Baudrairie
☎ 02 99 75 11 09
F. dim., mardi, merc.
à déj. et janv.
Jusqu'à 21h.

VITTEL - 88800 (11 D 5)
Paris 350 - Epinal 42 - Nancy 70

12 L'Avenue
Plutôt inattendu dans cette ville d'eau un peu mélancolique, ce bistrot (précédé par un lounge bar) adopte des manières contemporaines. Inattendue aussi, son alléchante et goûteuse cuisine utilise des produits de qualité, des épices bien dosées dans une simplicité soignée : magnifique tartare de daurade, un saumon de qualité, en tournedos au sésame torréfié, à la sauce très bien dosée, seul le baba au rhum manque un peu de gourmandise. Inattendus également, des tarifs suaves. Conséquence logique, on y croise une clientèle jeune et ravie, d'autant que le service maintient une ambiance décontractée.
C : 40 € • M : 19 €

→ 125 av de Châtillon
☎ 03 29 08 61 73
F. dim., lundi, dern. sem.
Noël. et 2 dern. sem. de fév.
Jusqu'à 22h30.

G
M

VIVES - 66400   (31 D 6)
Le Boulou 5 - Céret 7

13 🍽️ **Hostalet de Vivès**

Certains de nos lecteurs ont parfois été déçus de leur moment passé à la table de Pierre Girones. Nos dernières visites s'étant toujours bien déroulées, nous maintenons notre confiance à cette ancienne maison de maître en pierres apparentes. Typiquement catalane, conviviale et enjouée, cette cuisine se fait intraitable sur l'origine des produits : salade de morue, blanquette d'agneau, tripes à la catalane, escargots à la catalane… à arroser bien sûr des meilleurs flacons de la production locale.

C : 36 € • M : 20-29 €   www.hostalet-vives.com

→ Rue de la Mairie
☎ 04 68 83 05 52
F. mardi (sf été), merc. et 14 janv.-5 mars.
Jusqu'à 21h.

VOEGTLINSHOFFEN - 68420   (10 B 4)
Colmar 12 - Strasbourg 90

11 **Caveau Saint-Nicolas**

Quelques bons vignerons occupent le terrain de ce petit village au sud de Colmar. Allez à leur rencontre en croisant la fourchette avec cette bonne cuisine régionale exécutée par un ancien chef du Bristol, plats de caveau et tendance gastro avec la quenelle de brochet aux écrevisses sauce riesling et les ravioles de munster.

C : 32 € • M : 9,50-30 €

→ 45 rue Roger-Frémeaux
☎ 03 89 49 24 04
F. mardi, merc. et janv.
Jusqu'à 21h.

VOIRON - 38500   (28 A 3)
Grenoble 27 - Vienne 68

13 🍽️ **Restaurant Guicherd**

Près de la gare, la salle prête au voyage, et Dominique Guicherd utilise comme il convient les influences des quatre horizons pour envelopper des produits du cru choisis avec discernement, mais aussi de beaux poissons, des huîtres, des coquillages qui ont toute la fraîcheur de l'océan à deux pas des Alpes.

C : 45 € • M : 16-39 €

→ 3 av des Frères-Tardy
☎ 04 76 05 29 88
F. dim. à dîn., lundi et fin août.
Jusqu'à 21h30.

VOISINS LE BRETONNEUX - 78960   (8 A 5)
Paris 33 - Trappes 6 - Saint-Quentin-en-Yvelines 5

13 🍽️ **La Ferme de Voisins**

L'enseigne serait presque trompeuse : nous sommes bien dans un ancien corps de ferme, à la campagne, mais pas n'importe où : à l'entrée de la vallée de Chevreuse, dans un secteur ou les grandes entreprises ne manquent pas. La très belle terrasse fleurie et le cachet dont jouit la belle salle à manger, avec ses poutres apparentes, sa solide cheminée centrale et sa décoration soignée achèvent d'asseoir le standing de cette anti ferme-auberge. Cuisine aimable et précieuse, avec les brochettes de gambas grillées sauce aigre douce, l'entrecôte à la plancha, échalotes fondantes, os à moelle et pommes au couteau, poire pochée au safran, sablé au gingembre confit et sorbet cassis. Cave classique et fournie, service très pro.

C : 45 € • M : 45 €   www.lafermedevoisins.com

→ 4 rue de Port-Royal
☎ 01 30 44 18 18
F. sam. à déj., dim. (sf groupes), 3-24 août et 23-29 déc.
Jusqu'à 21h30.

🍴 idéal gourmet

VOLLORE VILLE - 63120 (26 C 3)

Thiers 17 - Courpière 6

✳ Château de Vollore

La demeure familiale des descendants de La Fayette dresse face à la vallée (superbe vue panoramique) sa silhouette sobre et altière. Avec les meubles de style et les tentures raffinées, les vastes chambres aux styles divers (Louis XVI, Louis XV, Charles X, Restauration…) donnent sur les jardins en terrasse et le parc de 12 ha.
3 appart. 210-230 € • 2 ch. 110-180 €   www.chateaux-france.com/vollore

→ ☎ 04 73 53 71 06
🖨 04 73 53 72 44
Ouv. 7j/7.

VONNAS - 01540 (27 D 1)

Bourg-en-Bresse 27 - Mâcon 16

17 🏛🏛🏛 Georges Blanc

La fête commence dès l'arrivée sur la gracieuse place fleurie du village, avec la nostalgique limonaderie transformée en "Ancienne Auberge", la Résidence des Saules, la boutique gourmande, la Cour aux Fleurs et le tout récent spa Mosaïc. Un repas chez Georges Blanc est un spectacle unique. En suivant la galerie de verre suspendue au-dessus de la Veyle, on jouit aussi d'une vue plongeante sur les cuisines. Puis c'est l'arrivée en salle, ou plutôt dans l'une des salles, agréablement compartimentées : le décor campagnard chic avec les vieux meubles bressans, le sol de pierre de Bourgogne, la porcelaine de collection atteste de la noblesse des lieux. Le spectacle est permanent chez Georges Blanc : une armada de serveurs souriants, mais à qui il arrive parfois de confondre les plats entre les (nombreuses) tables et une cuisine qui, progressivement prend une tournure un peu plus moderne tout en conservant sa forte tradition bressanne : strate de poularde de Bresse au foie gras, quartier de pamplemousse, compote de figue et betterave rouge, crêpe vonnassienne au saumon fumé, vin jaune et mariage d'épices (un classique que presque toutes les tables réclament), minute de bar mariné à l'huile vierge et au chardonnay, relevée d'une fondue d'aromates et d'herbes, pulpe d'aubergines et chiffonnade de fenouil (un plat généreux, presque trop) et panouille bressanne glacée à la confiture de lait au caractère immédiatement plaisant. Cave exceptionnelle commentée par un sommelier compétent.
C : 130 € • M : 120-240 €   www.georgesblanc.com

→ Pl du Marché
☎ 04 74 50 90 90
F. lundi, mardi, merc. à déj. et janv.
Jusqu'à 21h30.

𝒸𝒸𝒸 Georges Blanc 🍴

Le Village Gourmand en version Georges Blanc est aussi un petit paradis de détente, avec, autour de la maison mère, tout ce qu'il faut pour cela (spa, piscine, boutique, etc). L'architecture régionale de caractère accueille des chambres superbes, décorées dans des tons clairs en écho à la chaleur des poutres apparentes et des meubles de style, pour une délicieuse ambiance champêtre, en accord avec les espaces verdoyants alentour.
10 appart. 400-610 € • 30 ch. 170-390 €   www.georgesblanc.com

→ Pl du Marché
☎ 04 74 50 90 90
🖨 04 74 50 08 80
F. janv.

🏛 standard grand confort haut de gamme exceptionnel

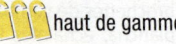 hôtels de charme

14 🍽 L'Ancienne Auberge

Quand tant de restaurants font dans la repasse ennuyeuse en prétendant faire de la cuisine créative, l'Ancienne Auberge assume avec gourmandise la fibre nostalgique et se présente comme un conservatoire de la tradition culinaire de la famille Blanc. On y retrouve avec un plaisir non dissimulé les harengs pomme à l'huile, le gâteau de foies blonds ou la quenelle de brochet, dans une soigneuse reconstitution du bistrot de la Mère Blanc. Ambiance chaleureuse de franche satisfaction.

C : 30 € • M : 20-47 €

→ Pl du Marché
☎ 04 74 50 90 50
F. janv.

www.georgesblanc.com

VOUGY - 74130 (28 C 2)
Annecy 52 - La Clusaz 33

14 🍽 Le Capucin Gourmand

Postée sur le bord d'une nationale sans charme, la solide et sérieuse maisons de Guy Barbin, passé par l'Auberge du Père Bise et Jean Bardet se distingue par son excellent rapport qualité-prix, en particulier sur le premier menu, facturé 35 € : fricassée de pommes de terre, morilles et asperges, noix de saint-jacques en cocotte de légumes et fondant truffé au chocolat sauce caramel et glace caramel. Jolie cave de vignerons coups de cœur.

C : 50 € • M : 35 €

→ 1520 rte de Genève, N 205
☎ 04 50 34 03 50
F. sam. à déj., dim., lundi, 1re sem. janv. et 3 sem. déb. août.
Jusqu'à 20h45.

www.lecapucingourmand.com

- -

11 Le Bistrot du Capucin Gourmand

L'annexe du Capucin est abritée dans la même bâtisse que le gastro. Il n'est d'ailleurs pas toujours facile de trouver la bonne entrée lorsqu'on fréquente les lieux pour la première fois. Guy Barbin est également aux commandes de cette table où les spécialités bistrotières sont mises à l'honneur : assiette de cochonnaille, saumon cuit vapeur au sel de Guérande, vacherin vanille-framboise et coulis de fruits rouges.

C : 32 € • M : 27 €

→ 1520 rte de Genève, N 205
☎ 04 50 34 03 50
F. sam. à déj., dim., lundi, 1re sem. janv. et 3 prem. sem. août.
Jusqu'à 20h45.

www.lecapucin.gourmand.com

VOUILLE - 86190 (22 C 3)
Poitiers 19 - Parthenay 33

🏠 Château de Perigny 🐟

A un quart d'heure de route de Poitiers, ce bel ensemble de bâtiments d'époques diverses profite d'un cadre privilégié grâce à son immense parc arboré. Pierres apparentes, poutres et lits à baldaquin composent un décor soigné et châtelain dans les chambres. Vaste terrasse, piscine.

5 appart. 146-195 € • 39 ch. 84-126 €

→ La Chapelle
☎ 05 49 51 80 43
🖶 05 49 51 90 09
Ouv. 7j/7.

www.chateau-perigny.com

VOUTENAY SUR CURE - 89270 (19 D 3)
Avallon 14 - Vézelay 14 - Auxerre 35

12 Auberge Le Voutenay

Laissant le chapitre franchement terroir au bistrot, le restaurant gastronomique du Voutenay décline des propositions plus en rapport avec son standing de maison de maître XVIIIe : foie gras mariné aux épices, selle d'agneau au miel et cervelle meunière aux herbes. La cave privilégie les vins proches du terroir, tandis que le parc en bordure de rivière incite à prolonger l'étape (la maison propose quelques chambres).

M : 25-55 €

→ RN 6
☎ 03 86 33 51 92
F. dim. à dîn., lundi, mardi, 3 sem. déb. janv., 3e sem. juin et 3e sem. nov.
Jusqu'à 20h30.

www.monsite.wanadoo.fr/auberge.voutenay

12 Le Grand Vatel

Ce Vatel-là respecte la cuisine gastronomique, mais surtout son terroir, qu'il s'agisse d'alimenter la carte des vins (avec une large sélection du vignoble local) ou de composer de belles assiettes autour de la beuchelle, du sandre ou de la géline. Le chef a du métier, le résultat met donc à l'abri des mauvaises surprises, dans le cadre élégant d'une maison traditionnelle.

C : 45 € • M : 19,50-71 €
legrandvatel@orange.fr

→ 8 av Léon-Brulé
☎ 02 47 52 70 32
F. dim. à dîn., lundi, 2e sem. mars. et 1 sem. Noël.
Jusqu'à 21h30.

La Closeraie

Pierres de tuffeau et pièces troglodytiques, la maison s'inscrit bien dans la tradition régionale. Le blanc domine également dans la décoration des jolies chambres, au mobilier de style.

4 ch. 80-90 €
www.la-closeraie.com

→ 6 rue du Commerce
☎ 06 82 43 26 39
☐ 08 21 83 01 26
Ouv. 7j/7.

Villes de proximité, voir :

NOIZAY .... 9 km E. par D 46 et D 1 **(14/20)**

14 Restaurant les Semailles

Quelles nouvelles des Semailles ? La maison gagne chaque année un peu plus en confort, la salle à manger étant ainsi climatisée depuis cette année et Jean-Michel Loessel profitant quant à lui de cuisines plus spacieuses. Menant sa barque intelligemment, sans prendre beaucoup de risques mais en personnalisant assez sa cuisine pour lui donner une patine originale, cet ancien du Crocodile et du Cheval Blanc (à Lembach) propose un menu-carte qui, pour tout juste moins de 40 €, offre d'étonnantes sensations : douceur d'asperges aux crevettes géantes rôties, dés de saumon fumé et streussel de parmesan, poitrines de pigeon à la plancha, cuisses braisées et risotto crémeux au vieux comté, crumble chaud à la rhubarbe et glace au fromage blanc. Cave très complète, pas vraiment fouineuse, service sans faille.

C : 39 € • M : 39-45 €
www.semailles.fr

→ 10 rue du Petit-Magmod
☎ 03 88 96 38 38
F. dim. à dîn., merc, jeudi, 3 sem. mi-fév.-mars et 3 sem. mi-août-sept.
Jusqu'à 21h15.

13 Relais de la Poste

Le Relais a tout de l'auberge alsacienne telle qu'on l'aime, au décor marqué par les boiseries autant dehors (colombages hérités du XVIIIe) que dedans, dans une ambiance feutrée et élégante jusque dans les chambres. Dans ce confort serein, au service attentif, la cuisine de Jérôme Daull peut s'épanouir au mieux, avec son sens aigu du beau produit et des associations raffinées : sole farcie aux truffes, carré de veau rôti aux pointes d'asperges. Les habitués mettent de côté chaque saison pour s'offrir les imposants menus à thèmes, asperges ou truffes s'y livrant sous leur meilleur jour. Imposante cave classique, heureusement bien commentée par un sommelier compétent.

C : 80 € • M : 45-130 €
www.relais-poste.com

→ 21 rue du Gén-de-Gaulle
☎ 03 88 59 24 80
F. sam. à déj., dim. à dîn., lundi, 2-15 janv., 16-22 fév. et 21 juil.-3 août.
Jusqu'à 22h.

12 Le Jardin Secret

Recentrée sur le restaurant, la maison des Oberlé reste une étape séduisante et joue une partition empreinte de douceur et de raffinement. On pense au décor bien sûr, à la gentillesse sans faille de Madame Oberlé en salle, mais également à la qualité des

→ 32 rue de la Gare
☎ 03 88 96 63 44
F. lundi et mardi.
Jusqu'à 21h30.

assiettes proposées par le chef, qui décline les saveurs de saison dans un menu-carte équilibré. La tartelette de mini-légumes et gésiers poêlés, les saint-jacques et risotto crémeux ou le cylindre au grué de cacao minestrone et crémeux de mangue regardent bien au-delà des traditions alsaciennes, une volonté d'ouverture qui se prolonge jusqu'à la cave.
C : 31 € • M : 31-34 €

WARHEM - 59380   **(1 C 1)**
Bergues 4 - Honschoote 8

11 Ferme Auberge de la Becque

A la lisière de la frontière belge, cette ferme flamande donne le meilleur de sa production dans les recettes familiales traditionnelles : flamiche aux poireaux, coq au pain d'épice, charlotte à la rhubarbe. On ne se lasse pas de ce cousu main ni de l'accueil des Dejonghe, qui méritent bien leur label "Bienvenue à la ferme".
C : 23 € • M : 21 €   *labecque@free.fr*

→ 520 rue de l'Est
☎ 03 28 62 05 01
F. lundi.

WESTHALTEN - 68250   **(10 B 4)**
Colmar 20 - Bâle 68

13 L'Auberge du Cheval Blanc

Dans le décor en cohérence parfaite avec son environnement vinicole, chaleureuses boiseries et poêle en faïence, la famille Koehler et son équipe ressemblent à un pack soudé en mêlée, toujours attentif, prévenant et motivé. On aimerait donc être aussi enthousiaste que les années précédentes, mais la cuisine, quand elle s'aventure un peu trop loin de ses bases, est tout de même moins convaincante notamment dans l'utilisation des sucrés-salés (melon au vinaigre balsamique, pavé de lieu plancha au poivre et nouilles chinoises champignons noirs...) ou dans la déclinaison de recettes traditionnelles (croustillant de choucroute à la façon d'un nem avec la très bonne côte de porc bio). Bonne cave alsacienne mettant les vignerons locaux en avant, un témoin de plus d'une bonne volonté évidente à tous niveaux.
C : 68 € • M : 36-87 €   *chevalblanc.west.@wanadoo.fr*

→ 20 rue de Rouffach
☎ 03 89 47 01 16
F. dim. à dîn.-mardi à déj., 14 janv.-7 fév. et 9-24 juin.
Jusqu'à 21h.

L'Auberge du Cheval Blanc

Accueil familial chez Raymonde et Gilbert Koehler, dans leur auberge briquée à l'alsacienne, où les chambres s'habillent de bois et de couleurs chaudes, dans une vision régionale contemporaine.
2 appart. 120 € • 10 ch. 75-100 €   *chevalblanc.west@wanadoo.fr*

→ 20 rue de Rouffach
☎ 03 89 47 01 16
🖨 03 89 47 64 40
F. 15 janv.-8 fév. et 9-24 juin.

WETTOLSHEIM - 68920   **(10 D 3)**
Colmar 5 - Mulhouse 43

14 La Palette

La "palette" concerne l'éventail des saveurs et non pas le morceau de cochon, n'en déplaise aux tenants d'un terroir pur et dur. Car il est certain qu'Henri Gagneux produit avant tout une cuisine personnelle, ce qui lui vaut cette jolie toque, tout en intégrant, selon le besoin ou l'humeur, des produits ou des recettes régionales. Qu'il s'agisse en effet des saint-jacques poêlées à la vinaigrette balsamique et cacao ou du turbot au jodhpur sommités de chou-fleur et romanesco, voire même de la cuisse de lapin rôtie, terre de Sienne et pastilla d'olives aux artichauts, on se retrouve assez loin des cigognes et des colombages. Dans un décor nettement

→ 9 rue Herzog
☎ 03 89 80 79 14
F. dim. à dîn., lundi, mardi à déj. et 2-10 janv.
Jusqu'à 21h.

modernisé (c'était naguère l'Auberge du Père Floranc) le chef montre de l'aisance, jusqu'aux desserts clins d'œil, fraise tagada spaghetti de zan et glace malabar, l'Alsace ne se retrouvant en première ligne que sur la carte des vins, en particulier avec les vignerons du village (mais on peut aussi traverser la France pour aller jusqu'au fitou des Mille Vignes).
C : 45 € • M : 14-59 €

www.lapalette.fr

WIHR AU VAL - 68230 (10 B 4)
Colmar 18 - Bâle 83

14 La Nouvelle Auberge

Ancien de Bernard Loiseau, Bernard Leray affiche une méticulosité et un sens du produit qui ne versent jamais dans une inutile sophistication. Rayonnante et moderne, sa vision de la gastronomie n'engendre jamais la mélancolie : escalopes de foie gras chaud de canard, gnocchis de pommes de terre et chèvre et sorbet de betteraves, dos d'agneau au four, gâteau de carottes rouge et blanche, jus d'agneau miel et cumin, banane au four flambée au rhum, sablé muscado, gelée tremblante de vieux rhum et espuma de caramel d'épices. Cave sérieuse, personnel efficace.
C : 43,50 € • M : 29,75-76 €

→ 9 rte Nationale
☎ 03 89 71 07 70
F. dim. à dîn., lundi, mardi, vac. scol. fév., 1 sem. fin juin-déb. juil. et vac. scol. Toussaint.
Jusqu'à 21h.

WIMEREUX - 62930 (1 A 2)
Boulogne 6 - Marquise 10

14 Epicure

Une cuisine de la mer classique et bien trempée : la salle coquette et bourgeoise, au brushing impeccable, tient ses promesses quand passent les assiettes de Philippe Carrée : sauces et cuissons au millimètre, une carte adaptée à ses envies et son savoir-faire. On ne sort pas de la norme, heureux d'une forme de sécurité alimentaire qui rend les toques indéchirables : saint-jacques rôties et galette de socca, filet de rouget barbet, huîtres spéciales, cocos et chorizo, pavé de cabillaud rouelles d'oignons caramélisées. Un travail franc et sans artifices, qui se prolonge sur terre avec un bon quasi de veau jus au cresson. Cave intéressante par ses choix dans la plupart des régions (Blanck, Mochel en alsace, Graillot, Gramenon, Avril dans le rhône, Sauzet, Dauvissat en bourgogne…)
C : 46 € • M : 24-37 €

→ Rue Carnot
☎ 03 21 83 21 83
F. dim., merc. à dîn., 20 août-5 sept. et 20 déc.-5 janv.
Jusqu'à 21h.

- -

14 La Liégeoise

Les habitués de cette banlieue distinguée de Boulogne ont toute confiance dans les œuvres d'Alain Delpierre, d'une totale intransigeance sur la fraîcheur, d'une absolue maîtrise quand il s'agit de cuire, qu'il s'agisse d'un bigorneau ou d'un turbot. Car c'est effectivement dans cette ambiance bourgeoise d'une salle marine de bon ton que vous plongerez avec délices dans les vagues de la tradition, pour un saumon fumé d'anthologie ou un turbot béarnaise comme on n'en trouve plus. Et si vous revenez souvent, vous tâterez des nouveautés, des langoustines plancha avec les suprêmes de caille, les goujonnettes de sole aux spaghetti frais et réduction de crustacés au vin rouge, et pourquoi pas des ris de veau aux topinambours. Desserts classiques actuels (carpaccio d'ananas, crêpes Suzette), solide cave classique mais manquant d'attrait.
C : 65 € • M : 35-61 €

→ Digue de Mer
☎ 03 21 32 41 01
F. dim. à dîn., lundi à déj. et fév.
Jusqu'à 21h.

www.atlantic-delpierre.com

🍷🍷 Atlantic

Sur le chic front de mer de Wimereux, un bâtiment contemporain et marin, bien aménagé et équipé comme un hôtel de grande chaîne : chambres claires aux tissus coordonnés, belle vue et service impeccable.
18 ch. 78-199 €

→ Digue de Mer
☎ 03 21 32 41 01
🖹 03 21 87 46 17
F. fév.
🚗 🐕

www.atlantic-delpierre.com

---

13 🍴 La Vie est Belle

On souhaite tout le bonheur possible à Jean-François Laurent qui a déménagé de quelques kilomètres, depuis Wimille pour installer dans ce faubourg chic de Boulogne la table telle qu'il la voit aujourd'hui, simplicité et spontanéité, humour et chaleur comme le Roberto Benigni de la Vie est Belle qui a inspiré l'enseigne. Des menus bien inspirés, une cuisine de produits, des poissons parfois méconnus mais en direct de la pêche pour une approche différente, loin du restaurant cérémonieux de papa, mais avec le savoir-faire d'un pro, qui vaut bien sa toque.
C : 25 €

→ 44 rue Carnot
☎ 03 21 83 19 31
F. non comm.

13 🍴 Carrousel Bleu

Cette petite table au décor épuré, comme perdue à deux pas de l'Allemagne, semble puiser dans sa situation frontalière une ouverture sur le monde qui se manifeste avec bonheur dans la cuisine de Michael Heid. Il fait en effet valser sur son Carrousel de bien belles idées, n'hésite pas à marier le chocolat et le foie gras en terrine, avec la rhubarbe confite et la brioche au beurre salé pour faire bonne mesure, à préparer la côte de veau à la menthe poivrée avec des câpres ou à proposer une crème brûlée de patate douce. Loin des effets gratuits, il y a là une vraie créativité et une franche bonne humeur. Contagieuse.
M : 28-48 €

→ 17 rte Nationale
☎ 03 88 54 33 10
F. lundi, merc., 1er-15 août et 26 déc.-2 janv.
Jusqu'à 21h15.

le.carrousel.bleu@orange.fr

---

12 Restaurant de l'Ange

La cour intérieure de cette belle maison à colombages du XVIe siècle ne laisse jamais indifférent le visiteur. Installé depuis plus de quinze ans sur les rives de la Lauter, Pierre Ludwig y propose une cuisine qui, à défaut d'afficher une forte personnalité, fait preuve d'une totale maîtrise technique : escargots au bouillon et pain perdu, pavés de gigot d'agneau grillés au romarin, crème brûlée à la vanille. Cave alsacienne.
C : 37 € • M : 28,50-38 €

→ 2 rue de la République
☎ 03 88 94 12 11
F. lundi, mardi, dim. à dîn. (hiver), vac. scol. fév. et 11-24 juin.
Jusqu'à 20h30.
🍽 🐕

www.restaurant-ange.com

15 🍴🍴 Pascal Dimofski

On le pressent en découvrant le décor de cette maison posée tranquillement à deux pas de la forêt (un voisinage dont profite la terrasse sur le jardin) et la cuisine le confirme : Pascal Dimofski privilégie la sobriété, un certain sens de l'épure (volontiers japonisant), qui l'amène à concentrer ses assiettes sur quelques saveurs, tirées de produits sélectionnés avec soin, pour en tirer un plaisir tout simplement évident : turbot à la vapeur de laurier sauce au fumet de crevettes grises, côtes d'agneau grillées au thym citron et

→ 2 quartier de la Gare
☎ 03 87 02 38 21
F. lundi, mardi, 15-29 fév. et 15 août-5 sept.
Jusqu'à 21h.
🚗 🐕 🚬

ail nouveau, barboton de pêche blanche en nage de cassis et cabernet. Supervisé par Véronique Dimofski, le service est attentif et impliqué, tandis que la carte des vins témoigne d'une recherche régulière dans la plupart des régions.

C : 60 € • M : 26-68 €

www.ot-sarreguemines.fr

WOINCOURT - 80520 (2 B 3)

Le Tréport 12 - Amiens 75 - Abbeville 23

12 La Gare aux Gourmets

Les nouveaux propriétaires ont conservé l'ambiance régionale dans cette salle normande proche de l'ancienne gare, rendez-vous du canton pour les dîners de week-end. Le menu-carte est intéressant et les spécialités plutôt élaborées, foie gras sur tatin de pommes oignons et caramel de cidre, tian de saint-jacques au beurre de bière blanche, gâteau battu crème de menthe et chocolat chaud.

M : 16-22 €

gare-aux-gourmets@cegetel.net

→ 2 pl de la Gare
☎ 03 22 30 92 42
F. à dîn. (sf vend., sam.), sam. à déj., lundi, 1 sem. fév., août et 1 sem. Noël.
Jusqu'à 21h30.

XONRUPT LONGEMER - 88400 (12 B 5)

Epinal 48 - Gérardmer 4

13 Les Jardins de Sophie Domaine de la Moineaudière

L'ambition d'un tel domaine s'étend naturellement à la table, qui peut devenir rapidement un rendez-vous pour les habitués de la station. Un chef d'expérience revisite le terroir et adapte son offre pour les heureux résidents : parmentière de langoustines, mâche et pissenlit, dos de loup sur peau asperges et carottes fanes aux morilles, filet d'agneau rôti au foin de serpolet montrant une belle rigueur technique et quelques très bonnes idées puisées dans ses expériences passées, dans les Vosges ou chez Régis Marcon, par exemple. Une première toque pour cette année qui peut annoncer une évolution. Cave en revanche plus anecdotique, qu'il conviendra d'étoffer hors négoce.

C : 60 € • M : 42-62 €

→ Rte du Valtin
☎ 03 29 63 37 11
F. mardi à dîn., merc. (h.s., sf vac. scol. et fériés).
Jusqu'à 21h (21h30 vend.-sam.).

Les Jardins de Sophie

C'est un immense travail de rénovation, sur la base d'un domaine longtemps consacré à l'accueil des enfants, qui a permis d'ouvrir l'hiver dernier ce superbe établissement à proximité des trois lacs, au coeur du Parc des Ballons des Vosges. La nature préside (parc de 9 ha avec ânes, daims, poneys), les chambres et les aménagements sont en harmonie, dans le style des auberges de montagne, bois, mobilier campagnard, tissus choisis, accessoires chromés, draps et linge fabriqués à Gérardmer.

33 ch. 85-310 €

→ Rte du Valtin
☎ 03 29 63 37 11
F. non comm.

12 Le Collet

La famille Lapôtre peut être fière de l'évolution, en quarante ans, de ce beau chalet, comme de cette cuisine montagnarde bien remise en température par son représentant actuel, Olivier. Plats roboratifs souriants, classiques personnalisés et saveurs franches dans la tarte de légumes et truite fumée, le bœuf carottes au foie gras et choucroute confite à la grenadine, le mille-feuille de haricots blancs et foie gras jus de poulet en vinaigrette. La toque n'est pas loin.

C : 32 € • M : 16-27 €

www.chalethotel-lecollet.com

→ 9937 rte de Colmar, col de la Schlucht
☎ 03 29 60 09 57
F. merc., jeudi à déj. (sf vac. scol.) et 2 nov.-3 déc.
Jusqu'à 20h30.

Le Collet

Un beau chalet vosgien au décor rare et chaleureux, en pleine nature, au pied des pistes l'hiver et des randonnées l'été. Chambres accueillantes, pin et pierre, dans une atmosphère d'exclusivité.
6 appart. 95 € • 19 ch. 65-75 €   www.chalethotel-lecollet.com

→ 9937 rte de Colmar, col de la Schlucht
☎ 03 29 60 09 57
🖨 03 29 60 08 77
F. 2 nov.-3 déc.

YEU (ILE D') - 85350   **(15 A 5)**
La Fosse 6 - Saint-Gilles-Croix-de-Vie 39

12 Le Père Raballand

Dans un cadre marin presque amusant, la table de Jean-Yves Raballand fait toujours figure de valeur sûre sur Yeu pour trouver le meilleur de la pêche locale. Au piano, Stéphane Sarrazin assure la préservation des valeurs de la maison, faites de belles recettes classiques et de respect du produit comme des clients. De la simplicité des sardines grillées à la gourmandise de l'aïoli de morue en cocotte, touristes de passage comme habitués y trouvent leur compte, et tous bénéficient du même accueil largement souriant qui sied si bien à une table de vacances.
C : 35 € • M : 19,80-28,60 €   www.lepereraballand.com

→ 6 pl de la Norvège
☎ 02 51 26 02 77
F. lundi et 1er déc.-1er mars.
Jusqu'à 22h30.

Atlantic Hôtel

Une maison agréable et typique sur le port, aux chambres claires, simples et soignées. Possibilité de demi-pension avec le restaurant Port-Baron.
18 ch. 43-92 €   www.hotel-yeu.com

→ Quai Carnot-Port-Joinville
☎ 02 51 58 38 80
🖨 02 51 58 35 92
F. janv.

YGRANDE - 03320   **(26 B 2)**
Bourbon-Lancy 10 - Cosne-d'Allier 13

12 Château d'Ygrande

La cuisine actuelle de David Martin est bien en phase avec la prestation châtelaine, proposant une carte équilibrée, entre tradition et recettes mode, pour une approbation générale : raviole de tourteau, tartare de bar et huîtres crème d'estragon, homards du vivier, bar façon Dugléré et blancs de seiche à la tomate confite. Avec les multiples attentions autour et à côté des fourneaux, jusqu'au soufflé minute ou au sablé breton au chocolat, la toque devrait finalement arriver.
C : 50 € • M : 27-64 €   www.chateauygrande.fr

→ Le Mont
☎ 04 70 66 33 11
F. dim. à dîn., lundi (sf juil.-août), janv. et fév.
Jusqu'à 21h30.

Château d'Ygrande

Cette belle construction XIXe dominant le bocage bourbonnais a été l'objet de rénovations minutieuses, la dernière à la fin du siècle dernier pour offrir une hôtellerie de haut standing dans ce cadre historique. Belles chambres claires et stylées, ouvrant sur le parc de 40 ha pour profiter, entre étang et bois, de toutes les activités nature : randonnée pédestre, VTT, pêche, promenade à cheval ou en barque. Sur place, piscine chauffée, sauna, jacuzzi, fitness, billard...
1 appart. 116-210 € • 16 ch. 110-200 €   www.chateauygrande.fr

→ Le Mont
☎ 04 70 66 33 11
🖨 04 70 66 33 63
F. janv.-fév.

YSSINGEAUX - 43200 (26 D 4)
Le Puy-en-Velay 28 - Saint-Étienne 51

13 🗋 **Le Bourbon**

Au problème de la malbouffe, André Perrier, plus de trente ans de piano au Bourbon, apporte une solution tellement évidente qu'on se demande encore pourquoi tout le monde ne l'adopte pas : le menu enfant abandonne le traditionnel jambon-purée pour proposer la mousseline de volaille (du beau poulet de ferme, élevé au grain et à l'air libre) et salade de légumes (de saison et venus en voisin), le filet mignon de porc (également fermier) au crémeux de pommes de terre et les fruits de saison au mini suc glacé au miel d'acacia. Les parents ne sont pas plus à plaindre, avec par exemple la terrine d'agneau fermier légumes menthe et persil, le cube de poitrine de porc confit aux épices et le parfait glacé à la verveine et lentilles du Puy confites : du terroir intelligent, plein de bonnes vibrations et une démarche qu'on ne peut qu'applaudir vigoureusement. La carte des vins témoigne de la même ouverture d'esprit et n'alourdit que peu une addition des plus raisonnables pour le plaisir pris.
M : 20-45 €   www.le-bourbon.com

→ 5 pl de la Victoire
☎ 04 71 59 06 54
F. dim. à dîn., lundi, mardi à déj., 19 juin-7 juil., 8-22 oct. et 22 déc.-23 janv.
Jusqu'à 21h.

YUTZ - 57110 (11 D 1)
Thionville 2 - Metz 33

11 **Les Alérions**

Pour les affaires et la tradition, cette table soignée d'une banlieue pas plus rieuse que cela a de quoi déplacer les bons mangeurs. Une terrine de brochet au basilic, un feuilleté de boudin noir, un jarret d'agneau braisé au thym et haricots en cassoulet, cette carte ménagère bien trempée signée Frédéric Scheid a du sens et de la répartie. Comme la cave de négoce, généraliste et pas très chère.
C : 38 € • M : 16-48 €

→ 102 rue Nationale
☎ 03 82 56 26 63
F. dim à dîn., lundi, mardi à dîn. et 16-31 août.
Jusqu'à 21h.

YVETOT - 76190 (6 B 2)
Rouen 35 - Fécamp 34

12 **La Fontaine Gourmande**

Le quartier est calme, le bourg agricole tranquille, la salle discrète et modeste. Pourtant, les locaux ne poussent pas la porte au hasard. Gilles Canal y tourne une cuisine au quotidien avec un savoir-faire de pro, soulevant quelques coins d'originalité sur des basiques ménagers, une tartine de jarret de porc ou un sandre aux merguez. Service appliqué, un peu mécanique, dans une ambiance bon enfant.
C : 23 € • M : 23 €

→ 70 rue Bellanger
☎ 02 35 96 11 01
F. dim., lundi, et 3 prem. sem. août.

YVOIRE - 74140 (28 B 1)
Thonon-les-Bains 16 - Annecy 73 - Lyon 191

12 **Restaurant de la Vieille Porte**

Le superbe cadre ancien est un atout majeur, parfaitement dans le ton de ce si joli village. Dans ce contexte, le menu Voyage en Lémanie, s'il ne garantit pas un grand dépaysement, assure à un tarif encore raisonnable une escapade gastronomique soignée et témoigne d'un réel métier et du souci de bien faire qui règne en cuisine. Le filet de féra et risotto d'épeautre séduit et fait d'autant plus regretter le trop grand classicisme d'un croquant de chèvre ou d'une forêt noire, par ailleurs très bien réalisés. Service cordial et sans défaut et une cave correcte aux horizons variés.
C : 40 € • M : 23-39 €   www.la-vieille-porte.com

→ Pl de la Mairie
☎ 04 50 72 80 14
F. lundi (sf 1er juin-30 sept.) et 15 nov.-10 fév.
Jusqu'à 21h30.

11 Le Bateau Ivre

La situation enviable au cœur du village, le décor agréable en écho au lac, la vaisselle actuelle ou la gentillesse du service se mettent au service d'une vision intelligente du terroir. On se laisse donc séduire par la charmeuse soupe au potiron et aux écrevisses, le filet de sandre avec une belle sauce vin rouge et une purée de carotte bien relevée ou la forêt noire qui nous réconcilie avec cette pâtisserie trop souvent malmenée. La cave est tout aussi intéressante, dans ses efforts pour proposer des vins du coin, mais aussi quelques bons domaines dans différentes régions de France (Champ du Lys en coup de cœur par exemple). Le service est bien un peu lent, mais qui aurait envie de partir trop vite ?
C : 30 € • M : 16,80-29,50 €   www.le-bateau-ivre.com

→ Rue Principale
☎ 04 50 72 81 84
F. merc., jeudi (h.s.), janv. et fév.
Jusqu'à 21h.

ZELLENBERG - 68340   (10 B 4)
Colmar 13 - Strasbourg 64

15 Maximilien

Un lieu de prestige et de tradition où l'on s'ennuie et s'amuse à la fois. On baille évidemment - on est au XXIᵉ siècle, l'époque des lounges, des ateliers, de la cuisine mouvante et émouvante - devant cette cérémonie policée qui vieillit avec sa clientèle. Mais on se réveille quand les assiettes de Jean-Michel Eblin se posent sur la table, parce que la manière est nickel, que les produits sont en haut du mât de cocagne et que cette cuisine bourgeoise, noblement onctueuse, a quelques chevaux sous le capot, dans le mariage sole grenouilles escargots, dans le fleischnacka homard et artichaut ou dans le mignon de veau et langoustines à la coriandre fraîche. Il ne faudrait pas tout de même que les accouplements bête de ferme et crustacés soient systématiques, mais la maîtrise technique est évidente, comme la belle cave, un peu négoce un peu prestige, qui s'en va quand même trouver le saumur de la Fosse Sèche.
C : 64 € • M : 32-80 €

→ 19 A rte d'Ostheim
☎ 03 89 47 99 69
F. dim. à dîn., lundi, vend. à déj., vac. scol. fév., dern. sem. août et 1re sem. sept.
Jusqu'à 21h.

---

11 Auberge du Froehn

L'auberge a tout du caveau, dans son décor de vieilles pierres mais surtout son intelligente sélection viticole, à commencer par les domaines du village. Ajoutez une cuisine régionale (mais pas seulement) et un accueil sympathique, et voilà une étape parfaite sur la Route des Vins.
C : 32 € • M : 11,50-36 €

→ 5 rte Ostheim
☎ 03 89 47 81 57
F. mardi, merc., 25 fév.-12 mars, 23 juin-2 juil. et 10-19 nov.
Jusqu'à 21h.

ZICAVO - 20132   (35 C 4)
Ajaccio 62 - Bonifacio 113 - Corte 78

10 Bergeries de Basseta

Les pieds dans l'herbe du plateau de Coscione, ce tapis mousseux qui chatouille la plante, cette vue sur la nature sauvage, c'est le paradis, installé un peu partout en Corse mais si vigoureux ici, au milieu des cochons, chèvres, chevaux en liberté. Dans cette bergerie authentique, le moment est évidemment unique, que l'on partage hors du temps, avec la soupe corse, les cannellonis broccio et menthe, le ragoût de sanglier ou le cabri rôti en saison. Egalement gîte de montagne avec 60 lits.
C : 20 € • M : 20 €   www.gitecorse.net

→ Plateau de Coscione, rte de Saint-Pierre
☎ 04 95 25 74 20
F. 1ᵉʳ oct.-30 avril.
Jusqu'à 21h.

ZIMMERSHEIM - 68440   **(10 B 5)**

Mulhouse 10 - Bâle 30

12 Restaurant Jules

L'un des meilleurs bistrots de la région mulhousienne : abats, viandes et poissons se partagent une ardoise joliment fignolée. Cave diversifiée comportant une belle offre de vins au verre. A signaler l'ouverture récente, à la même adresse, d'un restaurant ne proposant que des desserts, sous l'enseigne "Au Premier".

C : 32 € • M : 15 €   resto.jules@wanadoo.fr

→ 5 rue de Mulhouse
☎ 03 89 64 37 80
F. w.-e., 1 sem. vac. scol. fév.
et 2 sem. déb. août.
Jusqu'à 23h.

ZONZA - 20124   **(35 C 5)**

Ajaccio 91 - Porto-Vecchio 40

11 Hôtel-Restaurant de la Terrasse

Difficile de faire plus authentiquement corse que cette auberge de famille depuis un siècle. On se transmet les secrets de mère en fille, et Violette Pietri répète pour des visiteurs comblés l'omelette au brocciu, le gras double à la corse et le sanglier maison dans un cadre sincère, avec la vue sur la vallée depuis la terrasse panoramique. Fiumiccicoli, Torraciia, Gentile ou Canarelli pour trinquer au pays.

C : 25 € • M : 16,80-27 €

→ Village
☎ 04 95 78 67 69
F. 27 oct.
Jusqu'à 21h30.

Villes de proximité, voir :

Index alphabétique des établissements

A

INDEX alphabétique des établissements

INDEX alphabétique des établissements

B

INDEX alphabétique des établissements

INDEX alphabétique des établissements

C

INDEX alphabétique des établissements

G
M

INDEX alphabétique des établissements

G
M

INDEX alphabétique des établissements

INDEX alphabétique des établissements

G
M

INDEX alphabétique des établissements

INDEX alphabétique des établissements

INDEX alphabétique des établissements

G
M

INDEX alphabétique des établissements

INDEX alphabétique des établissements

M

INDEX alphabétique des établissements

INDEX alphabétique des établissements

INDEX alphabétique des établissements

INDEX alphabétique des établissements

Q

R

INDEX alphabétique des établissements

G
M

INDEX alphabétique des établissements

INDEX alphabétique des établissements

INDEX alphabétique des établissements

INDEX alphabétique des établissements

vin carnet d'adresses

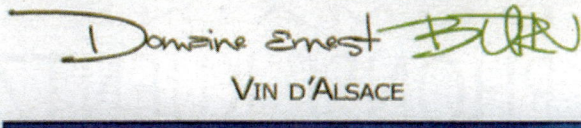

VIN D'ALSACE

CLOS SAINT-IMER

GRAND CRU GOLDERT

MUSCAT - PINOT GRIS
RIESLING - GEWURZTRAMINER

www.domaine-burn.fr

G.A.E.C J&F BURN - 8, rue basse
68420 Gueberschwihr
Tél. : 03 89 49 20 68 - Fax : 03 89 49 28 56
Mail : contact@domaine-burn.fr

Coup de ♥ Guide Vins GaultMillau 2008

ZELLENBERG

Coup de ♥ Guide Vins GaultMillau 2007
Sélectionné Guide Vins GaultMillau 2008

Domaine
Eblin-Fuchs

19, route du Vin
68340 ZELLENBERG
Tél : 03 89 47 91 14
Fax : 03 89 49 05 12
eblin-fuchs@tiscali.fr

DOMAINE
ALPHONSE KUENTZ

15, route du Vin - 68420 HUSSEREN-LES-CHÂTEAUX
TÉL : 03 89 49 31 60 - FAX : 03 89 49 27 42
vins.alphonse.kuentz@wanadoo.fr

Grands Vins d'Alsace

Emile Beyer

7, place du Château - BP 3
68420 EGUISHEIM
Tél : 03 89 41 40 45
Fax : 03 89 41 64 21
E-mail : info@emile-beyer.fr

Pouilly - Fuissé
Cru de Bourgogne

"C'est dans la confidence que se révèle l'authenticité des climats, quand chacun traduit sa maturité par la richesse de son caractère."

VINCENT
Château Fuissé

Sélectionné Guide Vins GAULTMILLAU 2008

Société Civile du Château de Fuissé
J.J. Vincent et Fils - 71960 Fuissé
Tél : 33 (0) 3 85 35 61 44 - Fax : 33 (0) 3 85 35 67 34
E-mail : domaine@chateau-fuisse.fr - www.chateau-fuisse.fr

DOMAINE
A. GEOFFROY

CHABLIS

CHABLIS GRAND CRU
CHABLIS 1ER CRU
CHABLIS
PETIT CHABLIS

Sélectionné Guide Vins GAULTMILLAU 2008

4, RUE DE L'EQUERRE - BEINES
89800 CHABLIS
TÉL : 03 86 42 43 76
FAX : 03 86 42 13 30
info@chablis-geoffroy.com
www.chablis-geoffroy.com

DOMAINE
HAMELIN

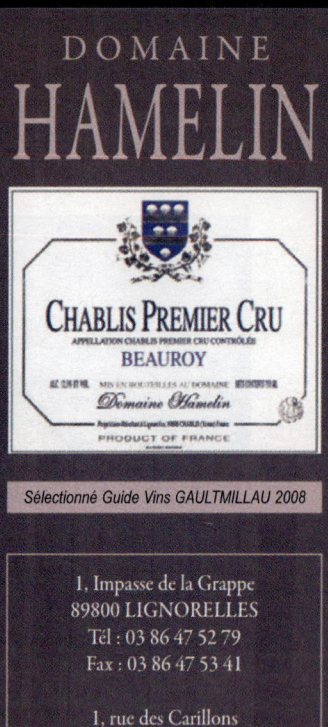

CHABLIS PREMIER CRU
APPELLATION CHABLIS PREMIER CRU CONTRÔLÉE
BEAUROY
ALC 12,5% VOL. MIS EN BOUTEILLES AU DOMAINE 750 ML
Domaine Hamelin
PRODUCT OF FRANCE

Sélectionné Guide Vins GAULTMILLAU 2008

1, Impasse de la Grappe
89800 LIGNORELLES
Tél : 03 86 47 52 79
Fax : 03 86 47 53 41

1, rue des Carillons
89800 LIGNORELLES
Tél : 03 86 47 54 60
Fax : 03 86 47 53 34
E-mail : domaine.hamelin@wanadoo.fr

Grands vins de chablis
DOMAINE DU CHARDONNAY

Caveau ouvert 7j/7 d'avril
à décembre, en semaine
de janvier à mars

Sélectionné
Guide Vins
GAULTMILLAU
2008

Moulin du Pâtis - 89800 CHABLIS
Tél. 03 86 42 48 03 - Fax 03 86 42 16 49 - E-mail : info@domaine-du-chardonnay.fr
Site : www.domaine-du-chardonnay.fr

L'abus d'alcool est dangereux pour la santé. A consommer avec modération.

DOMAINE Lamarche

Clos de Vougeot

La Grande Rue

Vosne-Romanée

Echezeaux

Sélectionné Guide Vins GAULTMILLAU 2008

9, rue des Communes - 21700 Vosne-Romanée - France
Tél : 33 (0)3 80 61 07 94 - Fax : 33 (0)3 80 61 24 31 - Mail : DOMAINELAMARCHE@wanadoo.fr
En savoir plus : voir Pages Jaunes : "CLIP" Domaine Lamarche

Domaine Guy Amiot et fils

Sélectionné Guide Vins GAULTMILLAU 2008

13, rue du Grands-Puits - 21190 CHASSAGNE-MONTRACHET
Tél : 03 80 21 38 62 - Fax : 03 80 26 90 80 - domaine.amiotguyetfils@wanadoo.fr

DOMAINE BRUNO CLAIR

Sélectionné
Guide Vins GAULTMILLAU 2008

5, rue du Vieux Collège - BP 22
21160 MARSANNAY-LA-CÔTE
Tél : 03 80 52 28 95
Fax : 03 80 52 18 14
brunoclair@wanadoo.fr

L'abus d'alcool est dangereux pour la santé. A consommer avec modération.

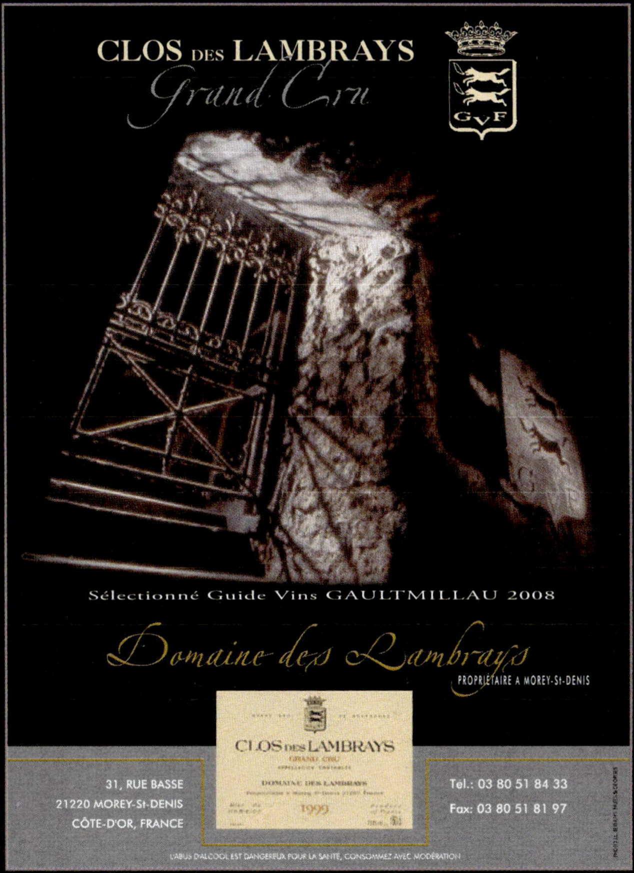

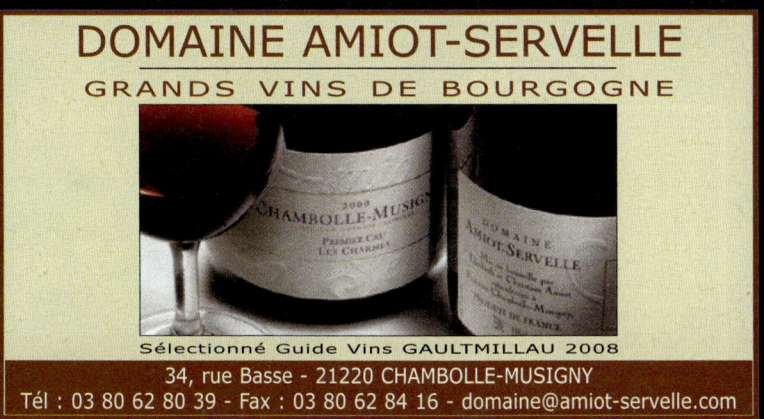

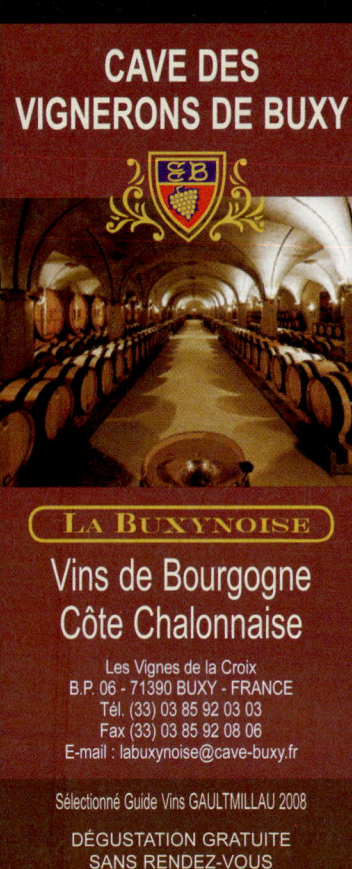

CAVE DES VIGNERONS DE BUXY

LA BUXYNOISE

Vins de Bourgogne Côte Chalonnaise

Les Vignes de la Croix
B.P. 06 - 71390 BUXY - FRANCE
Tél. (33) 03 85 92 03 03
Fax (33) 03 85 92 08 06
E-mail : labuxynoise@cave-buxy.fr

Sélectionné Guide Vins GAULTMILLAU 2008

DÉGUSTATION GRATUITE
SANS RENDEZ-VOUS

Catherine et Claude
MARÉCHAL

Sélectionné Guide Vins GAULTMILLAU 2008

6, route de Chalon
21200 BLIGNY-LES-BEAUNE
Tél : **03 80 21 44 37**
Fax : 03 80 26 85 01
marechal.cc@wanadoo.fr

DOMAINE MARCHAND FRÈRES

SÉLECTIONNÉ
GUIDE VINS GAULTMILLAU 2008

1, place du Monument
21220 GEVREY-CHAMBERTIN
Tél : 03 80 62 10 97
Fax : 03 80 62 11 80
Dmarc2000@aol.com

L'abus d'alcool est dangereux pour la santé. A consommer avec modération.

CHAMPAGNE
Pierre GIMONNET & Fils

*Avec 25 hectares seulement dans la célèbre côte
des Blancs (Cuis 1er Cru, Cramant Grand Cru, Chouilly Grand Cru), Pierre
Gimonnet & Fils n'élabore que des Cuvées 100% Chardonnay.
Phénomène rare en Champagne.
Régulièrement cité par les plus grands guides
(Classement Revue du Vin de France, GaultMillau, Guide Hachette).
Pierre Gimonnet & Fils
est une référence incontournable des artisans-vignerons Champenois.*

Sélectionné Guide Vins GAULTMILLAU 2008

Millésime de collection 1990 :
"noté 18/20 (1er) GaultMillau mai 1999"

**1, rue de la République - 51530 CUIS
Tél : 03 26 59 78 70 - Fax : 03 26 59 79 84**

Propriétaire - Récoltant depuis huit générations

Sur un vignoble
de vingt-deux hectares,
Claude CHIQUET et ses fils
assurent la continuité
dans le respect
des règles ancestrales;
les techniques
se sont améliorées,
la tradition demeure.

Sélectionné Guide Vins GAULTMILLAU 2008

912, avenue général Leclerc
B.P. 1019 - 51530 DIZY - FRANCE
Tel : (33) 03 26 55 22 02
Fax : (33) 03 26 51 83 81
info@gastonchiquet.com

CHAMPAGNE
BONNAIRE

Le Champagne BONNAIRE vous accueille à Cramant,
village classé Grand Cru de la Côte des Blancs,
domaine du Chardonnay.

120, rue d'Epernay - BP 5 - 51530 CRAMANT
Tél : 03 26 57 50 85 - fax : 03 26 57 59 17
info@champagne-bonnaire.com
www.champagne-bonnaire.com

Sélectionné Guide Vins GAULTMILLAU 2008

*Sélectionné
Guide Vins
GAULTMILLAU
2008*

CHAMPAGNE   BOUZY ROUGE

10, rue Jeanne d'Arc - 51150 BOUZY
Tél : 03 26 57 07 31 - fax : 03 26 52 64 65
contact@champagne-paul-clouet.com - www.champagne-paul-clouet.com

Pour visiter nos caves,
nous contacter au 03 26 58 20 04
Le meilleur accueil vous est réservé.
Une dégustation de nos cuvées
sera offerte aux porteurs
de ce magazine.

●

Ouverture :
du lundi au vendredi
de 8h à 12h et de 14h à 17h
Les samedis,
dimanches et jours fériés
de 10h à 12h et de 14h à 17h

●

CHAMPAGNE
H·BLIN&Cº

CHAMPAGNE
H.BLIN & C

BP 35 - 51700 Vincelles
Tél : 03 26 58 20 04
Fax : 03 26 58 29 67

SÉLECTIONNÉ GUIDE VINS GAULTMILLAU 2008

CHAMPAGNE
Henri GOUTORBE

Sélectionné
Guide Vins GAULTMILLAU 2008

9 bis, rue Jeanson - 51160 AY
Tél : 03 26 55 21 70
Fax : 03 26 54 85 11
www.champagne-henri-goutorbe.com

CHAMPAGNE

Michel Gonet
CHAMPAGNE & BORDEAUX
C'est en 1802 que Charles Gonet créa la maison Champagne Michel GONET, que six generations de viticulteurs de cette famille feront grandir et prospérer.
En 1973, Michel Gonet don't les Champagnes portent aujourd'hui le nom, modernize et agrandit chais et caves avec pour seul objectif d'ameliorer encore la qualite pour faire de ces vins, une reference incontournable.
Aujourd'hui, les Champagnes Michel Gonet, ce sont 40 hectares de Champagne sur les meilleurs terroirs classes Grand Cru et apprecies autant par les professionnels que par les amateurs.
Medaille d'or 2003 Concours general de Paris Robe d'un beau jaine clair. Nez fin evoquant la viennoiserie, discrete note d'amandes grilees. Bouche amples, assez corpulente, bien equilibree par une texture et une bulle fine. Un Champagne Blanc de Blanc parfait pour l apperitif.
Chareau Lesparre 2004
Cette ancienne et vaste propriete de 280 ha a connu un renouveau depuis que la famille Gonet l'a reprise en main. D'un rouge brillant ce 2004 presente un nez discret, mais d'une reelle elegance :association reussie des fruits rouges murs et des epices (pain d'epice). Une meme harmonie caracterise la bouche de velours, souple et riche de savoureux tanins, avec un retour frute nuance d'une touche de menthol. A table, le succes est garanti des aujourd'hui mais aussi demain.
Chateau Haut Bacalan 2001
Apres etre reste sans production pendant 40 ans, ce cru pessacais fait un retour dans le monde du vin avec ce millesime. La technicite des Gonet ne fait aucun doute quand on regarde la robe de ce vin aux beaux reflets rubis ou quand on hume son bouquet enrichi par l apport du fut d'une note de caramel qui n'ecrase pas le fruit. Concentre, avec une bonne presence tannique, le palais doit encore celebrer le mariage du bois et du raisin. Il a une esperence de vie superieure a l'age des vignes, qui n est que de six ans.
Chateau d'Eck
Où? A 13 km au sud de Bordeaux, au coeur de l'appellation Pessac-Léognan, sur des sols très pauvres de graves (graves et cailloutis). La famille Gonet, propriétaire en Chanpagne, s'est enthousiasmée pour le terroir d'Eck. Longtemps laissé à l'abondon et bordé d'un vrai château fort du XIé siècle. Bonne pioche dès ce premier millésime. Les cinq hectares de vigne produisent juste ce qu'il faut. Le vin: La robe est profonde, de couleur grenat bleute. Ce rouge au beau fruit fume nous emmene loin en bouche et joue sur un equilibre subtil entre chaleur et douceur.
CHATEAU HAUT BACALAN
CHATEAU EK
DURAND-BAYLE
LA TERRASSE
PESSAC-LEOGNAN
Bordeaux > Château Lesparre
-33750 Caillau-
Tel : 05 57 24 51 23-Fax : 05 57 24 03 99
Champagne > Michel Gonet
-51190 AVIZE-
Tel : 03 26 57 50 56-Fax : 03 26 57 91 98
www.chateaulesparre.com

Sélectionné
Guide Vins
GAULTMILLAU
2008
JACQUES DEFRANCE
PROPRIÉTAIRE RÉCOLTANT
CHAMPAGNE
JACQUES DEFRANCE
PROPRIÉTAIRE-RÉCOLTANT
Depuis 1867
28, rue de la Plante
10340 LES RICEYS-BAS
Tél. 33 (0)3 25 29 32 20
Fax 33 (0)3 25 29 77 83
champagne-jacques-defrance@wanadoo.fr
BRUT

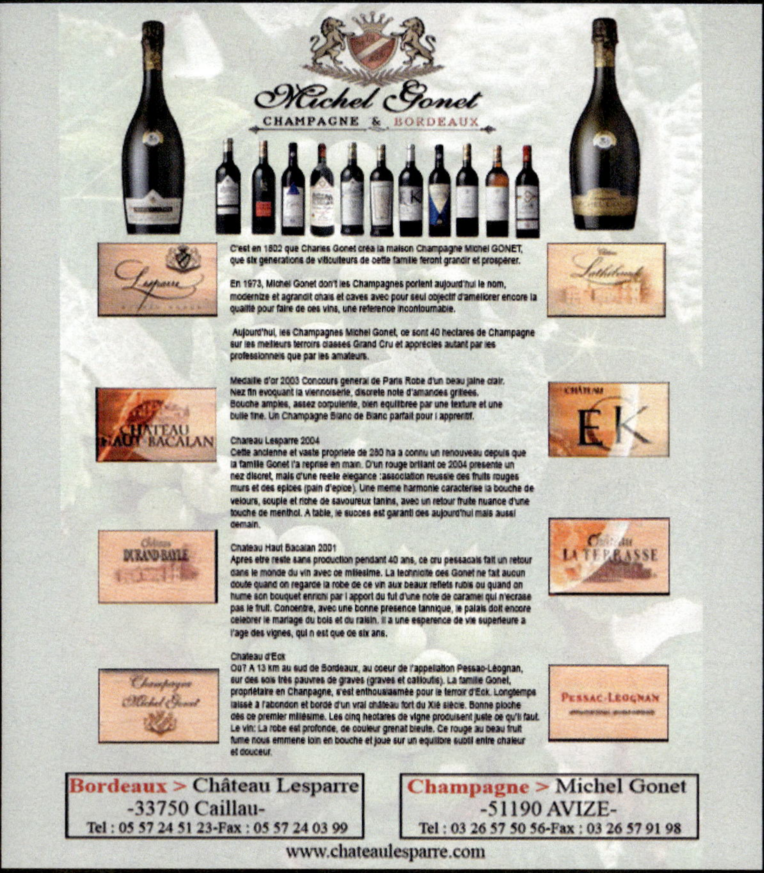

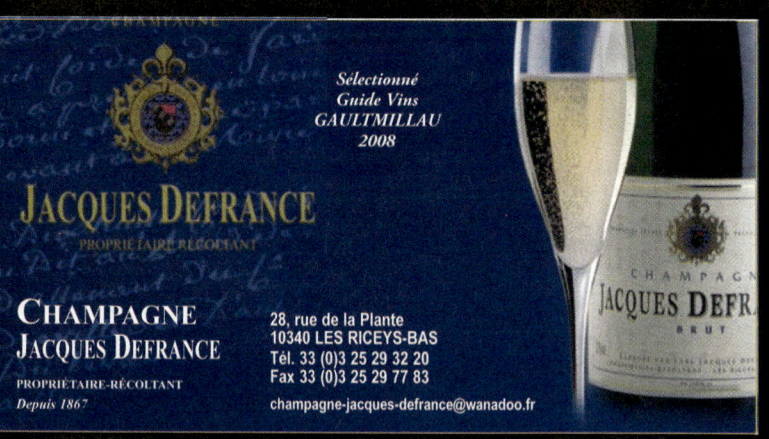

Champagne
JANISSON & Fils

Depuis 1923 — Produit de France

Champagne
JANISSON & Fils

TRADITION

BRUT
à Verzenay
(Arr⁵ Reims)

12%Vol.   Élaboré par S.A.S Champagne Michel JANISSON - VERZENAY - France - 394 427 001   750ml

6 bis, rue de la Procession
51360 VERZENAY
Tél : 03 26 49 40 19
Fax : 03 26 49 43 58
champagne@janisson.com
www.janisson.com

SAIN-BEL
en LYONNAIS

Cave des vignerons de
Sain-Bel

Sélectionné
Guide Vins
GAULTMILLAU 2007

Les Ragots - RN 89 - 69210 Sain-Bel
Tél 04 74 01 11 33 - FAx 04 74 01 10 27 - cave.vignerons.reunis@wanadoo.fr

CHÂTEAU
CHALON

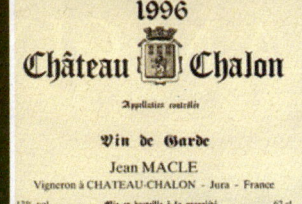

1996
Château Chalon
Appellation contrôlée
Vin de Garde
Jean MACLE
Vigneron à CHATEAU-CHALON - Jura - France
13% vol.   Mis en bouteille à la propriété   62 cl.

Elyan & Jean MACLE

39210 CHATEAU CHALON

Tél. 03 84 85 21 85

Fax 03 84 85 27 38

Coup de ♥
Guide Vins GaultMillau 2008

FRUITIÈRE VINICOLE
DE PRODUCTEURS
DE CHÂTEAU CHALON
ET CÔTES DU JURA

Appellation Château-Chalon Contrôlée

SÉLECTIONNÉ GUIDE VINS GAULTMILLAU 2008

39210 VOITEUR
Tél. 03 84 85 21 29 - Fax 03 84 85 27 67 - voiteur@fruitiere-vinicole-voiteur.fr

---

ANGUEDOC-ROUSSILLON

CHÂTEAU DE
VAUGELAS

SÉLECTIONNÉ GUIDE VINS GAULTMILLAU 2008

11200 CAMPLONG-D'AUDE
Tél. 04 68 43 68 41
Fax 04 68 43 57 43
chateau.vaugelas@wanadoo.fr

CHÂTEAU
Vaugelas
CORBIÈRES

LANGUEDOC-ROUSSILLON

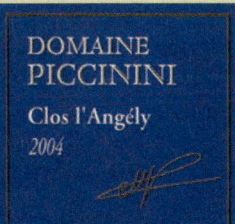

DOMAINE PICCININI

AOC MINERVOIS LA LIVINIERE
AOC MINERVOIS
Blanc – Rosé – Rouge

VPOC Blanc – Rouge

Visite et dégustation sur RV
Expédition dans toute la France

J.-C. PICCININI - Artisan Vigneron
Route des Meulières - 34210 LA LIVINIERE - France
Tél. : +33(0)4 68 91 44 32 - Fax. : +33(0)4 68 91 58 65
domainepiccinini@orange.fr 6 - www.domaine-piccinini.com

PROVENCE

DOMAINE DE FRÉGATE

Route de Bandol - 83270 ST-CYR-SUR-MER
Tél : 04 94 32 57 57 - Fax : 04 94 32 24 22
domainedefregate@wanadoo.fr

DOMAINE DE VALDITION

Producteurs de vins
et d'huiles d'olive
dans les Alpilles
en Provence.

Route d'Eygalières - 13660 ORGON
Tél : 04 90 73 08 12 - Fax : 04 90 73 05 95
www.valdition.com - contact@valdition.com

Le Faîte du Saint-Mont Rouge & Blanc
Témoins de l'assemblage des plus belles expressions
du terroir des Côtes de Saint-Mont

Sélectionné Guide Vins GAULTMILLAU 2008

Producteurs Plaimont - 32400 SAINT-MONT
Tél : 05 62 69 62 87 - Fax : 05 62 69 61 68

APPELLATION
CÔTES DE DURAS
CONTRÔLÉE

47120 DURAS
Tél : 05 53 83 75 47
Fax : 03 53 83 82 40
berticot@wanadoo.fr

VIGNERONS DE MÉTIER

Château SAUVAGNÈRES

Château CAHUZAC
FRONTON

SAVOIR ET TRADITION

VALLÉE DE LA LOIRE

DOMAINE Henry NATTER

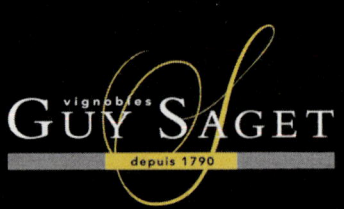

vignobles

GUY SAGET

depuis 1790

La Castille - BP. 26
58150 Pouilly-sur-Loire
Tél. 03 86 39 57 75
Fax 03 86 39 08 30
guy.saget@wanadoo.fr
http://www.guy-saget.com

*Sélectionné
Guide Vins GAULTMILLAU 2008*

VALLÉE DU RHÔNE

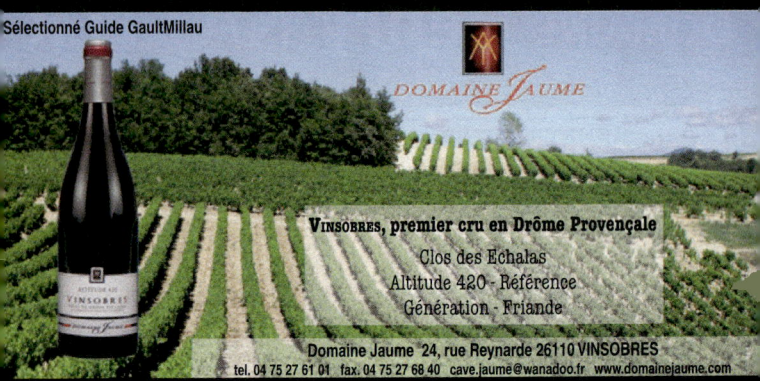

Sélectionné Guide GaultMillau

DOMAINE JAUME

Vinsobres, premier cru en Drôme Provençale

Clos des Échalas
Altitude 420 - Référence
Génération - Friande

Domaine Jaume 24, rue Reynarde 26110 VINSOBRES
tel. 04 75 27 61 01   fax. 04 75 27 68 40   cave.jaume@wanadoo.fr   www.domainejaume.com

CHÂTEAU MONT-REDON

*Caveau de dégustation-vente
Ouvert 7 jours/7
sans interruption de 8h à 19h
fermé le week-end
du 15/01 au 20/02*

*Sélectionné Guide Vins
GAULTMILLAU 2008*

**ABEILLE, FABRE, propriétaires
BP 10 - 84231 Châteauneuf-du-Pape cedex
Tél : 04 90 83 72 75 - Fax : 04 90 83 77 20
www.chateaumontredon.fr - chateaumontredon@wanadoo.fr**

Clos Saint Jean

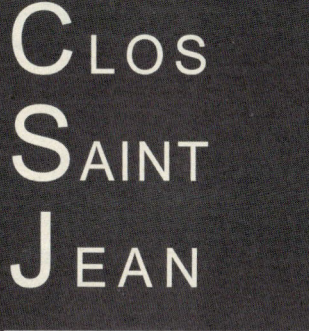

*Sélectionné
Guide Vins GAULTMILLAU 2008*

18, av. Général-de-Gaulle - BP 41
84231 CHÂTEAUNEUF-DU-PAPE Cedex
Tél. 04 90 83 58 00
Fax 04 90 83 58 02

DOMAINE DE BEAURENARD

Sélectionné Guide Vins GaultMillau 2008

84231 CHÂTEAUNEUF-DU-PAPE
Tél : 04 90 83 71 79
Fax : 04 90 83 78 06
paul.coulon@beaurenard.fr

Un lieu unique où l'on cultive l'exception …

VISAN

Visite de la cave de vieillissement et initiation à la dégustation sur rendez-vous.

Les Coteaux de Visan

CAVEAU OUVERT 7 JOURS SUR 7

Tél: 04 90 28 50 80   Fax: 04 90 28 50 81
vente en ligne sur : www.coteaux-de-visan.fr
E-mail: cave@coteaux-de-visan.fr

84820 VISAN   Vaucluse-France

DOMAINE
BARROT
PÈRE & FILS

84230 CHÂTEAUNEUF-DU-PAPE
Tél : 04 90 83 70 90
Fax : 04 90 83 51 89
Email : dombarrotfils@aol.com

Entrer dans l'Intimité
d'un Territoire...

CAIRANNE
Attitude

Cave de Cairanne
84290 CAIRANNE - FRANCE
Tél. 04 90 30 82 05
Fax 04 90 30 74 03

www.cairanne.com

DOMAINE DU GRAND TINEL

Domaine du Grand Tinel
CHATEAUNEUF DU PAPE
APPELLATION CHATEAUNEUF-DU-PAPE CONTROLÉE
PRODUIT DE FRANCE
Mis en bouteille au domaine
Les Vignobles Elie JEUNE s.a.s. - Récoltants à Châteauneuf-du-Pape (France)

3, route de Bédarrides - B.P. 58
84232 CHÂTEAUNEUF-DU-PAPE cedex
Tél : 04 90 83 70 28
Fax : 04 90 83 78 07
vignobles.eliejeune@wanadoo.fr
www.domainegrandtinel.com

DOMAINE DE SAINT SIFFREIN

CHÂTEAUNEUF-DU-PAPE

Présent au salon des
vignerons indépendants
de LYON, PARIS,
STRASBOURG, RENNES
et BORDEAUX.
www.vigneron-independant.com

**Caveau de dégustation
Vente
Expédition**

Sélectionné Guide Vins GAULTMILLAU 2008

Claude CHASTAN
Propriétaire Récoltant
Route de Châteauneuf-du-Pape
84100 ORANGE
Tél : 04 90 34 49 85
Fax : 04 90 51 05 20
domainesaintsiffrein@wanadoo.fr
www.domainesaintsiffrein.fr

L'instant pureté

www.de-saint-gall.com

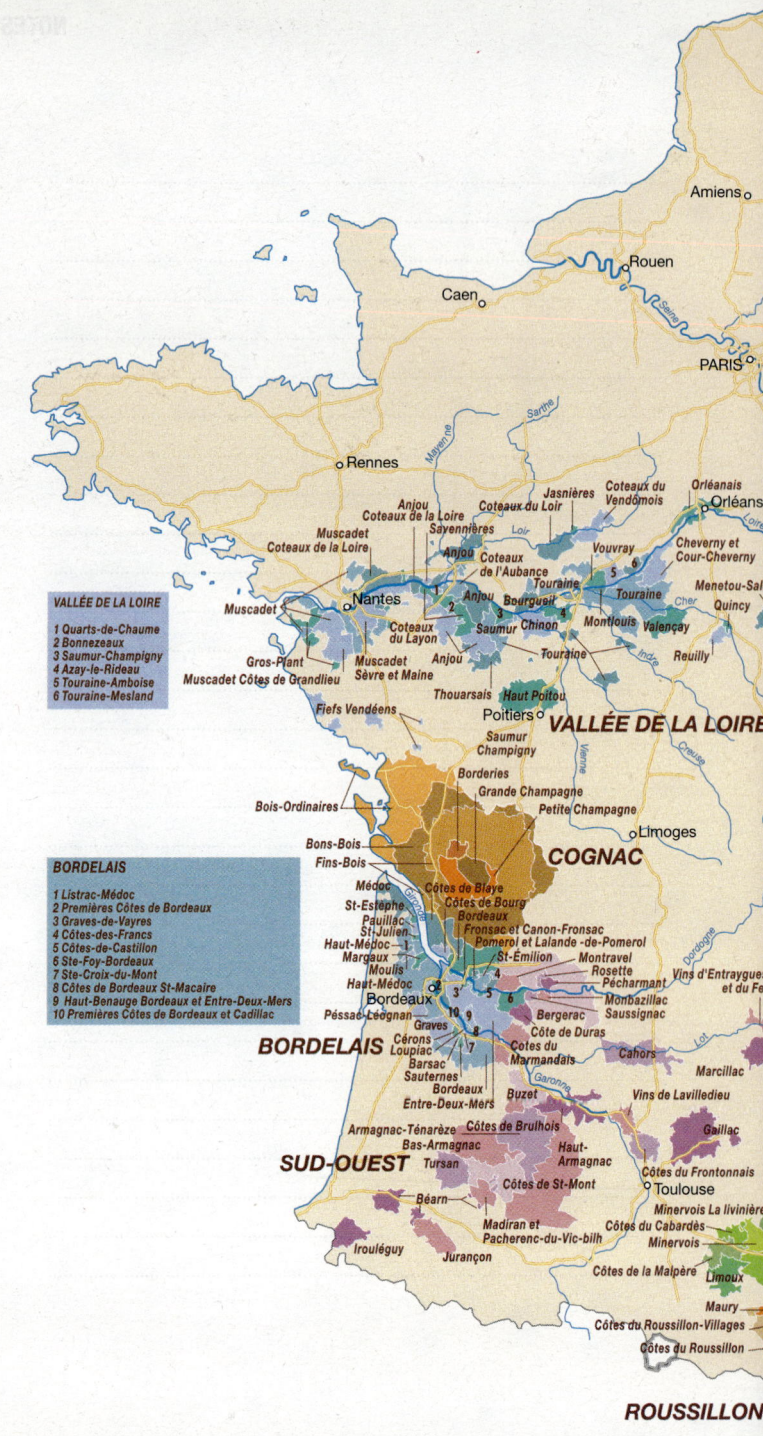

CARTE DES VIGNOBLES ET APPELATIONS

Lille

Champagne

Châlons-en-Champagne

Metz
Moselle

EST

Côtes de Toul

ALSACE

Strasbourg

CHAMPAGNE

Champagne

Alsace

Bourgogne

Rosé des Riceys

Bourgogne

Chablis

Coteaux
du Giennois

BOURGOGNE

Bourgogne

Sancerre

Dijon

Besançon

Côte de Nuits

Hautes Côtes de Nuits

Côtes de Beaune

Côtes du Jura

Pouilly-sur-Loire
et Pouilly-Fumé

Bourgogne Aligoté
Bouzeron

Rully
Mercurey
Givry
Montagny

Arbois

JURA

Château-Chalon
L'Étoile

St-Pourçain

Mâcon

Pouilly-Loché et Vinzelelles
Saint-Véran
Pouilly-Fuissé

Côte Chalonnaise

Côtes
du Jura

Beaujolais-Villages

Mâcon-Villages

Crépy

Côte
Roannaise

Vin de Savoie

Clermont-Ferrand

BUGEY

Beaujolais-Villages

Vin du
Bugey

Seyssel

Côtes
d'Auvergne

Côte
du Forez

BEAUJOLAIS

Beaujolais

Lyon

Vin de Savoie

SAVOIE

Côte Rôtie

Coteaux du Lyonnais

Côte du Rhône

Château-Grillet
Condrieu
Hermitage

St-Joseph

Crozes-Hermitage

Cornas

St-Péray

Côte du Rhône

VALLÉE DU RHÔNE

Clairette de Die

Vins d'Estaing

Côtes du Vivarais

Coteaux du Tricastin

VALLÉE DU RHÔNE

1 Côtes du Rhône
2 Côtes du Rhône Villages

Côtes du Rhône-Villages

Châteauneuf-du-Pape

Côtes du Rhône

Gigondas
Vacqueyras

Côtes de Millau

Lirac

Côtes du Ventoux

Tavel

Côtes du Lubéron

St-Drézéry

Costières
de Nîmes

Coteaux de
Pierrevert

Pic-Saint-Loup

Les Baux-
de-Provence

Bellet

PROVENCE

Faugères

Coteaux Varoix

Montpellier

Coteaux d'Aix-
en-Provence

St-Chinian

Muscat de Mireval

Marseille

Côtes
de Provence

La Clape

Picpoul-de-Pinet

Palette

Cassis
Bandol

LANGUEDOC

Quatourze

Corbières

Fitou

Collioure
et Banyuls

Rivesaltes

Vin de Corse-
Coteaux du Cap Corse
et Muscat du Cap Corse

Patrimonio

Vin de Corse-
Calvi

Vin de
Corse

CORSE

Ajaccio

Vin de
Corse

Ajaccio

Vin de Corse-
Sartène

Vin de Corse-
Porto-Vecchio

Vin de Corse-
Figari

G
M

Les coulisses
de la sélection...

La présélection

Au fil des séjours dans les vignobles, dans les salons, par envoi spontané, ou sur recommandations... l'information circule. Dans chaque région nos experts dégustent plusieurs milliers de vins par an. Fruit d'un engagement et d'une passion, chacun d'entre eux aura à cœur de dénicher les meilleurs producteurs de France. La présélection des nouveaux vignerons s'appuie sur la dégustation de trois millésimes.

La sélection

Les producteurs envoient des échantillons pour une dégustation finale effectuée par un unique spécialiste, dans un laboratoire ad hoc. Chaque vin est testé dans les meilleures conditions. Seul les meilleurs échantillons sont retenus et commentés.

Les critères de choix

50 % de la dégustation se fait avec les papilles, les 50 % restants se font avec les neurones. Avant de commencer à déguster il est primordial de définir des critères précis de sélection. Une sorte de cahier des charges de la qualité, en quelque sorte.

Ainsi GaultMillau recherche des produits, véritables reflets d'un terroir, des produits « vrais » issus de pratiques excluant les vins « maquillés ».

Les critères de goût tiennent compte des nouveaux modes de consommation, où la tendance pour des vins plus fins et délicats s'affiche au détriment des vins « parfums » outrancièrement aromatiques et puissants.

Une harmonie confirmée

Trouver une harmonie extrême créant une synergie parfaite entre un vin et un plat unique exige souvent la réalisation de plats de haute gastronomie, difficiles à réaliser. Le tableau ci-dessous permet de répondre au mieux à vos attentes, dans un maximum de situations.

Les accords de tous les jours

Ces accords sont fondés sur une grande typologie des vins (sur proposition de la Sopexa) et des types de produits ou des plats génériques.

	1	2	3	4	5	6	7	8	9
Apéritif	●	●	●	●	●	●			●
Entrée	●	●		●	●				●
Charcuterie				●		●			
Foie gras			●						
Crustacés (grands)		●							●
Crustacés (petits)	●								●
Fruits de mer	●	●							●
Poissons grillés	●								●
Poissons cuisinés		●							●
Gibiers à poils							●	●	
Gibiers à plumes						●	●	●	
Plats relevés			●			●			
Cuisine exotique			●		●	●			
Viandes blanches		●			●	●			●
Viandes rouges grillées					●	●	●		
Viandes en sauce							●	●	
Volailles	●	●				●			
Pizza		●		●		●			
Desserts			●						●

1. Blancs légers, vifs et fruités (Bordeaux, Loire, Sud-Ouest) : apéritif, entrées, poissons grillés, fruits de mer, petits crustacés, volailles...

----

2. Blancs puissants, onctueux et aromatiques (Alsace, Bourgogne, Vallée du Rhône, Provence, Languedoc, Corse, Jura, Savoie) : apéritif, poissons cuisinés, «grands» crustacés, fruits de mer cuisinés, volailles, viandes blanches (veau, porc, volailles) choucroute...

----

3. Blancs moelleux, liquoreux (Bordeaux, Bergerac, Sud-Ouest, Alsace, Loire, Jura) : apéritif, foie gras, dessert, cuisine relevée...

----

4. Rosés légers, vifs et fruités (Loire, Bordeaux, Sud-Ouest) : apéritif, entrées, pizza, salade, charcuterie...

----

5. Rosés puissants, onctueux et aromatiques (Provence, Corse, Languedoc, Rhône) : apéritif, viandes blanches, viandes rouges grillées, cuisine relevée et exotique...

----

6. Rouges légers, fins, fruités, veloutés (Bourgogne, Bordeaux génériques, Beaujolais, Loire, Alsace, Savoie) : apéritif, pizza, charcuterie, terrines, viandes blanches, volailles, viandes rouges grillées, petits gibiers à plumes...

----

7. Rouges puissants et corsés (crus de Bordeaux, Bergerac, Sud-Ouest - Gaillac, Cahors, Madiran) : viandes rouges grillées, viandes et plats en sauce, foie de veau, petits gibiers à plumes et à poils...

----

8. Rouges charnus et aromatiques (Rhône, Languedoc-Roussillon, Corse, Provence) : viandes et plats en sauce, viandes goûteuses (mouton...), beaux gibiers à plumes et poils...

----

9. Champagne : apéritif, fruits de mer, petits et grands crustacés, poissons grillés, poissons cuisinés, viandes blanches, desserts (champagne demi-sec et doux).

LA COTATION DES MILLESIMES

| | Bordeaux | | | | Bourgognes | | Rhône | | | | |
| | Rouges | | Blancs | | | | | | | | |
	Médoc Graves	Libournais	Moelleux	Sec	Rouges	Blancs	Méridional	Septentrional	Alsace	Loire moelleux	Champagne
2006	3	3	3	3	2	3	4	4	3	2	3
2005	Ex	Ex	3	4	Ex	4	Ex	Ex	4	4	3
2004	3	4	2	Ex	3	3	4	3	3	3	4
2003	4	3	4	3	4	3	4	4	3	3	2
2002	4	3	3	4	3	4	2	2	3	2	4
2001	3	4	Ex	Ex	2	4	3	3	3	4	3
2000	Ex	Ex	3	2	2	Ex	4	4	3	2	3
1999	3	4	4	4	Ex	3	4	3	3	3	3
1998	4	Ex	3	2	3	3	3	Ex	4	2	3
1997	2	3	2	Ex	3	2	4	3	1	4	2
1996	Ex	3	4	3	Ex	Ex	4	3	4	4	Ex
1995	4	4	3	3	4	4	3	4	4	4	4
1994	3	4	Ex	3	3	3	3	3	4	2	2
1993	2	2	2	1	4	3	1	3	3	2	2
1992	1	1	4	1	2	Ex	2	2	2	2	2
1991	3	3	3	1	3	2	4	3	3	1	1
1990	Ex	Ex	4	Ex	Ex	4	Ex	Ex	Ex	Ex	EX
1989	Ex	Ex	3	Ex	4	Ex	4	Ex	Ex	Ex	4
1988	4	3	3	Ex	4	2	4	4	4	4	4
1987	2	2	2	2	1	2	2	2	2	2	2
1986	4	2	3	4	2	4	3	3	4	3	3
1985	4	4	4	3	3	Ex	4	4	3	4	4
1984	2	1	1	1	1	1	2	1	1	1	1
1983	3	2	2	4	4	Ex	3	3	Ex	2	3
1982	Ex	Ex	1	4	2	4	2	2	1	1	4
1981	3	2	2	3	3	3	3	4	3	2	4
1980	1	1	2	1	3	2	2	2	2	1	2
1979	3	3	3	3	3	4	3	3	3	2	4
1978	3	3	4	3	4	3	4	4	4	3	3
1976	3	2	3	4	3	3	4	4	Ex	4	2
1975	3	4	4	4	2	1	2	2	3	4	2
1971	3	3	4	3	4	Ex	3	2	Ex	4	4
1970	4	4	Ex	4	2	3	2	3	2	3	2
1967	2	3	3	4	1	2	3	3	3	2	2
1966	3	3	4	3	3	3	3	3	3	3	4
1964	4	4	Ex	4	4	Ex	3	4	4	4	4
1961	Ex	4	4	Ex	4	3	Ex	Ex	Ex	4	Ex

Ex : Exceptionnel **4** : Très bonne année **3** : Bonne année **2** : Année moyenne **1** : Petite année

POUR UNE DEGUSTATION
DANS LES REGLES DE L'ART

PREMIUM ,

Une gamme de verres à dégustation, haut de gamme et en cristallin.

Dessinée et élaborée en collaboration avec l'Association des Sommeliers Italiens (A.I.S.), Premium propose un large choix de verres et d'accessoires.

Elle associe à ses finitions parfaites, une esthétique sophistiquée. Son design, la brillance et la sonorité du verre font de Premium, une gamme extrêmement qualitative qui répond aux exigences des professionnels de la Restauration.

Recommandé par :

Association
Italienne
des Sommeliers

Professional

Passion Italienne. Depuis 1825.

Bormioli Rocco France - Le Wilson - 221 avenue du Président Wilson - 93210 LA PLAINE ST DENIS
E-mail : infocasafrance@bormiolirocco.com. Consultez notre site internet : www.calicipremium.it

Guide du Vin 2008

Sur la piste des meilleurs vins de France

GAULT MILLAU

832 pages
En vente chez votre libraire
24,90 €

01 41 40 99 80
contact@gaultmillau.fr

 Une invitation à la dégustation, à la découverte des vins et au voyage. 6000 vins retenus et notés, en majorité à moins de 15 € 1200 domaines et châteaux sélectionnés dont la plupart en biodynamie 11 révélations

WHITE SEEDLESS GRAPES

à Paris

il y a toujours un lieu à découvrir en bas de chez soi

Guide Paris Ile de France 2007

GAULT MILLAU

Restaurants, hôtels, bistrots, cavistes, commerces de bouche... une sélection engagée

GAULT MILLAU

PARIS Ile-de-France
2000 adresses
Restos, hôtels, boutiques, marchés...
2007

Depuis le 31 mai 2007 15€ chez votre libraire

À dévorer
tous les deux mois !

GAULT
le plaisir se cultive
MILLAU

25

JUIN/JUILLET
2007

M 05298-25-F: 4,50 € -RD

ROSÉS DE L'ÉTÉ
Bandol joue l'excellence

TABLES SUR MER
de Dunkerque à Menton…

TABLES EN VILLE
120 restos goûtés
pour vous

EN CADEAU
LE palmarès des Bordeaux
primeurs 2006

PIERRE ARDITI
s'amuse en cuisine !

GM

NOTES

Ce guide est édité par GaultMillau S.A. Société anonyme au capital de 1 600 000 €
RCS Bordeaux B 418 576 955. Copyright GaultMillau SA
Siège Social : 19, cours du Médoc – 33300 Bordeaux

Rédaction-développement Paris : 5, rue Madame-de-Sanzillon 92110 Clichy
Tél. : 01 41 40 99 80 - mail : contact@gaultmillau.fr

Dépôt légal : novembre 2007

ISBN 978-2-914913-32-4

Président-directeur général - Directeur de la publication : Justin Onclin
Directrice des guides et magazine : Patricia Alexandre
Coordinatrice générale des guides : Florence Saint-Martin
Assistante de coordination : Micheline Cordier
Coordinateur des enquêtes et de la rédaction : Marc Esquerré et Onzième Heure

Publicité :
Directeur commercial : Stanislas Leblanc-Bontemps
Chefs de publicité : Guy Lunal, Stéphanie Ménard et Alain Ruiz

Directrice artistique : Caroline Caisso
Conception maquette : Design rendez-vous
Mise en page : TBS et NRS

Avec la participation de Caroline Balloteaud

Traitement informatique : Antoine Mothe

Cartographie : Edigraphie à Rouen

Imprimé en France par SIEP, 77590 Bois-le-Roi